Krumm/Paeßens
Grundsteuergesetz

Grundsteuergesetz

mit Bewertungsgesetz (Auszug)
und Landesgrundsteuergesetzen

Kommentar

von

Dr. Marcel Krumm
Universitätsprofessor
Westfälische Wilhelms-Universität Münster,
im zweiten Hauptamt Richter am Finanzgericht

Dr. Petra Paeßens
Diplom-Kauffrau, Steuerberaterin

2022

Zitierweise:
Krumm/Paeßens GrStG § … Rn. …
Krumm/Paeßens BewG § … Rn. …
Krumm/Paeßens BayGrStG Art. … Rn. …

www.beck.de

ISBN 978 3 406 75821 8

© 2022 Verlag C. H. Beck oHG
Wilhelmstraße 9, 80801 München

Umschlaggestaltung: Druckerei C. H. Beck Nördlingen

Druck und Bindung: Beltz Grafische Betriebe GmbH,
Am Fliegerhorst 8, 99947 Bad Langensalza

Satz: Jung Crossmedia Publishing GmbH,
Gewerbestraße 17, 35633 Lahnau

chbeck.de/nachhaltig

Gedruckt auf säurefreiem, alterungsbeständigem Papier
(hergestellt aus chlorfrei gebleichtem Zellstoff)

Vorwort

Die Grundsteuer ist eine der ältesten Steuern. Obwohl fast jeder von ihr betroffen ist, nahm sie in der öffentlichen Diskussion idR einen gegenüber anderen Steuern nachrangigen Platz ein. Dabei waren die gleichheitsrechtlichen Defizite der Einheitswerte zuletzt offenkundig. Es bedurfte allerdings erst der Entscheidung des Bundesverfassungsgerichts vom 18. April 2018, um die Grundsteuer auf das Tableau des Gesetzgebers zu bringen. Die Reform war nunmehr alternativlos geworden.

Die Rahmenbedingungen, innerhalb derer sich der Reformprozess vollzog, waren für die politischen Akteure mitnichten einfach. Politisch scheute man die teilweise unvermeidbare Steuererhöhung gerade wegen ihrer Folgewirkungen für den ohnehin angespannten Mietwohnungsmarkt. Jeder wusste, dass es nicht nur Reformgewinner geben konnte. Gleichwohl war es ebenso politisch gewollt, den Gemeinden ihre stabilste – weil konjunkturunabhängige – Einnahmequelle zu erhalten. Eine Abschaffung stand nie wirklich zur Diskussion. Diese politische Ausgangslage traf wiederum auf zwei Determinanten, die nicht zur Disposition der Politik standen: Auf der einen Seite geht der demographische Wandel auch an der Finanzverwaltung nicht spurlos vorbei. Eine Massenvollzugsaufgabe muss mit möglichst wenig Personal erfüllbar sein. Auf der anderen Seite ist das verfassungsrechtliche Korsett zu nennen. Das Bundesverfassungsgericht gesteht dem Gesetzgeber zwar einen weiten Spielraum bei der Bestimmung des Belastungsgrundes zu, verknüpft dies sodann aber mit der Bemessungsgrundlage (insbesondere den Bewertungsregeln) und fordert eine gewisse Folgerichtigkeit ein.

Der Kompromiss war am Ende ein Bundesgrundsteuerrecht mit einer verkehrswertorientierten, aber die Bedürfnisse der Finanzverwaltung nach Automatisierung berücksichtigenden Bemessungsgrundlage bei gleichzeitiger Schaffung einer Abweichungsgesetzgebungsbefugnis für die Länder. Von Letzterer haben zwischenzeitlich einige Länder Gebrauch gemacht – sei es zur Regelung wertunabhängiger Bemessungsgrundlagen (mit unterschiedlicher Akzentuierung in Bayern, Hamburg, Hessen und Niedersachsen), sei es zur Schaffung einer wertabhängigen, aber nur Grund und Boden erfassenden Bemessungsgrundlage (so Baden-Württemberg) oder sei es auch nur zur abweichenden Belastungsverteilung zwischen Wohn- und Nichtwohnnutzung (so Sachsen und das Saarland).

Für nicht wenige Steuerberater und vor allem viele Unternehmen mit Grundbesitz ist das neue Grundsteuerrecht bereits jetzt ein Thema. Die breite Masse der Bürger und Bürgerinnen wird hingegen erst in zwei noch anstehenden Phasen mit dem neuen Recht in Berührung kommen. Das betrifft die Eigentümer und Eigentümerinnen zuerst im Hinblick auf ihre Pflichten in Ansehung der Bewertung, wenn im Jahr 2022 die ersten Finanzverwaltungen über die Grundsteuer informieren und sodann die Steuererklärungspflicht aktiviert wird. Was die Grundsteuerreform in Heller und Pfennig bedeutet, werden die Bürger und Bürgerinnen hingegen erst ab 2025 realisieren – zuerst die Eigentümer als Adressaten der Grundsteuerbescheide und die Mieter zeitlich versetzt mit der Nebenkostenabrechnung für 2025.

Nun ist es bis zum Jahr 2025 noch ein bisschen Zeit. Für die im Jahr 2022 anlaufende Bewertung der wirtschaftlichen Einheiten gilt aber bereits das „neue Recht".

Vorwort

Das ist auch die Perspektive dieses Kommentars: Kommentiert wird das Grundsteuerrecht, das für die Hauptfeststellung auf den 1.1.2022, die Hauptveranlagung auf den 1.1.2025 und die Grundsteuererhebung ab 2025 maßgeblich ist. Der Praktiker, der Antworten auf grundsteuerrechtliche Fragen betreffend die Erhebungszeiträume bis einschließlich 2024 sucht, wird aber ebenso fündig werden. Denn die Reform des Grundsteuerrechts war vornehmlich eine Reform der Bemessungsgrundlage. Das GrStG selbst folgt auch nach der Reform den tradierten Pfaden und hat lediglich in §§ 33, 34 GrStG eine partielle Veränderung erfahren. Zum weit überwiegenden Teil ist die Kommentierung der Vorschriften des GrStG daher auch eine Kommentierung für die Erhebungszeiträume bis einschließlich 2024.

Der Kommentar ist weitgehend systematisch konzipiert, enthält allerdings auch einen Grundlagenteil, der neben historischen, steuersystematischen und verfassungsrechtlichen Gesamtdarstellungen einzelne Fragen des Grundsteuerrechts vor die Klammer zieht (zB steuerstrafrechtliche Fragen). Die Kommentierung der einzelnen Vorschriften erfolgt stets unter Berücksichtigung des normativen Gesamtumfeldes, in dem die Einzelvorschrift gesehen werden muss – sei es innerhalb des Grundsteuerrechts (vor allem in Ansehung der Bezüge zwischen GrStG und BewG), sei es darüber hinaus (zB im Hinblick auf die kommunalrechtlichen Bezüge oder Fragen des Verwaltungsvollstreckungs-, des Immobiliarvollstreckungs- und des Insolvenzrechts im Zusammenhang mit der Verwirklichung von Steuerschuld und -haftung). Durch die umfassenden Verweisungen und Verknüpfungen werden Zusammenhänge sichtbar gemacht und zugleich unnötige Wiederholungen vermieden. Insoweit hat es sich als äußerst vorteilhaft erwiesen, dass lediglich zwei Autoren für das Gesamtwerk gemeinsam verantwortlich waren.

Dieser Kommentar war zuerst für das Jahr 2021 angekündigt. Am Ende hat es ein Jahr länger gedauert. Das lag freilich nicht an uns. Der Kommentar soll ein vollständiges Bild des Grundsteuerrechts wiedergeben. Daher war es unerlässlich, auf die Landesgesetzgeber und vor allem die Verwaltungsvorschriften zum neuen Bundesgrundsteuerrecht zu warten. Dies alles fand aber erst im Dezember 2021 seinen Abschluss. Der Kommentar ist damit nun auf dem Rechtsstand Januar 2022.

Wir danken dem Verlag C.H.Beck für die Förderung der Idee, den uns gewährten Vertrauensvorschuss und die Aufnahme in die „Gelbe Reihe". Ganz herzlich danken möchten wir vor allem unserer Lektorin, Frau Juliane Schmalfuß, und dem Rest des Verlagsteams für die hervorragende Betreuung des Werkes (und der Autoren).

Hinweise und Anregungen der Leser nehmen wir gerne entgegen (am einfachsten an marcel.krumm@wwu.de).

Goch/Münster, im Januar 2022 *Die Verfasser*

Inhaltsverzeichnis

Vorwort V
Literatur- und Abkürzungsverzeichnis XIII

Grundlagen

A. Die Grundsteuer als bundes- oder landesgesetzlich geregelte Gemeindesteuer 2
B. Historie des Grundsteuerrechts und Grundsteuerreform 2019 3
C. Die bundesgesetzliche Regelung der Grundsteuer 9
D. Abweichungen in den einzelnen Bundesländern 32
E. Materielle Verfassungsrechtsfragen 43

Grundsteuergesetz (GrStG)

Abschnitt I. Steuerpflicht

§ 1	Heberecht	65
§ 2	Steuergegenstand	68
§ 3	Steuerbefreiung für Grundbesitz bestimmter Rechtsträger	71
§ 4	Sonstige Steuerbefreiungen	106
§ 5	Zu Wohnzwecken benutzter Grundbesitz	127
§ 6	Land- und forstwirtschaftlich genutzter Grundbesitz	135
§ 7	Unmittelbare Benutzung für einen steuerbegünstigten Zweck	140
§ 8	Teilweise Benutzung für einen steuerbegünstigten Zweck	145
§ 9	Stichtag für die Festsetzung der Grundsteuer; Entstehung der Steuer	150
§ 10	Steuerschuldner	152
§ 11	Persönliche Haftung	157
§ 12	Dingliche Haftung	169

Abschnitt II. Bemessung der Grundsteuer

§ 13	Steuermesszahl und Steuermessbetrag	192
§ 14	Steuermeßzahl für Betriebe der Land- und Forstwirtschaft	193
§ 15	Steuermesszahl für Grundstücke	194
§ 16	Hauptveranlagung	208
§ 17	Neuveranlagung	215
§ 18	Nachveranlagung	227
§ 19	Anzeigepflicht	232

Inhaltsverzeichnis

§ 20	Aufhebung des Steuermeßbetrags	237
§ 21	Änderung von Steuermeßbescheiden	242
§ 22	Zerlegung des Steuermessbetrags	244
§ 23	Zerlegungsstichtag	252
§ 24	Ersatz der Zerlegung durch Steuerausgleich	255

Abschnitt III. Festsetzung und Entrichtung der Grundsteuer

§ 25	Festsetzung des Hebesatzes	256
§ 26	Koppelungsvorschriften und Höchsthebesätze	284
§ 27	Festsetzung der Grundsteuer	286
§ 28	Fälligkeit	295
§ 29	Vorauszahlungen	311
§ 30	Abrechnung über die Vorauszahlungen	314
§ 31	Nachentrichtung der Steuer	318

Abschnitt IV. Erlass der Grundsteuer

§ 32	Erlaß für Kulturgut und Grünanlagen	319
§ 33	Erlass wegen wesentlicher Reinertragsminderung bei Betrieben der Land- und Forstwirtschaft	333
§ 34	Erlass wegen wesentlicher Ertragsminderung bei bebauten Grundstücken	338
§ 35	Verfahren	363

Abschnitt V. Übergangs- und Schlussvorschriften

§ 36	Sondervorschriften für die Hauptveranlagung 2025	369
§ 37	Anwendung des Gesetzes	371
§ 38	Bekanntmachung	372
§ 39	[aufgehoben]	372

Abschnitt VI. Grundsteuer für Steuergegenstände in dem in Artikel 3 des Einigungsvertrages genannten Gebiet ab dem Kalenderjahr 1991

§ 40	*Land- und forstwirtschaftliches Vermögen*	373
§ 41	*Bemessung der Grundsteuer für Grundstücke nach dem Einheitswert*	373
§ 42	*Bemessung der Grundsteuer für Mietwohngrundstücke und Einfamilienhäuser nach der Ersatzbemessungsgrundlage*	373
§ 43	*Steuerfreiheit für neugeschaffene Wohnungen*	374
§ 44	*Steueranmeldung*	374
§ 45	*Fälligkeit von Kleinbeträgen*	375
§ 46	*Zuständigkeit der Gemeinden*	375

Inhaltsverzeichnis

Auszug aus dem Bewertungsgesetz (BewG)

Siebenter Abschnitt. Bewertung des Grundbesitzes für die Grundsteuer ab 1. Januar 2022

A. Allgemeines

§ 218	Vermögensarten	377
§ 219	Feststellung von Grundsteuerwerten	380
§ 220	Ermittlung der Grundsteuerwerte	397
§ 221	Hauptfeststellung	401
§ 222	Fortschreibungen	405
§ 223	Nachfeststellung	428
§ 224	Aufhebung des Grundsteuerwerts	434
§ 225	Änderung von Feststellungsbescheiden	439
§ 226	Nachholung einer Feststellung	444
§ 227	Wertverhältnisse bei Fortschreibungen und Nachfeststellungen	448
§ 228	Erklärungs- und Anzeigepflicht	451
§ 229	Auskünfte, Erhebungen und Mitteilungen	460
§ 230	Abrundung	466
§ 231	Abgrenzung von in- und ausländischem Vermögen	466

B. Land- und forstwirtschaftliches Vermögen

I. Allgemeines

§ 232	Begriff des land- und forstwirtschaftlichen Vermögens	468
§ 233	Abgrenzung des land- und forstwirtschaftlichen Vermögens vom Grundvermögen in Sonderfällen	487
§ 234	Betrieb der Land- und Forstwirtschaft	492
§ 235	Bewertungsstichtag	506
§ 236	Bewertungsgrundsätze	507
§ 237	Bewertung des Betriebs der Land- und Forstwirtschaft	511
§ 238	Zuschläge zum Reinertrag	519
§ 239	Grundsteuerwert des Betriebs der Land- und Forstwirtschaft	523
§ 240	Kleingartenland und Dauerkleingartenland	525

II. Besondere Vorschriften

a) Landwirtschaftliche Nutzung

§ 241	Tierbestände	529

b) Übrige land- und forstwirtschaftliche Nutzungen

§ 242	Übrige land- und forstwirtschaftliche Nutzungen	539

Inhaltsverzeichnis

C. Grundvermögen

I. Allgemeines

§ 243	Begriff des Grundvermögens	545
§ 244	Grundstück	553
§ 245	Gebäude, Gebäudeteile und Anlagen für den Zivilschutz	564

II. Unbebaute Grundstücke

§ 246	Begriff der unbebauten Grundstücke	566
§ 247	Bewertung der unbebauten Grundstücke	572

III. Bebaute Grundstücke

§ 248	Begriff der bebauten Grundstücke	583
§ 249	Grundstücksarten	586
§ 250	Bewertung der bebauten Grundstücke	602
§ 251	Mindestwert	605
§ 252	Bewertung im Ertragswertverfahren	607
§ 253	Ermittlung des kapitalisierten Reinertrags	609
§ 254	Rohertrag des Grundstücks	615
§ 255	Bewirtschaftungskosten	620
§ 256	Liegenschaftszinssätze	622
§ 257	Ermittlung des abgezinsten Bodenwerts	626
§ 258	Bewertung im Sachwertverfahren	632
§ 259	Ermittlung des Gebäudesachwerts	636
§ 260	Wertzahlen	646

IV. Sonderfälle

§ 261	Erbbaurecht	647
§ 262	Gebäude auf fremdem Grund und Boden	648

V. Ermächtigungen

§ 263	Ermächtigungen	649

Dritter Teil. Schlussbestimmungen

§ 264	Bekanntmachung	653
§ 265	Anwendungsvorschriften	653
§ 266	Erstmalige Anwendung des Siebenten Abschnitts des Zweiten Teils	653

Anlagen zum Bewertungsgesetz [Auszug] 657

Inhaltsverzeichnis

Landesgrundsteuergesetze

1. Gesetz zur Regelung einer Landesgrundsteuer
   (Landesgrundsteuergesetz – BWLGrStG) 685
2. Bayerisches Grundsteuergesetz (BayGrStG) 751
3. Hamburgisches Grundsteuergesetz (HmbGrStG) 799
4. Hessisches Grundsteuergesetz (HGrStG) 841
5. Niedersächsisches Grundsteuergesetz (NGrStG) 883
6. Saarländisches Grundsteuergesetz (GrStG-Saar) 935
7. Sächsisches Grundsteuermesszahlengesetz (SächsGrStMG) 937

Anhang

Mietniveau-Einstufungsverordnung 939

Sachverzeichnis 977

Literatur- und Abkürzungsverzeichnis

aA	andere Ansicht
Abs.	Absatz
Abschn.	Abschnitt
AEBewGrSt	Anwendungserlass zum Siebten Abschnitt des Zweiten Teils des Bewertungsgesetzes für die Grundsteuer ab 1.1.2022 (Koordinierte Ländererlasse v. 9.11.2021, BStBl. I 2021, 2334 [allgemeiner Teil und Grundvermögen] und BStBl. I 2021, 2369 [land- und forstwirtschaftliches Vermögen])
aF	alte Fassung
allgM	allgemeine Meinung
AO	Abgabenordnung
Art.	Artikel
Aufl.	Auflage
Az.	Aktenzeichen
Bärmann WEG	Bärmann, Kommentar zum Wohnungseigentumsgesetz, 14. Aufl. 2018
BayDSchG	Bayerisches Gesetz zum Schutz und zur Pflege der Denkmäler (Bayerisches Denkmalschutzgesetz)
BayDSG	Bayerisches Datenschutzgesetz
BayGO	Gemeindeordnung für den Freistaat Bayern
BayGrStAnerkV	Bayerische Grundsteuer-Anerkennungsverordnung
BayGrStG	Bayerisches Grundsteuergesetz
BayKAG	Kommunalabgabengesetz Bayern
BayKirchStG	Bayerisches Gesetz über die Erhebung von Steuern durch Kirchen, Religions- und weltanschauliche Gemeinschaften (Bayerisches Kirchensteuergesetz)
BayLT-Drs.	Bayerische Landtags-Drucksache
BayVwVfG	Bayerisches Verwaltungsverfahrensgesetz
BayVwZVG	Bayerisches Verwaltungszustellungs- und Vollstreckungsgesetz
BbgDSchG	Gesetz über den Schutz und die Pflege der Denkmale im Land Brandenburg (Brandenburgisches Denkmalschutzgesetz)
BbgKVerf	Kommunalverfassung des Landes Brandenburg
BbgVwGG	Gesetz über die Errichtung der Verwaltungsgerichtsbarkeit und zur Ausführung der Verwaltungsgerichtsordnung im Land Brandenburg (Brandenburgisches Verwaltungsgerichtsgesetz)
BDSG	Bundesdatenschutzgesetz
BeckOK BauGB	Spannowsky/Uechtritz, Beck'scher Online-Kommentar zum Baugesetzbuch
BeckOK KommunalR BW GO	Dietlein/Pautsch, Beck'scher Online-Kommentar zum Kommunalrecht Baden-Württemberg
BeckOK WEG	Hogenschurz, Beck'scher Online-Kommentar zum Wohnungseigentumsgesetz
BeckOGK BGB	Gsell/Krüger/Lorenz/Reymann, beck-online.GROSSKOMMENTAR BGB

Literatur- und Abkürzungsverzeichnis

BeckOK KommunalR Hessen HGO	Dietlein/Ogorek, Beck'scher Online-Kommentar zum Kommunalrecht Hessen
BeckOK KommunalR NRW GO	Dietlein/Heusch, Beck'scher Online-Kommentar zum Kommunalrecht Nordrhein-Westfalen
BeckOK VwGO	Posser/Wolff, Beck'scher Online-Kommentar zur Verwaltungsgerichtsordnung
BeckOK VwVfG	Bader/Ronellenfitsch, Beck'scher Online-Kommentar zum Verwaltungsverfahrensgesetz
BEZNG	Bundeseisenbahnneugliederungsgesetz
BGB	Bürgerliches Gesetzbuch
BGBl.	Bundesgesetzblatt
BK GG	Kahl/Waldhoff/Walter, Bonner Kommentar zum Grundgesetz, Loseblatt
BKL BauGB	Battis/Krautzberger/Löhr, Kommentar zum Baugesetzbuch, 15. Aufl. 2022
BlnKiStG	Berliner Gesetz über die Erhebung von Steuern durch Kirchen, Religions- und weltanschauliche Gemeinschaften (Berliner Kirchensteuergesetz)
BMF	Bundesministerium der Finanzen
Böttcher ZVG	Böttcher, Kommentar zum Zwangsversteigerungsgesetz, 7. Aufl. 2022
BrAGVwGO	Brandenburgisches Gesetz zur Ausführung der Verwaltungsgerichtsordnung
Brandis/Heuermann	Brandis/Heuermann, Kommentar zum EStG, KStG, GewStG und anderen Gesetzen, Loseblatt (ehemals Blümich)
BrGVG	Bremisches Gesetz über die Vollstreckung von Geldforderungen im Verwaltungswege
BR-Drs.	Bundesrats-Drucksache
BStBl.	Bundessteuerblatt
BT-Drs.	Bundestags-Drucksache
Buchst.	Buchstabe
BVerfG	Bundesverfassungsgericht
BVerwG	Bundesverwaltungsgericht
BWAGFGO	Baden-Württembergisches Gesetz zur Ausführung der Finanzgerichtsordnung
BWAGVwGO	Baden-Württembergisches Gesetz zur Ausführung der Verwaltungsgerichtsordnung
BWGrStAnVO	Baden-Württembergische Grundsteuer-Anerkennungsverordnung
BWKAG	Kommunalabgabengesetz Baden-Württemberg
BWKiStG	Baden-Württembergisches Gesetz über die Erhebung von Steuern durch Kirchen, Religions- und weltanschauliche Gemeinschaften (Baden-Württembergisches Kirchensteuergesetz)
BWLGrStG	Baden-Württembergisches Landesgrundsteuergesetz
BWLVwVfG	Verwaltungsverfahrensgesetz für Baden-Württemberg
BWLVwVG	Verwaltungsvollstreckungsgesetz für Baden-Württemberg
ca.	circa

Literatur- und Abkürzungsverzeichnis

David HmbVerf. . . .	David/Stüber, Verfassung der Freien und Hansestadt Hamburg, Kommentar zum Wahl- und Volksbildungsrecht, zum Haushaltsrecht und zum Recht des Beauftragten für Datenschutz und Informationsfreiheit, 2020
Depré ZVG	Depré, Kommentar zum Zwangsversteigerungsgesetz, 2. Aufl. 2019
dh	das heißt
DHS GG	Dürig/Herzog/Scholz, Kommentar zum Grundgesetz, Loseblatt (ehemals Maunz/Dürig)
Dreier GG	Dreier, Kommentar zum Grundgesetz, 3 Bände, 3. Aufl. 2013 ff.
DSchG Bln	Denkmalschutzgesetz Berlin
Düsing/Martinez . . .	Düsing/Martinez, Kommentar zum Agrarrecht, 2016
DV	Die Verwaltung (Zeitschrift)
EAS VwVG	Engelhardt/App/Schlatmann, Kommentar zum Verwaltungsvollstreckungs- und Verwaltungszustellungsgesetz, 12. Aufl. 2021
Ehlers/Pünder AllgVerwR	Ehlers/Pünder, Allgemeines Verwaltungsrecht, 15. Aufl. 2015
EinfGRealStG	Einführungsgesetz zu den Realsteuergesetzen vom 1.12.1936
EuGH	Europäischer Gerichtshof
EZBK BauGB	Ernst/Zinkahn/Bielenberg/Kratzberger, Kommentar zum Baugesetzbuch, Loseblatt
FA	Finanzamt
Felsmann	Felsmann/Pape/Giere/König/Wiegand, Einkommensbesteuerung der Land- und Forstwirte, Loseblatt
FGO	Finanzgerichtsordnung
FPS WoFG	Fischer-Dieskau/Pergande/Schwender, Wohnungsbaurecht, Loseblatt
Fischer-Lescano/ Sperlich	Fischer-Lescano/Sperlich, Landesrecht Bremen, 2. Aufl. 2021
FlurbG	Flurbereinigungsgesetz
FM	Finanzministerium
FS	Festschrift
FS Döllerer	Klein/Knobbe-Keuk/Moxter, Handelsrecht und Steuerrecht: Festschrift für Dr. Dr. H.c. Georg Döllerer, 1988
FS Vogel	Kirchhof/Lehner/Raupach/Rodi, Staaten und Steuern: Festschrift für Klaus Vogel zum 70. Geburtstag, 2000
G	Gesetz
GLE	Gleichlautender Erlass der Obersten Finanzbehörden der Länder
gem.	gemäß
GemO BW	Gemeindeordnung für Baden-Württemberg
Gern/Brüning KommunalR	Gern/Brüning, Deutsches Kommunalrecht, 4. Aufl. 2019
GHN AEUV	Grabitz/Hilf/Nettesheim, Das Recht der Europäischen Union: EUV/AEUV, Loseblatt
GG	Grundgesetz
ggf.	gegebenenfalls
ggü.	gegenüber
GO NRW	Gemeindeordnung für das Land Nordrhein-Westfalen
Gosch AO/FGO . . .	Gosch, Kommentar zur Abgabenordnung und Finanzgerichtsordnung, Loseblatt
Gosch KStG	Gosch, Kommentar zum Körperschaftsteuergesetz, 4. Aufl. 2020

Literatur- und Abkürzungsverzeichnis

Gottwald/Haas InsR-HdB	Gottwald/Haas, Insolvenzrechts-Handbuch, 6. Aufl. 2020
Gräber FGO	Gräber, Kommentar zur Finanzgerichtsordnung, 9. Aufl. 2019
grds.	grundsätzlich
Grootens GrStG/BewG	Grootens, Kommentar zum Grundsteuer- und Bewertungsgesetz, 2020
GrStBefrZustAO	Anordnung über die für Anerkennungen bei der Grundsteuerbefreiung und dem Grundsteuererlaß nach dem Grundsteuergesetz zuständigen Behörden
GrStG-Saar	Saarländisches Grundsteuergesetz
Grüneberg BGB	Grüneberg, Kommentar zum Bürgerlichen Gesetzbuch, 81. Aufl. 2022 (ehemals Palandt)
GVBl.	Gesetz- und Verordnungsblatt
HDSchG	Hessisches Denkmalschutzgesetz
HDSG	Hessisches Datenschutzgesetz
HessAGVwGO	Hessisches Gesetz zur Ausführung der Verwaltungsgerichtsordnung
HessLT-Drs.	Hessische Landtags-Drucksache
HessVwVG	Hessisches Verwaltungsvollstreckungsgesetz
HGB	Handelsgesetzbuch
HGO	Hessische Gemeindeordnung
HGrStG	Hessisches Grundsteuergesetz
HHR EStG/KStG	Hermann/Heuer/Raupach, Kommentar zum EStG und KStG, Loseblatt
HHSp AO/FGO	Hübschmann/Hepp/Spitaler, Kommentar zur Abgabenordnung und Finanzgerichtsordnung, Loseblatt
HKiStG	Hessisches Gesetz über die Erhebung von Steuern durch Kirchen, Religions- und weltanschauliche Gemeinschaften (Hessisches Kirchensteuergesetz)
hM	herrschende Meinung
HmbAGFGO	Hamburgisches Gesetz zur Ausführung der Finanzgerichtsordnung
HmbAGVwGO	Hamburgisches Gesetz zur Ausführung der Verwaltungsgerichtsordnung
HmbBü-Drs.	Hamburgische Bürgerschafts-Drucksache
HmbDSG	Hamburgisches Datenschutzgesetz
HmbGrStG	Hamburgisches Grundsteuergesetz
HSV VerwR	Hoffmann-Riem/Schmidt-Aßmann/Voßkuhle, Grundlagen des Verwaltungsrechts, 3 Bände, 2. Aufl. 2012 ff.
Hüffer/Koch AktG	Hüffer/Koch, Kommentar zum Aktiengesetz, 15. Aufl. 2021
Hüttemann GemeinnützigkeitsR	Hüttemann, Gemeinnützigkeits- und Spendenrecht, 5. Aufl. 2021
idR	in der Regel
iErg	im Ergebnis
iHv	in Höhe von
insb.	insbesondere
InsO	Insolvenzordnung
iSd	im Sinne des
Isensee/Kirchhof StaatsR-HdB	Isensee/Kirchhof, Handbuch des Staatsrechts der Bundesrepublik Deutschland, Handbuch, 12 Bände, 3. Aufl. 2003 ff.
iVm	in Verbindung mit

Literatur- und Abkürzungsverzeichnis

Jaeger InsO	Jaeger, Kommentar zur Insolvenzordnung, 7 Bände, 2008 ff.
Jarass/Pieroth GG	Jarass/Pieroth, Kommentar zum Grundgesetz, 17. Aufl. 2022
JustG Bln	Justizgesetz Berlin
JustG NRW	Gesetz über die Justiz im Land Nordrhein-Westfalen (Justizgesetz Nordrhein-Westfalen)
KAG	Kommunalabgabengesetz
KAG-LSA	Kommunalabgabengesetz Sachsen-Anhalt
Kap.	Kapitel
Kirchhof/Seer EStG	Kirchhof/Seer, Kommentar zum Einkommensteuergesetz, 20. Aufl. 2021
Kleiber Verkehrswertermittlung	Kleiber, Verkehrswertermittlung von Grundstücken, 9. Aufl. 2019
Klein AO	Klein, Kommentar zur Abgabenordnung, 15. Aufl. 2020
Kopp/Ramsauer VwVfG	Kopp/Ramsauer, Kommentar zum Verwaltungsverfahrensgesetz, 22. Aufl. 2021
Kopp/Schenke VwGO	Kopp/Schenke, Kommentar zur Verwaltungsgerichtsordnung, 27. Aufl. 2021
Korn EStG	Korn, Kommentar zum Einkommensteuergesetz, Loseblatt
krit.	kritisch
KSM EStG	Kirchhof/Söhn/Mellinghoff, Kommentar zum Einkommensteuergesetz, Loseblatt
KSS BewG	Kreutziger/Schaffner/Stephany, Kommentar zum Bewertungsgesetz, 5. Aufl. 2021
KSVG	Gesetz über die Sozialversicherung der selbständigen Künstler und Publizisten (Künstlersozialversicherungsgesetz)
KV M-V	Kommunalverfassung für das Land Mecklenburg-Vorpommern
KVG LSA	Kommunalverfassungsgesetz des Landes Sachsen-Anhalt
Leingärtner	Leingärtner, Besteuerung der Landwirte, Loseblatt
LSAAGVwGO	Sachsen-Anhalt: Gesetz zur Ausführung der Verwaltungsgerichtsordnung und des Bundesdisziplinargesetzes
Lüdtke-Handjery/ v. Jeinsen HöfO	Lüdtke-Handjery/v. Jeinsen, Kommentar zur Höfeordnung, 11. Aufl. 2015
Martin/Krautzberger, Denkmalschutz und Denkmalpflege	Martin/Krautzberger, Handbuch Denkmalschutz und Denkmalpflege, 4. Aufl. 2017
MüKoBGB	Säcker/Rixecker/Oetker/Limperg, Münchener Kommentar zum Bürgerlichen Gesetzbuch, 13 Bände, 8. Aufl. 2018 ff.
MüKoInsO	Stürner/Eidenmüller/Schoppmeyer, Münchener Kommentar zur Insolvenzordnung, 4 Bände, 4. Aufl. 2019 ff.
MV	Mecklenburg-Vorpommern
MVAGGerStrG	Gesetz zur Ausführung des Gerichtsstrukturgesetzes des Landes Mecklenburg-Vorpommern
MVGrStZustG	Gesetz zur Übertragung der Zuständigkeit der Gemeinden für die Festsetzung und Erhebung der Grundsteuer des Landes Mecklenburg-Vorpommern (Grundsteuerzuständigkeitsgesetz Mecklenburg-Vorpommern)

Literatur- und Abkürzungsverzeichnis

Nds	Niedersachsen, niedersächsische/s/r
NDSchG	Niedersächsisches Denkmalschutzgesetz
NDSG	Niedersächsisches Datenschutzgesetz
NdsKiStRG	Niedersächsisches Gesetz über die Erhebung von Steuern durch Kirchen, andere Religionsgemeinschaften und Weltanschauungsgemeinschaften (Niedersächsisches Kirchensteuerrahmengesetz)
NdsLT-Drs.	Niedersächsische Landtags-Drucksache
nF	neue Fassung
NGrStG	Niedersächsisches Grundsteuergesetz
NJG	Niedersächsisches Justizgesetz
NKomVG	Niedersächsisches Kommunalverfassungsgesetz
NRW	Nordrhein-Westfalen
NRWGrStAnerkVO	Grundsteuer-Anerkennungsverordnung des Landes Nordrhein-Westfalen
NRWKiStG	Nordrhein-Westfälisches Kirchensteuergesetz
NVwVG	Niedersächsisches Verwaltungsvollstreckungsgesetz
NWDSchG	Gesetz zum Schutz und zur Pflege der Denkmäler im Lande Nordrhein-Westfalen (Denkmalschutzgesetz)
OVG	Oberverwaltungsgericht
RealStÜG	Gesetz zur Übertragung der Verwaltung der Realsteuern auf die Gemeinden (Realsteuerverwaltungübertragungsgesetz)
RealStZustG	Gesetz über die Zuständigkeit für die Festsetzung und Erhebung der Realsteuern
RhPfDSchG	Denkmalschutzgesetz des Landes Rheinland-Pfalz
rkr.	rechtskräftig
Rn.	Randnummer
Rössler/Troll BewG	Rössler/Troll, Kommentar zum Bewertungsgesetz, Loseblatt
RP	Rheinland-Pfalz
RPAGVwGO	Ausführungsgesetz zur Verwaltungsgerichtsordnung des Landes Nordrhein-Westfalen
RPKAG	Kommunalabgabengesetz Rheinland-Pfalz
RPLVwVG	Landesverwaltungsvollstreckungsgesetz Rheinland-Pfalz
Rs.	Rechtssache
Rspr.	Rechtsprechung
RStErhG	Realsteuererhebungsgesetz
s.	siehe
sa	siehe auch
SaarAGVwGO	Saarländisches Ausführungsgesetz zur Verwaltungsgerichtsordnung
SaarAnerkV	Saarländische Grundsteuer-Anerkennungsverordnung
SaarDSchG	Saarländisches Denkmalschutzgesetz
SaarKAG	Kommunalabgabengesetz Saarland
Sachs GG	Sachs, Kommentar zum Grundgesetz, 9. Aufl. 2021
SächsDSchG	Sächsisches Denkmalschutzgesetz
SächsGemO	Gemeindeordnung für den Freistaat Sachsen (Sächsische Gemeindeordnung)
SächsGrStAnerkVO	Sächsische Grundsteuer-Anerkennungsverordnung
SächsGrStMG	Sächsisches Grundsteuermesszahlengesetz
SächsJG	Gesetz über die Justiz im Freistaat Sachsen (Sächsisches Justizgesetz)
SächsKAG	Sächsisches Kommunalabgabengesetz
SächsLT-Drs.	Sächsische Landtags-Drucksache

Literatur- und Abkürzungsverzeichnis

SächsVwVG	Verwaltungsvollstreckungsgesetz für den Freistaat Sachsen
SBS VwVfG	Stelkens/Bonk/Sachs, Kommentar zum VwVfG, 9. Aufl. 2018
SchlHGrStGZustVO	Landesverordnung über zuständige Behörden nach dem Grundsteuergesetz des Landes Schleswig-Holstein
Schmitt/Hörtnagl UmwG/UmwStG	Schmitt/Hörtnagl, Kommentar zum Umwandlungs- und Umwandlungssteuergesetz, 9. Aufl. 2020
Schneider GrStG	Schneider, Kommentar zum Grundsteuergesetz, Loseblatt
Schoch/Schneider VwGO	Schoch/Schneider, Kommentar zur Verwaltungsgerichtsordnung, Loseblatt
SHGO	Gemeindeordnung für Schleswig-Holstein
SHKiStG	Gesetz über die Erhebung von Kirchensteuern im Lande Schleswig-Holstein (Kirchensteuergesetz)
SHLJG	Landesjustizgesetz Schleswig-Holstein
SHLVwG	Allgemeines Verwaltungsgesetz für das Land Schleswig-Holstein (Landesverwaltungsgesetz Schleswig-Holstein)
SHLVwVG	Schleswig-Holsteinisches Verwaltungs-Vollstreckungsgesetz
SLKiStG	Saarländisches Kirchensteuergesetz
Sodan/Ziekow VwGO	Sodan/Ziekow, Kommentar zur Verwaltungsgerichtsordnung, 5. Aufl. 2018
sog.	sogenannt(e)
Sonnleitner/Witfeld InsSteuerR	Sonnleitner, Insolvenz- und Sanierungssteuerrecht, 2. Aufl. 2022
Staudinger BGB	Staudinger, Kommentar zum Bürgerlichen Gesetzbuch, Band 3, 2018
Stenger/Loose BewG	Stenger/Loose, Kommentar zum Bewertungs-, Erbschaft- und Schenkungsteuer- und Grundsteuergesetz, Loseblatt
Stöber ZVG	Stöber, Kommentar zum Zwangsversteigerungsgesetz, 22. Aufl. 2019
Stöber ZVG-HdB	Stöber, Handbuch: Zwangsvollstreckung in das unbewegliche Vermögen, 9. Aufl. 2010
str.	streitig, strittig
stRspr	ständige Rechtsprechung
StrWG NRW	Straßen- und Wegegesetz des Landes Nordrhein-Westfalen
SVwVG	Saarländisches Verwaltungsvollstreckungsgesetz
ThürAGVwGO	Thüringer Gesetz zur Ausführung der Verwaltungsgerichtsordnung
ThürDSchG	Thüringer Gesetz zur Pflege und zum Schutz der Kulturdenkmale (Thüringer Denkmalschutzgesetz)
ThürKAG	Thüringer Kommunalabgabengesetz
ThürKO	Thüringer Gemeinde- und Landkreisordnung (Thüringer Kommunalordnung)
ThürVwZVG	Thüringer Verwaltungszustellungs- und Vollstreckungsgesetz
Tipke/Kruse AO/FGO	Tipke/Kruse, Kommentar zur Abgabenordnung und Finanzgerichtsordnung, Loseblatt
Tipke/Lang SteuerR	Tipke/Lang, herausgegeben von Seer/Hey/Montag/Englisch/Heinrichs, Steuerrecht, 24. Aufl. 2021
Troll/Eisele GrStG	Troll/Eisele, Kommentar zum Grundsteuergesetz, 12. Aufl. 2021
Tz.	Textziffer
u.	und, unter, unten
Uhlenbruck InsO	Uhlenbruck, Kommentar zur Insolvenzordnung, 15. Aufl. 2019

Literatur- und Abkürzungsverzeichnis

Urt.	Urteil
usw	und so weiter
uU	unter Umständen
v. Campenhausen/ de Wall StaatsKirchenR	von Campenhausen/de Wall, Staatskirchenrecht, 4. Aufl. 2006
va	vor allem
Vfg.	Verfügung
VG	Verwaltungsgericht
VGH	Verwaltungsgerichtshof
vgl.	vergleiche
vH	vom Hundert
vMKS GG	von Mangoldt/Klein/Starck, Kommentar zum Grundgesetz, 3 Bände, 7. Aufl. 2018
VO	Verordnung
VwGO	Verwaltungsgerichtsordnung
VwVfG	Verwaltungsverfahrensgesetz
VwVfG M-V	Verwaltungsverfahrens-, Zustellungs- und Vollstreckungsgesetz des Landes Mecklenburg-Vorpommern (Landesverwaltungsverfahrensgesetz)
VwVG	Verwaltungs-Vollstreckungsgesetz
VwVG LSA	Verwaltungsvollstreckungsgesetz Sachsen-Anhalt
VwVG NRW	Verwaltungsvollstreckungsgesetz für das Land Nordrhein-Westfalen (Verwaltungsvollstreckungsgesetz NRW)
VwVGBbg	Verwaltungsvollstreckungsgesetz für das Land Brandenburg
Wallenhorst/ Halaczinsky Besteuerung	Wallenhorst/Halaczinsky, Die Besteuerung gemeinnütziger Vereine, Stiftungen und der juristischen Personen des öffentlichen Rechts, 7. Aufl. 2017
WoFG	Wohnraumförderungsgesetz
WSH PPP	Weber/Schäfer/Hausmann, Public Private Partnership, 2. Aufl. 2018
zB	zum Beispiel
Zimmermann ImmowertV	Zimmermann, Kommentar zur Immobilienwertermittlungsverordnung, 2. Aufl. 2019
ZPO	Zivilprozessordnung
zT	zum Teil
ZVG	Zwangsversteigerungsgesetz

Grundlagen

Übersicht

	Rn.
A. Die Grundsteuer als bundes- und/oder landesgesetzlich geregelte Gemeindesteuer	1
B. Historie des Grundsteuerrechts und Grundsteuerreform 2019	3
C. Die bundesgesetzliche Regelung der Grundsteuer	16
I. Systematische Einordnung und Belastungsgrund	16
II. Steuergegenstand, Bemessungsgrundlage, Steuerermittlung und Steuerschuldner	21
1. Überblick	21
2. Die wirtschaftlichen Einheiten und ihre Bewertung	22
a) Bedeutung der wirtschaftlichen Einheit	22
b) Land- und forstwirtschaftliches Vermögen	23
c) Grundvermögen	27
3. Steuermesszahlen	40
III. Verwaltungsverfahren	42
1. Von der Wertfeststellung bis zum Grundsteuerbescheid (gestuftes Verwaltungsverfahren)	42
2. Änderung von Grundsteuer-Verwaltungsakten	50
3. Automatisierungsstrategie, Mitwirkungspflichten und Kontrollbefugnisse	51
4. Erhebung und Beitreibung der Grundsteuer	55
IV. Rechtsschutz	57
1. Rechtsschutz bei gestuften Verwaltungsverfahren	57
2. Außergerichtlicher Rechtsschutz	60
3. Gerichtlicher Rechtsschutz durch Finanz- und Verwaltungsgerichte	62
4. Fragen der Rechtsbehelfsbefugnis (insb. in Überwälzungskonstellationen)	67
V. Steuerstrafrecht („Grundsteuerhinterziehung")	69
D. Abweichungen in den einzelnen Bundesländern	74
I. Die Abweichungsbefugnis der Länder nach Art. 72 Abs. 3 S. 1 Nr. 7 GG	74
II. Baden-Württemberg (Bodenwertmodell)	80
III. Bayern (Flächenmodell)	84
IV. Hamburg (Wohnlagemodell)	86
V. Niedersachsen und Hessen (Flächenmodell mit Lage-Faktor)	88
VI. Sachsen und Saarland (Grundsteuermesszahlabweichung)	91
E. Materielle Verfassungsrechtsfragen	92
I. Grundrechtsfester Kern der Grundsteuer	92
II. Gleichheitsrechtliche Fragen	93
1. Vorgaben aus der Entscheidung des Bundesverfassungsgerichts vom 10.4.2018 (1 BvL 11/14 ua)	93
2. Bundesgrundsteuerrecht in der Fassung des Grundsteuerreformgesetzes vom 26.11.2019	97
a) Verfassungsfester Sollertragsgedanke	97

	Rn.
b) Folgerichtigkeitszusammenhang zwischen Belastungsgrund und Bemessungsgrundlage in konzeptioneller Hinsicht ...	98
c) Folgerichtige Umsetzung des Bemessungsziels im Detail ..	102
d) Messzahldifferenzierungen	115
3. Landesgrundsteuergesetz Baden-Württemberg	116
a) Verfassungsrechtliche Unbedenklichkeit zweier Belastungsgründe	116
b) Folgerichtige Verknüpfung von Belastungsgrund und Bemessungsziel	117
c) Verfassungsrechtlich zulässige Typisierungen in Bezug auf den Bodenrichtwert.........................	120
d) (Nicht alle) Wohnnutzungen begünstigende Messzahlermäßigung...............................	121
4. Sächsisches Grundsteuermesszahlengesetz und Saarländisches Grundsteuergesetz	124
5. Wertunabhängige Modelle.......................	125
III. Freiheitsrechtliche Fragen	128
1. Freiheitsrechtlicher Schutz gegenüber der Grundsteuerbelastung (Substanzbesteuerungsverbot?)	128
2. Kein freiheitsrechtliches Gebot der Verschonung des (existenznotwendigen) Gebrauchsvermögens	132
IV. Rechtsschutzfragen (Gebot eines effektiven Rechtsschutzes, Art. 19 Abs. 4 GG)............................	133

A. Die Grundsteuer als bundes- und/oder landesgesetzlich geregelte Gemeindesteuer

1 Die Gemeinden sind organisationsrechtlich Teil der Länder (BVerfG 27.5.1992 – 2 BvF 1/88 ua, BVerfGE 86, 148 [215]), nehmen aber finanzverfassungsrechtlich eine gewisse Sonderstellung ein. Das Grundgesetz zeichnet insoweit nach, dass der Staatsaufbau zweistufig ist, der drei- oder mehrstufige Verwaltungsaufbau allerdings eine gesonderte, mit Selbstverwaltungsgarantie ausgestattete kommunale Ebene kennt (*Waldhoff* DStJG 35 [2012], 11 [17]). Von Anfang an umfasste das Recht der Gemeinden, alle Angelegenheiten der örtlichen Gemeinschaft in eigener Verantwortung zu regeln, auch die Finanzhoheit. Zu dieser wiederum gehörte auch die Steuer- und Abgabenhoheit, die den Gemeinden erlaubt, ihre Einwohner aus eigenem Recht zu den aus der Aufgabenerfüllung resultierenden Lasten heranzuziehen (BVerfG 27.1.2010 – 2 BvR 2185/04, BVerfGE 125, 141 [159] mit Nachweisen). Hieran hat der verfassungsändernde Gesetzgeber später mit Art. 106 Abs. 6 GG angeknüpft, zuerst mit der verfassungsunmittelbaren Gläubigerstellung der Kommunen für die Realsteuern (Gesetz v. 24.12.1956, BGBl. 1956 I 1077; dazu BT-Drs. II/480) und dann mit der verfassungsrechtlichen Festschreibung des Hebesatzrechts (Gesetz v. 12.5.1969, BGBl. 1969 I 359; dazu BT-Drs. V/2861, 47). Aus diesen Regeln soll allerdings – so das BVerfG – nicht zu folgern sein, dass das Grundgesetz den Gemeinden die Gewerbe- und Grundsteuer als solche garantiert. Die Ertrags- und Hebesatzhoheit schützen also nicht vor dem Wegfall ihres Gegenstandes (BVerfG 27.1.2010 – BvR 2185/04, BVerfGE 125, 141 [161]). Dies änderte sich erst im Jahr 1997 mit der Ergänzung des Art. 28 Abs. 2 S. 3 GG, der seitdem „klarstellt", dass den Gemeinden eine mit Hebesatzrecht versehene wirtschaftskraftbezogene Steuerquelle zusteht (Gesetz v. 20.10.1997, BGBl. 1997 I 2470). Die Regelung erfasst allerdings nur die Gewerbeertragsteuer (vgl. BVerwG 27.10.2010 – 8 C 43/09, BVerwGE 138, 89 Rn. 18). **Die Grundsteuer hingegen hat bis heute keine institutionelle verfassungsrechtliche Existenzgarantie erfahren.** Sie existiert, weil der einfache Bundes- bzw. Landesgesetzgeber es so will, und insb. so, wie er es will.

Im Ausgangspunkt steht dem Bund die konkurrierende Gesetzgebungskompetenz zu (Art. 105 Abs. 2 S. 1 GG; rückblickend auch → Rn. 13). Diese umfasst alle die Grundsteuer betreffenden Fragen (Auswahl und Ausgestaltung des Belastungsgrundes, Steuerbefreiungen, Steuerschuldner, etc). Gemäß Art. 72 Abs. 3 S. 1 GG können die Länder allerdings durch Gesetz vom Bundesrecht abweichende Regelungen über die Grundsteuer treffen (sog. Abweichungsgesetzgebung, eingehend → Rn. 74ff.). Sowohl der Bundes- als auch die Landesgesetzgeber sind wegen Art. 106 Abs. 6 S. 2 GG freilich in zweierlei Hinsicht limitiert: Erstens ist das Hebesatzrecht verfassungsrechtlich zwingend und zweitens ist seine Ausübung durch Rechtsatz der Regelungskompetenz des Art. 105 Abs. 2 GG grundsätzlich entzogen (*Seiler* in DHS GG Art. 106 Rn. 173). Letzteres bedeutet allerdings nicht, dass dem Gesetzgeber nicht gestattet wäre, Mindest- oder Höchsthebesätze vorzugeben. Die vom BVerfG insoweit in Ansehung der Gewerbesteuer aufgestellten Grundsätze (und Grenzen) (BVerfG 27.1.2010 – 2 BvR 2185/04, BVerfGE 125, 141 [153ff.]) gelten auch für die Grundsteuer. Gegenwärtig kennt die Grundsteuer allerdings keine Mindesthebesätze. Entsprechendes gilt für die – der Landesgesetzgebung überantworteten (→ GrStG § 26 Rn. 3ff.) – Höchsthebesätze.

B. Historie des Grundsteuerrechts und Grundsteuerreform 2019

Literatur: *Andreae* in Neumark, Handbuch der Finanzwissenschaft, Band 2, 3. Aufl. 1980, ff.; *Feld/Fritz*, Das Finanzsystem der Kommunen aus ökonomischer Sicht, DStJG 35 (2012), 61; *Schmehl*, Kritische Bestandsaufnahme der Grundsteuer, DStJG 35 (2012), 249; *J. Lang*, Bestandsaufnahme der kommunalsteuerlichen Reformmodelle, DStJG 35 (2012), 307; *Krumm*, Steuerliche Bewertung als Rechtsproblem, 2014; *Nehls/Scheffler*, Grundsteuerreform: Aufkommens- und Belastungswirkungen des Äquivalenz-, Kombinations- und Verkehrswertmodells, IFSt-Schrift 503, 2015; *Fuest/Immel/Meier/Neumeier*, Die Grundsteuer in Deutschland: Finanzwissenschaftliche Analyse und Reformoptionen, 2018; *Scheffler/Roith*, Leitlinien für eine Reform der Grundsteuer, IFSt-Schrift 526, 2018; *Ronnecker*, Bodenwertsteuer als Reformmodell für die Grundsteuer – Eine Bewertung aus kommunaler Sicht, ZKF 2018, 49; *Hey*, Grundsteuerreform 2019 – Gibt der Gesetzgeber die richtigen Antworten auf das Grundsteuerurteil des BVerfG vom 10. April 2018?, ZG 2019, 297; *Löhr*, Entwurf zum Grundsteuer-Reformgesetz: Die große Unvollendete, DStR 2019, 1433; *Seer*, Reform der Grundsteuer nach dem Entwurf der Bundesregierung, FR 2019, 941; *G. Kirchhof*, Der Belastungsgrund von Steuern – zum verfassungsrechtlichen Auftrag, die Grundsteuer zu reformieren, DStR 2020, 1073; *Löhr*, Das neue hessische Landesgrundsteuer-Modell – Königsweg oder Sackgasse?, BB 2020, 1687; *Schmidt*, Verfassungswidrigkeit der Grundsteuer als Flächensteuer, DStR 2020, 249.

An den Grundbesitz anknüpfende Steuern haben eine lange Tradition (s. die Darstellung bei *Andreae* in Neumark, Handbuch der Finanzwissenschaft, Band 2, 579ff.). Im Hinblick auf das heute geltende Grundsteuerrecht und das ein oder andere historische Traditionsargument erscheint es sinnvoll, zumindest die wesentlichen gesetzgeberischen Entwicklungsschritte der letzten hundert Jahre kurz

Grundlagen Historie des Grundsteuerrechts, Grundsteuerreform 2019

nachzuzeichnen. Da der Gesetzgeber über lange Zeit das Konzept eines „einheitlichen Bewertungsrechts" für verschiedene Steuerarten verfolgt hat, lassen sich die Entwicklungsschritte nur nachvollziehen, wenn man neben den Grundsteuergesetzen auch die gesetzlichen Regelungen des dergestalt vor die Klammer gezogenen Bewertungsrechts einbezieht. Denn gerade hier liegen die Probleme und damit in letzter Konsequenz auch die Anlässe für (nicht immer freiwillige) Reformen.

4   Der erste ernst zu nehmende Versuch, eine einheitliche Bewertung materiellrechtlich zu kodifizieren und durch einen reichseinheitlichen Vollzug abzusichern, kann wohl dem Reichsbewertungsgesetz vom 10.8.1925 (RGBl. I 1925, 899, dazu RT-Drs. 400 Nr. 797, 23) zugeschrieben werden. Es hatte damals schon Bedeutung für die Grundsteuergesetze der Länder, allerdings blieb es den Ländern unbenommen, insoweit eigene Bewertungsvorschriften vorzusehen (*Halaczinsky* in Rössler/Troll BewG Einführung Rn. 3). Das änderte sich sodann mit der nächsten Reform des Bewertungsrechts durch das **Reichsbewertungsgesetz vom 16.10.1934** (RBewG 1934, RGBl. I 1934, 1035, dazu RStBl. 1934, 161). Das RBewG 1934 brachte den sog. Einheitswert mit dem ehrgeizigen – und letztlich gescheiterten (→ Rn. 7 ff.) – Ziel, Gegenstände mit einem Wert einheitlich für verschiedene Steuerarten (damals fokussiert auf die stichtagsmäßig relevante Vermögensteuer, Grundsteuer, Gewerbesteuer) festzustellen und diesen Wert in regelmäßigen Abständen (ursprünglich: alle sechs Jahre für land- und forstwirtschaftliche Betriebe und viele bebaute Grundstücke, alle drei Jahre für Betriebe, s. § 46 RBewG 1934) zu überprüfen. Das RBewG 1934 setzte die Idee einer einheitlichen Bewertung nicht nur materiell-rechtlich, sondern auch konsequent verfahrensrechtlich um („gesonderte Feststellung der Einheitswerte", s. § 20 RBewG 1934).

5   Unmittelbar im Nachgang zum RBewG 1934 erfolgte die reichseinheitliche Regelung des Grundsteuerrechts. Das **Grundsteuergesetz vom 1.12.1936** (GrStG 1936, RGBl. I 1936, 986; dazu RStBl. 1937, 717) löste eine wenig befriedigende (im Notverordnungswege bestimmte) Reichsrahmenrechtssetzung (vgl. die VO v. 1.12.1930, RGBl. I 1930, 517) und die Landesgrundsteuergesetze ab. Aus der damaligen Perspektive folgerichtig benennt die Gesetzesbegründung zum GrStG 1936 die „Verkopplung der Grundsteuer mit der Einheitsbewertung" als das „Kernstück der Vereinheitlichung des Grundsteuerrechts" (RStBl. 1937, 717). Das GrStG 1936 wirkt konzeptionell und auch inhaltlich in nicht unbeträchtlichem Umfang bis heute im geltenden Grundsteuerrecht fort: Dies betrifft vor allem die Steuerbefreiungen, die Regelungen zur Steuerschuldnerschaft und Haftung sowie die Regelungen zu Messbetrag, Zerlegung und Hebesatz.

6   Nach dem Zweiten Weltkrieg wurden zuerst die Landesgesetzgeber wieder aktiv. Das **Grundgesetz vom 23.5.1949** sah zwar in Art. 105 Abs. 2 Nr. 3 GG 1949 eine konkurrierende Bundesgesetzgebung für die Realsteuern vor (geknüpft an die Voraussetzungen des Art. 72 Abs. 2 GG), Art. 125 Nr. 1 GG konnte das GrStG 1936 aber nur zu fortgeltendem Bundesrecht machen, „soweit es innerhalb einer oder mehrerer Besatzungszonen einheitlich gilt". Eine ausnahmslose Bundeseinheitlichkeit des Grundsteuerrechts ließ sich daher nur durch ein entsprechendes Tätigwerden des Bundesgesetzgebers erreichen. Der Bundesgesetzgeber nahm 1951 daher Änderungen am GrStG 1936 vor (Änderungsgesetz v. 10.8.1951, BGBl. 1951 I 515, dazu BT-Drs. I/1787) und machte das Grundsteuergesetz sodann neu bekannt (BGBl. 1951 I 519). Dieses GrStG 1951 galt bundeseinheitlich mit geringfügigen Ausnahmen betreffend Westberlin. Untergesetzlich wurde das GrStG 1951 – wie

4

zuvor auch schon das GrStG 1936 – durch verschiedene Rechtsverordnungen ergänzt: die Grundsteuer-Durchführungsverordnung (VO v. 29.1.1952, BGBl. 1952 I 79) und die Grundsteuer-Erlassverordnung (VO v. 26.3.1952, BGBl. 1952 I 209). Soweit die nachfolgenden Änderungsgesetze zum GrStG 1936/1951 für das Verständnis der aktuellen Rechtslage noch von Bedeutung sind, werden sie bei den jeweiligen Kommentierungen nachgewiesen.

Die **Verwirklichung der Einheitsbewertung fiel von Anfang an schwer.** Die erste Hauptfeststellung wurde auf den 1.1.1935 durchgeführt. Aufgrund des Zweiten Weltkrieges blieben die nächsten Hauptfeststellungen indes aus. Auch in der neu gründeten Bundesrepublik änderte sich dies nicht. Es wurden lediglich noch Fortschreibungen für die bestehenden wirtschaftlichen Einheiten und Nachfeststellungen für neu entstandene Einheiten vorgenommen – beides jeweils aber immer bezogen auf den Wertfeststellungsstichtag des 1.1.1935. **Rechtspraktisch war die Idee der Einheitsbewertung damit (bereits) in ihrem „ersten Versuch" gescheitert** (*Dötsch* in Stenger/Loose BewG Einführung Rn. 14). Das **Bewertungsrechtsänderungsgesetz vom 10.12.1965** (BGBl. 1965 I 1861, dazu BT-Drs. IV/1488, kurz: BewG 1965) **hielt gleichwohl an der Idee der Einheitswertbewertung fest.** Es scheiterte freilich ebenso: Die Einheitswerte des Grundvermögens sind zuletzt auf den 1.1.1964 festgestellt worden. Weitere (regelmäßige) Wertfeststellungen sind nicht erfolgt. Stattdessen arbeitete das Gesetz mit einem prozentualen Aufschlag auf den zum 1.1.1964 festgestellten Wert, um die Wertveränderungen zwischen 1964 und 1974 abzubilden (vgl. § 121a BewG, eingefügt mit Gesetz v. 17.4.1974, BGBl. 1974 I 949). Vorherrschend war die Vorstellung, dass die Besteuerung nach Verkehrswerten bei den einheitswertabhängigen Steuern die Steuerverwaltung wegen der damit verbundenen Verkomplizierung der Bewertung überfordern würde (BT-Drs. VI/3418, 44). Dies betraf vor allem das Grundvermögen.

Die Reform des Bewertungsrechts war sodann auch Anlass für eine sich einige Jahre später anschließende Reform des Grundsteuerrechts. Mit dem Gesetz zur Änderung bewertungsrechtlicher und anderer steuerrechtlicher Vorschriften vom 27.7.1971 (BGBl. 1971 I 1157) bestimmte der Gesetzgeber, dass die auf den 1.1.1964 festzustellenden Einheitswerte für den Grundbesitz ab 1.1.1974 steuerwirksam werden sollen, gleichzeitig wurde jedoch die Bestimmung der anzuwendenden Besteuerungsmaßstäbe einem besonderen Gesetz vorbehalten. Dies bedeutete zugleich, dass die alten Messzahlen zum 1.1.1974 außer Kraft traten und so drohte folglich – ohne eine neue Festsetzung der Messzahlen – eine Gesetzeslücke (so BT-Drs. 7/485, 4). Dieser Handlungsdruck führte zum **Gesetz zur Reform des Grundsteuerrechts vom 7.8.1973** (BGBl. 1973 I 965), dessen Art. 1 das bis heute geltende Grundsteuergesetz enthielt. Das neue Grundsteuergesetz war ursprünglich integraler Bestandteil des Entwurfs eines Zweiten Steuerreformgesetzes vom 4.5.1972, wurde dann aber gut ein Jahr später – und in einer neuen Legislaturperiode – wegen des genannten Handlungsdrucks vorab eigenständig verabschiedet (erneute Einbringung mit BT-Drs. 7/78). Die Entstehungsgeschichte ergibt sich aber nach wie vor aus den Materialien zum Entwurf des Zweiten Steuerreformgesetzes (s. BT-Drs. VI/3418 iVm BT-Drs. 7/485, 4). Im Vergleich zum GrStG 1936/1951 sind folgende Änderungen hervorzuheben: Die Neufassung der Befreiungsvorschriften (Überführung des § 4 GrStG 1936 in § 3 GrStG einerseits und § 4 GrStG andererseits, unter weitgehender inhaltlicher Übernahme der bekannten Befreiungstatbestände), die noch weitergehende verfahrensrechtliche Anbindung an das BewG und die Überführung vieler Regelungen aus der Grundsteuer-

Grundlagen Historie des Grundsteuerrechts, Grundsteuerreform 2019

Durchführungsverordnung und der Grundsteuer-Erlassverordnung in das Parlamentsgesetz (vor allem in Bezug auf den Erlass der Grundsteuer).

9 Die sog. **Einheitswertbeschlüsse des BVerfG** (BVerfG 22.6.1995 – 2 BvL 37/91, BVerfGE 93, 121 [Vermögensteuer]; 22.6.1995 – 2 BvL 552/91, BVerfGE 93, 165 [Erbschaft- und Schenkungsteuer]), mit denen das Gericht unter anderem auf die Verfassungswidrigkeit der Bewertung des Grundvermögens nach den §§ 138 ff. BewG erkannt hatte, leiteten eine „bewertungsrechtliche Gegenbewegung" ein: Der Vollzugsaspekt (→ Rn. 7 aE) konnte nicht jede Ungleichbehandlung rechtfertigen. Der Gesetzgeber reagierte dergestalt, dass er zwar an dem Konzept der Einheitsbewertung festhielt, dessen Anwendungsbereich aber auf die Grundsteuer und die Gewerbesteuer begrenzte. Für die Erbschaft- und Schenkungsteuer schuf er hingegen mit der sog. Bedarfsbewertung ein eigenständiges Bewertungsregime (mit dem Jahressteuergesetz 1997 v. 20.12.1996, BGBl. 1997 I 2049, dazu BT-Drs. 13/4839), das eine Entkopplung von der Bewertung für Grundsteuerzwecke erfuhr. Gleichwohl blieb vor allem der nachfolgende Zweite Erbschaftsteuerbeschluss des BVerfG aus dem Jahr 2006 (BVerfG 7.11.2006 – 1 BvL 10/02, BVerfGE 117, 1) nicht folgenlos für die Bewertung für Grundsteuerzwecke. Denn die im Kontext der Erbschaftsteuer an den Gesetzgeber adressierte Vorgabe, dass der Belastungsgrund in der Bemessungsgrundlage gleichheitskonform umgesetzt werden muss („sichtbar werden müsse"), betraf auch die Grundsteuer. Entsprechendes gilt für den späteren Beschluss des BVerfG zur Gleichheitswidrigkeit der grunderwerbsteuerlichen – wiederum nach den Vorschriften über den Einheitswert (§§ 138 ff. BewG) ermittelten – Ersatzbemessungsgrundlage (BVerfG 23.6.2015 – 1 BvL 13/11, BVerfGE 139, 285).

10 Im Grunde wusste man schon seit längerer Zeit, dass die Einheitswerte kein relationsgerechtes Abbild der Grundstückswerte mehr vermittelten. Denn die Grundstückswerte hatten sich seit dem 1.1.1964 sehr unterschiedlich entwickelt und zudem wurde nach diesem Datum auch keine Alterswertminderung mehr berücksichtigt (weil alles nach 1964 ausgeblendet wurde). Die damit einhergehende Ungleichbehandlung war erheblich und im Verhältnis der einzelnen Grundstücke zueinander mitunter willkürlich. Dies alles betraf keine „Ausreißer", sondern war systembedingt und betraf die Steuerpflichtigen in der Breite. Dementsprechend behaupteten, mutmaßten oder erahnten dann auch die meisten, dass die hieran anknüpfende Grundsteuer eine gleichheitsrechtliche Prüfung nicht bestehen können würde, wenn man – was immerhin der gesetzgeberischen Grundentscheidung entsprach (vgl. zB BT-Drs. IV/1488, 31) – den Verkehrswert zum Vergleichsmaßstab erklärte und den Rechtfertigungsdruck ernst nahm, wie ihn das BVerfG in seinen Entscheidungen seit den Einheitswertbeschlüssen (→ Rn. 9) vorgezeichnet hatte. Der politische Reformprozess wurde immerhin angestoßen. In den letzten 15 Jahren wurden intensiv Reformvorschläge diskutiert, die sich – damals wie heute – zwischen einer Heranziehung der gesamten Immobilie oder nur einer Grundstücksfläche, und dies mal mehr, mal weniger nach Maßgabe des Verkehrswertes, der Grundstücksnutzung oder anhand ökologischer Kriterien bewegten (siehe zB die Darstellung bei *Nehls/Scheffler* Grundsteuerreform: Aufkommens- und Belastungswirkungen des Äquivalenz-, Kombinations- und Verkehrswertmodells, IFSt-Schrift 503, 2015, 28). Die Politik war aber nicht in der Lage, einen Konsens über Belastungsgrund und Bemessungsgrundlage herbeizuführen. Daher wurde „übergangsweise" an der Einheitsbewertung nach Maßgabe der §§ 138 ff. BewG für Zwecke der Grundsteuer festgehalten.

6

Historie des Grundsteuerrechts, Grundsteuerreform 2019 **Grundlagen**

Der grundsteuerliche Sonderweg des „Übergangsrechts" – man muss sich im 11 Klaren sein: für die Erbschaft- und Schenkungsteuer galten längst neue Bewertungsregeln (reformiert mit dem Gesetz zur Reform des Erbschaftsteuer- und Bewertungsrechts v. 24.12.2008, BGBl. 2008 I 3018) – wurde begünstigt durch den mangelnden Rechtsprechungsdruck von außen. Denn der Bundesfinanzhof hielt den Einheitswert trotz seiner Defizite bei der Grundsteuer wegen ihrer geringen Belastungswirkung zuerst noch für hinnehmbar (BFH 21.2.2006 – II R 31/04, BFH/NV 2006, 1450; 30.7.2008 – II R 5/07, BFH/NV 2009, 7). Das änderte sich erst Mitte 2010, als der II. Senat des Bundesfinanzhofs die Verfassungswidrigkeit zwar für die Zukunft in Aussicht stellte, aber seine Begründung eigentlich schon damals die Verfassungswidrigkeit zum Stichtag 1.1.2007 belegte. Insoweit ist es bedauerlich, dass der II. Senat seiner Vorlagepflicht nach Art. 100 Abs. 1 GG nicht nachkam und meinte, es stattdessen bei einer Appellentscheidung belassen zu dürfen (BFH 30.6.2010 – II R 60/08, BFH/NV 2010, 1691). Bemerkenswerterweise hat gerade die Grundsteuer gezeigt, dass die Einsichts- und Handlungsfähigkeit des Gesetzgebers nicht sehr ausgeprägt ist und solche Appelle wenig bewirken.

Es waren dann auch erst vier Jahre später die Verfahren betreffend die Stichtage 12 1.1.2008 und 1.1.2009, die zu einer Vorlage nach Art. 100 Abs. 1 GG führten (BFH 17.12.2014 – II R 14/13, BFH/NV 2015, 475; 22.10.2014 – II R 16/13, BStBl. II 2014, 957; 22.10.2014 – II R 37/14, BFH/NV 2015, 309) und zusammen mit verschiedenen Verfassungsbeschwerden in der **Entscheidung des BVerfG vom 10.4.2018** mündeten (BVerfG 10.4.2018 – 1 BvL 11/14 ua, BVerfGE 148, 147). Die erhebliche und im Verhältnis der einzelnen Grundstücke zueinander mitunter willkürliche Ungleichbehandlung ließ sich angesichts des strukturellen Mangels, der im Festhalten am Stichtag 1.1.1964 lag, verfassungsrechtlich nicht (mehr) rechtfertigen. Es war die objektive Dysfunktionalität des Bewertungssystems, also vor allem der Verzicht auf regelmäßige Neubewertungen zu weiteren Hauptfeststellungszeitpunkten, die dem Gesetzgeber die Rechtfertigung über den legitimen Zweck der Verwaltungsvereinfachung abschnitt. **Das BVerfG gelangte daher in seinem Urteil vom 10.4.2018 zur Gleichheitswidrigkeit der Regelungen des Bewertungsgesetzes zur Einheitsbewertung von Grundvermögen (jedenfalls) seit dem Jahr 2002**. Es gab dem Gesetzgeber auf, bis spätestens zum 31.12.2019 eine Neuregelung zu treffen. Sofern der Gesetzgeber dem Reformauftrag fristgerecht nachkäme, dürften die (verfassungswidrigen) Regelungen längstens bis zum 31.12.2024 angewendet werden (BVerfG 10.4.2018 – 1 BvL 11/14 ua, BVerfGE 148, 147 Rn. 169ff.). Mit dieser Entscheidung kam der unvermeidbare Handlungsdruck.

Ein Reformergebnis kann der Gesetzgeber seit November 2019 vorweisen: **Das** 13 **Grundsteuerreformgesetz vom 26.11.2019** (BGBl. 2019 I 1794, historische Nachweise → Rn. 15). Der vorangehende politische Prozess war langwierig und wechselhaft, was angesichts der Rahmenbedingungen aber absehbar war: Politisch scheute man die teilweise unvermeidbare Steuererhöhung gerade wegen ihrer Folgewirkungen für den ohnehin angespannten Mietwohnungsmarkt. Gleichwohl ist es ebenso politisch gewollt, den Gemeinden ihre stabilste – weil konjunkturunabhängige – Einnahmequelle zu erhalten. Eine Abschaffung stand nie wirklich zur Diskussion. Diese politische Ausgangslage traf wiederum auf einige nicht veränderbare Determinanten: Auf der einen Seite geht der demographische Wandel auch an der Finanzverwaltung nicht spurlos vorbei. Eine Massenvollzugsaufgabe (es sollen immerhin 36 Mio. wirtschaftliche Einheiten zu bewerten sein) muss mit möglichst wenig Personal erfüllbar sein. Auf der anderen Seite ist das verfassungsrechtliche

Grundlagen Historie des Grundsteuerrechts, Grundsteuerreform 2019

Korsett zu nennen. Das BVerfG gesteht dem Gesetzgeber zwar einen weiten Spielraum in Ansehung des Belastungsgrundes zu, verknüpft dies sodann aber mit der Bemessungsgrundlage (insb. den Bewertungsregeln) und fordert eine gewisse Folgerichtigkeit ein (mit freilich noch nicht abschließend geklärten Maßstäben). Und schließlich schwebte über alledem die Frage der Gesetzgebungskompetenz, die auf die materielle Ausgestaltung zurückwirkte. Es kam nämlich nach alter Verfassungsrechtslage womöglich darauf an, ob sich die Reform noch innerhalb des bestehenden Belastungskonzepts bewegt oder ob eine Neuformulierung des Belastungsgrundes vorliegt (statt vieler mit Nachweisen *Schmidt* NVwZ 2019, 103; *Seer* FR 2019, 941).

14 Die Kompetenzfrage ist durch die Änderung des Grundgesetzes mit dem Gesetz v. 15.11.2019 (BGBl. 2019 I 1546) nunmehr beantwortet (s. Art. 105 Abs. 2 S. 1 GG: konkurrierende Gesetzgebung des Bundes auch für die Grundsteuer). Zugleich wurde eine Abweichungsbefugnis vorgesehen, die es den Ländern ermöglicht, gänzlich eigene Grundsteuergesetze (mit eigener Belastungsentscheidung und eigenen hierauf zugeschnittenen Maßstabsregelungen) zu erlassen. Rechtstechnisch verwirklicht wird dies durch eine Ergänzung des Art. 72 Abs. 3 S. 1 GG, der auch auf anderen Rechtsgebieten bereits eine Abweichungsbefugnis der Länder kennt und den Grundsatz des ansonsten maßgeblichen Art. 31 GG umkehrt: Hat der Bund von seiner Gesetzgebungskompetenz Gebrauch gemacht, können die Länder durch Gesetz hiervon abweichende Regelungen über die Grundsteuer treffen (Art. 72 Abs. 3 S. 1 Nr. 7 GG, → Rn. 74 ff.). Beides – Kompetenzregelung wie auch Abweichungsbefugnis – ist klug. Gegenüber der Öffnungsklausel wird zwar zunehmend die Sorge vor einer Rechtszersplitterung formuliert. Das ist indes ein Argument, das man im Föderalismus gegenüber jeglicher Landesgesetzgebung ins Feld führen könnte (und in vielen Teilbereichen auch immer wieder tut). Natürlich bildet ein einheitliches Steuersystem das Rückgrat eines einheitlichen Wirtschaftsraumes. Dies gilt uneingeschränkt aber nur für Steuern, die an wirtschaftliche Vorgänge anknüpfen, also vor allem für die Einkommen-, Körperschaft- und Umsatzsteuer. Bei der Erbschaft- und Vermögensteuer kann man sich darüber schon streiten. Bei der örtlich radizierten Steuer wie der Grundsteuer ist dies aber gewiss nicht der Fall (aus der verfassungsrechtlichen Perspektive des Art. 72 Abs. 2 GG ebenso *Hantzsch* DStZ 2012, 758 [761 f.]; *Seer* FR 2019, 941 [943 f.]).

15 Das „neue" Bundesgrundsteuerrecht (GrStG und §§ 218 ff. BewG) in der Fassung des **Grundsteuerreformgesetzes v. 26.11.2019** (BGBl. 2019 I 1794, dazu BT-Drs. 19/11085 [Regierungsbegründung]; BT-Drs. 19/14158 [Finanzausschuss]) hat bereits mehrere Ergänzungen und Änderungen erfahren:

- **Gesetz zur Änderung des Grundsteuergesetzes zur Mobilisierung von baureifen Grundstücken** v. 30.11.2019 (BGBl. 2019 I 1875, dazu BT-Drs. 19/11086, [Entwurfsbegründung] und BT-Drs. 19/14159, 11 [Finanzausschuss]): Einführung der sog. Grundsteuer C in § 25 Abs. 5 GrStG (zur zeitlichen Anwendung → GrStG § 37 Rn. 3);
- **Jahressteuergesetz 2020** (JStG 2020) v. 21.12.2020 (BGBl. 2020 I 3096, dazu BT-Drs. 19/22850 [Regierungsbegründung]; BT-Drs. 19/25160 [Finanzausschuss]): Änderung der §§ 2, 17, 36 GrStG und §§ 244, 261 BewG;
- **Fondsstandortgesetz** (FoStoG) v. 3.6.2021 (BGBl. 2021 I 1498, dazu BT-Drs. 19/27631, 112 f. [Entwurfsbegründung]; BT-Drs. 19/28868 [Finanzausschuss]): insb. Anfügung des § 247 Abs. 1 S. 2 BewG zur „Klarstellung" der Maßgeblichkeit des Zonenwertes (→ BewG § 247 Rn. 2, 12 ff.) und im Übrigen Änderung der §§ 253, 259 und 266 BewG;

- **Grundsteuerreform-Umsetzungsgesetz** v. 16.7.2021 (BGBl. 2021 I 2931, dazu BT-Drs. 19/28902 [Gesetzesbegründung]; BT-Drs. 19/30489 [Finanzausschuss]): Änderung von §§ 263, 266 BewG und §§ 15, 19 GrStG. Die **Änderungen der Anlagen 27 ff.** werden vor Anlage 27 nachgewiesen.

C. Die bundesgesetzliche Regelung der Grundsteuer

Literatur: *Feldner/Stoklassa,* Verfassungsrechtliche Fragen zur sog. Länderöffnungsklausel im Rahmen der Grundsteuerreform, DStR 2019, 2505; *Hey,* Grundsteuerreform 2019 – Gibt der Gesetzgeber die richtigen Antworten auf das Grundsteuerurteil des BVerfG vom 10. April 2018?, ZG 2019, 297; *Löhr,* Entwurf zum Grundsteuer-Reformgesetz: Die große Unvollendete, DStR 2019, 1433; *Marx,* Ökonomische Analyse des Grundsteuer-Reformgesetzentwurfs, DStZ 2019, 372; *Seer,* Reform der Grundsteuer nach dem Entwurf der Bundesregierung, FR 2019, 941; *G. Kirchhof,* Der Belastungsgrund von Steuern – zum verfassungsrechtlichen Auftrag, die Grundsteuer zu reformieren, DStR 2020, 1073; *Löhr,* Das neue hessische Landesgrundsteuer-Modell – Königsweg oder Sackgasse?, BB 2020, 1687; *Scheffler/Feldner,* Umsetzung der Grundsteuerreform in den Bundesländern – Auswirkungen und verfassungsrechtliche Beurteilung, IFSt-Schrift 542, 2021.

I. Systematische Einordnung und Belastungsgrund

Das Bundesgrundsteuerrecht bilden das GrStG und die §§ 218–266 BewG. Die **16** Aufspaltung auf zwei Gesetze steht in der Tradition des alten Rechts, ist zwischenzeitlich aber unnötig geworden. Der gesetzliche Terminus ist nunmehr „Grundsteuerwert" (statt „Einheitswert"). Bewertungsziel ist nach wie vor der Verkehrswert der wirtschaftlichen Einheit. Die erste Hauptfeststellung soll auf den Stichtag 1.1.2022 erfolgen (§ 266 Abs. 1 BewG). Die nächste Hauptfeststellung soll sieben Jahre später, also auf den 1.1.2029, stattfinden (→ BewG § 221 Rn. 4). Die Anwendung der auf den 1.1.2022 festgestellten Grundsteuerwerte soll erstmals auf den 1.1.2025 erfolgen (erste Hauptveranlagung, § 266 Abs. 1 BewG und § 36 Abs. 1 GrStG).

Der Bundesgesetzgeber folgt – in der Tradition des alten Grundsteuerrechts (*Seer* **17** in Tipke/Lang SteuerR Rn. 16.1 f.) – weiterhin dem Sollertragsgedanken, dh, er will an die durch das Grundeigentum vermittelte objektive Leistungsfähigkeit anknüpfen: „Steuerobjekt der Grundsteuer ist der Grundbesitz, an den ohne Berücksichtigung der jeweils persönlichen Verhältnisse und subjektiven Leistungsfähigkeit des Steuerschuldners angeknüpft wird und den Steuerpflichtigen dadurch zu einer ertragsbringenden Nutzung anhalten soll. Auch wenn die Grundsteuer nicht an die subjektive Leistungsfähigkeit anknüpft, folgt sie als Sollertragsteuer dem Leistungsfähigkeitsprinzip. Die mit dem Grundbesitz vermittelte Möglichkeit einer ertragsbringenden Nutzung, die durch den Sollertrag widergespiegelt wird, vermittelt eine objektive Leistungsfähigkeit des Steuerschuldners" (BT-Drs. 19/11085, 84). Die Begründung zum Grundsteuerreformgesetz enthält insoweit ein klares „Bekenntnis" (auch noch → Rn. 18) zur durch den Grundbesitz vermittelten Leistungsfähigkeit als Belastungsgrund. Anders als zB bei der Einkommensteuer soll aber nicht die subjektive Leistungsfähigkeit ermittelt werden. Die Grundsteuer belastet vielmehr das bloße Innehaben von Grundbesitz und greift damit auf die durch den Besitz sog. fundierten Einkommens vermittelte (abstrakte) Leistungskraft zu, ohne jedoch die persönlichen Verhältnisse des Eigentümers, die Ausdruck seiner persönlichen Leistungsfähigkeit sein können, tatbestandlich zur Kenntnis zu nehmen (BT-Drs. 19/11085, 84). Es werden daher beispielsweise weder das selbstgenutzte Wohneigentum verschont noch familiäre Verhältnisse (zB Anzahl der Kinder) berücksichtigt (BFH 30.6.2010 – II R 12/09, BStBl. II 2011, 48 Rn. 54; dazu auch noch aus verfassungsrechtlicher Perspektive →Rn. 132). Steuersystematisch stellt die Grundsteuer nach wie vor eine Vermögensteuer dar (*Seer* in Tipke/Lang SteuerR Rn. 16.1; *Tipke* FS Wacke, 1972, 211 [220]) und zwar eine **„Sonderbruttovermögenssteuer"** auf das Grundeigentum (*Hey* ZG 2019, 297 [298]).

18 Unseres Erachtens hat sich der Gesetzgeber mit seiner Bezugnahme auf das Leistungsfähigkeitsprinzip unmissverständlich zu einem legitimen Belastungsgrund bekannt. Dies wird nicht von jedem so gesehen, weil sich in der Gesetzesbegründung auch vermeintlich im Widerspruch zum Leistungsfähigkeitsansatz stehende Verweise auf das Äquivalenzprinzip finden. Der Belastungsgrund sei daher „unklar" (so *Feldner/Stoklassa* DStR 2019, 2505 [2508]; *G. Kirchhof* DStR 2020, 1073 [1075]). Richtig ist, dass sich in der Gesetzesbegründung in der Tat auch äquivalenztheoretische Rechtfertigungsansätze finden. Diese gehen aber nicht über den für alle Steuern geltenden Gedanken einer globalen Äquivalenz hinaus (wie hier *Hey* ZG 2019, 297 [308]) und sind dem Belastungsgrund vorgelagert. Natürlich ist der Äquivalenzrahmen bei der Grundsteuer „enger" ausgeprägt als bei einer bundesweit erhobenen Steuer, weil das Verhältnis des Steuergläubigers (Gemeinde) und des Steuerschuldners (Eigentümer einer Immobilie im Gemeindegebiet) im Vordergrund steht (daher auch die starke Betonung der gemeindlichen Infrastruktur, soweit sie nicht durch Beiträge und Gebühren abgegolten wird, BT-Drs. 19/11085, 84). Aber damit wird das Äquivalenzprinzip nicht zum Belastungsgrund der Grundsteuer nach dem Bundesgrundsteuermodell. Es spricht zwar sehr viel dafür, dass der Bundesgesetzgeber sein (Verkehrswert-) Modell auch auf das Äquivalenzprinzip in seiner gruppenbezogenen Interpretation als Nutzenäquivalenz stützen könnte (→ Rn. 20), aber der Gesetzesbegründung kann nicht entnommen werden, dass er dies tun möchte. Vielmehr erinnert auch der gegenwärtige Gesetzgeber mit seinen äquivalenztheoretischen Ausführungen nur daran, warum es gerade die Gemeinden sind, denen die Grundsteuer als direkte Steuer der Höhe nach über den Hebesatz zur eigenverantwortlichen Einnahmenfinanzierung zusteht. Ebenso werden die Gemeinden auch daran erinnert, dass sie bei der Gestaltung ihres Hebesatzes stets im Blick behalten sollten, was sie ihren Bürgern für deren Grundsteuern bieten. Das ist eine politische Klugheitsregel, aber nicht Ausdruck eines eigenständigen Belastungsgrundes.

19 Der Maßgeblichkeit eines objektivierten Leistungsfähigkeitsansatzes lässt sich schließlich auch nicht entgegenhalten, dass dieser die bei Vermietungsimmobilien durch eine Überwälzung der Grundsteuer an den Mieter gekennzeichnete Realität ausblende (so aber *Feldner/Stoklassa* DStR 2019, 2505 [2508]). So stellt sich bereits die Frage, ob sich die Grundsteuer insoweit von anderen Steuern unterscheidet. Denn jede Steuer, deren Schuldner ein Marktteilnehmer ist, trägt ein Überwälzungspotenzial zulasten des Vertragspartners des Steuerschuldners in sich. Bei der Grundsteuer geschieht dies über die Nebenkosten nur recht unmittelbar und damit transparent, anders als zB bei den Ertragsteuern, die aber – jedenfalls jeder vernünftige – Kaufmann ebenso mitteinkalkulieren wird. Womöglich lässt sich noch nicht einmal mit Allgemeingültigkeit die Frage beantworten, zu wessen Lasten die Grundsteuer geht. Es dürfte eine Frage des konkreten Zusammenspiels von Angebot und Nachfrage sein, ob die Grundsteuer nicht uU vom Vermieter getragen wird, weil die Grundsteuerbelastung des Mieters eine höhere Miete verhindert. Man könnte die Frage auch anders stellen: Wenn die Grundsteuer abgeschafft wer-

Die bundesgesetzliche Regelung der Grundsteuer **Grundlagen**

den würde, könnten Vermieter anlässlich der nächsten Neuvermietung eine höhere Miete verlangen, ohne dass eine Veränderung auf der Nachfrageseite zu beobachten wäre? Das ist letztlich eine empirische Frage, die hier nicht abschließend beantwortet werden kann. Dabei dürfte es von erheblicher Bedeutung sein, ob man eine Großstadt mit knappem Wohnraum betrachtet oder eine Stadt bzw. ländliche Gegend mit einem zumindest ausgeglichenen Verhältnis von Angebot und Nachfrage.

Der Bundesgesetzgeber hat sich nach alledem eindeutig positioniert. Es gibt nach seinem Willen nur einen und zwar am Leistungsfähigkeitsprinzip orientierten Belastungsgrund. Ob eine solche Sollertragsteuerkonzeption steuersystematisch überzeugend ist, ist eine andere Frage. Denn ungeachtet der Überwälzungsfrage (→Rn. 19) ist die Vorstellung von einer objektiven – nicht am Individuum anknüpfenden – Leistungsfähigkeit zweifelhaft (hier setzt vor allem die Kritik des steuer- und finanzwissenschaftlichen Schrifttums an, das dem Äquivalenzprinzip in seiner gruppen- und nutzenbezogenen Interpretation eine bessere Belastungsgrundaneignung zuspricht, zB *Fuest/Immel/Meier/Neumeier* Die Grundsteuer in Deutschland: Finanzwissenschaftliche Analyse und Reformoptionen, 7; *Hey* ZG 2019, 287 [298]; *Marx* DStZ 2019, 372 [376]; *Scheffler/Roith* Leitlinien für eine Reform der Grundsteuer, 25 ff.; *Scheffler/Feldner* Umsetzung der Grundsteuerreform in den Bundesländern, 15 ff.; *Seer* in Tipke/Lang SteuerR Rn. 16.2) und es kann zudem zur Doppelbelastung der aus der Einkunftsquelle „Grundeigentum" fließenden (laufenden) Erträge kommen. Dies ist aber eine rechtspolitische Frage. Auf die verfassungsrechtliche Beurteilung der Grundsteuer schlägt sie nicht durch (→Rn. 92). 20

II. Steuergegenstand, Bemessungsgrundlage, Steuerermittlung und Steuerschuldner

1. Überblick. Die Finanzämter stellen für jede wirtschaftliche Einheit den Grundsteuerwert, die Vermögensart und beim Grundvermögen auch die Grundstücksart sowie die Zurechnung der wirtschaftlichen Einheit gesondert fest (§ 219 BewG). Die Feststellung des Grundsteuerwertes hat grundsätzlich alle sieben Jahre zu sog. Hauptfeststellungszeitpunkten zu erfolgen. Bei wertrelevanten Veränderungen (die nicht der Wertverhältnisse zum Hauptfeststellungsstichtag betreffen) sind auch innerhalb dieses Zeitraums Wertfortschreibungen vorzunehmen. Die Feststellung des Grundsteuerwertes erfolgt durch einen Grundsteuerwertbescheid. Dieser ist Grundlagenbescheid für den nachfolgenden Steuermessbescheid, der das Multiplikationsergebnis von Grundsteuerwert und gesetzlich festgelegter – mit dem Reformgesetz wegen der erwarteten Feststellung höherer Grundsteuerwerte erheblich abgesenkten – Steuermesszahl festsetzt (zu den Messzahlen im Überblick →Rn. 40 f.). 21

2. Die wirtschaftlichen Einheiten und ihre Bewertung. a) Bedeutung der wirtschaftlichen Einheit. Auch das neue Bewertungsrecht folgt weiterhin dem Ansatz, dass Gegenstand der Bewertung „wirtschaftliche Einheiten" sind. Insoweit differenziert das Gesetz zwischen den Betrieben der Land- und Forstwirtschaft einerseits und dem nicht zum land- und forstwirtschaftlichen Vermögen gehörenden Grundvermögen andererseits. Für diese wirtschaftlichen Einheiten ist der sog. Grundsteuerwert nach Maßgabe des Siebten Abschnitts des BewG (§§ 218 ff. BewG) zu ermitteln. 22

Grundlagen Die bundesgesetzliche Regelung der Grundsteuer

23   **b) Land- und forstwirtschaftliches Vermögen.** Die wirtschaftliche Einheit des land- und forstwirtschaftlichen Vermögens (Definition in § 232 Abs. 1 BewG) ist der Betrieb der Land- und Forstwirtschaft (§ 232 Abs. 2 S. 1 BewG), bestehend aus dem Grund und Boden, den Wirtschaftsgebäuden, den stehenden Betriebsmitteln, dem normalen Bestand an umlaufenden Betriebsmitteln und den immateriellen Wirtschaftsgütern (§ 232 Abs. 3 BewG). Ausgeklammert werden ua der Grund und Boden sowie Gebäude bzw. Gebäudeteile, die Wohnzwecken oder anderen nicht land- und forstwirtschaftlichen Zwecken dienen (§ 232 Abs. 4 Nr. 1 BewG) sowie solche Flächen, bei denen anzunehmen ist, dass sie innerhalb eines Zeitraums von sieben Jahren anderen als land- und forstwirtschaftlichen Zwecken dienen werden (vor allem: „Bauerwartungsland", s. § 233 Abs. 2 BewG). Insoweit gelten die Regelungen für die Vermögensart Grundvermögen. Insbesondere die Zuweisung des Wohnteils zum Grundvermögen und dessen Verselbstständigung in einer eigenen wirtschaftlichen Einheit ist eine Neuerung im Verhältnis zum alten Recht. In Ansehung der Zurechnung der wirtschaftlichen Einheit gilt das „Eigentümerprinzip" (→ § 232 BewG Rn. 17, 21).

24   Der Betrieb der Land- und Forstwirtschaft wird nach einem Ertragswertverfahren bewertet. Unter Geltung des alten Bewertungsrechts gingen die land- und forstwirtschaftlichen Flächen, die Hofflächen, die Wirtschaftsgebäude und die Betriebsmittel allgemein im Ertragswert eines Betriebs der Land- und Forstwirtschaft auf und beeinflussten über das jeweilige Ertrags- und Aufwandsgefüge den entsprechenden Hektarwert der einzelnen Nutzungen oder den unmittelbaren Vergleichswert. Deshalb sah das Gesetz bei aktiv wirtschaftenden Betrieben vor, dass die gegendüblichen Abweichungen gegenüber den unterstellten Ertragsverhältnissen durch Zu- oder Abrechnungen und die betriebsindividuellen Abweichungen insb. für Wirtschaftsgebäude und Vieh als Betriebsmittel durch Zu- oder Abschläge zu berücksichtigen sind. Dagegen waren in den Fällen einer Stückländerei beim Eigentümer des Grund und Bodens keine Abschläge wegen fehlender Betriebsmittel und dementsprechend keine Zuschläge für den Überbestand an Betriebsmitteln bei deren Eigentümer zulässig. Diese Bewertungssystematik erschien dem Gesetzgeber nicht automationsfreundlich genug. Deshalb verzichtet das neue Recht auf eine vergleichende Bewertung. Stattdessen rückt die Vorgabe einer typisierten (objektivierten) Ertragsfähigkeit mit einem bundeseinheitlichen Geltungsanspruch für alle Betriebe der Land- und Forstwirtschaft in den Mittelpunkt. Die Betriebe der Land- und Forstwirtschaft werden für Zwecke der Bewertung nach Nutzungen aufgeteilt und für jede Nutzung wird ein Reinertrag ermittelt (→ Rn. 25). Dieser Reinertrag soll für jede Nutzung das jeweilige Ertragswertpotenzial des bewirtschafteten Grund und Bodens abbilden und mit dessen Ansatz die hierfür unmittelbar erforderlichen Betriebsmittel ideell abgelten. Damit spielt es bewertungsrechtlich keine Rolle mehr, ob der Eigentümer oder der Pächter den Grund und Boden selbst bewirtschaftet. Lediglich durch die gesonderte Erfassung eines „Hofstellenreinertrages" will der Gesetzgeber typisierend zwischen aktiv bewirtschafteten Betrieben und anderen Betrieben der Land- und Forstwirtschaft differenzieren (vgl. BT-Drs. 19/11085, 99). Weitere – über die Art der Nutzung und das Vorhandensein einer Hofstelle hinausgehende – Differenzierungen erfolgen sodann vor allem noch durch Zuschläge zum Reinertrag nach Maßgabe des § 238 BewG (zB für den Tierbestand, zu den Zuschlägen im Einzelnen siehe die Erläuterungen zu § 238 BewG).

25   Die Ertragswertbewertung eines Betriebes der Land- und Forstwirtschaft erfolgt in mehreren Schritten:

Die bundesgesetzliche Regelung der Grundsteuer **Grundlagen**

(1) Zuerst sind die land- und forstwirtschaftlichen Nutzungen, Nutzungsarten und die Nebenbetriebe mit ihrem jeweiligen Reinertrag zu bewerten. Unterschieden wird zwischen der landwirtschaftlichen Nutzung, der forstwirtschaftlichen Nutzung, der weinbaulichen Nutzung, der gärtnerischen Nutzung, der übrigen land- und forstwirtschaftlichen Nutzung, den Nutzungsarten Abbauland, Geringstland und Unland sowie den Hofflächen und Nebenbetrieben (siehe im Einzelnen und vor allem in Bezug auf die Abgrenzung der verschiedenen Nutzungen die Erläuterungen zu → BewG § 237 Rn. 3 ff.). Die Bewertung erfolgt nicht anhand der tatsächlich vermittels dieser Nutzungen, Nutzungsarten etc erzielten Erträge, sondern es wird ein Sollertrag (= typisierte objektivierte Ertragsfähigkeit) unterstellt. Leitbild ist die Ertragsfähigkeit eines ordnungsgemäß bewirtschafteten, pacht- und schuldenfreien Betriebes mit entlohnten Arbeitskräften (§ 236 Abs. 2 S. 2 BewG). Für den Rechtsanwender, der den Ertragswert für einen konkreten (bewertungsrechtlichen) Betrieb der Land- und Forstwirtschaft ermitteln muss, ist dieses Leitbild ohne praktische Bedeutung. Denn der Gesetzgeber gibt – auch insoweit konsequent seiner Automationsstrategie (→ Rn. 51 ff.) folgend – die einzelnen Bewertungsdaten verbindlich vor. Das Leitbild ist nur an den Verordnungsgeber adressiert und soll ihn anlässlich der Aktualisierung der Datengrundlage steuern (zur Maßstabsfunktion des Leitbildes → BewG § 236 Rn. 8 und zur verfassungsrechtlichen Kritik an der Delegation der Datenaktualisierung an den Verordnungsgeber → BewG § 263 Rn. 6). Für den Rechtsanwender hingegen sind allein die zu den einzelnen Nutzungsarten in § 237 Abs. 2–8 BewG iVm den Anlagen 27–32 vorgegebenen Bewertungsfaktoren maßgeblich (im Einzelnen – auch mit Berechnungsbeispielen – siehe vor allem die Erläuterungen zu → BewG § 237 Rn. 4 ff.).
(2) Nach Maßgabe des § 238 BewG sind ggf. Zuschläge zum Reinertrag einer Nutzung oder Nutzungsart vorzunehmen. Dies betrifft vor allem die Tierhaltung (→ BewG § 238 Rn. 3 f.), die gärtnerische Nutzung unter Glas und Kunststoff (→ BewG § 238 Rn. 5) und die (aktive) weinbauliche Nutzung (→ BewG § 238 Rn. 6).
(3) Die Summe aller Reinerträge einschließlich der Zuschläge ist mit 18,6 zu kapitalisieren. Das Produkt ist der Grundsteuerwert des Betriebes der Land- und Forstwirtschaft.

Vereinzelt ist vorgeschlagen worden, die sog. Grundsteuer A abzuschaffen. Das **26** Aufkommen sei gering, der Befolgungsaufwand hingegen hoch (so zB *Marx* DStZ 2019, 372 [379]). Ersteres ist richtig (Steueraufkommen der Grundsteuer A im Jahr 2019 ca. 400 Mio. EUR im Verhältnis zur Grundsteuer B mit ca. 14 Mrd. EUR). Der Befolgungsaufwand wird im neuen Recht allerdings durch die weitgehende Automatisierung minimiert werden. Vor allem die Daten betreffend die Land- und Forstwirtschaft (bis hin zur ersten Feststellungsstufe der „Bodenschätzung") liegen vor. Der Vollzugsaufwand ergibt sich vor allem aus der Abgrenzung der Vermögensarten und der Konkretisierung der wirtschaftlichen Einheit. Dieser Vollzugsaufwand ließe sich jedenfalls nicht vermeiden, wenn man die land- und forstwirtschaftlich genutzten Grundstücke generell von der Grundsteuer ausnimmt. Würde man sie nicht ausnehmen und stattdessen den gleichen Regeln unterwerfen, die für unbebaute Grundstücke im Übrigen gelten, dann stünde man wiederum vor dem Problem, dass es für land- und forstwirtschaftlich genutzte Grundstücke in vielen Gegenden nicht selten nur wenige Kaufpreise gibt, aus denen man Bodenrichtwerte ableiten kann.

Grundlagen Die bundesgesetzliche Regelung der Grundsteuer

27   **c) Grundvermögen. aa) Das Grundvermögen.** Zum Grundvermögen gehören der Grund und Boden, die Gebäude, die sonstigen Bestandteile und das Zubehör, jedoch nicht Bodenschätze und Betriebsvorrichtungen. Ferner gehören zum Grundvermögen das Erbbaurecht und das Wohnungs- und Teileigentum (s. § 243 BewG). Gemäß § 244 Abs. 1 BewG bildet jede wirtschaftliche Einheit des Grundvermögens ein Grundstück iSd §§ 218 ff. BewG. Für die Bewertung unterscheidet das Gesetz zuvorderst zwischen unbebauten und bebauten Grundstücken. Hinsichtlich der bebauten Grundstücke wird sodann zwischen verschiedenen Grundstücksarten unterschieden, nämlich Einfamilienhäusern, Zweifamilienhäusern, Mietwohngrundstücken, Wohnungseigentum, Teileigentum, Geschäftsgrundstücken, gemischt-genutzten Grundstücken sowie schließlich sonstigen bebauten Grundstücken (so die Aufzählung mit den zugehörigen Legaldefinitionen in § 249 BewG). Die Abgrenzung hat in vielerlei Hinsicht normative Relevanz, weil die §§ 250 ff. BewG in Ansehung der grundlegenden Weichenstellung des Bewertungsverfahrens (Ertragswertverfahren oder Sachwertverfahren) und zudem hinsichtlich vieler Bewertungsparameter (Bewirtschaftungskosten, Liegenschaftszinssatz) an diese Kategorisierungen anknüpfen.

28   **bb) Unbebaute Grundstücke.** Der Grundbesitzwert für unbebaute Grundstücke wird – wie im alten Recht auch – über einen mittelbaren Preisvergleich (Vergleichswertverfahren) durch die Multiplikation der Grundstücksfläche mit dem Bodenrichtwert ermittelt (§ 247 Abs. 1 BewG). § 247 Abs. 1 S. 2 BewG bestimmt, dass Abweichungen zwischen den Grundstücksmerkmalen des Bodenrichtwertgrundstücks und des zu bewertenden Grundstücks bei der Wertermittlung für Grundsteuerzwecke nicht zu berücksichtigen sind. Grundsätzlich ist also der Bodenrichtwert für alle in der Bodenrichtwertzone belegenen Grundstücke maßgeblich („Zonenwert"). Eine Ausnahme soll lediglich für unterschiedliche Entwicklungszustände und unterschiedliche Arten der Nutzung bei überlagernden Bodenrichtwertzonen gelten (→ BewG § 247 Rn. 12 ff.). Diese Typisierung ist verfassungsrechtlich zulässig (→ Rn. 111), aber wegen der fehlenden Gegenbeweismöglichkeit unter dem Gesichtspunkt des Art. 19 Abs. 4 GG problematisch (→ Rn. 133).

29   **cc) Bebaute Grundstücke. (1) Die Bewertung von „Wohnimmobilien" nach dem Ertragswertverfahren.** Wohnimmobilien (vor allem Einfamilienhäuser, Zweifamilienhäuser, Mietwohngrundstücke und Wohnungseigentum) werden mittels eines Ertragswertverfahrens bewertet: Der Grundsteuerwert ermittelt sich aus der Summe des über die Restnutzungsdauer des Gebäudes kapitalisierten Reinertrages des Grundstücks und des über die Restnutzungsdauer abgezinsten Bodenwertes (→ BewG § 252 Rn. 3). Beide Komponenten knüpfen jeweils an verschiedene Parameter an: Für den Bodenwert (erste Komponente des Grundsteuerwertes) braucht man die Grundstücksfläche, den Bodenrichtwert (siehe die Ausführungen zu den „unbebauten Grundstücken" unter → Rn. 28) und den Liegenschaftszinssatz (der Zinssatz, mit dem der Wert von Grundstücken durchschnittlich und marktüblich verzinst wird). Für den kapitalisierten Reinertrag des Grundstücks (zweite Komponente des Grundsteuerwertes) benötigt man den Rohertrag des Grundstücks (also die Mieteinnahmen), die hiervon in Abzug zu bringenden Bewirtschaftungskosten und einen Kapitalisierungsfaktor (der sich aus dem Zusammenspiel von Liegenschaftszinssatz und Restnutzungsdauer des Gebäudes ergibt).

Die bundesgesetzliche Regelung der Grundsteuer **Grundlagen**

Der Gesetzgeber will die Bewertungsfaktoren weitgehend von der konkreten wirtschaftlichen Einheit entkoppeln („entindividualisieren"):
(1) Einige Bewertungsfaktoren gibt der Gesetzgeber selbst vor, zB die typisierende Gesamtnutzungsdauer des Gebäudes in Anlage 38 und die Nettokaltmiete des Grundstücks je Quadratmeter Wohnfläche in Anlage 39 und zwar differenziert nach Bundesland, Gebäudeart, verschiedenen Wohnflächengruppen (unter 60 qm, von 60 qm bis unter 100 qm sowie über 100 qm) und verschiedenen Gebäudebaujahresgruppen (bis 1948, 1949 bis 1978, 1979 bis 1990, 1991 bis 2000, ab 2001, hierzu und zur Datengrundlage siehe die Erläuterungen zu § 254 BewG). Ferner gibt der Gesetzgeber pauschalierte Bewirtschaftungskosten (in Gestalt eines prozentualen Anteils des Rohertrags differenziert nach Gebäudeart und Restnutzungsdauer, siehe Anlage 40 und hierzu die Erläuterungen bei § 255 BewG) sowie die maßgeblichen Liegenschaftszinssätze vor (s. § 256 BewG).
(2) Die Konkretisierung anderer Bewertungsfaktoren wird zum Teil auf die Finanzverwaltung delegiert. So enthält zB § 263 Abs. 2 BewG eine Verordnungsermächtigung zugunsten der Finanzverwaltung, die Gemeinden in Mietniveaustufen einzugruppieren (was mit der MietNEinV v. 18.8.2021, BGBl. 2021 I 3738 auch geschehen ist, auszugsweiser Abdruck ab S. 939). Diese Mietniveaustufen sind erforderlich, weil die in Anlage 39 vorgegebene (statistische) Nettokaltmiete den Durchschnittswert für das gesamte Bundesland wiedergibt. Die Anpassung reicht von einer Korrektur von -20,00% (Stufe 1) bis + 40,00% (Stufe 7) (§ 254 BewG in Verbindung mit Teil II der Anlage 39). Gemeindeinterne Differenzierungen erfolgen sodann nicht mehr, die vorgegebene Mietniveaustufe bezieht sich auf das gesamte Gemeindegebiet.
(3) Weitere bewertungsrelevante Daten sollen von staatlichen Stellen elektronisch bereitgestellt („beigestellt") werden. Hier ist vor allem darauf hinzuweisen, dass die Gutachterausschüsse die Bodenrichtwerte zu ermitteln haben. Mit der Maßgeblichkeit des Bodenrichtwertes geht ebenfalls eine Typisierung einher, weil grundstücksspezifische Abweichungen zwischen dem zu bewertenden Grundstück und dem Bodenrichtwertgrundstück grundsätzlich nicht berücksichtigt werden dürfen (→ BewG § 247 Rn. 12ff.).

Beispiel:

Einfamilienhaus (Grundstück A) in Münster mit 700 qm Grundstücksfläche (Bodenrichtwert 1.350 EUR/qm), 160 qm Wohnfläche, Baujahr 2000 (Alternativ: Baujahr 1970 und 2020)	**Einfamilienhaus (Grundstück B)** in Münster mit 700 qm Grundstücksfläche (Bodenrichtwert 900 EUR/qm), 160 qm Wohnfläche, Baujahr 2000 (Alternativ: Baujahr 1970 und 2020)	**Einfamilienhaus (Grundstück C)** in Münster mit 700 qm Grundstücksfläche (Bodenrichtwert 600 EUR/qm), 160 qm Wohnfläche, Baujahr 2000 (Alternativ: Baujahr 1970 und 2020)	**Einfamilienhaus (Grundstück D)** in Münster mit 700 qm Grundstücksfläche (Bodenrichtwert 300 EUR/qm), 160 qm Wohnfläche, Baujahr 2000 (Alternativ: Baujahr 1970 und 2020)

Bewertungsstichtag soll jeweils der 1.1.2022 sein. Um die Vergleichbarkeit herzustellen, wurden mit Ausnahme des Bodenrichtwertes die gleichen Bedingungen zugrunde gelegt. Dabei wird natürlich vernachlässigt, dass in guten (teuren) Lagen die Grundstücke nicht selten auch größer sind.

Grundlagen   Die bundesgesetzliche Regelung der Grundsteuer

Ermittlung des kapitalisierten Reinertrages des Grundstücks:
Anlage 39 Teil 1 gibt für ein in Nordrhein-Westfalen belegenes Einfamilienhaus mit der Baujahresgruppe 1991 bis 2000 mit einer Wohnfläche von 100 qm und mehr eine statistische monatliche Nettokaltmiete pro Quadratmeter Wohnfläche in Höhe von 6,28 EUR vor. Münster ist in die Mietniveaustufe 5 einzuordnen, weshalb ein Zuschlag von 20% vorzunehmen ist. Die maßgebliche Nettokaltmiete ist daher mit 7,54 EUR/qm (= 6,28 EUR/qm + 20%) verbindlich vorgegeben. Sie muss nunmehr noch auf einen Jahreswert gebracht werden (× 12 Monate) und dann mit der Wohnfläche multipliziert werden (= jährlicher Rohertrag iSv § 254 BewG).

7,54 EUR/qm × 12 Monate × 160 qm = 14.476,80 EUR	7,54 EUR/qm × 12 Monate × 160 qm = 14.476,80 EUR	7,54 EUR/qm × 12 Monate × 160 qm = 14.476,80 EUR	7,54 EUR/qm × 12 Monate × 160 qm = 14.476,80 EUR

Hiervon sind die nicht umlagefähigen Betriebskosten in Abzug zu bringen. Diese ermitteln sich gem. § 255 BewG nach Maßgabe der Anlage 40 unter Berücksichtigung der Restnutzungsdauer des Gebäudes. Als wirtschaftliche Gesamtnutzungsdauer eines Einfamilienhauses sind 80 Jahre festgelegt worden (Anlage 38). Bei einem unterstellten Baujahr 2000 und einem Bewertungsstichtag 1.1.2022 beträgt die wirtschaftliche Restnutzungsdauer 58 Jahre. Für eine Restnutzungsdauer zwischen 40 und 59 Jahren sind pauschalierte Bewirtschaftungskosten in Höhe von 21% des Rohertrags festgelegt worden. Die **pauschalierten Bewirtschaftungskosten** betragen somit:

21% × 14.476,80 EUR = 3.040,13 EUR	21% × 14.476,80 EUR = 3.040,13 EUR	21% × 14.476,80 EUR = 3.040,13 EUR	21% × 14.476,80 EUR = 3.040,13 EUR

Der Saldo aus jährlichem Rohertrag und nicht umlagefähigen Bewirtschaftungskosten (= Reinertrag des Grundstücks) ergibt sich dann wie folgt:

14.476,80 EUR ./. 3.040,13 EUR = 11.436,67 EUR	14.476,80 EUR ./. 3.040,13 EUR = 11.436,67 EUR	14.476,80 EUR ./. 3.040,13 EUR = 11.436,67 EUR	14.476,80 EUR ./. 3.040,13 EUR = 11.436,67 EUR

Dieser Reinertrag ist zu kapitalisieren. Der Vervielfältiger wird in Abhängigkeit von der Restnutzungsdauer und der Höhe des Liegenschaftszinssatzes in Anlage 37 ausgewiesen. Die Restnutzungsdauer ist mit 58 Jahren bereits bekannt. Nun gilt es noch **den Liegenschaftszinssatz zu bestimmen.** Dieser beträgt gem. § 256 Abs. 1 BewG zunächst einmal 2,5% für Einfamilienhäuser. Anschließend sind Zu- und Abschläge auf den Liegenschaftszinssatz zu prüfen.

Für das **Grundstück A** beträgt der Bodenrichtwert 1.350 EUR/qm. Somit liegt der Bodenrichtwert um 850 EUR über der in § 256 Abs. 2 BewG genannten Grenze von 500 EUR/qm, sodass der Liegenschaftszinssatz um 0,8 Prozentpunkte zu verringern ist. Der anzuwendende Liegenschaftszinssatz liegt somit bei 1,7%.	Für das **Grundstück B** beträgt der Bodenrichtwert 900 EUR/qm. Somit liegt der Bodenrichtwert um 400 EUR über der in § 256 Abs. 2 BewG genannten Grenze von 500 EUR/qm, sodass der Liegenschaftszinssatz um 0,4 Prozentpunkte zu verringern ist. Der anzuwendende Liegenschaftszinssatz liegt somit bei 2,1%.	Für das **Grundstück C** beträgt der Bodenrichtwert 600 EUR/qm. Somit liegt der Bodenrichtwert um 100 EUR über der in § 256 Abs. 2 BewG genannten Grenze von 500 EUR/qm, sodass der Liegenschaftszinssatz um 0,1 Prozentpunkte zu verringern ist. Der anzuwendende Liegenschaftszinssatz liegt somit bei 2,4%.	Für das **Grundstück D** ist keine Anpassung vorzunehmen.

Die bundesgesetzliche Regelung der Grundsteuer   **Grundlagen**

Bestimmung des Vervielfältigers:

Bei einer Restnutzungsdauer von 58 Jahren und einem Liegenschaftszinssatz von 1,7% beträgt der Vervielfältiger nach Anlage 37 dann 36,70.	Bei einer Restnutzungsdauer von 58 Jahren und einem Liegenschaftszinssatz von 2,1% beträgt der Vervielfältiger nach Anlage 37 dann 33,35.	Bei einer Restnutzungsdauer von 58 Jahren und einem Liegenschaftszinssatz von 2,4% beträgt der Vervielfältiger nach Anlage 37 dann 31,14.	Bei einer Restnutzungsdauer von 58 Jahren und einem Liegenschaftszinssatz von 2,5% beträgt der Vervielfältiger nach Anlage 37 dann 30,45.

Damit ergibt sich folgender **kapitalisierter Reinertrag** iSv § 253 Abs. 2 BewG:

11.436,67 EUR × 36,70 = 419.725,79 EUR	11.436,67 EUR × 33,35 = 381.412,94 EUR	11.436,67 EUR × 31,14 = 356.137,90 EUR	11.436,67 EUR × 30,45 = 348.246,60 EUR

Ermittlung des Bodenwertes:

Der nicht abgezinste Bodenwert ermittelt sich – wie bei unbebauten Grundstücken – aus dem Produkt von Bodenrichtwert und Fläche:

700 qm × 1.350,00 EUR/qm = 945.000,00 EUR	700 qm × 900,00 EUR/qm = 630.000,00 EUR	700 qm × 600,00 EUR/qm = 420.000,00 EUR	700 qm × 300,00 EUR/qm = 210.000,00 EUR

Dieser Bodenwert ist abzuzinsen. Anlage 41 gibt den Abzinsungsfaktor unter Berücksichtigung der Restnutzungsdauer des Gebäudes (hier 58 Jahre) und des Liegenschaftszinssatzes vor.

Bei einem Liegenschaftszinssatz von 1,7% beträgt der Abzinsungsfaktor 0,3762.	Bei einem Liegenschaftszinssatz von 2,1% beträgt der Abzinsungsfaktor 0,2996.	Bei einem Liegenschaftszinssatz von 2,4% beträgt der Abzinsungsfaktor 0,2527.	Bei einem Liegenschaftszinssatz von 2,5% beträgt der Abzinsungsfaktor 0,2388.

Bei Ein- und Zweifamilienhäusern ist ferner der Umrechnungskoeffizient gem. § 257 Abs. 1 S. 2 BewG zu berücksichtigen (bei einer Grundstücksgröße von 700 qm = 0,92). Mit diesem Umrechnungskoeffizienten trägt das Gesetz dem Umstand Rechnung, dass der Bodenwert bei kleiner werdenden Grundstücken ab einer bestimmten Grundstücksgröße in Relation zur Fläche regelmäßig stark ansteigt. Bei größer werdenden Grundstücken geht die Minderung des Quadratmeterpreises im Verhältnis zur Fläche hingegen zurück und vermindert sich bei einer Grundstücksgröße von über 2.000 qm nur noch marginal. Der Umrechnungskoeffizient soll also die Wertabhängigkeit des Bodenrichtwertes in Relation zur Fläche insb. bei Ein- und Zweifamilienhäusern abbilden.

Somit ergibt sich für die Bewertungsobjekte folgender **abgezinster Bodenwert:**

945.000,00 EUR × 0,92 × 0,3762 = 327.068,28 EUR	630.000,00 EUR × 0,92 × 0,2996 = 173.648,16 EUR	420.000,00 EUR × 0,92 × 0,2527 = 97.643,28 EUR	210.000,00 EUR × 0,92 × 0,2388 = 46.136,16 EUR

Ermittlung des Grundsteuerwertes (Summe aus dem kapitalisierten Reinertrag und dem abgezinsten Bodenwert) – vorbehaltlich der Mindestwertprüfung:

419.725,79 EUR + 327.068,28 EUR = 746.700,00 EUR	381.412,94 EUR + 173.648,16 EUR = 555.000,00 EUR	356.137,90 EUR + 97.643,28 EUR = 453.700,00 EUR	348.246,60 EUR + 46.136,16 EUR = 394.300,00 EUR

Die Ergebnisse sind nach § 230 BewG gerundet.

Grundlagen Die bundesgesetzliche Regelung der Grundsteuer

Mindestwertprüfung:
Der Grundsteuerwert darf nicht geringer sein als 75% des Bodenwertes für unbebaute Grundstücke, wobei für Ein- und Zweifamilienhäuser wiederum der Umrechnungskoeffizient gem. § 257 Abs. 1 S. 2 BewG zu berücksichtigen ist (= 0,92).

945.000,00 EUR × 0,92 × 0,75 = 652.050,00 EUR	630.000,00 EUR × 0,92 × 0,75 = 434.700,00 EUR	420.000,00 EUR × 0,92 × 0,75 = 289.800,00 EUR	210.000,00 EUR × 0,92 × 0,75 = 144.900,00 EUR

Die zuvor ermittelten Grundstückswerte liegen allesamt über dem Mindestwert. Es bleibt also bei den vorstehend genannten Grundsteuerwerten.

32 Alternativbeispiel 1 (Baujahr 1970)
Ermittlung des kapitalisierten Reinertrages des Grundstücks:
Der Rohertrag verändert sich (5,82 EUR/qm statt 6,28 EUR/qm bzw. nach Berücksichtigung des Zuschlags von 20% 6,98 EUR/qm statt 7,54 EUR/qm). Weil sich die Restnutzungsdauer verändert (statt 58 Jahren nunmehr 28 Jahre), verändern sich ferner die Bewirtschaftungskosten (25% statt 21%) und der Kapitalisierungsfaktor (bei 1,7% Liegenschaftszinssatz = 22,13 [Grundstück A], bei 2,1% Liegenschaftszinssatz = 21,01 [Grundstück B], bei 2,4% Liegenschaftszinssatz = 20,22 [Grundstück C] und bei 2,5% Liegenschaftszinssatz = 19,96 [Grundstück D]). Damit ergeben sich abweichend von dem Grundbeispiel folgende kapitalisierte Reinerträge:

6,98 EUR/qm × 12 Monate × 160 qm = 13.401,60 EUR	6,98 EUR/qm × 12 Monate × 160 qm = 13.401,60 EUR	6,98 EUR/qm × 12 Monate × 160 qm = 13.401,60 EUR	6,98 EUR/qm × 12 Monate × 160 qm = 13.401,60 EUR
25% × 13.401,60 EUR = 3.350,40 EUR	25% × 13.401,60 EUR = 3.350,40 EUR	25% × 13.401,60 EUR = 3.350,40 EUR	25% × 13.401,60 EUR = 3.350,40 EUR
13.401,60 EUR ./. 3.350,40 EUR = 10.051,20 EUR	13.401,60 EUR ./. 3.350,40 EUR = 10.051,20 EUR	13.401,60 EUR ./. 3.350,40 EUR = 10.051,20 EUR	13.401,60 EUR ./. 3.350,40 EUR = 10.051,20 EUR
10.051,20 EUR × 22,13 = 222.433,06 EUR	10.051,20 EUR × 21,01 = 211.175,71 EUR	10.051,20 EUR × 20,22 = 203.235,26 EUR	10.051,20 EUR × 19,96 = 200.621,95 EUR

Ermittlung des Bodenwertes:
Wegen der Änderung der Restnutzungsdauer verändert sich der Abzinsungsfaktor (bei 1,7% Liegenschaftszinssatz = 0,6238 [Grundstück A], bei 2,1% Liegenschaftszinssatz = 0,5588 [Grundstück B], bei 2,4% Liegenschaftszinssatz = 0,5148 [Grundstück C] und bei 2,5% Liegenschaftszinssatz = 0,5009 [Grundstück D]).

945.000,00 EUR × 0,92 × 0,6238 = 542.331,72 EUR	630.000,00 EUR × 0,92 × 0,5588 EUR = 323.880,48 EUR	420.000,00 EUR × 0,92 × 0,5148 EUR = 198.918,72 EUR	210.000,00 EUR × 0,92 × 0,5009 = 96.773,88 EUR

Ermittlung des Grundsteuerwertes (Summe aus dem kapitalisierten Reinertrag und dem abgezinsten Bodenwert):

222.433,06 EUR + 542.331,72 EUR = 764.700,00 EUR	211.175,71 EUR + 323.880,48 EUR = 535.000,00 EUR	203.235,26 EUR + 198.918,72 EUR = 402.100,00 EUR	200.621,95 EUR + 96.773,88 EUR = 297.300,00 EUR

Die Ergebnisse sind nach § 230 BewG gerundet. Der Mindestwert greift nicht ein.

Die bundesgesetzliche Regelung der Grundsteuer **Grundlagen**

Alternativbeispiel 2 (Baujahr 2020) 33
Nimmt man mit einer Restnutzungsdauer von 78 Jahren schließlich noch einen Neubau (Baujahr 2020) in den Blick, ergeben sich für die beiden Grundsteuerwertkomponenten folgende Ergebnisse (kapitalisierter Reinertrag + Bodenwert, hier jetzt ohne Einzelberechnungsschritte, erwähnenswert nur: höhere Durchschnittsmiete, niedrigere Bewirtschaftungskosten):

559.585,53 EUR	496.903,63 EUR	456.589,54 EUR	444.365,27 EUR
+ 233.433,90 EUR	+ 114.586,92 EUR	+ 60.780,72 EUR	+ 28.149,24 EUR
= 793.000,00 EUR	= 611.400,00 EUR	= 517.300,00 EUR	= 472.500,00 EUR

Die Ergebnisse sind nach § 230 BewG gerundet.
Der Mindestwert greift nicht ein.

Damit ergeben sich für das Einfamilienhaus in Münster mit 700 qm Grundstücksfläche und 34
160 qm Wohnfläche im Überblick folgende Ergebnisse:

Baujahr/ Bodenrichtwert	1.350,00 EUR/qm	900,00 EUR/qm	600,00 EUR/qm	300,00 EUR/qm
2020	793.000,00 EUR	611.400,00 EUR	517.300,00 EUR	472.500,00 EUR
2000	746.700,00 EUR	555.000,00 EUR	453.700,00 EUR	394.300,00 EUR
1970	764.700,00 EUR	535.000,00 EUR	402.100,00 EUR	297.300,00 EUR

Betrachtet man die vorstehenden Beispiele, lassen sich zwei Erkenntnisse festhalten: 35
(1) Es müssen nur noch wenige Bewertungsdaten individuell ermittelt werden. Das betrifft zB die Wohnfläche (→ BewG § 254 Rn. 6 f.) und die Restnutzungsdauer des Gebäudes, die – vorbehaltlich der Mindestrestnutzungsdauer (§ 253 Abs. 2 S. 5 BewG) – gerade dann einen sehr individuellen Einschlag bekommen kann, wenn (was freilich eine Ausnahmekonstellation sein dürfte) bauliche Maßnahmen zu einer wesentlichen Verlängerung der wirtschaftlichen Gesamtnutzungsdauer des Gebäudes geführt haben (§ 253 Abs. 2 S. 4 BewG, → BewG § 253 Rn. 9 ff.). Die meisten Bewertungsdaten sind hingegen verbindlich vorgegeben (zur Verbindlichkeit → BewG § 250 Rn. 4). Dem Automatisierungsanliegen des neuen Rechts entsprechend ist insoweit auch keine individuelle Abweichung (keine Berücksichtigung „besonderer objektspezifischer Grundstücksmerkmale" iSv § 8 Abs. 3 ImmoWertV 2022, → BewG § 250 Rn. 4) möglich. Vor allem sieht das Gesetz keinen Nachweis des niedrigeren gemeinen Wertes durch ein Gutachten vor (→ BewG § 250 Rn. 5).
(2) Diese Entindividualisierung und vor allem der Verzicht auf gemeindeinterne Mietniveauunterschiede haben ihren Preis. Der Reinertrag ist für alle „Lagen" gleich und dies führt zu einem beachtlichen verfassungsrechtlichen Rechtfertigungsdruck (→ Rn. 103 ff.). Eine gewisse Lagedifferenzierung erfolgt aber, erstens durch die Bestimmung der Liegenschaftszinssätze in Abhängigkeit von den Bodenrichtwerten und zweitens durch den Bodenrichtwert selbst. Denn die Standortwertigkeit (höherer Bodenrichtwert) dürfte sich typischerweise auch in einem höheren Mietniveau widerspiegeln (*Löhr* DStR 2019, 1433 [1434]). Die Differenzierungskraft des abgezinsten Bodenwertes steigt mit zunehmendem Alter der Immobilie. Daher steigt der Grundsteuerwert bei höheren Bodenrichtwerten im Zeitablauf und bei durchschnittlichen und schlechteren Lagen sinkt er hingegen im Zeitablauf. Gleichwohl bleibt am Ende eine regressive Wirkung (→ Rn. 103).

Grundlagen Die bundesgesetzliche Regelung der Grundsteuer

36 **(2) Die Bewertung anderer Grundstücke nach dem Sachwertverfahren.** Das Sachwertverfahren gem. §§ 258 ff. BewG ist für die Bewertung von Geschäftsgrundstücken, gemischt genutzten Grundstücken, Teileigentum und sonstigen bebauten Grundstücken anzuwenden (kurz: Nicht-Wohngrundstücke). Konzeptionell ist das Sachwertverfahren zur Bestimmung des Grundsteuerwertes an dem Sachwertverfahren nach §§ 35 ff. ImmoWertV 2022 ausgerichtet, enthält allerdings auch nennenswerte (vereinfachende) Abweichungen hiervon.

37 Der Grundsteuerwert ist nach dem Sachwertverfahren die Summe aus dem Gebäudesachwert und dem Bodenwert. Letzterer ist wie beim unbebauten Grundstück das Produkt aus der Fläche und dem Bodenrichtwert (vgl. § 258 BewG). Für die Berechnung des Gebäudesachwertes benötigt man die folgenden Daten: Brutto-Grundfläche, Normalherstellungskosten (wird vom Gesetzgeber differenziert nach 18 Gebäudearten und drei Baujahresgruppen vorgegeben), Baupreisindex (Statistisches Bundesamt) und Baujahr. Eine Differenzierung nach Gebäudestandards erfolgt nicht mehr. Eine Standarddifferenzierung kommt nur noch in den drei Baujahresgruppen (vor 1995, 1995–2004 und ab 2005) zum Ausdruck (→ BewG § 259 Rn. 4).

38 Die Sachwertermittlung ist wie folgt vorzunehmen: Zuerst müssen die Normalherstellungskosten mit den vom Statistischen Bundesamt ermittelten Baupreisindizes multipliziert werden. Sie werden auf diese Weise an das im Bewertungszeitpunkt gültige Preisniveau angepasst. Diese sog. angepassten Normalherstellungskosten sind sodann mit der Brutto-Grundfläche zu multiplizieren. Dieses Produkt führt schließlich zum Gebäudenormalherstellungswert. Hiervon ist in einem weiteren Schritt die Alterswertminderung abzuziehen (§ 259 Abs. 4 BewG). Diese ergibt sich durch Multiplikation des Gebäudenormalherstellungswerts mit dem Verhältnis des Alters des Gebäudes am Bewertungsstichtag zur wirtschaftlichen Gesamtnutzungsdauer (nach Anlage 38). Als Mindestwert gelten 30% des Gebäudenormalherstellungswertes. Die Summe aus dem Gebäudesachwert und dem Bodenwert führt zu dem vorläufigen Sachwert des Grundstücks. Dieser ist mit der Wertzahl (§ 260 BewG) zu multiplizieren, um einen Grundsteuerwert zu ermitteln. Der Wertzahlanwendung liegt der Gedanke eines Lageabschlags zugrunde, mit dem der kostenbasierte Sachwert an die Wertverhältnisse des örtlichen Grundstücksmarktes angepasst wird: Bei einem aufgrund des örtlichen Grundstücksmarktes niedrigen Bodenrichtwert wird unterstellt, dass dann auch der Gebäudewert typischerweise niedriger ist.

39 **Beispiel:** Zu bewerten ist zum 1.1.2022 ein mit einem mehrstöckigen Bürogebäude bebautes Grundstück (Baujahr 2015). Die Grundstücksgröße beträgt 3.500 qm und die Brutto-Grundfläche 3.000 qm. Der Bodenrichtwert beträgt 680 EUR/qm.
Zur Berechnung des Bodenwertes:
Der Bodenwert beträgt 2.380.000 EUR (= 3.500 qm × 680 EUR/qm).
Zur Berechnung des Gebäudesachwertes:
Hier sind zunächst aus der Anlage 42 die Normalherstellungskosten für Bürogebäude zu entnehmen. Diese sind für das Baujahr 2015 mit 1.736,00 EUR/qm angegeben. Da in der Anlage 42 das Kostenniveau aus dem Jahr 2010 berücksichtigt wird, sind die Normalherstellungskosten von 1.736,00 EUR/qm mit dem Baupreisindex von 148,6 (→ BewG § 259 Rn. 18) zu multiplizieren. Die auf den 1.1.2022 fortgeschriebenen Normalherstellungskosten sind dann mit 2.579,70 EUR/qm zu beziffern.
Der Gebäudenormalherstellungswert ist das Produkt aus der Brutto-Grundfläche von 3.000 qm und den angepassten Normalherstellungskosten von 2.579,70 EUR/qm, also 7.739.088,00 EUR.

Die bundesgesetzliche Regelung der Grundsteuer　　　**Grundlagen**

Von diesem Gebäudenormalherstellungskostenwert ist nun die Alterswertminderung abzuziehen. Das Verhältnis aus Gebäudealter am Bewertungsstichtag (hier: 7 Jahre) zur wirtschaftlichen Gesamtnutzungsdauer (hier: 60 Jahre) ist mit dem Gebäudenormalherstellungskostenwert zu multiplizieren und ergibt eine Alterswertminderung von 902.893,60 EUR. Der Gebäudesachwert beträgt somit 6.836.194,40 EUR.

Der nach Abzug der Alterswertminderung verbleibende Gebäudewert muss mindestens 30% des Gebäudenormalherstellungswertes betragen, dh. im vorliegenden Beispiel mindestens 2.321.726,40 EUR. Der Mindestwert ist somit nicht einschlägig.

Die Summe aus dem Bodenwert von 2.380.000,00 EUR und dem Gebäudesachwert von 6.836.194,40 EUR ist 9.216.194,40 EUR und wird als vorläufiger Sachwert des Grundstücks bezeichnet. Der vorläufige Sachwert ist schließlich mit der Wertzahl gem. Anlage 43 in Höhe von 0,7 zu multiplizieren. Dies führt zum endgültigen Grundsteuerwert in Höhe von 6.451.300,00 EUR (gerundet nach § 230 BewG).

3. Steuermesszahlen. Die Gemeinden wenden ihren Hebesatz nicht unmittelbar auf den Grundsteuerwert an. Der Feststellung des Grundsteuerwertes und der Festsetzung der Grundsteuer wird verfahrens- wie auch materiell-rechtlich ein Messbetrag zwischengeschaltet. Diese Zwischenschaltung des Messbetragsverfahrens gibt dem Gesetzgeber die Möglichkeit, durch die Festlegung von Steuermesszahlen in Ansehung der Grundsteuerbelastung zu differenzieren, ohne dass die Gemeinden diese Differenzierung beeinflussen können. Denn die Gemeinden dürfen für den Steuergegenstand „Grundstück" nur einen einheitlichen – auf den Steuermessbetrag (= Grundsteuerwert × Steuermesszahl) anzuwendenden – Hebesatz bestimmen (→ GrStG § 25 Rn. 36; eine Ausnahme bildet die sog. Grundsteuer C nach § 25 Abs. 5 GrStG, → GrStG § 25 Rn. 43 ff.). 40

Die Steuermesszahlen unterscheiden sich nach Vermögens- und Grundstücksart: Die Steuermesszahl für die wirtschaftlichen Einheiten des land- und forstwirtschaftlichen Vermögens beträgt 0,55 Promille (§ 14 GrStG). In Ansehung der wirtschaftlichen Einheiten des Grundvermögens ist zwischen Wohngrundstücken einerseits (= 0,31 Promille) und unbebauten Grundstücken sowie Nicht-Wohngrundstücken andererseits (= 0,34 Promille) zu unterscheiden (§ 15 Abs. 1 GrStG). Das Gesetz enthält sodann noch Differenzierungen innerhalb der Grundstücksart Wohngrundstücke, nämlich in Gestalt eines 25%-Abschlages für geförderten Wohnraum (§ 15 Abs. 2, Abs. 3 GrStG) und bestimmte Vermieter (vereinfacht: gemeindliche und gemeinnützige Wohnungsbaugesellschaften, s. § 15 Abs. 4 GrStG). Ferner existiert ein 10%-Abschlag für denkmalgeschützte bebaute Grundstücke (§ 15 Abs. 5 GrStG; siehe zu den einzelnen Ermäßigungstatbeständen die Erläuterungen zu § 15 GrStG). 41

III. Verwaltungsverfahren

1. Von der Wertfeststellung bis zum Grundsteuerbescheid (gestuftes Verwaltungsverfahren). Die Verwaltungskompetenz für die Grundsteuer weist Art. 108 Abs. 2 S. 1 GG den Ländern und damit unter Berücksichtigung des § 17 Abs. 1 FVG letztlich ihren Finanzämtern zu. Allerdings erlaubt Art. 108 Abs. 4 S. 2 GG den Ländern, die Verwaltung (ua) der Grundsteuer ganz oder zum Teil den Gemeinden zu übertragen. Diese Übertragung hat durch Gesetz zu erfolgen (BVerwG 29.9.1982 – 8 C 138/81, BVerwGE 66, 178). Dies ist in den einzelnen Flächen-Bundesländern durchweg in dem Sinne erfolgt, dass die Gemeinden für die Festsetzung und Erhebung der Grundsteuer zuständig sind: 42

Grundlagen Die bundesgesetzliche Regelung der Grundsteuer

- § 9 Abs. 2 **BW**KAG (dort gilt das Bundesgrundsteuerrecht nicht, allerdings gelten die nachfolgenden Ausführungen sinngemäß → BWLGrStG § 2 Rn. 5),
- Art. 18 **Bay**KAG,
- § 1 Abs. 1 des Gesetzes zur Übertragung der Verwaltung der Realsteuern auf die Gemeinden (RealStÜG) **(Brandenburg)**,
- § 1 des Gesetzes über die Zuständigkeiten der Gemeinden für die Festsetzung und Erhebung von Realsteuern (**Hess**RealStZustVO),
- § 1 Grundsteuerzuständigkeitsgesetz (**MV**GrStZustG),
- § 1 des Gesetzes zur Übertragung der Festsetzung und Erhebung der Realsteuern auf die hebeberechtigten Gemeinden (RStErhG) **(Niedersachsen)**,
- § 1 des Gesetzes über die Zuständigkeit für die Festsetzung und Erhebung der Realsteuern (RealStZustG) **(NRW)**,
- § 5 Abs. 1 **RP**KAG,
- § 3 Abs. 7 **Saar**KAG,
- § 7 Abs. 4 S. 1 **Sächs**KAG,
- § 3 Abs. 3 S. 1 KAG-**LSA**,
- § 1 des Gesetzes zur Übertragung der Verwaltung der Gewerbesteuer und der Grundsteuer auf die Gemeinden (**SH**GewStÜVO),
- § 1 Abs. 4 **Thür**KAG.

Entsprechendes gilt für Bremen hinsichtlich der **Stadtgemeinde Bremerhaven** (§ 2 BremAbgG). In der **Stadtgemeinde Bremen** wird die Grundsteuer hingegen von den Landesfinanzbehörden verwaltet. Die Stadtstaaten **Berlin** und **Hamburg** verfügen nicht über Gemeinden, weshalb auch hier die Landesfinanzbehörden für die Festsetzung und Erhebung zuständig sind.

43 Für die Durchführung des Grundsteuerwertfeststellungs- und Grundsteuermessbetragsverfahrens sind stets die Finanzämter zuständig und insoweit in der Regel das sog. Lagefinanzamt iSv §§ 18, 22 AO. In Bezug auf die Bezirke und etwaige – nach § 17 Abs. 2 FVG mögliche – Sonderzuständigkeiten der Finanzämter wird auf die einschlägigen Zuständigkeits-VO der Länder hingewiesen:

- **BW**FAZuVO,
- ZustVSt **(Bayern)**,
- **Bln**FÄZustVO,
- FAZustVO **(Brandenburg)**,
- FÄZuV **(Bremen)**,
- **Hess**FAZuVO,
- FAZustVO **M-V**,
- ZustVO-FinB **(Niedersachsen)**,
- FA-ZVO **(NRW)**,
- FAZVO **(Rheinland-Pfalz)**,
- FinÄZVO **(Saarland)**,
- FvwZuVO **(Sachsen)**,
- **SH**FÄZustVO,
- **Thür**FAZustVO.

44 Soweit die Finanzbehörden das Bundesgrundsteuer- und -bewertungsgesetz anwenden, handeln sie stets auf der Grundlage der Abgabenordnung (s. § 1 Abs. 1 AO). Einige Länder, in denen das Bundesgrundsteuerrecht nur partiell gilt, verweisen auf die AO (Art. 10 Abs. 2 S. 1 BayGrStG; § 11 Abs. 2 S. 1 HmbGrStG; § 2 Abs. 5 Nr. 1 HGrStG; § 12 Abs. 2 S. 1 NGrStG), was jeweils zur Folge hat, dass die AO dort zum Landesrecht wird (vgl. → BayGrStG Art. 10 Rn. 6; → HmbGrStG

Die bundesgesetzliche Regelung der Grundsteuer **Grundlagen**

§ 11 Rn. 5; → HGrStG § 2 Rn. 10; → NGrStG § 12 Rn. 6). In den abweichenden Ländern ohne eine solche Verweisungsregelung (Saarland, Sachsen) gilt die Abgabenordnung hingegen als Bundesrecht (→ Rn. 77). Soweit die Verwaltung der Grundsteuer den Gemeinden übertragen worden ist, gelten gem. § 1 Abs. 2 AO immerhin die folgenden Regelungen der Abgabenordnung (und dies auch in den Ländern mit partieller Abweichungsgesetzgebung, → BayGrStG Art. 10 Rn. 7; → HGrStG § 2 Rn. 12; → NGrStG § 12 Rn. 7): die Vorschriften des Ersten, Zweiten, Vierten, Sechsten und Siebten Abschnitts des Ersten Teils (Anwendungsbereich; Steuerliche Begriffsbestimmungen; Datenverarbeitung und Steuergeheimnis; Betroffenenrechte; Datenschutzaufsicht, Gerichtlicher Rechtsschutz in datenschutzrechtlichen Angelegenheiten), die Vorschriften des Zweiten Teils (Steuerschuldrecht), die Vorschriften des Dritten Teils mit Ausnahme der §§ 82–84 (Allgemeine Verfahrensvorschriften), die Vorschriften des Vierten Teils (Durchführung der Besteuerung), die Vorschriften des Fünften Teils (Erhebungsverfahren), die §§ 351 und 361 Abs. 1 S. 2 und Abs. 3 sowie die Vorschriften des Achten Teils (Straf- und Bußgeldvorschriften, Straf- und Bußgeldverfahren). Im Übrigen gelten Landesverwaltungsrecht (für die Vollstreckung → GrStG § 28 Rn. 30 ff.) und die VwGO (für das außergerichtliche Widerspruchsverfahren, sofern es noch statthaft ist, → Rn. 60 f.).

Grundlage für die Verwirklichung des Anspruchs auf die Grundsteuer ist der **45** Grundsteuerbescheid. Auf dem Weg zu seinem Erlass müssen typischerweise drei Verwaltungsverfahren durchlaufen werden:
(1) Auf der ersten Stufe wird der Grundsteuerwert für eine wirtschaftliche Einheit (Betrieb der Land- und Forstwirtschaft oder Grundstück) festgestellt. Die Feststellung erfolgt durch den sog. **Grundsteuerwertbescheid.** Der Grundsteuerwertbescheid enthält mindestens drei Feststellungen, die auch im Tenor des Bescheides zu unterscheiden sind: die Wertfeststellung (§ 219 Abs. 1 BewG), die Artfeststellung (§ 219 Abs. 2 Nr. 1 BewG) und die Zurechnungsfeststellung (§ 219 Abs. 2 Nr. 2 BewG).
(2) Auf der zweiten Stufe wird der Steuermessbetrag durch Anwendung der Steuermesszahl auf den Grundsteuerwert oder seinen steuerpflichtigen Teil (bei teilweiser Steuerbefreiung nach §§ 3, 4 GrStG) ermittelt (§ 13 GrStG). Dies erfolgt durch den sog. **Grundsteuermessbescheid.** Mit ihm wird über die persönliche und sachliche Grundsteuerpflicht entschieden (→ GrStG § 16 Rn. 3).
(3) Auf der dritten Stufe schließlich erfolgt die eigentliche Grundsteuerfestsetzung durch den sog. **Grundsteuerbescheid** (§§ 25 ff. GrStG). Die Höhe der Grundsteuer bestimmt sich nach einer Vervielfältigung des gemeindlichen Hebesatzes (festzusetzen durch Satzung, → GrStG § 25 Rn. 4 ff.) mit dem Steuermessbetrag. In den Flächenstaaten haben die jeweiligen Landesgesetzgeber von der Möglichkeit des Art. 108 Abs. 4 S. 2 GG Gebrauch gemacht und die Festsetzung (ebenso wie die Erhebung und Beitreibung, → Rn. 55 f.) der Grundsteuer den hebeberechtigten Gemeinden übertragen (→ Rn. 42 f.). Entsprechendes gilt in Bremen für die Stadtgemeinde Bremerhaven. In den Stadtstaaten Berlin und Hamburg sowie in der Stadtgemeinde Bremen sind hingegen die Finanzbehörden auch für die Festsetzung (sowie die Erhebung und Beitreibung, → Rn. 55 f.) zuständig und die Zuständigkeit der Finanzämter innerhalb der beiden Stadtstaaten bestimmt sich nach der Lage des Grundstücks (siehe § 22 Abs. 3 AO iVm § 22 Abs. 2 S. 2 AO; *Rätke* in Klein AO § 22 Rn. 5).

Grundlagen Die bundesgesetzliche Regelung der Grundsteuer

46 Bei den Betrieben der Land- und Forstwirtschaft tritt idR noch ein viertes (vorgeschaltetes) Verfahren der Bodenschätzung nach dem BodSchätzG hinzu. Die Ergebnisse der Bodenschätzung münden in einem fingierten Feststellungsbescheid (eingehend → BewG § 237 Rn. 5 ff.).

47 Die Grundsteuerwertfeststellung, Grundsteuermessbescheid und Grundsteuerbescheid sind jeweils eigenständige Verwaltungsakte. Dies bleiben sie auch dann, wenn sie in einem zusammengefassten Bescheid miteinander verbunden werden. **Das Gesetz sieht also ein mehrfach gestuftes Verwaltungsverfahren vor und verwendet hierzu die Technik eines Grundlagen-Folgebescheid-Verhältnisses:** Der Feststellungsbescheid über den Grundsteuerwert (Grundsteuerwertbescheid) ist für den Steuermessbescheid (Grundsteuermessbescheid, § 184 AO) ebenso bindend wie der Grundsteuermessbescheid als Grundlagenbescheid für den Grundsteuerbescheid als Folgebescheid (statt vieler BFH 25.11.2020 – II R 3/18, BFH/NV 2021, 820). Entsprechendes gilt für die Feststellung der Ergebnisse der Bodenschätzung im Verhältnis zum Grundsteuerwertbescheid. Mit dieser Regelungstechnik geht vor allem eine Präklusionswirkung einher (§ 351 Abs. 2 AO, ggf. iVm § 1 Abs. 2 Nr. 7 AO, → Rn. 58).

48 Eine weitere Besonderheit des Grundsteuerrechts ist die **„Verdinglichung"** bestimmter Verwaltungsakte, dh, die Verwaltungsakte entfalten ihre **Bindungswirkung** nicht bloß gegenüber ihrem Adressaten, sondern auch **gegenüber seinem Rechtsnachfolger (Zurechnungsnachfolger).** Das bedeutet vor allem, dass die Präklusionswirkung, die mit gesonderten Feststellungen einhergeht, subjektiv ausgedehnt wird. Dies betrifft den Grundsteuerwertbescheid und den Grundsteuermessbescheid. Sie wirken nach § 182 Abs. 2 S. 1 AO (für den Grundsteuermessbescheid iVm § 184 Abs. 1 S. 4 AO) auch gegenüber dem Rechtsnachfolger, auf den der Gegenstand der Feststellung nach dem Feststellungszeitpunkt mit steuerlicher Wirkung übergeht (→ GrStG § 16 Rn. 8; → BewG § 222 Rn. 3).

49 Eine wirtschaftliche Einheit kann aus **Grundstücken** bestehen, die **in verschiedenen Gemeindegebieten belegen sind.** In diesem Fall muss jeder betroffenen Gemeinde ein Teil des einheitlich im Grundsteuermessbescheid festgesetzten Steuermessbetrages zugewiesen werden. Die hiernach notwendige Aufteilung des Grundsteuermessbetrages nennt das Gesetz „Zerlegung". Verfahrensrechtlich findet daher unter Umständen zwischen Grundsteuermessbetragsverfahren und Grundsteuerfestsetzungsverfahren ein sog. **Zerlegungsverfahren** statt (s. eingehend die Erläuterungen zu §§ 22 ff. GrStG).

50 **2. Änderung von Grundsteuer-Verwaltungsakten.** In Anbetracht des gestuften Verwaltungsverfahrens sind Anpassungsnotwendigkeiten auf jeder Stufe denkbar. Dies betrifft zuvorderst (und praktisch auch am häufigsten) den Grundsteuerwertbescheid, der mehrere Regelungen (verbindliche Feststellungen) enthält, nämlich die Wert-, Art- und Zurechnungsfeststellung. In Ansehung jeder dieser Feststellungen sind in tatsächlicher Hinsicht Veränderungen denkbar, die zu einer Änderung der Feststellung ab einem bestimmten Zeitpunkt führen (müssen), ohne allerdings die Feststellung für die Vergangenheit in Frage zu stellen. Das Gesetz verwendet hierfür die Technik und den Terminus der „Fortschreibung" (im Einzelnen Erläuterungen zu § 222 BewG): Eine solche Fortschreibung hat zu erfolgen, wenn der Grundsteuerwert von dem Wert des letzten Feststellungszeitpunktes nach oben oder unten um mehr als 15.000 EUR abweicht (Wertfortschreibung, § 222 Abs. 1 BewG) und/oder sich die Art der wirtschaftlichen Einheit oder ihre Zurechnung verändert haben (Art- bzw. Zurechnungsfortschreibung, § 222 Abs. 2 BewG).

Die bundesgesetzliche Regelung der Grundsteuer **Grundlagen**

Hieran knüpft wiederum § 17 Abs. 1 GrStG an: Der Steuermessbetrag wird neu festgesetzt, wenn eine Wert-, Art- oder Zurechnungsfortschreibung durchgeführt wurde (sog. Neuveranlagung, Erläuterungen zu § 17 GrStG). Für den Grundsteuerbescheid gilt sodann die Anpassungsverpflichtung nach § 175 Abs. 1 S. 1 Nr. 1 AO (→ GrStG § 27 Rn. 16). Dessen ungeachtet kann aber auch Anpassungsbedarf in Bezug auf den Grundsteuermessbescheid bestehen, ohne dass es eine Veränderung auf der Grundsteuerwertfeststellungsebene gegeben hat. Auch insoweit sind Neuveranlagungsnotwendigkeiten nach § 17 GrStG denkbar. Das besondere Fortschreibungs-/Neuveranlagungsregime des Grundsteuerrechts hat keinen abschließenden Charakter. Daher bleiben die allgemeinen Berichtigungs- und Änderungsvorschriften anwendbar (→ GrStG § 17 Rn. 21 f. und → BewG § 222 Rn. 37 ff.).

3. Automatisierungsstrategie, Mitwirkungspflichten und Kontrollbe- 51
fugnisse. Die rechtspolitische wie auch die rechtsdogmatische Diskussion konzentrieren sich bei einer Steuer nicht selten vornehmlich auf materielle Belastungsfragen und sich hieran anschließende (Steuer-)Gerechtigkeitsfragen. Bei der Grundsteuer ist dies anders. Der Aspekt des Steuervollzugs ist hier nie aus dem Blick geraten. Er ist ein prägendes Leitmotiv der Grundsteuer (→ Rn. 13 zu den rechtspolitischen Determinanten der Grundsteuerreform). Einer der entscheidenden Sätze der Gesetzesbegründung dürfte in diesem Zusammenhang der folgende sein: „Nach erfolgter Digitalisierung führt die Nutzung amtlicher Grundstücksinformationen und Daten des Immobilienmarkts auf elektronischem Wege im Zusammenspiel mit den Vereinfachungen des materiellen Rechts dazu, dass das Bewertungs- und Besteuerungsverfahren für alle Beteiligten einfach, transparent und nachvollziehbar ausgestaltet ist" (BT-Drs. 19/11085, 83). Das erste Mal ist ein Steuergesetz, das sich im Massenvollzug bewähren muss, an den Möglichkeiten des automatisierten Datenaustausches und den Fähigkeiten der automatisierten Datenverarbeitung ausgerichtet worden. So bestimmen §§ 229 Abs. 6 S. 1, 247 Abs. 2 BewG unscheinbar, aber doch konzeptionell prägend und zudem längst überfällig: Liegenschaftsämter, Grundbuchämter und Gutachterausschüsse sowie andere nach Bundes- oder Landesrecht zuständige Behörden, denen im Rahmen ihrer Aufgabenerfüllung für die Feststellung von Grundsteuerwerten relevante rechtliche oder tatsächliche Umstände bekannt werden, müssen ihre Mitteilungen den Finanzbehörden nach amtlich vorgeschriebenem Datensatz über die amtlich bestimmte Schnittstelle übermitteln.

Das ist normativ ein Meilenstein hin zur digitalen Vernetzung verschiedener Behörden: Datenübermittlung von Amts wegen, nicht erst auf Nachfrage, und vor allem nach vorgegebenen, eine automatisierte Verarbeitung ermöglichenden Standards. Perspektivisch dürfte es schließlich zugleich darum gehen, auch die Grundsteuerbewertung in das risikoorientierte Vollzugskonzept zu integrieren, damit ein nennenswerter Teil der Grundsteuerwertbescheide vollautomatisiert erlassen werden kann. Man kann von einem Paradigmenwechsel sprechen. Für die einen verbinden sich damit auch über die Grundsteuer hinaus Hoffnungen auf ein entsprechendes Erfahrungswissen und die politische wie verfassungsrechtliche Akzeptanz der Aktivierung solcher Vollzugsentlastungspotenziale. Bei anderen ruft es demgegenüber Unbehagen hervor, wenn man das „technisch Machbare" zum Ausgangspunkt für die Gestaltung eines (bisher) sehr stark gleichheitsrechtlich vorgeprägten, aber mitunter auch überfrachteten Steuerrechts erklärt.

Die grundsteuerliche Automationsstrategie des Gesetzgebers hat vor allem 53
Bedeutung für die Lebenszeit und Geld kostenden Verfahrenslasten der Steuer-

Grundlagen Die bundesgesetzliche Regelung der Grundsteuer

pflichtigen. Richtigerweise sieht das neue Bewertungsrecht – jeweils durch Datenfernübertragung nach amtlich vorgeschriebenem Datensatz zu erfüllende – Steuererklärungs- und Anzeigepflichten vor (→BewG § 228 Rn. 4ff.). Deren Fehlen im alten Recht war ein großer Mangel, der jenseits der materiellen Bewertungsungleichheit nach Ansicht des II. Senats des Bundesfinanzhofs auch die Frage nach einem strukturellen Vollzugsdefizit aufgeworfen hatte (BFH 22.10.2014 – II R 16/13, BStBl. II 2014, 957 Rn. 74ff.). Die Frage blieb am Ende unbeantwortet (vgl. BVerfG 10.4.2018 – 1 BvL 11/14 ua, BVerfGE 148, 147 Rn. 146). Nunmehr normiert § 228 Abs. 1 BewG eine Steuererklärungspflicht, die zwar an eine Aufforderung der Finanzbehörde gebunden ist, allerdings kann diese Aufforderung vom Bundesfinanzministerium auch durch öffentliche Bekanntmachung erfolgen. § 228 Abs. 2 BewG wiederum verpflichtet den Steuerpflichtigen zur Anzeige aller Änderungen tatsächlicher Verhältnisse, die sich auf die Höhe des Grundsteuerwertes, die Vermögens- bzw. Grundstücksart oder die Zurechnung auswirken. Diese Pflichten sind allesamt mit einem Verspätungszuschlag bedroht (§ 228 Abs. 5 BewG, § 152 Abs. 2 AO, →BewG § 228 Rn. 18).

54 Sowohl aus der Sicht des Steuerpflichtigen als auch der Finanzverwaltung ist entscheidend, dass die einzelnen Rechtsanwendungsschritte „einfach" sind. Dass Werte nach unterschiedlichen, teils komplexeren Verfahren zu ermitteln sind, ist insoweit ohne Bedeutung. Denn reine Berechnungsfragen sind in Anbetracht der Datenverarbeitungsmöglichkeiten durchweg automationsfähig. Die viel entscheidendere Frage ist, ob mit einem Bewertungsverfahren, das mehr Rechenschritte vorsieht als ein anderes Bewertungsverfahren, auch mehr Vollzugsaufwand verbunden ist. Das wiederum ist eine Frage der Datengrundlage und vor allem der Datenbeschaffung. Die Frage muss daher immer lauten, mit welchem Aufwand Daten beschafft, erhoben und verifiziert werden müssen. Insoweit kann das Bundesgrundsteuerrecht für sich in Anspruch nehmen, dass der Steuerpflichtige vor allem für die Wohn- und Nutzfläche und das Baujahr (so beim Ertragswertverfahren) bzw. die Brutto-Grundfläche, Angaben zur Gebäudeart iSv Anlage 42 und das Baujahr (so beim Sachwertverfahren) verantwortlich ist. Im Übrigen wird es wohl auch Angaben zur Bestimmung der Grundstücksart bedürfen. Bodenrichtwerte und Grundstücksgrößen sollen hingegen von anderen Behörden elektronisch beigestellt werden (§§ 229 Abs. 6, 247 Abs. 2 BewG). Die übrigen bewertungsrelevanten Daten ergeben sich schließlich aus dem Gesetz. Damit ergibt sich aus der Perspektive der Verwaltung ein sehr reduzierter Verifikationsbedarf in Ansehung der vom Steuerpflichtigen beizusteuernden Daten: Jedenfalls die Wohn- und Nutzflächen von Wohngrundstücken werden über die Jahrzehnte hinweg keiner Veränderung unterliegen, weshalb sich typischerweise nur ein Erstverifikationsaufwand ergibt. Anlässlich der ersten Hauptfeststellung auf den 1.1.2022 wird die Vollzugsrealität einen solchen Idealzustand noch nicht erreichen. Das ist aber nicht entscheidend. Denn die Administrierbarkeit eines Gesetzes und die Verfahrenspflichtbelastung des Steuerpflichtigen darf man nicht in Bezug auf eine Momentaufnahme des Erstanwendungszeitpunktes beurteilen, sondern dies muss langfristig geschehen.

55 **4. Erhebung und Beitreibung der Grundsteuer.** Der Zuständigkeit zur Festsetzung der Grundsteuer durch Grundsteuerbescheid (→Rn. 45) folgt die Zuständigkeit zur Erhebung und Beitreibung der Grundsteuer. Die Erhebungszuständigkeit umfasst vor allem auch die Zuständigkeit über die Stundung oder den Erlass der Grundsteuer nach Maßgabe der §§ 32ff. GrStG und der über § 1 Abs. 2 AO anwendbaren §§ 163, 222, 227 AO (zum Erlass → GrStG § 28 Rn. 23ff.).

Die bundesgesetzliche Regelung der Grundsteuer **Grundlagen**

Die Vollstreckung der Grundsteuerforderungen (Beitreibung) durch die Gemeinden erfolgt auf der Grundlage des Landesverwaltungsvollstreckungsrechts. Die §§ 249 ff. AO werden von § 1 Abs. 2 AO nicht für anwendbar erklärt und damit verbleibt es bei der Anwendung von Landesrecht (zur Beitreibung der Grundsteuerforderungen → GrStG § 28 Rn. 30 ff.). 56

IV. Rechtsschutz

1. Rechtsschutz bei gestuften Verwaltungsverfahren.

Die Grundsteuerfestsetzung ist das Produkt eines mehrfach gestuften Verwaltungsverfahrens (Grundsteuerwertfeststellungsverfahren, Grundsteuermessbetragsverfahren, Grundsteuerfestsetzungsverfahren, → Rn. 45), auf dessen vorgelagerten Verfahrensebenen zudem mehrere eigenständige, nebeneinander existierende Feststellungen vorgenommen werden (im Grundsteuerwertbescheid: Wert-, Art- und Zurechnungsfeststellung, → BewG § 219 Rn. 2). Eine derartige Aufspaltung des behördlichen Erkenntnisverfahrens setzt sich zwangsläufig auf der Ebene des Rechtsschutzes fort. Ein effektiver Rechtsschutz hängt daher nicht unwesentlich davon ab, dass der Steuerpflichtige diese verfahrensrechtlichen Besonderheiten durchschaut. 57

Dies betrifft zum einen die Bedeutung des § 351 Abs. 2 AO bzw. des § 42 FGO (vgl. → Rn. 47). Es muss erkannt werden, über welche Frage auf welcher Ebene verbindlich und mit Präklusionswirkung entschieden wird. So kann beispielsweise die gegen einen Grundsteuermessbescheid gerichtete Anfechtungsklage nicht auf das Vorbringen gestützt werden, der Grundsteuerwert, welcher der Festsetzung des Grundsteuermessbetrages zugrunde gelegt wurde, sei zu hoch (→ GrStG § 16 Rn. 15). Dieser Einwand kann ausschließlich durch Anfechtung des Grundsteuerwertbescheides geltend gemacht werden. Die Anfechtungsklage gegen den Grundsteuerbescheid wiederum kann keinen Erfolg haben, wenn sie darauf gestützt wird, dass der Grundsteuermessbetrag wegen Außerachtlassung einer Messbetragsminderung (zB nach § 15 Abs. 4 GrStG) fehlerhaft ermittelt wurde. Dieser Einwand kann nur durch Anfechtung des Grundsteuermessbescheides geltend gemacht werden. Der Steuerpflichtige muss daher genau bedenken, welchen Verwaltungsakt er mit welcher Begründung anficht. Einspruch und Klage sind zwar (rechtsschutzgewährend) auszulegen. Dies ist allerdings nicht grenzenlos möglich (→ GrStG § 16 Rn. 15; → BewG § 219 Rn. 49). Was „positiv gewendet" gegen die jeweiligen Bescheide vorgebracht werden kann, ergibt sich aus den jeweiligen Kommentierungen (zum Grundsteuerwertbescheid → BewG § 219 Rn. 49 ff., zum Grundsteuermessbescheid → GrStG § 16 Rn. 15 ff. und zum Grundsteuerbescheid → GrStG § 27 Rn. 20 ff.). 58

Zum anderen muss die Eigenständigkeit der verschiedenen Feststellungen im Grundsteuerwertbescheid beachtet werden (bereits → Rn. 45). Die Rechtsprechung nimmt an, dass jede dieser Feststellungen prozessual auch ein eigenständiger Streitgegenstand sein kann, dh, der Steuerpflichtige kann einzelne Feststellungen angreifen und andere nicht (vgl. BFH 6.3.1991 – II R 152/88, BFH/NV 1991, 726). Auch hier muss der Steuerpflichtige sorgsam prüfen, was Gegenstand seines Einspruchs bzw. seiner Klage sein soll, und ebenso sorgsam muss er dies dann in Einspruch und Klage formulieren (→ BewG § 219 Rn. 49). Die Eigenständigkeit der in einem Grundsteuerwertbescheid getroffenen Feststellungen hat ferner erhebliche Bedeutung für die Fortschreibungsfälle. Wenn das Finanzamt eine Feststellung fortschreibt, lässt dies die anderen Feststellungen unberührt. Es wird mit einer einzelnen Fortschreibung also nur die Anfechtbarkeit der hierdurch fortgeschriebenen Fest- 59

Grundlagen   Die bundesgesetzliche Regelung der Grundsteuer

stellung eröffnet, aber nicht aller im Grundsteuerwertbescheid getroffenen Feststellungen, selbst wenn das Finanzamt anlässlich der Fortschreibung noch einmal auf die unverändert gebliebenen Feststellungen hinweist (→ BewG § 222 Rn. 3).

60   **2. Außergerichtlicher Rechtsschutz.** Gegen Verwaltungsakte, die von den Finanzämtern erlassen werden (Grundsteuerwertbescheid und Grundsteuermessbescheid), ist der Einspruch nach § 347 Abs. 1 Nr. 1 AO statthaft. Entsprechendes gilt, wenn ein beantragter Verwaltungsakt abgelehnt worden ist. Soweit die Grundsteuer von den Gemeinden verwaltet wird, sind deren Verwaltungsakte mit dem Widerspruch nach § 68 VwGO anzufechten. § 1 Abs. 2 AO klammert bewusst das außergerichtliche Rechtsbehelfsverfahren der Abgabenordnung aus und eröffnet damit den Anwendungsbereich der ansonsten für die Verwaltungstätigkeit der Gemeindebehörde geltenden Vorschriften. Deshalb findet das Widerspruchsverfahren nach §§ 68 ff. VwGO statt.

61   Während das Einspruchsverfahren gegen die Verwaltungsakte der Finanzämter stets statthaft und eine Sachentscheidungsvoraussetzung des späteren Klageverfahrens vor dem Finanzgericht ist (§ 44 FGO), können beim Widerspruchsverfahren gegen die Verwaltungsakte der Gemeindebehörde (→ Rn. 42 f.) im Landesrecht Ausnahmen von dem grundsätzlich obligatorisch durchzuführenden Widerspruchsverfahren (§ 68 VwGO) vorgesehen sein. Ein Widerspruchsverfahren gegen Verwaltungsakte im Zusammenhang mit der Verwaltung der Realsteuern und damit vor allem gegen den Grundsteuerbescheid (→ Rn. 45) sehen folgende Bundesländer vor: **Baden-Württemberg, Brandenburg, Bremen, Hessen, Mecklenburg-Vorpommern, Nordrhein-Westfalen** (§ 110 Abs. 2 Nr. 7 JustG NRW), **Rheinland-Pfalz, Saarland, Sachsen, Sachsen-Anhalt** (§ 8a Abs. 1 S. 2 Nr. 4 Buchst. b LSAAGVwGO), **Schleswig-Holstein** und **Thüringen.** In zwei Bundesländern sind hingegen Sonderregelungen zu beachten: **Bayern** hat sich für das Fakultativmodell entschieden. Gemäß Art. 15 Abs. 1 S. 1 Nr. 1, S. 3 BayAGVwGO kann ein Vorverfahren durchgeführt werden, muss aber nicht, dh der Steuerpflichtige hat es in der Hand, ob er direkt Klage erheben will oder ob erst einmal ein Widerspruchsverfahren durchgeführt wird. **Niedersachsen** wiederum hat sich für das sog. Behördenoptionsmodell entschieden. Grundsätzlich ist der Widerspruch nicht mehr statthaft (§ 80 Abs. 1 NJG), aber Verwaltungsakte, die auf der Grundlage von Rechtsvorschriften zu kommunalen Abgaben erlassen werden (wozu auch die Grundsteuer gehören dürfte), können mit der Anordnung versehen werden, dass ein Vorverfahren durchzuführen ist (§ 80 Abs. 3 Nr. 1 NJG). Jede Gemeinde hat es mithin selbst in der Hand, über die Statthaftigkeit und damit Notwendigkeit eines Vorverfahrens zu befinden. In jedem Fall sollte die Rechtsbehelfsbelehrung beachtet werden.

62   **3. Gerichtlicher Rechtsschutz durch Finanz- und Verwaltungsgerichte.** Die bereits das außergerichtliche Rechtsbehelfsverfahren betreffende „Spaltung" des Verfahrensrechts setzt sich auf der Ebene des gerichtlichen Rechtsschutzes sogar mit einer „Spaltung" des Rechtsweges fort (Finanzgerichte einerseits, Verwaltungsgerichte andererseits). Rechtspolitisch ist dies verfehlt (*Pelka* FS J. Lang, 2010, 981 [996 ff.]; *Seer* in Tipke/Kruse Vor AO § 347 Rn. 19). Richtigerweise gehören de lege ferenda alle Grundsteuerstreitigkeiten vor die Zuständigkeit der Finanzgerichte. Geltendes Recht bestimmt im Einzelnen indes Folgendes:

63   Der Rechtsweg zu den Finanzgerichten ist eröffnet, wenn eine Abgabe der Gesetzgebung des Bundes unterliegt und durch Bundes- oder Landesfinanzbehörden verwaltet wird (§ 33 Abs. 1 Nr. 1 FGO), oder jenseits dieser Voraussetzungen,

Die bundesgesetzliche Regelung der Grundsteuer **Grundlagen**

wenn Landesrechts dies bestimmt (§ 33 Abs. 1 Nr. 4 FGO). Die Voraussetzungen des § 33 Abs. 1 Nr. 1 FGO sind in allen **Flächenländern** erfüllt, soweit die Grundsteuer durch die Landesfinanzbehörden (Finanzämter) verwaltet wird (s. ergänzend für die Länder, die partiell vom Bundesgrundsteuerrecht abgewichen sind, zudem die Ausführungen bei → BayGrStG Art. 10 Rn. 8, → HmbGrStG § 11 Rn. 7, → HGrStG § 15 Rn. 1 und → NGrStG § 12 Rn. 8 f.). Der Finanzrechtsweg ist also namentlich dann gegeben, wenn
- der Grundsteuerwertbescheid oder einzelne Fortschreibungen angegriffen werden (Anfechtungsklage) oder Änderungen des Grundsteuerwertbescheides begehrt werden (Verpflichtungsklage, → BewG § 222 Rn. 50),
- der Grundsteuermessbescheid – sei es als Erstbescheid, sei es als Neuveranlagung – angegriffen (Anfechtungsklage, → GrStG § 17 Rn. 23) oder die Änderung bzw. Aufhebung des Grundsteuermessbescheides begehrt wird (Verpflichtungsklage, → GrStG § 17 Rn. 24) oder
- Ermittlungsmaßnahmen des Finanzamtes angegriffen (mit der Anfechtungs-/ Fortsetzungsfeststellungsklage bei Verwaltungsaktqualität) oder beanstandet werden (Feststellung der Rechtswidrigkeit von Realhandeln).

Das Verfahren richtet sich nach der FGO. Eingangsinstanz ist das Finanzgericht (siehe zur örtlichen Zuständigkeit § 38 FGO), nächste und letzte Instanz ist der Bundesfinanzhof als Revisionsinstanz (zur Revisibilität bei abweichender Landesgesetzgebung → BayGrStG Art. 10 Rn. 9, → HmbGrStG § 11 Rn. 8, → HGrStG § 15 Rn. 2 und → NGrStG § 12 Rn. 9). Die Revision ist nur statthaft, wenn das Finanzgericht sie zugelassen hat oder der Bundesfinanzhof auf die Nichtzulassungsbeschwerde hin die Revision zulässt.

Der Rechtsweg zu den Verwaltungsgerichten (§ 40 Abs. 1 VwGO) ist eröffnet, **64** soweit die Grundsteuer durch Nicht-Landesfinanzbehörden (also vor allem die Gemeinden selbst) verwaltet wird und wenn keine den Finanzgerichtsweg eröffnende Rechtswegzuweisung durch Landesrecht besteht. Da in den Stadtstaaten durchweg der Finanzrechtsweg eröffnet ist (→ Rn. 65), **ist der Verwaltungsrechtsweg nur in den Flächenstaaten relevant.** Dort ist der Verwaltungsrechtsweg insb. dann der richtige Rechtsweg, wenn
- der Grundsteuerbescheid angegriffen wird (→ GrStG § 27 Rn. 20),
- der Erlass der Grundsteuer auf der Grundlage der §§ 32 ff. GrStG oder des § 227 AO begehrt wird (Verpflichtungsklage, → GrStG § 35 Rn. 16),
- die Festsetzung von Zinsen zur Grundsteuer angegriffen wird (zur Verzinsung → GrStG § 27 Rn. 13 f.),
- Ermittlungsmaßnahmen der Gemeindebehörde angegriffen (mit der Anfechtungs-/Fortsetzungsfeststellungsklage bei Verwaltungsaktqualität) oder beanstandet werden (Feststellung der Rechtswidrigkeit von Realhandeln) oder
- Vollstreckungsmaßnahmen der Gemeindebehörde angegriffen (mit der Anfechtungs-/Fortsetzungsfeststellungsklage bei Verwaltungsaktqualität) oder beanstandet werden (Feststellung der Rechtswidrigkeit von Realhandeln), sofern nicht eine abdrängende Rechtszuweisung zu den ordentlichen Gerichten besteht (→ GrStG § 28 Rn. 30 ff.).

Das Verfahren richtet sich nach der VwGO. Eingangsinstanz ist das Verwaltungsgericht (zur örtlichen Zuständigkeit siehe § 52 VwGO). Gegen erstinstanzliche Urteile ist die Berufung zum OVG/VGH statthaft, wenn die Berufung zugelassen worden ist – sei es vom Verwaltungsgericht selbst, sei es erst auf entsprechenden Antrag hin vom OVG/VGH (§§ 124, 124a VwGO). Im Berufungsverfahren erfolgt eine vollständige rechtliche und tatsächliche Prüfung. Gegen Berufungsurteile steht

Grundlagen Die bundesgesetzliche Regelung der Grundsteuer

den Beteiligten sodann die Revision an das BVerwG zu, wenn OVG/VGH oder – auf Beschwerde gegen die Nichtzulassung – das BVerwG selbst die Revision zugelassen haben (§ 132 VwGO). Das BVerwG prüft als Revisionsgericht nur Rechtsfragen.

65 In **Berlin, Hamburg** und in der **Stadtgemeinde Bremen** erfolgt die Verwaltung der Grundsteuer vollständig durch Landesfinanzbehörden. Deshalb gilt § 33 Abs. 1 Nr. 1 FGO umfassend für die gesamte Verwaltungstätigkeit (zu Hamburg auch noch → HmbGrStG § 11 Rn. 7). Es findet keine Zweiteilung des Rechtsschutzes statt. Entsprechendes gilt für die **Stadtgemeinde Bremerhaven**. Hier besteht zwar eine Zweiteilung in Ansehung der Verwaltung der Grundsteuer (→ Rn. 42). Allerdings wird der Finanzrechtsweg durch Art. 6 Nr. 2 BrAGFGO iVm § 33 Abs. 1 Nr. 4 FGO auch gegen die Verwaltungstätigkeit der Stadtgemeinde Bremerhaven eröffnet.

66 Schließlich ist noch auf die in einigen Ländern vorgesehene Möglichkeit der Normenkontrolle nach § 47 VwGO in Ansehung der Grundsteuersatzung hinzuweisen (→ GrStG § 25 Rn. 31, dort vor allem mit Nachweisen zum Landesrecht iSv § 47 Abs. 1 Nr. 2 VwGO), für die eine Eingangszuständigkeit des OVG/VGH besteht.

67 **4. Fragen der Rechtsbehelfsbefugnis (insb. in Überwälzungskonstellationen).** Sowohl die FGO als auch die VwGO folgen dem Grundsatz, dass nur klagebefugt ist bzw. in der Sache mit einer Klage Erfolg haben kann, wer durch den Verwaltungsakt oder eine andere Verwaltungshandlung in seinen Rechten verletzt ist. Die notwendige eigene Rechtsverletzung ergibt sich bei Grundsteuerwert-, Grundsteuermess- und Grundsteuerbescheid für den Steuerpflichtigen regelmäßig daraus, dass er Adressat eines ihn belastenden Verwaltungsaktes ist. Ob der Steuerpflichtige die Grundsteuer auf die Mieter umlegen kann (→ Rn. 19), ist hierfür irrelevant (aA [wohl] FG Berlin 15. 1. 1997 – II 370/94, EFG 1997, 723: belastet seien nur die Mieter). Eine bisher nicht geklärte Frage ist, ob auch der Mieter als faktischer Steuerträger in Ansehung von Grundsteuerwert-, Grundsteuermess- und Grundsteuerbescheid rechtsbehelfsbefugt ist. In Bezug auf die Verbrauchsteuern, die ebenfalls durch eine Überwälzung der Steuer geprägt sind, ist die Frage umstritten (Beschwer verneinend FG Hamburg 22. 2. 1980 – IV 29/79, EFG 1980, 406; dagegen *Krumm* in Tipke/Kruse FGO § 40 Rn. 73). Die dort für die Rechtsbehelfsbefugnis des Steuerträgers vorgebrachten Argumente lassen sich allerdings nicht auf die Grundsteuer übertragen. Bei den Verbrauchsteuern hat der Gesetzgeber den Steuerpflichtigen nur als Gehilfen in den Steuererhebungsvorgang eingeschaltet. Die Belastung des Steuerträgers (des Nichtunternehmers, des Verbrauchers) ist das eigentliche Ziel des Gesetzgebers. Es geht um die Erfassung seiner sich im Konsum äußernden Leistungsfähigkeit. Daher lässt sich bei den Verbrauchsteuern in der Tat gut begründen, dass der Steuerträger durch den an den Steuerpflichtigen adressierten Bescheid beschwert ist. Die Grundsteuer ist hingegen eine Realsteuer und soll die objektivierte Leistungsfähigkeit, die der Grundbesitz vermittelt, erfassen (→ Rn. 17). Der Mieter wird also nicht gezielt belastet. Seine Belastung ist wegen der Überwälzbarkeit nur ein Reflex und eine solche mittelbare wirtschaftliche Betroffenheit reicht für eine eigene Beschwer nicht aus.

68 Ist der Mieter der Meinung, dass die Grundsteuer fehlerhaft ermittelt worden ist, muss er sich daher an den Vermieter halten. Der Vermieter ist jedenfalls verpflichtet, die Besteuerungsgrundlagen zu prüfen und kann sich bei Verletzung dieser Pflicht gegenüber dem Mieter schadensersatzpflichtig machen (mit der Folge, dass der unrechtmäßige Teil der Grundsteuer vom Vermieter nicht gefordert werden kann,

Die bundesgesetzliche Regelung der Grundsteuer **Grundlagen**

siehe OLG Brandenburg 5.6.2019 – 11 U 109/15, BeckRS 2019, 11255 Rn. 15, dort: Der Vermieter hat es unterlassen, dem FA die Aufnahme einer landwirtschaftlichen Nutzung durch den Mieter anzuzeigen).

V. Steuerstrafrecht („Grundsteuerhinterziehung")

Gemäß § 370 Abs. 1 AO begeht eine Steuerhinterziehung, wer den Finanz- 69
behörden oder anderen Behörden über steuerlich erhebliche Tatsachen unrichtige oder unvollständige Angaben macht (Nr. 1, Begehungsvariante), oder wer die Finanzbehörden pflichtwidrig über steuerlich erhebliche Tatsachen in Unkenntnis lässt (Nr. 2, Unterlassungsvariante) und dadurch Steuern verkürzt oder für sich oder einen anderen nicht gerechtfertigte Steuervorteile erlangt. Für die Steuerhinterziehung ist bedingter Vorsatz ausreichend. Dieser muss nicht nur den Sachverhalt umfassen, sondern auch den Steueranspruch, also die aus den Tatsachen gezogenen steuerlichen Folgerungen (sog. Steueranspruchstheorie). Zum Vorsatz der Steuerhinterziehung gehört daher, dass der Täter den Steueranspruch dem Grunde und der Höhe nach zumindest für möglich hält und ihn auch verkürzen will (BGH 8.9.2011 – 1 StR 38/11, NStZ 2012, 160 [161]). Der Täter muss anhand einer laienhaften Bewertung erkannt haben, dass ein Steueranspruch existieren könnte und er durch seine unvollständigen oder unrichtigen Angaben bzw. das Unterlassen einer Erklärung/Anzeige eine Steuerverkürzung bestimmten Umfangs bewirken kann (BGH 17.2.1998 – 5 StR 624/97, NStZ-RR 1998, 185; eingehend zum Vorsatz bei Steuerhinterziehung statt vieler *Krumm* in Tipke/Kruse AO § 370 Rn. 123ff.). Neben dem Vorsatzdelikt der Steuerhinterziehung existiert mit § 378 AO noch ein Fahrlässigkeitsdelikt, nämlich die leichtfertige Steuerverkürzung. Diese ist allerdings nicht als Straftatbestand ausgestaltet, sondern als Ordnungswidrigkeit. Nach § 378 Abs. 1 AO handelt ordnungswidrig, wer als Steuerpflichtiger oder bei Wahrnehmung der Angelegenheiten eines Steuerpflichtigen eine der in § 370 Abs. 1 AO bezeichneten Taten leichtfertig begeht. Sowohl § 370 AO als auch § 378 AO gelten uneingeschränkt auch für die Grundsteuer.

In Bezug auf den Täterkreis muss zwischen § 370 Abs. 1 Nr. 1 und Nr. 2 AO dif- 70
ferenziert werden: In der Begehungsvariante der Nr. 1 kann jeder Täter sein, auch wenn ihn selbst keine steuerlichen Pflichten treffen (sog. Jedermannsdelikt, BGH 6.6.2007 – 5 StR 127/07, BGHSt 51, 356; 7.10.2014 – 1 StR 182/14, NStZ-RR 2015, 284). Neben dem Steuerpflichtigen selbst kommen daher auch dessen Steuerberater und Mitarbeiter als Täter in Frage. Anders verhält es sich mit der Unterlassungsvariante der Nr. 2. Die Steuerhinterziehung durch Unterlassen kann nur derjenige begehen, der selbst zur Aufklärung steuerlich erheblicher Tatsachen besonders verpflichtet ist (BGH 9.4.2013 – 1 StR 586/12, BGHSt 58, 218 [228ff.]; 14.10.2015 – 1 StR 521/14, NZWiSt 2016, 23 [24]). Das ist typischerweise nur der Steuerpflichtige.

Ein Steuerpflichtiger (oder eine andere Person, → Rn. 70) macht über steuerlich 71
erhebliche Tatsachen unrichtige oder unvollständige Angaben, wenn er in der Erklärung zur Feststellung der Grundsteuerwerte (§ 228 Abs. 1 BewG, →BewG § 228 Rn. 4ff.) unzutreffende Angaben über die Wohnfläche, das Baujahr oder die Nutzung des Steuergegenstandes macht, bei Beantragung der Steuerfreiheit nach § 3 Abs. 1 Nr. 3 Buchst. b GrStG gegenüber dem für die Grundsteuerwertfeststellung oder die Grundsteuermessbetragsfestsetzung zuständigen Finanzamt die Tatsachen verschweigt, die (materiell-rechtlich, → GrStG § 3 Rn. 28ff.) der Anerkennung als gemeinnützige Körperschaft entgegenstehen, oder er anlässlich seines

Grundlagen Abweichungen in den einzelnen Bundesländern

Stundungs- bzw. Erlassantrages nicht der Wahrheit entsprechende Angaben macht (*Krumm* in Tipke/Kruse AO § 370 Rn. 37). Ein Steuerpflichtiger lässt die Finanzbehörden demgegenüber pflichtwidrig über steuerlich erhebliche Tatsachen in Unkenntnis (§ 370 Abs. 1 Nr. 2 AO), wenn er die Anzeigen nach § 19 Abs. 1 bzw. Abs. 2 GrStG nicht innerhalb der hierfür vorgesehenen Fristen vornimmt (→ GrStG § 19 Rn. 9).

72 Taterfolg der Steuerhinterziehung ist erstens die Steuerverkürzung. Gemäß § 370 Abs. 4 S. 1 AO sind Steuern dann verkürzt, wenn sie nicht, nicht in voller Höhe oder nicht rechtzeitig festgesetzt werden. Erforderlich ist ein Vergleich zwischen der Steuer, die aufgrund unwahrer Angaben festgesetzt wurde, und der Steuer, die festzusetzen gewesen wäre, wenn anstelle der unrichtigen die der Wahrheit entsprechenden Angaben zugrunde gelegt worden wären (BVerfG 29.4.2010 – 2 BvR 871/04, BVerfGK 17, 273 [295]). Bleibt der festgesetzte Steueranspruch (zB aufgrund einer unrichtigen Steuererklärung, aber auch aufgrund einer zu niedrigen Schätzung) hinter diesem strafrechtlichen Sollanspruch zurück oder fehlt es (zB mangels Erfüllung von Erklärungspflichten) gänzlich an einer Festsetzung, dann ist die Steuer iSv § 370 Abs. 4 S. 1 AO verkürzt (*Krumm* in Tipke/Kruse AO § 370 Rn. 79 mit Nachweisen). Taterfolg ist aber zweitens auch ein ungerechtfertigter Steuervorteil. Angesichts der Weite dieses Begriffs sind Überschneidungen mit der Steuerverkürzung unvermeidbar. Die Taterfolgsvariante des Steuervorteils hat allerdings gerade einen für die Grundsteuer bedeutsamen eigenen Anwendungsbereich: Nach zutreffender (nicht unumstrittener) Rechtsprechung stellt nämlich bereits die „Erschleichung" eines unrichtigen Grundlagenbescheides (hier: eines Grundsteuerwertbescheides oder eines Grundsteuermessbescheides) einen nicht gerechtfertigten Steuervorteil iSv § 370 AO dar (BGH 10.12.2008 – 1 StR 322/08, BGHSt 53, 99; 22.11.2012 – 1 StR 537/12, BGHSt 58, 50 jeweils für die einheitliche und gesonderte Gewinnfeststellung; BGH 12.7.2016 – 1 StR 132/16, NZWiSt 2017, 66 für den Gewerbesteuermessbescheid; Nachweise zum Streitstand bei *Krumm* in Tipke/Kruse AO § 370 Rn. 103). Ferner stellen Stundungs- und Billigkeitsentscheidungen (hier relevant im Hinblick auf §§ 32 ff. GrStG) Steuervorteile dar, ebenso wie der Vollstreckungsaufschub, die Aufhebung von Vollstreckungsmaßnahmen (BGH 19.12.1997 – 5 StR 569/96, BGHSt 43, 381 [390 ff.]) sowie die Aussetzung der Vollziehung.

73 Die Frage, ob eine Steuerhinterziehung oder eine Steuerverkürzung vorliegt, hat auch Bedeutung für das Verfahrensrecht, insb. für die Anwendung der verlängerten Festsetzungsfristen (zehn Jahre bei Steuerhinterziehung und fünf Jahre bei leichtfertiger Steuerverkürzung, s. § 169 Abs. 2 S. 2 AO). Überdies existiert mit § 70 AO ein Haftungstatbestand zulasten des Täters oder Teilnehmers einer Steuerhinterziehung, der auch für die Grundsteuer gilt.

D. Abweichungen in den einzelnen Bundesländern

I. Die Abweichungsbefugnis der Länder nach Art. 72 Abs. 3 S. 1 Nr. 7 GG

74 Art. 72 Abs. 3 S. 1 Nr. 7 GG gestattet den Ländern, vom Bundesgrundsteuerrecht – also den Regelungen im GrStG und BewG – abweichende Regelungen zu treffen (sog. Abweichungsbefugnis). Ob und inwieweit ein Land hiervon Gebrauch machen will, liegt im politischen Ermessen des jeweiligen Landesgesetzgebers (BT-

Drs. 16/813, 11; bestätigt von BVerwG 11. 4. 2016 – 3 B 29/15, NVwZ-RR 2016, 484; BayVerfGH 29. 5. 2017 – Vf. 8-VII-16, NVwZ-RR 2017, 673): Er darf die bundesgesetzlichen Regelungen der Grundsteuer inhaltlich vollständig ersetzen, kann sich aber auch mit Einschränkungen und Ergänzungen der Bundesregelung begnügen. Zulässig sind grundsatz- wie detailbezogene Abweichungen. Art. 72 Abs. 3 S. 1 Nr. 7 GG grenzt keinen „abweichungsfesten Kern" aus dem Kompetenzbereich der Länder aus und auch sonst ist der Landesgesetzgeber nicht zur Wahrung der Grundkonzeption des Bundesgrundsteuerrechts verpflichtet (so jedenfalls die zutreffende hM, siehe nur BayVerfGH 29. 5. 2017 – Vf. 8-VII-16, NVwZ-RR 2017, 673; *Drüen* in Stenger/Loose, VerfR GrStG Rn. 7; *Uhle* in DHS GG Art. 72 Rn. 270 mwN). Denkbar sind damit vollständige, aber auch nur punktuelle Abweichungen. Letzteres wiederum kann mit einer sog. Vollregelung umgesetzt werden (das Landesgesetz regelt die Materie vollständig, allerdings in Teilen das Bundesrecht textlich wiederholend; in Ansehung der Wiederholung stellt sich die Frage, ob eine Abweichung iSv Art. 72 Abs. 3 GG vorliegt → Rn. 75) oder durch nur punktuelle Sonderregelungen gegenüber dem ansonsten geltenden Bundesrecht. Es gibt lediglich zwei Vorgaben, die zu beachten sind. Erstens, der Regelungsgegenstand des Landesgesetzes muss eine „Grundsteuer" iSv Art. 72 Abs. 3 S. 1 Nr. 7 GG sein. Der Begriff der Grundsteuer dabei nicht auf den bisher bekannten Typus der Grundsteuer reduziert werden. Anderenfalls würde die Abweichungsbefugnis weitgehend ins Leere laufen. Daher ist auch eine nur an den (unbebauten) Boden anknüpfende Grundsteuer (zu Baden-Württemberg → Rn. 80ff.) eine Grundsteuer iSv Art. 72 Abs. 3 S. 1 Nr. 7 GG. Ausgehend vom Wortlaut kann nur entscheidend sein, dass an ein Grundstück angeknüpft wird. Dann macht es aber keinen Unterschied, ob das unbebaute Grundstück herangezogen oder das Grundstück nebst einer etwaigen Bebauung zum Steuergegenstand erklärt wird (glA *Seer* DB 2018, 1488 [1493]; aA *Ronnecker* ZKF 2018, 49 [50]). Zweitens steht das Hebesatzrecht wegen Art. 106 Abs. 6 S. 2 GG als solches nicht zur Disposition des Landesgesetzgebers (was auch für den Bundesgesetzgeber gilt, → Rn. 2). Art. 106 Abs. 6 S. 2 GG hindert den Landesgesetzgeber allerdings nicht daran, das Hebesatzrecht zu gestalten – sei es im Sinne eines Grundsatzes der Einheitlichkeit des Hebesatzes für das gesamte Gemeindegebiet (so § 25 Abs. 4 GrStG) oder sei es im Sinne einer Öffnung des Hebesatzrechts für eine innerhalb des Gemeindegebiets differenzierende Hebesatzpolitik der Gemeinden (zu Recht *Drüen* in Stenger/Loose, VerfR GrStG Rn. 15).

Soweit ein Landesgesetzgeber von seiner Abweichungsbefugnis Gebrauch **75** macht, liegt Landesrecht vor. **Umstritten ist, ob ein Abweichen iSv Art. 72 Abs. 3 GG auch dann vorliegt, wenn der Landesgesetzgeber das Bundesrecht nur (formulierungsidentisch) wiederholt** (dies verneinend *Uhle* in DHS GG Art. 72 Rn. 282; *Kment* in Jarass/Pieroth GG Art. 72 Rn. 30; bejahend hingegen *Wittreck* in Dreier GG Art. 72 Rn. 43; *Wollenschläger* in BK GG Art. 72 Rn. 434). Für eine Abweichung in Gestalt einer wiederholenden Regelung spricht, dass von Art. 72 Abs. 3 GG auch die Gestaltungsfreiheit der Länder gedeckt sein dürfte, den Status der Regelung zu verändern, also aus einer Bundesregelung eine Landesregelung zu machen. Dies allein kann bereits eine „abweichende Rechtswirkung" haben (zutreffend *Wittreck* in Dreier GG Art. 72 Rn. 43; man denke nur an die Anwendung von Verfahrens- und Prozessrecht, → Rn. 77). Vor allem dann, wenn sich der Gesetzgeber für eine landesrechtliche Vollregelung entscheidet, die nur teilweise inhaltlich vom Bundesrecht abweicht und im Übrigen mit Bundesrecht inhaltlich übernimmt, wird man insgesamt eine Abweichung iSv Art. 72 Abs. 3 GG und damit insgesamt Landesrecht annehmen müssen (*Seiler* in Epping/Hillgruber GG Art. 72 Rn. 24.2.). **Daher ist das BWLGrStG richtigerweise insgesamt ein Abweichungsgesetz** und es liegt insgesamt Landesrecht vor.

76 Soweit der Landesgesetzgeber von der Abweichungsbefugnis keinen Gebrauch macht, bleibt es hingegen bei der Geltung des (Bundes-) Grundsteuergesetzes und der §§ 218 ff. BewG. Denn die Wahrnehmung der Abweichungsbefugnis führt nur dazu, dass das Landesrecht gegenüber dem Bundesrecht Anwendungsvorrang genießt (vgl. BT-Drs. 16/813, 11) und das Bundesrecht nur dort zurücktreten muss, wo das Landesrecht hiervon abweicht. Jedenfalls dann, wenn sich das Landesrecht zum Verhältnis zum Bundesrecht gar nicht äußert, gilt daher das nicht von Landesrecht verdrängte Bundesgrundsteuerrecht fort (als sog. **„partielles Bundesrecht"**, statt vieler *Oeter* in MKS GG Art. 72 Rn. 125; *Wittreck* in Dreier GG Art. 72 Rn. 40). Das betrifft vor allem die Regelungen zu den Betrieben der Land- und Forstwirtschaft. Dass die Landesgesetzgeber das Bundesrecht „im Übrigen" für anwendbar erklären (vgl. Art. 10 Abs. 1 S. 1 BayGrStG; § 11 Abs. 1 S. 1 HmbGrStG; § 1 S. 2 NGrStG), macht die bundesgesetzlichen Vorschriften betreffend die Betriebe der Land- und Forstwirtschaft (einschließlich des im GrStG und BewG normierten Verfahrensrechts) nicht zu Landesrecht. Dies gilt grundsätzlich auch für die Regelungen betreffend die Grundstücke (einschließlich des im GrStG und BewG geregelten Verfahrensrechts). Gerade hier finden sich aber auch Abweichungen von diesem Grundsatz. Vor allem dann, wenn ein Landesgesetzgeber einzelne Vorschriften des Bundesrechts oder bestimmte Normkomplexe für „entsprechend anwendbar" erklärt, dürften die davon erfassten Regelungen zu Landesrecht werden. Ein anschauliches Beispiel für die dadurch entstehende Gemengelage ist das HGrStG: Die in § 2 HGrStG für entsprechend anwendbar erklärten Vorschriften des BewG werden zu Landesrecht (→ HGrStG § 2 Rn. 4, 7). Die Vorschriften des GrStG, für die keine landesrechtlichen Vorrangnormen existieren und zu denen sich das HGrStG auch sonst nicht verhält, werden in Hessen hingegen als Bundesrecht angewendet (zB die Vorschriften über die Steuerbefreiungen in §§ 3 ff. GrStG).

77 Die Abweichungsbefugnis hatte rechtspolitisch vor allem abweichende materielle Regelungen im Blick. Artikel 72 Abs. 3 S. 1 Nr. 7 GG erfasst allerdings auch das **Verfahrensrecht** und erlaubt insoweit die Formulierung eines eigenen (grundsteuerspezifischen) Landesverfahrensrechts (glA *Drüen* in Stenger/Loose, VerfR GrStG Rn. 13) und dies sowohl für die Tätigkeit der Landesfinanzbehörden als auch der Gemeinden. Ob und inwieweit ein Landesgesetzgeber diese Möglichkeit nutzt, ist seinem rechtspolitischen Ermessen überantwortet. **Ohne eine abweichende landesrechtliche Regelung bildet jedenfalls § 1 Abs. 1 S. 1 AO den Ausgangspunkt** und zwar bezogen auf die Verwaltungstätigkeit der Landesfinanzbehörden. § 1 Abs. 1 S. 1 AO knüpft die Anwendung der Abgabenordnung an die Verwaltung einer durch Bundesrecht geregelten Steuer durch Bundes- oder Landesfinanzbehörden. Zumindest dann, wenn eine landesrechtliche Vollregelung das Bundesgrundsteuerrecht vollständig verdrängt, liegt eine landesgesetzlich geregelte Steuer vor, die nicht § 1 Abs. 1 S. 1 AO unterfällt. Das betrifft allein **Baden-Württemberg**. Hier gilt die AO aber gleichwohl, weil § 2 BWLGrStG sie für entsprechend anwendbar erklärt, allerdings wohl ohne Erfassung der §§ 369 ff. AO (→ BWLGrStG § 2 Rn. 3, 9). In den anderen Ländern, die von der Abweichungskompetenz Gebrauch gemacht haben, gelten neben den landesgesetzlichen Regelungen hingegen das GrStG und das BewG als partielles Bundesrecht fort

Abweichungen in den einzelnen Bundesländern **Grundlagen**

(→ Rn. 76). Angesichts dieser Gemengelage muss die Frage beantwortet werden, ob eine bundesgesetzlich geregelte Steuer iSv § 1 Abs. 1 S. 1 AO bereits dann zu verneinen ist, wenn die Steuer „auch" landesgesetzlich geregelt ist und sich die vollständige „Steuerregelung" erst aus Bundes- und Landesrecht ergibt. Das ist zu verneinen. Solange „auch" eine bundesgesetzliche Regelung vorliegt, gilt vielmehr – vorbehaltlich einer abweichenden landesgesetzlichen Regelung – die AO (eingehend *Krumm* in Tipke/Kruse § 1 AO Rn. 17 a). Das hat vor allem Bedeutung für das **Saarland** und **Sachsen**: Beide Länder weichen nur punktuell vom Bundesrecht ab und beide Landesgesetze verhalten sich nicht zur Anwendung der AO. Deshalb verbleibt es hinsichtlich der Tätigkeit der Landesfinanzbehörden bei der Anwendung der AO nach § 1 Abs. 1 S. 1 AO. In **Bayern, Hamburg, Hessen** und **Niedersachsen** existieren hingegen Vorschriften, die – teils mit Ausnahme der Vorschriften über den Datenschutzbeauftragten – die AO für entsprechend anwendbar erklären (Art. 10 Abs. 2 S. 1 BayGrStG; § 11 Abs. 2 S. 1 HmbGrStG; § 2 Abs. 5 Nr. 1 HGrStG; § 12 Abs. 2 S. 1 NGrStG). Hier stellt sich die Frage, ob die Normen konstitutiv sind und wenn ja, ob sie die Vorschriften der AO zu Landesrecht machen. Beides ist zu bejahen (→ BayGrStG Art. 10 Rn. 6; → HmbGrStG § 11 Rn. 5; → HGrStG § 2 Rn. 10; → NGrStG § 12 Rn. 6).

Sofern die **Grundsteuer durch die Gemeinden selbst verwaltet wird**, ergibt sich die Anwendung wesentlicher Teile der AO aus § 1 Abs. 2 AO. Insoweit gilt im Ausgangspunkt das bereits zu § 1 Abs. 1 S. 1 AO Gesagte entsprechend: § 1 Abs. 2 AO gilt auch dann, wenn die Grundsteuer zumindest „auch" bundesgesetzlich geregelt ist. Bei rein landesgesetzlicher Regelung der Grundsteuer gilt § 1 Abs. 2 AO hingegen nicht (unmittelbar) für die Verwaltungstätigkeit der Gemeinden. Allerdings wird die AO in **Baden-Württemberg**, das als einziges Bundesland eine Vollregelung geschaffen hat, auch insoweit für entsprechend anwendbar erklärt (s. § 2 Abs. 1 S. 2 BWLGrStG). Dort, wo partielles Bundesgrundsteuer- und -bewertungsrecht neben dem Landesrecht Anwendung findet, bleibt auch § 1 Abs. 2 AO anwendbar, sofern die Norm selbst nicht durch abweichendes Landesrecht verdrängt oder modifiziert wird (vgl. → Rn. 77 zur Reichweite der Abweichungsbefugnis). Daher gilt in **Sachsen** und im **Saarland** § 1 Abs. 2 AO unmittelbar. In **Bayern, Hessen** und **Niedersachsen** findet § 1 Abs. 2 AO auf die Grundsteuerverwaltungstätigkeit der Gemeinden ebenfalls Anwendung, allerdings unterscheiden sich die Geltungsgründe je nach Landesrecht (→ BayGrStG Art. 10 Rn. 7; → HGrStG § 2 Rn. 12; → NGrStG § 12 Rn. 7).

78

Die Abweichungsbefugnis nach Art. 72 Abs. 3 S. 1 GG hat – jedenfalls theoretisch – eine „Schwäche". Der Bund darf auch zeitlich nach Erlass eines abweichenden Landesgesetzes tätig werden und das spätere Bundesgesetz geht dann dem älteren Landesrecht vor (Art. 72 Abs. 3 S. 3 GG). Es gibt in keine Richtung eine Sperrwirkung; Art. 72 Abs. 3 GG gewährt letztlich sowohl dem Bund als auch dem Land eine „Vollkompetenz" (*Drüen* in Stenger/Loose, VerfR GrStG Rn. 6). Daher kann es zu einer Art „Ping-Pong"-Spiel zwischen Landes- und Bundesgesetzgeber kommen (*Oeter* in MKS GG Art. 72 Rn. 127). In Bezug auf den gesamten Regelungsgegenstand Grundsteuer dürfte dieses Problem indes nur theoretischer Natur sein. Es ist praktisch unvorstellbar, dass der Bund durch wiederholende Inkraftsetzungen seines Bundesgrundsteuerrechts bewusst landesrechtliche Grundsteuerkonzepte konterkariert – zumal es sich immer um Zustimmungsgesetze handelt. Anders verhält es sich mit Einzeländerungen, die zwecks Nachjustierung bei einem Steuergesetz praktisch unvermeidbar sind. Das zeigt exemplarisch die Änderung des § 15 GrStG durch das Grundsteuerreform-Umsetzungsgesetz v. 16.7.2021

79

(→ Rn. 15), auf das der sächsische Landesgesetzgeber mit dem Gesetz zur Bestätigung des Grundsteuermesszahlgesetzes v. 21.12.2021, SächsGVBl. 2022, 9 reagiert hat (→ Rn. 91), um selbst die zeitlich spätere Norm geschaffen zu haben. Entsprechendes gilt auch für Baden-Württemberg (→ Rn. 80). Die Beispiele zeigen zugleich, dass das Risiko und der Aufwand letztlich aber beherrschbar sind. Denn das vom Landesgesetz abweichende (spätere) Bundesgesetz tritt nach Art. 72 Abs. 3 S. 2 GG grundsätzlich erst sechs Monate nach seiner Verkündung in Kraft (sog. Karenzregelung). Diese Zeitspanne gibt dem Landesgesetzgeber ausreichend Zeit, um notfalls „präventiv" zu reagieren (trotz aller rechtstechnischen Schwächen von Art. 72 Abs. 3 S. 2 und S. 3 GG dürfte dies zwischenzeitlich allgemeine Meinung sein, s. mit Nachweisen *Wollenschläger* in BK GG Art. 72 Rn. 485 ff.; *Uhle* in DHS GG Art. 72 Rn. 298, 302). Das sog. „Ping-Pong-Problem" darf daher nicht überschätzt werden (ebenso die Einschätzung *Oeter* in MKS GG Art. 72 Rn. 127; *Wittreck* in Dreier GG Art. 72 Rn. 32).

II. Baden-Württemberg (Bodenwertmodell)

80 Baden-Württemberg hat am 4.11.2020 als erstes Land von der Abweichungsbefugnis des Art. 72 Abs. 3 S. 1 Nr. 7 GG Gebrauch gemacht und ein Landesgrundsteuergesetz erlassen (BWLGrStG v. 4.11.2020, GBl. BW 2020, 974, dazu BWLT-Drs. 16/8907; Änderung, Ergänzung und – im Hinblick auf den „lex posterior"-Grundsatz [→ Rn. 79] – auch Bestätigung des Gesetzes sodann mit dem ÄndGLGrStG v. 22.12.2021, GBl. BW 2021, 1029, dazu BWLT-Drs. 17/1076). Das Gesetz folgt dem Konzept einer Bodenwertsteuer (zur Bemessungsgrundlage noch → Rn. 82). In Ansehung des Belastungsgrundes nimmt der Gesetzgeber sowohl auf das Leistungsfähigkeitsprinzip (unter Rückgriff auf den auch bei der Bundesregelung zugrunde liegenden Sollertragsgedanken, → Rn. 17) als auch auf das Äquivalenzprinzip Bezug. Die Begründungselemente in der Entwurfsbegründung schwanken zwar mitunter zwischen beiden Belastungsgründen, aber im Großen und Ganzen kommt diese „Zweigleisigkeit" dort ausreichend klar zum Ausdruck. Repräsentativ hierfür dürfte folgende Passage aus der Begründung sein: Mit der Heranziehung der Bodenrichtwerte wird „ein Zusammenhang mit kommunalen Infrastrukturleistungen hergestellt, die durch Beiträge und Gebühren nicht vollständig abgegolten werden können und dem Grundstückseigentümer zu Gute kommen. In Anlehnung an den Äquivalenzgedanken spiegelt sich die Teilhabemöglichkeit an der kommunalen Infrastruktur und den Ressourcen (insbesondere der Lageverfügbarkeit) in den Bodenrichtwerten wider. Durch das Abstellen auf die Bodenrichtwerte und das darin verkörperte Potenzial des Grundstücks wird aber zugleich eine Schnittstelle zur objektiven Leistungsfähigkeit hergestellt. Somit beruht die Belastungsentscheidung für die Grundsteuer zuvorderst zwar auf dem Äquivalenzgedanken, aber daneben auch auf dem Gedanken der Leistungsfähigkeit" (BWLT-Drs. 16/8907, 52f.). Direkt im Anschluss hieran wird wieder auf die Grundsteuer in ihrer historischen Besteuerungsform als substanzbezogene Grundsteuer und deren verfassungsrechtliche Anerkennung durch das BVerfG hingewiesen (BWLT-Drs. 16/8907, 53). Sodann heißt es aber wieder: „Das aus dem Bodenrichtwert abgeleitete Potenzial gibt grundsätzlich wieder, wie gut die kommunale Infrastruktur und Ressourcen für das bewertungsgegenständliche Grundstück sind und welche hieraus abgeleitet dauerhafte Ertrags- und Wertentwicklung zu erwarten sind" (BWLT-Drs. 16/8907, 55). Hier kommt der Gedanke der Nutzenäquivalenz noch einmal deutlich zum Aus-

Abweichungen in den einzelnen Bundesländern **Grundlagen**

druck (bestätigend zudem BWLT-Drs. 17/1076, 18 anlässlich des ÄndGLGrStG). Der baden-württembergische Gesetzgeber fährt mithin zweigleisig: Der Bodenwert als Verkehrswert des (fiktiv) unbebauten Grundstücks spiegele iSd Sollertragsgedankens die Ertragsfähigkeit wider und iSd Nutzenäquivalenz lasse sich diese Ertragsfähigkeit wiederum auf den aus den kommunalen Leistungen gezogenen Nutzen zurückführen.

Formal handelt es sich bei dem BWLGrStG um eine „Vollregelung" des gesamten Grundsteuerrechts. Das Gesetz umfasst alle grundsteuerlichen Regelungsfragen und verzichtet – konzeptionell überzeugend – auf eine Aufteilung der Materie auf zwei Gesetze (anders als das Bundesgrundsteuerrecht mit GrStG und BewG). Das darf aber nicht darüber hinwegtäuschen, dass der Entwurf – von den nachfolgend noch darzustellenden Aspekten abgesehen – die Bundesregelung nachbildet: Die Steuergegenstände sind identisch und es wird insoweit die bereits bekannte Unterscheidung zwischen der sog. Grundsteuer A („Betriebe der Land- und Forstwirtschaft") und der sog. Grundsteuer B („Grundstücke") beibehalten. Textlich werden sodann vor allem die Regelungen des Grundsteuergesetzes zu den Steuerbefreiungen, der Steuerschuldnerschaft und -haftung, den besonderen Steuermesszahlermäßigungen, dem Verfahrensrecht und den Erlassvorschriften sowie die Regelungen des Bewertungsgesetzes in Ansehung der Betriebe der Land- und Forstwirtschaft weitgehend wörtlich übernommen. Gleichwohl handelt es sich insgesamt um Landesrecht (→ Rn. 75). 81

Eine Abweichung von der bundesgesetzlichen Regelung besteht insbesondere in Bezug auf folgende Aspekte: 82
(1) Der Grundsteuerwert der Grundstücke, der auch nach dem BWLGrStG alle sieben Jahre für Grundsteuerzwecke festzustellen ist (§ 15 Abs. 1 BWLGrStG), ermittelt sich durch Multiplikation des Bodenrichtwertes mit der Grundstücksfläche. Maßgebend ist der Bodenrichtwert des Richtwertgrundstücks in der Bodenrichtwertzone, in der sich das zu bewertende Grundstück befindet (§ 38 Abs. 1 S. 2 BWLGrStG). Wenn dergestalt der Bodenrichtwert für das fiktive Richtwertgrundstück (= „Zonenwert") für maßgeblich erklärt wird, schließt dies Anpassungen aus (→ BWLGrStG § 38 Rn. 3). Allerdings erlaubt § 38 Abs. 4 BWLGrStG den Nachweis eines niedrigeren Wertes, wenn der Wert um mehr als 30 % vom Zonenwert abweicht.
(2) Es ist eine Steuermesszahl von 1,30 Promille vorgesehen (§ 40 Abs. 2 BWLGrStG). Diese Steuermesszahl ermäßigt sich um 30 %, wenn das Grundstück überwiegend Wohnzwecken dient (kurz: Wohngrundstücke), also der Anteil der Wohnnutzung an der gesamten Wohn- und Nutzfläche den Anteil der wohnfremden Nutzung übersteigt (§ 40 Abs. 3 BWLGrStG). Da der Grundsatz der Einheitlichkeit der Hebesätze für den Steuergegenstand „Grundstück" gilt (§ 50 BWLGrStG), führt diese Ermäßigung der Steuermesszahl zwangsläufig zu Belastungsunterschieden zwischen den genannten „Wohngrundstücken" einerseits und anderen Grundstücken andererseits.

Verfahrens- und prozessrechtlich werden AO und FGO für entsprechend anwendbar erklärt, der Rechtsweg in die Finanzgerichtsbarkeit eröffnet und die vollständige Revisibilität des Landesrechts durch den BFH angeordnet (→ BWLGrStG § 2 Rn. 3 ff.). 83

Grundlagen Abweichungen in den einzelnen Bundesländern

III. Bayern (Flächenmodell)

84 Bayern hat mit dem BayGrStG v. 10.12.2021 (GVBl. 2021, 638, dazu BayLT-Drs. 18/15755 [Gesetzesbegründung]; BayLT-Drs. 18/18893 [Haushaltsausschuss]) von der Abweichungsbefugnis des Art. 72 Abs. 3 S. 1 Nr. 7 GG Gebrauch gemacht. Die Abweichung betrifft in Ansehung der wirtschaftlichen Einheiten des Grundvermögens grundlegend den Belastungsgrund und die Bemessungsgrundlage. Bayern hat sich insoweit für ein (reines) wertunabhängiges Flächenmodell entschieden. Anders als bei den wertabhängigen Modellen scheidet bei einer wertunabhängigen Bemessungsgrundlage das Leistungsfähigkeitsprinzip als Belastungsgrund aus. Eine Flächensteuer behandelt zwei Grundstücke schon dann gleich, wenn beide dieselbe Größe aufweisen und – sofern nach Grundstücksnutzungen differenziert werden sollte – identisch genutzt werden. Grundstücke in schlechten Lagen mit typischerweise niedrigeren Verkehrswerten werden gemessen am Grundstückswert relativ stärker mit Grundsteuer belastet als Grundstücke in höherwertigen Lagen. Der bayerische Gesetzgeber hat sich daher für eine bewusste Abkehr vom Leistungsfähigkeitsprinzip entschieden. Stattdessen bemüht er das Äquivalenzprinzip: Die Grundstücke seien besonders mit dem örtlichen Gemeinwesen verwurzelt und die Grundsteuer solle den mangels konkreter Gegenleistungsbeziehung nicht bereits über Vorzugslasten erfassbaren Zusammenhang zwischen den öffentlichen Leistungen der Gemeinde für die Daseinsvorsorge und dem Grundstück abbilden (BayLT-Drs. 18/15755, 11). Sodann heißt es in Bezug auf die hieran auszurichtende Bemessungsgrundlage: „Ausgehend vom Äquivalenzgedanken bietet sich die Fläche als Anknüpfungspunkt und Maßstab der Lastenverteilung innerhalb der Gemeinde an, da den einzelnen Grundstückseigentümerinnen und Grundstückseigentümern in der Regel umso mehr Aufwand für bestimmte lokale öffentliche Leistungen ihrer Gemeinde (wie beispielsweise dem Schutz des Privateigentums durch Brandschutz oder Räumungsdienste, durch Infrastrukturausgaben, durch Ausgaben für Kinderbetreuung und Spielplätze, für kulturelle Einrichtungen und Ausgaben zugunsten der Wirtschaftsförderung) zuordenbar ist, je größer das zu besteuernde Grundstück (Grund und Boden einschließlich Gebäude) ist. Flächen von Grund und Boden sowie Gebäude eignen sich somit als zulässiger, realitätsgerechter und folgerichtiger Verteilungsmaßstab für die von der örtlichen Kommune erbrachten sonstigen öffentlichen Leistungen und der Intensität der jeweiligen Nutzung der kommunalen Infrastruktur" (BayLT-Drs. 18/15755, 11 f.). Diese Passage lässt Raum für Interpretation. Als Bezugspunkt werden dort sowohl die bei den Gemeinde anfallenden Ausgaben (Kostenäquivalenz) als auch die bei den Bürgern durch die Leistungen der Gemeinde entstehenden Vorteile (Nutzenäquivalenz) genannt (zu dieser Unterscheidung s. statt vieler *Scheffler/Roith* Leitlinien für eine Reform der Grundsteuer, 31 mwN). Die stärkere Betonung dürfte aber wohl auf den Ausgaben der Gemeinde liegen. Der bayerische Gesetzgeber geht jedenfalls davon aus, dass zwei Grundstücke mit gleicher Nutzungsart und identischen Flächenmerkmalen innerhalb einer Kommune vergleichbare finanzielle Leistungen der Kommune verursachen bzw. den Eigentümern vergleichbaren Nutzen vermitteln und dies weitgehend unabhängig vom Wert des Grund und Bodens oder des aufstehenden Gebäudes. Bezüglich der Betriebe der Land- und Forstwirtschaft wird hingegen das Bundesgrundsteuermodell (und damit auch dessen Belastungsgrund → Rn. 17) übernommen (von einzelnen Abweichungen in Bezug auf die wirtschaftliche Einheit abgesehen).

Abweichungen in den einzelnen Bundesländern **Grundlagen**

Das BayGrStG stellt keine „Vollregelung" des gesamten Grundsteuerrechts dar. 85
Der bayerische Gesetzgeber hat sich auf die Regelung der Abweichungen vom
Bundesgrundsteuerrecht und hiermit verbundene Ergänzungen beschränkt. Im
Übrigen findet das Bundesgrundsteuerrecht als partielles Bundesrecht Anwendung
(→ Rn. 76 und → BayGrStG Art. 10 Rn. 3). Die landesgesetzlichen Abweichungen
betreffen in grundlegender, konzeptioneller Weise vor allem folgende Regelungsbereiche:
(1) Bemessungsgrundlage für die wirtschaftlichen Einheiten des Grundvermögens
sind die Fläche des Grund und Bodens sowie die Wohn- und Nutzfläche des
Gebäudes jeweils multipliziert mit sog. Äquivalenzzahlen (für den Grund und
Boden grundsätzlich 0,04 EUR/qm und für das Gebäude stets 0,50 EUR/qm,
→ BayGrStG Art. 3 Rn. 3ff.). Der Wert des Grundstücks ist ohne Bedeutung.
(2) Auf der Ebene des Messbetragsverfahrens differenziert Art. 4 Abs. 1 BayGrStG
zwischen einer Wohnnutzung und einer Nicht-Wohnnutzung. Erstere wird
mit einem Abschlag von 30% versehen.
(3) Hinsichtlich der Betriebe der Land- und Forstwirtschaft gilt auch in Bayern das
Bewertungsrecht der §§ 232 ff. BewG, allerdings sieht Art. 9 BayGrStG in Einzelpunkten abweichende Regelungen zur Bestimmung der wirtschaftlichen
Einheit vor (→ BayGrStG Art. 9 Rn. 5 ff.).

IV. Hamburg (Wohnlagemodell)

Während der hamburgische Gesetzgeber für die Betriebe der Land- und Forst- 86
wirtschaft das Bundesgrundsteuerrecht übernimmt, hat er sich in Bezug auf die
wirtschaftlichen Einheiten des Grundvermögens in Abweichung vom Bundesgrundsteuerrecht für ein sog. wertunabhängiges Flächenmodell mit Wohnlagedifferenzierung („Wohnlagemodell", HmbBü-Drs. 22/3583, 7) entschieden. Maßgeblich ist das HmbGrStG v. 24.8.2021 (HmbGVBl. 2021, 600, dazu HmbBü-Drs.
22/3583). Der hamburgische Gesetzgeber bekennt sich ausdrücklich zum Äquivalenzdanken als prägendes Element der Lastenverteilung. Die Grundstücke seien besonders mit dem örtlichen Gemeinwesen verwurzelt und der Grundsteuer solle den
mangels konkreter Gegenleistungsbeziehung nicht bereits über Vorzugslasten erfassbaren Zusammenhang zwischen den öffentlichen Leistungen der Gemeinde für
die Daseinsvorsorge und dem Grundstück abbilden (HmbBü-Drs. 22/3583, 8). Zur
Bemessungsgrundlage, in der sich dieser Äquivalenzansatz widerspiegeln muss,
führt die Gesetzesbegründung aus: „Im Sinne des Äquivalenzprinzips bietet sich
die Fläche als Anknüpfungspunkt und Maßstab der Lastenverteilung innerhalb der
Kommune an, da den einzelnen Grundstückseigentümer in der Regel umso mehr
Aufwand für bestimmte lokale öffentliche Leistungen seiner Kommune (wie beispielsweise dem Schutz des Privateigentums durch Brandschutz oder Räumungsdienste, durch Infrastrukturausgaben, durch Ausgaben für Kinderbetreuung und
Spielplätze, für kulturelle Einrichtungen und Ausgaben zugunsten der Wirtschaftsförderung) zugeordnet werden kann, je größer das zu besteuernde Grundstück
(Grund und Boden einschließlich Gebäude) ist. Dabei werden öffentliche Leistungen zum einen mit Rücksicht auf den Grund und Boden des Grundstücks erbracht
und kommen daher ihm zugute. Zum anderen werden sie aber auch gebäude- und
personenbezogen erbracht, weshalb als pauschaler Belastungsmaßstab die Flächen
der jeweiligen Gebäude dienen. Flächen von Grund und Boden sowie Gebäude
eignen sich somit als zulässiger, realitätsgerechter und folgerichtiger Verteilungsmaßstab für die von der örtlichen Kommune erbrachten sonstigen öffentlichen

Grundlagen Abweichungen in den einzelnen Bundesländern

Leistungen und der Intensität der jeweiligen Nutzung der kommunalen Infrastruktur. Insofern ist es systemkonform und beabsichtigt, wenn für zwei Grundstücke mit identischen Flächenmerkmalen dem Grunde nach der gleiche Belastungsanteil zugerechnet wird. Beide Grundstücke verursachen in pauschalierender Betrachtung vergleichbare finanzielle Leistungen der Kommune bzw. nehmen diese in Anspruch" (HmbBü-Drs. 22/3583, 8). Insoweit gilt für Hamburg das Gleiche, was auch für Bayern schon festgestellt wurde: Die Formulierung ermöglicht eine Deutung sowohl im Sinne eines kosten- als auch nutzenäquivalenztheoretischen Ansatzes, wenngleich die stärkere Betonung wohl auf den Ausgaben liegen dürfte (→ Rn. 84).

87 Der hamburgische Gesetzgeber hat sich auf die Normierung von Abweichungen zum Bundesgrundsteuerrecht beschränkt. Im Übrigen findet das Bundesgrundsteuerrecht als partielles Bundesrecht Anwendung (→ Rn. 76). Abweichungen bestehen vor allem wie folgt:
(1) Bemessungsgrundlage für die wirtschaftlichen Einheiten des Grundvermögens sind die Fläche des Grund und Bodens sowie die Wohn- und Nutzfläche des Gebäudes jeweils multipliziert mit sog. Äquivalenzzahlen (für den Grund und Boden grundsätzlich 0,04 EUR/qm und für das Gebäude stets 0,50 EUR/qm, → HmbGrStG § 3 Rn. 3ff.). Der Wert des Grundstücks ist ohne Bedeutung.
(2) Auf der Ebene des Messbetragsverfahrens differenziert § 4 Abs. 1 HmbGrStG zwischen einer Wohnnutzung und einer Nicht-Wohnnutzung. Erstere wird mit einem Abschlag von 30% versehen. Sodann wird bezüglich der Wohnnutzung noch zwischen einer „normalen Lage" und einer „guten Lage" unterschieden (daher auch die Bezeichnung als „Wohnlagemodell"). Für die normale Lage gilt eine weitere Ermäßigung der Grundsteuermesszahl um 25% (§ 4 Abs. 2 S. 1 HmbGrStG). Die Abgrenzung zwischen beiden Lagen soll der Senat vornehmen (zur verfassungsrechtlichen Kritik im Hinblick auf die fehlende normative Vorsteuerung dieser Differenzierung → HmbGrStG § 3 Rn. 6).
(3) Hinsichtlich der Betriebe der Land- und Forstwirtschaft gilt das Bewertungsrecht der §§ 232ff. BewG. Das hamburgische Grundsteuerrecht sieht allerdings in Einzelpunkten abweichende Regelungen zur Bestimmung der wirtschaftlichen Einheit vor (→ HmbGrStG § 9 Rn. 4ff.).

V. Niedersachsen und Hessen (Flächenmodell mit Lage-Faktor)

Literatur: *Löhr*, Das neue hessische Landesgrundsteuer-Modell – Königsweg oder Sackgasse?, BB 2020, 1687.

88 Ein um einen Lage-Faktor (in Hessen nur Faktor) modifiziertes Flächenmodell findet für Grundstücke in Hessen (HGrStG v. 15.12.2021, GVBl. 2021, 906, dazu HLT-Drs. 20/6379) und Niedersachsen (NGrStG v. 7.7.2021, NdsGVBl. 2021, 502, dazu NdsLT-Drs. 18/8995 [Gesetzesentwurf], NdsLT-Drs. 18/9632 [Ausschussbericht]) Anwendung. Beiden Gesetzen ist gemeinsam, dass die Bemessungsgrundlage für die wirtschaftliche Einheit des Grundvermögens an die Grundstücks- und Gebäudefläche anknüpft, aber – insoweit abweichend vom reinen Flächenmodell – eine Lagedifferenzierung erfolgt. Als Belastungsgrund nennen beide Landesgesetzgeber das Äquivalenzprinzip und zwar iSd Nutzenäquivalenz (HLT-Drs. 20/6379, 12; NdsLT-Drs. 18/9632, 1, 7f.). In der Begründung zum HGrStG heißt es: „Damit liegt die Belastungsgrundentscheidung […] im hiesigen Landesmodell in

Abweichungen in den einzelnen Bundesländern **Grundlagen**

der Schaffung eines Ausgleichs dafür, Nutzen aus kommunal bereitgestellter Infrastruktur ziehen zu können (z. B. kommunale Straßen, allgemeine Straßenreinigung, kulturelle Angebote, öffentliche Parks und Spielplätze), die nicht bereits individuell zugeordnet und damit durch Gebühren oder Beiträge abgegolten werden. Von deren Nutzen kann niemand ohne Weiteres ausgeschlossen werden und sie nützen typischerweise denjenigen, die am Ort ansässig sind" (HLT-Drs. 20/6379, 12).

Der Lage-Faktor wird vom niedersächsischen Gesetzgeber im Hinblick auf das 89 Äquivalenzprinzip mit seiner Aussagekraft „für die Qualität und Quantität des kommunalen Nutzungsangebots und der Teilhabe an der Kommune" gerechtfertigt (NdsLT-Drs. 18/8995, 13). Weiter heißt es: „Das kommunale Infrastrukturangebot schlägt sich – typischerweise – zu einem gewissen Grad in den Grundstückspreisen und folglich in den daraus abgeleiteten Bodenrichtwerten nieder. Bei einem über dem kommunalen Durchschnitt liegenden Wert erfordert eine lastengleiche Besteuerung daher eine Erhöhung, bei einem darunterliegenden Wert eine Minderung des Ergebnisses des reinen Flächenmodells. Mit der Wertrelation des Bodenrichtwerts des einzelnen Grundstücks im Vergleich zum durchschnittlichen Bodenrichtwert der Gemeinde wird die Lagequalität in geeigneter Weise typisierend abgebildet. Das Abstellen auf die Relation zum kommunalen Durchschnitt und nicht auf die absolute Höhe des Bodenrichtwerts zeigt, dass es sich beim Flächen-Lage-Modell nicht etwa um ein Äquivalenzmodell mit einer gesonderten Wertkomponente (sogenanntes Mischmodell), sondern um ein reines Äquivalenzmodell handelt. Es stellt dem Flächenmodell ein weiteres sachgerechtes Indiz für das Ausmaß der möglichen Inanspruchnahme kommunaler Leistungen zur Seite. Weil nicht alle Wertdifferenzen auf Infrastrukturleistungen der Kommunen zurückzuführen sind, sondern auch andere Umstände eine Rolle spielen, folgt die Anpassung der Bemessungsgrundlage nicht in vollem Umfang den Bodenrichtwertunterschieden, sondern die Regelung bildet diese Relation gedämpft ab. Das Abbilden dieser Relation erfolgt bei bebauten und unbebauten Grundstücken gleichermaßen. Bei bebauten Grundstücken betrifft sie daher nicht nur den Boden, sondern auch das Gebäude. Dies ist durch den Äquivalenzgedanken sachgerecht, weil von guter, sich teilweise im Bodenrichtwert niederschlagender Infrastruktur auch die Nutzer und Bewohner des aufstehenden Gebäudes profitieren" (NdsLT-Drs. 18/8995, 13). Für das hessische Grundsteuerrecht gilt dies sinngemäß (HLT-Drs. 20/6379, S. 12 f.).

Weder das HGrStG noch das NGrStG stellen eine „Vollregelung" des gesamten 90 Grundsteuerrechts dar. Die Landesgesetzgeber haben sich auf die Regelung der Abweichungen vom Bundesgrundsteuerrecht und hiermit verbundene Ergänzungen beschränkt. Im Übrigen findet das Bundesgrundsteuerrecht als partielles Bundesrecht Anwendung (→ Rn. 76). Die landesgesetzlichen Abweichungen betreffen vor allem folgende Regelungsbereiche:
(1) Angeknüpft wird – wie beim reinen Flächenmodell auch – zunächst an die Grundstücksfläche und bei bebauten Grundstücken zudem an die Wohn- und Nutzfläche der Gebäude. Die sich hiernach ergebenden beiden Flächengrößen werden mit den gesetzlich vorgegebenen Flächenbeträgen (Hessen) bzw. Äquivalenzzahlen (Niedersachsen) – für den Grund und Boden grundsätzlich 0,04 EUR/qm und für das Gebäude stets 0,50 EUR/qm (§ 5 HGrStG bzw. § 4 NGrStG) – und dem Lage-Faktor multipliziert (§ 7 HGrStG bzw. § 5 NGrStG). Der Lage-Faktor setzt sich aus zwei Komponenten zusammen: Die erste Komponente ist das Verhältnis des Bodenrichtwerts für das jeweilige Grundstück zum durchschnittlichen Bodenrichtwert in der jeweiligen Ge-

meinde. Die Wertrelation „Zone im Vergleich zum Durchschnitt" wird als typisierendes Indiz für die Lagequalität bemüht. Die zweite Komponente ist ein auf diese Lagerelation anzuwendender Exponent (0,3). Dieser Exponent schwächt die Lagenunterschiede, die mit der ersten Komponente eingeführt werden, sodann wieder ab (→ HGrStG § 7 Rn. 3 f. und → NGrStG § 5 Rn. 3 f.). Der Lage-Faktor stellt keine (Verkehrs-) Wertkomponente innerhalb der Bemessungsgrundlage dar.

(2) Auf der Ebene des Messbetragsverfahrens differenzieren sowohl das HGrStG als auch das NGrStG zwischen einer Wohnnutzung und einer Nicht-Wohnnutzung. Erstere wird mit einem Abschlag von 30 % versehen (§ 6 Abs. 2 HGrStG bzw. § 6 Abs. 1 S. 2 NGrStG).

(3) Hinsichtlich der Betriebe der Land- und Forstwirtschaft gilt auch in Hessen und Niedersachsen das Bewertungsrecht der §§ 232 ff. BewG. In Niedersachsen sind allerdings in Einzelpunkten abweichende Regelungen zur Bestimmung der wirtschaftlichen Einheit vorgesehen (→ NGrStG § 11 Rn. 5 ff.).

(4) Hessen hat sich ferner – als einziges Bundesland – für ein zweistufiges Verwaltungsverfahren entschieden. Es gibt nur das Steuermessbetragsverfahren, das die Landesfinanzbehörde führt, und das Steuerfestsetzungsverfahren, das in die Zuständigkeit der Gemeinden fällt (→ HGrStG § 4 Rn. 3).

VI. Sachsen und Saarland (Grundsteuermesszahlabweichung)

91 Der Freistaat Sachsen und das Saarland haben das Bundesgrundsteuerrecht übernommen und lediglich bei den Steuermesszahlen Differenzierungen nach den Nutzungsarten vorgenommen. Das Sächsische Grundsteuermesszahlengesetz v. 21.12.2021 (SächsGrStMG, SächsGVBl. 2022, 9, dazu SächsLT-Drs. 7/7820; das erste SächsGrStMG v. 3.2.2021 [SächsGVBl. 2021, 242, dazu SächsLT-Drs. 7/4095 und SächsLT-Drs. 7/5395] wurde durch die bundesgesetzliche Änderung des § 15 GrStG [→ Rn. 15] „überholt", weshalb der sächsische Landesgesetzgeber das SächsGrStMG mit dem Gesetz zur Bestätigung des Grundsteuermesszahlgesetzes noch einmal beschlossen hat) sieht für unbebaute Grundstücke iSv § 246 BewG eine Messzahl von 0,36 Promille, für bebaute Grundstücke iSv § 249 Abs. 1 Nr. 1–4 BewG („Wohngrundstücke") eine Messzahl von 0,36 Promille und für Grundstücke iSv § 249 Abs. 1 Nr. 5–8 BewG eine Messzahl von 0,72 Promille vor. Das Saarländische Grundsteuergesetz v. 15.9.2021 (GrStG-Saar, Amtsbl. 2021, 2372, dazu SaarLT-Drs. 16/1653) bestimmt für unbebaute Grundstücke iSv § 246 BewG eine Steuermesszahl iHv 0,64 Promille, für bebaute Grundstücke iSv § 249 Abs. 1 Nr. 1–4 BewG („Wohngrundstücke") eine Steuermesszahl iHv 0,34 Promille und für die anderen bebauten Grundstücke iSv § 249 Abs. 1 Nr. 5–8 eine Steuermesszahl iHv 0,64 Promille. Die Abweichungsgesetzgebung in den beiden Ländern beschränkt sich damit auf eine gegenüber § 15 Abs. 1 GrStG vorrangige Landesregelung. Beide Landesgesetzgeber begünstigen die Wohnnutzung, unterscheiden sich allerdings in Bezug auf die Belastungsrelation der unbebauten Grundstücke. Solche Differenzierungen sind rechtfertigungsbedürftig (→ Rn. 124).

E. Materielle Verfassungsrechtsfragen

Literatur: *Schmehl*, Kritische Bestandsaufnahme der Grundsteuer, DStJG 35 (2012), 249; *Ronnecker*, Bodenwertsteuer als Reformmodell für die Grundsteuer – Eine Bewertung aus kommunaler Sicht, ZKF 2018, 49; *Hey*, Grundsteuerreform 2019 – Gibt der Gesetzgeber die richtigen Antworten auf das Grundsteuerurteil des BVerfG vom 10. April 2018?, ZG 2019, 297; *Löhr*, Entwurf zum Grundsteuer-Reformgesetz: Die große Unvollendete, DStR 2019, 1433; *Seer*, Reform der Grundsteuer nach dem Entwurf der Bundesregierung, FR 2019, 941; *G. Kirchhof*, Der Belastungsgrund von Steuern – zum verfassungsrechtlichen Auftrag, die Grundsteuer zu reformieren, DStR 2020, 1073; *Löhr*, Das neue hessische Landesgrundsteuer-Modell – Königsweg oder Sackgasse?, BB 2020, 1687; *Schmidt*, Verfassungswidrigkeit der Grundsteuer als Flächensteuer, DStR 2020, 249; *Meyering/Hintzen/Doedt*, Wertunabhängiges Flächenmodell und Bewertung nach dem Sachwertverfahren idF des GrStRefG zur Bewertung von Geschäftsgrundstücken, DStR 2020, 1705; *Scheffler/Feldner*, Umsetzung der Grundsteuerreform in den Bundesländern – Auswirkungen und verfassungsrechtliche Beurteilung, IFSt-Schrift 542, 2021.

I. Grundrechtsfester Kern der Grundsteuer

Die Erhebung der Grundsteuer entspricht dem Grunde nach und in ihrer wesentlichen Struktur der Verfassung. So ist der historische Verfassungsgeber vom Fortbestand einer gemeindlichen Grundsteuer ausgegangen, der verfassungsändernde Gesetzgeber des Jahres 1997 hat die Grundsteuer sodann „klarstellend" in Art. 106 Abs. 6 GG aufgenommen (Gesetz vom 20.10.1997, BGBl. 1997 I 2470) und mit den auf die kompetenzrechtliche Verfassungsfestigkeit der neuen Grundsteuer zugeschnittenen Grundgesetzregelungen hat auch der letzte verfassungsändernde Gesetzgeber (Gesetz zur Änderung des Grundgesetzes vom 15.11.2019, BGBl. 2019 I 1546) die Grundsteuer in ihrer traditionellen Struktur noch einmal in seinen Willen aufgenommen. Das bewahrt die Grundsteuer nicht vor den grundrechtlichen Anforderungen, vor denen jede staatliche Belastung bestehen muss. Es steht aber zumindest fest, dass die isolierte Erfassung von Grundbesitz eine legitime Auswahl des Steuergegenstandes darstellt und es sichert die Grundsteuer gegenüber solchen Argumenten verfassungsrechtlich ab, die gegen jede Grundsteuer ins Feld geführt werden können (BVerfG 18.2.2009 – 1 BvR 1334/07, BVerfGK 15, 89; ebenso *Wernsmann* NJW 2006, 1169 (1174); *Schmehl* DStJG 35 [2012], 249 [268 f.]). Das betrifft vornehmlich gegen das Sollertragsteuerkonzept gerichtete Einwände und damit vor allem einfache Doppelbelastungsargumente (Doppelbelastung der aus der Einkunftsquelle „Grundeigentum" fließenden [laufenden] Erträge, → Rn. 20 aE) und das Überwälzungsargument (Überwälzung der Grundsteuer auf den Mieter, → Rn. 19). Ein grundrechtlicher Mangel muss daher seinen Grund in der konkreten Ausgestaltung der Steuer finden, zB in der Gleichheitswidrigkeit der Bemessungsgrundlage (→ Rn. 98 ff.) oder in einer freiheitsrechtlich nicht mehr hinnehmbaren Eigentumsbelastung (→ Rn. 128 ff.). Denkbar ist ferner eine nominale und gemessen am Haushaltseinkommen relative Belastung (vor allem der Mieter als faktische Steuerträger), die nicht mehr erträglich ist. Allerdings stellt sich die Frage, an welcher Stelle der „Mangel" zu beheben ist: Wenn die Grundsteuer das Wohnen als elementares menschliches Grundbedürfnis „verteuert" – gleich ob in der eigengenutzten oder in der gemieteten Immobilie –, ist bei Erwerbstätigen das indisponible Einkommen berührt und dann wäre die

Grundlagen Materielle Verfassungsrechtsfragen

Grundsteuer als Teil der „Wohnkosten" über den (realitätsgerecht zu bestimmenden) Grundfreibetrag abzubilden. Dessen ungeachtet kann dem existenziellen Bedürfnis nach Wohnen auch durch Transferleistungen Rechnung getragen werden (zB Wohngeld uÄ). Auf welchem Weg der Gesetzgeber den Menschen ein menschenwürdiges Wohnen ermöglicht, bleibt ihm überlassen (aA *Tipke*, Steuerrechtsordnung, Band 2, 2. Aufl. 2003, S. 958f., 962f., wohl auch *Loose* in Stenger/Loose GrStG Einführung Rn. 4).

II. Gleichheitsrechtliche Fragen

93   **1. Vorgaben aus der Entscheidung des Bundesverfassungsgerichts vom 10.4.2018 (1 BvL 11/14 ua).** Im Mittelpunkt der verfassungsrechtlichen Würdigung steht der Gleichheitssatz des Art. 3 Abs. 1 GG und seine bereichsspezifische Konkretisierung durch das BVerfG. Den Ausgangspunkt bildet der Grundsatz der Lastengleichheit: Die Steuerpflichtigen müssen grundsätzlich durch ein Steuergesetz rechtlich und tatsächlich gleichmäßig belastet werden. Der Gesetzgeber hat einen tendenziell weiten Entscheidungsspielraum bei der Auswahl des Steuergegenstandes und der damit untrennbar verbundenen Belastungsentscheidung. Das galt bereits vor der Schaffung der Abweichungskompetenz des Art. 72 Abs. 3 S. 1 Nr. 7 GG (→ Rn. 14), wird aber hierdurch vom verfassungsändernden Gesetzgeber noch einmal nachdrücklich bestätigt. Daher sind sowohl das tradierte Sollertragskonzept, das auf das Leistungsfähigkeitsprinzip rekurriert, als auch das Äquivalenzprinzip auf dieser Ebene nicht angreifbar (glA *Drüen* in Stenger/Loose VerfR GrStG Rn. 25; vor der GG-Änderung auch bereits *Schmehl* DStJG 35 [2012], 249 [289f.]). Beide Belastungsgründe existieren zudem nicht als solches, sondern sind in unterschiedlichen Interpretationen denkbar. Auch insoweit besteht ein weiter Gestaltungsspielraum.

94   Hat sich der Gesetzgeber für einen Belastungsgrund entschieden, muss er die Steuer grundsätzlich konsequent hieran ausgerichtet ausgestalten. Dies betrifft vor allem die Bemessungsgrundlage (BVerfG 10.4.2018 – 1 BvL 11/14 ua, BVerfGE 148, 147 Rn. 96f.). Wörtlich heißt es in der Entscheidung des BVerfG vom 10.4.2018: „[Der] Gesetzgeber [hat] für die Wahl der Bemessungsgrundlage und die Ausgestaltung der Regeln ihrer Ermittlung einen großen Spielraum, solange sie nur prinzipiell geeignet sind, den Belastungsgrund der Steuer zu erfassen. […]. Jedenfalls muss das […] Bemessungssystem, um eine lastengleiche Besteuerung zu gewährleisten, in der Gesamtsicht eine in der Relation realitäts- und damit gleichheitsgerechte Bemessung des steuerlichen Belastungsgrundes sicherstellen" (BVerfG 10.4.2018 – 1 BvL 11/14 ua, BVerfGE 148, 147 Rn. 98). Es muss also eine rationale Verknüpfung von Belastungsentscheidung und Bemessungsgrundlage geben, die erklären kann, warum in Verwirklichung der Belastungsentscheidung der eine Steuerpflichtige so und der andere Steuerpflichtige anders belastet wird. Der Belastungsgrund muss in der Bemessungsgrundlage sichtbar werden. Wörtlich heißt es: „Um beurteilen zu können, ob die gesetzlichen Belastungsregeln eine in der Relation realitätsgerechte Bewertung der erfassten Güter und damit die Vergleichbarkeit der Bewertungsergebnisse im Einzelfall sicherstellen, muss das Gesetz das für den steuerlichen Belastungsgrund als maßgeblich erachtete Bemessungsziel erkennen lassen" (BVerfG 10.4.2018 – 1 BvL 11/14 ua, BVerfGE 148, 147 Rn. 97).

95   Schon allein angesichts der schieren Masse der Steuergegenstände (bundesweit: ca. 36 Millionen wirtschaftliche Einheiten) bedarf es nicht viel Erklärung, dass der

Gesetzgeber sowohl bei Auswahl und Konkretisierung des Belastungsgrundes als auch bei der hieran anknüpfenden Auswahl und Ausgestaltung der Bemessungsgrundlagen die Vollzugsfähigkeit der Grundsteuer im Blick behalten muss. In Ansehung der Bemessungsgrundlage ist das Mittel der Wahl insoweit die Vereinfachung durch Typisierung und Pauschalierung und damit durch die bewusste Vernachlässigung des Einzelfalls. In Abhängigkeit vom konkreten Belastungsgrund können sich dabei in ihrer Qualität unterschiedlich zu bewertende Ungleichbehandlungen auftun, für die sich der Gesetzgeber rechtfertigen muss.

Das ist grundsätzlich möglich. Das BVerfG hat dem Gesetzgeber schon seit jeher einen Typisierungsspielraum zugestanden und dies auch in der Grundsteuerentscheidung vom 10.4.2018 aufgegriffen: „Dabei darf [...] sich [der Gesetzgeber] in erheblichem Umfang auch von Praktikabilitätserwägungen mit dem Ziel der Einfachheit der Steuerfestsetzung und ihrer Erhebung leiten lassen. Dies gilt in besonderem Maße bei steuerlichen Massenverfahren. Bei der Ausgestaltung des Systems zur Erfassung der Bemessungsgrundlage kann der Gesetzgeber Praktikabilitätserwägungen Vorrang vor Gesichtspunkten der Ermittlungsgenauigkeit einräumen und dabei auch beträchtliche Bewertungs- und Ermittlungsunschärfen in Kauf nehmen, um die Festsetzung und Erhebung der Steuer handhabbar zu halten ([...]). Begrenzt wird sein Spielraum dadurch, dass die von ihm geschaffenen Bemessungsregeln grundsätzlich in der Lage sein müssen, den mit der Steuer verfolgten Belastungsgrund in der Relation realitätsgerecht abzubilden ([...])" (BVerfG 10.4.2018 – 1 BvL 11/14 ua, BVerfGE 148, 147 Rn. 131). Der Gesetzgeber muss die widerstreitenden Zwecke mithin in einen angemessenen Ausgleich bringen und dabei gibt im Ausgangspunkt der gewählte Belastungsgrund den Rahmen vor. Die mit der Ungleichbehandlung verfolgten Ziele sind stets im Lichte des jeweiligen Belastungsgrundes zur Qualität und Intensität der Ungleichbehandlung in Beziehung zu setzen (vgl. *Drüen* in Stenger/Loose VerfR GrStG Rn. 30). Kein (nennenswert) abwägungsrelevanter Aspekt soll nach Ansicht des BVerfG dabei allerdings die relativ geringe Steuerbelastung der Bürger darstellen (BVerfG 10.4.2018 – 1 BvL 11/14 ua, BVerfGE 148, 147 Rn. 140 ff.).

2. Bundesgrundsteuerrecht in der Fassung des Grundsteuerreformgesetzes vom 26.11.2019. a) Verfassungsfester Sollertragsgedanke. Auch das neue Bundesgrundsteuerrecht folgt dem Leistungsfähigkeitsprinzip und greift hierzu auf den sog. Sollertragsgedanken zurück (→ Rn. 17). Man kann diesen Sollertragsgedanken mit seiner Vorstellung von einer objektiven Leistungsfähigkeit und seinen unvermeidbaren inneren Widersprüchen (Zusammentreffen mit der Besteuerung der Ist-Einkünfte und Überwälzung auf die Mieter) als solchen steuersystematisch und rechtspolitisch hinterfragen (→ Rn. 20), aber das BVerfG tut es (zu Recht) verfassungsrechtlich nicht. Bezieht man daher in die Betrachtung mit ein, was das BVerfG bisher nicht verfassungsrechtlich thematisiert und damit akzeptiert hat, lässt sich wohl sagen, dass eine Grundsteuer, die über den Sollertragsgedanken an die mit dem Grundbesitz im Allgemeinen einhergehende objektive Leistungsfähigkeit anknüpft und den Sollertrag mittels einer verkehrswertorientierten Bemessungsgrundlage greifbar machen will, das Diktum der Verfassungswidrigkeit nicht fürchten muss (ebenso *Seer* DB 2018, 1488 [1491]; aA in diesem grundsätzlichen Punkt *G. Kirchhof* DStR 2020, 1073 [1075]). Das BVerfG hat in seiner Entscheidung vom 10.4.2018 die gleichheitsrechtliche „Reparatur" der Einheitsbewertung als verfassungsrechtlich ausreichend dargestellt (BVerfG 10.4.2018 – 1 BvL 11/14 ua, BVerfGE 148, 147 Rn. 166). Die isolierte Erfassung von Grund-

Grundlagen Materielle Verfassungsrechtsfragen

besitz (unter Ausblendung anderer Wirtschaftsgüter) ist daher eine legitime Auswahl des Steuergegenstandes, der Rückschluss vom Verkehrswert auf die Ertragsfähigkeit ist grundsätzlich akzeptiert und vor allem ist die Grundsteuer sowohl gegenüber dem Doppelbelastungs- (Einkommensteuer auf den tatsächlichen Überschuss und Grundsteuer auf den Sollertrag) als auch dem Überwälzungsargument (Belastung der Mieter statt des Eigentümers) abgesichert (→ Rn. 92). Wenn man den Sollertragsgedanken als Belastungsgrund bemüht, dann ergeben sich hieraus allerdings auch die Zugriffsgrenzen (→ Rn. 131).

98 **b) Folgerichtigkeitszusammenhang zwischen Belastungsgrund und Bemessungsgrundlage in konzeptioneller Hinsicht.** Wenn das neue Grundsteuerrecht an den Grundbesitz als typischerweise ertragbringenden Steuergegenstand anknüpft und auf die von dem Grundstück als Objekt vermittelte (potenzielle) objektive Leistungsfähigkeit abstellt, dann ist dem bereits eine nicht unerhebliche Schematisierung eigen. Die entscheidende Frage ist, ob es dem Bundesgesetzgeber gelungen ist, diese objektive Sollertragsleistungsfähigkeit in der Bemessungsgrundlage den gleichheitsrechtlichen Vorgaben entsprechend abzubilden. Da sich der Gesetzgeber dafür entschieden hat, den Verkehrswert eines Grundstücks als Indikator einer Sollertragsleistungsfähigkeit heranzuziehen, müssen folgende Fragen beantwortet werden: Erlaubt der Verkehrswert eine relationsgerechte Aussage über die Ertragskraft von Grundstücken? Bejahendenfalls: Steuern die gesetzlichen Bewertungsregelungen den abstrakt vorgegebenen Verkehrswert auch im Detail ausreichend relationsgerecht an?

99 Die erste Frage ist jedenfalls auf der Grundlage der bisherigen Rechtsprechung des BVerfG zu bejahen. Der Gesetzgeber unterstellt, dass vom potenziellen Verkaufspreis eines Grundstücks (= Verkehrswert) typischerweise auf dessen Ertragsfähigkeit geschlossen werden kann. Das muss nicht auf jedes Grundstück zutreffen. Der Gesetzgeber darf aber unter Berücksichtigung seines Typisierungsspielraums unterstellen, dass sich in Grundstückskaufpreisen typischerweise – nicht zwingend immer – der „künftige wirtschaftliche Nutzen" ausreichend relationsgerecht niederschlägt. Zudem hat der Gesetzgeber die normativen Grundlagen dafür gelegt, dass die Grundsteuerwerte regelmäßig aktualisiert werden und die Relationsgerechtigkeit damit auch in der Zeit gewahrt werden kann. Die Verwaltung ist angewiesen, alle sieben Jahre eine neue Grundsteuerwerthauptfeststellung durchzuführen (§ 221 BewG) und man wird unterstellen dürfen, dass auch (künftige) Gesetzgeber mit der zeitnahen Aktualisierung der Bewertungsdaten ihren notwendigen Beitrag hierzu leisten werden (oder das BMF aufgrund der Verordnungsermächtigung in § 263 BewG; kritisch hierzu aber → BewG § 263 Rn. 6).

100 Für die Folgefrage, ob auch die gesetzlich vorgesteuerten Verkehrswerte diesem Anspruch gerecht werden, müssen verschiedene Ebenen getrennt werden: Auf der obersten Ebene geht es um die konzeptionelle Frage, ob das, was der Gesetzgeber vorsteuert, überhaupt ein Verkehrswert ist. Ist der nach den gesetzlichen Bestimmungen zu ermittelnde Grundsteuerwert ein erzielbarer Kaufpreis (also ein denkbares Ergebnis einer fiktiven Verhandlung über den Kaufpreis)? Insoweit gibt es gegen das neue Recht nichts zu erinnern: Ermittelt wird der hiernach notwendige Verkehrswert bei unbebauten Grundstücken nach einer Preisvergleichsmethode (Bodenrichtwerte) und bei bebauten Wohngrundstücken nach einer Ertragswertmethode. Für Nicht-Wohngrundstücke ist das sog. Sachwertverfahren vorgesehen. Insoweit scheint der Ansatz des Gesetzgebers nicht unplausibel und auch das BVerfG hat in Bezug auf das Sachwertverfahren als solches bisher keine verfassungs-

rechtlichen Zweifel geäußert (BVerfG 10.2.1987 – 1 BvL 18/81, BVerfGE 74, 182; die Entscheidung wird auch von BVerfG 10.4.2018 – 1 BvL 11/14 ua, BVerfGE 148, 147 Rn. 161 in Bezug genommen, allerdings nicht entscheidungstragend). Abstrakt-konzeptionell bewegt sich der Gesetzgeber insoweit auf sicherem Terrain, greift er nämlich (bewusst, siehe BT-Drs. 19/11085, 82) mit allen drei Methoden auf für die Immobilienbewertung anerkannte Verfahren zurück. Das BVerfG hat zudem anerkannt, dass der Gesetzgeber für unterschiedliche Immobilien auf unterschiedliche Bewertungsverfahren zurückgreifen darf (BVerfG 10.4.2018 – 1 BvL 11/14 ua, BVerfGE 148, 147 Rn. 98).

Eine andere Frage ist indes, inwieweit die zwingende Zuordnung der einzelnen **101** Verfahren zu den jeweiligen Grundstücksarten eine nachvollziehbare Typisierung darstellt. Dies betrifft zum einen die Anwendung des Ertragswertverfahrens auf Ein- und Zweifamilienhäuser. Insoweit scheint es nicht fernliegend, dass die Marktteilnehmer, die ein Ein- oder Zweifamilienhaus zur Eigennutzung erwerben, ihre Preisvorstellungen nicht vom künftigen Ertrag bestimmen lassen, sondern andere Rationalitäten eine Rolle spielen. Für die Heranziehung des Ertragswertverfahrens spricht allerdings, dass der Ertrag Ausdruck des Wohnnutzens im Sinne einer ersparten Miete ist (vgl. bereits *Mark* DStJG 7 [1984], 293 [304]). Zum anderen ist die zwingende Anwendung des Sachwertverfahrens für alle Nicht-Wohngrundstücke (also auch für gewerbliche Renditeobjekte) näher zu betrachten. Die ausnahmslose Anwendung des Sachwertverfahrens wird vor allem damit erklärt, dass es bei gewerblichen und freiberuflich genutzten Flächen an den notwendigen Mietdaten fehlen soll und selbst dort, wo solche vorhanden sind, die Aussagekraft wegen der Abhängigkeit der Miethöhe von der konkreten Nutzung nur sehr eingeschränkt verallgemeinerungsfähig sei (vgl. *Mannek* in Stenger/Loose BewG § 250 Rn. 18). Allerdings dürften Grundstücke in guter Lage mit hohen Mieterträgen einen deutlich höheren Verkehrswert aufweisen als den „angepassten Sachwert". Das gilt insb. im Hinblick auf die Begrenzung der Sachwertfaktoren auf „1,0", womit vollständig ausgeblendet wird, dass ein Erwerber in guten Lagen bereit sein kann, mehr als den Herstellungswert zu vergüten (→ BewG § 260 Rn. 4). Allerdings würde auch das Ertragswertverfahren nach Maßgabe der §§ 252 ff. BewG diesen Aspekt wegen der Maßgeblichkeit der Durchschnittsmieten nicht abbilden, weshalb Sachwert- und Ertragswertverfahren wohl beide einen „Stauchungseffekt" und eine vergleichbare Lagedifferenzierung über die Bodenrichtwerte erfahren.

c) Folgerichtige Umsetzung des Bemessungsziels im Detail. aa) Die **102** **verfassungsrechtliche Kritik** (substanziell vor allem *Hey* ZG 2019, 297 [311]; *Seer* FR 2019, 941 [948 f.]) setzt daher auch überwiegend nicht am Belastungsgrund, der Bemessungsgrundlage und den konzeptionellen Verkehrswertvorstellungen des Bundesgesetzgebers an. Die Kritik setzt vielmehr auf der nächsten Betrachtungsebene an. Sie fokussiert sich nämlich vor allem auf die Konkretisierung der Methodik, die bewertungsrelevanten Daten und deren Gewichtungen innerhalb der Methodik. Dabei lassen sich mehrere Aspekte abschichten. Die Kritik konzentriert sich vielfach auf das Ertragswertverfahren (§§ 252 ff. BewG) und die dort für maßgeblich erklärten gemeindeeinheitlichen Mieten. Dieser Aspekt wird daher vorangestellt (→ Rn. 104 ff.). Aber auch die Heranziehung der Bodenrichtwerte für alle Grundstücke in einer Bodenrichtwertzone ohne Anpassungsmöglichkeit (→ Rn. 111) und die gesetzlichen Vorgaben für das Sachwertverfahren (§§ 258 ff. BewG) enthalten nicht unerhebliche Typisierungen, die nicht minder rechtfertigungsbedürftig sind (→ Rn. 112 ff.).

Grundlagen Materielle Verfassungsrechtsfragen

103 **bb) Typisierungen beim Ertragswertverfahren:** Das Bundesgrundsteuerrecht schließt den Ansatz der tatsächlich vereinbarten oder der ortsüblichen Miete (bei selbstgenutztem Eigentum fehlt es an einer vereinbarten Miete) aus und gibt Durchschnittsmietwerte vor (→ Rn. 30). In Ansehung dieser Durchschnittsmietwerte differenziert das Gesetz allein nach Gebäudeart, Größe und Alter und nicht nach der Lage. Es wird für ein und dieselbe Gebäudeart bei identischer Größe die gleiche Miete angesetzt, ungeachtet der Frage, ob das Grundstück in einem sozialen Brennpunkt oder in einem Villenviertel liegt. Der Heranziehung einer gemeindeeinheitlichen Durchschnittsmiete ist es daher zu eigen, dass die in der Miete zum Ausdruck kommende Ertragskraft bei hochpreisigen Grundstücken nicht vollständig erfasst wird und dies nicht nur in Einzelfällen, sondern (gewollt) flächendeckend. Mit zunehmendem Alter der Immobilie wird zwar der Bodenwert bedeutsamer (dies liegt an der Abzinsung, deren Wirkung im Zeitablauf „nachlässt", während gleichzeitig der Kapitalisierungsfaktor in Bezug auf den Reinertrag abnimmt). Aber vor allem bebaute Grundstücke jüngeren Alters in guten Lagen dürften wohl typischerweise eine Bewertung unterhalb des Verkehrswertes erfahren. Nicht zu Unrecht wird daher auf eine regressive Wirkung des Bundesgrundsteuerrechts hingewiesen (*Hey* ZG 2019, 297 [311]; *Löhr* DStR 2019, 1433 [1435f.]). Die Beispiele in → Rn. 31 ff. lassen dies durchaus erahnen, wenn man gedanklich statt der Durchschnittsmiete individuelle Mieteinnahmen, die den durch die Bodenrichtwerte angedeuteten Lagequalitäten entsprechen, in die Formel einsetzt. Weitere Beispiele für verbindliche Typisierungen sind die Bewirtschaftungskosten, die Restnutzungsdauer und der Liegenschaftszinssatz.

104 Mit diesen gesetzlichen Vorgaben sind erhebliche Ungleichbehandlungen verbunden. Zwar treten Verkehrswerte nur in Bandbreiten auf, weshalb es durchaus denkbar ist, dass auch Typisierungen zu einem Verkehrswert führen können. Allerdings gilt dies für die Werte, die der Gesetzgeber mit den §§ 252ff. BewG ansteuert, nicht. Das folgt aus dem systematisch-qualitativen Maßstab, den das BVerfG in der Grundsteuerentscheidung vom 10.4.2018 herangezogen hat. Es hat die systematisch-qualitativen Inkonsequenzen des alten Rechts herausgearbeitet (und damit zu Recht auf quantitative Abweichungsüberlegungen, wie sie sich noch in der zweiten Erbschaftsteuer-Entscheidung finden [BVerfG 7.11.2006 – 1 BvL 10/02, BVerfGE 117, 1: Streubreite von plus/minus 20%] verzichtet). Dieser Ansatz weist deshalb den richtigen Weg, weil er zur Bewertungsübung als Ausgangspunkt des zur Verkehrswertbestimmung notwendigen Simulationsvorgangs zurückführt. Wenn systematisch-qualitative Mängel eines gesetzlichen Bewertungsverfahrens so gravierend sind, dass der Rechtsverkehr das gesetzliche Bewertungsergebnis noch nicht einmal als Verhandlungsbasis akzeptieren würde, dann ist der gesetzlich angesteuerte Wert kein Verkehrswert (*Krumm* DStJG 43 [2022], im Erscheinen begriffen). Entscheidend ist also, ob sich der Gesetzgeber an der Bewertungsübung orientiert, diese vereinfacht, aber trotz Vereinfachung die Anschlussfähigkeit gegenüber dem Rechtsverkehr wahrt, oder ob er Vorgaben macht, die eine gemeinsame Gesprächsbasis mit den Marktteilnehmern ausschließt. Bei Anlegung dieses Maßstabes kann sodann kein Zweifel daran bestehen, dass die §§ 252ff. BewG keinen Verkehrswert ansteuern. Die objekt- und lagespezifische Bestimmung des Ertrages dürfte für den Rechtsverkehr eine so wesentliche Bewertungsgrundlage darstellen, dass niemand ein ernsthaftes Gespräch über den Kaufpreis eines Grundstücks führen wird, wenn zur Ermittlung des Ertragswertes eine aus dem Landesdurchschnitt mittels grober gemeindeeinheitlicher Mietniveaukorrekturen ermittelte Durchschnittsmiete zugrunde gelegt worden ist. Über die Bodenrichtwerte erfolgt zwar

noch eine gewisse Lagedifferenzierung, die auch etwas über die ertragsrelevante Standortwertigkeit aussagt, aber das dürfte für die Anschlussfähigkeit an die Bewertungsübung des Rechtsverkehrs nicht ausreichen (*Krumm* DStJG 43 [2022], im Erscheinen begriffen).

Die entscheidende Frage ist, ob diese systematisch bedingten, eine Vielzahl von **105** Objekten betreffenden Ungleichbehandlungen gerechtfertigt werden können. Den Maßstab bildet der Grundsatz der Verhältnismäßigkeit. Der Gesetzgeber verfolgt ein Automationskonzept, das weitgehend ohne menschlichen Verifikationsbedarf auskommen soll (→ Rn. 51 ff.). Gemessen hieran sind schonendere Zwischenlösungen nicht in Sicht. Insbesondere der Rückgriff auf die tatsächlich vereinbarte Miete würde einen deutlich höheren Vollzugsaufwand auslösen. Bei Vermietungsobjekten mögen diese Mieten dem Finanzamt bekannt sein bzw. können zumindest ohne großen Aufwand abgefragt werden. Aber dies allein führt ob der schieren Masse der Bewertungsobjekte zu einem erheblichen personellen Verifikationsaufwand. Vor allem fehlt es aber für alle selbstgenutzten Immobilien an diesen Daten. Hier müsste durchweg eine verkehrsübliche Miete ermittelt werden. Diese wiederum existiert nicht als objektiver Punktwert und ihre individuelle Ableitung ist vollzugsaufwendig, mitunter auch „diskussionsanfällig". Nichts anderes gilt auch für andere Daten. Alternativen bestehen lediglich bei der Konkretisierung der entindividualisierten Vorgaben. So lässt sich durchaus darüber diskutieren, ob nicht kürzere Restnutzungsdauern das Bewertungssystem gleichheitskonformer machen können, weil damit der Bodenwert von Anfang an eine stärkere Differenzierungskraft erlangen kann. Entsprechendes gilt für die Bestimmung der Liegenschaftszinssätze (so zB in Bezug auf beide Aspekte die Nachbesserungsvorschläge bei *Hey* ZG 2019, 297 [320 f.]). Dies sind aber nur Feinjustierungsmöglichkeiten, die das Konzept der Durchschnittsmiete insgesamt nicht verändern. **Daher konzentriert sich alles auf die Frage der Angemessenheit:** Die Vorteile des gewählten Bewertungskonzepts müssen im rechten Verhältnis zu der damit notwendig verbundenen Ungleichheit stehen. Die Qualität (Intensität) der Ungleichbehandlung ist daher im Lichte des Belastungsgrundes in Beziehung zu setzen zu dem verfolgten Ziel (Vollzugsvereinfachung, Automationsfähigkeit) (vgl. BVerfG 10.4.2018 – 1 BvL 11/14 ua, BVerfGE 148, 147 Rn. 98; *Eichberger* FS 100 Jahre BFH, 2018, 501 [517]), was sowohl Aussagen zur Gewichtung des verfolgten Ziels als auch zur tatsächlich erreichbaren Zielverwirklichung voraussetzt.

Der aus der Qualität der Ungleichbehandlung folgende Rechtferti- 106 gungsdruck erscheint auf den ersten Blick hoch. So wird man bei lebensnaher Betrachtung unterstellen können, dass es gerade in größeren Gemeinden (insb. in Großstädten) erhebliche Spannweiten des Mietniveaus gibt, die mit dem Ansatz einer gemeindeeinheitlichen Miete allesamt ausgeblendet werden. Auch die Heranziehung einer einheitlichen wirtschaftlichen Gesamtnutzungsdauer nach Gebäudearten ohne Rücksicht auf das konkret zu bewertende Gebäude und bundeseinheitliche Liegenschaftszinssätze, die nicht die örtlichen Marktgegebenheiten widerspiegeln können, nivellieren die Lebenswirklichkeit erheblich. Alle diese Aspekte können unter Umständen sogar kumulieren und dies nicht bloß in atypischen Einzelfällen, sondern in einer Vielzahl von Fällen. Und schließlich ist von Bedeutung, dass dem Steuerpflichtigen keine Gegenbeweismöglichkeit eingeräumt wird, die in Ansehung der verfassungsrechtlichen Rechtfertigungslast als „druckentlastendes Ventil" wirken könnte.

Gleichwohl muss aber auch gesehen werden, dass der Gesetzgeber an verschie- **107** denen Stellen **über die Bodenrichtwerte und die von ihnen zum Ausdruck**

Grundlagen   Materielle Verfassungsrechtsfragen

gebrachte Standortwertigkeit (*Löhr* DStR 2019, 1433 [1434]) **für Differenzierungen Sorge getragen hat.** Es lässt sich daher nicht sagen, dass alle Grundstücke in einer Gemeinde, die in Bezug auf Gebäudeart, Wohnfläche und Baujahr vergleichbar sind, zu einer identischen Grundsteuerbelastung führen (s. die Beispiele für ein Einfamilienhaus in → Rn. 31 ff.): Erstens betrifft dies den Bodenwert als Wertkomponente des Ertragswertes. Seine differenzierende Kraft mag in den ersten Jahren weniger ausgeprägt sein, aber sie nimmt mit abnehmender Restnutzungsdauer zu. Zweitens sinkt der Liegenschaftszinssatz mit steigendem Bodenrichtwert und dies wiederum erhöht den Kapitalisierungsfaktor. Damit verbleibt am Ende vermutlich durchaus eine systematisch-qualitativ begründete Ungleichbehandlung, aber sie wird deutlich relativiert. Der Gesetzgeber mag den Korridor denkbarer Ertragswerte nach oben und unten nicht vollständig abbilden (er staucht ihn letztlich zusammen), aber er bildet ihn über den Bodenrichtwert doch nennenswert ab und nicht bloß mit einer Tendenz. Es ist bei der Beurteilung der Qualität der Ungleichbehandlung daher entlastend einzustellen, **dass ein rationales Relationskonzept vorgelegt worden ist.** Es mag nicht unmittelbar auf die Ermittlung eines Verkehrswertes gerichtet sein, aber es folgt konzeptionell einer Verkehrswertorientierung. Die angesteuerten Werte spiegeln den Verkehrswerteinfluss nach einer nachvollziehbaren Logik und insoweit gleichermaßen wider.

108   Sodann ist der mit dem Relationskonzept der §§ 252 ff. BewG verfolgte Zweck in den Blick zu nehmen: Die Gewährleistung eines möglichst automatisierten Grundsteuervollzugs. Das BVerfG hat sich anlässlich der Konkretisierung des Gleichheitssatzes den realen Determinanten des steuerlichen Massenvollzugs nicht verschlossen. Folgerichtig findet sich auch in der Grundentscheidung ein Hinweis auf den **Gestaltungsspielraum, den der Gesetzgeber gerade in Ansehung des „grundsteuerlichen Massenvollzugs" innehat.** Das BVerfG dürfte dabei bereits im Blick gehabt haben, was es bei der Grundsteuer zu bewältigen gilt: Die Bewertung von ca. 36 Mio. wirtschaftlichen Einheiten für einen Steuerertrag von insgesamt (nur) ca. 14 Mrd. EUR (und einer durchschnittlichen Belastung der Bürger im Jahr von wohl ca. 285–559 EUR/Jahr für Einfamilienhäuser und 159–332 EUR/Jahr für Wohnungen in Mehrfamilienhäusern, so die Angaben bei *Fuest/Immel/Meier/Neumeier* Die Grundsteuer in Deutschland: Finanzwissenschaftliche Analyse und Reformoptionen, 24) in einer Zeit, in der nicht wenige Landesfinanzverwaltungen mit den Herausforderungen des demographischen Wandels zu kämpfen haben. Will man das Personal nicht bei den weitaus ergiebigeren, die Bürger stärker belastenden und sich vollzugs- sowie vor allem verifikationsintensiver darstellenden Steuern (Ertragsteuern, Umsatzsteuer) abziehen (was dort wiederum Fragen nach einem strukturellen Vollzugsdefizit aufwerfen könnte), muss man die Automationsfähigkeiten und -notwendigkeiten nicht nur anerkennen, sondern auch hoch gewichten. Das tut auch das BVerfG: Der „Gesetzgeber [verfügt] gerade in Massenverfahren der vorliegenden Art über einen großen Typisierungs- und Pauschalierungsspielraum" (BVerfG 10.4.2018 – 1 BvL 11/14 ua, BVerfGE 148, 147 Rn. 168).

109   Des Weiteren ist die freiheitsrechtliche Perspektive in den Blick zu nehmen, die hier ebenfalls gegenüber dem gleichheitsrechtlichen Druck „entlastend" wirkt. Die **Typisierungen dienen nicht allein der Verwaltungsvereinfachung. Sie reduzieren auch die Verfahrenslasten auf Seiten des Steuerpflichtigen,** wie sie vor allem in Steuererklärungspflichten und dem vorgelagert in der Informationsbeschaffung und -aufbereitung zum Ausdruck kommen. Vor allem aber macht die weitgehende Irrelevanz von grundstücksindividuellen Eigenschaften Ortsbesichtigungen in einem erheblichen Maße überflüssig. Dies schont in besonderer Weise die freiheitsrechtliche Sphäre des Steuerpflichtigen. Ein **Eindringen in seine Privatsphäre** (es geht immerhin im Gros der Fälle um Wohnungen iSv Art. 13 GG) zur Prüfung der erklärten Ausstattung uÄ oder anderer wertmindernder (individueller) Umstände **kann** – ungeachtet der Frage, ob und inwieweit die Finanzverwaltung dies überhaupt in einer ausreichenden Kontrolldichte hätte leisten können – **vielfach unterbleiben.**

Betrachtet man das dergestalt hoch gewichtete Interesse an einem möglichst über digitale Schnittstellen und im Übrigen bei der Finanzverwaltung automatisiert ablaufenden Grundsteuervollzug (Grundsteuerwertfeststellungen und Steuermessbetragsfestsetzung) sowie den zuletzt genannten Freiheitsgewinn einerseits und die teils weitreichenden, aber gleichwohl die Unterschiede nicht „blind" nivellierenden, sondern einem Konzept folgend die im Verhältnis zur Realität nur in geringerem Maße ausdifferenzierenden Typisierungen andererseits, hat der Gesetzgeber seinen Spielraum nicht überschritten. Der Bundesgesetzgeber hat im Großen und Ganzen ein rationales, am Verkehrswert orientiertes Relationskonzept vorgelegt, das konsequent auf das Automationsziel zugeschnitten worden ist. **Die Typisierungen des Bundesgrundsteuerrechts in Bezug auf die Bewertung bebauter Wohngrundstücke sind uE daher gleichheitskonform** (aA vor allem *Hey* ZG 2019, 297 [311]; *Seer* FR 2019, 941 [949]; im Ergebnis auch *G. Kirchhof* DStR 2020, 1073 [1076]; *Scheffler/Feldner* Umsetzung der Grundsteuerreform in den Bundesländern, 159; zum Rechtsschutz gegen ein verfassungswidriges grundsteuerrechtliches Bewertungsrecht → BewG § 219 Rn. 51). 110

cc) Typisierungen anlässlich der Bodenwertermittlung: Gemäß § 247 Abs. 1 S. 2 BewG ist grundsätzlich der Bodenrichtwert für alle unbebauten Grundstücke der Bodenrichtwertzone maßgeblich. Individuelle Anpassungen, wie sie – von den Gutachterausschüssen durch entsprechende Vorgaben vorgesteuert – in der Praxis vorgenommen werden, sind grundsätzlich unzulässig (→ BewG § 247 Rn. 12 ff.). Diese Maßgeblichkeit des „Zonenwertes" bedeutet ebenfalls eine Typisierung. Im Grunde werden allen Grundstücken die Merkmale des Bodenrichtwertgrundstücks zugeschrieben und dies auch dann, wenn die grundstücksindividuellen Eigenschaften hiervon abweichen. Dieser Grundsatz gilt ferner für die bebauten Grundstücke, die im Ertrags- und Sachwertverfahren bewertet werden. Damit geht ein großes Vertrauen in die Aussagekraft des Bodenrichtwertes einher. Diese wiederum ist eine Frage der Qualität der Arbeit vor Ort. Etwaige Defizite bei der Ermittlung der Bodenrichtwerte durch die Gutachterausschüsse sind allerdings grundsätzlich kein Argument, das verfassungsrechtlich gegen die gesetzliche Typisierungsanordnung geführt werden kann. Den Gesetzgeber trifft insoweit nur eine Gewährleistungsverantwortung. Er muss (soweit möglich) steuernde Vorgaben machen, ist aber nicht für „Ausstattungs- oder Anwendungsdefizite vor Ort" verantwortlich. Daher ist hier nur die gesetzliche Konzeption in den Blick zu nehmen und wenn man dies tut, lassen sich für die verfassungsrechtliche Rechtfertigung der Typisierung mittels des Zonenwertes drei Gründe anführen: Erstens dürften die möglichen Anpassungen jedenfalls bei unbebauten Grundstücken nicht durchweg von Bedeutung sein. So erscheint die Ausblendung von Grundstückstiefe und -größe vertretbar, weil es an einer Bebauung fehlt, zu der man Grundstückstiefe und -größe als wertbeeinflussenden Faktor in Beziehung setzen kann. Ähnlich verhält es sich wohl auch bei Nicht-Wohngrundstücken, die im Sachwertverfahren bewertet werden. Hier haben Grundstücksgröße und -tiefe häufig ebenfalls keine nennenswerte Bedeutung für den Verkehrswert. Anders ist dies hingegen vor allem bei Ein- und Zweifamilienhäusern und hier sieht § 257 Abs. 1 S. 2 BewG immerhin 111

Grundlagen Materielle Verfassungsrechtsfragen

eine typisierende Anpassung im Hinblick auf die Grundstücksgröße vor. Eine beachtliche Verweigerung bewertungsrelevanter Anpassungen erfolgt daher hinsichtlich der Grundstücksgröße bzw. -tiefe nur in Bezug auf Mietwohngrundstücke und für alle Grundstücke hinsichtlich des Maßes der baulichen Nutzung. Zweitens muss (auch hier) eingestellt werden, dass der Gesetzgeber allzu großen Verwerfungen mit der Vorgabe in § 15 Abs. 1 S. 2 ImmoWertV 2022 begegnet ist. Hiernach sind die Richtwertzonen so abzugrenzen, dass lagebedingte Wertunterschiede zwischen den Grundstücken, für die der Bodenrichtwert gelten soll, und dem Bodenrichtwertgrundstück grundsätzlich nicht mehr als 30% betragen. Diese Vorgabe wirkt auf die fehlende Anpassung „entlastend", sofern man die Norm eng auslegt und die Norm damit justiziabel hält. Die Einhaltung der 30%-Bandbreite muss der Regelfall sein; sie muss im Grunde das Ziel für alle Grundstücke sein. Kann diese Vorgabe bezogen auf einzelne Grundstücke nicht eingehalten werden, dann ist dies begründungsbedürftig. Vor allem muss der Gutachterausschuss darlegen, warum kein anderer Zuschnitt der Bodenrichtwertzone bzw. kein zweites Bodenrichtwertgrundstück in Betracht kommt. Nur bei einer solch engen Auslegung kann § 15 Abs. 1 S. 2 ImmoWertV 2022 ihre gegenüber der Typisierung kompensierende Wirkung entfalten. Schließlich ist drittens auf § 15 Abs. 2 ImmoWertV 2022 hinzuweisen, wonach der Bodenrichtwert schon generell nicht für solche Grundstücke innerhalb der Bodenrichtwertzone gilt, die in Ansehung von Nutzung und Qualität vom Bodenrichtwertgrundstück abweichen (zB Grünflächen, Verkehrsflächen und Gemeinbedarfsflächen, → BewG § 247 Rn. 32).

112 **dd) Typisierungen anlässlich des Sachwertverfahrens:** Das Sachwertverfahren ist aus verfassungsrechtlicher Perspektive bisher recht unbeschadet durch die Reformdiskussion gekommen. Das BVerfG hat das Sachwertverfahren, wie es der Einheitswertermittlung zugrunde liegt, in seiner Entscheidung zur Grundsteuer nicht ausdrücklich moniert (vgl. BVerfG 10.4.2018 – 1 BvL 11/14 ua, BVerfGE 148, 147) und auch der BFH hatte bisher keine grundlegenden Zweifel an der Tauglichkeit dieses Verfahrens (vgl. zuletzt BFH 21.7.2020 – IX R 26/19, DStR 2020, 2658). Die Rechtsprechung beschränkt sich häufig auf den Hinweis, dass (auch) das Sachwertverfahren aufgrund seiner Normierung in der ImmoWertV zu „anerkannten Grundsätzen der Schätzung von Verkehrswerten von Grundstücken" gehöre (BFH 15.11.2016 – IX B 98/16, BFH/NV 2017, 292; 21.7.2020 – IX R 26/19, DStR 2020, 2658).

113 Allerdings dürfte es naheliegen, dass das Sachwertverfahren aus dem Steuerrecht in das nichtsteuerliche Bewertungsrecht hineingetragen wurde (*Zimmermann* ImmoWertV § 21 Rn. 29 ff.) und die ImmoWertV damit nur eine steuerrechtliche Idee verfestigt hat. Die bisherige Legitimation des Sachwertverfahrens allein unter Hinweis auf seine Anerkennung in der ImmoWertV muss daher hinterfragt werden. In der Literatur zur ImmoWertV findet sich jedenfalls eine Diskussion über die grundsätzliche Tauglichkeit des Sachwertverfahrens zur Bestimmung eines Verkehrswertes (vgl. *Zimmermann* ImmoWertV § 14 Rn. 11 ff.; § 21 Rn. 29 ff.). Die Kritik beruht auf zwei Aspekten: (1) Die Aussagekraft der Normalherstellungskosten 2010, die letztlich die Grundlage für die Normalherstellungskosten der Anlage 42 bilden (→ BewG § 259 Rn. 3 f.), wird zum Teil kritisch gesehen. Es wird ihre Realitätsgerechtigkeit bezweifelt (vgl. *Kleiber* in Kleiber Verkehrswertermittlung Syst. Darst. Sachwertverfahren Rn. 68; *Zimmermann* ImmoWertV § 14 Rn. 11 ff., dort auch mwN). (2) Unterstellt man eine Aussagekraft der Normalherstellungskosten, so beschränkt sich diese Aussage auf einen Reproduktionswert. Aus diesem Grunde erfolgt mittels des Sachwertfaktors eine „Marktanpassung" (→ BewG § 258 Rn. 5).

Materielle Verfassungsrechtsfragen **Grundlagen**

Es stellt sich allerdings die Frage, wie dieser Sachwertfaktor ermittelt wird. Da die Sachwertfaktoren aus dem Verhältnis geeigneter Kaufpreise zu entsprechenden Sachwerten abgeleitet werden sollen (§ 21 Abs. 3 S. 2 ImmoWertV 2022), bedarf es hierfür zweier Werte: dem geeigneten Kaufpreis und dem diesem entsprechenden Sachwert. Erst wenn man beide kennt, kann man sie in ein rechnerisches Verhältnis zueinander setzen (*Zimmermann* ImmoWertV § 14 Rn. 31) und eine Aussage darüber treffen, wie sich Verkehrswert und Sachwert relational zueinander verhalten. Die Kritiker äußern Zweifel daran, dass die von den Gutachterausschüssen hierzu zu ermittelnden Sachwerte die notwendige Qualität aufweisen (vgl. *Zimmermann* ImmoWertV § 14 Rn. 37). Diese Fragen betreffen grundsätzlich auch das Sachwertverfahren nach den §§ 258 ff. BewG, allerdings sind sie an den Gesetzgeber adressiert, der sowohl die Normalherstellungskosten in Anlage 42 als auch die Sachwertfaktoren in Anlage 43 vorgibt. Es muss hinterfragt werden, wie der Gesetzgeber die dort genannten Normalherstellungskosten bzw. Sachwertfaktoren ermittelt hat.

Unterstellt man aber vorerst, dass der Gesetzgeber auf Daten zurückgegriffen **114** hat, die empirisch belastbar sind (Normalherstellungskosten) bzw. die lege artis ermittelt wurden (Sachwertfaktoren) und dass das Sachwertverfahren daher als solches ein taugliches Verfahren zur Ermittlung eines Verkehrswertes ist, stellt sich freilich die Frage, wie es sich konkret mit den §§ 258 ff. BewG verhält. Denn das grundsteuerliche Sachwertverfahren vereinfacht nicht unerheblich gegenüber dem Sachwertverfahren nach der ImmoWertV. So sind zB die Normalherstellungskosten bundeseinheitliche Werte. Die Anlage 42 verdichtet sie sodann noch einmal erheblich. Die Gebäudearten sind weniger ausdifferenziert als in der Anlage 4 der ImmoWertV 2022 (bzw. vormals in der SW-RL) und eine Differenzierung nach Standardstufen findet nicht statt. Letztere werden lediglich mittelbar über Baujahresdifferenzierungen berücksichtigt (→ BewG § 259 Rn. 4). Hinzu kommt, dass der Gesetzgeber in Anlage 43 bundeseinheitliche Sachwertfaktoren (= Wertzahl iSv § 260 BewG) vorgibt. Es gibt allerdings nicht den Grundstücksmarkt an sich, sondern nur eine Vielzahl regionaler Grundstücksmärkte mit unterschiedlichen Angebots- und Nachfragesituationen und daher auch Grundstückspreisen und dies spiegelt sich in unterschiedlichen Sachwertfaktoren wider. Die Anlage 43 bildet dies nur insoweit ab, als aus einem niedrigen Bodenrichtwert ein niedrigeres Marktniveau und hieraus wiederum eine größere Diskrepanz zwischen Herstellungswert und Marktpreis gefolgert wird. Dies geschieht aber auch nur in Stufen (bis 100 EUR/qm, bis 300 EUR/qm und über 300 EUR/qm). Dass es auch Fälle geben dürfte, in denen der Verkehrswert über dem Herstellungswert liegen kann, wird mit einem maximalen Sachwertfaktor von 1,0 sogar vollständig ausgeblendet (→ Rn. 101). Gleichwohl ist das Sachwertverfahren Ausdruck eines schlüssigen Relationskonzepts, wenn man bedenkt, dass selbst der alters- und gebäudeabhängigen Herstellungskosten auch hier der Bodenrichtwert einen Bezug zum lokalen Grundstücksmarkt herstellt. Es findet also eine gewisse Ausdifferenzierung statt. Und schließlich stehen auch den Sachwert-Typisierungen wieder die gewichtigen Vollzugsgesichtspunkte gegenüber, die bereits die mindestens ebenso weitgehenden Typisierungen des Ertragswertverfahrens gerechtfertigt haben. Die Abwägung fällt daher richtigerweise nicht anders aus als dort.

d) Messzahldifferenzierungen. § 15 GrStG enthält mehrere Messzahldiffe- **115** renzierungen. Das betrifft zum einen die Regelmesszahl, die in § 15 Abs. 1 GrStG für unbebaute Grundstücke und Nicht-Wohngrundstücke mit 0,34 Promille vorgegeben wird, während sie für Wohngrundstücke nur 0,31 Promille beträgt. Zum

Grundlagen Materielle Verfassungsrechtsfragen

anderen enthalten § 15 Abs. 2–5 GrStG Ermäßigungstatbestände, die zum Ansatz einer von der Regelmesszahl abweichenden Messzahl führen. Alle diese Differenzierungen sind gleichheitsrechtlich rechtfertigungsbedürftig: (1) Die **Messzahlermäßigung für den geförderten Wohnungsbau** (§ 15 Abs. 2 u. 3 GrStG) nimmt an dem legitimen Zweck teil, der auch für die direkte Wohnraumförderung gilt. Dieser Ermäßigungstatbestand macht den Zugang aber von einer dem Steuerrecht fremden Zugangsvoraussetzung abhängig, nämlich einem Haushaltsvorbehalt. Das ist ein **gleichheitsrechtlicher Mangel** (→ GrStG § 15 Rn. 6). (2) Die an die **Eigenschaft bestimmter Vermieter anknüpfende Messzahlermäßigung des § 15 Abs. 4 GrStG** soll der Sache nach eine gemeinwohlorientierte Vermietung fördern und **dürfte sich rechtfertigen lassen** (→ GrStG § 15 Rn. 14). (3) Die lediglich **zwischen Wohnnutzung einerseits und Nicht-Wohnnutzung** (einschließlich unbebauter Grundstücke) **andererseits differenzierende Regelung des § 15 Abs. 1 GrStG** wurde erst mit dem Grundsteuerreform-Umsetzungsgesetz v. 16.7.2021 nachträglich durch Absenkung der Messzahl für Wohngrundstücke (von 0,34 auf 0,31) eingeführt (→ GrStG § 15 Rn. 2). Sie muss vor dem Hintergrund gesehen werden, dass die Daten der Anlage 39 aktualisiert wurden (→ BewG § 254 Rn. 4) und hiernach höhere Ertragswerte für Wohngrundstücke absehbar waren. Der Gesetzgeber führt dazu aus: „[Eine] Senkung der Steuermesszahl für Wohngrundstücke [ist] erforderlich, um weiterhin ein aufkommensneutrales Messbetragsvolumen auf Bundesebene herbeizuführen" (BT-Drs. 19/28902, 1). Nimmt man den Gesetzgeber beim Wort, muss die Rechtfertigung der Messzahldifferenzierung scheitern (insoweit zu Recht *Desens* in Stenger/Loose SächsGrStMG Rn. 6 ff.). Allerdings darf man den Gesetzgeber nicht derart eng beim Wort nehmen. Auch wenn es in der Gesetzesbegründung nicht ausdrücklich erwähnt wird, so wird man sie wie folgt lesen müssen: Die mit der Aktualisierung der Anlage 39 absehbare relative Mehrbelastung der Wohnhaushalte infolge höherer Ertragswerte soll nicht eintreten, weil Wohnen als existenzielles Bedürfnis nicht teurer werden soll. Wenn der Gesetzgeber dergestalt die grundsteuerliche Mehrbelastung der Wohnhaushalte verhindert, kann er einen legitimen Zweck für sich in Anspruch nehmen und auch im Übrigen **gelingt die Rechtfertigung** (insoweit gelten die Ausführungen zu den weitergehenden Differenzierungen nach dem BWLGrStG für § 15 Abs. 1 GrStG entsprechend, → Rn. 121 ff.; aA *Desens* in Stenger/Loose SächsGrStMG Rn. 8).

116 **3. Landesgrundsteuergesetz Baden-Württemberg. a) Verfassungsrechtliche Unbedenklichkeit zweier Belastungsgründe.** Das BWLGrStG soll sowohl den Belastungsgrund „Leistungsfähigkeit" als auch den der „Nutzenäquivalenz" verwirklichen (→ Rn. 80). Diese Zweigleisigkeit schadet verfassungsrechtlich nicht (glA *Seer* in Tipke/Lang SteuerR Rn. 16.38). Das wird zwar vereinzelt anders gesehen (*Feldner/Stoklassa* DStR 2019, 2505 [2509]), dies aber zu undifferenziert: Richtig ist, dass die Heranziehung von zwei unterschiedlichen Belastungsgründen dann nicht den Anforderungen des BVerfG genügen kann, wenn sie dergestalt „vermischt" werden, dass sich am Ende die Bemessungsgrundlage nicht mehr ausreichend rational auf diese Belastungsgründe zurückführen lässt. Wenn aber mehrere Belastungsgründe im gleichen Bemessungsgrund münden, dann gibt es hiergegen verfassungsrechtlich nichts zu erinnern. So verhält es sich beim BWLGrStG – jedenfalls nach der nicht unvertretbaren Einschätzung des Landesgesetzgebers: Der Bodenwert als Verkehrswert des (fiktiv) unbebauten Grundstücks spiegele iSd Sollertragsgedankens die Ertragsfähigkeit wider und iSd Äquivalenzgedankens lasse sich diese Ertragsfähigkeit wiederum auf den aus den kommunalen Leistungen gezogenen Nutzen zurückführen.

b) Folgerichtige Verknüpfung von Belastungsgrund und Bemessungsziel. Belastungsgrund und Bemessungsziel müssen folgerichtig verknüpft werden. Es muss eine rationale Verknüpfung von Belastungsentscheidung und Bemessungsgrundlage geben, die erklären kann, warum in Verwirklichung der Belastungsentscheidung der eine Steuerpflichtige so und der andere Steuerpflichtige anders belastet wird (→ Rn. 94). Daher muss im Hinblick auf beide Belastungsgründe dargelegt werden, warum sich der Grund und Boden vom Gebäude trennen lässt. Für die sollertragstheoretische Begründungskomponente (Leistungsfähigkeitsprinzip) ist diese Frage unmittelbar auf die objektive Ertragsfähigkeit zu beziehen. Die Frage lautet: Warum ist der Eigentümer eines unbebauten Grundstücks genauso leistungsfähig wie der Eigentümer eines bebauten Grundstücks? In Bezug auf die nutzenäquivalenztheoretische Belastungsgrundentscheidung muss die Frage hingegen lauten: Worauf gründet die These, dass der Eigentümer eines unbebauten Grundstücks einen vergleichbaren Nutzen aus den kommunalen Leistungen zieht wie der Eigentümer eines flächenmäßig identischen bebauten Grundstücks? Denn was für eine verkehrswertorientierte Bemessungsgrundlage eine realitätsgerechte Wertrelation ist, ist für das Äquivalenzprinzip das Gebot einer realitätsgerechten Kosten- oder Nutzenrelation (*Seer* DB 2018, 1488 [1493]; *Löhr* BB 2020, 1687 [1689]; *Meyering/Hintzen/Doedt* DStR 2020, 1705 [1709]). In Anbetracht der Doppelbegründung in Bezug auf den Belastungsgrund müssen daher zwei Fragen formuliert werden: Warum ist der Eigentümer eines unbebauten Grundstücks genauso leistungsfähig wie der Eigentümer eines bebauten Grundstücks und worauf gründet die These, dass der Eigentümer eines unbebauten Grundstücks den gleichen Nutzen aus den kommunalen Leistungen zieht wie der Eigentümer eines flächenmäßig identischen bebauten Grundstücks? Der baden-württembergische Gesetzgeber hat sich insoweit wenig Begründungsmühe gegeben, was indes nicht schaden dürfte.

In Bezug auf den äquivalenztheoretischen Ansatz finden sich im Schrifttum unterstützende Begründungen. So wird die Einbeziehung des Gebäudes bei äquivalenztheoretischer Begründung zB deshalb kritisch gesehen, weil dessen Wert eher von den Investitionen des Eigentümers als von der Lage abhinge. Umgekehrt lasse sich ein Zusammenhang zwischen Bodenwert einerseits und der quantitativen und qualitativen Ausstattung mit öffentlicher (vor allem: Verkehrs-) Infrastruktur andererseits nachweisen (*Löhr* BB 2020, 1687 [1690] mit Nachweisen; im Ergebnis ebenso *Marx* DStZ 2019, 372 [376]; *Seer* DB 2018, 1488 [1493]). Zudem sei beobachtbar, dass Preissteigerungen bei Grundstücken im Wesentlichen den Grund und Boden betreffen (*Scheffler/Roith* Leitlinien für eine Reform der Grundsteuer, 37; mit etwas anderer Akzentuierung nunmehr allerdings *Scheffler/Feldner* Umsetzung der Grundsteuerreform in den Bundesländern, 22 f., 66 f.).

In Bezug auf das vom Entwurf ebenfalls herangezogene Leistungsfähigkeitsprinzip muss zuerst die Perspektive bestimmt werden. Wenn man unbebaute Grundstücke mit bebauten Grundstücken vergleicht, gerät dieser Belastungsgrund wohl in Begründungsnot. Von den Fällen extrem hoher Bodenrichtwerte einmal abgesehen dürfte der Verkehrswert eines bebauten Grundstücks typischerweise höher sein als der Verkehrswert eines im Übrigen vergleichbaren unbebauten Grundstücks. Aus dieser Perspektive wird durchaus vertreten, dass eine reine Bodenwertsteuer gegen Art. 3 Abs. 1 GG verstößt, weil sie einen wichtigen wertbestimmenden Faktor ausschließe (*G. Kirchhof* DStR 2020, 1073 [1080]; *Ronnecker* ZKF 2018, 49 [50 f.]; von einer Gleichheitswidrigkeit einer reinen Bodenwertsteuer gehen im Ergebnis auch *Maiterth/Lutz* StuW 2019, 22 [34] aus, allerdings wohl allein gestützt auf – was verfassungsrechtlich aber so nicht maßgeblich sein kann – die „breite Streuung der Bewertungsergebnisse"; kritisch auch *Marx* in Stenger/Loose BWLGrStG Rn. 23). Diese Ansicht übersieht aber, dass Steuergegenstand nun einmal nur der (gedanklich) unbebaute Grund und Boden sein soll. Wenn dem Gesetzgeber bei der Auswahl des Steuergegenstandes ein weiter politischer Spielraum zugestanden wird (→ Rn. 93), dann ist von diesem Spielraum auch die Beschränkung auf den Grund und Boden gedeckt. In Ansehung der Auswahl des Steuergegenstandes ist dies jedenfalls willkürfrei und nur dies ist auf der Steuergegenstandauswahlebene der Maßstab. Dann ist dies aber auch auf dem Weg vom Belastungsgrund zur Bemessungsgrundlage konsequent anzuerkennen. Daher ist für eine Bodenwertsteuer ausreichend, dass sich auch im Bodenwert (relationsgerecht) das Ertragspotenzial widerspiegeln kann und somit der Sollertragsgedanke einen Anknüpfungspunkt findet. Aus der richtigen Perspektive wird der Belastungsgrund – nämlich bezogen auf den willkürfrei gewählten Steuergegenstand – mit dem Bemessungsziel „Verkehrswert nur des Bodens" in der Bemessungsgrundlage mithin ausreichend sichtbar (in diese Richtung auch *Bach/Eichfelder* DStR 2021, 2938 [2942]).

120 **c) Verfassungsrechtlich zulässige Typisierungen in Bezug auf den Bodenrichtwert.** Verlässt man die Ebene des Belastungsgrundes und des folgerichtigen Bemessungsziels, ist – wie beim Bundesgrundsteuerrecht auch – die Ausgestaltung der Bemessungsgrundlage im Detail in den Blick zu nehmen. Insoweit muss hier ein bereits aus der gleichheitsrechtlichen Prüfung des Bundesgrundsteuerrechts bekannter Aspekt aufgegriffen werden: Die Maßgeblichkeit des Bodenrichtwertes ohne jede Anpassungsmöglichkeit (§ 38 Abs. 1 BWLGrStG, Zonenwert). Es werden daher auch im Modell des Landes Baden-Württemberg im Interesse der Vollzugsfähigkeit in einem nicht unerheblichen Umfang strukturell bedingte Ungleichbehandlungen in Kauf genommen. Daher gilt das zum Bundesgrundsteuermodell Gesagte (→ Rn. 103ff.) hier ebenfalls: Die gesetzliche Vorgabe in § 15 Abs. 1 S. 2 ImmoWertV 2022, wonach lagebedingte Wertunterschiede zwischen den Grundstücken, für die der Bodenrichtwert gelten soll, und dem Bodenrichtwertgrundstück nicht mehr als 30% betragen dürfen, sowie die Regelung des § 15 Abs. 2 ImmoWertV 2022 führen die denkbaren Abweichungen bereits auf ein tolerables Maß zurück. Da auch das baden-württembergische Modell eine hohe Gewichtung des Vollzugsinteresses für sich in Anspruch nimmt, sind die Typisierungen des BWLGrStG in Bezug auf die Bewertung daher selbst bei strikter Vorgabe des Zonenwertes gleichheitskonform. Der Landesgesetzgeber hatte am Ende gleichwohl Bedenken und hat mit § 38 Abs. 4 BWLGrStG noch ein Entlastungsventil geschaffen, wonach ein anderer Wert auf Antrag des Steuerpflichtigen angesetzt werden kann, wenn der Wert des Grund und Bodens um mehr als 30% von dem Zonenwert abweicht (→ BWLGrStG § 38 Rn. 9ff.).

121 **d) (Nicht alle) Wohnnutzungen begünstigende Messzahlermäßigung.** Der letzte verfassungsrechtliche Aspekt, den es zu erörtern gilt, ist die generelle Steuermesszahldifferenzierung (beim BWLGrStG rechtstechnisch in Gestalt des Abschlags von 30% [§ 40 Abs. 3 BWLGrStG]) zwischen Wohn- und Nicht-Wohnnutzung. Die umfassende Entlastung aller Wohngebäude führt praktisch zu einer Dreiteilung der Steuergegenstände: Neben die – verfassungsrechtlich bisher stets akzeptierte – Aufspaltung des Grundbesitzes in „Betriebe der Land- und Forstwirtschaft" einerseits und (andere) „Grundstücke" andererseits tritt noch eine Unter-

Materielle Verfassungsrechtsfragen **Grundlagen**

aufspaltung der Grundstücke in Wohn- und Nicht-Wohngrundstücke. Aus verfassungsrechtlicher Perspektive kommen zwei Prüfungsstufen in Betracht, auf denen man diese gleichheitsrechtliche Frage verarbeiten kann:

Die Frage lässt sich, erstens, womöglich bereits der Steuergegenstandsebene zuordnen. Dann würde man anerkennen, dass der Gesetzgeber unterschiedlichen Nutzungen auch durch eigenständige (Sub-)Steuergegenstände Rechnung tragen darf. Bei der Grundsteuer A und Grundsteuer B ist dies schon längst so: Die Bemessungsgrundlagen, die Messzahlen und auch die Hebesätze unterscheiden sich. Im Grunde sind unter dem Dach ein und desselben Gesetzes (GrStG, BewG bzw. BWLGrStG) zwei verschiedene Grundsteuern normiert worden (→ GrStG § 2 Rn. 1). Daher lässt sich durchaus argumentieren, dass die unterschiedlichen Bedürfnisbefriedigungen auch noch eine weitere Steuergegenstandsdifferenzierung im Hinblick auf Wohn- und Nicht-Wohnnutzung tragen. 122

Zweitens lässt sich die Frage (uE vorzugswürdig) auf der systematisch später angesiedelten Verschonungsebene verorten (was auch der Vorstellung des Gesetzgebers entsprechen dürfte, vgl. BWLT-Drs. 16/8907, 82). Die Steuermesszahlermäßigung für die Wohnnutzung bzw. die Nichtermäßigung für die übrige Nutzung erscheint dann als eine von der Regel abweichende Ausnahme, die als Ausgestaltungsfrage strengen gleichheitsrechtlichen Rechtfertigungsanforderungen unterliegt. Es gelten dann die Anforderungen, die das BVerfG an Lenkungsnormen formuliert hat. Der Verschonungstatbestand muss einen Lenkungszweck erkennen lassen und diesen Lenkungszweck zielgenau ansteuern. Letzteres setzt wiederum voraus, dass der Kreis der Begünstigten sachgerecht abgegrenzt ist, die Vergünstigung den Begünstigten möglichst gleichermaßen zugutekommt und das Maß der Vergünstigung gemessen am Lenkungszweck angemessen ist (statt vieler BVerfG 17.12.2014 – 1 BvL 21/12, BVerfGE 138, 136 Rn. 126f.). Das BWLGrStG verfolgt mit der Entlastung der Nutzung „Wohnen" einen legitimen Zweck. Es geht um ein elementares menschliches Bedürfnis. Die zwischen Wohnnutzung und Nicht-Wohnnutzung bestehende Ungleichbehandlung lässt sich uE daher bei der gebotenen Gewichtung des mit der Verschonung verfolgten Zwecks rechtfertigen. Vor allem wird man dem Gesetzgeber zugestehen müssen, dass er mittels der Messzahlermäßigung die im Verhältnis zum alten Recht wohl eintretenden Belastungsverschiebungen zwischen Wohnnutzung (tendenziell höhere Bodenrichtwerte) und Nicht-Wohnnutzung (tendenziell niedrigere Bodenrichtwerte, von Innenstadtlagen abgesehen) „abfangen" darf. Man muss allerdings auch bedenken, dass von der Begünstigung auch einige Wohnnutzungen ausgeschlossen werden, nämlich die Wohnungen, die sich in sog. gemischt-genutzten Gebäuden vollziehen, bei denen der Wohnnutzungsanteil aber nicht überwiegt (siehe § 40 Abs. 3 BWLGrStG). Diese Unterscheidung innerhalb der Gruppe der Wohnnutzungen lässt sich nur rechtfertigen, wenn man wiederum den Vereinfachungszweck im Interesse der Vollzugsfähigkeit hoch gewichtet. 123

4. Sächsisches Grundsteuermesszahlengesetz und Saarländisches Grundsteuergesetz. Sachsen und das Saarland folgen in Bezug auf die Bewertung dem Bundesgrundsteuerrecht (→ Rn. 97ff.). Daher ist hier gesondert nur noch die generelle Steuermesszahldifferenzierung hinsichtlich der drei Grundstücksarten gleichheitsrechtlich zu erörtern. Das SächsGrStMG sieht für unbebaute Grundstücke und Wohngrundstücke eine Messzahl von 0,36 Promille und für Nicht-Wohngrundstücke eine Messzahl von 0,72 Promille vor. Die Nicht-Wohngrundstücke werden mithin (wenn man die unterschiedlichen Bewertungsverfahren vernachläs- 124

Grundlagen Materielle Verfassungsrechtsfragen

sigt und sich nur am Verkehrswert als abstraktem Bewertungsziel orientiert) doppelt so hoch belastet wie die beiden anderen Grundstücksarten. § 1 GrStG-Saar sieht ebenfalls eine solche Differenzierung vor, ordnet die niedrigere Messzahl von 0,34 Promille aber nur den Wohngrundstücken zu und sieht sowohl für die Nicht-Wohngrundstücke als auch die unbebauten Grundstücke eine in etwa doppelt so hohe Messzahl vor (= 0,64 Promille). Die Wohnnutzung wird mithin in beiden Fällen begünstigt, das unbebaute Grundstück hingegen nur in Sachsen. Für die Begünstigung der Wohnnutzung gilt im Hinblick auf die Gewichtigkeit des existenziellen Wohnbedürfnisses von Menschen das bereits zum BWLGrStG Gesagte (→ Rn. 121 ff.). Gegen die niedrigere Messzahl für Wohngebäude, die beide Gesetze vorsehen, gibt es daher verfassungsrechtlich nichts zu erinnern (glA *Desens* in Stenger/Loose SächsGrStMG Rn. 34 ff.). Dies gilt ferner für die niedrigere Messzahl für unbebaute Grundstücke in Sachsen. Allerdings ist der legitime Zweck, der hiermit verfolgt wird, ein anderer. Gerechtfertigt wird die Begünstigung der unbebauten Grundstücke zum einen damit, dass diese in deutlich geringerem Maße Infrastrukturleistungen in Anspruch nehmen, und zum anderen verweist der Gesetzgeber auf den Beitrag, den nicht versiegelte Flächen für die Lebens- und Luftqualität leisten (SächsLT-Drs. 7/5395, 2). Im Hinblick auf den erstgenannten Aspekt stellt sich die Frage, ob der sächsische Gesetzgeber in Bezug auf die unbebauten Grundstücke in Abweichung vom Bundesgrundsteuerrecht das Äquivalenzprinzip zum Belastungsgrund erklären will. Dafür müsste man dem Gesetzgeber zugestehen, dass er eine „dritte Grundsteuer" (neben der Grundsteuer A und einer dann nur noch für bebaute Grundstücke geltenden Grundsteuer B) schaffen darf. Das scheint nicht von vornherein unzulässig und dann wäre der Rechtfertigungsmaßstab auch großzügiger (vgl. auch → Rn. 120). Hierauf kommt es aber nicht an. Denn jedenfalls der zweitgenannte Zweck kann innerhalb des (engeren Korsetts des) bundesgesetzlichen Belastungsgrundes die Ungleichbehandlung rechtfertigen. Denn die Förderung unbebauter Grundstücke im Hinblick auf ihren Beitrag zur Lebens- und Luftqualität ist ein legitimer Zweck. Da unbebaute Grundstücke idR unversiegelt sein dürften, darf der Gesetzgeber davon ausgehen, dass unbebaute Grundstücke typischerweise diesen Beitrag leisten. Vor allem darf man diesbezüglich die Anforderungen an die Zielgenauigkeit nicht überspannen. Der Gesetzgeber ist nicht gehalten, nach der Art des unbebauten Grundstücks zu differenzieren (aA und deshalb zur Verfassungswidrigkeit gelangend *Desens* in Stenger/Loose SächsGrStMG Rn. 46 ff.).

125 **5. Wertunabhängige Modelle.** Die wertunabhängigen Flächenmodelle gründen allesamt auf dem Äquivalenzdanken (→ Rn. 84). Seine Heranziehung ist nicht per se unzulässig. Dies folgt aus dem weiten Gestaltungsspielraum des Gesetzgebers (→ Rn. 93), immerhin trägt er nach Ansicht des BVerfG auch die Gewerbesteuer (BVerfG 15. 1. 2008 – 1 BvL 2/04, BVerfGE 120, 1 [37 ff.]).

126 Allerdings muss erklärt werden können, in welchem inneren Zusammenhang Belastungsgrund (Kosten- oder Nutzenäquivalenzprinzip) und Bemessungsgrundlage (Grundstücks- und Gebäudefläche × Faktor) stehen. Denn das vom BVerfG formulierte Gebot einer realitätsgerechten Wertrelation ist bei einer äquivalenztheoretisch begründeten Grundsteuer als Gebot einer realitätsgerechten Kosten- oder Nutzenrelation zu beachten (*Seer* DB 2018, 1488 [1493]; *Löhr* BB 2020, 1687 [1689]; *Meyering/Hintzen/Doedt* DStR 2020, 1705 [1709]). Die Kernfrage lautet mithin: Welcher eine solche Relationsvorgabe abbildende Bezug lässt sich selbst unter Anerkennung eines weiten Typisierungsspielraums zwischen den kommunalen

Kosten oder den gezogenen/ziehbaren Vorteilen zur Grundstücks- und Gebäudefläche und vor allem den gewählten Faktoren herstellen? Direkte Zurechenbarkeit scheidet aus; hier dürfte das Feld auch bereits weitgehend durch Gebühren und Beiträge besetzt sein. Es kann also nur noch um nicht mehr direkt zurechenbare Kosten oder Vorteile gehen (sog. Gruppenäquivalenz). Es ist insoweit indes nicht zu erkennen, dass sich hier derart pauschal ein rationaler Zusammenhang zwischen der Grundstücks- und Gebäudefläche einerseits und den gemeindlichen Kosten bzw. der Inanspruchnahme gemeindlicher Leistungen (insb.: Infrastruktur) andererseits begründen lässt (ebenso *Feld/Fritz* DStJG 35 [2012], 61 [78]; *Löhr* BB 2020, 1687 [1689]; *Schmidt* DStR 2020, 249 [252 f.];]; *Scheffler/Feldner* Umsetzung der Grundsteuerreform in den Bundesländern, 163 f.; *Seer* DB 2018, 1488 [1493]; tendenziell auch *Meyering/Hintzen/Doedt* DStR 2020, 1705 [1709]). Kommunale Ausgaben und der Nutzen aus kommunalen Leistungen dürften vielmehr standortabhängig sein. Dies wurde im Schrifttum vor allem am Beispiel kommunaler Verkehrsinfrastrukturleistungen begründet (*Löhr* BB 2020, 1687 [1690]). Es dürfte auch der Alltagserfahrung entsprechen, dass die tendenziell kleineren (weil teureren) Grundstücke in Innenstadtnähe mehr Infrastrukturnutzen vermitteln als die mit zunehmender Entfernung von der Innenstadt tendenziell größer werdenden Grundstücke. Das Flächenmodell belastet Letztere im Widerspruch zum eigenen Belastungsgrund aber (allein wegen der Fläche) höher. Schon angesichts dessen kann man nicht davon sprechen, dass der Äquivalenzgedanke in der Bemessungsgrundlage irgendwie sichtbar wird. Und vor allem: Was soll mit den sog. Äquivalenzzahlen gemessen werden? Die in allen Flächenmodellen auf Steuermesszahlebene vorgenommene Differenzierung zwischen Wohnnutzung und anderen Nutzungen (die man rechtstechnisch ebenso gut auch auf der Ebene der Äquivalenzbeträge hätte berücksichtigen können und die deshalb an dieser Stelle mitbetrachtet werden) lässt sich noch mit der gleichen Begründung rechtfertigen, die insoweit auch eine Messzahldifferenzierung trägt (zum BWLGrStG → Rn. 121 ff.). In Bezug auf Grundstücks- (grundsätzlich 0,04 EUR/qm) und Gebäudefläche (0,50 EUR/qm) fehlt aber jegliche Erklärung für die einzelnen Vorgaben. Dabei muss man sich vergegenwärtigen, dass diese Äquivalenzzahlen maßgeblich die Belastungsverteilung zwischen den verschiedenen Steuerpflichtigen bestimmen. Wer trotz des fehlenden Begründungszusammenhangs zwischen Bemessungsgrundlage und Belastungsgrund sowie der Willkürlichkeit der Äquivalenzzahlen das Flächenmodell für verfassungsfest hält (namentlich vor allem *G. Kirchhof* DStR 2020, 1073 [1080 f.]; *Freund* FR 2019, 931 [938 ff.]), entbindet den Gesetzgeber letztlich von allen Mindestanforderungen an ein rationales Relationskonzept. Insoweit lässt sich auch nicht argumentieren, dass der verfassungsändernde Gesetzgeber mit der Eröffnung der Abweichungsbefugnis ein solches Flächenmodell verfassungsrechtlich abgesichert hat. Das Modell mag den verfassungsändernden Gesetzgebern bekannt gewesen sein und mag Anlass für die Grundgesetzänderung gewesen sein, aber es ist nicht erkennbar, dass die Kompetenznorm von den gleichheitsrechtlichen Vorgaben entbinden sollte – ungeachtet der Frage, ob sie dies überhaupt könnte. Art. 72 Abs. 3 S. 1 Nr. 7 GG hat gewiss die Pluralität der Belastungsgründe bestätigt, aber weiter reicht seine Wirkung nicht. Angesichts dessen trägt das Flächenmodell uE die größten verfassungsrechtlichen Risiken in sich (für die Verfassungswidrigkeit *Scheffler/Feldner* Umsetzung der Grundsteuerreform in den Bundesländern, 164; *Schmidt* DStR 2020, 249 [252 f.]).

Gegenüber dem um einen Lage-Faktor ergänzten Flächenmodell in Hessen und **127** Niedersachsen werden ebenfalls verfassungsrechtliche Bedenken geltend gemacht, die vor allem darauf gestützt werden, dass die Kombination von Fläche und Wert eine Inkonsequenz in sich trage, die anlässlich der folgerichtigen Ausgestaltung zu Friktionen führe (vgl. *Drüen* in Stenger/Loose VerfR GrStG Rn. 38; *Freund* FR 2019, 931 [938]). Dieser Kritik ist allerdings entgegenzuhalten, dass die Wertkomponente lediglich Lageunterschiede sichtbar machen und auf diese Weise zumindest ein (grober) relativer Zusammenhang zwischen der Lage und dem hier als Belastungsgrund gewählten Nutzen (Nutzenäquivalenz) hergestellt werden soll. Das ist nicht widersprüchlich, sondern erscheint im Ausgangspunkt vielmehr nachvollziehbar. Allerdings relativiert der Exponent den Lage-Faktor sodann wieder. Es wird nur „gedämpft" – regressiv wirkend – eine Tendenz nachgezeichnet (kritisch wegen dieser Inkonsequenz vor allem *Löhr* BB 2020, 1687 [1690]). Im Grunde ist die mit dem Lage-Faktor verbundene Belastungsverteilung zwischen den Grundstücken auch willkürlich. Die Höhe des Exponenten lässt sich – ebenso wenig wie die 0,04 EUR/qm bzw. 0,50 EUR/qm – nicht rational erklären. Aber zumindest verfolgen Hessen und Niedersachsen ein Konzept, dass die unterschiedliche Inanspruchnahme gemeindlicher Infrastruktur und Leistungen anhand der Lage abbilden soll (für eine Gleichheitskonformität G. *Kirchhof* DStR 2020, 1073 [1080], dort bezogen auf das Modell der niedersächsischen Finanzverwaltung; für die Verfassungswidrigkeit hingegen *Scheffler/Feldner* Umsetzung der Grundsteuerreform in den Bundesländern, 164).

III. Freiheitsrechtliche Fragen

128 **1. Freiheitsrechtlicher Schutz gegenüber der Grundsteuerbelastung (Substanzbesteuerungsverbot?).** Die Besteuerung des Grundvermögens hat zweifelsohne die Qualität eines Eingriffs in freiheitsrechtliche Positionen. Sie legt dem Steuerpflichtigen eine Geldsummenschuld auf und enthält die gesetzliche Anordnung, diese Schuld gegenüber dem Staat zu erfüllen. Man kann allerdings darüber diskutieren, ob es hier die Eigentumsgarantie ist, die vor der Auferlegung gegenleistungsloser Geldleistungspflichten zur Finanzierung des Gemeinwesens schützt, oder ob dies „nur" Art. 2 Abs. 1 GG ist. Zwischenzeitlich dürfte es als gesicherte Rechtsprechung des BVerfG gelten, dass jedenfalls bei Steuern, die an das Innehaben von Vermögen anknüpfen, die Eigentumsfreiheit einschlägig ist (siehe nur BVerfG 22.6.1995 – 2 BvL 37/91, BVerfGE 93, 121, 137; 18.1.2006 – 2 BvR 2194/99, BVerfGE 115, 97, 110f.) und dies gilt namentlich für die Grundsteuer (BFH 19.7.2006 – II R 81/05, BStBl. II 2006, 767).

129 Die Besteuerung stellt sich dann als Inhalts- und Schrankenbestimmung des Eigentums dar (*Englisch* StuW 2003, 237). Denn eine konkrete Eigentumsposition wird von staatlicher Seite gerade nicht entzogen. Der Prüfungsmaßstab ist sodann vor allem der Grundsatz der Verhältnismäßigkeit. Dieser verlangt, dass der Staat ein legitimes Ziel mit einem geeigneten und erforderlichen Mittel verfolgt, wobei das Mittel keine Grundrechtsbeeinträchtigung bewirken darf, deren Intensität gänzlich außer Verhältnis zum erstrebten Zweck steht. Mit Blick auf Art. 14 Abs. 2 GG verpflichtet dies den Gesetzgeber insb. dazu, das Bestands-, Nutzungs- und Verfügungsinteresse des Eigentümers auf der einen und die Sozialbindung des Eigentums auf der anderen Seite in einen gerechten Ausgleich und ein ausgewogenes Verhältnis zu bringen (BVerfG 23.11.1995 – 1 BvF 1/94, BVerfGE 101, 239 [259]; 7.12.2004 – 1 BvR 1804/03, BVerfGE 112, 93, 109). Das gilt im Ausgangspunkt auch für die Grundsteuer (zur grundsätzlichen Anwendung des Verhältnismäßigkeitsgrundsatzes auf steuerliche Belastungen BVerfG 18.1.2006 – 2 BvR 2194/99, BVerfGE 115, 97 [114]). Allerdings stellt sich die Frage, wo man die Grenzziehungskraft des Verhältnismäßigkeitsgrundsatzes hier (konkret) einsetzen lassen kann und vor allem, ob es eine spezifische eigentumsrechtliche Grenze gibt. Die Bedeutung dieser Frage lässt sich nur erkennen, wenn man sich zuerst das strukturelle Grundproblem des Verhältnismäßigkeitsgrundsatzes im Zusammenhang mit dem Besteuerungszugriff vor Augen führt: Weil es der Zweck steuergesetzlicher Lastenausteilungsnormen ist, Mittel für den allgemeinen Finanzbedarf aufzubringen und die Lasten unter den Steuerpflichtigen zu verteilen, und die Ausgabenseite wegen der Budgethoheit des Parlaments ausgeblendet wird, erscheint jede Steuerbelastung, gleich welcher Höhe, zur anteiligen Deckung des öffentlichen Finanzbedarfs geeignet und – bis zur vollen Sättigung des Staatsbedarfs – auch erforderlich, und jedenfalls bis zur Grenze der Erdrosselung, auch angemessen (so stellvertretend für viele *Vogel* FS Döllerer, 1988, 677 [684]). Der Verhältnismäßigkeitsgrundsatz kann daher gegenüber der staatlichen Besteuerungsgewalt als solcher keine nennenswerten Eingriffsschranken errichten. Nach „oben hin" kann über die Freiheitsrechte lediglich in Extremfällen ein verfassungsrechtlicher Schutz effektuiert und der Besteuerungsgewalt unter dem Aspekt von Unzumutbarkeit bzw. Verhältnismäßigkeit im engeren Sinne eine Grenze gezogen werden (so BVerfG 18.1.2006 – 2 BvR 2194/99, BVerfGE 115, 97 [115]). Die Freiheitsrechte werden daher gegenüber dem Besteuerungszugriff im Allgemeinen nur als Belastungsobergrenze gegenüber „Belastungsexzessen" angesprochen (*Tipke* FS Vogel, 2000, 561 [571]), was wiederum die stark gleichheitsrechtliche Fokussierung der Steuerrechtswissenschaft erklärt. Nur die gleichheitsrechtlichen Bindungen scheinen die freiheitsrechtliche Konturenlosigkeit erträglich zu machen.

Dies vorweggeschickt erscheint die Diskussion um einen eigentumsspezifischen Schutz, der bereits vor einer unzumutbaren Erdrosselungssituation einsetzt, nachvollziehbar. Das BVerfG hat dieses Anliegen jedenfalls aufgegriffen. Der Gedanke des sog. Halbteilungsgrundsatzes (BVerfG 22.6.1995 – 2 BvL 37/91, BVerfGE 93, 121 ff.), der einer zu starken Ertragsbesteuerung und damit auch einer Kumulation von Ist- und Soll-Ertragsbesteuerung entgegenwirken sollte, hat sich zwar nicht durchsetzen können (siehe nur die „Reaktionen" von BVerfG 18.1.2006 – 2 BvR 2194/99, BVerfGE 115, 97 und BFH 11.8.1999 – XI R 77/97, BStBl. II 1999, 771). Gehalten hat sich aber ein anderer eigentumsspezifischer Gedanke aus den Einheitswertbeschlüssen: Die restriktive Haltung des Art. 14 Abs. 1 GG gegenüber einer Substanzbesteuerung. Im Zusammenhang mit der Vermögensteuer hat das BVerfG ausgeführt, dass diese so ausgestaltet sein muss, dass sie in ihrem Zusammenwirken mit den sonstigen Steuerbelastungen die Substanz des Vermögens (den Vermögensstamm) unberührt lässt. Verfassungsrechtlich zulässig kann insoweit daher nur eine (Soll-) Ertragskonzeption sein (BVerfG 22.6.1995 – 2 BvL 37/91, BVerfGE 93, 121 [137f.]). Diese Grundsatzdiskussion kann hier nicht im Detail nachgezeichnet werden. Es sprechen uE aber gute verfassungsrechtliche Gründe für ein so verstandenes Substanzbesteuerungsverbot für an das Vermögen anknüpfende Steuern, wie eben auch hier die Grundsteuer. Ansatzpunkt ist richtigerweise der Grundsatz der Verhältnismäßigkeit (*Englisch* StuW 2003, 237 [245]). Der Steuerzugriff mag nur Inhalts- und Schrankenbestimmung sein. Bei einer Substanzbesteuerung ist er aber einer Enteignung wirkungsgleich, was bei der Güterabwägung durch die Anlegung ähnlich strenger Maßstäbe zu berücksichtigen ist und – von der Notlagenausnahmesituation, die BVerfG 22.6.1995 – 2 BvL 37/91, BVerfGE 93, 121 formuliert hat, abgesehen – selbst unter Berücksichtigung der Maßlosigkeit des Einnahmeerzielungszwecks zur Unverhältnismäßigkeit führt. Jenseits solcher Substanzbesteuerungseffekte – deren grenzziehende Kraft zudem auch bestritten wird (zB *Böckenförde*

Grundlagen Materielle Verfassungsrechtsfragen

in seinem Sondervotum, BVerfGE 93, 121 [153 ff.]; *Birk* DStJG 22 [1999], 3 [16]) – ist der Gesetzgeber nicht daran gehindert, auf „Grundstücke" als Steuergegenstand zuzugreifen, gleich welchen Belastungsgrund er hierfür anführt (Leistungsfähigkeitsprinzip, Äquivalenzprinzip).

131 Für die Grundsteuer folgt hieraus: Es ergeben sich freiheitsrechtliche Anforderungen an das Bewertungsziel und seine gesetzliche Konkretisierung und das Zusammenspiel mit dem Steuersatz. **Der herangezogene Bewertungsmaßstab soll sicherstellen, dass es nicht strukturell zu einer Substanzbesteuerung kommt.** Oder umgekehrt formuliert: Die Substanzbesteuerung darf lediglich in atypischen (Einzel-) Fällen eintreten. Diese Vorgabe ist an den Gesetzgeber adressiert. Bei einem **Sollertragsmodell** lässt sich zumindest nicht schon aus konzeptionellen Gründen auf die Gefahr einer strukturell bedingten Substanzbesteuerung schließen. Dies liegt an der Erwartung des verkehrswertabhängigen Modells, dass es einen Zusammenhang zwischen dem Verkehrswert des Grundstücks und der typischen Ertragskraft des Grundstücks gibt und deshalb einer höheren Grundsteuerbelastung auch eine höhere Ertragskraft entspricht. Angesichts dessen verwundert es auch nicht, dass das BVerfG die Grundsteuer dem Grunde nach und in ihrer wesentlichen Struktur (= Sollertragsgedanke und Verkehrswert als Bemessungsgrundlage) noch nie freiheitsrechtlich problematisiert, sondern sie insoweit als von der Finanzverfassung vorausgesetzt akzeptiert hat (ganz deutlich BVerfG [Kammerbeschluss] 18.2.2009 – 1 BvR 1334/07, BVerfGK 15, 89; auch BVerfG 10.4.2018 – 1 BvL 11/14, BVerfGE 148, 147 enthält kein Wort der Kritik an der Grundsteuer als solcher). Gleichwohl geht es immer nur um einen Rückschluss vom Verkehrswert auf die Ertragskraft des Grundstücks, weshalb der Steuersatz gewährleisten muss, dass die Grundsteuer auch nur auf die Sollerträge zugreift (vgl. BVerfG 22.6.1995 – 2 BvL 37/91, BVerfGE 93, 121 [140]). Wird der Steuersatz zu hoch gewählt, kann es zur Substanzbesteuerung kommen. Weil sich das GrStG allerdings selbst nicht zur Steuersatzhöhe äußert, ist dieser Aspekt an die Gemeinden adressiert, deren Hebesatz nämlich die Steuerbelastung bestimmt. Diese Frage verlagert sich daher in das Satzungsverfahren bei den Gemeinden. Art. 14 Abs. 1 GG kann sich hier als Zugriffsgrenze erweisen, die dem Hebesatzrecht Grenzen zieht (→ GrStG § 25 Rn. 24f.). **Beim Flächenmodell wird man hingegen schon die Bemessungsgrundlage selbst freiheitsrechtlich kritisch betrachten müssen.** Denn es belastet die Grundstücke vollkommen wertunabhängig, weshalb nicht ausgeschlossen werden kann, dass geringwertige Grundstücke derart hoch belastet werden, dass die Steuer im Verhältnis zum Verkehrswert erheblich ist und damit zwangsläufig die Substanz angreift (*Schmidt* DStR 2020, 249 [254f.]). Ob das zu einem virulenten verfassungsrechtlichen Problem wird, hängt in erster Linie davon ab, ob der Substanzbesteuerungseffekt nur zu vernachlässigende Einzelfälle betrifft. Dazu fehlt es indes an Rechtstatsachenforschung.

132 **2. Kein freiheitsrechtliches Gebot der Verschonung des (existenznotwendigen) Gebrauchsvermögens.** Weder aus den Freiheitsrechten noch aus dem Sozialstaatsprinzip oder gar der Menschenwürde lässt sich ableiten, dass der Gesetzgeber die Grundsteuer an den persönlichen Verhältnissen des Steuerpflichtigen ausrichten muss. **Insbesondere ist der Gesetzgeber nicht gehalten, das selbstgenutzte Einfamilienhaus oder die zu Wohnzwecken selbstgenutzte Mietwohnung von der Grundsteuer freizustellen.** Sowohl das BVerfG (BVerfG 18.2.2009 – 1 BvR 1334/07, BVerfGK 15, 89) als auch der BFH (BFH 19.7.2006 – II R 81/05, BStBl. II 2006, 767) haben es unter Hinweis auf den

Materielle Verfassungsrechtsfragen **Grundlagen**

Objektsteuercharakter der Grundsteuer (→ Rn. 17) abgelehnt, die in den Einheitswertbeschlüssen in Bezug auf die Vermögensteuer formulierten Überlegungen zu einem steuerfrei zu belassenden „selbstgenutzten Gebrauchsvermögen" auf die Grundsteuer zu übertragen (s. BVerfG 22.6.1995 – 2 BvL 37/91, BVerfGE 93, 121; zu den Einheitswertbeschlüssen auch bereits →Rn. 9). Erst recht muss das Grundsteuergesetz auch keine Rücksicht auf eine bestimmte Familiengröße (insb. kinderreiche Familien) nehmen (BFH 22.12.2002 – II B 44/02, BFH/NV 2003, 508).

IV. Rechtsschutzfragen (Gebot eines effektiven Rechtsschutzes, Art. 19 Abs. 4 GG)

Wenn der Gesetzgeber dem Steuerpflichtigen den Hinweis auf die Besonderheiten des konkret zu bewertenden Grundstücks abschneidet, dass er selbst typisierende Vorgaben macht, dann ist dies allein eine Frage gleichheitsrechtlicher Typisierungsgrenzen (→ Rn. 95). Wenn allerdings ein staatlicher Akteur damit betraut wird, ein relevantes Datum zu bestimmen, an das sodann der Gesetzgeber mit seiner Typisierung anknüpft, dann ist der Typisierung vorgelagert noch die Frage des effektiven Rechtsschutzes relevant. Dies betrifft sowohl das Bundesgrundsteuerrecht als auch das BWLGrStG, die nämlich beide den Bodenrichtwert des Bodenrichtwertgrundstücks für maßgeblich erklären und zwar grundsätzlich für alle Grundstücke innerhalb der Bodenrichtwertzone (→ BewG § 247 Rn. 12 ff.; → BWLGrStG § 38 Rn. 3 ff.). Die Verbindlichkeit des Bodenrichtwertes ist verfassungsrechtlich zulässig (→ Rn. 111), davon zu unterscheiden ist aber die Frage, ob der Steuerpflichtige das Zustandekommen dieses Bodenrichtwertes gerichtlich überprüfen lassen kann. Der BFH geht insoweit bisher davon aus, dass die Bodenrichtwerte von der Finanzverwaltung und sodann auch den Gerichten ohne weitere Prüfung zu übernehmen sind (BFH 11.5.2005 – II R 21/02, BStBl. II 2005, 686 Rn. 11; weiterführend →BewG § 247 Rn. 18 ff.). Das ist im Lichte des Art. 19 Abs. 4 GG, wonach der Steuerpflichtige grundsätzlich die Möglichkeit haben muss, sich sowohl im Verwaltungs- als auch im Gerichtsverfahren hinsichtlich jedes einzelnen Tatbestandsmerkmals, welches den Eingriff in seine Rechtsstellung legitimiert, zu behaupten (vollständige richterliche Kontrolle in tatsächlicher und rechtlicher Hinsicht, statt vieler BVerfG 31.5.2011 – 1 BvR 857/07, BVerfGE 129, 1 [20 ff.]; 23.10.2018 – 1 BvR 2523/13, BVerfGE 149, 407 Rn. 19; BVerwG 30.10.2019 – 6 C 18/18, BVerwGE 167, 33 Rn. 12) problematisch. Ausnahmen sind zulässig, müssen aber durch Gesetz angeordnet werden und bedürfen eines sachlichen Grundes („normative Ermächtigungslehre", siehe nur BVerwG 17.8.2016 – 6 C 50/15, BVerwGE 156, 75 Rn. 32; 30.10.2019 – 6 C 18/18, BVerwGE 167, 33 Rn. 14). Gemessen hieran lässt sich der Beurteilungsspielraum, der den Gutachterausschüssen bisher zugestanden wurde, durchaus rechtfertigen. So lässt sich die Bezugnahme der steuergesetzlichen Bewertungsvorschriften (insb. des § 247 BewG) auf die vom Gutachterausschuss festzustellenden Bodenrichtwerte als die notwendige legislative Anordnung der Zurücknahme der gerichtlichen Prüfungskompetenz begreifen. Auch der notwendige sachliche Grund hierfür liegt vor. Zum einen verfügen die Gutachterausschüsse über eine besondere Sachkunde und Erfahrung in Ansehung des wertenden, sich mit Blick auf die denkbaren Wertbandbreiten ohnehin weitgehend nicht in den Kategorien von richtig oder falsch fassbaren Ableitungsvorgangs und zum anderen besteht ein großes Bedürfnis nach Einheitlichkeit des Ableitungsvorgangs (zumindest) im Zuständigkeitsbereich eines Gutachterausschusses.

133

Grundlagen Materielle Verfassungsrechtsfragen

Insoweit ist dabei auch von Bedeutung, dass es sich um ein unabhängiges Kollegialorgan handelt, womit die Erwartung verbunden ist, dass es mögliche Auffassungsunterschiede bereits in sich zum Ausgleich bringt und die zu treffende Entscheidung damit zugleich versachlicht.

134 Für die Rechtfertigung war allerdings bisher auch relevant, dass der Steuerpflichtige die Möglichkeit eines gutachterlichen Gegenbeweises hat (BFH 11.5.2005 – II R 21/02, BStBl. II 2005, 686 Rn. 11; *Krumm* Steuerliche Bewertung als Rechtsproblem, 176). Dies ist im neuen Bundesgrundsteuerrecht (anders als nach dem BWLGrStG, →BWLGrStG § 38 Rn. 9 ff.) nicht (mehr) der Fall (→BewG § 250 Rn. 5, dort auch zur Ablehnung einer analogen Anwendung des § 198 BewG). Das schadet allerdings nicht. Entscheidend ist, dass man die Grenzen des dem Gutachterausschuss zugewiesenen Beurteilungsspielraums ernst nimmt bzw. ernster nimmt als bisher (ähnlich *Drüen* in Stenger/Loose VerfR GrStG Rn. 49). Die Rechtsprechung muss – was im Grunde immer schon gegolten hat (vgl. allgemein zum Beurteilungsspielraum und seinen Grenzen BVerwG 30.10.2019 – 6 C 18/18, BVerwGE 167, 33 Rn. 13) – den Bodenrichtwert in Bezug auf etwaige Unzulänglichkeiten bei der Sachverhaltsfeststellung, methodische Fehler und auch die Beachtung des § 15 Abs. 1 S. 2 ImmoWertVO 2022 uneingeschränkt nachprüfen. Damit der Bodenrichtwert keine „black box" bleibt, muss es dem Steuerpflichtigen ermöglicht werden, sich selbst ein Bild vom Zustandekommen des Bodenrichtwertes zu bilden. Dazu muss die Vorwirkung des Rechtsschutzes effektuiert werden, die sich im Verhältnis zum Steuerpflichtigen in Begründungs- und Transparenzpflichten (zur vorwirkenden Rechtsschutzfunktion der Begründung statt vieler BFH 25.3.2015 – X R 20/13, BStBl. II 2015, 743 Rn. 49 ff.; *Gusy* in HSV VerwR II § 23 Rn. 60) und wiederum bezogen auf den Ableitungsvorgang vorgelagert in Dokumentationspflichten manifestiert. Damit der Steuerpflichtige seine Rechte wahrnehmen kann, muss er in die Lage versetzt werden, den Ableitungsvorgang bezogen auf den konkreten Bodenrichtwert zu verstehen und zu hinterfragen (im Einzelnen →BewG § 247 Rn. 18 ff.). Wird dies alles gewährleistet, erweist sich das Fehlen einer Gegenbeweismöglichkeit für die Fälle, in denen der Zonenwert gilt, als hinnehmbar. Zudem ist auf die Regelung des § 15 Abs. 2 ImmoWertV 2022 hinzuweisen, die ohnehin die Verbindlichkeit eines Bodenrichtwertes für solche Grundstücke ausschließt, die in Ansehung von Nutzung und Qualität vom Bodenrichtwertgrundstück abweichen (zB Grünflächen, Verkehrsflächen und Gemeinbedarfsflächen, →BewG § 247 Rn. 32).

Grundsteuergesetz (GrStG)

Vom 7. August 1973
(BGBl. 1973 I 965)

Zuletzt geändert durch das Grundsteuerreform-Umsetzungsgesetz vom 16.7.2021
(BGBl. 2021 I 2931, zur Änderungshistorie seit der Grundsteuerreform 2019
→ Grundlagen Rn. 13 ff.)

Abschnitt I. Steuerpflicht

§ 1 Heberecht

(1) Die Gemeinde bestimmt, ob von dem in ihrem Gebiet liegenden Grundbesitz Grundsteuer zu erheben ist.

(2) Bestehen in einem Land keine Gemeinden, so stehen das Recht des Absatzes 1 und die in diesem Gesetz bestimmten weiteren Rechte dem Land zu.

(3) Für den in gemeindefreien Gebieten liegenden Grundbesitz bestimmt die Landesregierung durch Rechtsverordnung, wer die nach diesem Gesetz den Gemeinden zustehenden Befugnisse ausübt.

Gilt nicht **in Baden-Württemberg** (dort § 1 Abs. 2, Abs. 3 BWLGrStG).

A. Allgemeines

I. Systematische Einordnung und Zweck der Regelung

Die Gemeinden sind organisationsrechtlich Teil der Länder, nehmen aber finanzverfassungsrechtlich eine gewisse Sonderstellung ein: Art. 28 Abs. 2 GG garantiert ihnen das Recht zur Selbstverwaltung einschließlich der Grundlagen der finanziellen Eigenverantwortung. Zu diesen Grundlagen gehört (auch) eine den Gemeinden mit Hebesatzrecht zustehende wirtschaftskraftbezogene Steuerquelle. Art. 106 GG Abs. 6 S. 1 GG wiederum weist den Gemeinden die alleinige **Ertragskompetenz** für die Gewerbe- und die hier im Mittelpunkt stehende Grundsteuer zu. Daraus folgt allerdings **keine institutionelle verfassungsrechtliche Garantie der Grundsteuer als gemeindliche Steuerquelle**. Die Grundsteuer existiert, weil der (einfache) Bundes- bzw. Landesgesetzgeber es so will und insbesondere so, wie er es will (→ Grundlagen Rn. 1). Ohne ein Grundsteuergesetz würde die Ertrags- und Gestaltungshoheit aus Art. 106 GG Abs. 6 S. 1 u. 2 GG der Gemeinden mithin ins Leere laufen. Mit der Schaffung bzw. Beibehaltung des GrStG hat sich der Gesetzgeber dafür entschieden, dass (weiterhin) eine Grundsteuer erhoben werden kann. § 1 GrStG statuiert indes keine Pflicht zur Grundsteuererhebung, sondern überlässt die Entscheidung hierüber den Gemeinden (→ Rn. 3).

1

II. Entwicklung der Vorschrift

2 § 1 GrStG ist seit dem Grundsteuerreformgesetz v. 7.8.1973 (→ Grundlagen Rn. 8; s. a. BT-Drs. VI/3418, 77 und BT-Drs. 7/485, 7) unverändert geblieben.

B. Heberecht der Gemeinden (Abs. 1)

3 Art. 106 Abs. 6 GG weist den Gemeinden die Ertragskompetenz für die Grundsteuer und ein entsprechendes Hebesatzrecht zu (→ Rn. 1). Es besteht allerdings weder aus finanzverfassungsrechtlicher noch (einfach-rechtlicher) grundsteuerrechtlicher Perspektive eine Erhebungspflicht und auch kein gesetzlicher Mindesthebesatz. Vielmehr kann die Gemeinde selbst darüber bestimmen, ob sie eine Grundsteuer erheben will (§ 1 Abs. 1 GrStG). Es bedarf mithin einer „ergänzenden Rechtssetzung durch die Gemeinde" (so BT-Drs. VI/3418, 77). Mit dieser **Entscheidung über das „Ob"** unterwirft sich die Gemeinde dann allerdings **den Regelungen des Grundsteuergesetzes**. Das „Wie" ist dort verbindlich vorgegeben. Spielräume gewährt ihr nur das Hebesatzrecht, dem sich der Gesetzgeber einfach-rechtlich in §§ 25, 26 GrStG angenommen hat (zu den einfach-rechtlichen Vorgaben des § 25 GrStG → GrStG § 25 Rn. 32 ff.). Zudem sind verfassungsrechtliche Grenzen zu beachten (→ GrStG § 25 Rn. 24 ff.). Außerdem kann auch das Kommunalrecht der einzelnen Länder die nach dem GrStG gewährten Spielräume einschränken (s. nur BVerwG 27.10.2010 – 8 C 43/09, BVerwGE 138, 89 Rn. 22) – sei es auf abstrakt-genereller Ebene durch haushaltsrechtliche Vorgaben (→ GrStG § 25 Rn. 16 ff.), sei es auf konkret-individueller Ebene durch Konkretisierung eben dieser Vorgaben durch entsprechende Weisungen der Kommunalaufsichtsbehörden (→ GrStG § 25 Rn. 29).

4 Das GrSt-Erhebungsrecht gilt nur für den im Gemeindegebiet liegenden Grundbesitz iSv § 2 GrStG. Die **Zuordnung eines Grundstücks zu einem Gemeindegebiet bestimmt sich nach Landesrecht.** Erstreckt sich der Grundbesitz über eine Gemeindegrenze hinweg, ist dies für die Feststellung des Grundsteuerwertes irrelevant. Denn Steuergegenstand ist losgelöst von Gemeindegrenzen die wirtschaftliche Einheit (→ GrStG § 2 Rn. 4) und diese Einheit wird bewertet und zugerechnet. Im Anschluss an die Festsetzung des Grundsteuermessbetrages ist dieser jedoch nach Maßgabe der §§ 22 ff. GrStG zu zerlegen und den beteiligten Gemeinden zuzuweisen (siehe vor allem die Erläuterungen zu § 22 GrStG). Erstreckt sich eine wirtschaftliche Einheit nicht nur über eine Gemeinde, sondern auch eine Landesgrenze hinweg, gelten diese Grundsätze ebenfalls, sofern alle beteiligten Länder das Bundesgrundsteuerrecht anwenden. In anderen Konstellationen der innerdeutschen Grenzüberschreitung ist die Rechtslage hingegen nicht so eindeutig (→ BewG § 231 Rn. 3).

5 Alle Landesgemeindeordnungen sehen die Möglichkeit von **Gebietsänderungen** vor. Dies kann (freiwillig) durch Vereinbarung geschehen, aber auch gegen den Willen einer Gemeinde durch Gesetz. Mit Inkrafttreten der Gebietsänderung steht der aufnehmenden Gemeinde die Grundsteuer in Ansehung des hinzugekommenen Grundbesitzes zu und es gilt unmittelbar deren Ortsrecht (also: deren Hebesatz). Allerdings kann die Landesregierung oder die von ihr bestimmte Stelle in Abweichung von dem ansonsten geltenden Grundsatz der Einheitlichkeit der Hebesätze (§ 25 Abs. 4 S. 1 GrStG) für die hiervon betroffenen Steuergegenstände auf eine bestimmte Zeit verschiedene Hebesätze zulassen (§ 25 Abs. 4 S. 2 GrStG), dh der alte Hebesatz kann insoweit fortgelten, wenn die aufnehmende Gemeinde dies will. Hierzu besteht von Gesetzes wegen keine Verpflichtung. Allerdings kann sich die aufnehmende Gemeinde bei einer freiwilligen Gebietsänderung in dem Gebietsänderungsvertrag zu einer entsprechenden Beschränkung des Hebesatzes (auf das Niveau der vormaligen Gemeinde) verpflichten (eingehend hierzu mwN → GrStG § 25 Rn. 37 ff.).

C. Heberecht der Stadtstaaten ohne Gemeinden (Abs. 2)

Bestehen in einem Land keine Gemeinden, so liegt die Ertragskompetenz beim 6 Land. Dies folgt bereits aus Art. 106 Abs. 6 S. 3 GG. Das betrifft Berlin und Hamburg. Bremen fällt hingegen unter § 1 Abs. 1, da dort mit Bremen und Bremerhaven zwei Stadtgemeinden existieren (vgl. Art. 143 Abs. 1 BrVerf).

D. Gemeindefreie Gebiete (Abs. 3)

Fast alle Landeskommunalrechte sehen vor, dass ein Grundstück zu einer Ge- 7 meinde gehören soll (s. nur Art. 10 Abs. 1 S. 1 **Bay**GO, § 7 Abs. 3 S. 1 GemO **BW**, § 15 Abs. 2 S. 1 **H**GO, § 23 Abs. 4 S. 1 **N**KomVG); mitunter ergibt sich sogar aus dem Landesverfassungsrecht ein sog. Gebot der Flächendeckung (s. Art. 1 Abs. 1 S. 2 **NW**Verf; *Thiel* BeckOK KommunalR NRW GO § 16 Rn. 10). Gleichwohl gibt es in einigen Bundesländern sog. gemeindefreie Gebiete und damit auch Grundstücke, die keinem Gemeindegebiet iSv § 1 Abs. 1 GrStG zugerechnet werden können. Für diese Grundstücke sieht § 1 Abs. 3 GrStG vor, dass durch Landesrecht (Rechtsverordnung der Landesregierung) zu bestimmen ist, wer zur Erhebung der Grundsteuer berechtigt ist (für Niedersachsen: § 3 Abs. 2 GfrGVO, § 2 NdsKGGStErhVO; für Bayern: § 4 BayZustV).

E. Kirchengrundsteuer

Weder Art. 106 Abs. 6 GG noch andere verfassungsrechtliche Normen schließen 8 aus, dass eine **Kirchengrundsteuer** (begrifflich zum Teil: „Kirchensteuer vom Grundbesitz") erhoben wird, die **als Zuschlag zur Grundsteuer (Annexsteuer)** konzipiert ist (BVerwG 20. 3. 1959 – VII C 53/57, BVerwGE 8, 211 [212 f.]; *Troll/Eisele* GrStG § 1 Rn. 2). Entsprechende Erhebungskompetenzen zugunsten der kirchensteuerberechtigten Gemeinschaften enthalten derzeit die Kirchensteuergesetze in Bayern (Art. 16 **Bay**KirchStG), Baden-Württemberg (§ 5 Abs. 1 Nr. 2, 3 **BW**KiStG), Berlin (§ 3 Abs. 1 Nr. 3 **Bln**KiStG), Niedersachsen (§ 2 Abs. 1 Nr. 3 **Nds**KiStRG), Hessen (§ 2 Abs. 1 Nr. 2 **H**KiStG); NRW (§ 4 Abs. 1 Nr. 3 **NRW**KiStG), Rheinland-Pfalz (§ 5 Abs. 1 Nr. 3 **RP**KiStG), Saarland (§ 4 Abs. 1 Nr. 3 **SL**KiStG) und Schleswig-Holstein (§ 3 Abs. 1 Nr. 3 **SH**KiStG). Ausgeübt wird die Erhebungskompetenz durch entsprechende Steuerordnungen (siehe den Überblick mit den entsprechenden Steuersätzen bei *Petersen* Kirchensteuer, 54). Zum Teil wird zwischen den Steuergegenständen differenziert. Sofern nur das land- und forstwirtschaftliche Vermögen der Kirchengrundsteuer unterworfen wird, verstößt dies nicht gegen Art. 3 Abs. 1 GG (BFH 12. 1. 1973 – VI R 255/68, BStBl. II 1973, 415). Nicht vorgesehen ist die Kirchengrundsteuer hingegen in

§ 2 GrStG　　　　　　　　　　　　　　　　　　Abschnitt I. Steuerpflicht

Brandenburg, Bremen, Hamburg, Mecklenburg-Vorpommern, Sachsen, Sachsen-Anhalt und Thüringen.

9　Als gemeinsame Grundsätze der Kirchengrundsteuer können im Großen und Ganzen festgehalten werden: Der **Kirchengrundsteuer wird der inländische Grundbesitz unterworfen, dessen Eigentümer kirchensteuerpflichtig ist** (auch wenn er selbst außerhalb der Kirchengemeinde ansässig ist). Bei mehreren Eigentümern, die nicht allesamt der gleichen oder gar keiner Religionsgemeinschaft angehören, darf nur der Teil besteuert werden, der dem der steuerberechtigten Gemeinschaft angehörigen Miteigentümer zuzurechnen ist (vgl. zB Art. 16 Abs. 3 **Bay**KirchStG; § 7 Abs. 7 Nr. 3 **Nds**KiStRG; § 9 Abs. 1 S. 2 **RP**KiStG; § 10 **SL**KiStG; § 15 Nr. 4 **SH**KiStG). Denn Kirchensteuern dürfen nur Angehörigen der steuerberechtigten Religionsgemeinschaft auferlegt werden. Dies gilt für fremde Dritte ebenso wie für Ehegatten, wenn nur ein Miteigentümer Mitglied einer Religionsgemeinschaft ist (s. nur BVerfG 14.12.1965 – 1 BvL 2/60, BVerfGE 19, 242, dort zur Verfassungswidrigkeit einer Regelung, die den Ehegatten zum Haftungsschuldner erklärte). Die meisten Landeskirchensteuergesetze sehen eine Bemessung der Kirchengrundsteuer nach dem Grundsteuermessbetrag vor (Art. 16 Abs. 4 **Bay**KirchStG; § 5 Abs. 1 Nr. 2, 3 **BW**KiStG; § 2 Abs. 1 Nr. 2 **H**KiStG; § 4 Abs. 1 Nr. 3 **NRW**KiStG; § 9 Abs. 1 **RP**KiStG; § 3 Abs. 1 Nr. 3 **SH**KiStG), zum Teil darf aber auch auf den Grundsteuerwert (bzw. den Einheitswert, da die Kirchensteuergesetze insoweit noch nicht angepasst wurden) abgestellt werden (§ 2 Abs. 1 Nr. 3 **Nds**KiStRG; § 4 Abs. 1 Nr. 3 **SL**KiStG).

§ 2　Steuergegenstand

Steuergegenstand ist der inländische Grundbesitz im Sinne des Bewertungsgesetzes:
1. **die Betriebe der Land- und Forstwirtschaft (§§ 232 bis 234, 240 des Bewertungsgesetzes); diesen stehen die in § 218 Satz 2 des Bewertungsgesetzes bezeichneten Betriebsgrundstücke gleich;**
2. **die Grundstücke (§§ 243, 244 des Bewertungsgesetzes); diesen stehen die in § 218 Satz 3 des Bewertungsgesetzes bezeichneten Betriebsgrundstücke gleich.**

[Fassung bis 31.12.2024:
Steuergegenstand ist der Grundbesitz im Sinne des Bewertungsgesetzes:
1. die Betriebe der Land- und Forstwirtschaft (§§ 33, 48a und 51a des Bewertungsgesetzes). ²Diesen stehen die in § 99 Absatz 1 Nr. 2 des Bewertungsgesetzes bezeichneten Betriebsgrundstücke gleich;
2. die Grundstücke (§§ 68, 70 des Bewertungsgesetzes). ²Diesen stehen die in § 99 Abs. 1 Nr. 1 des Bewertungsgesetzes bezeichneten Betriebsgrundstücke gleich.]

Gilt nicht in **Baden-Württemberg** (dort § 3 BWLGrStG).

A. Allgemeines

I. Systematische Einordnung und Zweck der Regelung

§ 2 GrStG verwendet einleitend den (Ober-) Begriff des „Grundbesitzes", unterteilt diesen sodann allerdings (formal) in zwei Steuergegenstände: (1) die Betriebe der Land- und Forstwirtschaft und (2) die Grundstücke. § 2 GrStG nimmt insoweit auf die vom Bewertungsgesetz vorgezeichneten wirtschaftlichen Einheiten in §§ 232–234, 240 BewG und §§ 243, 244 BewG Bezug. In dieser Differenzierung manifestiert sich eine Zweiteilung, die sich durch das gesamte Grundsteuerrecht zieht. Dies kommt uA bei der Bewertung zum Ausdruck: Unbebaute Flächen, die als Grundvermögen einzuordnen sind, werden im Vergleichswertverfahren unter Heranziehung von Bodenrichtwerten bewertet (→ BewG § 247 Rn. 4 ff.), während solche Grundstücksflächen, die zu einem land- und forstwirtschaftlichen Vermögen gehören, im Ertragswertverfahren mit einem typischerweise niedrigeren Wert bewertet werden (→ BewG § 236 Rn. 3 ff.). Ferner existieren für land- und forstwirtschaftliches Vermögen vom Grundvermögen abweichende Messzahlen (§§ 14, 15 GrStG) und typischerweise auch Hebesätze (sog. Grundsteuer A im Gegensatz zur Grundsteuer B). Insoweit lässt sich konstatieren, dass das Grundsteuergesetz zwei Grundsteuern regelt. **1**

II. Entwicklung der Vorschrift

Bereits § 3 GrStG 1936/1951 bestimmte die beiden Steuergegenstände der Grundsteuer in dem Sinne, wie sie heute noch gelten, und dies auch schon damals unter Verweis auf die bewertungsrechtlichen Vermögensarten (des RBewG 1934; → Grundlagen Rn. 5 f.). Das Grundsteuerreformgesetz v. 7.8.1973 (→ Grundlagen Rn. 8) hat diese Regelung in § 2 GrStG übernommen. Mit dem Grundsteuerreformgesetz v. 26.11.2019 (BGBl. I 2019, 1794; → Grundlagen Rn. 13) erfolgte sodann lediglich eine redaktionelle Anpassung an die neuen Vorschriften des BewG. Mit dem JStG 2020 v. 21.12.2020 (BGBl. 2020 I 3096) wurde die Verweisung auf die neuen Vorschriften korrigiert (→ Rn. 4). **2**

III. Verfahrensrecht

Die maßgebliche Verknüpfung zwischen § 2 GrStG und §§ 218 ff. BewG leistet der Grundsteuerwertbescheid. Er enthält auch die Feststellung über die wirtschaftliche Einheit und ist Grundlagenbescheid für den Grundsteuermessbescheid (→ GrStG § 16 Rn. 7; zum gestuften Verwaltungsverfahren in Grundsteuersachen gesamthaft → Grundlagen Rn. 45 ff.). **3**

B. Betriebe der Land- und Forstwirtschaft (Nr. 1)

Steuertechnisch knüpft das BewG an wirtschaftliche Einheiten an (→ BewG § 218 Rn. 4) und § 2 GrStG übernimmt diese Einheit als konkreten Steuergegenstand. Die Verweisung in § 2 Nr. 1 GrStG war dem Gesetzgeber des Grundsteuerreformgesetzes v. 26.11.2019 zuerst misslungen (Verweis auf die §§ 233, 240, 241 BewG). Seit dem JStG 2020 v. 21.12.2020 (→ Rn. 2) wird richtigerweise – wie in § 219 BewG auch – auf die §§ 232–234, 240 BewG verwiesen: **4**

§ 2 GrStG Abschnitt I. Steuerpflicht

Maßgeblich ist die nach den Normen des Bewertungsrechts zu bestimmende wirtschaftliche Einheit eines Betriebs der Land- und Forstwirtschaft (Einzelheiten in den Kommentierungen zu §§ 232ff. BewG). Mit dieser bewertungsrechtlichen Konkretisierung des Steuergegenstandes ist vor allem auch die Entscheidung verbunden, dass inländische Gemeindegrenzen insoweit irrelevant sind (dies bereits klarstellend die Begründung zu § 3 GrStG 1936 in RStBl. 1937, 717). Ein land- und forstwirtschaftlicher Betrieb kann sich mithin über mehrere Gemeinden erstrecken. Dem Grundsteuererhebungsrecht der einzelnen Gemeinden (Art. 106 Abs. 6 GG bzw. § 1 GrStG) wird erst auf Ebene der Zerlegung Rechnung getragen (→ GrStG § 22 Rn. 11 iVm → BewG § 239 Rn. 4f.).

5 Mit dem neuen Recht hat der Gesetzgeber die Sonderregelungen für die neuen Bundesländer in den §§ 40ff. GrStG aF aufgegeben. Damit ist vor allem die abweichende Konkretisierung des Steuergegenstandes in § 40 S. 1 GrStG aF entfallen, wonach anstelle der Betriebe der Land- und Forstwirtschaft das zu einer Nutzungseinheit zusammengefasste Vermögen iSv § 125 Abs. 3 BewG Steuergegenstand war.

C. Grundstücke (Nr. 2)

6 Für Grundstücke gilt das bereits zu den Betrieben der Land- und Forstwirtschaft Gesagte (→ Rn. 4). Der **Steuergegenstand der Grundstücke gliedert sich** sodann noch **in unbebaute Grundstücke** (§ 246 BewG) einerseits **und bebaute Grundstücke** (§ 248 BewG) andererseits auf. **Letztere werden sodann noch in verschiedene Grundstücksarten unterteilt** (s. § 249 BewG). Diese Differenzierungen sind für § 2 GrStG irrelevant. Allerdings knüpfen andere Normen des GrStG (s. § 15 GrStG und § 34 GrStG) hieran an.

D. Betriebsgrundstücke iSv § 218 S. 2 bzw. 3 BewG

7 Das Bewertungsgesetz, das gerade im Hinblick auf die Vermögensteuer noch einen universelleren Ansatz verfolgt(e), kennt nach wie vor die Vermögensart des Betriebsvermögens und damit zwangsläufig auch Betriebsgrundstücke. Für die Grundsteuer ist dies hingegen irrelevant. Dies will der zweite Halbsatz des § 2 Nr. 1 GrStG – im Hinblick auf die dies bereits ausreichend zum Ausdruck bringende Regelung in § 218 BewG wohl „vorsichtshalber" – klarstellen: **Die Grundstücke eines Betriebsvermögens sind** losgelöst von dieser (ertragsteuerlich geprägten) Zuordnung **entweder Teil einer wirtschaftlichen Einheit des „Betriebes der Land- und Forstwirtschaft" oder werden als „Grundstück" bewertet** (→ BewG § 218 Rn. 1).

8 **Gewerbesteuerrechtlich** sieht § 9 Nr. 1 S. 1 GewStG ab dem Erhebungszeitraum 2025 die Kürzung des Gewerbeertrages um 0,11% des Grundsteuerwertes des zum Betriebsvermögen des Unternehmens gehörenden und nicht von der Grundsteuer befreiten Grundbesitzes vor. Die Regelung soll eine denkbare Doppelbelastung des Grundbesitzes mit Gewerbesteuer und Grundsteuer vermeiden (BT-Drs. 9/842, 70f.; BFH 18.4.2000 – VIII R 68/98, BStBl. II 2001, 359; *Gosch* in Brandis/Heuermann GewStG § 9 Rn. 19). Es stellt sich allerdings die Frage, wie es sich auswirkt, dass einzelne Bundesländer den Grundsteuerwert iSd Bundesgrundsteuerrechts in ihren Landesgesetzen nicht übernommen haben.

§ 3 Steuerbefreiung für Grundbesitz bestimmter Rechtsträger

(1) Von der Grundsteuer sind befreit
1. Grundbesitz, der von einer inländischen juristischen Person des öffentlichen Rechts für einen öffentlichen Dienst oder Gebrauch benutzt wird. ²Ausgenommen ist der Grundbesitz, der von Berufsvertretungen und Berufsverbänden sowie von Kassenärztlichen Vereinigungen und Kassenärztlichen Bundesvereinigungen benutzt wird;
1a. *(aufgehoben)*
2. Grundbesitz, der vom Bundeseisenbahnvermögen für Verwaltungszwecke benutzt wird;
3. Grundbesitz, der von
   a) einer inländischen juristischen Person des öffentlichen Rechts,
   b) einer inländischen Körperschaft, Personenvereinigung oder Vermögensmasse, die nach der Satzung, dem Stiftungsgeschäft oder der sonstigen Verfassung und nach ihrer tatsächlichen Geschäftsführung ausschließlich und unmittelbar gemeinnützigen oder mildtätigen Zwecken dient,
   für gemeinnützige oder mildtätige Zwecke benutzt wird;
4. Grundbesitz, der von einer Religionsgesellschaft, die Körperschaft des öffentlichen Rechts ist, einem ihrer Orden, einer ihrer religiösen Genossenschaften oder einem ihrer Verbände für Zwecke der religiösen Unterweisung, der Wissenschaft, des Unterrichts, der Erziehung oder für Zwecke der eigenen Verwaltung benutzt wird. ²Den Religionsgesellschaften stehen die jüdischen Kultusgemeinden gleich, die nicht Körperschaften des öffentlichen Rechts sind;
5. Dienstwohnungen der Geistlichen und Kirchendiener der Religionsgesellschaften, die Körperschaften des öffentlichen Rechts sind, und der jüdischen Kultusgemeinden. ²§ 5 ist insoweit nicht anzuwenden.
6. Grundbesitz der Religionsgesellschaften, die Körperschaften des öffentlichen Rechts sind, und der jüdischen Kultusgemeinden, der am 1. Januar 1987 und im Veranlagungszeitpunkt zu einem nach Kirchenrecht gesonderten Vermögen, insbesondere einem Stellenfonds gehört, dessen Erträge ausschließlich für die Besoldung und Versorgung der Geistlichen und Kirchendiener sowie ihrer Hinterbliebenen bestimmt sind. ²Ist in dem in Artikel 3 des Einigungsvertrages genannten Gebiet die Zugehörigkeit des Grundbesitzes zu einem gesonderten Vermögen im Sinne des Satzes 1 am 1. Januar 1987 nicht gegeben, reicht es insoweit aus, daß der Grundbesitz zu einem Zeitpunkt vor dem 1. Januar 1987 zu einem gesonderten Vermögen im Sinne des Satzes 1 gehörte. ³Die §§ 5 und 6 sind insoweit nicht anzuwenden.

²Der Grundbesitz muß ausschließlich demjenigen, der ihn für die begünstigten Zwecke benutzt, oder einem anderen nach den Nummern 1 bis 6 begünstigten Rechtsträger zuzurechnen sein. ³Satz 2 gilt nicht, wenn der Grundbesitz von einem nicht begünstigten Rechtsträger im Rahmen einer Öffentlich Privaten Partnerschaft einer juristischen Person des öffentlichen Rechts für einen öffentlichen Dienst oder Gebrauch überlassen wird und die Übertragung auf den Nutzer am Ende des Vertragszeitraums vereinbart ist.

§ 3 GrStG Abschnitt I. Steuerpflicht

(2) ¹**Öffentlicher Dienst oder Gebrauch im Sinne dieses Gesetzes ist die hoheitliche Tätigkeit oder der bestimmungsgemäße Gebrauch durch die Allgemeinheit.** ²**Ein Entgelt für den Gebrauch durch die Allgemeinheit darf nicht in der Absicht, Gewinn zu erzielen, gefordert werden.**

(3) **Öffentlicher Dienst oder Gebrauch im Sinne dieses Gesetzes ist nicht anzunehmen bei Betrieben gewerblicher Art von juristischen Personen des öffentlichen Rechts im Sinne des Körperschaftsteuergesetzes.**

Gilt nicht in **Baden-Württemberg** (dort § 4 BWLGrStG).

Übersicht

	Rn.
A. Allgemeines	1
I. Systematische Einordnung und Zweck der Regelung	1
II. Entwicklung der Vorschrift	3
III. Verfahrensrecht	4
B. Die Steuerbefreiungstatbestände (Abs. 1)	10
I. Zurechnungs- und Nutzungsvoraussetzungen (Abs. 1 S. 1–3)	10
1. Grundsatz der formalen Rechtsträgeridentität in Ansehung von Zurechnungssubjekt und unmittelbar Nutzendem (insb. Abs. 1 S. 2)	10
2. Sonderregelung für Öffentlich Private Partnerschaft (Abs. 1 S. 3)	16
3. Maßgeblicher Zeitpunkt	21
II. Für den öffentlichen Dienst oder Gebrauch genutzter Grundbesitz (Abs. 1 S. 1 Nr. 1)	22
1. Begünstigter Grundbesitz einer juristischen Person des öffentlichen Rechts	22
2. Befreiungsausschluss für Berufsvertretungen uÄ (S. 2)	26
III. Bundeseisenbahnvermögen (Abs. 1 S. 1 Nr. 2)	27
IV. Für gemeinnützige und mildtätige Zwecke genutzter Grundbesitz (Abs. 1 S. 1 Nr. 3)	28
V. Grundbesitz der als Körperschaften des öffentlichen Rechts verfassten Religionsgemeinschaften und der jüdischen Kultusgemeinden (Abs. 1 S. 1 Nr. 4)	40
VI. Dienstwohnungen der Geistlichen und Kirchendiener (Abs. 1 S. 1 Nr. 5)	47
VII. Sog. Stellenvermögen verfasster Religionsgemeinschaften und der jüdischen Kultusgemeinden (Abs. 1 S. 1 Nr. 6)	52
C. Begriffsbestimmung „Öffentlicher Dienst oder Gebrauch" iSd Grundsteuergesetzes (Abs. 2 und Abs. 3)	55
I. Öffentlicher Dienst oder Gebrauch (Abs. 2)	55
II. Betriebe gewerblicher Art (Abs. 3 iVm § 4 KStG)	64

A. Allgemeines

I. Systematische Einordnung und Zweck der Regelung

1 Abs. 1 enthält Grundsteuerbefreiungen, denen gemeinsam ist, dass kumulativ eine persönliche Eigentümer- und eine sachliche Nutzungsvoraussetzung erfüllt sein müssen (→ Rn. 10ff.). Abs. 2 und Abs. 3 definieren den Begriff des Öffentlichen Dienstes und Gebrauch, der in Abs. 1 Verwendung findet. Weitere Grundsteuerbefreiungen enthält § 4 GrStG, der allerdings gegenüber § 3 GrStG subsidiär ist. § 4 GrStG kann vor allem dann relevant werden, wenn die persönlichen Befreiungsvoraussetzungen des § 3 GrStG nicht erfüllt sind, weil es bei § 4 GrStG vielfach nicht auf die Eigentumsverhältnisse ankommt (→ GrStG § 4 Rn. 4). Ergänzt wird § 3 GrStG – ebenso wie § 4 GrStG – durch die §§ 5ff. GrStG, die zum Teil weitere (Negativ-) Voraussetzungen normieren (§ 5 GrStG für zu Wohnzwecken genutzte Gebäude, § 6 GrStG für land- und forstwirtschaftlich genutzten Grundbesitz), die Voraussetzungen des § 3 GrStG konkretisieren (§ 7 GrStG in Ansehung der notwendigen unmittelbaren Nutzung) und weitere Anwendungsfragen regeln (§ 8 GrStG für die teilweise Nutzung).

§ 3 GrStG nimmt nur bestimmte (freilich: viele) staatliche Nutzungen von der Grundsteuerpflicht aus und bringt damit ein Regel-Ausnahme-Verhältnis zum Ausdruck, wonach der Grundbesitz einer juristischen Person des öffentlichen Rechts grundsätzlich der Grundsteuer unterliegt. Insbesondere in Ansehung der steuererhebungsberechtigten Gemeinden kommt es zu einer Selbstbesteuerung. Betrachtet man den Katalog des § 3 GrStG dürfte der rote Faden das Gemeinwohlinteresse sein, das mit der jeweils privilegierten Nutzung verfolgt wird (vgl. zB BT-Drs. VI/3418, 79 für die Religionsgemeinschaften), sei es auch nur mittelbar (sofern man die Privilegierung der Nr. 5 u. 6 nicht ausschließlich historisch erklären will, → Rn. 47, → Rn. 52f.). Soweit auch gemeinnützige Körperschaften des Privatrechts begünstigt sind, ist § 3 GrStG Teil des Begünstigungsregimes, mit dem der Staat generell die ihn entlastende und damit ebenfalls im öffentlichen Interesse liegende Tätigkeit dieser Körperschaften fördert (statt vieler *Seer* DStJG 26 [2003], 11 [14ff.]). Die Grundsteuerbefreiung endet allerdings folgerichtig dort, wo wirtschaftliche Tätigkeiten ausgeübt werden und anderenfalls eine Wettbewerbsverzerrung droht. Jenseits der Steuerbefreiungs- (§§ 3ff. GrStG) und Erlassvorschriften (§§ 32ff. GrStG) kommt eine Entlastung von der Grundsteuer nicht in Betracht, mag sie unter Gemeinwohlinteressen auch noch so sinnvoll erscheinen. Der Gesetzgeber hat die Entlastungstatbestände abschließend vorgegeben.

II. Entwicklung der Vorschrift

§ 3 GrStG beruht auf dem Grundsteuerreformgesetz v. 7.8.1973 (zu § 3 GrStG s. BT-Drs. VI/3418, 78ff.; im Übrigen → Grundlagen Rn. 8) und steht in der Tradition der Steuerbefreiungsregelungen in § 4 GrStG 1936/1951 (→ Grundlagen Rn. 5f.). Erwähnenswert sind (auszugsweise) folgende Änderungen bzw. Ergänzungen:
– Mit dem Standortsicherungsgesetz v. 13.9.1993 wurde Nr. 5 neu gefasst und Nr. 6 angefügt (BGBl. I 1993, 1569; dazu BT-Drs. 12/4487, 47). Sie stellen die gesetzgeberische Reaktion auf eine als zu eng empfundene Rechtsprechung des BFH dar (→ Rn. 52).
– Das Gesetz zur Beschleunigung der Umsetzung von Öffentlich Privaten Partnerschaften und zur Verbesserung gesetzlicher Rahmenbedingungen der Öffentlich Privaten Partnerschaften vom 1.9.2005 (kurz: ÖPP-Beschleunigungsgesetz, BGBl. I 2005, 2676, dazu BT-Drs. 15/5668, 17) fügte dem Abs. 1 einen Satz 3 an. Damit wurde für Öffentlich Private Partnerschaften eine Ausnahme von dem Grundsatz, dass Zurechnungssubjekt und begünstigte Nutzung übereinstimmen müssen (→ Rn. 16ff.), geschaffen.
  Durch das Grundsteuerreformgesetz vom 26.11.2019 (→ Grundlagen Rn. 13) wurde § 3 GrStG nicht geändert.

§ 3 GrStG Abschnitt I. Steuerpflicht

III. Verfahrensrecht

4   Die Frage, ob die Voraussetzungen einer Grundsteuerbefreiung vorliegen, hat das Finanzamt von Amts wegen zu prüfen (VG Berlin 20.4.2012 – 27 A 4/08, BeckRS 2012, 51679). Ohne die Mitwirkung des Steuerpflichtigen wird das Finanzamt allerdings typischerweise wohl nicht von befreiungsrelevanten Umständen erfahren. Es ist daher Sache des Steuerpflichtigen, dies zu seinen Gunsten dem Finanzamt anzuzeigen (BFH 8.11.1975 – III 170/57, BStBl. III 1958, 48). Wenn die Voraussetzungen für die Steuerbefreiung entfallen sind, besteht gem. § 19 GrStG eine entsprechende Anzeigepflicht (→ GrStG § 19 Rn. 4 ff.).

5   Gemäß § 184 Abs. 1 S. 2 AO wird im Grundsteuermessbescheid (→ GrStG § 16 Rn. 3 ff.) auch über die persönliche und sachliche Steuerpflicht entschieden. Diese Entscheidung ist mit Bindungswirkung versehener Inhalt des Steuermessbescheides (s. *Brandis* in Tipke/Kruse AO § 184 Rn. 8) und kann daher in dem auf Erlass des Grundsteuerbescheides gerichteten Verfahren nicht mehr anders entschieden werden. Allerdings stellt sich die Frage der Steuerbefreiung typischerweise auch schon auf der Ebene der Bewertung, also im Grundsteuerwertfeststellungsverfahren. Denn **wenn feststeht, dass die Voraussetzungen des § 3 GrStG erfüllt sind, unterbleibt nach § 219 Abs. 3 BewG die Feststellung eines Grundbesitzwertes** (BFH 6.12.2017 – II R 26/15, BFH/NV 2018, 453 Rn. 15 zu § 19 Abs. 4 BewG; → BewG § 219 Rn. 43 ff.). Ist nur ein Teil des Grundbesitzes grundsteuerbefreit, so wird der Grundsteuerwert nur für den übrigen (steuerpflichtigen) Teil festgestellt (ohne dabei allerdings den Umfang der wirtschaftlichen Einheit zu beeinflussen, → BewG § 244 Rn. 5). Daher entspricht es ständiger Rechtsprechung des BFH, dass die behauptete Grundsteuerbefreiung bereits im Rechtsschutzverfahren gegen den Grundsteuerwertbescheid (→ BewG § 219 Rn. 49 ff.) geprüft werden kann (BFH 24.7.1985 – II R 227/82, BStBl. II 1986, 128; 10.7.2002 – II R 22/00, BFH/NV 2003, 202; 30.6.2010 – II R 12/09, BStBl. II 2011, 48 Rn. 27, jeweils zum Einheitswert). Der Steuerpflichtige hat damit praktisch ein **Wahlrecht, ob er den Einwand der Steuerbefreiung gegen den Grundsteuerwertbescheid oder gegen den Grundsteuermessbescheid oder sogar gegen beide gleichzeitig** (für die Zulässigkeit zweier Anfechtungsklagen zB FG Berlin-Brandenburg 24.2.2010 – 3 K 2099/05, EFG 2010, 1157) **richtet**. Der BFH formuliert insoweit nur eine Ausnahme: Die Steuerbefreiung muss im Grundsteuermessbetragsverfahren vorgebracht werden, wenn das Finanzamt die Entscheidung über grundsteuerrechtliche Fragen diesem Verfahren ausdrücklich vorbehalten hat (BFH 24.7.1985 – II R 227/82, BStBl. II 1986, 128; AEBewGrSt A 219 Abs. 1 S. 3 geht insoweit von einem Wahlrecht des FA aus); im Grundsteuerwertfeststellungsverfahren soll die Frage der Grundsteuerbefreiung dann nicht überprüfbar sein.

6   **Stellungnahme:** Diese letztlich in das Belieben des Finanzamtes gestellte Einschränkung ist einerseits im Hinblick auf § 219 Abs. 3 BewG zweifelhaft, erscheint aber andererseits vor allem unter prozessökonomischen Aspekten sinnvoll. Denn die Grundsteuerwertfeststellung enthält keine verbindliche Feststellung über das Vorliegen (oder Nichtvorliegen) von Grundsteuerbefreiungen. Wenn also ein Steuerpflichtiger den Anfechtungsrechtsstreit gegen den Grundsteuerwertbescheid verliert, weil das Finanzgericht zu der Überzeugung gelangt, dass die Voraussetzungen für eine Grundsteuerbefreiung nicht vorliegen und die Feststellung daher iSv § 219 Abs. 3 BewG für die Besteuerung von Bedeutung ist, dann entfaltet diese Entscheidung keine Bindungswirkung für das Grundsteuermessbescheidverfahren. Für eine entsprechende Rechtskraftwirkung fehlt es prozessrechtlich an der Iden-

Steuerbefreiung für Grundbesitz bestimmter Rechtsträger **§ 3 GrStG**

tität der formellen Verfahrensgegenstände (vgl. Krumm in Tipke/Kruse FGO § 110 Rn. 12) und verwaltungsrechtlich entfaltet der Grundsteuerwertbescheid insoweit (!) keine Bindungswirkung gegenüber dem Grundsteuermessbetragsverfahren, da es sich nicht um eine gesonderte Feststellung iSv § 219 Abs. 1, Abs. 2 BewG iVm § 180 AO handelt. Im Grundsteuermessbetragsverfahren kann der Steuerpflichtige also noch einmal vortragen, dass die Voraussetzungen einer Grundsteuerbefreiung vorliegen und er kann wiederum ein finanzgerichtliches Verfahren anstrengen. In Anbetracht dessen dürfte es in der Tat dann, wenn absehbar ist, dass die Grundsteuerbefreiung streitig werden wird, sinnvoll sein, diese Frage dem Grundsteuermessbetragsverfahren zu überantworten, damit sich ein Finanzgericht nur einmal mit dieser Frage befassen muss.

Werden die Voraussetzungen des § 3 GrStG erst nach Erlass des Grund- 7 **steuerwert- und Grundsteuermessbescheides in einem späteren Erhebungszeitraum erstmals erfüllt** und erstreckt sich die Steuerbefreiung auf die gesamte wirtschaftliche Einheit, sind entweder der Grundsteuerwertbescheid nach § 224 Abs. 1 Nr. 2 BewG oder der Grundsteuermessbescheid nach § 20 Abs. 1 Nr. 2 Buchst. a GrStG aufzuheben. Die Aufhebung erfolgt jeweils mit Wirkung vom Beginn des Kalenderjahres an, das auf den Eintritt der Steuerbefreiung folgt (Einzelheiten bei → BewG § 224 Rn. 6, 11 bzw. → GrStG § 20 Rn. 3, 9). Mit dieser verfahrensrechtlichen Regelung übereinstimmend bestimmt § 9 GrStG auch materiell-rechtlich, dass immer nur die Verhältnisse am 1.1. des Kalenderjahres maßgeblich sind (→ Rn. 21). Werden die Voraussetzungen des § 3 GrStG also im laufenden Jahr verwirklicht, bleibt die Grundsteuerpflicht gleichwohl noch bis zum Ende des Kalenderjahres bestehen. **Tritt nachträglich nur für einen Teil des bis dahin vollständig als steuerpflichtig behandelten Grundbesitzes die Steuerbefreiung nach § 3 GrStG ein** oder verändert sich der Umfang der Steuerbefreiung, hat hingegen eine Wertfortschreibung nach Maßgabe des § 222 Abs. 1 BewG (also unter Beachtung der Wertveränderungsgrenze von 15.000 EUR) zu erfolgen (→ BewG § 222 Rn. 5 ff.). Der Grundsteuermessbescheid ist sodann anzupassen (Neuveranlagung gemäß § 17 GrStG). Es ist aber auch möglich, dass nur eine Neuveranlagung erfolgt (→ GrStG § 17 Rn. 9) und die Grundsteuerwertfeststellung unverändert bleibt. Sowohl für die Fortschreibung als auch die Neuveranlagung gilt ebenfalls das Stichtagsprinzip (dh Fortschreibung bzw. Neuveranlagung auf den nächsten 1.1.).

Erfüllt der Grundbesitz die Voraussetzungen des § 3 GrStG nicht mehr 8 (zur [strafbewehrten] Anzeigepflicht in diesem Fall → GrStG § 19 Rn. 4 ff.; zur Strafbewehrung selbst → Grundlagen Rn. 69 ff.), sind ebenfalls verschiedene Konstellationen zu unterscheiden:

– Existieren wegen der bisherigen Steuerfreiheit weder eine Grundsteuerwertfeststellung noch eine Grundsteuermessbetragsfestsetzung, muss gem. § 223 Abs. 1 Nr. 2 BewG erstmals eine Grundsteuerwertfeststellung vorgenommen werden (Nachfeststellung, → BewG § 223 Rn. 9 f.). Im Anschluss hieran erfolgt die Nachveranlagung nach § 18 Abs. 1 GrStG (→ GrStG § 18 Rn. 3 f.). Wenn bereits eine Grundsteuerwertfeststellung existiert und erst im Grundsteuermessbetragsverfahren zugunsten der Steuerfreiheit entschieden worden ist, dann wird idR nur eine Nachveranlagung nach § 18 Abs. 2 GrStG durchgeführt (→ GrStG § 18 Rn. 5).

– War der Grundbesitz bereits teilweise als steuerpflichtig behandelt worden (vgl. → Rn. 5), existieren bereits eine Grundsteuerwertfeststellung und ein Grundsteuermessbescheid. Erhöht sich nachträglich der steuerpflichtige Teil, hat bei Überschreiten der Wertgrenze des § 222 Abs. 1 BewG eine Wertfortschreibung

§ 3 GrStG
Abschnitt I. Steuerpflicht

in Ansehung des Grundsteuerwertbescheides (→ BewG § 222 Rn. 5 ff.) und eine entsprechende Neuveranlagung in Bezug auf den Grundsteuermessbescheid (→ GrStG § 17 Rn. 3 ff.) zu erfolgen, wenn der steuerfreie Teil bisher nicht Gegenstand der Grundsteuerwertfeststellung war. Ist der Grundsteuerwert hingegen bereits für die gesamte wirtschaftliche Einheit festgestellt, hat nur eine Neuveranlagung zu erfolgen (→ GrStG § 17 Rn. 9).

Sowohl Nachfeststellung als auch Wertfortschreibung erfolgen auf den 1.1. des Jahres, das dem Kalenderjahr, in dem die die Grundsteuerbefreiung rechtfertigenden Umstände (teilweise) entfallen sind, nachfolgt (→ BewG § 222 Rn. 27 ff. und → BewG § 223 Rn. 11 ff.). Entsprechendes gilt für Nachveranlagung und Neuveranlagung.

9   Erlangt das Finanzamt später Kenntnis davon, dass die Voraussetzungen einer Steuerbefreiung nie vorgelegen haben und deshalb der die Steuerfreiheit für einen Teil des Grundbesitzes berücksichtigende Grundsteuerwertbescheid von Anfang an unrichtig war, kann sie ihn nach § 173 Abs. 1 Nr. 1 AO (rückwirkend) ändern (BFH 30.6.2010 – II R 20/09, BFH/NV 2010, 2028 Rn. 16; siehe zur Anwendung des § 173 AO neben dem § 222 BewG → BewG § 222 Rn. 37 ff.). Bei gemeinnützigen Körperschaften können zudem Sondervorschriften zu beachten sein (s. § 61 Abs. 3 AO, → Rn. 39).

B. Die Steuerbefreiungstatbestände (Abs. 1)

I. Zurechnungs- und Nutzungsvoraussetzungen (Abs. 1 S. 1–3)

10   **1. Grundsatz der formalen Rechtsträgeridentität in Ansehung von Zurechnungssubjekt und unmittelbar Nutzendem (insb. Abs. 1 S. 2).** Abs. 1 enthält Grundsteuerbefreiungen, denen gemeinsam ist, dass kumulativ eine persönliche Zurechnungs- und eine sachliche Nutzungsvoraussetzung erfüllt sein müssen. Der Grundbesitz wird nicht mit Grundsteuer belastet, **wenn eine bestimmte Person bewertungsrechtliches Zurechnungssubjekt des Grundbesitzes ist („subjektive Voraussetzung") und wenn der Grundbesitz zu einem bestimmten Zweck genutzt wird („objektive Voraussetzung").** § 3 Abs. 1 S. 2 GrStG verknüpft beide Voraussetzungen sodann über das Erfordernis der Rechtsträgeridentität von Zurechnungssubjekt und unmittelbar Nutzendem (BFH 16.12.2009 – II R 29/08, BStBl. II 2010, 829 Rn. 9 f.; 27.9.2017 – II R 13/15, BStBl. II 2018, 768 Rn. 15; 6.12.2017 – II R 26/15, BFH/NV 2018, 453 Rn. 19): Der Grundbesitz muss ausschließlich demjenigen, der ihn für den begünstigten Zweck benutzt (→ Rn. 12 f.), oder einem anderen nach § 3 Abs. 1 S. 1 Nr. 1–6 GrStG begünstigten Rechtsträger zuzurechnen sein.

11   Die **subjektive Voraussetzung knüpft an die bewertungsrechtliche Zurechnung des Grundbesitzes** an. Zurechnungssubjekt ist grundsätzlich der zivilrechtliche Eigentümer, wenn nicht ein anderer wirtschaftlicher Eigentümer ist (Einzelheiten zu den Zurechnungsgrundsätzen → BewG § 219 Rn. 18 ff.). Über diese Zurechnung wird im Grundsteuerwertbescheid mit Bindungswirkung (auch) für die Anwendung des § 3 GrStG entschieden (BFH 28.2.1996 – II R 26/94, BFH/NV 1996, 790 zu § 4 Nr. 6 GrStG), dh im Grundsteuermessbetragsverfahren kann anlässlich der Anwendung des § 3 GrStG nicht mehr geltend gemacht werden, dass der Nutzende auch Zurechnungssubjekt des Grundbesitzes ist, wenn etwas anderes im Grundsteuerwertbescheid festgestellt worden ist.

Steuerbefreiung für Grundbesitz bestimmter Rechtsträger **§ 3 GrStG**

Derjenige, dem der Grundbesitz zuzurechnen ist (→ Rn. 11), **muss ihn** 12 **„unmittelbar für die begünstigten Zwecke" nutzen** (§ 3 Abs. 1 S. 2 GrStG iVm § 7 GrStG; zur Unmittelbarkeit noch gesondert → GrStG § 7 Rn. 4 ff.). Auf welcher Grundlage der Eigentümer seinen Grundbesitz nutzt, ist grundsätzlich nicht entscheidend. Daher scheidet die Grundsteuerbefreiung nicht allein deshalb aus, weil der Eigentümer sein Grundstück an einen Dritten verpachtet und es dann zugleich wieder zurück pachtet (so BFH 30. 1. 2013 – II R 11/11 für eine öffentlich-rechtliche Rundfunkanstalt). Die Überlassung eines Grundstücks zur Nutzung an einen anderen genügt hingegen grundsätzlich nicht (BFH 6. 12. 2017 – II R 26/15, BFH/NV 2018, 453 Rn. 20; FG München 22. 10. 2003 – 4 K 3351/03, EFG 2004, 287). Wenn also zB eine nicht das persönliche Eigentümermerkmal erfüllende Person den Grundbesitz zu einem begünstigten Nutzungszweck verwendet, scheidet § 3 GrStG aus. Diese streng formale Betrachtung ist verfassungsgemäß (BFH 26. 2. 2003 – II R 64/00, BStBl. II 2003, 485). Der Wortlaut des § 3 Abs. 1 S. 2 GrStG kann auch nicht mit wirtschaftlichen Überlegungen überspielt werden. Daher ist es irrelevant, ob das Zurechnungssubjekt Mehrheitsgesellschafter der nutzenden Körperschaft ist, ob eine Betriebsaufspaltung besteht oder ob eine körperschaftsteuerliche Organschaft vorliegt (zu Recht BFH 28. 2. 1996 – II R 26/94, BFH/NV 1996, 790 [Betriebs- und Besitzgesellschaften als Mutter- und Tochterkapitalgesellschaften, Organschaft]; BFH 26. 2. 2003 – II R 64/00, BStBl. II 2003, 485 [Betriebs- und Besitzgesellschaften als Mutter- und Tochterpersonengesellschaften]; BFH 1. 7. 2020 – II B 89/19, BFH/NV 2020, 1281; FG München 22. 10. 2003 – 4 K 3351/03, EFG 2004, 287 [dort: Verpachtung an eine GbR, die nach dem Pachtvertrag verpflichtet war, den Grundbesitz an eine gemeinnützige – nicht mit dem Zurechnungssubjekt identische – Körperschaft weiter zu verpachten]). Aufgrund der Maßgeblichkeit des Zivilrechts schaden „wirtschaftliche Zusammenschlüsse" allerdings dann nicht, wenn hierdurch kein neuer Rechtsträger entsteht. Daher ist das Merkmal der Rechtsträgeridentität erfüllt, wenn sich Dritte nur als stille Gesellschafter an dem Gewerbe des Zurechnungssubjektives beteiligen und dies selbst dann, wenn steuerrechtlich eine Mitunternehmerschaft vorliegt (atypische stille Beteiligung, BFH 4. 2. 1987 – II R 216/84, BStBl. II 1987, 451 zu § 4 Nr. 6 GrStG, aber auf § 3 GrStG übertragbar).

Von dem Grundsatz, dass die Nutzungsüberlassung an einen Dritten der Grund- 13 steuerbefreiung schadet (→ Rn. 12), macht das Gesetz in § 3 Abs. 1 S. 2 GrStG eine Ausnahme: **Die Nutzungsüberlassung ist unschädlich,** wenn der Rechtsträger, dem der Grundbesitz zugerechnet wird, seinen **Grundbesitz einem anderen Rechtsträger überlässt, der ebenfalls nach § 3 GrStG begünstigt ist und der den Grundbesitz für einen nach § 3 GrStG begünstigten Zweck nutzt.** Dabei ist es unerheblich, auf welcher Grundlage die Überlassung erfolgt und ob der Dritte hierfür ein Entgelt zu leisten hat (BFH 27. 11. 1991 – II R 100/87, BStBl. II 1992, 563; *Troll/Eisele* GrStG § 3 Rn. 60; *Knittel* in Stenger/Loose GrStG § 3 Rn. 534; GrStR Abschn. 6 Abs. 2). Entscheidend ist allein, dass das Unmittelbarkeitserfordernis des § 7 GrStG durch den ebenfalls begünstigten Dritten erfüllt wird. Beispielhaft verweisen die GrStR auf die Konstellation, dass eine Landesbehörde einer Bundesbehörde ein Grundstück für den öffentlichen Dienst oder Gebrauch überlässt oder eine Gemeinde eine Sportanlage an einen gemeinnützigen Sportverein vermietet (GrStR Abschn. 6 Abs. 2). Insbesondere mit der Einbeziehung der gemeinnützigen Körperschaften wird der Anwendungsbereich des § 3 GrStG damit erheblich erweitert. Kurzfristige, wechselnde Überlassungen können dabei unschädlich sein. Vorbehaltlich der Frage, ob die wechselnde, entgeltliche

§ 3 GrStG
Abschnitt I. Steuerpflicht

Überlassung zu einem wirtschaftlichen Geschäftsbetrieb führt, der uU für die Steuerbefreiung schädlich ist (vgl. zB → Rn. 33, → Rn. 64ff.), ist die Steuerbefreiung jedenfalls dann in vollem Umfang zu gewähren, wenn jeder Nutzer zu dem in § 3 Abs. 1 S. 1 GrStG genannten Personenkreis gehört und begünstigte Tätigkeiten auf dem Grundstück bzw. in den Räumen ausübt (vgl. BFH 27.11.1991 – II R 100/87, BStBl. II 1992, 563). Erfüllen nicht alle Nutzer und/oder Nutzungen die Voraussetzungen des § 3 Abs. 1 GrStG, findet § 8 GrStG Anwendung (→ GrStG § 8 Rn. 5ff.).

14 **Erbbaurecht:** Das **bis einschließlich zum Erhebungszeitraum 2024** geltende Recht spaltete ein erbbaurechtsbelastetes Grundstück dem Zivilrecht folgend in zwei wirtschaftliche Einheiten auf und es kam typischerweise zu einer Zurechnung des Grundstücks beim Grundstückseigentümer und des Erbbaurechts beim Erbbaurechtsberechtigten. Bei dieser grundsteuerlichen Ausgangslage bereitet die Anwendung der vorstehenden Grundsätze wenig Probleme, wenn man allein die formale grundsteuerliche Rechtslage zum Anknüpfungspunkt nimmt: Ist der Erbbaurechtsberechtigte, dem die Gebäude zuzurechnen sind, derjenige, der die begünstigte Tätigkeit ausübt, erhält er für die wirtschaftliche Einheit Erbbaurecht die Grundsteuerbefreiung nach § 3 GrStG. Der Grundstückseigentümer hingegen kann die Grundsteuerbefreiung nach § 3 GrStG nicht beanspruchen, da er die begünstigte Tätigkeit nicht ausübt. Anders soll dies aber dann sein, wenn der Grundstückseigentümer die Gebäude vom Erbbaurechtsberechtigten pachtet und er auf dem Grundstück die begünstigte Tätigkeit ausübt. Dann soll er die Grundsteuerbefreiung für das Grundstück erhalten. Der Erbbaurechtsberechtigte hingegen, der in dieser Konstellation die begünstigte Tätigkeit nicht ausübt, erhält für die wirtschaftliche Einheit Erbbaurecht keine Grundsteuerbefreiung (so jedenfalls die Lösung bei BFH 27.9.2017 – II R 13/15, BStBl. II 2018, 768 Rn. 17ff.). **Ab dem Erhebungszeitraum 2025** gilt das Erbbaurecht zusammen mit dem Erbbaurechtsgrundstück als ein Grundstück (§ 244 Abs. 3 Nr. 1 BewG; → BewG § 244 Rn. 21ff.). Die Zurechnung dieser einen wirtschaftlichen Einheit erfolgt beim Erbbaurechtsberechtigten. Der Gesetzgeber hat hierbei vor allem den Aspekt der Verwaltungsvereinfachung in Ansehung der Bewertung im Blick gehabt (BT-Drs. 19/11085, 108) und er dürfte die Wechselwirkung zu § 3 GrStG wohl nicht gesehen haben. Nach neuer Rechtslage kann für die Grundsteuerbefreiung nur noch auf den Erbbaurechtsberechtigten abgestellt werden, da er nunmehr das einzige Zurechnungssubjekt ist. Nur wenn der Erbbaurechtsberechtigte die begünstigte Tätigkeit ausübt, kann die Steuerbefreiung gewährt werden. Das ist in Ansehung des § 3 GrStG auch stimmig.

15 **Gebäude auf fremdem Grund und Boden:** Nach dem neuen Bundesgrundsteuerrecht liegt bei Gebäuden auf fremdem Grund und Boden nur noch eine wirtschaftliche Einheit vor, die dem Grundstückseigentümer zuzurechnen ist (§ 244 Abs. 3 Nr. 2 BewG, → BewG § 244 Rn. 24f.). Wendet man den Grundsatz der formalen Rechtsträgeridentität in Ansehung von Zurechnungssubjekt und unmittelbar Nutzendem auf das Gebäude auf fremdem Grund und Boden an, kann die Grundsteuerbefreiung allein daran scheitern, dass der (rechtliche oder wirtschaftliche) Eigentümer des Gebäudes (der begünstigte Rechtsträger mit der begünstigten Nutzung) nicht Zurechnungssubjekt des Grundstücks ist. Dies ist nämlich dann der Fall, wenn derjenige, dem das Grundstück zuzurechnen ist, kein begünstigter Rechtsträger ist (gehörte er selbst zu den begünstigten Rechtsträgern, würde § 3 Abs. 1 S. 2 GrStG eingreifen, → Rn. 13).

Steuerbefreiung für Grundbesitz bestimmter Rechtsträger   **§ 3 GrStG**

2. Sonderregelung für Öffentlich Private Partnerschaft (Abs. 1 S. 3). § 1 **16**
Abs. 1 S. 3 GrStG suspendiert ausnahmsweise von dem formalen Rechtsträgeridentitätserfordernis des Satzes 2, wenn der Grundbesitz (insoweit gilt der Begriff des § 2, s. BFH 6.12.2017 – II R 26/15, BFH/NV 2018, 453 Rn. 26) von einem nicht begünstigten Rechtsträger im Rahmen einer sog. Öffentlich Privaten Partnerschaft (ÖPP) einer juristischen Person des öffentlichen Rechts für einen öffentlichen Dienst oder Gebrauch überlassen wird und die Übertragung auf den Nutzer am Ende des Vertragszeitraums vereinbart ist. Nach der Vorstellung des Gesetzgebers könne bei Vereinbarung einer Rückübertragungspflicht idR ohnehin davon ausgegangen werden, dass die öffentliche Hand aufgrund des Vertragsinhaltes bereits wirtschaftliche Eigentümerin und ihr das Grundstück ohnehin zuzurechnen sei; Satz 3 diene insoweit der Klarstellung (BT-Drs. 15/5668, 17). Das kann so sein, muss aber nicht. Die Begründung wirtschaftlichen Eigentums ist stets eine Frage der konkreten Vereinbarungen (→ BewG § 219 Rn. 23 ff.). **Wenn allerdings die juristische Person des öffentlichen Rechts im konkreten Fall aufgrund der Vereinbarung wirtschaftliche Eigentümerin des Grundbesitzes sein sollte, dann kommt es auf die Anwendung des Satzes 3 nicht an.** Denn dann sind Zurechnungssubjekt und Nutzender identisch. Ist hingegen der Private Zurechnungssubjekt, müssen für die Grundsteuerbefreiung des Grundbesitzes die Voraussetzungen des Satzes 3 vorliegen. Erforderlich ist (1) eine Vereinbarung, die dem Typus einer „ÖPP-Vereinbarung" entspricht, (2) die Nutzung des Grundbesitzes durch eine juristische Person des öffentlichen Rechts für den öffentlichen Dienst oder Gebrauch, (3) die Zurechnung dieses Grundbesitzes bei dem privaten Vertragspartner (nicht begünstigten Rechtsträger) und (4) die Vereinbarung, dass der Grundbesitz am Ende des Vertragszeitraums zu übertragen ist.

Das Gesetz knüpft mit dem **Begriff der Öffentlich Privaten Partnerschaft** **17** an einen **facettenreichen Kooperationstypus** zwischen Staat und privaten Unternehmen an, der durch eine arbeitsteilige Verwirklichung eines Gemeinwohlziels gekennzeichnet ist. Die Gesetzesbegründung zum ÖPP-Beschleunigungsgesetz (→ Rn. 3), mit dem § 3 Abs. 1 S. 3 GrStG angefügt wurde, beschreibt eine ÖPP wie folgt: „ÖPP heißt Kooperation von öffentlicher Hand und privater Wirtschaft beim Entwerfen, bei der Planung, Erstellung, Finanzierung, dem Management, dem Betreiben und dem Verwerten von bislang in staatlicher Verantwortung erbrachten öffentlichen Leistungen" (BT-Drs. 15/5668, 10). Typischerweise steht ein Investitionsvorhaben im Mittelpunkt der Zusammenarbeit. Dabei sind verschiedene Modelle anzutreffen (instruktive Darstellung bei *Schede/Beninghaus* in WSH PPP § 6). Bezogen auf § 3 GrStG sind solche Modelle wenig problematisch, bei denen die juristische Person des öffentlichen Rechts Zurechnungssubjekt des Grundbesitzes bleibt und die begünstigte Aufgabe selbst ausführt. Das dürfte beim sog. Inhabermodell typischerweise der Fall sein. Auf Satz 3 kommt es dann nicht an, weil bereits die Voraussetzungen des Satzes 2 erfüllt sind. Anders verhält es sich, wenn das jeweilige ÖPP-Modell darauf basiert, dass die juristische Person des öffentlichen Rechts jedenfalls während der Vertragslaufzeit nicht Eigentümerin des von ihr genutzten Grundbesitzes ist. Das betrifft zB das sog. Erwerbermodell: Der Private übernimmt auf einem in seinem Eigentum stehenden Grundstück Bau, Finanzierung und Betrieb einer Immobilie (zB Schule) oder sonstigen Einrichtung (zB Straße), die er sodann der juristischen Person des öffentlichen Rechts gegen Entgelt zur Nutzung überlässt und die er am Ende der Vertragslaufzeit dem Staat (zurück-) übereignen muss. Ferner ist auf das Leasingmodell hinzuweisen: Der Private übernimmt auf einem in seinem Eigentum stehenden Grundstück Bau, Finan-

§ 3 GrStG Abschnitt I. Steuerpflicht

zierung und Betrieb einer Immobilie oder sonstigen Einrichtung, die er gegen Entgelt dem Staat zur Nutzung überlässt und dem Staat ist eine Kaufoption zum Ende der Vertragslaufzeit eingeräumt; übt der Staat die Option nicht aus, kann der Private die Immobilie anderweitig verwerten. Allen diesen Modellen ist gemeinsam, dass eine bestimmte Sachaufgabe unter Heranziehung des Privaten erfüllt wird. In Bezug auf Grundstücke ist dies vor allem eine Beschaffungs- oder zumindest Herstellungs-, Umbau- oder Sanierungsaufgabe. Nicht ausreichend ist es daher, wenn sich eine Zusammenarbeit zwischen der juristischen Person des öffentlichen Rechts und dem Privaten allein in einer Finanzierungsdienstleistung erschöpft, wie dies zB bei **Sale-and-lease-back-Konstruktionen** anzutreffen sein kann (so auch bereits *Troll/Eisele* GrStG § 3 Rn. 60a; ebenso *Knittel* in Stenger/Loose GrStG § 3 Rn. 564). Schließlich kommt es auch nicht auf die Gesellschafterstruktur des Privaten an. Eine ÖPP liegt daher nicht allein deshalb vor, weil eine juristische Person des öffentlichen Rechts Gesellschafterin des Privaten ist und umgekehrt gilt, dass es der Annahme einer ÖPP auch nicht schadet, wenn eine juristische Person des öffentlichen Rechts Gesellschafterin des Privaten ist (BFH 27.9.2017 – II R 13/15, BStBl. II 2018, 768 Rn. 23).

18 Der **Private muss den Grundbesitz der juristischen Person für den öffentlichen Dienst oder Gebrauch überlassen**. Die juristische Person muss also weiterhin zumindest die nach § 3 Abs. 1 S. 1 Nr. 1 GrStG begünstigte Aufgabe selbst wahrnehmen. Es gelten die Ausführungen zu § 3 Abs. 1 S. 1 Nr. 1 iVm Abs. 2, 3 GrStG, nur mit dem Unterschied, dass auf das Zurechnungserfordernis verzichtet wird. Eine funktionale Privatisierung, also eine **Aufgabenwahrnehmung durch einen oder gar denselben Privaten, erfüllt nicht die Voraussetzungen des Satz 3.** Wird die begünstigte Nutzung vorzeitig aufgegeben, entfällt die Grundsteuerbefreiung nach den allgemeinen Regeln zum 1.1. des nächsten Kalenderjahres (→ Rn. 7). § 175 Abs. 1 S. 1 Nr. 2 AO (Anwendung wird erwogen von *Troll/Eisele* GrStG § 3 Rn. 60a) ist hingegen nicht einschlägig, da das Gesetz die Nutzungsvoraussetzung bei Satz 3 nicht anders als beim Grundfall ausgestaltet hat. Es ist eben keine Dauervoraussetzung, mit deren durchgehender Erfüllung die Begünstigung steht und fällt.

19 Es muss zwingend eine (formbedürftige) **Vereinbarung dahingehend getroffen werden, dass der Grundbesitz am Ende des Vertragszeitraums auf die ihn nutzende juristische Person des öffentlichen Rechts übertragen wird.** Die Verpflichtung zur Übertragung auf einen Dritten schadet immer. Ob der Dritte selbst eine (andere) juristische Person des öffentlichen Rechts ist, ist nicht relevant (BFH 6.12.2017 – II R 26/15, BFH/NV 2018, 453 Rn. 28). Eine Verpflichtung zur Übertragung iSv Satz 3 liegt nur vor, wenn bereits im Zeitpunkt des Abschlusses des ÖPP-Vertrages klar und eindeutig vereinbart ist, dass das Grundstück übertragen werden muss. Nach zutreffender Ansicht des BFH reicht daher ein Optionsrecht zugunsten der juristischen Person des öffentlichen Rechts nicht aus. Denn es bleibt offen, ob es am Ende des Vertragszeitraums zu einer Rückübertragung kommen wird. (BFH 27.9.2017 – II R 13/15, BStBl. II 2018, 768 Rn. 25; 6.12.2017 – II R 26/15, BFH/NV 2018, 453 Rn. 29; zuvor schon *Troll/Eisele* GrStG § 3 Rn. 60a). Schließlich muss die Übertragung am Ende der Laufzeit des ÖPP-Vertrages erfolgen. Allerdings ist es durchaus anzuerkennen, wenn die juristische Person des öffentlichen Rechts über ihren Rückübertragungsanspruch anderweitig verfügt (zB. durch Benennung eines Dritten, dem sie das Grundstück bereits weiterverkauft hat, oder durch Verzicht gegen Abstandszahlung, ebenso *Knittel* in Stenger/Loose GrStG § 3 Rn. 570). Satz 3 verlangt nicht, dass der Private das Grundstück zuvor

auch von der juristischen Person des öffentlichen Rechts übertragen erhalten hat. Es ist für Satz 3 also unschädlich, wenn der Private sich das Grundstück zuvor am Markt besorgt hat (BT-Drs. 15/5668, 17; *Knittel* in Stenger/Loose GrStG § 3 Rn. 577; *Troll/Eisele* GrStG § 3 Rn. 60a; koordinierter Erlass FM BW 17.7.2006 – 3 – G 1103/11, BeckVerw 077125). Ferner verlangt Satz 3 nicht, dass die Rückübertragung lastenfrei oder unentgeltlich zu erfolgen hat (*Knittel* in Stenger/Loose GrStG § 3 Rn. 569).

Satz 3 gilt grundsätzlich auch für ein dem Privaten bestelltes Erbbaurecht. Vereinbaren die Beteiligten, dass der Private das Erbbaurecht am Ende der Vertragslaufzeit zurückübertragen muss (auch hier gilt: ein bloßes Optionsrecht schadet, BFH 27.9.2017 – II R 13/15, BStBl. II 2018, 768 Rn. 28), dann ergeben sich typischerweise wenig Probleme. Problematisch ist die Anwendung des Satz 3 bei Erbbaurechtsgestaltungen dann, wenn die Beteiligten keine Rückübertragungsvereinbarung vorsehen, sondern mit einer Befristung arbeiten, also das Erbbaurecht durch Zeitablauf erlischt. Die juristische Person des öffentlichen Rechts, die Eigentümerin des Grundstücks ist, erlangt damit wieder die volle Verfügungsbefugnis einschließlich des Eigentums an den Gebäuden. Der BFH hat eine Anwendung des Satzes 3 für die Konstellation verneint, in welcher das Erbbaurecht erst zu einem nach Ende des vereinbarten ÖPP-Vertragszeitraums liegenden Zeitpunkt durch Zeitablauf erlischt (BFH 6.12.2017 – II R 26/15, BFH/NV 2018, 453 Rn. 33). **Decken sich ÖPP-Vertragslaufzeit und Erbbaurechtsbefristung, spricht hingegen nichts gegen eine Anwendung des Satz 3** (aA OFD Frankfurt 25.1.2019 – G 1103 A-033-St 116, BeckVerw 448221; offengelassen von BFH 6.12.2017 – II R 26/15, BFH/NV 2018, 453 Rn. 33). Denn die „Übertragung auf den Nutzer am Ende der Vertragslaufzeit" ist letztlich ein „weniger" im Verhältnis zu einer sich automatisch vollziehenden Rechtsänderung. Mit der Befristungskonstruktion erlangt die juristische Person des öffentlichen Rechts letztlich eine Position, mit welcher der Zweck der Rückübertragungsverpflichtung „erst recht" erreicht wird.

3. Maßgeblicher Zeitpunkt. Für die Frage der Grundsteuerbefreiung kommt es nach § 9 Abs. 1 GrStG auf die Verhältnisse zu Beginn des Kalenderjahres an, dh die Voraussetzungen der Steuerbefreiung müssen am 1.1. des Kalenderjahres vorliegen, damit die Steuerfreiheit für dieses Kalenderjahr gewährt werden kann. Treten die Voraussetzungen für eine Grundsteuerbefreiung erst im Laufe eines Kalenderjahres ein, kann die Steuerbefreiung erst ab dem nächsten 1.1. gewährt werden. Umgekehrt ist die Grundsteuerbefreiung auch erst auf den nächsten 1.1. zu versagen, wenn die Voraussetzungen unterjährig entfallen. Ob dies am 1.1. absehbar war oder nicht, ist irrelevant (strenges Stichtagsprinzip, → GrStG § 9 Rn. 3). Auf diese materiell-rechtliche Regelung sind sodann auch die verfahrensrechtlichen Regelungen der §§ 222 ff. BewG und der §§ 17, 18 und 20 GrStG abgestimmt.

II. Für den öffentlichen Dienst oder Gebrauch genutzter Grundbesitz (Abs. 1 S. 1 Nr. 1)

1. Begünstigter Grundbesitz einer juristischen Person des öffentlichen Rechts. Das Grundsteuergesetz befreit weder allgemein Grundbesitz der juristischen Personen des öffentlichen Rechts noch allgemein die hoheitliche Nutzung von Grundbesitz von der Grundsteuer. Nach § 3 Abs. 1 Nr. 1 S. 1 GrStG wird der einer inländischen (zur ausländischen → GrStG § 4 Rn. 50 ff.) juristischen Person des öffentlichen Rechts zuzurechnende Grundbesitz nur befreit, wenn der Grundbesitz für einen öffentlichen Dienst oder Gebrauch benutzt wird und kein Betrieb gewerblicher Art vorliegt (Abs. 3, → Rn. 64 ff.). Kennzeichen einer **juristischen Person des öffentlichen Rechts** sind ihre Rechtsfähigkeit und die ihr zustehenden Hoheitsbefugnisse. Juristische Person des öffentlichen Rechts sind daher zuvorderst die originären Verwaltungsträger **„Bund"** (Bundesrepublik Deutschland) und die **„Länder"** (Bundesländer). Andere juristische Personen, die ihre Hoheitsmacht von diesen beiden Verwaltungsträgern ableiten, sind die **Gebietskörperschaften** (Gemeinden, Landkreise), **Personalkörperschaften** (Universitäten uÄ), **Realkörperschaften** (Wasser- und Bodenverbände [FG Düsseldorf 1.9.2005 – 11 K 5169/02, EFG 2006, 528] uÄ) sowie **mit eigener Rechtspersönlichkeit ausgestattete Stiftungen, Anstalten** (zB Bundesanstalt für Immobilienaufgaben [VG Berlin 20.4.2012 – 27 A 4/08, BeckRS 2012, 51679]) und **Zweckvermögen des öffentlichen Rechts.** Diese „anderen juristischen Personen" können den öffentlich-rechtlichen Status grundsätzlich nur aufgrund einer Rechtsnorm oder einer konkret-individuellen Verleihung erlangen (in der Zeit vor 1949 mag ausnahmsweise auch eine Verwaltungsübung den förmlichen Statusakt ersetzen, s. für einen solchen Fall BFH 5.9.1958 – III 179/57, BStBl. III 1958, 478). Dies gilt alles für **Religionsgemeinschaften,** die den Status einer Körperschaft des öffentlichen Rechts haben, entsprechend (für die allerdings weitgehend die §§ 3 Abs. 1 S. 1 Nr. 4, 4 Nr. 1 GrStG gelten, → Rn. 40 ff.). **Sofern Stiftungen, Anstalten und Zweckvermögen nicht mit eigener Rechtsfähigkeit ausgestattet sind, ist auf den Verwaltungsträger abzustellen, dem sie zuzuordnen sind** (wenngleich sie selbst das Zurechnungssubjekt des Steuergegenstandes sein können, → BewG § 219 Rn. 40).

23 Private Rechtssubjekte können niemals eine juristische Person des öffentlichen Rechts sein. Dies gilt auch dann, wenn eine juristische Person des öffentlichen Rechts alle Anteile an einer **Personenvereinigung des Privatrechts** hält (für Kapitalgesellschaften BFH 9.11.2016 – II R 12/15, BStBl. II 2017, 211 Rn. 22, für Personengesellschaften BFH 6.12.2017 – II R 26/15, BFH/NV 2018, 453 Rn. 22). Es kommt auch nicht auf die Rechtsform an. Entscheidend ist die eigene Zurechnungssubjektfähigkeit der Personengesellschaft. Daher ist eine GbR, deren einzige Gesellschafter juristische Personen des öffentlichen Rechts sind und die selbst Zurechnungssubjekt des Grundbesitzes ist (→ BewG § 219 Rn. 36), kein begünstigter Rechtsträger (ebenso *Knittel* in Stenger/Loose GrStG § 3 Rn. 152). Selbst eine Beleihung, die einem Privaten Hoheitsbefugnisse vermittelt (vgl. statt vieler BVerwG 26.8.2010 – 3 C 35/09, BVerwGE 137, 377), kann ein Privatrechtssubjekt nicht zu einer juristischen Person des öffentlichen Rechts iSv § 3 Abs. 1 S. 1 Nr. 1 GrStG machen.

24 Die **juristische Person des öffentlichen Rechts muss das Grundstück selbst für den öffentlichen Dienst oder Gebrauch nutzen.** Beide Begriffe werden in Abs. 2 legal definiert (im Einzelnen → Rn. 55 ff.). Führt ein Privater die Tätigkeit anstelle der juristischen Person des öffentlichen Rechts unter Nutzung eines der juristischen Person des öffentlichen Rechts zuzurechnenden Grundstücks aus (funktionale Privatisierung), ist dies nicht ausreichend (BFH 16.12.2009 – II R 29/08, BStBl. II 2010, 829, [Abwasserbeseitigung]), selbst wenn es sich um eine **Eigengesellschaft der juristischen Person des öffentlichen Rechts** handelt (BFH 6.12.2017 – II R 26/15, BFH/NV 2018, 453 Rn. 19; FG München 28.6.2000 – 4 K 54/97, BeckRS 2000, 21011700 [Abfallentsorgung durch eine Eigengesellschaft der Gemeinde]; FG Hessen 20.7.1978 – III 28/76, EFG 1979,

Steuerbefreiung für Grundbesitz bestimmter Rechtsträger **§ 3 GrStG**

41 [Flughafen-AG und militärische Teilnutzung des Flughafens nicht grundsteuerbefreit]; zur Schädlichkeit [auch] einer Betriebsaufspaltung → Rn. 12). Ist die Dritt- oder Eigengesellschaft indes gemeinnützig (zur Gemeinnützigkeitsfähigkeit von Eigengesellschaften, die hoheitliche Aufgaben wahrnehmen, s. BFH 27.11.2013 – I R 17/12, BStBl. II 2016, 68), kommt eine Grundsteuerbefreiung nach § 3 Abs. 1 S. 1 Nr. 3 Buchst. b GrStG in Betracht (→ Rn. 28 ff.). Das von § 3 Abs. 1 S. 2 statuierte Erfordernis der Rechtsträgeridentität von Zurechnungssubjekt und unmittelbar (→ GrStG § 7 Rn. 4 ff.) Nutzenden (→ Rn. 10 ff.) wird nur ausnahmsweise von Satz 3 (zu den ÖPP-Konstellationen des Satz 3 → Rn. 16 ff.) durchbrochen und dieser erfasst keine funktionale Privatisierung (zu bloßen Hilfstätigkeiten hingegen → Rn. 25). Diese Differenzierung zwischen Selbstwahrnehmung der öffentlichen Aufgabe und der funktionalen Privatisierung ist verfassungsgemäß (BFH 16.12.2009 – II R 29/08, BStBl. II 2010, 829 Rn. 18).

§ 3 Abs. 1 S. 1 Nr. 1, Abs. 2 GrStG ist nicht einschlägig, wenn eine juris- 25 **tische Person des öffentlichen Rechts ihr Vermögen verwaltet und hieraus Erträge zieht.** Sofern ein Betrieb gewerblicher Art vorliegt, ergibt sich dies bereits aus Abs. 3 (→ Rn. 64 ff.). Aber auch jenseits eines Betriebes gewerblicher Art schadet die reine Vermögensverwaltung, also vor allem die Vermietung von Grundbesitz an Dritte (VG Berlin 20.4.2012 – 27 A 4/08, BeckRS 2012, 51679; *Seer* DStR 1992, 1790 [1793]; *Troll/Eisele* GrStG § 3 Rn. 15). Die bloße Vermögensverwaltung fällt deshalb nicht unter Abs. 2, da sie weder unmittelbar der Wahrnehmung einer Hoheitsaufgabe dient noch die unmittelbare Nutzung des Gegenstandes durch die Allgemeinheit ist (*Seer* DStR 1992, 1790 [1793]). Der Charakter einer (befreiungsschädlichen) Vermögensverwaltung geht uE auch nicht dadurch verloren, dass Räumlichkeiten entgeltlich an einen Dritten überlassen werden, der für die juristische Person des öffentlichen Rechts untergeordnete Hilfstätigkeiten wahrnimmt. Dies sieht die Rechtsprechung bei § 4 Nr. 6 GrStG anders (→ GrStG § 4 Rn. 47), dürfte aber den Besonderheiten dieses Tatbestandes geschuldet sein (so iErg auch FG Hessen 20.11.1996 – 3 K 479/93, EFG 1997, 558). Bei § 3 Abs. 1 S. 1 Nr. 1 GrStG wird man dies nur dann anders sehen können, wenn die juristische Person des öffentlichen Rechts dem Dritten die Räumlichkeiten unentgeltlich überlässt (vergleichbar den „Parkplatzkonstellationen", → GrStG § 7 Rn. 7). Bloße (befreiungsschädliche) Vermögensverwaltung ist schließlich auch die schlichte Nichtnutzung eines Grundstücks (vgl. zu den Unmittelbarkeit wahrenden bzw. begründenden Unterbrechungs- bzw. Herrichtungskonstellationen allerdings auch → GrStG § 7 Rn. 10 f.).

2. Befreiungsausschluss für Berufsvertretungen uÄ (S. 2). Keine Befrei- 26 ung nach § 3 Abs. 1 Nr. 1 erfährt gemäß dessen Satz 2 der Grundbesitz, der von als Körperschaften des öffentlichen Rechts verfassten Berufsvertretungen und Berufsverbänden sowie von Kassenärztlichen Vereinigungen und Kassenärztlichen Bundesvereinigungen genutzt wird. Der Gesetzgeber sah eine Grundsteuerbefreiung nicht als gerechtfertigt an, weil sie solchen (Berufs-) Vertretungen nicht zugutekommen würde, die privatrechtlich organisiert sind (BT-Drs. VI/3418, 78). Berufsvertretungen iSd Satz 2 sind juristische Personen des öffentlichen Rechts, welche die gemeinsamen berufsständischen und wirtschaftlichen Interessen der durch sie repräsentierten Angehörigen bestimmter Berufszweige vertreten, außerdem öffentliche Aufgaben (dh Aufgaben im Interesse der Allgemeinheit) erfüllen und zu diesem Zweck idR mit hoheitlichen Befugnissen ausgestattet sind. Sie haben häufig eine Doppelnatur: Einerseits sind sie Teil der mittelbaren Staatsverwaltung, andererseits nehmen sie die gemeinsamen berufsständischen und wirtschaftlichen Interessen ihrer Mitglieder wahr (BFH 31.7.1985 – II R 242/82, BStBl. II 1985, 681, dort: Landwirtschaftskammer; weitere Beispiele: Kreishandwerkerschaft [BFH 18.11.1955 – III 92/54, BStBl. III 1955, 398]; Industrie- und Handelskammer [FM Bayern 9.5.1977 – 34 – G 1106 – 6/10 – 26 842, BeckVerw 289009]). Der Gesetzgeber hat sich abweichend von dem ansonsten geltenden Grundsatz des § 8 GrStG insoweit nicht für ein Aufteilungsmodell, sondern für den gänzlichen Ausschluss der Befreiung entschieden. Daher kommt es auf den Umfang einzelner Aufgabengebiete nicht an (*Knittel* in Stenger/Loose GrStG § 3 Rn. 188; *Troll/Eisele* GrStG § 3 Rn. 10). In Bezug auf die Doppelnatur verhält es sich auch ähnlich mit den Kassenärztlichen Vereinigungen und Kassenärztlichen Bundesvereinigungen. Satz 2 gilt darüber hinaus auch für die den dort genannten Körperschaften einbzw. angegliederten anderen Körperschaften, die Erstere in Ausübung der ihnen übertragenen Aufgaben geschaffen haben (zB berufsständische Versorgungseinrichtungen, so FG München 3.3.2004 – 4 K 676/03, EFG 2004, 1859 für die aufgrund des einschlägigen Berufsrechts geschaffene und in die Ärztekammer eingegliederte Ärzteversorgung).

III. Bundeseisenbahnvermögen (Abs. 1 S. 1 Nr. 2)

27 Nr. 2 befreit den Grundbesitz von der Grundsteuer, der vom Bundeseisenbahnvermögen für Verwaltungszwecke benutzt wird. Das Bundeseisenbahnvermögen ist ein nicht rechtsfähiges Sondervermögen des Bundes (§ 1 BEZNG). Der Verwaltungsbegriff iSv Nr. 2 dürfte mit der Verwaltungsaufgabe iSv § 3 Abs. 1 Nr. 2 BEZNG deckungsgleich sein und damit die Betreuung der an die DB-AG überlassenen Bundesbahnbeamten bzw. der Pensionäre sowie die Verwaltung und Verwertung der nicht betriebsnotwendigen Liegenschaften erfassen. Abgrenzungsprobleme zu Grundbesitz, der anderen Zwecken dient, dürften damit (heute) nicht mehr bestehen. Denn den hoheitlichen Bereich hat das Bundeseisenbahnvermögen an das Eisenbahn-Bundesamt abgegeben und der unternehmerische Bereich, dem vor allem die Bahninfrastruktur zuzurechnen war, ist auf die DB-AG ausgegliedert worden. Damit dürfte das Bundeseisenbahnvermögen heute keinen (nennenswerten) Grundbesitz mehr haben, der nicht von Nr. 2 erfasst wird. Bei der DB-AG bzw. ihren Konzernunternehmen (vor allem DB-Netz AG) kann für deren Grundbesitz eine Steuerbefreiung nach § 4 Nr. 3 Buchst. a GrStG in Betracht kommen („Schienenwege", → GrStG § 4 Rn. 22ff.). § 3 Abs. 1 S. 1 Nr. 2 GrStG gilt nicht für private Eisenbahnunternehmen. Ungeachtet der Frage, ob diese überhaupt eine Bundeseisenbahnvermögen vergleichbare Verwaltungstätigkeit iSv Nr. 2 ausüben könnten (uE zu verneinen), ist die Regelung explizit auf das Bundeseisenbahnvermögen beschränkt (*Knittel* in Stenger/Loose GrStG § 3 Rn. 204; *Troll/Eisele* GrStG § 3 Rn. 21).

IV. Für gemeinnützige und mildtätige Zwecke genutzter Grundbesitz (Abs. 1 S. 1 Nr. 3)

28 Von der Grundsteuer befreit ist der für gemeinnützige oder mildtätige Zwecke (hingegen nicht: für kirchliche Zwecke [!], vgl. → Rn. 45) benutzte Grundbesitz von juristischen Personen des öffentlichen Rechts (zum Begriff → Rn. 22; zur generellen Gemeinnützigkeitsfähigkeit juristischer Personen des öffentlichen Rechts mit ihren Zweckbetrieben statt vieler *Hüttemann* GemeinnützigkeitsR Rn. 2.77) und von inländischen Körperschaften, Personenvereinigungen oder Vermögensmassen, die nach der Satzung, dem Stiftungsgeschäft oder der sonstigen Verfassung und nach ihrer tatsächlichen Geschäftsführung ausschließlich und unmittelbar gemeinnützigen oder mildtätigen Zwecken dienen (kurz: gemeinnützige Körperschaften des Privatrechts). Eine solche gemeinnützige Körperschaft des Privatrechts kann auch eine Tochterkapitalgesellschaft einer juristischen Person des öffentlichen Rechts sein. Der Gemeinnützigkeitsstatus scheitert vor allem nicht daran, dass die Privatrechtsgesellschaft von ihrer Gesellschafterin in die Erfüllung einer hoheitlichen Aufgabe eingeschaltet wird (grundlegend: BFH 27.11.2013 – I R 17/12, BStBl. II 2016, 68). Im Übrigen ist auch hier an die Notwendigkeit zu erinnern, dass Zurechnungs- und Nutzungsvoraussetzung kumulativ vorliegen müssen (→ Rn. 10ff.). Daher scheidet eine Befreiung nach Nr. 3 aus, wenn der Gesellschafter, der selbst nicht gemeinnützig ist, einer gemeinnützigen GmbH den Grundbesitz zur Nutzung für die gemeinnützigen Zwecke überlässt (BFH 1.7.2020 – II B 89/19, BFH/NV 2020, 1281). Dies gilt erst recht, wenn ein fremder Dritter den Grundbesitz an den gemeinnützigen Verein vermietet. Insoweit kann allerdings ein Erlass der Grundsteuer nach § 32 Abs. 1 Nr. 2 GrStG in Betracht kommen (vor allem bei Sportanlagen, → GrStG § 32 Rn. 25ff.).

Das Gesetz unterscheidet zwischen juristischen Personen des öffentlichen Rechts 29 (Nr. 3 Buchst. a) und anderen gemeinnützigen Körperschaften (Nr. 3 Buchst. b): (1) Eine **juristische Person des öffentlichen Rechts** muss neben der gemeinnützigen oder mildtätigen Nutzung iSv Nr. 3 keine weiteren Voraussetzungen erfüllen. Sie muss insb. nicht formal als gemeinnützig anerkannt sein; entscheidend ist allein die tatsächliche Nutzung. Die Nr. 3 Buchst. a hat praktisch eine nicht unerhebliche Bedeutung, da sie die Nr. 1 gerade in Ansehung der staatlichen Daseinsvorsorge erheblich erweitert. Denn was bei Nr. 1 uU am Vorliegen eines Betriebes gewerblicher Art scheitert (→ Rn. 64ff.), kann zB aus der Perspektive des Gemeinnützigkeitsrechts ein begünstigungsunschädlicher Zweckbetrieb sein (→ Rn. 34ff., → Rn. 69). Damit erübrigen sich für juristische Personen viele Abgrenzungsfragen. (2) **Andere Körperschaften** etc müssen hingegen auch über einen Gemeinnützigkeitsstatus verfügen. Soweit die Feststellungswirkung eines Bescheides iSv § 60a AO reicht, gilt dessen Bindungswirkung auch für die Grundsteuer (Seer in Tipke/Kruse AO § 60a Rn. 5). Der Bescheid iSv § 60a AO ist Grundlagenbescheid sowohl für den Grundsteuerwert- als auch den Grundsteuermessbescheid. Die Feststellungswirkung umfasst allerdings nur den sog. formalen satzungsmäßigen Gemeinnützigkeitsstatus. Ob die Körperschaft etc. auch tatsächlich (satzungskonform) gemeinnützig handelt (sog. materielle Gemeinnützigkeit in Bezug auf die tatsächliche Geschäftsführung, vgl. § 63 AO), muss hingegen für die Grundsteuer eigenständig geprüft werden. Gerade hierin liegt ein substanzielles Risiko für die Körperschaft. Beachtet sie Vorgaben des Gemeinnützigkeitsrechts nicht, fällt die Grundsteuerbefreiung kraft Gesetzes weg.

§ 3 Abs. 1 S. 1 Nr. 3 GrStG begünstigt nur den Grundbesitz „**inländischer**" ju- 30 ristischer Personen des öffentlichen Rechts und gemeinnütziger Körperschaften. Bezogen auf nichtstaatliche Körperschaften dürfte das Adjektiv „inländisch" iSv § 1 Abs. 1 KStG auf Sitz oder Geschäftsleitung im Inland abstellen. Dass der Grundbesitz (auch) im Inland belegen ist, ist hingegen nicht ausreichend. Für Drittstaaten-Körperschaften dürfte diese Beschränkung und damit deren Ausschluss von der Begünstigung zulässig sein. **Für EU-/EWR-Körperschaften ist ein derart pauschaler Ausschluss von der Grundsteuerbefreiung des Nr. 3 hingegen unionsrechtswidrig** (zu Recht *Hüttemann* GemeinnützigkeitsR Rn. 7.387; ebenso für die KSt EuGH 14.9.2006 – C 386/04, NJW 2006, 3765, „Stauffer"; aA *Troll/*

Eisele GrStG § 3 Rn. 24). Im Körperschaftsteuerrecht hat der Gesetzgeber auf die entsprechende EuGH-Rechtsprechung mit einer Erweiterung der Körperschaftsteuerbefreiung reagiert (§ 5 Abs. 2 Nr. 2 KStG idF des JStG 2009 v. 19.12.2008, BGBl. 2008 I 2794) und mit der entsprechenden Anwendung dieser Regelung im Grundsteuerrecht lässt sich auch hier für die EU-/EWR-Körperschaften ein unionsrechtskonformer Zustand erreichen. Für andere EU-Staaten gilt dies indes nicht. Denn Staaten können sich nicht auf die Grundfreiheiten berufen (für sie gilt insbesondere nicht Art. 54 II AEUV, *Forsthoff* in GHN AEUV Art. 54 Rn. 12). Hier kann sich – wie für Drittstaaten auch – eine Befreiung aber aus gesonderten Vereinbarungen ergeben (vgl. → GrStG § 4 Rn. 50). Zudem kommen die Befreiungstatbestände des § 4 GrStG in Betracht, zB § 4 Nr. 5 GrStG für eine Schule uÄ.

31 Eine Körperschaft verfolgt **gemeinnützige Zwecke**, wenn ihre Tätigkeit darauf gerichtet ist, die Allgemeinheit auf materiellem, geistigem oder sittlichem Gebiet selbstlos (dazu umfangreich § 55 AO) zu fördern (§ 52 Abs. 1 AO). Die Förderung der Allgemeinheit ist vor allem abzugrenzen von der Förderung der Interessen einer bestimmten Gruppe oder einzelner Personen. § 52 Abs. 1 S. 2 AO zählt insoweit beispielhaft einen festabgeschlossenen Kreis der Begünstigten (zB eine Familie oder die Belegschaft eines Unternehmens) oder die Formulierung solcher Zugangskriterien, die dauerhaft zu einem kleinen Begünstigtenkreis führen (zB sehr hohe Gebühren, BFH 13.8.1997 – I R 19/96, BStBl. II 1997, 794 [Golfklub]; 26.5.2021 – V R 31/19, BStBl. II 2021, 835 [Privatschule]), auf. Unter diesen Voraussetzungen erklärt § 52 Abs. 2 AO die nachfolgenden Förderzwecke für gemeinnützig:

§ 52 AO Gemeinnützige Zwecke
(2) […]:
1. die Förderung von Wissenschaft und Forschung;
2. die Förderung der Religion;
3. die Förderung des öffentlichen Gesundheitswesens und der öffentlichen Gesundheitspflege, insbesondere die Verhütung und Bekämpfung von übertragbaren Krankheiten, auch durch Krankenhäuser im Sinne des § 67, und von Tierseuchen;
4. die Förderung der Jugend- und Altenhilfe;
5. die Förderung von Kunst und Kultur;
6. die Förderung des Denkmalschutzes und der Denkmalpflege;
7. die Förderung der Erziehung, Volks- und Berufsbildung einschließlich der Studentenhilfe;
8. die Förderung des Naturschutzes und der Landschaftspflege im Sinne des Bundesnaturschutzgesetzes und der Naturschutzgesetze der Länder, des Umweltschutzes, einschließlich des Klimaschutzes, des Küstenschutzes und des Hochwasserschutzes;
9. die Förderung des Wohlfahrtswesens, insbesondere der Zwecke der amtlich anerkannten Verbände der freien Wohlfahrtspflege (§ 23 der Umsatzsteuer-Durchführungsverordnung), ihrer Unterverbände und ihrer angeschlossenen Einrichtungen und Anstalten;
10. die Förderung der Hilfe für politisch, rassistisch oder religiös Verfolgte, für Flüchtlinge, Vertriebene, Aussiedler, Spätaussiedler, Kriegsopfer, Kriegshinterbliebene, Kriegsbeschädigte und Kriegsgefangene, Zivilbeschädigte und Behinderte sowie Hilfe für Opfer von Straftaten; Förderung des Andenkens an Verfolgte, Kriegs- und Katastrophenopfer; Förderung des Suchdienstes für Vermisste, Förderung der Hilfe für Menschen, die auf Grund ihrer geschlechtlichen Identität oder ihrer geschlechtlichen Orientierung diskriminiert werden;

Steuerbefreiung für Grundbesitz bestimmter Rechtsträger §3 GrStG

11. die Förderung der Rettung aus Lebensgefahr;
12. die Förderung des Feuer-, Arbeits-, Katastrophen- und Zivilschutzes sowie der Unfallverhütung;
13. die Förderung internationaler Gesinnung, der Toleranz auf allen Gebieten der Kultur und des Völkerverständigungsgedankens;
14. die Förderung des Tierschutzes;
15. die Förderung der Entwicklungszusammenarbeit;
16. die Förderung von Verbraucherberatung und Verbraucherschutz;
17. die Förderung der Fürsorge für Strafgefangene und ehemalige Strafgefangene;
18. die Förderung der Gleichberechtigung von Frauen und Männern;
19. die Förderung des Schutzes von Ehe und Familie;
20. die Förderung der Kriminalprävention;
21. die Förderung des Sports (Schach gilt als Sport);
22. die Förderung der Heimatpflege, Heimatkunde und der Ortsverschönerung;
23. die Förderung der Tierzucht, der Pflanzenzucht, der Kleingärtnerei, des traditionellen Brauchtums einschließlich des Karnevals, der Fastnacht und des Faschings, der Soldaten- und Reservistenbetreuung, des Amateurfunkens, des Freifunks, des Modellflugs und des Hundesports;
24. die allgemeine Förderung des demokratischen Staatswesens im Geltungsbereich dieses Gesetzes; hierzu gehören nicht Bestrebungen, die nur bestimmte Einzelinteressen staatsbürgerlicher Art verfolgen oder die auf den kommunalpolitischen Bereich beschränkt sind;
25. die Förderung des bürgerschaftlichen Engagements zugunsten gemeinnütziger, mildtätiger und kirchlicher Zwecke;
26. die Förderung der Unterhaltung und Pflege von Friedhöfen und die Förderung der Unterhaltung von Gedenkstätten für nichtbestattungspflichtige Kinder und Föten.

Die **mildtätigen Zwecke** zählt § 53 AO auf: 32

§ 53 AO Mildtätige Zwecke
Eine Körperschaft verfolgt mildtätige Zwecke, wenn ihre Tätigkeit darauf gerichtet ist, Personen selbstlos zu unterstützen,
1. die infolge ihres körperlichen, geistigen oder seelischen Zustands auf die Hilfe anderer angewiesen sind oder
2. deren Bezüge nicht höher sind als das Vierfache des Regelsatzes der Sozialhilfe im Sinne des § 28 des Zwölften Buches Sozialgesetzbuch; beim Alleinstehenden oder Alleinerziehenden tritt an die Stelle des Vierfachen das Fünffache des Regelsatzes. ^{2}Dies gilt nicht für Personen, deren Vermögen zur nachhaltigen Verbesserung ihres Unterhalts ausreicht und denen zugemutet werden kann, es dafür zu verwenden. ^{3}Bei Personen, deren wirtschaftliche Lage aus besonderen Gründen zu einer Notlage geworden ist, dürfen die Bezüge oder das Vermögen die genannten Grenzen übersteigen. ^{4}Bezüge im Sinne dieser Vorschrift sind
   a) Einkünfte im Sinne des § 2 Abs. 1 des Einkommensteuergesetzes und
   b) andere zur Bestreitung des Unterhalts bestimmte oder geeignete Bezüge,
   aller Haushaltsangehörigen. ^{5}Zu berücksichtigen sind auch gezahlte und empfangene Unterhaltsleistungen. ^{6}Die wirtschaftliche Hilfebedürftigkeit im vorstehenden Sinne ist bei Empfängern von Leistungen nach dem Zweiten oder Zwölften Buch Sozialgesetzbuch, des Wohngeldgesetzes, bei Empfängern von Leistungen nach § 27a des Bundesversorgungsgesetzes oder nach § 6a des Bundeskindergeldgesetzes als nachgewiesen anzusehen. ^{7}Die Körperschaft kann den Nachweis mit Hilfe des jeweiligen Leistungsbescheids, der für den Unterstützungszeitraum maßgeblich ist, oder mit Hilfe der Bestätigung des Sozialleistungsträgers führen. ^{8}Auf Antrag der Körperschaft kann auf einen Nachweis der wirtschaftlichen Hilfebedürftigkeit verzichtet werden, wenn auf

Grund der besonderen Art der gewährten Unterstützungsleistung sichergestellt ist, dass nur wirtschaftlich hilfebedürftige Personen im vorstehenden Sinne unterstützt werden; für den Bescheid über den Nachweisverzicht gilt § 60a Absatz 3 bis 5 entsprechend.

Wie die Förderung der gemeinnützigen oder mildtätigen Zwecke im Einzelnen zu erfolgen hat, ergibt sich aus §§ 55ff. AO (selbstlos, unmittelbar und ausschließlich). An dieser Stelle kann keine detaillierte Darstellung des gesamten Gemeinnützigkeitsrechts erfolgen, weshalb insoweit auf die einschlägigen Kommentierungen der §§ 51ff. AO oder die umfassenden systematischen Darstellungen (zB *Halaczinsky* in Wallenhorst/Halaczinsky Besteuerung gemeinnütziger und öffentlich-rechtlicher Körperschaften, Kap. D; *Hüttemann* GemeinnützigkeitsR Kap. 4 u. 5) verwiesen werden muss.

33 Der Grundbesitz muss für den gemeinnützigen oder mildtätigen Zweck unmittelbar (s. § 7 GrStG) genutzt werden. **Das Grundsteuerrecht knüpft in Ansehung der möglichen begünstigten Nutzungen an die Systematik des Gemeinnützigkeitsrechts an,** weshalb von Nr. 3 sowohl die Grundstücksnutzung im Rahmen der **ideellen Sphäre** als auch im Rahmen eines **Zweckbetriebes** erfasst wird (GrStR Abschn. 12 Abs. 4). Dient das Grundstück einem **wirtschaftlichen Geschäftsbetrieb** (§ 14 AO), scheidet die Steuerbefreiung hingegen aus (GrStR Abschn. 12 Abs. 6 Nr. 2). Auf den Umfang des Geschäftsbetriebes kommt es insoweit nicht an. Vor allem gilt § 64 Abs. 3 AO nicht, der zwar Einnahmen von insgesamt 45.000 EUR für unschädlich erklärt, seinem Wortlaut nach aber ausdrücklich nur für die Ertragsteuern gilt. Für die Grundsteuer existiert eine solche Regelung nicht, weshalb der für einen wirtschaftlichen Geschäftsbetrieb verwendete Grundbesitz nicht nach § 3 Abs. 1 S. 1 Nr. 3 GrStG grundsteuerbefreit ist (*Troll/Eisele* GrStG § 3 Rn. 45). Entsprechendes gilt grundsätzlich auch für Vermietungstätigkeiten. **Die Überlassung eines Grundstücks an einen Dritten schadet der Steuerbefreiung und dies ungeachtet der Frage, ob der Dritte auf dem Grundstück eine grundsätzlich von § 3 GrStG begünstigte Tätigkeit ausübt** (→ Rn. 10ff.). Ebenso wenig kann gegen die Schädlichkeit der Vermietung unseres Erachtens angeführt werden, dass der Mieter bei funktionaler Betrachtung eine Art Hilfstätigkeit für die gemeinnützige Zweckverwirklichung erbringt (zur identischen Frage bei § 3 Abs. 1 S. 1 Nr. 1 GrStG → Rn. 25). **Eine Vermietung an Dritte schadet nur dann nicht, wenn der Dritte auch eine begünstigte Person iSv § 3 Abs. 1 GrStG ist** und eine begünstigte Tätigkeit ausübt (→ Rn. 13) oder **wenn gerade durch die Vermietung der begünstigte Zweck erreicht wird** (zB bei einem Altenheim oder einem Studentenwohnheim, sofern nicht § 5 Abs. 2 GrStG eingreift, → GrStG § 5 Rn. 13ff., 19f.). Treffen begünstigte und nicht begünstigte Tätigkeiten zusammen, gilt § 8 GrStG (→ Rn. 37f.).

34 Angesichts der Maßgeblichkeit des Gemeinnützigkeitsrechts wird der „Zweckbetrieb" auch für das Grundsteuerrecht zu einem Zentralbegriff, der Steuerbefreiungen ermöglicht, die in Bezug auf § 3 Abs. 1 S. 1 Nr. 1 GrStG an einem Betrieb gewerblicher Art gescheitert sind. § 65 AO bestimmt für das Vorliegen eines Zweckbetriebes **drei kumulativ zu erfüllende Voraussetzungen:** (1) Der wirtschaftliche Geschäftsbetrieb in seiner Gesamtrichtung dient dazu, die steuerbegünstigten satzungsmäßigen Zwecke der Körperschaft zu verwirklichen. (2) Die Zwecke dürfen nur durch einen solchen Geschäftsbetrieb erreicht werden können. Der Zweckbetrieb muss als das unentbehrliche und einzige Mittel zur Erreichung des steuerbegünstigten Zwecks anzusehen sein, dh mit der Leistungserbringung als solcher muss das Gemeinwohl unmittelbar gefördert werden. Dass ein finanzieller Bei-

Steuerbefreiung für Grundbesitz bestimmter Rechtsträger   **§ 3 GrStG**

trag zur gemeinnützigen Tätigkeit geleistet wird, ist nicht ausreichend (BFH 22.4.2009 – I R 15/07, BStBl. II 2011, 475; 30.11.2016 – V R 53/15, BStBl. II 2017, 1224; siehe exemplarisch zB zu Alpenvereinshütten LfSt Bayern 30.5.2012, BeckVerw 261732: Hütten der Kategorie I u. II sind Zweckbetriebe, der Kategorie III hingegen wirtschaftliche Geschäftsbetriebe); zu Läden für Waren aus Behindertenwerkstätten in Ergänzung zu § 68 Nr. 3 AO OFD Frankfurt 2.3.2012 – S 0184 A – 8 – St 53, BeckVerw 258973: Zweckbetrieb, wenn keine Erzeugnisse hinzugekauft werden, die nicht von einer anderen Behindertenwerkstatt stammen).

(3) Der wirtschaftliche Geschäftsbetrieb darf zu nicht begünstigten Betrieben derselben oder ähnlicher Art nicht in größerem Umfang in (potenziellen) Wettbewerb treten, als es bei Erfüllung der steuerbegünstigten Zwecke unvermeidbar ist. Dies bezieht sich sowohl auf das Leistungsangebot als auch auf den Umfang der Tätigkeit (BFH 29.1.2009 – V R 46/06, BStBl. II 2009, 560). Hiernach ist ein Zweckbetrieb zu verneinen, wenn kommerzielle Anbieter die gleichen Leistungen gegenüber der gleichen Zielgruppe anbieten (BFH 17.2.2010 – I R 2/08, BStBl. II 2010, 1006).

Der Gesetzgeber hat sich freilich nicht auf die Anwendung dieser abstrakten Vorgaben verlassen – teils deklaratorisch, teils aber auch konstitutiv den Begriff des § 65 AO „erweiternd" – **bestimmte Tätigkeiten kraft Gesetzes zu Zweckbetrieben erklärt.** Augenfällig ist insoweit vor allem § 68 AO (zu den **Kindergärten** ferner → Rn. 69):

§ 68 AO Einzelne Zweckbetriebe

Zweckbetriebe sind auch:
1. a) Alten-, Altenwohn- und Pflegeheime, Erholungsheime, Mahlzeitendienste, wenn sie in besonderem Maß den in § 53 genannten Personen dienen (§ 66 Abs. 3),
   b) Kindergärten, Kinder-, Jugend- und Studentenheime, Schullandheime und Jugendherbergen,
   c) Einrichtungen zur Versorgung, Verpflegung und Betreuung von Flüchtlingen. ²Die Voraussetzungen des § 66 Absatz 2 sind zu berücksichtigen,
2. a) landwirtschaftliche Betriebe und Gärtnereien, die der Selbstversorgung von Körperschaften dienen und dadurch die sachgemäße Ernährung und ausreichende Versorgung von Anstaltsangehörigen sichern,
   b) andere Einrichtungen, die für die Selbstversorgung von Körperschaften erforderlich sind, wie Tischlereien, Schlossereien,
   wenn die Lieferungen und sonstigen Leistungen dieser Einrichtungen an Außenstehende dem Wert nach 20 Prozent der gesamten Lieferungen und sonstigen Leistungen des Betriebs – einschließlich der an die Körperschaften selbst bewirkten – nicht übersteigen,
3. a) Werkstätten für behinderte Menschen, die nach den Vorschriften des Dritten Buches Sozialgesetzbuch förderungsfähig sind und Personen nicht nur vorübergehend Arbeitsplätze bieten, die wegen ihrer Behinderung nicht auf dem allgemeinen Arbeitsmarkt tätig sein können,
   b) Einrichtungen für Beschäftigungs- und Arbeitstherapie, in denen behinderte Menschen aufgrund ärztlicher Indikationen außerhalb eines Beschäftigungsverhältnisses zum Träger der Therapieeinrichtung mit dem Ziel behandelt werden, körperliche oder psychische Grundfunktionen zum Zwecke der Wiedereingliederung in das Alltagsleben wiederherzustellen oder die besonderen Fähigkeiten und Fertigkeiten auszubilden, zu fördern und zu trainieren, die für eine Teilnahme am Arbeitsleben erforderlich sind, und
   c) Inklusionsbetriebe im Sinne des § 215 Absatz 1 des Neunten Buches Sozialgesetzbuch, wenn mindestens 40 Prozent der Beschäftigten besonders betroffene schwerbehinderte Menschen im Sinne des § 215 Absatz 1 des Neunten Buches Sozialgesetzbuch sind; auf die Quote werden psychisch kranke Menschen im Sinne des § 215 Absatz 4 des Neunten Buches Sozialgesetzbuch angerechnet,

§ 3 GrStG Abschnitt I. Steuerpflicht

4. Einrichtungen, die zur Durchführung der Fürsorge für blinde Menschen, zur Durchführung der Fürsorge für körperbehinderte Menschen und zur Durchführung der Fürsorge für psychische und seelische Erkrankungen beziehungsweise Behinderungen unterhalten werden,
5. Einrichtungen über Tag und Nacht (Heimerziehung) oder sonstige betreute Wohnformen,
6. von den zuständigen Behörden genehmigte Lotterien und Ausspielungen, wenn der Reinertrag unmittelbar und ausschließlich zur Förderung mildtätiger, kirchlicher oder gemeinnütziger Zwecke verwendet wird,
7. kulturelle Einrichtungen, wie Museen, Theater, und kulturelle Veranstaltungen, wie Konzerte, Kunstausstellungen; dazu gehört nicht der Verkauf von Speisen und Getränken,
8. Volkshochschulen und andere Einrichtungen, soweit sie selbst Vorträge, Kurse und andere Veranstaltungen wissenschaftlicher oder belehrender Art durchführen; dies gilt auch, soweit die Einrichtungen den Teilnehmern dieser Veranstaltungen selbst Beherbergung und Beköstigung gewähren,
9. Wissenschafts- und Forschungseinrichtungen, deren Träger sich überwiegend aus Zuwendungen der öffentlichen Hand oder Dritter oder aus der Vermögensverwaltung finanziert. ²Der Wissenschaft und Forschung dient auch die Auftragsforschung. ³Nicht zum Zweckbetrieb gehören Tätigkeiten, die sich auf die Anwendung gesicherter wissenschaftlicher Erkenntnisse beschränken, die Übernahme von Projektträgerschaften sowie wirtschaftliche Tätigkeiten ohne Forschungsbezug.

Weitere Zweckbetriebskonkretisierungen enthalten die § 66 AO (Einrichtungen der Wohlfahrtspflege), § 67 AO (Krankenhäuser; zu § 67 AO, auf den § 4 Nr. 6 GrStG Bezug nimmt, → GrStG § 4 Rn. 45 ff.) und § 67a AO (→ Rn. 38). Eine umfassende Darstellung zu den Zweckbetrieben findet sich bei *Halaczinsky* in Wallenhorst/Halaczinsky Die Besteuerung gemeinnütziger und öffentlich-rechtlicher Körperschaften, Kap. G und *Hüttemann,* GemeinnützigkeitsR Kap. 6.

36 Da über einen Zweckbetrieb auch eine wirtschaftliche Tätigkeit an der Grundsteuerbefreiung teilnimmt, **drängt sich zwangsläufig die Frage auf, ob ein Verstoß gegen das unionsrechtliche Beihilferegime der Art. 107 ff. AEUV vorliegt.** Mit ihrem Zweckbetrieb wird eine Körperschaft – anders als mit ihrem ideellen Bereich – typischerweise die Voraussetzungen des Unternehmensbegriffs iSd Beihilferechts erfüllen. Zudem sind auf abstrakt-genereller Ebene – zu beurteilen ist auf der ersten Stufe die Befreiungsnorm als Beihilferegelung – auch die Selektivität nicht ernstlich zweifelhaft und Auswirkungen auf den zwischenstaatlichen Wettbewerb nicht ausgeschlossen (instruktiv und überzeugend *Hüttemann* GemeinnützigkeitsR Rn. 1.111 ff.). Dies alles wird freilich durch zwei Umstände relativiert: Erstens gilt das Durchführungsverbot des Art. 108 Abs. 3 AEUV nicht für sog. Altbeihilfen, also solche die schon vor dem 1.1.1958 bestanden. Das betrifft vor allem die Zweckbetriebsregelungen, die sich damals schon in der Gemeinnützigkeitsverordnung fanden und mit der AO 1977 in die §§ 65 ff. AO übernommen wurden (so BFH 27.11.2013 – I R 17/12, BStBl. II 2016, 68 zu § 66 AO). Zweitens schließt das Vorliegen einer Neubeihilfe nicht aus, dass es im konkreten Einzelfall an einer Beeinträchtigung des Wettbewerbs zwischen den Mitgliedstaaten fehlt oder die De-Minimis-Regelung (VO [EU] Nr. 1407/2017) eingreift (vgl. EuG 11.6.2009 – T-297/02, ACEA, BeckRS 2009, 70655 Rn. 161; *Krumm* DStJG 41 [2018], 561 [605]). Beides erscheint angesichts der insbesondere bei gemeinnützigen Vereinen häufig anzutreffenden örtlichen Begrenzung des Wirkungskreises sowie der überschaubaren Höhe der ohne die Befreiung anfallenden Grundsteuer vielfach denkbar.

Steuerbefreiung für Grundbesitz bestimmter Rechtsträger   § 3 GrStG

Verwirklicht der Steuerpflichtige mehrere Tatbestände des § 3 Abs. 1 GrStG, ergibt sich der Umfang der Steuerbefreiung aus der Gesamtbetrachtung dieser begünstigten Nutzungen. Vor allem kann eine juristische Person des öffentlichen Rechts ohne Weiteres (hoheitliche) Tätigkeiten iSv § 3 Abs. 1 S. 1 Nr. 1, Abs. 2 GrStG neben gemeinnützigen Tätigkeiten iSv Nr. 3 verwirklichen. Das schadet weder der Gemeinnützigkeit noch ist es aus spezifisch grundsteuerlicher Sicht relevant. Wird eine **wirtschaftliche Einheit sowohl für grundsteuerlich begünstigte Zwecke als auch für nicht grundsteuerbefreite Zwecke genutzt, muss hingegen uU nach Maßgabe des § 8 GrStG aufgeteilt werden.** Bei räumlich trennbaren Nutzungen iSv § 8 GrStG gilt die Grundsteuerbefreiung dann sowohl für den Teil des Grundbesitzes, mit dem der gemeinnützige Zweck verwirklicht wird, als auch für den Teil des Grundbesitzes, der für die Verwaltung des ideellen Teils bzw. des Zweckbetriebes dient (→ GrStG § 7 Rn. 4).   37

Die Finanzverwaltung ist vor allem in Bezug auf **Sportanlagen gemeinnütziger Vereine** (zu Sportanlagen, die unmittelbar einer juristischen Person des öffentlichen Rechts zuzurechnen sind → Rn. 62) bemüht, eine dem § 3 GrStG gerecht werdende Abgrenzung zu formulieren (Einzelheiten GrStR Abschn. 13 Abs. 2 und Gleichlautende Ländererlasse 15. 3. 1984, BStBl. I 1984, 323): Grundsätzlich sind der Teil des Grundstücks, auf dem die Sportanlage selbst errichtet ist (Sportfläche nebst Zuschauerfläche), sowie die Unterrichts- und Ausbildungsräume, Umkleide-, Bade-, Aufbewahrungs- und ähnliche Räume begünstigt. Eine Vermietung an die Vereinsmitglieder (zB in Bezug auf die Aufbewahrungsräume für das Sportgerät) schadet nicht. Entsprechendes gilt für Unterkunfts- und Schutzhütten von Bergsteiger-, Ski- und Wandervereinen. Bei Sportvereinen muss uU danach unterschieden werden, ob ein wirtschaftlicher Geschäftsbetrieb unterhalten wird (insoweit keine Grundsteuerbefreiung, → Rn. 33) oder nicht. Gerade insoweit erweist sich die Vielgestaltigkeit von Vereinsaktivitäten und -organisationsstrukturen als Herausforderung. Jedenfalls die Unterhaltung einer Profiabteilung ist typischerweise ein wirtschaftlicher Geschäftsbetrieb. Aber auch jenseits dessen kann bei Werbung, dem Verkauf von Speisen und Getränken, aber auch bei entgeltlichen Sportveranstaltungen (= Tätigkeit des Vereins, die es aktiven Sportlern ermöglicht Sport zu treiben und die über die bloße Überlassung der Sportstätte bzw. des Sportgerätes hinausgeht, s. *Gersch* in Klein AO § 67a Rn. 4) ein wirtschaftlicher Geschäftsbetrieb und uU die Abgrenzung zum Zweckbetrieb im Raum stehen. Für die Sportveranstaltungen hat sich der Gesetzgeber mit § 67a AO dieser Frage angenommen. Hiernach ist bei einer sportlichen Veranstaltung von einem Zweckbetrieb auszugehen ist, wenn die Einnahmen einschließlich Umsatzsteuer insgesamt 45.000 EUR im Jahr nicht übersteigen. Auf die Anwendung dieser Regelung kann der Verein verzichten (§ 67a Abs. 2 AO). Tut er dies, gilt § 67a Abs. 3 AO: Sportliche Veranstaltungen eines Sportvereins sind dann ein Zweckbetrieb, wenn kein Sportler des Vereins teilnimmt, der für seine sportliche Betätigung oder für die Benutzung seiner Person, seines Namens, seines Bildes oder seiner sportlichen Betätigung zu Werbezwecken von dem Verein oder einem Dritten über eine Aufwandsentschädigung hinaus Vergütungen oder andere Vorteile erhält, und kein anderer Sportler teilnimmt, der für die Teilnahme an der Veranstaltung von dem Verein oder einem Dritten im Zusammenwirken mit dem Verein über eine Aufwandsentschädigung hinaus Vergütungen oder andere Vorteile erhält. Andere sportliche Veranstaltungen sind im Falle des Verzichts nach § 67a Abs. 2 AO ein steuerpflichtiger wirtschaftlicher Geschäftsbetrieb. Die Abgrenzungsrelevanz betrifft einerseits die Sportstätte selbst, aber auch die sonstigen Räumlichkeiten, zB solche Vereinsräumlichkeiten,   38

§ 3 GrStG Abschnitt I. Steuerpflicht

die geselligen Anlässen dienen. Sofern die hier abgehaltenen geselligen Veranstaltungen den Rahmen eines Zweckbetriebes nicht verlassen (vgl. § 67a AO), besteht auch die Grundsteuerbefreiung. Wird der Rahmen überschritten, werden die Räumlichkeiten aber auch für begünstigte Zwecke genutzt, gilt § 8 Abs. 2 GrStG.

39 **Verstöße gegen die materielle Gemeinnützigkeit** (insb. durch eine **nicht satzungsmäßige Geschäftsführung,** s. nur *Seer* in Tipke/Kruse AO § 63 Rn. 1 ff.), die zum Verlust der Gemeinnützigkeit führen, bereiten im System der bewertungs- und grundsteuerlichen Änderungsnormen wenig Probleme. Denn sie **wirken grundsätzlich nicht zurück** (BFH 12.10.2010 – I R 59/09, BStBl. II 2012, 226 Rn. 22). Die Gemeinnützigkeit bleibt also für die Vergangenheit bestehen (und kann für die Zukunft auch wiedererlangt werden). Die Grundsteuerbefreiung entfällt daher zum 1.1. des Jahres, das auf das Jahr folgt, in dem die Voraussetzungen der Gemeinnützigkeit entfallen sind. Die Umsetzung erfolgt nach §§ 222f. BewG bzw. §§ 17f. GrStG (→ Rn. 8). Für den **Verstoß gegen die formelle Gemeinnützigkeit, nämlich die nachträgliche Änderung der Bestimmung über die Vermögensbindung dergestalt, dass sie § 55 Abs. 1 Nr. 4 AO nicht mehr entspricht,** sieht § 61 Abs. 3 AO eine Sonderregelung vor: Das Gesetz fingiert die Unzulänglichkeit der Bestimmung von Anfang an, dh die Gemeinnützigkeit geht vollständig rückwirkend verloren. Diese Regelung gilt gemäß § 63 Abs. 2 AO auch für die Verletzung der satzungsmäßigen Vermögensbindung durch die tatsächliche Geschäftsführung. Darüber hinaus wendet die Rechtsprechung den § 61 Abs. 3 AO auf schwerwiegende, einer Verwendung des gesamten satzungsmäßigen Vermögens für satzungsfremde Zwecke wertungsmäßig gleichkommende Verstöße gegen § 55 Abs. 1 Nr. 1–3 AO entsprechend an (BFH 12.10.2010 – I R 59/09, BStBl. II 2012, 226 Rn. 23; *Seer* in Tipke/Kruse AO § 63 Rn. 8 [nur bei gravierenden Verstößen]; weiterführend [vor allem Abgrenzung eines Verstoßes der einfachen Mittelverwendung einerseits und Verstoß gegen das Gebot der Vermögensbindung andererseits] *Kirchhain* FR 2011, 640; *Wallenhorst* in Wallenhorst/Halaczinsky Die Besteuerung gemeinnütziger und öffentlich-rechtlicher Körperschaften, Kap. C Rn. 207 ff.). Die in den vorstehend genannten Konstellationen eintretende Rückwirkung, wird verfahrensrechtlich über § 61 Abs. 3 S. 2 AO iVm § 175 Abs. 1 S. 1 Nr. 2 AO umgesetzt. § 175 Abs. 1 S. 1 Nr. 2 AO ist mit der Maßgabe anzuwenden, dass Steuerbescheide erlassen, aufgehoben oder geändert werden können, soweit sie Steuern betreffen, die innerhalb der letzten zehn Kalenderjahre vor der Änderung der Bestimmung über die Vermögensbindung entstanden sind (§ 61 Abs. 3 S. 2 AO). Diese Regelung gilt auch für Grundsteuerwert- und Grundsteuermessbescheide (vgl. *Troll/ Eisele* GrStG § 3 Rn. 25).

V. Grundbesitz der als Körperschaften des öffentlichen Rechts verfassten Religionsgemeinschaften und der jüdischen Kultusgemeinden (Abs. 1 S. 1 Nr. 4)

40 § 3 Abs. 1 S. 1 Nr. 4 S. 1 GrStG stellt den Grundbesitz von der Grundsteuer frei, der von einer Religionsgemeinschaft, die Körperschaft des öffentlichen Rechts ist, einem ihrer Orden, einer ihrer religiösen Genossenschaften oder einem ihrer Verbände für Zwecke der religiösen Unterweisung, der Wissenschaft, des Unterrichts, der Erziehung oder für Zwecke der eigenen Verwaltung benutzt wird (zum Befreiungsumfang bei Gesamtbetrachtung → Rn. 45f.). Die **Regelung knüpft an den**

staatskirchenrechtlichen Sonderstatus der Religionsgemeinschaften an. Sie sind zwar Körperschaften des öffentlichen Rechts, aber nicht mit den übrigen juristischen Person des öffentlichen Rechts (nach staatlichem Recht) zu verwechseln. Denn sie sind nicht in den Staat eingegliedert und nehmen auch keine Staatsaufgaben wahr (BVerfG 30.6.2015 – 2 BvR 1282/11, BVerfGE 139, 321 Rn. 91). Für diese Religionsgemeinschaften gilt das Staatskirchenrecht der Art. 140 GG iVm Art. 137 f. WRV. Der BFH neigt der Ansicht zu, dass diesen Regelungen, namentlich dem inneren Zusammenhang zwischen der Gewährleistung des Körperschaftsstatus, des kirchlichen Besteuerungsrechts (Art. 137 Abs. 6 WRV), der Garantie der Staatsleistungen (Art. 138 Abs. 1 WRV) sowie des Kirchengutes (Art. 138 Abs. 2 WRV), eine **staatliche Verpflichtung zur Grundsteuerbefreiung** zu entnehmen ist (BFH 30.6.2010 – II R 12/09, BStBl. II 2011, 48 Rn. 36). Zumindest soll es sich bei Nr. 4 aber um eine negative Staatsleistung iSv Art. 140 GG iVm Art. 138 Abs. 1 WRV handeln, die im Falle ihrer Abschaffung abzulösen wäre. Denn die Grundsteuerbefreiung sei eine der ältesten einfachgesetzlichen Vergünstigungen zugunsten der Kirchen (BFH 30.6.2010 – II R 12/09, BStBl. II 2011, 48 Rn. 36; wohl auch BVerfG 28.4.1965 – 1 BvR 346/61, BVerfGE 19, 1 unter Hinweis auf die Rechtsprechung des Reichsgerichts). Ungeachtet dieses staatskirchenrechtlich fundierten „Traditionsarguments" hat der Gesetzgeber nach 1949 zur Rechtfertigung der Grundsteuerbefreiung auch auf die von solchen Körperschaften verwirklichten und typischerweise im öffentlichen Interesse liegenden Aufgaben abgestellt (BT-Drs. VI/3418, 79). Dieser Rechtfertigungsansatz hat deshalb eine eigenständige Bedeutung, weil es längst nicht mehr nur die Religionsgemeinschaften aus Vor-Weimarer-Zeit sind, die den Körperschaftsstatus erlangt haben (zur Anerkennung → Rn. 41).

§ 3 Abs. 1 S. 1 Nr. 4 S. 1 GrStG **setzt den Korporationsstatus iSv Art. 140 GG iVm Art. 137 Abs. 5 WRV zwingend voraus.** Diejenigen Religionsgemeinschaften, die diesen Status bereits bei Inkrafttreten des Grundgesetzes hatten (sog. altkorporierte Körperschaften), haben diesen Status behalten. Anderen Religionsgemeinschaften ist dieser Status auf ihren Antrag hin zu gewähren, wenn sie durch ihre Verfassung und die Zahl ihrer Mitglieder die Gewähr der Dauer bieten (Art. 137 Abs. 5 S. 2 WRV) und rechtstreu sind (BVerfG 30.6.2015 – 2 BvR 1282/11, BVerfGE 139, 321 Rn. 94). Die Verleihung fällt in die Kompetenz der Länder (Sitzlandprinzip, Art. 137 Abs. 8 WRV). Bemerkenswerterweise haben allerdings bisher nur wenige Länder Ausführungsgesetze erlassen. Der Verleihungsakt (zB einerseits durch Rechtsverordnung, siehe § 2 NRWKörStatG; § 1 des Gesetzes über die Verleihung der Rechte einer Körperschaft des öffentlichen Rechts an Religionsgemeinschaften Hamburg; andererseits durch Verwaltungsakt, siehe § 2a BremKiStG; § 2 Körperschaftsstatusgesetz RP; Art. 2 Abs. 3 BayKirchStG; § 24 BWKiStG) ist statusbegründender Rechtsakt. Es ist umstritten, inwieweit dieser Rechtsakt Wirkung für das gesamte Bundesgebiet hat oder ob die mit der Verleihung verbundenen Sonderrechte nur für das Land gelten, das die Verleihung vorgenommen hat und in anderen Ländern daher noch eine „Zweitverleihung" notwendig ist (vgl. nur BVerfG v. 30.6.2015 – 2 BvR 1282/11, BVerfGE 139, 321 einschließlich des Sondervotums; *Muckel* NVwZ 2015, 1426 mwN). Es dürfte aber zumindest als geklärt gelten, dass der Status als Körperschaft des öffentlichen Rechts als solcher (also losgelöst von damit verbundenen Hoheitsbefugnissen) bundesweit anzuerkennen ist und dies jedenfalls für ein hieran anknüpfendes Bundesgesetz (wie hier § 3 GrStG) ausreichend ist (BVerfG v. 30.6.2015 – 2 BvR 1282/11, BVerfGE 139, 321 Rn. 112; überholt ist daher die gegenteilige Ansicht in GrStR

§ 3 GrStG
Abschnitt I. Steuerpflicht

Abschn. 14 Abs. 1 S. 5). **Verleiht daher ein Land den Körperschaftsstatus, dann ist dies für den gesamten Grundbesitz der Körperschaft im Bundesgebiet ausreichend,** soweit § 3 GrStG gilt. Daher ergibt sich nur für Baden-Württemberg ein Anwendungsproblem, da dort § 3 GrStG keine Anwendung findet (eine Übersicht über die anerkannten Körperschaften geordnet nach Bundesländern ist abrufbar unter https://www.personenstandsrecht.de/Webs/PERS/DE/informationen/religionsgemeinschaften/religionsgemeinschaften-node.html). Liegt ein solcher Verleihungsakt vor, ist die Finanzbehörde hieran gebunden (*Seer* in Tipke/Kruse AO § 54 Rn. 6 zu § 54 AO). Fehlt ein solcher, darf die Finanzbehörde die Voraussetzungen des Art. 137 Abs. 5 WRV nicht selbst prüfen. Ob eine Religionsgemeinschaft den Status einer Körperschaft des öffentlichen Rechts erlangen könnte bzw. ob sie hierauf sogar einen Anspruch hat (was bei Vorliegen der Voraussetzungen des Art. 137 Abs. 5 S. 2 WRV der Fall ist, BVerfG 30.6.2015 – 2 BvR 1282/11, BVerfGE 139, 321 Rn. 137 f.), ist für die Grundsteuerbefreiung irrelevant (BFH 30.6.2010 – II R 12/09, BStBl. II 2011, 48 Rn. 30).

42 Die Organisationsgewalt der Körperschaften umfasst auch die Befugnis, öffentlich-rechtliche Untergliederungen oder sonstige Personen des öffentlichen Rechts zu bilden (BVerfG 19.12.2000 – 2 BvR 1500/97, BVerfGE 102, 370). Bei den altkorporierten Körperschaften existierten diese Untergliederungen überdies zum Teil auch schon vor Inkrafttreten des GG (zB Kirchengemeinden und Kirchenkreise). Sofern diese **Untergliederungen** rechtsfähige öffentlich-rechtliche Einheiten sind, die Zurechnungssubjekt von Grundstücken sein können, haben auch diese einen Anspruch auf die Befreiung nach Nr. 4. Entsprechendes gilt nach dem Wortlaut der Nr. 4 für die religiösen Genossenschaften und die (ebenfalls durch eine religiöse Zweckbestimmung geprägten) Verbände der Körperschaften (zB Caritasverband, Kolpingwerk).

43 Gemäß § 3 Abs. 1 S. 1 Nr. 4 S. 2 GrStG stehen die **jüdischen Kultusgemeinden,** die nicht Körperschaften des öffentlichen Rechts sind, den Religionsgemeinschaften iSv Satz 1 gleich. Diese Regelung enthält kein Sonderrecht, sondern ist historisch zu erklären: Der den jüdischen Kultusgemeinden ursprünglich eingeräumte Status als öffentlich-rechtliche Religionsgemeinschaft wurde ihnen 1938 wieder aberkannt. Hieran anknüpfend stellt Satz 2 sicher, dass die jüdischen Kultusgemeinden auch für Zwecke der Grundsteuer auch ohne ausdrückliche Wiedererlangung des Körperschaftsstatus wieder so gestellt werden, wie sie vor 1938 standen (BT-Drs. I/1787, 9; die historische Entwicklung wird nachgezeichnet in BFH 30.6.2010 – II R 12/09, BStBl. II 2011, 48 Rn. 50 ff.). Dessen ungeachtet geht das BVerwG ohnehin davon aus, dass die Aberkennung des Körperschaftsstatus nichtig gewesen ist (s. BVerwG 15.10.1997 – 7 C 21/96, BVerwGE 105, 255), womit zumindest für bereits im Jahr 1938 bestehende jüdische Kultusgemeinden Satz 2 keine Relevanz hat.

44 **Andere als die (alt-) korporierten Religionsgemeinschaften erhalten keine Grundsteuerbefreiung.** Dies betrifft vor allem die islamischen Religionsgemeinschaften, die nicht den Körperschaftsstatus verliehen bekommen haben. Sie sind von der Grundsteuerbefreiung nach § 3 Abs. 1 S. 1 Nr. 4 GrStG ausgeschlossen. Die **Beschränkung der Befreiungsvorschrift** auf (alt-) korporierte Religionsgemeinschaften und die jüdischen Kultusgemeinden **ist nach der zutreffenden Ansicht des BFH verfassungsgemäß** (BFH 30.6.2010 – II R 12/09, BStBl. II 2011, 48, die hiergegen gerichtete Verfassungsbeschwerde wurde nicht zur Entscheidung angenommen, BVerfG 24.4.2015 – 2 BvR 287/11, BeckRS 2015, 51241). Für hiernach nicht begünstigte Religionsgemeinschaften kommt allerdings die Steuer-

Steuerbefreiung für Grundbesitz bestimmter Rechtsträger **§ 3 GrStG**

befreiung nach § 3 Abs. 1 S. 1 Nr. 3 Buchst. b GrStG in Betracht, wenn sie als gemeinnütziger Verein organisiert ist (vgl. → Rn. 31 f.).

Der **Grundbesitz muss für Zwecke der religiösen Unterweisung, der** 45 **Wissenschaft, des Unterrichts, der Erziehung oder für Zwecke der eigenen Verwaltung genutzt werden.** Eine derart enge Formulierung der begünstigten Nutzungen verwundert auf den ersten Blick, erklärt sich aber durch die Steuerbefreiung des § 4 Nr. 1 GrStG für den Grundbesitz, welche dem Gottesdienst gewidmet ist. Betrachtet man § 3 Abs. 1 S. 1 Nr. 4 GrStG und § 4 Nr. 1 GrStG in Gänze, wird das Bild schlüssig. Vor dem Grundsteuerreformgesetz 1973 waren diese Tatbestände auch noch allesamt in § 4 Nr. 5 Buchst. a bis c GrStG 1936 vereint. **Im Übrigen kann auch eine Religionsgemeinschaft, die Körperschaft des öffentlichen Rechts ist, partiell einen gemeinnützigen oder mildtätigen Zweck verfolgen** (ebenso *Halaczinsky* in Wallenhorst/Halaczinsky Die Besteuerung gemeinnütziger und öffentlich-rechtlicher Körperschaften, Kap. O Rn. 53; *Troll/Eisele* GrStG § 3 Rn. 54 f.). Sie sind genauso gemeinnützigkeitsfähig, wie dies staatliche juristische Personen des öffentlichen Rechts sind (→ Rn. 28). Es darf jedenfalls nicht der Fall eintreten, dass einer (alt-) korporierten Religionsgemeinschaft eine Grundsteuerbefreiung für eine Grundstücksnutzung versagt wird, die einer staatlichen juristischen Person des öffentlichen Rechts bei gleicher Sachlage zu gewähren wäre. Denn es war das erklärte Anliegen des Gesetzgebers, mit § 4 Nr. 5 Buchst. a bis c GrStG 1936 die Religionsgemeinschaften den Gebietskörperschaften gleichzustellen (RStBl. 1937, 717 [719]). Auf der anderen Seite sind damit allerdings auch die wirtschaftlichen Geschäftsbetriebe, hier wie dort, grundsätzlich – also vorbehaltlich eines Zweckbetriebes (→ Rn. 34 f.) – nicht begünstigt (auch dies unter Hinweis auf das Gleichbehandlungsanliegen klarstellend RStBl. 1937, 717 [719]).

Zu den Zwecken der Nr. 4 im Einzelnen: **Religiöse Unterweisung** umfasst 46 nach der Vorstellung des historischen Gesetzgebers vor allem die Seelsorge und unterrichtende Tätigkeiten (RStBl. 1937, 717 [719]), die auf Vermittlung religiösen Wissens und religiöser Erkenntnis gerichtet sind. Unterweisung ist mehr als „klassischer" Unterricht (in lehrhafter Unterrichtsmethode) und schließt daher die Vermittlung auf andere Weise als durch religiösen Unterricht mit ein (BFH 14.11.1958 – III 303/56, BStBl. III 1959, 81). Erfasst sind auch die Abhaltung von Bibelstunden und Veranstaltungen, die auf Aussprache und Selbsterfahrung hin ausgerichtet sind (BFH 14.11.1958 – III 303/56, BStBl. III 1959, 81). Religiöse Unterweisung findet ferner anlässlich der Ausbildung des geistlichen Nachwuchses statt, weshalb die kirchlichen Bildungsheime oder Akademien und die Exerzitienheime als für die Zwecke der religiösen Unterweisung benutzt anzusehen sind. Das Zusammenleben allein nach einer bestimmten Ordensregel gilt nicht als religiöse Unterweisung (GrStR Abschn. 14 Abs. 4). **Unterrichts- und Erziehungszweck** erfassen vor allem die Schulen und ähnlichen Einrichtungen der Religionsgemeinschaften (BT-Drs. VI/3418, 79), aber auch die Kinder- und Jugendarbeit jenseits des Schulunterrichts (FG Düsseldorf 23.11.1999 – 11 K 2087/98, EFG 2000, 187, dort: Grundsteuerfreiheit für ein unbebautes Wiesengrundstück, das als Freifläche im Rahmen der Kinder- und Jugendarbeit der Gemeinde genutzt wird). Die begünstigte **Verwaltungstätigkeit** wiederum erfasst vor allem den Grundbesitz, der für die amtliche Tätigkeit der Kirchenbehörden etc benutzt wird (*Troll/Eisele* GrStG § 3 Rn. 55: einschließlich Bauämter, Steuerkassen etc; GrStR Abschn. 14 Abs. 5).

§ 3 GrStG   Abschnitt I. Steuerpflicht

VI. Dienstwohnungen der Geistlichen und Kirchendiener (Abs. 1 S. 1 Nr. 5)

47 Nr. 5 befreit die Dienstwohnungen der Geistlichen und Kirchendiener der Religionsgesellschaften, die Körperschaften des öffentlichen Rechts sind (→ Rn. 41, aber angesichts des von Nr. 4 abweichenden Wortlautes ohne Untergliederungen iSv → Rn. 42, zu Recht BFH 22.7.1987 – II R 204/84, BStBl. II 1987, 725 [dort: GmbH als Rechtsträgerin einer Ordensgenossenschaft]; *Knittel* in Stenger/Loose GrStG § 3 Rn. 422), und der jüdischen Kultusgemeinden (→ Rn. 43) von der Grundsteuer. Die Regelung enthält insoweit (genauso wie Nr. 4) eine dem § 5 GrStG vorgehende Sonderregelung. Rechtspolitisch ist sie aus der heutigen Perspektive wenig nachvollziehbar und zudem gleichheitsrechtlich bedenklich (vgl. auch BFH 18.10.1989 – II R 209/83, BStBl. II 1990, 190; *Troll/Eisele* GrStG § 3 Rn. 58). Der Gesetzgeber führt selbst aus, dass sich diese Privilegierung nur historisch erklären lässt (BT-Drs. VI/3418, 79). Die Vorgängerregelung der heutigen Nr. 5 hatte bis zum Grundsteueränderungsgesetz vom 24.8.1965 (BGBl. 1965 I 905) noch deutlich gezeigt: Dienstgrundstücke und Dienstwohnungen der Geistlichen und Kirchendiener waren nach § 4 Nr. 5 Buchst. c GrStG 1936 idF des Gesetzes vom 10.8.1951 (BGBl. I 1951, 515) in dem Umfang von der Grundsteuer befreit, in dem sie nach der früheren Landesgesetzgebung (Stichtag 1.4.1938) von der Grundsteuer befreit waren. Da nicht alle Bundesländer bzw. selbst innerhalb eines Bundeslandes nicht alle Gebiete eine solche landesrechtliche Regelung kannten, hat der Gesetzgeber die Regelung 1965 bundeseinheitlich und losgelöst vom Landesrecht formuliert. Gerechtfertigt wird diese Privilegierung damit, dass es sich bei den vor dem 1.4.1938 begründeten landesrechtlichen Grundsteuerbefreiungen um negative Staatsleistungen iSd Art. 140 GG iVm Art. 138 und 173 WRV handle, die nur durch Ablösung, dh durch Zahlung einer Kapitalabfindung an die Kirchen, beseitigt werden könnten (explizit, aber ohne Begründung BFH 16.5.1975 – III R 54/74, BStBl. II 1975, 746; s. in Bezug auf die Wiedereinführung der Steuerbefreiung im Jahr 1951 berichtend auch BT-Drs. IV/3631, 1 [Gesetzesbegründung zum Grundsteueränderungsgesetz vom 24.8.1965]). Dies schlug sich dann explizit in der Ausgestaltung des § 4 Nr. 5 Buchst. c GrStG 1936 idF des Grundsteueränderungsgesetzes vom 24.8.1965 nieder, der nämlich noch einen Ablösevorbehalt enthielt und die Ablösefrage einem gesonderten Gesetz überantwortete. Das Grundsteuerreformgesetz v. 7.8.1973 (→ Grundlagen Rn. 8) hat sodann die Steuerbefreiung übernommen, aber nicht den Ablösevorbehalt. Dies alles hat den BFH – zu Recht – veranlasst, die Regelung eng auszulegen (grundlegend BFH 18.10.1989 – II R 209/83, BStBl. II 1990, 190).

48 Eine Dienstwohnung liegt vor, wenn die Benutzung der Wohnung dem Geistlichen bzw. Kirchendiener als Teil seines Diensteinkommens überlassen worden ist und die Benutzung der Wohnung zur ordnungsgemäßen Wahrnehmung der dienstlichen Obliegenheiten erforderlich ist (BFH 12.1.1973 – III R 85/72, BStBl. II 1973, 377; 18.10.1989 – II R 209/83, BStBl. II 1990, 190). Nr. 5 enthält damit drei – eng auszulegende (→ Rn. 47) – Voraussetzungen, die jeweils eigenständig zu würdigen sind, aber nicht ganz ohne Wechselwirkungen auskommen:

49 **Der betreffende Grundbesitz muss unmittelbar zum Unterhalt des Stelleninhabers bestimmt sein** und zwar dergestalt, dass der Stelleninhaber über dessen Nutzungsart und Erträgnisse selbst zu befinden hat. Nicht ausreichend soll es hingegen sein, dass der Grundbesitz zwar zu dem der Besoldung des Stelleninhabers gewidmeten Vermögen gehört und seine Erträgnisse tatsächlich für die Besoldung

Steuerbefreiung für Grundbesitz bestimmter Rechtsträger **§ 3 GrStG**

verwendet werden, der Stelleninhaber aber selbst über Nutzungsart und Erträgnisse nicht verfügen kann (so BFH 9.7.1971 – III R 19/69, BStBl. II 1971, 781). An einer solchen Verfügungsbefugnis fehlt es auch dann, wenn dem Stelleninhaber vorgegeben ist, die Erträge als Ausgleich für sein Gehalt an den Dienstherrn abzuführen (*Kittel* in Stenger/Loose GrStG § 3 Rn. 429). Erst recht schadet es, wenn eine kircheneigene Wohnung aufgrund eines Mietvertrages überlassen wird, auch wenn die Miete auf die Gehaltsbezüge angerechnet wird (GrStR Abschn. 15 Abs. 2).

Der Nutzende muss Geistlicher oder Kirchendiener sein. Geistliche iSv 50 Nr. 5 sind die Personen, die zur Besorgung des Gottesdienstes, zur religiösen Unterweisung und zu sonstigen seelsorgerischen Aufgaben bestellt sind. Sie müssen ein in den Organismus der Kirche eingegliedertes, geistliches Amt bekleiden, dessen Obliegenheiten zu den religiösen Zwecken und Aufgaben der Kirche gehört (*Troll/Eisele* GrStG § 3 Rn. 58; GrStR Abschn. 15 Abs. 3). Ob auch ein Priester, der ausschließlich in der kirchlichen Verwaltung tätig ist, Geistlicher iSv Nr. 5 sein kann, ist umstritten (dagegen *Troll/Eisele* GrStG § 3 Rn. 58; dafür *Knittel* in Stenger/Loose GrStG § 3 Rn. 423), ist aber wegen des dritten Merkmals letztlich unerheblich. Von dieser etwaigen aufgabenbezogenen Abgrenzungsfrage abgesehen, weist die Person des Geistlichen keine weiteren Probleme auf, da das geistliche Amt im Kirchenrecht an klare Formalakte geknüpft ist. Anders verhält es sich mit dem Begriff des Kirchendieners. Der BFH hat noch zur Vorgängerregelung der heutigen Nr. 5 versucht, den Begriff über ein historisch konservierendes Verständnis zu konturieren und hat dazu bei der Rechtsprechung des preußOVG zum „weltlichen Kirchenbedienten" iSv § 550 Titel 11 Teil II des Allgemeinen Landrechts für die preußischen Staaten angesetzt. Nach dem Verständnis des BFH hat das preußOVG den Kirchendiener von anderen Personen, die für die Kirche Dienst tun, anhand dessen Kirchenbeamteneigenschaft und die sie prägende Treue- und Gehorsampflicht unterschieden. Damit tritt die Tätigkeit in den Hintergrund und entscheidend wird der Status einer Person. Im Ergebnis fordert der BFH ein Kirchenamt in Gestalt eines öffentlich-rechtlichen Dienstverhältnisses zur Religionsgemeinschaft oder einer ihrer Untergliederungen, das einem staatlichen Beamtenverhältnis entspricht; eine beamtenähnliche Stellung ist nicht ausreichend (BFH 16.5.1975 – III R 54/74, BStBl. II 1975, 746; bestätigt von BFH 16.2.1979 – III R 45/76, BStBl. II 1979, 286). Die Finanzverwaltung stellt hingegen primär auf die Tätigkeit ab (GrStR Abschn. 15 Abs. 4 S. 1; dem folgend *Troll/Eisele* GrStG § 3 Rn. 58; wohl auch *Knittel* in Stenger/Loose GrStG § 3 Rn. 424). Nach ihrer Ansicht sind Kirchendiener Personen, die keine Geistlichen sind, die aber an der sakralen Gestaltung des Gottesdienstes unmittelbar mitwirken (zB Küster oder Organisten [GrStR Abschn. 15 Abs. 4 S. 1] und Pastoralreferenten [FM Bayern 29.10.2001 – 34 – G 1105a – 2/53 – 45 533, BeckVerw 289040]).

Die Benutzung der Wohnung muss zur ordnungsgemäßen Wahrneh- 51 **mung der dienstlichen Obliegenheiten erforderlich sein.** Insoweit sind zwar die konkreten Regelungen des jeweiligen Dienstbetriebes und die diesbezüglich dem Geistlichen bzw. Kirchendiener zugewiesenen Aufgaben maßgeblich. Aber gerade hier zeigt sich am deutlichsten die Grenzziehungskraft eines Vergleichs mit Bediensteten anderer (weltlicher) Körperschaften: Niemand, der gewöhnliche Verwaltungs-, Lehr- oder Dienstleistungstätigkeiten ausübt, braucht zur ordnungsgemäßen Wahrnehmung seiner dienstlichen Aufgabe eine konkrete Wohnung. Das reicht vom Dekan eines Evangelischen Dekanats, über Mitarbeiter im kirchlichen Bauamt und dem Lehrer einer Ersatzschule bis hin zum Hausmeister (BFH

§ 3 GrStG   Abschnitt I. Steuerpflicht

18.10.1989 – II R 209/83, BStBl. II 1990, 190; FG Hessen 28.1.2009 – 3 K 2219/07, EFG 2009, 1144; *Knittel* in Stenger/Loose GrStG § 3 Rn. 424; GrStR Abschn. 15 Abs. 4 S. 2). Es ist vielmehr gerade nur die besondere seelsorgerische Aufgabe des Geistlichen innerhalb seiner Gemeinde und dann womöglich auch der ihn im Einzelfall diesbezüglich unterstützenden Personen (dann Kirchendiener), die zu einer Steuerfreiheit nach Nr. 5 führen kann.

VII. Sog. Stellenvermögen verfasster Religionsgemeinschaften und der jüdischen Kultusgemeinden (Abs. 1 S. 1 Nr. 6)

52   Nr. 6 enthält ein Steuerbefreiungsprivileg für kirchlichen Grundbesitz aus Gründen der „Besitzstandswahrung" (so wörtlich BT-Drs. 12/4487, 47), die nicht nur § 5 GrStG, sondern auch § 6 GrStG vorgeht (Nr. 6 S. 3). Nachdem der BFH die Vorgängerregelung so ausgelegt hatte, dass die Steuerbefreiung nur solchen Grundbesitz erfasste, der unmittelbar zum Unterhalt des Stelleninhabers bestimmt war und wenn dieser über dessen Nutzungsart und Erträgnisse selbst befinden konnte (BFH 13.5.1987 – II R 225/82, BStBl. II 1987, 722), hat der Gesetzgeber mit dem StandOG v. 13.9.1993 (→ Rn. 3) die Regelung erweitert: Steuerbefreit ist der Grundbesitz der als Körperschaften verfassten Religionsgesellschaften (→ Rn. 41 f.) und der jüdischen Kultusgemeinden (→ Rn. 43), der am 1.1.1987 und im Veranlagungszeitpunkt zu einem nach Kirchenrecht gesonderten Vermögen, insb. einem Stellenfonds gehört, dessen Erträge ausschließlich für die Besoldung und Versorgung der Geistlichen und Kirchendiener sowie ihrer Hinterbliebenen bestimmt sind. Die Zweckbindung des Stellenvermögens für Besoldungs- und Versorgungszwecke reicht aus. Es kommt nicht mehr darauf an, wie die Zweckbindung verwirklicht wird (BT-Drs. 12/4487, 47). Vor allem aber kommt es nach dem Wortlaut nicht darauf an, wie der Grundbesitz genutzt wird und von wem er verwaltet wird (*Knittel* in Stenger/Loose GrStG § 3 Rn. 483; *Troll/Eisele* GrStG § 3 Rn. 59). Es ist sogar unschädlich, wenn es sich um Wohnungen handelt oder der Grundbesitz land- und forstwirtschaftlich genutzt wird (§ 3 Abs. 1 S. 1 Nr. 6 S. 3 GrStG).

53   Nr. 6 ist letztlich eine **Übergangsregelung, die den Status quo für „Altgrundstücke" bewahrt. Die Steuerbefreiung ist daher auf bis einschließlich zum 1.1.1987 erworbene Grundstücke beschränkt.** Ausreichend sei die bürgerlich-rechtliche Identität des Grundstücks; Veränderungen durch Bebauung, Anbauten und Belastungen mit Erbbaurechten seien für den Fortbestand der Grundsteuerbefreiung irrelevant (so OFD München 7.12.1993 – G 1105a – 2/2 St 437, BeckVerw 052415). Nach dem 1.1.1987 erworbener Grundbesitz ist nicht nach Nr. 6 steuerbefreit, selbst wenn er durch Tausch oder Ersatzkauf erworben wurde (BFH 10.7.2002 – II R 22/00, BFH/NV 2003, 202). Entsprechendes gilt für Rückerwerbskonstellationen in Ansehung enteigneter Grundstücke (s. zB FG Berlin-Brandenburg 24.2.2010 – 3 K 2099/05, EFG 2010, 1157: auch „Rückerwerb" eines zuvor enteigneten Mauergrundstücks nach dem MauerG ist schädlich). Der Grundsatz, dass jeder Eigentumserwerb nach dem 1.1.1987 schadet, kann nur durch das Gesetz selbst durchbrochen werden und dies ist lediglich dort der Fall, wo eine dingliche Surrogation angeordnet ist. Dementsprechend hat die Rechtsprechung die anlässlich eines Flurbereinigungsverfahrens zugeteilte und gem. § 68 Abs. 1 S. 1 FlurbG an die Stelle des alten Grundstücks tretende Ersatzfläche der Nr. 6 aF zugeordnet, sofern das alte Grundstück bereits die Voraussetzungen der Nr. 6 aF erfüllte (BFH 9.7.1971 – III R 30/70, BStBl. II 1971, 785; 10.7.2002 – II

Steuerbefreiung für Grundbesitz bestimmter Rechtsträger **§ 3 GrStG**

R 22/00, BFH/NV 2003, 202). Diese Rechtsprechung dürfte auch für die gegenwärtige Fassung der Nr. 6 gelten.

Satz 2 enthält eine Sonderregelung für den im Beitrittsgebiet belegenen Grundbesitz, die Satz 1 insoweit relativiert, dass es ausreichend ist, wenn der Grundbesitz zu irgendeinem Zeitpunkt vor dem 1.1.1987 zu einem gesonderten Vermögen iSd Satzes 1 gehörte (s. BT-Drs. 12/4487, 47). Im Übrigen wird von der Stichtagsregelung des 1.1.1987 allerdings keine Ausnahme gemacht. Die Steuerbefreiung setzt daher voraus, dass der Grundbesitz dem begünstigten Rechtsträger am 1.1.1987 zuzurechnen war und dieser (ununterbrochen) bis zum maßgebenden Veranlagungszeitpunkt Zurechnungssubjekt geblieben ist (FG Berlin-Brandenburg 24.2.2010 – 3 K 2099/05, EFG 2010, 1157). Nach dem 1.1.1987 erfolgte Erwerbe sind nicht begünstigt (s. insb. zum Rückerwerb enteigneter Grundstücke bereits → Rn. 53). 54

C. Begriffsbestimmung „Öffentlicher Dienst oder Gebrauch" iSd Grundsteuergesetzes (Abs. 2 und Abs. 3)

I. Öffentlicher Dienst oder Gebrauch (Abs. 2)

Die Legaldefinition des Abs. 2 gilt für das gesamte Grundsteuergesetz. Öffentlicher Dienst oder Gebrauch ist ein einheitlicher Begriff. Eine Trennung zwischen Dienst und Gebrauch wäre auch nur schwer durchführbar (BFH 20.5.1960 – III 440/58 S, BStBl. III 1960, 368; 24.11.1978 – III R 55/76, BStBl. II 1979, 117). § 3 Abs. 2 S. 1 definiert diesen Begriff als hoheitliche Tätigkeit oder bestimmungsgemäßen Gebrauch durch die Allgemeinheit. Wenngleich auch insoweit Überschneidungen möglich sind, erlauben diese beiden Konkretisierungen eine gewisse Abschichtung: 55

Das Grundsteuerrecht spricht von **„hoheitlicher Tätigkeit"**. Entsprechendes tut das Körperschaftsteuerrecht zumindest indirekt, wenn es einen Hoheitsbetrieb durch die Ausübung öffentlicher Gewalt definiert. Im allgemeinen Staats- und Verwaltungsrecht beschreiben die Begriffe hoheitlich und öffentliche Gewalt einen Teil des Staat-Bürger-Verhältnisses, in welchem dem Staat als Akteur Befugnisse zustehen, die nur ihm als organisierte Entscheidungs- und Machteinheit „Staat" zustehen – sei es bei seiner Entscheidungstätigkeit in der sog. Eingriffsverwaltung oder der grundrechtsrelevanten Leistungsverwaltung. Dabei geht es bei § 3 Abs. 2 GrStG **weniger um eine handlungsformbezogene Perspektive, sondern wegen der im Mittelpunkt stehenden „Nutzungen" des Grundbesitzes vornehmlich um eine aufgabenbezogene Perspektive.** Dies spiegelt sich in der gängigen und zutreffenden Formulierung des BFH wieder, wonach zu den hoheitlichen Tätigkeiten diejenigen Aufgaben rechnen, die der Körperschaft des öffentlichen Rechts eigentümlich und vorbehalten sind (zur GrSt BFH 20.5.1960 – III 440/58 S, BStBl. III 1960, 368; 24.11.1978 – III R 55/76, BStBl. II 1979, 117; ebenso GrStR Abschn. 9 Abs. 1 S. 1, in jüngeren Entscheidungen va zur KSt BFH 25.1.2005 – I R 63/03, BStBl. II 2005, 501; 12.7.2012 – I R 106/10, BStBl. II 2012, 837). Kennzeichnend für solche Tätigkeiten sei die Erfüllung spezifisch öffentlich-rechtlicher Aufgaben, die aus der Staatsgewalt abgeleitet sind, staatlichen Zwecken dienen und zu deren Annahme der Leistungsempfänger aufgrund gesetzlicher oder behördlicher Anordnung verpflichtet ist (BFH 12.7.2012 – I R 106/10, BStBl. II 2012, 837). 56

§ 3 GrStG Abschnitt I. Steuerpflicht

57 Viele Tätigkeitsbereiche des Staates gehören unproblematisch zu diesen spezifisch staatlichen Vorbehaltsaufgaben: **Gefahrenabwehr, Steuerverwaltung, Strafverfolgung, Justiz, Landesverteidigung** (BFH 24.11.1978 – III R 55/76, BStBl. II 1979, 117), **auswärtige Angelegenheiten** (BFH 4.10.1989 – II R 49/87, BStBl. II 1990, 189, was ua die Überlassung von Grundstücken an ausländische Staaten zur Errichtung von Botschaftsgebäuden einschließt), aber auch **große Teile der Sozialverwaltung**, in der über essentielle Fragen eines menschenwürdigen Daseins befunden werden muss. Diese **privatisierungsfesten (Kern-) Aufgabenfelder** rufen typischerweise keine Abgrenzungsschwierigkeiten hervor. Anders sieht es bei solchen Tätigkeiten aus, die auch von Privaten erbracht werden oder zumindest erbracht werden könnten. Und gerade hier stellt sich typischerweise die Abgrenzungsfrage zum Betrieb gewerblicher Art (→ Rn. 64ff.), dessen Vorliegen eine hoheitliche Tätigkeit aus Gründen der Wettbewerbsneutralität ausschließt (§ 3 Abs. 3 GrStG). Wettbewerbsneutralität setzt indes Wettbewerb voraus und damit ist eine wichtige Weichenstellung verbunden: **Auch jenseits des bereits genannten privatisierungsfesten Kerns von Staatsaufgaben hat der Gesetzgeber – eingehegt durch Verfassungs- und vor allem EU-Recht – das Zugriffsrecht auf bestimmte Aufgaben, die er als Gemeinwohlaufgabe identifizieren und einer hoheitlichen Erledigung durch staatliche Verwaltungsträger überantworten darf.** Wenn der Bundes- oder Landesgesetzgeber also eine Aufgabe zu einer hoheitlich zu erledigenden Aufgabe macht, gilt grundsätzlich § 3 Abs. 1 Nr. 1 GrStG. Ob dies zwingend oder zweckmäßig ist, ist irrelevant. Daher ist nach wie vor die Wasserentsorgung (**Abwasserbeseitigung**, anders bei der Wasserversorgung, → Rn. 68) eine dem hoheitlichen Bereich zuzuordnende Tätigkeit, wenn sie nur von juristischen Personen des öffentlichen Rechts wahrgenommen werden kann (BFH 10.4.2019 – II R 16/17, BStBl. II 2019, 624; vgl. heute § 56 WHG iVm mit den landesrechtlichen Vorschriften, zB mit § 46 LWG NRW).

58 § 3 Abs. 3 GrStG kann mithin erst dann relevant werden, wenn der Staat eine Tätigkeit grundsätzlich „freigegeben" hat: **Wenn auch Private die notwendige Leistung erbringen dürfen** (gleich ob als Privatrechtssubjekt oder als Beliehene [vgl. BFH 29.10.2008 – I R 51/07, BStBl. II 2009, 1022; anders wohl BFH 25.1.2005 – I R 63/03, BStBl. II 2005, 501]) und der Staat nur noch dafür verantwortlich ist, dass überhaupt jemand diese Aufgabe erfüllt (Gewährleistungsverantwortung als Privatisierungsfolge), dann kann Wettbewerb entstehen und die Abgrenzung zum Betrieb gewerblicher Art wird virulent. Dann kommt es auch nicht darauf an, ob das Rechtsverhältnis zum Bürger öffentlich-rechtlicher Natur (Hoheitsrechte, Gebühren und Beiträge) oder dem Privatrecht (Vertrag, Entgelt) überantwortet ist (→ Rn. 65f.). Ebenso wenig ist dann relevant, ob der Staat die Leistung anbieten muss. **Entscheidend ist allein eine wettbewerbsorientierte Betrachtung.** Das hat sehr anschaulich die Entscheidung des BFH zu den Kindergärten gezeigt: Weil ein „wettbewerbsrelevanter Anbieter- und Nachfragemarkt" existiert, wurde der **Kindergarten** ungeachtet eines staatlichen Grundversorgungsauftrages und ungeachtet der Ausgestaltung des Benutzungsverhältnisses als Betrieb gewerblicher Art eingeordnet (BFH 12.7.2012 – I R 106/10, BStBl. II 2012, 837; was freilich der Anwendung der Gemeinnützigkeitsvoraussetzungen nicht hindert, → Rn. 34ff., → Rn. 69). Nicht überall, wo auch Private Leistungen anbieten, besteht allerdings Wettbewerb. Man denke nur an die **Schule**. Für Schulzwecke genutzter Grundbesitz juristischer Personen des öffentlichen Rechts ist nach § 3 Abs. 1 S. 1 Nr. 1, Abs. 2 GrStG von der Grundsteuer befreit (BFH

Steuerbefreiung für Grundbesitz bestimmter Rechtsträger **§ 3 GrStG**

6.12.2017 – II R 26/15, BFH/NV 2018, 453 Rn. 39) und dies ungeachtet der Tatsache, dass es auch Privatschulen gibt, die mit den staatlichen Schulen womöglich konkurrieren. Denn der Staat tritt den Schülern und ihren Eltern im Schulrechtsverhältnis mit dem ihm eigentümlichen Befugnissen gegenüber. Es besteht Schulpflicht und der Staat bietet die Grundleistung „Schule" beitragslos an. Dessen ungeachtet dürfte der Schulzweck aber auch die Voraussetzungen des Allgemeingebrauchs (→ Rn. 62) oder zumindest die Gemeinnützigkeitsvoraussetzungen erfüllen.

Ihre „Zugriffsrechte" können die einzelnen Landesgesetzgeber dabei durchaus unterschiedlich ausüben. Was in dem Bundesland A eine ausschließlich hoheitlich zu erledigende Aufgabe ist, kann in dem Land B auch privaten Anbietern anvertraut sein. Im Land A kann dann eine Hoheitsaufgabe vorliegen, in dem anderen Bundesland B wird sie zu verneinen sein (zB **Tierkörperbeseitigung** ist – soweit ersichtlich – nur noch in Baden-Württemberg eine ausschließlich Hoheitsträgern überantwortete Aufgabe, während in anderen Bundesländern auch Private diese Aufgabe wahrnehmen können; gleichwohl muss dann immer noch genau der hoheitliche Rahmen bestimmt werden: So ist nur die Beseitigung hoheitliche Tätigkeit, aber nicht mehr die sich anschließende Verarbeitung zu Fleischmehl, s. FM Bayern 17.12.1984 – 34 – G 1103 – 4/8 – 27 385, BeckVerw 289024: Anwendung § 8 GrStG). **Voraussetzung ist allerdings, dass die Landesregelung so ausgestaltet ist, dass sie wirklich eine Wettbewerbssituation verhindert.** In dem betreffenden Bundesland darf also nicht die Wahl bestehen, ob man die staatliche Einrichtung in eben diesem Bundesland nutzt oder eine privatwirtschaftlich betriebene Einrichtung in einem anderen Bundesland oder im Ausland. Hieran hat der BFH die hoheitliche Tätigkeit von **Krematorien** (Feuerbestattungsanlagen) in NRW scheitern lassen: Weil in anderen Bundesländern, aber auch in den benachbarten Niederlanden Feuerbestattungen privatwirtschaftlich angeboten werden dürften und die Angehörigen letztlich die Wahl hatten, welche Feuerbestattungsanlage sie nutzen, bestand **(innerdeutscher und grenzüberschreitender) Wettbewerb.** Eine Ausnahme von diesem Grundsatz erkennt der BFH nur an, wenn der Markt örtlich so begrenzt ist, dass eine Wettbewerbsrelevanz faktisch ausgeschlossen werden kann. Das wurde in der Entscheidung indes verneint (BFH 29.10.2008 – I R 51/07, BStBl. II 2009, 1022).

Die Zuordnung eines Aufgabenfeldes zu den hoheitlichen Tätigkeiten einer juristischen Person des öffentlichen Rechts ist damit im Laufe der Zeit wandlungsfähig. Insbesondere können die Anschauungen über die staatlichen Kernaufgaben und die damit verbundenen rechtlichen Grundlagen bestimmter Aufgaben Veränderungen unterworfen sein (ein anschauliches Beispiel ist die **Abfallentsorgung,** siehe OFD Karlsruhe 7.4.2015 – S 270.6/256 – St 213, BeckVerw 306109, mit Anwendungsanordnung auch für GrSt durch FM BW 9.5.2019 – 3 – G 110.3/18, BeckVerw 451394). Daher ist auch äußerste Vorsicht mit unreflektierter Heranziehung älterer Rechtsprechung sowohl zur Grundsteuer als auch zur Körperschaftsteuer geboten. Die Entscheidungsgrundlagen, die realen Bedingungen und das Vorverständnis der entscheidenden Richter können sich erheblich gewandelt haben (freilich muss dies nicht immer die Rspr. zu einer zeitgemäßen Anpassung veranlasst haben: So meint der BFH nach wie vor, dass die öffentlich-rechtlichen **Rundfunkanstalten** im Rahmen ihres Programmauftrages eine hoheitliche Tätigkeit ausüben [BFH 30.1.2013 – II R 11/11; FG München 2.12.1969 – I [VII] 83/67, EFG 1970, 189]; überzeugen kann dies nicht, wenn man das Programm der öffentlichen Fernsehsender mit demjenigen der privaten Konkurrenz vergleicht). Da zudem auch die

59

60

§ 3 GrStG   Abschnitt I. Steuerpflicht

Landesgesetzgebungen gerade in den Randbereichen nicht homogen sind, macht eine umfassende Auflistung aller Entscheidungskonstellationen seit dem RFH wenig Sinn (siehe gleichwohl zur Orientierung die umfasssende Auflistung zB bei *Erhard* in Brandis/Heuermann KStG § 4 Rn. 131; *Wallenhorst* in Wallenhorst/Halaczinsky Die Besteuerung gemeinnütziger und öffentlich-rechtlicher Körperschaften, Kap. H Rn. 140). Ganz pragmatisch kommt dann noch hinzu, dass sich in wichtigen Konstellationen das Problem dadurch erheblich entschärft hat, dass sich eine Grundsteuerbefreiung zumindest über § 3 Abs. 1 S. 1 Nr. 3 Buchst. a GrStG und die Gemeinnützigkeitsvorschriften ergibt (Beispiel: **Kindergarten,** →Rn. 69). Ergänzend wird daher nur noch auf die Beispiele zum Betrieb gewerblicher Art hingewiesen (→Rn. 68).

61 Lässt sich eine **wirtschaftliche Tätigkeit** identifizieren, muss die erste Frage lauten, ob diese **wirtschaftliche Tätigkeit von einer hoheitlichen Tätigkeit trennbar** ist. Wenn dies möglich ist, sind beide Tätigkeiten getrennt zu betrachten (*Märtens* in Gosch KStG § 4 Rn. 106 mwN) und dies bedeutet für § 3 Abs. 1 S. 1 Nr. 1 GrStG, dass zwei verschiedene Grundstücksnutzungen vorliegen. Ein solches Zusammentreffen zweier eigenständiger Nutzungen ist eine Frage des § 8 GrStG. Kommt eine räumliche Abgrenzung nicht in Betracht, ist entscheidend, ob die steuerbegünstigten Zwecke überwiegen (→GrStG § 8 Rn. 5 ff.). **Ist schon die Tätigkeit in Bezug auf ihren wirtschaftlichen (wettbewerbsrelevanten) und ihren hoheitlichen Anteil nicht trennbar, weil beide eng miteinander verflochten sind, gilt § 4 Abs. 5 KStG:** Überwiegt die hoheitliche Tätigkeit gegenüber der wirtschaftlichen Tätigkeit, ist insgesamt von einer hoheitlichen Tätigkeit auszugehen. In diesem Fall bleibt das wettbewerbsrelevante Handeln der juristischen Person des öffentlichen Rechts grundsätzlich irrelevant. Eine Ausnahme soll dann zu machen sein, wenn die Steuerfreiheit der wirtschaftlichen Tätigkeit – trotz ihrer untergeordneten Bedeutung gegenüber der von ihr nicht trennbaren hoheitlichen Tätigkeit – den Wettbewerb beeinträchtigen kann (*Märtens* in Gosch KStG § 4 Rn. 111). Diese **von § 4 Abs. 5 KStG vorgezeichnete Zuordnungsentscheidung ist auch für die Grundsteuer zu übernehmen.** Liegt hiernach eine insgesamt dem hoheitlichen Bereich zuzuordnende Tätigkeit vor, dann muss insoweit auch nicht auch § 8 GrStG aufgeteilt werden. Eine Aufteilungsproblematik stellt sich erst dann, wenn diese einheitlich hoheitliche Tätigkeit mit anderen nichtbegünstigten Nutzungen zusammentrifft.

62 Der **Gebrauch durch die Allgemeinheit** liegt vor allem bei demjenigen Grundbesitz vor, der dem Gemeingebrauch untersteht (wie Straßen, Plätze, Anlagen, Seen). Dass der Gemeingebrauch durch öffentliches Recht (zB bei Wasserflächen nach den einschlägigen Landeswassergesetzen) oder durch die Widmung nicht uneingeschränkt besteht (Ausschluss bestimmter Nutzungen) bzw. von bestimmten Voraussetzungen abhängig ist (Uhrzeit, Benutzungsentgelt; →Rn. 63), ist unschädlich (*Knittel* in Stenger/Loose GrStG § 3 Rn. 608; Beispiele: **Ausstellungen** [VG Berlin 20.4.2012 – 27 A 4/08, BeckRS 2012, 51679: im ehemaligen Staatsratsgebäude in Berlin], **Sportanlagen,** die der Öffentlichkeit zur bestimmungsgemäßen Nutzung zur Verfügung stehen [wird die Sportanlage einem Verein zur Nutzung überlassen, gilt hingegen Nr. 3 Buchst. a, →Rn. 13], **Spielplätze**). **Entsprechendes gilt bei Beschränkungen durch das Straßenverkehrsrecht.** Stehen zB die Parkflächen auf Straßen, Wegen und Seitenstreifen nur zum zeitlich begrenzten Parken zur Verfügung oder handelt es sich um Anwohnerparkplätze, stehen sie gleichwohl für einen öffentlichen Gebrauch zur Verfügung (Gleichlautende Ländererlasse 15.1.2002, BStBl. I 2002, 152 Ziff. 1.1.; bei Entgeltlichkeit s.

Steuerbefreiung für Grundbesitz bestimmter Rechtsträger   **§ 3 GrStG**

hingegen → Rn. 67). Wenn allerdings ein gemeindliches Grundstück überhaupt nicht betreten werden darf, fehlt es hingegen an einer Gebrauchsmöglichkeit durch die Allgemeinheit (wohl ebenso *Troll/Eisele* GrStG § 3 Rn. 19; skeptisch auch BFH 24.1.1969 – III 109/65, BStBl. II 1969, 324, dort aber zugleich der Hinweis auf eine die Grundsteuerbefreiung bejahende Rechtsprechung des preußOVG). Möglicherweise können zudem Umstände hinzutreten, die den begünstigten Gebrauch zumindest in den Hintergrund drängen. So musste der BFH die grundsätzliche Frage, ob eine Grünfläche, die nicht betreten werden darf, grundsteuerbefreit ist, deshalb nicht entscheiden, weil das Grundstück zugleich Bauland war. Hier überwiege der Baulandcharakter, womit ein etwaiger Gebrauch durch die Allgemeinheit – wenn er denn überhaupt vorliegen würde – jedenfalls nach § 8 Abs. 2 GrStG unbeachtlich sei (BFH 24.1.1969 – III 109/65, BStBl. II 1969, 324). Der Gebrauch durch die Allgemeinheit ist ferner für solchen Grundbesitz zu bejahen, der im Zusammenhang mit der Erfüllung der einer Körperschaft des öffentlichen Rechts obliegenden öffentlichen Aufgaben benutzt wird, zB bei Warteräumen für das Publikum in amtlichen Stellen (BFH 20.5.1960 – III 440/58 S, BStBl. III 1960, 368).

Ein Gebrauch durch die Allgemeinheit iSv Abs. 2 liegt nicht vor, wenn die **63** Überlassung an die Allgemeinheit im Rahmen eines Betriebes gewerblicher Art erfolgt. Das betrifft vor allem Museen und Theater sowie Märkte, die typischerweise Betriebe gewerblicher Art sind (→ Rn. 68). Aber auch dort, wo mangels potenziellen Wettbewerbsverhältnisses ein Betrieb gewerblicher Art nicht angenommen werden kann, **kann ein Entgelt schaden.** Das ist gem. **§ 3 Abs. 2 S. 2 GrStG** allerdings nur dann der Fall, **wenn das Entgelt in der Absicht erhoben wird, Gewinn zu erzielen.**

II. Betriebe gewerblicher Art (Abs. 3 iVm § 4 KStG)

Öffentlicher Dienst oder Gebrauch iSv Abs. 2 sind nicht anzunehmen **64** **bei Betrieben gewerblicher Art iSv § 4 KStG.** Das Grundsteuerrecht folgt damit ebenso wie das Körperschaftsteuerrecht dem Grundsatz der Wettbewerbsneutralität (*Seer* DStR 1992, 1790 [1793]). Bei Verwirklichung dieses Anliegens gelten für die Körperschaftsteuer und die Grundsteuer einheitliche Maßstäbe. Eine verfahrensrechtliche Bindung besteht indes nicht (vgl. FG München 9.11.1972 – IV 136/69, EFG 1973, 176). Bei der Grundsteuer ist daher eigenständig über das Vorliegen der Voraussetzungen des § 4 KStG zu befinden. Da allerdings kaum zu erwarten ist, dass die Finanzverwaltung ein und denselben Sachverhalt unterschiedlich würdigt (hierzu „motiviert" auch GrStR Abschn. 9 Abs. 4), hat diese Frage vor allem Bedeutung für den Rechtsschutz. Ein Gericht, das über die Grundsteuerfreiheit nach Maßgabe des § 3 Abs. 1 S. 1 Nr. 1 GrStG zu befinden hat, mag sich die Argumente aus dem Körperschaftsteuerveranlagungsverfahren zu eigen machen; gebunden ist es hieran aber nicht. Dessen ungeachtet muss auch gesehen werden, dass die Abgrenzungsfunktionen im Körperschaft- und Grundsteuerrecht nicht vollständig deckungsgleich sind. Der Begriff des Betriebes gewerblicher Art **erfüllt im Grundsteuerrecht nur eine einzige Abgrenzungsfunktion, nämlich in Richtung „hoheitliche Tätigkeit" und „Allgemeingebrauch" iSv Abs. 2.** Die ansonsten im Körperschaftsteuerrecht nicht immer einfache Abgrenzung zwischen einem Betrieb gewerblicher Art und einer hiervon zu unterscheidenden vermögensverwaltenden Tätigkeit (vgl. BFH 13.3.1974 – I R 7/71, BStBl. II 1974, 391 [394]) ist für das Grundsteuerrecht hingegen irrelevant, da **die Vermögensverwaltung ebenso grundsteuerpflichtig ist wie die wirtschaftliche Tätig-**

§ 3 GrStG Abschnitt I. Steuerpflicht

keit im Rahmen eines Betriebes gewerblicher Art (→ Rn. 25, zur entgeltlichen Parkplatzüberlassung auch → Rn. 67).

65 Ein **Betrieb gewerblicher Art** ist eine Einrichtung, die einer nachhaltigen, nicht zwingend auf Teilnahme am wirtschaftlichen Verkehr gerichteten, wirtschaftlichen Tätigkeit zur Erzielung von Einnahmen – nicht hingegen: Gewinnen – außerhalb der Land- und Forstwirtschaft dient und die sich innerhalb der Gesamtbetätigung der juristischen Person des öffentlichen Rechts wirtschaftlich heraushebt (§ 4 Abs. 1 KStG). Der Betrieb gewerblicher Art ist ebenso wie der Gewerbebetrieb iSv § 15 Abs. 2 EStG ein **Typusbegriff** (*Seer* DStR 1992, 1752 [1753]), weshalb seine Konturierung im Einzelfall nicht unwesentlich durch die Verkehrsanschauung und eine wertende Zuordnung geprägt sind. **Entscheidend ist, ob ein der Sache nach wirtschaftliches Handeln vorliegt, das ebenso von Privaten erbracht werden kann und das zumindest eine potenzielle Wettbewerbssituation mit Privaten besteht** (zum Wettbewerb als Grundbedingung einer Wettbewerbsrelevanz → Rn. 58). Dies wiederum muss auf eine „Einrichtung" bezogen werden. Hierunter versteht die Rechtsprechung eine **funktionelle Einheit, die für eine gesonderte Betrachtung ausreichende Abgrenzungsmerkmale aufweist**. Es geht darum, dass es für mehrere wirtschaftliche Handlungen ein bindendes, Entscheidungs- und Handlungszusammenhänge bewirkendes Glied gibt. Auf eine organisatorische Verselbstständigung („Abteilung", „Betrieb") kommt es dabei nicht an. So kann sich die funktionelle Einheit auch allein daraus ergeben, dass eine besondere Leistung erbracht wird oder dass man intern einen eigenständigen Geschäftskreis abgrenzt uÄ (*Märtens* in Gosch KStG § 4 Rn. 35, 37 mwN).

66 Die **wirtschaftliche Herausgehobenheit dieser Einheit knüpft an das Besteuerungsanliegen des § 4 KStG an** und dient letztlich negativ dazu, **solche wirtschaftlichen Betätigungen aus der Besteuerung auszuscheiden, die so unbedeutend sind, dass sie keinen Einfluss auf den Wettbewerb nehmen können.** Die Finanzverwaltung hat insoweit in Anlehnung an § 64 Abs. 3 AO aF eine Nichtaufgriffsgrenze von 35.000 EUR (nach der Anpassung des § 64 Abs. 3 AO durch das JStG 2020 v. 21.12.2020, BGBl. 2020 I 3096 sind jetzt wohl 45.000 EUR sachgerecht) formuliert („wichtiger Anhaltspunkt dafür, dass die Tätigkeit von einigem wirtschaftlichen Gewicht ist", KStR 4.1. Abs. 5). Es ist allerdings nicht ausgeschlossen, dass auch unterhalb dieser Grenze eine Wettbewerbsbeeinträchtigung vorliegen kann, was dann allerdings konkret darzulegen ist (vgl. *Märtens* in Gosch KStG § 4 Rn. 43; *Seer* DStR 1992, 1751 [1756]; KStR 4.1. Abs. 5). Für § 3 Abs. 1 S. 1 Nr. 1 GrStG will die Finanzverwaltung diese Grenze indes wohl nicht gelten lassen. So heißt es in GrStR Abschn. 9 Abs. 4 S. 5: „Fehlt es nur an dieser Voraussetzung (= 35.000 EUR- bzw. 45.000 EUR-Grenze wird nicht überschritten) oder kommt es wegen des Freibetrags des § 24 KStG (= 5.000 EUR) nicht zu einer Körperschaftsteuerveranlagung, ist für die Grundsteuer gleichwohl anzunehmen, dass der Grundbesitz nicht für einen öffentlichen Dienst oder Gebrauch benutzt wird." An dieser Aussage ist jedenfalls richtig, dass die Verneinung eines Betriebes gewerblicher Art mangels wirtschaftlicher Herausgehobenheit nicht automatisch bedeutet, dass eine begünstigte Tätigkeit iSv § 3 Abs. 2 GrStG vorliegt. Allerdings ist dies auch nicht ausgeschlossen; es ist vielmehr eine Frage des Einzelfalls. Im Übrigen kommt es für die Zuordnung einer „funktionalen Einheit" zum Typus des Betriebes gewerblicher Art nicht auf formale Einordnungskategorien an. Ist festgestellt worden, dass sich die juristische Person des öffentlichen Rechts nach der vorstehenden Maßgabe in einer wettbewerbsrelevanten Art und Weise in einem Bereich betätigt, in dem auch private Anbieter auftreten bzw. auftreten können,

Steuerbefreiung für Grundbesitz bestimmter Rechtsträger **§ 3 GrStG**

dann kommt es auf die gewählte Organisations- und Handlungsform nicht an. Auch ein Benutzungszwang und/oder eine hoheitliche Ausgestaltung des Leistungsverhältnisses (durch Satzung, gegen Gebühr oder Beitrag) stehen einem Betrieb gewerblicher Art nicht entgegen (BFH 12.7.2012 – I R 106/10, BStBl. II 2012, 837).

Wie schwierig die Grenzziehung gerade im Hinblick auf vom öffentlichen **67** Recht gewährte Handlungsoptionen ist, zeigt anschaulich die **Parkraumbewirtschaftung:** So geht die Rechtsprechung (richtigerweise) davon aus, dass die entgeltliche Überlassung von Parkplätzen im Rahmen eines Betriebes gewerblicher Art erfolgt (vgl. BFH 22.9.1976 – I R 102/74, BStBl. II 1976, 793; BFH 8.11.1989 – I R 187/85, BStBl. II 1990, 242; Gleichlautende Ländererlasse 15.1.2002, BStBl. I 2002, 152 Ziff. 1.2.). Denn auch Private bieten Parkraum gegen Entgelt an. Dessen ungeachtet würde jedenfalls eine ebenso für Nr. 1 schädliche Vermögensverwaltung vorliegen (s. auch → GrStG § 7 Rn. 7). Von diesen Grundsätzen macht die Rechtsprechung allerdings dann eine Ausnahme, wenn die Gemeinde die Parkplatznutzung hoheitlich regelt, indem sie nämlich auf Verkehrseinrichtungen iSv §§ 13, 45 StVO zurückgreift (also: Parkscheinautomaten). In diesem Fall sollte nach älterer Rechtsprechung eine hoheitliche Tätigkeit selbst dann vorliegen, wenn es sich um Parkplätze handelt, die ebenso wie ein privatwirtschaftlich betriebener Parkplatz umschlossen und mit einer Schrankenregelung versehen sind (BFH 27.2.2003 – V R 78/01, BStBl. II 2004, 431 für die USt). Würde man dies in dieser Allgemeinheit gelten lassen wollen, ergäbe sich eine steuerliche Gestaltbarkeit selbst in den Fällen, in denen der Vergleich mit einer privaten Parkraumbewirtschaftung offenkundig ist. Dies hat auch zwischenzeitlich der BFH erkannt und seine Rechtsprechung wieder eingeschränkt (BFH 1.12.2011 – V R 1/11, BStBl. II 2017, 834): Bei selbstständigen Parkflächen, die nur über eine Zufahrt vom Straßenkörper aus erreichbar sind und die deshalb eine eigenständige Bedeutung gegenüber dem Straßenkörper haben, besteht typischerweise eine Wettbewerbssituation. Jeder Private kann über eine Straße erreichbare Parkflächen entgeltlich anbieten und auch die Art der Nutzung (kurzfristiges Parken) unterscheidet sich nicht. Daher kann es auch nicht relevant sein, dass man sich hier einer hoheitlichen Regelung bedient hat und dass dieses hoheitliche Handeln nur zur Aufrechterhaltung der öffentlichen Sicherheit und Ordnung zulässig ist. Anders scheint es der BFH – ohne dass es im Entscheidungsfall darauf ankam – für die sog. unselbstständigen Parkplatzflächen zu sehen, dh solche Parkplatzflächen, die zum Straßenkörper gehören. Das sind vor allem Parkbuchten und andere Parkmöglichkeiten direkt an der Fahrbahn. Das erscheint insoweit nachvollziehbar, da ein Privater wohl nicht die Möglichkeit hat, solche Parkmöglichkeiten anzubieten. Diese Überlegungen, die allesamt auf die Grundsteuer übertragbar sind, zeigen jedenfalls die Tücke der Abgrenzung zwischen hoheitlicher Tätigkeit einerseits und einer wettbewerbsrelevanten Tätigkeit (im Gewande des öffentlichen Rechts) andererseits.

Ungeachtet dieser Legaldefinition erfasst die Verweisung des § 3 Abs. 3 GrStG **68** auch die Positivregelungen in § 4 Abs. 3 KStG. Hiernach gehören zu den Betrieben gewerblicher Art auch **Betriebe, die der Versorgung der Bevölkerung mit Wasser, Gas, Elektrizität oder Wärme, dem öffentlichen Verkehr (Personen- und Güterbeförderung) oder dem Hafenbetrieb** (auch → GrStG § 4 Rn. 11 ff. [öffentlicher Verkehr], → GrStG § 4 Rn. 18 ff. [Hafen]) **dienen.** Die Auszählung ist nicht abschließend. Zu ergänzen ist vor allem noch der **Betrieb eines Flughafens** (vgl. → GrStG § 4 Rn. 25 f.). Gemeinsam ist allen in § 4 Abs. 3 KStG genannten Beispielen, dass die juristische Person diese Leistungen selbst anbietet

§ 4 GrStG   Abschnitt I. Steuerpflicht

(also die Beförderungsleistung etc). Kein sog. Versorgungsbetrieb liegt hingegen vor, wenn die juristische Person des öffentlichen Rechts lediglich die für die Erbringung der Leistung notwendige Infrastruktur zur Verfügung stellt (BFH 19.2.1992 – II R 138/88, BFH/NV 1993, 154: Gleisanlage selbst ist kein Verkehrsbetrieb). Weitere **Beispiele für Betriebe gewerblicher Art** sind: Gemeindliche **Campingplätze** (BFH 20.5.1960 – III 440/58, BStBl. III 1960, 368) und andere Beherbergungsmöglichkeiten für Urlauber, **Jacht- und Bootshäfen** (FM Bayern 1.2.1983 – 34 – G 1105 – 8/9 – 66 194/82, BeckVerw 289015), **Märkte** (BFH 7.11.2007 – I R 52/06, BStBl. II 2009, 248; unerheblich ist, ob die Märkte nach öffentlichem Recht festgesetzt sind oder nicht; aA noch BFH 4.6.1969 – III R 31/66, BStBl. II 1969, 717), **Mensabetrieb, Kindergärten** (BFH 12.7.2012 – I R 106/10, BStBl. II 2012, 837), **Musikschule** (BFH 25.7.2002 – I B 52/02, BFH/NV 2002, 1341), **Theater, Museen, Schwimmbäder** (FM Bayern 1.2.1983 – 34 – G 1105 – 8/9 – 66 194/82, BeckVerw 289015) und die **Sparkassen** (hier insb. keine Aufspaltung der einzelnen Tätigkeitsbereiche, FG Baden-Württemberg 26.11.1998 – 8 K 250/96, EFG 1999, 249). Schließlich stellt richtigerweise die Behördenkantine (auch) grundsteuerrechtlich einen Betrieb gewerblicher Art dar (anders die Finanzverwaltung, → GrStG § 7 Rn. 5).

69 Das Vorliegen eines Betriebes gewerblicher Art schließt die Grundsteuerbefreiung nach § 3 Abs. 1 S. 1 Nr. 1 GrStG aus, reicht mit seiner Ausschlusswirkung aber nicht hierüber hinaus. Daher **ist auch für Betriebe gewerblicher Art eine Grundsteuerbefreiung** nach § 3 Abs. 1 S. 1 Nr. 3 Buchst. a GrStG **zu gewähren, wenn die Gemeinnützigkeitsvorschriften einschlägig sind und kein schädlicher wirtschaftlicher Geschäftsbetrieb, sondern ein unschädlicher Zweckbetrieb vorliegt.** Das betrifft zB gebührenpflichtige Kindergärten: Sie sind ein Betrieb gewerblicher Art (BFH 12.7.2012 – I R 106/10, BStBl. II 2012, 837), erfüllen aber die Gemeinnützigkeitsvoraussetzungen (vgl. § 52 AO) und gelten nach § 68 Nr. 1 Buchst. b AO als Zweckbetrieb. Ähnlich verhält es sich mit gemeindlichen Schwimmbädern, die ebenfalls Zweckbetrieb sein können und dann der Grundsteuerbefreiung nach § 3 Abs. 1 Nr. 3 Buchst. a GrStG unterfallen (FM Bayern 1.2.1983 – 34 – G 1105 – 8/9 – 66 194/82, BeckVerw 289015). Gerade deshalb hat der Zweckbetriebskatalog des § 68 AO (→ Rn. 35) eine so große Bedeutung (weitere Beispiele: Altenheime, Volkshochschulen, Auftragsforschung).

§ 4 Sonstige Steuerbefreiungen

Soweit sich nicht bereits eine Befreiung nach § 3 ergibt, sind von der Grundsteuer befreit
1. **Grundbesitz, der dem Gottesdienst einer Religionsgesellschaft, die Körperschaft des öffentlichen Rechts ist, oder einer jüdischen Kultusgemeinde gewidmet ist;**
2. **Bestattungsplätze;**
3. a) **die dem öffentlichen Verkehr dienenden Straßen, Wege, Plätze, Wasserstraßen, Häfen und Schienenwege sowie die Grundflächen mit den diesem Verkehr unmittelbar dienenden Bauwerken und Einrichtungen, zum Beispiel Brücken, Schleuseneinrichtungen, Signalstationen, Stellwerke, Blockstellen;**

Sonstige Steuerbefreiungen **§ 4 GrStG**

b) auf Verkehrsflughäfen und Verkehrslandeplätzen alle Flächen, die unmittelbar zur Gewährleistung eines ordnungsgemäßen Flugbetriebes notwendig sind und von Hochbauten und sonstigen Luftfahrthindernissen freigehalten werden müssen, die Grundflächen mit den Bauwerken und Einrichtungen, die unmittelbar diesem Betrieb dienen, sowie die Grundflächen ortsfester Flugsicherungsanlagen einschließlich der Flächen, die für einen einwandfreien Betrieb dieser Anlagen erforderlich sind;

c) die fließenden Gewässer und die ihren Abfluß regelnden Sammelbecken, soweit sie nicht unter Buchstabe a fallen;

4. die Grundflächen mit den im Interesse der Ordnung und Verbesserung der Wasser- und Bodenverhältnisse unterhaltenen Einrichtungen der öffentlich-rechtlichen Wasser- und Bodenverbände und die im öffentlichen Interesse staatlich unter Schau gestellten Privatdeiche;

5. Grundbesitz, der für Zwecke der Wissenschaft, des Unterrichts oder der Erziehung benutzt wird, wenn durch die Landesregierung oder die von ihr beauftragte Stelle anerkannt ist, daß der Benutzungszweck im Rahmen der öffentlichen Aufgaben liegt. ²Der Grundbesitz muß ausschließlich demjenigen, der ihn benutzt, oder einer juristischen Person des öffentlichen Rechts zuzurechnen sein;

6. Grundbesitz, der für die Zwecke eines Krankenhauses benutzt wird, wenn das Krankenhaus in dem Kalenderjahr, das dem Veranlagungszeitpunkt (§ 13 Abs. 1) vorangeht, die Voraussetzungen des § 67 Abs. 1 oder 2 der Abgabenordnung erfüllt hat. ²Der Grundbesitz muß ausschließlich demjenigen, der ihn benutzt, oder einer juristischen Person des öffentlichen Rechts zuzurechnen sein.

Gilt nicht in **Baden-Württemberg** (dort § 5 BWLGrStG).

Übersicht

	Rn.
A. Allgemeines	1
I. Systematische Einordnung und Zweck der Vorschrift	1
II. Entwicklung der Vorschrift	2
III. Verfahrensrecht	3
B. Die Steuerbefreiungstatbestände	4
I. Gemeinsame Voraussetzungen aller Steuerbefreiungstatbestände	4
II. Dem Gottesdienst gewidmeter Grundbesitz (Nr. 1)	6
III. Bestattungsplätze (Nr. 2)	10
IV. Dem öffentlichen Verkehr dienende Grundstücke (Nr. 3 Buchst. a)	11
1. Straßen, Wege und Plätze	11
2. Wasserstraßen und Häfen	18
3. Schienenwege	22
V. Verkehrsflughäfen und Verkehrslandeplätze (Nr. 3 Buchst. b)	25
VI. Fließende Gewässer (Nr. 3 Buchst. c)	27
VII. Grundbesitz öffentlich-rechtlicher Wasser- und Bodenverbände sowie staatlich unter Schau gestellte Privatdeiche (Nr. 4)	29
VIII. Grundbesitz der unterhalten wird für Zwecke der Wissenschaft, des Unterrichts und der Erziehung (Nr. 5)	34
IX. Krankenhausgrundstücke (Nr. 6)	45
C. Grundbesitz ausländischer Staaten und internationaler Organisationen uÄ	50

A. Allgemeines

I. Systematische Einordnung und Zweck der Vorschrift

1   Soweit sich nicht bereits eine Befreiung nach § 3 ergibt, ist der in § 4 Nr. 1–6 im Einzelnen genannte Grundbesitz steuerbefreit. § 4 ist gegenüber § 3 subsidiär (FG Hessen 10.6.2015 – 3 K 3027/10, EFG 2015, 2205 Rn. 17) und erlangt vor allem dann Bedeutung, wenn die Anwendung des § 3 GrStG daran scheitert, dass die Zurechnungs- und Nutzungsvoraussetzung nicht kumulativ erfüllt sind. Denn anders als § 3 GrStG setzen die Tatbestände des § 4 GrStG lediglich eine bestimmte Nutzung des Grundbesitzes voraus (→ Rn. 4). Auch wenn die Befreiungstatbestände recht verschieden sind, so kann man doch einen roten Faden ausmachen: Es geht – wie bei § 3 GrStG auch – um die grundsteuerliche Verschonung von im öffentlichen Interesse genutzten Grundbesitz, aber auch um ein Gleichstellungsanliegen mit den bereits nach § 3 GrStG begünstigten Rechtsträgern, also vor allem juristischen Personen des öffentlichen Rechts und gemeinnützigen Körperschaften (vgl. zB die Begründung zur Vorgängerregelung des § 4 Nr. 6 GrStG für Krankenhäuser: es wurde als unbillig empfunden, dass Krankenhäuser der öffentlichen Hand befreit waren und private Krankenhäuser hingegen nicht, s. Gesetzesbegründung zu § 4 Nr. 8 GrStG 1936 RStBl. 1937, 717 [720]).

II. Entwicklung der Vorschrift

2   § 4 GrStG beruht auf dem Grundsteuerreformgesetz vom 7.8.1973 (zu § 4 GrStG s. BT-Drs. VI/3418, S. 79ff.; im Übrigen → Grundlagen Rn. 8). Alle sechs Nummern des § 4 GrStG waren zuvor auch schon in § 4 GrStG 1936 (→ Grundlagen Rn. 5) enthalten (siehe daher auch RStBl. 1937, 717ff.) und sind bis heute – auch nach der Grundsteuerreform 2019 (→ Grundlagen Rn. 13) – inhaltlich unverändert geblieben. Lediglich Nr. 6 musste redaktionell an die Gemeinnützigkeitsvorschriften der AO 1977 angepasst werden (Gesetz v. 14.12.1976, BGBl. I 1976, 3341).

III. Verfahrensrecht

3   Verfahrensrechtlich gelten die Ausführungen zur Steuerbefreiung nach § 3 GrStG (→ GrStG § 3 Rn. 4ff.).

B. Die Steuerbefreiungstatbestände

I. Gemeinsame Voraussetzungen aller Steuerbefreiungstatbestände

4   Die Steuerbefreiungstatbestände des § 4 GrStG knüpfen an bestimmte Nutzungen an. Von § 4 Nr. 5 und Nr. 6 abgesehen sind die Eigentumsverhältnisse für die Befreiung unerheblich, dh eine Befreiung eines Grundstücks kommt auch dann in Betracht, wenn der Mieter oder Pächter die begünstigte Nutzung ausübt oder wenn das Zurechnungssubjekt die besonderen Voraussetzungen des § 3 GrStG (zB juristische Person des öffentlichen Rechts etc) nicht erfüllt. Damit kann vor allem auch

Sonstige Steuerbefreiungen **§ 4 GrStG**

Privatrechtssubjekten zurechenbarer Grundbesitz (jenseits von Gemeinnützigkeit und ÖPP) von der Grundsteuer befreit sein.

Für die Frage der Grundsteuerbefreiung kommt es nach § 9 Abs. 1 GrStG auf die 5
Verhältnisse zu Beginn des Kalenderjahres an (→ GrStG § 9 Rn. 3f.).

II. Dem Gottesdienst gewidmeter Grundbesitz (Nr. 1)

Grundsteuerbefreit ist der Grundbesitz, der dem Gottesdienst einer **(alt-) kor-** 6
porierten Religionsgesellschaft (→ GrStG § 3 Rn. 40ff.) oder einer **jüdischen Kultusgemeinde** gewidmet ist (für Gottesdienste, die von Körperschaften verantwortet werden, die diese Voraussetzung nicht erfüllen, kommt die Befreiung für gemeinnützige Körperschaften in Betracht, → GrStG § 3 Rn. 28ff.). Der **Begriff des Gottesdienstes** dürfte historisch gesehen an ein tradiertes Verständnis der Gottesverehrung anknüpfen, was vor allem in der bis heute häufig zitierten Definition des RFH zum Ausdruck kommt: „Unter Gottesdienst sind [...] nur Veranstaltungen zu verstehen, die ausschließlich der Gottesverehrung dienen und in denen die Teilnehmer in feierlichen Formen durch Andacht, Gebet und Gesang ein Gemeinschaftsbekenntnis zu Gott ablegen. Das wesentliche äußere Merkmal des Gottesdienstes ist der feierliche Rahmen der Veranstaltung und ihre Bindung an eine bestimmte überlieferte Form. Versammlungen von Gemeindeangehörigen, denen eine strenge feierliche Form fehlt, sind kein Gottesdienst im Sinne des Gesetzes, auch wenn dabei das Gotteswort ausgelegt und gemeinschaftlich gebetet wird" (RFH 3.6.1939 – VIa 7/39, RFHE 47, 79f.). Diese Definition gibt auch heute noch zutreffend die Kernmerkmale eines Gottesdienstes wieder, nämlich den Ritus und die Gottesverehrung. Allerdings wird man das rituelle Element – anders als es in der Definition des RFH anklingt – nicht zu streng betrachten dürfen, da insoweit das (von Art. 4 GG geschützte) Selbstverständnis der Religionsgemeinschaft maßgeblich sein muss.

Der Begriff der Widmung meint lediglich „Nutzen". Die **Widmung zum** 7
Gottesdient setzt daher (nur) voraus, dass das Grundstück für einen Gottesdienst hergerichtet ist (*Knittel* in Stenger/Loose GrStG § 4 Rn. 34; GrStR Abschn. 17 Abs. 1 S. 3). Insoweit gelten die allgemeinen Vorverlagerungsgrundsätze des § 7 S. 2 GrStG (→ GrStG § 7 Rn. 9). Der Moment der Übergabe zum liturgischen Gebrauch (Kirchenweihe) uÄ ist nicht maßgeblich (*Troll/Eisele* GrStG § 4 Rn. 2). Ist eine Herrichtung nicht erforderlich (man denke an einen Waldgottesdienst), reicht die tatsächliche Benutzung für einen Gottesdienst aus (→ GrStG § 7 Rn. 4). Die Widmung zum Gottesdienst setzt nicht voraus, dass regelmäßig ein Gottesdienst abgehalten wird; auch ein gelegentlich stattfindender Gottesdienst ist ausreichend (GrStR Abschn. 17 Abs. 1).

§ 8 GrStG findet Anwendung. Wird das Grundstück mithin auch für andere 8
Zwecke genutzt, die weder § 3 GrStG noch § 4 GrStG unterfallen, wird die Grundsteuerbefreiung nur gewährt, wenn die steuerbegünstigte Nutzung überwiegt (s. die Erläuterungen zu § 8 GrStG). Die Grundsteuerbefreiung soll sich auch auf den Parkplatz für die Kirchenbesucher erstrecken (*Kunz* in Grootens GrStG § 4 Rn. 31; *Troll/Eisele* GrStG § 4 Rn. 2; zur Kritik an der Unmittelbarkeit von Parkplatznutzungen aber → GrStG § 7 Rn. 7). Wenn man dies annimmt, macht es sodann keinen Unterschied, ob der Parkplatz später erworben wurde oder nicht (aA *Knittel* in Stenger/Loose GrStG § 4 Rn. 36f., der unter Hinweis auf die Rspr. zum GrEStG ein nacherworbenes Parkplatzgrundstück von § 4 Nr. 1 GrStG ausnehmen will).

§ 4 GrStG   Abschnitt I. Steuerpflicht

9   Anders als bei § 3 GrStG setzt **die Steuerbefreiung nach § 4 Nr. 1 GrStG nicht voraus, dass die den Gottesdienst abhaltende (alt-) korporierte Religionsgesellschaft** (→ GrStG § 3 Rn. 10 f.) bzw. jüdische Kultusgemeinde **Zurechnungssubjekt des Grundstücks ist.** Die Steuerbefreiung kommt mithin auch für Grundstücke in Betracht, die einer (alt-) korporierten Religionsgesellschaft oder jüdischen Kultusgemeinde entgeltlich oder unentgeltlich zur Nutzung überlassen werden (*Knittel* in Stenger/Loose GrStG § 4 Rn. 32; *Kunz* in Grootens GrStG § 4 Rn. 26; *Troll/Eisele* GrStG § 4 Rn. 2; GrStR Abschn. 17 Abs. 2).

III. Bestattungsplätze (Nr. 2)

10 Von der Grundsteuer befreit sind Bestattungsplätze und dies ungeachtet der Frage, wem das Grundstück zuzurechnen ist (→ Rn. 4). Der **Begriff des Bestattungsplatzes** wird im Gesetz nicht näher konkretisiert. Es handelt sich um einen Typusbegriff. Auch wenn die Landesgesetze über die Friedhofs- und Bestattungswesen ein Bundesgesetz wie das GrStG nicht konkretisieren können, so können sie gleichwohl einen Anhaltspunkt für den Typus des Bestattungsplatzes liefern. Denn es liegt nahe, **dass ein Bestattungsplatz nur ein solcher sein kann, auf dem nach öffentlichen Recht auch Tote bestattet und ihre Aschereste beigesetzt werden können.** Dies setzt eine Genehmigung nach den Landesgesetzen über das Friedhofs- und Bestattungswesen voraus (mit diesem Ansatz zu Recht FG Hessen 10.6.2015 – 3 K 3027/10, EFG 2015, 2205 Rn. 33). Mit der Anknüpfung an das Bestattungsrecht wird der Typus des Bestattungsplatzes vor allem auf verstorbene Menschen reduziert (aA *Knittel* in Stenger/Loose GrStG § 4 Rn. 65: auch Tiere seien erfasst). Zudem wird der Begriff des Bestattungsplatzes damit auch gegenständlich umrissen: Es geht um die Beisetzungsstätten, die sie umschließenden Grünanlagen und die Leichenhalle sowie die Grundstücksteile, die der Durchführung der Bestattung mit den dazugehörigen Hilfsmaßnahmen (Kapelle uÄ) und der Pflege der Beisetzungsstätten dienen (FG Hessen 10.6.2015 – 3 K 3027/10, EFG 2015, 2205 Rn. 34). Ebenfalls grundsteuerbefreit sind Feuerbestattungsanlagen (Krematorien). Denn die Verbrennung des Leichnams ist bereits Teil des Bestattungsvorgangs („Feuerbestattung"). Nicht mehr von Nr. 2 erfasst sind hingegen Grundstücke, auf denen dem Bestattungsvorgang vorgelagerte Vorbereitungen stattfinden und die nicht von dem Betreiber des Friedhofs oder der Feuerbestattungsanlage durchgeführt werden. Dementsprechend sind vor allem die Grundstücke, auf denen private Bestattungsunternehmen betrieben werden, nicht begünstigt (FG Hessen 10.6.2015 – 3 K 3027/10, EFG 2015, 2205 Rn. 35). Der Anwendungsbereich des § 4 Nr. 2 GrStG ist damit sehr klein. Denn die Bestattungsplätze, die die vorgenannten Voraussetzungen erfüllen, dürften typischerweise schon nach § 3 GrStG von der Grundsteuer befreit sein.

IV. Dem öffentlichen Verkehr dienende Grundstücke (Nr. 3 Buchst. a)

11 **1. Straßen, Wege und Plätze.** Gemäß § 4 Nr. 3 Buchst. a GrStG sind die dem öffentlichen Verkehr (Fußgänger, Auto- wie auch Güterverkehr, s. BFH 25.4.2001 – II R 19/98, BStBl. II 2002, 54) dienenden Straßen, Wege, Plätze sowie die Grundflächen mit den diesem Verkehr unmittelbar dienenden Bauwerken und Einrichtungen steuerbefreit. Erfasst sind ferner die Seitengräben, Böschungen, Schutz- und Mittelstreifen (GrStR Abschn. 18 Abs. 2). Dem öffentlichen Verkehr

Sonstige Steuerbefreiungen **§ 4 GrStG**

dient ein Grundstück dann, wenn es der Öffentlichkeit zur Benutzung offensteht und tatsächlich auch von ihr benutzt wird. Voraussetzung ist mithin, dass das Grundstück ohne Beschränkung auf einen bestimmten, mit dem Verfügungsberechtigten in enger Beziehung stehenden Personenkreis allgemein zugänglich sind (BFH 25.4.2001 – II R 19/98, BStBl. II 2002, 54). Ausgeschlossen ist zB eine Rennstrecke (*Knittel* in Stenger/Loose GrStG § 4 Rn. 151; *Troll/Eisele* GrStG § 4 Rn. 4). Einschränkungen, die sich aus dem Wesen und der Art des Verkehrs ergeben – etwa Fußgänger oder Güterverkehr –, hindern dabei nicht die Qualifikation eines Verkehrs als öffentlich (GLE 15.1.2002, BStBl. I 2002, 152 Ziff. 2.2.). Entsprechendes gilt für die Einzäunung des Grundstücks und eine Zugangsregulierung über eine Schranke mit Pförtnerhaus, solange diese Maßnahmen nicht darauf gerichtet sind, bestimmte Benutzergruppen von der Nutzung auszuschließen, sondern allein einen Sicherungszweck erfüllen (so BFH 25.4.2001 – II R 19/98, BStBl. II 2002, 54 für eine Container-Umladestation).

Nach Ansicht der Rechtsprechung **ist eine öffentliche Widmung iSd öffent-** 12 **lichen Sachenrechts** (Begriff → Rn. 13) **für die Befreiung nach § 4 Nr. 3 Buchst. a GrStG nicht erforderlich** (BFH 11.11.1970 – III R 55/69, BStBl. II 1971, 32; BFH 25.4.2001 – II R 19/98, BStBl. II 2002, 54; ebenso *Kunz* in Grootens GrStG § 4 Rn. 47; *List* DB 1990, 962 [964]; unklar *Knittel* in Stenger/ Loose GrStG § 4 Rn. 112 ff.). Entscheidend sei, dass tatsächlich ein öffentlicher Verkehr auf dem Grundstück stattfindet. Von diesem Grundsatz macht die Rechtsprechung allerdings dann eine **Ausnahme, wenn der Verkehr nicht Selbstzweck ist,** sondern in einem engen Zusammenhang mit der werbenden Tätigkeit eines Unternehmens steht (zum Beispiel bei Parkflächen für Kunden und Lieferanten von Warenhäusern und Gastronomiebetrieben oder für Betriebsangehörige von Unternehmen). Bei solchen Grundstücken, die nach dieser Maßgabe (zumindest) mittelbar einen übergeordneten verkehrsfremden Zweck verfolgen oder die zumindest nicht der Verfügungsmacht des Eigentümers entzogen sind (weil er jederzeit den öffentlichen Verkehr wieder beenden könnte, so bei einem Parkhaus eines Kaufhauses, das während der Öffnungszeiten von jedermann genutzt werden kann, s. BFH 7.12.1988 – II R 115/88, BStBl. II 1989, 302), verlangt die Rechtsprechung daher, dass das Grundstück durch Widmung und Indienststellung (nach dem landesrechtlichen Straßen- und Wegerecht) zu einer öffentlichen Sache geworden sein muss. Nur dann stehe das Grundstück nicht nur tatsächlich, sondern auch rechtlich zur Nutzung durch die Allgemeinheit zur Verfügung (BFH 7.12.1988 – II R 115/88, BStBl. II 1989, 302 [Kaufhausparkplatz]; 7.12.1988 – II R 221/84, BFH/NV 1989, 537 [Kaufhausparkplatz]; 9.5.1990 – II R 170/87, BFH/NV 1991, 414 [Parkplatz für Werksangehörige]; 25.4.2001 – II R 19/98, BStBl. II 2002, 54; VG Magdeburg 21.10.2009 – 9 A 136/08, BeckRS 2009, 42300).

Stellungnahme: § 4 Nr. 3 Buchst. a GrStG spricht von „dienen" und knüpft 13 damit unseres Erachtens ausschließlich an das öffentliche Sachenrecht an (so auch noch die ältere Rechtsprechung, s. zB BFH 6.3.1991 – II R 97/89, BStBl. II 1994, 123). Eine primär auf die tatsächliche Nutzung und nur ausnahmsweise auf die Widmung abstellende Auslegung des § 4 Nr. 3 Buchst. a GrStG kann daher nicht überzeugen. Richtigerweise muss stets eine Widmung zum Verkehr vorliegen. Mit der Widmung erhält eine Straße, ein Weg oder ein Platz die Eigenschaft einer öffentlichen Straße (zB § 6 Abs. 1 StrWG NRW, Widmung als Allgemeinverfügung). Die Widmung führt zu einer öffentlich-rechtlichen Dienstbarkeit an der öffentlichen Sache – hier der Straße, des Weges, des Platzes etc – und begründet eine entsprechende Duldungspflicht des Eigentümers (*Papier/Durner* in Ehlers/

§ 4 GrStG
Abschnitt I. Steuerpflicht

Pünder AllgVerwR § 41 Rn. 5). Die Maßgeblichkeit des öffentlichen Sachenrechts mit ihrer eigentümerbeschränkenden Wirkung ist auch gemessen am Zweck des § 4 Nr. 3 Buchst. a GrStG konsequent. Die Grundsteuerfreiheit kompensiert die mangelnde Verfügbarkeit über das eigene Grundstück. Das sieht auch die Rechtsprechung so, stellt aber zu eng auf die wirtschaftliche Nutzbarkeit des Grundstücks ab (vgl. BFH 7.12.1988 – II R 115/88, BStBl. II 1989, 302; 7.12.1988 – II R 221/84, BFH/NV 1989, 537; 25.4.2001 – II R 19/98, BStBl. II 2002, 54). Entscheidend ist aber vielmehr, dass der Grundstückseigentümer das Grundstück dem öffentlichen Verkehr nicht einfach nach seinem Gutdünken entziehen kann und dies ist nur der Fall, wenn der Grundbesitz nach Regeln des öffentlichen Sachenrechts mit einer entsprechenden Widmung belastet ist. **Richtigerweise dienen daher eine Straße, ein Weg oder ein Platz nur dann dem öffentlichen Verkehr iSv § 4 Nr. 3 Buchst. a GrStG, wenn sie durch einen entsprechenden Widmungsakt hierfür bestimmt** und damit losgelöst vom Willen des Grundstückseigentümers auch belastet **sind**.

14 Mit dieser Auslegung des § 4 Nr. 3 Buchst. a GrStG lässt sich auch ein anderenfalls drohender Wertungswiderspruch bei **entgeltlichen „Verkehrstätigkeiten"** vermeiden: Für die Grundsteuerbefreiung des § 4 Nr. 3 Buchst. a GrStG soll es nach Ansicht der Rechtsprechung unschädlich sein, wenn sich das unmittelbare „Dienen" im Rahmen einer wirtschaftlichen Nutzung mit Gewinnerzielungsabsicht vollzieht. Dies hat der BFH für eine Container-Umladestation entschieden und insoweit systematisch überzeugend auf die Buchst. b und c der Nr. 3 hingewiesen. Denn Schienenwege und Flughäfen werden typischerweise nur gegen Entgelt betrieben und sind gleichwohl begünstigt. Dann kann auch für Nr. 3 Buchst. a nichts anderes gelten (BFH 25.4.2001 – II R 19/98, BStBl. II 2002, 54; *Knittel* in Stenger/Loose GrStG § 4 Rn. 125; im Ergebnis ebenso, aber argumentativ anders *Troll/Eisele* GrStG § 4 Rn. 4: Wertung aus § 3 Abs. 2 GrStG). Daher schadet es der Grundsteuerbefreiung auch nicht, wenn für die Benutzung einer Straße eine Gebühr bzw. Maut erhoben wird (im Ergebnis auch Gleichlautende Ländererlasse 15.1.2002 – BStBl. I 2002, 152 Ziff. 2.1.; *Kunz* in Grootens GrStG § 4 Rn. 46). Für **Parkplätze, Parkhäuser und Tiefgaragen, die nur gegen Entgelt genutzt werden können,** sollen diese Grundsätze hingegen nicht gelten. Hier nimmt die Finanzverwaltung an, dass die Voraussetzungen des § 4 Nr. 3 Buchst. a GrStG nicht erfüllt sind (GLE 15.1.2002, BStBl. I 2002, 152 Ziff. 2.1.; ebenso FG Hessen 2.12.2002 – 3 V 3053/02, EFG 2003, 723). Diese unterschiedliche Behandlung von Straßen einerseits und Parkplätzen andererseits kann auf der Grundlage der Rechtsprechung, die auf die tatsächliche Nutzung (Eröffnung für den öffentlichen Verkehr) abstellt, nur dann mit § 4 Nr. 3 Buchst. a GrStG vereinbar sein, wenn man der Ansicht ist, dass das Parken eines Fahrzeugs nicht mehr zum Verkehr gehört oder hier zumindest ein verkehrsfremder Zweck überwiegt. Das ist freilich nicht überzeugend; auch der ruhende Verkehr ist Verkehr. Das Entgeltkriterium ist letztlich unbrauchbar. Folgt man der hier vertretenen Ansicht, dass die Grundsteuerbefreiung zwingend eine Widmung zum öffentlichen Verkehr voraussetzt, kommt es hingegen auch nur auf eben diese Widmung an. Das führt zu den eingangs genannten konsistenten Ergebnissen mit anderen Verkehrsnutzungen: Ebenso wenig wie eine zum öffentlichen Verkehr gewidmete Straße die Grundsteuerbefreiung durch die Erhebung einer Gebühr verliert, gilt dies für einen Parkplatz (iErg ebenso *Troll/Eisele* GrStG § 4 Rn. 4). Dessen ungeachtet kommt für Parkplatzflächen uU auch § 3 Abs. 1 S. 1 Nr. 1 GrStG in Betracht (vgl. → GrStG § 3 Rn. 67, → GrStG § 7 Rn. 7).

Sonstige Steuerbefreiungen **§ 4 GrStG**

Erst recht reicht ein **lediglich mittelbarer Zusammenhang der Grund-** 15
stücksnutzung mit dem öffentlichen Verkehr für § 4 Nr. 3 Buchst. a GrStG
nicht aus. Das ist zB der Fall, wenn die auf einem Grundstück betriebene Tätigkeit
in erster Linie dem Verkauf von Waren oder der Erbringung von Dienstleistungen
dient, mögen Verkauf und Dienstleistung auch in einem engen Zusammenhang mit
dem Verkehr stehen. Das betrifft vor allem Tankstellen und Autowaschanlagen
(BFH 25. 4. 2001 – II R 19/98, BStBl. II 2002, 54). Entsprechendes dürfte für Raststätten entlang der Autobahn gelten (zu Recht *Troll/Eisele* GrStG § 4 Rn. 4); lediglich für die zugehörigen Parkplätze kann § 4 Nr. 3 GrStG zur Anwendung kommen, wenn nämlich eine Widmung vorliegt (→ Rn. 14).

Waldwege dürften ebenfalls der Grundsteuerbefreiung nach Nr. 3 Buchst. a un- 16
terfallen (bejahend VG Magdeburg 21.10.2009 – 9 A 136/08, BeckRS 2009,
42300; aA VG Dessau 28.12.2006 – 1 A 284/05; wohl auch *Knittel* in Stenger/
Loose GrStG § 4 Rn. 155). Hier fehlt es zwar idR an einer Widmung. Allerdings
darf der Wald nach Maßgabe der Landeswaldgesetze grundsätzlich von jedermann
zum Zwecke der Erholung betreten werden (zB § 2 LFoG NRW; das Betretungsrecht ist rahmenrechtlich von § 14 BWaldG vorgegeben) und dies schließt die
Waldwege mit ein. Dass Waldwege auch als Wirtschaftswege dienen (können),
dürfte demgegenüber irrelevant sein. Denn diese Mischnutzung ist nicht nach § 8
GrStG zu würdigen, sondern nach dem vorrangigen § 6 GrStG, der wiederum im
Falle von öffentlichem Verkehr dienenden Straßen, Wege und Plätzen die forstwirtschaftliche Nutzung für unschädlich erklärt (§ 6 Nr. 3 GrStG).

Keine Flächen iSv § 4 Nr. 3 Buchst. a GrStG sind **öffentliche Grünanla-** 17
gen und **Kinderspielplätze** (GrStR Abschn. 18 Abs. 3; *Knittel* in Stenger/Loose
GrStG § 4 Rn. 175f.). Diese verfolgen verkehrsfremde Zwecke, vor allem die
Grünanlage dient der Erholung (BFH 6. 10. 1961 – III 48/60, BStBl. III 1962, 51).
Werden sie von einer juristischen Person des öffentlichen Rechts oder einer gemeinnützigen Körperschaft betrieben und sind sie ihr zuzurechnen, wird allerdings
idR die Grundsteuerbefreiung nach § 3 Abs. 1 S. 1 Nr. 1 oder Nr. 3 GrStG einschlägig sein. Ist hingegen ein Dritter – nicht begünstigter Rechtsträger – Eigentümer
der Grünfläche, scheidet eine Steuerbefreiung aus (BFH 6. 10. 1961 – III 48/60,
BStBl. III 1962, 51). Unter Umständen kommt allerdings ein Grundsteuererlass
nach § 32 Abs. 1 Nr. 2 GrStG in Betracht (→ GrStG § 32 Rn. 25 ff.).

2. Wasserstraßen und Häfen. Grundsteuerbefreit sind gem. § 4 Nr. 3 18
Buchst. a GrStG Wasserstraßen und Häfen sowie die Grundflächen mit den diesem
Verkehr unmittelbar dienenden Bauwerken und Einrichtungen (Schleusen uÄ).
Wasserstraßen sind Flüsse, Seen, Buchten und Kanäle, die dem öffentlichen Verkehr dienen, was wiederum die Befahrbarkeit mit Wasserfahrzeugen voraussetzt
(*Troll/Eisele* GrStG § 4 Rn. 6; GrStR Abschn. 18 Abs. 4). Dies ist in rechtlicher Hinsicht vor allem eine Frage des Gemeingebrauchs: So dürfen Bundeswasserstraßen
von jedermann befahren werden (§ 5 WaStrG). Der Gemeingebrauch in Ansehung
anderer Gewässerstrecken richtet sich hingegen nach Landesrecht. Andere fließende Gewässer unterfallen Nr. 3 Buchst. c.

Häfen sind sowohl Seehäfen als auch Binnenhäfen. Voraussetzung der 19
Grundsteuerbefreiung ist, dass der Hafen von jedermann benutzt werden kann.
Unerheblich ist dabei, wessen Interesse der Verkehr dient. Ein dem öffentlichen
Verkehr dienender Hafen liegt auch dann vor, wenn eine Gebühr für die Benutzung
erhoben wird oder wenn die Benutzung grundsätzlich nur bestimmten Schiffen
oder Fahrzeugen gestattet ist, sofern dabei nicht persönliche Beziehungen zwischen

§ 4 GrStG
Abschnitt I. Steuerpflicht

den Benutzern und demjenigen vorausgesetzt werden, der über die Benutzung des Hafens verfügen kann (so wörtlich BFH 14.11.1980 – III R 23/78, BStBl. II 1981, 355). Entsprechend seiner – unseres Erachtens unzutreffenden (→ Rn. 13) – Sichtweise zu den Straßen (→ Rn. 12) hatte der BFH auch in Bezug auf einen Hafen eine Widmung ursprünglich nicht für erforderlich erachtet und es ausreichen lassen, dass der Hafen tatsächlich von einem aus der Sicht des Eigentümers nicht geschlossenen Personenkreis benutzt werden kann und zwar unabhängig davon, in welcher Weise und in welchem Umfang dies geschieht (BFH 14.11.1980 – III R 23/78, BStBl. II 1981, 355). **In seiner Entscheidung vom 21.6.1989 hat der BFH dann allerdings doch eine Widmung verlangt** und sich ausdrücklich von der vormaligen, nur auf die tatsächlichen Verhältnisse abstellenden Rechtsprechung distanziert (BFH 21.6.1989 – II R 235/85, BStBl. II 1989, 740). Da der BFH in dieser Entscheidung zur Begründung auf seine Rechtsprechung zu den Parkplätzen verweist, stellt sich allerdings die Frage, ob er die Widmung für alle Fälle verlangt oder analog zu den Parkplatzfällen nur dann, wenn der Hafenverkehr nicht Selbstzweck ist (auch die einzige nachfolgende Entscheidung BFH 6.3.1991 – II R 97/89, BStBl. II 1994, 123 löst diese Frage nicht auf, weil sie wohl der letztgenannten Konstellation zuzurechnen ist: der Hafen[-teil] wurde nur von Schiffen benutzt, die Ladung für die Mieterin des angrenzenden Grundstücks lieferten; die Anlandung von Frachtern von Fremdfirmen bedurfte der Genehmigung der Mieterin, weil deren Be- und Entladeeinrichtungen in Anspruch genommen werden mussten). Die Finanzverwaltung versteht die Entscheidung jedenfalls im Sinne einer umfassenden Widmungsnotwendigkeit (vgl. OFD Kiel 3.8.1995 – G 1108 A-St 246) und dies nach hier vertretener Ansicht zu Recht (→ Rn. 13). Dabei ist unerheblich, ob der Hafen die Eigenschaft als öffentliche Sache unmittelbar aufgrund eines Gesetzes (Landeswassergesetze, Hafenverordnungen uÄ) oder durch Widmung erhält.

20 Ungeachtet der Diskussion um die Notwendigkeit einer Widmung ist jedenfalls der **Befreiungsausschluss von solchen Hafenflächen unproblematisch, bei denen der Eigentümer oder der Mieter bezogen auf den Regelbetrieb** (dh ungeachtet etwaiger Notfälle etc) **nach seinem Ermessen die Benutzung durch Dritte bestimmen kann.** Das betrifft zB Werkshäfen (GrStR Abschn. 18 Abs. 5) und andere einem konkreten Anlieger zu seiner Verfügung zugewiesenen Hafenteile (so bereits RFH 31.3.1942 – III 47/42, RStBl. 1942, 582; ferner BFH 7.2.1969 – III 148/65, BStBl. II 1969, 496: keine Grundsteuerbefreiung, soweit einem Privatunternehmen an Erbbaurecht an einem Teil des Hafengrundstücks bestellt worden ist und dieser Private dort Verladebauwerke zu seinem eigenen Gebrauch errichtet; ähnlich BFH 6.3.1991 – II R 97/89, BStBl. II 1994, 123: Anlieger war Eigentümer der Ladekräne und somit konnte das Hafenstück nur mit seiner Zustimmung benutzt werden). Entsprechendes gilt für vergleichbare Konstellationen, in denen der Hafenbetreiber die Benutzung (überwiegend) nur einem abgrenzbaren Personenkreis gestattet, wie dies bei Jacht- und Bootshäfen der Fall sein kann, wenn die Vermietung von (Dauer-) Liegeplätzen an einen abgrenzbaren Personenkreis im Vordergrund steht (*Troll/Eisele* GrStG § 4 Rn. 6; FM Bayern 1.2.1983 – 34 – G 1105 – 8/9-66 194/82, BeckVerw 289013).

21 Liegt ein dem Grunde nach begünstigter Hafen iSv § 4 Nr. 3 Buchst. a GrStG vor, **dann erfasst die Grundsteuerbefreiung** jedenfalls die mit dem Wasser bedeckten Flächen, die Böschungen, die Grundfläche der Kaimauer und anderer zum Betrieb des Hafens unmittelbar erforderlicher Einrichtungen (Verwaltungsgebäude von Hafen- und Verkehrsbetrieben, Empfangsgebäude für Passagiere

Sonstige Steuerbefreiungen **§ 4 GrStG**

und Passagierbrücken, so OFD Kiel 3.8.1995 – G 1108 A – St 246). Für Straßen, Wege und Plätze auf dem Hafengrundstück gelten die Ausführungen zu →Rn. 11 ff.; insb. dürften auch die Container-Umladestation einschließlich der Abstellflächen für die Sattelanhänger ohne Zugmaschine) begünstigt sein (vgl. BFH 25.4.2001 – II R 19/98, BStBl. II 2002, 54; OFD Kiel 3.8.1995 – G 1108 A – St 246). Entsprechendes soll für die Abstellflächen für zu verschiffende Exportautos gelten (OFD Kiel 3.8.1995 – G 1108 A – St 246). **Nicht von der Grundsteuer befreit** sein sollen hingegen Lagerhallen und andere Gebäude, die dem Hafenverkehr dienen (einschließlich der Umschlagslagerei, so FM Nds 26.3.1985 – G 1108 – 56 – 34, DB 1985, 1212; *Troll/Eisele* GrStG § 4 Rn. 6). Schließlich ist auf § 8 Abs. 1 GrStG hinzuweisen, dh bei sowohl begünstigten Grundstücksteilen als auch nicht begünstigten Grundstücksteilen hat eine Aufteilung zu erfolgen.

3. Schienenwege. § 4 Nr. 3 Buchst. a GrStG enthält schließlich eine Grund- 22
steuerbefreiung für die dem öffentlichen Verkehr dienenden Schienenwege. Damit sind vor allem die **Schienenwege der städtischen Straßenbahnen und der Eisenbahn** gemeint. Ferner sind die Grundstücksflächen, über die Hochbahnen, Schwebebahnen und Seilbahnen hinwegführen, wie Schienenwege zu behandeln, soweit ihre Benutzbarkeit dadurch wesentlich beeinträchtigt wird (für die [Wuppertaler] Schwebebahn RFH 23.5.1939 – III 90/39, RFHE 47, 28; allgemein auch GrStR Abschn. 18 Abs. 6).

Wer den Verkehr auf den Schienenwegen betreibt, ist unerheblich. Ent- 23
scheidend ist allein die dienende Funktion für den öffentlichen Verkehr. Die Finanzverwaltung knüpft insoweit an das öffentliche Fachrecht, also das Allgemeine Eisenbahngesetz (AEG) an: Entscheidend für die Frage, ob die Schienenwege dem öffentlichen Verkehr dienen, sei, ob den Betreibern eine Betriebs- und Beförderungspflicht (gemeint sein dürfte: §§ 10, 11 AEG) übertragen ist, damit jedermann, der die Beförderungsbedingungen erfüllt, die auf den Schienenwegen verkehrenden Bahnen benutzen kann. Negativ ausgrenzend seien hingegen Schienenwege von der Steuerbefreiung ausgenommen, auf denen Bahnen betrieben werden, die nur von einem eingeschränkten Personenkreis benutzt werden können (OFD Frankfurt 15.10.2010 – G 1108 A – 27 – St 115). Dieser Konkretisierungsansatz ist richtig. Er folgt dem gleichen Begründungsansatz wie beim Widmungserfordernis bei Straßen und Häfen (→Rn. 13, →Rn. 19) und entspricht vor allem der Parallelwertung bei den Verkehrsflughäfen und Verkehrslandeplätzen (→Rn. 25).

Ebenso wie bei den Straßen und Wegen gehören auch hier die Seitengräben, 24
Böschungen und Schutzstreifen sowie zwischen den Schienen gelegene Geländestreifen zum begünstigten Grundbesitz. Entsprechendes gilt für die mit Schienen bedeckten Grundflächen der Betriebshöfe und der Bahnhöfe. Verwaltungsgebäude, Betriebsgebäude, Bahnsteighallen, Wagenhallen uÄ sind hingegen nicht nach § 4 Nr. 3 Buchst. a GrStG von der Grundsteuer befreit, da sie nicht unmittelbar dem öffentlichen Verkehr dienen (für das vorstehende insgesamt: GrStR Abschn. 18 Abs. 6 u. 7). Entsprechendes gilt für die der Bundespolizei in den Bahnhöfen überlassenen Diensträume; die abweichende Regelung für Verkehrsflughäfen in § 4 Nr. 3 Buchst. b GrStG (→Rn. 26) gilt hier nicht (OFD Karlsruhe 1.7.2010 – G 1108/5 – St 344, BeckVerw 248897).

§ 4 GrStG
Abschnitt I. Steuerpflicht

V. Verkehrsflughäfen und Verkehrslandeplätze (Nr. 3 Buchst. b)

25 Von der Grundsteuer befreit sind **Verkehrsflughäfen und Verkehrslandeplätze**. Der Gesetzgeber greift insoweit auf Begrifflichkeiten des Luftverkehrsgesetzes zurück (vgl. BT-Drs. VI/3418, 80). Für beide Einrichtungen gilt eine **Betriebspflicht**, dh sie müssen an festgelegten Zeiten für an- und abfliegende Flugzeuge der allgemeinen Luftfahrt geöffnet haben. Von Nr. 3 Buchst. b nicht erfasst werden hingegen solche Landeplätze, die nicht für den öffentlichen Verkehr (jedermann) geöffnet sind (zB Sport- oder Privatflugplätze). Dies gilt entsprechend für Militärflugplätze, die allerdings von § 3 Abs. 1 S. 1 Nr. 1 GrStG erfasst werden.

26 Zum **begünstigten Verkehrsflughafen** bzw. **Verkehrslandeplatz gehören** neben Start- und Landebahn sowie Roll- und Abfertigungsfeldern (einschließlich der zwischen ihnen liegenden Flächen sowie die sie umgebenden Sicherheitsflächen nach Maßgabe der Flughafengenehmigung, s. § 12 Abs. 1 LuftVG) des Weiteren die Grundflächen mit den Bauwerken und Einrichtungen, die unmittelbar dem ordnungsgemäßen Flugbetrieb dienen (was auch an die Bundespolizei überlassene Räumlichkeiten einschließt, anders als bei Bahnhöfen, → Rn. 24), und alle weiteren Grundflächen mit ortsfesten Flugsicherungsanlagen einschließlich der Flächen, die für einen einwandfreien Betrieb dieser Anlagen erforderlich sind. Die Finanzverwaltung hat eine detaillierte Übersicht erstellt, die ihre Ansicht zur Abgrenzung von begünstigten Gebäudeteilen und nicht begünstigten Gebäudeteilen wiedergibt (GLE 28.11.1995, BStBl. I 1996, 14; ergänzend zu außerhalb des Flughafens gelegener Einrichtungen der DFS im Einvernehmen der Länder ergangener Erlass zB FM BW 11.12.2000 – G 1108/3, BeckVerw 162050). Vor allem das Terminalgebäude muss in der Regel differenziert betrachtet werden: Während Abfertigung und Wartezonen begünstigt sind, sind Gastronomie, Verkaufsläden und andere kommerziell genutzte Teile nicht begünstigt (*Knittel* in Stenger/Loose GrStG § 4 Rn. 273; *Kunz* in Grootens GrStG § 4 Rn. 56). Ferner sind die gegen Entgelt nutzbaren Parkhäuser und Tiefgaragen am Flughafen nicht begünstigt (FG Hessen 2.12.2002 – 3 V 3053/02, EFG 2003, 723).

VI. Fließende Gewässer (Nr. 3 Buchst. c)

27 Der **Begriff der fließenden Gewässer** erschließt sich vor allem durch die Funktion eines solchen Gewässers: Ein Fließgewässer ist ein Oberflächengewässer mit ständigem oder zeitweiligem Abfluss, der der Vorflut dient (vgl. zB § 2 Abs. 2 LWG NRW). Vorflut wiederum meint die Möglichkeit des Wassers, abfließen zu können. Gerade hierin äußert sich der Gemeinwohlbelang, der die Grundsteuerbefreiung nach Nr. 4 rechtfertigt (= Verhinderung von Überschwemmungen und Austrocknungen). Daher ist es auch nicht entscheidend, ob das Bett natürlich (Bach, Fluss) oder künstlich (Kanal) geschaffen wurde (BFH 23.7.1982 – III R 107/79, BStBl. II 1983, 57). Auch das Altwasser der Flüsse gehört zu den Fließgewässern (GrStR Abschn. 20 Abs. 1). Nicht erfasst von Nr. 3 Buchst. c sind hingegen unterirdisch bewegtes Wasser (Grundwasser) und die Stillgewässer. Da allerdings viele fließende Gewässer durch Seen (= eigentlich Stillgewässer) hindurchfließen, kann es zu Abgrenzungsproblemen kommen. Einen Abgrenzungsfall hat der Gesetzgeber durch die ausdrückliche Nennung der den Abfluss der fließenden Gewässer regelnden Sammelbecken selbst gelöst, nämlich die Stauseen und andere Wasserstauungen zur Verhinderung von Überschwemmungen oder der Speicherung des Wassers (zu Stauseen ohne eine solche Funktion → Rn. 28). Aber auch natürliche Seen, in die ein Fließ-

Sonstige Steuerbefreiungen **§ 4 GrStG**

gewässer einfließt und ebenso natürlich an anderer Stelle wieder austritt, um seinen Weg als Fließgewässer fortzusetzen, können der Nr. 3 Buchst. c unterfallen (aA wohl ohne Differenzierung *Troll/Eisele* GrStG § 4 Rn. 8). Voraussetzung ist allerdings sowohl für die Sammelbecken als auch die natürlichen Seen, dass sie einen Wasserumschlag aufweisen, der sie auch hydrologisch zu einem Fließgewässer macht und dass sie die gleiche Vorfluterfunktion wie ein Bach oder Fluss erfüllen (für eine solche Funktionsbetrachtung BFH 23.6.1993 – II R 36/90, BStBl. II 1993, 768, dort allerdings einschränkend für ein künstliches Sammelbecken, unseres Erachtens aber auch erweiternd übertragbar auf andere Gewässer). Daran dürfte es zB typischerweise bei gefluteten Tagebaulöchern fehlen (iErg ebenso *Troll/Eisele* GrStG § 4 Rn. 8). Das ist allerdings eine Frage des Einzelfalls. Dessen ungeachtet kommt für Seen, die einer juristischen Person des öffentlichen Rechts zuzurechnen sind, eine Steuerbefreiung nach § 3 Abs. 1 Nr. 1 GrStG in Betracht (§ 3 GrStG Rn. 19f.).

§ 4 Nr. 3 Buchst. c GrStG ist **nicht allein deshalb ausgeschlossen, weil das** 28 **fließende Gewässer auch privatwirtschaftlichen Interessen dient.** Dies ergibt sich aus dem Vergleich mit den ebenfalls von Nr. 3 erfassten Verkehrsflughäfen und Verkehrslandeplätzen, die typischerweise gewerblich betrieben werden (BFH 23.7.1982 – III R 107/79, BStBl. II 1983, 57). Nr. 3 Buchst. c kommt allerdings dann nicht in Betracht, wenn die die Steuerbefreiung rechtfertigende Gemeinwohlfunktion des Gewässers bzw. Sammelbeckens (→ Rn. 27) nicht erfüllt wird. Daher sind zB Sammelbecken, die unmittelbar nur den Zwecken bestimmter Personen oder Betrieben dienen, nicht erfasst (GrStR Abschn. 20 Abs. 2 S. 2, Bsp.: Fischereiberechtigter). Die Rechtsprechung hat dies zB für eine Talsperre angenommen, die ausschließlich zum Zweck der Trinkwassergewinnung unterhalten wurde. Einer solchen Talsperre komme allenfalls eine untergeordnete, für die begehrte Grundsteuerbefreiung nicht relevante wasserregulierende Funktion zu (BFH 23.6.1993 – II R 36/90, BStBl. II 1993, 768). Dies alles gilt sinngemäß für Häfen. Sofern diese nicht nach § 4 Nr. 3 Buchst. a GrStG begünstigt sind, weil sie nicht dem öffentlichen Verkehr dienen, kommt zwar durchaus eine Grundsteuerbefreiung nach Nr. 3 Buchst. c in Betracht. Allerdings muss auch hier im Einzelfall geprüft werden, ob der auf eine Person oder einen Betrieb bezogene Zweck nicht überwiegt. Je nach Einzelfall ist der Hafen womöglich auch so gelegen, dass er schon nicht mehr als Teil des fließenden Gewässers erachtet werden kann (*Troll/Eisele* GrStG § 4 Rn. 8).

VII. Grundbesitz öffentlich-rechtlicher Wasser- und Bodenverbände sowie staatlich unter Schau gestellte Privatdeiche (Nr. 4)

Die erste Alternative der Nr. 4 befreit die Grundflächen mit den im Interesse der 29 Ordnung und Verbesserung der Wasser- und Bodenverhältnisse unterhaltenen Einrichtungen der öffentlich-rechtlichen Wasser- und Bodenverbände von der Grundsteuer. Diese Verbände sind Körperschaften des öffentlichen Rechts (s. § 1 Wasserverbandsgesetz) und erfüllen typischerweise hoheitliche Aufgaben iSv § 3 Abs. 1 S. 1 Nr. 1, Abs. 2 GrStG. Der Gesetzgeber hat allerdings erkannt, dass die Begünstigung nach § 3 GrStG an der Ausschlussregelung für Betriebe gewerblicher Art (§ 3 Abs. 3 GrStG) scheitern kann und hat deshalb mit § 4 Nr. 4 GrStG eine hiervon unabhängige Steuerbefreiung geschaffen (BT-Drs. VI/3418, 80).

Unter **Einrichtungen** sind sowohl durch menschliche Tätigkeit geschaffene 30 Werke (Dämme, Deiche, Uferböschungen, Ent- und Bewässerungsanlagen, Klär-

§ 4 GrStG

Abschnitt I. Steuerpflicht

anlagen, Talsperren, s. BFH 10.1.1958 – III 279/57, BB 1963, 304) zu verstehen als auch eine durch das Zusammenwirken der Kräfte der Natur und des Menschen entstandene Sache, sofern ein Mensch zumindest mitgewirkt hat (BFH 21.7.1967 – III 312/63, BStBl. II 1968, 16; BFH 5.12.1967 – III 84/65, BStBl. II 1968, 387 jeweils zu § 4 Nr. 9 Buchst. d GrStG 1936). Wurde die Entstehung hingegen allein durch die Kräfte der Natur im Wechselspiel von Abbruch und Anlandung bewirkt, soll es an einer Einrichtung fehlen (FG Niedersachsen 10.8.1976 – 1. 39/75). Entsprechendes gilt für einen Wald (RFH 20.1.1944 – III 47/43, RStBl. 1944, 571). Neben den Einrichtungen können auch Verwaltungsräume begünstigt sein.

31 Nr. 4 Alt. 1 setzt des Weiteren voraus, dass die Einrichtungen von einem öffentlich-rechtlichen Wasser- und Bodenverband (→ Rn. 29) unterhalten werden (BFH 5.12.1967 – III 84/65, BStBl. II 1968, 387; *Knittel* in Stenger/Loose GrStG § 4 Rn. 441). Befreit sind freilich nicht alle Grundflächen, auf denen ein solcher Verband Einrichtungen (→ Rn. 30) unterhält, sondern nur diejenigen, die der Ordnung und Verbesserung der Wasser- und Bodenverhältnisse dienen (objektives Merkmal). Der BFH betont dabei das „und". Es sei für die Grundsteuerbefreiung nach Nr. 4 nicht ausreichend, dass der Steuerpflichtige Trink- und Brauchwasser beschafft. Einrichtungen, die lediglich dazu dienen, Trink- und Brauchwasser dem Boden zu entnehmen, für den Genuss zuzubereiten, zu speichern und zu verteilen, erfüllten daher nicht die Voraussetzungen der Grundsteuerbefreiung nach Nr. 4. Es sei nicht ausreichend, dass nur die Wasserverhältnisse geordnet und verbessert werden; es müssen (kumulativ) auch die Bodenverhältnisse geordnet werden (BFH 5.12.1967 – III 84/65, BStBl. II 1968, 387; 23.11.1973 – III R 141/72, BStBl. II 1974, 177; *Knittel* in Stenger/Loose GrStG § 4 Rn. 412; GrStR Abschn. 21 Abs. 1 S. 2 f.; demgegenüber kritisch *Troll/Eisele* GrStG § 4 Rn. 9). Diese Rechtsprechung ist zutreffend. Auch wenn der BFH an das „und" angeknüpft hat, so bringt die Entscheidung doch richtigerweise zum Ausdruck, dass die Gewinnung und Aufbereitung von Trink- und Brauchwasser eine jenseits des Begünstigungszwecks der Nr. 4 liegende eigenwirtschaftliche Zweckverfolgung darstellt und nicht begünstigt ist, wenn nicht iSv § 8 Abs. 2 GrStG die Nutzung im Interesse der Allgemeinheit überwiegt. Insoweit verhält es sich nicht anders als in dem – soweit ersichtlich – unstreitigen Beispiel der Errichtung eines Staubeckens, um das abfließende Wasser als Energiequelle zu nutzen. In diesem Fall wird unter Hinweis darauf, dass kein Allgemeininteresse verfolgt wird, die Grundsteuerbefreiung (zu Recht) abgelehnt (RFH 4.6.1940 – III 291/39, RFHE 48, 338 f.; *Troll/Eisele* GrStG § 4 Rn. 9; GrStR Abschn. 21 Abs. 1 S. 6). Dass es Personen gibt, die am weiteren Flusslauf einen individuellen Nutzen aus der Wasserregulierung ziehen, ist hingegen irrelevant. Denn anderenfalls hätte Nr. 4 keinen Anwendungsbereich (so bereits RFH 4.6.1940 – III 291/39, RFHE 48, 338 f.).

32 Nr. 4 Alt. 2 begünstigt auch Privaten zuzurechnenden Grundbesitz, sofern dieser mit einem Deich bebaut ist, der in Ansehung von Anforderungen und Kontrolle den Landesdeich- oder Landeswassergesetzen unterliegt (zB nach dem NDG, SHLWG etc). Hierbei handelt es sich um Deiche, die gegen Sturmfluten oder gegen Hochwasser schützen sollen. Solche Deiche erlangen die Deicheigenschaft häufig durch Widmung (vgl. zB § 3 NDG; § 68 SHLWG) und es gelten die Pflicht zur Deicherhaltung (Deichpflicht), Benutzungsverbote sowie die staatliche Deichaufsicht mittels Deichschau (zB §§ 6, 14, 18 NDG; §§ 69 ff. SHLWG). Zum Teil kommt das Landesrecht allerdings auch ohne Widmung aus und knüpft die genannten Pflichten und die staatliche Deichschau allein an die Existenz des

Sonstige Steuerbefreiungen **§ 4 GrStG**

Deiches (so in NRW, s. §§ 77 ff. LWG NRW zu den Unterhaltungspflichten und § 95 Abs. 3 LWG NRW zur Deichschau). Welcher Regelungskonzeption das Landesrecht folgt, ist für Nr. 4 Alt. 2 indes irrelevant. Entscheidend ist allein das staatlich überwachte Pflichtenprogramm.

Neben dem Deich selbst kann auch Deichvorland (Fläche zwischen Hauptdeich 33 und Uferlinie) begünstigt sein. Voraussetzung ist allerdings, dass eine durch menschliche Mitwirkung entstandene Einrichtung (→ Rn. 30) vorliegt (instruktiv zum Deichvorland als Einrichtung iSv Nr. 4 s. BFH 21.7.1967 – III 312/63, BStBl. II 1968, 16). Eine landwirtschaftliche Nutzung des Deichvorlandes ist unschädlich (§ 6 Nr. 3 GrStG). Die Finanzverwaltung mahnt allerdings eine kritische Prüfung der dienenden Funktion in Bezug auf die Ordnung und Verbesserung der Wasser- und Bodenverhältnisse an: „Es muss in jedem Einzelfall geprüft werden, ob das Deichvorland dem steuerbegünstigten Zweck tatsächlich dient. Das wird zB dann nicht der Fall sein, wenn der Deich von vornherein weit zurück im Hinterland errichtet wurde und das Deichvorland weder im Interesse der Verbesserung der Wasser- und Bodenverhältnisse angelegt noch dafür unterhalten wird. Das gilt im besonderen Maße für die Flächen, die mit einem Netz von befestigten Straßen durchzogen sind und intensiv landwirtschaftlich oder gärtnerisch, zB durch Obstbau, genutzt werden" (GrStR Abschn. 21 Abs. 2 S. 6 ff.). Ebenfalls nicht begünstigt sind solche Deichvorlandflächen, die gewerblich genutzt werden (GrStR Abschn. 21 Abs. 2 S. 8).

VIII. Grundbesitz der unterhalten wird für Zwecke der Wissenschaft, des Unterrichts und der Erziehung (Nr. 5)

Nr. 5 statuiert drei Voraussetzungen: (1) die einem Zweck der Nr. 5 entspre- 34 chende Nutzung des Grundbesitzes (→ Rn. 35), (2) die Anerkennung, dass der Benutzungszweck im Rahmen der öffentlichen Aufgaben liegt (→ Rn. 36 ff.) und (3) die Rechtsträgeridentität (→ Rn. 42). Die **Bedeutung der Nr. 5 beschränkt sich auf Hochschulen, Schulen und Erziehungseinrichtungen in privater Trägerschaft,** die nicht die Gemeinnützigkeitsvoraussetzungen erfüllen. Entsprechendes gilt für **Schulungsheime von Gewerkschaften** (FM Bayern 22.4.1985 – G 1106 – 5/12 – 68 942/84, BeckVerw 289480). Für alle anderen Konstellationen ergibt sich die Grundsteuerbefreiung hingegen bereits aus § 3 GrStG: Ist Träger und Zurechnungssubjekt des Grundbesitzes eine juristische Person des öffentlichen Rechts, ist § 3 Abs. 1 S. 1 Nr. 1 GrStG erfüllt. Bei gemeinnützigen Rechtsträgern kommt § 3 Abs. 1 S. 1 Nr. 3 Buchst. b GrStG und bei Religionsgemeinschaften § 3 Abs. 1 S. 1 Nr. 4 GrStG in Betracht.

Die Begriffe der Wissenschaft, des Unterrichts und der Erziehung haben jeweils 35 einen eigenständigen Kern, können sich aber auch überschneiden. Als **Wissenschaft** gilt ein methodischer Prozess, der in nachvollziehbarer, intersubjektiv nachprüfbarer Weise Wissen hervorbringen soll. Wissenschaft ist nicht an eine bestimmte Institution gebunden und kann auch von gewerblichen Unternehmen betrieben werden (aber noch → Rn. 37). Dem **Unterricht** dienen vor allem die allgemeinbildenden Schulen, aber auch berufsbildende Schulen, zB Berufs-, Berufsfach- und Fachschulen (BFH 23.12.1955 – III 3/55, BStBl. III 1956, 28). Dem Unterricht dienen zudem Werkstellen und Lehrwerkstätten, die auf einen Beruf oder eine vor einer Körperschaft des öffentlichen Rechts abzulegende Prüfung ordnungsgemäß vorbereiten sowie Bildungseinrichtungen, die der beruflichen Fortbildung dienen (GrStR Abschn. 22 Abs. 3 S. 3). Ebenfalls erfasst sein sollen private Musik- und Kunstschulen (*Troll/Eisele* GrStG § 4 Rn. 11) sowie die politische (Wei-

§ 4 GrStG Abschnitt I. Steuerpflicht

ter-) Bildung (FM Bayern 22.4.1985 – G 1106 – 5/12 – 68 942/84, BeckVerw 289480: Gewerkschaften). Ohne Bedeutung ist, ob der Unterricht in Präsenz, online oder mittels Lehrbriefen uÄ stattfindet (FM NRW 9.7.1979 – G 1106 – 7 – V A 4, ZKF 1980, 43; *Troll/Eisele* GrStG § 4 Rn. 11). **Erziehung** meint schließlich die Einflussnahme auf die Entwicklung und das Verhalten von Kindern und Jugendlichen. Im allgemeinen Sprachgebrach mag der Begriff auch Erwachsene einbeziehen (können), allerdings dürften hier nur Kindergärten, Kinderheime etc gemeint sein, in denen mit pädagogischen Konzepten auf die Entwicklung und das Verhalten eingewirkt werden soll. Die Finanzverwaltung verlangt zusätzlich noch, dass die Unterbringung nicht nur vorübergehend erfolgt und will damit Kindererholungsheime ausschließen (GrStR Abschn. 22 Abs. 4; gegen diese Einschränkung *Troll/Eisele* GrStG § 4 Rn. 12).

36 **Die Landesregierung** oder die von ihr beauftragte Stelle **müssen anerkannt haben, dass der Benutzungszweck im Rahmen der öffentlichen Aufgaben liegt.** Bezugspunkt sind dabei die in Nr. 5 genannten Nutzungszwecke (Wissenschaft, Unterricht und Erziehung). Notwendig ist also eine – gerichtlich voll überprüfbare (→ Rn. 38) – Entscheidung darüber, dass mit der konkret zu würdigenden Benutzung eine öffentliche Aufgabe wahrgenommen wird. Den Maßstab hierfür liefert Nr. 5 indes nicht. Für **Unterricht und Erziehung** dürfte das jeweilige Fachrecht (Kinderbildungs- und Schulgesetze uÄ) Anhaltspunkte liefern und die beiden Begriffe zumindest über damit mögliche Parallelwertungen ausreichend bestimmt machen. Damit wird auch offenbar, dass nicht jeder Unterricht im öffentlichen Interesse liegt. Ein anschauliches Beispiel bietet der Fahrschulunterricht, der auf die Führerscheinprüfung vorbereitet (so *Troll/Eisele* GrStG § 4 Rn. 11). Erst recht liegen „Unterrichtskurse" in Bezug auf die Freizeitgestaltung und typischerweise als Hobby anzutreffende Tätigkeiten nicht im Rahmen der öffentlichen Aufgaben. Das betrifft vor allem den Sport (man denke nur an eine „Skischule", *Knittel* in Stenger/Loose GrStG § 4 Rn. 523).

37 Deutlich problematischer scheint die Maßstabsfrage in Ansehung der **Wissenschaft.** Hierbei wird man von zwei Erkenntnissen ausgehen müssen: Einerseits kann der Gegenstand der Forschung nicht relevant sein; dies gilt erst recht für die Forschungsergebnisse. Eine solche Differenzierung müsste der Steuergesetzgeber wegen Art. 5 Abs. 3 GG selbst treffen und darf sie nicht der Verwaltung überlassen. Auch eine Differenzierung zwischen sog. Grundlagenforschung einerseits und einer sog. angewandten Forschung andererseits führt nicht weiter. Denn auch Letzteres ist unzweifelhaft Wissenschaft. Andererseits kann nicht jedes methodisch geleitete Streben nach neuer Erkenntnis eine Grundsteuerbefreiung begründen (man denke nur einen Juristen, der überwiegend juristische Aufsätze schreibt und für sich – wohl zu Recht – in Anspruch nimmt „Rechtswissenschaft" zu betreiben). Aus beidem folgt letztlich: Die Konkretisierung der öffentlichen Aufgabe im Kontext der Wissenschaft vollzieht sich nicht über den Inhalt, sondern über die Institution und die Zielsetzung. Orientierung geben hier die Einrichtungen, in denen typischerweise Wissenschaft betrieben wird, also Hochschulen und außeruniversitäre Forschungseinrichtungen. Erforderlich ist daher eine für eine Forschungseinrichtung typische Zusammenfassung sachlicher und personeller Mittel, vor allem ein gewisser Mindestorganisationsgrad und die Dauerhaftigkeit, und das Streben nach Erkenntnis um des Erkenntnisgewinns wegen. Damit lässt sich zugleich die Frage beantworten, **wie es sich mit der Forschung von gewerblichen Unternehmen verhält.** Wissenschaft schließt eine kommerzielle Verwertung der Erkenntnisse gewiss nicht aus. Denn auch Universitäten verwerten die gewonnenen Er-

Sonstige Steuerbefreiungen **§ 4 GrStG**

kenntnisse durchaus mittels Schutzrechten. Das ist aber typischerweise nur ein Reflex, eine Art Nebenprodukt des Strebens nach Erkenntnis. Dort, wo die kommerzielle Nutzung der Erkenntnisse aber das Hauptziel und nicht bloß der Reflex der Forschung ist, muss es aber an dem öffentlichen Interesse iSv Nr. 5 fehlen, mag der Forschungsgegenstand auch durchaus einen Nutzen für die Allgemeinheit versprechen (mit dieser Tendenz ebenso *Troll/Eisele* GrStG § 4 Rn. 13; ferner *Knittel* in Stenger/Loose GrStG § 4 Rn. 502, der aber womöglich die Verwertung der Erkenntnisse durch gewerbliche Schutzrechte als Indiz für ein kommerzielles Handeln anzusehen scheint; unklar hingegen GrStR Abschn. 22 Abs. 2).

Die Behörde verfügt anlässlich der Anerkennungsvoraussetzung nicht 38 **über einen Beurteilungsspielraum.** Vielmehr ist die Frage, ob eine öffentliche Aufgabe wahrgenommen wird, **gerichtlich voll überprüfbar.** Denn eine vom Regelmodell des Art. 19 Abs. 4 GG abweichende Zuweisung einer Letztentscheidungskompetenz an die Behörde, muss im Gesetz angeordnet werden (sog. normative Ermächtigungslehre, s. nur BVerwG 25.11.1993 – 3 C 38/91, BVerwGE 94, 307 [309]; BVerwG 30.10.2019 – 6 C 18/18, NVwZ 2020, 233 Rn. 12 ff.). Hieran fehlt es bei § 4 Nr. 5 GrStG. Dessen ungeachtet würde es der gleichheitsrechtlichen Prägung des Steuerrechts widersprechen, wenn die Verwaltung über die Zuweisung von Steuervergünstigungen jenseits gesetzlicher Vorsteuerung entscheiden könnte.

Zuständigkeit und Verfahren der Anerkennung richten sich nach Landesrecht. 39 Einige Bundesländer haben Zuständigkeit und Verfahren **durch Rechtsverordnung** geregelt: **Bay**GrStAnerkV und dazu Erlass v. 13.10.1976 (BStBl. I 1976, 746); **BW**GrStAnVO und dazu Erlass v. 15.3.1977 (BStBl. I 1977, 317); GrStBefrZustAO **(Hessen)** und dazu Erlass v. 3.2.1975 (BStBl. I 1975, 226); **NRW**GrStAnerkVO und dazu Erlass v. 20.5.1983 (BStBl. I 1983, 385); **Saar**AnerkV; **Sächs**GrStAnerkVO und SchlHGrStGZustVO und dazu Erlass v. 15.4.1977, BeckVerw 292655. Die übrigen Bundesländer haben Zuständigkeit und Verfahren lediglich **durch Verwaltungsvorschrift** bestimmt: Erlass v. 11.3.1975 **(Berlin)** – Nr. 3526/75, Steuer- und Zollblatt Bln 1975, 956 mit Aktualisierung durch Erlass FinS Bln 28.11.2012 – III D – G 1106 – 2/2012 – 1, BeckVerw 267917; Erlass v. 21.12.1993 **(Bbg)**, ABlBbg 1994, 22; Senat **Hbg** Anordnung über die Zuständigkeiten nach dem GrStG 9.11.1976, BStBl. I 1976, 688; Gemeinsamer Runderlass **(M-V)** 20.5.1996 – IV 330 – G 1200 – 9/95, BeckVerw 292653; FM **Nds** 30.11.1976 – G 1106-23-34, BStBl. I 1976, 688; FM **RhPf** 10.5.1976 – G 1106 A/446; FM **LSA** 28.2.1992 – 45 – G 1106 – 1, BStBl. I 1992, 235; FM **Thüringen** 4.4.2001 — G 1102 A-1–201, BeckVerw 292656. Die **Verwaltungsverfahren** sind mitunter schwerfällig ausgestaltet. Zum Teil müssen die Anträge bei den Finanzämtern gestellt werden, zum Teil aber auch bei den Gemeinden. Vor allem aber muss die für die Anerkennung zuständige Finanzbehörde häufig Einvernehmen (= Zustimmung) mit der fachlich nächsten Behörde erzielen. Das ordnen sowohl die Landesrechtsverordnungen (zB § 1 Abs. 2 BayGrStAnerkV mit Regierung; § 1 GrStBefrZustAO **[Hessen]**: Fachministerium; § 1 **NRW**GrStAnerkVO: mit Bezirksregierung; § 1 Abs. 2 **Saar**AnerkV: Ministerium für Bildung etc), als auch die einschlägigen Verwaltungsvorschriften an. Zum Teil wird die Entscheidung aber auch nur im Benehmen mit einer anderen Behörde getroffen (zB § 1 **BW**GrStAnVO).

In einigen Bundesländern ist eine **Anerkennung allgemein für bestimmte** 40 **Fallgruppen durch Rechtsverordnung** erfolgt. Das ist zB in Bayern (dort § 1 Abs. 1 BayGrStAnerkV) und im Saarland (dort § 1 Abs. 1 **Saar**AnerkV) geschehen

§ 4 GrStG
Abschnitt I. Steuerpflicht

und betrifft vor allem staatlich genehmigte Privatschulen. Diese Anerkennung hat unmittelbare Außenwirkung und erübrigt eine konkret-individuelle Anerkennungsentscheidung. Andere Bundesländer haben zumindest **durch Verwaltungsvorschrift bestimmte Fallgruppen benannt, für die allgemein vom Vorliegen der Anerkennungsvoraussetzungen ausgegangen wird** (Beispiele: für genehmigte private Ersatzschulen in NRW: FM NRW 12.8.1974, BStBl. I 1974, 932; für Werkschulen [Ergänzungsschulen] und Lehrwerkstätten, wenn bereits eine Bescheinigung nach § 4 Nr. 21 Buchst. b UStG vorliegt in NRW: FM NRW 5.2.1979 – G 1106 – 6 – V A 4 BStBl. I 1979, 199; für nach dem FernUSG zugelassene Fernlehrgänge in Bayern: FM Bayern 17.10.1978 – 34 – G 1106 – 7/11 – 73 725, BeckVerw 289477; für Schulungsheime von Gewerkschaften in Bayern: FM Bayern 22.4.1985 – 34 – G 1106 – 5/12 – 68 942/84, BeckVerw 289480). Da diese Verwaltungsvorschriften keine Außenwirkung entfalten, bedarf es gleichwohl noch einer **Anerkennungsentscheidung im konkret-individuellen Fall.** Aus diesem Grunde kann ein Steuerpflichtiger auch aus noch zu § 4 Nr. 7 GrStG 1936 (→ Grundlagen Rn. 4) ergangenen Erlassen seine Rechtsposition ableiten (namentlich aus dem Erlass v. 8.10.1940, RStBl. I 1940, 897 betreffend private Unterrichts- und Erziehungseinrichtungen). Dessen ungeachtet meint die Finanzverwaltung allerdings, dass bei privaten Unterrichts- und Erziehungseinrichtungen, deren Grundbesitz schon unter Geltung des § 4 Nr. 7 GrStG 1936 steuerfrei war, unterstellt werden könne, dass die Anerkennung vorliege (GrStR Abschn. 22 Abs. 5 S. 4). Das ist eine zweifelhafte Verwaltungspraxis.

41 Die gegenüber dem Steuerpflichtigen von der zuständigen Finanzbehörde getroffene **konkret-individuelle Anerkennungsentscheidung ist ein Verwaltungsakt,** der – vorbehaltlich einer Befristung – solange wirksam ist, bis er nach Maßgabe der §§ 130, 131 AO aufgehoben wird. Die positive Anerkennungsentscheidung entfaltet Bindungswirkung für die weiteren Verwaltungsverfahren. Sie stellt im Verhältnis zu Grundsteuerwertbescheid und Grundsteuermessbescheid einen Grundlagenbescheid dar (*Troll/Eisele* GrStG § 4 Rn. 20). Die Anordnung des Grundlagen-Folgebescheid-Verhältnisses folgt unmittelbar aus § 4 Nr. 5 GrStG; der Gesetzgeber ist hier offenkundig von einem gestuften Verwaltungsverfahren ausgegangen. Das Verwaltungsverfahren führende FA ist mithin an die Anerkennung gebunden. Fehlt eine Anerkennungsentscheidung darf es hierüber nicht hinweggehen und selbst darüber befinden, ob der Benutzungszweck im Rahmen der öffentlichen Aufgaben liegt. Entsprechendes gilt für die Gerichte (BFH 23.2.1979 – III R 38/77, BStBl. II 1979, 524 zu § 5 Abs. 1 Nr. 2 GrStG).

42 In denjenigen Bundesländern, in denen die Entscheidung der **Finanzbehörde nur im Benehmen mit der Nicht-Finanzbehörde** ergehen muss, lässt sich die **Rechtsschutzfrage** einfach beantworten: Lehnt die Finanzbehörde die Anerkennung ab, muss der Steuerpflichtige hiergegen Einspruch und sodann Verpflichtungsklage erheben. In diesem Verfahren kann dann geklärt werden, ob die Ablehnung ermessensfehlerhaft bzw. ob der Steuerpflichtige einen Anspruch auf die Anerkennung hat. Entsprechendes gilt, wenn ein Einvernehmen mit der Nicht-Finanzbehörde lediglich durch Verwaltungsvorschrift vorgesehen ist; ein solches Einvernehmenserfordernis kann schon mangels Außenwirkung der Rechtsgrundlage keine Bedeutung für den Rechtsschutz haben.

43 Dort, wo eine Landesrechtsverordnung ein **Einvernehmen mit der Nicht-Finanzbehörde voraussetzt,** muss hingegen zuerst die Rechtsnatur dieses Einvernehmens geklärt werden. Unseres Erachtens ist das **Einvernehmen kein eigenständiger Verwaltungsakt,** sondern eine bloße Mitwirkungshandlung ohne

Außenwirkung. Hierfür spricht zum einen, dass der Nicht-Finanzbehörde kein Entscheidungsbereich zur ausschließlichen Wahrnehmung gegenüber dem Steuerpflichtigen zugewiesen ist und die jeweiligen Landesrechtsverordnungen konzeptionell von einer alleinigen Außenzuständigkeit der Finanzbehörde ausgehen. Zum anderen dürfte sich im Verwaltungsrecht zwischenzeitlich eine einheitliche Terminologie durchgesetzt haben und auch den jeweiligen Landesverordnungsgebern dürfte bewusst sein, dass der Begriff des Einvernehmens – in Abgrenzung zum Terminus der Genehmigung – nur ein Verwaltungsinternum meint (s. zu beiden Auslegungsaspekten BVerwG 19.11.1965 – IV C 184/65, BVerwGE 22, 342; *Stelkens* in SBS VwVfG § 35 Rn. 171). Betrachtet man das ggf. notwendige Einvernehmen daher als bloßen Mitwirkungsakt ohne eigene Verwaltungsaktqualität, ist damit zugleich über den Rechtsschutz entschieden: Es gilt das bereits zu den Benehmens-Konstellationen Gesagte entsprechend. Der Rechtsschutz wird also nicht auf zwei Verwaltungsakte aufgespalten, sondern es wird in einem einzigen (Verpflichtungsklage-)Verfahren geklärt, ob die Ablehnung ermessensfehlerhaft bzw. ob der Steuerpflichtige einen Anspruch auf die Anerkennung hat.

Satz 2 stellt – wie Nr. 6 auch – die weitere Voraussetzung auf, dass der Grund- **44** besitz ausschließlich (zum Begriff der Ausschließlichkeit → Rn. 47) demjenigen zuzurechnen sein muss, der ihn für den begünstigten Zweck nutzt. Über die Zurechnung wird im Grundsteuerwertbescheid mit Bindungswirkung für die Anwendung des § 4 Nr. 6 GrStG entschieden (bereits → GrStG § 3 Rn. 11). Es ist die Identität von Nutzenden und Zurechnungssubjekt erforderlich, dh die Nutzung des Grundbesitzes durch den Mieter oder Pächter für Zwecke der Wissenschaft, des Unterrichts oder der Erziehung ist nicht ausreichend (BFH 1.7.2020 – II B 89/19, BFH/NV 2020, 1281). Weder eine Betriebsaufspaltung (BFH 1.7.2020 – II B 89/19, BFH/NV 2020, 1281) noch das Vorliegen eines Beherrschungsverhältnisses oder gar einer körperschaftsteuerlichen Organschaft können hierüber hinweghelfen (siehe auch bereits die Nachweise zur identischen Frage bei Nr. 6, → Rn. 46). Das Gesetz macht nur eine Ausnahme von dem Grundsatz der Identität von Nutzendem und Zurechnungssubjekt: Ist Zurechnungssubjekt des Grundbesitzes eine juristische Person des öffentlichen Rechts, schadet die Rechtsträgerverschiedenheit der Befreiung nach Nr. 5 nicht.

IX. Krankenhausgrundstücke (Nr. 6)

Nr. 6 enthält eine Grundsteuerbefreiung, die an die Zweckbetriebsregelung des **45** § 67 AO anknüpft:

§ 67 AO Krankenhäuser

(1) Ein Krankenhaus, das in den Anwendungsbereich des Krankenhausentgeltgesetzes oder der Bundespflegesatzverordnung fällt, ist ein Zweckbetrieb, wenn mindestens 40 Prozent der jährlichen Belegungstage oder Berechnungstage auf Patienten entfallen, bei denen nur Entgelte für allgemeine Krankenhausleistungen (§ 7 des Krankenhausentgeltgesetzes, § 10 der Bundespflegesatzverordnung) berechnet werden.

(2) Ein Krankenhaus, das nicht in den Anwendungsbereich des Krankenhausentgeltgesetzes oder der Bundespflegesatzverordnung fällt, ist ein Zweckbetrieb, wenn mindestens 40 Prozent der jährlichen Belegungstage oder Berechnungstage auf Patienten entfallen, bei denen für die Krankenhausleistungen kein höheres Entgelt als nach Absatz 1 berechnet wird.

§ 4 GrStG
Abschnitt I. Steuerpflicht

Im Einzelnen muss an dieser Stelle auf die Kommentierungen des § 67 AO verwiesen werden (zB *Gersch* in Klein AO § 67; *Seer* in Tipke/Kruse AO § 67). Das Gesetz ist in Ansehung des Betriebszwecks eindeutig: Es muss sich um ein Krankenhaus handeln. Nicht begünstigt sind hingegen Altenheime, die von nicht-gemeinnützigen Privatrechtssubjekten betrieben werden (BFH 7.6.1973 – III R 77/72, BStBl. II 1973, 712; 20.6.1975 – III R 126/73, BStBl. II 1975, 838). Es ändert sich auch nichts dadurch, dass in einem Altenheim Wachkoma- und beatmungspflichtige Patienten betreut werden und insoweit eine gewisse Vergleichbarkeit zu einer Krankenhausstation entsteht (so aber *Troll/Eisele* GrStG § 4 Rn. 19 unter Hinweis auf eine nicht veröffentlichte Entscheidung des FG Thüringen 18.6.2008). Denn § 4 Nr. 6 GrStG spricht von einem Krankenhaus und nicht von einer Krankenstation; die Norm stellt damit unseres Erachtens auf den Hauptzweck ab.

46 Eine weitere spezifisch grundsteuerliche Voraussetzung enthält Nr. 6 S. 2, der – vergleichbar dem Konzept des § 3 GrStG (→ GrStG § 3 Rn. 10) – die Grundsteuerbefreiung kumulativ zur begünstigten Nutzung davon abhängig macht, **dass der Grundbesitz ausschließlich demjenigen zuzurechnen ist, der ihn benutzt.** Über die Zurechnung wird im Grundsteuerwertbescheid mit Bindungswirkung für die Anwendung des § 4 Nr. 6 GrStG entschieden (→ GrStG § 3 Rn. 11). Ebenso wie bei § 3 GrStG ist eine – verfassungsrechtlich unbedenkliche (s. nur BFH 26.2.2003 – II R 64/00, BStBl. II 2003, 485; 25.4.2007 – II R 14/06, BFH/NV 2007, 1924; *Troll/Eisele* GrStG § 4 Rn. 18; mit Bedenken hingegen – aber durch die nachfolgenden Entscheidungen überholt – noch BFH 16.1.2002 – II B 51/00, BFH/NV 2002, 814) – Identität von Nutzendem und Zurechnungssubjekt erforderlich (Ausnahme → Rn. 48), dh der Betrieb eines Krankenhauses durch den Mieter ist nicht ausreichend (BFH 25.4.2007 – II R 14/06, BFH/NV 2007, 1924). Das bedeutet, dass bei Nr. 6 eine Betriebsaufspaltung (Krankenhausbetriebsgesellschaft einerseits, Grundstücksgesellschaft andererseits) und auch das Vorliegen eines Beherrschungsverhältnisses oder gar einer körperschaftsteuerlichen Organschaft über die zivilrechtliche Betrachtungsweise nicht hinweghelfen kann (BFH 9.12.1987 – II R 223/83, BStBl. II 1988, 298 für eine Kommanditgesellschaft als Zurechnungssubjekt und ihre Komplementärin als Nutzende; BFH 28.2.1996 – II R 26/94, BFH/NV 1996, 790 für Mutter- und Tochterkapitalgesellschaft; BFH 26.2.2003 – II R 64/00, BStBl. II 2003, 485 für Betriebs- und Besitzpersonengesellschaften; BFH 25.4.2007 – II R 14/06, BFH/NV 2007, 1924 für eine Kommanditgesellschaft als Krankenhausbetreiberin und den Kommanditisten als Zurechnungssubjekt des Grundstücks; aA in Ansehung einer Personengesellschaft als Nutzender und ihren Gesellschaftern als Zurechnungssubjekte [noch] GrStR Abschn. 23 Abs. 2 S. 3). Entsprechendes gilt für familienrechtliche Beziehungen (BFH 9.10.1970 – III R 2/69, BStBl. II 1971, 63 für Ehegatten). Die Rechtsträgeridentität ist allerdings erfüllt, wenn sich Dritte nur als stille Gesellschafter an dem Gewerbe des Zurechnungssubjekts beteiligen und dies selbst dann, wenn steuerrechtlich eine Mitunternehmerschaft (atypische stille Beteiligung) vorliegt. Denn zivilrechtlich entsteht weder eine neue Rechtsperson noch wird Gesamthandsvermögen gebildet (BFH 4.2.1987 – II R 216/84, BStBl. II 1987, 451).

47 Das Nutzungserfordernis verlangt nicht, dass das Zurechnungssubjekt den Grundbesitz ausschließlich als Krankenhaus nutzen muss. Das **„ausschließlich"** in Satz 2 bezieht sich allein auf die Zurechnungsvoraussetzung. Der Grundbesitz muss also ausschließlich demjenigen zuzurechnen sein, der ihn benutzt; er muss ihn aber nicht ausschließlich selbst benutzen. Eine Mitbenutzung durch Dritte steht

Sonstige Steuerbefreiungen **§ 4 GrStG**

der Steuerbefreiung grundsätzlich nicht entgegen, sofern die Überlassung der Räume an Dritte wertungsmäßig die eigene Nutzung nicht aufhebt (BFH 16.1.1991 – II R 149/88, BStBl. II 1991, 535). Das ist jedenfalls dann nicht der Fall, wenn der Dritte die gemieteten Räume in einer Art und Weise benutzt, die für die Erfüllung des auf dem Grundbesitz von dem Zurechnungsträger selbst verfolgten begünstigten Zwecks unentbehrlich ist. Im Übrigen dürften auch andere Tätigkeiten, die nicht ins Gewicht fallen, unschädlich sein. Der BFH hat eine unschädliche Vermietung jedenfalls für den Fall angenommen, dass Klinikräume als Praxisräume an Fachärzte vermietet worden sind (BFH 16.1.1991 – II R 149/88, BStBl. II 1991, 535). Denn die Untersuchung und Behandlung der in der Klinik aufgenommenen Patienten in diesen Räumen sei für den Betrieb der Klinik durch das Zurechnungssubjekt unentbehrlich. Dies zeige sich insb. auch an der engen personellen und sachlichen Einbindung der Ärzte in die Organisation der Klinik. Dieser Beurteilung stehe auch nicht entgegen, dass in den gemieteten Räumen auch in der Klinik nicht untergebrachte Patienten behandelt werden, denn auch die ambulante Versorgung von Patienten gehöre zu den Aufgaben, die mit dem Betrieb eines Krankenhauses verbunden seien. Anders verhalte es sich hingegen bei den Räumen, in denen eine Cafeteria oder eine für die Laufkundschaft offene Apotheke (anders wohl für die Krankenhausapotheke) betrieben werden (BFH 16.1.1991 – II R 149/88, BStBl. II 1991, 535). Hier fehle es an einer Beziehung zum Betrieb der Klinik.

Ist diese Identitätsvoraussetzung nicht erfüllt, kommt die Grundsteuer- 48 **befreiung nur in Betracht, wenn Zurechnungssubjekt des Grundbesitzes eine juristische Person des öffentlichen Rechts ist.** In diesem Fall wird auch bei Rechtsträgerverschiedenheit (Nutzung durch eine Krankenhausgesellschaft, juristische Person des öffentlichen Rechts als Zurechnungssubjekt) die Grundsteuerbefreiung der Nr. 6 gewährt. Der umgekehrte Fall ist hingegen nicht geregelt. Wenn nicht § 3 Abs. 1 S. 1 Nr. 3 Buchst. b GrStG einschlägig ist (Nutzung durch eine juristische Person des öffentlichen Rechts, ein gemeinnütziges Privatrechtssubjekt als Zurechnungssubjekt), kommt in dieser Konstellation eine Grundsteuerbefreiung nicht in Betracht (betrifft: Nutzung durch eine juristische Person des öffentlichen Rechts, nicht nach § 3 GrStG begünstigtes Privatrechtssubjekt als Zurechnungssubjekt).

Liegen die Voraussetzungen der Nr. 6 dem Grunde nach vor, **sind auch die** 49 **Verwaltungsgebäude und ein etwaiger Garten von der Grundsteuer befreit** (RFH 5.5.1944 – III 72/43, RStBl. 1944, 653; *Troll/Eisele* GrStG § 4 Rn. 17). Ob dies auch für die **Besucher- und Mitarbeiterparkplätze** gilt, ist zweifelhaft. Die Finanzverwaltung unterscheidet jedenfalls zwischen unentgeltlich zur Verfügung gestellten Parkplätzen (dann unentbehrliche Hilfstätigkeit und Befreiung von der Grundsteuer) und gegen Entgelt überlassenen Parkplätzen (keine Grundsteuerbefreiung; mit dieser Differenzierung Gleichlautende Erlasse 15.1.2002, BStBl. I 2002, 152; OFD Koblenz 18.8.2005 – G 1107 A; *Troll/Eisele* GrStG § 4 Rn. 18a; kritisch hierzu → GrStG § 7 Rn. 7; allgemein zu Parkplätzen auch → Rn. 14).

C. Grundbesitz ausländischer Staaten und internationaler Organisationen uÄ

50 Das GrStG enthält keine Regelung für den **Grundbesitz, der einem ausländischen Staat zuzurechnen ist** (zur Überlassung von Grundbesitz an einen ausländischen Staat, der einer inländischen juristischen Person zuzurechnen ist, → GrStG § 3 Rn. 57). § 3 Abs. 1 S. 1 Nr. 1 GrStG gilt nicht, da er auf inländische juristische Personen des öffentlichen Rechts beschränkt ist (→ GrStG § 3 Rn. 22). Gleichwohl kann auch für den Grundbesitz ausländischer Staaten eine Grundsteuerbefreiung gelten. Diese richtet sich nach dem Wiener Übereinkommen über diplomatische Beziehungen vom 18.4.1961 (WÜD, BGBl. II 1964, 957) und dem Wiener Übereinkommen über konsularische Beziehungen vom 24.4.1963 (WKÜ, BGBl. II 1969, 1587), die bundesgesetzlich umgesetzt sind (vgl. Art. 59 Abs. 2 GG) und dem Grundsteuergesetz vorgehen. Hiernach ist der Grundbesitz ausländischer Staaten, der nach vorheriger Zustimmung des Auswärtigen Amts für diplomatische Zwecke oder konsularische Beziehungen genutzt wird (hierzu gehören allerdings keine Schulen ausländischer Staaten, für die aber § 4 Nr. 5 GrStG gelten kann, → Rn. 34ff.), von der Grundsteuer befreit. Dies gilt auch für die Diplomaten, Konsularbeamten und Bediensteten des Verwaltungs- und technischen Personals sowie die mit ihnen im gemeinsamen Haushalt lebenden Familienmitglieder (Art. 34 WÜD, Art. 49 WÜK). Beide Übereinkommen sind auch im Verhältnis zu den Staaten anzuwenden, die ihnen nicht beigetreten sind. Für die Grundsteuerbefreiung ist auch grundsätzlich nicht erforderlich, dass die Gegenseitigkeit festgestellt wird. Das Erfordernis der Gegenseitigkeit besteht nur, wenn es sich um Grundbesitz handelt, der für Wohnzwecke des Personals diplomatischer Missionen und berufskonsularischer Vertretungen benutzt wird (GrundbStbefrVO 11.11.1981, BGBl. 1981 II 1002; dazu auch Gleichlautende Ländererlasse 1.12.2000, BStBl. I 2000, 1516). Eine gesonderte Verordnung existiert für das mit Rechtsfähigkeit ausgestattete Wirtschafts- und Handelsbüro der Sonderverwaltungsregion Hongkong, die eine Grundsteuerbefreiung für das in Berlin unterhaltene Büro sowohl bei Eigentum als auch Miete vorsieht (Art. 9 Abs. 1 S. 1 SVwHKVorRV, BGBl. 2009 II 142). Die Sonderregelung war erforderlich, weil Hongkong kein souveräner Staat ist und damit die vorgenannten Übereinkommen keine Anwendung finden.

51 Grundbesitz, der internationalen Organisationen iSd § 2 Gaststaatgesetz (GastStG) zuzurechnen ist, deren Ansiedlung durch Rechtsverordnung zugestimmt wurde (§ 5 GastStG), ist nach § 11 S. 1 Nr. 5 GastStG von der Grundsteuer befreit:

§ 11 GastStG Befreiung von direkten Steuern

¹Die internationalen Organisationen, ihre Guthaben, Einkünfte und sonstigen Vermögenswerte genießen Befreiung im Rahmen ihrer amtlichen Tätigkeit von jeder direkten Steuer. ²Die direkten Steuern umfassen insbesondere

[...]

5. Grundsteuer,

[...]

Eine solche Befreiung entspricht dem Völkergewohnheitsrecht. Sie gilt nur „im Rahmen ihrer amtlichen Tätigkeit". Das Merkmal dient der Abgrenzung zu einer wirtschaftlichen Tätigkeit, für die keine Grundsteuerbefreiung gewährt wird. Was eine befreiungsschädliche wirtschaftliche Tätigkeit ist, richtet sich nach den für inländische juristische Personen des öffentlichen Rechts geltenden Grundsätzen zum

Betrieb gewerblicher Art iSv § 3 Abs. 3 GrStG (so die Vorstellung des Gesetzgebers, s. BT-Drs. 19/1719, 36). Bei gemischten Nutzungen gilt § 8 GrStG.
Für Internationale Institutionen iSv § 27 GastStG tritt die Grundsteuerbefreiung 52 hingegen nicht automatisch mit der Ansiedlungszustimmung ein. Vielmehr muss die Grundsteuerbefreiung ausdrücklich durch Rechtsverordnung als Vorrecht gewährt werden (§ 28 Abs. 1 S. 2 GastStG). Sog. quasizwischenstaatliche Organisationen iSv § 28 GastG können steuerliche Vergünstigungen hingegen nur nach Maßgabe der Gemeinnützigkeitsvorschriften erlangen (§ 30 Abs. 1 S. 3 GastStG). Entsprechendes gilt für anerkannte Internationale Nichtregierungsorganisationen (§ 34 GastStG).

Vor dem GastStG **auf der Grundlage des Abkommens über die Vorrechte** 53 **und Befreiungen der Sonderorganisationen der Vereinten Nationen und an andere zwischenstaatliche Organisationen** (Gesetz v. 22.6.1954, BGBl. 1954 II 639, neu gefasst mit Gesetz v. 16.8.1980, BGBl. 1980 II 941) **erlassene Verordnungen gehen hierüber teilweise hinaus** und enthalten vergleichbar dem § 11 GastStG eine explizite Befreiung von der Grundsteuer „im Rahmen der amtlichen oder satzungsmäßigen Tätigkeit" (so die Verordnung über die Gewährung von Vorrechten und Befreiungen an die Internationale Union für die Erhaltung der Natur und der natürlichen Hilfsquellen v. 31.3.2017, BGBl. II 2017, 368, und die Verordnung über die Gewährung von Steuerbefreiungen für die European Transsonic Windtunnel GmbH, BGBl. II 1989, 738). Eine Übersicht über weitere zwischenstaatliche Vereinbarungen, Zustimmungsgesetze und Rechtsverordnungen enthält BMF v. 18.3.2013, BStBl. I 2013, 404.

§ 5 Zu Wohnzwecken benutzter Grundbesitz

(1) **Dient Grundbesitz, der für steuerbegünstigte Zwecke (§§ 3 und 4) benutzt wird, zugleich Wohnzwecken, gilt die Befreiung nur für**
1. **Gemeinschaftsunterkünfte der Bundeswehr, der ausländischen Streitkräfte, der internationalen militärischen Hauptquartiere, der Bundespolizei, der Polizei und des sonstigen Schutzdienstes des Bundes und der Gebietskörperschaften sowie ihrer Zusammenschlüsse;**
2. **Wohnräume in Schülerheimen, Ausbildungs- und Erziehungsheimen sowie Prediger- und Priesterseminaren, wenn die Unterbringung in ihnen für die Zwecke des Unterrichts, der Ausbildung oder der Erziehung erforderlich ist.** ²Wird das Heim oder Seminar nicht von einem der nach § 3 Abs. 1 Nr. 1, 3 oder 4 begünstigten Rechtsträger unterhalten, so bedarf es einer Anerkennung der Landesregierung oder der von ihr beauftragten Stelle, daß die Unterhaltung des Heims oder Seminars im Rahmen der öffentlichen Aufgaben liegt;
3. **Wohnräume, wenn der steuerbegünstigte Zweck im Sinne des § 3 Abs. 1 Nr. 1, 3 oder 4 nur durch ihre Überlassung erreicht werden kann;**
4. **Räume, in denen sich Personen für die Erfüllung der steuerbegünstigten Zwecke ständig bereithalten müssen (Bereitschaftsräume), wenn sie nicht zugleich die Wohnung des Inhabers darstellen.**

(2) **Wohnungen sind stets steuerpflichtig, auch wenn die Voraussetzungen des Absatzes 1 vorliegen.**

Gilt nicht in **Baden-Württemberg** (dort § 6 BWLGrStG).

§ 5 GrStG Abschnitt I. Steuerpflicht

Übersicht

	Rn.
A. Allgemeines	1
I. Systematische Einordnung und Zweck der Regelung	1
II. Entwicklung der Vorschrift	3
III. Verfahrensrecht	4
B. Wohnräume, die keine Wohnung darstellen (Abs. 1)	5
I. Befreiungsausschluss für Wohnräume (Abs. 1 Einleitungssatz)	5
II. Ausnahmen von dem Befreiungsausschluss für Wohnräume	6
1. Gemeinschaftsunterkünfte der Streitkräfte und Polizei (Nr. 1)	6
2. Wohnräume im Zusammenhang mit Erziehungs- und (Aus-)Bildungszwecken (Nr. 2)	9
a) Schüler-, Ausbildungs- und Erziehungsheime	9
b) Wohnräume in Prediger- und Priesterseminaren	12
3. Wohnräume im Zusammenhang mit einem steuerbegünstigten Zweck iSv § 3 Abs. 1 Nr. 1, 3 oder 4 (Nr. 3)	13
4. Bereitschaftsräume (Nr. 4)	16
C. Kategorischer Begünstigungsausschluss für „Wohnungen" (Abs. 2)	19

A. Allgemeines

I. Systematische Einordnung und Zweck der Regelung

1 § 5 GrStG enthält eine sachliche Ausnahme von den Steuerbefreiungen nach §§ 3, 4 GrStG und es müssen in diese beiden Normen – mit Ausnahme der § 3 Abs. 1 Nr. 5 u. 6 GrStG, die explizit die Nichtanwendung des § 5 GrStG vorsehen (→ GrStG § 3 Rn. 47) – zwei zusätzliche Voraussetzungen hineingelesen werden: (1) Dient der für steuerbegünstigte Zwecke nach §§ 3, 4 GrStG genutzte Grundbesitz zugleich Wohnzwecken, gilt die Befreiung nur für die nach § 5 Abs. 1 Nr. 1–4 GrStG genau bezeichneten Wohnräume und (2) es darf sich bei diesen Wohnräumen nicht um „Wohnungen" handeln. Mit der letztgenannten Negativvoraussetzung bringt der Gesetzgeber zum Ausdruck, dass beim Vorliegen einer Wohnung der Wohnzweck überwiegt und selbst die Verfolgung und Verwirklichung des gemeinnützigen oder mildtätigen Zwecks keine Steuerbefreiung mehr rechtfertigt (BFH 4.12.2014 – II R 20/14, BStBl. II 2015, 610 Rn. 9). Insoweit führt die Gesetzesbegründung zum Grundsteuerreformgesetz vom 7.8.1973 namentlich zu gemeinnützigen Wohnungsbaugesellschaften explizit aus: Es sei nicht Sache der Gemeinden, durch Verzicht auf die Grundsteuer die Mietpreisgestaltung zu beeinflussen. Es sei vielmehr Aufgabe des Leistungsstaates den einkommensschwachen Mietern die Aufbringung der Miete für eine angemessene Wohnung zu ermöglichen (BT-Drs. VI/3418, 81). Das ist ein anerkennenswerter sachlicher Grund für die mit § 5 GrStG bewirkte Differenzierung, weshalb die Norm auch keinen verfassungsrechtlichen Zweifeln unterliegt (BVerfG 4.4.1984 – 1 BvR 1139/82, ZKF 1985, 231).

2 § 5 GrStG ist eine Spezialregelung gegenüber § 8 Abs. 2 GrStG und erübrigt damit die dort vorgesehene „Überwiegensprüfung". Der Gesetzgeber hat mit § 5 GrStG die Frage der (Un-) Schädlichkeit gemischter Nutzung selbst entschieden (→ GrStG § 8 Rn. 1). Eine dem § 5 GrStG vergleichbare Regelung enthält § 6 GrStG. Beide Normen finden unabhängig voneinander Anwendung, dh einer nach den Ausnahmen des § 6 GrStG unschädlichen Nutzung kann gleichwohl wegen § 5 GrStG die Steuerbefreiung zu versagen sein.

Zu Wohnzwecken benutzter Grundbesitz **§ 5 GrStG**

II. Entwicklung der Vorschrift

§ 5 GrStG beruht auf dem Grundsteuerreformgesetz vom 7.8.1973 (zu § 5   **3**
GrStG s. BT-Drs. VI/3418, 81; im Übrigen → Grundlagen Rn. 8). Der Regelungsgehalt seines Abs. 1 wurde weitgehend aus § 5 GrStG 1936/1951 (→ Grundlagen
Rn. 5 f.) übernommen (dazu RStBl. 1937, 717 [720 f.]). § 5 GrStG hat bis heute
keine inhaltliche Veränderung erfahren.

III. Verfahrensrecht

Verfahrensrechtlich gelten grundsätzlich die Ausführungen zu § 3 GrStG   **4**
(→ GrStG § 3 Rn. 4 ff.). Lediglich im Zusammenhang mit § 5 Abs. 1 Nr. 2 GrStG
ist noch ein vorgelagertes Anerkennungsverfahren vorgesehen (→ Rn. 11).

B. Wohnräume, die keine Wohnung darstellen (Abs. 1)

I. Befreiungsausschluss für Wohnräume (Abs. 1 Einleitungssatz)

Befreiungsschädlich ist die Benutzung des Grundbesitzes (auch) für Wohnzwe-   **5**
cke (zum Wohnzweck → BewG § 249 Rn. 14 f.). § 5 Abs. 1 GrStG gilt ganz allgemein, dh ohne Rücksicht darauf, welche der (persönlichen) Befreiungsvoraussetzungen der Grundstückseigentümer oder der Nutzende erfüllt. Der Ausschluss
betrifft deshalb gleichermaßen Grundbesitz von juristischen Personen des öffentlichen Rechts, gemeinnützigen Körperschaften, öffentlich-rechtlichen Religionsgesellschaften und anderen Steuerpflichtigen (BFH 23.2.1979 – III R 38/77,
BStBl. II 1979, 524). Auch wenn das Gesetz den Begriff selbst nicht verwendet,
**lässt sich zur Umschreibung des Anwendungsbereichs von Abs. 1 insoweit
von einzelnen, nicht zu einer Haushaltsführung geeigneten, aber doch
zum Wohnen (= Übernachten von Menschen) bestimmten „Wohnräumen"** sprechen (so auch BT-Drs. VI/3418, 81; ferner *Knittel* in Stenger/Loose
GrStG § 5 Rn. 77), nämlich in Abgrenzung zu Wohnungen, für die Abs. 2 gilt
(→ Rn. 19).

II. Ausnahmen von dem Befreiungsausschluss für Wohnräume

1. Gemeinschaftsunterkünfte der Streitkräfte und Polizei (Nr. 1). Be-   **6**
günstigt sind die Gemeinschaftsunterkünfte (Einzel- wie auch Gemeinschaftswohnräume, BFH 24.11.1978 – III R 55/76, BStBl. II 1979, 117) der Bundeswehr, der
ausländischen Streitkräfte, der internationalen militärischen Hauptquartiere, der
Bundespolizei, der Polizei und des sonstigen Schutzdienstes (= BND, Bundesamt
für Verfassungsschutz, *Knittel* in Stenger/Loose GrStG § 5 Rn. 91) des Bundes und
der Gebietskörperschaften sowie ihrer Zusammenschlüsse. Der Begriff des sonstigen
Schutzdienstes erfasst auch das Technische Hilfswerk, die lokale Feuerwehr und
ähnliche staatliche Einheiten (*Knittel* in Stenger/Loose GrStG § 5 Rn. 91). Der aktuelle Wortlaut nennt zwar in Nr. 1 ansonsten nur Aufzählungsbeispiele, die allesamt
die innere und äußere Sicherheit im engeren Sinne betreffen. Das weitere Verständnis wird aber durch die Entwicklungsgeschichte bestätigt: Das GrStG 1951 nannte in
§ 5 Nr. 1 noch ausdrücklich den „Feuerschutzdienst" und es ist nicht erkennbar, dass
der Gesetzgeber des Grundsteuerreformgesetzes 1973 hiervon abweichen wollte.

§ 5 GrStG
Abschnitt I. Steuerpflicht

7 Voraussetzung ist, dass die Unterbringung erforderlich ist, um einen geordneten Dienstbetrieb aufrechtzuerhalten (GrStR Abschn. 25 Abs. 1). Dies folgt aus dem Ausgangspunkt der Begünstigung, nämlich der Nutzung zum Dienstgebrauch iSv § 3 Abs. 1 S. 1 Nr. 1, Abs. 2 GrStG und dem Unmittelbarkeitserfordernis des § 7 GrStG. Bestätigt wird dies zudem durch die Vorgängernorm des § 5 GrStG 1936 (→ Grundlagen Rn. 5), der noch von „Kasernen- und Lagerunterkünften der Wehrmacht" sprach und von dem nach 1945 nur begrifflich, aber nicht inhaltlich abgewichen werden sollte (vgl. BT-Drs. I/1787, 10). Nach diesem funktionalen und iSd Zweckdienlichkeit zu konkretisierenden (zur Diskussion → GrStG § 7 Rn. 5 ff.) Verständnis (hier bezogen auf die Aufrechterhaltung des geordneten militärischen, polizeilichen etc. Dienstbetriebes) ist sodann auch der Umfang der Begünstigung zu bestimmen, vor allem in Abgrenzung zu anderen Zwecken, wie insb. dem Fürsorgeanliegen des Dienstherrn. Steuerfrei sind daher auch die Aufenthaltsräume, Speiseräume, Küchen und Wirtschaftsräume (BFH 24.11.1978 – III R 55/76, BStBl. II 1979, 117). Für eine Kantine schadet es nicht, wenn sie verpachtet ist, sofern der Pächter so in den Dienstbetrieb eingebunden und in seinen Entscheidungsfreiräumen eingeschränkt ist, dass es praktisch keinen Unterschied macht, wer die Kantine betreibt (vgl. BFH 29.3.1968 – III 213/64, BStBl. II 1968, 499). Es ist grundsätzlich nicht erforderlich, dass diese weiteren Räumlichkeiten in einem unmittelbaren räumlichen Zusammenhang mit den Unterkünften stehen. Die räumliche Distanz darf aber den **Funktionszusammenhang mit dem Dienstbetrieb** nicht auflösen. So hat der BFH bei einer Offiziersunterkunft, die außerhalb des Kasernengeländes lag, die Entfernung zur Kaserne für ein wichtiges Kriterium gehalten. Denn nur wenn die Offiziere in der unmittelbaren Nähe zu den Mannschaften untergebracht seien, könne diese Unterbringung die jederzeitige Einsatzbereitschaft gewährleisten (von BFH 24.11.1978 – III R 55/76, BStBl. II 1979, 117 bejaht für 40 Meter Entfernung; von BFH 21.6.1968 – III R 42/67, BStBl. II 1968, 719 verneint für 500 Meter bzw. 800 Meter Entfernung).

8 Wenn hingegen die Einsatzbereitschaft bei der Zurverfügungstellung von Gemeinschaftsunterkünften nicht im Vordergrund steht, sondern der Fürsorgeaspekt des Dienstherrn, dann fehlt es an der unmittelbaren Nutzung für den begünstigten Zweck (BFH 24.11.1978 – III R 55/76, BStBl. II 1979, 117). Verneint wurde dementsprechend die Grundsteuerbefreiung auch für solche Räume auf einem Kasernengelände, die nicht für die dort stationierten Soldaten, sondern für durchreisende höhere Offiziere bestimmt waren. Denn auch hier gehe es nicht um die Gewährleistung der Einsatzbereitschaft, sondern um ein reines Fürsorgeanliegen (BFH 24.11.1978 – III R 55/76, BStBl. II 1979, 117). Erst recht zu verneinen ist der notwendige funktionale Zusammenhang bei Räumlichkeiten, die der bloßen Kontaktpflege dienen (Clubs, Bar; BFH 24.11.1978 – III R 55/76, BStBl. II 1979, 117) und ferner bei Ladengeschäften, Friseursalons, Bankinstituten oder ähnlichen Einrichtungen, die lediglich der Betreuung der Truppen dienen (BFH 14.1.1972 – III R 50/69, BStBl. II 1972, 318).

9 **2. Wohnräume im Zusammenhang mit Erziehungs- und (Aus-)Bildungszwecken (Nr. 2). a) Schüler-, Ausbildungs- und Erziehungsheime.** Eine Wohnnutzung schadet nicht, wenn es sich um Wohnräume in Schülerheimen, Ausbildungs- und Erziehungsheimen handelt und die Unterbringung für die Zwecke des Unterrichts, der Ausbildung oder der Erziehung erforderlich ist. Die Begriffe Schüler-, Ausbildungs- und Erziehungsheim kann man für alle Rechtsträger und Nutzungen nicht losgelöst von den Begriffen des Unterrichts und der Erzie-

Zu Wohnzwecken benutzter Grundbesitz **§ 5 GrStG**

hung konkretisieren (→ GrStG § 4 Rn. 35). Ein **Schülerheim** ist hiernach zB ein Wohnheim, in dem Kinder und Jugendliche untergebracht sind, die eine Schule zwecks Unterricht besuchen. Es ist nicht notwendig, dass zwischen dem Heim und der Schule ein räumlicher Zusammenhang besteht. Notwendig ist aber, dass die Unterbringung es ermöglicht, die Schule zu besuchen (→ Rn. 10). Es kommt nicht darauf an, ob die Schüler in dem Heim nur vorübergehend, zB nur jeweils eine Woche in dem einer Schule gehörenden Schullandheim (sofern es sich entsprechend des eingangs genannten Zusammenhangs mit dem Unterricht um einen schulergänzenden Lernort handelt), oder dauernd, zB in einem Internat für das ganze Schuljahr, untergebracht sind (vgl. GrStR Abschn. 26 Abs. 2). Dies alles gilt entsprechend für ein **Ausbildungsheim**. Hier werden zum einen die Schüler untergebracht, die sich in einer beruflichen Ausbildung befinden. Da der Unterrichtsbegriff allerdings über die Berufsausbildung hinausgeht und auch politische (Weiter-) Bildung erfasst, werden zB auch – vorbehaltlich der Erforderlichkeitsfrage (→ Rn. 10) – Schulungsheime von Gewerkschaften erfasst (→ GrStG § 4 Rn. 30 = 34 mwN). Der Wortlaut umfasst hingegen kein Studentenwohnheim. Der Begriff des **Erziehungsheims** ist schon begrifflich untrennbar mit der Erziehung verbunden. Es geht mithin um eine Unterbringung im Zusammenhang mit einem Erziehungszweck, dh es muss ein pädagogisches Konzept verfolgt werden (vgl. auch GrStR Abschn. 26 Abs. 3: in erster Linie Verfolgung sozialpädagogischer Aufgaben, die von Schule und Elternhaus heute vielfach nicht mehr erfüllt werden können). Der reine Unterbringungs- und Verpflegungszweck ist mithin nicht ausreichend (*Troll/Eisele* GrStG § 5 Rn. 5).

Die **Unterbringung muss für die Zwecke des Unterrichts, der Ausbil-** 10 **dung oder der Erziehung erforderlich sein.** Diese Voraussetzung gilt nach ihrem Wortlaut für alle Betreiber der genannten Einrichtungen, dh nicht nur für solche iSv § 5 Abs. 1 Nr. 2 S. 2 GrStG (s. aber → Rn. 11). Der BFH hat hierzu formuliert, dass der Unterrichts-, Ausbildungs- und Erziehungszweck nur durch die Zusammenfassung der Zöglinge in gemeinschaftlichen Wohn- und Unterkunftsräumen erreicht werden kann (BFH 14.11.1958 – III 303/56, BStBl. III 1959, 81). Bei Erziehungsheimen ist die Erforderlichkeit iSv Nr. 2 aus Erziehungsanlass und -konzept heraus zu begründen. Bei Schüler- und Ausbildungsheimen dürfte die Unterbringung bei minderjährigen Schülern hingegen eher Ausdruck einer praktischen Notwendigkeit sein, nämlich bei weit entfernten Schulen (Internat). In einer solchen Situation tritt der Wohnzweck hinter dem Ausbildungszweck zurück. Denn ohne die Wohnräume ließe sich der konkrete Ausbildungszweck nicht verwirklichen. Angesichts dessen muss es bei einem Schul- und Ausbildungsheim ausreichen, wenn die Wohngelegenheiten es den Schülern und Auszubildenden ermöglichen, die Schule bzw. Ausbildungsstätte zu besuchen und dies ist bei nicht volljährigen Personen eine Frage der organisierten Aufsicht und Fürsorge (vgl. auch GrStR Abschn. 26 Abs. 2 S. 3; *Knittel* in Stenger/Loose GrStG § 5 Rn. 126: Heim und Schule müssen organisatorisch so miteinander verbunden sein, dass die Ziele der Schule unmittelbar gefördert werden). Bei Erwachsenen wird man dies alles hingegen idR anders sehen müssen, vor allem bei nur vorübergehenden Ausbildungsaufenthalten, für die man ebenso gut auch ein Hotel oder eine Pension nutzen könnte. Der BFH hat daher im Zusammenhang mit einer evangelischen Akademie zu Recht betont, dass die gemeinschaftliche Unterbringung der Akademiebesucher zwar den eigentlichen Zweck der Akademie fördern mag, aber die Räume doch in erster Linie den Wohnzwecken der Tagungsteilnehmer dienten (BFH 14.11.1958 – III 303/56, BStBl. III 1959, 81).

§ 5 GrStG
Abschnitt I. Steuerpflicht

11 Bei den **Rechtsträgern, die die Grundsteuerbefreiung aus § 3 Abs. 1 Nr. 1, 3 oder 4 GrStG herleiten** (also vor allem juristische Personen des öffentlichen Rechts, gemeinnützige Körperschaften, Religionsgemeinschaften) kann das Finanzamt in nur einem Verfahren über die Grundsteuerbefreiung entscheiden. Dabei muss es auch die Erforderlichkeit der Unterbringung würdigen (→ Rn. 10). Für alle anderen Rechtsträger statuiert § 5 Abs. 1 Nr. 2 S. 2 GrStG hingegen die weitere Voraussetzung, dass die Landesregierung oder die von ihr beauftragten Stellen anerkennen, dass die Unterhaltung des Heims oder Seminars im Rahmen der öffentlichen Aufgaben liegt. Das betrifft vor allem **Privatschulen ohne Gemeinnützigkeitsstatus,** bei denen auch die Grundsteuerbefreiung im Übrigen an eine entsprechende Anerkennung geknüpft wird (s. § 4 Nr. 5 GrStG). **Die Anerkennung richtet sich nach Landesrecht** und wird – ebenso wie die Anerkennung nach § 4 Nr. 5 GrStG – durch einen gesonderten Verwaltungsakt ausgesprochen (im Einzelnen → GrStG § 4 Rn. 36 ff., die dortigen Ausführungen zu Zuständigkeit, Verfahren, Entscheidung und Rechtsschutz gelten für § 5 Abs. 1 Nr. 2 S. 2 GrStG entsprechend). Maßstab für die Anerkennungsentscheidung ist hier, dass gerade auch die Unterbringung von der öffentlichen Aufgabe erfasst ist. Dies wiederum lässt sich praktisch wohl nicht von der Erforderlichkeit der Unterbringung trennen; letztlich dürfte sich die Prüfung wohl auch hierauf reduzieren. Andere Kriterien, die nicht bereits im Rahmen der nach § 4 Nr. 5 GrStG notwendigen Anerkennung geprüft worden sind, sind jedenfalls nicht erkennbar. Wenn dem so sein sollte, dann erweist sich das Anerkennungserfordernis nach § 5 Abs. 1 Nr. 2 S. 2 GrStG freilich als überflüssig, weil die Erforderlichkeit vom Finanzamt hier genauso gut mitgeprüft werden könnte wie bei den anderen Rechtsträgern auch.

12 **b) Wohnräume in Prediger- und Priesterseminaren.** Der Ausdruck „Prediger- oder Priesterseminar" bezieht sich nach Ansicht der Rechtsprechung nur auf Einrichtungen der evangelischen und der katholischen Kirche. Er umfasse nur die Ausbildungsstätten, die der Hochschulausbildung evangelischer und katholischer Geistlicher im pastoralpraktischen Bereich dienen. Eine Anwendung auf andere geistliche Ausbildungsstätten wurde abgelehnt (BFH 23.2.1979 – III R 38/77, BStBl. II 1979, 524, dort Missionsschule eines privaten Vereins für 14- bis 21-Jährige). Im Übrigen gilt auch für die Prediger- und Priesterseminare das Erfordernis der Erforderlichkeit der Unterbringung zur Erreichung des Unterrichts- und Ausbildungszwecks (→ Rn. 10).

13 **3. Wohnräume im Zusammenhang mit einem steuerbegünstigten Zweck iSv § 3 Abs. 1 Nr. 1, 3 oder 4 (Nr. 3).** Nach Nr. 3 sind Wohnräume grundsteuerbefreit, wenn der steuerbegünstigte Zweck iSd § 3 Abs. 1 Nr. 1, 3 oder 4 GrStG nur durch ihre Überlassung erreicht werden kann. Dies betrifft zB die der **Unterbringung von Straf- und Untersuchungsgefangenen** dienenden Räume in einer Justizvollzugsanstalt, ein Obdachlosenheim und die der **Unterbringung von Patienten dienenden Räume in einem Krankenhaus** (vgl. GrStR Abschn. 27 Abs. 2 S. 1). Ferner ist auf die Wohnräume zur Unterbringung alter Personen in einem gemeinnützigen **Altenheim** (für eine vollstationäre Pflegeeinrichtung FG Münster 13.12.2018 – 3 K 34/16, BeckRS 2018, 42348), Flüchtlingsunterkünfte und auch auf **Studentenwohnheime** hinzuweisen. In allen diesen Beispielen ist die Unterbringung entweder gerade der Zweck der begünstigten Tätigkeit oder die begünstigte Tätigkeit bedingt zwangsläufig eine Unterbringung in Wohnräumen. Insbesondere bei den genannten Beispielen des Altenheims, der Flüchtlingsunterkunft und des Studentenwohnheims stellt sich

Zu Wohnzwecken benutzter Grundbesitz **§ 5 GrStG**

allerdings häufig die Abgrenzungsfrage zur insgesamt schädlichen Wohnung iSv Abs. 2 (→ Rn. 19; Nachweise insb. zu Wohnungen in Altenheimen und Studentenwohnheimen ferner → BewG § 249 Rn. 29 ff.).

Dass eine **gemeinsame Unterbringung von Personen für die Erreichung** 14 **eines öffentlichen Dienstzwecks oder eines gemeinnützigen oder religiösen Zwecks förderlich ist, wurde von der Rechtsprechung hingegen nicht als ausreichend erachtet.** Dementsprechend wurde die Anwendung des § 5 Abs. 1 Nr. 3 GrStG für Wohnräume abgelehnt, die lediglich der mehrtägigen Zusammenkunft von Menschen zur Durchführung von begünstigten Veranstaltungen uÄ dienten (BFH 14.11.1958 – III 303/56, BStBl. III 1959, 81; 7.10.1966 – III 283/63, BStBl. III 1967, 30). Dem wird zwischenzeitlich die Wertung des § 68 Nr. 8 AO entgegenhalten, wonach ein unschädlicher Zweckbetrieb vorliegt, wenn Einrichtungen, die selbst Vorträge und andere Veranstaltungen wissenschaftlicher und belehrender Art durchführen, den Teilnehmern auch selbst Beherbergung und Verköstigung gewähren. Dieser Regelung soll entsprechend dem allgemeinen Zweckbetriebskonzept die Wertung entnehmbar sein, dass der begünstigte Zweck der Einrichtung nur durch die Überlassung von Wohnräumen erreicht werden kann (so *Troll/Eisele* GrStG § 5 Rn. 9). Dem ist zu widersprechen. So ist schon der Hinweis auf die Zweckbetriebskonzeption nicht zwingend, da gerade § 68 Nr. 8 AO in Bezug auf die Beherbergung und Beköstigung eine konstitutive Regelung enthält, ohne die die Annahme eines Zweckbetriebes an der Erforderlichkeitsvoraussetzung des § 65 Nr. 2 AO scheitern würde; dies hat selbst der Gesetzgeber erkannt (BT-Drs. 8/2827, 79: „Abweichung vom geltenden Rechtszustand"; ebenso *Musil* in HHSp AO § 68 Rn. 38). Bei einer derart konstitutiven Erweiterung des Zweckbetriebsbegriffs durch Außerkraftsetzung der dortigen Erforderlichkeitsvoraussetzung kann nicht unterstellt werden, dass dies für alle Steuern gleichermaßen gelten soll (in BT-Drs. 8/2827, 79 äußert sich der Gesetzgeber auch nur zur begünstigenden Wirkung des § 68 Nr. 8 AO für die Umsatzsteuer, die Körperschaftsteuer, die Gewerbesteuer und die Vermögensteuer und gerade nicht zur Grundsteuer). Festzuhalten ist jedenfalls, dass § 5 GrStG anlässlich der Einfügung des § 68 Nr. 8 AO (durch Gesetz v. 26.11.1979, BGBl. 1979 I 1953) unverändert geblieben ist. Hätte der Gesetzgeber die Unschädlichkeitsgründe des § 5 Abs. 1 GrStG ausweiten wollen, hätte er dies dort tun müssen. Entscheidend ist aber letztlich, dass das Gesetz in § 5 Abs. 1 Nr. 2 GrStG eine einzelfallbezogene Erforderlichkeitsprüfung vorsieht, womit Schulen uÄ einer strengeren Regelung unterliegen würden als Volkshochschulen und andere Bildungseinrichtungen. Das kann der Gesetzgeber nicht gewollt haben. Im Grunde ist die Unterscheidung stimmig. Bei mehrtägigen Zusammenkünften an einem auswärts gelegenen Ort, nehmen die den Teilnehmern angebotenen Übernachtungsmöglichkeiten diesen Personen nur die Lästigkeit ab, sich eine Pension oder ein Hotel zu suchen oder je nach Entfernung jeden Tag neu anzureisen.

Nr. 3 nimmt nur auf § 3 Abs. 1 Nr. 1, 3 oder 4 GrStG Bezug und dürfte insoweit 15 zu eng geraten sein. Er nimmt damit nämlich die Krankenzimmer in **privaten Krankenhäusern iSv § 4 Nr. 6 GrStG** aus. Für eine solche Differenzierung besteht kein rechtfertigender Grund. Es wird daher zu Recht angenommen, dass § 5 Nr. 3 GrStG auch für ein Krankenhaus iSv § 4 Nr. 6 GrStG gilt (*Troll/Eisele* GrStG § 5 Rn. 6).

4. Bereitschaftsräume (Nr. 4). Nach Nr. 4 ist eine Wohnnutzung steuer- 16 befreiungsunschädlich, wenn es sich um Räume handelt, in denen sich Personen für die Erfüllung der steuerbegünstigten Zwecke ständig bereithalten müssen und

§ 5 GrStG Abschnitt I. Steuerpflicht

wenn es sich nicht zugleich um die Wohnung des Inhabers handelt. Die Regelung hat nur klarstellende Bedeutung (zu § 5 GrStG 1936 auch schon der historische Normgeber RStBl. 1937, 717 [720]). Denn es geht um Bereitschaftsräume, die zwar eine Schlafgelegenheit enthalten (sonst käme Wohnraum iSv Abs. 1 schon gar nicht in Betracht), bei denen das Wohnen aber nur ein unvermeidbarer Reflex der eigentlichen Zweckverfolgung ist. **Positiv verlangt Nr. 4, dass die Räume zum Aufenthalt solcher Personen bestimmt sind, die ständig und sofort einsatzbereit sein müssen** (bezogen auf den begünstigte Nutzungszweck iSv §§ 3, 4 GrStG). Mit dem Wort „ständig" verlangt der Gesetzgeber zwar nicht, dass gerade in diesem Raum ständig („rund um die Uhr") eine Person sein muss. Der Raum muss aber die Bedingung dafür sein, dass das Personal „Tag und Nacht" zur Verfügung stehen kann (so auch GrStR Abschn. 28 Abs. 1 S. 3, Abs. 2), wie dies bei medizinischem Personal in Krankenhäusern und auch bei Erziehern in Schüler- und Erziehungsheimen typischerweise der Fall ist (GrStR Abschn. 28 Abs. 1 S. 4). Aus diesem funktionalen Erfordernis („Bereitschaft") folgt zugleich, dass dieser Raum die Bereitschaftsfunktion durch seine örtliche Nähe zum Ort des Einsatzes auch erfüllen können muss. Das ist eine Frage des Einzelfalls (zu Recht *Knittel* in Stenger/Loose GrStG § 5 Rn. 169; generalisierend und enger hingegen GrStR Abschn. 28 Abs. 3 S. 1: Raum muss sich auf dem Grundstück, auf welchem die begünstigte Nutzung stattfindet, oder in unmittelbarer Nähe befinden).

17 Als weitere **(negative) Voraussetzung** verlangt Nr. 4 darüber hinaus, **dass es sich bei den Räumen nicht zugleich um die Wohnung des Inhabers handeln darf.** Der hier verwendete Begriff der Wohnung irritiert, weil das Vorliegen einer Wohnung iSv § 5 Abs. 2 GrStG die Begünstigung ohnehin kategorisch ausschließen würde. Daher geht der BFH zu Recht davon aus, dass der Wohnungsbegriff iSv § 5 Abs. 1 Nr. 4 GrStG eine andere Bedeutung als in Abs. 2 hat und lediglich den alle Konstellationen des Abs. 1 prägenden Grundsatz klarstellt, dass die Wohnnutzung in den Hintergrund treten muss (BFH 23.2.1979 – III R 38/77, BStBl. II 1979, 524). Die Grundsteuerbefreiung scheidet daher aus, wenn die Räume zwar auch die sofortige Einsatzbereitschaft einer Person ermöglichen, sie aber auch den Mittelpunkt des Lebens dieser Person darstellen. Das ist vor allem dann der Fall, wenn diese Person gar keinen anderen wohnlichen Bezugspunkt hat, zu dem sie nach der Arbeit zurückkehren kann (BFH 23.2.1979 – III R 38/77, BStBl. II 1979, 524; *Knittel* in Stenger/Loose GrStG § 5 Rn. 168; *Troll/Eisele* GrStG § 5 Rn. 10). Jenseits dieser Konstellation ist aber auch eine (praktisch freilich schwer nachweisbare) subjektive Wohnwidmung denkbar, mittels derer ein Lebensmittelpunkt begründet werden kann.

18 Die Finanzverwaltung sah vor gut 35 Jahren bei Krankenhäusern und Erziehungsheimen offenkundig erhebliche Abgrenzungsschwierigkeiten zwischen dem Bereitschafts- und dem Wohnzweck („praktisch kaum durchführbare Abgrenzung nach den persönlichen Lebensumständen des Bereitschaftspersonals"). Aus „Vereinfachungsgründen" könne daher bei der Abgrenzung pauschal vorgegangen werden: In Krankenanstalten könne von den Wohnräumen, die objektiv als Bereitschaftsräume geeignet sind, höchstens diejenige Anzahl anerkannt werden, die 20 v. H. des Sollbestands an Bereitschaftspersonal (Ärzte, Schwestern, Pfleger und das Personal des medizinisch-technischen Dienstes) entspräche. Bei Alten-, Kinder- und Schülerheimen soll der Prozentsatz 10 v. H. betragen. Der Nachweis, dass sich insgesamt eine größere Anzahl von Bereitschaftsräumen als nach der Pauschalregelung ergibt, bleibe zulässig (so FM RhPf 8.9.1976 – G 1102 A/446; verkürzt, aber im Ergebnis ebenso FM Bayern 18.8.1976 – 34 – G 1102 – 7/3 – 32 421, BeckVerw 289537).

C. Kategorischer Begünstigungsausschluss für „Wohnungen" (Abs. 2)

§ 5 Abs. 1 GrStG stellt auf Wohnräume ab, enthält insoweit aber in seinen 19
Nr. 1–4 Ausnahmen von der Befreiungsschädlichkeit. **Von einem bloßen Wohnraum zu unterscheiden ist demgegenüber die Wohnung** (als eine abgeschlossene Wohneinheit mit einer gewissen Mindestausstattung). **Wohnungen sind gem. § 5 Abs. 2 GrStG stets von der Steuerbefreiung ausgenommen** und dies ungeachtet der Frage, welche Funktion sie im Zusammenhang mit dem begünstigten Zweck erfüllen. Sofern die Voraussetzungen des Abs. 2 erfüllt sind, liegt von der Dienstwohnung über die Wohnungen gemeinnütziger Wohnungsbaugesellschaften (→ Rn. 1) bis hin zu Wohnungen im Zusammenhang mit Pflegekonzepten stets eine die Grundsteuerbefreiung ausschließende Nutzung vor (sofern nicht die expliziten Ausnahmen in § 3 Abs. 1 S. 1 Nr. 5 und 6 GrStG einschlägig sind). Der **Wohnungsbegriff des § 5 Abs. 2 GrStG entspricht demjenigen des § 249 Abs. 10 BewG** (glA *Kunz* in Grootens GrStG § 5 Rn. 28; daher → BewG § 249 Rn. 29 ff.). Es gilt daher auch im Rahmen der Grundsteuerbefreiungen die von der Rechtsprechung entwickelte typologische Beschreibung des bewertungsrechtlichen Begriffs der Wohnung (BFH 4.12.2014 – II R 20/14, BStBl. II 2015, 610 Rn. 9). Für die Anwendung des § 5 Abs. 2 GrStG ist es unerheblich, wie das Rechtsverhältnis zwischen dem Grundstückseigentümer und den Personen, denen die Wohnungen überlassen werden, geregelt ist (BFH 15.3.2001 – II R 38/99, BFH/NV 2001, 1449 [dort: Einweisung durch Verwaltungsakt]; BFH 11.4.2006 – II R 77/04, BFH/NV 2006, 1707) und ob die Überlassung der Räume in Erfüllung einer öffentlichen Aufgabe erfolgt. Letzteres ergibt sich daraus, dass § 5 Abs. 2 GrStG den auf die Wahrnehmung öffentlicher Aufgaben abzielenden Befreiungstatbestand des § 3 Abs. 1 S. 1 Nr. 1 GrStG gerade einschränken will (BFH 15.3.2001 – II R 38/99, BFH/NV 2001, 1449, dort Überlassung durch eine Gemeinde zur Vermeidung von Obdachlosigkeit).

Sofern eine Wohnung vorliegt, gilt der Begünstigungsausschluss auch für die **da-** 20
zugehörigen Gärten und Garagen (*Troll/Eisele* GrStG § 5 Rn. 2). Liegt die Wohnung in einem Gebäudekomplex, für den im Übrigen die Voraussetzungen einer Steuerbefreiung vorliegen, muss nach Maßgabe des § 8 Abs. 1 GrStG aufgeteilt werden.

§ 6 Land- und forstwirtschaftlich genutzter Grundbesitz

Wird Grundbesitz, der für steuerbegünstigte Zwecke (§§ 3 und 4) benutzt wird, zugleich land- und forstwirtschaftlich genutzt, so gilt die Befreiung nur für
1. **Grundbesitz, der Lehr- oder Versuchszwecken dient;**
2. **Grundbesitz, der von der Bundeswehr, den ausländischen Streitkräften, den internationalen militärischen Hauptquartieren oder den in § 5 Abs. 1 Nr. 1 bezeichneten Schutzdiensten als Übungsplatz oder Flugplatz benutzt wird;**
3. **Grundbesitz, der unter § 4 Nr. 1 bis 4 fällt.**

Gilt nicht in **Baden-Württemberg** (dort § 7 BWLGrStG).

§ 6 GrStG

A. Allgemeines

I. Systematische Einordnung und Zweck der Regelung

1 Gemäß § 6 GrStG ist eine Grundsteuerbefreiung nach den §§ 3, 4 GrStG zu versagen, wenn der Grundbesitz auch land- und forstwirtschaftlich genutzt wird. Die Regelung enthält damit eine zusätzliche Negativvoraussetzung in Bezug auf die §§ 3, 4 GrStG und formuliert zugleich Gegenausnahmen (Nr. 1–3 der Norm). § 6 GrStG ist eine Spezialvorschrift gegenüber § 8 Abs. 2 GrStG (→ Rn. 9). Die Norm scheint Ausdruck einer Abwägung fiskalischer Interessen mit den von §§ 3 f. GrStG verfolgten Zwecken zu sein. So heißt es in der Gesetzesbegründung: Land- und forstwirtschaftlich genutzter Grundbesitz müsse im Interesse des Grundsteueraufkommens der kleinen ländlichen Gemeinden grundsätzlich steuerpflichtig sein (BT-Drs. VI/3418, 81). Umgekehrt formuliert: Wegen des Haushaltsinteresses dieser Gemeinden muss der öffentliche Zweck zurücktreten.

2 Schließt § 6 GrStG eine Steuerbefreiung aus, so kommt im Kontext des Naturschutzes gleichwohl ein Grundsteuererlass nach § 32 Abs. 1 Nr. 1 GrStG in Betracht. Denn gesetzessystematisch ist zwischen einem schon im Bewertungs- oder Messbetragsverfahren geltend zu machenden Anspruch auf Grundsteuerbefreiung und dem erst nach Festsetzung der Grundsteuer zu beantragenden Erlass nach § 32 GrStG zu unterscheiden (→ GrStG § 32 Rn. 2).

II. Entwicklung der Vorschrift

3 § 6 GrStG beruht auf dem Grundsteuerreformgesetz vom 7.8.1973 (zu § 6 GrStG s. BT-Drs. VI/3418, 81; im Übrigen → Grundlagen Rn. 8). Eine entsprechende Regelung fand sich zuvor in § 25 GrStDV (→ Grundlagen Rn. 6). Das Grundsteuerreformgesetz vom 26.11.2019 (→ Grundlagen Rn. 13) hat § 6 GrStG nicht verändert.

III. Verfahrensrecht

4 Verfahrensrechtlich gelten die Ausführungen zu § 3 GrStG (→ GrStG § 3 Rn. 4 ff.). Im Übrigen ist im Zusammenhang mit dem Naturschutz auf die Möglichkeit eines der Grundsteuerfestsetzung nachgelagerten Erlassverfahrens hinzuweisen (→ Rn. 2).

B. Grundsatz: Eine land- und forstwirtschaftliche Nutzung schadet der Steuerbefreiung (Einleitungssatz)

5 Schädlich ist eine land- und forstwirtschaftliche Nutzung des Grundstücks. Die Vorschrift setzt nicht voraus, dass der zu beurteilende Grundbesitz bewertungsrechtlich als Betrieb der Land- und Forstwirtschaft zu qualifizieren ist. Erforderlich und genügend ist vielmehr, dass der Grundbesitz – ungeachtet der zugrundeliegenden Motive – tatsächlich land- und forstwirtschaftlich genutzt wird (BFH 31.7.1985 – II R 236/81, BStBl. II 1985, 633; 16.10.1996 – II R 17/96, BStBl. II 1997, 228; 18.11.2009 – II R 30/08, BFH/NV 2010, 466 Rn. 14). Insoweit kann aber auf die inhaltlichen Konkretisierungen der Land- und Forstwirtschaft in § 232 BewG zurückgegriffen werden (→ BewG § 232 Rn. 4 ff. und → BewG § 234

Land- und forstwirtschaftlich genutzter Grundbesitz **§ 6 GrStG**

Rn. 4ff.). Für die land- und forstwirtschaftliche Nutzung der Hofstelle dürfte es für Zwecke des § 6 GrStG ausreichend sein, dass ihr eine dienende Funktion für land- und forstwirtschaftliche Nutzung der Flächen zukommt (*Bruschke* in Stenger/Loose GrStG § 6 Rn. 16). Liegt eine land- und forstwirtschaftliche Nutzung vor, kommt es weder auf deren Intensität noch auf etwaige Beweggründe oder einen übergeordneten Zweck an, der mit der Nutzung verfolgt wird (zB Naturschutz; unter Umständen kommt aber ein Grundsteuererlass in Betracht, → Rn. 2). Auch für § 6 GrStG bedarf es keiner Gewinnerzielungsabsicht (BFH 16.10.1996 – II R 17/96, BStBl. II 1997, 228). Befreiungsschädlich ist daher jede land- und forstwirtschaftliche Nutzung, mag ihr auch gegenüber der Verfolgung eines steuerbegünstigten Zweckes eine vergleichsweise untergeordnete Bedeutung zukommen (BFH 16.10.1996 – II R 17/96, BStBl. II 1997, 228). Kein Fall des § 6 GrStG sind hingegen **Dauerkleingärten** (aA *Bruschke* in Stenger/Loose GrStG § 6 Rn. 26; *Troll/ Eisele* GrStG § 6 Rn. 2). Denn von einer landwirtschaftlichen Nutzung wird man den Typus einer bloßen privaten (in einem überschaubaren Umfang betriebenen) Gartennutzung unterscheiden müssen, die vorrangig der Erholung und Ruhe dient (zutreffend FG Berlin-Brandenburg 10.5.2017 – 3 K 3246/13, EFG 2017, 1241; dazu auch → BewG § 240 Rn. 1). Der Gesetzgeber hat dies anerkannt, wenn er in § 240 Abs. 1 BewG einen Betrieb der Land- und Forstwirtschaft fingiert. Die Fiktion des § 240 Abs. 1 BewG ist für § 6 GrStG irrelevant.

Bei **Wiesengrundstücken** reicht es für die Annahme einer landwirtschaftlichen 6 Nutzung grundsätzlich aus, wenn Landwirte die ihnen zur unentgeltlichen Nutzung überlassenen Grünflächen mähen und das geschnittene Gras verwerten (BFH 16.10.1996 – II R 17/96, BStBl. II 1997, 228). Entsprechendes gilt für eine **Beweidung**, zB mit Schafen (FG Niedersachsen 8.2.1994 – I 342/90, EFG 1994, 847: Heideflächen, die mit Heidschnuckenherden beweidet werden). Schließlich ist Landwirtschaft auch die sonstige landwirtschaftliche Nutzung iSv § 242 BewG. Daher ist § 6 GrStG einschlägig, wenn ein als gemeinnützig anerkannter Fischereiverein seinen Mitgliedern Grundbesitz zum sog. **Sportfischen** zur Verfügung stellt (nicht gewerblicher Fischfang als eine Form der Nutzung tierischer landwirtschaftlicher Urproduktion, so BFH 31.7.1985 – II R 236/81, BStBl. II 1985, 632 zu § 62 BewG).

Bei **Waldflächen** stellt sich die Frage, ob eine schädliche forstwirtschaftliche 7 Nutzung des Grundstücks erst dann vorliegt, wenn auch ertragsteuerlich ein Forstbetrieb oder zumindest ein forstwirtschaftlicher Teilbetrieb vorliegt bzw. denkbar ist. Die Frage ist deshalb von Bedeutung, weil die ertragsteuerliche Rechtsprechung einen forstwirtschaftlichen Betrieb idR nur dann annimmt, wenn es sich um räumlich zusammenhängende Waldflächen einer bestimmten Mindestgröße handelt (vgl. BFH 26.6.1985 – IV R 149/83, BStBl. II 1985, 549: 0,7 ha Fichtenwald nicht ausreichend; BFH 29.3.2001 – IV R 88/99, BStBl. II 2002, 791: 4,61 ha sind hingegen ausreichend; BFH 18.5.2000 – IV R 28/98 – BFH/NV 2000, 1455: zweifelnd bei 2,00 ha). Das FG Düsseldorf scheint diese Frage bejahen zu wollen (FG Düsseldorf 1.9.2005 – 11 K 5169/02, EFG 2006, 528), gerät damit aber – ungesehen – in Widerspruch zur (zutreffenden) Rechtsprechung des BFH, wonach es für § 6 GrStG nur auf die land- und forstwirtschaftliche Tätigkeit als solche ankommt und nicht auch noch, ob diese Tätigkeit mit Gewinnerzielungsabsicht betrieben wird (→ Rn. 5 mwN). Denn die Überlegungen des BFH zu einer forstwirtschaftlichen Mindestfläche müssen gerade im Zusammenhang mit der Gewinnerzielungsabsicht gesehen werden; die Flächenausstattung kann ein Indiz hierfür sein (s. nur *Krumm* in Leingärtner Kap. 4 Rn. 36f.). Daher kommt es für § 6 GrStG richtigerweise nicht auf eine Mindestforstfläche an. Entscheidend ist allein, ob eine

§ 6 GrStG   Abschnitt I. Steuerpflicht

forstwirtschaftliche Tätigkeit vorliegt. Insoweit ist zu beachten, dass zwischen Aufforstung einer Waldfläche und der Holzernte je nach Umtriebszeit und Holzart mehrere Jahrzehnte vergehen können und deshalb die Frage der „unmittelbaren Nutzung" nicht durch eine Momentaufnahme beantwortet werden kann. Dementsprechend kann ein Grundstückseigentümer die Anwendung des § 6 GrStG nicht mit der Begründung abwehren, dass er aus naturschutzrechtlichen Gründen den Wald sich selbst überlässt. Eine forstwirtschaftliche Nutzung iSv § 6 GrStG wird man nur dann verneinen können, wenn feststeht, dass eine Ernte des vorhandenen Baumbestandes künftig unterbleiben wird (BFH 18.11.2009 – II R 30/08, BFH/NV 2010, 466 Rn. 16). Das dürfte allerdings idR im Hinblick auf den langen Betrachtungszeitraum praktisch nicht feststellbar sein, vor allem nicht für Grundstücke, die nicht als Naturschutzgebiet ausgewiesen sind. Dies alles gilt auch dann, wenn es sich bei dem Eigentümer um eine Körperschaft handelt, deren Satzung ausdrücklich eine künftige Holzernte untersagt. Der BFH hat eine andere Betrachtung allerdings für den Fall in Aussicht gestellt, dass der Fortbestand der Körperschaft und auch deren Eigentümerstellung bis zum spätestmöglichen Zeitpunkt einer gedachten, aber satzungsgemäß zu unterlassenden Holzernte gesichert sind (BFH 18.11.2009 – II R 30/08, BFH/NV 2010, 466 Rn. 16). Jenseits dieser Ausnahmekonstellation kann eine grundsteuerliche Begünstigung von Waldgrundstücken, die dem Naturschutz dienen, nur über den Grundsteuererlass nach § 32 Abs. 1 Nr. 1 GrStG erreicht werden. Das wiederum setzt aber typischerweise die förmliche Festsetzung eines Naturschutzgebietes voraus (→ GrStG § 32 Rn. 9f.).

8 Nutzungen, die typischerweise bei land- und forstwirtschaftlich nutzbaren (aber nicht genutzten) Grundstücken mit auftreten, aber selbst nicht die Voraussetzungen einer land- und forstwirtschaftlichen Nutzung erfüllen, sind für § 6 GrStG irrelevant. Dies betrifft zB die gesetzliche Mitgliedschaft in einer Jagdgenossenschaft. So stellt namentlich die Grundstücksnutzung durch Verpachtung nach § 10 Abs. 1 S. 1 BJagdG keine Nutzung iSv § 6 GrStG dar (FG Düsseldorf 1.9.2005 – 11 K 5169/02, EFG 2006, 528; OFD Magdeburg 20.6.2012 – G 1105 – 1 – St 272, BeckVerw 262120).

9 Für die Anwendung des § 6 GrStG ist zuvorderst eine **flächengenaue Betrachtung** maßgeblich. Wird nur ein Teil der wirtschaftlichen Einheit land- und forstwirtschaftlich genutzt, gilt § 6 GrStG auch nur für diesen Teil. **Wird eine Fläche teils land- und forstwirtschaftlich und teils anderweitig genutzt,** richtet sich die Beurteilung nicht nach § 8 Abs. 2 GrStG, sondern ausschließlich nach dem insoweit spezielleren § 6 GrStG. Das bedeutet, dass es nicht darauf ankommt, welche Nutzung überwiegt (BFH 27.8.2008 – II R 27/06, BFH/NV 2008, 2056; *Bruschke* in Stenger/Loose GrStG § 6 Rn. 20; *Troll/Eisele* GrStG § 6 Rn. 2). Vielmehr **schadet jegliche land- und forstwirtschaftliche Nutzung,** mag sie im Verhältnis zum steuerbegünstigten Zweck auch untergeordnet sein (→ Rn. 5). Umgekehrt wirkt die Norm im Anwendungsbereich ihrer Ausnahmen aufgrund ihres Vorranges gegenüber § 8 GrStG privilegierend.

C. Ausnahmen

I. Lehr- oder Versuchszwecken dienender Grundbesitz (Nr. 1)

10 Eine land- und forstwirtschaftliche Nutzung schadet der Steuerbefreiung nicht, wenn der zu begünstigten Zwecken genutzte Grundbesitz (zugleich) Lehr- oder Versuchszwecken dient. Der Lehrbegriff der Nr. 1 bezieht sich auf eine berufsfördernde Ausbildung – sei es an einer Hochschule, sei es im Rahmen eines Ausbildungsverhältnisses (RFH 28.9.1939 – III 161/39, RStBl. 1939, 1232; FG Niedersachsen 28.2.1989 – I 126/87, EFG 1989, 479 [als Behindertenwerkstatt betriebene Gärtnerei]). Dem Wortlaut nach kann der Grundbesitz mit seiner land- und forstwirtschaftlichen Nutzung entweder Anschauungsgegenstand für einen Teilausschnitt des Studiums oder der Ausbildung (zB botanische Gärten) oder gar selbst der Gegenstand der Ausbildung sein. Negativ abzugrenzen ist der Lehrzweck von Zwecken der Erziehung und Resozialisierung (RFH 28.9.1939 – III 161/39, RStBl. 1939, 1232). Dass die Tätigkeit auch Persönlichkeits- und Charakterbildung bewirkt, ist hingegen nicht schädlich. Dies liegt in der Natur von Studium und Ausbildung (vgl. bereits FG Niedersachsen 28.2.1989 – I 126/87, EFG 1989, 479 für die Behindertenwerkstatt und ganz allgemein auch BVerfG 19.11.2019 – 2 BvL 22/14, BVerfGE 152, 274 Rn. 124). Der Versuchsbegriff impliziert die Suche nach neuer Erkenntnis und zielt daher vor allem auf Hochschulen und andere (außeruniversitäre, behördliche, aber auch privatrechtlich organisierte) Forschungseinrichtungen ab (vgl. auch *Ostendorf* KStZ 1976, 66; *Troll/Eisele* GrStG § 6 Rn. 3).

Ist Nr. 1 einschlägig, umfasst die Grundsteuerbefreiung den gesamten Grundbesitz, der Lehr- und Versuchszwecken dient. Erfasst sind nicht nur die land- und forstwirtschaftlichen Versuchsflächen (einschließlich von Rotationsflächen bei pflanzenbaulichen Versuchen), sondern auch die Grundflächen der Gebäude (Gebäudeteile), die unmittelbar dem begünstigten Zweck dienen (zB Labor-, Büro-, Unterrichts-, Lager- und Geräteräume, s. insgesamt FM Niedersachsen 29.3.1976, G 1106 – 22 – 34). Die einschränkende Regelung des § 5 GrStG für **Wohnungen** genießt indes auch im Anwendungsbereich der Ausnahmen des § 6 GrStG Vorrang (→ GrStG § 5 Rn. 2). **11**

II. Militärische Übungs- oder Flugplätze (Nr. 2)

Nr. 2 statuiert eine Gegenausnahme für den Grundbesitz, der von der Bundeswehr, den ausländischen Streitkräften, den internationalen militärischen Hauptquartieren oder den in § 5 Abs. 1 Nr. 1 GrStG bezeichneten Schutzdiensten als Übungsplatz oder Flugplatz benutzt wird. Gerade in Ansehung von Nr. 2 muss kritisch geprüft werden, ob die land- und forstwirtschaftlich genutzten Flächen unmittelbar für einen Zweck iSv §§ 3 f. GrStG genutzt werden (anderenfalls kommt es auf § 6 GrStG gar nicht an). Der BFH hat die unmittelbare Nutzung zB bejaht für die Randzonen des Übungsgeländes, in denen selbst zwar keinen Übungen stattfinden, die aber als Schutz- und Sicherheitszone für den Betrieb eines Truppenübungsplatzes erforderlich sind (BFH 27.8.2008 – II R 27/06, BFH/NV 2008, 2056) und für die landwirtschaftlichen Flächen innerhalb eines Militärflugplatzes, die nur als Weideflächen genutzt wurden, aber jederzeit einer militärischen Nutzung hätten zugeführt werden können, und sei es auch nur als Abstellfläche für Fahrzeuge und Flugzeuge (BFH 15.3.1957 – III 17/57 S, BStBl. III 1957, 183). **12**

III. Grundbesitz im Sinne von § 4 Nr. 1–4 GrStG (Nr. 3)

Nr. 3 setzt eine steuerbegünstigte Nutzung nach Maßgabe der § 4 Nr. 1–4 GrStG voraus (siehe daher die Erläuterungen zu § 4 GrStG). § 6 GrStG geht hier zugunsten des Steuerpflichtigen dem § 8 GrStG vor, dh es findet keine Aufteilung statt, vielmehr wird die ansonsten schädliche Land- und Forstwirtschaft insgesamt und ungeachtet ihrer Intensität für unbeachtlich erklärt. **13**

§ 7 GrStG

§ 7 Unmittelbare Benutzung für einen steuerbegünstigten Zweck

¹Die Befreiung nach den §§ 3 und 4 tritt nur ein, wenn der Steuergegenstand für den steuerbegünstigten Zweck unmittelbar benutzt wird. ²Unmittelbare Benutzung liegt vor, sobald der Steuergegenstand für den steuerbegünstigten Zweck hergerichtet wird.

Gilt nicht in **Baden-Württemberg** (dort § 8 BWLGrStG).

A. Allgemeines

I. Systematische Einordnung und Zweck der Regelung

1   § 7 S. 1 GrStG konkretisiert die Befreiungsvorschriften der §§ 3, 4 GrStG. Mit dem Unmittelbarkeitskriterium soll die Grundsteuerbefreiung zielgenau zur Anwendung gelangen (im Einzelnen → Rn. 4 ff.), weshalb es den §§ 3, 4 GrStG schon immanent sein dürfte und § 7 S. 1 GrStG nur klarstellende Funktion hat (vgl. BFH 30.6.1967 – III 173/64, BStBl. III 1967, 659). Satz 2 regelt den Zeitpunkt, ab dem die Voraussetzungen einer Grundsteuerbefreiung vorliegen (→ Rn. 9 ff.).

II. Entwicklung der Vorschrift

2   § 7 GrStG beruht auf dem Grundsteuerreformgesetz vom 7.8.1973 (zu § 7 GrStG s. BT-Drs. VI/3418, 81; im Übrigen → Grundlagen Rn. 8). Satz 1 wurde unverändert aus dem GrStG 1936/1951 (→ Grundlagen Rn. 5 f.) übernommen (dort § 6 Abs. 1 GrStG 1936, in RStBl. 1937, 717 [720 f.] hierzu allerdings keine Erläuterungen). Satz 2 hat im GrStG 1936/1951 hingegen kein Vorbild und dient bewusst der Ausweitung der Grundsteuerbefreiung in zeitlicher Hinsicht (→ Rn. 9 ff.). Das Grundsteuerreformgesetz vom 26.11.2019 (→ Grundlagen Rn. 13) hat § 7 GrStG nicht verändert.

III. Verfahrensrecht

3   Wegen des engen Zusammenhangs mit den §§ 3 f. GrStG (→ Rn. 2) kann in verfahrensrechtlicher Hinsicht (Berücksichtigung der [anteiligen] Grundsteuerbefreiung in Grundsteuerwert- oder Grundsteuermessbescheid) auf die Ausführungen zu § 3 GrStG verwiesen werden kann (→ GrStG § 3 Rn. 4 ff.).

B. Unmittelbare Benutzung (S. 1)

4   Die Befreiung tritt nach den §§ 3, 4 GrStG nur ein, wenn der Steuergegenstand für den steuerbegünstigten Zweck unmittelbar benutzt wird (§ 7 S. 1 GrStG). Dies ist der Fall, **wenn der Steuergegenstand tatsächlich dem Benutzungszweck zugeführt wird, eine enge Verbundenheit zwischen dem Steuergegenstand, der Person des Nutzenden und dem steuerbegünstigten Zweck besteht, und die Nutzung nicht nur vorübergehender Natur ist** (FG Düsseldorf 23.11.1999 – 11 K 2087/98, EFG 2000, 187; FG Schleswig-Holstein 29.1.2014 – 2 K 236/12, EFG 2014, 664 Rn. 23; *Troll/Eisele* GrStG § 7 Rn. 2, 4). Diese unmittelbare Benutzung ist jedenfalls in Ansehung der Grundstücksteile unzweifelhaft, auf

Unmittelbare Benutzung für einen steuerbegünstigten Zweck **§ 7 GrStG**

denen der begünstigte Zweck verwirklicht wird. Ob ein ausreichender Zusammenhang der konkret zu beurteilenden Nutzung mit dem steuerbegünstigten Zweck besteht, ist freilich stets eine Frage des Einzelfalls (vgl. zB FG Düsseldorf 1.9.2005 – 11 K 5169/02, EFG 2006, 528: bejaht für Vorratsgrundstück eines Wasserverbandes). Das Unmittelbarkeitskriterium erfüllen ferner **die Räume, in denen dieser Grundbesitz verwaltet oder die begünstigte Aufgabe organisiert wird.** Alles andere wäre sinnwidrig, da die Erfüllung des begünstigten Zwecks typischerweise nicht ohne zentrale Verwaltungstätigkeiten auskommt. Daher kann die Frage der Grundsteuerbefreiung für solche Grundstücksteile nicht losgelöst von der grundsteuerlichen Behandlung des Steuergegenstandes beurteilt werden, der verwaltet wird (BFH 10.12.1954 – III 78/54, BStBl. III 1955, 63; 6.10.1961 – III 405/59, BStBl. III 1961, 571; 1.2.1963 – III 20/60, BStBl. III 1963, 190; *Troll/Eisele* GrStG § 7 Rn. 2). Wird teils grundsteuerbefreiter Grundbesitz, teils grundsteuerpflichtiger Grundbesitz verwaltet, hat eine Aufteilung nach Maßgabe des § 8 GrStG zu erfolgen.

Für die Unmittelbarkeit iSv § 7 Abs. 1 GrStG soll nach ständiger Rechtsprechung des BFH die Ausübung einer **bloßen Hilfstätigkeit zur Verwirklichung des begünstigten Zwecks** ausreichend sein, sofern diese hierfür unentbehrlich ist (BFH 19.10.1995 – II R 107/93, BFH/NV 1996, 294 sowie die nachfolgend zitierten Entscheidungen; übernommen von Abschn. 31 Abs. 1 GrStR). Die Figur der unentbehrlichen Hilfstätigkeit findet sich – soweit ersichtlich – erstmals in der Rechtsprechung des RFH zu einem Altersheim des Roten Kreuzes für seine eigenen Mitarbeiter. Das Altersheim diene zwar nicht den Aufgaben des Roten Kreuzes; das Rote Kreuz könne seine Aufgaben aber ohne Bereitstellung der Krankenschwestern und ohne Sicherung deren Lebensunterhalts nicht richtig erfüllen. Es wäre eine dem Sinn und Zweck der Grundsteuerbefreiung widersprechende Einengung, wollte man unentbehrliche Hilfsmaßnahmen und Hilfsmittel des Deutschen Roten Kreuzes vom Kreis seiner Aufgaben ausschließen (RFH 24.7.1941 – III 38/40, RStBl. 1941, 846). Entsprechendes hat der Reichsfinanzhof (RFH 24.7.1941 – III 37/40, RStBl. 1941, 846) für einen mit diesem Altersheim des Roten Kreuzes verbundenen Wandelgarten, der auch der Erholung der Schwestern des Mutterhauses diente, angenommen. Der BFH hat hieran angeknüpft u. mit nämlicher Begründung das Alters- und Erholungsheim eines Diakonissenmutterhauses von der Grundsteuer freigestellt (BFH 22.10.1954 – III 74/54, BStBl. III 1954, 369). Dies mündete dann vor allem 1963 in die Entscheidung zur „Postkantine": Für die Kantine der Deutschen Bundespost hat der BFH die Grundsteuerbefreiung über die Hilfstätigkeitsfigur (und in Abgrenzung zur bloßen Fürsorgefunktion) mit folgender Begründung bejaht: „[Die Deutsche Bundespost] muss [die Kantine] vielmehr in erster Linie unterhalten, um einen geregelten Postbetrieb aufrechterhalten zu können. Das gilt besonders in größeren Städten, wo die Beamten und Angestellten zum Teil sehr weit entfernt von den Dienststellen wohnen, sodass sie ihr Mittagessen nicht zu Hause einnehmen können. Der Senat trägt deshalb keine Bedenken, unter diesen Voraussetzungen einen Kantinenbetrieb als ein unentbehrliches Hilfsmittel anzuerkennen, ohne den die Bundespost ihre hoheitliche Tätigkeit heute nicht mehr erfüllen kann" (BFH 11.10.1963 – III R 379/60, BStBl. III 1963, 571; verallgemeinernd für alle [niedersächsischen] Behördenkantinen sodann FM Nds 22.11.1968 – G 1103 – 20, BeckVerw 292899). Ob dieses „Bild" in dieser Allgemeinheit heute noch der Realität gerecht wird, wird man bezweifeln müssen (noch → Rn. 6 aE). Fast jede Behörde etc dürfte örtlich so gelegen sein, dass eine Nahversorgungsmöglichkeit durch Restaurants, Bäckereien und Supermärkte be-

5

§ 7 GrStG
Abschnitt I. Steuerpflicht

steht. Dass eine Kantine für die Aufrechterhaltung des Dienstbetriebes unerlässlich ist, dürfte heute nur noch für Bundeswehrkasernen gelten (→ GrStG § 5 Rn. 7), womöglich auch für die kasernierten Polizeieinheiten.

6 **Stellungnahme:** Das Bild einer unentbehrlichen Hilfstätigkeit führt letztlich in die Irre. Man sollte Zweckdienlichkeit ausreichen lassen und auf die Ausgrenzungskraft des § 8 GrStG vertrauen, sobald mehrere Nutzungszwecke im Raum stehen. Denn die Unentbehrlichkeit wird dem Umstand nicht gerecht, dass es viele Möglichkeiten gibt, wie man die Wahrnehmung einer Aufgabe organisieren kann und es dürfte nicht der Zweck des § 7 GrStG sein, dass die Finanzverwaltung oder die Finanzrechtsprechung den Steuerpflichtigen erklären, wie sie dies am besten tun. Vor allem ist die Frage der Organisation nicht selten auch eine Frage des Zeitgeistes. Das zeigen die Privatisierungseuphorie einerseits und nachfolgende Gegenbewegungen andererseits. Nehmen wir zB ein Werftgrundstück der Bundeswasserstraßenverwaltung, auf dem Wasserfahrzeuge und Anlagenteile der Wasserämter und Schifffahrtsämter gewartet und instandgesetzt werden. Wer es mit der Unentbehrlichkeit ernst meint, müsste eine unmittelbare Nutzung wohl ablehnen, da Wartung und Instandsetzung von der Behörde nicht zwingend selbst vorgenommen werden müssen. Dies kann auch ein Privater gegen Entgelt tun; der ein oder andere wird sogar behaupten, dass er dies günstiger tun kann. Überzeugend ist dies natürlich nicht und in dem vorgenannten Beispiel wurde die unmittelbare Nutzung für den öffentlichen Dienst daher zu Recht bejaht (FG Schleswig-Holstein 1.11.1979 – II 100/75, EFG 1980, 195). Es muss akzeptiert werden, dass es die Bundeswasserstraßenverwaltung (damals) für zweckdienlich erachtet hat, die zur Aufgabengewährleistung notwendigen Wasserfahrzeuge selbst zu warten und instand zu setzen. In Ansehung einer Behördenkantine wird man hingegen wohl sagen müssen, dass sich – mit Ausnahme kasernierter Soldaten und Polizisten – selbst die Zweckdienlichkeit nicht bejahen lässt (→ Rn. 5). Denn das Bestehen oder Nichtbestehen einer Kantine dürfte (jedenfalls heute) keinen (nennenswerten) Einfluss auf den Dienstbetrieb haben. Im Vordergrund steht bei lebensnaher (zeitgemäßer) Betrachtung vielmehr der Fürsorgegedanke oder sogar ein wirtschaftlicher Zweck und damit überwiegt ein befreiungsschädlicher Nutzungszweck (§ 8 Abs. 2 GrStG; aA wohl nach wie vor *Troll/Eisele* GrStG § 7 Rn. 2 aE).

7 **Parkplätze, Garagen etc für die Fahrzeuge, die unmittelbar zur Erfüllung des begünstigten Zwecks eingesetzt werden,** werden ebenso unmittelbar – und ohne dass es eines Rückgriffs auf die Figur der unentbehrlichen Hilfstätigkeit bedarf – iSv § 7 S. 1 GrStG für den steuerbegünstigten Zweck genutzt (einschließlich der Garage für den PKW des Pfarrers, der zur Ausübung seiner geistlichen und verwaltenden Tätigkeit einen ausgedehnten, mehrere Gemeinden umfassenden Bezirk benötigt wird, so BFH 16.7.1965 – III 125/63, BStBl. III 1965, 568, allerdings unter Hinweis auf die Figur der unentbehrlichen Hilfstätigkeit). Weitaus weniger eindeutig ist die Beurteilung solcher **Parkplätze und Parkhäuser, die zur unentgeltlichen Nutzung für Bedienstete und Besucher bestimmt sind** und die zu dem Grundbesitz gehören, auf dem der nach §§ 3 ff. GrStG begünstigte Zweck verfolgt wird (dieselbe wirtschaftliche Einheit), oder die zumindest in einem räumlichen Zusammenhang hiermit stehen. Man denke zB an die Mitarbeiter- und Besucherparkplätze eines Krankenhauses, einer Universität, einer Kirche uÄ). Die Finanzverwaltung nimmt insoweit eine unschädliche Hilfstätigkeit iSd BFH-Rechtsprechung an (Gleichlautende Ländererlasse 15.1.2002, BStBl. I 2002, 152 Ziff. 3.1., ebenso FG Münster 30.3.1965 – IIIc 16/62, BB 1965, 1220: es liege „im Zuge des modernen Verkehrs [den Bedienste-

Unmittelbare Benutzung für einen steuerbegünstigten Zweck **§ 7 GrStG**

ten und Besuchern] eine geordnete Teilnahme am motorisierten Verkehr zu ermöglichen, wenn sie auf solche Weise ein Verwaltungsgebäude aufsuchen"; *Troll/ Eisele* GrStG § 7 Rn. 2). Würde man es mit dem Unentbehrlichkeitskriterium ernst meinen, ließe sich dieses Ergebnis aber wohl nur schwer begründen. Auch das Zweckdienlichkeitskriterium (→ Rn. 6) kann hier keine klaren Abgrenzungen liefern und offenbart letztlich die Wertungsabhängigkeit des Ergebnisses. Wer Parkplätze und Parkhäuser dergestalt in die Befreiungsnormen einbezieht, dürfte es jedenfalls (unausgesprochen) kategorisch für unerheblich halten, ob die Bediensteten und Besucher das unmittelbar für den begünstigten Zweck genutzte Grundstück auch mit dem öffentlichen Nahverkehr erreichen könnten (diesen Gedanken argumentativ aufgreifend – soweit ersichtlich – bisher nur FG Hessen 2.12.2002 – 3 V 3053/02, EFG 2003, 723). Das kann man so sehen, muss man aber nicht. Es lässt sich gewiss auch ebenso gut vertreten, dass solche Parkplätze in der heutigen Zeit eine bloße Annehmlichkeit sind, denen kein nennenswerter Fördereffekt in Ansehung der Erreichung des begünstigten Zwecks zukommt. Für Stellplätze, die an Bedienstete oder Studierende vermietet werden, wird jedenfalls keine Grundsteuerbefreiung gewährt (GLE 15.1.2002, BStBl. I 2002, 152 Ziff. 3.2.). Entsprechendes gilt für Parkplätze und Parkhäuser, die jedermann gegen Gebühr oder privatrechtliches Entgelt zur Verfügung stehen (FG Hessen 2.12.2002 – 3 V 3053/02, EFG 2003, 723 für ein Flughafenparkhaus). Insoweit liegt (zumindest) eine schädliche Vermögensverwaltung vor, wenn nicht sogar ein Betrieb gewerblicher Art (→ GrStG § 3 Rn. 67).

Benutzungen durch Dritte (Mieter, Pächter, Erbbaurechtsberechtigte etc), 8 die selbst nicht begünstigt sind, sind für den Überlassenden grundsätzlich befreiungsschädlich (BFH 16.12.2009 – II R 29/08, BStBl. II 2010, 829; 27.9.2017 – II R 13/15, BStBl. II 2018, 768 Rn. 16; FG Hessen 10.6.2015 – 3 K 3027/10, EFG 2015, 2205 Rn. 31; *Troll/Eisele* GrStG § 7 Rn. 2). Ausnahmen sind allerdings möglich. So kann **sich der begünstigte Rechtsträger zur Erreichung des begünstigten Zwecks auch eines Mieters bedienen, sofern damit nicht die begünstigte Haupttätigkeit verlagert wird** (vgl. BFH 16.12.2009 – II R 29/08, BStBl. II 2010, 829: die „Aufgabe im Wesentlichen selbst erfüllt"), **sondern es sich um eine untergeordnete, aber gleichwohl der Zweckerreichung dienende Tätigkeit handelt** (in der Terminologie des BFH: eine unentbehrliche Hilfstätigkeit, → Rn. 5ff.). Was noch untergeordnet ist und was nicht, ist eine Frage des Einzelfalls, die jeweils im Lichte des konkreten Begünstigungstatbestandes beantwortet werden muss (zB → GrStG § 5 Rn. 7 für die verpachtete Kantine und → GrStG § 4 Rn. 47 für Untervermietungen eines Krankenhauses).

C. Beginn (S. 2) und Ende der unmittelbaren Nutzung

§ 7 S. 2 GrStG verlagert (nur) in Bezug auf das Nutzungserfordernis, wie es in 9 den §§ 3, 4 GrStG im Einzelnen bestimmt ist, den Beginn der Steuerbefreiung zugunsten des Steuerpflichtigen nach vorne (BT-Drs. VI/3418, 81; FG Düsseldorf 23.11.1999 – 11 K 2087/98, EFG 2000, 187; FG Schleswig-Holstein 29.1.2014 – 2 K 236/12, EFG 2014, 664 Rn. 23): Eine unmittelbare Benutzung iSv Satz 1 liegt vor, sobald der Steuergegenstand für den steuerbegünstigten Zweck hergerichtet wird. Mit anderen Worten: Wann die Nutzung tatsächlich beginnt, ist nicht entscheidend. Die ggf. ebenfalls begünstigungsrelevante Frage, ab wann dem Steuerpflichtigen der Grundbesitz zuzurechnen ist, regelt Satz 2 hingegen nicht.

§ 7 GrStG
Abschnitt I. Steuerpflicht

10 **Herrichten** iSv § 7 S. 2 GrStG bedeutet, dass das Grundstück in seinem bisherigen tatsächlichen Zustand verändert und dadurch für den steuerbegünstigten Zweck geeignet gemacht worden ist (BFH 13.11.1985 – II R 237/82, BStBl. II 1986, 191). Für den Beginn der Grundsteuerbefreiung ist dabei **in der Regel auf den Beginn der Bauarbeiten abzustellen** (BT-Drs. VI/3418, 81), dh auf den Zeitpunkt, zu dem die beauftragten Bauunternehmer zielgerichtet mit den Bauarbeiten auf dem Grundstück beginnen, also eine Baustelle einrichten, Einfriedungen und Hindernisse abräumen, Bewuchs roden, Gebäude abreißen, Erde bewegen. Nicht ausreichend ist es allerdings, dass ein Bauschild aufgestellt wird (BFH 16.4.1986 – II R 207/84, BFH/NV 1986, 637). Erst recht liegt noch kein Herrichten mit dem Eintritt in die Bauplanungsphase (BFH 13.11.1985 – II R 237/82, BStBl. II 1986, 191) oder dem Beginn der notwendigen Bauleitplanung (FG Schleswig-Holstein 29.1.2014 – 2 K 236/12, EFG 2014, 664 Rn. 23) vor.

11 Da § 7 S. 2 GrStG die Steuerbegünstigung nach vorne verlagern will, markiert sie nicht den einzig denkbaren Beginn der Steuerbegünstigung. **Eines Herrichtens bedarf es also nicht, wenn das Grundstück bereits kraft seiner tatsächlichen Beschaffenheit zur unmittelbaren Nutzung für den steuerbegünstigten Zweck geeignet ist** und am Stichtag auch tatsächlich für diesen Zweck unmittelbar benutzt wird (FG Düsseldorf 23.11.1999 – 11 K 2087/98, EFG 2000, 187). So muss zB ein Wiesengrundstück, das von einer Gemeinde dadurch für Zwecke iSv § 3 Abs. 1 Nr. 4 GrStG genutzt wird, dass dort Kinder- und Jugendarbeit stattfindet, nicht erst mit einer zusätzlichen Baumaßnahme (wie zB einer Umzäunung) hergerichtet werden, um die Steuerbefreiung beanspruchen zu können. Vielmehr ist das Grundstück als solches von Anfang an bestimmungsgemäß benutzbar (FG Düsseldorf 23.11.1999 – 11 K 2087/98, EFG 2000, 187).

12 § 7 S. 2 GrStG **beeinflusst nicht den Umfang der Vergünstigung.** Auch in der Bauphase kann die Steuerbefreiung nur in dem Umfang gewährt werden, wie der Grundbesitz nach Bezug der zu errichtenden Gebäude entsprechend § 8 GrStG begünstigt ist (*Troll/Eisele* GrStG § 7 Rn. 3). Wenn das auf dem Grundbesitz zu errichtende Gebäude mithin sowohl für steuerbegünstigte als auch für nicht-steuerbegünstigte Zwecke genutzt werden soll, dann sind die nach Fertigstellung des Gebäudes aufgenommenen Nutzungen auch für die Bauphase maßgeblich.

13 Die **Voraussetzungen einer Steuerbefreiung entfallen** jedenfalls dann, sobald der Grundbesitz für einen nicht-steuerbegünstigten Zweck genutzt wird. Da die Verhältnisse zu Beginn des Kalenderjahres für das gesamte Kalenderjahr maßgeblich sind (§ 9 GrStG), wird dies immer erst zum nächsten 1.1. umgesetzt (→ GrStG § 3 Rn. 21), dh für das laufende Kalenderjahr, in dem die Voraussetzungen entfallen sind, wird die Steuerbefreiung noch gewährt. Entsprechendes gilt aber auch dann, wenn die begünstigte Nutzung eingestellt wird und der Grundbesitz unbenutzt bleibt (vgl. FG Schleswig-Holstein 29.1.2014 – 2 K 236/12, EFG 2014, 664 Rn. 29). Denn Grundbesitz, der gar nicht benutzt wird, wird nicht für steuerbegünstigte Zwecke genutzt. Hätte der Gesetzgeber eine solche Fortwirkung einer begünstigten Nutzung für Leerstands-/Nichtnutzungszeiten gewollt, hätte er dies – vergleichbar der Vorverlagerung mit Satz 2 – regeln müssen. Zu beachten ist allerdings, dass je nach begünstigtem Nutzungszweck auch nicht in Anspruch genommene Grundstücke durchaus genutzt werden können (zum Vorratsgrundstück eines Wasserverbandes FG Düsseldorf 1.9.2005 – 11 K 5169/02, EFG 2006, 528). Zudem liegt keine Tätigkeitseinstellung vor, wenn ein Gebäude nur zeitweilig nicht genutzt wird, weil es zB renoviert, umgebaut etc wird, und im Anschluss hieran wieder wie zuvor genutzt werden soll (RFH 16.11.1939 – III 216/39,

Teilweise Benutzung für einen steuerbegünstigten Zweck § 8 GrStG

RStBl. 1940, 491; *Troll/Eisele* GrStG § 7 Rn. 4, GrStR Abschn. 31 Abs. 2 S. 3). Schließt sich an die Renovierungs-, Umbauarbeiten etc eine andere begünstigte Nutzung an, liegt zwar in Bezug auf die vormalige begünstigte Nutzung eine Tätigkeitseinstellung vor, allerdings kann Satz 2 dann in Bezug auf die neue begünstigte Tätigkeit seine Vorwirkung entfalten.

§ 8 Teilweise Benutzung für einen steuerbegünstigten Zweck

(1) **Wird ein räumlich abgegrenzter Teil des Steuergegenstandes für steuerbegünstigte Zwecke (§§ 3 und 4) benutzt, so ist nur dieser Teil des Steuergegenstandes steuerfrei.**

(2) **Dient der Steuergegenstand oder ein Teil des Steuergegenstandes (Absatz 1) sowohl steuerbegünstigten Zwecken (§§ 3 und 4) als auch anderen Zwecken, ohne daß eine räumliche Abgrenzung für die verschiedenen Zwecke möglich ist, so ist der Steuergegenstand oder der Teil des Steuergegenstandes nur befreit, wenn die steuerbegünstigten Zwecke überwiegen.**

Gilt nicht in **Baden-Württemberg** (dort § 9 BWLGrStG).

A. Allgemeines

I. Systematische Einordnung und Zweck der Regelung

§ 8 GrStG beantwortet die Frage, wie zu verfahren ist, wenn bei einem Grundstück steuerbegünstigte Zwecke iSv §§ 3, 4 GrStG und befreiungsschädliche Zwecke zusammentreffen. Die Regelung dient der zielgenauen Anwendung der Grundsteuerbefreiung und will durch eine teilweise Versagung derselben Überprivilegierungen verhindern. Sofern die unterschiedlichen Nutzungen räumlich abgrenzbare Teile des Steuergegenstandes betreffen, ordnet § 8 Abs. 1 GrStG eine flächenmäßige Aufteilung an (→ Rn. 4). Ist eine solche Aufteilung nicht möglich, wird die Steuerbefreiung nur gewährt, wenn die steuerbegünstigten Zwecke überwiegen (§ 8 Abs. 2 GrStG). Dabei sind allerdings räumlich abgrenzbare Teile wiederum eigenständig zu würdigen (→ Rn. 5 ff.). Zum Teil hat der Gesetzgeber die Frage nach der (Un-)Schädlichkeit gemischter Nutzungen allerdings auch gesondert geregelt und zwar in den §§ 5, 6 GrStG. Diese beiden Normen gehen daher § 8 Abs. 2 GrStG als lex specialis vor (BT-Drs. VI/3418, 81). Ist mithin eine (stets vorrangige) Aufteilung nach § 8 Abs. 1 GrStG nicht möglich, scheidet eine Überwiegensprüfung aus und die (Mit-) Nutzung iSv §§ 5, 6 GrStG schadet immer (*Knittel* in Stenger/Loose GrStG § 5 Rn. 62; *Kunz* in Grootens GrStG § 5 Rn. 18). 1

II. Entwicklung der Vorschrift

§ 8 GrStG beruht auf dem Grundsteuerreformgesetz vom 7.8.1973 (zu § 8 GrStG s. BT-Drs. VI/3418, 81; im Übrigen → Grundlagen Rn. 8). Er wurde unverändert aus dem GrStG 1936/1951 (→ Grundlagen Rn. 5 f.) übernommen (dort § 6 Abs. 2 und 3 GrStG 1936, dazu RStBl. 1937, 717 [720 f.]). Das Grundsteuerreformgesetz vom 26.11.2019 (→ Grundlagen Rn. 13) hat § 8 GrStG nicht verändert. 2

§ 8 GrStG Abschnitt I. Steuerpflicht

III. Verfahrensrecht

3 § 8 GrStG konkretisiert die §§ 3 ff. GrStG, weshalb in verfahrensrechtlicher Hinsicht (Berücksichtigung der [anteiligen] Grundsteuerbefreiung in Grundsteuerwert- oder Grundsteuermessbescheid) auf die Ausführungen zu § 3 GrStG verwiesen werden kann (→ GrStG § 3 Rn. 4 ff.). Gerade § 8 GrStG kann der Grund dafür sein, dass in einem Kalenderjahr die Steuerbefreiung zu gewähren ist und in einem anderen Kalenderjahr nicht (zum maßgeblichen Betrachtungszeitraum → Rn. 8).

B. Räumlich trennbare Nutzungen (Abs. 1)

4 § 8 Abs. 1 GrStG geht davon aus, **dass eine wirtschaftliche Einheit für Zwecke der §§ 3 ff. GrStG nach verschiedenen Nutzungs- und Funktionszusammenhängen weiter unterteilt und insoweit dann isoliert betrachtet werden kann.** Das Gesetz spricht insoweit von „räumlich abgrenzbaren Teilen des Steuergegenstandes". Eine solche räumliche Abgrenzung wird man jedenfalls bei verschiedenen Räumen annehmen können. Entsprechendes gilt bei Freiflächen, die unterschiedlich gestaltet und dadurch auf unterschiedliche Nutzungszusammenhänge zugeschnitten sind. Bei derart abgrenzbaren Bereichen muss die (Raum-)Flächennutzung als Maßstab aufteilungsleitend sein (*Roscher* GrStG § 8 Rn. 8; *Troll/Eisele* GrStG § 8 Rn. 3). Ungeachtet der Frage, ob der steuerbefreite Teil beim Grundsteuermessbetrag oder bereits anlässlich der Ermittlung des Grundsteuerwertes ausgeklammert wird (was beides möglich ist, → GrStG § 3 Rn. 5 f.), muss die Anwendung des § 8 GrStG stets bei der Bewertung ansetzen. Dafür müssen bei einem bebauten Grundstück (gedanklich) die beiden Berechnungskomponenten (abgezinster) Bodenwert und kapitalisierter Reinertrag/Gebäudesachwert getrennt betrachtet werden (*Troll/Eisele* GrStG § 8 Rn. 3). **Den Ausgangspunkt bildet die Gebäudenutzung.** So sind sowohl beim Ertragswert- als auch beim Sachwertverfahren die Gebäudenutzflächen ([umbaute] Räume) außer Betracht zu lassen, die für steuerbefreite Zweck genutzt werden. Das in Ansehung des Gebäudes zugrunde gelegte Nutzungsverhältnis wird man sodann idR auch für die Ermittlung des steuerbefreiten Teils des Bodenwertes heranziehen können, sofern nicht im Einzelfall die Nutzung von Freiflächen eine abweichende Betrachtung erfordert (zB wenn bei einem gemischt-genutzten Gebäude eine [nennenswerte] Freifläche ausschließlich für die steuerbegünstigten Zwecke genutzt wird).

C. Unmöglichkeit räumlicher Trennung (Abs. 2)

5 Ist die nach § 8 Abs. 1 GrStG vorrangige räumliche Abgrenzung für die verschiedenen Zwecke nicht möglich, ist der Grundbesitz nur dann befreit, wenn die steuerbegünstigten Zwecke überwiegen (§ 8 Abs. 2 GrStG). Eine solche Unmöglichkeit tritt idR in zwei Konstellationen auf: (1) dieselben räumlich abgrenzbaren Gebäudeteile werden zeitlich hintereinander oder zeitlich abwechselnd genutzt (→ Rn. 8 f.) oder (2) sie werden durchgehend gemischt genutzt und es lassen sich keine Aussagen zu einer konkreten zeitlichen Nutzung treffen (→ Rn. 11).

6 § 8 Abs. 2 GrStG spricht von „dienen". Die Rechtsprechung hat das „Dienen" in der Vorgängerregelung des § 6 Abs. 3 GrStG 1936 in dem Sinne ausgelegt, dass für die **Überwiegensprüfung** „nicht allein entscheidend ist, wie [der Raum] tat-

Teilweise Benutzung für einen steuerbegünstigten Zweck § 8 GrStG

sächlich benutzt wird oder benutzt werden kann. **Es kommt in erster Linie darauf an, für welche Zwecke der [Raum] überwiegend geschaffen ist und bereitgehalten wird**" (BFH 7.10.1966 – III 283/63, BStBl. III 1967, 30). Dabei können Bauart und Einrichtung Rückschlüsse auf die Zweckbestimmung zulassen. Diese Auslegung des § 8 Abs. 2 GrStG kann nicht überzeugen. Denn das „Dienen" steht unseres Erachtens nur im Zusammenhang mit der den § 8 Abs. 2 GrStG eröffnenden Konstellation: Es liegt eine doppelfunktionale Nutzungsabsicht vor und der Maßstab des § 8 Abs. 1 GrStG kann nicht angewendet werden. Der Aufteilungsmaßstab selbst kann dem „Dienen" nicht entnommen werden. Es ist zudem nicht einsichtig, warum bei § 8 Abs. 2 GrStG ein anderer Maßstab gelten soll als bei § 8 Abs. 1 GrStG, der auf die tatsächliche Benutzung abstellt, wenn die tatsächliche Benutzung bei § 8 Abs. 2 GrStG ebenso herangezogen werden kann. Richtigerweise ist daher auf die tatsächliche Nutzung (im vorangegangenen Kalenderjahr, → Rn. 12) abzustellen. Dessen ungeachtet wird auch der BFH auf der Grundlage seiner Auslegung die tatsächliche Nutzung nicht ausblenden können. Denn diese ist ein bedeutsamer Anhaltspunkt für die Ermittlung der Zweckbestimmung. Zum einen werden historische Nutzungsabsichten gewiss nicht konserviert, sondern können sich wandeln. Zum anderen muss sich eine behauptete subjektive Nutzungsabsicht („bereithalten für einen bestimmten Zweck") auch objektiv nach außen manifestieren. Wenn ein Steuergegenstand oder ein Teil hiervon in einem solchen Umfang auch für nicht-steuerbegünstigte Zwecke genutzt wird, dass sich die Frage des Überwiegens praktisch stellt, dann dürfte sich kaum (noch) feststellen lassen, ob der Steuergegenstand für den einen oder für den anderen Zweck bereitgehalten wird (siehe auch noch das „Stadthallenbeispiel" der Finanzverwaltung bei → Rn. 9).

Ein **„Überwiegen"** iSd § 8 Abs. 2 GrStG setzt entsprechend dem allgemeinen 7
Sprachgebrauch eine – je nach Maßstab unterschiedlich zu konkretisierende – **Nutzung bzw. Nutzungsabsicht von mehr als 50%** voraus (*Lange* in Grootens GrStG § 8 Rn. 34; *Troll/Eisele* GrStG § 8 Rn. 4). Insoweit darf man sich allerdings keiner mathematischen Scheingenauigkeit hingeben. Die Überwiegensprüfung nach § 8 Abs. 2 GrStG ist ein wertender Vorgang, der die Würdigung aller Umstände im Einzelfalls erfordert (in diese Richtung auch VG Berlin 20.4.2012 – 27 A 4/08, BeckRS 2012, 51679 für die Nutzung des vormaligen Staatsratsgebäudes).

Wenn die verschiedenen Nutzungen zeitlich hintereinander oder zeitlich ab- 8
wechselnd erfolgen, ist idR ein **zeitanteiliger Maßstab** für die Anwendung des § 8 Abs. 2 GrStG heranzuziehen. Bezogen auf das Vorjahr (→ Rn. 12) muss daher festgestellt werden, an wie vielen Tagen eine begünstigte Nutzung durch das Zurechnungssubjekt oder andere Personen, die die Voraussetzungen des § 3 Abs. 1 S. 1 GrStG erfüllen (→ GrStG § 3 Rn. 11ff.), erfolgte und an wie vielen Tagen eine befreiungsschädliche Nutzung vorlag. Unter Umständen ist auf Nutzungsstunden abzustellen (zB bei einer Universität, die Hörsäle auch für kommerzielle Veranstaltungen vermietet, sodass es morgens zu einer Nutzung für den Lehrbetrieb und nachmittags/abends zu einer nicht begünstigten Nutzung kommen kann). **Dabei scheiden Zeiten der Nichtbenutzung (des Leerstehens) für den zeitanteiligen Maßstab aus** (BFH 27.11.1991 – II R 100/87, BStBl. II 1992, 562; aA wohl GrStR Abschn. 33 S. 3: „Beschränkt sich die tatsächliche Benutzung des Grundstücks für steuerbegünstigte Zwecke nur auf bestimmte wiederkehrende Zeitabschnitte eines Kalenderjahres, während in der übrigen Zeit das Grundstück nicht benutzt wird, so ist zu unterstellen, dass die Benutzung für steuerbegünstigte Zwecke in der Zwischenzeit fortbesteht").

§ 8 GrStG Abschnitt I. Steuerpflicht

9 Teilweise wird geltend gemacht, dass eine solche zeitliche Nutzungsaufteilung voraussetze, dass die Nutzung für den einen oder anderen Zweck in größeren zusammenhängenden Zeitabschnitten erfolgt und sich eine rein zeitbezogene Aufteilung hingegen nicht mehr durchführen lasse, wenn ein **Grundstück in unbestimmten Zeitabständen für begünstigte und nicht begünstigte Einzelveranstaltungen genutzt werde.** Dafür wird vielfach das Beispiel einer Stadthalle bemüht, die in unbestimmten Zeitabständen mal für kommerzielle Einzelveranstaltungen, mal für begünstigte öffentlichen Zwecken dienende Veranstaltungen genutzt wird und die im Übrigen „leersteht". In einem solchen Fall solle dann – unter Berufung auf die Rechtsprechung des BFH zum „Dienen" iSv § 8 Abs. 2 GrStG (→ Rn. 6) – maßgeblich sein, für welche Zwecke ein Gebäude hauptsächlich geschaffen und bereitgehalten werde (so LfSt Bayern 17.12.1984, BeckVerw 289023; *Schneider* § 3 GrStG Ziff. 3). Das kann nicht überzeugen. Wenn eine Gemeinde ihre Stadthalle zB für 20 Tage im Jahr für kommerzielle Veranstaltungen nutzt, aber nur für 10 Tage im Jahr für Bürgerversammlungen etc, ist nach dem Zweck des § 8 GrStG, die Steuerbefreiung zielgenau zur Anwendung zu bringen (→ Rn. 1), nicht einzusehen, warum eine solche Stadthalle von der Grundsteuer befreit sein sollte, wenn die Gemeinde für die restlichen 335 Tage im Jahr keine weitere begünstigte Nutzung vortragen kann. Der Hinweis auf die Bereithaltung für öffentliche Versammlungen greift zu kurz, weil die Gemeinde – dies dokumentiert ihr tatsächliches Nutzungsverhalten – die Stadthalle ebenso auch für kommerzielle Veranstaltungen bereithält.

10 Handelt es sich um **unterschiedliche Gebäudeteile,** die jeweils teils zu begünstigten, teils zu nichtbegünstigten Zwecken benutzt werden, müssen diese nach der Systematik des § 8 GrStG jeweils isoliert gewürdigt werden (Vorrang des Abs. 1 vor dem Abs. 2). Erst dann, wenn eine solche raumbezogene Betrachtung nicht möglich ist (zB mangels räumlich abgrenzbarer Teile oder mangels nachträglicher Feststellbarkeit), ist bei der Gewichtung, ob die steuerbegünstigten Zwecke überwiegen, neben der zeitlichen Abgrenzung auch der räumliche Umfang der unterschiedlichen Nutzung nach Maßgabe des Flächenanteils zu berücksichtigen (vgl. BFH 27.11.1991 – II R 100/87, BStBl. II 1992, 562 [dort: Schützenhalle]; die Entscheidung kann allerdings auch so verstanden werden, dass nicht zuvor versucht werden muss, räumlich abgrenzbare Teile isoliert zu betrachten.

11 **Werden die gleichen (nicht abgrenzbaren) Räumlichkeiten derart gemischt genutzt, dass ein zeitlicher Aufteilungsmaßstab nicht anwendbar ist,** muss ein anderer sachgerechter Maßstab gefunden werden. Diese Konstellation betrifft typischerweise die Räumlichkeiten, in denen die Verwaltung stattfindet. In Bezug auf Verwaltungsräume, die sowohl dem Hoheitsbetrieb als auch einem Betrieb gewerblicher Art dienen, wird zB eine **Aufteilung nach den Einnahmen** vorgeschlagen (*Troll/Eisele* GrStG § 8 Rn. 4). Diese Anknüpfung mag in der Tat im Einzelfall eine Orientierung geben. Allerdings kann der Einnahmemaßstab auch willkürlich erscheinen, wenn die Einnahmegenerierung durch die begünstigte und die nicht begünstigte Einheit überhaupt nicht vergleichbar sind. Vollständig versagen muss der Einnahmemaßstab bei steuerbegünstigten Zwecken, die überhaupt nicht zu Einnahmen führen. Hier wird man nicht umherkommen, Feststellungen dazu zu treffen, welchen Teil ihrer Arbeitszeit die dort eingesetzten Mitarbeiter insgesamt typischerweise für die eine oder die andere Tätigkeit verwenden. Insoweit ist der die Feststellungslast für die Anwendung der §§ 3 ff. GrStG tragende Steuerpflichtige im eigenen Interesse gehalten, dies entsprechend (nachvollziehbar) zu dokumentieren.

D. Maßgeblicher Zeitpunkt für die Anwendung von Abs. 1 oder Abs. 2

Die **Voraussetzungen einer Steuerbefreiung müssen gem. § 9 Abs. 1 GrStG am 1.1. des Jahres vorliegen** (→ GrStG § 3 Rn. 21). Maßgebend sind allein die Verhältnisse an diesem Stichtag. **Unerheblich ist, ob die Voraussetzungen im Laufe des Kalenderjahres wegfallen** oder ob sich schon an diesem Stichtag ihr Wegfall absehen lässt. Der unterjährige Wegfall der Voraussetzungen betrifft immer erst den nächsten 1.1. Für die Anwendung des § 8 GrStG kann allerdings nicht auf die Nutzung nur genau an diesem 1.1. abgestellt werden. Vielmehr **ist sowohl für die Raumaufteilung nach Maßgabe des § 8 Abs. 1 GrStG als auch für eine nach Maßgabe des § 8 Abs. 2 GrStG zu würdigende Mischnutzung auf das dem 1.1. vorangehende Kalenderjahr abzustellen** (VG Berlin 20.4.2012 – 27 A 4/08, BeckRS 2012, 51679; *Lange* in Grootens GrStG § 8 Rn. 34; GrStR Abschn. 33 S. 2). Das bedeutet, dass die Verhältnisse der letzten 12 Monate die Stichtagsverhältnisse am 1.1. sind (und diese damit über die Anwendung der Grundsteuernormen für die künftigen 12 Monate entscheiden). Der Stichtag des 1.1. erlangt somit selbst keine Bedeutung (aA wohl *Krause* in Stenger/Loose GrStG § 9 Rn. 21: die Verhältnisse zu Beginn des Kalenderjahres müssen den Verhältnissen des vorangegangenen Kalenderjahres entsprechen). Das liegt in der Natur einer zeitraumbezogenen Betrachtung. Besonders deutlich wird dies beim zeitanteiligen Maßstab (→ Rn. 8f.). Nach *Troll/Eisele* GrStG § 9 Rn. 2 soll dieser Grundsatz der rückblickenden Betrachtung indes nur mit der Einschränkung gelten, dass am Veranlagungszeitpunkt mit einiger Sicherheit vorauszusehen ist, dass die Voraussetzungen für eine Steuerbefreiung bzw. ihr Nichtvorliegen ohne wesentliche Änderungen auch weiterhin bestehen bleiben. Lasse sich eine solche Feststellung nicht sofort treffen, müsse sie rückblickend getroffen werden und es soll dann möglich sein, im Wege einer rückwirkenden Neuveranlagung oder Aufhebung des Steuermessbetrages auch die tatsächlichen Verhältnisse des Kalenderjahres, das mit dem Veranlagungszeitpunkt beginnt, noch nachträglich zu berücksichtigen. Diese Einschränkung ist nicht mit § 9 Abs. 1 GrStG vereinbar. Der Gesetzgeber hat einer status-wahrenden Betrachtung, die Veränderungen nach dem Stichtag 1.1. ausblendet, den Vorzug vor einer nachlaufenden (sei es ex ante prognostisch, sei es ex post) Betrachtung gegeben. Diese Wertung muss auch bei der Kalenderjahrbetrachtung des § 8 Abs. 2 GrStG verwirklicht werden.

Sofern sich die Nutzungsverhältnisse, die für § 8 Abs. 1 GrStG oder die Überwiegensprüfung nach § 8 Abs. 2 GrStG relevant sind, von Kalenderjahr zu Kalenderjahr verändern, kann es vorkommen, dass sich hierdurch der steuerfreie Anteil ebenfalls von Kalenderjahr zu Kalenderjahr verändert. Dem ist durch Fortschreibung nach § 222 BewG oder Neuveranlagung nach § 17 GrStG Rechnung zu tragen (→ GrStG § 3 Rn. 7f.).

§ 9 Stichtag für die Festsetzung der Grundsteuer; Entstehung der Steuer

(1) Die Grundsteuer wird nach den Verhältnissen zu Beginn des Kalenderjahres festgesetzt.

(2) Die Steuer entsteht mit dem Beginn des Kalenderjahres, für das die Steuer festzusetzen ist.

Gilt nicht in **Baden-Württemberg** (dort § 1 Abs. 1 S. 2 u. 3 BWLGrStG).

A. Allgemeines

I. Systematische Einordnung und Zweck der Regelung

1   § 9 Abs. 1 GrStG enthält eine materielle Stichtagsregelung, die dem bewertungsrechtlichen Stichtagsprinzip entspricht und an die die §§ 16 ff. GrStG verfahrensrechtlich anknüpfen (→ Rn. 3). Nach Maßgabe der an diesem Stichtag bestehenden Verhältnisse entsteht die Steuer für das gesamte Kalenderjahr „im Voraus" (§ 9 Abs. 2 GrStG). § 9 Abs. 2 GrStG konkretisiert damit § 38 AO und trifft – entsprechend der im Steuerrecht üblichen Trennung von Entstehung, Festsetzung und Fälligkeit – keine Aussage zur Festsetzung (insoweit § 27 GrStG) und Fälligkeit (insoweit §§ 28, 31 GrStG).

II. Entwicklung der Vorschrift

2   Das Stichtagsprinzip lag bereits dem GrStG 1936/1951 (→ Grundlagen Rn. 5 f.) zugrunde, hat allerdings erst mit dem Grundsteuerreformgesetz v. 7.8.1973 (→ Grundlagen Rn. 8) in § 9 Abs. 1 GrStG eine ausdrückliche Normierung erfahren (BT-Drs. VI/3418, 81). Die Steuerentstehungsregelung in Abs. 2 entspricht § 3 Abs. 5 Nr. 2 StAnpG v. 16.10.1934 (RGBl. I 1934, 925; dazu RStBl. 1934, 1399). Das Grundsteuerreformgesetz v. 26.11.2019 (→ Grundlagen Rn. 13) hat § 9 GrStG nicht verändert.

B. Stichtagsprinzip (Abs. 1)

3   Nach § 9 Abs. 1 GrStG wird die Grundsteuer nach den Verhältnissen zu Beginn des Kalenderjahres festgesetzt. Der Begriff der Verhältnisse umfasst alle tatsächlichen Umstände (einschließlich außersteuerlicher Normen, an die das GrStG anknüpft). Die Regelung entspricht dem bewertungsrechtlichen Stichtagsprinzip (→ BewG § 221 Rn. 8) und korrespondiert verfahrensrechtlich mit den §§ 16 ff. GrStG (Hauptveranlagungszeitpunkt, Neuveranlagungszeitpunkt und Nachveranlagungszeitpunkt). Sowohl für die Anwendung der Normen des BewG als auch des GrStG gilt der Grundsatz, **dass rechtlich relevante Veränderungen, die im Laufe eines Kalenderjahres eintreten, materiell- wie auch verfahrensrechtlich immer erst auf den nächsten 1.1. zu berücksichtigen sind**, sofern die Veränderung am 1.1. noch besteht. Änderungen, die zu Beginn des 1.1. eintreten (also: 1.1. 0:00 Uhr), rechtfertigen bereits eine Anpassung auf diesen 1.1.; anders ist dies hingegen bei einer Änderung, die erst im Laufe des 1.1. eintritt (vgl. BFH 18.10.1963 – III 152/61 U, BStBl. III 1964, 2). § 9 Abs. 1 GrStG gilt für die im

Stichtag f. d. Festsetzung der Grundsteuer; Entstehung der Steuer **§ 9 GrStG**

Grundsteuermessbetragsverfahren und im Grundsteuerfestsetzungsverfahren anzuwendenden Normen des Grundsteuergesetzes, also zB für die Anwendung der Steuerbefreiungen nach §§ 3 ff. GrStG und der Steuermesszahlregelungen in §§ 14 f. GrStG. Viele stichtagsrelevante Fragen werden allerdings durch das bewertungsrechtliche Stichtagsprinzip und seine Umsetzung im Grundsteuerwertbescheid bzw. hierzu ergangenen Fortschreibungen bereits vorentschieden, zB die Zurechnung des Steuergegenstandes (die auch für die Anwendung von §§ 3 f. GrStG relevant sein kann) und die Vermögensart (die für die Anwendung von §§ 14 f. GrStG relevant ist). Das Stichtagsprinzip ist streng auf den 1.1. bezogen, mit der Folge, dass auch eine relevante Veränderung kurz nach dem Stichtag für das gesamte (bereits begonnene) Kalenderjahr irrelevant ist. Eine Steuerbefreiung nach §§ 3 ff. GrStG ist also auch dann für das gesamte Jahr beizubehalten, wenn ihre Voraussetzungen am 3.1. wegfallen.

Eine **Modifizierung des Stichtagsprinzips ist aufgrund des § 8 Abs. 2 GrStG notwendig.** Hiernach muss bei einer Mischnutzung (steuerbegünstigte Zwecke einerseits, nicht-steuerbegünstigte Zwecke andererseits) ohne räumliche Abgrenzungsmöglichkeit bestimmt werden, welche Nutzung überwiegt. Insoweit ist auf die Nutzung des Steuergegenstandes oder eines Teils des Steuergegenstandes in dem Kalenderjahr abzustellen, das dem 1.1. vorangeht. Die Verhältnisse der letzten 12 Monate sind mithin die Stichtagsverhältnisse am 1.1. und bestimmen damit über die Anwendung der Grundsteuernormen für die künftigen 12 Monate. Das entspricht der gesetzlichen Regelung, weshalb es nicht zulässig ist, die Verhältnisse am 1.1. mittels einer Prognose in Ansehung der nächsten 12 Monate oder gar rückblickend vom 31.12. desselben Jahres oder dem 1.1. des Folgejahres zu bestimmen (str., eingehend → GrStG § 8 Rn. 12). 4

C. Steuerentstehung (Abs. 2)

Mit dem Stichtagsprinzip eng verbunden ist die Steuerentstehung: Gemäß § 9 Abs. 2 GrStG entsteht die Grundsteuer mit Beginn des Kalenderjahres, für das die Steuer festzusetzen ist, und im Hinblick auf Abs. 1 muss man ergänzen: nach Maßgabe des am 1.1. verwirklichten Sachverhaltes (der sich freilich nicht unwesentlich aus bindenden Feststellungen ergibt, die auf diesen 1.1. in Grundlagenbescheiden getroffen worden sind). Wem am 1.1. des Kalenderjahres ein nicht von der Grundsteuer befreiter Steuergegenstand zuzurechnen ist, der schuldet Grundsteuer nach Maßgabe des auf den 1.1. festgestellten Grundsteuerwertes, der hierauf anzuwendenden Messzahlen und des geltenden Hebesatzes der Gemeinde. Der **Steueranspruch entsteht „im Voraus" für das gesamte Kalenderjahr.** Eine Veränderung im Laufe des Jahres ist wegen des Stichtagsprinzips in Abs. 1 nicht möglich. Grundsteuerrechtlich relevante Veränderungen sind immer erst zum nächsten 1.1. zu berücksichtigen (→ Rn. 3 f.). Eine rückwirkende (rückdatierte) Sachverhaltsgestaltung ist steuerschuldrechtlich grundsätzlich unbeachtlich. 5

Nach der Grundkonzeption der Abgabenordnung dient die Steuerfestsetzung der notwendigen Konkretisierung einer kraft Gesetzes bestehenden (materiellen) Steuerschuld (= abstrakter Anspruch) bezogen auf ein konkret-individuelles Schuldverhältnis (nach Steuerart, Zeitraum bzw. Zeitpunkt und Steuerschuldner, s. nur *Seer* in Tipke/Kruse AO § 155 Rn. 8), die ua auch die Fälligkeit des Steueranspruchs herbeiführt (→ GrStG § 28 Rn. 3). Diese Konzeption geht unausgesprochen von dem Grundsatz aus, dass (1) die Steuerentstehung unabhängig von der 6

Steuerfestsetzung erfolgt (*Ratschow* in Klein AO § 38 Rn. 18) und dass (2) der verfahrensrechtlichen Festsetzung des Steueranspruchs dessen steuerschuldrechtliche Entstehung vorangeht. Dies gilt grundsätzlich auch für die Grundsteuer: Der Grundsteueranspruch entsteht steuerschuldrechtlich mit dem 1.1. und kann dann durch Grundsteuerbescheid festgesetzt werden. Abweichend von der genannten Grundkonzeption ermöglicht allerdings § 27 Abs. 1 S. 2 GrStG eine Grundsteuerfestsetzung auch für künftige Jahre, dh für Zeiträume, für die die Grundsteuerschuld bei Zugrundelegung des § 9 Abs. 2 GrStG noch gar nicht entstanden sein kann (→ GrStG § 27 Rn. 3). Diese rein verfahrensrechtliche Regelung hat keinen Einfluss auf die Steuerentstehung; es bleibt bei dem Grundsatz des § 9 Abs. 2 GrStG.

7 Die Steuerentstehung hat ua Bedeutung
- für den **Beginn der Festsetzungsverjährung** (→ GrStG § 27 Rn. 12);
- für die **persönliche Haftung eines Dritten**, zB nach § 11 GrStG (→ GrStG § 11 Rn. 8 zur Akzessorietät der Haftung und → GrStG § 11 Rn. 17 zur zeitlichen Beschränkung der Haftung nach § 11 Abs. 2 GrStG);
- für die **Aufrechnung** (§ 226 AO iVm § 1 Abs. 2 Nr. 5 AO), da der Grundsteuerschuldner grundsätzlich – vorbehaltlich der übrigen Aufrechnungsvoraussetzungen, vor allem der Fälligkeit der Gegenforderung und § 226 Abs. 3 AO – mit der Entstehung des Grundsteueranspruchs der Gemeinde (Hauptforderung, die lediglich „erfüllbar" sein muss, was mit Steuerentstehung der Fall ist, s. BFH 6.2.1990 – VII R 86/88, BStBl. II 1990, 523) gegen diesen Anspruch mit seiner Gegenforderung (Forderung des Aufrechnenden, hier des Steuerpflichtigen) aufrechnen kann;
- in der **Insolvenz des Grundsteuerschuldners** für die Abgrenzung von Insolvenzforderung, Masseverbindlichkeit und Forderung gegen das insolvenzfreie Vermögen (eingehend → GrStG § 12 Rn. 32 ff.).

§ 10 Steuerschuldner

(1) Schuldner der Grundsteuer ist derjenige, dem der Steuergegenstand bei der Feststellung des Grundsteuerwerts zugerechnet ist.

(2) Ist der Steuergegenstand mehreren Personen zugerechnet, so sind sie Gesamtschuldner.

[Fassung bis 31.12.2024:

(1) Schuldner der Grundsteuer ist derjenige, dem der Steuergegenstand bei der Feststellung des Einheitswerts zugerechnet ist.

(2) Derjenige, dem ein Erbbaurecht, ein Wohnungserbbaurecht oder ein Teilerbbaurecht zugerechnet ist, ist auch Schuldner der Grundsteuer für die wirtschaftliche Einheit des belasteten Grundstücks.

(3) Ist der Steuergegenstand mehreren Personen zugerechnet, so sind sie Gesamtschuldner.]

Gilt nicht in **Baden-Württemberg** (dort § 10 BWLGrStG) und für Grundstücke nicht in **Hessen** (dort § 3 HGrStG).

A. Allgemeines

I. Systematische Einordnung und Zweck der Regelung

Jedes Steuergesetz muss auch die Person benennen, die dem Steuergläubiger die 1
Steuer schuldet. Diese Funktion übernimmt für die Grundsteuer § 10 GrStG. Die
Regelung steht in einem engen Zusammenhang mit § 219 BewG. Denn die Person
des Grundsteuerschuldners ist materiell wie auch formell an die Zurechnung des
Steuergegenstandes gekoppelt (→ Rn. 4). Im Übrigen kennt das Gesetz neben der
Steuerschuldnerschaft noch die persönliche Haftung des Nießbrauchers und des
Grundstückserwerbers nach Maßgabe des § 11 GrStG sowie die dingliche Haftung
des Grundstücks gem. § 12 GrStG. Weitere Gründe für eine Grundsteuerhaftung
können sich ferner aus den allgemeinen Vorschriften ergeben (zB §§ 69 ff. AO
oder dem Zivilrecht).

II. Entwicklung der Vorschrift

§ 10 GrStG beruht auf dem Grundsteuerreformgesetz v. 7.8.1973 (→ Grund- 2
lagen Rn. 8; s. BT-Drs. VI/3418, 81f.) und geht zurück auf § 7 GrStG 1936/1951
(→ Grundlagen Rn. 5f.; s. daher auch die entsprechende Begründung hierzu in
RStBl. 1937, 717 [721]). Mit dem Grundsteuerreformgesetz v. 26.11.2019
(→ Grundlagen Rn. 13) ist der vormalige Abs. 2 (Steuerschuldnerschaft des Erbbaurechtsberechtigten etc) entfallen. Die Streichung des Abs. 2 ist folgerichtig, da
ein erbbaurechtsbelastetes Grundstück nicht mehr in zwei wirtschaftliche Einheiten
aufgespalten wird (→ Rn. 14f.).

III. Verfahrensrecht

Die Steuerschuld wird durch Grundsteuerbescheid gegenüber dem Grundsteu- 3
erschuldner festgesetzt (→ GrStG § 27 Rn. 3). Die Gemeinde ist in Ansehung der
Person des Steuerschuldners an die Feststellungen des Grundsteuerwert- und des
Grundsteuermessbescheides gebunden. Sie hat keine eigene Prüfungskompetenz;
es gilt eine strikte Bindung (→ Rn. 4).

B. Zurechnungssubjekt als Grundsteuerschuldner (Abs. 1)

§ 10 Abs. 1 GrStG knüpft an die Zurechnungsfeststellung des Grundsteuerwert- 4
bescheides nach § 219 Abs. 2 Nr. 2 BewG (→ BewG § 219 Rn. 17ff.) an: Schuldner
der Grundsteuer ist derjenige, dem der Steuergegenstand durch diese Feststellung
zugerechnet worden ist. Über die Steuerschuldnerschaft wird mithin verbindlich im
Grundsteuerwertfeststellungsverfahren entschieden. Verfahrensrechtlich entfaltet
die Zurechnungsfeststellung Bindungswirkung für den Grundsteuermessbescheid
(persönliche Steuerpflicht) und dieser entfaltet insoweit wiederum Bindungswirkung für den Grundsteuerbescheid. Dementsprechend kann eine Änderung der
Zurechnungsverhältnisse auf der Ebene des Grundsteuerfestsetzungsverfahrens auch
erst nachvollzogen werden, wenn eine Zurechnungsfortschreibung vorgenommen
worden ist. Dies gilt selbst bei Gesamtrechtsnachfolge. Auch insoweit darf gegenüber
dem Gesamtrechtsnachfolger (zB dem Erben) kein Grundsteuerbescheid für künf-

§ 10 GrStG Abschnitt I. Steuerpflicht

tige Erhebungszeiträume ergehen, wenn ihm das Grundstück nicht zuvor formell zugerechnet worden ist (→ BewG § 222 Rn. 21).

5 In der Regel wird das Grundstück einer natürlichen Person oder einer Personenvereinigung zugerechnet, der auch die Fähigkeit zukommt, selbst Schuldner der Grundsteuer zu sein. Bei **natürlichen Personen** steht dies außer Frage. Bei Personenvereinigungen richtet sich dies hingegen nach der ihnen vom Gesetz zuerkannten Rechtsfähigkeit. So sind vor allem die **juristischen Personen** des Privatrechts (wie der eingetragene Verein, die AG, die SE, die GmbH, die eG und die Stiftung) eigenständige Rechtspersonen, die Eigentum an einem Grundstück erwerben können, das ihnen sodann auch grundsteuerrechtlich zugerechnet wird (→ BewG § 219 Rn. 36) und sie zum Steuerschuldner macht. Entsprechendes gilt für die juristischen Personen des öffentlichen Rechts (→ GrStG § 3 Rn. 22). Ferner können auch die **Personengesellschaften,** denen (Teil-)Rechtsfähigkeit zukommt, im eigenen Namen Eigentum erwerben und damit Zurechnungssubjekt des Steuergegenstandes sein. Dies betrifft die **oHG,** die **KG, die PartG** und auch die sog. **Außen-GbR** bzw. ab 1.1.2024 sog. rechtsfähige Gesellschaft (→ BewG § 219 Rn. 36). Hier schuldet nur die Personengesellschaft als Zurechnungssubjekt die Grundsteuer. Die Gesellschafter sind keine Grundsteuerschuldner, auch nicht nach § 10 Abs. 2 GrStG. Sie haften lediglich nach Maßgabe des Zivilrechts (aber durchsetzbar mit den Mitteln des öffentlichen Rechts, also durch Haftungsbescheid gem. § 191 AO, vgl. nur BFH 9.5.2006 – VII R 50/05, BStBl. II 2007, 600; BVerwG 14.10.2015 – 9 C 11/14, BVerwGE 153, 109) für die Grundsteuerschuld der Gesellschaft und dies bei oHG und GbR immerhin persönlich und unbeschränkt mit ihrem gesamten Vermögen (§ 128 HGB bzw. ab 1.1.2024 § 126 HGB idF des Personengesellschaftsrechtsmodernisierungsgesetzes [MoPeG] v. 10.8.2021, BGBl. 2021 I 3436 für die oHG, § 8 Abs. 1 PartGG für die PartGG und für die GbR gilt bisher § 128 HGB nach allgM analog [s. grundlegend BGH 29.1.2001 – II ZR 331/00, BGHZ 146, 341 [358f.]; für Steuerschulden sodann BFH 9.5.2006 – VII R 50/05, BStBl. II 2007, 600; BVerwG 14.10.2015 – 9 C 11/14, BVerwGE 153, 109] und ab 1.1.2024 positiv normiert in § 721 BGB idF des MoPeG). Bei der KG gilt dies indes nur für den Komplementär (§ 161 HGB iVm § 128 HGB bzw. ab 1.1.2024 iVm § 126 HGB idF des MoPeG). Der Kommanditist hingegen haftet zwar auch persönlich, aber nur bis zur Höhe seiner Einlage (§ 171 HGB).

6 Bei **Gesamthandsgemeinschaften ohne (Teil-) Rechtsfähigkeit (Erbengemeinschaft, eheliche Gütergemeinschaft,** Innen-GbR bzw. ab 1.1.2024 sog. nicht-rechtsfähige Gesellschaft) fehlt es hingegen an der Zurechenbarkeit des Steuergegenstandes zu einem verselbstständigten Rechtsträger. In diesem Fall wird der Steuergegenstand den Gesamthändern zugerechnet. Diese Zurechnung erfolgt – wie bei Miteigentum zu Bruchteilen im Übrigen – nicht einzeln für jeden Gesamthänder, sondern bezogen auf den Steuergegenstand einheitlich mit Feststellung des Beteiligungsumfangs (→ BewG § 219 Rn. 37f.). Grundsteuerschuldner sind dann die Gesamthänder unmittelbar (die Erben, die Eheleute, die GbR-Gesellschafter bei der Innen-GbR) und dies wegen § 10 Abs. 2 GrStG als Gesamtschuldner (→ Rn. 10).

7 **Vertragliche Vereinbarungen über die Tragung der Grundsteuer,** die nur das Innenverhältnis zwischen dem Zurechnungssubjekt und einem Dritten betreffen, sind irrelevant. Die Gemeinde muss daher keine Rücksicht darauf nehmen, dass sich zB der Erwerber des Grundstücks dem Steuerschuldner gegenüber in einem Grundstückskaufvertrag zur Übernahme der Grundsteuer (bis zur Zurechnungsfortschreibung) verpflichtet hat. Es ist dann vielmehr Sache des Steuerschuldners, den

Steuerschuldner **§ 10 GrStG**

Innenausgleich zu verwirklichen (OVG Berlin-Brandenburg 27.8.2009 – 9 S 74/08, BeckRS 2009, 140926). Entsprechendes gilt bei **Nutzungsverhältnissen, die eine Umlegung der Grundsteuer auf den Nutzenden vorsehen,** also zB Miet- und Pachtverträge. Auch in diesen Konstellationen ist (und bleibt) allein der (rechtliche oder wirtschaftliche) Eigentümer als Zurechnungssubjekt der Schuldner der Grundsteuer (*Loose* in Stenger/Loose GrStG § 10 Rn. 15; *Schmidt* in Grootens GrStG § 10 Rn. 39; *Schneider* GrStG § 10 Ziff. 2; *Troll/Eisele* GrStG § 10 Rn. 2). Dies gilt auch bei Belastung des Grundstücks mit einem Nießbrauch. Hier kommt über § 11 Abs. 1 GrStG allerdings der Nießbraucher noch als Haftungsschuldner hinzu, dh der Eigentümer als Zurechnungssubjekt wird nicht aus seiner Steuerschuldnerschaft entlassen (s. allerdings zur Ermessensauswahl → GrStG § 11 Rn. 22 ff.).

Der Grundsteuerschuldner iSv § 10 Abs. 1 GrStG ist vorrangig in Anspruch zu **8** nehmen. Sowohl die persönliche (§ 11 GrStG) als auch die dingliche Haftung (§ 12 GrStG) sind nachrangig, was bei der Ermessensausübung von der Gemeinde zu beachten ist (zur persönlichen Haftung → GrStG § 11 Rn. 22 ff., 26; zur dinglichen Haftung → GrStG § 12 Rn. 17 ff., 22). Dementsprechend kann der Grundsteuerschuldner seiner eigenen Inanspruchnahme gegenüber nicht einwenden, dass zuerst solche Personen in Anspruch genommen werden müssen, die gesetzlich haften.

C. Mehrere Zurechnungssubjekte (Abs. 2)

Mehrere Personen können an einem Steuergegenstand als **Miteigentümer** **9** **nach Bruchteilen** (§§ 1008 ff., 741 ff. BGB) beteiligt sein. Der Steuergegenstand wird ihnen dann als Einheit zugerechnet, dh es erfolgt keine Aufteilung des Steuergegenstandes (→ BewG § 219 Rn. 37 f.). Für diesen einheitlichen Steuergegenstand sind alle Miteigentümer Schuldner der Grundsteuer und zwar als Gesamtschuldner. Lediglich für das Miteigentum bei Wohnungseigentümergemeinschaften enthält § 244 Abs. 3 Nr. 3 BewG eine Sonderregelung, wonach jedes Wohnungseigentum einschließlich des Miteigentums am gemeinschaftlichen Eigentum eine gesonderte wirtschaftliche Einheit darstellt (→ BewG § 244 Rn. 26). Damit ist sodann auch entschieden, dass das Zurechnungssubjekt dieser wirtschaftlichen Einheit (nur) Steuerschuldner der in diese wirtschaftliche Einheit einbezogenen Miteigentums ist. § 10 Abs. 2 GrStG gilt daher nicht für das gemeinschaftliche Eigentum bei Wohnnungseigentumsgemeinschaften (*Schneider* GrStG § 10 Ziff. 7; *Troll/Eisele* GrStG § 10 Rn. 5).

Eine weitere rechtliche Konstruktion der Beteiligung mehrerer Personen an **10** einem Steuergegenstand ist die **Beteiligung zur gesamten Hand**. Sofern die Gesamthandsgemeinschaft mit Rechtsfähigkeit ausgestattet ist (oHG, KG, Außen-GbR), ist ihr der Steuergegenstand selbst zuzurechnen und nicht ihren Gesellschaftern. Daher liegt in dieser Konstellation kein Fall des § 10 Abs. 2 GrStG vor (→ Rn. 5). Anders ist dies bei den Gesamthandsgemeinschaften, die ohne Rechtsfähigkeit ausgestattet sind. Dies betrifft vor allem die Erbengemeinschaft (§§ 2032 ff. BGB) und die eheliche Gütergemeinschaft (§§ 1416, 1419 BGB). Hier muss der Steuergegenstand den einzelnen Gesamthändern (als Einheit) zugerechnet werden (→ BewG § 219 Rn. 37 f.) und es gilt § 10 Abs. 2 GrStG.

Alle Miteigentümer (→ Rn. 9) und alle Gesamthänder der nicht (teil-)rechts- **11** fähigen Gesamthandsgemeinschaften (→ Rn. 10) sind **Gesamtschuldner** (§ 10 Abs. 2 GrStG). Jeder von ihnen schuldet die gesamte Grundsteuer in Ansehung des Steuergegenstandes. Die Gemeinde darf sie freilich nur einmal fordern (→ Rn. 12).

§ 10 GrStG

Abschnitt I. Steuerpflicht

Dabei steht es im Ermessen der Gemeinde, welchen Gesamtschuldner sie in Anspruch nimmt. Ausgeübt wird dieses Ermessen entweder dadurch, dass nur gegenüber einem Gesamtschuldner ein Grundsteuerbescheid (auf den gesamten Betrag) erlassen wird (→ GrStG § 27 Rn. 11) oder dass zwar gegenüber allen Gesamtschuldnern entsprechende Grundsteuerbescheide ergehen, sich die Gemeinde aber bei Erhebung und Vollstreckung nur an einen von ihnen hält. **Das Ermessen der Gemeinde ist sehr weit** (BVerwG 29.9.1982 – 8 C 138/81, BVerwGE 66, 178; OVG Bautzen 11.1.1999 – 2 S 518/98, NVwZ-RR 1999, 788). Es gibt vor allem kein Rangverhältnis, das die Gemeinde beachten müsste. So kann von dem die Wohnung nicht nutzenden Miteigentümer zB nicht eingewendet werden, die Gemeinde müsse sich vorrangig an den die Wohnung nutzenden Miteigentümer halten. **Die Gemeinde hat (lediglich) eine am Maßstab der Zweckmäßigkeit und Billigkeit zu orientierende Entscheidung zu treffen, die ihre Grenze erst im Willkürverbot und der offenbaren Unbilligkeit findet** (BVerwG 29.9.1982 – 8 C 138/81, BVerwGE 66, 178; OVG Bautzen 11.1.1999 – 2 S 518/98, NVwZ-RR 1999, 788, arg.: § 10 Abs. 2 GrStG soll das Massengeschäft erleichtern). Daher kann die Gemeinde idR ermessensfehlerfrei nach ihrer Wahl einen Gesamtschuldner in voller Höhe heranziehen und es ihm überlassen, bei den übrigen Gesamtschuldnern einen Ausgleich zu suchen (OVG Bautzen 11.1.1999 – 2 S 518/98, NVwZ-RR 1999, 788).

12 **Gesamtschuldgrundsätze:** Mit der von § 10 Abs. 2 GrStG angeordneten Gesamtschuld hat der Gesetzgeber entschieden, dass bei mehreren Personen jeweils jeder einzelne für den vollen Schuldbetrag einzustehen hat, aber dieser nur einmal gefordert werden kann. Die Gesamtschuldanordnung darf allerdings nicht darüber hinwegtäuschen, dass zwischen jedem Gesamtschuldner und der Gemeinde als Steuergläubiger ein eigenständiges Schuldverhältnis besteht. Die einzelnen Grundsteuerforderungen sind im Augenblick ihrer Entstehung grundsätzlich inhaltsgleich, können sich aber im weiteren Verlauf bis zu einem gewissen Grad unabhängig entwickeln (allgemein *Krumm* DV 46 [2013], 59 [70]). Die Gesamtschuld verbindet diese Schuldverhältnisse nicht, sondern erklärt im Verhältnis zum Gläubiger lediglich bestimmte Tatsachen schuldverhältnisübergreifend für rechtlich relevant. Seinen Ausdruck findet dies vor allem in § 44 Abs. 2 AO: Die Erfüllung (§ 362 BGB; s. *Drüen* in Tipke/Kruse AO § 47 Rn. 4) durch einen Gesamtschuldner sowie die Aufrechnung wirken auch für die übrigen Gesamtschuldner (sog. Gesamtwirkung). Andere Tatsachen wirken hingegen nur für und gegen den Gesamtschuldner, in dessen Person sie eintreten (sog. Einzelwirkung). Letzteres ist zB im Falle der Stundung oder des Erlasses durch die Gemeinde der Fall. Auch die Bestandskraft eines Verwaltungsaktes wirkt nur gegenüber dem Adressaten und nicht gegenüber allen Gesamtschuldnern. So steht ein bestandskräftiger Steuerbescheid gegenüber einem Gesamtschuldner nicht dem Erlass eines inhaltlich abweichenden Steuerbescheides gegenüber einem anderen Gesamtschuldner entgegen (BFH 26.7.1974 – VI R 24/69, BStBl. II 1974, 756 [758]). Zudem laufen die Festsetzungs- und Zahlungsverjährungsfristen gegenüber jedem Gesamtschuldner getrennt (*Drüen* in Tipke/Kruse AO § 44 Rn. 19).

13 Fraglich ist, ob die **Erstattung des mit erfüllender Wirkung geleisteten Steuerbetrages an den Leistenden** eine Tatsache mit Einzel- oder Gesamtwirkung ist. Es dürfte allgemeiner Ansicht entsprechen, dass jedenfalls die zu Unrecht erfolgte Erstattung (also trotz wirksamen Grundsteuerbescheides) eine Tatsache mit Einzelwirkung ist und die befreiende Wirkung der Erfüllung gegenüber den anderen Gesamtschuldnern nicht wieder rückwirkend entfällt (insoweit allgM; vgl. nur

Persönliche Haftung **§ 11 GrStG**

Drüen in Tipke/Kruse AO § 44 Rn. 22). Ob dies allerdings auch dann gilt, wenn die Erstattung vorläufig zu Recht erfolgt ist (zB, weil in Ansehung des Grundsteuerbescheides Aussetzung der Vollziehung gewährt wurde, sei es von der Behörde, sei es von einem Gericht), ist streitig (dafür zB BFH 29.2.2012 – II R 19/10, BStBl. II 2012, 489 [490f.]; *Ratschow* in Klein AO § 44 Rn. 18), aber richtigerweise zu verneinen (*Drüen* in Tipke/Kruse AO § 44 Rn. 22; *Krumm* DV 46 [2013], 59 [85]).

D. Erbbaurechte

Nach alter Rechtslage waren Erbbaurechtsgrundstück und Erbbaurecht getrennte wirtschaftliche Einheiten (→ BewG § 244 Rn. 21), die idR unterschiedlichen Personen zuzurechnen waren. Gleichwohl sah § 10 Abs. 2 GrStG aF vor, dass der Erbbaurechtsberechtigte die Grundsteuer nicht nur für die wirtschaftliche Einheit des Erbbaurechts schuldet, sondern auch für die wirtschaftliche Einheit des belasteten Grundstücks. Hieran knüpfte wiederum § 13 Abs. 3 GrStG aF an, wonach die Summe des Einheitswertes für das belastete Grundstück einerseits und für das Erbbaurecht andererseits die Grundlage für die Ermittlung des Steuermessbetrages bildete. Damit konnte gegenüber dem Erbbaurechtsberechtigten die Grundsteuer für das gesamte Grundstück durch einen Grundsteuerbescheid festgesetzt werden. Darüber hinaus soll die Regelung des § 10 Abs. 2 GrStG aF Bedeutung für die dingliche Haftung nach § 12 GrStG gehabt haben: Auf dem Erbbaurecht laste auch die Grundsteuer für das belastete Grundstück (→ GrStG § 12 Rn. 9). Der Grundstückseigentümer schuldete die Grundsteuer hingegen nicht, wenn er – wie idR – vom Erbbaurechtsberechtigten personenverschieden war (VG München 17.3.2016 – 10 K 15/1278, BeckRS 2016, 52969). **14**

Das ab dem 1.1.2025 geltende Recht enthält keine dem § 10 Abs. 2 GrStG aF entsprechende Regelung mehr, da eine solche Regelung mit der Zusammenfassung von erbbaurechtsbelastetem Grundstück und Erbbaurecht zu einer wirtschaftlichen Einheit (§ 244 Abs. 3 Nr. 1 BewG) überflüssig geworden ist. Mit der gesetzlichen Zusammenfassung als eine wirtschaftliche Einheit geht nämlich einher, dass es nur ein Zurechnungssubjekt geben kann, nämlich den Erbbaurechtsberechtigten (→ BewG § 261 Rn. 2) und dieser ist dann (schon deshalb) Grundsteuerschuldner für die gesamte wirtschaftliche Einheit. **15**

§ 11 Persönliche Haftung

(1) **Neben dem Steuerschuldner haften der Nießbraucher des Steuergegenstandes und derjenige, dem ein dem Nießbrauch ähnliches Recht zusteht.**

(2) ¹**Wird ein Steuergegenstand ganz oder zu einem Teil einer anderen Person übereignet, so haftet der Erwerber neben dem früheren Eigentümer für die auf den Steuergegenstand oder Teil des Steuergegenstandes entfallende Grundsteuer, die für die Zeit seit dem Beginn des letzten vor der Übereignung liegenden Kalenderjahres zu entrichten ist.** ²**Das gilt nicht für Erwerbe aus einer Insolvenzmasse und für Erwerbe im Vollstreckungsverfahren.**

Gilt nicht in **Baden-Württemberg** (dort § 11 BWLGrStG).

§ 11 GrStG   Abschnitt I. Steuerpflicht

Übersicht

	Rn.
A. Allgemeines	1
I. Systematische Einordnung und Zweck der Regelung	1
II. Entwicklung der Vorschrift	2
III. Verfahrensrecht	3
B. Haftung des Nießbrauchers und vergleichbarer Nutzungsberechtigter (Abs. 1)	4
C. Haftung des Einzelrechtsnachfolgers (Abs. 2)	9
I. Übereignung des Grundstücks (Abs. 2 S. 1)	9
II. Keine Haftung bei Erwerb aus der Insolvenzmasse oder im Vollstreckungsverfahren (Abs. 2 S. 2)	15
III. Zeitliche Beschränkung der Haftung	17
D. Verwirklichung der Haftung durch Haftungsbescheid	18
I. Festsetzung der Haftungsschuld durch Haftungsbescheid	18
II. Inanspruchnahme des Haftungsschuldners aus dem Haftungsbescheid	26
E. Grundsteuer und Gesamtrechtsnachfolge (insbesondere im Erbfall)	27

A. Allgemeines

I. Systematische Einordnung und Zweck der Regelung

1   Das Gesetz sieht in bestimmten Fällen vor, dass neben dem Steuerschuldner noch ein Dritter für diese (aus seiner Sicht: „fremde") Schuld einzustehen hat. Solche Haftungstatbestände finden sich zum Teil vor die Klammer gezogen in der Abgabenordnung und gelten über § 1 Abs. 2 Nr. 2 AO auch für das Grundsteuerrecht: die Haftung des Vertreters wegen einer steuerlichen Pflichtverletzung (§ 69 AO) und die Haftung des Beteiligten einer Steuerhinterziehung (§ 71 AO). Beide Haftungstatbestände finden ihre Rechtfertigung in dem pflichtwidrigen Verhalten des Haftenden. Es gibt aber auch Haftungstatbestände, die allein der Absicherung des Steuergläubigers gegenüber dem Ausfallrisiko in Ansehung des Hauptschuldners dienen. Sie rechtfertigen sich aus der Nähe des Haftenden zu dem Steuergegenstand. Solche Haftungstatbestände enthält § 11 GrStG: die Haftung des Nießbrauchers (Abs. 1) und des Erwerbers des Steuergegenstandes (Abs. 2). Die Haftung nach § 11 GrStG ist eine persönliche Haftung, dh der Haftende hat mit seinem gesamten Vermögen für die Haftungsschuld einzustehen. Von einer solchen persönlichen Haftung zu unterscheiden ist eine dingliche Haftung, die sich auf einen Gegenstand bezieht. Eine solche ergibt sich aus § 12 GrStG, wonach der Steuergegenstand dinglich für die Grundsteuer haftet, dh der jeweilige Grundstückseigentümer haftet nicht für die Grundsteuer, aber er muss ihretwegen die Zwangsvollstreckung in das Grundstück dulden, damit sich der Grundsteuergläubiger hieraus befriedigen kann. Für den Grundstückserwerber sind letztlich sowohl § 11 Abs. 2 GrStG als auch § 12 GrStG relevant, die beide unabhängig nebeneinander stehen: Nach § 11 Abs. 2 GrStG haftet er persönlich unbeschränkt mit seinem gesamten Vermögen, aber dafür im Umfang zeitlich beschränkt, nach § 12 GrStG haftet nur das Grundstück (und nicht auch das sonstige Vermögen des Eigentümers), dies aber ohne zeitliche Begrenzung für alle noch nicht verjährten Grundsteuerrückstände (→ GrStG § 12 Rn. 15).

Persönliche Haftung **§ 11 GrStG**

II. Entwicklung der Vorschrift

§ 11 GrStG beruht auf dem Grundsteuerreformgesetz v. 7.8.1973 (→ Grund- 2
lagen Rn. 8). § 11 Abs. 1 GrStG ist aus § 8 Nr. 1 GrStG 1936/1951 (→ Grundlagen
Rn. 5f.) hervorgegangen. § 11 Abs. 2 GrStG hat im GrStG 1936 kein Vorbild. Er
wurde vielmehr § 116 Abs. 2, Abs. 3 RAO (eingefügt mit dem StAnpG v.
16.10.1934, RGBl. 1934, 925; dazu Begründung in RStBl. 1934, 1398 [1414f.])
nachgebildet (dem heutigen § 75 AO, s. BT-Drs. VI/3418, 82). Von der redaktionellen
Anpassung des Abs. 2 an die Insolvenzordnung (statt Konkurs-/Vergleichsordnung)
abgesehen, ist die Regelung bis heute unverändert geblieben. Auch das
Grundsteuerreformgesetz v. 26.11.2019 (→ Grundlagen Rn. 13) hat § 11 GrStG
nicht verändert.

III. Verfahrensrecht

Die persönliche Haftung wird durch Haftungsbescheid (§ 191 AO) verwirklicht 3
(→ Rn. 18ff.).

B. Haftung des Nießbrauchers und vergleichbarer Nutzungsberechtigter (Abs. 1)

Der Nießbraucher ist typischerweise nicht wirtschaftlicher Eigentümer des mit 4
dem Nießbrauch belasteten Grundstücks (→ BewG § 219 Rn. 32). Zurechnungssubjekt
und damit Grundsteuerschuldner ist vielmehr (nur) der Eigentümer des
Grundstücks. Im Innenverhältnis zwischen ihm und dem Nießbraucher bestimmt
allerdings (der dispositive) § 1047 BGB, dass der Nießbraucher die öffentlichen Lasten
der nießbrauchsbelasteten Sache zu tragen hat. Dem liegt der Gedanke zugrunde,
dass die Tragung solcher Lasten erwartet werden kann, wenn dem Nießbraucher
die Erträge aus der belasteten Sache gebühren (*Mudgan,* Die gesamten
Materialien zum Bürgerlichen Gesetzbuch für das Deutsche Reich, Band III,
S. 287). Dies schließt die Grundsteuer mit ein (allgM, s. nur *Bassenge* in Grüneberg
BGB § 1047 Rn. 2; *Pohlmann* in MüKoBGB § 1047 Rn. 7). § 1047 BGB betrifft
indes nicht das Außenverhältnis. Er gewährt dem Grundsteuergläubiger keinen
Direktanspruch gegen den Nießbraucher. Hier setzt § 11 Abs. 1 GrStG an, der den
Nießbraucher zwar nicht zum Grundsteuerschuldner macht, ihn aber für die
Grundsteuer haften lässt.

§ 11 Abs. 1 GrStG gilt für den Nießbrauch iSd §§ 1030 ff. BGB. Der Nießbrauch 5
muss wirksam bestellt sein, was neben der dinglichen Einigung vor allem die Eintragung
ins Grundbuch voraussetzt (§ 873 BGB; *Kohler* in MüKoBGB § 873 Rn. 7).
Ob es sich um einen sog. Vorbehalts- oder Zuwendungsnießbrauch handelt, ist für
§ 11 Abs. 1 GrStG irrelevant. Entsprechendes gilt für eine von der Lastentragungsregel
des § 1047 BGB (→ Rn. 4) abweichende Parteivereinbarung. Der Nießbraucher
ist also auch dann Haftungsschuldner, wenn er die Grundsteuer im Verhältnis
zum Grundstückseigentümer nicht zu tragen hat.

Das dem **Nießbrauch ähnliche Recht** (§ 11 Abs. 1 Alt. 2 GrStG) muss ein 6
Recht sein, dass seinem Wesen nach dem Nießbrauch vergleichbar ist. Fraglich ist
allerdings, was der Bezugspunkt für die Vergleichbarkeit ist. In Betracht kommt das
Recht zur umfassenden Fruchtziehung. Ebenso ist es aber auch denkbar, auf die
Lastentragungsregelung des § 1047 BGB als Inhalt des dinglichen Rechts abzustel-

§ 11 GrStG   Abschnitt I. Steuerpflicht

len. Beides könnte schließlich auch kumulativ maßgeblich sein. Richtigerweise wird man nur auf § 1047 BGB abstellen dürfen (glA *Schmidt* in Grootens GrStG § 11 Rn. 34) und zwar als Inhalt des dinglichen Rechts. Denn die Haftungsregelung des § 11 Abs. 1 Alt. 1 GrStG findet ihren Grund gerade in dieser Regelung (versieht diese letztlich „mit Außenwirkung", → Rn. 4). Der Umfang des Nutzungsrechts selbst (nur Eigennutzung oder auch Fruchtziehung) stellt bezogen auf die Haftung hingegen kein der Norm gerecht werdendes Differenzierungskriterium dar.

7 Das bedeutet für die Nutzungsrechte im Einzelnen:
   – **Das familienrechtliche Nutznießungsrecht nach § 14 HöfeO stellt ein ähnliches Recht iSv § 11 Abs. 1 Alt. 2 GrStG dar** (*Loose* in Stenger/Loose GrStG § 11 Rn. 25). Denn es handelt sich um ein quasi-dingliches Recht, auf das die hM die Regelungen über den Nießbrauch (§§ 1030ff. BGB) analog anwendet (s. nur *Düsing/Sieverdingbeck* in Düsing/Martinez HöfeO § 14 Rn. 6; *Haarstrich* in Lüdtke-Handjery/v. Jeinsen HöfO § 14 Rn. 8, 12).
   – Das **dingliche Wohnrecht iSv § 1093 BGB** stellt unter Zugrundelegung seines gesetzlichen Inhalts kein ähnliches Recht iSv § 11 Abs. 1 Alt. 2 GrStG dar. Es gewährt ein Nutzungsrecht unter Ausschluss des Eigentümers. Da das Gesetz von einer Eigennutzung und eben nicht einer Fruchtziehung als Regelfall ausgeht, wird für das Wohnrecht konsequenterweise nicht auf die Kostentragungsregelung des § 1047 BGB verwiesen. Jedenfalls nach der gesetzlichen – von den Beteiligten durchaus vertraglich änderbaren – Konzeption des Innenverhältnisses hat demnach der Eigentümer die Grundsteuer zu tragen (vgl. *Mohr* in MüKoBGB § 1093 Rn. 8). Wenn die Beteiligten allerdings eine § 1047 BGB entsprechende Regelung mit dinglicher Wirkung (dh nicht lediglich schuldrechtlich) vereinbaren (ob dies möglich ist, freilich str., vgl. *Mohr* in MüKoBGB § 1093 Rn. 10 mwN), dann besteht auch ein dem Nießbrauch ähnliches Recht (ebenso *Schmidt* in Grootens GrStG § 11 Rn. 34; wohl auch *Loose* in Stenger/Loose GrStG § 11 Rn. 26 [keine Aussage, ob dinglich oder schuldrechtlich]).
   – Entsprechendes gilt für das **Dauerwohn- bzw. Dauernutzungsrecht iSv §§ 33 ff. WEG**. Anders als das dingliche Wohnrecht nach § 1093 BGB gewährt es nicht nur das Recht zur eigenen (Wohn-) Nutzung, sondern auch das Recht zur Vermietung und Verpachtung (*Schneider* in Bärmann WEG § 31 Rn. 2; *Munzig* in BeckOK WEG § 31 Rn. 6). § 1047 BGB soll allerdings keine (analoge) Anwendung finden (*Schneider* in Bärmann WEG § 33 Rn. 138; *Wicke* in Grüneberg WEG § 33 Rn. 5) und ohne eine solche (dinglich wirkende) Lastentragungsregelung fehlt es an der Vergleichbarkeit mit dem Nießbrauch. Machen die Beteiligten die Tragung der Grundsteuern durch den Wohn-/Nutzungsberechtigten aber zum Inhalt des Dauerwohn- bzw. Dauernutzungsrechts, liegt ein Fall des § 11 Abs. 1 Alt. 2 GrStG vor.
   – Bei einer **(Benutzungs-) Grunddienstbarkeit** ist eine dem Nießbrauchsrecht vergleichbare Ausgestaltung ebenfalls denkbar. Das ist eine Frage des Einzelfalls (*Schmidt* in Grootens GrStG § 11 Rn. 38 verweist zB auf die einem Stellplatznutzer in einer gemeinschaftlichen Tiefgarage an einem bestimmten Stellplatz eingeräumte Dienstbarkeit mit einer entsprechenden Kostentragungsregelung in Ansehung der Grundsteuer).
   – Keine dem Nießbrauch ähnlichen Rechte sind stets die (nur) **schuldrechtlichen Nutzungsrechte**. Dies betrifft **Miete und Pacht**. Diese **fallen nicht unter § 11 Abs. 1 Alt. 2 GrStG** (allgM *Loose* in Stenger/Loose GrStG § 11 Rn. 25; *Schmidt* in Grootens GrStG § 11 Rn. 32; *Troll/Eisele* GrStG § 11 Rn. 3).

Persönliche Haftung **§ 11 GrStG**

Die **Haftung ist akzessorisch.** Die Haftungsschuld erlischt daher, soweit die 8
Grundsteuerschuld durch Erfüllung oder Aufrechnung erloschen ist (vgl. § 44
Abs. 2 S. 1 AO). Entsprechendes gilt, wenn die Grundsteuerschuld wegen Verjährungseintritt oder Erlass erloschen ist; in diesem Fall darf jedenfalls kein Haftungsbescheid mehr ergehen (vgl. § 191 Abs. 5 AO; → Rn. 18). Die Haftung des Nießbrauchers entspricht betragsmäßig der Grundsteuerschuld, wie sie auch den Hauptschuldner trifft. Besteht der Nießbrauch an einem Miteigentumsanteil, haftet der Nießbraucher daher ebenso wie der Hauptschuldner über § 10 Abs. 2 GrStG für die Grundsteuer auf die gesamte wirtschaftliche Einheit (*Troll/Eisele* GrStG § 11 Rn. 3). Das Gesetz sieht – anders als in § 11 Abs. 2 GrStG – für die Haftung des Nießbrauchers **keine zeitliche Beschränkung** vor. Das wird man aber nicht so verstehen dürfen, dass der Nießbraucher auch für solche Rückstände haftet, die vor der Eintragung des Nießbrauchs ins Grundbuch entstanden sind (glA *Loose* in Stenger/Loose GrStG § 11 Rn. 20; *Schmidt* in Grootens GrStG § 11 Rn. 27). Denn wenn die Haftung nach § 11 Abs. 1 GrStG ihre Rechtfertigung in § 1047 BGB findet (→ Rn. 4), dann kann sie auch erst für solche Grundsteuern gelten, die der Nießbraucher im Verhältnis zum Eigentümer zu tragen hat.

C. Haftung des Einzelrechtsnachfolgers (Abs. 2)

I. Übereignung des Grundstücks (Abs. 2 S. 1)

Derjenige, dem der Steuergegenstand ganz oder zum Teil übereignet wird, haftet 9
für die Grundsteuer, die der vormalige Eigentümer als Steuerschuldner schuldet
(§ 11 Abs. 2 S. 1 GrStG). Sind die Voraussetzungen des § 11 Abs. 2 GrStG erfüllt,
tritt der Erwerber als Haftender neben den Steuerschuldner (zur Ermessensausübung → Rn. 22 ff., 26). Auch für die Haftung nach § 11 Abs. 2 S. 1 GrStG gilt der Grundsatz der Akzessorietät (→ Rn. 8). Der Begriff der Übereignung meint im Zivilrecht die rechtsgeschäftliche Übertragung im Wege der Einzelrechtsnachfolge, bei Grundstücken also durch Auflassung und Grundbucheintragung (§§ 873, 925 BGB). Diese Übereignung im zivilrechtlichen Sinne ist auch eine Übereignung iSv § 11 Abs. 2 S. 1 GrStG, allerdings ist der Übereignungsbegriff des § 11 Abs. 2 S. 1 GrStG noch weiter. Er erfasst jeden Zurechnungswechsel, der nicht aufgrund eines Gesamtrechtsnachfolgetatbestandes (→ Rn. 13) eintritt. Dieses weite Verständnis des Übereignungsbegriffs betrifft sowohl die Qualität der notwendigen Rechtsposition (= wirtschaftliches Eigentum ist ausreichend, → Rn. 10) als auch den Übertragungsakt (= auch Eigentumserwerb durch Hoheitsakt ist erfasst, → Rn. 11). Das ergibt sich aus Folgendem:

Für eine Übereignung iSv § 11 Abs. 2 GrStG ist der Übergang des wirt- 10
schaftlichen Eigentums an dem Steuergegenstand ausreichend (ebenso VG Düsseldorf 8.2.1988 – 11 K 1107/87, ZKF 1988, 254; *Schmidt* in Grootens GrStG § 11 Rn. 42). Diese erweiterte Auslegung gründet in der historischen Auslegung der Norm: § 11 Abs. 2 S. 1 GrStG ist aus § 116 Abs. 2 RAO hervorgegangen und für diese Norm entsprach es allgemeiner Ansicht, dass der Übereignungsbegriff auch eine Übertragung des wirtschaftlichen Eigentums erfasst (BFH 20.7.1967 – V 240/64, BStBl. III 1967, 684) bzw. umgekehrt keine Übereignung iSv § 116 RAO vorliegt, wenn rechtliches, aber nicht wirtschaftliches Eigentum übertragen wird (so bei der Sicherungsübereignung s. BFH 30.8.1962 – V 32/60, BStBl. III 1962, 455). Wenn der Gesetzgeber an § 116 Abs. 2 RAO anknüpft, wird man an-

§ 11 GrStG Abschnitt I. Steuerpflicht

nehmen dürfen, dass er diese Auslegung des Übereignungsbegriffs auch für § 11 Abs. 2 GrStG im Sinn gehabt hat. Dessen ungeachtet spricht für die Einbeziehung der Übertragung des wirtschaftlichen Eigentums auch ein systematisches Argument: Es wäre wenig einsichtig, dass das Grundsteuerrecht für die Zurechnung des Steuergegenstandes auf das wirtschaftliche Eigentum abstellt, aber bei § 11 Abs. 2 GrStG nicht. Denn die Haftung soll gerade die Erhebungszeiträume abdecken, die vor der eigenen Steuerschuldnerschaft liegen. Eine zeitliche Überschneidung von eigener Grundsteuerschuld und Haftung nach § 11 Abs. 2 GrStG entspricht nicht dem Konzept der § 10 GrStG iVm § 222 BewG einerseits und § 11 GrStG andererseits. Würde man allerdings den Übergang des wirtschaftlichen Eigentums nicht in den Übereignungsbegriff einbeziehen, könnte es bei einer sich hinziehenden Grundbucheintragung indes hierzu kommen (s. das Beispiel bei → Rn. 17).

11 Eine **Übereignung iSv § 11 Abs. 2 GrStG liegt** – anders als nach zivilrechtlichem Verständnis – **auch bei einem nicht-rechtsgeschäftlichen Eigentumsübergang vor,** also vor allem bei hoheitlichen Eigentumsübertragungsakten. Anderenfalls wäre § 11 Abs. 2 S. 2 GrStG in Bezug auf die Zwangsvollstreckungsalternative ohne Anwendungsbereich. Denn vor allem der Eigentumserwerb aufgrund des Zuschlages (§ 90 Abs. 1 ZVG), der dem Gesetzgeber hier vor Augen gestanden haben dürfte, ist nämlich ein Eigentumserwerb kraft Hoheitsakts (BGH 4.7.1990 – IV ZR 174/89, BGHZ 112, 59 [61]).

12 Der Rechtsgrund der Übereignung ist irrelevant, ebenso, ob der Rechtsgrund eine Gegenleistung vorsieht oder nicht (*Schmidt* in Grootens GrStG § 11 Rn. 41; *Troll/Eisele* GrStG § 11 Rn. 4). Rechtsgrund kann daher ein Kaufvertrag, ein Schenkungsvertrag (ebenso auch die Erfüllung einer dort geregelten vertraglichen Rückübertragungsverpflichtung), ein Vermächtnis (→ Rn. 31) oder ein gesetzlicher Rechtsgrund sein.

13 Der Eigentumsübergang bei Gesamtrechtsnachfolge (Erbanfall der Erben, Umwandlungsvorgänge nach dem UmwG, Anwachsung beim Austritt des vorletzten Gesellschafters einer rechtsfähigen Personengesellschaft, jeweils mwN → BewG § 219 Rn. 20f., → BewG § 222 Rn. 30f.) ist kein Anwendungsfall des § 11 GrStG. Hierfür besteht auch kein Bedarf, weil der Gesamtrechtsnachfolger wegen der Gesamtrechtsnachfolge die rückständige Grundsteuer sogar schuldet (zB zum Erben als Gesamtrechtsnachfolger → Rn. 27f.).

14 Soweit **ausländische Staaten, Diplomaten, Konsularbeamte etc** von der Grundsteuer befreit sind (→ GrStG § 4 Rn. 50), haften sie nach dem Erwerb eines Grundstücks auch nicht nach § 11 Abs. 2 S. 1 GrStG für die Grundsteuerschulden des Veräußerers (vgl. GrStR Abschn. 29 Abs. 5).

II. Keine Haftung bei Erwerb aus der Insolvenzmasse oder im Vollstreckungsverfahren (Abs. 2 S. 2)

15 Die persönliche Haftung des Einzelrechtsnachfolgers gilt nicht, wenn das Grundstück aus einer Insolvenzmasse oder im Vollstreckungsverfahren erworben wird (§ 11 Abs. 2 S. 2 GrStG). Ein **Erwerb aus der Insolvenzmasse** liegt jedenfalls dann vor, wenn nach Eröffnung und vor Beendigung des Insolvenzverfahrens ein Grundstück, das dem Insolvenzbeschlag unterliegt, vom Insolvenzverwalter erworben wird. Ebenfalls erfasst ist der Erwerb von einem vorläufigen Insolvenzverwalter, auf den die Verwaltungs- und Verfügungsmacht übergegangen ist (insoweit glA *Loose* in Stenger/Loose GrStG § 11 Rn. 41). Der Wortlaut gibt Letzteres zwar nicht her (die „Insolvenzmasse" existiert erst mit Eröffnung des Insolvenzverfah-

rens, vgl. § 35 InsO). Allerdings dürfte dies dem Zweck des § 11 Abs. 2 S. 2 GrStG entsprechen, die Verwertung anlässlich eines Insolvenzverfahrens nicht durch eine drohende Haftung unattraktiv zu machen. Zudem stellt die Veräußerung durch einen starken vorläufigen Insolvenzverwalter der Sache nach eine „Vollstreckungsmaßnahme" dar. Eine Veräußerung durch den Insolvenzschuldner, welcher der vorläufige Insolvenzverwalter nur zugestimmt hat (vorläufige Insolvenzverwaltung mit Zustimmungsvorbehalt), hat diesen Charakter hingegen nicht. Es handelt sich um eine Verwertungshandlung des Schuldners, weshalb selbst bei weitem Verständnis des Begriffs „Insolvenzmasse" kein Erwerb aus derselben und vor allem auch wertungsmäßig keine Vollstreckungsmaßnahme vorliegt (wie hier zum vergleichbaren § 75 Abs. 2 AO *Boeker* in HHSp AO § 75 Rn. 66; aA *Loose* in Stenger/Loose GrStG § 11 Rn. 41 und auch *Jatzke* in Gosch AO § 75 Rn. 37; *Rüsken* in Klein AO § 75 Rn. 45 zu § 75 Abs. 2 AO). Ebenfalls nicht erfasst ist der Erwerb eines vom Insolvenzverwalter freigegebenen, mithin nicht mehr dem Insolvenzbeschlag unterliegenden Grundstücks vom Insolvenzschuldner (zur Freigabe eines Grundstücks weiterführend → GrStG § 12 Rn. 34). Ein **Erwerb im Vollstreckungsverfahren** meint vor allem den Eigentumserwerb durch den Zuschlagsbeschluss (§ 90 Abs. 1 ZVG) in der Zwangsversteigerung (VGH München 6.12.2010 – 4 ZB 10/1848, NJW-RR 2011, 596; VG Lüneburg 26.2.2014 – 2 A 220/13, BeckRS 2014, 48307). Nicht ausreichend ist der freihändige Erwerb eines Grundstücks, für das die Zwangsversteigerung angeordnet ist (zutr. VG Gelsenkirchen 25.8.2016 – 5 K 5407/15, BeckRS 2016, 51411; *Loose* in Stenger/Loose GrStG § 11 Rn. 42). Denn hier beruht die Veräußerung nicht auf dem staatlichen Vollstreckungsverfahren. Erst recht nicht erfasst ist der Erwerb eines Grundstücks, für das lediglich Zwangsverwaltung angeordnet ist (*Schmidt* in Grootens GrStG § 11 Rn. 49).

Der Haftungsausschluss des § 11 Abs. 2 S. 2 GrStG erfasst die Steuer für das ge- 16 samte Kalenderjahr. Bei einem unterjährigen Eigentumserwerb kommt also eine persönliche Haftung weder für den Zeitraum bis zum Eigentumserwerb noch vom Eigentumserwerb bis zum Fortschreibungszeitpunkt (nächster 1.1., § 222 BewG) in Betracht (VGH München 6.12.2010 – 4 ZB 10/1848, NJW-RR 2011, 596; aA VG Düsseldorf 8.12.2004 – 25 K 3695/03, BeckRS 2006, 20143: Erwerber aus der Zwangsversteigerung müsse die Grundsteuer ab dem Zuschlagsbeschluss tragen).

III. Zeitliche Beschränkung der Haftung

Der Erwerber haftet nur für die Grundsteuer, die für die Zeit seit dem Beginn des 17 letzten vor der Übereignung liegenden Kalenderjahres zu entrichten ist (§ 11 Abs. 2 S. 1 GrStG). **Gehaftet wird für die Grundsteuer betreffend den Erhebungszeitraum, in dem das Grundstück übereignet wurde, und für die Grundsteuer des Vorjahres.** Es ist mithin allein maßgebend, für welchen Zeitraum die Steuer zu entrichten ist. Ohne Bedeutung ist, wann die Grundsteuer festgesetzt wurde (zutr. VG Dessau 9.11.2001 – 2 A 94/00 Rn. 27; *Troll/Eisele* GrStG § 11 Rn. 4). Dies gilt sowohl zugunsten des Steuerpflichtigen (also keine Haftung für mehrere Vorjahre allein deshalb, weil die entsprechenden Grundsteuerbescheide erst im Jahr vor dem Eigentumserwerb erlassen wurden) als auch zu seinen Lasten (also Haftung für das Vorjahr, auch wenn der Grundsteuerbescheid erst nach dem Eigentumserwerb ergeht). Ausgangspunkt für die Ermittlung der beiden Haftungserhebungszeiträume ist ausweislich des Wortlautes der Zeitpunkt der „Übereignung" (VG Köln 28.11.2008 – 23 K 4985/06, BeckRS 2009, 30684). Da der Übereignungsbegriff des § 11 Abs. 2 GrStG auch den Übergang des wirtschaftlichen Eigen-

§ 11 GrStG
Abschnitt I. Steuerpflicht

tums erfasst (→ Rn. 9f.), bildet auch dieser Zeitpunkt den Ausgangspunkt für die Rückwärtsberechnung (VG Düsseldorf 8.2.1988 – 11 K 1107/87, ZKF 1988, 254).

Beispiel: A schließt mit B einen Grundstückskaufvertrag mit Gefahrübergang (= Übergang wirtschaftliches Eigentum, → BewG § 219 Rn. 24f.) im Dezember 04. A wird im Februar 05 als Grundstückseigentümer ins Grundbuch eingetragen. A haftet nach § 11 Abs. 2 GrStG für die rückständigen Grundsteuern der Jahre 03 und 04. Die Zurechnungsfortschreibung erfolgt auf den 1.1.05; für das Jahr 05 schuldet A die Grundsteuer sodann nach § 10 GrStG.

§ 11 Abs. 2 GrStG gilt allein für die persönliche Haftung und nicht für die dingliche Haftung des § 12 GrStG (→ GrStG § 12 Rn. 4).

D. Verwirklichung der Haftung durch Haftungsbescheid

I. Festsetzung der Haftungsschuld durch Haftungsbescheid

18   Die Haftung nach Abs. 1 und Abs. 2 wird **durch Haftungsbescheid** verwirklicht (§ 191 Abs. 1 S. 1 AO). Der Erlass des Haftungsbescheides setzt voraus, dass die Grundsteuerschuld besteht und nicht erloschen ist. Für die Erlöschensgründe der Erfüllung und Aufrechnung folgt dies aus § 44 Abs. 2 S. 2 AO. Ist die Grundsteuerschuld infolge von Festsetzungs- oder Zahlungsverjährung oder aufgrund einer Erlassentscheidung erloschen, ergibt sich dies für den – bei § 11 GrStG anzunehmenden – Regelfall aus § 191 Abs. 5 S. 1 AO. Ferner darf die Haftungsschuld selbst nicht festsetzungsverjährt sein (entsprechende Anwendung der §§ 169ff. AO über § 191 Abs. 3 S. 1 AO). Die Festsetzungsfrist beträgt vier Jahre und beginnt mit Ablauf des Jahres der Übereignung zu laufen (vgl. § 191 Abs. 3 S. 3 AO). Grundsätzlich ist nicht erforderlich, dass die Grundsteuerschuld bereits durch Grundsteuerbescheid gegenüber dem Hauptschuldner festgesetzt worden ist (BFH 2.2.1994 – II R 7/91, BStBl. II 1995, 300; BVerwG 16.9.1997 – 8 B 143/97, BVerwGE 105, 223). Der Haftungsbescheid kann mithin vor dem Grundsteuerbescheid ergehen (allerdings noch zum Ermessen → Rn. 22ff., 26). Daher ist es für die Haftung irrelevant, wenn Bekanntgabemängel in Bezug auf den Grundsteuerbescheid geltend gemacht werden. Allerdings endet die Festsetzungsfrist hinsichtlich der Haftungsschuld in solchen Fällen nicht vor Ablauf der für die Steuerfestsetzung geltenden Festsetzungsfrist (§ 191 Abs. 3 S. 4 AO).

19   Der **Haftungsbescheid muss hinreichend bestimmt** sein. Er muss erkennen lassen, wer was in welchem Umfang zu dulden hat. Dies bedingt Angaben zur Grundsteuerschuld, die nach Art, Betrag und Erhebungszeitraum individualisierbar sein muss. Diese sollten sich idealerweise unmittelbar aus dem Tenor ergeben, allerdings kann uU auf die Begründung als Auslegungshilfe zurückgegriffen werden (*Loose* in Tipke/Kruse AO § 191 Rn. 89, 95 mwN).

20   Aufgrund der Akzessorietät der Haftung kann ein Haftungsschuldner grundsätzlich auch Einwendungen gegen die Hauptschuld geltend machen. Insbesondere bei der **Haftung nach § 11 Abs. 2 GrStG** wird dieser Grundsatz aber sehr stark eingeschränkt. Denn der **neue Eigentümer muss bereits dem Voreigentümer wirksam bekanntgegebene Grundsteuerwert- und Grundsteuermessbescheide gegen sich gelten lassen** (§§ 182 Abs. 2, 184 Abs. 1 S. 4 AO). Ob diese Grundlagenbescheide bereits formell bestandskräftig sind, ist dafür irrelevant. Erst deren Aufhebung oder Änderung sind im Haftungsverfahren von Bedeutung (OVG Bautzen 25.9.2015 – 3 A 371/15, BeckRS 2016, 42214 Rn. 7). Lediglich

Persönliche Haftung **§ 11 GrStG**

für den Grundsteuerbescheid selbst fehlt eine Regelung wie in § 182 Abs. 2 AO, weshalb insoweit grundsätzlich keine Bindungswirkung zulasten des Erwerbers eintritt (str., siehe zur vergleichbaren Diskussion in Ansehung von § 12 GrStG, → GrStG § 12 Rn. 13 mwNachw). Etwas anderes kann sich nur aus dem grundsätzlich auch auf Haftungsbescheide anwendbaren (*Krumm* in Tipke/Kruse AO § 166 Rn. 8 ff.: zu § 11 GrStG im Besonderen *Loose* in Stenger/Loose GrStG § 11 Rn. 51; aA *Schmidt* in Grootens GrStG § 11 Rn. 83) § 166 AO ergeben. Vorbehaltlich der in § 166 AO normierten Fallgruppen der Gesamtrechtsnachfolge und der Anfechtungsbefugnis als Vertreter setzt die Drittwirkung nach § 166 AO voraus, dass der Haftende den Grundsteuerbescheid als Nichtadressat aus eigenem Recht hätte anfechten können. Die hierfür notwendige Widerspruchs-/Klagebefugnis kann allerdings nicht mit der potenziellen Haftung begründet werden (→ Rn. 21). Daher scheidet § 166 AO (insoweit) aus.

In Ansehung der Haftung des Nießbrauchers nach § 11 Abs. 1 GrStG ist die Frage **21** der **Präjudizierung durch Grundsteuerwert- und Grundsteuermessbescheid** hingegen nicht so eindeutig zu beantworten. Denn der Nießbraucher ist nicht Rechtsnachfolger iSv §§ 182 Abs. 2, 184 Abs. 4 S. 1 AO. Hier kann sich eine Bindungswirkung des Nießbrauchers an Grundsteuerwert- und Grundsteuermessbescheid nur ergeben, wenn die Voraussetzungen des § 166 AO vorliegen. Hiernach wird die subjektive Bindungswirkung eines Steuerbescheides auf den Gesamtrechtsnachfolger des Adressaten und solche Personen, die in der Lage gewesen wären, den gegen den Steuerpflichtigen erlassenen Bescheid als dessen Vertreter, Bevollmächtigter oder kraft eigenen Rechts anzufechten, erstreckt. Vernachlässigt man die praktisch wohl wenig relevanten Anwendungsfälle der Gesamtrechtsnachfolge und der Anfechtungsbefugnis als Vertreter, so verbleibt für die Nießbrauchskonstellation des § 11 Abs. 1 GrStG nur die Anfechtungsbefugnis kraft eigenen Rechts. Die entscheidende Frage lautet: Ist der Nießbraucher durch die gegenüber dem Zurechnungssubjekt des nießbrauchsbelasteten Grundstücks erlassenen Grundlagenbescheide beschwert, mit der Folge, dass er diese drittanfechten kann? Richtigerweise **kann allein die (denkbare) Haftung nicht ausreichen, um eine eigene Beschwer des (potenziellen) Haftungsschuldners durch den Grundsteuerbescheid zu begründen** (*Krumm* in Tipke/Kruse FGO § 40 Rn. 72; das entspricht auch der Rechtsprechung zu anderen Steuern, s. BFH 10. 4. 2001 – V B 116/00, BFH/NV 2001, 1220; FG Münster 4. 5. 2020 – 5 K 3886/19, BeckRS 2020, 18649; anders hingegen in dem Fall, dass sich die Haftung bereits konkret angedeutet hat, BVerwG 12. 3. 1993 – 8 C 20/90, NJW 1993, 2453, allerdings wegen Verletzung des Art. 19 Abs. 4 GG von BVerfG 29. 11. 1996 – 2 BvR 1157/93, NJW 1997, 726 wegen des sich damit ergebenden [rechtsschutzverkürzenden] Zusammenspiels mit § 166 AO aufgehoben). Entsprechendes gilt für den Umstand, dass die Grundsteuer vom Nießbraucher zu tragen ist (zu § 1047 BGB → Rn. 4). Insoweit gilt das Gleiche wie auch für den Mieter und Pächter (→ Grundlagen Rn. 57). Damit scheidet eine Bindung des Nießbrauchers an Grundsteuerwert-, Grundsteuermess- und Grundsteuerbescheid im Haftungsverfahren wegen § 11 Abs. 1 GrStG grundsätzlich aus.

Der **Erlass des Haftungsbescheides steht im Ermessen der Behörde** (§ 191 **22** AO: „kann"). Die Behörde hat ihr Entschließungs- und Auswahlermessen zu betätigen. Grundsätzlich keine das Auswahlermessen betreffende Frage ist, ob die Gemeinde zuvor erfolglos versucht hat, ihre Grundsteuerforderung beim Hauptschuldner zu realisieren. § 219 AO ordnet zwar einen entsprechenden **Vorrang der Hauptschuldnerinanspruchnahme** an. Die Norm gilt ausweislich ihrer systematischen Stellung aber nur für die Erhebung und nicht die Festsetzung der Haf-

§ 11 GrStG Abschnitt I. Steuerpflicht

tungsschuld. Dennoch kann diese Frage auf die Ebene des Haftungsbescheides vorwirken. Denn wenn ein Haftungsanspruch gem. § 219 AO nur verfolgt werden kann, wenn die Steuerschuld beim Steuerschuldner nicht realisierbar ist, so ist auch der Haftungsanspruch selbst subsidiär, wenn feststeht, dass der Steuerschuldner zur Zahlung in der Lage ist (BFH 23.9.2009 – VII R 43/08, BStBl. II 2010, 215). Entsprechendes muss gelten, wenn sich die Gemeinde durch Aufrechnung ohne Weiteres selbst befriedigen kann. Ein weiterer **Ermessensaspekt kann die Frage sein, ob die Grundsteuer, für die gehaftet werden soll, erlassen werden kann oder gar muss** (BFH 25.7.1989 – VII R 54/86, BStBl. II 1990, 284). Insoweit entfaltet § 191 Abs. 5 S. 1 Nr. 2 AO eine gewisse Vorwirkung. Der Haftungsschuldner kann – auch wenn er im Fall des § 11 Abs. 2 GrStG als Erwerber der Einzelrechtsnachfolger des Steuerschuldners ist – den Erlass nämlich nicht selbst beanspruchen; einen Anspruch auf Erlass nach Maßgabe der §§ 32ff. GrStG hat nur der Steuerschuldner selbst (→ GrStG § 35 Rn. 8). Allerdings ist dieser Aspekt nur ermessensrelevant, wenn ein Erlass auch unter Beachtung der Regelung des § 35 Abs. 2 GrStG (→ GrStG § 35 Rn. 9ff.) noch in Betracht kommt. Versäumt der Steuerschuldner die Frist, wirkt dies auch gegenüber dem Haftungsschuldner.

23 Ein **Mitverschulden der Gemeinde** daran, dass Rückstände aufgelaufen sind und wegen des längeren Zeitablaufs nunmehr nicht mehr gegenüber dem Steuerschuldner durchgesetzt werden können, kann nur ausnahmsweise ermessensrelevant sein. Denn grundsätzlich findet § 254 BGB keine Anwendung auf öffentlich-rechtliche Haftungsansprüche (BFH 2.7.2001 – VII B 345/00, BFH/NV 2002, 4). Lediglich dann, wenn der Gemeinde eine vorsätzliche oder sonst besonders grobe Pflichtverletzung vorzuwerfen sein sollte und gerade diese auch für den Ausfall der Hauptforderung ursächlich ist, ließe sich erwägen, ob im Einzelfall der Erlass eines Haftungsbescheides ermessensfehlerhaft ist (BFH 2.7.2001 – VII B 345/00, BFH/NV 2002, 4; OVG Münster 28.10.2013 – 14 B 535/13, BeckRS 2013, 58008 zu § 69 AO). Ein solch vorsätzliches oder grob pflichtwidriges Mitverschulden ist aber selbst dann nicht anzunehmen, wenn die Gemeinde über einen längeren Zeitraum hin von ihrer Befugnis zur Beitreibung ausstehender Abgaben keinen Gebrauch gemacht hat und die Beitreibung gegenüber dem persönlichen Abgabenschuldner ohne ausreichenden Nachdruck pflichtwidrig verzögert hat (vgl. BFH 2.7.2001 – VII B 345/00, BFH/NV 2002, 4).

24 Grundsätzlich **kein relevanter Ermessensaspekt ist die Frage, wie sich die Verteilung im Innenverhältnis zwischen persönlichem Schuldner und Haftungsschuldner darstellt** (vgl. allgemein *Krumm* DV 46 [2013], 59 [72f.]). Vor allem ist ein Haftungsbescheid nicht deshalb ermessensfehlerhaft, weil der Haftungsschuldner keine Aussicht auf Regress beim Grundsteuerschuldner hat. Denn gerade dieses Risiko hat ihm der Gesetzgeber mit Schaffung des Haftungstatbestandes aufgebürdet. Überdies ist es vor allem bei der Haftung nach § 11 Abs. 2 GrStG Sache des Erwerbers, sich entsprechend gegenüber dem Veräußerer abzusichern.

25 **Rechtsschutz:** Gegen den Haftungsbescheid sind Widerspruch bei der Gemeinde (§ 68 VwGO; beachte: § 1 Abs. 2 AO verweist nicht auf die §§ 347ff. AO, weshalb für die außergerichtlichen Rechtsbehelfe die VwGO gilt) und Anfechtungsklage beim Verwaltungsgericht statthaft (zum Rechtsschutz auch → Grundlagen Rn. 64). Sofern das Landesrecht dies vorsieht, entfällt uU das Widerspruchsverfahren (→ Grundlagen Rn. 61). Der Haftungsbescheid ist gem. § 80 Abs. 2 Nr. 1 VwGO sofort vollziehbar („Anforderung von öffentlichen Abgaben"), dh, Widerspruch und Anfechtungsklage haben keine aufschiebende Wirkung (OVG Berlin-Brandenburg 25.9.2005 – 9 S 10/05, BeckRS 2005, 15072; VGH Mannheim

Persönliche Haftung **§ 11 GrStG**

17.10.2013 – 2 S 692/13, DStR 2014, 1068). Sofern die Grundsteuer vom Finanzamt verwaltet wird und dieses deshalb auch für das Haftungsverfahren zuständig ist (Berlin, Stadtgemeinde Bremen, Hamburg, → Grundlagen Rn. 42), richtet sich der Rechtsschutz hingegen nach AO und FGO. Die sofortige Vollziehbarkeit des Haftungsbescheides folgt dann aus § 361 Abs. 1 AO. Schließlich sind auch für die Klagen gegen Haftungsbescheide der Stadtgemeinde Bremerhaven die Finanzgerichte zuständig (→ Grundlagen Rn. 65).

II. Inanspruchnahme des Haftungsschuldners aus dem Haftungsbescheid

Die **Haftung nach § 11 GrStG ist** (grundsätzlich: nur) insoweit **subsidiär**, als 26 der Haftende erst zur Zahlung aufgefordert werden darf, soweit die Vollstreckung in das bewegliche Vermögen des Steuerschuldners ohne Erfolg geblieben oder anzunehmen ist, dass die Vollstreckung aussichtslos sein würde (§ 219 S. 1 AO; allerdings zu einer etwaigen Vorwirkung dieses Grundsatzes → Rn. 22). In Bezug auf § 11 Abs. 2 GrStG (Haftung des Erwerbers) stellt die hM keine hohen Anforderungen an die (Prognose der) Aussichtslosigkeit. Es **genüge, wenn die Gemeinde aufgrund hinreichender Anhaltspunkte zu der Überzeugung kommt, dass eine Vollstreckung gegenüber dem Steuerschuldner aussichtslos sein wird.** Begründet wird dies mit dem Zweck des § 11 Abs. 2 GrStG. Der Erwerber sei kein Ersatzschuldner, sondern stehe neben dem Steuerschuldner (VG Dresden 30.3.2010 – 2 K 351/08, BeckRS 2011, 51293; VG Gießen 14.6.2012 – 8 K 2454/10, NVwZ-RR 2012, 908; *Troll/Eisele* GrStG § 11 Rn. 4). Der hier formulierte Maßstab ist richtig, ist allerdings – anders als suggeriert – kein Spezifikum des § 11 Abs. 2 GrStG. Auch jenseits des § 11 Abs. 2 GrStG ist die Finanzrechtsprechung zu der Erkenntnis gelangt, dass die Anforderungen nicht überspannt werden dürfen. Nach dem Wortlaut des § 219 S. 1 AO ist es für die Inanspruchnahme des Haftungsschuldners ausreichend, wenn die Finanzbehörde zu der Annahme gelangt, dass eine Vollstreckung ohne Erfolg sein wird. Es wird vor allem nicht eine an Gewissheit grenzende Wahrscheinlichkeit der Erfolglosigkeit von Vollstreckungsversuchen verlangt (BFH 24.4.2008 – VII B 262/07, BFH/NV 2008, 1448). Die Konkretisierung dieses Maßstabes muss stets dem Einzelfall überlassen bleiben. Erfahrungswissen darf in die Prognose einfließen. Die Gemeinde muss jedenfalls darlegen können, dass sie eine Inanspruchnahme des Hauptschuldners in Erwägung gezogen hat und warum sie von einer direkten oder weiteren Vollstreckung ihm gegenüber abgesehen hat.

E. Grundsteuer und Gesamtrechtsnachfolge (insbesondere im Erbfall)

Stirbt der Grundstückseigentümer, erwirbt sein Erbe als sein Gesamtrechtsnach- 27 folger das Eigentum an dem Grundstück (§ 1922 BGB). Eine Eintragung des Erben im Grundbuch ist für den Eigentumserwerb nicht notwendig (→ BewG § 219 Rn. 20). Wer Erbe ist, richtet sich allein nach dem Zivilrecht, ggf. muss hierzu erst die Wirksamkeit einer letztwilligen Verfügung beurteilt oder eine solche ausgelegt werden (→ BewG § 219 Rn. 20). Keine Erben – und damit auch keine Gesamtrechtsnachfolger in Ansehung der Eigentümerstellung des Erblassers – sind Vermächtnisnehmer (→ Rn. 31) und Pflichtteilsberechtigte. Beide erwerben lediglich schuldrechtliche Ansprüche gegen den Erben, aber keine dingliche Berechtigung.

§ 11 GrStG
Abschnitt I. Steuerpflicht

28 Aufgrund des bewertungs- und grundsteuerrechtlichen Stichtags- und Kalenderjahrprinzips muss bei einem Erbfall wie folgt differenziert werden:

(1) Jahr des Erbfalls und Vorjahre: Die Grundsteuerschulden des Erblassers gehen auf den Erben als Gesamtrechtsnachfolger über. Er schuldet die Grundsteuer nunmehr anstelle des Erblassers (§ 45 Abs. 1 AO, § 1922 BGB) und hat hierfür – vorbehaltlich etwaiger erbrechtlicher Haftungsbeschränkungen (→ Rn. 30) – mit seinem gesamten Vermögen (also einschließlich seines bereits vorher vorhandenen Eigenvermögens) einzustehen. Ein gegenüber dem Erblasser wirksam gewordener Grundsteuerbescheid ist auch dem Erben gegenüber verbindlich (vgl. § 166 AO, dazu *Krumm* in Tipke/Kruse AO § 166 Rn. 32). Dieser bildet vor allem die Grundlage der Erhebung und auch Vollstreckung gegenüber dem Erben, sodass diesem gegenüber lediglich noch ein eigenständiges Leistungsgebot ergehen muss (BFH 24.6.1981 – I B 18/81, BStBl. II 1981, 729; *Drüen* in Tipke/Kruse AO § 45 Rn. 32; normative Nachweise zum Vollstreckungsrecht bei → GrStG § 28 Rn. 32). Für Grundsteuerwert- und Grundsteuermessbescheid gilt die Bindungswirkung entsprechend. Der Erbe rückt in Ansehung aller Verwaltungsakte in die Verfahrensrechtsposition ein, wie sie für den Erblasser im Zeitpunkt des Todes noch bestand. War ein Verwaltungsakt im Zeitpunkt des Todes noch anfechtbar, dann kann der Erbe ihn auch noch anfechten. Hat der Erblasser bereits ein Einspruchs- oder Klageverfahren geführt, tritt der Erbe in das Einspruchs- oder Klageverfahren ein.

(2) Folgejahr(e): Mit der (zwingend vorzunehmenden, → BewG § 222 Rn. 21) Zurechnungsfortschreibung schuldet der Erbe die Grundsteuer originär als Steuerschuldner iSv § 10 GrStG. Da es sich um eine eigene Steuerschuld des Erben in Bezug auf das zum Nachlass gehörende Grundstück handelt, hat er hierfür uneingeschränkt mit seinem Vermögen einzustehen.

29 Geht der Nachlass eines Erblassers auf mehrere Erben, dh eine **Erbengemeinschaft,** über, erwerben diese die Erbschaft als Vermögen zur gesamten Hand. Insoweit gilt das zum Erwerb des Einzelerben Gesagte entsprechend. Betreffend das Jahr des Erbfalls und die Vorjahre bleibt der Erblasser auch dann Zurechnungssubjekt, wenn die Zurechnungswertfortschreibung erst nach seinem Tod aber auf einen davorliegenden Stichtag vorgenommen wird (Beispiel: Der Erblasser ist vor seinem Tod Eigentümer eines Grundstücks geworden und bis zu seinem Tod war die Zurechnungsfortschreibung noch nicht erfolgt). Der Bescheid ist dann an die Erbengemeinschaft, vertreten durch einen oder die Erben, zu adressieren (BFH 7.7.2004 – II R 77/01, BFH/NV 2005, 73). Zurechnungsfortschreibung auf den nächsten 1.1. erfolgt nicht auf die Erbengemeinschaft, da diese nicht rechtsfähig ist, sondern in Bezug auf den einheitlichen Steuergegenstand auf alle Gesamthänder (→ BewG § 219 Rn. 37 f.; → GrStG § 10 Rn. 6).

30 **Erbrechtliche Haftungsbeschränkungen:** Gemäß § 45 Abs. 2 S. 1 AO haben die Erben für die aus dem Nachlass zu entrichtenden Schulden nach Maßgabe der Vorschriften des bürgerlichen Rechts über die Haftung des Erben für Nachlassverbindlichkeiten einzustehen. Eine auch für die Grundsteuer relevante und (erst) im Vollstreckungsverfahren (BFH 24.6.1981 – I B 18/81, BStBl. II 1981, 729) bzw. als Aufrechnungsverbot (→ GrStG § 28 Rn. 17) zu berücksichtigende Beschränkung der Erbenhaftung kann aufgrund einer **Nachlassverwaltung** (§ 1975 Alt. 1 BGB), **Nachlassinsolvenz** (§ 1975 Alt. 2 BGB) oder der **Dürftigkeitseinrede** (§ 1990 BGB) ergeben. Voraussetzung ist allerdings, dass die Grundsteuer eine Nachlassverbindlichkeit ist, was sie aber nur bis einschließlich des Todesjahres sein kann. Erfolgt auf den nächsten 1.1. eine Zurechnungsfortschreibung, handelt

Dingliche Haftung **§ 12 GrStG**

es sich ab dann nicht mehr um eine Nachlassverbindlichkeit, sondern um eine Eigenschuld des Erben, für welche § 45 Abs. 1 AO iVm §§ 1975, 1990 BGB nicht gelten (OVG Münster 27.2.2001 – 9 B 157/01, NVwZ-RR 2001, 596; VGH München 27.2.2008 – 4 CS 07/3354, BeckRS 2008, 27613; VGH Mannheim 29.6.2017 – 2 S 1750/15, BeckRS 2017, 117504).

Vermächtnis: Ein Vermächtnis wirkt nicht dinglich, sondern gewährt dem 31 Vermächtnisnehmer lediglich einen schuldrechtlichen Anspruch auf Übereignung des mit dem Vermächtnis belasteten Gegenstands (§ 2174 BGB). Rechtlicher wie auch wirtschaftlicher Eigentümer ist mit dem Erbanfall der Erbe (→ BewG § 219 Rn. 20). Sofern nicht noch im Jahr des Erbfalls zumindest wirtschaftliches Eigentum des Vermächtnisnehmers begründet wird, hat erst einmal eine Zurechnungsfortschreibung zugunsten des Erben zum 1.1. des dem Erbfall folgenden Jahres zu erfolgen (→ Rn. 28). Werden wirtschaftliches bzw. rechtliches Eigentum auf den Vermächtnisnehmer übertragen, ist ihm der Steuergegenstand zuzurechnen. Für rückständige Grundsteuern haftet der Vermächtnisnehmer nach Maßgabe des § 11 Abs. 2 GrStG.

§ 12 Dingliche Haftung

Die Grundsteuer ruht auf dem Steuergegenstand als öffentliche Last.

Gilt nicht in **Baden-Württemberg** (dort § 12 BWLGrStG)

Übersicht

	Rn.
A. Allgemeines	1
I. Systematische Einordnung und Zweck der Regelung	1
II. Entwicklung der Vorschrift	2
B. Die Grundsteuer als öffentliche Last	3
C. Die Verwirklichung der Duldungspflicht	10
I. Konkretisierung der Duldungspflicht durch Verwaltungsakt (§§ 77 Abs. 2 S. 1, 191 AO)	10
II. Die Betreibung der Zwangsvollstreckung in das Grundstück	21
III. Spezifisches Zugriffsrecht in Ansehung von Miet- und Pachtzinsforderungen	27
IV. Zahlung des Grundstückseigentümers	28
D. Grundsteuer im Zwangsverwaltungs- und Insolvenzverfahren	29
I. Grundsteuer und Zwangsverwaltung	29
II. Grundsteuer und Insolvenzverfahren	32
1. Insolvenzrechtliche Einordnung der Grundsteuerforderung	32
2. Verwirklichung der Grundsteuerforderung vor, im und nach Aufhebung des Insolvenzverfahrens	36
3. Verwirklichung der Absonderungsberechtigung im Insolvenzverfahren	45
4. Ausländische Insolvenzverfahren	49
III. Zusammentreffen von Zwangsverwaltungs- und Insolvenzverfahren	50

§ 12 GrStG

A. Allgemeines

I. Systematische Einordnung und Zweck der Regelung

1 Das Grundsteuerrecht stellt dem Steuerschuldner (§ 10 GrStG) nicht nur einen Haftenden (§ 11 GrStG) zur Seite, sondern belastet auch den Steuergegenstand mit der Grundsteuer. Diese öffentliche Last stellt funktional vergleichbar einer „Hypothek" ein (akzessorisches, → Rn. 3) Sicherungsmittel dar (BGH 8.12.2016 – V ZB 41/14, NJW-RR 2017, 299 Rn. 8), das den Grundsteuergläubiger berechtigt, sich für seine Grundsteuerschuld aus dem Grundstück zu befriedigen. § 12 GrStG muss vor allem im Zusammenhang mit § 77 Abs. 2 AO gesehen werden. Hiernach hat der Eigentümer die Zwangsvollstreckung in den Grundbesitz zu dulden, auch wenn er selbst nicht Schuldner der Grundsteuer ist (→ Rn. 5). Diese Duldungsverpflichtung ist durch einen gesonderten Duldungsbescheid zu konkretisieren (→ Rn. 10 ff.) und sodann nach Maßgabe der Landesvollstreckungsgesetze (iVm den Vorschriften über das gerichtliche Zwangsvollstreckungsverfahren) zu verwirklichen (→ Rn. 21 ff.). Im Übrigen wird der Sicherungscharakter in der Zwangsverwaltung und der Insolvenz besonders deutlich: Die öffentliche Last vermittelt dem Grundsteuergläubiger ein Recht auf bevorrechtigte Befriedigung in der Zwangsversteigerung (§ 10 Abs. 1 Nr. 3 ZVG) und ein Absonderungsrecht im Insolvenzverfahren (§ 49 InsO). Zugleich soll die dingliche Haftung auch einen „Vereinfachungseffekt" zugunsten des Grundsteuerschuldners haben. Nach der Gesetzesbegründung könne wegen der dinglichen Haftung bei Stundung oder Aussetzung der Vollziehung auf die Prüfung der Gefährdung des Steueranspruchs und damit auf Sicherheitsleistungen verzichtet werden (BT-Drs. VI/3418, 82).

II. Entwicklung der Vorschrift

2 § 12 GrStG beruht auf dem Grundsteuerreformgesetz v. 7.8.1973 (→ Grundlagen Rn. 8, s. BT-Drs. VI/3418, 82) und ist seitdem unverändert geblieben. Auch das Grundsteuerreformgesetz vom 26.11.2019 (→ Grundlagen Rn. 13) hat § 12 GrStG nicht verändert. Allerdings haben die Änderungen des § 10 GrStG und der §§ 261 f. BewG Einfluss auf den Umfang der öffentlichen Last genommen (→ Rn. 9).

B. Die Grundsteuer als öffentliche Last

3 Die **öffentliche Last entsteht kraft Gesetzes. Die Entstehung setzt weder die Eintragung im Grundbuch** (s. § 54 GBO) **noch ein Zwangsversteigerungsverfahren voraus** (BGH 18.2.2010 – IX ZR 101/09, NVwZ-RR 2010, 535). Die öffentliche Last bedeutet eine dingliche Haftung des Grundstücks, die in ihrer Entstehung der „Stammlast" (Grundsteuer) folgt. Die Grundsteuer belastet daher mit Beginn des Kalenderjahres mit dem gesamten Jahresbetrag das Grundstück als öffentliche Last (BVerwG 14.8.1992 – 8 C 15/90, NJW 1993, 871) und dies ungeachtet etwaiger Veränderungen im laufenden Kalenderjahr. Die **öffentliche Last ist (auch) hinsichtlich ihres Bestandes akzessorisch zur Grundsteuer als „Stammlast"** (BVerwG 13.2.1987 – 8 C 25/85, BVerwGE 77, 38; 18.4.1997 – 8 C 43/95, BVerwGE 104, 301; 15.6.2016 – 9 C 19/15, BVerwGE 155, 241 Rn. 13).

Dingliche Haftung **§ 12 GrStG**

Sie erlischt mithin, sobald und soweit die Grundsteuerschuld erloschen ist, sei es durch Erfüllung, Aufrechnung, Erlass oder Verjährung (wobei verjährungsunterbrechende Maßnahmen gegenüber dem Hauptschuldner auch gegenüber dem nicht personenidentischen Duldungsverpflichteten wirken, OVG Lüneburg 31.8.2009 – 9 LA 419/07, NVwZ-RR 2009, 906; VG Gelsenkirchen 4.4.2019 – 5 K 4223/18, BeckRS 2019, 6487, dort jeweils für die zahlungsunterbrechende Anmeldung zur Insolvenztabelle nach § 231 Abs. 1 S. 1 Nr. 4 AO).

Die dingliche Haftung erstreckt sich grundsätzlich auf die gesamten 4 **rückständigen Grundsteuern.** Die für die persönliche Haftung nach § 11 Abs. 2 GrStG bestehende zeitliche Beschränkung (→ GrStG § 11 Rn. 17) gilt für § 12 GrStG nicht (zutreffend BVerwG 15.6.2016 – 9 C 19/15, BVerwGE 155, 241 Rn. 25; VGH München 4.6.2003 – 4 ZB 03/668, BeckRS 2003, 27773), auch nicht analog (VG Bayreuth 28.1.2003 – 4 K 02/892, BeckRS 2003, 25864; VG Dresden 25.1.2008 – 2 K 712/06, BeckRS 2008, 42714; VG Gelsenkirchen 31.8.2016 – 5 K 3808/15, BeckRS 2016, 51410); dies setzt sich sodann konsequent beim Duldungsbescheid fort (→ Rn. 10). Die öffentliche Last **erstreckt sich allerdings nicht auf Zinsen und andere steuerliche Nebenleistungen.** Zwar ließe sich der Umstand, dass § 77 Abs. 2 S. 1 AO, der die Durchsetzung der dinglichen Haftung regelt (→ Rn. 10 ff.), nur von der „Steuer" als Hauptschuld spricht, womöglich noch über § 1 Abs. 3 AO (sinngemäße Anwendung der AO-Normen auf steuerliche Nebenleistungen) relativieren. Dies kann allerdings nicht für § 12 GrStG gelten, der die gesetzgeberische Entscheidung enthält (und aus Gründen der Vorhersehbarkeit auch enthalten muss), wie weit die dingliche Haftung reicht. Hier ist indes nur von „Grundsteuer" und eben nicht von etwaigen Nebenleistungen die Rede (zutreffend OVG Lüneburg 3.4.2017 – 9 LC 31/16, NVwZ-RR 2017, 709 [dort: Stundungszinsen]; *Boeker* in HHSp AO § 77 Rn. 21; *Loose* in Tipke/Kruse AO § 77 Rn. 11; aA [für die Säumniszuschläge] *Troll/Eisele* § 12 GrStG Rn. 2; für Säumniszuschläge zu Benutzungsgebühren ferner VG Gelsenkirchen 13.4.2016 – 13 K 1667/14, BeckRS 2016, 48141). Dass § 10 Abs. 1 Nr. 3 ZVG die steuerlichen Nebenleistungen in der Zwangsvollstreckung gleichwohl am dritten Befriedigungsrang der Grundsteuerforderung teilnehmen lässt (→ Rn. 24), ist hingegen ohne Bedeutung. Denn § 10 Abs. 1 Nr. 3 ZVG setzt voraus, dass auf der vorgelagerten Stufe der jeweilige Steuergesetzgeber auch die öffentliche Last in dem Umfang ausgestaltet hat. Das ist aber gerade nicht geschehen.

Es ist nicht erforderlich, dass der Eigentümer selbst die Steuer schuldet oder für 5 diese persönlich haftet. **Die öffentliche Last nach § 12 GrStG bleibt vielmehr auch dann bestehen, wenn das Grundstück nach ihrer Entstehung** (→ Rn. 3) **veräußert wird.** In dieser Konstellation wird die Verbindungslinie zu § 77 Abs. 2, 1 Abs. 2 Nr. 1 AO bedeutsam: Grundsätzlich gilt im Zwangsvollstreckungsrecht, dass zur Befriedigung des Vollstreckungsgläubigers nur solche Gegenstände dienen dürfen, die im Eigentum des Vollstreckungsschuldners stehen. Hiervon abweichend verpflichtet § 77 Abs. 2 AO den Eigentümer des Grundstücks zur Duldung der Zwangsvollstreckung für eine aus seiner Sicht fremde Verbindlichkeit. Dem Eigentümer wird damit der Einwand eines „die Veräußerung hindernden Rechts" nach § 771 ZPO iVm § 262 AO oder in Verbindung mit den entsprechenden Vorschriften der Landesvollstreckungsgesetze (zB § 8 VwVG NRW) abgeschnitten. Abweichende Vereinbarungen der Parteien des Grundstückskaufvertrages sind unerheblich. § 12 GrStG und § 77 Abs. 2 AO enthalten zwingendes Recht und können nicht durch Parteivereinbarung abgedungen werden (BVerwG 13.2.1987 – 8 C 25/85, BVerwGE 77, 38; BGH 18.2.2010 – IX ZR 101/09,

§ 12 GrStG　　　　　　　　　　　　　　　　　　　　　Abschnitt I. Steuerpflicht

NVwZ-RR 2010, 482). Etwaige Grundsteuerrückstände stellen daher für jeden Grundstückserwerber ein gewisses Risiko dar. Das Erkennen und Begrenzen dieses Risikos ist allerdings allein der Sonderbeziehung zwischen Veräußerer und Erwerber überantwortet. Die Gemeinde muss den (potenziellen) Erwerber eines Grundstücks jedenfalls nicht vorher über Grundsteuerrückstände informieren (BVerwG v. 13.2.1987 – 8 C 25/85, BVerwGE 77, 38).

6　**Besonderheiten gelten beim Erwerb des Grundstücks aus der Zwangsversteigerung.** Das Schicksal der öffentlichen Last richtet sich allein nach dem ZVG (BVerwG 7.9.1984 – 8 C 30/82, BVerwGE 70, 91) und hiernach bildet der Zuschlag eine Zäsur: **(1)** Die **Grundsteuerforderung, die bis zum Ablauf von zwei Wochen nach dem Versteigerungstermin fällig** (§ 47 ZVG) und die von der Gemeinde rechtzeitig angemeldet wird (was [nur] bei Grundsteuerforderungen im dritten und siebten Rang notwendig ist, weil sie sich nicht aus dem Grundbuch ergeben, s. § 45 ZVG), erfährt aus dem Versteigerungserlös nach Maßgabe der Rangfolge des § 10 ZVG Befriedigung. Soweit die Grundsteuerforderung im dritten Rang besteht (→ Rn. 24), hat die Gemeinde gute Befriedigungsaussichten, weil grundsätzlich nur ein solches Gebot zugelassen wird, dass ua mindestens die dritte Rangklasse deckt (vgl. § 49 Abs. 1 ZVG). Grundsteuerforderungen im vierten (→ Rn. 26) und siebten Rang (→ Rn. 24, → Rn. 26) erfahren hingegen nur Befriedigung, wenn der Versteigerungserlös hierfür ausreicht. Mit dem Zuschlag erlischt die öffentliche Last und dies auch dann, wenn die Gemeinde mit ihren Grundsteuerforderungen im vierten und siebten Rang ausgefallen ist (§§ 52 Abs. 1 S. 2, 92 ZVG). Der Erwerber erwirbt mithin ein lastenfreies Grundstück (und haftet im Übrigen auch nicht persönlich für die Grundsteuer, siehe § 11 Abs. 2 S. 2 GrStG, → GrStG § 11 Rn. 15 ff.). Diese Erlöschensfolge tritt auch dann ein, wenn die Gemeinde die Anmeldung ihrer Grundsteuerforderung versäumt, sie daher nicht im geringsten Gebot berücksichtigt wird und deshalb unbefriedigt bleibt (BGH 18.2.2010 – IX ZR 101/09, NVwZ-RR 2010, 482; iErg auch schon OVG Münster 14.10.1981 – 3 B 1474/81, ZKF 1982, 195). Aus welchem Grund die Gemeinde an der Anmeldung gehindert war, ist irrelevant (BVerwG 7.9.1984 – 8 C 30/82, BVerwGE 70, 91; für das Beitragsrecht ebenso OVG Bautzen 18.3.2014 – 5 A 651/12, BeckRS 2015, 54487). **(2) Vom Zeitpunkt des Zuschlags an gilt sodann § 56 S. 2 ZVG:** Der Ersteher des Grundstücks hat vom Zeitpunkt des Zuschlags an die Grundsteuer zu tragen. Insoweit besteht auch die dingliche Last (BVerwG 14.8.1992 – 8 C 15/90, NJW 1993, 871; VG Lüneburg 26.2.2014 – 2 A 220/13, BeckRS 2014, 48307). Die Grundsteuer muss hierfür idR zeitanteilig berechnet werden.

7　**Gegenstand der öffentlichen Last** (und damit auch der dinglichen Haftung) ist nach der Konzeption des § 12 GrStG nur **die wirtschaftliche Einheit, die als Steuerobjekt die Grundsteuer ausgelöst hat.** Das bedeutet in zweierlei Hinsicht eine Ausweitung gegenüber dem zivilrechtlichen Grundstücksbegriff: **(1) Eine wirtschaftliche Einheit kann mehr als ein Grundstück iSd Zivilrechts umfassen** (→ BewG § 244 Rn. 8 ff.). Die Grundsteuer lastet in einem solchen Fall auf allen Grundbuchgrundstücken der wirtschaftlichen Einheit und jedes Grundstück haftet für die gesamte Grundsteuer der wirtschaftlichen Einheit (analog § 1132 Abs. 1 BGB, BVerwG 27.2.1976 – 4 C 24/74, NJW 1976, 1908 für die beitragsrechtliche Grundstückseinheit; *Loose* in Stenger/Loose GrStG § 12 Rn. 10). Wird ein Grundstück real geteilt, kommt es zur Gesamthaft aller nach der Teilung bestehenden (eigenständigen) Grundstücke jeweils für die gesamte Grundsteuer (VGH Kassel 4.6.1980, V OE 20/79, NJW 1981, 476 für Grundstücksanschluss-

Dingliche Haftung **§ 12 GrStG**

kosten; *Loose* in Stenger/Loose GrStG § 12 Rn. 10). Werden Grundstücke miteinander vereinigt oder erfolgt eine Zuschreibung eines Grundstücks zu einem anderen Grundstück, kommt es zu einer einheitlichen öffentlichen Last, die auf dem entstehenden bzw. verbleibenden Grundstück ruht (*Boeker* in HHSp AO § 77 Rn. 28). **(2)** Der **Betrieb der Land- und Forstwirtschaft umfasst auch bestimmte Betriebsmittel und immaterielle Wirtschaftsgüter** (s. § 232 Abs. 1 S. 2, Abs. 3 Nr. 3–5 BewG, → BewG § 232 Rn. 29 ff.). Dies müsste sodann auch für die dingliche Haftung gelten (*Troll/Eisele* GrStG § 12 Rn. 2). Da die Verwirklichung der öffentlichen Last allerdings durch Zwangsvollstreckung erfolgt und insoweit das auf das Zivilrecht zugeschnittene ZVG Anwendung findet, kann der spezifische steuerrechtlich formulierte Haftungsverband des Betriebes der Land- und Forstwirtschaft indes nur so weit reichen, wie er mit der zivilrechtlichen Konzeption des ZVG übereinstimmt. Daher ist für den Betrieb der Land- und Forstwirtschaft **nicht § 232 Abs. 1 S. 2, Abs. 3 Nr. 3–5 BewG maßgeblich, sondern die „Grundstückseinheit" nach Maßgabe der §§ 20 Abs. 2, 21 Abs. 1, 55 Abs. 2 ZVG** (*Boeker* in HHSp AO § 77 Rn. 26). Diese Einheit erfasst auch das Zubehör iSv §§ 97, 98 Nr. 2 BGB (siehe für das zum Wirtschaftsbetrieb bestimmte Gerät und Vieh iSv § 98 Nr. 2 BGB die umfangreiche Auflistung zB bei *Stresemann* in MüKoBGB § 98 Rn. 16 ff.; der hiervon teilweise abweichende Zubehörbegriff des § 3 HöfeO ist hingegen nicht anwendbar, s. OLG Oldenburg 16. 8. 1951 – WLw 166/51, NJW 1952, 671). Die zwangsvollstreckungsrechtliche Grundstückseinheit umfasst indes keine immateriellen Wirtschaftsgüter (zur Milchquote BGH 26. 4. 1991 – V ZR 53/90, BGHZ 114, 277).

Zugleich bedeutet die grundsteuerliche Konzeption des § 12 GrStG aber auch 8 eine **Einschränkung gegenüber dem ZVG,** die allerdings nur noch das Recht bis zum 31. 12. 2024 betrifft: Bei **Gebäuden auf fremdem Grund und Boden** geht § 94 BewG von zwei wirtschaftlichen Einheiten aus, während das Zivilrecht das Gebäude als wesentlichen Bestandteil des Grundstücks ansieht. Da die Grundsteuer aber nur auf der wirtschaftlichen Einheit, die Steuerobjekt ist, lasten kann, kann die Grundsteuer betreffend das Gebäude nicht auf dem Grundstück lasten und umgekehrt. **Mit dem neuen Bewertungsrecht hat sich der Gesetzgeber hingegen für eine einzige wirtschaftliche Einheit entschieden** (§ 244 Abs. 3 Nr. 2 BewG), die dem Grundstückseigentümer zuzurechnen ist (→ BewG § 244 Rn. 24 f.). Die (einheitliche) Grundsteuerforderung lastet nunmehr insgesamt auf der (einzigen) wirtschaftlichen Einheit.

Mit dem Grundsteuerreformgesetz 2019 hat sich ferner eine Veränderung für 9 das **Erbbaurecht** ergeben: Bis zum 31. 12. 2024 geht das Gesetz von zwei wirtschaftlichen Einheiten aus, nämlich dem erbbaurechtsbelasteten Grundstück und dem Erbbaurecht (→ BewG § 244 Rn. 21 ff.). § 10 Abs. 2 GrStG aF bestimmte allerdings, dass der Erbbaurechtsberechtigte auch Schuldner der Grundsteuer für die wirtschaftliche Einheit des belasteten Grundstücks sei. Hieraus wird gefolgert, dass auf dem Erbbaurecht auch die Grundsteuer für das belastete Grundstück als öffentliche Last ruhen soll (*Boeker* in HHSp AO § 77 Rn. 30; *Troll/Eisele* GrStG § 12 Rn. 3). Das ab dem 1. 1. 2025 geltende Recht enthält keine dem § 10 Abs. 2 GrStG aF entsprechende Regelung mehr. Die Regelung ist gestrichen worden (→ GrStG § 10 Rn. 14 f.). Denn das erbbaurechtsbelastete Grundstück und das Erbbaurecht werden fortan zu einer wirtschaftlichen Einheit zusammengefasst (§ 244 Abs. 3 Nr. 1 BewG). Damit kann es nur einen Steuerschuldner geben. Aus der Zusammenfassung des mit dem Erbbaurecht belasteten Grundstücks mit dem Erbbaurecht zu einer wirtschaftlichen Einheit folgt, dass die Grundsteuer gemäß § 12 GrStG so-

§ 12 GrStG Abschnitt I. Steuerpflicht

wohl auf dem Grundstück als auch dem Erbbaurecht lastet. Denn beides zusammen ist der Steuergegenstand iSv § 12 GrStG.

C. Die Verwirklichung der Duldungspflicht

I. Konkretisierung der Duldungspflicht durch Verwaltungsakt (§§ 77 Abs. 2 S. 1, 191 AO)

10 Die **Gemeinde** (bzw. in Berlin, Hamburg und der Stadtgemeinde Bremen das Finanzamt, → Grundlagen Rn. 42) **kann die dingliche Haftung des Grundstücks mittels Duldungsverfügung gegenüber dem Grundstückseigentümer verwirklichen.** Dieser Verwaltungsakt findet seine Rechtsgrundlage in §§ 191, 77 Abs. 2 S. 1, 1 Abs. 2 Nr. 4 AO. Adressat der Duldungsverfügung ist der Grundstückseigentümer, wobei als Eigentümer derjenige gilt, der als solcher im Grundbuch eingetragen ist (→ Rn. 5, 14). Voraussetzung der Duldungsverfügung ist, dass die Grundsteuerforderung vollstreckbar ist. Das **setzt zuvorderst die (wirksame, nicht zwingend formell bestandskräftige) Festsetzung der Grundsteuer gegenüber dem persönlichen Grundsteuerschuldner voraus** (BVerwG 13.2.1987 – 8 C 25/85, BVerwGE 77, 38; 15.6.2016 – 9 C 19/15, BVerwGE 155, 241 Rn. 13 ff. [dort zur wirksamen Bekanntgabe]; OVG Münster 10.8.1998 – 22 A 2059/95, BeckRS 1998, 22896; *Loose* in Stenger/Loose GrStG § 12 Rn. 22). Darüber hinaus **muss die Grundsteuerforderung fällig sein, sie darf nicht untergegangen sein** (Akzessorietät, → Rn. 3), es müssen die **allgemeinen Vollstreckungsvoraussetzungen vorliegen** (BVerwG 13.2.1987 – 8 C 25/85, BVerwGE 77, 38; VGH München 4.6.2003 – 4 ZB 03/668, BeckRS 2003, 27773) **und es dürfen keine Vollstreckungshindernisse bestehen.** Die Anforderungen an die Vollstreckung ergeben sich aus dem Verwaltungsvollstreckungsrecht der Länder. Insoweit ist zu beachten, dass viele Landesvollstreckungsgesetze eine zwingende Mahnung voraussetzen (anders als bei der Vollstreckung nach der AO, siehe die Nachweise zu den Landesvollstreckungsgesetzen bei → GrStG § 28 Rn. 30 ff.). Der Duldungsbescheid muss nicht auf solche Grundsteuerrückstände beschränkt werden, die den Rang des § 10 Abs. 1 Nr. 3 ZVG genießen. Der Grundstückseigentümer darf auch zur Duldung der Zwangsvollstreckung wegen älterer Rückstände verpflichtet werden, sofern keine Verjährung in Ansehung der Grundsteuerforderung (→ Rn. 15) eingetreten ist (OVG Bautzen 8.1.2009 – 5 A 168/08, KKZ 2010, 104).

11 Ist über das Vermögen des Alteigentümers das **Insolvenzverfahren eröffnet worden, können sich Friktionen einstellen, wenn bis zur Eröffnung des Insolvenzverfahrens noch kein Grundsteuerbescheid gegenüber dem Grundsteuerschuldner erlassen worden** ist. Denn nach Eröffnung des Insolvenzverfahrens darf ein Grundsteuerbescheid nicht mehr erlassen werden (→ Rn. 37). Dies kann unseres Erachtens aber nicht dazu führen, dass gegen einen neuen Eigentümer kein Duldungsbescheid erlassen werden darf. Vielmehr wird der Grundsteuerbescheid durch die Feststellung der Grundsteuerforderung zur Insolvenztabelle substituiert (ggf. iVm einem Feststellungsbescheid iSv § 251 Abs. 3 AO, → Rn. 39). Mehr als die Feststellung nach Eröffnung des Insolvenzverfahrens kann nicht verlangt werden. Alles andere würde dem Sicherungszweck des § 12 GrStG widersprechen. Eine weitere Friktion kann sich einstellen, wenn vor Eröffnung des Insolvenzverfahrens ein Grundsteuerbescheid wirksam geworden ist, **allerdings nach**

Dingliche Haftung **§ 12 GrStG**

Eröffnung des Insolvenzverfahrens eine zwingende, bis dahin noch nicht bewirkte Vollstreckungsvoraussetzung nicht mehr bewirkt werden kann. So hatte das VG Schleswig-Holstein 25.9.2019 – 4 A 605/17, BeckRS 2019, 24083, den Fall zu entscheiden, dass die nach dem einschlägigen Landesrecht zwingende Mahnung nach Eröffnung des Insolvenzverfahrens nicht mehr wirksam erfolgen konnte. Das Gericht meint, dass dieser Vollstreckungsmangel einer Inanspruchnahme des neuen Eigentümers entgegenstehe. Es sei das Versäumnis der Gemeinde gewesen, wenn sie mit der Festsetzung und der Mahnung zu lange zuwarte (VG Schleswig-Holstein 25.9.2019 – 4 A 605/17, BeckRS 2019, 24083). Das überzeugt aus den eingangs genannten Gründen (erst recht) nicht. Hier wird der Mahnung eine letztlich dem Sicherungszweck des § 12 GrStG zuwiderlaufende Bedeutung beigemessen, die sie nicht hat. Es widerspricht dem Sicherungsanliegen des § 12 GrStG, seine Wirkungen von einer Mahnung abhängig zu machen, die nach Eröffnung des Insolvenzverfahrens funktionslos ist. Denn weder der Alteigentümer (Insolvenzschuldner) noch der Insolvenzverwalter dürfen die Grundsteuerforderung im Rang einer Insolvenzforderung (→ Rn. 32) erfüllen. In den Bundesländern, in denen die Mahnung in den Landesvollstreckungsgesetzen nicht als zwingende Voraussetzung vorgesehen ist, sondern die eine „Soll"-Regelung enthalten, stellt sich dieses Problem hingegen nicht.

Der **neue Eigentümer,** der durch Duldungsbescheid in Anspruch genommen **12** wird, **muss jedenfalls Grundsteuerwert- und Grundsteuermessbescheid gegen sich gelten lassen** (§§ 182 Abs. 2, 184 Abs. 1 S. 4 AO). Sofern ein solcher Grundlagenbescheid im Zeitpunkt der Eigentumsnachfolge noch nicht formell bestandskräftig sein sollte, kann der neue Eigentümer ihn allerdings anfechten (→ GrStG § 16 Rn. 15). Die Anfechtung berührt aber nicht die Wirksamkeit und vor allem die Vollziehbarkeit des Bescheides. Daher bleibt der neue Eigentümer selbst bei Anfechtbarkeit bis zur Aufhebung oder Änderung der Grundlagenbescheide mit hiergegen zu erhebenden Einwänden im Duldungsverfahren ausgeschlossen (es sei denn, die Vollziehung ist ausgesetzt).

Umstritten ist, wie es sich hingegen mit dem Grundsteuerbescheid ver- 13 hält. Für den Grundsteuerbescheid fehlt nämlich eine Regelung wie in § 182 Abs. 2 AO. Gleichwohl wird zum Teil davon ausgegangen, dass der neue Eigentümer auch an den bestandskräftigen Grundsteuerbescheid gebunden wird (so VG Schleswig-Holstein 25.9.2019 – 4 A 605/17, BeckRS 2019, 24083; VG Würzburg 6.11.2017 – 8 K 16/457, BeckRS 2017, 139819; *Schmidt* in Grootens GrStG § 12 Rn. 44; *Troll/Eisele* GrStG § 12 Rn. 5). Das ist in dieser Allgemeinheit unzutreffend. Ohne eine § 182 Abs. 2 AO entsprechende Regelung kann sich eine Bindung des Erwerbers allenfalls aus § 166 AO ergeben. Nach dieser Norm muss der Gesamtrechtsnachfolger (nicht hingegen: der Einzelrechtsnachfolger, s. nur *Krumm* in Tipke/Kruse AO § 166 Rn. 7) die gegenüber seinem Rechtsvorgänger ergangenen Bescheide (erster Fall), uU der Vertreter den gegen den Vertretenen erlassenen Steuerbescheid (zweiter Fall) und jeder, der den Bescheid wegen eigener Beschwer hätte (dritt-) anfechten können (dritter Fall) gegen sich gelten lassen. **Ist also der neue Eigentümer weder Gesamtrechtsnachfolger noch Vertreter des vormaligen Eigentümers oder aufgrund eigener Beschwer anfechtungsbefugt** (was grundsätzlich zu verneinen ist), **kann er gegen die Duldungsverfügung alle Einwendungen gegen die Grundsteuerschuld erheben,** die nicht durch Grundsteuerwertfeststellung und Grundsteuermessbescheid präkludiert sind (so auch VGH Kassel 4.6.1980 – V OE 23/79, NJW 1981, 478; OVG Lüneburg 15.9.1995 – 9 L 6166/93, BeckRS 2005, 21821; OVG Bautzen 14.5.2013 – 5 A

§ 12 GrStG   Abschnitt I. Steuerpflicht

648/10; *Boeker* in HHSp AO § 77 Rn. 56; *Rüsken* in Klein AO § 77 Rn. 18; ebenso wohl *Loose* in Stenger/Loose GrStG § 12 Rn. 31; nichts anderes ergibt sich auch aus der gelegentlich der Gegenansicht zugeordneten Entscheidung des BFH zum Duldungsbescheid bei Anfechtung nach dem AnfG [BFH 1.3.1988 – VII R 109/86, BStBl. II 1988, 408], wo die Drittwirkung des vollstreckbaren Titels nämlich auf § 2 AnfG und damit auf einer gesetzlichen Grundlage beruht). Unstreitig ist sodann wieder, dass der neue Eigentümer auf jeden Fall gegen die Duldungsverfügung einwenden kann, dass die Grundsteuerforderung erloschen ist (zur Akzessorietät → Rn. 3) oder dass es deshalb an einer Vollstreckungsvoraussetzung fehle, weil dem persönlichen Steuerschuldner kein Grundsteuerbescheid zugegangen sei (s. zum Bestreiten des Zugangs beim persönlichen Steuerschuldner BVerwG 15.6.2016 – 9 C 19/15, BVerwGE 155, 241 Rn. 15 ff.).

14 Gemäß § 77 Abs. 2 S. 2 AO **gilt derjenige als Eigentümer** (und damit als richtiger Adressat der Duldungsverfügung), **der als solcher im Grundbuch eingetragen ist.** Es handelt sich um eine **nicht widerlegbare Fiktion,** dh die im Grundbuch eingetragene Person gilt selbst dann als Eigentümer, wenn die Gemeinde positiv Kenntnis von der Unrichtigkeit des Grundbuchs hat (*Loose* in Tipke/Kruse AO § 77 Rn. 15; *Rüsken* in Klein AO § 77 Rn. 10). Der wahre (nicht eingetragene Eigentümer) kann also weder gegen die Duldungsverpflichtung, die gegenüber dem Bucheigentümer ausgesprochen wird, noch gegen die weitere Zwangsvollstreckung in das Grundstück einwenden, dass er und nicht der im Grundbuch Eingetragene Eigentümer sei. Er kann gem. § 77 Abs. 2 S. 3 AO allerdings geltend machen, dass die öffentliche Last nicht mehr besteht (zB wegen Erfüllung).

15 Weder die öffentliche Last selbst noch die materielle Duldungspflicht unterliegen einer **zeitlichen Beschränkung** in Gestalt von Ausschluss- oder Verjährungsfristen. Vor allem findet auf den Duldungsbescheid die Festsetzungsverjährung (§§ 169 ff. AO) keine Anwendung (arg.: Umkehrschluss aus § 191 Abs. 3 S. 1 AO, der nur in Bezug auf den Haftungsbescheid auf die §§ 169 ff. AO verweist, BVerwG 13.2.1987 – 8 C 25/85, BVerwGE 77, 38; VGH München 4.6.2003 – 4 ZB 03/668, BeckRS 2003, 27773; OVG Lüneburg 31.8.2009 – 9 LA 419/07, KStZ 2009, 214). Eine zeitliche Durchsetzungsgrenze kann sich mithin nur in Ansehung der Grundsteuerforderung selbst ergeben: Ist Festsetzungsverjährung eingetreten, kann ein Grundsteuer(-änderungs-)bescheid nicht mehr ergehen und es fehlt an der Voraussetzung der Vollstreckbarkeit (→ Rn. 10). Ist Zahlungsverjährung eingetreten, dann ist die Grundsteuerforderung erloschen und dies führt wegen der Akzessorietät ebenfalls zu einem Durchsetzungshindernis (→ Rn. 3).

16 Der **Duldungsbescheid muss hinreichend bestimmt** sein. Er muss erkennen lassen, wer was in welchem Umfang zu dulden hat. Dies bedingt Angaben zur Grundsteuerschuld, die nach Art, Betrag und Erhebungszeitraum individualisierbar sein muss. Diese Angaben sollten sich idealerweise unmittelbar aus dem Tenor ergeben, allerdings kann unter Umständen auf die Begründung als Auslegungshilfe zurückgegriffen werden (VG Gera 19.7.2000 – 5 E 1581/99, NVwZ-RR 2001, 627; *Loose* in Tipke/Kruse AO § 191 Rn. 142 ff. mwN). Zudem muss auch das Grundstück als Haftungsobjekt eindeutig bezeichnet sein (vgl. VG Darmstadt 4.12.2007 – 4 E 406/07, NVwZ-RR 2008, 447 für im Duldungsbescheid angelegte Zweifel in Ansehung der Frage, ob die Zwangsvollstreckung in Wohnungseigentum oder Miteigentum geduldet werden soll).

17 Der **Erlass der Duldungsverfügung steht im Ermessen der Behörde** (§ 191 AO: „kann"). Sind der persönliche Schuldner und der Grundstückseigentümer nicht (mehr) personenidentisch, muss die Gemeinde entscheiden, gegen wen sie vorgeht. Im Ausgangspunkt gilt ein Vorrang der Inanspruchnahme des persönlichen Grundsteuerschuldners (OVG Lüneburg 31.8.2009 – 9 LA 419/07, KStZ 2009, 214; OVG Bautzen 20.5.2015 – 3 A 262/14, BeckRS 2015, 54879; *Loose* in Tipke/Kruse AO § 77 Rn. 17). Die Behörde muss also versucht haben, zuerst gegen den persönlichen Grundsteuerschuldner zu vollstrecken. Hiervon kann sie nur dann absehen, wenn dies aussichtslos erscheint. Das ist zB der Fall, wenn der persönliche Steuerschuldner in seiner Vermögensauskunft an Eides statt versichert hat, vermögenslos zu sein (VG München 17.3.2016 – 10 K 15/1278, BeckRS 2016, 52969) oder wenn über das Vermögen des persönlichen Schuldners ein Insolvenzverfahren eröffnet worden ist und die Grundsteuerforderung als Insolvenzforderung (→ Rn. 32) einzuordnen ist (OVG Lüneburg 31.8.2009 – 9 LA 419/07, KStZ 2009, 214). Vor allem muss die Gemeinde nicht den Abschluss des Insolvenzverfahrens abwarten, um zuerst eine etwaige Insolvenzdividende zu realisieren (zutreffend OVG Saarlouis 12.10.2007 – 1 B 340/07, NJW 2008, 250; iErg ebenso VG Düsseldorf 22.4.2015 – 5 K 8185/14, BeckRS 2015, 47746). Hier droht auch keine doppelte Begünstigung der Gemeinde, denn wenn der Grundstückseigentümer die Grundsteuerforderung erfüllt, geht der Anspruch gegen den persönlichen Grundsteuerschuldner auf ihn über (→ Rn. 28) und dann kann der Eigentümer die Insolvenzdividende realisieren. Umgekehrt ist es der Gemeinde allerdings auch nicht verwehrt, erst den Ausgang des Insolvenzverfahrens abzuwarten (VGH Kassel 22.10.2010 – 5 B 3254/09, NJW 2010, 1987). Insoweit handelt sie vor allem nicht „pflichtwidrig" (→ Rn. 18). Ist die Grundsteuerforderung hingegen als Masseverbindlichkeit (→ Rn. 32) einzuordnen, muss sich die Gemeinde – vorbehaltlich einer Masseunzulänglichkeit – an den Insolvenzverwalter halten (vgl. OVG Koblenz 1.11.1989 – 6 B 79/88, NJW 1989, 1878). Diese Beispiele sind nicht abschließend. Entscheidend ist der Einzelfall. Man kann von der Behörde jedenfalls nicht verlangen, dass sie jeden erdenklichen (theoretisch denkbaren) Versuch unternimmt (so auch OVG Lüneburg 7.12.2010 – 9 ME 128/10, BeckRS 2010, 56785; OVG Bautzen 18.5.2015 – 3 B 96/14). Sie muss aber zumindest die ernsthaft in Betracht kommenden Möglichkeiten ausgeschöpft oder zumindest realisiert und mit entsprechenden Gründen verworfen haben. Dies alles muss auch in der Begründung des Duldungsbescheides zum Ausdruck kommen. Die Ermessensausübung muss nämlich für den Adressaten des Bescheides überprüfbar sein; nicht ausreichend ist, dass sich die Erfolglosigkeit der Vollstreckungsversuche gegen den persönlichen Schuldner allein aus den Verwaltungsvorgängen ergibt (VG Gelsenkirchen 31.8.2016 – BeckRS 2016, 51410). Dies alles gilt entsprechend, wenn neben der Duldungspflicht des Grundstückseigentümers die Haftung weiterer Personen in Betracht kommt (vgl. VG Köln 26.11.2008 – 23 K 31/07, BeckRS 2009, 30656, dort: Haftung des vormaligen Zwangsverwalters).

Ein (Mit-) **Verschulden der Gemeinde** daran, dass Grundsteuerforderungen 18 über einen längeren Zeitraum aufgelaufen sind und dass die Beitreibung beim Hauptschuldner durch den Zeitablauf aussichtslos geworden ist, ist grundsätzlich unbeachtlich. § 254 BGB findet auf öffentlich-rechtliche Haftungsansprüche keine Anwendung (BFH 2.7.2001 – VII B 345/00, BFH/NV 2002, 4). Lediglich dann, wenn der Gemeinde eine **vorsätzliche oder sonst besonders grobe Pflichtverletzung** vorzuwerfen sein sollte, ließe sich erwägen, ob im Einzelfall die Duldungsverpflichtung des Grundstückseigentümers ermessensfehlerhaft ist (BFH 22.7.1986 – VII R 191/83, BFH/NV 1987, 140: „allenfalls"; zustimmend OVG Saarlouis 12.10.2007 – 1 B 340/07, NJW 2008, 250; OVG Lüneburg 31.8.2009 –

§ 12 GrStG Abschnitt I. Steuerpflicht

9 LA 419/07, KStZ 2009, 214). Ein solch vorsätzliches oder grob pflichtwidriges Mitverschulden ist aber selbst dann **nicht** anzunehmen, wenn die Gemeinde über einen längeren Zeitraum hin von ihrer Befugnis zur Beitreibung ausstehender Abgaben keinen Gebrauch gemacht hat und die Beitreibung gegenüber dem persönlichen Abgabenschuldner ohne ausreichenden Nachdruck pflichtwidrig verzögert hat (vgl. BFH 2.7.2001 – VII B 345/00, BFH/NV 2002, 4; OVG Saarlouis 12.10.2007 – 1 B 340/07, NJW 2008, 250; strenger VG Frankfurt/Oder 15.12.2008 – 5 K 1642/04, BeckRS 2009, 30455; bei einem Untätigkeitszeitraum von 20 Jahren ist allerdings von Pflichtwidrigkeit auszugehen [zu Recht VG Dresden 16.11.2021 – 2 K 1997/19]). Erst recht ist es nicht pflichtwidrig (und auch nicht widersprüchlich), wenn die Gemeinde einer „freihändigen Veräußerung" durch den Insolvenzverwalter zustimmt und sodann den Erwerber durch Duldungsbescheid in Anspruch nimmt. Denn die Zustimmung der Gemeinde ist bedeutungslos und die fortbestehende Haftung des Grundstücks gerade vom Gesetz gewollt (unzutreffend noch – und zwischenzeitlich durch BGH 18.2.2010 – IX ZR 101/09, NVwZ-RR 2010, 535 auch überholt [→ Rn. 46] – OVG Koblenz 1.11.1989 – 6 B 79/88, NJW 1989, 1878). Unseres Erachtens gilt auch dann nichts anderes, wenn die Gemeinde die Zwangsvollstreckung betreibt oder ihr beitritt, das Grundstück dann unter Ablösung der Grundpfandrechte einvernehmlich veräußert wird, die Gemeinde es aber versäumt, sich einen Teil des Ablösebetrages für die Grundsteuer zu sichern und gleichwohl ohne Not ihre zwangsvollstreckungsrechtliche Position räumt (aA VG Magdeburg 3.6.2013 – 9 B 53/13, BeckRS 2013, 54431: bei summarischer Prüfung grob pflichtwidrig). Denn der Grundstückserwerber, der als Vertragspartner der Ablösevereinbarung erkennen kann, dass die Ablösesumme allein an die Bank als Grundpfandgläubigerin gelangt, muss mit einer fortbestehenden Grundstückshaftung rechnen.

19 Die Gemeinde muss im Rahmen ihrer Ermessensbetätigung nicht berücksichtigen, wie sich die Verteilung im **Innenverhältnis zwischen persönlichem Schuldner und Duldungsverpflichtetem** darstellt (explizit für die Grundsteuer VG Würzburg 6.11.2017 – 8 K 16/457, BeckRS 2017, 139819; im Übrigen allgemeiner Grundsatz bei Gesamtschuldnerschaft für öffentlich-rechtliche Verpflichtungen s. *Krumm* DV 46 [2013], 59 [72 f.]).

20 **Rechtsschutz:** Gegen den Duldungsbescheid sind Widerspruch bei der Gemeinde (§ 68 VwGO; beachte: § 1 Abs. 2 AO verweist nicht auf die §§ 347 ff. AO, weshalb für die außergerichtlichen Rechtsbehelfe die VwGO gilt) und Anfechtungsklage beim Verwaltungsgericht statthaft (zum Rechtsschutz auch → Grundlagen Rn. 60 ff.). Sofern das Landesrecht dies vorsieht, entfällt uU das Widerspruchsverfahren (→ Grundlagen Rn. 61). Der Duldungsbescheid ist gem. § 80 Abs. 2 Nr. 1 VwGO sofort vollziehbar („Anforderung von öffentlichen Abgaben"), dh Widerspruch und Anfechtungsklage haben keine aufschiebende Wirkung (VGH Mannheim 28.7.1987 – 2 S 10/87; OVG Koblenz 1.11.1989 – 6 B 79/88, NJW 1989, 1878; OVG Saarlouis 12.10.2007 – 1 B 340/07, NJW 2008, 250). Der vorläufige Rechtsschutz erfolgt nach § 80 Abs. 5 VwGO. Zugangsvoraussetzung zum gerichtlichen vorläufigen Rechtsschutz ist allerdings, dass die Behörde zuvor einen Aussetzungsantrag abgelehnt, hierüber nicht in angemessener Frist entschieden hat oder die Vollstreckung droht (§ 80 Abs. 6 VwGO). Hat das Finanzamt den Duldungsbescheid erlassen (zur Zuständigkeit des Finanzamtes in Berlin, Hamburg und der Stadtgemeinde Bremen → Grundlagen Rn. 42), ist hiergegen der Einspruch statthaft. Im Anschluss an das Einspruchsverfahren ist der Finanzrechtsweg

Dingliche Haftung §12 GrStG

eröffnet. Letzteres gilt auch für die Verwaltungstätigkeit der Stadtgemeinde Bremerhaven (→ Grundlagen Rn. 65).

II. Die Betreibung der Zwangsvollstreckung in das Grundstück

Der Grundstückseigentümer, der auch persönlicher Grundsteuerschuldner ist, 21
muss die Zwangsvollstreckung in sein Grundstück aufgrund des Grundsteuerbescheides (= Vollstreckungstitel) dulden. Derjenige, dessen Grundstück mit der öffentlichen Last belastet ist und der nicht zugleich persönlicher Grundsteuerschuldner ist, muss die Vollstreckung in das Grundstück erst mit Wirksamwerden der Duldungsverfügung dulden (→ Rn. 10ff.). Für beide Konstellationen gilt für die Vollstreckung in das Grundstück gleichermaßen das Verwaltungsvollstreckungsrecht der Länder (→ Grundlagen Rn. 56). Die Landesvollstreckungsgesetze verweisen entweder auf § 322 AO (zB § 22 Abs. 1 Nr. 4 VwVG**Bbg;** § 2 Abs. 1 **Br**GVG; § 15 Abs. 1 **BW**LVwVG; § 15 Abs. 1 Nr. 3 **Sächs**VwVG; § 38 Abs. 1 Nr. 4 **Thür-**VwZVG; mittelbar über § 5 BundesVwVG ferner § 111 Abs. 1 VwVfG **M-V**), der wiederum auf die Vorschriften über die gerichtliche Zwangsvollstreckung (also der §§ 864–871 ZPO und das ZVG) verweist, oder sie verweisen unmittelbar auf diese Vorschriften (zB Art. 26 **Bay**VwZVG; § 58 Abs. 1 **Hess**VwVG; § 58 Abs. 1 S. 2 NVwVG; § 51 Abs. 1 VwVG **NRW;** § 59 Abs. 1 S. 1 RPLVwVG; § 69 Abs. 1 SVwVG; § 58 Abs. 1 S. 2 VwVG **LSA;** § 313 Abs. 1 SHLVwG). Soweit Landesfinanzbehörden vollstrecken (insbesondere Hamburg, Berlin), gilt unmittelbar § 322 AO. Alle Vollstreckungsgesetze eröffnen drei Vollstreckungsmöglichkeiten in ein Grundstück: die Eintragung einer Sicherungshypothek (→ Rn. 26), die Zwangsversteigerung (→ Rn. 24) und die Zwangsverwaltung (→ Rn. 25).

Die Gemeinde kann die **Zwangsversteigerung** oder **Zwangsverwaltung** 22
nicht selbst anordnen (oder gar durchführen). Dies kann vielmehr nur das Vollstreckungsgericht, also das Amtsgericht der Grundstücksbelegenheit. Die Gemeinde muss daher – wie jeder andere Gläubiger auch – einen Antrag auf Zwangsversteigerung oder Zwangsverwaltung beim Vollstreckungsgericht stellen. Das Vollstreckungsgericht hat dabei nicht zu prüfen, ob die Voraussetzungen für den Beginn der Zwangsvollstreckung vorliegen. Dies ist vielmehr Aufgabe der Gemeinde. Sie hat insb. – in Abweichung von § 16 Abs. 2 ZVG – keinen vollstreckbaren Titel vorzulegen. Ihr obliegt vielmehr in eigener Zuständigkeit die Prüfung der Vollstreckungsvoraussetzungen. Bestätigt diese in ihrem Antrag, dass die Voraussetzungen für die Vollstreckung vorliegen, sind die Gerichte daran gebunden (§ 58 Abs. 4 **Hess**VwVG; § 58 Abs. 3 S. 3 NVwVG; § 51 Abs. 3 VwVG **NRW;** § 59 Abs. 4 RPLVwVG; § 69 Abs. 4 SVwVG; § 58 Abs. 3 S. 3 VwVG **LSA;** § 313 Abs. 4 SHLVwG; in den anderen Ländern ergibt sich dies durch den Verweis auf § 322 Abs. 3 S. 3 AO [→ Rn. 21]; bestätigt von BGH 8.12.2016 – V ZB 41/14, NJW-RR 2017, 299; OVG Münster 19.6.2012 – 14 B 1137/11, BeckRS 2012, 52422). Ungeachtet der allgemeinen Vollstreckungsvoraussetzungen (→ Rn. 10) sollen Zwangsversteigerung und Zwangsverwaltung nur beantragt werden, wenn feststeht, dass der Geldbetrag nicht nur durch Vollstreckung in das bewegliche Vermögen beigetrieben werden kann (§ 58 Abs. 2 **Hess**VwVG; § 58 Abs. 4 NVwVG; § 51 Abs. 2 VwVG **NRW;** § 59 Abs. 3 RPLVwVG; § 69 Abs. 3 SVwVG; § 58 Abs. 4 VwVG **LSA;** § 313 Abs. 3 SHLVwG; in den anderen Ländern ergibt sich dies durch die Verweisung auf § 322 Abs. 4 AO [→ Rn. 21]). Angesichts des „Soll", stellt dies keine zwingende Voraussetzung dar (LG Dortmund 5.10.2007 – 9 T 120/07, KKZ 2008, 23).

§ 12 GrStG Abschnitt I. Steuerpflicht

23 **Rechtsschutz:** Der verwaltungsvollstreckungsrechtliche Zwangsversteigerungsantrag ist nach zutreffender Ansicht kein Verwaltungsakt, insb. auch nicht gegenüber dem Grundstückseigentümer (überzeugend BVerwG 18.11.1960 – VII C 184/57, NJW 1961, 332; OVG Münster 19.6.2012 – 14 B 1137/11, BeckRS 2012, 52422; OVG Magdeburg 23.12.2008 – 2 M 235/08, NVwZ-RR 2009, 410; *Loose* in Tipke/Kruse AO § 322 Rn. 34; *Ramsauer* in Kopp/Ramsauer VwVfG § 35 Rn. 113; aA hingegen in ständiger Rechtsprechung der Bundesfinanzhof, wenn der Antrag die Feststellung enthält, dass die gesetzlichen Voraussetzungen für die Vollstreckung vorliegen, s. nur BFH 29.10.1985 – VII B 69/85, BStBl. II 1986, 236; 25.1.1988 – VII B 85/87, BStBl. II 1988, 566). Der Grundstückseigentümer muss daher gegen einen solchen Antrag Rechtsschutz durch eine allgemeine Leistungsklage beim Verwaltungsgericht (in den Stadtstaaten: Finanzgericht, → Grundlagen Rn. 65) suchen. Der vorläufige Rechtsschutz erfolgt nach Maßgabe des § 123 VwGO. Der notwendige Anordnungsanspruch besteht, wenn die Vollstreckungsvoraussetzungen (→ Rn. 10) nicht erfüllt sind. In dem Verfahren kann allerdings nicht geltend gemacht werden, dass die Duldungsverfügung rechtswidrig ist. Einwände gegen die Duldungsverfügung müssen durch Anfechtung derselben geltend gemacht werden (→ Rn. 20). Entfallen die Vollstreckungsvoraussetzungen nachträglich (zB Anordnung der aufschiebenden Wirkung), hat die vollstreckende Behörde beim Amtsgericht (Vollstreckungsgericht) um die einstweilige Einstellung der Vollstreckung zu ersuchen (§ 28 Abs. 2 ZVG). Das Vollstreckungsgericht darf nicht von sich aus die Vollstreckung einstellen (BGH 15.7.2021 – V ZB 130/19, ZIP 2021, 2410). Wird die Behörde nicht tätig, muss der Grundstückseigentümer beim Verwaltungsgericht beantragen (idR im einstweiligen Rechtsschutz nach § 123 VwGO), dass der Behörde aufgegeben wird, den Antrag nach § 28 Abs. 2 ZVG zu stellen (BGH 15.7.2021 – V ZB 130/19, ZIP 2021, 2410).

24 Wird das **Zwangsversteigerungsverfahren** betrieben, muss die Gemeinde ihre Grundsteuerforderung rechtzeitig anmelden. Anderenfalls wird sie nicht beim geringsten Gebot berücksichtigt (→ Rn. 6). Die Befriedigungsreihenfolge richtet sich nach § 10 Abs. 1 ZVG. Die rückständigen Grundsteuerforderungen und die laufenden Grundsteuerforderungen (vgl. zu den Begriffen „Rückstand" und „laufende" → Rn. 30) aus den letzten zwei Jahren sind im dritten Rang zu befriedigen (§ 10 Abs. 1 Nr. 3 ZVG) und genießen damit vor allem Vorrang gegenüber den „Rechten aus dem Grundstück" (§ 10 Abs. 1 Nr. 4 ZVG). Zu Letzteren zählen insb. die Grundpfandrechte von Kreditgebern, wie etwa Hypotheken und Grundschulden. Ältere Grundsteuerrückstände genießen diese Privilegierung nicht. Sie nehmen grundsätzlich nur im siebten Rang an der Verteilung des Versteigerungserlöses teil und dürften damit typischerweise ausfallen. Die Gemeinde kann sich allerdings uU durch eine Sicherungshypothek für solche älteren Grundsteuerrückstände den vierten Rang sichern (→ Rn. 26). Steuerliche Nebenleistungen können zwar am Vorrecht des § 10 Abs. 1 Nr. 3 ZVG teilhaben (BGH 19.11.2009 – IX ZR 24/09, NJW-RR 2010, 671 zu Säumniszuschlägen). Die Regelung ist allerdings bedeutungslos, wenn die öffentliche Last sich nicht auf die steuerlichen Nebenleistungen erstreckt. So verhält es sich bei § 12 GrStG (→ Rn. 4).

25 Die **Zwangsverwaltung** hat anders als die Zwangsversteigerung den Zweck, die Erhaltung eines Grundstücks sicher zu stellen und dem Gläubiger den Zugriff auf die laufenden Einnahmen aus der Bewirtschaftung des verwalteten Grundstücks zu eröffnen (statt vieler BGH 15.10.2009 – V ZB 43/09, BGHZ 182, 361). Die Eigentümerstellung des Vollstreckungsschuldners bleibt zwar unverändert und er

Dingliche Haftung **§ 12 GrStG**

kann weiterhin über das Grundstück dinglich verfügen. Durch den Beschluss über die Anordnung der Zwangsverwaltung wird ihm aber die Befugnis zur Verwaltung und Benutzung des Grundstücks entzogen (§ 148 Abs. 2 ZVG). Das Grundstück ist zugunsten des Gläubigers beschlagnahmt (§§ 146 Abs. 1, 20 Abs. 1 ZVG) und das Recht, das Grundstück zu verwalten und zu benutzen, geht auf den Zwangsverwalter über. In Bezug auf die Grundsteuer muss dann unterschieden werden: Soweit die Grundsteuer (zumindest) als „laufender Beitrag" § 156 ZVG unterfällt, muss der Zwangsverwalter sie grundsätzlich aus der Zwangsverwaltungsmasse befriedigen. Insoweit handelt es sich nicht um einen „Vollstreckungserfolg", sondern um eine reguläre steuerliche Pflicht des Zwangsverwalters als Vermögensverwalter iSv § 34 Abs. 3 AO (→ Rn. 29 ff.). Was kein laufender Beitrag iSv § 156 ZVG ist, ist im Übrigen zwangsläufig ein „Rückstand" iSv § 13 Abs. 1 S. 2 ZVG (→ Rn. 30). In Ansehung eines solchen Rückstandes kann die Gemeinde nur nach Maßgabe der §§ 155 Abs. 2 S. 1, 10 ZVG aus den Überschüssen der Zwangsverwaltung Befriedigung erfahren (in Ansehung des Rangs von Grundsteuer und Nebenleistungen gelten die Ausführungen zur Zwangsversteigerung [→ Rn. 24] entsprechend; zur Haftung des Zwangsverwalters bei Nichterfüllung der Grundsteuer s. VG Köln 26.11.2008 – 23 K 31/07, BeckRS 2009, 30656).

Die **Sicherungshypothek** vermittelt dem Vollstreckungsgläubiger eine ding- 26 liche Sicherheit. Ihre Eintragung kann die Gemeinde durch einen entsprechenden Antrag beim Grundbuchamt bewirken. Da die Gemeinde wegen § 12 GrStG allerdings bereits über eine dingliche Sicherheit verfügt und dies sogar in einem besseren Rang (§ 10 Abs. 1 Nr. 3 ZVG) als eine Sicherungshypothek (§ 10 Abs. 1 Nr. 4 ZVG), macht diese Vollstreckungsmaßnahme nur dann Sinn, wenn ein Teil der Grundsteuerforderung nicht im dritten Rang rangiert. Das betrifft Grundsteuerrückstände iSv § 13 Abs. 1 S. 2 ZVG (→ Rn. 30), die im Zeitpunkt der Beschlagnahme älter als zwei Jahre sind und deshalb nicht unter § 10 Abs. 1 Nr. 3 ZVG fallen (→ Rn. 24). Sie werden grundsätzlich nur auf Rang sieben berücksichtigt, sofern nicht aus ihnen die Zwangsvollstreckung betrieben wird (dann nämlich § 10 Abs. 1 Nr. 5 ZVG). Mit der Sicherungshypothek sichert sich die Gemeinde demgegenüber den vierten Rang.

III. Spezifisches Zugriffsrecht in Ansehung von Miet- und Pachtzinsforderungen

Eine besondere Vollstreckungsmöglichkeit gewährt das **Gesetz über die Pfän-** 27 **dung von Miet- und Pachtzinsforderungen wegen Ansprüchen aus öffentlichen Grundstückslasten** (idF des Gesetzes 19.6.2001, BGBl. 2001 I 1149). Das Gesetz lautet wie folgt:

Grundstückslasten-Mietpfändungsgesetz

(1) Die öffentlichen Lasten eines Grundstücks, die in wiederkehrenden Leistungen bestehen, erstrecken sich nach Maßgabe der folgenden Bestimmungen auf die Miet- und Pachtforderungen.

(2) ¹Werden Miet- oder Pachtforderungen wegen des zuletzt fällig gewordenen Teilbetrages der öffentlichen Last gepfändet, so wird die Pfändung durch eine später von einem Hypotheken- oder Grundschuldgläubiger bewirkte Pfändung nicht berührt. ²Werden die wiederkehrenden Leistungen in monatlichen Beträgen fällig, so gilt dieses Vorrecht auch für den vorletzten Teilbetrag.

§ 12 GrStG
Abschnitt I. Steuerpflicht

(3) Ist vor der Pfändung die Miete oder Pacht eingezogen oder in anderer Weise über sie verfügt, so bleibt die Verfügung gegenüber dem aus der öffentlichen Last Berechtigten, soweit seine Pfändung das Vorrecht des Absatzes 2 genießt, nur für den zur Zeit der Pfändung laufenden Kalendermonat und, wenn die Pfändung nach dem fünfzehnten Tage des Monats bewirkt ist, auch für den folgenden Kalendermonat wirksam.

Die öffentliche Last erstreckt sich hiernach hinsichtlich des zuletzt fällig gewordenen Teilbetrages auf die Miet- und Pachtzinsforderungen aus der Vermietung bzw. Verpachtung des Steuergegenstandes und dies mit einem Vorrecht gegenüber den Hypotheken- und Grundschuldgläubigern.

IV. Zahlung des Grundstückseigentümers

28   Dem Grundstückseigentümer ist es unbenommen, die Grundsteuer, die er nicht schuldet, für die aber sein Grundstück dinglich haftet, zur Abwendung der Vollstreckung (also vor allem ab Stellung des Vollstreckungsantrages) zu erfüllen. Damit geht die Forderung, deretwegen vollstreckt wurde, auf ihn über (s. § 268 Abs. 3 BGB, der auch für die Grundsteuer gilt, BGH 6.10.2011 – V ZB 18/11, NJW-RR 2012, 87). Dies gilt neben dem Eigentümer auch für alle anderen Personen, die durch die Zwangsvollstreckung Gefahr laufen, ein Recht an dem Grundstück zu verlieren, wie zB für einen Grundpfandgläubiger.

D. Grundsteuer im Zwangsverwaltungs- und Insolvenzverfahren

Literatur: *Witfeld* in Sonnleitner/Witfeld, Insolvenz- und Sanierungssteuerrecht, Kap. 6.

I. Grundsteuer und Zwangsverwaltung

29   Die Zwangsverwaltung bezweckt die Befriedigung des Vollstreckungsgläubigers aus den laufenden Überschüssen, die mit dem Grundstück erwirtschaftet werden (zur Zwangsverwaltung im Allgemeinen auch → Rn. 25). Die Beschlagnahme des Grundstücks führt dazu, dass der unter Zwangsverwaltung stehende Grundbesitz von dem übrigen Vermögen des Schuldners getrennt wird und ein Sondervermögen bildet, welches den die Zwangsverwaltung betreibenden Vollstreckungsgläubigern zur Sicherung ihres Befriedigungsrechts zur Verfügung steht. Der Zwangsverwalter tritt zB in bereits bestehende, das beschlagnahmte Objekt betreffende Mietverhältnisse ein (§ 152 Abs. 2 ZVG) und darf neue Mietverhältnisse begründen. Er ist berechtigt, alle Rechte des Eigentümers aus diesen Vertragsverhältnissen selbstständig geltend zu machen (BGH 19.10.2017 – IX ZR 289/14, BGHZ 216, 260 Rn. 21). Korrespondierend hierzu **hat der Zwangsverwalter auch die notwendigen Ausgaben zu bestreiten.** Allerdings unterscheidet das Gesetz zwischen den **Ausgaben der Verwaltung (§ 155 Abs. 1 ZVG)** und den **laufenden Beträgen der öffentlichen Lasten (§ 156 ZVG).** Die letztgenannten öffentlichen Lasten können Ausgaben der Verwaltung sein, müssen es aber nicht. Die Einordnung in die §§ 155, 156 ZVG hat Bedeutung, wenn die Zwangsverwaltungsmasse nicht ausreicht, um eine Ausgabe zu bestreiten. Sofern es sich um eine Ausgabe der Verwaltung handelt, ist sie vom Zwangsverwalter unabhängig von der Erzielung von Einkünften zu bezahlen. Notfalls muss der beitreibende Gläubiger den hierfür notwendigen Betrag als Vorschuss bereitstellen (BGH 15.10.2009 – V

Dingliche Haftung **§ 12 GrStG**

ZB 43/09, BGHZ 182, 361). Ist eine Ausgabe „nur" § 156 Abs. 1 ZVG zuzuordnen, darf sie zwar ohne gerichtliches Verfahren (also abweichend von § 156 Abs. 2 ZVG ohne Teilungsplan und ohne Zahlungsanordnung des Gerichts) vom Zwangsverwalter erfüllt werden, dies aber nur, wenn ausreichend Mittel vorhanden sind. Die **Grundsteuer ist unzweifelhaft eine öffentliche Abgabe iSv § 156 Abs. 1 ZVG** (BVerwG 14.5.2014 – 9 C 7/12, ZKF 2015, 71; BGH 19.10.2017 – IX ZR 289/14, BGHZ 216, 260 Rn. 21), **soll nach vielfach vertretener Ansicht aber keine Ausgabe der Verwaltung iSv § 155 ZVG darstellen** (so LG Münster 11.9.2013 – 5 T 502/13, KKZ 2014, 16; VG Köln 26.11.2008 – 23 K 31/07, BeckRS 2009, 30656; zustimmend *Depré* in Depré ZVG § 156 Rn. 10). Zur Begründung wird auf die Gegenleistungslosigkeit einer Steuer verwiesen (zweifelhaft; auch BVerwG 14.5.2014 – 9 C 7/12, ZKF 2015, 71 scheint [unausgesprochen] von einer Zuordnung der Grundsteuer zu § 155 ZVG auszugehen).

§ 156 ZVG bestimmt nicht die Berichtigung der gesamten Grundsteuerforde- 30
rung der Gemeinde, sondern nur der **„laufenden Beträge"**. Hiervon abzugrenzen ist ein nicht unter § 156 ZVG fallender **Rückstand**. Die Abgrenzung vollzieht sich nach § 13 ZVG: Laufende Beträge wiederkehrender Leistungen sind der letzte vor der Beschlagnahme fällig gewordene Betrag sowie die später fällig werdenden Beträge. Die älteren Beträge sind Rückstände (§ 13 Abs. 1 S. 2 ZVG). Fehlt es innerhalb der letzten zwei Jahre an einem Fälligkeitstermin, so entscheidet der Zeitpunkt der Beschlagnahme (§ 13 Abs. 3 ZVG).

Beispiel: Die Grundsteuer wird durch Bescheid vom 21.3.2017 gegenüber dem Eigentümer festgesetzt. Ab dem 15.5.2017 sind Quartalszahlungen zu leisten und dies ausdrücklich auch für die Folgejahre (→ GrStG § 27 Rn. 3). Die letzten beiden Quartalszahlungen für 2018 und die am 15.2.2019 fällig gewordene erste Quartalszahlung für 2019 werden nicht erfüllt. Am 26.3.2019 erfolgt die Beschlagnahme. Laufender Betrag iSv § 156 Abs. 1 ZVG ist allein die am 15.2.2019 fällig gewordene Quartalsrate. Die davor fällig gewordenen Quartalsraten sind hingegen Rückstände.

Ist eine Grundsteuerforderung einmal als Rückstand iSv § 13 Abs. 1 S. 2 ZVG einzuordnen, bleibt sie dies aus der Perspektive des Zwangsverwalters auch dann, wenn die Gemeinde die Grundsteuer gegenüber einem neuen Eigentümer des Grundstücks später wieder fällig stellt (BVerwG 14.5.2014 – 9 C 7/12, ZKF 2015, 71).

Die zwangsvollstreckungsrechtliche Befriedigungsbefugnis des Zwangsverwal- 31
ters nach Maßgabe des § 156 ZVG bestimmt sodann zugleich auch seine steuerrechtlichen Pflichten. Der **Zwangsverwalter ist Vermögensverwalter iSv § 34 AO**. Die eigene Zahlungsverpflichtung des Vermögensverwalters, die neben die Zahlungsverpflichtung des Schuldners tritt, reicht aber gem. § 34 Abs. 3 AO nur soweit, wie die Verwaltung reicht, dh soweit er nach § 156 ZVG verpflichtet und befugt ist (BVerwG 14.5.2014 – 9 C 7/12, ZKF 2015, 71). Verfahrensrechtlich hat das wiederum zur Folge, dass insoweit ein Steuerbescheid unmittelbar an den Zwangsverwalter selbst zu richten ist (BVerwG 14.5.2014 – 9 C 7/12, ZKF 2015, 71; BGH 9.2.2006 – IX ZR 151/04, NJW-RR 2006, 1096). Hinsichtlich der nicht von § 156 ZVG erfassten Rückstände darf hingegen kein Grundsteuerbescheid gegen den Zwangsverwalter ergehen. Daher ist der Steuerbescheid auch (!) an den Steuerpflichtigen selbst bekanntzugeben. Diese doppelte Bekanntgabe an Zwangsverwalter und Steuerpflichtigen gilt ferner für den Grundsteuerwert- und Grundsteuermessbescheid (vgl. *Bruschke* in Stenger/Loose BewG § 19 Rn. 218 zum Einheitswertbescheid).

§ 12 GrStG
Abschnitt I. Steuerpflicht

II. Grundsteuer und Insolvenzverfahren

32 **1. Insolvenzrechtliche Einordnung der Grundsteuerforderung.** Wird über das Vermögen des Grundstückseigentümers das Insolvenzverfahren (Regel-, Eigenverwaltungs- oder Verbraucherinsolvenzverfahren) eröffnet, muss für die Grundsteuer entschieden werden, ob sie „nur" eine sog. **Insolvenzforderung** iSv § 38 InsO ist, die nur (allenfalls) mit der Insolvenzquote Befriedigung erfährt, oder ob sie eine sog. **Masseverbindlichkeit** ist, die – vorbehaltlich einer Masseunzulänglichkeit – vorweg (und damit typischerweise vollständig) aus der Insolvenzmasse zu befriedigen ist (zum Sonderfall einer Forderung gegen das insolvenzfreie Vermögen gesondert → Rn. 34). Eine Insolvenzforderung liegt vor, wenn der Steueranspruch zur Zeit der Eröffnung des Insolvenzverfahrens (bereits) begründet war (s. § 38 InsO). Auf die Entstehung oder Fälligkeit der Steuer kommt es dafür nicht an (BFH 7.6.2006 – VII B 329/05, BStBl. II 2006, 641; 18.5.2010 – X R 60/08, BStBl. II 2011, 429 Rn. 33). Die **Begründetheit richtet sich vielmehr nach insolvenzrechtlichen Kriterien, die von der Finanz- und Verwaltungsrechtsprechung allerdings wiederum nach steuerlichen Gesichtspunkten konkretisiert werden:** Maßgeblich ist die Verwirklichung des Besteuerungstatbestandes. Letztlich muss für jede Steuerart bestimmt werden, wann die den Belastungsgrund konkretisierenden materiellen Voraussetzungen des Steueranspruchs verwirklicht sind; steuererhebungstechnische Merkmale und Umstände bleiben hierbei außer Betracht. Ausgehend von diesen Grundsätzen ist die Grundsteuer jeweils zu Beginn des Kalenderjahres iSv § 38 InsO begründet. Dies gründet vor allem darin, dass die Grundsteuer an das Innehaben des Grundbesitzes anknüpft und materielles Verwirklichungskriterium diesbezüglich der Beginn des Kalenderjahres ist (überzeugend OVG Berlin-Brandenburg 21.12.2005 – 9 B 23/05, BeckRS 2009, 4794; VG Halle 22.1.2010 – 4 A 311/09, BeckRS 2010, 47206; *Jatzke* in HHSp AO § 251 Rn. 400; *Loose* in Tipke/Kruse AO § 251 Rn. 75; *Witfeld* in Sonnleitner/Witfeld InsSteuerR Kap. 6 Rn. 6; aA (= zeitanteilige Aufteilung) *Bircher* in Jaeger, Band 5/1, Anhang Steuerrecht in der Insolvenz Rn. 260; *Frotscher* in Gottwald/Haas InsR-HdB § 125 Rn. 11). Die **Grundsteuer ist also bei unterjähriger Eröffnung des Insolvenzverfahrens nicht aufzuteilen.** Ist das Insolvenzverfahren am nächsten 1.1. immer noch anhängig, entsteht der Grundsteueranspruch für das Folgejahr hingegen im Rang einer Masseverbindlichkeit. Dies gilt für den gesamten Jahresbetrag, auch wenn das Insolvenzverfahren in dem Jahr aufgehoben wird, ein Zurechnungswechsel eintritt oder der Insolvenzverwalter den Grundbesitz freigibt (→ Rn. 34).

33 Der Umstand, dass zugunsten des Grundsteuergläubigers wegen § 12 GrStG iVm § 49 InsO ein Recht zur abgesonderten Befriedigung besteht, ist für die Abgrenzung zwischen § 38 InsO und § 55 InsO irrelevant. Der Grundsteuergläubiger nimmt mit einer Grundsteuerinsolvenzforderung daher nach den allgemeinen Regeln als Insolvenzgläubiger am Verfahren teil. Allerdings sind vor einer etwaigen Befriedigung aus der Insolvenzmasse (Insolvenzquote) die §§ 52, 190 InsO zu beachten. Hiernach hat ein Insolvenzgläubiger, der auch abgesonderte Befriedigung beanspruchen kann, spätestens innerhalb der in § 189 Abs. 1 InsO vorgesehenen Ausschlussfrist (zwei Wochen nach der öffentlichen Bekanntmachung der Verteilungsinformationen nach § 188 S. 3 InsO) dem Insolvenzverwalter nachzuweisen, dass und für welchen Betrag er auf abgesonderte Befriedigung verzichtet hat oder bei ihr ausgefallen ist.

34 Der **Insolvenzverwalter kann das Grundstück aus der Insolvenzmasse freigeben.** Dies geschieht durch eine einseitige empfangsbedürftige Willenserklärung gegenüber dem Schuldner (s. BGH 5.10.1994 – XII ZR 53/93, BGHZ 127, 156 [163]) bzw. gegenüber den Organen der Schuldnerpersonenvereinigung (zur Zulässigkeit einer bisweilen nicht unumstrittenen Freigabe bei Personenvereinigungen BGH 5.7.2001 – IX ZR 327/99, BGHZ 148, 252 [258]; BVerwG 23.9.2004 – 7 C 22/03, BVerwGE 122, 75). Mit dem Zugang der Freigabeerklärung beim Schuldner scheidet das Grundstück aus dem Insolvenzbeschlag aus, der Insolvenzverwalter verliert die Verwaltungs- und Verfügungsbefugnis über das Grundstück und es entfällt das eine Masseverbindlichkeit rechtfertigende Band zur Insolvenzmasse. Die Löschung eines vorhandenen Insolvenzvermerks im Grundbuch ist keine Voraussetzung für die Wirkungen der Freigabe. Erfolgt die Freigabe im laufenden Jahr, ist die Grundsteuer (erst) für das Folgejahr eine Forderung gegen das insolvenzfreie Vermögen (Stichtagsprinzip). Ob der Insolvenzvermerk im Grundbuch gelöscht worden ist oder nicht, ist dafür ohne Bedeutung (OVG Magdeburg 5.11.2009 – 4 L 243/08, BeckRS 2009, 41261).

Beispiel: Eröffnung des Insolvenzverfahrens am 1.2.01, Freigabe des Grundstücks am 1.10.01
Die Grundsteuerforderung für das Jahr 01 ist Insolvenzforderung (→ Rn. 32). Infolge der noch im Jahr der Insolvenzeröffnung und damit vor dem 1.1. des Folgejahres erklärten Freigabe kann für das Folgejahr keine Masseverbindlichkeit entstehen. Vielmehr handelt es sich bei der Grundsteuer für 02 um eine Forderung gegen das sog. insolvenzfreie Vermögen.

War die Grundsteuer zum 1.1. bereits als Masseverbindlichkeit entstanden (weil 35 das Insolvenzverfahren bereits im Vorjahr eröffnet worden war), dann ändert auch die unterjährige Freigabe hieran nichts (OVG Magdeburg 25.8.2010 – 5 A 754/08, BeckRS 2010, 54098). Erst die zum nächsten 1.1. entstehende Grundsteuer richtet sich dann gegen das insolvenzfreie Vermögen.

2. Verwirklichung der Grundsteuerforderung vor, im und nach Auf- 36
hebung des Insolvenzverfahrens. Solange das Insolvenzverfahren nicht eröffnet ist, gelten für die auf die Festsetzung der Grundsteuer gerichteten Verwaltungsverfahren keine Besonderheiten. Grundsteuerwertfeststellung, Grundsteuermessbetragsbescheid und Grundsteuerbescheid können dem Schuldner nach den allgemeinen Vorschriften wirksam bekanntgegeben werden. Die Anhängigkeit eines Insolvenzeröffnungsverfahrens ist insoweit grundsätzlich unbeachtlich, auch wenn eine **vorläufige Insolvenzverwaltung** mit Zustimmungsvorbehalt angeordnet wird. Denn diese Sicherungsmaßnahme verändert die Verwaltungs- und Verfügungsbefugnis nicht. Etwas anderes gilt nur, wenn das Gericht (rechtspraktisch: ausnahmsweise) einen vorläufigen starken Insolvenzverwalter bestellt, auf den bereits vor Eröffnung des Insolvenzverfahrens die Verwaltungs- und Verfügungsbefugnis übergeht (§§ 21 Abs. 1 Nr. 2, 22 InsO). In diesem Fall gelten die nachfolgenden Ausführungen für das eröffnete Insolvenzverfahren bereits zu einem früheren Zeitpunkt. Ansonsten gilt: Erst mit der Eröffnung des Insolvenzverfahrens verändern sich die verfahrensrechtlichen Rahmenbedingungen und dies in Abhängigkeit davon, ob die Grundsteuerforderung als Insolvenzforderung (→ Rn. 37 ff.), als Masseverbindlichkeit (→ Rn. 43) oder als Forderung gegen das insolvenzfreie Vermögen (→ Rn. 44) einzuordnen ist.

Handelt es sich bei der Grundsteuerforderung um eine Insolvenzforderung iSv 37 § 38 InsO, darf nach **Eröffnung des Insolvenzverfahrens** kein Grundsteuerbescheid mehr ergehen. **Das Grundsteuerfestsetzungsverfahren wird analog § 240 ZPO unterbrochen** (VG Halle 22.1.2010 – 4 A 311/09, BeckRS 2010, 47206; im Steuerrecht allgM, s. nur BFH 23.5.2000 – IX S 5/00, BFH/NV 2000,

§ 12 GrStG   Abschnitt I. Steuerpflicht

1134). Ein gleichwohl erlassener Grundsteuerbescheid ist grundsätzlich unzulässig und nichtig (BFH 24.8.2004 – VIII R 14/02, BStBl. II 2005, 246 [247]; BVerwG 12.6.2003 – 3 C 21/02, NJW 2003, 3576; FG Düsseldorf 4.10.2018 – 11 K 1921/16, EFG 2018, 2055 Rn. 22 [Rev. IX R 27/18]). Stattdessen muss der Grundsteuergläubiger das „Festsetzungsinstrumentarium" der §§ 174ff. InsO beschreiten und seine Forderung zur Insolvenztabelle anmelden mit dem Ziel, deren Feststellung zur Insolvenztabelle zu erreichen (§ 87 InsO iVm §§ 251 Abs. 2, 1 Abs. 2 Nr. 5 AO; → Rn. 39). Für eine solche Forderungsanmeldung verwenden die Finanzbehörden typischerweise sog. informatorische Bescheide, die keine (unzulässigen) Steuerfestsetzungen darstellen, sondern nur eine Berechnung der angemeldeten Forderung. Dies alles gilt auch für Änderungsbescheide, die bestehende Steuerfestsetzungen zuungunsten des Steuerschuldners ändern sollen. Sie sind ebenfalls unzulässig. Will der Grundsteuergläubiger eine höhere Grundsteuer geltend machen als im vor Eröffnung des Insolvenzverfahrens wirksam gewordenen Grundsteuerbescheid festgesetzt worden ist, muss er auch den Mehrbetrag zur Insolvenztabelle anmelden. Die Berechtigung der Anmeldung dieses Mehrbetrages hängt sodann davon ab, ob die Voraussetzungen für eine Änderung des Grundsteuerbescheides in diesem Umfang vorliegen (vor allem § 175 Abs. 1 S. 1 Nr. 1 AO aufgrund einer Änderung des Grundsteuermessbescheides). Anders soll es sich bei einer Festsetzung von „0 Euro" und ferner in „Erstattungskonstellationen" verhalten. Sofern aufgrund einer Steuerfestsetzung oder aufgrund der Änderung einer Steuerfestsetzung ein Erstattungsanspruch entsteht, soll der Erlass eines (Änderungs-) Verwaltungsaktes auch nach Eröffnung des Insolvenzverfahrens zulässig sein (BFH 13.5.2009 – XI R 63/07, BStBl. II 2010, 11; FG Düsseldorf 4.10.2018 – 11 K 1921/16, EFG 2018, 2055 Rn. 23 [Rev. IX R 27/18], dort Einkommensteuer; FG München 14.12.2016 – 3 K 2276/15, EFG 2017, 449 Rn. 16, dort Umsatzsteuer). Vor allem die **Zulässigkeit von Steuerbescheiden in der Erstattungskonstellation ist allerdings bedenklich.** Denn es erfolgt formal durchaus – entgegen der insolvenzrechtlichen Konzeption der §§ 174ff. InsO – die Festsetzung einer Insolvenzforderung (obiter dicta auch BFH 10.12.2008 – I R 41/07, BFH/NV 2009, 719; ferner zu unterbrochenen Widerspruchs- und Klageverfahren, wo [konsequent] nicht zwischen Nachzahlungs- und Erstattungsfall unterschieden wird, auch → Rn. 41; vgl. auch *Möhlenkamp* EWiR 2020, 211, der einen offenen Widerspruch zwischen der Rechtsprechung zum Verwaltungsverfahren und der Rechtsprechung zu den Widerspruchs- und Klageverfahren sieht).

38   Die Rechtsprechung geht davon aus, dass grundsätzlich auch Feststellungsverfahren unterbrochen sind und nach Eröffnung des Insolvenzverfahrens keine gesonderten Feststellungen mehr getroffen werden dürfen (BFH 2.7.1997 – I R 11/97, BStBl. II 1998, 428; 24.8.2004 – VIII R 14/02, BStBl. II 2005, 246 [248]; 11.12.2013 – XI R 22/11, BStBl. II 2014, 332 Rn. 20). Überraschenderweise soll dies hingegen nicht für **Einheitswert- und Grundsteuermessbescheide** gelten. Solche Bescheide **sollen auch nach Eröffnung des Insolvenzverfahrens erlassen werden können.** Begründet wird dies mit der auch außerhalb des Insolvenzverfahrens zu beachtenden dinglichen Wirkung (vgl. → GrStG § 16 Rn. 8; → BewG § 222 Rn. 3) dieser Verwaltungsakte (BFH 24.7.2002 – II B 52/02, BFH/NV 2003, 8; FG Berlin-Brandenburg 14.9.2006 – 3 K 2728/03, EFG 2007, 708; dem folgend *Loose* in Tipke/Kruse AO § 251 Rn. 75). **Dem kann in dieser Allgemeinheit nicht gefolgt werden,** vor allem nicht seit der Grundsteuerreform 2019: Die Grundsteuerwertfeststellung hat ausschließlich die Funktion, mit präkludierender Wirkung die für die Höhe der Grundsteuer prägendste Besteue-

Dingliche Haftung **§ 12 GrStG**

rungsgrundlage festzustellen. Der Grundsteuermessbescheid „mittelt" diese Feststellung sodann – ebenfalls mit präjudizierender Wirkung – an den Grundsteuerbescheid und enthält zudem – wiederum mit präjudizierender Wirkung – die Anwendung grundsteuerlicher Regelungen (→ GrStG § 16 Rn. 7) auf den Einzelfall. Damit liegt genau die Situation vor, die die Rechtsprechung dazu veranlasst hat, (andere) Feststellungsbescheide für unzulässig zu erklären. Und das auch zu Recht: Die Exklusivität der §§ 174 ff. InsO muss auch für solche Verwaltungsentscheidungen gelten, die der Steuerfestsetzung verfahrenstechnisch vorgelagert sind. Aus der Perspektive des Insolvenzrechts macht es keinen Unterschied, ob die Steuerfestsetzung das Ergebnis eines einzigen, alle Fragen kanalisierenden Verwaltungsverfahrens ist oder ob sich der Gesetzgeber für ein gestuftes Verwaltungsverfahren mit vorweggenommenen Teilentscheidungen entscheidet. In beiden Fällen müssen der widersprechende Insolvenzverwalter oder ein widersprechender Insolvenzgläubiger die Möglichkeit haben, die angemeldete Forderung nach Maßgabe des Verfahrensstandes auf den Prüfstand stellen zu können, wie es bei Eröffnung des Insolvenzverfahrens war (eingehend *Krumm* Steuervollzug und formelle Insolvenz, 77 f.). Das bedeutet allerdings nicht, dass der Erlass eines Grundsteuerwertbescheides (oder eines Fortschreibungsbescheides) überhaupt unzulässig ist. Er ist nur insoweit unzulässig, als er Grundlage für eine Insolvenzforderung ist. Auf den 1.1., welcher der Eröffnung des Insolvenzverfahrens folgt, darf ein Grundsteuerwertbescheid (oder ein Fortschreibungsbescheid) ergehen (analog § 16 Abs. 3 GrStG, § 226 BewG).

Das Ziel des Grundsteuergläubigers, das er mit der Anmeldung seiner Grund- **39** steuerforderung zur Insolvenztabelle verfolgt, ist deren **Feststellung zur Insolvenztabelle**. Mit der Feststellung wird über die Berechtigung des Insolvenzgläubigers an der Insolvenzmasse entschieden; die Feststellung ist die Grundlage für die Verteilung. Eine angemeldete Forderung gilt als festgestellt, soweit gegen sie im Prüfungstermin weder vom Insolvenzverwalter (so im Regelinsolvenzverfahren; im Eigenverwaltungsverfahren hingegen: der Schuldner) noch seitens eines Insolvenzgläubigers Widerspruch erhoben wird (§ 178 Abs. 1 S. 1 InsO). Widerspricht der Insolvenzverwalter oder ein Insolvenzgläubiger der angemeldeten Grundsteuerforderung, muss der Grundsteuergläubiger diesen Widerspruch überwinden. Wie er dies zu tun hat, bestimmt sich nach dem Verfahrensstand im Zeitpunkt der Eröffnung des Insolvenzverfahrens. Sofern noch kein Grundsteuerbescheid existiert, hat der Grundsteuergläubiger dies durch einen sog. Forderungsfeststellungsbescheid zu tun, also durch Verwaltungsakt (§ 185 InsO iVm §§ 251 Abs. 3, 1 Abs. 2 Nr. 5 AO). Dieser Forderungsfeststellungsbescheid hat die Feststellung zum Inhalt, dass der bestrittene Anspruch in der geltend gemachten Höhe besteht und iSv § 38 InsO begründet ist (BFH 24.8.2004 – VIII R 14/02, BStBl. II 2005, 246; 11.12.2013 – XI R 22/11, BStBl. II 2014, 332 Rn. 25). Rechtmäßigkeitsmaßstab ist in Ansehung der Grundsteuerforderung als solche mithin unverändert das materielle Steuerrecht bzw. die formelle Rechtslage, die durch einen bindenden Grundlagenbescheid bewirkt wird (vgl. OVG Münster 23.1.1997 – 22 A 4686/94, BeckRS 2015, 51576, dort Bindungswirkung des Gewerbesteuermessbescheides für den Bescheid iSv § 251 Abs. 3 AO). In Bezug auf die Begründetheit sind dies die insolvenzrechtlichen Abgrenzungsgrundsätze (→ Rn. 32). Gegen den Forderungsfeststellungsbescheid stehen dem Widersprechenden die Rechtsbehelfe des Widerspruchs und später des Anfechtungsklage zur Verfügung. Wird der Feststellungsbescheid unanfechtbar, wirkt er in entsprechender Anwendung der Regelung in § 183 Abs. 1 InsO wie eine rechtskräftige Entscheidung gegenüber dem Insolvenzverwalter und allen Insolvenzgläubigern. Da der Forderungsfeststellungsbescheid keine Steuerfestsetzung enthält und

§ 12 GrStG

Abschnitt I. Steuerpflicht

daher richtigerweise auch kein Steuerbescheid ist, gelten für seine Änderbarkeit nach Eintritt der Bestandskraft die §§ 130, 131 AO (BFH 24.11.2011 – V R 13/11, BStBl. II 2012, 298; 11.12.2013 – XI R 22/11, BStBl. II 2014, 332 Rn. 24).

40 **„Passivprozesse":** War bereits vor Eröffnung des Insolvenzverfahrens über die angemeldete Grundsteuerforderung ein Grundsteuerbescheid ergangen, der im Zeitpunkt der Insolvenzeröffnung noch nicht bestandskräftig war – entweder weil die Rechtsbehelfsfrist noch lief oder weil ein Widerspruchsverfahren gegen den Grundsteuerbescheid anhängig war –, kommt § 251 Abs. 3 AO nicht zur Anwendung. Vielmehr hat derjenige, der der Anmeldung der Grundsteuerforderung zur Insolvenztabelle widersprochen hat, Widerspruch gegen den Grundsteuerbescheid einzulegen bzw. ein bereits anhängiges, aber unterbrochenes Widerspruchsverfahren aufzunehmen (vgl. § 178 InsO). Betreibt der Widersprechende ein anhängiges Widerspruchsverfahren nicht, darf auch die zur Entscheidung über den Widerspruch berufene Behörde das unterbrochene Widerspruchsverfahren wieder aufnehmen (BFH 23.2.2005 – VII R 63/03, BStBl. II 2005, 591; *Loose* in Tipke/Kruse AO § 251 Rn. 50). Die den Widerspruch als unbegründet abweisende Widerspruchsentscheidung enthält sodann allerdings nicht die Feststellung, dass der angefochtene Bescheid rechtmäßig ist, sondern beinhaltet die Feststellung, dass dem Steuergläubiger der angemeldete Anspruch aus dem Steuerschuldverhältnis im Rang einer Insolvenzforderung zusteht (BFH 3.2.2005 – VII R 63/03, BStBl. II 2005, 591 [593]; 23.2.2010 – VII R 48/07, BStBl. II 2010, 562 [563]). War bei Eröffnung des Insolvenzverfahrens eine Anfechtungsklage gegen einen Grundsteuerbescheid anhängig, muss der Widersprechende das unterbrochene Klageverfahren aufnehmen. Nimmt der Insolvenzverwalter das Verfahren auf, bleibt er Kläger. Auch hier hat die beklagte Behörde das Recht, das Verfahren von sich aus aufzunehmen (BFH 7.3.2006 – VII R 11/05, BStBl. II 2006, 573 [576]). Tut sie dies, wird sie Klägerin (BFH 13.11.2007 – VII R 61/06, BStBl. II 2008, 790) und muss dann beantragen, dass die angemeldete Grundsteuerforderung berechtigt ist (*Loose* in Tipke/Kruse AO § 251 Rn. 53). Denn mit der Aufnahme wandelt sich das ursprüngliche Anfechtungsverfahren kraft Gesetzes in ein Forderungsfeststellungsverfahren mit der Folge, dass Gegenstand der gerichtlichen Entscheidung wiederum die vorgenannte Feststellung ist (BFH 7.3.2006 – VII R 11/05, BStBl. II 2006, 573 [576]). Wird die angemeldete Grundsteuerforderung widerspruchslos zur Insolvenztabelle festgestellt, beendet dies zwar nicht die Unterbrechung des Rechtsstreites, führt aber materiell zur Erledigung in der Hauptsache (BFH 14.5.2013 – X B 134/12, BStBl. II 2013, 585).

41 **„Aktivprozesse":** Ist ein Widerspruchsverfahren in einer „Erstattungskonstellation" (→ Rn. 37 aE) bei Eröffnung des Insolvenzverfahrens anhängig, tritt ebenfalls analog § 240 ZPO eine Verfahrensunterbrechung ein. Denn § 240 ZPO (analog) unterscheidet nicht zwischen einer Nachzahlungs- (Passivprozess) und einer Erstattungskonstellation (Aktivprozess) (BFH 30.7.2019 – VIII R 21/16, BStBl. II 2021, 171 Rn. 19). Das Widerspruchsverfahren muss dann vom Insolvenzverwalter aufgenommen werden (§ 85 InsO). Die zur Widerspruchsentscheidung berufene Behörde darf dies hingegen nicht ohne Weiteres tun; eine gleichwohl erlassene Widerspruchsentscheidung ist nichtig (BFH 30.7.2019 – VIII R 21/16, BStBl. II 2021, 171 Rn. 18 ff.). Verzögert der Insolvenzverwalter die Aufnahme, folgt ein Aufnahmerecht vor allem nicht aus § 85 Abs. 1 S. 2 InsO iVm § 239 ZPO analog (BFH 30.7.2019 – VIII R 21/16, BStBl. II 2021, 171 Rn. 26). Erst dann, wenn der Insolvenzverwalter die Aufnahme ausdrücklich ablehnt, kann eine Widerspruchsentscheidung analog § 85 Abs. 2 InsO ergehen. Tut er dies nicht, kann die

Dingliche Haftung **§ 12 GrStG**

Behörde das Verfahren erst nach Aufhebung des Insolvenzverfahrens fortführen. Dies alles gilt entsprechend, wenn in einer Erstattungskonstellation bereits ein verwaltungsgerichtliches Verfahren anhängig ist – unabhängig davon, ob es sich um eine Anfechtungsklage gegen den Grundsteuerbescheid oder um eine Verpflichtungsklage mit dem Ziel eines (herabsetzenden) Änderungsbescheides handelt. Für die Aufnahme solcher Gerichtsverfahren gilt allein § 85 InsO.

Widerspruch des Schuldners: Auch der Schuldner kann einer angemeldeten 42 Grundsteuerforderung widersprechen (§ 184 InsO). Bei Personenvereinigungen ist das Widerspruchsrecht durch ihre Organe wahrzunehmen, die auch nach Eröffnung des Insolvenzverfahrens im Amt bleiben. Diese Widerspruchsmöglichkeit darf indes nicht mit dem Widerspruchsrecht des Insolvenzverwalters und der Insolvenzgläubiger verwechselt werden. Denn gegenüber dem Schuldner wird vielmehr aus Gründen der Zweckmäßigkeit ein eigenständiges Verfahren mit Wirkung für die Zeit nach Beendigung des Insolvenzverfahrens (!) durchgeführt. Die Feststellung der Insolvenzforderung zur Tabelle bindet die Beteiligten nämlich lediglich für das Insolvenzverfahren. Die § 178 Abs. 3 InsO und § 183 Abs. 1 InsO ordnen hingegen keine Verbindlichkeit der Tabellenfeststellung für die Forthaftung des Insolvenzschuldners nach Beendigung des Insolvenzverfahrens (vgl. § 201 InsO) an. Bei einer bisher nicht durch Steuerbescheid festgesetzten Grundsteuerforderung müsste also nach Aufhebung des Verfahrens noch eine Steuerfestsetzung erfolgen und dies ungeachtet des Umstandes, dass bereits eine Tabelleneintragung existiert (und dies womöglich im Anschluss an ein langwieriges Gerichtsverfahren). Um dies zu vermeiden, will das Gesetz mit der Tabelleneintragung zugleich auch die Möglichkeit für eine verbindliche Regelung für die Zeit nach Beendigung des Insolvenzverfahrens treffen. § 201 Abs. 2 S. 1 InsO ordnet daher an, dass die Eintragung in die Insolvenztabelle als nachinsolvenzlicher Vollstreckungstitel gilt (existierte bereits ein Grundsteuerbescheid, erledigt sich dieser durch die Tabellenfeststellung, s. *Wegener* in Uhlenbruck InsO § 201 Rn. 22; *Krumm* StuW 2012, 329 [339]). Voraussetzung ist, dass der Schuldner der Anmeldung nicht widersprochen hat bzw. der von ihm erhobene Widerspruch beseitigt wurde. Die Ausführungen zu einem Widerspruch des Insolvenzverwalters bzw. eines Insolvenzgläubigers gelten grundsätzlich entsprechend. Wegen der Eigenständigkeit beider Verfahren schadet es dem Widerspruch des Schuldners allerdings nicht, wenn der Insolvenzverwalter seinerseits die angemeldete Grundsteuerforderung anerkennt. Ein unterbrochenes Klageverfahren soll der Schuldner indes nicht aufnehmen können (BFH 7.3.2006 – VII R 11/05, BStBl. II 2006, 573). Es kann also nur die Behörde den Rechtsstreit aufnehmen, die auch nur so den Widerspruch des Schuldners überwinden kann (und muss). Ungeachtet des eigenen Widerspruchsrechts des Schuldners geht jedenfalls die ältere Rechtsprechung davon aus, dass ein untätig bleibender Schuldner von einem erfolgreichen Widerspruch des Insolvenzverwalters profitiert (vgl. BGH 24.4.1958 – II ZR 38/57, WM 1958, 696 [697]; aA *Schumacher* in MüKoInsO § 183 Rn. 6).

Eine **Grundsteuerforderung im Rang einer Masseverbindlichkeit** ist – 43 anders als eine solche im Rang einer Insolvenzforderung (→ Rn. 37) – gegen den Insolvenzverwalter (= Vermögensverwalter iSv § 34 Abs. 3 AO) durch Grundsteuerbescheid festzusetzen (zum Insolvenzverwalter als Inhaltsadressat von Steuerbescheiden betreffend Masseverbindlichkeiten s. nur BFH 15.3.1994 – XI R 45/93, BFHE 174, 290; 10.2.2015 – IX R 23/14, BStBl. II 2017, 367). Ein gleichwohl an den Grundstückseigentümer gerichteter Bescheid ist nicht wirksam bekannt gegeben.

§ 12 GrStG   Abschnitt I. Steuerpflicht

44 Ist die **Grundsteuerforderung als Forderung gegen das insolvenzfreie Vermögen** einzuordnen, ist der Grundsteuerbescheid an den Schuldner zu adressieren (vgl. FG Niedersachsen 1.10.2009 – 15 K 110/09, EFG 2010, 332 [334]; *Seer* in Tipke/Kruse AO § 122 Rn. 37).

45 **3. Verwirklichung der Absonderungsberechtigung im Insolvenzverfahren.** Nach § 49 InsO sind Gläubiger, denen ein Recht auf Befriedigung aus einem Grundstück oder einem grundstücksgleichen Recht zusteht, im Insolvenzverfahren nach Maßgabe des ZVG zur abgesonderten Befriedigung berechtigt. Das Gesetz geht mithin von der Verwertung des Grundstücks aus. Hierzu kann der Insolvenzverwalter die Zwangsversteigerung oder die Zwangsverwaltung betreiben (§ 165 InsO). Die Befriedigung des absonderungsberechtigten Gläubigers erfolgt in einem solchen Fall nach den Vorschriften des ZVG. Die Gemeinde hat ihre Grundsteuerforderung anzumelden, sodass sie – soweit sie den Rang des § 10 Abs. 1 Nr. 3 ZVG genießt – bei der Feststellung des geringsten Gebots berücksichtigt wird (→ Rn. 24).

46 **Veräußert der Insolvenzverwalter das belastete Grundstück „freihändig"**, dann kann der Grundsteuergläubiger sein Absonderungsrecht nicht in Ansehung des Kaufpreises geltend machen, dh das Pfandrecht der Gemeinde setzt sich nicht am Veräußerungserlös fort (keine „Ersatzabsonderung", s. BGH 18.2.2010 – IX ZR 101/09, NVwZ-RR 2010, 535). Vielmehr haftet weiterhin (allein) das Grundstück. Die Haftung wird durch einen gegen den neuen Eigentümer gerichteten Duldungsbescheid geltend gemacht (→ Rn. 10 ff.). Erfüllt der Insolvenzverwalter die Grundsteuerschuld indes aus dem Kaufpreis, geht auch die öffentliche Last unter (zur Akzessorietät → Rn. 3).

47 Auch die Gemeinde kann die **Zwangsvollstreckung** beantragen. Sofern bereits ein entsprechender Antrag von einem anderen Gläubiger oder vom Insolvenzverwalter gestellt worden ist, kann die Gemeinde dem bereits anhängigen Verfahren beitreten (§ 27 ZVG). In jedem Fall gilt: Das Verwertungsrecht der Gemeinde nach § 12 GrStG besteht auch nach der Eröffnung des Insolvenzverfahrens grundsätzlich fort (BGH 18.2.2010 – IX ZR 101/09, NVwZ-RR 2010, 535; BGH 6.10.2011 – V ZB 18/11, NJW-RR 2012, 87) und die **Gemeinde ist durch die Eröffnung des Insolvenzverfahrens nicht daran gehindert, die Zwangsvollstreckung in das Grundstück zu betreiben** (OVG Saarlouis 12.10.2007 – 1 B 340/07, NJW 2008, 250; VG Düsseldorf 22.4.2015 – 5 K 8185/14, BeckRS 2015, 47746). Es gelten die allgemeinen Ausführungen zur Zwangsvollstreckung in das Grundstück (→ Rn. 21 ff.). Einschränkungen können sich allerdings aus § 30d Abs. 1 ZVG ergeben, wonach die vom Gläubiger betriebene Zwangsversteigerung unter bestimmten Voraussetzungen auf Antrag des Verwalters einstweilen einzustellen ist. Fraglich ist, ob die Gemeinde (zuvor) gegenüber dem Insolvenzverwalter einen Duldungsbescheid (→ Rn. 10 ff.) erlassen muss. Jenseits des Öffentlichen Rechts entspricht es jedenfalls allgemeiner Ansicht, dass eine Vollstreckung in das Grundstück nach Eröffnung des Insolvenzverfahrens nur zulässig ist, wenn der Titel auf den Insolvenzverwalter umgeschrieben und ihm zugestellt worden ist (BGH 14.4.2005 – V ZB 25/05, DNotZ 2005, 840; *Keller* in Stöber ZVG § 15 Rn. 198). Diese Grundsätze überträgt das OVG Münster zu Recht auf das öffentliche Recht: **Die Gemeinde muss gegenüber dem Insolvenzverwalter einen Duldungsbescheid erlassen und dies ungeachtet der Frage, ob vor Eröffnung noch ein Grundsteuerbescheid ergangen ist oder nicht.** Allein die (im Falle des Fehlens eines Grundsteuerbescheides notwendige) Tabellenfeststellung (ggf. iVm einem Feststellungsbescheid iSv § 251 Abs. 3 AO, → Rn. 39) ist damit

Dingliche Haftung **§ 12 GrStG**

nicht ausreichend (OVG Münster 19.6.2012 – 14 B 1137/11, BeckRS 2012, 52422; zustimmend zitierend ferner *Troll/Eisele* GrStG § 12 Rn. 5; iErg ebenso für kommunale Beiträge OVG Magdeburg 14.3.2006 – 4 K 328/05, BeckRS 2007, 25656).

Hatte der Grundsteuergläubiger bereits vor Eröffnung des Insolvenzverfahrens ein Zwangsversteigerungs- oder Zwangsverwaltungsverfahren eingeleitet, kann er dieses weiterbetreiben. Die Insolvenzeröffnung unterbricht diese Verfahren nicht. Eine Titelumschreibung ist nicht erforderlich; denn das Verfahren wurde vor Eröffnung mit einem tauglichen Titel eingeleitet. Der Insolvenzverwalter tritt hier vielmehr kraft Gesetzes wegen § 80 InsO in die Beteiligtenstellung des Insolvenzschuldners ein (*Keller* in Stöber ZVG § 15 Rn. 192). **48**

4. Ausländische Insolvenzverfahren. Die Eröffnung eines (anzuerkennenden) Insolvenzverfahrens im Ausland kann Wirkungen auch im Inland erzeugen. Vor allem wird auch inländischer Grundbesitz erfasst. Dementsprechend tritt mit Eröffnung des Insolvenzverfahrens für Grundsteuerinsolvenzforderungen die gleiche Unterbrechung in Ansehung von Grundsteuerfestsetzungsverfahren ein, wie auch bei rein inländischen Insolvenzverfahren (arg. § 352 InsO, s. BFH 10.5.2013 – IX B 145/12, BFH/NV 2013, 1452). Das Recht auf abgesonderte Befriedigung wird durch das ausländische Insolvenzverfahren nicht berührt. Sowohl Art. 8 EUInsVO als auch § 351 InsO schränken die universelle Wirkung eines ausländischen Insolvenzverfahrens nämlich dahingehend ein, dass nach inländischem Recht bestehende Sicherungsrechte an inländischem Grundbesitz Schutz genießen (für die EUInsVO explizit zur deutschen Grundsteuer EuGH 26.10.2016 – C-195/15, NZG 2017, 192 Rn. 16ff. – Senior Home). Der Grundsteuergläubiger kann mithin die Zwangsvollstreckung in das Grundstück betreiben. Der Antrag auf Anordnung der Zwangsversteigerung muss dem ausländischen Insolvenzverwalter nicht bekanntgegeben werden (BGH 8.12.2016 – V ZB 41/14, NJW-RR 2017, 299 Rn. 11: maßgeblich sei deutsches Verfahrensrecht als der lex fori). Ferner soll das Vollstreckungsgericht auch nicht zu prüfen haben, ob ein Duldungsbescheid gegen den ausländischen Insolvenzverwalter erforderlich ist und ob dieser ergangen ist (so BGH 8.12.2016 – V ZB 41/14, NJW-RR 2017, 299 Rn. 12). **49**

III. Zusammentreffen von Zwangsverwaltungs- und Insolvenzverfahren

Auf eine angeordnete Zwangsverwaltung bleibt die Eröffnung des Insolvenzverfahrens ohne Einfluss (§ 80 Abs. 2 S. 2 InsO, s. *Mock* in Uhlenbruck InsO § 80 Rn. 262). Die Zwangsverwaltung genießt gegenüber dem Insolvenzverfahren Vorrang (BFH 10.2.2015 – IX R 23/14, BStBl. II 2017, 367). Der Insolvenzverwalter erlangt zwar die Verfügungsbefugnis am dem Grundstück. Er ist aber nicht zur Verwaltung des Grundstücks befugt; diese Befugnis hat ausschließlich der Zwangsverwalter inne. Die Grundsteuer geht daher ausschließlich zulasten der Zwangsverwaltungsmasse und nicht der Insolvenzmasse. Denn der Insolvenzverwalter „verwaltet" den die Grundsteuer auslösenden Steuergegenstand nicht und damit gehört die Zahlung der Grundsteuer nicht zu seinem Pflichtenkreis iSv § 34 Abs. 3 AO (vgl. BFH 10.2.2015 – IX R 23/14, BStBl. II 2017, 367 zur Einkommensteuer). **50**

Abschnitt II. Bemessung der Grundsteuer

§ 13 Steuermesszahl und Steuermessbetrag

¹Bei der Berechnung der Grundsteuer ist von einem Steuermessbetrag auszugehen. ²Dieser ist durch Anwendung eines Promillesatzes (Steuermesszahl) auf den Grundsteuerwert oder seinen steuerpflichtigen Teil zu ermitteln, der nach dem Bewertungsgesetz im Veranlagungszeitpunkt (§ 16 Absatz 1, § 17 Absatz 3, § 18 Absatz 3) für den Steuergegenstand maßgebend ist.

[Fassung bis 31.12.2024:

(1) ¹Bei der Berechnung der Grundsteuer ist von einem Steuermeßbetrag auszugehen. ²Dieser ist durch Anwendung eines Tausendsatzes (Steuermeßzahl) auf den Einheitswert oder seinen steuerpflichtigen Teil zu ermitteln, der nach dem Bewertungsgesetz im Veranlagungszeitpunkt (§ 16 Abs. 1, § 17 Abs. 3, § 18 Abs. 3) für den Steuergegenstand maßgebend ist.

(2) [aufgehoben]

(3) In den Fällen des § 10 Abs. 2 ist der Berechnung des Steuermeßbetrags die Summe der beiden Einheitswerte zugrunde zu legen, die nach § 92 des Bewertungsgesetzes festgestellt werden.]

Gilt nicht in **Baden-Württemberg** (dort § 39 BWLGrStG) und für Grundstücke nicht in **Hessen** (dort § 4 HGrStG).

A. Allgemeines

I. Systematische Einordnung und Zweck der Regelung

1   Der Gesetzgeber hat sich erstmals mit dem GrStG 1936 dafür entschieden, der Feststellung des Einheitswertes und der Festsetzung der Grundsteuer verfahrenswie auch materiell-rechtlich einen Messbetrag zwischenzuschalten. Diese Grundentscheidung ist in § 13 GrStG festgehalten. Die materiell-rechtlichen Vorgaben (= Messbeträge und Ermäßigungen) enthalten sodann die §§ 14, 15 GrStG und die verfahrensrechtlichen Fragen sind den §§ 16 ff. GrStG und § 184 AO überantwortet. Diese Zwischenschaltung des Messbetragsverfahrens gibt dem Gesetzgeber die Möglichkeit, durch die Festlegung von Steuermesszahlen auf die Höhe der Grundsteuerbelastung Einfluss zu nehmen (so BT-Drs. VI/3418, 82). Anlässlich des GrStG 1936 hatte man insoweit regionale Differenzierungen im Blick (RStBl. 1937, 717 [722] zu §§ 11, 12 GrStG 1936). Heute geht es nur noch um sachliche Differenzierungen (§ 15 GrStG). Diese Differenzierungen kann die Gemeinde nicht „nivellieren", da für sie der Grundsatz der Einheitlichkeit der Hebesätze gilt (→ GrStG § 25 Rn. 36). Neben der Anwendung von §§ 14f. GrStG ist im Messbetragsverfahren zudem über die Frage einer Steuerbefreiung nach §§ 3 ff. GrStG zu entscheiden – sofern hierüber nicht bereits anlässlich des Wertfeststellungsverfahrens entschieden wurde (→ GrStG § 3 Rn. 5 f.).

Steuermeßzahl für Betriebe der Land- und Forstwirtschaft **§ 14 GrStG**

II. Entwicklung der Vorschrift

§ 13 GrStG beruht auf dem Grundsteuerreformgesetz v. 7.8.1973 (→ Grundlagen Rn. 8) und entspricht vor allem § 11 GrStG 1936/1951 (→ Grundlagen Rn. 5f.). § 13 Abs. 2 GrStG aF enthielt eine Messbetragshalbierung für Grundstücke, die für Betriebszwecke der Deutschen Bundesbahn genutzt wurden. Diese Regelung wurde im Zuge der Bahnprivatisierung gestrichen (Gesetz v. 27.12.1993, BGBl. 1993 I 2378). Das Grundsteuerreformgesetz v. 26.11.2019 (→ Grundlagen Rn. 13) hat § 13 Abs. 1 GrStG von einer redaktionellen Anpassung abgesehen unverändert gelassen. § 13 Abs. 3 GrStG aF wurde hingegen gestrichen. Die Regelung trug dem Umstand Rechnung, dass Erbbaurecht und erbbaurechtsbelastetes Grundstück zwei wirtschaftliche Einheiten darstellten. Das neue Recht geht hingegen von einer wirtschaftlichen Einheit aus (→ BewG § 244 Rn. 21 ff.), wodurch Abs. 3 überflüssig wurde. Damit besteht § 13 GrStG nunmehr nur noch aus dem vormaligen Absatz 1. **2**

III. Verfahrensrecht

Die Festsetzung des Grundsteuermessbetrages erfolgt durch Verwaltungsakt, den sog. Grundsteuermessbescheid. Dieser findet seine Rechtsgrundlage in § 184 Abs. 1 AO iVm § 16 GrStG (→ GrStG § 16 Rn. 3ff.) bzw. bei Neu- und Nachveranlagungen, in §§ 17, 18 GrStG. Der Grundsteuermessbescheid ist Folgebescheid im Verhältnis zum Grundsteuerwertbescheid und seinerseits Grundlagenbescheid im Verhältnis zum Grundsteuerbescheid (→ GrStG § 16 Rn. 7; zum gestuften Verwaltungsverfahren in Grundsteuersachen im Überblick auch → Grundlagen Rn. 45ff.). **3**

B. Ermittlung des Messbetrages

Der Steuermessbetrag ist das Produkt aus dem im Grundsteuerwertbescheid für den jeweiligen Veranlagungszeitpunkt – also den 1.1. eines Kalenderjahres – festgestellten Grundsteuerwert und dem entweder aus § 14 GrStG oder § 15 GrStG zu entnehmenden Promillesatz. **4**

Beispiel: Es wird für ein Einfamilienhaus ein Grundsteuerwert in Höhe von 500.000 EUR festgestellt. Der Steuermessbetrag ergibt sich sodann aus dem Produkt von 500.000,00 EUR × 0,00031 = 155,00 EUR.

§ 14 Steuermeßzahl für Betriebe der Land- und Forstwirtschaft

Für Betriebe der Land- und Forstwirtschaft beträgt die Steuermeßzahl 0,55 Promille *[bis 31.12.2024: 6 vom Tausend].*

Gilt nicht in **Baden-Württemberg** (dort § 40 BWLGrStG).

Für die Betriebe der Land- und Forstwirtschaft (→ BewG § 232 Rn. 4 ff.) gilt eine einheitliche Steuermesszahl von 0,55 Promille (statt 6 Promille bis zum Erhebungszeitraum 2024). Die Absenkung der Steuermesszahl rechtfertigt der Gesetzgeber im Grundsteuerreformgesetz v. 26.11.2019 (→ Grundlagen Rn. 13) mit den „geänderten bewertungsrechtlichen Vorschriften und deren steuerlichen Aus- **1**

§ 15 GrStG Abschnitt II. Bemessung der Grundsteuer

wirkungen" (BT-Drs. 19/11085, 123), also mit erwarteten höheren Grundsteuerwerten. Letztlich werden aber die Gemeinden mit der unweigerlich notwendigen Neubestimmung ihrer Hebesätze über die Steuerbelastung entscheiden.

2 Man darf nicht der Versuchung erliegen, diese Steuermesszahl mit derjenigen für die Vermögensart des Grundvermögens in § 15 GrStG zu vergleichen. Denn zum einen werden die Grundsteuerwerte nach unterschiedlichen Regeln ermittelt (einerseits §§ 236 ff. BewG, andererseits §§ 250 ff. BewG). Zum anderen sehen die Gemeinden typischerweise unterschiedliche Hebesätze für die beiden Vermögensarten vor (einerseits Grundsteuer A, andererseits Grundsteuer B). Der Sache nach existieren zwei Grundsteuern (→ GrStG § 2 Rn. 1).

§ 15 Steuermesszahl für Grundstücke

(1) **Die Steuermesszahl beträgt**
1. **für unbebaute Grundstücke im Sinne des § 246 des Bewertungsgesetzes 0,34 Promille,**
2. **für bebaute Grundstücke**
   a) **im Sinne des § 249 Absatz 1 Nummer 1 bis 4 des Bewertungsgesetzes 0,31 Promille,**
   b) **im Sinne des § 249 Absatz 1 Nummer 5 bis 8 des Bewertungsgesetzes 0,34 Promille.**

(2) ¹**Die Steuermesszahl nach Absatz 1 Nummer 2 Buchstabe a wird um 25 Prozent ermäßigt, wenn**
1. **für das Grundstück nach § 13 Absatz 3 des Wohnraumförderungsgesetzes vom 13. September 2001 (BGBl. I S. 2376), das zuletzt durch Artikel 3 des Gesetzes vom 2. Oktober 2015 (BGBl. I S. 1610) geändert worden ist, eine Förderzusage erteilt wurde und**
2. **die sich aus der Förderzusage im Sinne des § 13 Absatz 2 des Wohnraumförderungsgesetzes ergebenden Bindungen für jeden Erhebungszeitraum innerhalb des Hauptveranlagungszeitraums bestehen.**

²**Liegen die Voraussetzungen des Satzes 1 für einen Teil der Gebäude oder für Teile eines Gebäudes vor, so ist die Ermäßigung der Steuermesszahl entsprechend anteilig zu gewähren.**

(3) **Absatz 2 gilt entsprechend für Grundstücke, für die nach dem Ersten Wohnungsbaugesetz vom 24. April 1950 (BGBl. S. 83) in der bis zum 31. Dezember 1987 geltenden Fassung, nach dem Zweiten Wohnungsbaugesetz vom 27. Juni 1956 (BGBl. I S. 523) in der bis zum 31. Dezember 2001 geltenden Fassung oder nach den Wohnraumförderungsgesetzen der Länder eine Förderzusage erteilt wurde.**

(4) ¹**Liegen für ein Grundstück weder die Voraussetzungen des Absatzes 2 noch des Absatzes 3 vor, wird die Steuermesszahl nach Absatz 1 Nummer 2 Buchstabe a um 25 Prozent ermäßigt, wenn das jeweilige Grundstück**
1. **einer Wohnungsbaugesellschaft zugerechnet wird, deren Anteile mehrheitlich von einer oder mehreren Gebietskörperschaften gehalten werden und zwischen der Wohnungsbaugesellschaft und der Gebietskörperschaft oder den Gebietskörperschaften ein Gewinnabführungsvertrag besteht,**
2. **einer Wohnungsbaugesellschaft zugerechnet wird, die als gemeinnützig im Sinne des § 52 der Abgabenordnung anerkannt ist, oder**

Steuermesszahl für Grundstücke § 15 GrStG

3. einer Genossenschaft oder einem Verein zugerechnet wird, der seine Geschäftstätigkeit auf die in § 5 Absatz 1 Nummer 10 Buchstabe a und b des Körperschaftsteuergesetzes genannten Bereiche beschränkt und von der Körperschaftsteuer befreit ist.

²Der Abschlag auf die Steuermesszahl nach Satz 1 wird auf Antrag für jeden Erhebungszeitraum innerhalb des Hauptveranlagungszeitraums gewährt, wenn nachgewiesen wird, dass die jeweiligen Voraussetzungen am Hauptveranlagungsstichtag vorlagen. ³Entfallen die Voraussetzungen des Satzes 1 während des Hauptveranlagungszeitraums, ist dies nach § 19 Absatz 2 anzuzeigen.

(5) ¹Die Steuermesszahl nach Absatz 1 Nummer 2 wird für bebaute Grundstücke um 10 Prozent ermäßigt, wenn sich auf dem Grundstück Gebäude befinden, die Baudenkmäler im Sinne des jeweiligen Landesdenkmalschutzgesetzes sind. ²Stehen auf einem Grundstück nur ein Teil der Gebäude oder nur Teile eines Gebäudes im Sinne des jeweiligen Landesdenkmalschutzgesetzes unter Denkmalschutz, so ist die Ermäßigung der Steuermesszahl entsprechend anteilig zu gewähren.

[Fassung bis 31.12.2024:

(1) Die Steuermeßzahl beträgt 3,5 vom Tausend.

(2) Abweichend von Absatz 1 beträgt die Steuermeßzahl

1. für Einfamilienhäuser im Sinne des § 75 Abs. 5 des Bewertungsgesetzes mit Ausnahme des Wohnungseigentums und des Wohnungserbbaurechts einschließlich des damit belasteten Grundstücks 2,6 vom Tausend für die ersten 38 346,89 Euro des Einheitswerts oder seines steuerpflichtigen Teils und 3,5 vom Tausend für den Rest des Einheitswerts oder seines steuerpflichtigen Teils;

2. für Zweifamilienhäuser im Sinne des § 75 Abs. 6 des Bewertungsgesetzes 3,1 vom Tausend.]

Gilt nicht in **Baden-Württemberg** (dort § 40 BWLGrStG) und in **Hamburg** (dort § 4 HmbGrStG). In **Bayern** und **Niedersachsen** gilt nur § 15 Abs. 4 GrStG; im Übrigen gilt § 15 GrStG nicht (vgl. Art. 4 Abs. 4 Nr. 1 BayGrStG bzw. § 6 Abs. 4 Nr. 1 NGrStG). In **Hessen** gilt § 15 Abs. 2 bis 4 GrStG; im Übrigen gilt § 15 GrStG nicht (vgl. § 6 HGrStG). In **Sachsen** wird § 15 Abs. 1 GrStG durch das SächsGrStMG und im **Saarland** durch § 1 GrStG-Saar ersetzt.

Übersicht

	Rn.
A. Allgemeines	1
I. Systematische Einordnung und Zweck der Regelung	1
II. Entwicklung der Vorschrift	2
III. Verfahrensrecht	3
B. Regelmesszahlen (Abs. 1)	4
C. Ermäßigung für nach dem (Bundes-)Wohnraumförderungsgesetz geförderte Grundstücke (Abs. 2)	5
D. Ermäßigung für nach vormaligem Bundesrecht und den Landeswohnraumförderungsgesetzen geförderte Grundstücke (Abs. 3)	12
E. Ermäßigung für bestimmte Wohnungsbaugesellschaften, -genossenschaften und -vereine (Abs. 4)	14
F. Ermäßigung für Baudenkmäler (Abs. 5)	25
G. Verhältnis der Ermäßigungen zueinander	31

§ 15 GrStG — Abschnitt II. Bemessung der Grundsteuer

A. Allgemeines

I. Systematische Einordnung und Zweck der Regelung

1 § 15 Abs. 1 GrStG füllt – ebenso wie § 14 GrStG – die Anordnung des § 13 GrStG mit Leben und bestimmt mit der Steuermesszahl die neben dem Grundsteuerwert notwendige zweite Komponente zur Ermittlung des Grundsteuermessbetrages (→ GrStG § 13 Rn. 4). § 15 GrStG gilt für die Grundstücke iSv § 2 Nr. 2 GrStG, während § 14 GrStG die Steuermesszahl für die Betriebe der Land- und Forstwirtschaft iSv § 2 Nr. 1 GrStG enthält (zur mangelnden Vergleichbarkeit der jeweiligen Steuermesszahlen → GrStG § 14 Rn. 2). § 15 Abs. 1 GrStG gibt die „Regelsteuermesszahlen" vor. Die normtechnische Dreiteilung in unbebaute Grundstücke, bebaute Wohngrundstücke und andere bebaute Grundstücke ermöglicht dem Gesetzgeber entsprechende Differenzierungen (so auch geschehen mit 0,31 Promille einerseits und 0,34 Promille andererseits). Die weiteren Absätze des § 15 GrStG enthalten Ermäßigungstatbestände, die zum einen auf die Verschonung bestimmter Wohn-, vor allem Mietverhältnisse (Abs. 2–4) und zum anderen auf eine Entlastung bei denkmalgeschützten Gebäuden (Abs. 5) gerichtet sind. Die Ermäßigungen nach § 15 Abs. 2, Abs. 3 GrStG stellen einen das Wohnungsförderungsgesetz des Bundes und die der Länder ergänzenden, sich letztlich zur direkten Förderung akzessorisch verhaltenden Baustein der Förderung des sozialen Wohnungsbaus dar. Das ist angesichts des Ermessens auf der Ebene der direkten Förderung nicht unproblematisch (→ Rn. 6). Die Ermäßigung nach § 15 Abs. 4 GrStG vereint hingegen zwei Sachverhalte in einer Norm: auf der einen Seite die gemeinnützigen oder zumindest nach § 5 Abs. 1 Nr. 10 KStG von der Körperschaftsteuer befreiten Wohnungsbaugesellschaften, auf der anderen Seite die von Gebietskörperschaften beherrschten und mit ihnen über einen Gewinnabführungsvertrag „verbundenen" Wohnungsbauunternehmen (→ Rn. 14 ff.). § 15 Abs. 5 GrStG normiert einen Ermäßigungstatbestand für Baudenkmäler. Der Gesetzgeber will mit dieser Ermäßigung auf der Messbetragsebene den mit denkmalrechtlichen Bindungen (typischerweise) einhergehenden erhöhten Unterhaltungsaufwand „kompensieren", der sich im realen Verkehrswert nicht zwingend niederschlagen muss und sich in einem objektivierten Ertragswert schon konzeptionell nicht niederschlagen kann. Diese Kompensation durch Grundsteuerermäßigung rechtfertigt sich durch das öffentliche Interesse an der Erhaltung von Baudenkmälern (→ Rn. 25).

II. Entwicklung der Vorschrift

2 Die Steuermesszahlen für Grundstücke sind seit dem Grundsteuerreformgesetz v. 7.8.1973 in § 15 GrStG geregelt (→ Grundlagen Rn. 8) und erfuhren dort bereits in Teilbereichen Differenzierungen (siehe den Abdruck der bis zum Erhebungszeitraum 2024 geltenden Fassung vor der Kommentierung). Das Grundsteuerreformgesetz v. 26.11.2019 (→ Grundlagen Rn. 13) hat § 15 GrStG grundlegend verändert. Die Absätze 1 bis 4 beruhen auf dem Gesetzesentwurf der Bundesregierung (s. BT-Drs. 19/11085, 123 f.) und Absatz 5 geht auf den Finanzausschuss zurück (s. daher BT-Drs. 19/14158, 17). Mit dem GrStRefUG v. 16.7.2021 (BGBl. 2021 I 2931, zu § 15 GrStG s. nur BT-Drs. 19/30489 [Finanzausschuss]) wurde die Messzahl in Abs. 1 Nr. 2 Buchst. a von 0,34 Promille auf 0,31 Promille abgesenkt und die Abs. 2 und 3 wurden neugefasst.

Steuermesszahl für Grundstücke **§ 15 GrStG**

III. Verfahrensrecht

Die Anwendung der Steuermesszahl führt zur Festsetzung des Grundsteuermessbetrages durch den Grundsteuermessbescheid (→ GrStG § 16 Rn. 3 ff.). Im Grundsteuermessbetragsverfahren ist daher auch über die Ermäßigungen nach § 15 Abs. 2–5 GrStG zu entscheiden. **Die verfahrensrechtlichen Folgen im Falle des Eintritts oder des Wegfalls der Ermäßigungsvoraussetzungen sind aufgrund der verschiedenen materiell-rechtlichen Regelungen in den einzelnen Absätzen unterschiedlich ausgestaltet:** Der Eintritt der Bindungen aus der Förderzusage iSv § 15 Abs. 2 GrStG kann immer erst zum nächsten Hauptveranlagungsstichtag wirken (→ Rn. 10). Fallen die Bindungen während eines Hauptveranlagungszeitraums weg, wirkt dies auf den vorangegangen Hauptveranlagungszeitpunkt zurück und es liegt ein rückwirkendes Ereignis iSv § 175 Abs. 1 S. 1 Nr. 2 AO vor (→ Rn. 10). § 15 Abs. 4 GrStG enthält hingegen ein Stichtagsprinzip, das Veränderungen zwischen den Hauptveranlagungszeitpunkten für irrelevant erklärt. Damit kann der Eintritt der Voraussetzungen des § 15 Abs. 4 GrStG immer erst bei der nächsten Hauptveranlagung berücksichtigt werden. Entfällt eine Voraussetzung des § 15 Abs. 4 GrStG während eines Hauptveranlagungszeitraums, wirkt dies umgekehrt auch erst ab dem nächsten Hauptveranlagungszeitraum; es sind weder eine rückwirkende noch eine per se auf den nächsten 1.1. gerichtete Anpassung des Grundsteuermessbescheides vorgesehen (→ Rn. 8). Für § 15 Abs. 5 GrStG gelten hingegen keine normspezifischen Besonderheiten. Insbesondere bei Eintritt der Denkmaleigenschaft ist eine Neuveranlagung durchzuführen.

B. Regelmesszahlen (Abs. 1)

Das Gesetz sieht eine einheitliche Steuermesszahl sowohl für unbebaute Grundstücke iSv § 246 BewG als auch für bebaute Nicht-Wohngrundstücke iSv § 249 Abs. 1 Nr. 5–8 BewG iHv 0,34 Promille vor. Für bebaute Wohngrundstücke iSv § 249 Abs. 1 Nr. 1–4 BewG ist hingegen eine Messzahl iHv 0,31 Promille vorgesehen. Die im Grundsteuerwertbescheid vorgenommene Artfeststellung entfaltet insoweit Bindungswirkung für den Grundsteuermessbescheid.

C. Ermäßigung für nach dem (Bundes-)Wohnraumförderungsgesetz geförderte Grundstücke (Abs. 2)

§ 15 Abs. 2 GrStG ordnet eine – von Amts wegen zu beachtende – Ermäßigung der Steuermesszahl um 25 % an, wenn es sich bei dem Steuergegenstand um ein bebautes Grundstück iSv § 249 Abs. 1 Nr. 1–4 BewG (im Großen und Ganzen: „Wohngrundstücke") handelt (→ Rn. 7), für den Steuergegenstand eine Förderzusage iSv § 13 Abs. 3 Wohnraumförderungsgesetz (WoFG des Bundes; zum kompetenzrechtlichen Hintergrund und der Bedeutung des § 15 Abs. 3 GrStG → Rn. 12) erteilt wurde (→ Rn. 8) und die in der Förderzusage bestimmten Förderbedingungen für jeden Erhebungszeitraum innerhalb des Hauptveranlagungszeitraums bestehen (→ Rn. 10). Es handelt sich bei § 15 Abs. 2 GrStG um eine Lenkungsnorm, mittels derer durch eine steuerliche Entlastung bestimmte Wohnnutzungen gefördert werden sollen. Mit der Anknüpfung an das (nicht mehr in allen Bundesländern

§ 15 GrStG   Abschnitt II. Bemessung der Grundsteuer

geltende, → Rn. 12 f.) WoFG soll eine **zielgenaue Konkretisierung der Wohnraumförderwürdigkeit (auch) für Zwecke der Grundsteuer** erreicht werden. Die Förderung nach dem WoFG (durch Darlehen oder Zuschüsse) soll vor allem kinderreichen Familien und Personen mit niedrigem Einkommen zugutekommen. Gefördert werden Erwerb, Errichtung und Modernisierung von Mietwohnraum und selbstgenutztem Wohneigentum. Das WoFG enthält teilweise nur einen Rahmen für die Wohnraumförderung, der von den Ländern ausgefüllt bzw. abweichend geregelt werden kann (vor allem in Ansehung der Wohnungsgrößen und Einkommensgrenzen).

6 Die Anknüpfung des § 15 Abs. 2 GrStG an konkret-individuelle Fördermaßnahmen **macht die Grundsteuerermäßigung** (vorbehaltlich des förderkonformen Verhaltens iSv Nr. 2) **zu einem akzessorisch der direkten Förderung nachfolgenden weiteren Förderbaustein.** Das ist auf den ersten Blick nicht unproblematisch. Denn die Wohnraumförderung nach dem WoFG ist sowohl in Ansehung des „Ob" als auch der Förderbedingungen eine Ermessensentscheidung (§ 13 Abs. 4 WoFG: Es besteht kein Anspruch auf Förderung). Steuerliche Vergünstigungen sind allerdings grundsätzlich ermessensfeindlich. Auf der einen Seite ist zwar zu beachten, dass – ungeachtet der allgemein die Ermessensausübung einhegenden Grenzen – die über Art. 3 Abs. 1 GG begründete Selbstbindung der Verwaltung an ihre Verwaltungspraxis (vgl. nur BVerwG 18.5.1990 – 8 C 48/88, BVerwGE 85, 163) die Verteilungsentscheidungen ausreichend steuert. Auf der anderen Seite muss aber auch gesehen werden, dass diese Selbstbindung ins Leere läuft, wenn die im Haushaltsansatz zur Verfügung gestellten Mittel ausgeschöpft sind (vgl. *von Wehrs* in FPS WoFG § 13 Anm. 12). In diesem Fall wird Steuerpflichtigen eine grundsteuerliche Ermäßigung nach § 15 Abs. 2 GrStG aus Gründen versagt, die jenseits ihrer Förderungswürdigkeit liegen, und es erfolgt eine Ungleichbehandlung aus rein formalen (haushaltsrechtlichen) Gründen. Unseres Erachtens kann die Rechtfertigung dieser Ungleichbehandlung nicht gelingen. Etwas anderes gilt für die mit § 15 Abs. 2 GrStG bewirkte Ungleichbehandlung gegenüber „normalen" Wohnnutzungen. So wie der Subventionsgesetzgeber des WoFG bzw. der Landes-WoFG (→ Rn. 13) dem verfassungsrechtlich fundierten Interesse an der Schaffung bezahlbaren Wohnraums (Wohnen als existenzielles Bedürfnis) durch die aktive Bezuschussung Rechnung tragen darf, so darf dies auch der kongruent hieran anknüpfende Grundsteuergesetzgeber mit einer Verschonung. Den selbstnutzenden Eigentümer erreicht die Ermäßigung unmittelbar und den Mieter zumindest anlässlich der Überwälzung der Grundsteuer (vgl. auch → Grundlagen Rn. 123 zur noch weitergehenden Messzahlermäßigung für Wohnnutzung nach einigen Landesgrundsteuergesetzen).

7 Die Ermäßigung wird **nur für Grundstücke iSv § 249 Abs. 1 Nr. 1–4 BewG** gewährt. Diese „Eingangsvoraussetzung" des § 15 Abs. 2 S. 1 GrStG richtet sich materiell allein nach dem Bewertungsrecht, also in Ansehung der Abgrenzung zum unbebauten Grundstück nach § 246 BewG und innerhalb der Grundstücksart der bebauten Grundstücke nach § 249 BewG. Formell ist die Artfeststellung des Grundsteuermessbescheides maßgeblich (Bindungswirkung des Grundlagenbescheides). Die Anknüpfung an das Bewertungsrecht hat vor allem Bedeutung für die Bauphase: Die Ermäßigung kann frühestens vom dem Kalenderjahr an verlangt werden, das auf die Bezugsfertigkeit iSv § 246 Abs. 1 S. 3 BewG folgt (zum maßgeblichen Zeitpunkt → Rn. 10). Denn die Artfortschreibung ist immer nur auf den nächsten 1.1. vorzunehmen.

8 Es muss eine **Förderzusage für das Grundstück erteilt** sein. Die Förderzusage **erfolgt vielfach durch Verwaltungsakt.** Ein solcher Verwaltungsakt entfäl-

Steuermesszahl für Grundstücke **§ 15 GrStG**

tet keine Bindungswirkung iSe Grundlagenbescheides, sondern seine Existenz ist Tatbestandsvoraussetzung (aA *Bock* in Grootens GrStG § 15 Rn. 68: Grundlagenbescheid). Ebenfalls von § 15 Abs. 2 GrStG erfasst ist die **Förderzusage in einem öffentlich-rechtlichen Vertrag** (vgl. BT-Drs. 19/30489, 24). Auch insoweit ist das Bestehen der Förderzusage (nur) Tatbestandsvoraussetzung.

§ 15 Abs. 2 S. 1 Nr. 1 GrStG dürfte unausgesprochen voraussetzen, dass das Zurechnungssubjekt des Grundstücks der Adressat des Zusageverwaltungsaktes bzw. Vertragspartner des öffentlich-rechtlichen Vertrages ist. **Es muss also ein Förderrechtsverhältnis zum Zurechnungssubjekt bestehen.** Zurechnungswechsel sind allerdings begünstigungswahrend möglich. Überträgt das Zurechnungssubjekt das Eigentum an dem geförderten Grundstück, sieht das Gesetz die grundsätzliche Möglichkeit vor, dass der Erwerber in das Förderrechtsverhältnis, das durch die Förderzusage begründet wurde, eintritt, allerdings nur nach Maßgabe der in der Förderzusage hierzu getroffenen Bestimmungen (§ 13 Abs. 3 S. 2 WoFG). In diesem Fall haftet die öffentlich-rechtliche Verpflichtung dem Grundstück an und sie geht kraft Gesetzes auf den Erwerber über (*von Wehrs* in FPS WoFG § 13 Anm. 6). 9

§ 15 Abs. 2 S. 1 Nr. 2 GrStG macht das Bestehen der **Bindungen, wie sie sich aus der Förderzusage und dem WoFG ergeben**, zur Voraussetzung der Ermäßigung. Die sich aus den Förderbestimmungen ergebenden Bindungen **müssen in jedem Erhebungszeitraum innerhalb des Hauptveranlagungszeitraums bestehen.** Mit „bestehen" dürfte der Gesetzgeber zum Ausdruck bringen wollen, dass die Bindungen noch auf dem Fördergegenstand lasten. Das setzt vor allem voraus, dass die Förderzusage noch besteht (und nicht aufgehoben oder gekündigt worden ist, zB der Förder-VA wegen Zweckverfehlung nach § 49 Abs. 3 VwVfG widerrufen wurde). Nicht verlangt wird hingegen, dass die Bindungen auch tatsächlich eingehalten werden (was von der Finanzverwaltung auch nur schwer zu prüfen wäre, vgl. den entsprechenden – zur jetzigen Fassung – führenden Hinweis des BR in BT-Drs. 19/29637, 3). Für das Bestehen der Bindungen ist ausweislich des Wortlautes („für jeden Erhebungszeitraum innerhalb des Hauptveranlagungszeitraums") auf den gesamten Hauptveranlagungszeitraum (und nicht lediglich auf den einzelnen Erhebungszeitraum) abzustellen (aA womöglich *Krause* in Stenger/ Loose GrStG § 15 Rn. 44). Das ist rechtspolitisch zweifelhaft (die Gesetzesbegründung schweigt zu dem Grund hierfür): Die Maßgeblichkeit des gesamten Hauptveranlagungszeitraums hat nämlich folgende Konsequenzen: Bestehen die Bindungen nur im letzten Erhebungszeitraum eines Hauptveranlagungszeitraums nicht mehr, entfällt die Steuerermäßigung für alle davorliegenden Erhebungszeiträume eben dieses Hauptveranlagungszeitraums. Das dürfte selbst dann gelten, wenn die Förderzusage regulär ausläuft und nur deshalb die Bindungen nicht über den gesamten Hauptveranlagungszeitraum auf dem Grundstück lasten. Entfällt die Bindung wegen Aufhebung oder Kündigung der Förderzusage oder aufgrund eines Eigentumswechsels, weil die dingliche Rechtsnachfolge nach § 13 Abs. 3 S. 2 WoFG nicht greift (→ Rn. 9), mit Wirkung zu einem innerhalb des Hauptveranlagungszeitraums liegenden Zeitpunkt, dann stellt dies ein rückwirkendes Ereignis iSv § 175 Abs. 1 S. 1 Nr. 2 AO dar, dh der Grundsteuermessbescheid ist rückwirkend auf den vorangegangenen Hauptveranlagungszeitpunkt zu ändern (zur Anzeigepflicht in diesem Fall → GrStG § 19 Rn. 12). Tritt die Bindung während eines Hauptveranlagungszeitraums ein, ist dies ein Umstand, der erst anlässlich der nächsten Hauptveranlagung berücksichtigt werden kann. 10

Die Ermäßigung beträgt 25% in Bezug auf die Steuermesszahl (0,31 Promille ./. 25% = 0,2325 Promille). Fördergegenstand und Steuergegenstand müssen nicht 11

§ 15 GrStG Abschnitt II. Bemessung der Grundsteuer

vollständig deckungsgleich sein. Sofern sich die Förderung nur auf einen Teil des Steuergegenstandes bezieht, ist die Ermäßigung anteilig zu gewähren (§ 15 Abs. 2 S. 2 GrStG). Ein tauglicher Aufteilungsmaßstab dürfte insoweit die Fläche sein.

D. Ermäßigung für nach vormaligem Bundesrecht und den Landeswohnraumförderungsgesetzen geförderte Grundstücke (Abs. 3)

12   Das von § 15 Abs. 2 GrStG in Bezug genommene WoFG ist das geltende Fördergesetz des Bundes (→ Rn. 5). Es ist allerdings denkbar, dass auch in den Jahren 2025 und später noch Förderungen und Bindungen nach Maßgabe der Vorgängergesetze bestehen. In Betracht kommen das I. WoBauG und das II. WoBauG. Zudem hat der Bundesgesetzgeber mit der Föderalismusreform I (2006) die (konkurrierende) Gesetzgebungskompetenz für die soziale Wohnraumförderung verloren (Herausnahme aus Art. 74 Abs. 1 Nr. 18 GG). Es besteht insoweit nunmehr eine ausschließliche Landesgesetzgebungskompetenz (BT-Drs. 16/813, 13). Hiervon haben die Länder umfangreich Gebrauch gemacht (→ Rn. 13). **Das WoFG (des Bundes) gilt daher auch nur noch in den Bundesländern (fort), die das WoFG nicht durch eigene Wohnraumfördergesetze ersetzt haben** (Art. 125a Abs. 1 GG). Festzuhalten ist daher, dass jenseits des WoFG zwischenzeitlich eine Vielzahl von Fördergesetzen relevant sein kann. Dies alles setzt § 15 Abs. 3 GrStG voraus, wenn er die Förderung nach den bundesrechtlichen Altregelungen und den Landeswohnraumförderungsgesetzen der Förderung durch das WoFG „gleichstellt": Auf die nach diesen Regelungen geförderten Grundstücke ist § 15 Abs. 2 GrStG mit der Maßgabe anzuwenden, dass der Bezugspunkt des WoFG durch das jeweilige Bundes- oder Landesgesetz ersetzt wird. Es bleibt also dabei, dass ein bebautes Grundstück iSv § 249 Abs. 1 Nr. 1–4 BewG (→ Rn. 7) sowie eine Förderzusage vorliegen und die jeweiligen Bindungen in jedem Erhebungszeitraum des Hauptfeststellungszeitraums bestehen müssen (→ Rn. 10).

13   Landeswohnraumfördergesetze, die das WoFG ersetzt haben und für § 15 Abs. 3 GrStG von Bedeutung sind, sind zB:
- Gesetz über den Sozialen Wohnungsbau in Berlin v. 1.7.2011 (WoG Bln)
- Gesetz über die soziale Wohnraumförderung im Land Brandenburg v. 5.7.2019 (BbgWoFG)
- Bremisches Gesetz zur Sicherung der Zweckbestimmung von Sozialwohnungen v. 18.11.2008 (BremWoBindG)
- Gesetz über die Wohnraumförderung der Freien und Hansestadt Hamburg v. 19.2.2008 (HmbWoFG)
- Hessisches Wohnraumfördergesetz v. 13.12.2012 (HWoFG)
- Gesetz zur Förderung und Nutzung von Wohnraum für das Land Nordrhein-Westfalen v. 8.12.2009 (WFNG NRW)
- Landeswohnraumfördergesetz Rheinland-Pfalz v. 22.11.2013 (RPLWoFG)
- Gesetz über die Wohnraumförderung in Schleswig-Holstein v. 25.4.2009 (SHWoFG)
- Thüringer Wohnraumfördergesetz v. 31.1.2013 (ThürWoFG)

Die Landesgesetze weichen in ihren Fördervoraussetzungen teilweise sehr voneinander ab. Eine vergleichende Darstellung kann hier daher nicht erfolgen. Für § 15 Abs. 3 iVm Abs. 2 GrStG ist jedenfalls entscheidend, dass die Umsetzung der

Steuermesszahl für Grundstücke **§ 15 GrStG**

direkten Förderung (Darlehen oder Zuschüsse) im konkret-individuellen Einzelfall durch Förderzusagen erfolgt, die eine entsprechende Anwendung des § 15 Abs. 2 S. 1 Nr. 1 GrStG ermöglichen (s. § 11 Abs. 1 **Bbg**WoFG: Verwaltungsakt oder Vertrag; § 10 Abs. 4 **Hmb**WoFG: Verwaltungsakt oder Vertrag; § 12 Abs. 1 HWoFG: Verwaltungsakt oder Vertrag; § 10 Abs. 1 WFNG **NRW**: Verwaltungsakt oder Vertrag; § 7 Abs. 1 **RPL**WoFG: Verwaltungsakt oder Vertrag; § 5 Abs. 1 **SH**WoFG: Verwaltungsakt oder Vertrag; § 9 Abs. 1 **Thür**WoFG: Verwaltungsakt oder Vertrag) und denen die für die entsprechende Anwendung des § 15 Abs. 2 S. 1 Nr. 2 GrStG maßgeblichen Bindungen entnommen werden können.

E. Ermäßigung für bestimmte Wohnungsbaugesellschaften, -genossenschaften und -vereine (Abs. 4)

§ 15 Abs. 4 GrStG enthält eine **gegenüber den Abs. 2 und 3 subsidiäre** und 14
antragsgebundene (→ Rn. 23) **Steuermesszahlermäßigung** iHv 25 %, die ebenfalls **nur für bebaute Grundstücke iSv § 249 Abs. 1 Nr. 1–4 BewG** gilt (→ Rn. 7; die dortigen Ausführungen gelten entsprechend) und an bestimmte Eigentümer (Zurechnungssubjekte) anknüpft. Sind beide Voraussetzungen erfüllt, gilt die Ermäßigung für die gesamte wirtschaftliche Einheit und nicht lediglich für die Wohnfläche (Wortlaut: „wenn"). Diese Begünstigung lässt sich in Bezug auf § 15 Abs. 4 Nr. 2 u. 3 GrStG mit den gleichen Gründen rechtfertigen, die auch die Rechtfertigung der Gemeinnützigkeitsbegünstigungen im Allgemeinen (so bei Nr. 2) und die Begünstigung des § 5 Abs. 1 Nr. 10 KStG im Besonderen (so bei Nr. 3) tragen. Für die Fälle des Abs. 4 Nr. 1 wird der Gesetzgeber dies wohl ebenfalls unterstellen dürfen. Es geht in allen drei Fällen mithin um die Begünstigung solcher Wohnungsbaugesellschaften, -genossenschaften bzw. -vereine, die nach Ansicht des Gesetzgebers eine gemeinwohlorientierte Wohnraumüberlassung (idR Vermietung, aber auch Überlassung auf genossenschaftlicher Grundlage möglich) gewährleisten. Die Gesetzesbegründung führt hierzu aus: „Mit der Grundsteuervergünstigung sollen zusätzliche Investitionsanreize zur Schaffung von Wohnraum gesetzt werden und zielgenau die Bau- und Wohnungswirtschaft in denjenigen Fällen positiv beeinflusst werden, bei denen die günstige Versorgung der Bevölkerung mit Wohnraum Hauptzweck ist. Aus diesen Gründen umfasst die Grundsteuervergünstigung nur Wohnungsbaugesellschaften, die mehrheitlich von Gebietskörperschaften beherrscht werden und bei denen ein Gewinn durch Abführung an die jeweilige Gebietskörperschaft der kommunalen Daseinsvorsorge zugutekommt. Entsprechendes gilt für Wohnungsbaugesellschaften, die im Dienste der Allgemeinheit tätig werden und deshalb als gemeinnützig [...] anerkannt werden oder nach § 5 Abs. 1 Nr. 10 KStG steuerbefreit sind" (BT-Drs. 19/11085, 124). Die Bezugnahme auf „Investitionsanreize" irritiert allerdings, wenn man bedenkt, dass die Grundsteuer auf die Mieter überwälzt wird, und ergibt daher nur Sinn, wenn man unterstellt, dass wegen der niedrigeren Grundsteuer eine höhere Nettomiete verlangt werden kann.

Wohnungsbaugesellschaften, deren Anteile mehrheitlich von einer oder 15
mehreren Gebietskörperschaften gehalten werden und zwischen denen
und der Gebietskörperschaft oder den Gebietskörperschaften ein Gewinn-
abführungsvertrag besteht (Nr. 1): Das Zurechnungssubjekt muss eine Kapitalgesellschaft sein (anderenfalls wäre ein Gewinnabführungsvertrag nicht möglich).

§ 15 GrStG Abschnitt II. Bemessung der Grundsteuer

§ 15 Abs. 4 S. 1 Nr. 1 GrStG verlangt nicht, dass eine nach §§ 14ff. KStG anzuerkennende Organschaft vorliegt, sondern stellt allein darauf ab, dass Gebietskörperschaften mehrheitlich beteiligt sind (maßgeblich sind die Stimmrechte) und ein (wirksamer) Gewinnabführungsvertrag mit einer der beteiligten Gebietskörperschaften besteht. Gebietskörperschaften im staats-/verwaltungsrechtlichen Sprachgebrauch sind vor allem die Gemeinden und Kreise, aber auch Bund und Länder (*Becker* in Isensee/Kirchhof StaatsR-HdB § 230 Rn. 6; *Jestaedt* in HSV VerwR § 14 Rn. 27). Zum Teil kennen die Landesgesetze aber auch weitere Gebietskörperschaften.

16 Ein Gewinnabführungsvertrag ist ein Vertrag, in dem sich die beherrschte Gesellschaft verpflichtet, ihren ganzen Gewinn an ein anderes Unternehmen – hier die Gebietskörperschaft – abzuführen (§ 291 Abs. 1 S. 1 Alt. 2 AktG). Andere Unternehmensverträge sind für § 15 Abs. 4 S. 1 Nr. 1 GrStG nicht ausreichend. Ein Gewinnabführungsvertrag kann auch – davon geht auch § 15 Abs. 4 S. 1 Nr. 1 GrStG erkennbar aus – mit mehreren anderen Unternehmen (hier: Gebietskörperschaften) abgeschlossen werden (statt vieler nun *Hüffer/Koch* AktG § 291 Rn. 25). Diese Konstruktion ist allerdings nur noch sehr selten anzutreffen, da die §§ 14ff. KStG die sog. Mehrmütterorganschaft nicht mehr anerkennen (*Krumm* in Brandis/Heuermann KStG § 14 Rn. 13, 66). In der Praxis ist daher bei mehreren „beteiligten" Gebietskörperschaften eher die Zwischenschaltung einer (originär gewerblichen) Personengesellschaft anzutreffen, die als herrschendes Unternehmen den Gewinnabführungsvertrag abschließt. In Ansehung des § 15 Abs. 4 S. 1 Nr. 1 GrStG wirft dies die Frage auf, ob eine unmittelbare Beteiligungsmehrheit erforderlich ist oder ob auch eine mittelbare (über die Personengesellschaft vermittelte) Mehrheitsbeteiligung ausreichend ist. Da § 15 Abs. 4 S. 1 Nr. 1 GrStG ein „Halten" der Anteile durch die Gebietskörperschaft voraussetzt, dürfte nur eine unmittelbare Beteiligung dem Gesetz entsprechen. Dessen ungeachtet fehlt es in dem vorstehend genannten Beispiel (Gewinnabführungsvertrag wird von der Personengesellschaft mit dem Wohnungsbauunternehmen abgeschlossen) ferner an der ebenfalls vom Wortlaut vorausgesetzten Unmittelbarkeit der Vertragsbeziehung zwischen Gebietskörperschaft und Wohnungsbauunternehmen.

17 Liegen (unmittelbare) Mehrheitsbeteiligung (→ Rn. 16) und Gewinnabführungsvertrag vor, dann ist dies ausreichend. Durchführungsmängel dürften für § 15 Abs. 4 S. 1 Nr. 1 GrStG ohne Bedeutung sein, solange sie die Ernsthaftigkeit des Gewinnabführungsvertrages nicht insgesamt in Frage stellen.

18 **Wohnungsbaugesellschaften, die als gemeinnützig (→ GrStG § 3 Rn. 28ff.) anerkannt sind (Nr. 2):** Das Gesetz scheint sich auf den ersten Blick mit der „Anerkennung" zufrieden zu geben, was jedenfalls einen Feststellungsbescheid nach § 60a AO voraussetzt. Dieser Bescheid ist Grundlagenbescheid für den Grundsteuermessbescheid (vgl. *Seer* in Tipke/Kruse AO § 60a Rn. 5). Allerdings umfasst die Feststellungswirkung nur den sog. formalen satzungsmäßigen Gemeinnützigkeitsstatus. Ob die Körperschaft etc auch tatsächlich (satzungskonform) gemeinnützig handelt (sog. materielle Gemeinnützigkeit in Bezug auf die tatsächliche Geschäftsführung, vgl. § 63 AO), wird hingegen nicht festgestellt. Fraglich ist, ob § 15 Abs. 4 S. 1 Nr. 2 GrStG auch diese materielle Gemeinnützigkeit voraussetzt (so wie es auch die Grundsteuerbefreiung nach § 3 Abs. 1 Nr. 3 Buchst. b GrStG tut, → GrStG § 3 Rn. 29). Dies ist unseres Erachtens zu bejahen, da es anderenfalls allein auf die Förderwürdigkeit „auf dem Papier" ankommen würde. Daher muss im Grundsteuermessbetragsverfahren geprüft werden, ob die Wohnungsbaugesellschaft auch tatsächlich satzungskonform handelt.

Steuermesszahl für Grundstücke §15 GrStG

Wohnungsbaugenossenschaften/-vereine, die ihre Geschäftstätigkeit 19
**auf die in § 5 Abs. 1 Nr. 10 KStG genannten Bereiche beschränken und von
der Körperschaftsteuer befreit sind (Nr. 3):** Zurechnungssubjekt muss eine
Genossenschaft iSd GenG oder ein Verein iSv §§ 21f. BGB sein. Der Verweis auf
§ 5 Abs. 1 Nr. 10 Buchst. a und b KStG konkretisiert sodann die für die Grundsteuervergünstigung notwendige „Geschäftstätigkeit":

§ 5 KStG Befreiungen

(1) Von der Körperschaftsteuer sind befreit

[...]

10. Genossenschaften sowie Vereine, soweit sie
    a) Wohnungen herstellen oder erwerben und sie den Mitgliedern auf Grund eines Mietvertrags oder auf Grund eines genossenschaftlichen Nutzungsvertrags zum Gebrauch überlassen; den Wohnungen stehen Räume in Wohnheimen im Sinne des § 15 des Zweiten Wohnungsbaugesetzes gleich;
    b) im Zusammenhang mit einer Tätigkeit im Sinne des Buchstabens a Gemeinschaftsanlagen oder Folgeeinrichtungen herstellen oder erwerben und sie betreiben, wenn sie überwiegend für Mitglieder bestimmt sind und der Betrieb durch die Genossenschaft oder den Verein notwendig ist.

²Die Steuerbefreiung ist ausgeschlossen, wenn die Einnahmen des Unternehmens aus den in Satz 1 nicht bezeichneten Tätigkeiten 10 Prozent der gesamten Einnahmen übersteigen. ³Erzielt das Unternehmen Einnahmen aus der Lieferung von Strom aus Anlagen, für den es unter den Voraussetzungen des § 21 Absatz 3 des Erneuerbare-Energien-Gesetzes einen Anspruch auf Zahlung eines Mieterstromzuschlags hat, erhöht sich die Grenze des Satzes 2 für diese Einnahmen auf 20 Prozent, wenn die Grenze des Satzes 2 nur durch diese Einnahmen überschritten wird. ⁴Zu den Einnahmen nach Satz 3 gehören auch Einnahmen aus der zusätzlichen Stromlieferung im Sinne des § 42a Absatz 2 Satz 6 des Energiewirtschaftsgesetzes sowie Einnahmen aus der Einspeisung von Strom aus diesen Anlagen. ⁵Investierende Mitglieder im Sinne des § 8 Absatz 2 des Genossenschaftsgesetzes sind keine Mitglieder im Sinne des Satzes 1. ⁶Satz 1 ist auch auf Verträge zur vorübergehenden Unterbringung von Wohnungslosen anzuwenden, die mit juristischen Personen des öffentlichen Rechts oder mit Steuerpflichtigen im Sinne der Nummer 9, die Mitglied sind, abgeschlossen werden. ⁷Eine Einweisungsverfügung nach den Ordnungsbehördengesetzen der Länder steht dem Abschluss eines Vertrags im Sinne des Satzes 6 gleich;

...

Die begünstigte Tätigkeit iSv § 5 Abs. 1 Nr. 10 S. 1 KStG umfasst die Überlas- 20
sung von erworbenen oder selbst errichteten Wohnungen auf Grund eines Mietvertrags oder auf Grund eines genossenschaftlichen Nutzungsvertrags an die Mitglieder (bzw. deren Ehegatten oder Lebenspartner). Nicht begünstigt ist hingegen
die Überlassung von angemieteten Wohnungen (*Böwing-Schmalenbrock* in Brandis/
Heuermann KStG § 5 Rn. 219f.). Gemeinschaftsanlagen und Folgeeinrichtungen
iSv § 5 Abs. 1 Nr. 10 S. 1 Buchst. b KStG sind vor allem Heizungs-, Wasch- und
Trocknungsanlagen sowie Kindergärten etc (s. *Böwing-Schmalenbrock* in Brandis/
Heuermann KStG § 5 Rn. 221). § 15 Abs. 4 S. 1 Nr. 3 GrStG selbst enthält anders
als § 5 Abs. 1 Nr. 10 KStG keine Toleranzgrenze in Ansehung nicht begünstigter
Tätigkeiten (§ 5 Abs. 1 Nr. 10 S. 2 KStG: grundsätzlich 10% mit Sonderregelungen
für die Erzeugung geförderten Stroms in den Folgesätzen), bis zu deren Erreichen
eine partielle Steuerbefreiung gewährt wird (*Böwing-Schmalenbrock* in Brandis/
Heuermann KStG § 5 Rn. 224), sondern verlangt, dass die Geschäftstätigkeit auf
die in § 5 Abs. 1 Nr. 10 Buchst. a und b KStG genannten Bereiche beschränkt ist.

§ 15 GrStG Abschnitt II. Bemessung der Grundsteuer

Die Frage ist, ob der Gesetzgeber für die Grundsteuer wirklich strengere Maßstäbe anlegen will als für das Körperschaftsteuerrecht (und sich der Verweis wirklich nur auf die Tätigkeit iSv Buchst. a und b in dem im Gesetzeszitat nicht genannten „Satz 1" bezieht) oder ob er nicht vielmehr einen Gleichlauf zwischen Grundsteuerermäßigung und Körperschaftsteuerbefreiung herbeiführen wollte, er lediglich „ungeschickt" formuliert hat und eigentlich ein Verweis auf die gesamte Nr. 10 (also einschließlich der 10%-Unschädlichkeitsgrenze und vor allem einschließlich der Sonderregelungen für die Stromerzeugung) gewollt ist. Der Wortlaut lässt beide Deutungen zu. Die Entstehungsgeschichte spricht eher für einen Verweis auf die gesamte Nr. 10 (so stellt jedenfalls die Begründung zu § 15 Abs. 4 S. 1 Nr. 3 GrStG ohne weitere Differenzierung auf die Steuerbefreiung nach § 5 Abs. 1 Nr. 10 KStG ab, s. BT-Drs. 19/11085, 124). Auch aus praktischen Erwägungen – die immerhin als roter Faden das gesamte neue Recht durchziehen – dürfte ein Gleichlauf zwischen KStG und GrStG eher dem gesetzgeberischen Konzept entsprechen. Auch wenn die Entscheidung zur Körperschaftsteuer nicht für die Grundsteuer bindend ist und im Grundsteuermessbetragsverfahren § 5 Abs. 1 Nr. 10 KStG eigenständig geprüft werden muss, kann ein einheitliches Prüfungsprogramm gleichwohl die Entscheidungsfindung vereinfachen. Daher erfasst der Verweis den gesamten § 5 Abs. 1 Nr. 10 KStG.

21 Gemäß **§ 15 Abs. 4 S. 2 GrStG** wird die Steuerermäßigung für alle Erhebungszeiträume innerhalb eines Hauptveranlagungszeitraums gewährt, wenn die Voraussetzungen am Hauptveranlagungsstichtag vorlagen. Diese Regelung **koppelt die Steuerermäßigung an den Geltungsanspruch des Grundsteuermessbescheides:** Wegen § 16 Abs. 2 S. 1 GrStG beginnt die Steuerermäßigung letztlich immer erst zwei Kalenderjahre nach dem Hauptveranlagungszeitpunkt und gilt sodann für sieben Jahre. **Gleichwohl ist der Hauptveranlagungszeitpunkt,** der zwei Kalenderjahre vor Beginn des Hauptveranlagungszeitraums liegt (→ GrStG § 16 Rn. 12), **der für die Voraussetzungen des § 15 Abs. 4 S. 1 GrStG maßgebliche Stichtag** (wobei man unterstellen darf, dass der Gesetzgeber mit dem Hauptveranlagungsstichtag in § 15 Abs. 4 S. 2 GrStG den Hauptveranlagungszeitpunkt iSv § 16 Abs. 2 GrStG meint). Mit § 15 Abs. 4 S. 2 GrStG hat sich der Gesetzgeber für eine Stichtagsbetrachtung entschieden, sodass Änderungen (zB: keine Mehrheitsbeteiligung der Gebietskörperschaft mehr oder Beendigung des Gewinnabführungsvertrages bei Nr. 1, Aberkennung der Gemeinnützigkeit bei Nr. 2 oder Überschreitung der 10%-Grenze iSv § 5 Abs. 1 Nr. 10 S. 2 KStG bei Nr. 3), die nach dem Hauptveranlagungsstichtag eintreten, für den gesamten Hauptveranlagungszeitraum irrelevant sind. Änderungen, die zu einer Nichtmehrerfüllung der Voraussetzungen des § 15 Abs. 4 GrStG führen, wirken sich also erst zur nächsten Hauptveranlagung (und nicht schon zum nächsten Kalenderjahr) aus (aA wohl *Bock* in Grootens GrStG § 15 Rn. 79: Steuerpflichtige müsse nachweisen, dass die Voraussetzungen jedes Kalenderjahr vorgelegen haben). Für den umgekehrten Fall des erstmaligen Eintritts der Voraussetzungen des § 15 Abs. 4 GrStG gilt dies alles entsprechend. Auch hier gilt das Stichtagsprinzip mit der Folge, dass die Ermäßigung erstmals für den nächsten Hauptveranlagungszeitraum zu berücksichtigen ist (sofern die Voraussetzungen dann noch vorliegen). Eine solche Stichtagsregelung überrascht, da der Gesetzgeber für die übrigen grundsteuerlichen Vergünstigungen (vor allem die Steuerbefreiungen nach den §§ 3f. GrStG, → GrStG § 3 Rn. 21) bei unterjähriger Veränderung der Verhältnisse eine Aberkennung der Vergünstigung immer mit Wirkung für das nächste Kalenderjahr anordnet (verfahrensrechtlich über Fortschreibung oder Neuveranlagung zum 1.1. des Folgejahres). Aber der

Steuermesszahl für Grundstücke   **§ 15 GrStG**

Wortlaut des § 15 Abs. 4 S. 2 GrStG ist mit der Bezugnahme auf den Hauptveranlagungszeitpunkt und den Hauptveranlagungszeitraum eindeutig.

§ 15 Abs. 4 S. 2 GrStG statuiert eine **Nachweispflicht** für den Steuerpflichtigen. **22** Der Steuerpflichtige trägt mithin nicht nur die Feststellungslast in Ansehung der Voraussetzungen des § 15 Abs. 4 S. 1 GrStG, sondern eine Nachweislast. Das bedeutet zweierlei: Wird der geforderte Nachweis nicht geführt, wird die Rechtsfolge der Ermäßigung deshalb nicht zugesprochen, weil es an einer materiell-rechtlichen Voraussetzung fehlt. Zudem wird die Amtsermittlungspflicht eingeschränkt: Das, was der Steuerpflichtige nachzuweisen, jedoch nicht nachgewiesen hat, gilt schon deshalb als unerwiesen (vgl. BFH 5.12.2019 – II R 9/18, BFH/NV 2020, 949 Rn. 13; *Krumm* in Tipke/Kruse FGO § 76 Rn. 46).

Die Ermäßigung nach § 15 Abs. 4 GrStG wird nur auf **Antrag** gewährt. § 15 **23** Abs. 4 S. 2 GrStG sieht keine (materiell-rechtliche) zeitliche Begrenzung für die Antragstellung vor und ist daher – nach allgemeinen Grundsätzen – nur durch die verfahrensrechtlichen Regelungen der Änderbarkeit des das „gewählte Recht" verarbeitenden Verwaltungsakts (also der Bestandskraft) sowie die Regelungen über die Festsetzungsverjährung begrenzt (s. BFH 12.5.2015 – VIII R 14/13, BStBl. II 2015, 806 zu § 32d Abs. 6 EStG). Da der Antrag hier nur Verfahrenshandlung ist, stellt die nach Erlass des Verwaltungsaktes erfolgte Wahlrechtsausübung vor allem kein rückwirkendes Ereignis iSv § 175 Abs. 1 S. 1 Nr. 1 AO dar (vgl. allgemein zu Anträgen, die nur Verfahrenshandlung sind, zB BFH 12.5.2015 – VIII R 14/13, BStBl. II 2015, 806; aA *Heinen* DStR 2020, 361 [365 ff.]).

Entfallen die Voraussetzungen des § 15 Abs. 4 S. 1 GrStG (Beispiele → Rn. 21) **24** während des Hauptveranlagungszeitraums, ist dies nach § 19 Abs. 2 GrStG anzuzeigen (im Einzelnen → GrStG § 19 Rn. 12).

F. Ermäßigung für Baudenkmäler (Abs. 5)

§ 15 Abs. 5 GrStG bestimmt eine Ermäßigung der Steuermesszahl um 10%, **25** wenn sich auf dem Grundstück Gebäude befinden, die Baudenkmäler sind. Unter Geltung des alten Rechts gab es eine solche Steuermesszahlermäßigung nicht, allerdings nahm die Finanzverwaltung anlässlich der Bewertung einen Abschlag von mindestens 5% und maximal 10% vor (s. GLE 21.10.1985, BStBl. I 1985, 648). Der Gesetzgeber verzichtet im Interesse einer einfacheren Administrierbarkeit nunmehr auf eine individuelle Betrachtung, die nach vormaliger „Erlasslage" zumindest dann notwendig war, wenn ein Steuerpflichtiger mehr als die pauschal wegen der Denkmaleigenschaft gewährten 5% Abschlag geltend machte. Der vormalige Bewertungsabschlag wurde mit einem niedrigeren Verkehrswert aufgrund der typischerweise höheren Unterhaltungskosten gerechtfertigt. Der Finanzausschuss, auf den die Regelung in Abs. 5 zurückgeht, geht hingegen davon aus, dass sich denkmalschutzrechtliche Beschränkungen auf den Verkehrswert auswirken können, aber nicht müssen (BT-Drs. 19/14158, 17). Damit wird deutlich, dass die Norm ohne Rücksicht auf die Verkehrswertrelevanz denkmalschutzrechtlicher Beschränkungen einen Ausgleich für die Lasten des Steuerpflichtigen aufgrund der Denkmaleigenschaft eines Gebäudes gewähren soll. Das lässt sich rechtfertigen. Der Gesetzgeber erkennt an, dass die Erhaltung von Baudenkmälern im öffentlichen Interesse liegt. Mit der Ermäßigung nach § 15 Abs. 5 GrStG beteiligt der Gesetzgeber letztlich die Gemeinden ein Stück (sehr typisierend) an den denkmalschutzbedingten Unterhaltungskosten.

§ 15 GrStG Abschnitt II. Bemessung der Grundsteuer

26 Die **Ermäßigung wird nur für bebaute Grundstücke gewährt,** dh für Grundstücke iSv §§ 248, 249 BewG entsprechend der Abgrenzung zu unbebauten Grundstücken. Die im Grundsteuerwertbescheid getroffene Artfeststellung entfaltet insoweit Bindungswirkung für das Grundsteuermessbetragsverfahren.

27 **Was ein Baudenkmal ist, richtet sich nach Landesrecht,** also den Denkmalschutzgesetzen der Länder. Denkmalschutzrechtlich ist das Baudenkmal eine Denkmalgattung (in Abgrenzung zB zu Bodendenkmälern und Gründenkmälern, s. *Martin/Krautzberger,* Denkmalschutz und Denkmalpflege, Teil C Rn. 97 ff.). Der Begriff wird in den Landesdenkmalschutzgesetzen nicht einheitlich verwendet. In seinem Kern erfasst er zwar durchweg bauliche Anlagen, kann allerdings vom Landesgesetzgeber auch auf Garten- und Parkanlagen erstreckt worden sein (vgl. zB Art. 1 Abs. 2 S. 3 **BayDSchG**). Diese denkmalschutzrechtlichen Unterschiede der Landesgesetze schlagen allerdings nicht auf § 15 Abs. 5 GrStG durch, da dieser als spezifisch grundsteuerliche Voraussetzung verlangt, dass ein „Gebäude" vorliegt. Was ein Gebäude ist, richtet sich nach § 243 Abs. 1 Nr. 1 BewG. Dies ergibt sich aus dem Zusammenhang mit der Einleitungsvoraussetzung, wonach nur bebaute Grundstücke iSv §§ 248, 249 BewG von § 15 Abs. 5 GrStG erfasst werden. Das Wort „Gebäude" erfüllt in § 15 Abs. 5 GrStG mithin keine eigenständige Funktion, sondern ist nur Bezugspunkt für die Denkmaleigenschaft.

28 Die Kernfrage in Bezug auf das Tatbestandsmerkmal „Baudenkmal" ist, **ob das FA die Landesdenkmalschutzgesetze mit ihren Denkmalsbegriffen** (die voll justiziable unbestimmte Rechtsbegriffe sind, s. nur VGH Mannheim 23.7.1990 – 1 S 2998/89, NVwZ-RR 1991, 291; OVG Münster 30.7.1993 – 7 A 1038/92, BeckRS 9998, 28730; OVG Lüneburg 15.7.2014 – 1 LB 133/13, BeckRS 2014, 54108) **im Grundsteuermessbetragsverfahren selbst anwenden muss.** Denn anders als zB in § 7i Abs. 2 EStG fehlt das Erfordernis einer Bescheinigung der Denkmalschutzbehörde, der vom BFH sogar die Qualität eines nichtsteuerlichen Grundlagenbescheides zuerkannt wird (BFH 14.5.2014 – X R 7/12, BStBl. II 2015, 12 Rn. 32 ff.). Ohne eine entsprechende gesetzliche „Bescheinigungsregelung" **können daher Finanzbehörde und Finanzgericht nicht an eine gleichwohl ausgestellte Bescheinigung gebunden werden** (aA – aber ohne Begründung – *Krause* in Stenger/Loose GrStG § 15 Rn. 77). Der Gesetzgeber hat in Bezug auf § 15 Abs. 5 GrStG eine solche Bescheinigungslösung noch nicht einmal in Erwägung gezogen. Der Finanzausschuss verweist vielmehr auf die Denkmallisten und Denkmalbücher, die von den zuständigen Denkmalschutzbehörden geführt werden (BT-Drs. 19/14158, 17). Das mag ein pragmatischer Ansatz sein, der in den meisten Fällen zu einem richtigen Ergebnis führt. In juristischer – vor allem verwaltungsverfahrensrechtlicher – Hinsicht ist dieser Hinweis allerdings nur zum Teil brauchbar (→ Rn. 29).

29 Die **Landesdenkmalschutzgesetze folgen unterschiedlichen Inschutznahmesystemen:** In den meisten Bundesländern werden die Denkmäler kraft Gesetzes geschützt, wenn die gesetzlichen Merkmale eines Denkmals erfüllt sind, und die Eintragung in die Denkmalliste entfaltet keine Rechtswirkung (sog. **deklaratorisches System,** zB Art. 2 **Bay**DSchG; § 3 Abs. 1 **Bbg**DSchG; § 4 Abs. 1 DSchG **Bln;** § 11 **HD**SchG; § 5 **ND**SchG; § 10 Abs. 1 **RhPf**DSchG; § 10 Abs. 1 **Sächs**DSchG; § 3 Abs. 1 **Saar**DSchG; § 4 Abs. 1 **Thür**DSchG; für **BW** ferner VGH Mannheim 22.11.2019 – 1 S 2984/18, BeckRS 2019, 34069). Zum Teil ist allerdings zumindest vorgesehen, dass die Baudenkmaleigenschaft auf Antrag des Eigentümers durch Verwaltungsakt festzustellen ist (§ 4 Abs. 5 NdsDSchG). In NRW ist es demgegenüber erst die (bekannt zu gebende) Eintragung in die Denkmalliste, die ein dinglicher Verwaltungsakt ist und den Status als Denkmal (öffentlich-rechtliche

Eigenschaft) konstitutiv (und rechtssicher erkennbar) feststellt (**konstitutives System,** zB für § 3 **NW**DSchG vgl. OVG Münster 20.9.2011 – 10 A 2611/09, NWVBl. 2012, 149; OVG Münster 6.4.2013 – 10 A 671/11, BeckRS 2013, 53685). Damit offenbart sich die Schwäche der Gesetzesformulierung in § 15 Abs. 5 GrStG: In Bezug auf das **deklaratorische System** lässt sich zwar sagen, dass allein das Vorliegen der Denkmaleigenschaft für § 15 Abs. 5 GrStG ausreichend sein muss, allerdings bleibt die Frage unbeantwortet, wie zu verfahren ist, wenn die – in diesem System für die Denkmaleigenschaft nicht notwendige – Eintragung in die Denkmalliste nicht erfolgt ist. Kann das FA den Steuerpflichtigen darauf verweisen, dass er zuerst eine verbindliche Entscheidung der Denkmalschutzbehörde herbeiführen muss (zB in Niedersachsen bei verweigerter Feststellung nach § 4 Abs. 5 **Nds**DSchG die Verpflichtung der Behörde zum Erlass des feststellenden Verwaltungsaktes erstreitet)? Das wird man verneinen müssen. Denn aus § 15 Abs. 5 GrStG ergibt sich kein Vorrang denkmalschutzrechtlicher Entscheidungen. In Bezug auf das **konstitutive System** stellt sich die gleiche, allerdings in einem etwas anderen Gewande daherkommende Frage, ob § 15 Abs. 5 GrStG auf die abstrakten Voraussetzungen für eine Inschutznahme abstellt (also § 15 Abs. 5 GrStG zB durch die § 2 Abs. 1, Abs. 2 **NW**DSchG „ergänzt" wird) oder ob er tatbestandlich eine konkret-individuelle Entscheidung über die Denkmaleigenschaft voraussetzt. Richtig ist Letzteres. Das ergibt sich aus dem Zweck des § 15 Abs. 5 GrStG, der eine Kompensation für die im öffentlichen Interesse vom Eigentümer zu duldenden denkmalrechtlichen Beschränkungen (und damit verbundenen Mehraufwendungen) darstellen soll (→ Rn. 25) und dies setzt denknotwendig die konstitutiv wirkende Eintragung in die Denkmalschutzliste voraus (bzw. dem gleichgestellt die vorläufige Unterschutzstellung nach § 4 **NW**DSchG, welche die gleichen Rechtswirkungen wie die Eintragung in die Denkmalschutzliste auslöst, vgl. OVG Münster 18.5.1984 – 11 A 1776/83, DVBl. 1985, 403). Denn mit der Feststellung der öffentlich-rechtlichen Eigenschaft als Denkmal geht die Rechtsfolgewirkung der Unterschutzstellung und damit die Geltung der denkmalschutzrechtlichen Verfügungs-/Nutzungsbeschränkungen einher (s. OVG Münster 20.6.1991 – 7 A 23/90, NVwZ 1992, 991). Gerade das ist der entscheidende Unterschied zum deklaratorischen System, in dem die Verfügungs-/Nutzungsbeschränkungen bereits kraft Gesetzes gelten und auch den Eigentümer belasten, dessen Gebäude nicht in die Denkmalschutzliste eingetragen ist.

Die Ermäßigung beträgt 10% der Steuermesszahl. **Stehen auf einem Grund-** 30
stück nur ein Teil der Gebäude oder nur Teile eines Gebäudes iSd jeweiligen Landesdenkmalschutzgesetzes unter Denkmalschutz, so ist die Ermäßigung der Steuermesszahl entsprechend anteilig zu gewähren. Nach der Vorstellung des Gesetzgebers ist dabei idR auf das Verhältnis der Wohn-/Nutzfläche der nicht denkmalgeschützten Gebäude oder Gebäudeteile zur gesamten Wohn-/Nutzfläche abzustellen (BT-Drs. 19/14158, 17).

G. Verhältnis der Ermäßigungen zueinander

Die Steuermesszahlermäßigung nach § 15 Abs. 4 GrStG ist gegenüber den Er- 31
mäßigungen nach § 15 Abs. 2 und Abs. 3 GrStG nachrangig (vgl. Einleitungssatz des § 15 Abs. 4 GrStG). Eine Ermäßigung nach § 15 Abs. 2, Abs. 3 oder Abs. 4 GrStG kann mit der Ermäßigung nach § 15 Abs. 5 GrStG zusammentreffen. In diesem Fall sind die Ermäßigungen zu addieren (dh die Ermäßigung beläuft sich auf 25% + 10% = 35%, glA *Krause* in Stenger/Loose GrStG § 15 Rn. 86).

§ 16 Hauptveranlagung

(1) ¹Die Steuermeßbeträge werden auf den Hauptfeststellungszeitpunkt (§ 221 Absatz 2 des Bewertungsgesetzes *[bis 31.12.2024: § 21 Absatz 2 des Bewertungsgesetzes]*) allgemein festgesetzt (Hauptveranlagung). ²Dieser Zeitpunkt ist der Hauptveranlagungszeitpunkt.

(2) ¹Der bei der Hauptveranlagung festgesetzte Steuermeßbetrag gilt vorbehaltlich der §§ 17 und 20 von dem Kalenderjahr an, das zwei Jahre nach dem Hauptveranlagungszeitpunkt beginnt. ²Dieser Steuermeßbetrag bleibt unbeschadet der §§ 17 und 20 bis zu dem Zeitpunkt maßgebend, von dem an die Steuermeßbeträge der nächsten Hauptveranlagung wirksam werden. ³Der sich nach den Sätzen 1 und 2 ergebende Zeitraum ist der Hauptveranlagungszeitraum.

(3) Ist die Festsetzungsfrist (§ 169 der Abgabenordnung) bereits abgelaufen, so kann die Hauptveranlagung unter Zugrundelegung der Verhältnisse vom Hauptveranlagungszeitpunkt mit Wirkung für einen späteren Veranlagungszeitpunkt vorgenommen werden, für den diese Frist noch nicht abgelaufen ist.

Gilt allgemein nicht in **Baden-Württemberg** (dort § 41 BWLGrStG) und für Grundstücke nicht in **Bayern** (dort Art. 7 BayGrStG), **Hamburg** (dort § 7 HmbGrStG), **Hessen** (dort § 8 HGrStG) und **Niedersachsen** (dort § 9 NGrStG).

A. Allgemeines

I. Systematische Einordnung und Zweck der Vorschrift

1   Alle sieben Jahre wird bewertungsrechtlich eine Hauptfeststellung durchgeführt. Dies betrifft die Grundsteuerwertfeststellung. Eine regelmäßige Hauptfeststellung ist erforderlich, weil die Änderung der Wertverhältnisse überhaupt nicht und die Änderung der tatsächlichen Verhältnisse (im Übrigen) nur durch Fortschreibungen nach Maßgabe des § 222 BewG berücksichtigt werden (→ BewG § 221 Rn. 1 f.). § 16 GrStG knüpft an die bewertungsrechtliche Hauptfeststellung zu einem bestimmten Stichtag (Hauptfeststellungszeitpunkt) und ihre Geltung für einen bestimmten Zeitraum (Hauptfeststellungszeitraum) an und schafft die gesetzliche Grundlage für den Grundsteuermessbescheid, der ebenso wie der Grundsteuerwertbescheid Dauerverwaltungsakt ist (→ Rn. 12) und in regelmäßigen Abständen den Messbetrag auf einen bestimmten Stichtag (jeweils 1.1., → Rn. 4) für einen bestimmten Zeitraum (→ Rn. 12) – allerdings mit einer zeitlichen Geltungsverzögerung (→ Rn. 10) – festsetzt. Von einer solchen regelmäßig durchzuführenden Hauptveranlagung zu unterscheiden ist vor allem die Neuveranlagung, die ein bestimmtes Anpassungsereignis zwischen den Hauptveranlagungszeitpunkten voraussetzt. Verfahrensrechtlich steht der Grundsteuermessbescheid im mehrfach gestuften Verwaltungsverfahren zwischen dem Grundsteuerwertbescheid und dem Grundsteuerbescheid (→ Rn. 7; zum gestuften Verwaltungsverfahren bei der Grundsteuer im Allgemeinen → Grundlagen Rn. 45 ff.). Unter Umständen ist noch ein Zerlegungsbescheid notwendig, der im Verhältnis zum Grundsteuermessbescheid Folgebescheid ist (→ GrStG § 22 Rn. 5).

Hauptveranlagung **§ 16 GrStG**

II. Entwicklung der Vorschrift

§ 16 GrStG beruht auf dem Grundsteuerreformgesetz v. 7.8.1973 (→ Grundlagen Rn. 8, zu § 16 GrStG BT-Drs. VI/3418, 88f.) und ist § 13 GrStG 1936/1951 nachgebildet (→ Grundlagen Rn. 5f.). Die erste Hauptfeststellung der Einheitswerte des Grundbesitzes nach (damals) neuem Recht hätte auf den 1.1.1975 erfolgen sollen, fand aber nie statt (→ Grundlagen Rn. 7). Vielmehr blieben die auf den 1.1.1964 festgestellten Einheitswerte maßgeblich. Damit blieb § 16 GrStG zwangsläufig funktionslos. Das Grundsteuerreformgesetz v. 26.11.2019 (→ Grundlagen Rn. 13) hat § 16 GrStG unverändert gelassen, gab ihm allerdings mit der (unter Zugrundelegung des Bundesgrundsteuermodells verfassungsrechtlich alternativlosen) Reaktivierung des Konzepts regelmäßiger Hauptfeststellungen (§ 221 BewG) wieder einen „Sinn" – vorausgesetzt alle Beteiligten halten sich an die neue Rechtslage. 2

B. Festsetzung des Grundsteuermessbetrages auf den Hauptveranlagungszeitpunkt

Der Grundsteuermessbetrag (Anwendung der Steuermesszahl nach Maßgabe der §§ 13ff. GrStG) wird durch **Grundsteuermessbescheid** festgesetzt, dh er muss den Grundsteuermessbetrag der Höhe nach für einen bestimmten Steuergegenstand angeben. Das ergibt sich bereits aus § 184 Abs. 1 AO (iVm § 157 Abs. 1 S. 2 AO). Mit dem Grundsteuermessbescheid **wird zugleich über die persönliche und sachliche Steuerpflicht entschieden,** dh gegen den Steuermessbescheid kann ua der Streit über das Vorliegen von Steuerbefreiungstatbeständen nach §§ 3ff. GrStG ausgetragen werden (→ GrStG § 3 Rn. 5ff.). Des Weiteren sind im Grundsteuermessbescheid nach § 184 Abs. 1 S. 3 AO iVm § 121 Abs. 1 AO die wesentlichen Berechnungsgrundlagen anzuführen (BFH 12.2.2020 – II R 10/17, BStBl. II 2021, 535 Rn. 16). Mitzuteilen sind daher der Grundsteuerwert und die Steuermesszahl (aus diesen beiden Komponenten berechnet sich der Grundsteuermessbetrag, → GrStG § 13 Rn. 4). Schließlich muss im Grundsteuermessbescheid angegeben werden, wer Steuerschuldner (Zurechnungssubjekt des Steuergegenstandes) der Grundsteuer ist. Diese Feststellung wiederum ist dem Grundsteuerwertbescheid zu entnehmen, der insoweit Grundlagenbescheid ist (→ Rn. 7). 3

An den dergestalt konturierten – im Übrigen dem Steuerbescheid gleichgestellten (§ 184 Abs. 1 S. 3 AO) – Grundsteuermessbescheid knüpft § 16 Abs. 1 GrStG an und bestimmt, **dass der Steuermessbetrag zeitlich kongruent auf den Hauptfeststellungszeitpunkt festgesetzt wird** (zur Sonderrechtslage für die erste Feststellung nach neuem Recht → Rn. 11). Er gilt von diesem Zeitpunkt an für den sog. Hauptveranlagungszeitraum und damit – anders als zB bei der Gewerbesteuer – nicht bloß für ein Kalenderjahr, sondern für mehrere Kalenderjahre (zumindest konzeptionell für sieben Kalenderjahre, → Rn. 12). 4

Zuständig für den Erlass des Grundsteuermessbescheides ist das sog. Lagefinanzamt (s. §§ 22, 18 AO; zur Zuständigkeit → Grundlagen Rn. 43). Der Grundsteuermessbescheid muss dem Steuerschuldner bekannt gegeben werden (§ 122 AO). Grundsätzlich muss das Finanzamt den Bescheid mit dem Ziel der Bekanntgabe versenden. Allerdings ist eine **Delegation der Bekanntgabe an die Gemeinde (als Steuergläubiger) zulässig** (BFH 12.11.1992 – XI B 69/92, BStBl. II 1993, 263; *Brandis* in Tipke/Kruse AO § 184 Rn. 14). Entsprechende Delegationsermächtigungen enthalten zB § 9 Abs. 2 **BWKAG**, § 7 Abs. 4 **Sächs**KAG und 5

209

§ 16 GrStG
Abschnitt II. Bemessung der Grundsteuer

§ 3 Abs. 3 S. 2 KAG-**LSA**. Ohne eine solche (Landes-) Delegationsregelung darf das Finanzamt der Gemeinde weder den Erlass noch die Bekanntgabe eines von ihr hergestellten Grundsteuermessbescheides übertragen (BFH 23.4.1986 – I R 178/82, BStBl. II 1986, 880). Geschieht dies gleichwohl, ist der Grundsteuermessbescheid von der unzuständigen Behörde erlassen worden; dies macht ihn rechtswidrig, aber nicht nichtig (hM, s. BVerwG 29.9.1982 – 8 C 138/81, BVerwGE 66, 178; *Brandis* in Tipke/Kruse AO § 184 Rn. 14; *Ratschow* in Klein AO § 184 Rn. 8). Jedenfalls in der Konstellation, dass die Gemeinde einen vom FA hergestellten Grundsteuermessbescheid bekanntgibt, kommt es auf den Zuständigkeitsmangel nicht an, wenn das FA jedenfalls die Einspruchsentscheidung (fehlerfrei) bekanntgibt. Für die Konstellation des unzulässigerweise von der Gemeinde hergestellten Grundsteuermessbescheides hat der BFH die Frage offengelassen (BFH 12.11.1992 – XI B 69/92, BStBl. II 1993, 263).

6 Ein Grundsteuermessbescheid kann unter dem **Vorbehalt der Nachprüfung** (§ 164 AO, zB BFH 18.8.2004 – I B 87/04, BStBl. II 2005, 143) oder **vorläufig** (§ 165 AO) erlassen werden. Bestehen der Nachprüfungsbedarf oder die Ungewissheit indes nur in Bezug auf solche Fragen, die im Grundsteuerwertfeststellungsverfahren zu prüfen sind, dann sind Vorbehalt der Nachprüfung und Vorläufigkeitsvermerk allerdings beim Grundsteuerwertbescheid anzubringen. Wird dieser im Nachgang zur Prüfung oder Beseitigung der Ungewissheit geändert, ist auch der Grundsteuermessbescheid nach § 175 Abs. 1 S. 1 Nr. 1 AO zu ändern (→ Rn. 7).

7 Der **Grundsteuermessbescheid ist Folgebescheid im Verhältnis zum Grundsteuerwertbescheid** (BFH 25.11.2020 – II R 3/18, BFH/NV 2021, 820). Er ist typischerweise zeitlich nach dem Grundsteuerwertbescheid ergehen oder zumindest mit ihm zusammen (wodurch er seine Eigenständigkeit nicht verliert; es liegen auch dann zwei Verwaltungsakte vor). Der Grundsteuermessbescheid kann aber auch vor dem Grundsteuerwertbescheid erlassen werden (§ 155 Abs. 2 AO iVm § 184 Abs. 1 S. 3 AO, so BFH 8.10.1996 – I R 155/84, BFH/NV 1987, 564 zum Gewerbesteuermessbescheid; aA *Krause* in Stenger/Loose GrStG § 16 Rn. 21). Die Bindungswirkung des Grundsteuerwertbescheides erstreckt sich auf den Grundsteuerwert des Steuergegenstandes, das Zurechnungssubjekt und die Art des Steuergegenstandes (→ BewG § 219 Rn. 2). Verfahrensrechtlich wird diese Bindungswirkung sowohl durch §§ 17, 18 GrStG (im Falle von Fortschreibungen und Nachfeststellungen gem. §§ 222 f. BewG) als auch durch § 175 Abs. 1 S. 1 Nr. 1 AO (im Falle von Änderungen des Grundsteuerwertbescheides mit Wirkung für die Vergangenheit nach den allgemeinen Korrekturvorschriften) abgesichert (vgl. → BewG § 222 Rn. 37 ff.). **Der Grundsteuermessbescheid ist seinerseits wiederum Grundlagenbescheid im Verhältnis zum Grundsteuerbescheid** und einem ggf. zwischengeschalteten Zerlegungsbescheid (→ GrStG § 22 Rn. 5). Er entfaltet Bindungswirkung in Bezug auf die wirtschaftliche Einheit, das Zurechnungssubjekt (persönliche Steuerpflicht), das (Nicht-) Vorliegen sachlicher Steuerbefreiungen und den Messbetrag. Die Benennung der hebeberechtigten Gemeinde im Grundsteuermessbescheid entfaltet hingegen keine Bindungswirkung (so für die GewSt BFH 19.11.2003 – I R 88/02, BStBl. II 2004, 751; FG München 14.9.2017 – 13 K 3144/15, EFG 2019, 1610 [Rev. IV R 3/19]; *Ratschow* in Klein AO § 184 Rn. 6; aA BVerwG 30.12.1997 – 8 B 161/97, KStZ 1999, 34). Sofern kein Zerlegungs- oder Zuteilungsbescheid ergeht, ist über diese Frage allein bei Erlass des Grundsteuerbescheides zu entscheiden.

8 Die Bindungswirkung des Grundsteuermessbescheides wirkt gem. §§ 184 Abs. 1 S. 4, 182 Abs. 2 S. 1 AO auch gegenüber dem Rechtsnachfolger, auf den der Grundbesitz nach dem Veranlagungszeitpunkt übergegangen ist (sog. **dingliche**

Hauptveranlagung **§ 16 GrStG**

Wirkung, BFH 12.2.2020 – II R 10/17, BStBl. II 2021, 535 Rn. 17; *Brandis* in Tipke/Kruse AO § 184 Rn. 18).

Mehrere Zurechnungssubjekte: Ist ein Steuergegenstand mehreren Personen 9 zuzurechnen (zB Miteigentümern oder Gesamthändern bei Gesamthandsgemeinschaften ohne Teilrechtsfähigkeit, → BewG § 219 Rn. 37ff.), ist der Grundsteuermessbetrag ihnen gegenüber einheitlich festzusetzen (§ 179 Abs. 2 S. 2 AO iVm § 184 Abs. 1 S. 3 AO; *Ratschow* in Klein AO § 179 Rn. 22). § 183 AO findet Anwendung. Vor allem kommt die Bekanntgabe an einen Empfangsbevollmächtigten in Betracht (*Ratschow* in Klein AO § 184 Rn. 12). Über § 183 Abs. 4 AO ist ferner die vereinfachte Bekanntgabe an Ehegatten bzw. Lebenspartner oder Ehegatten bzw. Lebenspartner mit ihren Kindern nach § 122 Abs. 7 AO möglich. **Ist eine wirtschaftliche Einheit den Ehegatten etc. zuzurechnen** (man denke an je hälftiges Miteigentum der Ehegatten an einem Grundstück), **reicht es daher für die Bekanntgabe des Grundsteuermessbescheids an die Ehegatten etc. aus, wenn ihnen eine Ausfertigung unter ihrer gemeinsamen Anschrift übermittelt wird.** Die Norm enthält eine Ausnahme von der anderenfalls notwendigen Einzelbekanntgabe. Entscheidende Voraussetzung ist die gemeinsame Anschrift. Angaben im Steuererklärungsformular – hier: in der Erklärung zur gesonderten und einheitlichen Feststellung der Grundsteuerwerte – müssen die Ehegatten solange gegen sich gelten lassen, wie sie sie nicht korrigieren (FG Köln 26.3.2015 – 11 K 1429/14, EFG 2015, 1154; *Seer* in Tipke/Kruse AO § 122 Rn. 73). Von der Möglichkeit des § 122 Abs. 7 S. 1 AO darf kein Gebrauch gemacht werden, wenn die Ehegatten etc. die Einzelbekanntgabe beantragt haben oder wenn der Finanzbehörde bekannt ist, dass zwischen den Ehegatten etc. ernstliche Meinungsverschiedenheiten bestehen.

C. Zeitliche Geltung des Steuermessbetrages (Abs. 2)

I. Geltungsbeginn des Steuermessbetrages

1. Gesetzlicher Regelfall (Abs. 2 S. 1). Der historische Gesetzgeber hatte 10 Sorge, dass eine zeitliche Kongruenz von Hauptfeststellung (§ 221 BewG) und Hauptveranlagung (§ 16 Abs. 1 GrStG) die Gemeinden in ihrer Haushaltsplanung überfordert, die sich bereits auf Hebesätze festlegen müssten, ohne das Grundsteuermessbetragsvolumen zu kennen (s. RStBl. 1937, 717 [722]). Der Gesetzgeber hat sich im Grundsteuerreformgesetz vom 26.11.2019 diese Einschätzung offensichtlich zu eigen gemacht. Daher sieht § 16 Abs. 2 S. 1 GrStG (nach wie vor) eine **zeitliche Geltungsverzögerung für den Grundsteuermessbetrag** vor: Der festgesetzte Steuermessbetrag gilt grundsätzlich erst von dem Kalenderjahr an, das zwei Jahre nach dem Hauptveranlagungszeitpunkt beginnt.

Beispiel: Die auf den 1.1.2029 festgestellten Grundsteuerwerte und hieran anknüpfend dann ebenfalls auf den 1.1.2029 festgesetzten Grundsteuermessbeträge werden erst ab dem dritten Jahr nach dem 1.1.2029, also erst für den Erhebungszeitraum 2031 der Besteuerung zugrunde gelegt. Für die Übergangszeit (Jahre 2029 und 2030) werden der Besteuerung noch die Grundsteuerwerte und Grundsteuermessbeträge des vorangegangenen Hauptfeststellungs-/-veranlagungszeitraums zugrunde gelegt.

Die Geltungsverzögerung gilt nur für die Hauptveranlagung. Bei einer Neuveranlagung gilt sie nicht und dies selbst dann nicht, wenn die Neuveranlagung auf einen Hauptfeststellungszeitpunkt erfolgt. Das ist in den Fällen von Bedeutung, in

§ 16 GrStG
Abschnitt II. Bemessung der Grundsteuer

denen sich fortschreibungsrelevante Umstände im Jahr vor dem Hauptfeststellungszeitpunkt ändern und deshalb ungeachtet der Hauptfeststellung auch eine Fortschreibung durchzuführen ist (→BewG § 221 Rn. 7).

11 **2. Sonderfall: Erster Hauptveranlagungszeitpunkt auf den 1.1.2025.** Die erste Hauptfeststellung nach neuem Recht findet auf den 1.1.2022 (§ 266 Abs. 1 BewG) und dies für die Hauptveranlagung auf den 1.1.2025 statt (§ 36 GrStG). Da diese drei Jahre bereits ausreichend Zeit für eine Anpassung der Hebesätze gewähren, findet nicht zusätzlich auch noch die Geltungsverzögerung des § 16 Abs. 2 GrStG Anwendung; § 36 Abs. 2 GrStG schließt die Anwendung der Geltungsverzögerung für die Hauptveranlagung 2025 explizit aus. Bei der zweiten Hauptveranlagung nach neuem Recht gilt sodann allerdings § 16 Abs. 1 GrStG, dh der Hauptveranlagungszeitpunkt richtet sich nach dem nächsten Hauptfeststellungszeitpunkt. Dies ist der 1.1.2029 (1.1.2022 zzgl. sieben Jahre gem. § 221 BewG). Unter Berücksichtigung der Geltungsverzögerung des § 16 Abs. 2 S. 1 GrStG werden die anlässlich der zweiten Hauptveranlagung auf den 1.1.2029 festgesetzten Grundsteuermessbeträge der Besteuerung sodann ab dem Erhebungszeitraum 2031 zugrunde gelegt (→Rn. 10). Damit beträgt der erste Hauptveranlagungszeitraum (→Rn. 12) nicht sieben, sondern nur sechs Jahre und die auf den 1.1.2025 festgesetzten Grundsteuermessbeträge haben eine Geltungsdauer von sechs Jahren.

II. Geltungsdauer des Grundsteuermessbetrages (sog. Hauptveranlagungszeitraum, Abs. 2 S. 2)

12 Ein Grundsteuermessbescheid ergeht für den sog. **Hauptveranlagungszeitraum.** Dies ist der Zeitraum zwischen der ersten und letzten Geltung des Grundsteuermessbescheides. Hauptveranlagungszeitraum ist also nicht der Zeitraum zwischen den beiden Hauptveranlagungszeitpunkten, sondern der Zeitraum, der sich unter Beachtung der Geltungsverzögerung des § 16 Abs. 2 S. 1 GrStG ergibt. Denn § 16 Abs. 2 S. 3 GrStG verweist ausdrücklich auf die Sätze 1 und 2. Konzeptionell geht das Gesetz davon aus, dass alle sieben Jahre – jeweils auf den 1.1. – Hauptfeststellungen (§ 221 Abs. 1 BewG) und damit auch Hauptveranlagungen durchgeführt werden. Der Hauptveranlagungszeitraum muss also ebenfalls sieben Jahre betragen. Ungeachtet dieser (abstrakten) Vorgabe, stellt § 16 Abs. 2 S. 2 GrStG sicher, dass es im Falle einer etwaigen Missachtung dieser Vorgabe gleichwohl einen fortwirkenden Grundsteuermessbescheid gibt. Denn der Grundsteuermessbescheid bleibt bis zu dem Zeitpunkt maßgebend, von dem an der Steuermessbetrag der nächsten Hauptveranlagung wirksam wird (§ 16 Abs. 2 S. 2 GrStG). Der Grundsteuermessbescheid wird mithin nicht mit Ablauf des grundsätzlich auf sieben Jahre angelegten Hauptveranlagungszeitraums unwirksam – er wird weder gesetzlich befristet noch erledigt er sich in sonstiger Weise. Vielmehr ist seine Geltungswirkung formal auf „Ewigkeit" angelegt und er verliert seinen Geltungsanspruch erst (mit Wirkung für die Zukunft), wenn der Nachfolge-Grundsteuermessbescheid wirksam wird und die zwei Jahre des § 16 Abs. 2 S. 1 GrStG abgelaufen sind oder wenn – dies bringt das „unbeschadet des § 20 GrStG" in § 16 Abs. 2 S. 2 GrStG zum Ausdruck – er aufgehoben wird. Angesichts dieser zeitraumbezogenen Wirkung (vgl. als dieses Kriterium BVerwG 5.1.2012 – 8 B 62/11, NVwZ 2012, 510 Rn. 13) **ist der Grundsteuermessbescheid ein Dauerverwaltungsakt.** Die mehrjährige Geltungsdauer des Grundsteuermessbescheides hat allerdings keine steuerschuldrechtliche Relevanz. Die Grundsteuer entsteht vielmehr immer mit dem 1.1. eines Kalenderjahres (Jahressteuer, →GrStG § 9 Rn. 5ff.).

Hauptveranlagung § 16 GrStG

D. Festsetzungsfrist für den Grundsteuermessbescheid (ua Abs. 3)

Ein Grundsteuermessbescheid darf nicht mehr erlassen oder geändert werden, wenn **Festsetzungsverjährung** eingetreten ist (§ 184 Abs. 1 S. 3 AO iVm §§ 169 ff. AO). Für den Beginn der Festsetzungsfrist ist im Ausgangspunkt § 170 Abs. 1 AO maßgeblich, wonach die Festsetzungsverjährung mit Ablauf des Kalenderjahres beginnt, in dem die Grundsteuerschuld entstanden ist. **Unseres Erachtens ist allerdings auch die Anlaufhemmung nach § 170 Abs. 2 S. 1 Nr. 1 AO zu beachten**, da die Anzeigepflicht nach § 19 GrStG eine Anzeigepflicht im Sinne des § 170 Abs. 2 S. 1 Nr. 1 AO darstellt (str, → GrStG § 19 Rn. 11, 12). Die Festsetzungsverjährung beträgt im Regelfall vier Jahre (§ 169 Abs. 2 S. 1 Nr. 2 AO), verlängert sich aber bei Steuerverfehlungen (zehn Jahre bei Steuerhinterziehung, fünf Jahre bei leichtfertiger Steuerverkürzung, s. § 169 Abs. 2 S. 2 AO). 13

Der Ablauf der **Festsetzungsfrist ist für jeden 1.1. zu prüfen**. Denn ist die Festsetzungsfrist für den Hauptveranlagungszeitpunkt abgelaufen, darf gleichwohl ein Grundsteuermessbescheid mit Wirkung für nachfolgende Stichtage (jeweils 1.1.) erlassen werden und dies unter Zugrundelegung der Verhältnisse des (festsetzungsverjährten) Hauptveranlagungszeitpunktes (§ 16 Abs. 3 GrStG). Für die Hauptfeststellung enthält § 226 BewG eine Parallelregelung. Im Grunde wird der Grundsteuermessbescheid mit dem Inhalt erlassen, den er ohne Eintritt der Festsetzungsverjährung auch hätte, nur sein Geltungsanspruch beginnt erst mit dem ersten nicht festsetzungsverjährten Stichtag. 14

Beispiel: Die Hauptveranlagung auf den 1.1.01 ist unterblieben. Wenn dies in 06 festgestellt wird, kann eine Hauptveranlagung gleichwohl noch erfolgen, allerdings nur noch mit Wirkung von 02 an. Wenn man nämlich die Anwendung der vierjährigen Festsetzungsfrist ohne Anlaufhemmung unterstellt, ist für 01 mit Ablauf des 31.12.05 Festsetzungsverjährung eingetreten.

Treten vor dem Zeitpunkt, an dem die Hauptveranlagung nach Maßgabe des § 16 Abs. 3 GrStG erst Geltung beanspruchen kann, die Voraussetzungen für eine Neuveranlagung des Grundsteuermessbetrages ein, sind die geänderten Verhältnisse, wie sie am 1.1. des ersten nicht festsetzungsverjährte Kalenderjahres vorliegen, maßgeblich (entsprechend § 17 Abs. 4 GrStG, *Schneider* GrStG § 16 Ziff. 5; ebenso *Krause* in Stenger/Loose GrStG § 16 Rn. 82; *Troll/Eisele* GrStG § 16 Rn. 8).

E. Rechtsschutz gegen den Grundsteuermessbescheid

Der Grundsteuermessbescheid ist Verwaltungsakt und daher mit dem Einspruch beim Finanzamt bzw. der Anfechtungsklage beim Finanzgericht anzufechten (→ Grundlagen Rn. 60, 63, 65). **Einspruchs- bzw. klagebefugt ist nur der Steuerpflichtige** als Inhaltsadressat des Grundsteuermessbescheides; der **Mieter**, auf den die Grundsteuer überwälzt werden kann, **ist hingegen nicht einspruchs- bzw. klagebefugt** (→ Grundlagen Rn. 67). Ein Rechtsnachfolger, der über §§ 184 Abs. 1 S. 4, 182 Abs. 2 S. 1 AO an den Grundsteuermessbescheid gebunden ist, tritt in eine noch laufende Einspruchsfrist ein. War die Frist bereits abgelaufen, wirkt dies auch ihm gegenüber (§ 353 AO). War bei Eintritt der Einzelrechtsnachfolge bereits ein Einspruchs- oder Klageverfahren anhängig, ist zur Gewährleistung einer 15

§ 16 GrStG Abschnitt II. Bemessung der Grundsteuer

einheitlich wirkenden Entscheidung der Rechtsnachfolger hinzuzuziehen (§ 360 Abs. 3 AO) bzw. beizuladen (§ 60 Abs. 3 FGO). Tritt wegen Tod des Steuerpflichtigen Gesamtrechtsnachfolge ein, gilt hingegen § 155 FGO iVm §§ 239, 246 ZPO. Aufgrund des **Grundlagen-Folgebescheid-Verhältnisses** ist die Anfechtungsbeschränkung nach § 351 Abs. 2 AO (ggf. iVm § 42 FGO) zu beachten. Die gegen einen Grundsteuermessbescheid gerichtete Anfechtungsklage kann daher insbesondere nicht auf das Vorbringen gestützt werden, der Grundsteuerwert, welcher der Festsetzung des Grundsteuermessbetrages zugrunde gelegt wurde, sei zu hoch (BFH 4.8.2005 – II B 40/05, BFH/NV 2005, 1983). Einwände gegen die Wert-, aber auch Art- und Zurechnungsfeststellungen müssen gegen den Grundsteuerwertbescheid vorgebracht werden. Gegen den Grundsteuermessbescheid können damit praktisch nur folgende Einwände erhoben werden: (1) Eine Steuerbefreiung nach §§ 3 ff. GrStG wurde zu Unrecht nicht bzw. nicht im gebotenen Umfang berücksichtigt oder (2) § 15 GrStG wurde in Ansehung des maßgeblichen Messbetrages unrichtig angewandt. Der Steuerpflichtige muss daher genau bedenken, welchen Verwaltungsakt er mit welcher Begründung anficht. Dies gilt vor allem dann, wenn zwei Verwaltungsakte in einem Dokument miteinander verbunden worden sind, zB der Grundsteuerwertbescheid und der Grundsteuermessbescheid. Einspruch und Klage sind zwar (rechtsschutzgewährend) auszulegen. Dies ist allerdings nicht grenzenlos möglich. Insbesondere bei rechtskundigen Personen ist die Rechtsprechung hier zurückhaltend (vgl. zB FG Hessen 25.6.2007 – 3 V 1228/06, BeckRS 2007, 26023904).

16 Im Verhältnis von zwei Hauptveranlagungs-Grundsteuermessbescheiden zueinander gilt § 351 Abs. 1 AO (ggf. iVm § 42 FGO) nicht, dh der anlässlich der Folgehauptveranlagung ergehende Grundsteuermessbescheid eröffnet wieder die Anfechtung in vollem Umfang (soweit keine Bindungswirkung des Grundsteuerwertbescheides besteht, → Rn. 15). Denn es liegt keine Änderung iSv § 351 Abs. 1 AO vor. Vielmehr löst der neue Hauptveranlagungs-Grundsteuermessbescheid den vorherigen Bescheid, der für die vorangegangenen Zeiträume weiterhin Geltung beansprucht, lediglich ab.

17 Der Grundsteuermessbescheid ist gem. § 361 Abs. 1 AO sofort vollziehbar. Einspruch und Anfechtungsklage haben mithin keine aufschiebende Wirkung. Vorläufiger Rechtsschutz muss außergerichtlich über einen Aussetzungsantrag beim Finanzamt (§ 361 Abs. 2 AO) und im Falle der Erfolglosigkeit beim Finanzgericht nach § 69 FGO gesucht werden. Wird die Vollziehung des Grundsteuermessbescheides ausgesetzt, dann ist auch die Vollziehung des Grundsteuerbescheides als Folgebescheid auszusetzen (§ 361 Abs. 3 AO).

18 Ertrags- und Verwaltungskompetenz fallen beim Grundsteuermessbetragsverfahren – ebenso wie beim Grundsteuerwertfeststellungsverfahren (→ Grundlagen Rn. 42 f.) – auseinander, weshalb sich die Frage stellt, **wie die Gemeinde ihre Interessen gegenüber der Landesfinanzbehörde wahren kann.** § 21 Abs. 3 FVG gewährt den Gemeinden zumindest einen **Anspruch auf Auskunft, Akteneinsicht und Teilnahme an Außenprüfungen,** die von der Landesfinanzbehörde durchgeführt werden (Einzelheiten *Krumm* in Tipke/Kruse FVG § 21 Rn. 2 ff.). Eine Rechtsschutzmöglichkeit der Gemeinde unmittelbar gegen den Grundsteuermessbescheid, die diese für rechtswidrig erachtet, besteht hingegen grundsätzlich nicht. **Die Gemeinde ist insoweit grundsätzlich nicht klagebefugt** (BFH 30.1.1976 – III R 60/74, BStBl. II 1976, 426; BFH 21.6.2017 – IV B 8/16, BFH/NV 2017, 1323). § 40 Abs. 3 FGO gesteht ihr eine Klagebefugnis nur ausnahmsweise für den Fall zu, dass Zurechnungssubjekt und damit

Neuveranlagung **§ 17 GrStG**

Schuldner der Grundsteuer das eben diese Grundsteuer verwaltende Bundesland ist. Die Regelung ist auf die denkbare Interessenkollision zugeschnitten, die sich ergeben kann, wenn die Finanzbehörde des Bundeslandes A für den Erlass von Grundsteuerwert- und Grundsteuermessbescheid zuständig ist, die eine Grundsteuerschuld dieses Bundeslandes A betreffen. Erfasst sind die unmittelbare und die mittelbare Schuldnerschaft des Bundeslandes. Letztere wird allerdings eng verstanden und erfasst nur den Fall, dass ein Land öffentlich-rechtlich verpflichtet ist, die Abgabenschuld eines Dritten zu erfüllen. Für § 40 Abs. 3 FGO nicht ausreichend ist hingegen, dass das Bundesland an einer Kapitalgesellschaft beteiligt ist, die Grundsteuerschuldner ist (BFH 17.10.2001 – I B 6/01, BStBl. II 2002, 91). Der weitreichende Ausschluss der Klagebefugnis jenseits dieser besonderen Konstellation des § 40 Abs. 3 FGO ist verfassungsgemäß. Es liegt weder eine Verletzung des Art. 19 Abs. 4 GG, des Art. 106 Abs. 6 GG noch des Art. 28 Abs. 2 GG (kommunale Finanzhoheit) vor (BVerfG 30.6.1976 – 2 BvR 475/76; BFH 30.1.1976 – III R 60/74, BStBl. II 1976, 426; 21.6.2017 – IV B 8/16, BFH/NV 2017, 1323).

Auch auf der Sekundärebene stehen der Gemeinde grundsätzlich keine 19 **Ansprüche wegen einer fehlerhaften Grundsteuermessbetragsfestsetzung zu** (BVerwG 15.6.2011 – 9 C 4/10, BVerwGE 140, 34: kein Folgenbeseitigungsanspruch, kein Anspruch auf Schadensersatz analog § 280 BGB; OLG Köln 6.7.2017 – 7 U 185/16, BeckRS 2017, 151678: kein Amtshaftungsanspruch nach § 839 BGB).

§ 17 Neuveranlagung

(1) **Wird eine Wertfortschreibung (§ 222 Absatz 1 des Bewertungsgesetzes** *[bis 31.12.2024: § 22 Absatz 1 des Bewertungsgesetzes]* **) oder eine Artfortschreibung oder Zurechnungsfortschreibung (§ 222 Absatz 2 des Bewertungsgesetzes** *[bis 31.12.2024: § 22 Absatz 2 des Bewertungsgesetzes]* **) durchgeführt, so wird der Steuermeßbetrag auf den Fortschreibungszeitpunkt neu festgesetzt (Neuveranlagung).**

(2) **Der Steuermeßbetrag wird auch dann neu festgesetzt, wenn dem Finanzamt bekannt wird, daß**
1. **Gründe, die im Feststellungsverfahren über den Grundsteuerwert** *[bis 31.12.2024: Einheitswert]* **nicht zu berücksichtigen sind, zu einem anderen als dem für den letzten Veranlagungszeitpunkt festgesetzten Steuermeßbetrag führen oder**
2. **die letzte Veranlagung fehlerhaft ist; § 176 der Abgabenordnung ist hierbei entsprechend anzuwenden; das gilt jedoch nur für Veranlagungszeitpunkte, die vor der Verkündung der maßgeblichen Entscheidung eines obersten Gerichts des Bundes liegen.**

(3) ¹**Der Neuveranlagung werden die Verhältnisse im Neuveranlagungszeitpunkt zugrunde gelegt.** ²**Neuveranlagungszeitpunkt ist**
1. **in den Fällen des Absatzes 1 der Beginn des Kalenderjahres, auf den die Fortschreibung durchgeführt wird;**
2. **in den Fällen des Absatzes 2 Nr. 1 der Beginn des Kalenderjahres, auf den sich erstmals ein abweichender Steuermeßbetrag ergibt.** ²**§ 16 Abs. 3 ist entsprechend anzuwenden;**

§ 17 GrStG   Abschnitt II. Bemessung der Grundsteuer

3. in den Fällen des Absatzes 2 Nr. 2 der Beginn des Kalenderjahres, in dem der Fehler dem Finanzamt bekannt wird, bei einer Erhöhung des Steuermeßbetrags jedoch frühestens der Beginn des Kalenderjahres, in dem der Steuermeßbescheid erteilt wird.

(4) Treten die Voraussetzungen für eine Neuveranlagung während des Zeitraums zwischen dem Hauptveranlagungszeitpunkt und dem Zeitpunkt des Wirksamwerdens der Steuermeßbeträge (§ 16 Abs. 2) ein, so wird die Neuveranlagung auf den Zeitpunkt des Wirksamwerdens der Steuermeßbeträge vorgenommen.

Gilt nicht in **Baden-Württemberg** (dort § 42 BWLGrStG) und für Grundstücke nicht in **Hessen** (dort §§ 9, 12 HGrStG). In **Bayern** wird die Regelung ergänzt durch Art. 7 BayGrStG, in **Hamburg** durch § 7 HmbGrStG und in **Niedersachsen** durch § 9 NGrStG.

Übersicht

		Rn.
A.	Allgemeines	1
	I. Systematische Einordnung und Zweck der Regelung	1
	II. Entwicklung der Vorschrift	2
B.	Neuveranlagung aus Anlass einer Fortschreibung nach § 222 BewG (Abs. 1)	3
C.	Neuveranlagung aufgrund geänderter Umstände, die im Grundsteuermessbetragsverfahren zu berücksichtigen sind (Abs. 2 Nr. 1)	7
D.	Neuveranlagung zur Fehlerbeseitigung (Abs. 2 Nr. 2)	10
E.	Reguläre Neuveranlagungszeitpunkte (Abs. 3)	14
F.	Neuveranlagungsnotwendigkeit während der Geltungsverzögerung nach § 16 Abs. 2 S. 1 GrStG (Abs. 4)	19
G.	Festsetzungsfrist bei Neuveranlagung	20
H.	Änderung des Grundsteuermessbetrages nach den allgemeinen Änderungsvorschriften	21
I.	Rechtsschutz bei Neuveranlagung	23

A. Allgemeines

I. Systematische Einordnung und Zweck der Regelung

1   **§ 17 GrStG ist eine Ermächtigungs-/Anspruchsgrundlage zur Ersetzung eines bereits existierenden Grundsteuermessbescheides** mit Wirkung ab einem bestimmten Zeitpunkt, ohne dass der Geltungsanspruch des ersetzten Grundsteuermessbescheides bis zum Ersetzungszeitpunkt beseitigt wird (existiert noch kein Grundsteuermessbescheid liegt ein Fall der Nachveranlagung nach § 18 GrStG vor, → GrStG § 18 Rn. 3 f.). Die Regelung trägt dem besonderen Charakter als Dauerverwaltungsakt Rechnung. Das Gesetz spricht in Anknüpfung an den Terminus „Hauptveranlagung" (§ 16 GrStG) hier von „Neuveranlagung". Im Unterschied zur Hauptveranlagung wird mittels Neuveranlagung der Regelungsgehalt des Grundsteuermessbescheides an Veränderungen zwischen den Hauptveranlagungszeitpunkten angepasst (→ GrStG § 16 Rn. 1). Es wird dafür ein neuer Steuermessbescheid erlassen. § 17 GrStG unterscheidet – ebenso wie § 222 BewG für den Grundsteuerwertbescheid und seine Feststellungen – zwischen (1) einer Neuveranlagung, mit der einer Änderung der tatsächlichen Verhältnisse seit Erlass des (letz-

Neuveranlagung **§ 17 GrStG**

ten) Grundsteuermessbescheides Rechnung getragen werden muss (sei es, dass diese Änderungen in einem Fortschreibungsbescheid berücksichtigt worden sind [Abs. 1, Rn. 3 ff.], sei es, dass diese Änderungen Umstände betreffen, die im Grundsteuermessbetragsverfahren zu prüfen sind [Abs. 2 Nr. 1, → Rn. 7 ff.]) und (2) einer Neuveranlagung, mit der ein fehlerhafter Grundsteuermessbescheid in tatsächlicher und/oder rechtlicher Hinsicht an das Gesetz angepasst werden kann (Abs. 2 Nr. 2, → Rn. 10 ff.). Die Unterscheidung hat vor allem für den Zeitpunkt, auf den eine Neuveranlagung vorzunehmen ist, Bedeutung (→ Rn. 14 ff.). Ansonsten verfolgen alle Tatbestände des § 17 GrStG das gleiche Anliegen: **Ziel der Neuveranlagung ist stets die Herbeiführung eines rechtmäßigen Zustandes** (FG Berlin-Brandenburg 11.6.2014 – 3 K 3312/10, EFG 2014, 1708). Der neue Grundsteuermessbescheid muss also mit dem Gesetz übereinstimmen – sei es in materieller Hinsicht, soweit das Gesetz im Messbetragsverfahren anzuwenden ist, oder sei es in formeller Hinsicht, soweit ein Grundlagenbescheid für den Grundsteuermessbescheid Bindungswirkung erzeugt. Neben § 17 GrStG können ferner die für Steuerbescheide geltenden Berichtigungs-/Änderungsvorschriften der Abgabenordnung Anwendung finden (→ Rn. 21 f.).

II. Entwicklung der Vorschrift

§ 17 beruht auf dem Grundsteuerreformgesetz v. 7.8.1973 (→ Grundlagen 2 Rn. 8) und ist in Ansehung seines Absatz 1 dem § 14 GrStG 1936/1951 (damals noch: „Fortschreibungsveranlagung") nachgebildet (→ Grundlagen Rn. 5 f.). Absatz 2 wurde neu geschaffen und Abs. 3 dem § 22 Abs. 3 BewG nachgebildet (BT-Drs. VI/3418, 89). Mit dem Grundsteuerreformgesetz vom 26.11.2019 (→ Grundlagen Rn. 13) wurden lediglich die normativen Verweise in § 17 GrStG (auf die Fortschreibung nach § 222 BewG) angepasst. Das JStG 2020 v. 21.12.2020 (BGBl. 2020 I 3096) hat ferner den Einheitswert durch den Grundsteuerwert ersetzt. Inhaltlich ist die Norm durch die Grundsteuerreform 2019 unverändert geblieben.

B. Neuveranlagung aus Anlass einer Fortschreibung nach § 222 BewG (Abs. 1)

Wird eine Wert-, Art- und/oder Zurechnungsfortschreibung durchgeführt, 3 muss der in einem bereits existierenden (→ Rn. 1) Grundsteuermessbescheid festgesetzte Grundsteuermessbetrag neu festgesetzt werden. **Grundvoraussetzung einer Neuveranlagung nach § 17 Abs. 1 GrStG ist mithin eine wirksame Fortschreibung** einer im Grundsteuerwertbescheid getroffenen Feststellung nach § 222 BewG. Dass die Fortschreibungsentscheidung angefochten ist, hindert die Neuveranlagung nicht. Denn Einspruch und Klage haben keine aufschiebende Wirkung (§ 361 Abs. 1 AO und § 69 Abs. 1 FGO). Mit der **Fortschreibung ändert sich beginnend mit dem Fortschreibungszeitpunkt der Regelungsgehalt des für den Grundsteuermessbescheid bindenden Grundsteuerwertbescheides. Für Zeiträume, die vor dem Fortschreibungszeitpunkt liegen, wird der Grundsteuermessbescheid damit nicht rechtswidrig.** Die Anpassungspflicht, die mit § 17 Abs. 1 GrStG verfahrensrechtlich verwirklicht wird, gilt erst ab dem Fortschreibungszeitpunkt und dementsprechend bestimmt § 17 Abs. 3 S. 2 Nr. 1 GrStG folgerichtig eben diesen Fortschreibungszeitpunkt auch zum Neu-

§ 17 GrStG Abschnitt II. Bemessung der Grundsteuer

veranlagungszeitpunkt, also zu dem Zeitpunkt, in dem der geänderte Grundsteuermessbetrag wirksam wird (→ Rn. 15).

4 Bei einer **bloßen Zurechnungsfortschreibung** (zB im Anschluss an den Übergang des Eigentums auf einen neuen Eigentümer) **erfolgt in der Regel nur in Bezug auf die Angabe des neuen Steuerschuldners** eine Veränderung des Regelungsgehaltes (zu Ausnahmen in Bezug auf Steuerbefreiungen und Ermäßigungen → Rn. 6). Grundsätzlich gilt die Rechtsnachfolgeanordnung der §§ 184 Abs. 1 S. 4, 182 Abs. 2 S. 1 AO und § 17 Abs. 1 GrStG durchbricht diesen Grundsatz nur in Ansehung der Zurechnungsentscheidung. Der übrige notwendige Inhalt des Grundsteuermessbescheids (→ GrStG § 16 Rn. 3, 7) entfaltet hingegen weiterhin dingliche Wirkung und bindet den neuen Eigentümer. Dabei bindet der Grundsteuermessbescheid den neuen Eigentümer nur in Ansehung des festgesetzten Grundsteuermessbetrages und nicht in Bezug auf dessen Berechnungsgrundlagen. Der BFH scheint dies hingegen anders zu sehen. Er formuliert nämlich weitergehend, dass die Bindungswirkung auch die Feststellung über den Wert und die Art der wirtschaftlichen Einheit sowie die Steuermesszahl als wesentliche Berechnungsgrundlage erfasse (BFH 12.2.2020 – II R 10/17, BStBl. II 2021, 535). Das ist indes unpräzise. Der Grundsteuerwert und die Artfeststellung entfalten nämlich bereits aufgrund des ebenfalls mit dinglicher Wirkung ausgestatten Grundsteuerwertbescheides ihre Verbindlichkeit gegenüber dem Rechtsnachfolger (→ BewG § 219 Rn. 9). **Einwendungen gegen Grundsteuerwert und Artfeststellung bleiben daher wegen des Grundlagenbescheides anlässlich der Neuveranlagung ungehört.** Die Steuermesszahl wiederum ist richtigerweise nur eine unselbstständige Besteuerungsgrundlage. Das Ergebnis des BFH ist aber zutreffend: Der Rechtsnachfolger kann anlässlich der wegen einer Zurechnungsfortschreibung zu erfolgenden Neuveranlagung nach § 17 GrStG nicht verlangen, dass auch (noch einmal) über die anzuwendende Steuermesszahl entschieden wird (BFH 12.2.2020 – II R 10/17, BStBl. II 2021, 535, die Entscheidung ist zu § 41 GrStG aF ergangen; *Troll/Eisele* GrStG § 17 Rn. 2; aA *Bock* in Grootens GrStG § 17 Rn. 27), sofern die veränderte Zurechnung nicht (zugleich) auch die Entscheidung über die Steuermesszahl als solche beeinflusst (→ Rn. 6).

5 Die Zurechnungsfortschreibung hat sowohl gegenüber dem alten wie auch dem neuen Zurechnungssubjekt zu erfolgen (→ BewG § 222 Rn. 20). Entsprechendes muss auch für den Steuermessbescheid gelten (ebenso *Bock* in Grootens GrStG § 17 Rn. 26; *Troll/Eisele* GrStG § 17 Rn. 2). Denn es muss nicht nur der Steuermessbetrag gegenüber dem neuen Zurechnungssubjekt verbindlich werden, sondern zugleich auch der vormalige Adressat aus der Bindungswirkung ab dem Neuveranlagungszeitpunkt entlassen werden. Der alte Steuermessbescheid erledigt sich nämlich nicht allein dadurch, dass gegenüber einer anderen Person (dem neuen Zurechnungssubjekt) ein neuer Steuermessbescheid ergeht.

6 Fortschreibungen nach § 222 BewG können wegen ihrer Bindungswirkung für den Grundsteuermessbescheid wie folgt relevant sein:
– Eine **Wertfortschreibung** beeinflusst zwangsläufig die Höhe des Steuermessbetrages.
– Durch eine **Zurechnungsfortschreibung** kann – ungeachtet der immer anzupassenden Person des Steuerschuldners (→ Rn. 4) – erstmals ein **Steuerbefreiungstatbestand vor allem nach § 3 GrStG** (zum Grundsatz der formalen Rechtsträgeridentität in Ansehung von Zurechnungssubjekt und unmittelbar Nutzendem → GrStG § 3 Rn. 10ff.), aber auch nach § 4 Nr. 5 GrStG (→ GrStG § 4 Rn. 34ff.) und § 4 Nr. 6 GrStG (→ GrStG § 4 Rn. 45ff.), verwirklicht wer-

Neuveranlagung § 17 GrStG

den. Wird nicht der gesamte Steuergegenstand für steuerbegünstigte Zwecke genutzt und ist die Frage der Steuerbefreiung nicht bereits durch eine Reduzierung des Grundsteuerwertes berücksichtigt worden (→ GrStG § 3 Rn. 5f.), dann ist die Steuermesszahl entsprechend (anteilig) zu reduzieren (im Falle einer vollständigen Nutzung für steuerbegünstigte Zwecke hat hingegen eine Aufhebung nach § 20 GrStG zu erfolgen (→ GrStG § 20 Rn. 3).

– Infolge einer **Zurechnungsfortschreibung** können die Voraussetzungen des **§ 15 Abs. 4 GrStG** entfallen bzw. erstmals eintreten. Denn die Ermäßigung knüpft an besondere Eigenschaften der Zurechnungssubjekte an (allerdings → GrStG § 15 Rn. 21 zur besonderen Stichtagsregelung für diese Messzahlermäßigung: Wegfall erst zum nächsten Hauptveranlagungszeitraum).

– Eine **Artfortschreibung** kann die Voraussetzungen der **Ermäßigungen nach § 15 Abs. 2–5 GrStG** beeinflussen, da zum Teil nur bebaute Grundstücke (so bei der Ermäßigung für Baudenkmäler, → GrStG § 15 Rn. 26) und zum Teil sogar nur bebaute Grundstücke iSv § 249 Abs. 1 Nr. 1–4 BewG (so bei der besonderen Wohnraumförderung, → GrStG § 15 Rn. 7, 12) begünstigt sind. Zumindest bei § 15 Abs. 5 GrStG (Ermäßigung für Baudenkmäler) ist eine isolierte Relevanz der Artfortschreibung denkbar. Man denke nur an den Fall, dass das Denkmal „niederbrennt" und fortan ein nicht mehr begünstigtes unbebautes Grundstück vorliegt. Bei der besonderen Wohnräumförderung werden sich mit einer Änderung der Grundstücksart typischerweise auch andere ermäßigungsrelevante Umstände ändern bzw. müssen sich ändern, damit die Ermäßigung erreicht wird (bei § 15 Abs. 2, Abs. 3 GrStG muss die Förderzusage etc hinzukommen), und es liegen dann zugleich (insoweit) auch die Voraussetzungen des § 17 Abs. 2 Nr. 1 GrStG vor.

C. Neuveranlagung aufgrund geänderter Umstände, die im Grundsteuermessbetragsverfahren zu berücksichtigen sind (Abs. 2 Nr. 1)

Der Steuermessbetrag wird neu festgesetzt, wenn dem Finanzamt bekannt wird, 7 dass die Gründe, die im Feststellungsverfahren über den Grundsteuerwert nicht zu berücksichtigen sind, zu einem anderen als dem für den letzten Veranlagungszeitpunkt festgesetzten Steuermessbetrag führen (§ 17 Abs. 2 Nr. 1 GrStG). **„Gründe" iSv § 17 Abs. 2 Nr. 1 GrStG sind die tatsächlichen bzw. rechtlichen Umstände,** die messbetragsrelevant sind (also die Höhe des Grundsteuermessbetrages beeinflussen) und nicht bereits in einem anderen Verwaltungsverfahren zu berücksichtigen sind bzw. berücksichtigt werden können und dort auch berücksichtigt wurden (→ Rn. 8). **Der Grundsteuermessbescheid wird durch die Änderung der Umstände,** die materiell-rechtlich zum nächsten 1.1. (s. § 9 GrStG) zu einer Veränderung des festzusetzenden Steuermessbetrages führen, **für die Vergangenheit nicht rechtswidrig.** Bis zum 31.12. des Jahres, in dem sich die Umstände verändert haben, bleibt er vielmehr rechtmäßig und wird gerade deshalb auch nur mit Wirkung für die Zukunft geändert.

Die **Gründe iSv § 17 Abs. 2 Nr. 1 GrStG müssen solche sein, die eigen-** 8 **ständig im Grundsteuermessbetragsverfahren zu prüfen sind.** Die Beschränkung auf dieses Prüfungsprogramm ist in Anbetracht des gestuften Verwaltungsverfahrens konsequent. Denn die Gründe, die im Grundsteuerwertfeststel-

§ 17 GrStG Abschnitt II. Bemessung der Grundsteuer

lungsverfahren zu prüfen sind, sollen bereits über § 17 Abs. 1 GrStG zu einer materiell-rechtlichen richtigen Neuveranlagung führen. Da es im Einzelfall durchaus vorkommen kann, dass ein „Grund" sowohl auf Ebene des Grundsteuerwertfeststellungsverfahrens als auch des Grundsteuermessbetragsverfahrens eigenständig (!) rechtlich relevant ist, müsste es freilich in § 17 Abs. 2 Nr. 1 GrStG richtigerweise heißen, dass Gründe eine Neuveranlagung nach dieser Norm rechtfertigen, „soweit" sie im Feststellungsverfahren über den Grundsteuerwert nicht zu berücksichtigen sind (zutreffend FG Berlin-Brandenburg 11.6.2014 – 3 K 3312/10, EFG 2014, 1708). **Kein Grund iSv § 17 Abs. 2 Nr. 1 GrStG ist eine Änderung des Grundsteuerwertes, der wegen Nichterreichens der Fortschreibungsgrenze (15.000 EUR) keine Wertfortschreibung auslöst.** Insoweit ist § 222 Abs. 1 BewG die speziellere, abschließende Regelung (ebenso *Troll/Eisele* GrStG § 17 Rn. 3).

9 Die denkbaren Anwendungsfälle des § 17 Abs. 2 Nr. 1 GrStG sind überschaubar:
– **Veränderung der Nutzung in Bezug auf steuerbegünstigte Tätigkeiten nach §§ 3, 4 GrStG,** sofern die Steuerbefreiungsfrage nicht bereits anlässlich der Feststellung des Grundsteuerwertes berücksichtigt worden ist (→ GrStG § 3 Rn. 5f.);
– Eintritt und (zumindest theoretisch denkbar) Ende der **Baudenkmalseigenschaft iSv § 15 Abs. 5 GrStG** (→ GrStG § 15 Rn. 27f.).

Liegt einer dieser Gründe vor, ist eine Neuveranlagung auch dann durchzuführen, wenn der nächste 1.1. ein Hauptveranlagungszeitpunkt ist (Beispiel: Der Umfang der Nutzung zu steuerbegünstigten Zwecken verändert sich im Jahr 2028). Denn anderenfalls würde die Änderung der tatsächlichen Umstände wegen der Geltungsverzögerung nach § 16 Abs. 2 S. 1 GrStG (→ GrStG § 16 Rn. 10) erst zwei Jahre später Eingang in die Grundsteuerfestsetzung finden. Es findet daher auf den Hauptveranlagungszeitpunkt sowohl eine Neuveranlagung als auch eine Hauptveranlagung statt (vgl. → BewG § 221 Rn. 7, die dortigen Ausführungen gelten für das Verhältnis Hauptveranlagung und Neuveranlagung entsprechend). Lediglich für den Fall, dass die Änderung zwischen dem Hauptveranlagungszeitpunkt und dem späteren Geltungszeitpunkt (iSv § 16 Abs. 2 GrStG) eintritt (Beispiel: Der Umfang der Nutzung zu steuerbegünstigten Zwecken verändert sich im Jahr 2029), sieht § 17 Abs. 4 GrStG (als Sondervorschrift) vor, dass die Änderung erst auf den Geltungszeitpunkt vorzunehmen ist (im Beispiel: auf den 1.1.2031, statt auf den 1.1.2030, → Rn. 19).

D. Neuveranlagung zur Fehlerbeseitigung (Abs. 2 Nr. 2)

10 Gemäß § 17 Abs. 2 Nr. 2 GrStG wird der Steuermessbetrag neu festgesetzt, wenn dem Finanzamt bekannt wird, dass die letzte Veranlagung fehlerhaft ist („Neuveranlagung zur Fehlerbeseitigung", BFH 12.2.2020 – II R 10/17, BStBl. II 2021, 535). Die Fehler im Steuermessbetrag können aus allen Umständen resultieren, die nicht im Feststellungsverfahren über den Grundsteuerwert (dann nämlich: fehlerbeseitigende Fortschreibung nach § 222 Abs. 3 BewG, → BewG § 222 Rn. 22ff.), aber durch eine Neuveranlagung des Steuermessbetrags beseitigt werden können (BFH 12.2.2020 – II R 10/17, BStBl. II 2021, 535). Ein **Fehler ist jede objektive Unrichtigkeit,** also sowohl ein tatsächlicher als auch rechtlicher Fehler (zB eine unzutreffende Steuermesszahl). Auch Rechtsanwendungsfehler (unzutreffende Gesetzesauslegung, unzutreffende Subsumtion) in Kenntnis des

220

Neuveranlagung **§ 17 GrStG**

vollen Sachverhaltes sind beachtlich. Dieser **weite Fehlerbegriff** folgt daraus, dass der Gesetzgeber dort, wo er nur bestimmte Fehler als Anlass für eine Durchbrechung der Bestandskraft ausreichen lassen will, dies auch zum Ausdruck bringt (zB in § 173 AO „Tatsachen"). Wenn das Gesetz aber – wie in § 17 Abs. 2 Nr. 2 GrStG – nur von „fehlerhaft" spricht, schließt dies alle Fehlergründe ein (FG Thüringen 17.1.1996 – I 109/95, EFG 1996, 668). **Unerheblich ist** schließlich auch, **wodurch der Fehler verursacht wurde**, ob der Fehler unmittelbar aus dem Steuermessbescheid ersichtlich ist und ob sich der Fehler zugunsten oder zuungunsten des Steuerschuldners auswirkt (BFH 29.11.1989 – II R 53/87, BStBl. II 1990, 149; BFH 12.2.2020 – II R 10/17, BStBl. II 2021, 535). Insoweit gilt für § 17 Abs. 2 Nr. 2 GrStG nichts anderes als für § 222 Abs. 3 BewG auch (→ BewG § 222 Rn. 23). Neuveranlagungszeitpunkt ist grundsätzlich der Beginn des Kalenderjahres, in dem der Fehler dem Finanzamt bekannt wird (→ Rn. 17).

§ 17 Abs. 2 Nr. 2 GrStG erklärt § 176 AO für entsprechend anwendbar. Das betrifft vor allem **Rechtsprechungsänderungen**: Gemäß § 176 Abs. 1 S. 1 Nr. 3 AO darf ua nicht zuungunsten des Steuerpflichtigen berücksichtigt werden, dass sich die Rechtsprechung eines obersten Gerichtshofes des Bundes (BFH, BVerwG, BGH etc, im Folgenden nur: BFH) geändert hat, die bei der bisherigen Steuerfestsetzung von der Finanzbehörde angewandt worden ist (die Nrn. 1 und 2 des § 176 Abs. 1 AO dürften für die Grundsteuer nicht relevant sein und werden hier ausgeblendet). Die Regelung setzt den allgemeinen rechtstheoretischen Grundsatz voraus, dass ein Gericht, das seine Rechtsprechung ändert, kein neues Recht schafft, sondern nur erkennt, wie das geltende Recht schon immer zu verstehen war (BVerwG 22.10.2009 – 1 C 26/08, BVerwGE 135, 137 Rn. 16). Gleichwohl steht es dem BFH zu und ist von ihm aus grundrechtlicher Sicht (Vertrauensschutz) auch zwingend zu erwägen, ob er seine geänderte Rechtsprechung erst für die Zukunft gelten lassen will (s. *Krumm* in Tipke/Kruse FGO § 110 Rn. 52 mwN). Gilt die neue Rechtsprechung hingegen auch für die Vergangenheit, dann ist ein Grundsteuermessbescheid selbst dann fehlerhaft, wenn er im Zeitpunkt seines Erlasses im Einklang mit der Rechtsprechung des BFH stand, der BFH das Gesetz aber später in neuer Weise auslegt bzw. anwendet, die zu einer nicht gesetzeskonformen Grundsteuermessbetragsfestsetzung führt. In diesem Fall muss nach § 17 Abs. 2 Nr. 2 GrStG iVm § 176 Abs. 1 S. 1 Nr. 3 AO danach differenziert werden, ob die Rechtsprechungsänderung sich zugunsten oder zuungunsten des Steuerpflichtigen auswirkt: **Eine fehlerbeseitigende Neuveranlagung zugunsten des Steuerpflichtigen** (die Rechtsprechungsänderung hat also einen Fehler zu seinen Ungunsten aufgedeckt) ist **stets zulässig. Zulasten des Steuerpflichtigen darf eine Rechtsprechungsänderung hingegen nicht berücksichtigt werden**, dh zugunsten des Steuerpflichtigen ist die vormalige Rechtsprechung des BFH zugrunde zu legen. Voraussetzung ist allerdings stets, dass sich die – nicht zwingend „ständige" – Rechtsprechung geändert hat. Dies ist nach einer gängigen Formulierung des BFH (nur) der Fall, wenn ein im Wesentlichen gleichgelagerter Sachverhalt nunmehr anders entschieden wird als bisher (BFH 15.11.2017 – I R 55/15, BStBl. II 2018, 287 Rn. 29). Der BFH scheint dabei weniger auf den abstrakten Rechtssatz abzustellen und mehr dessen Anwendung auf eine bestimmte (abstrakte) Sachverhaltskonstellation in den Blick zu nehmen. Einigkeit besteht jedenfalls darin, dass eine bisher noch nicht geklärte Rechtslage nicht zur Anwendung des § 176 AO führen kann. Das betrifft ua die Fälle, in denen sich eine Rechtsprechung erst allmählich entwickelt und konkretisiert hat bzw. präzisiert worden ist (BFH

11

§ 17 GrStG Abschnitt II. Bemessung der Grundsteuer

10.6.2008 – VIII R 79/05, BStBl. II 2008, 863). Auch ein obiter dictum ist nicht ausreichend (*Rüsken* in Klein AO § 176 Rn. 17a).

12 Liegt eine Rechtsprechungsänderung im vorstehenden Sinne vor, sind freilich zwei bedeutsame Einschränkungen des § 176 Abs. 1 S. 1 Nr. 3 AO zu beachten. Die erste ergibt sich aus § 176 Abs. 1 AO selbst: Die Norm setzt eine Rechtsprechungsänderung vor Erlass des Änderungsbescheides (hier: des Neuveranlagungsbescheides iSv § 17 GrStG) voraus. § 176 AO gilt also nicht, wenn sich die Rechtsprechung erst nach Erlass des Neuveranlagungsbescheides ändert, dh wenn die Finanzbehörde die „Rechtsprechungsänderung zu ihren Gunsten" bereits antizipiert hat und diese dann den Neuveranlagungsbescheid letztlich nachträglich legitimiert (BFH 11.4.2002 – V R 26/01, BStBl. II 2004, 317; *Rüsken* in Klein AO § 176 Rn. 18). Die zweite Einschränkung enthält § 17 Abs. 2 Nr. 2 2. Hs GrStG: Die Anwendung des § 176 AO gilt nur für Neuveranlagungszeitpunkte, die vor der Verkündung der maßgeblichen Entscheidung eines obersten Gerichtshofs des Bundes liegen. Die Maßgeblichkeit des Verkündungszeitpunktes muss unter dem Gesichtspunkt des von § 17 Abs. 2 Nr. 2 GrStG iVm § 176 AO bezweckten Vertrauensschutzes überraschen. Richtigerweise wird man auf den Veröffentlichungszeitpunkt abstellen müssen, dh typischerweise auf den Zeitpunkt der Veröffentlichung der Entscheidung auf der Homepage des BFH. Für das Jahr der Veröffentlichung ist die Fehlerhaftigkeit des Grundsteuermessbescheides mithin noch hinzunehmen, aber spätestens auf den nächsten 1.1. darf eine fehlerberichtigende Neuveranlagung durchgeführt werden (sofern der Neuveranlagungsbescheid noch im Jahr der Veröffentlichung der BFH-Entscheidung ergeht → Rn. 17).

13 Eine zweite bedeutsame Vertrauensschutzkonstellation ist in § 176 Abs. 2 AO normiert, die ebenfalls von § 17 Abs. 2 Nr. 2 GrStG in Bezug genommen wird: **Bei einer fehlerberichtigenden Neuveranlagung darf nicht zuungunsten des Steuerpflichtigen berücksichtigt werden, dass eine allgemeine Verwaltungsvorschrift der Bundesregierung** (gemeint sind die Richtlinien iSv Art. 108 Abs. 7 GG), **einer obersten Bundes- oder Landesbehörde** (im Bereich der Grundsteuer ausschließlich Erlasse der obersten Landesbehörden, nicht hingegen OFD-Verfügungen [BFH 28.10.1992 – X R 117/89, BStBl. II 1993, 261] oder eine bloße Verwaltungsübung [BFH 29.8.2012 – I R 65/11, BStBl. II 2013, 555 Rn. 25]) **von einem obersten Gerichtshof des Bundes als nicht mit dem geltenden Recht in Einklang stehend bezeichnet worden ist.** Es ist dabei nicht erforderlich, dass der oberste Gerichtshof die Verwaltungsvorschrift ausdrücklich für gesetzwidrig erklärt hat. Es genügt vielmehr, dass sich die sachlich-rechtlichen Aussagen der Verwaltungsvorschrift einerseits und des Urteils des Gerichtshofs andererseits widersprechen (BFH 27.8.2014 – II R 43/12, BStBl. II 2015, 241 Rn. 27). Zum Teil werden auch obiter dicta für ausreichend befunden (so *von Wedelstädt* in Gosch AO § 176 Rn. 37; zu Recht skeptisch hingegen *Rüsken* in Klein AO § 176 Rn. 27). Es geht um die Konstellation, dass in einer der vorstehend genannten Verwaltungsvorschriften eine für den Steuerpflichtigen günstige Auffassung vertreten worden ist und dies von der Rechtsprechung ausdrücklich für nicht rechtens erklärt wird. Auch insoweit wirkt die „bessere Erkenntnis" zurück, weil im Anschluss an die Entscheidung des obersten Gerichtshofs des Bundes feststeht, wie das Gesetz von Anfang an zu verstehen war (→ Rn. 11). Nicht von § 176 Abs. 2 AO wird hingegen die Konstellation erfasst, dass die Verwaltung von sich aus ihre Auffassung ändert, es also an einer höchstrichterlichen Überprüfung fehlt (BFH 22.7.1987 – I R 224/83, BStBl. II 1987, 842). Zudem verneint die Rechtsprechung einen Vertrauensschutz nach § 176 Abs. 2 AO dann, wenn die Verfügung

Neuveranlagung **§ 17 GrStG**

schon bei ihrem Erlass in einem klaren Widerspruch zur Rechtsprechung stand. Sofern § 176 Abs. 2 AO über § 17 Abs. 2 Nr. 2 GrStG Anwendung findet, ist sodann allerdings die in der letztgenannten Norm formulierte zeitliche Einschränkung zu beachten: Die Anwendung des § 176 AO gilt nur für Neuveranlagungszeitpunkte, die vor der Verkündung der maßgeblichen Entscheidung eines obersten Gerichtshofs des Bundes liegen (insoweit gelten die Ausführungen in → Rn. 12 aE entsprechend).

E. Reguläre Neuveranlagungszeitpunkte (Abs. 3)

Der Neuveranlagung werden die Verhältnisse im – nach Maßgabe des § 17 **14** Abs. 3 S. 2 GrStG in Abhängigkeit vom einschlägigen Neuveranlagungstatbestand zu bestimmenden (→ Rn. 15 ff.) – Neuveranlagungszeitpunkt zugrunde gelegt (§ 17 Abs. 3 S. 1 GrStG). Der **Neuveranlagungszeitpunkt ist der Zeitpunkt, ab dem der geänderte Regelungsgehalt des Steuermessbescheides** (also die Neuveranlagung) **wirksam wird** (BT-Drs. VI/3418, 89).

Erfolgt eine **Neuveranlagung zur Anpassung an eine Fortschreibung** (§ 17 **15** Abs. 1 GrStG) entspricht der Neuveranlagungszeitpunkt dem Fortschreibungszeitpunkt (§ 17 Abs. 3 S. 2 Nr. 1 GrStG). Der Fortschreibungsbescheid ist mithin (auch) in Ansehung des Fortschreibungszeitpunktes bindend. Dies gilt nur dann nicht, wenn die Neuveranlagung auf diesen Zeitpunkt deshalb nicht durchgeführt werden kann, weil für den Grundsteuermessbescheid bereits Festsetzungsverjährung eingetreten ist (also weder § 170 Abs. 10 AO im Verhältnis zum Fortschreibungsbescheid noch § 180 Abs. 5 AO im Verhältnis zum Grundsteuerbescheid „hilft", → Rn. 20). Das dürfte freilich ein sehr seltener Fall sein, der eigentlich nur eintreten kann, wenn die Notwendigkeit einer Neuveranlagung im Nachgang zum Erlass des Fortschreibungsbescheides über längere Zeit in Vergessenheit gerät. Allerdings wird man auf diese Konstellation – auch wenn die Norm in § 17 Abs. 3 S. 2 Nr. 1 GrStG anders als in Nr. 2 nicht genannt ist –, § 16 Abs. 3 GrStG entsprechend anwenden können, dh die Neuveranlagung kann auf den ersten nicht festsetzungsverjährten 1.1. erfolgen (→ GrStG § 16 Rn. 14). Sofern man dies anders sehen will, wäre eine Neuveranlagung dann ausgeschlossen und die Anpassung an die Fortschreibung könnte erst mit der nächsten Hauptveranlagung vollzogen werden.

Für die **Neuveranlagung nach § 17 Abs. 2 Nr. 1 GrStG** (→ Rn. 7 ff.) ist Neu- **16** veranlagungszeitpunkt der Beginn des Kalenderjahres, auf den sich erstmals ein abweichender Steuermessbetrag ergibt (§ 17 Abs. 3 S. 2 Nr. 2 GrStG). Dies ist nach § 9 GrStG der 1.1. des Kalenderjahres, das auf die Änderung der tatsächlichen bzw. rechtlichen (messbetragsrelevanten) Umstände (→ Rn. 7) folgt. Dabei heißen Veränderungen, die direkt mit Beginn eines 1.1. eintreten, noch zum Vorjahr, dh sie sind auf diesen 1.1. bereits zu berücksichtigen (→ GrStG § 9 Rn. 3). Der Gesetzgeber hat in § 17 Abs. 3 S. 2 Nr. 2 GrStG explizit die Anwendung des § 16 Abs. 3 GrStG angeordnet: Kann die Neuveranlagung wegen Eintritts der Festsetzungsverjährung zum Neuveranlagungszeitpunkt nicht vorgenommen werden, dann hat sie zumindest auf den ersten nicht festsetzungsverjährten 1.1. zu erfolgen (→ GrStG § 16 Rn. 14).

Für die **fehlerberichtigende Neuveranlagung** (§ 17 Abs. 2 Nr. 2 GrStG, **17** → Rn. 10 ff.) differenziert § 17 Abs. 3 S. 2 Nr. 3 GrStG hinsichtlich des Neuveranlagungszeitpunktes zwischen einer Fehlerbeseitigung zugunsten des Steuerpflichtigen einerseits und zu seinen Lasten andererseits. **Zugunsten des Steuerpflichtigen ist**

§ 17 GrStG Abschnitt II. Bemessung der Grundsteuer

eine Neuveranlagung auf den Beginn des Kalenderjahres (1.1.) vorzunehmen, in dem der Fehler dem Finanzamt bekannt wird. Es bedarf mithin keines Antrages des Steuerpflichtigen, allerdings dürfte es in den meisten Fällen erst ein Tätigwerden des Steuerpflichtigen sein, dass dem FA die notwendige Kenntnis verschafft. Mit der Maßgeblichkeit des „Bekanntwerdens" stellt der Gesetzgeber klar, dass ein Kennenmüssen nicht ausreichend ist. Es kommt daher nicht darauf an, ob das Finanzamt den Fehler hätte selbst erkennen können (FG Saarland 23.4.2014 – 2 K 1273/11, EFG 2014, 1556). Im Übrigen dürfen die Anforderungen nicht überspannt werden. Erforderlich ist daher nicht die positive Kenntnis des Fehlers. Ausreichend ist vielmehr, dass das Finanzamt konkret auf den Fehler hingewiesen wird oder selbst erkennt, dass möglicherweise ein Fehler vorliegt (FG Düsseldorf 12.2.2004 – 11 K 2918/01, EFG 2004, 962; FG Baden-Württemberg 28.6.2007 – 8 K 51/03, EFG 2007, 1487, alle zu § 22 BewG). Ein solcher Hinweis oder Selbsterkenntnisvorgang muss sich auf einen Einzelfall beziehen. Es gibt es keine „allgemeine (abstrakte) Kenntniserlangung" mit Veröffentlichung eines (höchstrichterlichen) Urteils, wenn sich aufgrund der dort formulierten Gesetzesauslegung Grundsteuermessbetragsfestsetzungen als (von Anfang an; zur Wirkung der Gesetzesauslegung durch die Rechtsprechung → Rn. 11) unzutreffend erweisen (zutreffend FG Düsseldorf 12.2.2004 – 11 K 2918/01, EFG 2004, 962 für die Rechtsprechung des BFH zum Wohnungsbegriff). Weist der Steuerpflichtige auf den Fehler hin, ist maßgeblicher Zeitpunkt der Eingang des begründeten Hinweises beim Finanzamt. Wann das Finanzamt den Fehler anerkennt, ist irrelevant (FG Saarland 23.4.2014 – 2 K 1273/11, EFG 2014, 1556). Die Feststellungslast in Ansehung des Umstandes der Kenntniserlangung trägt bei einer Neuveranlagung zu seinen Gunsten der Steuerpflichtige (vgl. FG Baden-Württemberg 28.6.2007 – 8 K 51/03, EFG 2007, 1487 zu § 22 BewG).

18 Bei einer **Neuveranlagung zuungunsten des Steuerpflichtigen kann die Neuveranlagung hingegen frühestens auf den 1.1. des Kalenderjahres erfolgen, in dem die Neuveranlagung durchgeführt wird** (also der neue Grundsteuermessbescheid erlassen wird). Sind also das Jahr der Kenntniserlangung (= Jahr 01) und das Jahr der Bekanntgabe des Grundsteuermessbescheides (= Jahr 02) nicht identisch, darf die Neuveranlagung nur auf den 1.1.02 erfolgen. Das Gesetz spricht von der „Erteilung" des Steuerbescheides, womit die Bekanntgabe des Steuermessbescheides gegenüber dem Steuerpflichtigen zur maßgeblichen Zäsur erklärt wird. Vor allem verweist das Gesetz nicht auf § 169 Abs. 1 S. 3 AO, weshalb es nicht ausreichend ist, wenn der Steuermessbescheid den Bereich des FA noch vor dem 1.1. verlassen hat, er aber erst nach dem 31.12. zugeht.

F. Neuveranlagungsnotwendigkeit während der Geltungsverzögerung nach § 16 Abs. 2 S. 1 GrStG (Abs. 4)

19 Die auf den Hauptfeststellungszeitpunkt festgesetzten Steuermessbeträge werden erst zwei Jahre später wirksam (Geltungsverzögerung, § 16 Abs. 2 S. 1 GrStG, → GrStG § 16 Rn. 10). Treten die Voraussetzungen für eine Neuveranlagung zwischen dem Hauptfeststellungszeitpunkt und diesem Wirksamkeitszeitpunkt ein, so wird die Neuveranlagung stets auf den Wirksamkeitszeitpunkt vorgenommen (§ 17 Abs. 4 GrStG). Dass je nach Einzelfall der Neuveranlagungszeitpunkt nach den allgemeinen Regeln des § 17 Abs. 3 GrStG vor diesem Zeitpunkt liegen würde, wird also – aus pragmatischen Gründen (BT-Drs. VI/3418, 89; *Troll/Eisele* GrStG § 17

Rn. 6) – für irrelevant erklärt. Anlässlich der auf den Wirksamkeitszeitpunkt vorzunehmenden Neuveranlagung werden dann alle Neuveranlagungsgründe – ggf. saldiert – berücksichtigt, die bis dahin zu berücksichtigen sind (*Krause* in Stenger/Loose GrStG § 17 Rn. 76; *Troll/Eisele* GrStG § 17 Rn. 6). Anders als beim technischen Zusammenfassen mehrere Neuveranlagungen in einem Bescheid, führt die Regelung des § 17 Abs. 4 GrStG zu einer einheitlichen Neuveranlagung, dh diese Neuveranlagung kann nur einheitlich angefochten werden (im Übrigen → Rn. 23).

G. Festsetzungsfrist bei Neuveranlagung

Für die Neuveranlagung **gelten die Vorschriften über die Festsetzungsverjährung** (§§ 169ff. AO iVm § 184 Abs. 1 S. 3 AO). Die Festsetzungsfrist in Ansehung des Grundsteuermessbescheides beginnt grundsätzlich mit Ablauf des Jahres, auf dessen 1.1. die Neuveranlagung gem. § 17 Abs. 3 GrStG (→ Rn. 14ff.) vorzunehmen ist. In den Fällen der Neuveranlagung aufgrund einer Fortschreibung ist das stets der Zeitpunkt für den Fristbeginn. Für den Ablauf der Festsetzungsfrist ist va § 171 Abs. 10 AO von Bedeutung. Bezüglich der Neuveranlagung nach § 17 Abs. 2 GrStG ist zu beachten, dass § 19 GrStG für die Veränderung bestimmter messbetragsrelevanter Umstände eine Anzeigepflicht vorsieht, deren tatsächliche Vornahme oder womöglich auch Unterlassung nach Maßgabe des § 170 Abs. 2 Nr. 1 AO zu einem späteren Beginn des Festsetzungsfristlaufs führen kann (Anlaufhemmung, → GrStG § 19 Rn. 11). Die Festsetzungsfrist beträgt grundsätzlich vier Jahre. **Versäumt die Finanzbehörde die Neuveranlagung in nicht festsetzungsverjährter Zeit,** schließt dies die Neuveranlagung nicht aus, aber der **Neuveranlagungszeitpunkt verschiebt sich aufgrund der entsprechenden Anwendung des § 16 Abs. 3 GrStG** (→ Rn. 15f.) dann **nach hinten:** Die Neuveranlagung ist dann auf den ersten nicht verjährten Zeitpunkt durchzuführen (FG Berlin-Brandenburg 11.6.2014 – 3 K 3312/10, EFG 2014, 1708).

20

Beispiel: Der Grundsteuerwert ist in Bezug auf die gesamte wirtschaftliche Einheit festgestellt worden und (erst) der Grundsteuermessbescheid berücksichtigt eine teilweise Steuerbefreiung nach § 4 GrStG. Im Jahr 01 ändern sich die tatsächlichen Umstände dergestalt, dass die Voraussetzungen für die Steuerbefreiung nicht mehr vorliegen. Der Steuerpflichtige zeigt dies ordnungsgemäß in 01 an (§ 19 Abs. 1 GrStG). Das Finanzamt wird gleichwohl erst im Jahr 10 tätig. In diesem Fall kann die Neuveranlagung nach § 17 Abs. 2 Nr. 1 GrStG nur noch auf den 1.1.06 durchgeführt werden. Dies ist – aus der Perspektive des Jahres 10 – der erste nicht festsetzungsverjährte Neuveranlagungszeitpunkt. Hätte der Steuerpflichtige den Wegfall der Voraussetzungen des § 4 GrStG entgegen § 19 Abs. 1 GrStG nicht angezeigt, würde die Anlaufhemmung des § 170 Abs. 2 Nr. 1 AO Anwendung finden, und sollte auch eine Steuerhinterziehung nach § 370 AO vorliegen (→ Grundlagen Rn. 69ff.), würde sich zudem die Festsetzungsfrist auf zehn Jahre verlängern (§ 169 Abs. 2 S. 2 AO).

H. Änderung des Grundsteuermessbetrages nach den allgemeinen Änderungsvorschriften

Die allgemeinen Berichtigungs- und Änderungsnormen für Steuerbescheide werden durch das grundsteuerliche Anpassungssystem (Neuveranlagung, Nachveranlagung) nicht ausgeschlossen. **Die §§ 17ff. GrStG haben keinen abschließen-**

21

den Charakter. Für das bewertungsrechtliche Anpassungssystem (Fortschreibung, Nachfeststellung) erkennt die Rspr. die Anwendung der §§ 129, 172 ff. AO ebenfalls an (→ BewG § 222 Rn. 37 ff.). Eine Berichtigung des Grundsteuermessbescheides nach § 129 AO und vor allem eine **Änderung des Grundsteuermessbescheides wegen neuer Tatsachen nach § 173 Abs. 1 AO sind daher möglich.** Zu beachten ist allerdings, dass die §§ 129, 172 ff. AO nicht auf einen Dauerverwaltungsakt wie den Grundsteuermessbescheid zugeschnitten sind und bei isolierter Betrachtung nur eine Berichtigung/Änderung auf den Hauptveranlagungszeitpunkt erlauben. In Ansehung des Grundsteuerwertbescheides hat der BFH die Berichtigungs-/Änderungsvorschriften daher um den § 226 BewG „ergänzt" und so eine Berichtigung/Änderung auf den ersten noch nicht festsetzungsverjährten 1.1. ermöglicht (BFH 11.11.2009 – II R 14/08, BStBl. II 2010, 723 Rn. 22; → BewG § 226 Rn. 10 f.). Diese Rechtsprechung wird man auf den Grundsteuermessbescheid übertragen können. **Das bedeutet, dass die §§ 129, 172 ff. AO um die Regelung des § 16 Abs. 3 GrStG ergänzt werden.** Sollte mithin bezogen auf den Hauptveranlagungszeitpunkt Festsetzungsverjährung eingetreten sein, so kann die Berichtigung/Änderung zumindest auf den ersten noch nicht festsetzungsverjährten 1.1. erfolgen.

22 Auf den Grundsteuermessbescheid **findet ferner § 175 Abs. 1 S. 1 Nr. 1 AO Anwendung.** Der Anwendungsbereich ist aber überschaubar. Zwischen Grundsteuerwertbescheid und Grundsteuermessbescheid liegt zwar ein Grundlagen-Folgebescheid-Verhältnis vor (→ GrStG § 16 Rn. 7), allerdings erfasst § 17 GrStG mit seinen Neuveranlagungskonstellationen schon weitgehend alle Anpassungsnotwendigkeiten. Für § 175 Abs. 1 S. 1 Nr. 1 AO ist nur dann Raum, wenn die Änderung des Grundsteuerwertbescheides gerade nicht auf § 222 BewG beruht. Das betrifft vor allem Änderungen des Grundsteuerwertbescheides auf der Grundlage des § 173 AO wegen neuer Tatsachen. Zwar dürfte auch diese Konstellation von § 17 Abs. 2 Nr. 2 GrStG erfasst sein, da mit dem Wirksamwerden des geänderten Grundsteuerwertbescheides die „letzte Veranlagung fehlerhaft" geworden ist (→ Rn. 10). § 175 Abs. 1 S. 1 Nr. 1 AO geht hier allerdings über § 17 GrStG hinaus: Im Falle des § 17 Abs. 2 Nr. 2 GrStG darf der Grundsteuermessbescheid wegen § 17 Abs. 3 S. 2 Nr. 3 GrStG nur für die Zukunft geändert werden können. **Die Änderung nach § 175 Abs. 1 S. 1 Nr. 1 AO kann in zeitlicher Hinsicht hingegen abgestimmt mit der Änderung des Grundsteuerwertbescheides erfolgen, die über § 173 AO nämlich auch mit Wirkung für einen vergangenen Stichtag vorgenommen werden kann** (→ BewG § 222 Rn. 37, 39 ff.). § 175 Abs. 1 S. 1 Nr. 1 AO erlaubt also in Ansehung der Stichtage einen Gleichlauf zwischen Grundsteuerwertbescheid und Grundsteuermessbescheid (wie er in § 17 GrStG auch als allgemeiner Rechtsgrundsatz zum Ausdruck kommt).

I. Rechtsschutz bei Neuveranlagung

23 Bezüglich des Rechtsschutzes gegen den neuen Grundsteuermessbescheid gelten grundsätzlich die Ausführungen zum Grundsteuermessbescheid im Zusammenhang mit der Hauptveranlagung entsprechend. Dies betrifft insbesondere die prozessualen Wirkungen des Grundlagen-Folgebescheid-Verhältnisses (→ GrStG § 16 Rn. 15). Ansonsten ist bei einer Neuveranlagung im Anschluss an eine Zurechnungsfortschreibung vor allem die Rechtsnachfolgeanordnung der §§ 184 Abs. 1 S. 4, 182 Abs. 2 S. 1 AO zu beachten, die § 17 Abs. 1 GrStG nur in

Nachveranlagung **§ 18 GrStG**

Ansehung der Zurechnungsentscheidung durchbricht. **Der Rechtsnachfolger kann daher anlässlich der Neuveranlagung nach § 17 Abs. 1 GrStG grundsätzlich nicht verlangen, dass auch (noch einmal) über die anzuwendende Steuermesszahl entschieden wird** (→ Rn. 4). Kommt es aufgrund der Neuveranlagung zu einer Erhöhung des Grundsteuermessbetrages, gilt die Anfechtungsbeschränkung nach § 351 Abs. 1 AO (ggf. iVm § 42 FGO) nicht (*Seer* in Tipke/Kruse AO § 351 Rn. 39; *Steinhauff* in HHSp FGO § 42 Rn. 92). Denn die Neuveranlagung ändert keinen Steuerbescheid. Sie löst ihn mit Wirkung zum Neuveranlagungszeitpunkt lediglich ab und lässt seine Geltungswirkung bis dahin unberührt (→ Rn. 7).

§ 17 GrStG vermittelt dem Steuerpflichtigen ein subjektives Recht auf Neuveranlagung (zu seinen Gunsten). Vor allem besteht kein Ermessen der Finanzbehörde. Lehnt die Finanzbehörde die beantragte Neuveranlagung ab, muss der Steuerpflichtige nach einem erfolglosen Einspruchsverfahren Verpflichtungsklage erheben. Der Weg über § 17 GrStG steht dem Stpfl. ferner dann offen, wenn er eine (weitergehende) Anwendung einer teilweisen Grundsteuerbefreiungsvorschrift begehrt und der Grundsteuerwert ohne Berücksichtigung etwaiger Grundsteuerbefreiungen für den gesamten Steuergegenstand festgestellt worden ist (bei Geltendmachung einer vollständigen Grundsteuerbefreiung gilt hingegen § 20 GrStG, → GrStG § 20 Rn. 4). Hier kann der Steuerpflichtige vor allem nicht (zwingend) auf ein Fortschreibungsverfahren und eine insoweit anzustrengende Verpflichtungsklage verwiesen werden. Vielmehr sind beide Ansatzpunkte zur Durchsetzung einer teilweisen Steuerbefreiung gleichwertig. Das ist die konsequente Folge aus der insoweit unzureichenden Abstimmung von Grundsteuerwertfeststellungs- und Grundsteuermessbetragsverfahren (→ GrStG § 3 Rn. 5; aA aber wohl FG Bremen v. 3.9.1996 – 2 95 012 K 2, EFG 1997, 261: Vorrang der Wertfortschreibung).

24

§ 18 Nachveranlagung

(1) **Wird eine Nachfeststellung (§ 223 Absatz 1 des Bewertungsgesetzes** *[bis 31.12.2024: § 23 Abs. 1 des Bewertungsgesetzes])* **durchgeführt, so wird der Steuermeßbetrag auf den Nachfeststellungszeitpunkt nachträglich festgesetzt (Nachveranlagung).**

(2) **Der Steuermeßbetrag wird auch dann nachträglich festgesetzt, wenn der Grund für die Befreiung des Steuergegenstandes von der Grundsteuer wegfällt, der für die Berechnung der Grundsteuer maßgebende Grundsteuerwert** *[bis 31.12.2024: Einheitswert]* **(§ 13 Abs. 1) aber bereits festgestellt ist.**

(3) ¹**Der Nachveranlagung werden die Verhältnisse im Nachveranlagungszeitpunkt zugrunde gelegt.** ²**Nachveranlagungszeitpunkt ist**
1. **in den Fällen des Absatzes 1 der Beginn des Kalenderjahres, auf den der Grundsteuerwert** *[bis 31.12.2024: Einheitswert]* **nachträglich festgestellt wird;**
2. **in den Fällen des Absatzes 2 der Beginn des Kalenderjahres, der auf den Wegfall des Befreiungsgrundes folgt.** ²**§ 16 Abs. 3 ist entsprechend anzuwenden.**

§ 18 GrStG   Abschnitt II. Bemessung der Grundsteuer

(4) **Treten die Voraussetzungen für eine Nachveranlagung während des Zeitraums zwischen dem Hauptveranlagungszeitpunkt und dem Zeitpunkt des Wirksamwerdens der Steuermeßbeträge (§ 16 Abs. 2) ein, so wird die Nachveranlagung auf den Zeitpunkt des Wirksamwerdens der Steuermeßbeträge vorgenommen.**

Gilt nicht in **Baden-Württemberg** (dort § 43 BWLGrStG) und für Grundstücke nicht in **Hessen** (dort §§ 10, 12 HGrStG). In **Bayern** wird die Regelung ergänzt durch Art. 7 BayGrStG, in **Hamburg** durch § 7 HmbGrStG und in **Niedersachsen** durch § 9 NGrStG.

A. Allgemeines

I. Systematische Einordnung und Zweck der Regelung

1   § 18 GrStG enthält zwei Tatbestände, die den erstmaligen Erlass eines Grundsteuermessbescheides auf einen anderen als den Hauptfeststellungszeitpunkt legitimieren, und sich zugleich von § 17 GrStG abgrenzen: (1) Entsteht nach dem Hauptfeststellungszeitpunkt eine wirtschaftliche Einheit neu oder soll eine bereits bestehende wirtschaftliche Einheit erstmals zur Grundsteuer herangezogen werden, dann ist gemäß § 223 BewG eine sog. Nachfeststellung durchzuführen. Dies bedeutet, dass erstmals ein Grundsteuerwertbescheid erlassen wird. Da mithin vorher noch kein Bescheid existierte, den man fortschreiben könnte, gilt § 222 BewG nicht und damit auch nicht § 17 GrStG. Dieser Fall wird vielmehr von § 18 Abs. 1 GrStG erfasst. So wie § 17 Abs. 1 GrStG an § 222 BewG anknüpft, so tut dies § 18 Abs. 1 GrStG mit § 223 BewG. (2) § 18 Abs. 2 GrStG sieht demgegenüber eine Nachfeststellung für den Fall vor, dass die Voraussetzungen für eine Grundsteuerbefreiung bei bereits erfolgter Grundsteuerwertfeststellung entfallen sind. Die Norm erfasst nur die Konstellation, dass der Steuergegenstand zuletzt vollständig von der Grundsteuer befreit war und deshalb überhaupt kein Grundsteuermessbescheid festgesetzt worden ist. Ist der Steuergegenstand hingegen nur teilweise von der Grundsteuer befreit gewesen, ist der Grundsteuerwert aber bezogen auf den gesamten Steuergegenstand festgestellt worden, dann wird die partielle Steuerbefreiung durch eine Reduzierung des Grundsteuermessbetrages bewirkt, dh es existiert dann bereits ein Grundsteuermessbescheid und der Wegfall der Grundsteuerbefreiung (oder auch nur eine Verringerung des Begünstigungsumfangs) erfordern dann eine Neuveranlagung nach § 17 GrStG (→ GrStG § 17 Rn. 7 ff.).

II. Entwicklung der Vorschrift

2   § 18 beruht auf dem Grundsteuerreformgesetz v. 7. 8. 1973 (→ Grundlagen Rn. 8) und ist in Ansehung seines Absatz 1 dem § 15 GrStG 1936/1951 nachgebildet (→ Grundlagen Rn. 5 f.). Im Übrigen entsprechen die Regelungen dem § 17 GrStG, weshalb der Gesetzgeber zur Begründung auf die Neuveranlagung verweist (BT-Drs. VI/3418, 89). Das Grundsteuerreformgesetz v. 26. 11. 2019 (→ Grundlagen Rn. 13) hat § 18 Abs. 1 GrStG nur in Ansehung der Verweise auf § 223 BewG aktualisiert, den § 18 GrStG im Übrigen aber nicht verändert. Mit dem JStG 2020 v. 21. 12. 2020 (BGBl. 2020 I 3096) wurde schließlich in Abs. 2 und Abs. 3 der Einheitswert durch den Grundsteuerwert ersetzt.

B. Nachveranlagung aus Anlass einer Nachfeststellung nach § 223 BewG (Abs. 1)

Wird eine Nachfeststellung (§ 223 BewG) durchgeführt, hat hieran anknüpfend ein Grundsteuermessbescheid zu ergehen (Nachveranlagung nach § 18 Abs. 1 GrStG; zur Abgrenzung von § 17 GrStG → Rn. 1). Das Gesetz spricht insoweit von **Nachfeststellung und Nachveranlagung, weil der erstmalige Erlass von Grundsteuerwert- und Grundsteuermessbescheid nicht auf den Hauptfeststellungszeitpunkt erfolgt und daher keine Hauptfeststellung und keine Hauptveranlagung durchzuführen sind.** Grundvoraussetzung einer Nachveranlagung nach § 18 Abs. 1 GrStG **ist eine wirksame Nachfeststellung** (also ein wirksamer Grundsteuerwertbescheid). Dass die Nachfeststellung angefochten ist, hindert die Nachveranlagung nicht. Denn Einspruch und Klage haben keine aufschiebende Wirkung (§ 361 Abs. 1 AO, § 69 Abs. 1 FGO). Anlässlich der Nachfeststellung wird auch über den Zeitpunkt des Wirksamwerdens des Grundsteuerwertbescheides entschieden (Nachfeststellungszeitpunkt) und § 18 Abs. 1, Abs. 3 S. 2 Nr. 1 GrStG knüpfen (folgerichtig) hieran an: Der Nachveranlagungszeitpunkt hat dem Nachfeststellungszeitpunkt zu entsprechen (→ Rn. 7). 3

Der Grundsteuerwertbescheid entfaltet auch bei einer Nachveranlagung nach allgemeinen Grundsätzen **Bindungswirkung gegenüber dem Grundsteuermessbescheid** (→ GrStG § 16 Rn. 7). Ein eigenständiger Rechtsanwendungsspielraum verbleibt im Grundsteuermessbetragsverfahren nur in Ansehung messbetragsrelevanter Umstände, die nicht bereits im Grundsteuerwertfeststellungsverfahren berücksichtigt worden sind (also: die teilweise Nutzung des Steuergegenstandes für nach §§ 3 ff. GrStG begünstigte Zwecke, wenn dem nicht bereits bei der Feststellung des Grundsteuerwertes Rechnung getragen wurde; → GrStG § 3 Rn. 5 f.) oder die ausschließlich im Grundsteuermessbetragsverfahren zu berücksichtigen sind (also: Messzahlermäßigungen nach Maßgabe des § 15 GrStG). 4

C. Nachveranlagung aufgrund des Wegfalls einer vollständigen Grundsteuerbefreiung (Abs. 2)

Gemäß § 18 Abs. 2 GrStG wird auch dann erstmals ein Grundsteuermessbetrag (Nachveranlagung) festgesetzt, wenn für einen bisher von der Grundsteuer vollständig befreiten Steuergegenstand die Befreiungsvoraussetzungen entfallen sind und trotz der (vormals) vollständigen Steuerbefreiung eine Grundsteuerwertfeststellung existiert. Weil in dieser Konstellation keine Nachfeststellung durchgeführt wird (es ist nämlich schon ein Grundsteuerwert festgestellt, → Rn. 1), ist § 18 Abs. 1 GrStG nicht einschlägig. Es fehlt lediglich an einem Grundsteuermessbescheid. Dessen erstmaligen Erlass ermöglicht § 18 Abs. 2 GrStG und zwar sowohl für einen zwischen den Hauptveranlagungszeitpunkten liegenden 1.1. als auch für einen Hauptveranlagungszeitpunkt (insoweit gilt für das Verhältnis Hauptveranlagung und Nachveranlagung nichts anderes als für das Verhältnis von Hauptveranlagung und Neuveranlagung, → GrStG § 17 Rn. 9 iVm → BewG § 221 Rn. 7). **Voraussetzung der Nachveranlagung gemäß § 18 Abs. 2 GrStG ist der zumindest teilweise Wegfall einer Steuerbefreiung.** Der Steuergegenstand muss also nicht ins- 5

§ 18 GrStG Abschnitt II. Bemessung der Grundsteuer

gesamt grundsteuerpflichtig geworden sein, sondern es ist ausreichend, wenn nur ein Teil des Steuergegenstandes nicht mehr für steuerbegünstigte Zwecke genutzt wird und deshalb erstmals ein Grundsteuermessbetrag festzusetzen ist.

D. Reguläre Nachveranlagungszeitpunkte (Abs. 3)

6   Der Nachveranlagung werden die Verhältnisse im – nach Maßgabe des § 18 Abs. 3 S. 2 GrStG zu bestimmenden (→ Rn. 7 f.) – Nachveranlagungszeitpunkt zugrunde gelegt (§ 18 Abs. 3 S. 1 GrStG). Der **Nachveranlagungszeitpunkt ist der Zeitpunkt, ab dem der Regelungsgehalt des Steuermessbescheides** (also die Nachveranlagung) **wirksam wird.**

7   Erfolgt eine **Nachveranlagung im Anschluss an eine Nachfeststellung** (§ 18 Abs. 1 GrStG, → Rn. 3 f.), entspricht der Nachveranlagungszeitpunkt dem Nachfeststellungszeitpunkt (§ 18 Abs. 3 S. 2 Nr. 1 GrStG). Der aus Anlass der Nachfeststellung erlassene Grundsteuerwertbescheid ist mithin (auch) in Ansehung des Nachfeststellungszeitpunktes bindend. Dies gilt nur dann nicht, wenn die Nachveranlagung auf diesen Zeitpunkt deshalb nicht durchgeführt werden kann, weil für den Grundsteuermessbescheid bereits Festsetzungsverjährung eingetreten ist. Das dürfte freilich ein sehr seltener Fall sein. Richtigerweise wird man auf diese Konstellation § 16 Abs. 3 GrStG anwenden können, dh die Nachveranlagung kann auf den ersten nicht festsetzungsverjährten 1.1. erfolgen (→ GrStG § 16 Rn. 14). Zwar enthält Nr. 2 nicht die Anordnung einer entsprechenden Anwendung des § 16 Abs. 3 GrStG, allerdings gilt für § 18 Abs. 1, Abs. 3 S. 2 Nr. 1 GrStG nichts anderes als für die Neuveranlagung gem. § 17 Abs. 1, Abs. 3 S. 2 Nr. 1 GrStG auch (→ GrStG § 17 Rn. 14).

8   Für die **Nachveranlagung gemäß § 18 Abs. 2 GrStG** (→ Rn. 5) ist Neuveranlagungszeitpunkt der Beginn des Kalenderjahres, der auf den (teilweisen) Wegfall des Befreiungsgrundes folgt (§ 18 Abs. 3 Satz 2 Nr. 2 GrStG). Dabei rechnen Veränderungen, die direkt mit Beginn eines 1.1. eintreten, noch zum Vorjahr, dh sie sind auf diesen 1.1. bereits zu berücksichtigen (→ GrStG § 9 Rn. 3). Der Gesetzgeber hat in § 18 Abs. 3 Satz 2 Nr. 1 GrStG explizit die Anwendung des § 16 Abs. 3 GrStG angeordnet. Kann die Nachveranlagung wegen Eintritts der Festsetzungsverjährung nicht zum Nachveranlagungszeitpunkt vorgenommen werden, dann hat sie zumindest auf den ersten nicht festsetzungsverjährten 1.1. zu erfolgen (→ GrStG § 16 Rn. 14).

E. Nachveranlagungsnotwendigkeit während der Geltungsverzögerung nach § 16 Abs. 2 S. 1 GrStG (Abs. 4)

9   Die auf den Hauptfeststellungszeitpunkt festgesetzten Steuermessbeträge werden erst zwei Jahre später wirksam (Geltungsverzögerung, § 16 Abs. 2 S. 1 GrStG → GrStG § 16 Rn. 10). Treten die Voraussetzungen für eine Nachveranlagung während des Zeitraums zwischen dem Hauptveranlagungszeitpunkt und diesem Wirksamkeitszeitpunkt ein, so wird die Nachveranlagung auf diesen Wirksamkeitszeitpunkt vorgenommen. Die Regelung entspricht § 17 Abs. 4 GrStG (zum Telos → GrStG § 17 Rn. 19). **Im Rahmen der Nachveranlagung** auf diesen Zeitpunkt **werden alle Nachveranlagungsgründe** und zudem die zwischen Nachveranlagungs- und Wirksamkeitszeitpunkt noch eingetretenen Neuveranlagungsgründe

Nachveranlagung   § 18 GrStG

berücksichtigt, sofern sie am Wirksamkeitszeitpunkt noch relevant sind. **Sind verschiedene Nachveranlagungs- bzw. Neuveranlagungsgründe in ihren Messbetragswirkungen gegenläufig, erfolgt eine Saldierung** (→ GrStG § 17 Rn. 19).

F. Festsetzungsfrist bei Nachveranlagung

Für die Nachveranlagung gelten die Vorschriften über die Festsetzungs- 10
verjährung (§§ 169 ff. AO iVm § 184 Abs. 1 S. 3 AO). Die Festsetzungsfrist beträgt grundsätzlich vier Jahre. **Bezüglich des Beginns des Fristlaufs muss zwischen den beiden Tatbeständen des § 18 GrStG unterschieden werden:** (1) **§ 18 Abs. 1 GrStG** enthält eine Anpassungspflicht an die Nachfeststellung, weshalb in Ansehung des Grundsteuermessbetrages folgerichtig weder eine Erklärungs- noch eine Anzeigepflicht vorgesehen ist. Dass ein Nachfeststellungsbescheid ergangen ist, sollte das FA wissen; der Steuerpflichtige muss hierauf gewiss nicht hinweisen. Daher beginnt die Festsetzungsfrist grundsätzlich mit Ablauf des Jahres, auf dessen 1.1. die Nachveranlagung vorzunehmen ist. Eine Anzeigepflicht enthält allerdings § 228 Abs. 2 BewG. Deren Beachtung ist für die Anlaufhemmung des § 170 Abs. 2 Nr. 1 AO in Ansehung des Grundsteuerwertbescheides relevant und kann sodann mittelbar über § 170 Abs. 10 S. 1 AO auch für die Festsetzungsverjährung in Bezug auf den Steuermessbescheid Bedeutung erlangen. (2) Fallen die Voraussetzungen für eine Steuerbefreiung weg **(§ 18 Abs. 2 GrStG),** hat der Steuerpflichtige dies anzuzeigen (§ 19 Abs. 1 GrStG). Es existiert damit (jedenfalls nach hier vertretener Ansicht) eine Anzeigepflicht iSv § 170 Abs. 2 Nr. 1 AO (→ GrStG § 19 Rn. 11) und daher beginnt die Festsetzungsfrist frühestens mit Ablauf des Jahres zu laufen, in dem die Veränderung eingetreten ist, ggf. aber auch erst mit Ablauf eines nachfolgenden Kalenderjahres.

Versäumt die Finanzbehörde die Nachveranlagung in nicht festset- 11
zungsverjährter Zeit, schließt dies die Nachveranlagung wegen der entsprechenden Anwendung des § 16 Abs. 3 GrStG sowohl im Falle des Abs. 1 (allerdings → Rn. 7) als auch des Abs. 2 nicht aus, aber der Nachveranlagungszeitpunkt verschiebt sich dann nach hinten: **Die Nachveranlagung ist dann auf den ersten nicht verjährten Zeitpunkt durchzuführen** (s. Beispiel zur Neuveranlagung bei → GrStG § 17 Rn. 20).

G. Rechtsschutz bei Nachveranlagung

Der Nachveranlagungsbescheid ist ein Grundsteuermessbescheid und damit 12
nach den allgemeinen Regeln in dem Umfang anfechtbar, wie keine Bindungswirkung an den Grundsteuerwertbescheid besteht (→ GrStG § 16 Rn. 15). Ist der Steuerpflichtige zB der Ansicht, dass die Voraussetzungen einer Grundsteuerbefreiung nach wie vor vorliegen, kann er sowohl die Aufhebung des Nachveranlagungsbescheides (bei vollständiger Befreiung) als auch die Herabsetzung des Grundsteuermessbetrages (bei teilweiser Befreiung) begehren.

§ 19 Anzeigepflicht

(1) ¹Jede Änderung in der Nutzung oder in den Eigentumsverhältnissen eines ganz oder teilweise von der Grundsteuer befreiten Steuergegenstandes hat derjenige anzuzeigen, der nach § 10 als Steuerschuldner in Betracht kommt. ²Die Anzeige ist innerhalb von drei Monaten nach Eintritt der Änderung bei dem Finanzamt zu erstatten, das für die Festsetzung des Steuermeßbetrags zuständig ist.

[ab 1.1.2025:

(2) ¹Den Wegfall der Voraussetzungen für die ermäßigte Steuermesszahl nach § 15 Absatz 2 bis 5 hat derjenige anzuzeigen, der nach § 10 als Steuerschuldner in Betracht kommt. ²Die Anzeige ist innerhalb von drei Monaten nach dem Wegfall der Voraussetzungen bei dem Finanzamt zu erstatten, das für die Festsetzung des Steuermessbetrags zuständig ist.]

Gilt nicht in **Baden-Württemberg** (dort § 44 BWLGrStG). In **Bayern** wird die Regelung ergänzt durch Art. 7 BayGrStG, in **Hamburg** durch § 7 HmbGrStG und in **Niedersachsen** durch § 9 NGrStG.

A. Allgemeines

I. Systematische Einordnung und Zweck der Vorschrift

1   Die steuerrelevanten Umstände spielen sich überwiegend in der Sphäre des Steuerpflichtigen ab, weshalb es konsequent ist, ihn verfahrensrechtlich mit Steuererklärungspflichten zu belasten. Es ist letztlich sogar verfassungsrechtlich zwingend. Einem Gesetz, das diese Möglichkeiten nicht ausschöpft und stattdessen auf eine rein amtswegige Ermittlung des Sachverhaltes setzt, dürfte in der Regel der Mangel eines strukturellen Vollzugsdefizits anhaften (→ Grundlagen Rn. 53). Im Grundsteuerrecht enthält eine solche Steuererklärungspflicht nur § 228 Abs. 1 BewG für das Grundsteuerwertfeststellungsverfahren. Da in dieser Steuererklärung die meisten grundsteuerrelevanten Umstände bereits mitgeteilt werden müssen, ist es nachvollziehbar, dass der Gesetzgeber auf den Folgestufen keine gesonderte Steuererklärungspflicht mehr vorsieht (vgl. auch BT-Drs. VI/3418, 89). Da allerdings die Veränderung von steuerrelevanten Umständen auch zwischen den Hauptveranlagungszeitpunkten von Bedeutung sein kann, sieht das Gesetz konsequenterweise zumindest Anzeigepflichten in Bezug auf veränderte Tatumstände vor. Anders als bei einer Steuererklärung, die aus einem Bündel von Auskünften besteht und den gesamten Steuertatbestand erfasst, betrifft eine Anzeige nur einzelne Tatumstände, die steuerrechtlich bedeutsam sind (*Seer* in Tipke/Kruse Vor AO § 149 Rn. 7). Solche Anzeigepflichtigen ergeben sich für das Steuermessbetragsverfahren aus § 19 GrStG und für das Grundsteuerwertfeststellungsverfahren aus § 228 Abs. 2 BewG.

2   § 19 GrStG richtet sich an den Steuerschuldner (→ Rn. 6). Die Norm **adressiert keine Verpflichtung an Dritte, vor allem nicht an andere öffentliche Stellen, die über die für die Anwendung des GrStG relevante Informationen verfügen** (Bauaufsichtsbehörden, Denkmalschutzbehörden etc). Dies tut allerdings zB § 229 Abs. 3, 4 BewG (→ BewG § 229 Rn. 5 ff.). Im Übrigen gelten die Regelungen über die Amtshilfe (vgl. § 111 AO).

Anzeigepflicht **§ 19 GrStG**

II. Entwicklung der Vorschrift

Bis zum Grundsteuerreformgesetz vom 7.8.1973 (zu § 19 GrStG s. BT-Drs. VI/ 3418, 89; → Grundlagen Rn. 8) war eine entsprechende Anzeigepflicht in § 165e Abs. 3 RAO geregelt (in die RAO eingefügt mit Gesetz v. 1.12.1936, RGBl. 1936, 965), die sodann in § 19 GrStG überführt wurde. Das Grundsteuerreformgesetz v. 26.11.2019 (→ Grundlagen Rn. 13) hat den Regelungsgehalt des § 19 GrStG in einem neuen Absatz 1 übernommen und in Absatz 2 eine weitere Anzeigepflicht normiert, die zuerst auf § 15 Abs. 4 GrStG zugeschnitten und – wenig nachvollziehbar – hierauf beschränkt war. Mit dem GrStRefUG v. 16.7.2021 (BGBl. 2021 I 2931, zu § 19 GrStG s. nur BT-Drs. 19/30489, 24 [Finanzausschuss]) hat der Gesetzgeber die Anzeigepflicht (zu Recht) auf alle Ermäßigungstatbestände des § 15 Abs. 2–5 GrStG erstreckt. 3

B. Anzeigepflicht in Ansehung grundsteuerbefreiter Steuergegenstände (Abs. 1)

I. Voraussetzungen der Anzeigepflicht

Anzuzeigen ist jede Änderung in der Nutzung oder in den Eigentumsverhältnissen eines ganz oder teilweise von der Grundsteuer befreiten Steuergegenstandes. Beide **Anzeigeanlässe sind auf die Befreiungsvoraussetzungen der §§ 3ff. GrStG abgestimmt:** Denn begünstigt sind nur bestimmte Nutzungen und dies vielfach auch nur im Zusammenspiel mit einem begünstigten Zurechnungssubjekt (sog. zivilrechtliche Rechtsträgeridentität von Zurechnungssubjekt und unmittelbar Nutzendem, → GrStG § 3 Rn. 10). Hieran muss sich auch die Auslegung der Begriffe „Nutzung" und „Eigentumsverhältnisse" orientieren. Für den Begriff **„Eigentumsverhältnisse"** bedeutet dies, dass er nicht bloß zivilrechtlich verstanden werden darf. **Entscheidend ist, ob ein Zurechnungswechsel stattgefunden hat**, was auch Begründung, Beendigung und Übertragung lediglich wirtschaftlichen Eigentums einschließt (eingehend zur Zurechnung bei wirtschaftlichem Eigentum → BewG § 219 Rn. 23 ff.). Der Begriff der **„Änderung in der Nutzung"** wiederum **erfasst** bei einer auf §§ 3 ff. GrStG abgestimmten Auslegung **nicht nur die Nutzung als tatsächlichen Umstand** (unmittelbare Benutzung für den steuerbegünstigten Zweck), **sondern auch die für eine begünstigte Nutzung vorausgesetzte Eigenschaft des Nutzenden** (zB seine Gemeinnützigkeit). Denn wenn die persönlichen Voraussetzungen für eine Steuerbegünstigung nicht mehr erfüllt, mag die Nutzung selbst nicht verändert haben, aber in rechtlicher Hinsicht kann er den Steuergegenstand dann nicht mehr für steuerbegünstigte Zwecke nutzen. 4

Nach Ansicht des BFH ergibt sich aus § 19 Abs. 1 GrStG eindeutig, dass die Norm nur Nutzungs- und Eigentumsänderungen erfasst, die zum Wegfall oder zur Einschränkung gewährter Grundsteuerbefreiungen führen (BFH 12.12.1990 – II B 128/90, BFHE 162, 395). Der Wortlaut enthält diese Einschränkung freilich nicht, aber sie dürfte in Bezug auf Veränderungen, die zu einer Erweiterung der Grundsteuerbefreiung oder gar zu ihrer erstmaligen Gewährung führen, aus dem Telos der Norm folgen. Im Übrigen ist die abstrakte Aussage des BFH zu weit geraten: **Unseres Erachtens sind auch Nutzungsänderungen anzuzeigen, bei denen eine begünstigte Nutzung durch eine andere begünstigte Nutzung** 5

233

§ 19 GrStG Abschnitt II. Bemessung der Grundsteuer

abgelöst wird (aA tendenziell *Troll/Eisele* GrStG § 19 Rn. 2: „Anzeige dürfte sich in diesen Fällen erübrigen"; *Bock* in Grootens GrStG § 19 Rn. 22: besteht Grundsteuerbefreiung „eindeutig weiter", bestehe keine Anzeigepflicht). Das mag im Ergebnis zwar nicht zum Wegfall oder zur Reduzierung einer Grundsteuerbefreiung führen, allerdings dient § 19 Abs. 1 GrStG generell der fortlaufenden Kontrolle einer Grundsteuerbefreiung und es besteht daher auch ein verwaltungsbehördliches Interesse daran, dass der Befreiungsgrund „aktuell" gehalten wird. Nur dann lässt sich die Aktenlage sinnvoll mit von Amts wegen der Finanzbehörde mitgeteilten Informationen abstimmen und verknüpfen. Generell gilt, dass die Anzeigepflicht eher weit zu verstehen ist. Denn ob und inwieweit eine Änderung für die Anwendung des Gesetzes erheblich ist, ist ausschließlich die Finanzbehörde berufen.

II. Erfüllung der Anzeigepflicht

6   **Zur Anzeige verpflichtet ist der Grundsteuerschuldner** und damit das Zurechnungssubjekt des Steuergegenstandes (→ GrStG § 10 Rn. 4 ff.). Bei mehreren Zurechnungssubjekten (zB Miteigentümer, Gesamthänder; → GrStG § 10 Rn. 9 ff.) ist jedes einzelne zur Anzeige verpflichtet, allerdings wirkt die (ordnungsgemäße) Anzeige des einen für alle anderen. Problematisch sein kann die Anzeigepflicht bei Zurechnungswechseln. Denn die Anzeigepflicht ist sowohl für das alte als auch das neue Zurechnungssubjekt nur erkennbar, wenn in Bezug auf Rechtsvorgänger bzw. -nachfolger grundsteuerrelevante Eigenschaften sowie die Nutzung bekannt sind. Es kann aber objektiv eine Anzeigepflicht für den vormaligen Eigentümer bis zum Fortschreibungszeitpunkt und sodann auch (!) für den neuen Eigentümer bestehen. Allerdings hängt die Frage, ob die Pflicht „verletzt" wurde, von den Umständen des Einzelfalls ab. Hat der Erwerber zB Kenntnis von einer begünstigten Nutzung iSv §§ 3 ff. GrStG durch den Veräußerer, trifft ihn die Anzeigepflicht (*Kirchstein* in Stenger/Loose GrStG § 19 Rn. 15) und dies im Hinblick auf den Zweck der Anzeigepflicht ungeachtet der Frage, ob die Voraussetzungen für Steuerbefreiung schon vor oder erst nach dem Fortschreibungszeitpunkt weggefallen sind.

7   Das Gesetz bindet die Anzeige an **keine Form**. Sie ist **innerhalb von drei Monaten** nach Eintritt der Änderung zu erstatten. Die Dreimonatsfrist wird bei Zurechnungswechseln (→ Rn. 6) allerdings dadurch relativiert, dass den Erwerber die Anzeigepflicht erst nach Vornahme der Zurechnungsfortschreibung und vom Fortschreibungszeitpunkt an treffen kann. Denn erst in diesem Moment wird er zum Steuerschuldner iSv § 10 GrStG. Das bedeutet indes nicht, dass die Dreimonatsfrist erst von diesem Zeitpunkt an zu laufen beginnt. Maßgeblich ist nach dem Wortlaut allein die Änderung in der Nutzung oder in den Eigentumsverhältnissen. Sind die drei Monate am Fortschreibungszeitpunkt (wenn die Zurechnungsfortschreibung zuvor erfolgt ist) bzw. im Zeitpunkt der Bekanntgabe der Zurechnungsfortschreibung (wenn dieser Zeitpunkt dem Fortschreibungszeitpunkt nachfolgt) bereits abgelaufen, muss der Erwerber die Anzeigepflicht sodann unverzüglich nach Kenntniserlangung der hierfür maßgeblichen Umstände (→ Rn. 6) erfüllen.

8   Adressat der Anzeige ist das für die Festsetzung des Steuermessbetrages zuständige FA (→ GrStG § 16 Rn. 5). Fällt die Anzeigepflicht nach § 19 Abs. 1 GrStG mit der Anzeigepflicht nach § 228 Abs. 2 BewG zusammen, kann die Anzeige gesamthaft erfolgen (dann allerdings nach Maßgabe des § 228 Abs. 6 BewG, also durch Datenfernübertragung nach amtlich vorgeschriebenem Datensatz). Denn das für die Anzeige nach § 228 Abs. 2 BewG zuständige FA wird idR auch das für die An-

Anzeigepflicht **§ 19 GrStG**

zeige nach § 19 Abs. 1 GrStG zuständige FA sein. Zu beachten ist lediglich, dass die Anzeigefrist des § 228 Abs. 2 BewG anders bemessen ist (ein Monat, aber Beginn erst mit Ablauf des Kalenderjahres, in dem die Änderung eingetreten ist; → BewG § 228 Rn. 12). Adressiert der Steuerpflichtige die Anzeige an ein nicht zuständiges FA, dann ist die Anzeige gleichwohl erstattet, allerdings wird man – entsprechend der Rechtsprechung des BFH zu § 171 Abs. 9 AO (BFH 28.2.2008 – VI R 62/06, BStBl. II 2008, 595) – eine Anzeigeerstattung iSv § 170 Abs. 2 S. 1 Nr. 1 AO verneinen müssen, dh die Erstattung der Anzeige beendet nicht die nach hier vertretener Ansicht einschlägige (→ Rn. 11) Anlaufhemmung des § 170 Abs. 2 S. 1 Nr. 1 AO.

III. Rechtsfolgen bei Verletzung der Anzeigepflicht

Unterlässt der Steuerpflichtige die Anzeige nach § 19 Abs. 1 GrStG, erfüllt 9 dies den objektiven Tatbestand des **§ 370 Abs. 1 Nr. 2 AO** (→ Grundlagen Rn. 71). Vorbehaltlich der übrigen Strafbarkeitsvoraussetzungen (insbesondere: Vorsatz) gilt: Mit Ablauf der Drei-Monatsfrist (→ Rn. 7) liegt jedenfalls eine versuchte Steuerhinterziehung vor. Für die Vollendung der Steuerhinterziehung muss hingegen eine Aussage dazu getroffen werden, wann typischerweise der Neuveranlagungs- oder Nachveranlagungsbescheid erlassen worden wäre. Bei der Anzeigepflicht nach § 30 ErbStG hat der BGH in Strafsachen insoweit einen Zeitraum von einem Monat zugrunde gelegt (BGH 25.7.2011 – 1 StR 631/10, BGHSt 56, 298 [313]; kritisch zur Kürze des Zeitraums *Krumm* in Tipke/Kruse AO § 370 Rn. 96). Legt man diesen Zeitraum auch für die Anzeigepflicht nach § 19 Abs. 1 GrStG zugrunde, würde (idR) vier Monate nach Eintritt der Änderung Tatvollendung eintreten. Tätigt der Steuerpflichtige eine Anzeige, macht er hierin aber unrichtige oder unvollständige Angaben, dann kann eine Steuerhinterziehung in der Begehungsvariante des § 370 Abs. 1 Nr. 1 AO verwirklicht werden.

Eine gegenständlich beschränkte Anzeigepflicht (→ Rn. 1) ist grundsätzlich 10 keine Steuererklärungspflicht iSv § 152 AO (*Rätke* in Klein AO § 152 Rn. 15; *Seer* in Tipke/Kruse AO § 152 Rn. 8). **Ihre Verletzung kann daher nicht (!) zur Festsetzung eines Verspätungszuschlages führen.** Etwas anderes gilt nur dann, wenn der Gesetzgeber eine Anzeigepflicht ausdrücklich einer Steuererklärungspflicht gleichstellt, was er aber in Bezug auf § 19 GrStG – anders als bei der Anzeigepflicht nach § 228 Abs. 2 BewG (dort § 228 Abs. 5 BewG) – nicht getan hat.

Fraglich ist, ob die Anzeigepflicht gemäß § 19 Abs. 1 GrStG eine Anzeigepflicht 11 iSv § 170 Abs. 2 S. 1 Nr. 1 AO iVm § 184 Abs. 1 S. 3 AO ist und die **späte Anzeige oder gar das Unterlassen der Anzeige den Beginn der Festsetzungsfrist hinausschiebt** (→ GrStG § 16 Rn. 13). Da § 170 Abs. 2 S. 1 Nr. 1 AO von der Erstattung einer „Anzeige" spricht, mag man auf den ersten Blick geneigt sein, der Anzeigepflicht nach § 19 Abs. 1 GrStG – und nichts anderes würde für Abs. 2 gelten – diese Bedeutung beizumessen. Die Rechtsprechung hat für andere Anzeigepflichten allerdings bisher anders entschieden. So sollen weder die allgemeinen Anzeigepflichten nach § 153 Abs. 2 AO noch die besondere Anzeigepflicht nach § 68 Abs. 1 EStG solche iSv § 170 Abs. 2 S. 1 Nr. 1 AO sein. Anders sei dies hingegen für die Anzeigepflichten nach § 30 ErbStG und § 19 GrEStG (BFH 18.5.2006 – III R 80/04, BStBl. II 2008, 371). Einsichtig ist diese Differenzierung unseres Erachtens nicht. In allen genannten Fällen geht es darum, dass die Behörde von einem steuerrelevanten Sachverhalt erfahren soll, weil sie anderenfalls typischerweise nicht davon erfährt. Sie ist gerade auf die Mitwirkung des Steuerpflichtigen angewiesen. Hieran knüpft die Anlaufhemmung des § 170 Abs. 2 S. 1 Nr. 1

§ 19 GrStG Abschnitt II. Bemessung der Grundsteuer

AO an: Die Behörde soll in zeitlicher Hinsicht (Festsetzungsverjährung) keinen Nachteil dadurch erleiden, dass der Steuerpflichtige dieser Mitwirkung nicht nachkommt (vgl. BT-Drs. VI/1982, 151) bzw. umgekehrt formuliert: Der Steuerpflichtige soll keinen Vorteil hieraus ziehen können. Es kann aus dieser teleologischen Perspektive auch keinen Unterschied machen, ob eine Anzeigepflicht dazu dient, dass ein steuerbarer Vorgang als solcher angezeigt wird (so bei § 30 ErbStG und § 19 GrEStG) oder ob nur die Veränderung in Ansehung einzelner steuerrelevanter Umstände anzuzeigen ist (so bei § 19 GrStG). **Angesichts dessen spricht der Zweck – ebenso wie bereits der Wortlaut („Anzeige") – dafür, dass auch die Anzeigepflicht nach § 19 GrStG eine solche iSd §§ 170 Abs. 2 S. 1 Nr. 1, 184 Abs. 1 S. 3 AO ist** (iErg ebenso *Kirschstein* in Stenger/Loose GrStG § 19 Rn. 23; *Mannek/Sklareck* in Stenger/Loose GrStG § 27 Rn. 49).

C. Anzeigepflicht in Ansehung des Wegfalls der Steuermesszahlermäßigungen der § 15 Abs. 2–5 GrStG (Abs. 2)

12 **§ 19 Abs. 2 GrStG enthält eine auf die Steuermesszahlermäßigungstatbestände des § 15 GrStG zugeschnittene Anzeigepflicht.** Anzeigepflichtig ist der Wegfall einer Ermäßigungsvoraussetzung. Die Regelung geht dem § 153 Abs. 2 AO als die speziellere Norm vor, was sich vor allem in Ansehung der Anzeigefrist auswirkt: Die Anzeige gemäß § 19 Abs. 2 S. 1 GrStG ist von dem Steuerschuldner (→ Rn. 6) innerhalb von drei Monaten nach dem Wegfall der Voraussetzungen bei dem Finanzamt zu erstatten, das für die Festsetzung des Steuermessbetrags zuständig ist (§ 19 Abs. 2 S. 2 GrStG; zur Zuständigkeit → GrStG § 16 Rn. 5). Die Anzeigepflicht nach § 19 Abs. 2 GrStG ist eine solche iSv § 170 Abs. 2 S. 1 Nr. 1 AO (→ Rn. 11).

D. Anzeige- und Berichtigungspflicht nach § 153 Abs. 1 AO

13 Die **besonderen Anzeigepflichten nach § 19 GrStG schließen die Anwendung des § 153 Abs. 1 AO nicht aus.** Letzterer regelt – anders als sein von § 19 Abs. 2 GrStG verdrängter Abs. 2 (→ Rn. 12) – mit einer von Anfang an bestehenden Fehlerhaftigkeit eine andere Konstellation und steht daher unabhängig neben § 19 GrStG: Erkennt ein Steuerpflichtiger nachträglich vor Ablauf der Festsetzungsfrist, dass eine von ihm oder für ihn abgegebene Erklärung unrichtig oder unvollständig ist und dass es dadurch zu einer Verkürzung von Steuern kommen kann oder bereits gekommen ist, so ist er verpflichtet, dies unverzüglich anzuzeigen und die erforderliche Richtigstellung vorzunehmen. Der Begriff „Erklärung" darf nicht irritieren, er erfasst nämlich nicht bloß Steuererklärungen (die es im Grundsteuermessbetragsverfahren nicht gibt, → Rn. 1), sondern schlechthin jede Erklärung, also jede Äußerung, die Einfluss auf die Festsetzung des Grundsteuermessbetrages haben kann (vgl *Seer* in Tipke/Kruse AO § 153 Rn. 10). Eine solche Erklärung muss in tatsächlicher Hinsicht unrichtig gewesen sein. **Macht hingegen das Finanzamt einen Fehler, dann trifft den Steuerpflichtigen, der dies erkennt, keine Anzeigepflicht** (Einzelheiten zu § 153 Abs. 1 AO bei *Rätke* in Klein AO § 153 Rn. 2 ff.; *Seer* in Tipke/Kruse AO § 153 Rn. 8 ff.).

§ 20 Aufhebung des Steuermeßbetrags

(1) Der Steuermeßbetrag wird aufgehoben,
1. wenn der Grundsteuerwert *[bis 31.12.2024: Einheitswert]* aufgehoben wird oder
2. wenn dem Finanzamt bekannt wird, daß
   a) für den ganzen Steuergegenstand ein Befreiungsgrund eingetreten ist oder
   b) der Steuermeßbetrag fehlerhaft festgesetzt worden ist.

(2) Der Steuermeßbetrag wird aufgehoben
1. in den Fällen des Absatzes 1 Nr. 1 mit Wirkung vom Aufhebungszeitpunkt (§ 224 Absatz 2 des Bewertungsgesetzes *[bis 31.12.2024: § 24 Abs. 2 des Bewertungsgesetzes]*) an;
2. in den Fällen des Absatzes 1 Nr. 2 Buchstabe a mit Wirkung vom Beginn des Kalenderjahres an, der auf den Eintritt des Befreiungsgrundes folgt. ²§ 16 Abs. 3 ist entsprechend anzuwenden;
3. in den Fällen des Absatzes 1 Nr. 2 Buchstabe b mit Wirkung vom Beginn des Kalenderjahres an, in dem der Fehler dem Finanzamt bekannt wird.

(3) Treten die Voraussetzungen für eine Aufhebung während des Zeitraums zwischen dem Hauptveranlagungszeitpunkt und dem Zeitpunkt des Wirksamwerdens der Steuermeßbeträge (§ 16 Abs. 2) ein, so wird die Aufhebung auf den Zeitpunkt des Wirksamwerdens der Steuermeßbeträge vorgenommen.

Gilt nicht in **Baden-Württemberg** (dort § 45 BWLGrStG) und gilt für Grundstücke nicht in **Hessen** (dort §§ 11, 12 HGrStG). In **Bayern** wird die Regelung ergänzt durch Art. 7 BayGrStG, in **Hamburg** durch § 7 HmbGrStG und in **Niedersachsen** durch § 9 NGrStG.

A. Allgemeines

I. Systematische Einordnung und Zweck der Vorschrift

Der Grundsteuermessbescheid ist Dauerverwaltungsakt. § 20 GrStG regelt verschiedene Aufhebungstatbestände, die eine Beendigung seiner Regelungswirkung erlauben bzw. die Behörde hierzu verpflichten. Die Gesetzesformulierung ist insoweit freilich ungenau: Verwaltungsrechtlich wird nicht der Grundsteuermessbetrag aufgehoben, sondern der Grundsteuermessbescheid. Von der Norm erfasst wird zum einen die Konstellation, dass sich während des Geltungszeitraums des Grundsteuermessbescheides nachträglich solche Veränderungen ergeben, die eine Grundsteuermessbetragsfestsetzung nicht mehr erlauben (verlangt die Veränderung nur eine Anpassung des Grundsteuermessbescheides, gilt § 17 GrStG). Diese Veränderung kann auf der Bindungswirkung des Grundsteuerwertbescheides beruhen (§ 20 Abs. 1 Nr. 1 GrStG, → Rn. 3), aber auch auf dem losgelöst hiervon im Grundsteuermessbescheidverfahren zu würdigenden Eintritt einer Steuerbefreiung für den gesamten Steuergegenstand (§ 20 Abs. 1 Nr. 2 Buchst. a GrStG). Zum anderen regelt § 20 GrStG die Konstellation, dass der Grundsteuermessbescheid von Anfang an fehlerhaft war, sieht insoweit allerdings einen besonderen Aufhebungszeitpunkt vor (§ 20 Abs. 1 Nr. 2 Buchst. b GrStG, → Rn. 5 ff., → Rn. 11).

1

§ 20 GrStG

II. Entwicklung der Vorschrift

2 § 20 GrStG geht auf das Grundsteuerreformgesetz vom 7.8.1973 zurück (zu § 20 GrStG s. BT-Drs. VI/3418, 89; → Grundlagen Rn. 8). Die Frage, wie verfahrensrechtlich beim Wegfall der Steuerpflicht vorzugehen ist, war zuvor partiell in § 16 GrStG 1936/1951 und § 226 RAO geregelt. Das Grundsteuerreformgesetz vom 26.11.2019 (→ Grundlagen Rn. 13) hat § 20 GrStG unverändert gelassen.

B. Aufhebung wegen Aufhebung des Grundsteuerwertbescheides (Abs. 1 Nr. 1)

3 Der Steuermessbescheid ist aufzuheben, wenn der Grundsteuerwertbescheid aufgehoben wird. Der **Aufhebungstatbestand des § 20 Abs. 1 Nr. 1 GrStG knüpft vor allem an § 224 BewG an**, wonach der Grundsteuerwertbescheid aufzuheben ist, wenn die wirtschaftliche Einheit (der Steuergegenstand) wegfällt (Anwendungsfälle bei → BewG § 224 Rn. 3 ff.) oder der Grundsteuerwert der wirtschaftlichen Einheit (des Steuergegenstandes) infolge von Befreiungsgründen der Besteuerung nicht mehr zugrunde gelegt wird. Letzteres meint nur den Fall, dass für die gesamte wirtschaftliche Einheit ein Befreiungsgrund eingreift, der vorher nicht bzw. nicht in diesem Umfang einschlägig war (→ GrStG § 3 Rn. 7). Jenseits der Verbindungslinie zu § 224 BewG **unterfällt § 20 Abs. 1 Nr. 1 GrStG ferner die Konstellation, dass ein Finanzgericht den Grundsteuerwertbescheid auf eine Anfechtungsklage des Steuerpflichtigen hin aufhebt** (zB weil über die Frage einer vollumfänglichen Grundsteuerbefreiung bereits im Grundsteuerwertfeststellungsverfahren gestritten wird und der Kläger obsiegt, → GrStG § 3 Rn. 5 f.).

C. Aufhebung wegen Eintritts einer vollständigen Grundsteuerbefreiung (Abs. 1 Nr. 2 Buchst. a)

4 Gemäß § 20 Abs. 1 Nr. 2 Buchst. a GrStG ist der Grundsteuerbescheid aufzuheben, wenn dem FA bekannt wird, dass für den ganzen Steuergegenstand ein Befreiungsgrund eingetreten ist. Dieser Aufhebungstatbestand wird vor dem Hintergrund verständlich, dass die Finanzverwaltung beim Eintritt einer vollständigen Grundsteuerbefreiung praktisch wählen kann, ob sie den Grundsteuerwertbescheid aufhebt (§ 224 BewG) mit der Folge, **dass der Grundsteuermessbescheid dann nach § 20 Abs. 1 Nr. 1 GrStG aufzuheben ist, oder ob sie den Grundsteuerwertbescheid bestehen lässt und der Grundsteuerbefreiung erst über § 20 Abs. 1 Nr. 2 Buchst. a GrStG im Grundsteuermessbetragsverfahren Rechnung trägt** (→ GrStG § 3 Rn. 5 f.). Im letztgenannten Fall tritt nur in Bezug auf den Steuermessbetrag ein bescheidloser Zustand ein. Entfallen die Voraussetzungen für die Grundsteuerbefreiung später zumindest zum Teil wieder, gilt dann § 17 Abs. 2 Nr. 1 GrStG (→ GrStG § 17 Rn. 7 ff.). Die Kenntnis des FA ist kein Tatbestandsmerkmal des § 20 Abs. 1 Nr. 2 Buchst. a GrStG. Anderenfalls würde es keinen Sinn machen, dass in § 20 Abs. 2 Nr. 3 GrStG die Kenntniserlangung des FA für den Aufhebungszeitpunkt bei einer fehlerbeseitigenden Aufhebung für erheblich erklärt wird, aber für den Fall der Aufhebung nach § 20 Abs. 1 Nr. 2 Buchst. a

Aufhebung des Steuermeßbetrags **§ 20 GrStG**

GrStG nicht. Wäre die Kenntniserlangung immer Tatbestandsmerkmal der beiden Varianten des § 20 Abs. 1 Nr. 2 GrStG, käme es auf diese Differenzierung in Bezug auf den Aufhebungszeitpunkt nicht an.

D. Fehlerbeseitigende Aufhebung (Abs. 1 Nr. 2 Buchst. b)

Der Steuermessbescheid ist aufzuheben, wenn dem Finanzamt bekannt wird, dass 5 der Steuermessbetrag fehlerhaft festgesetzt worden ist (§ 20 Abs. 1 Nr. 2 Buchst. b GrStG, „fehlerbeseitigende Aufhebung"). Der Begriff der **Fehlerhaftigkeit meint verwaltungsrechtlich die Rechtswidrigkeit,** dh einen Verstoß gegen das Gesetz. Wegen der Bindungswirkung des Grundsteuerwertbescheides **muss der Gesetzesverstoß eine im Grundsteuermessbetragsverfahren zu berücksichtigende Vorschrift betreffen.** Insoweit **erfasst § 20 Abs. 1 Nr. 2 Buchst. b GrStG (nur) die Konstellation, dass bei Beachtung dieser Vorschrift der Grundsteuermessbescheid gar nicht (mehr) existieren dürfte.** Damit kommt praktisch vor allem eine zu Unrecht nicht gewährte vollständige Steuerbefreiung als Anwendungsfall des § 20 Abs. 1 Nr. 2 Buchst. b GrStG in Betracht.

Das wiederum ruft allerdings ein **Abgrenzungsproblem zwischen Buchst. a** 6 **und Buchst. b** hervor. Denn die Aufhebungszeitpunkte unterscheiden sich.

Beispiel: Eintritt einer Steuerbefreiung in 01 und nunmehr ist 03: Es sind die Voraussetzungen einer Steuerbefreiung eingetreten. Damit ist der Bescheid für die Zeit nach dem 31.12.01 auch rechtswidrig geworden. Nach § 20 Abs. 1 Nr. 2 Buchst. a, Abs. 2 Nr. 2 GrStG muss die Aufhebung auf den 1.1.02 erfolgen, nach § 20 Abs. 1 Nr. 2 Buchst. b., Abs. 2 Nr. 3 GrStG hingegen erst auf den 1.1.03.

Ihrem Wortlaut nach können beide Normen einschlägig sein. Denn bei Dauerverwaltungsakten – zu denen der Grundsteuermessbescheid gehört (→ GrStG § 16 Rn. 12) – geht die hM davon aus, dass ein ursprünglich rechtmäßiger Verwaltungsakt während des Zeitraums seiner Geltung rechtswidrig werden kann, wenn sich Sach- und Rechtslage seit seinem Erlass verändern (BVerwG 5.1.2012 – 8 B 62/11, NvWZ 2012, 510 Rn. 13). Allerdings steht diese Ausnahme von dem Grundsatz, dass in Ansehung der Rechtswidrigkeit auf die letzte Behördenentscheidung abzustellen ist (BFH 9.12.2008 – VII R 43/07, BStBl. II 2009, 344), stets unter dem Vorbehalt, dass sich aus dem Gesetz nichts anderes ergibt. Gerade dies dürfte allerdings in Anbetracht der Existenz des Aufhebungstatbestandes des § 20 Abs. 1 Nr. 2 Buchst. b GrStG der Fall sein. Wenn der Gesetzgeber den Fall des nachträglichen Eintritts einer vollständigen Steuerbefreiung einem eigenen Tatbestand überantwortet und daneben einen allgemeinen Rechtswidrigkeits-Aufhebungstatbestand vorsieht, dann lässt sich dies nur erklären, wenn der Gesetzgeber eine während des Geltungszeitraums des Grundsteuermessbescheides eintretende Rechtswidrigkeit wegen Eintritts der Voraussetzungen einer Steuerbefreiung nicht als Fall des Rechtswidrigkeits-Aufhebungstatbestandes angesehen hat. Damit ergibt sich eine **systematisch stimmige Abgrenzung: § 20 Abs. 1 Nr. 2 Buchst. a GrStG gilt immer beim nachträglichen Eintritt der Steuerbefreiung; § 20 Abs. 1 Nr. 2 Buchst. b GrStG erfasst hingegen nur den Fall, dass die Gründe für eine Steuerbefreiung schon bei Erlass des Grundsteuermessbescheides vorlagen,** aber gleichwohl ein Grundsteuermessbescheid ergangen ist, dieser also von Anfang an fehlerhaft war (aA womöglich *Troll/Eisele* GrStG § 20 Rn. 4: § 20 Abs. 2 Nr. 3 GrStG gehe vor).

§ 20 GrStG Abschnitt II. Bemessung der Grundsteuer

7   Ein zumindest theoretisch denkbarer Fall einer fehlerbeseitigenden Aufhebung ist die Verfassungswidrigkeit der Nichtgewährung einer Grundsteuerbefreiung (von BVerfG 18.2.2009 – 1 BvR 1334/07, BVerfGK 15, 89 offengelassen in Bezug auf das Fehlen einer spezifisch auf Familien zugeschnittenen Grundsteuerbefreiung). Gerade bei geltend gemachten Gleichheitsverstößen dürfte praktisch allerdings – jedenfalls auf der Grundlage der Rechtsprechung von BVerfG und BFH – die Klagebefugnis kaum zu begründen sein (eingehend *Krumm* in Tipke/Kruse FGO § 40 Rn. 87 ff.). Wird hingegen die Verfassungswidrigkeit der Grundsteuer als Einwand geltend gemacht, muss dieser bereits gegen den Grundsteuerwertbescheid erhoben werden (→ BewG § 219 Rn. 51).

E. Aufhebungszeitpunkte (Abs. 2)

8   Der Grundsteuermessbescheid ist Dauerverwaltungsakt (→ GrStG § 16 Rn. 12). Die Aufhebung nach § 20 GrStG ist darauf gerichtet, dass der Grundsteuermessbescheid seine Regelungswirkung ab einem bestimmten Zeitpunkt (dem sog. Aufhebungszeitpunkt) verliert. Diesen Zeitpunkt bestimmt § 20 Abs. 2 GrStG. Bis zu diesem Zeitpunkt entfaltet der Grundsteuermessbescheid nach wie vor seine Wirkung, vor allem im Verhältnis zum Grundsteuerbescheid.

9   Beruht die Aufhebung des Grundsteuermessbescheides auf der **Aufhebung des Grundsteuerwertbescheides (§ 20 Abs. 1 Nr. 1 GrStG,** → Rn. 3), sind die Aufhebungszeitpunkte für beide Verwaltungsakte identisch: Der Grundsteuermessbescheid soll vom gleichen Zeitpunkt an nicht mehr gelten, von dem auch der Grundsteuerwertbescheid keine Geltung mehr beansprucht (§ 20 Abs. 2 Nr. 1 GrStG).

10 Erfolgt die **Aufhebung des Grundsteuermessbescheides auf der Grundlage von § 20 Abs. 1 Nr. 2 Buchst. a GrStG** (Eintritt einer vollständigen Steuerbefreiung, → Rn. 4), ist die Aufhebung auf den 1.1. des Kalenderjahres vorzunehmen, das auf das erstmalige Vorliegen der Befreiungsvoraussetzungen folgt (§ 20 Abs. 2 Nr. 2 GrStG). Diese verfahrensrechtliche Regelung deckt sich mit der materiell-rechtlichen Regelung in § 9 Abs. 1 GrStG. § 16 Abs. 3 GrStG gilt entsprechend, dh wenn die Festsetzungsfrist für den eigentlich richtigen Aufhebungszeitpunkt verstrichen ist, kann (zumindest) auf den ersten nicht festsetzungsverjährten Stichtag aufgehoben werden (Beispiel bei → GrStG § 16 Rn. 14).

11 Bei einer **fehlerbeseitigenden Aufhebung (§ 20 Abs. 1 Nr. 2 Buchst. b GrStG,** → Rn. 5 ff.) erfolgt die Aufhebung (erst) mit Wirkung von Beginn des Jahres an, in welchem dem FA der Fehler bekannt wird (§ 20 Abs. 2 Nr. 2 GrStG). Wegen dieses von § 20 Abs. 2 Nr. 2 GrStG unter Umständen abweichenden Zeitpunktes bedarf es einer Abgrenzung zwischen den Aufhebungstatbeständen des § 20 Abs. 1 Nr. 2 GrStG (→ Rn. 6). Für den Begriff des „Bekanntwerdens" gelten die Ausführungen zu § 17 GrStG entsprechend (→ GrStG § 17 Rn. 17).

F. Aufhebungsnotwendigkeit während der Geltungsverzögerung nach § 16 Abs. 2 S. 1 GrStG (Abs. 3)

12 Die auf den Hauptfeststellungszeitpunkt festgesetzten Steuermessbeträge werden erst zwei Jahre später wirksam (Geltungsverzögerung, § 16 Abs. 2 S. 1 GrStG; → GrStG § 16 Rn. 10). Treten die Voraussetzungen für eine Aufhebung

Aufhebung des Steuermeßbetrags **§ 20 GrStG**

zwischen dem Hauptfeststellungszeitpunkt und diesem Wirksamkeitszeitpunkt ein, so wird die Aufhebung stets auf den Wirksamkeitszeitpunkt vorgenommen (§ 20 Abs. 3 GrStG). Dass je nach Einzelfall der Aufhebungszeitpunkt nach den allgemeinen Regeln des § 20 Abs. 2 GrStG vor diesem Zeitpunkt liegen würde, wird also – aus pragmatischen Gründen (→ GrStG § 17 Rn. 19) – für irrelevant erklärt.

G. Festsetzungsfrist

Auch **für die Aufhebung gelten die Vorschriften über die Festsetzungs-** 13
verjährung (§§ 169 ff. AO iVm § 184 Abs. 1 S. 3 AO). Die Festsetzungsfrist in Ansehung der Aufhebung des Grundsteuermessbescheides beginnt grundsätzlich mit Ablauf des Jahres, auf dessen 1.1. die Aufhebung vorzunehmen ist. Die Festsetzungsfrist beträgt grundsätzlich vier Jahre. Ist die Festsetzungsfrist bezogen auf den gesetzlich bestimmten Aufhebungszeitpunkt abgelaufen, schließt dies die Aufhebung nicht aus. Der **Aufhebungszeitpunkt verschiebt sich** sodann nach hinten und zwar **auf den ersten nicht festsetzungsverjährten Zeitpunkt**. Für die Aufhebung nach § 20 Abs. 1 Nr. 2 Buchst. a GrStG ergibt sich dies aus dem von § 20 Abs. 2 Nr. 2 GrStG ausdrücklich für **entsprechend anwendbar erklärten § 16 Abs. 3 GrStG** (→ Rn. 10). **Unseres Erachtens muss dies aber auch für die anderen Konstellationen des § 20 Abs. 2 GrStG gelten.**

H. Rechtsschutz

§ 20 GrStG vermittelt dem Steuerpflichtigen ein subjektives Recht auf 14
Aufhebung (FG Düsseldorf 23. 11. 1999 – 11 K 2087/98, EFG 2000, 187). Vor allem besteht kein Ermessen der Finanzbehörde. Lehnt die Finanzbehörde die beantragte Aufhebung ab, muss der Steuerpflichtige nach einem erfolglosen Einspruchsverfahren Verpflichtungsklage erheben (Ziel: Verpflichtung der Behörde zum Erlass der begehrten Aufhebungsentscheidung). Vor allem in Ansehung des Eintritts einer vollständigen Grundsteuerbefreiung scheint die Rechtsprechung (zu Recht) davon auszugehen, dass der Steuerpflichtige nicht gezwungen ist, die Aufhebung des Grundsteuerwertbescheides (auch § 224 BewG vermittelt einen Anspruch auf Aufhebung → BewG § 224 Rn. 14) zu erstreiten. Vielmehr kann sich der Steuerpflichtige auf die Aufhebung des Grundsteuermessbescheides konzentrieren (so implizit FG Düsseldorf 23. 11. 1999 – 11 K 2087/98, EFG 2000, 187; wohl auch BFH 7. 12. 1988 – II R 115/88, BStBl. II 1989, 302; denn anderenfalls wären die Klagen dort als unzulässig abzuweisen gewesen; aA hingegen womöglich FG Bremen 3. 9. 1996 – 2 95 012 K 2, EFG 1997, 261 für den vergleichbaren Fall des Eintritts einer teilweisen Steuerbefreiung hinsichtlich § 17 GrStG, → GrStG § 17 Rn. 24).

§ 21 Änderung von Steuermeßbescheiden

¹Bescheide über die Neuveranlagung oder die Nachveranlagung von Steuermeßbeträgen können schon vor dem maßgebenden Veranlagungszeitpunkt erteilt werden. ²Sie sind zu ändern oder aufzuheben, wenn sich bis zu diesem Zeitpunkt Änderungen ergeben, die zu einer abweichenden Festsetzung führen.

Gilt nicht in **Baden-Württemberg** (dort § 46 BWLGrStG) und für Grundstücke nicht in **Hessen** (dort § 12 Abs. 3 HGrStG). In **Bayern** wird die Regelung ergänzt durch Art. 7 BayGrStG, in **Hamburg** durch § 7 HmbGrStG und in **Niedersachsen** durch § 9 NGrStG.

A. Allgemeines

I. Systematische Einordnung und Zweck der Vorschrift

1   Nach § 9 GrStG wirken sich unterjährige Veränderungen in Ansehung von Steuerbefreiungen oder Steuermesszahlermäßigungen materiell-rechtlich immer erst zum nächsten 1.1. aus (s. § 9 GrStG). Verfahrensrechtlich tragen dem die §§ 17, 18 GrStG mit ihren Neuveranlagungs- bzw. Nachveranlagungszeitpunkten Rechnung. § 21 GrStG regelt konstitutiv (→ Rn. 3), dass ein Neuveranlagungs- bzw. Nachveranlagungsbescheid auch schon dann erlassen werden darf, wenn die rechtliche Wirkung der Änderung noch nicht eingetreten ist; diese tritt wegen § 9 Abs. 1 GrStG erst zum Neuveranlagungs- bzw. Nachveranlagungszeitpunkt ein. Damit fallen für die Zeit **zwischen Bekanntgabe des Neuveranlagungs- bzw. Nachveranlagungsbescheides einerseits und dem Neuveranlagungs- bzw. Nachveranlagungszeitpunkt die innere Wirksamkeit (= rechtliche Existenz des Verwaltungsaktes) und die äußere Wirksamkeit des Bescheides (= Entfaltung der Rechtswirkungen des Verwaltungsaktes) auseinander** (vgl. zu diesen Wirksamkeitskategorien statt vieler nur *Sachs* in SBS VwVfG § 43 Rn. 163 ff.). Die Regelung entspricht § 225 BewG, der sich der nämlichen Frage für die im Grundsteuerwertfeststellungsverfahren zu berücksichtigenden Änderungen in Bezug auf Fortschreibung bzw. Nachfeststellung annimmt. Sowohl § 225 BewG als auch § 21 GrStG verfolgen den Zweck, gegenüber der Gemeinde zu einem frühen Zeitpunkt die Voraussetzungen für eine möglichst schon zum ersten Fälligkeitstermin materiell-rechtlich zutreffende Grundsteuerfestsetzung zu schaffen (*Troll/Eisele* GrStG § 21 Rn. 2). Im Grunde sollen etwaige Verzögerungen, die mit dem gestuften Verwaltungsverfahren verbunden sein können, antizipiert werden. Dass auch der Steuerpflichtige auf diesem Wege frühzeitig darüber informiert wird, mit welcher Grundsteuerlast er zu rechnen hat (*Troll/Eisele* GrStG § 21 Rn. 2), dürfte hingegen nur ein Reflex des § 21 GrStG sein.

II. Entwicklung der Vorschrift

2   § 21 GrStG beruht auf dem Grundsteuerreformgesetz v. 7.8.1973 (zu § 21 GrStG s. BT-Drs. VI/3418, 90; → Grundlagen Rn. 8). Er hat im GrStG 1936/1951 keinen Vorgänger. Das Grundsteuerreformgesetz v. 26.11.2019 (→ Grundlagen Rn. 13) hat § 21 GrStG unverändert gelassen.

Änderung von Steuermeßbescheiden § 21 GrStG

B. Änderung von Steuermessbeträgen vor dem Neuveranlagungs- bzw. Nachveranlagungszeitpunkt (S. 1)

Bescheide über die Neuveranlagung oder die Nachveranlagung von Steuermess- 3
beträgen können schon vor dem maßgebenden Veranlagungszeitpunkt erlassen werden. § 21 S. 1 GrStG enthält keine eigenständigen Voraussetzungen, sondern knüpft allein an die Verpflichtung zum Erlass eines Neuveranlagungs- oder Nachveranlagungsbescheides nach Maßgabe der §§ 17, 18 GrStG an. **Der Regelungsgehalt des § 21 S. 1 GrStG erschöpft sich mithin darin, dass auf der Grundlage der §§ 17, 18 GrStG die notwendigen Bescheide schon vor ihrem Geltungszeitpunkt erlassen werden dürfen.** Es müssen also alle Voraussetzungen der §§ 17, 18 GrStG bereits verwirklicht sein bis auf das Erfordernis, dass Neuveranlagungs- bzw. Nachveranlagungsgrund am Neuveranlagungs- bzw. Nachveranlagungsstichtag (so) noch bestehen. Von dieser letztgenannten Voraussetzung suspendiert § 21 S. 1 GrStG. Die Konstellation einer Aufhebung nach § 20 GrStG wird hingegen nicht erfasst.

§ 21 S. 1 GrStG dient zwar vor allem dazu, der Gemeinde zeitnah zum ersten 4
Fälligkeitsstichtag eine Grundsteuerfestsetzung zu ermöglichen (→ Rn. 1), ist aber auf diesen Fall nicht beschränkt. Die Norm **setzt keine zeitliche Nähe zum Neuveranlagungs- bzw. Nachveranlagungszeitpunkt voraus.** Vielmehr kann das FA auch schon weit im Voraus eine Änderung der Verhältnisse durch Neuveranlagung oder Nachveranlagung antizipieren (*Troll/Eisele* GrStG § 21 Rn. 2). Insoweit mag man an das bereits mit Förderbeginn bekannte Ende des Förderzeitraums im Falle von § 15 Abs. 2 GrStG denken (vgl. *Troll/Eisele* GrStG § 21 Rn. 2 mit dem zwischenzeitlich nicht mehr relevanten Beispiel der Begünstigung nach dem II. WoBauG).

Neu- und Nachveranlagungsbescheid „können" vorab erlassen werden. § 21 S. 1 5
GrStG ist eine Ermessensvorschrift. Es besteht mithin grundsätzlich keine Verpflichtung zum vorzeitigen Erlass eines Neuveranlagungs- oder Nachveranlagungsbescheides.

C. Anpassung bei Änderungen zwischen dem Wirksamwerden von Neuveranlagungs- bzw. Nachveranlagungsbescheid und ihrem Geltungszeitpunkt (S. 2)

Neuveranlagungs- bzw. Nachveranlagungsbescheid sind zu ändern oder aufzu- 6
heben, wenn zwischen dem Erlass des Bescheides (→ Rn. 7) und seinem Geltungsbeginn noch einmal Änderungen eintreten, die zu einer abweichenden Festsetzung führen. **Der Erlass des auf § 17 GrStG bzw. § 18 GrStG jeweils iVm § 21 S. 1 GrStG gestützten Neuveranlagungs- bzw. Nachveranlagungsbescheides bewirkt also verfahrensrechtlich keine Zäsur. Es gilt weiterhin das materielle Stichtagsprinzip zu verwirklichen:** Maßgeblich sind die Verhältnisse am Neuveranlagungs- bzw. Nachveranlagungszeitpunkt und wenn sich die Verhältnisse zwischen dem Erlass des Neuveranlagungs- bzw. Nachveranlagungsbescheides und diesem Stichtag noch einmal verändern sollten, ist der Bescheid nach § 21 S. 2

§ 22 GrStG   Abschnitt II. Bemessung der Grundsteuer

GrStG entsprechend anzupassen. Diese Anpassungsmöglichkeit ist praktisch vor allem dann relevant, wenn zwischen dem vorzeitigen Bescheiderlass und dem Geltungszeitpunkt ein langer Zeitraum liegt (→ Rn. 4). § 21 S. 2 GrStG gewährt kein Ermessen und enthält keine Wertgrenzen.

7 Das Gesetz nennt den maßgeblichen **Beginn dieses Zeitraums** nicht, von dem an Änderungen nach § 21 S. 2 GrStG relevant sind. **Nach dem Zweck der Norm kann dies nur der Zeitpunkt sein, in dem die Finanzbehörde die finale Entscheidung über das „Ob" und den Inhalt des Bescheides getroffen hat** (= Erlass des Bescheides). Nur so wird sichergestellt, dass keine „Korrekturlücke" entsteht und vielmehr alle Änderungen zwischen der Entscheidung der Finanzbehörde und dem Neuveranlagungs- bzw. Nachveranlagungsstichtag berücksichtigt werden können. Würde man hingegen auf den Zeitpunkt der Bekanntgabe des Bescheides abstellen, blieben Änderungen zwischen der Behördenentscheidung und der Bekanntgabe folgenlos (*Halaczinsky* in Rössler/Troll BewG § 24a Rn. 12). Letztlich gilt für § 225 S. 2 BewG damit das Gleiche wie für § 173 AO. Daher kann auch im Übrigen auf die Erkenntnisse zum Erlasszeitpunkt bei § 173 AO zurückgegriffen werden: **Bei menschlicher Bearbeitung des Steuerfalls ist die abschließende Freigabe (Zeichnung) im EDV-System maßgeblich** (statt vieler *Rüsken* in Klein AO § 173 Rn. 53 mwN). Bei einer rein automatisierten Feststellungsentscheidung ist ein diesem vergleichbarer Zeitpunkt zu ermitteln.

8 § 21 S. 2 GrStG erfasst nur Änderungen, die zwischen dem Erlass des Neuveranlagungs- bzw. Nachveranlagungsbescheides und dem Neuveranlagungs- bzw. Nachveranlagungszeitpunkt eintreten. Die Norm ermöglicht hingegen keine Korrektur von Fehlern, die dem Neuveranlagungs- bzw. Nachveranlagungsbescheid bereits von Anfang anhafteten oder die bereits bei einer vorangegangenen Grundsteuermessbetragsfestsetzung erfolgt sind (*Bock* in Grootens GrStG § 21 Rn. 24; *Troll/Eisele* GrStG § 21 Rn. 3). Hier kommen nur eine fehlerbeseitigende Neuveranlagung nach § 17 Abs. 2 Nr. 2 GrStG, eine fehlerbeseitigende Aufhebung nach § 20 Abs. 1 Nr. 2 Buchst. b GrStG oder eine Berichtigung bzw. Änderung nach den allgemeinen Vorschriften (zB § 129 AO oder § 173 AO; → GrStG § 17 Rn. 21) in Betracht.

9 Greift in Ansehung eines Fortschreibungs- bzw. Nachveranlagungsbescheides die Parallelvorschrift des § 224 S. 2 BewG ein, folgt die Änderungspflicht in Bezug auf den Neuveranlagungs- bzw. Nachveranlagungsbescheid allein aus § 175 Abs. 1 S. 1 Nr. 1 AO. § 21 S. 2 GrStG spielt dann keine Rolle.

§ 22 Zerlegung des Steuermessbetrags

(1) **Erstreckt sich der Steuergegenstand über mehrere Gemeinden, so ist der Steuermessbetrag vorbehaltlich des § 24 anteilig in die auf die einzelnen Gemeinden entfallenden Anteile zu zerlegen (Zerlegungsanteile).**

(2) **Zerlegungsmaßstab ist bei Betrieben der Land- und Forstwirtschaft der nach § 239 Absatz 2 des Bewertungsgesetzes ermittelte Gemeindeanteil am Grundsteuerwert des Betriebs der Land- und Forstwirtschaft.**

(3) ¹**Zerlegungsmaßstab ist bei Grundstücken das Verhältnis, in dem die auf die einzelnen Gemeinden entfallenden Flächengrößen zueinander stehen.** ²**Führt die Zerlegung nach Flächengrößen zu einem offenbar unbilligen Ergebnis, sind die Zerlegungsanteile maßgebend, auf die sich die Gemeinden mit dem Steuerschuldner einigen.**

Zerlegung des Steuermessbetrags § 22 GrStG

(4) Entfällt auf eine Gemeinde ein Zerlegungsanteil von weniger als 25 Euro, so ist dieser Anteil der Gemeinde zuzuweisen, der nach Absatz 2 oder 3 der größte Zerlegungsanteil zusteht.

[Fassung bis 31.12.2024:

(1) ¹Erstreckt sich der Steuergegenstand über mehrere Gemeinden, so ist der Steuermeßbetrag vorbehaltlich des § 24 in die auf die einzelnen Gemeinden entfallenden Anteile zu zerlegen (Zerlegungsanteile). ²Für den Zerlegungsmaßstab gilt folgendes:
1. *¹Bei Betrieben der Land- und Forstwirtschaft ist der auf den Wohnungswert entfallende Teil des Steuermeßbetrags der Gemeinde zuzuweisen, in der sich der Wohnteil oder dessen wertvollster Teil befindet. ²Der auf den Wirtschaftswert entfallende Teil des Steuermeßbetrags ist in dem Verhältnis zu zerlegen, in dem die auf die einzelnen Gemeinden entfallenden Flächengrößen zueinander stehen.*
2. *¹Bei Grundstücken ist der Steuermeßbetrag in dem Verhältnis zu zerlegen, in dem die auf die einzelnen Gemeinden entfallenden Flächengrößen zueinander stehen. ²Führt die Zerlegung nach Flächengrößen zu einem offenbar unbilligen Ergebnis, so hat das Finanzamt auf Antrag einer Gemeinde die Zerlegung nach dem Maßstab vorzunehmen, der nach bisherigem Recht zugrunde gelegt wurde. ³Dies gilt nur so lange, als keine wesentliche Änderung der tatsächlichen Verhältnisse eintritt; im Falle einer wesentlichen Änderung ist nach einem Maßstab zu zerlegen, der den tatsächlichen Verhältnissen besser Rechnung trägt.*

³Einigen sich die Gemeinden mit dem Steuerschuldner über die Zerlegungsanteile, so sind diese maßgebend.

(2) Entfällt auf eine Gemeinde ein Zerlegungsanteil von weniger als fünfundzwanzig Euro, so ist dieser Anteil der Gemeinde zuzuweisen, der nach Absatz 1 der größte Zerlegungsanteil zusteht.]

Gilt nicht in **Baden-Württemberg** (dort § 47 BWLGrStG). In **Hessen** hat die Regelung für Grundstücke keine Bedeutung, weil sich die wirtschaftliche Einheit des Grundvermögens nicht über eine Gemeindegrenze erstrecken kann (§ 2 Abs. 2 S. 2 HGrStG).

Übersicht

	Rn.
A. Allgemeines	1
I. Systematische Einordnung und Zweck der Vorschrift	1
II. Entwicklung der Vorschrift	2
B. Zerlegung durch Zerlegungsbescheid (Abs. 1 iVm §§ 185 ff. AO)	3
I. Zerlegungsbescheid und Zerlegungsverfahren	3
II. Nachholung bzw. Änderung der Zerlegung (insb. § 189 AO)	7
C. Zerlegungsmaßstab bei Betrieben der Land- und Forstwirtschaft (Abs. 2)	11
D. Zerlegungsmaßstab bei Grundstücken (Abs. 3)	12
E. Bagatellregelung (Abs. 4)	18
F. Rechtsschutz	19

A. Allgemeines

I. Systematische Einordnung und Zweck der Vorschrift

Der Grundsteuerwert wird für eine wirtschaftliche Einheit festgestellt und diese **1** kann aus Grundstücken bestehen, die in verschiedenen Gemeindegebieten belegen sind. Sofern sich der **Steuergegenstand** dergestalt **über mehrere Gemeinden**

§ 22 GrStG Abschnitt II. Bemessung der Grundsteuer

erstreckt, muss jeder Gemeinde ein Teil des einheitlich im Grundsteuermessbescheides festgesetzten Steuermessbetrages zugewiesen werden. Anderenfalls kann die Gemeinde für ihren Anteil am Steuergegenstand nicht ihren Hebesatz anwenden. **Die hiernach notwendige Aufteilung des Grundsteuermessbetrages nennt das Gesetz „Zerlegung".** § 22 Abs. 1 GrStG ordnet diese Zerlegung an und normiert in den beiden nachfolgenden Absätzen die hierfür erforderlichen Zerlegungsmaßstäbe. Während § 22 GrStG die materiellen Fragen der Zerlegung regelt, sind verfahrensrechtlich die §§ 185 ff. AO maßgeblich. Vor allem enthält § 188 Abs. 1 AO die Ermächtigungsgrundlage für den Zerlegungsbescheid. Besteht Streit um die alleinige Steuerberechtigung zwischen mehreren Gemeinden, ist dieser Streit hingegen durch Zuteilungsbescheid (§ 190 AO) zu entscheiden.

II. Entwicklung der Vorschrift

2   Vorschriften über die Zerlegung enthielt schon das GrStG 1936/1951 (→ Grundlagen Rn. 5 f.). Die Grundnorm, die heute § 22 Abs. 1 GrStG entspricht, war § 17 GrStG 1936/1951. Den Zerlegungsmaßstab wiederum gab § 19 GrStG 1936/1951 vor. Dieser bestimmte, dass der Steuermessbetrag „nach dem Verhältnis zu zerlegen [ist], in dem die Teile des maßgebenden Einheitswertes, die auf die einzelnen Gemeinden entfallen, zueinander stehen". Diese auf Genauigkeit angelegte Aufteilung hat der Gesetzgeber des Grundsteuerreformgesetzes vom 7.8.1973 im Interesse der Vereinfachung aufgegeben (zu § 22 GrStG s. BT-Drs. VI/3418, 90 und BT-Drs. 7/485, 8; → Grundlagen Rn. 8). Für Betriebe der Land- und Forstwirtschaft sah § 22 Abs. 1 S. 2 Nr. 1 GrStG 1973 vor, dass der Wohnteil der Belegenheitsgemeinde zugeordnet wird und der Wirtschaftsteil entsprechend dem Flächenmaßstab aufzuteilen ist. Für Grundstücke sah § 22 Abs. 1 S. 2 Nr. 2 S. 1 GrStG 1973 demgegenüber ausschließlich den Flächenmaßstab vor. In beiden Fällen war eine Einigung der Gemeinden mit dem Steuerschuldner über die Zerlegungsanteile möglich und dann vorrangig (§ 22 Abs. 1 S. 2 GrStG 1973). Das Grundsteuerreformgesetz vom 26.11.2019 (zu § 22 GrStG s. BT-Drs. 19/11085, 125; → Grundlagen Rn. 13) übernimmt die Unterscheidung zwischen den Steuergegenständen in Ansehung des Zerlegungsmaßstabes und lässt den Flächenmaßstab für die Grundstücke unverändert. Bei den Betrieben der Land- und Forstwirtschaft wird der Zerlegungsmaßstab hingegen neu justiert, allerdings nicht in § 22 GrStG, sondern in § 239 Abs. 2 BewG (also auf Bewertungsebene): Die Summe der Reinerträge ist bei einem gemeindegebietsübergreifenden Betrieb der Land- und Forstwirtschaft für jede Gemeinde gesondert zu ermitteln. Der auf eine Gemeinde entfallende Anteil am Grundsteuerwert berechnet sich sodann aus der jeweils für die Gemeinde gesondert ermittelten Summe der Reinerträge im Verhältnis zur Gesamtsumme der Reinerträge des Betriebs der Land- und Forstwirtschaft (→ BewG § 239 Rn. 4 f.). Von diesem Maßstab kann (konsequenterweise) auch nicht mehr durch Einigung abgewichen werden. Bei Grundstücken ist hingegen weiterhin eine Einigungsmöglichkeit vorgesehen, die tatbestandlich allerdings nunmehr daran geknüpft wird, dass der Flächenmaßstab zu einem offenbar unbilligen Ergebnis führt (→ Rn. 14).

B. Zerlegung durch Zerlegungsbescheid (Abs. 1 iVm §§ 185 ff. AO)

I. Zerlegungsbescheid und Zerlegungsverfahren

Die Zerlegung ist die Aufteilung des Grundsteuermessbetrages auf mehrere Gemeinden als Steuergläubiger (→ Rn. 1). Sie erfolgt **durch Zerlegungsbescheid.** Dieser regelt sowohl das Verhältnis zwischen dem Steuerpflichtigen und den Steuerberechtigten als auch das Verhältnis der Steuerberechtigten zueinander (BFH 27. 3. 1996 – I R 83/94, BStBl. II 1996, 509). Der Zerlegungsbescheid muss die Höhe des zu zerlegenden Steuermessbetrags angeben und bestimmen, welche Anteile den beteiligten Steuerberechtigten zugeteilt werden. Lässt sich dem Bescheid Letzteres nicht entnehmen, ist er mangels Bestimmtheit nichtig (*Bock* in Grootens GrStG § 22 Rn. 83; *Brandis* in Tipke/Kruse AO § 188 Rn. 3). Die unrichtige Angabe des Steuerberechtigten führt hingegen nur zur Rechtswidrigkeit (FG Berlin-Brandenburg 19. 2. 2002 – 3 K 722/00, EFG 2002, 655). Ferner müssen – als Begründung und damit unselbständiger Teil des Bescheides (vgl. § 157 Abs. 2 AO) – die Zerlegungsgrundlagen angegeben werden (§ 188 AO). Beteiligte sind gemäß § 186 AO der Steuerpflichtige und die Steuerberechtigten, denen ein Anteil an dem Steuermessbetrag zugeteilt worden ist oder die einen Anteil beanspruchen. Ist für die Grundsteuerfestsetzung die Landesfinanzbehörde zuständig, tritt sie an die Stelle der Gemeinde (§ 186 Nr. 2 S. 2 AO). 3

Die Zerlegung erfolgt gegenüber allen Beteiligten einheitlich. Jedem Beteiligten muss der Zerlegungsbescheid bekannt gegeben werden, soweit der Beteiligte betroffen ist (§ 188 Abs. 1 AO). Die letztgenannte Einschränkung soll nach der Vorstellung des Gesetzgebers bedeuten, dass den steuerberechtigten Gemeinden nur ein kurzgefasster Bescheid mit den sie betreffenden Daten (also: der den Steuerberechtigten betreffende Anteil) bekannt gegeben werden muss. Dem Steuerpflichtigen ist hingegen stets der vollständige Zerlegungsbescheid bekannt zu geben (vgl. BT-Drs. 7/4292, 34; dazu BFH 27. 3. 1996 – I R 83/94, BStBl. II 1996, 509). Diese Vorstellung mag den Grundfall widerspiegeln, schließt allerdings nicht aus, dass der Gemeinde in bestimmten Konstellationen dennoch der gesamte Zerlegungsbescheid übersandt wird. Dies ist zB dann geboten, wenn der Zerlegungsanteil einer Gemeinde hinter ihrem im Verwaltungsverfahren formulierten Begehren zurückbleibt (so *Brandis* in Tipke/Kruse AO § 188 Rn. 2; *Schmieszek* in Gosch AO § 188 Rn. 11). 4

Der Zerlegungsbescheid ist Folgebescheid im Verhältnis zum Grundsteuermessbescheid (BFH 24. 1. 2018 – II R 59/15, BStBl. II 2018, 619 Rn. 28). Die Höhe des zu zerlegenden Grundsteuermessbetrages ist daher als bindende Grundlage aus dem Grundsteuermessbescheid zu übernehmen. Wird der Grundsteuermessbescheid geändert, ist der Zerlegungsbescheid nach § 175 Abs. 1 S. 1 Nr. 1 AO zu ändern. Der **Zerlegungsbescheid selbst wiederum ist Grundlagenbescheid für den Grundsteuerbescheid.** Kein Grundlagen-Folgebescheid-Verhältnis liegt hingegen zwischen Grundsteuerwertbescheid und Zerlegungsbescheid in Bezug auf die nach § 239 Abs. 2 BewG ermittelten Gemeindeanteile am Grundsteuerwert des Betriebes der Land- und Forstwirtschaft vor. § 239 Abs. 2 BewG bestimmt zwar die gesonderte Ermittlung, aber an keiner Stelle ist die gesonderte Feststellung dieser Besteuerungsgrundlage angeordnet. Die für jede Gemeinde ermittelte Summe der Reinerträge ist daher nicht Regelungsgegenstand der Grundsteuerwert- 5 feststellung, sondern nur Teil der Begründung des Grundsteuerwertbescheides. Damit scheidet eine Bindungswirkung für die nachfolgenden Verwaltungsverfahren aus (glA *Marx* in Stenger/Loose GrStG § 22 Rn. 28). Daher **können sowohl der Steuerpflichtige als auch eine Gemeinde im Zerlegungsverfahren für Zwecke der Zerlegung geltend machen, dass die im Grundsteuerwertfeststellungsverfahren erfolgte Ermittlung der Gemeindeanteile unzutreffend ist.**

6   Das **Zerlegungsverfahren ist ein eigenständiges Verwaltungsverfahren,** das mit dem Zerlegungsbescheid abgeschlossen wird (zum Rechtsschutz → Rn. 19f.). Die Zuständigkeit richtet sich nach §§ 22, 18 AO. Für das Verfahren und den Zerlegungsbescheid sind dabei vorrangig die §§ 186–189 AO. Dies betrifft vor allem die Verfahrensbeteiligten (→ Rn. 3) sowie das Auskunfts- und Akteneinsichtsrecht der beteiligten Steuerberechtigten (§ 187 AO bzw. § 21 Abs. 3 FVG). Im Übrigen erklärt § 185 AO konsequenterweise die für Steuermessbeträge geltenden Verfahrensvorschriften für entsprechend anwendbar. Denn letztlich sind Zerlegungsbescheide nur „zerlegte Messbescheide" (so BFH 24.3.1992 – VIII R 33/90, BStBl. II 1992, 869 [871]). Der Verweis des § 185 AO auf § 184 AO bedeutet vor allem, dass im Übrigen auch die Vorschriften über die Durchführung der Besteuerung Anwendung finden (§ 184 Abs. 1 S. 3 AO). Danach sind auf die Zerlegung grundsätzlich die allgemeinen Vorschriften über Verwaltungsakte (§§ 118ff. AO), über die Steuerfestsetzung (§§ 155ff. AO), die Festsetzungsverjährung (§§ 169ff. AO, BFH 28.6.2000 – I R 84/98, BStBl. II 2001, 3) sowie über die Aufhebung und Änderung von Steuerfestsetzungen (→ Rn. 9) anwendbar.

II. Nachholung bzw. Änderung der Zerlegung (insb. § 189 AO)

7   Eine besondere – nicht abschließende (→ Rn. 9) – Änderungsermächtigung für einen Zerlegungsbescheid enthält **§ 189 S. 1 AO: Ist der Anspruch eines Steuerberechtigten auf einen Anteil am Steuermessbetrag nicht berücksichtigt und auch nicht zurückgewiesen worden, so wird die Zerlegung von Amts wegen oder auf Antrag geändert oder nachgeholt.** Gemäß § 189 S. 2 AO dürfen dann, wenn der bisherige Zerlegungsbescheid gegenüber denjenigen Steuerberechtigten, die an dem Zerlegungsverfahren bereits beteiligt waren, unanfechtbar geworden ist, bei der Änderung der Zerlegung nur solche Änderungen vorgenommen werden, die sich aus der nachträglichen Berücksichtigung der bisher übergangenen Steuerberechtigten ergeben. Die Regelung erfasst (ausschließlich → Rn. 9) die **Konstellation, dass eine grundsteuerberechtigte Gemeinde bei der Grundsteuerzerlegung überhaupt nicht berücksichtigt wurde** (sie also „übergangen wurde", *Brandis* in Tipke/Kruse AO § 189 Rn. 1) – sei es ihm Rahmen einer durchaus durchgeführten Zerlegung, sei es durch das Unterlassen einer Zerlegung (arg. § 189 S. 3 AO, wo von „Nachholung" die Rede ist). Mehr verlangt die Norm nicht. Vor allem müssen zB keine neuen Tatsachen nachträglich bekannt geworden sein (*Brandis* in Tipke/Kruse AO § 189 Rn. 1). Da die Regelung ua an eine mangelnde „Zurückweisung" anknüpft, dürfte es sich empfehlen, dass die Finanzbehörde einen aus ihrer Sicht unbegründeten Antrag ausdrücklich zurückweist. Diese Zurückweisung schließt dann § 189 AO aus.

8   Gemäß § 189 S. 3 AO ist eine Änderung oder Nachholung nicht zulässig, wenn ein Jahr vergangen ist, seitdem der Grundsteuermessbescheid unanfechtbar geworden ist, es sei denn, dass der übergangene Steuerberechtigte die Änderung oder Nachholung der Zerlegung vor Ablauf des Jahres beantragt hat. Es handelt sich um eine Ausschlussfrist (BFH 28.10.1987 – I R 275/83, BStBl. II 1988, 292). Wieder-

Zerlegung des Steuermessbetrags **§ 22 GrStG**

einsetzung in den vorherigen Stand ist möglich (BFH 28.6.2000 – I R 84/98, BStBl. II 2001, 3). Fristwahrend ist nur der Antrag des übergangenen Steuerberechtigten. Ein Antrag des Steuerpflichtigen wirkt nicht zugunsten des Steuerberechtigten (BFH 8.11.2000 – I R 1/00, BStBl. II 2001, 769).

§ 189 AO erfasst nicht den Fall, dass eine Gemeinde zwar berücksichtigt 9 **wurde, aber mit einem zu hohen oder zu niedrigen Anteil** (BFH 24.3.1992 – VIII R 33/90, BStBl. II 1992, 869). Neben § 189 AO **finden** auf den Zerlegungsbescheid allerdings die für Steuerbescheide geltenden Berichtigungs- (**§ 129 AO**) und Änderungsvorschriften (**§§ 172 ff. AO**) **Anwendung**. Vor allem wird § 173 AO nicht von § 189 AO verdrängt (BFH 24.3.1992 – VIII R 33/90, BStBl. II 1992, 869; 20.4.1999 – VIII R 13/97, BStBl. II 1999, 542; 7.9.2005 – VIII R 42/02, BFH/NV 2006, 498, jeweils zur GewSt). Allerdings muss die Norm bei Anwendung auf einen Zerlegungsbescheid etwas modifiziert werden, da der Zerlegungsbescheid nicht nur eine Regelung im Verhältnis zwischen Steuerpflichtigen und Finanzbehörde trifft, sondern auch im Verhältnis der Steuerberechtigten zueinander (→ Rn. 3): Abzustellen ist auf den einzelnen Zerlegungsanteil. Eine konkrete Nachprüfung der insgesamt eintretenden steuerlichen Wirkung bei dem Steuerpflichtigen bzw. dem Steuerberechtigten hat nicht zu erfolgen. Ferner erfolgt keine Unterscheidung zwischen einer Änderung zuungunsten und zugunsten des Steuerpflichtigen. Zerlegungsbescheide sind daher stets zu ändern, wenn nachträglich Tatsachen bekannt werden, die zu einer Änderung der Zerlegungsanteile führen (BFH 24.3.1992 – VIII R 33/90, BStBl. II 1992, 869).

Ist eine Änderung vorzunehmen – sei es nach § 189 AO oder zB nach § 173 10 AO – ist die Einheitlichkeit der Zerlegungsentscheidung zu wahren. Die Erhöhung des Anteils des einen Steuerberechtigten muss zwangsläufig zur Herabsetzung des anderen Anteils oder der anderen Anteile führen (BFH 24.3.1992 – VIII R 33/90, BStBl. II 1992, 869). Für den Änderungsbescheid gilt § 351 Abs. 1 AO (→ Rn. 20).

C. Zerlegungsmaßstab bei Betrieben der Land- und Forstwirtschaft (Abs. 2)

Bei Betrieben der Land- und Forstwirtschaft ist der Zerlegungsmaßstab gemäß 11 § 22 Abs. 2 GrStG der nach § 239 Abs. 2 BewG ermittelte (aber nicht gesondert festgestellte, → Rn. 5) Gemeindeanteil am Grundsteuerwert des Betriebs der Land- und Forstwirtschaft (im Einzelnen → BewG § 239 Rn. 4 f.).

D. Zerlegungsmaßstab bei Grundstücken (Abs. 3)

Bei Grundstücken bestimmt das Gesetz das **Flächenverhältnis** zum Zerle- 12 gungsmaßstab: Maßgeblich ist das Verhältnis, in dem die auf die einzelnen Gemeinden entfallenden Flächengrößen zueinander stehen. Ausgangspunkt ist die Grundstücksfläche iSv § 247 Abs. 1 BewG der gesamten wirtschaftlichen Einheit. Ob die Grundstücksfläche unbebaut oder bebaut ist, ist für § 22 Abs. 3 GrStG irrelevant. Damit **spielt vor allem die Lage des Gebäudes keine Rolle** (*Bock* in Grootens GrStG § 22 Rn. 39 f.; *Marx* in Stenger/Loose GrStG § 22 Rn. 51; *Troll/Eisele* GrStG § 22 Rn. 4). Auch ein nur auf dem Gebiet einer Gemeinde stehendes Gebäude wird „wertmäßig" nach dem Grundstücksflächenmaßstab „zerlegt". Ferner ist unbeachtlich, ob ein Teil der wirtschaftlichen Einheit von der Grundsteuer befreit ist;

§ 22 GrStG   Abschnitt II. Bemessung der Grundsteuer

auch steuerbefreite Flächen sind in das Flächenverhältnis einzubeziehen (eingehend *Meng/Ritter/Humolli* DStR 2014, 1752 [1754 ff.]).

13 Der Flächenmaßstab des § 22 Abs. 3 S. 1 GrStG ist zwingend, sofern nicht der Vorbehalt des Satz 2 eingreift. Es besteht mithin kein Ermessen des Finanzamtes (FG Thüringen 23.7.2009 – II 940/06, EFG 2009, 1967; für die GewSt ebenso BFH 25.11.2009 – I R 18/08, BFH/NV 2010, 941). Diese aus verwaltungsökonomischen Gründen (BT-Drs. VI/3418, 90) vorgenommene starke Vereinfachung ist verfassungsgemäß (BFH 4.12.1991 – II B 35/91, BFH/NV 1992, 339).

14 Die Flächengrößen sind gemäß § 22 Abs. 3 S. 2 GrStG nicht maßgeblich, wenn die Heranziehung dieses Maßstabes zu einem offenbar unbilligen Ergebnis führt **(Unbilligkeitsvorbehalt).** Dann sind vielmehr die Zerlegungsanteile maßgebend, auf die sich die Gemeinden mit dem Schuldner einigen. Das „offenbar unbillige Ergebnis" ist Tatbestandsmerkmal. Satz 2 normiert mithin keine ins Belieben der Beteiligten gestellte Abweichungsbefugnis. Die Gemeinden mögen über ihr Steuersubstrat disponieren können, der Steuerpflichtige kann dies in Bezug auf seine Steuerbelastung hingegen nicht und vom Fall einer Hebesatzidentität abgesehen, ist mit jeder Vereinbarung über die Zerlegung eine entsprechende Vereinbarung über die Steuerlast verbunden. Für die Konkretisierung des unbestimmten – volljustiziablen (vgl. BFH 25.11.2009 – I R 18/08, BFH/NV 2010, 941 zu § 33 GewStG) – Tatbestandmerkmals des offenbar unbilligen Ergebnisses muss leitend sein, dass eine wertabhängige Aufteilung nicht gewollt und „normale" Unbilligkeiten hingenommen werden müssen. Zu diesen normalen Unbilligkeiten gehört vor allem, dass das (wertbestimmende) Gebäude nur auf dem Gebiet einer Gemeinde liegt (*Bock* in Grootens GrStG § 22 Rn. 46). Es geht mithin um Extremfälle. Man mag insoweit zB an das vom Gesetzgeber zu § 22 Abs. 1 S. 2 Nr. 2 S. 2 GrStG 1973 herangezogene Grundstück denken, dessen Gebäude sich auf dem relativen kleinen Teil einer Gemeinde, dagegen relativ große Parkflächen auf dem Gebiet der Nachbargemeinde befinden (BT-Drs. 7/485, 8).

15 Die **Einigung iSv § 22 Abs. 3 S. 2 GrStG ist ein öffentlich-rechtlicher Vertrag** iSd §§ 54 ff. VwVfG des jeweiligen Landes (zutreffend für die GewSt FG Köln 29.9.1982 – I [XII] 1/77, EFG 1983, 362). Es erscheint zwar nicht ausgeschlossen, dass die Gemeinden auch mit dem Abschluss einer solchen Vereinbarung die Grundsteuer iSv § 1 Abs. 2 AO verwalten, allerdings würde dies die Anwendung der §§ 54 ff. VwVfG nicht ausschließen, sondern lediglich zu deren analoger Anwendung führen. Die Abgabenordnung wäre insoweit offensichtlich planwidrig lückenhaft. Der Vertrag bedarf mithin der Schriftform (§ 57 VwVfG). Liegt die erforderliche offenbare Unbilligkeit iSv § 22 Abs. 3 S. 2 GrStG (→ Rn. 14) nicht vor, ist der Vertrag nichtig. Denn § 22 Abs. 3 S. 2 GrStG ist eine qualifizierte Verbotsnorm iSv § 59 Abs. 1 VwVfG iVm § 134 BGB (vgl. zu diesem Erfordernis nur *Bonk/Neumann/Siegel* in SBS VwVfG § 59 Rn. 11 ff.).

16 Ob der Vertrag für einen bestimmten Erhebungszeitraum, befristet oder für unbestimmte Zeit geschlossen wird, ist eine Frage des Einzelfalls. Für die Gewerbesteuer geht der BFH davon aus, dass eine Vereinbarung im Zweifel nur für einen Erhebungszeitraum gelten soll (BFH 20.4.1999 – VIII R 13/97, BStBl. II 1999, 542). Das ist für die Gewerbesteuer nachvollziehbar, weil sich die Vertragsgrundlagen hier typischerweise auch von Erhebungszeitraum zu Erhebungszeitraum ändern. Bei der Grundsteuer ist dies hingegen in der Regel nicht der Fall. Daher wird man hier im Zweifel wohl eher zu einer über einen Erhebungszeitraum hinauswirkenden Vereinbarung gelangen dürfen. Es gibt unseres Erachtens auch keinen Rechtssatz, wonach der Vertrag längstens bis zum Ende eines Hauptveranla-

Zerlegung des Steuermessbetrags **§ 22 GrStG**

gungszeitraums gilt (so aber *Bock* in Grootens GrStG § 22 Rn. 50; *Marx* in Stenger/ Loose GrStG § 22 Rn. 63; *Troll/Eisele* GrStG § 22 Rn. 5). Entscheidend ist aber immer die Vereinbarung im Einzelfall. Bei einem nicht nur auf einen Erhebungszeitraum beschränkten Vertrag richten sich Anpassung oder Kündigung ebenfalls nach den vertraglichen Vereinbarungen. Wird der Vertrag auf unbestimmte Zeit geschlossen, steht der Vertragspartei ein ordentliches Kündigungsrecht zu, sofern ein solches nicht ausdrücklich ausgeschlossen worden ist (vgl. OVG Bautzen 25.2.2020 – 4 A 439/18, BeckRS 2020, 29153). Anderenfalls gilt § 60 VwVfG. Hiernach kann eine Vertragspartei die Anpassung des Vertrages verlangen, wenn die Verhältnisse, die für die Festsetzung des Vertragsinhaltes maßgeblich gewesen sind, sich seit Abschluss des Vertrages so wesentlich geändert haben, dass einer Vertragspartei das Festhalten an der ursprünglichen vertraglichen Regelung nicht mehr zuzumuten ist. Ist eine Anpassung nicht möglich oder einer Vertragspartei nicht zuzumuten, ist eine Kündigung zulässig.

Sowohl Abschluss als auch Ende der Vereinbarung wirken wegen § 23 Abs. 2 **17** GrStG verfahrensrechtlich grundsätzlich nur auf den 1.1. des Folgejahres (zur von Anfang an unwirksamen Vereinbarung → GrStG § 23 Rn. 9).

E. Bagatellregelung (Abs. 4)

§ 22 Abs. 4 BewG enthält eine Bagatellregelung. Entfällt auf eine Gemeinde ein **18** Zerlegungsanteil von weniger als 25 EUR, so wird diese Gemeinde in die Zerlegung nicht mit einbezogen. Stattdessen wird der Anteil, der auf diese Gemeinde entfällt, der Gemeinde, welcher der größte Zerlegungsanteil zusteht, zugewiesen. Der Gesetzgeber hatte die Erwartung, dass dies typischerweise die „Wohnsitzgemeinde" sei (BT-Drs. VI/3418, 90), erforderlich ist dies allerdings nicht. Bemerkenswerterweise hat der Gesetzgeber die betragsmäßige Grenze seit 1973 nicht mehr erhöht (damals 50 DM, heute 25 EUR).

F. Rechtsschutz

Der Steuerpflichtige kann gegen den Zerlegungsbescheid **Einspruch** einlegen **19** **bzw. Anfechtungsklage zum Finanzgericht** erheben, sofern er eine Zerlegung anstrebt, die im Ergebnis zu einer niedrigeren Grundsteuerbelastung führt. **Sind die Grundsteuerhebesätze in den beteiligten Gemeinden hingegen gleich hoch, fehlt ihm die Beschwer** (BFH 22.7.1988 – III R 286/84, BFH/NV 1990, 56; 24.3.1992 – VIII R 33/90, BStBl. II 1992, 869, jeweils zur GewSt). Ferner **ist die Gemeinde rechtsbehelfsbefugt,** wenn sie meint, dass ihr nach § 22 Abs. 2 bzw. Abs. 3 GrStG ein höherer Anteil zusteht (BFH 22.7.1988 – III R 286/84, BFH/NV 1990, 56; 20.4.1999 – VIII R 13/97, BStBl. II 1999, 542, jeweils zur GewSt; anders verhält es sich in Bezug auf den Grundsteuermessbescheid, → GrStG § 16 Rn. 18). Diejenigen Beteiligten des Zerlegungsverfahrens (→ Rn. 3), die keinen Rechtsbehelf eingelegt haben, sind zum Einspruchsverfahren hinzuzuziehen bzw. zum Finanzgerichtsverfahren beizuladen, da die Entscheidung allen Beteiligten gegenüber einheitlich ergehen muss. Dies gilt nur dann nicht, wenn ein Beteiligter nicht beschwert sein kann (vor allem der Steuerpflichtige bei identischen Hebesätzen).

§ 23 GrStG   Abschnitt II. Bemessung der Grundsteuer

20   Wird der Zerlegungsbescheid geändert, gilt § 351 Abs. 1 AO (ggf. iVm § 42 FGO, BFH 20. 4.1999 – VIII R 13/97, BStBl. II 1999, 542 zur GewSt). Eine Gemeinde ist vor allem dann rechtsbehelfsbefugt, soweit ihr Anteil reduziert wird. Allerdings kommt auch bei Erhöhung ihres Anteils eine Rechtsbehelfsbefugnis in Betracht, wenn nämlich die Erhöhung hinter ihrem Erhöhungsbegehren zurückbleibt (BFH 20. 4.1999 – VIII R 13/97, BStBl. II 1999, 542).

§ 23 Zerlegungsstichtag

(1) **Der Zerlegung des Steuermeßbetrags werden die Verhältnisse in dem Feststellungszeitpunkt zugrunde gelegt, auf den der für die Festsetzung des Steuermeßbetrags maßgebende Grundsteuerwert *[bis 31.12.2024: Einheitswert]* festgestellt worden ist.**

(2) **Ändern sich die Grundlagen für die Zerlegung, ohne daß der Grundsteuerwert *[bis 31.12.2024: Einheitswert]* fortgeschrieben oder nachträglich festgestellt wird, so sind die Zerlegungsanteile nach dem Stand vom 1. Januar des folgenden Jahres neu zu ermitteln, wenn wenigstens bei einer Gemeinde der neue Anteil um mehr als ein Zehntel, mindestens aber um zehn Euro von ihrem bisherigen Anteil abweicht.**

Gilt nicht in **Baden-Württemberg** (dort § 48 BWLGrStG). In **Hessen** hat die Regelung für Grundstücke keine Bedeutung, weil sich die wirtschaftliche Einheit des Grundvermögens nicht über eine Gemeindegrenze erstrecken kann (§ 2 Abs. 2 S. 2 HGrStG).

A. Allgemeines

I. Systematische Einordnung und Zweck der Regelung

1   Auch für die Zerlegung muss ein Stichtag für die maßgeblichen zerlegungsrelevanten Verhältnisse bestimmt werden. Insoweit führt § 23 Abs. 1 GrStG konsequent das Stichtagsprinzip der §§ 221 Abs. 2, 222 Abs. 4, 223 Abs. 2 BewG und der hieran anknüpfenden §§ 9, 16 Abs. 1 GrStG fort: Zerlegungsstichtag ist grundsätzlich der Hauptfeststellungszeitpunkt. Ist eine Wertfortschreibung durchgeführt worden, ist dies der entsprechende Fortschreibungszeitpunkt (→ Rn. 3 f.). Da allerdings auch Konstellationen denkbar sind, in denen sich nur solche Zerlegungsgrundlagen ändern, die nicht im Grundsteuerwert wurzeln (zB Änderung der Gemeindegrenzen), hat der Gesetzgeber in § 23 Abs. 2 GrStG eine Regelung geschaffen, die eine Anpassung der Zerlegung auf den nächsten 1.1. ermöglicht. Diese Norm bestimmt nicht nur den Zerlegungsstichtag, sondern stellt zugleich eine Ermächtigungsgrundlage zur Änderung des Zerlegungsbescheides zwecks Neuermittlung für die Zeit ab dem neuen Zerlegungsstichtag dar (→ Rn. 5 ff.).

II. Entwicklung der Regelung

2   § 23 beruht auf dem Grundsteuerreformgesetz v. 7.8.1973 (→ Grundlagen Rn. 8; zu § 23 GrStG 1973 im Besonderen siehe BT-Drs. VI/3418, 90). Mit dem Grundsteuerreformgesetz vom 26.11.2019 (→ Grundlagen Rn. 13) wurde lediglich der Terminus „Einheitswert" durch „Grundsteuerwert" ersetzt.

B. Maßgeblichkeit der Verhältnisse im Feststellungszeitpunkt (Abs. 1)

Der Zerlegung sind die Verhältnisse im Feststellungszeitpunkt zugrunde zu legen, also dem Zeitpunkt, ab dem der Grundsteuerwertbescheid seine Wirkung entfaltet (Feststellungs-, Fortschreibungs- oder Nachfeststellungszeitpunkt). Nicht maßgeblich ist der sich unter Beachtung des § 16 Abs. 2 GrStG ergebende Geltungsbeginn des Grundsteuermessbescheides (→ GrStG § 16 Rn. 10 f.). Der bewertungsrechtliche Feststellungszeitpunkt ergibt sich aus dem Grundsteuerwertbescheid. Ebenso wie Grundsteuerwert- und Grundsteuermessbescheid **ist auch der Zerlegungsbescheid ein Dauerverwaltungsakt,** der bis zu seiner Änderung über mehrere Kalenderjahre hinweg wirksam bleibt. Wegen der Maßgeblichkeit des im Grundsteuerwertbescheides bestimmten Feststellungszeitpunktes bleiben die in diesem Zeitpunkt bestehenden Verhältnisse auch dann maßgebend, wenn sie sich zwar ändern, diese Änderung aber bewertungsrechtlich wegen Nichterreichen der Fortschreibungsgrenze (→ BewG § 222 Rn. 11) nicht nachvollzogen wird, der Grundsteuerwertbescheid also unverändert bleibt (BT-Drs. VI/3418, 90). 3

Erfolgt eine Wertfortschreibung und sodann eine Neuveranlagung (→ GrStG § 17 Rn. 3 ff.), **ist auch der Zerlegungsbescheid zu ändern** (nach § 175 Abs. 1 S. 1 Nr. 1 AO; zur Folgebescheideigenschaft des Zerlegungsbescheides → GrStG § 22 Rn. 5) und der neue Grundsteuermessbetrag muss unter Beachtung der Verhältnisse im Fortschreibungszeitpunkt zerlegt werden (BT-Drs. VI/3418, 90; *Troll/Eisele* GrStG § 23 Rn. 2). **Ob eine Fortschreibung erst für die Zukunft erfolgt oder ob Fortschreibung bzw. Änderung auf einen zurückliegenden 1.1. erfolgen, ist für § 23 Abs. 1 GrStG unbeachtlich** (*Troll/Eisele* GrStG § 23 Rn. 2). 4

C. Änderung zerlegungsrelevanter Verhältnisse ohne Änderung der Grundsteuerwertfeststellung (Abs. 2)

Ändern sich die Grundlagen für die Zerlegung, ohne dass der Grundsteuerwert fortgeschrieben oder nachträglich festgestellt wird, hat gleichwohl – vorbehaltlich der Änderungsgrenze (→ Rn. 6) – eine Änderung des Zerlegungsbescheides zu erfolgen. **Es geht mithin um Veränderungen tatsächlicher oder rechtlicher Art, die das Zerlegungsergebnis beeinflussen, die aber nicht zu einer Anpassung des Grundsteuerwertbescheides führen.** Denkbarer Anwendungsfall des § 23 Abs. 2 GrStG ist die Änderung des Gemeindegebietes mit der Folge, dass sich der auf die einzelnen Gemeinden entfallende Flächenanteil iSv 22 Abs. 3 S. 1 GrStG verändert (*Schneider* GrStG § 23 Ziff. 3; *Troll/Eisele* GrStG § 23 Rn. 3), dh sich zwischen den an der Zerlegung beteiligten Gemeinden „verschiebt". Ferner stellen auch der Abschluss, die Änderung oder die Beendigung einer Vereinbarung iSv § 22 Abs. 3 S. 2 GrStG eine Veränderung der Grundlagen der Zerlegung dar (*Bock* in Grootens GrStG § 23 Rn. 24). Ferner dürfte die Neuveranlagung nach § 17 Abs. 2 GrStG ein Anwendungsfall des § 23 Abs. 2 GrStG sein (ebenso *Troll/ Eisele* GrStG § 23 Rn. 3). Denn der Grundsteuermessbetrag ist zwangsläufig eine Grundlage der Zerlegung. Dessen ungeachtet gilt im Falle der Neuveranlagung aber auch § 175 Abs. 1 S. 1 Nr. 1 AO. Verändert sich der Grundsteuermessbetrag zB wegen des Wegfalls einer bisher teilweise gewährten Steuerbefreiung, dann ist 5

§ 23 GrStG Abschnitt II. Bemessung der Grundsteuer

der Zerlegungsbescheid schon nach dieser Norm an den Grundsteuermessbescheid anzupassen. Die Rechtsfolgen sind zwar nicht ganz identisch. § 175 Abs. 1 S. 1 Nr. 1 AO erlaubt nämlich nur eine Änderung des Zerlegungsbescheides, soweit der Grundsteuermessbetrag erhöht wurde (allerdings durchaus unter Beachtung des § 177 AO und unter Ausblendung der Begründung des ersten Zerlegungsbescheides, vgl. BFH 20. 4. 1999 – VIII R 13/97, BStBl. II 1999, 542), während § 23 Abs. 2 GrStG eine vollständige Neuzerlegung vorsieht (→ Rn. 7). Jenseits der Fehlerberichtigung anlässlich einer Neuzerlegung iSv § 23 Abs. 2 GrStG dürften allerdings kaum Fälle denkbar sein, in denen die beiden Änderungsermächtigungen nicht zum selben Ergebnis gelangen.

6 Nicht jede Änderung der Zerlegungsgrundlagen iSv § 23 Abs. 2 GrStG erlaubt eine Neuermittlung des Zerlegungsbescheides unter Beachtung des neuen Stichtages (→ Rn. 7 f.). **Vielmehr müssen sich am neuen Stichtag die Verhältnisse so geändert haben, dass wenigstens bei einer Gemeinde der neue Anteil um mehr als ein Zehntel, mindestens aber um zehn Euro von ihrem bisherigen Anteil abweicht (Änderungsgrenze).** Die Bagatellregelung des § 22 Abs. 4 GrStG ist bei dieser Vergleichsbetrachtung auszublenden. Allerdings unterbleibt eine Neuermittlung, wenn selbst bei einer Neuermittlung die Bagatellgrenze weiterhin unterschritten bleibt (*Bock* in Grootens GrStG § 23 Rn. 26; *Troll/Eisele* GrStG § 23 Rn. 3).

7 Sind die Voraussetzungen des § 23 Abs. 2 GrStG erfüllt, ist **ein neuer Grundsteuerzerlegungsbescheid zu erlassen,** dh es erfolgt nicht bloß eine Änderung soweit sich die Grundlagen der Zerlegung geändert haben, sondern die Zerlegung wird noch einmal vollständig „aufgerollt". Dies folgt aus dem Wortlaut des § 23 Abs. 2 GrStG, der nicht von einer Änderung des Zerlegungsbescheides spricht, sondern von einer Neuermittlung der Zerlegungsanteile. Daher können aus Anlass der Neuermittlung auch Zerlegungsfehler korrigiert werden, die selbst keine Neuermittlung nach § 23 Abs. 2 GrStG rechtfertigen würden. Der geänderte Zerlegungsbescheid gilt ab dem neuen Zerlegungsstichtag; für die Vergangenheit gilt weiterhin der vormalige Zerlegungsbescheid (vgl. zur entsprechenden Rechtslage beim Grundsteuermessbescheid → GrStG § 16 Rn. 12). Die Neuermittlung hat zu erfolgen („sind [...] neu zu ermitteln"). Es besteht kein Ermessen.

8 **Für diese Neuermittlung sind die Zerlegungsanteile nach dem Stand vom 1.1. des ersten auf die Änderung der Verhältnisse folgenden Kalenderjahres maßgeblich.** Gilt an diesem 1.1. zwischen den Beteiligten nach wie vor eine Vereinbarung iSv § 22 Abs. 3 S. 2 GrStG, dann ist diese auch weiterhin als Zerlegungsmaßstab zu berücksichtigen (*Schneider* GrStG § 23 Ziff. 4), vorausgesetzt sie lässt sich trotz der Veränderung der Zerlegungsgrundlagen noch anwenden oder hat hierdurch nicht ihre Geschäftsgrundlage verloren (was bei der Änderung des Gemeindegebietes nicht von vornherein ausgeschlossen erscheint, vgl. → GrStG § 22 Rn. 16). Eine rückwirkende Neuermittlung ist in § 23 Abs. 2 GrStG hingegen nicht vorgesehen. Daher ist ein rückwirkendes Inkraftsetzen einer Vereinbarung iSv § 22 Abs. 3 S. 2 GrStG irrelevant. Eine rückwirkende Neuermittlung der Zerlegungsanteile kann hierdurch nicht erreicht werden. Vielmehr ist auch insoweit eine Neuermittlung erst auf den 1.1. durchzuführen, der dem Vertragsschluss folgt, sofern die Vertragsparteien nicht einen späteren Geltungsbeginn vereinbaren. Dies alles gilt sinngemäß, wenn die Vereinbarung einvernehmlich angepasst oder beendet wird.

9 **War die Vereinbarung iSv § 22 Abs. 3 S. 2 GrStG von Anfang an unwirksam** (insbesondere: weil rechtswidrig, → GrStG § 22 Rn. 15) und haben sich auch sonst keine Verhältnisse iSv § 23 Abs. 2 GrStG im Nachgang zum Feststellungszeitpunkt geändert, sind gemäß § 23 Abs. 1 GrStG weiterhin die Verhältnisse im Feststel-

Ersatz der Zerlegung durch Steuerausgleich **§ 24 GrStG**

lungszeitpunkt maßgeblich, dh die Zerlegung hat nach § 22 Abs. 3 S. 1 GrStG zu erfolgen; denn die Vereinbarung existiert nicht. Allerdings existiert keine Änderungsvorschrift, mit der dies umgesetzt werden kann, wenn bereits ein Zerlegungsbescheid unter Beachtung der (unwirksamen) Vereinbarung erlassen wurde. § 175 Abs. 1 S. 1 Nr. 2 AO ist nicht einschlägig, weil die Summe aller Messbetragsanteile dem festgesetzten Grundsteuermessbetrag entspricht und daher keine Abweichung vom Grundsteuermessbescheid als Grundlagenbescheid besteht. § 175 Abs. 1 S. 1 Nr. 1 AO greift nicht ein, weil die Vereinbarung von Anfang an unwirksam war. § 173 Abs. 1 AO, der ansonsten die nachträglich erkannte Unwirksamkeit von vorgreiflichen Rechtsverhältnissen erfasst, kommt nicht in Betracht, weil die Vereinbarung iSv § 22 Abs. 3 S. 2 GrStG kein vorgreifliches Rechtsverhältnis aus einem anderen Rechtsgebiet oder zumindest im Zuständigkeitsbereich einer anderen Finanzbehörde ist, sondern originär dem Steuerrecht zuzuordnen ist und gerade von der Behörde zu würdigen ist, die für den Erlass des Zerlegungsbescheides zuständig ist (vgl. *Loose* in Tipke/Kruse AO § 173 Rn. 6). Wenn die Finanzbehörde bei Erlass des Zerlegungsbescheides die Unwirksamkeit der Vereinbarung nicht erkennt, unterläuft ihr letztlich ein von § 173 AO nicht erfasster (Steuer-) Rechtsanwendungsfehler. Schließlich liegt auch kein Fall vor, der eine Änderung des Zerlegungsbescheides nach § 23 Abs. 2 GrStG erlaubt; es fehlt an einer Änderung der Verhältnisse. Allerdings erscheint es kaum vorstellbar, dass der Gesetzgeber hier bis zum nächsten (Haupt- oder Fortschreibungs-) Feststellungszeitpunkt einen rechtswidrigen Zerlegungsbescheid hinnehmen will. Richtigerweise wird man § 23 Abs. 2 GrStG auf diese Konstellation entsprechend anwenden müssen, dh es ist eine Änderung des Zerlegungsbescheides zum nächsten 1.1. möglich, sofern die Änderungsgrenze überschritten ist.

§ 24 Ersatz der Zerlegung durch Steuerausgleich

¹Die Landesregierung kann durch Rechtsverordnung bestimmen, daß bei Betrieben der Land- und Forstwirtschaft, die sich über mehrere Gemeinden erstrecken, aus Vereinfachungsgründen an Stelle der Zerlegung ein Steuerausgleich stattfindet. ²Beim Steuerausgleich wird der gesamte Steuermeßbetrag der Gemeinde zugeteilt, in der der wertvollste Teil des Steuergegenstandes liegt (Sitzgemeinde); an dem Steueraufkommen der Sitzgemeinde werden die übrigen Gemeinden beteiligt. ³Die Beteiligung soll annähernd zu dem Ergebnis führen, das bei einer Zerlegung einträte.

Gilt nicht in **Baden-Württemberg** (dort § 49 BWLGrStG). In **Hessen** hat die Regelung für Grundstücke keine Bedeutung, weil sich die wirtschaftliche Einheit des Grundvermögens nicht über eine Gemeindegrenze erstrecken kann (§ 2 Abs. 2 S. 2 HGrStG).

§ 24 GrStG enthält eine Ermächtigung zugunsten der Landesregierungen, innerhalb ihrer Hoheitsbereiche für Gemeindegrenzen überschreitende Betriebe der Land- und Forstwirtschaft eine vom Verfahren der Zerlegung und dem Maßstab des § 22 Abs. 2 GrStG abweichende Regelung zu treffen: Statt einer Zerlegung kann der Grundsteuermessbetrag auch einer Gemeinde vollständig zugewiesen werden (der Gemeinde, in der der wertvollste Teil der wirtschaftlichen Einheit liegt, § 24 S. 2 GrStG) und diese Gemeinde muss sodann die übrigen ansonsten an der Zerlegung beteiligten Gemeinden an ihrem Steueraufkommen beteiligen. Soweit ersichtlich hat bisher kein Bundesland von der Verordnungsermächtigung des § 24 GrStG Gebrauch gemacht. Die Regelung ist daher bisher ohne Anwendungsfall. 1

Abschnitt III. Festsetzung und Entrichtung der Grundsteuer

§ 25 Festsetzung des Hebesatzes

(1) Die Gemeinde bestimmt, mit welchem Hundertsatz des Steuermeßbetrags oder des Zerlegungsanteils die Grundsteuer zu erheben ist (Hebesatz).

(2) Der Hebesatz ist für ein oder mehrere Kalenderjahre, höchstens jedoch für den Hauptveranlagungszeitraum der Steuermeßbeträge festzusetzen.

(3) ¹Der Beschluß über die Festsetzung oder Änderung des Hebesatzes ist bis zum 30. Juni eines Kalenderjahres mit Wirkung vom Beginn dieses Kalenderjahres zu fassen. ²Nach diesem Zeitpunkt kann der Beschluß über die Festsetzung des Hebesatzes gefaßt werden, wenn der Hebesatz die Höhe der letzten Festsetzung nicht überschreitet.

[Fassung bis 31.12.2024:]

(4) ¹Der Hebesatz muß jeweils einheitlich sein
1. für die in einer Gemeinde liegenden Betriebe der Land- und Forstwirtschaft und
2. für die in einer Gemeinde liegenden Grundstücke.

²Wird das Gebiet von Gemeinden geändert, so kann die Landesregierung oder die von ihr bestimmte Stelle für die von der Änderung betroffenen Gebietsteile auf eine bestimmte Zeit verschiedene Hebesätze zulassen.

[Fassung ab 1.1.2025:]

(4) ¹Der Hebesatz muss vorbehaltlich des Absatzes 5 jeweils einheitlich sein
1. für die in einer Gemeinde liegenden Betriebe der Land- und Forstwirtschaft;
2. für die in einer Gemeinde liegenden Grundstücke.

²Werden Gemeindegebiete geändert, so kann die Landesregierung oder die von ihr bestimmte Stelle für die von der Änderung betroffenen Gebietsteile für eine bestimmte Zeit verschiedene Hebesätze zulassen.

[ab 1.1.2025:

(5) ¹Die Gemeinde kann aus städtebaulichen Gründen baureife Grundstücke als besondere Grundstücksgruppe innerhalb der unbebauten Grundstücke im Sinne des § 246 des Bewertungsgesetzes bestimmen und abweichend von Absatz 4 Satz 1 Nummer 2 für die Grundstücksgruppe der baureifen Grundstücke einen gesonderten Hebesatz festsetzen. ²Baureife Grundstücke sind unbebaute Grundstücke im Sinne des § 246 des Bewertungsgesetzes, die nach Lage, Form und Größe und ihrem sonstigen tatsächlichen Zustand sowie nach öffentlich-rechtlichen Vorschriften sofort bebaut werden könnten. ³Eine erforderliche, aber noch nicht erteilte Baugenehmigung sowie zivilrechtliche Gründe, die einer sofortigen Bebauung entgegenstehen, sind unbeachtlich. ⁴Als städtebauliche Gründe kommen insbesondere die Deckung eines erhöhten Bedarfs an Wohn- und Arbeitsstätten sowie Gemeinbedarfs und Folgeeinrichtungen, die Nachverdichtung bestehender Siedlungsstrukturen oder die Stärkung der Innenentwicklung in Betracht. ⁵Die Gemeinde

Festsetzung des Hebesatzes § 25 GrStG

hat den gesonderten Hebesatz auf einen bestimmten Gemeindeteil zu beschränken, wenn nur für diesen Gemeindeteil die städtebaulichen Gründe vorliegen. [6]Der Gemeindeteil muss mindestens 10 Prozent des gesamten Gemeindegebiets umfassen und in dem Gemeindeteil müssen mehrere baureife Grundstücke belegen sein. [7]Die genaue Bezeichnung der baureifen Grundstücke, deren Lage sowie das Gemeindegebiet, auf das sich der gesonderte Hebesatz bezieht, sind jeweils nach den Verhältnissen zu Beginn eines Kalenderjahres von der Gemeinde zu bestimmen, in einer Karte nachzuweisen und im Wege einer Allgemeinverfügung öffentlich bekannt zu geben. [8]In der Allgemeinverfügung sind die städtebaulichen Erwägungen nachvollziehbar darzulegen und die Wahl des Gemeindegebiets, auf das sich der gesonderte Hebesatz beziehen soll, zu begründen. [9]Hat eine Gemeinde die Grundstücksgruppe baureifer Grundstücke bestimmt und für die Grundstücksgruppe der baureifen Grundstücke einen gesonderten Hebesatz festgesetzt, muss dieser Hebesatz für alle in der Gemeinde oder dem Gemeindeteil liegenden baureifen Grundstücke einheitlich und höher als der einheitliche Hebesatz für die übrigen in der Gemeinde liegenden Grundstücke sein.]

Gilt nicht in **Baden-Württemberg** (dort §§ 50, 50a BWLGrStG). In **Bayern** gilt § 25 Abs. 5 GrStG nicht (Art. 5 Abs. 2 BayGrStG) und § 25 Abs. 4 S. 1 GrStG wird von Art. 5 Abs. 1 BayGrStG verändert. In **Hessen** wird § 25 Abs. 5 GrStG durch § 13 HGrStG ersetzt. In **Hamburg** gilt die Regelung des § 25 Abs. 5 GrStG in modifizierter Form (§ 5 HmbGrStG), im Übrigen aber unverändert. In **Niedersachsen** normiert § 7 NGrStG ergänzend Transparenzpflichten für die Hebesatzbestimmung des Erhebungszeitraums 2025 (§ 6 NGrStG).

Literatur: *Lange* Der Kampf um die Hebesätze, NVwZ 2015, 695; *Henger* Baulandsteuer und zoniertes Satzungsrecht, 2018 (Online-Publikation); *Ronnecker* Zur aktuellen Debatte um die Grundsteuer C, ZKF 2019, 193; *Vogelpoth* Die neue Grundsteuer C auf „baureife" Grundstücke, DStR 2020, 1026; *Felder/Schätzlein* Die (wieder-) eingeführte Grundsteuer C und ihre Umsetzung in den Ländern und Gemeinden, DStR 2021, 512.

Übersicht

	Rn.
A. Allgemeines	1
I. Systematische Einordnung und Zweck der Regelung	1
II. Entwicklung der Vorschrift	2
III. Verfahrensrecht	3
B. Festsetzung des Hebesatzes durch Satzung (Abs. 1)	4
I. Die Satzung als Handlungsform	4
II. Rechtmäßigkeit der Hebesatzsatzung	7
1. Formelle Anforderungen	7
2. Materielle Anforderungen des kommunalen Haushaltsrechts	16
3. Materielle grundsteuerrechtliche und verfassungsrechtliche Grenzen	23
III. Perspektive der Kommunalaufsicht	29
IV. Rechtsschutzfragen im Zusammenhang mit der Hebesatzsatzung	30
C. Geltungszeitraum des Hebesatzes (Abs. 2)	32
D. Zeitpunkt des Satzungsbeschlusses (Abs. 3)	34
E. Gebot der Einheitlichkeit des Hebesatzes innerhalb des Gemeindegebietes (Abs. 4)	36
I. Gemeindegebietseinheitliche Hebesätze (Abs. 4 S. 1)	36
II. Übergangshebesätze bei Gebietsveränderungen (Abs. 4 S. 2)	37

§ 25 GrStG Abschnitt III. Festsetzung und Entrichtung der Grundsteuer

	Rn.
F. Sonderhebesatz für baureife Grundstücke (sog. Grundsteuer C, Abs. 5)	43
I. Rechtspolitischer Hintergrund und verfassungsrechtliche Kritik . .	43
II. Voraussetzungen des Sonderhebesatzes	47
III. Die notwendigen Verfahrensschritte	52
IV. Festsetzung der Grundsteuer C	58
V. Rechtsschutzfragen im Zusammenhang mit der Grundsteuer C . .	59
VI. Unbilligkeit der Erhebung der Grundsteuer C	60

A. Allgemeines

I. Systematische Einordnung und Zweck der Regelung

1 Die Höhe der festzusetzenden Grundsteuer bestimmt sich durch die Vervielfältigung des Hebesatzes mit dem nach Maßgabe der §§ 13 ff. GrStG ermittelten und festgesetzten Steuermessbetrag. § 25 Abs. 1 GrStG setzt die Vorgabe des Art. 106 Abs. 6 S. 2 GG um und bestimmt die Zuständigkeit der Gemeinden für die Festsetzung dieses Hebesatzes. Hierbei handelt es sich um eine tragende Säule der von Art. 28 Abs. 2 GG den Gemeinden gewährleisteten Finanzhoheit, **dient das Hebesatzrecht nämlich der Sicherung einer angemessenen Finanzausstattung der Gemeinden.** Es ermöglicht ihnen, Unterschiede in der Belastung und in der Ergiebigkeit der zugewiesenen Steuerquellen auszugleichen und stets handlungsfähig zu bleiben (BVerfG 27. 1. 2010 – 2 BvR 2185/04, BVerfGE 125, 141 Rn. 86 [zur Gewerbesteuer]; BVerwG 27.10.2010 – 8 C 43/09, BVerwGE 138, 89 Rn. 16; 26.10.2016 – 9 B 28/16, BeckRS 2016, 54462). Die Festsetzung des Hebesatzes erfolgt grundsätzlich durch Satzung (→ Rn. 4f.). Die an die Hebesatzung zu stellenden formellen Voraussetzungen ergeben sich weitgehend aus dem Kommunalrecht der Länder (→ Rn. 7 ff.). § 25 Abs. 2–4 GrStG formulieren ergänzend hierzu noch grundsteuerspezifische formelle und materielle Anforderungen und Regelungsgrenzen. Insbesondere Absatz 4 enthält ein die Grundsteuer prägendes Strukturprinzip, das auch mit der Grundsteuerreform 2019 grundsätzlich nicht in Frage gestellt worden ist: einerseits die Differenzierung in Ansehung der beiden Steuergegenstände des § 2 GrStG – was praktisch zur sog. Grundsteuer A und B geführt hat –, andererseits das Prinzip eines einheitlichen Hebesatzes bezogen auf einen Steuergegenstand (Einheitlichkeitsgrundsatz, → Rn. 36). Letzteres bedeutet, dass die Gemeinde innerhalb ihres Gemeindegebietes keine Hebesatzdifferenzierungen vornehmen darf. **Das Hebesatzrecht ist mithin kein Instrument zur Verfolgung zB sozial-, boden- oder verteilungspolitischer Ziele.** Eine **Ausnahme von diesem Grundsatz** sieht lediglich der erst mit Wirkung zum 1. 1. 2025 in Kraft tretende Abs. 5 vor (→ Rn. 2). Die hiermit wieder eingeführte **sog. Grundsteuer C** erlaubt allerdings nur eine sachbezogene Differenzierung zwischen baureifen und nicht baureifen unbebauten Grundstücken und hieran anknüpfend wiederum auch nur einen einheitlichen Hebesatz; Binnendifferenzierungen innerhalb des Gemeindegebietes sind auch insoweit nicht zulässig (→ Rn. 43 ff.).

II. Entwicklung der Vorschrift

2 Der Grundsatz der Einheitlichkeit der Hebesätze findet sich bereits in § 21 Abs. 2 GrStG 1936/1951 (→ Grundlagen Rn. 5 f.). Weitere Vorschriften, die im Zusammenhang mit dem heutigen § 25 GrStG gesehen werden müssen, waren im Einfüh-

Festsetzung des Hebesatzes **§ 25 GrStG**

rungsgesetz zu den Realsteuergesetzen vom 1.12.1936 normiert (EinfGRealStG, RGBl. 1936, 961, sodann Gesetz vom 27.12.1951, BGBl. I 1951, 996). Erwähnenswert ist vor allem § 3 EinfGRealStG, wonach den Gemeinden die Befugnis eingeräumt wurde, anstelle von Beiträgen oder Gebühren für kommunale Einrichtungen einen Zuschlag zur Grundsteuer zu erheben (sog. Grundsteuermehrbelastung, dazu zB BVerwG 13.11.1962 – VII C 196/60, KStZ 1963, 99: Zuschlag als Teil der Grundsteuer, für den deshalb konsequenterweise auch die Steuerbefreiungen gelten). Mit dem Grundsteuerreformgesetz vom 7.8.1973 (zu § 25 GrStG BT-Drs. VI/3418, 91f. und BT-Drs. 7/485, 8; im Übrigen → Grundlagen Rn. 8) wurden die Vorschriften in § 21 Abs. 2 GrStG 1936/1951 und im EinfGRealStG bereinigt und im Übrigen in den §§ 25, 26 GrStG zusammengeführt (aufgehoben wurde das EinfGRealStG mit Gesetz vom 17.4.1974, BGBl. 1974 I 949). Die Regelung des § 2 Abs. 1 EinfGRealStG, wonach der Hebesatz für jedes Rechnungsjahr festgesetzt werden musste, wurde so nicht übernommen. Vielmehr erlaubt § 25 Abs. 2 GrStG nunmehr eine Festsetzung über ein Jahr hinaus (→ Rn. 32). Die Zuschlagsregelung des § 3 EinfGRealStG ist ersatzlos weggefallen. Die Gesetzesbegründung weist überzeugend darauf hin, dass durch eine solche Zuschlagsregelung die Grenzen zwischen Steuern und Gebühren verwischen und dass auf diese Weise nicht die deutlich strengeren Maßstäbe für die Vorzugslasten (Äquivalenzprinzip) umgangen werden dürfen (BT-Drs. VI/3418, 91). § 25 GrStG ist sodann lange Zeit unverändert geblieben. Auch das Grundsteuerreformgesetz vom 26.11.2019 (→ Grundlagen Rn. 13) hat zu keiner Veränderung geführt. Allerding sind wenige Tage nach Erlass des Grundsteuerreformgesetzes mit dem Gesetz zur Änderung des Grundsteuergesetzes zur Mobilisierung von baureifen Grundstücken vom 30.11.2019 (BGBl. I 2019, 1875, dazu BT-Drs. 19/11086, [Entwurfsbegründung] und BT-Drs. 19/14159, 11 [Finanzausschuss]) Abs. 5 angefügt, in Abs. 4 S. 1 der Vorrang des Abs. 5 klargestellt und Abs. 4 S. 2 redaktionell geändert worden. Diese Änderungen treten am 1.1.2025 in Kraft, dh sie können erstmals für die Hauptveranlagung auf den 1.1.2025 angewendet werden (§ 37 Abs. 3 GrStG, → GrStG § 37 Rn. 3). Die mit Abs. 5 eingeführte Grundsteuer C hat historische Vorbilder jenseits des § 25 GrStG, die anlässlich der Kommentierung des Abs. 5 dargestellt werden (→ Rn. 43).

III. Verfahrensrecht

§ 25 GrStG enthält keine Aussagen zu den verfahrensrechtlichen Fragen auf dem 3
Weg zu einer wirksamen Hebesatzsatzung. Die **verfahrensrechtlichen Bestimmungen ergeben sich vielmehr aus dem Kommunalrecht der Länder und deren Verwaltungsverfahrensgesetzen.** Die wirksame (vor allem in einem ordnungsgemäß durchgeführten Verfahren zustande gekommene) satzungsmäßige Hebesatzbestimmung hat sodann unmittelbar nur steuerschuldrechtliche Wirkung (§ 38 AO). Die Verwirklichung der Grundsteuer setzt die Durchführung der verschiedenen Verwaltungsverfahren (→ Grundlagen Rn. 45 ff.) hin zur Festsetzung der Grundsteuer durch Grundsteuerbescheid voraus. Rechtmäßigkeitsmängel der Hebesatzsatzung können in den meisten Bundesländern unmittelbar gegen die Satzung erhoben (→ Rn. 31), aber auch anlässlich der Anfechtung des Grundsteuerbescheides geltend gemacht werden (→ Rn. 30).

§ 25 GrStG Abschnitt III. Festsetzung und Entrichtung der Grundsteuer

B. Festsetzung des Hebesatzes durch Satzung (Abs. 1)

I. Die Satzung als Handlungsform

4   Die Gemeinde muss bestimmen, mit welchem Vomhundertsatz des Steuermessbetrages (= Hebesatz) die Grundsteuer zu erheben ist. **Die Bestimmung des Hebesatzes erfolgt in den Flächenstaaten** (zu den Stadtstaaten → Rn. 6) **durch Satzung**, also durch eine materielle Rechtsnorm (→ Rn. 5). Das Kommunalrecht der Länder nennt die Hebesatzbestimmung als Gegenstand der Haushaltssatzung (Art. 63 Abs. 2 S. 1 Nr. 4 **Bay**GO; § 79 Abs. 2 Nr. 5 GemO **BW;** § 65 Abs. 2 Nr. 4 **Bbg**KVerf; § 94 Abs. 2 S. 1 Nr. 3 **H**GO; § 45 Abs. 3 Nr. 3 KV **M-V;** § 112 Abs. 2 S. 1 Nr. 3 **N**KomVG; 78 Abs. 2 S. 1 Nr. 4 GO **NRW;** § 95 Abs. 1 Nr. 3 **Rhpf**GemO; § 84 Abs. 2 Nr. 4 KSVG **[Saarland];** § 74 Abs. 2 Nr. 3 **Sächs**GemO; § 100 Abs. 2 Nr. 5 KVG **LSA;** § 77 Abs. 2 Nr. 3 **SH**GO; § 55 Abs. 2 Nr. 4 **Thür**KO), was aber nicht im Sinne eines Pflichtinhalts missverstanden werden darf. Vielmehr **kann die Hebesatzbestimmung auch in einer von der Haushaltssatzung getrennten eigenen Hebesatzsatzung erfolgen.** In einigen Ländern ist dies ausdrücklich klargestellt (§ 79 Abs. 2 Nr. 5 GemO **BW;** § 112 Abs. 2 S. 1 Nr. 3 **N**KomVG; § 77 Abs. 2 Nr. 3 **SH**GO; § 100 Abs. 2 Nr. 5 KVG **LSA**), gilt aber auch in den Bundesländern, in denen eine entsprechende Klarstellung fehlt (OVG Münster 6.8.1990 – 22 A 57/89, NVwZ 1991, 1208; OVG Lüneburg 19.9.1990 – 13 C 4/87, NVwZ 1991, 907; VGH München 21.2.2006 – 4 ZB 05/1169, BeckRS 2007, 23039; OVG Bautzen 25.2.2014 – 3 A 651/13). Denn die Satzungsermächtigung für die Hebesätze ist § 25 GrStG selbst (*Gern/Brüning* KommunalR Rn. 1199). Die genannten kommunalrechtlichen Vorschriften müssen daher wie folgt gelesen werden: Die Hebesätze können „auch" für jedes Haushaltsjahr im Rahmen der gemeindlichen Haushaltssatzung neu festgesetzt werden. Macht die Gemeinde von dieser Möglichkeit Gebrauch, dann beinhaltet die Haushaltssatzung insoweit (!) auch materielle Rechtsnormen, die gegenüber dem Steuerpflichtigen Außenwirkung entfalten (*Diemert* in BeckOK KommunalR NRW GO § 78 Rn. 9; *Gern/Brüning* KommunalR Rn. 1200). Zudem gelten in diesem Fall auch die Vorschriften über die vorläufige Haushaltsführung, dh wenn zu Beginn des Haushaltsjahres noch keine Haushaltssatzung bekannt gemacht ist, werden die Realsteuern zumindest nach den Hebesätzen der Vorjahres erhoben (Art. 69 Abs. 1 Nr. 2 **Bay**GO; § 83 Abs. 1 Nr. 2 GemO **BW;** § 69 Abs. 1 Nr. 2 **Bbg**KVerf; § 99 Abs. 1 Nr. 2 **H**GO; § 49 Abs. 1 Nr. 4 KV **M-V;** § 116 Abs. 1 S. 1 Nr. 2 **Nds**KomVG; § 82 Abs. 1 Nr. 2 GO **NRW;** § 99 Abs. 1 Nr. 2 **Rhpf**GemO; § 88 Abs. 1 Nr. 2 KSVG **[Saarland];** § 78 Abs. 1 Nr. 2 **Sächs**GemO; § 104 Abs. 1 Nr. 2 KVG **LSA;** § 81 Abs. 1 Nr. 2 **SH**GO; § 61 Abs. 1 Nr. 2 **Thür**KO).

5   Die Satzung schafft verbindliches Recht (dies gilt in Ansehung der Hebesätze ausnahmsweise auch für die Haushaltssatzung, → Rn. 4), steht aber normhierarchisch unter dem formellen Parlamentsgesetz und der Rechtsverordnung (statt vieler *Ossenbühl* in Isensee/Kirchhof, Handbuch des Staatsrechts, § 105 Rn. 28). Sie ist die typische Handlungsform der Verwaltung bei der Erledigung von Selbstverwaltungsaufgaben (vgl. zur Einordnung und Abgrenzung statt vieler *Hill/Martini* in HSV VerwR § 34 Rn. 26). Weil es sich nur um eine materielle Rechtsnorm handelt, gilt Art. 100 Abs. 1 GG nicht. **Die Gerichte haben anlässlich eines Anfechtungsverfahrens betreffend einen Grundsteuerbescheid daher die unmittelbaren Folgen aus der Rechtswidrigkeit einer Satzung selbst zu ziehen (inzidente**

Festsetzung des Hebesatzes **§ 25 GrStG**

Normnichtanwendungskompetenz): Eine rechtswidrige Satzung ist grundsätzlich unwirksam (Nichtigkeitsprinzip, vgl. BVerwG 31.1.2001 – 6 CN 2/00, BVerwGE 112, 373; *Sachs* in Sachs GG Art. 20 Rn. 94f.) und damit ist eine hierauf beruhende Grundsteuerfestsetzung rechtswidrig (→ Rn. 30). Allerdings erkennt die hM bei **unwesentlichen Verfahrensfehlern** Ausnahmen an (*Gern/Brüning* KommunalR Rn. 897; *Peters* in BeckOK KommunalR NRW GO § 7 Rn. 26). Zudem enthalten die Landeskommunalgesetze vielfach Regelungen, wonach Satzungen, die unter Verletzung von (zum Teil: bestimmten) wesentlichen Verfahrens- und Formvorschriften (→ Rn. 7 ff.) der Kommunalgesetze (teils: auch des Landesrechts im Allgemeinen) zustande gekommen sind, nach Ablauf einer bestimmten Zeit nach Verkündung bzw. Bekanntmachung der Satzung als von Anfang an gültig zustande gekommen gelten (§ 4 Abs. 4 GemO **BW** [ein Jahr nach Bekanntmachung]; § 3 Abs. 4 S. 1 **BbgK**Verf [ein Jahr nach Bekanntmachung]; § 5 Abs. 4 S. 1 **HGO** [sechs Monate nach Bekanntmachung]; § 5 Abs. 5 KV **M-V** [ein Jahr nach Bekanntmachung]; § 10 Abs. 2 S. 1 NKomVG [ein Jahr nach Verkündung]; § 7 Abs. 6 S. 1 GO **NRW** [ein Jahr nach Verkündung]; § 24 Abs. 6 **Rhpf**GemO [ein Jahr nach Bekanntmachung]; § 12 Abs. 6 KSVG **[Saarland]** [ein Jahr nach Bekanntmachung]; § 4 Abs. 4 **Sächs**GemO [ein Jahr nach Bekanntmachung]; § 8 Abs. 3 KVG **LSA** [ein Jahr nach Bekanntmachung]; § 21 Abs. 4 S. 1 **Thür**KO [ein Jahr nach Bekanntmachung]). Verstöße gegen § 25 GrStG werden hiervon hingegen nicht erfasst. Denn einen Fehler kann immer nur derjenige Gesetzgeber für unbeachtlich erklären, der auch die rechtliche Anforderung, gegen die verstoßen worden ist, formuliert hat. Verstöße gegen § 25 GrStG führen daher stets zur Nichtigkeit einer Hebesatzbestimmung.

In den **Stadtstaaten Hamburg und Berlin** erfolgt die Hebesatzbestimmung 6 **durch formelles Gesetz** (sei es mit dem Haushaltsgesetz, sei es mit einem gesonderten Hebesatzgesetz). Angesichts der Handlungsform „Gesetz" und der Abweichungsbefugnis nach Art. 72 Abs. 3 S. 1 Nr. 7 GG kann § 25 GrStG den Stadtstaaten Hamburg und Berlin keine zwingenden Vorgaben machen. Zu beachten sind allerdings die formell verfassungsrechtlichen Anforderungen entsprechend der beiden Landesverfassungen sowie die materiellen verfassungsrechtlichen Hebesatzgrenzen (→ Rn. 24 ff.). In Bremen erlassen beide Stadtgemeinden **(Bremen, Bremerhaven)** jeweils eigene Hebesatzbestimmungen **durch Ortsgesetz**. Bei diesen Ortsgesetzen handelt es sich um **kommunale Satzungen** (*Fischer-Lescano/Sperlich* Landesrecht Bremen; § 3 Rn. 44), dh insoweit gelten die Ausführungen zu den Flächenstaaten (→ Rn. 5) entsprechend.

II. Rechtmäßigkeit der Hebesatzsatzung

1. Formelle Anforderungen. Die **formelle Rechtmäßigkeit der Hebe-** 7 **satzsatzung** wird durch Fragen der Zuständigkeit, des Verfahrens und der Form geprägt. Die **Zuständigkeit** liegt – grundsätzlich nicht delegierbar auf sog. beschließende Ausschüsse – stets beim Rat der Gemeinde (bzw.: dem Gemeinderat, der Gemeindevertretung, der Vertretung, vgl. Art. 32 Abs. 2 S. 2 Nr. 2 **Bay**GO; § 39 Abs. 2 Nr. 3 GemO **BW;** § 28 Abs. 2 Nr. 9 **Bbgk**Verf; § 51 Nr. 6 HGO; § 22 Abs. 3 Nr. 6 KV **M-V;** § 58 Abs. 1 Nr. 5 NKomVG; § 41 Abs. 1 S. 2 lit. h bzw. lit. f GO **NRW;** § 32 Abs. 2 Nr. 1 **Rhpf**GemO; § 35 Nr. 12 KSVG **[Saarland];** § 28 Abs. 2 Nr. 19 **Sächs**GemO; § 45 Abs. 2 Nr. 6 KVG **LSA;** § 28 Abs. 1 Nr. 2 **SH**GO; § 26 Abs. 2 Nr. 2 **Thür**KO) und ist daher weitgehend unproblematisch (im Folgenden wird ungeachtet der unterschiedlichen Bezeichnungen in den Län-

§ 25 GrStG Abschnitt III. Festsetzung und Entrichtung der Grundsteuer

dern einheitlich vom „Rat" gesprochen). Ob der Rat die Satzung selbst beschlossen hat oder ob die Hebesatzsatzung im Wege der Ersatzvornahme von der Aufsichtsbehörde (→ Rn. 29) erlassen worden ist, ist unerheblich. **Auch eine Ersatzvornahmesatzung ist maßgeblich.** Der Steuerpflichtige hat vor allem keine Möglichkeit, inzident die materielle Rechtmäßigkeit der Ersatzvornahme prüfen zu lassen. Ausreichend ist, dass die Aufsichtsbehörde aufgrund eines bestandskräftigen oder zumindest sofort vollziehbaren Verwaltungsaktes als Vertreterin des Rates handeln durfte (VG Sigmaringen 12.8.2003 – 4 K 1737/02, BeckRS 2003, 24277).

8 **Zeitpunkt und Ort einer Ratssitzung sind unter Angabe der Tagesordnung ortsüblich bekannt zu machen.** In einigen Ländern sind hierfür Mindestfristen vorgesehen (Art. 52 Abs. 1 **Bay**GO: spätestens am dritten Tag vor der Sitzung; § 35 Abs. 6 **Thür**KO: spätestens am vierten Tag vor der Sitzung, bei Dringlichkeit zwei Tage). Zum Teil sieht das Gesetz aber auch nur eine „rechtzeitige" Bekanntgabe vor (§ 34 Abs. 1 S. 7 GemO **BW**; § 36 Abs. 4 **Sächs**GemO; § 52 Abs. 4 KVG **LSA**; § 29 Abs. 6 KV **M-V**) bzw. das Rechtzeitigkeitserfordernis ergibt sich auch ohne ausdrückliche Nennung aus dem Zweck der vorherigen Bekanntgabe (für NRW zB VG Düsseldorf 6.11.2019 – 5 K 2014/19, BeckRS 2019, 32709 zu § 48 Abs. 1 S. 4 GO **NRW:** drei Werktage; für Nds. zB OVG Lüneburg 10.3.1982 – 6 B 63/81, NVwZ 1983, 484 zur Vorgängerregelung des § 59 Abs. 5 NKomVG). § 34 Abs. 4 S. 2 **SH**GO sieht sogar eine unverzügliche Bekanntmachung vor. In **Brandenburg** ist die Frage der Hauptsatzung überantwortet worden. Diese muss eine angemessene Frist vorsehen (§ 36 Abs. 1 **Bbg**KVerf). Die Tagesordnung muss die Verhandlungsgegenstände mit zutreffender Bezeichnung enthalten (*Gern/Brüning* KommunalR Rn. 597). Verstöße gegen den Öffentlichkeitsgrundsatz führen grundsätzlich zur Nichtigkeit der Satzung (vgl. OVG Schleswig 23.5.2003 – 1 MR 10/03, NVwZ-RR 2003, 774).

9 In einigen Bundesländern bestehen ausdrückliche **Regelungen zur Ladung der Ratsmitglieder und zur Ladungsfrist** (zB § 34 Abs. 1 S. 1 GemO **BW** [idR sieben Tage vorher]; § 58 Abs. 1 **H**GO [mindestens drei Tage zwischen Zugang der Ladung und der Sitzung]; § 29 Abs. 3 KV **M-V**: Ladungsfrist soll drei Tage nicht unterschreiten]; § 59 Abs. 2 S. 2 NKomVG [eine Woche bei der ersten Sitzung]; § 34 Abs. 3 **Rhpf**GemO [vier Tage]; § 41 Abs. 3 S. 3 KSVG [**Saarland**]; mindestens drei Tage zwischen Zugang der Ladung und der Sitzung]; § 34 Abs. 3 **SH**GO [eine Woche]; § 35 Abs. 2 **Thür**KO [vier Tage]). Unterbleibt eine Ladung gänzlich, liegt grundsätzlich ein wesentlicher Verfahrensmangel vor, der zur Rechtswidrigkeit führt (*Behnel* NWVBl. 1993, 406 [408]). Ladungsmängel werden allerdings grundsätzlich durch Erscheinen und rügelose Verhandlung oder durch eine im Voraus erklärte Verhinderung aus persönlichen Gründen geheilt. Dies ist teilweise gesetzlich angeordnet (§ 34 Abs. 6 **Bbg**KVerf; § 30 Abs. 1 KV **M-V**; § 34 Abs. 4 **Rhpf**GemO; § 41 Abs. 4 KSVG [**Saarland**]; § 35 Abs. 3 **Thür**KO), ergibt sich allerdings auch aus allgemeinen Rechtsgrundsätzen (VGH Mannheim 24.6.2002 – 1 S 896/00, NVwZ-RR 2003, 56; VGH München 10.12.2020 – 4 CE 20/2271, BayVBl. 2021, 273). Verstöße gegen die Ladungsfrist dürften hingegen keinen wesentlichen Verfahrensfehler (→ Rn. 5) begründen und damit nicht zur Nichtigkeit führen. Dies gilt erst recht, wenn die Ladungsfristen – ohne zwingende gesetzliche Vorgaben wiederzugeben – nur in der Geschäftsordnung geregelt sind (VG Düsseldorf 6.11.2019 – 5 K 2014/19, BeckRS 2019, 32709 zu § 47 Abs. 2 GO NRW; für eine Unbeachtlichkeit von Verstößen gegen reine Geschäftsordnungsbestimmungen ferner OVG Münster 27.8.1996 – 15 A 32/93, NVwZ-RR 1997, 184; für die Beachtlichkeit von Geschäftsordnungsverstößen hingegen OVG Berlin-Branden-

Festsetzung des Hebesatzes   § 25 GrStG

burg 27.4.1994 – 1 A 33/92, BeckRS 9998, 88104, dort allerdings nicht zu einer
Satzung).

Die verschiedenen Landeskommunalgesetze verlangen die **Beschlussfähigkeit** 10
des Rats durch die Anwesenheit einer bestimmten Zahl an Ratsmitgliedern (Art. 47 Abs. 2 BayGO [einfache Mehrheit anwesend und stimmberechtigt];
§ 37 Abs. 2 GemO **BW;** § 38 Abs. 1. S. 1 **Bbg**KVerf [mehr als die Hälfte der gesetzlichen Anzahl]; § 53 Abs. 1 S. 1 **HGO** [mehr als die Hälfte der gesetzlichen Zahl der
Gemeindevertreter]; § 30 Abs. 1 KV **M-V** [mehr als die Hälfte der Mitglieder]; § 65
Abs. 1 S. 1 NKomVG [Mehrheit der Mitglieder]; § 49 Abs. 1 GO **NRW** [mehr als
die Hälfte der gesetzlichen Mitgliederzahl]; § 39 Abs. 1 **Rhpf**GemO [mehr als die
Hälfte der Mitglieder]; § 44 Abs. 1 KSVG [**Saarland;** mehr als die Hälfe der Mitglieder]; § 39 Abs. 2 **Sächs**GemO [mindestens die Hälfte aller Mitglieder]; § 55
Abs. 1 S. 1 KVG **LSA** [mehr als die Hälfte der stimmberechtigten Mitglieder]; § 38
Abs. 1 **SH**GO [mehr als die Hälfte der gesetzlichen Zahl]; § 36 **Thür**KO [Mehrheit
der stimmberechtigten Mitglieder]). Die Beschlussfähigkeit muss während der gesamten Sitzungsdauer gegeben sein (*Gern/Brüning* KommunalR Rn. 637). Allerdings ist zu beachten, dass einige Landesgesetze Beschlussfähigkeitsfiktionen vorsehen. Hiernach gilt der Rat als beschlussfähig, solange seine Beschlussunfähigkeit
auf Antrag eines Mitgliedes nicht festgestellt worden ist (§ 38 Abs. 1 S. 2 **Bbg**KVerf;
§ 49 Abs. 1 GO **NRW**) bzw. der Rat bleibt nach zu Beginn erfolgter Feststellung
der Beschlussfähigkeit beschlussfähig, wenn sich im Laufe der Sitzung die Anzahl
der anwesenden Mitglieder verringert, solange die Beschlussfähigkeit nicht angezweifelt (§ 65 Abs. 1 S. 2 NKomVG; § 30 Abs. 1 S. 4 KV **M-V;** § 55 Abs. 1 S. 5
KVG **LSA;** § 38 Abs. 1 S. 3 **SH**GO) oder auf Antrag festgestellt wird (§ 53 Abs. 1
S. 2 HGO). Zum Teil muss der Vorsitzende die Beschlussunfähigkeit auch ohne
Antrag feststellen, wenn weniger als ein Drittel der gesetzlichen Zahl der Mitglieder
anwesend sind (so § 38 Abs. 1 S. 3 **Bbg**KVerf; § 30 Abs. 1 S. 6 KV **M-V;** § 38 Abs. 1
S. 4 **SH**GO). Ist die Beschlussunfähigkeit nicht festgestellt, ist von Beschlussfähigkeit auszugehen und dies selbst dann, wenn – vorbehaltlich von Missbrauchskonstellationen – das nicht (mehr) Erreichen der notwendigen Mitgliederzahl offenkundig ist (str., wie hier VG Düsseldorf 5.12.1997 – 1 K 9828/95, NVwZ-RR
1998, 669 [arg.: Rechtssicherheit]; *Rohde* in BeckOK KommunalR NRW GO
§ 49 Rn. 7 jeweils zu § 49 GO NRW; aA [noch] OVG Münster 8.3.1973 – III
B 44/73, DVBl. 1973, 646 [arg.: Beschlussfähigkeitsfiktion diene nur der Vermeidung von Beweisschwierigkeiten und könne nicht eingreifen, wenn es am Sachverhalt keinen Zweifel gebe]).

Das Kommunalrecht der Länder kennt durchweg Regelungen zur **Befangen-** 11
heit von Ratsmitgliedern, die im Falle eines Interessenkonfliktes das Ratsmitglied
von der Mitwirkung an einer Beschlussfassung ausschließen (Nachweise bei *Gern/
Brüning* KommunalR Rn. 673ff.). Angeknüpft wird an einen unmittelbaren Vorteil
oder Nachteil für das Ratsmitglied selbst, seine Familienangehörigen oder natürliche
oder juristische Personen, zu denen eine spezielle Bindung oder Abhängigkeit besteht. Der Umstand, dass durch die Entscheidung über Grundsteuerhebesätze jeder
Grundstückseigentümer in der Gemeinde unmittelbar und jeder Mieter mittelbar
betroffen ist, führt indes nicht zur Befangenheit von Ratsmitgliedern, die Eigentümer oder Mieter von Grundstücken im Gemeindegebiet sind. Denn die Befangenheitsvorschriften verlangen ein „Sonderinteresse" (vgl. *Gern/Brüning* KommunalR
Rn. 682). Klargestellt wird dies in vielen Ländern dadurch, dass die Befangenheitsvorschriften nicht gelten, wenn die Entscheidung die gemeinsamen Interessen einer
Bevölkerungsgruppe berührt, also eine nur nach örtlichen, wirtschaftlichen und so-

§ 25 GrStG Abschnitt III. Festsetzung und Entrichtung der Grundsteuer

zialen Gesichtspunkten abgrenzbare Personengruppe. So verhält es sich bei Abgabensatzungen (OVG Schleswig 20.3.2002 – 2 K 10/99, BeckRS 2002, 10861; OVG Bautzen 21.3.2014 – 5 C 27/12, BeckRS 2015, 49482) und dies gilt erst recht für eine Hebesatzbestimmung.

12 Die **Hebesatzbestimmung bedarf idR keiner aufsichtsbehördlichen Genehmigung** (anders zB § 118 Abs. 4 Nr. 1 Buchst. d LHO Bremen in Ansehung der Stadtgemeinde Bremerhaven). Ist die Hebesatzbestimmung allerdings Teil der Haushaltssatzung (und nicht einer eigenständigen Satzung überantwortet, → Rn. 4), sind die Vorschriften über Haushaltssatzungen zu beachten. Hiernach ist die Haushaltssatzung der Rechtsaufsichtsbehörde vorzulegen bzw. anzuzeigen (Art. 65 Abs. 2 **BayGO,** § 81 Abs. 2 GemO **BW;** § 67 Abs. 4 **BbgK**Verf; § 97 Abs. 3 HGO; § 47 Abs. 2 S. 2 KV **M-V;** § 114 Abs. 1 NKomVG; § 80 Abs. 5 GO **NRW;** § 97 Abs. 2 S. 1 **Rhpf**GemO; § 86 Abs. 2 KSVG **[Saarland];** § 76 Abs. 2 S. 2 **Sächs**GemO; § 102 Abs. 1 KVG **LSA;** § 79 Abs. 2 **SH**GO; § 57 Abs. 2 **Thür**KO). Unterbleibt die Vorlage, führt dies nicht zur Rechtswidrigkeit der Satzung (OVG Lüneburg 19.9.1990 – 13 C 4/87, NVwZ 1991, 907).

13 Satzungen müssen, damit sie ihre Rechtswirkungen entfalten können, **ausgefertigt und verkündet werden** (BVerwG 22.6.2012 – 8 BN 1/12, BeckRS 2012, 53456). Die Ausfertigung hat die Aufgabe, mit öffentlich-rechtlicher Wirkung zu bezeugen, dass der textliche Inhalt der Urkunde mit dem Willen des Rates übereinstimmt und die für die Rechtswirksamkeit maßgebenden Umstände beachtet worden sind (siehe zB § 7 Abs. 4 und 5 GO NRW iVm § 2 Abs. 3 BekanntmVO NRW). Mit der Ausfertigung wird die Originalurkunde geschaffen, die Voraussetzung für die Verkündung ist (*Gern/Brüning* KommunalR Rn. 870). Verkündung bedeutet, dass die Satzungsnorm der Öffentlichkeit in einer Weise förmlich zugänglich gemacht werden muss, die den Betroffenen eine verlässliche Kenntnisnahmemöglichkeit von ihrem Inhalt verschafft. Um der Verlautbarungsfunktion, die der Bekanntmachung als letztem Akt des Rechtsetzungsverfahrens zukommt, gerecht zu werden, muss die Bekanntmachung einerseits zum Ausdruck bringen, dass Gegenstand der Publikation eine Rechtsnorm ist, und andererseits muss sie im Gegensatz zu einer bloß nachrichtlichen Information als amtliche Verlautbarung im Sinne eines zum Rechtsetzungsverfahren gehörigen Formalakts erkennbar sein (BVerwG 22.6.2012 – 8 BN 1/12, BeckRS 2012, 53456).

14 Die Konkretisierung des im Übrigen zu beachtenden Verkündungsverfahrens obliegt in Ansehung der Hebesatzbestimmungen den Landesgesetzgebern (vgl. im Einzelnen Art. 26 Abs. 2 **Bay**GO iVm BayBekV; § 4 Abs. 3 GemO **BW** iVm § 1 DVO GemO BW; § 3 Abs. 3 **Bbg**KVerf iVm BekanntmV Bbg; § 5 Abs. 3 S. 1 HGO, § 7 HGO iVm HessKBekVO; § 5 Abs. 4 KV **M-V** iVm §§ 2–§ 9 KV-DVO MV; § 11 Abs. 1 NKomVG; § 7 Abs. 4, Abs. 5 GO **NRW** iVm BekanntmVO NRW; § 12 Abs. 4 KSVG **[Saarland]** iVm BekVO; § 4 Abs. 3 **Sächs**GemO iVm SächsKomBekVO; § 9 Abs. 1 KVG **LSA;** § 4 Abs. 2 SHGO iVm BekanntVO; § 27 **Rhpf**GemO iVm §§ 7ff. GemODVO; § 21 Abs. 1 **Thür**KO iVm ThürBekVO). Im Großen und Ganzen ergibt sich folgendes Bild: Als Regelformen der öffentlichen Bekanntmachungen sind in den verschiedenen Landesgesetzen das kommunale Amtsblatt, eine örtliche (Tages-)Zeitung oder die Bereitstellung im Internet vorgesehen. Zum Teil tritt der Anschlag an einer Verkündungstafel mit einem entsprechend zu veröffentlichenden Hinweis auf diesen Anschlag hinzu. Die Gemeinde muss in ihrer Hauptsatzung bestimmen, von welcher Bekanntmachungsform sie Gebrauch machen will. Alternative Bekanntmachungsverfahren sind unzulässig (*Gern/Brüning* KommunalR Rn. 875). Die Bekanntmachung hat

Festsetzung des Hebesatzes § 25 GrStG

durch Wiedergabe des vollen Wortlautes in dem durch die Hauptsatzung konkretisierten Veröffentlichungsorgan und mit der Erklärung, dass die Satzung hiermit unter Angabe von Ort und Datum der Unterzeichnung durch den Bürgermeister öffentlich bekanntgemacht wird, zu erfolgen. Zum Teil muss ferner der Hinweis auf die mögliche Heilung von Verfahrens- und Formvorschriften durch Zeitablauf aufgenommen werden.

Ausfertigungs- und Verkündungsmängel führen grundsätzlich zur 15 **Nichtigkeit** und die Normerhaltungsregeln (→Rn. 5) erfassen diesen Mangel grundsätzlich nicht. Das Satzungsrecht kann letztlich nicht gültig entstehen. Das gilt namentlich für eine fehlende oder unzureichende Übereinstimmungsbestätigung und eine mangelhafte Bekanntmachungsanordnung des Bürgermeisters (OVG Münster 8.2.2013 – 10 B 1239/12, BeckRS 2013, 47746 zu § 2 Abs. 3 BekanntmVO NRW). Entsprechendes gilt für eine Missachtung der Anforderungen an den Inhalt der Bekanntmachungsanordnung (OVG Münster 8.2.1996 – 3 B 2180/93, BeckRS 1996, 13834 zu § 2 Abs. 4 BekanntmVO NRW). Von dem Grundsatz gibt es aber auch Ausnahmen. So führt etwa eine unvollständige Eingangsformel einer kommunalen Satzung nicht zu deren Unwirksamkeit. Die Eingangsformel ist selbst nicht Teil des Gesetzestextes, sondern besitzt lediglich eine Hinweisfunktion (OVG Münster 1.3.2011 – 15 A 1643/10, KStZ 2011, 174; VG Gelsenkirchen 12.9.2013 – 5 K 839/13, BeckRS 2013, 56005 [dort: fehlende Datumsangabe in der Überschrift der Hebesatzsatzung]).

2. Materielle Anforderungen des kommunalen Haushaltsrechts. In An- 16 sehung **materieller Rechtmäßigkeitsmängel einer Hebesatzsatzung** muss differenziert werden: (1) Die Hebesatzsatzung muss den Vorgaben der Abs. 2–5 entsprechen und unter Umständen ist ein landesrechtlich vorgegebener Höchsthebesatz zu beachten (§ 26 GrStG). (2) Jenseits dieser (Detail-)Vorgaben ist auf der Ebene des einfachen Rechts (zum Verfassungsrecht →Rn. 24ff.) ansonsten nur das **kommunale Haushaltsrecht als Maßstab** in den Blick zu nehmen. Dieses **belässt den Gemeinden allerdings einen großen Spielraum**. Denn es liegt gerade in der von Art. 106 Abs. 6 GG mit dem Hebesatzrecht abgesicherten und zur eigenverantwortlichen Wahrnehmung übertragenen Finanzhoheit der Gemeinde, dass politische Spielräume genutzt werden. Zum einen lässt sich die Gestaltung der Einnahmenseite nicht von den finanziellen Bedürfnissen der Gemeinde und damit letztlich von den zu finanzierenden Aufgaben trennen. Gerade auf der Ausgabenseite geht es häufig um Weichenstellungen, die zum Kernbereich der politischen Gestaltungskompetenzen auf gemeindlicher Ebene gehören. Zum anderen gibt es nicht „die eine Einnahmequelle". Die Grundsteuer ist neben der Gewerbesteuer und den örtlichen Aufwand- und Verbrauchsteuern nur ein Baustein auf der Einnahmeseite. Dies alles muss die Gemeinde „politisch abwägen". Die Finanzverfassung und Art. 28 Abs. 2 GG setzen den dafür notwendigen Spielraum unausgesprochen voraus. Die Verwaltungsgerichte sprechen insoweit von einem **Satzungsermessen** (BVerwG 11.6.1993 – 8 C 32/90, NVwZ 1994, 176; VGH München 21.2.2006 – 4 ZB 05/1169, BeckRS 2007, 23039; VGH Kassel 5.8.2014 – 5 B 1100/14, KStZ 2014, 218) und **beschreiben damit zu Recht die der Selbstverwaltungsidee innewohnende Gestaltungsmacht und Eigenverantwortlichkeit der Gemeinde** (*Hill/Martini* in HSV VerwR § 34 Rn. 34), die – vorbehaltlich der nachfolgend erörterten Grenzen (→Rn. 17ff.) – keiner gerichtlichen Kontrolle unterliegen. Die **Gerichte sind nicht befugt, ihre eigenen für richtig oder sachgerecht gehaltenen Bewertungen in An-**

§ 25 GrStG Abschnitt III. Festsetzung und Entrichtung der Grundsteuer

sehung der kommunalen Aufgabenerfüllung und deren Finanzierung an die Stelle des hierzu nach der Rechtsordnung berufenen und entsprechend legitimierten Satzungsgebers zu stellen (VG Münster 1.12.2010 – 9 K 1493/10, BeckRS 2010, 56735; VG Gelsenkirchen 18.12.2012 – 5 K 1134/12, BeckRS 2013, 46546; VG Frankfurt 6.3.2014 – 6 K 1230/13, BeckRS 2014, 48499; VG Köln 29.9.2015 – 17 K 704/15, BeckRS 2015, 54065; VG Schleswig 6.3.2019 – 4 A 612/17, BeckRS 2019, 5073 Rn. 33). Insoweit müssen sich die Ratsmitglieder allein vor den Wählern politisch verantworten.

17 Allerdings **weisen die Gerichte auch darauf hin, dass dieses Satzungsermessen nicht vollkommen grenzenlos ist.** Zu beachten seien die **allgemeinen Grundsätze des Haushalts- und Steuerrechts.** Angesprochen sind damit der regelmäßig in der Landeskommunalgesetzgebung verankerte Grundsatz der Sparsamkeit und Wirtschaftlichkeit (→ Rn. 20) und der Grundsatz der Subsidiarität (oder umgekehrt: der vorrangigen Ausgabendeckung durch Vorzugslasten [→ Rn. 18]) einerseits und freiheits- und gleichheitsrechtliche Grenzen der Besteuerungsgewalt andererseits (→ Rn. 24 ff.). Die Verwaltungsgerichtsbarkeit weckt damit die Hoffnung auf eine justiziable Grenzziehung, die sie bisher allerdings noch nie einlösen konnte und musste. Soweit ersichtlich ist bisher noch nie eine Hebesatzsatzung an diesen allgemeinen Grundsätzen des Haushalts- und Steuerrechts gescheitert.

18 **Haushaltsrechtliches Gebot der Subsidiarität der Steuern gegenüber Entgelten:** Viele Landesgesetze enthalten kommunalrechtliche Vorgaben dahingehend, dass die Gemeinden die zur Erfüllung ihrer Aufgaben erforderlichen Finanzmittel aus Entgelten für bestimmte Leistungen – also vor allem Gebühren und Beiträgen – zu beschaffen haben (Art. 62 Abs. 2 **Bay**GO; § 78 Abs. 2 GemO **BW;** § 64 Abs. 2 **Bbg**KVerf; § 93 Abs. 2 **H**GO; § 44 Abs. 2 KV **M-V;** § 111 Abs. 3 S. 1 NKomVG; § 77 Abs. 2 GO **NRW;** § 94 Abs. 2 **Rhpf**GemO; § 83 Abs. 2 KSVG **[Saarland];** § 73 Abs. 2 **Sächs**GemO; § 99 Abs. 2 KVG **LSA;** § 76 Abs. 2 **SH**GO; § 54 Abs. 2 **Thür**KO). Dies wird vielfach als ein Gebot der Subsidiarität der Steuern gegenüber den Vorzugslasten verstanden. Die Gerichte haben diese kommunalrechtlichen Subsidiaritätsregeln bei Grundsteuerhebesatzsatzungen bisher für unbeachtlich erklärt, weil der Landesgesetzgeber nicht befugt sei, das Hebesatzrecht über die in § 26 GrStG bundesgesetzlich eröffneten Spielräume hinaus zu begrenzen (so BVerwG 11.6.1993 – 8 C 32/90, NVwZ 1994, 176 zur Gewerbesteuer; dem sodann für die Grundsteuer folgend zB OVG Münster 26.11.2009 – 14 A 131/08, BeckRS 2009, 41933; OVG Berlin-Brandenburg 23.3.2010 – 9 N 55/09, NVwZ-RR 2010, 537; VGH München 20.10.2011 – 4 ZB 11/1187, BeckRS 2011, 34063; VGH Kassel 5.8.2014 – 5 B 1100/14, KStZ 2014, 218; VG Schleswig 6.3.2019 – 4 A 612/17, BeckRS 2019, 5073; VG Düsseldorf 6.11.2019 – 5 K 2014/19, BeckRS 2019, 32709). Dessen ungeachtet geht die Verwaltungsgerichtsbarkeit davon aus, dass haushaltsrechtliche Vorschriften des Kommunalrechts und damit auch ein etwaiger Subsidiaritätsgrundsatz jedenfalls dem Steuerpflichtigen kein subjektives Recht (drittschützende Wirkung) vermittelt (VGH München 1.2.2007 – 4 ZB 06/2567, NVwZ-RR 2008, 53; VGH Kassel 5.8.2014 – 5 B 1100/14, KStZ 2014, 218).

19 **Stellungnahme:** Beides ist nicht richtig. Auf die drittschützende Wirkung kann es nicht ankommen, wenn sich der Steuerpflichtige gegen den Grundsteuerbescheid wehrt und die Wirksamkeit der Satzung inzident geprüft wird (→ Rn. 30). Wenn die Subsidiaritätsregeln wirklich den Charakter einer justiziablen Hebesatzbegrenzung haben sollten, dann ist eine Satzung, die hiergegen verstößt, nichtig und dies

Festsetzung des Hebesatzes   § 25 GrStG

ungeachtet der Frage, ob die verletzte Norm gerade dem Schutz des Steuerpflichtigen zu dienen bestimmt ist. Dessen ungeachtet **enthalten die Subsidiaritätsregeln aber überhaupt nicht die hierfür notwendige justiziable Hebesatzbegrenzung.** Daher bedarf es auch keines Rückgriffs auf das Verhältnis von Bundes- und Landesrecht – das unter Geltung des Art. 72 Abs. 3 S. 1 Nr. 7 GG für die Grundsteuer ohnehin neu bestimmt worden ist. Die Subsidiaritätsregeln bestimmen zwar einen Vorrang der Ausgabendeckung durch Vorzugslasten, sie enthalten aber keine Aussage dazu, ob und inwieweit eine Steuererhebung bei nicht ausreichender Vorzugslastenfinanzierung unzulässig wird (so bereits überzeugend *Lange* NVwZ 2015, 695 [696ff.]). **Daher ist es sogar unerheblich, wenn die Gemeinde bewusst auf eine Vorzugslastenfinanzierung verzichtet und stattdessen die Grundsteuer erhöht.** Es gehört eben auch zum Ermessen der Gemeinde, ob sie sich den engeren Grenzen des Gebühren-/Beitragsrechts unterwerfen und den damit verbundenen höheren Vollzugsaufwand tragen will oder ob sie eine gleichmäßige Belastung aller Grundstückseigentümer mit einer Steuer zur Finanzierung bestimmter gemeindlicher Leistungen bevorzugt (zu Recht VGH Mannheim 12.2.1998 – 2 S 1648/97, NVwZ 1998, 1325 [Grundsteuererhöhung wegen Wegfall der Feuerwehrabgabe]; OVG Berlin-Brandenburg 23.3.2010 – 9 N 55/09, NVwZ-RR 2010, 537 [Refinanzierung eines Gewässerunterhaltungsbeitrages durch Grundsteuererhebung statt Umlagefinanzierung]; VG Gelsenkirchen 11.10.2012 – 5 K 1035/12, BeckRS 2012, 59000 [Grundsteuererhöhung wegen Abschaffung der Straßenreinigungsgebühr für den Winterdienst]; VG Düsseldorf 25.6.2013 – 5 K 2285/13, BeckRS 2013, 53862 [Grundsteuererhöhung wegen Abschaffung der Straßenreinigungsgebühr für den Winterdienst]). Nichts anderes gilt selbst dann, wenn die Grundsteuer in Ansehung eines konkreten – auch durch Vorzugslasten finanzierbaren – Projektes für einen konkreten Zeitraum erhöht und sodann wieder gesenkt wird (aA OVG Koblenz 25.5.1982 – 6 A 21/81, KStZ 1983, 144f. [Finanzierung des Ausbaus und der Unterhaltung von Feld-, Weinberg- und Waldwegen durch die Erhöhung der Grundsteuer A]).

Grundsatz der Sparsamkeit und Wirtschaftlichkeit als materielle Grenze 20 **des Hebesatzrechts:** Die Landeskommunalgesetze enthalten vielfach haushaltsrechtliche Bestimmungen, wonach die Haushaltswirtschaft wirtschaftlich und sparsam zu planen und zu führen ist (Art. 61 Abs. 2 BayGO; § 77 Abs. 2 GemO **BW;** § 63 Abs. 2 **BbgK**Verf; § 92 Abs. 2 HGO; § 43 Abs. 4 KV **M-V;** § 110 Abs. 2 NKomVG; § 75 Abs. 1 S. 2 GO **NRW;** § 93 Abs. 3 **Rhpf**GemO; § 82 Abs. 2 KSVG **[Saarland];** § 72 Abs. 2 S. 1 **Sächs**GemO; § 98 Abs. 2 S. 1 KVG **LSA;** § 75 Abs. 2 **SH**GO; § 53 Abs. 2 S. 1 **Thür**KO). In Ansehung der Grundsteuerhebesatzsatzung steht die Frage im Raum, ob das aufgaben- und ausgabenbezogene Haushaltsgebaren einer Gemeinde, das ihren zu deckenden Finanzbedarf auslöst, auf die Einnahmenseite durchschlagen kann: Kann ein Haushaltsgebaren, das den Grundsätzen der Sparsamkeit und Wirtschaftlichkeit nicht entspricht, zu einer Rechtswidrigkeit der zur Ausgabenbestreitung notwendigen Steuersatzungen führen? Die Rechtsprechung misst diesem Grundsatz eine justiziable Grenzziehungskraft zu, wenn sie die Möglichkeit einer nicht mehr vertretbaren Wahrnehmung des Spielraums in den Raum stellt (VGH München 11.2.1976 – 243 IV 74, KStZ 1976, 150; OVG Münster 26.10.1990 – 15 A 1099/87, NVwZ-RR 1991, 509). Das Entscheidende ist freilich der Maßstab für eine solche Unvertretbarkeit. Insoweit ist daran zu erinnern, dass der Gemeinde nicht ohne Grund ein weiter kommunalpolitischer Spielraum in Ansehung der Art und Weise der Aufgabenerfüllung zukommt (→ Rn. 16). Insoweit verwundert die Zurückhaltung der Gerichte nicht: **Die Grenze des kommu-**

nalpolitischen Spielraums soll (erst) dort liegen, wo eine erkennbare Unvernunft oder ein Missbrauch beginnt (VG Schleswig 6.3.2019 – 4 A 612/17, BeckRS 2019, 5073) bzw. dort, wo strukturell, planvoll, systematisch gegen den Grundsatz der Sparsamkeit und Wirtschaftlichkeit verstoßen wird. Auf einzelne Ausgabenposten komme es nicht an, sondern es zähle das Große und Ganze. Daher ist es auch irrelevant, ob auf der Ausgabenseite Einspar- und Umschichtungspotential besteht (VG Düsseldorf 6.11.2019 – 5 K 2014/19, BeckRS 2019, 32709). Dessen ungeachtet soll der Grundsatz der Wirtschaftlichkeit und Sparsamkeit dem Steuerpflichtigen kein subjektives Recht vermitteln (VGH München 20.10.2011 – 4 ZB 11/1187, BeckRS 2011, 34063; VG Schleswig 6.3.2019 – 4 A 612/17, BeckRS 2019, 5073).

21 **Stellungnahme:** Das berechtigte Anliegen der vorstehend skizzierten Rechtsprechung lässt sich freilich auch ebenso gut (unseres Erachtens sogar vorzugswürdig) im **Grundsatz der Verhältnismäßigkeit** verorten (ebenso *Lange* NVwZ 2015, 695 [699]). Hiermit wird deutlich, dass durchaus ein subjektives Recht des Steuerpflichtigen betroffen ist: Der Bürger muss eine Steuerbelastung nicht dulden, die unter keinem vernünftigen Aspekt erforderlich ist. Besonders deutlich wird dies vor allem dort, wo eine Gemeinde die Steuern überhaupt nicht zur Ausgabenbestreitung benötigt (selbst unter Anerkennung einer Rücklage für schlechte Zeiten). Die Gerichte nennen als (nachvollziehbares) Beispiel häufig die Steuererhöhung, die allein der Kapitalbildung dient (VGH München 1.2.2007 – 4 ZB 06/2567, NVwZ-RR 2008, 53; VGH München 20.10.2011 – 4 ZB 11/1187, BeckRS 2011, 34063; VGH München 23.4.2013 – 4 ZB 12/2144, BeckRS 2013, 50908; VGH Kassel 5.8.2014 – 5 B 1100/14, KStZ 2014, 218, die die Frage indes wohl Art. 3 GG [Willkürverbot] zuordnen wollen). Unter Beachtung des gemeindlichen Satzungsermessens kann es allerdings nur um eindeutige Extremfälle gehen.

22 **Fehler anlässlich der Zusammenstellung und Bewertung der Entscheidungsgrundlagen sind unbeachtlich.** Es findet mithin vor allem keine Abwägungsfehlerkontrolle statt, wie sie in anderen Rechtsgebieten erfolgt, wenn dem Satzungsgeber ein Abwägungsspielraum eingeräumt wird (wie zB im Bauplanungsrecht). Steuersätze müssen sich hinsichtlich ihrer Höhe nicht daran messen lassen, wie die kommunale Willensbildung abgelaufen ist, sofern der Willensbildungsprozess nicht durch zwingende verfahrensrechtliche Vorschriften abgesichert und strukturiert wird. Nur wenn gegen wesentliche Verfahrensvorschriften verstoßen wird, ist der Entscheidungsvorgang rechtlich relevant (→ Rn. 5, 7 ff.). Auf die Erwägungen und Beweggründe, also die Motivation des Satzungsgebers, kommt es bei der Beurteilung der Rechtmäßigkeit einer Grundsteuererhöhung hingegen nicht an (OVG Münster 16.7.2013 – 14 A 2761/12, DVBl. 2014, 58; VG Köln 29.9.2015 – 17 K 704/15, BeckRS 2015, 54065; VG Arnsberg 17.8.2017 – 5 K 3626/16, BeckRS 2017, 125111; VG Schleswig 6.3.2019 – 4 A 612/17, BeckRS 2019, 5073). Daher ist es **irrelevant, ob Beschlussvorlagen schlecht oder ungenügend begründet worden sind** (VG Frankfurt 6.3.2014 – 6 K 1230/13, BeckRS 2014, 48499; VG Arnsberg 11.2.2016 – 5 K 637/15, KStZ 2016, 133) **oder ob der Gemeinde bei der Ermittlung der Kalkulationsgrundlagen oder Kalkulation selbst sogar ein Fehler unterlaufen ist** (vgl. VG Düsseldorf 6.11.2019 – 5 K 2014/19, BeckRS 2019, 32709).

23 **3. Materielle grundsteuerrechtliche und verfassungsrechtliche Grenzen.** Spezifisch grundsteuerliche Anforderungen ergeben sich vor allem aus § 25 Abs. 2–5 GrStG, aus auf § 26 GrStG gestütztem (bisher nicht erlassenen) Landes-

Festsetzung des Hebesatzes **§ 25 GrStG**

recht (→ GrStG § 26 Rn. 5) und ggf. aus einem Gebietsänderungsvertrag (zu diesem Sonderfall → Rn. 40). Im Übrigen kommen noch verfassungsrechtliche Grenzen in Betracht:

Vielfach findet sich die Formulierung, dass die Grundsteuer die Bürger nicht 24 „übermäßig belasten und ihre Vermögensverhältnisse nicht grundlegend beeinträchtigen [dürfe]". **Die Grundsteuer dürfe keine „erdrosselnde Wirkung" haben** (zB BVerwG 26.10.2016 – 9 B 28/16, BeckRS 2016, 54462; FG Berlin 6.10.2004 – 2 K 2386/02, EFG 2005, 390; FG Berlin-Brandenburg 11.5.2011 – 3 K 3107/07, ZKF 2011, 239; VGH Kassel 5.8.2014 – 5 B 1100/14, KStZ 2014, 218). Von einer solchen Erdrosselungssteuer könne allerdings erst dann gesprochen werden, wenn nicht nur ein einzelner Steuerpflichtiger, sondern die Steuerpflichtigen ganz allgemein unter normalen Umständen die Steuer nicht mehr aufbringen können (FG Berlin 6.10.2004 – 2 K 2386/02, EFG 2005, 390; FG Berlin-Brandenburg 11.5.2011 – 3 K 3107/07, ZKF 2011, 239; VGH Kassel 5.8.2014 – 5 B 1100/14, KStZ 2014, 218; VG Düsseldorf 8.8.2013 – 5 K 2475/13, BeckRS 2013, 55936; VG Schleswig 6.3.2019 – 4 A 612/17, BeckRS 2019, 5073). Einzelne „Belastungsausreißer" seien hingegen irrelevant. Ihnen könne auch mittels § 227 AO begegnet werden (VGH Kassel 5.8.2014 – 5 B 1100/14, KStZ 2014, 218; VG Schleswig 6.3.2019 – 4 A 612/17, BeckRS 2019, 5073). Mit dieser „Belastungsgrenze" ist vor allem die Eigentumsgarantie des Art. 14 GG angesprochen und die Notwendigkeit der Angemessenheit der mit dem Steuerzugriff einhergehenden Schrankenbestimmung (→ Grundlagen Rn. 128ff.). Geleitet von diesem Maßstab **haben die Verwaltungsgerichte bisher folgende Grundsteuer-B-Hebesätze für freiheitsrechtlich zulässig erachtet: 995%** (VG Darmstadt 18.8.2021 – 4 K 2115/19, BeckRS 2021, 26873), **910%** (VG Arnsberg 17.8.2017 – 5 K 3626/16, BeckRS 2017, 125111), **890%** (VG Düsseldorf 6.11.2019 – 5 K 2014/19, BeckRS 2019, 32709), **875%** (VG Arnsberg 29.6.2017 – 5 K 2857/16, BeckRS 2017, 116638), **855%** (VG Frankfurt 6.3.2014 – 6 K 1230/13, BeckRS 2014, 48499; VG Düsseldorf 9.5.2016 – 5 K 630/15, BeckRS 2016, 45889), **850%** (VG Köln 2.2.2016 – 17 K 868/15, BeckRS 2016, 44196), **825%** (OVG Münster 16.7.2013 – 14 A 464/13, KStZ 2014, 31) und **810%** (FG Berlin-Brandenburg 11.5.2011 – 3 K 3107/07, ZKF 2011, 239). Es gäbe zudem auch **keine relativen Erhöhungsgrenzen,** dh eine prozentuale Beschränkung der Erhöhung bezogen auf ein Kalenderjahr (jeweils keine Bedenken: VG Köln 2.2.2016 – 17 K 868/15, BeckRS 2016, 44196: **Erhöhung von 493% auf 850%;** VG Darmstadt 15.9.2015 – 4 K 1659/13, BeckRS 2016, 43391: **Erhöhung von 400% auf 800%;** VG Gelsenkirchen 12.9.2013 – 5 K 839/13, BeckRS 2013, 56005: **Erhöhung von 450% auf 825%;** ferner VGH Kassel 10.8.2016 – 5 A 1817/16, BeckRS 2016, 112476: **Verdreifachung**). **Auf Erhebungszeiträume ab 2025 können diese Entscheidungen** in Anbetracht geänderter (tendenziell) höherer Grundsteuerwerte und Messzahlen **nicht unbesehen übertragen werden.** Sie geben aber insoweit einen Anhaltspunkt, als mittels dieser Hebesätze, der alten Messzahlen und einem realistischen Einheitswert alten Rechts eine Nominalbelastung geschätzt und dann ins Verhältnis zum Verkehrswert (Grundsteuerwert) gesetzt werden kann.

Stellungnahme: Nach dem vom BVerfG in seiner Vermögensteuerentschei- 25 dung zugrunde gelegten Verständnis des Art. 14 GG darf bei einer Sollertragsteuer die Steuerbelastung grundsätzlich nicht so hoch gewählt werden, dass Substanzsteuereffekte eintreten (BVerfG 22.6.1995 – 2 BvL 37/91, BVerfGE 93, 121 [137]). Dies gilt auch für die Grundsteuer (eingehend → Grundlagen Rn. 131). Die ent-

§ 25 GrStG Abschnitt III. Festsetzung und Entrichtung der Grundsteuer

scheidende Frage für eine freiheitsrechtliche Grenze des Grundsteuerzugriffs ist daher (allein), ob die Grundsteuerbelastung zu einer nicht mehr aus dem gedachten Ertrag des Grundstücks gedeckten Besteuerung führt. Dabei geht es nicht um eine individuelle Betrachtung eines konkreten Eigentümers. Entscheidend ist, ob es in der Fläche zu einem Substanzbesteuerungseffekt kommt, dh ob die Steuerbelastung typischerweise jenseits des realistisch erwartbaren Sollertrages liegt. Lässt sich dies feststellen, dann ist die Hebesatzsatzung verfassungswidrig (aA zur Grenzziehungskraft des Sollertragsgedankens wohl noch BFH 19.4.1968 – III R 78/67, BStBl. II 1968, 620, uE aber durch BVerfG 22.6.1995 – 2 BvL 37/91, BVerfGE 93, 121 überholt).

26 Einen weiteren verfassungsrechtlichen Maßstab enthält **Art. 3 Abs. 1 GG,** der (auch) an die Gemeinden als Teil der Verwaltung den allgemeinen Gleichheitssatz adressiert. Art. 3 GG bindet allerdings einen Hoheitsträger nur in seinem konkreten Zuständigkeitsbereich und damit die Gemeinde nur bezogen auf ihr Gemeindegebiet (BVerfG 21.12.1966 – 1 BvR 33/64, BVerfGE 21, 54 [68] zur GewSt). Zudem ist es dem von Art. 28 Abs. 2, 106 Abs. 6 GG den Gemeinden garantierten Hebesatzrecht immanent, dass es in den Gemeinden unterschiedlich ausgeübt wird (VGH München 21.2.2006 – 4 ZB 05/1169, BeckRS 2007, 23039). Daher **ist es irrelevant, wie hoch die Grundsteuer in anderen Gemeinden ist.** Die Gemeinden sind weder verpflichtet, sich an die Hebesätze anderer Gemeinden zu halten, noch sind sie an den Landesdurchschnitt der Hebesätze gebunden (FG Berlin-Brandenburg 16.2.2011 – 3 K 3096/07, EFG 2011, 1277; VG Arnsberg 29.6.2017 – 5 K 2857/16, BeckRS 2017, 116638; VG Düsseldorf 6.11.2019 – 5 K 2014/19, BeckRS 2019, 32709). Gleichheitsrelevant können allenfalls **Belastungsdifferenzierungen innerhalb der Gemeinde** sein. Dies betrifft zum einen die Differenzierung innerhalb des Grundsteuerrechts, nämlich unterschiedliche Belastungen durch die Grundsteuer A und die Grundsteuer B. Da es sich allerdings um zwei verschiedene Steuergegenstände handelt (letztlich sogar um zwei verschiedene Grundsteuern, → GrStG § 2 Rn. 1), ist eine entsprechende Hebesatzdifferenzierung nicht willkürlich (VG Arnsberg 17.8.2017 – 5 K 3626/16, BeckRS 2017, 125111).

27 Zum anderen betrifft dies das **Verhältnis zur Gewerbesteuer.** Auch insoweit ist zu beachten, dass es sich um verschiedene Steuergegenstände handelt und sich diese sogar konzeptionell noch deutlicher unterscheiden. Vor allem aber entspricht es gerade dem von der Finanzverfassung sowohl in Ansehung der Grundsteuer als auch der Gewerbesteuer vorausgesetzten Hebesatzrecht, dass die Gemeinden die Entscheidung, inwieweit sie ihre verschiedenen Steuerquellen zur Deckung des erhöhten Finanzbedarfs beanspruchen, nach Zweckmäßigkeitserwägungen treffen. Sie müssen die Tragkraft und Ergiebigkeit ihrer Steuerquellen einschätzen und in ihre Abwägung auch die mit bestimmten Steuererhöhungen verbundenen weiteren Folgen einbeziehen (zB die Bestimmung von Gewerbesteuersätzen mit Blick auf Standortkonkurrenzen). In Ansehung der Frage, inwieweit welche der beiden Grundsteuern und inwieweit die Gewerbesteuer die Bürger belasten und zur kommunalen Aufgabenfinanzierung beitragen sollen, kann sich die Gemeinde daher von finanzpolitischen, volkswirtschaftlichen, sozialpolitischen oder steuertechnischen Erwägungen leiten lassen (VG Düsseldorf 3.6.2015 – 5 K 784/15, BeckRS 2015, 48197; VG Düsseldorf 6.11.2019 – 5 K 2014/19, BeckRS 2019, 32709).

28 Die Entscheidung des BVerfG zur Verfassungswidrigkeit der Einheitsbewertung (BVerfG 10.4.2018 – 1 BvL 11/14, BVerfGE 148, 147, → Grundlagen Rn. 11) hindert die Gemeinden nicht daran, in der Zeit der durch das BVerfG befristet angeordneten Fortgeltung der von ihm beanstandeten Normen des Bewertungsgesetzes die

Festsetzung des Hebesatzes **§ 25 GrStG**

Hebesätze zu erhöhen (VG Schleswig 6.3.2019 – 4 A 612/17, BeckRS 2019, 5073; VG Düsseldorf 6.11.2019 – 5 K 2014/19, BeckRS 2019, 32709).

III. Perspektive der Kommunalaufsicht

Die Gemeinden unterliegen der staatlichen Aufsicht. Im eigenen Wirkungskreis 29 ist diese Aufsicht auf eine Rechtsaufsicht beschränkt. Die **Kommunalaufsicht wacht daher allein darüber, dass die Gemeinden rechtmäßige Hebesatzbestimmungen treffen.** Tut eine Gemeinde dies nicht, darf die Kommunalaufsicht einschreiten. Dies ist sowohl mit Art. 28 Abs. 2 S. 1 GG als auch Art. 106 Abs. 6 S. 2 GG vereinbar. Die dort normierten Gesetzesvorbehalte erfassen nämlich auch die landesgesetzlichen Regelungen zur kommunalen Haushaltswirtschaft und zur staatlichen Kommunalaufsicht (BVerwG 27.10.2010 – 8 C 43/09, BVerwGE 138, 89 Rn. 22; BVerwG 26.10.2016 – 9 B 28/16, BeckRS 2016, 54462). Rechtspraktisch geht es freilich – soweit ersichtlich – nicht um die aufsichtsrechtliche Begrenzung einer Hebesatzerhöhung. Im Mittelpunkt stehen vielmehr Gemeinden, die von ihrem Hebesatzrecht nicht in einer ihrer wirtschaftlichen (Not-)Lage angemessenen Weise Gebrauch machen. Zum Teil geht es nur um die **aufsichtsrechtliche Beanstandung von Hebesatzssenkungen** (so bei BVerwG 27.10.2010 – 8 C 43/09, BVerwGE 138, 89 Rn. 20ff., 27). **Zum Teil geht es aber auch um weitergehende kommunalaufsichtsrechtliche Maßnahmen, nämlich die Anordnung, die Hebesätze zu erhöhen** (zB OVG Schleswig 21.6.2011 – 2 MB 30/11, BeckRS 2011, 53600 [Aufhebung einer Haushaltssatzung, mit der die Hebesätze gesenkt wurden, und Anordnung zur Wiederherstellung des vormaligen Hebesatzniveaus]; VG Magdeburg 28.8.2014 – 9 B 176/14, BeckRS 2015, 40850 [Anordnung die Realsteuerhebesätze mindestens auf den Landesdurchschnitt zu erhöhen]; VG Neustadt 23.6.2016 – 3 L 476/16, BeckRS 2016, 47923 [Anordnung der Erhöhung von 365% auf 385%]), und gar die Ersatzvornahme dergestalt, dass die Aufsichtsbehörde die Hebesätze erhöht (VG Sigmaringen 12.8.2003 – 4 K 1737/02, BeckRS 2003, 24277; zur Maßgeblichkeit einer **Ersatzvornahmesatzung** → Rn. 7). Solche Maßnahmen sind in Ansehung des Art. 28 Abs. 2 GG nicht unproblematisch, da im Ausgangspunkt der Gemeinde überlassen bleiben muss, wie sie ihre Finanzen rechtmäßig ordnet und insoweit kommen typischerweise mehrere Möglichkeiten in Betracht (vgl. BVerwG 27.10.2010 – 8 C 43/09, BVerwGE 138, 89 Rn. 24). Daher können Hebesatzerhöhungsanordnungen und entsprechende Ersatzvornahmen nur in Ausnahmekonstellationen in Betracht kommen. Die Gerichte haben dies – zu Recht – bisher immer dann angenommen, wenn die Gemeinde keine Bereitschaft gezeigt hat, von sich aus an der Haushaltskonsolidierung mitzuwirken (VG Neustadt 23.6.2016 – 3 L 476/16, BeckRS 2016, 47923), oder wenn die Absenkung von Hebesätzen Anlass für die Aufsichtsmaßnahme war und es „nur" um die Wiederherstellung des bisherigen Hebesatzniveaus ging (so bei OVG Schleswig 21.6.2001 – 2 MB 30/11, BeckRS 2011, 53600).

IV. Rechtsschutzfragen im Zusammenhang mit der Hebesatzsatzung

Eine **rechtswidrige Hebesatzbestimmung in der Rechtsform der Sat-** 30 **zung (einschließlich Ortsrecht in Bremen** → Rn. 6) **ist** – vorbehaltlich der landesrechtlichen Normerhaltungsregeln (→ Rn. 5) – **nichtig.** Nichtigkeit bedeutet, dass die Satzung keine Rechtswirkungen erzeugt und zwar von Anfang an (vgl.

BVerwG 27.11.2019 – 9 C 4/19, BVerwGE 167, 137: bei Steuersatzungen scheidet eine zeitlich befristete Fortgeltung rechtswidriger Satzungsbestimmungen grundsätzlich aus). Dies kann jederzeit von jedermann geltend gemacht werden (BVerwG 31.1.2001 – 6 CN 2/00, BVerwGE 112, 373). Grundsteuerbescheide, die eine nichtige Hebesatzbestimmung umsetzen, sind rechtswidrig, aber wirksam. Werden sie formell bestandskräftig, bleibt es bei der Zugrundelegung eines nichtigen Hebesatzes. Der Adressat bleibt zur Zahlung der festgesetzten Grundsteuer verpflichtet und die Rechtswidrigkeit des Grundsteuerbescheides steht auch seiner Vollstreckung nicht entgegen. **Will der Steuerpflichtige eine Steuerfestsetzung aufgrund eines Erachtens unwirksamen Hebesatzsatzung verhindern, muss er also in jedem Fall den Grundsteuerbescheid anfechten.** Das Verwaltungsgericht wird sodann inzident auch die Wirksamkeit der Hebesatzbestimmung prüfen. Weil es sich bei einer Satzung nur um eine materielle Rechtsnorm handelt, gilt Art. 100 Abs. 1 GG nicht. Die Gerichte haben daher anlässlich eines Anfechtungsverfahrens betreffend einen Grundsteuerbescheid die unmittelbaren Folgen aus der Rechtswidrigkeit einer Satzung selbst zu ziehen (inzidente Normnichtanwendungskompetenz, BVerwG 31.1.2001 – 6 CN 2/00, BVerwGE 112, 373; 12.9.2019 – 3 C 3/18, BVerwGE 166, 265; *Panzer* in Schoch/Schneider VwGO § 47 Rn. 7f.). Kommt das Gericht zu der Erkenntnis, dass eine Hebesatzsatzung nichtig ist, hebt es den Grundsteuerbescheid auf. Diese Entscheidung wirkt nur zwischen den Prozessbeteiligten, dh damit ist die Nichtigkeit der Satzung nicht inter omnes festgestellt.

31   Ungeachtet der Anfechtung des Grundsteuerbescheides kommt auch ein unmittelbares gerichtliches Vorgehen gegen eine kommunale Satzung in Betracht, nämlich wenn das Landesrecht auf der Grundlage von § 47 Abs. 1 Nr. 2 VwGO das **sog. prinzipale Normenkontrollverfahren vor OVG/VGH** gegen untergesetzliches Landesrecht eröffnet hat. Dies ist in allen Bundesländern außer in Berlin und Hamburg geschehen (Art. 5 **Bay**AGVwGO; § 4 **BW**AGVwGO; § 4 Abs. 1 **Bbg**VwGG; Art. 7 **Br**AGVwGO; § 15 **Hess**AGVwGO; § 13 AGGerStrG **MV;** § 75 **NJG;** § 109a JustG **NRW;** § 18 **Saar**AGVwGO; § 4 **RP**AGVwGO; § 24 **Sächs**JG; § 10 AG VwGO **LSA;** § 67 **SH**LJG; § 4 **Thür**AGVwGO). Diese Normenkontrollverfahren sind nicht subsidiär im Verhältnis zum Rechtsschutz gegen einen nachfolgenden Ausführungsrechtsakt (hier: Grundsteuerbescheid). Vielmehr ist die Antragsbefugnis auch dann gegeben, wenn die geltend gemachte Beeinträchtigung erst die Folge eines Umsetzungs-Verwaltungsaktes ist, sofern die Beeinträchtigung bereits in der angegriffenen Rechtsvorschrift angelegt ist (*Panzer* in Schoch/Schneider VwGO § 47 Rn. 50). Damit kommt ein Normenkontrollantrag auch gegen eine Hebesatzsatzung oder gegen die Hebesatzbestimmung in einer Haushaltssatzung in Betracht (in Ansehung der Grundsteuer sind bisher keine Fälle dokumentiert, aber zu anderen Steuersatzungen: BVerwG 22.12.1999 – 11 CN 1/99, BVerwGE 110, 237 [Vergnügungssteuersatzung]; VGH Mannheim 23.1.2002 – 2 S 926/01, VBlBW 2020, 210 [Hundesteuersatzung]).

C. Geltungszeitraum des Hebesatzes (Abs. 2)

32   Der Hebesatz muss nicht für jedes Jahr neu bestimmt werden. **§ 25 Abs. 2 GrStG ermöglicht vielmehr eine für mehrere Jahre erfolgende Festsetzung der Hebesätze.** Dieser Zeitraum muss in der Satzung nicht zwingend angegeben werden. Zwar kann ein Hebesatz gem. § 25 Abs. 2 GrStG längstens für den laufen-

Festsetzung des Hebesatzes **§ 25 GrStG**

den Hauptveranlagungszeitraum Gültigkeit haben. Diese Vorgabe verlangt allerdings nicht, dass die Gemeinde bereits bei der Festlegung des Hebesatzes eine exakte zeitliche Definition des Endzeitpunktes der Gültigkeit des jeweiligen Hebesatzes in die Satzung aufzunehmen hat. **Eine Festsetzung „bis auf Weiteres" ist daher zulässig** (OVG Münster 16.7.2013 – 14 A 464/13, KStZ 2014, 31; VG Gelsenkirchen 18.12.2012 – 5 K 1134/12, BeckRS 2013, 46546; VG Schleswig 6.3.2019 – 4 A 612/17, BeckRS 2019, 5073). Die Hebesätze gelten dann längstens bis zum Ablauf des laufenden Hauptveranlagungszeitraums (*Mannek/Sklareck* in Stenger/Loose GrStG § 25 Rn. 26).

Erfolgt die Bestimmung des Hebesatzes in der Haushaltssatzung, ist zu beachten, 33 dass dort Festlegungen für maximal zwei Haushaltsjahre erfolgen können (Art. 63 Abs. 1 S. 2 **BayGO**; § 79 Abs. 1 S. 2 GemO **BW;** § 65 Abs. 3 S. 2 **BbgKVerf**; § 94 Abs. 3 S. 2 **HGO**; § 45 Abs. 2 KV **M-V;** § 112 Abs. 3 S. 2 **NdsKomVG**; § 78 Abs. 3 S. 2 GO **NRW;** § 95 Abs. 5 S. 2 **Rhpf**GemO; § 84 Abs. 3 S. 2 KSVG **[Saarland];** § 74 Abs. 1 S. 2 **Sächs**GemO; § 100 Abs. 1 S. 3 KVG **LSA;** § 77 Abs. 3 S. 2 **SH**GO; § 55 Abs. 1 S. 2 **Thür**KO). Diese zeitliche Beschränkung gilt dann auch für den Grundsteuerhebesatz. Ferner gelten die Regelungen über die vorläufige Haushaltsführung, wenn die Haushaltssatzung zu Beginn des Haushaltsjahres noch nicht bekannt gemacht ist, dh die alten Hebesätze gelten vorläufig fort (→ Rn. 4). Macht die Gemeinde hingegen von einer eigenständigen Hebesatzsatzung Gebrauch, gelten diese kommunalrechtlichen Vorschriften nicht (OVG Münster 6.8.1990 – 22 A 57/89, NVwZ 1991, 1208 für die zeitliche Beschränkung; *Diemert* in BeckOK KommunalR NRW GO § 82 Rn. 23).

D. Zeitpunkt des Satzungsbeschlusses (Abs. 3)

Im Idealfall wird der Hebesatz vor Beginn seines Geltungsjahres bestimmt. 34 Zwingend ist dies indes nicht. Einfach-rechtlich erlaubt § 25 Abs. 3 S. 1 GrStG eine **auf den Beginn des Kalenderjahres zurückwirkende Hebesatzerhöhung,** sofern der Beschluss (= Beschlussfassung des Rates) bis zum 30. Juni des schon laufenden Kalenderjahres erfolgt. Auf die Bekanntmachung der Satzung oder eine etwaige Genehmigung kommt es hingegen nicht an (BVerwG 13.7.1979 – 7 B 143/79, KStZ 1980, 12; OVG Greifswald 8.10.2014 – 1 L 168/11, BeckRS 2015, 40765; *Mannek/Sklareck* in Stenger/Loose GrStG § 25 Rn. 35). Diese Rückwirkungsbefugnis gilt sowohl bei der erstmaligen Festsetzung als auch dann, wenn ein bereits beschlossener Hebesatz (theoretisch denkbar auch: erneut) geändert werden soll. Diese **unechte Rückwirkung ist verfassungsrechtlich zulässig** (BVerwG 5.3.1971 – VII C 44/68, BVerwGE 37, 293 [300 f.] zur GewSt; FG Bremen 8.5.1995 – 2 94 205 K 5, EFG 1995, 846; OVG Münster 17.11.1999 – 14 A 4793/99, BeckRS 2015, 49888; aA *Flies* FR 1994, 248 [250 f.]). Kommt es nach Fassung des Beschlusses zu einer **verzögerten Bekanntmachung,** verlängert dies zwar den Rückwirkungszeitraum (da die Norm ohne Verkündung nicht existent wird, → Rn. 13), führt aber typischerweise nicht zu einem anderen Ergebnis in Ansehung der Zulässigkeit der Rückwirkung (FG Bremen 8.5.1995 – 2 94 205 K 5, EFG 1995, 846; OVG Greifswald 8.10.2014 – 1 L 168/11, BeckRS 2015, 40765 [dort Beschluss im Juni, Verkündung im November]; aA OVG Magdeburg 4.2.1996 – 2 M 65/95, BeckRS 2008, 31883 [dort Beschluss im Mai, Verkündung im September]). Denn mit dem Beschluss ist für die Steuerpflichtigen die Belastung erkennbar geworden und sie können nicht (mehr) darauf

§ 25 GrStG Abschnitt III. Festsetzung und Entrichtung der Grundsteuer

vertrauen, dass die Grundsteuer unverändert bleibt. Dies gilt erst recht, wenn die Verkündung deshalb so spät erfolgt, weil eine zuvor vorgenommene Verkündung unwirksam war (VG Gelsenkirchen 12.4.2013 – 5 K 3283/12, BeckRS 2013, 51043).

35 **Überschreitet der festgesetzte oder geänderte Hebesatz nicht den zuletzt festgesetzten Hebesatz, gilt die zeitliche Beschränkung zum 30. Juni nicht,** dh auch später kann der Hebesatz noch mit Wirkung auf den 1.1. des Kalenderjahres beschlossen werden (§ 25 Abs. 3 S. 2 GrStG). Dabei ist die Gemeinde noch nicht einmal an das laufende Kalenderjahr gebunden. Der Beschluss kann sogar erst im darauffolgenden Jahr mit Wirkung auf den 1.1. des Vorjahres erfolgen. Das ist verfassungsrechtlich hinnehmbar, weil kein Steuerpflichtiger darauf vertrauen kann, dass gar keine Grundsteuer erhoben wird (zutreffend BVerwG 5.3.1971 – VII C 44/68, BVerwGE 37, 293 [301] zur GewSt).

E. Gebot der Einheitlichkeit des Hebesatzes innerhalb des Gemeindegebietes (Abs. 4)

I. Gemeindegebietseinheitliche Hebesätze (Abs. 4 S. 1)

36 § 25 Abs. 4 S. 1 GrStG knüpft an die Zweiteilung des Steuergegenstandes in § 2 GrStG an und bestimmt bezogen auf jeden Steuergegenstand den **Grundsatz der Einheitlichkeit des Hebesatzes.** Die Gemeinde muss für alle in ihrem Gebiet liegenden Betriebe der Land- und Forstwirtschaft einerseits und für die in ihrem Gebiet liegenden Grundstücke andererseits jeweils einen einheitlichen Hebesatz vorsehen (zu hiermit verbundenen gleichheitsrechtlichen Fragen → Rn. 26). Sachliche, persönliche oder örtliche Hebesatzdifferenzierungen sind – vorbehaltlich des Abs. 5 (→ Rn. 43 ff.) – unzulässig.

II. Übergangshebesätze bei Gebietsveränderungen (Abs. 4 S. 2)

37 Die Gemeindegrenzen und damit die Zuordnung eines Grundstücks zu einem Gemeindegebiet können sich ändern. Dies kann (freiwillig) durch Vereinbarung geschehen, aber auch gegen den Willen einer Gemeinde durch Gesetz (dazu mit Nachweisen zu den einzelnen Landesregelungen zB *Gern/Brüning* KommunalR Rn. 233 ff.). **Mit dem Wirksamwerden der Gebietsänderung gilt** – vorbehaltlich abweichender Regelungen in einem Gebietsänderungsvertrag – **das Ortsrecht der aufnehmenden Gemeinde auch in den hinzugekommenen Ortsteilen.** Das ist zum Teil ausdrücklich gesetzlich bestimmt (vgl. Art. 12 Abs. 2 S. 2 **Bay**GO), ergibt sich ansonsten aber aus allgemeinen Grundsätzen (*Wansleben* in Held/Winkel/Wansleben GO NRW § 18 Nr. 3; *Thiel* in BeckOK KommunalR NRW GO § 18 Rn. 9; aA wohl *Fuhrmann* in BeckOK KommunalR Hessen HGO § 17 Rn. 7: in jedem Ortsteil gilt das Ortsrecht, das vorher gegolten hat, bis es von der neuen Gemeinde aufgehoben oder geändert wird). Das bisherige Ortsrecht bedarf in den neuen Ortsteilen vor allem keiner erneuten Verkündung (VGH Kassel 30.5.1975 – VN 3/73, ESVGH 26, 68 [74f.], dort für den Fall einer Erstreckungssatzung, aber auch hierüber hinaus verallgemeinerungsfähig; aA *Pflumm* in BeckOK KommunalR BW GO § 9 Rn. 2). Dementsprechend **gelten mit dem Wirksamwerden der Gebietsänderung die Grundsteuerhebesätze der aufnehmenden Gemeinde auch für das neue Gemeindegebiet.** Die dort vormals gelten-

Festsetzung des Hebesatzes   § 25 GrStG

den Hebesätze haben für die Zeit nach der Gebietsänderung keine Bedeutung mehr. Sie haben daher nur noch Bedeutung für das Jahr, in dem die Gebietsveränderung wirksam wird. Denn eine unterjährige Gebietsänderung kann nicht auf den Steuerentstehungszeitpunkt zurückwirken (Stichtagsprinzip, § 9 GrStG).

Die Geltung des Ortsrechts der aufnehmenden Gemeinde für das hinzugewonnene Gemeindegebiet mit Wirksamwerden der Gebietsänderung setzt § 25 Abs. 4 S. 2 GrStG voraus und **erlaubt die Zulassung von gegenüber der Hebesatzbestimmung der aufnehmenden Gemeinde abweichenden Hebesätzen in dem aufgenommenen Gemeindegebiet.** Das Gesetz spricht von „verschiedenen Hebesätzen" und nimmt nicht ausdrücklich auf das im aufgenommenen Gemeindegebiet bis zur Gebietsänderung geltende Hebesatzniveau Bezug. Die Fortgeltung des vormals eigenen Hebesatzes dürfte aber der Regelfall sein. Die mit der (vorübergehenden) Differenzierung der Hebesätze in einem Gemeindegebiet einhergehende Ungleichbehandlung verstößt nicht gegen Art. 3 Abs. 1 GG. Mit der Fortgeltung der alten Hebesätze soll nämlich ua dem Umstand Rechnung getragen werden, dass die Steuerpflichtigen in dem eingegliederten Ortsteil keine Gelegenheit hatten, an der politischen Willensbildung in Ansehung der Hebesätze der aufnehmenden Gemeinde mitzuwirken. Es fehlt insoweit die unmittelbare demokratische Legitimation der Hebesatzbestimmung. Dies ist zwar rechtlich nicht relevant, begründet aber einen sachlichen Grund, sofern dies politisch für beachtlich erklärt wird (zutreffend OVG Lüneburg 3.10.1974 – VII A 67/73, OVGE MüLü 30, 449 [452f.]; ebenso OVG Magdeburg 10.12.2012 – 4 L 174/12, BeckRS 2013, 45496; VG Magdeburg 5.6.2018 – 2 A 495/17, BeckRS 2018, 39234). 38

§ 25 Abs. 4 S. 2 GrStG erlaubt die Abweichung vom Grundsatz der Einheitlichkeit (→ Rn. 36) **nur für eine „bestimmte Zeit".** Da sich die unterschiedlichen Hebesätze ua durch die mangelnde demokratische Legitimation des Ortsrechts der aufnehmenden Gemeinde rechtfertigen, wird man den zulässigen Höchstzeitraum an den Zeitraum bis zur nächsten Kommunalwahl knüpfen müssen (vgl. auch *Troll/Eisele* GrStG § 25 Rn. 8: höchstens fünf Jahre). 39

§ 25 Abs. 4 S. 2 GrStG weist der Landesregierung bzw. der von ihr benannten Stelle (zB Kommunalaufsichtsbehörden) lediglich die Zuständigkeit für die „Zulassung" verschiedener Hebesätze zu und dürfte damit unausgesprochen voraussetzen, dass auch die aufnehmende Gemeinde dies so will. Daher **muss die aufnehmende Gemeinde die Fortgeltung der von ihrer Hebesatzbestimmung abweichenden Hebesätze durch Satzung anordnen.** Liegt die Zulassung vor, hindert dies die Gemeinde allerdings nicht daran, gleichwohl einen einheitlichen Hebesatz für das alte und das neue Gemeindegebiet zu beschließen. Es besteht keine Verpflichtung zu einer zeitlich beschränkten Fortführung der (niedrigeren) Hebesätze der aufgenommenen Gemeinde. Allerdings kann sich die Gemeinde durch eine vertragliche Vereinbarung (Gebietsänderungsvertrag) mit der aufgenommenen Gemeinde zu einer zeitlich beschränkten Fortgeltung verpflichtet haben. Eine solche Verpflichtung soll sogar ein subjektives Recht des betroffenen Steuerpflichtigen begründen können, sodass dieser anlässlich der Anfechtung seines Grundsteuerbescheides unter Berufung auf den Gebietsänderungsvertrag die Anwendung eines niedrigeren Hebesatzes einfordern kann (so jedenfalls VG Magdeburg 5.6.2018 – 2 A 495/17, BeckRS 2018, 39234, dort auch sehr umfangreich zur Wirksamkeit einer solchen Vereinbarung, vor allem auch ihrer Beständigkeit). 40

§ 25 Abs. 4 S. 2 GrStG **hat nicht die Funktion, das Hebesatzrecht der aufnehmenden Gemeinde zu beschränken.** Gelten die Hebesätze der aufgenommenen Gemeinde für diese Ortsteile fort, hindert dies die aufnehmende Gemeinde 41

§ 25 GrStG Abschnitt III. Festsetzung und Entrichtung der Grundsteuer

nicht daran, den für das alte Gemeindegebiet geltenden Hebesatz zu erhöhen. Das mag eine schonende Angleichung der Hebesätze, wie sie von § 25 Abs. 4 S. 2 GrStG ermöglicht werden soll, erschweren, wird aber von § 25 Abs. 4. S. 2 GrStG nicht ausgeschlossen (BVerwG 15. 9.1981 – 8 B 210/81, NVwZ 1982, 250 zur Parallelregelung in § 16 Abs. 4 S. 3 GewStG).

42 Wird eine Gemeinde vollständig eingemeindet (existiert sie also im Anschluss an die Gebietsänderung nicht mehr), tritt **steuerschuldrechtlich Gesamtrechtsnachfolge** ein, dh die aufnehmende Gemeinde tritt in Ansehung bereits entstandener Steueransprüche in die Grundsteuergläubigerstellung der aufgenommenen Gemeinde ein. Für etwaige Erstattungsverpflichtungen gegenüber dem Steuerpflichtigen gilt dies ebenfalls. Diese Gesamtrechtsnachfolge tritt unabhängig davon ein, ob der Gebietsänderungsvertrag oder das Gebietsänderungsgesetz dies ausdrücklich bestimmt (*Pflumm* in BeckOK KommunalR BW GemO § 9 Rn. 3; *Thiel* in BeckOK KommunalR NRW GO § 18 Rn. 8). Wird hingegen nur ein Teil einer Gemeinde einer anderen Gemeinde zugeordnet, tritt nicht automatisch Teilrechtsnachfolge ein, sondern nur dann, wenn dies vereinbart bzw. gesetzlich angeordnet ist (*Thiel* in BeckOK KommunalR NRW GO § 18 Rn. 8).

F. Sonderhebesatz für baureife Grundstücke (sog. Grundsteuer C, Abs. 5)

I. Rechtspolitischer Hintergrund und verfassungsrechtliche Kritik

43 § 25 Abs. 5 GrStG erlaubt in Abweichung von Abs. 4 aus städtebaulichen Gründen (→ Rn. 49) die **Einführung eines dritten Hebesatzes für sog. baureife Grundstücke** (→ Rn. 47 ff.) als besondere Grundstücksgruppe innerhalb der unbebauten Grundstücke. Dass hierfür im rechtspolitischen Raum gelegentlich der Begriff der „Baulandsteuer" verwendet wird, darf nicht irritieren. Es handelt sich lediglich um eine erhöhte Grundsteuer, die durch eine ausnahmsweise zulässige Differenzierung innerhalb der Gruppe der unbebauten Grundstücke möglich gemacht wird. Die Grundsteuer wird damit als „Lenkungssteuer" in den Dienst städtebaulicher Ziele gestellt. Die Idee ist nicht neu. Bereits in den 1960er Jahren gab es schon einmal eine entsprechende Sonderregelung, deren bodenpolitische Zielsetzung allerdings auf die Schaffung von Wohnraum beschränkt war: Die **§§ 12a ff. GrStG idF des Bundesbaugesetzes v. 23. 6.1960** (BGBl. I 1960, 341, dort eingefügt mit § 172 BBauGB) sahen für unbebaute baureife Grundstücke eine erhöhte Messzahl vor, die alle zwei Jahre kraft Gesetzes stufenweise erhöht wurde (zuerst 0,020 statt der regulären 0,005, dann 0,025 und schließlich 0,030). Zudem erlaubte § 21 Abs. 3 GrStG aF den Gemeinden die Anwendung eines abweichenden, aber einheitlichen Sonderhebesatzes auf die Steuermessbeträge, die auf Grund der nach § 12a GrStG aF erhöhten Steuermesszahlen festgesetzt worden sind. Nach § 12a Abs. 5 GrStG aF wurde die Steuer erstattet, wenn der Eigentümer das Grundstück innerhalb von vier Jahren bebaute (siehe weiterführend zur **Baulandsteuer 1961/1962** *Ronnecker* ZKF 2019, 193). Die Geschichte dieser Sonderregelungen war freilich kurz. Sie wurden rückwirkend zum 1.1.1963 wieder aufgehoben und galten damit nur für die Jahre 1961 und 1962 (Gesetz vom 10. 6.1964, BGBl. 1964 I 347). Grund hierfür war, dass die Regelungen ihr Ziel wohl nicht erreichten (s. BFH 19. 4.1968 – III R 78/67, BStBl. II 1968, 620). Freilich muss man auch an-

Festsetzung des Hebesatzes **§ 25 GrStG**

merken, dass dies angesichts des kurzen Geltungszeitraums schwierig zu beurteilen sein dürfte. Die Idee wurde sodann später noch zweimal wieder aufgegriffen, konnte sich aber beide Male nicht durchsetzen (siehe den Vorschlag des Bundesrates von 1990 in BR-Drs. 426/90 und die Stellungnahme des Bundesrates zum Entwurf eines Investitionserleichterungs- und Wohnbaulandgesetzes in BR-Drs. 868/92). Mit dem Gesetz v. 30.11.2019 (→ Rn. 2) hat der Gesetzgeber den Weg sodann aber doch beschritten. Dabei hat er das vormalige Doppelkonzept einer Messzahl- und Hebesatzerhöhung nicht übernommen, sondern nur an das Hebesatzrecht der Gemeinde angeknüpft.

Das Anliegen der historischen Vorbilder und des § 25 Abs. 5 GrStG war und ist 44 aber stets das gleiche: **Die Finanzierungsfunktion der Grundsteuer rückt hier in den Hintergrund. Stattdessen treten bodenpolitische Ziele in den Vordergrund** und die Steuer dient primär als Mittel der Verhaltensbeeinflussung: Die Bebauung eines (baureifen) Grundstücks soll dadurch „attraktiv" werden, dass der Eigentümer auf diese Weise einer höheren Steuerbelastung entgeht. Der hiermit verfolgte Zweck ist durchaus legitim und gegen das Konzept einer Grundsteuer C gibt es auch nichts Grundsätzliches zu erinnern (an den erhofften Steuerungswirkungen hingegen schon generell zweifelnd *Henger* Baulandsteuer und zoniertes Satzungsrecht, S. 16f.; *Mannek/Sklareck* in Stenger/Loose GrStG § 25 Rn. 50). Die Tücke steckt vielmehr in der konkreten Ausgestaltung. So muss man bezweifeln, ob man gut beraten war, an den Begriff des unbebauten Grundstücks iSv § 246 BewG anzuknüpfen, jede Art der Bebauung (und nicht bloß die Schaffung von Wohnraum) als unschädlich anzusehen (zu beiden Aspekten → Rn. 47) und die Baureife mit Satz 3 so undifferenziert zu konkretisieren. Insoweit bleibt abzuwarten, ob die Grundsteuer C, sofern von ihr ob dieser Konstruktionsschwächen überhaupt Gebrauch gemacht wird, nicht vielmehr den „normalen Grundstückseigentümer" und weniger den – um in der Typuswelt des Gesetzgebers zu sprechen – sog. Grundstücksspekulanten trifft (kritisch jedenfalls *Henger* Baulandsteuer und zoniertes Satzungsrecht, S. 17; *Vogelpoth* DStR 2020, 1026 [1026f.]).

Diese Probleme sind dabei nicht nur rechtspolitischer Art. Sie setzen sich viel- 45 mehr auf der **verfassungsrechtlichen Ebene** fort. Schon für die Grundsteuer C der Jahre 1961/1962 wurde die Frage der Verfassungswidrigkeit diskutiert (zB *Köhler* DStR 1962, 92), wenngleich die Erkenntnisgewinne für das geltende Recht gering sind. Die damaligen rechtlichen Rahmenbedingungen waren an entscheidenden Punkten doch anders und zudem hat sich auch die Verfassungsrechtsdogmatik weiterentwickelt. Das alles zeigen die Entscheidungen des BFH (BFH 19.4.1968 – III R 78/67, BStBl. II 1968, 620; das BVerfG hat die hiergegen erhobene Verfassungsbeschwerde nicht zur Entscheidung angenommen, BVerfG 17.12.1968 – 1 BvR 533/68, BB 1969, 438) und des BVerwG (BVerwG 18.4.1969 – VII C 59/67, BVerwGE 32, 26), das dem BFH inhaltlich vollumfänglich folgte, zur Grundsteuer C 1961/1962 sehr anschaulich. Gleichheitsrechtlich hat sich der BFH auf die Prüfung des Willkürverbotes zurückgezogen. Dem konnten die bodenpolitischen Ziele, die der Gesetzgeber in Ansehung der Baulandnachfrage und der ansteigenden Baulandpreise verfolgte, genügen. Die damals ferner geprüfte Frage einer unzulässigen „konfiskatorischen Besteuerung" verneinte der BFH mit der Begründung, dass die damals maßgeblichen Einheitswerte von 1.1.1935 ohnehin die Wertverhältnisse des Jahres 1960 nicht widerspiegeln würden, die Regelungen nach zwei Jahren schon wieder abgeschafft worden seien und damit die weiteren Erhöhungsstufen des § 12a GrStG aF nie zum Tragen gekommen seien und man sich als besonders hohen Hebesatz damals nur 500% vorstellen konnte. Unter Zu-

§ 25 GrStG   Abschnitt III. Festsetzung und Entrichtung der Grundsteuer

grundelegung dessen behauptete der BFH eine Steuerbelastung von unter 2% des Verkehrswertes (was wohl nicht realitätsfern war, wie später die Entscheidung des BVerwG 18.4.1969 – VII C 59/67, BVerwGE 32, 26 zeigte, wo ein Grundsteuer C-Hebesatz zu einer Steuerbelastung von 700 DM bei 35.000 DM Verkehrswert führte, was wiederum genau 2% entspricht). Und auch in Ansehung der mangelnden Zielgenauigkeit ist die Entscheidung aussagelos, weil die damalige Regelung immer einen rückwirkenden Erstattungsmechanismus vorsah, wenn das Grundstück entsprechend der Intention des Gesetzgebers bebaut wurde. Damit zeigt sich zum einen die geringe Aussagekraft für § 25 Abs. 5 GrStG, aber zugleich auch dessen verfassungsrechtliches Kernproblem: Der Steuerpflichtige muss heute wegen der gegenwartsnahen Verkehrswertbewertung und der selbst nach der Anpassung der Hebesätze an die neuen Grundsteuerwerte wohl nennenswert höher liegenden Grundsteuer C eine deutlich höhere Belastungswirkung hinnehmen und dies wiederum alles bei verbesserungswürdiger Zielgenauigkeit der gesetzlichen Regelung. Beides ist sowohl freiheitsrechtlich als auch gleichheitsrechtlich relevant. Dabei ist es noch hinzunehmen, dass die Zivilrechtslage für irrelevant erklärt wird und Unbilligkeiten, die in überlangen Genehmigungsverfahren und/oder in der Ungewissheitsphase einer gerichtlichen Auseinandersetzung wurzeln, wird man wiederum über § 227 AO entschärfen können (→ Rn. 60). Ein substanzielles Manko bleibt aber: **Es fehlt eine Regelung, die bei Zielerreichung die Stichtagsmaßgeblichkeit des § 246 BewG (→ Rn. 47) wieder relativiert** (zB nach dem Vorbild der rückwirkenden Erstattungsregel des § 12a Abs. 5 GrStG aF → Rn. 43). § 25 Abs. 5 GrStG nimmt ohne Not in Kauf, dass eine Belastung mit Grundsteuer C auch für das Jahr oder die Jahre der Bauphase eintritt. Der Gedanke der Verwaltungsvereinfachung kann die gesetzliche Regelung nicht rechtfertigen. Denn der Zustand der Bebauung muss ohnehin im Rahmen der Fortschreibung bzw. Nachfeststellung gewürdigt werden.

46   Ein wegen der Abwägungsrelevanz der Belastungswirkung mit der vorstehend erörterten Verfassungsrechtsfrage verbundener, aber auch eigenständig zu betrachtender Aspekt ist schließlich der von der Gemeinde gewählte Sonderhebesatz selbst. Denn damit die Grundsteuer C „spürbar" ist und die gewünschte Steuerungswirkung erzielt wird, muss sie deutlich über die Grundsteuer B hinausgehen. Während sich der „normale Hebesatz" – nach hier vertretener Ansicht – im Rahmen der Sollertragskonzeption bewegen muss (→ Rn. 25), **wird man § 25 Abs. 5 GrStG entnehmen können, dass der Gesetzgeber die Gemeinde insoweit aus dem Sollertragskonzept entlässt.** Denn **anderenfalls kann die Grundsteuer C ihren Lenkungseffekt wohl nicht erzielen.** Die Grundsteuer C soll immerhin auch den rein finanziellen Nutzen der Grundstücke als Spekulationsobjekte verringern (BT-Drs. 19/11086, 1). Angesichts dessen dürfte der Angriff auf die Vermögenssubstanz daher vom Gesetzgeber in Kauf genommen worden sein (für die Baulandsteuer 1961/1962 unausgesprochen wohl auch BVerwG 18.4.1969 – VII C 59/67, BVerwGE 32, 26, wenngleich die Gesamtbelastung dort nur 2% des Verkehrswertes betrug). Grundrechtlich ist dies in einem gewissen Maße hinzunehmen. Es ist der Lenkungszweck, der hier auch eine Abwägung zulasten des Grundstückseigentümers und damit eine in die Vermögenssubstanz eingreifende Besteuerung tragen kann (aA wohl *Ronnecker* ZKF 2019, 193 [198], der die Belastungswirkung auch der Grundsteuer C aus verfassungsrechtlichen Gründen auf den typisierten Sollertrag reduzieren will). Die Betonung liegt auf „kann". Denn es kommt einerseits auf die Höhe des Sonderhebesatzes und andererseits auf die Wertigkeit und Dringlichkeit der städtebaulichen Ziele an, die in dem konkret betroffe-

Festsetzung des Hebesatzes **§ 25 GrStG**

nen Gemeindegebiet verwirklicht werden sollen. Eine pauschale Aussage zur Verfassungsmäßigkeit lässt sich nicht treffen.

II. Voraussetzungen des Sonderhebesatzes

Baureife Grundstücke können nur unbebaute Grundstücke iSv § 246 47
BewG sein. Der Gesetzgeber verzichtet insoweit auf eine eigenständige Definition des unbebauten Grundstücks und nimmt damit – gemessen am Telos für den Normalfall der Bebauung wenig einsichtig – in Kauf, dass Grundstücke nach (und trotz) Beginn der Bauphase noch erhöht besteuert werden. Denn ein Grundstück ist erst dann kein unbebautes Grundstück iSv § 246 BewG mehr, wenn das erste errichtete Gebäude benutzbar, also bezugsfertig ist (→ BewG § 246 Rn. 4 ff.). Durch welche Art der Bebauung der unbebaute Zustand beendet wird, ist irrelevant. Das korrespondiert mit den städtebaulichen Gründen iSv § 25 Abs. 5 S. 5 GrStG, die – abweichend vom ursprünglichen Gesetzesentwurf – nicht auf die Schaffung von Wohnraum reduziert wurden. Auch die Errichtung von Nicht-Wohngebäuden ist ausreichend (*Vogelpoth* DStR 2020, 1026 [1027]). Im Zusammenspiel mit einem Bebauungsplan kann die Gemeinde allerdings eine gewisse Steuerung in Richtung „Wohnbebauung" (oder je nach gemeindlichem Konzept einer anderen Art der Bebauung) ausüben. Von diesem Steuerungsinstrument sollte die Gemeinde auch Gebrauch machen, will sie nicht Gefahr laufen, dass eine „Alibi-Bebauung" (vgl. *Vogelpoth* DStR 2020, 1026 [1027]; *Felder/Schätzlein* DStR 2021, 512 [513]) erfolgt, die formal zu einem bebauten Grundstück iSv § 248 BewG führt. Mit der Anknüpfung an § 246 BewG hat sich der Gesetzgeber im Übrigen gegen die Einbeziehung von sog. „unterausgenutzten Grundstücken" entschieden, also solchen Grundstücken iSv § 248 BewG, die bebaut sind, die aber hinter dem baurechtlich Zulässigen zurückbleiben und damit das Potential das Grundstücks nicht ausschöpfen (*Ronnecker* ZKF 2019, 193 [200]; eine Einbeziehung solcher Grundstücke hat va *Löhr* BB 2019, 1431 vorgeschlagen).

Baureif ist ein solches Grundstück, wenn es nach Lage, Form und Größe und 48
seinem sonstigen tatsächlichen Zustand sowie nach öffentlich-rechtlichen Vorschriften sofort bebaut werden könnte (§ 25 Abs. 5 S. 2 GrStG). Entscheidend ist eine objektive Bebaubarkeit, dh es kommt nicht auf eine konkrete Bebauungsvorstellung des Eigentümers an. Will der Steuerpflichtige von der baurechtlich zulässigen Bebauung abweichen, geht dies zu seinen Lasten. Entsprechendes gilt für (normale) Verzögerungen, die sich durch die Prüfung etwaiger Anträge auf Ausnahmen bzw. Befreiungen (§ 31 BauGB oder nach bauordnungsrechtlichen Vorschriften) nicht vermeiden lassen (zu weitergehenden Verzögerungen → Rn. 60). Konsequenterweise erklärt das Gesetz daher auch das Fehlen einer Baugenehmigung für irrelevant (§ 25 Abs. 5 S. 3 GrStG). Ebenfalls folgerichtig wird nach Satz 3 schließlich auch „zivilrechtliche Gründe, die einer sofortigen Bebauung entgegenstehen", unbeachtlich. Solche zivilrechtlichen Gründe können zB der Streit zwischen Miteigentümern oder der Streit um die Frage, wer überhaupt Eigentümer ist (Erbprätendentenstreit uÄ), sein.

Die Bildung der besonderen Grundstücksgruppe mit der gesonderten (höheren) 49
Steuerbelastung **muss durch städtebauliche Gründe gerechtfertigt sein.** Mit den städtebaulichen Gründen verlässt der Gesetzgeber den zuerst noch eingeschlagenen, „schmaleren" Pfad des „besonderen Wohnraumbedarfs" (vgl. noch Abs. 5 in der Fassung des Gesetzesentwurfs, BT-Drs. 19/11086, 3). Der Begriff der „städtebaulichen Gründe" ist ein Zentralbegriff der Bauleitplanung, der vor allem von § 9

§ 25 GrStG Abschnitt III. Festsetzung und Entrichtung der Grundsteuer

Abs. 1 BauGB konkretisiert wird. Unseres Erachtens kann § 9 BauGB auch zur Konkretisierung des § 25 Abs. 5 BauGB herangezogen werden. Dessen ungeachtet hat der Grundsteuergesetzgeber ohnehin mit den Regelbeispielen des § 25 Abs. 5 S. 5 GrStG die wohl bedeutsamsten städtebaulichen Gründe normiert. Hiernach kommen als städtebauliche Gründe insb. in Betracht:
- die Deckung eines erhöhten Bedarfs an Wohn- und Arbeitsstätten sowie Gemeinbedarfs- und Folgeeinrichtungen. Der erhöhte Bedarf an Wohnstätten ist nicht identisch mit dem angespannten Wohnungsmarkt iSv § 556d Abs. 2 BGB. Der Referentenentwurf zur Grundsteuer C hatte sich noch an § 556d Abs. 2 BGB angelehnt, aber schon im Gesetzesentwurf fand sich keine solche Anknüpfung mehr. Der erhöhte Wohnbedarf iSv § 25 Abs. 5 S. 5 GrStG ist letztlich weniger streng als der Maßstab des § 556d Abs. 2 BGB;
- die Nachverdichtung bestehender Siedlungsstrukturen oder
- die Stärkung der Innenentwicklung.

Die genannten Gründe sind nicht abschließend. In der Begründung des Finanzausschusses ist zwar die Rede davon, dass Satz 5 eine „tatbestandliche Beschränkung auf bestimmte städtebauliche Gründe" enthalte (BT-Drs. 19/14159, 11). Das kommt im Wortlaut allerdings nicht zum Ausdruck („insbesondere").

50 Auch wenn es sich bei § 25 Abs. 5 GrStG formal um Steuerrecht handelt, geht es der Sache nach um Städtebaurecht. **Die Festlegung städtebaulicher Ziele wiederum gehört grundsätzlich zum planerischen Ermessen der Gemeinde.** Sie darf die „Städtebaupolitik" betreiben, die ihren städtebaulichen Ordnungsvorstellungen entspricht (vgl. nur BVerwG 26.3.2009 –4 C 21/07, BVerwGE 133, 310 zu § 1 Abs. 3 BauGB). Die Rechtsprechung spricht der Gemeinde insoweit sowohl in Bezug auf das „Ob" als auch das „Wie" im Bauplanungsrecht ein **weites Ermessen** zu (vgl. nur BVerwG 14.8.1995 – 4 NB 21/95, BeckRS 1995, 12104 zu § 1 Abs. 3 BauGB) und dies wird man auch für § 25 Abs. 5 GrStG annehmen dürfen. Fraglich ist, ob bezogen auf das konkret betroffene Gebiet der besondere Hebesatz auch objektiv geeignet sein muss, das von der Gemeinde ins Auge gefasste städtebauliche Ziel zu fördern. In Ansehung der Bauleitplanung wird ein solcher **Förderzusammenhang** durchaus verlangt (vgl. *Dirnberger* in BeckOK BauGB § 1 Rn. 35). Für § 25 Abs. 5 GrStG dürfte dies entsprechend gelten. **Es muss also dargelegt werden, warum eine höhere Grundsteuerbelastung zur Erreichung des städtebaulichen Ziels geeignet ist.** Dies unterliegt der gerichtlichen Kontrolle. Praktisch wird man allerdings die Anforderungen hieran nicht überspannen dürfen. Denn jedenfalls der Gesetzgeber des § 25 Abs. 5 GrStG geht davon aus, dass eine höhere Grundsteuerbelastung ein taugliches Steuerungsinstrument zur Bebauung von bisher unbebauten, baureifen Grundstücken ist.

51 Die Gemeinde hat den gesonderten Hebesatz auf einen bestimmten Gemeindeteil zu beschränken, wenn nur für diesen Gemeindeteil die städtebaulichen Gründe vorliegen. Dieser **Gemeindeteil muss mindestens 10% des gesamten Gemeindegebiets umfassen** und in dem Gemeindeteil müssen mehrere baureife Grundstücke belegen sein (§ 25 Abs. 5 S. 5f. GrStG). Trotz der Formulierung im Singular („Gemeindeteil") können auch in mehreren Gemeindeteilen Hebesatzzonen iSv § 25 GrStG gebildet werden (zu Recht *Grootens* in Grootens GrStG § 25 Rn. 174). Vor allem schadet es nicht, wenn für die Gemeindeteile unterschiedliche städtebauliche Rechtfertigungsgründe angeführt werden. Wegen § 25 Abs. 5 S. 9 GrStG kommt für alle betroffenen Gemeindeteile aber stets nur ein einheitlicher Hebesatz in Betracht (*Grootens* in Grootens GrStG § 25 Rn. 192).

Festsetzung des Hebesatzes § 25 GrStG

III. Die notwendigen Verfahrensschritte

Der **gesonderte Hebesatz** ist durch Satzung zu bestimmen. Insoweit gelten die 52
Ausführungen zu den Regelhebesätzen. Der gesonderte Hebesatz kann mithin sowohl durch eine gesonderte Hebesatzsatzung als auch im Rahmen der Haushaltssatzung bestimmt werden. Der gesonderte Hebesatz muss für alle in der Gemeinde oder dem Gemeindeteil liegenden baureifen Grundstücke einheitlich sein (§ 25 Abs. 5 S. 9 GrStG) und er muss höher als der einheitliche Hebesatz für die übrigen in der Gemeinde liegenden Grundstücke sein. Gemeint ist damit die Grundsteuer B.

Die Frage, **welche unbebauten Grundstücke der Grundsteuer C unter-** 53
fallen sollen, überantwortet das Gesetz – anders als noch anlässlich der Grundsteuer C 1961/1962 (→ Rn. 43), bei der das Finanzamt die Feststellung der „Baureife" durch Fortschreibung oder Nachfeststellung des Einheitswertes treffen musste (s. § 12a Abs. 4 GrStG idF des Gesetzes vom 23. 6. 1960, BGBl. 1960 I 341) – **einer eigenständigen Feststellungsentscheidung der Gemeinde:** Die genaue Bezeichnung der baureifen Grundstücke, deren Lage sowie des Gemeindegebiets, auf das sich der gesonderte Hebesatz bezieht, sind jeweils nach den Verhältnissen zu Beginn eines Kalenderjahres von der Gemeinde zu bestimmen, in einer Karte nachzuweisen und **im Wege einer Allgemeinverfügung** öffentlich bekannt zu geben (§ 25 Abs. 5 S. 7 GrStG). Es handelt sich um eine sachbezogene Allgemeinverfügung iSv § 35 S. 2 2. Fall VwVfG (bzw. § 106 Abs. 2 **SHLVwG). Sie regelt die öffentlich-rechtliche Eigenschaft einer Sache** und entfaltet ihre Wirksamkeit mit der Bekanntgabe (→ Rn. 54f.) von Anfang an gegenüber jedermann (*Raumsauer* in Kopp/Ramsauer VwVfG § 35 Rn. 161). Ihre Funktion (verbindliche Festlegung der baureifen Grundstücke) kann die Allgemeinverfügung nur erfüllen, wenn sie auch etwaige Rechtsnachfolger (Erwerber von Grundstücken etc.) bindet. **Sie lastet daher dinglich auf dem Steuergegenstand.**

§ 25 Abs. 5 S. 7 GrStG ordnet die **öffentliche Bekanntgabe** an. Das bedeutet 54
die „ortsübliche Bekanntmachung" zumindest des verfügenden Teils und eine Angabe dazu, wo die Allgemeinverfügung und die Begründung eingesehen werden können (§ 41 Abs. 4 S. 1, 2 VwVfG bzw. § 110 Abs. 4 S. 1, 2 SHLVwG). Fraglich ist allerdings, was der verfügende Teil der Allgemeinverfügung iSv § 25 Abs. 5 S. 7 GrStG ist. Denkbar ist, dass dies allein die genaue (textliche) Bezeichnung der baureifen Grundstücke, deren Lage sowie des betroffenen Gemeindegebiets ist und die Karte nur dem besseren Verständnis dient. In diesem Fall wäre es ohne Weiteres möglich, die Karte auch nur zur Einsicht bereitzuhalten, dh sie müsste nicht mit veröffentlicht werden. Würde man hingegen auch die Karte und die dort getroffenen Festsetzungen als verfügenden Teil erachten, weil erst durch die Karte die konkrete Betroffenheit der jeweiligen Grundstückseigentümer erkennbar wird, müsste auch die Karte mit veröffentlicht werden. Vor allem gelten hier die für Satzungen bestehenden Erleichterungen (sog. Ersatzbekanntmachungen) nicht. Bei einer Allgemeinverfügung sind Verweisungen auf zur Einsicht ausliegende Karten etc vielmehr grundsätzlich unzulässig, wenn diese Teil des bekanntzumachenden verfügenden Teils sind (VGH München 24. 8. 2020 – 13a CS 20/1304, BayVBl. 2020, 850; *Stelkens* in SBS VwVfG § 41 Rn. 172). Entsprechendes gilt für den Verweis auf Bebauungspläne (OVG Münster 29. 7. 1988 – 3 B 1205/87, BeckRS 1988, 7611, für eine Widmung). Angesichts dessen kommt es entscheidend darauf an, wie die Gemeinde den Tenor gestaltet. Wenn die Gemeinde in der Allgemeinverfügung die betroffenen Grundstücke textlich aufführt – was uE auch von § 25 Abs. 5 S. 7 GrStG so vorgegeben sein dürfte –, dann kann jeder Bürger die eigene Betroffen-

§ 25 GrStG   Abschnitt III. Festsetzung und Entrichtung der Grundsteuer

heit allein anhand des veröffentlichten Textes (= Tenor) erkennen. In diesem Fall muss die Karte nicht veröffentlicht werden und es ist **ausreichend, wenn auf die zur Einsicht bereitgehaltene Karte verwiesen wird**. Heute bietet sich freilich eine zusätzliche Veröffentlichung im Internet an; nach § 27a VwVfG soll dies auch zusätzlich zur förmlichen Bekanntmachung erfolgen (→ Rn. 55).

55   Die **Ortsüblichkeit der Bekanntmachung richtet sich nach dem Ortsrecht der Gemeinde** (Hauptsatzung, notfalls aber auch nach dem lokalen Gewohnheitsrecht), das den Aushang im Rathaus, die Publikation in einem Amtsblatt oder die Veröffentlichung in einer Tageszeitung vorsehen kann und muss. Alternative Bekanntmachungsformen sind unzulässig (*Stelkens* in SBS VwVfG § 27a Rn. 34; *Tegethoff* in Kopp/Ramsauer VwVfG § 41 Rn. 50). Bei der alleiniger **Veröffentlichung im Internet** ist zu unterscheiden: Erfolgt die Veröffentlichung in einer elektronischen Ausgabe eines Amtsblattes, ist dies nach § 15 EGovG (Bund) zulässig. Das Bundes-EGovG ist hier anwendbar, weil die öffentliche Bekanntmachung durch das GrStG als Bundesgesetz angeordnet ist. Ob auch andere Arten der Internetveröffentlichung zulässig sind, wird man hingegen bezweifeln müssen. Wenn § 25 GrStG den Begriff der öffentlichen Bekanntmachung verwendet, dürfte dem implizit das Erfordernis einer schriftlichen Form der Bekanntmachung zugrunde liegen (so auch *Stelkens* in SBS VwVfG § 41 Rn. 165; aA *Tegethoff* in Kopp/Ramsauer VwVfG § 41 Rn. 50b), das nur nach Maßgabe des § 15 EGovG in elektronische Form überführt werden kann. Da dies aus einer Bundesregelung folgt, kommt es auf anderslautendes Landesrecht nicht an (so OVG Lüneburg 4.5.2012 – 1 MN 218/11, BeckRS 2012, 50390 zum BauGB). Allerdings dürfte die Abweichungsbefugnis der Länder nach Art. 72 Abs. 3 S. 1 Nr. 7 GG auch diese Frage erfassen. Dessen ungeachtet: Gemäß § 27a VwVfG (bzw. § 86a **SHLVwG**) soll allerdings eine Internetveröffentlichung zusätzlich erfolgen und es ist in der ortsüblichen Bekanntmachung auch die Internetseite anzugeben. Ein Verstoß gegen diese Sollvorschrift macht die Bekanntgabe indes nicht unwirksam. Entscheidend ist allein die Beachtung des § 41 Abs. 3, Abs. 4 VwVfG (bzw. § 110 Abs. 3, Abs. 4 **SHLVwG**; VGH München 24.8.2020 – 13a CS 20/1304, BayVBl. 2020, 850; *Stelkens* in SBS VwVfG § 27a Rn. 26). Die Allgemeinverfügung gilt zwei Wochen nach der ortsüblichen Bekanntmachung als bekannt gegeben, sofern sie keinen hiervon abweichenden Tag bestimmt, der frühestens der auf die Bekanntmachung folgende Tag sein darf (§ 41 Abs. 4 S. 3, 4 VwVfG bzw. § 110 Abs. 4 S. 3, 4 **SHLVwG**). Die Zweiwochen-Frist ist nach § 31 VwVfG (bzw. § 89 **SHLVwG**) iVm § 187 BGB zu berechnen. Sie wird als Eingangsfrist iSv § 187 Abs. 1 BGB verstanden (*Ramsauer* in Kopp/Ramsauer VwVfG § 31 Rn. 16) und beginnt nach der ortsüblichen Bekanntmachung, also nachdem das Amtsblatt oder die Tageszeitung ausgeliefert worden ist, bei mehreren Publikationen ist die letzte maßgebend (*Stelkens* in SBS VwVfG § 41 Rn. 187; *Tiedemann* in BeckOK VwVfG § 41 Rn. 122).

56   **Von einer Anhörung kann abgesehen werden** (§ 28 Abs. 2 Nr. 4 VwVfG bzw. § 87 Abs. 2 Nr. 4 **SHLVwG**). Das Grundsteuergesetz sieht auch sonst keine individuelle Unterrichtung der betroffenen Grundstückseigentümer vor. Betrachtet man die Wirkung einer öffentlichen Bekanntmachung und die schwache verfahrensrechtliche Stellung des Grundstückseigentümers, zeigt sich schnell die Tücke einer solchen Allgemeinverfügung: Man läuft Gefahr, die Anfechtungsfrist zu versäumen (zum Rechtsschutz → Rn. 59).

57   Die **Gemeinde muss in der Allgemeinverfügung die städtebaulichen Erwägungen nachvollziehbar darlegen** und die Wahl des Gemeindegebiets, auf

Festsetzung des Hebesatzes **§ 25 GrStG**

das sich der gesonderte Hebesatz beziehen soll, begründen (§ 25 Abs. 5 S. 8 GrStG). Nachvollziehbar heißt vor allem auch folgerichtig: So kann zB nicht mit einem Bedarf argumentiert werden, der nach Maßgabe des geltenden Bauplanungsrechts nicht erfüllt werden kann (es wird mit Wohnraumknappheit argumentiert, wo eine Wohnbebauung grundsätzlich nicht zulässig ist). Letztlich wird das Instrument der Grundsteuer C immer Hand in Hand mit anderen städtebaulichen Instrumenten gehen müssen.

IV. Festsetzung der Grundsteuer C

Die **Grundsteuer C wird mit Grundsteuerbescheid festgesetzt.** Es gelten 58 insoweit keine Besonderheiten gegenüber Grundsteuer A und B. Zu beachten sind allerdings die Bindungswirkungen anderer Verwaltungsentscheidungen: (1) Die Frage, ob ein Grundstück bebaut oder unbebaut ist, wird verbindlich im Grundsteuerwertbescheid entschieden. Im Verfahren der Grundsteuerfestsetzung kann keine hiervon abweichende Beurteilung für die Anwendung des § 25 Abs. 5 GrStG erfolgen. (2) **Die Allgemeinverfügung der Gemeinde entfaltet ebenfalls Bindungswirkung für den Grundsteuerbescheid.** Das Gesetz ordnet dies zwar nicht ausdrücklich an, setzt eine solche Bindungswirkung aber voraus. Denn anderenfalls würde die verselbständigte Entscheidung in der Handlungsform der Allgemeinverfügung keinen Sinn machen. Dabei dürfte es sich um ein Grundlagen-Folgebescheid-Verhältnis handeln (iErg ebenso *Ronnecker* ZKF 2019, 193 [203]).

V. Rechtsschutzfragen im Zusammenhang mit der Grundsteuer C

Will der Steuerpflichtige gegen die erhöhte Besteuerung vorgehen, muss diffe- 59 renziert werden: Macht der Steuerpflichtige geltend, dass die Voraussetzungen des § 25 Abs. 5 GrStG in Ansehung seines Grundstücks nicht vorliegen, muss er die Allgemeinverfügung angreifen. Zu beachten ist, dass die Anfechtungsfrist – eine ordnungsgemäße Rechtsbehelfsbelehrung unterstellt (nach hM muss die Rechtsbehelfsbelehrung ortsüblich mit bekanntgemacht werden, so zu Recht *Stelkens* in SBS VwVfG § 41 Rn. 193; aA *W.-R. Schenke* in Kopp/Schenke VwGO § 58 Rn. 6f.: Beifügung zu den zur Einsicht ausgelegten Unterlagen soll genügen) – einen Monat beträgt. Die Anfechtung der Allgemeinverfügung hat aufschiebende Wirkung. Denn es gilt § 80 Abs. 1 VwGO und nicht § 69 FGO. Eine Anfechtung des Grundsteuerbescheides verspricht insoweit hingegen keinen Erfolg, weil die Allgemeinverfügung ein (außersteuerlicher) Grundlagenbescheid für den Grundsteuerbescheid sein dürfte (→ Rn. 58) und das Fehlen der Voraussetzungen des § 25 Abs. 5 GrStG auch keinen rechtlichen Mangel der Grundsteuer C-Hebesatzsatzung begründet. Rügt der Steuerpflichtige die Rechtswidrigkeit der Satzung (was nach dem Vorgesagten nur die allgemeinen Rechtmäßigkeitsanforderungen betreffen kann, → Rn. 7 ff.), muss er den Grundsteuerbescheid anfechten oder unmittelbar gegen die Satzung vorgehen (→ Rn. 30 f.). Der Einwand der Verfassungswidrigkeit des § 25 Abs. 5 GrStG kann sowohl durch Anfechtung der Allgemeinverfügung als auch durch Anfechtung des Grundsteuerbescheides geltend gemacht werden (BVerwG 18.4.1969 – VII C 59/67, BVerwGE 32, 26).

§ 26 GrStG Abschnitt III. Festsetzung und Entrichtung der Grundsteuer

VI. Unbilligkeit der Erhebung der Grundsteuer C

60 Ein Erlass des Differenzbetrages zwischen Grundsteuer C und Grundsteuer B aus sachlichen Billigkeitsgründen (§ 227 AO) ist grundsätzlich möglich (vgl. BFH 19.4.1968 – III R 78/67, BStBl. II 1968, 620 zur Baulandsteuer 1961/1962). Über § 227 AO darf allerdings die Grundentscheidung der Gemeinde für eine erhöhte Besteuerung baureifer Grundstücke nicht unterlaufen werden. Für einen Billigkeitserlass kann daher nicht ausreichend sein, dass der Eigentümer ein (nachvollziehbares) Interesse daran hat, das baureife Grundstück im unbebauten Zustand zu belassen. Dieses Interesse muss nach der gesetzgeberischen Wertung stets hinter den bodenpolitischen Zielen der Gemeinde zurücktreten (so bereits BFH 19.4.1968 – III R 78/67, BStBl. II 1968, 620 zur Baulandsteuer 1961/1962). Der Gesetzgeber dürfte ferner die im Einzelfall durchaus denkbaren Ungerechtigkeiten aufgrund einer längeren (aber: nicht ungewöhnlichen) Bauphase und aufgrund des für die Fortschreibung bei Erreichung des bebauten Zustandes geltenden Stichtagsprinzips (Fertigstellung Anfang Januar, aber Belastung mit Grundsteuer C noch für das gesamte Jahr) in Kauf genommen haben. Beides ist dem gesetzlichen Konzept (Verweis auf das Bewertungsrecht, → Rn. 47) immanent. Damit verbleiben für einen Erlass aus sachlichen Billigkeitsgründen nur atypische Bauverzögerungsgründe, die der Steuerpflichtige nicht zu vertreten hat. So **hat das BVerwG zur Baulandsteuer 1961/1962 einen Billigkeitserlass dann für möglich erachtet (obiter dicta), wenn die Bauaufsichtsbehörde eine Entscheidung über Ausnahmen bzw. Befreiungen (vgl. § 31 BauGB) verzögert** (BVerwG 6.12.1968 – VII C 47/66, KStZ 1969, 54). Dem ist zuzustimmen. Diesen Ansatzpunkt wird man sogar dahingehend verallgemeinern können, dass jede Verzögerung des Bauantrages durch die Bauaufsichtsbehörde je nach Einzelfall die Mehrbelastung durch die Grundsteuer C sachlich unbillig werden lassen kann. Die Verzögerung muss allerdings erheblich sein und vor allem muss sie im Hinblick auf das Stichtagsprinzip auch für die Mehrbelastung kausal sein. Das BVerwG hat allerdings auch zutreffend darauf hingewiesen, dass der Steuerpflichtige selbst auch alles unternommen haben muss, damit keine Verzögerung eintritt (vgl. BVerwG 6.12.1968 – VII C 47/66, KStZ 1969, 54). Hat der Steuerpflichtige vor den Verwaltungsgerichten die Verpflichtung der Bauaufsichtsbehörde zum Erlass der von ihm begehrten Baugenehmigung erstreiten müssen, dürfte typischerweise eine sachliche Unbilligkeit für den Zeitraum des Rechtsstreites anzunehmen sein. Das Grundstück war von Anfang an baureif und damit ist die Grundsteuer C für alle Rechtsstreitjahre zu jedem 1.1. entstanden. Dass die Baugenehmigung fehlte, ist dafür irrelevant (→ Rn. 48).

§ 26 Koppelungsvorschriften und Höchsthebesätze

In welchem Verhältnis die Hebesätze für die Grundsteuer der Betriebe der Land- und Forstwirtschaft, für die Grundsteuer der Grundstücke und für die Gewerbesteuer zueinander stehen müssen, welche Höchstsätze nicht überschritten werden dürfen und inwieweit mit Genehmigung der Gemeindeaufsichtsbehörde Ausnahmen zugelassen werden können, bleibt einer landesrechtlichen Regelung vorbehalten.

Gilt nicht in **Baden-Württemberg**.

A. Allgemeines

I. Systematische Einordnung und Zweck der Regelung

§ 26 GrStG erlaubt den Landesgesetzgebern Eingriffe in das Heberecht der Gemeinden durch Relations- und Höchstsatzvorgaben in Ansehung der Hebesätze (Koppelungs- und Höchstsatzregelungen). Die Regelung entspricht § 16 Abs. 5 GewStG, die Gleiches für die Gewerbesteuer anordnet. Mittels beider Normen können die Landesgesetzgeber den Gemeinden einen „Rahmen" für ihre Hebesatzpolitik vorgeben. Bis zur GrSt-Reform 2019 war die Regelung in § 26 GrStG konstitutiv, dh die Länder konnten deshalb tätig werden, weil der Bund ihnen diese Regelungskompetenz eröffnet bzw. belassen hat. Heute ermöglicht bereits die Abweichungsbefugnis nach Art. 72 Abs. 3 S. 1 Nr. 7 GG den Landesgesetzgebern eine entsprechende – vorbehaltlich der Grenzziehungskraft der Art. 28 Abs. 2, 106 Abs. 6 GG (→ Rn. 3) sogar weitergehende – Rahmengesetzgebung (→ Rn. 5). 1

II. Entwicklung der Vorschrift

Das Grundsteuerreformgesetz vom 7.8.1973 (→ Grundlagen Rn. 8) hat mit § 26 GrStG die Regelungen in § 21 Abs. 2 GrStG 1936/1951 (→ Grundlagen Rn. 5) und § 6 EinfGRealStG (→ GrStG § 25 Rn. 2) zusammengeführt (zu § 26 GrStG s. BT-Drs. VI/3418, 92 [Gesetzesbegründung], BT-Drs. 7/485 [Finanzausschuss]), aber auch nicht vollständig übernommen. So findet sich zB die vormals in § 6 EinfGRealStG enthaltene Ermächtigung für ein allgemeines Genehmigungserfordernis für Realsteuerhebesätze nicht mehr in § 26 GrStG. Das Grundsteuerreformgesetz vom 26.11.2019 (→ Grundlagen Rn. 13) hat die Norm unverändert gelassen. 2

B. Koppelungs- und Höchstsatzregelungen für Grundsteuerhebesätze

Die Regelungskompetenz der Länder nach § 26 GrStG erstreckt sich auf das Verhältnis aller Realsteuerhebesätze zueinander und die Vorgabe von Höchstgrenzen (nebst entsprechender Ausnahmebewilligungen durch die Kommunalaufsicht). Wegen Art. 72 Abs. 3 S. 1 Nr. 7 GG geht die Regelungskompetenz der Länger sogar hierüber hinaus. Dessen ungeachtet müssen sich Koppelungs- und Höchstsatzregelungen an den verfassungsrechtlichen Vorgaben der Art. 28 Abs. 2, 106 Abs. 6 GG messen lassen. Art. 106 Abs. 6 GG lässt zwar Beschränkungen des gemeindlichen Hebesatzrechts ausdrücklich zu („im Rahmen der Gesetze"). Allerdings darf nicht in den Kernbereich der gemeindlichen Selbstverwaltung eingegriffen werden und jenseits dieses Kernbereichs muss die Hebesatzbeschränkung verhältnismäßig sein (im Einzelnen BVerfG 27.1.2010 – 2 BvR 2185/04, BVerfGE 125, 141, dort zum GewSt-Mindesthebesatz). 3

§ 26 GrStG belässt den Ländern die Entscheidung darüber, ob sie Koppelungs- und Höchstsatzregelungen erlassen wollen oder nicht. Es besteht keine Verpflichtung der Länder zum Erlass entsprechender Regelungen. Dies folgt sowohl aus dem Wortlaut als auch der Entstehungsgeschichte der Norm (zu Recht BVerwG 21.1.1991 – 8 NB 1/90, NVwZ 1991, 894; OVG Lüneburg 19.9.1990 – 13 OVG 4

§ 27 GrStG Abschnitt III. Festsetzung und Entrichtung der Grundsteuer

C 4/87, BeckRS 1990, 08168; FG Berlin 15.1.1997 – II 370/94, EFG 1997, 723; VGH München 21.2.2006 – 4 ZB 05/1169, BeckRS 2007, 23039). Soweit ersichtlich hat gegenwärtig kein Land von dieser Möglichkeit Gebrauch gemacht.

5 Der Vorbehalt zugunsten einer landesrechtlichen Regelung meint eine Regelung durch Parlamentsgesetz. Eine Rechtsverordnung kommt nicht in Betracht (*Schneider* GrStG § 26; zweifelnd auch *Grootens* in Grootens GrStG § 26 Rn. 41; aA *Mannek/Sklareck* in Stenger/Loose GrStG § 26 Rn. 25; *Troll/Eisele* GrStG § 26 Rn. 2). Schon formal fehlt es im Wortlaut des § 26 GrStG sowohl an einer klaren Entscheidung für eine Rechtsverordnung als Handlungsform als auch an der Nennung eines nach Art. 80 Abs. 1 GG zulässigen Ermächtigungsadressaten, also eines konkreten Erstdelegatars (wie zB die Landesregierung). Daher bringt § 26 GrStG nur zum Ausdruck, dass der Bundesgesetzgeber insoweit von seiner Gesetzgebungskompetenz keinen Gebrauch gemacht hat und dass die Länder diese „Lücke" durch eigene Gesetzgebung ausfüllen können (bestätigt wird dies vor allem auch durch BT-Drs. VI/3418, 92). Heute ergibt sich dies ohnehin aus Art. 72 Abs. 3 S. 1 Nr. 7 GG (→ Rn. 1).

§ 27 Festsetzung der Grundsteuer

(1) ¹**Die Grundsteuer wird für das Kalenderjahr festgesetzt.** ²**Ist der Hebesatz für mehr als ein Kalenderjahr festgesetzt, kann auch die jährlich zu erhebende Grundsteuer für die einzelnen Kalenderjahre dieses Zeitraums festgesetzt werden.**

(2) **Wird der Hebesatz geändert (§ 25 Abs. 3), so ist die Festsetzung nach Absatz 1 zu ändern.**

(3) ¹**Für diejenigen Steuerschuldner, die für das Kalenderjahr die gleiche Grundsteuer wie im Vorjahr zu entrichten haben, kann die Grundsteuer durch öffentliche Bekanntmachung festgesetzt werden.** ²**Für die Steuerschuldner treten mit dem Tage der öffentlichen Bekanntmachung die gleichen Rechtswirkungen ein, wie wenn ihnen an diesem Tage ein schriftlicher Steuerbescheid zugegangen wäre.**

Gilt nicht in **Baden-Württemberg** (dort § 51 BWLGrStG).

Übersicht

	Rn.
A. Allgemeines	1
I. Systematische Einordnung und Zweck der Vorschrift	1
II. Entwicklung der Vorschrift	2
B. Festsetzung der Grundsteuer durch Grundsteuerbescheid (Abs. 1)	3
C. Verzinsung von Grundsteuerforderungen	13
D. Änderung des Grundsteuerbescheides (insb. nach Abs. 2)	15
I. Änderung des Grundsteuerbescheides wegen Änderung des Hebesatzes (Abs. 2)	15
II. Änderung und Aufhebung des Grundsteuerbescheides nach den allgemeinen Berichtigungs-/Aufhebungsvorschriften	16
E. Bekanntgabe der Grundsteuerfestsetzung durch öffentliche Bekanntmachung (Abs. 3)	17
F. Rechtsschutz	20

Festsetzung der Grundsteuer § 27 GrStG

A. Allgemeines

I. Systematische Einordnung und Zweck der Vorschrift

§ 27 Abs. 1 GrStG konkretisiert die allgemeine Regelung über die Steuerfestsetzung durch Verwaltungsakt in § 155 Abs. 1 AO. Der **Grundsteuerbescheid ist das „Endprodukt" des gestuften Verwaltungsverfahrens in Grundsteuersachen** (→ Grundlagen Rn. 45 ff.), bildet den formellen Rechtsgrund für die Grundsteuerforderung der Gemeinde (→ Rn. 4), ist Fälligkeitsvoraussetzung (zur Fälligkeit → GrStG § 28 Rn. 3 ff.) und schließlich Vollstreckungstitel (zur Vollstreckung → GrStG § 28 Rn. 30 ff.). Er unterliegt den Regelungen über Steuerbescheide (→ Rn. 5 ff.). Die Durchbrechung der Bestandskraft richtet sich daher nach den §§ 129, 172 ff. AO (→ Rn. 16). Darüber hinaus enthält § 27 Abs. 2 GrStG eine besondere Aufhebungs-/Änderungsermächtigung, die vor allem im Falle einer rückwirkenden Hebesatzerhöhung eine rückwirkende Anpassung bereits wirksam gewordener Grundsteuerbescheide erlaubt. Die Regelung steht insoweit in einem engen systematischen Zusammenhang mit § 25 Abs. 3 GrStG (→ Rn. 15). § 27 Abs. 3 GrStG ermöglicht den Gemeinden unter bestimmten Voraussetzungen eine Festsetzung durch öffentliche Bekanntgabe, dh es darf nicht bloß auf die Übermittlung eines Grundsteuerbescheides verzichtet werden, sondern schon auf einen individuellen Grundsteuerbescheid (→ Rn. 17). 1

II. Entwicklung der Vorschrift

§ 27 GrStG beruht auf dem Grundsteuerreformgesetz vom 7.8.1973 (→ Grundlagen Rn. 8). In Ansehung des Abs. 1 übernimmt die Regelung § 21 Abs. 1 S. 1 GrStG 1936/1951 (→ Grundlagen Rn. 5 f.), im Übrigen (mehrjährige Festsetzung, Festsetzung durch öffentliche Bekanntmachung) greift der Gesetzgeber landesrechtliche Regelungen auf und übernimmt diese (dazu BT-Drs. VI/3418, 92 f.). Das Grundsteuerreformgesetz vom 26.11.2019 (→ Grundlagen Rn. 13) hat § 27 GrStG nicht verändert. 2

B. Festsetzung der Grundsteuer durch Grundsteuerbescheid (Abs. 1)

Die Grundsteuer wird durch **Grundsteuerbescheid** festgesetzt, der ein **Steuerbescheid iSv § 155 AO ist**. Festzusetzen ist die **Jahressteuerschuld**. Diese ergibt sich durch Anwendung des Hebesatzes (entsprechend der Hebesatzsatzung iSv § 25 GrStG) auf den Steuermessbetrag bzw. den Zerlegungsanteil. Dieser Rechenschritt ist die Begründung des Grundsteuerbescheides. Sein Tenor ist allein die Festsetzung der sich hiernach ergebenden Grundsteuer. Die **Jahressteuerschuld kann durchaus mit Wirkung für mehrere Kalenderjahre festgesetzt werden** (sie entsteht gleichwohl immer erst mit dem 1.1. des Erhebungszeitraums, → GrStG § 9 Rn. 6). Die Regelungswirkung des Grundsteuerbescheides reicht in diesem Fall über ein Jahr hinaus. Voraussetzung hierfür ist allerdings, dass für die Folgejahre auch bereits ein Hebesatz beschlossen worden ist. Die Gemeinde muss also von der Möglichkeit des § 25 Abs. 2 GrStG Gebrauch gemacht und den Hebesatz für mehrere Jahre beschlossen haben (und sei es auch nur „bis auf Weiteres" → GrStG § 25 3

§ 27 GrStG Abschnitt III. Festsetzung und Entrichtung der Grundsteuer

Rn. 32). **Hat die Gemeinde hingegen den Hebesatz nur für ein konkretes Kalenderjahr beschlossen, ist eine Festsetzung für die diesem Kalenderjahr nachfolgenden Jahre unzulässig;** § 27 Abs. 1 S. 2 GrStG erfasst diesen Fall ausweislich seines Wortlautes („ist der Hebesatz für mehr als ein Kalenderjahr festgesetzt") nicht (VG Düsseldorf 6.11.2019 – 5 K 2014/19, BeckRS 2019, 32709).

4 Der **Grundsteuerbescheid** ist essenziell: **Ohne ihn wird die Steuerforderung nicht fällig** (→ GrStG § 28 Rn. 3), **er ist Vollstreckungstitel** (→ GrStG § 28 Rn. 31) und er **bildet den (grundsätzlich dauerhaften) Rechtsgrund für die vom Steuerpflichtigen geleisteten (Voraus-)Zahlungen** (vgl. auch → GrStG § 29 Rn. 5f. zur Rechtsgrundlosigkeit von Vorauszahlungen, wenn kein Grundsteuerbescheid ergeht) und dies ungeachtet der Frage, ob er rechtmäßig oder rechtswidrig ist (vgl. nur BFH 15.6.1999 – VII R 3/97, BStBl. II 2000, 46; *Ratschow* in Klein AO § 38 Rn. 18). Will der Steuerpflichtige einen Erstattungsanspruch (§ 37 AO) realisieren, muss erst der Grundsteuerbescheid aufgehoben bzw. geändert werden (sei es durch das Gericht auf eine Klage des Steuerpflichtigen hin, sei es durch behördliche Aufhebung). Der Grundsteuerbescheid entfaltet seine Wirkung nur gegenüber seinem Inhaltsadressaten, also dem Steuerpflichtigen. Er hat – anders als Grundsteuerwert- und Grundsteuermessbescheid (→ GrStG § 16 Rn. 8, → BewG § 219 Rn. 9) – keine dingliche Wirkung. Er bindet allerdings den Gesamtrechtsnachfolger (kraft der Gesamtrechtsnachfolge → GrStG § 11 Rn. 27 ff.) und einen Nichtadressaten unter den Voraussetzungen des § 166 AO (→ GrStG § 11 Rn. 20, → GrStG § 12 Rn. 13).

5 Die **Grundsteuerfestsetzung obliegt den Gemeinden.** Sie führen das Grundsteuerfestsetzungsverfahren eigenständig. Die Landesgesetzgeber haben diese Zuständigkeit entsprechend delegiert. Lediglich für die Stadtgemeinde Bremen und die Stadtstaaten Berlin und Hamburg sind die Landesfinanzbehörden zuständig (→ Grundlagen Rn. 42). Für das Steuerfestsetzungs- und Steuererhebungsverfahren gelten die Vorschriften der Abgabenordnung. Soweit die Gemeinden zuständig sind, ergibt sich dies aus § 1 Abs. 2 AO; sofern die Landesfinanzbehörden zuständig sind, folgt dies bereits aus § 1 Abs. 1 AO (→ Grundlagen Rn. 44). Der **Grundsteuermessbescheid bzw. der Zerlegungsbescheid ist bindender Grundlagenbescheid für die Grundsteuerfestsetzung.** Da die Gemeinde auch ihren Hebesatz kennt, sind ihr beide Berechnungsgrößen bekannt. Daher ist konsequenterweise auch keine Steuererklärungspflicht vorgesehen.

6 Damit der Grundsteuerbescheid seine Wirkungen entfalten kann, **muss er dem Steuerpflichtigen bekannt gegeben werden** (§§ 122, 124 AO). Dies setzt zuvorderst voraus, dass er dem Steuerpflichtigen (= Inhaltsadressat) zugegangen ist (zu den Anforderungen im Einzelnen statt vieler *Seer* in Tipke/Kruse AO § 122 Rn. 4 ff.; *Stelkens* in SBS VwVfG § 41 Rn. 61 ff.). Ist der Inhaltsadressat nicht der Bekanntgabeadressat (bei gesetzlichen Vertretungsverhältnissen: ein Elternteil für ein minderjähriges Kind, Organe für juristische Personen etc, dazu *Seer* in Tipke/Kruse AO § 122 Rn. 31 ff.; *Stelkens* in SBS VwVfG § 41 Rn. 48 ff.), muss der Bescheid dem Bekanntgabeadressaten zugehen. Bestreitet der Steuerpflichtige den Zugang, liegt die Feststellungslast für den Zugang bei der Gemeinde (zum Bestreiten des Zugangs durch den Steuerpflichtigen weiterführend *Seer* in Tipke/Kruse AO § 122 Rn. 58 ff.; *Stelkens* in SBS VwVfG § 41 Rn. 126 ff.). Voraussetzung einer wirksamen Bekanntgabe ist die hinreichend bestimmte Bezeichnung des Steuerschuldners (Steuerpflichtiger = Inhaltsadressat). Dessen Identität muss sich aus dem Grundsteuerbescheid selbst zweifelsfrei und sicher bestimmen lassen. Allerdings können etwaige Zweifel im Hinblick auf die Bezeichnung des Inhaltsadressaten

Festsetzung der Grundsteuer **§ 27 GrStG**

durch Auslegung beseitigt werden. Maßgeblich ist insofern nicht die Sicht eines außenstehenden Dritten, sondern allein, wie der Betroffene selbst nach den ihm bekannten Umständen den Verwaltungsakt unter Berücksichtigung von Treu und Glauben verstehen musste. Solange deshalb unter Berücksichtigung dessen keine Zweifel an der Identität des Bescheidadressaten auftreten, ist ein Fehler in der namentlichen Bezeichnung unschädlich (BFH 1.12.2004 – II R 10/02, BFH/NV 2005, 1365 [Firmenbezeichnung]; VGH Kassel 13.1.2010 – 5 A 2342/09, BeckRS 2010, 46432).

Soll die Bekanntgabe durch **Zustellung** bewirkt werden, gilt für Zustellungen 7 durch die Gemeinden **Landesrecht.** § 122 Abs. 5 S. 2 AO verweist zwar auf das VwZG des Bundes, allerdings beschränkt § 1 Abs. 1 VwZG seine Anwendung auf die Zustellung durch Bundes- und Landesfinanzbehörden. Die Gemeinden sind hingegen keine Landesfinanzbehörden. Damit richtet sich die Zustellung von Verwaltungsakten durch die Gemeinden nach Landesrecht, das seinerseits allerdings vielfach (ganz oder zumindest teilweise) auf das VwZG des Bundes verweist. § 1 Abs. 1 **Brem**VwZG (relevant nur für die Stadtgemeinde Bremerhaven, → Grundlagen Rn. 42), § 1 **S**VwZG und § 4 **Sächs**VwVfZG verweisen dynamisch (= in der jeweils gültigen Fassung) auf das gesamte VwZG des Bundes. § 1 **Bbg**VwZG, § 1 Abs. 1 **Hess**VwZG, § 1 Abs. 1 NVwZG, § 1 Abs. 1 **RPL**VwZG und § 1 Abs. 1 VwZG-**LSA** verweisen dynamisch auf die §§ 2–10 VwZG des Bundes. Im Übrigen gelten: Art. 1 ff. **Bay**VwZVG, LZG **NRW,** §§ 146 ff. **SH**LVwG, §§ 1 ff. **Thür**VwZVG.

Die Gemeinde **kann die Festsetzung der Grundsteuer zusammen mit** 8 **der Festsetzung von Vorzugslasten in einem Dokument vornehmen** (BT-Drs. VI/3418, 93). Damit liegen mehrere Regelungen vor, die jeweils auch selbstständig angefochten und auch eigenständig in formelle Bestandskraft erwachsen können.

Eine **Festsetzung unter dem Vorbehalt der Nachprüfung (§ 164 Abs. 1** 9 **AO)** und eine **vorläufige Festsetzung (§ 165 Abs. 1 AO)** sind theoretisch denkbar. Wegen der Bindungswirkung des Grundsteuermess- bzw. Zerlegungsbescheides besteht hierfür allerdings kaum ein praktisches Bedürfnis. Sofern Anlass für eine weitergehende Prüfung oder einen Vorläufigkeitsvermerk besteht, wird dies bereits den Grundsteuerwert- oder den Grundsteuermessbescheid betreffen und daher sind diese Nebenbestimmungen bereits dort anzubringen. Etwaige Änderungen der Grundlagenbescheide nach §§ 164 Abs. 2, 165 Abs. 2 AO werden sodann über § 175 Abs. 1 S. 1 Nr. 1 AO in Bezug auf den Grundsteuerbescheid nachvollzogen. Einzig (praktisch) denkbarer Anwendungsfall für einen dem Grundsteuerbescheid beizufügenden Vorläufigkeitsvermerk dürfte wohl die **Ungewissheit über die Wirksamkeit der Hebesatzsatzung** sein. **Dies dürfte ein Fall des § 165 Abs. 1 S. 1 AO sein.** Zwar erfasst § 165 Abs. 1 S. 1 AO keine Unsicherheit in der steuerrechtlichen Beurteilung eines feststehenden Sachverhaltes (statt vieler *Rüsken* in Klein AO § 165 Rn. 10). Allerdings dürfte die Wirksamkeit der Hebesatzbestimmung keine von der zur Steuerfestsetzung berufenen Behörde (Bürgermeister, Oberbürgermeister) selbst zu beurteilende Steuerrechtsfrage sein. Denn eine Normnichtanwendungskompetenz steht ihr nicht zu. Die rechtswidrige Satzung mag nichtig sein, muss aber angewendet werden. Lediglich der Rat als Urheber der Satzung oder die Aufsichtsbehörde mittels Aufsichtsmitteln sind befugt, die Satzung formell außer Kraft zu setzen (vgl. BVerwG 21.11.1986 – 4 C 22/83, BVerwGE 75, 142). Kein Fall des § 165 AO liegt indes vor, wenn zum Zeitpunkt des Grundsteuerbescheiderlasses lediglich ungewiss ist, ob noch eine rückwirkende

§ 27 GrStG Abschnitt III. Festsetzung und Entrichtung der Grundsteuer

Hebesatzänderung erfolgt. Dieser Fall wird allein von § 27 Abs. 2 GrStG erfasst (→ Rn. 15).

10 Nach teilweise vertretener Ansicht **soll der Erlass eines Grundsteuerbescheides vor Erlass des Grundsteuermessbescheides ausscheiden, wenn für die beiden Verwaltungsakte unterschiedliche Behörden zuständig sind.** § 155 Abs. 2 AO soll mithin keine Anwendung finden. Begründet wird dies mit der Kompetenzverteilung zwischen Landesfinanzbehörde und Gemeinde. Würde man § 155 Abs. 2 AO anwenden, müssten sich die Gemeinden sachlich unzuständig Gedanken über die Besteuerungsgrundlagen machen (VG Dessau 21.9.2000 – 2 A 419/98, NVwZ-RR 2001, 536; *Brandis* in Tipke/Kruse AO § 184 Rn. 15; zweifelnd *Troll/Eisele* GrStG § 27 Rn. 10). Das kann allerdings nicht überzeugen. Die Gemeinde ist für den Erlass des Grundsteuerbescheides zuständig und wenn sie die hierfür notwendigen Besteuerungsgrundlagen schätzen muss, dann tut sie dies allein für Zwecke ihres Verwaltungsverfahrens vorläufig. Ein Übergriff in die Zuständigkeit des Finanzamtes wäre nur dann gegeben, wenn sie verbindlich über diese Besteuerungsgrundlagen entscheiden würde. Das tut sie aber nicht. Daher **ist ein Vorgehen nach § 155 Abs. 2 AO auch bei Grundsteuerfestsetzungen durch die Gemeinde grundsätzlich zulässig** (ebenso VG Frankfurt 10.3.2004 – 10 E 235/02, BeckRS 2004, 152123; *Boeker* in HHSp AO § 184 Rn. 75; *Grootens* in Grootens GrStG § 29 Rn. 39). Schätzungsgrundlage können zB die Besteuerungsgrundlagen des Vorjahres sein. Wenn für alle Verwaltungsverfahren ohnehin nur das Finanzamt zuständig ist (Stadtstaaten Berlin und Hamburg sowie Stadtgemeinde Bremen → Grundlagen Rn. 42), findet § 155 Abs. 2 AO ohne Zweifel Anwendung.

11 **Personenmehrheiten:** Schulden mehrere Steuerpflichtige die Grundsteuer als Gesamtschuldner (→ GrStG § 10 Rn. 9 ff.), können gegen sie zusammengefasste Steuerbescheide ergehen (§ 155 Abs. 3 S. 1 AO), dh es erfolgen in einem Bescheid äußerlich zusammengefasste inhaltsgleiche Steuerfestsetzungen gegenüber mehreren Steuerpflichtigen, die im Einzelnen genau zu bezeichnen sind, jedoch die gleiche steuerrechtliche Leistung schulden (BFH 11.12.1985 – I R 31/84, BStBl. II 1986, 474; *Rüsken* in Klein AO § 155 Rn. 45). Ein solcher Bescheid muss allerdings gleichwohl allen Gesamtschuldnern wirksam bekannt gegeben werden, damit er auch gegenüber jedem Gesamtschuldner gilt (sofern nicht eine Bevollmächtigung des einen Gesamtschuldners durch den anderen Gesamtschuldner vorliegt). Anderenfalls wird der Bescheid nur demjenigen gegenüber wirksam, dem er auch bekannt gegeben worden ist (BFH 11.12.1985 – I R 31/84, BStBl. II 1986, 474; *Rüsken* in Klein AO § 155 Rn. 45). Die Gemeinde kann allerdings die Steuer auch nur gegenüber einem von mehreren Gesamtschuldnern festsetzen. Dies ist eine Frage einer ermessensgerechten Schuldnerauswahl (→ GrStG § 10 Rn. 11). Verfährt die Behörde dergestalt, muss sie die anderen Gesamtschuldner im Grundsteuerbescheid nicht nennen (OVG Bautzen 11.1.1999 – 2 S 518/98, NVwZ-RR 1999, 788 [789]).

12 Eine Steuerfestsetzung sowie ihre Aufhebung oder Änderung sind nicht mehr zulässig, wenn die **Festsetzungsfrist** abgelaufen ist (§ 169 Abs. 1 S. 1 AO). Mit Eintritt der Festsetzungsverjährung erlischt der Anspruch zudem (§ 47 AO). Die vierjährige Festsetzungsfrist (§ 169 Abs. 2 Nr. 2 AO) beginnt mit Ablauf des Kalenderjahres zu laufen, in dem die Steuer entstanden ist. Mangels Steuererklärungspflicht kommt eine Anlaufhemmung nicht in Betracht. Da die Steuer am 1.1. entsteht (→ GrStG § 9 Rn. 5), aber die Festsetzungsfrist erst mit Ablauf des 31.12. des gleichen Jahres zu laufen beginnt, beträgt sie faktisch (fast) fünf Jahre. Ablaufhem-

Festsetzung der Grundsteuer **§ 27 GrStG**

mungen ergeben sich aus § 171 AO. Vor allem ist die Bedeutung des Grundlagen-Folgebescheid-Verhältnisses für die Festsetzungsverjährung zu beachten: Die Festsetzungsfrist in Ansehung des Grundsteuerbescheides endet wegen § 171 Abs. 10 AO nicht vor Ablauf von zwei Jahren nach Bekanntgabe des Grundsteuermessbescheides.

C. Verzinsung von Grundsteuerforderungen

Grundsteuernachforderungen und -erstattungen unterliegen keiner allgemeinen **Verzinsung** nach § 233a AO (vgl. die enumerative Aufzählung der erfassten Steuern in § 233a Abs. 1 AO). Zinsen auf Grundsteuerforderungen werden jedoch erhoben bei **(1) Stundung von Grundsteueransprüchen** (§ 234 AO) und **(2) der Hinterziehung von Grundsteuern** (§ 235 AO). Ferner sind **(3) von der Vollziehung ausgesetzte (und aufgrund dessen nicht gezahlte) Grundsteuerforderungen** zu verzinsen, wenn am Ende der außergerichtliche Rechtsbehelf bzw. die Anfechtungsklage ohne Erfolg bleiben. Dafür ist es ohne Bedeutung, ob die Aussetzung der Vollziehung wegen eines vermeintlichen Mangels des Grundsteuerbescheides erfolgt ist oder ob die Aussetzung der Vollziehung des Grundsteuerbescheides allein auf der Aussetzung der Vollziehung eines Grundlagenbescheides (vgl. § 361 Abs. 3 AO iVm § 1 Abs. 2 Nr. 6 AO) beruhte. **(4)** Hat der Steuerpflichtige die Grundsteuer gezahlt und wird der Grundsteuerbescheid auf seine Klage hin durch das Gericht oder die Behörde selbst aufgehoben oder geändert, bestimmt das Gesetz in Ansehung seines Erstattungsanspruchs (→ Rn. 4) zumindest eine Verzinsung ab Rechtshängigkeit (sog. **Prozesszinsen,** § 236 Abs. 1, Abs. 2 Nr. 1 AO). Entsprechendes gilt, wenn der Steuerpflichtige erfolgreich gegen einen Grundlagenbescheid (Grundsteuerwert-/Grundsteuermessbescheid) vorgegangen ist und im Anschluss hieran der Grundsteuerbescheid nach § 175 Abs. 1 S. 1 Nr. 1 AO (→ Rn. 16) aufgehoben oder geändert wird (§ 236 Abs. 2 Nr. 2 Buchst. a AO). Rechtshängig ist die Sache mit Erhebung der Klage (§ 90 S. 1 VwGO), also mit Eingang der Klage beim Verwaltungsgericht (*Riese* in Schoch/Schneider VwGO § 90 Rn. 6). Der Zinstatbestand des § 236 AO gilt indes nicht für Erlassverfahren und einen sich nach Eintritt der Erlasswirkungen ergebenden Erstattungsanspruch (BFH 20.4.2020 – II B 22/19, BFH/NV 2020, 857 zu § 33 Abs. 1 GrStG). 13

Für alle genannten Zinstatbestände sieht § 238 Abs. 1 S. 1 AO einen Zinssatz von 0,5 % für jeden Monat vor. Jedenfalls für die Verzinsung nach § 233a AO ist dieser Zinssatz allerdings verfassungswidrig und darf für Verzinsungszeiträume nach dem 31.12.2018 nicht angewendet werden (BVerfG 8.7.2021 – 1 BvR 2237/14 ua, DStR 2021, 1934; der Referentenentwurf des BMF v. 14.2.2022 für ein Zweites Gesetz zur Änderung der Abgabenordnung […] sieht vor, dass der Zinssatz für die Verzinsung nach § 233a AO für Zeiträume ab dem 1.1.2019 auf 0,15 % abgesenkt wird; der Zinssatz für die übrigen Verzinsungstatbestände soll unverändert bleiben). Für die Berechnung der Zinsen wird der zu verzinsende Betrag auf den nächsten durch 50 EUR teilbaren Betrag abgerundet (§ 238 Abs. 2 AO) und es werden nur volle Zinsmonate zugrunde gelegt. Zinsen von unter 10 EUR werden nicht erhoben (§ 239 Abs. 2 S. 2 AO). Die **Festsetzung der Zinsen erfolgt durch Zinsbescheid.** 14

291

D. Änderung des Grundsteuerbescheides (insb. nach Abs. 2)

I. Änderung des Grundsteuerbescheides wegen Änderung des Hebesatzes (Abs. 2)

15 Ändert sich nach Erlass des Grundsteuerbescheides der Hebesatz (bei rückwirkender Verschärfung nach Maßgabe des § 25 Abs. 3 GrStG, → GrStG § 25 Rn. 34), wäre dies kein Grund, einen bereits wirksam erlassenen Grundsteuerbescheid zu ändern. Die einzig in Betracht kommenden Vorschriften der §§ 173, 175 Abs. 1 S. 1 Nr. 1 AO erfassen die Veränderung des maßgeblichen Steuerrechts nicht. Um gleichwohl eine Anpassung von bereits erlassenen Grundsteuerbescheiden zu ermöglichen, hat der Gesetzgeber mit § 27 Abs. 2 GrStG eine besondere Änderungsermächtigung geschaffen: Ein **Grundsteuerbescheid ist zu ändern, wenn der Hebesatz geändert wird.** Es besteht kein Ermessen. Die Regelung **gilt sowohl zugunsten wie auch zulasten des Steuerpflichtigen.** Entscheidend ist allein, dass der Hebesatz „geändert" wurde, dh es muss für das Jahr, dessen Jahresgrundsteuerschuld der Grundsteuerbescheid festsetzt, bereits eine Hebesatzfestsetzung gegeben haben. Das ist vor allem dann der Fall, wenn die Gemeinde von der Möglichkeit des § 25 Abs. 2 GrStG und hieran anknüpfend des § 27 Abs. 1 S. 2 GrStG (→ Rn. 3) Gebrauch gemacht hat. Die Gemeinde kann dann die rückwirkende Satzungserhöhung mittels einer rückwirkenden Änderung des Grundsteuerbescheides umsetzen (VG Minden 10.11.2004 – 11 K 6733/03, BeckRS 2015, 20582).

II. Änderung und Aufhebung des Grundsteuerbescheides nach den allgemeinen Berichtigungs-/Aufhebungsvorschriften

16 Der Grundsteuerbescheid ist ein Steuerbescheid iSv § 155 AO (→ Rn. 3), weshalb der Anwendungsbereich der für Steuerbescheide geltenden Änderungs- und Aufhebungsermächtigungen der §§ 164, 165, 172 ff. AO eröffnet ist. Dies betrifft zuvorderst § 175 Abs. 1 S. 1 Nr. 1 AO: Der Grundsteuerbescheid ist Folgebescheid im Verhältnis zum Grundsteuermessbescheid (→ GrStG § 16 Rn. 7) bzw. zu einem etwaigen Zerlegungsbescheid (→ GrStG § 22 Rn. 5), weshalb **jede Änderung des Grundsteuermessbescheides bzw. eines etwaigen Zerlegungsbescheides zu einer Änderung des Grundsteuerbescheides zwingt.** Darüber hinaus gilt der Anpassungsmechanismus des § 175 Abs. 1 S. 1 Nr. 1 AO generell immer dann, wenn der Grundsteuerbescheid eine bindende Vorgabe des Grundsteuermessbescheides bzw. des Zerlegungsbescheides nicht zutreffend übernommen hat. Eine unterlassene, unrichtige oder unvollständige Auswertung des Grundsteuermessbescheides bzw. des Zerlegungsbescheides „verbraucht" die Anpassungsmöglichkeit des § 175 Abs. 1 S. 1 Nr. 1 AO mithin nicht. Es besteht auch im Anschluss hieran immer noch eine Pflicht der Behörde zur Richtigstellung des Grundsteuerbescheides auf der Grundlage des § 175 Abs. 1 S. 1 Nr. 1 AO (BFH 13.12.2000 – X R 42/96, BStBl. II 2001, 471). Im Übrigen dürften die Änderungsvorschriften der §§ 172 ff. AO keine praktische Relevanz für den Grundsteuerbescheid haben. Anders kann dies hingegen für die Berichtigung wegen einer offenbaren Unrichtigkeit nach § 129 AO sein. Denkbar ist eine ähnliche offenbare Unrichtigkeit zumindest aufgrund der Heranziehung eines unrichtigen Hebesatzes.

E. Bekanntgabe der Grundsteuerfestsetzung durch öffentliche Bekanntmachung (Abs. 3)

Der Grundsteuerbescheid kann seine Regelungswirkung nur für die Jahre entfalten, für die er ausweislich seiner Regelung gelten soll. Selbst wenn die Gemeinde von § 27 Abs. 1 S. 2 GrStG Gebrauch macht, endet mit dem letzten erfassten Jahr seine Regelungswirkung. Dann müsste die Gemeinde einen neuen Grundsteuerbescheid wirksam bekannt geben. Sofern die festzusetzende Grundsteuer im Verhältnis zur letzten Festsetzung keine Veränderung erfahren hat (also gleich bleibt), ist die Gemeinde befugt, die Grundsteuer des (noch bescheidlosen) Anschlusskalenderjahres durch öffentliche Bekanntmachung festzusetzen (§ 27 Abs. 3 S. 1 GrStG). Diese **Regelung erleichtert aus Gründen der Verwaltungspraktikabilität nicht bloß die Bekanntgabe, sondern bereits die Festsetzung der Grundsteuer** (BVerwG 21.11.1986 – 8 C 127/84, NVwZ 1987, 330; *Mannek/Sklareck* in Stenger/Loose GrStG § 27 Rn. 28), einschließlich der Beifügung des Leistungsgebotes (→ GrStG § 28 Rn. 32). Da es also nicht um eine besondere Art der Bekanntgabe eines individuellen Grundsteuerbescheides geht – dies wäre die Konstellation des § 122 Abs. 3, Abs. 4 AO –, sondern um eine besondere Art der Festsetzung, **fehlt naturgemäß ein individueller Grundsteuerbescheid.** Daher bedarf die öffentliche Bekanntmachung auch keines Hinweises nach § 122 Abs. 4 S. 2 AO (BVerwG 21.11.1986 – 8 C 127/84, NVwZ 1987, 330; *Mannek/Sklareck* in Stenger/Loose GrStG § 27 Rn. 30; *Troll/Eisele* GrStG § 27 Rn. 4). Im Übrigen gilt § 122 Abs. 4 S. 1 AO: Es bedarf einer ortsüblichen Bekanntmachung (eingehend → GrStG § 25 Rn. 54f.) und die Grundsteuerfestsetzung gilt zwei Wochen nach dem Tag der ortsüblichen Bekanntmachung als bekannt gegeben (§ 122 Abs. 4 S. 3 AO, VG München 17.12.2010 – 10 K 10/3269, BeckRS 2010, 36511). Mit diesem Bekanntgabetag treten die gleichen Rechtswirkungen ein, wie wenn dem Steuerpflichtigen an diesem Tage ein schriftlicher Grundsteuerbescheid zugegangen wäre (§ 27 Abs. 3 S. 2 GrStG). Mit diesem Tag tritt mithin die materielle Bestandskraft ein und es beginnt die Rechtsbehelfsfrist zu laufen (zum Rechtsschutz → Rn. 20ff.). War der öffentlichen Bekanntmachung eine ordnungsgemäße Rechtsbehelfsbelehrung beigefügt, gilt die Monatsfrist der §§ 70, 74 VwGO (VG München 17.12.2010 – 10 K 10/3269, BeckRS 2010, 36511). Für auswärtige Steuerpflichtige (zB Vermieter), die typischerweise die örtlichen Veröffentlichungsmedien nicht wahrnehmen, soll eine Wiedereinsetzung in den vorherigen Stand in Betracht kommen (so jedenfalls von BVerwG 21.11.1986 – 8 C 127/84, NVwZ 1987, 330 für möglich gehalten). Von dem Moment an liegt zudem ein vollstreckbarer Titel vor (→ GrStG § 28 Rn. 31).

17

Die **öffentliche Bekanntmachung** nach § 27 Abs. 3 GrStG **führt zu einem "vollwertigen Grundsteuerbescheid".** Ergeht im Nachgang zu einer wirksamen Festsetzung durch öffentliche Bekanntmachung noch ein individueller (inhaltsgleicher) Grundsteuerbescheid gegenüber dem Steuerpflichtigen, dann ersetzt dieser die durch die öffentliche Bekanntmachung bewirkte Festsetzung. Für den Lauf der Rechtsbehelfsfrist ist daher allein der „Zweitbescheid" maßgeblich (VG Halle 1.2.2010 – 4 A 304/09, BeckRS 2010, 47203). Allerdings ist bei Zugang eines individuellen Schreibens stets zu prüfen, ob wirklich ein Grundsteuerbescheid vorliegt (nach objektiviertem Empfängerhorizont verbindliche Entscheidung über die festzusetzende Steuer) oder ob die Gemeinde nicht lediglich über die Wirkun-

18

§ 27 GrStG Abschnitt III. Festsetzung und Entrichtung der Grundsteuer

gen der bereits erfolgten Festsetzung und vor allem die Fälligkeitstermine informiert.

19   Die **Regelung des § 27 Abs. 3 GrStG ist unter dem Gesichtspunkt eines effektiven Rechtsschutzes (Art. 19 Abs. 4 GG) nicht unproblematisch,** da auf eine individuelle Kenntnisnahme des Steuerbescheides durch seinen Adressaten verzichtet wird. Dies birgt die Gefahr, dass die Rechtsbehelfsfrist versäumt wird. Ob § 27 Abs. 3 GrStG heute noch einen verfassungsrechtlich vertretbaren Ausgleich zwischen den widerstreitenden Interessen (Sicherung des Rechtsschutzes durch individuelle Kenntnisnahme vom Beginn der Rechtsbehelfsfrist einerseits, Verwaltungspraktikabilität andererseits) darstellt, muss man bezweifeln (aA vor gut 35 Jahren noch BVerwG 21.11.1986 – 8 C 127/84, NVwZ 1987, 330). Das **Interesse der Verwaltungspraktikabilität dürfte nämlich in Anbetracht der Möglichkeiten eines automatisierten Bescheidversandes** (so wie es die Finanzämter bereits effektiv praktizieren) **kaum noch Relevanz haben.** Im Grunde geht es nur noch um die Einsparung von Produktions- und Portokosten, aber kaum noch um den Verbrauch von personellen Verwaltungsressourcen. Das Interesse des Steuerpflichtigen an einer individuellen Bekanntgabe darf hingegen nicht unterschätzt werden. Aus der Perspektive des Rechtsschutzes mag es zwar nicht viele Aspekte geben, die man angesichts des gestuften Verwaltungsverfahrens überhaupt gegen einen Grundsteuerbescheid vortragen kann. Es bleibt aber immerhin noch die Behauptung, dass die Hebesatzsatzung unwirksam sei. Darüber hinaus birgt die öffentliche Bekanntmachung auch das Risiko der Säumnis für den Steuerpflichtigen, mit der Folge, dass Säumnisgebühren entstehen (→ GrStG § 28 Rn. 6).

F. Rechtsschutz

20   **Gegen den Grundsteuerbescheid** (einschließlich der Festsetzungen nach Maßgabe des § 27 Abs. 3 GrStG → Rn. 17 ff.) **sind Widerspruch** (zu den landesrechtlichen Ausnahmen vom Widerspruchsverfahren → Grundlagen Rn. 61) **und Anfechtungsklage zum Verwaltungsgericht statthaft,** sofern die Gemeinden die Grundsteuerfestsetzung vorgenommen haben (eingehend → Grundlagen Rn. 64). Widerspruch und Klage haben keine aufschiebende Wirkung (§ 361 Abs. 1 S. 2, Abs. 3 AO iVm § 1 Abs. 2 Nr. 6 AO für den Widerspruch; § 80 Abs. 2 Nr. 1 VwGO für die Klage). Obliegt die Festsetzung der Grundsteuer den Landesfinanzbehörden (Berlin, Hamburg, Stadtgemeinde Bremen), ist der Finanzgerichtsweg eröffnet und das Vorgenannte folgt unmittelbar aus § 361 Abs. 1 S. 2 AO bzw. § 69 Abs. 1 FGO. Entsprechendes gilt für die Stadtgemeinde Bremerhaven (→ Grundlagen Rn. 65).

21   Ungeachtet des Rechtsweges und der hiernach einschlägigen Prozessordnung gilt gleichermaßen: **Einspruchs- bzw. klagebefugt ist nur der Steuerpflichtige** als Inhaltsadressat des Grundsteuerbescheides. Der **Mieter,** auf den die Grundsteuer überwälzt werden kann, **ist hingegen nicht einspruchs- bzw. klagebefugt** (→ Grundlagen Rn. 67). Der Grundsteuerbescheid ist Folgebescheid im Verhältnis zum Grundsteuermessbescheid und damit gilt die Präklusionsregelung des § 351 Abs. 2 AO iVm § 1 Abs. 2 Nr. 6 AO (→ Grundlagen Rn. 58). Gegen den Grundsteuerbescheid kann der Steuerpflichtige daher nur noch einwenden, dass aus dem Grundsteuermessbescheid nicht die richtigen Konsequenzen in Bezug auf die persönliche und sachliche Steuerpflicht gezogen worden sind, dass der Hebesatz unrichtig oder unwirksam (vgl. auch → Rn. 22; im Einzelnen zu Mängeln der

Fälligkeit **§ 28 GrStG**

Hebesatzbestimmung → GrStG § 25 Rn. 7 ff.) ist oder dass die Grundsteuer festsetzungsverjährt ist (→ Rn. 12).

Die Anfechtungsklage des Steuerpflichtigen gegen den Grundsteuerbescheid hat 22 Erfolg, soweit der Grundsteuerbescheid bezogen auf den Zeitpunkt der letzten Behördenentscheidung gegen das Gesetz verstößt (rechtswidrig ist). Ist (zulässigerweise) ein Widerspruchsverfahren durchgeführt worden (→ Grundlagen Rn. 61), ist mithin auf die Widerspruchsentscheidung abzustellen. Wird zB die Hebesatzsatzung erst nach Erlass des Grundsteuerbescheides aber vor der Widerspruchsentscheidung rechtlich existent (durch eine öffentliche Bekanntmachung → GrStG § 25 Rn. 13 f., 34), kommt es auf die Rechtswidrigkeit des ursprünglichen Grundsteuerbescheides nicht mehr an. Entscheidend ist, dass im Zeitpunkt der Widerspruchsentscheidung eine wirksame Hebesatzsatzung vorliegt (VG Darmstadt 28.10.2015 – 4 K 1852/14, BeckRS 2016, 46333).

Da einem gegen den Grundsteuerbescheid erhobenen Rechtsbehelf keine auf- 23 schiebende Wirkung zukommt (→ Rn. 20), richtet sich der **vorläufige Rechtsschutz** bei einer Grundsteuerfestsetzung durch die Gemeinde nach § 80 Abs. 5 VwGO und bei einer Festsetzung durch Landesfinanzbehörden nach § 69 FGO. Der Erfolg eines Antrages auf Aussetzung der Vollziehung richtet sich vor allem nach den Erfolgsaussichten in der Hauptsache. Soweit der Grundsteuermessbescheid von der Vollziehung ausgesetzt worden ist (→ GrStG § 16 Rn. 17), ist nach § 361 Abs. 3 AO auch der Grundsteuerbescheid als Folgebescheid von der Vollziehung auszusetzen. Das gilt ungeachtet der Frage, ob der Grundsteuerbescheid selbst schon formell bestandskräftig ist oder nicht. Selbst ein unanfechtbarer Folgebescheid ist nach § 361 Abs. 3 AO von der Vollziehung auszusetzen (vgl. *Rätke* in Klein AO § 361 Rn. 78). Missachtet die Gemeinde diese Folgeaussetzungsverpflichtung und ist der Grundsteuerbescheid bereits formell bestandskräftig, richtet sich der Rechtsschutz des Steuerpflichtigen nicht nach § 80 Abs. 5 VwGO, sondern nach § 123 VwGO. Denn in der Hauptsache begehrt der Steuerpflichtige eine positive Aussetzungsentscheidung, die Verwaltungsakt ist (so jedenfalls BVerwG 27.11.1981 – 8 B 184/81, NVwZ 1982, 193; VGH Mannheim 6.12.1983 – 14 S 2599/83 [dort GewSt]; OVG Magdeburg 18.8.2009 – 2 M 114/09, NVwZ-RR 2010, 53 [dort IHK-Beitrag]). Ist der Grundsteuerbescheid hingegen noch nicht formell bestandskräftig, sodass auch insoweit ein Antrag auf Aussetzung der Vollziehung noch zulässig ist, besteht für einen Rechtsschutz über § 123 VwGO kein Anlass. Vielmehr kann der Steuerpflichtige dann unter Hinweis auf die Aussetzung des Grundsteuermessbescheides auch die Aussetzung der Vollziehung des Grundsteuerbescheides nach § 80 Abs. 5 VwGO verfolgen.

§ 28 Fälligkeit

(1) **Die Grundsteuer wird zu je einem Viertel ihres Jahresbetrags am 15. Februar, 15. Mai, 15. August und 15. November fällig.**

(2) **Die Gemeinden können bestimmen, daß Kleinbeträge wie folgt fällig werden:**
1. **am 15. August mit ihrem Jahresbetrag, wenn dieser fünfzehn Euro nicht übersteigt;**
2. **am 15. Februar und 15. August zu je einer Hälfte ihres Jahresbetrags, wenn dieser dreißig Euro nicht übersteigt.**

§ 28 GrStG   Abschnitt III. Festsetzung und Entrichtung der Grundsteuer

(3) ¹Auf Antrag des Steuerschuldners kann die Grundsteuer abweichend vom Absatz 1 oder Absatz 2 Nr. 2 am 1. Juli in einem Jahresbetrag entrichtet werden. ²Der Antrag muß spätestens bis zum 30. September des vorangehenden Kalenderjahres gestellt werden. ³Die beantragte Zahlungsweise bleibt so lange maßgebend, bis ihre Änderung beantragt wird; die Änderung muß spätestens bis zum 30. September des vorangehenden Jahres beantragt werden.

Gilt nicht in **Baden-Württemberg** (dort § 52 BWLGrStG). In **Hamburg** findet ergänzend § 10 HmbGrStG Anwendung.

Übersicht

	Rn.
A. Allgemeines	1
I. Systematische Einordnung und Zweck der Regelung	1
II. Entwicklung der Vorschrift	2
B. Fälligkeit der Grundsteuer in vier Teilbeträgen (Abs. 1)	3
C. Fälligkeit der Grundsteuer bei Kleinbeträgen (Abs. 2)	8
D. Fälligkeit der Grundsteuer als Jahresbetrag auf Antrag (Abs. 3)	9
E. Stundung der Grundsteuerforderung	12
F. Erlöschen der Grundsteuerforderung	16
I. Erfüllung und Aufrechnung	16
II. Erlass aus Billigkeitsgründen (§ 227 AO)	23
III. Zahlungsverjährung	26
G. Vollstreckung der Grundsteuerforderung	30

A. Allgemeines

I. Systematische Einordnung und Zweck der Regelung

1   § 28 GrStG regelt – systematisch zutreffend im Anschluss an § 27 GrStG platziert und in Konkretisierung des § 220 AO – die Fälligkeit des durch Grundsteuerbescheid festgesetzten Grundsteueranspruchs, dh den Zeitpunkt, von welchem an der Grundsteuergläubiger Zahlung verlangen kann bzw. der Grundsteuerschuldner sie bewirken muss (→ Rn. 3). Das ist deshalb von Bedeutung, **weil die Entstehung des Grundsteueranspruchs** (→ GrStG § 9 Rn. 5 ff.), **seine Festsetzung durch Grundsteuerbescheid** (→ GrStG § 27 Rn. 3) **und seine Fälligkeit zeitlich nicht zusammenfallen.** § 28 GrStG enthält ein **Grundmodell der Fälligkeit (Vierteljahresfälligkeit)** nach Abs. 1 → Rn. 3 ff.) und zwei in das Ermessen der Gemeinde gestellte alternative Fälligkeitsregeln (zu Abs. 2 → Rn. 8 und zu Abs. 3 → Rn. 9 ff.). § 28 GrStG liegt die Erwartung zugrunde, dass die Steuerfestsetzung bereits vor Erreichen des ersten Fälligkeitszeitpunktes erfolgt. Gelingt der Gemeinde dies nicht, gilt für die Fälligkeit der Nachforderung § 30 GrStG (→ Rn. 3). Mit der Steuerfestsetzung ist das Steuerfestsetzungsverfahren abgeschlossen und es schließt sich das sog. Erhebungsverfahren an. Hierfür gelten gem. § 1 Abs. 2 Nr. 5 AO die Vorschriften der §§ 218 ff. AO (zur Aufrechnung → Rn. 17 ff., zum Erlass aus Billigkeitsgründen → Rn. 23 ff. und zur Zahlungsverjährung → Rn. 26 ff.). Die Vollstreckung des Grundsteuerbescheides richtet sich hingegen nach Landesrecht (→ Rn. 30 ff.).

Fälligkeit **§ 28 GrStG**

II. Entwicklung der Vorschrift

§ 22 Abs. 1 GrStG 1936/1951 (→ Grundlagen Rn. 5 f.) sah für die Grundsteuer A 2
vierteljährliche Fälligkeitstermine (je ein Viertel am 15.5., 15.8., 15.11. und 15.2.)
und für die Grundsteuer B monatliche Fälligkeitstermine mit einem Zwölftel vor.
Es war aber auch möglich, für beide Grundsteuern jeweils eines der beiden Fälligkeitsmodelle einheitlich anzuwenden (§ 22 Abs. 2 GrStG 1936/1951). Aus Gründen der Verwaltungsvereinfachung hat sich der Gesetzgeber des Grundsteuerreformgesetzes v. 7.8.1973 (→ Grundlagen Rn. 8) mit § 28 GrStG für die vierteljährliche Zahlungsweise als einheitliches Grundmodell sowohl für Grundsteuer A als auch B entschieden (BT-Drs. VI/3418, 93 und BT-Drs. 7/485, 7). Das Grundsteuerreformgesetz v. 26.11.2019 (→ Grundlagen Rn. 13) hat § 28 GrStG nicht verändert.

B. Fälligkeit der Grundsteuer in vier Teilbeträgen (Abs. 1)

Fälligkeit bedeutet Zahlenmüssen bzw. Fordernkönnen (*Rüsken* in Klein AO 3
§ 220 Rn. 1). Sie kann nicht vor Entstehung und auch nicht vor der Festsetzung
der Grundsteuer eintreten, dh **ohne einen wirksamen Grundsteuerbescheid
bleibt § 28 GrStG funktionslos.** Die Fälligkeitstermine in § 28 Abs. 1 GrStG gehen bis zum Erlass des Grundsteuerbescheides in Leere. Wird der Grundsteuerbescheid wirksam, gilt § 28 Abs. 1 GrStG erst für den ersten hierauf folgenden Fälligkeitstermin. Zu den vorherigen Fälligkeitsterminen kann allerdings durchaus eine Vorauszahlungsverpflichtung bestanden haben. Existiert nämlich bereits für das Vorjahr eine Grundsteuerfestsetzung, ordnet § 29 GrStG zu den Fälligkeitsterminen des § 28 Abs. 1 GrStG kraft Gesetzes Vorauszahlungen an (→ GrStG § 29 Rn. 3). Erfolgt die Grundsteuerfestsetzung nach dem ersten Fälligkeitstermin und ergibt sich wegen zu niedrigerer Vorauszahlung(en) eine Nachzahlung, richtet sich die Fälligkeit dieser Nachzahlung nach dem Grundsteuerbescheid iVm § 30 GrStG (→ GrStG § 30 Rn. 3 ff.).

Im **Fälligkeitsgrundmodell** des § 28 Abs. 1 GrStG ist zum **15.2., 15.5., 15.8.** 4
und 15.11. jeweils ein Viertel der durch Grundsteuerbescheid festgesetzten Jahresgrundsteuerschuld (→ GrStG § 27 Rn. 3) fällig. Fällt der Tag auf einen **Samstag,
Sonntag** oder einen am Leistungsort (Bundesland, in dem die Gemeinde belegen ist) staatlich anerkannten allgemeinen **Feiertag**, ist Fälligkeitstag erst der nächste Werktag (§ 193 BGB). Die Steuerzahlung ist bis zum Ablauf des Fälligkeitstages (= 24 Uhr) zu bewirken, sodann tritt Säumnis ein (→ Rn. 6). An diesem Tag muss der Steuerbetrag auf dem Konto der Gemeinde gutgeschrieben sein (§ 224 Abs. 2 Nr. 2 AO). Nicht entscheidend ist, ob der Betrag beim Steuerpflichtigen belastet wurde. Hat der Steuerpflichtige zugunsten der Gemeinde eine **Einzugsermächtigung** erteilt, gilt als Tag der Zahlung der Fälligkeitstag (§ 224 Abs. 2 Nr. 3 AO), sofern die Lastschrift auf den Fälligkeitstag erteilt, ausreichend Kontodeckung vorhanden und die Lastschrift auch tatsächlich eingelöst worden ist. Damit wird sichergestellt, dass Verzögerungen, die der Steuergläubiger bei der Einziehung zu verantworten hat und die nicht auf einem Verschulden des Steuerpflichtigen beruhen (zB bei fehlender Deckung auf dem Konto), nicht zulasten des Steuerpflichtigen gehen (vgl. FG Düsseldorf 28.4.2015 – 11 K 397/15, EFG 2015, 1264).

Die **Fälligkeit wird beseitigt durch eine Stundung** (§ 222 AO → Rn. 12 ff.). 5
Eine zumindest im Ergebnis vergleichbare Wirkung tritt bei **Aussetzung der
Vollziehung** ein (vgl. BFH 31.8.1995 – VII R 58/94, BStBl. II 1996, 55). Sowohl

§ 28 GrStG Abschnitt III. Festsetzung und Entrichtung der Grundsteuer

bei Stundung als auch Aussetzung der Vollziehung ist der Grundsteueranspruch der Gemeinde zu verzinsen (→ GrStG § 27 Rn. 13 f.). **Ohne Bedeutung** für die Fälligkeit ist hingegen ein **bloßer Vollstreckungsaufschub nach § 258 AO** (BFH 10.3.2016 – III R 2/15, BStBl. II 2016, 508; *Rüsken* in Klein AO § 220 Rn. 21). Insbesondere bei im Vollstreckungsverfahren getroffenen „Ratenzahlungsvereinbarungen" (vgl. auch → Rn. 37) muss daher bestimmt werden, ob es sich bei der Vereinbarung um eine Stundungsabrede iSv § 222 AO handelt (Folge: keine Fälligkeit, aber Stundungszinsen entstehen) oder ob nur eine Vollstreckungsbeschränkungsabrede vorliegt (Folge: Fälligkeit bleibt bestehen und es entstehen weiterhin Säumniszuschläge, die bei Zahlungsunfähigkeit allerdings typischerweise teilweise zu erlassen sind, → Rn. 6).

6   Wird die durch individuellen Grundsteuerbescheid oder nach Maßgabe von § 27 Abs. 3 GrStG durch öffentliche Bekanntmachung (→ GrStG § 27 Rn. 17 ff.) festgesetzte Grundsteuer nicht bis zum Ablauf des Fälligkeitstages entrichtet, ist für jeden angefangenen Monat der Säumnis ein **Säumniszuschlag** von 1 % des auf den nächsten durch 50 EUR teilbaren Betrag abgerundeten rückständigen Grundsteuerbetrages zu entrichten (§ 240 Abs. 1 AO, an der Verfassungsmäßigkeit der Höhe des Säumniszuschlages bestehen ernstliche Zweifel, statt vieler BFH 26.5.2021 – VII B 13/21, BeckRS 2021, 41937). Das Gesetz sieht allerdings eine Schonfrist von drei Tagen vor. Säumniszuschläge entstehen kraft Gesetzes. Praktisch sehr relevant ist vor allem der teilweise Erlass von Säumniszuschlägen, wenn der Säumniszuschlag seine Druckfunktion wegen der Zahlungsunfähigkeit des Steuerschuldners nicht erfüllen kann (weiterführend *Rüsken* in Klein AO § 240 Rn. 56 ff.).

7   **Sonderfall Insolvenzforderungen:** Entstandene festsetzungsbedürftige Grundsteuerforderungen werden mit Eröffnung des Insolvenzverfahren gem. § 220 Abs. 2 S. 1 AO fällig, wenn sie im Insolvenzverfahren als Insolvenzforderung (→ GrStG § 12 Rn. 32) zu behandeln sind (vgl. BFH 4.2.2005 – VII R 20/04, BStBl. II 2010, 55).

C. Fälligkeit der Grundsteuer bei Kleinbeträgen (Abs. 2)

8   § 28 Abs. 2 GrStG ermächtigt die Gemeinden in Ansehung von **Kleinbeträgen** zu einer Abweichung vom Fälligkeitsgrundmodell (→ Rn. 3 ff.) des Abs. 1: Werden 15 EUR nicht überschritten, darf die Fälligkeit auf den 15.8., und werden 30 EUR nicht überschritten, darf die Fälligkeit je für die Hälfte auf den 15.2. und den 15.8. bestimmt werden. Die Bestimmung soll nach verbreiteter Ansicht durch Satzung zu treffen sein (so *Götz* in Stenger/Loose GrStG § 28 Rn. 16; *Grootens* in Grootens GrStG § 28 Rn. 57; *Troll/Eisele* GrStG § 28 Rn. 3). Das Gesetz ist insoweit unklar. Es liegt allerdings in der Tat nahe, dass die Abweichung von der abstrakt-generellen Regelung in § 28 Abs. 1 GrStG ebenfalls nur durch abstrakt-generelle Regelung getroffen werden kann und dies kann nur durch Satzung geschehen. Ein weiteres Argument hierfür ist ferner der Zweck der Regelung. Denn müsste die abweichende Fälligkeitsbestimmung in jedem betroffenen Grundsteuerbescheid individuell getroffen werden, würde dies – jedenfalls aus der Perspektive des historischen Gesetzgebers (dh unter Ausblendung des heutigen Standes der Datenverarbeitung) – den Vereinfachungseffekt deutlich schmälern. In Hamburg ist die Kleinbetragsregelung durch Gesetz erfolgt (bis zum Erhebungszeitraum 2024 mit § 1 HbgGrStErhG, ab dem Erhebungszeitraum 2025 mit § 10 HmbGrStG).

Fälligkeit **§ 28 GrStG**

D. Fälligkeit der Grundsteuer als Jahresbetrag auf Antrag (Abs. 3)

Auf Antrag des Steuerschuldners kann die Gemeinde **die Entrichtung der** 9
Grundsteuer in einem Jahresbetrag bewilligen (§ 28 Abs. 3 S. 1 GrStG). Der
Antrag muss spätestens bis zum 30.9. des vorangegangenen Kalenderjahres gestellt
werden. Die Frist dürfte allerdings disponibel sein (*Troll/Eisele* GrStG § 28 Rn. 4;
aA *Grootens* in Grootens GrStG § 28 Rn. 70). Die Gemeinde entscheidet nach Antragseingang nur über das „Ob". Die Fälligkeit des Einmalbetrages wiederum bestimmt das Gesetz (1.7.). Die **Bewilligung ist Verwaltungsakt** (= konstitutive
Entbindung von den Fälligkeitsterminen nach § 28 Abs. 1 GrStG und Maßgeblichkeit des 1.7. als Fälligkeitszeitpunkt). Ohne sie verändert sich die gesetzliche Fälligkeitsbestimmung nicht. **Allein der Antrag des Steuerpflichtigen ist nicht ausreichend** (OVG Bautzen 21.6.2018 – 3 A 459/18, BeckRS 2018, 13571).

Das Gesetz verwendet das Wort „kann", was Ermessen nahelegt. Die Gesetzes- 10
begründung spricht hingegen von „hat" (BT-Drs. VI/3418, 93: „… hat […] dem
Eigentümer auf Antrag zu gestatten …") und die Literatur geht von einem gebundenen Anspruch aus (*Götz* in Stenger/Loose GrStG § 28 Rn. 23; *Grootens* in Grootens GrStG § 28 Rn. 66; *Schneider* GrStG § 28 Nr. 7; *Troll/Eisele* GrStG § 28 Rn. 4).
Im Wortlaut kommt dies nicht zum Ausdruck, weshalb im Ausgangspunkt von
einer **Ermessensnorm** auszugehen ist. Allerdings dürfte **im Regelfall eine Ermessensreduzierung auf null naheliegen**. Denn in Zeiten EDV-unterstützter
Steuerfestsetzungs- und Steuererhebungsverfahren ist jedenfalls kein dem Zweck
des § 28 Abs. 3 GrStG gerecht werdendes Argument denkbar, dass allein in der Veränderung des Fälligkeitstermins und einem hiermit verbundenen (vermeintlichen)
Verwaltungsmehraufwand wurzelt. Es müssen schon andere Argumente hinzukommen, die in der Person des Steuerpflichtigen (wirtschaftliche Verhältnisse, Zahlungsmoral) begründet liegen.

Die Bewilligung der Gemeinde (→ Rn. 9) kann auf ein konkretes Kalenderjahr 11
beschränkt werden. Das schließt § 28 Abs. 3 GrStG nicht aus, dürfte in der Praxis
aber selten vorkommen. **Wenn sich der Bewilligung keine zeitliche Beschränkung entnehmen lässt** (die Bewilligung schweigt hierzu schlicht), **gilt sie ohne
zeitliche Einschränkung** (§ 28 Abs. 3 S. 3 GrStG). Es liegt dann ein **Dauerverwaltungsakt** vor, der seine Regelungswirkung (→ Rn. 9) erst dann verliert, wenn
er aufgehoben wird. Anders als § 28 Abs. 3 S. 3 GrStG suggeriert, verliert die Bewilligung ihre Wirkung daher nicht allein durch den Antrag des Steuerpflichtigen.
Solange die Bewilligung wirksam ist, gilt sie auch ungeachtet der Höhe der Grundsteuerforderungen in den Folgejahren. Die entsprechende Aufhebungsermächtigung enthält § 28 Abs. 3 S. 3 GrStG selbst, der allein einen Antrag des Steuerpflichtigen voraussetzt und der Behörde bei fristgerechtem Eingang (30.9. des Vorjahres)
kein Ermessen gewährt. Die Norm schließt es freilich nicht aus, dass die Bewilligung auch bei Antragseingang nach dem 30.9. schon für das erste Jahr aufgehoben
wird. **Keiner Aufhebung bedarf es hingegen im Falle des Zurechnungswechsels aufgrund einer Einzelrechtsnachfolge.** Mangels entsprechender
Rechtsnachfolgeanordnung tritt der Rechtsnachfolger mit Beginn seiner Steuerschuldnerschaft (→ GrStG § 10 Rn. 4) daher nicht in die Bewilligung ein (glA
Götz in Stenger/Loose GrStG § 28 Rn. 26; aA *Troll/Eisele* GrStG § 28 Rn. 4). Bei
ihrem Adressaten kann sie hingegen keine Wirkungen mehr entfalten, weil dieser

§ 28 GrStG   Abschnitt III. Festsetzung und Entrichtung der Grundsteuer

die Grundsteuer nicht mehr schuldet. Die Bewilligung erledigt sich daher auf sonstige Weise iSv § 124 Abs. 2 AO. Anders verhält es sich im Fall der **Gesamtrechtsnachfolge**. Hier **tritt der Rechtsnachfolger** (insb. der Erbe, → GrStG § 11 Rn. 28) **auch in die Bewilligung ein**.

E. Stundung der Grundsteuerforderung

12   Gemäß § 222 S. 1 AO kann die für die Erhebung der **Grundsteuer** zuständige Behörde (Gemeinde, in Berlin, Hamburg und bezogen auf die Stadtgemeinde Bremen die Landesfinanzbehörde → Grundlagen Rn. 42) die Grundsteuer **ganz oder teilweise stunden** (was auch **Ratenzahlungsvereinbarungen** einschließt), wenn die Einziehung bei Fälligkeit eine erhebliche Härte für den Schuldner bedeuten würde und der Anspruch durch die Stundung nicht gefährdet erscheint.

13   Grundsätzlich gilt, dass sich der Steuerpflichtige im Rahmen des Vorhersehbaren auf die Zahlungstermine der Grundsteuer und auch auf etwaige Nachzahlungen (§ 30 GrStG) einstellen muss (vgl. allgemein BFH 21. 8. 1973 – VIII R 8/68, BStBl. II 1974, 307). Die unbillige Härte kann sich daher typischerweise nur aus einem **unverschuldeten und unvorhersehbaren Liquiditätsengpass** ergeben (vgl. BFH 22. 4. 1988 – III R 269/84, BFH/NV 1989, 428). Bei der Grundsteuer dürfte bei Vermietungsobjekten vor allem relevant sein, dass die Grundsteuer typischerweise auf die Mieter überwälzt wird und daher in den Nebenkostenvorauszahlungen immer auch anteilig Grundsteuerbeträge enthalten sind. Auf diese Finanzierungsmöglichkeit darf der Eigentümer auch nicht grundlos verzichten. Wenn der Steuerpflichtige den Grundbesitz verkauft, mit dem Erwerber einen frühzeitigen Übergang von Nutzungen und Lasten vereinbart, der Erwerber die Mieten und Nebenkostenvereinbarungen vereinnahmt, den Kaufpreis schuldig bleibt und sodann der Verkäufer, der nach wie vor Zurechnungssubjekt des Grundstücks ist, nicht über ausreichend Liquidität zur Begleichung der Grundsteuer verfügt, dann trägt der Steuerpflichtige wegen des vorzeitigen Übergangs der Nutzungen die Verantwortung für diese Situation (OVG Schleswig 3. 12. 2020 – 2 MB 6/20, BeckRS 2020, 34745). Dessen ungeachtet bedarf es jedenfalls – und hieran scheitern in der Praxis viele Stundungsanträge – **substantiierter Angaben zu den Einkommens- und Vermögensverhältnissen** (die teilweise standardisiert durch Fragebögen abgefragt werden) und vor allem auch aussagekräftiger Nachweise hierzu (vgl. BFH 22. 4. 1988 – III R 269/84, BFH/NV 1989, 428). Insbesondere muss nachgewiesen werden, dass eine Kreditfinanzierung der Grundsteuerzahlung nicht in Betracht kommt, weil die Kreditlinien ausgeschöpft sind und die Banken zur Ausweitung nicht bereit sind (vgl. OVG Schleswig 3. 12. 2020 – 2 MB 6/20, BeckRS 2020, 34745: Bescheinigung der Hausbank über bestehende Kreditlinien, Kontoauszüge, eidesstattlichen Versicherungen mit Vermögensverzeichnis, Nachweis fehlenden Eigenkapitals, Ablehnungsnachweise für Kreditanträge). Denn der Fiskus – gleich welcher Steuergläubiger betroffen ist – ist keine Bank (*Loose* in Tipke/Kruse AO § 222 Rn. 37).

14   Für die zweite Voraussetzung „der Nichtgefährdung" des Grundsteueranspruchs durch die Stundung bedarf es einer Prognose. Wenn zu erwarten steht, dass der Anspruch zu einem späteren Fälligkeitszeitpunkt nicht mehr oder nur mit Schwierigkeiten realisiert werden kann, dann darf keine Stundung erfolgen. Der Liquiditätsengpass muss letztlich als ein vorübergehendes Problem erscheinen. Auch dies muss der Steuerpflichtige substantiiert durch Finanzplanungen darlegen und bele-

Fälligkeit **§ 28 GrStG**

gen (vgl. OVG Schleswig 3.12.2020 – 2 MB 6/20, BeckRS 2020, 34745). Sofern Anhaltspunkte für eine tiefgreifendere Liquiditätskrise vorliegen (dauerhafte Zahlungsunfähigkeit), die eine Insolvenz des Steuerpflichtigen befürchten lassen, kommt eine Stundung ohne Sicherheitsleistung grundsätzlich nicht in Betracht. Wenn allerdings die dingliche Haftung nach § 12 GrStG ausreichend Sicherheit bietet (Prognose), kann dies als Sicherheitsleistung ausreichen (wohl auch *Troll/Eisele* GrStG § 28 Rn. 7). Das dürfte zB der Fall sein, solange (!) die Grundsteuer im Rang 3 rangiert (→ GrStG § 12 Rn. 24).

Die Stundungsentscheidung ist Verwaltungsakt. Sie steht ihm **Ermessen** der 15 Behörde. Die Ermessensausübung kann von den Gerichten nur im Rahmen des § 114 S. 1 VwGO bzw. § 102 S. 1 FGO (zum Rechtsweg → Grundlagen Rn. 62 ff.) überprüft werden (→ weiterführend Rn. 25). Wird eine Stundung gewährt, beseitigt sie die Fälligkeit. In der Entscheidung kann auch bestimmt werden, dass die Stundung auf den Fälligkeitseintritt zurückwirkt. Die bis zur Stundungsentscheidung bereits entstandenen Säumniszuschläge werden sodann idR erlassen (vgl. auch BFH 8.7.2004 – VII R 55/03, BStBl. II 2005, 7). Die Stundung führt zu Stundungszinsen (→ GrStG § 27 Rn. 13 f.).

F. Erlöschen der Grundsteuerforderung

I. Erfüllung und Aufrechnung

Die **Grundsteuerforderung erlischt insbesondere durch Zahlung**. Auch 16 Zahlungen eines Dritten (zB des Grundstückserwerbers, der für das Jahr des Erwerbs noch nicht Steuerschuldner ist, sich aber im Grundstückskaufvertrag zur Freistellung des Veräußerers verpflichtet hat) haben Erfüllungswirkung. Schuldet der Steuerpflichtige mehrere Beträge und reicht seine Zahlung nicht für die Erfüllung sämtlicher Schulden aus, richtet sich die Tilgungsreihenfolge nach der Tilgungsbestimmung des Steuerpflichtigen (§ 225 Abs. 1 AO) und ohne eine solche nach § 225 Abs. 2 AO. Ansonsten nennt § 47 AO als Erlöschensgründe noch beispielhaft den Erlass (→ Rn. 23 ff.) und die Verjährung (zur Festsetzungsverjährung → GrStG § 27 Rn. 12, zur Zahlungsverjährung → Rn. 26 ff.).

Als Erlöschensgrund kommt ferner eine **Aufrechnung** in Betracht – so- 17 wohl mit der Grundsteuerforderung durch die Gemeinde (Beispiel: Die Gemeinde hat eine Grundsteuerforderung gegen den Steuerpflichtigen und rechnet gegen eine Forderung des Steuerpflichtigen auf) als auch gegen die Grundsteuerforderung (Beispiel: Der Grundsteuerschuldner hat einen Anspruch gegen die Gemeinde und rechnet mit seiner Forderung gegen die Grundsteuerforderung der Gemeinde auf). Insoweit gelten die §§ 387 ff. BGB entsprechend (§ 226 AO iVm § 1 Abs. 2 Nr. 5 AO). Die allgemeinen Voraussetzungen für eine Aufrechnung mit ihrer Erlöschenswirkung (→ Rn. 20) sind hiernach:
– **Gegenseitigkeit der Hauptforderung** (= die Schuld des Aufrechnenden, von der er sich mittels Aufrechnung befreien will; „gegen" diese Forderung wird aufgerechnet) **und der Gegenforderung** (= die Forderung des Aufrechnenden; „mit" dieser Forderung wird aufgerechnet, dh der Aufrechnende muss Gläubiger der Gegenforderung und Schuldner der Hauptforderung sein, der Aufrechnungsgegner Schuldner der Gegenforderung und Gläubiger der Hauptforderung. **Schulden mehrere die Grundsteuer als Gesamtschuldner** (→ GrStG § 10 Rn. 11 ff.) und hat nur einer der Gesamtschuldner einen Gegenanspruch gegen

§ 28 GrStG   Abschnitt III. Festsetzung und Entrichtung der Grundsteuer

die Gemeinde (= Hauptforderung, zB einen Erstattungsanspruch in Ansehung von Vorzugslasten etc.), kann die Gemeinde mit der gesamten Grundsteuerforderung gegen diese Hauptforderung aufrechnen (vgl. BFH 12.6.1990 – VII R 69/89, BStBl. II 1991, 493; weiterführend zur Gegenseitigkeit *Loose* in Tipke/Kruse AO § 226 Rn. 18 ff.; *Rüsken* in Klein AO § 226 Rn. 15 ff.);
- **Erfüllbarkeit der Hauptforderung,** dh der Anspruch gegen den aufgerechnet wird, muss entstanden sein (BFH 6.2.1990 – VII R 86/88, BStBl. II 1990, 523; zur Grundsteuerforderung → GrStG § 9 Rn. 5);
- **Fälligkeit der Gegenforderung,** dh der Anspruch mit dem aufgerechnet werden soll, muss fällig sein (BFH 25.4.1989 – VII R 36/87, BStBl. II 1990, 352). Soll die Grundsteuerforderung Gegenforderung sein, muss sie also festgesetzt sein und es müssen die Fälligkeitszeitpunkte nach § 28 GrStG (→ Rn. 3 ff.) erreicht oder die Zahlungsfrist iSv § 30 Abs. 1 S. 1 GrStG (→ GrStG § 30 Rn. 6 f.) abgelaufen sein. Die Gegenforderung darf im Übrigen nicht gestundet (→ Rn. 12 ff.) oder von der Vollziehung ausgesetzt sein (BFH 31.8.1995 – VII R 58/94, BStBl. II 1996, 55);
- **kein Aufrechnungsverbot,** so kann zB eine Forderung, der eine Einrede entgegensteht, nicht aufgerechnet werden (§ 390 BGB). Solche Einreden können zB dem Erben zustehen, wenn der Grundsteuergläubiger mit einer Grundsteuer-Nachlassverbindlichkeit (Grundsteuerschuldner war noch der Erblasser und der Erbe ist in diese Schuld als Gesamtrechtsnachfolger eingetreten) gegen einen Eigenanspruch des Erben aufrechnet (zu §§ 1975, 1990 BGB → GrStG § 11 Rn. 30). Weitere Aufrechnungsverbote werden bei einer **Aufrechnung im Zusammenhang mit Insolvenzverfahren** zu beachten sein (§§ 95 f. InsO, insoweit weiterführend *Loose* in Tipke/Kruse AO § 251 Rn. 100 ff.; *Rüsken* in Klein AO § 226 Rn. 65 ff.).

18 § 226 Abs. 3 AO ergänzt die allgemeinen Aufrechnungsvoraussetzungen (→ Rn. 17) zulasten des **Steuerpflichtigen: Seine Forderung muss, wenn er die Aufrechnung gegen die Grundsteuerforderung der Gemeinde erklären will, unbestritten oder rechtskräftig festgestellt sein.** Das gilt nicht nur für öffentlich-rechtliche Forderungen des Steuerpflichtigen, sondern auch für etwaige privatrechtliche Ansprüche (BFH 6.8.1985 – VII B 3/85, BStBl. II 1985, 672; *Rüsken* in Klein AO § 226 Rn. 46; zum Problem streitiger rechtswegfremder Forderungen noch gesondert → Rn. 22). Umgekehrt gilt diese Einschränkung hingegen nicht, dh die Gemeinde kann auch mit einer Grundsteuerforderung aufrechnen, die der Steuerpflichtige bestreitet und deretwegen er einen noch nicht beschiedenen – keine aufschiebende Wirkung zeitigenden (→ GrStG § 27 Rn. 23) – Rechtsbehelf eingelegt hat (BFH 20.12.2002 – VII B 67/02, BFH/NV 2003, 444). Dringt der Steuerpflichtige mit seinem Rechtsbehelf durch und kommt es zu einer Aufhebung oder Änderung des angefochtenen Grundsteuerbescheides, steht dann allerdings fest, dass die Aufrechnung von Anfang an unwirksam war (BFH 15.6.1999 – VII R 3/97, BStBl. II 2000, 46; *Rüsken* in Klein AO § 226 Rn. 46).

19 Für eine **Aufrechnungserklärung** iSv § 226 AO iVm § 388 S. 1 BGB (Rechtsnatur → Rn. 21) ist keine besondere Form vorgeschrieben. Da die Aufrechnungserklärung eine einseitige empfangsbedürftige Willenserklärung darstellt, die ohne Zutun des Erklärungsempfängers rechtsgestaltend auf dessen Rechtsstellung einwirkt, muss sich der Wille zur Tilgung und Verrechnung allerdings klar und unzweideutig aus der in Rede stehenden Erklärung der Gemeinde ergeben (statt vieler BFH 26.7.2005 – VII R 72/04, BStBl. II 2006, 350 [351 f.], dort: maschinelle Umbuchungsmitteilung als Aufrechnungserklärung).

Fälligkeit **§ 28 GrStG**

Die Aufrechnung bewirkt, dass die Forderungen, soweit sie sich decken, **als in dem Zeitpunkt erloschen gelten, in welchem die Aufrechnungslage eintritt** (§ 226 Abs. 1 AO iVm § 389 BGB). Der Zeitpunkt der Aufrechnungserklärung ist mithin nicht relevant. Damit der Steuerpflichtige aus der Rückwirkung der Aufrechnungserklärung keine Vorteile ziehen kann, bleiben Zinsen (→ GrStG § 27 Rn. 13) und Säumniszuschläge (→ Rn. 6), die bis zur Fälligkeit der Schuld des Aufrechnenden bereits entstanden sind, bestehen (§§ 238 Abs. 1 S. 3, 240 Abs. 1 S. 5 AO). 20

Die Aufrechnungserklärung ist kein Verwaltungsakt (BVerwG 27.10.1982 – 3 C 6/82, BVerwGE 66, 218 [220 ff.]; BFH 2.4.1987 – VII R 148/83, BStBl. II 1987, 536 [539]) und kann daher nicht angefochten werden. **Entsteht Streit über die Wirksamkeit einer Aufrechnung – gleich, ob die Gemeinde die Aufrechnung erklärt hat oder ob dies der Steuerpflichtige getan hat, und zudem ungeachtet der Rechtsnatur der Forderungen –, hat die Gemeinde einen Abrechnungsbescheid zu erlassen** (§ 218 AO iVm § 1 Abs. 2 Nr. 5 AO; BFH 2.4.1987 – VII R 148/83, BStBl. II 1987, 536; 15.6.1999 – VII R 3/97, BStBl. II 2000, 46; VGH Mannheim 29.6.2017 – 2 S 1750/15, BeckRS 2017, 117504). Dieser hat die Feststellung zum Inhalt, ob eine bestimmte Zahlungsverpflichtung erloschen ist, dh auch, ob wirksam aufgerechnet worden ist. Hält der Steuerpflichtige den Abrechnungsbescheid für unzutreffend, muss er ihn anfechten. Überprüft werden allerdings grundsätzlich nur Fragen der Steuererhebung. Nicht überprüft wird die Existenz der Ansprüche, sofern diese durch Steuerbescheid festgesetzt sind. Die Richtigkeit der Steuerfestsetzungen wird also im Verfahren gegen den Abrechnungsbescheid grundsätzlich – Ausnahmen sind bei Vorauszahlungsfestsetzungen denkbar – nicht geprüft (BFH 15.6.1999 – VII R 3/97, BStBl. II 2000, 46). Verweigert die Gemeinde den Abrechnungsbescheid oder entscheidet sie nicht in angemessener Frist, muss der Steuerpflichtige Verpflichtungsklage erheben (zum Rechtsweg → Grundlagen Rn. 62 ff.). Ob unmittelbar der Klageweg gegen den Abrechnungsbescheid beschritten werden muss bzw. kann oder ob ein außergerichtliches Rechtsbehelfsverfahren vorgeschaltet ist, richtet sich nach Landesrecht (→ Grundlagen Rn. 61). 21

Ist eine der Forderungen „rechtswegfremd", dh ist insoweit der Rechtsweg zum für die Anfechtung des Abrechnungsbescheides berufenen VG (bzw. bei der Erhebungszuständigkeit der Landesfinanzbehörden oder hinsichtlich der Stadtgemeinde Bremerhaven das FG, → Grundlagen Rn. 62 ff.) nicht eröffnet (das ist insb. bei privatrechtlichen Forderungen der Fall), gilt Folgendes: Handelt es sich bei der rechtswegfremden Forderung um die Forderung des Steuerpflichtigen, mit der er die Aufrechnung gegen die Grundsteuerforderung der Gemeinde erklärt hat, ist die Aufrechnung bereits unzulässig, wenn die Gemeinde seine Forderung bestritten hat und diese nicht rechtskräftig festgestellt worden ist (§ 226 Abs. 3 AO → Rn. 18). Hierüber darf das für die Klage gegen den Abrechnungsbescheid zuständige Gericht entscheiden. Stellt die rechtswegfremde Forderung hingegen die Forderung der Gemeinde dar, mit der diese die Aufrechnung gegen einen Grundsteuererstattungsanspruch des Steuerpflichtigen erklärt hat, dann darf das für die Klage gegen den Abrechnungsbescheid zuständige Gericht über das Bestehen dieser rechtswegfremden Gegenforderung nicht abschließend mitentscheiden, sofern diese nicht rechtskräftig festgestellt ist und vom Steuerpflichtigen bestritten wird, dh § 17 Abs. 2 S. 1 GVG ist nicht anzuwenden (BFH 9.4.2002 – VII B 73/01, BStBl. II 2002, 509; 31.5.2005 – VII R 56/04, BFH/NV 2005, 1759; BVerwG 7.10.1998 – 3 B 68/97, NJW 1999, 160; FG Münster 16.6.2021 – 7 K 30/19, 22

§ 28 GrStG Abschnitt III. Festsetzung und Entrichtung der Grundsteuer

EFG 2021, 1609 [dort zu den Anforderungen an ein Bestreiten durch den Steuerpflichtigen]; str., zum Streitstand *Ehlers* in Schoch/Schneider VwGO § 41 iVm GVG § 17 Rn. 28 ff.). Ist bereits eine Klage vor dem für die rechtswegfremde Forderung zuständigen Gericht rechtshängig, hat das für die Klage gegen den Abrechnungsbescheid zuständige Gericht sein Verfahren auszusetzen (§ 94 VwGO), bis die Frage des Bestehens des Gegenanspruchs geklärt ist (BFH 6.8.1985 – VII B 3/85, BStBl. II 1985, 672; 31.5.2005 – VII R 56/04, BFH/NV 2005, 1759). Ist die Klage vor dem Gericht des anderen Rechtswegs noch nicht erhoben, hat es eine Frist zu setzen, binnen derer dort Klage erhoben werden muss. Geschieht dies nicht, kann das für die Klage gegen den Abrechnungsbescheid zuständige Gericht die Gegenforderung als nicht erwiesen behandeln und ohne Berücksichtigung der Aufrechnung (daher auch keine Rechtskraftwirkung nach § 322 Abs. 2 ZPO) entscheiden (BFH 6.8.1985 – VII B 3/85, BStBl. II 1985, 672; 9.4.2002 – VII B 73/01, BStBl. II 2002, 509; FG Münster 16.6.2021 – 7 K 30/19, EFG 2021, 1609). Ist die Entscheidung über den Anspruch des Steuerpflichtigen bereits spruchreif, kann es aber auch durch Vorbehaltsurteil (§ 302 ZPO iVm § 173 VwGO bzw. § 155 FGO) entscheiden und lediglich das Nachverfahren aussetzen (BVerwG 7.10.1998 – 3 B 68/97, NJW 1999, 160).

II. Erlass aus Billigkeitsgründen (§ 227 AO)

23   Gemäß § 227 AO iVm § 1 Abs. 2 Nr. 5 AO **kann die Grundsteuer erlassen werden, wenn deren Einziehung nach der Lage des Einzelfalls unbillig wäre.** Es werden gemeinhin sog. persönliche und sachliche Billigkeitsgründe unterschieden. **Persönliche Billigkeitsgründe** können sich aus den wirtschaftlichen Verhältnissen des Steuerpflichtigen ergeben. Es geht um Fälle, in denen es gerade die Einziehung der Grundsteuer ist, die dazu führen würde, dass dem Steuerpflichtigen das zum Leben Notwendige entzogen wird. Ist der Steuerpflichtige schon ungeachtet der Grundsteuer zahlungsunfähig, kommt ein Erlass aus persönlichen Billigkeitsgründen nicht in Betracht (BFH 27.9.2001 – X R 134/98, BStBl. II 2002, 176; 31.1.2002 – VII B 312/00, BFH/NV 2002, 889; OVG Magdeburg 7.6.2007 – 4 O 137/07; OVG Bautzen 7.8.2012 – 5 A 298/09 [Insolvenzverfahren]). Zudem muss bedacht werden, dass ein menschenwürdiges Dasein typischerweise schon durch die Pfändungsschutzvorschriften garantiert wird. Angesichts dessen kommt ein Erlass aus persönlichen Billigkeitsgründen nur in sehr besonderen Konstellationen in Betracht. Denkbar ist dies zB dann, wenn es gerade die Steuerrückstände sind, die den Steuerpflichtigen an der Aufnahme einer neuen Erwerbstätigkeit (Stichwort: steuerberechtigte Zuverlässigkeit) hindern (BFH 27.9.2001 – X R 134/98, BStBl. II 2002, 176; weiterführend zur persönlichen Unbilligkeit *Rüsken* in Klein AO § 227 Rn. 31 ff.).

24   **Sachliche Billigkeitsgründe** sind hingegen von der Person des Steuerschuldners unabhängig und wurzeln im Gesetz selbst. Das Gesetz ist einschlägig, aber das Rechtsanwendungsergebnis entspricht im konkreten Fall nicht den gesetzlichen Wertungen (*Rüsken* in Klein AO § 163 Rn. 35). **Die besonderen Billigkeitsvorschriften in den §§ 33 ff. GrStG schließen § 227 AO nicht aus, sind in ihrem sachlichen Anwendungsbereich aber spezieller.** Daher kann die Ertragsfähigkeit bzw. die Ertragslage des Steuergegenstandes niemals Anknüpfungspunkt für eine sachliche Unbilligkeit sein ([nur] insoweit zutreffend BVerwG 10.2.1994 – 8 B 229/93, KStZ 1995, 34, das allerdings – womöglich unabsichtlich – überschießend von einer Sperrwirkung gegenüber jeglichem sachlichen Unbilligkeitsgrund

Fälligkeit **§ 28 GrStG**

ausgeht). Jenseits der §§ 33 ff. GrStG wird die Anwendung des § 227 AO zudem (zu Recht) streng gehandhabt. Verneint wurde sachliche Unbilligkeit zB, **wenn der Vermieter den Grundsteuerbescheid zu einem Zeitpunkt erhält, in welchem er die Steuer zivilrechtlich nicht mehr auf den Mieter abwälzen kann** – sei es aus (miet-) rechtlichen Gründen (BVerwG 4.6.1982 – 8 C 53/81, BVerwGE 65, 355 [dies habe der Gesetzgeber in Kauf genommen]; VG Darmstadt 11.6.2010 – 4 K 1158/09, BeckRS 2011, 50713) oder sei es aus tatsächlichen Gründen (OVG Münster 8.12.2010 – 14 E 845/10, BeckRS 2010, 56698). Entscheidend sind freilich immer die Umstände des Einzelfalls. Vor allem kann es von Bedeutung sein, ob die zeitliche Verzögerung, die für die Nichtmehrüberwälzbarkeit ursächlich ist, in den Verantwortungsbereich der Behörde fällt und ob ihr ggf. sogar ein pflichtwidriges, schuldhaftes Verhalten vorzuwerfen ist (vgl. BVerwG 1.10.1971 – VII B 100/68, BeckRS 1971, 503; vgl. beispielhaft für die zu berücksichtigenden Umstände VG Darmstadt 11.6.2010 – 4 K 1158/09, BeckRS 2011, 50713: Nachforderung für 2003 im Jahr 2007, die Verzögerung fiel in den staatlichen Verantwortungsbereich, allerdings wusste der Stpfl., dass die ursprüngliche Festsetzung für 2003 unzutreffend war). **Zudem dürfen über die Billigkeitsvorschriften die gesetzlichen Wertungen weder des BewG noch des GrStG überspielt werden.** So müssen die Steuerpflichtigen die mit § 227 BewG (= für sieben Erhebungszeiträume sind die Wertverhältnisse zum Beginn des Hauptfeststellungszeitraums maßgeblich) und den jeweils einschlägigen Bewertungsverfahren verbundene Typisierung hinnehmen und können keinen Erlass mit der Begründung verlangen, dass der Grundsteuerwert durch den Verfall des Mietniveaus nach dem Hauptfeststellungszeitpunkt überholt oder gar von Anfang an überhöht gewesen sei. Ferner kann ein Grundstückseigentümer, der das Identitätserfordernis des § 4 Nr. 6 GrStG nicht erfüllt (→ GrStG § 4 Rn. 46) und daher keine Steuerbefreiung beanspruchen kann, keinen Grundsteuererlass erlangen, nur weil er ein Krankenhaus betreibt (VG Chemnitz 29.1.2007 – 4 K 2137/04, BeckRS 2007, 22078). **Wirtschafts-, struktur- und sozialpolitische Gründe können niemals einen Billigkeitserlass rechtfertigen** (BFH 7.8.1974 – II 57/72, BStBl. II 1975, 51; BVerwG 13.2.1976 – 7 C 7/74, KStZ 1976, 109 [zur GewSt]; ebenso BVerwG 5.6.1959 – 7 C 83/57, BVerwGE 8, 329 [330] zu einer Vereinbarung über den Erlass von Gewerbe- und Grundsteuer; grundlegend [bis heute] *Flume* StbJb 1953/1954, 81 [99 f.]).

Zuständig ist die Gemeinde, da der Erlass zum Erhebungsverfahren gehört (in 25 Berlin und Hamburg und der Stadtgemeinde Bremen hingegen = Finanzamt, → Grundlagen Rn. 42). **Die Billigkeitsentscheidung ist eine Ermessensentscheidung** (GmS-OGB 19.10.1971 – GmS-OGB 3/70, BVerwGE 39, 355; eingehend zur Ermessenssteuerung und -kontrolle bei Billigkeitsentscheidungen *Loose* in Tipke/Kruse AO § 227 Rn. 21 ff.). Der Billigkeitserlass wird durch Verwaltungsakt ausgesprochen. Mit der Bekanntgabe der Erlassentscheidung erlischt die Grundsteuerschuld. Hat der Steuerpflichtige den Steuerbetrag bereits entrichtet, entsteht ein Erstattungsanspruch. Die Aufhebung oder Änderung der Erlassentscheidung richtet sich nach den §§ 130 f. AO. Lehnt die Gemeinde einen Erlassantrag ab, muss der Steuerpflichtige hiergegen uU Widerspruch bzw. Einspruch einlegen (→ Grundlagen Rn. 60 f.) und beim Verwaltungsgericht bzw. Finanzgericht (→ Grundlagen Rn. 62 ff.) Verpflichtungsklage (= insoweit wird die Verpflichtung der Behörde zum Erlass der Billigkeitsentscheidung) erheben. Die Ermessensausübung der Behörde unterliegt nur einer eingeschränkten gerichtlichen Kontrolle. **Das Gericht darf nur sog. Ermessensfehler prüfen** (§ 114 S. 1 VwGO bzw. § 102 S. 1 FGO). Aller-

§ 28 GrStG Abschnitt III. Festsetzung und Entrichtung der Grundsteuer

dings handelt es sich hierbei nicht um ein voraussetzungsloses Ermessen. Inhalt und Grenzen des Ermessens sind durch den Begriff der Unbilligkeit bestimmt (vgl. grundlegend BFH 28.11.2016 – GrS 1/15, BStBl. II 2017, 393). **Liegt daher ein von der Rechtsprechung anerkannter Fall der Unbilligkeit vor, wird man** – vorbehaltlich der Besonderheiten des Einzelfalls – **von einer Ermessensreduzierung auf null ausgehen können** (vgl. *Rüsken* in Klein AO § 163 Rn. 20 a). Der Sache nach besteht daher trotz des Ermessens vermittelt über den Begriff der Unbilligkeit sehr wohl eine recht enge gerichtliche Kontrolle (*Loose* in Tipke/Kruse AO § 227 Rn. 21 ff.). Dessen ungeachtet kann auch die tatsächlich geübte Verwaltungspraxis über Art. 3 Abs. 1 GG zur Selbstbindung der Verwaltung führen (BFH 4.2.2010 – II R 1/09, BFH/NV 2010, 1244; BVerwG 18.5.1990 – 8 C 48/88, BVerwGE 85, 163). Beruht diese Verwaltungspraxis auf einer Verwaltungsvorschrift, ist für die Auslegung dieser ermessenslenkenden Verwaltungsvorschrift nicht maßgeblich, wie das Gericht sie versteht, sondern wie die Verwaltung sie verstanden hat und verstanden wissen wollte. Das Gericht darf daher solche Verwaltungsanweisungen nicht selbst auslegen, sondern – wiederum in den Grenzen des § 114 S. 1 VwGO bzw. § 102 FGO – nur darauf überprüfen, ob die Auslegung durch die Behörde rechtlich möglich ist (BFH 21.7.2016 – X R 11/14, BStBl. II 2017, 22). Ob eine Verwaltungsübung oder eine ermessenslenkende Verwaltungsvorschrift vorliegen, ist allerdings für die Gerichte unbeachtlich, wenn sie der generellen Korrektur der gesetzlichen Wertung dienen (vgl. GrS BFH 28.11.2016 – GrS 1/15, BStBl. II 2017, 393; 12.3.2020 – VI R 35/17, BFH/NV 2020, 849). Erstreitet der Steuerpflichtige eine Erlassentscheidung, wird ein etwaiger Erstattungsanspruch nicht verzinst (→ GrStG § 27 Rn. 13).

III. Zahlungsverjährung

26 Durch Grundsteuerbescheid festgesetzte Grundsteuern können nach Maßgabe der §§ 228 ff. AO zahlungsverjähren: Die **Verjährungsfrist beträgt fünf Jahre** (§ 228 AO). Sie **beginnt grundsätzlich mit Ablauf des Jahres, in dem der Anspruch erstmals fällig geworden ist**, allerdings nicht vor Ablauf des Kalenderjahres, in dem die Festsetzung des Anspruchs aus dem Steuerverhältnis etc. wirksam geworden ist (§ 229 AO). Mit Eintritt der Verjährung erlischt der Grundsteueranspruch (§ 47 AO). Entsteht Streit darüber, ob der Grundsteueranspruch durch Zahlungsverjährung erloschen ist, ist hierüber durch Abrechnungsbescheid zu entscheiden (→ Rn. 21, die dortigen Ausführungen gelten für die Zahlungsverjährung entsprechend).

27 Unterbrochen wird die Zahlungsverjährung durch
– Zahlungsaufschub, Stundung (→ Rn. 12 ff.), Aussetzung der Vollziehung und Vollstreckungsaufschub (→ Rn. 37) und dies bis zum Ablauf der Maßnahme (§ 231 Abs. 1 Nr. 1, Abs. 2 Nr. 1 AO);
– Sicherheitsleistung bis zum Erlöschen der Sicherheit (§ 231 Abs. 1 Nr. 2, Abs. 2 Nr. 2 AO);
– jede Vollstreckungsmaßnahme (§ 231 Abs. 1 Nr. 3 AO);
– Anmeldung der Grundsteuerforderung im Insolvenzverfahren (→ GrStG § 12 Rn. 37). Die Unterbrechung dauert bis zur Beendigung des Insolvenzverfahrens fort (§ 231 Abs. 2 Nr. 4 AO);
– Eintritt des Vollstreckungsverbots nach § 294 Abs. 1 InsO bis zu dessen Wegfall (§ 231 Abs. 1 Nr. 5, Abs. 2 Nr. 5 AO);
– Aufnahme in einen Insolvenzplan oder einen gerichtlichen Schuldenbereinigungsplan. Die Unterbrechung wirkt fort, bis der Insolvenzplan oder der ge-

richtliche Schuldenbereinigungsplan erfüllt oder hinfällig wird (§ 231 Abs. 1 Nr. 6, Abs. 2 Nr. 6 AO);
- Ermittlungen der Finanzbehörde nach dem Wohnsitz oder dem Aufenthaltsort des Zahlungspflichtigen;
- schriftliche Geltendmachung des Anspruchs (also jede Handlung, mit der die Behörde zumindest konkludent zu erkennen gibt, dass sie den Anspruch durchsetzen will, vgl. BFH 21.6.2010 – VII R 27/08, BStBl. II 2011, 331). Das Schriftstück muss dem Steuerpflichtigen tatsächlich zugehen. Ist der Zugang erfolgt, ist es sodann für die Fristwahrung ausreichend, wenn die schriftliche Zahlungsaufforderung noch vor Ablauf der Verjährungsfrist den Bereich der Finanzbehörde verlassen hat (§ 231 Abs. 1 S. 2 AO iVm § 169 Abs. 1 S. 3 AO; BFH 27.4.1995 – VII R 90/93, BFH/NV 1995, 943; 28.8.2003 – VII R 22/01, BStBl. II 2003, 933).

Gemäß § 231 Abs. 3 AO beginnt die neue Verjährungsfrist (wieder mit fünf Jahren) mit Ablauf des Kalenderjahres, in dem die Unterbrechung geendet hat. Dabei gibt es zum einen Unterbrechungstatbestände, die eine punktuelle Unterbrechung bewirken, weil sie sich in einer einzigen, nicht auf einen bestimmten Zeitraum angelegten Maßnahme erschöpfen. Das betrifft zB die schriftliche Geltendmachung des Anspruchs. Zum anderen existieren Unterbrechungstatbestände, die auf eine bestimmte Dauer angelegt sind, und hier kommt es für die Bestimmung des Kalenderjahres, mit dessen Ablauf die neue Verjährung beginnt, auf das Ende ihrer Wirkung an. Dies betrifft zB die Aussetzung der Vollziehung und die Stundung (zu dieser Unterscheidung nur *Rüsken* in Klein AO § 231 Rn. 1a). Die einzelnen Unterbrechungstatbestände können mehrfach hintereinander verwirklicht werden. 28

Unterbrechungshandlungen, die gegenüber dem Steuerpflichtigen vorzunehmen sind, können ihre Wirkung nur entfalten, wenn sie diesem gegenüber wirksam bekannt gegeben worden sind (BFH 28.8.2003 – VII R 22/01, BStBl. II 2003, 933 für die Zahlungsaufforderung). Für den Zeitpunkt der Unterbrechungswirkung kommt es dann allerdings nicht auf den Zugang beim Adressaten an, sondern darauf, wann das Schriftstück die Gemeinde verlassen hat (§ 231 Abs. 1 S. 2 AO iVm § 169 Abs. 1 S. 3 AO). 29

G. Vollstreckung der Grundsteuerforderung

Die Vollstreckung des Grundsteuerbescheides durch die Gemeinde richtet sich nicht nach der AO, sondern nach den Vollstreckungsgesetzen der Länder und dort nach den Vorschriften für die Vollstreckung von Geldleistungs-Verwaltungsakten (Art. 18 ff., 23 ff. **Bay**VwZVG §§ 13 ff. **BW**LVwVG; §§ 17 ff. VwVG**Bbg;** §§ 1 ff. **Br**GVG; §§ 15 ff. **Hess**VwVG §§ 2 ff. **N**VwVG; §§ 1 ff. VwVG **NRW;** §§ 19 ff. **RP**LVwVG; §§ 29 ff. **S**VwVG; §§ 12 ff. **Sächs**VwVG; §§ 2 ff. VwVG **LSA;** §§ 262 ff. **SH**LVwG; §§ 33 ff. **Thür**VwZVG). Mecklenburg-Vorpommern verweist in seinem Landesgesetz auf das Bundesvollstreckungsrecht und damit weitgehend auf die §§ 249 ff. AO (§ 111 Abs. 1 VwVfG **M-V** iVm § 5 Abs. 1 VwVG [Bund] iVm §§ 249 ff. AO). Sind die Finanzämter zuständig (Berlin, Hamburg und Stadtgemeinde Bremen, → Grundlagen Rn. 42), dann gelten die §§ 249 ff. AO unmittelbar. Ungeachtet der jeweiligen Rechtsgrundlage besteht in Ansehung der allgemeinen **Vollstreckungsvoraussetzungen** weitgehend ein Gleichlauf: 30

Es bedarf **eines formell bestandskräftigen** (= wegen Ablaufs der Rechtsbehelfsfrist nicht mehr anfechtbaren) **oder sofort vollziehbaren Leistungs-** 31

§ 28 GrStG Abschnitt III. Festsetzung und Entrichtung der Grundsteuer

bescheides. Ein solcher liegt mit dem Grundsteuerbescheid – auch wenn die Festsetzung durch öffentliche Bekanntmachung nach § 27 Abs. 3 GrStG (→ GrStG § 27 Rn. 17 ff.) erfolgt ist (VG Braunschweig 11.12.1991 – 3 A 3196/91, BeckRS 1991, 31159756) – stets vor. Vor allem ist der Grundsteuerbescheid kraft Gesetzes sofort vollziehbar (§ 361 Abs. 1 AO, § 80 Abs. 1 Nr. 1 VwGO). Einer förmlichen Zustellung (→ GrStG § 27 Rn. 7) des Grundsteuerbescheides bedarf es für die Vollstreckung nicht. Das ergibt sich für die meisten Länder schon daraus, dass ein solches Erfordernis nicht gesetzlich vorgeschrieben ist. Aber selbst dort, wo die Zustellung des zu vollstreckenden Verwaltungsaktes Vollstreckungsvoraussetzung ist, gilt dieses Erfordernis ausnahmsweise nicht für den Grundsteuerbescheid und die Übermittlung durch einfachen Brief wird für ausreichend erklärt (vgl. Art. 23 Abs. 2 **Bay**VwZVG iVm Art. 17 Abs. 1 **Bay**VwZVG; § 18 Abs. 1 Nr. 1 Hs. 2 **Hess**VwVG). Dies gilt auch für die Festsetzung durch öffentliche Bekanntmachung (§ 27 Abs. 3 GrStG → GrStG § 27 Rn. 17 ff.), da § 27 Abs. 3 S. 2 GrStG diese Art der Festsetzung einer schriftlichen Festsetzung gleichstellt und diese Gleichstellung dann konsequenterweise auch die Art der Übermittlung erfassen muss (zutreffend VG München 19.8.2010 – 10 E 10/3406, BeckRS 2010, 36181; aA VG Bayreuth 24.4.2007 – 4 S 07/186, BeckRS 2007, 35524: bei § 27 Abs. 3 GrStG keine Entbindung vom Zustellungserfordernis).

32   **Der Steuerpflichtige muss zur Leistung aufgefordert worden sein** (Art. 23 Abs. 1 Nr. 1 **Bay**VwZVG; § 19 Abs. 2 Nr. 1 VwVG**Bbg**; § 2 **Br**GVG iVm § 254 AO; § 18 Abs. 1 **Hess**VwVG; § 3 Abs. 1 Nr. 1 **NV**wVG; § 6 Abs. 1 Nr. 1 VwVG **NRW**; § 30 Abs. 1 Nr. 1 **S**VwVG; § 12 **Sächs**VwVG; § 3 Abs. 1 Nr. 1 VwVG **LSA**; § 269 Abs. 1 Nr. 1 **SH**LVwG; § 33 Abs. 1 **Thür**VwZVG sowie § 111 Abs. 1 VwVfG **M-V** iVm § 3 Abs. 2 Buchst. a VwVG [Bund]; insoweit ohne ausdrückliche Regelung hingegen **RP**LVwVG und **BW**LVwVG), wobei dieses Leistungsgebot mit der Grundsteuerfestsetzung (auch bei Festsetzung durch öffentliche Bekanntmachung nach § 27 Abs. 3 GrStG → GrStG § 27 Rn. 17 ff.) verbunden werden kann und typischerweise auch wird (mit der Steuerfestsetzung wird die Steuerschuld bestimmt = feststellende Regelung, mit dem Leistungsgebot wird aus der Steuerfestsetzung ein vollstreckbares Zahlungsgebot; statt vieler *Jatzke* in HHSp AO § 254 Rn. 22 ff.). Viele Landesvollstreckungsgesetze bringen diese Unterscheidung nicht so deutlich zum Ausdruck wie die AO, allerdings gilt sie auch dort (vgl. *Troidl* in EAS VwVG § 3 Rn. 1 a). **Das Leistungsgebot erlangt dann gesonderte Bedeutung, wenn der Grundsteuerbescheid gegenüber jemandem wirkt, dem er nicht bekanntgegeben worden ist.** Das ist zB im Erbfall gegeben: Der Erbe als Gesamtrechtsnachfolger tritt in die Grundsteuerfestsetzung ein (→ GrStG § 11 Rn. 28), aber nicht in das Leistungsgebot. Daher muss ihm gegenüber noch einmal ein gesondertes Leistungsgebot ergehen (vgl. § 6 Abs. 4 VwVG**Bbg**; § 2 **Br**GVG iVm § 254 Abs. 1 S. 3 AO; § 6 Abs. 1 Nr. 1 VwVG **NRW**; § 3 Abs. 3 **Sächs**VwVG; § 20 Abs. 4 **Thür**VwZVG sowie § 111 Abs. 1 VwVfG **M-V** iVm § 5 Abs. 1 VwVG [Bund] iVm § 254 Abs. 1 S. 3 AO).

33   Die **Grundsteuerforderung muss fällig sein** (zum Regelfall → Rn. 3 ff.).

34   Nach den meisten Landesgesetzen ist zudem **eine Mahnung** und der Ablauf der hierin bestimmten Zahlungsfrist erforderlich (Art. 23 Abs. 1 Nr. 3 **Bay**VwZVG; § 14 Abs. 1 **BW**LVwVG; § 19 Abs. 2 Nr. 4 VwVG**Bbg** [allerdings mit Ausnahme in § 20 Abs. 2 VwVG**Bbg**]; § 18 Abs. 1 Nr. 3 **Hess**VwVG [mit Ausnahme in § 19 Abs. 4 **Hess**VwVG]; § 3 Abs. 1 Nr. 3 **NV**wVG [mit Ausnahme in § 4 Abs. 3 **NV**wVG]; § 30 Abs. 1 Nr. 3 **S**VwVG; § 13 Abs. 2 **Sächs**VwVG; § 4 Abs. 1 S. 1 VwVG **LSA**; § 269 Abs. 1 Nr. 3 **SH**LVwG; § 33 Abs. 2 Nr. 3 **Thür**VwZVG).

Fälligkeit **§ 28 GrStG**

Zum Teil ist die Mahnung indes nur als Sollvorschrift ausgestaltet (§ 6 Abs. 1 **Br**GVG; § 111 Abs. 1 VwVfG **M-V** iVm § 3 Abs. 3 VwVG [Bund]; § 6 Abs. 3 VwVG **NRW;** § 22 Abs. 2 **RPL**VwVG). Dann ist sie zwar formal keine Vollstreckungsvoraussetzung, allerdings kann im Einzelfall die Vollstreckung ermessensfehlerhaft sein, wenn die Mahnung ohne sachlichen Grund unterblieben ist (FG Brandenburg 16.5.2001 – 4 K 616/00, EFG 2002, 1277; *Werth* in Klein AO § 259 Rn. 5).

Liegen die Vollstreckungsvoraussetzungen vor (→ Rn. 31 ff.), haben die Gemeinde (oder die von ihr beauftragte Behörde) bzw. die Landesfinanzbehörde (Hamburg, Berlin, Stadtgemeinde Bremen) idR die Vollstreckung einzuleiten. Das Gesetz geht zwar von einem Ermessen aus (vgl. nur § 249 Abs. 1 AO). Dies betrifft allerdings nur die Art und Weise der Vollstreckung. In Ansehung des „Ob" reduziert der Grundsatz der Gesetz- und Gleichmäßigkeit des Steuervollzuges das Ermessen idR im Sinne einer **Vollstreckungspflicht** auf null (zutreffend *Drüen* in Tipke/Kruse AO § 249 Rn. 11; *Werth* in Klein AO § 249 Rn. 1; iErg auch BFH 22.10.2002 – VII R 56/00, BStBl. II 2003, 109), sofern die Vollstreckung nicht von vornherein aussichtslos ist. Als **Vollstreckungsmittel** kommen in Betracht: (1) die **Vollstreckung in das unbewegliche Vermögen** (→ GrStG § 12 Rn. 21 ff.), (2) **die Vollstreckung in bewegliche Sachen durch Pfändung** oder (3) die **Vollstreckung in Forderungen** und andere Vermögensrechte (vor allem: Forderungspfändung durch Pfändungs- und Überweisungsbeschluss). Diese Vollstreckungsmöglichkeiten stehen grundsätzlich gleichrangig nebeneinander. Anlässlich ihrer Ermessensentscheidung über das „Wie" hat die Vollstreckungsbehörde Gründe der Zweckmäßigkeit, wie die zügige und sichere Beitreibung der Steuerforderungen, den eigenen Aufwand und die Kostenintensität und auch Gründe der Billigkeit, im Einzelfall zu berücksichtigen (BFH 14.2.1979 – VII R 54/78, BStBl. II 1979, 427).

Rechtsschutz gegen die Vollstreckung (instruktiv *Wackerbeck* DStZ 2017, 328 ff.): Ist eine Vollstreckungsmaßnahme Verwaltungsakt (zB die Pfändung einer beweglichen Sache oder der Pfändungs- und Überweisungsbeschluss), haben Rechtsbehelfe keine aufschiebende Wirkung (Art. 21a **Bay**VwZVG; § 12 **BWL**VwVG; § 16 VwVG**Bbg**; Art. 11 **Br**AGVwGO; § 16 **Hess**AGVwGO; § 111 Abs. 6 VwVfG **M-V**; § 66 NVwVG; § 112 S. 1 JustG **NRW;** § 20 RPAGVwGO; § 20 S. 1 **Saar**AGVwGO; § 11 S. 1 **Sächs**VwVG; § 9 LSAAGVwGO; §§ 248 Abs. 1 S. 2, 262 Abs. 2 **SHL**VwG; § 8 S. 1 **Thür**AGVwGO). Wendet sich der Steuerpflichtige gegen eine Vollstreckungsmaßnahme, kann er nur mit solchen Einwendungen gehört werden, die die Rechtswidrigkeit der Vollstreckung als solche betreffen. Einwendungen gegen die Rechtmäßigkeit des Grundsteuerbescheides (Ausnahme: Nichtigkeit und fehlende Bekanntgabe, da es dann an einem Vollstreckungstitel und somit an einer Vollstreckungsvoraussetzung fehlt) können nicht mehr im Vollstreckungsverfahren bzw. gegen die Vollstreckungsmaßnahme vorgebracht werden (vgl. Art. 21 S. 2 **Bay**VwZVG; § 15 VwVG**Bbg**; § 2 **Br**GVG iVm § 256 AO; § 111 Abs. 1 VwVfG **M-V** iVm § 5 Abs. 1 VwVG [Bund] iVm § 256 AO; § 3 Abs. 3 NVwVG; § 7 Abs. 1 VwVG **NRW;** § 16 Abs. 2 RPLVwVG; §§ 248 Abs. 2, 262 Abs. 2 **SHL**VwG; § 31 **Thür**VwZVG). Einwände gegen die Vollstreckung können trotz des Fehlens eines wirksamen Grundsteuerbescheides (BFH 22.10.2002 – VII R 56/00, BStBl. II 2003, 109), Entfallen der Vollstreckbarkeitsvoraussetzungen (zB aufgrund der Gewährung von AdV oder gar Aufhebung des Vollstreckungstitels) oder Erlöschen des Grundsteueranspruchs sowie die Art und Weise der Vollstreckung (vor allem: Unverhältnismäßigkeit; zur

§ 28 GrStG Abschnitt III. Festsetzung und Entrichtung der Grundsteuer

Unbilligkeit → Rn. 33). Die vorgenannten Einwände sind je nach Art der Einwendung und Zeitpunkt ihrer Entstehung entweder durch einen Rechtsbehelf gegen die Vollstreckungsmaßnahme selbst oder durch einen Antrag auf Einstellung der Zwangsvollstreckung (vgl. mit teils unterschiedlichen Einstellungstatbeständen: Art. 22 **Bay**VwZVG; § 13 VwVG**Bbg;** § 2 **Br**GVG iVm § 257 AO; § 2 **Hess**VwVG; § 111 Abs. 1 VwVfG **M-V** iVm § 5 Abs. 1 VwVG [Bund] iVm § 257 AO; § 23 NVwVG; § 6a VwVG **NRW;** § 14 RPLVwVG; § 2a **Sächs**-VwVG; § 282 SHLVwG; § 29 **Thür**VwZVG; wird die Einstellung der Zwangsvollstreckung in das unbewegliche Vermögen begehrt, sind idR die Vorschriften der ZPO und des ZVG maßgeblich, vgl. BGH 15.7.2021 – V ZB 130/19, ZIP 2021, 2410, zur Einstellung der Zwangsversteigerung → GrStG § 12 Rn. 23) geltend zu machen.

37 In der Vollstreckungspraxis sehr relevant ist im Übrigen **§ 258 AO, wonach die Vollstreckungsbehörde die Vollstreckung einstweilen einstellen oder beschränken oder eine Vollstreckungsmaßnahme aufheben kann, soweit die Vollstreckung im Einzelfall unbillig ist** (hierauf verweisen § 15 Abs. 1 **BW**LVwVG; § 2 Abs. 1 **Br**GVG; § 111 Abs. 1 VwVfG **M-V** iVm § 3 Abs. 3 VwVG; § 16 **Sächs**VwVG; entsprechende Regelungen enthalten § 14 VwVG**Bbg;** § 24 Abs. 1 VwVG **LSA**; sinngemäße Regelungen finden sich in § 29 **Hess**VwVG; § 24 NVwVG; § 26 VwVG **NRW;** § 24 RPLVwVG; § 10 Abs. 3 **S**VwVG). Die Entscheidung ist eine Ermessensentscheidung, die das Gericht im Falle der Ablehnung nur auf Ermessensfehler kontrollieren kann (§ 114 S. 1 VwGO bzw. § 102 S. 1 FGO, zum Rechtsweg → Grundlagen Rn. 62ff.). Hierbei ist Folgendes zu beachten: „Einstweilige" Maßnahmen nach § 258 AO kommen überhaupt nur in Betracht, wenn vorübergehende Umstände vorliegen, die die Vollstreckung unbillig erscheinen lassen. Umstände, die zu einer dauerhaften Einstellung der Vollstreckung Anlass geben, sind für § 258 AO grundsätzlich ohne Bedeutung (BFH 8.12.1992 – VII B 150/92, BFH/NV 1993, 709). Die somit allein zulässigen „vorübergehenden" Gründe, die die Annahme einer Unbilligkeit iSv § 258 AO rechtfertigen, können sich aus der Art und Weise, dem Umfang oder dem Zeitpunkt der Vollstreckung ergeben (vgl. BFH 16.7.1985 – VII B 72/84, BFH/NV 1996, 139). Die Vollstreckung muss beim Steuerpflichtigen zu einem unangemessenen Nachteil führen, der durch kurzfristiges Zuwarten oder durch eine andere Vollstreckungsmaßnahme vermieden werden könnte, und der über den Nachteil, der üblicherweise mit der Vollstreckung verbunden ist, hinausgeht (BFH 31.5.2005 – VII R 62/04, BFH/NV 2005, 1743). Ein **praxisrelevanter Anwendungsfall sind vor allem Ratenzahlungsangebote des Steuerpflichtigen.** Macht der Steuerpflichtige ein solches Angebot, kann sich die Vollstreckung als unbillig erweisen, wenn mit hinreichender Wahrscheinlichkeit erwartet werden kann, dass er seine Zusage einhalten wird, und wenn nach der Höhe der angebotenen Raten mit einer zügigen und kurzfristigen Tilgung der Steuerschulden gerechnet werden kann. In jedem Fall müssen konkrete Anhaltspunkte dafür vorliegen, dass die Steuerschulden in absehbarer Zeit durch freiwillige Leistungen des Schuldners zurückgeführt werden können (BFH 31.5.2005 – VII R 62/04, BFH/NV 2005, 1743). Nach teilweise vertretener Ansicht soll über § 258 AO ferner geltend gemacht werden können, dass ein Anspruch auf Erlass der Grundsteuer besteht (OVG Bautzen 23.12.2009 – 5 B 449/06, BeckRS 2010, 46550; 30.10.2015 – 3 B 277/17: die Vollstreckung erweise sich als unzulässige Rechtsausübung, wenn der Betrag mit an Sicherheit grenzender Wahrscheinlichkeit sogleich zurückgezahlt werden muss; aA VGH München 2.1.1997 – 4 CE 96/2919,

Vorauszahlungen **§ 29 GrStG**

BeckRS 1997, 18928: Einwand erst mit Wirksamwerden der Erlassentscheidung beachtlich).

In der Hauptsache muss der Steuerpflichtige sein Begehren auf eine positive Entscheidung nach § 258 AO mittels Einspruch und Verpflichtungsklage verfolgen. Vorläufiger Rechtsschutz ist durch eine einstweilige Anordnung (§ 123 VwGO bzw. § 114 FGO, zum Rechtsweg → Grundlagen Rn. 62ff.) zu suchen (BFH 15.1.2003 – V S 17/02, BFH/NV 2003, 738; weiterführend *Bartone* AO-StB 2016, 224ff.; *Wackerbeck* DStZ 2017, 328 [329f.]). 38

§ 29 Vorauszahlungen

Der Steuerschuldner hat bis zur Bekanntgabe eines neuen Steuerbescheids zu den bisherigen Fälligkeitstagen Vorauszahlungen unter Zugrundelegung der zuletzt festgesetzten Jahressteuer zu entrichten.

Gilt nicht in **Baden-Württemberg** (dort § 53 BWLGrStG).

A. Allgemeines

I. Systematische Einordnung und Zweck der Regelung

Die Grundsteuer entsteht mit dem 1.1. eines Jahres (§ 9 GrStG) und das GrStG geht davon aus, dass ein Grundsteuerbescheid spätestens bis zum ersten Fälligkeitstermin des § 28 GrStG vorliegt. Das Rechtsverhältnis zwischen dem Steuerpflichtigen und dem Staat ist also bereits vor der ersten Zahlung abschließend geregelt. Für die Fälle, in denen diese Erwartung nicht eintritt, **sichert § 29 GrStG die Stetigkeit des Steueraufkommens durch kraft Gesetzes entstehende Vorauszahlungen**, die später auf die durch Grundsteuerbescheid festgesetzte Grundsteuerschuld anzurechnen sind (→ GrStG § 30 Rn. 3ff.). Damit der Steuergläubiger die Vorauszahlungen behalten darf, muss allerdings auch ein Grundsteuerbescheid ergehen. Denn § 29 GrStG tritt nur mit dem Anspruch auf, das Rechtsverhältnis zwischen dem Steuerpflichtigen und dem Staat vorläufig zu regeln (→ Rn. 5f.). 1

II. Entwicklung der Vorschrift

§ 29 GrStG beruht auf dem Grundsteuerreformgesetz vom 7.8.1973 (zu § 29 GrStG BT-Drs. VI/3418, 93 → Grundlagen Rn. 8). Er übernimmt die bereits in § 23 GrStG 1936/1951 (→ Grundlagen Rn. 5f.) enthaltene Regelung. Das Grundsteuerreformgesetz vom 26.11.2019 (→ Grundlagen Rn. 13) hat § 29 GrStG unverändert gelassen. 2

B. Entstehung der Vorauszahlungsschuld kraft Gesetzes

§ 29 GrStG setzt voraus, dass (1) ein Grundsteuerbescheid für einen vorausgegangenen Erhebungszeitraum (= aus der Perspektive des zu beurteilenden Erhebungszeitraums die „letzte Festsetzung") existiert und (2) für den konkret zu beurteilenden Erhebungszeitraum ein solcher noch fehlt. Da die gesetzliche Aufhebung der („alten") Grundsteuerbescheide nach § 266 Abs. 4 BewG erst mit Wir- 3

§ 29 GrStG   Abschnitt III. Festsetzung und Entrichtung der Grundsteuer

kung ab dem 1.1.2025 erfolgt (→BewG § 266 Rn. 4), können auch alle Festsetzungen für den Erhebungszeitraum 2024 eine taugliche Festsetzung iSv § 29 GrStG für Vorauszahlungen betreffend den Erhebungszeitraum 2025 sein. Gilt ein Grundsteuerbescheid für mehrere Erhebungszeiträume (→ GrStG § 27 Rn. 3), kann § 29 GrStG erst für den ersten Erhebungszeitraum gelten, der nicht mehr von diesem Grundsteuerbescheid erfasst wird. **Rechtsfolge des § 29 GrStG ist, dass zu den bisherigen Fälligkeitsterminen** – also typischerweise zum 15.2., 15.5., 15.8. und 15.11 (§ 28 Abs. 1 GrStG) – **kraft Gesetzes eine Vorauszahlungsschuld des Steuerpflichtigen entsteht.** Die Höhe richtet sich nach der mit dem letzten Grundsteuerbescheid festgesetzten Grundsteuerschuld. Legt man das Fälligkeitsgrundmodell des § 28 Abs. 1 GrStG zugrunde, ist jede Vorauszahlungsschuld iSv § 29 GrStG mit je einem Viertel dieses Betrages zu bemessen. Die **Vorauszahlungsschuld wird sogleich mit ihrer Entstehung auch fällig.** Bleibt der Steuerpflichtige die Vorauszahlung bei Fälligkeit schuldig, entstehen Säumniszuschläge (→ GrStG § 28 Rn. 6).

4 Da es nicht auf den Grundsteuerbescheid des Vorjahres ankommt, kann § 29 GrStG auch für mehrere Erhebungszeiträume hintereinander gelten. Ist zB für 01 ein Grundsteuerbescheid vorhanden, erfolgt sodann bis einschließlich 04 keine Grundsteuerfestsetzung mehr, entstehen jeweils für die Jahre 02, 03 und 04 Vorauszahlungsschulden nach § 29 GrStG. **Die Voraussetzungen des § 29 GrStG liegen hingegen nicht vor, wenn eine wirtschaftliche Einheit neu entstanden ist oder erstmals zur Grundsteuer herangezogen wird.** Dann fehlt es an einem Grundsteuerbescheid, an den § 29 GrStG anknüpfen kann.

5 § 29 GrStG bildet den Rechtsgrund für das (vorläufige) Behaltendürfen der Vorauszahlungen. Anders als bei einem Vorauszahlungsbescheid **ergibt sich der Rechtsgrund unmittelbar aus dem Gesetz.** Dieser Rechtsgrund ist allerdings – wie beim Vorauszahlungsbescheid im Übrigen auch – nur **vorläufiger Natur.** Denn der **Vorauszahlungsrechtsgrund des § 29 GrStG ist darauf angelegt, durch einen endgültigen Rechtsgrund, nämlich den Grundsteuerbescheid** (zur Rechtsgrundfunktion → GrStG § 27 Rn. 4), **abgelöst zu werden.** Wird der Grundsteuerbescheid wirksam, erfolgt eine Anrechnung der Vorauszahlungen auf die festgesetzte Grundsteuerschuld (→ GrStG § 30 Rn. 3ff.). Bis zur Bekanntgabe des Grundsteuerbescheides bleibt die Rechtsgrundwirkung des § 29 GrStG allerdings bestehen, dh mit der Ablösung durch den Grundsteuerbescheid entfällt sie nicht rückwirkend. Das hat vor allem Bedeutung für in Ansehung der Vorauszahlungen verwirkte Säumniszuschläge, insoweit unternommene Vollstreckungsmaßnahmen uÄ (vgl. BFH 15.6.1999 – VII R 3/97, BStBl. II 2000, 46 zum Vorauszahlungsbescheid; diese Rechtsprechung lässt sich auf kraft Gesetzes geschuldete Vorauszahlungen übertragen).

6 **Darf ein Grundsteuerbescheid, der den endgültigen Rechtsgrund bilden müsste** (→Rn. 5), **wegen Eintritts der Festsetzungsverjährung** (→ GrStG § 27 Rn. 12) **nicht mehr erlassen werden, dann müssen die Vorauszahlungen erstattet werden** (OVG Bautzen 1.4.2003 – 5 B 115/01, NVwZ-RR 2003, 588). Das folgt aus dem vorläufigen Charakter von Vorauszahlungen. So wie ein Vorauszahlungsbescheid nach zutreffender Rechtsprechung seine Rechtsgrundfunktion mit Festsetzungsverjährung der Steuerschuld nicht mehr entfalten kann (so FG Rheinland-Pfalz 8.2.2012 – 2 K 2259/10, DStRE 2012, 635: mit Eintritt der Festsetzungsverjährung erledige sich der Vorauszahlungsbescheid in sonstiger Weise iSv § 124 Abs. 2 AO; str., aA zB *Drüen* in Tipke/ Kruse AO § 47 Rn. 17, dort auch zum Streitstand), so vermag dies auch die gesetz-

Vorauszahlungen **§ 29 GrStG**

liche Rechtsgrundregelung des § 29 GrStG nicht. Die Vorauszahlungsschuld teilt letztlich das Schicksal der eigentlichen Steuerschuld (zutreffend OVG Bautzen 1.4.2003 – 5 B 115/01, NVwZ-RR 2003, 588; ebenfalls zustimmend *Götz* in Stenger/Loose GrStG § 30 Rn. 14). Etwas anderes ergibt sich insb. auch nicht aus § 30 Abs. 1 S. 2 GrStG. Wenn dieser bestimmt, dass auch nach Erlass des Grundsteuerbescheides die Verpflichtung zur Zahlung rückständiger Vorauszahlungen unberührt bleibt, so wird damit nur klargestellt, dass die Wirkungen der einmal eingetretenen Fälligkeit in der Vergangenheit nicht entfallen (also vor allem Säumniszuschläge, die wegen Nichtzahlung der Vorauszahlung bestehen bleiben, → Rn. 7). Der Erstattungsanspruch des Steuerpflichtigen verjährt nach Maßgabe des § 228 AO, also fünf Jahre nach Ablauf des Jahres, in dem der Grundsteueranspruch festsetzungsverjährt ist.

Die Vorauszahlungsschuld iSv § 29 GrStG wird mit Entstehung fällig 7 (→ Rn. 3), ist aber damit allein noch nicht vollstreckbar. Fraglich ist, **ob die Vollstreckung der Vorauszahlungsschuld neben einem Leistungsgebot auch eine vorherige Festsetzung durch Vorauszahlungsbescheid voraussetzt.** Grundsätzlich ist beides erforderlich. Vor allem kann das Leistungsgebot den notwendigen Vollstreckungstitel nicht ersetzen. Es handelt sich um zwei selbstständige Vollstreckungsvoraussetzungen (BFH 22.10.2002 – VII R 56/00, BStBl. II 2003, 109; *Loose* in Tipke/Kruse AO § 254 Rn. 7). Allerdings geht die hM bei den Säumniszuschlägen, die ebenfalls kraft Gesetzes entstehen, davon aus, dass es bei isolierter Vollstreckung der Säumniszuschläge (dh sie werden nicht zusammen mit der Steuerschuld beigetrieben) keines Festsetzungsbescheides bedarf und lediglich das Leistungsgebot noch ausgesprochen werden muss (statt vieler *Loose* in Tipke/Kruse AO § 240 Rn. 51). Diese Sichtweise (Vollstreckung ohne Vollstreckungstitel) mag allerdings womöglich auch nur (unausgesprochen) auf der Sonderregelung in § 218 Abs. 1 S. 1 Hs. 2 AO beruhen. Eine solche Regelung fehlt für die Vorauszahlungsschuld iSv § 29 GrStG. Ungeachtet dessen, wie man die vorstehende Frage für § 29 GrStG beantwortet, **spricht allerdings auch nichts dagegen, dass die Gemeinde einen Vorauszahlungsbescheid nebst Leistungsgebot erlässt, wenn eine Vorauszahlung bei Fälligkeit ausbleibt.** § 29 GrStG regelt zwar die Frage einer Vorauszahlungsfestsetzungsbefugnis nicht ausdrücklich, allerdings dürfte die Norm eine solche Befugnis unausgesprochen voraussetzen.

§ 29 GrStG erlaubt der Gemeinde keine Anpassung der Vorauszahlun- 8 **gen,** dh eine von § 29 GrStG abweichende Bemessung. Will die Gemeinde zeitnah einen höheren als den sich nach § 29 GrStG ergebenden Betrag zu den Fälligkeitsterminen vereinnahmen, kommt lediglich eine zügige Grundsteuerfestsetzung in Betracht. **Dies gilt erst recht, wenn kein Fall des § 29 GrStG vorliegt, weil es an einem vorausgegangenen Grundsteuerbescheid fehlt.** Für diese Konstellation sieht das Gesetz keine Vorauszahlungsverpflichtung vor. Fehlt ein Grundlagenbescheid bisher vollständig, so kann die Gemeinde die Besteuerungsgrundlagen erst schätzen und auf dieser Grundlage einen Grundsteuerbescheid erlassen (zur Anwendung des § 155 Abs. 2 AO → GrStG § 27 Rn. 10).

§ 30 Abrechnung über die Vorauszahlungen

(1) ¹Ist die Summe der Vorauszahlungen, die bis zur Bekanntgabe des neuen Steuerbescheids zu entrichten waren (§ 29), kleiner als die Steuer, die sich nach dem bekanntgegebenen Steuerbescheid für die vorausgegangenen Fälligkeitstage ergibt (§ 28), so ist der Unterschiedsbetrag innerhalb eines Monats nach Bekanntgabe des Steuerbescheids zu entrichten. ²Die Verpflichtung, rückständige Vorauszahlungen schon früher zu entrichten, bleibt unberührt.

(2) Ist die Summe der Vorauszahlungen, die bis zur Bekanntgabe des neuen Steuerbescheids entrichtet worden sind, größer als die Steuer, die sich nach dem bekanntgegebenen Steuerbescheid für die vorangegangenen Fälligkeitstage ergibt, so wird der Unterschiedsbetrag nach Bekanntgabe des Steuerbescheids durch Aufrechnung oder Zurückzahlung ausgeglichen.

(3) Die Absätze 1 und 2 gelten entsprechend, wenn der Steuerbescheid aufgehoben oder geändert wird.

Gilt nicht in **Baden-Württemberg** (dort § 54 BWLGrStG).

A. Allgemeines

I. Systematische Einordnung und Zweck der Regelung

1   Der Grundsteuerbescheid setzt die maßgebliche formelle – dem materiellen Recht vorgehende – Grundsteuerschuld fest und bildet den Rechtsgrund für das Behaltendürfen bereits vom Steuerpflichtigen geleisteter Zahlungen (→ GrStG § 27 Rn. 1, 4). Hat der Steuergläubiger den festgesetzten Betrag noch nicht vollständig vereinnahmt, kann er ihn nachfordern. Ist er hingegen überzahlt, ist die Vermögensverschiebung in Höhe des über die Festsetzung hinausgehenden Betrages rechtsgrundlos. Warum das Ist das Soll nicht erreicht oder das Ist das Soll übersteigt, ist unerheblich. Dies sind allgemeine Grundsätze des öffentlichen Schuldrechts, die sich aus der Verschränkung mit dem Verfahrensrecht und insb. dessen Handlungsform des Verwaltungsaktes ergeben. In den §§ 30, 31 GrStG hat der Gesetzgeber insoweit einen Teilaspekt geregelt, nämlich die Fälligkeit des Nachforderungs- bzw. Erstattungsbetrages (→ Rn. 4). § 30 GrStG regelt den Fall, dass vor Bekanntgabe des Grundsteuerbescheides bereits eine Vorauszahlungsverpflichtung nach § 29 GrStG entstanden ist. § 31 GrStG wiederum regelt den Fall, dass keine Vorauszahlungsverpflichtung nach § 29 GrStG bestand.

II. Entwicklung der Vorschrift

2   Die Regelung des § 30 GrStG fand sich bereits wortgleich in § 24 GrStG 1936/1951. Sie beruht auf dem Grundsteuerreformgesetz vom 7.8.1973 (zu § 30 GrStG BT-Drs. VI/3418, 93f. → Grundlagen Rn. 8) und ist bis heute unverändert geblieben.

B. Abrechnung über Vorauszahlungen bei erstmaligem Erlass eines Grundsteuerbescheides und Schlusszahlungsverpflichtung (Abs. 1)

I. Entstehung und Fälligkeit der Nachzahlungsverpflichtung

Mit der Leistung von Vorauszahlungen tilgt der Steuerpflichtige die Vorauszahlungsschuld iSv § 29 GrStG, die nicht mit der Grundsteuerschuld identisch ist. **Mit Bekanntgabe des Grundsteuerbescheides erfolgt die Anrechnung der Vorauszahlungen auf die festgesetzte Grundsteuerschuld** (zu der Konstellation, dass ein Grundsteuerbescheid wegen Festsetzungsverjährung nicht mehr ergehen kann → GrStG § 29 Rn. 6). Dies bewirkt die **Tilgung der Grundsteuerschuld in Höhe der angerechneten Beträge** (BFH 24.3.1992 – VII R 39/91, BStBl. II 1992, 956 zu § 36 EStG). Angerechnet wird allerdings nur, was auch tatsächlich an die Gemeinde entrichtet worden ist – sei es durch Zahlung oder durch Aufrechnung (→ GrStG § 28 Rn. 17). Eine Anrechnung setzt zudem voraus, dass die Zahlung auch gerade auf die Vorauszahlungsschuld betreffend das konkret in Rede stehende Festsetzungs- und Anrechnungsjahr erfolgt ist. Das richtet sich vorrangig nach der vom Steuerpflichtigen vorgenommenen Tilgungsbestimmung, anderenfalls nach § 225 Abs. 2 AO. Leistet der Steuerpflichtige freiwillig Vorauszahlungen, sind auch diese anzurechnen. Die **Abrechnung erfolgt durch Abrechnungsverfügung, die als eigenständiger Verwaltungsakt** die Anrechnung der Vorauszahlungen auf die im Grundsteuerbescheid festgesetzte Grundsteuer regelt. Soweit die Anrechnung zutreffend ist, ist die Anrechnungsverfügung nur deklaratorisch; die Tilgungswirkung würde auch ohne die Anrechnungsverfügung eintreten. Soweit die Anrechnung indes unzutreffend ist – zB zugunsten des Steuerpflichtigen, weil mehr angerechnet wird als der Steuerpflichtige an Vorauszahlungen tatsächlich geleistet hat –, ist die Anrechnungsverfügung konstitutiv. Es gilt die materielle Bestandskraft von Verwaltungsakten. Da die Abrechnungsverfügung kein Steuerbescheid iSv § 155 AO ist, richten sich Aufhebung bzw. Änderung der Anrechnungsverfügung nach §§ 130 f. AO (BFH 16.10.1986 – VII R 159/83, BStBl. II 1987, 405).

Dies alles wird von § 30 Abs. 1, Abs. 2 GrStG unausgesprochen vorausgesetzt, wenn sich die Norm lediglich einem Teilausschnitt der Anrechnungsfolgen, nämlich der Fälligkeit eines etwaigen Delta zwischen festgesetzter Steuerschuld und geleisteten Vorauszahlungen, widmet: Sind die tatsächlich geleisteten Vorauszahlungen kleiner als die im Grundsteuerbescheid festgesetzte Grundsteuer, muss der Steuerpflichtige die Differenz noch zahlen. **Grundlage für die Verwirklichung dieser noch offenen (nicht durch Anrechnung getilgten) Grundsteuerforderung ist mit Bekanntgabe des Grundsteuerbescheides allein dieser.** Die Zahlungsverpflichtung nach § 29 GrStG wird in diesem Moment unbeachtlich (→ GrStG § 29 Rn. 5). Zwar spricht § 30 Abs. 1 S. 1 GrStG von einer Nachzahlungsverpflichtung, die sich aus dem Saldo des Festsetzungsbetrages und der Vorauszahlungen, die zu entrichten waren (nicht: entrichtet worden sind), ergibt. § 30 Abs. 1 S. 1 GrStG regelt allerdings nur die Fälligkeit des Nachzahlungsbetrages (→ Rn. 6) und will die bereits früher eingetretene Fälligkeit in Ansehung der im Zeitpunkt der Bekanntgabe des Grundsteuerbescheides noch offenen Vorauszahlungsschuld unverändert lassen (zur Fälligkeit der Vorauszahlungsschuld → GrStG § 29 Rn. 3). Das ergibt sich aus § 30 Abs. 1 S. 2 GrStG (→ Rn. 8).

§ 30 GrStG Abschnitt III. Festsetzung und Entrichtung der Grundsteuer

5   § 30 GrStG erfasst sowohl den Fall, dass der Grundsteuerbescheid nach Ablauf des Erhebungszeitraums ergeht und für den gesamten Erhebungszeitraum Vorauszahlungen zu entrichten waren als auch den Fall, dass die Grundsteuerfestsetzung im laufenden Erhebungszeitraum erfolgt, aber bereits mindestens ein Fälligkeitstermin nach § 28 Abs. 1 GrStG verstrichen ist, zu welchem aber eine Vorauszahlungsverpflichtung nach § 29 GrStG entstanden ist. Im letztgenannten Fall können für die Steuerschuld unterschiedliche Fälligkeiten gelten, nämlich in Ansehung (1) der rückständigen sofort mit Entstehung fälligen Vorauszahlung iSv § 29 GrStG, (2) des Differenzbetrages zwischen rückständiger Vorauszahlung und eigentlich zum Fälligkeitstermin zu leistendem Betrag (= § 30 Abs. 1 S. 1 GrStG) sowie (3) der künftig nach Maßgabe des § 28 Abs. 1 GrStG fällig werdenden (restlichen) Teilbeträge (dazu mit Beispiel → Rn. 8).

6   Der **Nachzahlungsbetrag** iSv § 30 Abs. 1 S. 1 GrStG **ist nicht identisch mit dem Betrag, den der Steuerpflichtige tatsächlich nachzahlen muss.** Denn er ergibt sich aus der Differenz zwischen dem Steuerbetrag, der sich nach dem bekannt gegebenen Steuerbescheid für die bereits vorangegangenen Fälligkeitstage iSv § 28 GrStG richtet, und den bereits kraft Gesetzes entstandenen (nicht: tatsächlich entrichteten) Vorauszahlungen iSv § 29 GrStG.

7   Der **Nachzahlungsbetrag** (→ Rn. 6) **wird einen Monat nach Bekanntgabe des Grundsteuerbescheides fällig.** Die Fristberechnung erfolgt nach § 108 AO iVm §§ 187 ff. BGB (mit Beispiel → Rn. 8). Bei Übermittlung des Grundsteuerbescheides durch einfachen Brief gilt für den Fristbeginn grundsätzlich die Drei-Tages-Fiktion.

II. Unberührtbleiben der Fälligkeit von Vorauszahlungsverpflichtungen (Abs. 1 S. 2)

8   Gemäß § 30 Abs. 1 S. 2 GrStG bleibt die Verpflichtung, rückständige Vorauszahlungen schon früher zu entrichten, unberührt. Diese **Regelung hat nur Bedeutung für die bereits eingetretene Fälligkeit der Vorauszahlungen** (→ Rn. 3).

Beispiel: Für 01 liegt ein Grundsteuerbescheid vor, der eine Grundsteuer in Höhe von 1.000 EUR festsetzt. Der Grundsteuerbescheid für 02 wird dem Steuerpflichtigen erst am 1.4.02 bekannt gegeben. Festgesetzt werden 1.500 EUR Grundsteuer. Zu diesem Zeitpunkt hat der Steuerpflichtige die nach § 29 GrStG iVm § 28 Abs. 1 GrStG zum 15.2.02 kraft Gesetzes geschuldete Vorauszahlung für 02 in Höhe von 250 EUR (1/4 von 1.000 EUR) noch nicht entrichtet. Für die Fälligkeiten gilt sodann: (1) Die kraft Gesetzes geschuldete Vorauszahlung iHv 250 EUR war am 15.2.02 fällig. Die wegen Nichtzahlung bereits verwirkten Säumniszuschläge bleiben auch nach Erlass des Grundsteuerbescheides bestehen, weil dieser die Fälligkeit nicht nachträglich verändert. (2) Die Differenz aus den nach Maßgabe des Grundsteuerbescheides eigentlich zum 15.2.02 zu entrichtenden 375 EUR (1/4 von 1.500 EUR) und den 250 EUR (= 125 EUR) ist gemäß § 30 Abs. 1 S. 1 GrStG einen Monat nach Bekanntgabe des Steuerbescheides fällig (also am 2.5.02, sofern dieser ein Werktag ist; eigentlich endet die Frist am 1.5.02, allerdings ist dieser Tag ein Feiertag, weshalb § 108 Abs. 3 AO gilt). (3) Für die restlichen 1.125 EUR gelten die Fälligkeitstermine des § 28 Abs. 1 GrStG.

9   Hat der Steuerpflichtige wegen Nichtzahlung der Vorauszahlung iSv § 29 GrStG bereits **Säumniszuschläge** (→ GrStG § 28 Rn. 6) verwirkt, bleibt es auch nach Bekanntgabe des Bescheides hierbei (*Götz* in Stenger/Loose GrStG § 30 Rn. 8; *Troll/Eisele* GrStG § 30 Rn. 2; vgl. zur GewSt auch BVerwG 26.10.1973 – VII C 25/72, BVerwGE 44, 136). Dies ergibt sich letztlich schon aus § 240 AO. Denn

Abrechnung über die Vorauszahlungen §30 GrStG

nur so kann der Säumniszuschlag seine Druckfunktion erfüllen (vgl. *Loose* in Tipke/ Kruse AO § 240 Rn. 38).

C. Abrechnung über Vorauszahlungen bei erstmaligem Erlass eines Grundsteuerbescheides und Erstattungsverpflichtung (Abs. 2)

Ist die Summe der Vorauszahlungen, die bis zur Bekanntgabe des neuen Steuerbescheides entrichtet worden sind (Zahlung, Aufrechnung), größer als die Steuer, die sich nach dem bekanntgegebenen Steuerbescheid für die vorangegangenen Fälligkeitstage ergibt, dann kommt es zu einer rechtsgrundlosen Bereicherung des Steuergläubigers und es entsteht ein Erstattungsanspruch des Steuerpflichtigen (§ 37 Abs. 2 AO). Dieser Erstattungsanspruch wird mit Bekanntgabe des Grundsteuerbescheides fällig. Sofern fällige Gegenansprüche der Gemeinde bestehen, kann diese nunmehr aufrechnen (zur Aufrechnung → GrStG § 28 Rn. 17). Der Erstattungsanspruch des Steuerpflichtigen verjährt fünf Jahre nach Ablauf des Jahres, in dem der Grundsteuerbescheid bekannt gegeben worden ist (weil in dem Jahr auch die für § 228 AO maßgebliche Fälligkeit eingetreten ist). 10

D. Abrechnung über bereits geleistete Zahlungen bei Aufhebung oder Änderung eines Grundsteuerbescheides (Abs. 3)

Eine Differenz zwischen den vorausgezahlten Beträgen und der durch Steuerbescheid festgesetzten Grundsteuer kann sich auch erst durch eine nachträgliche Aufhebung oder Änderung des Grundsteuerbescheides ergeben. Dies ist keine spezifische Frage von Vorauszahlungen iSv § 29 GrStG, sondern betrifft auch die Konstellation, dass die Zahlungen des Steuerpflichtigen bereits aufgrund eines vor dem ersten Fälligkeitstermin bekanntgegebenen Steuerbescheides beruhten. Bleiben die Zahlungen des Steuerpflichtigen hinter der neuen Festsetzung zurück, hat er eine Nachzahlung zu leisten. Grundlage der Verwirklichung ist der neue Grundsteuerbescheid. Ist der Steuergläubiger überzahlt, entsteht mit Bekanntgabe des neuen Grundsteuerbescheides ein Erstattungsanspruch des Steuerpflichtigen (§ 37 Abs. 2 AO). Dies alles regelt § 30 Abs. 3 GrStG nicht, sondern setzt es voraus. Die Norm nimmt sich – wie dies auch schon für seine Absätze 1 und 2 gilt (va → Rn. 4) – nur der Fälligkeit des Nachzahlungsbetrages (→ Rn. 6) bzw. des Erstattungsanspruchs an. Zur Berechnung des Nachzahlungsbetrages iSv § 30 Abs. 1 iVm Abs. 3 GrStG wird man nicht nur bereits entstandene Vorauszahlungen iSv § 29 berücksichtigen müssen, sondern auch die sich aus der vorherigen Steuerfestsetzung ergebenden Steuerbeträge mit ihren Fälligkeiten nach § 28 GrStG. 11

Beispiel: Der Grundsteuerbescheid für 01 wird dem Steuerpflichtigen Anfang 01 bekannt gegeben. Festgesetzt werden 1.500 EUR Grundsteuer. Am 1.4.02 ergeht ein geänderter Grundsteuerbescheid, der die Grundsteuer auf 2.000 EUR festsetzt. Zu diesem Zeitpunkt hat der Steuerpflichtige den bereits am 15.2.02 fällig gewordenen Steuerbetrag iHv 375 EUR noch nicht gezahlt (= keine Vorauszahlung iSv § 29 GrStG, sondern Festsetzungsschuld!). Für die Fälligkeiten gilt sodann: (1) Die (ersten) 375 EUR waren zum 15.2.02 fällig und bleiben es

§ 31 GrStG Abschnitt III. Festsetzung und Entrichtung der Grundsteuer

auch; die wegen Nichtzahlung bereits verwirkten Säumniszuschläge bleiben auch nach Änderung des Grundsteuerbescheides bestehen (→ Rn. 9). (2) Die Differenz aus 500 EUR (1/4 von 2.000 EUR) und 375 EUR (= 125 EUR) ist gem. § 30 Abs. 1 S. 1 iVm Abs. 3 GrStG einen Monat nach Bekanntgabe des geänderten Steuerbescheides fällig. (3) Für die restlichen 1.500 EUR gelten die Fälligkeitstermine des § 28 Abs. 1 GrStG.

12 **§ 30 Abs. 3 GrStG setzt voraus, dass eine bereits vorhandene Grundsteuerfestsetzung aufgehoben oder geändert wird.** Die Änderung eines Grundsteuerbescheides richtet sich nach den **§§ 172 ff. AO** (→ GrStG § 27 Rn. 16). Praktisch relevant ist vor allem die Anpassung des Grundsteuerbescheides nach § 175 Abs. 1 S. 1 Nr. 1 AO an aufgrund von Fortschreibung (§ 222 BewG) und/oder Neuveranlagung (§ 17 GrStG) auf zurückliegende 1.1. neu gefasste Grundlagenbescheide. Auch wenn das Gesetz den Terminus „Änderung" verwendet, ist auch die **Berichtigung nach § 129 AO** erfasst.

§ 31 Nachentrichtung der Steuer

Hatte der Steuerschuldner bis zur Bekanntgabe der Jahressteuer keine Vorauszahlungen nach § 29 zu entrichten, so hat er die Steuer, die sich nach dem bekanntgegebenen Steuerbescheid für die vorangegangenen Fälligkeitstage ergibt (§ 28), innerhalb eines Monats nach Bekanntgabe des Steuerbescheids zu entrichten.

Gilt nicht in **Baden-Württemberg** (dort § 55 BWLGrStG).

1 Die Regelung in § 31 GrStG – mit dem Grundsteuerreformgesetz vom 7.8.1973 (→ Grundlagen Rn. 8) aus § 25 GrStG 1936/1951 (→ Grundlagen Rn. 5 f.) übernommen – entspricht weitgehend der Regelung in § 30 Abs. 1 S. 1 GrStG. Letzterer erfasst die Konstellation, dass bis zur Bekanntgabe des Grundsteuerbescheides bereits nach § 29 GrStG Vorauszahlungen geschuldet wurden, **während § 31 GrStG den Fall regelt, dass keine Vorauszahlungen zu leisten waren.** § 31 GrStG wird in **Nachfeststellungs-/Nachveranlagungskonstellationen** relevant: Entsteht eine wirtschaftliche Einheit neu, existiert für diesen Steuergegenstand noch kein einziger Steuerbescheid und daher gilt § 29 GrStG bis zum Erlass des ersten Steuerbescheides nicht. **Da das GrStG jenseits des § 29 GrStG keine Regelung zu Vorauszahlungen enthält, kann die Gemeinde auch keine Vorauszahlungen durch Vorauszahlungsbescheid festsetzen.** Deshalb ist in dieser Konstellation der Festsetzungsbetrag zwangsläufig identisch mit dem zu zahlenden Betrag und für diesen Betrag bestimmt § 31 GrStG die Fälligkeit. Im Übrigen gelten die Erläuterungen zu § 30 Abs. 1 S. 1 GrStG entsprechend (insbesondere → GrStG § 30 Rn. 1 und 3 ff.).

2 **Beispiel:** In 01 entsteht eine wirtschaftliche Einheit neu. Nachdem Nachfeststellung (§ 223 Abs. 1 Nr. 1 BewG) und Nachveranlagung (§ 18 Abs. 1 GrStG) auf den 1.1.02 durchgeführt sind, wird dem Steuerpflichtigen am 1.4.04 der Grundsteuerbescheid für 02 und die Folgejahre bekannt gegeben. (1) Einen Monat nach Bekanntgabe sind damit fällig: (a) die Jahresgrundsteuer für 02, (b) die Jahresgrundsteuer für 03, (c) der Grundsteuerteilbetrag für 04, der nach § 28 Abs. 1 GrStG am 15.2.04 fällig gewesen wäre. (2) Die Fälligkeit der weiteren drei Teilbeträge für 04 richtet sich hingegen nach § 28 Abs. 1 GrStG.

Erlaß für Kulturgut und Grünanlagen § 32 GrStG

Abschnitt IV. Erlass der Grundsteuer

§ 32 Erlaß für Kulturgut und Grünanlagen

(1) Die Grundsteuer ist zu erlassen
1. für Grundbesitz oder Teile von Grundbesitz, dessen Erhaltung wegen seiner Bedeutung für Kunst, Geschichte, Wissenschaft oder Naturschutz im öffentlichen Interesse liegt, wenn die erzielten Einnahmen und die sonstigen Vorteile (Rohertrag) in der Regel unter den jährlichen Kosten liegen. ²Bei Park- und Gartenanlagen von geschichtlichem Wert ist der Erlaß von der weiteren Voraussetzung abhängig, daß sie in dem billigerweise zu fordernden Umfang der Öffentlichkeit zugänglich gemacht sind;
2. für öffentliche Grünanlagen, Spiel- und Sportplätze, wenn die jährlichen Kosten in der Regel den Rohertrag übersteigen.

(2) ¹Ist der Rohertrag für Grundbesitz, in dessen Gebäuden Gegenstände von wissenschaftlicher, künstlerischer oder geschichtlicher Bedeutung, insbesondere Sammlungen oder Bibliotheken, dem Zweck der Forschung oder Volksbildung nutzbar gemacht sind, durch die Benutzung zu den genannten Zwecken nachhaltig gemindert, so ist von der Grundsteuer der Hundertsatz zu erlassen, um den der Rohertrag gemindert ist. ²Das gilt nur, wenn die wissenschaftliche, künstlerische oder geschichtliche Bedeutung der untergebrachten Gegenstände durch die Landesregierung oder die von ihr beauftragte Stelle anerkannt ist.

Gilt nicht in **Baden-Württemberg** (dort § 56 BWLGrStG).

Übersicht

	Rn.
A. Allgemeines	1
I. Systematische Einordnung und Zweck der Regelung	1
II. Entwicklung der Vorschrift	3
III. Verfahrensrecht	4
B. Grundbesitz, dessen Erhalt im öffentlichen Interesse liegt (Abs. 1 Nr. 1)	5
I. Besonderes öffentliches Erhaltungsinteresse	5
II. Unrentabilität	11
III. ... aufgrund der rechtlichen Beschränkungen (Kausalität)	20
IV. Zugänglichmachung bei Park- und Gartenanlagen (Abs. 1 S. 2)	22
V. Rechtsfolge	23
C. Grünanlagen, Spiel- und Sportplätze (Abs. 1 Nr. 2)	25
I. Erfasste Grundstücke/Grundstücksteile	25
II. Unrentabilität und Kausalität	29
III. Rechtsfolge	30
D. Inventar, dessen Erhaltung im öffentlichen Interesse liegt (Abs. 2)	31
I. Erfasste Gegenstände	31
II. Nutzbarmachung für Zwecke der Forschung oder Volksbildung	35
III. Unrentabilität und Kausalität	36
IV. Rechtsfolge	38

§ 32 GrStG

A. Allgemeines

I. Systematische Einordnung und Zweck der Regelung

1 Ist ein Steuergegenstand wegen Nutzungsbeschränkungen oder erhöhten Erhaltungsaufwandes nicht ertragsfähig, hindert dies gleichwohl eine Grundsteuererhebung nicht. Die Grundsteuer ist zwar konzeptionell eine Sollertragsteuer, allerdings bedeutet dies nicht, dass auch nur Grundstücke zur Grundsteuer herangezogen werden dürfen, die tatsächlich einen Ertrag abwerfen. Der Gesetzgeber darf es vielmehr als ausreichend erachten, dass Grundstücke typischerweise ertragsfähig sind (→ Grundlagen Rn. 98 ff., Rn. 131). Eine Ausnahme von diesem Grundsatz enthält § 32 Abs. 1 GrStG für die Konstellation, dass die mangelnde Ertragsfähigkeit im Einzelfall (!) gerade im öffentlichen Interesse vom Steuerpflichtigen hingenommen werden muss oder hingenommen wird. So will der Gesetzgeber mit § 32 Abs. 1 Nr. 1 GrStG einen Ausgleich für die mit dem Denkmalschutz, Naturschutz etc. einhergehenden Beschränkungen schaffen (BVerwG 5.5.2015 – 9 C 6/14, NVwZ 2015, 1620). Für § 32 Abs. 2 GrStG gilt dies entsprechend. Ein ähnliches Anliegen verfolgt der Gesetzgeber schließlich mit § 32 Abs. 1 Nr. 2 GrStG in Ansehung öffentlicher Grünanlagen sowie Spiel- und Sportplätze. Das öffentliche Interesse besteht hier in der Bereitstellung von „Erholungsraum" (auch) durch private Grundstückseigentümer und der Grundsteuererlass soll insoweit die (widmungsbedingte → Rn. 25) Beschränkung der Eigentümerbefugnisse kompensieren (BT-Drs. IV/2125, 4).

2 Die Erlasstatbestände des § 32 GrStG sind bedeutungslos, soweit der Steuergegenstand nach §§ 3 ff. GrStG von der Grundsteuer befreit ist. Ihre **praktische Relevanz beginnt dort, wo die Steuerbefreiungstatbestände nicht eingreifen.** Das betrifft vor allem Steuergegenstände, die nicht nach § 3 GrStG begünstigten Personen zuzurechnen sind oder die nicht die engen Nutzungsvoraussetzungen des § 4 GrStG erfüllen. Das wird zB an den Grünanlagen sowie den Sport- und Spielplätzen iSv § 32 Abs. 1 Nr. 2 GrStG deutlich, wenn weder ein Erlass nach § 3 GrStG (weil der Eigentümer nicht zu den begünstigten Personen iSv § 3 GrStG gehört) noch nach § 4 GrStG (Grünanlagen sowie Sport- und Spielplätze sind nicht zum „öffentlichen Verkehr" iSv § 4 Nr. 3 Buchst. a GrStG bestimmt, → GrStG § 4 Rn. 17) in Betracht kommt. Eine Grundsteuerbefreiung kann allerdings selbst bei begünstigten Personen und begünstigter Nutzung iSv §§ 3 ff. GrStG an den besonderen Ausschlussgründen der §§ 5 f. GrStG scheitern. Auch dann wird § 32 GrStG relevant (→ Rn. 6). Dies betrifft insb. den Naturschutz: Unterliegt der Steuergegenstand naturschutzrechtlichen Beschränkungen, wird er aber land- und forstwirtschaftlich genutzt, so schließt dies nach § 6 GrStG eine Steuerbefreiung aus (→ GrStG § 6 Rn. 5 ff.). Ein Erlass nach § 32 Abs. 1 Nr. 1 GrStG bleibt hiervon aber unberührt (→ Rn. 9).

II. Entwicklung der Vorschrift

3 § 32 GrStG beruht auf dem Grundsteuerreformgesetz v. 7.8.1973 (zu § 32 GrStG BT-Drs. VI/3418, 27; im Übrigen → Grundlagen Rn. 8). Sein Absatz 1 Nr. 1 ist aus dem mit Gesetz v. 10.8.1951 (BGBl. 1951 I 515) eingefügten § 26a Nr. 2, 3 GrStG 1936/1951 (→ Grundlagen Rn. 5 f.) und den §§ 8, 9 Grundsteuererlass-VO hervorgegangen. Diese finden ihre Vorbilder ihrerseits in den Billigkeits-

Erlaß für Kulturgut und Grünanlagen **§ 32 GrStG**

richtlinien (zuletzt v. 22.1.1940, RStBl. 1940, 31). Absatz 1 Nr. 2 wiederum übernimmt im Wesentlichen den mit Gesetz v. 24.3.1965 (BGBl. 1965 I 155) geschaffenen § 26a Nr. 4 GrStG 1951 (dazu BT-Drs. IV/2125, 2; BT-Drs. IV/2968, 2). Das Grundsteuerreformgesetz vom 26.11.2019 (→ Grundlagen Rn. 13) hat § 32 GrStG nicht verändert.

III. Verfahrensrecht

Die Erlassentscheidung setzt einen Antrag voraus und ergeht durch Verwaltungs- 4
akt (eingehend zum Erlassverfahren und zum maßgeblichen Betrachtungszeitpunkt/-zeitraum → GrStG § 35 Rn. 3ff. sowie zum Antrag → GrStG § 35 Rn. 8ff.). Zuständig ist grundsätzlich die steuererhebungsberechtigte Gemeinde, in den Stadtstaaten Berlin und Hamburg sowie für die Stadtgemeinde Bremen hingegen das Finanzamt als Landesfinanzbehörde (→ Grundlagen Rn. 42). Der Steuerpflichtige hat bei Vorliegen der Voraussetzungen des Erlasstatbestandes einen Anspruch auf den Erlass (→ Rn. 23, → Rn. 30, → Rn. 38). Lehnt die Gemeinde den beantragten Erlass ab, muss der Steuerpflichtige eine Verpflichtungsklage erheben, je nach Landesrecht muss oder kann auch ein Widerspruchsverfahren vorgeschaltet sein (→ GrStG § 35 Rn. 16f.).

B. Grundbesitz, dessen Erhalt im öffentlichen Interesse liegt (Abs. 1 Nr. 1)

I. Besonderes öffentliches Erhaltungsinteresse

Der Erlasstatbestand des § 32 Abs. 1 Nr. 1 GrStG hat **drei Tatbestandsvoraus-** 5
setzungen, nämlich das **öffentliche Interesse an der Erhaltung des Grundbesitzes** (→ Rn. 6) wegen seiner Bedeutung für eine der abschließend genannten Zwecke (Kunst, Geschichte, Wissenschaft [→ Rn. 7] sowie Naturschutz [→ Rn. 9f.]), **die Unrentabilität des Grundstücks** (→ Rn. 11ff.) sowie die **Kausalität des öffentlichen Erhaltungsinteresses für die Unrentabilität** (→ Rn. 20f.). Erfüllt nur ein Teil des Steuergegenstandes die Voraussetzungen des § 32 Abs. 1 Nr. 1 GrStG (der Steuergegenstand liegt zum Beispiel nur zum Teil in einem Naturschutzgebiet, dazu VG Lüneburg 7.10.2011 – 2 A 240/10, BeckRS 2011, 55068), dann kommt nur ein anteiliger Erlass der Grundsteuer in Betracht.

Für alle in § 32 Abs. 1 Nr. 1 GrStG genannten Erhaltungszwecke gilt wegen des 6
Ausnahmecharakters dieses Erlasstatbestandes, **dass an das Vorliegen eines öffentlichen Erhaltungsinteresses hohe Anforderungen zu stellen sind.** Erforderlich ist daher ein besonderes öffentliches Interesse, das in rechtlichen Bindungen, vor allem Benutzungsbeschränkungen, zugunsten der genannten Erhaltungszwecke zum Ausdruck kommt, die über die allgemeinen Eigentumsbindungen hinausgehen (BVerwG 21.9.1984 – 8 C 62/82, BVerwGE 70, 162 [164ff.]; 8.7.1998 – 8 C 23/97, BVerwGE 107, 133 [134f.]).

Das besondere **öffentliche Interesse an der Erhaltung** von Grundbesitz oder 7
Teilen hiervon wegen seiner **Bedeutung für die Kunst, Geschichte und Wissenschaft** muss sich auf das Grundstück bzw. vor allem das Gebäude beziehen: Der Steuererlass nach § 32 Abs. 1 Nr. 1 GrStG kann nur wegen bestimmter Eigenschaften des Grund und Bodens bzw. der aufstehenden Gebäude in Betracht kom-

§ 32 GrStG　　　　　　　　　　　　　　　　Abschnitt IV. Erlass der Grundsteuer

men, nicht aber wegen der Bedeutung der beweglichen Sachen, die auf dem Grundstück untergebracht sind (BVerwG 24.6.1960 – VII C 205/59, BVerwGE 11, 32 [34] zu § 26a GrStG 1936/1951). Für Letztere gilt ausschließlich § 32 Abs. 2 GrStG (→ Rn. 31 ff.). Die Begriffe Kunst, Geschichte und Wissenschaft gehen mitunter ineinander über. Das BVerwG hat 1960 folgende Definition verwendet: „Eine Bedeutung für die Wissenschaft ist anzunehmen, wenn das Grundstück durch auf ihm gemachte oder auf ihm zu erwartende Funde für die naturwissenschaftliche, prähistorische-, archäologische oder historische Forschung, oder durch die Beschaffenheit der Gebäude für die historische oder kunsthistorische Forschung von Bedeutung ist. […] Bedeutung für die Kunst wird man einem Grundstück zu erkennen müssen, wenn die auf ihm befindlichen Anlagen (Bauten, Gartenanlagen) das ästhetische Empfinden in besonderem Maße ansprechen oder mindestens den Eindruck vermitteln, dass etwas nicht Alltägliches oder eine Anlage mit Symbolgehalt geschaffen worden ist" (BVerwG 24.6.1960 – VII C 205/59, BVerwGE 11, 32 [34f.]). Da sich dieser Bedeutungsgehalt allerdings in besonderen rechtlichen Bindungen niederschlagen muss (→ Rn. 6), kommt es weniger auf ein grundsteuerrechtliches Verständnis von Kunst, Geschichte und Wissenschaft an als vielmehr auf die Anwendung des einschlägigen besonderen Verwaltungsrechts, aus dem sich die notwendigen Bindungen ergeben. Von Bedeutung ist insoweit vor allem das Denkmalschutzrecht der Länder. Das für § 32 Abs. 1 Nr. 1 GrStG notwendige Erhaltungsinteresse an dem Grundstück bzw. dem Gebäude äußert sich nämlich idR in einer **denkmalschutzrechtlichen Unterschutzstellung** des Grundstücks und insb. des Gebäudes (zu den unterschiedlichen Konzepten der Unterschutzstellung [kraft Gesetzes oder kraft Eintragung in die Denkmalschutzliste] in den Ländern mit Nachweisen → GrStG § 15 Rn. 29). Dabei ist freilich nicht allein die Denkmaleigenschaft entscheidend. **Entscheidend sind vielmehr die Konsequenzen, die mit der Schutzwürdigkeit einhergehen, nämlich die denkmalschutzrechtlichen Beschränkungen, denen der Steuerpflichtige unterliegt.** Es sind idR diese spezifisch denkmalschutzrechtlichen Bindungen, die in ihrer nutzungsbeschränkenden Wirkung über die allgemeinen Eigentumsbindungen (wie zum Beispiel eine allgemeine Rücksichtnahme etc) hinausgehen (BVerwG 8.7.1998 – 8 C 23/97, BVerwGE 107, 133). Dies gilt namentlich für das denkmalschutzrechtliche Erhaltungsgebot (BVerwG 21.9.1984 – 8 C 62/82, BVerwGE 70, 162 [165]). Im Übrigen ist es stets eine Frage des Einzelfalls, welche rechtlichen Bindungen durch das Landesrecht und aufgrund von Anordnungen der zuständigen Behörden für ein konkretes Objekt bestehen. So hat die Rechtsprechung zB im Fall eines Gebäudes, das wegen seiner Nähe zu einem Kulturdenkmal unter eine denkmalschutzrechtliche Norm fiel (im Streitfall: § 15 Abs. 3 BWDSchG), angenommen, dass sich hieraus keine die Freiheit des Eigentümers beschränkende Wirkung ergebe, die über das allgemeine Baurecht hinaus gehe (BVerwG 21.9.1984 – 8 C 62/82, BVerwGE 70, 162 [166f.]). So kann nämlich das Denkmalschutzrecht unter Umständen auch nur Beschränkungen in Bezug auf das äußere Erscheinungsbild statuieren und dies dürfte typischerweise für § 32 Abs. 1 Nr. 1 GrStG nicht ausreichen. Die Frage, ob die für § 32 Abs. 1 Nr. 1 GrStG notwendigen Bindungen im Einzelfall vorliegen, muss die Gemeinde in eigener Verantwortung prüfen. Ein eigenständiges Feststellungs- oder Bescheinigungsverfahren durch die sachnähere Behörde ist nicht vorgesehen.

8　§ 32 Abs. 1 Nr. 1 GrStG geht davon aus, dass sich die **Frage des besonderen Erhaltungsinteresses in Ansehung des Grundstücks bzw. des Gebäudes eigenständig treffen lässt, dh losgelöst vom Inventar** (→ Rn. 7). Ist dies mög-

Erlaß für Kulturgut und Grünanlagen § 32 GrStG

lich, sind § 32 Abs. 1 Nr. 1 und Abs. 2 GrStG unabhängig voneinander auf das Gebäude einerseits und das Inventar andererseits anzuwenden. Besteht ein besonderes Erhaltungsinteresse an dem Gebäude aber nur dann, wenn man die Gesamtleistung des Erbauers würdigt und die Inneneinrichtung mit in Betracht zieht, dann müssen auch für das Gebäude die Voraussetzungen des § 32 Abs. 2 GrStG vorliegen (BVerwG 17.4.1964 – VII B 10/63, KStZ 1964, 204).

Naturschutz: Der Erlasstatbestand rechtfertigt sich aus dem verfassungsrechtlich 9 fundierten Anliegen des Naturschutzes (Art. 20a GG, BFH 16.10.1996 – II R 17/96, BStBl. II 1997, 228) und steht in einem engen Zusammenhang mit der eingeschränkten Nutzbarkeit des Grundstücks. Dass auf der vorgelagerten Stufe der Steuerbefreiung eine solche nach § 6 GrStG wegen der landwirtschaftlichen oder forstwirtschaftlichen Nutzung verneint wurde, steht einem Erlass nach § 32 Abs. 1 Nr. 1 GrStG nicht entgegen (VG Lüneburg 7.10.2011 – 2 A 240/10, BeckRS 2011, 55068); vor allem gilt die Beschränkung des § 6 GrStG nicht für § 32 Abs. 1 Nr. 1 GrStG (BFH 16.10.1996 – II R 17/96, BStBl. II 1997, 228; *Troll/Eisele* GrStG § 32 Rn. 4; OFD Magdeburg 20.6.2012 – G 1105-1-St 272, BeckVerw 262120). **Entscheidend ist allein, ob der Steuerpflichtige rechtlichen Beschränkungen unterliegt, in denen das besondere öffentliche Erhaltungsinteresse zum Ausdruck kommt** (→ Rn. 6). Bezogen auf den Naturschutz ergeben sich solche rechtlichen Beschränkungen insb. aus der Unterschutzstellung von Teilen der Natur und Landschaft nach den §§ 22ff. BNatSchG. Dies erfolgt durch Rechtsverordnung. Zum Teil ergeben sich die Beschränkungen dann unmittelbar aus dem Gesetz, allerdings kann die Verordnung auch selbst die zur Erreichung des Schutzzwecks notwendigen Gebote und Verbote anordnen (§ 22 Abs. 1 BNatSchG).

Da die Qualität der Beschränkungen unterschiedlich sein kann, muss allerdings 10 differenziert werden: Als Naturschutzgrundstücke iSv § 32 Abs. 1 Nr. 1 GrStG kommen typischerweise jedenfalls solche Grundstücke in Betracht, die allgemeinen Veränderungsverboten unterliegen (VG Lüneburg 7.10.2011 – 2 A 240/10, BeckRS 2011, 55068). Das betrifft vor allem **Naturschutzgebiete** (§ 23 BNatSchG) und **Naturdenkmäler** (§ 28 BNatSchG). Auch bei **Nationalparks** und **Nationalen Naturmonumenten** (§ 24 BNatSchG) dürften idR die notwendigen naturschutzrechtlichen Veränderungsverbote anzutreffen sein, wenngleich insb. bei einem Nationalpark wegen seiner Großräumigkeit aufgrund von Ausnahmen nicht zwingend überall das gleiche Schutzniveau gelten muss. Jedenfalls dann, wenn ein Grundstück nur noch geringen Beschränkungen und insb. keinem Veränderungsverbot unterliegt, scheidet § 32 Abs. 1 Nr. 1 GrStG grundsätzlich aus. Das betrifft vor allem Grundstücke in einem **Landschaftsschutzgebiet** (§ 26 BNatSchG, so auch VG Lüneburg 7.10.2011 – 2 A 240/10, BeckRS 2011, 55068; FinSen Berlin 4.5.2015 – III D – G 1163 1/2014-1, BeckVerw 306183). Hier sind lediglich solche Handlungen verboten, die den Charakter des Gebiets verändern oder dem besonderen Schutzzweck zuwiderlaufen (§ 26 Abs. 2 BNatSchG). Im Hinblick hierauf soll eine Grundsteuerbefreiung nach § 32 Abs. 1 Nr. 1 GrStG nur (ausnahmsweise) dann in Betracht kommen, „wenn für das konkrete Grundstück im Einzelfall über das Merkmal der Lage in einem Landschaftsschutzgebiet hinaus zusätzlich eine besondere Wertigkeit für den Naturschutz nachgewiesen ist" (so VG Lüneburg 7.10.2011 – 2 A 240/10, BeckRS 2011, 55068). Auch in Ansehung anderer Schutzgebietskategorien kommt es auf den Einzelfall an. Für **Naturparks** (§ 27 BNatSchG) ist beispielsweise kein Schutzniveau vorgeben, aber es können die zur Erreichung des Schutzzwecks notwendigen Ge- und Verbote angeordnet werden (§ 22 Abs. 1 S. 2 BNatSchG, vgl. statt vieler *Albrecht* in BeckOK Umweltrecht BNatSchG § 27 Rn. 23). Bei einem

§ 32 GrStG

Abschnitt IV. Erlass der Grundsteuer

Biosphärenreservat (§ 25 BNatSchG) wiederum kann zum Beispiel entweder das Schutzniveau für Naturschutzgebiete maßgeblich sein (was vor allem die Kerngebietszonen betreffen dürfte) oder auch nur das Schutzniveau für Landschaftsschutzgebiete (§ 25 Abs. 3 BNatSchG). Jenseits des BNatSchG sind unter Umständen noch die **Landesnaturschutzgesetze** zu beachten.

II. Unrentabilität ...

11 Der Grundbesitz muss unrentabel sein. Das Gesetz bringt dies durch die Formulierung zum Ausdruck, dass die erzielten Einnahmen und die sonstigen Vorteile (Rohertrag) idR unter den jährlichen Kosten liegen müssen. Das Gesetz **stellt insoweit nicht auf den Erlasszeitraum ab, sondern auf einen zeitlich andauernden Zustand, dh auf die Erwartung einer dauernden Unrentabilität** (BVerwG 21.9.1984 – 8 C 62/82, BVerwGE 70, 162 [168]; 8.7.1998 – 8 C 23/97, BVerwGE 107, 133, arg: „in der Regel"; ebenso BFH 11.10.1995 – II R 52/92, BStBl. II 1996, 118 zu § 115 BewG). Daher ist es unbeachtlich, wenn für ein einzelnes Jahr ein Überschuss erwirtschaftet wird (vgl. GrStR Abschn. 35 Abs. 2 S. 11: „geringer Überschuss"). Entscheidend ist eine Betrachtung über einen längeren Zeitraum. Erforderlich ist somit eine prognostizierende Beurteilung auf der Grundlage ua der sich aus der Vergangenheit ergebenden wirtschaftlichen Daten (BVerwG 21.9.1984 – 8 C 62/82, BVerwGE 70, 162 [168]). Prognosegrundlage können insoweit nur regelmäßig und in der Zukunft (so) wiederkehrende Einnahmen und Kosten sein (BVerwG 8.7.1998 – 8 C 23/97, BVerwGE 107, 133). Die Verwaltung will insoweit auf einen Drei-Jahres-Betrachtungs- und sodann auch Erlasszeitraum abstellen (im Einzelnen → Rn. 17). Etwaige Wertsteigerungen und womöglich später realisierbare Veräußerungsgewinne sind hierbei grundsätzlich außer Betracht zu lassen. Etwas anderes gilt aber dann, wenn der Steuerpflichtige nur kurzfristig Eigentümer einer Immobilie ist und sein primäres Interesse nur die Realisierung eines Veräußerungsgewinns ist (zu Recht OVG Münster 9.4.1990 – 22 A 1630/87, NVwZ-RR 1991, 205: Erwerb eines denkmalgeschützten Gebäudes, umfangreiche Sanierung, Aufteilung in Eigentumswohnungen und sodann Veräußerung der Eigentumswohnungen).

12 **Besteht das besondere Erhaltungsinteresse nur für einen Teil des Steuergegenstandes,** müssen die Einnahmen und Ausgaben entsprechend zugeordnet werden. Relevant ist dies vor allem bei einem Betrieb der Land- und Forstwirtschaft, wenn nur ein Gebäude dieser wirtschaftlichen Einheit die Voraussetzungen des § 32 Abs. 1 Nr. 1 GrStG erfüllt. Bei dem Vergleich nach § 32 Abs. 1 Nr. 1 GrStG dürfen dann nur die Einnahmen und Kosten berücksichtigt werden, die unmittelbar mit dem privilegierten Grundbesitz in wirtschaftlichem Zusammenhang stehen (VGH München 20.10.1982 – 4 B 80 A 526, KStZ 1983, 55; VG Lüneburg 7.10.2011 – 2 A 240/10, BeckRS 2011, 55068). Voraussetzung ist allerdings, dass die (Un-)Rentabilität für diesen Teil gesondert ermittelt werden kann, was idR voraussetzt, dass der betroffene Teil des Grundbesitzes selbständig nutzbar ist. Verneint wurde dies zB für eine denkmalgeschützte Fassade. Hierbei handelt es sich um einen unselbständigen Gebäudeteil, dessen Rentabilität nicht separat gewürdigt werden kann. Ein Grundsteuererlass scheidet dann insgesamt aus (VGH München 19.4.1989 – 4 B 87/03744, ZKF 1989, 205; vgl. sich hiervon abgrenzend allerdings auch OVG Lüneburg 18.4.1990 – 13 OVG A 23/88, BeckRS 1990, 08166: Erhaltungswürdigkeit der Fassade schadet nicht, wenn diese nur im Zusammenhang mit dem sie stützenden Gebäude erhalten werden kann).

Erlaß für Kulturgut und Grünanlagen **§ 32 GrStG**

Die **Frage der Unrentabilität ist zu trennen** von der eigenständigen Vor- 13
aussetzung der Kausalität der öffentlich-rechtlichen Beschränkungen in
Ansehung dieser Unrentabilität (→ Rn. 20 f.). Bei der Ermittlung der Rentabilität sind daher alle Einnahmen und Kosten anzusetzen. Für die Kosten gilt dies ungeachtet der Frage, ob sie gerade auf der Denkmalschutzeigenschaft beruhen. Erst wenn sich hiernach ergibt, dass der Steuergegenstand unrentabel ist, kommt es überhaupt auf die Kausalitätsfrage an. Erst dort muss dann der Frage nachgegangen werden, ob ohne Beschränkungen höhere Einnahmen zu erzielen wären bzw. bestimmte Kosten nicht anfallen würden. In der gerichtlichen Praxis werden beide Ebenen gleichwohl auch vermengt, dh es wird bereits bei der Frage, welche Kosten anzusetzen sind, darauf abgestellt, ob sie gerade durch den Denkmalschutz verursacht sind (vgl. zB VG Köln 29.9.2015 – 17 K 6132/14, BeckRS 2015, 55698; VG Neustadt 13.7.2020 – 3 K 209/20, BeckRS 2020, 16613).

Einnahmen iSv § 32 Abs. 1 Nr. 1 GrStG sind alle Güter, die in Geld oder Gel- 14
deswert bestehen und im unmittelbaren Zusammenhang mit dem Grundbesitz zufließen, also insb. Miet- und Pachteinkünfte, aber auch Einnahmen aus Führungen und Eintrittsgelder (vgl. GrStR Abschn. 35 Abs. 2 S. 2). Erzielt sind diese Einnahmen regelmäßig dann, wenn und soweit sie tatsächlich zugeflossen, dh in die Verfügungsmacht des Grundstückseigentümers gelangt sind (BVerwG 8.7.1998 – 8 C 23/97, BVerwGE 107, 133). Ob der Steuerpflichtige eine höhere Miete hätte vereinbaren können, ist für die Ermittlung der Rentabilität irrelevant (aber von Bedeutung für die Kausalität → Rn. 20 f.). Ist in den Einnahmen Umsatzsteuer enthalten, sind nur die Nettobeträge anzusetzen. Entsprechendes gilt für die auf den Mieter bzw. Pächter umgelegten Nebenkosten (glA *Lehmann* in Grootens GrStG § 32 Rn. 25). Die an das FA abgeführte Umsatzsteuer und die umgelegten Nebenkosten dürfen dann allerdings auch nicht als Ausgaben angesetzt werden. Mit den **"sonstigen Vorteilen"**, die § 32 Abs. 1 Nr. 1 GrStG neben den Einnahmen nennt, wird insb. der Nutzungswert erfasst, den die unentgeltliche Nutzbarkeit des Grundstücks durch den Eigentümer selbst vermittelt. Entsprechendes gilt, wenn ein Dritter Räumlichkeiten unentgeltlich nutzt. Als Nutzungswert ist die bei ordnungsgemäßer Bewirtschaftung zu erzielende (ortsübliche) Miete oder Pacht anzusetzen (BVerwG 8.7.1998 – 8 C 23/97, BVerwGE 107, 133; OVG Bautzen 10.9.2019 – 5 A 345/19, BeckRS 2019, 22004; GrStR Abschn. 35 Abs. 2 S. 4).

Kosten iSv § 32 Abs. 1 Nr. 1 GrStG sind jedenfalls tatsächlich getätigte Ausga- 15
ben. Soweit der Steuerpflichtige zum Vorsteuerabzug berechtigt ist, sind nur die Nettobeträge anzusetzen. Zu den Ausgaben gehören vor allem die laufenden Verwaltungskosten, Versicherungen und auch die Grundsteuer selbst (BVerwG 8.7.1998 – 8 C 23/97, BVerwGE 107, 133; OVG Bautzen 10.9.2019 – 5 A 345/19, BeckRS 2019, 22004; *Troll/Eisele* GrStG § 32 Rn. 5; kritischer zur Grundsteuer als Kostenposition hingegen VG Neustadt 13.7.2020 – 3 K 209/20, BeckRS 2020, 16613). Auch Verbrauchskosten für Gas, Strom und Wasser sind anzusetzen (ebenso *Troll/Eisele* GrStG § 32 Rn. 5; aA VGH München 7.2.1996 – 4 B 94/3727, BeckRS 9998, 74387; VG Neustadt 13.7.2020 – 3 K 209/20, BeckRS 2020, 11613; FinSen Berlin 4.5.2015 – D – G 1163 – 1/2014 – 1, BeckVerw 306183 ua mit der Begründung, dass die Höhe von der Gewohnheit der Nutzer abhängig sei). Entsprechendes gilt auch für Buchführungs- und Steuerberatungskosten, wenn das Objekt vermietet ist. Nicht berücksichtigungsfähig sind hingegen Schuldzinsen oder andere Fremdkapitalkosten, weil die Art der Finanzierung für den Erlass nach § 32 Abs. 1 Nr. 1 GrStG unbeachtlich ist. Dies liegt in der Natur einer Objektsteuer (BVerwG 15.2.1991 – 8 C 3/89, BVerwGE 88, 46 [51 f.];

§ 32 GrStG Abschnitt IV. Erlass der Grundsteuer

8.7.1998 – 8 C 23/97, BVerwGE 107, 133 [138]; VGH München 3.7.2002 – 4 ZB 02/648, DStRE 2004, 148).

16 Der **Kostenbegriff geht allerdings über das Abflussprinzip** hinaus, weil der Rentabilitätsrechnung ein kalkulatorischer Charakter über eine längere Periode innewohnt (→ Rn. 11). Daher sind Instandhaltungsmaßnahmen, die typischerweise nach mehreren Jahren erst anfallen und dann eine Ausgabe in einem größeren Betrag auslösen, kalkulatorisch auf die Jahre ihrer Verursachung zu verteilen. Dies geschieht vor allem durch die Berücksichtigung von Absetzungen für Abnutzungen (BVerwG 15.2.1991 – 8 C 3/89, BVerwGE 88, 46 [48ff.]; VGH München 7.2.1992 – 4 B 88/3359). Denn diese stellen einen typisierenden – auch für grundsteuerliche Zwecke nach § 7 Abs. 4 EStG zu schätzenden – Ausgleich für die Abnutzung des Gebäudes dar und ein auf Erhaltung seines Grundbesitzes bedachter Grundstückseigentümer wird bei Erreichen eines bestimmten Abnutzungsgrades den Ursprungszustand durch entsprechende Investitionen wieder herbeiführen. Darüber hinaus erkennt das BVerwG auch **„Rückstellungen für erwartende größere Reparaturen"** als Kosten iSv § 32 Abs. 1 Nr. 1 GrStG an (BVerwG 8.7.1998 – 8 C 23/97, BVerwGE 107, 133). Das ist grundsätzlich richtig, aber man darf den Begriff der Rückstellung hier nicht im bilanzsteuerrechtlichen Sinne verstehen, der nämlich eine Verpflichtung gegenüber einem Dritten voraussetzt. Im Anwendungsbereich des § 32 Abs. 1 Nr. 1 GrStG kann es hierauf indes nicht ankommen. Allerdings ist in Ansehung von Instandhaltungs- und Reparaturmaßnahmen stets zu prüfen, ob der Steuerpflichtige diese auch tatsächlich tragen muss. Das ist zB nicht der Fall, wenn ein Mieter diese Aufwendungen mietvertraglich übernommen hat. Zudem muss sichergestellt werden, dass es mit der Anerkennung von Absetzungen für Abnutzung einerseits und solchen „Rückstellungen" andererseits nicht zu einer Doppelberücksichtigung ein und derselben künftigen Ausgaben kommt (→ Rn. 17).

17 Die materielle Vorgabe, eine dauernde Unrentabilität zu prognostizieren, trifft verwaltungsrechtlich auf die Vorgabe, dass der Erlass immer nur für ein konkretes Jahr auszusprechen ist und daher anlässlich jeder Erlassentscheidung eine neue Prognose angestellt werden muss. Angesichts der kurzen Erlasszeiträume weiß man daher recht schnell, was der Steuerpflichtige tatsächlich vorausgebracht hat. **Angesichts dessen verwundert es nicht, dass Verwaltungs- und Gerichtspraxis dazu neigen, die Rentabilitätsberechnung soweit möglich als eine ex post zu würdigende Istkostenrechnung zu verstehen.** Dies kommt deutlich in GrStR Abschn. 35 Abs. 2 S. 12ff. zum Ausdruck: „Da erst rückblickend festgestellt werden kann, ob der Rohertrag idR unter den jährlichen Kosten liegt, soll im Zweifelsfall die Gemeinde die Grundsteuer des laufenden Kalenderjahres und der beiden folgenden Kalenderjahre bis zum Ablauf des dritten Kalenderjahres mit dem Ziel des Erlasses stunden. Der Steuerpflichtige hat nach Ablauf der Stundungsfrist die Erlassvoraussetzungen nachzuweisen. Wird der Nachweis nicht erbracht oder ist in mindestens zwei Jahren ein Überschuss erzielt worden, so ist die Grundsteuer rückwirkend für diese drei Jahre zu erheben. Werden die Erlassvoraussetzungen nachgewiesen, ist die Grundsteuer für diese drei Jahre zu erlassen." Der hier eingeführte dreijährige Betrachtungszeitraum wird vom Gesetz nicht vorgegeben. Er schadet aber auch nicht, solange die Notwendigkeit einer dauernden Unrentabilität dadurch nicht aus dem Blick gerät. Er darf zudem nicht dahingehend missverstanden werden, dass nur ein einziges Mal drei Jahre betrachtet werden (VG Gelsenkirchen 16.12.2021 – 5 K 1767/20, BeckRS 2021, 44656). Die Prüfung erfolgt vielmehr so lange und so oft, wie eine Prognose wegen eines Antrages nach § 32 GrStG not-

Erlaß für Kulturgut und Grünanlagen **§ 32 GrStG**

wendig ist. Die rückblickende Vorgehensweise der Verwaltung ist allerdings zum Teil keine Prognose mehr. Sie ist aber aus der Perspektive einer notwendigen Objektivierung ein vertretbarer Weg, soweit es um die regelmäßigen Einnahmen und Ausgaben geht. Die größeren (Instandhaltungs-)Aufwendungen müssen hingegen immer nach Höhe und Verteilungszeitraum geschätzt werden (→ Rn. 16, 18).

Bezüglich der Instandhaltungsaufwendungen darf keine zu strenge An- 18 knüpfung an das Ertragsteuerrecht geübt werden – sei es in Bezug auf den Verteilungszeitraum, sei es in Bezug auf den dort maßgeblichen Grundsatz des Güterverzehrs (pagatorischer Aufwand). In Ansehung der Absetzungen für Abnutzung mag der Rückgriff auf § 7 Abs. 4 EStG eine auch für § 32 Abs. 1 Nr. 1 GrStG brauchbare Typisierung darstellen (der Wertverzehr steht letztlich typisierend repräsentativ für das, was man für das Jahr auch investieren müsste, → Rn. 16). Im Übrigen sind die **Vorgaben des Ertragsteuerrechts für eine Rentabilitätsberechnung hingegen untauglich.** Sowohl die Grundsätze des Betriebsvermögensvergleichs als auch diejenigen einer Überschussrechnung folgen einem eigenen ertragsteuerlichen Telos. Die hierdurch bedingten Abgrenzungsfragen sollte man nicht auf das Grundsteuerrecht durchschlagen lassen. Das gilt namentlich für die Abgrenzungs- und Folgefragen zwischen aktivierungspflichtigen Aufwendungen, die zu den bereits genannten Absetzungen für Abnutzung führen, und dem sog. Erhaltungsaufwand, der ertragsteuerlich sofort abzugsfähig ist. Diese Abgrenzung kann für eine Rentabilitätsprognose, wie sie § 32 Abs. 1 Nr. 1 GrStG erfordert, nicht relevant sein (iErg anders hingegen VGH München 21. 10. 1992 – 4 B 89/1666, BeckRS 1992, 10797). Wenn der Steuerpflichtige in einem Jahr größere Renovierungsaufwendungen getätigt hat, müssen auch diese gleichmäßig auf die Jahre verteilt werden. Denn ein vernünftig denkender Eigentümer würde nach einer Sanierung beginnen, die Kosten für die nächste Sanierung anzusparen. Dies alles gilt auch für **§ 82b EStDV.** Dieser ist für das Grundsteuerrecht ohne Bedeutung und vor allem bedarf es dann auch keiner Überlegungen, ob eine Verteilung durch einen Sofortabzug in den Vorjahren „verbraucht" sein kann (so bei VG Neustadt 13. 7. 2020 – 3 K 209/20, BeckRS 2020, 16613). Für einen Teilaspekt hat die Rechtsprechung die Eigenständigkeit der grundsteuerlichen Rentabilitätsberechnung bereits anerkannt und sich vom Ertragsteuerrecht gelöst: **Sonderabschreibungen sind für § 32 Abs. 1 Nr. 1 GrStG irrelevant** (BVerwG 8. 7. 1998 – 8 C 23/97, BVerwGE 107, 133; VGH München 7. 2. 1992 – 4 B 88/3359). Das gilt namentlich auch für **§ 82i EStDV** (zu Recht OVG Saarlouis 28. 12. 1989 – 1 R 84/87, BeckRS 1989, 08188; aA *Lehmann* in Grootens GrStG § 32 Rn. 31; wohl auch VGH Mannheim 13. 6. 1991 – 2 S 1582/89, ZKF 1993, 83).

Auf die in GrStR Abschn. 35 Abs. 2 S. 12 angesprochene Stundung 19 (→ Rn. 17) **hat der Steuerpflichtige grundsätzlich** (also vorbehaltlich „atypischer Fälle") **einen Anspruch.** Anspruchsgrundlage ist § 222 AO iVm GrStR Abschn. 35 Abs. 2 S. 12 als ermessenslenkender Verwaltungsvorschrift und den Grundsätzen über die Selbstbindung der Verwaltung (OVG Magdeburg 23. 3. 2007 – 4 L 22/07, BeckRS 2007, 144974; OVG Greifswald 16. 9. 2009 – 1 M 65/09, BeckRS 2009, 140663). Durchgesetzt wird der Anspruch im Wege der Verpflichtungsklage (Stundungsentscheidung ist Verwaltungsakt). Dabei liegt es in der Natur der Sache, dass bei der Entscheidung über die Stundung noch nicht gewiss sein kann, ob der Grundbesitz unrentabel iSv § 32 Abs. 1 GrStG ist (OVG Magdeburg 23. 3. 2007 – 4 L 22/07, BeckRS 2007, 144974). Anderenfalls bedürfte es der Stundung nicht und es könnte unmittelbar (abschließend) über den Erlassantrag entschieden werden. Eine Sicherheitsleistung (vgl. § 222 S. 2 AO) kann grund-

§ 32 GrStG   Abschnitt IV. Erlass der Grundsteuer

sätzlich nicht verlangt werden, weil sie in GrStR Abschn. 35 Abs. 2 S. 12 nicht vorgesehen ist (OVG Magdeburg 23.3.2007 – 4 L 22/07, BeckRS 2007, 144974).

III. ... aufgrund der rechtlichen Beschränkungen (Kausalität)

20 Da § 32 Abs. 1 Nr. 1 GrStG bezweckt, einen Ausgleich für die mit dem Denkmalschutz, Naturschutz etc einhergehenden Beschränkungen zu schaffen (→ Rn. 1), wird **als weitere Voraussetzung ein Kausalzusammenhang zwischen dem öffentlichen Erhaltungsinteresse und der Unrentabilität des Grundbesitzes verlangt** (BVerwG 8.7.1998 – 8 C 23/97, BVerwGE 107, 133; 5.5.2015 – 9 C 6/14, NVwZ 2015, 1620; VGH München 7.7.2014 – 4 ZB 13/1567, BeckRS 2014, 54455; *Troll/Eisele* GrStG § 32 Rn. 5a). Die Unrentabilität muss also auf der Denkmalschutzeigenschaft, auf den naturschutzrechtlichen Beschränkungen etc beruhen. Diese Voraussetzung ist grundsätzlich dann erfüllt, wenn ohne die Beschränkungen, die das öffentliche Interesse begründen, entweder von naheliegenden Nutzungsmöglichkeiten Gebrauch gemacht werden könnte, die einen höheren Ertrag erbringen würden, und/oder Kosten eingespart werden könnten, und die sich hieraus ergebende Verbesserung der Ertragssituation einen Einnahmeüberschuss ergäbe (VG Halle 8.10.2010 – 4 A 297/09, BeckRS 2010, 55810; VG Lüneburg 7.10.2011 – 2 A 240/10, BeckRS 2011, 55068). **War der Grundbesitz allerdings auch schon ohne die Beschränkungen unrentabel, dann fehlt es an der notwendigen Kausalität** (BVerwG 8.7.1998 – 8 C 23/97, BVerwGE 107, 133; 5.5.2015 – 9 C 6/14, NVwZ 2015, 1620; OVG Magdeburg 16.9.2009 – 4 L 133/09, BeckRS 2009, 39405; *Troll/Eisele* GrStG § 32 Rn. 5a). Erkennbar wird dies durch eine Rentabilitätsberechnung unter Ausblendung der öffentlich-rechtlichen Beschränkungen (→ Rn. 21).

21 **Der tatsächlichen Nutzung ist eine hypothetische Nutzung gegenüberzustellen, die ohne denkmalschutzrechtliche Beschränkungen in Betracht gekommen wäre.** Dabei ist nicht jede im Entferntesten denkbare, durch die Denkmaleigenschaft verhinderte wirtschaftliche Nutzung zu berücksichtigen. Maßgeblich sind nur solche Nutzungen, die aufgrund der Umstände des Einzelfalls, insb. unter Berücksichtigung der Nutzungsentscheidung des Eigentümers, als realistische Möglichkeit in Betracht kommen (BVerwG 5.5.2015 – 9 C 6/14, NVwZ 2015, 1620). Hiernach können sich Abweichungen im Verhältnis zur Rentabilitätsberechnung auf der Grundlage der tatsächlichen Nutzung sowohl auf der Einnahmen- als auch der Kostenseite ergeben. So kann eine andere Nutzung zu höheren Einnahmen führen. **Der Steuerpflichtige muss daher ua substantiiert Einnahmeerzielungsmöglichkeiten aufzeigen, die durch öffentlich-rechtliche Beschränkungen verhindert werden** (vgl. BVerwG 5.5.2015 – 9 C 6/14, NVwZ 2015, 1620; OVG Bautzen 30.10.2015 – 3 B 277/15, BeckRS 2016, 42777, beide zum Denkmalschutz). Bei den Kosten dürfen nur solche Ausgaben (→ Rn. 15 ff.) ausgeschieden werden, die ohne die Beschränkungen nicht angefallen wären. Das wird idR zu verneinen sein für die Verwaltungskosten, Versicherungen, Grundsteuern, Verbrauchskosten für Gas, Strom und Wasser und bei Vermietung und Verpachtung auch für die Buchführungs- und Steuerberatungskosten (VG Köln 29.9.2015 – 17 K 6132/14, BeckRS 2015, 55698; VG Neustadt 13.7.2020 – 3 K 209/20, BeckRS 2020, 16613). Bei den Instandhaltungs- und Reparaturaufwendungen muss der Frage nachgegangen werden, inwieweit diese wegen der Beschränkungen höher ausfallen. Das betrifft insb. den Denkmalschutz, der Bau- und Unterhaltungsmaßnahmen aufwändiger und damit teurer werden las-

IV. Zugänglichmachung bei Park- und Gartenanlagen (Abs. 1 S. 2)

Grundsätzlich **setzt der Erlass nach § 32 Abs. 1 Nr. 1 S. 1 GrStG nicht voraus, dass der Steuergegenstand der Öffentlichkeit zugänglich ist** (BVerwG 24.6.1960 – VII C 205/59, BVerwGE 11, 32 [35] zu § 26a GrStG 1936/1951). Das ergibt sich heute jedenfalls aus dem Umkehrschluss zu § 32 Abs. 1 Nr. 1 S. 2 GrStG, der von diesem Grundsatz für **Park- und Gartenanlagen** von geschichtlichem Wert eine **Ausnahme** anordnet. Hiernach ist der Erlass ausdrücklich von der zusätzlichen Voraussetzung abhängig, dass sie in dem billigerweise zu fordernden Umfang der Öffentlichkeit zugänglich gemacht sind. Die Zugänglichkeit muss „ohne Weiteres" möglich und auch allgemein erkennbar sein (so GrStR Abschn. 35 Abs. 3 S. 3). Die Erhebung eines Eintrittsgeldes schadet solange nicht, wie seine Bemessung besuchswillige Menschen nicht abschreckt (für die Unschädlichkeit von Eintritt auch *Troll/Eisele* GrStG § 32 Rn. 5). 22

V. Rechtsfolge

Liegen die Voraussetzungen des § 32 Abs. 1 Nr. 1 GrStG vor, hat der Steuerpflichtige einen Anspruch auf den Erlass (zum Rechtsschutz → GrStG § 35 Rn. 16f.). Die Behörde hat **kein Ermessen** (VGH München 21.10.1992 – 4 B 89/1666, BeckRS 1992, 10797). 23

Besteht das Erhaltungsinteresse in Bezug auf den gesamten Steuergegenstand, ist die Grundsteuer in voller Höhe zu erlassen. Es erfolgt keine Unterscheidung zwischen dem Grund und Boden und dem Gebäude. Besteht das besondere Erhaltungsinteresse nur für einen Teil des Steuergegenstandes (→ Rn. 12) und kann hierfür eine gesonderte Rentabilitätsbetrachtung vorgenommen werden (→ Rn. 11), so ist auch nur die hierauf entfallende Grundsteuer zu erlassen. 24

C. Grünanlagen, Spiel- und Sportplätze (Abs. 1 Nr. 2)

I. Erfasste Grundstücke/Grundstücksteile

§ 32 Abs. 1 Nr. 2 GrStG erfasst nur (nicht bereits nach § 3 Abs. 1 S. 1 Nr. 1 oder 3 GrStG steuerbefreite → Rn. 2) öffentliche Grünanlagen (→ Rn. 26) sowie öffentliche Spiel- und Sportplätze (→ Rn. 27f.). Diese Nutzungen allein sind indes nicht ausreichend. Vielmehr **muss die Nutzung der Öffentlichkeit offenstehen** („öffentliche"). Erfasst werden daher nur solche Grundstücke, die dem Erholungs-, Spiel- und Sportzweck nach den Regeln des öffentlichen Sachenrechts gewidmet sind (zur **Widmung** → GrStG § 4 Rn. 12f.). Es ist **nicht ausreichend, dass der Grundstückseigentümer von sich aus das Grundstück für das Publikum geöffnet hat** (überzeugend OVG Magdeburg 28.3.2007 – 4 L 309/06, BeckRS 2008, 33100; OVG Münster 2.12.2011 – 14 A 336/11, BeckRS 2011, 56554; *Lehmann* in Grootens GrStG § 32 Rn. 60; GrStR Abschn. 36 Abs. 2; abweichend wohl *Troll/Eisele* GrStG § 32 Rn. 6: gesonderte Widmung ist nicht erforderlich, wenn die für die Widmung zuständige Gemeinde auch über den Erlass entscheidet). Denn erst mit der Widmung wird der Steuerpflichtige auf die Duldung 25

§ 32 GrStG Abschnitt IV. Erlass der Grundsteuer

der Nutzung durch die Öffentlichkeit verpflichtet und kann sich dieser nicht mehr entziehen. Dass eine solche Beschränkung der eigenen Nutzungsbefugnis erforderlich ist, ergibt sich vor allem aus der Entstehungsgeschichte der Norm (zu § 26a Nr. 4 GrStG 1951 BT-Drs. IV/2125, 2; BT-Drs. IV/2968, 2). Zudem lässt sich hierfür auch der systematische Vergleich mit § 32 Abs. 1 Nr. 1 GrStG anführen, der ebenfalls eine Beschränkung der Eigentümerbefugnisse voraussetzt. Es ist kein Grund dafür ersichtlich, § 32 Abs. 1 Nr. 2 GrStG abweichend hiervon zu verstehen.

26 Der **Begriff der öffentlichen Grünanlage** suggeriert ein gestalterisches Element („Anlage"), das allerdings nicht erforderlich sein dürfte. Entscheidend ist allein die Schaffung von „Erholungsraum" (so die Formulierung in BT-Drs. IV/2125, 2). Hiernach macht es keinen Unterschied, ob eine gepflegte Parkanlage oder ein weitgehend unberührtes Wald- und Wiesenareal mit Wanderwegen vorliegt. Entscheidend ist die Widmung (→ Rn. 25). Bei Wäldern existiert ein allgemeines Betretungsrecht, das die notwendige Widmung entbehrlich macht (→ GrStG § 4 Rn. 16). Mit diesem Verständnis geht keine ausufernde Anwendung des § 32 Abs. 1 Nr. 2 GrStG einher, da bei einem „normalen Wald" typischerweise der Nachweis der Unrentabilitätskausalität (→ Rn. 29) nicht gelingen dürfte. Denn allein das waldrechtliche Betretungsrecht verursacht keine Mehrkosten. § 32 Abs. 1 Nr. 2 GrStG dürfte schließlich auch Wasserflächen erfassen.

27 Der **Begriff des Sportplatzes** setzt die Nutzbarkeit des Platzes für eine Sportart voraus, ohne Letztere irgendwie zu konkretisieren. Der Verwendung des Begriffs „Platz" dürfte immanent sein, dass es sich um eine Fläche im Freien handelt und damit Gebäude kategorisch ausscheiden. Für den Sportbegriff kann auf die Rechtsprechung zu § 52 Abs. 2 Nr. 21 AO zurückgegriffen werden. Erforderlich ist daher eine körperliche, über das ansonsten übliche Maß hinausgehende Aktivität, die durch äußerlich zu beobachtende Anstrengungen oder durch die einem persönlichen Können zurechenbare Kunstbewegung gekennzeichnet ist (statt vieler BFH 27.9.2018 – V R 48/16, BStBl. II 2019, 790).

28 **Spielplätze** sind Anlagen, die von Kindern und Jugendlichen ungehindert für ihre Spiele benutzt werden dürfen (so GrStR Abschn. 36 Abs. 4).

II. Unrentabilität und Kausalität

29 Ebenso wie Abs. 1 Nr. 1 verlangt auch Abs. 1 Nr. 2, dass die jährlichen Kosten idR den Rohertrag übersteigen. Diese Wendung ist in beiden Tatbeständen gleich auszulegen. Es gelten daher die Ausführungen zur Unrentabilität (→ Rn. 11 ff.) und auch zur Kausalität (→ Rn. 20 f.). Es muss die widmungsgemäße Nutzung als Grünanlage, Sport- oder Spielplatz sein, die zur Unrentabilität führt.

III. Rechtsfolge

30 Liegen die Voraussetzungen des § 32 Abs. 1 Nr. 2 GrStG vor, ist die Steuer zu erlassen (**kein Ermessen** → Rn. 23, zum Rechtsschutz → GrStG § 35 Rn. 16 f.). Erfasst die begünstigte Nutzung den gesamten Steuergegenstand, ist die Grundsteuer in voller Höhe zu erlassen. Erfasst sie nur einen Teil des Steuergegenstandes, dann ist nur ein entsprechender Teil der Grundsteuer zu erlassen. Besteht die gesamte wirtschaftliche Einheit nur aus unbebauten Grundstücken, bietet sich für die Aufteilung der reine Flächenmaßstab an.

D. Inventar, dessen Erhaltung im öffentlichen Interesse liegt (Abs. 2)

I. Erfasste Gegenstände

Jenseits (insbesondere) von denkmalrechtlichen Unterschutzstellungen in Bezug 31
auf das Gebäude oder das Grundstück selbst (→ Rn. 7) **kann das Erhaltungsinteresse in Ansehung des Steuergegenstandes ferner durch die Gegenstände vermittelt werden, die sich in dem Gebäude befinden.** Diesen Fall erfasst § 32 Abs. 2 GrStG. Das Gesetz selbst nennt beispielhaft Sammlungen und Bibliotheken. Die Begriffe der Wissenschaft, der Kunst und der Geschichte decken sich mit den Begriffen des § 32 Abs. 1 GrStG (→ Rn. 7). Anders als bei § 32 Abs. 1 GrStG muss die wissenschaftliche, künstlerische oder geschichtliche Bedeutung der untergebrachten Gegenstände allerdings durch die Landesregierung oder die von ihr beauftragte Stelle anerkannt worden sein.

Zuständigkeit und Verfahren der Anerkennung richten sich nach Lan- 32
desrecht. Anders als bei §§ 4 Nr. 5, 5 Abs. 1 Nr. 2 GrStG (→ GrStG § 4 Rn. 34f., → GrStG § 5 Rn. 9) ist die Anerkennungsentscheidung iSv § 32 Abs. 2 GrStG eine Entscheidung der Fachbehörde (und nicht einer Finanzbehörde). Es gilt daher nicht die AO, sondern es gelten die Landesverwaltungsverfahrensgesetze und der Rechtsschutz richtet sich nach der VwGO. Einige Bundesländer haben die Zuständigkeit und einen Ausschnitt des Verfahrens (zum Teil: Antragstellung bei Gemeinde) durch Rechtsverordnung (konkrete Quellennachweise bei → GrStG § 4 Rn. 39) geregelt: § 3 BayGrStAnerkV, § 2 BWGrStAnVO, § 2 GrStBefrZustAO **(Hessen)**, § 2 **NRW**GrStAnerkVO, § 2 **Saar**AnerkV, §§ 2, 3 Abs. 2 **Sächs**GrStAnerkVO, § 1 Abs. 2 **SchlH**GrStGZustVO. Die übrigen Bundesländer haben Zuständigkeit und Verfahren lediglich durch Verwaltungsvorschrift bestimmt: Erlass 11.3.1975 **(Berlin)** – Nr. 3526/75, Steuer- und Zollblatt Bln 1975, 956 mit Aktualisierung durch Erlass FinS Bln 28.11.2012 – III D – G 1106 – 2/2012 – 1, BeckVerw 267917; Erlass 21.12.1993 **(Bbg)**, ABlBbg 1994, 22; Senat **Hbg** Anordnung über die Zuständigkeiten nach dem GrStG 9.11.1976, BStBl. I 1976, 688; Gemeinsamer Runderlass **(M-V)** 20.5.1996 – IV 330 – G 1200 – 9/95, BeckVerw 292653; FM **Nds** 30.11.1976 – G 1106-23-34, BStBl. I 1976, 688; FM **RhPf** 10.5.1976 – G 1106 A/446; FM **LSA** 28.2.1992 – 45 – G 1106 – 1, BStBl. I 1992, 235; FM **Thüringen** 4.4.2001 — G 1102 A-1-201, BeckVerw 292656.

Die gegenüber dem Steuerpflichtigen von der zuständigen Behörde getroffene 33
konkret-individuelle Anerkennungsentscheidung ist ein Verwaltungsakt, der – vorbehaltlich einer Befristung – solange wirksam ist, bis er aufgehoben wird. Die Anerkennungsentscheidung stellt einen Grundlagenbescheid dar (*Troll/Eisele* GrStG § 32 Rn. 7; wohl auch *Lehmann* in Grootens GrStG § 32 Rn. 76: „ist für die Gemeinde verbindlich"). Dies folgt unmittelbar aus § 32 Abs. 2 S. 2 GrStG; der Gesetzgeber ist hier offenkundig von einem gestuften Verwaltungsverfahren ausgegangen.

Die zuständige Behörde verfügt anlässlich der Anerkennungsvorausset- 34
zung nicht über einen Beurteilungsspielraum. Vielmehr ist die Frage, ob die Gegenstände von wissenschaftlicher, künstlerischer oder geschichtlicher Bedeutung sind, **gerichtlich voll überprüfbar.** Denn eine vom Regelmodell des Art. 19 Abs. 4 GG abweichende Zuweisung einer Letztentscheidungskompetenz an die Behörde muss im Gesetz angeordnet werden (sog. normative Ermächtigungslehre, s.

§ 32 GrStG Abschnitt IV. Erlass der Grundsteuer

nur BVerwG 25.11.1993 – 3 C 38/91, BVerwGE 94, 307 [309]; 30.10.2019 – 6 C 18/18, NVwZ 2020, 233 Rn. 12 ff.). Hieran fehlt es bei § 32 Abs. 2 S. 2 GrStG. Das Gericht wird die Frage idR wohl nur sachverständig beraten beantworten können.

II. Nutzbarmachung für Zwecke der Forschung oder Volksbildung

35 Die begünstigten Gegenstände müssen für Zwecke der Forschung oder Volksbildung nutzbar gemacht sein. Der **Zweck der Volksbildung** dürfte auf das laienhafte Allgemeininteresse an den begünstigten Gegenständen abzielen. Es geht darum, dass jeder Interessierte, die Sammlung, Bibliothek etc. besichtigen darf. Die Zugänglichkeit muss „ohne Weiteres" möglich und auch allgemein erkennbar sein (so GrStR Abschn. 37 Abs. 2). In Bezug auf ein Eintrittsgeld gilt das bereits zu § 32 Abs. 1 Nr. 1 S. 2 GrStG Gesagte: Es schadet solange nicht, wie seine Bemessung besuchswillige Menschen nicht abschreckt. Der **Zweck der Forschung** ist hingegen schwieriger zu konkretisieren. Nimmt man das mit dem „oder" in § 32 Abs. 2 GrStG sprachlich angelegte Alternativverhältnis ernst, könnte bereits die Zugangseröffnung für den speziellen Interessenkreis der Wissenschaftler unter Ausklammerung von Nichtwissenschaftlern für § 32 Abs. 2 GrStG ausreichend sein, dh es wäre unschädlich, wenn der Zugang nur einem kleinen Personenkreis gewährt wird. Das dürfte zu erheblichen Abgrenzungs- (Begriff des Wissenschaftlers und der Forschung) und Nachweisproblemen führen. Da in Bezug auf die Zwecke des § 32 Abs. 2 GrStG keine konkreten gesetzgeberischen Überlegungen dokumentiert sind, bleibt allerdings nur der Wortlaut und dieser stellt nun einmal den Zweck der Forschung eigenständig neben den Zweck der Volksbildung.

III. Unrentabilität und Kausalität

36 Der Rohertrag für den Grundbesitz muss durch die Benutzung für die Zwecke des § 32 Abs. 2 GrStG (→ Rn. 35) gemindert sein. Die Finanzverwaltung nennt als Bezugspunkt die „Aufbewahrung der Gegenstände" (GrStR Abschn. 37 Abs. 3 S. 1), während das Gesetz den Ursachenzusammenhang mit der „Benutzung zu den genannten Zwecken" für maßgeblich erklärt und damit die Nutzbarmachung für Zwecke der Forschung und Volksbildung meint. **Erforderlich ist daher ein Vergleich des Rohertrages unter Außerachtlassung der Nutzbarmachung für Zwecke der Forschung oder Volksbildung mit dem tatsächlich erzielten Rohertrag.** Eine Rohertragsminderung iSv § 32 Abs. 2 GrStG stellt sich jedenfalls dann ein, wenn die Gegenstände unentgeltlich zur Schau gestellt werden und der Steuerpflichtige die Räumlichkeiten deshalb nicht selbst oder anderweitig (Vermietung) nutzen kann. In diesem Fall ist der Rohertrag bezogen auf die betroffenen Räumlichkeiten deshalb um 100% gemindert, weil er tatsächlich „null" beträgt, während er mit dem Nutzungswert (also der ortsüblichen Miete, → Rn. 14) anzusetzen ist, wenn der Steuerpflichtige die Räume selbst nutzen kann. Erzielt der Steuerpflichtige durch die Zurschaustellung der begünstigten Gegenstände Eintrittsgelder, sind diese beim tatsächlichen Rohertrag als Einnahmen in Ansatz zu bringen (aA *Lehmann* in Grootens GrStG § 32 Rn. 70; *Troll/Eisele* GrStG § 32 Rn. 7). Entsprechendes gilt für öffentliche Zuschüsse, soweit sie den Ausstellungsgegenständen oder den Ausstellungsräumlichkeiten zuzuordnen sind. Hiervon ging schon Ziff. 33 der Billigkeitsrichtlinien (zuletzt vom 22.1.1940, RStBl. 1940, 31) aus und die Gesetzgeber des § 26a GrStG sowie später des § 32 Abs. 2 GrStG

dürften hieran angeknüpft haben (→ Rn. 3). **Bleiben diese Einnahmen hinter der anderenfalls erzielbaren (ortsüblichen) Miete zurück, ergibt sich eine Rohertragsminderung iSv § 32 Abs. 2 GrStG** (die zugleich über die Höhe des Erlasses entscheidet → Rn. 38). Die Anwendung dieser Grundsätze dürfte vor allem bei privaten Museen einfach zu handhaben sein. Nutzt der Steuerpflichtige die Räumlichkeiten (in nicht bloß untergeordnetem Umfang) auch selbst, wird man für den tatsächlichen Rohertrag einen die Nutzungsbeeinträchtigung angemessen berücksichtigenden Nutzungswert schätzen müssen.

Die notwendige Kausalität zwischen der Nutzbarmachung für Zwecke der Forschung oder Volksbildung und der Rohertragsminderung ergibt sich bei § 32 Abs. 2 GrStG schon aus dem Wortlaut („durch", BVerwG 5.5.2015 – 9 C 6/14, NVwZ 2015, 1620), **dh ein Erlass scheidet aus, wenn der Grundbesitz auch ohne die Nutzung defizitär ist.** Vor allem in Bezug auf die Kosten gelten die Ausführungen zu § 32 Abs. 1 Nr. 1 GrStG entsprechend (→ Rn. 11 ff.). 37

IV. Rechtsfolge

Die Grundsteuer ist in Höhe des Prozentsatzes zu erlassen, um den der Rohertrag gemindert ist. Wird nur ein Teil des Steuergegenstandes für die begünstigten Zwecke genutzt, muss die einheitliche Grundsteuer zuerst aufgeteilt werden. Als Maßstab dürfte sich der Anteil der betroffenen Räumlichkeiten am Grundsteuerwert anbieten. 38

§ 33 Erlass wegen wesentlicher Reinertragsminderung bei Betrieben der Land- und Forstwirtschaft

(1) ¹**Die Grundsteuer wird in Höhe von 25 Prozent erlassen, wenn bei Betrieben der Land- und Forstwirtschaft der tatsächliche Reinertrag des Steuergegenstandes um mehr als 50 Prozent gemindert ist und der Steuerschuldner die Minderung des tatsächlichen Reinertrags nicht zu vertreten hat.** ²Beträgt die vom Steuerschuldner nicht zu vertretende Minderung des tatsächlichen Reinertrags 100 Prozent, ist die Grundsteuer abweichend von Satz 1 in Höhe von 50 Prozent zu erlassen. ³Der tatsächliche Reinertrag eines Betriebs der Land- und Forstwirtschaft ermittelt sich nach den Grundsätzen des § 236 Absatz 3 Satz 1 und 2 des Bewertungsgesetzes für ein Wirtschaftsjahr. ⁴Er gilt als in dem Erlasszeitraum bezogen, in dem das für den Betrieb der Land- und Forstwirtschaft maßgebliche Wirtschaftsjahr endet.

(2) ¹Der Erlass nach Absatz 1 wird nur gewährt, wenn die Einziehung der Grundsteuer nach den wirtschaftlichen Verhältnissen des Betriebs unbillig wäre. ²Ein Erlass nach Absatz 1 ist insbesondere ausgeschlossen, wenn für den Betrieb der Land- und Forstwirtschaft nach § 4 Absatz 1, § 4 Absatz 3 oder § 13a des Einkommensteuergesetzes für dasjenige Wirtschaftsjahr ein Gewinn ermittelt wurde, das im Erlasszeitraum bei der Ermittlung des tatsächlichen Reinertrags nach Absatz 1 zugrunde zu legen ist.

(3) Eine Ertragsminderung ist kein Erlassgrund, wenn sie für den Erlasszeitraum durch Fortschreibung des Grundsteuerwerts berücksichtigt werden kann oder bei rechtzeitiger Stellung des Antrags auf Fortschreibung hätte berücksichtigt werden können.

§ 33 GrStG   Abschnitt IV. Erlass der Grundsteuer

[Fassung bis 31.12.2024:

***§ 33** Erlaß wegen wesentlicher Ertragsminderung*

(1) ¹Ist bei Betrieben der Land- und Forstwirtschaft und bei bebauten Grundstücken der normale Rohertrag des Steuergegenstandes um mehr als 50 Prozent gemindert und hat der Steuerschuldner die Minderung des Rohertrags nicht zu vertreten, so wird die Grundsteuer in Höhe von 25 Prozent erlassen. ²Beträgt die Minderung des normalen Rohertrags 100 Prozent, ist die Grundsteuer in Höhe von 50 Prozent zu erlassen. ³Bei Betrieben der Land- und Forstwirtschaft und bei eigengewerblich genutzten bebauten Grundstücken wird der Erlass nur gewährt, wenn die Einziehung der Grundsteuer nach den wirtschaftlichen Verhältnissen des Betriebs unbillig wäre. ⁴Normaler Rohertrag ist

1. bei Betrieben der Land- und Forstwirtschaft der Rohertrag, der nach den Verhältnissen zu Beginn des Erlasszeitraums bei ordnungsmäßiger Bewirtschaftung gemeinhin und nachhaltig erzielbar wäre;

2. bei bebauten Grundstücken die nach den Verhältnissen zu Beginn des Erlasszeitraums geschätzte übliche Jahresrohmiete.

(2) Bei eigengewerblich genutzten bebauten Grundstücken gilt als Minderung des normalen Rohertrags die Minderung der Ausnutzung des Grundstücks

(3) Umfaßt der Wirtschaftsteil eines Betriebs der Land- und Forstwirtschaft nur die forstwirtschaftliche Nutzung, so ist die Ertragsminderung danach zu bestimmen, in welchem Ausmaß eingetretene Schäden den Ertragswert der forstwirtschaftlichen Nutzung bei einer Wertfortschreibung mindern würden.

(4) ¹Wird nur ein Teil des Grundstücks eigengewerblich genutzt, so ist die Ertragsminderung für diesen Teil nach Absatz 2, für den übrigen Teil nach Absatz 1 zu bestimmen. ²Umfaßt der Wirtschaftsteil eines Betriebs der Land- und Forstwirtschaft nur zu einem Teil die forstwirtschaftliche Nutzung, so ist die Ertragsminderung für diesen Teil nach Absatz 3, für den übrigen Teil nach Absatz 1 zu bestimmen. ³In den Fällen der Sätze 1 und 2 ist für den ganzen Steuergegenstand ein einheitlicher Hundertsatz der Ertragsminderung nach dem Anteil der einzelnen Teile am Einheitswert des Grundstücks oder am Wert des Wirtschaftsteils des Betriebs der Land- und Forstwirtschaft zu ermitteln.

(5) Eine Ertragsminderung ist kein Erlaßgrund, wenn sie für den Erlaßzeitraum durch Fortschreibung des Einheitswerts berücksichtigt werden kann oder bei rechtzeitiger Stellung des Antrags auf Fortschreibung hätte berücksichtigt werden können.]

Gilt nicht in **Baden-Württemberg** (dort § 57 BWLGrStG).

A. Allgemeines

I. Systematische Einordnung und Zweck der Vorschrift

1   Für die Grundsteuer ist es konzeptionell ohne Belang, ob ein Betrieb der Land- und Forstwirtschaft tatsächlich Ertrag abwirft oder nicht (→ Grundlagen Rn. 98 ff., 131). Diesen Grundsatz durchbrechen die §§ 32 ff. GrStG. Vor allem §§ 33, 34 GrStG finden ihre Legitimation insoweit im Grundsatz der Verhältnismäßigkeit (→ GrStG § 34 Rn. 1). Hier wie dort sucht der Gesetzgeber den Ausgleich über eine typisierende Betrachtung mittels zweier „Stufen" (mehr als 50% und 100%).

Erlass wegen wesentlicher Reinertragsminderung in LuF **§ 33 GrStG**

Anders als § 34 GrStG ist § 33 GrStG konzeptionell mit der Grundsteuerwertermittlung verzahnt (→ Rn. 6). Ansonsten decken sich die gesetzlichen Wertungen. Die prägenden Voraussetzungen sind die fehlende Verantwortlichkeit für die Reinertragsminderung und die Unbilligkeit der Einziehung. Die Regelung gilt für alle Nutzungen und Nutzungsarten iSv § 237 BewG gleichermaßen. Anders als nach altem Recht ist keine Sonderregelung für (rein) forstwirtschaftliche Nutzungen mehr vorgesehen.

II. Entwicklung der Vorschrift

§ 33 GrStG enthält seit dem Grundsteuerreformgesetz v. 7.8.1973 (zu § 33   2
GrStG BT-Drs. VI/3418, 95f.; im Übrigen → Grundlagen Rn. 7) einen Erlasstatbestand, der an eine wesentliche Ertragsminderung anknüpft. Mit dem Grundsteuererreformgesetz v. 26.11.2019 (→ Grundlagen Rn. 12) wurde der Erlasstatbestand auf Betriebe der Land- und Forstwirtschaft beschränkt und in § 34 GrStG für Grundstücke ein gesonderter Erlasstatbestand geschaffen. Die Entwicklung des § 33 GrStG wird daher gesamthaft bei § 34 GrStG nachgezeichnet (→ GrStG § 34 Rn. 3).

III. Verfahrensrecht

Der Erlass erfolgt nur auf Antrag, der fristgebunden ist (§ 35 Abs. 1 GrStG, zum   3
Erlassverwaltungsverfahren → GrStG § 35 Rn. 3ff.). Die Erlassentscheidung ist ein Verwaltungsakt (→ GrStG § 35 Rn. 5, dort auch zur Aufhebung und Änderung). Lehnt die Gemeinde den beantragten Erlass ab, muss die Steuerpflichtige eine Verpflichtungsklage erheben, je nach Landesrecht muss oder kann auch ein Widerspruchsverfahren vorgeschaltet sein (→ GrStG § 35 Rn. 16f. zum Rechtsschutz).

B. Minderung des tatsächlichen Reinertrages (Abs. 1)

I. Reinertragsminderung

1. Vergleich des tatsächlichen Reinertrages mit dem typisierten Rein- 4
ertrag. § 33 Abs. 1 GrStG setzt eine Reinertragsminderung von mehr als 50 % und damit den **Vergleich zweier Größen** voraus. Dies sind **(1) der Reinertrag, wie er sich durch Anwendung der §§ 237 f. BewG ergibt** (also die Summe der Reinerträge vor Kapitalisierung, vgl. § 239 BewG), und **(2) der tatsächlich erwirtschaftete Reinertrag ermittelt nach Maßgabe des § 33 Abs. 1 S. 3 GrStG iVm § 236 Abs. 3 S. 1, 2 BewG** (→ Rn. 6). Das Gesetz nennt zwar – anders als § 34 GrStG – die den „Normalzustand" abbildende Größe nicht ausdrücklich, allerdings ergibt sich aus der Bezugnahme auf § 236 Abs. 3 S. 1, 2 BewG, dass der Vergleich mit dem gesetzlich typisierten Reinertrag gewollt ist. Der Vergleich ist stets für den gesamten Betrieb vorzunehmen und nicht lediglich für einzelne Nutzungen.

Für **(rein) forstwirtschaftliche Nutzungen** gelten keine Besonderheiten. 5
§ 33 Abs. 3 GrStG aF ist nicht übernommen worden. Die Regelung trug dem Umstand Rechnung, dass ein schadensstiftendes Naturereignis bei Forstbetrieben im Jahr des Ereignisses uU gar keine Ertragsminderung, sondern eine Ertragserhöhung bewirkt hat (verstärkter Rohholzanfall nach Stürmen, vgl. zu § 33 Abs. 3 GrStG aF *Troll/Eisele* GrStG § 33 Rn. 26). Unter Geltung des § 33 GrStG nF besteht für eine

Sonderregelung auch kein Anlass: Sofern sich die Vernichtung eines Teils der Holzbestände in den Folgejahren in Gestalt niedrigerer Erträge auswirkt, kann es zu einer von der Durchschnittsbewertung des § 237 BewG abweichenden Ertragslage kommen. Wirkt das Schadensereignis dergestalt in den künftigen Ertragsminderungen fort und werden die Verhältnisgrenzen des § 33 GrStG überschritten bzw. erreicht, dann hat der Steuerpflichtige diese Ertragsminderung (Naturereignis) nicht zu vertreten (→ Rn. 7).

6 **2. Ermittlung des tatsächlichen Reinertrages.** Der Normalzustand (= Reinertrag nach Maßgabe der §§ 237f. BewG, → Rn. 4) ist durch eine typisierte Durchschnittsgröße geprägt, der bestimmte Prämissen zugrunde liegen. Ein Vergleich mit dieser Größe kann daher nur dann in sich stimmig sein, wenn auch die zweite Größe (= der geminderte Reinertrag) in Bezug auf diese Prämissen vergleichbar gemacht wird. Das hat auch der Gesetzgeber erkannt und ordnet daher in § 33 Abs. 1 S. 3 GrStG an, dass der **tatsächliche Reinertrag** nach den Grundsätzen des § 236 Abs. 3 S. 1, 2 BewG zu ermitteln ist. **Der Steuerpflichtige muss also bezogen auf seinen Betrieb eine Reinertragsgewinnermittlung vorlegen, die dem Leitbild eines pacht- und schuldenfreien Betriebes mit entlohnten Arbeitskräften entspricht** (→ BewG § 236 Rn. 7). In der Regel dürfte es ausreichend sein, wenn der ertragsteuerliche Gewinn um Einmaleffekte (Veräußerungsgewinne uÄ), Pachtzinsen und Fremdkapitalzinsen bereinigt wird und sodann für den Betriebsleiter und nicht entlohnte Arbeitskräfte ein angemessener Lohn in Abzug gebracht wird. Von einer solchen Vorgehensweise (= Ausgangspunkt bildet der ertragsteuerliche Gewinn) scheint auch der Gesetzgeber auszugehen, wenn er in § 33 Abs. 1 S. 4 GrStG anordnet, dass der tatsächlich erzielte Reinertrag als in dem Erlasszeitraum bezogen gilt, in dem das für den Betrieb der Land- und Forstwirtschaft maßgebliche Wirtschaftsjahr endet. Denn mit dieser Fiktion wird dem Umstand Rechnung getragen, dass der Steuerpflichtige vielfach nur über eine Gewinnermittlung für den Zeitraum 1.7. bis 30.6. des Folgejahres verfügt (vgl. § 4a EStG, ergänzend auch → BewG § 235 Rn. 4). Eine solche Regelung ergibt nur Sinn, wenn das ertragsteuerliche Ergebnis zumindest den Ausgangspunkt der Betrachtung bilden soll.

II. Kein Vertretenmüssen der Ertragsminderung durch den Steuerpflichtigen

7 Der Steuerpflichtige darf die Reinertragsminderung nicht zu vertreten haben. Das setzt voraus, dass der Steuerpflichtige die Minderung weder durch ein ihm zurechenbares Verhalten herbeigeführt noch sie durch geeignete und zumutbare Maßnahmen hat abwenden können (vgl. BVerwG 15.4.1983 – 8 C 146/81, BeckRS 1983, 31287397; 26.5.1989 – 8 C 20/87, NVwZ-RR 1990, 324 [325]). Entscheidend ist immer der Einzelfall. Es lässt sich aber zumindest verallgemeinernd festhalten, dass von außen auf den Betrieb einwirkende Ereignisse dem Steuerpflichtigen nicht zuzurechnen sind (zB Naturereignisse). Die Gesetzesbegründung zu § 33 GrStG aF nennt beispielhaft Ernteausfälle aufgrund von Hochwasser, Dürre, Hagel (BT-Drs. VI/3418, 95) und GrStR Abschn. 38 Abs. 3 ergänzt dies noch um Auswinterung, Viehseuchen, Eis, Schnee- und Windbruch, Windwurf, Erdbeben, Bergrutsch, Waldbrand und andere nicht abwendbare Ereignisse ähnlicher Art. Entscheidet sich der Steuerpflichtige hingegen bewusst für die Nichtbewirtschaftung von Flächen (Sozialbrache uÄ), dann liegt die hiermit

Erlass wegen wesentlicher Reinertragsminderung in LuF **§ 33 GrStG**

einhergehende Ertragsminderung in seinem Verantwortungsbereich (GrStR Abschn. 38 Abs. 3 S. 3). Im Übrigen kann auf die Ausführungen zu § 34 Abs. 2 GrStG verwiesen werden (→ GrStG § 34 Rn. 49ff.), die für § 33 GrStG sinngemäß gelten.

III. Unbilligkeit der Einziehung im Einzelfall (Abs. 2)

Das Gesetz belässt es nicht bei der Reinertragsminderung und dem fehlenden 8
Vertretenmüssen als Erlassvoraussetzungen, sondern verlangt – ebenso wie bei einer eigengewerblichen Nutzung eines Grundstücks – zusätzlich, dass die Einziehung der Grundsteuer nach den wirtschaftlichen Verhältnissen des Betriebes unbillig wäre (§ 33 Abs. 2 GrStG). Bezugspunkt ist der einzelne Betrieb der Land- und Forstwirtschaft (→ GrStG § 34 Rn. 55). Die Rechtsprechung konkretisiert die Unbilligkeit dahingehend, dass **der Steuerpflichtige im Erlasszeitraum ein negatives Betriebsergebnis erzielt haben muss und dass der ungekürzten Grundsteuer als Aufwandsposition mehr als nur geringfügiges Gewicht innerhalb des negativen Betriebsergebnisses zukommen muss** (so BVerwG 29.9.1982 – 8 C 50/81, NVwZ 1983, 159; 26.5.1989 – 8 C 20/87, NVwZ-RR 1990, 324 jeweils für eigengewerblich genutzte Grundstücke, aber auf § 33 GrStG übertragbar; → GrStG § 34 Rn. 54ff.). Ergänzend hierzu (Wortlaut: „insbesondere") enthält § 33 Abs. 2 S. 2 GrStG eine gesetzliche Billigkeitsfiktion, wonach der Erlass immer dann ausgeschlossen ist, wenn für den Betrieb der Land- und Forstwirtschaft nach § 4 Abs. 1 EStG (Betriebsvermögensvergleich), § 4 Abs. 3 EStG (Überschussrechnung) oder § 13 a EStG (Durchschnittssatzgewinnermittlung) für dasjenige Wirtschaftsjahr ein Gewinn ermittelt wurde, das im Erlasszeitraum bei der Ermittlung des tatsächlichen Reinertrags nach § 33 Abs. 1 GrStG zugrunde zu legen ist (das also im Erlasszeitraum endet, analog § 33 Abs. 1 S. 4 GrStG). Die Regelung bedeutet für viele Land- und Forstwirte, die ihren Gewinn nach Durchschnittssätzen ermitteln, praktisch einen Ausschluss von der Erlassregelung des § 33 GrStG. Denn bei einer Gewinnermittlung nach § 13 a EStG können allenfalls negative Sondergewinne iSv § 13 a Abs. 7 EStG und die Sondernutzungen zu einem insgesamt negativen Ergebnis führen (*Krumm* in KSM EStG § 13 a Rn. D1; *Nacke* in Brandis/Heuermann EStG § 13 a Rn. 63).

IV. Keine bereits eingetretene Existenzvernichtung als Negativvoraussetzung

Die Rechtsprechung hat zu § 33 GrStG aF entschieden, dass ein Erlass nicht in 9
Betracht komme, wenn die wirtschaftliche Existenz des Steuerpflichtigen im Erlasszeitraum (bereits) vernichtet ist. Dann komme der Erlass wirtschaftlich nur noch den Gläubigern zugute, was nicht Zweck des § 33 GrStG sei. Die einschlägigen Entscheidungen betreffen – soweit ersichtlich – nur Grundstücke (vgl. BVerwG 15.4.1983 – 8 C 52/81, NVwZ 1984, 311; OVG Koblenz 28.6.2010 – 6 A 10376/10, BeckRS 2010, 50300; VG München 14.6.2012 – 10 K 11/4717, BeckRS 2012, 55560). Die Grundaussage dürfte allerdings auch für Betriebe der Land- und Forstwirtschaft gelten. Im Einzelnen kann insoweit auf die Ausführungen zu § 34 GrStG verwiesen werden (→ GrStG § 34 Rn. 37, dort auch zur Kritik an dieser Rechtsprechung).

§ 34 GrStG Abschnitt IV. Erlass der Grundsteuer

V. Rechtsfolge

10 Ergibt der Vergleich des tatsächlich erzielten Reinertrages (→ Rn. 6) mit dem typisierten Reinertrag (→ Rn. 4) eine Abweichung von mehr als 50% ist zumindest ein Erlass der Grundsteuer in Höhe von 25% auszusprechen. Bei einer Minderung von 100% sieht das Gesetz einen Erlass von 50% der Grundsteuer vor.

11 Die Entscheidung über den Erlass ist keine Ermessensentscheidung. Der Steuerpflichtige hat einen Anspruch auf den Erlass (BT-Drs. VI/3418, 94; BFH 24.10.2007 – II R 5/05, BStBl. II 2008, 384). Die Erlassentscheidung ist ein Verwaltungsakt. Mit ihrer Bekanntgabe erlischt die Grundsteuerschuld (§ 47 AO, zu den Rechtsfolgen und zur Beständigkeit der Erlassentscheidung → GrStG § 35 Rn. 5 ff., zum Rechtsschutz → GrStG § 35 Rn. 16 f.).

C. Vorrang der Wert-/Artfortschreibung (Abs. 3)

12 Eine Ertragsminderung ist kein Erlassgrund, wenn sie für den Erlasszeitraum durch Fortschreibung des Grundsteuerwerts berücksichtigt werden kann oder bei rechtzeitiger Stellung des Antrags auf Fortschreibung hätte berücksichtigt werden können. Inwieweit diese Regelung in Anbetracht der weitgehenden Entkopplung der Reinertragsermittlung von den konkreten betrieblichen Verhältnissen (→ BewG § 236 Rn. 8) noch Bedeutung haben wird, bleibt abzuwarten. Unseres Erachtens ist es durchaus denkbar, dass § 33 Abs. 3 GrStG keinen Anwendungsbereich hat.

§ 34 Erlass wegen wesentlicher Ertragsminderung bei bebauten Grundstücken

(1) ¹Die Grundsteuer wird in Höhe von 25 Prozent erlassen, wenn bei bebauten Grundstücken der normale Rohertrag des Steuergegenstandes um mehr als 50 Prozent gemindert ist und der Steuerschuldner die Minderung des normalen Rohertrags nicht zu vertreten hat. ²Beträgt die vom Steuerschuldner nicht zu vertretende Minderung des normalen Rohertrags 100 Prozent, ist die Grundsteuer abweichend von Satz 1 in Höhe von 50 Prozent zu erlassen. ³Normaler Rohertrag ist bei bebauten Grundstücken die nach den Verhältnissen zu Beginn des Erlasszeitraums geschätzte übliche Jahresmiete. ⁴Die übliche Jahresmiete ist in Anlehnung an die Miete zu ermitteln, die für Räume gleicher oder ähnlicher Art, Lage und Ausstattung regelmäßig gezahlt wird. ⁵Betriebskosten sind nicht einzubeziehen.

(2) ¹Bei eigengewerblich genutzten bebauten Grundstücken gilt als Minderung des normalen Rohertrags die Minderung der Ausnutzung des Grundstücks. ²In diesen Fällen wird der Erlass nach Absatz 1 nur gewährt, wenn die Einziehung der Grundsteuer nach den wirtschaftlichen Verhältnissen des Betriebs unbillig wäre.

(3) ¹Wird nur ein Teil des Grundstücks eigengewerblich genutzt, so ist die Ertragsminderung für diesen Teil nach Absatz 2, für den übrigen Teil nach Absatz 1 zu bestimmen. ²In diesen Fällen ist für den ganzen Steuergegenstand ein einheitlicher Prozentsatz der Ertragsminderung nach dem

Erlass wegen Ertragsminderung bei bebauten Grundstücken § 34 GrStG

Anteil der einzelnen Teile am Grundsteuerwert des Grundstücks zu ermitteln.

(4) Eine Ertragsminderung ist kein Erlassgrund, wenn sie für den Erlasszeitraum durch Fortschreibung des Grundsteuerwerts berücksichtigt werden kann oder bei rechtzeitiger Stellung des Antrags auf Fortschreibung hätte berücksichtigt werden können.

[Fassung bis 31.12.2024:

§ 34 Verfahren

(1) ¹Der Erlaß wird jeweils nach Ablauf eines Kalenderjahres für die Grundsteuer ausgesprochen, die für das Kalenderjahr festgesetzt worden ist (Erlaßzeitraum). ²Maßgebend für die Entscheidung über den Erlaß sind die Verhältnisse des Erlaßzeitraums.

(2) ¹Der Erlaß wird nur auf Antrag gewährt. ²Der Antrag ist bis zu dem auf den Erlaßzeitraum folgenden 31. März zu stellen.

(3) ¹In den Fällen des § 32 bedarf es keiner jährlichen Wiederholung des Antrags. ²Der Steuerschuldner ist verpflichtet, eine Änderung der maßgeblichen Verhältnisse der Gemeinde binnen drei Monaten nach Eintritt der Änderung anzuzeigen.]

Gilt nicht in **Baden-Württemberg** (dort § 58 BWLGrStG). In **Hessen** Modifikation durch § 14 HGrStG und in **Niedersachsen** durch § 10 NGrStG.

Übersicht

	Rn.
A. Allgemeines	1
I. Systematische Einordnung und Zweck der Vorschrift	1
II. Entwicklung der Vorschrift	2
III. Verfahrensrecht	4
B. Ertragsminderung bei vermieteten bzw. nicht gewerblich selbstgenutzten bebauten Grundstücken (Abs. 1)	5
I. Minderung des normalen Rohertrages	5
1. Vergleich der üblichen Jahresmiete mit der tatsächlich erzielten Miete in Bezug auf ein bebautes Grundstück	5
2. Ermittlung der üblichen Jahresmiete	8
3. Ermittlung der tatsächlich erzielten Miete bzw. eines Ersatzwertes bei Selbstnutzung	17
II. Kein Vertretenmüssen der Ertragsminderung durch den Steuerpflichtigen	20
III. Keine bereits eingetretene Existenzvernichtung als Negativvoraussetzung	37
IV. Rechtsfolge	38
C. Eigengewerblich genutzte Grundstücke (Abs. 2)	41
I. Eigengewerbliche Nutzung	41
II. Minderung der Ausnutzung des Grundstücks	43
III. Kein Vertretenmüssen der Minderung der Ausnutzung	49
IV. Keine bereits eingetretene Existenzvernichtung als Negativvoraussetzung	53
V. Unbilligkeit der Einziehung der Grundsteuer	54
D. Gemischt genutzte Grundstücke (Abs. 3)	57
E. Vorrang der Wert-/Artfortschreibung (Abs. 4)	58

§ 34 GrStG   Abschnitt IV. Erlass der Grundsteuer

A. Allgemeines

I. Systematische Einordnung und Zweck der Vorschrift

1   Die Grundsteuer ist ihrem Wesen nach eine Objektsteuer, dh auf die Erhebung der Grundsteuer hat es grundsätzlich keinen Einfluss, ob das Steuerobjekt einen Ertrag abwirft oder nicht bzw. ob es nutzbar ist oder nicht (→ Grundlagen Rn. 98 ff., Rn. 131). Diesen Grundsatz der Ertragsunabhängigkeit hat der Gesetzgeber ua durch die Bestimmung des § 34 GrStG für die dort geregelten Fälle durchbrochen. Jenseits des § 34 GrStG und der weiteren Erlasstatbestände normierenden §§ 32, 33 GrStG muss der Steuerpflichtige die Typisierung hinnehmen. Mit der Erlassregelung in § 34 GrStG will der Gesetzgeber einen verhältnismäßigen Ausgleich zwischen dieser Typisierung und der bei fehlenden Erträgen bzw. fehlenden Nutzbarkeit drohenden Besteuerungshärte herbeiführen. Anlässlich des JStG 2009 (→ Rn. 3) spricht der Gesetzgeber von einer „gerechten Lastenverteilung zwischen dem Grundstückseigentümer und der Gemeinde", zu der § 34 GrStG beitragen solle (BT-Drs. 16/11108, 62). Der BFH spricht von einem „Korrektiv", um im Einzelfall eine verfassungswidrige Besteuerung zu vermeiden (BFH 30.7.2008 – II R 5/07, BFH/NV 2009, 7). Er weist allerdings auch darauf hin, dass (jedenfalls) geringe Minderungen des Ertrages von Verfassungswegen keine Erlassvorschrift bedingen und daher gegen die 50%-Mindestertragsminderung des § 34 Abs. 1 GrStG keine verfassungsrechtlichen Bedenken bestehen (BFH 18.4.2012 – II R 36/10, BStBl. II 2012, 867 zu § 33 GrStG). Die als „ungerecht" (unverhältnismäßig) empfundene Steuererhebung ist nach § 34 Abs. 1 GrStG im Wesentlichen dadurch geprägt, dass den Steuerpflichtigen „keine Schuld" an der Ertragsminderung (bzw. der geminderten Ausnutzung, § 34 Abs. 2 GrStG) trifft. Diese Verantwortlichkeitsfrage ist einer der wesentlichen Dreh- und Angelpunkte anlässlich der Anwendung des § 34 GrStG (→ Rn. 20 ff., → Rn. 49 ff.) und sie ist eine Frage des Einzelfalls. Bei eigengewerblich genutzten Grundstücken kommt sodann noch als weitere Erfordernis der Unbilligkeit der Einziehung hinzu (§ 34 Abs. 2 S. 2 GrStG, → Rn. 54 ff.). Im Übrigen sucht der Gesetzgeber den gerechten Ausgleich hingegen wiederum mittels Typisierung. § 33 Abs. 1 GrStG kennt nur zwei „Erlassstufen": mehr als 50 % Ertragsminderung (= Erlass iHv 25 %) und 100 % Ertragsminderung (= Erlass iHv 50 %). Beide Tatbestände schließen einen Billigkeitserlass nach § 227 AO nicht aus, belassen diesem allerdings nur noch einen kleinen Anwendungsbereich (→ GrStG § 28 Rn. 23 ff.).

II. Entwicklung der Vorschrift

2   Bis zur Grundsteuerreform 2019 enthielt § 34 GrStG verfahrensrechtliche Bestimmungen für den Erlass wegen wesentlicher Ertragsminderung. Mit dem Grundsteuerreformgesetz vom 26.11.2019 (→ Grundlagen Rn. 13) hat der Gesetzgeber den Regelungsgehalt des vormaligen § 33 GrStG auf zwei Normen aufgespalten: § 33 GrStG befasst sich nur noch mit der Ertragsminderung bei einem Betrieb der Land- und Forstwirtschaft, während der neu formulierte § 34 GrStG sich der Ertragsminderung bei bebauten Grundstücken annimmt. Der vormalige § 34 GrStG ist zu § 35 GrStG geworden (zur Entwicklung des vormaligen § 34 GrStG → GrStG § 35 Rn. 2).

Erlass wegen Ertragsminderung bei bebauten Grundstücken § 34 GrStG

§ 33 GrStG idF des Grundsteuerreformgesetzes vom 7.8.1973 (→ Grundlagen 3
Rn. 8) sah vor, dass die Grundsteuer für Betriebe der Land- und Forstwirtschaft
und bebaute Grundstücke teilweise zu erlassen ist, wenn der normale Rohertrag
um mehr als 20% gemindert ist und der Steuerschuldner diese Minderung nicht zu
vertreten hat. Die Ertragsminderung war zugleich auch die Bemessungsgrundlage
für die Höhe des Erlasses, der nämlich in Höhe von 4/5 der Ertragsminderung zu
gewähren war. Maximal konnte daher ein Erlass in Höhe von 80% erreicht werden.
Die verbleibenden 20% sollten der Teil der Grundsteuer sein, der (typisierend) auf
den Grund und Boden entfalle und daher nicht erlassen werden könne (BT-Drs.
VI/3418, 95). Nachdem der BFH einen Grundsteuererlass – entgegen der bis dahin
vorherrschenden Rechtsprechung des BVerwG – auch bei strukturell bedingtem
Leerstand für möglich erachtet hatte (→ Rn. 19), befürchteten die Gemeinden
wohl erhebliche Grundsteuerausfälle. Der Gesetzgeber schränkte daraufhin den
Grundsteuererlass wegen Ertragsminderung mit dem JStG 2009 v. 19.12.2008
(BGBl. 2008 I 2794; dazu BT-Drs. 16/11108, 62) ein. Bereits rückwirkend für den
Ergebungszeitraum 2008 (vgl. BFH 18.4.2012 – II R 36/10, BStBl. II 2012, 867:
verfassungsrechtlich zulässige Rückwirkung; die hiergegen gerichtete Verfassungsbeschwerde wurde von BVerfG 1.9.2014 – 1 BvR 1375/12 nicht zur Entscheidung
angenommen) war ein Erlass fortan nur noch für zwei Stufen der Ertragsminderung
vorgesehen: Bei einer Ertragsminderung um mehr als 50% waren 25% zu erlassen,
bei einer Ertragsminderung in Höhe von 100% waren 50% zu erlassen. Bei dieser
Gelegenheit wurde der Begriff des normalen Rohertrages ferner dahingehend verändert, dass fortan sowohl bei vermieteten als auch nicht vermieteten Steuergegenständen – losgelöst vom gewählten Bewertungsverfahren – immer die übliche Jahresmiete für maßgeblich erklärt wurde. Die bei Vermietung tatsächlich vereinbarte
Miete wurde damit zu einer (wenngleich wichtigen) Erkenntnisquelle für die Ermittlung der üblichen Jahresmiete, war aber nicht mehr unmittelbar maßgeblich
(vgl. → Rn. 10). Diese Regelungen des § 33 GrStG idF des JStG 2009 wurden betreffend die bebauten Grundstücke mit dem Grundsteuerreformgesetz vom
26.11.2019 (→ Rn. 2) in § 34 GrStG überführt. Bei dieser Gelegenheit wurde § 34
GrStG zudem um eine eigene Konkretisierung der üblichen Jahresmiete ergänzt,
weil die insoweit bisher herangezogene Regelung in § 79 Abs. 2 S. 2 BewG mit Ablauf des 31.12.2024 außer Kraft tritt.

III. Verfahrensrecht

Der Erlass erfolgt nur auf Antrag, der fristgebunden ist (§ 35 Abs. 1 GrStG, 4
zum Erlassverfahren und zum maßgeblichen Betrachtungszeitraum/-zeitpunkt
→ GrStG § 35 Rn. 3ff.). Zuständig ist grundsätzlich die steuererhebungsberechtigte Gemeinde, in den Stadtstaaten Berlin und Hamburg sowie für die Stadtgemeinde Bremen hingegen das Finanzamt als Landesfinanzbehörde (→ Grundlagen Rn. 42). Die Erlassentscheidung ist ein Verwaltungsakt (→ GrStG § 35
Rn. 5f., dort auch zur Aufhebung und Änderung). Lehnt die Gemeinde den beantragten Erlass ab, muss der Steuerpflichtige eine Verpflichtungsklage erheben, je
nach Landesrecht muss oder kann auch ein Widerspruchsverfahren vorgeschaltet
sein (→ GrStG § 35 Rn. 16f. zum Rechtsschutz).

B. Ertragsminderung bei vermieteten bzw. nicht gewerblich selbstgenutzten bebauten Grundstücken (Abs. 1)

I. Minderung des normalen Rohertrages

5 **1. Vergleich der üblichen Jahresmiete mit der tatsächlich erzielten Miete in Bezug auf ein bebautes Grundstück.** Grundvoraussetzung für einen Erlass nach § 34 GrStG ist eine „Minderung des normalen Rohertrages" (kurz: Ertragsminderung) **bei einem bebauten Grundstück.** Diese ermittelt sich durch den Vergleich zweier Größen und die Bestimmung der prozentualen Abweichung zwischen ihnen. Die beiden Größen sind auf der einen Seite der **normale Rohertrag** (die übliche Jahresmiete, also die **erzielbare Marktmiete** → Rn. 8 ff.) **und auf der anderen Seite der tatsächlich erzielte Ertrag** (→ Rn. 17 ff.). Da das Gesetz auf den „Rohertrag" abstellt, sind allein die Mieteinnahmen miteinander zu vergleichen. Die mit dem Grundstück zusammenhängenden Kosten sind für § 34 GrStG irrelevant (*Troll/Eisele* GrStG § 33 Rn. 13). Bleibt der tatsächlich erzielte Ertrag hinter der erzielbaren Marktmiete zurück, liegt eine Ertragsminderung iSv § 34 Abs. 1 GrStG vor. Bezugspunkt ist insoweit die gesamte wirtschaftliche Einheit. Es wird mithin nicht nach einzelnen Wohnungen, Gewerbeeinheiten etc differenziert.

6 § 34 GrStG gilt nur für bebaute Grundstücke und sein Abs. 1 nur für solche bebauten Grundstücke, die nicht unter Abs. 2 fallen. Für § 34 Abs. 1 GrStG sind also nur solche Grundstücke relevant, die nicht eigengewerblich durch den Steuerpflichtigen genutzt werden. Umgekehrt formuliert: **Es muss sich um ein vermietetes, (nicht gewerblich) eigengenutztes und/oder ungenutztes bebautes Grundstück handeln** (für das Zusammentreffen von solchen Nutzungen mit einer eigengewerblichen Nutzung → Rn. 57). Stellt die Vermietung den Unternehmensgegenstand des Eigentümers dar (zB Wohnungsunternehmen), stellt auch dies eine Vermietung iSv § 34 Abs. 1 GrStG (aA *Lehmann* in Grootens GrStG § 34 Rn. 176: eigengewerbliche Nutzung iSv Abs. 2). Denn es realisiert sich auch insoweit nur das allgemeine Vermieter-Risiko, auf das § 34 Abs. 1 GrStG zugeschnitten ist. Für die Abgrenzung „Vermietung" und „eigengewerbliche Nutzung" ist ferner allein auf das Zurechnungssubjekt abzustellen. Schließt der Eigentümer mit einer von ihm beherrschten Personenvereinigung einen Mietvertrag ab, liegt daher ein vermietetes Grundstück vor (*Lehmann* in Grootens GrStG § 34 Rn. 175). Es gibt mithin keine „mittelbare eigengewerbliche Nutzung". Für Erbbaurechtsgrundstücke gelten keine Besonderheiten. Ab dem 1.1.2025 liegt nur noch eine wirtschaftliche Einheit vor, die dem Erbbaurechtsberechtigten zuzurechnen ist (→ BewG § 244 Rn. 21). Er ist Steuerschuldner (→ GrStG § 10 Rn. 15) und damit auch Adressat des § 34 GrStG.

7 **Auf unbebaute Grundstücke iSv § 246 BewG findet § 34 GrStG hingegen keine Anwendung** (*Troll/Eisele* GrStG § 33 Rn. 11). Das ergibt sich eindeutig aus dem Wortlaut und entspricht auch dem ausdrücklichen Willen des Gesetzgebers (BT-Drs. VI/3418, 95). Maßgeblich ist insoweit die bewertungsrechtliche Artfeststellung. Selbst wenn ein Grundstück bebaut sein sollte, gilt es (auch) für Zwecke des § 34 GrStG solange als unbebaut, bis eine entsprechende Artfortschreibung (→ BewG § 222 Rn. 14 ff.) vorgenommen wird (VG Magdeburg 25.11.2009 – 2 A 240/08, BeckRS 2011, 51348). **Liegt ein bebautes Grundstück vor, dann erstreckt sich der Grundsteuererlass hingegen auch auf die Teile des**

Erlass wegen Ertragsminderung bei bebauten Grundstücken **§ 34 GrStG**

Grundstücks, die nicht bebaut sind (*Troll/Eisele* GrStG § 33 Rn. 11). Denn § 34 GrStG gilt für die gesamte wirtschaftliche Einheit.

2. Ermittlung der üblichen Jahresmiete. Bezugspunkt für den **normalen** 8 **Rohertrag** ist bei bebauten Grundstücken die nach den Verhältnissen zu Beginn des Erlasszeitraums geschätzte **übliche Jahresmiete.** Diese wiederum ist nach § 34 Abs. 1 S. 4 GrStG in Anlehnung an die Miete zu ermitteln, die für Räume gleicher oder ähnlicher Art, Lage und Ausstattung regelmäßig gezahlt wird. Diese Definition ergab sich bisher aus § 79 Abs. 2 BewG aF (statt vieler BVerwG 4.4.2001 – 11 C 12/00, BVerwGE 114, 132; 25.6.2008 – 9 C 8/07, NVwZ-RR 2008, 814) und wurde nach dessen Entfallen nunmehr in § 34 Abs. 1 S. 4 GrStG übertragen. Der Gesetzgeber spricht zwar von einer bewertungsrechtlichen Definition (BT-Drs. 19/11085, 126), aber man würde wohl selbst ohne normative Konkretisierung zu keinem anderen Auslegungsergebnis kommen: Es muss nach der Vergleichsmethode eine Marktmiete für das konkret zu beurteilende Objekt ermittelt (geschätzt) werden. Maßgeblich ist die Marktmiete zu Beginn des Erlasszeitraums (vgl. BVerwG 25.6.2008 – 9 C 8/07, NVwZ-RR 2008, 814; 14.5.2014 – 9 C 1/13, NVwZ-RR 2014, 894). Diese **übliche Jahresmiete ist als Kaltmiete** (ohne Abzug von Ausgaben, → Rn. 5) **zu** ermitteln. Die Nebenkosten (vgl. § 556 Abs. 1 S. 2 BGB und § 2 BetrKV) sind gem. § 34 Abs. 1 S. 5 GrStG nicht einzubeziehen. Insoweit weicht der Gesetzgeber mit § 34 GrStG von dem Begriff der noch für § 33 GrStG aF maßgeblichen Jahresrohmiete in § 79 Abs. 1 BewG aF ab (dort: im Wesentlichen Bruttokaltmiete).

Die **übliche Jahresmiete ist ein Verkehrswert.** Er muss im Wege der Ver- 9 gleichsmethode ermittelt werden. Das konkrete Objekt ist in Bezug auf Art, Lage und Ausstattung mit anderen Objekten zu vergleichen. Dabei kommt es nicht darauf an, was mit dem Objekt hypothetisch zu erzielen wäre, wenn man es saniert, ausgebaut etc hätte (OVG Bautzen 20.6.2016 – 3 A 195/16, BeckRS 2016, 48353). Ein solcher Vergleich wird praktisch nie zu einem eindeutigen Ergebnis führen. **Selbst für in jeder Hinsicht vergleichbare Objekte wird es in einem örtlich eingegrenzten Bereich nie eine punktgenaue Vergleichsmiete geben, sondern immer eine Bandbreite von Vergleichsmieten.** Dieses Bandbreitenproblem betrifft auch § 34 GrStG. Die überwiegende Meinung im Steuerrecht erachtet die Verkehrswertbestimmung im Allgemeinen als **Schätzung iSv § 162 AO** und aktiviert damit in Ansehung der Konkretisierung der Bandbreiten sowie der uU notwendigen Bestimmung des Punktwertes aus dieser Bandbreite heraus die Letztkonkretisierungskompetenz des Gerichts. Dies gilt auch für § 34 GrStG (vgl. BFH 22.5.2019 – II R 22/17, BFH/NV 2019, 1064 Rn. 16; 18.9.2019 – II R 15/16, BStBl. II 2021, 64 Rn. 30 jeweils für die übliche Miete iSv § 79 Abs. 2 S. 2 BewG). Das Gericht hat diese Schätzung selbst vorzunehmen und nicht bloß die Schätzung der Gemeinde zu kontrollieren. Im Finanzgerichtsprozess folgt dies unzweifelhaft aus § 96 Abs. 1 S. 1 Hs. 2 FGO. Im Verwaltungsprozess fehlt eine vergleichbare Norm, aber hier ergibt sich die eigene Schätzungsbefugnis richtigerweise über § 173 VwGO aus § 287 ZPO (statt vieler *Meissner/ Steinbeiß-Winkelmann* in Schoch/Schneider VwGO § 173 Rn. 215). Das wird in anderen abgabenrechtlichen Zusammenhängen zwar auch bestritten (so namentlich von OVG Münster 20.1.2011 – 14 A 1331/07, BeckRS 2011, 47168: weil in der VwGO eine dem § 96 Abs. 1 S. 1 Hs. 2 FGO vergleichbare Vorschrift fehle, habe das VG keine die behördliche Schätzungsbefugnis verdrängende eigene Schätzungsbefugnis), gerade im Kontext des § 34 GrStG hat das gleiche Gericht (der glei-

§ 34 GrStG Abschnitt IV. Erlass der Grundsteuer

che Senat) seine eigene Schätzungsbefugnis in Ansehung der üblichen Miete aber nicht in Zweifel gezogen (OVG Münster 20.3.2014 – 14 A 1648/12, KStZ 2014, 214).

10 **Bei tatsächlich (zumindest teilweise) vermieteten Objekten ist** grundsätzlich **an die zwischen dem Steuerpflichtigen und dem Mieter vereinbarte Nettokaltmiete** (→ Rn. 5, → Rn. 8) **anzuknüpfen.** Seit dem JStG 2009 knüpft der Erlasstatbestand zwar nicht mehr unmittelbar an die Miete an, die auch anlässlich der Bewertung zugrunde zu legen ist (dies war nach § 79 Abs. 1 BewG grundsätzlich die vereinbarte Miete). Das schließt es aber richtigerweise nicht aus, dass die tatsächliche Miete gleichwohl herangezogen werden kann. Sie bildet nämlich eine wichtige und grundsätzlich auch bestimmende Schätzungsgrundlage für die „übliche Jahresmiete", **sofern nicht Anhaltspunkte dafür bestehen, dass sie die Bandbreite der ortsüblichen Miete verlassen hat** – sei es nach unten, aber auch nach oben (überzeugend OVG Münster 20.3.2014 – 14 A 1648/12, KStZ 2014, 214; ebenso *Puhl* KStZ 2010, 88 (92); SenFin Berlin 21.1.2009 – III D – G 1163a – 1/2009, DStR 2009, 586). Für die Frage, welche Abweichung nicht mehr hinnehmbar ist, orientiert sich die Rechtsprechung an der Regelung in § 79 Abs. 2 S. 1 Nr. 2 BewG aF, wonach erst eine Abweichung von mehr als 20% von der üblichen Miete die tatsächlich vereinbarte Miete als Besteuerungsgrundlage untauglich werden lässt (so OVG Münster 20.3.2014 – 14 A 1648/12, KStZ 2014, 214). **Unseres Erachtens ist unter Geltung des § 34 Abs. 1 S. 4 GrStG nunmehr kein Raum mehr für eine 20%-Toleranzregelung.** Greift man für die Ermittlung der ortsüblichen Miete auf ausreichend bekannte Mieten (direkter Vergleich, → Rn. 12) oder auf Mietspiegel (indirekter Vergleich, → Rn. 13f.) zurück, lässt sich hieraus schon nur eine Bandbreite üblicher Mieten ableiten (zur bloßen Bandbreitenerkenntnis in Ansehung der ortsüblichen Miete zB BFH 17.8.2005 – IX R 10/05, BStBl. II 2006, 71 [72] für § 8 Abs. 2 EStG; BFH 11.9.2007 – IX B 4/07, BFH/NV 2007, 2291 für § 21 Abs. 2 EStG; ferner BGH 13.2.2019 – VIII ZR 245/17, NJW-RR 2019, 458), deren Konkretisierung an den Bandbreitenrändern eine unvermeidbare – kaum rationalisierbare – Wertung enthält. Die Bestimmung der Bandbreite ist jedenfalls mit der gebotenen Einsicht in die Unsicherheit einer solchen Bandbreitenschätzung vorzunehmen, was typischerweise eher für eine Verbreiterung als für eine Verengung spricht. Das Erreichen eines Punktwertes dürfte jedenfalls lebensfremd sein. Hat man dergestalt eine Bandbreite allesamt ortsüblicher Mieten bestimmt, dann ist jede Miete ortsüblich, die – egal wo – innerhalb dieser Bandbreite liegt, und jede andere Miete ist es nicht. Würde man in Ansehung der Bandbreitengrenzen in jede Richtung noch 20% Toleranz zugestehen, würde man auch nicht mehr ortsübliche Mieten als Schätzungsgrundlage akzeptieren. Das widerspricht aber § 34 Abs. 1 S. 4 GrStG, der eben nur die ortsübliche Miete für maßgeblich erklärt.

11 **Fehlt eine vereinbarte Miete,** die sich als Schätzungsgrundlage heranziehen lässt (→ Rn. 10) – zB wegen Leerstandes oder weil ein Teil des Objektes von dem Steuerpflichtigen selbst bewohnt wird –, dann muss die ortsübliche Miete aus anderen Erkenntnisquellen abgeleitet werden. Hier bieten sich vielfach die Mietspiegel an (→ Rn. 13f.). Diese sind hier nicht mehr bloß „Kontrollmittel", sondern unmittelbare Schätzungsgrundlage. Es muss im ersten Schritt durch die Anwendung der im Mietspiegel angelegten Differenzierungskriterien (idR Zu- und Abschläge aufgrund konkreter Wohnwertmerkmale) bezogen auf Räume gleicher oder ähnlicher Art, Lage und Ausstattung (→ Rn. 8) und des konkret zu betrachtenden Objektes die Bandbreite üblicher Mieten objektspezifisch soweit wie möglich verengt wer-

Erlass wegen Ertragsminderung bei bebauten Grundstücken   § 34 GrStG

den. Am Ende wird aber gleichwohl eine Bandbreite an allesamt üblichen Mieten verbleiben. Dies alles gilt entsprechend für den direkten Vergleich mittels bekannter Mieten (→ Rn. 12). Auch hier kann sich eine solche Bandbreite ergeben. Die entscheidende Frage ist nunmehr allerdings: Nach welchem Kriterium wird, im zweiten Schritt, der für die Anwendung des § 34 Abs. 1 GrStG notwendige Punktwert aus der Bandbreite der üblichen Mieten herausbestimmt? Denn „denkgesetzlich [ist] jeder der Mietwerte – nicht nur der Mittelwert – als ortsüblich anzusehen, den der Mietspiegel im Rahmen einer Spanne zwischen mehreren Mietwerten für vergleichbare Wohnungen ausweist" (so wörtlich BFH 27.12.2010 – IX B 107/10, BeckRS 2011, 95389). Die Frage muss normspezifisch beantwortet werden. Für § 34 GrStG bedeutet dies, dass seine Einbettung in ein von starker Typisierung geprägtes Grundsteuerrecht entscheidend ist. Angesichts dessen wird man hier jedenfalls den Mittelwert heranziehen dürfen, ohne dass dies besonderer Begründung bedarf. Wer vom Mittelwert abweichen will, muss dies hingegen begründen (ebenso *Lehmann* in Grootens GrStG § 34 Rn. 40; *Troll/Eisele* GrStG § 33 Rn. 14).

Die übliche Miete kann unter Umständen aus Vergleichsmieten betref- 12
fend das gleiche Vermietungsobjekt ermittelt werden. Diese Vorgehensweise **(direkter Vergleich)** kommt vor allem dann in Betracht, wenn mehrere Wohnungen vermietet sind und lediglich eine Wohnung vom Steuerpflichtigen selbst genutzt wird. Die vereinbarten Mieten können als Schätzungsgrundlage für die der selbst genutzten Wohnung zuzuweisende übliche Miete dienen. Entscheidend ist, dass ausreichend viele Mietverhältnisse vorliegen, die einen repräsentativen Eindruck des Mietniveaus vermitteln können. Eine einzige Vergleichsmiete kann hierfür nicht ausreichen, selbst wenn sie unter fremden Dritten zustande gekommen ist (aA für § 186 BewG allerdings ErbStR R B 186.5. Abs. 2 Nr. 1). Ein direkter Vergleich kann ferner über das konkrete Objekt hinaus erfolgen, wenn sich in unmittelbarer Nähe vergleichbare Objekte befinden, die dem gleichen Steuerpflichtigen zuzurechnen sind. Handelt es sich um Steuergegenstände, die einem anderen Steuerpflichtigen zuzurechnen sind, wird ein direkter Vergleich hingegen an § 30 AO scheitern.

Eine bedeutsame Erkenntnisquelle für die Schätzung der ortsüblichen 13
Miete sind vor allem Mietspiegel (indirekter Vergleich). Dies gilt vor allem dann, wenn es an einer tatsächlich vereinbarten Miete fehlt (→ Rn. 11), zwecks „Kontrolle" der vereinbarten Miete aber auch dann, wenn ein Mietverhältnis existiert (→ Rn. 10). Die Aussagekraft eines Mietspiegels hängt immer von seiner Qualität im Einzelfall ab. Insoweit muss ua auch zwischen einem **einfachen Mietspiegel** (§ 558c BGB), einem **qualifizierten Mietspiegel** (§ 558d BGB) und einer Mietdatenbank (§ 558e BGB) unterschieden werden. Da letztere praktisch wohl keine Bedeutung hat (laut Artz in MüKoBGB § 558a Rn. 1 existiert eine solche bisher nur in Hannover), werden hier nur die Mietspiegel in den Blick genommen: Der einfache Mietspiegel ist eine Übersicht über die ortsübliche Vergleichsmiete, soweit die Übersicht von der nach Landesrecht zuständigen Behörde oder von Interessenvertretern der Vermieter und der Mieter gemeinsam erstellt oder anerkannt worden ist (§ 558c BGB in der ab dem 1.7.2022 geltenden Fassung des Mietspiegelreformgesetzes [MsRG v. 10.8.2021, BGBl. 2021 I 3515]; bis 30.6.2022: Gemeinde statt nach Landesrecht zuständige Behörde). Das Verfahren zur Erstellung des Mietspiegels kann durch Rechtsverordnung vorgegeben werden (§ 558c Abs. 5 BGB idF des MsRG; bis 30.6.2022: keine Vorgabe, was zu uneinheitlicher Handhabung geführt hat). Der qualifizierte Mietspiegel muss die Voraussetzungen des § 558c BGB idF des MsRG ebenfalls erfüllen, jedoch treten als weitere Vorausset-

§ 34 GrStG   Abschnitt IV. Erlass der Grundsteuer

zungen hinzu, dass er, erstens, nach wissenschaftlichen Grundsätzen in Bezug auf die Datenerhebung und Datenauswertung erstellt wurde und, zweitens, dass der nach wissenschaftlichen Grundsätzen erstellte Mietspiegel von der nach Landesrecht zuständigen Behörde oder von Interessenvertretern der Vermieter und der Mieter *anerkannt* wurde (§ 558 d Abs. 1 S. 1 BGB idF des MsRG). Auch für den qualifizierten Mietspiegel kann das Erstellungsverfahren durch Rechtsverordnung vorgegeben sein. Wird das vorgegebene Verfahren beachtet, wird vermutet, dass der Mietspiegel nach anerkannten wissenschaftlichen Grundsätzen erstellte wurde (§ 558 d Abs. 1 S. 2 BGB idF des MsRG).

14 Im Verwaltungs- und Finanzgerichtsprozess **besteht keine Bindung an die Mietspiegeldaten** und die häufig beigefügten Anwendungs-/Orientierungshilfen, die mittels an bestimmte Objektmerkmale geknüpfte Zu- und Abschläge eine möglichst genau Bandbreitenbestimmung ermöglichen sollen. **Sie sind aber ein taugliches Hilfsmittel für die Schätzung der ortsüblichen Miete iSv § 34 Abs. 1 S. 4 GrStG** (vgl. OVG Münster 20.3.2014 – 14 A 1648/12, KStZ 2014, 214; OVG Bautzen 18.12.2014 – 3 A 355/12). Das betrifft vor allem den qualifizierten Mietspiegel. Der Gesetzgeber misst einem solchen Mietspiegel eine besondere Gewähr für die Richtigkeit und Aktualität der in ihm enthaltenen Daten und breite Akzeptanz zu (BT-Drs. 14/4553, 57). Hieran knüpfen sodann auch die zivilprozessualen Unterschiede im Mieterhöhungsprozess an. Der qualifizierte Mietspiegel wirkt als gesetzliche Vermutung für die von ihm als ortsüblich ausgewiesene Miete (§ 558 d Abs. 3 BGB). Diese Vermutungswirkung gilt zwar nicht im Steuerrecht. Der Grund für diese Vermutungswirkung, nämlich vor allem die Beachtung wissenschaftlicher Standards, bleibt allerdings auch im Verwaltungs- und Finanzgerichtsprozess nicht ohne Einfluss auf die Aussagekraft der Daten. Aber auch ein einfacher Mietspiegel hat eine nicht zu unterschätzende Bedeutung als Erkenntnisquelle für die Schätzung der ortsüblichen Miete. Im Mieterhöhungsprozess erachtet der BGH den einfachen Mietspiegel immerhin als Indiz dafür, dass die dort angegebenen Entgelte die ortsübliche Vergleichsmiete zutreffend wiedergeben. Maßgebend für die Reichweite einer solchen Indizwirkung seien dabei insb. die Qualität des (einfachen) Mietspiegels und die Einwendungen der Parteien gegen den Erkenntniswert der darin enthaltenen Angaben (BGH 16.6.2010 – VIII ZR 99/09, NJW 2010, 2946 [2947]; 13.2.2019 – VIII ZR 245/17, NJW-RR 2019, 458 [459]). Das lässt sich auf Verwaltungs- und Finanzgerichtsprozesse, wenn um die Anwendung des § 34 Abs. 1 GrStG gestritten wird, übertragen, wenngleich wegen des Amtsermittlungsgrundsatzes die Letztverantwortung des Gerichts für die Sachverhaltsaufklärung stets zu beachten ist.

15 Die **ortsübliche Miete kann auch null betragen.** Das betrifft vor allem Objekte, die typischerweise keinen Ertrag bringen. Der Ansatz einer ortsüblichen Miete von null kann ausnahmsweise aber auch darauf beruhen, dass für das konkret zu betrachtende Grundstück bzw. Teile hiervon wegen seiner bzw. ihrer besonderen Eigenschaften überhaupt keine Nachfrage besteht (BVerwG 4.4.2001 – 11 C 12/00, BVerwGE 114, 132) oder es wegen eines schlechten baulichen Zustands (der es allerdings noch nicht zu einem unbebauten Grundstück macht, → BewG § 246 Rn. 11 ff.) praktisch nicht vermietbar ist (OVG Bautzen 7.3.2014 – 3 A 173/12, NZM 2015, 466). Entsprechendes kann sich schließlich auch aus rechtlichen Beschränkungen ergeben (vgl. zB VG Augsburg 18.4.2018 – 6 K 17/292, BeckRS 2018, 10216 für eine Kegelbahnanlage: Es war nur eine Nutzung für die Vereinsmitglieder erlaubt und eine Vermietung der Kegelbahnanlage war ausgeschlossen).

Der normale Rohertrag ist **nach den Verhältnissen zu Beginn des Erlass-** 16
zeitraums zu schätzen (§ 34 Abs. 1 S. 3 GrStG). Es muss also (als übliche Miete)
die **„Januar-Miete"** ermittelt und mit zwölf multipliziert werden. Verändert sich
das Mietniveau aufgrund allgemeiner Preisentwicklungen unterjährig, ist dies unbeachtlich (*Troll/Eisele* GrStG § 33 Rn. 14). Wird allerdings die Immobilie unterjährig so verändert, dass sich die Vergleichsgruppe (→ Rn. 8) ändert, dann ist dies
ab dem Zeitpunkt der Fertigstellung (dh es wird zeitanteilig mit zwei unterschiedlichen Mieten für das Jahr gerechnet) durch eine geänderte Marktmiete entsprechend zu berücksichtigen (glA *Lehmann* in Grootens GrStG § 34 Rn. 49; *Troll/Eisele*
GrStG § 33 Rn. 13). § 34 Abs. 1 S. 3 GrStG unterstellt eine ganzjährige Nutzbarkeit
der Steuergegenstände, weshalb er dort keine Anwendung finden kann, wo Räumlichkeiten nach ihrer Zweckbestimmung nicht auf eine Ganzjahresnutzung angelegt sind. Das betrifft namentlich Ferienwohnungen. Hier muss der Jahresbetrag
ausgehend von den Monaten, in denen die Räumlichkeiten üblicherweise vermietet werden können, ermittelt werden (*Troll/Eisele* GrStG § 33 Rn. 13).

3. Ermittlung der tatsächlich erzielten Miete bzw. eines Ersatzwertes 17
bei Selbstnutzung. Der **tatsächlich erzielte Ertrag** ist das, was der Steuerpflichtige infolge einer Vermietung des Grundstücks an **Mieteinnahmen** erzielt hat (zur
Eigennutzung → Rn. 18). Nicht erfasst wird hingegen der – ggf. durch Schätzung
zu ermittelnde – Anteil des Mietzinses, der auf die Überlassung von Einrichtungsgegenständen und vor allem Betriebsvorrichtungen entfällt (*Lehmann* in Grootens
GrStG § 34 Rn. 61; *Troll/Eisele* GrStG § 33 Rn. 13). Auch für die Mieteinnahmen
ist die Begriffsbestimmung des § 34 Abs. 1 S. 3, 4 GrStG maßgeblich, dh es muss die
Nettokaltmiete ermittelt werden. Nebenkosten bleiben außer Betracht. Das Zuund Abflussprinzip gilt nicht. Geht zB die Dezember-Miete erst Ende Januar ein,
ist sie tatsächlich erzielte Miete für das Vorjahr. Prognoseprobleme ergeben sich
allerdings bei Mietern in wirtschaftlichen Schwierigkeiten. Ob ein Zahlungsausfall
vorliegt, soll am 31.12. des Erlasszeitraums, spätestens zum 31.3. des Folgejahres
(Ende der Antragsfrist → GrStG § 35 Rn. 9), anhand einer Prognose zu beurteilen
sein, dh zu diesem Zeitpunkt muss eine Aussage dazu getroffen werden, ob noch
mit einem Zahlungseingang zu rechnen ist. Kommt es entgegen der Prognose später doch zu einer Zahlung der rückständigen Miete betreffend den Erlasszeitraum,
soll dies dann unbeachtlich sein (so FG Berlin-Brandenburg 17.12.2014 – 3 K
3286/12). **Befriedigt sich der Vermieter wegen rückständiger Mieten aus
der Mietkaution,** kommt es zum Zufluss der Miete. Allerdings ist der Vermieter
nicht gezwungen, die Kaution gerade hiermit zu verrechnen. Vielmehr kann er
die Kaution auch für etwaige Schadensersatzansprüche gegen den Mieter nutzen
und dann kommt es zu keinem für § 34 Abs. 1 GrStG relevanten Mietzufluss
(VGH Kassel 10.2.1988 – 5 UE 143/85, BeckRS 1988, 113774). Etwaige **Verrechnungen des Mieters mit dem Mietzins** führen ebenfalls zum Zufluss.
Insoweit kann auch eine wirtschaftliche Betrachtungsweise angezeigt sein. Der
Steuerpflichtige erzielt daher auch dann Mieteinnahmen, wenn er zwar **„Mietzinsfreiheit" am Anfang des Mietverhältnisses** vereinbart, **der Mieter dafür
aber den Umbau der Immobilie übernimmt** (iErg ebenso OVG Münster
10.6.2011 – 14 A 917/10, BeckRS 2011, 51601, das diesen Aspekt allerdings zur
Begründung des Vertretenmüssens heranzieht). Entsprechendes gilt zB für Hausmeisterleistungen, die zu einer verminderten Miete führen. Dieser Abzug darf nicht
als Einnahmeminderung berücksichtigt werden (OVG Münster 10.7.2018 – 14 A
1106/16, KStZ 2018, 179). Als tatsächlich erzielte Miete sind ferner auch **Miet-**

garantiezahlungen von dritter Seite anzusetzen (aA FG Berlin-Brandenburg 22.8.2012 – 3 K 3318/07, EFG 2013, 146). Denn diese treten wirtschaftlich an die Stelle der (insoweit) ausgebliebenen Miete.

18 Zum tatsächlich erzielten Ertrag gehört auch der **Nutzungsvorteil, den der Steuerpflichtige durch die Eigennutzung von Räumlichkeiten erfährt.** Der Nutzungsvorteil ist mit der **marktüblichen Miete** (→ Rn. 11ff.) **anzusetzen** (OVG Münster 10.7.2018 – 14 A 1106/16, KStZ 2018, 179). Da die Anwendung des § 34 Abs. 1 GrStG nicht auf (teilweise) vermietete Steuergegenstände beschränkt ist, kann sich der tatsächlich erzielte Ertrag wegen einer vollständigen Eigennutzung der wirtschaftlichen Einheit (zB Einfamilienhaus) auch vollständig aus dem Nutzungsvorteil ergeben. Können die Räumlichkeiten nicht genutzt werden (zB aufgrund eines Brandschadens), ist auch der Nutzungsvorteil für die Zeit der Nichtnutzbarkeit mit null anzusetzen.

19 Weshalb die tatsächlich erzielte Miete (womöglich sogar Null) hinter dem „Üblichen" zurückbleibt, ist für das Vorliegen einer Ertragsminderung irrelevant (anders hingegen in Bezug auf das Vertretenmüssen, → Rn. 20ff.). Auch ein **struktureller Leerstand** – also ein solcher, der auf ein wegen der nachhaltigen, strukturell bedingten fehlenden Mieternachfrage und einer Veränderung der allgemeinen Wertverhältnisse bestehendes Überangebot zurückzuführen ist – kann einen Erlass nach § 34 GrStG rechtfertigen (grundlegend BFH 24.10.2007 – II R 5/05, BStBl. II 2008, 384; dem sodann folgend BVerwG 25.6.2008 – 9 C 8/07, NVwZ-RR 2008, 814; ferner BFH 17.12.2014 – II R 41/12, BStBl. II 2015, 663; OVG Berlin-Brandenburg 22.9.2017 – 9 B 5/17, BeckRS 2017, 133607). Die Verwaltungsrechtsprechung hatte dies ursprünglich anders gesehen und wollte zwischen typischen oder atypischen, nach strukturell bedingten oder nicht strukturell bedingten, nach vorübergehenden oder nicht vorübergehenden Ertragsminderungen und nach verschiedenen Möglichkeiten, die Merkmale zu kombinieren, differenzieren (zB BVerwG 3.5.1991 – 8 C 13/89, NVwZ-RR 1992, 93; 4.4.2001 – 11 C 12/00, BVerwGE 114, 132). Diese Differenzierungen sind hinfällig.

II. Kein Vertretenmüssen der Ertragsminderung durch den Steuerpflichtigen

20 Der Steuerpflichtige darf die Ertragsminderung nicht zu vertreten haben. Es handelt sich um ein negatives Tatbestandsmerkmal, das feststehen muss, damit der Erlass beansprucht werden kann (OVG Münster 25.11.2016 – 14 A 1636/15, BeckRS 2016, 55366). Allgemeine Risikoüberlegungen sind für das Vertretenmüssen irrelevant (zB ob und wie lange bei neuen Mietobjekten mit Anlaufschwierigkeiten zu rechnen ist und zum Unternehmerrisiko eines Vermieters gehört, so BFH 24.10.2007 – II R 5/05, BStBl. II 2008, 384). Das Gesetz knüpft mit dem Vertretenmüssen vielmehr an die den Steuerpflichtigen als Vermieter treffenden Obliegenheiten an, dh an den Vorwurf im eigenen Interesse etwas nicht getan zu haben, was man hätte tun können und vernünftigerweise müssen (vgl. OVG Münster 25.5.1981 – 3 A 2714/78, ZKF 1982, 33f.). Dementsprechend ist ein **Vertretenmüssen des Steuerpflichtigen zu verneinen, wenn die Ertragsminderung auf Umständen beruht, die außerhalb seines Einflussbereichs liegen, dh wenn er die Ertragsminderung weder durch ein ihm zurechenbares Verhalten herbeigeführt noch ihren Eintritt durch geeignete und ihm zumutbare Maßnahmen hat verhindern können** (ständige Rspr. BVerwG 15.4.1983 – 8 C 150/81, BVerwGE 67, 123 [126]; 25.6.2008 – 9 C 8/07,

Erlass wegen Ertragsminderung bei bebauten Grundstücken § **34 GrStG**

NVwZ-RR 2008, 814; 14.5.2014 – 9 C 1/13, NVwZ-RR 2014, 894; BFH 17.12.2014 – II R 41/12, BStBl. II 2015, 663; aus der Rspr. der Obergerichte statt vieler nur OVG Lüneburg 28.11.2001 – 13 L 2862/00, NZM 2002, 393; VGH München 31.3.2005 – 4 B 01/1818, NJW 2006, 936; VGH Mannheim 2.12.2010 – 2 S 1729/10, NVwZ 2011, 314; OVG Berlin-Brandenburg 27.6.2011 – 9 B 16/10, BeckRS 2011, 52652). Unterliegt der Steuergegenstand der **Zwangsverwaltung,** ist auf den Zwangsverwalter abzustellen. Dieser muss die den Steuerpflichtigen treffenden Obliegenheiten erfüllen und der Steuerpflichtige muss sich dessen Verhalten (bzw. Unterlassen) nach § 278 BGB zurechnen lassen (VGH München 14.10.1998 – 4 B 98/1688, BeckRS 1998, 19317; 29.7.2011 – 4 B 11/10, BeckRS 2013, 46007).

Das **Vertretenmüssen ist für jeden Erlasszeitraum eigenständig zu be-** 21 **urteilen** (vgl. § 35 Abs. 1 S. 2 GrStG). Entfaltet ein Steuerpflichtiger zB im Jahr 01 ausreichend Vermietungsbemühungen (→ Rn. 24 ff.), bleibt er in 02 untätig und entfaltet er dann in 03 wieder die notwendigen Bemühungen, dann scheidet der Erlass nur in 02 aus. Vor allem ist auch unerheblich, ob der Steuerpflichtige den Leerstand in einem früheren Erhebungszeitraum selbst herbeigeführt hat (zB durch Kündigung), sofern er im konkret in Rede stehenden Erhebungszeitraum alles Notwendige tut, um die Immobilie wieder am Markt anzubieten. Ein Erlasszeitraum bildet jeweils eine Beurteilungseinheit. **Eine Unterteilung des Erlasszeitraums in Zeitabschnitte, um einen anteiligen Erlass zu ermitteln, ist nicht vorgesehen** (aA womöglich VG Düsseldorf 7.11.2013 – 5 K 4591/13, BeckRS 2015, 53058). Der Steuerpflichtige hat bezogen auf ein Jahr entweder genug getan oder eben nicht. Seine Aktivitäten sind daher wertend insgesamt zu würdigen.

Fraglich ist, wie in den Fällen zu verfahren ist, in denen der Steuerpflichtige die 22 Ertragsminderung nur in Bezug auf einen Teil des Steuergegenstandes zu vertreten hat, im Übrigen aber nicht. Denkbar ist dies bei Steuergegenständen, die über mehrere und vor allem unterschiedliche Vermietungseinheiten verfügen (zB Wohnungen einerseits und Gewerberaum andererseits). § 34 Abs. 1 GrStG enthält kein „soweit" und suggeriert damit, dass sich das Vertretenmüssen nur einheitlich auf die Ertragsminderung in Bezug auf den gesamten Steuergegenstand beziehen kann. Das führt freilich zu wenig wertungskonsistenten Ergebnissen. Das hat auch der BFH erkannt. Er hat unter Hinweis auf den Grundsatz der Verhältnismäßigkeit (zu § 33 Abs. 1 GrStG idF vor dem JStG 2009 → Rn. 3) zu Recht entschieden, dass für jede Raumeinheit gesondert zu prüfen ist, ob der Steuerpflichtige den Leerstand etc. zu vertreten hat. Ergibt diese Prüfung, dass nur für einen Teil der Raumeinheiten ein Vertretenmüssen anzunehmen ist, so sei für diese Raumeinheiten die übliche Miete als tatsächlich erzielter Ertrag in Ansatz zu bringen (BFH 27.9.2012 – II R 8/12, BStBl. II 2014, 117).

Ist die **Ertragsminderung bei einem vermietbaren Objekt durch einen** 23 **Leerstand** bedingt, hat sie der Steuerpflichtige nicht zu vertreten, wenn er sich nachhaltig um eine Vermietung (nicht ausreichend hingegen: Angebot [nur] zum Verkauf, → Rn. 27) zu einem marktgerechten Mietzins bemüht hat (statt vieler BVerwG 6.9.1984 – 8 C 60/83, KStZ 1985, 11; BFH 24.10.2007 – II R 5/05, BStBl. II 2008, 384; weitere Nachweise → Rn. 24 ff.). Voraussetzung ist allerdings stets, dass die Immobilie objektiv vermietungsfähig ist. Da sich die fehlende Vermietungsfähigkeit idR erst „durch den Markt" und damit ein entsprechendes Angebot am Markt feststellen lässt (OVG Münster 25.11.2016 – 14 A 1636/15, BeckRS 2016, 55366), kann aber nur **bei eindeutigen Fällen der fehlenden**

349

Vermietungsfähigkeit von Anfang an auf ein Vermietungsbemühen verzichtet werden. Das ist zB bei erheblichen Mängeln der Fall. Allerdings stellt sich dann die Frage des Vertretenmüssens in Ansehung der Nichtherbeiführung der Vermietungsfähigkeit (dazu auch die Beispiele bei → Rn. 29 f.).

24 **Ist objektiv Vermietungsfähigkeit gegeben, dann muss sich der Steuerpflichtige um eine Vermietung bemühen** (was auch bei einem strukturell bedingten Leerstand [→ Rn. 19] gilt, OVG Bautzen 18.12.2014 – 3 A 355/12; OVG Berlin-Brandenburg 9.10.2017 – 9 B 6/17, BeckRS 2017, 133561). In Bezug auf die Aktivitäten, die der Steuerpflichtige insoweit zu entfalten hat, ist die Rechtsprechung streng: **Je schwieriger ein Objekt zu vermieten ist, desto intensiver und nachhaltiger haben die Vermietungsbemühungen zu sein** (VG Augsburg 30.10.2013 – 6 K 13/596, BeckRS 2014, 45128; VG Würzburg 26.8.2020 – 8 E 20/854, BeckRS 2020, 21662). Maßgeblich sind dabei die Umstände des jeweiligen Einzelfalles. Im Einzelnen können etwa der Objektcharakter, das jeweilige Marktsegment sowie die Marktsituation vor Ort zu berücksichtigen sein (BVerwG 14.5.2014 – 9 C 1/13, NVwZ-RR 2014, 894; 13.2.2017 – 9 B 37/16, NVwZ-RR 2017, 429). In Ansehung der Nachhaltigkeit und Intensität der Vermietungsbemühungen verlangt die Rechtsprechung grundsätzlich eine Tätigkeit über den gesamten Erlasszeitraum hinweg (exemplarisch VG München 8.11.2018 – 10 K 17/5153, BeckRS 2018, 32275: Vermietungsbemühungen allein im Herbst/Winter reichen nicht; VGH München 18.1.2010 – 4 ZB 09/1962, BeckRS 2010, 6429: erfolglose Vermietungsbemühungen in 01 und 02 machen Vermietungsbemühungen im Erlasszeitraum 03 nicht entbehrlich) und dies mit möglichst breiter Marktabdeckung (→ Rn. 25).

25 Je nach Art der Immobilie kann ein **überregionales Angebot** erforderlich sein. Das wird man typischerweise bei Gewerbeimmobilien annehmen dürfen (vgl. OVG Bautzen 12.6.2014 – 3 A 673/12, BeckRS 2015, 40634; VGH München 8.12.2016 – 4 ZB 16/1583, BeckRS 2016, 109997), bei Wohnimmobilien kann ein regionales Angebot hingegen ausreichend sein. Der Steuerpflichtige muss sich – und sei es auch nur mittels eines Maklers – der herkömmlichen Medien bedienen, um das Objekt am Markt anzubieten. Zeitungsinserate dürften zwischenzeitlich immer mehr an Bedeutung verloren haben, sodass dieser Weg wohl nicht mehr zwingend beschritten werden muss (so für Gewerbeimmobilien auch OVG Münster 20.3.2014 – 14 A 2113/11, NVwZ-RR 2014, 818; aA für Wohnimmobilien betreffend das Jahr 2010 hingegen OVG Münster 20.3.2014 – 14 A 1513/12, KStZ 2014, 211). Stattdessen wird man aber heute unbedingt erwarten dürfen, dass der Steuerpflichtige die gängigen **Immobilienportale im Internet** nutzt (OVG Münster 20.3.2014 – 14 A 2140/10, BeckRS 2014, 50468; 25.11.2016 – 14 A 1636/15, BeckRS 2016, 55366; VGH München 8.12.2016 – 4 ZB 16/1583, BeckRS 2016, 109997; OVG Koblenz 2.5.2016 – 6 A 10971/15, BeckRS 2016, 46130 [Verwendung einschlägiger Suchportale der Immobilienbranche für Gewerbeimmobilien erforderlich]; aus der Revisionszulassungsperspektive vgl. auch BVerwG 13.2.2017 – 9 B 37/16, NVwZ-RR 2017, 429: ob immer ein Internetangebot erforderlich sei, könne abstrakt nicht geklärt werden; das Angebot einer Gewerbeimmobilie im Internet läge aber nahe). Denn ernsthafte Vermietungsbemühungen setzen stets voraus, dass man versucht, einen möglichst großen (potenziellen) Interessenkreis zu erreichen (OVG Münster 25.11.2016 – 14 A 1636/15, BeckRS 2016, 55366). Hierzu muss der Steuerpflichtige substantiiert und unter Vorlage von Nachweisen vortragen (→ GrStG § 35 Rn. 3). In der Regel dürfte es jedenfalls dann, wenn die ersten eigenen Inserate in den einschlägigen

Internetportalen erfolglos geblieben sind, auch geboten sein, einen **Makler** einzuschalten. Auch insoweit kommt es stets auf den Einzelfall an (sehr streng VG München 8.11.2018 – 10 K 17/5153, BeckRS 2018, 32275: zwei Makler reichen nicht, wenn nicht nachgewiesen ist, dass damit ein breiter Interessenkreis erreicht wird). Hat der Steuerpflichtige einen Makler beauftragt, wird man typischerweise von ihm selbst keine eigenen Internet- oder Zeitungsinserate mehr erwarten dürfen, wenn der Makler das Objekt auf den einschlägigen Plattformen anbietet. Diese Vermarktungsbemühungen kosten freilich allesamt Geld. Daher muss auch gesehen werden, dass gerade bei einem strukturellen Leerstand auch eine Zumutbarkeitsgrenze erreicht sein kann. Denn die Kosten für Werbemaßnahmen müssen natürlich nicht nur in einem vernünftigen wirtschaftlichen Verhältnis zur Vermietungschance stehen, sondern auch zum Ertrag an weiterer Markterreichung (vgl. VGH München 8.12.2016 – 4 ZB 16/1583, BeckRS 2016, 109997; OVG Berlin-Brandenburg 9.10.2017 – 9 B 6/17, BeckRS 2017, 133561, dort für einen strukturellen Leerstand: Beauftragung eines Maklers, der die Immobilie in zwei gängigen Internetportalen angeboten hat, „nach Marktlage" angemessen).

Fraglich ist, was dem Steuerpflichtigen in Ansehung seiner **Preispolitik** „nach 26 unten" und hinsichtlich der Mieterzielgruppe abverlangt werden kann. In Bezug auf die Mietzinsvorstellungen des Steuerpflichtigen ist die Rechtsprechung jedenfalls zurückhaltend: **Auch im Falle eines Überangebots auf dem betreffenden Marktsegment könne vom Steuerpflichtigen nicht verlangt werden, sich den unteren Rand der Mietpreisspanne zu eigen zu machen.** Der Grundstückseigentümer müsse seine Mietforderungen nicht so weit herunterschrauben, bis sich ein Mieter findet. Es reiche aus, dass die Räumlichkeiten dem Markt zur Verfügung stehen und nachhaltig zu einer Miete innerhalb der Spanne eines marktgerechten Mietzinses angeboten worden sind (BFH 24.10.2007 – II R 5/05, BStBl. II 2008, 384; BVerwG 25.6.2008 – 9 C 8/07, NVwZ-RR 2008, 814; VGH München 4.4.2019 – 4 B 18/2511, NVwZ-RR 2019, 835). Hinsichtlich der Art der Mieterzielgruppe und der damit häufig eng verbundenen Art der Gebäudenutzung durch den Mieter ist die **Rechtsprechung** hingegen strenger. Sie **mutet dem Steuerpflichtigen durchaus zu, dass er nicht an seiner primären Mieter-/Nutzungsvorstellung festhalten darf, wenn insoweit offensichtlich keine Nachfrage besteht.** Er muss das Objekt dann „breiter anbieten" (vgl. zB OVG Münster 18.6.2008 – 14 A 1185/07, BeckRS 2008, 39433: Suche nach einem Mieter für einen Gastronomiebetrieb gehobener Art zu eng).

Die Bemühungen des Steuerpflichtigen müssen auf eine Vermietung gerichtet 27 sein. **Bietet er die Immobilie nur zum Verkauf an, hat er den Leerstand zu vertreten** (VGH München 8.12.2016 – 4 ZB 16/1583, BeckRS 2016, 109997). **Wird die Immobilie hingegen sowohl zur Vermietung als auch zum Verkauf angeboten, schadet dies grundsätzlich nicht.** Es existiert kein Erfahrungssatz, dass eine derartige Zweigleisigkeit potenzielle Mietinteressenten abschreckt und deshalb das parallele Bemühen um einen Verkäufer kausal für den Leerstand ist (zu Recht VGH München 11.5.2011 – 4 ZB 10/1673, BeckRS 2011, 30394 für eine Gewerbeimmobilie; VG Gelsenkirchen 7.7.2011 – 5 K 2758/09, BeckRS 2011, 53151; ebenso *Lehmann* in Grootens GrStG § 34 Rn. 114f.; *Puhl* KStZ 2010, 88 [90]; *Troll/Eisele* GrStG § 33 Rn. 16). Dies gilt erst recht, wenn die „Verkaufsbemühungen" nicht vom Steuerpflichtigen ausgehen, sondern es letztlich das **Betreiben der Zwangsversteigerung durch eine Grundpfandgläubigerin** ist, **die potenzielle Mieter abschreckt** (wegen § 57a ZVG). Denn in diesem Fall sind die Verwertungsbemühungen dem Steuerpflichtigen schon nicht zuzu-

§ 34 GrStG
Abschnitt IV. Erlass der Grundsteuer

rechnen (VGH München 29.7.2011 – 4 B 11/10, BeckRS 2013, 46007). Parallele Verkaufsbemühungen durch den Steuerpflichtigen können allerdings dann schaden, wenn die Verkaufsabsicht das dominierende Ziel des Steuerpflichtigen ist und er im Hinblick auf den von ihm angestrebten Verkauf keine marktgängigen Mietverträge anbietet (vgl. zB VG Aachen 25.1.2010 – 4 K 373/09, BeckRS 2012, 55516: Mietverträge mit einem außerordentlichen Kündigungsrecht im Falle eines Verkaufs in Kenntnis der Verkaufsbemühungen des Vermieters). Dessen ungeachtet kann das parallele Bemühen um Vermietung und Verkauf im Einzelfall auch Anlass dazu geben, die Vermietungsbemühungen auf ihre Ernsthaftigkeit zu hinterfragen.

28 **Leerstand bei Abrissabsicht:** Der Steuerpflichtige hat einen sanierungsbedingten Leerstand zu vertreten, wenn dieser auf seine Entscheidung zurückzuführen ist, ein sanierungsfähiges Gebäude nicht mehr am Markt anzubieten und abzureißen (OVG Bautzen 19.6.2012 – 3 A 684/10; FG Hamburg 3.7.2018 – 3 K 270/17, EFG 2018, 1827; VG Gelsenkirchen 31.5.2012 – 5 K 2548/11, NVwZ-RR 2012, 908). Dies gilt selbst dann, wenn sich der Steuerpflichtige in einem Stadtumbauvertrag (§§ 171 a ff. BauGB) hierzu verpflichtet hat (OVG Berlin-Brandenburg 22.9.2017 – 9 B 5/17, BeckRS 2017, 133607, in Bezug auf Rückbauverpflichtung betreffend einen Wohnblock).

29 **Von dem Steuerpflichtigen wird ferner erwartet, dass er das zu vermietende Objekt in einem vermietungsfähigen Zustand hält.** Er sei verpflichtet, die Vermietbarkeit seiner Immobilie zu erhalten bzw. herzustellen und die hierzu erforderlichen Sanierungs- und Renovierungsmaßnahmen oder Umbauten durchzuführen. Unterlässt der Steuerpflichtige die Sanierung, verfällt das Objekt hierdurch sukzessive und finden sich deshalb keine Mietinteressenten, hat er die Ursache für die Rohertragsminderung gesetzt und ein Erlass scheidet aus (VG Neustadt 16.3.2011 – 1 K 735/10, BeckRS 2011, 49689; ebenso VG Gelsenkirchen 5.11.2015 – 5 K 1976/14, BeckRS 2015, 55696). **Entsprechendes gilt, wenn Umbaumaßnahmen erforderlich sind, um die Vermietungschancen zu erhöhen** (VG Gelsenkirchen 5.6.2014 – 5 K 1850/13, BeckRS 2014, 52461: zB Umbau von Gewerbe- in Wohneinheiten oder Umgestaltung größerer Räume in kleinere Einheiten). Solche Renovierungs- und Umbauverpflichtungen stehen allerdings unter einem Zumutbarkeitsvorbehalt. So sollen **Umbaumaßnahmen, die eine Ertragsminderung reduzieren oder auffangen können,** dem Steuerpflichtigen nicht zumutbar sein, wenn er sie wirtschaftlich nicht verkraften kann. Denn der Grundsteuererlass soll gerade einen Grundstückseigentümer entlasten, dessen Grundstück keinen oder einen geringeren Ertrag abwirft, und ihn nicht in Schwierigkeiten stürzen, die er angesichts seiner wirtschaftlichen Verhältnisse nicht bewältigen könnte (so wörtlich BVerwG 25.6.2008 – 9 C 8/07, NVwZ-RR 2008, 814; VGH München 29.7.2011 – 4 B 11/10, BeckRS 2013, 46007; vgl. ferner VG Augsburg 24.2.2010 – 6 K 09/243, BeckRS 2010, 35002: Umbaumaßnahmen vor Abschluss eines langfristen Mietvertrages nicht zumutbar, wenn sie nur durch ein Darlehen finanziert werden können, das wiederum erst dann gewährt wird, wenn der Steuerpflichtige einen langfristigen Mieter präsentiert). Ferner ist dem Steuerpflichtigen im Falle erheblicher Baumängel (Feuchtigkeitsschäden, die eine Vermietung verhindern) nicht zuzumuten, die **Baumängel auf eigene Kosten selbst zu beseitigen,** solange eine Zivilklage gegen den Bauträger noch anhängig ist und/oder die Zustimmung anderer Wohnungseigentümer wahrscheinlich gerichtlich erstritten werden müsste (VGH München 4.4.2019 – 4 B 18/2511, NVwZ-RR 2019, 835).

Ein nicht vom Steuerpflichtigen zu vertretendes Vermietungs-/Nutzungshindernis kann sich aus besonderen Umständen ergeben, zum Beispiel einer **Bedrohungslage** (VG Gelsenkirchen 5.11.2015 – 5 K 1976/14, BeckRS 2015, 55696, im konkreten Fall [Erwerb im Wege der Zwangsversteigerung und rachsüchtiger Voreigentümer] verneint). Denkbar ist auch ein **bauordnungsrechtliches Vermietungshindernis**, wie zB eine Nutzungsuntersagung. Voraussetzung ist dann allerdings, dass der Steuerpflichtige den baurechtswidrigen Zustand nicht zu vertreten hat. Hat er den **baurechtswidrigen Zustand hingegen selbst herbeigeführt** bzw. nicht beseitigt, trifft ihn die Verantwortung hierfür (VG Gelsenkirchen 2.1.2015 – 5 K 906/14, BeckRS 2015, 41787). Schließlich ist von einem Vertretenmüssen des Steuerpflichtigen auszugehen, wenn für die Vermietung des Steuergegenstandes eine Genehmigung erforderlich ist und sich das Genehmigungsverfahren durch vom Steuerpflichtigen zu vertretende Gründe verzögert (VG Münster 14.10.2014 – 9 K 388/12, BeckRS 2014, 58351: notwendige Unterlagen wurden verzögert eingereicht).

Ein Vertretenmüssen ist typischerweise dann zu verneinen, **wenn die Immobilie vermietet ist, aber der Mieter zahlungsunfähig wird** (OVG Saarlouis 28.9.2001 – 1 Q 26/01, NVwZ-RR 2002, 885; FG Berlin-Brandenburg 17.12.2014 – 3 K 3286/12; VG Düsseldorf 4.10.2010 – 5 K 4051/10, BeckRS 2015, 43901). Verwendet der Vermieter seine Mietkaution zur Befriedigung von Schadensersatzansprüchen statt zur Deckung der rückständigen Mieten, führt dies nicht zu einem Vertretenmüssen (VGH Kassel 10.2.1988 – 5 UE 143/85, BeckRS 1988, 113774). Kommt es zu einem dauerhaften Mietausfall muss der Steuerpflichtige das Objekt wieder zügig am Markt anbieten und die hierfür notwendigen Maßnahmen ergreifen. Sofern der Besitz des (zahlungsunfähigen oder zahlungsunwilligen) Mieters eine Neuvermietung hindert, bedeutet dies vor allem die Notwendigkeit einer Kündigung des Mietverhältnisses und notfalls Durchsetzung der Herausgabe und Räumung (ganz deutlich OVG Münster 2.8.2012 – 14 A 8/10, BeckRS 2012, 55716: Festhalten am Mietvertrag trotz erheblicher finanzieller Einbußen anstelle einer Kündigung mit dem Bemühen um eine ertragssichere Neuvermietung ist allein dem unternehmerischen Risikobereich des Steuerpflichtigen zuzuordnen; ebenso OVG Bautzen 18.12.2014 – 3 A 355/12). Wenn allerdings der Mieter von sich aus bereit ist, das Objekt an einen Nachmieter herauszugeben und er auch bei der Nachmietersuche mitwirkt, kann es dem Steuerpflichtigen freilich nicht zum Nachteil gereichen, wenn er den Mieter vorerst in den Räumlichkeiten belässt. Die Fortsetzung des Mietverhältnisses ist dann nicht kausal für die Ertragsminderung (OVG Bautzen 18.12.2014 – 3 A 355/12).

Vereinbart der Steuerpflichtige von Anfang an ohne Not eine zu niedrige Miete, wird er dies typischerweise zu vertreten haben. Allerdings müssen richtigerweise auch die Chancen und Risiken einer Vertragsgestaltung anerkannt werden. So kann allein die Vereinbarung einer **umsatzabhängigen Miete** noch kein Vertretenmüssen begründen, nur weil wegen eines geringen Umsatzes des Mieters die Einnahmen hinter der üblichen Miete zurückbleiben (so OVG Lüneburg 28.11.2001 – 13 L 2862/00, NZM 2002, 393). Hinzukommen muss vielmehr die Feststellung, dass eine solche Vereinbarung im konkreten Fall generell nicht zum Erreichen einer angemessenen Miete führen konnte. Hat sich der Steuerpflichtige bei Vertragsschluss geirrt, muss geprüft werden, welche Maßnahmen er zur Nachjustierung hätte ergreifen können. Auch in anderen Fällen kann der Zeitablauf den Steuerpflichtigen zur Reaktion verpflichten. **Ergibt sich die Ertragsminderung zB deshalb, weil die vereinbarte Miete unverändert bleibt, während das**

§ 34 GrStG Abschnitt IV. Erlass der Grundsteuer

Mietpreisniveau steigt, ist Anknüpfungspunkt für das Nichtvertretenmüssen dann eine etwaige Mieterhöhungsmöglichkeit. Hätte der Steuerpflichtige die Miete nach den gesetzlichen oder vertraglichen Regelungen durchaus in Richtung Marktmietniveau anpassen können, hat er dies aber nicht getan, hat er die Ertragsminderung zu vertreten (*Troll/Eisele* GrStG § 33 Rn. 16).

33 Kommt der Steuerpflichtige seinem **Mieter** indes mit der Miethöhe entgegen **(Reduzierung des Mietzinses),** weil Letzterer sich in wirtschaftlichen Schwierigkeiten befindet, nimmt die Rechtsprechung idR ein Vertretenmüssen an. Anders als bei einem Zahlungsausfall wegen Zahlungsunfähigkeit beruhe die Ertragsminderung hier auf der unternehmerischen Entscheidung des Steuerpflichtigen (OVG Münster 31.10.2008 – 14 A 1420/07, KStZ 2009, 96). Dass der Mieter bei Geltendmachung der vereinbarten Miete Insolvenz hätte anmelden müsse, sei grundsätzlich unbeachtlich (VG Wiesbaden 28.1.2010 – 1 K 996/09). Letztlich verlangt die Rechtsprechung vom Steuerpflichtigen, dass er entweder den vereinbarten Mietzins durchsetzt oder sich eines nicht leistungsfähigen Schuldners durch Kündigung und notfalls Räumung entledigt, um den Steuergegenstand wieder am Markt anbieten zu können. Mit dem letztgenannten Punkt ist allerdings zugleich auch die Grenze dieser (strengen) Rechtsprechung aufgezeigt: Wenn der Mieter nicht mehr zahlen kann, er jederzeit bereit ist, die Immobilie an einen Nachmieter herauszugeben, es hierzu aber nicht kommt, weil sich trotz ausreichender Bemühungen des Steuerpflichtigen ein solcher nicht findet, dann wird man auch eine Mietzinsminderung als unschädlich erachten dürfen (es gelten mithin die Überlegungen bei → Rn. 31 am Ende entsprechend).

34 **Kommt es wegen Umbau-/Sanierungsmaßnahmen zu einer Nichtvermietungsphase** (oder ebenso denkbar: eine Phase umfangreicher Mietminderungen durch die Mieter, wenn diese während der Maßnahmen die Räumlichkeiten nur eingeschränkt weiternutzen konnten), will die Rechtsprechung danach unterscheiden, ob diese Maßnahmen auf einer freien Entscheidung des Steuerpflichtigen beruhen oder nicht. Einen das Vertretenmüssen ausschließenden „Sanierungszwang" hat die Rechtsprechung zB für die **Sanierungsverpflichtung in einem förmlich festgesetzten Sanierungsgebiet** bejaht. Die Eigentümer können zwar die Entscheidung über den Zeitpunkt der Sanierung treffen, der Sanierung können sie aber letztlich nicht entgehen, weil diese mittels hoheitlicher Maßnahmen erzwungen werden kann (BFH 17.12.2014 – II R 41/12, BStBl. II 2015, 663; zu vertraglich vereinbarten Stadtumbaumaßnahmen hingegen → Rn. 28). Besteht ein solcher Zwang hingegen nicht, dann beruhe der Leerstand auf der unternehmerischen Entscheidung des Steuerpflichtigen, das Objekt vor einer Vermietung grundlegend zu renovieren oder sanieren, und damit nicht auf Umständen, die außerhalb seines Einflussbereichs liegen (so BFH 17.12.2014 – II R 41/12, BStBl. II 2015, 663; VG Koblenz 11.12.2015 – 5 K 475/15, BeckRS 2015, 56364 [dort: unternehmerisch für sinnvoll gehaltene Umbaumaßnahme, um von einer Gewerbe- zu einer Wohnnutzung zu wechseln]; *Lehmann* in Grootens GrStG § 34 Rn. 97). Das soll ferner gelten, wenn der Steuerpflichtige **ein Grundstück im Bewusstsein der grundlegenden Sanierungsbedürftigkeit erwirbt** (vgl. VGH München 31.3.2005 – 4 B 01/1818, NJW 2006, 936; OVG Münster 27.3.2007 – 14 A 197/06; OVG Magdeburg 4.9.2012 – 4 L 53/12, NVwZ-RR 2013, 204; VG Koblenz 21.1.2020 – 5 K 760/19, BeckRS 2020, 12648). Das Vertretenmüssen soll in diesen Fällen also auf der Entscheidung des Steuerpflichtigen, in sein Objekt zu investieren, beruhen.

35 **Stellungnahme: Diese Rechtsprechung zu Sanierungs- und Umbaumaßnahmen verfolgt im Kern ein berechtigtes Anliegen, kann allerdings**

nicht undifferenziert für jede Baumaßnahme gelten. Dies betrifft bauliche Maßnahmen, die unabdingbar sind, um die Vermietungsfähigkeit wiederherzustellen (Beseitigung von Baumängeln), zu verbessern (Veränderung von Räumlichkeiten, wenn diese im bisherigen Zuschnitt am Markt nicht gefragt sind) oder auf Dauer zu gewährleisten. In diesem Fall wird man die baubedingte Leerstandszeit nicht der Verantwortungssphäre des Steuerpflichtigen zuweisen können. Denn der leistungsfähige Steuerpflichtige setzt sich im Falle des Unterlassens solcher Maßnahmen womöglich sogar dem Vorwurf aus, er tue nicht genug für die Vermietung (→ Rn. 29f.). Aus der Perspektive des § 34 GrStG ist der Steuerpflichtige daher nicht frei darin zu entscheiden, ob er investieren möchte oder nicht. Besonders deutlich wird dies bei einem Gebäude, dass durch ein Unglücksereignis in den Zustand der Nichtvermietbarkeit fällt. Dies alles gilt aber auch dann, wenn eine Sanierungsmaßnahme dazu dient, den Eintritt eines solchen Zustandes zu verhindern. Warum es schließlich einen Unterschied machen soll, ob der Steuergegenstand in diesem Zustand erworben wurde oder ob der Zustand erst später eingetreten ist, erschließt sich uns nicht. Beide Konstellationen müssen gleich behandelt werden (so auch VG Halle 20.11.2009 – 4 A 289/09, BeckRS 2010, 47202; iErg ebenso *Troll/ Eisele* GrStG § 33 Rn. 16). **Eine zum Vertretenmüssen des Leerstandes führende Investition lässt sich unseres Erachtens daher nur in den Fällen annehmen, in denen der Steuerpflichtige (standardverbessernde) Sanierungen vornimmt, die nicht erforderlich sind**, um die Vermietungsfähigkeit zu sichern, die also in der Tat allein auf einer unternehmerischen Entscheidung beruhen, das Angebot zu verändern.

Ist der Steuergegenstand oder ein Teil hiervon auf **Eigennutzung** ausgerichtet, 36 kommt ein Nichtvertretenmüssen vor allem dann in Betracht, wenn der Steuerpflichtige wegen eines Brandschadens an der Eigennutzung gehindert wird. Entsprechendes gilt für unvermeidbare bauliche Maßnahmen, die zu einer zeitweisen Nichtnutzung führen (zB Beseitigung von Hausschwamm).

III. Keine bereits eingetretene Existenzvernichtung als Negativvoraussetzung

Die Rechtsprechung liest in § 34 Abs. 1 GrStG als negative Voraussetzung hinein, dass ein Erlass nur einem Steuerpflichtigen gewährt werden kann, dessen wirtschaftliche Existenz im Erlasszeitraum noch nicht vernichtet war. Begründet wird dies mit einer teleologischen Auslegung der Erlassvorschrift: Dem Steuerpflichtigen komme der Erlass wirtschaftlich nicht mehr zugute, sondern in erster Linie seinen Gläubigern (BVerwG 15.4.1983 – 8 C 52/81, NVwZ 1984, 311; OVG Koblenz 28.6.2010 – 6 A 10376/10, BeckRS 2010, 50300; VG München 14.6.2012 – 10 K 11/4717, BeckRS 2012, 55560). Das BVerwG hat allein die Eröffnung des Konkursverfahrens im Erlasszeitraum ausreichen lassen, um unwiderlegbar auf die Vernichtung der wirtschaftlichen Existenz schließen zu können (BVerwG 15.4.1983 – 8 C 52/81, NVwZ 1984, 311). Unter Geltung der Insolvenzordnung ist diese These nunmehr allerdings zu undifferenziert. Denn ein Insolvenzverfahren kann auch auf die Sanierung des Unternehmens gerichtet sein. In der Logik des BVerwG wird man daher zumindest solche Grundsteuer-Masseverbindlichkeiten nicht von dem Erlass ausschließen dürfen, die in einem auf die Sanierung des insolventen Unternehmensrechtsträgers gerichteten Insolvenzplanverfahrens entstanden sind. Dessen ungeachtet kann diese Rechtsprechung schon aus allgemeineren Erwägungen insgesamt nicht überzeugen, denn sie wird dem Zweck des § 34 GrStG nicht ge-

§ 34 GrStG Abschnitt IV. Erlass der Grundsteuer

recht (glA *Witfeld* in Sonnleitner/Witfeld InsSteuerR Kap. 6 Rn. 14; ebenso VGH Mannheim 28.4.1980 – II 2122/78, ZIP 1980, 473). § 34 Abs. 1 GrStG will die Verhältnismäßigkeit des Steuerzugriffs sicherstellen (→ Rn. 1) und der Steuerzugriff ist nach den Maßstäben des § 34 Abs. 1 GrStG unabhängig davon unverhältnismäßig (weil allein durch äußere Einflüsse keine bzw. weniger Erträge erzielt wurden), ob sich der Steuerpflichtige in wirtschaftlichen Schwierigkeiten befindet oder ob er insolvent ist.

IV. Rechtsfolge

38 Ist der tatsächlich erzielte Ertrag null, liegt eine Ertragsminderung iSv § 34 Abs. 1 S. 2 GrStG vor und es sind 50% der festgesetzten Grundsteuer zu erlassen. Zu beachten ist, dass eine zumindest teilweise Eigennutzung (→ Rn. 18) eine 100%-Minderung des normalen Rohertrages ausschließt. Bleibt der tatsächlich erzielte Ertrag um mehr als 50% hinter der erzielbaren Marktmiete zurück, liegt zumindest eine Ertragsminderung iSv § 34 Abs. 1 S. 1 GrStG vor und es sind 25% der festgesetzten Grundsteuer zu erlassen. Maßgeblich ist die Ertragsminderung in Bezug auf die gesamte wirtschaftliche Einheit.

Beispiel (angelehnt an FinSen Berlin 21.1.2009 – III D – G 1163a – 1/2009, DStR 2009, 586): Für ein Grundstück mit 1.000 qm Nutzfläche beträgt die übliche Miete 8 EUR/qm. Damit ergibt sich ein normaler Rohertrag iHv 96.000 EUR (= 8 EUR/qm × 1.000 qm × 12 Monate). Das Grundstück ist nur mit einer Teilfläche vermietet, die zu Mieteinnahmen iHv 30.000 EUR führt. Für die vom Steuerpflichtigen genutzte Wohnung ist ferner ein Nutzungswert iHv 10.000 EUR anzusetzen.
Die Ertragsminderung beträgt 56.000 EUR, dh ca. 58% des normalen Rohertrags. Die Wesentlichkeitsgrenze von 50% ist überschritten. Die Grundsteuer ist zu 25% zu erlassen.

39 Da die übliche Miete maßgeblich ist, kann es sich auf die Ermittlung der Ertragsminderung zulasten des Steuerpflichtigen auswirken, wenn er eine überdurchschnittlich hohe Miete vereinbart hat.

Beispiel (angelehnt an FinSen Berlin 21.1.2009 – III D – G 1163a – 1/2009, DStR 2009, 586): Für ein Grundstück mit 1.000 qm Nutzfläche ist am 1.1.01 ein Betrag von 7 EUR/qm als übliche Miete ermittelt worden, tatsächlich hat der Steuerpflichtige aber eine Miete von 10 EUR/qm vereinbart. Zum 31.5.01 zieht der Mieter aus und bis zum 31.12.01 steht das Objekt leer.
Als normaler Rohertrag ist die übliche Miete von 7 EUR/qm × 1.000 qm × 12 Monate anzusetzen: 7.000 EUR × 12 = 84.000 EUR. Dem ist die tatsächlich erzielte Miete iHv 5 × 10.000 EUR = 50.000 EUR gegenüberzustellen. Aufgrund der hohen Miete für die ersten fünf Monate des Jahres 01 erreicht die Ertragsminderung die für die erste Erlassstufe notwendigen 50% nicht.

40 Die Entscheidung über den Erlass ist keine Ermessensentscheidung. Der Steuerpflichtige hat einen Anspruch auf den Erlass (BT-Drs. VI/3418, 94; BFH 24.10.2007 – II R 5/05, BStBl. II 2008, 384). Die Erlassentscheidung ist ein Verwaltungsakt. Mit ihrer Bekanntgabe erlischt die Grundsteuerschuld (§ 47 AO, zu den Rechtsfolgen und zur Beständigkeit der Erlassentscheidung → GrStG § 35 Rn. 5 ff., zum Rechtsschutz → GrStG § 35 Rn. 16 f.).

C. Eigengewerblich genutzte Grundstücke (Abs. 2)

I. Eigengewerbliche Nutzung

§ 34 Abs. 2 GrStG setzt zuvorderst ein eigengewerblich genutztes (bebautes) **41** Grundstück voraus. Der Begriff des Gewerbebetriebes ist nicht auf Gewerbebetriebe iSv § 15 EStG beschränkt. Er erfasst jede selbstständige Tätigkeit, die nicht Vermietung iSv § 34 Abs. 1 GrStG (zur Abgrenzung →Rn. 6) und auch nicht Land- und Forstwirtschaft iSv § 33 GrStG ist (in Bezug auf die Abgrenzung zu § 33 GrStG ist die bewertungsrechtliche Feststellung der Vermögensart [Artfeststellung] bindend). Maßgeblich ist die Nutzung im Erlasszeitraum und zwar durch denjenigen, der bewertungsrechtlich Zurechnungssubjekt des Steuergegenstandes ist (also dem Steuerschuldner, →GrStG § 10 Rn. 4 ff.). Beendet ist die eigengewerbliche Tätigkeit erst dann, wenn diese Person jegliche seinem Gewerbebetrieb zuzurechnenden Tätigkeiten auf dem Grundstück vollständig und auf Dauer aufgibt. Erst in diesem Moment verliert dieses Grundstück die Eigenschaft, „eigengewerblich genutzt" zu sein, und es wird ein Grundstück iSv § 34 Abs. 1 GrStG (BVerwG 15. 4. 1983 – 8 C 150/81, BVerwGE 67, 123).

Zur Abgrenzung von Eigengewerblichkeit iSv Abs. 2 einerseits und Vermie- **42** tung/Verpachtung iSv Abs. 1 andererseits kann weitgehend auf die ertragsteuerlichen Kriterien zurückgegriffen werden (statt vieler *Bode* in Brandis/Heuermann EStG § 15 Rn. 112 ff.; *Krumm* in Kirchhof/Seer EStG § 15 Rn. 69 ff.). Daher führt ein Hotelbetrieb zu einem Gewerbebetrieb iSv § 34 Abs. 2 GrStG, auch wenn vordergründig vor allem Räumlichkeiten vermietet werden (aber eben nicht nur). Abweichend vom Ertragsteuerrecht führen allerdings § 15 Abs. 1 S. 1 Nr. 2 EStG und die Grundsätze der Betriebsaufspaltung nicht schon für sich betrachtet zu einer eigengewerblichen Tätigkeit. Vielmehr führt auch die Vermietung an eine Personenvereinigung, an welcher der Steuerpflichtige beteiligt ist, zur Anwendung des § 34 Abs. 1 GrStG (VGH Mannheim 31. 1. 1978 – II 2503/76, KStZ 1978, 151 für einen Kommanditisten [Vermieter] und eine GmbH & Co. KG [Mieterin]; VGH München 3. 9. 1990 – 4 B 87/636, ZKF 1991, 16).

II. Minderung der Ausnutzung des Grundstücks

Bei eigengewerblich genutzten bebauten Grundstücken (→Rn. 41 f.) fehlen **43** Mieteinnahmen, die der Marktmiete gegenübergestellt werden können. Daher knüpft das Gesetz hier an die nicht vom Steuerpflichtigen zu vertretende (→Rn. 49 ff.) **Minderung der Ausnutzung des Grundstücks** an (→Rn. 44 ff.) und verlangt zusätzlich, dass die Einziehung der Grundsteuer nach den wirtschaftlichen Verhältnissen des Betriebs unbillig wäre (→Rn. 54 ff.). Da es sich **bei § 34 Abs. 2 GrStG nur um einen besonderen Fall des § 34 Abs. 1 GrStG handelt** (arg.: die Minderung der Ausnutzung des Grundstücks „gilt" als Minderung des normalen Rohertrages), bleibt Letzterer im Übrigen maßgeblich: **Die nach Maßgabe des § 34 Abs. 2 GrStG ermittelte Minderausnutzung muss mehr als 50 % betragen.** Vorbehaltlich der übrigen Voraussetzungen erlangt der Steuerpflichtige dann einen Anspruch auf einen Erlass von 25 % der Grundsteuer. Erreicht die Minderausnutzung sogar 100 % richtet sich der Erlass auf 50 % der Grundsteuer.

Die **Minderung der Ausnutzung** entspricht dabei dem **Unterschied zwi-** **44** **schen der normalen Ausnutzung einerseits und der tatsächlichen Ausnut-**

§ 34 GrStG   Abschnitt IV. Erlass der Grundsteuer

zung des Grundstücks und vor allem des Gebäudes andererseits. Der Maßstab der Ausnutzung ist ein räumlich-zeitlicher (die Fläche wird nicht vollständig genutzt, die Fläche wird nicht über das gesamte Jahr genutzt). Größen wie Umsatz oder Gewinn sind keine Maßstäbe, um die Minderausnutzung zu bestimmen (*Troll/Eisele* GrStG § 33 Rn. 23). Das schließt allerdings nicht aus, dass sie – ebenso wie andere Kriterien – als Hilfsmittel herangezogen werden können, um den räumlich-zeitlichen Maßstab zu konkretisieren (→ Rn. 47). Bezugspunkt für die Minderung der Ausnutzung ist nur der konkrete Steuergegenstand und nicht der Betrieb als solcher (*Troll/Eisele* GrStG § 33 Rn. 23).

45   Wird der Steuergegenstand **gar nicht genutzt,** dürfte die Annahme einer Ausnutzung von null unzweifelhaft sein. **Werden nur räumlich abgrenzbare Teile genutzt,** aber andere Teile überhaupt nicht, wird man häufig schon mittels des Nutzflächenverhältnisses ermitteln können, inwieweit es an einer Ausnutzung fehlt. Das kommt zB bei Nichtnutzung abgeschlossener Räumlichkeiten in Betracht (zB wenn einige Etagen eines Bürogebäudes vermietet sind und andere nicht), dürfte aber selbst für nicht abgeschlossene Räumlichkeiten gelten, sofern eine Nichtnutzung durch die Eigenart der Einrichtung naheliegend ist. In den Zeiten der **Corona-Lockdowns** dürften bei lebensnaher Betrachtung zB die Gasträume von Gaststätten ungenutzt geblieben sein, während die Küche und Verwaltungsräume ggfs. zur Aufrechterhaltung eines „Außer-Haus-Verkaufs" genutzt worden sind. Erfolgen **Nutzung und Nichtnutzung in zeitlich getrennten Phasen,** erscheint eine Quantifizierung für Zwecke des § 34 Abs. 2 GrStG ebenfalls unproblematisch: Wenn im Corona-Lockdown ein Einzelhandelsgeschäft für einige Monate im Erlasszeitraum geöffnet hat, für einige Monate aber schließen musste, dann dürfte sich eine zeitanteilige Bemessung anbieten.

46   Eine Minderung der Ausnutzung kann allerdings auch dann vorliegen, **wenn der Steuergegenstand durchaus genutzt wird, aber eben nicht in dem Umfang, wie es möglich wäre.** Die Finanzverwaltung verweist beispielhaft auf Kurzarbeit (GrStR Abschn. 40 Abs. 5 S. 8). Es geht mithin um Fälle, in denen die **Kapazität eines Unternehmens nicht ausgelastet ist** und es deshalb zu Nichtnutzungszeiten kommt. Nicht einfach zu beantworten ist die Frage, wie eine solche Minderausnutzung praktisch quantifiziert werden kann. Es bedarf einer Aussage zur üblichen Ausnutzung und sowohl die übliche als auch die tatsächliche Ausnutzung müssen quantifizierbar sein (zu Letzterem → Rn. 47). Für die Üblichkeit der Ausnutzung kann auf den Rechtsgedanken des § 34 Abs. 1 S. 3 GrStG iVm § 236 Abs. 2 S. 2 BewG zurückgegriffen werden: Maßgeblich ist die nachhaltig übliche (nicht zwingend: maximale) Ausnutzung und dies führt – vorbehaltlich etwaiger grundlegender Veränderungen im Betrieb, die einer Vergleichbarkeit entgegenstehen – zu einer Durchschnittsbetrachtung bezogen auf einen vergangenen Zeitraum (*Troll/Eisele* GrStG § 33 Rn. 23; GrStR Abschn. 40 Abs. 5 S. 14). Der Zeitraum muss freilich so gewählt werden, dass er auch für das Übliche repräsentativ ist. Insoweit werden vielfach die letzten drei Jahre als ein angemessener Betrachtungszeitraum angesehen (BVerwG 3.7.1979 – 7 B 44/78, KStZ 1980, 11; *Lehmann* in Grootens GrStG § 34 Rn. 193; GrStR Abschn. 40 Abs. 5 S. 14). War die Auslastung schon in den Vorjahren niedrig, können diese Vorjahre allerdings nicht für die übliche Auslastung herangezogen werden und es muss weiter zurückgegangen werden (zu Recht *Lehmann* in Grootens GrStG § 34 Rn. 193; *Troll/Eisele* GrStG § 33 Rn. 23). Bei Saisonbetrieben muss schließlich angemessen berücksichtigt werden, dass typischerweise keine Ganzjahresausnutzung vorliegt. Hier muss die übliche Ausnutzung gerade für einen Saisonbetrieb bestimmt werden.

Erlass wegen Ertragsminderung bei bebauten Grundstücken § 34 GrStG

Die **Quantifizierung der üblichen Ausnutzung einerseits und der tatsächlichen Ausnutzung andererseits** soll in den Fällen der nur teilweisen Ausnutzung (→ Rn. 46) nach der Vorstellung der Finanzverwaltung **nach wirtschaftlichen Gesichtspunkten** erfolgen (GrStR Abschn. 40 Abs. 5 S. 9). In den Grundsteuerrichtlinien heißt es: „Bei Fabrikations-, Handwerks- und Handelsbetrieben können dies die Arbeitsstunden, der Produktionsmitteleinsatz, der Produktionsausstoß, die Produktionsstunden, der Umsatz oder andere ähnliche Merkmale sein. Bei Hotels und anderen Betrieben des Beherbergungsgewerbes kann auf die Bettenbelegung oder ggf. den Umsatz abgestellt werden. Im Einzelfall kann auch eine Kombination mehrerer Merkmale in Betracht kommen" (GrStR Abschn. 40 Abs. 5 S. 10ff.). Die Rechtsprechung hat zu erkennen gegeben, dass dies grundsätzlich eine gesetzeskonforme Konkretisierung darstellen kann bzw. hat von sich aus vergleichbare Kriterien angewendet (vgl. BVerwG 3.7.1979 – 7 B 44/78, KStZ 1980, 11: Maßgeblichkeit der durchschnittlichen Bettenbelegung bei einem Hotel; BVerwG 26.5.1989 – 8 C 20/87, NVwZ-RR 1990, 324: Maßgeblichkeit von Arbeitsstunden bei einer Werft; BFH 17.1.1990 – II R 97/85, BStBl. II 1990, 448: Maßgeblichkeit von Fertigungsstunden bei einem Produktionsbetrieb; VGH Mannheim 28.4.1980 – II 2122/78, ZIP 1980, 473 (474): Maßgeblichkeit des Umsatzes bei einer Maschinenbaufabrik; VG Bayreuth 21.2.2018 – 4 K 17/173, BeckRS 2018, 33912 für ein Hotel). Vor allem die Arbeits-/Fertigungsstunden sind in der Tat ein tauglicher Maßstab, um die Auslastung eines Produktionsgebäudes zu bestimmen. Das setzt allerdings voraus, dass entsprechende Aufzeichnungen existieren. Im Übrigen verbleibt dann wohl (subsidiär) nur der Umsatz als (sehr grober) Indikator für die Ausnutzung. Ebenso wie bei beim Rohertrag iSv § 34 Abs. 1 GrStG (→ Rn. 5) ist nur der Umsatz selbst entscheidend; Betriebsausgaben bleiben außer Betracht (*Troll/Eisele* GrStG § 33 Rn. 23). 47

Die Rechtsprechung erweckt teilweise den Eindruck, dass der Gemeinde bei der Wahl des Maßstabes für die Quantifizierung der geminderten Ausnutzung (→ Rn. 47) ein Entscheidungsspielraum zusteht (so BVerwG 3.7.1979 – 7 B 44/78, KStZ 1980, 11; 26.5.1989 – 8 C 20/87, NVwZ-RR 1990, 324 (325); OVG Münster 25.6.1976 – II B 267/76, BB 1977, 984). Dem ist indes nicht so. Es ist nicht erkennbar, dass der Gesetzgeber der Gemeinde mit § 34 Abs. 2 GrStG einen Beurteilungsspielraum oder Ermessen hat einräumen wollen. Die Frage, was der im Einzelfall den wirtschaftlichen Gegebenheiten der konkret zu würdigenden eigengewerblichen Nutzung am besten gerecht werdende Maßstab ist, unterliegt daher uneingeschränkt der gerichtlichen Kontrolle. 48

III. Kein Vertretenmüssen der Minderung der Ausnutzung

§ 34 Abs. 2 GrStG modifiziert lediglich das Tatbestandsmerkmal der Ertragsminderung und formuliert zudem mit der Unbilligkeit der Einziehung ein zusätzliches Tatbestandsmerkmal. Im Übrigen knüpft er an § 34 Abs. 1 GrStG an, **weshalb auch der Erlass nach § 34 Abs. 2 GrStG voraussetzt, dass der Steuerpflichtige die Minderung der Ausnutzung weder durch ein ihm zurechenbares Verhalten herbeigeführt hat noch ihren Eintritt durch geeignete und zumutbare Maßnahmen hat abwenden können** (BVerwG 15.4.1983 – 8 C 146/81, BeckRS 1983, 31287397; 26.5.1989 – 8 C 20/87, NVwZ-RR 1990, 324 [325]). Beruht die Minderausnutzung auf einem gerade das Grundstück betreffenden externen Ereignis, zB eine größere Baumaßnahme, die den Steuerpflichtigen in erheblichem Maße von seiner Laufkundschaft abschneidet, wird es typi- 49

§ 34 GrStG Abschnitt IV. Erlass der Grundsteuer

scherweise an einem Vertretenmüssen des Steuerpflichtigen fehlen (*Troll/Eisele* GrStG § 33 Rn. 23a mit dem Beispiel eines U-Bahn-Baus). Entsprechendes dürfte auch für globale oder branchen- bzw. produktspezifische Umstände gelten. So hat der Steuerpflichtige **weder die Auswirkungen struktureller oder konjunktureller Entwicklungen zu vertreten** (vgl. VGH Mannheim 28.4.1980 – II 2122/78, ZIP 1980, 473 (474); OVG Münster 25.5.1981 – 3 A 2714/78, ZKF 1982, 33 (34); *Troll/Eisele* GrStG § 33 Rn. 23a; wohl auch GrStR Abschn. 38 Abs. 4a S. 2) **noch den Wandel des Geschmacks etc., der gerade seine Produkte betrifft** (vgl. aber auch BVerwG 26.1.1973 – VII B 21/72, KStZ 1973, 92 zu § 15 GrStErlVO: Dem Kläger wurde vorgehalten, dass er seinen Betrieb eingestellt habe, weil er sich den notwendigen Marktanpassungen in Bezug auf sein Produkt nicht stellen wollte, obwohl ihm die notwendigen Investitionen finanziell möglich gewesen wäre).

50 Unternehmerische Tätigkeit ist immer mit einem Risiko verbunden und es ist volkswirtschaftlich gerade erwünscht, dass Unternehmer mit ihren Entscheidungen auch Risiken eingehen, um ihre Produkte weiterzuentwickeln, neue Märkte zu erschließen etc. **Angesichts dessen verbietet es sich, dass Verwaltung und Gericht am Ende (mit dem Wissen ex post) die unternehmerischen Entscheidungen des Steuerpflichtigen bewerten.** Haben sich die Rahmenbedingungen allerdings dergestalt verändert, dass eine eigengewerbliche Nutzung langfristig nicht mehr in Betracht kommt, **hält der Steuerpflichtige die nicht mehr benötigten Räumlichkeiten aber gleichwohl für seinen Betrieb vor, statt sie auf dem Markt zu Vermietung anzubieten, kommt ein Vertretenmüssen in Betracht.** In diesem Fall beruht die Minderausnutzung auf einer unternehmerischen Entscheidung des Steuerpflichtigen (vgl. OVG Münster 25.6.1976 – II B 267/76, KStZ 1976, 212 (214): eine dritte Halle wurde errichtet, obwohl zu diesem Zeitpunkt bereits absehbar war, dass die Geschäftstätigkeit fortlaufend rückgängig war). **Er muss auf veränderte Marktbedingungen reagieren** und tut er dies nicht, entscheidet er sich für die Inkaufnahme einer Minderausnutzung.

51 Kommt es anlässlich der **Neugründung oder Erweiterung eines Unternehmens** zu einer verminderten Ausnutzung, soll dies nach verbreiteter Ansicht in den Bereich des Unternehmerrisikos fallen und sei daher jedenfalls in einer Anlaufzeit von drei Jahren vom Steuerpflichtigen zu vertreten (VG Düsseldorf 13.5.1985 – 11 K 2760/81, ZKF 1986, 11; VG Kassel 23.2.2016 – 6 K 19/13; VG Bayreuth 21.2.2018 – 4 K 17/173, BeckRS 2018, 33912; GrStR Abschn. 38 Abs. 4a S. 3; zustimmend zitierend ferner *Troll/Eisele* GrStG § 33 Rn. 23a). Das überzeugt in dieser Allgemeinheit nicht. Hier schwingt mitunter noch die längst aufgegebene Differenzierung nach atypischen und typischen Risiken mit (vgl. → Rn. 19). Das Vertretenmüssen ist vielmehr auch in den Fällen der Neugründung und Erweiterung eine Frage des Einzelfalls. Die Beurteilung hängt vor allem von der Antwort auf die Frage ab, inwieweit es für den Steuerpflichtigen unvermeidbar war, seine eigengewerbliche Tätigkeit mit einer Raumkapazität zu beginnen, die er anfangs noch nicht brauchte.

52 Bei **behördlichen Betriebsschließungen** ist in Bezug auf den Anlass zu differenzieren: Hat der Steuerpflichtige selbst die Ursache für die Betriebsschließung gesetzt (Unzuverlässigkeit, Verstoß gegen Hygienevorschriften), dann hat er auch die Minderausnutzung zu vertreten. Anders verhält es sich mit Betriebsschließungen, wie sie zB anlässlich der **Corona-Krise** während der Lockdown-Phasen in den verschiedenen Corona-Schutzverordnungen angeordnet wurden.

Erlass wegen Ertragsminderung bei bebauten Grundstücken § 34 GrStG

IV. Keine bereits eingetretene Existenzvernichtung als Negativvoraussetzung

Auch bei eigengewerblicher Nutzung iSv § 34 Abs. 2 GrStG ist der Erlass nach Ansicht der Rechtsprechung zu versagen, wenn die wirtschaftliche Existenz des Steuerpflichtigen im Erlasszeitraum schon vernichtet war. Die Ausführungen zu § 34 Abs. 1 GrStG gelten insoweit entsprechend, ebenso wie die hieran zu formulierende Kritik (→ Rn. 37). 53

V. Unbilligkeit der Einziehung der Grundsteuer

Weitere Voraussetzung für einen Erlass ist, dass die Einziehung der Grundsteuer nach den wirtschaftlichen Verhältnissen des Betriebs unbillig wäre. Nach der Vorstellung des Gesetzgebers soll mit dieser zusätzlichen (Billigkeits-)Voraussetzung verhindert werden, dass der Erlass gewährt wird, wenn die Ertragsminderung auf das gesamte Betriebsergebnis keine oder nur ganz geringfügige Auswirkungen hat (BT-Drs. VI/3418, 95). Die Rechtsprechung konkretisiert dies sodann dahingehend, **dass die Einziehung der Grundsteuer unbillig ist, wenn das Unternehmen im Erlasszeitraum ein negatives Betriebsergebnis erzielt hat und wenn der ungekürzten Grundsteuer als Aufwandsposition mehr als nur geringfügiges Gewicht innerhalb des negativen Betriebsergebnisses zukommt** (BVerwG 29.9.1982 – 8 C 50/81, NVwZ 1983, 159; 26.5.1989 – 8 C 20/87, NVwZ-RR 1990, 324). Letzteres erfordert, dass die ungekürzte Grundsteuer in Relation zur Höhe der übrigen Betriebsausgaben gesetzt wird (nicht: ins Verhältnis zum negativen Betriebsergebnis, so BVerwG 26.5.1989 – 8 C 20/87, NVwZ-RR 1990, 324). Nicht erforderlich ist hingegen, dass der Steuerpflichtige durch die Zahlung der Grundsteuer in Liquiditätsschwierigkeiten geraten würde (so wird man auch BVerwG 26.5.1989 – 8 C 20/87, NVwZ-RR 1990, 324 verstehen dürfen; aA *Lehmann* in Grootens GrStG § 34 Rn. 220; wohl auch GrStR Abschn. 38 Abs. 5 S. 8: dem Steuerpflichtigen darf eine Kreditaufnahme nicht zumutbar sein). 54

Bezugspunkt für die Unbilligkeit ist grundsätzlich der Betrieb des Steuerpflichtigen. In welchem Betriebsteil oder in welcher Betriebsstätte die Minderausnutzung eingetreten ist, ist irrelevant. Maßgeblich sind die wirtschaftlichen Verhältnisse des Gesamtunternehmens (BVerwG 29.9.1982 – 8 C 50/81, NVwZ 1983, 159). Angesichts der betriebsbezogenen Betrachtung ist bei einem Einzelunternehmen die „private Vermögenslage" irrelevant. Auch bei Personenvereinigungen ist grundsätzlich nur auf diese selbst abzustellen. Die Gesellschafter sind nicht in die Betrachtung mit einzubeziehen (aA wohl *Troll/Eisele* GrStG § 33 Rn. 24). Nach Ansicht des BFH soll allerdings dann etwas anderes gelten, wenn der Steuerpflichtige eine Kapitalgesellschaft ist, die mit ihrem Gesellschafter über einen **Beherrschungs- und/oder Gewinnabführungsvertrag** verbunden ist. In diesem Fall stellt die Rechtsprechung für die Unbilligkeit der Einziehung auf die wirtschaftlichen Verhältnisse sowohl des herrschenden Unternehmens als auch der beherrschten Kapitalgesellschaft ab (BFH 19.4.1989 – II R 16/89, BStBl. II 1989, 804; sodann auch BFH 17.1.1990 – II R 97/85, BStBl. II 1990, 448 für einen Fall ohne Gewinnabführungsvertrag, wo allerdings wohl eine vergleichbare Einstandspflicht des Gesellschafters bestanden haben könnte). Nimmt man die Betriebsbezogenheit der Billigkeitsbetrachtung ernst, kann hierfür allerdings nicht allein die Verlustausgleichsverpflichtung nach § 302 AktG entscheidend sein. Eine solche Ge- 55

§ 34 GrStG Abschnitt IV. Erlass der Grundsteuer

samtbetrachtung für Zwecke des § 34 Abs. 2 GrStG ließe sich allenfalls dann rechtfertigen, wenn weitere Umstände hinzukommen, die herrschendes wie beherrschtes Unternehmen als einheitlichen Betrieb erscheinen lassen. Dafür sind umfangreiche Sachverhaltsfeststellungen erforderlich, die der Gemeinde nicht einfach fallen dürften. Angesichts dessen sollte man einem formalen Betriebsbegriff folgen (vgl. auch *Troll/Eisele* GrStG § 33 Rn. 24: Betriebsergebnis von Gesellschafter und beherrschter Kapitalgesellschaft so feststellen, wie es ohne die Verbindung wäre).

56 Dieser Billigkeitsbegriff ist gerichtlich voll überprüfbar. Die Gemeinden haben insoweit keinen Beurteilungsspielraum (BVerwG 26.5.1989 – 8 C 20/87, NVwZ-RR 1990, 324).

D. Gemischt genutzte Grundstücke (Abs. 3)

57 Gilt für einen Teil der Grundstücksnutzung § 34 Abs. 1 GrStG und für einen anderen Teil § 34 Abs. 2 GrStG, dann ist gem. § 34 Abs. 3 GrStG für jeden Teil die Ertragsminderung nach den hierfür geltenden Regeln zu bestimmen (erster Schritt), am Ende allerdings gleichwohl ein einheitlicher Prozentsatz der Ertragsminderung nach dem Anteil der einzelnen Teile am Grundsteuerwert des Grundstücks zu ermitteln (zweiter Schritt).

Beispiel (angelehnt an GrStR Abschn. 40 Abs. 6): Der Steuerpflichtige ist Eigentümer eines gemischt genutzten Grundstücks mit vermieteten Wohnungen (= 40% des Grundsteuerwertes) und eigengewerblich genutzten Geschäftsräumen (= 60% des Grundsteuerwertes). Ein Mieter kann wegen Zahlungsunfähigkeit nicht mehr alle Mieten bezahlen, weshalb die tatsächlichen Mieteinnahmen mit 16.000 EUR hinter dem normalen Rohertrag iHv 20.000 EUR zurückbleiben. Ferner kommt es im Gewerbebetrieb des Steuerpflichtigen zu einer Minderauslastung von 60%.
Zuerst sind die Ertragsminderungen für die Wohnungen nach Maßgabe des § 34 Abs. 1 GrStG (= 20%) und für die eigengewerblich genutzten Räume nach Maßgabe des § 34 Abs. 2 GrStG (= 60%) zu ermitteln. Für jede Ertragsminderung ist sodann ihr Anteil an der Gesamtertragsminderung entsprechend ihrem Anteil am Grundsteuerwert zu bestimmen: Für die Wohnung 20% × 40% = 8% und für die selbstgenutzten Geschäftsräume 60% × 60% = 36%. Die Ertragsminderung für das gesamte Grundstück beträgt danach 8% + 36% = 42%. Die 50%-Grenze wird mithin nicht erreicht.

E. Vorrang der Wert-/Artfortschreibung (Abs. 4)

58 Gemäß § 34 Abs. 4 GrStG stellt eine Ertragsminderung keinen Erlassgrund dar, wenn sie für den Erlasszeitraum durch Fortschreibung des Grundsteuerwerts nach § 222 BewG berücksichtigt werden kann oder bei rechtzeitiger Stellung des Antrags auf Fortschreibung hätte berücksichtigt werden können. Der Gesetzgeber statuiert damit den Vorrang der Fortschreibung gegenüber dem Erlass. Nach der Grundsteuerreform 2019 (→ Grundlagen Rn. 13) dürfte dieser Ausschlussgrund keine nennenswerte Bedeutung mehr haben. Im neuen Ertragswertkonzept wird nur noch auf Durchschnittsmieten abgestellt und die individuelle – für die Ertragsminderung relevante – Beschaffenheit der wirtschaftlichen Einheit hat keine Bewertungsrelevanz (mehr). Und auch beim Sachwertverfahren bleibt die individuelle Beschaffenheit des Grundstücks außen vor. Bedeutung hat § 34 Abs. 4 GrStG wohl nur noch für die Artfeststellung, wenn das Gebäude so verfallen oder zerstört worden ist, dass

Verfahren **§ 35 GrStG**

nur noch ein unbebautes Grundstück vorliegt. Dem ist ausschließlich über eine Artfortschreibung und nicht über einen Erlass Rechnung zu tragen.

§ 35 Verfahren

(1) ¹Der Erlaß wird jeweils nach Ablauf eines Kalenderjahres für die Grundsteuer ausgesprochen, die für das Kalenderjahr festgesetzt worden ist (Erlaßzeitraum). ²Maßgebend für die Entscheidung über den Erlaß sind die Verhältnisse des Erlaßzeitraums.

(2) ¹Der Erlaß wird nur auf Antrag gewährt. ²Der Antrag ist bis zu dem auf den Erlaßzeitraum folgenden 31. März zu stellen.

(3) ¹In den Fällen des § 32 bedarf es keiner jährlichen Wiederholung des Antrags. ²Der Steuerschuldner ist verpflichtet, eine Änderung der maßgeblichen Verhältnisse der Gemeinde binnen drei Monaten nach Eintritt der Änderung anzuzeigen.

Gilt nicht in **Baden-Württemberg** (dort § 58 BWLGrStG).

A. Allgemeines

I. Systematische Einordnung und Zweck der Regelung

Der Erlassentscheidung geht ein Verwaltungsverfahren voraus. § 35 GrStG regelt 1 fragmentarisch einige Aspekte dieses Verfahrens und dies übergreifend für alle Erlasstatbestände der §§ 32 ff. GrStG. Im Übrigen gilt das Verfahrensrecht der Abgabenordnung.

II. Entwicklung der Vorschrift und Grundsteuerreform 2019

Der ursprünglich mit dem Grundsteuerreformgesetz vom 7.8.1973 (→ Grund- 2 lagen Rn. 8) geschaffene § 35 GrStG wurde mit Gesetz vom 22.12.1999 (BGBl. 1999 I 2601) aufgehoben. Es bestand sodann erst einmal eine „Leerstelle". Anlässlich der Grundsteuerreform 2019 (→ Grundlagen Rn. 13) wurde der vormalige § 34 GrStG ohne inhaltliche Veränderung zu § 35 GrStG. § 34 GrStG aF beruhte auf dem Grundsteuerreformgesetz vom 7.8.1973 und war den §§ 2f. Grundsteuererlass-VO nachgebildet (zu § 34 GrStG aF BT-Drs. VI/3418, 96f.). Der Wortlaut ist bis heute (nunmehr in § 35 GrStG) unverändert geblieben.

B. Erlassverfahren und Erlassentscheidung (ua Abs. 1)

Das auf die Erlassentscheidung gerichtete Verwaltungsverfahren wird durch den 3 **Antrag des Steuerpflichtigen** (→ Rn. 8 ff.) in Gang gesetzt. Der Steuerpflichtige ist zur **Mitwirkung** bei der Ermittlung des Sachverhaltes verpflichtet. Er hat insb. die für die Besteuerung erheblichen Tatsachen vollständig und wahrheitsgemäß offenzulegen und die ihm bekannten Beweismittel anzugeben (§ 90 Abs. 1 AO, für das Erlassverfahren ausdrücklich BVerwG 14.5.2014 – 9 C 1/13, NVwZ-RR 2014, 894; OVG Münster 20.11.2012 – 14 A 580/11, BeckRS 2013, 51555; OVG Bautzen 12.6.2014 – 3 A 673/12, BeckRS 2015, 40634). Insoweit gilt vor

§ 35 GrStG								Abschnitt IV. Erlass der Grundsteuer

allem eine sphärenorientierte Betrachtung, da sich viele erlassrelevante Umstände im Einflussbereich des Steuerpflichtigen vollziehen. Vor allem in Bezug auf § 34 GrStG muss der Steuerpflichtige substantiiert die Ertragsminderung (→ GrStG § 34 Rn. 5 ff.) und dasjenige, was er zu ihrer Vermeidung bzw. Beendigung unternommen hat (Vermietungsbemühungen etc, → GrStG § 34 Rn. 20 ff.), vortragen und hierfür Nachweise erbringen (vgl. zB VGH München 8.12.2016 – 4 ZB 16/1583, BeckRS 2016, 109997). Hinsichtlich § 32 Abs. 1 Nr. 1 GrStG gilt dies vor allem für die Einnahmen und Kosten (→ GrStG § 32 Rn. 11 ff.). Die Behörde kann die Vorlage von Mietverträgen und anderen Dokumenten nach § 97 AO verlangen (OVG Münster 20.11.2012 – 14 A 580/11, BeckRS 2013, 51555).

4	Die Erlassentscheidung ist eine **gebundene Entscheidung.** Es besteht bei keinem der Tatbestände der §§ 32 ff. GrStG ein Ermessen der Behörde (→ Rn. 16). Für die Erlassentscheidung sind die Verhältnisse des Erlasszeitraums maßgeblich (§ 35 Abs. 1 S. 2 GrStG). Diese Anordnung betrifft die Unrentabilität iSv § 32 GrStG und die Ertragsminderungen iSv §§ 33 f. GrStG. Eine Verbesserung der Ertragslage nach Ablauf des Erlasszeitraums hat außer Betracht zu bleiben (BT-Drs. VI/3418, 96). Im Übrigen verändert § 35 Abs. 1 S. 2 GrStG das Stichtagsprinzip nicht. So müssen die für § 32 Abs. 1 Nr. 1 GrStG notwendigen Bindungen oder die für § 32 Abs. 1 Nr. 2 GrStG erforderliche Widmung und Nutzung am 1.1. eines Erhebungszeitraums vorliegen (vgl. VG Augsburg 18.4.2018 – 6 K 17/292, BeckRS 2018, 10216).

5	Die Erlassentscheidung ist ein Verwaltungsakt. **Mit der Bekanntgabe der Erlassentscheidung erlischt die Grundsteuerschuld.** Es entsteht ein sofort fälliger Erstattungsanspruch des Steuerpflichtigen, wenn er die Grundsteuer bereits entrichtet hat (§ 37 Abs. 2 AO). Der Erstattungsbetrag wird nicht verzinst. Das gilt selbst dann, wenn der Steuerpflichtige die Erlassentscheidung erfolgreich gerichtlich erstritten hat (zum Rechtsschutz → Rn. 16 f.). Bei mehreren Gesamtschuldnern muss der Erlass gegenüber jedem Gesamtschuldner ausgesprochen werden. Denn der Erlass ist eine sog. Einzeltatsache iSv § 44 Abs. 2 S. 3 AO (→ GrStG § 10 Rn. 12).

6	Liegen die Voraussetzungen für den Erlass nicht vor, ist die Erlassentscheidung rechtswidrig. Ihre **Aufhebung** richtet sich allein nach § 130 Abs. 2 AO. Zwar findet auf rechtswidrige Verwaltungsakte auch § 131 AO Anwendung („erst recht"). Allerdings muss eine Erlassentscheidung, die für einen bestimmten Erhebungszeitraum ausgesprochen worden ist (zu einem etwaigen Dauererlass in Ansehung von § 32 GrStG ferner → Rn. 12), mit Wirkung für die Vergangenheit aufgehoben werden, damit die Aufhebung ihre Wirkung – nämlich das Wiederaufleben des erlassenen Grundsteueranspruchs – erreichen kann (vgl. *Loose* in Tipke/Kruse AO § 227 Rn. 138; *Rüsken* in Klein AO § 227 Rn. 49). Dies kann nur mittels § 130 Abs. 2 AO erreicht werden, der die Aufhebung mit Wirkung für die Vergangenheit allerdings nur in besonderen Konstellationen erlaubt: Erlass durch eine sachlich unzuständige Behörde (Nr. 1), Erwirken der Erlassentscheidung durch unlautere Mittel (arglistige Täuschung, Drohung oder Bestechung, Nr. 2) oder durch Angaben des Steuerpflichtigen, die in wesentlicher Beziehung unrichtig oder unvollständig waren (Nr. 3) oder Kenntnis bzw. grob fahrlässige Unkenntnis der Rechtswidrigkeit der Erlassentscheidung (Nr. 4). Die Aufhebungsentscheidung ist eine Ermessensentscheidung.

7	Je nachdem, wie der Tenor der Erlassentscheidung formuliert ist, kann es notwendig werden, den **Erlass an eine nachfolgende Änderung des Grundsteuerbescheides anzupassen.** Wird nämlich die festgesetzte Grundsteuer erhöht,

Verfahren **§ 35 GrStG**

nennt die vorangegangene Erlassentscheidung aber nur einen konkreten Steuerbetrag, erfasst sie den Erhöhungsbetrag (bzw. den entsprechenden Bruchteil hiervon) nicht (automatisch). Da die Regelungswirkung der bereits existierenden Erlassentscheidung die Erlassfrage in Ansehung des konkreten Erhebungszeitraums umfassend regelt, kommt ein weitergehender Erlass bezüglich des Erhöhungsbetrages nur in Betracht, wenn die Bestandskraft der Erlassentscheidung durchbrochen werden kann. Insoweit besteht idR ein Anspruch des Steuerpflichtigen auf einen erhöhten Erlass nach § 131 Abs. 1 AO. Auf die Voraussetzungen des § 131 Abs. 2 AO kommt es insoweit nicht an, weil die Erlassentscheidung richtigerweise den Steuerpflichtigen nicht nur begünstigt, sondern in Anbetracht des nicht vom Erlass erfassten Erhöhungsbetrages auch belastet. Das Ermessen wiederum ist deshalb auf null reduziert, weil insoweit der verpflichtende Charakter der Erlassvorschriften fortwirkt.

C. Antragserfordernis und -frist (Abs. 2)

Der Erlass wird nur auf Antrag gewährt. **Antragsbefugt ist nur derjenige, dem im Erlasszeitraum der Steuergegenstand zugerechnet war,** also der Steuerschuldner iSv § 10 GrStG (BVerwG 14.5.2014 − 9 C 1/13, NVwZ-RR 2014, 894). Bei Zwangsverwaltung ist ferner der Zwangsverwalter antragsbefugt (VG Weimar 16.12.2016 − 6 E 156/15, KKZ 2018, 46). Entsprechendes gilt, wenn das Grundstück zur Insolvenzmasse gehört, für den Insolvenzverwalter. Andere Personen sind nicht antragsbefugt, auch wenn die Grundsteuer sie mittelbar betrifft, weil sie zB hierfür haften (§ 11 GrStG; aA wohl BVerwG 5.2.1960 − VII C 108/59, KStZ 1960, 87 f. für den haftenden Grundstückserwerber) oder ihretwegen die Zwangsvollstreckung in ein Grundstück dulden müssen (§ 12 GrStG; VG Dresden 28.10.2007 − 2 K 1612/06, DStRE 2008, 253). Dies gilt ferner für den Mieter, auf den die Grundsteuer überwälzt wird (vgl. BVerwG 14.5.2014 − 9 C 1/13, NVwZ-RR 2014, 894). **Für den Antrag ist keine besondere Form vorgeschrieben,** weshalb eine eigenhändige Unterschrift nicht erforderlich ist (OVG Bautzen 20.6.2016 − 3 A 195/16, BeckRS 2016, 48353). Der Antrag **muss grundsätzlich für jeden Erhebungszeitraum gestellt werden,** in dem die Erlassvoraussetzungen vorliegen. Er muss also − vorbehaltlich des Sonderfalls des § 35 Abs. 3 GrStG (→ Rn. 12) − für jedes Jahr (fristgerecht → Rn. 9 f.) wiederholt werden. 8

Der Erlassantrag ist bis zu dem auf den Erlasszeitraum folgenden 31. März zu stellen. **Der Erlassantrag für 01 ist also bis zum 31.3.02 zu stellen.** Fristgerecht bei der Behörde eingehen muss der Antrag als solcher. Eine Darlegung der Antragsgründe ist innerhalb der Antragsfrist nicht erforderlich (VGH Mannheim 14.11.2005 − 2 S 1884/03, BeckRS 2005, 30917). **Liegt bis zum 31. März noch kein Grundsteuerbescheid für den Erlasszeitraum vor,** kann der Erlassantrag auch nach Ablauf der Frist des § 35 Abs. 2 GrStG gestellt werden. Die Antragsfrist des § 35 Abs. 2 GrStG ist dann dahingehend zu lesen, dass sie mit Bekanntgabe des Grundsteuerbescheides zu laufen beginnt (für den Änderungsbescheid [dazu sogleich] auch BVerwG 21.9.1984 − 8 C 62/82, BVerwGE 70, 162; BFH 23.8.1995 − II R 97/92, BFH/NV 1996, 358; abweichend VGH Mannheim 13.12.2001 − 2 S 1450/01, KStZ 2002, 194; *Troll/Eisele* GrStG § 34 Rn. 3; GrStR Abschn. 41 Abs. 1 S. 2: nur bis zum Ablauf der Rechtsbehelfsfrist). Die Verschiebung der Antragsfrist wegen der (noch) nicht vorliegenden Steuerfestsetzung bedeutet allerdings nicht, dass ein vor Bekanntgabe des Grundsteuerbescheides ge- 9

§ 35 GrStG Abschnitt IV. Erlass der Grundsteuer

stellter Erlassantrag unzulässig ist. Dass in diesem Fall der genaue Erlassbetrag noch nicht genannt werden kann, steht dem nicht entgegen. Entscheidend ist allein, dass der Erlassgrund bezogen auf den Erhebungszeitraum dargelegt wird (VG Ansbach 17.7.2001 – 11 K 00.00901, BeckRS 2001, 18363).

10 Ergeht nach Ablauf des 31. März ein Grundsteueränderungsbescheid (→ GrStG § 27 Rn. 15 ff.), **soll nach teilweise vertretener Ansicht auch insoweit § 35 Abs. 2 GrStG analog angewendet werden,** dh die Bekanntgabe des Änderungsbescheides setzt die Antragsfrist (erneut) in Gang, sofern es sich um einen die Steuer erhöhenden Bescheid handelt (so wohl BFH 23.8.1995 – II R 97/92, BFH/NV 1996, 358; *Lehmann* in Grootens GrStG § 35 Rn. 34 f.; *Troll/Eisele* GrStG § 34 Rn. 3; ebenso GrStR Abschn. 41 Abs. 1 S. 2, dort allerdings mit kürzerer Frist: bis zum Ende der Rechtsbehelfsfrist). **Das kann in dieser Allgemeinheit für einen erstmaligen Erlassantrag (!) indes nicht überzeugen.** Der Steuerpflichtige, der nach Ablauf des Erhebungszeitraums bereits einen Grundsteuerbescheid in Händen hält, kann zu diesem Zeitpunkt bereits idR abschließend beurteilen, ob die Voraussetzungen für einen Erlass gegeben sind oder nicht. Nur dann, wenn die Höhe der Grundsteuer die Entscheidungsgrundlagen in Ansehung von Erlassantrag bzw. -entscheidung verändert, besteht für den Steuerpflichtigen Anlass dazu, über einen Erlassantrag noch einmal neu zu befinden. Daher formuliert das BVerwG zutreffend, dass die dreimonatige Ausschlussfrist durch einen Grundsteueränderungsbescheid nur „für einen durch die Grundsteuererhöhung veranlassten Erlassantrag" eröffnet wird (BVerwG 21.9.1984 – 8 C 62/82, BVerwGE 70, 162). Damit dürften die Fälle gemeint sein, in denen es gerade die Erhöhung der Grundsteuer ist, die die Erlassfrage „neu aufwirft". Solche Fälle sind denkbar bei § 34 Abs. 2 GrStG (dort: die Höhe der Grundsteuer beeinflusst die Unbilligkeit der Einziehung, → GrStG § 34 Rn. 54 f.) und bei § 32 GrStG (dort: die Grundsteuer gehört zu den Kosten und kann die Rentabilität beeinflussen → GrStG § 32 Rn. 15). **Liegt bereits eine Erlassentscheidung vor** und begehrt der Steuerpflichtige deren Anpassung an den geänderten Grundsteuerbescheid (→ Rn. 7), dann gilt die dreimonatige Ausschlussfrist des § 35 Abs. 2 GrStG für diesen Anpassungsantrag.

11 Die Frist des § 35 Abs. 2 GrStG ist eine Ausschlussfrist. Sie ist nicht nach § 109 AO verlängerbar. Bei Fristversäumung kommt lediglich Wiedereinsetzung in den vorigen Stand in Betracht (§ 110 AO).

D. Dauerwirkung des Erlassantrages in Ansehung von § 32 GrStG (Abs. 3)

I. Dauerwirkung des Antrages (Abs. 3 S. 1)

12 Gemäß § 35 Abs. 3 GrStG bedarf es keiner jährlichen Wiederholung eines auf § 32 GrStG gestützten Erlassantrages. Das Gesetz regelt damit nur die Antragsfrage, beantwortet aber nicht die Frage, **wie die Gemeinde auf diesen „Dauersachverhalt" zu reagieren hat.** Damit dürften ihr zwei Möglichkeiten eröffnet sein: Sie kann entweder für jeden Erhebungszeitraum eine gesonderte Erlassentscheidung treffen oder aber sie trifft eine Erlassentscheidung, die als Dauerverwaltungsakt ab einem bestimmten Erhebungszeitraum Geltung beansprucht und sodann auch alle Folgeerhebungszeiträume erfasst. Auch der Mittelweg ist denkbar, nämlich eine Erlassentscheidung für einen konkreten Geltungszeitraum (zB drei Jahre).

Verfahren **§ 35 GrStG**

Der Weg, den die Gemeinde insoweit beschreitet, wird dann rechtlich bedeutsam, wenn die **Voraussetzungen für den Erlass entfallen** (für die Konstellation, dass die Voraussetzungen von Anfang an nicht vorlagen, → Rn. 6). Jedenfalls bei einem unbefristeten Dauerverwaltungsakt besteht die Notwendigkeit, seine Geltung ab einem bestimmten Erhebungszeitraum zu beenden. Das kann nur durch seine Aufhebung erfolgen. Maßgeblich sind insoweit die §§ 130 f. AO. Sind die Erlassvoraussetzungen entfallen, dürfte die Erlassentscheidung damit ab dem betroffenen Erhebungszeitraum rechtswidrig geworden sein. Zwar ist für die Frage, ob ein Verwaltungsakt rechtswidrig oder rechtmäßig ist, auf den Erlasszeitpunkt abzustellen (statt vieler BFH 9.12.2008 – VII R 43/07, BStBl. II 2009, 344; BVerwG 19.9.2018 – 8 C 16/17, BVerwGE 163, 102). Allerdings macht die Rechtsprechung für Dauerverwaltungsakte, mit denen wiederkehrende Geldleistungen bewilligt worden sind, von diesem Grundsatz eine Ausnahme. Solche Bescheide können nachträglich rechtswidrig werden und unterfallen dann der Regelung des § 130 AO (vgl. für Dauer-Geldleistungsverwaltungsakte BVerwG 22.9.1993 – 2 C 34/91, NVwZ-RR 1994, 369; 28.6.2012 – 2 C 13/11, NVwZ-RR 2012, 933; str. aA zB *Ramsauer* in Kopp/Ramsauer VwVfG § 48 Rn. 57 mwN). Die Erlassentscheidung gewährt zwar keine Geldleistung, sie bringt dem aber vergleichbar eine Geldleistungsverpflichtung zum Erlöschen. Angesichts dessen dürfte diese Ausnahme-Rechtsprechung auch für eine „Dauererlassentscheidung" gelten. Daher gilt § 130 Abs. 2 AO. Der Vorteil dieser Norm ist, dass eine Aufhebung für die Vergangenheit möglich ist. Allerdings müssen dafür die besonderen Rücknahmegründe des § 130 Abs. 2 AO vorliegen. Hier dürfte vor allem die Kenntnis bzw. die grob fahrlässige Unkenntnis der Rechtswidrigkeit der Erlassentscheidung durch den Steuerpflichtigen (also die Kenntnis bzw. die grob fahrlässige Unkenntnis in Ansehung des Wegfalls der Erlassvoraussetzungen) relevant sein. Denn wer einen Erlassantrag stellt, kennt die Voraussetzungen für den Erlass und hat im Hinblick auf die Anzeigepflicht nach § 35 Abs. 3 S. 2 (→ Rn. 14) auch die Pflicht, deren weiteres Vorliegen im Zeitablauf zu überwachen (Monitoring). Wer dies nicht tut, handelt daher typischerweise (vorbehaltlich der Umstände des Einzelfalls) zumindest grob fahrlässig. Neben dem § 130 AO ist darüber hinaus auch § 131 AO anwendbar. Letzterer gilt für rechtswidrige Verwaltungsakte „erst recht" (hM, BVerwG 21.11.1986 – 8 C 33/84, NVwZ 1987, 498; 19.9.2018 – 8 C 16/17, BVerwGE 163, 102; *Sachs* in SBS VwVfG § 49 Rn. 6 mwN). Der Widerruf nach § 131 AO hat allerdings den Nachteil, dass er nur für die Zukunft erfolgen kann. Als Widerrufsgrund kommt hier vor allem § 131 Abs. 2 S. 1 Nr. 3 AO in Betracht. Hiernach muss zum Wegfall der Erlassvoraussetzungen noch hinzukommen, dass ohne den Widerruf das öffentliche Interesse gefährdet würde. Letzteres dürfte bei einem Erlass, für den die Voraussetzungen nicht mehr vorliegen, wegen des Grundsatzes der Gleichmäßigkeit der Besteuerung stets der Fall sein. Im Idealfall hat sich die Gemeinde den Widerruf bei Wegfall der Erlassvoraussetzungen vorbehalten; dann gilt § 131 Abs. 2 S. 1 Nr. 1 AO. 13

II. Anzeigeplicht bei Änderung der erlassrelevanten Verhältnisse (Abs. 3 S. 2)

Der Steuerpflichtige ist verpflichtet, der Gemeinde eine Änderung der maßgeblichen Verhältnisse anzuzeigen (§ 35 Abs. 3 S. 2 GrStG). Die maßgeblichen Verhältnisse sind die Tatsachen, deren Vorliegen die Erlassvoraussetzungen erfüllt haben. So kann zB nach neuer Einnahmen-/Kostenprognose die Unrentabilität 14 iSv § 32 Abs. 1 Nr. 1 GrStG entfallen. Denkbar ist dies beispielsweise durch das Hinzutreten von bisher nicht berücksichtigten Einnahmen. Zu den maßgeblichen Verhältnissen iSv § 35 Abs. 3 S. 2 GrStG gehören ferner rechtliche Vorfragen, wie insb. der öffentlich-rechtliche Status (eines Teils) des Steuergegenstandes. Eine relevante Änderung ist bezüglich einer Nutzung iSv § 32 Abs. 1 Nr. 2 GrStG zB die Aufhebung der Widmung. Denkbar ist im Anwendungsbereich des § 32 Abs. 1 Nr. 1 GrStG ferner der Wegfall der öffentlich-rechtlichen Bindungen (zB durch den Verlust der Denkmaleigenschaft oder durch Aufhebung eines Naturschutzgebietes).

15 Die Anzeige ist binnen drei Monaten nach Eintritt der Änderung vorzunehmen. Die Anzeige bezieht sich allein auf den Eintritt einer Änderung der tatsächlichen Verhältnisse. Ob eine solche Änderung eingetreten ist, muss der Steuerpflichtige beobachten (Monitoring). Er ist aber nicht verpflichtet, der Gemeinde jedes Jahr zu bestätigen, dass die Voraussetzungen für den Erlass noch unverändert vorliegen oder ihr jedes Jahr über die Einnahmen und Kosten Rechnung zu legen. Denn Letzteres würde den Vereinfachungszweck, den § 35 Abs. 3 S. 1 GrStG verfolgt, konterkarieren, käme es nämlich faktisch dem Aufwand einer jährlichen Antragstellung gleich (VG Potsdam 3.12.2013 – 11 K 1492/10; *Troll/Eisele* GrStG § 34 Rn. 3).

E. Rechtsschutz

16 Lehnt die Gemeinde den Erlassantrag ab, muss der Steuerpflichtige Verpflichtungsklage beim Verwaltungsgericht erheben (→ Grundlagen Rn. 64). Ob vorher ein Widerspruchsverfahren geführt werden muss oder kann, ist eine Frage des Landesrechts (→ Grundlagen Rn. 61). In den Stadtstaaten sind hingegen die Finanzgerichte zuständig (→ Grundlagen Rn. 65) und hier ist das vorgeschaltete Einspruchsverfahren obligatorisch (→ Grundlagen Rn. 60). Die Erlassentscheidung ist eine gebundene Entscheidung. Es besteht bei keinem der Tatbestände der §§ 32 ff. GrStG ein Ermessen der Behörde (→ GrStG § 32 Rn. 23, → GrStG § 33 Rn. 11, → GrStG § 34 Rn. 40). Auch der unbestimmte Rechtsbegriff der „Unbilligkeit" iSv § 34 Abs. 2 GrStG unterliegt der uneingeschränkten gerichtlichen Kontrolle (→ GrStG § 34 Rn. 56).

17 Hat der Steuerpflichtige die Erlassentscheidung erfolgreich gerichtlich erstritten, entsteht mit Bekanntgabe der Erlassentscheidung ein Erstattungsanspruch des Steuerpflichtigen, wenn er die Grundsteuer bereits entrichtet hat (→ Rn. 5). Der Erstattungsbetrag wird allerdings nicht verzinst. Denn Prozesszinsen nach § 236 Abs. 1 AO (→ GrStG § 27 Rn. 13) setzen einen Rechtsstreit auf Festsetzungsebene (also gegen den Grundsteuerbescheid oder einen seiner Grundlagenbescheide) voraus. § 236 Abs. 1 AO findet hingegen keine Anwendung, wenn der Rechtsstreit – wie im Falle der Erlassentscheidung – die Erhebungsebene betrifft (BFH 20.4.2020 – II B 22/19, BFH/NV 2020, 857).

Abschnitt V. Übergangs- und Schlussvorschriften

§ 36 Sondervorschriften für die Hauptveranlagung 2025

(1) Auf den 1. Januar 2025 findet eine Hauptveranlagung der Grundsteuermessbeträge statt (Hauptveranlagung 2025).

(2) ¹Die in der Hauptveranlagung 2025 festgesetzten Steuermessbeträge gelten abweichend von § 16 Absatz 2 vorbehaltlich der §§ 17 bis 20 mit Wirkung von dem am 1. Januar 2025 beginnenden Kalenderjahr an. ²Der Beginn dieses Kalenderjahres ist der Hauptveranlagungszeitpunkt.

(3) ¹Bescheide über die Hauptveranlagung können schon vor dem Hauptveranlagungszeitpunkt erteilt werden. ²§ 21 Satz 2 ist entsprechend anzuwenden.

[Fassung bis 31. 12. 2024:

§ 36 Steuervergünstigung für abgefundene Kriegsbeschädigte

(1) ¹Der Veranlagung der Steuermeßbeträge für Grundbesitz solcher Kriegsbeschädigten, die zum Erwerb oder zur wirtschaftlichen Stärkung ihres Grundbesitzes eine Kapitalabfindung auf Grund des Bundesversorgungsgesetzes in der Fassung der Bekanntmachung vom 22. Januar 1982 (BGBl. I S. 21), zuletzt geändert durch die Verordnung vom 15. Juni 1999 (BGBl. I S. 1328), erhalten haben, ist der um die Kapitalabfindung verminderte Einheitswert zugrunde zu legen. ²Die Vergünstigung wird nur so lange gewährt, als die Versorgungsgebührnisse wegen der Kapitalabfindung in der gesetzlichen Höhe gekürzt werden.

(2) Die Steuervergünstigung nach Absatz 1 ist auch für ein Grundstück eines gemeinnützigen Wohnungs- oder Siedlungsunternehmens zu gewähren, wenn die folgenden Voraussetzungen sämtlich erfüllt sind:
1. *Der Kriegsbeschädigte muß für die Zuweisung des Grundstücks die Kapitalabfindung an das Wohnungs- oder Siedlungsunternehmen bezahlt haben.*
2. *Er muß entweder mit dem Unternehmen einen Mietvertrag mit Kaufanwartschaft in der Weise abgeschlossen haben, daß er zur Miete wohnt, bis das Eigentum an dem Grundstück von ihm erworben ist, oder seine Rechte als Mieter müssen durch den Mietvertrag derart geregelt sein, daß das Mietverhältnis dem Eigentumserwerb fast gleichkommt.*
3. *Es muß sichergestellt sein, daß die Steuervergünstigung in vollem Umfang dem Kriegsbeschädigten zugute kommt.*

(3) ¹Lagen die Voraussetzungen des Absatzes 1 oder des Absatzes 2 bei einem verstorbenen Kriegsbeschädigten zur Zeit seines Todes vor und hat seine Witwe das Grundstück ganz oder teilweise geerbt, so ist auch der Witwe die Steuervergünstigung zu gewähren, wenn sie in dem Grundstück wohnt. ²Verheiratet sich die Witwe wieder, so fällt die Steuervergünstigung weg.]

Gilt nicht in **Baden-Württemberg** (dort §§ 59, 60 BWLGrStG). Eigene Bestimmungen existieren für Grundstücke ferner in **Bayern** (Art. 7 BayGrStG), **Hamburg** (§ 7 HmbGrStG), **Hessen** (§ 8 HGrStG) und **Niedersachsen** (§ 9 NGrStG).

§ 36 GrStG Abschnitt V. Übergangs- und Schlussvorschriften

1 § 36 Abs. 1 GrStG muss zusammen mit § 266 Abs. 1 BewG betrachtet werden. Nach § 266 Abs. 1 BewG ist die erste Hauptfeststellung für die Grundsteuerwerte auf den 1.1.2022 durchzuführen und zwar für die Hauptveranlagung auf den 1.1.2025. § 36 Abs. 1 GrStG wiederum ordnet eben jene Hauptveranlagung 2025 an und § 36 Abs. 2 GrStG sichert die zeitliche Diskrepanz zwischen Hauptfeststellungs- und Hauptveranlagungszeitpunkt ab (→ Rn. 2). § 36 GrStG und § 266 Abs. 1 BewG setzen damit die zeitlich gestufte Vorgehensweise um, die BVerfG 10.4.2018 – 1 BvL 11/14 ua, BVerfGE 148, 147 dem Gesetzgeber aus Gründen der administrativen Bewältigung der umfassenden Neubewertung aller wirtschaftlichen Einheiten zugestanden hat.

2 Gemäß § 16 Abs. 1 GrStG werden die Grundsteuermessbeträge auf den Hauptfeststellungszeitpunkt festgesetzt und dies wäre unter Beachtung des § 266 Abs. 1 BewG der 1.1.2022. Für die erste Hauptveranlagung ordnet § 36 Abs. 2 S. 2 GrStG von diesem Grundsatz eine Ausnahme an: Abweichend von § 16 Abs. 1 GrStG fallen Hauptfeststellungs- und Hauptveranlagungszeitpunkt einmalig auseinander und zwar um drei Jahre. Da diese drei Jahre auch den Gemeinden ausreichend Zeit für eine Anpassung ihrer Hebesätze gewähren, ordnet § 36 Abs. 2 S. 1 GrStG zugleich die Nichtanwendung der Geltungsverzögerung des § 16 Abs. 2 GrStG an. Die Gemeinden haben mithin die Grundsteuerveranlagung ebenfalls auf den 1.1.2025 vorzunehmen und dies auf der Grundlage der auf den 1.1.2025 festgesetzten Messbeträge. § 36 Abs. 2 GrStG bewirkt im Ergebnis einmalig einen abgekürzten Hauptveranlagungszeitraum und eine abgekürzte Geltungsdauer des Steuermessbescheides (→ GrStG § 16 Rn. 3 ff.).

3 § 36 Abs. 3 S. 1 GrStG (angefügt mit dem JStG 2020 v. 21.12.2020, BGBl. 2020 I 3096; dazu BT-Drs. 19/22850, 169) stellt klar, dass Grundsteuermessbescheide für die erste Hauptveranlagung auf den 1.1.2025 bereits vor diesem Tag erlassen werden dürfen. Das hätte auch ohne diese Regelung gegolten (ebenso *Mannek* in Stenger/Loose GrStG § 37 Rn. 22). Ein frühzeitiger Erlass der Grundsteuermessbescheide liegt vor allem im Interesse der Gemeinden, die frühzeitig das Grundsteuermessbetragsvolumen erfahren wollen, um hieran anknüpfend die Hebesatzdiskussion führen zu können. Mit der entsprechenden Anwendung des § 21 S. 2 GrStG (§ 36 Abs. 3 S. 2 GrStG) stellt der Gesetzgeber zudem sicher, dass mit dem Grundsteuermessbescheid keine Zäsur eintritt und vielmehr weiterhin das materielle Stichtagsprinzip gilt. Maßgeblich sind die Verhältnisse am 1.1.2025 und dies gilt auch dann, wenn sich die Verhältnisse zwischen dem Erlass des Grundsteuermessbescheides (= Zeitpunkt der finalen Entscheidung innerhalb der Finanzbehörde, → GrStG § 21 Rn. 7) und dem Stichtag 1.1.2025 noch einmal verändern sollten. In diesem Fall kann der Grundsteuermessbescheid gemäß § 21 S. 2 GrStG iVm § 36 Abs. 3 S. 2 GrStG noch einmal durch Änderung angepasst werden. Kein Fall des § 21 S. 2 GrStG liegt hingegen vor, wenn bereits der Grundsteuermessbescheid unzutreffend war. In diesem Fall kommen nur eine fehlerbeseitigende Neuveranlagung nach § 17 Abs. 2 Nr. 2 GrStG, eine fehlerbeseitigende Aufhebung nach § 20 Abs. 1 Nr. 2 Buchst. b GrStG oder eine Berichtigung bzw. Änderung nach den allgemeinen Vorschriften (zB § 129 AO oder § 173 AO; → GrStG § 17 Rn. 21) in Betracht.

§ 37 Anwendung des Gesetzes

(1) Diese Fassung des Gesetzes gilt erstmals für die Grundsteuer des Kalenderjahres 2025.

(2) Für die Grundsteuer bis einschließlich zum Kalenderjahr 2024 findet das Grundsteuergesetz in der Fassung vom 7. August 1973 (BGBl. I S. 965), das zuletzt durch Artikel 38 des Gesetzes vom 19. Dezember 2008 (BGBl. I S. 2794) geändert worden ist, weiter Anwendung.

(3) § 25 Absatz 4 und 5 in der am 1. Januar 2025 geltenden Fassung ist erstmals bei der Hauptveranlagung auf den 1. Januar 2025 anzuwenden.

[Fassung bis 31.12.2024:

§ 37 Sondervorschriften für die Hauptveranlagung 1974

(1) Auf den 1. Januar 1974 findet eine Hauptveranlagung der Grundsteuermeßbeträge statt (Hauptveranlagung 1974).

(2) ¹Die Hauptveranlagung 1974 gilt mit Wirkung von dem am 1. Januar 1974 beginnenden Kalenderjahr an. ²Der Beginn dieses Kalenderjahres ist der Hauptveranlagungszeitpunkt.

(3) Bei der Hauptveranlagung 1974 gilt Artikel 1 des Bewertungsänderungsgesetzes 1971 vom 27. Juli 1971 (Bundesgesetzbl. I S. 1157).

(4) (aufgehoben)]

Gilt nicht in **Baden-Württemberg** (dort ua § 60 BWLGrStG). In **Bayern, Hamburg, Hessen** und **Niedersachsen** gilt § 37 Abs. 1 GrStG nur vorbehaltlich abweichenden Landesrechts.

§ 37 Abs. 1 GrStG bestimmt die Anwendung des Grundsteuergesetzes in der Fassung des Grundsteuerreformgesetzes vom 26.11.2019 (→ Grundlagen Rn. 13) erstmals für die Grundsteuer des Erhebungszeitraums 2025. Folgerichtig ist auf den 1.1.2025 eine Hauptveranlagung durchzuführen (→ GrStG § 36 Rn. 1). Bis einschließlich zum Erhebungszeitraum 2024 ist hingegen das „alte" Grundsteuergesetz weiterhin anzuwenden (§ 37 Abs. 2 GrStG) und zwar auf der Grundlage der bisherigen Einheitswerte. Dies entspricht der Weitergeltungsanordnung durch BVerfG 10.4.2018 – 1 BvL 11/14 ua, BVerfGE 148, 147 (weiterführend → Grundlagen Rn. 12). Die zeitliche Abgrenzung betrifft nur die Geltung „für" die jeweils genannten Erhebungszeiträume. Da das Grundsteuergesetz in der Fassung des Grundsteuerreformgesetzes v. 26.11.2019 bereits am Tag nach der Verkündung (also am 27.11.2019) in Kraft getreten ist (Art. 18 Grundsteuerreformgesetz v. 26.11.2019), ist es bereits rechtlich wirksam. Es bildet daher auch schon vor dem 1.1.2025 die gesetzliche Grundlage für die Verwaltungstätigkeit in Ansehung des Erhebungszeitraums 2025. Ergehen daher vor dem 1.1.2025 Grundsteuerwertbescheide, darf das Finanzamt auch vor dem 1.1.2025 einen Grundsteuermessbescheid mit Wirkung ab dem 1.1.2025 erlassen (→ GrStG § 36 Rn. 3). 1

Der von § 37 Abs. 1, Abs. 2 GrStG angeordnete „Rechtswechsel" vom Erhebungszeitraum 2024 zum Erhebungszeitraum 2025 betrifft nur die gesetzlichen Regelungen. Unter dem alten Recht ergangene Einheitswert- und Grundsteuermessbescheide bleiben hiervon grundsätzlich unberührt, sofern sie nicht durch gesetzliche Regelungen oder durch behördliche Entscheidung aufgehoben werden. 2

Eine solche gesetzliche Aufhebungsregelung enthält § 266 Abs. 4 BewG: Gemäß § 266 Abs. 4 S. 1 u. 2 BewG werden mit Ablauf des 31.12.2024 alle Einheitswert-, Grundsteuermess- und Grundsteuerbescheide kraft Gesetzes aufgehoben, soweit sie auf den Bewertungsvorschriften des bis zum 31.12.2014 geltenden Rechts beruhen. Die Aufhebungswirkung gilt indes nur für die Zeiträume nach dem 31.12.2014, dh für die Besteuerung bis zum 31.12.2014 bleibt die Geltungswirkung dieser „Altbescheide" erhalten und dies auch über den 31.12.2014 hinaus (→ BewG § 266 Rn. 4).

3 Für den mit dem Gesetz zur Änderung des Grundsteuergesetzes zur Mobilisierung von baureifen Grundstücken vom 30.11.2019 (BGBl. 2019 I 1875) eingefügten § 25 Abs. 5 GrStG (→ GrStG § 25 Rn. 43ff.) enthält § 37 Abs. 3 GrStG eine eigenständige Anwendungsregelung. Hiernach ist § 25 Abs. 5 GrStG erstmals bei der Hauptveranlagung auf den 1.1.2025 anzuwenden. Zudem bestimmt Art. 2 des Gesetzes vom 30.11.2019 das Inkrafttreten von § 25 Abs. 5 GrStG und § 37 Abs. 3 GrStG erst für den 1.1.2025. Das bedeutet, dass diese Regelungen vor dem 1.1.2025 noch nicht wirksam sind (vgl. *Brenner* in MKS GG Art. 82 Rn. 43). Ein derart später Zeitpunkt des Inkrafttretens überrascht, da er den Gemeinden die Möglichkeit nimmt, bereits vor dem 1.1.2025 für den Erhebungszeitraum 2025 einen entsprechenden Hebesatz C durch Satzung zu bestimmen und die betroffenen Grundstücke durch Allgemeinverfügung festzulegen.

§ 38 Bekanntmachung

Das Bundesministerium der Finanzen wird ermächtigt, den Wortlaut dieses Gesetzes in der jeweils geltenden Fassung bekannt zu machen.

[Fassung bis 31.12.2024:

§ 38 Anwendung des Gesetzes

Diese Fassung des Gesetzes gilt erstmals für die Grundsteuer des Kalenderjahres 2008.]

Gilt nicht in **Baden-Württemberg** (dort § 62 BWLGrStG).

1 Sollte das GrStG geändert werden, ermöglicht die Ermächtigung des § 38 GrStG dem Bundesministerium der Finanzen, das geänderte Gesetz unter neuer Überschrift, unter neuem Datum und unter Beseitigung von Unstimmigkeiten seines Wortlauts bekanntzumachen. Diese Bekanntmachung erschöpft sich in der deklaratorischen Feststellung eines authentischen und einwandfreien Textes des geänderten Gesetzes. Eine Bekanntmachungsermächtigung beinhaltet keinerlei Rechtssetzungsbefugnis. Ihre Ausübung lässt daher die Rechtslage unberührt (BVerfG 23.2.1965 – 2 BvL 19/62, BVerfGE 18, 389).

§ 39 [aufgehoben]

Bemessung d. Grundsteuer f. Mietwohngrundstücke §§ 40–42 GrStG

[Fassung bis 31.12.2024:]

Abschnitt VI. Grundsteuer für Steuergegenstände in dem in Artikel 3 des Einigungsvertrages genannten Gebiet ab dem Kalenderjahr 1991

§ 40 Land- und forstwirtschaftliches Vermögen

[1]*Anstelle der Betriebe der Land- und Forstwirtschaft im Sinne des § 2 tritt das zu einer Nutzungseinheit zusammengefaßte Vermögen im Sinne des § 125 Abs. 3 des Bewertungsgesetzes.* [2]*Schuldner der Grundsteuer ist abweichend von § 10 der Nutzer des land- und forstwirtschaftlichen Vermögens (§ 125 Abs. 2 des Bewertungsgesetzes).* [3]*Mehrere Nutzer des Vermögens sind Gesamtschuldner.*

§ 41 Bemessung der Grundsteuer für Grundstücke nach dem Einheitswert

[1]*Ist ein im Veranlagungszeitpunkt für die Grundsteuer maßgebender Einheitswert 1935 festgestellt oder festzustellen (§ 132 des Bewertungsgesetzes), gelten bei der Festsetzung des Steuermeßbetrags abweichend von § 15 die Steuermeßzahlen der weiter anwendbaren §§ 29 bis 33 der Grundsteuerdurchführungsverordnung vom 1. Juli 1937 (RGBl. I S. 733).* [2]*Die ermäßigten Steuermeßzahlen für Einfamilienhäuser gelten nicht für das Wohnungseigentum und das Wohnungserbbaurecht einschließlich des damit belasteten Grundstücks.*

§ 42 Bemessung der Grundsteuer für Mietwohngrundstücke und Einfamilienhäuser nach der Ersatzbemessungsgrundlage

(1) Bei Mietwohngrundstücken und Einfamilienhäusern, für die ein im Veranlagungszeitpunkt für die Grundsteuer maßgebender Einheitswert 1935 nicht festgestellt oder festzustellen ist (§ 132 des Bewertungsgesetzes), bemißt sich der Jahresbetrag der Grundsteuer nach der Wohnfläche und bei anderweitiger Nutzung nach der Nutzfläche (Ersatzbemessungsgrundlage).

(2) [1]*Bei einem Hebesatz von 300 vom Hundert für Grundstücke beträgt der Jahresbetrag der Grundsteuer für das Grundstück*

*a) für Wohnungen, die mit Bad, Innen-WC und Sammelheizung ausgestattet sind,
1 Euro je m² Wohnfläche,*

*b) für andere Wohnungen
75 Cent je m² Wohnfläche,*

*c) je Abstellplatz für Personenkraftwagen in einer Garage
5 Euro.*

[2]*Für Räume, die anderen als Wohnzwecken dienen, ist der Jahresbetrag je m² Nutzfläche anzusetzen, der für die auf dem Grundstück befindlichen Wohnungen maßgebend ist.*

(3) [1]*Wird der Hebesatz abweichend von Absatz 2 festgesetzt, erhöhen oder vermindern sich die Jahresbeträge des Absatzes 2 in dem Verhältnis, in dem der festgesetzte Hebesatz für Grundstücke zu dem Hebesatz von 300 vom Hundert steht.* [2]*Der sich danach ergebende Jahresbetrag je m² Wohn- oder Nutzfläche wird auf volle Cent nach unten abgerundet.*

§§ 43, 44 GrStG Abschn. VI. Grundsteuer ab Kalenderjahr 1991

(4) ¹Steuerschuldner ist derjenige, dem das Gebäude bei einer Feststellung des Einheitswerts gemäß § 10 zuzurechnen wäre. ²Das gilt auch dann, wenn der Grund und Boden einem anderen gehört.

§ 43 *Steuerfreiheit für neugeschaffene Wohnungen*

(1) ¹Für Grundstücke mit neugeschaffenen Wohnungen, die nach dem 31. Dezember 1980 und vor dem 1. Januar 1992 bezugsfertig geworden sind oder bezugsfertig werden, gilt folgendes:
1. *Grundstücke mit Wohnungen, die vor dem 1. Januar 1990 bezugsfertig geworden sind, bleiben für den noch nicht abgelaufenen Teil eines zehnjährigen Befreiungszeitraums steuerfrei, der mit dem 1. Januar des Kalenderjahres beginnt, das auf das Jahr der Bezugsfertigkeit des Gebäudes folgt;*
2. *Grundstücke mit Wohnungen, die im Kalenderjahr 1990 bezugsfertig geworden sind, sind bis zum 31. Dezember 2000 steuerfrei;*
3. *Grundstücke mit Wohnungen, die im Kalenderjahr 1991 bezugsfertig werden, sind bis zum 31. Dezember 2001 steuerfrei.*

²*Dies gilt auch, wenn vor dem 1. Januar 1991 keine Steuerfreiheit gewährt wurde.*

(2) Befinden sich auf einem Grundstück nur zum Teil steuerfreie Wohnungen im Sinne des Absatzes 1, gilt folgendes:
1. ¹*Wird die Grundsteuer nach dem Einheitswert bemessen (§ 41), bemißt sich der Steuermeßbetrag für den sich aus Absatz 1 ergebenden Befreiungszeitraum nur nach dem Teil des jeweils maßgebenden Einheitswerts, der auf die steuerpflichtigen Wohnungen und Räume einschließlich zugehörigen Grund und Bodens entfällt.* ²*Der steuerpflichtige Teil des Einheitswerts wird im Steuermeßbetragsverfahren ermittelt.*
2. *Ist die Ersatzbemessungsgrundlage Wohn- oder Nutzfläche maßgebend (§ 42), bleibt während der Dauer des sich aus Absatz 1 ergebenden Befreiungszeitraums die Wohnfläche der befreiten Wohnungen bei Anwendung des § 42 außer Ansatz.*

(3) ¹Einer Wohnung stehen An-, Aus- oder Umbauten gleich, die der Vergrößerung oder Verbesserung von Wohnungen dienen. ²Voraussetzung ist, daß die Baumaßnahmen zu einer Wertfortschreibung geführt haben oder führen.

§ 44 *Steueranmeldung*

(1) Soweit die Grundsteuer nach der Wohn- oder Nutzfläche zu bemessen ist, hat der Steuerschuldner eine Steuererklärung nach amtlich vorgeschriebenem Vordruck abzugeben, in der er die Grundsteuer nach § 42 selbst berechnet (Steueranmeldung).

(2) ¹Der Steuerschuldner hat der Berechnung der Grundsteuer den Hebesatz zugrunde zu legen, den die Gemeinde bis zum Beginn des Kalenderjahres bekanntgemacht hat, für das die Grundsteuer erhoben wird. ²Andernfalls hat er die Grundsteuer nach dem Hebesatz des Vorjahres zu berechnen; für das Kalenderjahr 1991 gilt insoweit ein Hebesatz von 300 vom Hundert.

(3) ¹Die Steueranmeldung ist für jedes Kalenderjahr nach den Verhältnissen zu seinem Beginn bis zu dem Fälligkeitstag abzugeben, zu dem Grundsteuer für das Kalenderjahr nach § 28 erstmals fällig ist. ²Für die Entrichtung der Grundsteuer gilt § 28 entsprechend.

§ 45 Fälligkeit von Kleinbeträgen

Hat der Rat der Stadt oder Gemeinde vor dem 1. Januar 1991 für kleinere Beträge eine Zahlungsweise zugelassen, die von § 28 Abs. 2 und 3 abweicht, bleibt die Regelung bestehen, bis sie aufgehoben wird.

§ 46 Zuständigkeit der Gemeinden

Die Festsetzung und Erhebung der Grundsteuer obliegt bis zu einer anderen landesrechtlichen Regelung den Gemeinden.

Auf eine Kommentierung der §§ 40–46 GrStG wird verzichtet. Die Regelungen sind in das neue Grundsteuergesetz nicht übernommen worden.

Auszug aus dem Bewertungsgesetz (BewG)

Vom 1. Februar 1991
(BGBl. 1991 I 230)
Zuletzt geändert durch das Grundsteuerreform-Umsetzungsgesetz vom 16.7.2021
(BGBl. 2021 I 2931)

Siebenter Abschnitt. Bewertung des Grundbesitzes für die Grundsteuer ab 1. Januar 2022

A. Allgemeines

§ 218 Vermögensarten

¹Für Vermögen, das nach diesem Abschnitt zu bewerten ist, erfolgt abweichend von § 18 eine Unterscheidung in folgende Vermögensarten:
1. Land- und forstwirtschaftliches Vermögen (§ 232),
2. Grundvermögen (§ 243).

²Betriebsgrundstücke im Sinne des § 99 Absatz 1 Nummer 2 werden dem land- und forstwirtschaftlichen Vermögen zugeordnet und sind wie land- und forstwirtschaftliches Vermögen zu bewerten. ³Betriebsgrundstücke im Sinne des § 99 Absatz 1 Nummer 1 werden dem Grundvermögen zugeordnet und sind wie Grundvermögen zu bewerten.

Gilt nicht in **Baden-Württemberg** (dort ua § 3 BWLGrStG).

A. Allgemeines

I. Systematische Einordnung und Zweck der Vorschrift

Das neue Recht kennt nur noch (→ Rn. 3) **zwei Vermögensarten:** (1) das **1** **land- und forstwirtschaftliche Vermögen** und (2) das **Grundvermögen**. Die Norm bringt damit die kategoriale Unterscheidung dieser beiden (abschließend normierten) Vermögensarten zum Ausdruck. **Da es keine weitere Vermögensart gibt, müssen alle Grundstücke einer dieser Vermögensarten zugeordnet werden.** Für Betriebsgrundstücke stellen die Sätze 2 und 3 klar, dass die damit zwingende Zuordnung zu einer der beiden Vermögensarten losgelöst von einer ertragsteuerlichen Einkünftequalifikation zu erfolgen hat (→ Rn. 7). Das BewG konkretisiert die beiden Vermögensarten sodann im Einzelnen und schafft mit der Figur der wirtschaftlichen Einheit (§ 232 Abs. 2 BewG: Betrieb der Land- und Forstwirtschaft; § 244 Abs. 1 BewG: Grundstück) ein Bewertungs- und Zuordnungsobjekt. Hieran wiederum knüpft § 2 GrStG in Ansehung des Steuergegenstandes an. Die §§ 218 ff. BewG bilden nunmehr das allein und spezifisch auf den (iVm § 2 GrStG: inländischen) Grundbesitz zugeschnittene Abgrenzungs- und Be-

§ 218 BewG   Siebenter Abschnitt. Bewertung d. Grundbesitzes ab 1.1.2022

wertungsrecht, dessen Anwendung in materieller und verfahrensrechtlicher Hinsicht der Anwendung des GrStG vorgelagert ist. Eine Verselbstständigung dieser Normen im BewG macht angesichts dessen keinen Sinn mehr. Der Sache nach stellen die §§ 218 ff. BewG ausschließlich „Grundsteuerrecht" dar.

2   Mit der Einordnung des grundsteuerlichen Bewertungsrechts in das Bewertungsgesetz ist zwangsläufig die Frage verbunden, welche Regelungen des BewG jenseits der §§ 218 ff. BewG auf die Zuordnung und Bewertung der grundsteuerlichen Steuergegenstände Anwendung finden. § 220 BewG bestimmt zumindest, dass die Grundsteuerwerte nach den §§ 232 ff. BewG ermittelt werden, dürfte damit aber nur die Wertermittlung meinen. Die vorgelagerte Frage der wirtschaftlichen Einheit lässt sich hingegen nicht allein nach den §§ 232 ff. BewG beantworten (→ BewG § 220 Rn. 3).

II. Entwicklung der Vorschrift

3   Die Regelung beruht auf dem Grundsteuerreformgesetz vom 26.11.2019 (→ Grundlagen Rn. 13; zu § 218 BewG BT-Drs. 19/11085, 93). Vorbild des § 218 BewG ist § 18 BewG, der – anders als § 218 BewG – allerdings noch die dritte, für das Grundsteuerrecht aber irrelevante Vermögensart des Betriebsvermögens kennt.

III. Verfahrensrecht

4   Steuertechnisch wird nicht das land- und forstwirtschaftliche Vermögen bzw. das Grundvermögen bewertet, sondern eine wirtschaftliche Einheit, und es muss entschieden werden, ob ein Betrieb der Land- und Forstwirtschaft oder ein Grundstück vorliegt und welche konkrete Fläche (oder ein anderes Wirtschaftsgut) welcher wirtschaftlichen Einheit zugehörig ist. Die Vermögensart ist dafür eine vorgreifliche Frage, weil **Wirtschaftsgüter, die verschiedenen Vermögensarten zuzurechnen sind, nicht zu einer wirtschaftlichen Einheit zusammengefasst werden können.** Denn die wirtschaftliche Einheit bezieht sich immer nur auf eine Vermögensart (BFH 12.12.1975 – III R 51/74, BStBl. II 1976, 281; BFH 9.11.1994 – II R 89/91, BFH/NV 1995, 495; aus der Perspektive des land- und forstwirtschaftlichen Betriebs → BewG § 232 Rn. 22). Da die wirtschaftliche Einheit im Grundsteuerwertbescheid konkretisiert wird, ist bei der Feststellung des Grundsteuerwertes auch zu entscheiden, ob eine Fläche oder ein Gebäude zum land- und forstwirtschaftlichen Vermögen oder zum Grundvermögen gehört (→ BewG § 219 Rn. 12, 14).

B. Land- und forstwirtschaftliches Vermögen (S. 1 Nr. 1)

5   Die Vermögensart des land- und forstwirtschaftlichen Vermögens wird vor allem (allerdings nicht nur) in § 232 BewG konkretisiert. Anlässlich der Abgrenzung zur Vermögensart des Grundvermögens ist vorrangig vom Betrieb der Land- und Forstwirtschaft und dem ihm zugehörigen land- und forstwirtschaftlichen Vermögen auszugehen. Denn Grundvermögen wird negativ dadurch definiert, dass kein land- und forstwirtschaftliches Vermögen vorliegt (→ BewG § 232 Rn. 1).

Vermögensarten § 218 BewG

C. Grundvermögen (S. 1 Nr. 2)

Was zum Grundvermögen gehört, bestimmt § 243 BewG: Grund und Boden sowie die Gebäude sind Teil des Grundvermögens, Bodenschätze und Betriebsvorrichtungen sind hingegen auszugrenzen. Innerhalb der Vermögensart des Grundvermögens erfolgen sodann noch weitere Weichenstellungen in Ansehung der Art des Grundvermögens. So wird zwischen den Grundstücksarten der unbebauten Grundstücke einerseits und der bebauten Grundstücke andererseits unterschieden und innerhalb der Art der bebauten Grundstücke erfolgen weitere Art-Differenzierungen (vgl. nur § 249 Abs. 1 BewG: Einfamilienhäuser, Zweifamilienhäuser, Mietwohngrundstücke, Wohnungseigentum, Teileigentum, Geschäftsgrundstücke, gemischt genutzte Grundstücke und sonstige bebaute Grundstücke). Diese Binnendifferenzierung ist bedeutsam zum einen für die Bewertungsmethode (Ertragswert- oder Sachwertverfahren) und zum anderen für die jeweils anzuwendenden Bewertungsfaktoren (die anlässlich der Ertragswertermittlung teils differenziert nach Grundstücksarten vorgegeben werden). 6

D. Betriebsgrundstücke iSv § 99 Abs. 1 BewG (S. 2f.)

Das Bewertungsrecht kennt auch die Vermögensart des Betriebsvermögens und damit zwangsläufig auch **„Betriebsgrundstücke"**, also Grundbesitz, der nach ertragsteuerlichen Kategorien zum Betriebsvermögen eines Gewerbebetriebes (§ 95 BewG) oder eines freiberuflichen Betriebes (§ 96 BewG) gehört. Im Grundsteuerrecht werden Grundstücke aber entweder nur als Teil einer wirtschaftlichen Einheit des Betriebes der Land- und Forstwirtschaft oder als Grundstück bewertet. Grundsteuerrechtlich gibt es keine Vermögensart „Betriebsvermögen" (→ Rn. 1, 3). Dem tragen § 218 S. 2 u. 3 BewG dadurch Rechnung, dass sie eine Aussage über die Zuordnung solcher Betriebsgrundstücke tätigen und die Zuordnung mit der Anwendung der jeweiligen Bewertungsregeln verknüpfen. Die **Zuordnungsentscheidung muss gem. § 218 S. 2f. BewG iVm § 99 Abs. 1 BewG unter Hinwegdenken des Gewerbebetriebes erfolgen:** Welcher Vermögensart ist ein Grundstück zuzuordnen, wenn man es losgelöst von seiner Zugehörigkeit zu dem Gewerbebetrieb betrachtet? Damit stellt das Gesetz vor allem klar, dass ein ertragsteuerlicher Gewerbebetrieb einer Personenvereinigung kraft Gesetzes (§ 15 Abs. 3 Nr. 2 EStG, § 8 Abs. 2 KStG) keine Bedeutung für die Abgrenzung zwischen dem land- und forstwirtschaftlichen Vermögen einerseits und dem Grundvermögen andererseits hat. Auch eine GmbH kann über land- und forstwirtschaftliches Vermögen iSv § 218 S. 1 Nr. 1 BewG und einen Betrieb der Land- und Forstwirtschaft iSv § 232 BewG verfügen (AEBewGrSt A 232.2 Abs. 4). Dies ist gleichheitsrechtlich auch konsequent. Aus der Perspektive der Grundsteuer und ihres Belastungsgrundes (→ Grundlagen Rn. 16ff.) können Rechtsform und ertragsteuerliche Einkünftequalifikation grundsätzlich kein Differenzierungskriterium sein. Liegt allerdings nach allgemeinen Abgrenzungsgrundsätzen ein Gewerbebetrieb vor, dann wird es typischerweise bewertungsrechtlich an einer land- und forstwirtschaftlichen Tätigkeit iSv § 232 Abs. 1 BewG fehlen (zur Abgrenzung zum Gewerbebetrieb → BewG § 232 Rn. 6ff.). Gelingt eine Einordnung in das land- und forstwirtschaftliche Vermögen nicht, liegt zwangsläufig Grundvermögen vor. Je nach Zuordnung eines „Betriebsgrundstücks" zum land- und forstwirtschaftlichen Vermögen oder 7

379

zum Grundvermögen richtet sich die Bewertung entweder nach den §§ 235 ff. BewG oder den §§ 247, 250 ff. BewG.

§ 219 Feststellung von Grundsteuerwerten

(1) **Grundsteuerwerte werden für inländischen Grundbesitz, und zwar für Betriebe der Land- und Forstwirtschaft (§§ 232 bis 234, 240) und für Grundstücke (§§ 243 und 244) gesondert festgestellt (§ 180 Absatz 1 Satz 1 Nummer 1 der Abgabenordnung).**

(2) **In dem Feststellungsbescheid (§ 179 der Abgabenordnung) sind auch Feststellungen zu treffen über:**
1. **die Vermögensart und beim Grundvermögen auch über die Grundstücksart (§ 249) sowie**
2. **die Zurechnung der wirtschaftlichen Einheit und bei mehreren Beteiligten über die Höhe ihrer Anteile.**

(3) **Die Feststellungen nach den Absätzen 1 und 2 erfolgen nur, soweit sie für die Besteuerung von Bedeutung sind.**

Gilt allgemein nicht in **Baden-Württemberg** (dort § 13 BWLGrStG) und für Grundstücke nicht in **Hessen** (dort nur zweistufiges Verwaltungsverfahren, → HGrStG § 4 Rn. 3). In **Bayern** (Art. 6 BayGrStG), **Hamburg** (§ 6 HmbGrStG) und **Niedersachsen** (§ 8 NGrStG) wird die Regelung für das Feststellungsverfahren bei Grundstücken modifiziert und ergänzt.

Übersicht

	Rn.
A. Allgemeines	1
I. Systematische Einordnung und Zweck der Regelung	1
II. Entwicklung der Vorschrift	3
B. Gesonderte Feststellung durch Grundsteuerwertbescheid	4
C. Wertfeststellung (Abs. 1)	12
D. Artfeststellung (Abs. 2 Nr. 1)	14
E. Zurechnungsfeststellung (Abs. 2 Nr. 2)	17
I. Bedeutung der Zurechnungsfeststellung	17
II. Materielle Zurechnungsgrundsätze	18
1. Maßgeblichkeit des § 39 AO	18
2. Zivilrechtliches Eigentum	19
3. Wirtschaftliches Eigentum	23
III. Zurechnungssubjektfähigkeit	36
IV. Zurechnungsfeststellung	41
F. Bedeutungsvorbehalt (Abs. 3)	43
G. Festsetzungsverjährung	45
H. Rechtsschutz	49

A. Allgemeines

I. Systematische Einordnung und Zweck der Regelung

1 Die Verwirklichung der Grundsteuer erfolgt in einem mehrfach gestuften Verwaltungsverfahren (→ Grundlagen Rn. 45 ff.). In Ansehung der wirtschaftlichen Einheit der Grundstücke bildet das mit dem Grundsteuerwertbescheid abschlie-

Feststellung von Grundsteuerwerten **§ 219 BewG**

ßende Verwaltungsverfahren die erste Stufe auf dem Weg zum Grundsteuerbescheid. Für die wirtschaftliche Einheit des Betriebs der Land- und Forstwirtschaft kann es sich hingegen bereits um die zweite Verfahrensstufe handeln, da vorgelagert in einem gesonderten (fingierten) Feststellungsbescheid bindende Entscheidungen nach dem BodSchätzG getroffen worden sein können (→ BewG § 237 Rn. 5 ff.).

Die gesonderte Feststellung von Besteuerungsgrundlagen bedarf – wegen ihrer 2 eigenständigen Belastungswirkung und zudem als Ausnahme zu § 157 Abs. 2 AO – stets einer gesetzlichen Grundlage. Diese Funktion übernehmen § 180 Abs. 1 S. 1 Nr. 1 AO und § 219 BewG. Hiernach enthält der Grundsteuerwertbescheid **drei gesonderte Feststellungen** (zum Feststellungszeitpunkt → BewG § 221 Rn. 4 ff.):
- die **Wertfeststellung** (§ 219 Abs. 1 BewG → Rn. 12 f.),
- die **Artfeststellung** (§ 219 Abs. 2 Nr. 1 BewG → Rn. 14 ff.) und
- die **Zurechnungsfeststellung** (§ 219 Abs. 2 Nr. 2 BewG → Rn. 17 ff.)

Die Wertfeststellung enthält zugleich inzident eine Entscheidung über die wirtschaftliche Einheit (→ Rn. 12). **Eine verbindliche Entscheidung über die Grundsteuerpflicht in sachlicher Hinsicht trifft der Grundsteuerwertbescheid hingegen nicht** (*Halaczinsky* in Rössler/Troll BewG § 19 Rn. 11). Wegen des Bedeutungsvorbehaltes in § 219 Abs. 3 BewG kann die Frage der sachlichen Steuerpflicht zwar auch schon im Grundsteuerwertverfahren relevant werden (→ Rn. 43). Es tritt aber keine Bindungswirkung und vor allem keine der Bestandskraft fähige Entscheidung ein. Die gesonderten Feststellungen erzeugen teilweise untereinander Bindungswirkung. So ist die Artfeststellung für die Wertfeststellung bindend (→ Rn. 15). Vor allem aber ist der Grundsteuerwertbescheid mit allen seinen gesonderten Feststellungen zum Wert, zur Art und zur Zurechnung (zur Rechtsnatur der Feststellungen → Rn. 5) Grundlagenbescheid im Verhältnis zum Grundsteuermessbescheid (BFH 12.2.2020 – II R 10/17, BStBl. II 2021, 535; ferner → GrStG § 16 Rn. 7) und teilweise auch im Verhältnis zum Grundsteuerbescheid (zB in Bezug auf die Feststellung, ob ein unbebautes oder bebautes Grundstück vorliegt, für § 34 GrStG [→ GrStG § 34 Rn. 6 f.], für die Hebesatzermäßigungen des § 15 Abs. 2–5 GrStG [→ GrStG § 15 Rn. 7, 14, 26] oder für die sog. Grundsteuer C [→ GrStG § 25 Rn. 47]). Jenseits des Grundsteuerrechts hat die Grundsteuerwertfeststellung ferner Bedeutung für die gewerbesteuerliche Kürzung (→ GrStG § 2 Rn. 8). Ob und inwieweit der Grundsteuerwertbescheid darüber hinaus noch Bedeutung erlangen wird, muss abgewartet werden. Der Einheitswert war außersteuerrechtlich zB für die Abfindung der Pflichtteilsberechtigten nach § 12 HöfeO (freilich unter Beachtung der Korrekturen, die BGH 17.11.2000 – V ZR 334/99, BGHZ 146, 74 vorgegeben hat) relevant. Bisher fehlt es an entsprechenden gesetzlichen Anordnungen in Bezug auf den Grundsteuerwertbescheid (zur gewerbesteuerlichen Kürzung → GrStG § 2 Rn. 8).

II. Entwicklung der Vorschrift

Die Regelung beruht auf dem Grundsteuerreformgesetz vom 26.11.2019 3 (→ Grundlagen Rn. 13, zu § 219 BewG BT-Drs. 19/11085, 93 f.) und entspricht § 19 BewG aF.

B. Gesonderte Feststellung durch Grundsteuerwertbescheid

4 § 180 Abs. 1 S. 1 Nr. 1 AO iVm § 219 BewG ordnet die Durchführung eines **eigenständigen Verwaltungsverfahrens** (Feststellungsverfahren) an, an dessen Ende der Grundsteuerwertbescheid mit seinen Feststellungen (→ Rn. 5) steht. Sachlich zuständig sind die Finanzämter (§ 17 FVG) und örtlich das sog. Lagefinanzamt nach § 18 Abs. 1 Nr. 1 AO (vgl. auch → Grundlagen Rn. 43), dh das Finanzamt, in dessen Bezirk der Betrieb der Land- und Forstwirtschaft oder das Grundstück liegt. Erstreckt sich der Betrieb oder das Grundstück auf die Bezirke mehrerer Finanzämter, ist das Finanzamt zuständig, in dessen Bezirk der wertvollste Teil liegt.

5 Der Grundsteuerwertbescheid ist ein **Feststellungsbescheid,** auf den die §§ 179 ff. AO und im Übrigen die für Steuerbescheide geltenden Vorschriften Anwendung finden (zur Festsetzungsverjährung → Rn. 45 ff.). Er stellt die in § 219 BewG genannten Besteuerungsgrundlagen gesondert fest. Diese verlieren damit den Charakter als unselbstständige Besteuerungsgrundlagen (§ 157 Abs. 2 AO) und bilden selbst die Regelung des Grundsteuerwertbescheides. Die einzelnen Feststellungen, also der Grundsteuerwert, die Grundstücksart und die Zurechnung, sind keine eigenständigen Verwaltungsakte. Vielmehr ist der **Grundsteuerwertbescheid ein einheitlicher Verwaltungsakt** (zutr. *Brandis* in Tipke/Kruse AO § 180 Rn. 8). **Gleichwohl sind die einzelnen Feststellungen eigenständig anfechtbar** (zum Rechtsschutz → Rn. 49 ff.) und können damit auch unabhängig voneinander (teil-)bestandskräftig werden (BFH 13.11.1981 – III R 116/78, BStBl. II 1983, 88; BFH 14.12.1994 – II R 104/91, BStBl. II 1995, 360; BFH 19.2.2009 – II R 8/06, BFH/NV 2009, 1092). Diese Selbstständigkeit der Feststellungen setzt sich bei der Fortschreibung nach § 222 BewG fort (→ BewG § 222 Rn. 1 f.).

6 Der Grundsteuerwertbescheid ist mit allen seinen Feststellungen ein **Dauerverwaltungsakt.** Diesem Charakter tragen vor allem die §§ 222 ff. BewG Rechnung: Der Grundsteuerwertbescheid bleibt solange wirksam, bis er insgesamt durch Aufhebung (§ 224 BewG) keine Regelungswirkung mehr entfaltet oder bis seine Feststellungen durch Fortschreibung (§ 222 BewG, betrifft alle Wert-, Art- und Zurechnungsfeststellung gleichermaßen) bzw. die nächste Hauptfeststellung (§ 221 BewG, betrifft nur die Wertfeststellung) ersetzt werden. Jede Aufhebung, Fortschreibung und Hauptfeststellung erfolgt auf einen konkreten Stichtag; bis zu diesem Stichtag entfaltet die aufgehobene oder ersetzte Feststellung weiterhin ihre Wirkung (BFH 12.7.2000 – II R 31/99, BStBl. II 2000, 563).

7 **Grundsteuerwertbescheid und Grundsteuermessbescheid können zusammen erlassen werden** (→ GrStG § 16 Rn. 7). Die Zusammenfassung auf einem Dokument ändert allerdings nichts daran, dass es sich um zwei eigenständige Verwaltungsakte handelt, die eigenständig angefochten werden und unabhängig voneinander in formelle Bestandskraft erwachsen können.

8 Der Grundsteuerwertbescheid ist seinem **Inhaltsadressaten bekannt** zu geben. Das ist derjenige, dem der Steuergegenstand zugerechnet wird (§ 179 Abs. 2 AO; zur Zurechnung → Rn. 17 ff.), und im Falle der Zurechnungsfortschreibung derjenige, dem er ab dem Fortschreibungszeitpunkt nicht mehr zugerechnet wird (also der Veräußerer etc, → BewG § 222 Rn. 20). Trifft das Finanzamt eine Entscheidung dahingehend, dass der Steuergegenstand einer bestimmten Person nicht zuzurechnen ist, dann ist auch dieser Person der Grundsteuerwertbescheid als In-

Feststellung von Grundsteuerwerten **§ 219 BewG**

haltsadressat bekanntzugeben (vgl. BFH 26.3.1991 – VIII R 20/91, BFH/NV 1991, 793 für einen Gewinnfeststellungsbescheid). Ist über das Vermögen des Steuerpflichtigen das Insolvenzverfahren eröffnet worden, ist der Grundsteuerwertbescheid – sofern er überhaupt noch erlassen werden darf – dem Insolvenzverwalter bekanntzugeben (→ GrStG § 12 Rn. 36 ff.). Im Falle der Zwangsverwaltung hat die Bekanntgabe sowohl gegenüber dem Zwangsverwalter als auch dem Steuerpflichtigen zu erfolgen (→ GrStG § 12 Rn. 31).

Gemäß § 182 Abs. 2 AO **wirkt der Grundsteuerwertbescheid auch gegen-** 9 **über dem Einzelrechtsnachfolger** in Bezug auf den Steuergegenstand. Der Grundsteuerwertbescheid lastet mit dinglicher Wirkung auf der wirtschaftlichen Einheit (vgl. BFH 12.2.2020 – II R 10/17, BStBl. II 2021, 535 Rn. 17; weiterführend → GrStG § 17 Rn. 4, 23). Für den Gesamtrechtsnachfolger (Erben etc, zur Gesamtrechtsnachfolge → Rn. 20) folgt dies bereits aus der Gesamtrechtsnachfolge selbst (vgl. auch → GrStG § 11 Rn. 28). Ist der Bescheid im Zeitpunkt der Rechtsnachfolge noch anfechtbar, kann ihn der Rechtsnachfolger anfechten (zu den Rechtsschutzfragen bei laufender Anfechtungsfrist oder gar einem bereits vom Rechtsvorgänger angestrengten Rechtsbehelfsverfahren → GrStG § 16 Rn. 15). War der Bescheid zu diesem Zeitpunkt bereits formell bestandskräftig, kann der (Einzel- oder Gesamt-)Rechtsnachfolger eine von ihm behauptete Rechtswidrigkeit von Wert- oder Artfeststellung nur noch im Wege der Fortschreibung verfolgen (→ BewG § 222 Rn. 2).

Bei **mehreren Zurechnungssubjekten** (also insb. Bruchteilseigentum, 10 → Rn. 37 ff.) erfolgt die Feststellung einheitlich gegenüber allen Beteiligten (§ 179 Abs. 2 S. 2 AO). Jedem Zurechnungssubjekt (= Feststellungsbeteiligten) ist ein eigenständiger Grundsteuerwertbescheid bekanntzugeben. Für jeden Feststellungsbeteiligten ist sodann gesondert zu prüfen, ob und wann die Bekanntgabe ihm gegenüber erfolgt ist. Ist einem Feststellungsbeteiligten der Grundsteuerwertbescheid bekanntgegeben worden, hängt die Wirksamkeit dieser Bekanntgabe nicht davon ab, ob auch den übrigen Feststellungsbeteiligten gegenüber eine Bekanntgabe erfolgt ist (BFH 25.11.1987 – II R 227/84, BStBl. II 1988, 410; *Ratschow* in Klein AO § 179 Rn. 25). Bei **Ehegatten, Lebenspartnern sowie Eltern und ihren Kindern** reicht es für die Bekanntgabe an alle Beteiligten grundsätzlich aus, wenn ihnen eine Ausfertigung des Grundsteuerwertbescheides unter ihrer gemeinsamen Anschrift übermittelt wird (§§ 183 Abs. 4, 122 Abs. 7 S. 1 AO; ferner → GrStG § 16 Rn. 9).

Der Grundsteuerwertbescheid kann unter dem Vorbehalt der Nachprüfung 11 (§ 164 Abs. 1 AO) oder vorläufig (§ 165 Abs. 1 AO) ergehen. § 129 AO und die für Steuerbescheide geltenden Änderungsvorschriften der §§ 172 ff. AO finden Anwendung (→ BewG § 222 Rn. 37 ff.).

C. Wertfeststellung (Abs. 1)

Im Grundsteuerwertbescheid **muss zwingend der Grundsteuerwert be-** 12 **tragsmäßig für eine konkrete wirtschaftliche Einheit zum Hauptfeststellungszeitpunkt** (→ BewG § 221 Rn. 4 ff.) **festgestellt werden.** Die Feststellung hat für die gesamte wirtschaftliche Einheit zu erfolgen (zum Sonderfall einer grenzüberschreitenden wirtschaftlichen Einheit → BewG § 231 Rn. 2). Daher hat die Feststellung des Grundsteuerwertes auch eine **negative Ausgrenzungsfunktion.** Es wird nämlich auch darüber **entschieden, was nicht zur wirtschaftlichen**

§ 219 BewG Siebenter Abschnitt. Bewertung d. Grundbesitzes ab 1.1.2022

Einheit gehört und daher vom Regelungsgehalt des Grundsteuerwertbescheides nicht erfasst wird (*Bruschke* in Stenger/Loose BewG § 19 Rn. 100; *Halaczinsky* in Rössler/Troll BewG § 19 Rn. 43; vgl. auch BFH 15.10.1954 – III 148/54, BStBl. III 1955, 2: „denn zur Bewertung [und zwar an ihren Anfang] gehört die Abgrenzung des Bewertungsgegenstandes"). Die hinreichende Bezeichnung der wirtschaftlichen Einheit erfolgt idR durch die Angabe aller zur wirtschaftlichen Einheit gehörenden Flurstücke. In Betracht kommt auch die Konkretisierung anhand von Straßenname und Hausnummer, was vor allem dann von Bedeutung ist, wenn auf einem Flurstück mehrere wirtschaftliche Einheiten existieren (→ BewG § 244 Rn. 12 ff.). Ausreichend kann aber auch die Nennung des Flurstücks unter Angabe der jeweils eine wirtschaftliche Einheit bildenden Teilflächen unter Angaben der Quadratmeter-Zahl sein, wenn aus den sonstigen Umständen (zB wegen eines Pachtvertrages über diese Teilfläche; zur Entstehung einer gesonderten wirtschaftlichen Einheit in diesem Fall → BewG § 244 Rn. 15) des Bescheides erkennbar ist, welche Teilfläche damit gemeint ist (so BFH 13.6.1984 – III R 131/80, BStBl. II 1984, 816).

13 **Ohne die Angabe eines Grundsteuerwertes ist der Bescheid nach § 125 AO nichtig** (allgM *Brandis* in Tipke/Kruse AO § 180 Rn. 5; *Bruschke* in Stenger/Loose BewG § 19 Rn. 124; *Halaczinsky* in Rössler/Troll BewG § 19 Rn. 44; *Schaffner* in KSS BewG § 19 Rn. 9). Entsprechendes gilt, wenn die wirtschaftliche Einheit nicht zweifelsfrei bestimmt werden kann (FG Sachsen 18.10.2012 – 6 V 1129/12, BeckRS 2012, 96564: dort: unzulässige Bezeichnung mit „Flurstück X u. a."). Dann scheidet auch ein Ergänzungsbescheid (§ 179 Abs. 3 AO) aus, denn ein solcher setzt einen wirksamen Bescheid voraus, den es zu ergänzen gilt (statt vieler *Ratschow* in Klein AO § 179 Rn. 38). Allerdings kann ein als Ergänzungsbescheid bezeichneter Bescheid, der in Bezug auf die Grundsteuerwertfeststellung nunmehr den gesetzlichen Anforderungen genügt, als ein erstmals wirksamer Grundsteuerwertbescheid zu werten sein (vgl. BFH 14.9.1989 – IV R 129/88, BFH/NV 1990, 750).

D. Artfeststellung (Abs. 2 Nr. 1)

14 Mit der **Artfeststellung** ist zwingend eine Feststellung über die Vermögensart zu treffen: **Land- und forstwirtschaftliches Vermögen iSv § 232 BewG oder Grundvermögen iSv § 243 BewG.** Anders als nach altem Recht ist keine Artfeststellung für Betriebsgrundstücke mehr erforderlich. Sie bilden keine eigenständige Vermögensart und werden einer der beiden genannten Vermögensarten zugeordnet (BT-Drs. 19/11085, 93 f.; ferner → BewG § 218 Rn. 7).

15 Sofern die Vermögensart Grundvermögen festgestellt wird, muss zugleich eine Feststellung über die Grundstücksart getroffen werden, dh ob das Grundstück ein **unbebautes Grundstück** iSv § 246 BewG oder ein **bebautes Grundstück** iSv § 248 BewG ist. Ist Letzteres der Fall, bedarf es ferner der Feststellung, welche **Grundstücksart iSv § 249 Abs. 1 BewG** vorliegt. Die Artfeststellung ist für die Bewertung verbindlich, dh die Bewertung muss zwingend nach den für die festgestellte Vermögens- und ggf. Grundstücksart geltenden Bewertungsregeln erfolgen (vgl. BFH 26.8.2020 – II R 6/19, BStBl. II 2021, 592).

16 Ist die **Artfeststellung unterblieben,** macht dies die übrigen Feststellungen nicht fehlerhaft. Die Artfeststellung ist **durch Ergänzungsbescheid nach § 179 Abs. 3 AO nachzuholen** (vgl. BFH 23.4.2008 – II R 1/07, BFH/NV 2008, 1456 für die Art „Betriebsgrundstück"; *Halaczinsky* in Rössler/Troll BewG § 19 Rn. 53;

Feststellung von Grundsteuerwerten **§ 219 BewG**

Schaffner in KSS BewG § 19 Rn. 17), vorausgesetzt es existiert ein ergänzbarer Feststellungsbescheid (dieser muss also wirksam bekanntgegeben und darf nicht nichtig sein). Ein solcher Ergänzungsbescheid lässt den ergänzten Grundsteuerwertbescheid unberührt. Letzterer wird weder geändert noch (teilweise) aufgehoben (BFH 23. 4. 2008 – II R 1/07, BFH/NV 2008, 1456). Vielmehr tritt der Ergänzungsbescheid mit seiner nachgeholten Artfeststellung als eigenständiger Verwaltungsakt neben den Grundsteuerwertbescheid. Ein Ergänzungsbescheid ist hingegen unzulässig, wenn eine Artfeststellung durchaus vorhanden und diese lediglich fehlerhaft ist (vgl. *Brandis* in Tipke/Kruse AO § 179 Rn. 22; *Ratschow* in Klein AO § 179 Rn. 40). In diesem Fall gelten allein die Vorschriften über die Änderung von Steuerbescheiden (→ BewG § 222 Rn. 37 ff.), die fehlerbeseitigende Fortschreibung (→ BewG § 222 Rn. 22 ff.) bzw. die Nachfeststellung (§ 224 BewG).

E. Zurechnungsfeststellung (Abs. 2 Nr. 2)

I. Bedeutung der Zurechnungsfeststellung

§ 219 Abs. 2 Nr. 2 BewG verlangt die Feststellung, wem der Steuergegenstand 17 zuzurechnen ist (zur Zurechnungsfeststellung selbst → Rn. 41 f.). Mit dieser Feststellung **wird bestimmt, wer der Schuldner der Grundsteuer ist** (→ GrStG § 10 Rn. 4) und auch andere Normen des Grundsteuergesetzes knüpfen an die formelle Zurechnung an (zB → GrStG § 3 Rn. 10 ff., → GrStG § 35 Rn. 8). Weder das Bewertungs- noch das Grundsteuerrecht äußern sich allerdings zu den notwendigen **(materiellen) Zurechnungsgrundsätzen** (→ Rn. 18 ff.) und der **Frage, wer überhaupt Zurechnungssubjekt sein kann** (→ Rn. 36 ff.).

II. Materielle Zurechnungsgrundsätze

1. Maßgeblichkeit des § 39 AO. Die grundsteuerrechtliche Zurechnung rich- 18 tet sich nach dem Regel-Ausnahmeverhältnis des § 39 Abs. 1, Abs. 2 Nr. 1 AO (RFH 19. 4. 1939 – III 82/39, RFHE 46, 30; BFH 4. 2. 1987 – II R 216/84, BStBl. II 1987, 451): **Eine wirtschaftliche Einheit ist grundsätzlich dem bürgerlichrechtlichen Eigentümer zuzurechnen** (→ Rn. 19 ff.). Dem rechtlichen Eigentum geht indes das **wirtschaftliche Eigentum** vor (→ Rn. 23 ff.).

2. Zivilrechtliches Eigentum. Wer Eigentümer eines Grundstücks ist, 19 **ergibt sich idR aus dem Grundbuch.** Denn der Eigentumserwerb durch Übereignung setzt zwingend die Eintragung des Erwerbers im Grundbuch voraus (§ 873 BGB).

Allerdings **kann sich der Eigentumserwerb in bestimmten Fällen auch** 20 **ohne Grundbucheintragung vollziehen** und diese Eigentumslage ist auch für das Grundsteuerrecht maßgeblich (zum Zeitpunkt des Zurechnungswechsels → BewG § 222 Rn. 30 f.). Das betrifft vor allem den **Erbfall**. Der Erwerb verwirklicht sich unmittelbar mit dem Erbfall, ohne dass es einer Erwerbshandlung des Erben bedarf (§§ 1922 Abs. 1, 1942 Abs. 1 BGB). Dies gilt unabhängig davon, ob das Erbrecht auf gesetzlicher oder gewillkürter Erbfolge (Testament, Erbvertrag) beruht. Einem Erben, der als Gesamtrechtsnachfolger des Erblassers das Eigentum an einem Nachlassgrundstück erwirbt (§ 1922 BGB), ist das Grundstück auf den nächsten dem Erbfall folgenden 1.1. daher auch dann zuzurechnen, wenn der Erbe noch nicht im Grundbuch – das durch den Erbfall unrichtig wird – eingetragen ist (zum

Vermächtnisnehmer hingegen → Rn. 26). Hat das Nachlassgericht einen Erbschein ausgestellt, dürfen die Finanzbehörden grundsätzlich von der Richtigkeit der in dem Erbschein ausgewiesenen Angaben ausgehen. Eine Bindung an den Erbschein besteht allerdings nicht. Sowohl die Finanzbehörden als auch die Gerichte sind daher berechtigt und verpflichtet, eine vom Erbschein abweichende Auslegung der letztwilligen Verfügung vorzunehmen, soweit gewichtige tatsächliche oder rechtliche Gründe erkennbar sind, die gegen die Richtigkeit des Erbscheins sprechen (BFH 22.11.1995 – II R 89/93, BStBl. II 1996, 242 zur ErbSt). Da der Erbschein keine Bindungswirkung entfaltet, ist seine spätere Änderung, Einziehung oder Kraftloserklärung kein rückwirkendes Ereignis iSv § 175 Abs. 1 Nr. 2 AO und erlaubt für sich allein betrachtet keine Änderung eines Erbschaftsteuerbescheides. Sofern anlässlich der vorgenannten Erbscheinverfahren neue Tatsachen bekannt werden, kommt aber eine Korrektur nach § 173 Abs. 1 AO in Betracht. Besteht zwischen den Beteiligten Streit darüber, wer in welchem Umfang Erbe geworden ist, und wird dieser Streit durch einen (Prozess-)Vergleich beigelegt, kann dieser Vergleich auch für Zwecke des Besteuerungsverfahrens herangezogen werden. Voraussetzung ist allerdings, dass der Vergleich der gütlichen und ernsthaft gewollten Klärung einer zweifelhaften Erbrechtslage dient (vgl. BFH 25.8.1998 – II B 45/98, BFH/NV 1999, 313 (314); 6.12.2000 – II R 28/98, BFH/NV 2001, 601 jeweils zur ErbSt).

21 Weitere Konstellationen, bei denen der Eigentumserwerb nicht auf der Eintragung im Grundbuch, sondern auf der Gesamtrechtsnachfolge beruht, sind vor allem Vorgänge nach dem UmwG, wie die **Verschmelzung** (§ 20 Abs. 1 UmwG), die **Ausgliederung** (§ 123 Abs. 3 UmwG, hier nur partielle Gesamtrechtsnachfolge), die **Spaltung** (§ 131 Abs. 1 Nr. 1 UmwG) und der **Vermögensübergang** (§ 176 Abs. 3 UmwG), sowie der **Anwachsungserwerb beim letzten Gesellschafter einer rechtsfähigen Personengesellschaft beim Ausscheiden des vorletzten Gesellschafters** (hierzu BGH 7.7.2008 – II ZR 37/07, DStR 2008, 1792). Schließlich kann das Eigentum an einem Grundstück in folgenden Konstellationen auch bei Einzelrechtsnachfolge ohne Grundbucheintragung erworben werden: Erwerb durch **Zuschlagsbeschluss in der Zwangsversteigerung** (§ 90 ZVG), bei **Enteignung** durch die Ausführungsanordnung (zB § 33 EEG NRW) oder im **Flurbereinigungsverfahren** durch die entsprechende Ausführungsanordnung (§ 61 FlurbG). Der Zeitpunkt des Zurechnungswechsels in diesen Fällen wird bei § 222 BewG erläutert (→ BewG § 222 Rn. 30f.).

22 **Herrenlose Grundstücke:** Mit dem Eigentumsverzicht (§ 928 BGB) ist dem vormaligen Eigentümer das Grundstück nicht mehr zuzurechnen (*Loose* in Stenger/Loose GrStG § 10 Rn. 16; *Schmidt* in Grootens GrStG § 10 Rn. 56f.; *Troll/Eisele* GrStG § 10 Rn. 2a).

23 **3. Wirtschaftliches Eigentum.** Das für die Zurechnung vorrangige (→ Rn. 18) wirtschaftliche Eigentum umschreibt § 39 Abs. 2 Nr. 1 AO wie folgt: **Es geht um die Ausübung der tatsächlichen Herrschaft über ein Wirtschaftsgut in der Weise, dass der zivilrechtliche Eigentümer im Regelfall für die gewöhnliche Nutzungsdauer von der Einwirkung auf das Wirtschaftsgut wirtschaftlich ausgeschlossen werden kann.** Eine solche Konstellation ist dann anzunehmen, wenn nach dem Gesamtbild der Verhältnisse der zivilrechtliche Eigentümer keinen Herausgabeanspruch hat oder ein formal durchaus bestehender Herausgabeanspruch „bei regulärem Verlauf" keine wirtschaftliche Bedeutung hat (BFH 18.7.2001 – X R 39/97, BStBl. II 2002, 284; BFH 24.6.2004 – III R 50/01, BStBl. II 2005, 80). Diese wirtschaftliche Bedeutung wird vor allem

§ 219 BewG

durch die **Nutzungs-, Verbrauchs- und Verwertungsmöglichkeiten** des Nichteigentümers bestimmt. Wirtschaftliches Eigentum besteht daher vor allem dann, wenn ihm die Befugnis zum Besitz und zur Verwaltung sowie das Recht auf die Erträge und die Substanz zugewiesen sind – sei es im Positiven („Chancen", insb. in Ansehung auch von Wertsteigerungen und Wertschöpfungsmöglichkeiten) oder sei es im Negativen („Risiken", insb. wenn es ihm zur Last fällt, dass das Wirtschaftsgut untergeht oder sich verschlechtert). Lediglich die beim zivilrechtlichen Eigentümer verbleibenden dinglichen Verfügungsrechte, insb. das Recht zur Belastung und Veräußerung, sind irrelevant; sie schließen das wirtschaftliche Eigentum eines anderen nicht aus (zB BFH 18.7.2001 – X R 39/97, BStBl. II 2002, 284; BFH 18.9.2003 – X R 21/01, BFH/NV 2004, 306). Die Rechtsprechung konkretisiert den § 39 Abs. 2 Nr. 1 AO vor allem in Fallgruppen. Gleichwohl kommt es immer auf das Gesamtbild der Verhältnisse im jeweiligen Einzelfall an. In Bezug auf Grundstücke werden typischerweise folgende Fallgruppen relevant:

Bei **Grundstücksveräußerungen** kann die Erlangung des wirtschaftlichen Eigentums durch den Grundstückskäufer den Zeitpunkt des Zurechnungswechsels nach vorne verlagern. Anknüpfungspunkt ist hier die Erlangung einer rechtlich geschützten Position durch den Erwerber im Hinblick auf den Erwerb des Grundstückseigentums, die ihm gegen seinen Willen nicht mehr entzogen werden kann. Allein die Eintragung einer Auflassungsvormerkung ist hierfür allerdings nicht ausreichend. Die Rechtsprechung geht idR von **wirtschaftlichem Eigentum des Grundstückskäufers (Erwerbers)** erst dann aus, **sobald Besitz (nicht zwingend Eigenbesitz, sondern der Besitz in Erwartung des Eigentumserwerbs), Gefahr, Nutzen und Lasten auf ihn übergegangen sind** (zB BFH 2.5.1984 – VIII R 276/81, BStBl. II 1984, 820 [822]; 4.6.2003 – X R 49/01, BStBl. II 2003, 751 [752]; 17.12.2009 – III R 92/08, BStBl. II 2014, 190 [191]). In der jüngeren Rechtsprechung ist die Tendenz zu erkennen, dass diese Voraussetzungen nicht kumulativ vorliegen müssen. Tun sie dies, kann grundsätzlich von der Begründung wirtschaftlichen Eigentums ausgegangen werden. Ist ein Merkmal hingegen nicht erfüllt, stellt der BFH eine wertende Betrachtung an. Zum Teil erfolgt dies anhand der Verteilung der mit dem Grundstück verbundenen Chancen und Risiken (BFH 1.2.2012 – I R 57/10, BStBl. II 2012, 407 [410] unter Hinweis auf die Gesetzesbegründung zu § 246 Abs. 1 S. 2 HGB idF des BilMoG, BT-Drs. 16/10067, 47). Dabei wird dem Gefahrübergang die entscheidende Bedeutung beigemessen und nicht der vorzeitigen Inbesitznahme und Nutzungsmöglichkeit (so BFH 22.9.2016 – IV R 1/14, BStBl. II 2017, 171 Rn. 22f.). Zum Teil erfolgt die Gewichtung aber auch umgekehrt und der Besitz des Erwerbers bzw. dessen Recht, die Nutzungen zu ziehen, werden in den Vordergrund gerückt (BFH 23.2.2021 – II R 44/17, BFH/NV 2021, 1115).

Der Zeitpunkt für den Übergang von Besitz, Gefahr, Nutzen und Lasten in Ansehung des Grundstücks ergibt sich aus den Vereinbarungen der Vertragsparteien. Haben sie vereinbart, dass die Gefahr mit dem 1.1. eines bestimmten Kalenderjahres übergehen soll, ist dieser 1.1. auch zugleich der Zurechnungsstichtag (und nicht erst der nächste 1.1., BFH 9.9.1992 – II R 109/89, BStBl. II 1993, 653; FG Sachsen 8.6.2005 – 5 K 1081/04, BeckRS 2005, 26020915). Eine Zurechnung des Grundstücks beim Erwerber vor dem Abschluss des (formwirksamen) Verpflichtungsgeschäfts kommt hingegen nicht in Betracht. Vor allem ist eine vertragliche Rückbeziehung des – in der Gesamtbetrachtung entscheidenden – Gefahrenübergangs für § 39 AO irrelevant (zu Recht BFH 6.12.2018 – X R 11/17, BFH/NV 2019, 622 Rn. 23).

§ 219 BewG Siebenter Abschnitt. Bewertung d. Grundbesitzes ab 1.1.2022

26 Die vorstehend dargestellten Grundsätze betreffen vornehmlich Grundstückskaufverträge (→ Rn. 21), gelten aber für andere schuldrechtliche Verpflichtungsgründe entsprechend. Ein Anspruch auf Übertragung allein ist grundsätzlich nicht ausreichend, selbst wenn der Anspruchsgegner ihn nicht mehr vereiteln kann. Hinzukommen müssen vielmehr noch Nutzungs- und Fruchtziehungsbefugnisse und die Gefahr-/Chancentragung durch den Anspruchsinhaber (FG Berlin-Brandenburg 18.11.2020 – 3 K 3132/19, BeckRS 2020, 33903 für den **Heimfallanspruch und die Zurechnung eines erbbaurechtsfreien Grundstücks beim Grundstückseigentümer**). Das gilt namentlich für den **Vermächtnisnehmer.** Er erwirbt mit dem Erbfall nicht das zivilrechtliche Eigentum an dem Vermächtnisgegenstand, sondern hat nur einen gegen den Erben gerichteten schuldrechtlichen Anspruch auf Übereignung (§ 2174 BGB). Legt man die gesetzliche Regelung zur Verteilung von Nutzen, Chancen und Risiken (§§ 2147 ff. BGB) zugrunde, erwirbt der Vermächtnisnehmer mit dem Erbfall kein wirtschaftliches Eigentum an dem mit dem Vermächtnis belasteten Grundstück (glA *Tiedtke/Peterek* ZEV 2007, 349 [355]). Dem Erben und dem Vermächtnisnehmer steht es allerdings frei, nach dem Erbfall durch eine entsprechende (Treuhand-)Vereinbarung bereits vor der Erfüllung des Übereignungsanspruchs Nutzen, Lasten und Gefahrübergang so zu regeln, dass das wirtschaftliche Eigentum bereits aufgrund dieser Vereinbarung übergeht (→ Rn. 30).

27 Bei **Leasing-Konstellationen** (einschließlich **Sale-and-lease-back-Konstellationen**) geht die Rechtsprechung von folgenden Zurechnungsgrundsätzen aus: Der Herausgabeanspruch des Leasinggebers hat idR einen wirtschaftlichen Wert (= Zurechnung beim Leasinggeber), wenn die betriebsgewöhnliche Nutzungsdauer länger als die Grundmietzeit ist. Denn in einem derartigen Fall ist der Herausgabeanspruch des Leasinggebers gerade nicht wirtschaftlich bedeutungslos. Kann der Leasingnehmer den Leasinggeber hingegen auch für die verbleibende Zeit von der Einwirkung auf das Leasingobjekt ausschließen, ist das Leasingobjekt dem Leasingnehmer zuzurechnen. Allerdings muss der Leasingnehmer hierzu aufgrund einer eigenen, rechtlich abgesicherten Position (zB Kauf- oder Verlängerungsoption, vgl. auch → Rn. 28) in der Lage sein. Ein lediglich dem Leasinggeber eingeräumtes Andienungsrecht reicht hierfür nicht aus. Eine Sondersituation besteht beim Spezialleasing. In diesem Fall kann der Leasinggeber das Leasingobjekt – unabhängig von dem Verhältnis der Grundmietzeit zur betriebsgewöhnlichen Nutzungsdauer – nicht anderweitig nutzen oder verwerten. Es kommt daher auch nicht darauf an, ob der Leasingnehmer über eine rechtlich abgesicherte Position zum Ausschluss des Leasinggebers verfügt. Denn der Herausgabeanspruch des Leasinggebers ist in diesen Fällen von vornherein wertlos (für den gesamten Absatz BFH 13.10.2016 – IV R 33/13, BStBl. II 2018, 81; BFH 21.12.2017 – IV R 56/16, BFH/NV 2018, 597). Die Finanzverwaltung hat diese Grundsätze in den sog. Leasingerlassen konkretisiert (insbesondere BMF 19.4.1971, BStBl. I 1971, 264 [bewegliche WG]; 21.3.1972, BStBl. I 1972, 188 (unbewegliche WG); 9.6.1987, BStBl. I 1987, 440 [Ergänzung unbewegliche WG]; 23.12.1991, BStBl. I 1992, 13 (Teilamortisations-Leasingverträge unbewegliche WG).

28 Die **Einräumung eines Ankaufs- oder Optionsrechts** ist grundsätzlich nicht ausreichend, um wirtschaftliches Eigentum des Ankaufs-/Optionsberechtigten zu begründen. Vielmehr müssen noch weitere Umstände hinzutreten. Erstens muss die Ausübung des Ankaufs-/Optionsrechts wahrscheinlich sein. Entscheidend ist, ob nach dem typischen und für die wirtschaftliche Beurteilung maßgeblichen Geschehensablauf tatsächlich mit einer Ausübung des Ankaufsrechts gerechnet werden

Feststellung von Grundsteuerwerten § 219 BewG

kann. Denn nur in diesem Fall kann bereits bei Einräumung des Ankaufsrechts davon ausgegangen werden, dass der Eigentümer auf Dauer von der Einwirkung auf das angebotene Objekt ausgeschlossen bleibt (BFH 10.6.1988 – III R 18/85, BFH/NV 1989, 348; BFH 8.6.1995 – IV R 67/94, BFH/NV 1996, 101). Es ist allerdings nicht erforderlich, dass der spätere Eigentumserwerb rechtlich unausweichlich ist. Es genügt, dass er nach der vertraglichen Gestaltung unter normalen Umständen zu erwarten ist (BFH 8.6.1995 – IV R 67/94, BFH/NV 1996, 101). Zweitens wird man verlangen müssen, dass dem Ankaufs-/Optionsberechtigten bereits Besitz und Nutzungen zustanden und er auch bereits die Gefahr trägt (ähnlich FG Düsseldorf 23.5.2005 – 11 K 3234/03, EFG 2005, 1248). Denn bei einem Ankaufs- und Optionsrecht können die Anforderungen nicht hinter den Voraussetzungen für die Annahme wirtschaftlichen Eigentums bei einem bereits zustande gekommenen Grundstückskaufvertrag (→ Rn. 24) zurückbleiben.

Behält sich der das Eigentum an einem Grundstück Übertragende in dem Verpflichtungsgeschäft ein **Rückforderungs-/Rücktrittsrecht oder ein Rückerwerbsrecht** vor, das jederzeit voraussetzungslos ausgeübt werden kann, kann das wirtschaftliche Eigentum – je nach Würdigung mit anderen Vertragsumständen (zB: Nutzungsmöglichkeiten und Zuweisung der zwischenzeitlich eingetretenen Wertsteigerungen etc) – im Einzelfall beim Übertragenden verbleiben (vgl. BFH 16.5.1989 – VIII R 196/84, BStBl. II 1989, 877). Das wirtschaftliche Eigentum geht allerdings dann typischerweise mit dem zivilrechtlichen Eigentum auf den Erwerber über, wenn die vereinbarten Rückforderungs-, Rücktritts- bzw. Rückerwerbsrechte an bestimmte Voraussetzungen geknüpft sind (BFH 27.1.1994 – IV R 114/91, BStBl. II 1994, 635 [Rückfallklausel für den Fall, dass der Erwerber vor dem Übertragenden verstirbt und keine Abkömmlinge hinterlässt]; 25.1.1996 – IV R 114/94, BStBl. II 1997, 382 [Rücktrittsrecht für den Fall, dass der Veräußerer dem Erwerber keine Finanzierung verschafft hat oder eine Weiterveräußerung der erworbenen Immobilie bis zu einem bestimmten Zeitpunkt nicht gelingt]; 17.6.1998 – XI R 55/97, BFH/NV 1999, 9 [Rückübertragungsrecht in Ansehung des Betriebsgrundstücks für den Fall der Aufgabe des Betriebes durch den Erwerber]). Allerdings sind auch insoweit Abweichungen denkbar, wenn nämlich zum (an bestimmte Voraussetzungen geknüpften) Rückforderungsrecht des Übertragenden noch der Ausschluss von eigenen Verwertungs- und Nutzungsmöglichkeiten hinzutritt (vgl. BFH 5.5.1983 – IV R 43/80, BStBl. II 1983, 631: [1] Widerrufsrecht für den Fall, der Erwerber den Grundbesitz ohne Zustimmung des Übertragenden veräußert oder belastet, wenn über das Vermögen das Erwerbers das Insolvenzverfahren eröffnet wird oder ein Gläubiger des Erwerbers die Zwangsvollstreckung betreibt, [2] Absicherung des Rückübertragungsanspruchs durch Vormerkung, [3] der Grundbesitz musste durch Verpachtung an den Gewerbebetrieb des Übertragenden genutzt werden und [4] der Pachtzins kam dem Erwerber allenfalls in der Gestalt einer frühestens 15 Jahre nach dem Tod des Übertragenden fälligen Darlehensforderung zugute). Von Bedeutung können im Einzelfall ferner sog. **Scheidungsklauseln** sein (= **Verpflichtung zur unentgeltlichen Rückübertragung eines Grundstücks bei Scheidung,** vgl. einerseits BFH 4.2.1998 – XI R 35/97, BStBl. II 1998, 542 für ein Grundstück: Scheidungsklausel hindert Erwerb des wirtschaftlichen Eigentums nicht; andererseits aber BFH 26.6.1990 – VIII R 81/85, BStBl. II 1994, 645 für eine Gesellschaftsbeteiligung, dort Übergang des wirtschaftlichen Eigentums verneint).

Ferner können **Treuhandvereinbarungen** die Frage nach der Zurechnung des Grundstücks aufwerfen (weiterführend zB *Fischer* in HHSp AO § 39 Rn. 247ff.).

29

30

Der Treunehmer ist hier der zivilrechtliche Eigentümer, aber nach den Umständen des Einzelfalls kann seine im Außenverhältnis bestehende Rechtsmacht durch die schuldrechtliche Abrede mit dem Treugeber im Innenverhältnis derart eingeschränkt sein, dass Letzterer als wirtschaftlicher Eigentümer anzusehen ist. Hierfür muss der Treugeber das Treuhandverhältnis beherrschen, und zwar nicht nur nach den mit dem Treuhänder getroffenen Absprachen, sondern auch bei deren tatsächlichem Vollzug. Es muss zweifelsfrei erkennbar sein, dass der Treuhänder ausschließlich für Rechnung des Treugebers handelt. Wesentliches und im Grundsatz unverzichtbares Merkmal einer solchen Beherrschung ist eine Weisungsbefugnis des Treugebers – und damit korrespondierend die Weisungsgebundenheit des Treuhänders – in Bezug auf die Behandlung des Treuguts. Zudem muss der Treugeber berechtigt sein, jederzeit die Rückgabe des Treuguts zu verlangen (vgl. BFH 20.1.1999 – I R 69/97, BStBl. II 1999, 514; BFH 6.8.2013 – VIII R 10/10, BStBl. II 2013, 862), wobei die Vereinbarung einer angemessenen Kündigungsfrist unschädlich ist (BFH 26.2.2014 – I R 12/14, BFH/NV 2014, 1544 [1547]).

31 Keine wirtschaftlichen Eigentümer sind hingegen grundsätzlich **Nutzungsberechtigte.** Dies betrifft zuvorderst den bloß schuldrechtlich berechtigten **Mieter** oder **Pächter** (BFH 8.6.1995 – IV R 67/94, BFH/NV 1996, 101), selbst bei langfristigen Immobilien-Mietverträgen mit erheblichen Vorausleistungen des Mieters (BFH 12.8.1982 – IV R 184/79, BStBl. II 1982, 696) oder wenn ihm ein Ankaufsrecht eingeräumt ist, dessen Ausübung aber ungewiss ist.

32 Beim **Nießbrauch** gelten keine Besonderheiten: Grundsätzlich ist der Eigentümer des nießbrauchbelasteten Grundstücks auch wirtschaftlicher Eigentümer des Grundstücks (BFH 2.8.1983 – VIII R 15/80, BStBl. II 1983, 736 (737); 24.7.1991 – II R 81/88, BStBl. II 1991, 909). Dies soll selbst dann gelten, wenn die Bestellung des Nießbrauchrechts „auf Lebenszeit" erfolgt ist (vgl. BFH 26.11.1998 – IV R 39/98, BStBl. II 1999, 263; 24.6.2004 – III R 50/01, BStBl. II 2005, 80; 25.1.2017 – X R 59/14, BFH/NV 2017, 1077 Rn. 36). Ferner hat die Rechtsprechung folgende Regelungen nicht als geeignet angesehen, beim Nießbraucher wirtschaftliches Eigentum zu begründen (s. zu den nachfolgenden Aspekten vor allem BFH 24.7.1991 – II R 81/88, BStBl. II 1991, 909; 28.7.1999 – X R 38/98, BStBl. II 2000, 653; 6.12.2002 – III B 58/02, BFH/NV 2003, 443; 20.12.2005 – X B 128/05, BFH/NV 2006, 704; FG Münster 26.8.2008 – 1 K 3132/04, EFG 2008, 1937): Der Nießbraucher ist Schuldner der mit dem Grundstück belasteten Darlehen und tilgt diese weiterhin. Er übernimmt Instandsetzungsaufwendungen und öffentliche Lasten, ihm ist die Befugnis eingeräumt, das Grundstück auf eigene Rechnung zu belasten und es ist ein Zustimmungsvorbehalt zugunsten des Nießbrauchers für den Fall der Veräußerung des belasteten Grundstücks vereinbart. Schließlich ist das Bestehen von Rückübertragungssicherungen zugunsten des Vorbehaltsnießbrauchers als vormaligem Eigentümer irrelevant, sofern sie an bestimmte Rückübertragungsgründe anknüpfen, selbst wenn sie durch Auflassungsvormerkung gesichert sind. Eine Zurechnung des nießbrauchbelasteten Grundstücks beim Nießbraucher kommt nach alledem (ausnahmsweise) nur dann in Betracht, wenn der Nießbrauch trotz seiner Unvererblichkeit durch entsprechende Gestaltungen faktisch vererblich gestellt worden ist (BFH 27.11.1996 – X R 92/92, BStBl. II 1998, 97) oder wenn für den Nießbraucher die Möglichkeit der Veräußerung des Grundbesitzes (gegen den Willen des Eigentümers) besteht.

33 Die zum Nießbraucher formulierten Grundsätze gelten für andere dingliche Rechte entsprechend. Kein wirtschaftlicher Eigentümer ist daher grundsätzlich der

Inhaber eines **Dauerwohnrechts** iSv § 31 WEG, eines **Sondernutzungsrechts nach § 5 Abs. 4 WEG** (BFH 5.7.2018 – VI R 67/15, BStBl. II 2018, 798) oder eines vergleichbaren lebenslangen **dinglichen Wohnrechts** (BFH 27.6.2006 – IX R 63/04, BFH/NV 2006, 2225).

Errichtet der Nutzungsberechtigte auf dem nicht in seinem Eigentum 34 **stehenden Grundstück ein Gebäude**, das kein Scheinbestandteil iSv § 95 BGB ist, kommt wirtschaftliches Eigentum des Mieters an dem Gebäude in Betracht, wenn der Mieter/Pächter das Gebäude entweder wirtschaftlich während der Miet-/Pachtzeit verbraucht oder bei Beendigung einen Anspruch auf Vergütung des Restwertes gegen den Vermieter/Verpächter hat. **Im neuen Recht werden das Gebäude und der Grund und Boden allerdings als eine wirtschaftliche Einheit zusammengefasst** (→ BewG § 244 Rn. 24f.) und die Zurechnung dieser wirtschaftlichen Einheit folgt der Zurechnung des Grund und Bodens (§ 261 S. 2 BewG).

Der **Erbbauberechtigte** ist grundsätzlich zivilrechtlicher und idR auch wirt- 35 schaftlicher Eigentümer der errichteten Bauten, aber nicht des Grund und Bodens (zB BFH 7.6.1972 – I R 199/70, BStBl. II 1972, 850; BFH 22.4.1998 – XI R 28/97, BStBl. II 1998, 665). Ab dem Erhebungszeitraum 2025 kommt es während der Dauer des Erbbaurechts hierauf allerdings nicht mehr an, da ohnehin nur noch eine einzige wirtschaftliche Einheit existiert, die dem Erbbaurechtsberechtigten zuzurechnen ist (→ BewG § 244 Rn. 21ff.). Fragen des wirtschaftlichen Eigentums werden aber dann relevant, wenn das Erbbaurecht übertragen wird. Allein der Anspruch des Grundstückseigentümers auf Übertragung des Erbbaurechts (Heimfall) führt jedenfalls noch nicht zum Übergang des wirtschaftlichen Eigentums (→ BewG § 222 Rn. 30).

III. Zurechnungssubjektfähigkeit

Die Zurechnung des Steuergegenstandes dient vornehmlich der Bestimmung des 36 Grundsteuerschuldners. Daher muss das Grundsteuerrecht darüber befinden, wer überhaupt die Fähigkeit haben kann, die Steuer zu schulden und damit Zurechnungssubjekt des Steuergegenstandes zu sein. Das Zusammenspiel zwischen GrStG und BewG ist insoweit allerdings diffus, was vor allem Zweifelsfragen bei nicht rechtsfähigen Gesamthands- und Bruchteilsgemeinschaften aufwirft (→ Rn. 37ff.). In den meisten Fällen besteht allerdings kein Zweifel darüber, wer Zurechnungssubjekt iSv § 219 Abs. 2 Nr. 2 BewG ist: **Natürliche und juristische Personen (eingetragener Verein, rechtsfähige Stiftung, GmbH, AG, eG, Körperschaften des öffentlichen Rechts etc)** sind grundsteuerrechtsfähig. Unstreitig ist dies ferner für solche Gesamthandsgemeinschaften, denen das Gesetz (Teil-)Rechtsfähigkeit zuerkennt und die daher auch zivilrechtlich Zurechnungssubjekt des Steuergegenstandes sein können, also namentlich die **oHG** (§ 124 Abs. 1 HGB bzw. ab 1.1.2024 § 105 Abs. 2 HGB idF des Personengesellschaftsrechtsmodernisierungsgesetzes [MoPeG] v. 10.8.2021, BGBl. 2021 I 3436), die **KG** (§§ 161 Abs. 2, 124 Abs. 1 HGB bzw. ab 1.1.2024 iVm § 105 Abs. 2 HGB idF des MoPeG), die **PartG** (§ 7 Abs. 2 PartGG iVm § 124 Abs. 1 HGB bzw. ab 1.1.2024 § 1 Abs. 4 PartGG iVm § 705 Abs. 2 BGB jeweils idF des MoPeG) und auch die **Außen-GbR** (Teilrechtsfähigkeit anerkannt seit BGH 29.1.2001 – II ZR 331/00, BGHZ 146, 341 und ab 1.1.2024 auch in § 705 Abs. 2 BGB idF des MoPeG positiv normiert, dann: sog. rechtsfähige Gesellschaft). Insoweit gehen Rechtsprechung und Literatur zutreffend davon aus, dass der Steuergegenstand nur diesen Personengesellschaften selbst und

§ 219 BewG Siebenter Abschnitt. Bewertung d. Grundbesitzes ab 1.1.2022

nicht ihren Gesellschaftern zuzurechnen ist (BFH 22.2.2001 – II B 39/00, BStBl. II 2001, 476 für eine Außen-GbR; *Bruschke* in Stenger/Loose BewG § 19 Rn. 140f.; *Schaffner* in KSS BewG § 19 Rn. 13). Voraussetzung ist freilich, dass die Personengesellschaft auch zivilrechtlich Eigentümerin des Steuergegenstandes ist. Dies alles gilt schließlich auch für den **nicht eingetragenen Verein.** § 54 BGB verweist nach gegenwärtiger Rechtslage auf die Vorschriften für die GbR und wenn schon die Außen-GbR Eigentümerin eines Grundstücks sein kann, dann kann dies erst recht der nicht-eingetragene Verein sein (so die zwischenzeitlich ganz hM im Zivilrecht, statt vieler *Leuschner* in MüKoBGB § 54 Rn. 18ff. mwN). Ab dem 1.1.2024 ergibt sich das gleiche Ergebnis (= Zurechnungssubjektfähigkeit des nicht-eingetragenen Vereins) entweder aus § 54 Abs. 1 S. 1 BGB idF des MoPeG, der den Verein ohne Rechtspersönlichkeit, dessen Zweck nicht auf einen wirtschaftlichen Geschäftsbetrieb gerichtet ist, den Vereinen mit Rechtspersönlichkeit gleichstellt, oder für die wirtschaftlichen Vereine ohne Rechtspersönlichkeit aus § 54 Abs. 1 S. 2 BGB iVm § 705 Abs. 2 BGB jeweils idF des MoPeG.

37 Bei **Bruchteilsgemeinschaften** (= an dem Grundstück sind mehrere Personen als **Miteigentümer nach Bruchteilen** beteiligt, §§ 1008ff., 741ff. BGB) und nicht rechtsfähigen Gesamthandsgemeinschaften (namentlich: die **Erbengemeinschaft** [§§ 2032ff. BGB; zur mangelnden Rechtsfähigkeit grundlegend BGH 11.9.2002 – XII ZR 187/00, NJW 2002, 3389] und die **eheliche Gütergemeinschaft** [§§ 1416, 1419 BGB]) fehlt es zivilrechtlich hingegen an einer Gemeinschaft/Gesellschaft, die selbst Bezugspunkt für Rechte und Pflichten sein kann. Weder die Bruchteilsgemeinschaft noch die Erbengemeinschaft noch die eheliche Gütergemeinschaft können selbst Eigentümer eines Grundstücks sein. Eigentümer sind vielmehr die Miteigentümer, die Miterben und die Ehegatten (statt vieler *K. Schmidt* in MüKoBGB § 741 Rn. 6; *Münch* in MüKoBGB § 1416 Rn. 3; *Gergen* in MüKoBGB § 2032 Rn. 19). **Der BFH hat für eine Erbengemeinschaft gleichwohl entschieden, dass diese selbst materiell-rechtlich die Feststellungsbeteiligte im Einheitswertverfahren ist.** Denn eine Aufteilung auf die Erben sei für Grundsteuerzwecke nicht erforderlich, weil das Grundsteuerrecht für beide denkbaren Möglichkeiten der Zurechnung (Gesamthandsgemeinschaft oder Gesamthänder) in § 10 GrStG eine Regelung über den Steuerschuldner enthält. Fehle es damit an der Erforderlichkeit einer Aufteilung, habe sie sowohl nach § 39 Abs. 2 Nr. 2 AO als auch § 19 Abs. 4 BewG aF zu unterbleiben (BFH 7.7.2004 – II R 77/01, BFH/NV 2005, 73 unter Verweis auf seine Entscheidung zur Außen-GbR in BFH 22.2.2001 – II B 39/00, BStBl. II 2001, 476). **Die bewertungsrechtliche Literatur folgt dem und will diese Erkenntnis auch auf die Bruchteilsgemeinschaft anwenden** (*Bruschke* in Stenger/Loose BewG § 19 Rn. 141; *Schaffner* in KSS BewG § 19 Rn. 14).

38 **Stellungnahme: Überzeugen kann dies nicht.** Richtig ist allerdings die Ausgangsthese. Das Grundsteuerrecht muss darüber befinden, wer Zurechnungssubjekt des Steuergegenstandes sein kann. Denn es geht um die Bestimmung des Grundsteuerschuldners. Da § 10 Abs. 1 GrStG selbst nur auf die bewertungsrechtliche Zurechnung verweist, ist diese Norm für die Konkretisierung der Grundsteuerrechtsfähigkeit freilich wenig hilfreich. Anders verhält es sich hingegen mit § 10 Abs. 2 GrStG, der erkennbar davon ausgeht, dass ein Steuergegenstand auch mehreren Personen zuzurechnen sein kann. Daraus lässt sich folgern, dass nicht jede rechtliche Verbindung zwischen Personen, die an dem Steuergegenstand eine Berechtigung haben, zur Entstehung eines grundsteuerrechtsfähigen Gebildes führen kann. Anderenfalls hätte § 10 Abs. 2 GrStG keinen unmittelbaren An-

Feststellung von Grundsteuerwerten **§ 219 BewG**

wendungsbereich. Bestätigt wird dies durch § 219 Abs. 2 Nr. 2 GrStG selbst, der – nunmehr auch unzweifelhaft mit Geltung allein für die Grundsteuer – davon ausgeht, dass es Konstellationen gibt, in denen eine wirtschaftliche Einheit mehreren Personen zugerechnet wird. Auch diese Norm hätte keinen Anwendungsbereich, wenn – wie es der BFH zu § 19 Abs. 4 BewG aF meint – der Bedeutungsvorbehalt des § 219 Abs. 3 BewG bewirken würde, dass eine Zurechnung gegenüber mehreren Beteiligten niemals erforderlich sein kann. Richtigerweise muss es Konstellationen geben, in denen ein Steuergegenstand mehreren Personen zugerechnet wird. Die Antwort auf die Frage, welche Konstellationen dies sind, liefert unseres Erachtens das Zivilrecht. Dort, wo eine rechtliche Verbindung mehrerer Personen keinen eigenständigen Träger von Rechten und Pflichten hervorbringt und **wo der Steuergegenstand daher zivilrechtlich nur Eigentum der Gemeinschafter bzw. Gesamthänder sein kann, sind auch nur Letztere jeweils Beteiligte iSv § 219 Abs. 2 Nr. 2 BewG.** Dies betrifft die bereits genannten **Bruchteilseigentümer** (so auch *Halaczinsky* in Rössler/Troll BewG § 19 Rn. 57; *Wredenhagen* in Grootens BewG § 219 Rn. 264), **Miterben** hinsichtlich des ungeteilten Nachlasses (für die Miterben auch *Wredenhagen* in Grootens BewG § 219 Rn. 264) **und Ehegatten** in Bezug auf das Gesamtgut. In diesen Fällen wird den einzelnen Beteiligten iSv § 219 Abs. 2 Nr. 2 BewG der Steuergegenstand (als Einheit) zugerechnet und es erfolgt eine Feststellung ihrer Anteile an diesem Steuergegenstand. Sie sind die Inhaltsadressaten des Grundsteuerwertbescheides (= Feststellungsbeteiligte).

Lediglich für das Bruchteilseigentum im Zusammenhang mit Wohnungseigentum enthält § 244 Abs. 3 Nr. 3 BewG eine Sonderregelung, die 39 bereits auf der Ebene der wirtschaftlichen Einheit ansetzt, aber damit zwangsläufig auch die Zurechnungsfrage beeinflusst: Da jedes Wohnungseigentum – also die Summe aus dem jeweiligen Miteigentumsanteil, Sondereigentum und etwaigen Sondernutzungsrechten – eine wirtschaftliche Einheit bildet (→ BewG § 244 Rn. 26), kommt es nicht auf das Miteigentum an dem gemeinschaftlichen Eigentum der Wohnungseigentümer an. Jedem Wohnungseigentümer wird allein „sein" Wohnungseigentum zugerechnet.

Die Gestaltungspraxis kennt die Figur einer **sog. nicht-rechtsfähigen Stif-** 40 **tung.** Hierunter versteht man die Übertragung von Vermögenswerten auf eine natürliche oder juristische Person (Fiduziar) mit der Maßgabe, diese als ein vom übrigen Vermögen des Empfängers getrenntes wirtschaftliches Sondervermögen zu verwalten und dauerhaft zur Verfolgung der vom Stifter gesetzten Zwecke zu verwenden (BGH 12.3.2009 – III ZR 142/08, BGHZ 180, 144). Das Körperschaftsteuerrecht erkennt solche Zweckvermögen an und erklärt sie zu Körperschaftsteuersubjekten (§ 1 Abs. 1 Nr. 5 KStG; im Einzelnen *Rengers* in Brandis/Heuermann KStG § 1 Rn. 110 f.). Ertragsteuerlich wird dieses Vermögen also weder dem Stifter noch dem Fiduziar zugerechnet (BFH 29.1.2003 – I R 106/00, BFH/NV 2003, 868). Das Grundsteuerrecht enthält keine Regelung über die Steuersubjektivität einer nicht-rechtsfähigen Stiftung, setzt deren Fähigkeit, Zurechnungssubjekt des Steuergegenstandes sein zu können, aber erkennbar in der Steuerbefreiungsvorschrift des § 3 Abs. 1 S. 1 Nr. 3 Buchst. b GrStG („Vermögensmasse") voraus. Daher ist es zu Recht anerkannt, dass die nicht-rechtsfähige Stiftung selbst (und nicht der Fiduziar) das Zurechnungssubjekt für den Steuergegenstand ist (so bereits RFH 19.4.1939 – III 82/39, RFHE 46, 301 [302]).

IV. Zurechnungsfeststellung

41 Der Grundsteuerwertbescheid muss die Feststellung enthalten, welcher (grundsteuerrechtsfähigen, → Rn. 36 ff.) Person das Grundstück zum Hauptfeststellungszeitpunkt (→ BewG § 221 Rn. 4 ff.) zuzurechnen ist.

42 **Fehlt die Zurechnungsfeststellung, kann sie durch Ergänzungsbescheid (§ 179 Abs. 3 AO) nachgeholt werden** (*Bruschke* in Stenger/Loose BewG § 19 Rn. 136; *Schaffner* in KSS BewG § 19 Rn. 17). Das betrifft den Fall, dass es überhaupt an einer Zurechnungsfeststellung fehlt, aber auch die Konstellationen, dass durchaus alle Zurechnungssubjekte genannt werden, es aber an der Feststellung der Beteiligungsverhältnisse fehlt (*Halaczinsky* in Rössler/Troll BewG § 19 Rn. 53). **Ein Ergänzungsbescheid soll nach Ansicht des BFH ferner dann zulässig sein, wenn eine Zurechnungsfeststellung durchaus vorhanden ist, aber ein einzelnes Zurechnungssubjekt fehlt** und das Finanzamt mangels Kenntnis von der Beteiligtenstellung dieser Person überhaupt keine Entscheidung betreffend deren Beteiligtenstellung getroffen hat (so jedenfalls für die einheitliche und gesonderte Feststellung von Einkünften BFH 15. 1. 2002 – IX R 21/98, BStBl. II 2002, 309). **Diese Rechtsprechung kann freilich nicht überzeugen,** sofern die vorhandene Zurechnungsfeststellung für sich in Anspruch nimmt, den Steuergegenstand zu 100 % auf die genannten Zurechnungssubjekte zu verteilen. Denn dann ist die Zurechnungsfeststellung lediglich fehlerhaft, was einen Ergänzungsbescheid ausschließt (zum Ergänzungsbescheid → Rn. 16).

F. Bedeutungsvorbehalt (Abs. 3)

43 Ein Grundsteuerwertbescheid darf nur erlassen werden, **soweit seine Feststellungen für die Besteuerung von Bedeutung sind** (§ 219 Abs. 3 BewG). Ausreichend ist bereits die Möglichkeit der Bedeutung, dh **vom Erlass eines Grundsteuerwertbescheides ist nur dann abzusehen, wenn feststeht, dass keine Grundsteuer geschuldet wird** (vgl. *Brandis* in Tipke/Kruse AO § 180 Rn. 2). Dies ist zB der Fall, wenn eine Grundsteuerbefreiung nach den §§ 3 ff. GrStG für den Steuergegenstand eingreift. Über diese Frage ist zwar eigentlich erst im Grundsteuermessbetragsverfahren zu entscheiden, allerdings kann diese Frage auch schon über den Bedeutungsvorbehalt des § 219 Abs. 3 BewG im Grundsteuerwertfeststellungsverfahren geklärt werden. Die Rechtsprechung gesteht dem Steuerpflichtigen insoweit ein Wahlrecht zu, ob er seinen Anspruch auf Grundsteuerbefreiung gegen den Grundsteuerwertbescheid oder gegen den Grundsteuermessbescheid oder sogar gegen beide gleichzeitig geltend machen möchte. Etwas anderes gilt nur dann, wenn das Finanzamt die Entscheidung über grundsteuerrechtliche Fragen ausdrücklich dem Grundsteuermessbetragsverfahren vorbehalten hat. Dann kann der Streit über eine Grundsteuerbefreiung nur durch einen Rechtsbehelf gegen den Grundsteuermessbescheid ausgetragen werden (eingehend → GrStG § 3 Rn. 5 ff.).

44 Ist der Steuergegenstand **insgesamt von der Grundsteuer befreit,** ergeht idR überhaupt kein Grundsteuerwertbescheid. Es kann aber ein negativer Feststellungsbescheid erlassen werden (AEBewGrSt A 218 Abs. 1 S. 5), der verbindlich feststellt, dass keine Grundsteuerpflicht besteht und der den Regelungen über Steuerbescheide unterliegt (§§ 181 Abs. 1 S. 1, 184 Abs. 1 S. 3, 155 Abs. 1 S. 3 AO). Ist der Gegenstand **nur teilweise von der Grundsteuer befreit,** erfolgt eine Feststellung

Feststellung von Grundsteuerwerten § 219 BewG

nur für den steuerpflichtigen Teil (BFH 30.4.1982 – III R 33/80, BStBl. II 1982, 671; weiterführend → GrStG § 3 Rn. 5 ff. und zur Aufteilung vor allem → GrStG § 8 Rn. 4).

G. Festsetzungsverjährung

Ein Grundsteuerwertbescheid darf nicht mehr erlassen und vor allem nicht mehr 45
geändert werden (→ BewG § 222 Rn. 37 ff.), wenn Festsetzungsverjährung eingetreten ist (§ 181 Abs. 1 S. 1 AO iVm 169 Abs. 1 AO). Die Feststellungsfrist beträgt grundsätzlich vier Jahre. Bei leichtfertiger Steuerverkürzung verlängert sie sich auf fünf Jahre und bei Steuerhinterziehung (→ Grundlagen Rn. 69 ff.) auf zehn Jahre (§ 169 Abs. 2 AO). Die Festsetzungsfrist beginnt gem. § 181 Abs. 3 S. 1 AO mit Ablauf des Kalenderjahres, auf dessen Beginn die Hauptfeststellung vorzunehmen ist. Allerdings sieht § 181 Abs. 3 S. 2 AO eine **Anlaufhemmung** vor. Ist eine Steuererklärung einzureichen, beginnt die Feststellungsfrist mit Ablauf des Kalenderjahres, in dem die Erklärung eingereicht wird, spätestens jedoch mit Ablauf des dritten Kalenderjahres, das auf das Kalenderjahr folgt, auf dessen Beginn die Grundsteuerwertfeststellung vorzunehmen oder aufzuheben ist. **Eine solche Steuererklärungspflicht ergibt sich aus § 228 Abs. 1 BewG, die durch Aufforderung von den Finanzbehörden aktiviert werden muss** (→ BewG § 228 Rn. 4).

Beispiel: Der Steuerpflichtige wird in 02 aufgefordert, eine Erklärung zur Feststellung des Grundsteuerwertes für den 1.1.05 (Hauptfeststellungszeitpunkt) abzugeben. Er bleibt untätig. Die Festsetzungsfrist beginnt erst mit Ablauf des 31.12.08 zu laufen.

Eine beim unzuständigen Finanzamt eingereichte Erklärung beendet die Anlaufhemmung nicht (→ BewG § 228 Rn. 16).

Wird der Beginn der Feststellungsfrist nach § 181 Abs. 3 S. 2 AO hinausgeschoben, 46
wird gleichzeitig auch der Beginn der Feststellungsfrist für die weiteren Feststellungszeitpunkte des gleichen Hauptfeststellungszeitraums jeweils um die gleiche Zeit hinausgeschoben (§ 181 Abs. 3 S. 3 AO).

Aufgrund des gestuften Verwaltungsverfahrens findet **§ 181 Abs. 5 AO** Anwendung. 47
Hiernach kann eine gesonderte Feststellung auch nach Ablauf der für sie geltenden Feststellungsfrist insoweit noch erfolgen, als die gesonderte Feststellung für eine Steuerfestsetzung von Bedeutung ist, für die die Festsetzungsfrist im Zeitpunkt der gesonderten Feststellung noch nicht abgelaufen ist. § 181 Abs. 5 AO findet in dem (mindestens) dreistufigen Verwaltungsverfahren der Grundsteuer über alle Stufen hinweg Anwendung. **Daher kann der Grundsteuerwertbescheid nach Ablauf der Feststellungsfrist gleichwohl noch erlassen oder geändert werden, sofern die Festsetzungsfrist für die Grundsteuer noch nicht abgelaufen ist** (eingehend → BewG § 226 Rn. 7 ff.).

Ist die Festsetzungsfrist für den Hauptfeststellungszeitpunkt verstri- 48
chen, schließt dies eine Feststellung oder deren Änderung (zB nach § 173 AO) grundsätzlich nicht aus. Eine solche kann wegen § 226 BewG (analog) **sodann zumindest auf den ersten nicht festsetzungsverjährten 1.1. erfolgen** (weiterführend → BewG § 226 Rn. 4 ff. und → BewG § 226 Rn. 10 f., dort vor allem zur entsprechenden Anwendung des § 226 BewG auf § 173 AO).

H. Rechtsschutz

49 Gegen den Grundsteuerwertbescheid sind **Einspruch** beim Finanzamt und sodann **Klage** zum Finanzgericht statthaft. Die Verfahren richten sich allein nach AO und FGO (→ Grundlagen Rn. 60 ff.). Wegen des gestuften Verwaltungsverfahrens (Grundlagen-Folgebescheid-Verhältnis) muss der Steuerpflichtige stets genau prüfen, welchen Verwaltungsakt er angreifen muss. Dies gilt vor allem dann, wenn zwei Verwaltungsakte in einem Dokument miteinander verbunden worden sind, zB der Grundsteuerwertbescheid und der Grundsteuermessbescheid. Hier muss der angefochtene Verwaltungsakt konkret und richtig bezeichnet werden. Einspruch und Klage sind zwar (rechtsschutzgewährend) auszulegen. Dies ist allerdings nicht grenzenlos möglich. Insbesondere bei rechtskundigen Personen ist die Rechtsprechung hier zurückhaltend (vgl. zB FG Hessen 25.6.2007 – 3 V 1228/06, BeckRS 2007, 26023904: Einspruch eines Rechtsanwaltes gegen den Grundsteuermessbescheid könne nicht in einen Einspruch gegen den Einheitswertbescheid umgedeutet werden). In Ansehung des Grundsteuerwertbescheides ist sodann noch zu beachten, dass die **Feststellung des Grundsteuerwertes, der Vermögens-/Grundstücksart und über die Zurechnung jeweils selbstständig anfechtbare Feststellungen sind** (→ Rn. 5). Auch insoweit muss **der Steuerpflichtige sorgsam prüfen, welche Feststellung Gegenstand seines Einspruchs bzw. seiner Klage sein soll,** und ebenso sorgsam muss er dies dann in Einspruch und Klage formulieren. Auch hier gilt, dass die Erklärungen zwar auslegungsfähig sind und insbesondere die Einspruchs-/Klagebegründung herangezogen werden kann. Ohne Anhaltspunkte (zumindest in der Begründung) wird es aber schwierig zu begründen, dass sich zB ein ausdrücklich gegen eine Wertfeststellung gerichteter Einspruch auch auf die Artfeststellung erstrecken sollte (vgl. BFH 10.5.1989 – II R 196/85, BStBl. II 1989, 822; 6.3.1991 – II R 152/88, BFH/NV 1991, 726). Bemerkt der Steuerpflichtige erst nach Ablauf der Klagefrist, dass er die falsche Feststellung oder eine Feststellung zu wenig angegriffen hat, ist ein nachträglicher Wechsel des Streitgegenstandes oder eine Ausweitung der Klage auf andere Feststellungen nicht mehr möglich (siehe zu den Grenzen einer Klageänderung nur *Krumm* in Tipke/Kruse FGO § 67 Rn. 2a).

50 **Klagebefugt ist der Adressat** des Bescheides. **Der Mieter, auf den die Grundsteuer überwälzt werden kann, ist hingegen nicht klagebefugt** (→ Grundlagen Rn. 67). Ist Adressat des Grundsteuerwertbescheides die Gemeinde, die auch Gläubigerin des Grundsteueranspruch ist, so schließt dies ihre Rechtsbehelfsbefugnis gegen den Grundsteuerwertbescheid nicht aus (BFH 15.3.2001 – II R 38/99, BFH/NV 2001, 1449). Die Rechtsprechung hat zum Einheitswertbescheid entschieden, dass es für eine Beschwer nicht darauf ankommt, ob der Steuerpflichtige einen zu hohen oder einen zu niedrigen Einheitswert rügt, weil die Auswirkungen wegen der verschiedenen bewertungsrechtlichen Wechselwirkungen nur mit unverhältnismäßigem Aufwand individuell geprüft werden können (vgl. FG Hamburg 5.4.1991 – I 188/88, EFG 1991, 645). Auf den Grundsteuerwertbescheid ist diese Rechtsprechung allerdings nicht übertragbar. Dass eine zu niedrige Grundsteuerwertfeststellung an anderer Stelle eine höhere – die Beschwer rechtfertigende – Grundsteuerbelastung auslöst, dürfte ausgeschlossen sein. Denkbar ist allerdings, dass ein zu niedriger Grundsteuerwert **aufgrund einer außersteuerrechtlichen Bindungswirkung des Grundsteuerwertbescheides eine**

Ermittlung der Grundsteuerwerte **§ 220 BewG**

Beschwer begründet (vgl. RFH 20.10.1938 – III 148/38, RFHE 45, 241 [243]; allgemein *Krumm* in Tipke/Kruse FGO § 40 Rn. 61).

Gegen den Grundsteuerwertbescheid müssen geltend gemacht werden (bei ande- 51 renfalls drohender Präklusion): Der Grundsteuerwert sei unrichtig, der Adressat sei nicht Zurechnungssubjekt des Steuergegenstandes (vgl. BFH 10.3.1993 – II R 9/93, BFH/NV 1994, 452 zur [behaupteten] Treuhand) oder die Grundstücksart sei unzutreffend bestimmt worden. **Vor allem muss der Steuerpflichtige, der das neue Bewertungsrecht für gleichheitswidrig erachtet** (eingehend → Grundlagen Rn. 97 ff.), **diesen Einwand gegen die Wertfeststellung erheben.** Gegenüber Grundsteuermessbescheid und Grundsteuerbescheid kann dieser Einwand nicht mehr geltend gemacht werden (so BVerfG 18.2.2009 – 1 BvR 1334/07, BVerfGK 15, 89; *Seer* in Tipke/Kruse AO § 351 Rn. 49). Wird auf den Einspruch oder die Klage des Steuerpflichtigen hin eine Feststellung geändert, muss auch für die übrigen Feststellungen die richtige Konsequenz hieraus gezogen werden. Dies geschieht nach § 174 Abs. 4 AO (*Halaczinsky* in Rössler/Troll BewG § 19 Rn. 52). Hat der Steuerpflichtige zB erfolgreich die Artfeststellung angegriffen, muss die nunmehr als richtig erkannte Grundstücksart auch der Bewertung zugrunde gelegt werden und die Wertfeststellung ggf. geändert werden. Umgekehrt besteht im Streit um die Wertfeststellung allerdings eine Bindungswirkung an die Artfeststellung, dh wenn der Steuerpflichtige den Wert mit der Begründung angreift, dass die falsche Vermögens- oder Grundstücksart zugrunde gelegt wurde, dann muss er zwingend auch die Artfeststellung angreifen (vgl. BFH 5.5.1999 – II R 44/96, BFH/NV 2000, 8). Hat er dies nicht getan und ist insoweit Teilbestandskraft eingetreten, dann muss die Bewertung zwingend so erfolgen, wie die festgestellte Vermögens- oder Grundstücksart vorgibt.

Vorläufiger Rechtsschutz richtet sich nach § 361 AO bzw. § 69 FGO. Wird 52 die (zumindest teilweise) Aussetzung der Vollziehung des Grundsteuerwertbescheides erreicht, sind (insoweit) auch die Folgebescheide von der Vollziehung auszusetzen (→ GrStG § 16 Rn. 17, → GrStG § 27 Rn. 23).

Da die Ertrags- und Verwaltungskompetenz beim Grundsteuerwertfeststellungs- 53 verfahren auseinanderfallen (→ Grundlagen Rn. 42 f.), existieren verschiedene Beteiligungsrechte der Gemeinde. Eine Anfechtung des Grundsteuerwertbescheides durch die Gemeinde kommt hingegen idR nicht in Betracht. Ihr stehen idR auch keine Ersatzansprüche gegen das Land zu, wenn das Finanzamt einen unzutreffenden (zu niedrigen) Grundsteuerwert feststellt (eingehend zu diesen Themenkomplexen → GrStG § 16 Rn. 18 f.).

§ 220 Ermittlung der Grundsteuerwerte

¹Die Grundsteuerwerte werden nach den Vorschriften dieses Abschnitts ermittelt. ²Bei der Ermittlung der Grundsteuerwerte ist § 163 der Abgabenordnung nicht anzuwenden; hiervon unberührt bleiben Übergangsregelungen, die die oberste Finanzbehörde eines Landes im Einvernehmen mit den obersten Finanzbehörden der übrigen Länder trifft.

Gilt nicht in **Baden-Württemberg** (dort § 14 BWLGrStG). In **Bayern, Hamburg, Hessen** und **Niedersachsen** existieren von den Vorschriften dieses Abschnitts abweichende Bewertungsregeln für Grundstücke, weshalb § 220 S. 1 BewG insoweit bedeutungslos ist. Bezüglich der Betriebe der Land- und Forstwirtschaft sehen die Landesgesetze in Bayern, Hamburg und Niedersachsen zudem Sonderregelungen in Ansehung der wirtschaftlichen Einheit vor, wes-

§ 220 BewG   Siebenter Abschnitt. Bewertung d. Grundbesitzes ab 1.1.2022

halb die Norm insoweit unvollständig ist. Die Regelung in § 220 S. 2 BewG wird in Bayern (Art. 6 Abs. 1 S. 3 BayGrStG, →BayGrStG Art. 6 Rn. 4), Hamburg (§ 6 Abs. 1 S. 2 HmbGrStG, →HmbGrStG § 6 Rn 7) und Niedersachsen (§ 8 Abs. 2 S. 4 NGrStG, →NGrStG § 8 Rn. 8) für Grundstücke durch speziellere Regelungen verdrängt. In Hessen hat § 220 S. 2 BewG wegen der dortigen Zweistufigkeit des Verwaltungsverfahrens (→HGrStG § 4 Rn. 3) für Grundstücke keine Bedeutung.

A. Allgemeines

I. Systematische Einordnung und Zweck der Regelung

1   § 220 BewG ist Ausdruck des objektivierten Sollertragskonzepts des Gesetzgebers: Der Grundsteuerwert soll allein nach den typisierenden und vom Eigentümer des Bewertungsgegenstandes unabhängigen Kriterien und Daten der §§ 232 ff. BewG ermittelt werden. Mit der Anordnung in Satz 2, wonach § 163 AO keine Anwendung findet, sichert der Gesetzgeber sein Bewertungskonzept gegenüber jeglichen individuellen (atypischen) Umständen – sei es in Bezug auf den Steuergegenstand, sei es in Bezug auf die Person des Steuerpflichtigen – ab (→Rn. 4). Eine Ausnahme besteht lediglich für „Übergangsregelungen" iSv § 220 S. 2 Hs. 2 BewG (→Rn. 5 ff.).

II. Entwicklung der Vorschrift

2   Die Regelung beruht auf dem Grundsteuerreformgesetz v. 26.11.2019 (→Grundlagen Rn. 13) und entspricht § 20 BewG (daher auch für § 220 BewG vor allem die Entstehungsgeschichte des § 20 BewG in BT-Drs. 7/5458, 7 sowie BT-Drs. 12/1506, 179 [hier: Ergänzung des S. 2 um die Ausnahme für „Übergangsregelungen", mit der die anderslautende Rechtsprechung korrigiert wurde, s. BFH 6.8.1986 – II B 35/86, BFHE 147, 267]).

B. Ermittlung des Grundsteuerwertes (S. 1)

3   § 220 S. 1 BewG ordnet an, dass der Grundsteuerwert für die Grundsteuer nach den Vorschriften des Siebten Abschnitts des BewG, also den §§ 232 ff. BewG, zu ermitteln ist. Das schließt allerdings die Anwendung der Vorschriften des Ersten Teils des BewG nicht aus. Wenn zB § 244 Abs. 1 BewG den Begriff der „wirtschaftlichen Einheit" verwendet, wird damit offenkundig die Anwendung des § 2 BewG vorausgesetzt (zur wirtschaftlichen Einheit des land- und forstwirtschaftlichen Vermögens →BewG § 232 Rn. 13 ff. und des Grundvermögens →BewG § 244 Rn. 4 ff.).

C. (Keine) Anwendung des § 163 AO (S. 2)

4   § 220 S. 2 BewG schließt die im Feststellungsverfahren grundsätzlich bestehende Möglichkeit (uU sogar Pflicht) zur abweichenden Feststellung aus Billigkeitsgründen (§ 181 AO iVm § 163 AO) aus. Der Gesetzgeber will hiermit den objektivierten Grundsteuerwert mit seinen Typisierungen (zu diesem konzeptionellen Eckpfeiler des Grundsteuerrechts →Grundlagen Rn. 16 ff.) absichern. **§ 220 S. 2 BewG verhindert, dass vor allem die sachliche Unbilligkeit ein Einfallstor**

Ermittlung der Grundsteuerwerte **§ 220 BewG**

für die Berücksichtigung individueller Verhältnisse bei der Bewertung werden könnte (BT-Drs. 7/5458, 7 zu § 20 S. 2 BewG). Insoweit ist die Anordnung des Satz 2 allerdings zu relativieren: Erstens bleiben vertrauensschützende Regelungen nach Maßgabe des S. 2 Hs. 2 zulässig (→ Rn. 5 ff.), zweitens kommt bei überschießenden Normen eine teleologische Reduktion in Betracht (zum nicht unproblematischen Verhältnis von sachlicher Unbilligkeit aufgrund eines „Überhangs des gesetzlichen Tatbestandes" und teleologischer Reduktion statt vieler *Loose* in Tipke/Kruse AO § 227 Rn. 71, 45) und drittens bleiben die Billigkeitsvorschriften in den nachfolgenden Verwaltungsverfahren durchaus anwendbar (→ Rn. 9).

Der Ausschluss des § 163 AO gilt nicht für Übergangsregelungen, die die oberste 5 Finanzbehörde eines Landes im Einvernehmen mit den obersten Finanzbehörden der übrigen Länder trifft. **§ 220 S. 2 BewG knüpft mit dem Begriff der „Übergangsregelung"** an den Schutz des Vertrauens als sachlichen Billigkeitsgrund an (BT-Drs. 12/1506, 179). Es geht zum einen um **das enttäuschte Vertrauen in eine geänderte (verschärfte) Rechtsprechung des BFH, vor allem, wenn sich die Finanzverwaltung die vormalige Rechtsprechung zu eigen gemacht** und ihr durch die Veröffentlichung im BStBl. II oder durch die Übernahme in ihre Verwaltungsvorschriften über den Einzelfall hinaus Breitenwirkung verliehen hatte. Dann liegt nicht nur ein enttäuschtes Vertrauen in die Rechtsprechung vor, sondern auch in die Verwaltungspraxis. In einer solchen Konstellation ist es dann nicht unüblich, dass die Finanzverwaltung dem Steuerpflichtigen gestützt auf § 163 AO als Billigkeitsmaßnahme die Möglichkeit einräumt, sich für Sachverhalte, die bis zur Veröffentlichung des Urteils verwirklicht wurden, noch auf die alte Rechtsprechung zu berufen. Zum anderen geht es um die **Fälle, in denen die Rechtsprechung eine dem Steuerpflichtigen günstige Verwaltungsvorschrift verwirft,** an der sich die Rechtspraxis orientiert hat. In beiden Konstellationen soll dem Steuerpflichtigen das in der Verwaltungsvorschrift kundgetane Normverständnis für „Altfälle" bewahrt werden.

Allerdings ist § 220 S. 2 Hs. 2 BewG nicht selbst die Ermächtigungs- 6 **grundlage für solche Billigkeitsübergangsregelungen, sondern § 163 AO. Es gelten daher die allgemeinen Voraussetzungen für vertrauensschützende Billigkeitsübergangsregelungen.** Diese sind in den letzten Jahren von der Rechtsprechung immer enger gefasst worden. Der BFH weist zu Recht darauf hin, dass das Vertrauen in eine Verwaltungsvorschrift nicht per se schutzwürdig sein kann. Maßgeblich muss der Einzelfall sein. Eine Billigkeitsmaßnahme ist ausschließlich atypischen Ausnahmefällen vorbehalten. Das bedeutet zwar nicht, dass die Billigkeitsmaßnahme allein für singulär auftretende Fälle in Betracht kommt. Sie kann vielmehr auch in durch besondere Ausnahmevoraussetzungen gekennzeichneten Fallgruppen gewährt werden. Die Voraussetzungen einer Billigkeitsmaßnahme sind aber im Fall einer solchen Gruppenregelung dieselben wie bei einer Einzelfallentscheidung der Finanzbehörde: Die Erhebung oder Einziehung muss „nach Lage des einzelnen Falls" unbillig sein. Eine Gruppe gleichgelagerter Einzelfälle kann daher mit dem Ziel einer einheitlichen Behandlung zusammenfassend beurteilt werden, doch müssen hinsichtlich all dieser Einzelfälle die Voraussetzungen der sachlichen Unbilligkeit vorliegen. Typisierende Billigkeitsregelungen in Gestalt subsumierbarer Tatbestände kommen deshalb nicht in Betracht; sie können allein Bestandteil einer gesetzlichen Regelung sein (so GrS BFH 28.11.2016 – GrS 1/15, BStBl. II 2017, 393 Rn. 112 ff.). Allgemeine Übergangsregelungen, wie sie früher nicht selten anzutreffen waren, entsprechen dieser Rechtsprechung nicht

399

§ 220 BewG Siebenter Abschnitt. Bewertung d. Grundbesitzes ab 1.1.2022

(mehr). Letztlich können nur noch solche Fälle für eine Übergangsbilligkeitsregelung zusammengefasst werden, denen gemeinsam ist, dass (1) auf der Grundlage der Verwaltungsansicht schon ein Steuerzugriff stattgefunden hat und nunmehr ein zweiter Steuerzugriff droht (vgl. BFH 12.3.2020 – VI R 35/17, BFH/NV 2020, 849) – was bei der Grundsteuer als laufender Belastung so nicht vorstellbar ist –, oder dass (2) der Steuerpflichtige eine unumkehrbare Disposition getroffen hat, die der Steuerpflichtige in Kenntnis der richtigen Rechtslage nicht getroffen hätte und die auf Dauer schutzwürdig ist – auch dies erscheint bei der Grundsteuer kaum vorstellbar. **Angesichts dessen dürfte § 220 S. 2 Hs. 2 BewG iVm § 163 AO weitgehend bedeutungslos (geworden) sein.**

7 § 220 S. 2 Hs. 2 BewG gilt ausweislich seines Wortlautes nur für Verwaltungsvorschriften, **„die die oberste Finanzbehörde eines Landes im Einvernehmen mit den obersten Finanzbehörden der übrigen Länder trifft".** Der Begriff des Einvernehmens bedeutet im organisationsrechtlichen Sprachgebrauch Zustimmung. **Angesichts des Umstandes, dass die §§ 218ff. BewG nicht in allen Ländern gelten** (→ Grundlagen Rn. 74ff.), **drängt sich die Frage auf, ob der Gesetzgeber hier wirklich die Zustimmung aller Länder einfordert** oder ob nicht vielmehr die Zustimmung derjenigen Länder ausreichend ist, in denen die §§ 218ff. BewG das maßgebliche formelle und materielle Bewertungsrecht darstellen. Da das Einvernehmenserfordernis eine einheitliche Rechtsanwendung sicherstellen will, ein entsprechendes Bedürfnis allerdings dort (räumlich) nicht besteht, wo die §§ 218ff. BewG schon nicht gelten, kann nur das letztgenannte einschränkende Normverständnis richtig sein. Der § 220 S. 2 Hs. 2 BewG ist daher teleologisch dahingehend zu reduzieren, dass es nur des Einvernehmens der obersten Finanzbehörden derjenigen Länder bedarf, in denen die von der Billigkeitsmaßnahme betroffenen Bewertungsnormen gelten. Das sind in jedem Fall die Länder, die in Ansehung der Bewertung von der Abweichungsgesetzgebung überhaupt keinen Gebrauch gemacht haben. Soweit ein Land nur teilweise vom Bundesbewertungsrecht abgewichen ist, ist sein Einvernehmen dort erforderlich, wo die Billigkeitsmaßnahme eine Norm betrifft, die von der Abweichung nicht betroffen ist (man denke in Bayern, Hamburg und Niedersachsen an die Bewertung der Betriebe der Land- und Forstwirtschaft mit Ausnahme der landesrechtlichen Sonderregelungen zur Bildung der wirtschaftlichen Einheit, vgl. Art. 8 BayGrStG, § 9 HmbGrStG, § 11 NGrStG). Fraglich ist, wie mit Baden-Württemberg zu verfahren ist, soweit das BWLGrStG zwar eine eigene Regelung trifft, diese aber inhaltsgleich der Bundesregelung nachgebildet ist (vor allem in Ansehung der Betriebe der Land- und Forstwirtschaft, vgl. §§ 26ff. BWLGrStG). Hier mag zwar auch das Bedürfnis nach einer einheitlichen Rechtsanwendung bestehen, allerdings nicht unmittelbar in Bezug auf die §§ 232ff. BewG, und dies dürfte für § 220 S. 2 Hs. 2 BewG entscheidend sein. Es muss daher kein Einvernehmen mit der obersten Finanzbehörde in Baden-Württemberg hergestellt werden, wenn die Länder, in denen die §§ 232ff. BewG unmittelbar gelten, eine Übergangsregelung iSv § 220 S. 2 Hs. 2 BewG treffen wollen.

8 Will der Steuerpflichtige die Anwendung eines entsprechenden gleich lautenden Ländererlasses iSv § 220 S. 2 BewG auf seinen Fall durchsetzen, ist zu beachten, dass die **Billigkeitsentscheidung in Gestalt eines eigenständigen Verwaltungsaktes am Ende eines vom Feststellungsverfahren zu unterscheidenden Verwaltungsverfahrens ergeht,** der im Verhältnis zum Grundsteuerwertbescheid Grundlagenbescheid ist (vgl. BFH 21.1.1992 – VIII R 51/88, BStBl. II 1993, 3; BFH 7.7.2004 – II R 3/02, BStBl. II 2004, 1006). Sobald die Billigkeitsentschei-

dung existiert, ist der Grundsteuerwertbescheid sodann nach § 175 Abs. 1 S. 1 Nr. 1 AO entsprechend anzupassen. Der Steuerpflichtige kann die Anwendung der Billigkeitsübergangsregelung also nicht mittels Anfechtung des Grundsteuerwertbescheides durchsetzen, sondern nur im Wege des Einspruchs und dann der Verpflichtungsklage gerichtet auf die Verpflichtung des Finanzamtes zum Erlass der Billigkeitsentscheidung. **Dass der Gesetzgeber mit § 220 S. 2 BewG von diesem Grundsatz abweichen wollte, ist nicht erkennbar** (aA *Bruschke* in Stenger/Loose BewG § 20 Rn. 35, 39; *Schaffner* in KSS BewG § 20 Rn. 3: § 220 S. 2 BewG verlagere die Billigkeitsfrage ins Grundsteuerwertfeststellungsverfahren, weshalb unmittelbar der Einheitswertbescheid anzugreifen sei). Denn § 220 S. 2 BewG erklärt § 163 AO für unanwendbar, setzt damit seine systematische Stellung und die Notwendigkeit eines eigenen Verwaltungsverfahrens voraus und macht nur für „Übergangsvorschriften" von der Unanwendbarkeitsanordnung eine Ausnahme.

§ 220 S. 2 BewG schließt nur Billigkeitsmaßnahmen im Verfahren der Grund- 9
steuerwertfeststellung aus (also in Ansehung von Wert-, Art- und Zurechnungsfeststellung). **Im Grundsteuermessbetrags- und Grundsteuerfestsetzungsverfahren ist § 163 AO weiterhin anwendbar** (BT-Drs. 7/5458, 7 zu § 20 S. 2 BewG). Im Übrigen kommt im Anschluss an das Grundsteuerfestsetzungsverfahren auch ein Billigkeitserlass nach § 227 AO in Betracht (→ GrStG § 28 Rn. 23 ff., sofern nicht die spezielleren Billigkeitstatbestände der §§ 32 ff. GrStG einschlägig sind).

§ 221 Hauptfeststellung

(1) **Die Grundsteuerwerte werden in Zeitabständen von je sieben Jahren allgemein festgestellt (Hauptfeststellung).**

(2) **Der Hauptfeststellung werden die Verhältnisse zu Beginn des Kalenderjahres (Hauptfeststellungszeitpunkt) zugrunde gelegt.**

Gilt allgemein nicht in **Baden-Württemberg** (dort § 15 BWLGrStG) und für Grundstücke nicht in **Hessen** (dort nur zweistufiges Verwaltungsverfahren, → HGrStG § 4 Rn. 3). § 221 Abs. 1 BewG gilt in Ansehung der Grundstücke ferner nicht in **Bayern** (Art. 6 Abs. 1 S. 2 BayGrStG), **Hamburg** (§ 6 Abs. 1 S. 2 HmbGrStG) und Niedersachsen (§ 8 Abs. 2 S. 1 NGrStG). In **Niedersachsen** geht ferner § 8 Abs. 2 S. 3 NGrStG dem § 221 Abs. 2 BewG vor.

A. Allgemeines

I. Systematische Einordnung und Zweck der Regelung

Der objektivierte Verkehrswert eines Grundstücks bildet die Bemessungs- 1
grundlage für die Grundsteuer und er gewährleistet die realitäts- und damit relationsgerechte Abbildung der Wertverhältnisse (unter Anerkennung weitgehender Typisierungsspielräume, → Grundlagen Rn. 98 ff.). Das ist eine zentrale gleichheitsrechtliche Anforderung an das grundsteuerliche Bewertungsrecht und setzt zwingend voraus, dass die Grundstückswerte regelmäßig und in nicht zu weit auseinanderliegenden Abständen überprüft und ggf. neu ermittelt werden (BVerfG 10.4.2018 – 1 BvL 11/14, BVerfGE 148, 147 Rn. 103 ff.). An dieser verfassungsrechtlichen Vorgabe ist das alte Recht gescheitert (→ Grundlagen Rn. 12). Die Verfassung sagt indes nicht, in welchem Turnus eine Überprüfung und Neuermittlung

§ 221 BewG Siebenter Abschnitt. Bewertung d. Grundbesitzes ab 1.1.2022

der Grundstückswerte zu erfolgen hat. Insoweit hat der Gesetzgeber einen gewissen Gestaltungsspielraum und diesen hat er in § 221 BewG mit der Festlegung eines Sieben-Jahres-Turnus genutzt: Die Grundsteuerwerthauptfeststellung erfolgt im Abstand von sieben Jahren (→Rn. 4f.). Dieser zeitliche Abstand ist verfassungsrechtlich nicht zu beanstanden.

2 **§ 221 BewG gilt nur für die Wertfeststellung** (→Rn. 5; zu den unterschiedlichen Feststellungen im Grundsteuerwertbescheid →BewG § 219 Rn. 2). Die alle sieben Jahre allgemein, dh losgelöst von einem konkreten Anlass, erfolgende Feststellung des Grundsteuerwertes bezeichnet das Gesetz als „Hauptfeststellung". Hieran knüpft das GrStG mit der Hauptveranlagung an (§ 16 GrStG, →GrStG § 16 Rn. 1. Der maßgebliche Beurteilungszeitpunkt wird Hauptfeststellungszeitpunkt (→Rn. 4ff.) und der Zeitraum zwischen zwei Hauptfeststellungszeitpunkten wird Hauptfeststellungszeitraum genannt. § 16 Abs. 1 GrStG knüpft an den Hauptfeststellungszeitpunkt den Hauptveranlagungszeitpunkt, verschiebt allerdings den Hauptveranlagungszeitraum um zwei Jahre nach hinten („Geltungsverzögerung", →GrStG § 16 Rn. 10; für die erste Hauptfeststellung zum 1.1.2022 gelten hingegen Besonderheiten, →GrStG § 36 Rn. 2). **Das Gesetz unterscheidet** in Ansehung der im Grundsteuerwertbescheid zum Hauptfeststellungszeitpunkt zu treffenden Feststellungen **zwischen den „Wertverhältnissen" einerseits und „anderen Veränderungen" andererseits.** Die **Wertverhältnisse** bleiben innerhalb des Hauptfeststellungszeitraums stets auf den Hauptfeststellungszeitpunkt bezogen und deren Veränderung führt zu keiner Anpassung des Grundsteuerwertes vor dem nächsten Hauptfeststellungszeitpunkt. Die **anderen Veränderungen** führen va durch Fortschreibung (§ 222 BewG) auf den nächsten 1.1. schon vor dem nächsten Hauptfeststellungszeitpunkt zu neuen Wert-, Art- oder Zurechnungsfeststellungen. Fortschreibungsrelevante „andere Veränderungen" sind vor allem die Zurechnungsfortschreibung aufgrund eines Eigentümerwechsels (→BewG § 222 Rn. 18ff.) oder die Wert- und ggf. auch Artfortschreibung aufgrund von (werterhöhenden, artverändernden) Baumaßnahmen (→BewG § 222 Rn. 5ff., 14ff.). Erfolgt eine Fortschreibung, bleiben die Wertverhältnisse zum Hauptfeststellungszeitpunkt maßgeblich (→BewG § 227 Rn. 3f.). Entsteht eine wirtschaftliche Einheit neu und kommt es deshalb zu einer Nachfeststellung, gilt dies alles entsprechend. Es werden nicht die Wertverhältnisse zum Nachfeststellungszeitpunkt zugrunde gelegt, sondern zum Hauptfeststellungszeitpunkt. Mit anderen Worten: Die Wertverhältnisse bleiben auf den Hauptfeststellungszeitpunkt „eingefroren" und werden erst auf den nächsten Hauptfeststellungszeitpunkt aktualisiert (durch Aktualisierung der entsprechenden Bewertungsdaten). Die Hauptfeststellung ist also der Verfahrensakt, mit dem die gesondert festgestellten Besteuerungsgrundlagen zumindest dem im Laufe des vorangegangenen Hauptfeststellungszeitraums veränderten Wertverhältnissen angepasst werden (vgl. BFH 22.1.1971 – III R 108/69, BStBl. II 1971, 295).

II. Entwicklung der Vorschrift

3 Die Regelung beruht auf dem Grundsteuerreformgesetz v. 26.11.2019 (→Grundlagen Rn. 13; vgl. BT-Drs. 19/11085, 94) und entspricht – dem freilich funktionslos gebliebenen – § 21 BewG.

B. Erste Hauptfeststellung und Hauptfeststellungsturnus (Abs. 1)

Der **erste Hauptfeststellungszeitpunkt** (→ Rn. 7) ist der **1.1.2022** (§ 266 **4** Abs. 1 BewG). Nach § 221 Abs. 1 BewG werden die **nächsten Hauptfeststellungszeitpunkte** sodann sein: **1.1.2029,** 1.1.2036 usw. Die Hauptfeststellung ist bereits kraft des § 221 BewG iVm § 266 Abs. 1 BewG durchzuführen, dh es bedarf keines besonderen Anordnungsgesetzes. Die Durchführung der Hauptfeststellung ist – anders als die Wertfortschreibung (→ BewG § 222 Rn. 5 ff.) – auch nicht davon abhängig, dass ein bestimmter Wertunterschied erreicht wird.

Zur Hauptfeststellung sind alle wirtschaftlichen Einheiten erneut zu be- 5 werten. Dies hat losgelöst von der vorangegangenen Grundsteuerwerthauptfeststellung (oder der letzten Wertfortschreibung) zu erfolgen, dh die Sach- und Rechtslage ist von der Finanzbehörde ohne Bindung an die frühere Beurteilung neu zu prüfen (BFH 25.4.1990 – I R 78/85, BFH/NV 1990, 630). **Für die Art- und Zurechnungsfeststellung gilt § 221 Abs. 1 BewG hingegen nicht** (Wortlaut: Grundsteuerwerte werden allgemein festgestellt). Ist eine solche wegen veränderter Umstände oder zur Beseitigung eines Fehlers ebenfalls auf den Hauptfeststellungszeitpunkt vorzunehmen, handelt es sich um eine mit der Grundsteuerhauptfeststellung verbundene Fortschreibung.

Der **Grundsteuerwertbescheid ist ein Dauerverwaltungsakt** (→ BewG **6** § 219 Rn. 6). Jede seiner Feststellungen gilt solange, bis ihr Geltungsanspruch durch eine andere Verwaltungsentscheidung beendet wird. Dies geschieht in Bezug auf die Feststellung des Grundsteuerwertes zumindest alle sieben Jahre durch die Grundsteuerwertfeststellung, die auf den nächsten Hauptfeststellungszeitpunkt ergeht. Diese neue Grundsteuerwertfeststellung löst mit Wirkung ab „ihrem Hauptfeststellungszeitpunkt" die bisherige Grundsteuerwertfeststellung ab. Beruht die letzte Wertfeststellung auf einer Wertfortschreibung oder einer Nachfeststellung, gilt dies entsprechend. **Die neue Grundsteuerwertfeststellung kann ohne Einschränkung angefochten werden, dh § 351 Abs. 1 AO gilt nicht.** Insoweit korrespondiert der Rechtsschutz des Steuerpflichtigen mit der umfassenden (erneuten) Beurteilungspflicht des Finanzamtes in Bezug auf die Sach- und Rechtslage (→ Rn. 5). In Bezug auf Art und Zurechnung erfolgt hingegen grundsätzlich keine neue Sachentscheidung (→ Rn. 5). Daher wird der Rechtsschutz hiergegen nicht mit jeder Hauptfeststellung neu eröffnet.

Fraglich ist, **wie zu verfahren ist, wenn ein eine Wertfortschreibung not- 7 wendig machender Umstand in dem Kalenderjahr vor dem Hauptfeststellungszeitpunkt eintritt.** Würde man diese Änderung allein anlässlich der Hauptfeststellung berücksichtigen, hätte dies zur Folge, dass die nachfolgende Hauptveranlagung zwar auf den gleichen Zeitpunkt erfolgt, sich der geänderte Umstand aber wegen der Geltungsverzögerung nach § 16 Abs. 2 S. 1 GrStG (→ GrStG § 16 Rn. 10) erst zwei Jahre später im Grundsteuerbescheid niederschlägt. Wird zB 2028 die Wohnfläche eines Gebäudes erweitert und würde dies nur anlässlich der Hauptfeststellung und Hauptveranlagung zum 1.1.2029 berücksichtigt, würde sich dies erstmals im Grundsteuerbescheid für 2031 auswirken. In allen anderen Fällen könnte der Grundsteuerbescheid den geänderten Umstand hingegen zeitlich übereinstimmend berücksichtigen. Wäre die Wohnfläche zB im Jahr 2026 erweitert worden, wären Wertfortschreibung und Neuveranlagung jeweils auf den 1.1.2027 durchzuführen und der Grundsteuerbescheid für 2027 hätte dies bereits zu berücksichtigen. Eine solche Differenzierung in Bezug auf die zeitliche Wirkung eines fortschreibungsrelevanten Umstandes dürfte der Gesetzgeber nicht gewollt haben. Daher **dürfte es zulässig sein, auf den Hauptfeststellungszeitpunkt nicht nur eine Hauptfeststellung vorzunehmen, sondern zugleich und unabhängig davon auch eine Wertfortschreibung und dies unter Beachtung der Wertverhältnisse des vorangegangenen Hauptfeststellungszeitpunktes.** Der zwecks Hauptfeststellung erlassene Grundsteuerwertbescheid und der Fortschreibungsbescheid mögen auf den gleichen Stichtag lauten, aber sie können gleichwohl nebeneinander existieren, weil sich ihre Rechtswirkungen wegen der zeitversetzten Wirkung nicht ausschließen. Die Hauptfeststellung entfaltet vermittelt über den Grundsteuermessbescheid ihre Wirkung nämlich erst zwei Jahre später. Der Fortschreibungsbescheid gilt hingegen ab dem Fortschreibungszeitpunkt. Bezogen auf das Beispiel einer Wohnflächenerweiterung im Jahr 2028 bedeutet dies, dass auf den 1.1.2029 unter Beachtung der Wertverhältnisse zum 1.1.2022 eine Wertfortschreibung durchzuführen ist, die wiederum zu einer Neuveranlagung auf den 1.1.2029 führt. Zugleich ist auf den 1.1.2029 eine Hauptfeststellung durchführen. Die hieran anknüpfende Hauptveranlagung auf den 1.1.2029 gilt jedoch erst ab 2031 (Geltungsverzögerung) und löst dann den auf den 1.1.2029 erlassenen Neuveranlagungsbescheid ab.

C. Beginn des Kalenderjahres als Hauptfeststellungszeitpunkt (Abs. 2)

8   Absatz 2 benennt den Stichtag für die Hauptfeststellung: Beginn des Kalenderjahres, genauer: der 1.1. 0:00 Uhr (vgl. BFH 18.10.1963 – III 152/61 U, BStBl. III 1964, 2). Für alle nach § 219 BewG zu treffenden Feststellungen sind die Verhältnisse bezogen auf diesen Zeitpunkt maßgeblich. Das Gesetz hält mittels der gesonderten Feststellung von Wert, Art und Zurechnung schlicht eine **Momentaufnahme** fest (*Bruschke* in Stenger/Loose BewG § 21 Rn. 41). Mit diesem **"bewertungsrechtlichen Stichtagsprinzip"** (BFH 25.4.1990 – I R 78/85, BFH/NV 1990, 630; 3.5.2005 – II B 113/04, BFH/NV 2005, 1500; *Bruschke* in Stenger/ Loose BewG § 21 Rn. 50 [„statisches Prinzip"]) korrespondiert das grundsteuerrechtliche Stichtagsprinzip (→ GrStG § 9 Rn. 3). Beide folgen den gleichen Grundsätzen: **Veränderungen, die vor dem 1.1. eintreten und zu Beginn des 1.1. noch bestehen oder die erst zum Beginn des 1.1. (also um 0:00 Uhr) eintreten, werden berücksichtigt.** Wann dem Steuerpflichtigen oder dem Finanzamt diese Umstände bekannt geworden sind, ist irrelevant. Bedeutsam ist die 0:00 Uhr-Grenze vor allem für den Übergang des wirtschaftlichen Eigentums bei Grundstückskaufverträgen, wenn Besitz, Gefahr, Nutzen und Lasten (→ BewG § 219 Rn. 24) im Schnittpunkt zweier Kalenderjahre übergehen sollen. Vorbehaltlich der Umstände des jeweils zu beurteilenden Einzelfalls spricht jedenfalls eine Formulierung „Übergang mit Ablauf des 31.12." idR für ein Veränderungseintritt um 0:00 Uhr des 1.1. und ist dann auf diesen 1.1. zu berücksichtigen (vgl. BFH 22.9.1999 – II R 33/97, BStBl. II 2000, 2). Entsprechendes dürfte allerdings auch für eine Formulierung „zum 1.1." gelten. Denn „zum 1.1." erfasst auch den 0:00 Uhr-Zeitpunkt (ebenso *Bruschke* in Stenger/Loose BewG § 19 Rn. 165; wohl auch FG Sachsen 8.6.2005 – 5 K 1081/04, BeckRS 2005, 26020915). Änderun-

Fortschreibungen **§ 222 BewG**

gen, die hingegen erst im Laufe des 1.1. eintreten (zB der Tod eines Menschen nach 0:00 Uhr und der damit verbundene Eigentumserwerb des Erben, → BewG § 219 Rn. 20), dürfen hingegen nicht mehr berücksichtigt werden. Sie können erst zum nächsten 1.1. (Fortschreibungszeitpunkt) berücksichtigt werden (→ Rn. 2).

§ 222 Fortschreibungen

(1) Der Grundsteuerwert wird neu festgestellt (Wertfortschreibung), wenn der in Euro ermittelte und auf volle 100 Euro abgerundete Wert, der sich für den Beginn eines Kalenderjahres ergibt, von dem entsprechenden Wert des letzten Feststellungszeitpunkts nach oben oder unten um mehr als 15 000 Euro abweicht.

(2) Über die Art oder Zurechnung der wirtschaftlichen Einheit (§ 219 Absatz 2) wird eine neue Feststellung getroffen (Artfortschreibung oder Zurechnungsfortschreibung), wenn sie von der zuletzt getroffenen Feststellung abweicht und es für die Besteuerung von Bedeutung ist.

(3) [1]Eine Fortschreibung nach Absatz 1 oder 2 findet auch zur Beseitigung eines Fehlers der letzten Feststellung statt. [2]§ 176 der Abgabenordnung über den Vertrauensschutz bei der Aufhebung und Änderung von Steuerbescheiden ist hierbei entsprechend anzuwenden. Satz 2 gilt nur für die Feststellungszeitpunkte, die vor der Verkündung der maßgeblichen Entscheidung eines der in § 176 der Abgabenordnung genannten Gerichte liegen.

(4) [1]Eine Fortschreibung ist vorzunehmen, wenn dem Finanzamt bekannt wird, dass die Voraussetzungen für sie vorliegen. [2]Der Fortschreibung werden vorbehaltlich des § 227 die Verhältnisse im Fortschreibungszeitpunkt zugrunde gelegt. [3]Fortschreibungszeitpunkt ist:
1. **bei einer Änderung der tatsächlichen Verhältnisse der Beginn des Kalenderjahres, das auf die Änderung folgt, und**
2. **in den Fällen des Absatzes 3 der Beginn des Kalenderjahres, in dem der Fehler dem Finanzamt bekannt wird, bei einer Erhöhung des Grundsteuerwerts jedoch frühestens der Beginn des Kalenderjahres, in dem der Feststellungsbescheid erteilt wird.**

Gilt allgemein nicht in **Baden-Württemberg** (dort: § 16 BWLGrStG) und für Grundstücke nicht in **Hessen** (dort nur zweistufiges Verwaltungsverfahren, → HGrStG § 4 Rn. 3). In **Bayern** (Art. 6 BayGrStG), **Hamburg** (§ 6 HmbGrStG) und **Niedersachsen** (§ 8 NGrStG) wird die Regelung für das Feststellungsverfahren bei Grundstücken modifiziert und ergänzt.

Übersicht

		Rn.
A.	Allgemeines	1
	I. Systematische Einordnung und Zweck der Regelung	1
	II. Entwicklung der Vorschrift	4
B.	Wertfortschreibung (Abs. 1)	5
C.	Artfortschreibung (Abs. 2)	14
D.	Zurechnungsfortschreibung (Abs. 2)	18
E.	Fehlerbeseitigende Fortschreibung (Abs. 3)	22
	I. Objektive Unrichtigkeit einer Feststellung (Abs. 3 S. 1)	22
	II. Vertrauensschutz nach § 176 AO (Abs. 3 S. 2 u. 3)	26

§ 222 BewG Siebenter Abschnitt. Bewertung d. Grundbesitzes ab 1.1.2022

	Rn.
F. Fortschreibungszeitpunkt (Abs. 4)	27
I. Änderung der tatsächlichen Verhältnisse (Abs. 4 S. 3 Nr. 1)	27
II. Fehlerbeseitigende Fortschreibung (Abs. 4 S. 3 Nr. 2)	33
G. Sperrwirkung einer Fortschreibung für vorangegangene Zeitpunkte	35
H. Feststellungsverjährung	36
I. Berichtigung/Änderung von Grundsteuerwertbescheiden nach allgemeinen Änderungsvorschriften	37
I. Unterschiede zur bewertungsrechtlichen (fehlerbeseitigenden) Fortschreibung	37
II. Aufhebung/Änderung wegen neuer Tatsachen (§ 173 AO)	39
III. Aufhebung/Änderung auf Grund von Grundlagenbescheiden (§ 175 Abs. 1 S. 1 Nr. 1 AO)	45
IV. Aufhebung/Änderung bei Datenübermittlung durch Dritte (§ 175b AO)	46
V. Berichtigung wegen Schreib-, Rechenfehler und ähnlicher offenbarer Unrichtigkeiten bei Erlass des Grundsteuerwertbescheides (§ 129 AO)	48
VI. Berichtigung wegen Schreib- und Rechenfehlern in der Steuererklärung (§ 173a AO)	49
J. Rechtsschutz	50

A. Allgemeines

I. Systematische Einordnung und Zweck der Regelung

1 Beim Grundsteuerwertbescheid sind die Wertfeststellung (§ 219 Abs. 1 BewG), die Artfeststellung (§ 219 Abs. 2 Nr. 1 BewG) und die Zurechnungsfeststellung (§ 219 Abs. 2 Nr. 2 BewG) zu unterscheiden. **Tritt in Ansehung einer dieser Feststellungen eine Veränderung ein oder ist der Grundsteuerwertbescheid fehlerhaft, weil eine solche Veränderung bei der letzten Feststellung unrichtigerweise nicht berücksichtigt wurde** (§ 219 Abs. 3 BewG), **muss die Feststellung angepasst werden.** Dies geschieht im Grundsteuerrecht bei Veränderungen zwischen zwei Hauptfeststellungspunkten durch die sog. Fortschreibung (→ BewG § 221 Rn. 2). Entsprechendes gilt für den Anpassungsbedarf zwischen einem Nachfeststellungs- und dem nächsten Hauptfeststellungszeitpunkt. Steht ohnehin eine Hauptfeststellung an, schließt dies eine Wertfortschreibung nicht aus. Zwar wird anlässlich der Hauptfeststellung über den Grundsteuerwert in tatsächlicher und rechtlicher Hinsicht neu entschieden (→ BewG § 221 Rn. 5 f.). Ohne eine Wertfortschreibung kann aber eine zeitkongruente Wirkung der Änderung nicht erreicht werden, weil für die auf die Hauptfeststellung folgende Hauptveranlagung die Geltungsverzögerung des § 16 Abs. 2 S. 1 GrStG gilt (eingehend → BewG § 221 Rn. 7). In Bezug auf Art und Zurechnung stellen sich solche Fragen hingegen nicht. Hinsichtlich dieser beiden Feststellungen muss eine Fortschreibung schon allein deshalb auch auf den Hauptfeststellungszeitpunkt durchgeführt werden, wenn hierfür Anlass besteht, weil die Hauptfeststellung nur den Grundsteuerwert betrifft. Ohne eine Fortschreibung wirken die bestehenden Art- und Zurechnungsfeststellungen fort (→ BewG § 221 Rn. 5). Alle Tatbestände des § 219 BewG verfolgen das gleiche Anliegen: Ziel der Fortschreibung ist stets die Herbeiführung eines rechtmäßigen Zustandes, dh die einzelnen fortgeschriebenen Feststellungen

Fortschreibungen **§ 222 BewG**

müssen materiell-rechtlich rechtmäßig sein. Es besteht eine Fortschreibungspflicht (kein Ermessen → Rn. 50).

Die Fortschreibung ist – anders als zB die allgemeinen Korrekturvorschriften 2 der §§ 172ff. AO – nur (aus der Perspektive des Anpassungsereignisses) **auf eine Anpassung für die Zukunft gerichtet** (→ Rn. 37). Für die Fortschreibung wegen Änderung der tatsächlichen Verhältnisse einerseits und die fehlerbeseitigende Fortschreibung andererseits sind allerdings unterschiedliche Fortschreibungszeitpunkte vorgesehen. Beide Regelungen stehen also unabhängig nebeneinander. Fehler einer vorangegangenen Feststellung, deren Beseitigung zu einer Veränderung des Grundsteuerwertes führen würde, können deshalb anlässlich einer Wertfortschreibung wegen Änderung der tatsächlichen Verhältnisse nur dann gleichzeitig (mit-) beseitigt werden, wenn für beide Fortschreibungen derselbe Fortschreibungszeitpunkt in Betracht kommt (BFH 11.3.1998 – II R 5/96, BFH/NV 1998, 1070; insb. zum Problem der Fehlersaldierung → Rn. 24f.).

Die Fortschreibung nach § 222 BewG folgt der **Unterteilung in Wert-, Art-** 3 **und Zurechnungsfeststellung,** wie sie dem Grundsteuerwertbescheid zugrunde liegt, dh jede Fortschreibung stellt eine eigenständige Feststellung dar und ist jeweils eigenständig der Teilbestandskraft fähig (→ BewG § 219 Rn. 49). Deshalb spricht das Gesetz auch von Wert-, Art- und Zurechnungsfortschreibung. Aufgrund dieser Eigenständigkeit der jeweiligen Feststellungen, **lässt die Fortschreibung einer Feststellung die anderen Feststellungen unberührt,** selbst wenn das Finanzamt anlässlich der Fortschreibung noch einmal auf die unverändert gebliebenen Feststellungen hinweist oder diese mit einem entsprechenden Zusatz wiederholt (→ Rn. 52). Bei einer Zurechnungsfortschreibung erstreckt § 182 Abs. 2 S. 1 AO die Bindungswirkung der Wert- und Artfeststellung sogar auf einen neuen Eigentümer (Einzelrechtsnachfolger). Er wird an die früheren Feststellungen zu Art und Wert gebunden (obwohl er nicht Adressat des Grundsteuerwertbescheides bzw. einer nachfolgenden Fortschreibungsentscheidung gewesen ist). Insoweit wird – ebenso wie beim Grundsteuermessbescheid (→ GrStG § 16 Rn. 8) – überwiegend von einer dinglichen Wirkung des Grundsteuerwertbescheides gesprochen (vgl. BFH 12.2.2020 – II R 10/17, BStBl. II 2021, 535 Rn. 17). Für den Gesamtrechtsnachfolger ergibt sich dies bereits aus der Gesamtrechtsnachfolgeanordnung selbst (→ BewG § 219 Rn. 9). Die Eigenständigkeit der Feststellungen hat vor allem für den Rechtsschutz Bedeutung. Wenn das Finanzamt eine Feststellung fortschreibt, wird nur die Anfechtbarkeit der hierdurch fortgeschriebenen Feststellung eröffnet, aber nicht (wieder) aller im Grundsteuerwertbescheid bereits zuvor getroffenen Feststellungen (→ Rn. 52f.).

II. Entwicklung der Vorschrift

Die Regelung beruht auf dem Grundsteuerreformgesetz vom 26.11.2019 4 (→ Grundlagen Rn. 13) und wurde dem § 22 BewG nachgebildet. Die bewertungsrechtliche Fortschreibungssystematik hat eine lange Tradition, die bezüglich der Wertfeststellung bis zum § 22 RBewG 1934 (→ Grundlagen Rn. 4; zu § 22 RBewG 1934 RStBl. 1935, 161 [164]) und hinsichtlich der Art- und Zurechnungsfeststellung bis zu § 225a RAO (eingefügt mit dem RealStEinfG v. 1.12.1936, RGBl. I 1936, 961) zurückreicht. Die für das Verständnis des § 222 BewG relevante Änderung des § 22 BewG dürfte die durch das Bewertungsrechtsänderungsgesetz v. 10.12.1965 (→ Grundlagen Rn. 7) sein, mit der ua die Normierung der Fortschreibungszeitpunkte und der – zuvor schon von RFH/BFH anerkannten – fehlerbeseitigenden Fortschreibung einherging (dazu BT-Drs. IV/1488, 37f.; BT-Drs. IV/3508, 5). Für die Entwicklung des § 22 BewG im Detail sei im Übrigen auf *Bruschke* in Stenger/Loose BewG § 22 Rn. 17 ff. verwiesen.

B. Wertfortschreibung (Abs. 1)

5   Nach § 222 Abs. 1 BewG ist der Grundsteuerwert wegen der Änderung der tatsächlichen Verhältnisse bei Überschreitung einer bestimmten Wertfortschreibungsgrenze (→ Rn. 11) neu festzustellen („fortzuschreiben"). Notwendig ist eine **Veränderung des Grundsteuerwertes für die gleiche wirtschaftliche Einheit** (zum Identitätserfordernis → Rn. 8). § 222 Abs. 1 BewG nennt als Anlass hierfür zwar nicht die „Änderung der tatsächlichen Verhältnisse", diese Voraussetzung ergibt sich jedoch aus § 222 Abs. 4 Nr. 1 BewG (BFH 30.7.2008 – II R 5/07, BFH/NV 2009, 7). Der BFH versteht unter den tatsächlichen Verhältnissen die sinnlich wahrnehmbaren Eigenschaften eines Grundstücks sowie die Veränderungen der das Grundstück betreffenden Rechtslage (zB in bauplanungsrechtlicher Hinsicht, BFH 30.7.2008 – II R 5/07, BFH/NV 2009, 7).

6   Beispiele für eine Änderung der tatsächlichen Verhältnisse, die eine Wertfortschreibung erforderlich machen:
– **Vergrößerung eines Grundstücks,** zB der bewirtschafteten Flächen eines Betriebes der Land- und Forstwirtschaft (BFH 16.6.2009 – II R 54/06, BStBl. II 2009, 896);
– **Verkleinerung eines Grundstücks;** werden zB von einem Grundstück Bauparzellen abgetrennt, ist für das verkleinerte Grundstück eine Wertfortschreibung (vorausgesetzt, dass die Wertfortschreibungsgrenze [→ Rn. 11] erreicht wird, BFH 12.2.1986 – II B 69/85, BFH/NV 1987, 292) und für die neuen Grundstücke eine Nachfeststellung (§ 223 Abs. 1 Nr. 1 BewG) durchzuführen;
– **Ausbau/Umbau eines Gebäudes,** das zu einer Veränderung der maßgeblichen Wohnfläche (→ BewG § 254 Rn. 6 ff.) und uU auch Gebäudeart iSv Anlage 39 iVm § 254 BewG führt;
– **Vereinbarung, Aufhebung oder Veränderung einer Abrissverpflichtung** mit der Folge, dass sich die Restnutzungsdauer verändert (→ BewG § 253 Rn. 15);
– **Wegfall einer Grundsteuerbefreiung,** die bisher für einen Teil des Steuergegenstandes in Gestalt einer Ermäßigung des Grundsteuerwertes bei der Wertfeststellung berücksichtigt wurde (BFH 6.12.2017 – II R 26/15, BFH/NV 2018, 453; ferner → GrStG § 3 Rn. 5 ff. zur verfahrensrechtlichen Berücksichtigung von Grundsteuerbefreiungen);
– **jede Artveränderung, die zugleich den Grundsteuerwert beeinflusst,** zB wegen der Maßgeblichkeit eines anderen Bewertungsverfahrens (Ertrags- statt Sachwertverfahren und umgekehrt) oder wegen der Maßgeblichkeit anderer Bewertungsdaten (vgl. die Anlagen 39 u. 40, die für den Rohertrag iSv § 254 BewG und die Bewirtschaftungskosten iSv § 255 BewG nach Gebäudearten unterscheiden);
– unter Geltung des neuen Rechts die **Errichtung eines Gebäudes auf fremdem Grund und Boden** (→ BewG § 223 Rn. 8).

Da die Mietzinshöhe für die Ertragswertberechnung nach §§ 252 ff. BewG im neuen Recht vom Gesetzgeber vorgegeben ist, sind viele Änderungen der tatsächlichen Verhältnisse, die im alten Grundsteuerrecht noch relevant waren, unerheb-

Fortschreibungen **§ 222 BewG**

lich geworden. Das betrifft Umstände, welche die Höhe der Miete beeinflussen (vor allem: Ausstattung). Zudem sind auch die Umstände, die nach § 82 BewG über Ermäßigungen oder Erhöhungen zu berücksichtigen waren, fortan ohne Bedeutung.

Generell **unbeachtlich ist eine Veränderung der Wertverhältnisse iSv** 7 **§ 227 BewG** (zur Abgrenzung von relevanten Umständen iSv § 222 Abs. 4 S. 3 Nr. 1 BewG einerseits und Wertverhältnissen iSv § 227 BewG andererseits → BewG § 227 Rn. 4).

Eine Fortschreibung setzt voraus, dass sie sich auf die nämliche wirtschaftliche 8 Einheit bezieht (Erfordernis der Identität der wirtschaftlichen Einheit, BFH 4.2.1987 – II B 33/85, BStBl. II 1987, 326; 31.5.1995 – II R 31/92, BFH/NV 1996, 17). Eine **Wertfortschreibung scheidet mithin aus, soweit die Veränderung zu einer neuen wirtschaftlichen Einheit führt**. In diesem Fall ist der vormalige Grundsteuerwertbescheid aufzuheben und eine Nachfeststellung durchzuführen. Zum alten Recht hat der BFH angenommen, dass es an der notwendigen Identität der wirtschaftlichen Einheit fehlt, wenn es zu einem **Wechsel der Vermögensart** kommt, **also aus land- und forstwirtschaftlichem Vermögen Grundvermögen wird oder umgekehrt** (BFH 4.2.1987 – II B 33/85, BStBl. II 1987, 326; 5.5.1999 – II R 44/96, BFH/NV 2000, 8; *Krause* in Stenger/ Loose BewG § 223 Rn. 41 f.). Begründet wurde dies mit dem unterschiedlichen Umfang der wirtschaftlichen Einheiten des Grundbesitzes einerseits und des Betriebes der Land- und Forstwirtschaft andererseits, zB in Bezug auf die stehenden Betriebsmittel und den Bestand an umlaufenden Betriebsmitteln (§ 33 Abs. 2 BewG). Unter dem neuen Recht bestehen diese Unterschiede konzeptionell fort. So bestimmt auch § 232 Abs. 3 BewG, dass zur wirtschaftlichen Einheit des Betriebes der Land- und Forstwirtschaft auch die stehenden Betriebsmittel, der normale Bestand an umlaufenden Betriebsmitteln und nunmehr ferner auch die immateriellen Wirtschaftsgüter gehören. Auch wenn dieser konzeptionelle Unterschied für die Rechtsanwendung praktisch keine Bedeutung hat, dürfte die Rechtsprechung zu §§ 22, 23 BewG auch für §§ 222, 223 BewG fortgelten. Denn es dürfte in der Tat auf die in der wirtschaftlichen Einheit zusammengefassten Wirtschaftsgüter ankommen und insoweit besteht konzeptionell keine Identität. Angesichts der Maßgeblichkeit dieser konzeptionellen Betrachtung kommt es letztlich doch nicht auf den Einzelfall an. Vielmehr wird die Änderung der Vermögensart in Ansehung der von der Änderung unmittelbar betroffenen Grundstücke grundsätzlich zu einer Nachfeststellungskonstellation führen (zutreffend *Mannek* in Stenger/Loose BewG § 23 Rn. 47; im Ergebnis aA – allerdings ohne Thematisierung der Notwendigkeit einer Abgrenzung zwischen Fortschreibung und Nachfeststellung – BFH 4.2.1987 – III R 45/81, BStBl. II 1984, 744), sofern die betroffenen Grundstücke nicht von einer bereits bestehenden wirtschaftlichen Einheit „aufgenommen" werden (→ Rn. 17).

Die tatsächlichen Verhältnisse müssen **sich seit dem letzten Feststellungs-** 9 **zeitpunkt** (→ Rn. 10) verändert haben. Anderenfalls gibt es keine Divergenz der Grundsteuerwerte zwischen der letzten Feststellung („Wert des letzten Feststellungszeitpunkts") und dem avisierten Fortschreibungszeitpunkt. Deshalb ist es für die Anwendung des § 222 Abs. 1 BewG von großer Bedeutung, ob sich die tatsächlichen Verhältnisse vor oder nach dem letzten Feststellungszeitpunkt geändert haben. Im erstgenannten Fall wird der letzte Fortschreibungsbescheid zwar rechtswidrig sein, aber dies ist kein Fall des § 222 Abs. 1 BewG (vgl. BFH 30.6.2010 – II R 13/09, BFH/NV 2010, 2025; BFH 30.6.2010 – II R 7/09, BFH/NV 2010, 2022), sondern der fehlerbeseitigten Fortschreibung nach § 222 Abs. 3 BewG (→ Rn. 22 ff.), für die ein anderer Fortschreibungszeitpunkt gilt (→ Rn. 33 f.).

§ 222 BewG Siebenter Abschnitt. Bewertung d. Grundbesitzes ab 1.1.2022

Beispiel (nach BFH 30.6.2010 – II R 7/09, BFH/NV 2010, 2022): Ein gemeinnütziger Verein erwirbt 1990 ein Grundstück, das ihm auf den 1.1.1991 zugerechnet wird. Der Grundsteuerwert wird im Wege der Fortschreibung ermäßigt, weil ein Teil des Grundstücks für die gemeinnützigen Zwecke genutzt wird. Aus Anlass einer Aufstockung des Gebäudes nimmt das FA eine Wertfortschreibung auf den 1.1.1998 vor; hierbei wird weiterhin berücksichtigt, dass ein Teil des Grundstücks für gemeinnützige Zwecke genutzt wird. Der Verein erfüllte allerdings bereits ab dem Jahr 1997 nicht mehr die Gemeinnützigkeitsvoraussetzungen, was dem Finanzamt allerdings bei Erlass des Wertfortschreibungsbescheides nicht bekannt war. Dies wird dem Finanzamt erst 2007 bekannt. Weil sich nach dem 1.1.1998 die für die Grundsteuerbefreiung maßgeblichen Verhältnisse nicht verändert haben (das war bereits vor dem 1.1.1998 der Fall), kommt eine auf den 1.1.1998 zurückwirkende Wertfortschreibung (ohne Berücksichtigung der Grundsteuerbefreiung) nach § 222 Abs. 1 BewG nicht in Betracht. Möglich ist nur eine rechtsfehlerbeseitigende Wertfortschreibung nach § 222 Abs. 3 BewG, die allerdings nur auf den Beginn des Kalenderjahres vorgenommen werden darf, in welchem dem Finanzamt der Fehler bekannt geworden ist (§ 222 Abs. 4 S. 3 Nr. 2 BewG). Zulässig ist also nur eine Fortschreibung auf den 1.1.2007. Wäre der Wegfall der Gemeinnützigkeitsvoraussetzungen hingegen nach dem 1.1.1998 eingetreten, hätte das Finanzamt – vorbehaltlich der Frage der Festsetzungsverjährung – erstmals auf den 1.1.1999 eine Fortschreibung vornehmen können.

10 Die **„letzte Feststellung"**, welche die **zeitliche Zäsur** zwischen einer regulären Wertfortschreibung und einer fehlerberichtigenden Fortschreibung bildet (→ Rn. 9), **kann je nach Fall eine Hauptfeststellung, eine Nachfeststellung oder eine Fortschreibung sein.** Wurde der letzte Grundsteuerwertbescheid noch gegenüber dem Voreigentümer erlassen und sodann mittels Zurechnungsfortschreibung dem Steuerpflichtigen zugerechnet, ist der gegenüber dem Rechtsvorgänger erlassene Grundsteuerwertbescheid die „letzte Feststellung". Denn in Bezug auf Wert- und Artfeststellung wirkt dieser Bescheid nach § 182 Abs. 2 S. 1 AO gegenüber dem Rechtsnachfolger (→ BewG § 219 Rn. 9).

11 § 222 Abs. 1 BewG enthält eine **Wertfortschreibungsgrenze, die überschritten sein muss, damit eine Wertfortschreibung zulässig ist:** Der auf volle 100 EUR abgerundete Wert (gemeint ist: der Grundsteuerwert ist auf den Betrag abzurunden, der durch 100 ohne Rest teilbar ist) muss von dem entsprechenden Wert des letzten Feststellungszeitpunktes nach oben oder unten um mehr als **15.000 EUR** abweichen. Zur Berechnung des maßgebenden Wertunterschiedes knüpft das Gesetz an den zuletzt festgestellten Grundsteuerwert an. **Bezugsgröße ist stets die letzte wirksame Feststellung** – sei es in Gestalt der ursprünglichen Hauptfeststellung, eines im Nachgang hierzu ergangenen Wertfortschreibungsbescheides oder eines Nachfeststellungsbescheides (→ Rn. 10). **Dies gilt auch dann, wenn sie rechtswidrig ist** (BFH 21.2.2002 – II R 18/00, BStBl. II 2002, 456). Die letzte Feststellung ist mit dem Grundsteuerwert, der sich unter Beachtung aller seit der letzten Feststellung verwirklichten Fortschreibungsanlässe ergibt, zu vergleichen. Mehrere bis zu einem Fortschreibungszeitpunkt eingetretene Wertabweichungen sind dabei zusammenzufassen (AEBewGrSt A 222 Abs. 1 S. 2). Es sind mithin auch solche Fortschreibungsanlässe einzubeziehen, die mangels Erreichens der Fortschreibungsgrenze bisher nicht zu einer Fortschreibung geführt haben. Veränderungen können daher betragsmäßig kumulieren (mindestens zwei werterhöhende Veränderungen), sie können sich aber auch saldieren (eine werterhöhende, eine wertmindernde Veränderung). **Es wird mithin der jüngste Fortschreibungsanlass nicht isoliert betrachtet** (vgl. BFH 30.1.2002 – II R 36/99, BFH/NV 2002, 1015; *Bruschke* in Stenger/Loose BewG § 22 Rn. 101).

Fortschreibungen **§ 222 BewG**

Beispiel: Der Grundsteuerwert wird auf den 1.1.01 mit 200.000 EUR festgestellt. Aufgrund einer kleineren Umbaumaßnahme in 03 ergibt sich ein Grundsteuerwert von 210.000 EUR. Wegen des Nichterreichens der Fortschreibungsgrenze unterbleibt eine Wertfortschreibung. In 05 wird ein kleinerer Anbau fertiggestellt und es ergibt sich nunmehr ein Grundsteuerwert von 220.000 EUR. Die Fortschreibungsgrenze ist damit überschritten, denn es sind die 220.000 EUR mit den 200.000 EUR zu vergleichen.

Die Wertfortschreibungsgrenze gilt sowohl dann, wenn nur eine Wertveränderung eingetreten ist, aber auch, wenn sich zugleich die Art geändert hat. Wird die Wertfortschreibungsgrenze im letztgenannten Fall nicht überschritten, ist nur die Artfortschreibung vorzunehmen (BFH 30.6.1956 – III 109/56, BStBl. III 1956, 214). 12

Ändert sich die vorherige Grundsteuerwertfeststellung (= Bezugsgröße für § 222 Abs. 1 BewG, →Rn. 9) aufgrund der Korrekturnormen der AO (→Rn. 37ff.) oder aufgrund eines erfolgreichen Rechtsbehelfsverfahrens, dann stellt dies für einen nachfolgenden Wertfortschreibungsbescheid ein rückwirkendes Ereignis iSv § 175 Abs. 1 S. 1 Nr. 2 AO dar: Wird also durch die Veränderung der Bezugsgröße (vorangegangener Grundsteuerwertbescheid) die Fortschreibungsgrenze des § 222 Abs. 1 BewG (nachträglich) unterschritten, dann ist der Wertfortschreibungsbescheid nach § 175 Abs. 1 S. 1 Nr. 2 AO aufzuheben. Denn es sind nachträglich die tatbestandlichen Voraussetzungen des § 222 Abs. 1 BewG entfallen (BFH 9.11.1994 – II R 37/91, BStBl. II 1995, 93). Ebenso ist es denkbar, dass durch die Veränderung der Grundsteuerwertfeststellung die Fortschreibungsgrenze nachträglich überschritten wird und damit die Voraussetzungen des § 222 Abs. 1 BewG erfüllt werden. 13

C. Artfortschreibung (Abs. 2)

Der Grundsteuerwertbescheid enthält die Feststellung über die Vermögensart und beim Grundvermögen auch über die Grundstücksart (→BewG § 219 Rn. 14f.). Eine Artfortschreibung ist vorzunehmen, **wenn sich die Grundstücksart ändert** (zum Wechsel der Vermögensart →Rn. 17). Dies kann durch Umbaumaßnahmen erfolgen (ein Zweifamilienhaus wird zu einem Einfamilienhaus, weil infolge der neuen baulichen Gestaltung nur noch eine Wohnung vorliegt, vgl. →BewG § 249 Rn. 12), kann aber auch auf einer Nutzungsänderung beruhen (Erhöhung des Anteils der Nichtwohnnutzung mit der Folge, dass aus einem Mietwohngrundstück ein gemischt-genutztes Grundstück wird). Erfolgen Bau bzw. Umbau in Abschnitten, kann uU auf die einzelnen Bau-/Umbauabschnitte abzustellen sein (→Rn. 29). 14

Die Fortschreibung der festgestellten Grundstücksart kommt auch in den Fällen in Betracht, in denen **die auf einen früheren Stichtag vorgenommene Artfeststellung auf einer Billigkeitsmaßnahme** nach § 163 AO iVm § 220 S. 2 Hs. 2 BewG (→BewG § 220 Rn. 5ff.) **beruht**. Voraussetzung ist, dass sich die für die frühere Billigkeitsmaßnahme maßgeblichen tatsächlichen Verhältnisse im Feststellungszeitpunkt geändert haben (BFH 12.7.2000 – II R 31/99, BStBl. II 2000, 563 zu § 22 BewG). Der Steuerpflichtige kann sich mithin nicht „ewig" auf den Fortbestand der früher getroffenen Billigkeitsmaßnahme berufen. Für eine zu einem früheren Bewertungsstichtag ergangene Billigkeitsmaßnahme, die auf den Feststellungsbescheid unmittelbar eingewirkt und diesen inhaltlich verändert hat, unterliegt vielmehr wie jede Artfeststellung den Fortschreibungsregeln des § 222 BewG. 15

Ihr kann insb. keine weitergehende rechtliche Bindung zukommen als einer „normalen" Artfeststellung, die bei Änderung der maßgeblichen tatsächlichen Verhältnisse fortzuschreiben ist, mit der Fortschreibung ihre Maßgeblichkeit als Grundlagenbescheid ex nunc verliert und durch den Fortschreibungsbescheid zeitlich abgelöst wird. Die Frage der Zulässigkeit der Rücknahme bzw. des Widerrufs einer Billigkeitsmaßnahme nach §§ 130f. AO stellt sich nicht, weil die Rechtswirkung des Steuerverwaltungsaktes (der früheren Billigkeitsmaßnahme) von vornherein unter dem Vorbehalt der Fortschreibungsregelungen stand (BFH 12.7.2000 – II R 31/99, BStBl. II 2000, 563 zu § 22 BewG).

16 § 222 Abs. 2 BewG setzt zusätzlich zur Veränderung der Grundstücksart voraus, dass die Veränderung für die Besteuerung von Bedeutung ist **(Bedeutungsvorbehalt).** Das dürfte stets der Fall sein. So entscheidet die Grundstücksart nicht nur über das Bewertungsverfahren, sondern auch über die Maßgeblichkeit der Bewertungsdaten (zB gelten für Einfamilienhäuser, Zweifamilienhäuser und Mietwohngrundstücke unterschiedliche Roherträge, vgl. Anlage 30).

17 **Wechsel vom Grundvermögen zum land- und forstwirtschaftlichen Vermögen und umgekehrt:** Ist ein bisher als Grundvermögen bewertetes Grundstück nunmehr dem land- und forstwirtschaftlichen Vermögen zuzurechnen, dann kommt eine Artfortschreibung (ebenso wenig wie eine Wertfortschreibung) nicht in Betracht, denn es fehlt an der für eine Fortschreibung zwingend notwendigen Identität der wirtschaftlichen Einheit (→ Rn. 8). Vielmehr entsteht eine neue wirtschaftliche Einheit und daher ist in Ansehung land- und forstwirtschaftlichen Vermögens eine Nachfeststellung vorzunehmen und der Grundsteuerwertbescheid in Ansehung des Grundvermögens nach § 224 BewG aufzuheben (→ BewG § 224 Rn. 3 ff.). Wird das vormals als Grundvermögen eingeordnete Grundstück allerdings von einer bereits bestehenden land- und forstwirtschaftlichen Einheit „aufgenommen", bedarf es idR keiner Nachfeststellung. In diesem Fall dürfte eine Wertfortschreibung in Bezug auf den bereits bestehenden Betrieb der Land- und Forstwirtschaft grundsätzlich ausreichend sein. Ferner ist von der eingangs genannten Aufhebungs-/Nachfeststellungskonstellation der Fall abzugrenzen, dass nur ein einzelnes Grundstück aus der wirtschaftlichen Einheit des land- und forstwirtschaftlichen Vermögens bzw. des Grundvermögens ausscheidet und sich für die abgebende wirtschaftliche Einheit ansonsten nichts ändert. Auch in diesem Fall wird für die abgebende wirtschaftliche Einheit idR nur eine Wertfortschreibung vorzunehmen sein. Ob für das ausgeschiedene Grundstück eine Nachfeststellung durchzuführen ist, richtet sich wiederum danach, ob eine neue wirtschaftliche Einheit entsteht oder ob eine bereits bestehende wirtschaftliche Einheit dieses Grundstück aufnimmt.

D. Zurechnungsfortschreibung (Abs. 2)

18 Nach § 222 Abs. 2 BewG ist eine Zurechnungsfortschreibung des Grundsteuerwertes vorzunehmen, wenn sich in Ansehung der Zurechnung des Grundstücks im Fortschreibungszeitpunkt (→ Rn. 27 ff.) eine Abweichung von der zuletzt getroffenen Feststellung ergeben hat. Das betrifft vor allem eine **Änderung der Eigentumsverhältnisse an dem Grundstück** (zu den Eigentumserwerbstatbeständen → BewG § 219 Rn. 19 ff.), **aber auch den Wechsel des wirtschaftlichen Eigentums** (zu den Fallgruppen wirtschaftlichen Eigentums → BewG § 219 Rn. 23 ff.) sowie den Zurechnungswechsel aufgrund besonderer bewertungsrechtlicher Zurechnungsregeln (so beim **Erbbaurecht:** Die Begründung eines Erbbaurechts

Fortschreibungen **§ 222 BewG**

führt zum Wechsel der Zurechnung vom Grundstückseigentümer zum Erbbaurechtsberechtigten → BewG § 261 Rn. 2). Entscheidend ist, ob (und in Ansehung des Fortschreibungszeitpunktes auch „wann", zur zeitlichen Fixierung des Zurechnungswechsels → Rn. 30) das grundsteuerliche Zurechnungssubjekt gewechselt hat und sei es auch nur teilweise (zB: vorher Alleineigentum, nachher zwei Miteigentümer nach Bruchteilen). Daher ist eine Zurechnungsfortschreibung vorzunehmen, wenn die Miteigentümer eines Grundstücks (Bruchteilseigentum = Zurechnungssubjekte sind die Miteigentümer, → BewG § 219 Rn. 37 f.) das Grundstück in eine Personengesellschaft einbringen (zB eine GbR). Denn die Personengesellschaft ist ein von den Miteigentümern verschiedenes Zurechnungssubjekt (für eine Zurechnungsfortschreibung ebenfalls *Bruschke* in Stenger/Loose BewG § 22 Rn. 148). Ändert sich die Zusammensetzung des Gesellschafterbestandes einer solchen Personengesellschaft, ist dies hingegen für die Zurechnung irrelevant. Denn Zurechnungssubjekt war und bleibt die Personengesellschaft.

§ 222 Abs. 2 BewG setzt zusätzlich zur abweichenden Zurechnung voraus, dass 19 diese für die Besteuerung von Bedeutung ist **(Bedeutungsvorbehalt)**. Das ist bei einem Zurechnungswechsel stets der Fall, da hiermit zugleich der Steuerschuldner iSv § 10 GrStG wechselt.

Die Zurechnungsfortschreibung enthält die bindende Feststellung darüber, dass 20 auf einem bestimmten Zeitpunkt (positiv) die wirtschaftliche Einheit dem neuen Eigentümer und (negativ) nicht mehr dem früheren Eigentümer zuzurechnen ist (BFH 10.3.1993 – II R 9/93, BFH/NV 1994, 452; 7.4.1993 – II R 107/89, BFH/NV 1994, 453). **Die Zurechnungsfortschreibung hat daher (zwingend) sowohl gegenüber dem alten wie auch dem neuen Zurechnungssubjekt zu erfolgen** (ebenso *Bruschke* in Stenger/Loose BewG § 22 Rn. 301; *Halaczinsky* in Rössler/Troll BewG § 22 Rn. 44; *Schaffner* in KSS BewG § 22 Rn. 12). Es handelt sich um eine einheitlich vorzunehmende Feststellung iSv § 179 Abs. 2 AO (BFH 8.6.1988 – II R 219/84, BStBl. II 1988, 760). Dies gilt sowohl bei Vornahme der Zurechnungsfortschreibung als auch bei Ablehnung eines Antrages auf Vornahme der Zurechnungsfortschreibung (BFH 8.6.1988 – II R 219/84, BStBl. II 1988, 760). Unterlässt das FA die Bekanntgabe des Fortschreibungsbescheides gegenüber dem früheren Zurechnungssubjekt oder ist die Bekanntgabe nicht wirksam erfolgt, tritt diesem gegenüber keine Bestandskraft ein. Er kann mithin selbst dann, wenn der gegenüber dem neuen Zurechnungssubjekt bekanntgegebene Fortschreibungsbescheid unanfechtbar geworden ist, noch Einwendungen gegen die Zurechnungsfortschreibung erheben (zB geltend machen, dass der Zurechnungswechsel bereits zu einem früheren Zeitpunkt eingetreten ist, BFH 27.4.1956 – III 41/56 S, BStBl. III 1956, 203).

Wird eine Zurechnungsfortschreibung durchgeführt, wird der Grundsteuer- 21 messbetrag auf den Fortschreibungszeitpunkt neuveranlagt (→ GrStG § 17 Rn. 3) und die Grundsteuer gegenüber dem neuen Steuerpflichtigen festgesetzt (→ GrStG § 27 Rn. 3 ff.). **Ohne eine Zurechnungsfortschreibung ist dies nicht möglich.** Die dingliche Wirkung nach §§ 184 Abs. 1 S. 4, 182 Abs. 2 AO erstreckt sich nicht auf den Steuerschuldner (→ Rn. 3 f.). Vor allem ergibt sich selbst in den Fällen der Gesamtrechtsnachfolge (Erbfall etc) die formale Zurechnung nicht allein aus der Gesamtrechtsnachfolge selbst, sondern erst aus der Zurechnungsfortschreibung. § 166 AO enthält zwar (klarstellend) den allgemeinen Grundsatz, dass sich die Regelungswirkung eines gegenüber dem Erblasser wirksam gewordenen Verwaltungsaktes auch auf den Gesamtrechtsnachfolger erstreckt (*Krumm* in Tipke/Kruse AO § 166 Rn. 1, 4). Das grundsteuerliche Konzept von Zurechnungsfortschreibung,

413

§ 222 BewG Siebenter Abschnitt. Bewertung d. Grundbesitzes ab 1.1.2022

Neuveranlagung und Grundsteuerfestsetzung ist allerdings spezieller: Es lässt nicht die Zurechnung nach materiellem Recht ausreichen, sondern setzt eine formelle Zurechnung durch Zurechnungsentscheidung voraus. § 10 GrStG spricht ausdrücklich vom Steuerschuldner als der Person, welcher der Steuergegenstand bei der Feststellung „zugerechnet ist" (wie hier OVG Bautzen 6.4.2009 – 5 B 107/07, BeckRS 2009, 33511; aA [wohl] VGH München 12.7.2018 – 4 C 18/1135, BeckRS 2018, 17235, der es für den Erlass eines Grundsteuerbescheides gegenüber einem Erben für künftige Zeiträume ausreichen lässt, dass der Erbe durch den Vonselbsterwerb den Grundsteuertatbestand verwirklicht).

E. Fehlerbeseitigende Fortschreibung (Abs. 3)

I. Objektive Unrichtigkeit einer Feststellung (Abs. 3 S. 1)

22 Eine Fortschreibung kommt nach § 222 Abs. 3 BewG auch zur Beseitigung eines Fehlers der letzten Feststellung in Betracht. Diese sog. **rechtsfehlerbeseitigende Fortschreibung ist keine eigenständige Fortschreibungsart.** § 222 Abs. 3 BewG normiert für Wert-, Art- und Zurechnungsfortschreibung lediglich einen weiteren Fortschreibungsanlass mit einem gesonderten Fortschreibungszeitpunkt (vgl. BFH 21.2.2002 – II R 18/00, BStBl. II 2002, 456). Daher gilt die Fortschreibungsgrenze nach § 222 Abs. 1 BewG (→ Rn. 11) auch für eine fehlerbeseitigende Wertfortschreibung (ebenso AEBewGrSt A 222 Abs. 5 S. 4).

23 **Fehler iSv § 222 Abs. 3 BewG ist jede objektive Unrichtigkeit** (BFH 29.11.1989 – II R 53/87, BStBl. II 1990, 149; 21.2.2002 – II R 18/00, BStBl. II 2002, 456), dh jede Abweichung der Feststellung vom Gesetz (= Rechtswidrigkeit der Feststellung). Der Fehler kann in Bezug auf Wert, Art und Zurechnung aus allen Umständen resultieren, die im Feststellungsverfahren über den Grundsteuerwert zu berücksichtigen sind. Es kann sich sowohl um – ggf. auch erst durch die Rechtsprechung „aufgedeckte" (→ Rn. 26) – **Fehler bei Auslegung und Anwendung des Gesetzes** als auch um die **Berücksichtigung eines unrichtigen Sachverhaltes** handeln (BFH 22.5.2019 – II R 22/17, BFH/NV 2019, 1064; für Umstände, die erst im Grundsteuermessbetragsverfahren zu berücksichtigen sind, gilt hingegen § 17 Abs. 2 Nr. 2 GrStG, der einen identischen Fehlerbegriff normiert → GrStG § 17 Rn. 10). Unerheblich ist, wodurch der Fehler verursacht wurde, ob der Fehler unmittelbar aus dem vorherigen Bescheid ersichtlich ist und ob sich der Fehler zugunsten oder zuungunsten des Steuerschuldners auswirkt (BFH 17.2.1999 – II R 48/97, BFH/NV 1999, 1452; 19.9.2018 – II R 20/15, BFH/NV 2019, 193; 27.11.2019 – II R 43/16, BFH/NV 2020, 793; *Bruschke* in Stenger/Loose BewG § 22 Rn. 200 ff.; *Schaffner* in KSS BewG § 22 Rn. 16 ff.).

24 Sind dem Finanzamt bei der vorherigen Feststellung mehrere Fehler unterlaufen, sind sie allesamt mit der fehlerberichtigenden Fortschreibung zu korrigieren (BFH 31.7.1981 – III R 127/79, BStBl. II 1982, 6). Wirken sich die Fehler auf den Grundsteuerwert gegenläufig aus, ist – anders als beim Zusammentreffen mit einem Fortschreibungsanlass nach § 222 Abs. 1 BewG (→ Rn. 25) – eine Saldierung vorzunehmen (*Bruschke* in Stenger/Loose BewG § 22 Rn. 259).

25 Das Gesetz verhält sich nicht ausdrücklich zu der Frage, wie zu verfahren ist, **wenn anlässlich einer Wertfortschreibung nach § 222 Abs. 1 BewG auffällt, dass die vorherige Wertfeststellung fehlerhaft war.** Ausgehend von dem

Grundsatz, dass die Wertfortschreibung wegen Änderung der tatsächlichen Verhältnisse und die fehlerbeseitigte Wertfortschreibung wegen ihrer jeweils verschiedenen Fortschreibungszeitpunkte unabhängig nebeneinanderstehen, ist **der BFH der Ansicht, dass weder der Fehler anlässlich der Wertfortschreibung nach § 222 Abs. 1 BewG mitkorrigiert werden darf noch dass bei gegenläufigen Wertauswirkungen** (die Beseitigung des Fehlers würde zu einem niedrigeren und die Fortschreibung nach § 222 Abs. 1 BewG zu einem höheren Grundsteuerwert führen) **eine Saldierung nach § 177 AO zulässig ist** (BFH 16.9.1987 – II R 240/84, BStBl. II 1987, 843; 11.3.1998 – II R 5/96, BFH/NV 1998, 1070; FG Köln 13.2.2019 – 4 K 108/17, DStRE 2019, 1079, jeweils zu § 22 BewG). Der BFH begründet dies mit einem spezialgesetzlichen Vorrang des § 222 Abs. 4 mit seinen Fortschreibungszeitpunkten.

Beispiel (nach BFH 11.3.1998 – II R 5/96, BFH/NV 1998, 1070): Der Steuerpflichtige erwirbt 01 ein Grundstück, das ihm auf den 1.1.02 zugerechnet wird. Mit der Zurechnungsfortschreibung erfolgt zugleich eine Wertfortschreibung, weil mit der Zurechnung beim Steuerpflichtigen nunmehr auch bisher von der Grundsteuer befreite und fortan steuerpflichtige Gebäudeteile in die Bewertung einzubeziehen waren. Anlässlich der Ermittlung des Grundsteuerwertes unterlief dem FA ein Rechtsanwendungsfehler zulasten des Steuerpflichtigen; der Grundsteuerwert wurde daher zu hoch festgestellt. In 04 wurde ein Erweiterungsbau fertiggestellt, weshalb auf den 1.1.05 eine Wertfortschreibung zu erfolgen hat. In 2006 – nämlich anlässlich der Wertermittlung für den Erweiterungsbau – wird dem FA bekannt, dass die Wertermittlung für das Bestandsgebäude fehlerhaft ist. Nach Ansicht des BFH kann anlässlich der auf den 1.1.05 vorzunehmenden Wertfortschreibung der Fehler in Bezug auf das Bestandsgebäude nicht mit berichtigt werden, auch nicht saldierend mit der Werterhöhung, die infolge des Erweiterungsbaus eintritt. § 177 AO finde keine Anwendung, da die Regelung über den Fortschreibungszeitpunkt die speziellere Norm sei. Das Bestandsgebäude sei deshalb bei der Wertfortschreibung auf den 1.1.05 noch mit dem Gebäudewert anzusetzen, der auf den 1.1.02 festgestellt wurde. Sodann muss allerdings auf den 1.1.06 eine fehlerberichtigende Wertfortschreibung in Ansehung des Bestandsgebäudes erfolgen.

Eine saldierende Fehlerberichtigung (also die gleichzeitige Vornahme einer Fortschreibung wegen Änderung der Verhältnisse und einer fehlerbeseitigenden Fortschreibung) kommt daher nur dann in Betracht, wenn für beide Fortschreibungen derselbe Fortschreibungszeitpunkt gilt (BFH 11.3.1998 – II R 5/96, BFH/NV 1998, 1070). Entsprechendes muss ferner gelten, wenn in Bezug auf den (gegenläufigen) Fehler die Voraussetzungen des § 173 AO vorliegen.

II. Vertrauensschutz nach § 176 AO (Abs. 3 S. 2 u. 3)

Der objektive Fehlerbegriff des § 222 Abs. 3 S. 1 BewG erfasst auch die unrichtige Auslegung und Anwendung des Gesetzes (→ Rn. 23). Unter Umständen entsprachen die einer Feststellung von der Finanzbehörde zugrunde gelegte Auslegung und Anwendung der im Zeitpunkt der Feststellung geübten BFH-Rechtsprechung. **Ändert der BFH** im Nachgang hierzu indes **seine Rechtsprechung,** wird die Feststellung iSv § 222 Abs. 3 S. 1 BewG „rückwirkend" fehlerhaft. Dies gilt erst recht, **wenn die Rechtsprechung erkennt, dass eine Verwaltungsvorschrift** der Bundesregierung (vgl. Art. 108 Abs. 7 GG) oder der Finanzbehörden **nicht mit dem Gesetz in Einklang steht.** Der Gesetzgeber erachtet das **Vertrauen des Steuerpflichtigen** in die vormalige (geänderte) Rechtsprechung bzw. die Verwaltungsvorschrift unter den Voraussetzungen des § 176 AO für schutzwürdig. Hiernach darf bei der Aufhebung oder Änderung eines Steuerbescheids ua 26 nicht zuungunsten (!) des Steuerpflichtigen berücksichtigt werden, dass sich die Rechtsprechung eines obersten Gerichtshofes des Bundes geändert hat, die bei der bisherigen Steuerfestsetzung von der Finanzbehörde angewandt worden ist (§ 176 Abs. 1 S. 1 Nr. 3 AO), oder dass eine allgemeine Verwaltungsvorschrift der Bundesregierung, einer obersten Bundes- oder Landesbehörde von einem obersten Gerichtshof des Bundes als nicht mit dem geltenden Recht in Einklang stehend bezeichnet worden ist (§ 176 Abs. 2 AO). Diese Regelung wird von § 222 Abs. 3 S. 2 BewG für entsprechend anwendbar erklärt. Damit scheidet unter den genannten Voraussetzungen eine fehlerberichtigende Fortschreibung zulasten des Steuerpflichtigen aus. Für die Einzelheiten kann auf die Ausführungen zu § 17 Abs. 2 Nr. 2 GrStG verwiesen werden, der für die fehlerbeseitigende Neuveranlagung ebenfalls auf § 176 AO verweist (→ GrStG § 17 Rn. 11 ff.). Bei einer fehlerberichtigenden Fortschreibung zugunsten des Steuerpflichtigen gelten hingegen keine Einschränkungen.

F. Fortschreibungszeitpunkt (Abs. 4)

I. Änderung der tatsächlichen Verhältnisse (Abs. 4 S. 3 Nr. 1)

27 Die Fortschreibung hat auf einen bestimmten Stichtag zu erfolgen (sog. **Fortschreibungszeitpunkt**). Es handelt sich stets um den 1.1. eines Kalenderjahres. Dieser Fortschreibungszeitpunkt hat in dreierlei Hinsicht Bedeutung: (1) **Er bestimmt in Bezug auf die Entscheidungsgrundlagen den maßgeblichen Zeitpunkt.** Der Fortschreibungsentscheidung sind die tatsächlichen Verhältnisse zum Fortschreibungszeitpunkt zugrunde zu legen. Lediglich in Ansehung der Wertverhältnisse ist gem. § 227 BewG nicht auf den Fortschreibungszeitpunkt, sondern auf den Hauptfeststellungszeitpunkt abzustellen (→ BewG § 227 Rn. 1, 3). Unterstellt man als Hauptfeststellungszeitpunkt den 1.1.01 und betrachtet man einen Steuerpflichtigen, der in 04 ein Einfamilienhaus unter Ausweitung der Wohnfläche zu einem Zweifamilienhaus aus- und umbaut, bedeutet diese Differenzierung: Für die Wertfortschreibung sind die tatsächlichen Verhältnisse am 1.1.05 maßgeblich, also „Zweifamilienhaus" (zugleich bindend als Art festzustellen) und die neue „Wohnfläche". Die Bodenrichtwerte und das Baujahr sind hingegen „Stand 1.1.01" zugrunde zu legen (→ BewG § 227 Rn. 4). (2) Ferner **bestimmt der Fortschreibungszeitpunkt den Geltungsbeginn der geänderten Feststellung.** Bis zum Fortschreibungszeitpunkt bleibt die – für eine Fortschreibung denknotwendig existierende (existiert eine solche nicht, liegt ein Fall der Nachfeststellung vor, → BewG § 223 Rn. 1) – vorangegangene Feststellung verbindlich. Erst mit Beginn des Fortschreibungszeitpunktes tritt die neue an die Stelle der alten Feststellung (was einen Erlass des Fortschreibungsbescheides vor diesem Zeitpunkt allerdings nicht hindert, → BewG § 225 Rn. 3 ff.). Die bisherige Feststellung bleibt also mit Geltung bis zum Fortschreibungszeitpunkt bestehen und wird „nur zeitlich" vom Fortschreibungsbescheid abgelöst (BFH 25.8.1961 – III 90/60 S, BStBl. III 1961, 498; *Halaczinsky* in Rössler/Troll BewG § 22 Rn. 11). Hierin liegt der Wesensunterschied zur Berichtigung nach § 129 AO bzw. zur Änderung nach §§ 172 ff. AO, die auf eine Ersetzung der rechtswidrigen Feststellung zu einem zurückliegenden Fortschreibungszeitpunkt gerichtet sind (→ Rn. 37). (3) Der **Fortschreibungszeitpunkt kann für den Beginn der Festsetzungsfrist Bedeutung haben** (→ BewG § 226 Rn. 3).

Fortschreibungen **§ 222 BewG**

Bei einer **Änderung der tatsächlichen Verhältnisse** ist Fortschreibungszeit- 28
punkt der Beginn des Kalenderjahres, das auf die Änderung folgt (§ 222 Abs. 4 S. 3
Nr. 1 BewG). Maßgeblich ist – wie auch in Ansehung des Hauptfeststellungszeitpunktes – der Beginn des 1.1. (also 0:00 Uhr, →BewG § 221 Rn. 8, dort insb.
auch zum Zurechnungswechsel zwischen zwei Kalenderjahren). Es sind der Fortschreibung (nur) die Veränderungen iSv § 222 Abs. 1, Abs. 2 BewG zugrunde zu
legen, die zu diesem Zeitpunkt vorliegen. Liegen zB mehrere wertrelevante Veränderungen vor, die sich alle nach dem letzten Feststellungszeitpunkt (→Rn. 9) ergeben haben, sind sie allesamt zu berücksichtigen, bei gegenläufigen Veränderungen ist der Saldo maßgeblich.

Wird ein Gebäude errichtet, ist der Zeitpunkt der Bezugsfertigkeit maßgeb- 29
lich. Dabei ist grundsätzlich auf das gesamte Gebäude abzustellen (→BewG § 248
Rn. 5). Bei **Um- und Ausbauarbeiten** ist die Änderung in dem Moment erfolgt,
in dem die Bauarbeiten insgesamt abgeschlossen sind. Die Fortschreibung hat dann
auf den 1.1. des nächsten Kalenderjahres zu erfolgen (FG Hamburg 30.7.2013 – 3
K 55/13, BeckRS 2013, 96064). Eine noch nicht abgeschlossene Umbaumaßnahme ist hingegen ohne Bedeutung. Erfolgt eine Gebäudeerrichtung oder ein
Umbau in Abschnitten (→BewG § 248 Rn. 6ff.), liegt ein zur Veränderung iSv
§ 222 Abs. 4. S. 3 Nr. 1 BewG führender Abschluss für den einzelnen Bau-/Umbauabschnitt vor, wenn erkennbar wird, dass die eingeleitete Bau-/Umbaumaßnahme nicht nur vorübergehend unterbrochen bzw. nur vorübergehend aus technischen Gründen nicht zügig weiterbetrieben wird (BFH 28.11.1990 – II R
36/87, BStBl. II 1991, 209). Insoweit ist nicht eine Betrachtung ex post maßgeblich. Es muss vielmehr am in Rede stehenden Stichtag objektiv feststehen, dass die
Baumaßnahme mit dem erreichten Zustand (vorläufig) beendet ist, jedenfalls nicht
mehr zügig in mit dem erreichten Zustand zusammenhängender Bauentwicklung
fertiggestellt wird (BFH 28.11.1990 – II R 36/87, BStBl. II 1991, 209; aA noch
BFH 29.4.1987 – II R 262/83, BStBl. II 1987, 594).

Sofern das wirtschaftliche Eigentum nicht bereits vor dem rechtlichen Eigentum 30
übergeht (dann ist der Erwerb des wirtschaftlichen Eigentums maßgeblich,
→BewG § 219 Rn. 18), erfolgt die Änderung iSv § 222 Abs. 4 S. 3 Nr. 1 BewG
aufgrund eines Eigentumswechsels mit Erwerb des Eigentums durch den neuen Eigentümer. Das ist beim **rechtsgeschäftlichen Eigentumserwerb** mit Eintragung
des Erwerbers im Grundbuch (→BewG § 219 Rn. 19; zur vorherigen Erlangung
wirtschaftlichen Eigentums →BewG § 219 Rn. 24f.), beim **Erbfall** mit dem Tod
des Erblassers (→BewG § 219 Rn. 20), bei der Zwangsversteigerung mit dem
wirksamen Zuschlag (allerdings erfolgt bei erfolgreicher Beschwerde eine rückwirkende Aufhebung, vgl. *Böttcher* in Böttcher ZVG § 90 Rn. 3a), bei Enteignung mit
dem in der Ausführungsanordnung festgesetzten Tag (vgl. Art. 34 Abs. 6 S. 1
BayEG; § 32 Abs. 3 S. 1 **BWLEntG**; § 33 Abs. 5 S. 1 EEG **NW**; § 39 Abs. 3 S. 1
RPLEnteigG) und im Flurbereinigungsverfahren ebenfalls mit dem in der Ausführungsanordnung festgesetzten Tag der Fall. Bei Enteignung und Flurbereinigung ist allerdings ein vorheriger Übergang des wirtschaftlichen Eigentums aufgrund von vorzeitiger bzw. vorläufiger Besitzeinweisung (für die Flurbereinigung
§ 65 FlurbG) denkbar (hiervon geht AEBewGrSt A 232.2 Abs. 1 S. 4 für die Flurbereinigung als Regelfall aus; Entsprechendes wird dort für den Fall einer Abfindung in Geld für den Zeitpunkt der Unwiderruflichkeit der Zustimmung [vgl.
§§ 52, 53 FlurbG] angenommen). Bei einem **Erbbaurecht** (zum Zurechnungswechsel bei Bestellung →Rn. 18) ist ebenfalls die Eintragung im Grundbuch maßgeblich (§ 11 ErbbauRG iVm § 873 BGB; ggf. aber vorgelagert bereits Begründung

§ 222 BewG Siebenter Abschnitt. Bewertung d. Grundbesitzes ab 1.1.2022

wirtschaftlichen Eigentums, vgl. AEBewGrSt A 261.1 Abs. 2 S. 2) bzw. für die (Wieder-) Zurechnung beim Grundstückseigentümer die Rückübertragung bzw. das Erlöschen; allein der Anspruch auf Übertragung des Erbbaurechts (Heimfall) ist grundsätzlich nicht ausreichend (FG Berlin-Brandenburg 18.11.2020 – 3 K 3132/19, BeckRS 2020, 33903).

31 Besonderheiten können für **Umwandlungsvorgänge** gelten: Die dinglichen Wirkungen einer Umwandlung ([ggf. partielle] Gesamtrechtsnachfolge, → BewG § 219 Rn. 21) treten zwar erst mit Eintragung in das maßgebliche Handels- oder Genossenschaftsregister ein (vgl. für die Verschmelzung § 20 Abs. 1 UmwG, für die Spaltung § 131 Abs. 1 UmwG, für die Vermögensübertragung § 176 Abs. 3 UmwG bzw. § 177 Abs. 2 S. 1 UmwG iVm § 176 Abs. 3 UmwG). Steuerrechtlich ermöglicht § 2 UmwStG allerdings uU eine Rückbeziehung dieser Wirkungen auf den sog. steuerlichen Übertragungsstichtag. **Diese steuerliche Rückwirkung gilt gem. § 2 Abs. 1 UmwStG auch** für die Steuern auf das Vermögen und damit auch **für die Grundsteuer** (hM *Hörtnagl* in Schmitt/Hörtnagl UmwStG § 2 Rn. 35; *Klingberg* in Brandis/Heuermann UmwStG § 2 Rn. 37; OFD Frankfurt 21.7.2017 – S 3106 A-097-St 116, BeckVerw 345092; für die VSt auch FG Nürnberg 12.2.1998 – IV 218/96, EFG 1998, 851; aA *Bruschke* in Stenger/Loose BewG § 22 Rn. 150), dh der steuerliche Übertragungsstichtag ist der Änderungsmoment iSv 222 Abs. 4 S. 3 Nr. 1 BewG. Wird die Umwandlung mithin auf den 1.1. zurückbezogen, treten die Wirkungen mit Beginn des 1.1. ein (also um 0:00 Uhr) und damit kann dieser 1.1. auch bereits der Fortschreibungszeitpunkt sein (so auch OFD Frankfurt 21.7.2017 – S 3106 A-097-St 116, BeckVerw 345092; ferner → BewG § 221 Rn. 8).

32 **Hängt die bewertungsrechtliche Beurteilung von bauordnungsrechtlichen Vorgaben ab** (zB von den Anforderungen an die Eignung von Räumen zum dauernden Aufenthalt von Menschen, → BewG § 249 Rn. 31), ist nicht der Zeitpunkt der Genehmigungserteilung maßgeblich, sondern derjenige, zu dem die Vorgaben und damit die Genehmigungsvoraussetzungen vorlagen. Dies hat der BFH zB für den Fall der Baugenehmigung angenommen, mit der eine Raumeinheit zur Wohnung und damit das Gebäude zum Zweifamilienhaus wurde. Die nachträglich erteilte Baugenehmigung könne nicht auf einen vorherigen Stichtag zurückwirken, „wenn die Voraussetzungen für deren Erteilung nicht schon am streitigen Stichtag vorlagen, sondern erst durch tatsächliche Umgestaltungen nach dem Feststellungszeitpunkt geschaffen wurden oder wenn die später erteilte Baugenehmigung erst dadurch ermöglicht wurde, dass sich die bauordnungsrechtlichen Vorschriften nach dem Bewertungsstichtag zugunsten des Antragstellers verändert haben, die Baugenehmigung also nach den am Feststellungszeitpunkt maßgebenden bauordnungsrechtlichen Bestimmungen nicht erteilt worden wäre" (BFH 5.4.1995 – II R 62/92, BFH/NV 1995, 956). Der BFH scheint insoweit allerdings nicht zu verlangen, dass am maßgeblichen Stichtag ein gebundener Anspruch auf Erteilung der Baugenehmigung bestand. Es dürfte mithin ausreichend sein, dass eine Abweichung von den bauordnungsrechtlichen Vorgaben im Ermessen der Behörde steht, solange – entsprechend dem vorstehenden Zitat – sich die tatsächlichen Umstände, die bei der Ermessensbetätigung berücksichtigt wurden, nicht verändert haben (so wird man BFH 25.10.1995 – II R 90/94, BFH/NV 1996, 296 verstehen müssen).

Fortschreibungen **§ 222 BewG**

II. Fehlerbeseitigende Fortschreibung (Abs. 4 S. 3 Nr. 2)

Eine fehlerbeseitigende Fortschreibung darf grundsätzlich nur auf den Beginn 33 des Kalenderjahres erfolgen, in dem der Fehler dem Finanzamt bekannt wird. Ein Antrag des Steuerpflichtigen ist nicht erforderlich. In den meisten Fällen dürfte dem Finanzamt allerdings erst durch eine Eingabe des Steuerpflichtigen der Fehler bekannt werden. Mit der Maßgeblichkeit des „Bekanntwerdens" stellt der Gesetzgeber klar, dass ein **Kennenmüssen nicht ausreichend** ist. Es kommt daher nicht darauf an, ob das Finanzamt den Fehler hätte selbst erkennen können (FG Saarland 23.4.2014 – 2 K 1273/11, EFG 2014, 1556). Im Übrigen dürfen die Anforderungen nicht überspannt werden. **Erforderlich ist daher nicht die positive Kenntnis des Fehlers. Ausreichend ist vielmehr, dass das Finanzamt konkret auf den Fehler hingewiesen wird oder selbst erkennt, dass möglicherweise ein Fehler vorliegt** (FG Düsseldorf 12.2.2004 – 11 K 2918/01, EFG 2004, 962; FG Baden-Württemberg 28.6.2007 – 8 K 51/03, EFG 2007, 1487). Maßgeblich ist insoweit – entsprechend den Grundsätzen zu § 173 Abs. 1 AO (→ Rn. 39 ff.) – die Kenntnis des für die Fortschreibung zuständigen Beamten in der Bewertungsstelle (FG Niedersachsen 19.8.1997 – I 236/93, EFG 1998, 15; *Bruschke* in Stenger/Loose BewG § 22 Rn. 253). Ein Bekanntwerden ist immer nur mit Einzelfallbezug denkbar. Es gibt keine „allgemeine (abstrakte) Kenntniserlangung" mit Veröffentlichung eines (höchstrichterlichen) Urteils, wenn sich aufgrund der dort formulierten Gesetzesauslegung in Grundsteuerwertbescheiden getroffene Feststellungen als (von Anfang an; zur Wirkung der Gesetzesauslegung durch die Rechtsprechung → GrStG § 17 Rn. 11) unzutreffend erweisen (zutreffend FG Düsseldorf 12.2.2004 – 11 K 2918/01, EFG 2004, 962 für die Rechtsprechung des BFH zum Wohnungsbegriff; aA für die Änderung einer Rechtsansicht *Halaczinsky* in Rössler/Troll BewG § 22 Rn. 78 aE). Weist der Steuerpflichtige auf den Fehler hin, ist maßgeblicher Zeitpunkt der Eingang des begründeten Hinweises beim Finanzamt. Wann das Finanzamt den Fehler anerkennt, ist irrelevant (FG Saarland 23.4.2014 – 2 K 1273/11, EFG 2014, 1556). Die **Feststellungslast** in Ansehung des Umstandes der Kenntniserlangung trägt bei einer Neuveranlagung zu seinen Gunsten der Steuerpflichtige (vgl. FG Baden-Württemberg 28.6.2007 – 8 K 51/03, EFG 2007, 1487).

Von dem Grundsatz, dass die fehlerbeseitigende Fortschreibung auf den Beginn 34 des Kalenderjahres der Kenntniserlangung vorzunehmen ist (→ Rn. 33), sieht § 222 Abs. 4 S. 3 Nr. 2 eine Ausnahme für den Grundsteuerwert erhöhende Wertfortschreibungen (im Falle der Fehlersaldierung [→ Rn. 24] ist der Saldo maßgeblich, *Bruschke* in Stenger/Loose BewG § 22 Rn. 260) vor: Die fehlerbeseitigende Wertfortschreibung darf frühestens auf den Beginn des Kalenderjahres erfolgen, in dem der Fortschreibungsbescheid dem Steuerpflichtigen bekannt gegeben wird. **Die Ausnahmeregelung schiebt die Wirkungen der Fehlerbeseitigung also über den 1.1. des Kenntniserlangungsjahres hinaus auf den 1.1. des Jahres, in dem die Fehlerbeseitigung tatsächlich umgesetzt wird.** Dies wirkt sich natürlich nur aus, wenn Kenntniserlangung und Bescheidbekanntgabe nicht in ein und dasselbe Jahr fallen. Die Regelung gilt nur für die Fortschreibung der Grundsteuerwertfeststellung. Sie gilt nicht – auch nicht analog – für eine fehlerbeseitigende Artfortschreibung, auch wenn diese (mittelbar) zu einer Erhöhung des Grundsteuerwertes führen kann (BFH 13.11.1991 – II R 92/89, BFH/NV 1992, 723; 19.2.1992 – II R 35/89, BFH/NV 1993, 353; *Halaczinsky* in Rössler/Troll BewG § 22 Rn. 79; *Schaffner* in KSS BewG § 22 Rn. 24; AEBewGrSt A 222 Abs. 6

§ 222 BewG Siebenter Abschnitt. Bewertung d. Grundbesitzes ab 1.1.2022

S. 4). Wegen der Eigenständigkeit von Wert- und Artfeststellung (→ Rn. 3) kann dies zur Folge haben, dass – trotz Fehleridentität – Wert- und Artfortschreibung auf zwei verschiedene Zeitpunkte vorzunehmen sein können (BFH 19.2.1992 – II R 35/89, BFH/NV 1993, 353; wohl auch AEBewGrSt A 222 Abs. 6 S. 5).

G. Sperrwirkung einer Fortschreibung für vorangegangene Zeitpunkte

35 Mit einer Fortschreibung trifft das Finanzamt nicht nur eine positive Sachregelung in Bezug auf Wert, Art und/oder Zurechnung und deren zeitlichen Geltungsanspruch (Fortschreibungszeitpunkt). Der **Fortschreibungsbescheid enthält zugleich die negative Feststellung, dass eine Fortschreibung auf einen vorausgegangenen Stichtag nicht durchgeführt wird** (BFH 16.1.1959 – III R 96/58, BStBl. III 1959, 150 [Wertfortschreibung]; 24.4.1985 – II S 4/85, BFH/NV 1986, 46 [Zurechnungsfortschreibung]; FG Baden-Württemberg 28.6.1994 – 8 K 27/94, EFG 1995, 301 [Artfortschreibung]; FG Düsseldorf 12.2.2004 – 11 K 2918/01, EFG 2004, 962 [Wertfortschreibung]; *Bruschke* in Stenger/Loose BewG § 22 Rn. 181f.; *Halaczinsky* in Rössler/Troll BewG § 22 Rn. 43; *Schaffner* in KSS BewG § 22 Rn. 6). Daher entfaltet ein Fortschreibungsbescheid aufgrund der materiellen Bestandskraft eine „Sperrwirkung" dahingehend, dass eine Fortschreibung der gleichen Art (also: Wert, Art, Zurechnung) auf einen vorangegangenen Stichtag unzulässig ist (*Bruschke* in Stenger/Loose BewG § 22 Rn. 181; AEBewGrSt A 222 Abs. 4 S. 1 u. 2). Dies gilt nur dann nicht, wenn sich das Finanzamt eine Fortschreibung der gleichen Feststellung auf einen früheren Zeitpunkt in dem Fortschreibungsbescheid ausdrücklich vorbehalten hat (FG Düsseldorf 12.2.2004 – 11 K 2918/01, EFG 2004, 964; *Bruschke* in Stenger/Loose BewG § 22 Rn. 182). Stehen hingegen unterschiedliche Fortschreibungen in Rede, gilt die Sperrwirkung nicht. So kann eine Wertfortschreibung auf den 1.1.01 vorgenommen werden und später auf den gleichen Fortschreibungszeitpunkt auch noch eine Zurechnungsfortschreibung erfolgen (vgl. BFH 9.1.1959 – III 288/57, BStBl. III 1959, 110). Ferner ist die Sperrwirkung bei der Zurechnungsfortschreibung deshalb beschränkt, weil eine Zurechnungsfortschreibung nur gegenüber ihrem Adressaten wirken und nicht gegenüber anderen Personen eintreten kann. Daher kann eine Zurechnungsfortschreibung idR gegenüber anderen Personen auch dann nachgeholt werden, wenn bereits eine Zurechnungsfortschreibung gegenüber einer anderen Person auf einen späteren Zeitpunkt erfolgt ist (AEBewGrSt A 222 Abs. 4 S. 5ff.).

H. Feststellungsverjährung

36 Für Fortschreibungen gelten die §§ 169ff. AO über die Festsetzungsfrist (→ BewG § 226 Rn. 3). Allerdings ist **§ 181 Abs. 5 AO** zu beachten, der den Eintritt der Feststellungsverjährung über die Stufen des Grundsteuervollzugs hinweg auch an die Festsetzungsverjährung der Grundsteuerfestsetzung knüpft (→ BewG § 226 Rn. 7ff.). Zudem ist die **Nachholungsmöglichkeit auf einen späteren Zeitpunkt** nach Maßgabe des § 226 BewG zu beachten (→ BewG § 226 Rn. 4ff.).

Fortschreibungen   § 222 BewG

I. Berichtigung/Änderung von Grundsteuerwertbescheiden nach allgemeinen Änderungsvorschriften

I. Unterschiede zur bewertungsrechtlichen (fehlerbeseitigenden) Fortschreibung

Der Grundsteuerwertbescheid unterliegt mit allen seinen Feststellungen den allgemeinen Berichtigungs- (§ 129 AO) und Änderungsvorschriften (insb. §§ 172 ff. AO iVm § 181 Abs. 1 AO). Dies gilt entsprechend für Fortschreibungs- und Nachfeststellungsbescheide. § 222 BewG hat keinen abschließenden Charakter und verdrängt diese Regelungen daher nicht. Die bewertungsrechtlichen Vorschriften können allerdings modifizierend wirken (va: Anwendung des § 226 BewG bei Festsetzungsverjährung, → BewG § 226 Rn. 10f). **Die allgemeinen Berichtigungs-/Änderungsvorschriften unterscheiden sich auf der Rechtsfolgenseite deutlich von § 222 BewG:** Erstere sind auf die Änderung einer Feststellung mit Wirkung für den Zeitpunkt ihrer erstmaligen Geltung gerichtet. Sie erlauben eine Änderung mit Wirkung für die Vergangenheit (genauer: auf einen vergangenen Hauptfeststellungs-, Nachfeststellungs- oder Fortschreibungszeitpunkt). Vorbehaltlich von Festsetzungsverjährung und der Anwendung des § 226 BewG kann die rechtswidrige Feststellung auch für die Vergangenheit keinen Bestand haben. Ein Fortschreibungsbescheid iSv § 222 BewG löst die vorherige Feststellung immer nur mit Wirkung ab dem Fortschreibungszeitpunkt für die Zukunft ab. Der Fortschreibungsbescheid tritt daher – mit einem anderen zeitlichen Geltungsanspruch – neben die geänderte Feststellung (→ Rn. 27). Daher lässt die Änderung eines Grundsteuerwertbescheides nach den allgemeinen Berichtigungs-/Änderungsvorschriften mit Wirkung für die Vergangenheit einen zwischenzeitlich ergangenen Fortschreibungsbescheid unberührt, dh die rückwirkende Änderung der vorherigen Feststellung reicht zeitlich (maximal) bis zum Fortschreibungszeitpunkt. Von dort hätte der geänderte Bescheid nicht mehr gegolten und daher kann es auch der Änderungsbescheid nicht. 37

Die §§ 129, 172 ff. AO ermöglichen nicht nur die Änderung einer Feststellung, sondern auch deren Aufhebung. **Im Falle der Aufhebung gilt die aufgehobene Feststellung nicht mehr.** Handelt es sich bei dem aufgehobenen Verwaltungsakt um einen Fortschreibungsbescheid, **bedeutet dies, dass die vormalige – ursprünglich durch die Fortschreibung ab dem Fortschreibungszeitpunkt veränderte – Feststellung wieder Geltung beansprucht** (VG Gelsenkirchen 27.1.2011 – 5 K 2189/09, BeckRS 2011, 48338, dort: Aufhebung einer Zurechnungsfortschreibung mit der Folge, dass der Steuergegenstand wieder dem vorherigen Zurechnungssubjekt zuzurechnen ist). Dies folgt aus dem Dauerverwaltungsaktcharakter der Feststellungen. 38

II. Aufhebung/Änderung wegen neuer Tatsachen (§ 173 AO)

§ 173 Abs. 1 AO findet auf Grundsteuerwertbescheide (einschließlich Nachfeststellungen und Fortschreibungen) Anwendung (BFH 16.9.1987 – II R 178/85, BStBl. II 1988, 174; BFH 16.10.1991 – II R 23/89, BStBl. II 1992, 454; BFH 11.11.2009 – II R 14/08, BStBl. II 2010, 723; *Halaczinsky* in Rössler/Troll BewG § 22 Rn. 11). Im Idealfall kann die Änderung nach § 173 AO unmittelbar auf den Feststellungs-/Nachfeststellungs- oder Fortschreibungsstichtag des rechtswidrigen 39

Bescheides vorgenommen werden. Dies ist aber keine Voraussetzung für die Anwendung des § 173 AO. Kommt eine Änderung auf diesen Stichtag wegen Eintritts der Festsetzungsverjährung nicht in Betracht, ist aufgrund einer analogen Anwendung des § 226 BewG auch eine Änderung nach § 173 AO auf einen späteren 1.1., nämlich den ersten nicht festsetzungsverjährten 1.1., zulässig (→ BewG § 226 Rn. 10f.).

40 Gemäß § 173 Abs. 1 AO sind Grundsteuerwertbescheide aufzuheben oder zu ändern, **soweit Tatsachen oder Beweismittel nachträglich bekannt werden.** Soll eine Aufhebung/Änderung zugunsten des Steuerpflichtigen erfolgen, ist weitere Voraussetzung, dass ihn kein grobes Verschulden an dem nachträglichen Bekanntwerden trifft (→ Rn. 43). Im Fall einer Aufhebung/Änderung zu seinen Lasten gilt dies nicht, allerdings hat die Rechtsprechung aus Treu und Glauben eine Änderungssperre entwickelt, wenn die Finanzbehörde ihre Ermittlungspflicht verletzt hat (→ Rn. 44). Tatsache iSd Norm ist, was Merkmal oder Teilstück eines gesetzlichen Tatbestands sein kann, also Zustände, Vorgänge, Beziehungen, Eigenschaften materieller oder immaterieller Art (statt vieler BFH 25.1.2017 – I R 70/15, BStBl. II 2017, 780). In Betracht kommen insoweit tatsächliche Eigenschaften des Steuergegenstandes (zB seine bauliche Gestaltung, BFH 16.9.1987 – II R 178/85, BStBl. II 1988, 174, dort: fehlende Abgeschlossenheit zwischen zwei Wohneinheiten iSd Wohnungsbegriffs), seine Nutzung (Wohn- vs. Nichtwohnnutzung), aber auch vorgreifliche rechtliche Verhältnisse (zB Fehlen des Gemeinnützigkeitsstatus im Hinblick auf §3 Abs. 1 S. 1 Nr. 3 GrStG, vgl. BFH 30.6.2010 – II R 17/09, BFH/NV 2010, 2028; die Nichtigkeit des Grundstückskaufvertrages und der dinglichen Einigung aufgrund einer Anfechtung wegen arglistiger Täuschung, FG Düsseldorf 10.4.2014 – 11 K 1438/13, EFG 2014, 1268). **Rechtsanwendungsfehler in Bezug auf das Bewertungs- und Grundsteuerrecht fallen hingegen nicht unter § 173 AO** (statt vieler GrS BFH 23.11.1987 – GrS 1/86, BStBl. II 1988, 180). Die Tatsache oder das Beweismittel müssen nachträglich bekannt geworden sein. Das sind sie, wenn sie im Zeitpunkt des Erlasses des ursprünglichen Bescheides zwar vorhanden, aber noch unbekannt waren. Maßgeblich ist grundsätzlich nur die (Un-)Kenntnis des zuständigen Sachbearbeiters und des zuständigen Sachgebietsleiters (statt vieler BFH 14.5.2013 – X B 33/13, BStBl. II 2013, 997; str., zur Diskussion *Rüsken* in Klein AO § 173 Rn. 60ff.). Lediglich in Ansehung des Inhalts der bei der zuständigen Dienststelle geführten Steuerakten löst sich der BFH vom Sachbearbeiter als Bezugspunkt der Kenntnis und erklärt den gesamten Akteninhalt für bekannt, ohne dass es insoweit auf die individuelle Kenntnis ankomme (BFH 3.5.1991 – V R 36/90, BFH/NV 1992, 221; s. allerdings auch noch → Rn. 41f.).

41 Angesichts der Bestrebungen der Landesfinanzverwaltungen den **Grundsteuervollzug weitgehend automatisiert zu verwirklichen,** werden sich insoweit viele neue Fragen zu § 173 AO stellen. Das betrifft ua den Begriff der neuen Tatsache. **Was ist der Finanzbehörde bekannt, wenn Risikomanagementsysteme die von Menschenhand zu prüfenden Fälle auswählen und die nicht ausgesteuerten Fälle einer weitgehenden Automation des Verwaltungsverfahrens und vor allem der Entscheidungsproduktion überlassen werden** und zugleich Berge an nicht digitalisierten Einheitswertakten existieren? Der BFH hat sich bisher vor allem mit analogen Aktenfällen befasst. Bekannt seien in diesen Fällen alle Tatsachen, die dem für die Entscheidung über die Steuerfestsetzung zuständigen Sachbearbeiter zur Kenntnis gelangen. Dabei sei grundsätzlich bekannt, was sich aus den bei der Finanzbehörde geführten Akten ergibt, ohne dass es auf

Fortschreibungen § 222 BewG

die individuelle Kenntnis des Bearbeiters ankommt. Dies gelte auch, wenn der Bearbeiter den ihm vorliegenden Akteninhalt nicht vollständig prüft, zB weil er nur überschlägig prüft, ihm keine Prüfhinweise dazu vorliegen oder die vorliegenden Prüfhinweise andere im Änderungsverfahren nicht streitige Tatsachen betreffen. Zu dieser Sichtweise sieht sich der BFH deshalb veranlasst, weil es das Finanzamt anderenfalls durch einseitige Beschränkung seiner steuerlichen Ermittlungspflichten in der Hand hätte, das Bekanntwerden bestimmter Tatsachen zu vermeiden und damit den gesetzlich geregelten Umfang der Bestandskraft nach eigenem Belieben zu verschieben. Daher seien die unter den jeweiligen Kennziffern in den Steuererklärungsformularen erklärten Besteuerungsgrundlagen dem FA bekannt, und zwar unabhängig davon, ob es zu einer näheren Betrachtung der eingereichten Belege sowie zu einer weiteren Aufklärung hätte kommen müssen (BFH 12.3.2019 – IX R 29/17, BFH/NV 2019, 1057).

Diese Grundsätze lassen sich allerdings nicht undifferenziert auf den risiko- 42 gesteuerten, weitgehend automatisiert ablaufenden Steuervollzug übertragen. **Werden in einer elektronischen Steuererklärung Tatsachen mitgeteilt, lässt sich uE das Vorhandensein dieser Daten im Computersystem nicht mit dem Kennen der Finanzbehörde gleichsetzen.** Zum einen ist das Kennen und kontextabhängige Verstehen einer Tatsache eine sehr menschliche Fähigkeit. Ein Computer kennt uE nicht die Tatsache, sondern nur einen bei einer bestimmten Kennziffer eingetragenen Wert. Wer hier eine Kenntnis der Finanzbehörde annimmt, operiert nicht mit einem Kennen der Tatsache, sondern eher mit dem Vorwurf, dass der Computer die übermittelten Daten eben nicht verstanden hat und daher keinen Risikohinweis gegeben hat. Zum anderen kann hier auch nicht der vom BFH fruchtbar gemachte Schutzgedanke Geltung beanspruchen. Hiernach soll es der Finanzbehörde nicht möglich sein, durch das Verschließen ihrer Augen, ihre Kenntnis klein zu halten. Dies hat der Gesetzgeber der Finanzbehörde allerdings mit § 88 Abs. 5 AO erlaubt. **§ 88 Abs. 5 AO legitimiert eine nur punktuelle Prüfung der Steuererklärung und hat mit dem vormaligen Leitbild einer durch den Amtsträger vollständig bearbeiteten und damit auch vollständig zur Kenntnis genommenen Erklärung gebrochen** (vgl. nur BT-Drs. 18/7457, 49). Angesichts dessen muss auch der Grundsatz modifiziert werden, dass Aktenwissen der Finanzbehörde stets zuzurechnen ist (→ Rn. 40 aE). Auch hier wird man sagen müssen, dass Aktenwissen dann nicht als bekannt iSv § 173 AO gilt, wenn ein Fall nicht zur menschlichen Bearbeitung ausgesteuert wurde (aA wohl die hM, allerdings ohne spezifische Erörterung des RMS, vgl. *Loose* in Tipke/Kruse AO § 173 Rn. 34; *Rüsken* in Klein AO § 173 Rn. 62; *von Wedelstädt* in Gosch AO § 173 Rn. 65.1: Kenntnisse, die im Computer der FVerw gespeichert sind, seien nicht anders als der Akteninhalt zu behandeln). Keine neue Tatsache liegt nach alldem nur dann vor, wenn der Sachbearbeiter etwas im Anschluss an eine Aussteuerung zur Kenntnis nimmt oder es sich aus den beizuziehenden (elektronischen) Akten ergibt – hier greift der Schutzgedanke des BFH zu Recht wieder ein.

Der digitalisierte, risikoorientierte und automatisierte Grundsteuervollzug be- 43 einflusst ferner die Konkretisierung der **Ausschlussgründe des § 173 Abs. 1 AO.** So kann der Steuerpflichtige eine Änderung zu seinen Gunsten nicht verlangen, **wenn ihn ein grobes Verschulden daran trifft, dass die Tatsachen und Beweismittel erst nachträglich bekannt werden.** Das Verschulden seines bevollmächtigten Steuerberaters wird dem Steuerpflichtigen hierbei zugerechnet (statt vieler BFH 10.2.2015 – IX R 18/14, BStBl. II 2017, 7). Grobe Fahrlässigkeit

§ 222 BewG Siebenter Abschnitt. Bewertung d. Grundbesitzes ab 1.1.2022

liegt vor, wenn der Steuerpflichtige (oder sein Steuerberater) die ihm nach seinen persönlichen Fähigkeiten und Verhältnissen zumutbare Sorgfalt in ungewöhnlichem Maße und in nicht entschuldbarer Weise verletzt hat. Die Rechtsprechung der FG ist hier streng. Die Tatrichter lassen vielfach schon Nachlässigkeiten für eine grobe Fahrlässigkeit ausreichen, die üblicherweise vorkommen und mit denen immer gerechnet werden muss. Diese können aber keine grobe Fahrlässigkeit begründen, weil es anderenfalls keinen Anwendungsfall für eine normale Fahrlässigkeit mehr gibt (zu Recht auch BFH 10.2.2015 – IX R 18/14, BStBl. II 2017, 7 für das das schlichte Vergessen des Übertrags selbst ermittelter Besteuerungsgrundlagen in das Steuererklärungsformular). Diese Einschätzung hat sich vor allem der Gesetzgeber des Steuerrechtsmodernisierungsgesetzes zu eigen gemacht (BT-Drs. 18/7457, 87). Nimmt man dies ernst und berücksichtigt man ferner, dass der Steuerpflichtige mittlerweile wegen des auf Automation angelegten Vollzugsmodells für die Dateneingabe weitgehend die Alleinverantwortung trägt, dann darf man dem Steuerpflichtigen vor allem keine lebensfremden Obliegenheiten in Bezug auf die Eingabesorgfalt und die Kontrolle der eigenen Sorgfalt auferlegen.

44 Geht es um eine Änderung zulasten des Steuerpflichtigen, sieht § 173 Abs. 1 Nr. 1 AO kein entsprechendes Ausschlusskriterium vor. Gleichwohl können **Verschuldenselemente auch auf Seiten der Finanzbehörde** eine Änderung nach § 173 Abs. 1 Nr. 1 AO ausschließen. Die Rechtsprechung nimmt dies dann an, **wenn der Finanzbehörde die ihr tatsächlich erst später bekannt gewordenen Tatsachen bei ordnungsgemäßer Erfüllung ihrer Amtsermittlungspflicht nicht verborgen geblieben wären** (statt vieler BFH 29.11.2017 – II R 52/15, BStBl. II 2018, 419). Dies setzt eine Vorstellung darüber voraus, was den Ermittlungspflichten der Finanzämter im Grundsteuerwertfeststellungsverfahren in Bezug auf alle drei Feststellungen gehört. Dies lässt sich naturgemäß schwer verallgemeinern. Gleichwohl lassen sich durchaus einige grobe Linien skizzieren: Der BFH hat bereits vor 1988 entschieden, dass die dem Finanzamt obliegende Ermittlungspflicht nicht die Verpflichtung beinhaltet, von Amts wegen Feststellungen unter Heranziehung der Bauakten zu treffen. Dies könne nur dann erforderlich werden, wenn die Erklärung des Steuerpflichtigen unvollständig oder widersprüchlich ist oder sich aus den sonst dem FA bekannten Umständen Zweifel an der Richtigkeit der abgegebenen Erklärung aufdrängen (so BFH 10.2.1988 – II R 206/84, BStBl. II 1988, 482). Das gilt in Anbetracht eines digitalisierten, risikoorientierten und automatisierten Grundsteuervollzug erst recht. So führen allein der Einsatz eines Risikomanagementsystems und die Verfolgung einer Automationsstrategie nicht kategorisch zu einer Ermittlungspflichtverletzung. Dies hat der Gesetzgeber nämlich ausgeschlossen, als er mit § 88 Abs. 5 AO einen solchen Vollzugsmodus legitimiert hat. Die Ermittlungspflichtverletzung bleibt – vorbehaltlich des durchaus denkbaren Falls eines von vornherein untauglichen Risikomanagements – vielmehr dem Einzelfall überantwortet, wenn zB zur personellen Prüfung ausgesteuerte Fälle nicht geprüft werden oder wenn die Aussteuerung der Steuererklärung trotz Nutzung des qualifizierten Freitextfeldes nicht ausgesteuert wird. Daraus folgt zugleich: Die Finanzverwaltung muss die Steuererklärungsdaten auch nicht in jedem Fall mit den Daten aus den Einheitswertakten abgleichen. Dies muss sie allenfalls in den ausgesteuerten Fällen tun.

Fortschreibungen **§ 222 BewG**

III. Aufhebung/Änderung auf Grund von Grundlagenbescheiden (§ 175 Abs. 1 S. 1 Nr. 1 AO)

Der Grundsteuerwertbescheid kann selbst Folgebescheid im Verhältnis zu einem 45 anderen Grundlagenbescheid sein. Das betrifft namentlich die **Feststellung der Bodenschätzungsergebnisse** nach § 13 BodSchätzG (→ BewG § 237 Rn. 5 ff.). Ändert sich diese Feststellung, ist die Wertfeststellung nach § 175 Abs. 1 S. 1 Nr. 1 AO entsprechend anzupassen. Ein weiterer denkbarer Anwendungsfall ist die Aufhebung eines Feststellungsbescheides iSv § 60a AO im Falle der Grundsteuerbefreiung nach § 3 Abs. 1 S. 1 Nr. 3 Buchst. b GrStG mit Wirkung für die Vergangenheit (vgl. → GrStG § 3 Rn. 29).

IV. Aufhebung/Änderung bei Datenübermittlung durch Dritte (§ 175b AO)

Gemäß § 175b Abs. 1 AO ist ein Steuerbescheid aufzuheben oder zu ändern, so- 46 weit von einer mitteilungspflichtigen Stelle an die Finanzbehörden übermittelte Daten iSv § 93c AO bei der Steuerfestsetzung nicht oder nicht zutreffend berücksichtigt worden sind. § 93c Abs. 1 AO konkretisiert die relevanten Daten dahingehend, dass es sich um „steuerliche Daten eines Steuerpflichtigen" handeln muss, für die eine mitteilungspflichtige Stelle eine elektronische Übermittlungspflicht an die Finanzbehörde trifft. § 175b Abs. 1 AO gilt über § 181 Abs. 1 AO grundsätzlich auch für Grundsteuerwertfeststellungen. **Einen Anwendungsbereich dürfte die Regelung für die von den Gutachterausschüssen gem. § 247 Abs. 2 BewG nach amtlich vorgeschriebenen Datensatz durch Datenfernübertragung zu übermittelnden Bodenrichtwerte haben.** Entsprechendes gilt für die **von anderen Behörden nach §§ 229 Abs. 3, Abs. 4 BewG** zu übermittelnden Daten. Die Bodenrichtwerte und die anderen Daten beziehen sich zwar nicht auf einen Steuerpflichtigen, sondern auf den Steuergegenstand. Es sind aber gleichwohl steuerliche Daten, die einen konkreten Steuerpflichtigen betreffen, und daher erfüllen sie uE die Voraussetzungen des § 93c Abs. 1 AO (→ BewG § 247 Rn. 26 und → BewG § 229 Rn. 8).

Eine Änderung nach § 175b Abs. 1 AO ist nach dem Wortlaut jedenfalls bei 47 nicht oder nicht zutreffender Berücksichtigung der übermittelten Daten möglich. Erfasst werden also Fälle, in denen die Finanzbehörde bei der Steuerfestsetzung vorliegende Daten gar nicht auswertet, oder bei der Auswertung Fehler unterlaufen sind. § 175b Abs. 1 AO ist darüber hinaus aber auch (analog) anzuwenden, wenn korrigierte Daten durch den Dritten übermittelt werden (hM, statt vieler *Loose* in Tipke/Kruse AO § 175b Rn. 7). Eine Änderung darf aber auch nach § 175b AO nur erfolgen, wenn damit eine materiell-rechtlich richtige Steuerfestsetzung erreicht wird.

V. Berichtigung wegen Schreib-, Rechenfehler und ähnlicher offenbarer Unrichtigkeiten bei Erlass des Grundsteuerwertbescheides (§ 129 AO)

Eine **Berichtigung von Grundsteuerwertbescheiden nach § 129 AO** ist in 48 Bezug auf alle Feststellungen möglich. Erforderlich ist hierfür ein Schreibfehler, Rechenfehler oder eine ähnliche offenbare Unrichtigkeit, die dem Finanzamt beim Erlass des Grundsteuerwertbescheides unterlaufen ist. Offenbar ist der Fehler,

§ 222 BewG Siebenter Abschnitt. Bewertung d. Grundbesitzes ab 1.1.2022

wenn er bei Offenlegung des Sachverhaltes für jeden unvoreingenommenen Dritten klar und deutlich als offenbare Unrichtigkeit erkennbar ist, der Fehler auf bloße mechanische Versehen zurückzuführen ist und die Möglichkeit eines Rechtsirrtums ausgeschlossen ist (BFH 12.2.20 – X R 27/18, BFH/NV 2020, 1041; 26.5.2020 – IX R 30/19, BFH/NV 2020, 1233). Ein solcher Fehler kann vor allem in Ansehung von „Zahlen" passieren. So liegt ein Fehler iSv § 129 AO zB vor, wenn das Finanzamt statt 228 qm Grundstücksfläche 2.280 qm zugrunde gelegt hat (so bei BFH 11.11.2009 – II R 14/08, BStBl. II 2010, 723). Entscheidend ist stets, dass der Fehler in der Sphäre des den Grundsteuerwertbescheid erlassenden Finanzamtes entstanden sein muss. Allerdings ist es möglich, dass das Finanzamt fehlerhafte Angaben des Steuerpflichtigen oder eines Dritten als eigene übernimmt. Dann muss allerdings die von § 129 AO vorausgesetzte Fehlerqualität sowohl beim Steuerpflichtigen als auch beim Finanzamt vorgelegen haben; auf beiden Ebenen muss ein Rechtsanwendungsfehler ausgeschlossen sein. Ein solcher Fall ist indes nur denkbar, wenn der Veranlagungsbeamte den Fehler des Steuerpflichtigen oder des Dritten hätte erkennen können, zB aufgrund der beigefügten Unterlagen (Belege, Verträge, Aufstellungen etc). Das setzt typischerweise eine menschliche Bearbeitung des Steuerfalls voraus (*Ratschow* in Klein AO § 129 Rn. 16). Erfolgt die Veranlagung hingegen allein auf der Grundlage elektronisch übermittelter Steuererklärungsdaten unter Verzicht auf die Vorlage von Belegen, Verträgen, Aufstellungen etc oder erfolgt die Veranlagung vollautomatisiert, kann das Finanzamt den Fehler nicht erkennen und § 129 AO scheidet aus. Stammen die Daten aus einer Steuererklärung des Steuerpflichtigen kommt dann aber § 173 a AO in Betracht (→ Rn. 49).

VI. Berichtigung wegen Schreib- und Rechenfehlern in der Steuererklärung (§ 173 a AO)

49   Angesichts des erklärten Ziels, die Grundsteuerwertfeststellungen weitgehend automatisiert vorzunehmen, kann es bei fehlerhaften Übermittlungen durch den Steuerpflichtigen auf **§ 173 a AO** ankommen. Nach dieser Norm sind Steuerbescheide – und damit über § 180 Abs. 1 AO auch Grundsteuerwertbescheide – aufzuheben oder zu ändern, **soweit dem Steuerpflichtigen bei Erstellung seiner Steuererklärung Schreib- oder Rechenfehler unterlaufen sind** und er deshalb der Finanzbehörde bestimmte, nach den Verhältnissen zum Zeitpunkt des Erlasses des Steuerbescheids rechtserhebliche Tatsachen unzutreffend mitgeteilt hat. Es geht vor allem um ein Sich-Verschreiben (zB bei der qm-Angabe, die für die Bewertung relevant ist). Weiter reicht die Norm indes nicht. Der Gesetzgeber hat die ähnliche offenbare Unrichtigkeit, die bei § 129 AO dem „Übertragungsfehler" zum relevanten Fehler macht (→ Rn. 48), nicht in § 173 a AO übernommen (*Loose* in Tipke/Kruse AO § 173 a Rn. 5; *Rüsken* in Klein AO § 173 a Rn. 7). Der Gesetzgeber hat ausweislich der Gesetzesbegründung zu § 173 a AO darauf vertraut, dass Übertragungsfehler (zB der Steuerpflichtige errechnet die qm-Zahl auf einem Zettel richtig, überträgt die Zahl aber unzutreffend in das Steuererklärungsformular), die dem Finanzamt später bekannt werden, eine Korrektur nach § 173 AO ermöglichen und zwar auch zugunsten des Steuerpflichtigen (BT-Drs. 18/7557, 87). Damit bringt der Gesetzgeber zutreffend zum Ausdruck, dass nicht jede Nachlässigkeit zum Vorwurf des groben Verschuldens iSv § 173 Abs. 1 Nr. 2 AO führen kann (→ Rn. 43).

J. Rechtsschutz

Fortschreibungsentscheidungen sind Verwaltungsakte, die mit **Einspruch** und **50** **Anfechtungsklage** angefochten werden können. Die **Anfechtungsbeschränkung des § 351 Abs. 1 AO, § 42 FGO gilt nicht** (*Seer* in Tipke/Kruse AO § 351 Rn. 39; *Steinhauff* in HHSp FGO § 42 Rn. 92). Denn die Fortschreibung ändert keinen Steuerbescheid; sie löst ihn mit Wirkung zum Fortschreibungszeitpunkt lediglich ab und lässt seine Geltungswirkung bis dahin unberührt (→ Rn. 27). Zulässigerweise kann allerdings immer nur die tatsächlich fortgeschriebene Feststellung angegriffen werden (→ Rn. 52). § 222 BewG vermittelt dem Steuerpflichtigen zugleich ein **subjektives Recht auf Fortschreibung** – auch auf fehlerbeseitigende Fortschreibung nach § 222 Abs. 3 BewG –, wenn die Voraussetzungen für eine Fortschreibung vorliegen. Vor allem besteht **kein Ermessen der Finanzbehörde**. Lehnt die Finanzbehörde die beantragte Fortschreibung ab, muss der Steuerpflichtige nach einem erfolglosen Einspruchsverfahren **Verpflichtungsklage** erheben (Ziel: Verpflichtung der Behörde zum Erlass der begehrten, auf eine bestimmte Grundstücksart lautenden Fortschreibungsentscheidung). **Nach Ansicht des BFH soll für den vorläufigen Rechtsschutz § 361 AO bzw. § 69 FGO gelten.** Der Steuerpflichtige solle die Aussetzung der Vollziehung des Ablehnungsbescheides mit der Maßgabe, dass bis zur Entscheidung in der Hauptsache von einem Grundsteuerwert von × EUR auszugehen ist, beantragen (so BFH 10.4.1991 – II B 66/89, BStBl. II 1991, 549). Begründet wird dies ua mit dem ansonsten drohenden Rechtsschutzdefizit, weil eine – ansonsten in einer Verpflichtungssituation maßgebliche – einstweilige Anordnung nach § 114 FGO voraussetzt, dass durch die Ablehnung des begehrten Verwaltungsaktes die wirtschaftliche oder persönliche Existenz des Betroffenen unmittelbar bedroht ist. Bereits an dieser These lässt sich zweifeln. Warum der Steuerpflichtige in einer Situation, in der diese Voraussetzungen nicht vorliegen, nicht den Abschluss des Hauptsacheverfahrens abwarten können soll, erschließt sich nicht (vor allem auch unter Berücksichtigung der typischerweise überschaubaren Höhe der Grundsteuer). Und selbst wenn Art. 19 Abs. 4 GG verlangen sollte, dass auch jenseits solcher Existenzbedrohungskonstellationen eine vorläufige Entscheidung möglich sein muss, so dürfte hierfür wohl eher die Nachjustierung der an den Anordnungsgrund zu stellenden Anforderungen der richtige Weg sein.

Macht der Steuerpflichtige geltend, dass eine **teilweise Steuerbefreiung** zu berücksichtigen ist, kann er grundsätzlich wählen: Er kann sowohl eine Fortschreibung als auch eine Neuveranlagung (§ 17 GrStG) verlangen. Es besteht **kein Vorrang der (fehlerberichtigenden) Wertfortschreibung** (str., → GrStG § 17 Rn. 24). **51**

Jede Feststellung des Grundsteuerwertbescheides stellt eine eigenständige Regelung dar und dies gilt folgerichtig auch für die Fortschreibung einer Feststellung. **Daher hat die Fortschreibung einer Feststellung grundsätzlich keine Auswirkungen auf die anderen Feststellungen.** Erfolgt zB eine Zurechnungsfortschreibung anlässlich eines Eigentümerwechsels, bleiben die Feststellung des Grundsteuerwertes und die Artfeststellung(en) hiervon unberührt (das neue Zurechnungssubjekt binden sie entweder nach § 182 Abs. 2 S. 1 AO oder aufgrund einer Gesamtrechtsnachfolgeanordnung, → BewG § 219 Rn. 9). Nimmt der Fortschreibungsbescheid sie gleichwohl noch einmal auf, geschieht dies nur nachrichtlich. Es erfolgt keine (erneute) Sachentscheidung. **Es liegt insoweit also nur eine** **52**

§ 223 BewG Siebenter Abschnitt. Bewertung d. Grundbesitzes ab 1.1.2022

sog. wiederholende Verfügung vor (vgl. BFH 28.11.1990 – II R 36/87, BStBl. II 1991, 209; 4.8.2005 – II B 40/05, BFH/NV 2005, 1983; FG Saarland 4.3.2004 – 2 K 325/00, BeckRS 2004, 26016243), **die dem Steuerpflichtigen nicht die erneute Anfechtbarkeit der unberührt gebliebenen Feststellungen eröffnet.** Er kann daher nur die Fortschreibung selbst anfechten. In der Regel bringen die Finanzbehörden dies auch zweifelsfrei zum Ausdruck (zB durch die Rechtsbehelfsbelehrung). Aber selbst dann, wenn der Fortschreibungsbescheid keinen eindeutigen Hinweis hierauf enthalten sollte, darf der Adressat des Bescheides (objektivierter Empfängerhorizont) diesen nicht als erneute Sachentscheidung in Bezug auf alle Feststellungen verstehen. Etwas anderes kann allerdings dann gelten, wenn der Steuerpflichtige zuvor eine Fortschreibung beantragt hat und diese Fortschreibung unterbleibt. Wenn dann in Bezug auf eine andere Feststellung ein Fortschreibungsbescheid ergeht, der die nach dem Willen des Steuerpflichtigen zu ändernde Feststellung aber unverändert übernimmt, dann kann hierin die Ablehnung der begehrten Fortschreibung zum Ausdruck kommen (*Bruschke* in Stenger/Loose BewG § 22 Rn. 166). Diese Ablehnung stellt dann durchaus eine eigenständige Sachentscheidung dar. Diese kann allerdings – entgegen der hM – nicht angefochten werden. Es liegt vielmehr eine Verpflichtungssituation vor (→ Rn. 50).

53 Nimmt das Finanzamt **mehrere Fortschreibungen** vor, gilt das zum Grundsteuerwertbescheid bereits Gesagte: Die einzelnen Fortschreibungen können eigenständig in Bestandskraft erwachsen, weshalb der Steuerpflichtige sorgsam prüfen muss, welche Fortschreibung er anfechten will (→ BewG § 219 Rn. 49).

54 Hat das Finanzamt einen unzutreffenden Fortschreibungszeitpunkt bestimmt, ist der Fortschreibungsbescheid allein deshalb aufzuheben. **Das Gericht ist nicht befugt, den Fortschreibungsbescheid dahingehend abzuändern, dass es den zutreffenden Fortschreibungszeitpunkt vorgibt** (BFH 16.9.1987 – II R 240/84, BStBl. II 1987, 843). Das Finanzamt kann dann einen neuen Fortschreibungsbescheid auf den richtigen Fortschreibungszeitpunkt erlassen. Es liegt ein Fall des § 174 Abs. 4 S. 3 AO vor, weshalb der Ablauf der Festsetzungsfrist unbeachtlich ist, wenn der neue Fortschreibungsbescheid innerhalb eines Jahres nach Aufhebung des fehlerhaften Fortschreibungsbescheides ergeht (BFH 16.9.1987 – II R 240/84, BStBl. II 1987, 843).

§ 223 Nachfeststellung

(1) **Für wirtschaftliche Einheiten, für die ein Grundsteuerwert festzustellen ist, wird der Grundsteuerwert nachträglich festgestellt (Nachfeststellung), wenn nach dem Hauptfeststellungszeitpunkt:**
1. **die wirtschaftliche Einheit neu entsteht oder**
2. **eine bereits bestehende wirtschaftliche Einheit erstmals zur Grundsteuer herangezogen werden soll.**

(2) ¹Der Nachfeststellung werden vorbehaltlich des § 227 die Verhältnisse im Nachfeststellungszeitpunkt zugrunde gelegt. ²Nachfeststellungszeitpunkt ist:
1. in den Fällen des Absatzes 1 Nummer 1 der Beginn des Kalenderjahres, das auf die Entstehung der wirtschaftlichen Einheit folgt, und
2. in den Fällen des Absatzes 1 Nummer 2 der Beginn des Kalenderjahres, in dem der Grundsteuerwert erstmals der Besteuerung zugrunde gelegt wird.

Nachfeststellung §223 BewG

Gilt allgemein nicht in **Baden-Württemberg** (dort: §17 BWLGrStG) und für Grundstücke nicht in **Hessen** (dort nur zweistufiges Verwaltungsverfahren, →HGrStG §4 Rn.3). In **Bayern** (Art.6 BayGrStG), **Hamburg** (§6 HmbGrStG) und **Niedersachsen** (§8 NGrStG) wird die Regelung für das Feststellungsverfahren bei Grundstücken modifiziert und ergänzt.

A. Allgemeines

I. Systematische Einordnung und Zweck der Regelung

Die **Nachfeststellung ist die nachträgliche Feststellung eines Grundsteuer-** 1 **erwertes auf einen späteren Zeitpunkt als den Hauptfeststellungszeitpunkt** (BFH 30.6.2010 – II R 8/09, BFH/NV 2010, 2023). Sie kommt in Betracht, wenn eine wirtschaftliche Einheit im Hauptfeststellungszeitpunkt noch nicht existierte (Abs.1 Nr.1, →Rn.3ff.) oder zu diesem Zeitpunkt zwar vorhanden war, aber – zum Beispiel wegen einer Steuerbefreiung – keiner Besteuerung unterlag, es deswegen der Feststellung eines Grundsteuerwertes nicht bedurfte (vgl. §219 Abs.3 BewG) und nunmehr die Gründe für die Nichtbesteuerung entfallen sind (Abs.1 Nr.2 →Rn.9f.). Eine fehlerbeseitigende Nachfeststellung – vergleichbar §222 Abs.3 BewG – ist nicht vorgesehen. Hierfür besteht auch kein Bedarf, da es keinen Grundsteuerwertbescheid gibt, der einen Fehler aufweisen kann. Es ist lediglich der Fall denkbar, dass „fehlerhaft" eine Nachfeststellung unterlassen wurde. Eine solche kann aber in den Grenzen der Feststellungsverjährung und des §226 BewG unmittelbar gestützt auf §223 Abs.1 BewG „nachgeholt" werden. Die Nachfeststellung erfolgt durch Nachfeststellungsbescheid, der – wie der auf den Hauptfeststellungszeitpunkt zu erlassende Grundsteuerwertbescheid auch – eine Wert-, Art- und Zurechnungsfeststellung enthält (zu diesen Feststellungen →BewG §219 Rn.12ff.). Dieser ist ein Feststellungsbescheid, für den über §181 Abs.1 AO die Vorschriften für Steuerbescheide gelten. Vor allem die allgemeinen Berichtigungs- und Änderungsvorschriften sind auch auf Nachfeststellungsbescheide anwendbar (→BewG §222 Rn.37ff.).

II. Entwicklung der Vorschrift

§223 BewG beruht auf dem Grundsteuerreformgesetz v. 26.11.2019 2 (→Grundlagen Rn.13) und wurde dem §23 BewG nachgebildet (zu §23 idF RBewG 1934s. RStBl. 1935, 161 (165); zu §23 idF des Bewertungsrechtsänderungsgesetzes v. 10.12.1965 [→Grundlagen Rn.7] BT-Drs. IV/1488, 38; weitergehend zur Entwicklung des §23 BewG *Mannek* in Stenger/Loose BewG §23 Rn.1ff.).

B. Nachfeststellungsgründe (Abs.1)

I. Neuentstehung einer wirtschaftlichen Einheit (Abs.1 Nr.1)

Eine **Nachfeststellung setzt** – dies gilt für beide Nachfeststellungsgründe glei- 3 chermaßen – **einen „bescheidlosen Zustand"** in Ansehung einer bestimmten wirtschaftlichen Einheit **voraus.** Dies kann darauf beruhen, dass es für eine wirtschaftliche Einheit noch nie einen Grundsteuerwertbescheid gegeben hat (so wird es typischerweise bei einer neu entstandenen wirtschaftlichen Einheit sein) oder

§ 223 BewG Siebenter Abschnitt. Bewertung d. Grundbesitzes ab 1.1.2022

dass das Finanzamt in der Vergangenheit einen durchaus existierenden Grundsteuerwertbescheid aufgehoben hat (so beim Eintritt einer vollständigen Steuerbefreiung denkbar, BFH 30.6.2010 – II R 9/09, BFH/NV 2010, 2029). Solange allerdings ein wirksamer Bescheid für die nämliche wirtschaftliche Einheit vorliegt, scheidet eine Nachfeststellung aus und es kommt nur eine Fortschreibung nach § 222 BewG in Betracht (vgl. BFH 30.6.2010 – II R 9/09, BFH/NV 2010, 2029). Das gilt auf jeden Fall für Grundsteuerwertbescheide, die (positiv) einen Grundsteuerwert feststellen. Dies dürfte aber ebenso für negative Feststellungsbescheide gelten (→ BewG § 219 Rn. 44). Wählt die Finanzbehörde die unzutreffende Vorgehensweise, ist der Bescheid allein deshalb aufzuheben. Vor allem kommt eine Umdeutung eines Nachfeststellungsbescheides in einen Fortschreibungsbescheid und umgekehrt (vgl. § 128 AO) nicht in Betracht, da sich die Regelungsgehalte unterscheiden (BFH 31.5.1995 – II R 31/92, BFH/NV 1996, 17).

4 Der Nachfeststellungsgrund des § 223 Abs. 1 Nr. 1 BewG ist die Neuentstehung einer wirtschaftlichen Einheit. Geschieht dies in einem Jahr, dem ein Hauptfeststellungszeitpunkt nachfolgt, ist gleichwohl (trotz der anstehenden Hauptfeststellung) eine Nachfeststellung vorzunehmen (eingehend → BewG § 221 Rn. 7). Wertgrenzen sind in § 223 Abs. 1 BewG nicht vorgesehen.

5 In Betracht kommen zB folgende Konstellationen:
– Wechsel der Vermögensart, wenn also aus land- und forstwirtschaftlichem Vermögen Grundvermögen wird oder umgekehrt (→ BewG § 222 Rn. 8, 17);
– **Aufspaltung einer wirtschaftlichen Einheit,** zB durch die Begründung von Wohn- oder Teileigentum (BFH 24.7.1991 – II R 132/88, BStBl. II 1993, 87);
– **Abspaltung aus einer wirtschaftlichen Einheit** ohne Aufnahme in eine andere wirtschaftliche Einheit; werden zB von einem Grundstück Parzellen als eigenständige Grundbuchgrundstücke abgetrennt, ist für die neuen Grundstücke (= jeweils wirtschaftliche Einheiten, → BewG § 244 Rn. 15) eine Nachfeststellung (§ 223 Abs. 1 Nr. 1 BewG) durchzuführen. Entsprechendes kann auch ohne dingliche Verselbstständigung gelten, wenn ein Grundstücksteil aus dem bisherigen Nutzungs- und Funktionszusammenhang gelöst und einer anderen Nutzung zugeführt wird; auch in diesem Fall kann nach der Verkehrsauffassung (→ BewG § 244 Rn. 4) – trotz Vorliegens eines einzigen Grundbuchgrundstücks – eine neue wirtschaftliche Einheit gebildet haben (→ BewG § 244 Rn. 12 ff.). Für das „alte Grundstück" ist – ohne Bindung an den Nachfeststellungsbescheid (*Krause* in Stenger/Loose BewG § 223 Rn. 39) – eine Wertfortschreibung durchzuführen. **Allerdings ist es denkbar, dass nach der Verkehrsauffassung insgesamt nur neue wirtschaftliche Einheiten entstehen,** daher eine Nachfeststellung für alle Parzellen durchzuführen und der Grundsteuerwertbescheid für das alte Grundstück aufzuheben ist (wenn zB ein Grundstück in 50 Bauparzellen aufgeteilt wird, dürfte ein Grundstück, das nur noch 1/50 des vormaligen Grundstücks ausmacht, nach der Verkehrsauffassung nicht mehr mit dem ursprünglichen Grundstück identisch sein). **Keine neue wirtschaftliche Einheit entsteht, wenn der abgespaltene Grundstücksteil nicht eigenständig bleibt,** sondern mit einer anderen wirtschaftlichen Einheit verbunden wird. Dann ist eine Wertfortschreibung sowohl in Bezug auf die abgebende als auch die aufnehmende wirtschaftliche Einheit vorzunehmen.

6 Fraglich ist, **ob in den Abspaltungskonstellationen eine Nachfeststellung erst dann in Betracht kommt, wenn (zumindest zeitgleich) bei der bestehen bleibenden wirtschaftlichen Einheit auf den gleichen Zeitpunkt das Ausscheiden des betroffenen Grundstücksteils, der zu einer neuen wirt-

schaftlichen Einheit wird, nachvollzogen wird. Denn anlässlich der Feststellung des Grundsteuerwertes wird immerhin inzident auch über den Umfang der wirtschaftlichen Einheit entschieden (→ BewG § 219 Rn. 12). Der BFH hat jedenfalls in einer älteren Entscheidung angenommen, dass eine Nachfeststellung für eine wirtschaftliche Einheit (= Schloss), die bisher irrtümlicherweise als Teil einer anderen wirtschaftlichen Einheit (= Betrieb der Land- und Forstwirtschaft) erachtet wurde, solange nicht in Betracht kommt, wie sie noch im Grundsteuerwertbescheid des Betriebs der Land- und Forstwirtschaft enthalten ist (BFH 4.5.1957 – III 333/56, BStBl. III 1957, 190; dem folgend AEBewGrSt A 223 Abs. 1 S. 3). Dieser Entscheidung dürfte die verallgemeinerungsfähige Ansicht zugrunde liegen, dass die Bindungswirkung des Grundsteuerwertbescheides über die abgebende wirtschaftliche Einheit einer Nachfeststellung hinsichtlich des abgespaltenen Grundstücksteils entgegensteht, solange der „abgespaltene Grundstücksteil" noch im Grundsteuerwertbescheid der abgebenden wirtschaftlichen Einheit enthalten ist. Das kann indes nicht überzeugen. Wird nämlich die Wertfortschreibungsgrenze nach § 222 Abs. 1 BewG nicht erreicht, darf eine Wertfortschreibung, anlässlich derer auch inzident über die nunmehr kleinere (aber: nämliche) wirtschaftliche Einheit befunden wird, überhaupt nicht vorgenommen werden. Gleichwohl wird (zu Recht) davon ausgegangen, dass eine Nachfeststellung vorzunehmen ist, auch wenn beim abgebenden Grundstück wegen des Nichterreichens der Wertfortschreibungsgrenze eine Wertfortschreibung ausscheidet (FG Münster 7.5.1981 – III 876/79, EFG 1982, 8; *Mannek* in Stenger/Loose BewG § 23 Rn. 43; AEBewGrSt A 223 Abs. 1 S. 2; iErg auch BFH 13.6.1958 – III 164/56, BStBl. III 1958, 375). Der Fall, dass die Grenze überschritten wird, und der Fall, dass sie nicht überschritten wird, können aber nicht unterschiedlich behandelt werden. Angesichts dessen **ist es richtigerweise nicht der Nachfeststellungsbescheid, der ohne Fortschreibung des Grundsteuerwertes in Ansehung der abgebenden wirtschaftlichen Einheit rechtswidrig ist.** Die Nachfeststellung ist also losgelöst von der Frage, ob die neue wirtschaftliche Einheit aus der alten wirtschaftlichen Einheit „verfahrensrechtlich entlassen wurde", zulässig (ebenso *Mannek* in Stenger/Loose BewG § 23 Rn. 83) – sei es nach § 223 Abs. 1 Nr. 1 BewG, wenn die wirtschaftliche Einheit durch eine Veränderung der Verhältnisse neu entsteht, oder sei es nach § 223 Abs. 1 Nr. 2 BewG, wenn bisher nur nicht erkannt worden ist, dass es sich um eine eigenständige wirtschaftliche Einheit handelt (→ Rn. 10). Es ist (nur) der alte Grundsteuerwertbescheid, der rechtswidrig wird, wenn das Finanzamt eine Wertfortschreibung unterlässt, die es nach § 222 Abs. 1 BewG (also bei Überschreitung der Wertfortschreibungsgrenze) vorzunehmen hat.

Werden mehrere Grundstücke, die jeweils eigenständige wirtschaftliche 7 **Einheiten darstellen, zu einem Grundstück zusammengefasst,** wird vielfach keine neue wirtschaftliche Einheit entstehen. Vielmehr nimmt eine wirtschaftliche Einheit die anderen Grundstücke auf und es ist nur eine Wertfortschreibung durchzuführen. Es ist allerdings je nach Einzelfall auch denkbar, dass eine neue wirtschaftliche Einheit entsteht. Das wurde zB für den Fall angenommen, dass im Umlegungsverfahren aus Teilen früher aneinander grenzender Grundstücke ein Grundstück neu gebildet wird (BFH 24.2.1961 – III R 207/59, BStBl. III 1961, 205).

Unter Geltung des alten Rechts führte auch die Errichtung eines Gebäudes auf 8 fremdem Grund und Boden zur Entstehung einer neuen wirtschaftlichen Einheit. Sowohl das Grundstück als auch das Gebäude bildeten jeweils eine wirtschaftliche Einheit. Das neue Recht geht hingegen nur noch von einer einzigen wirtschaft-

§ 223 BewG Siebenter Abschnitt. Bewertung d. Grundbesitzes ab 1.1.2022

lichen Einheit aus (§ 244 Abs. 3 Nr. 2 BewG), die dem Grundstückseigentümer zuzurechnen ist (§ 262 BewG). Die **Errichtung eines Gebäudes auf fremdem Grund und Boden ist daher kein Fall der Nachfeststellung mehr.** Stattdessen bedarf es einer Wert- und Artfortschreibung.

II. Heranziehung zur Grundsteuer (Abs. 1 Nr. 2)

9 Eine Nachfeststellung ist ferner vorzunehmen, wenn eine im Hauptfeststellungszeitpunkt bereits bestehende wirtschaftliche Einheit erstmals zur Grundsteuer herangezogen werden soll, es aber an einem Grundsteuerwertbescheid fehlt. Letzteres kann vor allem auf eine **Grundsteuerbefreiung** zurückzuführen sein. Denn wenn für die gesamte wirtschaftliche Einheit eine Grundsteuerbefreiung nach §§ 3 ff. GrStG einschlägig ist, kann es an der Notwendigkeit, einen Grundsteuerwertbescheid zu erlassen, fehlen (vgl. § 219 Abs. 3 BewG). Die Finanzverwaltung kann nämlich wählen, ob sie die Frage einer vollständigen Grundsteuerbefreiung bereits durch den Verzicht auf einen Grundsteuerwertbescheid beantwortet oder ob sie diese Frage dem Grundsteuermessbetragsverfahren vorbehält (→ GrStG § 3 Rn. 5 f.). Hat sich das Finanzamt für die erstgenannte Vorgehensweise entschieden und **fallen die Voraussetzungen für die Steuerbefreiung später zumindest teilweise weg, muss gem. § 223 Abs. 1 Nr. 2 BewG eine Nachfeststellung durchgeführt werden.** Hat man sich für die zweitgenannte Vorgehensweise entschieden, existiert demgegenüber ein Grundsteuerbescheid und dem Eintritt der zumindest teilweisen Grundsteuerpflicht ist durch eine Nachveranlagung nach § 18 Abs. 2 GrStG Rechnung zu tragen (→ GrStG § 18 Rn. 5).

10 § 223 Abs. 1 Nr. 2 BewG erfasst nach zutreffender Ansicht auch die **Konstellation, dass eine wirtschaftliche Einheit irrtümlicherweise als Bestandteil einer anderen wirtschaftlichen Einheit angesehen wurde** (so bereits *Mannek* in Stenger/Loose BewG § 23 Rn. 83). Erkennt das Finanzamt seinen Fehler, kann es daher eine Nachfeststellung vornehmen. Denn die durchaus schon bestehende wirtschaftliche Einheit soll erstmals selbstständig zur Grundsteuer iSv § 223 Abs. 1 Nr. 2 BewG herangezogen werden. Die Rechtmäßigkeit einer solchen Nachfeststellung ist nicht davon abhängig, dass der Grundsteuerwertbescheid betreffend die wirtschaftliche Einheit, als deren Bestandteil die eigentlich eigenständige wirtschaftliche Einheit bisher erachtet wurde, fehlerbeseitigend fortgeschrieben (§ 222 Abs. 3 BewG) oder geändert (§ 173 AO) wird (str. → Rn. 6).

C. Nachfeststellungszeitpunkt (Abs. 2)

11 Die Nachfeststellung hat auf einen bestimmten Stichtag zu erfolgen (sog. **Nachfeststellungszeitpunkt**). Es handelt sich stets um den 1.1. 0:00 Uhr eines Kalenderjahres (ebenso wie bei der Hauptfeststellung [→ BewG § 221 Rn. 8] und der Fortschreibung [→ BewG § 222 Rn. 27], weshalb die Ausführungen dort – insb. für Ereignisse im Schnittbereich von zwei Kalenderjahren – hier entsprechend gelten). Dieser Nachfeststellungszeitpunkt bestimmt **in Bezug auf die Entscheidungsgrundlagen den maßgeblichen Zeitpunkt.** Der Nachfeststellung sind – vorbehaltlich des § 227 BewG („Wertverhältnisse", → BewG § 227 Rn. 3 f.) – gem. § 223 Abs. 2 S. 1 BewG die tatsächlichen Verhältnisse zum Nachfeststellungszeitpunkt zugrunde zu legen.

Nachfeststellung **§ 223 BewG**

Beispiel 1: Der Steuerpflichtige parzelliert ein in seinem Eigentum stehendes Grundstück in 02. Ende 02 wird bereits mit der Bebauung einer Parzelle begonnen. Die Bauarbeiten sind erst in 03 beendet. Für diese Parzelle ist eine Nachfeststellung durchzuführen. Solange die Bebauung aber noch nicht abgeschlossen ist, handelt es sich um ein unbebautes Grundstück (→ BewG § 246 Rn. 4 ff.). Zum 1.1.03 ist daher eine Nachfeststellung für ein unbebautes Grundstück vorzunehmen. Mit Fertigstellung des Gebäudes ist auf den 1.1.04 sodann eine Wert- und Artfortschreibung vorzunehmen.

Beispiel 2: Hauptfeststellungszeitpunkt ist der 1.1.02. Der Steuerpflichtige ist Eigentümer eines Mehrfamilienhauses. Im Jahr 05 wird Wohnungseigentum begründet. Damit entstehen neue wirtschaftliche Einheiten und es ist eine Nachfeststellung durchzuführen (→ Rn. 5). Für die Bewertung im Ertragswertverfahren sind die Wertverhältnisse am 1.1.02 maßgeblich (Vorbehalt des § 227 BewG). Das betrifft namentlich das Baujahr und die Bodenrichtwerte (→ BewG § 227 Rn. 4). Im Übrigen bestimmt der Nachfeststellungszeitpunkt (1.1.05) den für die tatsächlichen Umstände maßgeblichen Zeitpunkt. Das gilt zB für die Größe und die Nutzung der Gebäudeflächen uÄ.

Ferner bestimmt der Nachfeststellungszeitpunkt den Geltungsbeginn der Feststellung. Schließlich hat der Nachfeststellungszeitpunkt für den Beginn der Feststellungsfrist Bedeutung (→ BewG § 226 Rn. 3).

Ist eine wirtschaftliche Einheit neu entstanden (§ 223 Abs. 1 Nr. 1 BewG), hat **12** die Nachfeststellung auf den Beginn des Kalenderjahres (= 1.1.) zu erfolgen, das auf die Entstehung der wirtschaftlichen Einheit folgt (§ 223 Abs. 2 S. 2 Nr. 1 BewG). **Entscheidend ist, in welchem Moment der Umstand verwirklicht wird, der nach der Verkehrsauffassung zum Entstehen einer neuen wirtschaftlichen Einheit führt.** Beruht dies zB auf der dinglichen Verselbstständigung eines Grundstücksteils, ist deren sachenrechtliche Vollziehung, also die gesonderte Erfassung im Grundbuch (vgl. *Kohler* in MüKoBGB § 890 Rn. 16). Ebenso entsteht die wirtschaftliche Einheit des Wohnungseigentums erst mit dem Anlegen des letzten Wohnungsgrundbuchs. Denn in diesem Moment wird die Teilung sachenrechtlich vollzogen (*Kral* in BeckOK WEG § 8 Rn. 36). Das Vorliegen oder die Einreichung der formgerechten Teilungserklärung sind hingegen nicht ausreichend (BFH 24.7.1991 – II R 132/88, BStBl. II 1993, 87). Beruht die Abspaltung hingegen auf einem geänderten Nutzungs- und Funktionszusammenhang, ist dessen Verwirklichung maßgeblich.

Im Fall des § 223 Abs. 1 Nr. 2 BewG ist der Nachfeststellungszeitpunkt der 1.1. **13** des Kalenderjahres, in dem der Grundsteuerwert erstmals der Besteuerung zugrunde zu legen ist. Fallen die Voraussetzungen einer Steuerbefreiung zumindest teilweise weg, wirkt sich dies mithin erst zum nächsten 1.1. aus (→ GrStG § 9 Rn. 3).

Betrifft die Nachfeststellung nach § 223 Abs. 1 Nr. 2 BewG eine **wirtschaft- 14 liche Einheit, die irrtümlicherweise einer anderen wirtschaftlichen Einheit zugeordnet wurde** (→ Rn. 10), kann für die Nachfeststellung – würde man allein § 223 Abs. 2 S. 2 Nr. 2 BewG zugrunde legen – so weit zurückgegangen werden, wie es die Feststellungsverjährung iVm § 226 BewG erlaubt. Sofern der (fehlerhafte) Grundsteuerwertbescheid betreffend die wirtschaftliche Einheit, als deren Bestandteil die nachfestzustellende wirtschaftliche Einheit bisher angesehen wurde, nicht nach § 173 AO mit Wirkung für die Vergangenheit geändert werden kann, besteht die Gefahr, dass es bis zu einer rechtsfehlerbeseitigenden Fortschreibung, die nicht mit Wirkung für die Vergangenheit vorgenommen werden kann (→ BewG § 222 Rn. 33 f.), zu einer Doppelberücksichtigung kommt (einerseits im Grundsteuerwertbescheid, andererseits im Nachfeststellungsbescheid). Diese Dop-

§ 224 BewG Siebenter Abschnitt. Bewertung d. Grundbesitzes ab 1.1.2022

pelberücksichtigung ist unproblematisch, sofern die Wertfortschreibungsgrenze des § 222 Abs. 1 BewG nicht erreicht wird. Denn in dieser Konstellation hat der Gesetzgeber die Doppelberücksichtigung in Kauf genommen. Ist die Wertfortschreibungsgrenze hingegen erreicht, dürfte der Steuerpflichtige schutzwürdig sein. Es wird zu Recht vorgeschlagen, diesen Schutz dadurch zu verwirklichen, dass § 222 Abs. 4 S. 3 Nr. 2 BewG auf die Nachfeststellung entsprechend angewendet wird, dh ein Nachfeststellungsbescheid darf im Falle der Grundsteuerwerterhöhung erst auf den 1.1. des Bescheiderteilungsjahres ergehen (so *Mannek* in Stenger/Loose BewG § 23 Rn. 83).

D. Feststellungsverjährung

15 Für Nachfeststellungen gelten die §§ 169 ff. AO, dh es kann Feststellungsverjährung bezogen auf den Nachfeststellungszeitpunkt eintreten (→ BewG § 226 Rn. 3). Allerdings ist § 181 Abs. 5 AO zu beachten, der den Eintritt der Feststellungsverjährung über die Stufen des Grundsteuervollzugs hinweg auch an die Festsetzungsverjährung der Grundsteuerfestsetzung knüpft (→ BewG § 226 Rn. 7). Zudem ist die Nachholungsmöglichkeit auf einen späteren Zeitpunkt nach Maßgabe des § 226 BewG zu beachten (→ BewG § 226 Rn. 4).

§ 224 Aufhebung des Grundsteuerwerts

(1) **Der Grundsteuerwert wird aufgehoben, wenn dem Finanzamt bekannt wird, dass:**
1. **die wirtschaftliche Einheit wegfällt oder**
2. **der Grundsteuerwert der wirtschaftlichen Einheit infolge von Befreiungsgründen der Besteuerung nicht mehr zugrunde gelegt wird.**

(2) **Aufhebungszeitpunkt ist:**
1. **in den Fällen des Absatzes 1 Nummer 1 der Beginn des Kalenderjahres, das auf den Wegfall der wirtschaftlichen Einheit folgt, und**
2. **in den Fällen des Absatzes 1 Nummer 2 der Beginn des Kalenderjahres, in dem der Grundsteuerwert erstmals der Besteuerung nicht mehr zugrunde gelegt wird.**

Gilt allgemein nicht in **Baden-Württemberg** (dort § 18 BWLGrStG) und für Grundstücke nicht in **Hessen** (dort nur zweistufiges Verwaltungsverfahren, → HGrStG § 4 Rn. 3). In **Bayern** (Art. 6 BayGrStG), **Hamburg** (§ 6 HmbGrStG) und **Niedersachsen** (§ 8 NGrStG) wird die Regelung für das Feststellungsverfahren bei Grundstücken modifiziert und ergänzt.

A. Allgemeines

I. Systematische Einordnung und Zweck der Vorschrift

1 Der Grundsteuerwertbescheid ist ein Dauerverwaltungsakt (→ BewG § 219 Rn. 6). **§ 224 BewG regelt, wann die Regelungswirkung des Grundsteuerwertbescheides durch Aufhebung zu beenden ist.** Das Gesetz spricht von der Aufhebung des Grundsteuerwertes, meint allerdings die Aufhebung des Grundsteuerwertbescheides mit allen seinen Feststellungen (vgl. zu den verschiedenen

Aufhebung des Grundsteuerwerts § 224 BewG

Feststellungen → BewG § 219 Rn. 2). Es geht um Konstellationen, in denen keine Feststellung des Grundsteuerwertbescheides bestehen bleiben soll. **Auf der Grundlage von § 224 Abs. 1 BewG wird der gesamte Verwaltungsakt aufgehoben.** Anlass für die Aufhebung sind der Wegfall der wirtschaftlichen Einheit oder die vollständige Befreiung der wirtschaftlichen Einheit von der Grundsteuer. Eine fehlerbeseitigende Aufhebung, wie sie in § 20 Abs. 1 Nr. 2 Buchst. b GrStG für den Grundsteuermessbescheid normiert ist, fehlt in § 224 Abs. 1 BewG. Sie ist allerdings gleichwohl anerkannt (→ Rn. 8). Dessen ungeachtet **gelten für den Grundsteuerwertbescheid auch die allgemeinen Änderungsvorschriften der §§ 172 ff. AO** (→ BewG § 222 Rn. 37), die ebenfalls Grundlage für eine Aufhebung des Grundsteuerwertbescheides sein können.

II. Entwicklung der Vorschrift

§ 224 BewG beruht auf dem Grundsteuerreformgesetz v. 26.11.2019 2 (→ Grundlagen Rn. 13; vgl. BT-Drs. 19/11085, 95) und entspricht § 24 BewG (dazu BT-Drs. IV/1488, 38).

B. Aufhebung wegen Wegfall der wirtschaftlichen Einheit (Abs. 1 Nr. 1)

Der Grundsteuerwertbescheid ist aufzuheben, wenn dem Finanzamt bekannt 3 wird, dass die wirtschaftliche Einheit wegfällt. Eine wirtschaftliche Einheit fällt iSv § 224 Abs. 1 Nr. 1 BewG weg, wenn sie aufhört zu existieren. Dieser Fall kann zB dadurch eintreten, dass
– ein **Steuergegenstand sich „aufspaltet" und eigenständige wirtschaftliche Einheiten entstehen.** Dies ist zB der Fall, wenn in Bezug auf die beiden Wohnungen eines Zweifamilienhauses Wohnungseigentum begründet wird. Damit geht die wirtschaftliche Einheit Zweifamilienhaus unter und es entstehen zwei neue wirtschaftliche Einheiten Wohnungseigentum;
– ein **Steuergegenstand in einem anderen Steuergegenstand aufgeht.** Wenn zB eine wirtschaftliche Einheit veräußert wird und sie beim Erwerber Teil einer diesem bereits zuzurechnenden wirtschaftlichen Einheit wird, dann ist der Grundsteuerwertbescheid bezüglich der veräußerten wirtschaftlichen Einheit aufzuheben und in Ansehung der beim Erwerber bereits bestehenden wirtschaftlichen Einheit eine Fortschreibung vorzunehmen. Entsprechendes gilt, wenn beide wirtschaftliche Einheiten schon zuvor einer Person zuzurechnen waren und sie beispielsweise infolge einer Nutzungsänderung nach der Verkehrsauffassung nunmehr als eine einzige wirtschaftliche Einheit anzusehen sind. Auch in diesem Fall ist ein Grundsteuerwertbescheid aufzuheben und im Übrigen eine Fortschreibung durchzuführen. Beide Entscheidungen sind tatbestandlich nicht verknüpft. Die Fortschreibung ist daher keine Voraussetzung der Aufhebung (AEBewGrSt A 224 Abs. 1 S. 4). Welche wirtschaftliche Einheit fortzuschreiben und welche aufzuheben ist, richtet sich nach den Umständen des Einzelfalls, vor allem danach, welches Grundstück der wirtschaftlichen Einheit das Gepräge gibt (Beispiel: Wohngrundstück wird mit dem angrenzenden Gartengrundstück zusammengefasst; das Wohngrundstück prägt die wirtschaftliche Einheit, AEBewGrSt A 224 Abs. 1 S. 6). Jenseits dessen wird man – wie es auch die

435

§ 224 BewG Siebenter Abschnitt. Bewertung d. Grundbesitzes ab 1.1.2022

Finanzverwaltung tun will – Zweckmäßigkeitserwägungen ausreichen lassen müssen (AEBewGrSt A 224 Abs. 1 S. 5);
– sich die **Vermögensart ändert.** Ist zB ein bisher als Grundvermögen bewertetes Grundstück nunmehr dem land- und forstwirtschaftlichen Vermögen zuzurechnen, dann kommt eine Artfortschreibung nicht in Betracht, denn es fehlt an der für eine Fortschreibung zwingend notwendigen Identität der wirtschaftlichen Einheit (→ BewG § 222 Rn. 8, 17). Daher ist der Grundsteuerwertbescheid betreffend das Grundstück aufzuheben und für die neue wirtschaftliche Einheit eine Nachfeststellung durchzuführen (BFH 4.2.1987 – II B 33/85, BStBl. II 1987, 326; 5.5.1999 – II R 44/96, BFH/NV 2000, 8).

4 Unter dem bis zum 31.12.2024 geltenden alten Recht lag ein Wegfall der wirtschaftlichen Einheit ferner dann vor, wenn ein **Gebäude auf fremden Grund und Boden** und das Grundstück jeweils eigenständige wirtschaftliche Einheiten darstellten (→ BewG § 244 Rn. 24 f.) und der Grundstückseigentümer auch das Eigentum an dem Gebäude erwarb oder das Gebäude abgerissen wurde. Das neue Recht kennt diese Zweiteilung nicht mehr. Es geht vielmehr von einer einzigen wirtschaftlichen Einheit aus (§ 244 Abs. 3 Nr. 2 BewG), die dem Grundstückseigentümer zuzurechnen ist (§ 262 BewG). **Fällt das Gebäudeeigentum an den Grundstückseigentümer, existiert daher weiterhin die nämliche wirtschaftliche Einheit.** Entsprechendes gilt, wenn das Gebäude abgerissen wird. In diesem Fall ist lediglich eine Artfortschreibung vorzunehmen, wenn das Grundstück infolge des Gebäudeabrisses zu einem unbebauten Grundstück geworden ist.

5 § 224 Abs. 1 BewG knüpft im Einleitungssatz an die **Kenntnis des Finanzamtes** an. **Eine solche Kenntnis ist allerdings kein Tatbestandsmerkmal des § 224 Abs. 1 BewG.** Das folgt zum einen aus der Formulierung der Aufhebungszeitpunkte, die losgelöst von der Kenntnis objektiv auf die Verwirklichung der Aufhebungsgründe abstellen. Zum anderen ergibt sich dies aus dem Vergleich mit den Regelungen über die fehlerbeseitigende Fortschreibung (§ 222 Abs. 4 S. 3 Nr. 2 BewG) bzw. Aufhebung (§ 20 Abs. 2 Nr. 3 GrStG), die explizit an eine entsprechende Kenntniserlangung durch das Finanzamt anknüpfen und dadurch den Fortschreibungs-/Aufhebungszeitpunkt nach hinten verschieben. In § 224 Abs. 1 BewG fehlt es hingegen an einer solchen Anordnung. Somit spricht § 224 Abs. 1 BewG nur aus, was selbstverständlich ist: Das Finanzamt kann erst tätig werden, wenn es um die Verwirklichung der Aufhebungsgründe weiß.

C. Aufhebung wegen Eintritts einer vollständigen Grundsteuerbefreiung (Abs. 1 Nr. 2)

6 Gemäß § 224 Abs. 1 Nr. 2 BewG ist der Grundsteuerwertbescheid aufzuheben, wenn für den Steuergegenstand eine vollständige Steuerbefreiung eingetreten ist, die vorher nicht bzw. nicht in diesem Umfang einschlägig war (→ GrStG § 3 Rn. 7). Das ist zB denkbar, **wenn der Steuerpflichtige erstmals die persönlichen Voraussetzungen für eine Steuerbefreiung erfüllt** (Beispiel: Erlangung des Gemeinnützigkeitsstatus, → GrStG § 3 Rn. 29 ff.) oder wenn der Steuerpflichtige die Nutzung derart ändert, dass **der Steuergegenstand fortan ausschließlich steuerbegünstigten Zwecken** dient. Tritt nur für einen Teil des Steuergegenstandes eine Grundsteuerbefreiung ein, ist dies kein Fall des § 224 Abs. 1 Nr. 2 BewG, sondern kann zur

Aufhebung des Grundsteuerwerts **§ 224 BewG**

Wertfortschreibung (→ BewG § 222 Rn. 5 ff.) oder Neuveranlagung (→ GrStG § 17 Rn. 7 ff.) führen.

Alternativ zur Aufhebung des Grundsteuerwertbescheides kommt bei vollständiger Steuerbefreiung des Steuergegenstandes auch (nur) die Aufhebung des Grundsteuermessbescheides nach § 20 Abs. 1 Nr. 2 Buchst. a GrStG in Betracht (→ GrStG § 20 Rn. 4). 7

D. Fehlerbeseitigende Aufhebung

Die Rechtsprechung erkennt zu Recht auch eine **fehlerbeseitigende Aufhebung** an (BFH 16.10.1991 – II R 23/89, BStBl. II 1992, 454; FG Baden-Württemberg 3.12.1992 – 3 K 339/88, EFG 1993, 287 jeweils zu § 24 BewG). Dem folgt die Finanzverwaltung (AEBewGrSt A 224 Abs. 3 S. 1). Methodisch bietet sich eine **Gesamtanalogie zu § 222 Abs. 4 S. 3 Nr. 2 BewG und § 20 Abs. 1 Nr. 2 Buchst. b GrStG** an (vgl. demgegenüber FG Berlin-Brandenburg 14.8.2019 – 3 K 3113/17, EFG 2020, 1822 [Rev. II R 11/20]: analoge Anwendung des § 24 BewG; ähnlich *Krause* in Stenger/Loose BewG § 224 Rn. 74: Erst-Recht-Schluss zu § 224 Abs. 1 Nr. 1 BewG). Der Grundsteuerwertbescheid muss hierfür fehlerhaft, dh rechtswidrig sein, und zwar deshalb, weil es ihn nicht geben dürfte. Das ist jedenfalls der Fall, wenn die wirtschaftliche Einheit von Anfang an nicht (vgl. FG Berlin-Brandenburg 14.8.2019 – 3 K 3113/17, EFG 2020, 1822 [Rev. II R 11/20]) oder jedenfalls nicht so existiert hat. Das kann zB der Fall sein, wenn fälschlicherweise von einer wirtschaftlichen Einheit (zB Zweifamilienhaus) ausgegangen wird, aber in Wirklichkeit zwei wirtschaftliche Einheiten (zB zwei Einfamilienhäuser) vorliegen (vgl. zu dieser Konstellation BFH 16.10.1991 – II R 23/89, BStBl. II 1992, 454). 8

E. Aufhebungszeitpunkte (Abs. 2)

Der Grundsteuerwertbescheid ist ein Dauerverwaltungsakt (→ BewG § 219 Rn. 6). Die Aufhebung nach § 224 BewG bewirkt, dass ab einem bestimmten Zeitpunkt (dem sog. **Aufhebungszeitpunkt**) die im Grundsteuerwertbescheid getroffenen Wert-, Art- und Zurechnungsfeststellungen keine Regelungswirkung mehr entfalten (BFH 16.10.1991 – II R 23/89, BStBl. II 1992, 454). **Bis zu diesem Zeitpunkt entfaltet der Grundsteuerwertbescheid hingegen nach wie vor seine Wirkung**, vor allem im Verhältnis zu seinen Folgebescheiden. 9

Erfolgt die Aufhebung auf der Grundlage von § 224 Abs. 1 Nr. 1 BewG (→ Rn. 3 ff.), ist der Aufhebungszeitpunkt der Beginn des Kalenderjahres, das auf den Wegfall der wirtschaftlichen Einheit folgt (§ 224 Abs. 2 Nr. 1 BewG). 10

Beruht die Aufhebung darauf, dass für den gesamten Steuergegenstand eine Grundsteuerbefreiung eingreift (→ Rn. 6 f.), ist Aufhebungszeitpunkt der Beginn des Kalenderjahres, in dem der Grundsteuerwert erstmals der Besteuerung nicht mehr zugrunde gelegt wird (§ 224 Abs. 2 Nr. 2 BewG). Diese verfahrensrechtliche Regelung deckt sich mit dem grundsteuerlichen Stichtagsprinzip des § 9 Abs. 1 GrStG. Werden die Voraussetzungen des § 3 GrStG also im laufenden Jahr bezogen auf den gesamten Steuergegenstand verwirklicht, bleibt die Grundsteuerpflicht gleichwohl noch bis zum Ende des Kalenderjahres bestehen. 11

§ 224 BewG Siebenter Abschnitt. Bewertung d. Grundbesitzes ab 1.1.2022

12   Bei einer **fehlerbeseitigenden Aufhebung** des Grundsteuerwertbescheides (→ Rn. 8) folgt der Aufhebungszeitpunkt aus einer **entsprechenden Anwendung des § 222 Abs. 4 S. 3 Nr. 2 BewG** (BFH 16.10.1991 – II R 23/89, BStBl. II 1992, 454; FG Baden-Württemberg 3.12.1992 – 3 K 339/88, EFG 1993, 287 jeweils zu § 24 BewG; ebenso AEBewGrSt A 224 Abs. 3 S. 2). Aufhebungszeitpunkt ist damit grundsätzlich der Beginn des Kalenderjahres, in dem der Fehler dem Finanzamt bekannt wird. Das entspricht der entsprechenden Anwendung des ersten Satzteils des § 222 Abs. 4 S. 3 Nr. 2 BewG. Der zweite Satzteil des § 222 Abs. 4 S. 3 Nr. 2 BewG, wonach der Fortschreibungszeitpunkt im Falle einer Erhöhung des Grundsteuerwertes frühestens der 1.1. des Kalenderjahres ist, in welchem der Fortschreibungsbescheid erteilt wird, lässt sich hingegen nicht ohne Weiteres auf die fehlerbeseitigende Aufhebung entsprechend anwenden. Denn eine Aufhebung des Grundsteuerwertbescheides führt isoliert betrachtet immer zu einer Besserstellung des Steuerpflichtigen. Allerdings wird man dem Schutzanliegen dieses zweiten Satzteils bei der fehlerberichtigenden Aufhebung dadurch Rechnung tragen müssen, dass der Vorgang gesamthaft betrachtet wird: Ist die Aufhebung nur der „erste Teilakt" auf dem Weg zu einer Nachfeststellung (oder mehreren Nachfeststellungen) und kommt es am Ende (in der Summe) zu höheren Grundsteuerwerten, folgt aus der entsprechenden Anwendung des § 222 Abs. 4 S. 3 Nr. 2 BewG, dass Aufhebungszeitpunkt dann der 1.1. des auf die Bekanntgabe der Aufhebungsentscheidung folgenden Kalenderjahres ist (so auch bereits *Mannek* in Stenger/Loose BewG § 24 Rn. 46).

F. Feststellungsverjährung

13   Der Aufhebungsbescheid ist selbst auch Feststellungsbescheid iSv § 181 AO (*Mannek* in Stenger/Loose BewG § 24 Rn. 40), weshalb für ihn ua **die Vorschriften über die Feststellungsverjährung** (§§ 169ff. AO iVm § 181 Abs. 1 S. 1 AO) gelten. Die Feststellungsfrist beginnt grundsätzlich mit Ablauf des Jahres, auf dessen 1.1. die Aufhebung vorzunehmen ist. Die Feststellungsfrist beträgt grundsätzlich vier Jahre. Ist die Feststellungsfrist bezogen auf den gesetzlich bestimmten Aufhebungszeitpunkt abgelaufen, schließt dies die Aufhebung nicht aus. Der **Aufhebungszeitpunkt verschiebt sich** sodann nach hinten und zwar **auf den ersten nicht feststellungsverjährten Zeitpunkt (§ 226 Abs. 2 BewG,** → BewG § 226 Rn. 12).

G. Rechtsschutz

14   **§ 224 BewG vermittelt dem Steuerpflichtigen ein subjektives Recht auf Aufhebung. Es besteht kein Ermessen der Finanzbehörde** (→ GrStG § 20 Rn. 14). Lehnt die Finanzbehörde die beantragte Aufhebung ab, muss der Steuerpflichtige nach einem erfolglosen Einspruchsverfahren Verpflichtungsklage erheben (Ziel: Verpflichtung der Behörde zum Erlass der begehrten Aufhebungsentscheidung). Sind nach Ansicht des Steuerpflichtigen die **Voraussetzungen für eine vollständige Grundsteuerbefreiung eingetreten, kann er wählen, ob er die Aufhebung des Grundsteuerwertbescheides oder die Aufhebung des Grundsteuermessbescheides erstreiten will** (→ GrStG § 20 Rn. 14).

§ 225 Änderung von Feststellungsbescheiden

¹Bescheide über Fortschreibungen oder über Nachfeststellungen von Grundsteuerwerten können schon vor dem maßgeblichen Feststellungszeitpunkt erteilt werden. ²Sie sind zu ändern oder aufzuheben, wenn sich bis zu diesem Zeitpunkt Änderungen ergeben, die zu einer abweichenden Feststellung führen.

Gilt allgemein nicht in **Baden-Württemberg** (dort § 19 BWLGrStG) und für Grundstücke nicht in **Hessen** (dort nur zweistufiges Verwaltungsverfahren, → HGrStG § 4 Rn. 3). In **Bayern** (Art. 6 BayGrStG), **Hamburg** (§ 6 HmbGrStG) und **Niedersachsen** (§ 8 NGrStG) wird die Regelung für das Feststellungsverfahren bei Grundstücken modifiziert und ergänzt.

A. Allgemeines

I. Systematische Einordnung und Zweck der Regelung

Nach §§ 221 Abs. 2, 222 Abs. 4 BewG wirken sich unterjährige Veränderungen immer erst zum nächsten 1.1. aus (bewertungsrechtliches Stichtagsprinzip, → BewG § 221 Rn. 8). § 225 S. 1 BewG regelt – ebenso wie § 21 S. 1 GrStG – konstitutiv (→ Rn. 3), dass ein Fortschreibungs- bzw. Nachfeststellungsbescheid auch schon dann erlassen werden darf, wenn die rechtliche Wirkung der Änderung noch nicht eingetreten ist; diese tritt nämlich erst zum Fortschreibungs- bzw. Nachfeststellungszeitpunkt ein. Damit fallen für die Zeit **zwischen der Bekanntgabe des Fortschreibungs- bzw. Nachfeststellungsbescheides einerseits und dem Fortschreibungs- bzw. Nachfeststellungszeitpunkt andererseits die innere Wirksamkeit** (= rechtliche Existenz des Verwaltungsaktes) **und die äußere Wirksamkeit des Bescheides** (= Entfaltung der Rechtswirkungen des Verwaltungsaktes) **auseinander** (vgl. zu diesen Wirksamkeitskategorien statt vieler nur *Sachs* in SBS VwVfG § 43 Rn. 163ff.). § 225 S. 1 BewG schafft gemeinsam mit § 21 S. 1 GrStG die Voraussetzung dafür, dass Grundsteuerwert- und Grundsteuermessbescheid so frühzeitig erlassen werden können, dass die Gemeinde die Grundsteuerforderung zeitig vor Beginn des Erhebungszeitraums festsetzen kann (vgl. BT-Drs. VI/1888, 5 zu § 24a BewG). § 225 S. 2 BewG wiederum stellt durch eine Änderungsvorschrift sicher, dass der frühzeitige Bescheiderlass sich weder für die Finanzbehörde noch für den Steuerpflichtigen als Nachteil erweist, wenn bis zum Fortschreibungs- bzw. Nachfeststellungszeitpunkt erneut Anpassungsbedarf entsteht (→ Rn. 7ff.). Diese Änderungs-/Aufhebungsbefugnis nach § 225 S. 2 BewG hat keinen abschließenden Charakter. Insbesondere die allgemeinen Berichtigungs- und Änderungsermächtigungen der §§ 129, 172ff. AO bleiben anwendbar (*Bruschke* in Stenger/Loose BewG § 24a Rn. 3).

II. Entwicklung der Vorschrift

§ 225 BewG beruht auf dem Grundsteuerreformgesetz v. 26.11.2019 (→ Grundlagen Rn. 13; vgl. BT-Drs. 19/11085, 95) und entspricht § 24a BewG (dazu BT-Drs. VI/1888, 5).

B. Erlass von Fortschreibungs- und Nachfeststellungsbescheiden vor dem Fortschreibungs- bzw. Nachfeststellungszeitpunkt (S. 1)

3 Fortschreibungs- und Nachfeststellungsbescheide können schon vor dem maßgeblichen Fortschreibungs- bzw. Nachfeststellungszeitpunkt erlassen werden. **§ 225 S. 1 BewG enthält keine eigenständigen Voraussetzungen, sondern knüpft allein an die Verpflichtung zum Erlass eines Fortschreibungs- oder Nachfeststellungsbescheides nach Maßgabe der §§ 222, 223 BewG an.** § 225 S. 1 BewG ergänzt diese Regelungen lediglich dahingehend, dass die genannten Bescheide – und zwar abweichend vom zu eng geratenen Wortlaut in Bezug auf Wert-, Art- und Zurechnungsfeststellung (allgM *Bruschke* in Stenger/Loose BewG § 24a Rn. 21; *Halaczinsky* in Rössler/Troll BewG § 24a Rn. 3; *Schaffner* in KSS BewG § 24a Rn. 2) – auch schon vor ihrem Geltungszeitpunkt erlassen werden dürfen. Es müssen also alle Voraussetzungen von § 222 BewG oder § 223 BewG bereits verwirklicht sein bis auf das Erfordernis, dass Fortschreibungs- bzw. Nachfeststellungsgrund zum Fortschreibungs- bzw. Nachfeststellungszeitpunkt (so) noch bestehen. Von dieser letztgenannten Voraussetzung suspendiert § 225 S. 1 BewG. Ohne diese Regelung müsste das Finanzamt den Fortschreibungs- bzw. Nachfeststellungszeitpunkt abwarten (vgl. BFH 15.9.1961 – III 102/59, BStBl. III 1962, 4 zur Rechtslage vor Einfügung des § 24a BewG: Die Verhältnisse zum Fortschreibungszeitpunkt können logischerweise erst zugrunde gelegt werden, wenn das betreffende Kalenderjahr begonnen hat). Da dies die Grundsteuerfestsetzung verzögern kann, ermächtigt der Gesetzgeber das Finanzamt zu einem frühzeitigen („vorauseilenden") Bescheiderlass.

Beispiel: A ist Eigentümer eines Grundstücks und veräußert dieses an B. Rechtliches und wirtschaftliches Eigentum an dem Grundstück gehen am 15.1.01 von A auf B über. Es ist gem. § 222 Abs. 2 BewG eine Zurechnungsfortschreibung auf den 1.1.02 vorzunehmen (→ BewG § 222 Rn. 18 ff.). Aufgrund von § 225 S. 1 BewG darf das Finanzamt den Fortschreibungsbescheid bereits vor dem 1.1.02 erlassen. Der Bescheid wird mit Bekanntgabe wirksam, entfaltet seine rechtlichen Wirkungen allerdings erst ab dem 1.1.02.

4 Seinem Wortlaut nach erfasst § 225 S. 1 BewG weder anlässlich der Hauptfeststellung zu erlassende Grundsteuerwertbescheide noch die Aufhebung nach § 224 BewG. Solche Bescheide können mithin nicht vor Erreichen des Hauptfeststellungs- bzw. Aufhebungszeitpunktes erlassen werden. Hierfür besteht allerdings auch kein Bedürfnis (aA in Ansehung der Hauptfeststellung *Bruschke* in Stenger/Loose BewG § 24a Rn. 9f.). Vor allem in Bezug auf die Hauptfeststellungen wird den Gemeinden bereits durch die Geltungsverzögerung nach § 16 Abs. 2 GrStG ausreichend Vorlaufzeit verschafft (→ GrStG § 16 Rn. 10).

5 **§ 225 S. 1 BewG setzt keine zeitliche Nähe zum Fortschreibungs- oder Nachfeststellungszeitpunkt voraus.** Theoretisch kann das Finanzamt daher auch mit größerem zeitlichen Vorlauf einem Fortschreibungs- oder Nachfeststellungsanlass Rechnung tragen. Wenn sich bis zum Fortschreibungs- oder Nachfeststellungszeitpunt noch weitere Änderungen ergeben, kann dem über § 225 S. 2 BewG Rechnung getragen werden, dh das Finanzamt geht inhaltlich kein Risiko ein.

6 § 225 S. 1 BewG gewährt dem Finanzamt Ermessen. Es besteht grundsätzlich keine Verpflichtung zum vorzeitigen Erlass von Fortschreibungs- bzw. Nachfeststellungsbescheiden.

C. Anpassung bei Änderungen zwischen dem Wirksamwerden von Fortschreibungs- bzw. Nachfeststellungsbescheid und ihrem Geltungszeitpunkt (S. 2)

Gemäß § 225 S. 2 BewG sind Fortschreibungs- bzw. Nachfeststellungsbescheid zu ändern oder aufzuheben, wenn sich bis zum Fortschreibungs- bzw. Nachfeststellungszeitpunkt (also bis einschließlich 0:00 Uhr des 1.1., →BewG § 221 Rn. 8) nochmals Änderungen ergeben, die zu einer abweichenden Feststellung führen. **Der Erlass des Fortschreibungs- bzw. Nachfeststellungsbescheides** (zum Erlasszeitpunkt →Rn. 8) **verbraucht mithin die Änderungsbefugnis der Finanzbehörde nicht.** Sie geht daher mit einer frühzeitigen (vorauseilenden) Fortschreibungs- bzw. Nachfeststellungsentscheidung nicht das Risiko ein, dass sie weitere (nachfolgende, →Rn. 9) Änderungen nicht mehr berücksichtigen kann. **Vielmehr ist auch weiterhin das bewertungsrechtliche Stichtagsprinzip zu verwirklichen,** dh jede dem Bescheiderlass nachfolgende Änderung ist zum Fortschreibungs- bzw. Nachfeststellungszeitpunkt durch eine Änderung des Fortschreibungs- bzw. Nachfeststellungsbescheides zu berücksichtigen. 7

Beispiel 1: A ist Eigentümer eines Grundstücks und veräußert dieses an B. Rechtliches und wirtschaftliches Eigentum an dem Grundstück gehen am 15.1.01 von A auf B über. Das Finanzamt erlässt am 1.3.01 einen Fortschreibungsbescheid und rechnet dem B das Grundstück auf den 1.1.02 zu. B veräußert das Grundstück in 01 an C weiter, der am 1.7.01 rechtlicher und wirtschaftlicher Eigentümer wird. Auf der Grundlage von § 225 S. 2 BewG ist der Fortschreibungsbescheid aufzuheben und nach § 222 Abs. 2 BewG ein neuer Fortschreibungsbescheid, mit dem C das Grundstück auf den 1.1.02 zugerechnet wird, zu erlassen (ggf. wiederum iVm § 225 S. 1 BewG, wenn dieser Bescheid bereits vor dem 1.1.02 erlassen werden soll).

Beispiel 2 (übernommen aus AEBewGrSt A 225): A ist Eigentümer eines unbebauten Grundstücks. Am 1.2.01 ist das auf dem Grundstück errichtete Einfamilienhaus (= 120 qm) bezugsfertig. Es erfolgt daher mit Bescheid vom 1.5.01 eine Art- und Wertfortschreibung auf den 1.1.02. Am 1.10.01 wird ein Anbau bezugsfertig errichtet, mit dem sich Wohnfläche um 30 qm erhöht. Hiervon erlangt die Finanzbehörde erst in 02 Kenntnis. § 225 S. 2 BewG ermöglicht nunmehr, dass eine Art- und Wertfortschreibung auf den 1.1.02 erfolgen, der ein Einfamilienhaus mit 150 qm zugrunde gelegt werden kann.

Beispiel 3: A ist Eigentümer eines Grundstücks, das zu einem Betrieb der Land- und Forstwirtschaft gehört. Er trennt im Januar 01 einen Teil des Grundstücks ab, sodass ein neues Grundbuchgrundstück entsteht. Dieses neue Grundstück ist nicht dem Betrieb der Land- und Forstwirtschaft zuzurechnen. Es ist vielmehr eine neue wirtschaftliche Einheit des Grundvermögens entstanden, weshalb das Finanzamt am 1.4.01 einen Nachfeststellungsbescheid mit dem Nachfeststellungszeitpunkt 1.1.02 erlässt und zwar mit der Artfeststellung „unbebautes Grundstück". Im Oktober 01 wird auf dem Grundstück ein Zweifamilienhaus fertiggestellt. Daher ist der Nachfeststellungsbescheid gem. § 225 S. 2 BewG dahingehend zu ändern, dass auf den 1.1.02 die Grundstücksart „bebautes Grundstück" und „Zweifamilienhaus" festgestellt wird.

Das Gesetz nennt den **maßgeblichen Beginn des Zeitraums** nicht, **von dem an Änderungen nach § 225 S. 2 BewG relevant sind.** Nach dem Zweck der Norm kann dies nur der Zeitpunkt sein, in dem die Finanzbehörde die **finale Entscheidung über das „Ob" und den Inhalt des Bescheides getroffen** hat (= Erlass des Bescheides). Nur so wird sichergestellt, dass keine „Korrekturlücke" 8

§ 225 BewG Siebenter Abschnitt. Bewertung d. Grundbesitzes ab 1.1.2022

entsteht und vielmehr alle Änderungen zwischen der Entscheidung der Finanzbehörde und dem Neuveranlagungs- bzw. Nachveranlagungsstichtag berücksichtigt werden können. Würde man hingegen auf den Zeitpunkt der Bekanntgabe des Bescheides abstellen, blieben Änderungen zwischen der Behördenentscheidung und der Bekanntgabe folgenlos (zu Recht *Bruschke* in Stenger/Loose BewG § 24a Rn. 33; *Halaczinsky* in Rössler/Troll BewG § 24a Rn. 12; *Schaffner* in KSS BewG § 24a Rn. 3). Letztlich **gilt für § 225 S. 2 BewG damit das Gleiche wie für § 173 AO.** Daher kann auch im Übrigen auf die Erkenntnisse zum Erlasszeitpunkt bei § 173 AO zurückgegriffen werden: Bei menschlicher Bearbeitung des Steuerfalls ist die abschließende Freigabe (Zeichnung) im EDV-System maßgeblich (statt vieler *Rüsken* in Klein AO § 173 Rn. 53 mwN). Bei einer rein automatisierten Feststellungsentscheidung ist ein diesem Akt vergleichbarer Zeitpunkt zu ermitteln und dies ist richtigerweise der Abschluss des Datenverarbeitungsvorgangs bei der Finanzbehörde (so auch *von Wedelstädt* in Gosch AO § 173 Rn. 47f.: aA [Zeitpunkt des Abschickens] *von Groll* in HHSp AO § 173 Rn. 205ff.).

9 Der Begriff der Änderung in § 225 S. 2 BewG hat keinen eigenständigen Inhalt, sondern wird allein durch die Fortschreibungs- und Nachfeststellungsanlässe konkretisiert. Denn § 225 S. 2 BewG sichert die Verwirklichung des Stichtagsprinzips durch die §§ 222, 223 BewG ab. Weder der Finanzbehörde noch dem Steuerpflichtigen soll ein Nachteil daraus erwachsen, dass bereits frühzeitig ein Bescheid erteilt worden ist. Daher **muss alles „Änderung" iSv § 225 S. 2 BewG sein, was ohne die frühzeitige Bescheiderteilung nach Maßgabe der §§ 222, 223 BewG für den Fortschreibungs- und Nachfeststellungszeitpunkt noch hätte berücksichtigt werden können.** § 225 S. 2 BewG erfasst allerdings nur solche Änderungen (im vorgenannten Sinne), die zwischen dem Erlass des Fortschreibungs- bzw. Nachfeststellungsbescheides und dem Fortschreibungs- bzw. Nachfeststellungszeitpunkt eintreten. Die Norm ermöglicht also keine Korrektur von Fehlern, die dem Fortschreibungs- bzw. Nachfeststellungsbescheid bereits von Anfang an oder sogar bereits einem dem Fortschreibungsbescheid vorausliegenden Grundsteuerwertbescheid anhafteten (FG München 10.9.1997 – 4 K 381/94, BeckRS 1997, 30860744 zu § 24a BewG; *Bruschke* in Stenger/Loose BewG § 24a Rn. 38; *Halaczinsky* in Rössler/Troll BewG § 24a Rn. 10; *Schaffner* in KSS BewG § 24a Rn. 3). Zur Beseitigung solcher Fehler kommen allerdings eine fehlerbeseitigende Fortschreibung (§ 222 Abs. 3 BewG), eine Aufhebung (§ 224 BewG) oder eine Berichtigung bzw. Änderung nach den allgemeinen Vorschriften (zB § 129 AO oder § 173 AO; → BewG § 222 Rn. 39ff.) in Betracht.

10 Insbesondere **Wertfortschreibung und weitere wertrelevante Änderungen:** § 225 S. 2 BewG knüpft die Änderungs-/Aufhebungsanordnung selbst nicht an das Überschreiten von Wertgrenzen. Daher kommt es nicht darauf an, ob die nach § 225 S. 2 BewG herbeizuführende Änderung gemessen an der zu ändernden Feststellung die Grenzen des § 222 Abs. 1 BewG überschreitet (glA AEBewGrSt A 225 S. 3). Da § 225 S. 2 BewG stets im Zusammenhang mit den §§ 222f. BewG gesehen werden muss, bleibt die Wertfortschreibungsgrenze des § 222 Abs. 1 BewG (Abweichung von mehr als 15.000 EUR, → BewG § 222 Rn. 11) allerdings in Bezug auf das mittels § 225 S. 2 BewG herbeizuführende Ergebnis maßgeblich. Ein aufgrund einer Werterhöhung von mehr als 15.000 EUR vorzeitig erteilter Wertfortschreibungsbescheid ist also nach § 225 S. 2 BewG wieder aufzuheben, wenn bis zum Fortschreibungszeitpunkt noch eine weitere wertrelevante (dieses Mal: wertmindernde) Änderung eintritt, die bezogen auf den Fortschreibungszeitpunkt zu einem Grundsteuerwert führt, der im Verhältnis zum ursprünglichen Grund-

Änderung von Feststellungsbescheiden **§ 225 BewG**

steuerwertbescheid nunmehr zu einer Abweichung von weniger als 15.000 EUR führt (*Bruschke* in Stenger/Loose BewG § 24a Rn. 35). Es hat also im Ergebnis (fasst man beide Änderungen zusammen) eine Fortschreibung zu unterbleiben.

Der vorzeitig erlassene Bescheid entfaltet uU keine dingliche Wirkung gegen- 11 über einem Einzelrechtsnachfolger (zur dinglichen Wirkung der Wert- und Artfeststellung → BewG § 219 Rn. 9). Seine Feststellungen wirken nämlich nur dann gem. § 182 Abs. 2 S. 1 AO gegenüber dem Einzelrechtsnachfolger, wenn der Steuergegenstand auf ihn nach dem Feststellungszeitpunkt übergegangen ist. **Ergeht ein Fortschreibungs- oder Nachfeststellungsbescheid daher auf der Grundlage von § 225 S. 1 BewG vor dem Fortschreibungs- bzw. Nachfeststellungszeitpunkt und tritt die Einzelrechtsnachfolge nach dem Wirksamwerden dieses Bescheides, aber vor dem Fortschreibungs- bzw. Nachfeststellungszeitpunkt ein, bindet dieser Bescheid den Einzelrechtsnachfolger nicht.** Er wird lediglich an die vorangegangenen Bescheide gebunden, weshalb diese Bescheide nach § 222 BewG ihm gegenüber fortzuschreiben sind; ihm ist also ein neuer Fortschreibungsbescheid bekanntzugeben. Existierten bisher noch keine Bescheide, muss dem Einzelrechtsnachfolger gegenüber eine neue Nachfeststellung vorgenommen werden (*Bruschke* in Stenger/Loose BewG § 24a Rn. 48; *Halaczinsky* in Rössler/Troll BewG § 24a Rn. 15).

Beispiel: A ist Eigentümer eines Grundstücks, das zu einem Betrieb der Land- und Forstwirtschaft gehört. Er trennt im Januar 01 einen Teil des Grundstücks ab, sodass ein neues Grundbuchgrundstück entsteht. Dieses neue Grundstück ist nicht dem Betrieb der Land- und Forstwirtschaft zuzurechnen. Es ist vielmehr eine neue wirtschaftliche Einheit des Grundvermögens entstanden, weshalb das Finanzamt am 1.4.01 einen Nachfeststellungsbescheid mit dem Nachfeststellungszeitpunkt 1.1.02 erlässt. Im Oktober 01 überträgt A das rechtliche und wirtschaftliche Eigentum an dem Grundstück auf B. Da der Nachfeststellungsbescheid vom 1.4.01 nicht gem. § 182 Abs. 2 AO gegenüber B wirkt, muss ihm gegenüber auf den 1.1.02 eine neue Nachfeststellung erfolgen.

Anders verhält es sich im Falle der Gesamtrechtsnachfolge. Der Gesamtrechtsnachfolger (va: der Erbe) wird bereits kraft der Gesamtrechtsnachfolge an den vorzeitig erlassenen Bescheid gebunden und tritt in die verfahrensrechtliche Stellung seines Rechtsvorgängers ein (→ GrStG § 11 Rn. 28). Auf § 182 Abs. 2 AO kommt es insoweit nicht an.

§ 225 S. 2 BewG gewährt dem Finanzamt **kein Ermessen**. Die Regelung stellt 12 nicht nur eine Ermächtigungsgrundlage zugunsten des Finanzamtes dar, sondern auch eine Anspruchsgrundlage für den Steuerpflichtigen.

Betrifft der Änderungsbedarf nach § 225 S. 2 BewG nur eine der im Fortschrei- 13 bungs- bzw. Nachfeststellungsbescheid getroffenen Feststellungen, wird auch **nur in Bezug auf die geänderte Feststellung die Anfechtungsbefugnis eröffnet.** Die Selbstständigkeit der Feststellungen gilt auch hier (→ BewG § 222 Rn. 3). Die Regelung des § 351 Abs. 1 AO findet hingegen keine Anwendung, dh der nach § 225 S. 2 BewG geänderte Bescheid kann uneingeschränkt angefochten werden. Zwar spricht § 225 S. 2 BewG von „ändern", was auf den ersten Blick eine Zuordnung zu § 351 Abs. 1 AO nahelegt. Allerdings stellt die Änderung der Sache nach nur eine neue Fortschreibung dar, weshalb hierfür die gleichen Grundsätze gelten müssen, die auch ansonsten für Fortschreibungen gelten (→ BewG § 222 Rn. 50). Wird ein Fortschreibungsbescheid nach § 225 S. 2 BewG (wieder) aufgehoben, eröffnet dies nicht die erneute Anfechtung des Bescheides, der deshalb (wieder) fortgilt.

§ 226 Nachholung einer Feststellung

(1) ¹Ist die Feststellungsfrist (§ 181 der Abgabenordnung) abgelaufen, kann eine Fortschreibung (§ 222) oder Nachfeststellung (§ 223) unter Zugrundelegung der Verhältnisse vom Fortschreibungs- oder Nachfeststellungszeitpunkt mit Wirkung für einen späteren Feststellungszeitpunkt vorgenommen werden, für den diese Frist noch nicht abgelaufen ist. ²§ 181 Absatz 5 der Abgabenordnung bleibt hiervon unberührt.

(2) Absatz 1 ist bei der Aufhebung des Grundsteuerwerts (§ 224) entsprechend anzuwenden.

Gilt allgemein nicht in **Baden-Württemberg** (dort § 20 BWLGrStG) und für Grundstücke nicht in **Hessen** (dort nur zweistufiges Verwaltungsverfahren, → HGrStG § 4 Rn. 3). In **Bayern** (Art. 6 BayGrStG), **Hamburg** (§ 6 HmbGrStG) und **Niedersachsen** (§ 8 NGrStG) wird die Regelung für das Feststellungsverfahren bei Grundstücken modifiziert und ergänzt.

A. Allgemeines

I. Systematische Einordnung und Zweck der Regelung

1   Für Grundsteuerwertbescheide, Fortschreibungsbescheide und Nachfeststellungsbescheide gelten die Regelungen über die Festsetzungsverjährung (da es sich um Feststellungsbescheide handelt über § 181 Abs. 1 AO = Feststellungsverjährung). Das Gesetz geht insoweit von einem singulären Fixpunkt aus, nämlich Hauptfeststellungs-, Fortschreibungs- und Nachfeststellungszeitpunkt (vgl. § 181 Abs. 3 S. 1 AO). Die §§ 169 ff. AO iVm § 181 Abs. 1 AO denken mithin nicht in Zeitabschnitten. Würde man die Stichtagsbezogenheit in Ansehung der Feststellungsverjährung ernst nehmen, würde der Eintritt der Feststellungsverjährung bezogen auf die genannten Zeitpunkte dazu führen, dass der Erlass von Grundsteuerwert-, Fortschreibungs- und Nachfeststellungsbescheid ausgeschlossen ist und damit bis zur nächsten Hauptfeststellung für alle Erhebungszeiträume ein entsprechender Bescheid fehlt bzw. ein vorhandener Bescheid nicht fortgeschrieben werden kann. Das käme einem „Alles-oder-Nichts-Prinzip" gleich. Um dies zu vermeiden, hat der Gesetzgeber § 226 BewG geschaffen. Diese Norm modifiziert die Regelungen über die Feststellungsverjährung dahingehend, dass der Eintritt der Feststellungsverjährung zu einem bestimmten Zeitpunkt den Erlass eines Bescheides nicht generell unzulässig macht, sondern der Geltungszeitpunkt nur auf den ersten nicht feststellungsverjährten 1.1. verschoben wird. Die Regelung trägt damit dem Dauerverwaltungsaktcharakter der im Grundsteuerwertbescheid zu treffenden Feststellungen Rechnung. Angesichts dieser auf den besonderen Charakter des Grundsteuerwertbescheides zugeschnittenen Regelung liegt es nahe, diese Regelung auch auf die Änderung von im Grundsteuerwertbescheid getroffenen Feststellungen (zB nach § 173 AO) anzuwenden (→ Rn. 10 f.).

II. Entwicklung der Regelung

2   § 226 BewG beruht auf dem Grundsteuerreformgesetz v. 26.11.2019 (→ Grundlagen Rn. 13). Sein Vorbild ist § 25 BewG, der mit Gesetz v. 29.10.1997

Nachholung einer Feststellung   § 226 BewG

(BGBl. 1997 I 2595) die bis dahin in den §§ 21 Abs. 3, 22 Abs. 4 und § 23 Abs. 2 BewG enthaltenen Regelungen in einer Norm zusammengefasst hat.

B. Feststellungsfrist bei Fortschreibung bzw. Nachfeststellung (ua Abs. 1)

I. Fortschreibungs-/Nachfeststellungszeitpunkt und Feststellungsfrist

Fortschreibungs- und Nachfeststellungsbescheide unterliegen der Feststellung- 3 verjährung. Die §§ 169ff. AO werden insoweit punktuell von (dem vorrangigen) § 181 AO modifiziert. Die Feststellungsfrist beträgt grundsätzlich vier Jahre (§ 169 Abs. 2 S. 1 Nr. 2 AO), sofern nicht ein Fall der Steuerhinterziehung (dann zehn Jahre) oder Steuerverkürzung (dann fünf Jahre) vorliegt (§ 169 Abs. 2 S. 2 AO; zum Steuerstrafrecht → Grundlagen Rn. 69ff.). Der Beginn der Feststellungsfrist richtet sich grundsätzlich nach § 181 Abs. 3 S. 1 AO. Hiernach **beginnt die Feststellungsfrist mit Ablauf des Jahres zu laufen, auf dessen 1.1. die Fortschreibung bzw. Nachfeststellung vorzunehmen ist.** Hat das Finanzamt den Steuerpflichtigen aufgefordert eine **Steuererklärung** einzureichen – was auch für Fortschreibungen und Nachfeststellungen möglich ist (→ BewG § 228 Rn. 8) –, gilt die **Anlaufhemmung nach § 181 Abs. 3 S. 2 AO.** Die Feststellungsfrist beginnt dann erst mit Ablauf des Kalenderjahres, in dem die Erklärung eingereicht wird, spätestens jedoch mit Ablauf des dritten Kalenderjahres, das auf das Kalenderjahr folgt, auf dessen Beginn die Grundsteuerwertfeststellung vorzunehmen ist. **Überraschenderweise sieht § 181 Abs. 3 AO keine mit der Anzeigepflicht nach § 228 Abs. 2 BewG korrespondierende Anlaufhemmung vor.** Zeigt der Steuerpflichtige mithin die Änderung der tatsächlichen Verhältnisse, die sich auf die Höhe des Grundsteuerwerts, die Vermögensart oder die Grundstücksart auswirken oder zu einer erstmaligen Feststellung führen kann, nicht an, hat dies keine Auswirkung auf den Beginn der Feststellungsfrist. Stellt die Verletzung der Anzeigepflicht allerdings eine Steuerhinterziehung oder zumindest eine leichtfertige Steuerverkürzung dar (→ Grundlagen Rn. 69ff.), verlängert sich die Feststellungsfrist auf zehn oder fünf Jahre. Denn § 169 Abs. 2 S. 2 AO erfasst nicht nur die Steuerhinterziehung nach § 370 Abs. 1 Nr. 1 AO, sondern auch das Unterlassungsdelikt nach § 370 Abs. 1 Nr. 2 AO (vgl. BFH 26.6.2014 – III R 21/13, BStBl. II 2015, 886 [887]; *Drüen* in Tipke/Kruse AO § 169 Rn. 15).

II. Nachholung der Fortschreibung bzw. Nachfeststellung nach § 226 Abs. 1 S. 1 BewG

Ist die Feststellungsfrist für die Fortschreibung zum Fortschreibungszeitpunkt 4 (§ 222 Abs. 4 BewG) oder für die Nachfeststellung zum Nachfeststellungszeitpunkt (§ 223 Abs. 2 BewG) **abgelaufen, kann gleichwohl eine Fortschreibung bzw. Nachfeststellung erfolgen,** allerdings nur **mit Wirkung zum ersten noch nicht feststellungsverjährten Zeitpunkt.**

Beispiel: In 01 entsteht eine wirtschaftliche Einheit neu. Obwohl der Steuerpflichtige seiner Anzeigepflicht (→ BewG § 228 Rn. 10ff.) nachgekommen ist, prüft das Finanzamt den Vorgang erst in 07 und fordert den Steuerpflichtigen zur Abgabe einer Feststellungserklärung auf.

§ 226 BewG Siebenter Abschnitt. Bewertung d. Grundbesitzes ab 1.1.2022

Es ist eine Nachfeststellung auf den 1.1.02 vorzunehmen, allerdings ist für diesen Stichtag Feststellungsverjährung eingetreten. Die Feststellungsfrist begann mit Ablauf des 31.12.02 zu laufen, sodass mit Ablauf des 31.12.06 für den 1.1.02 Feststellungsverjährung eintrat. Die Aufforderung zur Abgabe der Feststellungserklärung in 07 konnte daher keine Anlaufhemmung mehr bewirken. Dafür hätte sie in nichtfeststellungsverjährter Zeit erfolgen müssen (BFH 17.2.2010 – II R 38/08, BFH/NV 2010, 1236 zur Bedarfsbewertung; FG Hamburg 30.7.2013 – 3 K 55/13, BeckRS 2013, 96064 zur Einheitsbewertung; *Halaczinsky* in Rössler/Troll BewG § 25 Rn. 4). Für den 1.1.03 ist hingegen noch keine Feststellungsverjährung eingetreten. Nach § 226 Abs. 1 S. 1 BewG kann der Nachfeststellungsbescheid daher mit Wirkung ab dem 1.1.03 erlassen werden.

5 Da der zeitliche Geltungsanspruch des Fortschreibungs-/Nachfeststellungsbescheides nicht (wie sonst) mit dem Fortschreibungs-/Nachfeststellungszeitpunkt übereinstimmt, muss sich der Bescheid eindeutig hierzu äußern. Die Bestimmung des Geltungszeitpunktes ist Teil der Regelung des Bescheides (*Bruschke* in Stenger/Loose BewG § 25 Rn. 48).

6 **§ 226 Abs. 1 S. 1 BewG erlaubt nur eine Veränderung des zeitlichen Geltungsanspruchs** der Fortschreibung bzw. Nachfeststellung. Eine Abweichung von den Fortschreibungs- und Nachfeststellungszeitpunkten ist nicht vorgesehen. § 226 Abs. 1 S. 1 BewG bestimmt ausdrücklich, dass – vorbehaltlich des § 227 BewG – auch für den späteren Geltungsstichtag, die Verhältnisse des ursprünglichen Fortschreibungs- bzw. Nachfeststellungszeitpunktes maßgeblich bleiben.

III. Anwendung des § 181 Abs. 5 AO (§ 226 Abs. 1 S. 2 BewG)

7 Gemäß § 226 Abs. 1 S. 2 BewG bleibt § 181 Abs. 5 AO unberührt. Das **Unberührtbleiben bedeutet, dass § 181 Abs. 5 AO sowohl losgelöst von § 226 Abs. 1 S. 1 BewG Anwendung findet** (also in Fällen, in denen es des § 226 Abs. 1 S. 1 BewG nicht Bedarf) als auch dann, wenn § 226 Abs. 1 S. 1 BewG anzuwenden ist. Im letztgenannten Fall kann der Zeitpunkt, auf den nach § 226 Abs. 1 S. 1 BewG Fortschreibung- und Nachfeststellung noch vorgenommen werden können, mithilfe des § 181 Abs. 5 AO zu bestimmen sein (BFH 11.11.2009 – II R 14/08, BStBl. II 2010, 723). **§ 181 Abs. 5 AO ist keine Korrekturvorschrift, sondern erklärt lediglich die eingetretene Feststellungsverjährung für unerheblich:** Gemäß § 181 Abs. 5 AO iVm § 226 Abs. 1 S. 2 BewG können Fortschreibungs- oder Nachfeststellungsbescheide auch nach Ablauf der für sie geltenden Feststellungsfrist noch auf den feststellungsverjährten ursprünglichen Fortschreibungs- bzw. Nachfeststellungszeitpunkt erlassen werden, wenn die Festsetzungsfrist in Ansehung der Folgebescheides noch nicht abgelaufen ist. Die Ablaufhemmung des § 170 Abs. 10 AO bleibt hierbei außer Betracht. § 181 Abs. 5 AO findet in dem dreistufigen Verwaltungsverfahren der Grundsteuer über alle Stufen hinweg Anwendung (BFH 11.11.2009 – II R 14/08, BStBl. II 2010, 723 Rn. 17; 25.11.2020 – II R 3/18, BFH/NV 2021, 820; 15.7.2021 – II R 38/19, DStR 2022, 199; *Halaczinsky* in Rössler/Troll BewG § 25 Rn. 8; *Schaffner* in KSS BewG § 25 Rn. 1; AEBewGrSt A 226 Abs. 2 S. 1). **Für Berichtigungs- und Änderungsbescheide nach den §§ 129, 172 ff. AO gilt dies entsprechend** (vgl. BFH 11.11.2009 – II R 14/08, BStBl. II 2010, 723).

Beispiel: Das FA stellte in 01 auf den 1.1.01 einen Grundsteuerwert fest (Nachfeststellung) und legte der Berechnung eine Grundstücksfläche von 2.228 qm statt 228 qm zugrunde (offenbare Unrichtigkeit iSv § 129 AO, → BewG § 222 Rn. 48). Als der Steuerpflichtige dies bemerkt und eine Berichtigung des Grundsteuerwertbescheides beantragt, war für den Nachfeststellungsbe-

Nachholung einer Feststellung **§ 226 BewG**

scheid bis einschließlich 04 Feststellungsverjährung eingetreten. Die Grundsteuer für das Jahr 03 war hingegen nicht festsetzungsverjährt; lediglich für 01 und 02 war Festsetzungsverjährung eingetreten.
Im Zeitpunkt der Stellung des Berichtigungsantrages war bezogen auf den Nachfeststellungsbescheid Feststellungsverjährung eingetreten. Stünde allein § 226 Abs. 1 S. 1 BewG zur Verfügung, wäre eine Berichtigung lediglich mit Wirkung ab dem 1.1.05 möglich (zur Anwendung des § 226 BewG auf die allgemeinen Korrekturvorschriften → Rn. 10 f.). Allerdings ist auch § 181 Abs. 5 AO anzuwenden. Da die Grundsteuer für das Jahr 03 noch nicht festsetzungsverjährt ist, ist wegen § 181 Abs. 5 AO die Berichtigung nach § 129 AO iVm § 226 Abs. 1 S. 1 BewG auf den 1.1.03 vorzunehmen.

Sind **mehrere Feststellungsbeteiligte** vorhanden und ist die Feststellung ihnen gegenüber einheitlich vorzunehmen (vor allem: Miteigentümer, → BewG § 219 Rn. 37 f.), **ist es für die Anwendung des § 181 Abs. 5 AO ausreichend, wenn bei nur einem Feststellungsbeteiligten die Festsetzungsfrist für den Folgebescheid noch nicht abgelaufen ist** (vgl. BFH 29.6.2016 – I B 32/16, BFH/NV 2016, 1679 zur Gewinnfeststellung; ebenso *Ratschow* in Klein AO § 181 Rn. 38; aA *Brandis* in Tipke/Kruse AO § 181 Rn. 20). Aus der Zulässigkeit der Feststellung trotz Feststellungsverjährung folgt allerdings nicht, dass diese Feststellung bei allen Feststellungsbeteiligten zu berücksichtigen ist. Vielmehr kann sie nur bei dem Feststellungsbeteiligten im Folgebescheid umgesetzt werden, für den in Bezug auf die Folgebescheide noch keine Festsetzungsverjährung eingetreten ist (*Bruschke* in Stenger/Loose BewG § 25 Rn. 66; *Ratschow* in Klein AO § 181 Rn. 38). 8

Der Grundsteuerwertbescheid (Fortschreibung, Nachfeststellung, Berichtigung bzw. Änderung), der unter Anwendung des § 181 Abs. 5 S. 1 AO erlassen wird, muss auf seine eingeschränkte Wirkung hinweisen (§ 181 Abs. 5 S. 2 AO; **sog. Wirkhinweis**). Der BFH geht davon aus, dass der Hinweis Regelungscharakter hat, weil mit ihm der zeitliche Geltungsbereich der getroffenen Feststellung abweichend von § 182 Abs. 1 AO bestimmt wird. Fehlt der Hinweis, führe dies zur Rechtswidrigkeit des Bescheides (statt vieler BFH 17.8.1989 – IX R 76/88, BStBl. II 1990, 411; 11.5.2010 – IX R 48/09, BFH/NV 2010, 1788). Der Hinweis könne allerdings im Einspruchsverfahren nachgeholt werden (vgl. BFH 12.7.2005 – II R 10/04, BFH/NV 2006, 228; 15.7.2021 – II R 38/19, DStR 2022, 199). Der Wirkhinweis muss nicht angeben, für welche Erhebungszeiträume den getroffenen Feststellungen Rechtswirkung zukommt. Eine Aussage zur Festsetzungsverjährung in Bezug auf die Grundsteuer ist sogar unzulässig. Denn die Frage, ob auf der Ebene der Grundsteuer wirklich Festsetzungsverjährung eingetreten ist, ist ausschließlich im Grundsteuerfestsetzungsverfahren zu prüfen (BFH 15.7.2021 – II R 38/19, DStR 2022, 199). 9

IV. (Entsprechende) Anwendung des § 226 Abs. 1 S. 1 BewG auf die §§ 129, 172 ff. AO

Die Berichtigung oder Änderung eines Grundsteuerwertbescheides nach den §§ 129, 172 ff. AO (→ BewG § 222 Rn. 37 ff.) kann bei isolierter Betrachtung dieser Berichtigungs-/Änderungsnormen nur auf den Feststellungszeitpunkt erfolgen. Denn **mittels der §§ 129, 172 ff. AO kann nur ein Fehler beseitigt, aber nicht der Feststellungszeitpunkt geändert werden** (BFH 11.11.2009 – II R 14/08, BStBl. II 2010, 723). **Hierüber hilft indes § 226 BewG hinweg,** der nach zutreffender Ansicht des BFH auf die Berichtigung/Änderung eines Grundsteuerwertbe- 10

447

§ 227 BewG Siebenter Abschnitt. Bewertung d. Grundbesitzes ab 1.1.2022

scheides (Hauptfeststellung, Fortschreibung, Nachfeststellung) entsprechend anzuwenden ist. Damit kann eine Feststellung des Grundsteuerwertbescheides **unter den Voraussetzungen der §§ 129, 172 ff. AO mit Wirkung ab dem ersten nicht feststellungsverjährten Stichtag berichtigt bzw. geändert werden** (BFH 16.10.1991 – II R 23/89, BStBl. II 1992, 454; BFH 11.11.2009 – II R 14/08, BStBl. II 2010, 723 Rn. 22; ebenso AEBewGrSt A 226 Abs. 3). Wie das Finanzamt dies rechtstechnisch umsetzt, bleibt ihm überlassen: Es kann die Feststellung auf den verjährten Stichtag vornehmen, aber die Geltung der Feststellung erst ab dem ersten nicht verjährten Stichtag anordnen. Es kann aber auch sogleich die Feststellung auf den ersten nicht verjährten Stichtag vornehmen (so jedenfalls BFH 16.10.1991 – II R 23/89, BStBl. II 1992, 454; *Halaczinsky* in Rössler/Troll BewG § 25 Rn. 7).

11 Die entsprechende Anwendung des **§ 226 S. 1 BewG gilt nicht für § 164 Abs. 2 AO** (iVm § 181 Abs. 1). Mit dem Eintritt der Feststellungsverjährung entfällt der Vorbehalt der Nachprüfung (§ 164 Abs. 4 S. 1 AO). Änderungs-/Aufhebungshindernis ist mithin nicht die Feststellungsverjährung, sondern es fehlt eine Voraussetzung der Änderungs-/Aufhebungsnorm. Über diesen Mangel kann § 226 Abs. 1 S. 1 BewG nicht hinweghelfen. Hierfür besteht freilich auch kein Bedürfnis. Wenn das Finanzamt eine Vorbehaltsfeststellung vornimmt, kann man erwarten, dass es den Fall und die Feststellungsverjährung im Blick behält.

C. Feststellungsfrist bei Aufhebung des Grundsteuerwertbescheides (Abs. 2)

12 § 226 Abs. 1 BewG gilt auch für die Aufhebung eines Grundsteuerwertbescheides, dh die Aufhebung ist immer auf den ersten nicht feststellungsverjährten 1.1. vorzunehmen (zur Feststellungsverjährung bei Aufhebung → BewG § 224 Rn. 13).

§ 227 Wertverhältnisse bei Fortschreibungen und Nachfeststellungen

Bei Fortschreibungen und bei Nachfeststellungen der Grundsteuerwerte sind die Wertverhältnisse im Hauptfeststellungszeitpunkt zugrunde zu legen.

Gilt insgesamt nicht in **Baden-Württemberg** (dort § 21 BWLGrStG) und für Grundstücke nicht in **Bayern, Hamburg, Hessen** und **Niedersachsen** (mangels wertabhängiger Bemessungsgrundlage).

A. Allgemeines

I. Systematische Einordnung und Zweck der Regelung

1 Die festgestellten Grundsteuerwerte sind stets eine Momentaufnahme bezogen auf den Hauptfeststellungszeitpunkt (→ BewG § 221 Rn. 8). Über Fortschreibungen kann zwar eine Anpassung der Grundsteuerwerte an Veränderungen zwischen zwei Hauptfeststellungszeitpunkten erfolgen, allerdings nicht in Ansehung der „Wertverhältnisse" iSv § 227 BewG. Diese werden bei Fortschreibungen nicht auf den Fortschreibungszeitpunkt, sondern auf den Hauptfeststellungszeitpunkt bezogen. Für den gesamten Hauptfeststellungszeitraum sollen mithin die gleichen Wert-

Wertverhältnisse bei Fortschreibungen und Nachfeststellungen § 227 BewG

verhältnisse (= das gleiche „Wertniveau", → Rn. 3) maßgebend sein. **§ 227 BewG verlängert damit den Grundsatz, der in § 221 Abs. 2 BewG für den Hauptfeststellungszeitpunkt selbst normiert ist, auf alle weiteren Stichtage innerhalb des Hauptfeststellungszeitraums.** Auf diese Weise soll die Vergleichbarkeit in Bezug auf den Grundsteuerwert gewahrt werden (BT-Drs. IV/1488, 39). Eine solche Regelung ist verfassungsrechtlich zulässig, sofern tatsächlich in regelmäßigen Abständen Neubewertungen zu den dann aktuellen Wertverhältnissen durchgeführt werden (→ Grundlagen Rn. 11 f., 93 ff., insb. → Grundlagen Rn. 115). **§ 227 BewG betrifft nur die Wertverhältnisse. Alle anderen Umstände** (die „tatsächlichen Verhältnisse" iSv § 222 Abs. 4 S. 3 Nr. 1 BewG) **sind hingegen so zu berücksichtigen, wie sie im Fortschreibungszeitpunkt bestehen.** Daher müssen die Wertverhältnisse von den anderen wertrelevanten Umständen abgegrenzt werden. Für Nachfeststellungen gilt dies alles entsprechend.

II. Entwicklung der Vorschrift

§ 227 BewG wurde mit dem Grundsteuerreformgesetz v. 26.11.2019 2 (→ Grundlagen Rn. 13) eingeführt und übernimmt die Regelung des § 27 BewG. Daher ist die Begründung zu § 27 BewG (BT-Drs. IV/1488, 39, dort noch § 24a BewG-E) auch für § 227 BewG von Bedeutung. Durch die weitgehende Typisierung der Bewertungsdaten im neuen Recht haben sich allerdings viele Abgrenzungsprobleme, die noch dem § 27 BewG wegen des vormaligen Bewertungsrechts eigen waren, erledigt.

B. Maßgeblichkeit der Wertverhältnisse im Hauptfeststellungszeitpunkt bei Fortschreibung und Nachfeststellung

§ 227 BewG **friert für Fortschreibung und Nachfeststellung (nur) die** 3 **Wertverhältnisse im Hauptfeststellungszeitpunkt ein.** Die Rechtsprechung versteht hierunter die allgemeinen politischen und wirtschaftlichen Verhältnisse sowie die Verkehrsverhältnisse im gesamten Gemeindegebiet oder darüber hinaus, die sich im allgemeinen Markt- und Preisniveau niedergeschlagen haben (BFH 12.3.1982 – III R 63/79, BStBl. II 1982, 451; BVerwG 4.4.2001 – 11 C 12/00, BVerwGE 114, 132, alle zu § 27 BewG). **Es geht mithin um die Veränderungen des allgemeinen Wertniveaus, das vor allem durch das nicht auf einzelne Grundstücke beschränkte Miet-, Baupreis- und Zinsniveau geprägt wird.** Die anderen Umstände, für die Fortschreibungs- bzw. Nachfeststellungszeitpunkt maßgeblich sind, sind demgegenüber solche Änderungen, die sich auf die konkreten Eigenschaften oder die konkrete Nutzung eines Grundstücks beziehen.

Aufgrund der gesetzlichen Typisierung des Rohertrages eines Grundstücks (vgl. 4 § 254 BewG iVm Anlage 39) und der Kapitalisierungsfaktoren verbleiben im neuen Recht für **Grundstücke** nur noch folgende Abgrenzungsfragen:
– Der **Zustand der Bebauung** iSv **§ 248 BewG**, der über die Abgrenzung zwischen unbebauten und bebauten Grundstücken entscheidet, ist ein anderer Umstand; maßgeblich ist der Zustand im Fortschreibungs- bzw. Nachfeststellungszeitpunkt.

§ 227 BewG Siebenter Abschnitt. Bewertung d. Grundbesitzes ab 1.1.2022

– Veränderungen der **Bodenrichtwerte** gehören nicht zu den Wertverhältnissen iSv 227 BewG, sondern zu den anderen Umständen, wenn sie auf die grundstücksspezifischen Eigenschaften des konkret zu bewertenden Grundstücks (vgl. → BewG § 247 Rn. 12) zurückzuführen sind oder wenn es sich um bewertungsrelevante Umstände einer abgrenzbaren Gruppe von Grundstücken handelt (zB bauplanungsrechtliche [Aus-] Nutzbarkeit, BFH 3.7.1953 – III 233/52, BStBl. III 1953, 221 [Baulandeigenschaft]; FG Düsseldorf 13.6.1972 – VI 18/68, EFG 1973, 55 [Veränderung der Geschossflächenzahl]). Der Bodenrichtwert ist mithin so zu ermitteln, als ob diese Umstände bereits im Hauptfeststellungszeitpunkt vorgelegen hätten (*Haas* in Stenger/Loose BewG § 27 Rn. 30; *Halaczinsky* in Rössler/Troll BewG § 27 Rn. 19). Nach neuem Recht betrifft dies allerdings nur noch den Entwicklungszustand des Grundstücks (AEBewGrSt A 227 Abs. 3 S. 3 Nr. 2; → BewG § 247 Rn. 15). Denn andere Anpassungen des Bodenrichtwertes sind unzulässig (→ BewG § 247 Rn. 12).
– Die **baulichen Verhältnisse** (BFH 12.3.1982 – III R 63/79, BStBl. II 1982, 451; AEBewGrSt A 227 Abs. 3 S. 3 Nr. 3 u. 5) **und die Nutzungsverhältnisse** (AEBewGrSt A 227 Abs. 3 S. 3 Nr. 3, 4), **die bei bebauten Grundstücken über die Grundstücksart** und damit ua über das Bewertungsverfahren (vgl. §§ 249, 250 BewG) und andere Bewertungsfaktoren (zB Rohertrag [§ 254 BewG]; Bewirtschaftungskosten [§ 255 BewG], Liegenschaftszinssatz [§ 256 BewG]) **entscheiden,** sind andere Umstände; maßgeblich sind immer die Verhältnisse im Fortschreibungs- bzw. Nachfeststellungszeitpunkt.
– Die für das **Ertragswertverfahren** relevante **Eingruppierung des Grundstücks** (Grundstücksart, Wohnfläche etc, vgl. Anlagen 39, 40), die **Mietniveaustufe** (Änderungen sind anlässlich von Gemeindegebietsveränderungen denkbar) und die **Wohn-/Nutzfläche** (vgl. den vorstehenden Absatz) sind andere Umstände, für die jeweils der Fortschreibungs-/Nachfeststellungszeitpunkt maßgeblich ist. Dies gilt auch für die Restnutzungsdauer, wenn sich diese durch die Vereinbarung, Änderung oder Aufhebung einer **Abbruchvereinbarung** verändert (→ BewG § 253 Rn. 15). Anders verhält es sich mit dem **Baujahr des Gebäudes** (→ BewG § 253 Rn. 5), für das immer der Hauptfeststellungszeitpunkt maßgeblich ist (§ 253 Abs. 2 S. 3 BewG; AEBewGrSt A 227 Abs. 4 S. 3).
– In Ansehung des **Gebäudesachwertes** (vgl. § 259 BewG) sind andere Umstände die **Brutto-Grundfläche des Gebäudes**, die **Gebäudeart iSv Anlage 42** und die Restnutzungsdauer des Gebäudes, wenn sich dieses durch die Veränderung, Änderung oder Aufhebung einer **Abbruchvereinbarung** verändert (→ BewG § 253 Rn. 15). Das für die Bestimmung der Alterswertminderung notwendige **Gebäudealter** (→ BewG § 259 Rn. 20 f.) **unterfällt hingegen § 227 BewG, dh es ist stets das Gebäudealter im Hauptfeststellungszeitpunkt maßgeblich** (§ 259 Abs. 4 S. 2 BewG; AEBewGrSt A 227 Abs. 5 S. 1). Entsprechendes gilt grundsätzlich auch für die Baupreisverhältnisse. Das ergibt sich aus § 259 Abs. 3 S. 3 BewG (→ BewG § 259 Rn. 19).

5 Die für die Bewertung des **Betriebs der Land- und Forstwirtschaft** maßgeblichen Wertverhältnisse (insb. das sog. „Ertrags-Aufwands-Gefüge") werden vom Gesetzgeber typisiert vorgegeben (vgl. → BewG § 236 Rn. 3 ff.). Als andere Umstände, für die Fortschreibungs- bzw. Nachfeststellungszeitpunkt maßgeblich sind, verbleiben daher nur die für § 233 Abs. 2, Abs. 3 BewG relevanten Umstände, die Nutzung iSv § 234 BewG (AEBewGrSt A 227 Abs. 2 S. 3 Nr. 2), die für § 237 BewG relevante Flächengröße (Zu- und Abnahme der Flächen, AEBewGrSt A 227 Abs. 2 S. 3 Nr. 1), Bodenbeschaffenheit und Brutto-Grundfläche der Gebäude

Erklärungs- und Anzeigepflicht **§ 228 BewG**

(AEBewGrSt A 227 Abs. 2 S. 3 Nr. 3), die zuschlagsrelevanten Umstände iSv § 238 BewG (AEBewGrSt A 227 Abs. 2 S. 3 Nr. 5) und die Tierbestände (§ 241 BewG, vgl. BFH 7.11.1975 – III R 134/73, BStBl. II 1976, 207, AEBewGrSt A 227 Abs. 2 S. 3 Nr. 4).

§ 228 Erklärungs- und Anzeigepflicht

(1) ¹Die Steuerpflichtigen haben Erklärungen zur Feststellung der Grundsteuerwerte für den Hauptfeststellungszeitpunkt oder einen anderen Feststellungszeitpunkt abzugeben, wenn sie hierzu durch die Finanzbehörde aufgefordert werden (§ 149 Absatz 1 Satz 2 der Abgabenordnung). ²Fordert die Finanzbehörde zur Abgabe einer Erklärung auf, hat sie eine Frist zur Abgabe der Erklärung zu bestimmen, die mindestens einen Monat betragen soll. ³Die Aufforderung zur Abgabe einer Erklärung kann vom Bundesministerium der Finanzen im Einvernehmen mit den obersten Finanzbehörden der Länder durch öffentliche Bekanntmachung erfolgen.

(2) ¹Eine Änderung der tatsächlichen Verhältnisse, die sich auf die Höhe des Grundsteuerwerts, die Vermögensart oder die Grundstücksart auswirken oder zu einer erstmaligen Feststellung führen kann, ist auf den Beginn des folgenden Kalenderjahres anzuzeigen. ²Gleiches gilt, wenn das Eigentum oder das wirtschaftliche Eigentum an einem auf fremdem Grund und Boden errichteten Gebäude übergegangen ist. ³Die Frist für die Abgabe dieser Anzeige beträgt einen Monat und beginnt mit Ablauf des Kalenderjahres, in dem sich die tatsächlichen Verhältnisse geändert haben oder das Eigentum oder das wirtschaftliche Eigentum an einem auf fremdem Grund und Boden errichteten Gebäude übergegangen ist.

(3) Die Erklärung nach Absatz 1 und die Anzeige nach Absatz 2 sind abzugeben
1. von dem Steuerpflichtigen, dem die wirtschaftliche Einheit zuzurechnen ist,
2. bei einem Grundstück, das mit einem Erbbaurecht belastet ist, vom Erbbauberechtigten unter Mitwirkung des Erbbauverpflichteten oder
3. bei einem Gebäude auf fremdem Grund und Boden vom Eigentümer des Grund und Bodens unter Mitwirkung des Eigentümers oder des wirtschaftlichen Eigentümers des Gebäudes.

(4) Die Erklärungen nach Absatz 1 und die Anzeigen nach Absatz 2 sind bei dem für die gesonderte Feststellung zuständigen Finanzamt abzugeben.

(5) Die Erklärungen nach Absatz 1 und die Anzeigen nach Absatz 2 sind Steuererklärungen im Sinne der Abgabenordnung, die eigenhändig zu unterschreiben sind.

(6) ¹Die Erklärungen nach Absatz 1 und die Anzeigen nach Absatz 2 sind nach amtlich vorgeschriebenem Datensatz durch Datenfernübertragung zu übermitteln. ²Auf Antrag kann die Finanzbehörde zur Vermeidung unbilliger Härten auf eine Übermittlung durch Datenfernübertragung verzichten. ³Für die Entscheidung über den Antrag gilt § 150 Absatz 8 der Abgabenordnung.

§ 228 BewG Siebenter Abschnitt. Bewertung d. Grundbesitzes ab 1.1.2022

Gilt nicht in **Baden-Württemberg** (dort § 22 BWLGrStG). Ergänzende Regelungen existieren für Grundstücke in **Bayern** (Art. 6 Abs. 5, 6 BayGrStG, →BayGrStG Art. 6 Rn. 13 ff.), **Hamburg** (§ 6 Abs. 5, 6 HmbGrStG, →HmbGrStG § 6 Rn. 11 ff.), **Hessen** (§ 2 Abs. 4 HGrStG, →HGrStG § 2 Rn. 8) und **Niedersachsen** (§ 8 Abs. 5, 6 NGrStG, →NGrStG § 8 Rn. 13 ff.).

Übersicht

	Rn.
A. Allgemeines	1
I. Systematische Einordnung und Zweck der Regelung	1
II. Entwicklung der Vorschrift	3
B. Feststellungserklärungspflicht (Abs. 1)	4
C. Anzeigepflicht bei Änderung der tatsächlichen Verhältnisse (Abs. 2)	10
D. Adressat der Feststellungserklärungs- und Anzeigepflicht (Abs. 3)	14
E. Zuständigkeit für die Entgegennahme von Feststellungserklärung und Anzeige (Abs. 4)	16
F. Anwendung der Vorschriften der Abgabenordnung über Steuererklärungen (Abs. 5)	17
G. Elektronische Übermittlungspflicht (Abs. 6)	21

A. Allgemeines

I. Systematische Einordnung und Zweck der Regelung

1   § 228 BewG normiert Steuererklärungs- und Anzeigepflichten des Steuerpflichtigen in Bezug auf die im Grundsteuerwertbescheid zu treffenden Feststellungen. Damit greift der Gesetzgeber auf den Steuerpflichtigen als die dem Steuergegenstand am nächsten stehende Informationsquelle zurück. Solche Mitwirkungspflichten sind ein verfassungsrechtlich unabdingbares Element des Steuervollzugs. Das gilt auch für die Grundsteuer. Der Gesetzgeber hat daher mit § 228 Abs. 1 u. 2 BewG einen substanziellen Mangel des alten Rechts behoben (→Grundlagen Rn. 53). Gleichwohl kann der Gesetzgeber es hierbei nicht belassen. Es bedarf auch der Verifikation der Angaben des Steuerpflichtigen. Es ist zumindest der strukturelle Gesamtvollzug des Grundsteuerrechts zu sichern (statt vieler *Seer* DStJG 31 [2008], 7 [12, 16 ff.]). Die Verwaltung kann insoweit zum einen auf die Mitteilung anderer Behörden (§ 229 Abs. 3–6 BewG) zurückgreifen, zum anderen wird sie wohl – wie in anderen Steuerrechtsgebieten auch – auf einen risikobasierten Steuervollzug nach den Vorgaben des § 88 Abs. 5 AO vertrauen (zu den Auswirkungen auf die Korrekturvorschriften →BewG § 222 Rn. 41 ff.). Dies alles wird zusammengeführt in einem automationsunterstützten Grundsteuervollzug. Die Feststellungserklärung des Steuerpflichtigen wird so gestaltet sein, dass sie vollständig automatisiert einen Grundsteuerwertbescheid produzieren kann, sofern nicht eine Aussteuerung zur menschlichen Bearbeitung aufgrund eines Risikoparameters, nach Zufall oder auf Wunsch des Steuerpflichtigen (vgl. § 150 Abs. 7 S. 1 AO) erfolgt. Die vom Steuerpflichtigen insoweit erwartete Mitwirkung darf nicht unterschätzt werden. Der Gesetzgeber formuliert in der Gesetzesbegründung zwar die Hoffnung, dass dem Steuerpflichtigen aufgrund der Mitteilungen anderer Behörden in Bezug auf viele Daten eine vorausgefüllte Steuererklärung präsentiert werden kann. Es ist und bleibt aber eine Steuererklärung, für die der Steuerpflichtige verantwortlich ist (die Steuererklärung ist nicht nur Wissenserklärung, →Rn. 6).

Erklärungs- und Anzeigepflicht　　　　　　　　　　**§ 228 BewG**

Die Feststellungserklärungs- und Anzeigepflichten des § 228 BewG nehmen im 2
verfahrensrechtlichen Kontext eine zentrale Stellung ein. Ihre Missachtung ist strafbewehrt (→ Grundlagen Rn. 69ff.) und hat Auswirkungen sowohl auf den Beginn als auch die Länge der Feststellungsfrist (→ BewG § 219 Rn. 45ff. für die Hauptfeststellung und → BewG § 226 Rn. 3 für Fortschreibungen und Nachfeststellungen). Anwendbar sind ferner die Regelungen über den Verspätungszuschlag (→ Rn. 18).

II. Entwicklung der Vorschrift

Die Regelung beruht auf dem Grundsteuerreformgesetz v. 26.11.2019 3
(→ Grundlagen Rn. 13; zu § 228 BewG BT-Drs. 19/11085, 96f.).

B. Feststellungserklärungspflicht (Abs. 1)

§ 228 Abs. 1 BewG normiert eine **Verpflichtung zur Abgabe einer Erklärung** 4
zur Feststellung der Grundsteuerwerte („Grundsteuerwerterklärung"). Sie **besteht nicht kraft Gesetzes, sondern wird erst durch die Aufforderung der Finanzbehörden aktiviert.** Die Aufforderung ist Verwaltungsakt, weil hierdurch die Abgabepflicht erst begründet wird (*Rätke* in Klein AO § 149 Rn. 6; *Seer* in Tipke/Kruse AO § 149 Rn. 13). Der Grundfall ist die Aufforderung gegenüber einem einzelnen Steuerpflichtigen (relevant vor allem bei der Änderung von Umständen im Hinblick auf Fortschreibungen und Nachfeststellungen → Rn. 8). Die Aufforderung kann aber auch losgelöst von einem konkreten Steuerfall durch Allgemeinverfügung iSv § 118 S. 2 AO erfolgen (*Heuermann* in HHSp AO § 149 Rn. 18; *Wredenhagen* in Grootens BewG § 228 Rn. 66f.; aA *Seer* in Tipke/Kruse AO § 149 Rn. 14). Gerade für diesen Fall ist die öffentliche Bekanntmachung in § 228 Abs. 1 S. 3 BewG vorgesehen. Die **Anforderungen an die öffentliche Bekanntmachung der Aufforderung** ergeben sich aus § 122 Abs. 4 AO. Für die hiernach erforderliche ortsübliche Bekanntmachung kann man uE § 367 Abs. 2b S. 3 AO als eine die Üblichkeit klarstellende Regelung heranziehen, **weshalb eine Veröffentlichung im Bundessteuerblatt und auf den Internetseiten des BMF ausreichend ist.**

Steuererklärungen sind dadurch gekennzeichnet, dass sie den gesamten Steuer- 5
tatbestand abdecken. Sie beschränken sich nicht auf einzelne Umstände (dann liegt eine sog. Anzeige vor, vgl. *Seer* in Tipke/Kruse AO Vor § 149 Rn. 7), sondern sie sollen es der Finanzbehörde ermöglichen, aufgrund der Angaben des Steuerpflichtigen eine verfahrensabschließende Entscheidung treffen zu können (Steuerfestsetzung oder gesonderte Feststellung). **Dementsprechend bezieht sich auch die Verpflichtung nach § 228 Abs. 1 BewG auf alle Feststellungen, die im Grundsteuerwertbescheid zu treffen sind.** Das Gesetz nennt zwar nur die „Feststellung der Grundsteuerwerte" als Erklärungsgegenstand. Das schließt allerdings die Art- und Zurechnungsfeststellung mit ein (zu den drei Feststellungen → BewG § 219 Rn. 2).

Die Steuererklärung wird häufig als **„formalisierte Auskunft"** (BFH 6
14.1.1998 – X R 84/95, BStBl. II 1999, 203 [204]) bezeichnet. Dies umschreibt die Aufgabe des Steuerpflichtigen indes nur unzureichend. Steuererklärungspflichten verlangen dem Steuerpflichtigen nämlich idR nicht bloß die Mitteilung von Tatsachen ab, die für Wertermittlung, Artbestimmung und Zurechnung von Bedeutung sind. Je nach Gestaltung des Steuererklärungsformulars wird ihm mal mehr, mal weniger ein **Subsumtionsvorschlag abverlangt, der eine eigenständige Anwen-

§ 228 BewG Siebenter Abschnitt. Bewertung d. Grundbesitzes ab 1.1.2022

dung des Steuerrechts voraussetzt. Die Beispiele mögen im grundsteuerlichen Bewertungsrecht nicht so vielfältig sein wie im Ertragsteuerrecht, aber es gibt sie. Man denke nur an die Fragen, ob jemandem ein Grundstück als wirtschaftlicher Eigentümer zuzurechnen ist (→ BewG § 219 Rn. 23 ff.), ob sich auf einem Grundstück benutzbare Gebäude befinden (→ BewG § 246 Rn. 5 ff.), ob eine Wohnung iSv § 249 Abs. 10 BewG vorliegt (→ BewG § 249 Rn. 29 ff.) oder ob durch eine Mitbenutzung zu anderen als Wohnzwecken die Eigenart als Ein- oder Zweifamilienhaus iSv § 249 Abs. 2, Abs. 3 BewG wesentlich beeinträchtigt wird (→ BewG § 249 Rn. 18 f.). Und selbst in Ansehung der Wohn- und Nutzfläche muss der Steuerpflichtige erst einmal entscheiden, nach welchem Standard diese bemessen wird (nach hier vertretener Ansicht nach der WoFlV → BewG § 249 Rn. 5 ff.). Dabei darf man sich auch nicht von dem Serviceelement einer sog. vorausgefüllten Steuererklärung (BT-Drs. 19/11085, 96) täuschen lassen. Denn die Überprüfung der dort gemachten Angaben setzt die gleiche Rechtskenntnis und Subsumtionsarbeit voraus, die auch beim eigenständigen Erstellen der Steuererklärung notwendig ist.

7 **Mangelt es dem Steuerpflichtigen an der notwendigen Sach- und Rechtskunde, entlastet ihn dies nicht.** Er ist vielmehr gehalten, externen **Sachverstand** heranzuziehen (in rechtlicher Hinsicht einen Steuerberater) und zwar auf seine Kosten. Denn **Steuererklärungspflichten** sind – jedenfalls in eigener Sache – nur die verfahrensrechtliche Dimension der allgemeinen Grundpflicht zur Zahlung von Steuern und **vollziehen sich daher kostenmäßig immer in der Sphäre des Steuerpflichtigen** (vgl. nur *Drüen* Die Indienstnahme Privater für den Vollzug von Steuergesetzen, S. 264 ff.; *Martens* StuW 1970, 310 [322]; *Neumann* StbJb 2000/2001, 425 [438]). Sofern sich die für die Feststellungserklärung notwendigen Informationen in amtlichen Beständen befinden, **ist dem Steuerpflichtigen Zugang zu den notwendigen amtlichen Informationen zu gewähren** (zur Einsicht in die Bauakte → BewG § 249 Rn. 11; zu den Bodenrichtwerten → BewG § 247 Rn. 29).

8 Als **Erklärungsanlass** kommen sowohl die **Hauptfeststellung** (§ 221 BewG) als auch **Fortschreibungen** (§ 222 BewG) und **Nachfeststellungen** (§ 223 BewG) in Betracht. Letzteres hat der Gesetzgeber dadurch zum Ausdruck gebracht, dass er neben dem Hauptfeststellungszeitpunkt auch „einen anderen Feststellungszeitpunkt" aufgeführt hat (vgl. auch BT-Drs. 19/11085, 96). Die uU umfassende Abfrage der Umstände, die alle drei Feststellungen betreffen, bedeutet indes nicht, dass die Finanzbehörde sodann auch in Bezug auf alle drei Feststellungen entsprechende Fortschreibungen trifft (→ BewG § 221 Rn. 5 f. für die Hauptfeststellung, → BewG § 222 Rn. 52 für die Fortschreibung).

9 Die Finanzbehörde kann in der Aufforderung eine **Abgabefrist** bestimmen (arg. § 228 S. 2 BewG), die mindestens einen Monat betragen soll. Zwingend ist die Fristbestimmung nicht, aber tunlich. Enthält die Aufforderung zur Abgabe der Steuererklärung eine Fristbestimmung, ist diese maßgeblich. Die gesetzte Frist darf allerdings die gesetzliche Frist des § 149 Abs. 2 S. 1 AO nicht unterschreiten (ebenso *Wredenhagen* in Grootens BewG § 228 Rn. 92). Denn § 228 Abs. 1 S. 2 BewG hat die Sonderregelung in § 28 Abs. 2 S. 1 BewG nicht übernommen, weshalb für die Grundsteuerwerterklärung wieder die Regel gilt, wonach behördliche Fristsetzungen nicht von § 149 Abs. 2 S. 1 AO abweichen dürfen (statt vieler *Heuermann* in HHSp AO § 149 Rn. 25). „Gesetzlich bestimmter Zeitpunkt" iSd § 149 Abs. 2 S. 1 AO ist der in der Aufforderung bestimmte Feststellungszeitpunkt. Von diesem Zeitpunkt an hat der Steuerpflichtige sieben Monate Zeit. Eine Verlängerung der Frist für steuerlich vertretene Steuerpflichtige nach § 149 Abs. 3 AO ist nicht vorgesehen.

Erklärungs- und Anzeigepflicht § 228 BewG

C. Anzeigepflicht bei Änderung der tatsächlichen Verhältnisse (Abs. 2)

§ 228 Abs. 2 BewG adressiert an den Steuerpflichtigen (→ Rn. 14 f.) eine **Anzei-** 10
gepflicht wegen einer Änderung der tatsächlichen Verhältnisse, die sich auf
die Höhe des Grundsteuerwerts, die Vermögensart oder die Grundstücksart auswirken oder zu einer erstmaligen Feststellung führen kann. Das ist ein Novum im Verhältnis zum alten Recht. Damit soll sichergestellt werden, dass die Finanzbehörden auch jenseits der Mitteilungen nach § 229 Abs. 3 BewG (zB von Bauaufsichtsbehörden) die für Fortschreibungen und Nachfeststellungen notwendigen Informationen erlangen. Erfasst werden zB **bauliche Änderungen,** die Einfluss auf die Wohn- und Nutzfläche (relevant für die Gebäudeart, → BewG § 249 Rn. 4 ff., und das Ertragswertverfahren, → BewG § 254 Rn. 5) oder die Brutto-Grundfläche (relevant für das Sachwertverfahren → BewG § 259 Rn. 12 ff.) nehmen, **Nutzungsänderungen,** die Bedeutung für die Gebäudeart iSv § 249 BewG haben, und **Veränderungen in Bezug auf alle für §§ 3 ff. GrStG** relevanten Umstände wie zB Art und Umfang der Nutzung, Gemeinnützigkeitsvoraussetzungen etc (sofern einer zumindest teilweisen Grundsteuerbefreiung bereits auf Ebene der Grundsteuerwertfeststellung Rechnung getragen worden ist, → GrStG § 3 Rn. 5 f.). **Ob im Falle von wertrelevanten Änderungen die Fortschreibungsgrenze erreicht wird** (→ BewG § 222 Rn. 11), **ist ohne Bedeutung.** Das Gesetz knüpft allein an die tatsächliche Veränderung und ihre Relevanz für die Höhe des Grundsteuerwertes an, nicht hingegen an die konkrete Fortschreibungsrelevanz. Die Anzeigepflicht erfasst dem Wortlaut nach selbst solche Umstände, die zu einer Minderung des Grundsteuerwertes führen. § 228 Abs. 2 S. 1 BewG klammert als Anzeigeanlass hingegen bewusst Veränderungen der zivilrechtlichen Eigentumsverhältnisse aus (→ Rn. 11). Zudem erfasst die Norm nicht eine abweichende rechtliche Würdigung, wie sie für eine fehlerbeseitigende Fortschreibung bedeutsam sein kann (→ BewG § 222 Rn. 23). Betrachtet man die Anwendungsfälle des § 228 Abs. 2 BewG gesamthaft, ergibt sich eine Verfahrenspflichtbelastung, die nicht unterschätzt werden darf. § 228 Abs. 2 BewG verlangt von dem Steuerpflichtigen letztlich eine ständige „Überwachung" der ihm zuzurechnenden Steuergegenstände in Bezug auf die grundsteuerrechtlich relevanten Besteuerungsgrundlagen (**„Monitoring"**). Das ist gerade bei größeren Unternehmen mit Industriegrundstücken eine organisatorische Herausforderung.

In § 228 Abs. 2 BewG werden die **Anzeigeanlässe** im Einzelnen aufgezählt und 11
es fehlt die Veränderung der zivilrechtlichen Eigentumsverhältnisse. Der Gesetzgeber hielt eine hieran anknüpfende Anzeigepflicht für entbehrlich, weil er auf eine ausreichende Vollzugssicherung durch die Mitteilungspflicht der Grundbuchämter nach § 229 Abs. 4 BewG vertraut (BT-Drs. 19/11085, 96). Für rechtsgeschäftliche Eigentumsveränderungen ist diese Erwartung gewiss berechtigt. Bei Eigentumsveränderungen außerhalb des Grundbuches kann dies uU anders sein. Das betrifft vor allem Erbfälle. Allerdings wird irgendwann auch jeder Erbe einmal die Grundbuchberichtigung (§ 894 BGB) betreiben und dann greift die Mitteilungspflicht nach § 229 Abs. 4 BewG. Der zeitliche Abstand zwischen Erbfall und Grundbuchberichtigung, der in solchen Fällen nicht unüblich sein dürfte, ist hinnehmbar. Unverständlich ist allerdings, warum der Gesetzgeber keine allgemeine Anzeigepflicht für Zurechnungswechsel im Zusammenhang mit der Begründung,

455

§ 228 BewG Siebenter Abschnitt. Bewertung d. Grundbesitzes ab 1.1.2022

Übertragung oder Beendigung wirtschaftlichen Eigentums in § 228 Abs. 2 S. 2 BewG vorgesehen hat. Denn insoweit geht die Mitteilungspflicht nach § 229 Abs. 4 BewG idR ins Leere. Der Gesetzgeber hat lediglich einen Fall, der sich naturgemäß jenseits des Grundbuchs vollzieht, mit einer Anzeigepflicht versehen: den Übergang des rechtlichen oder wirtschaftlichen Eigentums an einem auf fremdem Grund und Boden errichteten Gebäude.

12 Die **Frist für die Abgabe** der Anzeige beträgt einen Monat und beginnt mit Ablauf des Kalenderjahres, in dem sich die tatsächlichen Verhältnisse geändert haben oder das Eigentum oder das wirtschaftliche Eigentum an einem auf fremdem Grund und Boden errichteten Gebäude übergegangen ist. Anders als die Anzeige nach § 19 Abs. 1 GrStG (→ GrStG § 19 Rn. 7) ist die Anzeige nicht formfrei möglich, sondern muss durch Datenfernübertragung nach amtlich vorgeschriebenem Datensatz erfolgen (→ Rn. 21 f., Ausnahmen → Rn. 23 f.).

13 Weitere Anzeigepflichten normiert § 153 AO. **Neben § 228 Abs. 2 BewG findet** allerdings nur **die Anzeigepflicht nach § 153 Abs. 1 AO Anwendung** (glA AEBewGrSt A 228 Abs. 5 S. 6). Denn dieser regelt mit einer **von Anfang an bestehenden Fehlerhaftigkeit** eine andere Konstellation als § 228 Abs. 2 BewG und kann daher von diesem nicht als lex specialis verdrängt werden (davon geht auch BT-Drs. 19/11085, 97 aus, führt dies allerdings auf § 228 Abs. 5 BewG zurück). Daher gilt: Erkennt der Steuerpflichtige nachträglich vor Ablauf der Feststellungsfrist, dass eine von ihm oder für ihn abgegebene Feststellungserklärung iSv § 228 Abs. 1 BewG unrichtig oder unvollständig ist und dass es dadurch zu einer Verkürzung von Steuern kommen kann oder bereits gekommen ist, so ist er verpflichtet, dies unverzüglich anzuzeigen und die erforderliche Richtigstellung vorzunehmen. Darüber hinaus erfasst § 153 Abs. 1 AO aber auch jede andere Äußerung, die Einfluss auf die Festsetzung des Grundsteuermessbetrages haben kann (vgl. *Seer* in Tipke/Kruse AO § 153 Rn. 10). Die Feststellungserklärung oder jede andere Äußerung müssen in tatsächlicher Hinsicht unrichtig gewesen sein. **Macht hingegen das Finanzamt einen Fehler, dann trifft den Steuerpflichtigen, der dies erkennt, keine Anzeigepflicht** (Einzelheiten zu § 153 Abs. 1 AO bei *Rätke* in Klein AO § 153 Rn. 2 ff.; *Seer* in Tipke/Kruse AO § 153 Rn. 8 ff.). Zu beachten ist allerdings, dass Fehler des Finanzamtes in einer vorausgefüllten Steuererklärung am Ende Fehler des Steuerpflichtigen sind, weil er ohne vom Finanzamt lediglich vorbereitete Erklärung abgibt. Eigene Fehler des Finanzamtes liegen daher erst dann vor, wenn das Finanzamt aus der Feststellungserklärung des Steuerpflichtigen die falschen Schlüsse zieht oder die dort gemachten Angaben nicht richtig übernimmt. **Durch § 228 Abs. 2 BewG ausgeschlossen wird demgegenüber die Anzeigepflicht nach § 153 Abs. 2 AO.** Denn diese Anzeigepflicht ist teilweise deckungsgleich mit § 228 Abs. 2 BewG, weshalb Letzterer als lex specialis dem § 153 Abs. 2 AO vorgeht.

D. Adressat der Feststellungserklärungs- und Anzeigepflicht (Abs. 3)

14 **Adressat der Pflichten nach § 228 Abs. 1 u. 2 BewG ist der Steuerpflichtige,** dem die wirtschaftliche Einheit zuzurechnen ist (§ 228 Abs. 3 Nr. 1 BewG; zu den Zurechnungsgrundsätzen → BewG § 219 Rn. 18 ff.). Ist die wirtschaftliche Einheit mehreren Personen zuzurechnen (zB mehreren Miteigentü-

Erklärungs- und Anzeigepflicht §228 BewG

mern, → BewG § 219 Rn. 37f.), ist jede dieser Personen erklärungs- und anzeigepflichtig (§ 181 Abs. 2 S. 1 AO).

Bei **Erbbaurechten** und **Gebäuden auf fremdem Grund und Boden** – die 15 im neuen Recht keine eigenständigen wirtschaftlichen Einheiten mehr darstellen (→BewG §244 Rn. 21f. bzw. →BewG §244 Rn. 24f.) – ist derjenige, dem die wirtschaftliche Einheit zugerechnet wird, Adressat der Steuererklärungs- und Anzeigepflicht. Der Gesetzgeber will allerdings die jeweils andere an dem Steuergegenstand berechtigte Person (beim Erbbaurecht der Grundstückseigentümer, beim Gebäude auf fremdem Grund und Boden das Zurechnungssubjekt des Gebäudes) nicht aus der Verantwortung entlassen und ordnet daher deren Mitwirkung an der Steuererklärung an. Die steuerverfahrensrechtliche Bedeutung dieser „Mitwirkung" bleibt unklar. Die Regelung kann jedenfalls nicht so verstanden werden, dass die Finanzbehörde alternativ auch von der zur Mitwirkung verpflichteten Person eine Steuererklärung verlangen kann. Denn § 228 Abs. 3 Nr. 2 u. 3 BewG unterscheiden zwischen dem Adressaten der Steuererklärungspflicht und dem „nur" Mitwirkungsverpflichteten. Die Regelung hat vielmehr Bedeutung für das (zivilrechtliche) Innenverhältnis der genannten Personen. Der Steuerpflichtige kann die Mitwirkung notfalls gerichtlich durchsetzen. Dessen ungeachtet kann sich die Finanzbehörde gestützt auf § 93 AO auch unmittelbar an den Mitwirkungsverpflichteten wenden.

E. Zuständigkeit für die Entgegennahme von Feststellungserklärung und Anzeige (Abs. 4)

Gemäß § 228 Abs. 4 BewG sind die Feststellungserklärung und die Anzeige nach 16 § 228 Abs. 2 BewG bei dem für die gesonderte Feststellung zuständigen Finanzamt abzugeben. Dies ist das **Lagefinanzamt** (→BewG § 219 Rn. 4). Adressiert der Steuerpflichtige Erklärung oder Anzeige an ein nicht zuständiges FA, dann sind Erklärung und Anzeige wirksam vorgenommen. Allerdings ist die Erklärungs- bzw. Anzeigefrist nur eingehalten, wenn die Erklärung bzw. die Anzeige dem zuständigen Finanzamt innerhalb der Frist zugeht (also von der unzuständigen Behörde weitergeleitet wird). Insbesondere beendet der Eingang von Erklärung bzw. Anzeige bei der unzuständigen Behörde nicht die Anlaufhemmung des § 181 Abs. 3 S. 2 AO (vgl. *Drüen* in Tipke/Kruse AO § 170 Rn. 11f.; *Rüsken* in Klein AO § 170 Rn. 12; ebenso BFH 28.2.2008 – VI R 62/06, BStBl. II 2008, 595 zu § 171 Abs. 9 AO; aA hingegen FG Niedersachsen 26.6.2019 – 9 K 49/18, EFG 2020, 8 [Rev. VIII R 31/19]).

F. Anwendung der Vorschriften der Abgabenordnung über Steuererklärungen (Abs. 5)

§ 228 Abs. 5 BewG erklärt die Feststellungserklärung nach § 228 Abs. 1 BewG 17 und die Anzeige nach § 228 Abs. 2 BewG zu „Steuererklärungen iSd Abgabenordnung", die eigenhändig zu unterschreiben sind (zur Unterschrift →Rn. 21). Für die Feststellungserklärung hätte sich dies wohl auch ohne ausdrückliche Regelung ergeben, aber für die Anzeige nach § 228 Abs. 2 AO ist diese Anordnung weitgehend konstitutiv (so würde ohne eine Regelung wie § 228 Abs. 5 BewG zB § 152 AO nicht gelten, vgl. nur *Rätke* in Klein AO § 152 Rn. 15). Im Einzelnen hat der

§ 228 BewG Siebenter Abschnitt. Bewertung d. Grundbesitzes ab 1.1.2022

„Steuererklärungscharakter" Bedeutung für (1) die **Erzwingbarkeit nach §§ 328 ff. AO (Zwangsgeld)**, (2) die Entstehung eines **Verspätungszuschlages** (→ Rn. 18) und (3) die **Anlaufhemmung nach § 181 Abs. 3 S. 2 AO** (→ BewG § 219 Rn. 45 f. für die Hauptfeststellung, → BewG § 226 Rn. 3 für Fortschreibungen und Nachfeststellungen). Hinzuweisen ist zudem auf die **strafrechtliche Relevanz der Nichterfüllung** (→ Rn. 20).

18 § 228 Abs. 5 BewG führt va zur Anwendung der Regelung über den **Verspätungszuschlag** in § 152 AO (so ausdrücklich auch BT-Drs. 19/11085, 97 u. 128 f.). Der Gesetzgeber geht davon aus, dass der obligatorische Verspätungszuschlag nach § 152 Abs. 2 AO Anwendung findet (also kein Ermessen; Bemessung nach § 152 Abs. 2 AO mit 25 EUR für jeden angefangenen Monat), was zutreffend ist, weil die Feststellungserklärung und die Anzeige jeweils auf einen gesetzlich bestimmten Zeitpunkt bezogen sind (nämlich einen Feststellungszeitpunkt). § 152 Abs. 2 Nr. 1 AO wird man sodann so lesen müssen, dass der Verspätungszuschlag entsteht, wenn Feststellungserklärung bzw. Anzeige nicht binnen 14 Monaten nach dem Feststellungszeitpunkt, für den die Feststellungserklärung angefordert wurde bzw. auf den die Anzeige zu erstatten ist, beim Finanzamt eingeht. Bei einem Eingang zwischen der gesetzlichen bzw. gesetzten Abgabefrist (→ Rn. 9) und dem Zeitpunkt iSv § 152 Abs. 2 Nr. 1 AO findet hingegen „nur" die Ermessensvorschrift des § 152 Abs. 1 AO Anwendung.

19 **Für die Hauptfeststellung auf den 1.1.2022** hat der Gesetzgeber des Grundsteuerreformgesetzes v. 26.11.2019 eine **Sonderregelung in Ansehung des Verspätungszuschlags** vorgesehen: Die Anwendung des § 152 Abs. 2 AO wird (einmalig für diesen Feststellungsstichtag) ausgeschlossen. Angesichts der Regelungssystematik des § 152 Abs. 2 AO bedeutet dies, dass stattdessen die Ermessensregelung des § 152 Abs. 1 AO anwendbar ist (davon geht auch BT-Drs. 19/11085, 129 aus). Allerdings war der Gesetzgeber unachtsam: Die vorgenannte Regelung wird nach dem Grundsteuerreformgesetz v. 26.11.2019 in Art. 97 § 8 Abs. 5 EGAO getroffen (Art. 6 Grundsteuerreformgesetz). Mit dem JStG 2020 v. 21.12.2020 (BGBl. 2020 I 3096) hat der Gesetzgeber allerdings einen weiteren Abs. 5 an Art. 97 § 8 EGAO angefügt (betreffend die Versicherung- und Feuerschutzsteuer, vgl. Art. 29 JStG 2020). Damit stellt sich die Frage, welches Schicksal Art. 97 § 8 Abs. 5 EGAO idF des Grundsteuerreformgesetzes genommen hat. Den Abs. 5 kann es nicht zweimal geben. Richtigerweise dürfte der Abs. 5 idF des Grundsteuerreformgesetzes nicht von Abs. 5 idF des JStG 2020 überschrieben worden sein. Einer von beiden wird zu Abs. 6 geworden sein mit der Folge, dass beide Regelungen geltendes Recht sind (hiervon ausgehend auch AEBewGrSt A 228 Abs. 5 S. 4).

20 **Unterlässt der Steuerpflichtige die Steuererklärung oder Anzeige,** erfüllt dies den objektiven Tatbestand des **§ 370 Abs. 1 Nr. 2 AO** (→ Grundlagen Rn. 71). Vorbehaltlich der übrigen Strafbarkeitsvoraussetzungen (insbesondere: Vorsatz) gilt: Mit Ablauf der gesetzten Frist (Steuererklärung → Rn. 9) bzw. der Monatsfrist (Anzeige → Rn. 11), liegt jedenfalls eine versuchte Steuerhinterziehung vor. Für die Vollendung der Steuerhinterziehung muss hingegen eine Aussage dazu getroffen werden, wann typischerweise der Fortschreibungs- oder Nachfeststellungsbescheid erlassen worden wäre. Bei der Anzeigepflicht nach § 30 ErbStG hat der BGH in Strafsachen insoweit einen Zeitraum von einem Monat zugrunde gelegt (BGH 25.7.2011 – 1 StR 631/10, BGHSt 56, 298 [313]; kritisch zur Kürze des Zeitraums *Krumm* in Tipke/Kruse AO § 370 Rn. 96). Legt man diesen Zeitraum auch für die Steuererklärungspflicht nach § 228 Abs. 1 BewG und die Anzeigepflicht nach § 228 Abs. 2 BewG zugrunde, würde (idR) einen Monat nach Frist-

Erklärungs- und Anzeigepflicht **§ 228 BewG**

ablauf Tatvollendung eintreten. Reicht der Steuerpflichtige eine Steuererklärung ein bzw. tätigt er eine Anzeige und macht er hierin unrichtige oder unvollständige Angaben, dann kann eine Steuerhinterziehung in der Begehungsvariante des § 370 Abs. 1 Nr. 1 AO verwirklicht werden.

G. Elektronische Übermittlungspflicht (Abs. 6)

Sowohl die Feststellungserklärung (§ 228 Abs. 1 BewG) als auch die Anzeige (nach § 228 Abs. 2 BewG) sind **nach amtlich vorgeschriebenem Datensatz durch Datenfernübertragung** zu übermitteln. Die Vorgaben bestimmt die Finanzverwaltung auf der Grundlage von § 87b AO. Erfolgt die Übertragung auf diesem Wege nach Maßgabe des sog. **ELSTER II-Verfahrens in authentifizierter Form,** erübrigt sich die eigenhändige Unterschrift nach § 228 Abs. 5 BewG. Sie wird durch die elektronische Form ersetzt (vgl. § 87a Abs. 3 AO). Entsprechendes gilt für Übermittlungen in authentifizierter Form durch Steuerberater über die ihnen zur Verfügung stehenden Schnittstellen. 21

Auf Antrag kann die Finanzbehörde auf eine Übermittlung durch Datenfernübertragung verzichten (und stattdessen eine Papiererklärung akzeptieren), wenn dies für den Steuerpflichtigen eine unbillige Härte darstellt. Dieses **Ermessen verdichtet sich zu einer Befreiungspflicht, wenn die Voraussetzungen des § 150 Abs. 8 AO vorliegen** (vgl. BFH 16.6.2020 – VIII R 29/17, BStBl. II 2021, 288 Rn. 13), dh wenn die Übermittlung durch Datenfernübertragung für den Steuerpflichtigen wirtschaftlich oder persönlich unzumutbar ist (§ 228 Abs. 6 BewG iVm § 150 Abs. 8 S. 1 AO). Das soll nach § 150 Abs. 8 S. 2 AO insbesondere der Fall sein, wenn die Schaffung der technischen Möglichkeiten für eine Datenfernübertragung des amtlich vorgeschriebenen Datensatzes nur mit einem nicht unerheblichen finanziellen Aufwand möglich wäre (= wirtschaftliche Unzumutbarkeit) oder wenn der Steuerpflichtige nach seinen individuellen Kenntnissen und Fähigkeiten nicht oder nur eingeschränkt in der Lage ist, die Möglichkeiten der Datenfernübertragung zu nutzen (= persönliche Unzumutbarkeit). 22

Der Gesetzgeber bezeichnet § 150 Abs. 8 S. 2 AO als eine „großzügige Ausnahmeregelung" (BT-Drs. 16/10940, 3), was sich auch in der Anwendung der Regelung durch den BFH widerspiegelt. So hat der BFH zur Einkommensteuer entschieden, dass die Grenze zur **wirtschaftlichen Unzumutbarkeit** dann überschritten sind, wenn die Schaffung technischer Voraussetzungen in keinem wirtschaftlich sinnvollen Verhältnis mehr zu den Einkünften steht, für die die Einkommensteuererklärung zu übermitteln ist (BFH 16.6.2020 – VIII R 29/17, BStBl. II 2021, 288 Rn. 16; 16.6.2020 – VIII R 29/19, BStBl. II 2021, 290 Rn. 14). Revisionsrechtlich hat er es sodann nicht beanstandet, dass die Vorinstanz bei Einkünften aus selbstständiger Tätigkeit iHv ca. 14.500 EUR einen solchen Fall bejaht hat (BFH 16.6.2020 – VIII R 29/19, BStBl. II 2021, 290 Rn. 16). Das ist in der Tat ein (sehr) großzügiger Maßstab, wenn man bedenkt, dass ein internetfähiges Notebook heute keine 200 EUR mehr kostet. Bei der Grundsteuer kann für diese „wirtschaftliche Sinnhaftigkeitsprüfung" insoweit nicht auf Einkünfte abgestellt werden. Hier wird man auf die Steuer selbst abstellen müssen. Dabei wird man berücksichtigen müssen, dass die Feststellungserklärung Bedeutung für die Grundsteuer für mindestens sieben Erhebungszeiträume hat. 23

In Ansehung der **persönlichen Unzumutbarkeit** mag man an Menschen denken, die, ob ihres Alters keinen Zugang mehr zu Computern finden (vgl. *Rätke* in 24

459

Klein AO § 150 Rn. 97). Aber selbst in solchen Fällen muss die Hürde hoch sein. Es kann durchaus erwartet werden, dass man sich rudimentär mit der Computertechnik vertraut macht. Kein Unzumutbarkeitsgrund sind jedenfalls Sicherheitsbedenken gegenüber einer elektronischen Übermittlung (vgl. nur BFH 14.3.2020 – XI R 33/09, BStBl. II 2012, 477; 15.5.2018 – VII R 14/17, BFH/NV 2018, 1137). Lehnt das Finanzamt eine Befreiung von der elektronischen Übermittlungspflicht ab, sind hiergegen Einspruch und sodann Verpflichtungsklage statthaft.

§ 229 Auskünfte, Erhebungen und Mitteilungen

(1) ¹Die Eigentümer von Grundbesitz haben der Finanzbehörde auf Anforderung alle Angaben zu machen, die sie für die Sammlung der Kauf-, Miet- und Pachtpreise braucht. ²Dabei haben sie zu versichern, dass sie die Angaben nach bestem Wissen und Gewissen gemacht haben.

(2) Die Finanzbehörden können zur Vorbereitung einer Hauptfeststellung und zur Durchführung von Feststellungen der Grundsteuerwerte örtliche Erhebungen über die Bewertungsgrundlagen anstellen. Das Grundrecht der Unverletzlichkeit der Wohnung (Artikel 13 des Grundgesetzes) wird insoweit eingeschränkt.

(3) Die nach Bundes- oder Landesrecht zuständigen Behörden haben den Finanzbehörden die rechtlichen und tatsächlichen Umstände mitzuteilen, die ihnen im Rahmen ihrer Aufgabenerfüllung bekannt geworden sind und die für die Feststellung von Grundsteuerwerten oder für die Grundsteuer von Bedeutung sein können.

(4) ¹Die Grundbuchämter haben den für die Feststellung des Grundsteuerwerts zuständigen Finanzbehörden mitzuteilen:
1. die Eintragung eines neuen Eigentümers oder Erbbauberechtigten sowie bei einem anderen als einem rechtsgeschäftlichen Erwerb zusätzlich die Anschrift des neuen Eigentümers oder Erbbauberechtigten; dies gilt nicht für die Fälle des Erwerbs nach den Vorschriften des Zuordnungsrechts,
2. die Eintragung der Begründung von Wohnungseigentum oder Teileigentum,
3. die Eintragung der Begründung eines Erbbaurechts, Wohnungserbbaurechts oder Teilerbbaurechts.

²In den Fällen des Satzes 1 Nummer 2 und 3 ist gleichzeitig der Tag des Eingangs des Eintragungsantrags beim Grundbuchamt mitzuteilen. ³Bei einer Eintragung aufgrund Erbfolge ist das Jahr anzugeben, in dem der Erblasser verstorben ist. ⁴Die Mitteilungen sollen der Finanzbehörde über die für die Führung des Liegenschaftskatasters zuständige Behörde oder über eine sonstige Behörde, die das amtliche Verzeichnis der Grundstücke (§ 2 Absatz 2 der Grundbuchordnung) führt, zugeleitet werden.

(5) ¹Die nach den Absätzen 3 oder 4 mitteilungspflichtige Stelle hat die betroffenen Personen vom Inhalt der Mitteilung zu unterrichten. ²Eine Unterrichtung kann unterbleiben, soweit den Finanzbehörden Umstände aus dem Grundbuch, den Grundakten oder aus dem Liegenschaftskataster mitgeteilt werden.

(6) ¹Die nach den Absätzen 3 oder 4 mitteilungspflichtigen Stellen übermitteln die Mitteilungen den Finanzbehörden nach amtlich vorgeschriebenem Datensatz über die amtlich bestimmte Schnittstelle. ²Die Grundbuchämter und die für die Führung des Liegenschaftskatasters zuständigen Behörden übermitteln die bei ihnen geführten Daten laufend, mindestens alle drei Monate. ³Das Bundesministerium der Finanzen legt im Einvernehmen mit den obersten Finanzbehörden der Länder und den obersten Vermessungs- und Katasterbehörden der Länder die Einzelheiten der elektronischen Übermittlung und deren Beginn in einem Schreiben fest. ⁴Dieses Schreiben ist im Bundesanzeiger und im Bundessteuerblatt zu veröffentlichen.

Gilt nicht in **Baden-Württemberg** (dort § 23 BWLGrStG). In **Hessen** wird die Regelung bei Grundstücken durch § 2 Abs. 4 HGrStG ergänzt (→ HGrStG § 2 Rn. 9).

A. Allgemeines

I. Systematische Einordnung und Zweck der Vorschrift

Wesentliche Informationsquelle der Finanzbehörden ist der Steuerpflichtige, der dem Steuergegenstand am nächsten steht. Daher adressiert § 228 BewG Steuererklärungs- und Anzeigepflichten an ihn. Hierbei belässt es der Gesetzgeber allerdings nicht. Vielmehr erschließt er den Finanzbehörden noch weitere Informationsquellen. § 229 BewG enthält die insoweit notwendigen Ermächtigungsgrundlagen – sei es zur Belastung des Steuerpflichtigen mit einer Mitwirkungs- und Duldungspflicht (Abs. 1 u. 2), sei es zur Übermittlung und Weiterverarbeitung personenbezogener Daten (Abs. 3 u. 4). Anders als der Gesetzgeber meint, ergibt sich die Notwendigkeit für Letzteres allerdings nicht (unmittelbar) aus der DS-GVO (→ Rn. 6). Eine wesentliche Neuerung im Verhältnis zum alten Recht ist § 229 Abs. 6 BewG, der die öffentlichen Stelle iSv § 229 Abs. 3 u. 4 BewG zu einer elektronischen Übermittlung der Daten nach amtlich vorgeschriebenem Datensatz verpflichtet (teilweise sogar turnusmäßig). Diese elektronische Datenbeistellung durch Dritte ist das Herzstück des neuen Grundsteuerrechts. Die Typisierungen sind die Grundbedingung für die weitgehende Automationsfähigkeit der Grundsteuerwertermittlung (→ Grundlagen Rn. 51 ff.). Nach der Vorstellung des Gesetzgebers sollen sich die Mitwirkungspflichten der Steuerpflichtigen im Idealfall auf eine „Kontroll- und Ergänzungspflicht" reduzieren (Stichwort: vorausgefüllte Steuererklärung, → Grundlagen Rn. 51 ff.). Nunmehr sind die Landesverwaltungen gefragt. Sie müssen die digitalen Schnittstellen, elektronischen Workflows und Automatisierungen schaffen. Anlässlich der ersten Hauptfeststellung auf den 1.1.2022 dürfte die Vollzugsrealität den angestrebten Idealzustand wohl noch nicht erreichen. 1

II. Entwicklung der Vorschrift

Die Regelung beruht auf dem Grundsteuerreformgesetz v. 26.11.2019 (→ Grundlagen Rn. 13; zu § 229 BewG BT-Drs. 19/11085, 97 f.). Vorbild ist § 29 BewG (dazu BT-Drs. IV/1488, 39 dort noch § 24 c BewG-E; § 29 Abs. 3 BewG angefügt mit Gesetz v. 19.12.1985, BGBl. 1985 I 2436, dazu BT-Drs. 10/4513, 33 und § 29 Abs. 4 u. 5 BewG angefügt mit JStG 1996 v. 11.10.1995, BGBl. 1995 I 1250, dazu BT-Drs. 13/901, 154). 2

B. Datenerhebung für Zwecke der Kauf-, Miet- und Pachtpreissammlungen (Abs. 1)

3 Die Mitwirkungspflichten des Steuerpflichtigen in Gestalt von Steuererklärungs- (§ 228 Abs. 1 BewG), Anzeige- (§ 228 Abs. 2 BewG) und allgemeiner Auskunftspflicht (§ 93 AO) setzen ein konkretes Verwaltungsverfahren voraus. Die hierbei gewonnenen Daten darf die Finanzbehörde zwar in etwaige Datenbanken (Sammlungen) einstellen (vgl. § 88a AO), sie darf aber ohne gesonderte Ermächtigungsgrundlage die Daten nicht allein deshalb erheben, weil sie sie in ihre Sammlungen einstellen will. Diese Ermächtigungsgrundlage findet sich in § 229 Abs. 1 BewG. Hiernach sind die Eigentümer von Grundbesitz verpflichtet, den Finanzbehörden die Angaben zu machen, welche die Finanzbehörde für die Sammlung der Kauf-, Miet- und Pachtpreise braucht. Auskunftspflichtig ist der Eigentümer des Grundbesitzes. Das kann auch der wirtschaftliche Eigentümer sein (*Halaczinsky* in Rössler/Troll BewG § 29 Rn. 10). Das Auskunftsersuchen ist idR Verwaltungsakt (vgl. BFH 29.7.2015 – X R 4/14, BStBl. II 2016, 135 zu § 93 AO). Ob diese Norm im neuen Recht eine nennenswerte Bedeutung erlangen wird, bleibt abzuwarten.

C. Örtliche Erhebungen über die Bewertungsgrundlagen (Abs. 2)

4 § 229 Abs. 2 BewG ermächtigt die Finanzbehörde zu örtlichen Erhebungen über die Bewertungsgrundlagen. Eine entsprechende Ermächtigung enthält § 99 AO, der allerdings – ebenso wie § 93 AO (→ Rn. 3) – den Bezug zu einem konkreten Besteuerungsverfahren (hier: Verfahren zur Feststellung von Grundsteuerwerten etc) voraussetzt. § 99 AO (zusammen mit § 98 AO [Einnahme des Augenscheins]) ist die (allein) maßgebliche Norm, wenn die Finanzbehörde zB die Steuererklärungsangaben des Steuerpflichtigen „vor Ort" verifizieren will. Der Anwendungsbereich des § 229 Abs. 2 BewG beginnt (erst) dort, wo der Anwendungsbereich des § 99 AO endet. § 229 Abs. 2 BewG befugt die Finanzbehörde zum Betreten von Grundstücken und entsprechenden Augenscheinnahmen zur Erhebung von Bewertungsgrundlagen losgelöst von einem konkreten Feststellungsverfahren. Auch wenn dies in § 229 Abs. 2 BewG nicht ausdrücklich genannt wird, gelten auch für die Erhebungsbefugnis nach § 229 Abs. 2 BewG die Vorgaben des § 99 AO (*Halaczinsky* in Rössler/Troll BewG § 29 Rn. 17). Das Betreten eines Grundstücks ist ein Realakt, dessen Rechtswidrigkeit im Nachhinein nur durch eine Feststellungsklage festgestellt werden kann (vgl. BFH 3.5.2010 – VIII B 71/09, BFH/NV 2010, 1415). Ob dem Betreten des Grundstücks ein anfechtbarer Verwaltungsakt gerichtet auf Duldung des Betretens vorausgeht, ist eine Frage des Einzelfalls. Zwingend ist eine solche (förmliche) Anordnung der Besichtigung jedenfalls nicht (aA wohl *Halaczinsky* in Rössler/Troll BewG § 29 Rn. 17).

D. Datenübermittlungspflicht anderer Behörden (Abs. 3)

Sofern die Finanzbehörden andere Behörden um Auskunft ersuchen, sind die 5
anderen Behörden nach **§ 111 Abs. 1 AO zur Amtshilfe verpflichtet** (vgl.
Rätke in Klein AO § 111 Rn. 8f.). **§ 229 Abs. 3 BewG geht hierüber hinaus
und verpflichtet andere Behörden dazu, von sich aus für die Besteuerung
relevante Umstände den Finanzbehörden mitzuteilen** (nach Maßgabe des
§ 229 Abs. 6 BewG, → Rn. 12). Auch das ist Amtshilfe. § 229 Abs. 3 BewG hat im
neuen Recht nur noch eine ergänzende Verifikationsfunktion, da die Ermittlung
der Besteuerungsgrundlagen nunmehr (zu Recht) vorrangig auf Steuererklärungs-
und vor allem Anzeigepflichten beruht. Das war im alten Recht anders. Hier war
die Mitteilung nach § 29 Abs. 3 BewG mitunter die einzige Erkenntnisquelle der
Finanzbehörden. Relevant war (und ist) dies vor allem für die Mitteilungen der
Bauordnungsbehörden in Bezug auf die Errichtung, Änderung oder Nutzungsänderung von baulichen Anlagen. Ob die Bauordnungsbehörden ihrer Verpflichtung aus § 29 Abs. 3 BewG ausreichend nachgekommen sind, lässt sich ohne entsprechende empirische Erhebungen nicht beurteilen. Im Zuge verschiedener
Reformen der Bauordnungen der Länder sind allerdings mit der Zeit immer mehr
Bauvorhaben bauordnungsrechtlich genehmigungsfrei und mitunter sogar anzeige-
frei geworden, weshalb die Bauordnungsbehörden uU schon gar keine Daten hatten, die sie nach § 29 Abs. 3 BewG den Finanzbehörden hätten mitteilen können.

Datenerhebung und -verarbeitung stellen Grundrechtseingriffe dar, die jeweils 6
einer gesetzlichen Grundlage bedürfen. Insoweit ist das einschlägige Fachrecht der
anderen Behörden (zB der Bauordnungsbehörden) maßgeblich. Ebenfalls einer gesetzlichen Grundlage bedarf die Weiterleitung dieser Daten an andere Behörden
und diese gesetzliche Grundlage ist § 229 Abs. 3 BewG. Der Vorbehalt des Gesetzes
ergab sich insoweit schon immer aus den nationalen Grundrechten (va dem Recht
auf informationelle Selbstbestimmung, da eine Verknüpfung mit einem konkreten
Steuerfall nur über personenbezogene Daten möglich ist). Der Gesetzgeber des
Grundsteuerreformgesetzes v. 26. 11. 2019 (→ Grundlagen Rn. 13) meint indes,
dass die DS-GVO auch den Vollzug der Grundsteuer erfasse und daher deren Vorgaben gelten (vgl. BT-Drs. 19/11085, 97). In Bezug auf die Notwendigkeit einer
gesetzlichen Grundlage ergeben sich insoweit keine Unterschiede, allerdings aktiviert die DS-GVO auch Verfahrenspflichten der Behörde und Auskunftsrechte der
Steuerpflichtigen (zur Informationspflicht → Rn. 10, zum Auskunftsanspruch s.
Art. 15 DS-GVO iVm § 32c AO). **Die Annahme des Gesetzgebers über die
Geltung der DS-GVO ist unzutreffend.** Der Gesetzgeber unterliegt hier – wie
auch schon anlässlich der Anpassung der AO an die DS-GVO – einer Fehlvorstel-
lung über den Anwendungsbereich der DS-GVO. Diese findet unmittelbar keine
Anwendung auf Steuern, die in keinem Zusammenhang mit dem EU-Recht stehen (*Krumm* DB 2017, 2182 [2185f.]; *Drüen* in Tipke/Kruse AO § 2a Rn. 6;
ebenso FG Niedersachsen 28. 1. 2020 – 12 K 213/19, EFG 2020, 665 [Rev. II R
15/20]). **Allerdings sind die Regelungen der DS-GVO dort, wo sie nicht
unmittelbar gelten, für die Verwaltungstätigkeit der Finanzbehörden weitgehend analog anzuwenden** (eingehend *Krumm* DB 2017, 2182 [2186f.]; *Drüen*
in Tipke/Kruse AO § 2a Rn. 6; iErg ebenso FG München 23. 7. 2021 – 15 K
81/20, EFG 2021, 1789; 4. 11. 2021 – 15 K 118/20, BeckRS 2021, 41761 [Rev. II

§ 229 BewG Siebenter Abschnitt. Bewertung d. Grundbesitzes ab 1.1.2022

R 43/21]: konstitutiver Verweis in § 2a AO; aA FG Niedersachsen 28.1.2020 – 12 K 213/19, EFG 2020, 665, aus anderen Gründen von BFH 8.6.2021 – II R 15/20, BFH/NV 2022, 34 aufgehoben). Der Gesetzgeber kann allerdings dort, wo die DS-GVO nicht unmittelbar gilt, auch von ihren Regelungen abweichen. Er ist hieran nicht gebunden. Maßstab sind insoweit allein die Grundrechte des GG. Das gilt vor allem für § 229 Abs. 3 BewG (und ebenso § 229 Abs. 4 u. 5 BewG).

7 Mitteilungspflichtig sind alle nach Bundes- oder Landesrecht zuständigen Behörden, die aufgrund ihrer nichtsteuerlichen Zuständigkeiten über Daten verfügen, die für die Feststellung von Grundsteuerwerten oder für die Grundsteuer von Bedeutung sind. Die Adressaten des § 229 Abs. 3 BewG werden mithin anhand der Datenrelevanz bestimmt. Hierbei handelt es sich va um die Kataster- und Bauordnungsbehörden in Bezug auf die Parzellierung von Flächen, die Errichtung, Änderung oder Nutzungsänderung von Gebäuden (zu Art und Umfang der Übermittlung → Rn. 12). § 229 Abs. 3 BewG verpflichtet die angesprochenen Behörden nicht dazu, die Daten für die Finanzbehörde zu erheben (*Haas* in Stenger/Loose BewG § 29 Rn. 42; *Halaczinsky* in Rössler/Troll BewG § 29 Rn. 22). Vielmehr bezieht sich die Übermittlungspflicht auf den Datenbestand, wie er aufgrund der fachgesetzlichen Regelungen erhoben worden ist (was freilich nicht ausschließt, dass der Gesetzgeber die fachgesetzlichen Datenerhebungsnormen so gestaltet, dass sich eine Anschlussfähigkeit zum Steuervollzug ergibt).

8 Fraglich ist, **ob die nach Maßgabe von § 229 Abs. 3 BewG** (oder § 229 Abs. 4 BewG) **übermittelten Daten solche iSd § 93c AO sind**. Die Frage hat Bedeutung für **§ 175b AO**, der eine Änderung von Grundsteuerwertbescheiden erlaubt, wenn die von einer mitteilungspflichtigen Stelle übermittelten Daten iSv § 93c AO nicht oder nicht zutreffend im Grundsteuerwertbescheid berücksichtigt wurden oder wenn die mitteilungspflichtige Stelle die übermittelten Daten nachträglich korrigiert (→ BewG § 222 Rn. 46f.). § 93c AO gilt für „steuerliche Daten eines Steuerpflichtigen". Aus dem systematischen Zusammenhang mit § 150 Abs. 7 S. 2 AO wird deutlich, dass damit wohl nur Daten gemeint sein dürften, die der Steuerpflichtige in seiner Steuererklärung angeben muss. Auch wenn die von § 229 Abs. 3 BewG (und § 229 Abs. 4 BewG) erfassten Daten weitgehend grundstücksbezogen sind, dürfte es sich hierbei gleichwohl um Daten iSv § 93c AO handeln. § 93c AO ist zwar erkennbar im Hinblick auf Personensteuern formuliert worden, aber dies schließt es nicht aus, dass man ihn auch auf Objektsteuern – wie die Grundsteuer – anwendet. Dafür spricht auch, dass der Gesetzgeber in § 229 Abs. 6 S. 1 BewG den rechtlichen Fachbegriff der „mitteilungspflichtigen Stelle" verwendet, den auch § 93c Abs. 1 AO verwendet und legaldefiniert.

E. Datenübermittlungspflicht der Grundbuchämter (Abs. 4)

9 § 229 Abs. 4 BewG konkretisiert die Mitteilungspflicht nach § 229 Abs. 3 BewG für die Grundbuchämter und benennt ausdrücklich die mitzuteilenden Daten: (1) die Eintragung eines neuen Eigentümers oder Erbbauberechtigten sowie bei einem anderen als einem rechtsgeschäftlichen Erwerb zusätzlich die Anschrift des neuen Eigentümers oder Erbbauberechtigten, (2) die Eintragung der Begründung von Wohnungseigentum oder Teileigentum, (3) die Eintragung der Begründung eines Erbbaurechts, Wohnungserbbaurechts oder Teilerbbaurechts und (4) bei einer Eintragung aufgrund Erbfolge (= Grundbuchberichtigung nach § 894 BGB, da sich der Eigentumserwerb außerhalb des Grundbuchs vollzogen hat, → BewG § 219

Rn. 20f.) ist das Jahr anzugeben, in dem der Erblasser verstorben ist. Die Mitteilungen sollen der Finanzbehörde über die für die Führung des Liegenschaftskatasters zuständige Behörde oder über eine sonstige Behörde, die das amtliche Verzeichnis der Grundstücke (§ 2 Abs. 2 GBO) führt, zugeleitet werden (§ 229 Abs. 4 S. 2 BewG).

F. Information des Steuerpflichtigen über die Datenübermittlung (Abs. 5)

Die nach § 229 Abs. 3 u. 4 BewG mitteilungspflichtigen Stellen haben die betroffenen Personen vom Inhalt der getätigten Datenübermittlung (Mitteilung) zu unterrichten (§ 229 Abs. 5 S. 1 BewG). Diese im Hinblick auf das Recht auf informationelle Selbstbestimmung und den Grundrechtsschutz durch Verfahren vorbildliche Regelung wird allerdings in § 229 Abs. 5 S. 2 BewG deutlich relativiert: Eine Unterrichtung kann unterbleiben, soweit den Finanzbehörden Umstände aus dem Grundbuch, den Grundakten oder aus dem Liegenschaftskataster mitgeteilt werden. § 229 Abs. 5 S. 1 BewG hat damit nur Bedeutung für Behörden, die keine Katasterbehörden bzw. Grundbuchämter sind. 10

Der Gesetzgeber sieht den § 229 BewG – irrtümlicherweise (→ Rn. 6) – im Kontext des Art. 13 DS-GVO, weshalb er § 229 Abs. 5 S. 1 BewG nur für eine klarstellende Regelung erachtet und va den Ausschluss der Informationspflicht nach § 229 Abs. 5 S. 2 BewG an Art. 23 DS-GVO misst. Ersteres ist (nur) richtig, wenn man – wie hier – einer analogen Anwendung der DS-GVO für die Grundsteuer folgt (→ Rn. 6). Unterstellt man dies, dann kann – ungeachtet des § 229 Abs. 5 S. 2 BewG – auch in den Fällen des Art. 13 Abs. 1 DS-GVO und des § 32b AO von einer Information des Steuerpflichtigen abgesehen werden (dazu allgemein zB *Drüen* in Tipke/Kruse AO § 32b Rn. 14ff.). Entgegen der Einschätzung des Gesetzgebers sind allerdings Art. 13 Abs. 4, 23 DS-GVO keine Maßstabsnormen für Regelungen zum Vollzug des Grundsteuerrechts. Das sind allein die nationalen Grundrechte. Denen wiederum genügt § 229 Abs. 5 S. 2 BewG. 11

G. Standardisierung der Datenübermittlung (Abs. 6)

Die Neubewertung und Überwachung von 36 Millionen wirtschaftlichen Einheiten bedingt eine weitgehende Standardisierung und Digitalisierung der zu übermittelnden Daten, damit diese bei der Finanzbehörde in einen weitgehend automationsgestützten Vollzug überführt werden. Dem nimmt sich § 229 Abs. 6 S. 1 BewG an, indem er gesetzlich vorgibt, dass die mitteilungspflichtigen Stellen (= die Behörden nach § 229 Abs. 3, Abs. 4 BewG) die Daten nach amtlich vorgeschriebenem Datensatz über die amtlich bestimmte Schnittstelle – die Grundbuchämter und Katasterbehörden sogar laufend (mindestens alle drei Monate. § 229 Abs. 6 S. 2 BewG) – zu übertragen haben. Das bedeutet, dass die Finanzverwaltung (einseitig!) die technischen Standards vorgibt und zwar auf der Grundlage von § 87b AO. Die Einvernehmensregelung in § 229 Abs. 6 S. 3 BewG gilt nämlich nur für die „Einzelheiten der elektronischen Übermittlung". Aus dem systematischen Zusammenhang mit S. 1 ergibt sich, dass sich diese Einzelheiten nicht auf den Übermittlungsstandard und vor allem die standardisierte Aufbereitung der Daten beziehen kann. Der Formulierung „nach amtlich vorgeschriebenem Datensatz" ist es – wie auch sonst 12 in den Fällen des § 93c AO – eigen, dass die Finanzbehörden vorgeben, wie ihnen die Daten übermittelt werden. Der Bundesgesetzgeber greift damit zwar in die Verwaltungskompetenz der Länder ein, dies allerdings durchaus auf der Grundlage von Art. 108 Abs. 5 GG.

§ 230 Abrundung

Die ermittelten Grundsteuerwerte werden auf volle 100 Euro nach unten abgerundet.

Gilt nicht in **Baden-Württemberg** (dort § 24 Abs. 4 BWLGrStG) und für Grundstücke nicht in **Bayern** (dort Art. 1 Abs. 3 BayGrStG), **Hamburg** (dort § 1 Abs. 3 HmbGrStG), **Hessen** (dort nur zweistufiges Verwaltungsverfahren, → HGrStG § 4 Rn. 3) und **Niedersachsen** (dort § 2 Abs. 3 S. 3 NGrStG).

1 Der Grundsteuerwert als das Endprodukt des Bewertungsvorgangs ist auf volle 100 EUR abzurunden. Die Formulierung ist missverständlich: Es soll nicht auf 100 EUR abgerundet werden, sondern auf einen Betrag, der durch 100 ohne Rest teilbar ist. Eine Abrundung der jeweiligen Zwischenergebnisse auf dem Weg zum Grundsteuerwert sieht das Gesetz nicht vor. Die Finanzverwaltung geht aber davon aus, dass die Zwischenwerte kaufmännisch auf zwei Nachkommastellen zu runden sind (AEBewGrSt A 230).

§ 231 Abgrenzung von in- und ausländischem Vermögen

(1) ¹**Für die Bewertung des inländischen nach diesem Abschnitt zu bewertenden Vermögens gelten die §§ 232 bis 262.** ²**Nach diesen Vorschriften sind auch die inländischen Teile einer wirtschaftlichen Einheit zu bewerten, die sich sowohl auf das Inland als auch auf das Ausland erstrecken.**

(2) **Die ausländischen Teile einer wirtschaftlichen Einheit unterliegen nicht der gesonderten Feststellung nach § 219.**

Gilt nicht in **Baden-Württemberg** (dort § 25 Abs. 3 BWLGrStG). In **Bayern, Hamburg, Hessen** und **Niedersachsen** existieren für Grundstücke Sonderregelungen (s. Art. 1 Abs. 5 BayGrStG; § 1 Abs. 5 HmbGrStG; § 1 Abs. 2 S. 2 HGrStG; § 2 Abs. 5 NGrStG).

1 § 231 Abs. 1 S. 1 BewG wiederholt die bereits in § 220 S. 1 BewG enthaltene Anordnung, dass für die Bewertung der Betriebe der Land- und Forstwirtschaft sowie der Grundstücke ausschließlich die §§ 232ff. BewG gelten – freilich unter Ergänzung des § 2 BewG (zur wirtschaftlichen Einheit des land- und forstwirtschaftlichen Vermögens → BewG § 232 Rn. 13ff. und des Grundvermögens → BewG § 244 Rn. 4ff.).

2 Der Grundsteuerwert wird grundsätzlich für eine wirtschaftliche Einheit festgestellt (→ BewG § 219 Rn. 12) und diese kann aus Grundstücken bestehen, die sowohl in Deutschland als auch im Ausland liegen. In der Praxis dürfte dies ausschließlich Betriebe der Land- und Forstwirtschaft betreffen **(grenzüberschreitende Betriebe).** So sind vor allem in der Grenzregion zu den Niederlanden nicht wenige Betriebe mit bewirtschafteten Flächen auf beiden Seiten der Grenze anzutreffen. Anders als bei einer wirtschaftlichen Einheit, die in mehreren Gemeinden liegt, wird der Grundsteuerwert in diesem Fall nicht für die gesamte wirtschaftliche

Abgrenzung von in- und ausländischem Vermögen **§ 231 BewG**

Einheit festgestellt und auf einer nachfolgenden Stufe „aufgeteilt". Vielmehr wird nur für den inländischen Teil der wirtschaftlichen Einheit ein Grundsteuerwert festgestellt (§ 231 Abs. 2 BewG). Insoweit stellt § 231 Abs. 1 S. 2 BewG klar, dass die §§ 232 ff. BewG nur für diesen inländischen Teil der wirtschaftlichen Einheit gelten, dh es fließen nur die im Inland belegenen Flächen in die Bewertung ein. Die damit verbundene bewertungsrechtliche Ausklammerung des ausländischen Teils einer wirtschaftlichen Einheit ist folgerichtig, da nur der inländische Grundbesitz der Grundsteuer unterliegt. Für die Ermittlung des Grundsteuerwertes für den inländischen Teil des Betriebs der Land- und Forstwirtschaft kann auf den **Rechtsgedanken des § 239 Abs. 2 BewG** zurückgegriffen werden: Es wird der Reinertrag für die inländischen Flächen ermittelt. Liegt die **Hofstelle** im Ausland, bleibt sie unberücksichtigt. Liegt sie im Inland wird sie vollständig berücksichtigt. In Bezug auf den **Zuschlag für die verstärkte Tierhaltung** (§ 238 Abs. 1 Nr. 1 BewG) sind unseres Erachtens hingegen die landwirtschaftlichen Vieheinheiten und die selbst bewirtschafteten Flächen des gesamten Betriebes zu berücksichtigen. Ergibt sich hiernach ein Überbestand, ist dieser verhältnismäßig auf die Flächen der landwirtschaftlichen Nutzung im In- und Ausland zu verteilen (siehe im Kontext des § 239 Abs. 2 BewG → BewG § 239 Rn. 4). Soweit der Zuschlag auf die ausländischen Flächen entfällt, bleibt er unberücksichtigt. Für die Anwendung des § 241 BewG gilt dies entsprechend. Diese gesamthafte Betrachtung gründet darin, dass § 231 Abs. 2 BewG die wirtschaftliche Einheit als Bezugspunkt nicht verändert. Das Gesetz geht davon aus, dass auch die ausländischen Flächen zur wirtschaftlichen Einheit gehören und schränkt lediglich den Gegenstand der Bewertung ein. Der Bezugspunkt für die Anwendung der §§ 232 ff. BewG bleibt aber immer die gesamte wirtschaftliche Einheit (also einschließlich ihrer im Ausland belegenen Wirtschaftsgüter).

§ 231 Abs. 2 BewG regelt nicht die Konstellation, **dass eine wirtschaftliche** 3 **Einheit die Grenzen zwischen zwei Bundesländern überschreitet, in denen nicht vollständig identisches Recht gilt**. Bei den **Grundstücken** ist die Frage jedenfalls aus der Perspektive der vom Bundesrecht abweichenden Bundesländer in den jeweiligen Landesgesetzen geregelt: In Bayern, Hamburg und Niedersachsen wird der landesinterne Teil zu einer eigenen wirtschaftlichen Einheit erklärt (und damit auch zum Bezugspunkt aller an die wirtschaftliche Einheit anknüpfenden Regelungen, → BayGrStG Art. 1 Rn. 15; → HmbGrStG § 1 Rn. 12; → NGrStG § 2 Rn. 15). In Hessen kann eine wirtschaftliche Einheit des Grundvermögens sogar nur aus Grundstücken bestehen, die in einer Gemeinde belegen sind (→ HGrStG § 2 Rn. 6). Für die Länder, die in Bezug auf die Grundstücke das Bundesgrundsteuerrecht anwenden, dürfte sich eine **analoge Anwendung des § 231 Abs. 2 BewG** anbieten, dh eine grenzüberschreitende wirtschaftliche Einheit ist möglich, aber es erfolgt nur für den Teil eine gesonderte Feststellung, der in Bundesländern mit einheitlicher Geltung der §§ 243 ff. BewG liegt. Das Ergebnis ist letztlich verfassungsrechtlich zwingend. Die Abweichungsgesetzgebung in einem Bundesland schließt nicht nur den Geltungsanspruch des Bundesgrundsteuerrechts aus, sondern beschränkt auch die Verwaltungshoheit der dem Bundesgrundsteuerrecht folgenden Bundesländer auf dessen Geltungsbereich. Insoweit gilt nichts anders als im Verhältnis zum Ausland, weshalb die gleiche Interessenlage gegeben ist, die auch zur Regelung des § 231 Abs. 2 BewG geführt hat.

Bei einem **Betrieb der Land- und Forstwirtschaft,** der innerdeutsche Gren- 4 zen überschreitet, ergibt sich jedenfalls dann kein Problem, wenn in allen beteiligten Bundesländern das Bundesgrundsteuerrecht gilt und die in Ansehung des Zuschnitts der wirtschaftlichen Einheit (in Baden-Württemberg, Bayern, Hamburg und Niedersachsen) vorhandene Abweichungsgesetzgebung nicht einschlägig ist. Anders verhält es sich hingegen, wenn die beteiligten Bundesländer zu einem unterschiedlichen Zuschnitt der wirtschaftlichen Einheit kommen müssen („Abweichungsfall"). Wendet ein Bundesland mit Abweichungsgesetzgebung sein Landesrecht an, ist seine Verwaltungshoheit auf sein eigenes Staatsgebiet beschränkt, sofern dies nicht zB durch einen Staatsvertrag abbedungen ist oder die Ausübung der Verwaltungshoheit die Hoheitsgewalt anderer Länder nicht beeinträchtigt. Da beide Ausnahmen in Bezug auf Baden-Württemberg, Bayern, Hamburg und Niedersachsen nicht einschlägig sind, dürfte es den Finanzbehörden dieser Bundesländer in den „Abweichungsfällen" möglich sein, Entscheidungen zu treffen, die jenseits des eigenen Staatsgebiets Bindungswirkung erzeugen (→BWLGrStG § 25 Rn. 18f. [dort auch Nachweise zur gegenteiligen Einschätzung des baden-württembergischen Gesetzgebers]; →BayGrStG Art. 9 Rn. 16; →HmbGrStG § 9 Rn. 14; →NGrStG § 11 Rn. 14). Entsprechendes dürfte umgekehrt ebenso für die Bundesländer gelten, die Bundesgrundsteuerrecht vollziehen. **Soweit ein konkreter „Abweichungsfall" vorliegt, dürfte daher auch für die Betriebe der Land- und Forstwirtschaft eine analoge Anwendung des § 231 Abs. 2 BewG naheliegend sein:** Ein Betrieb der Land- und Forstwirtschaft mit Flächen in NRW und in Niedersachsen ist zwar aus Sicht des nordrhein-westfälischen Finanzamtes als eine wirtschaftliche Einheit zu betrachten, die Grundsteuerwertfeststellung erfasst aber nur den in NRW belegenen Teil.

B. Land- und forstwirtschaftliches Vermögen

I. Allgemeines

§ 232 Begriff des land- und forstwirtschaftlichen Vermögens

(1) ¹Land- und Forstwirtschaft ist die planmäßige Nutzung der natürlichen Kräfte des Bodens zur Erzeugung von Pflanzen und Tieren sowie die Verwertung der dadurch selbst gewonnenen Erzeugnisse. ²Zum land- und forstwirtschaftlichen Vermögen gehören alle Wirtschaftsgüter, die einem Betrieb der Land- und Forstwirtschaft dauernd zu dienen bestimmt sind.

(2) ¹Die wirtschaftliche Einheit des land- und forstwirtschaftlichen Vermögens ist der Betrieb der Land- und Forstwirtschaft. ²Wird der Betrieb der Land- und Forstwirtschaft oder werden Teile davon einem anderen Berechtigten zur Erzeugung von Pflanzen und Tieren sowie zur Verwertung der dadurch selbst gewonnenen Erzeugnisse überlassen, so gilt dies als Fortsetzung der land- und forstwirtschaftlichen Tätigkeit des Überlassenden.

(3) ¹Zu den Wirtschaftsgütern, die dem Betrieb der Land- und Forstwirtschaft dauernd zu dienen bestimmt sind, gehören insbesondere:
1. der Grund und Boden,
2. die Wirtschaftsgebäude,
3. die stehenden Betriebsmittel,
4. der normale Bestand an umlaufenden Betriebsmitteln,
5. die immateriellen Wirtschaftsgüter.

Begriff des land- und forstwirtschaftlichen Vermögens § 232 BewG

²Als normaler Bestand an umlaufenden Betriebsmitteln gilt ein Bestand, der zur gesicherten Fortführung des Betriebs erforderlich ist.
(4) Nicht zum land- und forstwirtschaftlichen Vermögen gehören:
1. Grund und Boden sowie Gebäude und Gebäudeteile, die Wohnzwecken oder anderen nicht land- und forstwirtschaftlichen Zwecken dienen,
2. Tierbestände oder Zweige des Tierbestands und die hiermit zusammenhängenden Wirtschaftsgüter (zum Beispiel Gebäude und abgrenzbare Gebäudeteile mit den dazugehörenden Flächen, stehende und umlaufende Betriebsmittel), wenn die Tiere weder nach § 241 zur landwirtschaftlichen Nutzung noch nach § 242 Absatz 2 zu den sonstigen land- und forstwirtschaftlichen Nutzungen gehören; die Zugehörigkeit der landwirtschaftlich genutzten Flächen zum land- und forstwirtschaftlichen Vermögen wird hierdurch nicht berührt,
3. Zahlungsmittel, Geldforderungen, Geschäftsguthaben, Wertpapiere und Beteiligungen sowie
4. Geldschulden und Pensionsverpflichtungen.

Gilt nicht in **Baden-Württemberg** (dort § 26 BWLGrStG). In **Bayern** (→ BayGrStG Art. 9 Rn. 5 ff.), **Hamburg** (→ HmbGrStG § 9 Rn. 5 ff.) und **Niedersachsen** (NGrStG § 11 Rn. 5 ff.) existieren Sonderregelungen zum Zuschnitt der wirtschaftlichen Einheit.

Übersicht

	Rn.
A. Allgemeines	1
I. Systematische Einordnung und Zweck der Regelung	1
II. Entwicklung der Vorschrift	2
III. Verfahrensrecht	3
B. Begriff der Land- und Forstwirtschaft und des land- und forstwirtschaftlichen Vermögens (Abs. 1 S. 1)	4
I. Land- und Forstwirtschaft	4
II. Insbesondere: Abgrenzung zum Gewerbebetrieb	6
C. Die wirtschaftliche Einheit des land- und forstwirtschaftlichen Vermögens (Abs. 2)	13
D. Wirtschaftsgüter, die „dem Betrieb der Land- und Forstwirtschaft dauernd zu dienen bestimmt sind" (Abs. 1 S. 2, Abs. 3)	23
I. Dauerhaftigkeit des dienenden Zusammenhangs (Abs. 1 S. 2)	23
II. Grund und Boden (Abs. 3 S. 1 Nr. 1)	27
III. Wirtschaftsgebäude (Abs. 3 S. 1 Nr. 2)	28
IV. Stehende Betriebsmittel (Abs. 3 S. 1 Nr. 3)	29
V. Umlaufende Betriebsmittel (Abs. 3 S. 1 Nr. 4, S. 2)	30
VI. Immaterielle Wirtschaftsgüter (Abs. 3 S. 1 Nr. 5)	32
E. Negativkatalog (Abs. 4)	33
I. Grund und Boden sowie Gebäude und Gebäudeteile, die nicht land- und forstwirtschaftlichen Zwecken dienen (Abs. 4 Nr. 1)	33
II. Tierbestände jenseits einer land- und forstwirtschaftlichen Nutzung (insb. gewerbliche Tierzucht/-haltung, Abs. 4 Nr. 2)	39
III. Zahlungsmittel, Geldforderungen, Geschäftsguthaben, Wertpapiere und Beteiligungen (Abs. 4 Nr. 3)	41
IV. Geldschulden und Pensionsverpflichtungen (Abs. 4 Nr. 4)	42

A. Allgemeines

I. Systematische Einordnung und Zweck der Regelung

1 Das neue Recht kennt nur zwei Vermögensarten: land- und forstwirtschaftliches Vermögen einerseits, Grundvermögen andererseits (§ 218 BewG). Das land- und forstwirtschaftliche Vermögen wird dabei negativ vom Grundvermögen abgegrenzt: § 243 BewG bestimmt das Grundvermögen gegenständlich, enthält aber zugleich den negativ ausgrenzenden Vorbehalt „soweit es sich nicht um land- und forstwirtschaftliches Vermögen (§§ 232 bis 242) handelt". Hieran anknüpfend bestimmt § 232 BewG sodann positiv, welcher Grundbesitz als land- und forstwirtschaftliches Vermögen anzusehen ist (BFH 9.8.1989 – II R 116/86, BStBl. II 1989, 870 zu § 33 BewG). Bei der Prüfung der Frage, ob Grundstücksflächen als land- und forstwirtschaftliches Vermögen oder als Grundvermögen zu bewerten sind, ist deshalb zunächst von § 232 BewG auszugehen (vorbehaltlich der vorrangigen Fiktion für Kleingartenland in § 240 BewG). § 232 BewG definiert in seinem Abs. 1 sowohl den Begriff der Land- und Forstwirtschaft als auch den Umfang des land- und forstwirtschaftlichen Vermögens und in den Abs. 3 u. 4 erfolgen positive wie negative Konkretisierungen. Prägendes Merkmal ist insoweit der auf Dauer angelegte dienende Funktionszusammenhang (→ Rn. 23 ff.). § 232 Abs. 2 BewG nimmt sich der wirtschaftlichen Einheit des Betriebs der Land- und Forstwirtschaft an. Abweichend vom alten Recht gehört hierzu nicht mehr der Wohnteil (→ Rn. 33 ff., vgl. demgegenüber noch § 34 Abs. 1 BewG). Sofern keine land- und forstwirtschaftliche Tätigkeit vorliegt, führt die Nutzung eines Grundstücks zur Einordnung als Grundvermögen. Dabei ist es unerheblich, wie die Tätigkeit im Übrigen zu qualifizieren ist, dh ob es sich um eine gewerbliche, private oder öffentliche Tätigkeit handelt. Denn es gibt jenseits des Betriebs der Land- und Forstwirtschaft nur noch das Grundvermögen.

II. Entwicklung der Vorschrift

2 Die Regelung beruht auf dem Grundsteuerreformgesetz v. 26.11.2019 (→ Grundlagen Rn. 13; zu § 232 BewG s. BT-Drs. 19/11085, 99 f.). Teile der Norm haben Vorbilder in § 33 BewG und § 158 BewG.

III. Verfahrensrecht

3 Über die wirtschaftliche Einheit wird anlässlich der Grundsteuerwertfeststellung inzident entschieden (→ BewG § 219 Rn. 12).

B. Begriff der Land- und Forstwirtschaft und des land- und forstwirtschaftlichen Vermögens (Abs. 1 S. 1)

I. Land- und Forstwirtschaft

4 § 232 Abs. 1 S. 1 BewG **definiert die Land- und Forstwirtschaft tätigkeitsbezogen.** Er charakterisiert in allgemein beschreibender Weise diesen Wirtschaftszweig der Urproduktion als die planmäßige Nutzung der natürlichen Kräfte des Bodens und die Verwertung der dadurch unmittelbar oder mittelbar gewonnenen

Begriff des land- und forstwirtschaftlichen Vermögens   **§ 232 BewG**

pflanzlichen und tierischen Erzeugnisse. § 234 BewG lässt sich ferner entnehmen, dass der Gesetzgeber – wie in § 13 EStG auch – damit vor allem die **typischen Erscheinungsformen land- und forstwirtschaftlicher Urproduktion** erfasst sehen will: die **Landwirtschaft im engeren Sinne** (Ackerbau, Wiesenwirtschaft, →BewG § 234 Rn. 4 ff.), die **Forstwirtschaft** (→BewG § 234 Rn. 8 ff.), den **Weinbau** (→BewG § 234 Rn. 12 f.), den **Gartenbau** (→BewG § 234 Rn. 14 ff.) sowie die **bodengeprägte Tierzucht und -haltung** (→BewG § 241 Rn. 4 ff.). Hinzu treten über § 242 BewG noch weitere Erscheinungsformen land- und forstwirtschaftlicher Tätigkeiten (insb. Binnenfischerei, Teichwirtschaft, Fischzucht für Binnenfischerei und Teichwirtschaft, Imkerei, Wanderschäferei, Saatzucht sowie Betrieb von Weihnachtsbaumkulturen und Kurzumtriebsplantagen, →BewG § 242 Rn. 8 ff.).

Der **bewertungsrechtliche Begriff der Land- und Forstwirtschaft** setzt **5** **keine Erzeugung des Erwerbs wegen voraus** (RFH 17.12.1931 – III A 825/31, RStBl. 1932, 329). Deshalb sind auch Betriebe, die ohne Gewinnerzielungsabsicht (im ertragsteuerlichen Sinne) betrieben werden, land- und forstschaftliche Betriebe iSd Bewertungsrechts (RFH 17.12.1931 – III A 825/31, RStBl. 1932, 329; BFH 18.12.1985 – II B 35/85, BStBl. II 1986, 282 [dort: die landwirtschaftlich genutzten Flächen dienten der Erzeugung des Futtermittel für die private Pferdehaltung]; FG Düsseldorf 24.7.2014 – 11 K 4587/12, EFG 2014, 1766 [1767]). Ebenso wenig wird grundsätzlich eine Mindestgröße oder ein voller landwirtschaftlicher Besatz verlangt (BFH 25.11.2000 – II R 9/19, BStBl. II 2021, 491). Entscheidend ist allein die tatsächliche nachhaltige Nutzung und deren Zweckbestimmung durch den Eigentümer (BFH 26.1.1973 – III R 122/71, BStBl. II 1973, 282; 5.12.1980 – III R 56/77, BStBl. II 1981, 498; 4.3.1987 – II R 8/86, BStBl. II 1987, 370). Eine solche nachhaltige Nutzung ist dann als gegeben anzusehen, wenn die Grundstücke hinsichtlich Arbeitseinsatz, Investitionen zur Erhaltung oder Steigerung der Ertragsfähigkeit sowie erzielbarem Ertrag einen Vergleich mit einem durchschnittlichen Haupterwerbsbetrieb der gleichen Nutzungsart standhalten können. Maßgebend ist danach, ob die Grundfläche in eben der Weise nachhaltig genutzt wird, wie ein derartiges Grundstück im Rahmen eines Haupterwerbsbetriebes genutzt werden könnte (BFH 5.12.1980 – III R 56/77, BStBl. II 1981, 498; 4.3.1987 – II R 8/86, BStBl. II 1987, 370; FG Düsseldorf 24.7.2014 – 11 K 4587/12, EFG 2014, 1766; FG Hessen 13.5.2015 – 3 K 927/13, EFG 2016, 612). Diesen Vergleich hat das Gericht (ggf. sachverständig beraten) vorzunehmen (BFH 5.12.1980 – III R 56/77, BStBl. II 1981, 498). Er dient letztlich der Ausgrenzung solcher Betätigungen, die zwar eine gewisse landwirtschaftliche Prägung aufweisen, sich bei genauem Hinsehen aber nur als „Wohnen im Grünen" und intensivere Gartennutzung erweisen oder nicht über eine auch privat denkbare Tierhaltung hinausgehen (vgl. FG Düsseldorf 24.7.2014 – 11 K 4587/12, EFG 2014, 1766: keine land- und forstwirtschaftliche Tätigkeit, wenn nur drei Pferde für private Hobbyzwecke gehalten werden; FG Hessen 13.5.2015 – 3 K 927/13, EFG 2016, 612: keine land- und forstwirtschaftliche Tätigkeit, wenn nur ein Scheunen- und Stallgebäude mit den Ausmaßen 8 m × 15 m bereitgehalten wird, um dort 20 Stück Federvieh zu halten).

II. Insbesondere: Abgrenzung zum Gewerbebetrieb

Kein land- und forstwirtschaftliches Vermögen liegt vor, wenn die Tätigkeit des **6** Steuerpflichtigen die Grenze zum Gewerbebetrieb überschreitet. Die Grenzziehung kann mitunter schwierig sein. Wenn man nach dem Anlass für die Abgrenzungsfrage unterscheidet, sind zwei Konstellationen denkbar: (1) Es **kann die Frage zu beantworten sein, ob eine einzige (nicht unterteilbare, nicht trennbare) Tätigkeit land- und forstwirtschaftlichen Charakter iSv § 232 Abs. 1 S. 1 BewG hat** oder ob insgesamt eine gewerbliche Tätigkeit vorliegt. Ist Letzteres der Fall, fehlt es insgesamt an einem Betrieb der Land- und Forstwirtschaft. Weitere Abgrenzungsprobleme stellen sich dann nicht. (2) Es **kann aber auch darum gehen, dass,** nachdem ein land- und forstwirtschaftlicher Betrieb bejaht wurde, **in Ansehung weiterer, eigenständig beurteilbarer Tätigkeiten entschieden werden muss, ob diese noch zum Betrieb der Land- und Forstwirtschaft gehören oder ob sie nicht eigenständig als gewerbliche Tätigkeiten zu würdigen sind.** Für beide Konstellationen ergeben sich vor allem dann Abgrenzungsprobleme, wenn eine gewisse (organisatorische, produktions-/vertriebstechnische) Verbindung zwischen den Tätigkeiten besteht. Handelt es sich um eine für die konkrete Betriebsart (noch) typische Handlung (so zum Beispiel bei der Weinproduktion in Ansehung der Erscheinungsform Weinbau, → BewG § 234 Rn. 12) oder liegt ein sog. Nebenbetrieb iSv § 234 Abs. 1 Nr. 3 BewG vor (→ BewG § 234 Rn. 29 ff.), dann wird die Zuordnung zur Land- und Forstwirtschaft durch die Tätigkeit nicht in Frage gestellt. Seine Grenzen findet die typologische Zuordnung zur Land- und Forstwirtschaft hingegen insbesondere dann, wenn zB anlässlich einer für sich betrachtet noch land- und forstwirtschaftlichen Vermarktungstätigkeit (Verkauf der eigenen Urprodukte) auch mit Fremderzeugnissen gehandelt wird oder wenn Dienstleistungen erbracht werden. Rechtspraktisch erfolgt die Grenzziehung zwischen einer noch land- und forstwirtschaftlichen Tätigkeit (trotz gewerblicher Elemente) und einem eigenständigen Gewerbebetrieb vor allem anhand von Umsatzgrenzen (→ Rn. 7 ff.; zum Stichtag → BewG § 235 Rn. 5). Ist die **Grenze zum Gewerbebetrieb überschritten, dienen die hierbei eingesetzten Wirtschaftsgüter nicht einem Betrieb der Land- und Forstwirtschaft. Es erfolgt vielmehr eine Zurechnung zum Grundvermögen.** Dienen Wirtschaftsgüter hingegen sowohl dem Betrieb der Land- und Forstwirtschaft als auch dem Gewerbebetrieb, erfolgt – vorbehaltlich einer Geringfügigkeitsgrenze von 10 % – grundsätzlich eine Zuordnung zum Betrieb der Land- und Forstwirtschaft (→ Rn. 26).

7   Die **Umsatzgrenzen**, mittels derer die Rechtsprechung zum Ertragsteuerrecht die Abgrenzung zum Gewerbebetrieb vollziehen will (vgl. zu Dienstleistungen BFH 22.1.2004 – IV R 45/02, BStBl. II 2004, 512 [513 f.]; 14.12.2006 – IV R 10/05, BStBl. II 2007, 516 [517]; zur Absatz- und Verkaufstätigkeit BFH 25.3.2009 – IV R 21/06, BStBl. II 2010, 113), gelten auch für das Bewertungsrecht. Im Einzelnen gilt (vgl. vor allem AEBewGrSt A 232.3 Abs. 1 S. 3 iVm EStR 15.5 Abs. 3–11): Nicht originär land- und forstwirtschaftliche Tätigkeiten finden hiernach nur dann noch innerhalb des land- und forstwirtschaftlichen Betriebes statt, wenn die hiermit bewirkten Umsätze (= Nettobetriebseinnahmen ohne Umsatzsteuer) nachhaltig insgesamt nicht mehr als ein Drittel des Gesamtumsatzes und nicht mehr als 51.500 EUR im Wirtschaftsjahr betragen. Ob eine nachhaltige Überschreitung dieser Grenzen vorliegt, beurteilt die Rechtsprechung nach den Strukturwandelkriterien, die auch für andere Abgrenzungsfragen Anwendung finden (zB Tierbestände, → BewG § 241 Rn. 16). Ist aufgrund objektiver Anhaltspunkte erkennbar, dass der Steuerpflichtige sich entschlossen hat, die Grenzen dauerhaft zu überschreiten, ist die Grenze sofort nachhaltig überschritten. Anderenfalls gilt erst einmal ein Beobachtungszeitraum von drei Jahren und bei Überschreitung in allen drei Jahren ist erst ab dem vierten Jahr ein Gewerbebetrieb anzunehmen (BFH 25.3.2009 – IV R

Begriff des land- und forstwirtschaftlichen Vermögens   § 232 BewG

21/06, BStBl. II 2010, 113). Die relative Drittelumsatzgrenze und die absolute Grenze von 51.500 EUR beziehen sich dabei jeweils auf zwei Betrachtungsgruppen:
- **Eine Betrachtungsgruppe bildet die Absatz- und Be-/Verarbeitungstätigkeit** im weitesten Sinne. Nach der Vorstellung der Finanzverwaltung werden Nebenbetriebe, die Verwertung organischer Abfälle sowie der Verkauf eigener und fremder Erzeugnisse und dies uU verbunden mit Dienstleistungen (Dienstleistungen im Zusammenhang mit der Absatztätigkeit) für die Anwendung der relativen und absoluten Grenze zusammengefasst (AEBewGrSt A 232.3 Abs. 1 S. 3 iVm EStR 15.5 Abs. 4–8 und Abs. 11 S. 1).
- Eine **weitere Betrachtungsgruppe bilden Dienstleistungen** (typischerweise: **Lohnunternehmerleistungen**). Sie erfasst die entgeltliche Überlassung an oder die Verwendung betrieblicher Wirtschaftsgüter zugunsten Dritter und andere Dienstleistungen (AEBewGrSt A 232.3 Abs. 1 S. 3 iVm EStR 15.5 Abs. 9–10 und Abs. 11 S. 2). Auch diese Dienstleistungen werden für die Anwendung der Umsatzgrenzen zusammengefasst.

Wird bei einer der beiden Gruppen die Drittelumsatzgrenze oder die absolute Grenze überschritten, so schadet dies der jeweils anderen Gruppe nicht. Die Finanzverwaltung verklammert beide Gruppen allerdings über eine gemeinsame Grenze: Die Umsätze beider Gruppen dürfen dauerhaft (Strukturwandel) insgesamt nicht mehr als 50% des Gesamtumsatzes betragen (AEBewGrSt A 232.3 Abs. 1 S. 3 iVm EStR 15.5 Abs. 11 S. 3). Anderenfalls sind die Tätigkeiten beider Gruppen insgesamt als Gewerbebetrieb zu qualifizieren; lediglich der originär land- und forstwirtschaftliche Betrieb bleibt hiervon unberührt.

Betrachtungsgruppe Absatz- und Be-/Verarbeitungstätigkeit: 8
- Das **Einsammeln, Abfahren und Sortieren organischer Abfälle**, das mit der Ausbringung auf Flächen oder der Verfütterung an Tiere des selbst bewirtschafteten land- und forstwirtschaftlichen Betriebs in unmittelbarem sachlichem Zusammenhang steht, ist eine land- und forstwirtschaftliche Tätigkeit und dies ungeachtet etwaiger Umsatzgrenzen (BFH 8.11.2007 – IV R 24/05, BStBl. II 2008, 356 [358]; AEBewGrSt A 232.3 Abs. 1 S. 3 iVm EStR 15.5 Abs. 4). Abgrenzungsfragen ergeben sich erst dann, wenn die organischen Abfälle nicht nur auf den eigenen Flächen ausgebracht werden. Insoweit gelten die Umsatzgrenzen.
- Der **Verkauf selbst hergestellter Produkte** ist grundsätzlich eine typische land- und forstwirtschaftliche Tätigkeit (Vermarktung eigener Produkte). Dabei ist unerheblich, wie die Verkaufsstelle gestaltet ist (Hofladen oder externe Verkaufsstelle) und über wie viele Verkaufsstellen der Vertrieb erfolgt (AEBewGrSt A 232.3 Abs. 1 S. 3 iVm EStR 15.5 Abs. 5 u. 6). Je mehr nicht selbst hergestellte Produkte der Landwirt hinzukauft, umso mehr ergibt sich hingegen das Bild eines typischen (gewerblich tätigen) Händlers, der nämlich Ware einkauft, um sie zu verkaufen. Der BFH hat für das Ertragsteuerrecht am Beispiel eines Hofladens folgende **Abgrenzungsgrundsätze** aufgestellt (BFH 25.3.2009 – IV R 21/06, BStBl. II 2010, 113): **(1)** Der Verkauf selbst erzeugter landwirtschaftlicher Produkte ab Hof in Räumlichkeiten, die nicht gesondert für den Verkauf hergerichtet sind, und die Auslieferung der Erzeugnisse an Kunden sind stets Teil der landwirtschaftlichen Urproduktion. **(2)** Erfolgt der Verkauf der selbst gewonnenen Erzeugnisse in einer eigens dafür eingerichteten Verkaufsstelle auf dem Hof (**Hofladen**) oder über ein räumlich getrenntes Handelsgeschäft (Marktstand, Einzelhandelsgeschäft), so handelt es sich um einen einheitlichen (land-

§ 232 BewG Siebenter Abschnitt. Bewertung d. Grundbesitzes ab 1.1.2022

und forstwirtschaftlichen Betrieb), **wenn in den Verkaufsstellen ausschließlich Eigenerzeugnisse verkauft werden.** In einem solchen Fall bedarf es auch der Figur des Nebenbetriebes iSv § 234 Abs. 1 Nr. 3 BewG nicht. Denn die Vermarktungstätigkeit gehört noch „typologisch" zur Land- und Forstwirtschaft. **(3)** Werden in der Verkaufsstelle **neben den Eigenerzeugnissen auch zugekaufte Produkte abgesetzt, so kann dies zur Entstehung eines selbstständigen Gewerbebetriebes führen,** weil der Absatz fremder Produkte für die Land- und Forstwirtschaft wesensfremd ist; er ist vielmehr händlertypisch. Für die Grenzziehung gelten dann die Umsatzgrenzen nach Maßgabe von → Rn. 7. Verkaufserlöse der Fremdwaren und die Gesamtumsatzerlöse verstehen sich dabei als die Betriebseinnahmen ohne Umsatzsteuer. Es kommt nicht auf die Art der zugekauften Waren an. Es ist unerheblich, ob es sich um betriebstypische oder untypische Ware handelt (*Bruschke* in Stenger/Loose BewG § 232 Rn. 183; *Nacke* in Brandis/Heuermann EStG § 13 Rn. 150).

— Neben der Handelstätigkeit werfen auch **Dienstleistungen anlässlich der Absatztätigkeit** die genannten Abgrenzungsfragen auf (vgl. AEBewGrSt A 232.3 Abs. 1 S. 3 iVm EStR 15.5 Abs. 7). Das betrifft zB den Gartenbaubetrieb, wenn nicht nur Pflanzen geliefert, sondern auch die **Gartengestaltung** oder **Grabpflegedienstleistungen** erbracht werden (vgl. *Stephany* in KSS BewG § 33 Rn. 33). Solche Dienstleistungen sind grundsätzlich gewerblich, aber innerhalb der bereits genannten Umsatzgrenzen ebenfalls unschädlich.

9 Werden die Grenzen nachhaltig überschritten, entsteht in Bezug auf die Absatztätigkeit etc ein Gewerbebetrieb und zwar auch hinsichtlich der selbst erzeugten Produkte. Eine Trennung innerhalb der Verkaufsstelle dahingehend, dass ausschließlich die Umsätze mit den zugekauften Produkten zu Einkünften aus Gewerbebetrieb führen, hat die Rechtsprechung zu Recht abgelehnt (BFH 25.3.2009 – IV R 21/06, BStBl. II 2010, 113 [115f.]). Vorbehaltlich der Umstände des Einzelfalls liegen also zwei getrennte Betriebe vor, nämlich ein landwirtschaftlicher Erzeugerbetrieb einerseits und ein gewerblicher Betrieb andererseits. Flächen, Gebäude etc müssen dann jeweils den Betrieben zugeordnet werden. Es sind freilich auch Fälle denkbar, in denen die land- und forstwirtschaftliche Tätigkeit so in den Hintergrund tritt, dass nur ein einheitlicher Gewerbebetrieb vorliegt (vgl. BFH 27.1.1995 – IV B 109/94, BFH/NV 1995, 772 für eine landwirtschaftliche Tätigkeit und eine gewerbliche Gaststätte).

10 **Betrachtungsgruppe Dienstleistungen:** Eine land- und forstwirtschaftliche Tätigkeit liegt nicht vor, wenn der Steuerpflichtige landwirtschafts-untypische Dienstleistungen zugunsten eines Dritten erbringt. Entsprechendes gilt, wenn der Steuerpflichtige für andere Land- und Forstwirte landwirtschaftstypische Dienstleistungen erbringt, ohne dass ein Bezug zu seinem eigenen Betrieb besteht, also sog. Lohnarbeiten wie zB Fuhrleistungen, Häcksel- und Mähdrescharbeiten (BFH 22.1.2004 – IV R 45/02, BStBl. II 2004, 512; 14.12.2006 – IV R 10/05, BStBl. II 2007, 516 [517]). Auch insoweit gelten die relative (ein Drittel des Gesamtumsatzes) und die absolute Grenze (51.500 EUR). Wird diese Grenze durch die Summe aller Dienstleistungen nachhaltig überschritten oder ist insgesamt die landwirtschaftliche Prägung nicht mehr gegeben, entsteht ein selbstständiger Gewerbebetrieb; der landwirtschaftliche Betrieb bleibt hiervon unberührt.

11 Die Produktion von Strom in **Biogasanlagen** aus biogenen Materialien (Biomasse) ist ein zweistufiger Vorgang: In einem ersten Schritt wird durch die Vergärung von Biomasse Biogas hergestellt. Dieses Produkt kann der Landwirt vermarkten, er kann das Biogas aber auch selbst zur – den zweiten Schritt darstellenden –

Erzeugung von Energie (Strom, Wärme) verwenden. Die Finanzverwaltung differenziert hinsichtlich der Biogasherstellung wie folgt: **(1)** Die Herstellung von Biogas und die Erzeugung von Energie ist Teil der land- und forstwirtschaftlichen Urproduktion (also Teil des Hauptbetriebes, dh kein Nebenbetrieb iSv § 234 Abs. 1 Nr. 3 BewG), wenn die **Biomasse überwiegend (mehr als 50%) im eigenen Betrieb erzeugt und das Biogas bzw. die daraus erzeugte Energie überwiegend im eigenen Betrieb verwendet** wird (vgl. BMF 6.3.2006, BStBl. I 2006, 248 Ziff. I. 1. a.). **(2)** Verwendet der Landwirt im eigenen Betrieb angefallene Biomasse zur Herstellung von Biogas und ist das **Biogas überwiegend zur Veräußerung an Dritte bestimmt,** dann sollen Biogasherstellung und -verkauf im Rahmen eines Nebenbetriebes iSv § 234 Abs. 1 Nr. 3 BewG erfolgen. Die Finanzverwaltung begründet dies auf der Grundlage ihrer Produktionsstufenbetrachtung (→ BewG § 234 Rn. 32) damit, dass die Verwertung der pflanzlichen oder tierischen Rohstoffe als Biomasse bis hin zur Reinigung des Biogases die erste Stufe der Be- und Verarbeitung im Rahmen der Land- und Forstwirtschaft darstellen soll (BMF 6.3.2006, BStBl. I 2006, 248 Ziff. I. 2. a S. 1 f.). Die Frage, ob die Biomasse überwiegend im eigenen Hauptbetrieb erzeugt wird, ist nach einem Mengenvergleich der eingesetzten Rohstoffe vorzunehmen, sofern ausschließlich Rohstoffe mit gleichem Energiegehalt eingesetzt werden. Ist Letzteres nicht der Fall, soll die Abgrenzung anhand der gewonnenen Biogasmenge und dem Energiegehalt der eingesetzten Rohstoffe vorgenommen werden (BMF 6.3.2006, BStBl. I 2006, 248 Ziff. I. 2. b.; aA *Stephany* AuR 2006, 5 [6]: auch hier gewichtsmäßiger Mengenvergleich). Ob auch die Rechtsprechung mit ihrem Kriterium der (schädlichen) „mehr als geringfügigen Weiterverarbeitung" (→ BewG § 234 Rn. 32) zu demselben Ergebnis wie die Finanzverwaltung gelangen würde, muss bezweifelt werden. Denn Biogas ist unseres Erachtens gegenüber der eingesetzten Biomasse wertungsmäßig zu verschiedenes Produkt. **(3)** Erzielt der Landwirt Einkünfte aus der **Übernahme fremder Biomasse** und setzt er das hiermit **gewonnene Biogas nahezu ausschließlich zur Energieerzeugung zugunsten des eigenen Hauptbetriebes ein,** sollen diese Übernahmeentgelte im Rahmen eines Nebenbetriebs anfallen (BMF 6.3.2006, BStBl. I 2006, 248 Ziff. I. 2. a S. 3). **(4) Erzeugt der Landwirt aus dem selbsthergestellten Biogas zum Verkauf an Dritte bestimmte Energie,** dann soll es sich in der Verarbeitungsstufendiktion der Finanzverwaltung um die zweite Verarbeitungsstufe und damit insoweit um eine gewerbliche Tätigkeit handeln (BMF 6.3.2006, BStBl. I 2006, 248 Ziff. I. 2. c.). Es kann also zu einer Zweiteilung kommen: Die Herstellung des Biogases kann nach Maßgabe von (2) landwirtschaftlicher Nebenbetrieb sein (erste Verarbeitungsstufe) und die Weiterverarbeitung zu Energie nebst deren Vermarktung begründet – entsprechende betriebsorganisatorische Trennung vorausgesetzt – sodann einen eigenständigen Gewerbebetrieb. **(5) Verwertet ein Landwirt nahezu seine gesamte Ernte zur Energieerzeugung in einer Biogasanlage,** soll nach Ansicht der Finanzverwaltung insgesamt kein land- und forstwirtschaftlicher Betrieb vorliegen, sondern vielmehr ein einheitlicher Gewerbebetrieb, der von der Anbau- und Erntetätigkeit bis zur Energieproduktion reicht. Es findet mithin keine Aufteilung in die Gewinnung der Biomasse und deren Verwendung statt (BMF 6.3.2006, BStBl. I 2006, 248 Ziff. I. 1. b.; für die KfZSt auch BFH 6.3.2013 – II R 55/11, BStBl. II 2013, 518).

Die **Abgrenzung zwischen der land- und forstwirtschaftlichen Tierzucht/-haltung und einer gewerblichen Tierzucht/-haltung** erfolgt für die landwirtschaftstypischen Tiere vornehmlich nach Maßgabe des § 241 BewG. Dessen ungeachtet können aber auch Dienstleistungen der Tierzucht/-haltung 12 einen gewerblichen Charakter verleihen. Das betrifft vor allem **„Reitschulen"** (→ BewG § 241 Rn. 7f.). Erwähnenswert sind schließlich **Wildgehege.** Sie können Nebenbetrieb zu einem land- und forstwirtschaftlichen Betrieb sein, wenn sie im Wesentlichen heimische Tierarten, ehemals heimische Tierarten oder diesen nahestehende Wildarten umfassen und keine einem Wildgehege wesensfremde Attraktionen hinzutreten. Ist das Wildgehege hingegen Teil einer größeren Freizeiteinrichtung (und sei es auch nur einer umfangreichen, gegen Entgelt betriebenen Spielplatzanlage), wird typischerweise ein Gewerbebetrieb vorliegen (vgl. *Wiegand* in Rössler/Troll BewG § 33 Rn. 48; FM Nordrhein-Westfalen 11.10.1973 – S 3110 – 4 – V C 1, BeckVerw 269704).

C. Die wirtschaftliche Einheit des land- und forstwirtschaftlichen Vermögens (Abs. 2)

13 Die wirtschaftliche Einheit des land- und forstwirtschaftlichen Vermögens ist der Betrieb der Land- und Forstwirtschaft. Von dem Begriff des „Betriebs" darf man sich insoweit nicht irritieren lassen. Denn das Gesetz verlangt keine ökonomisch-organisatorische Einheit oder eine Mindestgröße (→ Rn. 5). Entscheidend ist vielmehr, ob nachhaltig Land- und Forstwirtschaft iSv § 232 Abs. 1 BewG betrieben wird und welche Flächen insoweit zusammenzufassen sind. Für Letzteres knüpft § 232 Abs. 2 S. 1 BewG an den Typusbegriff der wirtschaftlichen Einheit an. Insoweit können § 2 Abs. 1 BewG folgende Grundaussagen entnommen werden: (1) Eine **wirtschaftliche Einheit ist gemäß § 2 Abs. 1 S. 2 BewG als Ganzes zu bewerten.** (2) Was als wirtschaftliche Einheit zu gelten hat, ist **nach den Anschauungen des Verkehrs zu entscheiden,** also nach der Auffassung urteilsfähiger und unvoreingenommener Staatsbürger (BFH 6.7.1979 – III R 77/77, BStBl. II 1979, 726). Dabei sind für die Abgrenzung der wirtschaftlichen Einheit die örtliche Gewohnheit, die tatsächliche Übung, die Zweckbestimmung und die wirtschaftliche Zusammengehörigkeit der einzelnen Wirtschaftsgüter zu berücksichtigen (§ 2 Abs. 1 S. 4 BewG). Es sind also neben objektiven auch subjektive Merkmale maßgebend. Stehen allerdings subjektive Merkmale, wie zB die Zweckbestimmung, im Widerspruch zu objektiven Merkmalen, wie zB der örtlichen Gewohnheit, so sind die objektiven Merkmale entscheidend (BFH 15.6.1983 – III R 40/82, BStBl. II 1983, 752). **(3) Mehrere Grundbuchgrundstücke** (→ BewG § 244 Rn. 8ff.) **können eine wirtschaftliche Einheit bilden.** (4) Voraussetzung ist allerdings, dass sie **demselben Eigentümer oder denselben Eigentümern gehören** (§ 2 Abs. 2 BewG, → Rn. 21).

14 Die Frage, welche Wirtschaftsgüter zur wirtschaftlichen Einheit des Betriebes gehören, kann nur im Hinblick auf die konkreten betrieblichen Verhältnisse beantwortet werden (BFH 10.4.1997 – IV R 48/96, BFH/NV 1997, 749; 19.7.2011 – IV R 10/09, BStBl. II 2012, 93). Der BFH hat den hierbei anzulegenden Maßstab kurz, aber prägnant auf den Punkt gebracht: **Der Betrieb der Land- und Forstwirtschaft ist eine nach objektiven Gesichtspunkten wirtschaftlich sinnvolle Organisationseinheit** (BFH 29.3.2001 – IV R 62/99, BFH/NV 2001, 1248). Deren Umfang bestimmt sich nach der Verkehrsauffassung, wobei örtliche Gewohnheit, tatsächliche Übung und die Zweckbestimmung sowie die wirtschaftliche Zusammengehörigkeit der einzelnen Wirtschaftsgüter zu beachten sind (→ Rn. 13). Bindeglied zwischen mehreren Grundstücksflächen ist idR die Hof-

Begriff des land- und forstwirtschaftlichen Vermögens § 232 BewG

stelle. **Die von einer Hofstelle aus bewirtschafteten Grundstücke stellen grundsätzlich zusammen mit der Hofstelle eine wirtschaftliche Einheit dar** (BFH 29.3.2001 – IV R 62/99, BFH/NV 2001, 1248; *Bruschke* in Stenger/Loose BewG § 232 Rn. 58; *Stephany* in KSS BewG § 33 Rn. 47). Sind mehrere betriebliche Mittelpunkte vorhanden, wird es darauf ankommen, ob und inwieweit ein wirtschaftlicher, finanzieller und organisatorischer Zusammenhang gegeben ist, ob es sich um gleichartige oder ungleichartige Betätigungen handelt und ob mit jeweils für einen selbstständig existenzfähigen Betrieb ausreichenden Betriebsflächen von einer oder mehreren (Hof-) Stellen aus mit jeweils den gleichen oder jeweils anderen Sachmitteln und Arbeitskräften gewirtschaftet wird (vgl. BFH 19.7.2011 – IV R 10/09, BStBl. II 2012, 93 zum ertragsteuerlichen Betriebsbegriff).

Für die Einbeziehung von Flächen in eine wirtschaftliche Einheit ist nicht erforderlich, dass die Flächen unmittelbar aneinander angrenzen. Maßgeblich ist vielmehr der Bewirtschaftungszusammenhang. Allerdings kann bei größeren Distanzen die **räumliche Entfernung durchaus ein Umstand sein, der in die Gesamtwürdigung einzubeziehen ist.** Der räumlichen Entfernung kommt dabei umso weniger Gewicht zu, je intensiver der Leistungsaustausch zwischen den Betriebsteilen und deren organisatorische und sachliche Verzahnung sind (BFH 10.4.1997 – IV R 48/96, BFH/NV 1997, 749; vgl. zB FG Münster 11.5.1999 – 6 K 1260/97, EFG 1999, 954 für die in getrennten Ställen stattfindenden Phasen der Kälberaufzucht). Umgekehrt steigen mit zunehmender Entfernung die Anforderungen an die Intensität der Verknüpfung der Betriebsteile. Der strukturelle Wandel der Landwirtschaft, die nicht mehr vom Leitbild des arrondierten Hofes geprägt ist, lässt es dabei im Einzelfall auch denkbar erscheinen, dass auch größere Entfernungen das Gesamtbild eines einheitlichen Betriebs nicht hindern. Es geht dabei insbesondere um Fragen der Wirtschaftlichkeit (Verkehrsanschauung) und auch Aufsichts- und Einwirkungsnotwendigkeiten und -möglichkeiten (AEBewGrSt A 232.2 Abs. 2 S. 6). Dabei geht der BFH lebensnah davon aus, dass ein landwirtschaftlich nutzbares Grundstück, welches mehr als 100 km von der Hofstelle eines land- und forstwirtschaftlichen Betriebs entfernt liegt, nicht mehr Teil der wirtschaftlichen Einheit des Betriebes der Land- und Forstwirtschaft ist (BFH 19.7.2011 – IV R 10/09, BStBl. II 2012, 93 zu § 13 EStG, aber auf § 232 BewG übertragbar; siehe aber auch FG Niedersachsen 20.1.1999 – XI 256/94, EFG 1999, 825: enge Verknüpfung zwischen 115 km [!] auseinanderliegender Putenmast einerseits und Ackerlandwirtschaft andererseits durch Aufbringung der Putenexkremente auf den Ackerflächen und teilweiser Produktion des Tierfutters auf den Ackerflächen). 15

Eine **Hofstelle ist indes für einen Betrieb der Land- und Forstwirtschaft nicht erforderlich.** Selbst einzelne Flächen, die landwirtschaftlich genutzt werden, können für sich betrachtet eine wirtschaftliche Einheit des land- und forstwirtschaftlichen Vermögens bilden. Ob der Steuerpflichtige die Fläche selbst nutzt oder ob er sie verpachtet, ist unerheblich (*Bruschke* in Stenger/Loose BewG § 232 Rn. 48). 16

Überlässt derjenige, dem die Flächen zuzurechnen sind (also idR der Eigentümer → BewG § 219 Rn. 18ff.), **die Flächen einem Dritten, der diese aktiv bewirtschaftet,** bilden die überlassenen Flächen einen (dem überlassenden Eigentümer zuzurechnenden) Betrieb der Land- und Forstwirtschaft. Dies ergibt sich aus § 232 Abs. 2 S. 2 BewG, wonach die Überlassung des Betriebes (einschließlich [Vorbehalts-]Nießbrauch; zur Zurechnung beim Nießbrauch → BewG § 219 Rn. 32) oder von Teilen des Betriebes (zB bei parzellenweiser Verpachtung; liegen die Flächen alle in einer Gemeinde, ist aus Vereinfachungsgründen von einer einzigen wirt- 17

477

§ 232 BewG Siebenter Abschnitt. Bewertung d. Grundbesitzes ab 1.1.2022

schaftlichen Einheit auszugehen, AEBewGrSt A 232.2 Abs. 2 S. 9) an eine andere Person zur Erzeugung von Pflanzen und Tieren sowie zur Verwertung der dadurch selbst gewonnenen Erzeugnisse als Fortsetzung der land- und forstwirtschaftlichen Tätigkeit des Überlassenden gilt. Da der Gesetzgeber die wirtschaftliche Einheit um das Grundstück herum konzipiert hat, **dürfte der Zurechnung der Flächen** – in Übereinstimmung mit der nicht ausdrücklich in das neue Recht übernommenen Regelung des § 34 Abs. 4 BewG – **zugleich die Zurechnung der hierauf befindlichen Wirtschaftsgebäude folgen, sofern im Übrigen die dienende Funktion und vor allem die Voraussetzungen des § 2 Abs. 1 S. 3 BewG gegeben sind.** Daher ist in Ansehung des Gebäudes die Zurechnungsfrage nicht gesondert zu stellen (vgl. BT-Drs. 19/11085, 100, wo nur die Eigentumsverhältnisse in Ansehung des Grund und Bodens hervorgehoben werden) und auch eigentlich dem Pächter zuzurechnende Wirtschaftsgebäude (denkbar im Falle von Scheinbestandteilen oder wirtschaftlichem Eigentum) sind unter den vorstehend genannten Voraussetzungen in den Betrieb des Verpächters einzubeziehen. **Für Tierbestände gilt dies entsprechend,** allerdings immer vorbehaltlich der Frage, ob sie nach allgemeinen Grundsätzen einer anderen (dafür notwendigen, s. aE) wirtschaftlichen Einheit des Nutzenden (des Pächters) zuzurechnen sind (vgl. BFH 14.5.2004 – II R 50/01, BStBl. II 2004, 818 zu § 34 Abs. 4 und dem Zuschlag nach § 41 BewG). Aus der Regelung des § 232 Abs. 1 S. 2 folgt ferner (im Umkehrschluss), dass verpachtete Flächen nicht in die wirtschaftliche Einheit des Pächters einzubeziehen sind. Der **Betrieb der Land- und Forstwirtschaft des Pächters** umfasst vielmehr nur die ihm zuzurechnenden Flächen. Ist ihm nur die Hofstelle zuzurechnen, von der aus er ausschließlich Pachtland bewirtschaftet, dann bildet allein die Hofstelle eine wirtschaftliche Einheit (RFH 12.3.1931 – III A 446/30, RStBl. 1931, 627 [628]; BFH 29.3.2001 – IV R 62/99, BFH/NV 2001, 1248). Sind ihm gar keine Flächen zuzurechnen, existiert auch keine ihm zuzurechnende wirtschaftliche Einheit. In diesem Fall kommt auch eine Zurechnung etwaiger Tierbestände bei ihm nicht in Betracht und die Tierbestände sind dann grundsätzlich dem Verpächter zuzurechnen. Die nach Maßgabe von § 2 Abs. 1 S. 3 BewG zu beantwortende Zuordnungsfrage stellt sich mithin nur dann, wenn sowohl Pächter als auch Verpächter Zurechnungssubjekt eines Betriebes sind.

18 **Bewirtschaftet der Steuerpflichtige eigene Flächen und verpachtet er zugleich Flächen,** so hing die Beurteilung der wirtschaftlichen Einheit bisher von den Verhältnissen des Einzelfalles ab. Wurden die Flächen zuvor allesamt selbst bewirtschaftet und ist sodann ein Teil verpachtet worden, ging die Rechtsprechung davon aus, dass sich die verpachteten Flächen dann zu einer eigenständigen wirtschaftlichen Einheit verselbstständigten, wenn die Verpachtung auf Dauer angelegt war (vgl. RFH 7.9.1928 – VI A 1093/28, RStBl. 1929, 169; 18.5.1933 – III A 119/33, RStBl. 1933, 864; FG Niedersachsen 10.7.2008 – 1 K 468/04, BeckRS 2008, 26027893 [dort: Verselbstständigung bei einer Verpachtung eines Teils des Betriebes von „weit mehr als 10 Jahren"]). Wenn hingegen nur Gründe vorübergehender Natur zur Verpachtung geführt haben und deshalb angenommen werden kann, dass in absehbarer Zeit der Zustand der Verpachtung wieder in den Normalzustand der Selbstbewirtschaftung durch den Eigentümer überführt wird, konnte auch weiterhin von einer wirtschaftlichen Einheit auszugehen sein (vgl. RFH 18.5.1933 – III A 119/33, RStBl. 1933, 864). Diese Differenzierung dürfte unter Geltung des § 232 Abs. 2 S. 2 BewG nicht mehr aufrechtzuerhalten sein. Nimmt man § 232 Abs. 2 S. 2 BewG beim Wort, bleibt selbst eine Dauerverpachtung nunmehr ohne Einfluss auf die wirtschaftliche Einheit (aA *Bruschke* in Sten-

ger/Loose BewG § 232 Rn. 65: Verpachtete Flächen seien als eigenständige wirtschaftliche Einheit anzusehen, wenn nach dem Ende der Pachtzeit eine erneute Eigenbewirtschaftung nicht zu erwarten ist). Sowohl der selbst genutzte, der zur Nutzung einem Dritten überlassene als auch der nicht mehr landwirtschaftlich genutzte Grundbesitz bilden idR – sofern die übrigen Voraussetzungen des § 2 BewG erfüllt sind – weiterhin einen einzigen Betrieb der Land- und Forstwirtschaft.

Etwas anderes kann allerdings dann gelten, **wenn der Steuerpflichtige seine** 19 **Flächen selbst bewirtschaftet und er Pachtflächen (nachträglich) hinzuerwirbt.** Eine Zusammenführung der Flächen zu einer einzigen wirtschaftlichen Einheit ist erst dann anzunehmen, wenn der Steuerpflichtige die Pachtflächen zur Eigenbewirtschaftung nutzen kann. Allein sein Wille, die noch verpachteten Flächen irgendwann selbst zu bewirtschaften, führt die Verbindung noch nicht herbei (FG Schleswig-Holstein 27.8.2003 – 2 K 215/00, EFG 2003, 1592). § 232 Abs. 2 S. 2 BewG findet hier keine Anwendung, weil die Norm von einer Überlassung vormals selbst aktiv bewirtschafteter Flächen ausgeht, was aber in der Hinzuerwerbskonstellation nicht der Fall ist.

Bei **forstwirtschaftlicher Nutzung** sollen für die Abgrenzung der wirtschaft- 20 lichen Einheit vor allem betriebswirtschaftliche Gesichtspunkte maßgeblich sein. Hier soll insbesondere entscheidend sein, welche Flächen nach einem selbstständigen forstwirtschaftlichen Betriebswerk bewirtschaftet werden (RFH 15.3.1934 – III A 70/34, RStBl. 1934, 696 [697]; 28.9.1939 – III 198/39, RStBl. 1939, 1157 [1158]; *Bruschke* in Stenger/Loose BewG § 232 Rn. 60; *Müller* in Grootens BewG § 232 Rn. 38).

Eine wirtschaftliche Einheit können nur die Flächen bilden, die einer 21 **Person zuzurechnen sind** (§ 2 Abs. 2 BewG, **Grundsatz der Eigentümeridentität**, → BewG § 244 Rn. 11; für die Wirtschaftsgebäude gilt der Grundsatz hingegen nicht, → Rn. 17). Eine Zurechnung der dem anderen **Ehegatten** zuzurechnenden Flächen – wie dies im alten Recht von § 26 BewG vorgesehen war – findet im neuen Recht nicht mehr statt. **Allerdings ist eine wirtschaftliche Einheit bei mehreren Zurechnungssubjekten denkbar, wenn diese allesamt Miteigentümer der Flächen sind.** Entsprechendes gilt bei nichtrechtsfähigen Gesamthandsgemeinschaften wie zB der **Erben- oder Gütergemeinschaft**. In diesem Fall wird der Grundsteuerwert für die eine wirtschaftliche Einheit festgestellt und den Miteigentümern bzw. Gesamthändern entsprechend ihrer Beteiligung zugerechnet (→ BewG § 219 Rn. 37 f.). Liegt hingegen eine rechtsfähige Personengesellschaft vor (zumindest eine GbR) und sind die Grundstücke Gesamthandseigentum, dann ist einziges Zurechnungssubjekt die GbR selbst (→ BewG § 219 Rn. 36). Existiert eine rechtsfähige Gesamthandsgemeinschaft, sind aber die Gesellschafter die Zurechnungssubjekte der bewirtschafteten Flächen und dies nicht als Miteigentümer, sondern jeder Gesellschafter als Alleineigentümer seiner Flächen, so können als wirtschaftliche Einheit nur die Flächen zusammengefasst werden, die jeweils einer Person zuzurechnen sind. Denn **das neue Recht enthält keine dem § 34 Abs. 6 BewG vergleichbare Vorschrift**. Es gelten vielmehr die allgemeinen Zurechnungsgrundsätze in Ansehung des Grundbesitzes. Überlassen also die Gesellschafter A und B der aktiv wirtschaftenden **GbR** jeweils in ihrem Alleineigentum stehende Grundstücke, liegen zwei wirtschaftliche Einheiten vor: Zum einen werden die Grundstücke des A zusammengefasst, zum anderen die Grundstücke des B. Das gilt vor allem auch in vielen Ehegattenkonstellationen. Hier mag die Rechtsprechung zwar häufig zu einem konkludenten Gesellschaftsvertrag gelangen, wenn die Ehegatten jeweils in ihrem Alleineigentum stehende Flächen gemeinsam bewirtschaften (BFH 25.9.2008 – IV R 16/07, BStBl. II 2009, 989). Das hilft aber nicht darüber hinweg, dass die GbR nicht Zurechnungssubjekt der Grundstücke ist. Das sind vielmehr die Ehegatten jeweils hinsichtlich ihrer eigenen Grundstücke.

22 In die wirtschaftliche Einheit des Betriebs der Land- und Forstwirtschaft können keine Wirtschaftsgüter einbezogen werden, die ausschließlich einer anderen Nutzung dienen und daher einer anderen Vermögensart zuzurechnen sind. Denn eine wirtschaftliche Einheit kann nur aus Wirtschaftsgütern gebildet werden, die derselben Vermögensart angehören (→ BewG § 218 Rn. 4). Insoweit ist von Bedeutung, dass vor allem das Wohnhaus des Landwirts ausdrücklich aus dem land- und forstwirtschaftlichen Vermögen ausgeklammert wird (→ Rn. 33 ff.). Die Wirtschaftsgüter, die den dienenden Zusammenhang mit dem Betrieb der Land- und Forstwirtschaft nicht (mehr) aufweisen, sind daher dem Grundvermögen zuzurechnen. Eine **Sonderregelung für Windkraftanlagen** enthält § 233 Abs. 1 BewG. Hiernach sind die Grundflächen der Windkraftanlagen und der zugehörigen Betriebsvorrichtungen in die wirtschaftliche Einheit des Betriebes der Land- und Forstwirtschaft einzubeziehen, von deren land- und forstwirtschaftlich genutzten Flächen sie umgeben sind (→ BewG § 233 Rn. 3 f.).

D. Wirtschaftsgüter, die „dem Betrieb der Land- und Forstwirtschaft dauernd zu dienen bestimmt sind" (Abs. 1 S. 2, Abs. 3)

I. Dauerhaftigkeit des dienenden Zusammenhangs (Abs. 1 S. 2)

23 Zum land- und forstwirtschaftlichen Vermögen gehören alle **Wirtschaftsgüter, die einem Betrieb der Land- und Forstwirtschaft dauernd zu dienen bestimmt sind** (§ 232 Abs. 1 S. 2 BewG). Dies beurteilt sich nach **der tatsächlichen bzw. der beabsichtigten Nutzung am Bewertungsstichtag** (FG Niedersachsen 4.3.2016 – 1 K 302/14, EFG 2016, 1058; *Bruschke* in Stenger/Loose BewG § 232 Rn. 78; AEBewGrSt A 232.1 Abs. 2 S. 3), wobei in erster Linie objektive Gesichtspunkte maßgeblich sind. So kommt zwar der Zweckbestimmung durch den Eigentümer eine entscheidende Bedeutung zu. Diese Zweckbestimmung muss allerdings nach außen erkennbar in Erscheinung getreten sein. Sie darf vor allem nicht zu den objektiven Gegebenheiten der Verkehrsanschauung sowie der örtlichen Gewohnheit in Widerspruch stehen (FG Düsseldorf 7.10.2004 – 11 K 757/02, EFG 2005, 94). § 232 Abs. 3 BewG enthält den § 232 Abs. 1 S. 2 BewG konkretisierende (nicht abschließende) Regelbeispiele. Die Aufnahme der dort genannten Wirtschaftsgüter in den Regelbeispielkatalog entbindet allerdings nicht von der Prüfung, ob die Voraussetzungen des § 232 Abs. 1 S. 2 BewG vorliegen. Bezugspunkt für die dauerhaft dienende Beziehung sind grundsätzlich die einzelnen land- und forstwirtschaftlichen Nutzungen.

24 Eine **einmal gegebene land- und forstwirtschaftliche Zweckbestimmung wirkt grundsätzlich fort,** auch wenn das Grundstück auf bestimmte oder unbestimmte Zeit nicht bewirtschaftet wird (BFH 9.4.2008 – II R 24/06, BStBl. II 2008, 951). Entsprechendes gilt für andere Wirtschaftsgüter. Erst mit einer tatsächlichen Änderung der (nicht nur vorübergehenden) Zweckbestimmung bzw. der Vornahme solcher Maßnahmen, mit denen die Änderung der Zweckbestimmung

Begriff des land- und forstwirtschaftlichen Vermögens   **§ 232 BewG**

vorbereitet wird und die neue Zwecksetzung nach außen tritt, wird der Zusammenhang mit dem Betrieb der Land- und Forstwirtschaft aufgehoben (vgl. BFH 28.3.2012 – II R 37/10, BFH/NV 2012, 1416; AEBewGrSt A 232.1 Abs. 2 S. 4). Ungenutzte Flächen und leerstehende, früher land- und forstwirtschaftlich genutzte Wirtschaftsgebäude verlieren daher nicht allein mit der Einstellung der aktiven Bewirtschaftung des Betriebes ihre land- und forstwirtschaftliche Zweckbestimmung (BFH 18.11.2009 – II R 30/08, BFH/NV 2010, 466; 28.3.2012 – II R 37/10, BFH/NV 2012, 1416 jew. zu § 33 BewG; AEBewGrSt A 232.1 Abs. 4 S. 1).

Vorübergehende Nutzungsänderungen sind grundsätzlich unbeachtlich (Schulbeispiel: Nutzung einer Weide im Winter als Skipiste, *Wiegand* in Rössler/Troll BewG § 33 Rn. 26). Eine **langfristige Nutzungsüberlassung an Dritte, die keine Land- und Forstwirtschaft betreiben** (betreibt der Dritte Land- und Forstwirtschaft gilt § 232 Abs. 2 S. 2 BewG, →Rn. 17), kann den Zusammenhang mit dem Betrieb der Land- und Forstwirtschaft hingegen aufheben. So hat der BFH zB angenommen, dass die **„langfristige" Verpachtung von vormals landwirtschaftlich genutzten Flächen an einen Golf-Club bzw. einen Polo-Verein** den Zusammenhang zum land- und forstwirtschaftlichen Betrieb aufhebt (BFH 13.8.1996 – II R 41/94, BFH/NV 1997, 169; 20.10.2004 – II R 34/02, BStBl. II 2005, 256). Das FG Niedersachsen hat dies ferner für den Fall angenommen, dass der Steuerpflichtige einen zeitlich unbefristeten Mietvertrag über eine Reithalle und Pferdeboxen mit einem Dritten abgeschlossen hat (FG Niedersachsen 4.3.2016 – 1 K 302/14, EFG 2016, 1058). Anders soll es sich hingegen verhalten, wenn von vornherein die Wiederaufnahme der land- und forstwirtschaftlichen Nutzung geplant sei. Dann sei der dauerhafte Funktionszusammenhang mit dem Betrieb der Land- und Forstwirtschaft nicht unterbrochen. Nach dieser Maßgabe hat der BFH eine Zuordnung zum Betrieb der Land- und Forstwirtschaft für Grundstücke angenommen, auf denen Dritte **bergfreie, grundeigene oder nicht dem BBergG unterliegende Bodenschätze abbauen** (= kein Abbauland iSv § 234 Abs. 1 Nr. 2 Buchst. a BewG, →BewG § 234 Rn. 21), wenn das Abbaugrundstück nicht dem Abbauunternehmer zuzurechnen und von diesem verpflichtend ist, das Grundstück nach Beendigung des Abbaus in rekultiviertem Zustand zur land- und forstwirtschaftlichen Nutzung an denjenigen oder dessen Rechtsnachfolger zurückzugeben, der es ihm zum Abbau überlassen hat (BFH 9.4.2008 – II R 24/06, BStBl. II 2008, 951; 22.7.2020 – II R 28/18, BStBl. II 2021, 515; aA *Müller* in Grootens BewG § 234 Rn. 68f.; womöglich auch AEBewGrSt A 232.3 Abs. 2 S. 2). Angesichts dessen drängt sich die Frage auf, ob in den Fällen des Golf-Clubs und des Polo-Vereins nicht Gleiches hätte gelten müssen, wenn in den Pachtverträgen entsprechende Vereinbarungen über den Rückbau bei Vertragsende getroffen worden wären (die Tatbestände der Urteile verhalten sich hierzu nicht). Richtigerweise ist die Rückgabe-/Rückbauverpflichtung für sich betrachtet aber ohne Bedeutung. Entscheidend ist allein die Gewissheit bzw. Ungewissheit in Ansehung des Endes der nicht-landwirtschaftlichen Nutzung und die Prognose einer erneuten landwirtschaftlichen Nutzung am Bewertungsstichtag: **Solange ungewiss ist, ob die Fläche, auf der eine landwirtschaftsfremde Nutzung durch den Dritten stattfindet, nach dem Ende des Nutzungsverhältnisses wieder landwirtschaftlich genutzt wird** (weil nämlich ungewiss ist, ob und wann das Nutzungsverhältnis endet), **ist der funktionale Zusammenhang zum Betrieb auf unbestimmte Zeit unterbrochen worden** und die erneute landwirtschaftliche Nutzung ist lediglich eine vage Möglichkeit, aber auch nicht mehr.

Dann rechtfertigt sich aber keine Zuordnung zum land- und forstwirtschaftlichen Vermögen. In den Abbaukonstellationen lässt sich demgegenüber immerhin für einen Fortbestand des Funktionszusammenhangs anführen, dass der Abbau von Anfang an zeitlich befristet war (zumindest weil das Vorkommen irgendwann erschöpft ist) und dass die Rückgabe in einem rekultivierten Zustand (der erneut Landwirtschaft ermöglicht) erfolgen musste. Das erleichtert die Prognose der erneuten landwirtschaftlichen Nutzung, macht sie allerdings auch nicht obsolet (daher kann man auch die Entscheidungen BFH 9.4.2008 – II R 24/06, BStBl. II 2008, 951; 22.7.2020 – II R 28/18, BStBl. II 2021, 515 letztlich nicht verallgemeinern).

26 **Dienen Grundstücke und Gebäude bzw. Grundstücks- und Gebäudeteile anderen als land- und forstwirtschaftlichen Zwecken, handelt es sich um Grundvermögen.** Werden nur einzelne Räume nicht landwirtschaftlich genutzt, ist nur dieser Teil auszusondern. Das gilt für eine gewerbliche Nutzung ebenso wie für eine Wohnnutzung (einschließlich langfristiger Vermietung sowie Beherbergung von Fremden, → Rn. 34) und auch andere Nutzungszwecke (vgl. FG Baden-Württemberg 25.5.2000 – 3 K 18/96, BeckRS 2000, 21011451: Freizeitnutzung als andere Zweckbestimmung, dort Seegrundstück, das als Badeplatz genutzt wird). Entsteht durch das Überschreiten der Umsatzgrenzen bei Absatz-, Be-/Verarbeitungstätigkeiten sowie Dienstleistungen (→ Rn. 7ff.) neben dem land- und forstwirtschaftlichen Betrieb ein Gewerbebetrieb, sollen dadurch gemischt genutzte Grundstücke und Gebäude weiterhin dem land- und forstwirtschaftlichen Vermögen zuzurechnen sein, wenn der Einsatz der Fläche für eigene land- und forstwirtschaftliche Zwecke einen Umfang von 10% nicht unterschreitet (AEBewGrSt A 232.3 Abs. 1 S. 3 iVm EStR 15.5 Abs. 9).

II. Grund und Boden (Abs. 3 S. 1 Nr. 1)

27 Die Nennung des **Grund und Bodens** als den maßgeblichen Urproduktionsfaktor ist selbstredend. Erfasst werden alle im Rahmen der in § 234 BewG genannten Nutzungen bewirtschafteten Flächen (einschließlich Wirtschaftswegen, Hecken, Lagerplätzen [zB bei Forstwirtschaft] etc) sowie die Hofstelle, allerdings im neuen Recht nunmehr unter Ausklammerung des Wohngebäudes des Landwirtes nebst Hausgarten, Stellplätzen und eines privat genutzten (ggf. durch Verhältnisrechnung zu schätzenden) Anteils der Hofstellenfläche (→ Rn. 33 ff. mit Berechnungsbeispiel). Welche Flächen im Einzelnen erfasst sind, richtet sich vor allem nach der Nutzungsart (zB zur Forstwirtschaft → BewG § 234 Rn. 11; zum Weinbau → BewG § 234 Rn. 13). Auch Brachland, Abbauland, Geringstland, Unland (→ BewG § 234 Rn. 21 ff.) und der einem Nebenbetrieb (→ BewG § 234 Rn. 29 ff.) zuzurechnende Grund und Boden gehören zur wirtschaftlichen Einheit des Betriebes der Land- und Forstwirtschaft. Für alle Flächen ist die Zweckbestimmung im Feststellungszeitpunkt maßgeblich. Wird eine Fläche nicht bewirtschaftet, schadet dies nicht, sofern sie gleichwohl auf Dauer dem Betrieb der Land- und Forstwirtschaft zu dienen bestimmt ist (→ Rn. 24 f.). Flächen, die gewerblich genutzt werden, sind nicht einzubeziehen (zur gewerblichen Tierzucht/-haltung uÄ → BewG § 241 Rn. 4 ff.). Abgrenzungsfragen zum Grundvermögen ergeben sich im Übrigen dann, wenn die Flächen die Qualität von Bauland erlangen (→ BewG § 233 Rn. 5 f. [Bauerwartungsland]; → BewG § 233 Rn. 8 ff. [bauplanungsrechtlich ausgewiesenes Bauland]).

Begriff des land- und forstwirtschaftlichen Vermögens § 232 BewG

III. Wirtschaftsgebäude (Abs. 3 S. 1 Nr. 2)

Wirtschaftsgebäude sind alle Gebäude und Gebäudeteile, die der unmittelbaren 28
Bewirtschaftung des Betriebes dienen (BT-Drs. 19/11085, 100). Wem das Gebäude zuzurechnen ist, ist irrelevant (→ Rn. 17). Erfasst sind vor allem Ställe, Scheunen, Hopfendarren, Kesselhäuser, Werkstätten, Maschinen- und Geräteschuppen, Vorrats- und Lagerräume, Arbeits- und Sozialräume und (vorbehaltlich der Abgrenzung zur gewerblichen Tätigkeit → Rn. 6ff.) Verkaufsräume (AEBewGrSt A 232.1 Abs. 5 S. 1). Stehen diese Gebäude (unbenutzt) leer, schadet dies nicht. **Der einmal vorhandene Funktionszusammenhang wirkt grundsätzlich bis zu einer Zweckänderung fort** (→ Rn. 24). Ob eine solche vorliegt, dürfte idR auch davon beeinflusst sein, wie nachhaltig, wesensfremd und unveränderbar die neue Nutzung ist (vgl. zB FG Niedersachsen 28.5.2003 – 1 K 117/02, EFG 2003, 1284: Umbau einer Scheune in Wohnungen beendet den Funktionszusammenhang; FG Niedersachsen 4.3.2016 – 1 K 302/14, EFG 2016, 1058: unbefristeter Mietvertrag über eine Reithalle und Pferdeboxen schädlich [dazu auch → Rn. 25]). Legt man diese Kriterien zugrunde, kann es zB unschädlich sein, wenn in einem vormals für eine Pferdezucht genutzten Stall nur noch die Freizeitpferde des Eigentümers bzw. seiner Familie untergestellt werden (arg.: wesensähnlich; allerdings kann im Einzelfall auch der Bezug zur Wohnnutzung überwiegen, → Rn. 36). Ferner geht die Finanzverwaltung davon aus, dass allein die (gesamthaft betrachtet nicht ins Gewicht fallende) Nutzung ehemaliger Wirtschaftsgebäude als Stauraum für nichtlandwirtschaftliche Wirtschaftsgüter (insb. Fahrzeuge, Wohnwagen etc) den Funktionszusammenhang grundsätzlich noch nicht aufhebt (vgl. FM BW 20.12.1989 – S 3130 – 6/88, BeckVerw 278414; tendenziell strenger womöglich *Müller* in Grootens BewG § 232 Rn. 57). Nicht zu den Wirtschaftsgebäuden zählen – anders als unter Geltung des alten Rechts – Betriebswohnungen für Arbeitnehmer (→ Rn. 33ff.). Auszuscheiden sind ferner gewerblich genutzte Gebäude/Gebäudeteile (zur gewerblichen Tierzucht/-haltung uÄ → BewG § 241 Rn. 4ff.). Ist ein Wirtschaftsgebäude nicht dem Betrieb der Land- und Forstwirtschaft zuzuordnen, gilt dies auch für den zugehörigen Grund und Boden.

IV. Stehende Betriebsmittel (Abs. 3 S. 1 Nr. 3)

Die stehenden Betriebsmittel erfassen das dem Betrieb länger dienende lebende 29
und tote Inventar (BT-Drs. 19/11085, 100). Zum toten Inventar zählen zB Arbeitsmaschinen, PKW und Betriebsvorrichtungen. Das lebende Inventar erfasst vor allem die Zuchttiere, Legehennen, Milchkühe und ausgebildete/abgerichtete (Nutz-) Tiere (→ BewG § 241 Rn. 6), soweit nicht § 232 Abs. 4 Nr. 2 BewG gilt (→ Rn. 39).

V. Umlaufende Betriebsmittel (Abs. 3 S. 1 Nr. 4, S. 2)

Der Begriff der umlaufenden Betriebsmittel ist deckungsgleich mit dem ertrag- 30
steuerlichen Begriff des Umlaufvermögens. Sie sind zum Verbrauch im eigenen Betrieb oder zum Verkauf bestimmt (BT-Drs. 19/11085, 100). Beispielhaft zu nennen sind Saatgut, Futter, Düngemittel, Erntevorräte, eingeschlagenes Holz und mehrjährige Baumschulkulturen (zum Ertragsteuerrecht BFH 3.12.1970 – IV R 170/67, BStBl. II 1971, 321 [322]; 23.4.1998 – IV R 25/97, BFH/NV 1998, 1470f.). Ferner gehört hierzu das Schlacht- und Mastvieh. Sollen Tiere zuerst zur Zucht genutzt und erst danach aufgemästet werden (sog. doppelte Zweckbestim-

§ 232 BewG Siebenter Abschnitt. Bewertung d. Grundbesitzes ab 1.1.2022

mung), handelt es sich zuerst um stehende Betriebsmittel und mit dem Ende der Zuchtnutzung erfolgt ein Wechsel zu den umlaufenden Betriebsmitteln (vgl. zum Ertragsteuerrecht BFH 5.6.2014 – IV R 29/11, BFH/NV 2014, 1538).

31 Der wirtschaftlichen Einheit des Betriebs der Land- und Forstwirtschaft wird nur der „normale Bestand" an umlaufenden Betriebsmitteln zugeordnet. § 232 Abs. 3 S. 2 BewG definiert dies als den zur gesicherten Fortführung des Betriebes erforderlichen Bestand an umlaufenden Betriebsmitteln.

VI. Immaterielle Wirtschaftsgüter (Abs. 3 S. 1 Nr. 5)

32 Der Begriff des immateriellen Wirtschaftsgutes entstammt dem Bilanzsteuerrecht. Die Gesetzesbegründung zu § 232 Abs. 3 S. 1 Nr. 5 BewG nennt beispielhaft Lieferrechte und von staatlicher Seite gewährte Vorteile, die die Voraussetzungen eines Wirtschaftsgutes erfüllen (BT-Drs. 19/11085, 100). In Betracht kommen Direktzahlungsansprüche („Prämien", vgl. BFH 21.10.2015 – IV R 6/12, BFH/NV 2016, 802) und weinbauliche Wiederbepflanzungsrechte (vgl. BFH 6.12.2017 – VI R 65/15, BStBl. II 2018, 353) bzw. entsprechende Genehmigungen nach Art. 68 VO (EU) 1308/2013. Weitere Beispiele: Brennrechte und Jagdrechte (AEBewGrSt A 232.1 Abs. 7).

E. Negativkatalog (Abs. 4)

I. Grund und Boden sowie Gebäude und Gebäudeteile, die nicht land- und forstwirtschaftlichen Zwecken dienen (Abs. 4 Nr. 1)

33 Nicht zum land- und forstwirtschaftlichen Vermögen gehören – und sind damit nicht in die wirtschaftliche Einheit des Betriebes der Land- und Forstwirtschaft einzubeziehen – der Grund und Boden sowie Gebäude und Gebäudeteile, die Wohnzwecken oder anderen nicht land- und forstwirtschaftlichen Zwecken dienen. Mit der **Einordnung des Wohnzwecks als nicht land- und forstwirtschaftliche Nutzung** hat sich der Gesetzgeber (nunmehr bundeseinheitlich) dafür entschieden, **dass der Wohnteil des Landwirts als Grundvermögen zu bewerten ist.** Die Rechtsänderung betrifft nur die Wohnteile der noch aktiv ihren Hof bewirtschaftenden Landwirte in den alten Bundesländern. Bei einem Verpachtungsbetrieb ging die Rechtsprechung hingegen schon vor der Neuregelung davon aus, dass der Wohnteil zum Grundvermögen gehört (BFH 28.3.2012 – II R 37/10, BFH/NV 2012, 1416), und in den neuen Bundesländern galt dies ohnehin für alle Betriebe der Land- und Forstwirtschaft (§ 125 Abs. 3 BewG). Mit dem neuen Recht entfällt nunmehr auch für die alten Bundesländer insgesamt die Notwendigkeit, einen funktionellen Zusammenhang zwischen dem Wohngebäude und dem landwirtschaftlichen Betrieb prüfen zu müssen (vgl. BFH 17.1.1980 – IV R 33/76, BStBl. II 1980, 323: Die Bewirtschaftung des Betriebes muss es erforderlich machen, dass der Betriebsinhaber ständig beim Betrieb wohnt, um die laufende Versorgung und Überwachung des Betriebes, insbesondere des Viehbestandes, durch seine Anwesenheit und seine Arbeitsbereitschaft sicherzustellen), zugleich wird es damit allerdings nunmehr notwendig, die neben dem Wohngebäude erfassten Grundstücksflächen zu bestimmen (→ Rn. 35f.).

Begriff des land- und forstwirtschaftlichen Vermögens § 232 BewG

§ 232 Abs. 4 Nr. 1 BewG erfasst die Räume, die für Wohnzwecke genutzt werden – nach der Neuregelung gleichgültig durch wen. Erfasst sind also die Wohnräume des Landwirts, die Altenteilerwohnung, Betriebswohnungen für Arbeitnehmer sowie Ferienwohnungen uÄ. **34**

Es muss der Grundstücksteil, welcher der Wohnnutzung zuzurechnen ist, bestimmt werden. Das bedingt ua die **Abgrenzung zwischen einem Hausgarten einerseits und land- und forstwirtschaftlich genutzten Flächen andererseits.** Nach dem Willen des Gesetzgebers soll hierbei auf die ertragsteuerlichen Abgrenzungskriterien zu § 13 Abs. 4, Abs. 5 EStG zurückgegriffen werden (BT-Drs. 19/11085, 100). Im Ausgangspunkt ist daher eine funktionale Betrachtung maßgeblich. Zur Wohnnutzung gehört die von dem Wohnungsinhaber privat genutzte Fläche. Soweit die Fläche allerdings auch als Viehweide genutzt wird oder einen hohen Ertrag abwirft (zB bei einem Obstgarten durch das Obst, das veräußert wird), fehlt es an der notwendigen Nutzung für Wohnzwecke (BFH 24.4.2008 – IV R 30/05, BStBl. II 2008, 707 [710]). Liegt eine **private (Garten-) Nutzung** vor, stellt sich die Frage nach einer **Umfangsbegrenzung.** Auch insoweit weist die Rechtsprechung des BFH zu § 13 Abs. 4, Abs. 5 EStG den Weg. Der BFH hat eine feste Größenbegrenzung grundsätzlich abgelehnt. Die Steuerfreiheit der Entnahme sei vielmehr auf die „orts- und gegendüblichen landwirtschaftlichen Gärten" begrenzt (statt vieler BFH 24.8.2008 – IV R 30/05, BStBl. II 2008, 707 [710]), was eine Frage des Einzelfalls ist (so wurden revisionsrechtlich gebilligt zB von BFH 6.11.2003 – IV R 41/02, BStBl. II 2004, 419 = 1.220 qm; BFH 20.11.2003 – IV R 21/03, BStBl. II 2004, 272 = 1.640 qm und BFH 24.2.2005 – IV R 39/03, BFH/NV 2005, 1273 = 1.432 qm). Diese Grundsätze gelten auch für § 232 Abs. 4 Nr. 1 BewG. **35**

Auch **Nebengebäude** können einer Wohnnutzung zuzuordnen sein. Dies betrifft vor allem die ehemals landwirtschaftlich genutzten Wirtschaftsgebäude, die nach der Aufgabe einer aktiv bewirtschaftenden Tätigkeit nur noch als Abstellraum, Garage oder für eine nicht mehr die Anforderungen eines land- und forstwirtschaftlichen Betriebes erfüllende Tierhaltung genutzt werden und bei denen deshalb eine Zweckänderung (→ Rn. 28) anzunehmen ist (vgl. FG Hessen 13.5.2015 – 3 K 927/13, EFG 2016, 612, dort vor allem der Hühnerstall für die noch verbliebenen 20 Hühner → Rn. 5). Steht ein Gebäude hingegen einfach nur leer, hebt dies die land- und forstwirtschaftliche Nutzung nicht auf (→ Rn. 24). **36**

Da Hofstellen in ihrer baulichen Gestaltung vielfach Abbild einer Vermischung von Wohn- und Betriebsbedürfnissen sind, stellen sich allerdings auch jenseits von Garten- und Stellplatzflächen naturgemäß Zuordnungsfragen. Entscheidend ist insoweit die Verkehrsauffassung. Je nach Lage und Zuschnitt dürfte es nicht selten möglich sein, Hofflächen nach diesem Maßstab allein der landwirtschaftlichen Nutzung zuzuordnen (wenn zB das Wohngebäude den vorderen, zur Straße gelegenen Grundstücksteil prägt, und der hintere Teil des Grundstücks nur mit Wirtschaftsgebäuden bebaut ist und praktisch nur als Betriebsfläche genutzt wird; lediglich in Ansehung der Zufahrt dürfte insoweit keine eindeutige Zuordnung möglich sein, sofern es keine gesonderte Zufahrt gibt). Es sind aber auch Fälle denkbar, in denen die gesamte Hoffläche oder große Teile hiervon nicht eindeutig zugeordnet werden können (insbesondere wenn zB Wohn- und Wirtschaftsgebäude die Hoffläche umgeben). In solchen Fällen sollen nach Ansicht der Finanzverwaltung die dem Grundvermögen einerseits und dem Betrieb der Land- und Forstwirtschaft (insoweit: Hofstelle) andererseits zuzuordnenden Flächen hilfsweise nach dem Verhältnis der jeweiligen bebauten Fläche des Gebäudes zur bebauten Fläche aller Gebäude zu ermitteln sein (AEBewGrSt A 237.24 Abs. 7 S. 1). **37**

§ 232 BewG Siebenter Abschnitt. Bewertung d. Grundbesitzes ab 1.1.2022

Beispiel (nach AEBewGrSt A 237.24 Abs. 7): Die Hofstelle (= 1.820 qm) einer Landwirtin umfasst ihre Wohnung (Wohngebäude, bebaute Fläche = 120 qm), einen Garten (300 qm) und zwei Stellplätze (40 qm), die jeweils der Wohnung zugeordnet werden können, sowie ein Bürogebäude (bebaute Fläche = 60 qm) und ein Wirtschaftsgebäude (bebaute Fläche = 300 qm). Damit verbleibt eine Resthofffläche von 1.000 qm, die nicht unmittelbar zugeordnet werden kann, weil sie alle Gebäude gleichermaßen erschließt.
Das Büro- und Wirtschaftsgebäude gehören zum Betrieb der Land- und Forstwirtschaft; eine direkte Zuordnung der 60 qm + 300 qm zur Hofstelle ist möglich.
Die 1.000 qm Resthofffläche sollen wie folgt aufgeteilt werden:
360 qm landwirtschaftliche Gebäudefläche/480 qm Gesamtgebäudefläche = 75%
75% × 1.000 qm = 750 qm
Es werden mithin 750 qm als land- und forstwirtschaftlich genutzte Hoffläche eingeordnet (die damit insgesamt 1.110 qm umfasst). Die restlichen 250 qm rechnen zusammen mit Wohngebäude-, Garten- und Stellplatzfläche zum Grundvermögen, womit sich eine Grundvermögensfläche von insgesamt 710 qm ergibt.
(In AEBewGrSt A 237.24 Abs. 7 findest sich zudem ein weiteres [komplexeres] Berechnungsbeispiel.)

In Fällen mit einer hohen Anzahl von zu berücksichtigenden Gebäuden und/oder Gebäudeteilen und bei Gebäuden mit mehreren Geschossen will die Finanzverwaltung noch weiter vereinfachen: Der dem Grundvermögen zuzurechnende Grund und Boden kann dann mit dem Dreifachen der Wohn- und Nutzfläche der jeweils zu bewertenden Gebäude und Gebäudeteile angesetzt werden (AEBewGrSt A 237.24 Abs. 7 S. 4, A 248 Abs. 3 S. 2).

38 **Andere, nicht der Land- und Forstwirtschaft dienende Zwecke** können Gewerbe-, Sport- und Freizeitzwecke sein (zur Freizeitnutzung zB FG Baden-Württemberg 2.5.2000 – 3 K 18/96, BeckRS 2000, 21011451: Seegrundstück, das als Badeplatz genutzt wird). Zu den gewerblichen Flächen gehören zB auch die Flächen, auf denen eine Photovoltaik-Freiflächenanlage errichtet worden ist (*Bruschke* in Stenger/Loose BewG § 233 Rn. 18; AEBewGrSt A 232.3 Abs. 2 S. 2). Grundsätzlich würden auch die mit Windkraftanlagen überbauten Flächen dem § 232 Abs. 4 Nr. 1 BewG unterfallen, allerdings enthält § 233 Abs. 1 BewG eine vorrangige Regelung (→ BewG § 233 Rn. 3f.). Die unmittelbar gewerblich genutzten Flächen gehören zum Grundvermögen. Ist eine Zuordnung von Hofflächen nicht eindeutig möglich, ist auch insoweit eine Aufteilung vorzunehmen (es gelten die Grundsätze von → Rn. 37).

II. Tierbestände jenseits einer land- und forstwirtschaftlichen Nutzung (insb. gewerbliche Tierzucht/-haltung, Abs. 4 Nr. 2)

39 Nicht jede Tierzucht/-haltung ist dem land- und forstwirtschaftlichen Betrieb zuzuordnen. Dies setzt § 232 Abs. 4 Nr. 2 BewG voraus und stellt insoweit klar, dass die Tierbestände der gewerblichen Tierzucht/-haltung nicht in die wirtschaftliche Einheit des Betriebs der Land- und Forstwirtschaft einzubeziehen sind. Die Grenzziehung erfolgt nach Maßgabe der zwischen flächenabhängiger und flächenunabhängiger landwirtschaftlicher Tierzucht/-haltung differenzierenden §§ 241, 242 BewG (zur flächenabhängigen Tierzucht/-haltung → BewG § 241 Rn. 2, 4ff.; zur flächenunabhängigen Tierzucht/-haltung → BewG § 242 Rn. 8ff.). § 241 BewG folgt insbesondere keinem „Alles-oder-nichts-Prinzip", sodass es durchaus möglich ist, dass ein Überschreiten der Tiereinheitengrenzen zur Entstehung eines landwirtschaftlichen Tierbestandes einerseits und eines gewerblichen Tierbestandes andererseits führt (→ BewG § 241 Rn. 18ff.).

Abgrenzung d. luf Vermögens vom Grundvermögen §233 BewG

§ 232 Abs. 4 Nr. 2 2. Hs. BewG bestimmt, dass die Zugehörigkeit der landwirt- 40
schaftlich genutzten Flächen zum land- und forstwirtschaftlichen Vermögen durch
die Aussonderung der gewerblichen Tierbestände nicht berührt wird. Damit sind
nicht die unmittelbar im Zusammenhang mit den gewerblichen Tierbeständen stehenden Grundstücks- und Gebäudeteile (vor allem der Stall, in dem diese Tiere untergebracht sind) gemeint. Diese gehören vielmehr nach allgemeinen Grundsätzen
zum Grundvermögen (→ Rn. 22). Die Regelung stellt vielmehr nur klar, dass zB
die Weide- und Futteranbauflächen für diese Tiere weiterhin zum Betrieb der
Land- und Forstwirtschaft gehören. Das ist deshalb einsichtig, weil es sich insoweit
um eine typische landwirtschaftliche Nutzung handelt (→ BewG § 234 Rn. 4).

III. Zahlungsmittel, Geldforderungen, Geschäftsguthaben, Wertpapiere und Beteiligungen (Abs. 4 Nr. 3)

Zum Betrieb der Land- und Forstwirtschaft gehören generell keine Zahlungs- 41
mittel, Geldforderungen, Geschäftsguthaben, Wertpapiere und Beteiligungen.

IV. Geldschulden und Pensionsverpflichtungen (Abs. 4 Nr. 4)

§ 232 Abs. 4 Nr. 4 BewG ist Ausdruck des Grundsatzes, dass der Grundsteuer- 42
wert nicht durch Schulden gemindert werden darf. Dieser Grundsatz wird vor
allem in § 236 Abs. 2 BewG als Leitmaßstab für die Ermittlung der Ertragswerte
formuliert: Maßgeblich ist der Reinertrag eines schuldenfreien Betriebes.

§233 Abgrenzung des land- und forstwirtschaftlichen Vermögens vom Grundvermögen in Sonderfällen

(1) **Dienen im Umgriff einer Windenergieanlage Flächen einem Betrieb der Land- und Forstwirtschaft, sind abweichend von § 232 Absatz 4 Nummer 1 die Standortflächen der Windenergieanlage und der dazugehörenden Betriebsvorrichtungen (abgegrenzte Standortfläche der Windenergieanlage) dem land- und forstwirtschaftlichen Vermögen zuzurechnen.**

(2) **Land- und forstwirtschaftlich genutzte Flächen sind dem Grundvermögen zuzurechnen, wenn nach ihrer Lage, den am Feststellungszeitpunkt bestehenden Verwertungsmöglichkeiten oder den sonstigen Umständen anzunehmen ist, dass sie innerhalb eines Zeitraums von sieben Jahren anderen als land- und forstwirtschaftlichen Zwecken, insbesondere als Bau-, Gewerbe- oder Industrieland oder als Land für Verkehrszwecke, dienen werden.**

(3) **¹Flächen sind stets dem Grundvermögen zuzurechnen, wenn sie in einem Bebauungsplan als Bauland festgesetzt sind, ihre sofortige Bebauung möglich ist und die Bebauung innerhalb des Plangebiets in benachbarten Bereichen begonnen hat oder schon durchgeführt ist. ²Satz 1 gilt nicht für die Hofstelle.**

Gilt nicht in **Baden-Württemberg** (dort § 27 BWLGrStG).

A. Allgemeines

I. Systematische Einordnung und Zweck der Regelung

1 § 233 BewG nimmt sich in drei Sonderkonstellationen der Abgrenzung zwischen dem land- und forstwirtschaftlichen Vermögen und dem Grundvermögen an. Es handelt sich um eine gegenüber § 232 BewG vorrangige Abgrenzungsnorm.

II. Entwicklung der Vorschrift

2 Die Regelung beruht auf dem Grundsteuerreformgesetz v. 26.11.2019 (→ Grundlagen Rn. 13). Abs. 1 (Standortflächen für Windenergieanlagen) hat im alten Recht kein Vorbild und weicht von der alten Rechtslage (bewusst) ab (BT-Drs. 19/11085, 100f., BT-Drs. 19/14158, 15 [dort vor allem zur endgültigen Fassung des Abs. 1]). Abs. 2 und Abs. 3 sind hingegen im Wesentlichen § 69 Abs. 1 u. 3 BewG nachgebildet.

B. Standortflächen von Windenergieanlagen (Abs. 1)

3 Verpachtet ein Landwirt Grundstücksflächen an einen Dritten, der auf diesen Flächen eine Windenergieanlage errichtet, so fehlt es jedenfalls in Ansehung der mit dieser Betriebsvorrichtung bebauten Fläche an einer landwirtschaftlichen Nutzung und nach allgemeinen Abgrenzungsgrundsätzen (vgl. § 232 Abs. 4 Nr. 1 BewG) liegt daher (unbebautes) Grundvermögen vor (siehe für die Rechtslage vor dem 1.1.2015 OFD Koblenz 19.11.2012 – S 3190-St 35 [dort auch zur Ermittlung des Bodenrichtwertes]; OFD Frankfurt 19.8.2015 – S 3130 A-006-St 1b; iErg auch BFH 25.1.2012 – II R 25/10, BStBl. II 2012, 403). Der Gesetzgeber **weicht mit § 233 Abs. 1 BewG allerdings von diesen Abgrenzungsgrundsätzen ab und nimmt kraft Gesetzes unter den dort genannten Voraussetzungen eine Zuordnung zum land- und forstwirtschaftlichen Vermögen vor.** Rechtsfolge ist, dass in Bezug auf die Standortfläche keine eigenständige wirtschaftliche Einheit entsteht und die Fläche in Anknüpfung an die Umgriffsflächen einer Nutzung iSv § 234 Abs. 1 BewG zugeordnet werden muss. § 238 Abs. 2 BewG sieht für die Ermittlung des Reinertrages dieser Teilfläche (in Anbetracht dieses werterhöhenden Umstandes folgerichtig) sodann einen Zuschlag vor (→ BewG § 238 Rn. 7). Aus diesem Grunde bedarf es trotz der Zuordnung zur wirtschaftlichen Einheit des Betriebes der Land- und Forstwirtschaft einer genauen Bestimmung der Umgriffsfläche. Da der Gesetzgeber nicht auf die Standfläche der Windenergieanlage abgestellt hat, sondern eben auf die Umgriffsfläche, wird man hierzu alle Flächen rechnen müssen, die wegen der Errichtung und Zugänglichkeit der Windenergieanlage und ihres Transformatorhauses nicht land- und forstwirtschaftlich genutzt werden (können) (AEBewGrSt A 233 Abs. 2). Damit ist in der Regel auch die Zuwegung erfasst. Etwas anders dürfte allerdings dann gelten, wenn die Zuwegung auch der landwirtschaftlichen Nutzung dient (zu Recht *Müller* in Grootens BewG § 233 Rn. 17; iErg. auch AEBewGrSt A 233 Abs. 2) und diese Nutzung nicht nur geringfügig ist.

Abgrenzung d. luf Vermögens vom Grundvermögen **§ 233 BewG**

§ 233 Abs. 1 BewG gilt für die Standortflächen der Windenergieanlage und der 4 dazugehörigen Betriebsvorrichtungen nur, **wenn die Flächen im Umgriff der Windenergieanlage einem Betrieb der Land- und Forstwirtschaft dienen.** Umgriff meint seinem Wortsinn nach („umgreifen" als Synonym für „umschließen", „umfassen"), dass die Standortfläche **vollständig von land- und forstwirtschaftlich genutzten Grundstücken umgeben sein muss.** Ist dies nicht der Fall, gilt § 233 Abs. 1 BewG nicht (aA AEBewGrSt A 233 Abs. 1 S. 2: ausreichend sei, wenn an einer Seite eine land- und forstwirtschaftlich genutzte Fläche anschließe) und es gilt wieder der Grundsatz, dass der Betrieb einer Windenergieanlage (ebenso wie auch der Betrieb anderer land- und forstwirtschafts-fremder Anlagen, die schon keine Windenergieanlagen iSv § 233 Abs. 1 BewG sind, zB eine Photovoltaik-Freiflächenanlage [→BewG § 232 Rn. 38]) eine Zuordnung der Fläche zum Grundvermögen nach sich zieht).

C. Absehbare Zweckänderung (Abs. 2)

§ 233 Abs. 2 BewG ordnet Flächen, die in absehbarer Zukunft wahrscheinlich 5 nicht mehr land- und forstwirtschaftlich genutzt werden, dem Grundvermögen zu. Der Anwendung des § 233 Abs. 2 BewG ist allerdings die Frage vorgelagert, ob die Flächen einem Betrieb der Land- und Forstwirtschaft zu dienen bestimmt sind (vgl. →BewG § 232 Rn. 23 ff.). Ist dies bereits zu verneinen, kommt es auf § 233 Abs. 2 BewG nicht an. Liegen hingegen einem land- und forstwirtschaftlichen Betrieb dienende Flächen vor, sind diese gemäß § 233 Abs. 2 BewG abweichend von § 232 BewG dem Grundvermögen zuzurechnen, wenn nach ihrer Lage, den am Feststellungszeitpunkt bestehenden Verwertungsmöglichkeiten oder den sonstigen Umständen anzunehmen ist, dass sie innerhalb eines Zeitraums von sieben Jahren anderen als land- und forstwirtschaftlichen Zwecken, insb. als Bau-, Gewerbe- oder Industrieland oder als Land für Verkehrszwecke, dienen werden. Das „insbesondere" macht deutlich, dass die Aufzählung nicht abschließend ist. Die anderweitige Verwertung muss nicht sicher feststehen. Es genügt, dass sie mit einiger Wahrscheinlichkeit in absehbarer Zeit zu erwarten ist (BFH 4.8.1972 – III R 47/72, BStBl. II 1972, 849; 19.10.1994 – II R 58/91, BFH/NV 1995, 286; 18.6.1997 – II R 6/96, BFH/NV 1997, 833). Die Norm verlangt mithin eine **Prognoseentscheidung.**

Das Gesetz gibt den **Betrachtungszeitraum** im Hinblick auf die Abstände zwi- 6 schen den Hauptfeststellungszeitpunkten konkret **mit sieben Jahren** (= sieben volle Kalenderjahre) vor (die „absehbare Zeit" in § 69 Abs. 1 BewG hatte der BFH ebenfalls in Anknüpfung an die Abstände zwischen den Hauptfeststellungszeitpunkten mit [noch] sechs Jahren konkretisiert, BFH 18.7.1984 – III R 45/81, BStBl. II 1984, 744; 18.6.1997 – II R 6/96, BFH/NV 1997, 833). Prognosegrundlage müssen **objektive Umstände sein, die am Feststellungszeitpunkt vorliegen** (BFH 18.7.1984 – III R 45/81, BStBl. II 1984, 744: „Wahrscheinlichkeit ist nach den Verhältnissen im Feststellungszeitpunkt zu beurteilen"). Als solche kommen vor allem bereits abgeschlossene Verträge in Betracht (zB Pacht- und Ausbeuteverträge oder die Bestellung von Dienstbarkeiten zur Absicherung einer landwirtschaftsfremden Nutzung, AEBewGrSt A 233 Abs. 5 S. 3).

Ein **wichtiger objektiver Anknüpfungspunkt ist bei Grundstücken im** 7 **Außenbereich ferner ein Bebauungsplan,** der bauplanungsrechtlich eine Bebauung des Grundstücks (jenseits der engen Vorgaben des § 35 BauGB) erlaubt. Es

§ 233 BewG Siebenter Abschnitt. Bewertung d. Grundbesitzes ab 1.1.2022

müssen allerdings noch Umstände hinzutreten, die erwarten lassen, dass das Grundstück im Prognosezeitraum auch tatsächlich bebaut wird. Dann kann Abs. 2 dem Abs. 3 vorgelagert eingreifen. Solche Umstände können zB der Erwerb des Grundstücks durch Nichtlandwirte (insbesondere eine Wohnungsbaugesellschaft), die die Fläche vorläufig noch in der landwirtschaftlichen Nutzung des Veräußerers belassen, oder Handlungen, die eine beginnende Parzellierung erkennen lassen, sein (AEBewGrSt A 233 Abs. 5 S. 3). Als weiterer Umstand kommt auch die Einleitung und Betreibung eines Umlegungsverfahrens in Betracht (BFH 18.7.1984 – III R 45/81, BStBl. II 1984, 744; 6.3.1985 – II R 216/82, BFH/NV 1985, 66). Ist hingegen nicht absehbar, dass oder wann der Bebauungsplan auch umgesetzt wird, dann reicht das Vorliegen eines Bebauungsplans allein nicht aus (vgl. BFH 18.6.1997 – II R 6/96, BFH/NV 1997, 833; BFH 19.10.1994 – II R 58/91, BFH/NV 1995, 286: bauplanerische Vorstellungen der Gemeinde können entscheidend sein, worüber Beweis zu erheben sein kann). Dies alles gilt entsprechend für den (bloßen) **Ausweis der Fläche in einem Flächennutzungsplan** als Wohnfläche. Insoweit muss vor allem gesehen werden, dass ein Flächennutzungsplan lediglich zu einer gewissen Selbstbindung der Gemeinde führt, aber keine unmittelbare Regelungswirkung in Ansehung des betroffenen Grundstücks entfaltet. Sofern bei objektiver Betrachtung nicht absehbar ist, dass die Vorgaben des Flächennutzungsplans auch in einem (qualifizierten) Bebauungsplan umgesetzt werden und dieser innerhalb des Prognosezeitraums verwirklicht wird, ist daher ein Flächennutzungsplan für § 233 Abs. 2 BewG nicht ausreichend (vgl. BFH 27.1.1978 – III R 101/75, BStBl. II 1978, 292; FG München 26.4.2005 – 4 V 431/05, BeckRS 2005, 26018038; restriktiv auch FG Baden-Württemberg 18.12.1986 – III R 231/83, EFG 1987, 228: Flächennutzungsplan und Einleitung eines Flurbereinigungsverfahrens seien nicht ausreichend). Entscheidend ist aber immer der Einzelfall. So kann es für eine Zweckänderung innerhalb der nächsten sieben Jahre sprechen, wenn zur Ausweisung im Flächennutzungsplan als Wohnfläche und zur Lage inmitten eines seit Längerem bebauten Wohn- und Mischgebietes der Beschluss über die Aufstellung eines Bebauungsplans und der Abschluss eines Grundstückskaufvertrages hinzukommen (BFH 13.8.2003 – II R 48/01, BStBl. II 2003, 908) oder eine bereits in Vorbereitung befindliche Veräußerung gerade an den Träger der Bauplanungshoheit erfolgt (FG Düsseldorf 7.10.2004 – 11 K 757/02, BeckRS 2004, 26017159).

D. Bauplanungsrechtlich ausgewiesenes Bauland (Abs. 3)

8 Nach § 233 Abs. 3 S. 1 BewG sind Flächen stets dem Grundvermögen zuzurechnen, wenn sie (1) in einem Bebauungsplan (2) als Bauland festgesetzt sind, (3) ihre sofortige Bebauung möglich ist und (4) die Bebauung innerhalb des Plangebiets in benachbarten Bereichen begonnen hat oder schon durchgeführt ist. Auf die subjektiven Nutzungsabsichten des Steuerpflichtigen kommt es dann nicht an (*Bruschke* in Stenger/Loose BewG § 233 Rn. 58; *Müller* in Grootens BewG § 233 Rn. 26) **Bebauungsplan** ist nur der rechtsverbindliche Bauleitplan, dessen Wesen und Inhalt sich aus den Vorschriften der §§ 8ff., 30 BauGB ergeben. Insoweit orientiert sich das Bewertungsrecht formal am BauGB. Daher sind andere „Pläne" keine Bebauungspläne iSv § 233 Abs. 3 S. 1 BewG (zB ein Abgrabungsplan, FG Köln

Abgrenzung d. luf Vermögens vom Grundvermögen **§ 233 BewG**

19.6.2018 – 4 K 3583/13, EFG 2018, 1522). Weitere Voraussetzung ist eine **Festsetzung im Bebauungsplan als „Bauland"**. § 233 Abs. 3 BewG verwendet insoweit einen Begriff, den das Bauplanungsrecht nicht kennt. Da die Norm dem Umstand Rechnung tragen will, dass „Bauland" aufgrund seiner nicht-landwirtschaftlichen Nutzungsmöglichkeiten typischerweise hochpreisiger ist, **muss der Begriff letztlich alle bauplanungsrechtlich zulässigen Bebauungsmöglichkeiten einschließen**, wie sie der konkret zu beurteilende Bebauungsplan in Verbindung mit den Baugebieten der BauNVO vorsieht. Allerdings spricht § 233 Abs. 3 S. 1 BauGB von einer „Festsetzung" als Bauland. Daher **muss die bauplanungsrechtlich zulässige Bebaubarkeit gerade aus der Festsetzung folgen.** Nicht ausreichend ist es daher, wenn ein Bauvorhaben auch ohne entsprechende Festsetzung zulässig ist (zu Recht FG Köln 19.6.2018 – 4 K 3583/13, EFG 2018, 1522; *Esskandari* in Stenger/Loose BewG § 69 Rn. 131).

Keine Voraussetzung für die Anwendung des § 233 Abs. 3 BewG ist hingegen, 9 dass das Grundstück bereits an einer ausgebauten Straße liegt und versorgungsmäßig erschlossen ist. Es ist **ausreichend, wenn die Erschließung iSv § 30 Abs. 1 BauGB gesichert ist,** dh die Erschließungsanlagen müssen spätestens bis zur Fertigstellung der zu erschließenden baulichen Anlagen benutzbar sein (BFH 21.5.1982 – III R 127/80, BStBl. II 1982, 582; FG München 26.3.2003 – 4 K 1433/01, BeckRS 2003, 26014425).

§ 233 Abs. 3 BewG stellt bereits auf die **Möglichkeit der Bebauung** ab. Daher 10 ist nicht entscheidend, ob der Steuerpflichtige die Fläche bebauen oder ob er sie weiterhin landwirtschaftlich nutzen will (FG München 26.4.2004 – 4 V 457/04, BeckRS 2004, 26016676). Unbeachtlich sind ferner in der Person des Steuerpflichtigen liegende Bebauungshindernisse (zB mangelnde finanzielle Möglichkeiten, aber auch schuldrechtliche Hindernisse wie zB die Überlassung der Fläche an einen Dritten aufgrund eines Mietvertrages). An der Möglichkeit einer Bebauung fehlt es daher nur dann, wenn für jedermann eine sofortige Bebauung nicht möglich ist. Ein Grund hierfür kann die tatsächliche Beschaffenheit des Grundstücks sein (zB Sumpf). Auch öffentlich-rechtliche Hindernisse kommen in Betracht. Dabei reicht es für ein Jedermann-Hindernis allerdings nicht aus, dass eine behördliche Genehmigung erforderlich ist. Ein solches Hindernis besteht vielmehr erst dann, wenn ausreichend wahrscheinlich ist, dass eine Genehmigung von niemandem erlangt werden kann (vgl. *Esskandari* in Stenger/Loose BewG § 69 Rn. 143; AEBewGrSt A 233 Abs. 6 S. 3 Nr. 2).

§ 233 Abs. 3 S. 1 BewG gilt nach S. 2 nicht für die **Hofstelle.** Was eine Hofstelle 11 ist, richtet sich auch für Zwecke des § 233 Abs. 3 S. 2 BewG im Ausgangspunkt nach § 234 Abs. 6 BewG (→ BewG § 234 Rn. 26f.). Allerdings ist eine Einschränkung zu formulieren: Die Begünstigung des § 233 Abs. 3 S. 2 BewG setzt voraus, dass es noch einen Bewirtschaftungszusammenhang mit land- und forstwirtschaftlich genutzten Flächen gibt. Ist der Betrieb verpachtet und bewirtschaftet der Pächter die land- und forstwirtschaftlichen Flächen ist der notwendige Zusammenhang idR gegeben (*Stephany* in KSS § 233 Rn. 22). Wird hingegen (überhaupt) keine aktive Landwirtschaft mehr betrieben, liegt keine Hofstelle iSv § 233 Abs. 3 S. 2 BewG mehr vor (zu Recht FG Düsseldorf 12.5.2005 – 11 K 3773/04, EFG 2005, 1164).

§ 234 Betrieb der Land- und Forstwirtschaft

(1) Ein Betrieb der Land- und Forstwirtschaft umfasst:
1. die land- und forstwirtschaftlichen Nutzungen:
   a) die landwirtschaftliche Nutzung,
   b) die forstwirtschaftliche Nutzung,
   c) die weinbauliche Nutzung,
   d) die gärtnerische Nutzung,
      aa) Nutzungsteil Gemüsebau,
      bb) Nutzungsteil Blumen- und Zierpflanzenbau,
      cc) Nutzungsteil Obstbau,
      dd) Nutzungsteil Baumschulen,
   e) die übrigen land- und forstwirtschaftlichen Nutzungen,
2. die Nutzungsarten:
   a) Abbauland,
   b) Geringstland,
   c) Unland,
   d) Hofstelle,
3. die Nebenbetriebe.

(2) Die land- und forstwirtschaftlichen Betriebsflächen sind einer Nutzung, innerhalb der gärtnerischen Nutzung einem Nutzungsteil, oder einer Nutzungsart zuzuordnen (gesetzliche Klassifizierung).

(3) Zum Abbauland gehören die Betriebsflächen, die durch Abbau der Bodensubstanz überwiegend für den Betrieb der Land- und Forstwirtschaft nutzbar gemacht werden, zum Beispiel Steinbrüche, Torfstiche, Sand-, Kies- und Lehmgruben.

(4) Zum Geringstland gehören die Betriebsflächen geringster Ertragsfähigkeit, für die nach dem Bodenschätzungsgesetz keine Wertzahlen festzustellen sind.

(5) Zum Unland gehören die Betriebsflächen, die auch bei geordneter Wirtschaftsweise keinen Ertrag abwerfen können.

(6) Zur Hofstelle gehören alle Hof- und Wirtschaftsgebäudeflächen einschließlich der Nebenflächen, wenn von dort land- und forstwirtschaftliche Flächen nachhaltig bewirtschaftet werden.

(7) Als Nebenbetrieb gilt ein Betrieb, der dem Hauptbetrieb zu dienen bestimmt ist und nicht einen selbständigen gewerblichen Betrieb darstellt.

Gilt nicht in Baden-Württemberg (dort § 28 BWLGrStG).

Übersicht

	Rn.
A. Allgemeines	1
I. Systematische Einordnung und Zweck der Regelung	1
II. Entwicklung der Vorschrift	2
B. Umfang des Betriebes der Land- und Forstwirtschaft (Abs. 1, Abs. 3 ff.)	3
I. Land- und forstwirtschaftliche Nutzungen (Abs. 1 Nr. 1)	3
1. Funktion des Nutzungsbegriffs	3
2. Landwirtschaftliche Nutzung (Abs. 1 Nr. 1 Buchst. a)	4

	Rn.
3. Forstwirtschaftliche Nutzung (Abs. 1 Nr. 1 Buchst. b)	8
4. Weinbauliche Nutzung (Abs. 1 Nr. 1 Buchst. c)	12
5. Gärtnerische Nutzung (Abs. 1 Nr. 1 Buchst. d)	14
6. Übrige land- und forstwirtschaftliche Nutzungen (Abs. 1 Nr. 1 Buchst. e)	20
II. Nutzungsarten (Abs. 1 Nr. 2)	21
1. Abbauland (Abs. 1 Nr. 2 Buchst. a, Abs. 3)	21
2. Geringstland (Abs. 1 Nr. 2 Buchst. b, Abs. 4)	22
3. Unland (Abs. 1 Nr. 2 Buchst. c, Abs. 5)	25
4. Hofstelle (Abs. 1 Nr. 2 Buchst. d, Abs. 6)	26
III. Nebenbetriebe (Abs. 1 Nr. 3, Abs. 7)	29
C. Zuordnung entsprechend der gesetzlichen Klassifizierung (Abs. 2) . . .	37

A. Allgemeines

I. Systematische Einordnung und Zweck der Regelung

§ 234 BewG konkretisiert den Begriff der Land- und Forstwirtschaft und untergliedert ihn für Zwecke der Bewertung in die verschiedenen Erscheinungsformen land- und forstwirtschaftlicher Betätigungen (Betriebszweige = Nutzungen) einschließlich bestimmter Grundstücksnutzungen, der verselbstständigten Hofstelle sowie der Nebenbetriebe. In Bezug auf die Nutzungen und Nutzungsarten spricht das Gesetz von einer „gesetzlichen Klassifizierung" (§ 234 Abs. 2 BewG), was vor allem der Standardisierung im Hinblick auf die Datenlieferung Dritter dient (→ Rn. 37). Jede Fläche muss einer dieser Nutzungen, Nutzungsarten oder zumindest einem Nebenbetrieb zuzuordnen sein. Hieran anknüpfend sieht § 237 BewG für jede Nutzung, Nutzungsart und den Nebenbetrieb eigenständige Bewertungsregeln mit typisierten Bewertungsdaten vor. Dies wiederum bedingt, dass die Nutzungen, Nutzungsarten und der Nebenbetrieb voneinander abgegrenzt werden.

II. Entwicklung der Vorschrift

Die Regelung beruht auf dem Grundsteuerreformgesetz vom 26.11.2019 (→ Grundlagen Rn. 13). Sie orientiert sich konzeptionell an § 34 BewG und § 160 BewG, enthält mit der Nutzungsart Hofstelle allerdings auch eine Neuerung (→ Rn. 26 ff.) und verwendet in Bezug auf Abbauland, Geringstland und Unland mit „Nutzungsart" eine neue Terminologie. Zudem sind die Legaldefinitionen der §§ 42 ff. BewG in § 234 BewG als eigenständige Absätze integriert worden. Angesichts dieser Orientierung am alten Recht kann weitgehend auf die Erkenntnisse zu §§ 34, 42 ff. BewG zurückgegriffen werden. Nicht übernommen wurden hingegen die besonderen Regelungen über den Umfang der wirtschaftlichen Einheit bei Gesellschaften (vgl. insb. § 34 Abs. 6 BewG, → BewG § 232 Rn. 21).

B. Umfang des Betriebes der Land- und Forstwirtschaft (Abs. 1, Abs. 3 ff.)

I. Land- und forstwirtschaftliche Nutzungen (Abs. 1 Nr. 1)

3 **1. Funktion des Nutzungsbegriffs.** Der Begriff der Nutzung bezeichnet einen bestimmten Tätigkeitsbereich und die hierzu eingesetzten Wirtschaftsgüter (vgl. BFH 25.11.2020 – II R 9/19, BStBl. II 2021, 491 zu § 160 BewG). Dementsprechend **unterscheidet das Gesetz mit den Nutzungen des § 234 Abs. 1 Nr. 1 BewG die verschiedenen Erscheinungsformen der Land- und Forstwirtschaft.** Es handelt sich um Betriebszweige, die jeweils einen eigenständigen Tätigkeitsbereich darstellen (ohne Teilbetrieb oÄ zu sein) und denen jeweils bestimmte Wirtschaftsgüter zugerechnet werden können. Die wirtschaftliche Einheit des Betriebs der Land- und Forstwirtschaft soll auf diese Weise für Zwecke der Bewertung ausdifferenziert werden (vgl. § 237 BewG). § 234 Abs. 1 BewG gibt insoweit die maßgeblichen Untereinheiten vor und erwartet sodann eine Zuordnung der Flächen und für Zwecke der Zuschläge nach § 238 BewG mitunter auch der Wirtschaftsgebäude zu diesen Untereinheiten. Auf die Zuordnung beweglicher Wirtschaftsgüter kann hingegen weitgehend verzichtet werden (mit Ausnahme der Tierbestände). Denn maßgeblich ist die objektivierte Ertragsfähigkeit der Flächen und die übrigen Wirtschaftsgüter werden hiermit abgegolten (→ BewG 237 Rn. 3).

4 **2. Landwirtschaftliche Nutzung (Abs. 1 Nr. 1 Buchst. a).** Die landwirtschaftliche Nutzung umfasst die Gewinnung von Pflanzen durch die Naturkräfte des Bodens, soweit sie nicht den anderen Bewirtschaftungsarten der Nr. 1 Buchst. b bis d unterfällt. So gehört zur Bodenbewirtschaftung die **Ackerwirtschaft** (va Getreide, Hackfrüchte, Futterpflanzen). **Abgrenzungsfragen stellen sich beim Gemüse**, weil der Gemüsebau in § 234 Abs. 1 Nr. 1 Buchst. d BewG eigenständig erfasst wird. Damit ist allerdings nicht jeder Anbau von Gemüse aus der Landwirtschaft iSv § 234 Abs. 1 Nr. 1 Buchst. a BewG ausgenommen (→ Rn. 16). Nicht zur landwirtschaftlichen Nutzung gehören – vorbehaltlich der Bagatellregelung (→ Rn. 5) – Sonderkulturen iSv § 242 Abs. 1 Nr. 1 BewG (insb. Hopfen und Spargel). Insoweit ist § 234 Abs. 1 Nr. 1 Buchst. e BewG vorrangig (→ Rn. 20). Die landwirtschaftliche Nutzung erfasst ferner die **Weide-** (Nutzung von Grünland zur Beweidung von Tieren) **und Graswirtschaft** (insb. Produktion von Heu, BFH 15.3.2001 – IV B 72/00, BFH/NV 2001, 1238), wobei es unschädlich ist, wenn das Gras auf dem Halm verkauft wird und der Steuerpflichtige den Schnitt dem Käufer überantwortet (BFH 26.8.2004 – IV R 52/02, BFH/NV 2005, 674 [675]). Zur landwirtschaftlichen Nutzung gehören des Weiteren Streuobstwiesen bzw. Streuobstacker, wenn die Unternutzung als Ackerland oder Grünland prägend ist (so AEBewGrSt A 237.8 Abs. 1 S. 3). Werden Flächen nicht bewirtschaftet, könnten sie aber landwirtschaftlich bewirtschaftet werden (Brachflächen), zählen sie zur landwirtschaftlichen Nutzung (vgl. FG München 17.5.2006 – 4 K 4098/05, BeckRS 2006, 26021493). Geringst- und Unland sind hingegen aus der landwirtschaftlichen Nutzung auszuscheiden.

5 Eine geringfügige Nutzung von Flächen zu anderen Zwecken soll nach Ansicht der Finanzverwaltung zum alten Bewertungsrecht (Einheitsbewertung) aus Vereinfachungsgründen ebenfalls der landwirtschaftlichen Nutzung zuzuordnen sein

Betrieb der Land- und Forstwirtschaft §234 BewG

(sog. **Bagatellflächen**). Dies betrifft (1) die Sonderkultur Spargel, den Gemüseanbau der Intensitätsstufe 2 sowie Erdbeeren und Strauchbeerenobst, wenn die Flächen dieser Nutzungsteile je für sich 1.000 qm nicht übersteigen, (2) baumschulmäßig genutzte Flächen, wenn sie 500 qm nicht übersteigen und (3) den Obstbau der Obstbaustufen 1,5 bis 9, wenn die Zahl der Obstbäume bei Hochstämmen 30, bei Niederstämmen 60 nicht überschreitet (so jedenfalls BewRL Abschn. 1.08 Abs. 3 iVm BewRL Abschn. 1.13 Abs. 1 Nr. 3). Diese Zuweisung zur Landwirtschaft steht für einige dieser Nutzungen allerdings unter dem Vorbehalt, dass nicht noch andere Flächen der entsprechenden Nutzungsteile vorhanden sind (vgl. für den Gemüsebau und die Erdbeeren und das Strauchbeerenobst BewRL Abschn. 1.13 Abs. 2). Diese Bagatellregelung stammt aus dem Jahr 1968 und wurde nicht in den AEBewGrSt übernommen. Eine vergleichbare Bagatellregelung dürfte aber auch künftig sinnvoll sein.

Zur landwirtschaftlichen Nutzung gehört auch die **flächenabhängige (bodengeprägte) Tierzucht und -haltung** (einschließlich **Pferdezucht/-haltung**) nach Maßgabe von §241 BewG (arg. ex. §241 Abs. 2 BewG). Die flächenunabhängige Tierhaltung ist hingegen den übrigen land- und forstwirtschaftlichen Nutzungen iSv §234 Abs. 1 Nr. 1 Buchst. e BewG iVm §242 BewG zuzuordnen. 6

Neben den unmittelbar landwirtschaftlich genutzten Acker- und Wiesenflächen sind in die Fläche der landwirtschaftlichen Nutzung die zu ihr gehörenden Wirtschaftswege, Hecken, Gräben, Grenzraine und dergleichen einzubeziehen (allgemein zum notwendigen funktionalen Zusammenhang → BewG §232 Rn. 23 ff.). 7

3. Forstwirtschaftliche Nutzung (Abs. 1 Nr. 1 Buchst. b). Als Forstwirtschaft wird die planmäßige Nutzung der natürlichen Kräfte des Waldbodens zur Gewinnung von Walderzeugnissen verstanden. Es geht dabei vor allem um die wirtschaftliche Nutzung und Pflege sowie den Anbau des Waldes mit dem Ziel der Gewinnung von Rohholz als erneuerbaren Rohstoff und Energieträger. Dabei ist es unerheblich, ob der Forstwirt in traditioneller Weise einen Holzeinschlag und den Holzverkauf selbst tätigt oder sog. Selbstwerbern das Trennungs- und Aneignungsrecht für bestimmte Bäume entgeltlich überlässt und dann einen geringeren Holzerlös erzielt, aber auch geringere Kosten hat. 8

Während bei der Landwirtschaft im engsten Sinne sowie beim Wein- und Gartenbau die planmäßige Nutzung des Grund und Bodens durch Fruchtziehung idR Jahr für Jahr der Jahreszeit entsprechende Arbeiten wie die Bearbeitung des Bodens und seine Bepflanzung, die Bestandspflege und das Abernten der Früchte erfordert und jedes Jahr Erträge erwirtschaftet werden können, **müssen bei der Forstwirtschaft ihre besonderen natürlichen Rahmenbedingungen gebührend berücksichtigt werden.** Dies liegt darin begründet, dass sich eine **Produktionsdauer (Umtriebszeit)** zwischen 60 und 200 Jahren einstellen kann. Zwar sind auch im Bereich der Forstwirtschaft betriebliche Konzepte anzutreffen, die auf eine regelmäßige Holzernte ausgerichtet sind. Insoweit spricht man von sog. Nachhaltbetrieben. Hier ist der Baumbestand nach Holzarten und Altersklassen so abgestuft aufgeforstet worden, dass jedes Jahr eine planmäßige Holzernte möglich ist. Dies ist aber nicht zwingend. Es existieren auch Waldungen, deren Bestände nur eine oder wenige Altersklassen aufweisen. In solchen Betrieben können keine jährlichen Holznutzungen vorgenommen werden. Zwischen der Aufforstung der Waldfläche und der Holzernte liegen je nach der Umtriebszeit der betreffenden Holzarten also zum Teil viele Jahrzehnte. Angesichts dessen darf man für die notwendige planmäßige Nutzung des 9

495

§ 234 BewG Siebenter Abschnitt. Bewertung d. Grundbesitzes ab 1.1.2022

Grund und Bodens durch Fruchtziehung nicht auf einen Geschehenslauf abstellen, der sich kurzfristig (alljährlich) wiederholt. Deshalb wird ein Forstbetrieb auch in erster Linie durch das Forstareal mit seinem Baumbestand verkörpert. Wie dieser entstanden ist – durch Anpflanzung, durch Samenanflug oder Stockausschlag – ist dabei unerheblich. Existiert ein solcher Bestand, so erschöpft sich die planmäßige, nachhaltige Bewirtschaftung dann gegebenenfalls über einen langen Zeitraum hinweg in der (schlichten) Hinnahme des natürlichen Holzzuwachses. Aktive Bewirtschaftungsmaßnahmen sind jedenfalls nicht erforderlich, um eine forstwirtschaftliche Nutzung anzunehmen. Entscheidend ist mithin eine Gesamtbetrachtung von der Aufforstung bis zur Ernte und dies auch eigentümer- bzw. generationsübergreifend (vgl. zum Vorstehenden insgesamt BFH 18.3.1976 – IV R 52/72, BStBl II 1976, 482; 15.10.1987 – IV R 91/85, BStBl II 1988, 257 [259]; 17.1.1991 – IV R 12/89, BStBl II 1991, 566; 9.3.2017 – VI R 86/14, BStBl. II 2017, 981 jeweils zu § 13 EStG; zu einem Nebenerwerbs-Forstwirt mit 1,92 ha Forstfläche ferner FG Baden-Württemberg 24.6.2020 – 2 K 705/20, BeckRS 2020, 32957 zum KraftStG).

10 Baumgruppen und Baumreihen auf Flächen anderer land- und forstwirtschaftlicher Nutzungen, zB auf Wiesen und Weiden, an Wegrändern und Hofzufahrten, zählen nicht zur forstwirtschaftlichen Nutzung (vgl. AEBewGrSt A 237.3 Abs. 1 S. 4f.). Ebenfalls nicht zur forstwirtschaftlichen Nutzung gehören die Nutzungsarten, die von anderen Normen spezialgesetzlich erfasst werden. Dies sind die gärtnerische Nutzungsart Baumschule (→ Rn. 19) sowie die sonstigen land- und forstwirtschaftlichen Nutzungen Weihnachtsbaumkulturen (§ 242 Abs. 2 Nr. 9 BewG) und Kurzumtriebsplantagen (§ 242 Abs. 2 Nr. 10 BewG).

11 Der Grund und Boden der forstwirtschaftlichen Nutzung umfasst alle Flächen, die dauernd der Erzeugung von Rohholz gewidmet sind (Holzbodenfläche). Zur Holzbodenfläche rechnen nach Ansicht der Finanzverwaltung auch die Wirtschaftswege, Schneisen und Schutzstreifen, wenn ihre Breite einschließlich der Gräben 5 Meter nicht übersteigt, die dem Transport und der Lagerung des Holzes dienenden Flächen, ständige Holzlagerplätze sowie Flächen, die nur vorübergehend nicht bestockt sind (AEBewGrSt A 237.3 Abs. 2; allgemein zum notwendigen funktionalen Zusammenhang → BewG § 232 Rn. 23ff.).

12 **4. Weinbauliche Nutzung (Abs. 1 Nr. 1 Buchst. c).** Weinbau ist die Herstellung von Trauben durch Bodenbewirtschaftung (BFH 27.2.1987 – III R 270/83, BFH/NV 1988, 85; 11.10.1988 – VIII R 419/83, BStBl. II 1989, 284 [285]; 29.11.2001 – IV R 91/99, BStBl. II 2002, 221 [223]). **Die Urproduktion ist zwar mit der Herstellung der Weintraube abgeschlossen, allerdings gehört nach allgemeiner Meinung die Verarbeitung der Trauben zu Wein** (Keltern, kellermäßige Behandlung) und zu Traubensaft ebenfalls **noch zum Weinbau** (BFH 27.2.1987 – III R 270/83, BFH/NV 1988, 85; 11.10.1988 – VIII R 419/83, BStBl. II 1989, 284 [285]; 29.11.2001 – IV R 91/99, BStBl. II 2002, 221 [223]; 8.5.2008 – VI R 76/04, BStBl II 2009, 40 [42] zu § 40a Abs. 3 EStG). Dies folgt aus der typologischen Erfassung des „Weinbaus", wie er sowohl § 234 BewG als auch § 13 EStG zugrunde liegt. Dies gilt allerdings nur dann, wenn Gegenstand der Kelterung und kellermäßigen Bearbeitung die Weintrauben sind, die im Wege der eigenen Urproduktion gewonnen wurden (BFH 11.10.1988 – VIII R 419/83, BStBl. II 1989, 284 [286]). Der Zukauf von Trauben, um diese mit eigenen Trauben zu vermischen, kann schädlich sein. In der Literatur zu § 13 EStG wird insoweit eine Vermischung und Vermengung mit bis zu 50% fremder Trauben für unschädlich erachtet (so jedenfalls *Wiegand* in Felsmann Teil A Rn. 19f.). Nicht

Betrieb der Land- und Forstwirtschaft **§ 234 BewG**

mehr unmittelbar dem Weinbauhauptbetrieb zuzuordnen ist die **Sektherstellung.** Der Wein stellt hier ein Zwischenprodukt („Grundwein") dar, das durch alkoholische Gärung veredelt wird. Es handelt sich um eine Weiterverarbeitung des Urprodukts „Wein", die im Nebenbetrieb iSv § 234 Abs. 1 Nr. 3 BewG erfolgen kann (→ Rn. 35). Der Anbau von Reben zur Gewinnung von Unterlagsholz (Rebmuttergärten) und die Anzucht von Pflanzreben (Rebschulen) soll nach Ansicht der Finanzverwaltung (nunmehr) insgesamt nicht zur weinbaulichen Nutzung zählen, sondern zum Nutzungsteil Baumschulen der gärtnerischen Nutzung (AEBewGrSt A 237.4 Abs. 2 S. 2; differenzierend vormals noch BewRL Abschn. 1.10 Abs. 1 S. 3: Zurechnung zur weinbaulichen Nutzung, wenn sie zu mehr als zwei Dritteln dem Eigenbedarf des Betriebs dienen).

Zur weinbaulichen Nutzung gehören die Flächen mit im Ertrag stehenden 13 Rebanlagen, die vorübergehend nicht bestockten Flächen (sog. Brachflächen) und die noch nicht ertragsfähigen Jungfelder (BT-Drs. 19/11085, 104; AEBewGrSt A 237.4 Abs. 2 S. 1) sowie die Gebäude und Gebäudeteile, die der Gewinnung, dem Ausbau, der Lagerung und der Vermarktung des Weines dienen (AEBewGrSt A 237.4 Abs. 1 S. 2f.; → BewG § 232 Rn. 23ff.). In die Weinbaulage eingesprengte Flächen anderer Nutzungen sind der weinbaulichen Nutzung zuzurechnen, wenn sie nur vorübergehend nicht weinbaulich genutzt werden (AEBewGrSt A 237.4 Abs. 2 S. 3).

5. Gärtnerische Nutzung (Abs. 1 Nr. 1 Buchst. d). Gartenbau ist der **inten-** 14 **sive Anbau und die Erzeugung von pflanzlichen Produkten, die meist ohne Veredelungsvorgang an den Verbraucher abgegeben werden.** Die Produktion erfolgt sowohl unter Nutzung des Freilands als auch von Glasanlagen (beheizt oder nicht beheizt). Der Gartenbau liefert auf gleicher Fläche wesentlich höhere Erträge und ist dabei arbeitsintensiver. Zum Gartenbau rechnen als Erscheinungsformen der Gemüse-, Obst-, Blumen-, Zierpflanzenbau sowie Baumschulen. Die Unterscheidung vollzieht § 234 Abs. 1 Nr. 1 Buchst. d BewG mit seinen Nutzungsteilen nach. Gemeinsames (spezifisch gärtnerisches) Merkmal dieser Erscheinungsformen ist die bereits genannte Intensität. Die gärtnerische Nutzung umfasst auch die Vermarktung im Anschluss an die Ernte (→ BewG § 232 Rn. 8).

Der Nutzungsteil **Gemüsebau** umfasst die erwerbsmäßige Anzucht von Ge- 15 müse, wobei man Feldgemüsebau und Gemüsebau unter Glas bzw. Folienhäusern unterscheidet. Unter Gemüse versteht die Rechtsprechung alle pflanzlichen Nahrungsmittel, die üblicherweise als Ganzes oder in bestimmten Teilen in frischem oder konserviertem Zustand ohne Verarbeitung der menschlichen Ernährung dienen (BFH 16. 6. 2009 – II R 54/06, BStBl. II 2009, 896 [897]). Ob das Gemüse am Ende wirklich zum menschlichen Verzehr verwendet wird, ist irrelevant. Entscheidend ist allein die Eignung hierzu. Daher ist auch die Verwendung als Tierfutter erfasst (FG Niedersachsen 8. 7. 2003 – 1 K 341/00, EFG 2003, 1760: Möhren; *Bruschke* in Stenger/Loose BewG § 234 Rn. 92).

Fraglich ist, **wie der Gemüsebau von der Landwirtschaft im engeren** 16 **Sinne (Ackerbau) abzugrenzen ist.** Die Finanzverwaltung hat früher nach der Anbaumethode und der Intensität der Nutzung unterschieden und den Gemüseanbau nach landwirtschaftlichen Methoden im Rahmen der Fruchtfolge als Hauptkultur der Landwirtschaft im engsten Sinne zugeordnet (BewRL Abschn. 1.08 zu § 34 BewG). Die Rechtsprechung stellt hingegen – unseres Erachtens zu Recht – vor allem auf das Produkt ab und ordnet dem gärtnerischen Gemüseanbau den Anbau derjenigen Produkte zu, die als Gemüse gelten (mit Ausnahme von Grundnah-

497

§ 234 BewG Siebenter Abschnitt. Bewertung d. Grundbesitzes ab 1.1.2022

rungsmitteln wie zB Kartoffeln). Es soll also nicht auf die Anbaumethode und die Intensität der Nutzung ankommen, sondern auf die landwirtschaftliche oder gärtnerische Prägung des Produkts, also die Pflanzenart (BFH 16.6.2009 – II R 54/06, BStBl. II 2009, 896 [897]; FG Niedersachsen 6.6.1989 – I 383/84, EFG 1989, 558: Blumenkohl und Kohlrabi; FG Niedersachsen 8.7.2003 – 1 K 341/00, EFG 2003, 1760: Möhren). Der BFH hat allerdings auch (zum Verkauf bestimmten) Zuckermais als Gemüse eingeordnet (BFH 16.6.2009 – II R 54/06, BStBl. II 2009, 896 [897]), was deshalb überrascht, weil es sich beim Mais um eine Getreideart handelt und daher eine Parallelwertung mit anderen Getreidearten nähergelegen hätte (kritisch zur Einordnung durch den BFH auch *Bruschke* in Stenger/Loose BewG § 234 Rn. 93). Der Anwendungserlass zum neuen Grundsteuerrecht verhält sich zu dieser Abgrenzungsfrage nicht mehr (vgl. AEBewGrSt A 237.6). Das wird man so deuten können, dass die Finanzverwaltung die vorgenannte – im BStBl. II veröffentlichte – Rechtsprechung zugrunde legen will. Zu beachten ist schließlich § 237 Abs. 5 BewG: Der Nutzungsteil Gemüsebau wird wie eine landwirtschaftliche Nutzung bewertet, **wenn im Wechsel landwirtschaftliche und gärtnerische Erzeugnisse gewonnen werden** und keine Bewässerungsmöglichkeiten bestehen (→ BewG § 237 Rn. 17).

17 Der Anbau von Blumen und Zierpflanzen bildet den Nutzungsteil **Blumen- und Zierpflanzenbau.** Diesem Nutzungsteil sind insbesondere der Anbau und die Erzeugung von Schnittblumen (einschließlich Blumen zum „Selbstpflücken"), Zimmerpflanzen, Beet- und Balkonpflanzen und Stauden zuzuordnen (AEBewGrSt A 237.7 Abs. 1 S. 1). Erfasst sind auch die Blumensamen- und Blumenzwiebelvermehrung (FG Niedersachsen 22.11.1974 – I 34/72, EFG 1975, 238: Tulpenzwiebeln; AEBewGrSt A 237.7 Abs. 1 S. 3), die Gewinnung von Schnitt- und Bindegrün (AEBewGrSt A 237.7 Abs. 1 S. 2) sowie die Produktion von Rollrasen und Vegetationsmatten (FG Brandenburg 31.7.1997 – 5 K 1617/96, EFG 1998, 16; AEBewGrSt A 237.7 Abs. 1 S. 2). Die Anzucht von Rosen zählt nur dann zur Nutzung Blumen- und Zierpflanzenbau, wenn ihre Nutzung als Dauerkultur überwiegt. Davon soll nach Ansicht der Finanzverwaltung auszugehen sein, wenn die Rosen nach Eintritt der Ertragsreife für die Dauer von mindestens sechs Jahren wiederkehrende Erträge durch ihre zum Verkauf bestimmten Blüten und Früchte liefern. Anderenfalls sind die Rosen dem Nutzungsteil Baumschulen zuzuordnen (so AEBewGrSt A 237.7 Abs. 1 S. 4ff.).

18 Der Nutzungsteil **Obstbau** erfasst den Anbau obstbringender Dauerkulturen (Baumobst, Strauchbeerenobst, Erdbeerkulturen) und den Vertrieb der Erzeugnisse. Lediglich der Anbau von Wein ist hiervon angesichts der Verselbstständigung des Weinbaus ausgenommen. Nach teilweise vertretener Ansicht soll das Keltern von Obst zu Most und Saft – anders als die Herstellung von Wein beim Weinbau – nicht mehr zum Obstbau gehören, sondern nur mittels der Figur des Nebenbetriebes dem land- und forstwirtschaftlichen Bereich zurechenbar sein (*Paul* in HHR EStG § 13 Rn. 67). Die überwiegende Ansicht rechnet diese Tätigkeit hingegen noch zum Obstbau (*Nacke* in Brandis/Heuermann EStG § 13 Rn. 73; *Kreckl* in Leingärtner Kap. 5 Rn. 23). Der extensive Obstanbau in Form von Streuobstwiesen bzw. eines Streuobstackers soll der landwirtschaftlichen Nutzung zuzuordnen sein, wenn die Unternutzung als Ackerland oder Grünland prägend ist (so AEBewGrSt A 237.8 Abs. 1 S. 3).

19 Nutzungsteil **Baumschulen:** Als Baumschule bezeichnet man Anlagen, in denen Sträucher, Gehölze und Forstpflanzen herangezogen und ggf. auch veredelt werden (zu Rosen → Rn. 17 aE). In Abgrenzung zum Forstbetrieb steht nicht die

Erzeugung von Nutzholz im Vordergrund, sondern die Erzeugung und Verwertung von Junggehölzen einschließlich von Ziergehölzen (*Paul* in HHR EStG § 13 Rn. 67). Erfasst ist ferner auch die Erzeugung und Vermarktung von Mutterpflanzen (zur Anzucht von Pflanzreben → Rn. 12). Ob die Aufzucht im Freiland oder unter Glas erfolgt, ist unerheblich. Weihnachtsbaumkulturen sind nicht der gärtnerischen Nutzung zuzuordnen; insoweit gilt die vorrangige Zuordnungsnorm des § 242 Abs. 2 Nr. 9 BewG (= sonstige land- und forstwirtschaftliche Nutzung). Zum Nutzungsteil Baumschule gehören die Anbau-, Einschlags-, Schau- und Ausstellungsflächen. Brach- und Gründüngungsflächen sind hingegen der landwirtschaftlichen Nutzung zuzuordnen (AEBewGrSt A 237.9 Abs. 2).

6. Übrige land- und forstwirtschaftliche Nutzungen (Abs. 1 Nr. 1 Buchst. e). Die übrige land- und forstwirtschaftliche Nutzung iSv § 234 Abs. 1 Nr. 1 Buchst. e BewG wird in § 242 BewG (nicht abschließend) konkretisiert (siehe Erläuterungen zu § 242 BewG). 20

II. Nutzungsarten (Abs. 1 Nr. 2)

1. Abbauland (Abs. 1 Nr. 2 Buchst. a, Abs. 3). Zum Abbauland gehören die Betriebsflächen, die durch Abbau der Bodensubstanz überwiegend für den Betrieb der Land- und Forstwirtschaft nutzbar gemacht werden (§ 234 Abs. 3 BewG). Das Gesetz nennt beispielhaft Steinbrüche, Torfstiche, Sand-, Kies- und Lehmgruben. Der Abbau der Bodensubstanz muss gerade dem land- und forstwirtschaftlichen Betrieb dienen (BFH 9.4.2008 – II R 24/06, BStBl. II 2008, 95; 22.7.2020 – II R 28/18, BStBl. II 2021, 515). Dafür soll ausreichen, wenn mehr als die Hälfte (= „überwiegend") der abgebauten Substanz im Betrieb der Land- und Forstwirtschaft verwendet wird (so *Bruschke* in Stenger/Loose BewG § 234 Rn. 113). Kein Abbauland liegt vor, wenn der **Abbau durch Dritte** stattfindet (BFH 9.4.2008 – II R 24/06, BStBl. II 2008, 951). Da der Katalog der Nutzungen nach § 234 BewG nicht abschließend ist, schließt der Abbau durch Dritte die Zuordnung zum Betrieb der Land- und Forstwirtschaft allerdings nicht aus. Die Zuordnung bestimmt sich in diesem Fall nach dem allgemeinen Maßstab des § 232 Abs. 3 BewG für die Zurechnung einzelner Wirtschaftsgüter zum land- und forstwirtschaftlichen Vermögen (→ BewG § 232 Rn. 25). 21

2. Geringstland (Abs. 1 Nr. 2 Buchst. b, Abs. 4). Der Begriff des Geringstlands umfasst die Betriebsflächen geringster Ertragsfähigkeit, für die nach dem Bodenschätzungsgesetz (BodSchätzG, → BewG § 237 Rn. 5 ff.) keine Wertzahlen festzustellen sind. Im Gegensatz zum Unland (→ Rn. 25) ist beim Geringstland die Kulturfähigkeit nicht wegen der besonderen objektiven Beschaffenheit der Flächen vollständig ausgeschlossen. Die gesetzliche Definition in § 234 Abs. 4 BewG ist irreführend, weil das BodSchätzG selbst keine Regelung dazu enthält, in welchen Fällen die Feststellung einer Wertzahl zu unterbleiben hat. Es geht letztlich um **kulturfähige Flächen, deren Ertragsfähigkeit so gering ist, dass sie in ihrem derzeitigen Zustand nicht regelmäßig land- und forstwirtschaftlich genutzt werden können** und für die die Wiederherstellung des Kulturzustandes in einem Missverhältnis zur Ertragsfähigkeit steht (BFH 24.1.2018 – II R 59/15, BStBl. II 2018, 619 Rn. 23). Die Finanzverwaltung nennt beispielhaft unkultivierte Moor- und Heideflächen, die gelegentlich als Schafhutung genutzt werden (AEBewGrSt A 237.22 Abs. 1 S. 2), sowie Schutzstreifen und Schutzflächen bis 5 Meter Breite (so FM Bayern 16.12.1993 – S 3395 – 17/2, BeckVerw 289532). 22

§ 234 BewG Siebenter Abschnitt. Bewertung d. Grundbesitzes ab 1.1.2022

23 Eine Besonderheit gilt bei Flächen forstwirtschaftlicher Nutzung. Gemäß § 237 Abs. 3 S. 4 BewG sollen Flächen mit katastermäßig nachgewiesenen Bewirtschaftungsbeschränkungen als Geringstland bewertet werden, wenn infolge der Bewirtschaftungsbeschränkungen eine nachhaltige forstwirtschaftliche Nutzung unterbleibt. Hieraus lässt sich folgern, dass solche Bewirtschaftungsbeschränkungen grundsätzlich nicht die Voraussetzungen von Geringstland erfüllen und diese Flächen nur „wie" Geringstland zu bewerten sind. Dessen ungeachtet dürfte es zumindest theoretisch möglich sein, dass auch forstwirtschaftliche Flächen kulturfähig, aber von geringer Ertragsfähigkeit sind (von BFH 24.1.2018 – II R 59/15, BStBl. II 2018, 619 offengelassen).

24 Ferner kann der **Verlust des Kulturzustandes** zu Geringstland führen, dh der Aufwand zur Wiederherstellung der Kulturfähigkeit steht in einem Missverhältnis zur Ertragsfähigkeit nach Wiederherstellung der Kulturfähigkeit (hierzu AEBewGrSt A 237.22 Abs. 1 S. 3 ff.). Allerdings kommt eine Einordnung als Geringstland aus formellen Gründen erst in Betracht, wenn die vormals festgestellte Wertzahl aufgehoben wird. Denn die Feststellungen nach dem BodSchätzG sind Grundlagenbescheid im Verhältnis zum Grundsteuerwertbescheid und binden selbst dann, wenn sie nicht mehr zutreffend sein sollten (→ BewG § 237 Rn. 9). Umgekehrt führt allerdings das Fehlen einer Bodenschätzungsfeststellung nicht dazu, dass von Geringstland (oder Unland) auszugehen ist. Eine negative Bindungswirkung existiert nicht. Das Fehlen einer Wertschätzung kann dessen ungeachtet aber ein Indiz für eine Einordnung der betroffenen Fläche als Geringstland durch die Finanzbehörde sein (FG Baden-Württemberg 25.5.2000 – 3 K 18/96, BeckRS 2000, 21011451).

25 **3. Unland (Abs. 1 Nr. 2 Buchst. c, Abs. 5).** Zum Unland gehören die Betriebsflächen, die auch bei geordneter Wirtschaftsweise keinen Ertrag abwerfen können (§ 234 Abs. 5 BewG). Dies ist nach objektiven Kriterien zu prüfen. Danach gehören zum Unland die Flächen, die aufgrund ihrer natürlichen Gegebenheiten nicht bewirtschaftet werden können, also nicht kulturfähig sind (BFH 24.1.2018 – II R 59/15, BStBl. II 2018, 619 Rn. 18). Dabei kommt es im Hinblick auf die objektive Ertragsfähigkeit als Bewertungskriterium nicht auf die in den einzelnen Betrieben tatsächlich erzielten Einnahmen und entstandenen Ausgaben an. Eine lang anhaltende Ertragslosigkeit kann zwar ein Indiz dafür sein, dass Flächen ihrer Art nach objektiv nicht kulturfähig sind. Der Umstand allein, dass die Bewirtschaftung von Flächen unwirtschaftlich ist und die Kosten den Ertrag übersteigen, reicht jedoch nicht aus, um Flächen als Unland einzuordnen (BFH 24.1.2018 – II R 59/15, BStBl. II 2018, 619). Typische Fälle von Unland sind felsiges Gelände und mit Grundwasser gefüllte, stillgelegte Steinbrüche, Kies- und Sandgruben. Rechtliche Beschränkungen (Natur- und Umweltschutz) führen nur dann zu Unland, wenn eine Bewirtschaftung überhaupt nicht mehr zulässig ist und keinerlei Entschädigung gewährt wird (vgl. *Bruschke* in Stenger/Loose BewG § 234 Rn. 140 ff.).

26 **4. Hofstelle (Abs. 1 Nr. 2 Buchst. d, Abs. 6).** Die Nutzungsart „Hofstelle" ist ein Novum des neuen Bewertungsrechts. Dementsprechend enthält das Gesetz auch erstmals eine innerhalb der §§ 232 ff. BewG insgesamt maßgebliche (mit Einschränkung indes des § 233 Abs. 3 BewG, → BewG § 233 Rn. 11) gesetzliche Beschreibung der Hofstelle. Gemäß § 234 Abs. 6 BewG gehören zur Hofstelle alle Hof- und Wirtschaftsgebäudeflächen einschließlich der Nebenflächen, wenn von dort land- und forstwirtschaftliche Flächen nachhaltig bewirtschaftet werden. Der Gesetzgeber knüpft damit an die Rechtsprechung zu § 69 Abs. 3 S. 2 BewG (jetzt

Betrieb der Land- und Forstwirtschaft **§ 234 BewG**

§ 233 Abs. 3 S. 2 BewG) an (vgl. BFH 9.10.1985 – II R 247/81, BStBl. II 1986, 13). Gemeint ist der **Mittelpunkt der landwirtschaftlichen Tätigkeit** (BFH 9.10.1985 – II R 247/81, BStBl. II 1986, 13).

Umfang und Ausstattung der Hofstelle sollen sich nach der Gesetzesbegründung 27 grundsätzlich nach den Erfordernissen und der Größe der von dieser Stelle aus bewirtschafteten Flächen richten (BT-Drs. 19/11085, 101). Der Gesetzgeber scheint mithin eine den Umfang der Hofstellenfläche begrenzende Angemessenheitsprüfung im Blick zu haben. Im Gesetzeswortlaut hat dies allerdings keinen Anklang gefunden. Entscheidend ist daher allein eine **funktionale Betrachtungsweise**. Ob die Flächen unbebaut oder bebaut sind, ist nicht entscheidend. Hecken, Gräben, Grenzraine und dergleichen werden der Hofstelle zugeordnet, wenn sie nicht vorrangig einer anderen Nutzung zuzuordnen sind (AEBewGrSt A 237.24 Abs. 1 S. 3). Die sich auf den Hofflächen befindlichen Wirtschaftsgebäude werden mit ihren jeweiligen Brutto-Grundflächen der Hofstelle zugerechnet (BT-Drs. 19/11085, 101 f.). Nicht zur Hofstelle gehören hingegen Gebäude, die Wohnzwecken oder anderen nicht land- und forstwirtschaftlichen Zwecken dienen. Erschließt die Hofstelle (einschließlich Zufahrt) sowohl die Wohngebäude als auch die Wirtschaftsgebäude, ist eine Aufteilung vorzunehmen (→ BewG § 232 Rn. 33 ff.).

Fraglich ist, ob auch ein ruhender oder verpachteter Betrieb eine Hof- 28 **stelle iSv § 234 Abs. 6 BewG haben kann.** Für den Hofstellenbegriff des § 69 Abs. 3 S. 2 BewG hatte die Rechtsprechung dies verneint (FG Düsseldorf 12.5.2005 – 11 K 3773/04, EFG 2005, 1164). Begründet wurde dies mit der privilegierenden Wirkung des § 69 Abs. 3 S. 2 BewG. Daher wurde ein Bewirtschaftungszusammenhang mit den land- und forstwirtschaftlich genutzten Flächen in § 69 Abs. 3 S. 2 BewG hineingelesen, der ohne Selbstbewirtschaftung nicht erfüllt werden konnte. Diese Auslegung beansprucht nach wie vor für § 233 Abs. 3 S. 2 BewG Geltung (→ BewG § 233 Rn. 11), ist aber für § 234 Abs. 6 BewG irrelevant. Denn § 234 Abs. 6 BewG geht die Anwendung des § 232 Abs. 1 S. 2 BewG voraus: Ist die Hofstelle als dauerhaft dem Betrieb der Land- und Forstwirtschaft dienende Fläche eingestuft worden – sei es, weil der Pächter der landwirtschaftlichen Flächen auch die Wirtschaftsgebäude der Hofstelle gepachtet hat, sei es, weil der vormalige Funktionszusammenhang durch eine bloße Nichtnutzung nicht aufgelöst worden ist (→ BewG § 232 Rn. 22) –, scheidet eine Zuordnung der Hofstelle zum Grundvermögen aus. Insbesondere führt im Falle der Nichtnutzung die auf dem Hof im Übrigen fortbestehende Wohnnutzung nicht dazu, dass die gesamte Hofstelle fortan der Wohnnutzung zuzuordnen ist (und nicht mehr nur ein etwaiger Anteil, zur uU notwendigen Aufteilung → BewG § 232 Rn. 37). Auch in diesem Fall besteht die vormalige Zweckbestimmung grundsätzlich fort und die Hofstelle muss dann zwangsläufig von § 234 Abs. 1 Nr. 2 Buchst. d BewG erfasst werden. **Hofstelle iSv § 234 Abs. 6 BewG ist also auch die sog. inaktive Hofstelle, sofern zumindest die ursprüngliche Zweckbestimmung fortwirkt** (glA *Müller* in Grootens BewG § 234 Rn. 85 f.; AEBewGrSt A 237.24 Abs. 1 S. 6 ff.).

III. Nebenbetriebe (Abs. 1 Nr. 3, Abs. 7)

Der Betrieb der Land- und Forstwirtschaft umfasst – ebenso wie im Ertragsteuer- 29 recht (vgl. § 13 Abs. 2 Nr. 1 EStG) – auch sog. Nebenbetriebe. Das sind **Betriebe, die bei isolierter Betrachtung als Gewerbebetrieb qualifiziert werden könnten, die allerdings dem land- und forstwirtschaftlichen Hauptbetrieb zu dienen bestimmt sind** und deshalb als Teil dieses Hauptbetriebes angesehen

501

§ 234 BewG Siebenter Abschnitt. Bewertung d. Grundbesitzes ab 1.1.2022

werden. Häufig ist die zu beurteilende Tätigkeit durch einen produzierenden, teils handwerklichen Charakter geprägt und diese Tätigkeit wird typischerweise auch von anderen Steuerpflichtigen erbracht, die die Grundprodukte (zB Getreide für Mehl und dann Brot sowie Mastschweine für Fleisch und dann Wurstwaren) vom Landwirt erwerben (können). Es handelt sich um gewerbliche Tätigkeiten. Über die Figur des Nebenbetriebes nehmen sie allerdings an der land- und forstwirtschaftlichen Einordnung in Bezug auf den Hauptbetrieb teil, wenn (und weil) die Verbindung zwischen beiden Betrieben keine zufällige, vorübergehende und ohne Nachteil für den Hauptbetrieb leicht lösbare, sondern eine planmäßige und im Interesse des Hauptbetriebes gewollte ist (so schon RFH 10.5.1927 – I A 318/26, RFHE 21, 176 [178]). Haupt- und Nebenbetriebe bilden somit eine dem Hauptzweck dienende wirtschaftliche Einheit, die auch steuerlich zu berücksichtigen ist. Ein **land- und forstwirtschaftlicher Nebenbetrieb setzt daher nicht nur die Existenz eines Hauptbetriebs voraus** (BFH 12.3.1992 – V R 55/88, BStBl II. 1992, 982), sondern der **Hauptbetrieb muss gerade auch das land- und forstwirtschaftliche Gesamtgepräge vermitteln** (BFH 16.10.1970 – III R 25/69, BStBl II 1971, 287 [288f.]). Die **Verpachtung eines Nebenbetriebes** löst hingegen den Zusammenhang mit dem Hauptbetrieb (RFH 27.7.1932 – III A 9/32, RStBl. 1932, 985). § 234 Abs. 1 Nr. 3 BewG hat nach alledem eine Doppelfunktion: Er enthält zum einen eine spezialgesetzliche Regelung zur Abgrenzung der Land- und Forstwirtschaft vom Gewerbebetrieb – weshalb der Nebenbetrieb besser schon in § 232 BewG normativ anzusprechen gewesen wäre – und gewährleistet iVm § 237 BewG eine eigenständige Bewertung des Nebenbetriebes.

30 Der **Nebenbetriebsfrage systematisch vorgelagert** ist die Frage, **ob eine Tätigkeit typologisch (noch) unmittelbar zur land- und forstwirtschaftlichen Tätigkeit iSd Urproduktion gerechnet werden kann.** So bewegt sich zB ein Landwirt, der organischen Abfall gegen Entgelt der Verursacher abholt und im eigenen Betrieb zur Düngung verwendet, noch innerhalb der landwirtschaftlichen Nutzung (vgl. BFH 8.11.2007 – IV R 24/05, BStBl. II 2008, 356 zu § 13 EStG). Ebenso stellt das **Sortieren und Reinigen des Urproduktes** (zB von Spargel) einen zwangsläufigen Arbeitsschritt nach der Gewinnung des Urproduktes dar (nicht hingegen das Schälen von Spargel, vgl. BFH 8.5.2008 – VI R 76/04, BStBl. II 2009, 40). Besonders deutlich wird die systematisch vorrangige Zuordnung zur Land- und Forstwirtschaft beim Weinbau, wo die **Weinherstellung** noch zum Weinbau zählt (→ Rn. 12; anders hingegen die Sektherstellung, → Rn. 35). Entsprechendes gilt für die **Vermarktung der eigenen Produkte.** Ein Hofladen, über den ausschließlich Eigenerzeugnisse vertrieben werden, stellt daher keinen Nebenbetrieb dar (BFH 25.3.2009 – IV R 21/06, BStBl. II 2010, 113; aA *Bruschke* in Stenger/Loose BewG § 234 Rn. 171). Es handelt sich vielmehr um eine originär landwirtschaftliche Tätigkeit. Wird der Vertrieb eigener Produkte durch den Zu- und Verkauf von fremden Produkten ergänzt, so gehört auch dies thematisch nicht zur Nebenbetriebsfrage. In diesen Fällen führt die Handelstätigkeit (einschließlich des Absatzes der eigenen Produkte) uU zu einem Gewerbebetrieb (→ BewG § 232 Rn. 8), der die notwendige dienende Funktion gegenüber dem Hauptbetrieb nicht aufweist und deshalb nicht Nebenbetrieb sein kann.

31 Nebenbetriebe haben die Aufgabe, den Hauptbetrieb zu stärken, insbesondere seine Ertragslage zu verbessern. Man unterscheidet in der Regel folgende Arten von Nebenbetrieben:
– **Substanzbetriebe** gewinnen Bodenschätze (Eigentümermineralien wie Sand, Kies, Steine etc sowie Torf), um diese Materialien ausschließlich oder überwie-

Betrieb der Land- und Forstwirtschaft **§ 234 BewG**

gend und nachhaltig im Hauptbetrieb einzusetzen (RFH 2.6.1932 – III A 691/31, RStBl 1932, 774; BFH 23.6.1977 – IV R 17/73, BStBl II 1977, 825 [Kiesvorkommen]; zur Ausbeutung durch Dritte → BewG § 232 Rn. 25);
- **Zusatzbetriebe** ergänzen den Tätigkeitsbereich des Hauptbetriebes (zB kann ein Wildgehege einen forstwirtschaftlichen Betrieb ergänzen, → BewG § 232 Rn. 12) und
- **Be- und Verarbeitungsbetriebe** (→ Rn. 32 ff.).

Be- und Verarbeitungsbetriebe: Ist das Urprodukt marktfähig und bewirkt 32 der Be-/Verarbeitungsprozess eine derartige Veränderung des Urproduktes, dass ein Produkt anderer Marktgängigkeit geschaffen wird, dann liegt eine originär gewerbliche Tätigkeit vor. Diese kann nur unter den Voraussetzungen des § 234 Abs. 1 Nr. 3, Abs. 7 BewG der Land- und Forstwirtschaft zugerechnet werden. Unbestrittene Voraussetzung für die Nebenbetriebseigenschaft solcher Be- und Verarbeitungsbetriebe ist, dass die eingesetzten Rohstoffe überwiegend (mehr als 50%) im eigenen Hauptbetrieb erzeugt worden sind (BFH 27.11.1997 – V R 78/93, BStBl II 1998, 359 [360f.]). Im Übrigen **formulieren Finanzverwaltung und Rechtsprechung** allerdings **unterschiedliche Voraussetzungen in Ansehung der dienenden Funktion** des Nebenbetriebes. Die **Finanzverwaltung will insoweit nach Verarbeitungsstufen differenzieren:** Die erste Be- und Verarbeitungsstufe soll noch innerhalb eines Nebenbetriebes erfolgen. Die zweite Be- und Verarbeitungsstufe finde hingegen grundsätzlich in einem selbstständigen Gewerbebetrieb statt (AEBewGrSt A 237.24 Abs. 2 iVm EStR 15.5 Abs. 3 S. 5). Zugleich verweist die Finanzverwaltung allerdings auf ihre Umsatzgrenzenregelung (→ BewG § 232 Rn. 7), dh die Tätigkeit auf der zweiten Be- und Verarbeitungsstufe soll der Annahme eines Nebenbetriebes nicht schaden, wenn weder die relative 1/3-Umsatzgrenze noch die absolute 51.500 EUR-Umsatzgrenze überschritten werden (AEBewGrSt A 237.24 Abs. 2 iVm EStR 15.5 Abs. 3 S. 7 u. Abs. 11). Der **BFH stellt demgegenüber zu Recht maßgeblich auf den Umfang der Veränderung ab,** den die landwirtschaftlichen Produkte im zu beurteilenden Betrieb erfahren. Unschädlich für die Annahme eines Nebenbetriebes ist nur eine geringfügige Weiterverarbeitung.

Beispielhaft verweist die Rechtsprechung auf die Weiterverarbeitung von 33 **Milch zu Butter, Quark oder Käse** (BFH 12.12.1996 – IV R 78/95, BStBl. II 1997, 427 [429]; ebenso FG München 25.8.2005 – 2 K 5007/03, EFG 2006, 106 [107]). Für eine (schädliche) mehr als geringfügige Weiterverarbeitung spricht es hingegen, wenn sich die Wertschöpfung für das Produkt außerhalb des durch das traditionelle Bild gegebenen Rahmens der Land- und Forstwirtschaft vollzieht und in einer für Gewerbe- und Handwerksbetriebe üblichen Produktionsweise erfolgt und daher mit diesen in Konkurrenz tritt. Unterscheidet sich die Weiterverarbeitung der eigenen land- und forstwirtschaftlichen Urerzeugnisse durch einen Land- und Forstwirt nicht wesentlich von der üblicher Handwerks- und Gewerbebetriebe, so nimmt die Rechtsprechung einen selbstständigen gewerblichen Betrieb an. Das wurde zB für die **Herstellung von Schinken und Wurst** wegen der Nähe zum Handwerk des Metzgers angenommen (BFH 12.12.1996 – IV R 78/95, BStBl. II 1997, 427). Unseres Erachtens muss dies allerdings auch schon für das **Schlachten** von Schweinen, Kälbern und Rindern sowie das Zerlegen in zwei Hälften gelten (aA *Gossert* in Korn EStG § 13 Rn. 26: Nebenbetrieb), sofern es sich nicht um gelegentliche Hausschlachtungen handelt.

Der BFH macht lediglich aus Vereinfachungsgründen eine **Ausnahme** von den 34 vorstehenden Grundsätzen: Wenn die an sich gewerbliche Betätigung gegenüber

§ 234 BewG Siebenter Abschnitt. Bewertung d. Grundbesitzes ab 1.1.2022

dem land- und forstwirtschaftlichen Betrieb **umfangmäßig nicht ins Gewicht** fällt, hindert eine mehr als geringfügige Be- und Verarbeitung die Annahme eines Nebenbetriebes nicht. Dies soll gelten, wenn der im Be- und Verarbeitungsbetrieb erzielte Umsatz nicht mehr als 10% des Umsatzes im land- und forstwirtschaftlichen Betrieb ausmacht und außerdem der für die Besteuerung der Kleinunternehmer in § 19 UStG festgelegte Betrag nicht überschritten wird (BFH 12.12.1996 – IV R 78/95, BStBl. II 1997, 427).

35 (Weitere) **Beispiele:**
- Eine **Biogasanlage** kann Nebenbetrieb sein (eingehend → BewG § 232 Rn. 11).
- Eine **Abfindungsbrennerei** soll nur dann als Nebenbetrieb zu qualifizieren sein, wenn sie überwiegend die im Hauptbetrieb erzeugten Rohstoffe verarbeitet (BFH 27.11.1997 – V R 78/93, BStBl. II 1998, 359 mwN).
- Eine **Verschlussbrennerei** soll als Nebenbetrieb anzusehen sein, wenn sie dazu bestimmt ist, eine bessere Verwertung der landwirtschaftlichen Erzeugnisse (Korn, Kartoffeln, Obst) zu ermöglichen und durch die Lieferung von Rückständen wie Schlempe die Viehhaltung zu steigern. Die Weiterverarbeitung des aus erzeugtem Getreide gewonnenen Rohsprits zu Feinsprit allein mache die Brennerei noch nicht zu einem Gewerbebetrieb, da es sich um einen verhältnismäßig einfachen Reinigungsvorgang handelt, der noch im Bereich der Landwirtschaft liegt. Die Weiterverarbeitung des Feinsprits zu Trinkbranntwein soll hingegen zu einem Gewerbebetrieb führen, wenn sich beide Bereiche nicht trennen lassen (RFH 23.9.1937 – III A 113/37, RStBl. 1937, 1299), anders hingegen bei tatsächlicher Trennung der Trinkbranntweinherstellung von der Brennerei (BFH 16.10.1970 – III R 25/69, BStBl. II 1971, 287 [289]: Brennerei als Nebenbetrieb und die Trinkbranntweinherstellung als selbstständiger Gewerbebetrieb).
- Das Räuchern frisch gefangener Fische **(Fischräucherei)** sei lediglich ein Vorgang des Haltbarmachens. Ohne steuerschädlichen Zukauf und nennenswerte Weiterverarbeitung stelle eine derartige Räucherei einen landwirtschaftlichen Nebenbetrieb dar (BFH 27.10.1993 – XI R 61/90, BFH/NV 1994, 419).
- Die **Abnahme von biologischen Abfällen zur Erzeugung von Humus** zwecks überwiegender Verwendung im eigenen Betrieb ist ein Nebenbetrieb (*Müller* in Grootens BewG § 234 Rn. 56).
- **Konservenerzeugung** erfolge dann im Nebenbetrieb, wenn leicht „verderbliche" Urprodukte dadurch haltbar und besser verkehrsfähig gemacht werden (BFH 20.1.1955 – V 120/54, BStBl. III 1955, 93: Champignons). Entsprechendes gelte (weil nur unwesentlicher Verarbeitungsschritt) für die Herstellung von Sauerkraut aus dem selbsterzeugten Weißkohl (so FG Köln 3.12.2001 – 11 K 4183/95, BeckRS 2001, 21013205 für die Umsatzsteuer, aA FG Münster 8.3.1977 – VI 267/77, EFG 1977, 496; aus der – allerdings vor BFH 12.12.1996 – IV R 78/95, BStBl II 1997, 427 [→ Rn. 32] ergangenen – Rechtsprechung siehe ferner BFH 5.11.1959 – V 15/57, BStBl. III 1959, 493 [Obst- und Gemüsekonserven]; 18.5.1962 – V 167/59 U, BStBl III 1962, 297 [Rübensirup]). Werden Frischpilze zu sog. Halbkonserven (Salzlake-Ware) verarbeitet, soll dies noch zur Urproduktion rechnen (FM Niedersachsen 27.7.1988 – S 3123-11-34, BeckVerw 279230).
- Nach älterer Rechtsprechung ist ein **Sägewerk** ein forstwirtschaftlicher Nebenbetrieb, solange die eingesetzte Rohholzmenge überwiegend im Hauptbetrieb erzeugt worden ist und die bearbeiteten Produkte überwiegend für den Verkauf bestimmt sind. Die Rundholzbearbeitung dürfe allerdings nicht über die Her-

stellung von rohem Schnittholz (Brettern, Bohlen, Balken, Latten, Blockware) hinausgehen (BFH 23.1.1958 – V 113/56, BStBl. III 1958, 137; 18.1.1962 – V 200/58, BStBl. III 1962, 298; 29.7.1971 – V R 55/67, BeckRS 1971, 22001155).

– Bei der **Sektherstellung** ist der Wein ein Zwischenprodukt („Grundwein"), das durch alkoholische Gärung veredelt wird. Es handelt sich also um eine Weiterverarbeitung des Urprodukts „Wein" und ist daher typologisch nicht mehr zur weinbaulichen Nutzung zu rechnen. Stellt man mit der Rechtsprechung auf die Wesentlichkeit der Verarbeitung ab, wird man die Herstellung von Sekt aus den Grundweinen, die aus selbst erzeugten Trauben gewonnen worden sind, noch als Nebenbetrieb iSv § 13 Abs. 2 Nr. 1 EStG ansehen können. Zu demselben Ergebnis kommt auch die Finanzverwaltung, die die Sektherstellung unter diesen Voraussetzungen der ersten Verarbeitungsstufe zuordnen will (BMF 18.11.1996, BStBl I 1996, 1434).

Unter Geltung des neuen Bewertungsrechts stellt sich die Frage, **ob es erfor-** 36 **derlich ist, dass die Inhaber von Haupt- und Nebenbetrieb identisch sind.** Der RFH hat zur Einheitsbewertung angenommen, dass ein Landwirt einen Nebenbetrieb auch in gesamthänderischer Verbundenheit in der Rechtsform einer Personengesellschaft betreiben kann (RFH 26.1.1939 – III 94/38, RStBl. 1939, 573 unter Hinweis auf die Vorgängernorm des § 34 Abs. 5 BewG; dies entspricht auch der Rechtsprechung des BFH zum Ertragsteuerrecht, vgl. BFH 22.1.2004 – IV R 45/02, BStBl. II 2004, 512). Weder § 232 BewG noch § 234 BewG enthalten allerdings – anders als § 34 BewG – Regelungen, die sich zu dieser Frage verhalten. Zum Teil wird ohne weitere Erörterung dieser Frage davon ausgegangen, dass die bisherigen Rechtsprechungsgrundsätze fortgelten (so zB *Bruschke* in Stenger/Loose BewG § 234 Rn. 163). Dem kann indes nicht gefolgt werden. Eine Zusammenfassung ist wegen des Grundsatzes der Eigentümeridentität jedenfalls dann nicht möglich, wenn die Personengesellschaft den Nebenbetrieb auf ihr selbst oder einem Dritten zurechenbarem Grundbesitz betreibt. Aber selbst dann, wenn die Personengesellschaft den Nebenbetrieb auf dem Grundbesitz betreibt, der auch dem Zurechnungssubjekt des Betriebs der Land- und Forstwirtschaft, der als Hauptbetrieb in Betracht kommt, zuzurechnen ist, scheidet eine Verknüpfung aus. Denn hierfür bräuchte es zumindest einer Zurechnungsnorm in Bezug auf die ausgeübte Tätigkeit. Eine solche existiert mit § 232 Abs. 2 S. 2 BewG aber nur für die originär land- und forstwirtschaftliche Tätigkeit, aber gerade nicht für eine gewerbliche Tätigkeit (um diese in die land- und forstwirtschaftliche Betätigung einbeziehen zu können).

C. Zuordnung entsprechend der gesetzlichen Klassifizierung (Abs. 2)

Gemäß § 234 Abs. 2 BewG sind die land- und forstwirtschaftlichen Betriebs- 37 flächen einer Nutzung, innerhalb der gärtnerischen Nutzung einem Nutzungsteil, oder einer Nutzungsart zuzuordnen (gesetzliche Klassifizierung). Das versteht sich für die Anwendung des § 234 Abs. 1 BewG von selbst. Daher ist § 234 Abs. 2 BewG auch weniger an den Anwender des § 234 BewG adressiert als vielmehr an diejenigen Behörden, die den Finanzbehörden zuarbeiten und die für die Anwendung des § 234 BewG notwendigen Daten zur Verfügung stellen. Die Gesetzesbegründung zu § 234 Abs. 2 BewG verweist daher auf die Automationsstrategie der Finanzverwaltung und führt aus, dass die Angaben zu den klassifizierten Flächen im amtlichen Liegenschaftskatasterinformationssystem bundeseinheitlich auf der Rechtsgrundlage des § 229 Abs. 3, Abs. 6 BewG der Finanzverwaltung zur Verfügung zu stellen sind (BT-Drs. 19/11085, 101). Es geht mithin um Standardisierung zwecks automatisierter Verarbeitung. Gleichwohl geht mit der Klassifizierung durch eine andere Behörde keine Bindungswirkung in Bezug auf die Zuordnung zu den Nutzungen und Nutzungsarten iSv § 234 Abs. 1 BewG einher.

§ 235 Bewertungsstichtag

(1) **Für die Größe des Betriebs sowie für den Umfang und den Zustand der Gebäude sind die Verhältnisse im Feststellungszeitpunkt maßgebend.**

(2) **Für die stehenden und umlaufenden Betriebsmittel ist der Stand am Ende des Wirtschaftsjahres maßgebend, das dem Feststellungszeitpunkt vorangegangen ist.**

Gilt nicht in **Baden-Württemberg** (dort § 29 BWLGrStG).

A. Allgemeines

I. Systematische Einordnung und Zweck der Vorschrift

1   § 235 BewG gibt den Zeitpunkt vor, der für die dort genannten bewertungsrelevanten Umstände maßgeblich ist. Die Norm ergänzt vor allem § 221 Abs. 2 BewG.

II. Entwicklung der Regelung

2   Die Regelung beruht auf dem Grundsteuerreformgesetz v. 26.11.2019 (→ Grundlagen Rn. 13; zu § 235 BT-Drs. 19/11085, 102). Sie entspricht § 35 BewG.

B. Maßgeblichkeit des Feststellungszeitpunktes (Abs. 1)

3   § 235 Abs. 1 BewG wiederholt die Vorgabe der §§ 221 Abs. 2, 222 Abs. 4, 223 Abs. 2 BewG, wonach für die Feststellung des Grundsteuerwertes grundsätzlich die **Verhältnisse zum jeweils maßgeblichen Feststellungszeitpunkt** (also 1.1. 0.00 Uhr, → BewG § 221 Rn. 8) **maßgeblich** sind. Von Bedeutung ist dies vor allem für den Umfang der land- und forstwirtschaftlichen Tätigkeit (insbesondere in Abgrenzung zum Gewerbebetrieb, → BewG § 232 Rn. 4 ff.), den Umfang der dem Steuerpflichtigen zuzurechnenden Flächen und ihre Zuordnung zu den verschiedenen Nutzungen. Die Erfassung der Wirtschaftsgebäude ist nur noch für die Reinertragsermittlung der weinbaulichen Nutzung bei Fass- und Flaschenweinerzeugung und der Nebenbetriebe (→ BewG § 238 Rn. 6) erforderlich. Anders als im alten Bewertungsrechts sieht nur noch § 235 Abs. 2 BewG eine Ausnahme von diesem Grundsatz vor. Die Regelungen der §§ 54, 59 BewG, die für bestimmte Nutzungen von § 35 Abs. 1 BewG abweichende Regelungen vorsahen, sind nicht in die §§ 232 ff. BewG übernommen worden.

C. Stichtag für die Betriebsmittel (Abs. 2)

Für die stehenden und umlaufenden Betriebsmittel weicht § 235 Abs. 2 BewG **4** von den §§ 221 Abs. 2, 222 Abs. 4, 223 Abs. 2 BewG ab und **stellt auf die Bestände am Ende des Wirtschaftsjahres ab, das dem Feststellungszeitpunkt vorangegangen ist.** Das Wirtschaftsjahr und sein Ende ergeben sich aus **§ 4a Abs. 1 S. 2 Nr. 1 EStG.** Bei Land- und Forstwirtschaft ist das Wirtschaftsjahr grundsätzlich der Zeitraum vom 1.7. bis zum 30.6. des Folgejahres. Hiervon sieht allerdings § 8c EStDV wiederum Ausnahmemöglichkeiten vor: (1) Betriebe mit einem Futterbauanteil von 80% und mehr der Fläche der landwirtschaftlichen Nutzung = 1.5. bis 30.4. des Folgejahres; (2) Betriebe mit reiner Forstwirtschaft = 1.10. bis 30.9. des Folgejahres oder das Kalenderjahr; (3) Betriebe mit reinem Weinbau = 1.9. bis 31.8. des Folgejahres; (4) Gartenbaubetriebe = das Kalenderjahr. Der Gesetzgeber begründet diese Abweichung mit Zweckmäßigkeitserwägungen (BT-Drs. 19/11085, 102), die wohl darin zu erblicken sein dürften, dass mit dem Ende des Gewinnermittlungszeitraums jedenfalls bei bilanzierenden Steuerpflichtigen ohnehin eine Bestandsaufnahme zu erfolgen hat.

Im neuen Recht **hat die Regelung nur noch für die Ermittlung der Tier- 5 bestände nach Maßgabe des § 241 BewG Bedeutung** (→ BewG § 241 Rn. 16). Für alle anderen Betriebsmittel ist sie bedeutungslos. Denn diese sind mit dem Reinertrag abgegolten (→ BewG § 237 Rn. 3). Die Finanzverwaltung will § 235 Abs. 2 BewG über die Betriebsmittel hinaus allerdings auch auf die Umsatzgrenzen im Zusammenhang mit der Abgrenzung der landwirtschaftlichen von einer gewerblichen Tätigkeit (→ BewG § 232 Rn. 6ff.) anwenden (so wird man wohl AE-BewGrSt A 235 S. 3 verstehen dürfen). Das entspricht dem Zweckmäßigkeitsanliegen des Gesetzgebers (→ Rn. 4).

§ 236 Bewertungsgrundsätze

(1) **Der Bewertung eines Betriebs der Land- und Forstwirtschaft ist der Ertragswert zugrunde zu legen.**

(2) ¹**Bei der Ermittlung des Ertragswerts ist von der Ertragsfähigkeit auszugehen.** ²**Ertragsfähigkeit ist der bei ordnungsmäßiger Bewirtschaftung gemeinhin und nachhaltig erzielbare Reinertrag eines pacht- und schuldenfreien Betriebs mit entlohnten fremden Arbeitskräften (Reinertrag).** ³**Er ermittelt sich aus dem Betriebseinkommen abzüglich des Lohnaufwands für die entlohnten Arbeitskräfte und des angemessenen Anteils für die Arbeitsleistung des Betriebsleiters sowie der nicht entlohnten Arbeitskräfte.** ⁴**Hierbei sind alle Umstände zu berücksichtigen, die bei einer Selbstbewirtschaftung des Betriebs den Wirtschaftserfolg beeinflussen.**

(3) ¹**Der Reinertrag wird aus den Erhebungen nach § 2 des Landwirtschaftsgesetzes oder aus Erhebungen der Finanzverwaltung für jede gesetzliche Klassifizierung gesondert ermittelt.** ²**Bei der Ermittlung des jeweiligen Reinertrags ist zur Berücksichtigung der nachhaltigen Ertragsfähigkeit ein Durchschnitt aus den letzten zehn vorliegenden Wirtschaftsjahren zu bilden, die vor dem Hauptfeststellungszeitpunkt geendet haben.**

(4) Der Ertragswert ist das 18,6fache der Summe der Reinerträge des Betriebs.

Gilt nicht in **Baden-Württemberg** (dort § 30 BWLGrStG).

A. Allgemeines

I. Systematische Einordnung und Zweck der Regelung

1   § 236 BewG gibt den Bewertungsmaßstab für die Betriebe der Land- und Forstwirtschaft (= Ertragswert) vor und konkretisiert die ihm zugrunde liegenden Prämissen. Angesichts der typisierten Bewertung anhand von Durchschnittswerten gem. § 237 BewG hat § 236 BewG vor allem Bedeutung als Maßstabsnorm für die Ermittlung dieser Durchschnittswerte, aber auch für den Erlass wegen einer wesentlichen Ertragsminderung nach § 33 GrStG (→ GrStG § 33 Rn. 6).

II. Entwicklung der Vorschrift

2   § 236 BewG beruht auf dem Grundsteuerreformgesetz v. 26.11.2019 (→ Grundlagen Rn. 13; zu § 236 BewG s. BT-Drs. 19/11085, 102 f.).

B. Der Ertragswert als Bewertungsmaßstab (Abs. 1)

3   Die Bewertung des Betriebs der Land- und Forstwirtschaft erfolgt mit einem Ertragswert. Der Ertragswert dient in wirtschaftlichen und rechtlichen Kontexten typischerweise der Ermittlung des Verkehrswertes eines Gegenstandes. Dem liegt die **investitionstheoretische Prämisse** zugrunde, dass sich der **Wert eines Gegenstandes vor allem nach dem künftigen Nutzen bemisst,** den der Gegenstand stiftet, und dass eine betriebliche Einheit daher so viel wert ist, wie das Kapital, mit dem auf andere Weise derselbe Überschuss erzielt werden kann. Dies erfordert eine Kapitalisierung des Überschusses (= Nutzen) nach den Grundsätzen der ewigen Rente oder bei unterstellter zeitlicher Begrenzung deren Diskontierung. Die künftigen Erträge werden also in einen Barwert auf einen bestimmten Bewertungsstichtag überführt. An diese Grundsätze knüpft der Gesetzgeber mit § 236 Abs. 1 BewG an, steuert die Ertragswertermittlung allerdings durch eine **sehr starke Typisierung:**

4   Erstens, das **Gesetz knüpft nicht an den Ertrag des konkret zu bewertenden Betriebes an, sondern an eine typisierte (objektivierte) Ertragsfähigkeit.** Das die Typisierung prägende Leitbild formuliert § 236 Abs. 2 S. 1 BewG: Maßgeblich ist der bei ordnungsmäßiger Bewirtschaftung gemeinhin und nachhaltig erzielbare Reinertrag eines pacht- und schuldenfreien Betriebes mit entlohnten Arbeitskräften. Der Gesetzgeber will das durchschnittliche Ertragspotential eines derart definierten Betriebes als Sollertrag erfassen (vgl. BT-Drs. 19/11085, 102) und dies ohne Differenzierung zwischen einem selbst bewirtschafteten Betrieb, einem Verpachtungsbetrieb und einzelnen verpachteten Flächen sowie ungeachtet der Frage, ob die Flächen wirklich bewirtschaftet werden (sofern der funktionale Zusammenhang mit dem Betrieb der Land- und Forstwirtschaft gegeben ist, → BewG § 232 Rn. 23 ff.). Dazu bedient er sich vornehmlich bundeseinheitlicher Durchschnittswerte (→ Rn. 7 ff.). Gleichwohl führt dies nicht zu bundeseinheitlich

Bewertungsgrundsätze **§ 236 BewG**

identischen Bewertungsergebnissen bei identischer Fläche und Flächennutzung. Differenzierungen ergeben sich nämlich über die Ertragsmesszahl bei landwirtschaftlicher Nutzung (→ BewG § 237 Rn. 4 ff.), regionale Differenzierungen bei forstwirtschaftlicher Nutzung (→ BewG § 237 Rn. 13 f.) und die Zuschläge nach § 238 BewG.

Zweitens, die **Kapitalisierung wird vom Marktzins und Risikoeinschätzungen entkoppelt.** Die Summe der Reinerträge wird stets mit 18,6 (= **fester Zinssatz von 5,5 %**) multipliziert und ergibt den Grundsteuerwert des Betriebes der Land- und Forstwirtschaft (§§ 236 Abs. 4, 239 Abs. 1 BewG). Damit wird deutlich, dass der Kapitalisierungsvorgang nur noch wenig mit dem Gedanken der Anlagealternativität zu tun hat und es nur um eine rechtstechnische Überführung typisierter Erträge in eine für die Grundsteuer taugliche Bemessungsgrundlage geht.

Der vom Gesetzgeber im Bereich der Land- und Forstwirtschaft kreierte Ertragswert erfüllt auch eine Abschirmwirkung gegenüber einem etwaigen höheren Verkehrswert, der sich ergeben würde, wenn man eine andere anerkannte Preisermittlungsmethode heranziehen würde. Das betrifft vor allem das vergleichende Verfahren in Bezug auf beobachtbare Kaufpreise für Grund und Boden. Wenn ein Gesetz land- und forstwirtschaftliches Vermögen mit anderen Vermögensarten in einer Bemessungsgrundlage zusammenfasst und für die anderen Vermögensarten die allgemeinen Verkehrswertermittlungsgrundsätze gelten, dann kommt einer rein ertragswertorientierten Bewertung eine privilegierende Wirkung zu. Die Relationsgerechtigkeit der Bewertung aller erfassten Vermögensgegenstände ist dann nicht gewährleistet. Das ist vor allem ein Aspekt, der die Erbschaft- und Schenkungsteuer betrifft, weil dort alle Bereicherungsgegenstände eine Vergleichsgruppe bilden. Die Grundsteuer betrifft er hingegen nicht. Erkennt man an, dass (nur) alle der Grundsteuer A unterliegenden Steuergegenstände die maßgebliche Vergleichsgruppe bilden (→ GrStG § 2 Rn. 1), dann ist in konzeptioneller Hinsicht die Relationsgerechtigkeit gewahrt. Gleichheitsrechtliche Fragen stellen sich dann nur noch in Bezug auf die Typisierung. Vor allem hat der Gesetzgeber dort, wo die Grundstücke eines Betriebes der Land- und Forstwirtschaft eine Vergleichbarkeit mit dem Grundvermögen iSv §§ 243 ff. BewG aufweisen, folgerichtig auch die insoweit maßgeblichen Bewertungsmaßstäbe zur Anwendung gebracht. Das betrifft das Wohnhaus des Landwirtes (und andere Wohnnutzungen, → BewG § 232 Rn. 33 ff.) und das sog. Bau(-erwartungs-)land (vgl. § 233 Abs. 2 u. Abs. 3 BewG).

C. Maßstabsfunktion des selbst bewirtschafteten, pacht- und schuldenfreien Betriebes mit entlohnten Arbeitskräften (Abs. 2) und Datengrundlage (Abs. 3)

Als Leitbild für die objektivierte Ertragswertermittlung soll der bei ordnungsmäßiger Bewirtschaftung gemeinhin und nachhaltig erzielbare Reinertrag eines pacht- und schuldenfreien Betriebes mit entlohnten Arbeitskräften zugrunde gelegt werden (§ 236 Abs. 2 S. 1 BewG). Dieser Reinertrag ermittelt sich aus dem Betriebseinkommen abzüglich des Lohnaufwands für die entlohnten Arbeitskräfte und des angemessenen Anteils für die Arbeitsleistung des Betriebsleiters sowie der nicht entlohnten Arbeitskräfte. Hierbei sind alle Umstände zu berücksichtigen, die bei einer Selbstbewirtschaftung des Betriebs den Wirtschaftserfolg beeinflussen. Die Gesetzesbegründung ergänzt dies noch wie folgt: Neben [diesen Abzügen] ist dar-

§ 236 BewG Siebenter Abschnitt. Bewertung d. Grundbesitzes ab 1.1.2022

über hinaus als technische Korrektur ein Abzug für die Wirtschaftsgebäude als Betriebsmittel auf der Basis der Verzinsung von 5,5% vorzunehmen, da eine Unterscheidung zwischen aktiv wirtschaftenden Betrieben und Verpachtungsbetrieben nicht erfolgt und Wirtschaftsgebäude ideell bei der Nutzungsart Hofstelle – mithin bei aktiv wirtschaftenden Betrieben – erfasst werden (BT-Drs. 19/11085, 103). Nach der Gesetzesbegründung ergibt sich sodann folgendes Schema:

Durchschnittliches Betriebseinkommen der Betriebe
geteilt durch die durchschnittlich bewirtschaftete Landwirtschaftsfläche (LF) in Hektar
= Betriebseinkommen/ha LF
abzüglich Lohnaufwand für fremde Arbeitskräfte/ha LF
abzüglich angemessener Lohnansatz für Betriebsleiter und nicht entlohnte Arbeitskräfte/ha LF
abzüglich anteiliger Reinertrag für die Wirtschaftsgebäude/ha LF
= anteiliger Reinertrag des Grund und Bodens einschließlich der Betriebsmittel zur LuF-Erzeugung/ha LF

8 **Für die konkrete Bewertungsrechtsanwendung ist die Formulierung dieses Leitbildes ohne praktische Bedeutung** (zur rechtlichen Relevanz für die Anwendung des § 33 GrStG → GrStG § 33 Rn. 6), da der typisierte Reinertrag nicht vom Rechtsanwender ermittelt werden muss, sondern in den Anlagen 27 ff. ohne Abweichungsmöglichkeit vorgegeben wird und sich die einzelnen Anwendungsschritte aus den §§ 237–239 BewG ergeben: Das Gesetz unterteilt den Betrieb der Land- und Forstwirtschaft in verschiedene Nutzungen (§ 234 Abs. 1 Nr. 1 BewG), Nutzungsarten (§ 234 Abs. 1 Nr. 2 BewG) und Nebenbetriebe (§ 234 Abs. 1 Nr. 3 BewG), verlangt für jede dieser Betriebszweige die Ermittlung eines eigenständigen Ertragswertes nach Maßgabe von § 237 BewG (ggf. unter Berücksichtigung von Zuschlägen nach § 238 BewG) und schließlich die Zusammenführung aller Einzelertragswerte zur Summe der Reinerträge des Betriebes (→ BewG § 239 Rn. 3). **§ 236 Abs. 2 BewG ist allerdings die zentrale Maßstabsnorm für die Ermittlung der Datengrundlage, die regelmäßig zu aktualisieren ist** (zu den gleichheitsrechtlichen Anforderungen → Grundlagen Rn. 12, 93 ff.).

9 Die durchschnittlichen Reinerträge, die für die Anwendung des § 237 BewG erforderlich sind, müssen für die einzelnen Nutzungen, Nutzungsarten und Nebenbetriebe nach Maßgabe des Leitbildes des § 236 Abs. 2 BewG ermittelt werden. Aus welchen Grunddaten dies zu erfolgen hat, gibt § 236 Abs. 3 BewG vor: Der Reinertrag wird aus den Erhebungen nach § 2 LandwG, die das Bundesministerium für Ernährung und Landwirtschaft jährlich mittels Auswertung der Betriebsergebnisse von 6.000 bis 8.000 landwirtschaftlichen Betrieben vornimmt, oder aus Erhebungen der Finanzverwaltung für jede gesetzliche Klassifizierung gesondert ermittelt. Bei der Ermittlung des jeweiligen Reinertrags ist zur Berücksichtigung der nachhaltigen Ertragsfähigkeit ein Durchschnitt aus den letzten zehn vorliegenden Wirtschaftsjahren zu bilden, die vor dem Hauptfeststellungszeitpunkt geendet haben. Differenzierungen nach Region (Ausnahme: Forstwirtschaft, vgl. Anlage 28) oder Betriebsgröße sind für die Ermittlung der Durchschnittsdaten nicht vorgesehen. Das Ziel ist mithin die Ermittlung eines bundeseinheitlichen Durchschnittswertes (konzeptionell anders für die Bedarfsbewertung demgegenüber § 163 BewG).

10 Solange die Anlagen 27 ff. den Rang eines formellen Parlamentsgesetzes hatten, musste § 236 Abs. 2 BewG seine Maßstabsfunktion (noch) nicht erfüllen. Der Gesetzgeber hatte die Konkretisierung selbst und damit vorrangig vorgenommen, dh die Reinerträge der Anlagen 27 ff. konnten nicht mit der Begründung angegriffen

Bewertung des Betriebs der Land- und Forstwirtschaft § 237 BewG

werden, sie entsprächen nicht dem Leitbild des § 236 Abs. 2 BewG. Der einzige Einwand, der gegen die vom Gesetzgeber vorgegebenen Werte geführt werden konnte, war derjenige, dass der Gesetzgeber den Rahmen einer gesetzlich zulässigen Typisierung verlassen hat (vgl. → Grundlagen Rn. 93ff.). Die Maßstabsfunktion des § 236 Abs. 2 u. 3 BewG wurde aber in dem Moment relevant („aktiviert"), in dem die Finanzverwaltung die Anlagen in Ausübung der Ermächtigung des § 263 Abs. 1 Nr. 1 BewG fortgeschrieben hat. Das ist mit der VO zur Neufassung der Anlagen 27 bis 33 des Bewertungsgesetzes v. 29.6.2021 (BGBl. 2021 I 2290, dazu BR-Drs. 275/21) geschehen. Die Anlagen 27 bis 33 haben damit den Rang des Parlamentsgesetzes verloren und sind normhierarchisch nur noch als Rechtsverordnung einzustufen. Als untergesetzliche Rechtsnormen müssen sie sich innerhalb des von § 236 Abs. 2 u. Abs. 3 BewG gesteckten Rahmens halten (zur gerichtlichen Kontrolldichte in diesem Fall sowie auch zu den verfassungsrechtlichen Problemen einer solchen Verordnungsermächtigung → BewG § 263 Rn. 6).

D. Kapitalisierungsfaktor (Abs. 4)

Die Summe der Reinerträge ist mit 18,6 zu multiplizieren. Der Gesetzgeber gibt hier einen Kapitalisierungszinssatz von 5,5% vor (→ Rn. 5). 11

§ 237 Bewertung des Betriebs der Land- und Forstwirtschaft

(1) ¹Bei der Ermittlung des Ertragswerts für einen Betrieb der Land- und Forstwirtschaft sind die land- und forstwirtschaftlichen Nutzungen, Nutzungsarten und die Nebenbetriebe (§ 234 Absatz 1) mit ihrem jeweiligen Reinertrag nach den Absätzen 2 bis 8 zu bewerten. ²Mit dem Ansatz des jeweiligen Reinertrags sind auch dem Eigentümer des Grund und Bodens nicht gehörende stehende und umlaufende Betriebsmittel, die der Bewirtschaftung des Betriebs dienen, abgegolten.

(2) ¹Der Reinertrag der landwirtschaftlichen Nutzung ermittelt sich aus der Summe der Flächenwerte. ²Der jeweilige Flächenwert ist das Produkt aus der Größe der gesetzlich klassifizierten Eigentumsfläche des Betriebs und den Bewertungsfaktoren der Anlage 27. ³Die Bewertungsfaktoren Grundbetrag und Ertragsmesszahl nach § 9 des Bodenschätzungsgesetzes sind für jede Eigentumsfläche gesondert zu ermitteln.

(3) ¹Der Reinertrag der forstwirtschaftlichen Nutzung ermittelt sich aus der Summe der Flächenwerte. ²Der jeweilige Flächenwert ist das Produkt aus der Größe der gesetzlich klassifizierten Eigentumsfläche des Betriebs und dem jeweiligen gegendüblichen Bewertungsfaktor gemäß Anlage 28. ³Die gegendüblichen Bewertungsfaktoren bestimmen sich nach den forstwirtschaftlichen Wuchsgebieten und deren Baumartenanteilen nach der zuletzt vor dem Hauptfeststellungszeitpunkt durchgeführten Bundeswaldinventur (§ 41a des Bundeswaldgesetzes). ⁴Abweichend hiervon werden klassifizierte Eigentumsflächen mit katastermäßig nachgewiesenen Bewirtschaftungsbeschränkungen als Geringstland bewertet, wenn infolge der Bewirtschaftungsbeschränkungen eine nachhaltige forstwirtschaftliche Nutzung unterbleibt.

§ 237 BewG Siebenter Abschnitt. Bewertung d. Grundbesitzes ab 1.1.2022

(4) ¹Der Reinertrag der weinbaulichen Nutzung ermittelt sich aus der Summe der Flächenwerte. ²Der jeweilige Flächenwert ist das Produkt aus der Größe der gesetzlich klassifizierten Eigentumsfläche des Betriebs und dem Bewertungsfaktor für die Verwertungsform Traubenerzeugung gemäß Anlage 29.

(5) ¹Der Reinertrag der gärtnerischen Nutzung ist gegliedert nach den Nutzungsteilen zu ermitteln. ²Der Reinertrag eines Nutzungsteils ermittelt sich aus der Summe der Flächenwerte. ³Der jeweilige Flächenwert ist das Produkt aus der gesetzlich klassifizierten Eigentumsfläche des Betriebs und dem jeweiligen Bewertungsfaktor gemäß Anlage 30. ⁴Abweichend hiervon wird der Nutzungsteil Gemüsebau wie eine landwirtschaftliche Nutzung bewertet, wenn im Wechsel landwirtschaftliche und gärtnerische Erzeugnisse gewonnen werden und keine Bewässerungsmöglichkeiten bestehen.

(6) ¹Der Reinertrag für die übrigen land- und forstwirtschaftlichen Nutzungen ist für jede Nutzung nach § 242 gesondert zu ermitteln. ²Der Reinertrag einer übrigen land- und forstwirtschaftlichen Nutzung ermittelt sich aus der Summe der Flächenwerte. ³Der jeweilige Flächenwert ist das Produkt aus der Größe der gesetzlich klassifizierten Eigentumsfläche des Betriebs und dem jeweiligen Bewertungsfaktor einschließlich des Zuschlags gemäß Anlage 31. ⁴Für die sonstigen land- und forstwirtschaftlichen Nutzungen, für die kein Bewertungsfaktor festgelegt wurde, ist der Reinertrag der jeweiligen Nutzung durch Multiplikation der Bruttogrundflächen der nachhaltig genutzten Wirtschaftsgebäude mit dem Zwölffachen des Werts gemäß Anlage 31 und für den dazu gehörenden Grund und Boden nach Absatz 8 zu ermitteln; dies gilt unabhängig von einer gesetzlichen Klassifizierung als Hofstelle.

(7) ¹Der Reinertrag für die Nutzungsarten Abbauland, Geringstland und Unland ermittelt sich aus der Summe der Flächenwerte der jeweiligen Nutzungsart. ²Der jeweilige Flächenwert ist das Produkt aus der Größe der gesetzlich klassifizierten Eigentumsfläche des Betriebs und dem jeweiligen Bewertungsfaktor gemäß Anlage 31.

(8) ¹Der Reinertrag für die Hofflächen und die Nebenbetriebe ermittelt sich aus der Summe der Flächenwerte. ²Der Flächenwert ist das Produkt aus der jeweils als Hofstelle gesetzlich klassifizierten Eigentumsfläche des Betriebs und dem dreifachen Bewertungsfaktor gemäß Anlage 32.

Gilt nicht in **Baden-Württemberg** (dort § 31 BWLGrStG).

Übersicht

	Rn.
A. Allgemeines	1
I. Systematische Einordnung und Zweck der Regelung	1
II. Entwicklung der Vorschrift	2
B. Ertragswertermittlung differenziert nach Nutzungen, Nutzungsarten und Nebenbetrieben (Abs. 1)	3
C. Reinertrag der landwirtschaftlichen Nutzung (Abs. 2)	4
D. Reinertrag der forstwirtschaftlichen Nutzung (Abs. 3)	13
E. Reinertrag der weinbaulichen Nutzung (Abs. 4)	15
F. Reinertrag der gärtnerischen Nutzung (Abs. 5)	16

Bewertung des Betriebs der Land- und Forstwirtschaft **§ 237 BewG**

Rn.
G. Reinertrag der übrigen land- und forstwirtschaftlichen Nutzung
  (Abs. 6) 18
H. Reinertrag der Nutzungsarten Abbauland, Geringstland und Unland
  (Abs. 7) 20
I. Reinertrag für die Hofflächen und Nebenbetriebe (Abs. 8) 21

A. Allgemeines

I. Systematische Einordnung und Zweck der Regelung

Der Betrieb der Land- und Forstwirtschaft ist in die Nutzungen, Nutzungsar- 1
ten und Nebenbetriebe nach Maßgabe des § 234 BewG zu untergliedern, damit
für jede Nutzung, jede Nutzungsart und jeden Nebenbetrieb nach § 237 BewG
ein Reinertrag ermittelt werden kann. Die einzelnen Reinerträge (einschließlich
etwaiger Zuschläge nach § 238 BewG) sind sodann zur Summe der Reinerträge
aufzuaddieren (§ 239 Abs. 1 BewG). § 237 BewG gibt insoweit freilich nur die
Rechenschritte vor, die Belastungsentscheidung wird hingegen mit den Bewertungsfaktoren in den Anlagen 27–33 konkretisiert (gerade deshalb ist die
Delegation der Aktualisierung der Bewertungsfaktoren an die Verwaltung verfassungsrechtlich zweifelhaft, →BewG § 263 Rn. 6). Differenzierend nach den
Nutzungen, Nutzungsarten und Nebenbetrieben und auf der Grundlage von
bundeseinheitlichen Durchschnittswerten will der Gesetzgeber das durchschnittliche Ertragspotential eines Betriebes der Land- und Forstwirtschaft abbilden
(→BewG § 236 Rn. 3ff.). Dieses erheblich vergröbernde Bewertungsregime ist
vor allem im Hinblick auf die Automatisierungsstrategie der Finanzverwaltung
konzipiert worden.

II. Entwicklung der Vorschrift

§ 237 BewG beruht auf dem Grundsteuerreformgesetz vom 26.11.2019 2
(→Grundlagen Rn. 13, dazu BT-Drs. 19/11085, 103ff.). Die Bewertung des Betriebs der Land- und Forstwirtschaft weicht im neuen Recht konzeptionell deutlich
von dem bisherigen Vergleichsverfahren nach Maßgabe der §§ 38–41 BewG ab.

B. Ertragswertermittlung differenziert nach Nutzungen, Nutzungsarten und Nebenbetrieben (Abs. 1)

Die Flächen und Wirtschaftsgebäude des Betriebs der Land- und Forstwirtschaft 3
sind den Nutzungen, Nutzungsarten und Nebenbetrieben nach Maßgabe des § 234
BewG zuzuordnen. Damit existiert für jede Nutzung und Nutzungsart vor allem
eine Flächengröße. Anknüpfend an diese Flächengröße sind für jede Nutzung und
Nutzungsart eigenständige Reinerträge zu ermitteln (§ 237 BewG iVm den
Anlagen 27–33). Ob die Flächen selbst bewirtschaftet oder ob sie verpachtet werden, ist irrelevant (→BewG § 236 Rn. 4). Ferner sind Umfang und Zustand der
Wirtschaftsgebäude sowie stehende und umlaufende Betriebsmittel in der Masse
der Fälle nicht (mehr) zu erfassen. Sie werden mit dem objektivierten Ertragswert
„abgegolten". Dies alles soll eine weitgehende Automatisierung der Grundsteuerwertermittlung ermöglichen. Lediglich für den Reinertrag eines Nebenbetriebes

§ 237 BewG Siebenter Abschnitt. Bewertung d. Grundbesitzes ab 1.1.2022

und die Zuschläge bei Fass- und Flaschenweinerzeugung wird an die Brutto-Grundfläche des zugehörigen Wirtschaftsgebäudes angeknüpft (§ 238 Abs. 1 Nr. 2 u. 3 BewG) und zudem müssen für die Abgrenzung zur gewerblichen Tierzucht und -haltung nach Maßgabe des § 241 BewG die Tierbestände erfasst werden (die zudem für den Zuschlag nach § 238 Abs. 1 Nr. 1 BewG relevant sind).

C. Reinertrag der landwirtschaftlichen Nutzung (Abs. 2)

4 Der Reinertrag der landwirtschaftlichen Nutzung ermittelt sich gem. § 237 Abs. 2 BewG aus der Summe von zwei Produkten: (1) die Größe der gesetzlich klassifizierten Eigentumsfläche des Betriebs (→ BewG § 234 Rn. 4ff.) muss mit dem Grundbetrag nach Anlage 27 (= 2,52 EUR/Ar) multipliziert werden (erstes Produkt), (2) die genannte Fläche muss ferner mit der Acker-/Grünlandzahl (sog. Wertzahl, → Rn. 8) und 0,041 EUR multipliziert werden (zweites Produkt).

Beispiel: Zu einem landwirtschaftlichen Betrieb gehören 27 ha Ackerland mit einer Ertragsmesszahl von 202.500 (= 2.700 Ar × Wertzahl 75, → Rn. 8).
1. Grundbetrag laut Anlage 27 = 2,52 EUR/Ar
2.700 Ar (= 27 ha) × 2,52 EUR = 6.804,00 EUR
2. Ertragsmesszahl laut Anlage 27
202.500 × 0,041 EUR = 8.302,50 EUR
3. Summe aus 1. und 2. 15.106,50 EUR

Die 15.106,50 EUR sind der Flächenwert iSv § 237 Abs. 2 BewG, der als Reinertrag der landwirtschaftlichen Nutzung in die Summe aller Reinerträge iSv §§ 236 Abs. 4, 239 Abs. 1 BewG eingeht. Betrachtet man die landwirtschaftliche Nutzung hier im Beispiel isoliert, ergibt sich ein Ertragswert iHv 280.900 EUR (= 15.106,50 EUR × 18,6 und Abrundung nach § 230 BewG).

Unter Umständen ist nach Maßgabe von § 238 Abs. 1 BewG noch ein Zuschlag für die Tierhaltung zu berücksichtigen (→ BewG § 238 Abs. 3f.).

5 Während sich der Bewertungsfaktor „Grundbetrag" unmittelbar aus der Anlage 27 ergibt, verweisen § 237 Abs. 2 BewG und die Anlage 27 in Ansehung des Bewertungsfaktors „Ertragsmesszahl" (EMZ) auf das **Bodenschätzungsgesetz v. 20.12.2007** (BGBl. 2007 I 3150, dazu BT-Drs. 16/6290, 86ff.; kurz: **BodSchätzG**, ausführlich VR BodSchätzG v. 22.9.2021, BStBl. I 2021, 1767). Das Bodenschätzungsgesetz ergänzt das Bewertungsgesetz. Es enthält den Rechtsrahmen für die **sog. Bodenschätzung landwirtschaftlich nutzbarer Flächen.** Die Bodenschätzung umfasst gem. § 1 Abs. 2 BodSchätzG die Untersuchung des Bodens nach seiner Beschaffenheit, die Beschreibung des Bodens in Schätzungsbüchern sowie die räumliche Abgrenzung in Schätzungskarten und vor allem die Feststellung der Ertragsfähigkeit auf Grund der natürlichen Ertragsbedingungen (Bodenbeschaffenheit, Geländegestaltung, klimatische Verhältnisse und Wasserverhältnisse). In der Regel sind die landwirtschaftlich genutzten Flächen bodengeschätzt, sodass die für § 237 Abs. 2 BewG notwendige Ertragsmesszahl vorhanden ist (→ Rn. 6ff.). Sollte ausnahmsweise keine Ertragsmesszahl festgestellt worden sein, soll es zur Vereinfachung zulässig sein, die durchschnittliche Ertragsmesszahl der Gemarkung in Ansatz zu bringen (AEBewGrSt A 237.2 Abs. 3 S. 3).

6 Das Bodenschätzungsgesetz **unterscheidet die landwirtschaftlich nutzbaren Flächen nach den Nutzungsarten** Ackerland und Grünland (§ 2 BodSchätzG).

Bewertung des Betriebs der Land- und Forstwirtschaft **§ 237 BewG**

Das **Ackerland** umfasst die Bodenflächen zum feldmäßigen Anbau von Getreide, Hülsen- und Ölfrüchten, Hackfrüchten, Futterpflanzen, Obst- und Sonderkulturen sowie Gartengewächsen. Zum Ackerland gehört auch das Acker-Grünland, das durch einen Wechsel in der Nutzung von Ackerland und Grünland gekennzeichnet ist, sofern die Ackernutzung überwiegt. Das **Grünland** umfasst die Dauergrasflächen, die in der Regel gemäht oder geweidet werden. Zum Grünland gehört auch der Grünland-Acker, der durch einen Wechsel in der Nutzung von Grünland und Ackerland gekennzeichnet ist, sofern die Grünlandnutzung überwiegt. Besonders zu bezeichnen sind als „Grünland-Wiese" diejenigen Dauergrasflächen, die infolge ihrer feuchten Lage nur gemäht werden können (absolutes Dauergrünland), als „Grünland-Streuwiese" diejenigen stark vernässten Dauergrünlandflächen, die ausschließlich oder in der Hauptsache durch Entnahme von Streu genutzt werden können sowie als „Grünland-Hutung" diejenigen Flächen geringer Ertragsfähigkeit, die nicht bestellt werden können und im Allgemeinen nur eine Weidenutzung zulassen (§ 2 Abs. 3 BodSchätzG).

Bei der Zuordnung zu einer Nutzungsart ist von einer der natürlichen **7** **Ertragsfähigkeit entsprechenden gemeinüblichen Bewirtschaftung auszugehen.** Nicht der Ertragsfähigkeit entsprechende Bewirtschaftungsformen bleiben unberücksichtigt, auch wenn sie üblich sein sollten (§ 2 Abs. 2 BodSchätzG). Es ist allerdings möglich, dass derselben natürlichen Ertragsfähigkeit an verschiedenen Orten oder zu verschiedenen Zeiten unterschiedliche gemeinübliche Bewirtschaftungsformen entsprechen. Dann muss die für den Beurteilungszeitpunkt maßgebliche gemeinübliche Bewirtschaftung ermittelt werden. Insoweit soll es nicht auf die aktuelle und konkrete Nutzung des Grundstücks ankommen. Gemeinüblich soll vielmehr die in der jeweiligen Gegend für die durch dieselbe Ertragsfähigkeit charakterisierten Flächen allgemein übliche Nutzung sein (sofern sie der Ertragsfähigkeit entspricht, so BFH 1.9.2021 – II R 7/19, BeckRS 2021, 45934, dort auch zu weiterer Konkretisierung der gemeinüblichen Nutzung durch ökologische, ökonomische und rechtliche Bewirtschaftungsbedingungen). Bei einem regelmäßigen Wechsel verschiedener Nutzungsarten auf derselben Fläche (Wechselland) ist die vorherrschende Nutzungsart anzunehmen. **Anknüpfend an die Nutzungsart wird sodann die natürliche Ertragsfähigkeit durch Wertzahlen zum Ausdruck gebracht.**

Bestimmung der Werte: Die Grundlagen für die Beurteilung der natür- **8** lichen Ertragsfähigkeit der Böden sind die als Anlagen 1 und 2 zum BodSchätzG erlassenen Ackerschätzungsrahmen und Grundlandschätzungsrahmen (§ 3 Abs. 1 BodSchätzG). Die dort ausgewiesenen Wertzahlen, die als Verhältniszahlen die Unterschiede im Reinertrag bei gemeinüblicher und ordnungsgemäßer Bewirtschaftung zum Ausdruck bringen, müssen den jeweiligen Flächen zugeordnet werden. Hierbei sind alle die natürliche Ertragsfähigkeit beeinflussenden Umstände, insb. beim Ackerland Bodenart, Zustandsstufe und Entstehung, und beim Grünland Bodenart, Bodenstufe, Klima- und Wasserverhältnisse zu berücksichtigen (§ 4 Abs. 1 BodSchätzG; für weitere Einzelheiten siehe *Bruschke* in Stenger/Loose BewG § 50 Rn. 34 ff.; *Eisele* NWB 2008, 2349; VR BodSchätzG v. 22.9.2021, BStBl. I 2021, 1767). Die nach dieser Maßgabe **für die jeweiligen Flächen ermittelten Wertzahlen (Acker- oder Grünlandzahl) ergeben multipliziert mit einer Fläche in Ar die sog. Ertragsmesszahl,** die die natürliche Ertragsfähigkeit einer bodengeschätzten Fläche zum Ausdruck bringen soll (§ 9 Abs. 1 BodSchätzG). Bestehen innerhalb einer Fläche mehrere Teilflächen mit unterschiedlichen Acker- und Grünlandzahlen, dann wird die

§ 237 BewG Siebenter Abschnitt. Bewertung d. Grundbesitzes ab 1.1.2022

Ertragsmesszahl als Summe der Produkte der einzelnen Teilflächen in Ar (= 100 qm) und den zugehörigen Wertzahlen ermittelt (§ 9 Abs. 2 BodSchätzG). An diese Ertragsmesszahl iSv § 9 BodSchätzG – die im Liegenschaftskataster abzulesen sein muss (→ Rn. 11) – knüpft § 237 BewG an.

9 **§ 12 BodSchätzG verweist auf die Abgabenordnung,** hier insb. auf die Vorschriften über die **gesonderte Feststellung von Besteuerungsgrundlagen.** Außerdem enthält § 13 BodSchätzG ergänzende Vorschriften. Zuständig für die Durchführung der Bodenschätzung sind die Finanzbehörden der Länder. Die Finanzämter verfügen hierzu über Schätzungsausschüsse (siehe zur Zusammensetzung § 18 BodSchätzG). Die Ergebnisse der Bodenschätzung sind die Feststellungen, die zur Beschreibung und Kennzeichnung der Bodenfläche nach der Beschaffenheit (Klassen), der natürlichen Ertragsfähigkeit (Wertzahlen) und der Abgrenzung (Klassen-, Klassenabschnitts- und Sonderflächen) getroffen werden (BT-Drs. 16/6290, 89). **Diese Ergebnisse sind den Eigentümern und Nutzungsberechtigten durch Offenlegung bekannt zu geben. Mit Ablauf der Offenlegungsfrist (= ein Monat, § 13 Abs. 2 BodSchätzG) fingiert § 13 Abs. 3 BodSchätzG das Wirksamwerden eines Feststellungsbescheides.** Es ergeht also kein individuell dem Eigentümer bekanntgegebener Verwaltungsakt. **Dieser (fingierte) Feststellungsbescheid ist ein Grundlagenbescheid im Verhältnis zum Grundsteuerwertbescheid** (BFH 1.9.2021 – II R 7/19, BeckRS 2021, 45934; FG Münster 30.11.1973 – III 624/73, EFG 1974, 192). Er entfaltet mithin Bindungswirkung für die Grundsteuerwertermittlung und dies nach § 12 S. 2 BodSchätzG iVm § 182 Abs. 2 S. 1 AO auch gegenüber einem Rechtsnachfolger.

10 **Gegen die Feststellung ist der Einspruch statthaft** (§ 12 S. 1 BodSchätzG iVm § 347 AO). Die Einspruchsfrist beginnt mit dem letzten Tag der Offenlegungsfrist (= gilt als Tag der Bekanntgabe, → Rn. 9) zu laufen (BFH 1.9.2021 – II R 7/19, BeckRS 2021, 45934). Bleibt das Einspruchsverfahren erfolglos, kann **Anfechtungsklage beim Finanzgericht** erhoben werden (FG Mecklenburg-Vorpommern 12.11.2009 – 2 K 61/07, BeckRS 2011, 94808). Einspruchs- bzw. klagebefugt ist nur der Eigentümer des Grundstücks (BFH 19.8.2004 – II B 93/03, BFH/NV 2004, 1628). Bei der Bestandsaufnahme des Bodens und der Feststellung der die Ertragsfähigkeit ausdrückenden Wertzahl (→ Rn. 8) handelt es sich um tatsächliche Feststellungen, die gerichtlich voll überprüfbar sind. Die Bestimmung der innerhalb von Spannen ausgewiesenen Wertzahlen muss vom Finanzgericht selbst geschätzt (vgl. § 96 Abs. 1 S. 1 FGO iVm § 162 AO) werden (BFH 13.7.1973 – III R 82/72, DStR 1973, 706; FG Mecklenburg-Vorpommern 12.11.2009 – 2 K 61/07, BeckRS 2011, 94808). Dies schließt allerdings nicht aus, dass sich das Gericht die Schätzung des Finanzamtes zu eigen macht (vgl. zB FG Mecklenburg-Vorpommern 12.11.2009 – 2 K 61/07, BeckRS 2011, 94808).

11 Werden die Bodenschätzungsergebnisse nicht angefochten, **werden sie bestandskräftig und sind mit Lage und Bezeichnung der Bodenprofile in das Liegenschaftskataster zu übernehmen.** Diese Übernahme selbst hat keinen Regelungscharakter und kann daher nicht mit der Begründung angegriffen werden, die Feststellungen seien unzutreffend (VG Halle 22.3.2006 – 2 A 69/05, BeckRS 2006, 28986). Geltend gemacht werden kann lediglich eine unzutreffende Übernahme aus dem fingierten Feststellungsbescheid. Die mit der Führung des Liegenschaftskatasters beauftragten Behörden berechnen für jedes Flurstück anlassbezogen die (konkrete) Ertragsmesszahl (§ 14 BodSchätzG).

Bewertung des Betriebs der Land- und Forstwirtschaft **§ 237 BewG**

Wenn sich die natürlichen Ertragsbedingungen, die den Bodenschätzungsergebnissen einzelner Bodenflächen zugrunde liegen, durch natürliche Ereignisse oder durch künstliche Maßnahmen **wesentlich und nachhaltig verändert haben** oder sich die **Nutzungsart** (Ackerland oder Grünland, →Rn. 6) **nachhaltig geändert hat, ist eine Nachschätzung durchzuführen** (§ 11 Abs. 1 BodSchätzG). Diese Änderungen der natürlichen Ertragsfähigkeit ergeben sich vor allem beim Wasserhaushalt eines Standortes, durch Bodenabtrag (Erosion) bzw. Bodenauftrag oder kulturtechnische Maßnahmen (Meliorationen, Dränagen und Tiefenlockerung). So ermöglicht zB eine Gewässerregulierung die Ackernutzung, während die Renaturierung von Gewässern und Polderflächen die nachhaltige Grünlandnutzung bedingt (BT-Drs. 16/6290, 89). **Richtigerweise wird eine Nachschätzung entsprechend dem Rechtsgedanken der fehlerbeseitigenden Fortschreibung** (§ 222 Abs. 3 BewG) **auch zur Beseitigung eines bei der ursprünglichen Schätzung unterlaufenen Fehlers für zulässig erachtet** (so *Bruschke* in Stenger/Loose BewG § 50 Rn. 98). Der Gesetzgeber dürfte diese Konstellation bei Erlass des Bodenschätzungsgesetzes übersehen haben und es dürfte dem Willen des Gesetzgebers entsprechen, wenn die Feststellungen nach dem Bodenschätzungsgesetz in Bezug auf ihre Beständigkeit mit der Grundsteuerwertfeststellung konform gehen. Erfolgt eine Nachschätzung, hat sie die gleichen verfahrensrechtlichen Wirkungen wie die Erstfeststellung (→Rn. 9). Lehnt die Finanzbehörde eine beantragte Nachschätzung ab, kann der Steuerpflichtige hiergegen Einspruch und bei dessen Erfolgslosigkeit Verpflichtungsklage zum Finanzgericht erheben. Denn mit der Nachschätzung begehrt der Steuerpflichtige einen neuen fingierten Feststellungsbescheid (vgl. →Rn. 9). 12

D. Reinertrag der forstwirtschaftlichen Nutzung (Abs. 3)

Für die forstwirtschaftliche Nutzung ist (ebenfalls) ein Flächenwert durch Multiplikation der dieser Nutzung zugeordneten Fläche (→BewG § 234 Rn. 8 ff.) mit einem Bewertungsfaktor nach Maßgabe der Anlage 28 zu ermitteln. Der Gesetzgeber hat sich aus Gründen der (automationsgeeigneten) Vereinfachung dafür entschieden, dass keine betriebsindividuellen Waldzustandsdaten mehr erhoben werden. Stattdessen bestimmt Anlage 28 für naturräumlich homogen gegliederte Einheiten gegendübliche Verhältnisse, die aus den forstwirtschaftlichen Wuchsgebieten und deren Baumartenanteilen gemäß § 41a BWaldG abgeleitet werden (so BT-Drs. 19/11085, 104; die nächste Bundeswaldinventur soll in der Zeit vom 1.4.2021 bis 31.12.2022 durchgeführt werden, vgl. 4. BWI-VO, BGBl. 2019 I 890). 13

Gemäß § 237 Abs. 3 S. 4 BewG werden forstwirtschaftliche Flächen mit katastermäßig nachgewiesenen Bewirtschaftungsbeschränkungen als Geringstland bewertet, wenn infolge der Bewirtschaftungsbeschränkungen eine nachhaltige forstwirtschaftliche Nutzung unterbleibt. Die Beschränkung muss aus dem Kataster folgen (nach AEBewGrSt A 237.3 Abs. 3 S. 3 gilt dies zB für die Flächen, für die im Liegenschaftskataster die Information „Nationalpark Zone I" geführt wird; nicht ausreichend sollte sein: FFH-Gebiet, Wasserschutzgebiet, Nationalpark Zone II oder III). Die Katastereintragung ist kein Grundlagenbescheid, aber sie ist Tatbestandsvoraussetzung des § 237 Abs. 3 S. 4 BewG. Die Regelung dürfte nicht abschließend sein, dh die Annahme von forstwirtschaftlichem Geringstland nach 14

517

Maßgabe des § 234 Abs. 4 BewG bleibt (jedenfalls theoretisch) möglich (vgl. → BewG § 234 Rn. 23).

E. Reinertrag der weinbaulichen Nutzung (Abs. 4)

15 Für die weinbauliche Nutzung ist (ebenfalls) ein Flächenwert durch Multiplikation der dieser Nutzung zugeordneten Fläche (→ BewG § 234 Rn. 12f.) mit 11,70 EUR/Ar (= 100 qm) zu ermitteln. Eine etwaige Fass- oder Flaschenweinerzeugung wird über einen Zuschlag bei der Nutzungsart Hofstelle berücksichtigt (→ BewG § 238 Rn. 6).

F. Reinertrag der gärtnerischen Nutzung (Abs. 5)

16 Der Reinertrag ist getrennt nach den Nutzungsteilen der gärtnerischen Nutzung zu ermitteln. Das Gesetz geht als Grundkonstellation von der Bewirtschaftung von Freilandflächen aus. Der Reinertrag ist das Produkt der jeweils einem Nutzungsteil zuzuordnenden Fläche mit den Bewertungsfaktoren der Anlage 30: Gemüsebau = 12,35 EUR/Ar, Blumen-/Zierpflanzenbau = 27,60 EUR/Ar, Obstbau = 9,53 EUR/Ar und Baumschulen = 22,29 EUR. Soweit die Produktion unter Glas und Kunststoffen (Gewächshäusern, begehbaren Folientunneln, Foliengewächshäusern und anderen Kulturräumen) erfolgt, sieht § 238 Abs. 1 Nr. 2 BewG Zuschläge vor (→ BewG § 238 Rn. 5).

17 Abweichend von § 237 Abs. 5 S. 1–3 BewG wird der Nutzungsteil Gemüsebau wie eine landwirtschaftliche Nutzung bewertet, wenn im Wechsel landwirtschaftliche und gärtnerische Erzeugnisse gewonnen werden und keine Bewässerungsmöglichkeiten bestehen (§ 237 Abs. 5 S. 4 BewG). Die Formulierung „wie" bringt zum Ausdruck, dass diese Regelung die Einordnung in die Nutzungen nach § 234 Abs. 1 BewG nicht verändert. Es handelt sich lediglich um eine vom Konzept des § 237 BewG abweichende Bewertung.

G. Reinertrag der übrigen land- und forstwirtschaftlichen Nutzung (Abs. 6)

18 Die übrigen land- und forstwirtschaftlichen Nutzungen gliedern sich in die in § 242 BewG explizit genannten Nutzungen und – da § 242 BewG nicht abschließend ist (→ BewG § 242 Rn. 7) – in die dort nicht genannten Nutzungen. Für die einzelnen Nutzungen sind **überwiegend Flächenwerte** zu ermitteln. Die Bewertungsfaktoren ergeben sich aus Anlage 31. Zum Teil sind Zuschläge vorgesehen.

19 **Sofern die Anlage 31 für eine sonstige land- und forstwirtschaftliche Nutzung iSv § 242 Abs. 1 Nr. 2 BewG keinen Bewertungsfaktor nennt,** ordnet § 237 Abs. 6 S. 4 BewG eine **„Hofstellenbewertung"** an. Das betrifft vor allem die Imkerei und die Wanderschäferei. Der Reinertrag für diese Nutzungen setzt sich aus zwei Komponenten zusammen: (1) einem Flächenwert in Bezug auf den Grund und Boden, der diesen Nutzungen zuzuordnen ist, sowie (2) einem Wert in Bezug auf das Wirtschaftsgebäude. Der Grund und Boden wird als Hofstelle bewertet. Das Gesetz bestimmt ausdrücklich, dass es auf die gesetzliche Klas-

Zuschläge zum Reinertrag §238 BewG

sifizierung dieser Fläche nicht ankommt. Für diese (fiktive) Hofstelle ist der Reinertrag durch Multiplikation der Fläche mit 19,86 EUR/Ar (= Bewertungsfaktor der Anlage 32 × 3, vgl. § 237 Abs. 8 S. 2 BewG) zu ermitteln. Für das Wirtschaftsgebäude ist ebenfalls ein Produkt zu ermitteln, nämlich aus der Brutto-Grundfläche des Wirtschaftsgebäudes und 14,76 EUR/qm (= 12 × 1,23 EUR/qm). Der Reinertrag ist sodann die Summe aus diesem Gebäudeertragswert und dem Flächenertragswert.

Beispiel (zur Wanderschäferei, nach AEBewGrSt A 237.15): Wanderschäfer W ist Eigentümer eines Grundstücks, das 20 Ar groß und mit einer massiven Feldscheune (500 qm) bebaut ist.

1. Flächenwert in Bezug auf den Grund und Boden
   20 Ar × 6,62 EUR × 3   = 397,20 EUR
2. Wirtschaftsgebäude
   500 qm × 1,23 EUR × 12 Monate   = 7.380,00 EUR
3. Summe aus 1. und 2.   7.777,20 EUR

H. Reinertrag der Nutzungsarten Abbauland, Geringstland und Unland (Abs. 7)

Die Flächen der **Nutzungsarten Abbauland, Geringstland und Unland** sind mit den Bewertungsfaktoren der Anlage 31 (dort pro Ar = pro 100 qm) zu multiplizieren: Abbauland = 1,00 EUR/Ar, Geringstland = 0,38 EUR/Ar und Unland = 0,00 EU/Ar. 20

I. Reinertrag für die Hofflächen und Nebenbetriebe (Abs. 8)

Der **Hofstelle** wird ein eigenständiger Reinertrag zugewiesen. Eine gesonderte Erfassung und Bewertung der Wirtschaftsgebäude ist nicht vorgesehen. Sie werden vielmehr typisierend mit dem Reinertrag der Hoffläche abgegolten. Der Reinertrag ermittelt sich aus dem Produkt von Hoffläche (→ BewG § 234 Rn. 26 ff.) und 19,86 EUR/Ar (= Bewertungsfaktor der Anlage 32 × 3, vgl. § 237 Abs. 8 S. 2 BewG). Das Gesetz suggeriert, dass dieser Reinertrag auch Nebenbetriebe erfasst. Das ist freilich irreführend, weil Nebenbetriebe erst über den an die Brutto-Grundfläche der zugehörigen Wirtschaftsgebäude anknüpfenden Zuschlag nach § 238 Abs. 1 Nr. 3 BewG berücksichtigt werden (→ BewG § 238 Rn. 6). 21

§ 238 Zuschläge zum Reinertrag

(1) **Ein Zuschlag zum Reinertrag einer Nutzung oder Nutzungsart ist vorzunehmen,**
1. **bei der landwirtschaftlichen Nutzung gemäß Anlage 27, wenn der tatsächliche Tierbestand am maßgeblichen Bewertungsstichtag (§ 235) die in Anlage 27 genannte Grenze nachhaltig überschreitet,**
2. **bei der gärtnerischen Nutzung gemäß Anlage 30, wenn in einem Nutzungsteil Flächen unter Glas und Kunststoffen dem Betrieb zu dienen bestimmt sind.** ²Zu den Flächen unter Glas und Kunststoffen gehören

519

insbesondere mit Gewächshäusern, begehbaren Folientunneln, Foliengewächshäusern und anderen Kulturräumen überbaute Bruttogrundflächen. ³Unerheblich ist, ob die Flächen unter Glas und Kunststoffen neben der Erzeugung auch zur Lagerung oder zum Vertrieb der Erzeugnisse zu dienen bestimmt sind,
3. bei der Nutzungsart Hofstelle gemäß Anlage 32 für die weinbauliche Nutzung und für Nebenbetriebe. ²Der Zuschlag ermittelt sich durch Multiplikation der Bruttogrundflächen der nachhaltig genutzten Wirtschaftsgebäude mit dem Zwölffachen des jeweiligen Bewertungsfaktors. ³Unerheblich ist, ob die Wirtschaftsgebäude neben der Erzeugung auch zur Lagerung oder zum Vertrieb der Erzeugnisse zu dienen bestimmt sind.

(2) ¹Der Reinertrag einer Nutzung oder Nutzungsart ist um einen Zuschlag zu erhöhen, wenn die Eigentumsflächen des Betriebs zugleich der Stromerzeugung aus Windenergie dienen. ²Der Zuschlag ermittelt sich aus dem Produkt der abgegrenzten Standortfläche der Windenergieanlage und dem Bewertungsfaktor gemäß Anlage 33.

Gilt nicht in **Baden-Württemberg** (dort § 32 BWLGrStG).

A. Allgemeines

I. Systematische Einordnung und Zweck der Regelung

1 Die Reinertrags-Flächenwerte nach § 237 BewG geben die objektivierte Ertragsfähigkeit nur in Abhängigkeit von der Bewirtschaftungsfläche entsprechend den Differenzierungen nach § 234 BewG wieder. Es gibt allerdings ertragswerterhöhende Umstände, die sich nicht nach dieser Maßgabe abbilden lassen. Insoweit greift auch das neue Recht auf die schon im alten Recht verwendete Technik eines Zuschlags zurück, gestaltet diesen allerdings – im Interesse der Automationsfähigkeit – weitaus weniger differenziert und komplex aus. Den Zuschlägen des § 238 Abs. 1 BewG ist gemeinsam, dass sie zumindest auch an andere Bezugsgrößen anknüpfen, nämlich beim Viehzuschlag an die Vieheinheiten und bei den Zuschlägen nach § 238 Abs. 1 Nrn. 2, 3 BewG an die Brutto-Grundfläche der entsprechend genutzten Wirtschaftsgebäude. Der Zuschlag für Windenergieflächen nach § 238 Abs. 2 BewG hingegen knüpft – wie auch § 237 BewG – allein an eine bestimmte Nutzfläche an. Weil der Gesetzgeber darauf verzichtet hat, diese Flächen gesondert als Nutzung, Nutzungsart etc iSv § 234 BewG zu erfassen, operiert er auf der nachfolgenden Ebene mit einem Zuschlag.

II. Entwicklung der Vorschrift

2 Die Regelung beruht auf dem Grundsteuerreformgesetz v. 26.11.2019 (→ Grundlagen Rn. 13; zu § 238 BewG s. BT-Drs. 19/11085, 105).

B. Zuschläge zum Reinertrag wegen ertragswerterhöhender Bewirtschaftung (Abs. 1)

I. Zuschlag bei landwirtschaftlicher Nutzung für verstärkte Tierhaltung (Abs. 1 Nr. 1)

Die Bewertung der landwirtschaftlichen Nutzung nach § 237 Abs. 2 BewG berücksichtigt bereits einen „normalen" Tierbestand und geltet diesen mit dem Reinertrag iSv § 237 Abs. 2 BewG ab. Eine gegenüber dieser Normalannahme verstärkte Tierhaltung ist hingegen durch einen Zuschlag zu berücksichtigen. **Mit diesem Tierhaltungszuschlag werden der erhöhte Tierbestand und die dazu notwendigen Wirtschaftsgebäude abgegolten.** Grundvoraussetzung des § 238 Abs. 1 Nr. 1 BewG ist, dass der Tierbestand einer landwirtschaftlichen Nutzung zuzuordnen ist. Handelt es sich um einen gewerblichen Tierbestand, weil die Tiereinheitengrenzen des § 241 BewG überschritten sind, scheidet schon eine Einbeziehung in die wirtschaftliche Einheit des Betriebs der Land- und Forstwirtschaft aus (→ BewG § 232 Rn. 39 f.). 3

Liegt ein der landwirtschaftlichen Nutzung zuzuordnender Tierbestand vor (→ Rn. 3), ist für jede über einen Besatz von 2,0 Vieheinheiten je Hektar selbst bewirtschaftete Fläche der landwirtschaftlichen Nutzung hinausgehende Vieheinheit ein Zuschlag von 79,00 EUR anzusetzen. Die beiden maßgeblichen Größen sind mithin – wie bei § 241 BewG auch – die Vieheinheiten und die selbst bewirtschafteten Flächen. Als **Vieheinheiten sind nur diejenigen der landwirtschaftlichen Nutzung** zu berücksichtigen. Existieren auch gewerbliche Viehbestände, sind diese für § 238 Abs. 1 Nr. 1 BewG ohne Bedeutung (aA *Bruschke* in Stenger/Loose BewG § 238 Rn. 13: auch die gewerblichen Überbestände seien einzubeziehen, da ua die zugehörigen Wirtschaftsgebäude ebenfalls dem Betrieb der Land- und Forstwirtschaft zuzurechnen seien; das ist indes nicht der Fall, → BewG § 232 Rn. 40). Die **selbstbewirtschafteten Flächen sind ausschließlich die Eigentumsflächen der landwirtschaftlichen Nutzung und zugepachtete Flächen mit landwirtschaftlicher Nutzung.** Für die notwendige landwirtschaftliche Nutzung ist die gesetzliche Kategorisierung in § 234 Abs. 1 Nr. 1 Buchst. a BewG maßgeblich (es gelten die gleichen Grundsätze wie bei § 241 BewG, → BewG § 241 Rn. 10). Nicht zu berücksichtigen sind verpachtete Eigentumsflächen der landwirtschaftlichen Nutzung und alle Eigentumsflächen, die einer anderen Nutzung zuzuordnen sind (→ BewG § 241 Rn. 11). Die selbst bewirtschaftete Fläche ist durch die Vieheinheiten zu teilen und hiernach ergibt sich die Vieheinheiten pro Hektar-Fläche. Bringt man hiervon 2,0 Vieheinheiten in Abzug und multipliziert man dies wieder mit der selbst bewirtschafteten Fläche, ergibt sich der Überbestand für die Gesamtfläche. Die Zwei-Vieheinheiten-Grenze pro Hektar muss „nachhaltig" am Stichtag iSv § 235 Abs. 2 BewG überschritten sein. Es **gelten bezüglich der Nachhaltigkeit die gleichen Grundsätze, die auch für § 241 BewG gelten** (→ BewG § 241 Rn. 16). Der Überbestand ist sodann mit 79,00 EUR zu multiplizieren. 4

Beispiel: Der Steuerpflichtige ist Eigentümer von 30 ha selbst bewirtschafteten Flächen der landwirtschaftlichen Nutzung. Es werden Milchkühe im Umfang von 140 Vieheinheiten gehalten. Die Grenzen des § 241 BewG sind nicht überschritten, da bei 30 ha bis zu 270 Vieheinheiten zulässig sind. Es liegt mithin ein landwirtschaftlicher Viehbestand vor. Allerdings

§ 238 BewG Siebenter Abschnitt. Bewertung d. Grundbesitzes ab 1.1.2022

handelt es sich um einen verstärkten Viehbestand iSv § 238 Abs. 1 Nr. 1 BewG. Der Steuerpflichtige hält nämlich auf jedem Hektar rechnerisch 4,66 Vieheinheiten. Die Zwei-Vieheinheiten-Grenze wird mithin pro Hektar um 2,66 überschritten. Der Zuschlag ermittelt sich aus dem Produkt von 2,66 VE × 30 × 79,00 EUR = 6.304,20 EUR (alternativer Rechenweg: bei 30 ha sind 60 VE „frei" und die restlichen 80 VE werden mit 79,00 EUR multipliziert).

II. Zuschlag bei gärtnerischer Nutzung unter Glas und Kunststoff (Abs. 1 Nr. 2)

5 Die Bewertung der gärtnerischen Nutzung nach Maßgabe des § 237 Abs. 5 BewG unterstellt einen Anbau auf Freiflächen. Erfolgt der Anbau hingegen unter Glas und Kunststoffen (also zB unter Einsatz von Gewächshäusern, begehbaren Folientunneln, sofern deren Bogenkonstruktion im Erdboden verankert ist, Foliengewächshäusern, Treibräumen uÄ (AEBewGrSt A 237.5 Abs. 3 S. 1 f.), dann ist reinertragserhöhend ein Zuschlag nach Anlage 30 zu berücksichtigen (bei Gemüsebau 45,00 EUR/Ar, bei Blumen-/Zierpflanzenbau 65,15 EUR/Ar, bei Obstbau 45,00 EUR/Ar und bei Baumschulen 65,15 EUR/Ar). Die Größe der Flächen unter Glas und Kunststoffen wird von Außenkante zu Außenkante gemessen (= überdachte Fläche, AEBewGrSt A 237.5 Abs. 3 S. 3). Es wird nicht zwischen Gebäuden und Betriebsvorrichtungen oder zwischen beheizbaren und nicht beheizbaren Flächen unterschieden (BT-Drs. 19/11085, 105). Unerheblich ist ferner, ob die Flächen unter Glas und Kunststoffen neben der Erzeugung auch zur Lagerung oder zum Vertrieb der Erzeugnisse zu dienen bestimmt sind (§ 238 Abs. 1 Nr. 2 S. 3 BewG). Im Umkehrschluss bedeutet dies, dass Gewächshäuser etc., die ausschließlich für Lagerung und Vertrieb genutzt werden, nicht zu berücksichtigen sind.

III. Zuschlag bei der Nutzungsart Hofstelle wegen weinbaulicher Nutzung und für Nebenbetriebe (Abs. 1 Nr. 3)

6 § 238 Abs. 1 Nr. 3 BewG sieht zwei Zuschlagstatbestände für die Nutzungsart Hofstelle vor: (1) Bei weinbaulicher Nutzung (→ BewG § 234 Rn. 12 ff.) mit Fass- und Flaschenweinerzeugung erfolgt ein Zuschlag in Höhe von 1,23 EUR pro Quadratmeter Brutto-Grundfläche (zur Brutto-Grundfläche → BewG § 259 Rn. 11 ff.) der hierzu nachhaltig genutzten Wirtschaftsgebäude und Monat. (2) Für jeden Nebenbetrieb (→ BewG § 234 Rn. 29 ff.) ist ebenfalls ein Zuschlag von 1,23 EUR pro Quadratmeter der Brutto-Grundfläche der hierzu nachhaltig genutzten Wirtschaftsgebäude und Monat vorgesehen (siehe Anlage 32). Unerheblich ist, ob die Wirtschaftsgebäude neben der Erzeugung auch zur Lagerung oder zum Vertrieb der Erzeugnisse zu dienen bestimmt sind (§ 238 Abs. 1 Nr. 3 S. 3 BewG). Nimmt man Nr. 3 Satz 3 beim Wort, muss hieraus folgen, dass der Zuschlag nur für diejenigen Wirtschaftsgebäude in Betracht kommt, die zumindest „auch" der Erzeugung (Fass- und Flaschenweinerzeugung etc.) dienen. Satz 3 hat dann nur den Zweck, eine Differenzierung nach Räumen in einem Wirtschaftsgebäude auszuschließen und das Gebäude mit seiner gesamten Brutto-Grundfläche zu erfassen. Andere Wirtschaftsgebäude, die zB nur der Lagerung der erzeugten Produkte dienen, sind hingegen für den Zuschlag ohne Bedeutung (unklar AEBewGrSt A 238 Abs. 3 S. 2).

C. Zuschlag aufgrund einer Windenergieanlage (Abs. 2)

Sofern die Standortfläche einer Windenergieanlage nach Maßgabe des § 233 Abs. 1 BewG der wirtschaftlichen Einheit des Betriebes der Land- und Forstwirtschaft zuzuordnen ist, ist dieser werterhöhende Umstand durch einen Zuschlag nach § 238 Abs. 2 BewG zu berücksichtigen. Der Zuschlag ermittelt sich aus dem Produkt der abgegrenzten Standortfläche der Windenergieanlage und 59,58 EUR/Ar (siehe Anlage 33). Die abgrenzte Standortfläche ist die durch die Windenergieanlage und die dazugehörigen Betriebsvorrichtungen überbaute Fläche (→ BewG § 233 Rn. 3 f.). Sollte eine größere Fläche an das die Windenergieanlage betreibende Unternehmen überlassen worden sein, ist dies nicht relevant. 7

§ 239 Grundsteuerwert des Betriebs der Land- und Forstwirtschaft

(1) **Die Summe der Reinerträge des Betriebs einschließlich der Zuschläge (§§ 237, 238) ist zur Ermittlung des Ertragswerts mit dem Faktor 18,6 zu kapitalisieren und ergibt den Grundsteuerwert des Betriebs der Land- und Forstwirtschaft.**

(2) ¹**Die Summe der Reinerträge einschließlich der Zuschläge (§§ 237, 238) eines Betriebs der Land- und Forstwirtschaft ist für jede Gemeinde gesondert zu ermitteln, wenn sich die wirtschaftliche Einheit über mehrere Gemeinden erstreckt.** ²**Der auf eine Gemeinde entfallende Anteil am Grundsteuerwert berechnet sich aus der jeweils für eine Gemeinde gesondert ermittelten Summe der Reinerträge im Verhältnis zur Gesamtsumme der Reinerträge des Betriebs der Land- und Forstwirtschaft.**

Gilt nicht in **Baden-Württemberg** (dort § 33 BWLGrStG).

A. Allgemeines

I. Systematische Einordnung und Zweck der Regelung

§ 239 Abs. 1 BewG gibt den letzten Rechenschritt auf dem Weg zum Grundsteuerwert vor (→ Rn. 3). Erstreckt sich der Betrieb der Land- und Forstwirtschaft über mehrere Gemeinden, muss der Grundsteuermessbetrag zerlegt werden. Den Zerlegungsmaßstab gibt § 239 Abs. 2 BewG iVm § 22 Abs. 2 GrStG vor: Maßgeblich ist das Verhältnis des für jede Gemeinde gesondert ermittelten Reinertrages der dort belegenen Flächen zur Summe der Reinerträge des gesamten Betriebs der Land- und Forstwirtschaft (→ Rn. 4). 1

II. Entwicklung der Vorschrift

Die Regelung beruht auf dem Grundsteuerreformgesetz v. 26.11.2019 (→ Grundlagen Rn. 13; zu § 239 BewG s. BT-Drs. 19/11085, 106). 2

B. Kapitalisierung der Summe der Reinerträge (Abs. 1)

3 § 239 Abs. 1 BewG wiederholt letztlich die bereits in § 236 Abs. 4 BewG enthaltene Kapitalisierungsformel: Die Summe der Reinerträge des Betriebs einschließlich der Zuschläge ist zur Ermittlung des Ertragswerts mit dem Faktor 18,6 zu kapitalisieren. Das Produkt ist (unter Beachtung der Rundungsregelung in § 230 BewG) der im Grundsteuerwertbescheid gesondert festzustellende Grundsteuerwert der wirtschaftlichen Einheit des Betriebs der Land- und Forstwirtschaft (Beispiel → Rn. 4).

C. Ermittlung der Reinerträge für gemeindeübergreifende Betriebe (Abs. 2)

4 Erstreckt sich ein Betrieb der Land- und Forstwirtschaft über mehrere Gemeindegebiete, ist die Summe der Reinerträge (einschließlich der Zuschläge) für jede Gemeinde gesondert zu ermitteln. Zuordnungskriterium ist die Belegenheit der Flächen. Der Betrieb der Land- und Forstwirtschaft muss für Zwecke der Bewertung auf die betroffenen Gemeindegebiete „aufgeteilt" werden. Die Zuschläge zur Hofstelle folgen in der Zuordnung der Hofstelle. Der Zuschlag zur landwirtschaftlichen Nutzung wegen verstärkter Tierhaltung (§ 238 Abs. 1 Nr. 1 BewG) ist verhältnismäßig auf die Flächen der landwirtschaftlichen Nutzung aufzuteilen. In diese Verhältnisrechnung sind nur Eigentumsflächen einzubeziehen. Pachtflächen sind zwar bei der Ermittlung des Überbestandes zu berücksichtigen (→ BewG § 238 Rn. 3f.). Da sich der Zuschlag nur bei den Eigentumsflächen der landwirtschaftlichen Nutzung auswirken kann, dürfen diese in die Verhältnisrechnung nicht einbezogen werden (ebenso *Müller* in Grootens BewG § 239 Rn. 31). Der hiernach für jede Gemeinde ermittelte Reinertrag ist sodann ins Verhältnis zur Gesamtsumme der Reinerträge des Betriebs der Land- und Forstwirtschaft zu setzen.

Beispiel: Der Steuerpflichtige ist Eigentümer von 40 ha Fläche (landwirtschaftliche Nutzung, Ertragsmesszahl 300.000 [= 4.000 Ar × Wertzahl 75, → BewG § 237 Rn. 8]) in der Gemeinde A und 20 ha Fläche (landwirtschaftliche Nutzung, Ertragsmesszahl 150.000 [= 2.000 Ar × Wertzahl 75]) in der Gemeinde B. Die Hofstelle liegt auf dem Gebiet der Gemeinde A und misst 1,5 ha. Es werden 300 Vieheinheiten gehalten.
Der Grundsteuerwert ist wie folgt zu ermitteln:
Der Flächenreinertrag für die in der Gemeinde A gelegene Fläche ergibt sich aus (4.000 Ar × 2,52 EUR) + (300.000 × 0,041 EUR) = 22.380,00 EUR.
Der Flächenreinertrag für die in der Gemeinde B gelegene Fläche ergibt sich aus (2.000 Ar × 2,52 EUR) + (150.000 × 0,041 EUR) = 11.190,00 EUR.
Es ist ein Überbestand iSv § 238 Abs. 1 Nr. 1 BewG vorhanden, weshalb jeweils ein Zuschlag vorzunehmen ist. Der Überbestand (insgesamt = 180 VE) ergibt sich aus 5 VE/ha abzüglich 2 VE/ha = 3 VE/ha. Dieser Überbestand ist auf die Flächen der landwirtschaftlichen Nutzung in der Gemeinde A und B zu verteilen. Den Flächen in der Gemeinde A ist ein Überbestand von 40 ha × 3 VE = 120 VE zuzurechnen und den Flächen in der Gemeinde B von 20 ha × 3 VE = 60 VE. Damit ergibt sich für die Flächen in der Gemeinde A eine Zuschlag nach § 238 Abs. 1 Nr. 1 BewG iHv 120 VE × 79,00 EUR = 9.480,00 EUR und für die Flächen in der Gemeinde B iHv 4.740,00 EUR.
Der Reinertrag für die Nutzungsart Hofstelle ist 150 Ar × 6,62 EUR × 3 = 2.979,00 EUR; dieser Reinertrag entfällt auf das Gebiet der Gemeinde A.

Kleingartenland und Dauerkleingartenland § 240 BewG

Damit ergibt sich folgendes Aufteilungsverhältnis für Zwecke des § 22 Abs. 2 GrStG:

		Verhältnis
Gemeinde A		
Flächenreinertrag landwirtschaftliche Nutzung 22.380,00 EUR		
+ Zuschlag für verstärkte Tierhaltung 9.480,00 EUR		
+ Reinertrag der Hofstelle 2.979,00 EUR		
= für die Gemeinde A gesondert ermittelter Reinertrag iSv § 239 Abs. 2 S. 1 BewG	34.839,00 EUR	68,62%
Gemeinde B		
Flächenreinertrag landwirtschaftliche Nutzung 11.190,00 EUR		
+ Zuschlag für verstärkte Tierhaltung 4.740,00 EUR		
= für die Gemeinde A gesondert ermittelter Reinertrag iSv § 239 Abs. 2 S. 1 BewG	15.930,00 EUR	31,38%
(Gesamt-) Summe der Reinerträge	50.769,00 EUR	100,00%

Der Grundsteuerwert ist schließlich 50.769,00 EUR × 18,6 = 944.300,00 EUR (gerundet nach § 230 BewG).

§ 22 Abs. 2 GrStG knüpft zwar an das Anwendungsergebnis des § 239 Abs. 2 **5** BewG an, allerdings hat der Gesetzgeber auf die Anordnung einer verfahrensrechtlichen Bindungswirkung verzichtet (kein Grundlagen-Folgebescheid-Verhältnis, AEBewGrSt A 239 Abs. 2 S. 4).

§ 240 Kleingartenland und Dauerkleingartenland

(1) **Als Betrieb der Land- und Forstwirtschaft gelten auch Kleingartenland und Dauerkleingartenland im Sinne des Bundeskleingartengesetzes.**

(2) ¹**Bei der Ermittlung des Ertragswerts für Kleingartenland und Dauerkleingartenland ist abweichend von § 237 der Reinertrag für den Nutzungsteil Gemüsebau anzusetzen.** ²**Der Reinertrag ergibt sich aus der Summe der Produkte der jeweils gesetzlich klassifizierten Eigentumsfläche und dem Reinertrag für das Freiland gemäß Anlage 30.**

(3) ¹**Gartenlauben von mehr als 30 Quadratmetern Brutto-Grundfläche gelten als Wirtschaftsgebäude.** ²**§ 237 Absatz 8 findet entsprechende Anwendung.**

(4) **Die Summe der Reinerträge nach den Absätzen 2 und 3 ist zur Ermittlung des Ertragswerts mit dem Faktor 18,6 zu kapitalisieren und ergibt den Grundsteuerwert des Betriebs der Land- und Forstwirtschaft.**

Gilt nicht in **Baden-Württemberg** (dort § 34 BWLGrStG).

A. Allgemeines

I. Systematische Einordnung und Zweck der Regelung

Die Rechtsprechung hat in der Vergangenheit Grundstücksflächen, die als **1** Kleingartenland verpachtet und genutzt werden, wegen der ihrer Art nach gärtnerischen Nutzung zwecks Selbstversorgung und des weitgehenden Pachtschutzes als land- und forstwirtschaftliches Vermögen eingeordnet und davon nur dann eine

§ 240 BewG Siebenter Abschnitt. Bewertung d. Grundbesitzes ab 1.1.2022

Ausnahme zugelassen, wenn aus besonderen Umständen ersichtlich ist, dass das Land demnächst der Bebauung oder einer anderen nichtgärtnerischen Nutzung zugeführt wird (RFH 7.12.1939 – III 147/39, RFHE 48, 62; BFH 19.1.1979 – III R 42/77, BStBl. II 1979, 398; 9.8.1989 – II R 116/86, BStBl. II 1989, 870). Dies entsprach auch der Verwaltungspraxis (BewRGr Abschn. 2 Abs. 8; OFD Frankfurt 23.10.2017 – S 3191 A – 006 – St 116, BeckVerw 348233). Zuletzt war hieran aber zu Recht gezweifelt und eine Zuordnung zum Grundvermögen angenommen worden (FG Berlin-Brandenburg 10.5.2017 – 3 K 3246/13, EFG 2017, 1241, arg.: Selbstversorgung sei nicht mehr prägend, sondern vielmehr Ruhe und Erholung). Der Gesetzgeber hat hierauf reagiert und die bisherige höchstrichterliche Rechtsprechung und Verwaltungspraxis in § 240 BewG übernommen. Nach der Vorstellung des Gesetzgebers enthält § 240 BewG eine „Fiktion" (BT-Drs. 19/11085, 106), womit der Gesetzgeber zu erkennen gibt, dass er die zuletzt formulierte Kritik als berechtigt ansieht, er aber gleichwohl an dem bisherigen Konzept festhalten will. Bewertungsrechtlich wird der zur Selbstversorgung unterhaltene Kleingarten einer gärtnerischen Nutzung gleichgestellt.

II. Entwicklung der Vorschrift

2   Die Regelung beruht auf dem Grundsteuerreformgesetz v. 26.11.2019 (→ Grundlagen Rn. 13; zu § 240 BewG BT-Drs. 19/11085, 106) und hat normativ kein Vorbild im alten Recht. Sie knüpft aber an die Rechtsprechung und Verwaltungspraxis zum alten Recht an (→ Rn. 1).

B. Kleingarten- und Dauerkleingartenland als fingiertes land- und forstwirtschaftliches Vermögen (Abs. 1)

3   § 240 Abs. 1 BewG knüpft an die Begriffsbestimmungen des § 1 BKleingG an:

Bundeskleingartengesetz

§ 1 Begriffsbestimmungen

(1) Ein Kleingarten ist ein Garten, der
1. dem Nutzer (Kleingärtner) zur nichterwerbsmäßigen gärtnerischen Nutzung, insbesondere zur Gewinnung von Gartenbauerzeugnissen für den Eigenbedarf, und zur Erholung dient (kleingärtnerische Nutzung) und
2. in einer Anlage liegt, in der mehrere Einzelgärten mit gemeinschaftlichen Einrichtungen, zum Beispiel Wegen, Spielflächen und Vereinshäusern, zusammengefaßt sind (Kleingartenanlage).

(2) Kein Kleingarten ist
1. ein Garten, der zwar die Voraussetzungen des Absatzes 1 erfüllt, aber vom Eigentümer oder einem seiner Haushaltsangehörigen im Sinne des § 18 des Wohnraumförderungsgesetzes genutzt wird (Eigentümergarten);
2. ein Garten, der einem zur Nutzung einer Wohnung Berechtigten im Zusammenhang mit der Wohnung überlassen ist (Wohnungsgarten);
3. ein Garten, der einem Arbeitnehmer im Zusammenhang mit dem Arbeitsvertrag überlassen ist (Arbeitnehmergarten);
4. ein Grundstück, auf dem vertraglich nur bestimmte Gartenbauerzeugnisse angebaut werden dürfen;

Kleingartenland und Dauerkleingartenland § **240 BewG**

5. ein Grundstück, das vertraglich nur mit einjährigen Pflanzen bestellt werden darf (Grabeland).

(3) Ein Dauerkleingarten ist ein Kleingarten auf einer Fläche, die im Bebauungsplan für Dauerkleingärten festgesetzt ist.

Aus der Bezugnahme auf § 1 BKleingG ergibt sich, dass „Kleingärten" nur auf gepachteten Flächen unterhalten werden können. Dementsprechend erfasst auch der hieran anknüpfende § 240 BewG nur Pachtflächen, die vom Pächter genutzt werden und dem Eigentümer zuzurechnen sind. Erstreckt sich dessen Eigentum auf eine Vielzahl von Kleingärten (zB Kleingartenanlage im Eigentum einer Gemeinde), dann bilden alle Kleingärten in der Regel eine wirtschaftliche Einheit (vgl. AEBewGrSt A 240 Abs. 3). Von § 240 BewG nicht erfasst werden hingegen vom Eigentümer oder einem seiner Haushaltsangehörigen selbst genutzte Kleingärten (Eigentümergärten), selbst wenn sie in einer Kleingartenanlage liegen (ebenso *Bruschke* in Stenger/Loose BewG § 240 Rn. 13; iErg. auch *Stephany* in KSS BewG § 240 Rn. 7). Für solche Eigentumsgärten gelten die allgemeinen Abgrenzungsgrundsätze zwischen Eigenbedarfsbewirtschaftung und einem Betrieb der Land- und Forstwirtschaft (→ BewG § 232 Rn. 5).

Eine Gartenlaube schadet der Einordnung als land- und forstwirtschaftliches **4** Vermögen nicht (arg. § 240 Abs. 3 BewG). Allerdings **ist die unschädliche Gartenlaube abzugrenzen von einem „normalen Gebäude".** Die Gartenlaube erfährt ihre Konkretisierung vor allem durch die einfache Ausstattung und ihre Zweckbestimmung. Sie dient der Aufbewahrung von Geräten für die Gartenbearbeitung und von Gartenerzeugnissen sowie den kurzfristigen Aufenthalten des Kleingärtners und seiner Familie aus Anlass von Arbeiten oder der Freizeiterholung im Garten. Erreicht das Gebäude hingegen eine Größe und eine Ausstattung, die zu einer regelmäßigen Wohnnutzung (und sei es nur am Wochenende) einladen, dann liegt keine Gartenlaube mehr vor (vgl. BVerwG 17.2.1984 – 4 C 55/81, NJW 1984, 1576). Bewertungsrechtlich wird man dann – auch wenn die Bebauung baurechtswidrig sein sollte – von Grundvermögen ausgehen müssen (BFH 19.1.1979 – III R 42/77, BStBl. II 1979, 398 zum alten Recht).

Mit der Einordnung eines Kleingartens zur Vermögensart des land- und forst- **5** wirtschaftlichen Vermögens geht die Anwendung der § 233 Abs. 2 und Abs. 3 BewG einher. Unter den dort genannten Voraussetzungen gilt die Fiktion des § 240 Abs. 1 BewG nicht. Die vormals von der Rechtsprechung (zur Entwicklung → Rn. 1) vor Schaffung des § 240 Abs. 1 BewG formulierte Ausnahme von der Zuordnung zum land- und forstwirtschaftlichen Vermögen („Grundstück wird demnächst der Bebauung oder einer anderen nicht gärtnerischen Nutzung zugeführt", vgl. nur BFH 9.8.1989 – II R 116/86, BStBl. II 1989, 870) geht in diesen gesetzlichen Abgrenzungsnormen auf und hat damit keine Bedeutung mehr.

C. Reinertrag eines Kleingartengrundstücks (Abs. 2)

Das Kleingartengrundstück wird im vereinfachten Verfahren mit dem Rein- **6** ertrag bewertet, der auch für den unternehmerisch betriebenen Gemüsebau gilt, also 12,35 EUR pro 100 qm (Anlage 30).

D. Gartenlaube als fingiertes Wirtschaftsgebäude (Abs. 3)

7 § 240 Abs. 3 S. 1 BewG enthält eine weitere Fiktion: Gartenlauben von mehr als 30 qm Brutto-Grundfläche (→ BewG § 259 Rn. 12 ff.) gelten als Wirtschaftsgebäude. Zur Gartenlaube zählen alle Stand- und Nebenflächen einschließlich eines überdachten Freisitzes (AEBewGrSt A 240 Abs. 2 S. 2). Nach geltender kleingartenrechtlicher Vorgabe dürfen Gartenlauben derzeit nicht größer als 24 qm sein (§ 3 Abs. 2 BKleingG). Diese Größenvorgabe darf selbst durch Bebauungsplan nicht überschritten werden (*Mainczyk* BKleingG § 3 Rn. 2). Allerdings existieren noch größere Gartenlauben, die Bestandsschutz genießen, weil sie früher rechtmäßig errichtet worden sind (zB Kleingartenlauben in den neuen Bundesländern). Zudem kann auch Dauerkleingartenland aus anderen Gründen bebaut sein. Daher hat § 240 Abs. 3 BewG durchaus einen Anwendungsbereich. Voraussetzung ist allerdings, dass es sich um eine Gartenlaube und nicht um ein normales Gebäude handelt (→ Rn. 4).

8 Die Gartenlaube von mehr als 30 qm Brutto-Grundfläche wird kraft Fiktion bewertungsrechtlich zum Wirtschaftsgebäude und gem. § 240 Abs. 3 S. 2 BewG findet § 237 Abs. 8 BewG entsprechende Anwendung. Das Zusammenspiel aus Fiktion und § 237 Abs. 8 BewG dürfte wie folgt zu verstehen sein: Die entsprechende Anwendung des § 237 Abs. 8 BewG bedeutet, dass der **dreifache Bewertungsfaktor der Anlage 32 (also im Ergebnis 19,86 EUR/Ar) mit der Fläche des Kleingartens zu multiplizieren ist** („fiktive Hofstelle"). **Dieser Reinertrag für die fiktive Hofstelle ist sodann um einen Zuschlag für das Wirtschaftsgebäude zu erhöhen** (nach Anlage 32 = 12 × 1,23 EUR/qm Brutto-Grundfläche). Ein Verweis auf § 238 Abs. 1 Nr. 3 BewG fehlt zwar in § 240 Abs. 3 BewG, allerdings dürfte sich die Anwendung der Zuschlagsregelung aus der Wirtschaftsgebäudefiktion ergeben. Wenn es eine fiktive Hofstelle mit einem fiktiven Wirtschaftsgebäude gibt, dann sind auch die Voraussetzungen für den Zuschlag nach § 238 Abs. 1 Nr. 3 BewG erfüllt (iErg ebenso *Müller* in Grootens BewG § 240 Rn. 23; abweichendes Verständnis wohl bei *Bruschke* in Stenger/Loose BewG § 240 Rn. 27, der nur auf den Flächenwert hinweist).

E. Ermittlung des Grundsteuerwertes (Abs. 4)

9 § 240 Abs. 4 BewG schreibt für die Summe der Reinerträge nach Abs. 2 und Abs. 3 einen Kapitalisierungsfaktor von 18,6 vor.

II. Besondere Vorschriften

a) Landwirtschaftliche Nutzung

§ 241 Tierbestände

(1) ¹Tierbestände gehören in vollem Umfang zur landwirtschaftlichen Nutzung, wenn im Wirtschaftsjahr

für die ersten 20 Hektar	nicht mehr als	10 Vieheinheiten,
für die nächsten 10 Hektar	nicht mehr als	7 Vieheinheiten,
für die nächsten 20 Hektar	nicht mehr als	6 Vieheinheiten,
für die nächsten 50 Hektar	nicht mehr als	3 Vieheinheiten,
und für die weitere Fläche	nicht mehr als	1,5 Vieheinheiten

je Hektar der vom Inhaber des Betriebs selbst bewirtschafteten Flächen der landwirtschaftlichen Nutzung erzeugt oder gehalten werden. ²Zu den selbst bewirtschafteten Flächen gehören die Eigentumsflächen und die zur Nutzung überlassenen Flächen. ³Die Tierbestände sind nach dem Futterbedarf in Vieheinheiten umzurechnen.

(2) ¹Übersteigt die Anzahl der Vieheinheiten nachhaltig die in Absatz 1 bezeichnete Grenze, so gehören nur die Zweige des Tierbestands zur landwirtschaftlichen Nutzung, deren Vieheinheiten zusammen diese Grenze nicht überschreiten. ²Zunächst sind mehr flächenabhängige Zweige des Tierbestands und danach weniger flächenabhängige Zweige des Tierbestands zur landwirtschaftlichen Nutzung zu rechnen. ³Innerhalb jeder dieser Gruppen sind zuerst Zweige des Tierbestands mit der geringeren Anzahl von Vieheinheiten und dann Zweige mit der größeren Anzahl von Vieheinheiten zur landwirtschaftlichen Nutzung zu rechnen. ⁴Der Tierbestand der einzelnen Zweiges wird nicht aufgeteilt.

(3) ¹Als Zweig des Tierbestands gilt bei jeder Tierart für sich:
1. das Zugvieh,
2. das Zuchtvieh,
3. das Mastvieh,
4. das übrige Nutzvieh.

²Das Zuchtvieh einer Tierart gilt nur dann als besonderer Zweig des Tierbestands, wenn die erzeugten Jungtiere überwiegend zum Verkauf bestimmt sind. ³Ist das nicht der Fall, so ist das Zuchtvieh dem Zweig des Tierbestands zuzurechnen, dem es überwiegend dient.

(4) ¹Die Absätze 1 bis 3 gelten nicht für Pelztiere. ²Pelztiere gehören nur dann zur landwirtschaftlichen Nutzung, wenn die erforderlichen Futtermittel überwiegend von den vom Inhaber des Betriebs landwirtschaftlich genutzten Flächen gewonnen werden.

(5) Der Umrechnungsschlüssel für Tierbestände in Vieheinheiten sowie die Gruppen der mehr oder weniger flächenabhängigen Zweige des Tierbestands sind den Anlagen 34 und 35 zu entnehmen.

Gilt nicht in **Baden-Württemberg** (dort § 35 BWLGrStG).

§ 241 BewG Siebenter Abschnitt. Bewertung d. Grundbesitzes ab 1.1.2022

Übersicht

		Rn.
A.	Allgemeines	1
I.	Systematische Einordnung und Zweck der Regelung	1
II.	Entwicklung der Vorschrift	3
B.	Die Vieheinheitengrenzen (Abs. 1)	4
C.	(Nicht-)Überschreitung der Vieheinheitengrenze (Abs. 2 u. 3)	17
D.	Pelztiere (Abs. 4)	23
E.	Verweisung auf die Anlage 34 und 35 (Abs. 5)	24

A. Allgemeines

I. Systematische Einordnung und Zweck der Regelung

1 § 241 BewG dient der Abgrenzung der landwirtschaftlichen von der gewerblichen Tierhaltung. Es entspricht seit jeher bewertungs- wie auch ertragsteuerlichen (vgl. § 13 Abs. 1 Nr. 1 S. 2 EStG) Grundsätzen, diese Abgrenzung typisierend quantitativ vorzunehmen. Die insoweit maßgeblichen Anlagen 34 und 35 haben Gesetzeskraft, weshalb die Verwaltung hiervon nicht durch Verwaltungsvorschrift abweichen darf (→ Rn. 24). Die degressive Staffelung des § 241 Abs. 1 BewG ist mit dem tatsächlichen Futterbedarf nicht zu erklären. Sie ist allein Ausdruck einer agrarpolitischen Entscheidung zugunsten (flächenmäßig) kleinerer Betriebe (vgl. BFH 17.12.2008 – IV R 34/06, BStBl. II 2009, 453 [456]). Unseres Erachtens hält sich (auch) die gegenwärtige Fassung innerhalb des verfassungsrechtlich zulässigen Typisierungsrahmens (vgl. zur Vorvorgängerregelung BFH 8.12.1993 – II R 35/90, BStBl. II 1994, 152).

2 Neben § 241 BewG befasst sich auch § 242 BewG mit der Zuordnung von Tierzucht und -haltung zur Land- und Forstwirtschaft. Die Regelungen können sich allerdings nicht überschneiden: **§ 241 BewG regelt die flächenabhängige und § 242 Abs. 1 Nr. 2, Abs. 2 Nr. 1–5 BewG die flächenunabhängige landwirtschaftliche Tierzucht und -haltung.** § 241 BewG erfasst nur Tiere, die nach der Verkehrsanschauung typischerweise in landwirtschaftlichen Betrieben gezogen oder gehalten werden und für die der jeweilige Betrieb eine ausreichende Ernährungsgrundlage bietet (→ Rn. 6). Die spätere Verwendung der Tiere ist für die Qualifikationsfrage hingegen unerheblich. Sie können der menschlichen Ernährung dienen, müssen es aber nicht (→ Rn. 6). Bei der flächenunabhängigen Tierzucht und -haltung iSv § 242 BewG muss der Steuerpflichtige hingegen keine ausreichenden Versorgungsflächen vorhalten, dh auch eine große Zahl an Tieren auf kleiner Fläche schadet nicht. Dafür ist allerdings erforderlich, dass die Tiere entweder Arbeitstiere sind oder der menschlichen Ernährung oder sonstigen Versorgung dienen (BFH 16.12.2004 – IV R 4/04, BStBl. II 2005, 347 [348]). Die §§ 241, 242 BewG regeln mit diesen Vorgaben abschließend, welche Tiere zur Land- und Forstwirtschaft gehören. Dies stellt vor allem § 232 Abs. 4 BewG klar: Nicht zum land- und forstwirtschaftlichen Vermögen gehören nämlich die Tierbestände oder Zweige des Tierbestands und die hiermit zusammenhängenden Wirtschaftsgüter, wenn die Tiere weder nach § 241 BewG zur landwirtschaftlichen Nutzung noch nach § 242 Abs. 2 BewG zu den sonstigen land- und forstwirtschaftlichen Nutzungen gehören.

Tierbestände **§ 241 BewG**

II. Entwicklung der Vorschrift

Die Regelung beruht auf dem Grundsteuerreformgesetz v. 26.11.2019 **3**
(→ Grundlagen Rn. 13) und übernimmt den Regelungsgehalt des § 51 BewG
(dazu BT-Drs. IV/1488, 45 f., dort noch § 39a BewG-E). Es kann für § 241 BewG
sowohl auf die Rechtsprechung zu § 51 BewG als auch zu § 13 Abs. 1 Nr. 1 S. 2
EStG zurückgegriffen werden. Die gemeinschaftliche Tierhaltung nach Maßgabe
des § 51a BewG wurde hingegen nicht in § 241 BewG übernommen.

B. Die Vieheinheitengrenzen (Abs. 1)

§ 241 BewG enthält quantitative Kriterien, mittels derer die landwirtschaftliche **4**
von der gewerblichen Tierzucht bzw. -haltung abzugrenzen ist. Werden die Vieheinheitengrenzen
eingehalten, darf daraus allerdings nicht geschlossen werden, dass
ein Betrieb der Land- und Forstwirtschaft vorliegt. **Vielmehr geht der Anwendung
des § 241 BewG die Feststellung voraus, dass eine grundsätzlich zur
Annahme von Land- und Forstwirtschaft geeignete Tätigkeit vorliegt.**
Hierfür bedarf es zwar – anders als im Ertragsteuerrecht – keiner Gewinnerzielungsabsicht,
aber gleichwohl führt nicht jede ländlich gelegene Tierhaltung zu einem
Betrieb der Land- und Forstwirtschaft (→ BewG § 232 Rn. 5). Zudem kann sich
die Gewerblichkeit einer Tierzucht bzw. -haltung auch aus anderen Umständen als
der Überschreitung der Vieheinheitengrenzen ergeben (zu Pferden im Besonderen
→ Rn. 7f.).

§ 241 BewG gilt gleichermaßen für Tierzucht wie auch Tierhaltung („erzeugt **5**
und gehalten werden"). Dabei **müssen** die Merkmale **Tierzucht und Tierhaltung
nicht kumulativ vorliegen.** Vielmehr unterfällt § 241 BewG auch die nicht
mit einer Zucht verbundene Tierhaltung (BFH 23.9.1988 – III R 182/84, BStBl.
II 1989, 111; FG Münster 12.4.2019 – 10 K 1145/18, EFG 2019, 1280 [Rev. VI R
26/19]).

Die Norm benennt keine konkreten Tierarten bzw. -rassen. Allerdings enthalten **6**
die Anlagen 34 und 35 einen Hinweis darauf, welche Kriterien ein **Tier iSv § 241
BewG** typischerweise erfüllen muss: So kommt es nicht darauf an, ob die Haltung
oder Nutzung eines Tieres auf die menschliche Ernährung oder Versorgung gerichtet
ist (BFH 30.9.1980 – VIII R 22/79, BStBl. II 1981, 210 [212]; 23.9.1988 – III
R 182/84, BStBl. II 1989, 111 [112]; 19.12.2002 – IV R 47/01, BStBl. II 2003,
507 [508]), sondern darauf, **ob ein Tier auf pflanzlicher Basis flächenabhängig
ernährt wird** und ob es nach der Verkehrsanschauung der Land- und Forstwirtschaft
zugerechnet wird, **ob Tierhaltung und Tierzucht also landwirtschaftstypisch
sind.** Insoweit nimmt die Rechtsprechung auf die Nennung in den
Anlagen 34 und 35 Bezug (BFH 16.12.2004 – IV R 4/04, BStBl. II 2005, 347
[348]; 17.12.2008 – IV R 34/06, BStBl. II 2009, 453 [454]; FG Niedersachsen
26.5.2020 – 6 K 337/18, EFG 2020, 1299 [Rev. XI R 33/20] jew. zu § 13 EStG).
Dort werden – nicht abschließend – Alpakas, Damtiere, Geflügel, Kaninchen, Lamas,
Pferde (→ Rn. 7f.), Rindvieh, Schafe, Schweine, Strauße und Ziegen genannt.
Andere Tiere sind erfasst, wenn der Zweck der Nutzung mit einer allgemeinen
oder überkommenen Nutzungsart vergleichbar ist und die betreffende Tierart
auf pflanzlicher Basis ihr Auskommen findet (zB Vikunjas, Bison, Yaks, Truthühner,
Perlhühner oder Wildtiere, die landwirtschaftlich aufgezogen und gehalten werden
können wie Damwild, Rotwild, Wildschweine, Fasane oder Wachteln). Mit den

Kriterien (1) pflanzliche Ernährung und (2) landwirtschaftstypisch (Verkehrsanschauung) lassen sich sodann sowohl überwiegend fleischfressende Tiere (zB Nerze, BFH 19.12.2002 – IV R 47/01, BStBl. II 2003, 507 [508]) als auch Zucht- und Haltungstätigkeiten, die auch in der Hand eines Landwirtes mit hinreichender Futtergrundlage keine landwirtschaftliche Tätigkeit darstellen würden (zB die Zucht von Haustieren wie Hunden, Katzen [s. BFH 30.9.1980 – VIII R 22/79, BStBl. II 1981, 210; 31.3.2004 – I R 71/03, BStBl. II 2004, 742] sowie Kleintieren wie Meerschweinchen, Zwergkaninchen, Hamster, Ratten und Mäusen [BFH 17.12.2008 – IV R 34/06, BStBl. II 2009, 453]) aus dem Anwendungsbereich des § 241 BewG ausgrenzen.

7 **Insbesondere Pferde:** Auch die Pferdehaltung und -zucht ist landwirtschaftstypisch (→ Rn. 6) und gehört daher innerhalb der Vieheinheitengrenzen des § 241 Abs. 1 BewG zur landwirtschaftlichen Nutzung. Das gilt auch dann, wenn die Pferde nur für Freizeitzwecke gehalten werden (sofern die Pferdehaltung im Übrigen die allgemeinen Voraussetzungen eines landwirtschaftlichen Betriebes erfüllt, → BewG § 232 Rn. 5). Denn der Gesetzgeber dürfte dies mit der differenzierungslosen Aufnahme der Pferde in die Anlagen 34 und 35 als unschädlich akzeptiert haben (iErg ebenso BFH 6.5.2015 – II R 9/13, BStBl. II 2015, 888 [889f.]; FG Münster 12.4.2019 – 10 K 1145/18, EFG 2019, 1280 [Rev. VI R 26/19]). Eingehegt wird dieses recht großzügige Verständnis landwirtschaftlicher Pferdehaltung und -zucht allerdings (zu Recht) dadurch, dass auch bei Einhaltung der Vieheinheitenregelung des § 241 Abs. 1 BewG immer noch der „landwirtschaftliche Charakter" der Tätigkeit prägend sein muss. Landwirtschaftstypisch ist insoweit vor allem die (bloße) Fütterung, Einstellung und Pflege fremder Pferde (sog. Pensionspferde, siehe BFH 16.11.1978 – IV R 191/74, BStBl. II 1979, 246; 24.1.1989 – VIII R 91/83, BStBl. II 1989, 416 [418f.]; FG Baden-Württemberg 21.10.1987 – VII K 283/84, EFG 1988, 118; für die USt aA hingegen BFH 21.1.2015 – XI R 13/13, BStBl. II 2015, 730; zur Zurechnung von Pensionstieren für Zwecke des § 241 BewG → Rn. 15). Entsprechendes gilt, wenn eigene Pferde für reiterliche Zwecke gezüchtet, aufgezogen und ausgebildet werden (BFH 23.9.1988 – III R 182/84, BStBl. II 1989, 111 [112]; FG Köln 3.11.1988 – 5 K 317/84, EFG 1989, 176; FG Münster 9.6.1983 – VII III 1808/80; FG Schleswig-Holstein 4.4.1984 – II 314/80, EFG 1985, 11; FG Niedersachsen 26.5.2020 – 6 K 337/18, EFG 2020, 1299 [Rev. XI R 33/20]). Dabei soll es der Annahme einer landwirtschaftlichen Betätigung nicht schaden, wenn (angerittene) Pferde zugekauft werden, um sie während einer nicht nur kurzen Aufenthaltsdauer zu Reit- und Turnierpferden oder gar hochwertigen Rennpferden auszubilden und sie dann weiterzuverkaufen (BFH 31.3.2004 – I R 71/03, BStBl. II 2004, 742 [745]; 17.12.2008 – IV R 34/06, BStBl. II 2009, 453 [454]; zur Abgrenzung vom gewerblichen Pferdehandel → Rn. 8). Ferner soll eine Deckhengsthaltung (dh keine eigene Zucht, sondern Deckung fremder Stuten) noch landwirtschaftlich sein, sofern die Besamungsstation nicht von dem Pferdehalter selbst betrieben wird (BFH 6.5.2015 – II R 9/13, BStBl. II 2015, 888 [889f.]). Es soll auch unschädlich sein, wenn der Zuchthengst zugleich im Pferdesport als Dressurpferd verwendet wird (BFH 6.5.2015 – II R 9/13, BStBl. II 2015, 888 [890]). Zur landwirtschaftlichen Betätigung gehört außerdem noch das Vermieten der Pferde für Reitzwecke (BFH 29.3.1990 – V R 34/89, BFH/NV 1992, 845; 24.1.1989 – VIII R 91/83, BStBl. II 1989, 416).

8 Die **Grenze zur Gewerblichkeit** kann **im Zusammenhang mit Pferdezucht und -haltung** jedoch in mehrere Richtungen überschritten sein: (1) So ist die landwirtschaftliche Veredelung zugekaufter Pferde abzugrenzen vom gewerb-

Tierbestände **§ 241 BewG**

lichen Pferdehandel. Das bloße Aufstallen von Tieren zum Zwecke des Verkaufs ist keine der Landwirtschaft zuzuordnende Tierhaltung, auch wenn die Tiere gefüttert werden. Wer Tiere ankauft und alsbald weiterveräußert, ist ein Händler und kein Landwirt (BFH 31.3.2004 – I R 71/03, BStBl. II 2004, 742 [744]; FG Münster 12.4.2019 – 10 K 1145/18, EFG 2019, 1280 [Rev. VI R 26/19]). (2) Die Grenze zur Gewerblichkeit kann durch die Erbringung landwirtschaftsuntypischer Dienstleistungen überschritten werden. Dies wurde zB für den Fall angenommen, dass die Pferde nicht nur versorgt werden (an sich landwirtschaftstypische Pensionspferdehaltung, →Rn. 7), sondern auch noch Reitunterricht erteilt wird (BFH 16.11.1978, IV R 191/74, BStBl. II 1979, 246; 16.7.1987 – V R 22/78, BStBl. II 1988, 83) oder eingestellte Pferde auch ausgebildet werden. Die bloße Zurverfügungstellung von Reitanlagen soll hingegen nicht schaden (BFH 23.9.1988 – III R 182/84, BStBl. II 1989, 111). (3) Wird ein Rennstall betrieben, dient der Haltung also vornehmlich sportlichen Zwecken, überlagert der Hauptzweck der Erzielung von Rennpreisen den landwirtschaftlichen Zuchtzweck (BFH 19.7.1990 – IV R 82/89, BStBl. II 1991, 333), sofern die Teilnahme an Turnieren nicht untergeordneter Teil des der Land- und Forstwirtschaft zuzurechnenden Veredelungsprozesses (→Rn. 7) ist (BFH 31.3.2004 – I R 71/03, BStBl. II 2004, 742 [744f.]). Entsprechendes gilt für Springpferde.

Damit Tierzucht und Tierhaltung als landwirtschaftliche Tätigkeit zu qualifizieren sind, muss der Bodenbezug gegeben sein, der die Landwirtschaft auch im Übrigen prägt. Es ist die Verwendung selbst erzeugter Pflanzen als Futter, die Tierzucht und -haltung zur (spezifisch) landwirtschaftlichen Veredelung macht und so die Zuordnung dieser Tätigkeit zur Urproduktion rechtfertigt (vgl. BFH 16.12.2004 – IV R 4/04, BStBl. II 2005, 347 [348]). Der Gesetzgeber hat diesen Zusammenhang in § 241 Abs. 1 BewG durch die Vieheinheitengrenzen mit ihren strikten Umrechnungsvorgaben typisiert. Die Zuordnung zur landwirtschaftlichen Nutzung setzt voraus, dass im Wirtschaftsjahr 9

für die ersten 20 Hektar nicht mehr als 10 Vieheinheiten
für die nächsten 10 Hektar nicht mehr als 7 Vieheinheiten
für die nächsten 20 Hektar nicht mehr als 6 Vieheinheiten
für die nächsten 50 Hektar nicht mehr als 3 Vieheinheiten

und für jede weitere Fläche nicht mehr als 1,5 Vieheinheiten je Hektar der vom Inhaber des Betriebs regelmäßig landwirtschaftlich genutzten Fläche erzeugt oder gehalten werden. Das Gesetz enthält letztlich eine Fiktion und entkoppelt die Zuordnung damit von der tatsächlichen Verwendung der Flächen. Es ist also nicht erforderlich, dass die Tiere tatsächlich mit Futter aus dem Betrieb ernährt werden. Solange nur abstrakt ausreichend Fläche vorhanden ist, ist für die Zuordnung zur landwirtschaftlichen Nutzung unerheblich, woher das Futter tatsächlich stammt (BFH 31.3.2004 – I R 71/03, BStBl. II 2004, 742 [745]; 17.12.2008 – IV R 34/06, BStBl. II 2009, 453 [456]).

§ 241 Abs. 1 S. 1 BewG erklärt für die Berechnung die vom Steuerpflichtigen 10 selbst bewirtschafteten (→Rn. 11) **Flächen der landwirtschaftlichen Nutzung** für maßgeblich. Damit **knüpft das Gesetz an die Kategorisierung der Nutzungen nach Maßgabe des § 234 BewG an.** Für § 241 Abs. 1 S. 1 BewG ist allein die landwirtschaftliche Nutzung iSv § 234 Abs. 1 Nr. 1 Buchst. a BewG maßgeblich. Forstwirtschaftliche, weinbauliche und gärtnerische Flächen dürfen ebenso wenig einbezogen werden wie Abbauland, Geringstland, Unland und – dies war zu § 51 BewG freilich nicht unumstritten (vgl. nur einerseits EStR 13.2. Abs. 3 S. 2; andererseits *Kulosa* in Schmidt EStG § 13 Rn. 37) – die Hofstelle (ebenso

533

§ 241 BewG Siebenter Abschnitt. Bewertung d. Grundbesitzes ab 1.1.2022

AEBewGrSt A 241 Abs. 3 S. 2). Da im neuen Recht Hopfen, Spargel und andere Sonderkulturen nicht mehr zur landwirtschaftlichen Nutzung gehören, sondern eine eigene „übrige landwirtschaftliche Nutzung" (§ 234 Abs. 1 Nr. 1 Buchst. e BewG iVm § 242 Abs. 1 Nr. 1 BewG) darstellen, wird man nunmehr auch diese Fläche ausnehmen müssen (aA AEBewGrSt A 241 Abs. 3 S. 1 Nr. 2). Schließlich verbleibt auch kein Raum für die von der Finanzverwaltung bisher zugestandene Berücksichtigung landwirtschaftlicher Unternutzungen (bei Obstbauflächen wurde bei entsprechender Unternutzungsmöglichkeit die Hälfte der Fläche angesetzt, EStR 13.2 Abs. 3 S. 3; für die Fortgeltung dieser Regelung hingegen *Bruschke* in Stenger/Loose BewG § 241 Rn. 37). Führt die Unternutzung allerdings zu einer landwirtschaftlichen (Haupt-)Nutzung (→ BewG § 234 Rn. 18), sind die Flächen zu berücksichtigen. Vollständig zu berücksichtigen sind ferner **stillgelegte Flächen,** soweit diese nach Art. 5 des Gesetzes zur Gleichstellung stillgelegter und landwirtschaftlich genutzter Flächen v. 10.7.1995 (BGBl. 1995 I 910) als bewirtschaftet gelten (*Stephany* in KSS BewG § 51 BewG Rn. 11) und auch **Brachflächen,** sofern sie der landwirtschaftlichen Nutzung zuzuordnen sind.

11 Zu den **selbst bewirtschafteten Flächen** der landwirtschaftlichen Nutzung (→ Rn. 10) gehören gem. § 241 Abs. 1 S. 2 BewG die **Eigentumsflächen und die zur Nutzung überlassenen Flächen.** Dieser Satz 2 ist neu. Bezüglich der „zur Nutzung überlassenen Flächen" ist er zweideutig, weil der Nutzende nicht genannt wird. So können – wie dies der Auslegung des ohne diesen Satz auskommenden § 51 BewG entsprach (vgl. BFH 26.6.2002 – IV R 55/01, BStBl. II 2003, 13 [15f.]; *Bruschke* in Stenger/Loose BewG § 51 Rn. 36) – die dem Betriebsinhaber von Dritten zur Nutzung überlassenen (also die vom Betriebsinhaber gepachteten) Flächen gemeint sein. Ebenso denkbar ist aber, dass die vom Eigentümer einem Dritten zur landwirtschaftlichen Nutzung überlassenen (also verpachteten) Flächen gemeint sind. Da sich die Gesetzesbegründung auf die Aussage beschränkt, dass § 241 BewG den bisherigen bewertungs- und ertragsteuerlichen Grundsätzen entspricht (BT-Drs. 19/11085, 106), wird man den Satz im erstgenannten Sinne verstehen müssen. **Es sind daher wie bisher die selbst bewirtschafteten Eigentums- und Pachtflächen als Flächen iSv § 241 Abs. 1 BewG zu berücksichtigen** (iErg ebenso *Müller* in Grootens BewG § 241 Rn. 14). Die Summe dieser Flächen fließt in die Berechnung nach § 241 BewG ein (wobei ein angefangener Hektar nicht als voller Hektar zählt, BFH 13.7.1989 – V R 110/84, BStBl. II 1989, 1036). Maßgebliches Kriterium ist damit wie bisher die „Selbstbewirtschaftung" durch den Steuerpflichtigen. Er muss das Bewirtschaftungsrisiko tragen (vgl. nur *Stalbold* in Leingärtner Kap. 6 Rn. 36). Damit sind Flächen, die der Steuerpflichtige verpachtet, nicht erfasst, wenn sie vom Pächter bewirtschaftet werden.

12 Ungeachtet der Eigenbewirtschaftung (→ Rn. 11) sind die Eigentumsflächen allerdings nur zu berücksichtigen, wenn sie Teil der wirtschaftlichen Einheit gerade des zu beurteilenden viehhaltenden Betriebes sind (*Bruschke* in Stenger/Loose BewG § 51 Rn. 34). Für die Pachtflächen gilt dies sinngemäß. Da sie jenseits der Anwendung des § 241 BewG dem Steuerpflichtigen nicht zugerechnet werden können und damit die Figur der wirtschaftlichen Einheit schon im Ausgangspunkt nicht gilt, muss hier eine Parallelwertung vollzogen werden: Pachtflächen können nur dann einbezogen werden, wenn sie bei Außerachtlassung der unterschiedlichen Eigentumsverhältnisse in die wirtschaftliche Einheit des viehhaltenden Betriebes einzubeziehen wären (*Bruschke* in Stenger/Loose BewG § 51 Rn. 35). Die Zugehörigkeit zur selben wirtschaftlichen Einheit wird vor allem bei größeren räumlichen Distanzen zum Problem (→ BewG § 232 Rn. 15).

Tierbestände **§ 241 BewG**

Sogenannte gemeinschaftliche Tierhaltung: Die §§ 232ff. BewG enthalten 13 keine dem § 51a BewG vergleichbare Regelung zur gemeinschaftlichen Tierhaltung. Zweck des § 51a BewG ist es (war es), dass eine Personengesellschaft, in der sich mehrere Landwirte zur gemeinsamen Tierhaltung zusammengeschlossen haben, nicht allein deshalb einen Gewerbebetrieb unterhält, weil sie selbst keine Flächen bewirtschaftet. Unter den Voraussetzungen des § 51a BewG betrieb die Personengesellschaft vielmehr Land- und Forstwirtschaft. **Ohne eine solche Regelung finden die allgemeinen Grundsätze Anwendung:** Sofern der Personengesellschaft Grund und Boden sowie Tierbestände zuzurechnen sind (→ BewG § 219 Rn. 36) und die Voraussetzungen des § 241 BewG bezogen auf die Personengesellschaft nicht erfüllt werden, **liegt Grundvermögen vor.** Ist der Personengesellschaft kein Grund und Boden zuzurechnen, existiert noch nicht einmal eine grundsteuerrechtlich relevante wirtschaftliche Einheit. Denn auch die Regelung des § 34 Abs. 6a BewG ist nicht in das neue Recht übernommen worden.

Die Tierbestände sind nach dem Futterbedarf in Vieheinheiten umzurechnen. 14 Eine Vieheinheit entspricht einem Tier mit dem jährlichen Futterbedarf von etwa 20 Einheiten, wobei eine Einheit wiederum 100 kg Getreide oder Mais entspricht. **Die vom Gesetzgeber in der Anlage 34 vorgenommene Umrechnung ist verbindlich** (→ Rn. 23). Die Umrechnung setzt in einem ersten Schritt die Ermittlung der Tierbestände voraus. Dafür ist zwischen „erzeugten Tieren" (= Umlaufvermögen) und „gehaltenen Tieren" (= Anlagevermögen) zu unterscheiden (*Stalbold* in Leingärtner Kap. 6 Rn. 46). Als erzeugt gelten Tiere, deren Zugehörigkeit zum Betrieb sich auf eine Mastperiode oder auf einen Zeitraum von weniger als einem Jahr beschränkt und die danach verkauft oder verbraucht werden (AEBewGrSt A 241 Abs. 1 S. 2). Die übrigen Tiere werden gehalten. Die Anlage 34 spiegelt diese Differenzierung in ihrem Aufbau wider: Für die erzeugten Tiere ist die Erzeugung in Stück maßgeblich. Die gehaltenen Tiere werden hingegen nach dem Durchschnittsbestand in Stück in Vieheinheiten umgerechnet. Sofern diese Tiere kein ganzes Jahr dem Betrieb zuzurechnen waren, sind sie nur zeitanteilig zu erfassen. Der Jahresdurchschnittsbestand kann vereinfacht dadurch ermittelt werden, dass 50% der Summe aus Anfangs- und Endbestand in Ansatz gebracht werden. Bei größeren Schwankungen im Bestand kann allerdings auch eine Ermittlung nach Monatsbeständen notwendig sein (vgl. *Stalbold* in Leingärtner Kap. 6 Rn. 46). In diesem Fall ist der Jahresdurchschnittsbestand ein Dreizehntel der Summe aus dem Anfangsbestand des Wirtschaftsjahres und den zwölf Monatsendbeständen. Anlässlich der Umrechnung ist ferner zu berücksichtigen, wenn Schweine aus zugekauften Tieren erzeugt werden (vgl. das Beispiel in EStR 13.2 Abs. 1 zu Mastschweinen aus zugekauften Läufern: 0,16 VE − 0,06 VE = 0,10 VE).

Dem Steuerpflichtigen sind jedenfalls die in seinem Eigentum stehenden Tiere 15 zuzurechnen, die sich in seiner Obhut befinden. Umstritten ist, wem **Pensionstiere** zuzurechnen sind. Richtigerweise sind Pensionstiere nur demjenigen zuzurechnen, der das wirtschaftliche Risiko der Tierhaltung trägt. Ist dies nach den Vereinbarungen der Beteiligten der Eigentümer, werden die Tiere nur bei ihm berücksichtigt (zu Recht *Nacke* in Brandis/Heuermann EStG § 13 Rn. 100; *Stalbold* in Leingärtner Kap. 6 Rn. 21; iErg auch FG Münster 12.4.2019 − 10 K 1145/18, EFG 2019, 1280 [Rev. VI R 26/19]; FG Niedersachsen 26.5.2020 − 6 K 337/18, EFG 2020, 1299 [Rev. XI R 33/20]; **aA** *Bruschke* in Stenger/Loose § 241 BewG Rn. 107; *Kube* in Kirchhof/Seer EStG § 13 Rn. 16; *Müller* in Grootens BewG § 241 Rn. 25; AEBewGrSt A 241 Abs. 4: Erfassung sowohl beim Eigentümer als auch Pensionshalter; *Paul* in HHR EStG § 13 Rn. 78: Erfassung nur beim Pensionshalter). Das gilt grundsätz-

§ 241 BewG Siebenter Abschnitt. Bewertung d. Grundbesitzes ab 1.1.2022

lich auch für die **Lohnzucht**. Auch hier erfolgt idR eine Zurechnung allein beim Eigentümer, wenn er das Risiko der Aufzucht trägt (*Bruschke* in Stenger/Loose BewG § 241 Rn. 108; *Stephany* in KSS BewG § 241 Rn. 25).

16 Für den Flächenbestand ist der Feststellungszeitpunkt maßgeblich (§ 235 Abs. 1 BewG). Für die stehenden und umlaufenden Betriebsmittel ist hingegen das Ende des Wirtschaftsjahres maßgebend, das dem Feststellungszeitpunkt vorangeht (§ 235 Abs. 2 BewG). Das ist idR der dem Feststellungszeitpunkt vorangehende 30.6. des Vorjahres (→ BewG § 235 Rn. 4). Allerdings schadet nicht jede Überschreitung der Vieheinheitengrenze. **§ 241 Abs. 2 S. 1 BewG verlangt vielmehr eine „nachhaltige" Überschreitung.** Insoweit gilt die vom BFH entwickelte **Differenzierung zwischen dem sog. allmählichen, schleichenden Strukturwandel einerseits und dem sofortigen Strukturwandel andererseits:**
– Lässt sich aus den geplanten Maßnahmen nicht ableiten, dass der Landwirt den Strukturwandel bewusst vollzogen hat, dann ist ein Beobachtungszeitraum von drei Wirtschaftsjahren zugrunde zu legen. Wird die Vieheinheitengrenze in diesen drei Jahren regelmäßig auch nur geringfügig überschritten, ist ab dem vierten Wirtschaftsjahr von einer gewerblichen Tätigkeit auszugehen (sog. **schleichender, allmählicher Strukturwandel**, BFH 19.2.2009 – IV R 18/06, BStBl. II 2009, 654 [656]; ergänzend geht auch zB *Wiegand* in Felsmann Teil A Rn. 56 [zu Recht] davon aus, dass auch die regelmäßig wiederkehrende Überschreitung der Vieheinheitengrenzen zB immer wieder im Abstand von jeweils zwei Wirtschaftsjahren die Nachhaltigkeit begründen kann).
– Bei einem **sog. sofortigen Strukturwandel** ist hingegen schon die erstmalige Überschreitung der Vieheinheitengrenzen relevant. Ein solcher sofortiger Strukturwandel ist dadurch gekennzeichnet, dass der Steuerpflichtige Maßnahmen ergreift, die zwangsläufig (dauerhaft) zur Überschreitung der Grenzen führen werden. Zu diesen Maßnahmen zählen insbesondere Investitionen in die Kapazitätsausweitung der Tierzucht und -haltung, soweit diese ohne flankierende Maßnahmen zur Ausweitung der als Futtergrundlage zur Verfügung stehenden landwirtschaftlichen Flächen stattfinden. Die Rechtsprechung arbeitet hier mit einer Vermutung: Wird die Vieheinheitengrenze um mehr als 10% überschritten und wird dadurch zugleich ein zusätzlicher Bedarf an landwirtschaftlichen Flächen von mehr als 10% erforderlich, lässt dies den Schluss auf das Vorliegen eines sofortigen Strukturwandels zu (BFH 19.2.2009 – IV R 18/06, BStBl. II 2009, 654 [656]). Kompensierende Maßnahmen (Flächenausweitung) können diese Vermutung nur dann entkräften, wenn sie in einem engen zeitlichen Zusammenhang mit der Aufstallung der – gemessen an der ursprünglichen Fläche – überzähligen Tierbestände umgesetzt werden (FG Sachsen-Anhalt 29.11.2012 – 6 K 1623/06, EFG 2013, 1118 [1119]).

Diese von IV. Senat des BFH zu § 13 Abs. 1 Nr. 1 S. 2 EStG entwickelten Grundsätze lassen sich auf § 241 Abs. 1 BewG übertragen (so auch *Müller* in Grootens BewG § 241 Rn. 28; vgl. aber auch *Bruschke* in Stenger/Loose BewG § 241 Rn. 53ff., der unter Hinweis auf BFH 7.11.1975 – III R 134/73, BStBl. II 1976, 207 davon ausgeht, dass eine Durchschnittsberechnung bezogen auf die letzten drei Jahre vor dem Bewertungsstichtag maßgeblich ist; dies entspricht aber nicht der vorstehenden Rspr. des IV. BFH-Senats). Ist nach der vorstehenden Maßgabe die Vieheinheitengrenze nachhaltig überschritten, ist zum nächsten 1.1. eine Fortschreibung in Bezug auf den Betrieb der Land- und Forstwirtschaft und idR auch eine Nachfeststellung in Bezug auf die nunmehr zum Grundvermögen gehörenden Flächen vorzunehmen.

Tierbestände § 241 BewG

C. (Nicht-)Überschreitung der Vieheinheitengrenze (Abs. 2 u. 3)

Werden die Vieheinheitengrenzen nicht überschritten, gehört der gesamte Tierbestand zur landwirtschaftlichen Nutzung. Es müssen keine Flächen und Gebäude aus der wirtschaftlichen Einheit des Betriebes der Land- und Forstwirtschaft herausgelöst werden. Die landwirtschaftliche Tierzucht bzw. Tierhaltung werden mit dem Reinertrag der landwirtschaftlichen Nutzung (ggf. unter Berücksichtigung des Tierzuschlages nach § 238 Abs. 1 Nr. 1 BewG) abgegolten. 17

Wenn die Grenzen hingegen nachhaltig (→ Rn. 16) **überschritten sind,** gilt § 241 Abs. 2 BewG: Sind mehrere Zweige innerhalb eines Tierbestandes vorhanden (→ Rn. 20), dann gehören nur die Zweige des Tierbestands zur landwirtschaftlichen Nutzung, deren Vieheinheiten zusammen diese Grenze nicht überschreiten. Das Gesetz sieht also keine Alles-oder-Nichts-Lösung vor, sondern versucht, dem Steuerpflichtigen in Bezug auf einen Teil seines Tierbestandes bzw. des Zweiges innerhalb des Tierbestandes die landwirtschaftliche Zuordnung zu erhalten. Es wird im Grunde nur der Teil als nicht landwirtschaftliche Nutzung angesehen, der sich nicht mehr innerhalb der Vieheinheitengrenze hält. 18

Der Gesetzgeber hat diese **Vorgehensweise** (→ Rn. 18) **durch eine Vorrangregelung weiter konkretisiert:** Zunächst sind die mehr **flächenabhängigen Zweige** des Tierbestands und danach die **weniger flächenabhängigen Zweige** des Tierbestands zur landwirtschaftlichen Nutzung zu rechnen. Die damit vorgegebene Differenzierung zwischen mehr und weniger flächenabhängigen Zweigen des Tierbestandes wird in Anlage 35 zum BewG konkretisiert. Mehr flächenabhängig sind hiernach Pferdehaltung, Pferdezucht, Schafzucht, Schafhaltung, Rindviehzucht, Milchviehhaltung, Rindviehmast. Weniger flächenabhängig sind demgegenüber Schweinezucht und Schweinemast, Hühnerzucht, Entenzucht, Gänsezucht, Putenzucht, Legehennenhaltung, Junghühnermast, Entenmast, Gänsemast und Putenmast. Diese Aufteilung ist nicht erschöpfend. Nicht erwähnte Tierbestände sind analog einzuordnen. Innerhalb jeder dieser beiden Gruppen sind zuerst Zweige des Tierbestands mit der geringeren Anzahl von Vieheinheiten und dann Zweige mit der größeren Anzahl von Vieheinheiten zur landwirtschaftlichen Nutzung zu rechnen. Umgekehrt formuliert: Es ist stets der Zweig als erstes bzw. – wenn auch nach Ausscheiden eines Zweiges die Grenze noch überschritten wird – als nächstes auszuscheiden, der die größere Anzahl an Vieheinheiten aufweist. Der Tierbestand des einzelnen Zweiges wird nicht (mehr) aufgeteilt. Er muss also immer als Ganzes ausgeschieden werden. Ist nur ein Tierbestand mit nur einem Zweig vorhanden, dann stellt die gesamte Tierzucht bzw. Tierhaltung keine landwirtschaftliche Nutzung dar. 19

Für die Anwendung des § 241 Abs. 2 BewG müssen die Tierarten in Zweige des Tierbestandes unterteilt werden. Denn die Zuordnungsentscheidung erfolgt immer nur bezogen auf einen Zweig des Tierbestandes (→ Rn. 18f.). Als Zweig des Tierbestandes gilt bei jeder Tierart für sich: das Zugvieh, das Zuchtvieh, das Mastvieh und das übrige Nutzvieh (§ 241 Abs. 3 S. 1 BewG). Gemäß § 241 Abs. 3 S. 2 f. BewG gilt das Zuchtvieh einer Tierart nur dann als besonderer Zweig des Tierbestandes, wenn die erzeugten Jungtiere überwiegend zum Verkauf bestimmt sind. Ist das nicht der Fall, so ist das Zuchtvieh dem Zweig des Tierbestandes zuzurechnen, dem es überwiegend dient. Der Begriff Zuchtvieh wird von der hM so verstanden, dass er sowohl die Elterntiere als auch die gezüchteten Jungtiere erfasst. 20

537

§ 241 BewG Siebenter Abschnitt. Bewertung d. Grundbesitzes ab 1.1.2022

Bei diesem Verständnis können zB die Zuchtsauen und die Ferkel keine unterschiedlichen Zweige innerhalb der Tierart darstellen. Sie sind dann entweder insgesamt als Zuchtvieh einzuordnen (wenn nämlich die Ferkel überwiegend zum Verkauf bestimmt sind) oder zB als Mastvieh (wenn die Ferkel für die eigene Mast gezogen werden) (so OFD Koblenz 12.5.1977, S 3132 A-St 443; *Bruschke* in Stenger/Loose BewG § 241 Rn. 83; *Wiegand* in Rössler/Troll BewG § 51 Rn. 16). Der Wortlaut legt allerdings ein anderes Verständnis nahe. So weist die Gegenansicht zu Recht darauf hin, dass der Begriff „Zuchtvieh" nach dem natürlichen Begriffsverständnis nur die zur Zucht eingesetzten Tiere erfasst (also die Elterntiere). Die Jungtiere hingegen dienen nicht der Zucht, sondern sie sind das Produkt der Zucht. Hätte der Gesetzgeber auch die Jungtiere einbeziehen wollen, hätte er begrifflich an die „erzeugten Tiere" anknüpfen müssen. Dies tut der Gesetzgeber aber nur bezüglich der Anerkennung des Zuchtviehs als eigenständiger Tierzweig (= wenn die erzeugten Tiere überwiegend zum Verkauf bestimmt sind), ohne damit eine Aussage zum Begriff des Zuchtviehs zu treffen (zu Recht FG Niedersachsen 26.5.2020 – 6 K 337/18, EFG 2020, 1299 Rn. 70 [Rev. XI R 33/20]). Die erzeugten Tiere müssen daher entsprechend der Verwendungsabsicht zugeordnet werden (wenn sie zum Verkauf bestimmt sind = übriges Nutzvieh, FG Niedersachsen 26.5.2020 – 6 K 337/18, EFG 2020, 1299 [Rev. XI R 33/20]; dazu auch das Beispiel bei → Rn. 21).

21 **Beispiel 1 (nach FG Niedersachsen 26.5.2020 – 6 K 337/18, EFG 2020, 1299 [Rev. XI R 33/20]):** Der Steuerpflichtige hält 1.286 Zuchtstuten (allesamt drei Jahre und älter, also Ansatz mit 1.286 × 1,1 VE = 1.414 VE) und 3.261 zum Verkauf (nach entsprechender Ausbildung zum Spring- oder Dressurpferd) bestimmte Pferde (davon jünger als drei Jahre 2.875 Pferde × 0,7 VE = 1.949 VE und davon drei Jahre und älter 476 Pferde × 1,1 VE = 523 VE). Selbst bewirtschaftete Flächen der landwirtschaftlichen Nutzung sind im Umfang von 1.197 ha vorhanden (= Höchstgrenze VE = 2.186 VE). Damit überschreitet der Steuerpflichtige die Vieheinheitengrenzen (zu unterstellen: nachhaltig).
Die Zuchtstuten (= Zuchtvieh iSv § 241 Abs. 3 S. 1 Nr. 2 BewG, 1.414 VE) und die zum Verkauf bestimmten Pferde (= übriges Nutzvieh iSv § 241 Abs. 3 S. 1 Nr. 4 BewG) bilden eigenständige Zweige des Tierbestandes (str, → Rn. 20). Denn die erzeugten Jungtiere sind überwiegend zum Verkauf bestimmt (§ 241 Abs. 3 S. 2 BewG). Gemäß § 241 Abs. 2 S. 3 BewG ist der Zweig des Tierbestandes mit der geringeren Anzahl der Vieheinheiten der landwirtschaftlichen Nutzung zu zurechnen, hier also der Zuchtstuten mit ihren 1.414 VE. Diese 1.414 VE halten sich innerhalb der Höchstgrenze von 2.186 VE. Der Tierzweig übriges Nutzvieh kann hingegen nicht der landwirtschaftlichen Nutzung zugeordnet werden.

Beispiel 2 (nach *Stalbold* in Leingärtner Kap. 6 Rn. 64): Der Steuerpflichtige überschreitet die Vieheinheitengrenzen nachhaltig. Seine landwirtschaftliche Tierhaltungsmöglichkeit beläuft sich auf 220 VE. Es sind Mastschweine mit 150 VE, Zuchtschweine mit 20 VE, zum Verkauf bestimmten Ferkel mit 20 VE, Milchvieh mit 30 VE, Mastbullen mit 80 VE und Legehennen mit 30 VE vorhanden (in der Summe also 330 VE).
Zuerst sind die Mastschweine als der größere Tierzweig der weniger flächenabhängigen Tierbestände dem Gewerbebetrieb zuzuordnen. Durch ihr Ausscheiden aus dem landwirtschaftlichen Bereich wird im Übrigen die Vieheinheitengrenze eingehalten. Im Ergebnis bedeutet dies, dass in Bezug auf die Mastschweine keine landwirtschaftliche Nutzung vorliegt, in Bezug auf die übrigen Tierbestände hingegen schon. Zu beachten ist dabei, dass die Zuchtschweine und die Ferkel gesondert gewürdigt werden, weil es sich innerhalb des Tierbestandes jeweils um eigenständige Zweige handelt (s. § 241 Abs. 3 S. 1 BewG: Zuchtvieh und übriges Nutzvieh einerseits, Mastvieh andererseits, str, → Rn. 20). Die Zuordnung der Zuchtschweine und der Ferkel zu den Zweigen Zuchtvieh und übriges Nutzvieh beruht darauf, dass die Ferkel zum Verkauf bestimmt sind (§ 241 Abs. 3 S. 2 BewG).

Übrige land- und forstwirtschaftliche Nutzungen §242 BewG

Abwandlung:
Wandelt man das Beispiel dahingehend ab, dass die Ferkel überwiegend in der eigenen Mast verwendet werden, dann sind die Zuchtschweine und Ferkel ebenfalls dem Zweig „Mastvieh" zuzuordnen (arg. § 241 Abs. 3 S. 3 BewG). Dies wiederum hat zur Folge, dass auch sie – zusammen mit den Mastschweinen – der nicht-landwirtschaftlichen (gewerblichen) Tätigkeit zuzuordnen wären, da innerhalb des Tierzweiges keine Aufteilung mehr stattfindet.

Wenn bzw. soweit Tierzucht bzw. -haltung nicht der landwirtschaftlichen Nutzung zuzurechnen sind, gehören – neben dem Tierbestand selbst – die hierfür genutzten Gebäude und Gebäudeteile und die zugehörige Fläche nicht zur wirtschaftlichen Einheit des Betriebs der Land- und Forstwirtschaft (§ 232 Abs. 4 Nr. 2 BewG → BewG § 232 Rn. 39). Die landwirtschaftlich genutzten Flächen gehören hingegen weiterhin zum Betrieb der Land- und Forstwirtschaft (→ BewG § 232 Rn. 40). 22

D. Pelztiere (Abs. 4)

Für die Zucht und Haltung von Pelztieren gilt § 241 BewG nicht. Diese Tiere müssen nachweislich überwiegend mit den Erzeugnissen des landwirtschaftlich genutzten Bodens ernährt werden, um Bestandteil eines landwirtschaftlichen Betriebes zu sein. Bei fleischfressenden Pelztieren (zB Nerzen) kann dies nie der Fall sein (*Stephany* in KSS BewG § 51 Rn. 19). 23

E. Verweisung auf die Anlage 34 und 35 (Abs. 5)

Die **Anlagen 34 und 35 haben Gesetzeskraft.** Vor allem die in Anlage 34 vorgenommene **Umrechnung ist verbindlich.** Dies gilt auch dann, wenn es im Einzelfall zu Ungereimtheiten kommen sollte. Insbesondere ist eine Abweichung unter Darlegung des tatsächlichen Futterbedarfs unzulässig (BFH 17.10.1991 – IV R 134/89, BStBl. II 1992, 378 [379]; 16.12.2009 – II R 45/07, BStBl. II 2011, 808 [811]). Die Finanzverwaltung ist nicht befugt, von den Umrechnungsvorgaben abzuweichen – weder zu Gunsten noch zu Lasten des Steuerpflichtigen (BFH 3.7.2019 – VI R 49/16, BStBl. II 2020, 86). 24

b) Übrige land- und forstwirtschaftliche Nutzungen

§ 242 Übrige land- und forstwirtschaftliche Nutzungen

(1) Zu den übrigen land- und forstwirtschaftlichen Nutzungen gehören:
1. **Hopfen, Spargel und andere Sonderkulturen,**
2. **die sonstigen land- und forstwirtschaftlichen Nutzungen.**

(2) Zu den sonstigen land- und forstwirtschaftlichen Nutzungen gehören insbesondere:
1. **die Binnenfischerei,**
2. **die Teichwirtschaft,**
3. **die Fischzucht für Binnenfischerei und Teichwirtschaft,**
4. **die Imkerei,**
5. **die Wanderschäferei,**
6. **die Saatzucht,**

7. der Pilzanbau,
8. die Produktion von Nützlingen,
9. die Weihnachtsbaumkulturen,
10. die Kurzumtriebsplantagen.

Gilt nicht in **Baden-Württemberg** (dort § 36 BWLGrStG).

A. Allgemeines

I. Systematische Einordnung und Zweck der Regelung

1 § 242 BewG verselbstständigt zum einen die Sonderkulturen (Abs. 1 Nr. 1) und ordnet – auch mit Auffangfunktion (→ Rn. 7) – weitere Tätigkeiten jenseits der „klassischen" landwirtschaftlichen Erscheinungsformen der Land- und Forstwirtschaft zu. Die Regelung ist im Zusammenhang mit der Untergliederung des Betriebes für Zwecke der Reinertragsermittlung zu sehen. Sie konkretisiert den Betriebszweig der übrigen land- und forstwirtschaftlichen Nutzungen für die Anwendung der §§ 234 Abs. 1 Nr. 1 Buchst. e, 237 Abs. 6 BewG.

II. Entwicklung der Vorschrift

2 Die Regelung beruht auf dem Grundsteuerreformgesetz v. 26.11.2019 (→ Grundlagen Rn. 13; zu § 242 BewG BT-Drs. 19/11085, 107). Bezogen auf die Einheitsbewertung ersetzt § 242 BewG die §§ 52, 62 BewG. Nachgebildet ist er allerdings dem für die erbschaftsteuerliche Bedarfsbewertung geltenden § 175 BewG, enthält jedoch in Abweichung hiervon einerseits nicht den Tabakanbau (BT-Drs. 19/11085, 107: weil die Bedeutung des Tabakanbaus in Deutschland immer weiter abnimmt), ist andererseits aber in Nr. 10 um die Kurzumtriebsplantagen erweitert worden.

B. Hopfen, Spargel und andere Sonderkulturen (Abs. 1 Nr. 1)

3 § 242 Abs. 1 Nr. 1 BewG erfasst Hopfen, Spargel und andere Sonderkulturen. Eine Zuordnung zu § 242 Abs. 1 Nr. 1 BewG setzt voraus, dass diese Nutzungen nicht bereits in einer anderen Nutzung eigenständig erfasst werden. Der **Vorrang der weinbaulichen und der gärtnerischen Nutzung** dürfte insoweit unzweifelhaft sein. Anders verhält es sich mit der landwirtschaftlichen Nutzung. Für Zwecke der Bedarfsbewertung bestimmt § 160 Abs. 2 S. 2 BewG ausdrücklich, dass der Anbau von Hopfen und Spargel nur dann zu den Sondernutzungen gehört, wenn keine landwirtschaftliche Nutzung vorliegt. Eine solche Regelung ist weder in § 234 BewG noch in § 242 BewG enthalten.

4 **Zum Teil wird eine analoge Anwendung des § 160 Abs. 2 S. 2 BewG für Zwecke der Grundsteuerwertermittlung befürwortet.** Damit wäre der Anwendungsbereich des § 242 BewG nur dann eröffnet, wenn der Steuerpflichtige ausschließlich Hopfen und Spargel anbaut (so *Müller* in Grootens BewG § 242 Rn. 18). Es ist allerdings nicht erkennbar, dass das Gesetz hier planwidrig lückenhaft ist. Der Gesetzgeber hat die Sonderkulturen Spargel und Hopfen sowohl normativ als auch in Ansehung der Bewertungsfaktoren (Anlage 31) verselbstständigt, weil in

Bezug auf Ertrag und Aufwendungen besondere Verhältnisse vorliegen (so BT-Drs. 19/11085, 107). Daher dürfte es nicht dem Plan des Gesetzgebers entsprechen, wenn die Zuordnung von Spargel und Hopfen zur landwirtschaftlichen Nutzung dazu führt, dass sich der Reinertrag nur nach Anlage 27 bemisst. Denn selbst bei einer hohen Wertzahl bleibt der Reinertrag einer landwirtschaftlichen Nutzung deutlich hinter dem Reinertrag nach Maßgabe der Anlage 31 zurück. **Eine analoge Anwendung des § 160 Abs. 2 S. 2 BewG scheidet daher aus.** Eine Sondernutzung iSv § 242 BewG kann mithin auch neben einer landwirtschaftlichen Nutzung iSv § 234 Abs. 1 Nr. 1 Buchst. a BewG existieren.

§ 242 Abs. 1 Nr. 1 BewG nennt ausdrücklich nur Hopfen und Spargel und ergänzt diese Nennung durch „andere Sonderkulturen". In der Parallelvorschrift des § 175 Abs. 1 Nr. 1 BewG ist auch der Tabakanbau namentlich als Sonderkultur aufgeführt. In § 242 Abs. 1 Nr. 1 BewG hat der Gesetzgeber auf eine explizite Nennung des Tabakanbaus verzichtet und damit richtet sich dessen Einordnung nach dem bewertungsrechtlichen Sonderkulturbegriff. Gemessen hieran **stellen Tabakanpflanzungen keine Sonderkultur da,** da es sich um einjährige Anpflanzungen handelt (so *Wiegand* in Rössler/Troll BewG § 52 Rn. 3). Daher ist der Tabakanbau der landwirtschaftlichen Nutzung iSv § 234 Abs. 1 Nr. 1 Buchst. a BewG zuzuordnen (AEBewGrSt A 237.2 Abs. 1 S. 3). 5

Vor allem in Ansehung des **Spargels** treten häufig noch Tätigkeiten hinzu, die die Abgrenzung zum Gewerbebetrieb relevant werden lassen. Insoweit gelten die allgemeinen Grundsätze zur **Vermarktungstätigkeit:** Die Urproduktion ist grundsätzlich mit der Ernte abgeschlossen, da der ungeschälte Spargel ein marktgängiges Urprodukt ist. Die Direktvermarktung (einschließlich Sortieren, Reinigen und Verpacken) des ungeschälten Spargels gehört noch zur landwirtschaftlichen Tätigkeit (zur Verkaufstätigkeit und der Abgrenzung zum Gewerbebetrieb wegen Zukaufs fremder Produkte →BewG § 232 Rn. 8). In diesem Fall gehören auch die Gebäude bzw. Gebäudeteile, die dem Verkauf dienen (Hofladen) zu dieser Nutzung. **Wird der Spargel hingegen geschält,** wird eine zusätzliche Dienstleistung erbracht, die eine nicht mehr zum land- und forstwirtschaftlichen Herstellungsprozess zählende weitergehende Veränderung dieses Urproduktes bewirkt (BFH 8. 5. 2008 – VI R 76/04, BStBl. II 2009, 40 [42] zu § 40a EStG). Der Spargel unterfährt unseres Erachtens hierdurch allerdings nur eine geringfügige Weiterverarbeitung, weshalb sich das Schälen des Spargels in einem Nebenbetrieb iSv § 234 Abs. 1 Nr. 3, Abs. 7 BewG vollziehen dürfe (→BewG § 234 Rn. 30). 6

C. Sonstige land- und forstwirtschaftliche Nutzungen (Abs. 1 Nr. 2, Abs. 2)

I. Nicht abschließende Aufzählung der Regelbeispiele in Abs. 2

§ 242 Abs. 2 BewG enthält einen Katalog sonstiger land- und forstwirtschaftlicher Tätigkeiten, der nicht abschließend ist (arg.: „insbesondere"). Nachdem sowohl die Weihnachtsbaumkulturen als auch die Kurzumtriebsplantagen in den Katalog des § 242 Abs. 2 BewG aufgenommen worden sind, ergeben sich keine beachtenswerten unbenannten Konstellationen mehr. 7

§ 242 BewG Siebenter Abschnitt. Bewertung d. Grundbesitzes ab 1.1.2022

II. Binnenfischerei (Abs. 2 Nr. 1)

8 Die Binnenfischerei umfasst die Fischerei in fließenden und stehenden Binnengewässern aufgrund einer Fischereiberechtigung. Es handelt sich um vom Landgebiet umschlossene Seen, Flüsse und Kanäle. Die Hochsee- und Küstenfischerei zählt hingegen nicht zur Landwirtschaft (*Bruschke* in Stenger/Loose BewG § 242 Rn. 26; vgl. GewStR 3.7: Fischerei auf dem Unterlauf der Weser und der Elbe und die Hafffischerei gehören zur Küstenfischerei; OFD Rostock 2.4.1996 – G 1400 – 0/96 – St 242, BeckVerw 279524: Fischerei auf den Boddengewässern des Landes Mecklenburg-Vorpommern ist ebenfalls als Küstenfischerei zu behandeln). Die Netzgehegehaltung von Fischen in Küstengewässern ist hingegen der Teichwirtschaft zuzuordnen (→ Rn. 9). Die Fischereiberechtigung ist typischerweise Regelungsgegenstand der Landesfischereigesetze (vgl. zB Art. 3 BayFiG, § 3 NWL-FischG). Bewertungsrechtlich ist es unerheblich, ob die Fischereiberechtigung dem Inhaber des Fischereibetriebs als Ausfluss seines Grundeigentums zusteht, als selbstständiges Recht ausgeübt wird oder auf einer sonstigen Nutzungsüberlassung beruht (AEBewGrSt A 237.13 Abs. 2).

III. Teichwirtschaft (Abs. 2 Nr. 2)

9 Unter Teichwirtschaft wird die Bewirtschaftung von Teichen, also künstlich angelegten Gewässern, zur Anzucht und Erzeugung von Speisefischen verstanden (BFH 13.3.1987 – V R 55/77, BStBl. II 1987, 467 [468]), insb. Karpfen- und Forellenteichwirtschaft. Die Teiche können durchaus einen Anschluss an ein strömendes Gewässer haben. Die Finanzverwaltung rechnet zur Teichwirtschaft daher auch die Netzgehegehaltung von Fischen in Küstengewässern (FM Schleswig-Holstein 5.12.1985 – VI 330 a–S 3170-11, DStR 1986, 331). Demgegenüber verneint wurde die Teichwirtschaft hingegen dann, wenn die Fische in überdachten Stahlbehältern gehalten werden (FG Niedersachsen 8.9.1994 – V 210/91, EFG 1995, 232 zur USt; aA FG Bremen 27.6.1986 – I 160/82, EFG 1986, 601 [Forellenzucht in Beckensilos]). Eine eigene Futtergrundlage ist nicht erforderlich. Auch die Aufzucht von Besetzfischen (Setzlingen) gilt als Teichwirtschaft, soweit sie als Vorstufe für die Erzeugung von Speisefischen anzusehen ist. Denn Teichwirtschaft umfasst auch alle der Erzeugung von Speisefischen vorgeschalteten Produktionsstufen (BFH 13.3.1987 – V R 55/77, BStBl. II 1987, 467 [470]). Keine Teichwirtschaft liegt hingegen vor, wenn die Speisefische nicht auf Risiko des Steuerpflichtigen mittels der Naturkräfte heranwachsen, sondern (nennenswert) lebende Speisefische zu- und zeitnah weiterverkauft werden (*Kreckl* in Leingärtner Kap. 5 Rn. 30). Auch die Sportfischerei und vor allem die Erzeugung von Zierfischen fallen hingegen per se nicht unter die Teichwirtschaft (BFH 13.3.1987 – V R 55/77, BStBl. II 1987, 467 [469]).

IV. Fischzucht für Binnenfischerei und Teichwirtschaft (Abs. 2 Nr. 3)

10 Die Fischzucht umfasst die vom Menschen gelenkte, erwerbsmäßige Erzeugung von Fischbrut, Setzlingen und Speisefischen. Die Abgrenzung zur Teichwirtschaft ist nicht einfach, da bestimmte Zuchthandlungen bereits dieser Betriebsart eigen sind. Angesichts der mit der Teichwirtschaft identischen Bewertungsfaktoren (siehe Anlage 31) ist die Abgrenzung allerdings nicht bewertungsrelevant. Fischzucht setzt im Übrigen nicht voraus, dass unmittelbar Speisefische gezüchtet werden. Ausreichend ist es, dass Fische als Futter für Speisefische gezüchtet werden (BFH 13.3.1987 – V R 55/77, BStBl. II 1987, 467 [470] zur Umsatzsteuer). Ebenfalls noch erfasst sein soll die Zucht von Fischen, die als Köderfische für Angler dazu dienen, aus Teichen oder Binnengewässern Speisefische zu angeln (BFH 13.3.1987 – V R 55/77, BStBl. II 1987, 467 [470]). Die Züchtung der Fische für andere Zwecke als die Gewinnung von Speisefischen (zB Sportfischerei) ist nicht erfasst. Da der Fischzüchter allerdings in der Regel nicht erkennen kann, wofür der Käufer die Fische verwendet, stellt die Rechtsprechung allein darauf ab, wie die Fische unter Berücksichtigung ihrer zuchtgemäßen Wesensart üblicherweise verwendet werden (BFH 13.3.1987 – V R 55/77, BStBl. II 1987, 467 [470]).

V. Imkerei (Abs. 2 Nr. 4)

Imkerei ist Bienenhaltung zur Gewinnung von Honig und Wachs, aber auch die Königinnenzucht sowie Bienenzucht für pharmazeutische Zwecke (*Eisele* in Rössler/Troll BewG § 175 Rn. 10; AEBewGrSt A 237.14 Abs. 1 S. 2). Zu den Wirtschaftsgütern, die der Bienenhaltung dauernd zu dienen bestimmt sind (vgl. § 232 Abs. 1 S. 2 BewG), gehört vor allem der Grund und Boden des Standortes der Bienenkästen, der Imkereigeräte und der Vorräte (vgl. AEBewGrSt A 237.14 Abs. 2).

VI. Wanderschäferei (Abs. 2 Nr. 5)

Als Wanderschäferei bezeichnet man im Gegensatz zur standortgebundenen Schäferei (Schafhaltung wie zB Koppelschafhaltung, Gutsschäferei) eine Form der Fernweidewirtschaft mit Herdenwanderung oder -transport zwischen mehreren, im jahreszeitlichen Turnus beweideten Flächen. Es werden überwiegend oder ausschließlich fremde Flächen beweidet. Bei der standortgebundenen Schäferei verfügt der Steuerpflichtige hingegen über ausreichend Eigentums- oder ganzjährige Pachtflächen (vgl. AEBewGrSt A 237.15 Abs. 1 S. 3). Da die Wanderschäferei nach § 242 Abs. 2 Nr. 5 BewG ausdrücklich zur sonstigen land- und forstwirtschaftlichen Nutzung gehört, kommt es auf die Zurechnung von Flächen als Futtergrundlagen nicht an. Daher ist die Abgrenzung zur standortgebundenen Schäferei von Bedeutung. Denn Letztere gehört nur zur landwirtschaftlichen Nutzung iSv § 234 Abs. 1 Nr. 1 Buchst. a BewG, wenn die Grenzen des § 241 BewG nicht überschritten werden. Für die Wanderschäferei gilt § 241 BewG hingegen nicht (AEBewGrSt A 237.15 Abs. 2).

VII. Saatzucht (Abs. 2 Nr. 6)

Saatzucht ist die Erzeugung und Vermehrung von Zuchtsaatgut (= Samen, Pflanzgut oder Pflanzenteilen, die für die Erzeugung von Kulturpflanzen bestimmt sind, *Eisele* in Rössler/Troll BewG § 175 Rn. 14; AEBewGrSt A 237.16 Abs. 1 S. 2). Keine Saatzucht liegt vor, wenn ausschließlich vermehrt wird (*Bruschke* in Stenger/Loose BewG § 242 Rn. 45; *Müller* in Grootens BewG § 242 Rn. 38; AEBewGrSt A 237.16 Abs. 2). Der Nutzung von Saatgut sind idR der Grund und Boden für die Zuchtgärten und Pflanzkämpe sowie die Wirtschaftsgebäude (= Zuchtlaboratorien, Gewächshäuser, Lager- und Verwaltungsgebäude) nebst Grund und Boden zuzuordnen (AEBewGrSt A 237.16 Abs. 1 S. 4).

§ 242 BewG Siebenter Abschnitt. Bewertung d. Grundbesitzes ab 1.1.2022

VIII. Pilzanbau (Abs. 2 Nr. 7)

14 Pilzanbau ist der Anbau von Speisepilzen (vgl. AEBewGrSt A 237.17 Abs. 1 S. 1). Werden die Pilze auch konserviert, kann dies zu einem Nebenbetrieb führen (→ BewG § 234 Rn. 35).

IX. Produktion von Nützlingen (Abs. 2 Nr. 8)

15 Die Produktion von Nützlingen meint die Produktion von Nutzinsekten, die der biologischen Schädlingsbekämpfung dienen (Insektenfresser wie Raubmilben, Schlupfwespen, Bakterien uÄ, vgl. AEBewGrSt A 237.18 Abs. 1 S. 2).

X. Weihnachtsbaumkulturen (Abs. 2 Nr. 9)

16 § 242 Abs. 2 Nr. 9 BewG hat den Anbau von Weihnachtsbaumkulturen zwar verselbstständigt, kommt allerdings gleichwohl nicht ohne Abgrenzungsfragen zu anderen Nutzungen aus. Dies betrifft zum einen die forstwirtschaftliche Nutzung iSv § 234 Abs. 1 Nr. 1 Buchst. b BewG. Hier stellt sich die Abgrenzungsfrage in Bezug auf solche Flächen, bei denen nicht der gesamte Baumbestand als Weihnachtsbäume geschlagen werden soll. Jedenfalls dann, wenn nur gelegentlich ein Weihnachtsbaum geschlagen wird, ist eine Zuordnung zur forstwirtschaftlichen Nutzung nicht zweifelhaft. Ansonsten dürfte sich eine quantitative (typisierende) Betrachtung anbieten (vgl. *Bruschke* in Stenger/Loose BewG § 242 Rn. 60: Weihnachtsbaumkultur, wenn 2/3 des Bestandes als Weihnachtsbäume geschlagen werden). Die Finanzverwaltung hat im AEBewGrSt auf solche Kriterien allerdings verzichtet. Dort findet sich nur die Aussage, dass zur Nutzung Weihnachtsbaumkultur auch langfristig zur forstwirtschaftlichen Nutzung vorgesehene Flächen mit der Vorkultur Weihnachtsbaum gehören, da in diesen Fällen die Weihnachtsbaumproduktion maßgeblich den Reinertrag präge. Dies gelte erst dann nicht mehr, wenn die Flächen tatsächlich forstwirtschaftlich genutzt werden (AEBewGrSt A 237.19 Abs. 2 S. 5). Zum anderen muss die Weihnachtsbaumkultivierung von der gärtnerischen Nutzung, nämlich dem Baumschulbetrieb, abgegrenzt werden. Die Bäume einer Weihnachtsbaumkultur unterscheiden sich insoweit von Baumschulkulturen, dass sie nach der Anpflanzung nicht umgeschult werden müssen (AEBewGrSt A 237.19 Abs. 2 S. 3). Der untergeordnete Verkauf von Ballenware führt nicht zu einer Bewertung der Fläche als Baumschule (AEBewGrSt A 237.19 Abs. 2 S. 4). Sofern eine Weihnachtsbaumkultur anzunehmen ist, sind dieser Nutzung die dem Anbau der Weihnachtsbäume dienenden Flächen einschließlich der zur Weihnachtsbaumkultur gehörenden Lagerplätze und Fahrschneisen zuzurechnen (AEBewGrSt A 237.19 Abs. 2 S. 1).

XI. Kurzumtriebsplantagen (Abs. 2 Nr. 10)

17 Kurzumtriebsplantagen sind Flächen, auf denen Baumarten mit dem Ziel baldiger Holzentnahme angepflanzt werden und deren Bestände eine Umtriebszeit von nicht länger als 20 Jahren haben (so die Definition in § 2 Abs. 2 Nr. 1 BWaldG, die auch steuerlich maßgeblich sein dürfte; iErg. auch AEBewGrSt A 237.20 Abs. 1 S. 2). Der Anbau dient vornehmlich der Gewinnung von Holz als Brennstoff zur Stromerzeugung. Dieser Nutzung sind sowohl die Anbauflächen als auch – insoweit vergleichbar mit der forstwirtschaftlichen Nutzung – die Lagerplätze und Fahrschneisen zuzuordnen.

C. Grundvermögen

I. Allgemeines

§ 243 Begriff des Grundvermögens

(1) Zum Grundvermögen gehören, soweit es sich nicht um land- und forstwirtschaftliches Vermögen (§§ 232 bis 242) handelt:
1. der Grund und Boden, die Gebäude, die sonstigen Bestandteile und das Zubehör,
2. das Erbbaurecht,
3. das Wohnungseigentum und das Teileigentum,
4. das Wohnungserbbaurecht und das Teilerbbaurecht nach § 30 Absatz 1 des Wohnungseigentumsgesetzes.

(2) In das Grundvermögen sind nicht einzubeziehen:
1. Bodenschätze,
2. die Maschinen und sonstigen Vorrichtungen aller Art, die zu einer Betriebsanlage gehören (Betriebsvorrichtungen), auch wenn sie wesentliche Bestandteile sind.

(3) Einzubeziehen sind jedoch die Verstärkungen von Decken und die nicht ausschließlich zu einer Betriebsanlage gehörenden Stützen und sonstigen Bauteile wie Mauervorlagen und Verstrebungen.

Gilt nicht in **Baden-Württemberg** (→ BWLGrStG § 37).

A. Allgemeines

I. Systematische Einordnung und Zweck der Regelung

§ 243 BewG konkretisiert die Vermögensart des Grundvermögens. Er hat einerseits Auffangfunktion, weil der Grund und Boden, der nicht einem Betrieb der Land- und Forstwirtschaft zuzurechnen ist, dann nur Grundvermögen sein kann (daher ist stets von § 232 BewG auszugehen, → BewG § 232 Rn. 1). Andererseits reduziert er den Kreis der für die Grundsteuer B relevanten Wirtschaftsgüter auf das Grundvermögen im engeren Sinne. Es soll keine ökonomisch-organisatorische Einheit abgebildet werden (was beim Betrieb der Land- und Forstwirtschaft im Hinblick auf die Einbeziehung der – allerdings weitgehend pauschal abgegoltenen – stehenden und umlaufenden Betriebsmittel tendenziell anders ist), sondern das „Grundstück". Daher grenzt § 243 Abs. 2 BewG viele Wirtschaftsgüter (des Anlagevermögens) aus. Hieran anknüpfend ist sodann nach Maßgabe von § 244 BewG die wirtschaftliche Einheit „Grundstück" zu bestimmen und nur das, was Grundvermögen ist, kann in die Bewertung einfließen. Das bedeutet freilich nicht, dass alles, was von § 243 Abs. 1 BewG als dem Grundvermögen zugehörig erklärt wird, für den Grundsteuerwert von Bedeutung sein muss. So beeinflussen zB Zubehörteile (→ Rn. 11) weder den Ertrags- noch den Sachwert. Ihre Nennung in § 243 Abs. 1 Nr. 1 BewG ist für Zwecke der Grundsteuer ohne rechtliche Relevanz. Anders verhält es sich hingegen mit den negativen Ausgrenzungen des § 243 Abs. 2 BewG. Hier ist insbesondere die Abgrenzung zwischen einem Gebäude (das mit   1

Nutzfläche bzw. Brutto-Grundfläche anlässlich der Bewertung zu berücksichtigen ist) und einer Betriebsvorrichtung (deren Nutzfläche bzw. Brutto-Grundfläche unberücksichtigt bleibt, → Rn. 13) bedeutsam.

II. Entwicklung der Vorschrift

2   Die Regelung beruht auf dem Grundsteuerreformgesetz v. 26.11.2019 (→ Grundlagen Rn. 13) und entspricht § 68 BewG.

B. Umfang des Grundvermögens (Abs. 1)

I. Grund und Boden (Abs. 1 Nr. 1 1. Fall)

3   Zum Grundvermögen gehört nach § 243 Abs. 1 Nr. 1 BewG der **Grund und Boden**. Gemeint ist damit der rechtlich-formale Grundstücksbegriff. Hiernach ist ein Grundstück kraft seiner Eintragung im Bestandsverzeichnis derjenige räumlich abgegrenzte Teil der Erdoberfläche, der im Grundbuch als rechtliche Einheit gebucht ist, also entweder das aus dem amtlichen Verzeichnis (§ 2 Abs. 2 GBO) in das Grundbuch übernommene Flurstück oder die als rechtliche Einheit gem. § 890 Abs. 1 oder Abs. 2 BGB gebuchten Flurstücke. Dieses sog. Grundbuchgrundstück ist allerdings nicht zwingend identisch mit der nach Maßgabe von §§ 2, 244 BewG zu bildenden wirtschaftlichen Einheit „Grundstück" (→ BewG § 244 Rn. 6).

II. Gebäude (Abs. 1 Nr. 1 2. Fall)

4   Als **Gebäude** ist ein Bauwerk anzusehen, das durch (nicht zwingend: vollständige, sofern nur ausreichende, vgl. FG Brandenburg 12.5.1998 – 3 K 1376/96, BeckRS 1998, 26026731: Ladehalle mit drei Seitenwänden) räumliche Umschließung Schutz gegen äußere Einflüsse gewährt, den nicht nur vorübergehenden Aufenthalt von Menschen gestattet, fest mit dem Grund und Boden verbunden sowie von einiger Beständigkeit und standfest ist (BFH 15.6.2005 – II R 67/04, BStBl. II 2005, 688; 14.3.2006 – I R 109/04, BFH/NV 2006, 1812). Ob es sich um ein Hauptgebäude, ein Nebengebäude oder bloß einen Zubehörraum (zB Garagen) handelt, ist ohne Bedeutung (AEBewGrSt A 243 Abs. 5; die Frage kann aber für die Bestimmung der Wohnfläche von Bedeutung sein → BewG § 254 Rn. 7). Die Finanzverwaltung verlangt, dass das Bauwerk durch normale Eingänge wie Türen betreten werden kann. Behelfsmäßige Eintrittsmöglichkeiten wie Luken, Leitern und schmale Stege sollen nicht genügen (GLE 5.6.2013, BStBl. I 2013, 734 Ziff. 2.4). Alle Bauwerke, die sämtliche dieser Begriffsmerkmale aufweisen, sind ausnahmslos als Gebäude zu behandeln (BFH 13.6.1969 – III R 132/67, BStBl. II 1969, 612 [614]). Sie können dann vor allem keine Betriebsvorrichtung iSv § 243 Abs. 2 Nr. 2 BewG sein (zur Abgrenzung mit Beispielen → Rn. 15 ff.).

5   In Ansehung des **„Aufenthaltskriteriums"** ist zwar nicht erforderlich, dass ein Bauwerk zum Aufenthalt von Menschen bestimmt ist; entscheidend ist allein, ob ein solcher möglich ist (BFH 30.1.1991 – II R 48/88, BStBl. II 1991, 618; 15.6.2005 – II R 67/04, BStBl. II 2005, 688; 9.7.2009 – II R 7/08, BFH/NV 2009, 1609; 7.4.2011 – III R 8/09, BFH/NV 2011, 1187). Daher schadet es nicht, wenn der Aufenthalt lediglich verboten ist (FG München 10.7.2002 – 4 K

Begriff des Grundvermögens **§ 243 BewG**

4037/00, EFG 2002, 1497). Nicht ausreichend ist es allerdings, wenn der Aufenthalt von Menschen in dem Bauwerk nur dann möglich ist, wenn ein automatisch laufender Betriebsvorgang abgeschaltet ist (anders indes, wenn der Betriebsvorgang nicht kontinuierlich läuft). Sorgt der laufende Betriebsvorgang für „extreme Bedingungen" (zB Kälte, Lärm), schadet es der Gebäudeeigenschaft nicht, wenn sich Menschen nur in entsprechender Schutzkleidung darin aufhalten können. Sind die Bedingungen indes so extrem, dass der Aufenthalt von Menschen während des Betriebsvorgangs selbst in solcher Schutzkleidung oder unter Verwendung von Gehörschutz-Ohrstöpseln nur für wenige Minuten möglich ist, dann liegt kein Gebäude vor (für das Vorgenannte insgesamt BFH 30.1.1991 – II R 48/88, BStBl. II 1991, 618 [dort: Temperaturen unter dem Gefrierpunkt und ein erheblicher Lärmpegel durch die Kälteventilatoren]; 15.6.2005 – II R 67/04, BStBl. II 2005, 688; 9.7.2009 – II R 7/08, BFH/NV 2009, 1609; 7.4.2011 – III R 8/09, BFH/NV 2011, 1187; FG Münster 12.1.2012 – 3 K 1220/09, EFG 2012, 1117). Sind nur einzelne Teile eines Bauwerks nach dieser Maßgabe von Menschen betretbar, dürfen diese Teile im Verhältnis zum Ganzen nicht bloß von untergeordneter Bedeutung sein (BFH 14.11.1975 – III R 150/74, BStBl. II 1976, 198).

Die Rechtsprechung hat vor allem kleinere Bauwerke, in denen technische Anlagen für automatisch ablaufende Betriebsvorgänge untergebracht sind und die nur gelegentlich zu Kontroll- und Wartungsarbeiten betreten werden, aus dem Gebäudebegriff ausgenommen (zB Transformatorenhäuschen, kleine Rohrnetzstationen, Pumpenhäuschen, Türme von Windkraftanlagen, BFH 24.1.1952 – III 110/50, BStBl. II 1952, 84; 24.5.2007 – II R 68/05, BStBl. II 2008, 12). Die Finanzverwaltung folgt dem grundsätzlich, will dies aber nur bei Bauwerken mit nicht mehr als 30 qm Grundfläche annehmen (gleichlautender Ländererlass 5.6.2013, BStBl. I 2013, 734 Ziff. 2.4.). 6

Die feste Verbindung mit dem Boden (**„Verbindungskriterium"**) ist jedenfalls dann gegeben, wenn einzelne oder durchgehende Fundamente vorhanden sind, das Bauwerk auf diese gegründet und dadurch mit dem Boden verankert ist. Befindet sich das Bauwerk dergestalt auf einem Fundament, so ist es unerheblich, ob es mit diesem fest verbunden ist. Dabei genügt für die Annahme eines Fundaments jede gesonderte (eigene) Einrichtung, die eine feste Verbindung des aufstehenden „Bauwerks" mit dem Grund und Boden bewirkt (BFH 10.6.1988 – III R 65/84, BStBl. II 1988, 847; 26.10.2011 – II R 27/10, BStBl. II 2012, 274; 22.7.2020 – II R 37/17, BStBl. II 2021, 662). Ausreichend ist es zB, wenn die feste Verbindung mit dem Grund und Boden durch eingerammte Holzpfähle (BFH 21.2.1973 – II R 140/67, BStBl. II 1973, 507 [Holzfertighaus]) oder durch Gewindestangenanker, die jederzeit wieder gelöst werden können (BFH 20.9.2000 – II R 60/98, BFH/NV 2001, 581 [Leichtbauhalle]; FG Brandenburg 26.1.1994 – 2 K 33/93[Imbissbude]), hergestellt wird. Entscheidend ist die Funktion des Fundaments, nämlich die Ableitung der aus dem Bauwerk herrührenden Lasten und Kräfte in den Baugrund, sodass für das Bauwerk Standsicherheit gewährleistet ist (BFH 10.6.1988 – III R 65/84, BStBl. II 1988, 847). 7

Eine **feste Verbindung** kann (ausnahmsweise) sogar **dadurch bewirkt werden, dass das Bauwerk lediglich durch sein Eigengewicht auf dem Grundstück festgehalten wird,** sofern dieses Eigengewicht einer Verankerung gleichwertig ist (BFH 23.9.1988 – III R 67/85, BStBl. II 1989, 113; 4.10.1978 – II R 15/77, BStBl. II 1979, 190 [Fertiggarage aus Beton]; FG Schleswig-Holstein 12.8.2019 – 3 K 55/18, EFG 2019, 1923 [sog. Mobilheim mit den Maßen 9m × 3,3m × 3m]; FG Münster 13.1.1994 – 3 K 5924/92, EFG 1994, 555 [Container- 8

§ 243 BewG Siebenter Abschnitt. Bewertung d. Grundbesitzes ab 1.1.2022

Wohnanlage, die als Wohnheim für Asylsuchende dient]). Nur in dieser Konstellation des bloßen Ruhens auf dem Grund und Boden durch das Eigengewicht ohne Verbindung mit einem Fundament bedarf es einer Abgrenzung gegenüber lediglich auf dem Boden abgestellten beweglichen Sachen (BFH 10.6.1988 – III R 65/84, BStBl. II 1988, 847). Dazu fragt die Rechtsprechung danach, **ob das Bauwerk seiner individuellen Zweckbestimmung nach für eine dauernde Nutzung aufgestellt ist** und die ihm zugedachte Ortsfestigkeit sich im äußeren Erscheinungsbild manifestiert (BFH 25.4.1996 – III R 47/93, BStBl. II 1996, 613; 12.3.1997 – II B 71/96, BFH/NV 1997, 642; 22.7.2020 – II R 37/17, BStBl. II 2021, 662). Dies wurde zB bei einem betrieblichen (Büro-, Lager-) Container mit mindestens sechsjähriger Aufstelldauer auf lose verlegten Schwellen oder Kanthölzern (BFH 10.6.1988 – III R 65/84, BStBl. II 1988, 847) bejaht, aber zB verneint bei den für wechselnde Einsatzstellen vorgesehenen Baubaracken ohne Fundamentierung, für Baustellencontainer (BFH 18.6.1986 – II R 222/83, BStBl. II 1986, 787) und für Container, die zu einem Werkstatt- und Sozialraumkomplex zusammengesetzt und aufwendig in das Werksgelände eingepasst waren (Hanggelände-Einebnung, Bau eines Werkstraßenanschlusses uÄ), die aber nur 24 Monate vor Ort verbleiben sollten (daher keine dauernde Nutzung, BFH 22.7.2020 – II R 37/17, BStBl. II 2021, 662). Dessen ungeachtet muss die Verbindung mit dem Boden unmittelbarer Natur sein. Verneint wurde die Verbindung mit dem Grund und Boden daher für eine auf Schwimmkörpern aufgebaute gastronomische Anlage, die durch Dalbenschlösser nur mittelbar mit dem Grund und Boden verbunden war (BFH 26.10.2011 – II R 27/10, BStBl. II 2012, 274).

9 Des Weiteren muss das Gebäude standfest sein (**"Standfestigkeitskriterium"**). So geht die Finanzverwaltung zB davon aus, dass Bauwerke mit pneumatischen Konstruktionen (Traglufthallen) mangels ausreichender Standfestigkeit keine Gebäude sind (GLE 5.6.2013, BStBl. I 2013, 734 Ziff. 2.7). Die Standfestigkeit erlangt als Gebäudekriterium ferner dann Bedeutung, wenn das Bauwerk seine Standfestigkeit durch Bauteile erhält, die auch einer Betriebsvorrichtung dienen. Die Finanzverwaltung geht dabei von folgenden Grundsätzen aus (vgl. GLE 5.6.2013, BStBl. I 2013, 734 Ziff. 2.7): Die notwendige Standfestigkeit der Umschließung ist nur dann gegeben, wenn die doppelfunktionalen Teile bei einer Beseitigung der Betriebsvorrichtung stehen bleiben können und bei einer anderen Nutzung der Umschließung nicht im Wege stehen. Das Gleiche gilt, wenn ein Auswechseln der Betriebsvorrichtung unter vorübergehender Abstützung der Umschließung leicht möglich ist. In Betracht kommen zum Beispiel Fälle, bei denen Mittelstützen, die auf Betriebsvorrichtungen stehen, bei einem etwaigen Abbruch der Betriebsvorrichtungen ohne große Schwierigkeiten unterfangen werden können. Ansonsten haben Umschließungen und Überdachungen, die ausschließlich auf Betriebsvorrichtungen gegründet sind, keine ausreichende Standfestigkeit. Sie sind deshalb keine Gebäude. Entsprechendes gilt, wenn die Außenwände eines Bauwerks aus Teilen von Betriebsvorrichtungen gebildet werden und sich die Standfestigkeit allein aus Stützen und sonstigen Bauteilen wie Mauervorlagen und Verstrebungen ergibt, die ausschließlich zu der Betriebsanlage gehören. Sofern diese Bauteile dagegen nicht ausschließlich zur Betriebsanlage gehören und sie somit einen doppelten Zweck erfüllen, gilt § 243 Abs. 3 BewG (sog. **doppelfunktionale Bauteile,** → Rn. 18). Das gilt auch, wenn die Außenwand oder Decke eines Bauwerks einem doppelten Zweck dient.

III. Sonstige Bestandteile (Abs. 1 Nr. 1 3. Fall)

Die sonstigen Bestandteile sind ua mit dem Gebäude verbundene Anbauten (zB **10** Wintergärten, AEBewGrSt A 243 Abs. 4 S. 3). Hierzu gehören ferner Außenanlagen, die allerdings im neuen Grundsteuerrecht bei der Bewertung stets abgegolten werden und daher nicht gesondert zu erfassen sind (→BewG §252 Rn.4; →BewG §258 Rn.7). Schließlich sind sonstige Bestandteile die Rechte iSv §96 BGB. Das sind die subjektiv-dinglichen Rechte, also die Rechte, die dem jeweiligen Eigentümer des herrschenden Grundstücks hinsichtlich eines anderen Grundstücks zustehen (*Stresemann* in MüKoBGB §96 Rn.2). Hierzu gehören insb. die Grunddienstbarkeiten (§1018 BGB, BFH 5.5.2010 – II R 25/09, BStBl. II 2011, 203). Bei der Bewertung werden solche Rechte nicht berücksichtigt. Im neuen Grundsteuerrecht dürfte **§243 Abs. 1 Nr. 1 3. Fall BewG** daher **für die Ermittlung des Grundsteuerwertes kaum Bedeutung** zukommen.

IV. Zubehör (Abs. 1 Nr. 1 4. Fall)

Was Zubehör ist, ergibt sich aus §97 BGB. Hiernach sind Zubehör die beweg- **11** lichen Sachen, die – ohne Bestandteile der Hauptsache zu sein – dem wirtschaftlichen Zwecke der Hauptsache zu dienen bestimmt sind und zu ihr in einem dieser Bestimmung entsprechenden räumlichen Verhältnis stehen (eingehend zB *Stresemann* in MüKoBGB §97 Rn. 2ff.). **§243 Abs. 1 Nr. 1 4. Fall BewG hat für die Ermittlung des Grundsteuerwertes keine Bedeutung** (→BewG §252 Rn.4; →BewG §258 Rn.7).

V. Erbbaurecht, Wohnungs- und Teileigentum sowie Wohnungs- und Teilerbbaurecht (Abs. 1 Nrn. 2–4)

Das Erbbaurecht und das Wohnungs- und Teileigentum sind Rechtsinstitute, **12** mit denen dingliche Berechtigungen an einem Grundstück bzw. Gebäude geordnet werden können. Das Wohnungs- und Teilerbbaurecht verbindet beide Institute miteinander. Die Darstellung des jeweiligen Rechtsrahmens erfolgt im Zusammenhang mit §244 Abs.3 BewG (zum Erbbaurecht →BewG §244 Rn. 21ff.; zum Wohnungs- und Teileigentum →BewG §244 Rn. 26ff.; zum Wohnungs- und Teilerbbaurecht →BewG §244 Rn. 29).

C. Negativabgrenzung nach Abs. 2

I. Keine Bewertungsrelevanz ausgeschiedener Wirtschaftsgüter

Die **Wirtschaftsgüter, die nach §243 Abs. 2 BewG nicht in das Grund-** **13** **vermögen einzubeziehen sind, dürfen den Grundsteuerwert nicht beeinflussen.** Für Bodenschätze dürfte dies keine Bedeutung haben, aber in Ansehung der **Betriebsvorrichtungen** ist dies rechtlich relevant. Denn Betriebsvorrichtungen sind von den Gebäuden iSv §243 Abs. 1 Nr. 1 BewG abzugrenzen: (1) Die Abgrenzung kann über die Frage entscheiden, ob ein unbebautes oder ein bebautes Grundstück vorliegt. Ist das einzige Bauwerk auf einem Grundstück eine Betriebsvorrichtung, liegt ein unbebautes Grundstück vor (→BewG §246 Rn. 4). (2) Liegt auch ungeachtet des zu beurteilenden Bauwerks ein bebautes Grundstück vor, beeinflusst die Abgrenzungsfrage den Grundsteuerwert über die Bewertungsfaktoren Nutzfläche (so beim Ertragswertverfahren) oder Brutto-Grundfläche (so beim Sachwertverfahren). Erweist sich das Bauwerk nämlich als Betriebsvorrichtung, darf es anlässlich der Ermittlung von Nutzfläche bzw. Brutto-Grundfläche nicht berücksichtigt werden – anders, als wenn es sich um ein Gebäude handelt.

II. Bodenschätze (Abs. 2 Nr. 1)

14 Bodenschätze sind mit Ausnahme von Wasser alle mineralischen Rohstoffe in festem oder flüssigem Zustand und Gase, die in natürlichen Ablagerungen oder Ansammlungen (Lagerstätten) in oder auf der Erde, auf dem Meeresgrund, Meeresuntergrund oder im Meerwasser vorkommen (so § 3 Abs. 1 BBergG). Zivilrechtlich werden Bodenschätze wie folgt unterschieden: **Grundeigene Bodenschätze** (§ 3 Abs. 2 S. 1 BBergG, vgl. die Aufzählung in § 3 Abs. 4 BBergG) und **nicht dem BBergG unterliegende Bodenschätze** (zB im Tagebau abbaubarer gewöhnlicher Kies und Sand) sind zivilrechtlich wesentliche Bestandteile des Grund und Bodens. Sie stehen mithin im Eigentum des Grundstückseigentümers. Auf sog. bergfreie Bodenschätze (Aufzählung in § 3 Abs. 3 BBergG) erstreckt sich das Eigentum am Grundstück hingegen nicht. Das Recht, solche zunächst herrenlosen **bergfreien Bodenschätze** abzubauen und sich anzueignen, ist vielmehr ein grundstücksgleiches Recht (§ 9 Abs. 1 S. 1 BBergG). Die Herausnahme der Bodenschätze aus dem Grundvermögen hat keine Bedeutung für die Abbauflächen und die im Zusammenhang mit dem Abbau errichteten Gebäude. Diese gehören entweder zum land- und forstwirtschaftlichen Vermögen (→ BewG § 234 Rn. 21) oder zum Grundvermögen.

III. Betriebsvorrichtungen (Abs. 2 Nr. 2)

15 In das Grundvermögen nicht einzubeziehen sind ferner die Maschinen und sonstigen Vorrichtungen aller Art, die zu einer Betriebsanlage gehören (Betriebsvorrichtungen), auch wenn sie wesentliche Bestandteile sind (§ 243 Abs. 2 Nr. 2 BewG). Das Steuerrecht weicht insoweit vom Zivilrecht ab. Denn nach § 94 Abs. 1 BGB gehören grundsätzlich alle mit dem Grund und Boden fest verbundenen Sachen zum Grundstück, sofern sie nicht Scheinbestandteile iSd § 95 BGB sind. Für die Annahme einer Betriebsvorrichtung ist es demgegenüber irrelevant, ob ein Gegenstand zivilrechtlich als wesentlicher Gebäudebestandteil anzusehen ist (BFH 24.3.2006 – III R 40/04, BFH/NV 2006, 2130; 18.12.2019 – III R 36/17, BFH/NV 2020, 647 Rn. 20). Ist ein Bauwerk zu beurteilen, das alle Merkmale eines Gebäudes iSv § 243 Abs. 1 Nr. 1 BewG aufweist (→ Rn. 4 ff.), dann scheidet die Annahme einer Betriebsvorrichtung bereits deshalb aus.

16 Der **Begriff der Betriebsvorrichtung** umfasst alle Vorrichtungen einer Betriebsanlage, die in einer so engen Beziehung zu dem auf dem Grundstück ausgeübten Gewerbebetrieb stehen, dass dieser unmittelbar mit ihnen betrieben wird (BFH 18.12.2019 – III R 36/17, BFH/NV 2020, 647 Rn. 20). Der BFH formuliert die an die Unmittelbarkeit zu stellenden Anforderungen in ständiger Rechtsprechung wie folgt: Zwischen der Betriebsvorrichtung und dem Betriebsablauf muss ein ähnlich enger Zusammenhang bestehen, wie er üblicherweise bei Maschinen gegeben ist. Dagegen reicht es nicht aus, wenn eine Anlage für einen Betrieb lediglich nützlich oder notwendig oder sogar gewerbepolizeilich vorgeschrieben ist. Entscheidend ist, ob die Gegenstände von ihrer Funktion her unmittelbar zur

Begriff des Grundvermögens § 243 BewG

Ausübung des Gewerbes genutzt werden. Für die Abgrenzung zwischen Gebäudebestandteilen und Betriebsvorrichtungen kommt es deshalb darauf an, ob die Vorrichtung im Rahmen der allgemeinen Nutzung des Gebäudes erforderlich ist oder ob sie unmittelbar der Ausübung des Gewerbes dient (BFH 18.12.2019 – III R 36/17, BFH/NV 2020, 647 Rn. 20).

Beispiele: Die Finanzverwaltung hat mit dem GLE 5.6.2013 (BStBl. I 2013, 734) eine umfangreiche Darstellung mit Abgrenzungsbeispielen veröffentlicht, die auch für die Grundsteuer gilt (AEBewGrSt A 243 Abs. 8 S. 2). Anzumerken ist allerdings, dass viele der dort angesprochenen Abgrenzungsfragen für die Grundsteuer keine (praktische) Bedeutung haben. Denn **für Zwecke der Bewertung ist allein die Ausgrenzung aus dem Gebäudebegriff relevant. Was kein Gebäude iSv § 243 Abs. 1 Nr. 1 BewG ist, bleibt anlässlich der Bewertung unberücksichtigt** – sei es in Bezug auf seine Nutzfläche (Ertragswertverfahren) oder sei es mit seiner Brutto-Grundfläche (Sachwertverfahren). Daher können alle Beispiele (der Verwaltung und auch aus der umfangreichen Rechtsprechung), die sich mit Gegenständen befassen, bei denen von vornherein unzweifelhaft ist, dass sie keine Gebäude sein können, und bei denen es nur um die Abgrenzung zwischen einem unselbstständigen Gebäudeteil und einer Betriebsvorrichtung geht, unberücksichtigt bleiben. Dies vorweggeschickt, kann ergänzend zum gleich lautenden Ländererlass v. 5.6.2013 noch auf folgende Beispiele aus der Rechtsprechung hingewiesen werden: 17

– Eine **Autowaschanlage** ist ein Gebäude (BFH 14.11.1975 – III R 150/74, BStBl. II 1976, 198; OFD München 14.9.1989 – S 3190 – 47/2 St 242, BeckVerw 150204; OFD München 12.1.1995 – S 3228 – 7/6 St 437, BeckVerw 150205 [„Waschboxen"]).
– Der **KfZ-Tower eines Autohauses** stellt keine Betriebsvorrichtung dar (BFH 9.7.2009 – II R 7/08, BFH/NV 2009, 1609) und ist entweder ein selbstständiges Gebäude oder Teil eines Gebäudes.
– **Hochregallager:** Einerseits BFH 28.5.2003 – II R 41/01, BStBl. II 2003, 693 (manuell beschicktes und deshalb die Anwesenheit von Menschen notwendig machendes Lager sei Gebäudeteil), andererseits BFH 18.3.1987 – II R 222/84, BStBl. II 1987, 551; FG Düsseldorf 19.9.2013 – 11 K 211/12, EFG 2014, 116 (automatisches Lager einschließlich Vorzone sei Betriebsvorrichtung, das von Menschen während des Betriebes nicht betreten werden kann und darf und in dem sich, von den Lagergassen abgesehen, keinerlei Wartungs- und Beobachtungsgänge befinden, auf denen sich Menschen ungestört durch das interne Transportsystem bewegen können).
– Ein **Kesselhaus** soll keine Betriebsvorrichtung sein, wenn es den Aufenthalt von Menschen zumindest in Schutzkleidung gestattet, auch wenn es nicht dazu dient (FG Hessen 3.11.2016 – 3 K 320/15, BeckRS 2017, 94214).
– **Kohle-, Roh- und Zementmühlen sowie Trockner- und Brecheranlagen einer Zementfabrik** sind Gebäude (BFH 15.6.2005 – II R 67/04, BStBl. II 2005, 688, dort wurde die Eignung zum Aufenthalt von Menschen trotz der erheblichen Lärmbelastung unter Hinweis auf die mögliche Schutzkleidung bejaht).
– **Musterhaus eines Fertighausproduzenten/-verkäufers** ist ein Gebäude und keine Betriebsvorrichtung (FG Niedersachsen 28.4.2003 – 1 K 1037/97, EFG 2003, 1761).
– **Silobauten** sind Betriebsvorrichtungen (BFH 18.3.1987 – II R 222/84, BStBl. II 1987, 551).

§ 243 BewG   Siebenter Abschnitt. Bewertung d. Grundbesitzes ab 1.1.2022

- Ein **Tiefkühllager** ist keine Betriebsvorrichtung, wenn Menschen in Schutzkleidung dort die anstehenden Arbeiten (Ein- und Auslagerung, Kommissionierung) vornehmen können (BFH 7.4.2011 – III R 8/09, BFH/NV 2011, 1187; FG Münster 12.1.2012 – 3 K 1220/09, EFG 2012, 1117 Rn. 27).
- Ein mit dem Untergrund fest verbundenes, öffentliches **Toilettenhäuschen** mit einer Grundfläche von 8 qm und einem Gewicht von drei Tonnen, das mit einer automatischen Türöffnung und mit einer Anlage zur automatischen Reinigung der Toilette ausgestattet ist, ist ein Gebäude (BFH 24.5.2007 – II R 68/05, BStBl. II 2008, 12).
- Ein **Transformatorenhäuschen** ist idR eine Betriebsvorrichtung (→ Rn. 6).
- Ein **Wasserturm** ist ein Gebäude, auch wenn er nur zu gut 40% seines Rauminhaltes den vorübergehenden Aufenthalt von Menschen erlaubt und diese Räume wegen der automatisch arbeitenden Einrichtungen nicht mit besonderer Intensität genutzt werden können (FG Rheinland-Pfalz 10.3.1998 – 2 K 2778/97, EFG 1998, 1113).
- Die Türme von **Windkraftanlagen** stellen zusammen mit den Transformatoren eine Betriebsvorrichtung dar (BFH 14.4.2011 – IV R 46/09, BStBl. II 2011, 696; OFD Frankfurt am Main 19.8.2015 – S 3130 A-006-St 1b).

D. Doppelfunktionale Bauteile (Abs. 3)

18   Nicht selten erfüllen Bauteile einen doppelten Zweck. Insoweit bestimmt **§ 243 Abs. 3 BewG,** dass Verstärkungen von Decken und die nicht ausschließlich zu einer Betriebsanlage gehörenden Stützen und sonstige Bauteile wie Mauervorlagen und Verstrebungen trotz ihrer Doppelfunktionalität für Zwecke des Bewertungsrechts ausschließlich dem Gebäude zuzuschlagen sind (BFH 9.12.1998 – II R 1/96, BFH/NV 1999, 909; 9.7.2009 – II R 7/08, BFH/NV 2009, 1609, „**doppelfunktionale Konstruktionselemente**"). Für die Anwendung des § 243 Abs. 3 BewG ist nicht relevant, in welcher zeitlichen Abfolge was hergestellt wurde (BFH 9.7.2009 – II R 7/08, BFH/NV 2009, 1609). Diese strikte Zuordnungsregel erklärt sich daraus, dass vorrangig vom Gebäudebegriff auszugehen ist (→ Rn. 4). Relevant sind die doppelfunktionalen Konstruktionselemente vor allem im Hinblick auf das **für die Annahme eines Gebäudes notwendige „Standfestigkeitskriterium"** (→ Rn. 9). Die in § 243 Abs. 3 BewG genannten Beispiele (Decken, Stützen, Mauervorlagen und Verstrebungen) sind nicht abschließend. Entscheidend ist vielmehr eine funktionale Betrachtung, dh ob ein Bauteil zB die Standfestigkeit sicherstellt oder erst die Umschließung ermöglicht. Dementsprechend kommen als doppelfunktionale Bauteile auch ganze Wände, Decken oder Böden in Betracht (exemplarisch FG Niedersachsen 7.9.2010 – 13 K 33/09, BeckRS 2011, 95319 für einen Güllekeller).

§ 244 Grundstück

(1) Jede wirtschaftliche Einheit des Grundvermögens bildet ein Grundstück im Sinne dieses Abschnitts.

(2) ¹Ein Anteil des Eigentümers eines Grundstücks an anderem Grundvermögen (zum Beispiel an gemeinschaftlichen Hofflächen oder Garagen) ist in die wirtschaftliche Einheit Grundstück einzubeziehen, wenn der Anteil zusammen mit dem Grundstück genutzt wird. ²Das gilt nicht, wenn das gemeinschaftliche Grundvermögen nach den Anschauungen des Verkehrs als selbständige wirtschaftliche Einheit anzusehen ist (§ 2 Absatz 1 Satz 3 und 4).

(3) Als Grundstück gelten auch:
1. das Erbbaurecht zusammen mit dem Erbbaurechtsgrundstück,
2. ein Gebäude auf fremdem Grund und Boden zusammen mit dem dazugehörenden Grund und Boden,
3. jedes Wohnungseigentum und Teileigentum nach dem Wohnungseigentumsgesetz sowie
4. jedes Wohnungserbbaurecht und Teilerbbaurecht zusammen mit dem anteiligen belasteten Grund und Boden.

Gilt nicht in **Baden-Württemberg** (dort § 37 BWLGrStG). In **Bayern** enthält Art. 1 Abs. 4 S. 2 BayGrStG eine von § 244 Abs. 3 Nr. 2 BewG abweichende Regelung (→ BayGrStG Art. 1 Rn. 13f.). Entsprechendes gilt für **Hamburg** mit § 1 Abs. 4 S. 2 HmbGrStG (→ HmbGrStG § 1 Rn. 13f.) und **Niedersachsen** mit § 2 Abs. 4 S. 2 NGrStG (→ NGrStG § 2 Rn. 13f.).

Übersicht

	Rn.
A. Allgemeines	1
I. Systematische Einordnung und Zweck der Regelung	1
II. Entwicklung der Vorschrift	2
III. Verfahrensrecht	3
B. Die wirtschaftliche Einheit des Grundvermögens (Abs. 1)	4
C. (Ausnahmsweise) Einbeziehung von Anteilen an anderen Grundstücken in die wirtschaftliche Einheit des Hauptgrundstücks (Abs. 2)	18
D. Erbbaurecht (Abs. 3 Nr. 1)	21
E. Gebäude auf fremdem Grund und Boden (Abs. 3 Nr. 2)	24
F. Wohnungseigentum und Teileigentum (Abs. 3 Nr. 3)	26
G. Wohnungserbbaurecht und Teilerbbaurecht (Abs. 3 Nr. 4)	29

A. Allgemeines

I. Systematische Einordnung und Zweck der Regelung

Bewertet werden wirtschaftliche Einheiten und § 244 BewG konkretisiert die wirtschaftliche Einheit des Grundvermögens. Der Begriff der wirtschaftlichen Einheit und die zu ihrer Bestimmung notwendigen allgemeinen Kriterien (vgl. § 2 BewG) werden dabei vorausgesetzt (→ Rn. 4). In Bezug auf Erbbaurechte und Gebäude auf fremdem Grund und Boden hat der Gesetzgeber mit dem Grundsteuerreformgesetz v. 26.11.2019 (→ Grundlagen Rn. 13) einen Paradigmenwechsel vollzogen. Sie bilden nunmehr – abweichend von der bisherigen Rechtslage – zusammen mit dem Grund und Boden jeweils eine (einzige) wirtschaftliche Einheit (→ Rn. 21; → Rn. 24). § 244 BewG erfüllt eine zentrale Weichenstellungsfunktion für die Bewertung. Da ein Grundstück entweder nur ein bebautes oder unbebautes Grundstück sein (→ Rn. 4) und bei bebauten Grundstücken auch die Grundstücksart iSv § 249 BewG nur einheitlich bestimmt werden kann (→ BewG § 249 Rn. 4), entscheidet der Zuschnitt der wirtschaftlichen Einheit über die Anwendung des Bewertungsverfahrens für die gesamte wirtschaftliche Einheit.

II. Entwicklung der Vorschrift

2 § 244 BewG beruht auf dem Grundsteuerreformgesetz v. 26.11.2019 (→ Grundlagen Rn. 13). Die Regelung knüpft an § 70 BewG an, geht aber hierüber hinaus. Dies betrifft vor allem den Paradigmenwechsel in Ansehung von Erbbaurecht und Gebäude auf fremden Grund und Boden (→ Rn. 21; → Rn. 24). Mit dem JStG 2020 v. 21.12.2020 (BGBl. 2020 I 3096) wurde § 244 Abs. 3 Nr. 4 BewG sprachlich – aber ohne inhaltliche Veränderung – präzisiert (vgl. BT-Drs. 19/22850, 52).

III. Verfahrensrecht

3 Der Grundsteuerwertbescheid knüpft an eine bestimmte wirtschaftliche Einheit (→ Rn. 4 ff.) an. Über die wirtschaftliche Einheit wird inzident anlässlich der Feststellung des Grundsteuerwertes entschieden (→ BewG § 219 Rn. 12). Ist der Steuerpflichtige der Ansicht, dass die wirtschaftliche Einheit unzutreffend erfasst wurde, kann er nur die Aufhebung dieses Bescheides erreichen. Das Finanzamt ist hingegen nicht befugt, den Bescheid dahingehend zu ändern, dass ein Grundstück in mehrere wirtschaftliche Einheiten aufgeteilt wird (BFH 15.10.2014 – II R 14/14, BStBl. II 2015, 405; FG Köln 19.10.2016 – 4 K 1866/11, EFG 2017, 19 zur Grunderwerbsteuer).

B. Die wirtschaftliche Einheit des Grundvermögens (Abs. 1)

4 **Jede wirtschaftliche Einheit des Grundvermögens bildet ein Grundstück im bewertungsrechtlichen Sinne.** Ein solches Grundstück ist entweder (insgesamt) ein unbebautes Grundstück iSv § 246 BewG oder (insgesamt) ein bebautes Grundstücks iSv § 248 BewG (RFH 4.4.1935 – III A 2/35, RFHE, 346 [347]; *Krause* in Stenger/Loose BewG § 244 Rn. 31). Mit dem **Typusbegriff der wirtschaftlichen Einheit** (vgl. BFH 15.6.1983 – III R 40/82, BStBl. II 1983, 752; 3.3.1993 – II R 32/89, BFH/NV 1993, 584) knüpft § 244 Abs. 1 BewG an § 2 Abs. 1 BewG an, der den Begriff indes nicht konkretisiert, sondern ebenso wie § 244 Abs. 1 BewG voraussetzt. Gleichwohl können § 2 Abs. 1 BewG einige Grundaussagen entnommen werden: **(1) Eine wirtschaftliche Einheit ist gem. § 2 Abs. 1 S. 2 BewG als Ganzes zu bewerten** (vorbehaltlich einer partiellen Steuerfreiheit nach §§ 3, 4 GrStG, die allerdings den Umfang der wirtschaftlichen Einheit nicht beeinflusst → Rn. 5). Gehört ein Grundstück mehreren Miteigentümern, ist dies für die Annahme einer wirtschaftlichen Einheit daher grundsätzlich ohne Bedeutung (anders als im Ertragsteuerrecht zerfällt der Gegenstand also nicht in so viele Wirtschaftsgüter wie Miteigentümer vorhanden sind). **(2) Was als wirtschaftliche Einheit zu gelten hat, ist nach den Anschauungen des Verkehrs**

Grundstück **§ 244 BewG**

zu entscheiden (§ 2 Abs. 1 S. 3 BewG). Darunter ist die Auffassung zu verstehen, die urteilsfähige und unvoreingenommene Staatsbürger von einer Sache haben oder gewinnen können, wenn sie mit ihr befasst werden (BFH 6.7.1979 – III R 77/77, BStBl. II 1979, 726). Gemäß § 2 Abs. 1 S. 4 BewG sind für die Abgrenzung der wirtschaftlichen Einheit die örtliche Gewohnheit, die tatsächliche Übung, die Zweckbestimmung und die wirtschaftliche Zusammengehörigkeit der einzelnen Wirtschaftsgüter zu berücksichtigen. Es sind also neben objektiven auch subjektive Merkmale maßgebend. Stehen allerdings subjektive Merkmale, wie zB die Zweckbestimmung, im Widerspruch zu objektiven Merkmalen, wie zB der örtlichen Gewohnheit, so sind die objektiven Merkmale entscheidend (BFH 15.6.1983 – III R 40/82, BStBl. II 1983, 752). **(3)** Mehrere Grundbuchgrundstücke (→ Rn. 8 ff.) kommen als wirtschaftliche Einheit nur insoweit in Betracht, wie sie demselben Eigentümer oder denselben Eigentümern gehören (§ 2 Abs. 2 BewG, **Grundsatz der Eigentümeridentität** → Rn. 16 f.; zur Ausnahme nach § 244 Abs. 2 S. 1 BewG → Rn. 18).

Ist ein Teil des Grundstücks steuerbefreit – sei es nach §§ 3 ff. GrStG, sei es 5 nach § 245 BewG –, **soll der begünstigte (steuerbefreite) Teil des Grundstücks nach einer Entscheidung des BFH nicht zur wirtschaftlichen Einheit gehören** (BFH 26.9.1980 – III R 67/78, BStBl. II 1981, 208, dort zur Bestimmung der Grundstücksart, dazu auch → BewG § 249 Rn. 10). Das ist indes aus systematischen Gründen unzutreffend (glA *Meng/Ritter/Humolli* DStR 2014, 1752 [1754]). Die Bestimmung der wirtschaftlichen Einheit ist der Anwendung der Grundsteuerbefreiung vorgelagert. Der steuerbefreite Teil gehört daher durchaus zur wirtschaftlichen Einheit, wird allerdings für Zwecke der Grundsteuerbefreiung uU bereits anlässlich der Bewertung außenvorgelassen (→ GrStG § 3 Rn. 5 ff.). Es geht der Sache nach um zwei Fragen, die nicht miteinander vermischt werden dürfen. Besonders deutlich wird dies, wenn die Grundsteuerbefreiung erst anlässlich des Grundsteuermessbetragsverfahrens Berücksichtigung findet. In diesem Fall existiert eine Grundsteuerwertfeststellung über die gesamte wirtschaftliche Einheit. Der Umfang der wirtschaftlichen Einheit kann aber nicht davon abhängen, auf welcher Ebene der Grundsteuerbefreiung Rechnung getragen wird.

Die Maßgeblichkeit einer nach wirtschaftlichen Gesichtspunkten zu bestimmen- 6 den wirtschaftlichen Einheit führt zu einem **eigenständigen bewertungsrechtlichen Grundstücksbegriff**. Er ist nicht identisch mit dem Grundstücksbegriff iSd Zivil-, Prozess- und Grundbuchverfahrensrechts, wo das Grundstück formal bestimmt wird, nämlich als kraft seiner Eintragung im Bestandsverzeichnis derjenige räumlich abgegrenzte Teil der Erdoberfläche, der im Grundbuch als rechtliche Einheit gebucht ist, also entweder das aus dem amtlichen Verzeichnis (§ 2 Abs. 2 GBO) in das Grundbuch übernommene Flurstück oder die als rechtliche Einheit gem. § 890 Abs. 1 oder Abs. 2 BGB gebuchten Flurstücke (*Heinze* in Staudinger BGB Vor §§ 873 ff. Rn. 16; *Kohler* in MüKoBGB Vor § 873 Rn. 3). Man spricht insoweit von einem **Grundbuchgrundstück.** Die Definition nimmt ihrerseits wiederum auf Flurstücke (= sog. Katastergrundstücke) Bezug. Das Flurstück als vermessungstechnische Buchungseinheit für die Beschreibung und Darstellung der Bodenfläche im Liegenschaftskataster ist ein zusammenhängender Teil der Erdoberfläche, der von einer in sich geschlossenen Linie umgrenzt und in der Flurkarte unter einer besonderen Nummer aufgeführt ist (statt vieler OLG München 24.7.2009 – 34 Wx 027/09, BeckRS 2009, 21562).

Grundbuchgrundstück und Flurstück dürfen nicht verwechselt werden. 7 Das Flurstück ist zwar Ausgangspunkt für die Erfassung der Grundstücke im

§ 244 BewG Siebenter Abschnitt. Bewertung d. Grundbesitzes ab 1.1.2022

Grundbuch (§ 2 Abs. 2 GBO) und der sich aus dem Liegenschaftskataster ergebende Grenzverlauf erstreckt sich auf die Richtigkeitsvermutung des Grundbuchs (OLG Hamm 5.6.2014 – 5 U 207/13, RNotZ 2015, 23), aber es ist gleichwohl rechtlich nicht identisch mit dem Grundbuchgrundstück iSd Zivil-, Prozess- und Grundbuchverfahrensrechts. Das Flurstück ist daher ohne unmittelbare rechtliche Wirkung (OLG München 9.3.2015 – 34 Wx 39/14, BeckRS 2015, 8319). Zudem muss es auch nicht immer eine formale Übereinstimmung geben: So kann ein Grundbuchgrundstück aus mehreren Flurstücken bestehen (OLG München 9.3.2015 – 34 Wx 39/14, BeckRS 2015, 8319). Damit **konzentriert sich die Abgrenzungsfrage letztlich auf das Grundstück im bewertungsrechtlichen Sinne einerseits und das Grundbuchgrundstück andererseits.** Häufig wird ein Grundbuchgrundstück auch eine wirtschaftliche Einheit des Grundvermögens iSv § 244 BewG bilden. Dies muss allerdings nicht sein. So kann ein Grundstück im bewertungsrechtlichen Sinne (= wirtschaftliche Einheit) auch mehrere Flurstücke umfassen (→ Rn. 8 ff.), aber auch nur Teil eines Grundbuchgrundstücks (→ Rn. 12 ff.) sein (BFH 25.2.1983 – III R 81/82, BStBl. II 1983, 552; 25.1.2012 – II R 25/10, BStBl. II 2012, 403 Rn. 15). Neben den wirtschaftlichen Gesichtspunkten, die die Verkehrsanschauung beeinflussen (→ Rn. 4), ist dabei vor allem zu beachten, dass unterschiedliche Vermögensarten nicht zu einer wirtschaftlichen Einheit zusammengefasst werden können.

8   **Mehrere Grundbuchgrundstücke, eine wirtschaftliche Einheit:** Mehrere Grundbuchgrundstücke sind (nur) dann Teil einer größeren wirtschaftlichen Einheit, wenn sie zu einem einheitlichen Zweck zusammengefasst sind, der sich äußerlich in einer entsprechenden einheitlichen Ausgestaltung niederschlägt, durch welche die selbstständige Funktion des einzelnen Grundbuchgrundstücks nach der Verkehrsauffassung aufgehoben wird (BFH 15.10.2014 – II R 14/14, BStBl. II 2015, 405 [408]). Dies wurde zB bei zwei Wohngebäuden angenommen, die mittels eines Ganges zu einem Gesamtgebäudekomplex als Alt- und Neubau verbunden wurden; dass Alt- und Neubau über getrennte Ver- und Entsorgungsleistungen verfügten und eine Trennung beider Teile mit verhältnismäßig geringem Aufwand möglich war, war hingegen ohne Bedeutung (BFH 28.4.1993 – II S 6/93, BFH/NV 1993, 642). Entsprechendes gilt für mehrere Werks- und Lagerhallen, die räumlich miteinander verbunden sind (FG München 12.10.2011 – 4 K 2955/07, EFG 2012, 807 Rn. 26). Generell sollte man bei betrieblich genutzten Grundstücken vorrangig auf den einheitlichen Nutzungszusammenhang abstellen und ein nach der Verkehrsanschauung wegen der aufeinander abgestimmten betrieblichen Funktionen einheitliches Werksgelände nicht „zerteilen".

9   Eine bloße **Aneinanderreihung von Wohnblöcken/Mietshäusern in großstädtischer Lage** reicht hingegen nicht für die Annahme einer einzigen wirtschaftlichen Einheit aus (BFH 3.8.2004 – X R 40/03, BStBl. II 2005, 35; 10.5.2006 – II R 17/05, BFH/NV 2006, 2124; FG Münster 20.10.2005 – 8 K 2756/02, EFG 2006, 840). Dies gilt auch dann, wenn deren Ver- und Entsorgungseinrichtungen vielfältig miteinander verbunden sind, der Grundstückskomplex gemeinschaftlich verwaltet wird, für alle Mieter eine gemeinschaftliche Tiefgarage vorhanden ist (BFH 10.5.2006 – II R 17/05, BFH/NV 2006, 2124), die Gebäude in eine parkähnliche Anlage eingebettet sind, es einheitlich umzäunt ist und/oder über eine Infrastruktur verfügt, die auf die Bedürfnisse der Bewohner der Anlage zugeschnitten ist (FG Köln 19.10.2016 – 4 K 1866/11, EFG 2017, 19 Rn. 68 ff., dort: Ärzte und kulturelles Angebot). Ferner begründen die Einheitlichkeit der Planung, die architektonische Gestaltung der Gesamtanlage sowie deren gleichzeitige Errichtung

Grundstück **§ 244 BewG**

für sich allein nicht das Vorliegen einer wirtschaftlichen Einheit (BFH 3.8.2004 – X R 40/03, BStBl. II 2005, 35; 10.5.2006 – II R 17/05, BFH/NV 2006, 2124). Entsprechendes gilt für die rechtliche Zusammenfassung der Grundbuchgrundstücke für Zwecke der öffentlichen Förderung (FG Nürnberg 18.1.2018 – 4 K 557/17, EFG 2018, 770 Rn. 59). Eine andere Beurteilung ist nur gerechtfertigt, wenn mehrere Grundbuchgrundstücke mit ihren jeweiligen Wohnblöcken in einem objektiven Funktionszusammenhang stehen, der eine gemeinsame Nutzung gebietet oder doch als sinnvoll erscheinen lässt. Bei einer nach einem einheitlichen Plan errichteten Wohnanlage liegt daher eine wirtschaftliche Einheit nur vor, wenn die gesamte Wohnanlage zu einem einheitlichen Zweck zusammengefasst ist, der sich nicht nur äußerlich in einer entsprechenden einheitlichen Ausgestaltung niederschlägt, sondern der auch die selbstständige Funktion des einzelnen Grundbuchgrundstücks nach der Verkehrsauffassung aufhebt (BFH 10.5.2006 – II R 17/05, BFH/NV 2006, 2124; 15.10.2014 – II R 14/14, BStBl. II 2015, 405).

(Weitere) Beispiele: 10
– Ein **Überbau** kann zwei Grundbuchgrundstücke desselben Eigentümers verklammern (FG Hamburg 27.10.2017 – 3 K 141/16, EFG 2018, 921: Wohn- und Garagengrundstück mit nur einer Zufahrt; OVG Koblenz 14.9.2004 – 6 A 10530/04, BeckRS 2004, 25324).
– **Verpachtung zweier nebeneinander liegender Grundbuchgrundstücke an den gleichen Pächter** für dessen einheitliche gewerbliche Nutzung kann zu einer wirtschaftlichen Einheit führen (FG Baden-Württemberg 1.2.2001 – 3 K 188/97, BeckRS 2001, 21011448).
– Unter Umständen **Wohngrundstück** mit in enger räumlicher Nähe gelegenem und nicht durch eine öffentliche Straße abgetrenntem (→ Rn. 11) **Garagengrundstück,** sodass beide Grundstücke als Einheit erachtet werden können (vgl. *Krause* in Stenger/Loose BewG § 244 Rn. 36).

Gegen eine wirtschaftliche Einheit bestehend aus mehreren Grundbuch- 11 grundstücken **spricht eine räumliche Trennung der Grundstücke** (RFH 13.5.1931 – III A 987/30, RStBl. 1931, 836; BFH 3.12.1954 – III 91/51, BStBl. III 1955, 5; 25.1.2012 – II R 25/10, BStBl. II 2012, 403), wenn also ein fremdes Grundbuchgrundstück zwischen den beiden Grundbuchgrundstücken liegt oder die beiden Grundbuchgrundstücke durch eine öffentliche Straße getrennt werden (*Krause* in Stenger/Loose BewG § 244 Rn. 34; *Schaffner* in KSS BewG § 70 Rn. 12). Ferner soll gegen eine Zusammenfassung von zwei Grundstücke sprechen, dass das bebaute Grundstück bereits über einen ausreichenden Garten verfügt und das straßenseits daneben liegende unbebaute Grundstück – trotz einheitlicher Gartennutzung – aufgrund seiner Größe und des eigenen Straßenzugangs auch eigenständig bebaut werden könnte (BFH 16.2.1979 – III R 67/76, BStBl. II 1979, 279). Anders dürfte es sich verhalten, wenn das unbebaute (als Garten genutzte) Grundstück hinter dem Gebäude liegt und keinen Zugang zur Straße hat (so auch *Krause* in Stenger/Loose BewG § 244 Rn. 74).

Ein Grundbuchgrundstück, mehrere wirtschaftliche Einheiten: Für 12 mehrere wirtschaftliche Einheiten kann sprechen, dass **ein Grundstück teilbar und die Gebäude einzeln veräußerbar sind.** Dies betrifft vor allem Gebäude, die räumlich voneinander getrennt stehen. Die Teilbarkeit muss allerdings rechtlich zulässig sein (BFH 26.2.1986 – II R 236/83, BFH/NV 1987, 366: Wohn- und Gewerbegebäude bilden eine wirtschaftliche Einheit, wenn die Wohnnutzung bauplanungsrechtlich nur wegen der gleichzeitigen Gewerbenutzung zulässig ist und damit eine Grundstücksteilung aus Gründen des Bauplanungsrechts ausscheidet).

§ 244 BewG Siebenter Abschnitt. Bewertung d. Grundbesitzes ab 1.1.2022

13 Der BFH hat mehrere wirtschaftliche Einheiten (dem Gedanken der Teilbarkeit folgend → Rn. 12) bei nebeneinander liegenden **Doppel- oder Reihenhäusern desselben Eigentümers** angenommen, wenn diese über separate Eingänge verfügen, durch Brandmauern und Trennwände voneinander getrennt sind und es möglich ist, das eine ohne das andere Gebäude zu verkaufen (BFH 2.10.1970 – III R 163/66, BStBl. II 1970, 822; 14.2.1990 – II R 2/87, BFH/NV 1991, 798). Vollständig getrennte Versorgungseinrichtungen sind für die Annahme mehrerer wirtschaftlicher Einheiten hingegen nicht zwingend erforderlich (BFH 14.2.1990 – II R 2/87, BFH/NV 1991, 798). Es spricht auch nicht gegen eine Verselbständigung der jeweiligen Gebäude, wenn Spielplätze, Parkplätze, Zuwegungen uÄ gemeinsam genutzt werden, da dergleichen im Falle eines getrennten Verkaufs regelbar ist (FG Nürnberg 6.11.2003 – IV 180/2002, EFG 2004, 1025). Entsprechendes gilt für mehrere auf einem Grundbuchgrundstück befindliche (größere) Miethäuser. Letztlich werden die gleichen Maßstäbe angewendet, wie sie bei mehreren Wohnanlagen auf mehreren Grundbuchgrundstücken gelten: Wenn wegen der Eigenständigkeit der Gebäude eine Zusammenfassung mehrerer Grundbuchgrundstücke nicht in Betracht kommt, werden typischerweise auch die Voraussetzungen für eine getrennte Würdigung von Gebäuden auf einem Grundbuchgrundstück vorliegen.

14 Der Gedanke der Teilbarkeit tritt hingegen zurück, wenn es sich bei den Gebäuden um **Haupt- und Nebengebäude** handelt. Dann wird das **Letztere typischerweise das Schicksal des Hauptgebäudes teilen** und es ist eine wirtschaftliche Einheit anzunehmen (BFH 10.12.1997 – II R 10/95, BFH/NV 1998, 687: Haupthaus und Gartenhaus; BFH 23.9.1977 – III R 18/77, BStBl. II 1978, 188: Wohnhaus mit angebauter Arztpraxis; FG Rheinland-Pfalz 4.10.1995 – II K 2300/90, BeckRS 1995, 30825867: dicht beieinanderstehendes Haupt- und Nebengebäude einer Burganlage; FG München 16.7.2003 – 4 K 91/02, BeckRS 2003, 26014741: Haupt- und Nebenwohngebäude, andere Nebengebäude und Garage, wenn der Zugang zu den Gebäuden über eine einheitliche, nicht unterteilte Hoffläche führt und durch gemeinsame Außenanlagen, die in der Grundstückstiefe überlappende Bauweise der Gebäude uÄ eine zusammenhängende Nutzung naheliegt). Allerdings **kann ein ursprünglich als Nebengebäude anzusehendes Gebäude diesen Charakter durch eine Nutzungsänderung verlieren** und wegen der räumlichen Entfernung zum Hauptgebäude zu einer selbstständigen wirtschaftlichen Einheit werden (FG Niedersachsen 28.5.2003 – 1 K 117/02, EFG 2003, 1284 [Wohnhaus und zu Wohnhäusern umgebauter Schafstall und Scheune bilden nach dem Umbau drei wirtschaftliche Einheiten], vgl. auch BFH 10.12.1997 – II R 10/95, BFH/NV 1998, 687: bei Gartenhaus, das zu einer Wohnung umgebaut wird, Verselbstständigung denkbar; anders dann aber in der Anschlussentscheidung FG Berlin 14.10.1998 – 2 K 2073/98, EFG 1999, 262: Haupthaus und Gartenhaus seien eine wirtschaftliche Einheit).

15 **(Weitere) Beispiele:**
– Mit der **Parzellierung von Bauland** ist idR jede Bauparzelle als wirtschaftliche Einheit anzusehen, auch wenn formal noch ein Grundbuchgrundstück vorliegt. Die Parzellierung dient gerade dazu, die einzelnen Parzellen je für sich verkehrsfähig zu machen (RFH 29.4.1929 – I A b 75/29, RStBl. 1929, 484; zur verfahrensrechtlichen Handhabung bei Parzellierung → BewG § 223 Rn. 5).
– Befindet sich auf einem **Fernsehturm** neben den fernmeldetechnischen **Anlagen in einem besonderen Bauteil mit eigenem Zugang ein gastronomischer Betrieb**, so bildet dieser Bauteil eine eigene wirtschaftliche Einheit (FG Hessen 26.6.1997 – 3 K 1059/94, EFG 1998, 22).

Grundstück **§ 244 BewG**

– Ist ein **sehr großes Grundstück mit einem Gebäude** bebaut, kommt eine Aufspaltung in zwei wirtschaftliche Einheiten in Betracht, um dem Umstand Rechnung zu tragen, dass eine große Freifläche nach der Verkehrsanschauung eher als unbebautes Grundstück und nicht als Teil des bebauten Grundstücks einzuordnen ist. Denn eine wirtschaftliche Einheit des Grundvermögens ist entweder ein unbebautes Grundstück iSv § 246 BewG oder ein bebautes Grundstücks iSv § 248 BewG (→ Rn. 4) und es kann im Einzelfall nicht sachgerecht sein, das gesamte Grundbuchgrundstück als bebautes Grundstück zu bewerten. Das ist stets eine Frage des Einzelfalls (vgl. RFH 4.4.1935 – III A 2/35, RFHE, 346 [347f.]: Zusammenfassung einer **schlossartigen Villa und eines großen Parks** als eine wirtschaftliche Einheit, sofern der Wille des Eigentümers auf diese Zusammenfassung gerichtet ist und dies auch nach außen objektiv erkennbar ist).

– Ebenfalls von dem Gedanken einer sachgerechten Zuordnung getragen ist die Aufteilung eines größeren **Grundstücks, das nur zum Teil verpachtet ist und auf dem der Pächter ein Gebäude errichtet hat** (Gebäude auf fremdem Grund und Boden). Auch hier hat der BFH die Ansicht vertreten, dass die Teilfläche aus dem größeren Grundstück herauszulösen und als besondere wirtschaftliche Einheit zu bewerten sein kann (BFH 6.10.1978 – III R 23/75, BStBl. II 1979, 37; ebenso AEBewGrSt A 244 Abs. 2 S. 3).

Mehrere Grundbuchgrundstücke können grundsätzlich nur insoweit zu einer wirtschaftlichen Einheit zusammengefasst werden, wie sie demselben Eigentümer oder den denselben Eigentümern (va Bruchteilseigentum) gehören (§ 2 Abs. 2 BewG, **Grundsatz der Eigentümeridentität**, vgl. auch → BewG § 219 Rn. 37f.). Für Erbbaurechte (→ Rn. 21ff., bzw. Miterbbaurecht nach Bruchteilen) und Gebäude auf fremden Grund und Boden (→ Rn. 24f., bzw. Miteigentum an dem Gebäude nach Bruchteilen) gilt dies sinngemäß. **Grundstücke, die zwei verschiedenen Personen jeweils allein zuzurechnen sind** (A ist Grundstück 1 zuzurechnen und B ist Grundstück 2 zuzurechnen), **können nicht zusammengefasst werden.** Zwei verschiedene Personen in diesem Sinne sind auch eine rechtsfähige Personengesellschaft (→ BewG § 219 Rn. 36) und ihr Gesellschafter. Steht ein Grundstück im Alleineigentum einer Person und ist diese Person an einem anderen Grundstück als Gemeinschafter (Bruchteilseigentum) oder Gesamthänder (Gesamthandseigentum bei nicht rechtsfähigen Gesamthandsgemeinschaften, also Erbengemeinschaft und Gütergemeinschaft) beteiligt, kommt – vorbehaltlich der Sondervorschrift des § 244 Abs. 2 S. 1 BewG (→ Rn. 18) – eine Zusammenfassung in einer wirtschaftlichen Einheit ebenfalls nicht in Betracht (AEBewGrSt A 244 Abs. 1 S. 6). 16

Diese **Grundsätze zur Eigentümeridentität** (→ Rn. 16) **gelten auch für Ehegatten.** Die insoweit im alten Recht bestehende Ausnahmevorschrift des § 26 BewG (= Zurechnung eines Wirtschaftsgutes zu einer wirtschaftlichen Einheit wird nicht dadurch ausgeschlossen, dass das Wirtschaftsgut dem anderen Ehegatten zuzurechnen ist) ist nicht in die §§ 218ff. BewG übernommen worden. Für Ehegatten gelten daher nunmehr die allgemeinen Grundsätze. Das gilt ausnahmslos für alle nach dem 31.12.2024 entstehenden wirtschaftlichen Einheiten. Für eine **Übergangszeit** hat der Gesetzgeber in § 266 Abs. 5 BewG allerdings den **Fortbestand von vor dem 1.1.2025 unter Berücksichtigung von § 26 BewG gebildeten wirtschaftlichen Einheiten** für den ersten Hauptfeststellungszeitraum angeordnet (→ BewG § 266 Rn. 5). Danach gilt auch für diese „Alt-Einheiten" das neue Recht. 17

559

C. (Ausnahmsweise) Einbeziehung von Anteilen an anderen Grundstücken in die wirtschaftliche Einheit des Hauptgrundstücks (Abs. 2)

18 Die Zusammenfassung mehrerer Grundbuchgrundstücke setzt die Identität der Zurechnungssubjekte (Eigentümer) voraus. Dabei schadet es bereits, wenn sich die Identität nicht auf alle Grundbuchgrundstücke erstreckt (→ Rn. 16). Von diesem Grundsatz normiert § 244 Abs. 2 S. 1 BewG eine Ausnahme: **Der Anteil des Eigentümers eines Grundstücks an anderem Grundvermögen ist in die wirtschaftliche Einheit Grundstück einzubeziehen, wenn der Anteil zusammen mit dem Grundstück genutzt wird.** Das Gesetz erlaubt aus Gründen der Praktikabilität, dass ein Grundstück wegen seiner untergeordneten und zugleich einem Hauptgrundstück dienenden Funktion anteilig dem Hauptgrundstück zugeschlagen werden kann. Praktisch geht es hier vor allem um **Grundstücke mit Einstellplätzen, Garagen und Zuwegungen, die im Eigentum mehrerer Personen stehen und die von den einzelnen Eigentümern gemeinsam mit ihren in räumlicher Nähe liegenden Reihenhäusern genutzt werden** (BT-Drs. 19/11085, 108). Ein weiterer Anwendungsfall können Spielplatz- und Gartenflächen sein (*Krause* in Stenger/Loose BewG § 244 Rn. 90; AEBewGrSt A 244 Abs. 3 Beispiel 2). Anders als nach alter Rechtslage (§ 70 Abs. 2 BewG) ist nicht mehr erforderlich, dass alle Miteigentümer dieses Grundstücks ihren Anteil jeweils mit dem Reihenhaus nutzen. Für die Annahme einer wirtschaftlichen Einheit mit dem Hauptgrundstück ist allein entscheidend, ob der konkrete Eigentümer des Hauptgrundstücks seinen Anteil an dem anderen Grundstück mit dem Hauptgrundstück nutzt (BT-Drs. 19/11085, 108).

19 Die **Nutzung iSv § 244 Abs. 2 S. 1 BewG** muss keine Eigennutzung sein. Es ist ebenso denkbar, dass der Eigentümer Hauptgrundstück und Einstellplatz, Garage etc an dieselbe Person vermietet. Auch in diesem Fall werden beide Grundstücke „zusammen genutzt". An der notwendigen gemeinsamen Nutzung dürfte es gegenüber fehlen, wenn der Eigentümer des Hauptgrundstücks den Einstellplatz, die Garage etc nicht selbst nutzt, sondern nur diese vermietet (ebenso *Bock* in Grootens BewG § 244 Rn. 42; aA tendenziell *Krause* in Stenger/Loose BewG § 244 Rn. 91). Denn dann gibt es keine über die (teilweise) Identität des Zurechnungssubjektes hinausgehende Verbindung mehr zwischen den Grundstücken. Allerdings erscheint es unpraktisch und widerspricht damit dem Zweck des § 244 Abs. 2 S. 1 BewG, wenn die Frage der (womöglich wechselnden) Eigennutzung oder Vermietung eines Stellplatzes, einer Garage etc. über den Umfang der wirtschaftlichen Einheit entscheidet.

20 Eine **Anwendung des § 244 Abs. 2 BewG kommt nicht in Betracht**, wenn das gemeinschaftliche Grundvermögen nach den Anschauungen des Verkehrs als selbstständige wirtschaftliche Einheit anzusehen ist (§ 244 Abs. 2 S. 2 BewG). Dies dürfte typischerweise dann der Fall sein, **wenn das Grundstück, um dessen Anteil es geht, und das Hauptgrundstück räumlich nicht unerheblich getrennt sind.** Dabei wird man allerdings nicht die Maßstäbe anlegen dürfen, die bei Eigentümeridentität die Annahme einer wirtschaftlichen Einheit hindern. Vor allem die Trennung durch ein im Eigentum eines dritten stehenden Grundstücks (was ansonsten die Annahme einer wirtschaftlichen Einheit hindern würde, → Rn. 11) dürfte unschädlich sein. Entscheidend ist daher allein die räumliche Distanz.

Grundstück §244 BewG

D. Erbbaurecht (Abs. 3 Nr. 1)

Das Erbbaurecht ist zivilrechtlich ein veräußerliches und vererbliches (dingliches) **21** Recht, auf oder unter der Oberfläche eines einem anderen gehörenden Grundstücks ein Bauwerk zu haben (§ 1 Abs. 1 ErbbauRG). Ein auf dem belasteten Grundstück befindliches Bauwerk gilt zivilrechtlich nicht als wesentlicher Bestandteil des Grundstücks, sondern des Erbbaurechts (§ 12 Abs. 1 S. 1 ErbbauRG), dh der Erbbaurechtsberechtigte wird Eigentümer des Bauwerks. Das Grundsteuerrecht hatte diesen zivilrechtlichen Ausgangsbefund bisher durch die Annahme von zwei wirtschaftlichen Einheiten nachgezeichnet. Mit dieser Zweiteilung bricht das neue Recht in den §§ 244 Abs. 3 Nr. 1, 261 BewG und vollzieht einen – vor dem Hintergrund der Automatisierungsstrategie erklärbaren (vgl. BT-Drs. 19/11085, 108) – **Paradigmenwechsel: Erbbaurechtsgrundstück und Erbbaurecht werden zu einer einzigen wirtschaftlichen Einheit zusammengefasst, die dem Erbbaurechtsberechtigten zuzurechnen ist** (§ 261 S. 2 BewG) und für die ein Grundsteuerwert nach den allgemeinen Vorschriften zu ermitteln ist, wobei zu unterstellen ist, dass die Belastung mit dem Erbbaurecht nicht bestünde (§ 261 S. 1 BewG).

Für die Abgrenzung dieser wirtschaftlichen Einheit zu anderen wirtschaftlichen **22** Einheiten gelten im Übrigen die allgemeinen Grundsätze (→ Rn. 8 ff.). Anders als nach altem Recht dürfte es nunmehr möglich sein, ein Grundstück und das an einem Nachbargrundstück bestehende Erbbaurecht als eine wirtschaftliche Einheit zusammenzufassen, wenn Grundstück und Erbbaurecht derselben Person zuzurechnen sind (das gilt vor allem dann, wenn beide Grundstücke mit einem einheitlichen Gebäude bebaut sind, glA AEBewGrSt A 261.2 Abs. 3 S. 1; anders noch BFH 22.4.1982 – III R 101/78, BStBl. II 1982, 580 unter Hinweis auf die bewertungsrechtliche Eigenständigkeit des Erbbaurechts).

Nach hM können an einem Grundstück nicht mehrere selbstständige Erbbau- **23** rechte bestellt werden. Denn ein Erbbaurecht belastet immer das ganze Grundstück (statt vieler *Heinemann* in MüKoBGB ErbbauRG § 1 Rn. 31 mwN). Daher wirkt sich auch die Beschränkung der Ausübung des Erbbaurechts auf einen Grundstücksteil bewertungsrechtlich nicht aus. Eine Ausnahme von dem eingangs genannten Grundsatz gilt allerdings für die neuen Bundesländer. Zur Sachenrechtsbereinigung wurde in § 39 Abs. 1 SachenRBerG die Belastung eines Grundstücks mit mehreren Erbbaurechten zugelassen. Voraussetzung hierfür ist, dass jedes von ihnen nach seinem Inhalt nur an einer jeweils anderen Grundstücksteilfläche ausgeübt werden kann. **Liegen aufgrund dieser Ausnahmeregelung mehrere selbstständige Erbbaurechte vor, ist dies bewertungsrechtlich so zu beurteilen, als ob mehrere selbstständige bebaute Grundstücke vorliegen.** In der Regel wird daher in Bezug auf jedes Erbbaurecht und den von ihm erfassten Grund und Boden eine wirtschaftliche Einheit anzunehmen sein (*Bock* in Grootens BewG § 244 Rn. 54; AEBewGrSt A 261.1. Abs. 3 S. 2f.).

E. Gebäude auf fremdem Grund und Boden (Abs. 3 Nr. 2)

Errichtet jemand als Nutzungsberechtigter (Mieter, Pächter, Nießbraucher [RG **24** 2.12.1922 – V 162/22, RGZ 106, 49]) ein Gebäude auf einem nicht in seinem Eigentum stehenden Grundbuchgrundstück, unterscheidet das Zivilrecht in Ansehung der zivilrechtlichen Eigentumslage danach, ob es sich um einen wesentlichen Bestandteil handelt und damit der Eigentümer des Grundbuchgrundstücks auch Eigentümer des Gebäudes ist, oder ob das Gebäude ein sog. Scheinbestandteil iSv § 95 BGB ist, mit der Folge, dass das Gebäude losgelöst vom Grundbuchgrundstück eigentumsfähig ist. Ein solcher Scheinbestandteil liegt dann vor, wenn das Gebäude nur zu einem vorübergehenden Zweck mit dem Grundstück verbunden ist (§ 95 Abs. 1 S. 1 BGB), wenn also zB die Verbindung durch einen Mieter oder Pächter erfolgt, der den von ihm herbeigeführten Zustand nach Ablauf der Miet- oder Pachtzeit wieder beseitigen muss (und auch will). Aber auch in Ansehung der Gebäude, die – weil wesentlicher Bestandteil und nicht Scheinbestandteil – zivilrechtlich im Eigentum des Grundstückseigentümers stehen, kann es zu einer vom Grund und Boden abweichenden subjektiven Zurechnung kommen. So kann der Nutzungsberechtigte nach Maßgabe des § 39 Abs. 2 Nr. 1 AO durchaus wirtschaftlicher Eigentümer eines Gebäudes sein. Das kann man typischerweise dann annehmen, wenn der Nutzungsberechtigte das von ihm auf seine Kosten errichtete Gebäude während der Nutzungszeit wirtschaftlich verbrauchen oder auf seine eigenen Kosten verwerten kann. Für Letzteres genügt, dass der Grundstückseigentümer aufgrund einer vertraglichen Abrede bei Beendigung des obligatorischen Nutzungsverhältnisses den Restwert zu vergüten hat (BFH 18.9.1974 – II R 92/68, BStBl. II 1975, 245). Beide Konstellationen ([1] Scheinbestandteil, [2] wesentlicher Bestandteil, aber wirtschaftliches Eigentum des Nichtgrundstückseigentümers) erfasst das Bewertungsrecht unter dem Terminus „Gebäude auf fremdem Grund und Boden". Es geht mithin stets um solche **Konstellationen, in denen das** (iSv §§ 246, 248 BewG benutzbare) **Gebäude** (maßgeblich ist der bewertungsrechtliche Gebäudebegriff, dh insbesondere Betriebsvorrichtungen werden nicht erfasst [→ BewG § 243 Rn. 15 ff.]) **einer anderen Person als dem Grundstückseigentümer zuzurechnen ist** und dies ungeachtet der Frage, ob das Gebäude über oder unter dem Boden (Beispiel: Tiefgarage) errichtet worden ist (*Krause* in Stenger/Loose BewG § 262 Rn. 28).

25   Unter Geltung des alten Rechts hat der Gesetzgeber diesem Umstand dadurch Rechnung getragen, dass auch bewertungsrechtlich mehrere wirtschaftliche Einheiten vorliegen: Das Gebäude auf fremdem Grund und Boden galt als eigenständige wirtschaftliche Einheit des Grundvermögens (§ 70 Abs. 3 BewG), das neben das Grundstück als weitere wirtschaftliche Einheit tritt. Diese Zweiteilung wird im neuen Recht nicht mehr fortgeführt. Gemäß § 244 Abs. 3 Nr. 2 BewG **gilt ein Gebäude auf fremdem Grund und Boden zusammen mit dem dazugehörenden Grund und Boden nunmehr als eine wirtschaftliche Einheit, die dem Eigentümer des Grund und Bodens zuzurechnen ist** (§ 262 S. 2 BewG). Auch diese Zusammenfassung muss vor dem Hintergrund der Automatisierungsstrategie der Grundsteuerreform gesehen werden (BT-Drs. 19/11085, 108).

F. Wohnungseigentum und Teileigentum (Abs. 3 Nr. 3)

26   Wohnungseigentum kann an Wohnungen und Teileigentum an nicht zu Wohnzwecken dienenden Räumen begründet werden (§ 1 Abs. 1 WEG). **Jedes Wohnungseigentum und jedes Teileigentum gilt grundsätzlich als eigenständiges Grundstück iSv § 244 Abs. 1 BewG.** Mit dieser Herauslösung des Wohnungseigentums aus der Einheit des bebauten Grundstücks und der damit verbundenen Verselbstständigung soll den Besonderheiten des Wohnungs- und Teil-

Grundstück **§ 244 BewG**

eigentums bewertungsrechtlich Rechnung getragen werden (BFH 24.10.1990 – II R 82/88, BStBl. II 1991, 503; 24.7.1991 – II R 132/88, BStBl. II 1993, 87 jew. zu § 93 BewG). Mit der Orientierung am Begriff des Wohnungs- und Teileigentums ist vor allem die gesetzgeberische Entscheidung verbunden, **dass zur wirtschaftlichen Einheit sowohl das Sondereigentum an bestimmten Räumen iSv § 5 Abs. 1 WEG** (beim Wohnungseigentum: „die Wohnung") **als auch der Miteigentumsanteil an dem gemeinschaftlichen Eigentum der Wohnungseigentümer iSv § 1 Abs. 5 WEG** (BFH 1.4.1987 – II R 79/86, BStBl. II 1987, 840) **und das Sondernutzungsrecht** oder Sondereigentum (vgl. § 3 Abs. 1 S. 3 WEG) **zB an Garagen oder Stellplätzen** (FG Rheinland-Pfalz 4.12.1996 – 1 K 1733/94, BeckRS 1996, 30825689; AEBewGrSt A 249.5 Abs. 4) **gehören.** Entsprechendes gilt für andere Zubehörräume. Mit der Entscheidung für die Verselbstständigung des jeweiligen Wohnungs-/Teileigentums ist zugleich die Entscheidung für eine alleinige Zurechnung dieser wirtschaftlichen Einheit beim jeweiligen Wohnungs-/Teileigentümer verbunden (→ BewG § 219 Rn. 39).

Ungeachtet des § 244 Abs. 3 Nr. 3 BewG bestimmt sich die wirtschaftliche Einheit aber letztlich nach § 2 BewG (BFH 24.10.1990 – II R 82/88, BStBl. II 1991, 503). Das kann ua zu **Abweichungen von der zivilrechtlichen Einordnung** in Ansehung des Wohnungseigentumsrechts selbst führen. Das betrifft (1) auf der einen Seite die Konstellation, dass **zu einem rechtlich einheitlichen Wohnungseigentum mehrere Wohnungen gehören.** Eine einheitliche wirtschaftliche Einheit liegt in diesem Fall nur dann vor, wenn die Wohnungen eine geschlossene Einheit bilden. Das nimmt der BFH dann an, wenn die Wohnungen in demselben Haus unmittelbar übereinander oder nebeneinander liegen und sie nach den tatsächlichen Gegebenheiten baulich (bautechnisch) so miteinander verbunden sind, dass sie sich – gedanklich aus dem Gesamtbauwerk herausgelöst – als ein Raumkörper darstellen (BFH 1.4.1987 – II R 79/86, BStBl. II 1987, 840). Besteht keine derartige Verbindung, muss die lediglich rechtstechnische Zusammenfassung zu einem mit einem Miteigentumsanteil am Grundstück verbundenen Sondereigentum gegenüber dem tatsächlichen Befund zurücktreten. Denn „unverbundene Teile eines Gebäudes" können kein Grundstück iSd des Bewertungsrechts darstellen (BFH 17.5.1990 – II R 104/87, BFH/NV 1991, 799, dort: dass die Wohnungen nebeneinander liegen ist nicht ausreichend; BFH 24.10.1990 – II R 82/88, BStBl. II 1991, 503, dort: Berührung „an der Kante" reicht nicht). (2) Auf der anderen Seite **können zwei zivilrechtlich eigenständige Wohnungseigentumseinheiten zu einer wirtschaftlichen Einheit zusammenzufassen sein.** Das ist typischerweise dann der Fall, wenn zB die unmittelbar übereinander oder nebeneinander liegenden Wohneinheiten durch einen Wanddurchbruch so miteinander verbunden worden sind, dass ein einheitlicher Raumkörper mit einer einheitlichen Nutzungsmöglichkeit entsteht (FG Nürnberg 18.1.2018 – 4 K 557/17, EFG 2018, 770 Rn. 53). Entscheidend ist die bautechnische Verbindung. Fehlt eines solche, bleibt es auch bewertungsrechtlich bei der in der rechtlichen Selbstständigkeit zum Ausdruck kommenden Trennung der Wohnungseinheiten (BFH 1.8.1990 – II R 46/88, BStBl. II 1990, 1016).

Nach Maßgabe des § 2 BewG (→ Rn. 27) können ferner auch andere wirtschaftliche Einheiten mit dem Wohnungseigentumsrecht zusammenzufassen sein. Das wurde zB für das Teileigentum iSd WEG an einem Stellplatz angenommen (BFH 30.11.1984 – III R 121/83, BStBl. II 1985, 451). Ferner ist es denkbar, einen Miteigentumsanteil an einem Parkplatzgrundstück sachenrechtlich derart zu verselbstständigen, dass der Miteigentümer wirtschaftlicher Eigentümer eines be-

27

28

563

§ 245 BewG Siebenter Abschnitt. Bewertung d. Grundbesitzes ab 1.1.2022

stimmten Stellplatzes als gegenständlich umgrenzter Grundstücksteil wird. Liegt lediglich „einfaches" Miteigentum an einer solchen Parkplatzfläche mit mehreren Stellplätzen vor, kann sich die Zusammenfassung hingegen nur aus § 244 Abs. 2 BewG (→ Rn. 18) ergeben (AEBewGrSt A 249.5 Abs. 4 S. 6).

G. Wohnungserbbaurecht und Teilerbbaurecht (Abs. 3 Nr. 4)

29 § 30 WEG erlaubt die Anwendung der WEG-Vorschriften über das Wohnungs- und Teileigentum auf ein **Erbbaurecht, das mehreren Personen gemeinschaftlich nach Bruchteilen zusteht.** Sie können ihre Anteile also – wie beim Wohnungs- und Teileigentum auch – in der Weise beschränken, dass jedem der Mitberechtigten das Sondereigentum an einer bestimmten Wohnung oder an nicht zu Wohnzwecken dienenden bestimmten Räumen in einem auf Grund des Erbbaurechts errichteten oder zu errichtenden Gebäude eingeräumt wird (sog. Wohnungserbbaurecht bzw. sog. Teilerbbaurecht). § 244 Abs. 3 Nr. 4 BewG setzt diesbezüglich den in Ansehung des „normalen" Erbbaurechts vollzogen Paradigmenwechsel (→ Rn. 21) zu einer einzigen wirtschaftlichen Einheit konsequent fort und bezieht auch in die wirtschaftliche Einheit des Wohnungs-/Teilerbbaurechts sowohl das Gebäude als auch den Grund und Boden ein. Es werden mithin das Sondereigentum an den Räumen und ein – nach der Bruchteilsberechtigung am Erbbaurecht zu bemessender – Anteil am Grund und Boden als Einheit erfasst (und insoweit abweichend vom bloßen Miterbbaurecht, → Rn. 16). Diese wirtschaftliche Einheit (einheitliches) „Erbbaugrundstück" zerfällt sodann aufgrund der Vielzahl von Wohnungs- bzw. Teilerbbaurechten in mehrere wirtschaftliche Einheiten (vgl. BFH 26.8.2020 – II R 43/18, BStBl. II 2021, 597), die jeweils den Wohnungs-/Teilerbbauberechtigten einzeln zuzurechnen sind (entsprechend den Grundsätzen zum Wohnungs-/Teileigentum → Rn. 16 f.).

§ 245 Gebäude, Gebäudeteile und Anlagen für den Zivilschutz

Gebäude, Gebäudeteile und Anlagen, die wegen der in § 1 des Zivilschutz- und Katastrophenhilfegesetzes bezeichneten Zwecke geschaffen worden sind und im Frieden nicht oder nur gelegentlich oder geringfügig für andere Zwecke benutzt werden, bleiben bei der Ermittlung des Grundsteuerwerts außer Betracht.

Gilt nicht in **Baden-Württemberg**.

A. Allgemeines

I. Systematische Einordnung und Zweck der Regelung

1 § 245 BewG stellt der Sache nach eine Steuerbefreiungsvorschrift dar, die einen Lenkungszweck verfolgt: Wer sich für den Zivilschutz engagiert, soll steuerlich entlastet werden. Die Norm gehört systematisch zu § 4 GrStG (vgl. BT-Drs. 19/11085, 108; aA *Bock* in Grootens BewG § 245 Rn. 3: Bewertungsvorschrift, die lediglich nachzeichnet, dass der Nutzwert der begünstigten Gebäude und Gebäudeteile idR

Gebäude, Gebäudeteile und Anlagen für den Zivilschutz §245 BewG

null sei). Im Hinblick auf die systematische Stellung innerhalb der §§ 243 ff. BewG gilt die Norm nur für die Vermögensart Grundvermögen.

II. Entwicklung der Vorschrift

Die Regelung beruht auf dem Grundsteuerreformgesetz v. 26.11.2019 2 (→ Grundlagen Rn. 13). Sie ist grundsätzlich dem § 71 BewG nachgebildet, ist aber in Anbetracht der nunmehr erfolgten Ausklammerung „verteidigungswichtiger Sachgüter" enger, nämlich allein am nichtmilitärischen Zivilschutz orientiert, formuliert. § 245 BewG bildet damit den Übergang vom vormaligen Schutzbaugesetz v. 9.9.1965 (BGBl. 1965 I 1232), in dessen Lichte § 71 BewG gesehen werden muss, zum Zivilschutz- und Katastrophenhilfegesetz v. 25.3.1997 (BGBl. 1997 I 726, kurz: ZSKG) ab.

III. Verfahrensrecht

Über die Anwendung des § 245 BewG wird inzident anlässlich der Feststellung 3 des Grundsteuerwertes entschieden. Ist der Steuerpflichtige der Ansicht, dass bestimmte Gebäude, Gebäudeteile oder Anlagen zu Unrecht bei der Ermittlung des Ertrags- oder Sachwertes berücksichtigt wurden, muss er den Grundsteuerwertbescheid mit dem Ziel einer Herabsetzung des Grundsteuerwertes anfechten.

B. Begünstigte Gebäude, Gebäudeteile und Anlagen

Erste Voraussetzung des § 245 BewG ist die Schaffung bestimmter Räumlichkei- 4 ten zu einem bestimmten Zweck. Insoweit nimmt § 245 BewG auf § 1 ZSKG Bezug:

Zivilschutz- und Katastrophenhilfegesetz

§ 1 Aufgaben des Zivilschutzes

(1) ¹Aufgabe des Zivilschutzes ist es, durch nichtmilitärische Maßnahmen die Bevölkerung, ihre Wohnungen und Arbeitsstätten, lebens- oder verteidigungswichtige zivile Dienststellen, Betriebe, Einrichtungen und Anlagen sowie das Kulturgut vor Kriegseinwirkungen zu schützen und deren Folgen zu beseitigen oder zu mildern. ²Behördliche Maßnahmen ergänzen die Selbsthilfe der Bevölkerung.

(2) Zum Zivilschutz gehören insbesondere
1. der Selbstschutz,
2. die Warnung der Bevölkerung,
3. der Schutzbau,
4. die Aufenthaltsregelung,
5. der Katastrophenschutz nach Maßgabe des § 11,
6. Maßnahmen zum Schutz der Gesundheit,
7. Maßnahmen zum Schutz von Kulturgut.

Die Gebäude, Gebäudeteile und Anlagen selbst bestimmt das Gesetz nicht. In Betracht kommen vor allem Hausschutzräume iSv § 8 ZSKG.

Des Weiteren verlangt § 245 BewG, dass die im Hinblick auf die Zwecke des § 1 5 ZSKG errichteten Gebäude, Gebäudeteile und Anlagen im Frieden nicht oder nur gelegentlich oder geringfügig für andere Zwecke benutzt werden. Von einer **unschädlichen Geringfügigkeit** geht die Finanzverwaltung jedenfalls dann aus,

565

§ 246 BewG Siebenter Abschnitt. Bewertung d. Grundbesitzes ab 1.1.2022

wenn in den Räumen von Zeit zu Zeit Veranstaltungen abgehalten werden, zu deren Durchführung der Raum nicht besonders hergerichtet werden muss, oder wenn die Räume als Abstellraum für ohne Weiteres bewegliche Geräte genutzt werden (Gartengeräte, Fahrräder etc, AEBewGrSt A 245 Abs. 1 S. 5 f.). Wo die Grenze verläuft, ist eine Frage des Einzelfalls. Man wird aber sagen können, dass **ein bloßes Abstellen von Gegenständen sich qualitativ („geringfügig") von einer aktiven Benutzung durch den Steuerpflichtigen, Mieter etc unterscheidet.** Daher wird zu Recht zB die Nutzung als Waschküche, Hobby- oder Fitnessraum als schädlich angesehen (vgl. *Bock* in Grootens BewG § 245 Rn. 22; *Halaczinsky* in Rössler/Troll BewG § 71 Rn. 10). In diesem Sinne wurde es auch als begünstigungsschädlich angesehen, wenn in einer baulich als Atomschutzbunker konzipierten Tiefgaragenanlage Einstellplätze täglich 8 bis 12 Stunden genutzt werden (FG Düsseldorf 23.1.1992 – 11 K 81/91, EFG 1992, 315).

C. Nichtberücksichtigung anlässlich von Ertrags- und Sachwertbewertung (Rechtsfolge)

6 Die von § 245 BewG erfassten **Gebäude und Gebäudeteile bleiben bei der Ermittlung des Grundsteuerwerts außer Betracht. Der Grund und Boden wird demgegenüber nicht von § 245 BewG erfasst.** Ist nur ein Teil des Gebäudes außer Betracht zu lassen, liegt weiterhin ein bebautes Grundstück vor (dessen Grundstücksart unter Einbeziehung der begünstigten Gebäudeteile zu bestimmen ist, → BewG § 249 Rn. 10), allerdings fließen die begünstigten Gebäude, Gebäudeteile und Anlagen mit ihrer Wohn- oder Nutzfläche nicht in die Ertragswertbewertung ein bzw. die Brutto-Grundfläche wird beim Sachwertverfahren nicht berücksichtigt (vgl. FG Niedersachsen 18.5.1993 – I 58/88, EFG 1993, 767 zum Sachwertverfahren). Unterfällt das gesamte Gebäude dem § 245 BewG, liegt zwar kein unbebautes Grundstück vor (aA *Krause* in Stenger/Loose BewG § 245 Rn. 22), aber im Ergebnis wird gleichwohl nur der Bodenwert nach Maßgabe von § 247 BewG in Ansatz gebracht. Denn es liegt ein im Sachwertverfahren zu bewertendes bebautes Grundstück vor, dessen Gebäudesachwert null beträgt.

II. Unbebaute Grundstücke

§ 246 Begriff der unbebauten Grundstücke

(1) [1]Unbebaute Grundstücke sind Grundstücke, auf denen sich keine benutzbaren Gebäude befinden. [2]Die Benutzbarkeit beginnt zum Zeitpunkt der Bezugsfertigkeit. [3]Gebäude sind als bezugsfertig anzusehen, wenn den zukünftigen Bewohnern oder sonstigen vorgesehenen Benutzern die bestimmungsgemäße Gebäudenutzung zugemutet werden kann. [4]Nicht entscheidend für den Zeitpunkt der Bezugsfertigkeit ist die Abnahme durch die Bauaufsichtsbehörde.

(2) [1]Befinden sich auf dem Grundstück Gebäude, die auf Dauer keiner Nutzung zugeführt werden können, so gilt das Grundstück als unbebaut. [2]Als unbebaut gilt auch ein Grundstück, auf dem infolge von Zerstörung oder Verfall der Gebäude auf Dauer kein benutzbarer Raum mehr vorhanden ist.

Begriff der unbebauten Grundstücke **§ 246 BewG**

Gilt nicht in **Baden-Württemberg**. In einigen Bundesländern wird die Regelung durch Fiktionen ergänzt (**Bayern:** Art. 2 Abs. 4 BayGrStG; **Hamburg:** § 2 Abs. 4 HmbGrStG; **Niedersachsen:** § 3 Abs. 4 NGrStG).

A. Allgemeines

I. Systematische Einordnung und Zweck der Regelung

Innerhalb der wirtschaftlichen Einheit der Grundstücke wird zwischen bebauten 1 und unbebauten Grundstücken unterschieden. § 246 BewG konkretisiert den Begriff des unbebauten Grundstücks. Bewertungsrechtlich ist die Zuordnung von Bedeutung für das Bewertungsverfahren (→ BewG § 247 Rn. 4ff.). Das Grundsteuergesetz knüpft ebenfalls an die Unterscheidung an: Nur unbebaute Grundstücke können der Grundsteuer C unterliegen (→ GrStG § 25 Rn. 47). Sie sind zudem von bestimmten Regelungen ausgenommen (Steuermesszahlermäßigungen nach § 15 Abs. 2–4 GrStG [→ GrStG § 15 Rn. 7, 14] und Erlass wegen Ertragsminderung [→ GrStG § 34 Rn. 6]).

II. Entwicklung der Vorschrift

§ 246 BewG beruht auf dem Grundsteuerreformgesetz v. 26.11.2019 2 (→ Grundlagen Rn. 13; zu § 246 BT-Drs. 19/11085, 109). Die Regelung übernimmt im Wesentlichen §§ 72, 178f. BewG, verzichtet aber auf eine Regelung zu Gebäuden, die hinsichtlich der Zweckbestimmung und des Wertes von untergeordneter Bedeutung sind (vgl. § 72 Abs. 2 BewG).

III. Verfahrensrecht

Über die Grundstücksart unbebautes oder bebautes Grundstück wird anlässlich 3 der Artfeststellung eine gesonderte Feststellung getroffen (→ BewG § 219 Rn. 15).

B. Unbebaute Grundstücke als Grundstücke ohne benutzbare Gebäude (Abs. 1)

§ 246 Abs. 1 S. 1 BewG definiert das unbebaute Grundstück als ein solches, auf 4 dem sich keine benutzbaren Gebäude befinden. Abgrenzungsfragen stellen sich damit in zweierlei Hinsicht: (1) Existiert auf dem Grundstück ein Bauwerk, muss entschieden werden, ob es sich um ein Gebäude iSv § 243 Abs. 1 Nr. 1 BewG oder eine Betriebsvorrichtung iSv § 243 Abs. 2 Nr. 2 BewG handelt (zur Abgrenzung, → BewG § 243 Rn. 15ff.). Ist Letzteres der Fall, liegt bewertungsrechtlich ein unbebautes Grundstück vor. (2) Erfüllt das Bauwerk hingegen die Voraussetzungen eines Gebäudes, muss die Frage beantwortet werden, ob es benutzbar oder unbenutzbar ist. Abgrenzungsschwierigkeiten können sich dann ergeben, wenn ein Gebäude im Entstehen begriffen ist (dann geht es um die Frage, ob *schon* ein Gebäude vorliegt, → Rn. 5ff.) oder wenn ein Gebäude verfällt uÄ (dann steht die Frage im Raum, ob *noch* ein Gebäude vorliegt, → Rn. 11ff.).

Die Benutzbarkeit beginnt gem. § 246 Abs. 1 S. 2 BewG mit der **Bezugsfertig-** 5 **keit**. Ist dieser Zustand erreicht, ist zum nächsten 1.1. eine Artfortschreibung (und denknotwendigerweise auch eine Wertfortschreibung) vorzunehmen (→ BewG

§ 222 Rn. 14ff.). Für die Bezugsfertigkeit **kommt es nicht darauf an, ob das Gebäude schon tatsächlich bezogen wurde** (wenngleich die tatsächliche Benutzung ein gewichtiges Indiz für die Benutzbarkeit iSv § 246 Abs. 1 S. 2 BewG sein kann, vgl. BFH 26.6.1970 – III R 56/69, BStBl. II 1970, 769; 25.7.1980 – III R 46/78, BStBl. II 1981, 152; AEBewGrSt A 246 Abs. 2 S. 6 [widerlegbare Vermutung]). Vielmehr ist ein Gebäude dann **als bezugsfertig anzusehen, wenn den zukünftigen Bewohnern oder sonstigen vorgesehenen Benutzern die bestimmungsgemäße Gebäudenutzung zugemutet werden kann** (§ 246 Abs. 1 S. 3 BewG). Die Frage der Zumutbarkeit ist nach objektiven Kriterien unter Berücksichtigung der Verkehrsauffassung zu beantworten (BFH 18.4.2012 – II R 58/10, BStBl. II 2012, 874; 25.4.2013 – II R 44/11, BFH/NV 2013, 1544). Nach diesem Maßstab ist nicht erforderlich, dass alle (geplanten) Bauarbeiten vollständig abgeschlossen sind. Ausreichend ist vielmehr, wenn alle wesentlichen Bauarbeiten ausgeführt sind **und lediglich unwesentliche Restarbeiten ausstehen.** Das ist eine Frage des Einzelfalls und wird auch maßgeblich durch die vorgesehene Gebäudenutzung mitbestimmt:

6 Ein **Wohngebäude ist idR bezugsfertig,** wenn Fenster und Türen (insbesondere Eingangstür, nicht zwingend alle Innentüren) eingebaut, die Anschlüsse für Strom- und Wasserversorgung vorhanden sowie Heizung und sanitäre Einrichtungen installiert sind, so dass eine geordnete Haushaltsführung im Wesentlichen möglich ist (BFH 26.6.1970 – III R 56/69, BStBl. II 1970, 769; 25.7.1980 – III R 46/78; BStBl. II 1981, 152; 25.4.2013 – II R 44/11, BFH/NV 2013, 1544). In Bezug auf den Innenausbau scheint die Rechtsprechung vor allem **bei Vermietungsobjekten** keine zu strengen Maßstäbe anzulegen. So sollen der Einbau der Küche (Spüle, Herd), die Verlegung des Fußbodenbelags (Teppich, Fliesen, Parkett) und der Anstrich der Wände einschließlich Decken zu den unwesentlichen Restarbeiten gehören. Denn solche Arbeiten nehme vielfach erst der Mieter nach seinem Geschmack selbst vor (BFH 25.07.1980 – III R 46/78, BStBl. II 1981, 152 [Küche]; 19.7.1985 – III R 139/80 [Bodenbelag, Tapezieren der Wände]; 15.11.1989 – II R 138/86, BFH/NV 1990, 622 [Anstrich, Bodenbelag]; 1.3.2005 – IX R 71/03, BFH/NV 2006, 255 [Bodenbelag]; 25.4.2013 – II R 44/01, BFH/NV 2013, 1544; wohl auch AEBewGrSt A 246 Abs. 2 S. 4; zurückhaltender hingegen FG RhPf 21.7.2000 – 3 K 3290/97, BeckRS 2000, 21009156 in Bezug auf die Verlegung von Fließen und Parkett). **Im Grunde wird die Bezugsfertigkeit mit der Marktfähigkeit (Vermietungsfähigkeit) gleichgesetzt.** Entscheidend ist mithin, **ob die Restarbeiten ohne größere Vorarbeiten (!) erledigt werden können** (vgl. auch FG Köln 18.3.1992 – 4 K 3530/87, EFG 1993, 130: Fehlen von Putz in den Kellerräumen, des Fliesenbelags auf der Kellertreppe, des Geländers auf dem Balkon, der Isolierung der Rollladenkästen, der Verschließung von Stegleitungen in der Küche und der Antennenanlage ist unbeachtlich). Dementsprechend schadet das Fehlen von Waschbecken und WC nur dann nicht, wenn ansonsten alle Vorarbeiten für die ausstehende Installation abgeschlossen sind (FG Münster 18.9.2003 – 5 K 7992/99, BeckRS 26015275). Ebenso bedarf es zumindest eines Estrichs, auf den der Bodenbelag ohne weitere nennenswerte Arbeiten aufgebracht werden kann. Umgekehrt reicht es daher nicht aus, wenn der Fußboden nur aus Spanplatten besteht, die auf Deckenbalken montiert sind, und Heizungsrohre offen auf Abstandshaltern verlegt sind und zur Aufbringung des Fußbodenbelages noch ein Zwischenfutter eingefügt werden muss (BFH 28.6.1989 – II R 127/86, BFH/NV 1990, 81). Entsprechendes gilt, wenn Heizkörper nur in drei kleinen Nebenräumen installiert sind und die Treppe noch ohne Geländer ist

Begriff der unbebauten Grundstücke **§ 246 BewG**

(FG Baden-Württemberg 23.4.1992 – 8 K 308/89, EFG 1993, 132). Die vorstehenden Grundsätze dürften für Vermietungs- und Selbstnutzungsobjekte gleichermaßen gelten.

Soll ein Bauwerk über **mehrere Wohnungen oder Vermietungseinheiten** 7 verfügen, ist Bezugsfertigkeit des gesamten Gebäudes grundsätzlich erst mit Bezugsfertigkeit der letzten Wohnung gegeben (BFH 17.3.2004 – II R 47/98, BFH/NV 2004, 1066; *Bock* in Grootens BewG § 246 Rn. 28; *Mannek* in Stenger/Loose BewG § 248 Rn. 22; AEBewGrSt A 246 Abs. 3 S. 1). Denn nach Maßgabe des § 246 BewG ist die gesamte wirtschaftliche Einheit zu beurteilen. Die Betrachtung des Gebäudes als Ganzes gilt allerdings dann nicht, wenn eine sog. abschnittsweise Bebauung iSv § 248 S. 2 BewG vorliegt (→ BewG § 248 Rn. 5 ff.) oder wenn es sich bei den Wohnungen um eigenständige wirtschaftliche Einheiten handelt (Wohnungseigentum).

Ein **betrieblich genutztes Gebäude ist bezugsfertig,** wenn es in seinen we- 8 sentlichen Bereichen bestimmungsgemäß für den vorgesehenen Betrieb nutzbar ist (BFH 18.4.2012 – II R 58/10, BStBl. II 2012, 874; 25.4.2013 – II R 44/11, BFH/NV 2013, 1544). Für **Bürogebäude** gelten insoweit die an Wohngebäude zu stellenden Anforderungen sinngemäß. Entscheidend ist, dass die wesentlichen Gebäudebestandteile (zB Außenwände, Fenster, Türen, tragende Innenwände, Estrichböden, Dach, Treppenhaus) vorhanden sind. Entsprechendes gilt in Bezug auf die Strom- und Wasserversorgung, die Heizung, die Be- und Entlüftungsanlagen sowie die Kommunikationsanlagen (BFH 18.4.2012 – II R 58/10, BStBl. II 2012, 874; 25.4.2013 – II R 44/11, BFH/NV 2013, 1544). Letzteres bedingt in der heutigen Zeit va einen Zugang zum Internet und eine funktionsfähige Netzwerkverkabelung. Insoweit ist allerdings nicht zwingend erforderlich, dass das gesamte Gebäude bereits über die notwendigen sanitären Einrichtungen, die Strom- und Netzwerkverkabelung etc verfügt. Entscheidend ist die Verkehrsauffassung. So schadet es zB bei einem Büro- und Geschäftsgebäude, das nach seiner Funktion der Vermietung einzelner, entsprechend den individuellen Bedürfnissen der Mieter gestalteter Räumlichkeiten dienen soll, der Bezugsfertigkeit nicht, wenn in Bezug auf die einzelnen (bisher ungenutzten) Vermietungseinheiten noch Trennwände innerhalb dieser Einheiten einzuziehen, die sanitären Einrichtungen zu installieren und die bedarfsgerechte Verlegung von Elektro-, Kommunikationsleitungen etc vorzunehmen ist. Vor allem dann, wenn schon ein Teil des Gebäudes vermietet ist, kann davon ausgegangen werden, dass auch alle anderen – noch nicht vermieteten und daher noch nicht entsprechend der Wünsche des künftigen Nutzers hergerichteten – Gebäudeteile nutzbar sind (BFH 18.4.2012 – II R 58/10, BStBl. II 2012, 874; 25.4.2013 – II R 44/11, BFH/NV 2013, 1544). Der BFH trennt insoweit zwischen den Grundfunktionen des Gebäudes, die durchaus vorhanden sein müssen, und deren konkreter Nutzbarkeit durch den notwendigen Innenausbau. Auch insoweit stellt der BFH die Bezugsfertigkeit mit der Marktfähigkeit gleich (→ Rn. 6). Er stellt explizit heraus, dass ein solches Gebäude bereits am Markt als Vermietungsobjekt angeboten wird und der maßgebliche Verkehr es trotz des noch unvollständigen Innenausbaus schon als benutzbar einstuft (BFH 25.4.2013 – II R 44/11, BFH/NV 2013, 1544).

Bei **anderen betrieblich genutzten Gebäuden** entscheidet va die bestim- 9 mungsgemäße Nutzung über die Bezugsfertigkeit. Hier dürften idR technische Eigenschaften des Gebäudes wichtiger sein als die Ausstattung zur menschlichen Bedürfnisbefriedigung (sanitäre Einrichtungen uÄ). Unter Umständen sind sogar viele Ausstattungsmerkmale überhaupt nicht vorgesehen.

§ 246 BewG Siebenter Abschnitt. Bewertung d. Grundbesitzes ab 1.1.2022

10 Da es auf die Gebäudenutzbarkeit in tatsächlicher Hinsicht ankommt, **kommt es nicht auf formale Voraussetzungen, wie beispielsweise eine behördliche Genehmigung, die Bauabnahme durch die Bauaufsicht oder die bauplanungsrechtliche Zulässigkeit der Gebäudenutzung, an** (BFH 26.6.1970 – III R 56/69, BStBl. II 1970, 769 [Bauabnahme]; 18.12.2002 – II R 20/01, BStBl. II 2003, 228 [dort: unzulässige Außenbereichsnutzung irrelevant]). Das stellt § 246 Abs. 1 S. 4 BewG für die Bauabnahme ausdrücklich klar und enthält insoweit einen verallgemeinerungsfähigen Rechtsgedanken. Gleichwohl sind bauaufsichtsbehördliche Entscheidungen nicht ohne Bedeutung. So kann die Abnahme des Gebäudes durch die Bauaufsichtsbehörde ein Indiz dafür sein, dass ein Gebäude benutzbar ist (vgl. FG Köln 18.3.1992 – 4 K 3530/87, EFG 1993, 130). Ebenso kann eine bauordnungsrechtliche Räumungsverfügung wegen Baufälligkeit ein Indiz dafür sein, dass ein nicht benutzbares Bauwerk vorliegt (→ Rn. 12).

C. Ende der Gebäudeeigenschaft durch dauerhafte Unbenutzbarkeit (Abs. 2)

11 Ist ein Gebäude fast vollständig zurückgebaut oder (zB durch einen Brand) zerstört worden, ergeben sich keine Abgrenzungsfragen. Das Grundstück ist dann ein unbebautes Grundstück. Ein **Rückbau oder eine weitgehende Zerstörung sind allerdings nicht zwingend erforderlich,** damit ein Grundstück die Eigenschaft als bebautes Grundstück wieder verliert. Das ergibt sich aus § 246 Abs. 2 BewG (vgl. BFH 14.5.2003 – II R 14/01, BStBl. II 2003, 906). Denn hiernach wird das Ende der Benutzbarkeit eines Gebäudes – sei es eines Wohngebäudes, sei es eines betrieblich genutzten Gebäudes – auch dann erreicht, wenn (1) es auf Dauer keiner Nutzung zugeführt werden kann (S. 1) oder wenn (2) infolge von Zerstörung oder Verfall auf Dauer kein benutzbarer Raum mehr vorhanden ist (S. 2). Das Grundstück kann mithin aufgrund des aufstehenden Bauwerks durchaus den Eindruck vermitteln, es handele sich um ein bebautes Grundstück. Sowohl die Voraussetzungen des Satzes 1 als auch des Satzes 2 müssen sich nicht in nach außen erkennbarer Weise „am Bauwerk ablesen lassen" (BFH 14.5.2003 – II R 14/01, BStBl. II 2003, 906). Mit dem „auch" in Satz 2 will der Gesetzgeber wohl zum Ausdruck bringen, dass es sich um zwei eigenständige Tatbestände handelt. Allerdings sind Überschneidungen unvermeidbar. Das wird besonders deutlich, wenn man die Rechtsprechung zu § 33a Abs. 2 RBewDV betrachtet. Diese Norm enthielt nur eine Regelung vergleichbar dem § 246 Abs. 1 BewG und äußerte sich nicht zu der Frage, wann ein Gebäude den Zustand der Benutzbarkeit verliert. Hier entwickelte der BFH unter Rückgriff auf § 16 Abs. 3 II. WoBauG den Grundsatz, dass ein Gebäude dann nicht mehr als benutzbar angesehen werden kann, wenn ein zur Benutzung erforderlicher Gebäudeteil zerstört oder verfallen ist oder wenn es sich in einem Zustand befindet, der aus bauordnungsrechtlichen Gründen eine dauernde, der Zweckbestimmung entsprechende Benutzung nicht gestattet (vgl. BFH 23.04.1992 – II R 19/89, BFH/NV 1993, 84; 18.12.2002 – II R 20/01, BStBl. II 2003, 228). Hier wie dort geht es lediglich um eine **Umkehrung des Grundsatzes von § 246 Abs. 1 BewG.** Daher muss die „Nichtmehrnutzbarkeit" zwangsläufig an der Bausubstanz und den für die Benutzbarkeit notwendigen Ausstattungsmerkmalen unter Berücksichtigung der Verkehrsauffassung ansetzen. Damit wird deutlich, dass die beiden Sätze des § 246 Abs. 2 BewG glei-

Begriff der unbebauten Grundstücke **§ 246 BewG**

chermaßen nur eine Klarstellung des negativ gewendeten § 246 Abs. 1 BewG darstellen.

Den Ausgangspunkt bildet daher die Frage, ob den Bewohnern oder anderen **12** Nutzern eine bestimmungsgemäße (dh nicht irgendeine, zu Recht FG Münster 4.2.2021 – 3 K 1765/18, EFG 2021, 732) Gebäudenutzung zugemutet werden kann. Das ist ua dann nicht der Fall, **wenn die für die Benutzung des Gebäudes notwendige Mindestausstattung** (für Wohngebäude →Rn. 6) **nicht mehr vorhanden ist** (jeweils für zur Wohnnutzung bestimmte Gebäude vgl. FG Sachsen-Anhalt 26.1.2010 – 4 K 877/04, EFG 2010, 1014, dort: Heizung und sanitäre Einrichtungen fehlten; FG Münster 4.2.2021 – 3 K 1765/18, EFG 2021, 732, dort: für die Versorgung mit Strom und Wasser erforderliche Anschlüsse und sanitäre Einrichtungen fehlten). Unzumutbarkeit liegt zudem vor, wenn die Gebäudeteile so beschädigt sind, dass die Statik und Standfestigkeit des Gebäudes erschüttert sind und Einsturzgefahr besteht. Ferner liegt eine Gefahr vor bei Feuchtigkeitsbildung im Gebäude, Fäulnis sowie Schwamm-, Schimmel- und Pilzbefall an Bauteilen, mangelnder Beheizbarkeit und Schadhaftigkeit der Stromversorgung sowie Fehlen von Sanitäreinrichtungen (vgl. BFH 14.5.2003 – II R 14/01, BStBl. II 2003, 906). Es ist nicht erforderlich, dass die zuständige Behörde im Hinblick auf den Gebäudezustand eine bauordnungsrechtliche Nutzungsuntersagung verfügt hat. Liegt eine solche Verfügung indes vor – und zwar gerade wegen des Gebäudezustandes (formell baurechtswidrige, bauplanungsrechtliche oder andere allein an die Art der Nutzung anknüpfende Gründe sind hingegen irrelevant, →Rn. 10) –, dann ist dies ein gewichtiges Indiz für eine Unbenutzbarkeit iSv § 246 Abs. 2 S. 1 BewG (BFH 20.6.1975 – III R 87/74, BStBl. II 1975, 803: objektivierbares Kriterium, welches das Ende der Benutzbarkeit markiert; BFH 18.12.2002 – II R 20/01, BStBl. II 2003, 228). Fehlt es an einer bauordnungsrechtlichen Nutzungsuntersagung, müssen sich die Finanzbehörden und die Finanzgerichte hingegen ein eigenes Urteil darüber bilden, ob die Benutzung eines bestimmten Gebäudes noch zumutbar ist oder nicht (BFH 18.12.2002 – II R 20/01, BStBl. II 2003, 228; 14.5.2003 – II R 14/01, BStBl. II 2003, 906).

Die **Unbenutzbarkeit muss ein Dauerzustand** sein. Sowohl in S. 1 als auch **13** S. 2 des § 246 Abs. 2 BewG wird das Merkmal „auf Dauer" vorgegeben. Der Gesetzgeber will mit diesem Merkmal verhindern, dass ein unbebautes Grundstück allein deshalb angenommen wird, weil vorhandene Gebäude im Feststellungszeitpunkt wegen baulicher Mängel oder fehlender Ausstattungsmerkmale (zB Heizung, Wohnungstüren) vorübergehend nicht benutzbar sind (BT-Drs. 16/2712, 87 zu § 145 Abs. 2 BewG). Das Merkmal ist allerdings problematisch. Denn theoretisch lassen sich – ausreichende finanzielle Mittel vorausgesetzt – viele bautechnische Mängel beheben. Würde man daher auf die Behebbarkeit von Baumängeln abstellen wollen, verbliebe für § 246 Abs. 2 BewG kaum noch ein Anwendungsbereich. Insoweit wird man den Gesetzgeber wohl so verstehen müssen, dass er **mit dem Merkmal „auf Dauer" nur diejenigen Fälle erfassen (also aus § 246 Abs. 2 BewG ausschließen) will, in denen die Unbenutzbarkeit ein bloßes Zwischenstadium ist** und zum Feststellungszeitpunkt absehbar ist, dass dieser Zustand endet.

Das hatte der BFH im Zusammenhang mit **Renovierungs- und Umbaumaß- 14 nahmen** ursprünglich auch so gesehen und hier die Einordnung als unbebautes Grundstück verneint (BFH 14.12.1994 – II R 104/91, BStBl. II 1995, 360; ebenso FG Niedersachsen 27.11.2014 – 1 K 77/13, EFG 2015, 971). Später hat er allerdings zu einem Fall in den neuen Bundesländern ausgeführt, dass bei der Beurteilung des baulichen Zustandes eines Gebäudes außer Betracht bleiben müsse, ob sich dieser

571

§ 247 BewG Siebenter Abschnitt. Bewertung d. Grundbesitzes ab 1.1.2022

Zustand als Zwischenstadium zur Wiederherstellung eines benutzbaren Gebäudes darstellt. Daraus folge, dass auch behebbare Baumängel und Bauschäden sowie aufgestauter Reparaturbedarf aufgrund von unterlassenen Instandsetzungs- und Reparaturarbeiten, selbst wenn sie sich regelmäßig nur vorübergehend auf Art und Umfang der Gebäudenutzung auswirken, eine Bewertung als unbebautes Grundstück nicht ausschließen (BFH 14.5.2003 – II R 14/01, BStBl. II 2003, 906; zuvor auch schon BFH 24.10.1990 – II R 9/88; BStBl. II 1991, 60 zur vorübergehenden Unbenutzbarkeit aufgrund einer Entkernung). Die Besonderheit des Falls bestand allerdings darin, dass in den neuen Bundesländern keine dem § 72 Abs. 3 BewG (= Vorgängernorm des § 246 Abs. 2 BewG) vergleichbare Regelung existierte. Gleichwohl wird die Ansicht vertreten, dass die Grundsätze von BFH 14.5.2003 – II R 14/01, BStBl. II 2003, 906 auch für § 72 Abs. 3 BewG gelten müssten (so FG Münster 4.2.2021 – 3 K 1765/18, EFG 2021, 732 ua mit dem Argument, dass sich eine unterschiedliche Beurteilung je nach Belegenheit in den neuen oder alten Bundesländern nicht rechtfertige). Das kann aber nicht überzeugen und zwar sowohl in Ansehung von § 72 Abs. 3 BewG wie auch dem nunmehr geltenden § 246 Abs. 2 BewG. Es sind gerade die Konstellationen, wie sie auch BFH 14.5.2003 – II R 14/01, BStBl. II 2003, 906 zugrunde lagen, in denen der Gesetzgeber mit dem Merkmal „auf Dauer" an der Einordnung als bebautes Grundstück festhalten will. Es **fehlt mithin an der Dauerhaftigkeit, wenn die Unbenutzbarkeit ein gewolltes Zwischenstadium anlässlich einer Renovierungs- oder Umbaumaßnahme ist** (ebenso *Mannek* in Stenger/Loose BewG § 248 Rn. 33; AEBewGrSt A 246 Abs. 5). Entsprechendes gilt, wenn die **Unbenutzbarkeit durch ein ungewolltes Schadensereignis eingetreten ist, aber absehbar ist, dass der Steuerpflichtige den Schaden beheben lassen wird.** Ein „dauerhaft" unnutzbares Gebäude liegt daher nur vor, wenn im Feststellungszeitpunkt nicht absehbar ist (Prognose anhand der am Feststellungszeitpunkt objektiv erkennbaren Umstände), ob dieser Zustand durch Maßnahmen des Steuerpflichtigen beendet wird.

§ 247 Bewertung der unbebauten Grundstücke

(1) ¹**Der Grundsteuerwert unbebauter Grundstücke ermittelt sich regelmäßig durch Multiplikation ihrer Fläche mit dem jeweiligen Bodenrichtwert (§ 196 des Baugesetzbuchs).** ²**Soweit in den §§ 243 bis 262 sowie in den Anlagen 36 bis 43 nichts anderes bestimmt ist, werden Abweichungen zwischen den Grundstücksmerkmalen des Bodenrichtwertgrundstücks und des zu bewertenden Grundstücks mit Ausnahme unterschiedlicher**
1. Entwicklungszustände und
2. Arten der Nutzung bei überlagernden Bodenrichtwertzonen
nicht berücksichtigt.

(2) **Die Bodenrichtwerte sind von den Gutachterausschüssen im Sinne der §§ 192 ff. des Baugesetzbuchs auf den Hauptfeststellungszeitpunkt zu ermitteln, zu veröffentlichen und nach amtlich vorgeschriebenem Datensatz durch Datenfernübertragung an die zuständigen Finanzbehörden zu übermitteln.**

(3) **Wird von den Gutachterausschüssen im Sinne der § 192 ff. des Baugesetzbuchs kein Bodenrichtwert ermittelt, ist der Wert des unbebauten Grundstücks aus den Werten vergleichbarer Flächen abzuleiten.**

Bewertung der unbebauten Grundstücke § 247 BewG

Gilt nicht in **Baden-Württemberg** (dort § 38 BWLGrStG). In **Bayern, Hamburg, Hessen** und **Niedersachsen** findet die Norm ebenfalls keine Anwendung (dort gelten jeweils wertunabhängige Bewertungsmaßstäbe).

Übersicht

	Rn.
A. Allgemeines	1
I. Systematische Einordnung und Zweck der Regelung	1
II. Entwicklung der Vorschrift	2
III. Verfahrensrecht	3
B. Bewertung anhand der Bodenrichtwerte (Abs. 1)	4
I. Maßgeblichkeit des Bodenrichtwertes (Abs. 1 S. 1)	4
II. Anpassungen des Bodenrichtwertes (Abs. 1 S. 2)	12
1. Grundsatz: Unzulässigkeit von Anpassungen	12
2. Ausnahmsweise zulässige Anpassungen	15
a) Unterschiedliche Entwicklungszustände	15
b) Sich überlagernde Bodenrichtwertzonen	17
III. Bindungswirkung und zurückgenommene gerichtliche Kontrolle in Ansehung der Bodenrichtwerte	18
IV. Bodenrichtwerte als Daten iSv § 93c AO	26
C. Einbindung der Gutachterausschüsse in den Grundsteuervollzug (va Abs. 2)	27
D. Ableitung des Grundstückswerts aus den Werten vergleichbarer Flächen (Abs. 3)	30

A. Allgemeines

I. Systematische Einordnung und Zweck der Regelung

Der Grundsteuerwert für unbebaute Grundstücke wird über einen mittelbaren 1 Preisvergleich (Vergleichswertverfahren) durch die Multiplikation der Grundstücksfläche mit dem Bodenrichtwert ermittelt (§ 247 Abs. 1 BewG). Ferner sind die Bodenrichtwerte für die Bewertung der bebauten Grundstücke nach Maßgabe des Ertragswertverfahrens (dort: abgezinster Bodenwert, →BewG § 257 Rn. 3) und Sachwertverfahrens (dort: Bodenwert, →BewG § 258 Rn. 4) maßgeblich. Entsprechendes gilt für den Mindestwert (→BewG § 251 Rn. 3ff.). Mit der Maßgeblichkeit des Bodenrichtwertes als „Durchschnittswert" (→Rn. 5) hat sich der Gesetzgeber für eine typisierte Grundsteuerwertbestimmung entschieden. Zudem stellen die Maßgeblichkeit des „Zonenwertes" (→Rn. 12ff.), die grundsätzliche Bindungswirkung an diesen Wert (→Rn. 18ff.) und deren automatische Übermittlung nach amtlich vorgeschriebenem Datensatz (→Rn. 28) eine wesentliche Säule des möglichst automatisiert zu bewirkenden Grundsteuervollzugs dar.

II. Entwicklung der Vorschrift

Die Regelung beruht auf dem Grundsteuerreformgesetz v. 26.11.2019 2 (→Grundlagen Rn. 13, zu § 247 BewG BT-Drs. 19/11085, 109f.). Unbebaute Grundstücke wurden seit jeher unter Heranziehung der Bodenrichtwerte bewertet (vgl. §§ 145 Abs. 3, 179 BewG bzw. anlässlich der Einheitsbewertung auf der Grundlage von § 9 BewG). An diese vergleichende Bewertung knüpft § 247 BewG zumindest konzeptionell an. Dem Wortlaut der Erstfassung des § 247 BewG ließ

§ 247 BewG Siebenter Abschnitt. Bewertung d. Grundbesitzes ab 1.1.2022

sich nicht eindeutig entnehmen, ob der Bodenrichtwert als durchschnittlicher Lagewert für alle Grundstücke innerhalb der Bodenrichtwertzone ohne Anpassungen maßgeblich sein soll oder ob – wie dies der Rechtslage zu §§ 9, 145 Abs. 3, 179 BewG entspricht – Abweichungen zwischen den Grundstücksmerkmalen des Bodenrichtwertgrundstücks und des zu bewertenden Grundstücks durch Anpassungen Rechnung zu tragen war. Die Bundesländer haben sodann in der Folgezeit mehrfach auf eine Klarstellung iSd erstgenannten Verständnisses gedrängt (vgl. BT-Drs. 19/13453, 20, BT-Drs. 19/23551, 47f.). Anfang 2021 konnten sie sich damit durchsetzen: Mit dem Fondsstandortgesetz (FoStoG) v. 3.6.2021 (BGBl. 2021 I 1498, dazu BT-Drs. 19/27631, 112f.) wurde § 247 Abs. 1 S. 2 BewG angefügt, wonach Abweichungen zwischen den Grundstücksmerkmalen des Bodenrichtwertgrundstücks und des zu bewertenden Grundstücks bei der Wertermittlung für Grundsteuerzwecke grundsätzlich nicht zu berücksichtigen sind (→ Rn. 12ff.).

III. Verfahrensrecht

3   Das Bewertungsergebnis nach Maßgabe des § 247 BewG wird gesondert festgestellt (→ BewG § 219 Rn. 12). Der Bodenrichtwert und die Grundstücksgröße sind hingegen unselbstständige Besteuerungsgrundlagen. Die Bodenrichtwertübermittlung durch den Gutachterausschuss erfüllt die Voraussetzungen des § 93c Abs. 1 AO, weshalb § 175b AO gilt (→ Rn. 26).

B. Bewertung anhand der Bodenrichtwerte (Abs. 1)

I. Maßgeblichkeit des Bodenrichtwertes (Abs. 1 S. 1)

4   Der Grundsteuerwert für unbebaute Grundstücke wird durch die **Multiplikation der Grundstücksfläche mit dem Bodenrichtwert** ermittelt (§ 247 Abs. 1 S. 1 BewG). Die **Grundstücksfläche ergibt sich aus dem Grundbuch** in Bezug auf die zur wirtschaftlichen Einheit gehörenden Grundbuchgrundstücke. Sofern mehrere wirtschaftliche Einheiten auf einem Grundbuchgrundstück bestehen, ist eine Aufteilung notwendig.

5   Bei dem **Bodenrichtwert** handelt es sich um einen Durchschnittswert pro Quadratmeter der Grundstücksfläche („durchschnittlicher Lagewert"), der für ein bestimmtes Gebiet mit im Wesentlichen gleichen Nutzungs- und Wertverhältnissen ermittelt wird, und **sich immer auf das sog. Bodenrichtwertgrundstück bezieht** (→ Rn. 7f.). Auch wenn das konkret zu bewertende Grundstück nicht mit dem Bodenrichtwertgrundstück identisch ist (was praktisch kaum vorkommen dürfte), ist der Bodenrichtwert grundsätzlich – dh vorbehaltlich der von § 247 Abs. 1 S. 2 BewG ausnahmsweise zugelassenen Anpassungen – zu übernehmen (zur grundsätzlichen Maßgeblichkeit des „Zonenwertes" für alle Grundstücke innerhalb der Bodenrichtwertzone → Rn. 12ff.; zur Verbindlichkeit und gerichtlichen Kontrolle → Rn. 18ff.). Diese vergröbernde Betrachtung ist der **Typisierung** der Bewertung des Grund und Bodens eigen. **Es ist im neuen Recht auch kein Nachweis eines niedrigeren gemeinen Wertes vorgesehen.** Der Bodenrichtwert ist der einzig maßgebliche Wertansatz. Seine unmittelbare Geltung muss nur dann zurücktreten, wenn es keinen Bodenrichtwert gibt. In diesem Fall gilt die mit dem

Bewertung der unbebauten Grundstücke **§ 247 BewG**

„regelmäßig" in § 247 Abs. 1 S. 1 BewG bereits angedeutete Reservekompetenz der Finanzbehörde nach § 247 Abs. 3 BewG.

Die **gesetzlichen Vorgaben** für die Ermittlung der Bodenrichtwerte ergeben 6 sich va aus **§ 196 BauGB** und der Immobilienwertermittlungsverordnung (= **ImmoWertV 2022** v. 14.7.2021 [BGBl. 2021 I 2805], Rechtsverordnung auf der Grundlage von § 199 Abs. 1 BauGB, bis zum 31.12.2021: ImmoWertV 2010 mit Konkretisierungen in der nunmehr inhaltlich in die ImmoWertV 2022 überführten Bodenrichtwertrichtlinie [BRW-RL] v. 11.1.2011 [BAnz. Nr. 24, 597]).

Der Bodenrichtwert gibt stets den Wert für ein unbebautes Grundstück wieder. 7 Er ist unter Berücksichtigung des unterschiedlichen Entwicklungszustandes (= Flächen der Land- und Forstwirtschaft, Bauerwartungsland, Rohbauland und baureifem Land, → Rn. 15) zu ermitteln. Dafür sind sog. Richtwertzonen zu bilden. **Bezogen auf eine Richtwertzone gibt der Bodenrichtwert sodann einen durchschnittlichen Lagewert für ein Grundstück mit konkret (vom Gutachterausschuss) definierten Merkmalen (das sog. Bodenrichtwertgrundstück) wieder.** Das Bodenrichtwertgrundstück ist eine Art „Mustergrundstück", das innerhalb der Bodenrichtwertzone als typisch angesehen werden kann (*Zimmermann* ImmoWertV § 10 Rn. 25). Seine Grundstücksmerkmale müssen weitgehend mit den vorherrschenden grund- und bodenbezogenen wertbeeinflussenden Grundstücksmerkmalen in der Bodenrichtwertzone übereinstimmen (§ 13 Abs. 2 S. 1 ImmoWertV 2022). Für dieses Grundstück muss als Bodenrichtwert ein Punktwert pro Quadratmeter Grundstücksfläche angegeben werden. Die Angabe von Bandbreiten ist unzulässig.

Grundsätzlich ist für jede Bodenrichtwertzone nur ein einziger Bodenrichtwert 8 anzugeben (§ 13 Abs. 2 S. 2, 3 ImmoWertV 2022; zu sich überlagernden Bodenrichtwertzonen → Rn. 16). Im Hinblick auf die Aussagekraft dieses Durchschnittswertes für andere Grundstücke sind die Richtwertzonen so zu bilden, dass in dem Gebiet Art und Maß der Nutzung übereinstimmen (§ 196 Abs. 1 S. 3 BauGB) und ein überwiegend einheitlicher Entwicklungsgrad der Grundstücke gegeben ist (§ 15 Abs. 4 S. 2 ImmoWertV 2022). Lagebedingte Wertunterschiede zwischen den Grundstücken, für die der Bodenrichtwert gelten soll, und dem Bodenrichtwertgrundstück sollen grundsätzlich nicht mehr als 30% betragen (§ 15 Abs. 1 S. 2 ImmoWertV 2022; anders als unter Geltung der Vorgängerregelung reicht es nicht mehr aus, dass die Spanne für die „Mehrheit der Grundstücke" eingehalten wird, sondern nunmehr muss sie „grundsätzlich" eingehalten werden; das ist eine Verschärfung). Der Gesetzgeber versucht auf diese Art und Weise die Aussagekraft des Bodenrichtwertes, der für das „Mustergrundstück" ermittelt wurde, für andere Grundstücke zu gewährleisten. Gerade diese gesetzliche Steuerung ist für die Zulässigkeit der Typisierung und auch den Rechtsschutz von erheblicher Bedeutung (→ Rn. 21).

Die **Ermittlung erfolgt vornehmlich im Vergleichswertverfahren** (§§ 14 9 Abs. 1, 24f. ImmoWertV 2022). Maßgeblich sind zuvorderst Vergleichspreise aus dem betroffenen Gebiet. In Gebieten ohne oder mit nur geringem Grundstücksverkehr können auch Kaufpreise und Bodenrichtwerte aus vergleichbaren Gebieten oder aus vorangegangenen Jahren (die dann mittels Indexreihen auf den maßgeblichen Stichtag fortzuschreiben sind, § 9 Abs. 1 S. 2 ImmoWertV 2022) herangezogen werden (§ 14 Abs. 2 1. Hs. ImmoWertV 2022). Zudem kann der Bodenrichtwert beim Fehlen ausreichender Vergleichspreise auch mit Hilfe deduktiver Verfahren oder in anderer geeigneter und nachvollziehbarer Weise ermittelt werden (§ 14 Abs. 2 2. Hs. ImmoWertV 2022).

§ 247 BewG Siebenter Abschnitt. Bewertung d. Grundbesitzes ab 1.1.2022

10 Die für die Aussagekraft der Bodenrichtwerte entscheidende Frage ist, wie die Gutachterausschüsse in der Praxis den konkret für eine Bodenrichtwertzone angegebenen Bodenrichtwert ermittelt haben. Wenn ausreichend Kaufpreise für vergleichbare unbebaute Grundstücke in dem maßgeblichen Gebiet vorliegen, erscheint die Antwort noch recht einfach (wenngleich sich hier zumindest die Frage stellt, wie der Gutachterausschuss von besonderen objektspezifischen Merkmalen Kenntnis erlangt, um den Kaufpreis entsprechend zu bereinigen, vgl. § 12 Abs. 3 S. 3 ImmoWertV 2022). Häufig fehlt es aber an ausreichenden Kaufpreisen für unbebaute Grundstücke. Für diesen Fall haben sich in der Praxis wohl unterschiedliche Vorgehensweisen etabliert. Teilweise werden in der Vergangenheit ermittelte Bodenrichtwerte durch die Anpassung an die Preissteigerungen auf dem konkreten Grundstücksmarkt lediglich fortgeschrieben. Dem dürfte ua die Erwartung zugrunde liegen, dass sich die Bodenrichtwerte stets „selbst bestätigen": Weil flächendeckend Bodenrichtwerte ermittelt und entsprechend veröffentlicht wurden, orientiere sich der Grundstücksverkehr hieran. Damit wiederum wirkten die veröffentlichten Bodenrichtwerte auf die Preisbildung ein und damit spiegelten die Bodenrichtwerte zugleich auch immer die allgemeinen Preisvorstellungen der Marktteilnehmer zu den Bodenwerten wieder (so *Zimmermann* ImmoWertV § 10 Rn. 16ff., insb. Rn. 19, 22, 43). Diese Vorgehensweise setzt freilich voraus, dass sich keine wertrelevanten Bedingungen verändern. Vielfach wird aber wohl auch auf deduktive Verfahren (→ Rn. 9) zurückgegriffen. Hierzu gehört zB die Bestimmung bodenpreisbedeutsamer Faktoren, die einen Zusammenhang mit dem Kaufpreis für unbebaute Grundstücke aufweisen sollen (hier werden ua [Erdgeschoss-] Mieten für den Ausgleich von Lageunterschieden oder Entwicklungs- und Vorhaltekosten für die Erfassung unterschiedlicher Entwicklungszustände genannt, vgl. zB *Kötter/Guhl* fub 2013, 1 [4f.]; *Reuter* fub 2006, 97 [101ff.]). Ferner werden statistische Preisvergleichsverfahren verwendet (hierzu zB *Kötter/Guhl* fub 2013, 1 [2ff.]). Zu guter Letzt wird aber teilweise wohl auch schlicht geschätzt. In diesem Fall beruht der Bodenrichtwert allein auf der Marktkenntnis und Erfahrung des Schätzenden (vgl. die Ergebnisse der Befragung von Gutachterausschüssen bei *Reuter* fub 2006, 97ff.).

11 Gemäß **§ 196 Abs. 1 S. 6 BauGB** darf die Finanzverwaltung den Gutachterausschüssen zum Zwecke der steuerlichen Bewertung des Grundbesitzes ergänzende Vorgaben machen. Die **Regelung schränkt die Selbstständigkeit und Unabhängigkeit der Gutachterausschüsse nicht ein** (*Kleiber* in EZBK BauGB § 196 Rn. 100), weshalb sie lediglich die Aufbereitung und Darstellung der Bodenrichtwerte betreffen kann. Eine materiell-rechtliche Vorgabe kann hingegen nicht auf § 196 Abs. 1 S. 6 BauGB gestützt werden. Erst recht kann die Finanzverwaltung mit den ergänzenden Vorgaben nicht von § 196 BauGB und der ImmoWertV abweichen.

II. Anpassungen des Bodenrichtwertes (Abs. 1 S. 2)

12 **1. Grundsatz: Unzulässigkeit von Anpassungen.** Der Bodenrichtwert bezieht sich auf das sog. Bodenrichtwertgrundstück (→ Rn. 5). Diesem Grundstück sind bestimmte wesentliche wertbeeinflussende Merkmale zugeschrieben worden, die von den Gutachterausschüssen darzustellen sind (vgl. § 16 Abs. 2 ImmoWertV 2022 iVm Anlage 5 zur ImmoWertV 2022). Dieser **Vorgehensweise ist es eigen, dass das Bodenrichtwertgrundstück keine grundstücksspezifischen Eigenschaften des konkret zu bewertenden Grundstücks berücksichtigen kann.** Daher muss der **Bodenrichtwert** in der Bewertungspraxis nicht selten **an**

Bewertung der unbebauten Grundstücke **§ 247 BewG**

die **grundstücksspezifischen Eigenschaften des konkret zu bewertenden Grundstücks angepasst werden.** Solche Anpassungen **des Bodenrichtwertes** in Bezug auf das konkret zu bewertende Grundstück sind ua in Bezug auf folgende Grundstücksmerkmale denkbar: (1) Maß der baulichen Nutzung (va Geschossflächenzahl), (2) Grundstücksgröße und (3) Grundstückstiefe. Von Bedeutung sein kann ferner die Frage, ob noch eine Erschließungsbeitragsverpflichtung besteht. Die Anpassung erfolgt idR mit Hilfe von sog. Umrechnungskoeffizienten, die vom Gutachterausschuss vorzugeben sind (vgl. § 19 ImmoWertV 2022). Solche Anpassungen waren im alten Recht vorzunehmen und zwar (ausschließlich) entsprechend der Vorgaben der Gutachterausschüsse (vgl. BFH 12.7.2006 – II R 1/04, BStBl. II 2006, 742 [Geschossflächenzahl]; 16.12.2009 – II R 15/09, BFH/NV 2010, 1085 jeweils zu § 145 BewG; auch der Gesetzgeber geht von einer solchen Anpassungsnotwendigkeit aus, vgl. BT-Drs. 16/7918, 45 zu § 179 BewG). **Im neuen Grundsteuerrecht sind solche Anpassungen nicht mehr vorgesehen.** § 247 Abs. 1 S. 2 BewG erklärt sie explizit für unzulässig. Vorbehaltlich der von § 247 Abs. 1 S. 2 BewG von diesem Grundsatz zugelassenen Ausnahmen (abweichender Entwicklungszustand → Rn. 15f.; Auswahl zwischen zwei Bodenrichtwerten bei sich überlagernden Bodenrichtwertzonen → Rn. 17) und dem Sonderfall des § 15 Abs. 2 ImmoWertV 2022 (Bodenrichtwert gilt nicht für ein Grundstück, → Rn. 32) **ist mithin der „Zonenwert" für alle Grundstücke innerhalb einer Bodenrichtwertzone maßgeblich.** Damit verfolgt der Gesetzgeber konsequent sein Automatisierungskonzept. Die damit einhergehende Typisierung ist verfassungsrechtlich zulässig (→ Grundlagen Rn. 111). Allerdings ist für das neue Recht nunmehr essenziell, dass die Bodenrichtwertzonen gesetzeskonform (va unter Beachtung des § 15 Abs. 1 S. 2 ImmoWertV 2022) bestimmt worden sind (→ Rn. 8, zum Rechtsschutz → Rn. 21).

Im Anwendungsbereich des § 247 BewG, dh **anlässlich der Bewertung eines** **13** **unbebauten Grundstücks, ist die Regelung des § 247 Abs. 1 S. 2 BewG abschließend.** Anlässlich der Ertragswertbewertung von Wohngrundstücken sieht § 257 Abs. 1 S. 2 BewG zwar eine Anpassung des Bodenrichtwertes im Hinblick auf die Grundstücksgröße vor (→ BewG § 257 Rn. 4f.). Diese Regelung ist jedoch auf unbebaute Grundstücke nicht anwendbar, auch nicht entsprechend.

Zur Einheits- und Bedarfsbewertung war anerkannt, dass wertbeeinflussende **14** Faktoren wie zB Lärm-, Staub-, Geruchsbelästigungen, Oberflächenbeschaffenheit, Denkmalschutz, Altlasten uÄ keine Anpassung rechtfertigen (*Halaczinsky* in Rössler/Troll BewG § 179 Rn. 11; *Mannek* in Stenger/Loose BewG § 145 Rn. 129; ErbStR B 179.2 Abs. 8 zu § 179 BewG). Solche Anpassungen sind daher ungeachtet von § 247 Abs. 1 S. 2 BewG (auch) im neuen Recht nicht zulässig (AEBewGrSt A 247.2 Abs. 8).

2. Ausnahmsweise zulässige Anpassungen. a) Unterschiedliche Ent- 15 wicklungszustände. § 247 Abs. 1 S. 2 BewG erklärt zum einen eine **Anpassung des Bodenrichtwertes wegen unterschiedlicher Entwicklungszustände** in Ansehung des Bodenrichtwertgrundstücks und des zu bewertenden Grundstücks für zulässig. Das Gesetz nimmt damit auf § 196 Abs. 1 S. 1 BauGB Bezug, wonach die Bodenrichtwerte unter Berücksichtigung des Entwicklungszustandes zu ermitteln sind. § 3 ImmoWertV 2022 gibt insoweit folgende Entwicklungszustände vor:
– **Flächen der Land- und Forstwirtschaft:** Hierbei handelt es sich um die Flächen, die – ohne Bauerwartungsland, Rohbauland oder baureifes Land zu sein – land- oder forstwirtschaftlich nutzbar sind (§ 3 Abs. 1 ImmoWertV 2022);

§ 247 BewG Siebenter Abschnitt. Bewertung d. Grundbesitzes ab 1.1.2022

- **Bauerwartungsland,** dh Flächen, die nach ihren weiteren Grundstücksmerkmalen iSv § 5 ImmoWertV 2022 eine bauliche Nutzung auf Grund konkreter Tatsachen (insbesondere dem Stand der Bauleitplanung und der sonstigen städtebaulichen Entwicklung des Gebiets) mit hinreichender Sicherheit erwarten lassen (§ 3 Abs. 2 ImmoWertV 2022);
- **Rohbauland:** Dies sind gemäß § 3 Abs. 3 ImmoWertV 2022 solche Flächen, die nach §§ 30, 33, 34 BauGB für eine bauliche Nutzung bestimmt sind, deren Erschließung aber noch nicht gesichert ist oder die nach Lage, Form oder Größe für eine bauliche Nutzung unzureichend gestaltet sind. Die Bezugnahme auf die genannten Vorschriften des BauGB bedeutet nicht, dass Grundstücke im unbeplanten Außenbereich niemals Rohbauland darstellen können. Im Grundsatz gilt zwar das Bauverbot im Außenbereich. Gleichwohl kann die Zulässigkeit von Bebauung und Nutzung nach Maßgabe von § 35 BauGB im Einzelfall zu berücksichtigen sein (*Kleiber* in Kleiber Verkehrswertermittlung ImmoWertV § 5 Rn. 168; *Zimmermann* ImmoWertV § 5 Rn. 152). Die weitere Unterscheidung zwischen Netto- und Bruttorohbauland ist für die Grundsteuer ohne Bedeutung (AEBewGrSt A 247.2 Abs. 4 S. 3);
- **Baureifes Land,** dh Flächen, die nach öffentlich-rechtlichen Vorschriften und den tatsächlichen Gegebenheiten baulich nutzbar sind (§ 3 Abs. 4 ImmoWertV 2022). Es geht um Grundstücke, für die unter Berücksichtigung der öffentlich-rechtlichen Vorschriften (insb. Bauordnungsrecht, Bauplanungsrecht) ein Anspruch auf Erteilung einer Baugenehmigung besteht oder die ohne Baugenehmigung materiell baurechtskonform bebaut werden können (*Kleiber* in Kleiber Verkehrswertermittlung ImmoWertV § 5 Rn. 7). Der Begriff der Bebauung ist dabei nicht auf Gebäude beschränkt, sondern erfasst jede – nach den Landesbauordnungen definierte – bauliche Anlage. Bezugspunkt sind zudem nicht bloß unbebaute Grundstücke, die noch bebaut werden können. Der Begriff des baureifen Landes schließt vielmehr bebaute Grundstücke ein. Das gilt auch für Gebäude im Außenbereich, sofern das Gebäude zulässigerweise errichtet wurde und unter Beachtung des § 35 BauGB genutzt werden darf (*Kleiber* in Kleiber Verkehrswertermittlung ImmoWertV § 5 Rn. 195);
- **Sonstige Flächen** sind schließlich die Flächen, die sich keinem der vorgenannten Entwicklungszustände zuordnen lassen (§ 3 Abs. 5 ImmoWertV 2022).

16 Eine Anpassung nach § 247 Abs. 1 S. 2 BewG setzt voraus, dass für den Entwicklungszustand, den das zu bewertende Grundstück aufweist, kein Bodenrichtwert festgestellt worden ist. Existiert hingegen ein Bodenrichtwert für den relevanten Entwicklungszustand, kommt es auf § 247 Abs. 1 S. 2 BewG nicht an. Dann ist dieser nach § 247 Abs. 1 S. 1 BewG maßgeblich. In der Regel fehlen allerdings vor allem für Bauerwartungsland und Rohbauland eigene Bodenrichtwerte und deshalb besteht Anpassungsbedarf iSv § 247 Abs. 1 S. 2 BewG. Um eine Anpassung iSv § 247 Abs. 1 S. 2 BewG handelt es sich allerdings nur dann, wenn die Anpassung nach den Vorgaben des örtlichen Gutachterausschusses erfolgt. In der Regel geben die Gutachterausschüsse einen Abschlag von dem für baureifes Land ermittelten Bodenrichtwert vor. Solche Abschläge werden mitunter als Spannen angegeben (zB Düsseldorf: Bauerwartungsland sei mit 10% bis 30% und Rohbauland mit 40% bis 85% des Bodenrichtwertes für baureifes Land zu bewerten). Fehlt es an solchen Vorgaben, sieht die Finanzverwaltung schätzweise Abschläge ausgehend vom Bodenrichtwert für vergleichbares, erschließungsbeitragsfreies Bauland vor: Bauerwartungsland = 25% und Rohbauland = 50% des Bodenrichtwertes (AEBewGrSt A 247.3 Abs. 1 S. 2; die in ErbStR H B 179.3 Abs. 2 enthaltene Unterscheidung zwi-

Bewertung der unbebauten Grundstücke **§ 247 BewG**

schen Netto- und Bruttorohbauland wurde nicht für die Grundsteuer übernommen). Diese Vorgehensweise ist gesetzessystematisch indes nicht mehr § 247 Abs. 1 S. 2 BewG zuzuordnen. Es handelt sich vielmehr um einen Fall des § 247 Abs. 3 BewG (→ Rn. 30 ff.; für diese Zuordnung auch AEBewGrSt A 247.3 Abs. 1).

b) Sich überlagernde Bodenrichtwertzonen. § 247 Abs. 1 S. 2 BewG erlaubt die **Heranziehung des dem zu bewertenden Grundstücks am ehesten gerecht werdenden Bodenrichtwertes, wenn sich Bodenrichtwertzonen überlagern.** Zwar ist grundsätzlich für jede Bodenrichtwertzone nur ein einziger Bodenrichtwert anzugeben (→ Rn. 7). Allerdings ist es ausnahmsweise möglich, dass sich zwei Bodenrichtwertzonen deckungsgleich überlagern, dh es existieren bezogen auf die gleiche Fläche (= Zone) zwei Bodenrichtwertgrundstücke (= Mustergrundstücke). Das Gesetz nennt als Anwendungsfall (insbesondere) die Konstellation, dass sich aufgrund einer unregelmäßigen Verteilung von Grundstücken mit unterschiedlichen Nutzungen oder anderen erheblichen Unterschieden in wertbeeinflussenden Grundstücksmerkmalen keine eigenen Bodenrichtwertzonen abgrenzen lassen (§ 15 Abs. 3 S. 1 ImmoWertV 2022). Voraussetzung für eine Überlagerung von zwei Bodenrichtwertzonen ist, dass grundsätzlich eine eindeutige Zuordnung der Grundstücke zum jeweiligen Bodenrichtwertgrundstück gewährleistet bleibt (§ 15 Abs. 3 S. 2 ImmoWertV). Liegt ein solcher Fall sich deckungsgleich überlagernder Bodenrichtwertzonen vor, ist der Bodenrichtwert für dasjenige Bodenrichtwertgrundstück heranzuziehen, dessen Art der Nutzung am ehesten der des zu bewertenden Grundstücks entspricht (BT-Drs. 19/27631). Liegen zB unterschiedliche Bodenrichtwerte für Geschäftshäuser einerseits und Mehrfamilienhäuser andererseits vor, ist für ein zu bewertendes Einfamilienhaus der Bodenrichtwert für Mehrfamilienhäuser anzuwenden (Beispiel nach AEBewGrSt A 247.2 Abs. 7 S. 2). Genau genommen erlaubt § 247 Abs. 1 S. 2 BewG keine Anpassung des Bodenrichtwertes, sondern die Auswahl zwischen zwei Bodenrichtwerten.

III. Bindungswirkung und zurückgenommene gerichtliche Kontrolle in Ansehung der Bodenrichtwerte

Nach Auffassung der Rechtsprechung zu §§ 145, 179, 183 BewG **sind die Bo- 18 denrichtwerte für die am Steuerrechtsverhältnis Beteiligten verbindlich und einer gerichtlichen Überprüfung regelmäßig nicht zugänglich.** Sie seien „von den Finanzbehörden und -gerichten ungeprüft und ohne eigenen Bewertungsspielraum der Ermittlung des Bedarfswerts zu Grunde zu legen" (BFH 18. 8. 2005 – II R 62/03, BStBl. II 2006, 5 [6]; 11. 5. 2005 – II R 21/02, BStBl. II 2005, 686; 5. 12. 2007 – II R 70/05, BFH/NV 2008, 757; 25. 8. 2010 – II R 42/09, BStBl. II 2011, 205 jeweils zu § 145 BewG). Der Gesetzgeber nimmt in der Gesetzesbegründung zu § 247 BewG auf diese Rechtsprechung Bezug und behauptet ihre Geltung auch für § 247 BewG (BT-Drs. 19/11085, 109 f.). Es wäre freilich besser gewesen, wenn der Gesetzgeber die Bindungswirkung einschließlich der damit verbundenen Zurücknahme der gerichtlichen Kontrolle im Wortlaut der Norm deutlicher zum Ausdruck gebracht hätte. Dass er dies nicht getan hat, schadet allerdings nicht. Der Wortlaut des § 247 BewG erlaubt eine Auslegung im Sinne der Bindungswirkungsthese, weshalb ihr die Gesetzgebers hier Geltung beansprucht. Der Sache nach handelt es sich um einen Fall des sog. **Beurteilungsspielraums.** Die damit verbundene Zurücknahme der gerichtlichen Kontrolldichte ist im Hinblick auf

§ 247 BewG Siebenter Abschnitt. Bewertung d. Grundbesitzes ab 1.1.2022

Art. 19 Abs. 4 GG verfassungsrechtlich problematisch. Dies gilt vor allem auch deshalb, weil im neuen Grundsteuerrecht der Nachweis eines niedrigeren Wertes nicht vorgesehen ist. Gleichwohl **ist die Zuweisung eines Beurteilungsspielraums an den Gutachterausschuss auch in Ansehung des § 247 BewG verfassungsrechtlich zulässig** (→ Grundlagen Rn. 133f.). Vor allem muss gesehen werden, dass der Beurteilungsspielraum nicht grenzenlos ist (→ Rn. 19 ff.).

19 Der Beurteilungsspielraum der Gutachterausschüsse erfasst nicht den gesamten Rechtsanwendungsvorgang (die Ermittlung der Bodenrichtwerte ist die Anwendung des Gesetzes auf einen konkreten Sachverhalt). Entsprechend der allgemeinen Grundsätze zum Beurteilungsspielraum erstreckt sich dieser va nicht auf die Gesetzesauslegung. Er ist vielmehr auf die (wertende) Anwendung des Gesetzes beschränkt (vgl. BVerfG 10.12.2009 – 1 BvR 3151/07, BVerfGK 16, 418 [435]; *Schoch* in HSV VerwR § 50 Rn. 296; str. aA zB *Wolff* in Sodan/Ziekow VwGO § 114 Rn. 302 mwN). Das bedeutet im Einzelnen:

20 Die **Auslegung des § 196 BauGB und der ImmoWertV durch den Gutachterausschuss ist daher gerichtlich voll überprüfbar.** Dies umfasst auch die Vereinbarkeit der gewählten Methodik mit den gesetzlichen Vorgaben. Ferner ist die Frage, ob der Bodenrichtwert wegen § 15 Abs. 2 ImmoWertV 2022 keine Bindungswirkung entfaltet (→ Rn. 32) ebenfalls uneingeschränkt gerichtlich überprüfbar.

21 Der **Ermittlungsvorgang selbst** (also zB der Zuschnitt der Bodenrichtwertzonen innerhalb der gesetzlichen Vorgaben, die Bewertung, Gewichtung und Aufteilung der bekannten Kaufpreise, die deduktive Ableitung bei Fehlen eines Grundstücksverkehrs) **ist hingegen inhaltlich grundsätzlich nicht gerichtlich überprüfbar.** Hier besteht der Beurteilungsspielraum. Allerdings muss nicht die gesamte Anwendung des Gesetzes Teil dieses Ermittlungsvorgangs sein. Über die Reichweite des Beurteilungsspielraums entscheidet der Gesetzgeber. Insoweit **stellt sich die Frage, wie es sich mit der Anwendung der gesetzlichen Vorgaben zum Zuschnitt der Richtwertzonen verhält.** Das betrifft ua § 15 Abs. 1 S. 2 ImmoWertV 2022, wonach die Richtwertzonen grundsätzlich so abzugrenzen sind, dass lagebedingte Wertunterschiede zwischen den Grundstücken, für die der Bodenrichtwert gelten soll, und dem Bodenrichtwertgrundstück grundsätzlich nicht mehr als 30% betragen dürfen. Zwar spricht das Gesetz von „grundsätzlich" und die zu vergleichenden Größen (Verkehrswerte) treten selbst auch nur in Bandbreiten auf, deren Konkretisierung ohne Wertungen auskommt. **Gleichwohl dürfte es sich bei § 15 Abs. 1 S. 2 ImmoWertV 2022 um eine uneingeschränkt justiziable Vorgabe handeln.** Vor allem entspricht auch nur eine strenge Handhabung des § 15 Abs. 1 S. 2 ImmoWertV 2022 seiner fundamentalen gleichheitsrechtlichen Bedeutung. Die Regelung muss nämlich im Hinblick auf die mit § 247 BewG einhergehende Typisierung die Bandbreite gesetzlich vorgesteuerter Bodenrichtwerte auf ein gleichheitsrechtlich erträgliches Maß begrenzen (→ Grundlagen Rn. 111, 133f.). **§ 15 Abs. 1 S. 2 ImmoWertV 2022 ist daher so zu verstehen, dass es der Anspruch eines Bodenrichtwertzonenzuschnitts sein muss, weitgehend alle Grundstücke innerhalb der 30%-Bandbreite zu halten,** es allerdings (ungeachtet der bereits in § 15 Abs. 1 S. 3, Abs. 2 ImmoWertV 2022 vorgesehenen Relativierungen) nicht schadet, wenn sich in der Bodenrichtwertzone einzelne Grundstücke befinden, auf die dies nicht zutrifft.

22 Dort, wo eine Verwaltungsentscheidung inhaltlich nicht vollständig überprüfbar ist, gewinnt die **Kontrolle des Verfahrens** an Bedeutung. So verhält es sich auch bei den Bodenrichtwerten. Deshalb ist die **Bodenrichtwertermittlung daraufhin überprüfbar, ob der Sachverhalt vollständig und zutreffend erfasst wurde,**

Bewertung der unbebauten Grundstücke **§ 247 BewG**

ob die Verfahrensregeln (zB eine nachvollziehbare Dokumentation des Ableitungsvorgangs vgl. *Kleiber* in EZBK BauGB § 196 Rn. 48) **beachtet wurden und ob sachfremde Erwägungen angestellt wurden** (vgl. BVerfG 10.12.2009 – 1 BvR 3151/07, BVerfGK 16, 418 [435 f.]; BVerwG 16.5.2007 – 3 C 8/06, BVerwGE 129, 27; *Schoch* in HSV VerwR § 50 Rn. 296). Dies alles muss prüfbar sein.

Schließlich wird ein **Beurteilungsspielraum dort überschritten, wo das Ergebnis offenkundig nicht mehr vertretbar ist** (vgl. NdsFG 17.9.2015 – 1 K 147/12, EFG 2016, 185: „offensichtliche Unrichtigkeiten"). 23

Das Besondere anlässlich der gerichtlichen Prüfung einer Grundsteuerwertfeststellung ist in Bezug auf die Bodenrichtwerte die **Dreiecksbeziehung zwischen Gutachterausschuss, Finanzbehörde und Steuerpflichtigem.** Der Steuerpflichtige streitet nicht unmittelbar mit demjenigen Akteur, dem der Beurteilungsspielraum zugestanden wird. Darauf kommt es im Ergebnis indes nicht an. Anknüpfungspunkt anlässlich der Rechtmäßigkeitskontrolle der Grundsteuerwertermittlung ist die Bindungswirkung des Grundsteuerwertes. **Hat der Gutachterausschuss einen nicht mit dem Gesetz in Einklang stehenden Bodenrichtwert ermittelt, entfällt die Bindungswirkung** und es gilt § 247 Abs. 3 BewG, sofern der Gutachterausschuss nicht noch nachträglich einen fehlerfreien Bodenrichtwert auf den maßgeblichen Stichtag ermittelt. 24

Ist nicht der Bodenrichtwert maßgeblich, weil von § 247 Abs. 1 S. 2 BewG ausnahmsweise zugelassener Anpassungs-/Auswahlbedarf besteht (→ Rn. 12 ff.), erhöht sich uU der Rechtsanwendungsbeitrag der Finanzbehörde. Diesbezüglich besteht kein Beurteilungsspielraum und dies ungeachtet der Frage, ob der Gutachterausschuss für die Anpassung wegen eines abweichenden Entwicklungszustandes Vorgaben gemacht hat oder nicht. 25

IV. Bodenrichtwerte als Daten iSv § 93 c AO

Die Gutachterausschüsse haben die **Bodenrichtwerte** nach amtlich vorgeschriebenem Datensatz durch Datenfernübertragung an die zuständigen Finanzbehörden zu übermitteln. Fraglich ist, ob es sich um **Daten iSv § 93 c Abs. 1 AO** handelt. Die Frage hat va Bedeutung für § 175 b AO. Hiernach ist eine Änderung von Grundsteuerwertbescheiden zulässig, wenn die von einer mitteilungspflichtige Stelle übermittelten Daten iSv § 93 c AO nicht oder nicht zutreffend im Grundsteuerwertbescheid berücksichtigt wurden oder wenn die mitteilungspflichtige Stelle die übermittelten Daten nachträglich korrigiert (→ BewG § 222 Rn. 46 f.). § 93 c AO selbst begründet keine Übermittlungspflicht, sondern setzt eine solche in den Einzelsteuergesetzen voraus. Erforderlich, aber auch ausreichend, ist mithin eine gesetzliche Übermittlungspflicht eines Dritten (= mitteilungspflichtige Stelle) in Bezug auf steuerliche Daten eines Steuerpflichtigen. Der Gutachterausschuss ist jedenfalls ein solcher Dritter, weil er keine Finanzbehörde iSv § 6 AO ist. Das Problem ist indes, ob es sich bei den Bodenrichtwerten um „Daten eines Steuerpflichtigen" handelt. Denn § 93 c AO geht von einer Zuordnung der Daten zu einem individuellen Steuerpflichtigen aus (vgl. § 93 c Abs. 1 Nr. 2 Buchst. d: Verknüpfung mit Steueridentifikationsnummer). Hieran könnte man angesichts der Geltung der Bodenrichtwerte für eine bestimmte Bodenrichtwertzone und damit für eine Vielzahl von Grundstücken zweifeln. Allerdings gilt auch hier das bereits zu § 229 Abs. 3 BewG Gesagte: Auch wenn § 93 c AO erkennbar im Hinblick auf Personensteuern formuliert worden ist, schließt dies nicht aus, die Norm entsprechend angepasst auch auf Objektsteuern – wie die Grundsteuer – anzuwenden (vgl. → BewG § 229 Rn. 8). 26

C. Einbindung der Gutachterausschüsse in den Grundsteuervollzug (va Abs. 2)

27 Die **Gutachterausschüsse sind hoheitlich handelnde Behörden** (BGH 4.3.1982 – III ZR 156/80, NVwZ 1982, 395 [396]; *Reidt* in BKL BauGB § 192 Rn. 1), die organisationsrechtlich außerhalb der Finanzverwaltung stehen, mit dieser aber über die Mitwirkung eines Bediensteten der zuständigen Finanzbehörde mit Erfahrung in der steuerlichen Grundstücksbewertung personell verbunden sind. Sie stehen außerhalb des hierarchischen Prinzips und entscheiden als mit fachlich kompetenten Mitgliedern besetztes **unabhängiges Kollegialorgan weisungsfrei** (*Reidt* in BKL BauB § 192 Rn. 2; *Jacob* NVwZ 2011, 1419 [1420]).

28 Gemäß § 196 BauGB sind die Bodenrichtwerte jeweils zum Ende jedes zweiten Kalenderjahres zu ermitteln, wenn nicht eine häufigere Ermittlung bestimmt ist. Ergänzend hierzu bestimmt § 247 Abs. 2 BewG, dass immer auch eine Ermittlung auf den Hauptfeststellungszeitpunkt zu erfolgen hat. Die Gutachterausschüsse haben die Bodenrichtwerte nach amtlich vorgeschriebenem Datensatz durch Datenfernübertragung an die zuständigen Finanzbehörden zu übermitteln.

29 Die Bodenrichtwerte sind zu veröffentlichen (§ 196 Abs. 3 S. 1 BauGB). Für viele Bundesländer sind die Bodenrichtwerte über **www.bodenrichtwerte-boris.de** kostenlos abrufbar. Sofern keine flächendeckenden Abrufmöglichkeiten im Internet bereitgehalten werden, muss der Steuerpflichtige von seinem Auskunftsanspruch nach § 196 Abs. 3 S. 2 BauGB Gebrauch machen.

D. Ableitung des Grundstückswerts aus den Werten vergleichbarer Flächen (Abs. 3)

30 Der Gesetzgeber ist zwar ersichtlich davon ausgegangen, dass eine flächendeckende Ermittlung der Bodenrichtwerte möglich ist. Er hält allerdings gleichwohl eine Reservezuständigkeit der Finanzbehörden vor: Sofern der Gutachterausschuss keinen Bodenrichtwert ermittelt hat, ist nach § 247 Abs. 3 BewG der Wert des unbebauten Grundstücks anhand der Werte vergleichbarer Grundstücke zu ermitteln (zu schätzen).

31 Die **Reservezuständigkeit der Finanzbehörde** setzt voraus, dass der **Gutachterausschuss keinen Bodenrichtwert ermittelt hat**. § 247 Abs. 3 BewG ist hingegen **nicht einschlägig, wenn** durchaus ein – den gesetzlichen Vorgaben entsprechender – **Bodenrichtwert für das zu bewertende Grundstück existiert, er von der Finanzbehörde allerdings für untauglich erachtet wird**. Sofern ein Bodenrichtwert vorhanden ist, dürfen die Finanzbehörden keine „eigenen" Bodenrichtwerte ermitteln. Bei einer solchen Ableitung würde es sich um eine Schätzung handeln, die mit der gesetzlichen Verteilung der Zuständigkeiten zwischen den Gutachterausschüssen und den Finanzämtern nach Maßgabe des § 247 BewG nicht vereinbar wäre (vgl. BFH 16.12.2009 – II R 15/09, BFH/NV 2010, 1085; 25.8.2010 – II R 42/09, BStBl. II 2011, 205). Der Gesetzgeber nimmt in solchen Fällen die geringere Aussagekraft des Bodenrichtwertes als Typisierungsfolge in Kauf. Anders verhält es sich hingegen, wenn der vom Gutachterausschuss ermittelte Bodenrichtwert nicht den gesetzlichen Anforderungen genügt. Kommt die Finanzbehörde (bestätigt durch das Finanzgericht) zu dem Ergebnis, dass der **mitgeteilte Bodenrichtwert unter Verletzung der gesetzlichen Vorgaben zustande gekommen ist** (→ Rn. 19), **liegt ein bodenrichtwertloser Zustand iSv § 247 Abs. 3 BewG vor.**

Anwendungsfälle des § 247 Abs. 3 BewG sind zB das Fehlen eines Bodenrichtwertes für einen bestimmten Entwicklungszustand (einschließlich des Fehlens von Anpassungsvorgaben der Gutachterausschüsse, → Rn. 16) oder im Außenbereich für bebaubare Grundstücke (vgl. AEBewGrSt A 247.3 Abs. 3). Ein weiterer Anwendungsfall des § 247 Abs. 3 BewG dürfte ferner die Konstellation sein, dass ein Bodenrichtwert zwar existiert, dieser aber nach § 15 Abs. 2 ImmoWertV 2022 ausnahmsweise für ein in der Bodenrichtwertzone belegenes Grundstück nicht gilt. Hierbei handelt es sich um einzelne untergeordnete Grundstücke oder Grundstücksteile mit einer vom Bodenrichtwertgrundstück abweichenden Art der Nutzung oder Qualität. Das Gesetz nennt beispielhaft Grünflächen, Waldflächen, Wasserflächen, Verkehrsflächen und Gemeinbedarfsflächen. 32

Der nach § 247 Abs. 3 BewG geschätzte Wertansatz unterliegt – im Unterschied zu den von den Gutachterausschüssen ermittelten Werten – **uneingeschränkt der gerichtlichen Kontrolle.** 33

III. Bebaute Grundstücke

§ 248 Begriff der bebauten Grundstücke

¹Bebaute Grundstücke sind Grundstücke, auf denen sich benutzbare Gebäude befinden. ²Wird ein Gebäude in Bauabschnitten errichtet, ist der bezugsfertige Teil als benutzbares Gebäude anzusehen.

Gilt nicht in **Baden-Württemberg**. In einigen Bundesländern wird die Regelung durch Fiktionen ergänzt (**Bayern:** Art. 2 Abs. 4 BayGrStG; **Hamburg:** § 2 Abs. 4 HmbGrStG; **Niedersachsen:** § 3 Abs. 4 NGrStG).

A. Allgemeines

I. Systematische Einordnung und Zweck der Regelung

Bebaute Grundstücke einerseits und unbebaute Grundstücke andererseits werden danach abgegrenzt, ob sich auf dem Grundstück benutzbare Gebäude befinden oder nicht. Das ergibt sich aus § 246 Abs. 1 S. 1 BewG und § 248 S. 1 BewG gleichermaßen. Die Benutzbarkeit wird durch die Bezugsfertigkeit iSv § 246 Abs. 1 S. 2 BewG konkretisiert. Zu betrachten ist insoweit das Gebäude als Ganzes (→ BewG § 246 Rn. 7). Dies setzt § 248 S. 2 BewG voraus und bestimmt eine von diesem Grundsatz abweichende – und zugleich die Grundregel bestätigende – Sonderregelung: Der bereits bezugsfertige Teil ist als benutzbares Gebäude anzusehen, wenn ein Gebäude in Bauabschnitten errichtet wird (→ Rn. 5). Für die Zuordnung zu den Gebäudearten des § 249 Abs. 1 BewG ist sodann nur der bezugsfertige Teil maßgeblich (→ BewG § 249 Rn. 13). § 246 Abs. 1 S. 2 BewG liegt ein Rechtsgedanke zugrunde, der auch für Umbaumaßnahmen Geltung beansprucht (→ Rn. 7 f.). 1

§ 248 BewG Siebenter Abschnitt. Bewertung d. Grundbesitzes ab 1.1.2022

II. Entwicklung der Vorschrift

2 Die Regelung beruht auf dem Grundsteuerreformgesetz v. 26.11.2019 (→ Grundlagen Rn. 13; zu § 248 BewG BT-Drs. 19/11085, 110). Sie entspricht § 74 BewG (dazu BT-Drs. IV/1488, 53 zu damals noch § 51 c BewG-E). Die hierzu ergangene Rechtsprechung kann auf § 248 BewG übertragen werden.

III. Verfahrensrecht

3 Die Grundstücksart wird gesondert festgestellt. Die Feststellung entfaltet Bindungswirkung für die Wertermittlung (→ BewG § 219 Rn. 15).

B. Benutzbares Gebäude auf dem Grundstück (S. 1)

4 Die gesetzlichen Merkmale eines bebauten Grundstücks sind, dass ein Grundstück iSv § 244 BewG (Abgrenzung zum Betrieb der Land- und Forstwirtschaft, → BewG § 232 Rn. 13 ff.) vorliegt und dass dieses mit einem benutzbaren (eingehend → BewG § 246 Rn. 4 ff.) Gebäude bebaut ist (Abgrenzungsnotwendigkeit zur Betriebsvorrichtung, → BewG § 243 Rn. 15 ff.). Auf die Größe und den Wert kommt es nicht an (AEBewGrSt A 248 Abs. 1 S. 2).

C. Errichtung und Umbau eines Gebäudes in Bauabschnitten (S. 2)

5 Die Benutzbarkeit eines Gebäudes folgt aus seiner **Bezugsfertigkeit und insoweit ist grundsätzlich auf das Gebäude als Ganzes abzustellen** (→ BewG § 246 Rn. 7), dh ein Mehrfamilienhaus ist selbst dann noch nicht iSd Bewertungsrechts als bebautes Grundstück anzusehen, wenn von zehn Mietwohnungen lediglich eine Wohnung noch nicht bezugsfertig ist, selbst wenn die bezugsfertigen Wohnungen schon vermietet sein sollten. **Abweichend von diesem Grundsatz** bestimmt § 248 S. 2 BewG, dass auch ein nur bezugsfertiger Teil als benutzbares Gebäude anzusehen ist, wenn das Gebäude in Bauabschnitten errichtet wird. **Eine Errichtung in Bauabschnitten liegt vor, wenn ein baurechtlich genehmigtes Gebäude nicht in zusammenhängender Bauentwicklung („in einem Zug") im planmäßig vorgesehenen Umfang gebaut wird.** Dabei ist unter Bauabschnitt nicht nur ein Baugeschehen zu verstehen, das äußerlich erkennbar ist (zB Errichtung eines Geschosses von geplanten zwei Geschossen). Vielmehr ist auch der Innenausbau in die Betrachtung miteinzubeziehen (BFH 29.4.1987 – II R 262/83, BStBl. II 1987, 594). Daher kann eine Errichtung in Bauabschnitten zB auch dann vorliegen, wenn das Gebäude äußerlich fertiggestellt ist, aber nur die Hauptwohnung bezugsfertig ist, während die Einliegerwohnung noch nicht die Voraussetzungen des § 246 Abs. 1 BewG erfüllt (so der Fall bei BFH 29.4.1987 – II R 262/83, BStBl. II 1987, 594). Für eine Errichtung in Bauabschnitten ist es grundsätzlich unerheblich, ob die Errichtung im Ganzen schon genehmigt ist. Auch auf den Grund für die abschnittsweise Baudurchführung kommt es nicht an. Die Mehraktigkeit kann mithin von Anfang an gewollt gewesen sein, kann sich aber auch erst während der Bauphase als unvermeidbar erwiesen haben (vgl. FG Köln 18.03.1992 – 4 K 3530/87, EFG 1993, 130). Ebenso ist es ohne Bedeutung, ob

Begriff der bebauten Grundstücke **§ 248 BewG**

die Gründe technischer, finanzieller oder persönlicher Natur sind (ebenso FG Baden-Württemberg 29.9.1983 – I 60/81, EFG 1984, 333; *Haas* in Stenger/Loose BewG §74 Rn.13; aA in Bezug auf die persönlichen Gründe wohl BFH 29.4.1987 – II R 262/83, BStBl. II 1987, 594).

Allerdings ist eine **abschnittsweise Errichtung abzugrenzen von einer nur** 6 **vorübergehenden Unterbrechung, zB aus technischen, witterungsbedingten oder anderen Gründen** (BFH 29.4.1987 – II R 262/83, BStBl. II 1987, 594; 28.11.1990 – II R 36/87, BStBl. II 1991, 209). Das Merkmal „vorübergehend" trägt naturgemäß ein Zeitmoment in sich. Der BFH hat auf die eindeutige Überschreitung der technisch angemessenen Frist für die Durchführung des Vorhabens abgestellt (vgl. BFH 28.11.1990 – II R 36/87, BStBl. II 1991, 209). Entscheidend ist allein die Fristüberschreitung. Dass der Steuerpflichtige über den gesamten Zeitraum immer wieder an dem Objekt gearbeitet hat, ist unerheblich (FG Köln 18.03.1992 – 4 K 3530/87, EFG 1993, 130). Ob die technisch angemessene Frist erheblich überschritten ist, lässt sich nur unter Berücksichtigung des konkreten Bauvorhabens beurteilen. Maßgeblich ist der Vergleich mit einer Errichtung durch Bauhandwerker, auch wenn der Steuerpflichtige den Bau in Eigenleistung bewirken will (FG Rheinland-Pfalz 30.9.1986 – 2 K 299/85, EFG 1987, 14). Verneint wurde eine lediglich vorübergehende Unterbrechung zB in einem Fall, in dem der Steuerpflichtige eine Einliegerwohnung in Eigenleistung fertigstellen wollte, hierfür aber wegen seiner starken beruflichen Inanspruchnahme 2,5 Jahre gebraucht hat (BFH 29.4.1987 – II R 262/83, BStBl. II 1987, 594; ferner FG Baden-Württemberg 29.9.1983 – I 60/81, EFG 1984, 333: mehr als drei Jahre; FG Rheinland-Pfalz 30.9.1986 – 2 K 299/85, EFG 1987, 14: mehr als 2,5 Jahre; FG Köln 18.03.1992 – 4 K 3530/87, EFG 1993, 130: mehr als vier Jahre). Mit der Bezugsfertigkeit der Hauptwohnung lag mithin ein Einfamilienhaus vor (und nicht lediglich ein unbebautes Grundstück); erst mit Bezugsfertigkeit der Einliegerwohnung war eine Artfortschreibung (Zweifamilienhaus) vorzunehmen. Bei weniger als zwei Jahren Fertigstellungsverzögerung wurde in einer solchen Zwei-Wohnungen-Konstellationen eine Errichtung in Bauabschnitten hingegen verneint (FG München 8.7.1982 – IV 101/81, EFG 1983, 106).

§ 248 S. 2 BewG enthält einen **verallgemeinerungsfähigen Rechtsgedan-** 7 **ken,** der auch jenseits der dort ausdrücklich geregelten „Errichtung" eines Gebäudes Geltung beansprucht. Die Norm ist daher auch auf „Umbauten" in bestehenden Gebäuden anwendbar. Grundsätzlich gilt zwar auch in Bezug auf Umbauten, dass erst deren Abschluss eine Artänderung begründen kann. Wird allerdings die technisch angemessene Frist für die Durchführung eines Umbaus eindeutig überschritten, dh der Umbau wird nicht zügig beendet, dann liegt ein **„abschnittsweises Umbauen"** vor (BFH 28.11.1990 – II R 36/87, BStBl. II 1991, 209). Dies hat die Rechtsprechung zB in einem Fall angenommen, in dem ein Zweifamilienhaus erworben wurde, das umgebaut werden sollte: Der Umbau der Einliegerwohnung war auch drei Jahre nach dem Erwerb und Beginn der Umbauarbeiten noch nicht abgeschlossen, während der Umbau der Hauptwohnung (hier: wohl Zusammenlegung der beiden vorherigen Wohnungen) sowie deren Erweiterung gut ein Jahr nach dem Erwerb beendet war (BFH 28.11.1990 – II R 36/87, BStBl. II 1991, 209). Für die Ermittlung des zutreffenden Artfortschreibungszeitpunktes (Einfamilienhaus statt Zweifamilienhaus) muss sodann allerdings die Frage beantwortet werden, zu welchem Stichtag objektiv erkennbar war, dass die eingeleitete Baumaßnahme nicht nur vorübergehend unterbrochen bzw. nur vorübergehend aus technischen Gründen nicht zügig weiterbetrieben wird (→ BewG § 222 Rn. 29).

8 Ein „Umbau in Bauabschnitten" iSv § 248 S. 2 BewG liegt nicht vor, wenn entweder das Gebäude abgerissen wird, um einem Neubau Platz zu machen oder wenn das Gebäude soweit zerstört wird, dass es keine auf die Dauer benutzbaren Räume mehr aufweist. Denn in einem solchen Falle wird zunächst das Grundstück in den Zustand eines unbebauten Grundstücks „zurückversetzt" (BFH 28.11.1990 – II R 36/87, BStBl. II 1991, 209).

§ 249 Grundstücksarten

(1) **Bei der Bewertung bebauter Grundstücke sind die folgenden Grundstücksarten zu unterscheiden:**
1. **Einfamilienhäuser,**
2. **Zweifamilienhäuser,**
3. **Mietwohngrundstücke,**
4. **Wohnungseigentum,**
5. **Teileigentum,**
6. **Geschäftsgrundstücke,**
7. **gemischt genutzte Grundstücke und**
8. **sonstige bebaute Grundstücke.**

(2) ¹Einfamilienhäuser sind Wohngrundstücke, die eine Wohnung enthalten und kein Wohnungseigentum sind. ²Ein Grundstück gilt auch dann als Einfamilienhaus, wenn es zu weniger als 50 Prozent der Wohn- und Nutzfläche zu anderen als Wohnzwecken mitbenutzt und dadurch die Eigenart als Einfamilienhaus nicht wesentlich beeinträchtigt wird.

(3) ¹Zweifamilienhäuser sind Wohngrundstücke, die zwei Wohnungen enthalten und kein Wohnungseigentum sind. ²Ein Grundstück gilt auch dann als Zweifamilienhaus, wenn es zu weniger als 50 Prozent der Wohn- und Nutzfläche zu anderen als Wohnzwecken mitbenutzt und dadurch die Eigenart als Zweifamilienhaus nicht wesentlich beeinträchtigt wird.

(4) Mietwohngrundstücke sind Grundstücke, die zu mehr als 80 Prozent der Wohn- und Nutzfläche Wohnzwecken dienen und nicht Ein- und Zweifamilienhäuser oder Wohnungseigentum sind.

(5) Wohnungseigentum ist das Sondereigentum an einer Wohnung in Verbindung mit dem Miteigentumsanteil an dem gemeinschaftlichen Eigentum, zu dem es gehört.

(6) Teileigentum ist das Sondereigentum an nicht zu Wohnzwecken dienenden Räumen eines Gebäudes in Verbindung mit dem Miteigentum an dem gemeinschaftlichen Eigentum, zu dem es gehört.

(7) Geschäftsgrundstücke sind Grundstücke, die zu mehr als 80 Prozent der Wohn- und Nutzfläche eigenen oder fremden betrieblichen oder öffentlichen Zwecken dienen und nicht Teileigentum sind.

(8) Gemischt genutzte Grundstücke sind Grundstücke, die teils Wohnzwecken, teils eigenen oder fremden betrieblichen oder öffentlichen Zwecken dienen und nicht Ein- und Zweifamilienhäuser, Mietwohngrundstücke, Wohnungseigentum, Teileigentum oder Geschäftsgrundstücke sind.

(9) Sonstige bebaute Grundstücke sind solche Grundstücke, die nicht unter die Absätze 2 bis 8 fallen.

Grundstücksarten **§ 249 BewG**

(10) ¹Eine Wohnung ist in der Regel die Zusammenfassung mehrerer Räume, die in ihrer Gesamtheit so beschaffen sein müssen, dass die Führung eines selbständigen Haushalts möglich ist. ²Die Zusammenfassung der Räume muss eine von anderen Wohnungen oder Räumen, insbesondere Wohnräumen, baulich getrennte, in sich abgeschlossene Wohneinheit bilden und einen selbständigen Zugang haben. ³Daneben ist erforderlich, dass die für die Führung eines selbständigen Haushalts notwendigen Nebenräume (Küche, Bad oder Dusche, Toilette) vorhanden sind. ⁴Die Wohnfläche soll mindestens 20 Quadratmeter betragen.

Gilt nicht in **Baden-Württemberg, Bayern, Hamburg** und **Niedersachsen** (die Gebäudeart ist dort ohne Bedeutung). In **Hessen** werden Teile von § 249 BewG für entsprechend anwendbar erklärt (§ 2 Abs. 3 Nr. 3 HGrStG).

Übersicht

	Rn.
A. Allgemeines	1
I. Systematische Einordnung und Zweck der Regelung	1
II. Entwicklung und Grundsteuerreform 2019	2
III. Verfahrensrecht	3
B. Zuordnungsgrundsätze (Abs. 1)	4
C. Einfamilienhaus (Abs. 1 Nr. 1, Abs. 2)	12
D. Zweifamilienhaus (Abs. 1 Nr. 2, Abs. 3)	20
E. Mietwohngrundstück (Abs. 1 Nr. 3, Abs. 4)	21
F. Wohnungseigentum (Abs. 1 Nr. 4, Abs. 5)	24
G. Teileigentum (Abs. 1 Nr. 5, Abs. 6)	25
H. Geschäftsgrundstücke (Abs. 1 Nr. 6, Abs. 7)	26
I. Gemischt-genutzte Grundstücke (Abs. 1 Nr. 7, Abs. 8)	27
J. Sonstige bebaute Grundstücke (Abs. 1 Nr. 8, Abs. 9)	28
K. Wohnungen (Abs. 10)	29

A. Allgemeines

I. Systematische Einordnung und Zweck der Regelung

§ 249 BewG gibt die **bewertungsrechtlichen Grundstücksarten** vor. Der Katalog des § 249 Abs. 1 BewG ist **abschließend** (BT-Drs. 19/11085, 110). Die Zuordnung eines Grundstücks (= wirtschaftliche Einheit des Grundvermögens, → BewG § 244 Rn. 4 ff.) zu einer der acht Grundstücksarten hat in mehrfacher Hinsicht rechtliche Relevanz: Bewertungsrechtlich entscheidet die Grundstücksart über das anzuwendende Bewertungsverfahren (Ertrags- oder Sachwertverfahren) und ggf. auch über die maßgeblichen Bewertungsfaktoren (vgl. beim Ertragswertverfahren die nach Grundstücksart differenzierenden Roherträge, Bewirtschaftungskosten und Liegenschaftszinssätze). Die Abgrenzung erfolgt im neuen Recht ausschließlich anhand der Anzahl der Wohnungen und der Nutzung des Gebäudes. Bei mehreren Nutzungen entscheidet – anders als nach altem Recht (dort: Verhältnis der Jahresrohmieten, vgl. § 75 BewG) – das Verhältnis der jeweils in Anspruch genommenen Wohn- und Nutzfläche.

1

§ 249 BewG Siebenter Abschnitt. Bewertung d. Grundbesitzes ab 1.1.2022

II. Entwicklung und Grundsteuerreform 2019

2   Die Regelung beruht auf dem Grundsteuerreformgesetz v. 26.11.2019 (→ Grundlagen Rn. 13; zu § 249 BewG BT-Drs. 19/11085, 110f.). Sie entspricht in wesentlichen Teilen den §§ 75, 181 BewG. Auf die hierzu gewonnenen Erkenntnisse kann daher auch für § 249 BewG zurückgegriffen werden.

III. Verfahrensrecht

3   Die **Grundstücksart ist Gegenstand der Artfeststellung** nach § 219 Abs. 2 Nr. 1 BewG (→ BewG § 219 Rn. 14 ff.). Sie hat **Bindungswirkung für die Wertfeststellung** (→ BewG § 219 Rn. 15). Infolge von Nutzungsänderungen kann eine abweichende Zuordnung zur Grundstücksart notwendig werden. Dann ist eine Artfortschreibung (und idR auch eine Wertfortschreibung) vorzunehmen (→ BewG § 222 Rn. 14 ff.).

B. Zuordnungsgrundsätze (Abs. 1)

4   Eine wirtschaftliche Einheit muss einer der Grundstücksarten nach § 249 Abs. 1 BewG einheitlich zugeordnet werden. Eine **nur teilweise Zuordnung zu mehreren Grundstücksarten ist unzulässig** (AEBewGrSt A 249.1 Abs. 2). Die Abgrenzung der Grundstücksarten erfolgt entsprechend der Kategorien der Abs. 2–9 anhand der Anzahl der Wohnungen und des Verhältnisses der jeweiligen Wohn- und Nutzfläche zur gesamten Wohn- und Nutzfläche. Für die Anzahl der Wohnungen sind die **Verhältnisse am 1.1. eines Kalenderjahres maßgeblich** (Feststellungszeitpunkt, → BewG § 221 Rn. 4 ff.). Entsprechendes gilt für den Flächenvergleich in Bezug auf die tatsächliche Nutzung. Fehlt es (noch) an einer tatsächlichen Nutzung, ist auf die Zweckbestimmung abzustellen, sofern sie nicht zu den objektiven Gegebenheiten im Widerspruch steht. Bei einem Nutzungswechsel ist grundsätzlich auf den Zeitpunkt der Aufnahme der neuen Nutzung abzustellen. Die bloße Absicht, Räumlichkeiten demnächst anders als bisher zu nutzen, ist nicht ausreichend (BFH 17.4.1991 – II R 96/87, BFH/NV 1992, 445). Erst dann, wenn die Räumlichkeiten bereits für die neue Nutzung hergerichtet sind, kann auch schon vor der tatsächlichen Aufnahme der neuen Nutzung die alte Nutzung beendet und daher die neue Nutzung maßgeblich sein. Ähnliches gilt für den Fall des Leerstandes. Die vormalige Nutzung wirkt während der Leerstandszeit grundsätzlich fort, endet aber nicht erst mit Herrichtung der Räumlichkeiten für eine neue Nutzung, sondern bereits dann, wenn eine geänderte Nutzungsabsicht objektiv erkennbar nach außen tritt (→ Rn. 14).

5   Der **Begriff Wohnfläche** bezieht sich auf die Nutzung zu Wohnzwecken (→ Rn. 15). Der **Begriff Nutzfläche** erfasst die übrige Nutzung, also die Nutzung zu eigenen oder fremden betrieblichen Zwecken oder zu öffentlichen Zwecken. Beide beziehen sich allein auf das Gebäude, dh nur die Flächennutzung in Bezug auf das Gebäude ist für die Bestimmung der Grundstücksart relevant. Wie die Grundstücksfläche genutzt wird, ist demgegenüber ohne Bedeutung (vgl. BFH 6.7.1994 – II R 10/91, BFH/NV 1995, 94).

6   Das Gesetz gibt keinen Standard für die Berechnung von Wohn- und Nutzfläche vor. Das überrascht, da es jedenfalls zwei sich durchaus unterscheidende Standards gibt, nach denen sich Raumflächen ermitteln lassen: die **Wohnflächenverordnung** v. 25.11.2003 (BGBl. 2003 I 2346, kurz: WoFlV) und DIN 277 (derzeit:

Grundstücksarten **§ 249 BewG**

DIN 277:2021-08). Die Unterschiede zwischen beiden Standards können durchaus beachtlich sein, was darauf zurückzuführen ist, dass die DIN 277 – anders als die WoFlV – keine Bewertung der jeweiligen Flächen nach ihrem Nutzwert für den Mieter vornimmt. Daher werden va Balkone, Dachterrassen und Dachschrägen unterschiedlich bewertet. **Die Finanzverwaltung will für die Wohnfläche (als Regelmaßstab) die WoFlV anwenden** (AEBewGrSt A 249.1 Abs. 5 S. 1). **Das ist zutreffend** (sowohl für § 249 BewG als auch § 254 BewG → BewG § 254 Rn. 6; ebenso *Krause* in Stenger/Loose BewG § 249 Rn. 42; aA *Bock* in Grootens BewG § 249 Rn. 25). Für **die Maßgeblichkeit der WoFlV in Bezug auf die wohnflächenbezogenen Tatbestandsmerkmale der §§ 243 ff. BewG** sprechen nämlich folgende Argumente: (1) Zwar ist es nicht zwingend, dass § 249 BewG den Begriff aus der WoFlV übernimmt (Relativität der Rechtsbegriffe), allerdings spricht für eine identische Interpretation im hiesigen Kontext, dass der Gesetzgeber mit dem Begriff der Wohnfläche an einen rechtlichen Fachbegriff der WoFlV anknüpft und ihm dabei auch die an die WoFlV anknüpfende Verwaltungspraxis zu § 181 BewG bekannt gewesen sein dürfte. (2) Ferner knüpft auch das Statistische Bundesamt für den Begriff Wohnfläche an die WoFlV an (vgl. zB Gebäude und Wohnungen – Bestand an Wohnungen und Wohngebäuden v. 29.7.2020, dort Erläuterungen zu „Wohnfläche"). Da die Durchschnittsmieten nach Anlage 39 aus dem Mikrozensus abgeleitet worden sind (→ BewG § 254 Rn. 4), dürften sie sich also auf Wohnflächen iSd WoFlV beziehen (vgl. Bauen und Wohnen, Mikrozensus – Zusatzerhebung 2014, S. 447 Stichwort: „Fläche der Wohnung"). (3) Schließlich liegt es nahe, dass der Gesetzgeber an einen Standard anknüpfen will, der auch jenseits des Steuerrechts in rechtlichen Zusammenhängen herangezogen wird. Auch wenn die WoFlV nur für geförderten Wohnraum verbindlich ist (vgl. § 1 WoFlV), gilt die Wohnflächenberechnung nach der WoFlV zB im Wohnraummietrecht auch für freifinanzierten Wohnraum als Auffangstandard (zB bei Flächenberechnungen anlässlich von Betriebskostenabrechnungen [vgl. nur BGH 16.1.2019 – VIII ZR 173/17, NZM 2019, 288] oder Mieterhöhungsverlangen [vgl. nur BGH 17.4.2019 – VIII ZR 33/18, NJW 2019, 2464]). **Ohne Bedeutung sind hingegen die Vorgaben der Zweiten Berechnungsverordnung** (II. BV – Vorgängerregelung der WoFlV, die bis zum 31.12.2003 anzuwenden war, vgl. § 5 WoFlV). Es muss für das neue Bewertungsrecht einen „Standard" geben und dies ist allein die WoFlV (aA insoweit – letztlich aus Vereinfachungsgründen – **die Finanzverwaltung** [AEBewGrSt A 249.1 Abs. 5 S. 2]). Für **die Nutzfläche verweist die Finanzverwaltung hingegen auf DIN 277** in der jeweils geltenden Fassung (AEBewGrSt A 249.1 Abs. 5 S. 1; derzeit: DIN 277:2021-08).

Die für § 249 BewG (grundsätzlich, vgl. auch → Rn. 8) relevanten Vorgaben **7** enthalten die §§ 2–4 WoFlV:

§ 2 Zur Wohnfläche gehörende Grundflächen

(1) ¹Die Wohnfläche einer Wohnung umfasst die Grundflächen der Räume, die ausschließlich zu dieser Wohnung gehören. ²Die Wohnfläche eines Wohnheims umfasst die Grundflächen der Räume, die zur alleinigen und gemeinschaftlichen Nutzung durch die Bewohner bestimmt sind.

(2) Zur Wohnfläche gehören auch die Grundflächen von
1. Wintergärten, Schwimmbädern und ähnlichen nach allen Seiten geschlossenen Räumen sowie
2. Balkonen, Loggien, Dachgärten und Terrassen,

wenn sie ausschließlich zu der Wohnung oder dem Wohnheim gehören.

(3) Zur Wohnfläche gehören nicht die Grundflächen folgender Räume:
1. Zubehörräume, insbesondere:
   a) Kellerräume,
   b) Abstellräume und Kellerersatzräume außerhalb der Wohnung,
   c) Waschküchen,
   d) Bodenräume,
   e) Trockenräume,
   f) Heizungsräume und
   g) Garagen,
2. Räume, die nicht den an ihre Nutzung zu stellenden Anforderungen des Bauordnungsrechts der Länder genügen, sowie
3. Geschäftsräume.

§ 3 Ermittlung der Grundfläche

(1) [1]Die Grundfläche ist nach den lichten Maßen zwischen den Bauteilen zu ermitteln; dabei ist von der Vorderkante der Bekleidung der Bauteile auszugehen. [2]Bei fehlenden begrenzenden Bauteilen ist der bauliche Abschluss zu Grunde zu legen.

(2) Bei der Ermittlung der Grundfläche sind namentlich einzubeziehen die Grundflächen von
1. Tür- und Fensterbekleidungen sowie Tür- und Fensterumrahmungen,
2. Fuß-, Sockel- und Schrammleisten,
3. fest eingebauten Gegenständen, wie z. B. Öfen, Heiz- und Klimageräten, Herden, Bade- oder Duschwannen,
4. freiliegenden Installationen,
5. Einbaumöbeln und
6. nicht ortsgebundenen, versetzbaren Raumteilern.

(3) Bei der Ermittlung der Grundflächen bleiben außer Betracht die Grundflächen von
1. Schornsteinen, Vormauerungen, Bekleidungen, freistehenden Pfeilern und Säulen, wenn sie eine Höhe von mehr als 1,50 Meter aufweisen und ihre Grundfläche mehr als 0,1 Quadratmeter beträgt,
2. Treppen mit über drei Steigungen und deren Treppenabsätze,
3. Türnischen und
4. Fenster- und offenen Wandnischen, die nicht bis zum Fußboden herunterreichen oder bis zum Fußboden herunterreichen und 0,13 Meter oder weniger tief sind.

(4) [1]Die Grundfläche ist durch Ausmessung im fertig gestellten Wohnraum oder auf Grund einer Bauzeichnung zu ermitteln. [2]Wird die Grundfläche auf Grund einer Bauzeichnung ermittelt, muss diese
1. für ein Genehmigungs-, Anzeige-, Genehmigungsfreistellungs- oder ähnliches Verfahren nach dem Bauordnungsrecht der Länder gefertigt oder, wenn ein bauordnungsrechtliches Verfahren nicht erforderlich ist, für ein solches geeignet sein und
2. die Ermittlung der lichten Maße zwischen den Bauteilen im Sinne des Absatzes 1 ermöglichen.

[3]Ist die Grundfläche nach einer Bauzeichnung ermittelt worden und ist abweichend von dieser Bauzeichnung gebaut worden, ist die Grundfläche durch Ausmessung im fertig gestellten Wohnraum oder auf Grund einer berichtigten Bauzeichnung neu zu ermitteln.

§ 4 Anrechnung der Grundflächen

Die Grundflächen
1. von Räumen und Raumteilen mit einer lichten Höhe von mindestens zwei Metern sind vollständig,
2. von Räumen und Raumteilen mit einer lichten Höhe von mindestens einem Meter und weniger als zwei Metern sind zur Hälfte,

Grundstücksarten **§ 249 BewG**

3. von unbeheizbaren Wintergärten, Schwimmbädern und ähnlichen nach allen Seiten geschlossenen Räumen sind zur Hälfte,
4. von Balkonen, Loggien, Dachgärten und Terrassen sind in der Regel zu einem Viertel, höchstens jedoch zur Hälfte

anzurechnen.

Die **WoFlV kann dort nicht gelten, wo dem Bewertungsrecht andere Wertungen zugrunde liegen.** Daher muss vor allem für von der WoFlV vorgesehene Ausnahmen und Anrechnungen die Frage beantwortet werden, ob sie auch für die Anwendung des § 249 BewG Geltung beanspruchen können. Insoweit ist zu differenzieren: **(1)** In einer Wohnung iSv § 249 Abs. 10 BewG kann es nur Wohnräume geben. Sind einer **betrieblichen Nutzung dienende Räume (Arbeitszimmer etc) in eine Wohnung integriert** (sind sie also nur über Wohnflächen zugänglich), gehören sie zur Wohnnutzung (→ Rn. 17) und fließen dementsprechend – ggf. entgegen § 2 Abs. 3 Nr. 3 WoFlV – in die Wohnfläche ein. Ein Geschäftsraum iSv § 2 Abs. 3 Nr. 3 WoFlV kann mithin nur ein Raum sein, der vom Wohnbereich ausreichend getrennt ist (dh insb., dass ein eigenständiger Zugang vorhanden sein muss, FG Saarland 4.3.2008 – 2 K 2146/04, EFG 2008, 1525; FG Münster 19.1.2012 – 3 K 1931/08, EFG 2012, 1527). **(2) Bauordnungswidrig geschaffene bzw. zu Wohnzwecken genutzte Räume** (zB baurechtswidriger Ausbau eines Dachgeschosses) fließen in die Wohnfläche ein, es sei denn zum Feststellungszeitpunkt ist absehbar, dass sie wegen eines Einschreitens der Bauaufsichtsbehörde nicht mehr genutzt werden können (→ BewG § 254 Rn. 6).

Die Ausklammerung der in § 2 Abs. 3 Nr. 1 WoFlV genannten Nutzflächen (praktisch relevant va: **Garagen, Kellerräume, Waschküchen und Abstellräume außerhalb der Wohnung,** im Einzelnen → BewG § 254 Rn. 7) und auch die **Anrechnung nach § 4 WoFlV** sind hingegen auch bewertungsrechtlich anzuwenden (ebenso AEBewGrSt A 249.1 Abs. 5 S. 4; wohl auch *Krause* in Stenger/Loose BewG § 249 Rn. 38, 43).

Beispiel: Ein Gebäude wird zu Wohnzwecken (= 750 qm Wohnfläche iSd WoFlV, mehrere Wohnungen) und zu betrieblichen Zwecken (= 250 qm) genutzt. Die den Mietern der Wohnungen überlassenen Keller machen 150 qm aus.

Da die Keller nur im Zusammenhang mit der Wohnnutzung stehen, bleiben sie für die Verhältnisrechnung außer Betracht. Es ist daher von einer Gesamt Wohn- und Nutzfläche von 1.000 qm auszugehen. Gemessen hieran liegt eine Wohnnutzung im Umfang von 75 % vor. Es handelt sich mithin um ein gemischt-genutztes Gebäude iSv § 249 Abs. 1 Nr. 7, Abs. 8 BewG.

Knüpft man insoweit an die WoFlV an, verändert sich allerdings die Beurteilung in Bezug auf **Kellerräume, Garagen etc, wenn sich die Nutzung zu anderen als Wohnzwecken auf diese Räume erstreckt.** Dann gilt § 2 Abs. 3 WoFlV nicht und die Räume sind für die Bestimmung des Flächenverhältnisses der Nutzung zu Wohnzwecken und der Nutzung zu anderen Zwecken in die Verhältnisberechnung einzubeziehen (glA AEBewGrSt A 249.1 Abs. 5 S. 5; so auch schon BFH 6.11.1991 – II R 91/87, BFH/NV 1992, 644; 6.7.1994 – II R 10/91, BFH/NV 1995, 94 jeweils noch zur II. BV).

Ist ein Teil des Grundstücks steuerbefreit – sei es nach §§ 3ff. GrStG, sei es nach § 245 BewG –, **soll der begünstigte (steuerbefreite) Teil des Grundstücks nach Ansicht der Rechtsprechung** (zur Einheitsbewertung) **bei der Verhältnisrechnung nicht zu berücksichtigen sein** (BFH 26.9.1980 – III R 67/78, BStBl. II 1981, 208; auch für das neue Recht zustimmend zitiert von *Krause* in Stenger/Loose BewG § 249 Rn. 88). Der BFH hat dies vor allem damit begrün-

8

9

10

det, dass der steuerbefreite Teil nicht zur wirtschaftlichen Einheit des Grundstücks gehöre (BFH 26.9.1980 – III R 67/78, BStBl. II 1981, 208). Letzteres ist indes nicht richtig (→ BewG § 244 Rn. 5). Der steuerbefreite Teil gehört durchaus zur wirtschaftlichen Einheit, wird allerdings für Zwecke der Grundsteuerbefreiung uU bereits anlässlich der Bewertung außen vor gelassen. **Bezugspunkt für die Anwendung des § 249 BewG ist daher richtigerweise die gesamte wirtschaftliche Einheit**, dh einschließlich der steuerbefreiten Teile (so wohl auch AEBewGrSt A 249.1 Abs. 3 S. 3).

11 Die **Wohn- und Nutzfläche** wird ein **Datum sein, dass der Steuerpflichtige anlässlich des Feststellungsverfahrens beisteuern muss** – vor allem anlässlich der ersten Hauptfeststellung auf den 1.1.2022. Der Steuerpflichtige, der nicht über die Flächendaten iSd der WoFlV verfügt, wird sich diese beschaffen müssen. Unter Umständen muss er diese auf seine Kosten (→ BewG § 228 Rn. 7) erstmalig erstellen lassen. Insbesondere bei Nicht-Wohngebäuden dürfte sich die **Einsicht in die Bauakten** zur Datenbeschaffung anbieten (va im Hinblick auf eine Flächenberechnung nach DIN 277). Vorbehaltlich landesgesetzlicher Sonderregelungen in den Landesbauordnungen oder den Landesinformationsfreiheitsgesetzen gilt, dass derjenige, der Einsicht in behördliche Akten begehrt, nur einen Anspruch auf ermessensfehlerfreie Entscheidung über sein Akteneinsichtsgesuch hat. Denn § 29 VwVfG (bzw. Art. 29 **Bay**VwVfG), der einen gebundenen Anspruch auf Akteneinsicht vorsieht, findet außerhalb eines laufenden Verwaltungsverfahrens keine Anwendung (vgl. BVerwG 22.9.2016 – 2 C 16/15, NVwZ 2017, 489). Für die Ermessensentscheidung der Bauordnungsbehörde ist vor allem von Bedeutung, ob ein berechtigtes Interesse an der Einsicht in die Bauakten besteht (statt vieler *Kallerhoff/ Mayen* in SBS VwVfG § 29 Rn. 18 ff. mwN). Da der Steuerpflichtige die Informationen für ein Besteuerungsverfahren benötigt und er nur so ggfs. seiner Steuererklärungspflicht (→ BewG § 227 Rn. 4 ff.) nachkommen kann, dürfte das Ermessen idR auf Null reduziert sein. Sofern in den Ländern Informationsfreiheitsgesetze existieren, die natürlichen Personen einen Anspruch auf Zugang zu amtlichen Informationen auch außerhalb laufender Verwaltungsverfahren gewähren, kann der Steuerpflichtige auch auf der Grundlage dieser Regelungen die notwendigen Daten erlangen. Solche Ansprüche werden va nicht von § 29 VwVfG verdrängt (für § 2 IFG NRW zB VG Aachen 28.11.2012 – 8 K 2366/10, BeckRS 2013, 46941).

C. Einfamilienhaus (Abs. 1 Nr. 1, Abs. 2)

12 Gemäß § 249 Abs. 2 BewG liegt ein Einfamilienhaus iSd Bewertungsrechts vor, wenn ein Wohngrundstück eine (einzige) Wohnung enthält und es sich nicht um Wohnungseigentum iSv § 249 Abs. 1 Nr. 4, Abs. 5 BewG handelt. Es gilt der **Wohnungsbegriff des § 249 Abs. 10 BewG. Bei mehreren Wohneinheiten ist vor allem deren Abgeschlossenheit entscheidend** (→ Rn. 32, Beispiele → Rn. 34 f.). Fehlt es hieran, weil es die Abgeschlossenheit hindernde Verbindungen zwischen den Wohneinheiten gibt, dann liegt nur eine Wohnung und damit ein Einfamilienhaus vor. Liegen mehrere abgeschlossene Wohneinheiten vor, handelt es sich gleichwohl um ein Einfamilienhaus, wenn nur eine einzige dieser Wohneinheiten über die für eine Wohnung notwendigen Nebenräume verfügt (→ Rn. 30). Entsprechendes gilt, wenn nur eine Wohnung benutzbar ist. Denn nur eine benutzbare Wohneinheit kann eine Wohnung im bewertungsrechtlichen

Grundstücksarten **§ 249 BewG**

Sinne sein. Für die Benutzbarkeit gelten die zu § 246 Abs. 1 BewG und § 248 BewG entwickelten Kriterien: Eine Wohnung ist objektiv unbenutzbar, wenn sie zerstört ist oder sich in einem Zustand befindet, der aus Gründen des Bauordnungsrechts eine dauernde, der Zweckbestimmung entsprechende Benutzung als Wohnung nicht mehr gestattet (BFH 23.4.1992 – II R 19/89, BFH/NV 1993, 84; →BewG § 246 Rn. 11ff.). Schließlich bedeutet die Maßgeblichkeit des Wohnungsbegriffs iSv § 249 Abs. 10 BewG, dass Räume, die zwar alle Voraussetzungen einer Wohnung erfüllen, aber zu anderen als Wohnzwecken genutzt werden, keine Wohnungen sind (→Rn. 36) und auch für Zwecke des § 249 Abs. 1 Nr. 1, Abs. 2 BewG nicht mitgezählt werden dürfen (BFH 11.1.1995 – II R 125/91, BStBl. II 1995, 302: Die Nutzung der Einliegerwohnung als Steuerberaterkanzlei führt dazu, dass aus einem Zweifamilienhaus bewertungsrechtlich ein Einfamilienhaus wird).

Insbesondere **Bau und Umbau in Abschnitten (iSv § 248 S. 2 BewG):** 13
Grundsätzlich hat die Zuordnung zu einer Grundstücksart nach Maßgabe des Grundstückszustandes im Feststellungszeitpunkt zu erfolgen und ein Gebäude ist nur dann zu berücksichtigen, wenn es zu diesem Zeitpunkt insgesamt benutzbar ist (→ BewG § 246 Rn. 7). Von diesem Grundsatz gilt eine Ausnahme, wenn ein Gebäude in Bauabschnitten iSv § 248 S. 2 BewG errichtet wird (→BewG § 248 Rn. 5). Daher liegt ein Einfamilienhaus vor, wenn das Gebäude im Endzustand zwar mehrere Wohnungen enthalten soll, aber erst ein Bauabschnitt mit nur einer Wohnung fertig gestellt ist (BFH 29.4.1987 – II R 262/83, BStBl. II 1987, 594; 17.3.2004 – II R 47/98, BFH/NV 2004, 1066). Insoweit ist unerheblich, ob das Gebäude von außen bereits den Eindruck eines Zweifamilienhauses oder eines Mietwohngrundstücks macht (zB weil es hinsichtlich der übrigen Wohnungen nur noch am Innenausbau fehlt, vgl. BFH 24.10.1990 – II R 101/87, BFH/NV 1991, 801; 17.3.2004 – II R 47/98, BFH/NV 2004, 1066). Dies alles gilt entsprechend, wenn bei einem „Umbau in Bauabschnitten", auf den § 248 S. 2 BewG ebenfalls Anwendung findet (→ BewG § 248 Rn. 7), zwischen den Bauabschnitten nur eine Wohnung existiert (zu einem solchen Fall BFH 28.11.1990 – II R 36/87, BStBl. II 1991, 209; zur Bestimmung des zutreffenden Fortschreibungszeitpunktes →BewG § 222 Rn. 29).

Entscheidend für die Einordnung als Einfamilienhaus ist im Übrigen, dass es **zu** 14 **Wohnzwecken genutzt** wird. Die begrifflichen Gegenstücke sind die eigenen oder fremden betrieblichen oder öffentlichen Nutzungszwecke (vgl. § 249 Abs. 8 BewG; zur gemischten Nutzung → Rn. 16f.). Maßgeblich ist die tatsächliche Nutzung. Nicht genutzte Flächen, die zuvor Wohnzwecken dienten, gelten bis zu einer Nutzung zu anderen Zwecken weiterhin als zu Wohnzwecken genutzt. Der Wohnzweck wirkt also erst einmal fort und zwar solange, bis eine geänderte Nutzungsabsicht objektiv erkennbar wird (zB Beginn von Umbauarbeiten für eine Gewerbenutzung, Beantragung einer Nutzungsänderung uÄ; aA womöglich AEBewGrSt A 249.1 Abs. 3 S. 5 [auf die bloße Absicht der Nutzungsänderung abstellend]).

Eine **Nutzung zu Wohnzwecken im bewertungsrechtlichen Sinne liegt** 15 **vor, wenn der Aufenthalt von Menschen in den betreffenden Räumen als „Wohnen" bezeichnet werden kann.** Werden die Räume an Dritte überlassen, differenziert die Rechtsprechung in Anlehnung an die ertragsteuerlichen Grundsätze zwischen einer Vermietung/Verpachtung, die sich in den Grenzen der bloßen Vermögensverwaltung hält einerseits (dann „Wohnen") und der Nutzung der Räume im Rahmen einer selbständigen, nachhaltigen Beteiligung am allgemeinen wirtschaftlichen Verkehr andererseits (dann kein „Wohnen", BFH 14.3.1990 – II R 31/87, BStBl. II 1990, 531). Letzteres grenzt vor allem die hotelmäßige Überlassung von Räumen, die typischerweise mit zur Gewerblichkeit führenden Dienstleistungselementen verbunden ist, aus der Wohnnutzung aus (zu den ertragsteuerlichen Abgrenzungskriterien statt vieler *Bode* in Brandis/Heuermann EStG § 15 Rn. 112 ff.: *Krumm* in Kirchhof/Seer EStG § 15 Rn. 69 ff.). Die Überlassung von Wohnungen an Arbeitnehmer führt typischerweise zu einer Wohnnutzung (BFH 14.3.1990 – II R 31/87, BStBl. II 1990, 531; einschließlich Hauspersonal, ebenso *Krause* in Stenger/Loose BewG § 249 Rn. 84).

16   **Alles, was keine Nutzung zu Wohnzwecken ist** (→ Rn. 15), **ist eine andere Nutzung,** die für Zwecke des § 249 Abs. 2 BewG (und § 249 Abs. 3 – Abs. 5 BewG) nicht weiter unterteilt werden muss. Das Gesetz nennt als Gegenstück zur Wohnnutzung zwar nur die betriebliche und öffentliche Nutzung, was eine „sonstige Nutzung", die weder Wohnnutzung noch betriebliche oder öffentliche Nutzung ist, nicht miteinschließt. Allerdings kann § 249 Abs. 2 BewG entnommen werden, dass allein die Wohnnutzung das abgrenzungsleitende Kriterium ist und es auf den Charakter der anderen Nutzung nicht ankommt (iErg ebenso *Krause* in Stenger/Loose BewG § 249 Rn. 72). **Tritt eine solche andere Nutzung zur Wohnnutzung hinzu, kommt es darauf an, welche Nutzung überwiegt.** So schadet der Einordnung als Einfamilienhaus nicht, wenn weniger als 50 % der Wohn- und Nutzfläche zu anderen als Wohnzwecken genutzt werden (§ 249 Abs. 2 S. 2 BewG; dies entspricht auch der Rechtsprechung zum alten Recht, BFH 7.11.2000 – II R 68/98, BFH/NV 2001, 749). Wird ein Gebäude hingegen überwiegend zu Nichtwohnzwecken genutzt, ist es selbst dann kein Einfamilienhaus, wenn es nach seiner baulichen Gestaltung von der Verkehrsauffassung ohne Weiteres als Einfamilienhaus angesehen werden würde (glA *Mannek* in Stenger/Loose BewG § 250 Rn. 33, 35 mit dem Beispiel eines als Anwaltskanzlei genutzten „Einfamilienhauses", das bewertungsrechtlich ein Geschäftsgrundstück ist). Für den notwendigen Flächenvergleich in Ansehung der Nutzung gelten die allgemeinen Grundsätze (→ Rn. 4 ff.).

17   Ergänzend ist noch darauf hinzuweisen, dass eine Nutzung zu anderen als Wohnzwecken nur vorliegen kann, wenn die andere Nutzung von der Wohnnutzung baulich getrennt erfolgt. Vor allem **Räume, die nur über die Wohnräume erreicht werden können, können** – trotz abweichender Nutzung – **immer nur der Wohnnutzung zugerechnet werden** (BFH 9.11.1988 – II R 61/87, BStBl. II 1989, 135: Arbeitszimmer für freiberufliche Tätigkeit, das in den Wohnteil eingegliedert ist; BFH 31.10.1990 – II R 46/87, BFH/NV 1991, 579 hat ein für die im Untergeschoss gelegene Zahnarztpraxis im Obergeschoss gelegenes Gästezimmer dem Wohnnutzungsanteil zugerechnet, weil das Gästezimmer bautechnisch keine unmittelbare Verbindung zur Zahnarztpraxis aufwies und innerhalb der Wohnung lag; BFH 6.11.1991 – II R 91/87, BFH/NV 1992, 644: von Wohnraum umgebenes Arbeitszimmer im Dachgeschoss kann flächenmäßig nicht der „anderen Nutzung" [Erdgeschoss] zugeordnet werden; BFH 7.11.2000 – II R 68/98, BFH/NV 2001, 749; AEBewGrSt A 249.1 Abs. 4 S. 3). Entsprechendes gilt für den umgekehrten Fall: Räumlichkeiten, die nur über die gewerblich oder freiberuflich genutzten Räume erreichbar sind, rechnen nicht zur Wohnnutzung (vgl. BFH 17.4.1996 – II R 20/93, BFH/NV 1996, 789: Nutzung des Erdgeschosses als Arztpraxis und der Wintergarten ist allein über die Praxisräume erreichbar; dann wird der Wintergarten nicht zu Wohnzwecken genutzt).

18   Eine Mitbenutzung iSv § 249 Abs. 2 S. 2 BewG schadet der Einordnung als Einfamilienhaus nur dann nicht, wenn dadurch die **Eigenart als Einfamilienhaus nicht wesentlich beeinträchtigt wird.** Nach Ansicht des BFH ist insoweit nicht

Grundstücksarten **§ 249 BewG**

auf eine etwaige Verkehrsanschauung in Bezug auf Einfamilienhäuser abzustellen. Den Ausgangspunkt bildet vielmehr der bewertungsrechtliche (Rechts-) Begriff des Einfamilienhauses. Hieraus folgert der BFH, dass eine solche Beeinträchtigung der Eigenart erst dann angenommen werden kann, wenn die Mitbenutzung des Wohngrundstücks zu anderen als Wohnzwecken nach außen in der Weise hervortritt, dass sie die Eigenart des Grundstücks deutlich prägt, wenn sie also in den Vordergrund tritt (BFH 27.2.1991 – II R 64/89, BFH/NV 1991, 511; 6.7.1994 – II R 10/91, BFH/NV 1995, 94; 7.11.2000 – II R 68/98, BFH/NV 2001, 749). Dies ist nach dem Umfang der anderweitigen Nutzung, dem äußeren Erscheinungsbild des Grundstücks und der inneren baulichen Gestaltung des Gebäudes zu beurteilen (BFH 7.11.2000 – II R 68/98, BFH/NV 2001, 749). Nicht zu berücksichtigen ist hingegen, ob der Wohnwert der Wohnräume des Wohngrundstückes durch die Mitbenutzung beeinträchtigt wird. Denn diese Beeinträchtigung ist der Mitbenutzung immanent (BFH 27.2.1991 – II R 64/89, BFH/NV 1991, 511). Betrachtet man diese abstrakte Vorgabe und die sodann erfolgten Einzelentscheidungen (→ Rn. 19), gewinnt man freilich den Eindruck, dass die nicht wesentliche Beeinträchtigung doch eine Frage der Verkehrsanschauung ist (ebenso *Bock* in Grootens BewG § 249 Rn. 44), allerdings aus der Perspektive eines bewertungsrechtlich fachkundigen Verkehrs.

Beispiele: Vor allem zu **freiberuflichen Mitnutzungen** hat die Rechtsprechung schon mehrfach entschieden, dass die Sichtbarkeit einer Praxis/Kanzlei von außen, ein uneinheitlicher Baukörper (Zurücksetzung des Wohnteils oder Flachdachanbau neben einem im Übrigen mit Satteldach ausgestatten Baukörper), die eigene Eingangstür und das Vorhalten von Besucherparkplätzen und eines Fahrradständers die Einstufung des Grundstücks als Einfamilienhaus nicht hindern (BFH 9.11.1988 – II R 61/87, BStBl. II 1989, 135 **[Arztpraxis];** 31.10.1990 – II R 46/87, BFH/NV 1991, 579 **[Zahnarztpraxis];** 27.2.1991 – II R 64/89, BFH/NV 1991, 511 **[Anwaltskanzlei];** 23.10.1991 – II R 103/88, BFH/NV 1992, 511 [Arztpraxis]; 23.10.1991 – II R 45/89, BFH/NV 1992, 642 [Arztpraxis]; 7.11.2000 – II R 68/98, BFH/NV 2001, 749 [Arztpraxis]). Dies gilt auch für vergleichbare (zB **gewerbliche**) **Mitnutzungen** (vgl. BFH 6.11.1991 – II R 91/87, BFH/NV 1992, 644 **[Planungsbüro** und Verwaltungstätigkeiten einer GmbH]). Eine solche Vergleichbarkeit wurde allerdings für den Betrieb eines **Friseursalons** verneint (und damit die Beeinträchtigung der Eigenart als Einfamilienhaus bejaht), weil dort mehrere große Schaufenster und eine auffällige Reklametafel vorhanden waren (FG Sachsen-Anhalt 4.3.2008 – 4 K 437/02, BeckRS 2008, 26025554; ebenso BFH 9.10.1985 – II R 189/80, BStBl. II 1986, 171: **Ladengeschäft im Erdgeschoss mit zwei Schaufenstern**). Entsprechendes kann für eine **Gaststätte** gelten (vgl. BFH 22.3.1989 – II R 44/86, BFH/NV 1990, 487). Vor allem dann, wenn die gewerbliche Tätigkeit den **An- und Abtransport von Waren** und sonstigen Materialien unter Verwendung entsprechender Fahrzeuge bedingt, dürfte die Eigenart des Grundstücks durch diese gewerbliche Tätigkeit geprägt sein (BFH 31.10.1990 – II R 46/87, BFH/NV 1991, 579). Allerdings kommt es auch insoweit immer auf den Einzelfall an. So wurde die Beeinträchtigung zB für den Fall verneint, dass das **Garagengebäude für bestimmte Holzbearbeitungen und zu Lagerzwecken** sowie der Garagenvorplatz für ergänzende oder vorbereitende Tätigkeiten für die Montage von Häusern aus Blockbohlen genutzt wurde (BFH 6.11.1991 – II R 91/87, BFH/NV 1992, 644).

19

D. Zweifamilienhaus (Abs. 1 Nr. 2, Abs. 3)

20 Im Gegensatz zum Einfamilienhaus verfügt das **Zweifamilienhaus** über **zwei Wohnungen** (zur Abgrenzung → Rn. 12f. und zum Wohnungsbegriff → Rn. 29 ff.). Zu betrachten ist jeweils die ganze wirtschaftliche Einheit. In der Regel besteht ein Zweifamilienhaus im bewertungsrechtlichen Sinne nur aus einem Gebäude, zwingend ist dies allerdings nicht (vgl. FG Berlin 14.10.1998 – 2 K 2073/98, EFG 1999, 262: zwei eigenständige Gebäude mit jeweils einer Wohnung bildeten dort eine wirtschaftliche Einheit [vgl. auch → BewG § 244 Rn. 8 ff.], was bewertungsrechtlich zu einem Zweifamilienhaus führt, obwohl zwei „Wohnhäuser" vorliegen). **Wie der Verkehr das Gebäude nach dem Erscheinungsbild einordnen würde, ist irrelevant** (→ Rn. 22). Im Übrigen sind die Voraussetzungen identisch: Eine Mitbenutzung zu anderen als Wohnzwecken zu weniger als 50% der Wohn- und Nutzfläche schadet nicht, wenn dadurch die Eigenart als Zweifamilienhaus nicht wesentlich beeinträchtigt wird. Die Ausführungen zum Einfamilienhaus gelten für das Zweifamilienhaus entsprechend (→ Rn. 14 ff.).

Beispiel: Ein dreigeschossiges Gebäude verfügt über drei baulich getrennte Einheiten. Das erste und zweite Obergeschoss werden jeweils zu Wohnzwecken vermietet (zwei Wohnungen mit zusammen 220 qm Wohnfläche iSd WoFlV). Im Erdgeschoss (= 110 qm) befindet sich eine Steuerberatungskanzlei, die auch den Keller (= 60 qm) als Aktenlager nutzt.

Das Gebäude verfügt bewertungsrechtlich über zwei Wohnungen und die Wohnnutzung überwiegt (220 qm zu 170 qm). Sofern die Nutzung als Steuerberatungskanzlei die Eigenart als Zweifamilienhaus nicht wesentlich beeinträchtigen sollte (Frage des Einzelfalls → Rn. 18f.), handelt es sich bewertungsrechtlich um ein Zweifamilienhaus. Sollte die Eigenart wesentlich beeinträchtigt sein, muss eine Einordnung als gemischt-genutztes Grundstück iSv § 249 Abs. 1 Nr. 7 BewG erfolgen.

E. Mietwohngrundstück (Abs. 1 Nr. 3, Abs. 4)

21 **Mietwohngrundstücke** sind Grundstücke, die zu mehr als 80% Wohnzwecken dienen und nicht Ein- und Zweifamilienhäuser oder Wohnungseigentum sind. Hieraus ergibt sich, **dass die Art der Wohngrundstücke ausgehend von der Anzahl der Wohnungen im bewertungsrechtlichen Sinne zu bestimmen ist** (BFH 20.9.2000 – II R 7/99, BFH/NV 2001, 428): Ein Mietwohngrundstück setzt zuvorderst mehr als zwei Wohnungen voraus. Denn anderenfalls wäre es ein Ein- oder ein Zweifamilienhaus iSv § 249 Abs. 1 Nr. 1 bzw. 2 BewG (vgl. auch → Rn. 13 zur Errichtung in Bauabschnitten). Maßgeblich ist insoweit der Wohnungsbegriff des § 249 Abs. 10 BewG. Daher ist entscheidend, ob die für mehrere Wohnungen erforderliche Trennung der Wohnbereiche von den gemeinsamen Verkehrsflächen, nämlich dem Treppenhaus und dem Aufzug etc, gegeben ist (→ Rn. 32; Beispiele → Rn. 34 f.), und ob diese Räumlichkeiten auch tatsächlich Wohnzwecken dienen (→ Rn. 36).

22 **Ohne Bedeutung ist die Verkehrsanschauung.** Es ist mithin irrelevant, wie der Verkehr das Gebäude nach dem Erscheinungsbild einordnen würde. Denn der Begriff des Ein- bzw. Zweifamilienhauses im bewertungsrechtlichen Sinn ist ein durch die Umschreibungen in § 249 BewG gekennzeichneter Rechtsbegriff (BFH 12.11.1986 – II R 48/85, BStBl. II 1987, 104; 9.11.1988 – II R 61/87, BStBl. II

1989, 135; BFH 20.9.2000 – II R 7/99, BFH/NV 2001, 428). **Ein Mietwohngrundstück kommt also erst dann in Betracht, wenn nach dieser Maßgabe drei oder mehr Wohnungen vorhanden sind** (BFH 20.9.2000 – II R 7/99, BFH/NV 2001, 428). Daher ist vor allem die Gewichtung der Wohnungen zueinander ohne Bedeutung. So ist zB eine Villa mit einer großzügigen, dominierenden Hauptwohnung und zwei kleinen Einliegerwohnungen ein Mehrfamilienhaus, auch wenn der Rechtsverkehr uU dem Erscheinungsbild nach von einem Einfamilienhaus ausgehen würde (AEBewGrSt A 249.4 S. 7). Unerheblich ist auch, ob jenseits bestehender Wohnungen (in gewichtigem Umfang) Wohnraum vorhanden ist, der nicht den Wohnungsbegriff erfüllt (aA FG Niedersachsen 13.10.1992 – I 631/88, EFG 1993, 368; FG Niedersachsen 16.10.2001 – 1 K 199/00, EFG 2002, 178, das auch dann bei nur zwei Wohnungen ein Mietwohngrundstück annimmt, wenn noch weiterer – nicht die Voraussetzungen einer Wohnung iSv § 249 Abs. 10 BewG erfüllender – Wohnraum von nicht nur untergeordneter Bedeutung vorhanden ist). Erst recht kann es nicht ausreichen, dass nur „Wohneinheiten" existieren (die jeweils für sich nicht die Voraussetzungen des § 249 Abs. 10 BewG erfüllen). **Die Finanzverwaltung scheint dies (nunmehr) womöglich anders zu sehen.** In AEBewGrSt A 249.4 S. 3f. heißt es, dass ein Mietwohngrundstück idR (!) mehr als zwei Wohnungen enthalte und dann wird ausgeführt, dass ein Mietwohngrundstück auch dann vorliegen könne, wenn keine der im Gebäude befindlichen Wohnräume den Wohnungsbegriff erfüllt; insoweit wird auf ein Studentenwohnheim verwiesen. Dies widerspricht aber dem Wortlaut von § 249 Abs. 1–3 BewG.

Liegen mindestens drei Wohnungen vor und wird ein Teil des Gebäudes auch zu 23 anderen als Wohnzwecken genutzt, muss zur Abgrenzung zum Geschäftsgrundstück (Nr. 6) und gemischt-genutzten Grundstück (Nr. 7) ein **Flächenvergleich** durchgeführt werden. Damit es sich um ein Mietwohngrundstück handelt, müssen mehr als 80% der Wohn- und Nutzfläche Wohnzwecken dienen. Für den Begriff der Wohnzwecke und für die Berechnung gelten die bereits zum Einfamilienhaus dargestellten Grundsätze (→ Rn. 14ff.).

F. Wohnungseigentum (Abs. 1 Nr. 4, Abs. 5)

Wohnungseigentum bildet eine eigenständige wirtschaftliche Einheit 24 (→ BewG § 244 Rn. 26ff.). Die Definition in § 249 Abs. 5 BewG folgt § 1 Abs. 2 WEG. Auch wenn das Gesetz insoweit schweigt, **setzt Wohnungseigentum iSv § 249 Abs. 1 Nr. 4 BewG eine Wohnnutzung** (→ Rn. 15) voraus. Denn es wird wie alle anderen „Wohngrundstücke" bewertet (vgl. § 250 Abs. 2 BewG). Maßgeblich ist damit nicht die zivilrechtliche Kategorisierung, sondern die tatsächliche Nutzung. Die Wohnnutzung mag zwar Begriffsmerkmal des Wohnungseigentums sein, kommt es allerdings zu einer (uU unzulässigen, vgl. BGH 27.10.2017 – V ZR 193/16, BGHZ 216, 333: die Grundtypen Wohnungs- und Teileigentum schließen sich vorbehaltlich anderslautender Vereinbarungen gegenseitig aus) Nichtwohnnutzung, ist Letztere maßgeblich. Dann liegt bewertungsrechtlich Teileigentum iSv § 249 Abs. 1 Nr. 5 BewG vor.

G. Teileigentum (Abs. 1 Nr. 5, Abs. 6)

25 **Teileigentum** bildet eine eigenständige wirtschaftliche Einheit (→ BewG § 244 Rn. 26 ff.). Anknüpfend an § 1 Abs. 3 WEG erfasst sie das Sondereigentum an nicht zu Wohnzwecken dienenden Räumen eines Gebäudes und den Miteigentumsanteil am gemeinschaftlichen Eigentum. Ebenso wie beim Wohnungseigentum ist für die Bestimmung der Grundstücksart die **tatsächliche Nutzung maßgeblich** (→ Rn. 24).

H. Geschäftsgrundstücke (Abs. 1 Nr. 6, Abs. 7)

26 **Geschäftsgrundstücke** sind Grundstücke, die zu mehr als 80 % der Wohn- und Nutzfläche eigenen oder fremden betrieblichen oder öffentlichen Zwecken dienen und nicht Teileigentum sind. Die Bandbreite in der sozialen Wirklichkeit reicht insoweit von einem Geschäftshaus in Innenstadtlage über den Einzelhandels-Discounter bis zum Industriegrundstück mit Produktions- und Lagerhallen. Die Abgrenzung zu anderen Grundstücksarten erfolgt allein über die Nutzung. Maßgeblich ist das Flächennutzungsverhältnis, wofür die Nutzung zu betrieblichen und öffentlichen Zwecken einerseits der Nutzung zu Wohnzwecken und sonstigen Zwecken andererseits (vor allem Vereins- und Freizeitnutzung, *Krause* in Stenger/Loose BewG § 249 Rn. 72) gegenüberzustellen ist.

I. Gemischt-genutzte Grundstücke (Abs. 1 Nr. 7, Abs. 8)

27 **Gemischt genutzte Grundstücke** sind Grundstücke, die teils Wohnzwecken, teils eigenen oder fremden betrieblichen oder öffentlichen Zwecken dienen und nicht Ein- und Zweifamilienhäuser, Mietwohngrundstücke, Wohnungseigentum, Teileigentum oder Geschäftsgrundstücke sind. Die Zuordnung eines Grundstücks zu § 249 Abs. 1 Nr. 7, Abs. 8 BewG erfolgt beim Zusammentreffen von Wohnnutzung und Nutzung zu betrieblichen bzw. öffentlichen Zwecken mithin im Ausschlussverfahren (*Krause* in Stenger/Loose BewG § 249 Rn. 161). Vor allem dann, wenn das Gebäude nur über eine Wohnung oder zwei Wohnungen verfügt und die Nichtwohnnutzung weniger als 50 % beträgt, kommt es entscheidend darauf an, ob die Nichtwohnnutzung die Eigenart als Einfamilienhaus bzw. als Zweifamilienhaus wesentlich beeinträchtigt (→ Rn. 18 f.).

J. Sonstige bebaute Grundstücke (Abs. 1 Nr. 8, Abs. 9)

28 Kann ein bebautes Grundstück keiner der Grundstücksarten nach § 249 Abs. 1 Nrn. 1–7 BewG zugeordnet werden, ist es ein **sonstiges bebautes Grundstück**. Zu dieser Grundstücksart gehören vor allem Grundstücke, die weder zu Wohnzwecken noch zu betrieblichen oder öffentlichen Zwecken genutzt werden. Als Beispiele werden vor allem Gebäude genannt, die im Zusammenhang mit **Vereins- oder Freizeittätigkeiten** stehen (vgl. BT-Drs. 19/11085, 111: private Bootshäuser; ferner AEBewGrSt A 249.9 S. 2: Vereinshäuser, Clubhäuser, Jagdhütten, studentische Verbindungshäuser, Turnhallen von Sportvereinen, Schützenhallen).

Allerdings kann auch ein Gebäude, das Wohnzwecken dient, ausnahmsweise ein sonstiges bebautes Grundstück sein, wenn es nämlich nicht den Mindestanforderungen an eine Wohnung genügt (→ Rn. 29 ff.). AEBewGrSt A 249.9 S. 4 nennt beispielhaft Wochenendhäuser, die nicht dauernd bewohnt werden können. Im Einzelfall kann ferner ein selbstständiges Garagengrundstück § 249 Abs. 1 Nr. 8 BewG zuzuordnen sein, sofern eine Einbeziehung in eine andere wirtschaftliche Einheit (→ BewG § 244 Rn. 18 ff.) nicht in Betracht kommt und keine betriebliche Nutzung vorliegt.

K. Wohnungen (Abs. 10)

Die **Wohnung im bewertungsrechtlichen Sinne** (die auch für das GrStG im Übrigen maßgeblich ist, → GrStG § 5 Rn. 19) ist ein **„Typusbegriff"** (BFH 5.10.1984 – III R 192/83, BStBl. II 1985, 151 [152]; 22.9.1993 – II R 63/91, BStBl. II 1994, 415; 4.12.2014 – II R 20/14, BStBl. II 2015, 610 Rn. 10; 26.8.2020 – II R 39/18, BFH/NV 2021, 347): **Unter einer Wohnung ist die Zusammenfassung einer Mehrheit von Räumen zu verstehen, die in ihrer Gesamtheit so beschaffen sein müssen, dass sie die Führung eines selbstständigen Haushalts auf Dauer ermöglichen.** Dazu ist es ua erforderlich, dass (1) die **abgeschlossene Wohneinheit eine bestimmte Fläche nicht unterschreitet** (→ Rn. 33), (2) die für die Führung eines selbstständigen Haushalts notwendigen Nebenräume vorhanden sind (→ Rn. 30 f.) und (3) die als Wohnung in Betracht kommenden **Räumlichkeiten eine von anderen Wohnungen oder Räumen baulich getrennte, in sich abgeschlossene Wohneinheit mit selbstständigem Zugang bilden** (→ Rn. 32). Ob diese Merkmale des Wohnungsbegriffs gegeben sind, entscheidet sich nach der Verkehrsauffassung. Dabei handelt es sich um die gerichtsbekannte Anschauung, die urteilsfähige und unvoreingenommene Bürger von einer Sache haben oder gewinnen, wenn sie mit ihr befasst werden. Die Verkehrsauffassung wird insb. durch die örtlichen Verhältnisse und den Wohnungsmarkt bestimmt (so weitgehend wörtlich BFH 26.8.2020 – II R 39/18, BFH/NV 2021, 347 mwN).

Die für die **Möglichkeit der Führung eines eigenen Haushaltes** notwendigen Nebenräume sind namentlich die Küche, das Bad bzw. die Dusche und eine Toilette. Ausreichend ist, dass insoweit die notwendigen Anschlüsse vorhanden sind. In Ansehung der Küche ist auch nicht erforderlich, dass hierfür ein gesonderter Raum vorgesehen ist (→ Rn. 34 mNachw). Weitere „Nutzungsanforderungen" stellt das Gesetz nicht. Es ist daher ohne Bedeutung, ob die Räume über eine eigene Klingel, einen Briefkasten, einen Telefon-, Fernseh- und Internetanschluss verfügen und ob einem „Mindeststandard" genügen (BFH 26.8.2020 – II R 39/18, BFH/NV 2021, 347).

Maßgeblich ist auch nicht, ob die Räume zum dauernden Aufenthalt von Menschen rechtlich bestimmt sind, sondern lediglich, ob sie dazu geeignet sind. Daher **steht es der Annahme einer Wohnung nicht entgegen, wenn „Wohnen" eine bauplanungsrechtlich unzulässige Nutzung ist.** Auch das Fehlen einer Baugenehmigung kann unschädlich sein. Dies ist zB dann der Fall, wenn die Wohnnutzung lediglich formell – und nicht auch materiell – baurechtswidrig ist oder wäre (BFH 10.12.1997 – II R 10/95, BFH/NV 1998, 687). Das Bauordnungsrecht (Landesrecht) – und damit auch eine fehlende Baugenehmigung – kann allerdings dann bewertungsrechtlich relevant sein, wenn es über seine materiellen bauordnungsrechtlichen Anforderungen die Eignung zum Aufenthalt von Menschen konkretisiert. Denn eine solche Eignung scheidet grundsätzlich aus, wenn der Aufenthalt von Menschen wegen der Gebäude-/Raumeigenschaften nach Bauordnungsrecht generell verboten oder sogar konkret untersagt ist (BFH 24.4.1991 – II R 2/89, BStBl. II 1991, 683; 10.12.1997 – II R 10/95, BFH/NV 1998, 687). Daher kann eine Wohnung nicht angenommen werden, wenn zB die bauordnungsrechtlich vorgeschriebene Mindesthöhe für Räume unterschritten wird (FG Hamburg 1.2.1994 – III 288/91, EFG 1994, 777). Dies gilt jedenfalls solange, bis die Behörde hiervon nicht dispensiert und gleichwohl eine Baugenehmigung erteilt (vgl. BFH 24.4.1991 – II R 2/89, BStBl. II 1991, 683; 5.4.1995 – II R 62/92, BFH/NV 1995, 956: FG-Verfahren ist nach § 74 FGO bis zur bestandskräftigen Erteilung oder Versagung der Baugenehmigung auszusetzen, sofern die Wohnnutzung bereits zum Feststellungszeitpunkt genehmigungsfähig war, vgl. auch → BewG § 222 Rn. 32). Dass die **Bewohner häufig wechseln,** steht der Annahme einer Wohnung nicht entgegen (BFH 22.9.1993 – II R 63/91, BStBl. II 1994, 415 [Ferienhäuser]; 26.8.2020 – II R 39/18, BFH/NV 2021, 347 [Ferienhäuser, die als Flüchtlingsunterkunft genutzt werden]). Entsprechendes gilt für den Umstand, dass die Räume baulich **nicht auf die typischen Bedürfnisse einer Familie zugeschnitten** sind oder mehrere Bewohner darin tatsächlich keinen gemeinsamen Haushalt führen können (BFH 21.4.1999 – II R 5/97, BStBl. II 1999, 496; dies betrifft vor allem Wohngruppen, → Rn. 34 f.).

32 Die notwendige **räumliche Abgeschlossenheit** ist nur dann gegeben, **wenn fremde Dritte keinen freien Zugang haben** (BFH 30.4.1982 – III R 33/80, BStBl. II 1982, 671; 11.4.2006 – II R 77/04, BFH/NV 2006, 1707; 4.12.2014 – II R 20/14, BStBl. II 2015, 610 Rn. 12) und zwar nicht bezogen auf ein einzelnes Zimmer, sondern gerade in Bezug auf die „Wohneinheit" (vgl. FG Münster 13.12.2018 – 3 K 34/16, BeckRS 2018, 42348). Es geht mithin um eine Trennung von den gemeinsamen Verkehrsflächen (wie Treppenhaus und Aufzug, BFH 6.7.2011 – II R 35/10, BFH/NV 2011, 2019). Daher ist vor allem die Abschließbarkeit der Zugangstür zu der Wohneinheit (zumindest vom Hausflur aus) von Bedeutung (BFH 21.4.1999 – II R 5/97, BStBl. II 1999, 496; 6.7.2011 – II R 35/10, BFH/NV 2011, 2019: Keine Abgeschlossenheit, wenn Wohnräume lediglich durch eine Schiebetür getrennt sind oder durch eine nicht abgeteilte Loggia von beiden Wohneinheiten aus betreten werden können). Entsprechendes gilt für einen Aufzug, der direkt in eine Wohneinheit führt. Hier muss sichergestellt sein, dass nur der Berechtigte über den Aufzug Zugang in die Wohneinheit erhält (vgl. BFH 6.7.2011 – II R 35/10, BFH/NV 2011, 2019, dort diente der Aufzug wohl auch der internen Verbindung der Wohneinheiten). Nur dann ist ein freier Zugang für Dritte ausgeschlossen. Ist eine Tür zur Wohneinheit abschließbar, steht es der Annahme einer Wohnung allerdings nicht entgegen, dass die Türen tatsächlich nicht abgeschlossen werden (BFH 30.4.1982 – III R 33/80, BStBl. II 1982, 671), zB um in einem Pflegeheim dem Pflegepersonal den Zutritt zu ermöglichen (BFH 21.4.1999 – II R 5/97, BStBl. II 1999, 496; 11.4.2006 – II R 77/04, BFH/NV 2006, 1707). Der freie – gegen eine Wohnung sprechende – Zugang soll allerdings dann anzunehmen sein, wenn die Türen schon technisch nicht abschließbar sind und es auch nicht sein dürfen (zB aus Gründen des Brandschutzes, so bei FG Münster 13.12.2018 – 3 K 34/16, BeckRS 2018, 42348).

33 Schließlich ist eine Mindestfläche zu beachten. Diese „soll" mindestens 20 qm betragen. Das Gesetz greift damit – in Abweichung von § 181 Abs. 9 S. 4 BewG (dort: 23 qm und „muss") – die auch in der Rechtsprechung zur Einheitsbewertung

Grundstücksarten §249 BewG

und § 5 GrStG formulierte Mindestgröße auf (BFH 4.12.2014 – II R 20/14, BStBl. II 2015, 610 Rn. 13). Mit der Soll-Formulierung wird dem typologischen Ansatz Rechnung getragen; insbesondere beim Unterschreiten dieser 20 qm kann im Einzelfall unter Abwägung aller Gesamtumstände gleichwohl eine Wohnung anzunehmen sein. Für die Mindestgröße ist auf die Wohneinheit abzustellen und nicht auf die einzelnen Zimmer (BFH 30.5.1990 – II R 139/86, BFH/NV 1991, 268; 4.12.2014 – II R 20/14, BStBl. II 2015, 610 Rn. 13 jeweils Studentenwohnheime, die aus mehreren Wohngemeinschaften bestanden).

Eine **Wohnung wurde bejaht** 34
– bei Wohngruppen-Räumen mit je 300 qm in einem **Heim für schwerbehinderte Kinder und Jugendliche,** die von rund acht ständig von Therapeuten betreuten Personen bewohnt werden, die über Einzel- und Zweibettzimmer, einen Aufenthaltsraum, ein Mitarbeiterzimmer, eine kleine Küche und mehrere Toiletten und Badezimmer verfügen, und zu denen der Zugang nur vom Hauseingang bzw. Treppenhaus her über die von außen mit dem Schlüssel und von innen mit der Klinke zu öffnende Eingangstür möglich war (BFH 11.4.2006 – II R 77/04, BFH/NV 2006, 1707; ähnlich bezüglich einer **Wohneinrichtung für seelisch Behinderte** BFH 21.4.1999 – II R 5/97, BStBl. II 1999, 496);
– bei einer Wohneinheit in einem **Studentenwohnheim,** die aus einem Wohn-Schlafraum mit einer vollständig eingerichteten Küchenkombination oder zumindest einer Kochgelegenheit mit den für eine Kleinkücheneinrichtung üblichen Anschlüssen, einem Bad/WC und einem Flur besteht, auch wenn je ein Raum an verschiedene Benutzer unter gleichzeitiger gemeinsamer Nutzungsmöglichkeit von Küche und Bad vermietet wird und wegen förderrechtlicher Vorgaben auch nur einzeln vermietet werden darf; für die Mindestgröße ist auf die Wohneinheit abzustellen und nicht auf die einzelnen Zimmer (BFH 30.5.1990 – II R 139/86, BFH/NV 1991, 268; ähnlich bereits BFH 17.5.1990 – II R 182/87, BStBl. II 1990, 705 [21 qm für die Entfaltung einer eigenen Persönlichkeit ausreichend]; bestätigt von BFH 4.12.2014 – II R 20/14, BStBl. II 2015, 610);
– für eine **Unterkunft für Flüchtlinge,** in der sechs Raumeinheiten zwischen 85 und 95 qm bestehend aus je vier Zimmern, Küche, Bad und WC vorhanden waren, die zum Treppenhaus hin jeweils durch eine Tür abgeschlossen werden konnten (BFH 15.3.2001 – II R 38/99, BFH/NV 2001, 1449);
– für ein **Appartement in einem Altenheim bzw. Altenwohnheim,** das aus mindestens einem Zimmer, Bad, WC, Flur und Loggia mit einer Gesamtwohnfläche von mehr als 27 qm bestand und über eine Küchenkombination verfügte (BFH 1.7.1983 – III R 76/82, BeckRS 1983, 05058);
– in Ansehung eines **Ferienhauses,** dessen Wohnfläche 49 qm beträgt und das neben einem Aufenthaltsraum mit Küchenzeile ein Bad und drei Schlafräume enthält, auch wenn es nicht über eine separate Strom-, Gas- und Wasserversorgung verfügt, sofern das Haus an entsprechende Gemeinschaftseinrichtungen angeschlossen ist (BFH 22.9.1993 – II R 63/91, BStBl. II 1994, 415); unschädlich für die Zuordnung zum Typus der Wohnung ist es ferner, wenn Klingel, Briefkasten, Telefon-, Fernseh- und Internetanschluss fehlen (BFH 26.8.2020 – II R 39/18, BFH/NV 2021, 347).

Eine **Wohnung wurde verneint** 35
– für ein **Offizierswohnheim,** das aus Wohn-/Aufenthaltsräumen mit ca. 22 qm bestand (Schlaf- und Aufenthaltsteil mit Waschbecken) und Koch- und Sanitäreinrichtungen nur als Gemeinschaftseinrichtungen vorsah (BFH 24.11.1978 – III R 55/76, BStBl. II 1979, 117; ähnlich FG Rheinland-Pfalz 1.10.2009 – 4 K

§ 250 BewG   Siebenter Abschnitt. Bewertung d. Grundbesitzes ab 1.1.2022

2049/07, EFG 2009, 2047 für Einzelappartements mit 23 qm ohne eigene Küche; das **Vorhandensein einer Gemeinschaftsküche sei nicht ausreichend**);
- für eine **Pflegeeinrichtung**, wenn die Türen zu den Wohngruppen aus brandschutzrechtlichen Gründen mit Blindzylindern versehen sind; dass der Zugang ab 18 Uhr nur noch auf Klingeln und Öffnung von innen hin möglich ist, stehe einem ungehinderten Zugang Dritter nicht entgegen (FG Münster 13.12.2018 – 3 K 34/16, BeckRS 2018, 42348).

36   Eine Wohneinheit verliert den Charakter als Wohnung, wenn sie einer wohnfremden Nutzung zugeführt wird (BFH 22.2.1985 – III R 78/81, BStBl. II 1985, 284 zu § 75 BewG). Deshalb sind zB freiberuflich oder gewerblich genutzte Räume auch dann nicht als Wohnung zu bewerten, wenn sie – rein baulich gesehen – alle Anforderungen des Wohnungsbegriffs erfüllen (BFH 11.1.1995 – II R 125/91, BStBl. II 1995, 302: Einliegerwohnung, die als Steuerberaterkanzlei genutzt wird; FG Münster 28.1.1999 – 3 K 350/97, EFG 1999, 725: Büronutzung). Zudem ist eine Wohneinheit keine Wohnung, wenn sie noch nicht oder nicht mehr benutzbar ist. Die Benutzbarkeit richtet sich dabei nach den zu § 246 Abs. 1 BewG entwickelten Grundsätzen (→ BewG § 246 Rn. 5 ff.).

§ 250 Bewertung der bebauten Grundstücke

(1) **Der Grundsteuerwert bebauter Grundstücke ist nach dem Ertragswertverfahren (Absatz 2) oder dem Sachwertverfahren (Absatz 3) zu ermitteln.**

(2) **Im Ertragswertverfahren nach den §§ 252 bis 257 sind zu bewerten:**
1. **Einfamilienhäuser,**
2. **Zweifamilienhäuser,**
3. **Mietwohngrundstücke,**
4. **Wohnungseigentum.**

(3) **Im Sachwertverfahren nach den §§ 258 bis 260 sind zu bewerten:**
1. **Geschäftsgrundstücke,**
2. **gemischt genutzte Grundstücke,**
3. **Teileigentum,**
4. **sonstige bebaute Grundstücke.**

Gilt nicht in **Baden-Württemberg** (dort wird nur der Grund und Boden bewertet) sowie **Bayern, Hamburg, Hessen** und **Niedersachsen** (dort gelten jeweils wertunabhängige Bewertungsmaßstäbe).

A. Allgemeines

I. Systematische Einordnung und Zweck der Regelung

1   In § 250 BewG wird die Bewertungsmethode in Abhängigkeit von der Grundstücksart festgelegt. Das Ertragswertverfahren (§§ 252 ff. BewG) gilt für sog. Wohngrundstücke (also § 249 Abs. 1 Nrn. 1–4 BewG). Im Sachwertverfahren (§§ 258 ff. BewG) werden hingegen Nicht-Wohngrundstücke (also § 249 Abs. 1 Nrn. 5–8 BewG) bewertet. Maßgeblich ist die bewertungsrechtliche Einordnung der wirtschaftlichen Einheit (→ Rn. 3). Die grundsteuerliche Verkehrswertermittlung nach Maßgabe der §§ 250 ff. BewG steht verfassungsrechtlich in der Kritik, die allerdings

Bewertung der bebauten Grundstücke **§ 250 BewG**

im Ergebnis nicht durchgreift. Sowohl die strikte Vorgabe der Bewertungsverfahren für bestimmte Grundstücksarten (→ Rn. 4) als auch die Ausgestaltung der jeweiligen Verfahren (methodisch ebenso wie in Bezug auf die verbindliche Vorgabe von „Durchschnittsdaten") ist – auch ohne die Möglichkeit des Nachweises eines niedrigeren gemeinen Wertes durch ein Sachverständigengutachten (→ Rn. 5) – verfassungsgemäß (→ Grundlagen Rn. 102 ff., 133 f.).

II. Entwicklung der Vorschrift

§ 250 BewG beruht auf dem Grundsteuerreformgesetz v. 26.11.2019 2 (→ Grundlagen Rn. 13; zu § 250 BewG BT-Drs. 19/11085, 111). Anders als in § 76 BewG werden die Bewertungsverfahren ohne Rückausnahmen vorgegeben und das Ertragswertverfahren ist nur noch sog. Wohngrundstücken vorbehalten.

B. Maßgeblichkeit der Grundstücksart für das Bewertungsverfahren (Abs. 1–3)

Das **Bewertungsverfahren richtet sich nach der bewertungsrechtlichen** 3 **Grundstücksart iSv § 249 BewG.** Die Artfeststellung entfaltet insoweit Bindungswirkung für die Feststellung des Grundsteuerwertes (→ BewG § 219 Rn. 14 f.):

– Nach dem **Ertragswertverfahren** (§ 250 Abs. 2 BewG) zu bewertende Grundstücke sind Ein- und Zweifamilienhäuser, Mietwohngrundstücke und Wohnungseigentum (kurz: sog. Wohngrundstücke; nach BT-Drs. 19/11085, 112 sollen diese Grundstücke 24 der 36 Millionen wirtschaftlichen Einheiten ausmachen). Dieser Methodenvorgabe liegt die Erwartung zugrunde, dass der **Mietertrag den Gebäudewert maßgeblich determiniert.** Das Gesetz erklärt insoweit freilich nicht die tatsächlich vereinbarte oder zumindest eine ortsübliche Miete für maßgeblich, sondern gibt eine aus statistischen Erhebungen gewonnene Durchschnittsmiete vor. Dabei unterstellt der Gesetzgeber, dass sich selbst für Einfamilienhäuser eine solche Durchschnittsmiete feststellen lässt. Eine Rückausnahme für Ein- und Zweifamilienhäuser mit besonderer Gestaltung und Ausstattung („Luxushäuser", nach § 76 Abs. 3 Nr. 1 BewG: dann Sachwertverfahren) ist im neuen Recht nicht mehr vorgesehen. Auch dies muss vor dem Hintergrund der Automatisierungsstrategie gesehen werden. Denn eine Differenzierung in Bezug auf Ausstattung und Gestaltung löst einen besonderen Erklärungs-, aber vor allem auch Verifikationsbedarf (Ortsbesichtigungen) aus, der im neuen Recht nicht mehr erforderlich ist (vgl. BT-Drs. 19/11085, 112).

– Das **Sachwertverfahren** (§ 250 Abs. 3 BewG) kommt bei allen anderen bebauten Grundstücksarten iSv § 249 BewG zur Anwendung: Geschäftsgrundstücke, gemischt-genutzte Grundstücke, Teileigentum und sonstige bebaute Grundstücke. Dem Sachwertverfahren liegt die Prämisse zugrunde, dass sich der Wert des Gebäudes aus den bei einem Neubau aufzuwendenden Kosten ergibt (zu den Normalherstellungskosten → BewG § 259 Rn. 3). Da der Grundstücksmarkt allerdings idR nicht die Herstellungskosten vergütet, ist noch eine sog. Marktanpassung vorzunehmen (weiterführend → BewG § 258 Rn. 5). Bereits im alten Recht wurden nicht wenige Geschäftsgrundstücke nach dem Sachwertverfahren bewertet (weil nicht die Regel in § 76 Abs. 1 Nr. 2 BewG [Ertragswertverfahren], sondern die Ausnahme in § 76 Abs. 3 Nr. 2 BewG [Sachwertverfahren] maßgeb-

603

§ 250 BewG Siebenter Abschnitt. Bewertung d. Grundbesitzes ab 1.1.2022

lich war). Nunmehr ist die Vorgabe zwingend. Die strikte Vorgabe des Sachwertverfahrens für alle Nicht-Wohngrundstücke (und damit selbst für solche, die ein Renditeobjekt sind) dient wiederum der Verwirklichung der Automatisierungsstrategie. Es soll (anders als bei der Bewertung von Wohnraum) an dem für die Ermittlung durchschnittlicher Mieterträge von Nicht-Wohngrundstücken notwendigen Datenmaterial fehlen (BT-Drs. 19/11085, 112). Dessen ungeachtet dürfte es allerdings auch nicht wenige gewerbliche Objekte geben, für die schlicht keine Vergleichsmieten existieren bzw. die sich aufgrund ihrer Eigenarten einer Durchschnittsbetrachtung entziehen (vor allem Industriegrundstücke).

4 Die **Bewertung der bebauten Grundstücke nach Maßgabe von §§ 250 ff. BewG ist zwingend** und dies in jeder Hinsicht: (1) Die **Zuordnung der Grundstücksarten zu den beiden Bewertungsverfahren** nach § 250 Abs. 2 u. 3 BewG **ist verbindlich.** Hiervon darf nicht abgewichen werden. Ausnahmen, wie sie noch im Rahmen der Einheitsbewertung in § 76 BewG vorgesehen waren, enthält das Gesetz nicht mehr. (2) Die **Zuordnung hat zudem zwingend einheitlich für die gesamte wirtschaftliche Einheit zu erfolgen.** (3) Ebenso **verbindlich ist das Gesetz in Bezug auf die Bewertungsdaten,** die innerhalb der beiden Bewertungsverfahren relevant sind. Das Gesetz gibt mit Bindungswirkung beim Ertragswertverfahren vor allem den Rohertrag, die Bewirtschaftungskosten und die Gesamtnutzungsdauer des Gebäudes vor. Für das Sachwertverfahren gilt dies für die Normalherstellungskosten. Eine Heranziehung objektspezifischer Daten (wie zB beim Ertragswertverfahren die tatsächlich vereinbarte Miete etc) ist im Gesetz nicht vorgesehen (für die Bewirtschaftungskosten auch explizit BT-Drs. 19/11085, 115). (4) Die **vom Gesetz vorgegebenen Bewertungsdaten sind zudem abschließend.** Der Gesetzgeber führt in der Begründung aus, dass er bewusst keine dem § 8 Abs. 3 ImmoWertV 2022 entsprechende Regelung in das BewG übernommen hat. Nach dieser Regelung können besondere objektspezifische Grundstücksmerkmale wie beispielsweise eine wirtschaftliche Überalterung, ein überdurchschnittlicher Erhaltungszustand, Bodenverunreinigungen, Baumängel oder Bauschäden sowie besondere Ertragsverhältnisse, durch marktgerechte Zu- oder Abschläge oder in anderer geeigneter Weise berücksichtigt werden. Dergleichen soll beim Grundsteuerwert nicht berücksichtigungsfähig sein (BT-Drs. 19/11085, 114, dort noch zu dem inhaltsgleichen § 8 Abs. 3 ImmoWertV 2010). (5) Schließlich ist auch noch auf § 220 BewG hinzuweisen, wonach **§ 163 AO keine Anwendung findet** (→ BewG § 220 Rn. 4 ff.).

5 Das Gesetz sieht in den §§ 218 ff. BewG – anders bei der Bedarfsbewertung für Zwecke der Erbschaft- und Grunderwerbsteuer (dort § 198 BewG) – keine Regelung vor, die dem Steuerpflichtigen die Möglichkeit eröffnet, einen **niedrigeren gemeinen Wert** durch ein Sachverständigengutachten oder einen zeitnah erzielten Verkaufspreis nachzuweisen. Damit ist eine solche Möglichkeit ausgeschlossen. Der Gesetzgeber äußert sich in seiner Begründung hierzu nicht explizit. An einer Stelle heißt es im Zusammenhang mit „Anwenderfreundlichkeit" der Neuregelung lediglich, dass auf Sachverständigengutachten jetzt gänzlich verzichtet werden könne (BT-Drs. 19/11085, 112). Gleichwohl liegt auf der Hand, warum der Gesetzgeber auf eine Regelung wie § 198 BewG verzichtet hat: Es soll ein Durchschnittswert und kein individueller Verkehrswert ermittelt werden. Daher **kommt schließlich auch keine analoge Anwendung des § 198 BewG in Betracht.** Insoweit darf man sich insb. keine falschen Hoffnungen in Bezug auf die Rechtsprechung des II. Senats des BFH machen, der innerhalb der Bedarfsbewertung dem Steuerpflichtigen den Nachweis des niedrigeren Wertes mittels einer Analogie dort ermöglicht

Mindestwert **§ 251 BewG**

hatte, wo er gesetzlich fehlte. Denn die vom BFH (BFH 5.5.2004 – II R 45/01, BStBl. II 2004, 1036; 11.12.2013 – II R 22/11, BFH/NV 2014, 1086) vorgenommene Analogie zu § 146 Abs. 7 BewG aF (heute inhaltsgleich § 198 BewG) fügte sich in das Konzept des Gesetzgebers ein, der nämlich bei anderen Grundstücksarten anders als bei dem im Klageverfahren relevanten Erbbaurecht für den gleichen Bewertungszweck den Nachweis des niedrigeren gemeinen Wertes akzeptierte. Entsprechendes gilt, wenn aufgrund der Veräußerung eines Betriebs der Land- und Forstwirtschaft der Wert nach § 166 Abs. 2 BewG zu ermitteln ist. Auch hier soll dem Steuerpflichtigen in entsprechender Anwendung von §§ 165 Abs. 3, 198 BewG der im Gesetz nicht vorgesehene Nachweis eines vom Liquidationswert wesentlichen niedrigeren gemeinen Werts zustehen (BFH 30.1.2019 – II R 9/16, BStBl. II 2019, 599). In beiden Fällen bewegte sich die analoge Anwendung der Vorschriften über den Nachweis eines niedrigeren gemeinen Wertes innerhalb des Bewertungskonzepts des Gesetzgebers. Bei der Grundsteuerwertermittlung sind die Rahmenbedingungen hingegen andere. Der Gesetzgeber hat ein eigenständiges Regelungsregime geschaffen und sich bewusst dafür entschieden, die Grundsteuerwertermittlung deutlich zu entindividualisieren. Daher ist für keine Grundstücksart der Nachweis eines niedrigeren gemeinen Wertes vorgesehen und dies planvoll (und nicht planwidrig). Schließlich rechtfertigt auch das Verfassungsrecht kein anderes Ergebnis. Denn der Ausschluss des Nachweises eines niedrigeren gemeinen Wertes ist verfassungsgemäß (→ Grundlagen Rn. 102 ff., 133 f.).

§ 251 Mindestwert

¹**Der für ein bebautes Grundstück anzusetzende Wert darf nicht geringer sein als 75 Prozent des Werts, mit dem der Grund und Boden allein als unbebautes Grundstück zu bewerten wäre (§ 247).** ²**Bei der Bewertung von Ein- und Zweifamilienhäusern im Sinne des § 249 Absatz 2 und 3 ist bei der Ermittlung des Mindestwerts § 257 Absatz 1 Satz 2 anzuwenden.**

Gilt nicht in **Baden-Württemberg** (dort wird ohnehin nur der Grund und Boden bewertet) sowie **Bayern, Hamburg, Hessen und Niedersachsen** (dort gelten jeweils wertunabhängige Bewertungsmaßstäbe).

A. Allgemeines

I. Systematische Einordnung und Zweck der Regelung

In § 251 BewG wird die Wertuntergrenze eines bebauten Grundstücks festgelegt. 1
Damit verbindet sich die **Annahme, dass ein Käufer für ein bebautes Grundstück zumindest den Preis für den Grund und Boden abzüglich etwaiger Freilegungskosten entrichten würde** (BT-Drs. 19/11085, 112). Die Regelung gilt für alle bebauten Grundstücke. Für im Ertragswertverfahren bewertete Grundstücke ist sie vor allem dann relevant, wenn der Bodenwert aufgrund der Abzinsung mit wenig Gewicht in die Bewertung einfließt (also in den ersten Jahren, → Grundlagen Rn. 30 ff. mit Beispielen) und das Gebäude „ertragsschwach" ist. Beim Sachwertverfahren ist eine Unterschreitung des Mindestwertes ebenfalls denkbar (nämlich in der Kombination: hoher Bodenwert, niedriger Gebäudesachwert, Wertzahl deutlich unter 1,0). Die Regelung gilt ferner uneingeschränkt für die wirtschaft-

lichen Einheiten des Erbbaurechtsgrundstücks mit dem Erbbaurecht (§§ 244 Abs. 3 Nr. 1, 261 BewG) sowie des Gebäudes auf fremden Grund und Boden mit dem dazugehörenden Grund und Boden (§§ 244 Abs. 3 Nr. 2, 262 BewG).

II. Entwicklung der Vorschrift

2 § 251 BewG beruht auf dem Grundsteuerreformgesetz v. 26.11.2019 (→ Grundlagen Rn. 13; zu § 251 BewG BT-Drs. 19/11085, 112) und steht in der Tradition des § 77 BewG. Während nach § 77 BewG die Abbruchkosten nur dann wertmindernd zu berücksichtigen waren, wenn Gebäude oder Gebäudeteile wegen ihres baulichen Zustandes abgebrochen werden müssen (die Regelung hat wegen Art. 7 des Gesetzes v. 18.8.1969, BGBl. 1969 I 1211 freilich nie gegolten), berücksichtigt § 251 BewG Freilegungskosten pauschal mit 25 % (→ Rn. 3).

B. Mindestwert im Allgemeinen (S. 1)

3 Der nach Maßgabe der §§ 252 ff. BewG ermittelte **Grundsteuerwert darf nicht geringer als 75 % des Wertes sein, der sich ergeben würde, wenn das Grundstück unbebaut und nach § 247 BewG zu bewerten wäre.** Die Ausgangsgröße ergibt sich mithin aufgrund der Anwendung des § 247 BewG. Maßgeblich ist der Bodenrichtwert (→ BewG § 247 Rn. 4 ff.), der ausnahmsweise nach Maßgabe von § 247 Abs. 1 S. 2 BewG abgeleitete bzw. gewählte Wert (→ BewG § 247 Rn. 15 ff.) oder der nach § 247 Abs. 3 BewG von der Finanzverwaltung geschätzte Wert (→ BewG § 247 Rn. 30 ff.). Von dem Bodenwert iSv § 247 BewG ist sodann ein Abschlag von 25 % vorzunehmen. Hiermit sollen die Freilegungskosten abgebildet werden (BT-Drs. 19/11085, 112). Der Abschlag gilt immer. **Es ist ohne Bedeutung, ob das Grundstück wirklich abgerissen werden soll** oder ob es wegen eines niedrigen Ertragswertes (im Verhältnis zum nicht abgezinsten Bodenwert) unwirtschaftlich ist. Auch die Höhe des Abschlags gibt das Gesetz zwingend vor. Die Berücksichtigung der tatsächlich erwartbaren Freilegungskosten ist ausgeschlossen (zutreffend AEBewGrSt A 251 Abs. 1 S. 3).

4 Gegen einen solchen Abschlag gibt es grundsätzlich nichts zu erinnern. Entsprechendes gilt für einen pauschalen Ansatz. Allerdings stellt sich Frage, **ob die 25 % frei gegriffen oder empirisch unterlegt sind** (sowohl der Höhe nach als auch in Bezug auf die Relation zum Bodenwert). Die Frage ist nicht belanglos. Die Ertragswertbewertung wirkt regressiv und in den ersten Baujahren prägt ein hoher Bodenwert den Grundsteuerwert kaum (→ Grundlagen Rn. 30 ff., 103). Gerade dann müsste zumindest der Mindestwert eingreifen und eine über den Ertragswert hinausgehende Lagedifferenzierung bewirken. Aufgrund des 25 %-Abschlags kommt der Mindestwert bei hohen Bodenwerten allerdings in vielen Fällen nicht zur Anwendung.

C. Mindestwert von Ein- und Zweifamilienhäusern (S. 2)

5 Für Ein- und Zweifamilienhäuser ermittelt sich der Mindestwert unter Berücksichtigung von § 257 Abs. 1 S. 2 BewG, dh es sind – abweichend von den allgemeinen Grundsätzen des § 247 Abs. 1 BewG (→ BewG § 247 Rn. 12 ff.) – bei abweichender Grundstücksgröße immer die Umrechnungskoeffizienten nach Anlage 36 anzuwenden.

§ 252 Bewertung im Ertragswertverfahren

¹Im Ertragswertverfahren ermittelt sich der Grundsteuerwert aus der Summe des kapitalisierten Reinertrags nach § 253 (Barwert des Reinertrags) und des abgezinsten Bodenwerts nach § 257. ²Mit dem Grundsteuerwert sind die Werte für den Grund und Boden, die Gebäude, die baulichen Anlagen, insbesondere Außenanlagen, und die sonstigen Anlagen abgegolten.

Gilt nicht in **Baden-Württemberg** (dort wird nur der Grund und Boden bewertet) sowie **Bayern, Hamburg, Hessen** und **Niedersachsen** (dort gelten jeweils wertunabhängige Bewertungsmaßstäbe).

A. Allgemeines

I. Systematische Einordnung und Zweck der Regelung

§ 252 S. 1 BewG stellt die Eingangsnorm für das Ertragswertverfahren dar und gibt mit den beiden Komponenten des Grundsteuerwertes (abgezinster Bodenwert und Barwert des Reinertrags) die maßgebliche Ertragswertmethodik vor. Die Regelung übernimmt insoweit das „vereinfachte Ertragswertverfahren", wie es zuvor bereits in § 17 Abs. 2 S. 1 Nr. 2 ImmoWertV 2010 geregelt war (BT-Drs. 19/11085, 112) und nach wie vor in § 29 ImmoWertV 2022 geregelt ist. Die Vereinfachung liegt darin, dass – anders als beim regulären Ertragswertverfahren nach § 28 ImmoWertV 2022 – der Grundstücksreinertrag nicht um die Bodenwertverzinsung gemindert wird. Stattdessen wird der Bodenwert auf den Ermittlungsstichtag abgezinst (*Zimmermann* ImmoWertV § 17 Rn. 71). Hiergegen gibt es **verfassungsrechtlich** nichts zu erinnern. Zwar ist auch die gewählte Methodik nicht ganz frei von Kritik. Letztlich ist sie aber vor allem in der Datengrundlage, die verfassungsrechtlich diskussionswürdig ist (→ Grundlagen Rn. 103 ff.). Der vereinfachte Ertragswert iSv § 252 S. 1 BewG bildet den Grundsteuerwert für die gesamte wirtschaftliche Einheit. Weitere Wertanpassungen oder -ergänzungen sind nicht zulässig. So erfahren wertrelevante Bestandteile der wirtschaftlichen Einheit, die womöglich im Ertragswert nicht (explizit) abgebildet werden, keine gesonderte Bewertung mehr (§ 252 S. 2 BewG; anders noch § 78 BewG, wonach der Wert der Außenanlagen gesondert zu erfassen war). Das Gesetz spricht insoweit von einer „abgeltenden Wirkung" des Ertragswertes.

II. Entwicklung der Vorschrift

§ 252 BewG beruht auf dem Grundsteuerreformgesetz v. 26.11.2019 (→ Grundlagen Rn. 13; zu § 252 BewG BT-Drs. 19/11085, 112 ff.).

B. Ertragswertkomponenten (S. 1)

Der Grundsteuerwert ermittelt sich aus der Summe des Barwertes des Reinertrags des Grundstücks (§ 253 BewG) und des über die Restnutzungsdauer abgezinsten Bodenwertes (§ 257 BewG). Gliedert man die Bartwertermittlung des

Reinertrages auf, ergibt sich folgendes Ermittlungsschema (übernommen aus BT-Drs. 19/11085, 114):

    Jährlicher Rohertrag (§ 254 BewG, Anlage 39 zum BewG)
./. nicht umlagefähige Bewirtschaftungskosten (§ 255 BewG, Anlage 40 zum BewG)
= jährlicher Reinertrag (§ 253 Abs. 1 BewG)
x Vervielfältiger/Barwertfaktor (§§ 253 Abs. 2, 256 BewG, Anlage 37, 38 zum BewG)
= Barwert des Reinertrages (§§ 252, 253 BewG)
+ abgezinster Bodenwert (§ 257 BewG, Anlage 41 zum BewG)
= Grundsteuerwert (§ 252 BewG)

Dieser Vorgehensweise (ausführliche **Berechnungsbeispiele** → Grundlagen Rn. 31 ff. [Einfamilienhaus], → BewG § 257 Rn. 6 [Mehrfamilienhaus und Eigentumswohnung]) **liegt der Gedanke zugrunde, dass das Gebäude über die Zeit seiner unterstellten wirtschaftlichen Nutzungsdauer Reinerträge erwirtschaftet.** Um diesen wiederkehrenden Reinerträgen einen Wert zum Wertermittlungszeitpunkt zu geben, müssen sie kapitalisiert werden. **Am Ende der Restnutzungsdauer eines Gebäudes erwirtschaftet dieses keine Erträge mehr, sodass lediglich der Wert des Grund und Bodes verbleibt.** Unterstellt wird, dass der Grund und Boden zum Ablauf der Restnutzungsdauer dem heutigen Wert entspricht, der dann wiederum auf den Wertermittlungszeitpunkt abzuzinsen ist (so wörtlich BT-Drs. 19/11085, 113). Umgekehrt formuliert: **Die Erträge, die während der wirtschaftlichen Nutzungsdauer des Gebäudes erzielt werden, gelten auch den Wert des Grund und Bodens ab.** Bei dieser vereinfachten Ertragswertmethode beziehen sich die Reinerträge auf das Grundstück im Ganzen (vgl. *Zimmermann* ImmoWertV § 18 Rn. 1). Diese Ertragswertmethodik führt dazu, dass der abgezinste Bodenwert bei neuen Gebäuden niedriger ist als bei älteren Gebäuden. Daher kann der Bodenwert in den ersten Baujahren seine lagedifferenzierende Wirkung nur sehr begrenzt entfalten und damit auch nur sehr eingeschränkt der regressiven Wirkung der gemeindeeinheitlichen Durchschnittsmieten entgegenwirken (→ Grundlagen Rn. 35, 106).

C. Abgeltungswirkung (S. 2)

4   Mit dem Ansatz des Grundsteuerwertes sind die Werte für den Grund und Boden, das Gebäude und die baulichen und sonstigen Anlagen abgegolten (§ 252 S. 2 BewG). Diese Anordnung bedeutet zweierlei: **(1)** Der **Rechtsanwender wird davon entbunden, solche Bestandteile der wirtschaftlichen Einheit zu identifizieren, die im Ertragswert nicht oder nur unvollkommen zum Ausdruck kommen.** Das Gesetz nennt ua die „baulichen Anlagen, insbesondere Außenanlagen, und sonstigen Anlagen". Damit verwendet das Gesetz Begrifflichkeiten, die sich im Bewertungsgesetz selbst nicht finden, aber in §§ 35 ff. ImmoWertV 2022. Die explizite Nennung der Außenanlagen ist historisch erklärbar, da diese nach § 78 BewG noch gesondert zu erfassen und zu bewerten waren. Im Übrigen darf man sich vom Begriff der baulichen Anlagen und sonstigen Anlagen nicht irritieren lassen. Ihre Bewertungsrelevanz kann nämlich nicht über die Begriffsbestimmung des § 243 Abs. 1 Nr. 1 BewG hinausreichen. Was nicht zum Grundstück gehört, darf den Grundsteuerwert ohnehin nicht beeinflussen. Daher ist § 252 S. 2 BewG so zu verstehen, dass die Abgeltungswirkung für alle bewertungsrechtlichen

Grundstückskomponenten iSv § 243 Abs. 1 Nr. 1 BewG gilt. **(2)** Es wird der **abschließende Charakter der nach Maßgabe der §§ 252 ff.** BewG wertrelevanten Umstände für die gesamte wirtschaftliche Einheit klargestellt. Die **Berücksichtigung objektspezifischer Grundstücksmerkmale** (Überalterung, überdurchschnittlicher Erhaltungsaufwand, Baumängel, Bodenverunreinigungen oder besondere Ertragsverhältnisse, vgl. § 8 Abs. 3 ImmoWertV 2022) **ist ausgeschlossen** (AEBewGrSt A 252 Abs. 2).

§ 253 Ermittlung des kapitalisierten Reinertrags

(1) ¹**Zur Ermittlung des kapitalisierten Reinertrags ist vom Reinertrag des Grundstücks auszugehen.** ²**Dieser ergibt sich aus dem Rohertrag des Grundstücks (§ 254) abzüglich der Bewirtschaftungskosten (§ 255).**

(2) ¹**Der Reinertrag des Grundstücks ist mit dem sich aus Anlage 37 ergebenden Vervielfältiger zu kapitalisieren.** ²**Maßgebend für den Vervielfältiger sind der Liegenschaftszinssatz nach § 256 und die Restnutzungsdauer des Gebäudes.** ³**Die Restnutzungsdauer ist grundsätzlich der Unterschiedsbetrag zwischen der wirtschaftlichen Gesamtnutzungsdauer, die sich aus Anlage 38 ergibt, und dem Alter des Gebäudes im Hauptfeststellungszeitpunkt.** ⁴**Sind nach der Bezugsfertigkeit des Gebäudes Veränderungen eingetreten, die die wirtschaftliche Gesamtnutzungsdauer des Gebäudes wesentlich verlängert haben, ist von einer der Verlängerung entsprechenden Restnutzungsdauer auszugehen.** ⁵**Die Restnutzungsdauer eines noch nutzbaren Gebäudes beträgt mindestens 30 Prozent der wirtschaftlichen Gesamtnutzungsdauer.** ⁶**Bei einer bestehenden Abbruchverpflichtung für das Gebäude ist die Restnutzungsdauer abweichend von den Sätzen 3 bis 5 auf den Unterschiedsbetrag zwischen der tatsächlichen Gesamtnutzungsdauer und dem Alter des Gebäudes im Hauptfeststellungszeitpunkt begrenzt.**

Gilt nicht in **Baden-Württemberg** (dort wird nur der Grund und Boden bewertet) sowie **Bayern, Hamburg, Hessen** und **Niedersachsen** (dort gelten jeweils wertunabhängige Bewertungsmaßstäbe).

A. Allgemeines

I. Systematische Einordnung und Zweck der Regelung

In § 253 BewG wird beschrieben, wie der kapitalisierte Reinertrag zu ermitteln 1 ist. Die Norm konkretisiert va die Ermittlung des für die Kapitalisierung notwendigen Vervielfältigers. Hierfür ist ua die Restnutzungsdauer des Gebäudes relevant, die nach Maßgabe von § 253 Abs. 2 S. 3–6 BewG zu bestimmen ist.

II. Entwicklung der Vorschrift

§ 253 BewG beruht auf dem Grundsteuerreformgesetz v. 26.11.2019 2 (→ Grundlagen Rn. 13; zu § 253 BewG BT-Drs. 19/11085, 114 f.). Mit dem Fondsstandortgesetz v. 3.6.2021 (BGBl. 2021 I 1498, dazu BT-Drs. 19/28868, 129) wurde in zwei Sätzen des § 253 Abs. 2 BewG jeweils das Wort „Bewertungsstichtag" durch „Hauptfeststellungszeitpunkt" ersetzt (→ Rn. 5).

B. Jährlicher Reinertrag des Grundstücks (Abs. 1)

3 § 253 Abs. 1 BewG gibt die nach Maßgabe des Abs. 2 zu kapitalisierende Größe (Reinertrag bezogen auf ein Kalenderjahr) als den Saldo aus dem jährlichen Rohertrag (§ 254 BewG) und den Bewirtschaftungskosten (§ 255 BewG) vor.

C. Kapitalisierung des Reinertrags des Grundstücks (Abs. 2 S. 1 u. 2)

4 Der Reinertrag iSv § 253 Abs. 1 BewG (→ Rn. 3) ist mit dem Vervielfältiger (= „Barwertfaktor") der Anlage 37 zu multiplizieren, der sich aus der maßgeblichen Kombination von Restnutzungsdauer und Liegenschaftszinssatz ergibt (§ 253 Abs. 2 S. 1 u. 2 BewG). Dem Gesetz liegt ein Barwertfaktor zugrunde, der von einer nachschüssig zahlbaren und jährlich gleichbleibenden Zeitrente ausgeht (BT-Drs. 19/11085, 114). Die Restnutzungsdauer des Gebäudes ist nach Maßgabe von § 253 Abs. 2 S. 3–6 BewG zu bestimmen (→ Rn. 5 ff.). Der Liegenschaftszinssatz ergibt sich aus § 256 BewG (→ BewG § 256 Rn. 3 ff.).

D. Restnutzungsdauer des Gebäudes (Abs. 2 S. 3–6)

I. Restnutzungsdauer ausgehend vom Baujahr (Abs. 2 S. 3)

5 Die **Restnutzungsdauer des Gebäudes ist** – vorbehaltlich der Mindestrestnutzungsdauer nach § 253 Abs. 2 S. 5 BewG (→ Rn. 12) – **der Saldo der wirtschaftlichen Gesamtnutzungsdauer des Gebäudes** (→ Rn. 6 ff.) **und dem tatsächlichen Alter des Gebäudes.** Letzteres gehört zu den Wertverhältnissen iSv § 227 BewG, weshalb immer nur das Gebäudealter (und damit auch die Restnutzungsdauer) im Hauptfeststellungszeitpunkt maßgeblich ist (vgl. BT-Drs. 19/28868, 129). Das für die Bestimmung des Gebäudealters notwendige **Baujahr ist das Jahr der Bezugsfertigkeit** iSv § 246 BewG (→ BewG § 246 Rn. 5 ff.). Das folgt aus der bewertungsrechtlichen Gesamtsystematik. Bis zu diesem Zeitpunkt liegt iSd Bewertungsgesetzes kein bebautes Grundstück vor und diese Grundentscheidung gilt für die §§ 243 ff. BewG insgesamt. Aus Vereinfachungsgründen **kann unterstellt werden, dass das Gebäude am 1.1. des Bezugsfertigkeitsjahres bezugsfertig war.** Das Gebäudealter ermittelt sich dann dergestalt, dass das Jahr der Bezugsfertigkeit vom Jahr des Feststellungszeitpunktes abgezogen wird (AEBewGrSt A 253.1 Abs. 1 S. 2). Existierte das Gebäude im Hauptfeststellungszeitpunkt noch nicht und wird aufgrund der Bezugsfertigkeit des Gebäudes eine Wertfortschreibung notwendig, kann das Gebäudealter immer nur null betragen (AEBewGrSt A 227 Abs. 4 S. 5 ff.).

6 Die **wirtschaftliche Gesamtnutzungsdauer** ist die bei ordnungsgemäßer Bewirtschaftung übliche wirtschaftliche Nutzungsdauer der baulichen Anlagen (§ 4 Abs. 2 ImmoWertV 2022). Sie **wird vom Gesetzgeber in Abhängigkeit von der Grundstücksart und zum Teil weiterer Unterdifferenzierungen in Anlage 38 typisiert vorgegeben.** Die Grundstücksart richtet sich materiell nach § 249 BewG und formell nach der für die Grundsteuerwertermittlung verbindlichen Artfeststellung (→ BewG § 219 Rn. 14f.). Es erfolgt keine Unterteilung

Ermittlung des kapitalisierten Reinertrags §253 BewG

nach Nutzungen. So ist für ein als Mietwohngrundstück eingestuftes Gebäude die Gesamtnutzungsdauer von 80 Jahren auch dann insgesamt (einheitlich) maßgeblich, wenn für den nicht zu Wohnzwecken genutzten Teil eine niedrigere Gesamtnutzungsdauer vorgesehen ist (AEBewGrSt A 253.2 Abs. 2 S. 2). Zudem ist der konkrete bauliche Zustand des zu bewertenden Gebäudes ohne Bedeutung (AEBewGrSt A 253.1 Abs. 5 S. 2).

Gehören zu einer wirtschaftlichen Einheit mehrere selbstständige Gebäude (→ BewG § 244 Rn. 8 ff.), ist § 253 Abs. 2 S. 2–6 BewG für jedes Gebäude gesondert anzuwenden. Die wirtschaftliche Gesamtnutzungsdauer ist dabei für alle Gebäude identisch. Dies folgt aus der Maßgeblichkeit der Grundstücksart, die für die gesamte wirtschaftliche Einheit und damit für alle Gebäude ungeachtet ihrer konkreten Nutzung festgestellt wird (→ Rn. 6). Das Baujahr (→ Rn. 5) ist hingegen für jedes Gebäude gesondert zu bestimmen, weshalb sich unterschiedliche Restnutzungsdauern ergeben können (vgl. den Wortlaut des § 253 Abs. 2 S. 2 BewG, der auf das Gebäude Bezug nimmt und damit wohl nicht die Gesamtheit der Gebäude meinen dürfte; glA AEBewGrSt A 253.2 Abs. 1). Die Frage, was diese Erkenntnis für die weiteren Berechnungsschritte bedeutet, beantwortet das Gesetz nicht. Die Finanzverwaltung geht davon aus, dass aus den unterschiedlichen Restnutzungsdauern anhand der Roherträge der Gebäude eine gewogene Restnutzungsdauer zu ermitteln ist (vgl. AEBewGrSt A 253.2 Abs. 3). Hierzu müssen die Roherträge iSv § 254 BewG den einzelnen Gebäuden zugeordnet und entsprechend deren Flächen bestimmt werden (→ BewG § 254 Rn. 3 ff.). Dies berechnet sich wie folgt: 7

$$RND = \frac{RE\ Gebäude\ A \times RND\ Gebäude\ A + RE\ Gebäude\ B \times RND\ Gebäude\ B}{RE\ Gebäude\ A + RE\ Gebäude\ B}$$

(RND = Restnutzungsdauer; RE = Rohertrag)

Beispiel: Gebäude A ist Baujahr 2003 und verfügt über 150 qm Wohnfläche, Gebäude B ist Baujahr 1970 und verfügt über 70 qm Wohnfläche (NRW, jeweils Einfamilienhaus, Mietniveaustufe 3).

Für das Gebäude A ergibt sich ein jährlicher Rohertrag iHv 12.384,00 EUR (= 6,88 EUR/qm × 150 qm × 12 Monate). Die Restnutzungsdauer beträgt zum 1.1.2022 61 Jahre (= 80 Jahre lt. Anlage 38 ./. 19 Jahre). Für das Gebäude B sind ein jährlicher Rohertrag iHv 5.132,40 EUR (= 6,11 EUR/qm × 70 qm × 12 Monate) und eine Restnutzungsdauer von 28 Jahren (= 80 Jahre lt. Anlage 38 ./. 52 Jahre) anzusetzen.

Eingesetzt in die Formel:

$$\frac{12.384 \times 61 + 5.132{,}40 \times 28}{12.384 + 5.132{,}40} = 51{,}33\ \text{Jahre}$$

Die gewogene Restnutzungsdauer für die gesamte wirtschaftliche Einheit ist mithin (gerundet) 51 Jahre.

Diese Vorgehensweise hat nichts mit den wirklichen wirtschaftlichen Gegebenheiten zu tun (ablehnend zB *Kleiber* in Kleiber Verkehrswertermittlung ImmoWertV § 6 Rn. 440). Sie ist scheingenau. Allerdings hat sie den Charme, dass sie das eindimensionale Schema des Ertragswertverfahrens nicht verlässt. Denn wenn man – was durchaus möglich ist – für jedes Gebäude einen eigenständigen kapitalisierten Reinertrag ermitteln und diese Reineinträge am Ende summieren würde, stünde man vor dem Problem, dass man uU auch den abgezinsten Boden-

§ 253 BewG Siebenter Abschnitt. Bewertung d. Grundbesitzes ab 1.1.2022

wert nicht einheitlich ermitteln könnte und auch insoweit eine Aufteilung vornehmen müsste. **Die Ermittlung einer einzigen (gewogenen) Restnutzungsdauer ermöglicht es hingegen, dass man den Bodenwert einheitlich abzinsen kann.**

8 Bei **unselbstständigen Gebäudeteilen** erfolgt stets eine einheitliche Bestimmung der Restnutzungsdauer (AEBewGrSt A 253.2 Abs. 5). In Bezug auf Erweiterungen (die nicht die Voraussetzung einer Kernsanierung iSv § 253 Abs. 2 S. 4 BewG erfüllen, → Rn. 9 ff.) gilt, dass **Anbauten** grundsätzlich das Schicksal des Hauptgebäudes teilen, sofern sie aufgrund von Größe, Bauart oder Nutzung nicht als eigenständiges Gebäude anzusehen sind (und deshalb die Grundsätze von → Rn. 7 anzuwenden sind) und dass für **Aufstockungen** das Baujahr der unteren Geschosse zu Grunde zu legen ist (vgl. AEBewGrSt A 253.2 Abs. 4).

II. Verlängerung der wirtschaftlichen Gesamtnutzungsdauer (Abs. 2 S. 4)

9 Das Baujahr des Gebäudes (→ Rn. 5) ist ausnahmsweise dann nicht maßgeblich, wenn an dem Gebäude nach der Bezugsfertigkeit Veränderungen eingetreten sind, die die wirtschaftliche Gesamtnutzungsdauer des Gebäudes wesentlich verlängert haben. In diesem Fall ist eine der Veränderung entsprechende Verlängerung der Restnutzungsdauer zu ermitteln (§ 253 Abs. 2 S. 4 BewG). Veränderungen, mit denen eine Verkürzung der Restnutzungsdauer einhergeht, sind hingegen – anders als bei der Bedarfsbewertung (vgl. § 185 Abs. 3 S. 4 BewG) – ohne Bedeutung. Eine Verkürzung der Restnutzungsdauer ist allein im Falle einer Abbruchverpflichtung vorgesehen (→ Rn. 13 ff.).

10 **Veränderungen iSv § 253 Abs. 2 S. 4 BewG** sind bauliche Veränderungen. Ob sie die Gesamtnutzungsdauer „wesentlich" verlängern ist eine **Wertungsfrage.** Die Beantwortung dieser Frage ist ohne bautechnisches Wissen nicht denkbar, darf sich aber auch nicht in bautechnischen Details verlieren, wenn das Typisierungs- und Automationskonzept des Gesetzgebers weiterhin aufgehen soll. Insoweit gibt die Gesetzesbegründung einen wertvollen Hinweis in Ansehung des anzulegenden Maßstabes, wenn es dort heißt: Sind nach der Bezugsfertigkeit des Gebäudes, beispielsweise im Rahmen einer Kernsanierung oder Entkernung, bauliche Maßnahmen durchgeführt worden, die zu einer wesentlichen Verlängerung der wirtschaftlichen Gesamtnutzungsdauer des Gebäudes geführt haben, ist von einer entsprechend verlängerten wirtschaftlichen Restnutzungsdauer auszugehen. Dies kann beispielsweise der Fall sein, wenn nicht nur der Ausbau (u. a. Heizung, Fenster und Sanitäreinrichtungen) umfassend modernisiert, sondern auch der Rohbau (u. a. Fundamente, tragende Innen- und Außenwände, Treppen, Dachkonstruktion sowie Geschossdecken) teilweise erneuert worden ist (so wörtlich BT-Drs. 19/11085, 114). **Der von der Finanzverwaltung zu § 185 Abs. 3 S. 4 BewG geübte „Punktekatalog"** (vgl. ErbStR B 185.3 Abs. 4; ebenso Anlage 2 zur ImmoWertV 2022), dessen „Scheingenauigkeit" (*Mannek* in Stenger/Loose BewG § 185 Rn. 57 ff.; *Schaffner* in KSS BewG § 185 Rn. 7) ohnehin kritisch zu sehen ist, hat daher für die Grundsteuer keine Bedeutung. Der Gesetzgeber hat sich eindeutig zu einem strengeren Maßstab bekannt. Das erkennt auch die Finanzverwaltung an (→ Rn. 11). Erst wenn der Steuerpflichtige – bildlich gesprochen – an die „Grundmauern geht", kann ein Fall des § 253 Abs. 2 S. 4 BewG vorliegen (→ Rn. 11). Die bloße Modernisierung ist hingegen selbst dann nicht ausreichend, wenn auch das Dach erneuert oder eine Wärmedämmung vorgenommen wird. Solche Maßnah-

Ermittlung des kapitalisierten Reinertrags   § 253 BewG

men werden bei älteren Gebäuden allein durch die Mindestrestnutzungsdauer abgebildet (→ Rn. 12).

Legt man die **Kernsanierung als Maßstab zur Konkretisierung des § 253** **11** **Abs. 2 S. 4 BewG** zugrunde (→ Rn. 10), wird deutlich, dass es dem Gesetzgeber darum ging, nur diejenigen Fälle zu erfassen, in denen innerhalb der alten Grundmauern ein neues Gebäude entsteht (ähnlich *Schaffner* in KSS BewG § 253 Rn. 3). Die Finanzverwaltung geht daher in AEBewGrSt A 253.1 Abs. 3 zu Recht davon aus, dass nur eine Kernsanierung die Voraussetzungen des § 253 Abs. 2 S. 4 BewG erfüllen kann. Definiert wird eine solche Kernsanierung wie folgt: Eine Kernsanierung liegt vor, wenn nicht nur der Ausbau (ua Heizung, Fenster und Sanitäreinrichtungen) umfassend modernisiert, sondern auch der Rohbau jedenfalls teilweise erneuert worden ist. Bauliche Maßnahmen an nicht tragenden Bauteilen (zB Neugestaltung der Fassade) verlängern die Gesamtnutzungsdauer allein nicht wesentlich. Durch eine Kernsanierung wird das Gebäude in einen Zustand versetzt, der nahezu einem neuen Gebäude entspricht. Dazu wird das Gebäude zunächst bis auf die tragende Substanz zurückgebaut. Decken, Außenwände, tragende Innenwände und ggf. der Dachstuhl bleiben dabei in der Regel erhalten; ggf. sind diese zu ertüchtigen und/oder in Stand zu setzen. Voraussetzungen für das Vorliegen einer Kernsanierung sind insb. die komplette Erneuerung der Dacheindeckung, der Fassade, der Innen- und Außenwände mit Ausnahme der tragenden Wände, der Fußböden, der Fenster, der Innen- und Außentüren sowie sämtlicher technischer Systeme wie zB der Heizung einschließlich aller Leitungen, des Abwassersystems einschl. der Grundleitungen, der elektrischen Leitungen und der Wasserversorgungsleitungen, sofern diese technisch einwandfrei als neubauähnlich und neuwertig zu betrachten sind. Im Einzelfall müssen nicht zwingend alle der vorgenannten Kriterien gleichzeitig erfüllt sein. Dies gilt insb. für solche Gebäude und Gebäudeteile, bei denen aufgrund baurechtlicher Vorgaben eine weitreichende Veränderung nicht zulässig ist (zB unter Denkmalschutz stehende Gebäude und Gebäudeteile) (so wörtlich AEBewGrSt A 253.1 Abs. 3 S. 3–10). Da eine solche Kernsanierung idR wegen der fortgeführten Bausubstanz nie zu einem vollständigen „Neubau" führt, geht die Finanzverwaltung (aus Vereinfachungsgründen nachvollziehbar) davon aus, dass die Restnutzungsdauer des kernsanierten Gebäudes pauschal 90 % der wirtschaftlichen Gesamtnutzungsdauer des Gebäudes beträgt (AEBewGrSt A 253.1 Abs. 3 S. 11 f.). Das Jahr, in dem die Kernsanierung abgeschlossen wird, gilt als „neues Baujahr" (AEBewGrSt A 253.1 Abs. 3 S. 13).

Beispiel (nach AEBewGrSt A 253.1): Das Gebäude ist Baujahr 1970. Die Kernsanierung wird im Jahr 2008 abgeschlossen. Die wirtschaftliche Gesamtnutzungsdauer beträgt 80 Jahre. Hauptfeststellungszeitpunkt ist der 1.1.2022.

Mit der Kernsanierung ist neues Baujahr das Jahr 2008 und es ist von einer Gesamtnutzungsdauer von 72 Jahren auszugehen (80 Jahre abzüglich 10 %). Die Restnutzungsdauer im Hauptfeststellungszeitpunkt ermittelt sich dann wie folgt: 72 Jahre ./. 14 Jahre (= Gebäudealter im Hauptfeststellungszeitpunkt, 2022 ./. 2008) = 58 Jahre.

III. Mindestrestnutzungsdauer (Abs. 2 S. 5)

§ 253 Abs. 2 S. 5 BewG gibt eine Mindestrestnutzungsdauer für ein Gebäude **12** iHv 30 % der wirtschaftlichen Gesamtnutzungsdauer vor. **Bei Wohnungsgrundstücken beträgt demnach die Mindestrestnutzungsdauer stets 24 Jahre.** Der Gesetzgeber rechtfertigt den Mindestrestwert mit der – uE nachvollziehbaren – Begründung, dass auch ältere Gebäude laufend in Stand gehalten werden und daher nicht wertlos werden (BT-Drs. 19/11085, 114). Darüber hinaus hat der Gesetzgeber die Erwartung geäußert, dass mit der Mindestrestnutzungsdauer in vielen Fällen die Prüfung von Baumaßnahmen für Zwecke des § 253 Abs. 2 S. 4 BewG (→ Rn. 9 ff.) entbehrlich werde (BT-Drs. 19/11085, 114).

IV. Restnutzungsdauer bei Abbruchverpflichtung (Abs. 2 S. 6)

13 Bei einer Abbruchverpflichtung für das Gebäude bestimmt sich die Restnutzungsdauer als Differenz zwischen der tatsächlichen Gesamtnutzungsdauer und dem Alter des Gebäudes im Hauptfeststellungszeitpunkt (§ 253 Abs. 2 S. 6 BewG). In diesem Fall gilt weder die typisierte Gesamtnutzungsdauer nach Anlage 38 noch die Mindestrestnutzungsdauer nach § 253 Abs. 2 S. 5 BewG. Die Abbruchverpflichtung kann sich bei vermieteten oder verpachteten Grundstücken aus der Rückgabepflicht nach § 546 BGB (BGH 26.4.1994 – XI ZR 97/93, NJW-RR 1994, 847; *Bieber* in MüKoBGB § 546 Rn. 7) oder einer gesonderten vertraglichen Verpflichtung ergeben. Jenseits vermieteter oder verpachteter Grundstücke sind vor allem öffentlich-rechtliche Rechtsgründe denkbar, zB eine Abbruchverpflichtung aufgrund eines städtebaulichen Vertrages. Da der Wortlaut des § 253 Abs. 2 S. 6 BewG nicht auf eine vertragliche Verpflichtung abstellt (anders als § 94 Abs. 3 S. 3 BewG, vgl. BFH 1.10.2020 – II B 29/20, BFH/NV 2021, 294), kommt zudem eine Rückbauverpflichtung aufgrund einer (vollziehbaren) Bauordnungsverfügung in Betracht. Für alle Abbruchverpflichtungen gilt, dass es sich um eine **unbedingte und eindeutige Verpflichtung zum Abbruch handeln muss, die der Steuerpflichtige nicht einseitig abwenden kann.** Daher liegt eine Abbruchverpflichtung auch dann vor, wenn der Anspruchsinhaber (zB der Vermieter bei einem Gebäude auf fremden Grund und Boden) anstelle des Abbruchs eine Übernahme des Gebäudes gegen Entschädigung verlangen kann. Denn die Wahl ist allein in das Belieben des Anspruchsinhabers gestellt (BFH 30.1.2019 – II R 26/17, BStBl. II 2020, 733 zu § 94 Abs. 3 BewG). Die **Abbruchverpflichtung ist nur dann unbeachtlich, wenn im Hauptfeststellungszeitpunkt konkret absehbar ist, dass kein Abbruch erfolgen wird.** Die bloße Möglichkeit, die Abbruchverpflichtung werde nicht umgesetzt, ist hingegen nicht ausreichend. Für die anzustellende Prognose muss das konkrete Verhalten der Beteiligten in den Blick genommen werden, ggf. auch des Vermieters bzw. Verpächters im Hinblick auf vergleichbare Miet-/Pachtverhältnisse (vgl. BFH 26.2.1986 – II R 217/82, BStBl. II 1986, 449; 30.1.2019 – II R 26/17, BStBl. II 2020, 733).

14 Die für das Bestehen der Abbruchverpflichtung anzuwendenden Grundsätze (→ Rn. 13) gelten entsprechend für den **Abbruchzeitpunkt**. Ergibt sich die Abbruchverpflichtung aus einem unbefristet abgeschlossenen Miet- oder Pachtvertrag, fehlt es grundsätzlich an einem Abbruchzeitpunkt. Erst dann, wenn der Vertrag von einer Vertragspartei gekündigt wurde oder wenn eine Kündigung konkret absehbar ist, lässt sich ein Abbruchzeitpunkt bestimmen (iErg. ebenso FG Hamburg 17.7.2020 – 3 K 38/20, DStRE 2021, 485). Bei einem auf eine bestimmte Zeit abgeschlossenen Miet- oder Pachtvertrag, kann hingegen grundsätzlich davon ausgegangen werden, dass die Abbruchverpflichtung bei Fälligkeit am Vertragsende erfüllt wird. Der vereinbarte Zeitpunkt ist allerdings dann nicht maßgeblich, wenn im Hauptfeststellungszeitpunkt konkret absehbar ist, dass der Miet- oder Pachtvertrag verlängert wird und sich damit der Abbruchzeitpunkt hinausschiebt (vgl. BFH 16.1.2019 – II R 19/16, BStBl. II 2020, 730).

Nach dem Hauptfeststellungszeitpunkt eintretende Veränderungen in 15
Bezug auf die **Abbruchverpflichtung rechtfertigen** (unter den weiteren Voraussetzungen des § 222 BewG) **eine Wertfortschreibung** (AEBewGrSt A 253.1 Abs. 5 S. 4). Das gilt sowohl für die erstmalige Vereinbarung einer Abbruchverpflichtung (→ Rn. 13), die Verlängerung oder Verkürzung eines Vertrages mit Abbruchverpflichtung (→ Rn. 14), aber auch für die Veränderung der tatsächlichen Umstände, die eine abweichende Prognose über den Abbruch rechtfertigen (→ Rn. 13).

Die rechtliche Abbruchverpflichtung kann nicht durch eine **unbedingte Ab-** 16
bruchsabsicht ersetzt werden. Ein freiwillig geplanter Abbruch ist daher ohne Bedeutung. Bewertungsrechtlich wird die Abbruchsabsicht erst mit ihrer Realisierung relevant.

§ 254 Rohertrag des Grundstücks

Der jährliche Rohertrag des Grundstücks ergibt sich aus den in Anlage 39 nach Land, Gebäudeart, Wohnfläche und Baujahr des Gebäudes angegebenen monatlichen Nettokaltmieten je Quadratmeter Wohnfläche einschließlich der in Abhängigkeit der Mietniveaustufen festgelegten Zu- und Abschläge.

Gilt nicht **in Baden-Württemberg** (dort wird nur der Grund und Boden bewertet) sowie **Bayern, Hamburg, Hessen** und **Niedersachsen** (dort gelten jeweils wertunabhängige Bewertungsmaßstäbe).

A. Allgemeines

I. Systematische Einordnung und Zweck der Regelung

§ 254 BewG gibt iVm Anlage 39 den Rohertrag als Ausgangsgröße zur Ermitt- 1
lung des Reinertrags vor. Die Regelung bildet das Herzstück des Typisierungskonzepts, das der Gesetzgeber mit dem Ziel einer weitgehenden Automationsfähigkeit der Bewertung normiert hat: Es kommt weder auf die ortsübliche Miete noch die tatsächlich vereinbarte Miete (so konzeptionell der Regelfall bei § 186 BewG) an. Stattdessen ist eine gemeindeeinheitliche Durchschnittsmiete, die aus statistischen Daten abgeleitet wird (→ Rn. 4), maßgeblich. Diese Durchschnittsvorgabe ist in verfassungsrechtlicher Hinsicht einer der Hauptkritikpunkte am neuen Bewertungsrecht. Sie bewegt sich allerdings noch innerhalb der Typisierungsbefugnis des Gesetzgebers (→ Grundlagen Rn. 98 ff.).

II. Entwicklung der Vorschrift

§ 254 BewG beruht auf dem Grundsteuerreformgesetz v. 26.11.2019 2
(→ Grundlagen Rn. 13; zu § 254 BewG BT-Drs. 19/11085, 115). Die Norm selbst ist bisher nicht verändert worden, allerdings hat der Gesetzgeber mit dem Grundsteuerreform-Umsetzungsgesetz v. 16.7.2021 (BGBl. I 2021, 2931) die Anlage 39 aktualisiert und die vormals sechs Mietniveaustufen auf sieben Mietniveaustufen erweitert (dazu BT-Drs. 19/28902, 24 f.).

B. Ermittlung des Rohertrages

3 Der Rohertrag ergibt sich durch Multiplikation der um Zu-/Abschläge (→ Rn. 11) erhöhten oder verringerten monatlichen Nettokaltmiete je Quadratmeter Wohnfläche entsprechend der Anlage 39 (→ Rn. 4), der maßgeblichen Fläche (→ Rn. 5 ff.) und der Zahl 12 (= 12 Monate für die Jahresbetrachtung). Sind mehrere Wohnungen vorhanden, muss die Ermittlung zuerst für jede Wohnung getrennt erfolgen (→ Rn. 6, **Berechnungsbeispiel** bei → Rn. 12 [Mehrfamilienhaus], weitere Beispiele → BewG § 257 Rn. 6 [Eigentumswohnung] und → Grundlagen Rn. 31 ff. [Einfamilienhaus]).

4 Die monatliche Nettokaltmiete je Quadratmeter Wohnfläche ergibt sich aus dem ersten Teil der Anlage 39. Dort werden die monatlichen Nettokaltmieten in EUR für jedes Bundesland differenziert nach
- Quadratmeter Wohnfläche je Wohnung (unter 60 qm, von 60 bis 100 qm, über 100 qm)
- Gebäudeart (Einfamilienhaus, Zweifamilienhaus, Mietwohngrundstück, Wohnungseigentum)
- Baujahr (bis 1948, von 1949 bis 1978, von 1979 bis 1990, von 1991 bis 2000, ab 2001)

angegeben. Die sich hiernach ergebende Nettokaltmiete ist zwingend (→ BewG § 250 Rn. 4). Die Durchschnittsmieten basieren laut Gesetzesbegründung auf dem Mikrozensus des Statistischen Bundesamtes. Gemeint ist die Zusatzerhebung 2018. Befragt wurden ca. 370.000 Privathaushalte, von denen ca. 53,5 % zur Miete wohnten. Es wurden mithin die Angaben zu fast 198.000 Mietverträgen ausgewertet. Da die Daten das Jahr 2018 betreffen, mussten sie auf den 1.1.2022 fortgeschrieben werden (BT-Drs. 19/28902, 24 f.). Betrachtet man die Anlage 39 isoliert, fällt auf, dass kleinere neuere Wohnungen eine höhere Nettomiete pro Quadratmeter aufweisen als größere und ältere Wohnungen. Die Unterschiede zwischen den Baujahresgruppen werden sodann noch verstärkt durch die Bewirtschaftungskosten der Anlage 40, da die Bewirtschaftungskosten prozentual zum Rohertrag vorgegeben werden und mit abnehmender Restnutzungsdauer höher werden. Weitere Differenzierungen sind nicht vorgesehen. Es wird va nicht nach Lage und Ausstattung differenziert. Dies führt zu einer regressiven Wirkung, dh hochwertigere Grundstücke werden in Relation zu anderen Grundstücken zu niedrig bewertet (→ Grundlagen Rn. 30 ff., 103).

5 Die für die Anwendung der Anlage 39 zuvorderst erforderliche **Gebäudeart** richtet sich nach § 249 BewG und ergibt sich aus der Artfeststellung (→ BewG § 219 Rn. 14 f.). Zu beachten ist, dass die Gebäudeart Wohnungseigentum nur in der *-Erläuterung genannt und dort den Mietwohngrundstücken gleichgestellt wird (vgl. zu dieser Erläuterung auch die redaktionelle Vorbemerkung zu Anlage 39 in diesem Kommentar [Seite 673]).

6 Sodann müssen die Wohnungen des Gebäudes getrennt betrachtet und in die **Wohnflächengruppen** der Anlage 39 eingeordnet werden. Maßgeblich ist der Wohnungsbegriff des § 249 Abs. 10 BewG (→ BewG § 249 Rn. 29 ff.). Für jede Wohnung ist die maßgebliche Wohnflächengruppe zu bestimmen (AEBewGrSt A 254 Abs. 2 S. 4). **Die Wohnfläche bestimmt sich – ebenso wie bei § 249 BewG – nach der WoFlV** (eingehende Begründung hierfür → BewG § 249 Rn. 5 ff., **dort auch Abdruck der WoFlV**). Es gelten allerdings folgende Einschränkungen: Erstens, in einer Wohnung iSv § 249 Abs. 10 BewG kann es nur

Wohnräume und damit nur Wohnfläche geben (Stichwort: „Arbeitszimmer", zu Nutzflächen bei Nichtwohnnutzung → Rn. 9). Zweitens, **bauordnungswidrig geschaffene und zu Wohnzwecken genutzte Räume** (zB baurechtswidriger Ausbau eines Dachgeschosses) fließen in die Wohnfläche ein, es sei denn, zum Feststellungszeitpunkt ist absehbar, dass sie wegen eines Einschreitens der Bauaufsichtsbehörde nicht mehr genutzt werden können. Diese Abweichung von § 2 Abs. 3 Nr. 2 WoFlV entspricht auch der Rspr. des BGH zum Wohnraummietrecht (BGH 16.1.2019 – VIII ZR 173/17, NZM 2019, 288) und dürfte sich auch aus der Rechtsprechung des BFH zu § 75 BewG ergeben (vgl. BFH 18.9.2019 – II R 15/16, BStBl. II 2021, 64).

Die Ausklammerung der in § 2 Abs. 3 Nr. 1 WoFlV genannten Nutzflächen 7 (praktisch relevant va: **Garagen, Kellerräume, Waschküchen und Abstellräume außerhalb der Wohnung**) und die **Anrechnung nach § 4 WoFlV** (praktisch relevant va: unbeheizbare Wintergärten nur mit 50 %, Balkone, Loggien uÄ idR nur mit 25 %) sind hingegen auch bewertungsrechtlich anzuwenden (glA AE-BewGrSt A 254 Abs. 3 S. 5). Für die (auch) bewertungsrechtliche Anwendung von § 2 Abs. 3 Nr. 1 WoFlV und § 4 WoFlV spricht, dass diesen Räumen bzw. Flächen kein sich in der Miete widerspiegelnder Nutzwert (vgl. → BewG § 249 Rn. 6) zukommt. Zudem dürfte die Datengrundlage, aus der die Durchschnittsmieten nach Anlage 39 ermittelt worden sind, gerade unter Berücksichtigung dieser Regelungen der WoFlV erhoben worden sein (vgl. Wohnen in Deutschland, Zusatzprogramm des Mikrozensus 2018, Glossar, Stichwort: „Fläche der gesamten Wohnung"). Das alles spricht für die Maßgeblichkeit der WoFlV. In Ansehung der Herausnahme bestimmter Räume aus der Wohnfläche ist iE Folgendes zu beachten: Für einen Keller iSv § 2 Abs. 3 Nr. 1 Buchst. a WoFlV ist nicht allein die Bezeichnung als solche ausreichend. So gehört ein Keller, der alle Anforderungen von Wohnraum erfüllt, durchaus zur Wohnfläche (Frage des Einzelfalls, vgl. BFH 9.9.1997 – IX R 52/94, BStBl. II 1997, 818 zu einem Hobbyraum, der als Fitnessraum genutzt wurde). Ferner gilt für die Abstellräume und Kellerersatzräume „außerhalb der Wohnung" iSd § 2 Abs. 3 Nr. 1 Buchst. b WoFlV, dass allein die Lage entscheidend ist, nicht die Nutzung (BFH 28.1.1987 – II R 234/81, BFH/NV 1988, 351; FG Berlin-Brandenburg 8.7.2015 – 3 K 3253/13, EFG 2015, 1785 [Speisekammer neben der Küche ist kein Abstellraum]). Schließlich sind **Hausflure und andere Gemeinschaftsflächen außerhalb der Wohnung** nicht zu berücksichtigen, wenn das Gebäude über mehrere Wohnungen verfügt. Die Flure, Dielen etc., die sich bei den einzelnen Wohnungen hinter dem Wohnungsabschluss befinden, werden hingegen berücksichtigt und dies ungeachtet ihrer Nutzung (sofern nicht ausnahmsweise ein Fall von § 2 Abs. 3 WoFlV vorliegt, BFH 19.2.2020 – II R 4/18, BStBl. II 2020, 665 zu § 42 Abs. 4 Nr. 1 II. BV, aber auf die WoFlV übertragbar; *Halaczinsky* in Rössler/Troll BewG §§ 184–188 Rn. 15c). Liegt nur eine Wohnung (im bewertungsrechtlichen Sinne, → BewG § 249 Rn. 29ff.) vor, kann es schon definitionsgemäß keine Gemeinschaftsflächen geben und alle Flächen sind einzubeziehen. – **Befinden sich in einem Gebäude Wohnungen unterschiedlicher Größe,** können wegen der Einzelbetrachtung der Wohnungen verschiedene Nettokaltmieten pro Quadratmeter maßgeblich sein. Es muss mithin für jede Wohnung ein Zwischenwert (Nettokaltmiete × Fläche der Wohnung) ermittelt und sodann die Summe aus den Zwischenwerten aller Wohnungen gebildet werden.

Schließlich muss die **Baujahresgruppendifferenzierung** angewendet werden. 8 Der Begriff des Baujahrs ist nicht anders zu verstehen als bei der Bestimmung der Restnutzungsdauer nach § 253 BewG. Das Baujahr ist daher das Jahr der Bezugsfer-

§ 254 BewG Siebenter Abschnitt. Bewertung d. Grundbesitzes ab 1.1.2022

tigkeit iSv § 246 BewG (→ BewG § 253 Rn. 5). Existieren mehrere selbstständige Gebäude, ist für jedes Gebäude das Baujahr gesondert zu bestimmen (→ BewG § 253 Rn. 7).

9 **Nutzflächen, die nicht zu Wohnzwecken genutzt werden** (zu den Nichtwohnzwecken → BewG § 249 Rn. 16), gelten nach der ****-Erläuterung** der Anlage 39 als Wohnfläche. Erfasst werden von dieser Fiktion nur eigenständige, abgeschlossene Räume (wie zB ein **Ladenlokal in einem Mietwohngrundstück**). **Nicht gemeint sind hingegen Räume, die in die Wohnung integriert sind** (va **Arbeitszimmer**), denn **solche Räume werden ohnehin der Wohnnutzung zugeordnet.** Sie fließen daher als Teil der Wohnung (→ BewG § 249 Rn. 8, 17) – ggf. entgegen § 2 Abs. 3 Nr. 3 WoFlV – in die Wohnfläche ein (ebenso FG Saarland 4.3.2008 – 2 K 2146/04, EFG 2008, 1525; FG Münster 19.1.2012 – 3 K 1931/08, EFG 2012, 1527 jeweils zum Einheitswert). Nutzflächen können mithin grundsätzlich nur außerhalb einer Wohnung bestehen. Da für die eigenständigen, nicht zu Wohnzwecken genutzten Räume wohl keine statistischen Durchschnittsmieten erhoben worden sind (→ BewG § 250 Rn. 3), muss sich der Gesetzgeber anderweitig behelfen. Dies tut er mittels der Fiktion der **-Erläuterung durch die Heranziehung der Mieten für Wohnraum, allerdings ohne die Größendifferenzierung: Bei Mietwohngrundstücken ist für diese fingierten Wohnflächen unabhängig von der tatsächlichen Größe der Fläche stets diejenige monatliche Nettokaltmiete in EUR/qm anzugeben, die für Wohnungen mit einer Fläche unter 60 qm gilt. Es wird mithin die höchste Miete aus den drei Möglichkeiten herausgegriffen. Damit will der Gesetzgeber wohl der Erfahrung Rechnung tragen, dass die Gewerbemieten in größeren Gebäudeeinheiten (idR die Ladenlokale im Erdgeschoss) höher sind als die Wohnraummieten. Bei Ein- und Zweifamilienhäusern ordnet die Anlage 39 hingegen an, dass diese Flächen zu der jeweiligen Wohnfläche hinzuzuaddieren sind, um dann anhand der geltenden Wohnungsgrößengruppe die Nettokaltmiete zu ermitteln. Das setzt bei zwei Wohnungen indes voraus, dass sich die Nutzfläche einer Wohnung zuordnen lässt (was zB bei einem Ladenlokal im Erdgeschoss schwierig sein dürfte). Das sieht auch die Finanzverwaltung. So soll es keinen Bedenken begegnen, die Nutzfläche der Wohnung zuzuordnen (und mit der Wohnfläche zu addieren), die den niedrigsten Mietwert hat (AEBewGrSt A 254 Abs. 3 S. 4). Fraglich ist schließlich, wie die Nutzfläche (= die fiktive Wohnfläche) zu bemessen ist. Die Fiktion der **-Erläuterung legt die Anwendung der WoFlV nahe. Allerdings wird man Räume iSv § 2 Abs. 3 Nr. 1 WoFlV (Keller etc) – anders als bei Wohnnutzung (→ Rn. 7) – wohl nicht außer Betracht lassen können (→ BewG § 249 Rn. 9 aE).

10 Für **Garagen** wird unabhängig von der Art der Garage (Einzelgarage, Tiefgarage) eine einheitliche monatliche Nettokaltmiete in Höhe von 35 EUR je Garage festgelegt. Maßgeblich ist die Anzahl der Stellplätze, dh eine Doppelgarage mit zwei Stellplätzen zählt als zwei Garagen. Für Außenstellplätze erfolgt hingegen kein Rohertragsansatz. Ein überdachter Stellplatz, der über kein Tor verfügt, dürfte ebenfalls nicht den Begriff der Garage erfüllen.

11 In einem weiteren Anwendungsschritt sind **Zu- und Abschläge nach Maßgabe des zweiten Teils der Anlage 39 iVm der MietNEinV** v. 18.8.2021 (BGBl. I 2021, 3738, Rechtsverordnung auf der Grundlage von § 263 Abs. 2 BewG, abgedruckt im Anhang) zu prüfen. Die Anlage 39 sieht sieben Mietniveaustufen vor (von –20,00% bis +40,00%), die allerdings – ebenso wie die Vorgabe der Nettokaltmieten selbst – nur gemeindeeinheitlich wirken. Bezogen auf die in einer Gemeinde belegenen Wohngrundstücke kann die Berücksichtigung des Miet-

Rohertrag des Grundstücks **§ 254 BewG**

niveaus mithin keine Differenzierung entfalten. Die Berücksichtigung des Mietniveaus hat aber Bedeutung für das Bewertungsverhältnis zu den unbebauten Grundstücken und den Nicht-Wohngrundstücken. Über das Mietniveau wird mithin die Belastungsverteilung zwischen den Wohngrundstücken einerseits und den vorstehend genannten Grundstücken andererseits im Interesse einer realitätsgerechteren Abbildung der Marktverhältnisse beeinflusst.

Beispiel: Mehrfamilienhaus in Goch (NRW, Mietniveaustufe 2) mit Baujahr 2003, 1. Wohnung 110 qm, 2. Wohnung 110 qm, 3. Wohnung 110 qm, 4. Wohnung 55 qm (Wohnfläche insgesamt = 385 qm). Im Erdgeschoss befindet sich zudem ein Ladenlokal mit 65 qm. Das Gebäude verfügt über drei Garagen. Die Bewertung erfolgt auf den 1.1.2022. **12**

1. Wohnung 110 qm
Monatliche Nettokaltmiete	7,38 EUR/qm (Anlage 39 I)
Anpassung auf Mietniveaustufe	Stufe 2 = Abschlag von 10% (Anlage 39 II)
	7,38 EUR/qm ./. 10%
	= 6,64 EUR/qm
Jährlicher Rohertrag	6,64 EUR/qm × 110 qm Wohnfläche × 12 Monate
	= 8.764,80 EUR

2. Wohnung 110 qm wie zuvor = 8.764,80 EUR

3. Wohnung 110 qm wie zuvor = 8.764,80 EUR

4. Wohnung 55 qm
Monatliche Nettokaltmiete	10,22 EUR/qm (Anlage 39 I)
Anpassung auf Mietniveaustufe	Stufe 2 = Abschlag von 10% (Anlage 39 II)
	10,22 EUR/qm ./. 10%
	= 9,20 EUR/qm
Jährlicher Rohertrag	9,20 EUR/qm × 55 qm Wohnfläche × 12 Monate
	= 6.072,00 EUR

Ladenlokal
Monatliche Nettokaltmiete	10,22 EUR/qm (Anlage 39 I, dort Nettokaltmiete für eine Wohnung unter 60 qm nach **-Erläuterung)
Anpassung auf Mietniveaustufe	Stufe 2 = Abschlag von 10% (Anlage 39 II)
	10,22 EUR/qm ./. 10%
	= 9,20 EUR/qm
Jährlicher Rohertrag	9,20 EUR/qm × 65 qm fingierte Wohnfläche × 12 Monate
	= 7.176,00 EUR

Garagen
Monatliche Nettokaltmiete	35 EUR (Anlage 39 I)
Anpassung auf Mietniveaustufe	Stufe 2 = Abschlag von 10% (Anlage 39 II)
	35 EUR ./. 10%
	= 31,50 EUR pro Garage
Jährlicher Rohertrag	31,50 EUR × 3 Garagen × 12 Monate
	= 1.134,00 EUR

Jährlicher Rohertrag insgesamt = 40.676,40 EUR

§ 255 BewG Siebenter Abschnitt. Bewertung d. Grundbesitzes ab 1.1.2022

Der jährliche Rohertrag beträgt somit insgesamt 40.676,40 EUR (es wurde in dem Beispiel im Interesse einer verständlicheren Darstellung immer nach jedem Zwischenrechenschritt „gerundet"; tut man dies nicht, ergibt sich ein geringfügig abweichender Wert).

§ 255 Bewirtschaftungskosten

¹Als Bewirtschaftungskosten werden die bei ordnungsgemäßer Bewirtschaftung und zulässiger Nutzung marktüblich entstehenden jährlichen Verwaltungskosten, Betriebskosten, Instandhaltungskosten und das Mietausfallwagnis berücksichtigt, die nicht durch Umlagen oder sonstige Kostenübernahmen gedeckt sind. ²Sie ergeben sich aus den pauschalierten Erfahrungssätzen nach Anlage 40.

Gilt nicht in **Baden-Württemberg** (dort wird nur der Grund und Boden bewertet) sowie **Bayern, Hamburg, Hessen** und **Niedersachsen** (dort gelten jeweils wertunabhängige Bewertungsmaßstäbe).

A. Allgemeines

I. Systematische Einordnung und Zweck der Regelung

1   Der zu kapitalisierende Reinertrag iSv § 253 BewG ist der Saldo aus dem Rohertrag (§ 254 BewG) und den Bewirtschaftungskosten. Letztere werden von § 255 S. 1 BewG definiert und von § 255 S. 2 BewG iVm Anlage 40 verbindlich vorgegeben. Die Definition in § 255 S. 1 BewG ist trotz der verbindlichen Vorgaben in Anlage 40 nicht bedeutungslos. Die Norm hat im Hinblick auf § 263 Abs. 2 BewG eine den Verordnungsgeber leitende Maßstabsfunktion (→ Rn. 3).

II. Entwicklung der Vorschrift

2   § 255 BewG beruht auf dem Grundsteuerreformgesetz v. 26.11.2019 (→ Grundlagen Rn. 13; zu § 255 BewG BT-Drs. 19/11085, 115). Die Vorschrift ähnelt dem für die Bedarfsbewertung maßgeblichen § 187 Abs. 2 BewG, unterscheidet sich von diesem allerdings dadurch, dass § 187 Abs. 2 BewG die gesetzlich vorgegebenen Bewirtschaftungskosten erst dann für verbindlich erklärt, wenn die Gutachterausschüsse keine Bewirtschaftungskosten ermittelt haben.

B. Begriff und Umfang der Bewirtschaftungskosten (S. 1)

3   Die Bewirtschaftungskosten werden in § 255 S. 1 BewG als die bei ordnungsgemäßer Bewirtschaftung und zulässiger Nutzung jährlich entstehenden Kosten definiert, die nicht durch Umlagen oder sonstige Kostenübernahmen gedeckt sind. Die Definition ist für den Rechtsanwender gegenwärtig bedeutungslos. Denn im nächsten Satz bestimmt § 255 S. 2 BewG die Anwendung der Anlage 40, die pauschalierte Bewirtschaftungskosten in Abhängigkeit von Restnutzungsdauer und Grundstücksart vorgibt (→ Rn. 4). Gleichwohl ist die **Definition in § 255 S. 1 BewG rechtlich relevant.** Sie gibt den Maßstab vor, an dem sich das BMF zu orientieren hat, wenn es von der Verordnungsermächtigung in § 263 Abs. 1 BewG zur Aktualisierung der Bewirtschaftungskosten Gebrauch macht (zur verfassungsrecht-

Bewirtschaftungskosten **§ 255 BewG**

lichen Kritik an dieser Verordnungsermächtigung → BewG § 263 Rn. 6). Aus welchen Daten die dort genannten Prozentsätze abgeleitet worden sind, lässt sich der Gesetzesbegründung nicht entnehmen (entsprechendes gilt für die Gesetzgebungsmaterialien zu § 187 Abs. 2 BewG, vgl. BT-Drs. 16/11107, 18 f.). Der Gesetzgeber verweist allerdings auf § 19 Abs. 1 ImmoWertV 2010 (BT-Drs. 19/11085, 115; nunmehr: § 32 ImmoWertV 2022), weshalb es naheliegt, dass die pauschalen Prozentsätze der Anlage 40 zumindest konzeptionell die in § 19 Abs. 2 ImmoWertV 2010 bzw. § 32 ImmoWertV 2022 genannten Positionen abbilden sollen (also: Verwaltungskosten einschließlich eines Unternehmerlohns für die vom Steuerpflichtigen selbst geleistete Verwaltungsarbeit, Betriebskosten, Instandhaltungskosten und Mietausfallwagnis).

C. Verbindliche Vorgabe der Bewirtschaftungskosten in Anlage 40 (S. 2)

Der Gesetzgeber gibt die Bewirtschaftungskosten in Anlage 40 pauschal als Prozentsatz des Rohertrags vor (**Berechnungsbeispiele** bei → Rn. 5 [Mehrfamilienhaus] und bei → Grundlagen Rn. 31 ff. [Einfamilienhaus]). Die Vorgaben der Anlage 40 sind verbindlich. Die tatsächlich entstandenen Bewirtschaftungskosten können nicht berücksichtigt werden (→ BewG § 250 Rn. 4). **Der maßgebliche Prozentsatz richtet sich nach der Grundstücksart und der Restnutzungsdauer.** § 255 BewG enthält keine eigenständige Regelung zur Restnutzungsdauer, weshalb davon auszugehen ist, dass die Regelung in § 253 Abs. 2 BewG gilt. Daher ist die Mindestrestnutzungsdauer nach § 253 Abs. 2 S. 5 BewG (→ BewG § 253 Rn. 12) auch anlässlich der Anwendung der Anlage 40 zu beachten (glA AEBewGrSt A 255 Abs. 2 S. 3). Das führt freilich dazu, dass die letzte Restnutzungsdauergruppe (weniger als 20 Jahre) in der Vielzahl der Fälle keine praktische Relevanz hat (Mindestrestnutzungsdauer bei einem Wohngrundstück = 24 Jahre). Lediglich dann, wenn aufgrund einer Abbruchverpflichtung die Restnutzungsdauer unterschritten wird (→ BewG § 253 Rn. 13 ff.), kann die unterste Restnutzungsdauergruppe relevant werden. 4

Beispiel (Fortführung des Beispiels von → BewG § 254 Rn. 12): Mehrfamilienhaus in Goch (NRW, Mietniveaustufe 2) mit Baujahr 2003, 1. Wohnung 110 qm, 2. Wohnung 110 qm, 3. Wohnung 110 qm, 4. Wohnung 55 qm (Wohnfläche insgesamt = 385 qm). Im Erdgeschoss befindet sich zudem ein Ladenlokal mit 65 qm. Das Gebäude verfügt über drei Garagen. Die Bewertung erfolgt auf den 1.1.2022. 5

Restnutzungsdauer zum 1.1.2022	61 Jahre (= 80 Jahre lt. Anlage 38 – 19 Jahre)
Jährlicher Rohertrag	40.676,40 EUR (→ BewG § 254 Rn. 12)
Bewirtschaftungskosten	21 % (Anlage 40)
	= 8.542,04 EUR

Damit ergibt sich ein jährlicher Reinertrag iHv 40.676,40 EUR ./. 8.542,04 EUR = 32.134,36 EUR.

§ 256 Liegenschaftszinssätze

(1) ¹Liegenschaftszinssätze sind die Zinssätze, mit denen der Wert von Grundstücken abhängig von der Grundstücksart durchschnittlich und marktüblich verzinst wird. ²Bei der Bewertung bebauter Grundstücke gelten die folgenden Zinssätze:
1. 2,5 Prozent für Ein- und Zweifamilienhäuser,
2. 3,0 Prozent für Wohnungseigentum,
3. 4,0 Prozent für Mietwohngrundstücke mit bis zu sechs Wohnungen,
4. 4,5 Prozent für Mietwohngrundstücke mit mehr als sechs Wohnungen.

(2) ¹Bei der Bewertung von Ein- und Zweifamilienhäusern im Sinne des § 249 Absatz 2 und 3 verringert sich der Zinssatz nach Absatz 1 Satz 2 Nummer 1 um jeweils 0,1 Prozentpunkte für jede vollen 100 Euro, die der Bodenrichtwert oder der Bodenwert nach § 247 Absatz 3 je Quadratmeter den Betrag von 500 Euro je Quadratmeter übersteigt. ²Ab einem Bodenrichtwert oder Bodenwert nach § 247 Absatz 3 je Quadratmeter in Höhe von 1 500 Euro je Quadratmeter beträgt der Zinssatz für Ein- und Zweifamilienhäuser einheitlich 1,5 Prozent.

(3) ¹Bei der Bewertung von Wohnungseigentum im Sinne des § 249 Absatz 5 verringert sich der Zinssatz nach Absatz 1 Satz 2 Nummer 1 um jeweils 0,1 Prozentpunkte für jede vollen 100 Euro, die der Bodenrichtwert oder der Bodenwert nach § 247 Absatz 3 je Quadratmeter den Betrag von 2 000 Euro je Quadratmeter übersteigt. ²Ab einem Bodenrichtwert oder Bodenwert nach § 247 Absatz 3 je Quadratmeter in Höhe von 3 000 Euro je Quadratmeter beträgt der Zinssatz für Wohnungseigentum einheitlich 2 Prozent.

Gilt nicht in **Baden-Württemberg** (dort wird nur der Grund und Boden bewertet) sowie **Bayern, Hamburg, Hessen** und **Niedersachsen** (dort gelten jeweils wertunabhängige Bewertungsmaßstäbe).

A. Allgemeines

I. Systematische Einordnung und Zweck der Regelung

1 § 256 BewG gibt den Liegenschaftszinssatz vor, der zur Ermittlung des Vervielfältigers notwendig ist, mit dem der nach Maßgabe der §§ 254, 255 BewG ermittelte Reinertrag kapitalisiert wird (§ 253 Abs. 2 BewG). Für die Bedarfsbewertung für Zwecke der Erbschaft- und Schenkungsteuer gibt § 188 BewG ebenfalls Liegenschaftszinssätze vor, die allerdings nur dann Anwendung finden, wenn die Gutachterausschüsse keine Liegenschaftszinssätze ermittelt haben. Mit § 256 BewG verzichtet der Gesetzgeber hingegen auf einen Vorrang der ortsnah festgestellten Liegenschaftszinssätze und gibt diese vielmehr bundeseinheitlich pauschal vor (→ Rn. 5). Dies dient der weitgehenden Automationsfähigkeit der Ertragswertbewertung (BT-Drs. 19/11085, 115). Über Abstufungen versucht der Gesetzgeber zumindest bei Ein- und Zweifamilienhäusern (§ 256 Abs. 2 BewG) sowie Wohnungseigentum (§ 256 Abs. 3 BewG) die dem Bodenrichtwert innewohnende Lagedifferenzierung zu verstärken. Für Mietwohngrundstücke fehlt hingegen eine solche Regelung. Das ist im Hinblick auf die Vergleichbarkeit mit einem Mehr-

Liegenschaftszinssätze **§ 256 BewG**

familienhaus mit Wohnungseigentum nicht nachvollziehbar (zu Recht kritisch *Grootens* in Grootens BewG § 256 Rn. 55).

II. Entwicklung der Vorschrift

§ 256 BewG beruht auf dem Grundsteuerreformgesetz v. 26.11.2019 **2** (→ Grundlagen Rn. 13; zu § 256 BewG BT-Drs. 19/11085, 115f.).

B. Liegenschaftszinssatz nach Grundstücksart (Abs. 1)

§ 256 Abs. 1 S. 1 BewG definiert den **Liegenschaftszinssatz (Kapitalisie- 3 rungszinssatz)** – in Übereinstimmung mit § 21 Abs. 2 S. 1 ImmoWertV 2022 – als den Zinssatz, mit dem der Wert eines Grundstücks abhängig von der Grundstücksart durchschnittlich und marktüblich verzinst wird. Er bildet die **Erwartung der Marktteilnehmer an die Verzinsung (Rendite) des eingesetzten Kapitals** durch die Grundstückserträge ab (*Zimmermann* ImmoWertV § 14 Rn. 237). Der Liegenschaftszinssatz ist mithin umso kleiner, je geringer der Ertrag im Verhältnis zum Verkehrswert ist. Das wiederum hat für die Ertragswertermittlung folgende Wirkung: Der kapitalisierte Reinertrag ist umso höher, je niedriger der Liegenschaftszinssatz ist. Insoweit muss man von der Kapitalanlage her denken: Hat man zwei Investitionsalternativen mit einer Verzinsung von (1) 2,5 % und (2) 4,5 %, um einen identischen jährlichen Ertrag bei gleicher Anlagedauer aus beiden Investitionsalternativen zu erzielen, dann muss das eingesetzte Kapital (oder Anfangs-/ Startkapital) bei der Investitionsalternative (1) höher sein.

Die Gutachterausschüsse haben die Liegenschaftszinssätze auf der Grundlage ge- **4** eigneter Kaufpreise und der ihnen entsprechenden Reinerträge für gleichartig bebaute und genutzte Grundstücke unter Berücksichtigung der Restnutzungsdauer der Gebäude nach den Grundsätzen des Ertragswertverfahrens abzuleiten (§ 21 Abs. 2 S. 1 ImmoWertV 2022). Der Gesetzgeber greift allerdings – anders als in § 188 BewG – nicht auf die von den örtlichen Gutachterausschüssen ermittelten Liegenschaftszinssätze zurück. Stattdessen werden sie bundeseinheitlich typisiert. Dabei wird zwar nach der Gebäudeart differenziert, aber nicht – obwohl es insoweit wohl einen Zusammenhang gibt (vgl. *Kleiber* in Kleiber Verkehrswertermittlung ImmoWertV § 14 Rn. 140) – nach der Restnutzungsdauer. Da die Liegenschaftszinssätze unmittelbar in § 256 BewG und nicht in einer Anlage geregelt sind, werden sie von der Verordnungsermächtigung des § 263 Abs. 1 BewG nicht erfasst. Eine ggf. notwendige Aktualisierung muss daher durch den Gesetzgeber selbst erfolgen. Vergleicht man die Liegenschaftszinssätze des § 256 Abs. 1 S. 2 BewG mit denen des § 188 BewG, fällt auf, dass diese nicht identisch sind. Das überrascht. Womöglich sind die Werte in § 256 Abs. 1 S. 2 BewG aktueller. Eine Absenkung der Liegenschaftszinssätze wäre jedenfalls dann plausibel, wenn die Immobilienpreise gestiegen, aber die Mieterträge sich nicht entsprechend erhöht haben sollten. Das ist freilich eine empirische Frage, die hier nicht abschließend beantwortet werden kann.

§ 256 Abs. 1 S. 2 BewG **gibt – ggf. nach Abs. 2 und 3 noch anzupassende – 5 grundstücksartenbezogene typisierte Liegenschaftszinssätze verbindlich vor.** Der Ansatz der vom örtlichen Gutachterausschuss ermittelten Liegenschaftszinssätze ist ausgeschlossen. Das Gesetz bildet vier Kategorien:
– 2,5 % für Ein- und Zweifamilienhäuser,

§ 256 BewG Siebenter Abschnitt. Bewertung d. Grundbesitzes ab 1.1.2022

- 3,0% für Wohnungseigentum,
- 4,0% für Mietwohngrundstücke mit bis zu sechs Wohnungen (kleine Mehrfamilienhäuser),
- 4,5% für Mietwohngrundstücke mit mehr als sechs Wohnungen (große Mehrfamilienhäuser).

Die **Einordnung richtet sich nach der Grundstücksart iSv § 249 BewG.** Verfahrensrechtlich ist die Artfeststellung bindend (→ BewG § 219 Rn. 14f.). Die Unterscheidung zwischen kleinen und großen Mehrfamilienhäusern vollzieht sich anhand der Anzahl der Wohnungen. Maßgeblich ist der Wohnungsbegriff des § 249 Abs. 10 BewG (→ BewG § 249 Rn. 29ff.). Darüber hinaus **wird man allerdings auch abgeschlossene Räume, die zu anderen Zwecken als Wohnzwecken genutzt werden (zB das Ladenlokal im Erdgeschoss), jeweils als Wohnung mitzählen müssen.** Denn die **-Erläuterung der Anlage 39 stellt diese Räumlichkeiten einer Wohnnutzung gleich. Damit werden solche Räumlichkeiten zwar nicht zur Wohnung, aber der Gesetzgeber hat zu erkennen gegeben, dass sie nicht unberücksichtigt bleiben sollen. Insoweit ist es konsequent, wenn man sie für Zwecke des § 256 Abs. 1 S. 2 BewG „mitzählt".

6 **Beispiel (Fortführung des Beispiels von** → BewG § 254 Rn. 12 und → BewG § 255 **Rn. 5):** Mehrfamilienhaus in Goch (NRW, Mietniveaustufe 2) mit Baujahr 2003, 1. Wohnung 110 qm, 2. Wohnung 110 qm, 3. Wohnung 110 qm, 4. Wohnung 55 qm (Wohnfläche insgesamt = 385 qm). Im Erdgeschoss befindet sich zudem ein Ladenlokal mit 65 qm. Das Gebäude verfügt über drei Garagen. Die Bewertung erfolgt auf den 1.1.2022.

Restnutzungsdauer zum 1.1.2022	61 Jahre (= 80 Jahre lt. Anlage 38 ./. 19 Jahre)
Jährlicher Rohertrag	40.676,40 EUR (→ BewG § 254 Rn. 12)
Bewirtschaftungskosten	./. 8.542,04 EUR (→ BewG § 255 Rn. 5)
Jährlicher Reinertrag iSv § 253 Abs. 1 BewG	= 32.134,36 EUR
Restnutzungsdauer	61 Jahre
Liegenschaftszinssatz	4,0% (kleines Mehrfamilienhaus)
Vervielfältiger nach Anlage 37	22,71

Damit ergibt sich ein kapitalisierter Reinertrag iHv 32.134,36 EUR × 22,71 = 729.771,32 EUR.

C. Abstufung für Ein- und Zweifamilienhäuser (Abs. 2)

7 Der Liegenschaftszinssatz nach § 256 Abs. 1 S. 2 BewG ist **für Ein- und Zweifamilienhäuser** ab einem Bodenrichtwert von 500 EUR/qm anzupassen (abzustufen), um eine realitätsgerechtere Bewertung von Ein- und Zweifamilienhäusern zu erzielen. Über die Abstufung wird immerhin die Lagedifferenzierung, die mit den Bodenrichtwerten typischerweise verbunden ist, verstärkt: Die Liegenschaftszinssätze für Grundstücke in besseren Lagen (= höherer Bodenrichtwert) werden reduziert, was dazu führt, dass der Grundsteuerwert für diese Grundstücke steigt. Denn mit einem niedrigeren Liegenschaftszinssatz geht (1) ein höherer kapitalisierter Reinertrag (Kapitalisierungsfaktor steigt) und (2) ein (relativ gesehen) höherer Bodenwert (Abzinsungsfaktor steigt) in den Grundsteuerwert ein (exemplarisch → Grundlagen Rn. 30ff., dort verschiedene Abwandlungen im Vergleich).

8 Gemäß § 256 Abs. 2 BewG ist die Anpassung wie folgt vorzunehmen: Für jede volle 100 EUR, die der Bodenrichtwert (→ BewG § 247 Rn. 5ff.), der, ausnahmsweise nach Maßgabe von § 247 Abs. 1 S. 2 BewG abgeleitete bzw. gewählte Wert

Liegenschaftszinssätze **§ 256 BewG**

(→ BewG § 247 Rn. 15 ff.) oder der nach § 247 Abs. 3 BewG von der Finanzverwaltung geschätzte Wert (→ BewG § 247 Rn. 30 ff.) des zu bewertenden Grundstücks den Betrag von 500 EUR/qm übersteigt, ist ein Abschlag von 0,1 Prozentpunkten vom Liegenschaftszinssatz nach § 256 Abs. 1 S. 2 BewG (also von 2,5 % als Ausgangswert) vorzunehmen. Ab einem Bodenrichtwert von 1.500 EUR/qm beträgt der Liegenschaftszinssatz dann einheitlich 1,5 %. Das führt zu den nachfolgenden Liegenschaftszinssätzen (zu Berechnungsbeispielen für Einfamilienhäuser → Grundlagen Rn. 30 ff.):

Bodenrichtwert etc	Liegenschaftszinssatz	Bodenrichtwert etc	Liegenschaftszinssatz
bis 599 EUR	2,5 %	1.000 EUR – 1.099 EUR	2,0 %
600 EUR – 699 EUR	2,4 %	1.100 EUR – 1.199 EUR	1,9 %
700 EUR – 799 EUR	2,3 %	1.200 EUR – 1.299 EUR	1,8 %
800 EUR – 899 EUR	2,2 %	1.300 EUR – 1.399 EUR	1,7 %
900 EUR – 999 EUR	2,1 %	1.400 EUR – 1.499 EUR	1,6 %
		ab 1.500 EUR	1,5 %

Erstreckt sich die wirtschaftliche Einheit über zwei oder mehrere Bodenrichtwertzonen, ist die Kürzung des Liegenschaftszinssatzes ausgehend von dem die Lagequalität prägenden Bodenrichtwert vorzunehmen. Das dürfte idR der Bodenrichtwert der Bodenrichtwertzone sein, in welcher das Gebäude belegen ist (so AEBewGrSt A 256 Abs. 2 S. 3 f.). Die Finanzverwaltung erachtet es allerdings ebenfalls als zulässig, einen nach Flächenanteilen gewichteten Bodenrichtwert heranzuziehen (AEBewGrSt A 256 Abs. 2 S. 4). 9

D. Abstufung für Wohnungseigentum (Abs. 3)

Gemäß § 256 Abs. 3 BewG ist der Liegenschaftszinssatz für Wohnungseigentum anzupassen (abzustufen, zur Wirkung der Abstufung → Rn. 7). Für jede volle 100 EUR, die der Bodenrichtwert (→ BewG § 247 Rn. 5 ff.), der ausnahmsweise nach Maßgabe von § 247 Abs. 1 S. 2 BewG abgeleitete bzw. gewählte Wert (→ BewG § 247 Rn. 15 ff.) oder der nach § 247 Abs. 3 BewG von der Finanzverwaltung geschätzte Wert (→ BewG § 247 Rn. 30 ff.) des zu bewertenden Grundstücks den Betrag von 2.000 EUR/qm übersteigt, ist ein Abschlag von 0,1 Prozentpunkten von dem Liegenschaftszinssatz nach § 256 Abs. 1 S. 2 BewG (also von 3,0 % als Ausgangswert) vorzunehmen. Die Abstufung endet ab einem Bodenrichtwert von 3.000 EUR/qm und es gilt ein einheitlicher Liegenschaftszinssatz von 2,0 %. Damit ergeben sich in Abhängigkeit vom Bodenrichtwert folgende Liegenschaftszinssätze: 10

§ 257 BewG   Siebenter Abschnitt. Bewertung d. Grundbesitzes ab 1.1.2022

Bodenrichtwert etc	Liegen-schafts-zinssatz	Bodenrichtwert etc	Liegen-schafts-zinssatz
bis 2.099 EUR	3,0%	2.500 EUR – 2.599 EUR	2,5%
2.100 EUR – 2.199 EUR	2,9%	2.600 EUR – 2.699 EUR	2,4%
2.200 EUR – 2.299 EUR	2,8%	2.700 EUR – 2.799 EUR	2,3%
2.300 EUR – 2.399 EUR	2,7%	2.800 EUR – 2.899 EUR	2,2%
2.400 EUR – 2.499 EUR	2,6%	2.900 EUR – 2.999 EUR	2,1%
		ab 3.000 EUR	2,0%

§ 257 Ermittlung des abgezinsten Bodenwerts

(1) ¹Zur Ermittlung des abgezinsten Bodenwerts ist vom Bodenwert nach § 247 auszugehen. ²Bei der Bewertung von Ein- und Zweifamilienhäusern im Sinne des § 249 Absatz 2 und 3 sind zur Berücksichtigung abweichender Grundstücksgrößen beim Bodenwert die Umrechnungskoeffizienten nach Anlage 36 anzuwenden.

(2) ¹Der Bodenwert nach Absatz 1 ist mit Ausnahme des Werts von selbständig nutzbaren Teilflächen nach Absatz 3 mit dem sich aus Anlage 41 ergebenden Abzinsungsfaktor abzuzinsen. ²Der jeweilige Abzinsungsfaktor bestimmt sich nach dem Liegenschaftszinssatz nach § 256 und der Restnutzungsdauer des Gebäudes nach § 253 Absatz 2 Satz 3 bis 6.

(3) Eine selbständig nutzbare Teilfläche ist ein Teil eines Grundstücks, der für die angemessene Nutzung der Gebäude nicht benötigt wird und selbständig genutzt oder verwertet werden kann.

Gilt nicht in **Baden-Württemberg** (dort wird nur der Grund und Boden bewertet) sowie **Bayern, Hamburg, Hessen** und **Niedersachsen** (dort gelten jeweils wertunabhängige Bewertungsmaßstäbe).

A. Allgemeines

I. Systematische Einordnung und Zweck der Regelung

1 § 257 BewG konkretisiert die zweite Komponente des Ertragswertes iSv § 252 S. 1 BewG: den abgezinsten Bodenwert. Die Abzinsung des Bodenwertes beruht auf der Prämisse, dass die Erträge, die während der wirtschaftlichen Nutzungsdauer des Gebäudes erzielt werden, auch den Wert des Grund und Bodens abgelten, und dass der Bodenwert mit Ablauf der Restnutzungsdauer des Gebäudes dem heutigen Wert entspricht (→ BewG § 252 Rn. 3). Da diese Abgeltungsprämisse bei „übergroßen" Grundstücken uU nicht zutrifft, wenn ein Teil der Grundstücksfläche auch eigenständig genutzt bzw. verwertet werden kann, nimmt § 257 Abs. 2 S. 1 BewG sog. selbständig verwertbare Teilflächen (→ Rn. 8 ff.) von der Abzinsung aus. Sie sind mit dem vollen (Gegenwarts-) Bodenwert in Ansatz zu bringen (→ Rn. 7, 12).

Ermittlung des abgezinsten Bodenwerts **§ 257 BewG**

II. Entwicklung der Vorschrift

§ 257 BewG beruht auf dem Grundsteuerreformgesetz v. 26.11.2019 (→ Grundlagen Rn. 13; zu § 257 BewG BT-Drs. 19/11085, 116). 2

B. Bestimmung des Bodenwertes (Abs. 1)

I. Maßgeblichkeit des Bodenwertes iSv § 247 BewG (Abs. 1 S. 1)

Grundlage für die Berechnung des abgezinsten Bodenwertes sind der Bodenwert nach § 247 BewG sowie der Liegenschaftszinssatz nach § 256 BewG und die Restnutzungsdauer des Gebäues nach § 253 BewG (→ Rn. 6). Ob der Bodenwert mittels des Bodenrichtwertes (→ BewG § 247 Rn. 5 ff.), eines hieraus nach Maßgabe des § 247 Abs. 1 S. 2 BewG abgeleiteten oder bestimmten Wertes (→ BewG § 247 Rn. 15 ff.) oder des nach § 247 Abs. 3 BewG von der Finanzbehörde geschätzten Wertes (→ BewG § 247 Rn. 30 ff.) ermittelt worden ist, ist unerheblich. Jeder hiernach ermittelte Bodenwert ist – vorbehaltlich des § 257 Abs. 1 S. 2 BewG – maßgeblich. 3

II. Anpassung des Bodenwertes bei Ein- und Zweifamilienhäusern im Hinblick auf die Grundstücksgröße (Abs. 1 S. 2)

Es lässt sich beobachten, dass innerhalb eines bestimmten Korridors der Wert eines Grundstücks pro Quadratmeter umso höher ist, je kleiner das Grundstück ist. Aus diesem Grunde ermitteln die Gutachterausschüsse Umrechnungskoeffizienten in Bezug auf die Grundstücksgröße, damit der Bodenrichtwert bei abweichender Größe vom Bodenrichtwertgrundstück entsprechend angepasst werden kann. Während § 247 Abs. 1 S. 2 BewG eine solche Anpassung grundsätzlich für unzulässig erklärt (→ BewG § 247 Rn. 12 ff.), wird sie anlässlich der Ertragswertbewertung von Ein- und Zweifamilienhäusern von § 257 Abs. 1 S. 2 BewG zugelassen. Allerdings sind nicht die Vorgaben der Gutachterausschüsse maßgeblich. Für die Ermittlung des abgezinsten Bodenwertes gibt vielmehr das Gesetz in Anlage 36 die Umrechnungskoeffizienten verbindlich vor. 4

Das gesetzliche Referenzgrundstück (= Umrechnungskoeffizient von 1,0) hat eine Größe von mindestens 500 qm und ist kleiner als 550 qm. Der mit dem Umrechnungskoeffizienten verbundene Zuschlag ist bei Grundstücken, die kleiner als 500 qm sind, überproportional größer als der Abschlag, der sich ab einer Grundstücksgröße von 550 qm ergibt. Ab einer Grundstücksgröße von weniger als 250 qm beträgt der Umrechnungskoeffizient einheitlich 1,24 und ab einer Grundstücksgröße von mindestens 2.000 qm bleibt der Umrechnungskoeffizient einheitlich bei 0,64. Für die Bestimmung des Umrechnungskoeffizienten ist die gesamte Grundstücksfläche des zu bewertenden Grundstücks zu berücksichtigen (vgl. allerdings auch noch zu selbstständig nutzbaren Teilflächen → Rn. 12 f.). Das gilt auch für Grundstücke, die in mehr als einer Bodenrichtwertzone liegen (AEBewGrSt A 257.3). 5

Beispiel 1: Zweifamilienhaus in Kevelaer, Bodenrichtwert 165 EUR/qm und Grundstücksfläche 380 qm. Der Bodenwert in Höhe von 62.700,00 EUR (= 165 EUR/qm × 380 qm) ist mit dem Umrechnungskoeffizienten von 1,10 anzupassen, was einen angepassten Bodenwert iHv 68.970,00 EUR ergibt.

§ 257 BewG Siebenter Abschnitt. Bewertung d. Grundbesitzes ab 1.1.2022

Beispiel 2: Einfamilienhaus in Düsseldorf, Baujahr 1980, Bodenrichtwert 950 EUR/qm und Grundstücksfläche 1.000 qm. Der Bodenwert in Höhe von 950.000 EUR (= 950 EUR/qm × 1.000 qm) ist mit dem Umrechnungskoeffizienten von 0,84 anzupassen, was einen angepassten Bodenwert iHv 798.000 EUR ergibt.

C. Abzinsung des Bodenwertes (Abs. 2)

6 Der – ggf. um selbstständige Teilflächen iSv § 257 Abs. 3 BewG gekürzte (→ Rn. 7, 12f.) – Bodenwert nach § 257 Abs. 1 BewG ist mit dem sich aus Anlage 41 ergebenden Abzinsungsfaktor zu multiplizieren. Maßgebend für den Abzinsungsfaktor sind der nach § 256 BewG zu bestimmende Liegenschaftszinssatz und die sich aus § 253 Abs. 2 S. 3–6 BewG ergebende Restnutzungsdauer.

Beispiel (Fortführung des Beispiels von → BewG § 256 Rn. 6): Mehrfamilienhaus in Goch (NRW, Mietniveaustufe 2) mit Baujahr 2003, 1. Wohnung 110 qm, 2. Wohnung 110 qm, 3. Wohnung 110 qm, 4. Wohnung 55 qm (Wohnfläche insgesamt = 385 qm). Im Erdgeschoss befindet sich zudem ein Ladenlokal mit 65 qm. Das Gebäude verfügt über drei Garagen. Die Grundstücksgröße beträgt 400 qm; Bodenrichtwert 185 EUR/qm. Die Bewertung erfolgt auf den 1.1.2022.

Bodenwert	74.000,00 EUR (= 185 EUR/qm × 400 qm)
	Der Bodenwert ist nicht nach § 257 Abs. 1 S. 2 BewG anzupassen, da es sich um ein Mehrfamilienhaus handelt.
Restnutzungsdauer zum 1.1.2022	61 Jahre (= 80 Jahre lt. Anlage 38 ./. 19 Jahre)
Liegenschaftszinssatz	4,0% (kleines Mehrfamilienhaus)
Abzinsungsfaktor nach Anlage 41	0,0914
Abgezinster Bodenwert	74.000,00 EUR × 0,0914 = 6.763,60 EUR

Damit ergibt sich ein abgezinster Bodenwert iHv 6.763,60 EUR und sodann folgender Grundsteuerwert:

Barwert des Reinertrages	729.771,32 EUR (→ BewG § 256 Rn. 6)
Bodenwert	+ 6.763,60 EUR
Grundsteuerwert	= 736.500,00 EUR (gerundet nach § 230 BewG)

Beispiel (Fortführung des Beispiels von → Rn. 5): Einfamilienhaus in Düsseldorf, Baujahr 1980, Bodenrichtwert 950 EUR/qm und Grundstücksfläche 1.000 qm (keine selbstständig nutzbare Teilfläche vorhanden).

(Angepasster) Bodenwert	798.000 EUR (→ Rn. 5)
Restnutzungsdauer zum 1.1.2022	38 Jahre (= 80 Jahre lt. Anlage 38 ./. 42 Jahre)
Liegenschaftszinssatz	2,1% (angepasst nach § 256 Abs. 2 BewG, → BewG § 256 Rn. 8)
Abzinsungsfaktor nach Anlage 41	0,4540
Abgezinster Bodenwert	798.000,00 EUR × 0,4540 = 362.292,00 EUR

Der abgezinste Bodenwert beläuft sich somit auf 362.292,00 EUR.

Beispiel (Wohnungseigentum mit allen Berechnungsschritten): Eigentumswohnung in Wuppertal (NRW, Mietniveaustufe 3) mit Baujahr 1986, Wohnfläche 98 qm (Sondereigentum), Grundstücksfläche 2.049 qm und 670/10.000 Miteigentumsanteil, Sondernutzungsrecht an einem Keller (10 qm) und – die Eigentumswohnung liegt im Erdgeschoss – am Garten (100 qm), Bodenrichtwert 380 EUR/qm. Die Bewertung erfolgt auf den 1.1.2022.

Ermittlung des abgezinsten Bodenwerts §257 BewG

Ermittlung des kapitalisierten Reinertrages:
Monatliche Nettokaltmiete	6,15 EUR (Anlage 39 I mit *-Erläuterung) Maßgeblich ist allein die Wohnfläche von 98 qm. Der Keller gehört nicht zur Wohnfläche (→ BewG § 254 Rn. 7).
Anpassung auf Mietniveaustufe	Stufe 3 = keine Anpassung notwendig (Anlage 39 II)
Jährlicher Rohertrag	6,15 EUR × 98 qm Wohnfläche × 12 Monate = 7.232,40 EUR
Bewirtschaftungskosten	7.232,40 EUR × 25% (Anlage 40, Restnutzungsdauer 44 Jahre [80 Jahre lt. Anlage 38 ./. 36 Jahre, Gebäudealter gerechnet vom 1.1.1986 zum 1.1.2022 → BewG § 253 Rn. 5]) = 1.808,10 EUR
Jährlicher Reinertrag iSv § 253 Abs. 1 BewG	7.232,40 EUR ./. 1.808,10 EUR = 5.424,30 EUR
Liegenschaftszinssatz	3,0% (→ BewG 256 Rn. 5, keine Anpassung nach § 256 Abs. 3 BewG, da Bodenrichtwert hier kleiner als 2.100,00 EUR/qm → BewG 256 Rn. 9)
Kapitalisierungsfaktor	24,25 (laut Anlage 37 bei 3,00% Liegenschaftszinssatz und Restnutzungsdauer 44 Jahre)
Kapitalisierter Reinertrag	5.424,30 EUR × 24,25 = 131.539,28 EUR

Ermittlung des Bodenwertes:
Bodenwert	380 EUR/qm × 137, 28 qm = 52.166,40 EUR Die 137,28 qm bilden das Miteigentum an der Grundstücksfläche ab (670/10.000 × 2.049 qm). Das Sondernutzungsrecht am Garten ist ohne Bedeutung.
Abzinsungsfaktor	0,2724 (laut Anlage 41 bei 3,00 Liegenschaftszinssatz und Restnutzungsdauer 44 Jahre)
Abgezinster Bodenwert	52.166,40 EUR × 0,2724 = 14.210,13 EUR

Damit ergibt sich folgender Grundsteuerwert:
Barwert des Reinertrages	131.539,28 EUR
Bodenwert	+ 14.210,13 EUR
Grundsteuerwert	= 145.700,00 EUR (gerundet nach § 230 BewG)

Teilflächen iSv § 257 Abs. 3 BewG (→ Rn. 8) sind hingegen nicht abzuzinsen. Sie sind mit dem (unveränderten) Bodenwert iSv § 247 BewG dem nach § 257 Abs. 2 BewG abgezinsten Bodenwert (der angemessenen Umgriffsfläche des Gebäudes) hinzuzuaddieren (→ Rn. 12f.). 7

D. Selbstständig nutzbare Teilflächen (Abs. 3)

Eine selbstständig nutzbare Teilfläche, deren Bodenwert nicht abzuzinsen ist und 8
für die uU auch kein Umrechnungskoeffizient anzuwenden ist (→ Rn. 12f.), ist ein
Teil eines Grundstücks, der für die angemessene Nutzung der Gebäude nicht benötigt wird (→ Rn. 9) und selbstständig genutzt oder verwertet werden kann
(→ Rn. 10). Die Regelung hat Bedeutung für große – eine einzige wirtschaftliche

§ 257 BewG Siebenter Abschnitt. Bewertung d. Grundbesitzes ab 1.1.2022

Einheit bildende – Grundstücke. Inwieweit sie praktisch relevant wird, bleibt abzuwarten (laut *Mannek* in Stenger/Loose BewG § 185 Rn. 13 hat die vergleichbare Regelung in § 185 Abs. 2 S. 3 BewG bisher wenig Bedeutung erlangt; hierfür spricht, dass keine Rechtsprechung zu dieser Regelung vorliegt). Denn **in nicht wenigen Fällen, für die § 257 Abs. 3 BewG Bedeutung haben könnte, dürfte bereits die Annahme von zwei eigenständigen wirtschaftlichen Einheiten naheliegen** (→ BewG § 244 Rn. 12 ff.).

9 § 257 Abs. 3 BewG erfordert zuvorderst eine **wertende Aussage über die angemessene Flächenausstattung** in Bezug auf die konkrete bauliche Nutzung des Grundstücks. Gesucht ist eine angemessene Umgriffsfläche. Will man nicht willkürliche Größen heranziehen, **muss man empirisch absichern, wie groß Gärten va bei Ein- und Zweifamilienhäusern typischerweise sind und dies sodann noch örtlich differenziert.** In einer ländlichen Region ist die Angemessenheit daher anders zu beurteilen als in einer städtischen Lage. So ist auch der BFH bei Betrieben der Land- und Forstwirtschaft anlässlich der ertragsteuerlich relevanten Abgrenzungsfrage zwischen einem Hausgarten und einer landwirtschaftlichen Fläche vorgegangen (→ BewG § 232 Rn. 35 f.). Auf die Gegendüblichkeit der Grundstücksgröße im Verhältnis zum Gebäude wird ferner in der Literatur mit eine entsprechende Regelung enthaltenden § 17 Abs. 2 S. 2 ImmoWertV 2010 (nunmehr § 41 ImmoWertV 2021) abgestellt (*Zimmermann* ImmoWertV § 17 Rn. 77). Dort wird allerdings zur weiteren Konkretisierung auch auf die Grundstücksgröße des Bodenrichtwertgrundstücks abgestellt, aber mit unterschiedlicher Maßgeblichkeit: So wird zum Teil aus der eigenständigen Nutzbarkeit (zweites Kriterium, → Rn. 10) gefolgert, dass jedenfalls dann, wenn gemessen an den Merkmalen des Bodenrichtwertgrundstücks (vgl. → BewG § 247 Rn. 7) ein eigenständiger Bauplatz vorliegt, auch das Unangemessenheitskriterium erfüllt sei (so *Zimmermann* ImmoWertV § 17 Rn. 79: hat das Bodenrichtwertgrundstück eine Größe von 400 qm, beginnt bei 800 qm die Unangemessenheit). Zum Teil wird allerdings auch unmittelbar an das Bodenrichtwertgrundstück angeknüpft. Seine Grundstücksgröße gebe einen ersten Anhaltspunkt für das ortsüblich Angemessene (so *Kleiber* in EZBK ImmoWertV § 17 Rn. 99). Die Anknüpfung an das Bodenrichtwertgrundstück vernachlässigt allerdings zu sehr das konkrete Gebäude, das den Ausgangspunkt für die Angemessenheitsprüfung bildet. Daher ist allein der eingangs genannte auch der richtige Weg: Dem angemessenen Verhältnis zwischen Gebäude und Grundstück kann man nur durch eine Feststellung und Würdigung der ortsüblichen Umgriffsflächen bezogen auf vergleichbare Gebäude gerecht werden. **Eine Obergrenze sieht das Gesetz nicht vor.** Die in anderen Bewertungsnormen enthaltenen Begrenzungen (das Fünffache der bebauten Fläche in §§ 143 Abs. 2, 167 Abs. 2 BewG) können nicht entsprechend angewendet werden (tendenziell aA zu dem mit § 257 Abs. 3 BewG vergleichbaren § 185 Abs. 2 S. 3 BewG *Mannek* in Stenger/Loose BewG § 185 Rn. 18: Das Fünffache der bebauten Fläche könne einen Anhaltspunkt bieten, allerdings keine schematische Anwendung).

10 Der nicht mehr für die angemessene Nutzung erforderliche Teil der Grundstücksfläche muss einer **selbstständigen Nutzung oder Verwertung** zugänglich sein. Das ist jedenfalls dann der Fall, wenn er eigenständig bebaut werden kann. Nach Ansicht der Finanzverwaltung soll darüber hinaus auch jede andere sinnvolle Nutzung ausreichend sein (AEBewGrSt A 257.4 Abs. 1 S. 3: Lager-, Abstell- oder Gartenfläche). Letzteres ist auf den ersten Blick freilich ein sehr vages Kriterium, das selbst bei geringer Überschreitung einer angemessenen Umgriffsfläche zu einer

Ermittlung des abgezinsten Bodenwerts § 257 BewG

selbstständigen Nutzbarkeit führen muss (zumindest als Garten). Damit das Selbstständigkeitskriterium nicht überflüssig wird (= sich also nicht jede Fläche jenseits der angemessenen Umgriffsfläche „verselbstständigt"), **wird man daher verlangen müssen, dass ein Dritter die Fläche auch losgelöst von der Hauptfläche (= bebautes Grundstück mit der angemessenen Umgriffsfläche) nutzen kann und würde** (also zB eine Nutzung als eigenständiger Garten ohne Haus möglich ist).

Liegt eine **selbstständig nutzbare Teilfläche** vor, gibt das Gesetz jedenfalls eindeutig vor, dass **in Bezug auf diese Teilfläche eine Abzinsung unterbleibt** (§ 257 Abs. 2 S. 1 BewG). Der Herauslösung der selbstständig nutzbaren Teilflächen aus dem abzuzinsenden Bodenwert liegt die Erwägung zugrunde, dass dieser Teil der Grundstücksfläche nicht durch den Ertragswert des Gebäudes abgegolten wird und daher auch zum Bewertungsstichtag bereits mit seinem Gegenwartswert zu berücksichtigen ist. **11**

Fraglich ist allerdings, wie es sich mit der Anwendung des Umrechnungskoeffizienten nach § 257 Abs. 1 S. 2 BewG verhält. Die Finanzverwaltung **geht jedenfalls bei baulich selbstständig nutzbaren Teilflächen** (eine Bebauung ist mithin möglich; nicht bebaubare Flächen → Rn. 13) **davon aus, dass § 257 Abs. 1 S. 2 BewG in Bezug auf die Teilfläche keine Anwendung findet** (AEBewGrSt A 257.4 Abs. 2). **12**

Beispiel (nach AEBewGrSt A 257.4 Abs. 2): Einfamilienhaus, Grundstücksfläche 1.200 qm und eine Aufteilung des Grundstücks in ein bebautes und ein eigenständig bebaubares Baugrundstück mit einer jeweiligen Grundstücksgröße von 600 qm ist möglich.
Der Bodenwert der bebauten Fläche ermittelt sich wie folgt:
Bodenrichtwert × 600 qm × 0,95 (Umrechnungskoeffizient nach Anlage 36, → Rn. 4f.) × Abzinsungsfaktor (nach Anlage 41, → Rn. 6)
Der Bodenwert der selbstständig nutzbaren Teilfläche soll sich nach Ansicht der Finanzverwaltung wie folgt ermitteln:
Bodenrichtwert × 600 qm
Der Umrechnungskoeffizient sei auf die Teilfläche nicht anzuwenden.

Die Ansicht der Finanzverwaltung kann nur dann zutreffend sein, wenn die selbstständig nutzbare Teilfläche mit ihrer Verselbstständigung für Zwecke des § 257 BewG die Eigenschaft als Ein- oder Zweifamilienhaus iSv § 257 Abs. 1 S. 2 BewG verliert und die Teilfläche nunmehr als unbebautes Grundstück zu betrachten ist. Das ergibt sich aber nicht aus dem Gesetz. Da der Gesetzgeber für die Abzinsung ausdrücklich die Ausklammerung der selbstständig nutzbaren Teilfläche angeordnet hat (§ 257 Abs. 2 BewG), wird man aus dem Fehlen einer solchen Regelung für den Umrechnungskoeffizienten vielmehr schließen müssen, dass dieser immer auf die gesamte wirtschaftliche Einheit und damit auf die Gesamtfläche anzuwenden ist, dh ungeachtet der Existenz einer selbstständig nutzbaren Teilfläche.

Ist die **selbstständig nutzbare Teilfläche** nicht bebaubar, will die Finanzverwaltung **danach unterscheiden, ob die mangelnde Bebaubarkeit mittels eines gesondert für die selbstständig nutzbare Teilfläche geltenden Bodenrichtwerts** (andere Bodenrichtwertzone, in der ein von einer baulichen Nutzung abweichender Bodenrichtwert ausgewiesen wird) **abbildbar ist oder nicht** (AEBewGrSt A 257.4 Abs. 3). Ist Ersteres der Fall, hat nicht nur die Abzinsung zu unterbleiben, sondern auch die Anwendung des Umrechnungskoeffizienten (wie bei → Rn. 12). **13**

§ 258 BewG Siebenter Abschnitt. Bewertung d. Grundbesitzes ab 1.1.2022

Beispiel (nach AEBewGrSt A 257.4 Abs. 3): Einfamilienhaus, Grundstücksfläche 3.600 qm. Die angemessene Umgriffsfläche des Gebäudes beträgt 1.200 qm (Bodenrichtwertzone 1) und die selbstständig nutzbare Teilfläche 2.400 qm (Bodenrichtwertzone 2). Die selbstständig nutzbare Teilfläche kann nicht bebaut werden. Bodenrichtwertzone 2 umfasst nur solche nicht bebaubaren Flächen (Grünland, private Grünfläche, Kleingartenfläche etc.).
Unterstellt man, dass in dem Beispiel wirklich nur eine einzige wirtschaftliche Einheit vorliegt, dann soll nach Ansicht der Finanzverwaltung wie folgt vorzugehen sein:
Der Bodenwert der bebauten Fläche ermittelt sich wie folgt:
Bodenrichtwert 1 × 1.200 qm × 0,80 (Umrechnungskoeffizient nach Anlage 36, → Rn. 4f.) × Abzinsungsfaktor (nach Anlage 41, → Rn. 6)
Für den Bodenwert der selbstständig nutzbaren Teilfläche soll hingegen gelten:
Bodenrichtwert 2 × 2.400 qm
Der Umrechnungskoeffizient sei (auch in dieser Konstellation) auf die Teilfläche nicht anzuwenden (zur Kritik → Rn. 11).

Ist hingegen kein gesonderter Bodenrichtwert vorhanden, der die geringere Nutzbarkeit dieser Fläche berücksichtigt, dann soll der Umrechnungskoeffizient auf die Gesamtfläche einschließlich der selbstständig nutzbaren Teilfläche anzuwenden sein (AEBewGrSt A 257.4 Abs. 3 S. 3).

Beispiel (nach AEBewGrSt A 257.4 Abs. 3): Einfamilienhaus, Grundstücksfläche 2.800 qm. Die angemessene Umgriffsfläche des Gebäudes beträgt 800 qm und die selbstständig nutzbare Teilfläche 2.000 qm. Das gesamte Grundstück liegt in einer Bodenrichtwertzone mit einem Bodenrichtwert für Bauland.
Der Bodenwert der bebauten Fläche ermittelt sich wie folgt:
Bodenrichtwert × 800 qm × 0,64 (Umrechnungskoeffizient nach Anlage 36 [→ Rn. 4f.] für die Gesamtfläche von 2.800 qm) × Abzinsungsfaktor (nach Anlage 41, → Rn. 6)
Für den Bodenwert der selbstständig nutzbaren Teilfläche gilt nach Ansicht der Finanzverwaltung:
Bodenrichtwert × 2.000 qm × 0,64

§ 258 Bewertung im Sachwertverfahren

(1) **Bei Anwendung des Sachwertverfahrens ist der Wert der Gebäude (Gebäudesachwert) getrennt vom Bodenwert zu ermitteln.**

(2) **Der Bodenwert ist der Wert des unbebauten Grundstücks nach § 247.**

(3) [1]**Die Summe aus Bodenwert (§ 247) und Gebäudesachwert (§ 259) ergibt den vorläufigen Sachwert des Grundstücks.** [2]**Dieser ist zur Ermittlung des Grundsteuerwerts im Sachwertverfahren mit der Wertzahl nach § 260 zu multiplizieren.** [3]**Mit dem Grundsteuerwert sind die Werte für den Grund und Boden, die Gebäude, die baulichen Anlagen, insbesondere Außenanlagen, und die sonstigen Anlagen abgegolten.**

Gilt nicht in **Baden-Württemberg** (dort wird nur der Grund und Boden bewertet) sowie **Bayern, Hamburg, Hessen** und **Niedersachsen** (dort gelten jeweils wertunabhängige Bewertungsmaßstäbe).

Bewertung im Sachwertverfahren § 258 BewG

A. Allgemeines

I. Systematische Einordnung und Zweck der Regelung

§ 258 BewG gibt die Methodik des Sachwertverfahrens vor, das (zwingend) für **1** die Nicht-Wohngrundstücke iSv § 249 Abs. 1 Nr. 5–8 BewG gilt (→ BewG § 250 Rn. 4). Der Sachwert (= Grundsteuerwert) setzt sich zusammen aus dem Bodenwert und dem Gebäudesachwert, die sodann noch eine Marktpreisanpassung erfahren (→ Rn. 5). Der Gesetzgeber verfolgt auch in Bezug auf das Sachwertverfahren ein automationsfreundliches – unseres Erachtens verfassungsgemäßes (→ Grundlagen Rn. 98 ff.) – Typisierungskonzept. Er gibt für den Gebäudesachwert die Normalherstellungskosten vor, verzichtet dabei allerdings va auf unterschiedliche Standards. Denn Letztere bedingen eine Einzelfallbetrachtung. Entsprechende Fragebögen ließen sich gewiss automatisiert auswerten, aber die zumindest risikoorientierte bzw. stichprobenartige Verifikation der Angaben kann nur durch Menschen geleistet werden. Ebenfalls von strikter Typisierung ist die Anwendung der bundeseinheitlichen Wertzahlen geprägt. Letztlich kommt das Sachwertverfahren – ebenso wenig wie das Ertragswertverfahren – allerdings nicht ohne individuelle, teils Anwendungsspielräume eröffnende Daten aus. Zu nennen sind die Einordnung in die Gebäudegruppe (→ BewG § 259 Rn. 5 ff.), die Bestimmung der Brutto-Grundfläche (→ BewG § 259 Rn. 12 ff.) und in Ausnahmefällen auch die Restnutzungsdauer, wenn deren Verlängerung durch bauliche Maßnahmen im Raum steht (→ BewG § 259 Rn. 25). Schließlich ist auch der Bodenwert kein Bewertungsdatum, das immer eindeutig ist. Denn auch im Anwendungsbereich des Sachwertverfahrens kann ein Bodenrichtwert (ausnahmsweise) anzupassen sein (→ Rn. 4).

II. Entwicklung der Vorschrift

§ 258 BewG beruht auf dem Grundsteuerreformgesetz v. 26.11.2019 **2** (→ Grundlagen Rn. 13; zu § 258 BewG BT-Drs. 19/11085, 116 f.). Er steht in der Tradition der §§ 83 ff. BewG und der §§ 189 ff. BewG, weshalb zum Teil auf die hierzu bereits gewonnenen Erkenntnisse zurückgegriffen werden kann (vgl. → BewG § 259 Rn. 2).

B. Bewertungskomponenten des Sachwertes (Abs. 1, Abs. 3 S. 1 u. 2)

Bei der Bewertung nach dem **Sachwertverfahren** werden zunächst der Boden- **3** wert und der Gebäude(-sach-)wert getrennt voneinander ermittelt und sodann addiert. Die Summe aus Gebäudewert und Bodenwert ergibt den sog. vorläufigen Sachwert, der mit einer sog. Wertzahl (§ 260 BewG) zu multiplizieren ist (→ Rn. 5). Gliedert man den Gebäudesachwert auf, ergibt sich folgendes Ermittlungsschema:

    Normalherstellungskosten (Anlage 42)
x   Baupreisindex (§ 259 Abs. 3 BewG)
x   Brutto-Grundfläche
=   Gebäudenormalherstellungswert (§ 259 Abs. 2 BewG)
./. Alterswertminderung (§ 259 Abs. 4 BewG)

§ 258 BewG   Siebenter Abschnitt. Bewertung d. Grundbesitzes ab 1.1.2022

= Gebäudesachwert
+ Bodenwert (§ 258 Abs. 2 BewG iVm § 247 BewG)
= vorläufiger Sachwert (§ 258 Abs. 3 S. 1 BewG)
x Wertzahl (§ 258 Abs. 3 S. 2 BewG iVm § 260 BewG)
= Grundsteuerwert

Der Gesetzgeber hat sich methodisch an §§ 21 ff. ImmoWertV 2010 orientiert (nunmehr §§ 35 ff. ImmoWertV 2022). Abweichend hiervon sind anlässlich der Grundsteuerwertermittlung allerdings keine objektspezifischen Gebäudemerkmale (wirtschaftliche Überalterung, ein überdurchschnittlicher Erhaltungszustand, Baumängel oder Bauschäden) berücksichtigungsfähig (→ BewG § 259 Rn. 10). Das grundsteuerliche Sachwertverfahren kennt zudem jenseits der Baugruppendifferenzierung keine Gebäudestandardunterscheidungen (→ BewG § 259 Rn. 4).

C. Bodenwert (Abs. 2)

4   Der Bodenwert ist nach § 247 BewG zu ermitteln. Der Verweis in § 258 Abs. 2 BewG erfasst alle Bodenwertermittlungen des § 247 BewG. Es ist daher unerheblich, ob der Bodenwert anhand des Bodenrichtwertes (→ BewG § 247 Rn. 5 ff.), eines ausnahmsweise nach Maßgabe von § 247 Abs. 1 S. 2 BewG abgeleiteten bzw. gewählten Wertes (→ BewG § 247 Rn. 15 ff.) oder durch Schätzung von der Finanzbehörde gem. § 247 Abs. 3 BewG (→ BewG § 247 Rn. 30 ff.) ermittelt worden ist.

D. Vorläufiger Sachwert und Grundsteuerwert (Abs. 3 S. 1 u. 2)

5   Die Summe aus Bodenwert und Gebäudesachwert ist der vorläufige Sachwert (§ 258 Abs. 3 S. 1 BewG). **Dieser auf den Herstellungskosten basierende Wertansatz ist vielfach nicht deckungsgleich mit beobachtbaren Kaufpreisen (= Verkehrswerten), weil in die Kaufpreisbildung auch noch andere Überlegungen einfließen** (zB überregionale Lage, Entfernung zum nächsten Ballungszentrum, Wirtschaftskraft der Region, vgl. *Kleiber* in Kleiber Verkehrswertermittlung § 14 ImmoWertV Rn. 35). Daher ist der kostenbasierte (vorläufige) Sachwert **durch einen Anpassungsfaktor (= Sachwertfaktor) an das „Marktpreisniveau" anzupassen** (vgl. BFH 21.7.2020 – IX R 26/19, DStR 2020, 2658 [Normalherstellungskosten sind reine Modellwerte; der Marktbezug wird erst durch den Sachwertfaktor hergestellt]; *Halaczinsky* in Rössler/Troll BewG §§ 189–191 Rn. 23; *Kleiber* in Kleiber Verkehrswertermittlung Syst. Darst. Sachwertverfahren Rn. 11; *Zimmermann* ImmoWertV § 14 Rn. 5 ff.). Ist der Sachwertfaktor kleiner als 1, bringt dies zum Ausdruck, dass der Markt nicht bereit ist, den (modellhaft ermittelten) Herstellungswert zu vergüten (iE *Kleiber* in Kleiber Verkehrswertermittlung § 14 ImmoWertV Rn. 21 ff.). Für die (gutachterliche) Bewertungspraxis wird der Sachwertfaktor von den Gutachterausschüssen empirisch aus den Grundstücksmarktdaten abgeleitet (→ Grundlagen Rn. 113). Die §§ 258 Abs. 3, 260 BewG entlasten den Rechtsanwender hingegen von der Ermittlung und Verwendung eines regionalen und ggf. sachlich ausdifferenzierten Sachwertfaktors. Anders als bei der Bedarfsbewertung, wo der Gesetzgeber vorrangig die Marktanpassungsfaktoren der örtlichen Gutachterausschüsse für maßgeblich erklärt

Bewertung im Sachwertverfahren **§ 258 BewG**

und gesetzliche Wertzahlen lediglich in Reserve hält, **erklärt § 260 BewG direkt (und ohne Abweichungsmöglichkeit) die Wertzahlen der Anlage 43 für verbindlich** (→ BewG § 260 Rn. 3). Diese Vorgabe ist im Hinblick auf die verfassungsrechtlichen Typisierungsgrenzen diskussionswürdig, aber im Ergebnis zulässig (→ Grundlagen Rn. 112 ff.).

Beispiel: Bürogebäude, Bezugsfertigkeit in 2002, Alter zum Hauptfeststellungszeitpunkt 20 Jahre (2022 ./. 2002 = 20 Jahre → BewG § 259 Rn. 20), wirtschaftliche Gesamtnutzungsdauer laut Anlage 38 = 60 Jahre, Brutto-Grundfläche 400 qm, Grundstücksfläche 200 qm, Bodenrichtwert 800 EUR/qm **6**

	Normalherstellungskosten	1.071,00 EUR/qm (Anlage 42)
x	Baupreisindex	1,486 (→ BewG § 259 Rn. 18)
x	Brutto-Grundfläche	400 qm
=	Gebäudenormalherstellungswert	636.602,40 EUR
./.	Alterswertminderung	212.200,80 EUR (→ BewG § 259 Rn. 20 f.)
=	Gebäudesachwert	424.401,60 EUR
+	Bodenwert	160.000,00 EUR
		(= 800,00 EUR/qm × 200 qm)
=	vorläufiger Sachwert	584.401,60 EUR
x	Wertzahl	0,95 (Anlage 43, vgl. → BewG § 260 Rn. 3)
=	Grundsteuerwert	555.100,00 EUR (gerundet, § 230 BewG)

E. Abgeltungswirkung des Grundsteuerwertes (Abs. 3 S. 3)

Mit dem Grundsteuerwert sind die baulichen Anlagen (insb. Außenanlagen) und **7** die sonstigen Anlagen abgegolten. Sie müssen mithin nicht eigenständig erfasst und bewertet werden. Im Hinblick auf die Abgeltungswirkung des Grundsteuerwertes sind die Normalherstellungskosten um 3 % erhöht worden (so BT-Drs. 19/11085, 117). Der Gesetzgeber verwendet in § 258 Abs. 3 S. 3 BewG – ebenso wie in der vergleichbaren Abgeltungsregelung in § 252 S. 2 BewG – keine bewertungsrechtsspezifischen Begriffe, sondern übernimmt die Begriffe der §§ 35 ff. ImmoWertV 2022. Die explizite Nennung der Außenanlagen ist historisch erklärbar, da diese nach §§ 83, 89 BewG noch gesondert zu erfassen und zu bewerten waren. Ebenso wie bei § 252 S. 2 BewG sind die Begriffe „bauliche Anlage" und „sonstige Anlage" letztlich nur im Zusammenhang mit § 243 Abs. 1 Nr. 1 BewG konkretisierbar: Was hiernach nicht zum Grundstück gehört, darf den Grundsteuerwert ohnehin nicht beeinflussen. Das betrifft gerade bei Nicht-Wohngrundstücken die hier häufig anzutreffenden Betriebsvorrichtungen. Sie können nicht abgegolten werden, weil sie schon nicht Teil der wirtschaftlichen Einheit des Grundstücks sind (§ 243 Abs. 2 Nr. 2 BewG). Damit wird deutlich, worauf die Abgeltungswirkung des § 258 Abs. 3 S. 3 BewG letztlich zu beziehen ist: die sonstigen Bestandteile und das Zubehör iSv § 243 Abs. 1 Nr. 1 BewG.

§ 259 BewG Siebenter Abschnitt. Bewertung d. Grundbesitzes ab 1.1.2022

§ 259 Ermittlung des Gebäudesachwerts

(1) Bei der Ermittlung des Gebäudesachwerts ist von den Normalherstellungskosten des Gebäudes in Anlage 42 auszugehen.

(2) Der Gebäudenormalherstellungswert ergibt sich durch Multiplikation der jeweiligen nach Absatz 3 an den Hauptfeststellungszeitpunkt angepassten Normalherstellungskosten mit der Brutto-Grundfläche des Gebäudes.

(3) [1]Die Anpassung der Normalherstellungskosten erfolgt anhand der vom Statistischen Bundesamt veröffentlichten Baupreisindizes. [2]Dabei ist auf die Preisindizes für die Bauwirtschaft abzustellen, die das Statistische Bundesamt für den Neubau in konventioneller Bauart von Wohn- und Nichtwohngebäuden jeweils für das Vierteljahr vor dem Hauptfeststellungszeitpunkt ermittelt hat. [3]Diese Preisindizes sind für alle Bewertungsstichtage des folgenden Hauptfeststellungszeitraums anzuwenden. [4]Das Bundesministerium der Finanzen veröffentlicht die maßgebenden Baupreisindizes im Bundessteuerblatt.

(4) [1]Vom Gebäudenormalherstellungswert ist eine Alterswertminderung abzuziehen. [2]Die Alterswertminderung ergibt sich durch Multiplikation des Gebäudenormalherstellungswerts mit dem Verhältnis des Alters des Gebäudes im Hauptfeststellungszeitpunkt zur wirtschaftlichen Gesamtnutzungsdauer nach Anlage 38. [3]Sind nach Bezugsfertigkeit des Gebäudes Veränderungen eingetreten, die die wirtschaftliche Gesamtnutzungsdauer des Gebäudes wesentlich verlängert haben, ist von einem der Verlängerung entsprechenden späteren Baujahr auszugehen. [4]Der nach Abzug der Alterswertminderung verbleibende Gebäudewert ist mit mindestens 30 Prozent des Gebäudenormalherstellungswerts anzusetzen. [5]Bei bestehender Abbruchverpflichtung für das Gebäude ist die Alterswertminderung abweichend von den Sätzen 2 bis 4 auf das Verhältnis des Alters des Gebäudes im Hauptfeststellungszeitpunkt zur tatsächlichen Gesamtnutzungsdauer begrenzt.

Gilt nicht in **Baden-Württemberg** (dort wird nur der Grund und Boden bewertet) sowie **Bayern, Hamburg, Hessen** und **Niedersachsen** (dort gelten jeweils wertunabhängige Bewertungsmaßstäbe).

Übersicht

	Rn.
A. Allgemeines	1
I. Systematische Einordnung und Zweck der Regelung	1
II. Entwicklung der Vorschrift	2
B. Gebäudebezogene Ermittlung der Normalherstellungskosten (Abs. 1)	3
C. Gebäudenormalherstellungswert (Abs. 2)	11
I. Bestandteile des Gebäudenormalherstellungswertes	11
II. Brutto-Grundfläche	12
D. Baupreisindizes (Abs. 3)	18
E. Alterswertminderung (Abs. 4)	20
I. Alterswertminderung ausgehend vom Baujahr (Abs. 4 S. 1–2)	20
II. Verlängerung der wirtschaftlichen Gesamtnutzungsdauer (Abs. 4 S. 3)	25

Ermittlung des Gebäudesachwerts § 259 BewG

	Rn.
III. Mindestgebäudesachwert (Abs. 4 S. 4)	26
IV. Alterswertminderung bei Abbruchverpflichtung (Abs. 4 S. 5)	27

A. Allgemeines

I. Systematische Einordnung und Zweck der Regelung

§ 259 BewG regelt die Ermittlung des Gebäudesachwertes (iVm Anlage 42). Die **1** Regelung lehnt sich (jedenfalls im methodischen Ausgangspunkt) an das Sachwertverfahren nach ImmoWertV 2022 an und rekurriert mit den Normalherstellungskosten 2010 auf die gleiche Datengrundlage (wenngleich deutlich verdichtet, →Rn. 3 ff.).

II. Entwicklung der Vorschrift

Die Regelung beruht auf dem Grundsteuerreformgesetz v. 26.11.2019 **2** (→Grundlagen Rn. 13; zu § 259 BewG BT-Drs. 19/11085, 117 ff.). Mit dem Fondsstandortgesetz v. 3.6.2021 (BGBl. 2021 I 1498, dazu BT-Drs. 19/28868, 129) wurden in § 259 Abs. 4 S. 2 u. S. 5 BewG jeweils das Wort „Bewertungsstichtag" durch „Hauptfeststellungszeitpunkt" ersetzt. Da die Sachwertermittlung für Zwecke der Einheitswert- und Bedarfswertermittlung ebenso wie die Sachwertermittlung für Grundsteuerzwecke ua die Zuordnung der Gebäude zu bestimmten Gebäudearten erforderlich macht, kann für die Anwendung der Anlage 42 zum Teil auf die Erkenntnisse zu den anderen Sachwertverfahren zurückgegriffen werden.

B. Gebäudebezogene Ermittlung der Normalherstellungskosten (Abs. 1)

Grundlage für die Bewertung des Gebäudes nach dem Sachwertverfahren sind **3** die sog. Normalherstellungskosten. Der Begriff entstammt § 36 ImmoWertV 2022, wo er auch hergeleitet wird: Der Begriff der Normalherstellungskosten steht für die modellhaften Kostenkennwerte, mit denen die sog. durchschnittlichen Herstellungskosten abgebildet werden. Diese durchschnittlichen Herstellungskosten sind die aufzuwendenden Kosten, die sich unter Beachtung wirtschaftlicher Gesichtspunkte für die Errichtung eines dem Wertermittlungsobjekt nach Art und Standard vergleichbaren Neubaus unter Zugrundelegung zeitgemäßer, wirtschaftlicher Bauweisen ergeben würden (§ 36 Abs. 2 S. 1 u. Abs. 3 ImmoWertV 2022; einschließlich USt und Baunebenkosten, s. Ziff. I. 1. Abs. 3 Anlage 4 zur ImmoWertV 2022). Die tatsächlichen Herstellungskosten in Bezug auf das zu bewertende Objekt sind mithin schon definitionsgemäß unbeachtlich. Die für § 259 BewG maßgeblichen Normalherstellungskosten gibt Anlage 42 (differenziert nach Gebäudeart und Baujahrgruppe) verbindlich vor (→Rn. 10).

Zum Zustandekommen der dort genannten Daten gibt der Gesetzgeber folgen- **4** den Hinweis (BT-Drs. 19/11085, 118): Die Normalherstellungskosten sind aus der Anlage 24 zu § 190 BewG abgeleitet worden. Die dort aufgeführten Regelherstellungskosten wurden ihrerseits in Anlehnung an die Normalherstellungskosten 2010 der Anlage 1 zur Sachwertrichtlinie v. 5.9.2012 (BAnz AT 18.10.2012 B1, kurz:

§ 259 BewG Siebenter Abschnitt. Bewertung d. Grundbesitzes ab 1.1.2022

SW-RL), die zur Ermittlung des Sachwertes nach §§ 21 ff. ImmoWertV 2010 herangezogen wurden, ermittelt (zwischenzeitlich sind die Normalherstellungskosten 2010 unverändert in die Anlage 4 zur ImmoWertV 2022 überführt worden). Der Gesetzgeber hat allerdings in der Anlage 42 die sowohl der Anlage 24 als auch der Anlage 1 zur SW-RL bzw. der Anlage 4 zur ImmoWertV 2022 zugrunde liegende Differenzierung nach Standardstufen als solche eingeebnet. Die dort zugrunde gelegten fünf Standardstufen existieren im grundsteuerlichen Bewertungsrecht nicht. Allerdings finden sich in der Anlage 42 die Standarddifferenzierungen (nach den Stufen 2–4) nunmehr zum Teil in den Baujahresgruppen wieder (mit der Erwartung: „je jünger das Gebäude ist, desto höher ist der Gebäudestandard"). Die Typisierungstauglichkeit der in Anlage 42 normierten Normalherstellungskosten ist nicht unkritisch (→ Grundlagen Rn. 112 ff.). Das gründet freilich weniger auf der vorstehend beschriebenen Verdichtung der Normalherstellungskosten für Zwecke der Grundsteuerwertermittlung. Das Problem dürfte vielmehr die Aussagekraft der Normalherstellungskosten 2010 selbst sein (vgl. die kritische Betrachtung bei *Kleiber* in Kleiber Verkehrswertermittlung Syst. Darst. Sachwertverfahren Rn. 68).

5 In der Anlage 42 wird zwischen 18 verschiedenen Gebäudearten und jeweils drei Baujahresgruppen unterschieden. Sofern eine Gebäudeart nicht aufgeführt ist, sind die Normalherstellungskosten aus den Normalherstellungskosten vergleichbarer Gebäudearten abzuleiten (Anlage 42, Abschnitt II Zeile 20). Die Zuordnung eines Gebäudes zu den namentlich genannten Gebäudearten (insgesamt 25 Gebäudearten, statt 40 Gebäudearten in Anlage 24) erfolgt nach der **Hauptnutzung** des Gebäudes (zu mehreren selbstständigen Gebäuden bzw. Gebäudeteilen → Rn. 9). **Entscheidend ist die das Gebäude prägende Nutzung** (*Mannek/Krause* in Stenger/Loose BewG § 190 nF Rn. 38; AEBewGrSt A 259.2 Abs. 2). Sie setzt sich sodann in Bezug auf das gesamte Gebäude durch, dh ein Gebäude kann nur einer Gebäudeart zugerechnet werden. Unterteilungen sind nicht zulässig. Verfügt zB ein Verwaltungsgebäude über eine **Tiefgarage, die den Größenrahmen eines herkömmlichen Kellers nicht überschreitet,** liegt insgesamt ein Verwaltungsgebäude vor und die Flächen der Tiefgarage fließen (nicht anders als ein Keller) in die Brutto-Gebäudefläche des Gesamtgebäudes ein, um sodann mit den aktualisierten Normalherstellungskosten für ein Verwaltungsgebäude (Anlage 42 Ziff. 3) multipliziert zu werden. Zwar führt Anlage 42 Ziff. 16 auch Tiefgaragen auf. Damit wird allerdings nicht gesagt, dass jede Tiefgarage eigenständig zu betrachten ist. Die gesonderte Nennung der Tiefgaragen (und Parkhäuser) zielt auf selbstständige Gebäude(-teile) ab, die nicht in einem funktionellen oder bautechnischen Zusammenhang mit einem anderen zu bewertenden Gebäude stehen (vgl. BFH 16.5.2007 – II R 36/05, BFH/NV 2007, 1827 zur Einheitsbewertung; zu Tiefgaragen als selbstständige Gebäudeteile → Rn. 9). Der Grundsatz der einheitlichen Anwendung der Normalherstellungskosten auf das gesamte Gebäude gilt ferner für andere Eigenschaftsunterschiede innerhalb eines Gebäudes. Ist zB ein (nicht ausgebautes) Dachgeschoss mit seiner nutzbaren Fläche in die Brutto-Grundfläche eingeflossen (→ Rn. 13 f.), dann gelten auch insoweit die Normalherstellungskosten; es findet insoweit vor allem kein partieller Abschlag statt.

6 Jede Gebäudeart der Anlage 42 zeichnet sich durch bestimmte (typische) Eigenschaften aus, welche die Normalherstellungskosten beeinflussen (Funktion, Bauart, Bauweise, Konstruktion, Objektgröße, vgl. BFH 12.6.2002 – II R 15/99, BFH/NV 2002, 1282). Es handelt sich letztlich um **Typusbegriffe, die naturgemäß eine wertende Zuordnung erfordern.** So dient zB ein Kauf- und Warenhaus (Anlage 42 Ziff. 10.2) dem Einzelhandel und dürfte durch das „Verkaufserlebnis"

Ermittlung des Gebäudesachwerts   § 259 BewG

auf mehreren Geschossebenen geprägt sein. Daher erscheint es naheliegend, ein sog. **Einkaufszentrum ("Shopping-Mall")** wie ein Kauf-/Warenhaus zu behandeln (so auch *Mannek/Krause* in Stenger/Loose BewG § 190 nF Rn. 42.1; AEBewGrSt A 259.2 Abs. 2). Entsprechendes kann für ein **Möbelhaus** gelten. Allerdings sind insoweit auch (SB-)Möbelhäuser denkbar, die in eingeschossiger Bauweise eher einfach gehalten sind und für die sich daher eine Zuordnung zum Typus Verbrauchermarkt aufdrängt. Die Finanzverwaltung will daher (nachvollziehbar) danach differenzieren, ob das Möbelhaus mehrgeschossig ist (dann Kauf-/Warenhaus) oder ob es eingeschossig ist (dann Verbrauchermarkt, AEBewGrSt A 259.2. Abs. 2; ebenso *Mannek/Krause* in Stenger/Loose BewG § 190 nF Rn. 42.1). Die Finanzverwaltung hat ferner folgende weitere Ableitungsbeispiele gebildet (AEBewGrSt A 259.2 Abs. 2): **Abfertigungsgebäude, Terminal, Bahnhofshalle** = Betriebs- und Werkstätten mehrgeschossig (Tz. 11.2); **Apotheke, Boutique, Laden** = Kauf- und Warenhäuser (Tz. 10.2); **Bar, Tanzbar, Nachtclub** = Beherbergungsstätten, Hotels (Tz. 8); **Großraumdisko, Kino, Konzertsaalbau** = Gemeindezentrum, Saalbauten ua (Tz. 4); **Baumarkt, Discountermarkt, Gartenzentrum** = Verbrauchermärkte (Tz. 10.1.); **Gewerblich genutzte freistehende Überdachung** = Lagergebäude ohne Mischnutzung, Kaltlager (Tz. 12.1); **Logistikzentrum** (Lagerung, Verwaltung, Kommissionierung, Verteilung und Umschlag), sofern keine Abgrenzung eigener Gebäudeteile möglich ist (→ Rn. 9) = Lagergebäude (Tz. 12.1, 12.2 oder 12.3); **Indoor-Spielplatz, Kletter-, Kart- und Skihalle** = Sporthallen (Tz. 9.1.); **Jugendheim, Tagesstätte** = Wohnheime, Internate ua (Tz. 6); **Markthalle, Großmarkthalle** = Verbrauchermärkte (Tz. 10.1); **Restaurant** = Beherbergungsstätten, Hotels (Tz. 8); Parkhaus = Hochgaragen ua (Tz. 16); **Waschstraße** = Betriebs-/Werkstätten, eingeschossig (Tz. 11.1); **Pferdestall** = Stallbauten (Tz. 15), anders in Ansehung der Gesamtnutzungsdauer (insoweit: Reithallen); **Wochenendhaus, sofern sonstige Gebäude iSv § 249 Abs. 9 BewG** (→ § 249 Rn. 28) = Gemischt genutzte Grundstücke (Tz. 1).

Teileigentum ist in Abhängigkeit von der baulichen Gestaltung den Gebäude-   7
arten der Anlage 42 zuzuordnen (Anlage 42 Ziff. 19).

Beispiel (nach AEBewGrSt A 259.2 Abs. 3): Der Discountermarkt in einem Gebäude mit Eigentumswohnungen bildet als Teileigentum eine eigenständige wirtschaftliche Einheit und ist im Sachwertverfahren zu bewerten. Maßgeblich ist die Gebäudeart „Verbrauchermarkt" (Tz. 10.1. → Rn. 6).

Beispiel (nach AEBewGrSt A 259.2 Abs. 3): Bei einem mehrgeschossigen Haus mit Eigentumswohnungen und einer Arzt-/Anwaltspraxis (Teileigentum), das baulich wie ein Mehrfamilienhaus gestaltet ist (dh die bauliche Gestaltung des Teileigentums und der Eigentumswohnungen unterscheidet sich nicht nennenswert), ist die Gebäudeart „Gemischt genutzte Grundstücke (Wohnhäuser mit Mischnutzung)" (Tz. 1) heranzuziehen. Sofern eine solche Teileigentumseinheit sich hingegen in einem im Übrigen als Büro- und Geschäftsgebäude genutzten Objekt befindet, dürfte die Einordnung als Bürogebäude (Tz. 3) maßgeblich sein.

Die Einordnung der Baujahresgruppen (vor 1995, 1995–2004, ab 2005) richtet   8
sich nach dem Jahr der Bezugsfertigkeit iSv § 246 BewG (→ BewG § 246 Rn. 5 ff.). Das folgt aus der bewertungsrechtlichen Gesamtsystematik (→ BewG § 253 Rn. 5).

Besteht eine wirtschaftliche Einheit aus mehreren Gebäuden oder Ge-   9
bäudeteilen, denen eine gewisse bauliche Selbstständigkeit zukommt, dann ist für jedes Gebäude bzw. jeden Gebäudeteil ein eigenständiger Gebäudesachwert zu ermitteln (*Grootens* in Grootens BewG § 259 Rn. 59; *Halaczinsky* in Rössler/Troll BewG §§ 189–191 Rn. 8; AEBewGrSt A 259.6 Abs. 1 S. 1), dh die Normalherstel-

§ 259 BewG Siebenter Abschnitt. Bewertung d. Grundbesitzes ab 1.1.2022

lungskosten, die Brutto-Grundfläche und die Alterswertminderung sind jeweils gesondert zu berechnen. Die selbstständige Betrachtung hat vor allem Bedeutung, wenn die Gebäude bzw. Gebäudeteile unterschiedliche bewertungsrelevante Merkmale aufweisen (Gebäudeart entsprechend der Anlage 42 oder Baujahr). **Bei schon bautechnisch eigenständigen Gebäuden ergeben sich insoweit idR keine Abgrenzungsschwierigkeiten.** So kann ein Industriegrundstück zB über ein Verwaltungsgebäude (Ziff. 3 der Anlage 42), ein industrielles Produktionsgebäude (Ziff. 11.2 der Anlage 42) und ein Lagergebäude (Ziff. 12 der Anlage 42) verfügen. Ferner ist zB an ein Verwaltungsgebäude mit einem daneben errichteten Parkhaus zu denken. Dies alles gilt entsprechend für **nebeneinander liegende Gebäudeteile**, die auch als eigenständige Gebäude gelten würden, wenn sie nicht mit einem anderen Gebäudeteil verbunden wären. Das kann zB für ein Autohaus mit angeschlossener Werkstatt gelten (für die Verkaufs- und Ausstellungsräume gilt Tz. 10.3; für die Werkstatt Tz. 11.1; AEBewGrSt A 259.6 Abs. 1 Beispiel 2). Darüber hinaus **ist ein selbstständiger Gebäudeteil aber auch bezogen auf bestimmte Etagen eines mehrstöckigen Gebäudes denkbar.** Die Finanzverwaltung verweist auf ein Gebäude, dessen untere Etagen von einem Warenhaus genutzt werden, in deren oberen Etagen ein Hotel betrieben wird und das über eine **Tiefgarage** verfügt, die sowohl die Warenhauskunden als auch die Hotelgäste nutzen. Warenhaus, Hotel und Tiefgarage seien als jeweils selbständig abgrenzbare Gebäudeteile anzusehen, die gesondert zu bewerten seien (AEBewGrSt A 259.6. Abs. 1 Beispiel 1). In Ansehung der Tiefgarage wird man im Hinblick auf die Rechtsprechung zur Einheitsbewertung (→ Rn. 5) allerdings klarstellend ergänzen müssen, dass nicht jede Tiefgarage über die notwendige bauliche Selbstständigkeit verfügt. In dem vorgenannten Beispiel dürfte allerdings unausgesprochen von einer mehrstöckigen Tiefgarage auszugehen sein, die – wie wohl die meisten Tiefgaragen mit Publikumsverkehr – über die bauliche Selbständigkeit verfügen dürfte.

10 Die **Normalherstellungskosten der Anlage 42 sind nicht nur verbindlich** (= keine Möglichkeit einen niedrigeren gemeinen Wert nachzuweisen, → BewG § 250 Rn. 5), **sie sind auch abschließend** (→ BewG § 250 Rn. 4). Damit sind folgende (bewertungsrelevante) Umstände für die Grundsteuerwertermittlung ohne Bedeutung: Objektspezifische Grundstücksmerkmale iSv § 8 Abs. 3 ImmoWertV 2022, wie zB wirtschaftliche Überalterung, ein überdurchschnittlicher Erhaltungszustand, Baumängel oder Bauschäden. Es wird ferner nicht danach unterschieden, ob das Gebäude in serieller oder modularer Bauweise errichtet worden ist. Schließlich darf ein zum Vorsteuerabzug berechtigter Steuerpflichtiger aus den Normalherstellungskosten die dort enthaltene Umsatzsteuer (→ Rn. 3) nicht herausrechnen (vgl. BFH 30.6.2010 – II R 60/08, BStBl. II 2010, 897 zur Einheitsbewertung).

C. Gebäudenormalherstellungswert (Abs. 2)

I. Bestandteile des Gebäudenormalherstellungswertes

11 Aus der Multiplikation der auf den Hauptfeststellungszeitpunkt bezogenen Normalherstellungskosten mit der Brutto-Grundfläche ergibt sich der Gebäudeherstellungswert (= Kosten für einen Neubau). Da die Normalherstellungskosten der Anlage 42 das Preisniveau des Jahres 2010 wiedergeben, müssen sie nach Maßgabe von § 259 Abs. 3 BewG mit Hilfe von Baupreisindizes auf den Hauptfeststellungszeitpunkt fortgeschrieben werden (→ Rn. 18).

Ermittlung des Gebäudesachwerts § 259 BewG

II. Brutto-Grundfläche

Damit die Normalherstellungskosten sachgerecht angewendet werden können, muss die Fläche der zu bewertenden Gebäude nach den gleichen Berechnungsregeln ermittelt werden, die auch der Ableitung der Normalherstellungskosten als Bezugseinheit zugrunde liegen (Grundsatz der Modellkonformität, § 10 Abs. 1 ImmoWertV 2022; *Kleiber* in Kleiber Verkehrswertermittlung Vorbemerkung ImmoWertV Rn. 136 ff.). In Ansehung der Normalherstellungskosten 2010 ist diese Bezugsgrundlage die – sich an die DIN 277 anlehnende, hiervon aber auch abweichende – sog. reduzierte Brutto-Grundfläche (*Kleiber* in Kleiber Verkehrswertermittlung Syst. Darst. Sachwertverfahren Rn. 53, 57, 93). Diesem Modellkonformitätserfordernis trägt die Anlage 42 Abschnitt I Nr. 1 bei der **Definition der Brutto-Grundfläche** Rechnung, indem sie Ziff. 4.1.1.4 der SW-RL (nunmehr weitgehend identisch Ziff. I. 2. Abs. 1–3 der Anlage 4 zur ImmoWertV 2022, → Rn. 4) übernimmt. Die Brutto-Grundfläche ist hiernach die Summe der bezogen auf die jeweilige Gebäudeart marktüblich nutzbaren Grundflächen aller Grundrissebenen eines Bauwerks (einschließlich Keller und [nutzbarem] Dachgeschoss). In Anlehnung an die DIN 277-1:2005-02 sind bei den Grundflächen überdeckte und allseitig in voller Höhe umschlossene Bereiche (Bereich a), überdeckte, jedoch nicht allseitig in voller Höhe umschlossene Bereiche (Bereich b) und nicht überdeckte Bereiche (Bereich c) zu unterscheiden. In die Bewertung fließen nur die Grundflächen der Bereiche a und b ein. Balkone werden stets dem Bereich c zugeordnet, auch wenn sie überdeckt sein sollten. 12

Aus dem Modellkonformitätserfordernis (→ Rn. 12) folgt ferner, **was nicht zur Brutto-Grundfläche gehört.** Anlage 42 Abschnitt I Ziff. 2 nennt insoweit die Flächen von Spitzböden (= neben dem Dachgeschoss bestehende untergeordnete Ebene innerhalb des Dachraums, vgl. Ziff. I. 2. Abs. 4 der Anlage 4 zur ImmoWertV 2022) und Kriechkellern, Flächen, die ausschließlich der Wartung, Inspektion und Instandsetzung von Baukonstruktionen und technischen Anlagen dienen, sowie Flächen unter konstruktiven Hohlräumen (zB über abgehängten Decken). Die Ausklammerung dieser Flächen ist auch für § 259 BewG maßgeblich (AEBewGrSt A 259.4 Abs. 3 S. 4 f.). Die vorstehend genannten Flächen sind selbst dann nicht anzusetzen, wenn sie tatsächlich genutzt werden (zB ein Spitzboden als Studio, *Mannek/Krause* in Stenger/Loose BewG § 190 nF Rn. 100; iErg. ebenso AEBewGrSt A 259.4 Abs. 3 S. 5 [Ausbauzustand eines Spitzbodens sei unerheblich]). Im Übrigen ist auf Ziff. I. 2. Abs. 5 der Anlage 4 zur ImmoWertV 2022 hinzuweisen, wonach nicht (dh noch nicht einmal als Lager- oder Abstellraum) nutzbare Dachgeschossflächen ebenfalls nicht angesetzt werden. Eine Nutzbarkeit wird idR erst ab einer lichten Höhe von 1,25 m und bei Begehbarkeit (feste Decke, Zugänglichkeit über eine ortsfeste Treppe) angenommen. Dies gilt auch für § 259 BewG (vgl. AEBewGrSt A 259.4 Abs. 3 Abbildung 9). Liegt ein (zumindest eingeschränkt) nutzbares und deshalb einzubeziehendes Dachgeschoss vor, fließt es mit der gesamten (nutzbaren) Geschossfläche in die Berechnung ein. Ergänzend nennt AEBewGrSt A 259.4 Abs. 3 S. 5 als nicht zu berücksichtigende Flächen schließlich noch Kellerschächte, Außentreppen und Balkone (auch wenn sie überdeckt sind). 13

AEBewGrSt A 259.4 Abs. 3 übernimmt zur Veranschaulichung der vorstehenden Grundsätze die vormals in der SW-RL enthaltene (allerdings nicht in die ImmoWertV 2022 übernommene [→ Rn. 4]) Zeichnung: 14

§ 259 BewG Siebenter Abschnitt. Bewertung d. Grundbesitzes ab 1.1.2022

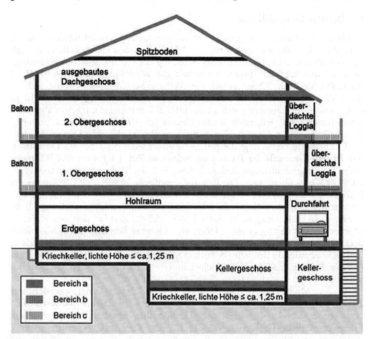

Anders als es die Zeichnung suggeriert, **ist für den Ansatz der Dachgeschossfläche nicht erforderlich, dass das Dachgeschoss ausgebaut ist.** Sofern ein nutzbares Dachgeschoss vorliegt (Höhe von mindestens 1,25 m, Begehbarkeit, → Rn. 13), ist die Ausbaufähigkeit ausreichend. Es muss mithin nicht tatsächlich ausgebaut sein (FG Münster 26.11.2015 – 3 K 10/15, EFG 2016, 303 zu § 190 BewG).

15 Die **Brutto-Grundfläche ist für jede Geschossebene zu ermitteln.** Auf die Geschosshöhe kommt es (mit Ausnahme der Frage der Nutzbarkeit, → Rn. 13f.) nicht an (es soll ohnehin nicht bekannt sein, welche durchschnittliche Geschosshöhe den Normalherstellungskosten 2010 zugrunde liegt, so *Kleiber* in Kleiber Verkehrswertermittlung Syst. Darst. Sachwertverfahren Rn. 109). Nicht anzurechnen sein dürften entsprechend DIN 277:2021-08 Ziff. 6.1 solche Flächen innerhalb einer Grundrissebene, die nicht vorhanden sind (zB Flächen von Lufträumen wie zB von Atrien und in Galeriegeschossen mit einem lichten Querschnitt > 1,0 qm).

16 Für die **Ermittlung der Brutto-Grundfläche** sind die **äußeren Maße der Bauteile einschließlich Bekleidung** (zB Putz und Außenschalen mehrschaliger Wandkonstruktionen) in Höhe der Bodenbelagsoberkanten anzusetzen (Ziff. I. 2. Abs. 3 der Anlage 4 zur ImmoWertV 2022; AEBewGrSt A 259.4 Abs. 3 S. 1). Die Brutto-Grundfläche ist mithin die Summe aus der Netto-Grundfläche und den Konstruktionsgrundflächen. Für die Grundflächen der waagerechten Flächen sind die tatsächlichen Maße zu bestimmen. Bei nicht allseitig in voller Höhe umschlossenen Bereichen (Bereich b, → Rn. 12) ist die Fläche bis zur vertikalen Position der

Ermittlung des Gebäudesachwerts **§ 259 BewG**

Überdeckung an der nicht umschlossenen Stelle maßgeblich (AEBewGrSt A 259.4 Abs. 3 S. 2). Die Grundflächen von schräg liegenden Flächen (Tribünen, Treppen, Rampen) sind aus ihrer vertikalen Projektion zu ermitteln (AEBewGrSt A 259.4 Abs. 1 S. 2). **Auf die Nutzung der Netto-Grundflächen kommt es nicht an.** Es sind sowohl Nutzflächen (zB Büroräume, Werkhallen, Lagerräume, Sanitärräume) als auch technische Funktionsflächen (zB Heizungsraum, Aufzugs- und Förderanlagen) und Verkehrsflächen (zB Flure, Treppen, Fahrzeugverkehrsflächen) zu berücksichtigen.

Die Brutto-Grundfläche ist ein Datum, das sich häufig aus den Bauakten ergibt **17** (zur Einsicht in die Bauakte → BewG § 249 Rn. 11). Zu beachten ist allerdings, **dass die Brutto-Grundfläche nach DIN 277 nicht identisch ist mit der reduzierten Brutto-Grundfläche, die für § 259 BewG maßgeblich ist** (→ Rn. 12 ff.). Hier müssen ggf. Anpassungen vorgenommen werden (zB Reduzierung der Brutto-Grundfläche nach DIN 277 um c-Flächen, Flächen überdachter Balkone, ggf. Dachgeschossflächen mit einer lichten Höhe kleiner als 1,25 m, Spitzbodenflächen, *Kleiber* in Kleiber Verkehrswertermittlung Syst. Darst. Sachwertverfahren Rn. 93). Auf der Internetseite des BMF befindet sich zudem ein Berechnungstool zur „Aufteilung eines Grundstückskaufpreises". In der Anleitung hierzu gibt der Finanzverwaltung Umrechnungsfaktoren an, die eine **vereinfachte Brutto-Flächenberechnung ausgehend von der Nutzfläche** ermöglichen sollen. Dort werden ua folgende Umrechnungsfaktoren genannt: Für gemischt genutzte Grundstücke/Wohnhäuser mit Mischnutzung (25% bis 75% Wohnen) = 2,0; Geschäftsgrundstücke, Geschäftshäuser, Bürogebäude = 1,5. Sofern das zu bewertende Gebäude ein „normal konstruiertes Gebäude" ist, dürfte diese Vorgehensweise auch für Grundsteuerzwecke zulässig sein (für die Bedarfsbewertung ebenso bereits *Mannek/Krause* in Stenger/Loose BewG § 190 nF Rn. 106). Darüber hinaus finden sich in der Literatur zur ImmoWertV noch weitere gebäudespezifische Erfahrungssätze in Bezug auf die Umrechnung: Hotels = 1,8; Krankenhäuser = 2,5; Reitsportanlagen, Stallungen = 1,35; Saalbauten, Veranstaltungszentren = 1,45; Einkaufsmärkte = 1,3; Kaufhäuser, Warenhäuser = 1,4; Bankgebäude = 1,70 (so auszugsweise *Kleiber* in Kleiber Verkehrswertermittlung § 22 ImmoWertV Rn. 19).

D. Baupreisindizes (Abs. 3)

Die in Anlage 42 ausgewiesenen Normalherstellungskosten basieren auf den **18** Kostenständen des Jahres 2010. Demzufolge hat eine Anpassung der Normalherstellungskosten an das Kostenniveau des Hauptfeststellungszeitpunktes zu erfolgen. Hierzu sind die vom Statistischen Bundesamt jeweils ein Vierteljahr vor dem Hauptfeststellungszeitpunkt als Jahresdurchschnitt ermittelten **Preisindizes für den Neubau** in konventioneller Bauart von Wohn- und Nichtwohngebäuden zu verwenden. Das BMF hat die Baupreisindizes im Bundessteuerblatt zu veröffentlichen (**für die Bewertung auf den 1.1.2022: 148,6,** BMF 11.2.2022, BStBl. I 2022, 182).

Beispiel: Bürogebäude, Baujahr 2002, Normalherstellungskosten 1.071,00 EUR/qm. Die auf den 1.1.2022 angepassten Normalherstellungskosten ergeben sich aus 1.071,00 EUR/qm × 1,486 = 1.591,51 EUR/qm.

Die Preisindizes sind auf den Hauptfeststellungszeitpunkt anzuwenden, dh es sind **19** die Normalherstellungskosten auf den 1.1.2022 usw zu ermitteln. Die auf den

§ 259 BewG Siebenter Abschnitt. Bewertung d. Grundbesitzes ab 1.1.2022

Hauptfeststellungszeitpunkt ermittelten Normalherstellungskosten sind sodann für alle Bewertungsstichtage (Fortschreibungs- und Nachfeststellungsstichtage) bis zum nächsten Hauptfeststellungszeitpunkt maßgeblich (§ 259 Abs. 3 S. 3 BewG). Das entspricht dem Grundsatz des § 227 BewG, wonach die Wertverhältnisse – und hierzu gehören die Normalherstellungskosten – stets auf den Hauptfeststellungszeitpunkt zu beziehen sind (→ BewG § 227 Rn. 4). Im vorstehenden Beispiel wären die Normalherstellungskosten iHv 1.591,51 EUR/qm mithin auch dann maßgeblich, wenn auf den 1.1.2025 eine Nachfeststellung durchzuführen wäre.

E. Alterswertminderung (Abs. 4)

I. Alterswertminderung ausgehend vom Baujahr (Abs. 4 S. 1–2)

20 Von dem Gebäudenormalherstellungswert iSv § 259 Abs. 2 BewG ist eine Alterswertminderung in Abzug zu bringen. Die Alterswertminderung erfasst die Wertminderung des Gebäudes, die im gewöhnlichen Geschäftsverkehr hingenommen werden muss, weil ein Gebäude mit zunehmendem Alter trotz ordnungsgemäßer (regelmäßiger) Instandhaltung gegenüber den zeitgemäßen Anforderungen zurückfällt (*Kleiber* in Kleiber Verkehrswertermittlung Syst. Darst. Sachwertverfahren Rn. 180). Berücksichtigt wird dies – ebenso wie in § 38 ImmoWertV 2022 – über einen prozentualen Abschlag vom Gebäudenormalherstellungswert in Höhe des Verhältnisses des Alters des Gebäudes im Hauptfeststellungszeitpunkt (= Gebäudealter gehört zu den Wertverhältnissen iSv § 227 BewG, → BewG § 227 Rn. 4) zur wirtschaftlichen Gesamtnutzungsdauer:

$$\text{Alterswertminderung (in \%)} = \frac{\text{Alter des Gebäudes im Hauptfeststellungszeitpunkt}}{\text{wirtschaftliche Gesamtnutzungsdauer nach Anlage 28}} \times 100$$

21 Die **typisierte Gesamtnutzungsdauer ergibt sich aus der Anlage 38.** Die Zuordnung zu einer Gebäudeart hat im Einklang mit der Zuordnung zur Gebäudeart nach Anlage 42 zu erfolgen (daher im Einzelnen → Rn. 5 ff.). **Das Alter des Gebäudes richtet sich** – ebenso wie bei der Zuordnung zu den Baujahresgruppen – **nach der Bezugsfertigkeit iSv § 246 BewG** (vgl. → Rn. 8). Es kann dergestalt ermittelt werden, dass das Jahr der Bezugsfertigkeit vom Jahr des Hauptfeststellungszeitpunktes abgezogen wird (so aus Vereinfachungsgründen AEBewGrSt A 259.5 Abs. 1 S. 3). Es **wird also unterstellt, dass das Gebäude bereits am 1.1. des Bezugsfertigkeitsjahres bezugsfertig war.**

Beispiel: Bürogebäude, Bezugsfertigkeit in 2002, Alter zum Hauptfeststellungszeitpunkt (1.1.2022) 20 Jahre (2022 ./. 2002 = 20 Jahre), wirtschaftliche Gesamtnutzungsdauer laut Anlage 38 = 60 Jahre, Brutto-Grundfläche 400 qm

	Normalherstellungskosten	1.071,00 EUR/qm
x	Baupreisindex	1,486 (→ Rn. 18)
x	Brutto-Grundfläche	400 qm
=	Gebäudenormalherstellungswert	636.602,40 EUR
./.	Alterswertminderung	212.200,80 EUR
		(= 636.602,40 EUR × 20/60)
=	Gebäudesachwert	424.401,60 EUR

Ermittlung des Gebäudesachwerts § 259 BewG

Existierte das Gebäude im Hauptfeststellungszeitpunkt noch nicht und wird aufgrund der Bezugsfertigkeit des Gebäudes eine Wertfortschreibung notwendig, kann das Gebäudealter immer nur null betragen. Eine Alterswertminderung scheidet aus (AEBewGrSt A 227 Abs. 4 S. 5 f.).
Ist der Sachwert für mehrere Gebäude bzw. selbstständige Gebäudeteile 22 **zu ermitteln,** gilt dies auch für die Alterswertminderung (→ Rn. 9). Liegt hingegen **nur ein (einheitlich zu bewertendes) Gebäude mit mehreren Nutzungen** iSd Anlagen 38, 42 vor, **ist die wirtschaftliche Gesamtnutzungsdauer der prägenden Nutzung maßgeblich** (die auch die Einordnung in die Gebäudeart bestimmt hat, → Rn. 5). Diese gilt dann für das gesamte Gebäude (also ungeachtet der einzelnen Nutzungen). Für den Fall, dass keine Nutzungsart prägend ist, wird die Ansicht vertreten, dass sodann eine durchschnittliche Gesamtnutzungsdauer aus den betroffenen Gebäudearten zu bilden sei (*Grootens* in Grootens BewG § 259 Rn. 88). Unseres Erachtens ist hingegen bei Vorliegen eines als Einheit zu betrachtenden Gebäudes (dh es liegen auch keine Gebäudeteile mit einer gewissen baulichen Selbstständigkeit vor, → Rn. 9) sowohl für die Anwendung der Anlage 42 als auch der Anlage 36 immer eine (einzige) Gebäudeart zu bestimmen.

In Bezug auf **Erweiterungen** dürfte die Ansicht der Finanzverwaltung zu § 253 23 BewG entsprechend gelten, wonach **Anbauten** grundsätzlich das Schicksal des Hauptgebäudes teilen, sofern sie aufgrund von Größe, Bauart oder Nutzung nicht als eigenständiges Gebäude bzw. selbstständige Gebäudeteile (→ Rn. 9) anzusehen sind, und wonach für **Aufstockungen** das Baujahr der unteren Geschosse zu Grunde zu legen ist (vgl. → BewG § 253 Rn. 8; ebenso *Grootens* in Grootens BewG § 259 Rn. 87).

Die Gesamtnutzungsdauer für Teileigentum ist entsprechend der Nutzung zu 24 bestimmen. **Sofern einzelne Gebäudearten nicht in Anlage 38 aufgeführt werden,** ist die wirtschaftliche Nutzungsdauer vergleichbarer Gebäudearten maßgeblich (Anlage 38 aE). Insoweit gilt das bereits zur Bestimmung der Gebäudeart im Zusammenhang mit Anlage 42 Gesagte entsprechend (→ Rn. 5 ff. mit Beispielen).

II. Verlängerung der wirtschaftlichen Gesamtnutzungsdauer (Abs. 4 S. 3)

Sind nach Bezugsfertigkeit des Gebäudes Veränderungen eingetreten, die die 25 wirtschaftliche Gesamtnutzungsdauer des Gebäudes wesentlich verlängert haben, ist von einem der Verlängerung entsprechenden späteren Baujahr auszugehen (§ 259 Abs. 4 S. 3 BewG). Die Regelung entspricht § 253 Abs. 2 S. 4 BewG, weshalb im Einzelnen auf die Erläuterungen dort verwiesen werden kann. Festzuhalten ist hier lediglich: Leitender Maßstab für eine die Gesamtnutzungsdauer wesentlich verlängernde Veränderung ist die Kernsanierung (AEBewGrSt A 259.5 Abs. 4 S. 2). Es muss in den Grundmauern wertungsmäßig ein neues Gebäude entstanden sein (→ BewG § 253 Rn. 10 f.).

III. Mindestgebäudesachwert (Abs. 4 S. 4)

Nach der Ermittlung des Gebäudesachwertes ist eine **Mindestwertprüfung** 26 vorzunehmen. Der Gebäudewert nach Abzug der Alterswertminderung muss mindestens 30 % des Gebäudenormalherstellungswertes betragen (§ 259 Abs. 4 S. 4 BewG). Es kommt mithin – vorbehaltlich der Abbruchverpflichtungskonstellation des § 259 Abs. 4 S. 5 BewG (→ Rn. 27) – immer nur eine Alterswertminderung von maximal 70 % zur Anwendung. Dieser Mindestgebäudesachwert soll dem Umstand

Rechnung tragen, dass auch ein älteres Gebäude, welches noch laufend instandgesetzt wird und damit noch benutzbar ist, auch ggf. nach Ablauf der wirtschaftlichen Gesamtnutzungsdauer noch einen Restwert hat (BT-Drs. 19/11085, 119).

IV. Alterswertminderung bei Abbruchverpflichtung (Abs. 4 S. 5)

27 Besteht eine Abbruchverpflichtung in Ansehung eines Gebäudes, ist für die Ermittlung der Alterswertminderung nicht die wirtschaftliche Gesamtnutzungsdauer, sondern die tatsächliche zu ermittelnde Gesamtnutzungsdauer im Zeitpunkt des Abbruchs maßgeblich. Auch insoweit ist das Alter des Gebäudes im Hauptfeststellungszeitpunkt (→ Rn. 20) maßgeblich. Das Merkmal der Abbruchverpflichtung ist mit demjenigen in § 253 Abs. 2 S. 6 BewG identisch (→ BewG § 253 Rn. 13ff., die dortigen Ausführungen gelten für § 259 Abs. 4 S. 5 BewG gleichermaßen).

§ 260 Wertzahlen

Zur Ermittlung des Grundsteuerwerts ist der vorläufige Sachwert des Grundstücks im Sinne des § 258 Absatz 3 mit der sich aus Anlage 43 ergebenden Wertzahl zu multiplizieren.

Gilt nicht in **Baden-Württemberg** (dort wird nur der Grund und Boden bewertet) sowie **Bayern, Hamburg, Hessen** und **Niedersachsen** (dort gelten jeweils wertunabhängige Bewertungsmaßstäbe).

A. Allgemeines

I. Systematische Einordnung und Zweck der Regelung

1 Der vorläufige Sachwert (§ 258 Abs. 3 BewG) ist ein kostenorientierter Wert. Er bildet die Herstellungskosten des Gebäudes (typisiert) ab und muss noch durch einen Faktor auf das „Marktpreisniveau" angepasst werden (→ BewG § 258 Rn. 5). Für die Ermittlung des Grundsteuerwertes gibt § 260 BewG diesen Anpassungsfaktor als Wertzahl (auch Sachwertfaktor genannt) vor.

II. Entwicklung der Vorschrift

2 § 260 BewG beruht auf dem Grundsteuerreformgesetz v. 26.11.2019 (→ Grundlagen Rn. 13; zu § 260 BewG BT-Drs. 19/11085, 119).

B. Vom vorläufigen Sachwert zum Grundsteuerwert

3 § 260 BewG bestimmt ebenso wie § 258 Abs. 3 BewG, dass der letzte Rechenschritt zum Grundsteuerwert die Multiplikation des vorläufigen Sachwertes mit der Wertzahl ist. **Die Wertzahl** ergibt sich aus der Anlage 43 und **wird bundeseinheitlich vorgegeben**. Eine **Anpassung an regionale und insbesondere gebäudespezifische Besonderheiten erfolgt nicht** (um das Verfahren automatisationsfähig zu halten). Vor allem ist die Heranziehung der von den örtlichen Gutachterausschüssen womöglich ermittelten Marktanpassungsfaktoren nicht vorgesehen. Die Anlage 43 unterscheidet die Wertzahlen nach der Höhe des vorläufigen

Erbbaurecht **§ 261 BewG**

Sachwertes einerseits und dem Bodenrichtwert andererseits. Maßgeblicher Bodenrichtwert ist der für die Ermittlung des Bodenwertes nach § 258 Abs. 2 BewG iVm § 247 BewG herangezogene Wert pro Quadratmeter (→ BewG § 258 Rn. 4).

Die Wertzahlen sind umso niedriger, desto niedriger der Bodenrichtwert ist und 4
desto höher der vorläufige Sachwert ist. Es wird mithin unterstellt, dass bei einem niedrigen Bodenrichtwert auch der Verkehrswert insgesamt typischerweise niedriger ist (Lageabschlag) und dass sich dies bei einer höheren Investitionssumme stärker auswirkt als bei einer niedrigeren Investitionssumme. Die mit 1,0 höchste Wertzahl erhält man in der Kategorie der Bodenrichtwerte „über 300 EUR/qm" bei einem vorläufigen Sachwert „bis 500.000 EUR", dh in allen anderen Konstellationen ist stets ein Abschlag vorzunehmen. Bei einem Bodenrichtwert bis 100 EUR/qm und einem vorläufigen Sachwert über 3.000.000 EUR ist mit 50% der maximal mögliche Abschlag erreicht. In Bezug auf Innenstadtlagen in kleineren Gemeinden und für Gewerbe- und Industriegebiete gibt es gegen diese Typisierung nichts zu erinnern. Für „teure" Innenstadtlagen in größeren Städten wird man dies hingegen kritischer sehen müssen. Denn hier kann es durchaus vorkommen, dass ein Erwerber bereit ist, mehr als die Herstellungskosten zu vergüten (*Grootens* in Grootens BewG § 260 Rn. 43f.).

Die Wertzahlen sind nur in Stufen vorgesehen. Wird eine Wertgrenze durch den 5
vorläufigen Sachwert überschritten, findet die diesbezügliche Wertzahl auf den gesamten vorläufigen Sachwert Anwendung und nicht nur auf den übersteigenden Anteil. Eine Interpolation erfolgt nicht (AEBewGrSt A 260 S. 2f.). Das **kann zu dem merkwürdigen Ergebnis führen, dass ein höherer vorläufiger Sachwert zu einem niedrigeren Grundsteuerwert führt:** Bei einem Grundstück mit einem vorläufigen Sachwert von 750.000,00 EUR und einem Bodenrichtwert von 250 EUR/qm beträgt die Wertzahl 0,85. Damit ergibt sich ein Grundsteuerwert iHv 637.500,00 EUR. Wäre der vorläufige Sachwert hingegen 751.000,00 EUR, wäre die Wertzahl 0,8 zu berücksichtigen, was zu einem Grundsteuerwert von 600.800,00 EUR führen würde.

Liegt die wirtschaftliche Einheit in mehr als einer Bodenrichtwertzone, ist für 6
die Bestimmung der Wertzahl der die Lagequalität prägende Bodenrichtwert maßgeblich. Dies dürfte idR der Bodenrichtwert der Bodenrichtwertzone sein, in welcher das Gebäude belegen ist (so AEBewGrSt A 260 S. 4f.). Die Finanzverwaltung erachtet es allerdings auch für zulässig, dass ein nach Flächenanteilen gewichteter Bodenrichtwert ermittelt und dieser für die Bestimmung der Wertzahl verwendet wird (AEBewGrSt A 260 S. 6).

IV. Sonderfälle

§ 261 Erbbaurecht

¹**Bei Erbbaurechten ist für das Erbbaurecht und das Erbbaurechtsgrundstück ein Gesamtwert nach den §§ 243 bis 260 zu ermitteln, der festzustellen wäre, wenn die Belastung mit dem Erbbaurecht nicht bestünde.** ²**Der ermittelte Wert ist dem Erbbauberechtigten zuzurechnen.** ³**Für Wohnungserbbaurechte und Teilerbbaurechte gelten die Sätze 1 und 2 entsprechend.**

Gilt nicht in **Baden-Württemberg** (dort wird nur der Grund und Boden bewertet).

§ 262 BewG Siebenter Abschnitt. Bewertung d. Grundbesitzes ab 1.1.2022

1 Das Erbbaurecht ist zivilrechtlich ein veräußerliches und vererbliches (dingliches) Recht, auf oder unter der Oberfläche eines einem anderen gehörenden Grundstücks ein Bauwerk zu haben. Ein auf dem belasteten Grundstück befindliches Bauwerk gilt zivilrechtlich als wesentlicher Bestandteil nicht des Grundstücks, sondern des Erbbaurechts (zum Erbbaurecht im Grundsteuerrecht insbesondere →BewG § 244 Rn. 21 ff.). Während das alte Recht diese dingliche Zweiteilung noch mit zwei wirtschaftlichen Einheiten nachgezeichnet hatte, geht das neue Recht einen anderen Weg. **Es existiert nur noch eine wirtschaftliche Einheit**, die sowohl den Grund und Boden als auch das Erbbaurecht umfasst (§ 244 Abs. 3 Nr. 1 BewG). Hieran knüpft § 261 S. 1 BewG an und setzt diese Entscheidung auf Bewertungsebene konsequent um: **Das Grundstück ist so zu bewerten, als ob es die Erbbaurechtsbelastung nicht gäbe.**

2 § 261 S. 2 BewG ordnet an, dass der „ermittelte Wert" dem Erbbaurechtsberechtigten zuzurechnen ist. Richtigerweise hätte es heißen müssen, dass ihm die wirtschaftliche Einheit, wie § 244 Abs. 3 Nr. 1 BewG es vorgibt, zuzurechnen ist. Die Bestellung eines Erbbaurechts führt daher grundsätzlich zu einer Zurechnungsfortschreibung (zum Zeitpunkt des Zurechnungswechsels →BewG § 222 Rn. 18, 30). Mit dieser **Zurechnungsvorgabe entscheidet § 261 S. 2 BewG vor allem über die Steuerschuldnerschaft des Erbbaurechtsberechtigten.** Der Grundstückseigentümer ist nicht Steuerschuldner, aber die Grundsteuerschuld lastet nach § 12 GrStG auch auf dem Grundstück (→ GrStG § 12 Rn. 9).

3 Für Wohnungs- und Teilerbbaurechte (→BewG § 244 Rn. 29) gelten die vorstehenden Grundsätze gem. § 261 S. 3 BewG (angefügt mit dem JStG 2020 v. 21.12.2020, BGBl. 2020 I 3096) entsprechend.

§ 262 Gebäude auf fremdem Grund und Boden

¹**Bei einem Gebäude auf fremdem Grund und Boden ist für den Grund und Boden sowie für das Gebäude auf fremdem Grund und Boden ein Gesamtwert nach den §§ 243 bis 260 zu ermitteln.** ²**Der ermittelte Wert ist dem Eigentümer des Grund und Bodens zuzurechnen.**

Gilt nicht in **Baden-Württemberg** (dort wird nur der Grund und Boden bewertet). In **Bayern** besteht mit Art. 1 Abs. 4 S. 2 BayGrStG eine abweichende Regelung (Fortgeltung der Aufteilung in zwei wirtschaftliche Einheiten → BayGrStG Art. 1 Rn. 13f.). Entsprechendes gilt für **Hamburg** (§ 1 Abs. 4 S. 2 HmbGrStG, → HmbGrStG § 1 Rn. 13f.) und **Niedersachsen** (§ 2 Abs. 2 S. 2 NGrStG, → NGrStG § 2 Rn. 13f.).

1 Der Begriff des Gebäudes auf fremden Grund und Boden erfasst Konstellationen, in denen das Gebäude nach Maßgabe des § 39 AO nicht dem Grundstückseigentümer zuzurechnen ist (als Scheinbestandteil iSv § 95 BGB oder wirtschaftliches Eigentum an einem im zivilrechtlichen Eigentum des Grundstückseigentümers stehenden Gebäudes, →BewG § 244 Rn. 24f.). Unter Geltung des alten Rechts wurde das Gebäude auf fremdem Grund und Boden als eigenständige wirtschaftliche Einheit behandelt. Das neue Recht folgt dieser Zweiteilung nicht mehr. Das **Gebäude auf fremdem Grund und Boden und der dazugehörige Grund und Boden bilden nunmehr gemeinsam eine wirtschaftliche Einheit.** § 262 S. 1 BewG führt diese Entscheidung auf Bewertungsebene konsequent fort und ordnet eine **Gesamtbewertung als bebautes Grundstück** an.

Ermächtigungen §263 BewG

Gemäß § 262 S. 2 BewG ist die wirtschaftliche Einheit aus Grund und Boden 2
und dem Gebäude dem Eigentümer des Grund und Bodens zuzurechnen. Er ist damit der Steuerschuldner (§ 10 GrStG). Derjenige, dem ansonsten nach allgemeinen Grundsätzen das Gebäude zuzurechnen wäre (der Scheinbestandteilseigentümer bzw. der wirtschaftliche Eigentümer), schuldet die Grundsteuer hingegen nicht. Unter den Voraussetzungen des § 11 Abs. 1 GrStG kommt allenfalls eine Haftung für die Grundsteuer in Betracht (→ GrStG § 11 Rn. 4 ff.). Handelt es sich bei dem Gebäude um einen Scheinbestandteil, muss er auch nicht befürchten, dass sein Gebäudeeigentum für die Grundsteuerschuld des Grundstückseigentümers einzustehen hat. § 12 GrStG ist insoweit nicht anwendbar, weil nur ein Grundbuchgrundstück bzw. ein ihm gleichgestelltes Recht kraft Gesetzes belastet werden kann. Für ein Gebäude, das Scheinbestandteil ist, gelten hingegen die Vorschriften über bewegliche Sachen (vgl. BGH 31.10.1986 – V ZR 168/85, NJW 1987, 774). Zudem erstreckt sich eine Belastung des Grundstücks nicht auf den Scheinbestandteil (vgl. *Stresemann* in MüKoBGB § 95 Rn. 38 f.).

V. Ermächtigungen

§ 263 Ermächtigungen

(1) ¹**Das Bundesministerium der Finanzen wird ermächtigt, durch Rechtsverordnung mit Zustimmung des Bundesrates die folgenden Anlagen zu ändern:**
1. **die Anlagen 27 bis 33 durch Anpassung der darin aufgeführten Bewertungsfaktoren und Zuschläge zum Reinertrag an die Ergebnisse der Erhebungen nach § 2 des Landwirtschaftsgesetzes oder an die Erhebungen der Finanzverwaltung zum nächsten Feststellungszeitpunkt,**
2. **im Einvernehmen mit dem Bundesministerium für Ernährung und Landwirtschaft die Anlagen 34 und 35 durch Anpassung des darin aufgeführten Umrechnungsschlüssels und der Gruppen der Zweige eines Tierbestands an geänderte wirtschaftliche oder technische Entwicklungen und**
3. **die Anlagen 36 bis 43 durch Anpassung der darin aufgeführten Bewertungsfaktoren des Ertrags- und Sachwertverfahrens an geänderte wirtschaftliche oder technische Verhältnisse.**

²**In der jeweiligen Rechtsverordnung kann das Bundesministerium der Finanzen zur Sicherstellung der Gleichmäßigkeit der Besteuerung, insbesondere zur Sicherstellung einer relations- und realitätsgerechten Abbildung der Grundsteuerwerte, anordnen, dass ab dem nächsten Feststellungszeitpunkt Grundsteuerwerte unter Berücksichtigung der tatsächlichen Verhältnisse und der geänderten Wertverhältnisse durch Anwendung der jeweils angepassten Anlagen 27 bis 43 festgestellt werden.**

(2) **Das Bundesministerium der Finanzen wird ermächtigt, durch Rechtsverordnung mit Zustimmung des Bundesrates die gemeindebezogene Einordnung in die jeweilige Mietniveaustufe zur Ermittlung der Zu- und Abschläge nach § 254 in Verbindung mit Anlage 39 Teil II auf der Grundlage der Einordnung nach § 12 des Wohngeldgesetzes in Verbindung mit § 1 Absatz 3 und der Anlage der Wohngeldverordnung für steuerliche Zwecke herzuleiten und den dafür maßgeblichen Gebietsstand festzulegen.**

§ 263 BewG Siebenter Abschnitt. Bewertung d. Grundbesitzes ab 1.1.2022

Gilt nicht in **Baden-Württemberg** (dort § 61 Abs. 1 BWLGrStG). **In Bayern, Hamburg, Hessen und Niedersachsen** hat die Verordnungsermächtigung nur für die Betriebe der Land- und Forstwirtschaft Bedeutung. In **Hamburg, Hessen und Niedersachsen** findet die auf der Grundlage von § 263 Abs. 1 BewG erlassene Rechtsverordnung des BMF unmittelbar Anwendung. Das dürfte auch für **Bayern** gelten (→ BayGrStG Art. 10 Rn. 13).

A. Allgemeines

I. Systematische Einordnung und Zweck der Regelung

1   Die §§ 218 ff. BewG sind – entsprechend den Vorgaben des BVerfG (→ Grundlagen Rn. 93 ff., 115) – auf eine turnusmäßige Neubewertung aller Grundstücke angelegt. Dies setzt eine regelmäßige Aktualisierung der in den Anlagen 27 bis 43 vom Gesetzgeber verbindlich vorgegebenen Bewertungsfaktoren voraus. Anderenfalls droht die Realitäts- und Relationsgerechtigkeit der typisierenden Bewertung verloren zu gehen. Dieser verfassungsrechtliche Aktualisierungsauftrag ist an den Gesetzgeber adressiert, der die Auftragserfüllung allerdings mit § 263 Abs. 1 BewG an das BMF delegiert hat: Das BMF soll die Anlagen durch Rechtsverordnung an die Veränderung der Wertverhältnisse anpassen dürfen. Der Gesetzgeber ist damit freilich nicht gehindert, die Anlagen gleichwohl selbst durch eine Gesetzesänderung zu aktualisieren. Aus verfassungsrechtlichen Gründen ist er sogar gut beraten, dies zu tun (→ Rn. 6 f.). § 263 Abs. 2 BewG wiederum ermächtigt zum Erlass einer Mietstufenverordnung, die zur Anwendung der Anlage 39 erforderlich ist (→ Rn. 8).

II. Entwicklung der Vorschrift

2   Die Regelung beruht auf dem Grundsteuerreformgesetz v. 26.11.2019 (→ Grundlagen Rn. 13; zu § 263 BewG BT-Drs. 19/11085, 120). Mit dem Grundsteuerreform-Umsetzungsgesetz v. 16.7.2021 (BGBl. 2021 I 2931) wurde § 263 Abs. 2 BewG um den Passus „dafür maßgeblichen Gebietsstand festzulegen" ergänzt.

B. Verordnungsermächtigung zur Fortschreibung der Anlagen 27 bis 43 (Abs. 1)

3   Die Anpassungsermächtigung des § 263 Abs. 1 BewG erstreckt sich auf die Anlagen 27 bis 43, die allesamt für die Grundsteuer relevant sind. Voraussetzung ist eine Veränderung der Wertverhältnisse iSv § 227 BewG. Die Nrn. 2 u. 3 bringen dies mit der Anpassung an „geänderte wirtschaftliche und technische Verhältnisse" und die Nr. 1 mit der Anpassung an die Erhebungen nach § 2 LwG bzw. die Erhebungen der Finanzverwaltung gleichermaßen zum Ausdruck. Der Gesetzgeber arbeitet in den Anlagen durchweg mit Durchschnittswerten, die auf vergangenen Erhebungen beruhen (zum Ursprung einiger Daten: → BewG § 254 Rn. 4 [Rohertrag], → BewG § 255 Rn. 3 [Bewirtschaftungskosten] und → BewG § 259 Rn. 4 [Normalherstellungskosten]) und anhand weiterer (zeitnaher) Erhebungen überprüft und bei Bedarf angepasst werden müssen. Für den Liegenschaftszinssatz fehlt es hingegen an einer Anpassungsermächtigung. Dieser wird unmittelbar von § 256 BewG vorgegeben.

Ermächtigungen **§ 263 BewG**

Der Verordnungsgeber wird ferner ermächtigt, den erstmaligen Anwendungszeitpunkt der aktualisierten Bewertungsfaktoren zu bestimmen (§ 263 Abs. 1 S. 2 BewG). Das Gesetz verwendet hier zwar nicht den bewertungsrechtlichen Fachterminus des Hauptfeststellungszeitpunktes (vgl. § 221 Abs. 2 BewG), dürfte allerdings mit dem Begriff „Feststellungszeitpunkt" nur diesen meinen. § 263 Abs. 1 S. 2 BewG ist daher so zu lesen, dass er den Verordnungsgeber ermächtigt, die Anwendung der aktualisierten Anlagen zum nächsten Hauptfeststellungszeitpunkt anzuordnen (zu Recht *Grootens* in Grootens BewG § 263 Rn. 23 f.). 4

Die Verordnungsermächtigung ist an das BMF adressiert. Die Verordnung bedarf allerdings hinsichtlich aller Anlagen der Zustimmung des Bundesrates. Eine Änderung der Anlagen 34 und 35 bedarf darüber hinaus noch des Einvernehmens des Bundesministeriums für Ernährung und Landwirtschaft. Einvernehmen bedeutet Zustimmung. 5

Mit einer Verordnungsermächtigung wie § 263 Abs. 1 BewG sind zwei **verfassungsrechtliche Fragen** verbunden: (1) Die Anlagen 27 bis 43 sind formelles Gesetzesrecht. Damit stellt sich die Frage nach der Zulässigkeit einer gesetzesändernden Rechtsverordnung. (2) Ferner stellt sich die Frage, ob die Festlegung der Bewertungsfaktoren im Hinblick auf ihre gleichheitsrechtliche Dimension so wesentlich ist, dass sie nur vom Parlamentsgesetzgeber selbst getroffen werden darf. Beide Fragen sind letztlich eng miteinander verbunden. Denn die Selbstentscheidungspflicht des Gesetzgebers betrifft gerade die Belastungsentscheidung. Konkretisierungsbefugnisse der Verwaltung können nur dort bestehen, wo der Gesetzgeber diese weitgehend vorgesteuert hat, dh wo auch die notwendigen, belastungsrelevanten Wertungen selbst getroffen hat. Darf die Verwaltung hingegen die wesentlichen Wertungen selbst treffen, verstößt dies gegen den Parlamentsvorbehalt. Damit ist zugleich die Grenze zur unzulässigen materiellen Gesetzesänderung durch Rechtsverordnung überschritten. Eine solche kann zwar durchaus zulässig sein. Das formelle Gesetz kann auch eine gesetzesausführende Konkretisierung durch Gesetzesänderung vorsehen (vgl. BVerfG 4.5.1997 – 2 BvR 509/96, NJW 1998, 669). Soweit jedoch der Parlamentsvorbehalt gilt, geht es nicht mehr um bloße Gesetzesausführung. Dessen ungeachtet verlangt das BVerfG für eine Verordnungsermächtigung, die eine Änderungsbefugnis in Ansehung des formellen Gesetzes einschließt, einen sachlichen Grund (BVerfG 4.5.1997 – 2 BvR 509/96, NJW 1998, 669 [670]; ebenso *Bauer* in Dreier GG Art. 80 Rn. 20). **Gemessen an diesen Grundsätzen muss man an der Verfassungsmäßigkeit einer auf § 263 Abs. 1 BewG gestützten Verordnung zweifeln.** Im BewG finden sich zwar durchaus Normen, die den Maßstab benennen und für die Aktualisierung eine Orientierung bieten (zB § 236 Abs. 2 BewG und § 255 S. 1 BewG). Zudem gibt § 263 Abs. 1 S. 1 Nr. 1 BewG, der eine Anpassung an die „Ergebnisse der Erhebungen nach § 2 des Landwirtschaftsgesetzes" oder sogar „finanzverwaltungsinterne Erhebungen" erlaubt, ebenfalls eine gewisse Orientierung vor. Entsprechendes gilt für § 263 Abs. 1 S. 1 Nr. 3 BewG mit seiner Anpassung an die „geänderten wirtschaftlichen und technischen Verhältnisse". Gleichwohl ist der Begriff der Anpassung letztlich eine Chiffre für die Delegation aller notwendigen Typisierungswertungen an die Finanzverwaltung. Dies verträgt sich indes nicht mit der enormen gleichheitsrechtlichen Bedeutung der Anlagen 27 bis 43. Die dort vorgegebenen Bewertungsfaktoren bestimmen unmittelbar den Grundsteuerwert. Dessen abstrakt-generelle Ausgestaltung durch die Verdichtung und die anlässlich der Verdichtung womöglich auch erfolgende Gewichtung darf man nicht derart ungesteuert in die Hände der Verwaltung legen. 6

§ 263 BewG Siebenter Abschnitt. Bewertung d. Grundbesitzes ab 1.1.2022

7 Macht das BMF von der Ermächtigung des § 263 Abs. 1 BewG Gebrauch, hat dies unmittelbare Folgen für den Rechtsschutz. Die Gerichte müssen der Frage nachgehen, ob sich die vom BMF formulierten Bewertungsparameter im Rahmen der Verordnungsermächtigung halten. **Dazu wird das BMF seine Datengrundlage und den Anpassungsvorgang offenlegen müssen.** Anderenfalls kann das Gericht nämlich nicht prüfen, ob die Verwaltung sich innerhalb der – falls man sie überhaupt für ausreichend erachtet (→ Rn. 6) – Ermächtigung bewegt. Ist das Gericht der Ansicht, dass dies nicht der Fall ist, dann sind die neugefassten Anlagen nichtig (vgl. BVerwG 31.1.2001 – 6 CN 2/00, BVerwGE 112, 373; *Sachs* in Sachs GG Art. 20 Rn. 94) und dürfen vom Gericht anlässlich der Wertermittlung nicht zugrunde gelegt werden. Art. 100 Abs. 1 GG gilt nicht. Es bleibt mithin bei der Nichtanwendungskompetenz des Gerichts. Sollte dieser Fall eintreten, gelten dann vielmehr die Bewertungsfaktoren nach Maßgabe der alten Anlagen fort. Dieses Szenario zeigt, dass der Gesetzgeber gut beraten ist, wenn er im Vorfeld einer Hauptfeststellung selbst die notwendige Aktualisierung der Anlagen 27 bis 43 vornimmt. Die Praxis sieht freilich anders aus: Während die erste Aktualisierung der Anlage 31 klugerweise durch das Fondsstandortgesetz v. 3.6.2021 (BGBl. 2021 I 1498) erfolgt ist (= Parlamentsgesetz), ist die erste Aktualisierung der Anlagen 27 bis 33 hingegen durch Rechtsverordnung erfolgt (VO zur Neufassung der Anlagen 27 bis 33 des Bewertungsgesetzes v. 29.6.2021, BGBl. 2021 I 2290).

C. Verordnungsermächtigung zur Bestimmung der gemeindebezogenen Einordnung in die Mietniveaustufen (Abs. 2)

8 § 263 Abs. 2 BewG ermächtigt das BMF, durch Rechtsverordnung mit Zustimmung des Bundesrats die gemeindebezogene Einordnung in die jeweilige Mietniveaustufe zur Ermittlung der Zu- und Abschläge nach § 254 BewG iVm Anlage 39 festzusetzen (→ BewG § 254 Rn. 11). Das BMF hat sich dabei an der Mietstufen-Einordnung nach § 12 WoGG iVm der Anlage zur Wohngeldverordnung zu orientieren und die steuerlich maßgebliche Einordnung der Gemeinden in die sechs Mietniveaustufen hieraus herzuleiten. § 263 Abs. 2 BewG enthält für den Herleitungsvorgang keine Maßstäbe. Solange die wohngeldrechtliche Einordnung übernommen wird, dürfte dies nicht schaden. Denn zumindest die wohngeldrechtliche Einordnung in die Mietstufen ist gesetzlich in § 12 WoGG vorgesteuert. Diese Vorsteuerung ist auch für steuerliche Zwecke ausreichend.

9 Auf der Grundlage des § 263 Abs. 2 BewG ist die MietNEinV v. 18.8.2021 (BGBl. 2021 I 3738, auszugsweiser im Anhang) erlassen worden.

Dritter Teil. Schlussbestimmungen

§ 264 Bekanntmachung

Das Bundesministerium der Finanzen wird ermächtigt, den Wortlaut dieses Gesetzes und der zu diesem Gesetz erlassenen Rechtsverordnungen in der jeweils geltenden Fassung satzweise nummeriert bekannt zu machen.

Sollte das BewG (einschließlich der Anlagen) geändert werden, ermöglicht die Ermächtigung des § 264 BewG dem Bundesministerium der Finanzen, das geänderte Gesetz unter neuer Überschrift, unter neuem Datum und unter Beseitigung von Unstimmigkeiten seines Wortlauts bekanntzumachen. Diese Bekanntmachung erschöpft sich in der deklaratorischen Feststellung eines authentischen und einwandfreien Textes des geänderten Gesetzes. Eine Bekanntmachungsermächtigung beinhaltet keinerlei Rechtssetzungsbefugnis. Ihre Ausübung lässt daher die Rechtslage unberührt (BVerfG 23. 2. 1965 – 2 BvL 19/62, BVerfGE 18, 389).

§ 265 Anwendungsvorschriften

[...]

Die Regelung betrifft das neue Grundsteuerrecht nicht. Auf Abdruck und Erläuterung wird daher verzichtet.

§ 266 Erstmalige Anwendung des Siebenten Abschnitts des Zweiten Teils

(1) Die erste Hauptfeststellung für die Grundsteuerwerte nach § 221 wird auf den 1. Januar 2022 für die Hauptveranlagung auf den 1. Januar 2025 durchgeführt.

(2) ¹Für die Anwendung des § 219 Absatz 3 bei der Hauptfeststellung nach Absatz 1 ist zu unterstellen, dass anstelle von Einheitswerten Grundsteuerwerte für die Besteuerung nach dem Grundsteuergesetz in der am 1. Januar 2022 geltenden Fassung von Bedeutung sind. ²Die Steuerbefreiungen des Grundsteuergesetzes in der am 1. Januar 2022 gültigen Fassung sind bei der Hauptfeststellung nach Absatz 1 zu beachten. ³Bei Artfortschreibungen und Zurechnungsfortschreibungen nach § 222 Absatz 2 ist von der Hauptfeststellung auf den 1. Januar 2022 bis zum 1. Januar 2025 zu unterstellen, dass anstelle von Einheitswerten Grundsteuerwerte nach dem Grundsteuergesetz in der jeweils geltenden Fassung von Bedeutung sind.

(3) Werden der Finanzbehörde durch eine Erklärung im Sinne des § 228 auf den 1. Januar 2022 für die Bewertung eines Betriebs der Land- und Forstwirtschaft oder eines Grundstücks vor dem 1. Januar 2022 eingetretene Änderungen der tatsächlichen Verhältnisse erstmals bekannt, sind diese bei Fortschreibungen nach § 22 und Nachfeststellungen nach § 23 auf Feststellungszeitpunkte vor dem 1. Januar 2022 nicht zu berücksichtigen.

§ 266 BewG

(4) ¹Einheitswertbescheide, Grundsteuermessbescheide und Grundsteuerbescheide, die vor dem 1. Januar 2025 erlassen wurden, werden kraft Gesetzes zum 31. Dezember 2024 mit Wirkung für die Zukunft aufgehoben, soweit sie auf den §§ 19 bis 23, 27, 76, 79 Absatz 5, § 93 Absatz 1 Satz 2 des Bewertungsgesetzes in Verbindung mit Artikel 2 Absatz 1 Satz 1 und 3 des Gesetzes zur Änderung des Bewertungsgesetzes in der Fassung des Artikels 2 des Gesetzes vom 22. Juli 1970 (BGBl. I S. 1118) beruhen. ²Gleiches gilt für Einheitswertbescheide, Grundsteuermessbescheide und Grundsteuerbescheide, die vor dem 1. Januar 2025 erlassen wurden, soweit sie auf den §§ 33, 34, 125, 129 des Bewertungsgesetzes in der Fassung vom 1. Februar 1991 (BGBl. I S. 230), das zuletzt durch Artikel 2 des Gesetzes vom 4. November 2016 (BGBl. I S. 2464) und § 42 des Grundsteuergesetzes vom 7. August 1973 (BGBl. I S. 965), das zuletzt durch Artikel 38 des Gesetzes vom 19. Dezember 2008 (BGBl. I S. 2794) geändert worden ist, beruhen. ³Für die Bewertung des inländischen Grundbesitzes (§ 19 Absatz 1 in der Fassung vom 31. Dezember 2024) für Zwecke der Grundsteuer bis einschließlich zum Kalenderjahr 2024 ist das Bewertungsgesetz in der Fassung vom 1. Februar 1991 (BGBl. I S. 230), das zuletzt durch Artikel 2 des Gesetzes vom 4. November 2016 (BGBl. I S. 2464) geändert worden ist, weiter anzuwenden.

(5) Bestehende wirtschaftliche Einheiten, die für Zwecke der Einheitsbewertung unter Anwendung der §§ 26 oder 34 Absatz 4 bis 6 in der bis zum 31. Dezember 2024 gültigen Fassung gebildet wurden, können weiterhin für Zwecke der Feststellung von Grundsteuerwerten nach den Regelungen des Siebenten Abschnitts zugrunde gelegt werden.

Gilt nicht in **Baden-Württemberg** (dort ua § 59 BWLGrStG). In **Bayern, Hamburg** und **Niedersachsen** existieren partiell deckungsgleiche, aber auch mitunter ergänzende Landesnormen (Art. 6 Abs. 1, 10a BayGrStG, §§ 6, 12 HmbGrStG bzw. §§ 8 Abs. 2, 13 NGrStG). In **Hessen** werden § 266 Abs. 3 u. 5 BewG für entsprechend anwendbar erklärt (§ 2 Abs. 3 Nr. 4 HGrStG).

1   Gemäß § 266 Abs. 1 BewG ist auf den **1.1.2022 eine Hauptfeststellung** durchzuführen (für die Hauptveranlagung auf den 1.1.2025; weiterführend → GrStG § 36 Rn. 1). Anlässlich dieser Hauptfeststellung sind erstmals die **§§ 218 ff. BewG** anzuwenden (BT-Drs. 19/11085, 120). Da die Regelungen bereits heute geltendes Recht sind (Art. 18 Abs. 1 des Grundsteuerreformgesetzes v. 26.11.2019, → Grundlagen Rn. 13), **können sie von den Finanzämtern bereits angewendet werden.** Das gilt vor allem für die Aufforderung zur Abgabe einer Steuererklärung (→ BewG § 228 Rn. 4 ff.) und den Erlass von Grundsteuerwertbescheiden.

2   § 266 Abs. 2 BewG enthält Anwendungsvorschriften, die dem Umstand Rechnung tragen, dass das GrStG idF des Grundsteuerreformgesetzes v. 26.11.2019 (→ Grundlagen Rn. 13) erst beginnend mit dem Erhebungszeitraum 2025 Anwendung findet und bis zum 31.12.2024 noch das „alte Grundsteuergesetz" gilt: (1) § 266 Abs. 2 S. 1 BewG verhindert, dass der Durchführung eines Grundsteuerwertfeststellungsverfahrens vor dem 31.12.2024 entgegengehalten werden kann, der Grundsteuerwert sei für die Besteuerung (noch) ohne Bedeutung, da das neue GrStG noch keine Anwendung finde. Entsprechendes bestimmt § 266 Abs. 2 S. 3 BewG für Art- und Zurechnungsfortschreibungen. (2) Der zumindest teilweisen Befreiung eines Steuergegenstandes von der Grundsteuer kann über den Bedeu-

Erstmalige Anwendung **§ 266 BewG**

tungsvorbehalt des § 219 Abs. 3 BewG bereits im Grundsteuerwertfeststellungsverfahren Rechnung getragen werden (→ GrStG § 3 Rn. 5f.). § 266 Abs. 2 S. 2 BewG verknüpft dafür § 219 Abs. 3 BewG mit der am 1.1.2022 gültigen Fassung des GrStG, was bedeutet, dass das GrStG idF des Grundsteuerreformgesetzes v. 26.11.2019 maßgeblich ist. Denn dieses ist bereits in Kraft getreten (→ GrStG § 37 Rn. 1) und wird daher auch am 1.1.2022 gültig sein.

Nach § 266 Abs. 3 BewG **dürfen die Finanzbehörde die ihnen** durch die 3 Feststellungserklärungen der Steuerpflichtigen (§ 228 Abs. 1 BewG) **bekannt werdenden „tatsächlichen Verhältnisse" in Bezug auf die Steuergegenstände nicht zum Anlass für Fortschreibungen oder Nachfeststellungen der Einheitswerte** nehmen. Die Regelung enthält ein **Verwertungsverbot.** Ermessen besteht nicht. Nach Ansicht der Finanzverwaltung soll die Regelung zugunsten wie zulasten des Steuerpflichtigen gelten (AEBewGrSt A 266.2 Abs. 1 S. 3 BewG). Der Wortlaut ist in der Tat differenzierungslos, allerdings entspricht eine Anwendung zulasten des Steuerpflichtigen nicht dem Zweck der Regelung. Der Gesetzgeber verbindet mit dem Verwertungsverbot nämlich die Hoffnung, dass es die Steuerpflichtigen zu wahrheitsgemäßen Angaben motiviert, wenn sie für die Vergangenheit keine Steuermehrbelastungen fürchten müssen (BT-Drs. 19/11085, 121). Es handelt sich mithin um eine Schutzvorschrift zugunsten des Steuerpflichtigen. Mit einer solchen Regelung gesteht der Gesetzgeber die Defizite der Einheitswertakten va in Bezug auf Zustand und Nutzung der Gebäude ein und bestätigt damit das Vollzugsdefizit, welches der II. Senat des BFH in seinem Vorlagebeschluss wegen der fehlenden Steuererklärungspflicht bemängelt hatte (→ Grundlagen Rn. 53). Gegen eine Regelung wie § 266 Abs. 3 BewG gibt es im Ergebnis nichts zu erinnern. Ob die Regelung das Erklärungsverhalten positiv beeinflusst, bleibt abzuwarten. Hat der Steuerpflichtige das Gebäude erweitert, umgebaut oder die Nutzung geändert, ohne die dafür erforderlichen Baugenehmigungen eingeholt zu haben, wird er sich nämlich die Frage stellen, ob das Finanzamt seine Erklärungsdaten an die Bauaufsichtsbehörden weitergeben darf. Das Verwertungsverbot des § 266 Abs. 3 BewG erfasst nur die Feststellungserklärung iSv § 228 BewG als Erkenntnisquelle. Hat die Finanzbehörde auf anderem Wege relevante Informationen erlangt (zB aufgrund einer schon vor Eingang der Erklärung iSv § 228 BewG angeforderten Einheitswerterklärung oder durch eine andere Behörde), gilt kein Verwertungsverbot (*Mannek* in Stenger/Loose BewG § 266 Rn. 43). Seinem Wortlaut nach gilt das Verwertungsverbot zudem nur für das Besteuerungsverfahren (ausdrückliche Bezugnahme auf Fortschreibungen etc.). Ein strafrechtliches Verwertungsverbot ist in § 266 Abs. 3 BewG nicht vorgesehen (hiervon geht auch AEBewGrSt A 266.2 Abs. 2 S. 2 aus).

Nach BVerfG 10.4.2018 – 1 BvL 11/14 ua, BVerfGE 148, 147 Tenor Nr. 3 dür- 4 fen für Kalenderjahre nach dem 31.12.2024 keine Belastungen mehr auf (bestandskräftige) Bescheide gestützt werden, die auf den als verfassungswidrig festgestellten Bestimmungen (= §§ 19–23, 27, 76, 79 Abs. 5, 93 Abs. 1 S. 2 BewG) beruhen (vgl. → Grundlagen Rn. 12). § 266 Abs. 4 S. 1 BewG trägt dem (materiellrechtlich klarstellend) Rechnung und hebt (formalrechtlich konstitutiv) alle Einheitswert-, Grundsteuermess- und Grundsteuerbescheide auf, die vor dem 1.1.2025 erlassen wurden und die auf den §§ 19–23, 27, 76, 79 Abs. 5, 93 Abs. 1 S. 2 BewG beruhen. Die differenzierungslose Bezugnahme auf § 76 BewG (die dem Urteilstenor Nr. 1 von BVerfG 10.4.2018 – 1 BvL 11/14 ua, BVerfGE 148, 147 entspricht) wird man so verstehen müssen, dass alle Bescheide erfasst sind, denen die materiellen Bewertungsvorschriften entweder für das Ertragswert- oder das Sachwertverfahren zu-

§ 266 BewG Dritter Teil. Schlussbestimmungen

grunde liegen bzw. die als Folgebescheid verfahrensrechtlich hieran anknüpfen. § 266 Abs. 4 S. 2 BewG ordnet dies ferner für alle anderen denkbaren, vor dem 1.1.2025 erlassenen Einheitswert-, Grundsteuermess- und Grundsteuerbescheide an (nachträglich eingefügt mit dem GrStRefUG v. 16.7.2021 [BGBl. 2021 I 2931, dazu BT-Drs. 19/30489, S. 26]). **Die Aufhebung der Bescheide nach § 266 Abs. 4 S. 1 u. S. 2 BewG bewirkt allerdings nicht, dass diese Bescheide überhaupt keine Rechtswirkung mehr erzeugen können. Bis zum 31.12.2024 beanspruchen diese Bescheide vielmehr Geltung** (Wortlaut: „mit Wirkung für die Zukunft"). Sie können daher mit Wirkung bis zum 31.12.2024 auch noch nach dem 31.12.2024 fortgeschrieben oder geändert werden (§ 266 Abs. 4 S. 3 BewG, angefügt mit dem FoStoG v. 3.6.2021, BGBl. 2021 I 1498, dazu BT-Drs. 19/28868, 129). Zudem können sie auch über den 31.12.2024 hinaus tauglicher Anknüpfungspunkt für die Vorauszahlungsregelung des § 29 GrStG sein (→ GrStG § 29 Rn. 3).

5 Das neue Grundsteuerrecht orientiert sich bei der Bestimmung der wirtschaftlichen Einheit weitgehend am Grundsatz der Eigentümeridentität (→ BewG § 244 Rn. 16 f.). Die hiervon abweichenden Bestimmungen der **§§ 26, 34 Abs. 4 bis 6 BewG** wurden nicht in das neue Recht übernommen. Dementsprechend müssen vor allem im Bereich der Land- und Forstwirtschaft einige wirtschaftliche Einheiten neu bestimmt werden. Da dies nach Einschätzung der Bundesländer anlässlich der ersten Hauptfeststellung auf den 1.1.2022 (noch) nicht (umfassend) geleistet werden kann, hat sich der Gesetzgeber mit dem nachträglich durch das FoStoG v. 3.6.2021 (BGBl. 2021 I 1498) angefügten § 266 Abs. 5 BewG für eine **zeitlich beschränkte Fortführung der unter Geltung des alten Rechts gebildeten wirtschaftlichen Einheiten entschieden** (vgl. BT-Drs. 19/28868, 129 ff.). Die Regelung wird mit Ablauf des 31.12.2028 außer Kraft treten (Art. 8, 19 Abs. 3 FoStoG). § 266 Abs. 5 BewG gewährt allein eine Fortführungsbefugnis für die bis zum 31.12.2021 bereits bestehenden wirtschaftlichen Einheiten. Für nach dem 31.12.2021 neu entstehende wirtschaftliche Einheiten gilt § 266 Abs. 5 BewG nicht. Diese sind allein nach Maßgabe des neuen Grundsteuerrechts zu bestimmen.

Anlagen zum Bewertungsgesetz [Auszug]

Änderungshistorie: (1) Erstfassung mit dem Grundsteuerreformgesetz v. 26.11.2019 (→ Grundlagen Rn. 13), (2) Änderung der Anlage 31 durch das Fondsstandortgesetz v. 3.6.2021 (BGBl. 2021 I 1498, dazu BT-Drs. 19/28868, 131), (3) erste Aktualisierung der Anlagen 27 bis 33 auf der Grundlage von § 263 BewG durch die VO zur Neufassung der Anlagen 27 bis 33 des Bewertungsgesetzes v. 29.6.2021 (BGBl. 2021 I 2290, dazu BR-Drs. 275/21), (4) erste Aktualisierung der Anlage 39 mit dem Grundsteuerreform-Umsetzungsgesetz v. 16.7.2021 (BGBl. 2021 I 2931, dazu BT-Drs. 19/28902 [Gesetzesbegründung]; BT-Drs. 19/30489 [Finanzausschuss]).

Anlage 27
(zu § 237 Absatz 2)

Landwirtschaftliche Nutzung

Bewertungsfaktoren	Bezugseinheit	in EUR
Grundbetrag	pro Ar	2,52
Ertragsmesszahl	pro Ertragsmesszahl (Produkt aus Acker-/Grünlandzahl und Ar)	0,041
Zuschläge für	**Bezugseinheit**	**in EUR**
Verstärkte Tierhaltung	je Vieheinheit über einem Besatz von 2,0 Vieheinheiten je Hektar selbst bewirtschafteter Fläche der landwirtschaftlichen Nutzung	79,00

Anlage 28
(zu § 237 Absatz 3)

Forstwirtschaftliche Nutzung

	Bewertungsfaktor für Wuchsgebiet	in EUR/ha
1	Schleswig-Holstein Nordwest	86,17
2	Jungmoränenlandschaft Schleswig-Holstein Ost/Nordwest-Mecklenburg	80,53
3	Schleswig-Holstein Südwest	90,24
4	Mecklenburg-Westvorpommersches Küstenland	64,57
5	Ostholsteinisch-Westmecklenburger Jungmoränenland	73,13
6	(Mittel-)Mecklenburger Jungmoränenland	62,38
7	Ostmecklenburg-Vorpommersches Jungmoränenland	78,03

Anl. 28 BewG

Bewertungsfaktor für Wuchsgebiet		in EUR/ ha
8	Ostvorpommersches Küstenland	56,36
9	Nordostbrandenburger Jungmoränenland (Mittelbrandenburger Jungmoränenland)	53,83
10	Ostmecklenburg-Nordbrandenburger Jungmoränenland (Nordbrandenburger Jungmoränenland)	55,09
11	Ostniedersächsisch-Altmärkisches Altmoränenland (Westprignitz-Altmärkisches Altmoränenland)	46,03
12	Südost-Holsteinisch-Südwestmecklenburger Altmoränenland	57,31
13	Ostniedersächsisches Tiefland	66,34
14	Niedersächsischer Küstenraum	79,05
15	Mittelwestniedersächsisches Tiefland	67,41
16	Westfälische Bucht	70,03
17	Weserbergland	101,93
18	Nordwestdeutsche Berglandschwelle	73,10
19	Nordwestliches Harzvorland	65,70
20	Nordöstliche Harzvorländer	43,24
21	Sachsen-Anhaltinische Löss-Ebene	51,09
22	Mittleres nordostdeutsches Altmoränenland	38,39
23	Hoher Fläming	47,69
24	Mittelbrandenburger Talsand- und Moränenland	37,53
25	Düben-Niederlausitzer Altmoränenland	37,65
26	Lausitzer Löss-Hügelland	84,73
27	Zittauer Gebirge	163,92
28	Oberlausitzer Bergland	155,56
29	Elbsandsteingebirge	123,19
30	Westlausitzer Platte und Elbtalzone	68,56
31	Sächsisch-Thüringisches Löss-Hügelland	63,80
32	Leipziger Sandlöss-Ebene	50,58
33	Ostthüringisches Trias-Hügelland	72,24
34	Thüringer Becken	64,12
35	Nordthüringisches Trias-Hügelland	60,06
36	Harz	142,70
37	Mitteldeutsches Trias-Berg- und Hügelland	98,77
38	Nordwesthessisches Bergland	88,55
39	Nördliches hessisches Schiefergebirge	99,86

Anlagen zum Bewertungsgesetz [Auszug] **Anl. 28 BewG**

Bewertungsfaktor für Wuchsgebiet		in EUR/ ha
40	Sauerland	145,62
41	Bergisches Land	113,51
42	Niederrheinisches Tiefland	68,33
43	Niederrheinische Bucht	68,27
44	Nordwesteifel	135,51
45	Osteifel	99,15
46	Mittelrheintal	62,52
47	Westerwald	112,73
48	Taunus	94,94
49	Wetterau und Gießener Becken	73,66
50	Vogelsberg und östlich angrenzende Sandsteingebiete	102,75
51	Rhön	97,18
52	Südthüringisches-Oberfränkisches Trias-Hügelland	106,95
53	Thüringer Gebirge	162,51
54	Vogtland	140,47
55	Erzgebirgsvorland	93,22
56	Erzgebirge	171,75
57	Frankenwald, Fichtelgebirge und Steinwald	183,51
58	Oberpfälzer Wald	147,30
59	Oberpfälzer Becken- und Hügelland	78,21
60	Frankenalb und Oberpfälzer Jura	106,82
61	Fränkischer Keuper und Albvorland	73,44
62	Fränkische Platte	67,76
63	Spessart	105,47
64	Odenwald	124,93
65	Oberrheinisches Tiefland und Rhein-Main-Ebene	64,13
66	Hunsrück	116,75
67	Moseltal	87,42
68	Gutland	97,81
69	Saarländisch-Pfälzisches Muschelkalkgebiet	78,64
70	Saar-Nahe-Bergland	75,52
71	Westricher Moorniederung	79,49
72	Pfälzerwald	78,67
73	Schwarzwald	181,38
74	Baar-Wutach	172,51

Anl. 29, 30 BewG

Bewertungsfaktor für Wuchsgebiet		in EUR/ ha
75	Neckarland	117,23
76	Schwäbische Alb	123,63
77	Südwestdeutsches Alpenvorland	177,56
78	Tertiäres Hügelland	166,59
79	Bayerischer Wald	160,79
80	Schwäbisch-Bayerische Schotterplatten- und Altmoränenlandschaft	165,45
81	Schwäbisch-Bayerische Jungmoräne und Molassevorberge	157,93
82	Bayerische Alpen	135,61

Anlage 29
(zu § 237 Absatz 4)

Weinbauliche Nutzung

Bewertungsfaktor für	Flächeneinheit	in EUR
Traubenerzeugung	pro Ar	11,70

Anlage 30
(zu § 237 Absatz 5)

Gärtnerische Nutzung

Nutzungsteil Gemüsebau		
Bewertungsfaktor für	**Flächeneinheit**	**in EUR**
Flächen im Freiland und für Kleingarten- und Dauerkleingartenland	pro Ar	12,35
Zuschläge für	**Flächeneinheit**	**in EUR**
Flächen unter Glas und Kunststoffen	pro Ar	45,00
Nutzungsteil Blumen-/Zierpflanzenbau		
Bewertungsfaktor für	**Flächeneinheit**	**in EUR**
Flächen im Freiland	pro Ar	27,60
Zuschläge für	**Flächeneinheit**	**in EUR**
Flächen unter Glas und Kunststoffen	pro Ar	65,15

Anlagen zum Bewertungsgesetz [Auszug] **Anl. 31 BewG**

Nutzungsteil Obstbau		
Bewertungsfaktor für	Flächeneinheit	in EUR
Flächen im Freiland	pro Ar	9,53
Zuschläge für	Flächeneinheit	in EUR
Flächen unter Glas und Kunststoffen	pro Ar	45,00
Nutzungsteil Baumschulen		
Bewertungsfaktor für	Flächeneinheit	in EUR
Flächen im Freiland	pro Ar	22,29
Zuschläge für	Flächeneinheit	in EUR
Flächen unter Glas und Kunststoffen	pro Ar	65,15

Anlage 31
(zu § 237 Absatz 6 und 7)

Übrige land- und forstwirtschaftliche Nutzungen sowie Abbauland, Geringstland und Unland

Sondernutzungen		
Bewertungsfaktor für	Flächeneinheit	in EUR
Hopfen	pro Ar	13,75
Spargel	pro Ar	12,69
Sonstige land- und forstwirtschaftliche Nutzungen		
Bewertungsfaktor für	Bezugseinheit	in EUR
Wasserflächen	pro Ar	1,00
Zuschläge für stehende Gewässer		
Wasserflächen für Binnenfischerei, Teichwirtschaft und Fischzucht für Binnenfischerei und Teichwirtschaft	ab 1,00 kg bis 4,00 kg Fischertrag/Ar pro Ar	2,00
Wasserflächen für Binnenfischerei, Teichwirtschaft und Fischzucht für Binnenfischerei und Teichwirtschaft	über 4,00 kg Fischertrag/Ar pro Ar	2,50
Zuschläge für fließende Gewässer		
Teichwirtschaft und Fischzucht für Binnenfischerei und Teichwirtschaft	bis 500 Liter/Sekunde Durchfluss pro Liter/Sekunde	12,50

Anl. 32 BewG

Anlagen zum Bewertungsgesetz [Auszug]

Teichwirtschaft und Fischzucht für Binnenfischerei und Teichwirtschaft	über 500 Liter/ Sekunde Durchfluss pro Liter/Sekunde	15,00
Saatzucht	pro Ar	Anlage 27
Weihnachtsbaumkulturen	pro Ar	19,40
Kurzumtriebsplantagen	pro Ar	Anlage 27
Sonstige land- und forstwirtschaftliche Nutzungen, für die kein Bewertungsfaktor festgelegt wurde		
Wirtschaftsgebäude	pro Quadratmeter Bruttogrundfläche und Monat	1,23
Nutzungsarten Abbauland, Geringstland und Unland		
Bewertungsfaktor für	**Flächeneinheit**	**in EUR**
Abbauland	pro Ar	1,00
Geringstland	pro Ar	0,38
Unland	pro Ar	0,00

Anlage 32

(zu § 237 Absatz 8)

Nutzungsart Hofstelle

Bewertungsfaktor für	**Flächeneinheit**	**in EUR**
Hofflächen	pro Ar	6,62
Zuschläge für	**Flächeneinheit**	**in EUR**
Wirtschaftsgebäude der weinbaulichen Nutzung bei Fass- und Flaschenweinerzeugung	pro Quadratmeter Bruttogrundfläche und Monat	1,23
Wirtschaftsgebäude der Nebenbetriebe	pro Quadratmeter Bruttogrundfläche und Monat	1,23

Anlage 33
(zu § 238 Absatz 2)

Weitere den Ertragswert erhöhende Umstände

Bewertungsfaktor für	Flächeneinheit	in EUR
Abgegrenzte Standortfläche der Windenergieanlage	pro Ar	59,58

Anlage 34
(zu § 241 Absatz 5)

Umrechnungsschlüssel für Tierbestände in Vieheinheiten (VE) nach dem Futterbedarf

Tierart	1 Tier
Nach dem Durchschnittsbestand in Stück:	
Alpakas	0,08 VE
Damtiere	
Damtiere unter 1 Jahr	0,04 VE
Damtiere 1 Jahr und älter	0,08 VE
Geflügel	
Legehennen (einschließlich einer normalen Aufzucht zur Ergänzung des Bestandes)	0,02 VE
Legehennen aus zugekauften Junghennen	0,0183 VE
Zuchtputen, -enten, -gänse	0,04 VE
Kaninchen	
Zucht- und Angorakaninchen	0,025 VE
Lamas	0,1 VE
Pferde	
Pferde unter 3 Jahren und Kleinpferde	0,7 VE
Pferde 3 Jahre und älter	1,1 VE
Rindvieh	
Kälber und Jungvieh unter 1 Jahr (einschließlich Mastkälber, Starterkälber und Fresser)	0,3 VE
Jungvieh 1 bis 2 Jahre alt	0,7 VE
Färsen (älter als 2 Jahre)	1 VE
Masttiere (Mastdauer weniger als 1 Jahr)	1 VE
Kühe (einschließlich Mutter- und Ammenkühe mit den dazugehörigen Saugkälbern)	1 VE
Zuchtbullen, Zugochsen	1,2 VE
Schafe	
Schafe unter 1 Jahr (einschließlich Mastlämmer)	0,05 VE
Schafe 1 Jahr und älter	0,1 VE
Schweine	
Zuchtschweine (einschließlich Jungzuchtschweine über etwa 90 kg)	0,33

Anl. 35 BewG

Anlagen zum Bewertungsgesetz [Auszug]

Tierart	1 Tier
Strauße	
Zuchttiere 14 Monate und älter	0,32 VE
Jungtiere/Masttiere unter 14 Monate	0,25 VE
Ziegen	0,08 VE
Nach der Erzeugung in Stück:	
Geflügel	
Jungmasthühner (bis zu 6 Durchgänge je Jahr – schwere Tiere)	0,0017 VE
(mehr als 6 Durchgänge je Jahr – leichte Tiere)	0,0013 VE
Junghennen	0,0017 VE
Mastenten	0,0033 VE
Mastenten in der Aufzuchtphase	0,0011 VE
Mastenten in der Mastphase	0,0022 VE
Mastputen aus selbst erzeugten Jungputen	0,0067 VE
Mastputen aus zugekauften Jungputen	0,005 VE
Jungputen (bis etwa 8 Wochen)	0,0017 VE
Mastgänse	0,0067 VE
Kaninchen	
Mastkaninchen	0,0025 VE
Rindvieh	
Masttiere (Mastdauer 1 Jahr und mehr)	1 VE
Schweine	
Leichte Ferkel (bis etwa 12 kg)	0,01 VE
Ferkel (über etwa 12 bis etwa 20 kg)	0,02 VE
Schwere Ferkel und leichte Läufer (über etwa 20 bis etwa 30 kg)	0,04 VE
Läufer (über etwa 30 bis etwa 45 kg)	0,06 VE
Schwere Läufer (über etwa 45 bis etwa 60 kg)	0,08 VE
Mastschweine	0,16 VE
Jungzuchtschweine bis etwa 90 kg	0,12 VE

Anlage 35

(zu § 241 Absatz 5)

Gruppen der Zweige des Tierbestands nach der Flächenabhängigkeit

1. Mehr flächenabhängige Zweige des Tierbestands:
   Pferdehaltung,
   Pferdezucht,
   Schafzucht,
   Schafhaltung,
   Rindviehzucht,
   Milchviehhaltung,
   Rindviehmast.
2. Weniger flächenabhängige Zweige des Tierbestands:
   Schweinezucht,
   Schweinemast,
   Hühnerzucht,
   Entenzucht,

Gänsezucht,
Putenzucht,
Legehennenhaltung,
Junghühnermast,
Entenmast,
Gänsemast,
Putenmast.

Anlage 36
(zu den §§ 251 und 257 Absatz 1)

Umrechnungskoeffizienten zur Berücksichtigung abweichender Grundstücksgrößen beim Bodenwert von Ein- und Zweifamilienhäusern

Grundstücksgröße	Umrechnungskoeffizient
< 250 m^2	1,24
≥ 250 m^2	1,19
≥ 300 m^2	1,14
≥ 350 m^2	1,10
≥ 400 m^2	1,06
≥ 450 m^2	1,03
≥ 500 m^2	1,00
≥ 550 m^2	0,98
≥ 600 m^2	0,95
≥ 650 m^2	0,94
≥ 700 m^2	0,92
≥ 750 m^2	0,90
≥ 800 m^2	0,89
≥ 850 m^2	0,87
≥ 900 m^2	0,86
≥ 950 m^2	0,85
≥ 1 000 m^2	0,84
≥ 1 050 m^2	0,83
≥ 1 100 m^2	0,82
≥ 1 150 m^2	0,81
≥ 1 200 m^2	0,80
≥ 1 250 m^2	0,79
≥ 1 300 m^2	0,78
≥ 1 350 m^2	0,77

Anl. 37 BewG

Anlagen zum Bewertungsgesetz [Auszug]

Grundstücksgröße	Umrechnungskoeffizient
$\geq 1\,400\,m^2$	0,76
$\geq 1\,450\,m^2$	0,75
$\geq 1\,500\,m^2$	0,74
$\geq 1\,550\,m^2$	0,73
$\geq 1\,600\,m^2$	0,72
$\geq 1\,650\,m^2$	0,71
$\geq 1\,700\,m^2$	0,70
$\geq 1\,750\,m^2$	0,69
$\geq 1\,800\,m^2$	0,68
$\geq 1\,850\,m^2$	0,67
$\geq 1\,900\,m^2$	0,66
$\geq 1\,950\,m^2$	0,65
$\geq 2\,000\,m^2$	0,64

Anlage 37
(zu § 253 Absatz 2)

Vervielfältiger

Restnutzungsdauer (Jahre)	Zinssatz										
	1,5%	1,6%	1,7%	1,8%	1,9%	2,0%	2,1%	2,2%	2,3%	2,4%	2,5%
1	0,99	0,98	0,98	0,98	0,98	0,98	0,98	0,98	0,98	0,98	0,98
2	1,96	1,95	1,95	1,95	1,94	1,94	1,94	1,94	1,93	1,93	1,93
3	2,91	2,91	2,90	2,90	2,89	2,88	2,88	2,87	2,87	2,86	2,86
4	3,85	3,84	3,84	3,83	3,82	3,81	3,80	3,79	3,78	3,77	3,76
5	4,78	4,77	4,75	4,74	4,73	4,71	4,70	4,69	4,67	4,66	4,65
6	5,70	5,68	5,66	5,64	5,62	5,60	5,58	5,56	5,55	5,53	5,51
7	6,60	6,57	6,55	6,52	6,50	6,47	6,45	6,42	6,40	6,37	6,35
8	7,49	7,45	7,42	7,39	7,36	7,33	7,29	7,26	7,23	7,20	7,17
9	8,36	8,32	8,28	8,24	8,20	8,16	8,12	8,08	8,05	8,01	7,97
10	9,22	9,17	9,13	9,08	9,03	8,98	8,94	8,89	8,84	8,80	8,75
11	10,07	10,01	9,96	9,90	9,84	9,79	9,73	9,68	9,62	9,57	9,51
12	10,91	10,84	10,77	10,71	10,64	10,58	10,51	10,45	10,38	10,32	10,26
13	11,73	11,65	11,58	11,50	11,42	11,35	11,27	11,20	11,13	11,05	10,98
14	12,54	12,45	12,37	12,28	12,19	12,11	12,02	11,94	11,85	11,77	11,69
15	13,34	13,24	13,14	13,04	12,95	12,85	12,75	12,66	12,57	12,47	12,38
16	14,13	14,02	13,91	13,80	13,69	13,58	13,47	13,37	13,26	13,16	13,06
17	14,91	14,78	14,66	14,53	14,41	14,29	14,17	14,06	13,94	13,83	13,71

Anlagen zum Bewertungsgesetz [Auszug] **Anl. 37 BewG**

Restnutzungsdauer (Jahre)	Zinssatz										
	1,5%	1,6%	1,7%	1,8%	1,9%	2,0%	2,1%	2,2%	2,3%	2,4%	2,5%
18	15,67	15,53	15,40	15,26	15,12	14,99	14,86	14,73	14,60	14,48	14,35
19	16,43	16,27	16,12	15,97	15,82	15,68	15,53	15,39	15,25	15,12	14,98
20	17,17	17,00	16,83	16,67	16,51	16,35	16,19	16,04	15,89	15,74	15,59
21	17,90	17,72	17,54	17,36	17,18	17,01	16,84	16,67	16,51	16,35	16,18
22	18,62	18,42	18,23	18,03	17,84	17,66	17,47	17,29	17,11	16,94	16,77
23	19,33	19,12	18,91	18,70	18,49	18,29	18,09	17,90	17,71	17,52	17,33
24	20,03	19,80	19,57	19,35	19,13	18,91	18,70	18,49	18,29	18,08	17,88
25	20,72	20,47	20,23	19,99	19,75	19,52	19,30	19,07	18,85	18,64	18,42
26	21,40	21,13	20,87	20,62	20,37	20,12	19,88	19,64	19,41	19,18	18,95
27	22,07	21,79	21,51	21,24	20,97	20,71	20,45	20,20	19,95	19,70	19,46
28	22,73	22,43	22,13	21,84	21,56	21,28	21,01	20,74	20,48	20,22	19,96
29	23,38	23,06	22,75	22,44	22,14	21,84	21,56	21,27	20,99	20,72	20,45
30	24,02	23,68	23,35	23,02	22,71	22,40	22,09	21,79	21,50	21,21	20,93
31	24,65	24,29	23,94	23,60	23,27	22,94	22,62	22,30	21,99	21,69	21,40
32	25,27	24,89	24,52	24,17	23,81	23,47	23,13	22,80	22,48	22,16	21,85
33	25,88	25,48	25,10	24,72	24,35	23,99	23,63	23,29	22,95	22,62	22,29
34	26,48	26,07	25,66	25,27	24,88	24,50	24,13	23,77	23,41	23,06	22,72
35	27,08	26,64	26,22	25,80	25,40	25,00	24,61	24,23	23,86	23,50	23,15
36	27,66	27,21	26,76	26,33	25,90	25,49	25,08	24,69	24,30	23,93	23,56
37	28,24	27,76	27,30	26,84	26,40	25,97	25,55	25,14	24,73	24,34	23,96
38	28,81	28,31	27,82	27,35	26,89	26,44	26,00	25,57	25,16	24,75	24,35
39	29,36	28,85	28,34	27,85	27,37	26,90	26,45	26,00	25,57	25,14	24,73
40	29,92	29,38	28,85	28,34	27,84	27,36	26,88	26,42	25,97	25,53	25,10
41	30,46	29,90	29,35	28,82	28,30	27,80	27,31	26,83	26,36	25,91	25,47
42	30,99	30,41	29,85	29,29	28,76	28,23	27,73	27,23	26,75	26,28	25,82
43	31,52	30,92	30,33	29,76	29,20	28,66	28,14	27,62	27,12	26,64	26,17
44	32,04	31,41	30,81	30,21	29,64	29,08	28,54	28,01	27,49	26,99	26,50
45	32,55	31,90	31,27	30,66	30,07	29,49	28,93	28,38	27,85	27,34	26,83
46	33,06	32,39	31,73	31,10	30,49	29,89	29,31	28,75	28,20	27,67	27,15
47	33,55	32,86	32,19	31,54	30,90	30,29	29,69	29,11	28,55	28,00	27,47
48	34,04	33,33	32,63	31,96	31,31	30,67	30,06	29,46	28,88	28,32	27,77
49	34,52	33,79	33,07	32,38	31,70	31,05	30,42	29,81	29,21	28,63	28,07
50	35,00	34,24	33,50	32,79	32,09	31,42	30,77	30,14	29,53	28,94	28,36
51	35,47	34,68	33,92	33,19	32,48	31,79	31,12	30,47	29,84	29,24	28,65
52	35,93	35,12	34,34	33,58	32,85	32,14	31,46	30,79	30,15	29,53	28,92
53	36,38	35,55	34,75	33,97	33,22	32,50	31,79	31,11	30,45	29,81	29,19
54	36,83	35,98	35,15	34,35	33,58	32,84	32,12	31,42	30,74	30,09	29,46
55	37,27	36,39	35,55	34,73	33,94	33,17	32,44	31,72	31,03	30,36	29,71
56	37,71	36,81	35,94	35,10	34,29	33,50	32,75	32,02	31,31	30,63	29,96

Anl. 37 BewG

Anlagen zum Bewertungsgesetz [Auszug]

Restnut-zungs-dauer (Jahre)	Zinssatz										
	1,5%	1,6%	1,7%	1,8%	1,9%	2,0%	2,1%	2,2%	2,3%	2,4%	2,5%
57	38,13	37,21	36,32	35,46	34,63	33,83	33,05	32,31	31,58	30,88	30,21
58	38,56	37,61	36,70	35,82	34,97	34,15	33,35	32,59	31,85	31,14	30,45
59	38,97	38,00	37,07	36,16	35,29	34,46	33,65	32,87	32,11	31,38	30,68
60	39,38	38,39	37,43	36,51	35,62	34,76	33,93	33,14	32,37	31,63	30,91
61	39,78	38,77	37,79	36,84	35,94	35,06	34,22	33,40	32,62	31,86	31,13
62	40,18	39,14	38,14	37,17	36,25	35,35	34,49	33,66	32,86	32,09	31,35
63	40,57	39,51	38,48	37,50	36,55	35,64	34,76	33,92	33,10	32,31	31,56
64	40,96	39,87	38,82	37,82	36,85	35,92	35,03	34,16	33,33	32,53	31,76
65	41,34	40,23	39,16	38,13	37,15	36,20	35,28	34,41	33,56	32,75	31,96
66	41,71	40,58	39,49	38,44	37,43	36,47	35,54	34,64	33,78	32,96	32,16
67	42,08	40,92	39,81	38,74	37,72	36,73	35,79	34,88	34,00	33,16	32,35
68	42,44	41,26	40,13	39,04	38,00	36,99	36,03	35,11	34,22	33,36	32,54
69	42,80	41,60	40,44	39,33	38,27	37,25	36,27	35,33	34,42	33,56	32,72
70	43,15	41,93	40,75	39,62	38,54	37,50	36,50	35,55	34,63	33,75	32,90
71	43,50	42,25	41,05	39,90	38,80	37,74	36,73	35,76	34,83	33,93	33,07
72	43,84	42,57	41,35	40,18	39,06	37,98	36,95	35,97	35,02	34,11	33,24
73	44,18	42,88	41,64	40,45	39,31	38,22	37,17	36,17	35,21	34,29	33,40
74	44,51	43,19	41,93	40,72	39,56	38,45	37,39	36,37	35,40	34,46	33,57
75	44,84	43,50	42,21	40,98	39,80	38,68	37,60	36,57	35,58	34,63	33,72
76	45,16	43,79	42,49	41,24	40,04	38,90	37,81	36,76	35,76	34,80	33,88
77	45,48	44,09	42,76	41,49	40,28	39,12	38,01	36,95	35,93	34,96	34,03
78	45,79	44,38	43,03	41,74	40,51	39,33	38,21	37,13	36,10	35,11	34,17
79	46,10	44,66	43,29	41,98	40,73	39,54	38,40	37,31	36,27	35,27	34,31
80	46,41	44,95	43,55	42,22	40,96	39,74	38,59	37,48	36,43	35,42	34,45
81	46,71	45,22	43,81	42,46	41,17	39,95	38,77	37,66	36,59	35,56	34,59
82	47,00	45,49	44,06	42,69	41,39	40,14	38,96	37,82	36,74	35,71	34,72
83	47,29	45,76	44,31	42,92	41,60	40,34	39,13	37,99	36,89	35,85	34,85
84	47,58	46,03	44,55	43,14	41,80	40,53	39,31	38,15	37,04	35,98	34,97
85	47,86	46,29	44,79	43,36	42,00	40,71	39,48	38,31	37,19	36,12	35,10
86	48,14	46,54	45,02	43,58	42,20	40,89	39,65	38,46	37,33	36,25	35,22
87	48,41	46,79	45,25	43,79	42,40	41,07	39,81	38,61	37,47	36,37	35,33
88	48,68	47,04	45,48	44,00	42,59	41,25	39,97	38,76	37,60	36,50	35,45
89	48,95	47,28	45,70	44,20	42,77	41,42	40,13	38,90	37,73	36,62	35,56
90	49,21	47,52	45,92	44,40	42,96	41,59	40,28	39,04	37,86	36,74	35,67
91	49,47	47,76	46,14	44,60	43,14	41,75	40,43	39,18	37,99	36,85	35,77
92	49,72	47,99	46,35	44,79	43,32	41,91	40,58	39,32	38,11	36,97	35,87
93	49,97	48,22	46,56	44,98	43,49	42,07	40,73	39,45	38,23	37,08	35,98
94	50,22	48,44	46,76	45,17	43,66	42,23	40,87	39,58	38,35	37,18	36,07
95	50,46	48,67	46,96	45,35	43,83	42,38	41,01	39,70	38,47	37,29	36,17

Anlagen zum Bewertungsgesetz [Auszug] **Anl. 37 BewG**

Restnutzungsdauer (Jahre)	Zinssatz										
	1,5%	1,6%	1,7%	1,8%	1,9%	2,0%	2,1%	2,2%	2,3%	2,4%	2,5%
96	50,70	48,88	47,16	45,53	43,99	42,53	41,14	39,83	38,58	37,39	36,26
97	50,94	49,10	47,36	45,71	44,15	42,68	41,28	39,95	38,69	37,49	36,35
98	51,17	49,31	47,55	45,89	44,31	42,82	41,41	40,07	38,80	37,59	36,44
99	51,40	49,52	47,74	46,06	44,47	42,96	41,53	40,18	38,90	37,68	36,53
100	51,62	49,72	47,92	46,22	44,62	43,10	41,66	40,30	39,00	37,78	36,61

Restnutzungsdauer (Jahre)	Zinssatz							
	2,6%	2,7%	2,8%	2,9%	3,0%	3,5%	4%	4,5%
1	0,97	0,97	0,97	0,97	0,97	0,97	0,96	0,96
2	1,92	1,92	1,92	1,92	1,91	1,90	1,89	1,87
3	2,85	2,85	2,84	2,83	2,83	2,80	2,78	2,75
4	3,75	3,74	3,73	3,73	3,72	3,67	3,63	3,59
5	4,63	4,62	4,61	4,59	4,58	4,52	4,45	4,39
6	5,49	5,47	5,45	5,44	5,42	5,33	5,24	5,16
7	6,33	6,30	6,28	6,25	6,23	6,11	6,00	5,89
8	7,14	7,11	7,08	7,05	7,02	6,87	6,73	6,60
9	7,93	7,90	7,86	7,82	7,79	7,61	7,44	7,27
10	8,71	8,66	8,62	8,57	8,53	8,32	8,11	7,91
11	9,46	9,41	9,36	9,30	9,25	9,00	8,76	8,53
12	10,20	10,13	10,07	10,01	9,95	9,66	9,39	9,12
13	10,91	10,84	10,77	10,70	10,63	10,30	9,99	9,68
14	11,61	11,53	11,45	11,37	11,30	10,92	10,56	10,22
15	12,29	12,20	12,11	12,02	11,94	11,52	11,12	10,74
16	12,95	12,85	12,76	12,66	12,56	12,09	11,65	11,23
17	13,60	13,49	13,38	13,27	13,17	12,65	12,17	11,71
18	14,23	14,11	13,99	13,87	13,75	13,19	12,66	12,16
19	14,84	14,71	14,58	14,45	14,32	13,71	13,13	12,59
20	15,44	15,30	15,16	15,02	14,88	14,21	13,59	13,01
21	16,03	15,87	15,72	15,56	15,42	14,70	14,03	13,40
22	16,59	16,43	16,26	16,10	15,94	15,17	14,45	13,78
23	17,15	16,97	16,79	16,62	16,44	15,62	14,86	14,15
24	17,69	17,50	17,31	17,12	16,94	16,06	15,25	14,50
25	18,22	18,01	17,81	17,61	17,41	16,48	15,62	14,83
26	18,73	18,51	18,30	18,08	17,88	16,89	15,98	15,15
27	19,23	19,00	18,77	18,55	18,33	17,29	16,33	15,45
28	19,72	19,47	19,23	19,00	18,76	17,67	16,66	15,74
29	20,19	19,93	19,68	19,43	19,19	18,04	16,98	16,02
30	20,65	20,38	20,12	19,86	19,60	18,39	17,29	16,29

Anl. 37 BewG

Anlagen zum Bewertungsgesetz [Auszug]

Restnutzungs-dauer (Jahre)	Zinssatz							
	2,6%	2,7%	2,8%	2,9%	3,0%	3,5%	4%	4,5%
31	21,11	20,82	20,54	20,27	20,00	18,74	17,59	16,54
32	21,55	21,25	20,96	20,67	20,39	19,07	17,87	16,79
33	21,97	21,66	21,36	21,06	20,77	19,39	18,15	17,02
34	22,39	22,07	21,75	21,44	21,13	19,70	18,41	17,25
35	22,80	22,46	22,13	21,80	21,49	20,00	18,66	17,46
36	23,20	22,84	22,50	22,16	21,83	20,29	18,91	17,67
37	23,58	23,22	22,86	22,51	22,17	20,57	19,14	17,86
38	23,96	23,58	23,21	22,85	22,49	20,84	19,37	18,05
39	24,33	23,93	23,55	23,17	22,81	21,10	19,58	18,23
40	24,69	24,28	23,88	23,49	23,11	21,36	19,79	18,40
41	25,03	24,61	24,20	23,80	23,41	21,60	19,99	18,57
42	25,37	24,94	24,52	24,10	23,70	21,83	20,19	18,72
43	25,71	25,26	24,82	24,40	23,98	22,06	20,37	18,87
44	26,03	25,57	25,12	24,68	24,25	22,28	20,55	19,02
45	26,34	25,87	25,41	24,96	24,52	22,50	20,72	19,16
46	26,65	26,16	25,69	25,23	24,78	22,70	20,88	19,29
47	26,95	26,45	25,96	25,49	25,02	22,90	21,04	19,41
48	27,24	26,73	26,23	25,74	25,27	23,09	21,20	19,54
49	27,53	27,00	26,48	25,99	25,50	23,28	21,34	19,65
50	27,80	27,26	26,74	26,23	25,73	23,46	21,48	19,76
51	28,07	27,52	26,98	26,46	25,95	23,63	21,62	19,87
52	28,34	27,77	27,22	26,68	26,17	23,80	21,75	19,97
53	28,59	28,01	27,45	26,90	26,37	23,96	21,87	20,07
54	28,84	28,25	27,68	27,12	26,58	24,11	21,99	20,16
55	29,09	28,48	27,89	27,33	26,77	24,26	22,11	20,25
56	29,33	28,71	28,11	27,53	26,97	24,41	22,22	20,33
57	29,56	28,93	28,31	27,72	27,15	24,55	22,33	20,41
58	29,78	29,14	28,52	27,91	27,33	24,69	22,43	20,49
59	30,00	29,35	28,71	28,10	27,51	24,82	22,53	20,57
60	30,22	29,55	28,90	28,28	27,68	24,94	22,62	20,64
61	30,43	29,75	29,09	28,45	27,84	25,07	22,71	20,71
62	30,63	29,94	29,27	28,62	28,00	25,19	22,80	20,77
63	30,83	30,12	29,44	28,79	28,16	25,30	22,89	20,83
64	31,02	30,31	29,61	28,95	28,31	25,41	22,97	20,89
65	31,21	30,48	29,78	29,10	28,45	25,52	23,05	20,95
66	31,39	30,65	29,94	29,26	28,60	25,62	23,12	21,01
67	31,57	30,82	30,10	29,40	28,73	25,72	23,19	21,06
68	31,75	30,99	30,25	29,55	28,87	25,82	23,26	21,11
69	31,92	31,14	30,40	29,69	29,00	25,91	23,33	21,16

Anlagen zum Bewertungsgesetz [Auszug] **Anl. 37 BewG**

Restnutzungs-dauer (Jahre)	Zinssatz							
	2,6%	2,7%	2,8%	2,9%	3,0%	3,5%	4%	4,5%
70	32,08	31,30	30,55	29,82	29,12	26,00	23,39	21,20
71	32,24	31,45	30,69	29,95	29,25	26,09	23,46	21,25
72	32,40	31,60	30,82	30,08	29,37	26,17	23,52	21,29
73	32,56	31,74	30,96	30,20	29,48	26,25	23,57	21,33
74	32,71	31,88	31,09	30,32	29,59	26,33	23,63	21,37
75	32,85	32,02	31,21	30,44	29,70	26,41	23,68	21,40
76	32,99	32,15	31,34	30,56	29,81	26,48	23,73	21,44
77	33,13	32,28	31,45	30,67	29,91	26,55	23,78	21,47
78	33,27	32,40	31,57	30,77	30,01	26,62	23,83	21,50
79	33,40	32,52	31,68	30,88	30,11	26,68	23,87	21,54
80	33,53	32,64	31,79	30,98	30,20	26,75	23,92	21,57
81	33,65	32,76	31,90	31,08	30,29	26,81	23,96	21,59
82	33,77	32,87	32,00	31,17	30,38	26,87	24,00	21,62
83	33,89	32,98	32,11	31,27	30,47	26,93	24,04	21,65
84	34,01	33,09	32,20	31,36	30,55	26,98	24,07	21,67
85	34,12	33,19	32,30	31,45	30,63	27,04	24,11	21,70
86	34,23	33,29	32,39	31,53	30,71	27,09	24,14	21,72
87	34,34	33,39	32,48	31,62	30,79	27,14	24,18	21,74
88	34,44	33,49	32,57	31,70	30,86	27,19	24,21	21,76
89	34,54	33,58	32,66	31,77	30,93	27,23	24,24	21,78
90	34,64	33,67	32,74	31,85	31,00	27,28	24,27	21,80
91	34,74	33,76	32,82	31,93	31,07	27,32	24,30	21,82
92	34,84	33,84	32,90	32,00	31,14	27,37	24,32	21,83
93	34,93	33,93	32,98	32,07	31,20	27,41	24,35	21,85
94	35,02	34,01	33,05	32,14	31,26	27,45	24,37	21,87
95	35,10	34,09	33,12	32,20	31,32	27,48	24,40	21,88
96	35,19	34,17	33,19	32,27	31,38	27,52	24,42	21,90
97	35,27	34,24	33,26	32,33	31,44	27,56	24,44	21,91
98	35,35	34,32	33,33	32,39	31,49	27,59	24,46	21,92
99	35,43	34,39	33,39	32,45	31,55	27,62	24,49	21,94
100	35,51	34,46	33,46	32,51	31,60	27,66	24,50	21,95

Berechnungsvorschrift für die Vervielfältiger (Barwertfaktoren für die Kapitalisierung):

Vervielfältiger = $\dfrac{q^n - 1}{q^n \times (q - 1)}$

$q = 1 + LZ$, wobei $LZ = \dfrac{p}{100}$

LZ = Zinssatz (Liegenschaftszinssatz)
n = Restnutzungsdauer
p = Zinsfuß

Anl. 38 BewG

Anlagen zum Bewertungsgesetz [Auszug]

Anlage 38
(zu § 253 Absatz 2 und § 259 Absatz 4)

Wirtschaftliche Gesamtnutzungsdauer

Ein- und Zweifamilienhäuser	80 Jahre
Mietwohngrundstücke, Mehrfamilienhäuser	80 Jahre
Wohnungseigentum	80 Jahre
Geschäftsgrundstücke, gemischt genutzte Grundstücke und sonstige bebaute Grundstücke:	
Gemischt genutzte Grundstücke (Wohnhäuser mit Mischnutzung)	80 Jahre
Museen, Theater, Sakralbauten	70 Jahre
Bürogebäude, Verwaltungsgebäude	60 Jahre
Banken und ähnliche Geschäftshäuser	60 Jahre
Einzelgaragen und Mehrfachgaragen	60 Jahre
Kindergärten (Kindertagesstätten), allgemeinbildende Schulen und berufsbildende Schulen, Hochschulen, Sonderschulen	50 Jahre
Wohnheime, Internate, Alten- und Pflegeheime	50 Jahre
Kauf-/Warenhäuser	50 Jahre
Krankenhäuser, Kliniken, Tageskliniken, Ärztehäuser	40 Jahre
Gemeindezentren, Saalbauten, Veranstaltungsgebäude, Vereinsheime	40 Jahre
Beherbergungsstätten, Hotels, Verpflegungseinrichtungen	40 Jahre
Sport- und Tennishallen, Freizeitbäder, Kur- und Heilbäder	40 Jahre
Tief-, Hoch- und Nutzfahrzeuggaragen als Einzelbauwerke, Carports	40 Jahre
Betriebs- und Werkstätten, Industrie- und Produktionsgebäude	40 Jahre
Lager- und Versandgebäude	40 Jahre
Verbrauchermärkte, Autohäuser	30 Jahre
Reithallen, ehemalige landwirtschaftliche Mehrzweckhallen, Scheunen und Ähnliches	30 Jahre

Teileigentum ist in Abhängigkeit von der baulichen Gestaltung den vorstehenden Gebäudearten zuzuordnen.

Auffangklausel

Für nicht aufgeführte Gebäudearten ist die wirtschaftliche Gesamtnutzungsdauer aus der wirtschaftlichen Gesamtnutzungsdauer vergleichbarer Gebäudearten abzuleiten.

Anlagen zum Bewertungsgesetz [Auszug]   **Anl. 39 BewG**

Anlage 39

(zu § 254, auf den Abdruck der Daten für Baden-Württemberg, Bayern, Hamburg, Hessen und Niedersachsen wurde verzichtet, da § 254 BewG in diesen Ländern keine Anwendung findet).

Redaktionelle Vorbemerkung: Die Anlage 39 in der Ursprungsfassung des Grundsteuerreformgesetz v. 26.11.2019 [→ Grundlagen Rn. 13] sieht in der Tabelle von Teil I mit * **[bei Gebäudeart]** und ** [bei Wohnfläche] zwei amtliche Anmerkungen vor. Anlässlich der Aktualisierung der Anlage 39 mit dem Grundsteuerreform-Umsetzungsgesetz v. 16.7.2021 (BGBl. 2021 I 2931) findet sich in der Tabelle nach Gebäudeart kein * mehr. Das ist ein Redaktionsversehen. Unseres Erachtens gilt dieses * einschließlich der zugehörigen Anmerkung fort. Denn die Daten in der Tabelle von Teil I sollten nur aktualisiert werden. Eine inhaltliche Änderung in Gestalt des **Wegfalls der *-Anmerkung war nicht gewollt.** Hiervon gehen auch das Bundesjustizministerium und das Bundesamt für Justiz aus, die unter www.gesetze-im-internet.de die *-Anmerkung als geltenden Gesetzestext ausweisen und dazu in der Fußnote vermerken: „Fehlender Bezug zum Text soll korrigiert werden".

Ermittlung des Rohertrags

I. Monatliche Nettokaltmieten in EUR/Quadratmeter Wohnfläche** (Wertverhältnisse/Stand: 1. Januar 2022).

Land	Gebäudeart	Wohnfläche	Baujahr des Gebäudes				
			bis 1948	1949 bis 1978	1979 bis 1990	1991 bis 2000	ab 2001
Berlin	Einfamilienhaus	unter 60 m²	9,04	7,79	7,28	10,70	14,45
		von 60 m² bis unter 100 m²	7,92	7,25	6,89	9,28	11,56
		100 m² und mehr	7,01	6,91	6,63	8,09	11,96
	Zweifamilienhaus	unter 60 m²	8,95	8,55	7,83	9,70	12,62
		von 60 m² bis unter 100 m²	6,56	6,33	5,87	7,43	10,79
		100 m² und mehr	5,97	5,64	5,23	7,02	10,37
	Mietwohngrundstück	unter 60 m²	8,47	8,07	7,34	9,60	14,83
		von 60 m² bis unter 100 m²	6,68	6,23	5,91	7,44	10,70
		100 m² und mehr	6,73	5,65	5,50	6,91	10,70
Brandenburg	Einfamilienhaus	unter 60 m²	8,34	7,20	7,28	10,66	12,20
		von 60 m² bis unter 100 m²	7,31	6,71	6,88	9,26	9,75
		100 m² und mehr	6,47	6,39	6,62	8,07	10,09
	Zweifamilienhaus	unter 60 m²	7,50	7,17	7,10	8,79	9,68
		von 60 m² bis unter 100 m²	5,50	5,31	5,32	6,72	8,28
		100 m² und mehr	5,00	4,73	4,75	6,36	7,96
	Mietwohngrundstück	unter 60 m²	7,45	7,11	7,00	9,13	11,94
		von 60 m² bis unter 100 m²	5,88	5,49	5,63	7,07	8,61
		100 m² und mehr	5,92	4,98	5,24	6,58	8,61

Anl. 39 BewG

Anlagen zum Bewertungsgesetz [Auszug]

Land	Gebäudeart	Wohnfläche	Baujahr des Gebäudes				
			bis 1948	1949 bis 1978	1979 bis 1990	1991 bis 2000	ab 2001
Bremen	Einfamilienhaus	unter 60 m²	7,03	6,49	6,73	7,62	9,00
		von 60 m² bis unter 100 m²	6,16	6,06	6,36	6,62	7,19
		100 m² und mehr	5,45	5,77	6,11	5,77	7,44
	Zweifamilienhaus	unter 60 m²	7,88	8,09	8,19	7,84	8,91
		von 60 m² bis unter 100 m²	5,78	6,00	6,15	6,00	7,62
		100 m² und mehr	5,26	5,33	5,48	5,67	7,33
	Mietwohngrundstück	unter 60 m²	8,08	8,26	8,33	8,38	11,33
		von 60 m² bis unter 100 m²	6,38	6,38	6,71	6,49	8,17
		100 m² und mehr	6,42	5,79	6,24	6,04	8,17
Mecklenburg-Vorpommern	Einfamilienhaus	unter 60 m²	7,02	5,75	5,50	8,12	8,77
		von 60 m² bis unter 100 m²	6,15	5,37	5,20	7,05	7.01
		100 m² und mehr	5,44	5,11	5,01	6,14	7,26
	Zweifamilienhaus	unter 60 m²	7,48	6,80	6,35	7,92	8,24
		von 60 m² bis unter 100 m²	5,48	5,05	4,77	6,07	7,05
		100 m² und mehr	4,99	4,49	4,25	5,74	6,78
	Mietwohngrundstück	unter 60 m²	8,20	7,44	6,92	9,09	11,22
		von 60 m² bis unter 100 m²	6,48	5,74	5,57	7,04	8,10
		100 m² und mehr	6,52	5,21	5,18	6,55	8,10
Nordrhein-Westfalen	Einfamilienhaus	unter 60 m²	6,97	6,56	6,82	8,30	8,32
		von 60 m² bis unter 100 m²	6,10	6,11	6,44	7,20	6,65
		100 m² und mehr	5,40	5,82	6,19	6,28	6,88
	Zweifamilienhaus	unter 60 m²	7,07	7,38	7,50	7,70	7,44
		von 60 m² bis unter 100 m²	5,19	5,47	5,62	5,89	6,37
		100 m² und mehr	4,71	4,87	5,02	5,57	6,12
	Mietwohngrundstück	unter 60 m²	7,83	8,13	8,23	8,90	10,22
		von 60 m² bis unter 100 m²	6,17	6,29	6,62	6,90	7,38
		100 m² und mehr	6,22	5,69	6,15	6,41	7,38
Rheinland-Pfalz	Einfamilienhaus	unter 60 m²	7,12	6,81	6,88	8,13	9,32
		von 60 m² bis unter 100 m²	6,23	6,36	6,50	7,06	7,45
		100 m² und mehr	5,52	6,05	6,25	6,15	7,72
	Zweifamilienhaus	unter 60 m²	7,30	7,77	7,66	7,64	8,44
		von 60 m² bis unter 100 m²	5,35	5,76	5,75	5,85	7,22
		100 m² und mehr	4,87	5,13	5,13	5,53	6,94
	Mietwohngrundstück	unter 60 m²	8,33	8,82	8,67	9,11	11,95
		von 60 m² bis unter 100 m²	6,57	6,81	6,98	7,06	8,62
		100 m² und mehr	6,62	6,18	6,49	6,57	8,62

Anlagen zum Bewertungsgesetz [Auszug] **Anl. 39 BewG**

Land	Gebäudeart	Wohnfläche	Baujahr des Gebäudes				
			bis 1948	1949 bis 1978	1979 bis 1990	1991 bis 2000	ab 2001
Saarland	Einfamilienhaus	unter 60 m²	6,07	6,18	6,13	8,39	9,03
		von 60 m² bis unter 100 m²	5,32	5,76	5,79	7,29	7,21
		100 m² und mehr	4,71	5,48	5,57	6,35	7,47
	Zweifamilienhaus	unter 60 m²	6,33	7,13	6,93	8,00	8,30
		von 60 m² bis unter 100 m²	4,63	5,28	5,19	6,13	7,09
		100 m² und mehr	4,22	4,71	4,63	5,80	6,82
	Mietwohngrundstück	unter 60 m²	7,74	8,70	8,41	10,24	12,62
		von 60 m² bis unter 100 m²	6,10	6,73	6,77	7,94	9,10
		100 m² und mehr	6,15	6,10	6,30	7,37	9,10
Sachsen	Einfamilienhaus	unter 60 m²	6,70	6,21	5,71	8,23	8,97
		von 60 m² bis unter 100 m²	5,87	5,79	5,39	7,15	7,17
		100 m² und mehr	5,19	5,52	5,19	6,23	7,43
	Zweifamilienhaus	unter 60 m²	5,92	6,09	5,47	6,67	7,00
		von 60 m² bis unter 100 m²	4,34	4,51	4,11	5,11	5,99
		100 m² und mehr	3,94	4,01	3,67	4,83	5,75
	Mietwohngrundstück	unter 60 m²	7,57	7,77	6,95	8,93	11,12
		von 60 m² bis unter 100 m²	5,98	6,01	5,60	6,92	8,02
		100 m² und mehr	6,02	5,44	5,20	6,42	8,02
Sachsen-Anhalt	Einfamilienhaus	unter 60 m²	6,23	5,78	5,53	7,43	7,79
		von 60 m² bis unter 100 m²	5,45	5,39	5,22	6,45	6,23
		100 m² und mehr	4,83	5,14	5,02	5,62	6,45
	Zweifamilienhaus	unter 60 m²	6,19	6,37	5,96	6,75	6,83
		von 60 m² bis unter 100 m²	4,54	4,72	4,47	5,17	5,85
		100 m² und mehr	4,13	4,20	3,98	4,89	5,62
	Mietwohngrundstück	unter 60 m²	7,22	7,41	6,90	8,24	9,90
		von 60 m² bis unter 100 m²	5,69	5,72	5,55	6,38	7,14
		100 m² und mehr	5,74	5,19	5,16	5,93	7,14
Schleswig-Holstein	Einfamilienhaus	unter 60 m²	7,16	6,92	6,87	8,47	9,24
		von 60 m² bis unter 100 m²	6,28	6,45	6,49	7,35	7,37
		100 m² und mehr	5,55	6,14	6,24	6,41	7,64
	Zweifamilienhaus	unter 60 m²	7,55	8,10	7,86	8,18	8,58
		von 60 m² bis unter 100 m²	5,54	6,01	5,90	6,27	7,34
		100 m² und mehr	5,03	5,34	5,26	5,92	7,06
	Mietwohngrundstück	unter 60 m²	7,85	8,39	8,10	8,89	11,09
		von 60 m² bis unter 100 m²	6,19	6,47	6,52	6,89	7,99
		100 m² und mehr	6,24	5,87	6,06	6,40	7,99

Anl. 39 BewG

Anlagen zum Bewertungsgesetz [Auszug]

Land	Gebäudeart	Wohnfläche	Baujahr des Gebäudes				
			bis 1948	1949 bis 1978	1979 bis 1990	1991 bis 2000	ab 2001
Thüringen	Einfamilienhaus	unter 60 m²	7,36	6,58	6,41	8,31	9,59
		von 60 m² bis unter 100 m²	6,45	6,13	6,05	7,22	7,66
		100 m² und mehr	5,71	5,83	5,82	6,29	7,94
	Zweifamilienhaus	unter 60 m²	7,07	7,00	6,67	7,30	8,12
		von 60 m² bis unter 100 m²	5,19	5,19	5,00	5,59	6,95
		100 m² und mehr	4,71	4,62	4,45	5,29	6,68
	Mietwohngrundstück	unter 60 m²	7,70	7,61	7,22	8,33	11,00
		von 60 m² bis unter 100 m²	6,08	5,88	5,81	6,45	7,94
		100 m² und mehr	6,12	5,33	5,40	6,00	7,94

* **[Amtl. Anm.:]** Für Wohnungseigentum gelten die Nettokaltmieten für Mietwohngrundstücke.

** **[Amtl. Anm.:]** Flächen, die zu anderen als Wohnzwecken genutzt werden, gelten als Wohnfläche. Für diese Flächen ist bei Mietwohngrundstücken die für Wohnungen mit einer Fläche unter 60 m² geltende monatliche Nettokaltmiete in Euro je Quadratmeter Nutzfläche (ohne Zubehörräume) anzusetzen. Bei Ein- und Zweifamilienhäusern sind diese Flächen zu der jeweiligen Wohnfläche zu addieren.

Nettokaltmiete – Festwert – für einen Garagenstellplatz (Einzelgarage/Tiefgarage)	35 EUR/ Monat

II. Mietniveaustufen. Zur Berücksichtigung von Mietniveauunterschieden zwischen Gemeinden eines Landes sind die Nettokaltmieten zu I. durch folgende Ab- oder Zuschläge anzupassen:

Mietniveaustufe 1	−20,0 %
Mietniveaustufe 2	−10,0 %
Mietniveaustufe 3	+/−0 %
Mietniveaustufe 4	+10,0 %
Mietniveaustufe 5	+20,0 %
Mietniveaustufe 6	+30,0 %
Mietniveaustufe 7	+40,0 %

Die gemeindebezogene Einordnung in die Mietniveaustufen und der dafür maßgebliche Gebietsstand ergeben sich aus der Rechtsverordnung zur Durchführung des § 254 des Bewertungsgesetzes in der jeweils aktuellen Fassung.

Anlagen zum Bewertungsgesetz [Auszug] Anl. 40, 41 BewG

Anlage 40
(zu § 255)

Bewirtschaftungskosten

Pauschalierte Bewirtschaftungskosten für Verwaltung, Instandhaltung und Mietausfallwagnis in Prozent des Rohertrags des Grundstücks nach § 254

Restnutzungs-dauer	Grundstücksart		
	1	2	3
	Ein- und Zweifamilienhäuser	Wohnungseigentum	Mietwohngrundstück
≥ 60 Jahre	18	23	21
40 bis 59 Jahre	21	25	23
20 bis 39 Jahre	25	29	27
< 20 Jahre	27	31	29

Anlage 41
(zu § 257 Absatz 2)

Abzinsungsfaktoren

Restnutzungsdauer (Jahre)	Zinssatz										
	1,5%	1,6%	1,7%	1,8%	1,9%	2,0%	2,1%	2,2%	2,3%	2,4%	2,5%
1	0,9852	0,9843	0,9833	0,9823	0,9814	0,9804	0,9794	0,9785	0,9775	0,9766	0,9756
2	0,9707	0,9688	0,9668	0,9649	0,9631	0,9612	0,9593	0,9574	0,9555	0,9537	0,9518
3	0,9563	0,9535	0,9507	0,9479	0,9451	0,9423	0,9396	0,9368	0,9341	0,9313	0,9286
4	0,9422	0,9385	0,9348	0,9311	0,9275	0,9238	0,9202	0,9166	0,9131	0,9095	0,9060
5	0,9283	0,9237	0,9192	0,9147	0,9102	0,9057	0,9013	0,8969	0,8925	0,8882	0,8839
6	0,9145	0,9092	0,9038	0,8985	0,8932	0,8880	0,8828	0,8776	0,8725	0,8674	0,8623
7	0,9010	0,8948	0,8887	0,8826	0,8766	0,8706	0,8646	0,8587	0,8528	0,8470	0,8413
8	0,8877	0,8807	0,8738	0,8670	0,8602	0,8535	0,8468	0,8402	0,8337	0,8272	0,8207
9	0,8746	0,8669	0,8592	0,8517	0,8442	0,8368	0,8294	0,8221	0,8149	0,8078	0,8007
10	0,8617	0,8532	0,8449	0,8366	0,8284	0,8203	0,8123	0,8044	0,7966	0,7889	0,7812
11	0,8489	0,8398	0,8307	0,8218	0,8130	0,8043	0,7956	0,7871	0,7787	0,7704	0,7621
12	0,8364	0,8266	0,8169	0,8073	0,7978	0,7885	0,7793	0,7702	0,7612	0,7523	0,7436
13	0,8240	0,8135	0,8032	0,7930	0,7830	0,7730	0,7632	0,7536	0,7441	0,7347	0,7254
14	0,8118	0,8007	0,7898	0,7790	0,7684	0,7579	0,7475	0,7374	0,7273	0,7175	0,7077
15	0,7999	0,7881	0,7766	0,7652	0,7540	0,7430	0,7322	0,7215	0,7110	0,7006	0,6905
16	0,7880	0,7757	0,7636	0,7517	0,7400	0,7284	0,7171	0,7060	0,6950	0,6842	0,6736
17	0,7764	0,7635	0,7508	0,7384	0,7262	0,7142	0,7024	0,6908	0,6794	0,6682	0,6572
18	0,7649	0,7515	0,7383	0,7253	0,7126	0,7002	0,6879	0,6759	0,6641	0,6525	0,6412

Anl. 41 BewG

Anlagen zum Bewertungsgesetz [Auszug]

Restnutzungsdauer (Jahre)	Zinssatz										
	1,5%	1,6%	1,7%	1,8%	1,9%	2,0%	2,1%	2,2%	2,3%	2,4%	2,5%
19	0,7536	0,7396	0,7259	0,7125	0,6993	0,6864	0,6738	0,6614	0,6492	0,6372	0,6255
20	0,7425	0,7280	0,7138	0,6999	0,6863	0,6730	0,6599	0,6471	0,6346	0,6223	0,6103
21	0,7315	0,7165	0,7019	0,6875	0,6735	0,6598	0,6463	0,6332	0,6203	0,6077	0,5954
22	0,7207	0,7052	0,6901	0,6754	0,6609	0,6468	0,6330	0,6196	0,6064	0,5935	0,5809
23	0,7100	0,6941	0,6786	0,6634	0,6486	0,6342	0,6200	0,6062	0,5927	0,5796	0,5667
24	0,6995	0,6832	0,6673	0,6517	0,6365	0,6217	0,6073	0,5932	0,5794	0,5660	0,5529
25	0,6892	0,6724	0,6561	0,6402	0,6247	0,6095	0,5948	0,5804	0,5664	0,5527	0,5394
26	0,6790	0,6619	0,6451	0,6289	0,6130	0,5976	0,5825	0,5679	0,5536	0,5398	0,5262
27	0,6690	0,6514	0,6344	0,6177	0,6016	0,5859	0,5706	0,5557	0,5412	0,5271	0,5134
28	0,6591	0,6412	0,6238	0,6068	0,5904	0,5744	0,5588	0,5437	0,5290	0,5148	0,5009
29	0,6494	0,6311	0,6133	0,5961	0,5794	0,5631	0,5473	0,5320	0,5171	0,5027	0,4887
30	0,6398	0,6211	0,6031	0,5856	0,5686	0,5521	0,5361	0,5206	0,5055	0,4909	0,4767
31	0,6303	0,6114	0,5930	0,5752	0,5580	0,5412	0,5251	0,5094	0,4941	0,4794	0,4651
32	0,6210	0,6017	0,5831	0,5650	0,5476	0,5306	0,5143	0,4984	0,4830	0,4682	0,4538
33	0,6118	0,5923	0,5733	0,5550	0,5373	0,5202	0,5037	0,4877	0,4722	0,4572	0,4427
34	0,6028	0,5829	0,5638	0,5452	0,5273	0,5100	0,4933	0,4772	0,4616	0,4465	0,4319
35	0,5939	0,5737	0,5543	0,5356	0,5175	0,5000	0,4832	0,4669	0,4512	0,4360	0,4214
36	0,5851	0,5647	0,5451	0,5261	0,5078	0,4902	0,4732	0,4568	0,4410	0,4258	0,4111
37	0,5764	0,5558	0,5360	0,5168	0,4984	0,4806	0,4635	0,4470	0,4311	0,4158	0,4011
38	0,5679	0,5471	0,5270	0,5077	0,4891	0,4712	0,4540	0,4374	0,4214	0,4061	0,3913
39	0,5595	0,5385	0,5182	0,4987	0,4800	0,4619	0,4446	0,4280	0,4120	0,3966	0,3817
40	0,5513	0,5300	0,5095	0,4899	0,4710	0,4529	0,4355	0,4188	0,4027	0,3873	0,3724
41	0,5431	0,5216	0,5010	0,4812	0,4622	0,4440	0,4265	0,4097	0,3936	0,3782	0,3633
42	0,5351	0,5134	0,4926	0,4727	0,4536	0,4353	0,4178	0,4009	0,3848	0,3693	0,3545
43	0,5272	0,5053	0,4844	0,4644	0,4452	0,4268	0,4092	0,3923	0,3761	0,3607	0,3458
44	0,5194	0,4974	0,4763	0,4561	0,4369	0,4184	0,4007	0,3838	0,3677	0,3522	0,3374
45	0,5117	0,4895	0,4683	0,4481	0,4287	0,4102	0,3925	0,3756	0,3594	0,3440	0,3292
46	0,5042	0,4818	0,4605	0,4402	0,4207	0,4022	0,3844	0,3675	0,3513	0,3359	0,3211
47	0,4967	0,4742	0,4528	0,4324	0,4129	0,3943	0,3765	0,3596	0,3434	0,3280	0,3133
48	0,4894	0,4668	0,4452	0,4247	0,4052	0,3865	0,3688	0,3518	0,3357	0,3203	0,3057
49	0,4821	0,4594	0,4378	0,4172	0,3976	0,3790	0,3612	0,3443	0,3282	0,3128	0,2982
50	0,4750	0,4522	0,4305	0,4098	0,3902	0,3715	0,3538	0,3369	0,3208	0,3055	0,2909
51	0,4680	0,4451	0,4233	0,4026	0,3829	0,3642	0,3465	0,3296	0,3136	0,2983	0,2838
52	0,4611	0,4381	0,4162	0,3955	0,3758	0,3571	0,3394	0,3225	0,3065	0,2913	0,2769
53	0,4543	0,4312	0,4093	0,3885	0,3688	0,3501	0,3324	0,3156	0,2996	0,2845	0,2702
54	0,4475	0,4244	0,4024	0,3816	0,3619	0,3432	0,3255	0,3088	0,2929	0,2778	0,2636
55	0,4409	0,4177	0,3957	0,3749	0,3552	0,3365	0,3188	0,3021	0,2863	0,2713	0,2572
56	0,4344	0,4111	0,3891	0,3682	0,3485	0,3299	0,3123	0,2956	0,2799	0,2650	0,2509
57	0,4280	0,4046	0,3826	0,3617	0,3420	0,3234	0,3059	0,2893	0,2736	0,2588	0,2448
58	0,4217	0,3983	0,3762	0,3553	0,3357	0,3171	0,2996	0,2830	0,2674	0,2527	0,2388
59	0,4154	0,3920	0,3699	0,3490	0,3294	0,3109	0,2934	0,2769	0,2614	0,2468	0,2330

Anlagen zum Bewertungsgesetz [Auszug] **Anl. 41 BewG**

Restnut-zungs-dauer (Jahre)	Zinssatz										
	1,5%	1,6%	1,7%	1,8%	1,9%	2,0%	2,1%	2,2%	2,3%	2,4%	2,5%
60	0,4093	0,3858	0,3637	0,3429	0,3233	0,3048	0,2874	0,2710	0,2555	0,2410	0,2273
61	0,4032	0,3797	0,3576	0,3368	0,3172	0,2988	0,2815	0,2652	0,2498	0,2353	0,2217
62	0,3973	0,3738	0,3516	0,3309	0,3113	0,2929	0,2757	0,2594	0,2442	0,2298	0,2163
63	0,3914	0,3679	0,3458	0,3250	0,3055	0,2872	0,2700	0,2539	0,2387	0,2244	0,2111
64	0,3856	0,3621	0,3400	0,3193	0,2998	0,2816	0,2645	0,2484	0,2333	0,2192	0,2059
65	0,3799	0,3564	0,3343	0,3136	0,2942	0,2761	0,2590	0,2430	0,2281	0,2140	0,2009
66	0,3743	0,3508	0,3287	0,3081	0,2887	0,2706	0,2537	0,2378	0,2230	0,2090	0,1960
67	0,3688	0,3452	0,3232	0,3026	0,2834	0,2653	0,2485	0,2327	0,2179	0,2041	0,1912
68	0,3633	0,3398	0,3178	0,2973	0,2781	0,2601	0,2434	0,2277	0,2130	0,1993	0,1865
69	0,3580	0,3345	0,3125	0,2920	0,2729	0,2550	0,2384	0,2228	0,2082	0,1947	0,1820
70	0,3527	0,3292	0,3073	0,2869	0,2678	0,2500	0,2335	0,2180	0,2036	0,1901	0,1776
71	0,3475	0,3240	0,3021	0,2818	0,2628	0,2451	0,2287	0,2133	0,1990	0,1857	0,1732
72	0,3423	0,3189	0,2971	0,2768	0,2579	0,2403	0,2239	0,2087	0,1945	0,1813	0,1690
73	0,3373	0,3139	0,2921	0,2719	0,2531	0,2356	0,2193	0,2042	0,1901	0,1771	0,1649
74	0,3323	0,3089	0,2872	0,2671	0,2484	0,2310	0,2148	0,1998	0,1859	0,1729	0,1609
75	0,3274	0,3041	0,2824	0,2624	0,2437	0,2265	0,2104	0,1955	0,1817	0,1689	0,1569
76	0,3225	0,2993	0,2777	0,2577	0,2392	0,2220	0,2061	0,1913	0,1776	0,1649	0,1531
77	0,3178	0,2946	0,2731	0,2532	0,2347	0,2177	0,2018	0,1872	0,1736	0,1610	0,1494
78	0,3131	0,2899	0,2685	0,2487	0,2304	0,2134	0,1977	0,1832	0,1697	0,1573	0,1457
79	0,3084	0,2854	0,2640	0,2443	0,2261	0,2092	0,1936	0,1792	0,1659	0,1536	0,1422
80	0,3039	0,2809	0,2596	0,2400	0,2219	0,2051	0,1896	0,1754	0,1622	0,1500	0,1387
81	0,2994	0,2764	0,2553	0,2357	0,2177	0,2011	0,1857	0,1716	0,1585	0,1465	0,1353
82	0,2950	0,2721	0,2510	0,2316	0,2137	0,1971	0,1819	0,1679	0,1550	0,1430	0,1320
83	0,2906	0,2678	0,2468	0,2275	0,2097	0,1933	0,1782	0,1643	0,1515	0,1397	0,1288
84	0,2863	0,2636	0,2427	0,2235	0,2058	0,1895	0,1745	0,1607	0,1481	0,1364	0,1257
85	0,2821	0,2594	0,2386	0,2195	0,2019	0,1858	0,1709	0,1573	0,1447	0,1332	0,1226
86	0,2779	0,2554	0,2346	0,2156	0,1982	0,1821	0,1674	0,1539	0,1415	0,1301	0,1196
87	0,2738	0,2513	0,2307	0,2118	0,1945	0,1786	0,1640	0,1506	0,1383	0,1270	0,1167
88	0,2698	0,2474	0,2269	0,2081	0,1908	0,1751	0,1606	0,1473	0,1352	0,1241	0,1138
89	0,2658	0,2435	0,2231	0,2044	0,1873	0,1716	0,1573	0,1442	0,1322	0,1211	0,1111
90	0,2619	0,2396	0,2193	0,2008	0,1838	0,1683	0,1541	0,1411	0,1292	0,1183	0,1084
91	0,2580	0,2359	0,2157	0,1972	0,1804	0,1650	0,1509	0,1380	0,1263	0,1155	0,1057
92	0,2542	0,2322	0,2121	0,1937	0,1770	0,1617	0,1478	0,1351	0,1234	0,1128	0,1031
93	0,2504	0,2285	0,2085	0,1903	0,1737	0,1586	0,1447	0,1321	0,1207	0,1102	0,1006
94	0,2467	0,2249	0,2050	0,1869	0,1705	0,1554	0,1418	0,1293	0,1179	0,1076	0,0982
95	0,2431	0,2214	0,2016	0,1836	0,1673	0,1524	0,1389	0,1265	0,1153	0,1051	0,0958
96	0,2395	0,2179	0,1982	0,1804	0,1642	0,1494	0,1360	0,1238	0,1127	0,1026	0,0934
97	0,2359	0,2144	0,1949	0,1772	0,1611	0,1465	0,1332	0,1211	0,1102	0,1002	0,0912
98	0,2324	0,2111	0,1917	0,1741	0,1581	0,1436	0,1305	0,1185	0,1077	0,0979	0,0889
99	0,2290	0,2077	0,1885	0,1710	0,1552	0,1408	0,1278	0,1160	0,1053	0,0956	0,0868
100	0,2256	0,2045	0,1853	0,1680	0,1523	0,1380	0,1251	0,1135	0,1029	0,0933	0,0846

Anl. 41 BewG

Anlagen zum Bewertungsgesetz [Auszug]

Restnutzungs-dauer (Jahre)	Zinssatz							
	2,6%	2,7%	2,8%	2,9%	3,0%	3,5%	4%	4,5%
1	0,9747	0,9737	0,9728	0,9718	0,9709	0,9662	0,9615	0,9569
2	0,9500	0,9481	0,9463	0,9444	0,9426	0,9335	0,9246	0,9157
3	0,9259	0,9232	0,9205	0,9178	0,9151	0,9019	0,8890	0,8763
4	0,9024	0,8989	0,8954	0,8919	0,8885	0,8714	0,8548	0,8386
5	0,8796	0,8753	0,8710	0,8668	0,8626	0,8420	0,8219	0,8025
6	0,8573	0,8523	0,8473	0,8424	0,8375	0,8135	0,7903	0,7679
7	0,8355	0,8299	0,8242	0,8186	0,8131	0,7860	0,7599	0,7348
8	0,8144	0,8080	0,8018	0,7956	0,7894	0,7594	0,7307	0,7032
9	0,7937	0,7868	0,7799	0,7731	0,7664	0,7337	0,7026	0,6729
10	0,7736	0,7661	0,7587	0,7514	0,7441	0,7089	0,6756	0,6439
11	0,7540	0,7460	0,7380	0,7302	0,7224	0,6849	0,6496	0,6162
12	0,7349	0,7264	0,7179	0,7096	0,7014	0,6618	0,6246	0,5897
13	0,7163	0,7073	0,6984	0,6896	0,6810	0,6394	0,6006	0,5643
14	0,6981	0,6887	0,6794	0,6702	0,6611	0,6178	0,5775	0,5400
15	0,6804	0,6706	0,6609	0,6513	0,6419	0,5969	0,5553	0,5167
16	0,6632	0,6529	0,6429	0,6329	0,6232	0,5767	0,5339	0,4945
17	0,6464	0,6358	0,6253	0,6151	0,6050	0,5572	0,5134	0,4732
18	0,6300	0,6191	0,6083	0,5978	0,5874	0,5384	0,4936	0,4528
19	0,6140	0,6028	0,5917	0,5809	0,5703	0,5202	0,4746	0,4333
20	0,5985	0,5869	0,5756	0,5645	0,5537	0,5026	0,4564	0,4146
21	0,5833	0,5715	0,5599	0,5486	0,5375	0,4856	0,4388	0,3968
22	0,5685	0,5565	0,5447	0,5332	0,5219	0,4692	0,4220	0,3797
23	0,5541	0,5419	0,5299	0,5181	0,5067	0,4533	0,4057	0,3634
24	0,5401	0,5276	0,5154	0,5035	0,4919	0,4380	0,3901	0,3477
25	0,5264	0,5137	0,5014	0,4893	0,4776	0,4231	0,3751	0,3327
26	0,5131	0,5002	0,4877	0,4756	0,4637	0,4088	0,3607	0,3184
27	0,5001	0,4871	0,4744	0,4622	0,4502	0,3950	0,3468	0,3047
28	0,4874	0,4743	0,4615	0,4491	0,4371	0,3817	0,3335	0,2916
29	0,4750	0,4618	0,4490	0,4365	0,4243	0,3687	0,3207	0,2790
30	0,4630	0,4497	0,4367	0,4242	0,4120	0,3563	0,3083	0,2670
31	0,4513	0,4378	0,4248	0,4122	0,4000	0,3442	0,2965	0,2555
32	0,4398	0,4263	0,4133	0,4006	0,3883	0,3326	0,2851	0,2445
33	0,4287	0,4151	0,4020	0,3893	0,3770	0,3213	0,2741	0,2340
34	0,4178	0,4042	0,3911	0,3783	0,3660	0,3105	0,2636	0,2239
35	0,4072	0,3936	0,3804	0,3677	0,3554	0,3000	0,2534	0,2143
36	0,3969	0,3832	0,3700	0,3573	0,3450	0,2898	0,2437	0,2050
37	0,3869	0,3732	0,3600	0,3472	0,3350	0,2800	0,2343	0,1962
38	0,3771	0,3633	0,3502	0,3375	0,3252	0,2706	0,2253	0,1878
39	0,3675	0,3538	0,3406	0,3279	0,3158	0,2614	0,2166	0,1797
40	0,3582	0,3445	0,3313	0,3187	0,3066	0,2526	0,2083	0,1719
41	0,3491	0,3354	0,3223	0,3097	0,2976	0,2440	0,2003	0,1645
42	0,3403	0,3266	0,3135	0,3010	0,2890	0,2358	0,1926	0,1574

Anlagen zum Bewertungsgesetz [Auszug] **Anl. 41 BewG**

Restnutzungs-dauer (Jahre)	Zinssatz							
	2,6%	2,7%	2,8%	2,9%	3,0%	3,5%	4%	4,5%
43	0,3316	0,3180	0,3050	0,2925	0,2805	0,2278	0,1852	0,1507
44	0,3232	0,3097	0,2967	0,2843	0,2724	0,2201	0,1780	0,1442
45	0,3150	0,3015	0,2886	0,2763	0,2644	0,2127	0,1712	0,1380
46	0,3071	0,2936	0,2807	0,2685	0,2567	0,2055	0,1646	0,1320
47	0,2993	0,2859	0,2731	0,2609	0,2493	0,1985	0,1583	0,1263
48	0,2917	0,2784	0,2657	0,2535	0,2420	0,1918	0,1522	0,1209
49	0,2843	0,2710	0,2584	0,2464	0,2350	0,1853	0,1463	0,1157
50	0,2771	0,2639	0,2514	0,2395	0,2281	0,1791	0,1407	0,1107
51	0,2701	0,2570	0,2445	0,2327	0,2215	0,1730	0,1353	0,1059
52	0,2632	0,2502	0,2379	0,2262	0,2150	0,1671	0,1301	0,1014
53	0,2566	0,2437	0,2314	0,2198	0,2088	0,1615	0,1251	0,0970
54	0,2501	0,2372	0,2251	0,2136	0,2027	0,1560	0,1203	0,0928
55	0,2437	0,2310	0,2190	0,2076	0,1968	0,1508	0,1157	0,0888
56	0,2375	0,2249	0,2130	0,2017	0,1910	0,1457	0,1112	0,0850
57	0,2315	0,2190	0,2072	0,1960	0,1855	0,1407	0,1069	0,0814
58	0,2257	0,2133	0,2016	0,1905	0,1801	0,1360	0,1028	0,0778
59	0,2199	0,2077	0,1961	0,1851	0,1748	0,1314	0,0989	0,0745
60	0,2144	0,2022	0,1907	0,1799	0,1697	0,1269	0,0951	0,0713
61	0,2089	0,1969	0,1855	0,1748	0,1648	0,1226	0,0914	0,0682
62	0,2036	0,1917	0,1805	0,1699	0,1600	0,1185	0,0879	0,0653
63	0,1985	0,1867	0,1756	0,1651	0,1553	0,1145	0,0845	0,0625
64	0,1935	0,1818	0,1708	0,1605	0,1508	0,1106	0,0813	0,0598
65	0,1885	0,1770	0,1661	0,1560	0,1464	0,1069	0,0781	0,0572
66	0,1838	0,1723	0,1616	0,1516	0,1421	0,1033	0,0751	0,0547
67	0,1791	0,1678	0,1572	0,1473	0,1380	0,0998	0,0722	0,0524
68	0,1746	0,1634	0,1529	0,1431	0,1340	0,0964	0,0695	0,0501
69	0,1702	0,1591	0,1488	0,1391	0,1301	0,0931	0,0668	0,0480
70	0,1658	0,1549	0,1447	0,1352	0,1263	0,0900	0,0642	0,0459
71	0,1616	0,1508	0,1408	0,1314	0,1226	0,0869	0,0617	0,0439
72	0,1575	0,1469	0,1369	0,1277	0,1190	0,0840	0,0594	0,0420
73	0,1535	0,1430	0,1332	0,1241	0,1156	0,0812	0,0571	0,0402
74	0,1497	0,1392	0,1296	0,1206	0,1122	0,0784	0,0549	0,0385
75	0,1459	0,1356	0,1260	0,1172	0,1089	0,0758	0,0528	0,0368
76	0,1422	0,1320	0,1226	0,1139	0,1058	0,0732	0,0508	0,0353
77	0,1386	0,1286	0,1193	0,1107	0,1027	0,0707	0,0488	0,0337
78	0,1351	0,1252	0,1160	0,1075	0,0997	0,0683	0,0469	0,0323
79	0,1316	0,1219	0,1129	0,1045	0,0968	0,0660	0,0451	0,0309
80	0,1283	0,1187	0,1098	0,1016	0,0940	0,0638	0,0434	0,0296
81	0,1250	0,1156	0,1068	0,0987	0,0912	0,0616	0,0417	0,0283
82	0,1219	0,1125	0,1039	0,0959	0,0886	0,0596	0,0401	0,0271
83	0,1188	0,1096	0,1011	0,0932	0,0860	0,0575	0,0386	0,0259
84	0,1158	0,1067	0,0983	0,0906	0,0835	0,0556	0,0371	0,0248

Anl. 42 BewG

Anlagen zum Bewertungsgesetz [Auszug]

Restnutzungs-dauer (Jahre)	Zinssatz							
	2,6%	2,7%	2,8%	2,9%	3,0%	3,5%	4%	4,5%
85	0,1128	0,1039	0,0956	0,0880	0,0811	0,0537	0,0357	0,0237
86	0,1100	0,1011	0,0930	0,0856	0,0787	0,0519	0,0343	0,0227
87	0,1072	0,0985	0,0905	0,0832	0,0764	0,0501	0,0330	0,0217
88	0,1045	0,0959	0,0880	0,0808	0,0742	0,0484	0,0317	0,0208
89	0,1018	0,0934	0,0856	0,0785	0,0720	0,0468	0,0305	0,0199
90	0,0993	0,0909	0,0833	0,0763	0,0699	0,0452	0,0293	0,0190
91	0,0967	0,0885	0,0810	0,0742	0,0679	0,0437	0,0282	0,0182
92	0,0943	0,0862	0,0788	0,0721	0,0659	0,0422	0,0271	0,0174
93	0,0919	0,0839	0,0767	0,0700	0,0640	0,0408	0,0261	0,0167
94	0,0896	0,0817	0,0746	0,0681	0,0621	0,0394	0,0251	0,0160
95	0,0873	0,0796	0,0726	0,0662	0,0603	0,0381	0,0241	0,0153
96	0,0851	0,0775	0,0706	0,0643	0,0586	0,0368	0,0232	0,0146
97	0,0829	0,0755	0,0687	0,0625	0,0569	0,0355	0,0223	0,0140
98	0,0808	0,0735	0,0668	0,0607	0,0552	0,0343	0,0214	0,0134
99	0,0788	0,0715	0,0650	0,0590	0,0536	0,0332	0,0206	0,0128
100	0,0768	0,0697	0,0632	0,0573	0,0520	0,0321	0,0198	0,0123

Berechnungsvorschrift für die Abzinsungsfaktoren (Barwertfaktoren für die Abzinsung):

$$\text{Abzinsungsfaktor} = \frac{1}{q^n}$$

$q = 1 + LZ$, wobei $LZ = \frac{p}{100}$

LZ = Zinssatz (Liegenschaftszinssatz)
n = Restnutzungsdauer
p = Zinsfuß

Anlage 42

(zu § 259 Absatz 1)

Normalherstellungskosten

I. Begriff der Brutto-Grundfläche (BGF)

1. Die BGF ist die Summe der bezogen auf die jeweilige Gebäudeart marktüblich nutzbaren Grundflächen aller Grundrissebenen eines Bauwerks. In Anlehnung an die DIN 277-1:2005-02 sind bei den Grundflächen folgende Bereiche zu unterscheiden:
Bereich a: überdeckt und allseitig in voller Höhe umschlossen,
Bereich b: überdeckt, jedoch nicht allseitig in voller Höhe umschlossen,
Bereich c: nicht überdeckt.
Für die Anwendung der Normalherstellungskosten (NHK) sind im Rahmen der Ermittlung der BGF nur die Grundflächen der Bereiche a und b zugrunde zu legen. Balkone, auch wenn sie überdeckt sind, sind dem Bereich c zuzuordnen.

Anlagen zum Bewertungsgesetz [Auszug] **Anl. 42 BewG**

Für die Ermittlung der BGF sind die äußeren Maße der Bauteile einschließlich Bekleidung, z. B. Putz und Außenschalen mehrschaliger Wandkonstruktionen, in Höhe der Bodenbelagsoberkanten anzusetzen.
2. Nicht zur BGF gehören z. b. Flächen von Spitzböden und Kriechkellern, Flächen, die ausschließlich der Wartung, Inspektion und Instandsetzung von Baukonstruktionen und technischen Anlagen dienen, sowie Flächen unter konstruktiven Hohlräumen, z. B. über abgehängten Decken.

II. Normalherstellungskosten (NHK)

Normalherstellungskosten in Euro/m² BGF auf der Grundlage der Normalherstellungskosten 2010 (NHK 2010), einschließlich Baunebenkosten und Umsatzsteuer für die jeweilige Gebäudeart (Kostenstand 2010) sowie eines pauschalen Zuschlages für bauliche Anlagen, insbesondere Außenanlagen, und sonstige Anlagen (3 %).

	Gebäudeart	Baujahrgruppe		
		vor 1995	1995– 2004	ab 2005
1	Gemischt genutzte Grundstücke (Wohnhäuser mit Mischnutzung)	695	886	1 118
2	Banken und ähnliche Geschäftshäuser	736	937	1 494
3	Bürogebäude, Verwaltungsgebäude	839	1 071	1 736
4	Gemeindezentren, Vereinsheime, Saalbauten, Veranstaltungsgebäude	1 004	1 282	1 555
5	Kindergärten (Kindertagesstätten), allgemeinbildende Schulen, berufsbildende Schulen, Hochschulen, Sonderschulen	1 164	1 488	1 710
6	Wohnheime, Internate, Alten-, Pflegeheime	876	1 118	1 370
7	Krankenhäuser, Kliniken, Tageskliniken, Ärztehäuser	1 334	1 705	2 075
8	Beherbergungsstätten, Hotels, Verpflegungseinrichtungen	1 118	1 427	1 859
9.1	Sporthallen	1 133	1 447	1 777
9.2	Tennishallen	814	1 040	1 226
9.3	Freizeitbäder, Kur- und Heilbäder	1 978	2 524	3 075
10.1	Verbrauchermärkte	582	742	896
10.2	Kauf- und Warenhäuser	1 066	1 360	1 633
10.3	Autohäuser ohne Werkstatt	757	968	1 277
11.1	Betriebs- und Werkstätten eingeschossig oder mehrgeschossig ohne Hallenanteil; industrielle Produktionsgebäude, Massivbauweise	762	973	1 200
11.2	Betriebs- und Werkstätten, mehrgeschossig, hoher Hallenanteil; industrielle Produktionsgebäude, überwiegend Skelettbauweise	536	680	942

Anl. 43 BewG

Anlagen zum Bewertungsgesetz [Auszug]

Gebäudeart	Baujahrgruppe		
	vor 1995	1995– 2004	ab 2005
12.1 Lagergebäude ohne Mischnutzung, Kaltlager	283	361	505
12.2 Lagergebäude mit bis zu 25 Prozent Mischnutzung	443	567	711
12.3 Lagergebäude mit mehr als 25 Prozent Mischnutzung	716	917	1 128
13 Museen, Theater, Sakralbauten	1 514	1 875	2 395
14 Reithallen, ehemalige landwirtschaftliche Mehrzweckhallen, Scheunen und Ähnliches		263	
15 Stallbauten		422	
16 Hochgaragen, Tiefgaragen und Nutzfahrzeuggaragen		623	
17 Einzelgaragen, Mehrfachgaragen		500	
18 Carports und Ähnliches		196	
19 **Teileigentum** Teileigentum ist in Abhängigkeit von der baulichen Gestaltung den vorstehenden Gebäudearten zuzuordnen.			
20 **Auffangklausel** Normalherstellungskosten für nicht aufgeführte Gebäudearten sind aus den Normalherstellungskosten vergleichbarer Gebäudearten abzuleiten.			

Anlage 43

(zu § 260)

Wertzahlen

für Teileigentum, Geschäftsgrundstücke, gemischt genutzte Grundstücke und sonstige bebaute Grundstücke nach § 249 Absatz 1 Nummer 5 bis 8

	Vorläufiger Sachwert	Bodenrichtwert		
		bis 100 EUR/ m^2	bis 300 EUR/ m^2	über 300 EUR/ m^2
bis	500 000 EUR	0,80	0,90	1,00
	750 000 EUR	0,75	0,85	0,95
	1 000 000 EUR	0,70	0,80	0,90
	1 500 000 EUR	0,65	0,75	0,85
	2 000 000 EUR	0,60	0,70	0,80
	3 000 000 EUR	0,55	0,65	0,75
über	3 000 000 EUR	0,50	0,60	0,70

Landesgrundsteuergesetze

1. Gesetz zur Regelung einer Landesgrundsteuer (Landesgrundsteuergesetz – BWLGrStG)

Vom 4. November 2020
(GBl. BW 2020, 974)
Zuletzt geändert durch das ÄndGLGrStG v. 22.12.2021, GBl. 2021, 1029

Erster Teil Allgemeine Vorschriften

§ 1 Entstehung der Grundsteuer

(1) ¹Grundbesitz unterliegt der Grundsteuer. ²Die Grundsteuer wird nach den tatsächlichen Verhältnissen zu Beginn des Kalenderjahres festgesetzt. ³Die Steuer entsteht mit dem Beginn des Kalenderjahres, für das die Steuer festzusetzen ist.

(2) Die Gemeinde bestimmt durch ihren Hebesatz, ob und in welcher Höhe von dem in ihrem Gebiet liegenden Grundbesitz Grundsteuer zu erheben ist.

(3) Für den in gemeindefreien Gebieten liegenden Grundbesitz bestimmt die Landesregierung durch Rechtsverordnung, wer die nach diesem Gesetz den Gemeinden zustehenden Befugnisse ausübt.

A. Allgemeines

I. Systematische Einordnung und Zweck der Regelung

§ 1 Abs. 1 BWLGrStG enthält zwei für jedes Steuergesetz wesentliche Grundentscheidungen. Er benennt das Steuerobjekt (= Grundbesitz) und den Steuerentstehungszeitpunkt. Mit § 1 Abs. 2 BWLGrStG weist der Gesetzgeber den nach Art. 106 Abs. 6 S. 1 GG hebeberechtigten Gemeinden die Entscheidung über das „Ob" und die „Höhe" der Grundsteuer zu. Die Regelung muss ua im Zusammenhang mit §§ 50, 50a BWLGrStG gesehen werden (→ Rn. 6). **1**

II. Entwicklung der Vorschrift

§ 1 BWLGrStG beruht auf dem Gesetz v. 4.11.2020 (→ Grundlagen Rn. 80; zu § 1 BWLGrStG BWLT-Drs. 16/8907, 59f.). **2**

§ 1 BWLGrStG Erster Teil Allgemeine Vorschriften

B. Steuergegenstand (Abs. 1 S. 1)

3   Das **baden-württembergische Grundsteuergesetz knüpft an das Innehaben von Grundbesitz an** (§ 1 Abs. 1 S. 1 BWLGrStG). Dieser ist das Steuerobjekt, das in § 3 BWLGrStG weiter konkretisiert wird. Als Belastungsgrund benennt der Gesetzgeber sowohl das Leistungsfähigkeitsprinzip als auch das Äquivalenzprinzip: Der Bodenwert als Verkehrswert des (fiktiv) unbebauten Grundstücks spiegele iSd Sollertragsgedankens die Ertragsfähigkeit wider und iSd Äquivalenzgedankens lasse sich diese Ertragsfähigkeit wiederum auf den aus den kommunalen Leistungen gezogenen Nutzen zurückführen (→ Grundlagen Rn. 80). Diese Zweigleisigkeit schadet verfassungsrechtlich nicht (→ Grundlagen Rn. 116 ff.).

C. Stichtagsprinzip und Steuerentstehung (Abs. 1 S. 2 u. 3)

4   § 1 Abs. 1 S. 2 BWLGrStG normiert das **Stichtagsprinzip**. Da es sich bei dem BWLGrStG um eine Vollkodifikation handelt, vereinigt § 1 Abs. 1 S. 2 BWLGrStG das im Bundesgrundsteuerrecht auf zwei Regelungen verteilte grundsteuerliche Stichtagsprinzip (§ 9 Abs. 1 GrStG) und das bewertungsrechtliche Stichtagsprinzip (§ 221 Abs. 2 BewG) in einer Regelung (wenngleich der Gesetzgeber in § 15 Abs. 2 BWLGrStG das Stichtagsprinzip für die Bewertung auch noch einmal gesondert normiert hat). Alle Veränderungen, die im Laufe des 1.1. oder hiernach erfolgen, nehmen keinen Einfluss mehr auf die Grundsteuer für das bereits begonnene Jahr. Sie wirken immer erst auf den 1.1. des nächsten Jahres. Das ist relevant für die Wertermittlung (zB im Falle von Flächenveränderungen), die Zurechnung (Eigentumswechseln) und die Grundsteuerbefreiungen der §§ 4 ff. BWLGrStG). § 1 Abs. 1 S. 2 BWLGrStG ist insoweit die materielle Regelung, an die sodann die §§ 15 ff. BWLGrStG (Grundsteuerwertfeststellung, Fortschreibung etc) und die §§ 41 ff. BWLGrStG (Grundsteuermessbetragsfestsetzung, Neuveranlagung etc) verfahrensrechtlich anknüpfen. Im Übrigen gelten die Ausführungen zu § 9 Abs. 1 GrStG entsprechend (→ GrStG § 9 Rn. 3 f.).

5   Die Grundsteuer entsteht mit dem Beginn eines jeden Kalenderjahres (§ 1 Abs. 1 S. 3 BWLGrStG). Diese Regelung entspricht § 9 Abs. 2 GrStG. Die Ausführungen zu § 9 Abs. 2 GrStG gelten für § 1 Abs. 1 S. 3 BWLGrStG entsprechend (→ GrStG § 9 Rn. 5 ff.).

D. Heberecht der Gemeinden (Abs. 2)

6   Es besteht aus verfassungsrechtlicher Sicht **keine Verpflichtung der Gemeinde zur Erhebung der Grundsteuer.** Dies stellt § 1 Abs. 2 BWLGrStG klar, wenn er der Gemeinde nicht nur die Entscheidung über die „Höhe", sondern auch über das „Ob" zuweist. Will die Gemeinde eine Grundsteuer erheben, bedarf es einer ergänzenden Rechtsetzung. Die **Grenzen des Hebesatzrechts** ergeben sich aus §§ 50, 50a BWLGrStG, kommunalrechtlichen Regelungen und den Grundrechten (→ BWLGrStG § 50). Die Regelung in § 1 Abs. 2 BWLGrStG **entspricht inhaltlich dem § 1 Abs. 1 GrStG.** Die Ausführungen zu § 1 Abs. 1 GrStG gelten für § 1 Abs. 2 BWLGrStG entsprechend (Spielräume und Grenzen → GrStG § 1 Rn. 3; Belegenheitsprinzip → GrStG § 1 Rn. 4; Gebietsänderungen → GrStG § 1 Rn. 5; Kirchengrundsteuer → GrStG § 1 Rn. 8 f.).

E. Gemeindefreie Gebiete (Abs. 3)

§ 1 Abs. 3 BWLGrStG **entspricht § 1 Abs. 3 GrStG** (→ GrStG § 1 Rn. 7). 7

§ 2 Anwendung der Abgabenordnung und Rechtsweg

(1) ¹Für Handlungen und Entscheidungen der Landesfinanzbehörden im Zusammenhang mit der Bewertung, der Feststellung und dem Steuermessbetragsverfahren sind die Vorschriften der Abgabenordnung (AO) und des Finanzverwaltungsgesetzes entsprechend anzuwenden, soweit dieses Gesetz keine abweichende Regelung enthält. ²Für die Verwaltung der Grundsteuer durch die Gemeinden gilt § 1 Absatz 2 und 3 AO entsprechend.

(2) ¹Gegen Entscheidungen der Landesfinanzbehörden ist der Finanzrechtsweg eröffnet. ²Die Vorschriften der Finanzgerichtsordnung sind entsprechend anzuwenden, soweit dieses Gesetz keine abweichende Regelung enthält. ³In einem gerichtlichen Verfahren kann die Revision auch darauf gestützt werden, dass das angefochtene Urteil auf der Verletzung dieses Gesetzes beruht.

A. Allgemeines

I. Systematische Einordnung und Zweck der Regelung

Die Regelung bestimmt die Anwendung des Verfahrensrechts- und Rechts- 1
schutzregimes, das unmittelbar nur für bundesgesetzlich geregelte Steuern gilt.
Übernommen wird ferner die Zweiteilung des Steuervollzugs (Grundsteuerwertfeststellungs- und Grundsteuermessbetragsverfahren werden von den Landesfinanzbehörden geführt, die Festsetzung, Erhebung und Vollstreckung der Grundsteuer ist hingegen den Gemeinden zugewiesen, → Rn. 3 ff.) und des Rechtsschutzes (→ Rn. 6 ff.). Soweit die Verweisungen des § 2 BWLGrStG reichen, werden Landesverwaltungsrecht (BWLVwVfG und BWLVwVG) und VwGO ausgeschlossen. Die Strafbarkeit der Grundsteuerhinterziehung ist hingegen unbefriedigend geregelt (→ Rn. 9 f.).

II. Entwicklung der Vorschrift

§ 2 BWLGrStG beruht auf dem Gesetz v. 4.11.2020 (→ Grundlagen Rn. 80, zu 2
§ 2 BWLGrStG BWLT-Drs. 16/8907, 60).

B. Anwendung der Abgabenordnung (Abs. 1)

Der sachliche Anwendungsbereich der Abgabenordnung ist gemäß § 1 Abs. 1 3
AO auf von Bundes- oder Landesfinanzbehörden verwaltete bundesgesetzlich geregelte Steuern beschränkt. Es ist nicht entscheidend, ob der Bundesgesetzgeber eine Gesetzgebungskompetenz innehat, sondern ob er hiervon tatsächlich Gebrauch gemacht hat. Für Landessteuergesetze gilt die Abgabenordnung mithin

§ 2 BWLGrStG
Erster Teil Allgemeine Vorschriften

nicht, jedenfalls nicht kraft ihres eigenen Anwendungsbefehls (*Krumm* in Tipke/ Kruse AO § 1 Rn. 16; *Musil* in HHSp AO § 1 Rn. 24). Diese Grundsätze gelten auch für das Zusammenspiel von Art. 105 Abs. 2 S. 1 GG und Art. 72 Abs. 3 GG, wenn ein Land umfassend von seiner Abweichungsbefugnis Gebrauch macht und deshalb das Bundessteuergesetz dort insgesamt nicht gilt. Dann liegt ausschließlich ein Landessteuergesetz vor, das von § 1 Abs. 1 AO nicht erfasst wird. So verhält es sich in Baden-Württemberg, das eine grundsteuerliche Vollregelung erlassen hat. **Es bleibt dem Landesgesetzgeber allerdings unbenommen, die Abgabenordnung durch Landesgesetz für entsprechend anwendbar zu erklären. Eine solche Anordnungsregelung enthält § 2 Abs. 1 S. 1 BWLGrStG.** Fraglich ist allerdings, ob es sich um eine umfassende Anwendung der Abgabenordnung handelt oder nur um eine Anwendung des Steuerverfahrensrechts. Denn § 2 Abs. 1 S. 1 BWLGrStG knüpft an „Handlungen und Entscheidungen der Landesfinanzbehörden im Zusammenhang mit der Bewertung, der Feststellung und dem Steuermessbetragsverfahren" an. Die Gesetzesbegründung spricht zudem auch nur von „Verfahrensrecht" (BWLT-Drs. 16/8907, 60). Damit **erfasst die Verweisung des § 2 Abs. 1 S. 1 BWLGrStG insbesondere nicht die §§ 369 ff. AO** (Steuerstrafrecht, → Rn. 9 f.).

4   Die Verweisung des § 2 Abs. 1 S. 1 BWLGrStG ist eine **dynamische Verweisung**. Es wird nicht auf einen bestimmten Rechtsstand Bezug genommen, sondern auf die aktuell geltende Fassung der Abgabenordnung (einschließlich ihrer zeitlichen Anwendungsregelungen im EGAO). Eine solche dynamische Verweisung ist – nicht anders als bei den Landesgesetzen, die dynamisch auf das VwVfG des Bundes verweisen – verfassungsrechtlich zulässig (vgl. BVerwG 3.3.2005 – 7 B 151/04, NVwZ 2005, 699; *Schmitz* in SBS VwVfG § 1 Rn. 75).

5   Die Abgabenordnung findet nur auf die Verwaltungstätigkeit der Landesfinanzbehörden Anwendung. Damit sind nach § 2 Abs. 1 BWLGrStG iVm § 17 FVG nur die Finanzämter als örtliche Landesfinanzbehörden (vgl. auch die BWFAZuVO) gemeint. Soweit der **Landesgesetzgeber den Gemeinden die Verwaltung der Grundsteuer übertragen hat,** findet § 2 Abs. 1 S. 1 BWLGrStG keine Anwendung. Eine entsprechende Übertragung ist in Baden-Württemberg mit § 9 Abs. 2 BWKAG erfolgt: Die Festsetzung und Erhebung der Grundsteuer obliegen den Gemeinden. Das umfasst va den Erlass des Grundsteuerbescheides, die Entscheidungen im Erhebungsverfahren (Stundung, Erlass) und die Vollstreckung der Grundsteuer. **Nach § 2 Abs. 1 S. 2 BWLGrStG findet auf diese Verwaltungstätigkeit der Gemeinden die Abgabenordnung nach Maßgabe von § 1 Abs. 2, Abs. 3 AO entsprechende Anwendung.** Nicht von § 2 Abs. 1 S. 2 BWLGrStG iVm § 1 Abs. 2, Abs. 3 AO erfasst werden die Vollstreckung und der außergerichtliche Rechtsschutz. Für die Vollstreckung gilt vielmehr das BWLVwVG (→ GrStG § 28 Rn. 30 ff., dort auch Nachweise zum baden-württembergischen Recht) und für den außergerichtlichen Rechtsschutz – der in Baden-Württemberg nach wie vor obligatorisch ist (vgl. §§ 15 ff. BWAGVwGO) – gelten die §§ 68 ff. VwGO. Gerichtlichen Rechtsschutz gegenüber der Verwaltungstätigkeit der Gemeinden gewähren die Verwaltungsgerichte (→ Rn. 8).

C. Rechtsschutz durch die Finanzgerichtsbarkeit (Abs. 2) und die Verwaltungsgerichtsbarkeit

Gemäß § 33 Abs. 1 Nr. 1 FGO ist der Finanzrechtsweg in öffentlich-rechtlichen **6** Streitigkeiten über Abgabenangelegenheiten eröffnet, soweit die Abgaben der Gesetzgebung des Bundes unterliegen und durch Bundes- oder Landesfinanzbehörden verwaltet werden. Anders als § 1 Abs. 1 AO verlangt § 33 Abs. 1 Nr. 1 FGO nicht, dass die zu verwaltende Steuer „durch Bundesrecht geregelt ist". Vielmehr ist es ausreichend, dass der Bund die Gesetzgebungskompetenz für die Steuer innehat. Insoweit ist die konkurrierende Gesetzgebungskompetenz nach Art. 105 Abs. 2 S. 1 GG ausreichend; die Abweichungsbefugnis der Länder ist hierfür ohne Bedeutung, selbst wenn ein Land – wie Baden-Württemberg – eine Vollregelung erlässt (*Krumm* in Tipke/Kruse FGO § 33 Rn. 19a). Denn der Bund behält seine Vollkompetenz (→ Grundlagen Rn. 79). Der baden-württembergische Landesgesetzgeber hat dies wohl anders gesehen und in § 2 Abs. 2 S. 1 BWLGrStG eine landesgesetzliche Eröffnung des Finanzrechtsweg vorgesehen, sofern die Grundsteuer von den Landesfinanzbehörden verwaltet wird.

Mit der Eröffnung des Finanzrechtsweges (→ Rn. 6) wird zugleich das **Rechts- 7 schutzsystem für anwendbar erklärt, wie es in der FGO konzipiert ist** (§ 2 Abs. 2 S. 2 BWLGrStG): (1) Es ist wegen § 44 FGO zuerst ein **außergerichtliches Vorverfahren** durchzuführen (aufgrund der Anwendung der AO [→ Rn. 3] mithin ein Einspruchsverfahren nach den §§ 347 ff. AO), (2) sodann kann **Klage zum FG Baden-Württemberg** (= oberes Landesgericht mit Sitz in Stuttgart und Außensenaten in Freiburg, § 1 BWAGFGO) erhoben und (3) es kann – entsprechende Zulassung vorausgesetzt – **Revision beim BFH** eingelegt werden. Gemäß § 118 Abs. 1 S. 1 FGO darf der BFH allerdings grundsätzlich nur über die Verletzung von Bundesrecht befinden. Landesrecht ist hingegen nur dann revisibel, wenn der Landesgesetzgeber dies will. Das ist verfassungsrechtlich zwingend (*Seer* in BK GG Art. 108 Rn. 164). Soll eine Verletzung von Landesrecht zum Prüfungsprogramm des BFH gehören, reicht hierfür die Eröffnung des Finanzgerichtswegs nicht aus (BFH 10.10.2018 – I B 26/18, BFH/NV 2019, 287). Vielmehr muss der Landesgesetzgeber auch die Revisionsvorschriften der FGO für anwendbar erklären (§ 118 Abs. 1 S. 2 FGO). Das tut der baden-württembergische Landesgesetzgeber mit § 2 Abs. 2 S. 3 BWLGrStG. Da mit § 2 Abs. 2 S. 1 BWLGrStG zumindest „auch" eine landesrechtliche Regelung existiert, die den Rechtsweg eröffnet, wird auch dem Wortlaut des § 118 Abs. 1 S. 2 FGO genügt, der einen Fall des § 33 Abs. 1 Nr. 4 FGO zu verlangen scheint. Denn ein solcher liegt wegen § 2 Abs. 2 S. 1 BWLGrStG vor. Damit ist **jede Verletzung des BWLGrStG revisibel.** Das anzuwendende Verfahrensrecht (= Abgabenordnung, → Rn. 3) wird ebenfalls von § 2 Abs. 2 S. 3 BWLGrStG erfasst. § 118 Abs. 1 S. 1 FGO gilt insoweit nicht. Denn auch wenn die AO ein Bundesgesetz ist, so erhält sie über die Verweisung in § 2 Abs. 1 BWLGrStG den Charakter von Landesrecht (vgl. BVerwG 24.3.1986 – 7 B 35/86, NVwZ 1986, 739; *Seer* in Tipke/Kruse FGO § 118 Rn. 24) und muss daher vom Landesgesetzgeber ebenfalls für revisibel erklärt werden. Das ist hier geschehen, weil § 2 Abs. 2 S. 3 BWLGrStG nicht nur auf das BWLGrStG verweist („dieses Gesetz"), sondern über § 2 Abs. 1 BWLGrStG auch auf die für entsprechend anwendbaren Vorschriften. Daher sind **auch Verletzungen des AO-Verfahrensrechts revisibel.** Soweit das BWLGrStG an eine bundesrechtlich geregelte

§ 2 BWLGrStG Erster Teil Allgemeine Vorschriften

Eigenschaft, Rechtsstatus uÄ anknüpft (zB den Betrieb gewerblicher Art in § 4 Abs. 3 BWLGrStG oder die Gemeinnützigkeit in §§ 4 Abs. 1 Nr. 3 Buchst. b, 5 Nr. 6, 40 Abs. 5 BWLGrStG), ergibt sich die Revisibilität hingegen schon aus § 118 Abs. 1 S. 1 FGO (vgl. BVerwG 24.3.1986 – 7 B 35/86, NVwZ 1986, 739).

8 Soweit die **Verwaltung der Grundsteuer den Gemeinden übertragen** ist, ist der **Rechtsweg zu den Verwaltungsgerichten** eröffnet. § 2 Abs. 2 BWLGrStG gilt nicht, da er den Finanzgerichtsrechtsweg nur insoweit eröffnet, wie die Landesfinanzbehörden die Grundsteuer verwalten. Insoweit folgt Baden-Württemberg dem gespaltenen Rechtsweg, der auch für das Bundesgrundsteuerrecht prägend ist (→ Grundlagen Rn. 62 ff., die dortigen Ausführungen gelten entsprechend).

D. Strafbarkeit der Grundsteuerhinterziehung

9 Steuerhinterziehung und leichtfertige Steuerverkürzung (→ Grundlagen Rn. 69 ff.) sind nur in Bezug auf solche Steuern strafbar, die auch dem sachlichen Anwendungsbereich der Abgabenordnung unterfallen. **Landesgesetzlich geregelte Steuern unterfallen daher nicht kraft Bundesrecht dem „Schutzbereich" der §§ 370, 378 AO** (*Krumm* in Tipke/Kruse AO § 370 Rn. 78). **Die §§ 370, 378 AO können aber durch Landesrecht für entsprechend anwendbar erklärt werden.** Insoweit enthält Art. 4 Abs. 3 EGStGB eine Öffnungsklausel. **§ 2 Abs. 1 S. 1 BWLGrStG stellt indes keine solche Anwendungsregelung dar** (→ Rn. 3). **Anders verhält es sich hingegen mit § 2 Abs. 1 S. 2 BWLGrStG** und dessen Verweis auf § 1 Abs. 2 AO, der wiederum auf die Vorschriften des Achten Teils (= §§ 369 ff. AO) verweist. Dieses Zusammenspiel von § 2 Abs. 1 S. 1 und S. 2 BWLGrStG ist wenig durchdacht, da unrichtige/unvollständige Angaben nicht nur gegenüber den Gemeinden (= originärer Anwendungsbereich des § 2 Abs. 1 S. 2 BWLGrStG), sondern vor allem gegenüber den Finanzämtern anlässlich von Grundsteuerwertfeststellungs- und Grundsteuermessbetragsverfahren gemacht werden können und das Erschleichen eines unrichtigen Grundlagenbescheides bereits den Tatbestand des § 370 Abs. 1 Nr. 1 AO verwirklichen kann (→ Grundlagen Rn. 72). Entsprechendes gilt für das pflichtwidrige In-Unkenntnis-Lassen nach § 370 Abs. 1 Nr. 2 AO. Die Verweistechnik des BWLGrStG wirft daher die Frage auf, ob womöglich im Grundsteuerwertfeststellungs- (→ BWLGrStG §§ 15–20) und Grundsteuermessbetragsverfahren (→ BWLGrStG §§ 41–46) keine strafrechtlich relevanten Handlungen oder Unterlassungen verwirklicht werden können. Eine solche Zweiteilung des strafrechtlichen Schutzes wird der Landesgesetzgeber gewiss nicht gewollt haben. Allerdings gilt insoweit der strafrechtliche Bestimmtheitsgrundsatz (Art. 103 Abs. 2 GG), weshalb die hier aus der verunglückten Verweisung folgende Unsicherheit nicht zu Lasten des Steuerpflichtigen gehen kann.

10 Daher gilt steuerstrafrechtlich Folgendes: Unrichtige Angaben im Grundsteuerwertfeststellungs- und Grundsteuermessbetragsverfahren oder das pflichtwidrige Nichtabgeben einer Feststellungserklärung (→ BWLGrStG § 22) sind nicht strafbar, sofern auf den Grundlagenbescheid als Steuervorteil iSv § 370 AO abzustellen ist. Bei anderen Steuerarten würde die Strafbarkeit allerdings dann einsetzen, wenn der Steuerpflichtige den unrichtigen Grundlagenbescheid der Steuererklärung für das nachfolgende Verwaltungsverfahren zugrunde legt (vgl. BGH 1.2.1989 – 3 StR 450/88, BGHSt 36, 105 [117 f.]; *Krumm* in Tipke/Kruse AO § 370 Rn. 105 mwN). Bei der Grundsteuer ist indes für das Grundsteuerfestsetzungsverfahren keine Erklärungspflicht des Steuerpflichtigen vorgesehen. Vielmehr besteht die Er-

Steuergegenstand § 3 BWLGrStG

wartung, dass das Finanzamt die Gemeinde über den Grundsteuermessbescheid in Kenntnis setzt und die Gemeinde sodann ohne weitere Mitwirkung des Steuerpflichtigen die Grundsteuer durch Grundsteuerbescheid festsetzt. Der **Steuerpflichtige hat mithin gar keine Gelegenheit, vor der Grundsteuerfestsetzung unmittelbar gegenüber der Gemeinde unrichtige Angaben iSv § 370 Abs. 1 Nr. 1 AO zu machen.** Das alles **muss eine strafbare Grundsteuerhinterziehung nicht ausschließen.** Es gibt zwei Ansatzpunkte: (1) Eine Grundsteuerhinterziehung kommt unter den Voraussetzungen einer mittelbaren Täterschaft in Betracht (der Landesfinanzbeamte, der den Grundsteuermessbescheid weiterleitet, als undoloses Werkzeug; eingehend zur mittelbaren Täterschaft *Krumm* in Tipke/Kruse AO § 370 Rn. 27 ff.). Das setzt allerdings eine menschliche Handlung innerhalb des Finanzamtes voraus. (2) Sofern der Vollzug vollständig automatisiert erfolgen sollte und es allein der Computer-Algorithmus ist, der den Grundsteuermessbescheid an die Gemeinde auf den Weg bringt, muss überlegt werden, ob der Steuervollzug nicht als Einheit zu erfassen ist und mit einer unrichtigen Feststellungserklärung wegen der automatisierten Abläufe (mittelbar) auch unrichtige Angaben gegenüber der Gemeinde gemacht werden (auch wenn die Erklärung nur an das Finanzamt adressiert ist). Das ist insgesamt eine wenig befriedigende Rechtslage. Es wäre klüger gewesen, wenn der Landesgesetzgeber die §§ 370, 378 AO ausdrücklich auch für die Tätigkeit der Landesfinanzbehörden für entsprechend anwendbar erklärt hätte.

1. Abschnitt: Steuergegenstand und Steuerbefreiung

§ 3 Steuergegenstand

Steuergegenstand sind folgende Arten des Grundbesitzes:
1. **Land- und forstwirtschaftliches Vermögen (§ 26),**
2. **Grundvermögen (§ 37).**

§ 3 BWLGrStG beruht auf dem Gesetz v. 4.11.2020 (→ Grundlagen Rn. 80, zu § 3 BWLGrStG BWLT-Drs. 16/8907, 60). Die Norm **führt den Regelungsgehalt von § 2 GrStG und § 218 BewG zusammen.** Es wird zwischen dem land- und forstwirtschaftlichen Vermögen einerseits und dem Grundvermögen andererseits differenziert. **Das BWLGrStG folgt insoweit der gleichen Zweiteilung, die auch dem Bundesgrundsteuerrecht zugrunde liegt.** Zuordnungs- und Bewertungsgegenstand sind die an diese Unterscheidung anknüpfenden wirtschaftlichen Einheiten, was auch in den Verweisungen des § 3 BWLGrStG zum Ausdruck kommt: (1) der Betrieb der Land- und Forstwirtschaft iSv § 26 BWLGrStG und (2) das Grundstück iSv § 37 BWLGrStG. **In Bezug auf die wirtschaftliche Einheit des Betriebs der Land- und Forstwirtschaft sind Landes- und Bundesrecht in weiten Teilen regelungsidentisch; es bestehen allerdings Abweichungen beim Zuschnitt der wirtschaftlichen Einheit** (→ BWLGrStG § 25 Rn. 5 ff.). In Ansehung der wirtschaftlichen Einheit des **Grundvermögens** ergibt sich hingegen ein wesentlicher Unterschied: **§ 37 Abs. 1 BWLGrStG beschränkt das Grundstück auf den Grund und Boden** (während das Bundesrecht auch das Gebäude etc einbezieht, vgl. § 243 Abs. 1 Nr. 1 BewG). Dieser Unterschied betrifft allerdings nicht den Regelungsgehalt des § 3 BWLGrStG. Deshalb kann insgesamt

1

weitgehend auf die Ausführungen zu § 2 GrStG und § 218 BewG verwiesen werden. Zu beachten ist lediglich, dass § 3 BWLGrStG im Unterschied zu § 2 GrStG und § 218 BewG keine Regelung zu den sog. Betriebsgrundstücken enthält. Denn anders als das BewG kennt das BWLGrStG nur zwei Vermögensarten. Daher bestand für das baden-württembergische Recht kein entsprechender Klarstellungsbedarf. Sowohl für das Bundes- als auch das Landesrecht gilt, dass jedes Grundstück (ausschließlich) einer der beiden Vermögensarten zugeordnet werden muss.

§ 4 Steuerbefreiung für Grundbesitz bestimmter Rechtsträger

(1) ¹Von der Grundsteuer ist befreit
1. Grundbesitz, der von einer inländischen juristischen Person des öffentlichen Rechts für einen öffentlichen Dienst oder Gebrauch benutzt wird; ausgenommen ist der Grundbesitz, der von Berufsvertretungen und Berufsverbänden sowie von Kassenärztlichen Vereinigungen und Kassenärztlichen Bundesvereinigungen benutzt wird;
2. Grundbesitz, der vom Bundeseisenbahnvermögen für Verwaltungszwecke benutzt wird;
3. Grundbesitz, der von
   a) einer inländischen juristischen Person des öffentlichen Rechts,
   b) einer inländischen Körperschaft, Personenvereinigung oder Vermögensmasse, die nach der Satzung, dem Stiftungsgeschäft oder der sonstigen Verfassung und nach ihrer tatsächlichen Geschäftsführung ausschließlich und unmittelbar gemeinnützigen oder mildtätigen Zwecken dient,
   für gemeinnützige oder mildtätige Zwecke benutzt wird;
4. Grundbesitz, der von einer Religionsgesellschaft, die Körperschaft des öffentlichen Rechts ist, einem ihrer Orden, einer ihrer religiösen Genossenschaften oder einem ihrer Verbände für Zwecke der religiösen Unterweisung, der Wissenschaft, des Unterrichts, der Erziehung oder für Zwecke der eigenen Verwaltung benutzt wird; den Religionsgesellschaften stehen die jüdischen Kultusgemeinden gleich, die nicht Körperschaften des öffentlichen Rechts sind;
5. Grundbesitz, der zur Beherbergung der Geistlichen und Kirchendiener der Religionsgesellschaften, die Körperschaften des öffentlichen Rechts sind, und der jüdischen Kultusgemeinden dient; § 6 ist insoweit nicht anzuwenden;
6. Grundbesitz der Religionsgesellschaften, die Körperschaften des öffentlichen Rechts sind, und der jüdischen Kultusgemeinden, der am 1. Januar 1987 und im Veranlagungszeitpunkt zu einem nach Kirchenrecht gesonderten Vermögen, insbesondere einem Stellenfonds gehört, dessen Erträge ausschließlich für die Besoldung und Versorgung der Geistlichen und Kirchendiener sowie ihrer Hinterbliebenen bestimmt sind; die §§ 6 und 7 sind insoweit nicht anzuwenden.

²Der Grundbesitz muss ausschließlich demjenigen, der ihn für die begünstigten Zwecke benutzt, oder einem anderen nach den Nummern 1 bis 6 begünstigten Rechtsträger zuzurechnen sein. ³Satz 2 gilt nicht, wenn der Grundbesitz von einem nicht begünstigten Rechtsträger im Rahmen einer Öffentlich Privaten Partnerschaft einer juristischen Person des öffentlichen

Rechts für einen öffentlichen Dienst oder Gebrauch überlassen wird und die Übertragung auf den Nutzer am Ende des Vertragszeitraums vereinbart ist.

(2) ¹Öffentlicher Dienst oder Gebrauch im Sinne dieses Gesetzes ist die hoheitliche Tätigkeit oder der bestimmungsgemäße Gebrauch durch die Allgemeinheit. ²Ein Entgelt für den Gebrauch durch die Allgemeinheit darf nicht in der Absicht, Gewinn zu erzielen, gefordert werden.

(3) Öffentlicher Dienst oder Gebrauch im Sinne dieses Gesetzes ist nicht anzunehmen bei Betrieben gewerblicher Art von juristischen Personen des öffentlichen Rechts im Sinne des Körperschaftsteuergesetzes.

§ 5 Sonstige Steuerbefreiungen

Soweit sich nicht bereits eine Befreiung nach § 4 ergibt, sind von der Grundsteuer befreit
1. Grundbesitz, der dem Gottesdienst einer Religionsgesellschaft, die Körperschaft des öffentlichen Rechts ist, oder einer jüdischen Kultusgemeinde gewidmet ist;
2. Bestattungsplätze;
3. a) die dem öffentlichen Verkehr dienenden Straßen, Wege, Plätze, Wasserstraßen, Häfen und Schienenwege sowie die Grundflächen mit den diesem Verkehr unmittelbar dienenden Bauwerken und Einrichtungen, zum Beispiel Brücken, Schleuseneinrichtungen, Signalstationen, Stellwerke, Blockstellen;
b) auf Verkehrsflughäfen und Verkehrslandeplätzen alle Flächen, die unmittelbar zur Gewährleistung eines ordnungsgemäßen Flugbetriebes notwendig sind und von Hochbauten und sonstigen Luftfahrthindernissen freigehalten werden müssen, die Grundflächen mit den Bauwerken und Einrichtungen, die unmittelbar diesem Betrieb dienen, sowie die Grundflächen ortsfester Flugsicherungsanlagen einschließlich der Flächen, die für einen einwandfreien Betrieb dieser Anlagen erforderlich sind;
c) die fließenden Gewässer und die ihren Abfluss regelnden Sammelbecken, soweit sie nicht unter Buchstabe a fallen;
4. die Grundflächen mit den im Interesse der Ordnung und Verbesserung der Wasser- und Bodenverhältnisse unterhaltenen Einrichtungen der öffentlich-rechtlichen Wasser- und Bodenverbände und die im öffentlichen Interesse staatlich unter Schau gestellten Privatdeiche;
5. Grundbesitz, der für Zwecke der Wissenschaft, des Unterrichts oder der Erziehung benutzt wird, wenn durch die Landesregierung oder die von ihr beauftragte Stelle anerkannt ist, dass der Benutzungszweck im Rahmen der öffentlichen Aufgaben liegt; der Grundbesitz muss ausschließlich demjenigen, der ihn benutzt, oder einer juristischen Person des öffentlichen Rechts zuzurechnen sein;
6. Grundbesitz, der für die Zwecke eines Krankenhauses benutzt wird, wenn das Krankenhaus in dem Kalenderjahr, das dem Veranlagungszeitpunkt (§ 41 Absatz 1, § 42 Absatz 3 und § 43 Absatz 3) vorangeht, die Voraussetzungen des § 67 Absatz 1 oder 2 der AO erfüllt hat; der Grundbesitz muss ausschließlich demjenigen, der ihn benutzt, oder einer juristischen Person des öffentlichen Rechts zuzurechnen sein.

§ 6 Zu Wohnzwecken genutzter Grundbesitz

(1) Dient Grundbesitz, der für steuerbegünstigte Zwecke im Sinne der §§ 4 und 5 benutzt wird, zugleich Wohnzwecken, gilt die Befreiung nur für
1. Gemeinschaftsunterkünfte der Bundeswehr, der ausländischen Streitkräfte, der internationalen militärischen Hauptquartiere, der Bundespolizei, der Polizei und des sonstigen Schutzdienstes des Bundes und der Gebietskörperschaften sowie ihrer Zusammenschlüsse;
2. Wohnräume in Schulheimen, Ausbildungs- und Erziehungsheimen sowie Prediger- und Priesterseminaren, wenn die Unterbringung in ihnen für die Zwecke des Unterrichts, der Ausbildung oder der Erziehung erforderlich ist; wird das Heim oder Seminar nicht von einem der nach § 4 Absatz 1 Satz 1 Nummer 1, 3 oder 4 begünstigten Rechtsträger unterhalten, so bedarf es einer Anerkennung der Landesregierung oder der von ihr beauftragten Stelle, dass die Unterhaltung des Heims oder Seminars im Rahmen der öffentlichen Aufgaben liegt;
3. Wohnräume, wenn der steuerbegünstigte Zweck im Sinne des § 4 Absatz 1 Satz 1 Nummer 1, 3 oder 4 nur durch ihre Überlassung erreicht werden kann;
4. Räume, in denen sich Personen für die Erfüllung der steuerbegünstigten Zwecke ständig bereithalten müssen (Bereitschaftsräume), wenn sie nicht zugleich die Wohnung des Inhabers darstellen.

(2) Die Befreiung nach Absatz 1 gilt nicht für eine von anderen Räumen baulich getrennte Zusammenfassung einer Mehrheit von Räumen, die über einen selbständigen Zugang verfügt und in ihrer Gesamtheit so beschaffen ist, dass die Führung eines selbständigen Haushalts möglich ist; für die Führung eines selbständigen Haushalts sind notwendige Nebenräume wie Küche, Bad oder Dusche sowie Toilette und eine Mindestwohnfläche von 20 Quadratmetern erforderlich.

§ 7 Land- und forstwirtschaftlich genutzter Grundbesitz

Wird Grundbesitz, der für steuerbegünstigte Zwecke im Sinne der §§ 4 und 5 genutzt wird, zugleich land- und forstwirtschaftlich genutzt, so gilt die Befreiung nur für
1. Grundbesitz, der Lehr- oder Versuchszwecken dient;
2. Grundbesitz, der von der Bundeswehr, den ausländischen Streitkräften, den internationalen militärischen Hauptquartieren oder den in § 6 Absatz 1 Nummer 1 bezeichneten Schutzdiensten als Übungsplatz oder Flugplatz genutzt wird;
3. Grundbesitz, der unter § 5 Nummer 1 bis 4 fällt.

§ 8 Unmittelbare Benutzung für einen steuerbegünstigten Zweck

[1]Die Befreiung nach den §§ 4 und 5 tritt nur ein, wenn der Steuergegenstand für den steuerbegünstigten Zweck unmittelbar benutzt wird. [2]Unmittelbare Benutzung liegt vor, sobald der Steuergegenstand für den steuerbegünstigten Zweck hergerichtet wird.

§ 9 Anwendung der Steuerbefreiung

(1) Wird ein abgrenzbarer Teil des Steuergegenstandes für steuerbegünstigte Zwecke im Sinne der §§ 4 und 5 genutzt, so ist nur dieser Teil des Steuergegenstandes steuerfrei.

(2) Dient der Steuergegenstand oder ein Teil des Steuergegenstandes sowohl steuerbegünstigten Zwecken im Sinne der §§ 4 und 5 als auch anderen Zwecken, ohne dass eine eindeutige Abgrenzung für die verschiedenen Zwecke möglich ist, so ist der Steuergegenstand oder der Teil des Steuergegenstandes nur befreit, wenn die steuerbegünstigten Zwecke überwiegen.

Die §§ 4–9 BWLGrStG regeln die Befreiung von der Grundsteuer. Sie beruhen 1 auf dem Gesetz v. 4.11.2020 (→ Grundlagen Rn. 80, zu §§ 4–9 BWLGrStG BWLT-Drs. 16/8907, 60 f.) **und entsprechen weitgehend wortlautidentisch den §§ 3–8 GrStG**. Die Ausführungen zu diesen Vorschriften gelten daher auch für das baden-württembergische Grundsteuerbefreiungsrecht. Soweit weiteres Landesrecht von Bedeutung ist, wird es in den Kommentierungen der §§ 3–8 GrStG nachgewiesen. Hinzuweisen ist lediglich auf folgende **Abweichungen bzw. Besonderheiten:**

In § 4 Abs. 1 Nr. 3 BWLGrStG ist der **Satzteil „für gemeinnützige oder** 2 **mildtätige Zwecke benutzt wird"** nicht von Buchst. b abgesetzt, sondern gehört optisch zu Buchst. b. Dadurch scheint er sich nur auf Buchst. b zu beziehen, während Buchst. a unvollständig wirkt. In § 3 Abs. 1 Nr. 3 GrStG ist der Satzteil „für gemeinnützige oder mildtätige Zwecke benutzt wird" hingegen von Buchst. b so abgesetzt, dass er unzweifelhaft sowohl für die Rechtsträger des Buchst. a als auch des Buchst. b gilt. Das dürfte auch der baden-württembergische Gesetzgeber so gewollt haben. Denn der Entwurf des § 4 Abs. 1 Nr. 3 BWLGrStG entsprach noch exakt der Bundesregelung (s. BWLT-Drs. 16/8907, 9) und genauso ist es auch vom Landtag beschlossen worden (BWLT-Drs. 16/9178, 3). Das **Gesetz ist mithin im Gesetzesblatt unzutreffend bekanntgemacht worden.** § 4 Abs. 1 Nr. 3 BWLGrStG ist daher (wie auch in diesem Kommentar abgedruckt) so zu lesen, als ob der **Satzteil „für gemeinnützige oder mildtätige Zwecke benutzt wird" von Buchst. b abgesetzt ist und damit – wie im Bundesgrundsteuerrecht auch – für alle in Nr. 3 genannten Rechtsträger gilt.**

§ 4 Abs. 1 Nr. 5 BWLGrStG weicht leicht vom Wortlaut des § 3 Abs. 1 Nr. 5 3 GrStG ab („Grundbesitz, der zur Beherbergung [...] dient" statt „Dienstwohnungen der [...]"). Die Gesetzesbegründung geht hierauf nicht ein, nimmt aber für § 4 BWLGrStG in Anspruch, dass er die bundesgesetzlichen Befreiungstatbestände fortführt (BWLT-Drs. 16/8907, 60). Das verwundert, wenn man bedenkt, wie eng der Begriff der Dienstwohnung nach Bundesrecht verstanden wird (va: Die Zuweisung der Wohnung muss unter Anrechnung auf die Vergütung erfolgen; die Überlassung aufgrund eines Mietvertrages ist schädlich, → GrStG § 3 Rn. 49). § 4 Abs. 1 Nr. 5 BWLGrStG lässt hingegen den Beherbergungszweck genügen. Der Wortlaut spricht mithin für eine weitergehende Befreiung von Grundbesitz, der von Geistlichen und Kirchendienern genutzt wird (nämlich unter Einbeziehung vermieteten Grundbesitzes, sofern er einem nach § 4 Abs. 1 Nr. 1–6 BWLGrStG begünstigten Rechtsträger zuzurechnen ist). Damit würde indes ein ohnehin schon (verfassungsrechtlich) zweifelhaftes Privileg, das nur historisch erklärbar ist (→ GrStG § 3 Rn. 47), noch

§ 10 BWLGrStG Erster Teil Allgemeine Vorschriften

weiter ausgedehnt. Auch deshalb sollte das für sich betrachtet schon gewichtige „Fortführungsargument" in Bezug auf die bundesgesetzliche Regelung den Ausschlag geben, **dh in den Beherbergungszweck ist die Dienstwohnungseigenschaft iSv § 3 Abs. 1 Nr. 5 GrStG hineinzulesen.**

4 In § 4 Abs. 1 Nr. 6 BWLGrStG fehlt die in § 3 Abs. 1 Nr. 6 S. 2 GrStG enthaltene Sonderregelung für das Beitrittsgebiet; eine solche ist bei einem auf Baden-Württemberg beschränkten Anwendungsbereich naturgemäß nicht erforderlich.

5 § 6 Abs. 2 BWLGrStG nimmt – ebenso wie § 5 Abs. 2 GrStG – Wohnungen von der Grundsteuerbefreiung aus. § 5 Abs. 2 GrStG muss den Wohnungsbegriff indes nicht selbst definieren, weil die Wohnung bereits in § 249 Abs. 10 BewG definiert wird. Da das BWLGrStG aufgrund seiner reinen Bodenwertorientierung keine Regelungen über bebaute Grundstücke enthält, muss es den Begriff der Wohnung in § 6 Abs. 2 BWLGrStG selbst definieren. Der **Wohnungsbegriff des § 6 Abs. 2 BWLGrStG** unterscheidet sich sprachlich leicht von § 249 Abs. 10 BewG. Dennoch **sind die beiden Wohnungsbegriffe identisch,** weshalb für § 6 Abs. 2 BWLGrStG uneingeschränkt auf die Ausführungen zu § 249 Abs. 10 BewG verwiesen werden kann (→ BewG § 249 Rn. 29 ff.).

6 **Wird ein abgrenzbarer Teil des Steuergegenstandes für steuerbegünstigte Zwecke genutzt,** so ist gemäß § 9 Abs. 1 BWLGrStG nur dieser Teil des Steuergegenstandes von der Grundsteuer befreit. Diese Regelung entspricht § 8 Abs. 1 GrStG, verzichtet allerdings auf das Wort „räumlich" (abgrenzbarer Teil …). Gleichwohl sind die beiden Regelungen inhaltsgleich. Denn obwohl Steuerobjekt nur der Grund und Boden ist, entspricht es der Vorstellung des Landesgesetzgebers, dass für die Aufteilung nach § 9 Abs. 1 BWLGrStG **auch eine räumliche Abgrenzung anhand der Gebäudenutzung maßgeblich sein kann:** Vorrangig ist zwar auf die Abgrenzung anhand der tatsächlichen Nutzung der Grundstücksfläche abzustellen. Hilfsweise soll aber eine Abgrenzung mit Hilfe des Verhältnisses der anteiligen steuerbegünstigten und der nicht steuerbegünstigten Gebäudeflächen zur gesamten Gebäudefläche vorzunehmen sein (BWLT-Drs. 16/8907, 61). Landes- und Bundesregelung sind daher inhaltsgleich. Für § 9 Abs. 1 BWLGrStG kann daher uneingeschränkt auf die Ausführungen zu § 8 Abs. 1 GrStG verwiesen werden.

2. Abschnitt: Steuerschuldner und Haftung

§ 10 Steuerschuldner

(1) **Schuldner der Grundsteuer ist derjenige, dem der Steuergegenstand bei der Feststellung des Grundsteuerwerts zugerechnet wird.**

(2) **Wird der Steuergegenstand mehreren Personen zugerechnet, so sind sie Gesamtschuldner.**

(3) ¹**Bei Erbbaurechten ist für das Erbbaurecht und das Erbbaurechtsgrundstück ein einheitlicher Wert nach § 38 zu ermitteln, der festzustellen wäre, wenn die Belastung mit dem Erbbaurecht nicht bestünde.** ²**Der ermittelte Wert ist dem Erbbauberechtigten zuzurechnen.** ³**Gleiches gilt für das Wohnungserbbaurecht und das Teilerbbaurecht nach dem Wohnungseigentumsgesetz.** ⁴**Der Wert für jedes Wohnungserbbaurecht und Teilbaurecht ist entsprechend dem Miteigentumsanteil am Grundstück nach § 38 zu ermitteln.**

Steuerschuldner **§ 10 BWLGrStG**

§ 10 BWLGrStG beruht auf dem Gesetz v. 4.11.2020 (→ Grundlagen Rn. 80; **1** zu § 10 BWLGrStG BWLT-Drs. 16/8907, 61 f.). Seine **Absätze 1 und 2 entsprechen § 10 GrStG.** Insoweit kann auf die dortige Kommentierung verwiesen werden. Ebenso wie das Bundesgrundsteuerrecht enthält auch das BWLGrStG keine allgemeine Zurechnungsbestimmung. § 10 BWLGrStG bestimmt lediglich, dass Steuerschuldner derjenige ist, dem die wirtschaftliche Einheit zuzurechnen ist, § 25 Abs. 1 BWLGrStG deutet die Relevanz der Eigentumsverhältnisse immerhin an und § 13 Abs. 2 u. 3 BWLGrStG verlangt verfahrensrechtlich eine Zurechnungsentscheidung. Die Zurechnungsgrundsätze selbst werden hingegen vorausgesetzt. Sie sind mit denen des Bundesgrundsteuerrechts identisch. Maßgeblich ist § 39 AO (→ BWLGrStG § 25 Rn. 4; eingehend → BewG § 219 Rn. 17 ff.). Entsprechendes gilt für die besonderen Zurechnungsregeln bezüglich des Wohnungseigentums. Gemäß § 25 Abs. 2 BWLGrStG stellt jedes Wohnungseigentum eine eigenständige wirtschaftliche Einheit dar (→ BWLGrStG § 25 Rn. 16), dh es wird nicht das gesamte Grundstück allen Bruchteilseigentümern zugerechnet. Damit ist jeder Wohnungseigentümer Zurechnungssubjekt und Grundsteuerschuldner nur in Bezug auf „sein" Wohnungseigentum (insoweit tritt die gleiche Rechtslage wie im Bundesgrundsteuerrecht ein, → GrStG § 10 Rn. 9). Für Teileigentum gilt dies entsprechend.

§ 10 Abs. 3 S. 1 u. 2 BWLGrStG nehmen sich gesondert dem **Erbbaurecht 2** an. Das Erbbaurecht ist zivilrechtlich ein veräußerliches und vererbliches (dingliches) Recht, auf oder unter der Oberfläche eines fremden Grundstücks ein Bauwerk zu haben (§ 1 Abs. 1 ErbbauRG). Ein auf dem belasteten Grundstück befindliches Bauwerk gilt zivilrechtlich nicht als wesentlicher Bestandteil des Grundstücks, sondern des Erbbaurechts (§ 12 Abs. 1 S. 1 ErbbauRG), dh der Erbbauberechtigte wird Eigentümer des Bauwerks. Wenn in § 10 Abs. 3 S. 1 BWLGrStG angeordnet wird, dass das erbbaurechtsbelastete Grundstück so zu bewerten ist, als ob die Belastung mit dem Erbbaurecht nicht bestünde, so dürfte die Regelung deklaratorisch sein. Konstitutiv ist hingegen § 10 Abs. 3 S. 2 BWLGrStG. Denn wirtschaftliche Einheit ist nach § 37 Abs. 1 BWLGrStG das Grundstück. Diese wirtschaftliche Einheit ist selbst im Falle einer Belastung mit einem Erbbaurecht dem zivilrechtlichen Grundstückseigentümer zuzurechnen. **§ 10 Abs. 3 S. 2 BWLGrStG enthält eine von diesem Grundsatz abweichende Sonderregelung und bestimmt die Zurechnung eines mit einem Erbbaurecht belasteten Grundstücks beim Erbbaurechtsberechtigten.** § 10 Abs. 3 S. 2 BWLGrStG spricht zwar von der Zurechnung eines „Wertes", gemeint sein dürfte allerdings die Zurechnung der wirtschaftlichen Einheit. Der Landesgesetzgeber rechtfertigt die Sonderregelung unter Hinweis auf den (auch) äquivalenztheoretischen Ansatz des Bodenwertkonzepts: Es sei der Erbbaurechtsberechtigte, der die Infrastruktur nutze und das grundstücksimmanente Potenzial realisiere (vgl. BWLT-Drs. 16/8907, 62). Überzeugend ist dies nicht. Der Erbbaurechtsberechtigte unterscheidet sich insoweit nicht von dem Eigentümer eines Gebäudes auf fremdem Grund und Boden und letztlich auch nicht von einem Mieter. Die beiden Belastungsgründe, die mit dem BWLGrStG verwirklicht werden (Leistungsfähigkeitsprinzip und Äquivalenzprinzip, → Grundlagen Rn. 80), legen vielmehr auch in Erbbaurechtsfällen eine Belastung des Grundstückeigentümers nahe.

Sonderfälle des Erbbaurechts sind **Wohnungserbbaurecht** und das **Teilerb- 3 baurecht.** Ihre normative Grundlage findet sich in § 30 WEG, der die Anwendung der WEG-Vorschriften über das Wohnungs- und Teileigentum auf ein Erbbaurecht, das mehreren Personen gemeinschaftlich nach Bruchteilen zusteht, erlaubt.

697

§§ 11, 12 BWLGrStG Erster Teil Allgemeine Vorschriften

Die Erbbaurechtsberechtigten können ihre Anteile also – wie beim Wohnungs- und Teileigentum auch – in der Weise beschränken, dass jedem der Mitberechtigten das Sondereigentum an einer bestimmten Wohnung oder an nicht zu Wohnzwecken dienenden bestimmten Räumen in einem auf Grund des Erbbaurechts errichteten oder zu errichtenden Gebäude eingeräumt wird. § 10 Abs. 3 S. 3 u. 4 BWLGrStG stellen Wohnungs- und Teilerbbaurecht folgerichtig dem „normalen Erbbaurecht" gleich. Die Regelung ergänzt ua § 25 BWLGrStG, da sie auch eine Aussage über die wirtschaftliche Einheit trifft. Das bedeutet vor allem, **dass Wohnungs- und Teilerbbaurecht so zu behandeln sind wie Wohnungs- und Teileigentum im Übrigen auch;** dh maßgeblich ist, welcher Anteil am Gesamtgrundstück dem Wohnungs-/Teilerbbaurechtsberechtigten zusteht (entsprechend seinem Miteigentumsanteil, → BWLGrStG § 25 Rn. 16). Dieser Anteil bildet eine eigenständige wirtschaftliche Einheit, wird daher nach § 38 BWLGrStG bewertet (§ 10 Abs. 3 S. 4 BWLGrStG) und dem Wohnungs-/Teilerbbaurechtsberechtigten zugerechnet (§ 10 Abs. 3 S. 3 BWLGrStG).

§ 11 Persönliche Haftung

(1) **Neben dem Steuerschuldner haften der Nießbraucher des Steuergegenstandes und derjenige, dem ein dem Nießbrauch ähnliches Recht zusteht.**

(2) ¹Wird ein Steuergegenstand ganz oder zu einem Teil einer anderen Person übereignet, so haftet der Erwerber neben dem früheren Eigentümer für die auf den Steuergegenstand oder Teil des Steuergegenstandes entfallende Grundsteuer, die für die Zeit seit dem Beginn des letzten vor der Übereignung liegenden Kalenderjahres zu entrichten ist. ²Das gilt nicht für Erwerbe aus einer Insolvenzmasse und für Erwerbe im Vollstreckungsverfahren.

§ 12 Dingliche Haftung

Die Grundsteuer ruht auf dem Steuergegenstand als öffentliche Last.

1 §§ 11, 12 BWLGrStG (jeweils beruhend auf dem Gesetz v. 4.11.2020, → Grundlagen Rn. 80, zu §§ 11 f. BWLGrStG BWLT-Drs. 16/8907, 62) sind **mit §§ 11, 12 GrStG identisch**. Es kann daher uneingeschränkt auf die Kommentierung zu den beiden Normen verwiesen werden (dort wird auch jeweils das baden-württembergische Verwaltungsvollstreckungsrecht nachgewiesen).

Zweiter Teil Bewertungsverfahren

§ 13 Feststellung von Grundsteuerwerten

(1) Grundsteuerwerte werden für die jeweilige Art des Grundbesitzes im Landesgebiet gesondert festgestellt (§ 180 Absatz 1 Satz 1 Nummer 1 AO).

(2) In dem Feststellungsbescheid (§ 179 AO) sind für land- und forstwirtschaftliches Vermögen nach § 3 Nummer 1 auch Feststellungen zu treffen über:
1. die Vermögensart sowie
2. die Zurechnung der wirtschaftlichen Einheit und bei mehreren Beteiligten über die Höhe ihrer Anteile.

(3) In dem Feststellungsbescheid (§ 179 AO) sind für Grundvermögen nach § 3 Nummer 2 Feststellungen für die Zurechnung der wirtschaftlichen Einheit und bei mehreren Beteiligten über die Höhe ihrer Anteile zu treffen.

(4) Die Feststellungen nach den vorherigen Absätzen erfolgen nur, soweit sie für die Besteuerung von Bedeutung sind.

Die Regelung beruht auf dem Gesetz v. 4.11.2020 (→ Grundlagen Rn. 80; zu **1** § 13 BWLGrStG BWLT-Drs. 16/8907, 62). Sie ist **weitgehend § 219 BewG nachgebildet**. Ebenso wie § 219 BewG setzt § 13 BWLGrStG die Anwendung unzähliger Vorschriften der Abgabenordnung voraus, deren Geltung hier über § 2 BWLGrStG sichergestellt ist. Abweichend von § 219 Abs. 2 BewG verteilt § 13 BWLGrStG allerdings die Regelung über die neben der Grundsteuerwertfeststellung zu treffenden Feststellungen auf zwei Absätze: Abs. 2 für die wirtschaftliche Einheit des Betriebs der Land- und Forstwirtschaft und Abs. 3 für die Grundstücke. Während **für die wirtschaftliche Einheit des Betriebs der Land- und Forstwirtschaft** – wie im Bundesgrundsteuerrecht auch – **eine Wert-, Art- und Zurechnungsfeststellung zu treffen ist**, ist **für Grundstücke nur eine Wert- und Zurechnungsfeststellung** vorgesehen. Der Landesgesetzgeber hat mithin in Ansehung der Grundstücke eine gesonderte Feststellung über die Vermögensart nicht für notwendig erachtet (BWLT-Drs. 16/8907, 62). Damit fehlt „erst recht" auch eine Feststellung zur Grundstücksart (unbebautes Grundstück etc.). Das erscheint aus der Perspektive des Bodenwertkonzepts folgerichtig, hat allerdings zur Folge, dass es keine bindende Feststellung für die Anwendung des § 50a BWLGrStG gibt. Von dieser Abweichung abgesehen gelten aber im Übrigen die Ausführungen zu § 219 BewG entsprechend. Das gilt va für die Darstellung der Zurechnungsgrundsätze (→ BewG § 219 Rn. 17 ff.).

§ 14 Ermittlung der Grundsteuerwerte

¹Die Grundsteuerwerte werden nach den Vorschriften des dritten Teils ermittelt. ²Bei der Ermittlung der Grundsteuerwerte ist § 163 AO nicht anzuwenden; hiervon unberührt bleiben Übergangsregelungen, die die oberste Finanzbehörde trifft.

§§ 15–20 BWLGrStG Zweiter Teil Bewertungsverfahren

1 § 14 BWLGrStG beruht auf dem Gesetz v. 4.11.2020 (→ Grundlagen Rn. 80; zu § 14 BWLGrStG BWLT-Drs. 16/8907, 62) und **entspricht § 220 BewG**. Die Ausführungen zu § 220 BewG gelten auch für § 14 BWLGrStG. Lediglich in Bezug auf § 14 S. 2 2. Hs. BWLGrStG ist ergänzend anzumerken, dass das FM BW (= oberste Landesfinanzbehörde) über eine Übergangsregelung (= Billigkeitsregelung zur Verwirklichung von Vertrauensschutz, → BewG § 220 Rn. 5 ff.) eigenständig entscheidet. Es muss selbst dann nicht das Einvernehmen der anderen Länder eingeholt werden, wenn die Übergangsregelung eine mit dem Bundesrecht identische Vorschrift betrifft.

§ 15 Hauptfeststellung

(1) **Die Grundsteuerwerte werden in Zeitabständen von je sieben Jahren allgemein festgestellt (Hauptfeststellung).**

(2) **Der Hauptfeststellung werden die Verhältnisse zu Beginn des Kalenderjahres (Hauptfeststellungszeitpunkt) zugrunde gelegt.**

(3) **Die erste Hauptfeststellung für die Grundsteuerwerte wird auf den 1. Januar 2022 für die Hauptveranlagung auf den 1. Januar 2025 durchgeführt.**

§ 16 Fortschreibungen

(1) **Der Grundsteuerwert wird neu festgestellt (Wertfortschreibung), wenn der in Euro ermittelte und auf volle hundert Euro abgerundete Wert, der sich für den Beginn eines Kalenderjahres ergibt, von dem entsprechenden Wert des letzten Feststellungszeitpunkts nach oben oder unten um mehr als 15 000 Euro abweicht.**

(2) ¹Über die Zurechnung der wirtschaftlichen Einheit gemäß § 13 Absatz 2 Nummer 2 und Absatz 3 wird eine neue Feststellung getroffen (Zurechnungsfortschreibung), wenn sie von der zuletzt getroffenen Feststellung abweicht und dies für die Besteuerung von Bedeutung ist. ²Wechsel in der Vermögensart einer wirtschaftlichen Einheit führen zu einer Aufhebung und einer Nachfeststellung.

(3) ¹Eine Fortschreibung nach den Absätzen 1 oder 2 findet auch zur Beseitigung eines Fehlers der letzten Feststellung statt. ²§ 176 AO ist entsprechend anzuwenden. ³Satz 2 gilt nur für die Feststellungszeitpunkte, die vor der Verkündung der maßgeblichen Entscheidung eines der in § 176 der AO genannten Gerichte liegen.

(4) ¹Eine Fortschreibung ist vorzunehmen, wenn dem Finanzamt bekannt wird, dass die Voraussetzungen für sie vorliegen. ²Der Fortschreibung werden vorbehaltlich des § 21 die Verhältnisse im Fortschreibungszeitpunkt zugrunde gelegt. ³Fortschreibungszeitpunkt ist:
1. bei einer Änderung der tatsächlichen Verhältnisse der Beginn des Kalenderjahres, das auf die Änderung folgt, und
2. in den Fällen des Absatzes 3 der Beginn des Kalenderjahres, in dem der Fehler dem Finanzamt bekannt wird, bei einer Erhöhung des Grund-

steuerwerts jedoch frühestens der Beginn des Kalenderjahres, in dem der Feststellungsbescheid erteilt wird.

§ 17 Nachfeststellung

(1) Für wirtschaftliche Einheiten, für die ein Grundsteuerwert festzustellen ist, wird der Grundsteuerwert nachträglich festgestellt (Nachfeststellung), wenn nach dem Hauptfeststellungszeitpunkt:
1. die wirtschaftliche Einheit neu entsteht oder
2. eine bereits bestehende wirtschaftliche Einheit erstmals zur Grundsteuer herangezogen werden soll.

(2) ¹Der Nachfeststellung werden vorbehaltlich des § 21 die Verhältnisse im Nachfeststellungszeitpunkt zugrunde gelegt. ²Nachfeststellungszeitpunkt ist:
1. in den Fällen des Absatzes 1 Nummer 1 der Beginn des Kalenderjahres, das auf die Entstehung der wirtschaftlichen Einheit folgt, und
2. in den Fällen des Absatzes 1 Nummer 2 der Beginn des Kalenderjahres, in dem der Grundsteuerwert erstmals der Besteuerung zugrunde gelegt wird.

§ 18 Aufhebung des Grundsteuerwerts

(1) Der Grundsteuerwert wird aufgehoben, wenn dem Finanzamt bekannt wird, dass
1. die wirtschaftliche Einheit wegfällt oder
2. der Grundsteuerwert der wirtschaftlichen Einheit infolge von Befreiungsgründen der Besteuerung nicht mehr zugrunde gelegt wird.

(2) Aufhebungszeitpunkt ist:
1. in den Fällen des Absatzes 1 Nummer 1 der Beginn des Kalenderjahres, das auf den Wegfall der wirtschaftlichen Einheit folgt, und
2. in den Fällen des Absatzes 1 Nummer 2 der Beginn des Kalenderjahres, in dem der Grundsteuerwert erstmals der Besteuerung nicht mehr zugrunde gelegt wird.

§ 19 Änderung von Feststellungsbescheiden

¹Bescheide über die Feststellung von Grundsteuerwerten können schon vor dem maßgeblichen Feststellungszeitpunkt erteilt werden. ²Sie sind zu ändern oder aufzuheben, wenn sich bis zu diesem Zeitpunkt Änderungen ergeben, die zu einer abweichenden Feststellung führen.

§ 20 Nachholung einer Feststellung

(1) ¹Ist die Feststellungsfrist gemäß § 181 AO abgelaufen, kann eine Fortschreibung oder Nachfeststellung unter Zugrundelegung der Verhältnisse vom Fortschreibungs- oder Nachfeststellungszeitpunkt mit Wirkung für einen späteren Feststellungszeitpunkt vorgenommen werden, für den

§ 21 BWLGrStG

Zweiter Teil Bewertungsverfahren

diese Frist noch nicht abgelaufen ist. ²§ 181 Absatz 5 der AO bleibt hiervon unberührt.

(2) **Absatz 1 ist bei der Aufhebung des Grundsteuerwerts entsprechend anzuwenden.**

1 Das baden-württembergische Grundsteuerrecht übernimmt das mehrstufige Verwaltungsverfahren des Bundesrechts, das – unter Vernachlässigung der Bodenschätzung – drei Verwaltungsverfahren auf dem Weg zum Grundsteuerbescheid vorsieht: (1) Das Grundsteuerwertfeststellungsverfahren, das mit dem Grundsteuerwertbescheid abschließt, (2) das Grundsteuermessbetragsverfahren, an dessen Ende der Grundsteuermessbescheid steht und (3) das auf den Erlass des Grundsteuerbescheides gerichtete Verwaltungsverfahren (zum gestuften Verwaltungsverfahren → Grundlagen Rn. 42ff.). Die §§ 15–20 BWLGrStG (Gesetz v. 4.11.2020, → Grundlagen Rn. 80; zu §§ 15ff. BWLGrStG BWLT-Drs. 16/8907, 63ff.) bilden zusammen mit §§ 13, 14 BWLGrStG das grundsteuerliche Verfahrensrecht für das Grundsteuerwertfeststellungsverfahren (die „erste Stufe"), das auf die Feststellung des Grundsteuerwertes (§ 13 Abs. 1 BWLGrStG), die Zurechnungsfeststellung (§ 13 Abs. 2 Nr. 2, Abs. 3 BWLGrStG) und ggf. die (Vermögens-) Artfeststellung (§ 13 Abs. 2 Nr. 1 BWLGrStG) gerichtet ist. **Die §§ 15–20 BWLGrStG sind weitgehend identisch mit den §§ 221–226 BewG.** Die Ausführungen zu diesen Vorschriften gelten auch für die §§ 15–20 BWLGrStG (einschließlich der Ausführungen zu den **Berichtigungs- und Aufhebungsvorschriften der Abgabenordnung,** die hier über § 2 Abs. 1 BWLGrStG Anwendung finden, → BewG § 222 Rn. 37ff.).

2 Lediglich **auf zwei Punkte ist ergänzend hinzuweisen:** (1) § 15 Abs. 3 BWLGrStG bestimmt – in Übereinstimmung mit § 266 Abs. 1 BewG –, dass die erste Hauptfeststellung auf den 1.1.2022 erfolgt. Diese Feststellung wird für die Hauptveranlagung den 1.1.2025 durchgeführt (§ 59 Abs. 1 BWLGrStG). Baden-Württemberg verfolgt damit in Übereinstimmung mit den Vorgaben des BVerfG den gleichen Zeitplan, der auch dem Bundesgrundsteuerrecht zugrunde liegt (auch → BWLGrStG § 59). (2) § 16 Abs. 2 S. 1 BWLGrStG sieht nur eine Zurechnungsfortschreibung vor. Eine Artfortschreibung kennt das baden-württembergische Recht nicht. Stattdessen bestimmt § 16 Abs. 2 S. 2 BWLGrStG, dass der Wechsel der Vermögensart zur Aufhebung des bisherigen Grundsteuerwertbescheides und zur Nachfeststellung führt. Damit ist keine Abweichung zum Bundesgrundsteuerrecht verbunden. Denn auch zu §§ 222, 224 BewG vertritt die hM die Ansicht, dass beim Wechsel zwischen der Vermögensart keine Artfortschreibung in Betracht kommt, sondern mangels Identität der wirtschaftlichen Einheit eine Aufhebung und Nachfeststellung zu erfolgen haben (→ BewG § 222 Rn. 8).

§ 21 Wertverhältnisse bei einer Fortschreibung und Nachfeststellung

Bei einer Fortschreibung und bei einer Nachfeststellung der Grundsteuerwerte sind die Wertverhältnisse im Hauptfeststellungszeitpunkt zugrunde zu legen.

1 § 21 BWLGrStG beruht auf dem Gesetz v. 4.11.2020 (→ Grundlagen Rn. 80, zu § 21 BWLGrStG BWLT-Drs. 16/8907, 65) und **ist mit § 227 BewG identisch.** Auf die Kommentierung zu § 227 BewG kann daher verwiesen werden. Zu beachten ist lediglich, dass in Ansehung der Grundstücke aufgrund der alleinigen Maßgeblichkeit des Bodenwertes (→ BWLGrStG § 38 Rn. 3) **im baden-württembergischen Grundsteuerrecht deutlich weniger Abgrenzungsbedarf besteht** zwischen den „Wertverhältnissen" iSv § 21 BWLGrStG bzw. § 227 BewG einerseits und den „anderen Umständen", für die Fortschreibungs- und Nachfeststellungszeitpunkt maßgeblich sind, andererseits. Alle Abgrenzungsfragen, die mit bebauten Grundstücken im Zusammenhang stehen, entfallen und die Abgrenzungsfragen, die den Bodenrichtwert betreffen (vgl. die Darstellung bei → BewG § 227 Rn. 4), erlangen wegen des Zonenwertgrundsatzes in § 38 Abs. 1 BWLGrStG keine Bedeutung. Die Abgrenzung dürfte daher allein für die Gegenbeweismöglichkeit nach § 38 Abs. 4 BWLGrStG relevant sein (→ BWLGrStG § 38 Rn. 12).

§ 22 Erklärungs- und Anzeigepflicht

(1) ¹**Die Steuerpflichtigen haben Erklärungen zur Feststellung der Grundsteuerwerte für den Hauptfeststellungszeitpunkt oder einen anderen Feststellungszeitpunkt abzugeben, wenn sie hierzu durch die Finanzbehörde gemäß § 149 Absatz 1 Satz 2 AO aufgefordert werden.** ²**Fordert die Finanzbehörde zur Abgabe einer Erklärung auf, hat sie eine Frist zur Abgabe der Erklärung zu bestimmen, die mindestens einen Monat betragen soll.** ³**Die Aufforderung zur Abgabe einer Erklärung kann von der obersten Finanzbehörde durch öffentliche Bekanntmachung erfolgen.**

(2) ¹**Eine Änderung der tatsächlichen Verhältnisse, die sich auf die Höhe des Grundsteuerwertes oder die Vermögensart auswirken oder zu einer erstmaligen Feststellung führen kann, ist auf den Beginn des folgenden Kalenderjahres anzuzeigen.** ²**Die Frist für die Abgabe dieser Anzeige beträgt einen Monat und beginnt mit Ablauf des Kalenderjahres, in dem sich die tatsächlichen Verhältnisse geändert haben.**

(3) **Die Erklärung nach Absatz 1 und die Anzeige nach Absatz 2 sind abzugeben**
1. **von dem Steuerpflichtigen, dem das Grundstück zuzurechnen ist,**
2. **bei einem Grundstück, das mit einem Erbbaurecht belastet ist, vom Erbbauberechtigten; der Erbbauverpflichtete ist zur Mitwirkung verpflichtet, soweit dies zur Erfüllung der Erklärungspflicht des Erbbauberechtigten erforderlich ist.**

(4) **Die Erklärung nach Absatz 1 und die Anzeige nach Absatz 2 sind bei dem für die gesonderte Feststellung zuständigen Finanzamt abzugeben.**

(5) **Die Erklärung nach Absatz 1 und die Anzeige nach Absatz 2 sind Steuererklärungen im Sinne der Abgabenordnung, die eigenhändig zu unterschreiben sind.**

(6) ¹**Die Erklärung nach Absatz 1 und die Anzeige nach Absatz 2 sind nach amtlich vorgeschriebenem Datensatz durch Datenfernübertragung zu übermitteln.** ²**Auf Antrag kann die Finanzbehörde zur Vermeidung unbilliger Härten auf eine Übermittlung durch Datenfernübertragung verzichten.** ³**Für die Entscheidung über den Antrag gilt § 150 Absatz 8 AO.**

§ 22 BWLGrStG beruht auf dem Gesetz v. 4.11.2020 (→ Grundlagen Rn. 80, **1** zu § 22 BWLGrStG BWLT-Drs. 16/8907, 65f.) und **entspricht von wenigen**

§ 23 BWLGrStG
Zweiter Teil Bewertungsverfahren

Abweichungen abgesehen § 228 BewG. Das verfahrensrechtliche Umfeld, in dem § 22 BWLGrStG zu verorten ist, ist wegen § 2 Abs. 1 BWLGrStG identisch. Die Ausführungen zu § 228 BewG gelten daher weitgehend auch für § 22 BWLGrStG. Zu beachten sind lediglich **folgende Abweichungen:**

2   Für die Aufforderung durch öffentliche Bekanntmachung ist (folgerichtig) das FM BW (= oberste Landesfinanzbehörde) zuständig (nicht wie in § 228 Abs. 1 S. 3 BewG das BMF).

3   § 22 Abs. 2 BWLGrStG verzichtet konsequent auf Regelungen, die sich auf bebaute Grundstücke beziehen. So findet sich in § 22 Abs. 2 BWLGrStG nur die Vermögensart, aber nicht die Grundstücksart. Zudem fehlt eine Regelung über Gebäude auf fremdem Grund und Boden (im Bundesrecht: § 228 Abs. 2 S. 2, Abs. 3 Nr. 3 BewG).

4   Überraschenderweise hat nach § 22 Abs. 3 Nr. 1 BWLGrStG derjenige die Erklärungs- und Anzeigepflichten zu erfüllen, dem „das Grundstück zuzurechnen" ist (während es in § 228 Abs. 3 Nr. 1 BewG heißt: „die wirtschaftliche Einheit zuzurechnen ist"). Der Begriff des Grundstücks ist ein gesetzestechnischer Begriff, der im BWLGrStG – genauso wie im Bundesgrundsteuerrecht – die wirtschaftliche Einheit des Grundvermögens umschreibt (vgl. § 37 BWLGrStG) und den Betrieb der Land- und Forstwirtschaft ausgrenzt. Warum der Landesgesetzgeber hier vom Bundesgrundsteuerrecht und dem auch (wenn alle Steuerpflichtigen erfasst werden sollen) gesetzestechnisch richtigen Begriff der wirtschaftlichen Einheit (der beide Vermögensarten erfasst) abgewichen ist, bleibt im Dunkeln (vgl. BWLT-Drs. 16/8907, 65). Eine Einschränkung der Erklärungs- und Anzeigepflicht ist unseres Erachtens damit nicht verbunden, dh auch derjenige, dem ein Betrieb der Land- und Forstwirtschaft zuzurechnen ist, hat die Erklärungs- und Anzeigepflicht zu erfüllen. Das ergibt sich aus der differenzierungslosen Adressierung der Erklärungspflicht an „den Steuerpflichtigen" in § 22 Abs. 1 BWLGrStG. Denn Steuerpflichtiger ist derjenige, dem der Steuergegenstand zuzurechnen ist (§ 10 Abs. 1 BWLGrStG) und dies umfasst beide Vermögensarten. Für die Anzeigepflicht in § 22 Abs. 2 BWLGrStG fehlt zwar die Nennung des Steuerpflichtigen, aber es dürfte dem Willen des Gesetzgebers entsprechen, dass Erklärungs- und Anzeigepflicht an die gleichen Personen adressiert sind. Der Gesetzgeber spricht in der Gesetzesbegründung zu § 22 Abs. 2 BWLGrStG auch von „dem Steuerpflichtigen" (BWLT-Drs. 16/8907, 65). Die Verwendung des Begriffs „Grundstück" in § 22 Abs. 3 Nr. 1 BWLGrStG dürfte mithin ein Redaktionsversehen sein.

5   § 22 Abs. 3 Nr. 2 BWLGrStG spricht ausdrücklich von einer „Verpflichtung" des Erbbaurechtsverpflichteten zur Mitwirkung an der Erklärung und Anzeige des Erbbaurechtsberechtigten. Die Regelung ist aber gleichwohl inhaltsgleich mit § 228 Abs. 3 Nr. 2 BewG (→ BewG § 228 Rn. 15).

§ 23 Auskünfte, Erhebungen und Mitteilungen

(1) **Die nach Bundes- oder Landesrecht zuständigen Behörden haben den Finanzbehörden die rechtlichen und tatsächlichen Umstände mitzuteilen, die ihnen im Rahmen ihrer Aufgabenerfüllung bekannt geworden sind und die für die Feststellung von Grundsteuerwerten oder für die Grundsteuer von Bedeutung sein können.**

(2) ¹**Die Grundbuchämter haben den für die Feststellung des Grundsteuerwerts zuständigen Finanzbehörden mitzuteilen:**

Auskünfte, Erhebungen und Mitteilungen § 23 BWLGrStG

1. die Eintragung eines neuen Eigentümers oder Erbbauberechtigten sowie bei einem anderen als einem rechtsgeschäftlichen Erwerb zusätzlich die Anschrift des neuen Eigentümers oder Erbbauberechtigten; dies gilt nicht für die Fälle des Erwerbs nach den Vorschriften des Zuordnungsrechts,
2. die Eintragung der Begründung von Wohnungseigentum oder Teileigentum,
3. die Eintragung der Begründung eines Erbbaurechts, Wohnungserbbaurechts oder Teilerbbaurechts.

²In den Fällen des Satzes 1 Nummern 2 und 3 ist gleichzeitig der Tag des Eingangs des Eintragungsantrags beim Grundbuchamt mitzuteilen. ³Bei einer Eintragung aufgrund Erbfolge ist das Jahr anzugeben, in dem der Erblasser verstorben ist. ⁴Die Mitteilungen sollen der Finanzbehörde über die für die Führung des Liegenschaftskatasters zuständige Behörde oder über eine sonstige Behörde, die das Liegenschaftskataster gemäß § 2 Absatz 2 der Grundbuchordnung führt, zugeleitet werden.

(3) ¹Die nach den Absätzen 1 oder 2 mitteilungspflichtigen Stellen unterrichten die betroffenen Personen vom Inhalt der Mitteilung. ²Eine Unterrichtung kann unterbleiben, soweit den Finanzbehörden Umstände aus dem Grundbuch, den Grundakten oder aus dem Liegenschaftskataster mitgeteilt werden.

(4) ¹Die nach den Absätzen 1 oder 2 mitteilungspflichtigen Stellen übermitteln die Mitteilungen den Finanzbehörden nach amtlich vorgeschriebenem Datensatz über die amtlich bestimmte Schnittstelle. ²Die Grundbuchämter und die für die Führung des Liegenschaftskatasters zuständigen Behörden übermitteln die bei ihnen geführten Daten laufend, mindestens alle drei Monate. ³Die oberste Finanzbehörde legt im Einvernehmen mit den obersten Vermessungs- und Katasterbehörden die Einzelheiten der elektronischen Übermittlung und deren Beginn in einem Schreiben fest. ⁴Dieses Schreiben ist im Gemeinsamen Amtsblatt des Landes Baden-Württemberg zu veröffentlichen.

§ 23 BWLGrStG beruht auf dem Gesetz v. 4.11.2020 (→ Grundlagen Rn. 80; **1** zu § 23 BWLGrStG BWLT-Drs. 16/8907, 66f.). Seine vier Absätze **entsprechen § 229 Abs. 3–6 BewG.** Der Landesgesetzgeber hat lediglich auf § 229 Abs. 1 u. 2 BewG verzichtet und in § 23 Abs. 4 S. 3 u. 4 BWLGrStG die Zuständigkeit des BMF durch die Zuständigkeit des FM BW (= oberste Landesfinanzbehörde) ersetzt. Die Kommentierung zu den § 229 Abs. 3–6 BewG gilt daher auch für § 23 BWLGrStG.

Dritter Teil Bewertungsvorschriften

§ 24 Bewertungsgrundsätze

(1) Bezugsgröße für die Bewertung ist die jeweilige wirtschaftliche Einheit (§ 25) des Grundbesitzes (§ 3).

(2) Der Bewertung des land- und forstwirtschaftlichen Vermögens (§ 3 Nummer 1) ist der Ertragswert gemäß §§ 26 bis 36 zugrunde zu legen.

(3) Der Bewertung des Grundvermögens (§ 3 Nummer 2) ist der Bodenwert gemäß § 38 zugrunde zu legen.

(4) Der Grundsteuerwert wird auf volle hundert Euro nach unten abgerundet.

1 Die Regelung beruht auf dem Gesetz v. 4.11.2020 (→ Grundlagen Rn. 80; zu § 24 BWLGrStG BWLT-Drs. 16/8907, 67f.). § 24 Abs. 1 BWLGrStG **erklärt die wirtschaftliche Einheit zum Bewertungsobjekt.** Die Rechtsfigur der wirtschaftlichen Einheit prägt seit jeher die bewertungsabhängigen Steuern und liegt auch dem Bundesgrundsteuerrecht zugrunde. Die wirtschaftliche Einheit wird inzident anlässlich der Ermittlung des Grundsteuerwertes bestimmt (Grundsteuerwertfeststellung nach § 13 Abs. 1 BWLGrStG) und einer Person oder mehreren Personen zugerechnet (Zurechnungsfeststellung nach § 13 Abs. 2 Nr. 2, Abs. 3 BWLGrStG). **Konkretisiert wird der Begriff der wirtschaftlichen Einheit in § 25 BWLGrStG.** § 24 Abs. 2, 3 BWLGrStG gibt sodann für die beiden Vermögensarten die Bewertungsmaßstäbe vor, ohne diese selbst zu konkretisieren. Für den **Betrieb der Land- und Forstwirtschaft** (= wirtschaftliche Einheit des land- und forstwirtschaftlichen Vermögens) ist ein **Ertragswert** zu ermitteln. Der baden-württembergische Gesetzgeber folgt hier jedenfalls in Bezug auf Bewertungsmethodik und -daten dem Bundesmodell (→ BWLGrStG §§ 26–36). In Bezug auf den Zuschnitt der wirtschaftlichen Einheit sind allerdings Abweichungen denkbar (→ BWLGrStG § 25 Rn. 5ff.). Für **Grundstücke** (= wirtschaftliche Einheit des Grundvermögens) ist der sog. Bodenwert zu ermitteln. Hierbei handelt es sich um einen im (mittelbaren) Vergleichswertverfahren gewonnenen **Verkehrswert des unbebauten Grundstücks**. Die **Gebäude sind – abweichend vom Bundesgrundsteuerrecht – für die Bewertung irrelevant** (→ BWLGrStG § 38 Rn. 3ff.). § 24 Abs. 4 BWLGrStG gibt eine Rundungsregelung vor (entspricht § 230 BewG).

§ 25 Wirtschaftliche Einheit

(1) ¹Jede wirtschaftliche Einheit ist für sich zu bewerten. ²Ihr Wert ist im Ganzen festzustellen. ³Was als wirtschaftliche Einheit zu gelten hat, ist grundsätzlich nach den Anschauungen des Verkehrs zu entscheiden. ⁴Die örtliche Gewohnheit, die tatsächliche Übung, die Zweckbestimmung, die tatsächliche, unabhängige Nutzungsmöglichkeit und die wirtschaftliche Zusammengehörigkeit der einzelnen Wirtschaftsgüter sind zu berücksichtigen. ⁵Mehrere Wirtschaftsgüter kommen als wirtschaftliche Einheit nur insoweit in Betracht, als sie demselben Eigentümer gehören. ⁶Die Zu-

Wirtschaftliche Einheit **§ 25 BWLGrStG**

rechnung zu einer wirtschaftlichen Einheit wird beim Grundbesitz im Sinne der §§ 26 bis 38 jedoch nicht dadurch ausgeschlossen, dass die Wirtschaftsgüter zum Teil dem einen, zum Teil dem anderen Ehegatten oder Lebenspartner gehören. [7]In einen Betrieb der Land- und Forstwirtschaft im Sinne der §§ 26 bis 36, der von einer Gesellschaft oder Gemeinschaft des bürgerlichen Rechts betrieben wird, sind auch die Wirtschaftsgüter einzubeziehen, die einem oder mehreren Beteiligten gehören und dem Betrieb zu dienen bestimmt sind. [8]In den Betrieb der Land- und Forstwirtschaft im Sinne der §§ 26 bis 36 sind auch einzubeziehen

1. dem Eigentümer des Grund und Bodens nicht gehörende Gebäude, die auf dem Grund und Boden des Betriebs stehen und der Bewirtschaftung des Betriebs dienen,
2. dem Eigentümer des Grund und Bodens nicht gehörende Betriebsmittel, die der Bewirtschaftung des Betriebs dienen, und
3. ein Anteil des Eigentümers des Betriebs der Land- und Forstwirtschaft an einem Wirtschaftsgut, wenn es mit dem Betrieb zusammen genutzt wird.

(2) [1]Für jedes Wohnungseigentum und Teileigentum nach dem Wohnungseigentumsgesetz ist entsprechend dem Miteigentumsanteil am Grundstück ein Wert nach § 38 zu ermitteln. [2]Der ermittelte Wert ist dem Wohnungs- oder Teileigentümer zuzurechnen.

(3) [1]Bei wirtschaftlichen Einheiten des Grundvermögens, die sich über die Landesgrenzen hinaus erstrecken, wird nur der sich innerhalb der Landesgrenzen befindliche Teil bewertet. [2]Für den anderen Teil erfolgt keine gesonderte Feststellung nach § 13. [3]Wenn sich Teile einer wirtschaftlichen Einheit des land- und forstwirtschaftlichen Vermögens im Ausland befinden, gelten die Sätze 1 und 2 entsprechend.

Übersicht

	Rn.
A. Allgemeines	1
I. Systematische Einordnung und Zweck der Regelung	1
II. Entwicklung der Vorschrift	2
B. Wirtschaftliche Einheit (Abs. 1)	3
I. Typusbegriff der wirtschaftlichen Einheit und Grundsatz der Eigentümeridentität (Abs. 1 S. 1–5)	3
II. Wirtschaftliche Einheit bei Ehegatten/Lebenspartnern (Abs. 1 S. 6)	5
III. Zurechnung von Gesellschaftereigentum zugunsten von Gesellschaften (Abs. 1 S. 7)	9
IV. Einbeziehung von fremden Gebäuden und Betriebsmitteln (Abs. 1 S. 8 Nr. 1 u. 2)	11
V. Anteile des Eigentümers an einem Wirtschaftsgut (Abs. 1 S. 8 Nr. 3)	15
C. Wohnungs- und Teileigentum (Abs. 2)	16
D. Grenzüberschreitende wirtschaftliche Einheiten (Abs. 3)	17
I. Grenzüberschreitendes Grundvermögen (Abs. 3 S. 1 u. 2)	17
II. Innerdeutsche Grenzen überschreitende Betriebe der Land- und Forstwirtschaft	18
III. Auslandsgrenzen überschreitende Betriebe der Land- und Forstwirtschaft (Abs. 3 S. 3)	20

A. Allgemeines

I. Systematische Einordnung und Zweck der Regelung

1 Das BWLGrStG verwendet – ebenso wie das Bundesgrundsteuerrecht – die Rechtsfigur der wirtschaftlichen Einheit zur Erfassung des Bewertungsobjekts. § 25 Abs. 1 BWLGrStG zieht die allgemeine Aussage zur wirtschaftlichen Einheit vor die Klammer, die wiederum von § 26 Abs. 1 BWLGrStG und § 37 Abs. 1 BWLGrStG vorausgesetzt werden. Dabei bestimmt § 25 Abs. 1 BWLGrStG den Zuschnitt der wirtschaftlichen Einheit teilweise abweichend vom Bundesgrundsteuerrecht. Die Abweichungen stellen der Sache nach eine Fortgeltung der nicht in das Bundesgrundsteuerrecht übernommenen §§ 26, 34 Abs. 4–6 BewG dar, um die bereits im alten Recht gebildeten wirtschaftlichen Einheiten im neuen Recht fortführen zu können (→ Rn. 5ff.). § 25 Abs. 2 BWLGrStG enthält eine Regelung zum Wohnungs- und Teileigentum, die sich auch der Zurechnung annimmt. Schließlich regelt § 25 Abs. 3 BWLGrStG, wie bei grenzüberschreitenden wirtschaftlichen Einheiten zu verfahren ist.

II. Entwicklung der Vorschrift

2 Die Regelung beruht auf dem Gesetz v. 4.11.2020 (→ Grundlagen Rn. 80; zu § 25 BWLGrStG BWLT-Drs. 16/8907, 68ff.). Mit dem ÄndGLGrStG v. 22.12.2021 (GBl. BW 2021, 1029, dazu BWLT-Drs. 17/1076, 18 [Gesetzesentwurf]; BWLT-Drs. 17/1115, 6 [Ausschuss für Finanzen]) wurden Abs. 1 S. 7f. und Abs. 3 S. 3 angefügt und Abs. 3 S. 1 verändert.

B. Wirtschaftliche Einheit (Abs. 1)

I. Typusbegriff der wirtschaftlichen Einheit und Grundsatz der Eigentümeridentität (Abs. 1 S. 1–5)

3 **Bewertet und zugerechnet werden wirtschaftliche Einheiten.** Die wirtschaftliche Einheit des land- und forstwirtschaftlichen Vermögens nennt das Gesetz „Betrieb der Land- und Forstwirtschaft" (§ 26 Abs. 1 BWLGrStG) und diejenige des Grundvermögens nur „Grundstück" (§ 37 Abs. 1 BWLGrStG). Die wirtschaftliche Einheit ist eine spezifisch bewertungsrechtliche Rechtsfigur. Sie ist ein Typusbegriff (statt vieler BFH 15.6.1983 – III R 40/82, BStBl. II 1983, 752; 3.3.1993 – II R 32/89, BFH/NV 1993, 584 jeweils zu § 2 BewG). **§ 25 Abs. 1 BWLGrStG gibt die wesentlichen Abgrenzungsgrundsätze vor,** die nach § 2 BewG auch für das Bundesgrundsteuerrecht gelten: Eine wirtschaftliche Einheit ist als Ganzes einheitlich einer der beiden Vermögensarten zuzurechnen. Insoweit ist vorrangig von § 26 BWLGrStG auszugehen. Dient ein Grundstück einem Betrieb der Land- und Forstwirtschaft, ist es in diese wirtschaftliche Einheit einzubeziehen und kann kein Grundstück iSv § 37 BWLGrStG sein. Was als wirtschaftliche Einheit zu gelten hat, ist nach den Anschauungen des Verkehrs zu entscheiden, also nach der Auffassung urteilsfähiger und unvoreingenommener Staatsbürger (BFH 6.7.1979 – III R 77/77, BStBl. II 1979, 726 zu § 2 BewG). Dabei sind für die Abgrenzung der wirtschaftlichen Einheit die örtliche Gewohnheit, die tatsächliche Übung, die Zweck-

Wirtschaftliche Einheit **§ 25 BWLGrStG**

bestimmung und die wirtschaftliche Zusammengehörigkeit der einzelnen Wirtschaftsgüter zu berücksichtigen (§ 25 Abs. 1 S. 4 BWLGrStG). Es sind also neben objektiven auch subjektive Merkmale maßgebend. Stehen allerdings subjektive Merkmale, wie zB die Zweckbestimmung, im Widerspruch zu objektiven Merkmalen, wie zB der örtlichen Gewohnheit, so sind die objektiven Merkmale entscheidend (BFH 15.6.1983 – III R 40/82, BStBl. II 1983, 752 zu § 2 BewG). Ein Grundbuchgrundstück (→ BewG § 244 Rn. 6) kann eine wirtschaftliche Einheit darstellen, muss es aber nicht. Aufgrund der wirtschaftlichen Betrachtungsweise ist es möglich, dass auch mehrere Grundbuchgrundstücke eine wirtschaftliche Einheit bilden. Bei einem Betrieb der Land- und Forstwirtschaft ist dies sogar die Regel. Hier beeinflusst der dienende Zusammenhang iSv § 26 Abs. 2 S. 2 BWLGrStG maßgeblich die Zuordnung zu einer wirtschaftlichen Einheit. Ebenso kann es aber auch vorkommen, dass ein Grundbuchgrundstück in mehrere wirtschaftliche Einheiten aufzuteilen ist (zur wirtschaftlichen Einheit des Grundvermögens eingehend → BewG § 244 Rn. 4 ff. und zum Betrieb der Land- und Forstwirtschaft → BewG § 232 Rn. 13 ff.).

Das BWLGrStG enthält – ebenso wenig wie das Bundesgrundsteuerrecht – keine **4** Norm, die einen **allgemeinen Zurechnungsgrundsatz** vorgibt. Die normative Vorgabe findet sich vielmehr in **§ 39 AO** (vgl. BWLT-Drs. 16/8907, 61, 68). Dies setzt va § 25 Abs. 1 S. 5, 6, Abs. 2 BWLGrStG auch erkennbar voraus. Daher gelten im baden-württembergischen Recht die gleichen Zurechnungsgrundsätze wie auch im Bundesgrundsteuerrecht (eingehend → BewG § 219 Rn. 17 ff., die Ausführungen dort gelten auch für das BWLGrStG). Insoweit gilt der Grundsatz, dass eine wirtschaftliche Einheit nur dann aus mehreren Wirtschaftsgütern (praktisch relevant nur: Grundbuchgrundstücken) bestehen kann, wenn die Wirtschaftsgüter entweder nur einer Person zuzurechnen sind oder wenn sie alle der gleichen Personenmehrheit zuzurechnen sind (also A und B sind Miteigentümer sowohl des Grundstücks 1 als auch des Grundstücks 2). Das stellt § 25 Abs. 1 S. 5 BWLGrStG klar. Die Norm nennt den Eigentümer zwar nur im Singular, gilt aber auch für Miteigentümer nach Bruchteilen und Gesamthandsgemeinschaften ohne Rechtsfähigkeit (→ BewG § 219 Rn. 37 ff.). Von diesem **Grundsatz der Eigentümeridentität** sieht das BWLGrStG mehrere **Ausnahmen** vor: (1) § 37 Abs. 2 S. 1 BWLGrStG ordnet (ausschließlich) für Grundstücke die Einbeziehung eines Miteigentumsanteils uÄ in eine wirtschaftliche Einheit an, wenn der Anteil zusammen mit dem Grundstück genutzt wird (→ BWLGrStG § 37). (2) § 25 Abs. 1 S. 6 BWLGrStG enthält eine Sonderregelung für Ehegatten und Lebenspartner (→ Rn. 5 ff.). (3) Schließlich enthalten § 25 Abs. 1 S. 7 u. 8 BWLGrStG besondere Zuordnungsregelungen für Betriebe der Land- und Forstwirtschaft (→ Rn. 9 ff.).

II. Wirtschaftliche Einheit bei Ehegatten/Lebenspartnern (Abs. 1 S. 6)

Gemäß § 25 Abs. 1 S. 6 BWLGrStG wird – in Abweichung vom Grundsatz der **5** „Eigentümeridentität" (→ Rn. 4) – die Zurechnung eines Wirtschaftsgutes zu einer wirtschaftlichen Einheit nicht dadurch ausgeschlossen, dass die Wirtschaftsgüter zum Teil dem einen, zum Teil dem anderen Ehegatten oder Lebenspartner gehören. Diese Regelung **entspricht § 26 BewG**, der allerdings nicht in das Bundesgrundsteuerrecht übernommen worden ist. Mit § 25 Abs. 1 S. 6 BWLGrStG weicht der Landesgesetzgeber mithin vom Bundesgrundsteuerrecht ab. Die **Ehegatten-/ Lebenspartnerregelung hat vor allem Bedeutung für die Land- und Forst-**

§ 25 BWLGrStG　　　　　　　　　　　　　　Dritter Teil Bewertungsvorschriften

wirtschaft, wenn die land- und forstwirtschaftlich genutzten Flächen nicht im Miteigentum der Ehegatten/Lebenspartner stehen, sondern zumindest in Bezug auf einen Teil der Flächen Alleineigentum eines Ehegatten/Lebenspartners besteht. Der Güterstand der Ehegatten/Lebenspartner ist ohne Bedeutung (*Esskandari* in Stenger/Loose BewG § 26 Rn. 18). Die Regelung ist zwingend. Ein Wahlrecht ist nicht vorgesehen (so auch BFH 18.11.1966 – III 176/63, BStBl. III 1967, 170 zu § 24 BewG aF). Für andere familienrechtliche Beziehungen (zB Eltern und Kinder) fehlt eine Regelung wie § 25 Abs. 1 S. 6 BWLGrStG, weshalb es insoweit (vorbehaltlich des § 25 Abs. 1 S. 7 u. 8 BWLGrStG) beim Grundsatz der Eigentümeridentität bleibt. Keine Relevanz hat § 25 Abs. 1 S. 6 BWLGrStG für Flächen, die im Miteigentum der Ehegatten stehen oder die bei Gütergemeinschaft zum Gesamtgut gehören. In diesem Fall ist der Grundsatz der Eigentümeridentität erfüllt und es bedarf des § 25 Abs. 1 S. 6 BWLGrStG nicht.

6　§ 25 Abs. 1 S. 6 BWLGrStG ordnet nicht an, dass Grundbuchgrundstücke von Ehegatten/Lebenspartnern stets als Einheit zu betrachten sind. Vielmehr ist Ausgangspunkt immer der Begriff der wirtschaftlichen Einheit und die hierbei anzulegende wirtschaftliche Betrachtungsweise. **§ 25 Abs. 1 S. 6 BWLGrStG setzt daher voraus, dass die unterschiedlichen Eigentümern zuzurechnenden Wirtschaftsgüter nach den Anschauungen des Verkehrs eine wirtschaftliche Einheit bilden** (vgl. BFH 31.10.1969 – III R 145/66, BStBl. II 1970, 197 zu § 24 BewG aF; BFH 19.6.1996 – II R 86/93, BFH/NV 1997, 14 zu § 26 BewG). Sowohl die Maßgeblichkeit der Verkehrsauffassung bei der Bildung wirtschaftlicher Einheiten als auch der Wortlaut des § 25 Abs. 1 S. 6 BWLGrStG legen nahe, dass bereits ohne das dem anderen Ehegatten gehörende Wirtschaftsgut eine dem anderen Ehegatten zuzurechnende wirtschaftliche Einheit besteht, und dass das dem anderen Ehegatten gehörende Wirtschaftsgut von der Verkehrsauffassung nicht als eigenständige wirtschaftliche Einheit erachtet wird. Es gibt mithin bereits eine wirtschaftliche Einheit, die ein im Eigentum des anderen Ehegatten stehendes Wirtschaftsgut wegen des Funktionszusammenhangs zur bestehenden wirtschaftlichen Einheit „anzieht". Damit wird aber erkennbar, dass **§ 25 Abs. 1 S. 6 BWLGrStG** nicht alle relevanten Fragen regelt. **Er erlaubt nämlich nur eine Zusammenfassung mehrerer Wirtschaftsgüter** in Abweichung vom Grundsatz des § 25 Abs. 1 S. 5 BWLGrStG (vgl. BFH 14.2.2007 – II R 69/05, BStBl. II 2007, 443), **sagt aber nichts darüber aus, wem die wirtschaftliche Einheit zuzurechnen ist.** Insoweit sind zwei Lösungen denkbar: Entweder erfolgt eine alleinige Zurechnung bei einem Ehegatten (mit § 25 Abs. 1 S. 6 BWLGrStG wird mithin auch die Zurechnung beim Eigentümer-Ehegatten aufgehoben) oder die wirtschaftliche Einheit ist sodann beiden Ehegatten zuzurechnen und es muss die Höhe der Anteile der beiden Ehegatten (vgl. § 13 Abs. 2 Nr. 2, Abs. 3 BWLGrStG) bestimmt werden. Rechtsprechung und Literatur zu § 26 BewG gehen bisher von Ersterem aus (FG Rheinland-Pfalz 11.6.1981 – 3 K 235/80, EFG 1982, 62) und wollen dem Ehegatten die gesamte wirtschaftliche Einheit zurechnen, der Eigentümer der Wirtschaftsgüter mit dem höheren Verkehrswert ist (so *Esskandari* in Stenger/Loose BewG § 26 Rn. 18; *Halaczinsky* in Rössler/Troll BewG § 26 Rn. 5).

7　Ist ein **Ehegatte/Lebenspartner Gesellschafter einer GbR,** die selbst Zurechnungssubjekt der wirtschaftlichen Einheit ist, kann ein im Alleineigentum des anderen Ehegatten/Lebenspartners stehendes Grundstück grundsätzlich nicht in die der GbR zuzurechnende wirtschaftliche Einheit einbezogen werden. Denn § 25 Abs. 1 S. 6 BWLGrStG setzt voraus, dass Zurechnungssubjekt der „Haupteinheit" der Ehegatte ist. Dieser Grundsatz gilt allerdings nur für das Grundvermögen.

Wirtschaftliche Einheit **§ 25 BWLGrStG**

Bei Betrieben der Land- und Forstwirtschaft ist es hingegen möglich, dass § 25 Abs. 1 S. 6 BWLGrStG mit § 25 Abs. 1 S. 7 BWLGrStG zu kombinieren sein kann. In den Betrieb einer Gesellschaft können daher auch Wirtschaftsgüter einzubeziehen sein, die dem Ehegatten eines Gesellschafters zuzurechnen sind (BFH 14.5.2004 – II R 50/01, BStBl. II 2004, 818, dort: GbR pachtete den Schweinestall vom Ehemann einer Gesellschafterin, was zur Einbeziehung einer Teilfläche und des Stallgebäudes in die der GbR zuzurechnende wirtschaftliche Einheit führte).

Der BFH hat § 26 BewG als **mit Art. 6 GG vereinbar** angesehen, weil die Re- 8 gelung selbst keine die Ehegatten schlechter stellende Belastungswirkung herbeiführe, sondern erst das Einzelsteuergesetz, das an mittels § 26 BewG zugeschnittene wirtschaftliche Einheiten anknüpft (zuletzt BFH 29.10.1973 – III R 40/73, BStBl. II 1974, 79 zu § 24 BewG aF). Diese Argumentation lässt sich freilich nicht auf § 25 Abs. 1 S. 6 BWLGrStG übertragen, weil das BWLGrStG das Einzelsteuergesetz ist, auf dessen Belastungswirkung es ankommt. Dass Ehegatten durch die Anwendung des § 25 Abs. 1 S. 6 BWLGrStG in Bezug auf die Grundsteuerbelastung schlechter gestellt werden als Nicht-Ehegatten, dürfte (nur) dann eintreten, wenn die auf das betroffene Grundstück entfallende Grundsteuer A (= wegen § 25 Abs. 1 S. 6 BWLGrStG Zuordnung zu einem Betrieb der Land- und Forstwirtschaft) höher ist als die Belastung mit Grundsteuer B (= Grundvermögen ohne Anwendung des § 25 Abs. 1 S. 6 BWLGrStG). Dieser Belastungsunterschied ergibt sich zwar unmittelbar aus der Hebesatzsatzung und beruht damit erst einmal nur auf der Entscheidung der hebesatzberechtigten Gemeinde, wie sie das Verhältnis der Grundsteuer A und B gestaltet. Gleichwohl ist es aber § 25 Abs. 1 S. 6 BWLGrStG, der die Belastungsunterscheidung erst ermöglicht, weshalb es folglich § 25 Abs. 1 S. 6 BWLGrStG ist, der dann im Hinblick auf Art. 6 GG rechtfertigungsbedürftig ist.

III. Zurechnung von Gesellschaftereigentum zugunsten von Gesellschaften (Abs. 1 S. 7)

In die einer (mit [Teil-] Rechtsfähigkeit versehenen) Personengesellschaft (Au- 9 ßen-GbR bzw. ab 1.1.2024 rechtsfähige Personengesellschaft iSv § 705 Abs. 2 BGB idF des MoPeG, Personenhandelsgesellschaften) zuzurechnende wirtschaftliche Einheit eines Betriebs der Land- und Forstwirtschaft sind gemäß § 25 Abs. 1 S. 7 BWLGrStG auch Wirtschaftsgüter einzubeziehen, die einem Gesellschafter (oder seinem Ehegatten → Rn. 7) gehören, wenn sie dem Betrieb der Gesellschaft iSv § 26 Abs. 2 S. 2 BWLGrStG zu dienen bestimmt sind (→ BewG § 232 Rn. 23 ff., die dortigen Ausführungen zum „Dienen" gelten für § 26 Abs. 2 S. 2 BWLGrStG entsprechend). § 25 Abs. 1 S. 7 BWLGrStG ist aus dem bis zum 31.12.2024 für die Einheitsbewertung geltenden § 34 Abs. 6 BewG in das baden-württembergische Recht übernommen worden. Die Regelung gilt sowohl für Grund und Boden wie auch für Gebäude und Betriebsmittel.

§ 25 Abs. 1 S. 7 BWLGrStG gilt auch für nicht rechtsfähige Gesamthands- 10 gemeinschaften (und theoretisch auch für Bruchteilsgemeinschaften ohne gesellschaftsrechtliche Verbindung). Diese können nach hier vertretener Auffassung allerdings nicht Zurechnungssubjekt einer wirtschaftlichen Einheit sein (→ BewG § 219 Rn. 37 ff.). Betreiben die Gesamthänder gleichwohl gemeinsam einen Betrieb der Land- und Forstwirtschaft, ist ihnen dieser als Einheit zuzurechnen und es erfolgt eine Feststellung ihrer Anteile an diesem Betrieb. Der Betrieb besteht dann aus den Wirtschaftsgütern, die gesamthänderisch gebunden sind (insoweit ist der Grundsatz

§ 25 BWLGrStG

der Eigentümeridentität erfüllt), und den über § 25 Abs. 1 S. 7 BWLGrStG in diese wirtschaftliche Einheit einzubeziehenden Wirtschaftsgütern (die also nur im Eigentum eines Gesamthänders stehen). Eine solche Konstellation ist zB bei der Gütergemeinschaft denkbar, wenn ein Ehegatte über Sondergut verfügt, das zusammen mit den im Gesamtgut befindlichen Wirtschaftsgütern bewirtschaftet wird. Auch bei einer Erbengemeinschaft sind Anwendungsfälle des § 25 Abs. 1 S. 7 BWLGrStG denkbar. Wenn zB zwei im Güterstand der Zugewinngemeinschaft lebende Ehegatten Miteigentümer eines verpachteten Betriebes der Land- und Forstwirtschaft sind und nach dem Tod des einen Ehegatten in Bezug auf dessen Miteigentumsanteils nunmehr eine ungeteilte Erbengemeinschaft bestehend aus dem überlebenden Ehegatten und einem Abkömmling besteht, dürfte es § 25 Abs. 1 S. 7 BWLGrStG ermöglichen, dass der Verpachtungsbetrieb als eine wirtschaftliche Einheit erhalten bleibt.

IV. Einbeziehung von fremden Gebäuden und Betriebsmitteln (Abs. 1 S. 8 Nr. 1 u. 2)

11 **Abweichend vom Grundsatz der Eigentümeridentität** (→ Rn. 4) sind nach Maßgabe des § 25 Abs. 1 S. 8 Nr. 1 u. Nr. 2 BWLGrStG auch Gebäude (→ Rn. 13) und Betriebsmittel (→ Rn. 14), die dem Zurechnungssubjekt des Grund und Bodens nicht zuzurechnen sind (weil es weder rechtlicher noch wirtschaftlicher Eigentümer ist), in die wirtschaftliche Einheit einzubeziehen. Die Regelung entspricht § 34 Abs. 4 BewG, der nicht ausdrücklich in das neue Bundesgrundsteuerrecht übernommen wurde, aber im Ergebnis wegen der vorausgesetzten Einheit von Grundstück und va Wirtschaftsgebäude fortgelten dürfte (→ BewG § 232 Rn. 17). Der baden-württembergische Gesetzgeber hat mit § 25 Abs. 1 S. 8 Nr. 1 u. Nr. 2 BWLGrStG jedenfalls eine klarstellende Regelung geschaffen. Ihre Rechtfertigung findet sie in der Erfassung des Ertragswertes als Ergebnis des Zusammenwirkens aller Betriebsteile (vgl. *Bruschke* in Stenger/Loose BewG § 34 Rn. 151).

12 Die Regelung hat allerdings nur Bedeutung, wenn die Wirtschaftsgebäude sowie die stehenden und umlaufenden Betriebsmittel nicht bereits mit dem Ertragswert abgegolten sind. Nur dort, wo eine Abgeltung nicht stattfindet, müssen die Wirtschaftsgebäude und die Betriebsmittel erfasst werden, und nur insoweit kann § 25 Abs. 1 S. 8 Nr. 1 u. Nr. 2 BWLGrStG relevant werden. Das betrifft den Reinertrag eines Nebenbetriebes und die Zuschläge bei Fass- und Flaschenweinerzeugung. Hier wird an die Brutto-Grundfläche des zugehörigen Wirtschaftsgebäudes angeknüpft (§ 32 Abs. 1 Nr. 3 BWLGrStG). Zudem müssen die Tierbestände zB für den Zuschlag nach § 32 Abs. 1 Nr. 1 BWLGrStG erfasst werden. § 25 Abs. 1 S. 8 Nr. 1 u. Nr. 2 BWLGrStG gilt nicht für den Grund und Boden, dh die Bewirtschaftung von Eigentums- und Pachtflächen durch eine Person führt nicht dazu, dass eine wirtschaftliche Einheit entsteht. Insoweit bleibt es bei dem Grundsatz, dass zwei wirtschaftliche Einheiten (Betrieb des Pächters, Betrieb des Verpächters) bestehen (→ BewG § 232 Rn. 17).

13 In Ansehung der **Wirtschaftsgebäude** setzt § 25 Abs. 1 S. 8 Nr. 1 BWLGrStG kumulativ zur fehlenden Identität der Zurechnungssubjekte (→ Rn. 11) voraus, dass sie auf dem Grund und Boden des Inhabers des Betriebs errichtet sind. Hat der Gebäudeeigentümer das Gebäude hingegen auf eigenem Grund und Boden errichtet, gilt § 25 Abs. 1 S. 8 Nr. 1 BWLGrStG nicht (dh das Pächtergebäude darf nicht in den verpachteten Betrieb einbezogen werden, *Bruschke* in Stenger/Loose

BewG § 34 Rn. 154). Ferner stellt § 25 Abs. 1 S. 8 Nr. 1 BWLGrStG klar, dass eine Einbeziehung nur in Betracht kommt, wenn das Gebäude der Bewirtschaftung des Betriebs dient.

Nicht dem Grundstückseigentümer zuzurechnende **Betriebsmittel** sind nach 14 § 25 Abs. 1 S. 8 Nr. 2 BWLGrStG seinem Betrieb der Land- und Forstwirtschaft zuzurechnen, wenn sie der Bewirtschaftung seines Betriebes dienen. Einzig denkbarer Anwendungsfall ist die **Zuordnung der Tierbestände** (→ Rn. 12). Sofern derjenige, dem die Tiere zuzurechnen sind – vor allem der Pächter des Betriebs –, nicht Zurechnungssubjekt eines eigenen (bewertungsrechtlichen) Betriebs der Land- und Forstwirtschaft ist (weil er über keine eigenen Flächen und noch nicht einmal eine eigene Hofstelle verfügt), dürfte die Anwendung des § 25 Abs. 1 S. 8 Nr. 2 BWLGrStG unzweifelhaft sein. Denn es existiert dann nur eine einzige wirtschaftliche Einheit, nämlich der dem Verpächter zuzurechnende Betrieb der Land- und Forstwirtschaft. Diesem Betrieb sind die Tierbestände dann zuzurechnen, zB mit Wirkung für die Anwendung des § 32 Abs. 1 Nr. 1 BWLGrStG (vgl. BFH 14.5.2004 – II R 50/01, BStBl. II 2004, 818 zu § 34 Abs. 4 BewG im Zusammenhang mit dem Zuschlag nach § 41 BewG). Ist derjenige, dem die Tiere zuzurechnen sind, allerdings auch Zurechnungssubjekt eines eigenen (bewertungsrechtlichen) Betriebes der Land- und Forstwirtschaft – er bewirtschaftet als Pächter also Eigentums- und Pachtflächen –, stellt sich die Frage, welcher wirtschaftlichen Einheit die Tierbestände zuzurechnen sind. Dafür muss der (eine) Betrieb bestimmt werden, dem die Tiere dienen. Denn § 25 Abs. 1 S. 8 Nr. 2 BWLGrStG suspendiert nur vom Grundsatz der Eigentümeridentität, aber nicht von dem für den Umfang einer wirtschaftlichen Einheit maßgeblichen Grundsatz der wirtschaftlichen Zugehörigkeit (zu Recht *Bruschke* in Stenger/Loose BewG § 34 Rn. 161; davon dürfte auch BFH 14.5.2004 – II R 50/01, BStBl. II 2004, 818 ausgehen; aA *Wiegand* in Rössler/Troll BewG § 34 Rn. 46 [Einbeziehung in beide Betriebe]). In der Regel dürfte der Tierbestand dem „Eigen-Betrieb" des Pächters dienen, dh § 25 Abs. 1 S. 8 Nr. 2 BWLGrStG findet dann keine Anwendung (vgl. BFH 14.5.2004 – II R 50/01, BStBl. II 2004, 818 zu § 34 Abs. 4 BewG im Zusammenhang mit dem Zuschlag nach § 41 BewG).

V. Anteile des Eigentümers an einem Wirtschaftsgut (Abs. 1 S. 8 Nr. 3)

Gemäß § 25 Abs. 1 S. 8 Nr. 3 BWLGrStG ist (auch) der Anteil des Eigentümers 15 eines Betriebes der Land- und Forstwirtschaft an einem Wirtschaftsgut in seinen Betrieb der Land- und Forstwirtschaft einzubeziehen, wenn es mit dem Betrieb zusammen genutzt wird. Der Begriff Anteil erfasst sowohl Miteigentum als auch Gesamthandseigentum. Es müssen nicht alle Miteigentümer bzw. Gesamthänder Landwirte sein (*Stephany* in KSS BewG § 34 Rn. 39, 41; *Wiegand* in Rössler/Troll BewG § 34 Rn. 49f.). Als Wirtschaftsgüter werden der Grund und Boden, Gebäude sowie Betriebsmittel erfasst. Voraussetzung der Einbeziehung ist die dienende Funktion des Wirtschaftsgutes für den Betrieb des Eigentümers iSv § 26 Abs. 2 S. 2 BWLGrStG (→ BewG § 232 Rn. 23 ff.).

C. Wohnungs- und Teileigentum (Abs. 2)

16 § 25 Abs. 2 BWLGrStG verhält sich zur wirtschaftlichen Einheit bei Wohnungs- und Teileigentum und wäre systematisch in § 37 BWLGrStG besser aufgehoben gewesen. Denn aus der Bezugnahme auf den „Wert nach § 38 [BWLGrStG]" wird deutlich, dass es sich um eine Sondervorschrift für Grundstücke handelt. Wohnungs- und Teileigentum sind Rechtsinstitute des Zivilrechts, mit denen dingliche Berechtigungen an einem Grundstück und Gebäude zugeordnet werden. Sie umfassen das Sondereigentum an bestimmten Räumen (§ 5 Abs. 1 WEG) und den Miteigentumsanteil an dem gemeinschaftlichen Eigentum der Wohnungs-/Teileigentümer (§ 1 Abs. 5 WEG); ggf. treten noch Sondernutzungsrechte hinzu. Angesichts des für Grundstücke verwirklichten Bodenwertkonzepts des BWLGrStG ist es konsequent, wenn § 25 Abs. 2 BWLGrStG das **Sondereigentum außer Betracht lässt, allein den Miteigentumsanteil an dem Grund und Boden für maßgeblich erklärt** und diesen für jeden Wohnungs-/Teileigentümer in einer eigenständigen wirtschaftlichen Einheit verselbstständigt. Letzteres bedeutet va eine Abweichung von dem ansonsten für Miteigentümer nach Bruchteilen geltenden Grundsätzen (vgl. § 10 BWLGrStG, dazu → GrStG § 10 Rn. 9; →BewG § 219 Rn. 37 ff.).

D. Grenzüberschreitende wirtschaftliche Einheiten (Abs. 3)

I. Grenzüberschreitendes Grundvermögen (Abs. 3 S. 1 u. 2)

17 Der Grundsteuerwert wird grundsätzlich für eine wirtschaftliche Einheit festgestellt und diese kann aus Grundstücken bestehen, die sowohl in Baden-Württemberg als auch in einem anderen deutschen Bundesland oder im Ausland liegen. § 25 Abs. 3 S. 1 u. 2 BWLGrStG nimmt sich dieser Frage nur bezüglich der wirtschaftlichen Einheiten des Grundvermögens iSv §§ 3 Nr. 2, 37 BWLGrStG an: Anders als bei einer wirtschaftlichen Einheit, die in mehreren Gemeinden liegt, wird der Grundsteuerwert in diesem Fall nicht für die gesamte wirtschaftliche Einheit festgestellt und auf einer nachfolgenden Stufe „aufgeteilt". Vielmehr wird nur für den baden-württembergischen Teil der wirtschaftlichen Einheit ein Grundsteuerwert ermittelt und festgestellt.

II. Innerdeutsche Grenzen überschreitende Betriebe der Land- und Forstwirtschaft

18 § 25 Abs. 3 S. 1 u. 2 BWLGrStG gilt nicht für Betriebe der Land- und Forstwirtschaft (arg. Wortlaut: Grundvermögen). Bezüglich dieser wirtschaftlichen Einheit scheint der Gesetzgeber davon auszugehen, dass allein der Betriebssitz entscheidend ist, und wenn dieser in Baden-Württemberg liegt, dann seien nach den allgemeinen Grundsätzen zur Bestimmung der wirtschaftlichen Einheit (→BewG § 232 Rn. 13 ff.) sowohl die innerhalb Baden-Württembergs als auch die in anderen Bundesländern belegenen Flächen einzubeziehen. Die wirtschaftliche Einheit sei also ungeachtet der innerdeutschen Landesgrenzen zu erfassen und zu bewerten. Es kommt damit zu einer einheitlichen Rechtsanwendung bei landesübergreifenden Betrieben und es müsse nur eine Feststellungserklärung abgegeben werden (so je-

Wirtschaftliche Einheit § 25 BWLGrStG

denfalls BWLT-Drs. 17/1115, 6). Der Gesetzgeber scheint also vor allem auch davon auszugehen, dass die nicht in Baden-Württemberg belegenen Flächen in den Ertragswert der wirtschaftlichen Einheit einfließen und dann auch die nicht in Baden-Württemberg belegenen Gemeinden in die Zerlegung (§§ 47ff. BWLGrStG) einzubeziehen sind. In der Tat beschränkt das baden-württembergische Recht in Bezug auf die Betriebe der Land- und Forstwirtschaft seinen Geltungsanspruch an keiner Stelle auf in Baden-Württemberg belegene Grundstücke. Allerdings stellt sich die Frage, woher das Merkmal des „Betriebssitzes" als zentraler und exklusiver Anknüpfungspunkt für eine Anwendung des baden-württembergischen Rechts kommt, der sicherstellen muss, dass das FA eines angrenzenden Bundeslandes nicht ebenfalls für die gleiche wirtschaftliche Einheit oder für einzelne Grundstücke, die von dieser wirtschaftlichen Einheit erfasst werden, zuständig ist und das Bundesgrundsteuerrecht anwendet (in Rheinland-Pfalz und Hessen gilt für die Betriebe der Land- und Forstwirtschaft das Bundesgrundsteuerrecht ohne dem § 25 Abs. 1 S. 6ff. BWLGrStG vergleichbare Regelungen). Ein denkbarer – aber mit dem Betriebssitz nicht identischer – Anknüpfungspunkt könnte die Belegenheit des wertvollsten Teils einer wirtschaftlichen Einheit nach §§ 18 Abs. 1 Nr. 1, 22 AO sein. Allerdings wäre es merkwürdig, wenn allein der Feststellungszuständigkeit die Bestimmung des materiellen Rechts folgen würde (also: ein FA in Baden-Württemberg ist zuständig, weil in einer baden-württembergischen Gemeinde der wertvollste Teil liegt, und deshalb gilt für die gesamte wirtschaftliche Einheit das BWLGrStG?). Insoweit droht man sich im Kreis zu drehen, weil das materielle Recht über den Zuschnitt der wirtschaftlichen Einheit entscheidet und damit auch Bedeutung für die Bestimmung des wertvollsten Teils iSv §§ 18 Abs. 1 Nr. 1, 22 AO haben kann.

Ein Teil der vorstehend aufgeworfenen Fragen lässt sich zumindest durch das 19 Verfassungsrecht auflösen: Vollziehen die Länder ein Bundesgesetz, beanspruchen ihre Entscheidungen grundsätzlich im gesamten Bundesgebiet Geltung. Vollzieht ein Land sein Landesrecht, ist seine Verwaltungshoheit hingegen auf sein eigenes Staatsgebiet beschränkt, sofern dies nicht zB durch einen Staatsvertrag abbedungen ist oder die Ausübung der Verwaltungshoheit die Hoheitsgewalt anderer Länder nicht beeinträchtigt (BVerfG 30.6.2015 – 2 BvR 1282/11, BVerfGE 139, 321 Rn. 99f.; BVerwG 5.5.2017 – 6 AV 1/17, NVwZ-RR 2017, 676; *Isensee* in Isensee/Kirchhof, StaatsR-HdB, § 126 Rn. 33ff.). Da ein (in ein Gesetz transformierter) Staatsvertrag (soweit ersichtlich) fehlt und die angrenzenden Bundesländer in ihrer Hoheitsgewalt dadurch beeinträchtigt werden, dass Baden-Württemberg für jenseits des eigenen Territoriums belegene Grundstücke sein Landesrecht (mit seinem Zuschnitt einer wirtschaftlichen Einheit) vorgeben will, dürfte es Baden-Württemberg nicht möglich sein, Entscheidungen zu treffen, die jenseits des eigenen Staatsgebiets Bindungswirkung erzeugen. Der in Ansehung der gesamten wirtschaftlichen Einheit erlassene Grundsteuerwertbescheid kann daher nicht ausschließen, dass das FA eines anderen Bundeslandes hierin einbezogene Grundstücke ebenfalls in ein Feststellungsverfahren einbezieht und vor allem scheidet die Beteiligung nicht in Baden-Württemberg belegener Gemeinden an dem Zerlegungsverfahren nach §§ 47ff. BWLGrStG aus. Das bedeutet: Es ist Baden-Württemberg von Verfassungs wegen zwar nicht verwehrt, für die Besteuerung auch an außerhalb des eigenen Territoriums belegene Grundstücke anzuknüpfen. Die insoweit zu treffenden Entscheidungen haben in den anderen Bundesländern aber keine Wirkung. Vor allem bedarf es in den anderen Bundesländern allein deshalb einer eigenen Tätigkeit, damit die dort belegenen Gemeinden in Ansehung der auf ihrem Gebiet belegenen Grundstücke die Grundsteuer erheben können. Vor allem aber ist nicht

§§ 26–36 BWLGrStG　　　　　　　　　　　　　　Dritter Teil Bewertungsvorschriften

ausgeschlossen, dass in den anderen Bundesländern inhaltlich anders entschieden wird als in Baden-Württemberg. Diese Probleme wird man hinnehmen müssen. Eine analoge Anwendung des § 231 Abs. 2 BewG (vgl. zur Perspektive der angrenzenden Länder →BewG § 231 Rn. 4 für Rheinland-Pfalz und Hessen sowie →BayGrStG Art. 9 Rn. 16 zu Bayern) scheitert angesichts der vom baden-württembergischen Gesetzgeber kundgetanen Einschätzung (→Rn. 18) jedenfalls an der Planwidrigkeit der Regelungslücke.

III. Auslandsgrenzen überschreitende Betriebe der Land- und Forstwirtschaft (Abs. 3 S. 3)

20　Soweit sich die wirtschaftliche Einheit des Betriebs der Land- und Forstwirtschaft auch auf das Ausland erstreckt, gilt nach § 25 Abs. 3 S. 3 BWLGrStG die Regelung des § 25 Abs. 3 S. 1 u. 2 BWLGrStG entsprechend: Der Grundsteuerwert wird in diesem Fall – abweichend von dem bloß Gemeinde- und Landesgrenzen überschreitenden Betrieb – nicht für die gesamte wirtschaftliche Einheit festgestellt. Das „entsprechend" in Satz 3 wird man so verstehen müssen, dass es für den inländischen Teil bei dem Grundsatz bleibt, wonach von einer einheitlichen innerdeutsche Grenzen überschreitenden Einheit auszugehen ist (→Rn. 18f.). Es werden mithin nur die ausländischen Teile ausgeklammert (so auch BWLT-Drs. 17/1115, 6).

1. Abschnitt: Land- und forstwirtschaftliches Vermögen

§ 26　Begriff des land- und forstwirtschaftlichen Vermögens

(1) ¹Die wirtschaftliche Einheit des land- und forstwirtschaftlichen Vermögens ist der Betrieb der Land- und Forstwirtschaft. ²Wird der Betrieb der Land- und Forstwirtschaft oder werden Teile davon einem anderen Berechtigten zur Erzeugung von Pflanzen und Tieren sowie zur Verwertung der dadurch selbst gewonnenen Erzeugnisse überlassen, so gilt dies als Fortsetzung der land- und forstwirtschaftlichen Tätigkeit des Überlassenden.

(2) ¹Land- und Forstwirtschaft ist die planmäßige Nutzung der natürlichen Kräfte des Bodens zur Erzeugung von Pflanzen und Tieren sowie die Verwertung der dadurch selbst gewonnenen Erzeugnisse. ²Zum land- und forstwirtschaftlichen Vermögen gehören alle Wirtschaftsgüter, die einem Betrieb der Land- und Forstwirtschaft dauernd zu dienen bestimmt sind.

(3) ¹Zu den Wirtschaftsgütern, die dem Betrieb der Land- und Forstwirtschaft dauernd zu dienen bestimmt sind, gehören insbesondere:
1. der Grund und Boden,
2. die Wirtschaftsgebäude,
3. die stehenden Betriebsmittel,
4. der normale Bestand an umlaufenden Betriebsmitteln,
5. die immateriellen Wirtschaftsgüter.

²Als normaler Bestand an umlaufenden Betriebsmitteln gilt ein Bestand, der zur gesicherten Fortführung des Betriebs erforderlich ist.

(4) Nicht zum land- und forstwirtschaftlichen Vermögen gehören:
1. Grund und Boden sowie Gebäude und Gebäudeteile, die Wohnzwecken oder anderen nicht land- und forstwirtschaftlichen Zwecken dienen,
2. Tierbestände oder Zweige des Tierbestands und die hiermit zusammenhängenden Wirtschaftsgüter (zum Beispiel Gebäude und abgrenzbare Gebäudeteile mit den dazugehörenden Flächen, stehende und umlaufende Betriebsmittel), wenn die Tiere weder nach § 35 zur landwirtschaftlichen Nutzung noch nach § 36 Absatz 2 zu den sonstigen land- und forstwirtschaftlichen Nutzungen gehören; die Zugehörigkeit der landwirtschaftlich genutzten Flächen zum land- und forstwirtschaftlichen Vermögen wird hierdurch nicht berührt,
3. Zahlungsmittel, Geldforderungen, Geschäftsguthaben, Wertpapiere und Beteiligungen sowie
4. Geldschulden und Pensionsverpflichtungen.

§ 27 Abgrenzung des land- und forstwirtschaftlichen Vermögens vom Grundvermögen in Sonderfällen

(1) Dienen im Umgriff einer Windenergieanlage Flächen einem Betrieb der Land- und Forstwirtschaft, sind abweichend von § 26 Absatz 4 Nummer 1 die Standortflächen der Windenergieanlage und der dazugehörenden Betriebsvorrichtungen (abgegrenzte Standortfläche der Windenergieanlage) dem land- und forstwirtschaftlichen Vermögen zuzurechnen.

(2) Land- und forstwirtschaftlich genutzte Flächen sind dem Grundvermögen zuzurechnen, wenn nach ihrer Lage, den am Feststellungszeitpunkt bestehenden Verwertungsmöglichkeiten oder den sonstigen Umständen anzunehmen ist, dass sie innerhalb eines Zeitraums von sieben Jahren anderen als land- und forstwirtschaftlichen Zwecken, insbesondere als Bau-, Gewerbe- oder Industrieland oder als Land für Verkehrszwecke, dienen werden.

(3) ¹Flächen sind stets dem Grundvermögen zuzurechnen, wenn sie in einem Bebauungsplan als Bauland festgesetzt sind, ihre sofortige Bebauung möglich ist und die Bebauung innerhalb des Plangebiets in benachbarten Bereichen begonnen hat oder schon durchgeführt ist. ²Satz 1 gilt nicht für die Hofstelle.

§ 28 Betrieb der Land- und Forstwirtschaft

(1) Ein Betrieb der Land- und Forstwirtschaft umfasst:
1. die land- und forstwirtschaftlichen Nutzungen:
   a) die landwirtschaftliche Nutzung,
   b) die forstwirtschaftliche Nutzung,
   c) die weinbauliche Nutzung,
   d) die gärtnerische Nutzung,
      aa) Nutzungsteil Gemüsebau,
      bb) Nutzungsteil Blumen- und Zierpflanzenbau,
      cc) Nutzungsteil Obstbau,
      dd) Nutzungsteil Baumschulen,

§§ 26–36 BWLGrStG

e) die übrigen land- und forstwirtschaftlichen Nutzungen,
2. die Nutzungsarten:
   a) Abbauland,
   b) Geringstland,
   c) Unland,
   d) Hofstelle,
3. die Nebenbetriebe.

(2) Die land- und forstwirtschaftlichen Betriebsflächen sind einer Nutzung, innerhalb der gärtnerischen Nutzung einem Nutzungsteil oder einer Nutzungsart zuzuordnen (gesetzliche Klassifizierung).

(3) Zum Abbauland gehören die Betriebsflächen, die durch Abbau der Bodensubstanz überwiegend für den Betrieb der Land- und Forstwirtschaft nutzbar gemacht werden, zum Beispiel Steinbrüche, Torfstiche, Sand-, Kies- und Lehmgruben.

(4) Zum Geringstland gehören die Betriebsflächen geringster Ertragsfähigkeit, für die nach dem Bodenschätzungsgesetz keine Wertzahlen festzustellen sind.

(5) Zum Unland gehören die Betriebsflächen, die auch bei geordneter Wirtschaftsweise keinen Ertrag abwerfen können.

(6) Zur Hofstelle gehören alle Hof- und Wirtschaftsgebäudeflächen einschließlich der Nebenflächen, wenn von dort land- und forstwirtschaftliche Flächen nachhaltig bewirtschaftet werden.

(7) Als Nebenbetrieb gilt ein Betrieb, der dem Hauptbetrieb zu dienen bestimmt ist und nicht einen selbständigen gewerblichen Betrieb darstellt.

§ 29 Bewertungsstichtag

(1) Für die Größe des Betriebs sowie für den Umfang und den Zustand der Gebäude sind die Verhältnisse im Feststellungszeitpunkt maßgebend.

(2) Für die stehenden und umlaufenden Betriebsmittel ist der Stand am Ende des Wirtschaftsjahres maßgebend, das dem Feststellungszeitpunkt vorangegangen ist.

§ 30 Ermittlung des Ertragswerts

(1) ^{1}Bei der Ermittlung des Ertragswerts (§ 24 Absatz 2) eines Betriebs der Land- und Forstwirtschaft ist von der Ertragsfähigkeit auszugehen. ^{2}Ertragsfähigkeit ist der bei ordnungsmäßiger Bewirtschaftung gemeinhin und nachhaltig erzielbare Reinertrag eines pacht- und schuldenfreien Betriebs mit entlohnten fremden Arbeitskräften (Reinertrag). ^{3}Er ermittelt sich aus dem Betriebseinkommen abzüglich des Lohnaufwands für die entlohnten Arbeitskräfte und des angemessenen Anteils für die Arbeitsleistung des Betriebsleiters sowie der nicht entlohnten Arbeitskräfte. ^{4}Hierbei sind alle Umstände zu berücksichtigen, die bei einer Selbstbewirtschaftung des Betriebs den Wirtschaftserfolg beeinflussen.

(2) ^{1}Der Reinertrag wird aus den Erhebungen nach § 2 des Landwirtschaftsgesetzes oder aus Erhebungen der Finanzverwaltung für jede ge-

setzliche Klassifizierung gesondert ermittelt. ²Bei der Ermittlung des jeweiligen Reinertrags ist zur Berücksichtigung der nachhaltigen Ertragsfähigkeit ein Durchschnitt aus den letzten zehn vorliegenden Wirtschaftsjahren zu bilden, die vor dem Hauptfeststellungszeitpunkt geendet haben.

(3) Der Ertragswert ist das 18,6-fache der Summe der Reinerträge des Betriebs.

§ 31 Bewertung des Betriebs der Land- und Forstwirtschaft

(1) ¹Bei der Ermittlung des Ertragswerts für einen Betrieb der Land- und Forstwirtschaft sind die land- und forstwirtschaftlichen Nutzungen, Nutzungsarten und die Nebenbetriebe (§ 28 Absatz 1) mit ihrem jeweiligen Reinertrag nach den Absätzen 2 bis 8 zu bewerten. ²Mit dem Ansatz des jeweiligen Reinertrags sind auch dem Eigentümer des Grund und Bodens nicht gehörende stehende und umlaufende Betriebsmittel, die der Bewirtschaftung des Betriebs dienen, abgegolten.

(2) ¹Der Reinertrag der landwirtschaftlichen Nutzung ermittelt sich aus der Summe der Flächenwerte. ²Der jeweilige Flächenwert ist das Produkt aus der Größe der gesetzlich klassifizierten Eigentumsfläche des Betriebs und den Bewertungsfaktoren der Anlage 1. ³Die Bewertungsfaktoren Grundbetrag und Ertragsmesszahl nach § 9 des Gesetzes zur Schätzung des landwirtschaftlichen Kulturbodens (Bodenschätzungsgesetzes) sind für jede Eigentumsfläche gesondert zu ermitteln.

(3) ¹Der Reinertrag der forstwirtschaftlichen Nutzung ermittelt sich aus der Summe der Flächenwerte. ²Der jeweilige Flächenwert ist das Produkt aus der Größe der gesetzlich klassifizierten Eigentumsfläche des Betriebs und dem jeweiligen gegendüblichen Bewertungsfaktor gemäß Anlage 2. ³Die gegendüblichen Bewertungsfaktoren bestimmen sich nach den forstwirtschaftlichen Wuchsgebieten und deren Baumartenanteilen nach der zuletzt vor dem Hauptfeststellungszeitpunkt durchgeführten Bundeswaldinventur (§ 41a des Bundeswaldgesetzes). ⁴Abweichend hiervon werden klassifizierte Eigentumsflächen mit katastermäßig nachgewiesenen Bewirtschaftungsbeschränkungen als Geringstland bewertet, wenn infolge der Bewirtschaftungsbeschränkungen eine nachhaltige forstwirtschaftliche Nutzung unterbleibt.

(4) ¹Der Reinertrag der weinbaulichen Nutzung ermittelt sich aus der Summe der Flächenwerte. ²Der jeweilige Flächenwert ist das Produkt aus der Größe der gesetzlich klassifizierten Eigentumsfläche des Betriebs und dem Bewertungsfaktor für die Verwertungsform Traubenerzeugung gemäß Anlage 3.

(5) ¹Der Reinertrag der gärtnerischen Nutzung ist gegliedert nach den Nutzungsteilen zu ermitteln. ²Der Reinertrag eines Nutzungsteils ermittelt sich aus der Summe der Flächenwerte. ³Der jeweilige Flächenwert ist das Produkt aus der Größe der gesetzlich klassifizierten Eigentumsfläche des Betriebs und dem jeweiligen Bewertungsfaktor gemäß Anlage 4. ⁴Abweichend hiervon wird der Nutzungsteil Gemüsebau wie eine landwirtschaftliche Nutzung bewertet, wenn im Wechsel landwirtschaftliche und gärtnerische Erzeugnisse gewonnen werden und keine Bewässerungsmöglichkeiten bestehen.

§§ 26–36 BWLGrStG   Dritter Teil Bewertungsvorschriften

(6) ¹Der Reinertrag für die übrigen land- und forstwirtschaftlichen Nutzungen ist für jede Nutzung nach § 36 gesondert zu ermitteln. ²Der Reinertrag einer übrigen land- und forstwirtschaftlichen Nutzung ermittelt sich aus der Summe der Flächenwerte. ³Der jeweilige Flächenwert ist das Produkt aus der Größe der gesetzlich klassifizierten Eigentumsfläche des Betriebs und dem jeweiligen Bewertungsfaktor einschließlich des Zuschlags gemäß Anlage 5. ⁴Für die sonstigen land- und forstwirtschaftlichen Nutzungen, für die kein Bewertungsfaktor festgelegt wurde, ist der Reinertrag der jeweiligen Nutzung durch Multiplikation der Bruttogrundflächen der nachhaltig genutzten Wirtschaftsgebäude mit dem Zwölffachen des Werts gemäß Anlage 5 und für den dazu gehörenden Grund und Boden nach Absatz 8 zu ermitteln; dies gilt unabhängig von einer gesetzlichen Klassifizierung als Hofstelle.

(7) ¹Der Reinertrag für die Nutzungsarten Abbauland, Geringstland und Unland ermittelt sich aus der Summe der Flächenwerte der jeweiligen Nutzungsart. ²Der jeweilige Flächenwert ist das Produkt aus der Größe der gesetzlich klassifizierten Eigentumsfläche des Betriebs und dem jeweiligen Bewertungsfaktor gemäß Anlage 5.

(8) ¹Der Reinertrag für die Hofflächen und die Nebenbetriebe ermittelt sich aus der Summe der Flächenwerte. ²Der Flächenwert ist das Produkt aus der jeweils als Hofstelle gesetzlich klassifizierten Eigentumsfläche des Betriebs und dem dreifachen Bewertungsfaktor gemäß Anlage 6.

§ 32 Zuschläge zum Reinertrag

(1) Ein Zuschlag zum Reinertrag einer Nutzung oder Nutzungsart ist vorzunehmen,
1. bei der landwirtschaftlichen Nutzung gemäß Anlage 1, wenn der tatsächliche Tierbestand am maßgeblichen Bewertungsstichtag (§ 29) die in Anlage 1 genannte Grenze nachhaltig überschreitet,
2. bei der gärtnerischen Nutzung gemäß Anlage 4, wenn in einem Nutzungsteil Flächen unter Glas und Kunststoffen dem Betrieb zu dienen bestimmt sind; zu den Flächen unter Glas und Kunststoffen gehören insbesondere mit Gewächshäusern, begehbaren Folientunneln, Foliengewächshäusern und anderen Kulturräumen überbaute Bruttogrundflächen; unerheblich ist, ob die Flächen unter Glas und Kunststoffen neben der Erzeugung auch zur Lagerung oder zum Vertrieb der Erzeugnisse zu dienen bestimmt sind,
3. bei der Nutzungsart Hofstelle gemäß Anlage 6 für die weinbauliche Nutzung und für Nebenbetriebe; der Zuschlag ermittelt sich durch Multiplikation der Bruttogrundflächen der nachhaltig genutzten Wirtschaftsgebäude mit dem Zwölffachen des jeweiligen Bewertungsfaktors; unerheblich ist, ob die Wirtschaftsgebäude neben der Erzeugung auch zur Lagerung oder zum Vertrieb der Erzeugnisse zu dienen bestimmt sind.

(2) ¹Der Reinertrag einer Nutzung oder Nutzungsart ist um einen Zuschlag zu erhöhen, wenn die Eigentumsflächen des Betriebs zugleich der Stromerzeugung aus Windenergie dienen. ²Der Zuschlag ermittelt sich

aus dem Produkt der abgegrenzten Standortfläche der Windenergieanlage und dem Bewertungsfaktor gemäß Anlage 7.

§ 33 Grundsteuerwert des Betriebs der Land- und Forstwirtschaft

(1) Die Summe der Reinerträge des Betriebs einschließlich der Zuschläge (§§ 31 und 32) ist zur Ermittlung des Ertragswerts mit dem Faktor 18,6 zu kapitalisieren und ergibt den Grundsteuerwert des Betriebs der Land- und Forstwirtschaft.

(2) ¹Die Summe der Reinerträge einschließlich der Zuschläge (§§ 31 und 32) eines Betriebs der Land- und Forstwirtschaft ist für jede Gemeinde gesondert zu ermitteln, wenn sich die wirtschaftliche Einheit über mehrere Gemeinden erstreckt. ²Der auf eine Gemeinde entfallende Anteil am Grundsteuerwert berechnet sich aus der jeweils für eine Gemeinde gesondert ermittelten Summe der Reinerträge im Verhältnis zur Gesamtsumme der Reinerträge des Betriebs der Land- und Forstwirtschaft.

§ 34 Kleingartenland und Dauerkleingartenland

(1) Als Betrieb der Land- und Forstwirtschaft gelten auch Kleingartenland und Dauerkleingartenland im Sinne des Bundeskleingartengesetzes.

(2) ¹Bei der Ermittlung des Ertragswerts für Kleingartenland- und Dauerkleingartenland ist abweichend von § 31 der Reinertrag für den Nutzungsteil Gemüsebau anzusetzen. ²Der Reinertrag ergibt sich aus der Summe der Produkte der jeweils gesetzlich klassifizierten Eigentumsfläche und dem Reinertrag für das Freiland gemäß Anlage 4.

(3) ¹Gartenlauben von mehr als 30 Quadratmetern Brutto-Grundfläche gelten als Wirtschaftsgebäude. ²§ 31 Absatz 8 findet entsprechende Anwendung.

(4) Die Summe der Reinerträge nach den Absätzen 2 und 3 ist zur Ermittlung des Ertragswerts mit dem Faktor 18,6 zu kapitalisieren und ergibt den Grundsteuerwert des Betriebs der Land- und Forstwirtschaft.

§ 35 Tierbestände

(1) ¹Tierbestände gehören in vollem Umfang zur landwirtschaftlichen Nutzung, wenn im Wirtschaftsjahr
1. für die ersten 20 Hektar nicht mehr als 10 Vieheinheiten (VE),
2. für die nächsten 10 Hektar nicht mehr als 7 VE,
3. für die nächsten 20 Hektar nicht mehr als 6 VE,
4. für die nächsten 50 Hektar nicht mehr als 3 VE,
5. und für die weitere Fläche nicht mehr als 1,5 VE

je Hektar der vom Inhaber des Betriebs selbst bewirtschafteten Flächen der landwirtschaftlichen Nutzung erzeugt oder gehalten werden. ²Zu den selbst bewirtschafteten Flächen gehören die Eigentumsflächen und die zur Nutzung überlassenen Flächen. ³Die Tierbestände sind nach dem Futterbedarf in Vieheinheiten umzurechnen.

§§ 26–36 BWLGrStG

(2) ¹Übersteigt die Anzahl der Vieheinheiten nachhaltig die in Absatz 1 bezeichnete Grenze, so gehören nur die Zweige des Tierbestands zur landwirtschaftlichen Nutzung, deren Vieheinheiten zusammen diese Grenze nicht überschreiten. ²Zunächst sind mehr flächenabhängige Zweige des Tierbestands und danach weniger flächenabhängige Zweige des Tierbestands zur landwirtschaftlichen Nutzung zu rechnen. ³Innerhalb jeder dieser Gruppen sind zuerst Zweige des Tierbestands mit der geringeren Anzahl von Vieheinheiten und dann Zweige mit der größeren Anzahl von Vieheinheiten zur landwirtschaftlichen Nutzung zu rechnen. ⁴Der Tierbestand des einzelnen Zweiges wird nicht aufgeteilt.

(3) ¹Als Zweig des Tierbestands gilt bei jeder Tierart für sich:
1. das Zugvieh,
2. das Zuchtvieh,
3. das Mastvieh,
4. das übrige Nutzvieh.

²Das Zuchtvieh einer Tierart gilt nur dann als besonderer Zweig des Tierbestands, wenn die erzeugten Jungtiere überwiegend zum Verkauf bestimmt sind. ³Ist das nicht der Fall, so ist das Zuchtvieh dem Zweig des Tierbestands zuzurechnen, dem es überwiegend dient.

(4) ¹Die Absätze 1 bis 3 gelten nicht für Pelztiere. ²Pelztiere gehören nur dann zur landwirtschaftlichen Nutzung, wenn die erforderlichen Futtermittel überwiegend von dem vom Inhaber des Betriebs landwirtschaftlich genutzten Flächen gewonnen werden.

(5) Der Umrechnungsschlüssel für Tierbestände in Vieheinheiten sowie die Gruppen der mehr oder weniger flächenabhängigen Zweige des Tierbestands sind den Anlagen 8 und 9 zu entnehmen.

§ 36 Übrige land- und forstwirtschaftliche Nutzungen

(1) Zu den übrigen land- und forstwirtschaftlichen Nutzungen gehören:
1. Hopfen, Spargel und andere Sonderkulturen,
2. die sonstigen land- und forstwirtschaftlichen Nutzungen.

(2) Zu den sonstigen land- und forstwirtschaftlichen Nutzungen gehören insbesondere:
1. die Binnenfischerei,
2. die Teichwirtschaft,
3. die Fischzucht für Binnenfischerei und Teichwirtschaft,
4. die Imkerei,
5. die Wanderschäferei,
6. die Saatzucht,
7. der Pilzanbau,
8. die Produktion von Nützlingen,
9. die Weihnachtsbaumkulturen,
10. die Kurzumtriebsplantagen.

1   Die §§ 26–36 BWLGrStG regeln die wirtschaftliche Einheit des Betriebs der Land- und Forstwirtschaft und deren Bewertung mit dem Ertragswert. Sie beruhen

Grundstück **§ 37 BWLGrStG**

auf dem Gesetz v. 4.11.2020 (→ Grundlagen Rn. 80; zu §§ 26–36 ff. BWLGrStG BWLT-Drs. 16/8907, 70 ff.). Die **§§ 26–36 BWLGrStG sind** (abgesehen von den Verweisungen innerhalb des BWLGrStG) **wortlautidentisch mit den §§ 232–242 BewG.** Es gibt lediglich zwei **marginale Abweichungen,** die allerdings nur die Nummerierung und nicht den Inhalt betreffen: **(1)** § 26 Abs. 1 BWLGrStG entspricht § 232 Abs. 2 BewG und § 26 Abs. 2 BWLGrStG dem § 232 Abs. 1 BewG (die Absätze sind also umgekehrt worden). **(2)** Die in § 236 Abs. 1 BewG enthaltene Regelung (Anordnung des Ertragswertverfahrens) findet sich (vor die Klammer gezogen) in § 24 Abs. 2 BWLGrStG. Ferner sind die Anlagen 1–9 zu den §§ 26–36 BewG vollständig identisch mit den Anlagen 27–35 zu den §§ 232–242 BewG.

Das BWLGrStG weist eine **jenseits der §§ 26–36 BWLGrStG verortete, sich** 2 **allerdings dort auswirkende Besonderheit auf:** Wegen § 25 Abs. 1 S. 6 ff. BWLGrStG, die Abweichungen vom bundesgesetzlichen Grundsatz der Eigentümeridentität vorsehen, kennt das baden-württembergische Recht mitunter abweichend vom Bundesrecht gebildete wirtschaftliche Einheiten (→ BWLGrStG § 25 Rn. 5 ff.). Hiervon abgesehen lässt sich im Übrigen konstatieren, **dass die Besteuerung der Betriebe der Land- und Forstwirtschaft bundesweit nach Methodik und Bewertungsdaten einheitlich erfolgt** (trotz Abweichungsgesetzgebung).

2. Abschnitt: Grundvermögen

§ 37 Grundstück

(1) ¹**Wirtschaftliche Einheit des Grundvermögens ist das Grundstück im Sinne dieses Abschnitts.** ²**Hierzu gehört der ganze oder anteilige Grund und Boden, soweit es sich hierbei nicht um land- und forstwirtschaftliches Vermögen handelt.** ³**Bodenschätze sind nicht einzubeziehen.**

(2) ¹**Ein Anteil des Eigentümers eines Grundstücks an anderem Grundvermögen ist in die wirtschaftliche Einheit Grundstück einzubeziehen, wenn der Anteil zusammen mit dem Grundstück genutzt wird.** ²**Das gilt nicht, wenn das gemeinschaftliche Grundvermögen nach den Anschauungen des Verkehrs als selbständige wirtschaftliche Einheit anzusehen ist.**

§ 37 BWLGrStG beruht auf dem Gesetz v. 4.11.2020 (→ Grundlagen Rn. 80; 1 zu § 37 BWLGrStG BWLT-Drs. 16/8907, 80). Die Regelung in **§ 37 Abs. 1 BWLGrStG entspricht** § **244 Abs. 1 BewG:** Die nach Maßgabe von § 25 BWLGrStG gebildete wirtschaftliche Einheit des Grundvermögens ist „ein Grundstück" im Sinne des Grundsteuerrechts. Für dieses Grundstück ist ein Grundsteuerwert zu ermitteln und es ist einer Person zuzurechnen. Diese wirtschaftliche Einheit kann aus einem einzigen Grundbuchgrundstück (Begriff → BewG § 244 Rn. 6) bestehen, muss es aber nicht zwingend. Unter Umständen bilden mehrere Grundbuchgrundstücke eine wirtschaftliche Einheit. Ebenso ist denkbar, dass ein Grundbuchgrundstück in zwei wirtschaftliche Einheiten aufzuteilen ist (zur Sonderregelung für Wohnungs- und Teileigentum in § 25 Abs. 2 BWLGrStG → BWLGrStG § 25 Rn. 16). Es dürften insoweit weitgehend die gleichen Grundsätze gelten, die auch für § 244 Abs. 1 BewG gelten (eingehend → BewG § 244 Rn. 4 ff.). Denn auch wenn im baden-württembergischen Grundsteuerrecht das Gebäude keine

§ 38 BWLGrStG

Bedeutung hat, so dürfte der Bezugspunkt für die wirtschaftliche Betrachtungsweise weiterhin das Grundstück sein, wie es steht und liegt, dh unter Berücksichtigung der Bebauung und seiner Nutzung. Bestätigt wird dies von § 37 Abs. 2 BWLGrStG, der abweichend von dem Grundsatz der Eigentümeridentität (→ BWLGrStG § 25 Rn. 4) eine Einbeziehung eines bloßen Miteigentumsanteils an einem anderen Grundstück in eine wirtschaftliche Einheit erlaubt, wenn dieser Anteil zusammen mit dem Grundstück genutzt wird. Hierbei handelt es sich typischerweise um Garagen und Einstellplätze, die im Eigentum mehrerer Personen stehen und die gemeinsam mit deren (in ihrem Alleineigentum stehenden) Reihenhaus uÄ genutzt werden (so das Beispiel in BWLT-Drs. 16/8907, 80). Insoweit kann auf die Kommentierung zu § 244 Abs. 2 BewG verwiesen werden, dem § 37 Abs. 2 BWLGrStG nachgebildet worden ist (→ BewG § 244 Rn. 18 ff.).

§ 38 Bewertung von Grundstücken

(1) ¹**Der Grundsteuerwert der Grundstücke ermittelt sich durch Multiplikation ihrer Fläche des Grund und Bodens mit dem jeweiligen Bodenrichtwert gemäß § 196 des Baugesetzbuchs (BauGB).** ²**Maßgebend ist der Bodenrichtwert des Richtwertgrundstücks in der Bodenrichtwertzone, in der sich das zu bewertende Grundstück befindet.**

(2) ¹Die Bodenrichtwerte sind von den Gutachterausschüssen im Sinne des ersten Teils des dritten Kapitels des Baugesetzbuches (§§ 192 ff. BauGB) auf den Hauptfeststellungszeitpunkt zu ermitteln, zu veröffentlichen und nach amtlich vorgeschriebenem Datensatz durch Datenfernübertragung an die zuständigen Finanzbehörden bis spätestens zum 30. Juni des Jahres in dem die Hauptfeststellung stattfindet zu übermitteln. ²Die nach Satz 1 an die Finanzbehörden zu übermittelnden Daten können auch an eine nach Satz 3 zu bestimmende Stelle zur Weiterleitung an die Finanzbehörden übermittelt werden. ³Das Ministerium für Finanzen wird ermächtigt, im Einvernehmen mit der zuständigen obersten Landesbehörde diese Stelle zu bestimmen, zu beauftragen und soweit erforderlich zu beleihen.

(3) Wird von den Gutachterausschüssen im Sinne des ersten Teils des dritten Kapitels des Baugesetzbuches (§§ 192 ff. BauGB) kein Bodenrichtwert ermittelt, ist der Wert des Grundstücks aus den Werten vergleichbarer Flächen abzuleiten.

(4) ¹Ein anderer Wert des Grundstücks kann auf Antrag angesetzt werden, wenn der durch ein qualifiziertes Gutachten nachgewiesene tatsächliche Wert des Grund und Bodens zum Zeitpunkt der Hauptfeststellung mehr als 30 Prozent von dem Wert nach Absatz 1 oder 3 abweicht. ²Qualifiziert ist ein Gutachten, wenn dieses durch den zuständigen Gutachterausschuss im Sinne der §§ 192 ff. des Baugesetzbuchs oder von Personen, die von einer staatlichen, staatlich anerkannten oder nach DIN EN ISO/IEC 17024 akkreditierten Stelle als Sachverständige oder Gutachter für die Wertermittlung von Grund und Boden bestellt oder zertifiziert worden sind, erstellt worden ist.

A. Allgemeines

I. Systematische Einordnung und Zweck der Regelung

§ 38 BWLGrStG ist das (rechtspolitische) Herzstück des baden-württembergischen Grundsteuerrechts. Während das BWLGrStG hinsichtlich der Betriebe der Land- und Forstwirtschaft in Ansehung der Bewertung dem Bundesgrundsteuerrecht folgt, weicht es hinsichtlich der Grundstücke hiervon ab. Es folgt zwar – ebenso wie das Bundesgrundsteuerrecht – einem Verkehrswertansatz, nimmt aber nur den Grund und Boden in den Blick (daher: „Bodenwertmodell", → Grundlagen Rn. 80; zur verfassungsrechtlichen Beurteilung → Grundlagen Rn. 116 ff.). Der Bebauungszustand ist irrelevant. Das Gebäude bleibt bei der Ermittlung der Bemessungsgrundlage außen vor.

II. Entwicklung der Vorschrift

§ 38 BWLGrStG beruht auf dem Gesetz v. 4.11.2020 (→ Grundlagen Rn. 80; zu § 38 BWLGrStG BWLT-Drs. 16/8907, 81 f.). Mit dem ÄndGLGrStG v. 22.12.2021 (GBl. BW 2021, 1029, dazu BWLT-Drs. 17/1076, 18 f.) wurden Abs. 2 S. 2 f. und Abs. 4 angefügt.

B. Ermittlung des Bodenwertes anhand des zonalen Bodenrichtwerts (Abs. 1)

Der Grundsteuerwert wird durch die **Multiplikation der Grundstücksfläche mit dem Bodenrichtwert** ermittelt (§ 38 Abs. 1 S. 1 BWLGrStG). Die **Grundstücksfläche ergibt sich aus dem Grundbuch** in Bezug auf die zur wirtschaftlichen Einheit gehörenden Grundbuchgrundstücke. Sofern mehrere wirtschaftliche Einheiten auf einem Grundbuchgrundstück bestehen, ist eine Aufteilung notwendig. Das zweite Datum zur Ermittlung des Bodenwertes ist der Bodenrichtwert (zu den rechtlichen Ermittlungsvorgaben → BewG § 247 Rn. 5 ff.) und zwar aufgrund der Regelung in § 38 Abs. 1 S. 2 BWLGrStG der Bodenrichtwert des Bodenrichtwertgrundstücks (= „Mustergrundstück") ohne jede Anpassungsmöglichkeit an die grundstücksspezifischen Eigenschaften (zB Grundstücksgröße, Grundstückstiefe, Maß der baulichen Nutzung, → BewG § 247 Rn. 12) des konkret zu bewertenden Grundstücks (BWLT-Drs. 16/8907, 81: „keine individuelle Wertanpassung"). Der Bodenrichtwert gilt für alle Grundstücke innerhalb der Bodenrichtwertzone („Zonenwert"). Der Gesetzgeber vertraut darauf, dass die Abweichungen des Verkehrswertes des konkret zu bewertenden Grundstücks vom Bodenrichtwert durch den sachgerechten Zuschnitt der Richtwertzonen nicht mehr als 30% (nach oben oder unten) betragen werden (so die Vorgabe in § 15 Abs. 1 S. 2 ImmoWertV 2022). § 38 Abs. 1 BWLGrStG stimmt insoweit konzeptionell mit § 247 Abs. 1 BewG überein (→ BewG § 247 Rn. 12 ff.), ist allerdings noch strikter. Denn § 247 Abs. 1 S. 2 BewG lässt immerhin Abweichungen wegen unterschiedlicher Entwicklungszustände zu. Das tut § 38 Abs. 1 BWLGrStG nicht. Dafür steht dem Steuerpflichtigen allerdings unter den Voraussetzungen des § 38 Abs. 4 BWLGrStG die Möglichkeit offen, einen niedrigeren als den nach Abs. 1 bestimmten Wert nachzuweisen (→ Rn. 9 ff.).

4 Das „Zonenwert-Konzept" des § 38 Abs. 1 BWLGrStG wird man allerdings auch im Lichte der ImmoWertV 2022 sehen müssen: **(1)** § 38 Abs. 1 BWLGrStG dürfte voraussetzen, dass der Bodenrichtwert nach der ImmoWertV 2022 auch für das konkret betroffene Grundstück grundsätzlich (dh ungeachtet von Anpassungsnotwendigkeiten) Geltung beansprucht und dass daher die **Regelung des § 15 Abs. 2 ImmoWertV 2022 zu beachten ist.** Hiernach gilt der Bodenrichtwert einer Bodenrichtwertzone nicht für einzelne Grundstücke oder Grundstücksteile mit einer vom Bodenrichtwertgrundstück abweichenden Art der Nutzung oder Qualität, wie zum Beispiel Grünflächen, Waldflächen, Wasserflächen, Verkehrsflächen und Gemeinbedarfsflächen. **(2)** Ferner wird man bei **sich deckungsgleich überlagernden Bodenrichtzonen** (vgl. § 15 Abs. 3 ImmoWertV 2022) akzeptieren müssen, dass zwei Bodenrichtwerte existieren. Es muss daher eine den individuellen Eigenschaften des zu bewertenden Grundstücks gerecht werdende Auswahl zwischen den beiden Bodenrichtwerten getroffen werden. Dabei wird der Bodenrichtwert für dasjenige Mustergrundstück heranzuziehen sein, dessen Art der Nutzung am ehesten der des zu bewertenden Grundstücks entspricht (das entspricht auch der Regelung in § 247 Abs. 1 S. 2 Nr. 2 BewG).

5 Der BFH vertritt zu den §§ 145, 179 und 183 BewG die Ansicht, **dass die Bodenrichtwerte für die am Steuerrechtsverhältnis Beteiligten verbindlich und einer gerichtlichen Überprüfung regelmäßig nicht zugänglich sind.** Sie seien „von den Finanzbehörden und -gerichten ungeprüft und ohne eigenen Bewertungsspielraum der Ermittlung des Bedarfswerts zu Grunde zu legen" (BFH 18.8.2005 – II R 62/03, BStBl. II 2006, 5 [6]; 11.5.2005 – II R 21/02, BStBl. II 2005, 686; 5.12.2007 – II R 70/05, BFH/NV 2008, 757; 25.8.2010 – II R 42/09, BStBl. II 2011, 205 jeweils zu § 145 BewG). Den Gutachterausschüssen wird der Sache nach ein Beurteilungsspielraum in Bezug auf den Ermittlungsvorgang zugewiesen. Dieser betrifft den Zuschnitt der Bodenrichtwertzone innerhalb der gesetzlichen Vorgaben, die Bewertung, Gewichtung und Aufteilung der bekannten Kaufpreise sowie die deduktive Ableitung bei Fehlen eines Grundstücksverkehrs. Der Landesgesetzgeber will diese Rechtsprechung auch auf § 38 Abs. 1 BWLGrStG angewendet wissen. Das ergibt sich freilich nicht ausdrücklich aus der Norm selbst, ist aber in der Gesetzesbegründung dokumentiert (BWLT-Drs. 16/8907, 81). Ebenso wie bei § 247 BewG lässt sich die dieser Zurücknahme der gerichtlichen Kontrolldichte daher durchaus durch Auslegung des § 38 Abs. 1 BWLGrStG gewinnen. Verfassungsrechtlich geht damit eine Beschränkung des Art. 19 Abs. 4 GG einher, die allerdings gerechtfertigt ist. Denn die Gesetzesauslegung, die Tatsachenfeststellung, die Beachtung des § 15 Abs. 1 S. 2 ImmoWertV 2022 beim Zuschnitt der Bodenrichtzone, die Anwendung des § 15 Abs. 2 ImmoWertV 2022 und das Verfahren sind gerichtlich vollständig überprüfbar. Zudem ist der Beurteilungsspielraum dort überschritten, wo das Ergebnis offenkundig nicht mehr vertretbar ist (**zur gerichtlichen Kontrolle** eingehend → BewG § 247 Rn. 18 ff.). Hat der Gutachterausschuss einen nicht mit dem Gesetz in Einklang stehenden Bodenrichtwert ermittelt, entfällt die Bindungswirkung und es gilt § 38 Abs. 3 BWLGrStG, sofern der Gutachterausschuss nicht noch nachträglich einen fehlerfreien Bodenrichtwert auf den maßgeblichen Stichtag ermittelt. Zudem hat der Gesetzgeber mit § 38 Abs. 4 BWLGrStG ein „Entlastungsventil" geschaffen (zur verfassungsrechtlichen Rechtfertigung → Grundlagen Rn. 120, 133 f.; die dortigen Ausführungen zu § 247 BewG gelten wegen der Nachweismöglichkeit nach Maßgabe des § 38 Abs. 4 BWLGrStG „erst recht").

Bewertung von Grundstücken §38 BWLGrStG

C. Einbindung der Gutachterausschüsse in den Grundsteuervollzug (Abs. 2)

Die Bodenrichtwerte werden von den **Gutachterausschüssen** ermittelt. § 38 6
Abs. 2 BWLGrStG knüpft hieran an und konkretisiert die nach den §§ 192 ff.
BauGB bestehende Verpflichtung der Gutachterausschüsse im Hinblick auf die Bedürfnisse des Grundsteuervollzugs: (1) Die Bodenrichtwerte sind (flächendeckend) auf die Hauptfeststellungszeitpunkte zu ermitteln und (2) den Finanzbehörden so zu übermitteln, dass die Daten automatisiert verarbeitet werden können (= Daten iSv § 93c AO). Die Ausführungen zu dem wortlautidentischen § 247 Abs. 2 BewG gelten auch für § 38 Abs. 2 BWLGrStG (→ BewG § 247 Rn. 27 ff.). Das badenwürttembergische Recht weicht nur insoweit von § 247 Abs. 2 BewG ab, als dass mit dem 30. Juni des Jahres, in dem die Hauptfeststellung erfolgt, eine Frist genannt wird, und dass sowohl der unmittelbare Übermittlungsweg (Satz 1) als auch die Einschaltung einer außerhalb der Finanzverwaltung angesiedelten „Sammelstelle" zwecks Weiterleitung vorgesehen ist (Satz 2). Der Gesetzgeber hat in Ansehung dieser Sammelstelle auch in Betracht gezogen, dass es sich hierbei um eine privatrechtliche Vereinigung handeln kann; denn in Abs. 2 Satz 3 ist auch die Möglichkeit einer (durch Verwaltungsakt, öffentlich-rechtlichen Vertrag oder Rechtsverordnung vorzunehmenden, vgl. BVerwG 24.3.2011 – 3 C 23/10, NVwZ 2011, 1020 [1021]) Beleihung vorgesehen.

Die Bodenrichtwerte sind zu veröffentlichen und jedermann kann von der Ge- 7
schäftsstelle des örtlichen Gutachterausschusses Auskunft darüber verlangen. Gemäß § 12 Abs. 4 BWKAG ist die **Auskunft gebühren- und auslagenfrei,** wenn sie für den Steuerpflichtigen zur Erfüllung seiner steuerlichen Pflichten (→ BWLGrStG § 22) erforderlich ist. Darüber hinaus will der baden-württembergische Gesetzgeber den Steuerpflichtigen die Daten über ein Online-Portal zugänglich machen (§ 61 Abs. 3 BWLGrStG → BWLGrStG § 61).

D. Ableitung des Grundstückswerts aus den Werten vergleichbarer Flächen (Abs. 3)

§ 38 Abs. 3 BWLGrStG hält eine **Reservezuständigkeit der Finanzbehör-** 8
den vor, **wenn es an einem Bodenrichtwert fehlt.** Die Regelung stimmt mit § 247 Abs. 3 BewG überein, weshalb auf die dortigen Ausführungen verwiesen werden kann (→ BewG § 247 Rn. 30 ff.).

E. Nachweis eines niedrigeren Bodenwertes (Abs. 4)

Auf Antrag des Steuerpflichtigen kann ein niedrigerer als der von § 38 Abs. 1 9
BWLGrStG (Zonenwert) oder § 38 Abs. 3 BWLGrStG (finanzbehördlich geschätzter Wert) vorgesehene Wert angesetzt werden, wenn der vom Steuerpflichtigen nachgewiesene Wert des Grund und Bodens um mehr als 30% vom Zonenwert oder bei Fehlen eines (für das Grundstück geltenden) Zonenwertes von dem finanzbehördlich ermittelten Bodenwert abweicht (§ 38 Abs. 4 S. 1 BWLGrStG).

## § 38 BWLGrStG	Dritter Teil Bewertungsvorschriften

Die tatbestandliche Notwendigkeit einer Abweichung von mehr als 30% knüpft an § 15 Abs. 1 S. 2 ImmoWertV 2022 (→ Rn. 3) an. Der Gesetzgeber erachtet eine Abweichung von bis zu 30% als eine hinnehmbare Typisierung (→ Rn. 3), weshalb die Nachweismöglichkeit erst jenseits dieser Abweichung einsetzt.

10 Sofern der Bodenrichtwert der Bezugspunkt der Vergleichsbetrachtung ist (was dem Regelfall entsprechen dürfte), ist der **Wert zugrunde zu legen, wie § 38 Abs. 1 BWLGrStG ihn vorgibt,** dh als Zonenwert für den Grund und Boden im Zeitpunkt der jeweiligen Hauptfeststellung (BWLT-Drs. 17/1076, 19). Diesem Wert ist ein gutachterlich zu ermittelnder Verkehrswert des Grund und Bodens gegenüberzustellen. Das Gesetz sieht hierfür eine Nachweispflicht vor, die konzeptionell an § 198 BewG angelehnt ist: Der Steuerpflichtige kann den Nachweis nur mittels eines Gutachtens erbringen, das von entsprechend qualifizierten Personen zu erstatten ist. Das Gesetz nennt ausdrücklich und abschließend: den zuständigen Gutachterausschuss oder Personen, die von einer staatlichen, staatlich anerkannten oder nach DIN EN ISO/IEC 17024 akkreditierten Stelle als Sachverständige oder Gutachter für die Wertermittlung von Grund und Boden bestellt oder zertifiziert worden sind (§ 38 Abs. 4 S. 2 BWLGrStG). § 38 Abs. 4 BWLGrStG enthält (anders als § 198 Abs. 1 BewG) keine explizite Vorgabe der zu beachtenden Bewertungsregeln. Das **Gutachten muss daher der anerkannten Bewertungsübung entsprechen,** wobei die ImmoWertV 2022 insoweit – wie bei der Verkehrswertbewertung von Grundstücken auch sonst (vgl. BFH 28. 3. 1984 – IV R 224/81, BeckRS 1984, 4813; 15. 2. 2001 – III R 20/99, BStBl. II 2003, 635; *Krumm* DStJG 44 [2022], im Erscheinen begriffen) – als maßgebliche Informationsquelle in Ansehung der maßgeblichen Bewertungsübung fungiert.

11 Anlässlich der gutachterlichen Bewertung können sämtliche wertbeeinflussenden Umstände berücksichtigt werden. Zu beachten ist aber, dass **Bewertungsgegenstand immer nur der unbebaute und unbelastete** (dh Belastungen dürfen nicht in Abzug gebracht werden) **Grundbesitz ist.**

12 Gemäß § 38 Abs. 4 S. 1 BWLGrStG ist der Vergleich auf den Hauptfeststellungszeitpunkt zu beziehen. Daraus folgt, dass dem Gutachten die Wertverhältnisse zum jeweiligen Hauptfeststellungszeitpunkt zugrunde gelegt werden müssen. Fraglich ist, wie es sich verhält, wenn **sich die Bodenrichtwerte zwischen den Hauptfeststellungszeitpunkten verändern.** Eine solche Veränderung dürfte idR nicht zu einer Wertfortschreibung führen. Denn die in Betracht kommenden Umstände, die nicht zu den Wertverhältnissen iSv § 21 BWLGrStG gehören, sind wegen des Zonenwertkonzepts allesamt unbeachtlich (→ BewG § 227 Rn. 4 zweiter Spiegelstrich). Diese Umstände (Entwicklungszustand, grundstücksspezifische Eigenschaften, bauplanungsrechtliche [Aus-] Nutzbarkeit) können aber den **Verkehrswert des Grund und Boden beeinflussen** und sind dann auch im Gutachten zu berücksichtigen. Solche Verkehrswertveränderungen zwischen den Hauptfeststellungszeitpunkten dürften zu beachten sein und zwar dergestalt, dass der Verkehrswert so zu ermitteln ist, als ob die veränderten Umstände bereits im Hauptfeststellungszeitpunkt vorgelegen haben. Wird auf diese Weise nachträglich die 30%-Grenze des § 38 Abs. 4 S. 1 BWLGrStG überschritten und der notwendige Nachweis erbracht, ist – unter Beachtung der Wertgrenzen – eine **Wertfortschreibung** nach § 16 Abs. 1 BWLGrStG vorzunehmen.

13 § 38 Abs. 4 BWLGrStG statuiert eine **Nachweislast des Steuerpflichtigen** und regelt nicht bloß die Feststellungslast (so zu § 138 Abs. 4 BewG auch BFH 15. 3. 2017 – II R 10/15, BFH/NV 2017, 1153, aber auf § 38 Abs. 4 BWLGrStG übertragbar). Es genügt daher nicht, wenn der Steuerpflichtige lediglich die Einholung eines Sachverständigengutachtens durch das FA oder das FG beantragt. Hat der Steuerpflichtige kein Gutachten eingeholt, werden die Finanzbehörde und später das Finanzgericht schon allein deshalb den Wert nach § 38 Abs. 1 BWLGrStG zugrunde legen. Hat der Steuerpflichtige ein Gutachten eingeholt und kann er mittels dieses Gutachtens den Nachweis führen, dann ist der niedrigere Wert zugrunde zu legen. **§ 38 Abs. 4 S. 1 BWLGrStG spricht zwar von „kann", begründet damit aber kein Ermessen der Finanzbehörde,** sondern muss im Zusammenhang mit dem Antragsrecht des Steuerpflichtigen gelesen werden. Der Nachweis ist erbracht, wenn dem Gutachten ohne Einschaltung bzw. Bestellung weiterer Sachverständiger gefolgt werden kann. Entscheidend ist die methodische Qualität des Gutachtens. Dies betrifft zum einen die Beachtung der maßgeblichen Bewertungsübung (→ Rn. 10), aber auch die Nachvollziehbarkeit der Wertbegründung, insb. die objektivierbare und grundstücksbezogene Begründung von Abschlägen, Bandbreiteneinordnungen uÄ, die hinreichende Erhebung und Dokumentation der Begutachtungsgrundlagen und die Offenlegung vom Auftraggeber ungeprüft übernommener Angaben (instruktiv zu § 198 BewG zB BFH 24.10.2017 – II R 40/15, BFH/NV 2018, 354). Entspricht das Gutachten nicht in jeder Hinsicht den zu stellenden Anforderungen, muss – wiederum entsprechend der zu § 198 BewG entwickelten Grundsätze – wie folgt differenziert werden: Weist das Gutachten (Begründungs-) Lücken auf, die das FG selbst schließen kann, dann muss es dies tun (vgl. BFH 24.10.2017 – II R 40/15, BFH/NV 2018, 354). Verwertbar ist das Gutachten ferner dann, wenn der Mangel lediglich gar nicht, nicht ausreichend (grundstücks-) individuell oder unplausibel begründete Wertabschläge betrifft; dann können diese Abschläge außer Betracht bleiben, aber das Gutachten bleibt im Übrigen verwertbar (vgl. BFH 3.12.2008 – II R 19/08, BStBl. II 2009, 403 zu § 146 Abs. 7 BewG aF). Wenn ein Gutachten hingegen nicht behebbare methodische Mängel aufweist, dann kann es nicht als Nachweis dienen. Das FG wird es zurückweisen, ohne dass dafür ein eigenes Gegengutachten erforderlich wäre.

Die **Kosten des Gutachtens** sind vom Steuerpflichtigen zu tragen. Dies entspricht allgemeinen Grundsätzen (→BewG § 228 Rn. 7; zudem bestätigend BWLT-Drs. 17/1076, 20). 14

Vierter Teil Bemessung der Grundsteuer

§ 39 Steuermesszahl und Steuermessbetrag

¹**Bemessungsgrundlage der Grundsteuer ist der Steuermessbetrag.** ²**Dieser ist durch Anwendung eines Promillesatzes (Steuermesszahl) auf den Grundsteuerwert oder seinen steuerpflichtigen Teil zu ermitteln, der im Veranlagungszeitpunkt (§ 41 Absatz 1, § 42 Absatz 3 und § 43 Absatz 3) für den Steuergegenstand maßgebend ist.**

Der baden-württembergische Gesetzgeber hat sich ebenso wie der Bundesgesetzgeber dafür entschieden, der Feststellung des Grundsteuerwertes und der Festsetzung der Grundsteuer eine Messbetragsfestsetzung zwischenzuschalten. Diese Grundentscheidung normiert § 39 BWLGrStG, der damit den § 13 GrStG nachbildet (daher → GrStG § 13 Rn. 1, 3f.). Das Messbetragsverfahren bietet dem Gesetzgeber die Möglichkeit, durch unterschiedliche Steuermesszahlen Diffe- 1

§ 40 BWLGrStG   Vierter Teil Bemessung der Grundsteuer

renzierungen in Bezug auf bestimmte Steuergegenstände vorzunehmen, die von den Gemeinden wegen des Grundsatzes der Einheitlichkeit der Hebesätze (→ BWLGrStG § 50) hingenommen werden müssen. Diese Möglichkeit hat der baden-württembergische Gesetzgeber mit § 40 BWLGrStG auch genutzt.

§ 40 Steuermesszahlen

(1) **Für Betriebe der Land- und Forstwirtschaft beträgt die Steuermesszahl 0,55 Promille.**

(2) **Für Grundstücke beträgt die Steuermesszahl 1,30 Promille.**

(3) [1]**Die Steuermesszahl nach Absatz 2 wird um 30 Prozent ermäßigt, wenn das Grundstück überwiegend zu Wohnzwecken dient.** [2]**Überwiegend dient ein Grundstück zu Wohnzwecken, wenn der Anteil der Wohnnutzung an der gesamten Wohn- und Nutzfläche den Anteil der wohnfremden Nutzung übersteigt.**

(4) [1]**Die Steuermesszahl nach Absatz 2 wird um 25 Prozent ermäßigt, wenn**
1. **für das Grundstück eine Förderung nach dem Landeswohnraumförderungsgesetz (LWoFG) zugesagt wurde und**
2. **die sich aus der Förderzusage im Sinne des LWoFG ergebenden Bindungen für jeden Erhebungszeitraum innerhalb des Hauptveranlagungszeitraums bestehen, oder**
3. **für das Grundstück nach § 13 Absatz 3 des Wohnraumförderungsgesetzes (WoFG) vom 13. September 2001 (BGBl. I S. 2376), das zuletzt durch Artikel 42 des Gesetzes vom 20. November 2019 (BGBl. I S. 1626, 1652) geändert worden ist, oder nach Maßgabe des Ersten Wohnungsbaugesetzes (Wohnungsbau- und Familienheimgesetz – WoBauG) vom 26. April 1950 (BGBl. I S. 83) oder des Zweiten Wohnungsbaugesetzes (Wohnungsbau- und Familienheimgesetz – II. WoBauG) vom 27. Juni 1956 (BGBl. I S. 523), zuletzt geändert am 19. August 1994 (BGBl. I S. 2137), eine Förderzusage erteilt wurde und**
4. **die sich aus der Förderzusage im Sinne des WoFG, des WoBauG oder des II. WoBauG ergebenden Bindungen für jeden Erhebungszeitraum innerhalb des Hauptveranlagungszeitraums bestehen.**

[2]**Wird ein abgrenzbarer Teil des Grundstücks zu diesem Zwecke genutzt, so ist nur dieser Teil des Grundstücks begünstigt.**

(5) [1]**Liegen für ein Grundstück die Voraussetzungen des Absatzes 4 nicht vor, wird die Steuermesszahl nach Absatz 2 um 25 Prozent ermäßigt, wenn das jeweilige Grundstück**
1. **einer Wohnungsbaugesellschaft zugerechnet wird, deren Anteile mehrheitlich von einer oder mehreren Gebietskörperschaften gehalten werden und zwischen der Wohnungsbaugesellschaft und der Gebietskörperschaft oder den Gebietskörperschaften ein Gewinnabführungsvertrag besteht,**
2. **einer Wohnungsbaugesellschaft zugerechnet wird, die als gemeinnützig im Sinne des § 52 der AO anerkannt ist, oder**
3. **einer Genossenschaft oder einem Verein zugerechnet wird, der seine Geschäftstätigkeit auf die in § 5 Absatz 1 Nummer 10 Satz 1 Buchstabe a**

und b des Körperschaftsteuergesetzes genannten Bereiche beschränkt und von der Körperschaftsteuer befreit ist. ²Wird ein abgrenzbarer Teil des Grundstücks zu diesem Zwecke genutzt, so ist nur dieser Teil des Grundstücks begünstigt. ³Der Abschlag auf die Steuermesszahl nach Satz 1 wird auf Antrag für jeden Erhebungszeitraum innerhalb des Hauptveranlagungszeitraums gewährt, wenn nachgewiesen wird, dass die jeweiligen Voraussetzungen am Hauptveranlagungsstichtag vorlagen. ⁴Entfallen die Voraussetzungen des Satzes 1 während des Hauptveranlagungszeitraums, ist dies anzuzeigen.

(6) ¹Die Steuermesszahl nach Absatz 2 wird um 10 Prozent ermäßigt, wenn sich auf dem Grundstück Gebäude befinden, die Kulturdenkmale im Sinne des Gesetzes zum Schutz der Kulturdenkmale (Denkmalschutzgesetz) sind. ²Wird ein abgrenzbarer Teil des Grundstücks zu diesem Zwecke genutzt, so ist nur dieser Teil des Grundstücks begünstigt.

(7) Erfüllt ein Grundstück mehrere Vergünstigungstatbestände im Sinne der Absätze 3 bis 6, ergibt sich die Ermäßigung der Steuermesszahl nach Absatz 2 aus der Summe der zu berücksichtigenden Prozentsätze.

A. Allgemeines

I. Systematische Einordnung und Zweck der Regelung

Die Regelung gibt die Steuermesszahlen vor, die mit dem Grundsteuerwert zu multiplizieren sind und den Grundsteuermessbetrag ergeben (§ 39 BWLGrStG). Sie enthält ferner einen allgemeinen Ermäßigungstatbestand für Wohngrundstücke, was praktisch zur „Dreiteilung" der Steuerobjekte führt ([1] Land- und Forstwirtschaft, [2] Wohngrundstücke, [3] Nicht-Wohngrundstücke). Daneben existieren noch weitere besondere Ermäßigungstatbestände, so ua für Wohnnutzungen, die über die allgemeine Ermäßigung hinaus für förderwürdig erachtet werden (weiterführend → GrStG § 15 Rn. 1). **1**

II. Entwicklung der Vorschrift

§ 40 BWLGrStG beruht auf dem Gesetz v. 4.11.2020 (→ Grundlagen Rn. 80; zu § 40 BWLGrStG BWLT-Drs. 16/8907, 82). Mit dem ÄndGLGrStG v. 22.12.2021 (GBl. BW 2021, 1029, dazu BWLT-Drs. 17/1076, 18 [Gesetzesentwurf]) wurden die Nr. 1, 2 u. 4 in Abs. 4 geändert, Abs. 5 S. 2 eingefügt und Abs. 6 S. 2 geändert. **2**

B. Regelmesszahlen (Abs. 1 u. 2)

§ 40 Abs. 1 u. 2 BWLGrStG enthalten die Regelmesszahlen: für Betriebe der Land- und Forstwirtschaft = 0,55 Promille (ebenso § 14 GrStG für das Bundesgrundsteuerrecht), für die Grundstücke = 1,30 Promille. **3**

§ 40 BWLGrStG Vierter Teil Bemessung der Grundsteuer

C. Allgemeine Messzahlermäßigung für Wohngrundstücke (Abs. 3)

4   Abweichend vom Bundesgrundsteuerrecht sieht § 40 Abs. 3 BWLGrStG eine **Messzahlermäßigung in Höhe von 30 % vor, wenn das Grundstück überwiegend Wohnzwecken dient** (kurz: Wohngrundstücke), also der Anteil der Wohnnutzung an der gesamten Wohn- und Nutzfläche den Anteil der wohnfremden Nutzung übersteigt (§ 40 Abs. 3 BWLGrStG). Nach der Vorstellung des Gesetzgebers soll das **Verhältnis von Wohn- und Nutzfläche nach Maßgabe der Wohnflächenverordnung (WoFlV)** oder DIN 277-1 ermittelt werden (BWLT-Drs. 16/8907, 82). Insoweit gelten die Ausführungen zu § 249 BewG entsprechend (→ BewG § 249 Rn. 4ff., dort auch auszugsweiser Abdruck der WoFlV). Angesichts dessen müssen doch mehr Daten beim Steuerpflichtigen erhoben werden, als dies das Bodenwertmodell suggeriert. Der Gesetzgeber geht zwar (lebensnah) davon aus, dass bei vielen Grundstücken die Zuordnung einfach ist (BWLT-Drs. 16/8907, 82). Gleichwohl müssen die Daten abgefragt werden, vom Steuerpflichtigen ermittelt bzw. vorgehalten, überwacht („Monitoring" im Hinblick auf die Anzeigepflicht nach § 44 Abs. 2 BWLGrStG, → BWLGrStG §§ 41–46) und am Ende auch von der Verwaltung zumindest in einem für einen gleichheitskonformen strukturellen Gesamtvollzug ausreichenden Maße verifiziert werden. Insbesondere bei gemischt genutzten Grundstücken muss die Finanzverwaltung prüfen, ob die Wohnfläche die Nicht-Wohnfläche überwiegt.

5   Die Ermäßigung der Steuermesszahl nach § 40 Abs. 3 BWLGrStG führt zu (gewollten, s. BWLT-Drs. 16/8907, 82) Belastungsunterschieden zwischen den genannten Wohngrundstücken einerseits und Nicht-Wohngrundstücken andererseits. Wegen des Grundsatzes der Einheitlichkeit der Hebesätze können die Gemeinden diese Differenzierungsentscheidung nicht relativieren (oder verstärken). Die Begünstigung der Wohnnutzung dürfte (rechtspolitisch) darauf zurückzuführen sein, dass die alleinige Maßgeblichkeit des Bodenwertes im Verhältnis zum alten grundsteuerlichen Bewertungsrecht (Einheitswerte) wohl tendenziell zu einer stärkeren Belastung bei Wohngrundstücken führt (vor allem in Bezug auf Einfamilienhäuser, s. zB die Berechnungen für die Wohnnutzung bei *Fuest/Immel/Meier/Neumeier* Die Grundsteuer in Deutschland: Finanzwissenschaftliche Analyse und Reformoptionen, 24). Der baden-württembergische Landesgesetzgeber rechtfertigt die Differenzierung zwischen Wohnnutzung und sonstiger Nutzung jedenfalls mit dem Wohnen als menschlichem Grundbedürfnis und im Hinblick auf angespannte Wohnungsmärkte (BWLT-Drs. 16/8907, 82). Die Legitimität dieses Zwecks folgt aus Art. 1 GG und Art. 20 GG. **Die Differenzierung ist gleichheitsrechtlich gerechtfertigt** (→ Grundlagen Rn. 121 ff.).

D. Ermäßigung für nach den Wohnraumfördergesetzen geförderte Grundstücke (Abs. 4)

6   **§ 40 Abs. 4 BWLGrStG enthält eine dem § 15 Abs. 2 u. 3 GrStG nachgebildete Steuermesszahlermäßigung für geförderten Wohnraum**, fasst die Förderung nach Bundes- und Landesrecht aber in einem Absatz zusammen: § 40 Abs. 4 S. 1 Nr. 1 u. 2 BWLGrStG erfassen die Förderung nach dem Landeswohn-

Steuermesszahlen　　　　　　　　　　　　　　**§ 40 BWLGrStG**

raumförderungsgesetz v. 11.12.2007 (BWLWoFG) und die Nr. 3 u. 4 die Förderung nach Bundeswohnraumfördergesetzen (mit einer Anknüpfung zurück bis zum WoBauG aus dem Jahr 1950). Die Gesetzestechnik ist unübersichtlich. Die Norm ist so zu lesen, als ob die Nr. 1 u. 2 einerseits und die Nr. 3 u. 4 andererseits jeweils einen Tatbestand bilden. Bei dieser Lesart setzt jeder Tatbestand voraus, dass eine Förderzusage zugunsten des Steuerpflichtigen besteht und dass die Förderbedingungen für jeden Erhebungszeitraum innerhalb des Hauptveranlagungszeitraums bestehen. Insoweit kann auf die Ausführungen zu § 15 Abs. 2 GrStG verwiesen werden (→ GrStG § 15 Rn. 5ff.).

E. Ermäßigung für bestimmte Wohnungsbaugesellschaften, -genossenschaften und -vereine (Abs. 5)

Der Ermäßigungstatbestand des § 40 Abs. 5 BWLGrStG ist weitgehend iden-　7
tisch mit § 15 Abs. 4 GrStG. Es bestehen allerdings zwei Abweichungen: (1) Dies betrifft ua den Begünstigungsgegenstand. Während § 15 Abs. 4 GrStG die Begünstigung explizit nur auf Wohngrundstücke erstreckt (→ GrStG § 15 Rn. 14), enthält der Wortlaut des § 40 Abs. 5 BWLGrStG keine solche Beschränkung. Vielmehr wird undifferenziert auf die für alle Grundstücke geltende Steuermesszahl nach § 40 Abs. 2 BWGrStG Bezug genommen. Würde man die Regelung beim Wort nehmen, wären mithin nicht nur die Wohngrundstücke begünstigt, sondern zB auch die Verwaltungsgebäude der genannten Rechtsträger. Die Gesetzesbegründung verhält sich nicht ausdrücklich zu dieser Frage. Die Ermäßigung nach § 40 Abs. 5 BWLGrStG wird lediglich unter Hinweis auf den „Grundgedanken" des § 40 Abs. 4 BWLGrStG gerechtfertigt (BWLT-Drs. 16/8907, 83). Hieraus wird man keine Beschränkung des § 40 Abs. 5 BWLGrStG ableiten können. Denn die Grundsteuerbefreiung für Verwaltungsgebäude kann durchaus mittelbar auch der Wohnnutzung zugutekommen. Festzuhalten ist daher, dass für § 40 Abs. 5 BWLGrStG die Kommentierung zu § 15 Abs. 4 GrStG entsprechend gilt, allerdings mit der Maßgabe, dass § 40 Abs. 5 BWLGrStG alle Grundstücke erfasst (und nicht bloß Wohngrundstücke). (2) Die zweite Abweichung dürfte nur textlicher, aber nicht inhaltlicher Natur sein: Gemäß Abs. 5 S. 2 wird die Begünstigung nur anteilig gewährt, wenn nur ein abgrenzbarer Teil des Grundstücks „zu diesem Zwecke" genutzt wird. § 15 Abs. 4 GrStG enthält eine solche Regelung nicht, allerdings aus gutem Grunde. Denn es werden keine Nutzungszwecke vorgegeben. Die Begünstigung knüpft allein an das Zurechnungssubjekt an. Das gilt auch für Baden-Württemberg, wo noch nicht einmal eine Beschränkung auf eine bestimmte Grundstücksart vorgesehen ist, s. (1). Daher dürfte Abs. 5 S. 2 in Ermangelung eines begünstigungsrelevanten Zwecks ins Leere laufen.

F. Ermäßigung für Baudenkmäler (Abs. 6)

§ 40 Abs. 6 BWLGrStG sieht eine Ermäßigung iHv 10% vor, wenn sich auf dem　8
Grundstück Gebäude befinden, die Kulturdenkmale iSd BWDSchG sind. Die **Regelung entspricht § 15 Abs. 5 GrStG,** weshalb grundsätzlich auf die Kommentierung des § 15 Abs. 5 GrStG auch in Ansehung des § 40 Abs. 6 BWLGrStG verwiesen werden kann (→ GrStG § 15 Rn. 25 ff.). Die Regelung ist – ebenso wie § 15 Abs. 5 GrStG – auf Grundstücke beschränkt. Da das BWDSchG dem deklara-

§§ 41–46 BWLGrStG   Vierter Teil Bemessung der Grundsteuer

torischen Inschutznahmesystem folgt (vgl. VGH Mannheim 22.11.2019 – 1 S 2984/18, BeckRS 2019, 34069), liegen die Voraussetzungen des § 40 Abs. 6 BWLGrStG bereits dann (aber auch nur dann) vor, wenn die gesetzlichen Merkmale eines Kulturdenkmals iSv § 2 BWDSchG vorliegen. Es bedarf mithin keiner (konstitutiven) Verwaltungsentscheidung (→ GrStG § 15 Rn. 29). Fraglich ist allerdings, wie der Gebäudebegriff in § 40 Abs. 6 BWLGrStG zu konkretisieren ist. Das insoweit vergleichbare Bundesgrundsteuerrecht kann auf einen gesetzesimmanenten Gebäudebegriff in § 243 Abs. 1 Nr. 1 BewG zurückgreifen. Im BWLGrStG fehlt eine solche Regelung. Wenn sich der Landesgesetzgeber allerdings derart eng an den Wortlaut des § 15 Abs. 5 GrStG anlehnt, spricht dies dafür, dass er auch den Begriff des Gebäudes in § 40 Abs. 6 BWLGrStG in Übereinstimmung mit dem Bundesgrundsteuerrecht verstanden wissen will (→ BewG § 243 Rn. 4 ff.).

G. Zusammentreffen mehrerer Ermäßigungstatbestände (Abs. 7)

9   § 40 Abs. 7 BWLGrStG ordnet die Summierung der Ermäßigungsprozentsätze an, wenn ein Grundstück mehrere Ermäßigungstatbestände erfüllt. Anders als die Regelung suggeriert, schließen sich allerdings uU die Ermäßigungstatbestände bereits gegenseitig aus. Das gilt für die Ermäßigung nach § 40 Abs. 5 BWLGrStG, die nur in Betracht kommt, wenn eine Ermäßigung nach § 40 Abs. 4 BWLGrStG ausgeschlossen ist. Ansonsten sind verschiedene Ermäßigungskombinationen denkbar. Die Kombination, die dem Gesetzgeber vor allem vor Augen gestanden haben dürfte, ist eine Kombination des § 40 Abs. 3 BWLGrStG mit § 40 Abs. 4 BWLGrStG oder § 40 Abs. 5 BWLGrStG. In beiden Kombinationen beläuft sich die Ermäßigung auf 55 % (= 1,30 Promille ./. 55 % = 0,585 Promille).

§ 41 Hauptveranlagung

(1) ¹Die Steuermessbeträge werden auf den Hauptfeststellungszeitpunkt (§ 15) allgemein festgesetzt (Hauptveranlagung). ²Dieser Zeitpunkt ist der Hauptveranlagungszeitpunkt.

(2) ¹Der bei der Hauptveranlagung festgesetzte Steuermessbetrag gilt vorbehaltlich der §§ 42 und 45 von dem Kalenderjahr an, das zwei Jahre nach dem Hauptveranlagungszeitpunkt beginnt. ²Dieser Steuermessbetrag bleibt unbeschadet der §§ 42 und 45 bis zu dem Zeitpunkt maßgebend, von dem an die Steuermessbeträge der nächsten Hauptveranlagung wirksam werden. ³Der sich nach den Sätzen 1 und 2 ergebende Geltungszeitraum ist der Hauptveranlagungszeitraum.

(3) Ist die Festsetzungsfrist nach § 169 AO bereits abgelaufen, so kann die Hauptveranlagung unter Zugrundelegung der Verhältnisse im Hauptveranlagungszeitpunkt mit Wirkung für einen späteren Veranlagungszeitpunkt vorgenommen werden, für den diese Frist noch nicht abgelaufen ist.

§ 42 Neuveranlagung

(1) Wird eine Wertfortschreibung (§ 16 Absatz 1) oder eine Zurechnungsfortschreibung (§ 16 Absatz 2) durchgeführt, so wird der Steuermessbetrag auf den Fortschreibungszeitpunkt neu festgesetzt (Neuveranlagung).

(2) Der Steuermessbetrag wird auch dann neu festgesetzt, wenn dem Finanzamt bekannt wird, dass
1. Gründe, die im Feststellungsverfahren über den Grundsteuerwert nicht zu berücksichtigen sind, zu einem anderen als dem für den letzten Veranlagungszeitpunkt festgesetzten Steuermessbetrag führen oder
2. die letzte Veranlagung fehlerhaft ist; § 176 der AO ist hierbei entsprechend anzuwenden; das gilt jedoch nur für Veranlagungszeitpunkte, die vor der Verkündung der maßgeblichen Entscheidung eines obersten Gerichts des Bundes liegen.

(3) ¹Der Neuveranlagung werden die Verhältnisse im Neuveranlagungszeitpunkt zugrunde gelegt. ²Neuveranlagungszeitpunkt ist
1. in den Fällen des Absatzes 1 der Beginn des Kalenderjahres, auf den die Fortschreibung durchgeführt wird;
2. in den Fällen des Absatzes 2 Nummer 1 der Beginn des Kalenderjahres, auf den sich erstmals ein abweichender Steuermessbetrag ergibt. ²§ 41 Absatz 3 ist entsprechend anzuwenden;
3. in den Fällen des Absatzes 2 Nummer 2 der Beginn des Kalenderjahres, in dem der Fehler dem Finanzamt bekannt wird, bei einer Erhöhung des Steuermessbetrags jedoch frühestens der Beginn des Kalenderjahres, in dem der Steuermessbescheid erteilt wird.

(4) Treten die Voraussetzungen für eine Neuveranlagung zwischen dem Hauptveranlagungszeitpunkt und dem Zeitpunkt des Wirksamwerdens der Steuermessbeträge (§ 41 Absatz 2) ein, so wird die Neuveranlagung auf den Zeitpunkt des Wirksamwerdens der Steuermessbeträge vorgenommen.

§ 43 Nachveranlagung

(1) Wird eine Nachfeststellung (§ 17 Absatz 1) durchgeführt, so wird der Steuermessbetrag auf den Nachfeststellungszeitpunkt festgesetzt (Nachveranlagung).

(2) Der Steuermessbetrag wird auch dann nachträglich festgesetzt, wenn der Grund für die Befreiung des Steuergegenstandes von der Grundsteuer wegfällt, der für die Berechnung der Grundsteuer maßgebende Grundsteuerwert (§ 38 Absatz 1) aber bereits festgestellt ist.

(3) ¹Der Nachveranlagung werden die Verhältnisse im Nachveranlagungszeitpunkt zugrunde gelegt. ²Nachveranlagungszeitpunkt ist
1. in den Fällen des Absatzes 1 der Beginn des Kalenderjahres, auf den der Grundsteuerwert nachträglich festgestellt wird;
2. in den Fällen des Absatzes 2 der Beginn des Kalenderjahres, der auf den Wegfall des Befreiungsgrundes folgt; § 41 Absatz 3 ist entsprechend anzuwenden.

(4) Treten die Voraussetzungen für eine Nachveranlagung zwischen dem Hauptveranlagungszeitpunkt und dem Zeitpunkt des Wirksamwerdens der Steuermessbeträge (§ 41 Absatz 2) ein, so wird die Nachveranlagung auf den Zeitpunkt des Wirksamwerdens der Steuermessbeträge vorgenommen.

§ 44 Anzeigepflicht

(1) ¹Jede Änderung in der Nutzung oder in den Eigentumsverhältnissen eines ganz oder teilweise von der Grundsteuer befreiten Steuergegenstandes hat derjenige anzuzeigen, der nach § 10 als Steuerschuldner in Betracht kommt. ²Die Anzeige ist innerhalb von drei Monaten nach Eintritt der Änderung bei dem Finanzamt zu erstatten, das für die Festsetzung des Steuermessbetrags zuständig ist.

(2) ¹Den Wegfall der Voraussetzungen für die ermäßigte Steuermesszahl nach § 40 Absatz 3 bis 6 hat derjenige anzuzeigen, der nach § 10 als Steuerschuldner in Betracht kommt. ²Die Anzeige ist innerhalb von drei Monaten nach dem Wegfall der Voraussetzungen bei dem Finanzamt zu erstatten, das für die Festsetzung des Steuermessbetrags zuständig ist.

§ 45 Aufhebung des Steuermessbetrags

(1) Der Steuermessbetrag wird aufgehoben,
1. wenn der Grundsteuerwert aufgehoben wird oder
2. wenn dem Finanzamt bekannt wird, dass
   a) für den ganzen Steuergegenstand ein Befreiungsgrund eingetreten ist oder
   b) der Steuermessbetrag fehlerhaft festgesetzt worden ist.

(2) Der Steuermessbetrag wird aufgehoben
1. in den Fällen des Absatzes 1 Nummer 1 mit Wirkung vom Aufhebungszeitpunkt (§ 18 Absatz 2) an;
2. in den Fällen des Absatzes 1 Nummer 2 Buchstabe a mit Wirkung vom Beginn des Kalenderjahres an, der auf den Eintritt des Befreiungsgrundes folgt; § 41 Absatz 3 ist entsprechend anzuwenden;
3. in den Fällen des Absatzes 1 Nummer 2 Buchstabe b mit Wirkung vom Beginn des Kalenderjahres an, in dem der Fehler dem Finanzamt bekannt wird.

(3) Treten die Voraussetzungen für eine Aufhebung zwischen dem Hauptveranlagungszeitpunkt und dem Zeitpunkt des Wirksamwerdens der Steuermessbeträge (§ 41 Absatz 2) ein, so wird die Aufhebung auf den Zeitpunkt des Wirksamwerdens der Steuermessbeträge vorgenommen.

§ 46 Änderung von Steuermessbescheiden

¹Bescheide über die Neuveranlagung oder die Nachveranlagung von Steuermessbeträgen können schon vor dem maßgebenden Veranlagungszeitpunkt erteilt werden. ²Sie sind zu ändern oder aufzuheben, wenn sich

Aufhebung des Steuermessbetrags §§ 47–49 BWLGrStG

bis zu diesem Zeitpunkt Änderungen ergeben, die zu einer abweichenden Festsetzung führen.

Die §§ 41–46 BWLGrStG regeln das **Grundsteuermessbetragsverfahren** 1 (die Verfahrensstufe im Anschluss an das Grundsteuerwertfeststellungsverfahren; zur Mehrstufigkeit des Grundsteuervollzugs → Grundlagen Rn. 42 ff.; die dortigen Ausführungen zum Bundesrecht gelten für das BWLGrStG entsprechend). Ergänzt werden die §§ 41–46 BWLGrStG durch die Vorschriften der Abgabenordnung (§ 2 Abs. 1 BWLGrStG). Die **Rechtslage ist mit derjenigen des Bundesgrundsteuerrechts identisch**. Es kann daher auf die Ausführungen zu §§ 16–21 GrStG verwiesen werden. Es besteht lediglich eine Abweichung: § 42 BWLGrStG nennt nicht die Artfortschreibung als Neuveranlagungsanlass, weil eine solche im baden-württembergischen Recht nicht vorgesehen ist s. §§ 15–20 BWLGrStG).

§ 47 Zerlegung des Steuermessbetrags

(1) Erstreckt sich der Steuergegenstand über mehrere Gemeinden, so ist der Steuermessbetrag vorbehaltlich des § 49 anteilig in die auf die einzelnen Gemeinden entfallenden Anteile zu zerlegen (Zerlegungsanteile).

(2) Zerlegungsmaßstab ist bei Betrieben der Land- und Forstwirtschaft der nach § 33 Absatz 2 ermittelte Gemeindeanteil am Grundsteuerwert des Betriebs der Land- und Forstwirtschaft.

(3) ¹Zerlegungsmaßstab ist bei Grundstücken das Verhältnis, in dem die auf die einzelnen Gemeinden entfallenden Flächengrößen zueinanderstehen. ²Führt die Zerlegung nach Flächengrößen zu einem offenbar unbilligen Ergebnis, sind die Zerlegungsanteile maßgebend, auf die sich die Gemeinden mit dem Steuerschuldner einigen.

(4) Entfällt auf eine Gemeinde ein Zerlegungsanteil von weniger als 25 Euro, so ist dieser Anteil der Gemeinde zuzuweisen, der nach Absatz 2 oder 3 der größte Zerlegungsanteil zusteht.

§ 48 Zerlegungsstichtag

(1) Der Zerlegung des Steuermessbetrags werden die Verhältnisse in dem Feststellungszeitpunkt zugrunde gelegt, auf den der für die Festsetzung des Steuermessbetrags maßgebende Grundsteuerwert festgestellt worden ist.

(2) Ändern sich die Grundlagen für die Zerlegung, ohne dass der Grundsteuerwert fortgeschrieben oder nachträglich festgestellt wird, so sind die Zerlegungsanteile nach dem Stand vom 1. Januar des folgenden Jahres neu zu ermitteln, wenn wenigstens bei einer Gemeinde der neue Anteil um mehr als ein Zehntel, mindestens aber um 10 Euro von ihrem bisherigen Anteil abweicht.

§§ 47–49, 50 BWLGrStG Fünfter Teil Festsetzung u. Entrichtung d. GrSt

§ 49 Ersatz der Zerlegung durch Steuerausgleich

¹Die Landesregierung kann durch Rechtsverordnung bestimmen, dass bei Betrieben der Land- und Forstwirtschaft, die sich über mehrere Gemeinden erstrecken, aus Vereinfachungsgründen an Stelle der Zerlegung ein Steuerausgleich stattfindet. ²Beim Steuerausgleich wird der gesamte Steuermessbetrag der Gemeinde zugeteilt, in der der wertvollste Teil des Steuergegenstandes liegt (Sitzgemeinde); an dem Steueraufkommen der Sitzgemeinde werden die übrigen Gemeinden beteiligt. ³Die Beteiligung soll annähernd zu dem Ergebnis führen, das bei einer Zerlegung einträte.

1 Die §§ 47–49 BWLGrStG regeln das sog. **Zerlegungsverfahren,** das notwendig wird, wenn sich eine wirtschaftliche Einheit über eine Gemeindegrenze hinweg erstreckt. Sie beruhen auf dem Gesetz v. 4.11.2020 (→ Grundlagen Rn. 80; zu §§ 47–49 BWLGrStG BWLT-Drs. 16/8907, 84f.) und sind **wortlautidentisch mit den §§ 22–24 GrStG.** Auf die Kommentierung der §§ 22–24 GrStG kann uneingeschränkt verwiesen werden.

Fünfter Teil Festsetzung und Entrichtung der Grundsteuer

§ 50 Festsetzung des Hebesatzes

(1) **Die Gemeinde bestimmt, mit welchem Hundertsatz des Steuermessbetrags oder des Zerlegungsanteils die Grundsteuer zu erheben ist (Hebesatz).**

(2) **Der Hebesatz ist für ein oder mehrere Kalenderjahre, höchstens jedoch für den Hauptveranlagungszeitraum der Steuermessbeträge festzusetzen.**

(3) **¹Der Beschluss über die Festsetzung oder Änderung des Hebesatzes ist bis zum 30. Juni eines Kalenderjahres mit Wirkung vom Beginn dieses Kalenderjahres zu fassen. ²Nach diesem Zeitpunkt kann der Beschluss über die Festsetzung des Hebesatzes gefasst werden, wenn der Hebesatz die Höhe der letzten Festsetzung nicht überschreitet.**

(4) **¹Der Hebesatz muss vorbehaltlich des § 50a jeweils einheitlich sein**
1. **für die in einer Gemeinde liegenden Betriebe der Land- und Forstwirtschaft;**
2. **für die in einer Gemeinde liegenden Grundstücke.**

²Wird das Gebiet von Gemeinden geändert, so kann die Landesregierung oder die von ihr bestimmte Stelle für die von der Änderung betroffenen Gebietsteile auf eine bestimmte Zeit verschiedene Hebesätze zulassen.

1 § 50 BWLGrStG beruht auf dem Gesetz v. 4.11.2020 (→ Grundlagen Rn. 80; zu § 50 BWLGrStG BWLT-Drs. 16/8907, 85) und wurde mit dem ÄndGLGrStG v. 22.12.2021 (GBl. BW 2021, 1029, dazu BWLT-Drs. 17/1076, 18 [Gesetzesentwurf]) in Abs. 4 um den Vorbehalt in Ansehung des § 50a BWLGrStG ergänzt. Die vier Absätze des § 50 BWLGrStG sind **identisch mit § 25 Abs. 1–4 GrStG.** In

Ansehung des § 50 BWLGrStG kann daher uneingeschränkt auf die Ausführungen zu § 25 Abs. 1–4 GrStG verwiesen werden, vor allem werden dort auch einschlägige Vorschriften des baden-württembergischen Verwaltungs- und Kommunalrechts nachgewiesen. Eine dem § 25 Abs. 5 GrStG („Grundsteuer C") vergleichbare Regelung findet sich in § 50a BWLGrStG.

§ 50a Gesonderter Hebesatz für baureife Grundstücke

(1) **Die Gemeinde kann aus städtebaulichen Gründen baureife Grundstücke bestimmen und abweichend von § 50 Absatz 4 Satz 1 Nummer 2 für die Grundstücksgruppe der baureifen Grundstücke einen gesonderten Hebesatz festsetzen.**

(2) **¹Baureife Grundstücke sind unbebaute Grundstücke, die nach Lage, Form und Größe und ihrem sonstigen tatsächlichen Zustand sowie nach öffentlich-rechtlichen Vorschriften sofort bebaut werden könnten. ²Eine erforderliche, aber noch nicht erteilte Baugenehmigung sowie zivilrechtliche Gründe, die einer sofortigen Bebauung entgegenstehen, sind unbeachtlich.**

(3) **Als städtebauliche Gründe kommen insbesondere die Deckung eines erhöhten Bedarfs an Wohn- und Arbeitsstätten sowie an Gemeinbedarfs- und Folgeeinrichtungen, die Nachverdichtung bestehender Siedlungsstrukturen oder die Stärkung der Innenentwicklung in Betracht.**

(4) **¹Die Gemeinde hat den gesonderten Hebesatz auf einen bestimmten Gemeindeteil zu beschränken, wenn nur für diesen Gemeindeteil die städtebaulichen Gründe vorliegen. ²In dem Gemeindeteil müssen mehrere baureife Grundstücke belegen sein.**

(5) **¹Die genaue Bezeichnung der baureifen Grundstücke, deren Lage sowie das Gemeindegebiet, auf das sich der gesonderte Hebesatz bezieht, sind jeweils nach den Verhältnissen zu Beginn eines Kalenderjahres von der Gemeinde zu bestimmen, in einer Karte auszuweisen und im Wege einer Allgemeinverfügung öffentlich bekannt zu geben. ²In der Allgemeinverfügung sind die städtebaulichen Erwägungen nachvollziehbar darzulegen und die Wahl des Gemeindegebiets, auf das sich der gesonderte Hebesatz beziehen soll, zu begründen.**

(6) **Hat eine Gemeinde die baureifen Grundstücke bestimmt und hierfür einen gesonderten Hebesatz festgesetzt, muss dieser Hebesatz für alle in der Gemeinde oder dem Gemeindeteil liegenden baureifen Grundstücke einheitlich und höher als der einheitliche Hebesatz für die übrigen in der Gemeinde liegenden Grundstücke sein.**

§ 50a BWLGrStG beruht auf dem ÄndGLGrStG v. 22.12.2021 (GBl. BW 2021, 1029; zu § 50a BWLGrStG BWLT-Drs. 17/1076, 21) und **bildet weitgehend § 25 Abs. 5 GrStG nach;** auf die zugehörige Kommentierung kann daher verwiesen werden (→ GrStG § 25 Rn. 43 ff.). Es ist lediglich **Folgendes ergänzend** zu beachten: **(1)** § 50a BWLGrStG gilt wie § 25 Abs. 5 GrStG nur für unbebaute Grundstücke, kann aber anders als das Bundesgrundsteuerrecht nicht auf eine **Definition des unbebauten Grundstücks** zurückgreifen. Angesichts der Anlehnung des § 50a BWLGrStG an § 25 Abs. 5 GrStG wird man sich auch in Ba- 1

§§ 51, 52 BWLGrStG   Fünfter Teil Festsetzung u. Entrichtung d. GrSt

den-Württemberg an den Regelungen in §§ 246, 248 BewG orientieren können. (2) Da das BWLGrStG keine Feststellung zur Grundstücksart vorsieht (s. § 13 BWLGrStG), muss **über die Frage, ob ein unbebautes Grundstück vorliegt, im Rahmen der Entscheidung nach Abs. 4 befunden werden** (ebenso wie über die Frage der Baureife). (3) § 50a Abs. 3 BWLGrStG nennt beispielhaft einige städtebauliche Gründe. Es wird – ebenso wie in § 25 Abs. 5 GrStG – das Wort „insbesondere" verwendet, dh es **kommen auch andere als die in § 50a Abs. 3 BWLGrStG genannten städtebaulichen Gründe in Betracht.** Insoweit irritiert es, wenn der Gesetzgeber in der Gesetzbegründung behauptet, dass mit § 50a Abs. 3 BWLGrStG eine Beschränkung auf bestimmte städtebauliche Gründe erfolgt sei (BWLT-Drs. 17/1076, 21). Diese Behauptung passt nicht zum Wortlaut der Norm. (4) Abweichend von § 25 Abs. 5 S. 6 GrStG verlangt das baden-württembergische Recht nicht, dass der Gemeindeteil, in dem der gesonderte Hebesatz gelten soll, mindestens 10% des gesamten Gemeindegebietes umfassen muss. Die einzige Voraussetzung nach § 50a Abs. 4 S. 2 BWLGrStG ist, dass in dem Gemeindeteil mehrere baureife Grundstücke belegen sein müssen (also mindestens zwei Grundstücke).

§ 51 Festsetzung der Grundsteuer

(1) ¹**Die Grundsteuer wird für das Kalenderjahr festgesetzt.** ²**Ist der Hebesatz für mehr als ein Kalenderjahr festgesetzt, kann auch die jährlich zu erhebende Grundsteuer für die einzelnen Kalenderjahre dieses Zeitraums festgesetzt werden.**

(2) **Wird der Hebesatz gemäß § 50 Absatz 3 geändert, so ist die Festsetzung nach Absatz 1 zu ändern.**

(3) ¹**Für diejenigen Steuerschuldner, die für das Kalenderjahr die gleiche Grundsteuer wie im Vorjahr zu entrichten haben, kann die Grundsteuer durch öffentliche Bekanntmachung festgesetzt werden.** ²**Für die Steuerschuldner treten mit dem Tag der öffentlichen Bekanntmachung die gleichen Rechtswirkungen ein, wie wenn ihnen an diesem Tag ein schriftlicher Steuerbescheid zugegangen wäre.**

§ 52 Fälligkeit

(1) **Die Grundsteuer wird zu je einem Viertel ihres Jahresbetrags am 15. Februar, 15. Mai, 15. August und 15. November fällig.**

(2) **Die Gemeinden können bestimmen, dass Kleinbeträge wie folgt fällig werden:**
1. **am 15. August mit ihrem Jahresbetrag, wenn dieser 15 Euro nicht übersteigt;**
2. **am 15. Februar und 15. August zu je einer Hälfte ihres Jahresbetrags, wenn dieser 30 Euro nicht übersteigt.**

(3) ¹**Auf Antrag des Steuerschuldners kann die Grundsteuer abweichend von Absatz 1 oder Absatz 2 Nummer 2 am 1. Juli in einem Jahresbetrag entrichtet werden.** ²**Der Antrag muss spätestens bis zum 30. September des vorangehenden Kalenderjahres gestellt werden.** ³**Die beantragte Zahlungsweise bleibt so lange maßgebend, bis ihre Änderung beantragt wird;**

die Änderung muss spätestens bis zum 30. September des vorangehenden Jahres beantragt werden.

§ 51 BWGrStG regelt mit der Grundsteuerfestsetzung (= Steuerbescheid iSv § 155 AO) die das mehrstufige Verfahren zur Verwirklichung des Grundsteueranspruchs der Gemeinde abschließende Verwaltungsentscheidung. Mit der Festsetzung kann auch Fälligkeit eintreten. Der Fälligkeitszeitpunkt ergibt sich aus § 52 BWGrStG. Beide Normen beruhen auf dem Gesetz v. 4.11.2020 (→ Grundlagen Rn. 80; zu §§ 51 f. BWLGrStG BWLT-Drs. 16/8907, 85). 1

Für das Festsetzungs-, Erhebungs- und Vollstreckungsverfahren sind in Baden-Württemberg die Gemeinden zuständig (§ 9 Abs. 2 BWKAG). Auf deren Festsetzungs- und Erhebungstätigkeit finden nach Maßgabe von § 2 Abs. 1 S. 2 BWLGrStG iVm § 1 Abs. 2 AO die Vorschriften der Abgabenordnung Anwendung. Das schließt die entsprechende Anwendung des Steuerschuldrechts mit ein. Für die Vollstreckung der Grundsteuerfestsetzung gilt hingegen das BWLVwVG. Die §§ 51, 52 BWLGrStG sind identisch mit §§ 27, 28 GrStG, weshalb auf die Kommentierung zu den beiden Bundesnormen verwiesen werden kann. Dort wird auch das baden-württembergische Vollstreckungsrecht nachgewiesen (→ GrStG § 28 Rn. 30 ff.). 2

§ 53 Vorauszahlungen

Der Steuerschuldner hat bis zur Bekanntgabe eines neuen Steuerbescheids zu den bisherigen Fälligkeitstagen Vorauszahlungen unter Zugrundelegung der zuletzt festgesetzten Jahressteuer zu entrichten.

§ 54 Abrechnung über die Vorauszahlungen

(1) ¹Ist die Summe der Vorauszahlungen, die bis zur Bekanntgabe des neuen Steuerbescheids zu entrichten waren, kleiner als die Steuer, die sich nach dem bekanntgegebenen Steuerbescheid für die vorausgegangenen Fälligkeitstage ergibt, so ist der Unterschiedsbetrag innerhalb eines Monats nach Bekanntgabe des Steuerbescheids zu entrichten. ²Die Verpflichtung, rückständige Vorauszahlungen schon früher zu entrichten, bleibt unberührt.

(2) Ist die Summe der Vorauszahlungen, die bis zur Bekanntgabe des neuen Steuerbescheids entrichtet worden sind, größer als die Steuer, die sich nach dem bekanntgegebenen Steuerbescheid für die vorangegangenen Fälligkeitstage ergibt, so wird der Unterschiedsbetrag nach Bekanntgabe des Steuerbescheids durch Aufrechnung oder Rückzahlung ausgeglichen.

(3) Die Absätze 1 und 2 gelten entsprechend, wenn der Steuerbescheid aufgehoben oder geändert wird.

§ 55 Nachentrichtung der Steuer

Hatte der Steuerschuldner bis zur Bekanntgabe der Jahressteuer keine Vorauszahlungen nach § 53 zu entrichten, so hat er die Steuer, die sich nach dem bekanntgegebenen Steuerbescheid für die vorangegangenen

§ 56 BWLGrStG   Sechster Teil Erlass der Grundsteuer

Fälligkeitstage gemäß § 52 ergibt, innerhalb eines Monats nach Bekanntgabe des Steuerbescheids zu entrichten.

1   Die §§ 53–55 BWLGrStG (eingeführt mit Gesetz v. 4.11.2020; → Grundlagen Rn. 80; zu §§ 53–55 BWLGrStG BWLT-Drs. 16/8907, 85f.) **sind mit §§ 29–31 GrStG identisch.** Die dortigen Ausführungen gelten entsprechend.

Sechster Teil Erlass der Grundsteuer

§ 56 Erlass für Kulturgut und Grünanlagen

(1) Die Grundsteuer kann erlassen werden
1. für Grundbesitz, dessen Erhaltung wegen seiner Bedeutung für Kunst, Geschichte, Wissenschaft oder Naturschutz im öffentlichen Interesse liegt, wenn die erzielten Einnahmen und die sonstigen Vorteile (Rohertrag) in der Regel unter den jährlichen Kosten liegen; bei Park- und Gartenanlagen von geschichtlichem Wert ist der Erlass von der weiteren Voraussetzung abhängig, dass sie in dem billigerweise zu fordernden Umfang der Öffentlichkeit zugänglich gemacht sind;
2. für öffentliche Grünanlagen, Spiel- und Sportplätze, wenn die jährlichen Kosten in der Regel den Rohertrag übersteigen.

(2) ¹Für Grundbesitz, welcher von wissenschaftlicher, künstlerischer oder geschichtlicher Bedeutung ist und dem Zweck der Forschung oder Volksbildung nutzbar gemacht wird, kann von der Grundsteuer ein angemessener Teil erlassen werden. ²Das gilt nur, wenn die wissenschaftliche, künstlerische oder geschichtliche Bedeutung durch die Landesregierung oder die von ihr beauftragte Stelle anerkannt ist. ³Grundbesitz ist insbesondere dann von wissenschaftlicher, künstlerischer oder geschichtlicher Bedeutung, wenn er der Beherbergung von Sammlungen oder Bibliotheken dient.

A. Allgemeines

I. Systematische Einordnung und Zweck der Regelung

1   Die Erlasstatbestände des § 56 BWLGrStG sollen (in Anlehnung an § 32 GrStG, zu § 56 BWLGrStG BWLT-Drs. 16/8907, 86) einen Ausgleich für die mit dem Denkmalschutz, Naturschutz und der Verwirklichung anderer Gemeinwohlinteressen verbundenen Bewirtschaftungseinschränkungen schaffen (→ GrStG § 32 Rn. 1).

II. Entwicklung der Vorschrift

2   § 56 BWLGrStG beruht auf dem Gesetz v. 4.11.2020 (→ Grundlagen Rn. 80; zu § 56 BWLGrStG BWLT-Drs. 16/8907, 86).

B. Grundbesitz, dessen Erhaltung im öffentlichen Interesse liegt (Abs. 1 Nr. 1), und Grünanlagen, Spiel- und Sportplätze (Abs. 1 Nr. 2)

§ 56 Abs. 1 BWLGrStG stimmt in tatbestandlicher Hinsicht mit § 32 Abs. 1 GrStG überein, weshalb auf die Kommentierung zu dieser Norm verwiesen werden kann (→ GrStG § 32 Rn. 5 ff.). In § 56 Abs. 1 BWLGrStG fehlt zwar der Passus „oder Teile von Grundbesitz", hiermit dürfte aber keine Abweichung zu § 32 Abs. 1 GrStG verbunden sein. Eine deutliche **Abweichung existiert indes auf der Rechtsfolgenseite:** Während § 32 Abs. 1 GrStG eine gebundene Entscheidung vorsieht, gewährt § 56 Abs. 1 BWLGrStG der Gemeinde **Ermessen.** Warum der Landesgesetzgeber hier eine Ermessensnorm für zielführend erachtet hat, bleibt im Dunkeln. Vor allem ist nicht erkennbar, inwieweit der Zweck der Norm (vgl. § 40 BWLVwVfG) das Ermessen hier anders steuern können soll als im Sinne einer Pflicht zur Bewilligung des Erlasses. Denn mit welcher dem Zweck des § 56 Abs. 1 BWLGrStG gerecht werdenden Erwägung sollte ein Erlass ermessensfehlerfrei ablehnbar sein, wenn die Rentabilität aufgrund der Beschränkungen und damit die vom Gesetzgeber als kompensationsbedürftig vorgegebene Situation vorliegt? Dies erscheint nicht vorstellbar.

3

C. Inventar, dessen Erhaltung im öffentlichen Interesse liegt (Abs. 2)

§ 56 Abs. 2 BWLGrStG normiert einen Erlasstatbestand für Grundbesitz, welcher von wissenschaftlicher, künstlerischer oder geschichtlicher Bedeutung ist und dem Zweck der Forschung oder Volksbildung nutzbar gemacht wird. Erst durch das Regelbeispiel in § 56 Abs. 2 S. 3 BWLGrStG ergibt sich, was der Gesetzgeber mit dieser unseres Erachtens im Wortlaut verunglückten Norm regeln will: Er will **den Grundbesitz (zumindest teilweise) von der Grundsteuer verschonen, bei dem das Erhaltungsinteresse nicht durch den Grundbesitz selbst begründet wird, sondern durch die Gegenstände, die sich dort (va in den Gebäuden) befinden.** Es geht mithin um den Grundbesitz, der Sammlungen und Bibliotheken beherbergt. **Insoweit entspricht die Regelung § 32 Abs. 2 GrStG** (→ GrStG § 32 Rn. 29), was auch durch die Gesetzesbegründung bestätigt werden dürfte, wenn dort eine Anlehnung an § 32 GrStG behauptet wird (BWLT-Drs. 16/8907, 86). Auch andere Merkmale des § 56 Abs. 2 BWLGrStG stimmen mit § 32 Abs. 2 GrStG überein: Der Grundbesitz muss dem Zweck der Forschung oder Volksbildung nutzbar gemacht sein (→ GrStG § 32 Rn. 35). Hier zeigt sich erneut die verunglückte Formulierung, weil wohl nicht der Grundbesitz selbst gemeint sein dürfte, sondern die Gegenstände auf dem Grundbesitz (also die Sammlungen, Bibliotheken etc). Die wissenschaftliche, künstlerische oder geschichtliche Bedeutung muss durch die Landesregierung oder die von ihr beauftragte Stelle anerkannt sein (→ GrStG § 32 Rn. 32 ff.). Zuständigkeit und Verfahren ergeben sich ua aus § 2 BWGrStAnVO. Abweichend von § 32 Abs. 2 GrStG verlangt § 56 Abs. 2 BWLGrStG keine Unrentabilität.

4

Auf der **Rechtsfolgeseite** gewährt § 56 Abs. 2 S. 1 BWLGrStG **Ermessen** und dies nicht nur in Ansehung des „Ob" des Erlasses, sondern auch der Höhe. Es kann

5

ein „angemessener Teil" erlassen werden. Insoweit gilt das bereits zu § 56 Abs. 1 BWLGrStG Gesagte „erst recht": Was ist ein (justiziabler) (Zweck-) Maßstab, um die **Ermessensausübung** zu steuern? Insoweit **dürfte sich eine Orientierung an § 56 Abs. 1 BWLGrStG und § 32 Abs. 2 GrStG anbieten** und – auch wenn dies in § 56 Abs. 2 BWLGrStG tatbestandlich nicht aufgegriffen wurde – eine kausale Unrentabilität maßgeblich sein. Denn damit wird der Zweck des § 56 Abs. 2 BWLGrStG verwirklicht. Ein Grundstück soll nur dann von der Grundsteuer befreit werden, wenn es gerade die Nutzung im Interesse der Allgemeinheit ist, die dazu führt, dass der typischerweise erzielbare Sollertrag nicht erzielt werden kann (eingehend → GrStG § 32 Rn. 36f. iVm → GrStG § 32 Rn. 11ff.). Die Unrentabilität bildet jedenfalls einen Maßstab, der sowohl das „Ob" als auch die Höhe des Erlasses zweckorientiert steuern kann.

§ 57 Erlass wegen wesentlicher Reinertragsminderung bei Betrieben der Land- und Forstwirtschaft

(1) ¹**Die Grundsteuer wird in Höhe von 25 Prozent erlassen, wenn bei Betrieben der Land- und Forstwirtschaft der tatsächliche Reinertrag des Steuergegenstandes um mehr als 50 Prozent gemindert ist und der Steuerschuldner die Minderung des tatsächlichen Reinertrags nicht zu vertreten hat.** ²**Beträgt die vom Steuerschuldner nicht zu vertretende Minderung des tatsächlichen Reinertrags 100 Prozent, ist die Grundsteuer abweichend von Satz 1 in Höhe von 50 Prozent zu erlassen.** ³**Der tatsächliche Reinertrag eines Betriebs der Land- und Forstwirtschaft ermittelt sich nach den Grundsätzen des § 31 Absatz 2 für ein Wirtschaftsjahr.** ⁴**Er gilt als in dem Erlasszeitraum bezogen, in dem das für den Betrieb der Land- und Forstwirtschaft maßgebliche Wirtschaftsjahr endet.**

(2) ¹**Der Erlass nach Absatz 1 wird nur gewährt, wenn die Einziehung der Grundsteuer nach den wirtschaftlichen Verhältnissen des Betriebs unbillig wäre.** ²**Ein Erlass nach Absatz 1 ist insbesondere ausgeschlossen, wenn für den Betrieb der Land- und Forstwirtschaft nach § 4 Absatz 1, 3 oder § 13a des Einkommensteuergesetzes für dasjenige Wirtschaftsjahr ein Gewinn ermittelt wurde, das im Erlasszeitraum bei der Ermittlung des tatsächlichen Reinertrags nach Absatz 1 zugrunde zu legen ist.**

(3) **Eine Ertragsminderung ist kein Erlassgrund, wenn sie für den Erlasszeitraum durch Fortschreibung des Grundsteuerwerts berücksichtigt werden kann oder bei rechtzeitiger Stellung des Antrags auf Fortschreibung hätte berücksichtigt werden können.**

1   § 57 BWLGrStG beruht auf dem Gesetz v. 4.11.2020 (→ Grundlagen Rn. 80; zu § 57 BWLGrStG BWLT-Drs. 16/8907, 86). Er stimmt mit **§ 33 GrStG** überein; es kann daher auf die Ausführungen zu § 33 GrStG verwiesen werden.

§ 58 Verfahren

(1) ¹Der Erlass wird jeweils nach Ablauf eines Kalenderjahres für die Grundsteuer ausgesprochen, die für das Kalenderjahr festgesetzt worden ist (Erlasszeitraum). ²Maßgebend für die Entscheidung über den Erlass sind die Verhältnisse des Erlasszeitraums.

(2) ¹Der Erlass wird nur auf Antrag gewährt. ²Der Antrag ist bis zu dem auf den Erlasszeitraum folgenden 31. März zu stellen.

(3) ¹In den Fällen des § 56 bedarf es keiner jährlichen Wiederholung des Antrags. ²Der Steuerschuldner ist verpflichtet, eine Änderung der maßgeblichen Verhältnisse der Gemeinde binnen drei Monaten nach Eintritt der Änderung anzuzeigen.

§ 58 BWLGrStG stimmt mit § 35 GrStG überein. Daher wird für § 58 BWLGrStG auf die Kommentierung des § 35 GrStG verwiesen. 1

Siebter Teil Ermächtigungs- und Schlussvorschriften

§ 59 Hauptveranlagung 2025

(1) Auf den 1. Januar 2025 findet eine Hauptveranlagung der Grundsteuermessbeträge statt (Hauptveranlagung 2025).

(2) ¹Die in der Hauptveranlagung 2025 festgesetzten Steuermessbeträge gelten abweichend von § 41 Absatz 2 und vorbehaltlich der §§ 42 bis 45 ab dem zum 1. Januar 2025 beginnenden Kalenderjahr. ²Der Beginn dieses Kalenderjahres ist der Hauptveranlagungszeitpunkt.

(3) ¹Bescheide über die Hauptveranlagung können schon vor dem Hauptveranlagungszeitpunkt erteilt werden. ²§ 46 Satz 2 ist entsprechend anzuwenden.

(4) ¹Für die Anwendung des § 13 Absatz 4 bei der Hauptfeststellung nach § 15 Absatz 3 ist zu unterstellen, dass anstelle von Einheitswerten Grundsteuerwerte für die Besteuerung nach dem Grundsteuergesetz in der am 1. Januar 2022 geltenden Fassung von Bedeutung sind. ²Die Steuerbefreiungen des Grundsteuergesetzes in der am 1. Januar 2022 geltenden Fassung sind bei der Hauptfeststellung nach Absatz 1 zu beachten. ³Bei Zurechnungsfortschreibungen nach § 16 Absatz 2 ist von der Hauptfeststellung auf den 1. Januar 2022 bis zum 1. Januar 2025 zu unterstellen, dass anstelle von Einheitswerten Grundsteuerwerte nach dem Grundsteuergesetz in der jeweils gültigen Fassung von Bedeutung sind.

(5) Werden der Finanzbehörde durch eine Erklärung im Sinne des § 22 auf den 1. Januar 2022 für die Bewertung eines Betriebs der Land- und Forstwirtschaft vor dem 1. Januar 2022 eingetretene Änderungen der tatsächlichen Verhältnisse erstmals bekannt, sind diese bei Fortschreibungen nach § 16 und Nachfeststellungen nach § 17 auf Feststellungszeitpunkte vor dem 1. Januar 2022 nicht zu berücksichtigen.

(6) ¹Einheitswertbescheide, Grundsteuermessbescheide und Grundsteuerbescheide, die vor dem 1. Januar 2025 erlassen wurden, werden kraft Gesetzes zum 31. Dezember 2024 mit Wirkung für die Zukunft aufgehoben, soweit sie auf den §§ 19, 20, 21, 22, 23, 27, 33, 34, 76, 79 Absatz 5 oder § 93 Absatz 1 Satz 2 des Bewertungsgesetzes in Verbindung mit Artikel 2 Absatz 1 Satz 1 und 3 des Gesetzes zur Änderung des Bewertungsgesetzes in der Fassung des Artikels 2 des Gesetzes vom 22. Juli 1970 (BGBl. I S. 1118) beruhen. ²Für die Bewertung des inländischen Grundbesitzes (§ 19 Absatz 1 in der Fassung vom 31. Dezember 2024) für Zwecke der Grundsteuer bis einschließlich zum Kalenderjahr 2024 ist das Bewertungsgesetz in der Fassung vom 1. Februar 1991 (BGBl. I S. 230), das zuletzt durch Artikel 2 des Gesetzes vom 4. November 2016 (BGBl. I S. 2464) geändert worden ist, weiter anzuwenden.

§ 60 Übergangsvorschriften

(1) ¹§§ 2 und 3, 10 und 12, sowie der zweite, dritte und siebte Teil sind ab dem Zeitpunkt des Inkrafttretens dieses Gesetzes anzuwenden. ²Die übrigen Vorschriften sind erstmals für die Grundsteuer des Kalenderjahres 2025 anzuwenden.

(2) Für die Grundsteuer bis einschließlich zum Kalenderjahr 2024 findet das Grundsteuergesetz vom 7. August 1973 (BGBl. I S. 965) in der Fassung der Änderung durch Artikel 38 des Gesetzes vom 19. Dezember 2008 (BGBl. I S. 2794, 2844) weiter Anwendung.

1 Die §§ 59, 60 BWLGrStG (dazu BWLT-Drs. 16/8907, 87ff.; BWLT-Drs. 17/1076, 21) regeln den Übergang vom bis zum 31.12.2024 maßgeblichen (Bundes-) GrStG/BewG hin zum BWLGrStG. Die Regelungsdichte der beiden Normen erklärt sich daraus, dass der Rechtsübergang mit Ablauf des 31.12.2024 nicht ohne vorauseilende Vorbereitungen auskommt, nämlich die Feststellung der Grundsteuerwerte auf den 1.1.2022 (erste Hauptfeststellung, § 15 Abs. 3 BWLGrStG). Der baden-württembergische Gesetzgeber steht insoweit vor den gleichen Umsetzungsfragen wie auch der Bundesgesetzgeber. Insoweit liegt es nahe, dass er diese nicht anders als im Bundesgrundsteuerrecht beantwortet. Dementsprechend sind § 59 Abs. 1–3 BWLGrStG identisch mit § 36 GrStG, § 59 Abs. 4–6 BWLGrStG mit § 266 Abs. 2–4 BewG und § 60 Abs. 2 BWLGrStG mit § 37 Abs. 2 GrStG. Auf die jeweiligen Kommentierungen wird verwiesen.

§ 61 Ermächtigungen und datenschutzrechtliche Bestimmungen

(1) Das Ministerium für Finanzen wird ermächtigt, durch Rechtsverordnung im Einvernehmen mit dem Ministerium für Ländlichen Raum und Verbraucherschutz die Anlagen zu diesem Gesetz zu ändern. In der jeweiligen Rechtsverordnung kann das Ministerium für Finanzen zur Sicherstellung der Gleichmäßigkeit der Besteuerung, insbesondere zur Sicherstellung einer relations- und realitätsgerechten Abbildung der Grundsteuerwerte, anordnen, dass ab dem nächsten Feststellungszeitpunkt Grundsteuerwerte unter Berücksichtigung der tatsächlichen Ver-

Bekanntmachung § 62 BWLGrStG

hältnisse und der geänderten Wertverhältnisse durch Anwendung der jeweils angepassten Anlagen festgestellt werden.

(2) ¹Das Ministerium für Finanzen wird zur Sicherstellung der elektronischen Datenübermittlung an die Finanzbehörden im Sinne dieses Gesetzes zudem ermächtigt, den amtlich vorgeschriebenen Datensatz und die weiteren technischen Einzelheiten, insbesondere die amtlich bestimmte Schnittstelle, zu bestimmen. ²Durch Rechtsverordnung des Ministeriums für Finanzen im Einvernehmen mit dem Ministerium des Inneren, für Digitalisierung und Kommunen kann das Verfahren zur Übermittlung der Daten der Messbescheide an die Gemeinden durch Datenfernübertragung bestimmt werden.

(3) ¹Die Finanzbehörden werden ermächtigt, die für die Erklärungs- und Anzeigepflicht notwendigen flurstücksbezogenen Daten nach § 23 Absatz 1, § 31 sowie § 38 Absatz 2 den Steuerpflichtigen elektronisch abrufbar bereitzustellen. ²Dabei können auch die Daten der zu einer wirtschaftlichen Einheit gehörenden Flurstücke zusammengefasst werden. ³Das Ministerium für Finanzen wird ermächtigt, die Einzelheiten durch Rechtsverordnung zu regeln.

§ 61 BWLGrStG beruht auf dem Gesetz v. 4.11.2020 (→ Grundlagen Rn. 80; 1 zu § 61 BWLGrStG BWLT-Drs. 16/8907, 89) und wurde mit dem ÄndGLGrStG v. 22.12.2021 (GBl. BW 2021, 1029) um Abs. 2 S. 2, Abs. 3 ergänzt (dazu BWLT-Drs. 17/1076, 22). Sein **Abs. 1 entspricht der VO-Ermächtigung in § 263 Abs. 1 S. 1 Nr. 1 u. 2, S. 2 BewG.** Lediglich das Zustimmungserfordernis des Bundesrates fehlt und das Einvernehmenserfordernis mit dem für die Landwirtschaft zuständigen Ministerium gilt für alle Anlagen. Im Übrigen kann auf die Ausführungen zu § 263 BewG (→ BewG § 263 Rn. 3 ff.) und insb. auch auf die dort geäußerte verfassungsrechtliche Kritik (→ BewG § 263 Rn. 6 f.) verwiesen werden. **§ 61 Abs. 2 S. 1 BWLGrStG ist § 87b Abs. 1 AO nachgebildet** und **§ 61 Abs. 2 S. 2 BWLGrStG knüpft an § 184 Abs. 3 AO an.** Beide Sätze dienen vor allem dazu, die technische Ausgestaltung der jeweiligen elektronischen Datenübermittlung durch die zuständige oberste Landesfinanzbehörde bestimmen zu können (BWLT-Drs. 17/1076, 22). **§ 61 Abs. 3 BWLGrStG** findet keine Entsprechung im Bundesgrundsteuergesetz. Die Norm **ermächtigt die Finanzverwaltung zur Einrichtung eines „bürgerfreundlichen Portals"** (BWLT-Drs. 17/1076, 22), über das die Steuerpflichtigen, die von ihnen anlässlich der Feststellungserklärung anzugebenden Daten abrufen können (das sind: Gemeinde, Gemarkungsnummer, Flur, Flurstücksnummer, Flurstücksfläche, Lagebezeichnung des Liegenschaftskatasters, die Daten der Bodenschätzung bei landwirtschaftlicher Nutzung sowie bei Grundstücken der Bodenrichtwert).

§ 62 Bekanntmachung

Das Ministerium für Finanzen wird ermächtigt, den Wortlaut dieses Gesetzes in der jeweils geltenden Fassung bekannt zu machen.

Die Regelung **entspricht § 38 GrStG** (→ GrStG § 38). 1

Anlagen zum BWLGrStG

Änderungshistorie: (1) Erstfassung mit dem Gesetz v. 4.11.2020 (→ Grundlagen Rn. 80), (2) erste Aktualisierung der Anlagen 1 bis 7 mit dem ÄndGLGrStG v. 22.12.2021 (GBl. BW 2021, 1029).

Anlage 1

(zu § 31 Absatz 2)

[entspricht Anlage 27 zu § 237 Absatz 2 BewG, siehe daher dort]

Anlage 2

(zu § 31 Absatz 3)

Forstwirtschaftliche Nutzung

	Bewertungsfaktor für Wuchsgebiet	in EUR/ha
1	Odenwald	124,93
2	Oberrheinisches Tiefland und Rhein-Main-Ebene	64,13
3	Schwarzwald	181,38
4	Baar-Wutach	172,51
5	Neckarland	117,23
6	Schwäbische Alb	123,63
7	Südwestdeutsches Alpenvorland	177,56

Anlage 3

(zu § 31 Absatz 4)

[entspricht Anlage 29 zu § 237 Absatz 4 BewG, siehe daher dort]

Anlage 4

(zu § 31 Absatz 5)

[entspricht Anlage 30 zu § 237 Absatz 5 BewG, siehe daher dort]

Anlage 5

(zu § 31 Absatz 6 und 7)

[entspricht Anlage 31 zu § 237 Absatz 6 und 7 BewG, siehe daher dort; die Verweise in Anlage 31 auf Anlage 27 müssen als Verweis auf Anlage 1 gelesen werden]

Anlage 6

(zu § 31 Absatz 8)

[entspricht Anlage 32 zu § 237 Absatz 8 BewG, siehe daher dort]

Anlage 7

(zu § 32 Absatz 2)

[entspricht Anlage 33 zu § 238 Absatz 2 BewG, siehe daher dort]

Anlage 8

(zu § 35 Absatz 5)

[entspricht Anlage 34 zu § 241 Absatz 5 BewG, siehe daher dort]

Anlage 9

(zu § 35 Absatz 5)

[entspricht Anlage 35 zu § 241 Absatz 5 BewG, siehe daher dort]

2. Bayerisches Grundsteuergesetz (BayGrStG)

Vom 10. Dezember 2021
(GVBl. 2021, 638)

Teil 1 Grundstücke/Grundsteuer B

Kapitel 1 Ermittlung der Grundsteuer

Art. 1 Steuergegenstand, Berechnungsformel

(1) ¹Steuergegenstand der Grundsteuer B sind die Grundstücke als wirtschaftliche Einheiten des Grundvermögens. ²Die Grundsteuer ergibt sich durch eine Multiplikation des Grundsteuermessbetrags des Grundstücks und des von der Gemeinde bestimmten jeweiligen Hebesatzes. ³Sie ist ein Jahresbetrag und auf volle Cent nach unten abzurunden.

(2) ¹Der Grundsteuermessbetrag des Grundstücks ist die Summe aus
1. dem Produkt aus dem Äquivalenzbetrag des Grund und Bodens nach Abs. 3 Satz 1 und der Grundsteuermesszahl nach Art. 4 und
2. dem Produkt aus den Äquivalenzbeträgen von Wohn- und Nutzflächen nach Abs. 3 Satz 2 und der jeweiligen Grundsteuermesszahl nach Art. 4.

²Der Grundsteuermessbetrag des Grundstücks ist auf volle Cent nach unten abzurunden.

(3) ¹Der Äquivalenzbetrag des Grund und Bodens ergibt sich durch eine Multiplikation der Fläche des Grund und Bodens mit der jeweiligen Äquivalenzzahl nach Art. 3 Abs. 1; er wird auf volle Cent nach unten abgerundet. ²Die Äquivalenzbeträge von Wohn- und Nutzflächen der Gebäude ergeben sich durch eine Multiplikation der maßgeblichen Gebäudeflächen mit der Äquivalenzzahl nach Art. 3 Abs. 2.

(4) ¹Die Zurechnung mehrerer Wirtschaftsgüter zu einer wirtschaftlichen Einheit wird nicht dadurch ausgeschlossen, dass die Wirtschaftsgüter zum Teil dem einen, zum Teil dem anderen Ehegatten oder Lebenspartner gehören. ²Bei Gebäuden auf fremdem Grund und Boden sind der Grund und Boden dem Eigentümer des Grund und Bodens und die Gebäude dem wirtschaftlichen Eigentümer der Gebäude zuzurechnen.

(5) ¹Erstreckt sich der Steuergegenstand auch auf ein anderes Land oder das Ausland, ist nur für das im Gebiet des Freistaates Bayern gelegene Grundvermögen Grundsteuer nach diesem Gesetz zu ermitteln und zu erheben. ²Dieses bildet eine eigenständige wirtschaftliche Einheit.

Art. 1 BayGrStG

A. Allgemeines

I. Systematische Einordnung und Zweck der Regelung

1   Der bayerische Gesetzgeber hat sich in Bezug auf die wirtschaftlichen Einheiten des Grundvermögens in Abweichung vom Bundesgrundsteuerrecht für ein sog. **wertunabhängiges Flächenmodell** entschieden (→ Grundlagen Rn. 84). Trotz aller Unterschiede in Ansehung des Belastungsgrundes und seiner Umsetzung fügt sich das BayGrStG im Übrigen aber in das Konzept des Bundesgrundsteuerrechts ein (zur Anwendung der bundesrechtlichen Regelungen →BayGrStG Art. 10 Rn. 3f.). Das wird vor allem an Art. 1 BayGrStG deutlich, der nämlich an der Figur der wirtschaftlichen Einheit und dem dreifach gestuften Verwaltungsverfahren festhält und lediglich Modifikationen vorsieht. Weitere Modifikationen enthalten ferner Art. 2 BayGrStG (Konkretisierung der maßgeblichen Flächen) und Art. 6, 7 BayGrStG (Verfahrensrecht). Die **Vorschriften des ersten Teils des BayGrStG gelten nur für die wirtschaftlichen Einheiten des Grundvermögens** (allerdings verweist Art. 9 BayGrStG für die Betriebe der Land- und Forstwirtschaft auf einige Vorschriften des ersten Teils).

II. Entwicklung der Vorschrift

2   Art. 1 BayGrStG beruht auf dem Gesetz v. 10.12.2021 (→ Grundlagen Rn. 84; zu Art. 1 BayGrStG BayLT-Drs. 18/15755, 14f.).

B. Gegenstand und Ermittlung der Grundsteuer B (Abs. 1–3)

3   Das BayGrStG ist keine grundsteuerrechtliche Vollregelung, sondern knüpft an das Bundesgrundsteuerrecht an und weicht lediglich partiell von ihm ab. In Bezug auf die wirtschaftlichen Einheiten des Grundvermögens (= Grundstücke) hat sich der bayerische Gesetzgeber für eine grundlegende Abweichung entschieden: **Bemessungsgrundlage ist ein** allein an der Grundstücks- und Gebäudefläche orientierter **(verkehrswertunabhängiger) Äquivalenzbetrag.** Bei bebauten Grundstücken können bis zu drei Äquivalenzbeträge maßgeblich sein, die sodann nach Art. 6 BayGrStG gesondert festzustellen sind (und erst auf der Ebene des Grundsteuermessbetrages zu einem Betrag zusammengeführt werden, → Rn. 5):
– Äquivalenzbetrag des Grund und Bodens = Fläche des Grund und Bodens × Äquivalenzzahl nach Art. 3 Abs. 1 BayGrStG;
– Äquivalenzbetrag der Wohnfläche = Gebäudewohnfläche × Äquivalenzzahl nach Art. 3 Abs. 2 BayGrStG;
– Äquivalenzbetrag der Nutzfläche = Gebäudenutzfläche × Äquivalenzzahl nach Art. 3 Abs. 2 BayGrStG.
Die Differenzierung zwischen der Wohn- und Nutzfläche eines Gebäudes kann bereits anlässlich der Ermittlung der Äquivalenzbeträge von Bedeutung sein, wenn nämlich für Wohn- und Nutzfläche nicht die gleichen Ermittlungsregelungen gelten sollten (→ BayGrStG Art. 2 Rn. 3f.). Ansonsten ist die Differenzierung für die Steuermesszahlen des Art. 4 BayGrStG und für die Äquivalenzzahlermittlung bei sog. übergroßen Wohngrundstücken (Art. 3 Abs. 1 S. 2 BayGrStG) relevant.

Steuergegenstand, Berechnungsformel **Art. 1 BayGrStG**

Das bayerische Grundsteuerrecht folgt der Dreistufigkeit des Grundsteuervollzugs, wie sie im Bundesgrundsteuerrecht vorgegeben ist. Es erfolgen zuerst gesonderte Feststellungen (in der Diktion des Art. 18 BayKAG vereinfacht: **Äquivalenzbetragsverfahren,** erste Verfahrensstufe), für die verfahrensrechtlich die §§ 219 ff. BewG ergänzt durch Art. 6 BayGrStG gelten (→ BayGrStG Art. 6 Rn. 1): Die **Äquivalenzbeträge werden gesondert festgestellt** und anlässlich dieser Feststellung wird inzident auch über den Umfang der wirtschaftlichen Einheit entschieden (→ BewG § 219 Rn. 12). Zudem erfolgt eine **Zurechnungs-** (→ BewG § 219 Rn. 17 ff.) und eine **Vermögensartfeststellung.** Eine Grundstücksartfeststellung findet hingegen nicht statt (Art. 6 Abs. 2 S. 2 BayGrStG). Ferner ordnet Art. 6 Abs. 2 S. 1 BayGrStG die **gesonderte Feststellung der Fläche von Grund und Boden und der Gebäudeflächen getrennt nach Wohn- und Nutzfläche** an (→ BayGrStG Art. 6 Rn. 5).   4

Auf das Äquivalenzbetragsverfahren, das mit dem Äquivalenzbetragsbescheid (als Oberbegriff für den Verwaltungsakt, der alle in → Rn. 4 genannten Feststellungen enthält) abschließt (erste Verfahrensstufe), folgt das **Grundsteuermessbetragsverfahren** (zweite Verfahrensstufe). An dessen Ende steht der Grundsteuermessbescheid, der die Summe der denkbaren Produkte aus Äquivalenzbeträgen und Messzahlen als Grundsteuermessbetrag festsetzt. Vorbehaltlich des Art. 7 BayGrStG gelten für das Grundsteuermessbetragsverfahren im Übrigen die §§ 17 ff. GrStG (→ BayGrStG Art. 7 Rn. 1).   5

Den Abschluss bildet das **Grundsteuerfestsetzungsverfahren** (dritte Verfahrensstufe). Die festzusetzende Grundsteuer ergibt sich durch eine Multiplikation des Grundsteuermessbetrags des Grundstücks mit dem Hebesatz. Den Hebesatz bestimmen die Gemeinden durch Satzung. Für die Hebesatzbestimmung durch die Gemeinde gelten § 25 Abs. 1–4 GrStG (s. daher Erl. zu § 25 GrStG, dort ist auch das bayerische Kommunalrecht nachgewiesen) und Art. 5 BayGrStG. Die Festsetzung der Grundsteuer erfolgt durch Grundsteuerbescheid. Es gelten die §§ 27 ff. GrStG, weshalb auf die Erläuterungen zu diesen Vorschriften verwiesen werden kann.   6

Art. 1 Abs. 1–3 BayGrStG enthält für jede Verfahrensstufe jeweils **Rundungsvorgaben:** (1) Der Äquivalenzbetrag für Grund und Bodens wird auf volle Cent nach unten abgerundet. (2) Der Grundsteuermessbetrag ist auf volle Cent nach unten abzurunden. (3) Entsprechendes gilt für die Grundsteuer selbst. Für die Äquivalenzbeträge von Wohn- und Nutzfläche der Gebäude fehlt eine Rundungsvorschrift.   7

C. Wirtschaftliche Einheit des Grundvermögens (Abs. 4)

I. Geltung des Bundesgrundsteuerrechts mit Modifikationen

Bewertet und zugerechnet werden wirtschaftliche Einheiten. Die wirtschaftliche Einheit des Grundvermögens ist das Grundstück. Das **bayerische Grundsteuerrecht** setzt den Typusbegriff der wirtschaftlichen Einheit voraus und **beschränkt sich mit Art. 1 Abs. 4 BayGrStG auf zwei Modifikationen der bundesrechtlichen Konkretisierung der wirtschaftlichen Einheit.** Da diese Abweichung nur punktueller Natur sind, kann im Ausgangspunkt auf die Ausführungen zur wirtschaftlichen Einheit des Grundvermögens im Bundesgrundsteuerrecht verwiesen werden (→ BewG § 244 Rn. 4 ff.). Entsprechendes gilt für die Zurechnungsgrund-   8 sätze. Das BayGrStG enthält keine Norm, die sich explizit mit der **Zurechnung der wirtschaftlichen Einheit** befasst. **Auch für das bayerische Grundsteuerrecht ist** daher **§ 39 AO maßgeblich** (eingehend → BewG § 219 Rn. 18 ff.). Schließlich übernimmt das BayGrStG auch den bundesrechtlichen Grundsatz der Eigentümeridentität (→ BewG § 244 Rn. 16), wonach eine wirtschaftliche Einheit nur dann aus mehreren Wirtschaftsgütern (praktisch relevant nur: Grundbuchgrundstücken) bestehen kann, wenn die Wirtschaftsgüter entweder nur einer Person oder wenn sie alle der gleichen Personenmehrheit zuzurechnen sind (also A und B sind Miteigentümer sowohl des Grundstücks 1 als auch des Grundstücks 2). An diesen Grundsatz knüpft Art. 1 Abs. 4 S. 1 BayGrStG an und normiert hiervon bei Ehegatten/Lebenspartnern eine Ausnahme (→ Rn. 9 ff.). Die zweite Modifikation betrifft die Verselbstständigung eines nicht dem Grundstückseigentümer zuzurechnenden Gebäudes als wirtschaftliche Einheit (sog. Gebäude auf fremden Grund und Boden, Art. 1 Abs. 4 S. 2 BayGrStG → Rn. 13 ff.).

II. Durchbrechung des Prinzips der Eigentümeridentität bei Ehegatten/Lebenspartnern (Abs. 4 S. 1)

9 Nach Art. 1 Abs. 4 S. 1 BayGrStG **wird** – in Abweichung von dem Grundsatz der Eigentümeridentität (→ Rn. 8) – **die Zurechnung eines Wirtschaftsgutes zu einer wirtschaftlichen Einheit nicht dadurch ausgeschlossen, dass die Wirtschaftsgüter zum Teil dem einen, zum Teil dem anderen Ehegatten oder Lebenspartner gehören** (zuzurechnen sind). Diese Regelung **entspricht § 26 BewG,** der allerdings nicht in das Bundesgrundsteuerrecht übernommen worden ist (→ BewG § 244 Rn. 17). Dieser Abweichung vom Bundesrecht dürfte im originären Anwendungsbereich des Art. 1 BayGrStG kaum praktische Bedeutung zukommen. Anders verhält es sich über die Verweisung des Art. 9 Abs. 2 S. 1 BayGrStG hinsichtlich der Betriebe der Land- und Forstwirtschaft. Denn hier kommt es durchaus vor, dass die land- und forstwirtschaftlich genutzten Flächen nicht allesamt im Miteigentum der Ehegatten/Lebenspartner stehen, sondern zumindest in Bezug auf einen Teil der Flächen Alleineigentum eines Ehegatten/Lebenspartners besteht. Insoweit kann auf die bisherige Erkenntnisse zu § 26 BewG zurückgegriffen werden.

10 Für die Anwendung des Art. 1 Abs. 4 S. 1 BayGrStG ist der **Güterstand der Ehegatten/Lebenspartner ohne Bedeutung** (*Esskandari* in Stenger/Loose BewG § 26 Rn. 18). Die Regelung ist zwingend. Ein Wahlrecht ist nicht vorgesehen (so auch BFH 18.11.1966 – III 176/63, BStBl. III 1967, 170 zu § 24 BewG aF). Kommt es wegen Art. 1 Abs. 4 S. 1 BayGrStG zu einer Schlechterstellung von Ehegatten (also höhere Grundsteuerbelastung im Vergleich zur Rechtslage ohne Art. 1 Abs. 4 S. 1 BayGrStG), ist **die Regelung im Hinblick auf Art. 6 GG rechtfertigungsbedürftig** (die Ausführungen zu → BWLGrStG § 25 Rn. 8 gelten entsprechend). Für andere familienrechtliche Beziehungen (zB Eltern und Kinder) fehlt eine Regelung wie Art. 1 Abs. 4 S. 1 BayGrStG, weshalb es insoweit beim Grundsatz der Eigentümeridentität bleibt. Keine Relevanz hat Art. 1 Abs. 4 S. 1 BayGrStG, soweit Flächen im Miteigentum der Ehegatten/Lebenspartner stehen oder sie bei Gütergemeinschaft zum Gesamtgut gehören. In diesem Fall ist bereits der Grundsatz der Eigentümeridentität erfüllt.

11 Art. 1 Abs. 4 S. 1 BayGrStG ordnet nicht an, dass Grundbuchgrundstücke von Ehegatten/Lebenspartnern stets als Einheit zu betrachten sind. Vielmehr ist Ausgangspunkt immer der Begriff der wirtschaftlichen Einheit und die hierbei anzulegende wirtschaftliche Betrachtungsweise. **Voraussetzung ist daher immer, dass**

Steuergegenstand, Berechnungsformel **Art. 1 BayGrStG**

die unterschiedlichen Eigentümern zuzurechnenden **Wirtschaftsgüter nach den Anschauungen des Verkehrs eine wirtschaftliche Einheit bilden** (vgl. BFH 31.10.1969 – III R 145/66, BStBl. II 1970, 197 zu § 24 BewG aF; BFH 19.6.1996 – II R 86/93, BFH/NV 1997, 14 zu § 26 BewG). Sowohl die Maßgeblichkeit der Verkehrsauffassung bei der Bildung wirtschaftlicher Einheiten als auch der Wortlaut des Art. 1 Abs. 4 S. 1 BayGrStG legen nahe, dass bereits ohne das dem einen Ehegatten/Lebenspartner gehörende Wirtschaftsgut eine dem anderen Ehegatten zuzurechnende wirtschaftliche Einheit besteht und dass das dem anderen Ehegatten/Lebenspartner gehörende Wirtschaftsgut von der Verkehrsauffassung nicht als eigenständige wirtschaftliche Einheit erachtet wird. Es gibt mithin bereits eine wirtschaftliche Einheit, die ein im Eigentum des anderen Ehegatten/Lebenspartners stehendes Wirtschaftsgut wegen des Funktionszusammenhangs zur bestehenden wirtschaftlichen Einheit „anzieht". Damit wird aber erkennbar, dass Art. 1 Abs. 4 S. 1 BayGrStG nicht alle relevanten Fragen regelt. Er **erlaubt nämlich nur eine Zusammenfassung mehrerer Wirtschaftsgüter** in Abweichung vom Grundsatz der Eigentümeridentität (vgl. BFH 14.2.2007 – II R 69/05, BStBl. II 2007, 443), **sagt aber nichts darüber aus, wem die wirtschaftliche Einheit zuzurechnen ist.** Insoweit sind zwei Lösungen denkbar: Entweder erfolgt eine alleinige Zurechnung bei einem Ehegatten/Lebenspartner (mit Art. 1 Abs. 4 S. 1 BayGrStG wird mithin auch die Zurechnung beim Eigentümer-Ehegatten/Lebenspartner aufgehoben) oder die wirtschaftliche Einheit ist sodann beiden Ehegatten/Lebenspartnern zuzurechnen und es muss die Höhe der Anteile der beiden Ehegatten/Lebenspartner bestimmt werden. Rechtsprechung und Literatur zu § 26 BewG gehen bisher von Ersterem aus (FG Rheinland-Pfalz 11.6.1981 – 3 K 235/80, EFG 1982, 63) und wollen dem Ehegatten/Lebenspartner die gesamte wirtschaftliche Einheit zurechnen, der Eigentümer der Wirtschaftsgüter mit dem höheren Verkehrswert ist (so *Esskandari* in Stenger/Loose BewG § 26 Rn. 18; *Halaczinsky* in Rössler/Troll BewG § 26 Rn. 5 [bezeichnet dies jedenfalls als Regelfall]).

Ist ein **Ehegatte/Lebenspartner Gesellschafter einer GbR**, die selbst Zurech- 12 nungssubjekt der wirtschaftlichen Einheit ist, kann ein im Alleineigentum des anderen Ehegatten/Lebenspartners stehendes Grundstück nicht in die der GbR zuzurechnende wirtschaftliche Einheit einbezogen werden. Denn Art. 1 Abs. 4 S. 1 BayGrStG setzt voraus, dass Zurechnungssubjekt der „Haupteinheit" der Ehegatte ist. Anders als im Recht der Einheitsbewertung (dort bis zum 31.12.2024: § 34 Abs. 6 BewG) und nach den bayerischen Sonderregelungen betreffend die Betriebe der Land- und Forstwirtschaft (dort: Art. 9 Abs. 2 S. 2 BayGrStG) fehlt es für das Grundvermögen an einer Vorschrift, die den Grundsatz der Eigentümeridentität auch in Ansehung von Personengesellschaften und ihren Gesellschaftern durchbricht. Daher kann auch die Rechtsprechung des BFH zur Einheitsbewertung, die eine solche Zurechnung eines Ehegattengrundstücks bei einer der GbR zuzurechnenden wirtschaftlichen Einheit wegen der Gesellschafterstellung des anderen Ehegatten angenommen hat (BFH 14.5.2004 – II R 50/01, BStBl. II 2004, 818), hinsichtlich des Grundvermögens nicht auf das bayerische Grundsteuerrecht übertragen werden.

III. Gebäude auf fremdem Grund und Boden (Abs. 4 S. 2)

Unter dem Terminus „**Gebäude auf fremdem Grund und Boden**" erfasst 13 das Grundsteuerrecht solche Konstellationen, **in denen das Gebäude einer anderen Person als dem Grundstückseigentümer zuzurechnen ist.** Diese Konstellation kann auftreten bei **Scheinbestandteilen** iSv § 95 BGB und bei Gebäu-

Art. 1 BayGrStG

den, die zwar wesentlicher Bestandteil des Grundstücks sind, die aber im **wirtschaftlichen Eigentum** einer Person stehen, der nicht das Grundstück zuzurechnen ist (eingehend → BewG § 244 Rn. 24f.). Das bis zum 31.12.2024 geltende Recht vollzog die unterschiedliche Zurechnung dadurch nach, dass es zwei wirtschaftliche Einheiten annahm: Das Gebäude auf fremdem Grund und Boden galt als eigenständige wirtschaftliche Einheit des Grundvermögens, das neben das Grundstück als weitere wirtschaftliche Einheit trat. Das neue Bundesgrundsteuerrecht hat diese Zweiteilung nicht übernommen und ordnet stattdessen an, dass nur eine einzige wirtschaftliche Einheit (aus Grund und Boden sowie Gebäude) besteht, die dem Grundstückseigentümer zuzurechnen ist (§§ 244 Abs. 3 Nr. 2, 262 BewG). Mit Art. 1 Abs. 4 S. 2 BayGrStG führt der bayerische Gesetzgeber die alte Bundesrechtslage fort: **In Bayern ist bei „Gebäuden auf fremdem Grund und Boden" beim Grundvermögen weiterhin von zwei wirtschaftlichen Einheiten, nämlich dem Grund und Boden einerseits und dem Gebäude andererseits, auszugehen.**

14 Unseres Erachtens **gilt Art. 1 Abs. 4 S. 2 BayGrStG** für beide Konstellationen eines Gebäudes auf fremdem Grund und Boden, dh **sowohl für den Fall des wirtschaftlichen Eigentums an dem Gebäude als auch für den Fall des Scheinbestandteils.** Art. 1 Abs. 4 S. 2 BayGrStG nimmt auf den ersten Blick zwar nur auf die Konstellation Bezug, dass ein anderer als der Grundstückseigentümer wirtschaftlicher Eigentümer des Gebäudes ist. Da in Art. 1 Abs. 4 S. 2 BayGrStG aber der Terminus „Gebäude auf fremdem Grund und Boden" verwendet wird, dürfte von dieser Norm auch der Fall erfasst sein, dass eine vom Grundstückseigentümer verschiedene Person nicht wirtschaftlicher, sondern auch rechtlicher Eigentümer des Gebäudes ist (wegen § 95 BGB, Scheinbestandteil).

15 Liegen die Voraussetzungen des Art. 1 Abs. 4 S. 2 BayGrStG vor, sind für jede wirtschaftliche Einheit gesonderte Verwaltungsverfahren zu führen (im Falle der Errichtung des Gebäudes bzw. der erstmaligen Zurechnungsabweichung vom Grund und Boden ist eine Nachfeststellung nach § 223 BewG durchzuführen) und die **Äquivalenzbeträge müssen entsprechend auf die wirtschaftlichen Einheiten verteilt werden:** Der wirtschaftlichen Einheit „Grundstück" ist der Äquivalenzbetrag für den Grund und Boden und der wirtschaftlichen Einheit „Gebäude" ist der Äquivalenzbetrag für die Gebäudefläche zuzurechnen (BayLT-Drs. 18/15755, 15). Jedes Zurechnungssubjekt ist Grundsteuerschuldner (nur) in Ansehung der ihm zugerechneten wirtschaftlichen Einheit. Wird das Gebäude abgerissen oder wird der Eigentümer des Grund und Bodens auch Zurechnungssubjekt in Bezug auf das Gebäude, ist der Äquivalenzbetragsbescheid für das Gebäude aufzuheben (→ BewG § 224 Rn. 4) und in Ansehung des Grundstücks eine Fortschreibung der Äquivalenzbeträge für Wohn- und Nutzfläche durchzuführen.

16 Für **Erbbaurechte** hat der bayerische Gesetzgeber auf eine dem Art. 1 Abs. 4 S. 2 BayGrStG vergleichbare Abweichungsregelung verzichtet. Es bleibt mithin auch in Bayern bei der bundesgesetzlichen Regelung des § 244 Abs. 3 Nr. 1 BewG, wonach das mit einem Erbbaurecht belastete Grundstück als Einheit erfasst (= eine einzige wirtschaftliche Einheit, → BewG § 244 Rn. 21 ff.) und ausschließlich dem Erbbauberechtigten zugerechnet wird (§ 261 S. 2 BewG).

Maßgebliche Flächen   **Art. 2 BayGrStG**

D. Grenzüberschreitende wirtschaftliche Einheiten (Abs. 5)

Der Grundsteuerwert wird grundsätzlich für eine wirtschaftliche Einheit fest- 17
gestellt und diese kann aus Grundstücken bestehen, die sowohl in Bayern als auch in
einem anderen Bundesland oder im Ausland liegen. Art. 1 Abs. 5 S. 1 BayGrStG bestimmt, dass nur für das in Bayern belegene Grundvermögen Grundsteuer nach dem
BayGrStG zu ermitteln und zu erheben ist. Damit deckt sich der Geltungsanspruch
des Gesetzes mit der eigenen Gesetzgebungskompetenz und insbesondere der Verwaltungskompetenz bei Durchführung von Landesrecht (vgl. → BayGrStG Art. 9
Rn. 16). Eine davon zu unterscheidende Frage ist, ob es eine grenzüberschreitende
wirtschaftliche Einheit geben kann. Während das Bundesrecht den Zuschnitt der
wirtschaftlichen Einheit unverändert lässt (also eine grenzüberschreitende wirtschaftliche Einheit anerkennt), bestimmt Art. 1 Abs. 5 S. 2 BayGrStG ausdrücklich, dass nur
der in Bayern belegene Teil eine wirtschaftliche Einheit bildet. Das hat ua Bedeutung
für rechtlich relevante Faktoren, die an die wirtschaftliche Einheit anknüpfen. **Für
die Ermittlung der Äquivalenzzahl nach Maßgabe des Art. 3 Abs. 1 S. 2 BayGrStG sind daher nur die in Bayern belegenen Flächen relevant.**

Art. 1 Abs. 5 BayGrStG gilt nur für Grundstücke. Auf Betriebe der Land- und 18
Forstwirtschaft ist er nicht anwendbar (→ BayGrStG Art. 9 Rn. 15ff.).

Art. 2 Maßgebliche Flächen

(1) ¹**Gebäudefläche bei Wohnnutzung ist die Wohnfläche im Sinne der
Wohnflächenverordnung.** ²**Als Wohnnutzung gilt auch die Nutzung als
häusliches Arbeitszimmer.** ³**Im Übrigen ist die Nutzfläche des Gebäudes
maßgeblich.** ⁴**Die Gebäudefläche ist durch eine geeignete Methode zu ermitteln.**

(2) ¹**Nutzflächen von Garagen, die in räumlichem Zusammenhang zu
der Wohnnutzung stehen, der sie rechtlich zugeordnet sind, bleiben bis zu
einer Fläche von insgesamt 50 m² außer Ansatz.** ²**Dies gilt unter den Voraussetzungen des Satzes 1 auch für Garagen, die eine eigene wirtschaftliche Einheit bilden.**

(3) ¹Im Übrigen bleiben die Nutzflächen von Nebengebäuden von untergeordneter Bedeutung, die in räumlichem Zusammenhang zu der Wohnnutzung stehen, der sie zu dienen bestimmt sind, bis zu einer Fläche
von insgesamt 30 m² außer Ansatz. ²Dies gilt unter den Voraussetzungen
des Satzes 1 auch für Nebengebäude, die eine eigene wirtschaftliche Einheit bilden.

(4) ¹Ein Grundstück gilt als unbebaut, wenn die darauf errichteten Gebäude, mit Ausnahme der Fälle des Abs. 2 Satz 2, eine Gesamtgebäudefläche von insgesamt weniger als 30 m² haben. ²Besteht ein Bauwerk aus mehreren wirtschaftlichen Einheiten, ist die Gesamtgebäudefläche des
Bauwerks anzusetzen. ³Die Gebäudefläche bleibt in der Folge außer Ansatz. ⁴§ 246 des Bewertungsgesetzes (BewG) bleibt im Übrigen unberührt.

(5) Die für dieses Gesetz maßgeblichen Flächen von Grund und Boden
sowie die Wohn- und Nutzflächen der Gebäude sind jeweils auf volle Quadratmeter nach unten abzurunden.

A. Allgemeines

I. Systematische Einordnung und Zweck der Regelung

1   Das BayGrStG knüpft nicht nur an die wirtschaftliche Einheit des Grundvermögens an (→ BayGrStG Art. 1 Rn. 8), sondern auch an die bundesrechtliche Differenzierung zwischen unbebauten und (mit einem benutzbaren Gebäude iSv §§ 246, 248 BewG) bebauten Grundstücken. Art. 2 BayGrStG konkretisiert die bundesgesetzlichen Gebäuderegelungen dem Grunde und dem Umfang nach. Das geschieht teilweise nur klarstellend, teilweise aber auch vom Bundesgrundsteuerrecht abweichend.

II. Entwicklung der Vorschrift

2   Art. 2 BayGrStG beruht auf dem Gesetz v. 10.12.2021 (→ Grundlagen Rn. 84; zu Art. 2 BayGrStG BayLT-Drs. 18/15755, 15 ff.).

B. Wohn- und Nutzfläche (Abs. 1)

3   Soweit ein Gebäude dem Wohnen dient, liegt **Wohnfläche** vor (eingehend zur Wohnnutzung in Abgrenzung zu anderen Nutzungszwecken → BewG § 249 Rn. 14 ff.). Die Quantifizierung der Wohnfläche hat vor allem Bedeutung für die Messzahlermäßigungen des Art. 4 BayGrStG, aber auch für die Äquivalenzzahlermittlung bei sog. übergroßen Wohngrundstücken (Art. 3 Abs. 1 S. 2 Nr. 1 BayGrStG). Gemäß Art. 2 Abs. 1 S. 1 BayGrStG ist die Wohnfläche nach Maßgabe der Wohnflächenverordnung (WoFlV) zu ermitteln. Das entspricht dem Bundesgrundsteuerrecht (→ BewG § 249 Rn. 6 ff. und → BewG § 254 Rn. 6 ff., dort auch jeweils zu Einzelfragen der Anwendung der WoFlV). Entsprechendes gilt für die **Einbeziehung von Arbeitszimmern** in die Wohnnutzung und damit auch in die Wohnfläche, selbst wenn sie einer selbstständigen Tätigkeit dienen (→ BewG § 249 Rn. 17); die Regelung des Art. 2 Abs. 1 S. 2 BayGrStG hat daher nur klarstellenden Charakter.

4   Soweit das Gebäude für andere als für Wohnzwecke genutzt wird – also zu eigenen oder fremden betrieblichen, zu öffentlichen oder sonstigen Zwecken – spricht das Gesetz von **Nutzfläche**. Die WoFlV ist hierauf nicht zugeschnitten, dürfte aber in Bezug auf die Nutzfläche jedenfalls dann eine ausreichende Orientierung bieten und daher eine geeignete Methode iSv Art. 2 Abs. 1 S. 4 BayGrStG darstellen, wenn es sich um Gebäude mit überwiegender Wohnnutzung handelt (zB Mehrfamilienhaus mit Ladengeschäft im Erdgeschoss). Ansonsten kann die Nutzfläche auch nach DIN 277 ermittelt werden (vgl. BayLT-Drs. 18/15755, 16; zu den Unterschieden zwischen DIN 277 und der WoFlV → BewG § 249 Rn. 6).

C. Garagen (Abs. 2)

5   Garagen, die einer Wohnnutzung dienen, werden nach der WoFlV nicht als Wohnfläche erfasst und bleiben insgesamt unberücksichtigt (→ BewG § 249 Rn. 9). Art. 2 Abs. 2 BayGrStG trifft indes eine vorrangige Regelung. Hiernach

Maßgebliche Flächen **Art. 2 BayGrStG**

bleiben Garagen nur bis zu einer Fläche von insgesamt 50 qm außer Ansatz, wenn sie in räumlichem Zusammenhang zu der Wohnnutzung stehen, der sie rechtlich zugeordnet sind. Der Begriff der **Garage ist ein Typusbegriff**, dessen Konkretisierung maßgeblich durch die Abgeschlossenheit (Garagentor uÄ) und die Zweckbestimmung einer typischen Garage (Unterstellen eines Fahrzeugs oder eines Fahrrads) geprägt ist. Ein Bauwerk hat – wenn auch die nachfolgenden Voraussetzungen erfüllt sind – bereits dann außer Ansatz zu bleiben, wenn es objektiv dem Typus der Garage zuzuordnen ist.

Die **rechtliche Zuordnung** soll nach der Begründung zu Art. 2 Abs. 2 Bay- 6 GrStG **bei einer dinglichen oder vertraglichen Verknüpfung zwischen Wohn- und Garagenfläche** vorliegen. Eine dingliche Verknüpfung erfasst den Fall, dass Wohnhaus und Garage auf einem Grundstück stehen und deshalb das eigentumsrechtliche Schicksal teilen. Entsprechendes gilt für Wohnungseigentum und das Sondernutzungsrecht an einer Garage. Als Beispiel für eine vertragliche Verknüpfung nennt die Gesetzesbegründung die Vermietung der Garage im Zusammenhang mit der Vermietung der Wohnfläche von demselben Überlassenden (für das Vorstehende insgesamt BayLT-Drs. 18/15755, 16).

Art. 2 Abs. 2 S. 1 BayGrStG verlangt ferner einen **räumlichen Zusammen-** 7 **hang zur Wohnnutzung.** Das ist stets eine Frage der konkreten Verhältnisse im Einzelfall. Im Anwendungsbereich des Art. 2 Abs. 2 S. 1 BayGrStG geht es um Garagen, die mit dem Wohngebäude eine wirtschaftliche Einheit bilden, weshalb hier praktisch keine Konstellationen vorstellbar sind, in denen das Kriterium des räumlichen Zusammenhangs nicht gegeben ist (vgl. → BewG § 244 Rn. 10). Das gilt insbesondere auch für die Fälle, in denen die Garage allein wegen § 244 Abs. 2 BewG in die durch das Wohnhaus geprägte wirtschaftliche Einheit einzubeziehen worden ist. Denn die Einbeziehung nach § 244 Abs. 2 BewG ist idR nur möglich, wenn eine gewisse räumliche Nähe besteht (→ BewG § 244 Rn. 18 ff.), und es liegt nahe, bei § 244 Abs. 2 BewG und Art. 2 Abs. 2 S. 1 BayGrStG dieselben Maßstäbe anzuwenden. Die räumliche Nähe wird mithin maßgeblich durch die Verkehrsauffassung bestimmt. Entsprechendes sollte schließlich auch für die Garagen gelten, die eine eigenständige wirtschaftliche Einheit bilden (Art. 2 Abs. 2 S. 2 BayGrStG).

Die Nutzfläche von Garagen bleibt bis zu 50 qm außer Ansatz. Ausweislich der 8 Gesetzesbegründung handelt es sich um einen Freibetrag (BayLT-Drs. 18/15755, 16), dh bei einer größeren Garage bleiben die ersten 50 qm außer Ansatz und im Übrigen ist die Nutzfläche zu berücksichtigen. Abzustellen ist auf die Summe der einer Wohnung rechtlich zugeordneten Garagenflächen (BayLT-Drs. 18/15755, 16). Die 50 Quadratmeter-Grenze soll jeweils für eine Wohnung gelten, dh bei mehreren Wohnungen in einer wirtschaftlichen Einheit gilt für jede Wohnung die 50 Quadratmeter-Grenze (vgl. BayLT-Drs. 18/15755, 16). Im Wortlaut des Art. 2 Abs. 2 BayGrStG kommt dieser Wohnungsbezug zum Ausdruck. Dort ist vielmehr von der Wohnnutzung die Rede. Der Wortlaut steht der vom Gesetzgeber gewollten Auslegung allerdings auch nicht entgegen.

D. Nebengebäude von untergeordneter Bedeutung (Abs. 3)

9 Gemäß Art. 2 Abs. 3 BayGrStG wird die Gebäudefläche von Gebäuden iSv §§ 246, 248 BewG nicht berücksichtigt („bleibt außer Ansatz"), wenn (1) das Gebäude von untergeordneter Bedeutung ist (→ Rn. 10), und (2) das Gebäude in räumlichem Zusammenhang zur Wohnnutzung steht, der es zu dienen bestimmt ist (→ Rn. 11). Liegen diese Voraussetzungen vor, bleibt eine Fläche von maximal 30 qm außer Ansatz. Die **30 qm sind laut Gesetzesbegründung ein Freibetrag** (BayLT-Drs. 18/15755, 16), dh die Überschreitung der 30 qm-Grenze führt dazu, dass nur die über die 30 qm hinausgehende Fläche zu berücksichtigen ist. Der **Begriff Nebengebäude** dürfte hingegen nicht als zusätzliches Merkmal zu verstehen sein. Vielmehr dürfte ein Gebäude ein Nebengebäude sein, wenn die beiden genannten Voraussetzungen vorliegen. Die Regelung zielt vor allem auf Schuppen und Gartenhäuschen ab (BayLT-Drs. 18/15755, 16). Ob das Nebengebäude iSv Art. 2 Abs. 3 S. 1 BayGrStG eines von mehreren Gebäuden einer wirtschaftlichen Einheit oder das einzige Gebäude einer solchen ist, ist – aus der Perspektive des Vereinfachungsanliegens folgerichtig – irrelevant. Auch für Letzteres gilt die Vereinfachungsregelung (Art. 2 Abs. 3 S. 2 BayGrStG). Allerdings dürften viele Nebengebäude, die mit ihrem Grund und Boden eine eigene wirtschaftliche Einheit bilden und kleiner als 30 qm sind, zugleich unter Art. 2 Abs. 4 BayGrStG fallen und dessen Rechtsfolge auslösen (= Grundstück gilt als unbebaut).

10 Für das Kriterium der **untergeordneten Bedeutung** dürfte idR die Fläche heranzuziehen sein, und zwar bezogen auf das Hauptgebäude und den Grund und Boden.

11 Das Gebäude muss einer Wohnnutzung dienen und mit dieser in einem räumlichen Zusammenhang stehen. Der dienende Charakter setzt voraus, dass es ein Hauptgebäude mit Wohnnutzung gibt. Ein Gebäude dient nur dann der Wohnnutzung, wenn seine Nutzung die Wohnnutzung im Hauptgebäude ergänzt, sei es im Hinblick auf die Freizeitnutzung, Gartenpflege oder als Lagerraum (vergleichbar einem Keller). Die Notwendigkeit einer dienenden Funktion schließt es demgegenüber aus, dass ein Gebäude mit selbstständiger Nutzung Nebengebäude iSv Art. 2 Abs. 3 BayGrStG sein kann. Wird ein Schuppen für gewerbliche Zwecke genutzt, kann er daher keine dienende Funktion gegenüber dem zugehörigen Wohngebäude erfüllen. Auch eine Wohnnutzung kann keiner anderen Wohnnutzung dienen und erfüllt daher nicht das dienende Kriterium. Der räumliche Zusammenhang ist eine Frage des Einzelfalls.

E. Gebäude mit weniger als 30 qm Gebäudefläche (Abs. 4)

12 Die Abgrenzung von bebauten und unbebauten Grundstücken hat auch für das bayerische Grundsteuerrecht Bedeutung, weil bei bebauten Grundstücken die Gebäudefläche relevant ist. Insoweit gelten die §§ 246, 248 BewG. Hiernach beurteilt sich vor allem, ob schon oder noch ein benutzbares Gebäude vorliegt. Ungeachtet dessen ordnet Art. 2 Abs. 4 BayGrStG an, dass ein **Grundstück als unbebaut gilt (Fiktion)** und daher keine Gebäudefläche zu berücksichtigen ist, wenn die darauf errichteten Gebäude eine Gebäudefläche von insgesamt (= Summe aller Gebäude, arg: „Gesamtgebäudefläche von insgesamt ...") weniger als 30 qm haben (Art. 2 Abs. 4 S. 1 BayGrStG). Besteht ein Bauwerk aus mehreren wirtschaftlichen Einheiten, ist die Gesamtgebäudefläche des Bauwerks anzusetzen (Art. 2 Abs. 4 S. 2 BayGrStG). Die Besonderheit des Art. 2 Abs. 4 BayGrStG ist seine Rechtsfolge: Während Art. 2 Abs. 3 BayGrStG Nebengebäude insgesamt bzw. bis zur 30 qm-Grenze bei der Flächenermittlung ausblendet, es sich wegen des Hauptgebäudes aber um ein bebautes Grundstück handelt, **erfasst Art. 2 Abs. 4 BayGrStG den Fall, dass die Fläche aller Gebäude unterhalb der 30 qm-Grenze bleibt und es sich daher kraft Fiktion um ein unbebautes Grundstück handelt.**

F. Rundungsregel für Quadratmeter (Abs. 5)

Alle Flächen (Grund und Boden sowie Gebäude) sind auf volle Quadratmeter 13 nach unten abzurunden.

Art. 3 Äquivalenzzahlen

(1) ¹Für die Fläche des Grund und Bodens beträgt die Äquivalenzzahl 0,04 € je Quadratmeter. ²Abweichend von Satz 1 gilt:
1. **Dienen die Gebäude mindestens zu 90% der Wohnnutzung, wird die Äquivalenzzahl für die das Zehnfache der Wohnfläche übersteigende Fläche des Grund und Bodens nur zu 50% angesetzt.**
2. **Ist die Fläche des Grund und Bodens zu mindestens 90% weder bebaut noch befestigt, wird der Äquivalenzbetrag für die 10 000 m² übersteigende Fläche insgesamt wie folgt angesetzt: (übersteigende Fläche des Grund und Bodens × $0{,}04/m^2)^{0{,}7}$ €, höchstens jedoch eine Äquivalenzzahl von $0{,}04\ \text{€}/m^2$.**
3. Sind sowohl die Voraussetzungen von Nr. 1 als auch von Nr. 2 erfüllt, wird
   a) für die Fläche bis zum Zehnfachen der Wohnfläche Satz 1,
   b) für die Fläche, die das Zehnfache der Wohnfläche übersteigt und 10.000 m² nicht überschreitet, Nr. 1, höchstens jedoch eine Äquivalenzzahl von $0{,}02\ \text{€}/m^2$, und
   c) im Übrigen Nr. 2
   angewendet.

(2) **Die Äquivalenzzahl für Gebäudeflächen beträgt stets 0,50 € je Quadratmeter.**

A. Allgemeines

I. Systematische Einordnung und Zweck der Regelung

Art. 3 BayGrStG gibt die sog. Äquivalenzzahlen vor, die notwendig sind, um 1 Grundstücks- und Gebäudeflächen in die Äquivalenzbeträge iSv Art. 1 Abs. 3 BayGrStG zu überführen (→ BayGrStG Art. 1 Rn. 3). Die Äquivalenzzahlen sind reine Rechengrößen, die keinen Seinsbezug haben. Sie sind politisch (willkürlich) bestimmt, um zu einer gewollten relativen Lastenverteilung je nach Grundstücks- und Gebäudegröße zu gelangen.

II. Entwicklung der Vorschrift

2 Art. 3 BayGrStG beruht auf dem Gesetz v. 10.12.2021 (→ Grundlagen Rn. 84; zu Art. 3 BayGrStG BayLT-Drs. 18/15755, 17ff. [Gesetzesentwurf]; BayLT-Drs. 18/18651 [Änderungsantrag]).

B. Äquivalenzzahl für die Fläche des Grund und Bodens (Abs. 1)

3 Die allgemeine Äquivalenzzahl für die Fläche des Grund und Bodens beträgt 0,04 EUR/qm (Art. 3 Abs. 1 S. 1 BayGrStG). Die Fläche des Grund und Bodens ergibt sich aus dem Grundbuch bzw. aus dem Liegenschaftskataster in Bezug auf die zur wirtschaftlichen Einheit gehörenden Grundbuchgrundstücke. Sofern mehrere wirtschaftliche Einheiten auf einem Grundbuchgrundstück bestehen, ist eine Aufteilung notwendig. Die Fläche ist auf volle Quadratmeter nach unten abzurunden (Art. 2 Abs. 5 BayGrStG).

4 Art. 3 Abs. 1 S. 2 BayGrStG sieht von der allgemeinen Äquivalenzzahl abweichende Äquivalenzzahlen für größere Grundstücke vor (BayLT-Drs. 18/15755, 17: „übergroße Grundstücke") und zwar (1) für Grundstücke, deren Fläche das Zehnfache der Wohnfläche der aufstehenden Wohngebäude übersteigt (Art. 3 Abs. 1 S. 2 Nr. 1 BayGrStG, → Rn. 5) sowie für Grundstücke mit keiner bzw. geringfügiger Bebauung (Art. 3 Abs. 1 S. 2 Nr. 2 BayGrStG, → Rn. 6). Der Gesetzgeber **rechtfertigt die besonderen Äquivalenzzahlen,** die niedriger sind als die allgemeine Äquivalenzzahl, mit dem Äquivalenzprinzip: **Eine lineare Fortschreibung** des Äquivalenzbetrages **würde zu einem Missverhältnis zwischen der Inanspruchnahme öffentlicher Infrastruktur und Kostenanlastung** gegenüber dem Grundstückseigentümer **führen** (BayLT-Drs. 18/15755, 17).

5 Die Äquivalenzzahl ermäßigt sich gemäß **Art. 3 Abs. 1 S. 2 Nr. 1 BayGrStG** auf 0,02 EUR/qm, wenn (1) die Fläche des Grund und Bodens das Zehnfache der Fläche des Gebäudes überschreitet und (2) das oder die Gebäude mindestens zu 90% der Wohnnutzung dienen. Liegen diese Voraussetzungen vor, wird die ermäßigte Äquivalenzzahl auf die das Zehnfache überschreitende Fläche angewendet und zwar bis einschließlich 10.000 m² (→ Rn. 7).

Beispiel (nach BayLT-Drs. 18/15755, 18): Der Grund und Boden hat eine Fläche von 9.000 qm. Bebaute Fläche sind 100 qm und Wohnfläche sind 200 qm.

Das Zehnfache der Wohnfläche sind 2.000 qm. Bis zu diesen 2.000 qm findet Art. 3 Abs. 1 S. 1 BayGrStG und damit die Äquivalenzzahl 0,04 EUR/qm Anwendung. Die über die 2.000 qm hinausgehende Fläche von insgesamt noch 7.000 qm wird von Art. 3 Abs. 1 S. 2 Nr. 1 BayGrStG erfasst. Insoweit gilt eine Äquivalenzzahl von 0,02 EUR/qm. Damit ergibt sich folgende Berechnung:

	2.000 qm × 0,04 EUR/qm	80,00 EUR
	7.000 qm × 0,02 EUR/qm	140,00 EUR
Äquivalenzbetrag Grund und Boden		220,00 EUR
Äquivalenzbetrag Wohnfläche	200 qm × 0,50 EUR/qm	100,00 EUR

6 Ist die Fläche des Grund und Bodens zu mindestens 90% nicht bebaut oder nicht befestigt, wird die Äquivalenzzahl für die 10.000 qm übersteigende Fläche gemäß **Art. 3 Abs. 1 S. 2 Nr. 2 BayGrStG** insgesamt wie folgt ermittelt: (übersteigende Grund- und Bodenfläche × 0,04 EUR/qm)^{0,7}; es ist jedoch höchstens

Äquivalenzzahlen **Art. 3 BayGrStG**

eine Äquivalenzzahl von 0,04 EUR/qm anzusetzen. Für die Anwendung des Art. 3 Abs. 1 S. 2 Nr. 2 BayGrStG müssen sowohl die bebaute als auch die befestigte Fläche des Grundstücks bestimmt werden. Es würde naheliegen, die Frage der Bebauung **(bebaute Fläche)** nach grundsteuerrechtlichen Kriterien zu beurteilen (dh bebaute Fläche, soweit die Fläche mit einem Bauwerk iSv §§ 246, 248 BewG bebaut ist) und dabei auch die besonderen Anordnungen in Art. 2 Abs. 3, Abs. 4 BayGrStG zu beachten. Die Gesetzesbegründung will die Frage, ob eine Fläche als bebaut einzustufen ist, hingegen in Anlehnung an DIN 277-1: 2016-01 bestimmen (BayLT-Drs. 18/15755, 17). Dort heißt es: Zur bebauten Fläche gehören die Teilflächen der Grundstücksfläche, die durch Bauwerke oberhalb der Geländeoberfläche überbaut bzw. überdeckt oder durch Bauwerke unterhalb der Geländeoberfläche unterbaut sind (DIN 277-1:2016-01 Tz. 8.2.1.; insoweit auch die Nachfolge-Norm DIN 277:2021-08 Tz. 8.2.). Angesichts der Loslösung von bewertungsrechtlichen Gebäudekategorien wird man dann auch die Anordnungen in Art. 2 Abs. 3 u. 4 BayGrStG unberücksichtigt lassen müssen. Was unter einer **befestigten Fläche** zu verstehen ist, lässt sich ebenfalls der Gesetzesbegründung entnehmen: Als befestigt gilt jeder Teil der Grundstücksfläche, dessen Oberfläche durch Walzen, Stampfen, Rütteln oder Aufbringen von Baustoffen so verändert wurde, dass er auch bei schlechter Witterung mit schweren Fahrzeugen befahren werden kann oder Niederschlagswasser nicht bzw. unter erschwerten Bedingungen versickern bzw. vom Boden aufgenommen werden kann. Darunter fallen beispielsweise Wege, Straßen, Plätze, Höfe, Stellplätze und Gleisanlagen, deren Grundstücksflächen insbesondere mit Asphaltdeckschichten, Betondecken, bituminösen Decken, Plattenbelegen, Pflasterungen (auch Rasenfugenpflaster, Porenpflaster, Basaltpflaster), Rasengittersteinen oder wassergebundenen Decken (aus Kies, Splitt, Schotter, Schlacke oÄ) bedeckt sind (so wörtlich BayLT-Drs. 18/15755, 17). Liegen die Voraussetzungen des Art. 3 Abs. 1 S. 2 Nr. 2 BayGrStG vor, wird – vorbehaltlich eines Zusammentreffens mit der Nr. 1 (→ Rn. 7) – die Äquivalenzzahl für die ersten 10.000 qm nach Art. 3 Abs. 1 S. 1 BayGrStG bestimmt.

Beispiel (nach BayLT-Drs. 18/15755, 18): Der Grund und Boden hat eine Fläche von 30.000 qm. Die bebaute Fläche beträgt 200 qm. Das Gebäude wird sowohl für Wohnzwecke als auch andere Zwecke genutzt. Die Wohnfläche beläuft sich auf 100 qm und die Nutzfläche auf 300 qm.
Angesichts des hohen Nutzflächenanteils ist Art. 3 Abs. 1 S. 2 Nr. 1 BayGrStG nicht einschlägig, dafür aber Art. 3 Abs. 1 S. 2 Nr. 2 BayGrStG (200 qm bebaute Fläche machen weniger als 90% der Grundstücksfläche aus und das Grundstück ist größer als 10.000 qm). Für die ersten 10.000 qm gilt die Äquivalenzzahl von 0,04 EUR/qm und auf die weiteren 20.000 qm findet die degressive Formel des Art. 3 Abs. 1 S. 2 Nr. 2 BayGrStG Anwendung. Damit ergibt sich insgesamt folgende Berechnung:

	10.000 qm × 0,04 EUR/qm	400,00 EUR
	(20.000 qm × 0,04 EUR/qm)^{0,7}	107,60 EUR
Äquivalenzbetrag Grund und Boden		507,60 EUR
Äquivalenzbetrag Gebäudefläche	400 qm × 0,50 EUR/qm	200,00 EUR

Das **Verhältnis der beiden Tatbestände zueinander** bestimmt sich nach 7 Art. 3 Abs. 1 S. 2 Nr. 3 BayGrStG: Bis zum Zehnfachen der Wohnfläche ist die Äquivalenzzahl stets voll anzusetzen; es gilt Satz 1 (Nr. 3 Buchst. a.). Für die Fläche, die das Zehnfache der Wohnfläche übersteigt und die 10.000 qm nicht überschreitet, gilt Satz 2 Nr. 1 (höchstens jedoch eine Äquivalenzzahl von 0,02/qm, Nr. 3

763

Art. 4 BayGrStG

Buchst. b.). Für die über 10.000 qm hinausgehende Fläche des Grund und Bodens ist sodann Satz 2 Nr. 2 BayGrStG anzuwenden (Nr. 3 Buchst. c.).

Beispiel (nach BayLT-Drs. 18/15755, 18): Der Grund und Boden hat eine Fläche von 30.000 qm. Die bebaute Fläche beträgt 300 qm. Die Wohnfläche beläuft sich auf 1.500 qm. Nach Art. 3 Abs. 1 S. 2 Nr. 3 Buchst. a BayGrStG wird die Grundstücksfläche bis 15.000 qm mit 0,04 EUR/qm multipliziert. Die Äquivalenzzahl für die verbleibenden 15.000 qm wird anhand der degressiven Formel der Nr. 2 ermittelt. Denn es existiert kein Fall des Art. 3 Abs. 1 S. 2 Nr. 3 Buchst. b BayGrStG, weshalb im Übrigen nach Nr. 3 Buchst. c die Nr. 2 gilt. Damit ergibt sich insgesamt folgende Berechnung:

	15.000 qm × 0,04 EUR/qm	600,00 EUR
	$(15.000 \text{ qm} \times 0{,}04 \text{ EUR/qm})^{0{,}7}$	88,00 EUR
Äquivalenzbetrag Grund und Boden		688,00 EUR
Äquivalenzbetrag Wohnfläche	1.500 qm × 0,50 EUR/qm	750,00 EUR

Abwandlung: Die Wohnfläche beläuft sich nur auf 300 qm. Im Übrigen bleiben die Vorgaben gleich.

Das Zehnfache der Wohnfläche sind 3.000 qm. Bis zu diesen 3.000 qm findet Art. 3 Abs. 1 S. 1 BayGrStG und damit die Äquivalenzzahl 0,04 EUR/qm Anwendung. Die weiteren 7.000 qm des Grund und Bodens, dh bis zur Grenze von 10.000 qm, werden mit einer Äquivalenzzahl von 0,02 EUR/qm angesetzt. Es findet Art. 3 Abs. 1 S. 2 Nr. 1 BayGrStG Anwendung, weil unterhalb der 10.000 qm Nr. 2 (noch) nicht gilt. Die Äquivalenzzahl für die über 10.000 qm hinausgehenden 20.000 qm wird dagegen nach der Formel des Art. 3 Abs. 1 S. 2 Nr. 2 BayGrStG ermittelt.

	3.000 qm × 0,04 EUR/qm	120,00 EUR
	7.000 qm × 0,02 EUR/qm	140,00 EUR
	$(20.000 \text{ qm} \times 0{,}04 \text{ EUR/qm})^{0{,}7}$	107,60 EUR
Äquivalenzbetrag Grund und Boden		367,60 EUR
Äquivalenzbetrag Wohnfläche	300 qm × 0,50 EUR/qm	150,00 EUR

C. Äquivalenzzahl für Gebäudeflächen (Abs. 2)

8 Die Äquivalenzzahl für Gebäudeflächen (→ BayGrStG Art. 2 Rn. 3f.) beträgt einheitlich für alle Gebäudenutzungen (Wohn- wie auch Nutzfläche) 0,50 EUR/qm. Der Gesetzgeber differenziert zwischen Wohn- und Nutzfläche erst auf der Ebene der Steuermesszahl (→ BayGrStG Art. 4 Rn. 4ff.).

Art. 4 Grundsteuermesszahlen

(1) [1]**Die Grundsteuermesszahl beträgt 100%.** [2]**Für den Äquivalenzbetrag der Wohnflächen wird die Grundsteuermesszahl auf 70% ermäßigt.**

(2) [1]**Die Grundsteuermesszahl für den Äquivalenzbetrag der Wohnflächen wird um 25% ermäßigt, soweit eine enge räumliche Verbindung mit dem Betrieb der Land- und Forstwirtschaft des Steuerschuldners besteht.** [2]**Dies gilt nur, soweit Wohnflächen dem Inhaber des Betriebs der Land- und Forstwirtschaft, den zu seinem Haushalt gehörenden Familienangehörigen oder den Altenteilern zu Wohnzwecken dienen und mindestens einer der Bewohner durch eine mehr als gelegentliche Tätigkeit in dem Betrieb an ihn gebunden ist.** [3]**Für Flächen, die den Angestellten des Betriebs zu Wohnzwecken dienen, gilt Satz 1 entsprechend.**

Grundsteuermesszahlen **Art. 4 BayGrStG**

(3) Die Grundsteuermesszahlen für die Äquivalenzbeträge der Gebäudeflächen werden um 25 % ermäßigt, wenn ein Baudenkmal nach Art. 1 Abs. 2 Satz 1 oder Abs. 3 des Bayerischen Denkmalschutzgesetzes vorliegt.

(4) Die Grundsteuermesszahl für den Äquivalenzbetrag der Wohnflächen wird um 25 % ermäßigt, soweit

1. die Wohnflächen den Bindungen des sozialen Wohnungsbaus aufgrund einer staatlichen oder kommunalen Wohnraumförderung unterliegen oder
2. die Voraussetzungen des § 15 Abs. 4 des Grundsteuergesetzes (GrStG) in der am 1. Januar 2025 geltenden Fassung vorliegen.

(5) ¹Eine Ermäßigung der Grundsteuermesszahlen nach Abs. 2 bis 4 wird gewährt, wenn die jeweiligen Voraussetzungen zum Veranlagungszeitpunkt vorlagen. ²Sind mehrere Ermäßigungstatbestände erfüllt, sind die Ermäßigungen nacheinander anzuwenden. ³Den Bezugspunkt der Berechnung der ermäßigten Grundsteuermesszahl bildet jeweils die vorangegangene ermäßigte Grundsteuermesszahl.

Übersicht

	Rn.
A. Allgemeines	1
I. Systematische Einordnung und Zweck der Regelung	1
II. Entwicklung der Vorschrift	2
B. Allgemeine Messzahl (Abs. 1 S. 1)	3
C. Messzahl für Wohnflächen (Abs. 1 S. 2)	4
D. Messzahlermäßigung für Betriebsinhaber-, Altenteiler- und Betriebswohnungen bei Land- und Forstwirtschaft (Abs. 2, Abs. 5)	5
E. Ermäßigung für Baudenkmäler (Abs. 3, Abs. 5)	13
F. Ermäßigung für geförderten Wohnraum (Abs. 4 u. 5)	15
G. Stichtagsprinzip (Abs. 5 S. 1)	21
H. Verhältnis der Ermäßigungen zueinander (Abs. 5 S. 2 u. 3)	22

A. Allgemeines

I. Systematische Einordnung und Zweck der Regelung

Das BayGrStG folgt der verfahrensrechtlichen Dreistufigkeit des bisherigen **1** Grundsteuerrechts (→ BayGrStG Art. 1 Rn. 4 ff.): An das Verfahren zur Feststellung der Äquivalenzbeträge schließt sich das Grundsteuermessbetragsverfahren und sodann das Grundsteuerfestsetzungsverfahren an. Art. 4 BayGrStG gibt die Grundsteuermesszahlen vor, mittels derer der sog. Grundsteuermessbetrag ermittelt wird. Da die Äquivalenzbeträge getrennt nach Grund und Boden, Wohnfläche und Nutzfläche gesondert festgestellt werden, kann Art. 4 BayGrStG hieran differenzierend anknüpfen. Der letzte Rechtsanwendungsschritt auf Messbetragsebene ist sodann die Zusammenführung aller Einzelmessbeträge zu einem Grundsteuermessbetrag (vgl. Art. 1 Abs. 2 BayGrStG).

II. Entwicklung der Vorschrift

2   Art. 4 BayGrStG beruht auf dem Gesetz v. 10.12.2021 (→ Grundlagen Rn. 84; zu Art. 4 BayGrStG BayLT-Drs. 18/15755, 19 f. [Gesetzesentwurf]; BayLT-Drs. 18/18504, 2 [Änderungsantrag]).

B. Allgemeine Messzahl (Abs. 1 S. 1)

3   Die allgemeine Grundsteuermesszahl beträgt 100%. Diese Messzahl ist sowohl für den Äquivalenzbetrag des Grund und Bodens als auch der Gebäudeflächen immer dann maßgeblich, wenn sich aus den anderen Messzahlregelungen in Art. 4 BayGrStG nichts anderes ergibt.

C. Messzahl für Wohnflächen (Abs. 1 S. 2)

4   Art. 4 Abs. 1 S. 2 BayGrStG enthält eine **allgemeine Ermäßigung der Grundsteuermesszahl für alle Wohnflächen auf 70%** (statt 100%, → Rn. 3). Eine solche Begünstigung von Wohnflächen ist verfassungsgemäß (vgl. → Grundlagen Rn. 121 ff., die dortigen Ausführungen gelten für das BayGrStG entsprechend). Die Ermäßigung wird nur gewährt, „soweit" Wohnflächen (→ BayGrStG Art. 2 Rn. 3) vorliegen. Die Messzahl für die Flächen des Gebäudes, die nicht der Wohnnutzung dienen (Nutzfläche, → BayGrStG Art. 2 Rn. 4), erfährt keine Ermäßigung nach Art. 4 Abs. 1 S. 2 BayGrStG. Entsprechendes gilt für den Grund und Boden. Da eine gesonderte Feststellung des Äquivalenzbetrages betreffend die Wohnfläche zu erfolgen hat (→ BayGrStG Art. 6 Rn. 5), ist der Äquivalenzbetragsbescheid insoweit Grundlagenbescheid für den Grundsteuermessbescheid.

D. Messzahlermäßigung für Betriebsinhaber-, Altenteiler- und Betriebswohnungen bei Land- und Forstwirtschaft (Abs. 2, Abs. 5)

5   Art. 4 Abs. 2 S. 1 u. 2 BayGrStG normieren eine Grundsteuermesszahlermäßigung für Betriebsleiter- und Altenteilerwohnungen, die vor dem Hintergrund des mit dem neuen Bundesgrundsteuerrecht vollzogenen Paradigmenwechsels in Ansehung des Wohnteils bei land- und forstwirtschaftlichen Betrieben zu sehen ist: **Das Wohnhaus des Landwirts gehört nicht mehr zur wirtschaftlichen Einheit des Betriebs der Land- und Forstwirtschaft** (§ 232 Abs. 4 Nr. 1 BewG, → BewG § 232 Rn. 33 ff.). **Dies setzt Art. 4 Abs. 2 BayGrStG voraus,** wenn er eine Grundsteuermesszahlermäßigung für die Wohnfläche vorsieht, die dem Betriebsinhaber (→ Rn. 7), den zu seinem Haushalt gehörenden Familienmitgliedern oder den Alternteilern zu Wohnzwecken dienen und die eine enge räumliche Verbindung mit dem Betrieb der Land- und Forstwirtschaft des Steuerschuldners aufweist (→ Rn. 10). Weitere Voraussetzung ist schließlich, dass mindestens ein Bewohner durch eine mehr als nur gelegentliche Tätigkeit in dem Betrieb an ihn gebunden ist (→ Rn. 8). Die drei Tatbestandsmerkmale stellen sicher, dass die Ermäßigung nur demjenigen Steuerpflichtigen zugutekommt, der wegen der (aktiv betriebenen) landwirtschaftlichen Tätigkeit auf dem Hof oder zumindest in der

Nähe wohnen muss und wo deshalb – im Sinne der Rechtsprechung zu § 33 BewG (also zur Rechtslage bis zum 31.12.2024) – **Betrieb und Wohnhaus eine „unlösbare Einheit" bilden** (vgl. BFH 17.1.1980 – IV R 33/76, BStBl. II 1980, 323). Die Merkmale der engen räumlichen Verbindung und die Bindung an den Betrieb sind Ausdruck einer funktionalen Eingliederung der Wohnung in den Betrieb, haben aber jeweils eigenständige Bedeutung (→ Rn. 9f.). Gerechtfertigt wird die Ermäßigung für diese Personengruppe mit „dem Erhalt der ländlichen Siedlungsstruktur" (BayLT-Drs. 18/15755, 19). Art. 4 Abs. 2 S. 3 BayGrStG erstreckt die Ermäßigung sodann auf Betriebswohnungen für Arbeitnehmer (→ Rn. 11). Für die Konkretisierung der Merkmale des Art. 4 Abs. 2 S. 1, 2 BayGrStG kann an die bisherige Rechtsprechung zu § 33 BewG und auch die Konkretisierung in Abschn. 1.02 Abs. 7 BewRL angeknüpft werden. § 167 Abs. 3 BewG und die hierzu vorliegende Verwaltungsverlautbarung ErbStR B 167.2 können hingegen keinen Beitrag zur Konkretisierung des Art. 4 Abs. 2 BayGrStG leisten (aA zur Parallelregelung in § 6 Abs. 2 NGrStG *Krause* in Stenger/Loose NGrStG Rn. 368). Denn mit dem Abschlag nach § 167 Abs. 3 BewG soll die eingeschränkte Verkehrsfähigkeit der auf der Hofstelle oder in unmittelbarer Nähe hierzu liegenden Wohnung abgegolten werden (*Bruschke* in Stenger/Loose BewG § 167 Rn. 28). Darum geht es bei Art. 4 Abs. 2 BayGrStG indes nicht. Letzterer ist eine hiervon losgelöste Begünstigungsnorm, mit welcher der Gesetzgeber lediglich die bewertungsrechtliche Herauslösung der Wohnung aus dem Betrieb der Land- und Forstwirtschaft abmildern will.

Art. 4 Abs. 2 S. 2 BayGrStG verlangt eine gewisse **Bindung an einen Betrieb** 6 **der Land- und Forstwirtschaft.** Das Gesetz knüpft dabei an die bewertungsrechtliche Einordnung an, dh **es muss ein Betrieb iSd §§ 232 ff. BewG vorliegen.** Die Artfeststellung im Grundsteuerwertbescheid in Ansehung des Betriebes der Land- und Forstwirtschaft dürfte insoweit Bindungswirkung für den Grundsteuermessbescheid in Bezug auf das Grundstück entfalten.

Art. 4 Abs. 2 S. 2 BayGrStG verknüpft den Betrieb mit dem **Betriebsinhaber.** 7 Sofern derjenige, dem der Betrieb der Land- und Forstwirtschaft zuzurechnen ist, eine natürliche Person ist, ergeben sich keine Anwendungsschwierigkeiten. Allerdings kann auch eine (mit [Teil-] Rechtsfähigkeit versehene) Personengesellschaft Zurechnungssubjekt des Betriebes der Land- und Forstwirtschaft und damit Steuerschuldner sein. In diesem Fall wird man den Gesellschafter, der nicht Steuerschuldner ist, als „Betriebsinhaber" iSv Art. 4 Abs. 2 S. 2 BayGrStG ansehen dürfen. Der Gesetzeszweck (→ Rn. 5) ist in dieser „Gesellschaftskonstellation" unter den weiteren Voraussetzungen des Art. 4 Abs. 2 BayGrStG genauso verwirklicht wie in der Grundkonstellation der natürlichen Person als Zurechnungssubjekt des Betriebes. Dieses Verständnis des Art. 4 Abs. 2 BayGrStG ist vor allem in den Fällen bedeutsam, in denen eine dem Gesellschafter zuzurechnende wirtschaftliche Einheit nur deshalb nicht existiert, weil die in seinem Eigentum stehenden Flächen gemäß Art. 9 Abs. 2 S. 2 BayGrStG in die der Personengesellschaft zuzurechnende wirtschaftliche Einheit einzubeziehen sind (→ BayGrStG Art. 9 Rn. 7f.).

Liegt ein land- und forstwirtschaftlicher Betrieb vor, **muss sodann mindestens** 8 **ein Bewohner der Betriebsinhaberfamilie** (→ Rn. 7) **durch eine mehr als nur gelegentliche Tätigkeit in diesem Betrieb an diesen gebunden sein.** Bei einem im Haupterwerb bewirtschafteten Betrieb der Land- und Forstwirtschaft wird dieses Merkmal idR erfüllt sein (vgl. BFH 17.1.1980 IV R 33/76, BStBl. II 1980, 323). Die Formulierung „eine mehr als nur gelegentliche Tätigkeit" **zielt letztlich nur auf die Ausgrenzung bestimmter Klein- und Kleinstbetriebe**

Art. 4 BayGrStG

ab – vor allem von Nebenerwerbslandwirten. In der Gesetzesbegründung wird zu Art. 4 Abs. 2 S. 2 BayGrStG ausgeführt, dass von einer „mehr als nur gelegentlichen Tätigkeit" schon bei einem jährlichen Arbeitsaufwand von insgesamt vier Wochen ausgegangen werden kann. Bei der Beurteilung, ob eine mehr als nur gelegentliche Tätigkeit ausgeübt wird, sind die Nutzung und die Größe der Betriebsflächen zu berücksichtigen (BayLT-Drs. 18/15755, 19).

9 Zu beachten ist aber vor allem die kumulativ notwendige **„Bindung" an den Betrieb.** Auch insoweit wird man auf die BewRL und die Rechtsprechung zu § 33 BewG zurückgreifen können. Das Vorhandensein eines Viehbestandes ist hierfür ein bedeutsamer Anhaltspunkt (vgl. BewRL Abschn. 1.02 Abs. 7: Bindung kann bei Kleinbetrieben mit ausschließlich landwirtschaftlicher Nutzung angenommen werden, wenn mindestens eine Vieheinheit oder bei Geflügel zwei Vieheinheiten gehalten werden oder wenn eine eigene Zugkraft vorhanden ist, die überwiegend dem Betrieb der Land- und Forstwirtschaft des Betriebsinhabers dient; BFH 17.1.1980 – IV R 33/76, BStBl. II 1980, 323: 2 bis 3 Bullen ausreichend), Zwingend ist dies allerdings nicht. Auch bei viehlosen Betrieben kann jederzeitige Anwesenheit des Betriebsinhabers erforderlich sein (vgl. BFH 25.11.1983 – III R 73/80, BStBl. II 1984, 292 [Baumschulbetrieb mit 22 ha]; 9.5.1990 – II R 19/88, BStBl. II 1990, 729). Verneint hat der BFH den funktionalen Zusammenhang aber zB bei einer Blumengärtnerei mit 1 ha Nutzfläche für das angeschlossene Einfamilienhaus: Es bestehe in diesem Fall keine Bindung an den Betrieb in dem Sinne, dass eine ständige Anwesenheit des Betriebsinhabers im Betrieb erforderlich wäre. Der Steuerpflichtige halte kein Vieh, seine Blumenzucht befinde sich zu einem wesentlichen Teil teils in Glashäusern, teils in gedeckten Kästen, und der Betrieb umfasse vor allem auch die Verkaufstätigkeit in den mehr dem gewerblichen Bereich zugehörigen Blumenläden außerhalb der Gärtnerei, die die Anwesenheit des Steuerpflichtigen mindestens ebenso beanspruchen wie die Gärtnerei selbst. Eine laufende Versorgung und Überwachung der Blumenzucht bei einer derartigen, in der Stadt gelegenen Blumengärtnerei mit einer Nutzfläche von weniger als 1 ha erscheine nicht erforderlich (BFH 21.3.1985 – IV R 251/82, BStBl. II 1985, 401 [403]). Auch bei einer forstwirtschaftlichen Tätigkeit war der BFH bei der Anwendung des § 33 BewG mitunter zurückhaltend: Bei einem Forstwirt, der noch ca. 27 ha selbst bewirtschaftete, wurde ein wirtschaftlicher Zusammenhang zwischen seinem Einfamilienhaus und dem Forstareal verneint, weil bei einem aussetzenden Forstbetrieb von nicht mehr als 30 ha Waldfläche das für landwirtschaftliche Betriebe kennzeichnende Element der fortlaufenden Bearbeitung und Bestandspflege im Betrieb mit den dazu erforderlichen Betriebsmitteln zurücktrete (BFH 18.2.1982 – IV R 100/79, BStBl. II 1982, 536). Schließlich **fehlt es bei Verpachtungsbetrieben an der notwendigen Bindung** durch den Betrieb (vgl. BFH 28.3.2012 – II R 37/10, BFH/NV 2012, 1416).

10 Das Merkmal der **engen räumlichen Verbindung** wird man so verstehen müssen, dass es gegenüber der notwendigen Bindung an den Betrieb eine eigenständige Bedeutung hat. Vor allem dürfte der Gesetzgeber bewusst das Wort „eng" gewählt haben. Die Wohnung und die Wirtschaftsgebäude müssen daher beieinanderliegen. Die Trennung durch eine Straße ist unschädlich. Zu § 33 BewG hatte der BFH angenommen, dass eine Distanz von 1 km zwischen Hofstelle und dem in einem reinen Wohngebiet gelegenen Wohngebäude nicht schadet und dies ungeachtet der Frage, ob nach Gestaltung oder Lage eine Zugehörigkeit des Wohnhauses zum land- und forstwirtschaftlichen Betrieb erkennbar ist (BFH 9.5.1990 – II R 19/88, BStBl. II 1990, 729). Dieses Beispiel dürfte auch (noch) dem Art. 4 Abs. 2 S. 1 BayGrStG ge-

Grundsteuermesszahlen **Art. 4 BayGrStG**

recht werden; es handelt sich aber um einen Grenzfall (vorbehaltlich der Umstände des Einzelfalls). Im Übrigen enthält das Gesetz keine weiteren Voraussetzungen. **Vor allem kommt es daher nicht auf den Umfang der Wohnfläche an.** Dementsprechend können unter den genannten Voraussetzungen auch große Guts- und Herrenhäuser uÄ erfasst sein (ebenso zu § 33 BewG BewRL Abschn. 1.02 Abs. 6).

Art. 4 Abs. 2 S. 3 BayGrStG enthält einen eigenständigen Ermäßigungstatbestand für Wohnflächen, die Arbeitnehmern des land- und forstwirtschaftlichen Betriebes überlassen werden. Auch insoweit gilt die Maßgeblichkeit des bewertungsrechtlichen Betriebs der Land- und Forstwirtschaft (→ Rn. 6). Da das Gesetz von Arbeitnehmern des Betriebes spricht, muss es sich um Personen handeln, die in unmittelbarer arbeitsvertraglicher Beziehung zu demjenigen stehen, der den Betrieb bewirtschaftet. 11

Für die tatbestandlich erfasste Wohnfläche erfolgt eine Ermäßigung der bereits auf 70% ermäßigten Grundsteuermesszahl um 25% auf 52,5%. Die Ermäßigung gilt nur für die Wohnfläche, die die Voraussetzungen des Art. 4 Abs. 2 BayGrStG erfüllt („soweit" sowohl in S. 1 als auch S. 2). Ein Zusammentreffen mit weiteren Ermäßigungen ist möglich, insbesondere mit Art. 4 Abs. 3 BayGrStG (→ Rn. 22). 12

E. Ermäßigung für Baudenkmäler (Abs. 3, Abs. 5)

Art. 4 Abs. 3 BayGrStG sieht eine Messzahlermäßigung für Baudenkmäler iSv Art. 1 Abs. 2 S. 1, Abs. 3 BayDSchG vor, die mit anderen Ermäßigungstatbeständen zusammentreffen kann (→ Rn. 22). Diese Regelung verdrängt § 15 Abs. 5 GrStG, ist ihr aber konzeptionell nachempfunden, weshalb ergänzend auf die Kommentierung des § 15 Abs. 5 GrStG verwiesen werden kann (→ GrStG § 15 Rn. 25 ff.). Da das BayDSchG dem **deklaratorischen Inschutznahmesystem** folgt (vgl. Art. 2 Abs. 1 S. 1 BayDSchG, BayLT-Drs. 7/2033, 9 [dort noch Art. 1 Abs. 4 BayDSchG-E]; VG München 15.5.2019 – 29 SN 19/970, BeckRS 2019, 10037), **liegen die Voraussetzungen des Art. 4 Abs. 3 BayGrStG bereits dann (aber auch nur dann) vor, wenn die gesetzlichen Merkmale eines Baudenkmals im Veranlagungszeitpunkt vorliegen.** Es bedarf mithin keiner (konstitutiven) Verwaltungsentscheidung (→ GrStG § 15 Rn. 29). 13

Die Messbetragsermäßigung iHv 25% wird nur in Bezug auf die Messzahl für den Äquivalenzbetrag der Gebäudefläche gewährt, mithin nicht auf die Messzahl für den Äquivalenzbetrag des Grund und Bodens. Art. 4 Abs. 3 BayGrStG schweigt zu der Frage, wie zu verfahren ist, wenn nur ein Teil des Gebäudes oder eines von mehreren Gebäuden (bei Vorliegen nur einer wirtschaftlichen Einheit) die Voraussetzungen eines Baudenkmals iSd BayDSchG erfüllt. Hier wird man die Ermäßigung für den gesamten Äquivalenzbetrag der Gebäudefläche anwenden können (arg. Wortlaut: „wenn" und nicht „soweit"). 14

F. Ermäßigung für geförderten Wohnraum (Abs. 4 u. 5)

Art. 4 Abs. 4 Nr. 1 BayGrStG sieht einen **Ermäßigungstatbestand für den geförderten sozialen Wohnungsbau vor** (zur verfassungsrechtlichen Problematik in Ansehung an einer solchen Regelung → GrStG § 15 Rn. 6). Die Regelung **unterscheidet nicht nach der gesetzlichen Grundlage,** sondern setzt voraus, dass Wohnflächen den Bindungen des sozialen Wohnungsbaus aufgrund einer 15 staatlichen oder kommunalen Wohnraumförderung unterliegen. In Betracht kommen damit sowohl Fördermaßnahmen auf bundesgesetzlicher Grundlage (für Altfälle fortgeltend zB nach dem Wohnraumförderungsgesetz v. 13.9.2001 [WoFG]; vgl. zur Gesetzgebungskompetenz → GrStG § 15 Rn. 12) als auch auf landesgesetzlicher Grundlage (Gesetz über die Wohnraumförderung in Bayern v. 10.4.2007 [BayWoFG] oder Gesetz zur Sicherung der Zweckbestimmung von Sozialwohnungen in Bayern v. 23.7.2007 [BayWoBindG]). Auch kommunale Fördermaßnahmen werden erfasst.

16 **Maßgeblich ist nicht die abstrakte Förderfähigkeit, sondern es muss eine konkrete Förderung vorliegen,** dh eine direkte Fördermaßnahme (Darlehen, Zuschuss) muss durch Förderbescheid (= kein Grundlagenbescheid, → GrStG § 15 Rn. 8) oder Vertrag zugesagt sein (vgl. zB Art. 13 Abs. 1 BayWoFG) und der Förderzeitraum darf noch nicht abgelaufen bzw. die Förderung noch nicht anderweitig beendet worden sein (Aufhebung des Förderbescheides uÄ). Denn nur dann „unterliegt" die Wohnfläche den durch Verwaltungsakt bzw. Verwaltungsvertrag begründeten Bindungen. Art. 4 Abs. 4 Nr. 1 BayGrStG verlangt nicht, dass der Steuerpflichtige die Förderbestimmungen auch tatsächlich einhält. Die Nichtbeachtung der Förderbestimmungen kann allerdings zum Verlust der Förderung führen und dann entfällt auch die Ermäßigung nach Art. 4 Abs. 4 Nr. 1 BayGrStG. Maßgeblich ist insoweit der Zeitpunkt, zu dem die Förderung nicht mehr erfolgt. Bei einer Aufhebung des Förderbescheides ist mithin der Zeitpunkt entscheidend, zu welchem der Förderbescheid aufgehoben wird. Erfolgt die Aufhebung nur mit Wirkung für die Zukunft, hat eine Neuveranlagung (Art. 7 Abs. 1 BayGrStG iVm § 17 GrStG) zu erfolgen. Entsprechendes gilt, wenn die Förderung durch Zeitablauf endet. Erfolgt die Aufhebung hingegen mit Wirkung für die Vergangenheit, liegt ein rückwirkendes Ereignis iSv § 175 Abs. 1 S. 1 Nr. 2 AO vor.

17 Die Messzahlermäßigung wird nur gewährt, „soweit" der Wohnraum gefördert wird. Unter Umständen muss daher die geförderte Wohnfläche in einem Gebäude von der nicht geförderten Wohnfläche unterschieden werden.

18 Ferner wird der **auf bestimmte Wohnungsbaugesellschaften, -genossenschaften und -vereine zugeschnittene Ermäßigungstatbestand** des § 15 Abs. 4 GrStG für anwendbar erklärt (Art. 4 Abs. 4 Nr. 2 BayGrStG). Insoweit kann uneingeschränkt auf die Kommentierung des § 15 Abs. 4 GrStG verwiesen werden (→ GrStG § 15 Rn. 14ff.). Es ist lediglich auf zwei **Besonderheiten** hinzuweisen: (1) Unseres Erachtens besteht die Nachrangigkeit des § 15 Abs. 4 GrStG im Verhältnis zur Ermäßigung für den sozialen Wohnungsbau auch im bayerischen Grundsteuerrecht, dh der Einleitungssatz des § 15 Abs. 4 GrStG muss wie folgt gelesen werden: „Liegen für ein Grundstück die Voraussetzungen des Art. 4 Abs. 4 Nr. 1 BayGrStG nicht vor, wird ...". Für die gleiche Wohnfläche können also nicht die Ermäßigung nach Nr. 1 und Nr. 2 kumulativ beansprucht werden. (2) Anders als § 15 Abs. 4 GrStG in seinem unmittelbaren Anwendungsbereich erfasst die Ermäßigung über den Verweis des Art. 4 Abs. 4 Nr. 2 BayGrStG nicht den gesamten Messbetrag, sondern nur den auf die Wohnfläche entfallenden Anteil (wie dies auch im Übrigen der Systematik der Ermäßigungen des Art. 4 BayGrStG entspricht).

19 Die Messzahlermäßigung wird nur gewährt, „soweit" der Wohnraum gefördert wird. Unter Umständen muss daher die geförderte Wohnfläche in einem Gebäude von der nicht geförderten Wohnfläche unterschieden werden.

20 Eine Ermäßigung nach Art. 4 Abs. 4 BayGrStG wird zusätzlich zur Ermäßigung nach Art. 4 Abs. 1 S. 2 BayGrStG gewährt. Sie kann zudem gemeinsam mit der Ermäßigung nach Art. 4 Abs. 3 BayGrStG zur Anwendung gelangen (→ Rn. 22).

G. Stichtagsprinzip (Abs. 5 S. 1)

Die Voraussetzungen der einzelnen Ermäßigungstatbestände müssen zu Beginn des Erhebungszeitraums (= Veranlagungszeitpunkt) erfüllt sein (Art. 4 Abs. 5 S. 1 BayGrStG). Maßgeblich ist der 1.1. des Kalenderjahres (im Einzelnen zum 1.1. als Stichtag → GrStG § 9 Rn. 3). Das gilt für alle Ermäßigungstatbestände der Abs. 2–4. Art. 4 Abs. 5 S. 1 BayGrStG geht § 15 Abs. 4 S. 2 GrStG vor (BayLT-Drs. 18/15755, 20). Entfallen die Voraussetzungen einer Ermäßigung im laufenden Kalenderjahr, wird dies erst zum nächsten 1.1. berücksichtigt. 21

H. Verhältnis der Ermäßigungen zueinander (Abs. 5 S. 2 u. 3)

Die Steuermesszahlermäßigung nach § 15 Abs. 4 GrStG iVm Art. 4 Abs. 4 Nr. 2 BayGrStG ist gegenüber den Ermäßigungen nach Art. 4 Abs. 4 Nr. 1 BayGrStG nachrangig (→ Rn. 18). Ansonsten können mehrere Ermäßigungstatbestände kumulativ Anwendung finden. In diesem Fall sind die Prozentpunkte der Ermäßigungstatbestände allerdings nicht zu addieren, sondern als Prozentsatz von der jeweils vorangegangenen Messzahl in Abzug zu bringen (Art. 4 Abs. 5 S. 3 BayGrStG). Für Wohnfläche, die sowohl die Voraussetzungen (zB) des Art. 4 Abs. 2 BayGrStG als auch des Art. 4 Abs. 3 BayGrStG erfüllt, ergibt sich somit folgende Messzahl: 70% (Art. 4 Abs. 1 S. 2 BayGrStG) ermäßigt um 25% (Art. 4 Abs. 2 BayGrStG) = 52,5% und diese wiederum ermäßigt um 25% (Art. 4 Abs. 3 BayGrStG) = 39,375% (Beispiel nach BayLT-Drs. 18/15755, 20). 22

Art. 5 Hebesatz

(1) **Abweichend von § 25 Abs. 4 Satz 1 Nr. 2 GrStG können Gemeinden für die Fälle einer nach Art. 4 Abs. 2, 3 und 4 ermäßigten Grundsteuermesszahl reduzierte Hebesätze auf den jeweiligen Anteil des Grundsteuermessbetrags vorsehen.**

(2) **§ 25 Abs. 5 GrStG findet keine Anwendung.**

A. Allgemeines

I. Systematische Einordnung und Zweck der Regelung

Die Höhe der festzusetzenden Grundsteuer bestimmt sich aus dem Produkt von Grundsteuermessbetrag und Hebesatz. Der Hebesatz wird von der Gemeinde durch Satzung festgelegt. Das ist den Gemeinden verfassungsrechtlich garantiert (Art. 106 Abs. 6 S. 2 GG, → Grundlagen Rn. 1 f.). Der Gesetzgeber darf hierzu allerdings Vorgaben machen (→ GrStG § 1 Rn. 3). Dies geschieht ua durch § 25 GrStG, der seit jeher das tradierte Gebot der Einheitlichkeit der Hebesätze vorgibt (§ 25 Abs. 4 S. 1 GrStG): Die Gemeinde muss für alle in ihrem Gebiet liegenden Betriebe der Land- und Forstwirtschaft einerseits und für die in ihrem Gebiet liegenden Grundstücke andererseits jeweils einen einheitlichen Hebesatz vorsehen 1

(→ GrStG § 25 Rn. 36). In Ansehung der Betriebe der Land- und Forstwirtschaft findet dieses Gebot auch in Bayern Anwendung. Für die Grundstücke wird dieses Gebot mit Art. 5 Abs. 1 BayGrStG hingegen für einen Teilbereich aufgehoben. Den Gemeinden wird mit Art. 5 Abs. 1 BayGrStG ein steuerpolitischer Spielraum zur sachbezogenen (gruppenbezogenen) Differenzierung eingeräumt. Das ist ein Novum.

II. Entwicklung der Vorschrift

2   Art. 5 BayGrStG beruht auf dem Gesetz v. 10.12.2021 (→ Grundlagen Rn. 84; zu Art. 5 BayGrStG BayLT-Drs. 18/15755, 20f. [Gesetzesentwurf]; BayLT-Drs. 18/18504, 2 [Änderungsantrag]).

B. Ausgangspunkt: Geltung des § 25 GrStG

3   Art. 5 BayGrStG weicht nur punktuell von § 25 GrStG ab. Von § 25 Abs. 4 S. 1 Nr. 2, Abs. 5 GrStG abgesehen findet § 25 GrStG mithin Anwendung: Die **Gemeinden können** durch Satzung (→ GrStG § 25 Rn. 4f., dort auch Nachweise zum bayerischen Recht) **nach ihrem haushaltspolitischen Ermessen den Grundsteuerhebesatz bestimmen.** Grenzen ergeben sich in formeller Hinsicht aus der BayGO (→ GrStG § 25 Rn. 7ff.) und in materieller Hinsicht aus § 25 Abs. 2, Abs. 3, Abs. 4 S. 1 Nr. 1, S. 2 GrStG (insoweit kann auf die Kommentierung des § 25 GrStG verwiesen werden), dem Art. 5 BayGrStG, dem kommunalen Haushaltsrecht (→ GrStG § 25 Rn. 16ff., dort auch Nachweise zum bayerischen Recht) und den Grundrechten (→ GrStG § 25 Rn. 24ff.).

C. Gesonderte Hebesätze für Ermäßigungssachverhalte iSv Art. 4 Abs. 2–4 BayGrStG (Abs. 1)

4   Gemäß Art. 5 Abs. 1 BayGrStG darf jede Gemeinde die tatbestandlich in Art. 4 Abs. 2–4 BayGrStG umschriebenen Sachverhalte zum Anknüpfungspunkt für eine **sachliche Hebesatzdifferenzierung** nehmen: Die dort genannten Fälle förderungswürdigen Wohnraums dürfen von der Gemeinde über eine Hebesatzreduzierung über die Steuermesszahlermäßigung hinaus entlastet werden. Die Regelung dürfte so zu verstehen sein, dass die Gemeinde nicht einen einheitlichen reduzierten Hebesatz für alle Fälle des Art. 4 Abs. 2–4 BayGrStG vorsehen muss, sondern jeweils für die drei dort genannten Sachverhalte (Wohnraum des Landwirts, Denkmalschutz, sozialer Wohnungsbau) unterschiedliche Hebesätze zulässig sind und dass die Gemeinde nicht alle Sachverhalte gleichermaßen aufgreifen und regeln muss. Der Wortlaut bringt dies zwar nicht zweifelsfrei zum Ausdruck, weil die Anwendungsfälle mit einem „und" verbunden sind. Allerdings wird der Plural verwendet („Hebesätze") und zudem dürfte der Gesetzgeber von einer solchen „Binnen"-Differenzierungsbefugnis der Gemeinde ausgegangen sein. In der Gesetzesbegründung heißt es immerhin: Nr. 2 ermöglicht es der Gemeinde, Gruppen von wirtschaftlichen Einheiten, deren Messzahl nach einer der Fallgruppen von Art. 4 Abs. 2–4 ermäßigt wurde, jeweils gesondert (!) auch auf Ebene des kommunalen Tarifs aufzugreifen (BayLT-Drs. 18/15755, 21).

Die Gemeinde bestimmt in ihrer Satzung abstrakt-generell, dass für die wirtschaftlichen Einheiten, die die Voraussetzungen des Art. 4 Abs. 2, Abs. 3 oder Abs. 4 BayGrStG erfüllen, ein besonderer Hebesatz gilt. Da der Grundsteuermessbescheid keine gesonderte Feststellung der Wohn- bzw. Gebäudeflächen enthält, die die Voraussetzungen für eine Messzahlermäßigung erfüllen, kann er kein Grundlagenbescheid im Verhältnis zum Grundsteuerbescheid sein und auch sonst ist eine Bindungswirkung gesetzlich nicht vorgesehen. **Daher ist das Vorliegen der Ermäßigungsvoraussetzungen im Grundsteuerfestsetzungsverfahren nochmals von der Gemeinde zu prüfen.** Praktisch wird man sich gewiss an der Entscheidung der Finanzbehörde im Grundsteuermessbetragsverfahren orientieren. Der Hebesatz ist sodann auf den jeweiligen Anteil des Grundsteuermessbetrages anzuwenden. Dafür muss der Grundsteuermessbetrag unter Umständen aufgeteilt werden (wenn zB nur teilweise begünstigter Wohnraum vorliegt). Das Gesetz nennt keinen Aufteilungsmaßstab. Da der Grundsteuermessbetrag selbst aber nur die Summe verschiedener Teilmessbeträge ist (nämlich der Produkte aus den jeweiligen Äquivalenzbeträgen mit der einschlägigen Messzahl) und bereits auf der Grundsteuermessbetragsebene die Ermäßigung vollständig oder nur teilweise auf einen bestimmten Äquivalenzbetrag angewendet wurde (bei Art. 4 Abs. 2, Abs. 4 BayGrStG nur in Bezug auf die Wohnfläche, bei Art. 4 Abs. 3 BayGrStG auf die Gebäudefläche), dürfte sich auch dementsprechend der „jeweilige Anteil des Grundsteuermessbetrages" für die Anwendung des Sonderhebesatzes ermitteln lassen.

Beispiel: Der Grund und Boden hat eine Fläche von 1.000 qm. Die Wohnfläche beträgt 800 qm. Die Voraussetzungen des Art. 4 Abs. 4 BayGrStG sind in Bezug auf die gesamte Wohnfläche erfüllt.

Damit ergibt sich folgende Berechnung der Äquivalenzbeträge:

Grund und Boden	1.000 qm × 0,04 EUR/qm	40,00 EUR
Wohnfläche	800 qm × 0,50 EUR/qm	400,00 EUR

Der Grundsteuermessbetrag setzt sich dann aus folgenden Einzelwerten zusammen:

Grund und Boden	40,00 EUR × 100 %	40,00 EUR
Wohnfläche	400,00 EUR × 52,5 %	210,00 EUR
Grundsteuermessbetrag		250,00 EUR

Der Sonderhebesatz gilt mithin für die 210,00 EUR, während für die 40,00 EUR der reguläre Hebesatz gilt.

D. Kein Sonderhebesatz für baureife Grundstücke (Abs. 2)

Die bundesgesetzliche Regelung des § 25 Abs. 5 GrStG zur sog. Grundsteuer C (Sonderhebesatz für baureife Grundstücke, → GrStG § 25 Rn. 43 ff.) findet in Bayern keine Anwendung (Art. 5 Abs. 2 BayGrStG).

Kapitel 2 Verfahren

Art. 6 Feststellung der Äquivalenzbeträge

(1) ¹Die Äquivalenzbeträge werden auf den 1. Januar 2022 allgemein festgestellt (Hauptfeststellung). ²Abweichend von § 221 BewG findet keine turnusmäßige Hauptfeststellung statt. ³Bei der Ermittlung der Äquivalenzbeträge ist § 163 der Abgabenordnung (AO) nicht anzuwenden.

(2) ¹In dem Feststellungsbescheid für die Äquivalenzbeträge der Grundstücke sind auch Feststellungen zu treffen über die Fläche von Grund und Boden und die Gebäudeflächen. ²Abweichend von § 219 Abs. 2 Nr. 1 BewG wird die Grundstücksart der wirtschaftlichen Einheit nicht festgestellt. ³Feststellungen erfolgen nur, wenn und soweit sie für die Besteuerung von Bedeutung sind. ⁴Der Feststellungsbescheid kann mit dem nachfolgenden Grundsteuermessbescheid verbunden und zusammengefasst bekannt gegeben werden.

(3) ¹Die Äquivalenzbeträge (Betragsfortschreibung) und die Flächen (Flächenfortschreibung) werden neu festgestellt, wenn ein Äquivalenzbetrag oder eine Fläche von der zuletzt getroffenen Feststellung abweicht und es für die Besteuerung von Bedeutung ist. ²Eine Fortschreibung nach Satz 1 findet auch zur Beseitigung eines Fehlers der letzten Feststellung statt.

(4) Für die Äquivalenzbeträge nach diesem Gesetz gelten die Vorschriften des Bewertungsgesetzes über die Fortschreibung, Nachfeststellung, Aufhebung, Änderung und Nachholung der Feststellung im Übrigen sinngemäß.

(5) ¹Die Aufforderung zur Abgabe einer Erklärung mittels Allgemeinverfügung durch öffentliche Bekanntmachung nach § 228 Abs. 1 Satz 3 BewG erfolgt durch das Bayerische Landesamt für Steuern. ²Abweichend von § 228 Abs. 2 BewG sind die Änderungen der tatsächlichen Verhältnisse, die sich auf die Höhe der Flächen oder der Äquivalenzbeträge auswirken oder zu einer Nachfeststellung oder der Aufhebung der Flächen oder der Äquivalenzbeträge führen können, auf den Beginn des folgenden Kalenderjahres zusammengefasst anzuzeigen. ³Die Anzeige ist bis zum 31. März des Jahres abzugeben, das auf das Jahr folgt, in dem sich die tatsächlichen Verhältnisse geändert haben. ⁴In den Fällen des Art. 1 Abs. 4 Satz 2 ist § 228 Abs. 3 Nr. 1 BewG anzuwenden.

(6) Die Erklärung und die Anzeige nach Abs. 5 sind Steuererklärungen im Sinne der Abgabenordnung, die nach amtlich vorgeschriebenem Datensatz durch Datenfernübertragung übermittelt werden sollen.

A. Allgemeines

I. Systematische Einordnung und Zweck der Regelung

1   Das bayerische Grundsteuerrecht übernimmt auch für die Besteuerung der Grundstücke (Grundsteuer B) das dreistufige Verwaltungsverfahren des Bundesgrundsteuerrechts. Die jeweiligen Verfahrensrechtsregime der §§ 219 ff. BewG, der

Feststellung der Äquivalenzbeträge **Art. 6 BayGrStG**

§§ 16 ff. GrStG und der Abgabenordnung finden Anwendung, allerdings unter punktueller Anpassung an die Bedürfnisse eines Flächenmodells. Diese Anpassungen finden sich vor allem in Art. 6 BayGrStG für das Äquivalenzbetragsverfahren und in Art. 7 BayGrStG für das Grundsteuermessbetragsverfahren.

II. Entwicklung der Vorschrift

Art. 6 BayGrStG beruht auf dem Gesetz v. 10.12.2021 (→ Grundlagen Rn. 84; zu Art. 6 BayGrStG BayLT-Drs. 18/15755, 21 ff.). **2**

B. Hauptfeststellung (Abs. 1)

Die Feststellung der Äquivalenzbeträge und der Flächen (→ Rn. 5) erfolgt auf **3** den 1.1.2022 (für die erste Hauptveranlagung auf den 1.1.2025 → BayGrStG Art. 7 Rn. 3) durch den Äquivalenzbetragsbescheid. Art. 6 Abs. 1 S. 1 BayGrStG nennt diese Feststellung Hauptfeststellung (insoweit übereinstimmend mit dem Bundesgrundsteuerrecht → BewG § 221 Rn. 1). Maßgeblich sind insoweit die Verhältnisse zu Beginn des Kalenderjahres (§ 221 Abs. 2 BewG; eingehend → BewG § 221 Rn. 7). Gemäß Art. 6 Abs. 1 S. 2 BayGrStG finden sodann keine weiteren turnusmäßigen Hauptfeststellungen statt. § 221 Abs. 1 BewG findet mithin keine Anwendung. Veränderungen in Bezug auf die Flächen und die Äquivalenzbeträge wird – ebenso wie in Ansehung eines Zurechnungswechsels – allein durch Fortschreibungen Rechnung getragen.

Art. 6 Abs. 1 S. 3 BayGrStG ordnet die Nichtanwendung des § 163 AO an. Das **4** entspricht der Regelung in § 220 S. 2 BewG (→ BewG § 220 Rn. 4 ff.), geht aber hierüber sogar noch hinaus, weil die dort gemachte Ausnahme für vertrauensschützende Übergangsregelungen nicht übernommen wurde. Art. 6 Abs. 1 S. 3 BayGrStG verdrängt daher § 220 S. 2 BewG. Ebenso wie § 220 S. 2 BewG schließt Art. 6 Abs. 1 S. 3 BayGrStG allerdings Billigkeitsmaßnahmen auf den späteren Verfahrensstufen nicht aus.

C. Gesonderte Feststellungen (Abs. 2)

Die Art. 1 u. 6 BayGrStG gehen davon aus, dass die §§ 219 ff. BewG Anwendung **5** finden und dies mit dem durch Art. 6 Abs. 2 BayGrStG modifizierten Inhalt: **Gesondert festzustellen sind die einzelnen Äquivalenzbeträge** (dh jeweils die Äquivalenzbeträge für den Grund und Boden, die Wohnfläche und die Nutzfläche, arg: Äquivalenzbeträge = Plural, „Betragsfeststellung"), **jeweils die Fläche des Grund und Bodens, die Wohnfläche und die Nutzfläche** (dh einschließlich der Einordnung der Flächen als Wohn- und Nutzfläche, „Flächenfeststellung") und die **Zurechnung der wirtschaftlichen Einheit** („Zurechnungsfeststellung"). Die Flächenfeststellungen haben Bindungswirkung sowohl für die Feststellung der korrespondierenden Äquivalenzbeträge (also die Feststellung über die Fläche des Grund und Bodens für den Äquivalenzbetrag betreffend den Grund und Boden) als auch für den Grundsteuermessbescheid in Bezug auf die Grundsteuermesszahlermäßigungen. Ferner wird die Vermögensart gesondert festgestellt. Es wird aber abweichend vom Bundesrecht auf die gesonderte Feststellung der Grundstücksart verzichtet (Art. 6 Abs. 2 S. 2 BayGrStG).

Art. 6 BayGrStG

6   Art. 6 Abs. 2 S. 3 BayGrStG enthält einen **Bedeutungsvorbehalt,** wie er sich auch in § 219 Abs. 3 BewG findet. Dieser hat vor allem Bedeutung, wenn für die gesamte wirtschaftliche Einheit eine Grundsteuerbefreiung nach den §§ 3ff. GrStG einschlägig ist (eingehend → GrStG § 3 Rn. 5ff. und → BewG § 219 Rn. 43f.).

7   Gemäß Art. 6 Abs. 2 S. 4 BayGrStG kann der Äquivalenzbetragsbescheid mit dem Grundsteuermessbescheid (= Folgebescheid im Verhältnis zum Äquivalenzbetragsbescheid, → GrStG § 16 Rn. 7; die Ausführungen dort zum Verhältnis von Grundsteuerwert- und Grundsteuermessbescheid gelten sinngemäß) verbunden und zusammengefasst bekannt gegeben werden.

D. Anwendung der §§ 222 ff. BewG unter Einbeziehung von Betrags- und Flächenfeststellungen (Abs. 3 u. 4)

8   Das bayerische Grundsteuerrecht greift nicht nur auf das Instrument der gesonderten Feststellung zurück (in Bezug auf die Äquivalenzbeträge, Flächen, Zurechnung und Vermögensart → Rn. 5), sondern bewegt sich auch im Übrigen konsequent im Anpassungssystem der §§ 219ff. BewG. Verfahrensrechtliches Anpassungsinstrument ist auch im bayerischen Grundsteuerrecht die sog. Fortschreibung. Veränderungen der Äquivalenzbeträge ist durch eine sog. Betragsfortschreibung und Veränderungen der Flächen durch eine sog. Flächenfortschreibung Rechnung zu tragen (Art. 6 Abs. 3 BayGrStG): (1) Die **Betragsfortschreibung** (= Fortschreibung eines Äquivalenzbetrages) tritt an die Stelle der Wertfortschreibung. Zu beachten ist, dass jeder Äquivalenzbetrag gesondert festzustellen ist, mithin **drei eigenständige Feststellungen vorliegen und daher auch jede dieser Feststellungen allein fortschreibungsfähig ist.** Das hat vor allem Bedeutung für den Rechtsschutz (→ BewG § 222 Rn. 50ff.). (2) Entsprechendes gilt für die **Flächenfortschreibung.** Jede der drei denkbaren Flächenfeststellungen (Grund und Boden, Wohnfläche, Nutzfläche) ist jeweils für sich zu betrachten. Kommt es zB nur zur Umnutzung der Gebäudefläche von Wohn- zu Nutzfläche sind auch nur die Wohn- und Nutzfläche (ebenso wie die entsprechenden Äquivalenzbeträge) fortzuschreiben; die Feststellungen zum Grund und Boden bleiben unverändert. (3) Die Regelung über die Zurechnungsfortschreibung findet unmittelbar Anwendung (§ 222 Abs. 2 BewG, → BewG § 222 Rn. 18ff.). (4) Kommt es zu einem Wechsel der Vermögensart, muss eine Nachfeststellung durchgeführt werden (→ BewG § 222 Rn. 17).

9   Sowohl für die Betrags- als auch die Flächenfeststellung sieht Art. 6 Abs. 3 S. 2 BayGrStG eine **fehlerbeseitigende Fortschreibung** vor. Die Regelung entspricht § 222 Abs. 3 BewG, weshalb insbesondere für den (umfassenden) Fehlerbegriff auf die Erläuterungen dort verwiesen werden kann (→ BewG § 222 Rn. 22ff.).

10   Für die Betrags- und Flächenfortschreibungen gilt im Übrigen (dh soweit sich aus den vorgenannten Regelungen nichts anderes ergibt) § 222 BewG. Das betrifft vor allem die Fortschreibungszeitpunkte nach § 222 Abs. 4 BewG (→ BewG § 222 Rn. 27ff.). Zudem dürfte Art. 6 Abs. 3 S. 2 BayGrStG nicht abschließend sein und durch § 222 Abs. 3 S. 2, 3 BewG (Anwendung des § 176 AO, → BewG § 222 Rn. 26) ergänzt werden.

11   Art. 6 Abs. 3 S. 1 BayGrStG enthält einen Bedeutungsvorbehalt. Dieser kann wiederum bei von der Grundsteuer befreiten Grundstücken relevant werden (→ Rn. 6). Nach der Gesetzesbegründung soll er aber auch die Fortschreibung an die Neufestsetzung (Neuveranlagung) nach Art. 7 Abs. 1 BayGrStG koppeln:

Feststellung der Äquivalenzbeträge **Art. 6 BayGrStG**

Wenn die Gebäudefläche zunimmt, aber zB die 5 EUR-Grenze des Art. 7 Abs. 1 S. 4 BayGrStG (→ BayGrStG Art. 7 Rn. 4) nicht überschritten wird und deshalb die Veränderung des Äquivalenzbetrages nicht zu einer Neuveranlagung führen kann, dann soll bereits die Fortschreibung auf den höheren Äquivalenzbetrag iSv Art. 6 Abs. 3 S. 1 BayGrStG für die Besteuerung nicht von Bedeutung sein und daher unterbleiben (vgl. BayLT-Drs. 18/15755, 22).

Im Übrigen gilt (auch) das Nachfeststellungs- und Aufhebungsrechtsregime der 12 §§ 223–226 BewG sinngemäß (Art. 6 Abs. 4 BayGrStG). Letzteres dürfte auch für die Flächenfeststellung und -fortschreibung gelten, auch wenn Art. 6 Abs. 4 BayGrStG nur die Äquivalenzbeträge erwähnt. In Bezug auf die Nachfeststellung nach § 223 BewG, die Aufhebung nach § 224 BewG, die Änderung nach § 225 BewG und die Nachholung einer Feststellung nach § 226 BewG gelten keine Besonderheiten. Es kann daher auf die jeweiligen Kommentierungen verwiesen werden. Entsprechendes gilt für die Anwendung der allgemeinen Berichtigungs- und Änderungsvorschriften nach der Abgabenordnung (→ BewG § 222 Rn. 37 ff.).

E. Steuererklärungs- und Anzeigepflichten (Abs. 5 u. 6)

§ 228 BewG, der Steuererklärungs- und Anzeigepflichten der Steuerpflichtigen 13 normiert, findet auch in Bayern Anwendung. Mit Art. 6 Abs. 5 BayGrStG wird die Norm allerdings punktuell modifiziert: (1) Die Aufforderung zur Abgabe der Erklärung zur Feststellung der Grundsteuerwerte durch öffentliche Bekanntmachung erfolgt gemäß Art. 6 Abs. 5 S. 1 BayGrStG durch das Bayerische Landesamt für Steuern und nicht durch das BMF (so § 228 Abs. 1 S. 3 BewG). (2) Nach Art. 6 Abs. 5 S. 2 BayGrStG sind alle anzeigepflichtigen Änderungen der tatsächlichen Verhältnisse, die sich auf die Höhe der Flächen oder der Äquivalenzbeträge auswirken oder zu einer Nachfeststellung oder der Aufhebung der Flächen oder Äquivalenzbeträge führen können, in einer „Jahresanzeige" zusammenzufassen. Das dürfte sich auch bereits aus § 228 Abs. 2 BewG selbst ergeben, weshalb die Regelung insoweit nur deklaratorische Bedeutung hat. (3) Konstitutiv ist allerdings die Abweichung in Bezug auf die Anzeigefrist. Art. 6 Abs. 5 S. 3 BayGrStG verlängert die Frist auf drei Monate (§ 228 Abs. 2 S. 3 BewG: nur ein Monat). Die Frist beginnt mit Ablauf des Kalenderjahres, in dem die anzeigepflichtige Änderung eingetreten ist (zur Anzeigepflicht im Einzelnen → BewG § 228 Rn. 10 ff.).

Mit Art. 1 Abs. 4 S. 2 BayGrStG hält der bayerische Gesetzgeber bei Gebäuden 14 auf fremdem Grund und Boden an zwei wirtschaftlichen Einheiten fest (→ BayGrStG Art. 1 Rn. 13 ff.). Dem trägt Art. 6 Abs. 5 S. 4 BayGrStG dadurch Rechnung, dass er § 228 Abs. 3 Nr. 1 BewG für anwendbar erklärt und damit die Erklärungs- und Anzeigepflichten jeweils an das Zurechnungssubjekt der beiden wirtschaftlichen Einheiten adressiert.

Art. 6 Abs. 6 BayGrStG entspricht hinsichtlich der Anwendung der Vorschriften 15 über Steuererklärungen auf die Erklärungen und Anzeigen nach § 228 BewG iVm Art. 6 Abs. 5 BayGrStG der Regelung in § 228 Abs. 5 BewG (→ BewG § 228 Rn. 17 ff.). In Bezug auf die Übermittlung der Erklärungen und Anzeigen erklärt Art. 6 Abs. 6 BayGrStG den elektronischen Weg (Datenfernübertragung nach amtlich vorgeschriebenem Datensatz) nur zu einer „Soll-Vorgabe". Während die elektronische Übermittlung nach § 228 Abs. 6 BewG verpflichtend ist und nur unter engen Voraussetzungen hiervon dispensiert werden kann (→ BewG § 228 Rn. 22 f.), verzichtet der bayerische Gesetzgeber auf eine Übermittlungspflicht.

777

Aus Gründen der „Bürgerfreundlichkeit" soll eine Einreichung auf Papier zulässig sein (BayLT-Drs. 18/15755, 23). Das „Soll" erweist sich damit als gesetzlicher Appell, der aber nichts an dem freien Wahlrecht des Steuerpflichtigen ändert.

Art. 7 Veranlagungsverfahren

(1) ¹**Die Grundsteuermessbeträge werden auf den 1. Januar 2025 allgemein festgesetzt (Hauptveranlagung).** ²**Der Grundsteuermessbetrag wird auch dann neu festgesetzt, wenn dem Finanzamt bekannt wird, dass die letzte Veranlagung fehlerhaft ist.** ³**Der Grundsteuermessbetrag wird auch dann neu festgesetzt, wenn der Grundsteuermessbetrag, der sich für den Beginn eines Kalenderjahres ergibt, von dem entsprechenden Betrag des letzten Festsetzungszeitpunkts nach unten abweicht.** ⁴**Dasselbe gilt, wenn sein auf den Grund und Boden entfallender Anteil abweicht oder sein auf das Gebäude entfallender Anteil um mehr als 5 € nach oben abweicht.** ⁵**Im Übrigen gelten die Vorschriften des Grundsteuergesetzes über die Neuveranlagung, Nachveranlagung, Aufhebung und Zerlegung des Grundsteuermessbetrags und die Änderung des Grundsteuermessbescheids sinngemäß.**

(2) ¹Änderungen der Nutzung hat derjenige anzuzeigen, dem der Steuergegenstand zuzurechnen ist. ²Satz 1 gilt für den Wegfall der Voraussetzungen für die ermäßigten Grundsteuermesszahlen nach Art. 4 Abs. 2 bis 4 entsprechend. ³§ 19 Abs. 1 Satz 1 GrStG bleibt unberührt. ⁴Abweichend von § 19 Abs. 1 Satz 2 und Abs. 2 Satz 2 GrStG ist die Anzeige nach den Sätzen 1 bis 3 bis zum 31. März des Jahres abzugeben, das auf das Jahr folgt, in dem sich die Verhältnisse geändert haben. ⁵Art. 6 Abs. 6 gilt entsprechend.

A. Allgemeines

I. Systematische Einordnung und Zweck der Regelung

1   Die Regelung bestätigt die Anwendung der §§ 17 ff. GrStG und modifiziert sie partiell (→ BayGrStG Art. 6 Rn. 1).

II. Entwicklung der Vorschrift

2   Art. 7 BayGrStG beruht auf dem Gesetz v. 10.12.2021 (→ Grundlagen Rn. 84; zu Art. 7 BayGrStG BayLT-Drs. 18/15755, 23 [Gesetzesbegründung]; BayLT-Drs. 18/18504, 2 [Änderungsantrag]).

B. Haupt- und Neuveranlagung (Abs. 1)

3   Die Grundsteuermessbeträge werden auf den 1.1.2025 allgemein festgesetzt. In Anlehnung an § 16 GrStG spricht Art. 7 Abs. 1 S. 1 BayGrStG von Hauptveranlagung. Da das bayerische Grundsteuerrecht keine regelmäßige Feststellung der Äquivalenzbeträge und Flächen kennt, verzichtet es folgerichtig auch auf regelmäßige Hauptveranlagungen. Änderungen ist allein durch Neuveranlagungen Rechnung zu tragen (→ Rn. 4), also analog der konzeptionellen Ausgestaltung des vorgelagerten Feststellungsverfahrens, das nur Fortschreibungen kennt (→ BayGrStG Art. 6 Rn. 3).

Veranlagungsverfahren **Art. 7 BayGrStG**

Art. 7 Abs. 1 S. 2 ff. BayGrStG setzt zuvorderst die Anwendung des § 17 GrStG 4
voraus und knüpft an dessen Grundregel in § 17 Abs. 1 GrStG an, wonach **eine Neuveranlagung durchzuführen ist, soweit auf der vorgelagerten Verfahrensebene eine Fortschreibung wirksam geworden ist.** Das gilt uneingeschränkt für die Zurechnungsfortschreibung; eine solche führt zwangsläufig zur Neuveranlagung. Betrags- oder Flächenfortschreibungen können ebenfalls zu einer Neuveranlagung führen („sinngemäße Anwendung" des § 17 Abs. 1 GrStG gem. Art. 7 Abs. 1 S. 5 BayGrStG). Eine Flächenfortschreibung kann zB für die Ermäßigungstatbestände des Art. 4 BayGrStG von Bedeutung sein. So führt eine Verschiebung von der Wohn- zur Nutzfläche zwangsläufig zu einer höheren Grundsteuermesszahl. Uneingeschränkt gilt die Neuveranlagungspflicht bei Betrags- und Flächenfortschreibung aber nur dann, wenn sich hierdurch eine Verringerung des Grundsteuermessbetrags ergibt oder wenn eine Erhöhung des auf den Grund und Boden entfallenden Anteils am Grundsteuermessbetrag in Rede steht. Hat die Betrags- oder Flächenfortschreibung hingegen zur Folge, dass sich der auf das Gebäude entfallende Anteil am Grundsteuermessbetrag erhöht, ist die Neuveranlagung nur zulässig, wenn der neue Grundsteuermessbetrag um mehr als 5 EUR nach oben abweicht (Art. 7 Abs. 1 S. 4 BayGrStG). Ergibt sich bereits wegen der Erhöhung des Anteils am Grund und Boden eine Neuveranlagungsnotwendigkeit und hat sich auch der Gebäudeanteil erhöht, dann gilt die Neuveranlagungseinschränkung des Art. 7 Abs. 1 S. 4 BayGrStG unseres Erachtens hingegen nicht (arg. Wortlaut: „oder").

Die Neuveranlagung ist auf der Grundlage von Art. 7 Abs. 1 S. 3, 4 BayGrStG 5
auch dann durchzuführen, wenn die Feststellungen auf der vorgelagerten Verfahrensebene unverändert bleiben, aber eine (allein im Messbetragsverfahren zu prüfende) Ermäßigungsvoraussetzung des Art. 4 BayGrStG wegfällt oder erstmals erfüllt wird. Die Ausführungen zur bei → Rn. 4 dargestellten 5 EUR-Grenze gelten dann entsprechend.

Art. 7 Abs. 1 S. 2 BayGrStG übernimmt die sog. **Neuveranlagung zur Fehler-** 6
beseitigung, wie sie auch in § 17 Abs. 2 Nr. 2 GrStG normiert ist. In Bezug auf den Fehlerbegriff kann auf die Ausführungen zu § 17 Abs. 2 Nr. 2 GrStG verwiesen werden (→ GrStG § 17 Rn. 10). Bezüglich des Fortschreibungszeitpunktes (§ 17 Abs. 3 S. 2 Nr. 3 GrStG, → GrStG § 17 Rn. 17f.), der Anwendung des § 176 AO (§ 17 Abs. 2 Nr. 2 2. Hs. GrStG, → GrStG § 17 Rn. 11 ff.) und der Festsetzungsverjährungsfragen (→ GrStG § 17 Rn. 20) gilt das Bundesgrundsteuerrecht (Art. 7 Abs. 1 S. 5 BayGrStG → Rn. 7).

Gemäß Art. 7 Abs. 1 S. 5 BayGrStG gelten die Vorschriften der §§ 17 ff. GrStG 7
sinngemäß. Das betrifft insbesondere die Neuveranlagungszeitpunkte. Im Übrigen sind Nachveranlagungen und Aufhebungen sowie die Änderung von Steuermessbescheiden nach den allgemeinen Regeln möglich. Ferner verweist Art. 7 Abs. 1 S. 5 BayGrStG auf die Zerlegungsvorschriften, wenn eine wirtschaftliche Einheit auf dem Gebiet mehrerer bayerischer Gemeinden liegen sollte.

C. Anzeigepflicht (Abs. 2)

§ 19 Abs. 1 GrStG enthält Anzeigepflichten in Bezug auf die **Änderung der** 8
Nutzung oder der Eigentumsverhältnisse eines ganz oder teilweise von der Grundsteuer befreiten Gegenstandes. Diese Anzeigepflicht gilt auch in Bayern. Das ergibt sich unmittelbar aus Art. 7 Abs. 2 S. 3 BayGrStG. Daher kann vorbehaltlich der nachfolgenden Ausführungen auf die Kommentierung des § 19

Art. 8 BayGrStG

GrStG verwiesen werden. Für die ferner im Bundesgrundsteuerrecht geregelte Anzeigepflicht nach § 19 Abs. 2 GrStG dürfte hingegen kein Anwendungsbereich verbleiben. Ihre Anwendung wird zwar von Art. 7 Abs. 2 S. 4 BayGrStG vorausgesetzt und könnte theoretisch auch in Bezug auf Art. 4 Abs. 4 Nr. 2 BayGrStG, der auf § 15 Abs. 4 GrStG verweist, von Bedeutung sein. Allerdings dürfte Art. 7 Abs. 2 S. 1, 2 BayGrStG die Anzeigepflicht in Ansehung der Ermäßigungstatbestände des Art. 4 BayGrStG bereits umfassend erfassen.

9 Gemäß Art. 7 Abs. 2 S. 1 BayGrStG ist jede Änderung in Bezug auf die Nutzung anzuzeigen. Anders als § 19 Abs. 1 S. 1 GrStG enthält die Anzeigepflicht keinen Relevanzvorbehalt für eine Grundsteuerbefreiung, sondern gilt generell für jede Nutzungsänderung. Die Anzeigepflicht hat vor allem Bedeutung für die Wohnnutzung, an die die Messzahlermäßigung des Art. 4 Abs. 1 S. 2, Abs. 2 BayGrStG anknüpft (→ BayGrStG Art. 4 Rn. 4f.). Anzeigepflichtig ist mithin vor allem der Wechsel von der Wohnnutzung zur Nichtwohnnutzung und umgekehrt (sofern dies nicht bereits nach § 228 Abs. 2 BewG, Art. 6 Abs. 5 S. 2 BayGrStG anzeigepflichtig ist). Art. 7 Abs. 2 S. 2 BayGrStG wiederum enthält eine Anzeigepflicht, die auf die Ermäßigungstatbestände des Art. 4 Abs. 2–4 BayGrStG zugeschnitten ist. Entfällt eine Ermäßigungsvoraussetzung, ist dies anzuzeigen (die Ermäßigungsvoraussetzung „Wohnfläche" wird hingegen bereits von Art. 7 Abs. 2 S. 1 BayGrStG erfasst, so BayLT-Drs. 18/15755, 23). Damit insgesamt die Anwendung des § 153 Abs. 2 AO gesperrt; § 19 Abs. 1 GrStG und Art. 7 Abs. 2 BayGrStG erfassen zusammen alle denkbaren Anzeigekonstellationen und sind *leges speciales*. Anwendbar bleibt allerdings § 153 Abs. 1 AO (→ GrStG § 19 Rn. 13).

10 Art. 7 Abs. 2 S. 4 BayGrStG modifiziert die Anzeigepflichten nach § 19 GrStG und Art. 7 Abs. 2 S. 1 u. 2 BayGrStG dahingehend, dass die Anzeigefrist einheitlich, nämlich übereinstimmend mit der das Äquivalenzverfahren betreffenden Anzeigepflicht des § 228 Abs. 2 BewG iVm Art. 6 Abs. 5 S. 3 BayGrStG (→ BayGrStG Art. 6 Rn. 13), drei Monate beginnend mit Ablauf des Jahres, in dem der anzeigepflichtige Umstand eingetreten ist, beträgt.

11 Art. 7 Abs. 2 S. 5 BayGrStG verweist auf Art. 6 Abs. 6 BayGrStG, der wiederum § 228 Abs. 5 u. 6 BewG entspricht (→ BewG § 228 Rn. 17ff.).

Art. 8 Erweiterter Erlass

(1) ¹**Ansprüche aus dem Grundsteuerschuldverhältnis können erlassen werden, soweit nach dem durch dieses Gesetz vorgeschriebenen Systemwechsel nach Lage des einzelnen Falles eine unangemessen hohe Steuerbelastung eintritt.** ²**Die §§ 163 und 227 AO sowie §§ 32 bis 34 GrStG bleiben unberührt.**

(2) **Ein Fall des Abs. 1 Satz 1 kann insbesondere vorliegen bei wirtschaftlichen Einheiten des Grundvermögens,**
1. **wenn die Lage erheblich von den in der Gemeinde ortsüblichen Verhältnissen abweicht,**
2. **wenn die Gesamtnutzungsdauer des Gebäudes überschritten ist oder**
3. **bei einer Übergröße des nicht zu Wohnzwecken genutzten Gebäudes, sofern dieses eine einfache Ausstattung aufweist und entweder einen Hallenanteil aufweist oder auf Dauer nicht genutzt wird.**

(3) **§ 35 GrStG gilt entsprechend.**

A. Allgemeines

I. Systematische Einordnung und Zweck der Regelung

Art. 8 BayGrStG ergänzt die auch in Bayern geltenden §§ 32–35 GrStG (→ Rn. 13 f.) um einen weiteren grundsteuerspezifischen Erlasstatbestand. Der Anwendungsbereich ist – wie bei allen Vorschriften von Teil 1 des BayGrStG – auf die wirtschaftlichen Einheiten des Grundvermögens beschränkt. 1

II. Entwicklung der Vorschrift

Art. 8 BayGrStG beruht auf dem Gesetz vom 10.12.2021 (→ Grundlagen Rn. 84) und wurde erst im Laufe des Gesetzgebungsverfahrens aufgenommen (dazu BayLT-Drs. 18/16068, 2). 2

B. Erlass wegen Unangemessenheit der Grundsteuerbelastung (Abs. 1)

Art. 8 Abs. 1 BayGrStG normiert einen Erlasstatbestand für Ansprüche aus dem Grundsteuerschuldverhältnis und knüpft dies an die Voraussetzung, dass es nach dem Systemwechsel nach Maßgabe des BayGrStG nach Lage des einzelnen Falls zu einer unangemessen hohen Steuerbelastung kommt. **Anspruch aus dem Grundsteuerschuldverhältnis kann nur die Grundsteuerschuld des Steuerpflichtigen sein.** Steuerliche Nebenleistungen sind zwar begrifflich auch erfasst, können aber das Merkmal einer unangemessen hohen „Steuerbelastung" nicht erfüllen. 3

Das Gesetz knüpft an eine unangemessene Steuerbelastung **„nach dem Systemwechsel"** an. Die Formulierung ist unscharf. Man wird sie **im Sinne von Ursache (Systemwechsel) und Wirkung (unangemessene Steuerbelastung) verstehen müssen.** Denn in der Begründung des Änderungsantrages, auf dem Art. 8 BayGrStG beruht, heißt es: Es gehe um unbillige Härten, die sich „aufgrund des Systemwechsels ergeben" (BayLT-Drs. 18/16068, 2). Das „aufgrund" könnte auf den ersten Blick auch dafür sprechen, dass mit Art. 8 BayGrStG nur ein Belastungsübergangsproblem gelöst werden soll. Wenn dem so wäre, hätte dies wohl zur Folge, dass nach dem 31.12.2024 neuentstehende wirtschaftliche Einheiten nicht von Art. 8 BayGrStG erfasst sein könnten. Entsprechendes würde für vor dem 1.1.2025 bereits bestehende wirtschaftliche Einheiten gelten, wenn die Voraussetzungen des Art. 8 BayGrStG erst durch Veränderungen nach dem 31.12.2024 eintreten. Allerdings sind die Beispiele in Abs. 2 „zeitlos" und durchweg Ausdruck einer generellen (gruppenbezogenen) Korrektur des Maßstabes des Art. 3 BayGrStG. Angesichts dessen spricht mehr dafür, dass es nicht bloß um eine unangemessene Steuerbelastung anlässlich der Umstellung geht. Vielmehr dürfte die Formulierung „aufgrund des Systemwechsels" nichts anderes bedeuten als „aufgrund des wertunabhängigen Maßstabes". Art. 8 BayGrStG schafft mithin ein Korrektiv zur Typisierung des wertunabhängigen Modells. 4

Die Frage ist allerdings, ob sich die von Art. 8 Abs. 1 S. 1 BayGrStG erfassten „Ursachenkonstellationen" näher konkretisieren lassen. Betrachtet man Art. 8 Abs. 2 Nr. 1 BayGrStG, wonach ein Fall des Abs. 1 S. 1 vorliegen kann, wenn die Lage erheblich von den in der Gemeinde ortsüblichen Verhältnissen abweicht, er- 5 scheint es plausibel, dass es um das Missverhältnis zwischen der (den Maßstab des Art. 3 BayGrStG äquivalenztheoretisch rechtfertigenden) Kostenanlastung gegenüber dem Grundstückseigentümer bzw. der ihm vermittelten Nutzungsmöglichkeiten einerseits (→ Grundlagen Rn. 84) und der Höhe der Grundsteuer andererseits geht. Die Ursache ist mithin die Verfehlung der Typisierungserwartung im Hinblick auf die Nutzung kommunaler Leistungen. Die Lage iSv Abs. 2 Nr. 1 würde mithin die Standortabhängigkeit eben jener Leistungen abbilden. In der Gesetzesbegründung findet sich allerdings als einziges Beispiel ein Grundstück in Hanglage (BayLT-Drs. 18/16068, 2). Das muss ohne weitere Erläuterungen irritieren. Denn allein die Hanglage sagt nichts darüber aus, inwieweit die Nutzung kommunaler Leistungen mehr oder weniger in Anspruch genommen werden kann. Die Hanglage betrifft hingegen die Nutzbarkeit des Grundstücks selbst. Nach hier vertretener Ansicht darf das Hanglagebeispiel indes nicht überinterpretiert werden (→ Rn. 9). Die beiden anderen Beispiele schaffen auch nicht mehr Klarheit. Vor allem die überschrittene Gesamtnutzungsdauer des Gebäudes (Nr. 2) lässt sich – anders als Nr. 1 – mit einer äquivalenztheoretischen Begründung nicht in Verbindung bringen. Die Konstellation hat in Ansehung des Belastungsgrundes nichts Atypisches an sich. Man kann sich des Eindrucks nicht erwehren, dass hier ein den Verkehrswert in den Blick nehmendes Korrektiv geschaffen wurde. Das dritte Regelbeispiel lässt sich schließlich noch schwerer einordnen. Die Übergröße eines nicht zu Wohnzwecken genutzten Gebäudes, sofern dieses eine einfache Ausstattung aufweist und entweder einen Hallenanteil aufweist oder auf Dauer nicht genutzt wird (Nr. 3). „Übergroß" bedeutet nach hier vertretener Ansicht ua, dass wegen der konkreten Nutzung besonders viel Gebäudefläche notwendig ist. Es erschließt sich nicht ohne Weiteres, warum gerade in den dergestalt beschriebenen Konstellationen die Grundsteuerbelastung unangemessen sein soll (→ Rn. 11). Da die Gesetzesbegründung zur inneren Stimmigkeit der Beispiele schweigt, bleibt hier vieles im Dunkeln. Daher wird man **nicht umherkommen, die tatbestandlich vorausgesetzte Ursache „aufgrund des Äquivalenzprinzips"** (→ Rn. 4) **im weitestgehenden Sinne zu verstehen: Es muss wegen der wertunabhängigen Bemessungsgrundlage zu einer unangemessenen Belastung kommen.** Negativ auszugrenzen sind damit alle anderen Ursachen (die ggf. in den §§ 32, 34 GrStG zu verorten sind).

6   Des Weiteren bedarf es der **Unangemessenheit nach Lage des Einzelfalls.** Der Begriff der „Unangemessenheit" in Art. 8 BayGrStG impliziert einen atypischen Härtefall. Dies bestätigt auch die Begründung zu Art. 8 BayGrStG, die von einer unbilligen Härte spricht (BayLT-Drs. 18/16068, 2). Es kann daher nur um absolute Ausnahmefälle gehen. In Betracht kommt beispielsweise ein besonders **krasses Missverhältnis zwischen der Kostenanlastung gegenüber dem Grundstückseigentümer bzw. der ihm vermittelten Nutzungsmöglichkeiten einerseits und der Höhe der Grundsteuer andererseits** (das dürfte vor allem für die Fälle des Art. 8 Abs. 2 Nr. 1 BayGrStG von Bedeutung sein). Ferner dürfte der Fall erfasst sein, in dem die Grundsteuerbelastung wegen der Wertunabhängigkeit des bayerischen Modells zu einer **verfassungswidrigen Substanzbesteuerung** führen würde (→ Grundlagen Rn. 128 ff.). Der besondere Erlasstatbestand kann insoweit die Funktion des verfassungsrechtlich notwendigen Ventils übernehmen, um die Gesamtregelung vor dem Diktum der Verfassungswidrigkeit zu schützen (an diesen Fall kann man womöglich bei Art. 8 Abs. 2 Nr. 2 BayGrStG denken). Ob allein die **Höhe der Grundsteuer im Verhältnis zur sonstigen Leistungsfähigkeit des Steuerpflichtigen** zur Unangemessenheit führen kann, wird man hingegen bezweifeln müssen. Wenn man dies (vor allem im Hinblick auf das Beispiel des

Art. 8 Abs. 2 Nr. 3 BayGrStG zulassen will), läge dann allerdings eine restriktive Anwendung nach dem Vorbild der Rspr. zu § 34 Abs. 2 GrStG nahe (→ GrStG § 34 Rn. 54f.). Nicht ausreichend sein kann hingegen, dass die Grundsteuer ein hoher Kostenfaktor ist, der aus wirtschaftspolitischen Gründen reduziert werden soll.

Die Erlassentscheidung ist eine Ermessensentscheidung. Da hier mit der Unangemessenheit ein unbestimmter Rechtsbegriff auf Tatbestandsseite und auf der Rechtsfolgenseite Ermessen zusammentreffen, liegt eine sog. Kopplungsvorschrift vor. Zu § 227 AO vertritt die Rechtsprechung im Ausgangspunkt die Ansicht, dass es sich um eine einheitliche Ermessensnorm handelt (grundlegend GmS-OGB 19.10.1971 – GmS-OGB 3/70, BVerwGE 39, 355), unterzieht den unbestimmten Rechtsbegriff aber gleichwohl einer gerichtlichen Kontrolle, da dieser Inhalt und Grenzen der Ermessensentscheidung bestimmt (vgl. die Analyse mit Nachweisen bei *Loose* in Tipke/Kruse AO § 227 Rn. 22). Diese Grundsätze lassen sich auf Art. 8 BayGrStG übertragen. Das bedeutet: Liegt nach Ansicht des Gerichts ein Fall der Unangemessenheit vor, dürfte – vorbehaltlich der Besonderheiten des Einzelfalls – das Ermessen der Gemeinde auf null reduziert sein (zum Rechtsschutz, → Rn. 12).

C. Beispiele (Abs. 2)

Gemäß Art. 8 Abs. 2 BayGrStG kann ein Fall des Art. 8 Abs. 1 S. 1 BayGrStG vorliegen, wenn insbesondere die dort (nicht abschließend) genannten Sachverhaltskonstellationen einschlägig sind. Da der Gesetzgeber mit „kann" formuliert, wird man Abs. 2 nur eine bestätigende Funktion auf abstrakt-genereller Ebene zumessen dürfen: **Die Norm zeigt (nur) auf, dass die drei genannten Konstellationen grundsätzlich taugliche Anwendungsfälle des Art. 8 Abs. 1 S. 1 BayGrStG sind.** Der Rechtsanwender soll insoweit zum einen bei der Fallgruppenbildung entlastet werden; zum anderen ist es dem Rechtsanwender verwehrt, die genannten Konstellationen aus grundsätzlichen Erwägungen von einem Erlass nach Art. 8 Abs. 1 S. 1 BayGrStG auszunehmen. Die entscheidende Frage ist allerdings, worauf sich die Wendung „ein Fall des Abs. 1 Satz 1" bezieht: Beziehen sich die Beispiele nur auf die Ursachenvoraussetzung des Abs. 1 („aufgrund des wertunabhängigen Maßstabes") oder auch auf die Wirkungsvoraussetzung (die Unangemessenheit der Grundsteuerbelastung)? Da der Gesetzgeber undifferenziert auf den Abs. 1 S. 1 Bezug nimmt, wird man insoweit nicht unterscheiden können, dh. der **Gesetzgeber hat (auch) entschieden, dass gerade aus dem Vorliegen einer der drei genannten Konstellationen auch die Unangemessenheit folgen kann.** Nichtsdestotrotz **muss die Unangemessenheit stets im Einzelfall festgestellt werden** und es ist vor allem der Ausnahmecharakter des Erlasses zu wahren (→ Rn. 6).

Lage, die erheblich von den in der Gemeinde ortsüblichen Verhältnissen abweicht (Nr. 1): Der Begriff der Lage dürfte die Verknüpfung zu den kommunalen Leistungen darstellen. Denn die Lage entscheidet vor allem über die infrastrukturmäßige Erschließung eines Grundstücks und es erscheint nicht unschlüssig, wenn der Gesetzgeber auf die (besonders krasse, → Rn. 6) Verfehlung der Typisierungserwartung im Hinblick auf die Nutzung kommunaler Leistungen mit einer Belastungskorrektur reagiert. Nicht schlüssig wäre es hingegen, allein an die Nutzbarkeit des Grundstücks wegen seiner geographischen Eigenschaften anzuknüpfen (auch wenn die Begründung zu Art. 8 Abs. 2 Nr. 1 BayGrStG dies auf den ersten Blick mit dem „Hanglagebeispiel" suggeriert, vgl. BayLT-Drs. 18/16068, 2). Eine solche Anknüpfung hätte unseres Erachtens auch deutlicher im Wortlaut zum Ausdruck gebracht werden müssen. Verwendet der Gesetzgeber hingegen allein den Begriff der „Lage", um diese in Relation zur Lage in anderen Gemeindegebieten zu betrachten, dann liegt es nahe, dass der Vergleichsmaßstab die für den Belastungsgrund relevanten Lagefaktoren sind.

10 **Überschreitung der Gesamtnutzungsdauer des Gebäudes** (Nr. 2): Das Beispiel der Nr. 2 stellt auf das Alter des Gebäudes ab. Der Begriff der Gesamtnutzungsdauer dürfte bewusst in begrifflicher Übereinstimmung mit der ImmoWertV gewählt worden sein, weshalb es naheliegt, die Gesamtnutzungsdauer entsprechend Anlage 1 zur ImmoWertV 2022 zu konkretisieren.

11 **Übergröße eines nicht zu Wohnzwecken genutzten Gebäudes** (Nr. 3): Das Gebäude muss einer Nicht-Wohnnutzung dienen, dh eigenen oder fremden betrieblichen, öffentlichen oder sonstigen Zwecken (→ BewG § 249 Rn. 14f.). Fraglich ist, ob die Übergröße ein objektives Kriterium ist, dass für jedes Grundstück gleichermaßen gilt (zB als Verhältnis von Grundstücksfläche zu Gebäudefläche oder womöglich einer absoluten Gebäudefläche) oder ob die Übergröße eines Gebäudes im Hinblick auf die konkrete Nutzung des Gebäudes zu beurteilen ist. Letzteres lässt sich wiederum in unterschiedliche Richtungen denken: Folgt die Übergröße daraus, dass mehr Gebäudefläche vorgehalten wird als für die (zB gewerbliche) Nutzung erforderlich ist, oder geht es gerade um die Gebäudegröße, die aufgrund der konkreten Nutzung unvermeidbar ist und deshalb (womöglich im Vergleich zu anderen Nutzungen) „übergroß" erscheint? Vermutlich dürften beide auf die Nutzung abstellenden Deutungen von Art. 8 Abs. 2 Nr. 3 BayGrStG erfasst sein. Für die letztgenannte Nutzungs-Interpretation spricht die Gesetzesbegründung. Das dort genannte Beispiel einer „flächenintensiven gewerblichen Nutzung" (BayLT-Drs. 18/16068, 2) wird man nämlich im Kontext der Nr. 3 sehen müssen. Dafür spricht auch das Merkmal der Hallennutzung. Nimmt man beides zusammen, dürfte der Gesetzgeber vor allem Industriekomplexe im Blick gehabt haben, bei denen wegen der konkreten Nutzung besonders viel Gebäudefläche notwendig ist. Für die erstgenannte Nutzungsinterpretation spricht wiederum das alternative Merkmal der Nichtnutzung in Art. 8 Abs. 2 Nr. 3 BayGrStG (insoweit mag man an Hallen denken, die entweder vorgehalten oder die nicht mehr benötigt werden; insoweit überschneidet sich Art. 8 Abs. 2 Nr. 3 BayGrStG mit § 34 Abs. 2 GrStG). Bezogen auf beide Fallgruppen drängt sich eine Unangemessenheit im Hinblick auf den äquivalenztheoretischen Belastungsgrund nicht auf. Man wird sogar sagen müssen, dass (jedenfalls in der Logik des Äquivalenzprinzips) ein gewerbliches Unternehmen, dass viel Produktions-/Lagerfläche benötigt, im Zweifel auch mehr gemeindliche Infrastruktur in Anspruch nimmt und mit Blick auf den Belastungsgrund dann auch kostenäquivalent höhere Kosten verursacht. Angesichts dessen drängt sich der Verdacht auf, dass es sich bei Nr. 3 womöglich um eine Verschonungssubvention für das produzierende Gewerbe ab einer bestimmten Größenordnung handelt. Allerdings entbindet das Vorliegen der Voraussetzungen der Nr. 3 nicht von der Prüfung, ob die Grundsteuererhebung im konkreten Einzelfall unangemessen ist (→ Rn. 6).

D. Verfahren und Rechtsschutz (ua Abs. 3)

12 Gemäß Art. 8 Abs. 3 BayGrStG gilt § 35 GrStG entsprechend. Der Verweis enthält keine Einschränkung und erfasst daher auch § 35 Abs. 3 GrStG. Es kann daher auf die gesamte Kommentierung des § 35 GrStG verwiesen werden. Dies gilt auch für die Ausführungen zum Rechtsschutz, allerdings sind insoweit noch ergänzende

Ergänzende Regelungen **Art. 9 BayGrStG**

Anmerkungen angezeigt: Lehnt die Gemeinde einen Erlassantrag ab, kann der Steuerpflichtige hiergegen Widerspruch einlegen (Art. 15 Abs. 1 S. 1 Nr. 1, S. 3 BayAGVwGO) oder unmittelbar beim Verwaltungsgericht Verpflichtungsklage (= begehrt wird die Verpflichtung der Behörde zum Erlass der Billigkeitsentscheidung) erheben. Die Ermessensausübung der Behörde unterliegt nur einer eingeschränkten gerichtlichen Kontrolle. **Das Gericht darf nur sog. Ermessensfehler prüfen** (§ 114 S. 1 VwGO). **Liegt allerdings ein Fall der Unangemessenheit vor, dürfte idR eine Ermessensreduzierung auf null vorliegen** (→ Rn. 7).

E. Anwendung der §§ 32 ff. GrStG und des § 227 AO (Abs. 1 S. 2)

Das Bundesgrundsteuerrecht sieht für die wirtschaftlichen Einheiten des Grund- 13 vermögens folgende Erlasstatbestände vor: (1) Erlass für Kulturgut und Grünanlagen, Spiel- und Sportplätze wegen Unrentabilität (§ 32 GrStG) und (2) Erlass wegen wesentlicher Ertragsminderung bei bebauten Grundstücken (§ 34 GrStG). Beide Erlasstatbestände „bleiben ungerührt" (Art. 8 Abs. 1 S. 2 BayGrStG), was nichts anderes bedeutet, dass sie auch in Bayern gelten. Selbstverständlich ist dies nicht. Denn § 34 GrStG will einen verhältnismäßigen Ausgleich zwischen dem Sollertragsgedanken einerseits und der Typisierungsfolge, dass die Grundsteuer unabhängig davon anfällt, ob das Grundstück wirklich Erträge abwirft bzw. ob es tatsächlich genutzt werden kann, andererseits herbeiführen (→ GrStG § 34 Rn. 1). Bei einer vom Äquivalenzgedanken getragenen Grundsteuer ist die tatbestandliche Anknüpfung an eine Ertragsminderung hingegen nur erklärbar, wenn man die Ertragsminderung als Ausdruck einer Nichtnutzbarkeit für die gemeindlichen Leistungen erachtet.

Auch § 227 AO bleibt gemäß Art. 8 Abs. 1 S. 2 BayGrStG unberührt. Das dürfte 14 vor allem für den Erlass aus persönlichen Billigkeitsgründen gelten (→ GrStG § 28 Rn. 23). In Bezug auf den Erlass aus sachlichen Billigkeitsgründen ergeben sich hingegen zwei Einschränkungen: (1) Die Art. 32, 34 GrStG sind vorrangig und schließen § 227 AO in ihrem Regelungsbereich aus (→ GrStG § 28 Rn. 24). (2) Entsprechendes dürfte auch für Art. 8 Abs. 1 S. 1 BayGrStG in Bezug auf jeden Unbilligkeitsgrund gelten, der aus der Anwendung des wertunabhängigen Maßstabes des Art. 3 BayGrStG folgt.

Teil 2 Betriebe der Land- und Forstwirtschaft/ Grundsteuer A

Art. 9 Ergänzende Regelungen

(1) **Zur Hofstelle nach § 234 Abs. 6 BewG gehören auch Hof- und Wirtschaftsgebäudeflächen einschließlich der Nebenflächen, von denen aus keine Flächen eines Betriebs der Land- und Forstwirtschaft mehr nachhaltig bewirtschaftet werden, wenn sie keine Zweckbestimmung erhalten haben, die zu einer zwingenden Zuordnung zum Grundvermögen führt.**

(2) ¹**Art. 1 Abs. 4 Satz 1 gilt für Betriebe der Land- und Forstwirtschaft entsprechend.** ²**In einen Betrieb der Land- und Forstwirtschaft, der von einer Gesellschaft oder Gemeinschaft des bürgerlichen Rechts betrieben**

wird, sind auch die Wirtschaftsgüter einzubeziehen, die einem oder mehreren Beteiligten gehören und dem Betrieb zu dienen bestimmt sind. ³In den Betrieb der Land- und Forstwirtschaft sind auch einzubeziehen
1. der Eigentümerin oder dem Eigentümer des Grund und Bodens nicht gehörende Gebäude, die auf dem Grund und Boden des Betriebs stehen,
2. der Eigentümerin oder dem Eigentümer des Grund und Bodens nicht gehörende Betriebsmittel, die der Bewirtschaftung des Betriebs dienen, und
3. ein Anteil der Eigentümerin oder des Eigentümers des Betriebs der Land- und Forstwirtschaft an einem Wirtschaftsgut, wenn es mit dem Betrieb zusammen genutzt wird.

(3) **Art. 6 Abs. 5 und 6, Art. 7 Abs. 2 Satz 3 bis 5 gelten für Betriebe der Land- und Forstwirtschaft entsprechend.**

A. Allgemeines

I. Systematische Einordnung und Zweck der Regelung

1   Das bayerische Grundsteuergesetz übernimmt die Zweiteilung der Vermögensarten des Bundesgrundsteuerrechts und behält für die Betriebe der Land- und Forstwirtschaft das bundesrechtliche Konzept zu Umfang und Bewertung dieser wirtschaftlichen Einheiten im Ausgangspunkt bei. Die §§ 232 ff. BewG gelten mithin auch in Bayern. Da auch andere Bundesländer, die von ihrer Abweichungsbefugnis Gebrauch gemacht haben, so verfahren, kommt es in vielen Fällen zu einer bundeseinheitlichen Erfassung und Bewertung der Betriebe der Land- und Forstwirtschaft. Allerdings weicht der bayerische Gesetzgeber mit Art. 9 Abs. 1, Abs. 2 BayGrStG in Bezug auf den Zuschnitt der wirtschaftlichen Einheit punktuell von den §§ 232 ff. BewG ab. Die Abweichungen stellen der Sache nach zum Teil eine Fortgeltung des alten Bundesgrundsteuerrechts dar (vgl. §§ 26, 34 Abs. 4–6 BewG), um die bereits im alten Recht gebildeten wirtschaftlichen Einheiten im neuen Recht fortführen zu können. Während das Bundesgrundsteuerrecht diese Regelungen nur für bereits bestehende wirtschaftliche Einheiten und zeitlich auch nur für die erste Hauptfeststellung fortführt (§ 266 Abs. 5 BewG, → BewG § 266 Rn. 5), hat sich der bayerische Gesetzgeber für eine dauerhafte Übernahme dieser Regelungen (und damit für eine dauerhafte Abweichung vom Bundesgrundsteuerrecht) entschieden.

II. Entwicklung der Vorschrift

2   Art. 9 BayGrStG beruht auf dem Gesetz v. 10.12.2021 (→ Grundlagen Rn. 84; zu Art. 9 BayGrStG BayLT-Drs. 18/15755, 24).

B. (Inaktive) Hofstelle (Abs. 1)

3   Die Hofstelle hat für die §§ 232 ff. BewG in zweierlei Hinsicht Bedeutung: (1) Sie ist gemäß § 234 Abs. 1 Nr. 2 Buchst. d BewG eine zum Betrieb der Land- und Forstwirtschaft gehörende Nutzungsart und (2) sie entfaltet im Rahmen des § 233 Abs. 3 S. 2 BewG eine privilegierende Wirkung. Eine Hofstelle kann allerdings nur

Ergänzende Regelungen **Art. 9 BayGrStG**

dann vorliegen, wenn sie dem Betrieb der Land- und Forstwirtschaft zu dienen bestimmt ist. Das ist die Grundvoraussetzung für alle Wirtschaftsgüter, die zur wirtschaftlichen Einheit des Betriebes der Land- und Forstwirtschaft gehören (→ BewG § 232 Rn. 13 ff.). Fehlt der in dem „Dienen" zum Ausdruck kommende Funktionszusammenhang, liegt Grundvermögen vor. Vor diesem Hintergrund muss die Regelung in Art. 9 Abs. 1 BayGrStG gesehen werden: Während für die Hofstelle eines aktiven Betriebes die Zuordnung zum Betrieb der Land- und Forstwirtschaft eindeutig ist, ist eine solche Zuordnung im Falle eines vom Steuerpflichtigen nicht mehr aktiv bewirtschafteten Betriebes nicht derart zwingend. Jedenfalls bei der Verpachtung eines land- und forstwirtschaftlichen Betriebes unter Einschluss der Hofstelle dürfte die Zuordnung zum Betrieb der Land- und Forstwirtschaft aber nicht zweifelhaft sein. Entsprechendes gilt selbst dann, wenn bzw. soweit die Hofstelle nicht mitverpachtet ist, aber der vormalige Funktionszusammenhang fortwirkt. Denn ein Wirtschaftsgut, das einmal einem Betrieb der Land- und Forstwirtschaft zugeordnet worden ist, verliert diese Zuordnung nicht durch bloße Nichtnutzung; vielmehr geht die Bindung erst mit einer Zweckänderung verloren (→ BewG § 232 Rn. 24 f.). Und dies alles gilt schließlich auch jenseits von Verpachtungsfällen, wenn es schlicht zu einer Nichtnutzung kommt. Daher **kann auch eine inaktive Hofstelle eine Hofstelle iSv § 234 Abs. 1 Nr. 2 Buchst. d, Abs. 6 BewG sein** (→ BewG § 234 Rn. 28). Der bayerische Gesetzgeber hat diese Grundsätze nicht für so eindeutig erachtet, dass er hierauf vertrauen wollte. Aus diesem Grunde hat er – nach der hier vertretenen Ansicht lediglich deklaratorisch – die Hofstelleneigenschaft einer inaktiven Hofstelle in Art. 9 Abs. 1 BayGrStG klargestellt.

Eine andere Frage ist allerdings, ob die Regelung in Art. 9 Abs. 1 BayGrStG auch für § 233 Abs. 3 S. 2 BewG gilt. Dort wird zu Recht davon ausgegangen, dass ohne einen Bewirtschaftungszusammengang keine Hofstelle iSv § 233 Abs. 3 S. 2 BewG vorliegen kann (→ BewG § 233 Rn. 11). An diesem Ergebnis dürfte auch Art. 9 Abs. 1 BayGrStG nichts ändern. Der Gesetzgeber nimmt in der Gesetzesbegründung zu Art. 9 Abs. 1 BayGrStG lediglich auf § 234 Abs. 6 BewG Bezug (BayLT-Drs. 18/15755, 24). Es ist nicht erkennbar, dass der bayerische Gesetzgeber die privilegierende Wirkung des § 233 Abs. 3 S. 2 BewG – entgegen der bundesgesetzlichen Rechtslage und damit konstitutiv – auch auf solche Hofstellen erstrecken wollte, bei denen überhaupt kein Bewirtschaftungszusammenhang (auch nicht durch einen Pächter) mehr gegeben ist. 4

C. Wirtschaftliche Einheit bei Ehegatten/Lebenspartnern (Abs. 2 S. 1 iVm Art. 1 Abs. 4 S. 1 BayGrStG)

Gemäß Art. 9 Abs. 2 S. 1 BayGrStG findet Art. 1 Abs. 4 BayGrStG entsprechende Anwendung. Die Regelung des Art. 1 Abs. 4 BayGrStG, wonach bei Ehegatten/Lebenspartnern der Grundsatz der Zurechnungssubjektidentität bei der Erfassung einer wirtschaftlichen Einheit durchbrochen wird, dürfte sogar nur im Bereich der Land- und Forstwirtschaft einen nennenswerten Anwendungsbereich haben (→ BayGrStG Art. 1 Rn. 9 ff., dort wird auch auf die Betriebe der Land- und Forstwirtschaft eingegangen). 5

Art. 9 Abs. 2 S. 1 BayGrStG iVm Art. 1 Abs. 4 BayGrStG kann uU mit Art. 9 Abs. 2 S. 2 BayGrStG (→ Rn. 7 ff.) zu kombinieren sein. In den Betrieb einer Gesellschaft können daher auch Wirtschaftsgüter einzubeziehen sein, die dem Ehegat- 6 ten eines Gesellschafters zuzurechnen sind (BFH 14.5.2004 II R 50/01, BStBl. II 2004, 818, dort: GbR pachtete den Schweinestall vom Ehemann einer Gesellschafterin, was zur Einbeziehung einer Teilfläche und des Stallgebäudes in die der GbR zuzurechnende wirtschaftliche Einheit führt).

D. Zurechnung von Gesellschaftereigentum zugunsten von Gesellschaften (Abs. 2 S. 2)

7   In die einer **(rechtsfähigen) Personengesellschaft** (Außen-GbR, Personenhandelsgesellschaften, vgl. BFH 9.3.2015 – II R 23/13, BStBl. II 2016, 521) zuzurechnende wirtschaftliche Einheit eines Betriebes der Land- und Forstwirtschaft sind auch Wirtschaftsgüter einzubeziehen, die einem Gesellschafter (oder seinem Ehegatten, → Rn. 6) gehören, wenn sie dem Betrieb der Gesellschaft iSv § 232 Abs. 1 S. 2 BewG zu dienen bestimmt sind (zur dienenden Funktion → BewG § 232 Rn. 23). Diese Anordnung des Art. 9 Abs. 2 S. 2 BayGrStG ist aus dem bis zum 31.12.2024 für die Einheitsbewertung geltenden § 34 Abs. 6 BewG in das bayerische Recht übernommen worden. Die Regelung gilt sowohl für Grund und Boden wie auch Gebäude und Betriebsmittel.

8   Art. 9 Abs. 2 S. 2 BayGrStG **gilt auch für nicht rechtsfähige Gesamthandsgemeinschaften.** Diese können nach hier vertretener Auffassung allerdings nicht Zurechnungssubjekt einer wirtschaftlichen Einheit sein (→ BewG § 219 Rn. 37 ff.). Betreiben die Gesamthänder gleichwohl gemeinsam einen Betrieb der Land- und Forstwirtschaft, ist ihnen dieser als Einheit zuzurechnen und es erfolgt eine Feststellung ihrer Anteile an diesem Betrieb. Der Betrieb besteht dann aus den Wirtschaftsgütern, die gesamthänderisch gebunden sind (insoweit ist der Grundsatz der Eigentümeridentität erfüllt) und den über Art. 9 Abs. 2 S. 2 BayGrStG in diese wirtschaftliche Einheit einzubeziehenden Wirtschaftsgütern (die also nur im Eigentum eines Gesamthänders stehen). Eine solche Konstellation ist zB bei **Gütergemeinschaft** denkbar, wenn ein Ehegatte über Sondergut verfügt, das zusammen mit den im Gesamtgut befindlichen Wirtschaftsgütern bewirtschaftet wird. Auch bei einer **Erbengemeinschaft** sind Anwendungsfälle des Art. 9 Abs. 2 S. 2 BayGrStG denkbar. Wenn zB zwei im Güterstand der Zugewinngemeinschaft lebende Ehegatten Miteigentümer eines verpachteten Betriebes der Land- und Forstwirtschaft sind und nach dem Tod des einen Ehegatten in Bezug auf dessen Miteigentumsanteil nunmehr eine ungeteilte Erbengemeinschaft aus dem überlebenden Ehegatten und einem Abkömmling besteht, dürfte Art. 9 Abs. 2 S. 2 BayGrStG ermöglichen, dass der Verpachtungsbetrieb als wirtschaftliche Einheit erhalten bleibt.

E. Einbeziehung von fremden Gebäuden und Betriebsmitteln (Abs. 2 S. 3 Nr. 1 u. Nr. 2)

9   Abweichend vom Grundsatz der Eigentümeridentität (→ BewG § 232 Rn. 21; → BewG § 244 Rn. 16) sind gemäß Art. 9 Abs. 2 S. 3 Nr. 1 u. Nr. 2 BayGrStG in die wirtschaftliche Einheit auch Gebäude und Betriebsmittel einzubeziehen, die dem Eigentümer des Grund und Bodens nicht zuzurechnen sind (weil die Person weder rechtlicher noch wirtschaftlicher Eigentümer ist). Die Regelung entspricht § 34 Abs. 4 BewG, der nicht ausdrücklich in das neue Bundesgrundsteuerrecht

Ergänzende Regelungen **Art. 9 BayGrStG**

übernommen wurde, aber im Ergebnis wegen der vorausgesetzten Einheit von Grundstück und vor allem Wirtschaftsgebäude fortgelten dürfte (→ BewG § 232 Rn. 17). Der bayerische Gesetzgeber hat hierauf freilich nicht vertraut und mit Art. 9 Abs. 2 S. 3 Nr. 1 u. Nr. 2 BayGrStG eine eigene Regelung geschaffen. Ihre Rechtfertigung findet eine solche Regelung in der Erfassung des Ertragswertes als Ergebnis des Zusammenwirkens aller Betriebsteile (vgl. *Bruschke* in Stenger/Loose BewG § 34 Rn. 151).

Die Regelung hat im neuen Recht allerdings nur Bedeutung, wenn die Wirtschaftsgebäude sowie die stehenden und umlaufenden Betriebsmittel nicht bereits mit dem Ertragswert abgegolten sind. Nur dort, wo eine Abgeltung nicht stattfindet, müssen die Wirtschaftsgebäude und die Betriebsmittel erfasst werden und nur insoweit kann Art. 9 Abs. 2 S. 3 Nr. 1 u. Nr. 2 BayGrStG relevant werden. Das betrifft den Reinertrag eines Nebenbetriebes und die Zuschläge bei Fass- und Flaschenweinerzeugung. Hier wird an die Brutto-Grundfläche des zugehörigen Wirtschaftsgebäudes angeknüpft (§ 238 Abs. 1 Nr. 2 u. 3 BewG). Zudem müssen die Tierbestände zB für den Zuschlag nach § 238 Abs. 1 Nr. 1 BewG erfasst werden. Art. 9 Abs. 2 S. 3 Nr. 1 u. Nr. 2 BayGrStG gilt nicht für den Grund und Boden, dh die Bewirtschaftung von Eigentums- und Pachtflächen durch eine Person führt nicht dazu, dass eine wirtschaftliche Einheit entsteht. Insoweit bleibt es bei dem Grundsatz, dass zwei wirtschaftliche Einheiten (Betrieb des Pächters, Betrieb des Verpächters) bestehen (→ BewG § 232 Rn. 17). **10**

In Ansehung der **Wirtschaftsgebäude** setzt Art. 9 Abs. 2 S. 3 Nr. 1 BayGrStG kumulativ zur fehlenden Identität der Zurechnungssubjekte (→ Rn. 9) voraus, dass sie auf dem Grund und Boden des Inhabers des Betriebes errichtet sind. Hat der Gebäudeeigentümer das Gebäude hingegen auf eigenem Grund und Boden errichtet, gilt Art. 9 Abs. 2 S. 3 Nr. 1 BayGrStG nicht (*Bruschke* in Stenger/Loose BewG § 34 Rn. 154). Weitere Voraussetzung für die Einbeziehung eines Wirtschaftsgebäudes ist, dass das Gebäude dem Betrieb zu dienen bestimmt ist. Dies folgt zwar nicht unmittelbar aus dem Wortlaut des Art. 9 Abs. 2 S. 3 Nr. 1 BayGrStG (die Dienensvoraussetzung bezieht sich nur auf die Betriebsmittel iSv Nr. 2), ergibt sich aber aus dem Zweck der Einbeziehung (→ Rn. 9) und der allgemeinen – insoweit nicht verdrängten – Regelung des § 232 Abs. 1 S. 2 BewG. **11**

Nicht dem Grundstückseigentümer zuzurechnende **Betriebsmittel** sind nach Art. 9 Abs. 2 S. 3 Nr. 2 BayGrStG seinem Betrieb der Land- und Forstwirtschaft zuzurechnen, wenn sie der Bewirtschaftung seines Betriebes dienen. Einzig denkbarer Anwendungsfall ist die Zuordnung der Tierbestände (→ Rn. 10). Sofern derjenige, dem die Tiere zuzurechnen sind – vor allem der Pächter des Betriebs –, nicht Zurechnungssubjekt eines eigenen (bewertungsrechtlichen) Betriebes der Land- und Forstwirtschaft ist (weil er über keine eigenen Flächen und noch nicht einmal eine eigene Hofstelle verfügt), dürfte die Anwendung des Art. 9 Abs. 2 S. 3 Nr. 2 BayGrStG unzweifelhaft sein. Denn es existiert dann nur eine einzige wirtschaftliche Einheit, nämlich der dem Verpächter zuzurechnende Betrieb der Land- und Forstwirtschaft. Diesem Betrieb sind die Tierbestände dann zuzurechnen, zB mit Wirkung für die Anwendung des § 238 Abs. 1 Nr. 1 BewG (vgl. BFH 14. 5. 2004 – II R 50/01, BStBl. II 2004, 818 zu § 34 Abs. 4 BewG im Zusammenhang mit dem Zuschlag nach § 41 BewG). Ist derjenige, dem die Tiere zuzurechnen sind, allerdings auch Zurechnungssubjekt eines eigenen (bewertungsrechtlichen) Betriebes der Land- und Forstwirtschaft – er bewirtschaftet als Pächter also Eigentums- und Pachtflächen –, stellt sich die Frage, welcher wirtschaftlichen Einheit die Tierbestände zuzurechnen sind. Richtigerweise ist insoweit § 2 Abs. 2 BewG maßgeb- **12** lich und es muss der (eine) Betrieb bestimmt werden, dem die Tiere dienen. Denn Art. 9 Abs. 2 S. 3 Nr. 2 BayGrStG suspendiert nur vom Grundsatz der Eigentümeridentität, aber nicht von dem für den Umfang einer wirtschaftlichen Einheit maßgeblichen Grundsatz der wirtschaftlichen Zugehörigkeit (zu Recht *Bruschke* in Stenger/Loose BewG § 34 Rn. 161; davon dürfte auch BFH 14.5.2004 – II R 50/01, BStBl. II 2004, 818 ausgehen; aA *Wiegand* in Rössler/Troll BewG § 34 Rn. 46 [Einbeziehung in beide Betriebe]). In der Regel dürfte der Tierbestand dem „Eigen-Betrieb" des Pächters dienen, dh Art. 9 Abs. 2 S. 3 Nr. 2 BayGrStG findet dann keine Anwendung (vgl. BFH 14.5.2004 – II R 50/01, BStBl. II 2004, 818 zu § 34 Abs. 4 BewG im Zusammenhang mit dem Zuschlag nach § 41 BewG).

F. Anteile des Eigentümers an einem Wirtschaftsgut (Abs. 2 S. 3 Nr. 3)

13   Gemäß Art. 9 Abs. 2 S. 3 Nr. 3 BayGrStG ist (auch) der Anteil des Eigentümers eines Betriebes der Land- und Forstwirtschaft an einem Wirtschaftsgut in seinen Betrieb der Land- und Forstwirtschaft einzubeziehen, wenn es mit dem Betrieb zusammen genutzt wird. Der Begriff Anteil erfasst sowohl Miteigentum als auch Gesamthandseigentum. Es müssen nicht alle Miteigentümer bzw. Gesamthänder Landwirte sein (*Stephany* in KSS BewG § 34 Rn. 39, 41; *Wiegand* in Rössler/Troll BewG § 34 Rn. 49, 50). Als Wirtschaftsgüter werden Grund und Boden, Gebäude sowie auch Betriebsmittel erfasst. Voraussetzung der Einbeziehung ist die dienende Funktion des Wirtschaftsgutes für den Betrieb des Eigentümers iSv § 232 Abs. 1 S. 2 BewG (→ BewG § 232 Rn. 23ff.).

G. Grenzüberschreitende wirtschaftliche Einheiten

14   Liegen die Flächen eines Betriebs der Land- und Forstwirtschaft sowohl in Bayern als auch im Ausland, dann gilt § 231 BewG: Die im Ausland belegenen Flächen gehören zur wirtschaftlichen Einheit, bewertet werden aber nur die inländischen Teile der wirtschaftlichen Einheit (→ BewG § 231 Rn. 2).

15   Fraglich ist, wie es sich bei einem (nur oder auch) innerdeutsche Grenzen überschreitenden Betrieb verhält. Art. 1 Abs. 5 BayGrStG nimmt sich der innerdeutschen Grenzüberschreitung nur in Bezug auf die wirtschaftlichen Einheiten des Grundvermögens an und bestimmt diesbezüglich, dass nur der in Bayern belegene Grundbesitz zu einer wirtschaftlichen Einheit zusammengefasst werden darf (→ BayGrStG Art. 1 Rn. 17). Art. 9 BayGrStG verweist nicht auf Art. 1 Abs. 5 BayGrStG und enthält auch keine eigenständige Regelung zu dieser Frage. Und auch in der Gesetzesbegründung wird diese Frage nicht thematisiert. Womöglich ist der bayerische Gesetzgeber wie selbstverständlich davon ausgegangen, dass die Überschreitung von Landesgrenzen bei einem Betrieb der Land- und Forstwirtschaft kein regelungsbedürftiges Problem darstellt, weil auch in den angrenzenden Bundesländern die §§ 232 ff. BewG Anwendung finden und daher eine Grundsteuerwertfeststellung, Grundsteuermessbetragsfestsetzung und Zerlegung für den gesamten Betrieb möglich sind. Auf den ersten Blick erscheint dies nicht unplausibel. Verfassungsrechtlich spricht jedenfalls nichts dagegen, wenn ein Landesgrundsteuergesetz auch in anderen Bundesländern belegene Grundstücke in die wirt-

Ergänzende Regelungen **Art. 9 BayGrStG**

schaftliche Einheit einbezieht, um eine betriebliche Einheit zu erfassen, solange die Besteuerung selbst auf die im eigenen Land belegenen Grundstücke beschränkt bleibt (dh nicht die Grundsteuer für die gesamte wirtschaftliche Einheit begehrt wird). Auch das einfache Recht steht dem nicht entgegen, sofern kein Fall des Art. 9 Abs. 2 BayGrStG vorliegt. Jenseits der Fälle des Art. 9 Abs. 2 BayGrStG **bestehen daher gegen die Durchführung eines einzigen Grundsteuerwertfeststellungs- und Grundsteuermessbetragsverfahrens mit anschließender Zerlegung keine Bedenken.**

Probleme stellen sich allerdings ein, wenn Art. 9 Abs. 2 BayGrStG einschlägig ist. Wegen **Art. 9 Abs. 2 BayGrStG kann es in Ansehung des Zuschnitts der wirtschaftlichen Einheit** zu Abweichungen kommen (in Hessen, Thüringen und Sachsen gilt Bundesgrundsteuerrecht) und diese Abweichungen **dürften in den angrenzenden Ländern keine Wirkung haben.** Das wird besonders deutlich, wenn ein bayerisches Finanzamt tätig wird und ein Grundsteuerwertfeststellungsverfahren für die gesamte wirtschaftliche Einheit betreibt: Wenn ein Land sein Landesrecht vollzieht, ist seine Verwaltungshoheit auf sein eigenes Staatsgebiet beschränkt, sofern dies nicht zB durch einen Staatsvertrag abbedungen ist oder die Ausübung der Verwaltungshoheit die Hoheitsgewalt anderer Länder nicht beeinträchtigt (BVerfG 30.6.2015 – 2 BvR 1282/11, BVerfGE 139, 321 Rn. 99f.; BVerwG 5.5.2017 – 6 AV 1/17, NVwZ-RR 2017, 676; *Isensee* in Isensee/Kirchhof StaatsR-HdB § 126 Rn. 33ff.). Da ein (in ein Gesetz transformierter) Staatsvertrag (soweit ersichtlich) fehlt und die angrenzenden Bundesländer in ihrer Hoheitsgewalt beeinträchtigt würden, wenn Bayern für jenseits des eigenen Territoriums belegene Grundstücke sein Landesrecht (Art. 9 BayGrStG mit seinem Zuschnitt einer wirtschaftlichen Einheit) vorgeben würde, dürfte es Bayern nicht möglich sein, Entscheidungen zu treffen, die jenseits des eigenen Staatsgebiets Bindungswirkung erzeugen. Dass im Übrigen Bundesrecht Anwendung findet, dürfte ohne Bedeutung sein. Entscheidend ist, dass auch Landesrecht angewendet wird. Der in Ansehung der gesamten wirtschaftlichen Einheit **von einem bayerischen Finanzamt erlassene Grundsteuerwertbescheid kann daher nicht ausschließen, dass das FA eines anderen Bundeslandes ein in den bayerischen Bescheid einbezogenes Grundstück ebenfalls einem Feststellungsverfahren unterwirft,** weil es nach Maßgabe des Grundsatzes der Eigentümeridentität (abweichend von Art. 9 BayGrStG) dieses Grundstück als eigenständige wirtschaftliche Einheit ansieht. Es dürfte ferner nicht möglich sein, die nicht in Bayern belegenen Gemeinden an einem Zerlegungsverfahren zu beteiligen. Das bedeutet: Es ist Bayern von Verfassungs wegen zwar wohl nicht verwehrt, für die Besteuerung auch an außerhalb des eigenen Territoriums belegene Grundstücke anzuknüpfen, um die wirtschaftliche Einheit zu bestimmen. Die insoweit zu treffenden Entscheidungen haben in den anderen Bundesländern aber keine Wirkung und deshalb bedarf es in den anderen Bundesländern allein deshalb einer eigenen Verwaltungstätigkeit, damit die dort belegenen Gemeinden in Ansehung der auf ihrem Gebiet belegenen Grundstücke die Grundsteuer erheben können. Um diese Probleme zu vermeiden, dürfte sich eine analoge Anwendung des § 231 Abs. 2 BewG anbieten: Die bayerischen Finanzbehörden würden in einem Anwendungsfall des Art. 9 Abs. 2 BayGrStG zwar von einer grenzüberschreitenden wirtschaftlichen Einheit ausgehen, würden aber Feststellungen nur für den in Bayern belegenen Teil der wirtschaftlichen Einheit vornehmen. Für die betroffenen Finanzbehörden der anderen Bundesländer würde dies entsprechend gelten (→ Rn. 17). Lediglich im Verhältnis zu Baden-Württemberg gelingt dies nicht (→ BWLGrStG § 25 Rn. 19).

16

Art. 10 BayGrStG

17 Die vorstehenden Fragen stellen sich ferner dann, wenn ein Finanzamt in einem angrenzenden Bundesland ein Grundsteuerwertfeststellungsverfahren durchführt. Sofern dort ausschließlich Bundesgrundsteuerrecht gilt, richtet sich die Bestimmung der wirtschaftlichen Einheit auch ausschließlich hiernach und dies auch in Ansehung etwaiger in Bayern belegener Flächen. Liegt indes ein Fall vor, in dem wegen Art. 9 Abs. 2 BayGrStG ein vom Bundesgrundsteuerrecht abweichender Zuschnitt der wirtschaftlichen Einheit maßgeblich ist, dürfe eine analoge Anwendung des § 231 Abs. 2 BewG naheliegen (→ BewG § 231 Rn. 4).

H. Steuererklärungs- und Anzeigepflichten
(Abs. 3 iVm Art. 6 Abs. 5 u. 6, 7 Abs. 2 S. 3–5 BayGrStG)

18 Art. 9 Abs. 3 BayGrStG erklärt die unmittelbar nur für die Grundsteuer B geltenden Vorschriften des BayGrStG über die Steuererklärungs- und Anzeigepflichten für entsprechend anwendbar: Die Regelungen in Art. 6 Abs. 5 u. 6 BayGrStG modifizieren partiell § 228 BewG, der auch in Bayern Anwendung findet (→ BayGrStG Art. 6 Rn. 13; im Übrigen gelten die Erläuterungen zu § 228 BewG entsprechend). Art. 7 Abs. 2 S. 3–5 BayGrStG wiederum nimmt auf § 19 GrStG Bezug und modifiziert diesen (→ BayGrStG Art. 7 Rn. 8 ff.).

Teil 3 Übergangs- und Schlussvorschriften

Art. 10 Anwendung von Bundesrecht

(1) ¹Die Bestimmungen des Grundsteuergesetzes und des Bewertungsgesetzes sind für Zwecke der Festsetzung und Erhebung der Grundsteuer ab dem Kalenderjahr 2025 nur anzuwenden, soweit sich aus diesem Gesetz nichts anderes ergibt. ²Die Grundsteuer der Kalenderjahre bis einschließlich 2024 bemisst sich ausschließlich nach den bundesgesetzlichen Regelungen.

(2) ¹Die Vorschriften der Abgabenordnung sind entsprechend anzuwenden, soweit in diesem Gesetz nichts anderes bestimmt ist. ²§ 32h AO gilt mit der Maßgabe, dass der Landesbeauftragte für den Datenschutz zuständig und das Bayerische Datenschutzgesetz einschlägig ist.

(3) ¹Die im Grundsteuergesetz enthaltenen Verordnungsermächtigungen finden in Bezug auf die in diesem Gesetz geregelten Sachverhalte mit der Maßgabe Anwendung, dass die entsprechenden Rechtsverordnungen durch das Staatsministerium der Finanzen und für Heimat (Staatsministerium) erlassen werden. ²Die darauf gestützten Rechtsverordnungen des Bundes finden diesbezüglich nur Anwendung, wenn und soweit das durch Rechtsverordnung des Staatsministeriums angeordnet ist.

A. Allgemeines

I. Systematische Einordnung und Zweck der Regelung

Art. 10 BayGrStG regelt in grundsätzlicher Hinsicht das Verhältnis des bayerischen Grundsteuerrechts zum Bundesgrundsteuerrecht und insbesondere zur Abgabenordnung. 1

II. Entwicklung der Vorschrift

Die Regelung beruht auf dem Gesetz v. 10.12.2021 (→ Grundlagen Rn. 84; zu Art. 10 BayGrStG BayLT-Drs. 18/15755, 24f.). 2

B. Partielle Anwendung des Bundesgrundsteuerrechts ab dem Kalenderjahr 2025 (Abs. 1)

Bei dem bayerischen Grundsteuerrecht handelt es sich nicht um eine Vollkodifikation. Der Landesgesetzgeber ist nur punktuell – wenngleich in Ansehung von Belastungsgrund und hieran anknüpfendem Bewertungskonzept in Bezug auf die Grundstücke doch grundlegend – vom Bundesgrundsteuerrecht abgewichen. Soweit der bayerische Gesetzgeber von seiner Abweichungsbefugnis keinen Gebrauch gemacht hat, gelten daher das Grundsteuergesetz und die §§ 218 ff. BewG. Denn die Wahrnehmung der Abweichungsbefugnis führt nur dazu, dass das Landesrecht gegenüber dem Bundesrecht Anwendungsvorrang genießt und das Bundesrecht daher (nur) dort zurücktreten muss, wo das Landesrecht hiervon abweicht. Soweit das Landesrecht nicht vom Bundesrecht abweicht, bleibt das Bundesrecht daher anwendbar (als „partielles Bundesrecht", → Grundlagen Rn. 76). Dies stellt Art. 10 Abs. 1 S. 1 BayGrStG lediglich klar. Die Norm macht die anwendbaren Vorschriften des BewG und GrStG nicht zu Landesrecht. Das wäre zwar rechtstechnisch denkbar (vgl. BVerwG 4.11.1976 – 5 C 73/74, BVerwGE 51, 268; *Eichberger/Buchheister* in Schoch/Schneider VwGO § 137 Rn. 50). Allerdings müsste es dafür einen Anhaltspunkt im Gesetz oder zumindest in der zugehörigen Begründung geben. Ein solcher existiert aber nicht. Es ist nicht erkennbar, dass der Landesgesetzgeber Art. 10 Abs. 1 S. 1 BayGrStG eine „transformierende" Wirkung beigemessen hat und die Vorschriften des GrStG und BewG in sein landesrechtliches Regelungssystem übernehmen wollte. Deshalb gilt auch in Bayern der anwendbare Teil des Bundesgrundsteuerrechts als Bundesrecht. Dies alles gilt entsprechend für die weiteren Normen des BayGrStG, die anordnen, dass bestimmte Vorschriften des Bundesrechts „unberührt bleiben" (vgl. Art. 2 Abs. 4 S. 4; 7 Abs. 2 S. 3 BayGrStG). Etwas anders dürfte hingegen dort gelten, wo bundesrechtliche Normen für entsprechend oder für sinngemäß anwendbar erklärt werden (vgl. Art. 6 Abs. 4, 7 Abs. 1 S. 5 BayGrStG). 3

Das BayGrStG gilt für die Grundsteuer ab dem Kalenderjahr 2025. Gemäß Art. 10 Abs. 1 S. 2 BayGrStG finden bis einschließlich zum Kalenderjahr 2024 das Grundsteuergesetz v. 7.8.1973 (→ Grundlagen Rn. 8) in der zuletzt durch Gesetz v. 19.12.2008 (BGBl. I 2008, 2794) geänderten Fassung und die Einheitswertregelungen des Bewertungsgesetzes Anwendung. Der Rechtswechsel zwischen „altem" und „neuem" Grundsteuerrecht richtet sich nach § 36 GrStG und § 266 BewG sowie Art. 10a BayGrStG. 4

C. Anwendung der Abgabenordnung (Abs. 2 S. 1)

5 Die Verwaltungszuständigkeit ist in Bayern – wie in allen anderen Flächenländern auch – zwischen den Landesfinanzbehörden (Finanzämter) und den Gemeinden aufgeteilt (auch → Grundlagen Rn. 42 ff.): Die Finanzämter sind für die Feststellungen nach §§ 219 ff. BewG, Art. 6 BayGrStG, das Grundsteuermessbetragsverfahren nach §§ 17 ff. GrStG, Art. 7 BayGrStG sowie das Zerlegungsverfahren nach §§ 22 ff. GrStG zuständig. Den Gemeinden ist demgegenüber die Festsetzung und Erhebung der Grundsteuer übertragen (durch Art. 18 BayKAG).

6 **Für die Verwaltungstätigkeit der Landesfinanzbehörden (= Finanzämter) gilt die Abgabenordnung.** Art. 10 Abs. 2 S. 1 BayGrStG ordnet die entsprechende Anwendung der Abgabenordnung an. Auch wenn die Abgabenordnung bei nur teilweiser landesgesetzlicher Abweichung vom Bundesrecht ohnehin maßgeblich ist, sofern das Landesrecht nichts anderes bestimmt (→ Grundlagen Rn. 77; aA BayLT-Drs. 18/15755, 24), ist die Regelung des Art. 10 Abs. 2 S. 1 BayGrStG gleichwohl konstitutiv. Der Landesgesetzgeber macht (auch) insoweit von seiner Abweichungsbefugnis nach Art. 72 Abs. 3 S. 1 Nr. 7 GG Gebrauch (zur Geltung des Art. 72 Abs. 3 S. 1 Nr. 7 GG auch für das Verfahrensrecht → Grundlagen Rn. 77) und transformiert die Vorschriften der Abgabenordnung ins Landesrecht (vgl. auch → Rn. 3). Denn anders als im Fall des Art. 10 Abs. 1 S. 1 BayGrStG erklärt der Landesgesetzgeber die Vorschriften der Abgabenordnung ausdrücklich für „entsprechend" anwendbar und bestätigt damit nicht bloß deren Geltung. Der Verweis auf die AO ist fast umfassend (einschließlich des außergerichtlichen Rechtsbehelfsverfahrens, Ausnahme lediglich Art. 10 Abs. 2 S. 2 BayGrStG in Bezug auf die Datenschutzaufsicht → Rn. 11 f.). Er erfasst insbesondere auch die §§ 369 ff. AO. Da die Straftatbestände hier als Landesrecht gelten, hat der bayerische Gesetzgeber insoweit zulässigerweise von der Öffnungsklausel des Art. 4 Abs. 3 EGStGB Gebrauch gemacht. Die Grundsteuerhinterziehung ist daher nach den gleichen Grundsätzen strafbar, die bereits für das Bundesrecht erläutert wurden (→ Grundlagen Rn. 69 ff.). Der Verweis ist zudem dynamisch. Eine solche dynamische Verweisung ist – nicht anders als bei den Landesgesetzen, die dynamisch auf das VwVfG des Bundes verweisen – verfassungsrechtlich zulässig (vgl. BVerwG 3.3.2005 – 7 B 151/04, NVwZ 2005, 699; *Schmitz* in SBS VwVfG § 1 Rn. 75).

7 Wenn Art. 10 Abs. 2 S. 1 BayGrStG die Abgabenordnung für anwendbar erklärt, dann gilt dies auch für § 1 Abs. 2 AO. Dem Gesetz und der zugehörigen Begründung kann jedenfalls nicht entnommen werden, dass in Bayern in Ansehung der **Verwaltungstätigkeit der Gemeinden** etwas anderes gelten soll als bisher auch. Weder kann der Verweis so interpretiert werden, dass er nur für die Landesfinanzbehörden gilt, noch dass er über den Katalog des § 1 Abs. 2 AO hinaus die Abgabenordnung für anwendbar erklärt. Dass **von den Gemeinden anzuwendende Verfahrensrecht richtet sich daher nach wie vor vorrangig nach dem Verweis des § 1 Abs. 2 AO** und im Übrigen nach dem allgemeinen Landesrecht (vor allem in Ansehung der Vollstreckung).

D. Gerichtlicher Rechtsschutz

8 Gemäß § 33 Abs. 1 Nr. 1 FGO ist der Finanzrechtsweg in öffentlich-rechtlichen Streitigkeiten über Abgabenangelegenheiten eröffnet, soweit die Abgaben der Gesetzgebung des Bundes unterliegen und durch Bundes- oder Landesfinanzbehörden

Anwendung von Bundesrecht **Art. 10 BayGrStG**

verwaltet werden. Anders als § 1 Abs. 1 AO verlangt § 33 Abs. 1 Nr. 1 FGO nicht, dass die zu verwaltende Steuer „durch Bundesrecht geregelt ist". Vielmehr ist es ausreichend, dass der Bund die Gesetzgebungskompetenz für die Steuer innehat. Insoweit ist die konkurrierende Gesetzgebungskompetenz nach Art. 105 Abs. 2 S. 1 GG ausreichend; die Abweichungsbefugnis der Länder ist hierfür ohne Bedeutung (*Krumm* in Tipke/Kruse FGO § 33 Rn. 19a). Der bayerische Landesgesetzgeber hat dies freilich anders gesehen und verweist in der Gesetzesbegründung auf die Eröffnung des Finanzrechtsweges durch Landesrecht gemäß Art. 5 S. 1 Nr. 1 BayAGFGO (iVm § 33 Abs. 1 Nr. 4 FGO, vgl. BayLT-Drs. 18/15755, 24). Nach dieser Regelung ist der Finanzrechtsweg in öffentlich-rechtlichen Streitigkeiten über Abgabenangelegenheiten eröffnet, soweit diese Abgaben der Gesetzgebung des Bundes nicht unterliegen und durch Landesfinanzbehörden nach der Abgabenordnung verwaltet werden. Da die Grundsteuer indes der Gesetzgebung des Bundes unterliegt, sind – entgegen der Einschätzung des bayerischen Gesetzgebers – die Voraussetzungen des Art. 5 S. 1 Nr. 1 BayAGFGO nicht erfüllt. **Die Eröffnung des Finanzrechtswegs folgt allein aus § 33 Abs. 1 Nr. 1 FGO.**

Mit der Eröffnung des Finanzrechtswegs nach § 33 Abs. 1 Nr. 1 FGO ist zwangsläufig die Anwendung der Finanzgerichtsordnung verbunden. Das bedeutet allerdings nicht, dass das BayGrStG revisibel ist. Denn Landesrecht ist nur revisibel, wenn der Landesgesetzgeber dies anordnet (§ 118 Abs. 1 S. 2 FGO). Eine solche Anordnung existiert in Bayern: Art. 5 S. 2 BayAGFGO. Allerdings ergibt sich ein Problem mit dem Wortlaut des § 118 Abs. 1 S. 2 FGO, der nämlich nicht nur voraussetzt, dass Landesrecht die Revisionsvorschriften für anwendbar erklärt (was mit Art. 5 S. 2 BayAGFGO der Fall ist), sondern auch vorauszusetzen scheint, dass ein Fall des § 33 Abs. 1 Nr. 4 FGO vorliegt. Letzteres ist nicht der Fall. Vielmehr ergibt sich die Rechtswegeröffnung aus § 33 Abs. 1 Nr. 1 FGO (→ Rn. 8). Allerdings wird man die Bezugnahme des § 118 Abs. 1 S. 2 FGO auf § 33 Abs. 1 Nr. 4 FGO nicht so verstehen dürfen, dass es sich hierbei um ein zwingendes Erfordernis handelt. Der historische Gesetzgeber dürfte gemeint haben, dass sich nur im Fall des § 33 Abs. 1 Nr. 4 FGO die Frage nach der Revisibilität von Landesrecht stellen kann. Bis zur Einfügung des Art. 72 Abs. 3 S. 1 Nr. 7 GG war diese Erwartung auch berechtigt. Die mit Art. 72 Abs. 3 S. 1 Nr. 7 GG geschaffene kompetenzrechtliche Gemengelage, die dazu führen kann, dass in Ansehung der Grundsteuer § 33 Abs. 1 Nr. 1 FGO einschlägig ist, aber gleichwohl das Landesgrundsteuerrecht streitentscheidend sein kann, konnte bei Schaffung des § 118 Abs. 1 S. 2 FGO nicht bedacht werden. Daher wird man der Bezugnahme auf § 33 Abs. 1 Nr. 4 FGO keine Bedeutung beimessen dürfen. **Das BayGrStG ist daher wegen Art. 5 S. 2 BayAGFGO revisibel.** Im Übrigen gilt: Das anzuwendende Steuerschuld- und Steuerverfahrensrecht (= Abgabenordnung → Rn. 6) ist mit der gleichen Begründung ebenfalls revisibel. Dies folgt wiederum aus § 118 Abs. 1 S. 2 FGO. Denn die Abgabenordnung wird über Art. 10 Abs. 2 S. 1 BayGrStG zu Landesrecht (→ Rn. 6). Für die Vorschriften des GrStG und des BewG, die als partielles Bundesrecht (→ Rn. 3) in Bayern Anwendung finden, folgt die Revisibilität hingegen bereits aus § 118 Abs. 1 S. 1 FGO (vgl. *Suerbaum* in BeckOK VwGO § 137 Rn. 4: auch nicht durch Landesrecht verdrängtes partielles Bundesrecht ist revisibles Bundesrecht). Damit lässt sich festhalten, dass das gesamte Grundsteuerrecht, wie es in Bayern Anwendung findet, revisibel ist.

Gegen die Handlungen und Unterlassungen der Gemeinde anlässlich von Festsetzung und Erhebung der Grundsteuer ist der Verwaltungsrechtsweg eröffnet (→ Grundlagen Rn. 64). Ob vorher ein Widerspruchsverfahren durchgeführt

9

10

795

wird, entscheidet der Steuerpflichtige (Fakultativmodell, Art. 15 Abs. 1 S. 1 Nr. 1, S. 3 BayAGVwGO, die Grundsteuer gehört zu den Kommunalabgaben iSd Norm).

E. Datenschutzaufsicht in Grundsteuersachen

11 Mit § 32h Abs. 1 S. 1 AO hat der Bundesgesetzgeber im Anwendungsbereich der Abgabenordnung die Landesfinanzbehörden der Datenschutzaufsicht des Bundesbeauftragten für den Datenschutz und die Informationsfreiheit unterstellt. Man kann bereits darüber streiten, ob dies verfassungsgemäß ist oder ob für die Landesfinanzbehörden die Landesdatenschutzbehörden zuständig sind (eingehend *Krumm* in Tipke/Kruse AO § 32h Rn. 5). Jedenfalls für den Grundsteuervollzug durch die Finanzbehörden in Bayern ist mit Art. 10 Abs. 2 S. 2 BayGrStG eindeutig geklärt, dass der Landesbeauftragte für den Datenschutz zuständig ist. Der Aufsichtsrechtsrahmen ergibt sich aus dem BayDSG (und nicht § 32h Abs. 1 S. 2 AO iVm dem BDSG). Die DS-GVO ist nach hier vertretener Ansicht hingegen auf den Vollzug des Grundsteuerrechts nicht (unmittelbar) anwendbar (→ BewG § 229 Rn. 6), was in Bayern allerdings die Anwendbarkeit der Vorschriften der DS-GVO nicht hindert (vgl. Art. 2 BayDSG).

12 In materieller Hinsicht übernimmt das BayGrStG das Datenverarbeitungsrecht der Abgabenordnung. Die Regelung in Art. 10 Abs. 2 S. 2 BayGrStG betrifft nur die Zuständigkeit, Aufgaben und Befugnisse des Landesbeauftragten für den Datenschutz, aber nicht das spezifisch steuerrechtliche Datenverarbeitungsregime der AO. Es gelten mithin die §§ 2a, 29b ff., 32a ff. AO, soweit sie nicht zur Regelung von Zuständigkeit, Aufgaben und Befugnissen des Datenschutzbeauftragen auf das BDSG verweisen (BayLT-Drs. 18/15755, 25).

F. Keine Geltung von Bundesrechtsverordnungen (Abs. 3)

13 Gemäß Art. 10 Abs. 3 S. 1 BayGrStG finden die im Grundsteuergesetz enthaltenen Verordnungsermächtigungen in Bezug auf die im BayGrStG geregelten Sachverhalte nur mit der Maßgabe Anwendung, dass die entsprechenden Rechtsverordnungen durch das (bayerische) Staatsministerium der Finanzen und für Heimat erlassen werden. Fraglich ist, ob der bayerische Gesetzgeber hier wirklich nur das Grundsteuergesetz gemeint hat oder vielmehr das Grundsteuerrecht einschließlich der §§ 218 ff. BewG. Denn das Grundsteuergesetz enthält lediglich in §§ 1 Abs. 3, 24 S. 1 GrStG eine Verordnungsermächtigung zugunsten der Landesregierung. Würde man Art. 10 Abs. 3 S. 1 BayGrStG allein auf das GrStG beziehen, würde sich sein Regelungsgehalt darin erschöpfen, die Zuständigkeit der Landesregierung landesrechtlich in die Zuständigkeit des Finanzministeriums zu überführen. Allein bezogen auf Art. 10 Abs. 3 S. 1 BayGrStG wäre dies in der Tat eine denkbare Auslegung. Bezieht man Art. 10 Abs. 3 S. 2 BayGrStG in die Betrachtung mit ein, kommen allerdings Zweifel an einem derart engen Verständnis von „Grundsteuergesetz" auf. Denn wenn es in Art. 10 Abs. 3 S. 2 BayGrStG heißt, dass „darauf gestützte Rechtsverordnungen des Bundes [...] nur Anwendung finden, wenn und soweit das durch Rechtsverordnung des Staatsministeriums [der Finanzen und für Heimat] angeordnet ist", dann wird klar, dass der bayerische Gesetzgeber auf eine Rechtsmaterie verweisen will, die eine Verordnungskompetenz einer Bundesbehörde kennt. Das bestätigt auch die Entstehungsgeschichte (BayLT-Drs. 18/15755, 25 spricht vom „Zugriff auf

Übergangsregelungen Art. 10a BayGrStG

das maßgebliche Verordnungsrecht des Bundes"). Das GrStG enthält allerdings keine an Bundesbehörden adressierten Verordnungsermächtigungen. Es ist vielmehr ausschließlich § 263 BewG, der Verordnungsermächtigungen zugunsten des BMF enthält. Wenn man also Art. 10 Abs. 3 S. 2 BayGrStG einen Anwendungsbereich geben will, müsste man den Begriff „Grundsteuergesetz" in Satz 1 so verstehen, dass er das Grundsteuerrecht im weiteren Sinne (also einschließlich der §§ 218ff. BewG und damit vor allem einschließlich des § 263 BewG) meint. Der Wortlaut „Grundsteuergesetz" ist aber so eindeutig besetzt, dass eine solche Auslegung ausscheiden dürfte.

Art. 10a Übergangsregelungen

(1) Für die Anwendung des Art. 6 Abs. 2 Satz 3 und Abs. 3 Satz 1 dieses Gesetzes sowie der §§ 223 und 224 BewG ist für Feststellungszeitpunkte zwischen dem 1. Januar 2022 und dem 31. Dezember 2024 zu unterstellen, dass die Feststellungen für die Besteuerung nach diesem Gesetz von Bedeutung sind und die wirtschaftlichen Einheiten zur Besteuerung nach diesem Gesetz herangezogen oder nicht mehr herangezogen werden.

(2) ¹Die Vermessungsverwaltung stellt ab dem 1. Juli 2022 befristet bis zum 31. Dezember 2022 folgende Daten der Flurstücke zum Hauptfeststellungszeitpunkt kostenlos über eine allgemein zugängliche Internetanwendung zur Verfügung:
1. die Flurstücksnummer,
2. die amtliche Fläche,
3. den Gemeindenamen,
4. den Gemarkungsnamen und die Gemarkungsnummer,
5. die tatsächliche Nutzung mit den zugehörigen Flächenanteilen, und
6. soweit vorhanden die einzelnen Flächenanteile mit der zugehörigen Ertragsmesszahl und die Gesamtertragsmesszahl.

²Der Eigentümer hat das Recht, jederzeit ohne Angabe von Gründen gegen die Veröffentlichung der in Satz 1 Nr. 6 genannten Daten seines Flurstücks Widerspruch einzulegen. ³Widerspricht der Eigentümer, hat eine Veröffentlichung der entsprechenden Daten des Eigentümers durch die Vermessungsverwaltung in der Internetanwendung für die Zukunft zu unterbleiben.

Art. 10a BayGrStG beruht auf dem Gesetz v. 10.12.2021 (→ Grundlagen Rn. 84, zu Art. 10a Abs. 1 BayGrStG BayLT-Drs. 18/15755, 25 [Gesetzesbegründung], zu Art. 10a Abs. 2 BayLT-Drs. 18/18504, 2f. [Änderungsantrag]). Die Regelung in Absatz 1 ergänzt § 266 Abs. 2 BewG, indem er den dort bereits verwirklichten Grundgedanken, wonach der Durchführung eines Feststellungsverfahrens vor dem 31.12.2024 nicht entgegengehalten werden können soll, dass das neue Grundsteuerrecht noch keine Anwendung findet, auch auf die Flächenfeststellung (→ BayGrStG Art. 6 Rn. 8) überträgt. Mit Absatz 2 will der Gesetzgeber dem Steuerpflichtigen das Zusammentragen der für die Erfüllung der grundsteuerlichen Erklärungspflichten notwendigen Daten erleichtern (jedenfalls soweit es sich um amtliche Daten der Vermessungsverwaltung handelt; die Gebäudeflächen gehören hingegen nicht dazu). **1**

Art. 10b Änderung des Kommunalabgabengesetzes

In Art. 18 des Kommunalabgabengesetzes (KAG) in der Fassung der Bekanntmachung vom 4. April 1993 (GVBl. S. 264, BayRS 2024-1-I), das zuletzt durch § 1 des Gesetzes vom 19. Februar 2021 (GVBl. S. 40) geändert worden ist, werden nach dem Wort „Ausnahme" die Wörter „des Äquivalenzbetrags-," eingefügt.

Von einer Kommentierung der Norm wird abgesehen.

Art. 11 Inkrafttreten, Außerkrafttreten

(1) **Dieses Gesetz tritt am 1. Januar 2022 in Kraft.**

(2) ¹**Art. 10b tritt am 1. Juli 2022 außer Kraft.** ²**Art. 10a tritt am 31. Dezember 2029 außer Kraft.**

Von einer Kommentierung der Norm wird abgesehen.

3. Hamburgisches Grundsteuergesetz (HmbGrStG)

Vom 24. August 2021
(HmbGVBl. 2021, 600)

Teil 1 Grundstücke; Grundsteuer B/Grundsteuer C

Abschnitt 1 Bemessung der Grundsteuer

§ 1 Steuergegenstand, Berechnungsformel

(1) ¹Steuergegenstand der Grundsteuer B sind die Grundstücke als wirtschaftliche Einheiten des Grundvermögens. ²Die Grundsteuer ergibt sich durch eine Multiplikation des Grundsteuermessbetrags des Grundstücks und des durch ein Gesetz bestimmten Hebesatzes. ³Sie ist ein Jahresbetrag und auf volle Cent nach unten abzurunden.

(2) ¹Der Grundsteuermessbetrag des Grundstücks ist die Summe
1. aus dem Produkt des Grundsteuerwerts des Grund und Bodens nach Absatz 3 Satz 1 und der Grundsteuermesszahl nach § 4 und
2. aus den jeweiligen Produkten der Grundsteuerwerte von Wohn- und Nutzflächen nach Absatz 3 Satz 2 und der jeweiligen Grundsteuermesszahl nach § 4.

²Der Grundsteuermessbetrag des Grundstücks auf volle Cent nach unten abzurunden.

(3) ¹Der Grundsteuerwert des Grund und Bodens ist der Äquivalenzbetrag, der sich durch eine Multiplikation der Fläche des Grund und Bodens mit der Äquivalenzzahl nach § 3 Absatz 1 ergibt; er wird auf eine Nachkommastelle nach unten abgerundet. ²Die Grundsteuerwerte von Wohn- und Nutzflächen der Gebäude sind die Äquivalenzbeträge, die sich durch eine Multiplikation der maßgeblichen Gebäudeflächen mit der Äquivalenzzahl nach § 3 Absatz 2 ergeben.

(4) ¹Die Zurechnung mehrerer Wirtschaftsgüter zu einer wirtschaftlichen Einheit wird nicht dadurch ausgeschlossen, dass die Wirtschaftsgüter zum Teil der oder dem einen, zum Teil der anderen Ehegattin, dem anderen Ehegatten, der anderen Lebenspartnerin oder dem Lebenspartner zuzurechnen sind. ²Bei Gebäuden auf fremden Grund und Boden sind der Grund und Boden der Eigentümerin oder dem Eigentümer des Grund und Bodens und die Gebäude der wirtschaftlichen Eigentümerin oder dem wirtschaftlichen Eigentümer der Gebäude zuzurechnen.

(5) ¹Erstreckt sich der Steuergegenstand auch auf ein anderes Land, ist nur für das im Gebiet der Freien und Hansestadt Hamburg gelegene Grundvermögen Grundsteuer nach diesem Gesetz zu ermitteln und zu erheben. ²Dieses bildet eine eigenständige wirtschaftliche Einheit.

§ 1 HmbGrStG Teil 1 Grundstücke; Grundsteuer B/Grundsteuer C

A. Allgemeines

I. Systematische Einordnung und Zweck der Regelung

1   Der hamburgische Gesetzgeber hat sich in Bezug auf die wirtschaftlichen Einheiten des Grundvermögens in Abweichung vom Bundesgrundsteuerrecht für ein sog. wertunabhängiges Flächenmodell mit Wohnlagedifferenzierung („**Wohnlagemodell**", HmbBü-Drs. 22/3583, 7) entschieden (→ Grundlagen Rn. 86). Trotz aller Unterschiede in Ansehung des Belastungsgrundes und seiner Umsetzung fügt sich das HmbGrStG im Übrigen aber in das Konzept des Bundesgrundsteuerrechts ein (zur Anwendung der bundesrechtlichen Regelungen → HmbGrStG § 11 Rn. 3f.). Das wird vor allem an § 1 HmbGrStG deutlich, der nämlich an der Figur der wirtschaftlichen Einheit und dem dreifach gestuften Verwaltungsverfahren festhält und lediglich Modifikationen vorsieht. Weitere Modifikationen enthalten ferner § 2 HmbGrStG (Konkretisierung der maßgeblichen Flächen) und §§ 6, 7 HmbGrStG (Verfahrensrecht). Die Vorschriften des ersten Teils des HmbGrStG gelten nur für die wirtschaftlichen Einheiten des Grundvermögens (sofern § 9 HmbGrStG nicht auf die Vorschriften dieses Teils verweist).

II. Entwicklung der Vorschrift

2   § 1 HmbGrStG beruht auf dem Gesetz v. 24.8.2021 (→ Grundlagen Rn. 86, zu § 1 HmbGrStG HmbBü-Drs. 22/3583, 12f.).

B. Gegenstand und Ermittlung der Grundsteuer B (Abs. 1–3)

3   Das HmbGrStG ist keine grundsteuerrechtliche Vollregelung, sondern knüpft an das Bundesgrundsteuerrecht an und modifiziert es lediglich partiell. In Bezug auf die wirtschaftlichen Einheiten des Grundvermögens (= Grundstücke) hat sich der hamburgische Gesetzgeber für eine grundlegende Abweichung entschieden: **Bemessungsgrundlage ist ein allein an der Grundstücks- und Gebäudefläche orientierter (verkehrswertunabhängiger) Grundsteuerwert.** Dabei gibt es für eine wirtschaftliche Einheit nicht zwingend den einen Grundsteuerwert, sondern es kann bei bebauten Grundstücken bis zu drei Grundsteuerwerte geben, die jeweils gesondert festzustellen sind (→ HmbGrStG § 6 Rn. 5):
Grundsteuerwert des Grund und Bodens = Fläche des Grund und Bodens × Äquivalenzzahl nach § 3 Abs. 1 HmbGrStG
+ Grundsteuerwert der Wohnfläche = Gebäudewohnfläche × Äquivalenzzahl nach § 3 Abs. 2 HmbGrStG
+ Grundsteuerwert der Nutzfläche = Gebäudenutzfläche × Äquivalenzzahl nach § 3 Abs. 2 HmbGrStG
Die einzelnen Produkte nennt das Gesetz auch Äquivalenzbeträge (Berechnungsbeispiele → HmbGrStG § 3 Rn. 5ff.). Die Differenzierung zwischen der Wohn- und Nutzfläche eines Gebäudes hat für die Ermittlung der Äquivalenzbeträge der jeweiligen Gebäudeteile keine Bedeutung. **Allerdings differenziert § 4 HmbGrStG hinsichtlich der Messzahl zwischen Wohn- und Nutzfläche.**

4   Das hamburgische Grundsteuerrecht folgt der Dreistufigkeit des Grundsteuervollzugs, wie sie im Bundesgrundsteuerrecht vorgegeben ist: Die **Grundsteuerwerte**

werden durch **Grundsteuerwertbescheid** festgestellt und anlässlich dieser Feststellungen wird inzident auch über den Umfang der wirtschaftlichen Einheit entschieden (→ BewG § 219 Rn. 12). Zudem erfolgt eine **Zurechnungs-** (→ BewG § 219 Rn. 17 ff.) und **Vermögensartfeststellung**. Eine Grundstücksartfeststellung findet hingegen nicht statt. Ferner ordnet § 6 Abs. 1 HmbGrStG die **gesonderte Feststellung der Fläche von Grund und Boden und der Gebäudeflächen getrennt nach Wohn- und Nutzfläche** an (→ HmbGrStG § 6 Rn. 5). Verfahrensrechtlich finden die §§ 219 ff. BewG ergänzt durch § 6 HmbGrStG Anwendung.

Auf das Grundsteuerwertfeststellungsverfahren, das mit dem Grundsteuerwertbescheid abschließt (erste Verfahrensstufe), folgt das **Grundsteuermessbetragsverfahren** (zweite Verfahrensstufe). An dessen Ende steht der Grundsteuermessbescheid. Gemäß § 1 Abs. 2 HmbGrStG setzt sich der Grundsteuermessbetrag aus drei Komponenten zusammen: einem Grundsteuermessbetragsanteil für den Grund und Boden (§ 1 Abs. 2 S. 1 Nr. 1 HmbGrStG) und den jeweiligen Grundsteuermessbetragsanteilen für die Wohn- und Nutzfläche (§ 1 Abs. 2 S. 1 Nr. 2 HmbGrStG). Festgesetzt wird nur die Summe aus diesen Komponenten. Vorbehaltlich des § 7 HmbGrStG gelten für das Grundsteuermessbetragsverfahren im Übrigen die §§ 17 ff. GrStG (→ HmbGrStG § 4 ff.). 5

Den Abschluss bildet das **Grundsteuerfestsetzungsverfahren** (dritte Verfahrensstufe). Die festzusetzende Grundsteuer ergibt sich durch eine Multiplikation des Grundsteuermessbetrags des Grundstücks und des Hebesatzes. In Hamburg wird der Hebesatz durch Gesetz festgelegt. Angesichts der Handlungsform „Gesetz" und der Abweichungsbefugnis nach Art. 72 Abs. 3 GG kann § 25 GrStG den Stadtstaaten Hamburg und Berlin keine zwingenden Vorgaben machen. Allerdings ist der hamburgische Gesetzgeber nicht gehindert, den Regelungsgehalt des § 25 GrStG zu verwirklichen. So verhält es sich hier in Ansehung der Einheitlichkeit der Hebesätze (vgl. zu § 25 Abs. 4 GrStG → GrStG § 25 Rn. 36) und aufgrund der Verweisung des § 5 HmbGrStG auf § 25 Abs. 5 GrStG auf die entsprechende Ausnahme von diesem Grundsatz in Gestalt der Grundsteuer C. Zwingend zu beachten sind allerdings stets die formell verfassungsrechtlichen Anforderungen der Art. 48 ff. HmbVerf sowie die materiellen verfassungsrechtlichen Hebesatzgrenzen (→ GrStG § 25 Rn. 24 ff.). Die Festsetzung der Grundsteuer erfolgt durch Grundsteuerbescheid. Es gelten die §§ 27 ff. GrStG (iVm § 11 Abs. 1 S. 1 HmbGrStG), weshalb auf die Erläuterungen zu diesen Vorschriften verwiesen werden kann. 6

§ 1 Abs. 1–3 HmbGrStG enthält für jede Verfahrensstufe jeweils **Rundungsvorgaben:** (1) Der Äquivalenzbetrag des Grund und Bodens wird auf eine Nachkommastelle nach unten abgerundet. (2) Der Grundsteuermessbetrag ist auf volle Cent nach unten abzurunden. (3) Entsprechendes gilt für die Grundsteuer selbst. 7

C. Wirtschaftliche Einheit des Grundvermögens (Abs. 4)

I. Geltung des Bundesgrundsteuerrechts mit Modifikationen

Bewertet und zugerechnet werden wirtschaftliche Einheiten. Die wirtschaftliche Einheit des Grundvermögens ist das Grundstück. Das hamburgische Grundsteuerrecht setzt den Typusbegriff der wirtschaftlichen Einheit voraus und **beschränkt sich mit § 1 Abs. 4 HmbGrStG auf zwei Modifikationen der bundesrechtlichen Konkretisierung der wirtschaftlichen Einheit**. Im Ausgangspunkt kann daher auf die Ausführungen zur wirtschaftlichen Einheit des Grundvermögens im 8

Bundesgrundsteuerrecht verwiesen werden (→ BewG § 244 Rn. 4 ff.). Entsprechendes gilt für die Zurechnungsgrundsätze. Das HmbGrStG enthält keine Norm, die sich explizit mit der Zurechnung der wirtschaftlichen Einheit befasst. Auch für das hamburgische Grundsteuerrecht ist daher § 39 AO maßgeblich (eingehend → BewG § 219 Rn. 18 ff.). Schließlich übernimmt das HmbGrStG auch den bundesrechtlichen Grundsatz der Eigentümeridentität (→ BewG § 244 Rn. 16), wonach eine wirtschaftliche Einheit nur dann aus mehreren Wirtschaftsgütern (praktisch relevant nur: Grundbuchgrundstücken) bestehen kann, wenn die Wirtschaftsgüter entweder nur einer Person oder wenn sie alle der gleichen Personenmehrheit zuzurechnen sind (also A und B sind Miteigentümer sowohl des Grundstücks 1 als auch des Grundstücks 2). An diesen Grundsatz knüpft § 1 Abs. 4 S. 1 HmbGrStG an und normiert hiervon bei Ehegatten/Lebenspartnern eine Ausnahme (→ Rn. 9 ff.). Die zweite Modifikation betrifft die Verselbstständigung eines nicht dem Grundstückseigentümer zuzurechnenden Gebäudes als wirtschaftliche Einheit (sog. Gebäude auf fremdem Grund und Boden, § 1 Abs. 4 S. 2 HmbGrStG, → Rn. 13 ff.).

II. Durchbrechung des Prinzips der Eigentümeridentität bei Ehegatten/Lebenspartnern (Abs. 4 S. 1)

9   Nach § 1 Abs. 4 HmbGrStG wird – in Abweichung von dem Grundsatz der Eigentümeridentität (→ Rn. 8) – **die Zurechnung eines Wirtschaftsgutes zu einer wirtschaftlichen Einheit nicht dadurch ausgeschlossen, dass die Wirtschaftsgüter zum Teil dem einen, zum Teil dem anderen Ehegatten oder Lebenspartner gehören.** Diese Regelung **entspricht § 26 BewG**, der allerdings nicht in das Bundesgrundsteuerrecht übernommen worden ist (→ BewG § 244 Rn. 17). Diese Abweichung vom Bundesrecht (die sich auch in anderen Landesgrundsteuergesetzen findet) dürfte im originären Anwendungsbereich des § 1 HmbGrStG kaum praktische Bedeutung zukommen. Anders verhält es sich über die Verweisung des § 9 Abs. 2 HmbGrStG in Bezug auf die Betriebe der Land- und Forstwirtschaft. Denn hier kommt es durchaus vor, dass die land- und forstwirtschaftlich genutzten Flächen nicht im Miteigentum der Ehegatten/Lebenspartner stehen, sondern zumindest in Bezug auf einen Teil der Flächen Alleineigentum eines Ehegatten/Lebenspartners besteht. Insoweit kann auf die bisherigen Erkenntnisse zu § 26 BewG zurückgegriffen werden.

10   Für die Anwendung des § 1 Abs. 4 HmbGrStG ist der **Güterstand der Ehegatten/Lebenspartner ohne Bedeutung** (*Esskandari* in Stenger/Loose BewG § 26 Rn. 18). Die Regelung ist zwingend. Ein Wahlrecht ist nicht vorgesehen (so auch BFH 18. 11. 1966 III 176/63, BStBl. III 1967, 170 zu § 24 BewG aF). Kommt es wegen § 1 Abs. 4 HmbGrStG zu einer Schlechterstellung von Ehegatten (also höhere Grundsteuerbelastung im Vergleich zur Rechtslage ohne § 1 Abs. 4 HmbGrStG), **ist die Regelung im Hinblick auf Art. 6 GG rechtfertigungsbedürftig** (die Ausführungen bei → BWLGrStG § 25 Rn. 8 gelten entsprechend). Für andere familienrechtliche Beziehungen (zB Eltern und Kinder) fehlt eine Regelung wie § 1 Abs. 4 HmbGrStG, weshalb es insoweit beim Grundsatz der Eigentümeridentität bleibt. Keine Relevanz hat § 1 Abs. 4 HmbGrStG, soweit Flächen im Miteigentum der Ehegatten/Lebenspartner stehen oder sie bei Gütergemeinschaft zum Gesamtgut gehören. In diesem Fall ist bereits der Grundsatz der Eigentümeridentität erfüllt.

11   § 1 Abs. 4 HmbGrStG ordnet nicht an, dass Grundbuchgrundstücke von Ehegatten/Lebenspartnern stets als Einheit zu betrachten sind. Vielmehr ist Ausgangspunkt immer der Begriff der wirtschaftlichen Einheit und die hierbei anzulegende

Steuergegenstand, Berechnungsformel § 1 HmbGrStG

wirtschaftliche Betrachtungsweise. **Voraussetzung ist daher immer, dass die den unterschiedlichen Eigentümern zuzurechnenden Wirtschaftsgüter nach den Anschauungen des Verkehrs eine wirtschaftliche Einheit bilden** (vgl. BFH 31.10.1969 – III R 145/66, BStBl. II 1970, 197 zu § 24 BewG aF; BFH 19.6.1996 – II R 86/93, BFH/NV 1997, 14 zu § 26 BewG). Sowohl die Maßgeblichkeit der Verkehrsauffassung bei der Bildung wirtschaftlicher Einheiten als auch der Wortlaut des § 1 Abs. 4 HmbGrStG legen nahe, dass bereits ohne das dem einen Ehegatten/Lebenspartner gehörende Wirtschaftsgut eine dem anderen Ehegatten/Lebenspartner zuzurechnende wirtschaftliche Einheit besteht und dass das dem anderen Ehegatten/Lebenspartner gehörende Wirtschaftsgut von der Verkehrsauffassung nicht als eigenständige wirtschaftliche Einheit erachtet wird. Es gibt mithin bereits eine wirtschaftliche Einheit, die ein im Eigentum des anderen Ehegatten/Lebenspartners stehendes Wirtschaftsgut wegen des Funktionszusammenhangs zur bestehenden wirtschaftlichen Einheit „anzieht". Damit wird aber auch erkennbar, dass **§ 1 Abs. 4 HmbGrStG** nicht alle relevanten Fragen regelt. Er **erlaubt nämlich nur eine Zusammenfassung mehrerer Wirtschaftsgüter** in Abweichung vom Grundsatz der Eigentümeridentität (vgl. BFH 14.2.2007 – II R 69/05, BStBl. II 2007, 443), **sagt aber nichts darüber aus, wem die wirtschaftliche Einheit zuzurechnen ist.** Insoweit sind zwei Lösungen denkbar: Entweder erfolgt eine alleinige Zurechnung bei einem Ehegatten/Lebenspartner (mit § 1 Abs. 4 HmbGrStG wird mithin auch die Zurechnung beim Eigentümer-Ehegatten/Lebenspartner aufgehoben) oder die wirtschaftliche Einheit ist sodann beiden Ehegatten/Lebenspartnern zuzurechnen und es muss die Höhe der Anteile der beiden Ehegatten/Lebenspartner bestimmt werden. Rechtsprechung und Literatur zu § 26 BewG gehen bisher von Ersterem aus (FG Rheinland-Pfalz 11.6.1981 – 3 K 235/80, EFG 1982, 63) und wollen dem Ehegatten/Lebenspartner die gesamte wirtschaftliche Einheit zurechnen, der Eigentümer der Wirtschaftsgüter mit dem höheren Verkehrswert ist (so *Esskandari* in Stenger/Loose BewG § 26 Rn. 18; *Halaczinsky* in Rössler/Troll BewG § 26 Rn. 5 [bezeichnet dies jedenfalls als Regelfall]).

Ist ein **Ehegatte/Lebenspartner Gesellschafter einer GbR,** die selbst Zurechnungssubjekt der wirtschaftlichen Einheit ist, kann ein im Alleineigentum des anderen Ehegatten/Lebenspartners stehendes Grundstück nicht in die der GbR zuzurechnende wirtschaftliche Einheit einbezogen werden. Denn § 1 Abs. 4 HmbGrStG setzt voraus, dass Zurechnungssubjekt der „Haupteinheit" die Ehegatte ist. Anders als bei den wirtschaftlichen Einheiten des land- und forstwirtschaftlichen Vermögens (dort: § 9 Abs. 2 S. 2 HmbGrStG, →HmbGrStG § 9 Rn. 7f.) und im Recht der Einheitsbewertung (dort bis zum 31.12.2024: § 34 Abs. 6 BewG) fehlt es an einer Vorschrift für die Grundstücke, die den Grundsatz der Eigentümeridentität auch in Ansehung von Personengesellschaften und ihrer Gesellschafter durchbricht. Daher kann auch die Rechtsprechung des BFH zur Einheitsbewertung, die eine solche Zurechnung eines Ehegattengrundstücks bei einer der GbR zuzurechnenden wirtschaftlichen Einheit wegen der Gesellschafterstellung des anderen Ehegatten angenommen hat (BFH 14.5.2004 – II R 50/01, BStBl. II 2004, 818), nicht auf das hamburgische Grundsteuerrecht übertragen werden.

III. Gebäude auf fremdem Grund und Boden (Abs. 4 S. 2)

Unter dem Terminus „**Gebäude auf fremdem Grund und Boden**" erfasst das Grundsteuerrecht solche Konstellationen, **in denen das Gebäude einer anderen Person als dem Grundstückseigentümer zuzurechnen ist.** Diese Kon-

12

13

§ 1 HmbGrStG Teil 1 Grundstücke; Grundsteuer B/Grundsteuer C

stellation kann auftreten bei **Scheinbestandteilen** iSv § 95 BGB und bei Gebäuden, die zwar wesentlicher Bestandteil des Grundstücks sind, die aber im **wirtschaftlichen Eigentum** einer Person stehen, der nicht das Grundstück zuzurechnen ist (eingehend → BewG § 244 Rn. 24 f.). Das bis zum 31.12.2024 geltende Recht vollzog die unterschiedliche Zurechnung dadurch nach, dass es zwei wirtschaftliche Einheiten annahm: Das Gebäude auf fremdem Grund und Boden galt als eigenständige wirtschaftliche Einheit des Grundvermögens, das neben das Grundstück als weitere wirtschaftliche Einheit trat. Das neue Bundesgrundsteuerrecht hat diese Zweiteilung nicht übernommen und ordnet stattdessen an, dass nur eine einzige wirtschaftliche Einheit (aus Grund und Boden sowie Gebäude) besteht, die dem Grundstückseigentümer zuzurechnen ist (§§ 244 Abs. 3 Nr. 2, 262 S. 2 BewG). Mit § 1 Abs. 4 S. 2 HmbGrStG führt Hamburg die alte Bundesrechtslage fort: **In Hamburg ist bei „Gebäuden auf fremdem Grund und Boden" beim Grundvermögen weiterhin von zwei wirtschaftlichen Einheiten, nämlich dem Grund und Boden einerseits und dem Gebäude andererseits, auszugehen.**

14 Unseres Erachtens **gilt § 1 Abs. 4 S. 2 HmbGrStG** für beide Konstellationen eines Gebäudes auf fremdem Grund und Boden, dh **sowohl für den Fall des wirtschaftlichen Eigentums an dem Gebäude als auch für den Fall des Scheinbestandteils.** § 1 Abs. 4 S. 2 HmbGrStG nimmt auf den ersten Blick zwar nur auf die Konstellation Bezug, dass ein anderer als der Grundstückseigentümer wirtschaftlicher Eigentümer des Gebäudes ist. Da in § 1 Abs. 4 S. 2 HmbGrStG aber der Terminus „Gebäude auf fremdem Grund und Boden" verwendet wird, dürfte von dieser Norm auch der Fall erfasst sein, dass eine vom Grundstückseigentümer verschiedene Person nicht nur wirtschaftlicher, sondern auch rechtlicher Eigentümer des Gebäudes ist (wegen § 95 BGB, Scheinbestandteil).

15 Liegen die Voraussetzungen des § 1 Abs. 4 S. 2 HmbGrStG vor, sind für jede wirtschaftliche Einheit gesonderte Verwaltungsverfahren zu führen (im Falle der Errichtung des Gebäudes bzw. der erstmaligen Zurechnungsabweichung vom Grund und Boden ist eine Nachfeststellung nach § 223 BewG durchzuführen) und die Grundsteuerwerte entsprechend „aufzuteilen": Der wirtschaftlichen Einheit „Grundstück" ist der Grundsteuerwert für den Grund und Boden und der wirtschaftlichen Einheit „Gebäude" sind die Grundsteuerwerte für die Gebäudeflächen zuzurechnen. Jedes Zurechnungssubjekt ist Grundsteuerschuldner (nur) in Ansehung der ihm zugerechneten wirtschaftlichen Einheit. Wird das Gebäude abgerissen oder wird der Eigentümer des Grund und Bodens auch Zurechnungssubjekt in Bezug auf das Gebäude, ist der Grundsteuerwertbescheid für das Gebäude aufzuheben (→ BewG § 224 Rn. 4) und in Ansehung des Grundstücks eine Fortschreibung der Grundsteuerwerte für Wohn- und Nutzfläche durchzuführen.

D. Grenzüberschreitende wirtschaftliche Einheiten (Abs. 5)

16 Der Grundsteuerwert wird grundsätzlich für eine wirtschaftliche Einheit festgestellt und diese kann aus Grundstücken bestehen, die sowohl in Hamburg als auch in einem anderen Bundesland liegen. § 1 Abs. 5 S. 1 HmbGrStG bestimmt, dass nur für das in Hamburg gelegene Grundvermögen Grundsteuer nach dem HmbGrStG zu ermitteln und zu erheben ist. Damit deckt sich der Geltungsanspruch des Gesetzes mit der eigenen Gesetzgebungskompetenz. Eine davon zu unterscheidende Frage ist, ob es eine grenzüberschreitende wirtschaftliche Einheit

Maßgebliche Flächen   **§ 2 HmbGrStG**

geben kann. Während das Bundesrecht den Zuschnitt der wirtschaftlichen Einheit unverändert lässt (also eine grenzüberschreitende wirtschaftliche Einheit anerkennt) und lediglich eine Teilbewertung und -feststellung anordnet, bestimmt § 1 Abs. 5 S. 2 HmbGrStG ausdrücklich, dass nur der auf hamburgischem Landesgebiet gelegene Teil eine wirtschaftliche Einheit bildet. Das hat ua Bedeutung für rechtlich relevante Faktoren, die an die wirtschaftliche Einheit anknüpfen. Für die Ermittlung der Äquivalenzzahl nach Maßgabe des § 3 Abs. 2 S. 2 HmbGrStG sind daher nur die in Hamburg gelegenen Flächen relevant.

Die Regelung des § 1 Abs. 5 S. 2 HmbGrStG gilt nur für Grundstücke. Auf Betriebe der Land- und Forstwirtschaft ist sie nicht anwendbar (→ HmbGrStG § 9 Rn. 14).   17

§ 2 Maßgebliche Flächen

(1) ¹**Gebäudefläche bei Wohnnutzung ist die Wohnfläche im Sinne der Wohnflächenverordnung vom 25. November 2003 (BGBl. I S. 2346) in der jeweils geltenden Fassung.** ²Als Wohnnutzung gelten auch häusliche Arbeitszimmer. ³**Im Übrigen ist die Nutzfläche des Gebäudes maßgeblich.** ⁴**Die Gebäudefläche ist durch eine geeignete Methode zu ermitteln.**

(2) ¹Nutzflächen von Garagen, die in räumlichem Zusammenhang zu der Wohnnutzung stehen, der sie rechtlich zugeordnet sind, bleiben bis zu einer Fläche von insgesamt 50 m² außer Ansatz. ²Dies gilt unter den Voraussetzungen des Satzes 1 auch für Garagen, die eine eigene wirtschaftliche Einheit bilden.

(3) ¹Im Übrigen bleiben die Nutzflächen von Nebengebäuden von untergeordneter Bedeutung bis zu einer Fläche von 30 m² außer Ansatz, sofern sie in räumlichem Zusammenhang zur Wohnnutzung stehen, der sie zu dienen bestimmt sind. ²Dies gilt unter den Voraussetzungen des Satzes 1 auch für Nebengebäude, die eine eigene wirtschaftliche Einheit bilden.

(4) ¹Ein Grundstück gilt als unbebaut, wenn die darauf errichteten Gebäude, mit Ausnahme der Fälle des Absatzes 2 Satz 2, eine Gebäudefläche von insgesamt weniger als 30 m² haben. ²Besteht ein Gebäude aus mehreren wirtschaftlichen Einheiten, ist die Gesamtgebäudefläche des Gebäudes anzusetzen. ³Die Gebäudefläche bleibt in der Folge außer Ansatz. ⁴§ 246 des Bewertungsgesetzes in der Fassung vom 1. Februar 1991 (BGBl. I S. 231), zuletzt geändert am 21. Dezember 2020 (BGBl. I S. 3096, 3129), in der jeweils geltenden Fassung bleibt im Übrigen unberührt.

(5) **Die für dieses Gesetz maßgeblichen Flächen von Grund und Boden und Gebäuden sind auf volle Quadratmeter nach unten abzurunden.**

A. Allgemeines

I. Systematische Einordnung und Zweck der Regelung

Das HmbGrStG knüpft nicht nur an die wirtschaftliche Einheit des Grundvermögens an (→ HmbGrStG § 1 Rn. 8), sondern auch an die bundesrechtliche Differenzierung zwischen unbebauten und (mit einem benutzbaren Gebäude iSv §§ 246,   1

§ 2 HmbGrStG Teil 1 Grundstücke; Grundsteuer B/Grundsteuer C

248 BewG) bebauten Grundstücken. § 2 HmbGrStG konkretisiert die bundesgesetzlichen Gebäuderegelungen dem Grunde und dem Umfang nach. Das geschieht teilweise nur klarstellend, teilweise aber auch vom Bundesgrundsteuerrecht abweichend.

II. Entwicklung der Vorschrift

2   § 2 HmbGrStG beruht auf dem Gesetz v. 24.8.2021 (→ Grundlagen Rn. 86; zu § 2 HmbGrStG HmbBü-Drs. 22/3583, 13f.).

B. Wohn- und Nutzfläche (Abs. 1)

3   Soweit ein Gebäude dem Wohnen dient, liegt **Wohnfläche** vor (eingehend zur Wohnnutzung in Abgrenzung zu anderen Nutzungszwecken → BewG § 249 Rn. 15f.). Die Quantifizierung der Wohnfläche hat vor allem Bedeutung für die Messzahlermäßigungen des § 4 HmbGrStG, aber auch für die Äquivalenzzahlermittlung bei sog. übergroßen Wohngrundstücken (§ 3 Abs. 1 S. 2 Nr. 1 HmbGrStG). Gemäß § 2 Abs. 1 S. 1 HmbGrStG ist die Wohnfläche nach Maßgabe der Wohnflächenverordnung (WoFlV) zu ermitteln. Das entspricht dem Bundesgrundsteuerrecht (→ BewG § 249 Rn. 6ff. und → BewG § 254 Rn. 6ff.; dort auch jeweils zu Einzelfragen der Anwendung der WoFlV). Entsprechendes gilt für die Einbeziehung von Arbeitszimmern in die Wohnnutzung und damit auch in die Wohnfläche, selbst wenn sie einer selbstständigen Tätigkeit dienen (→ BewG § 249 Rn. 17); die Regelung des § 2 Abs. 1 S. 2 HmbGrStG hat daher nur klarstellenden Charakter.

4   Soweit das Gebäude für andere als Wohnzwecke genutzt wird – also zu eigenen oder fremden betrieblichen, öffentlichen oder sonstigen Zwecken – spricht das Gesetz von **Nutzfläche**. Die WoFlV ist hierauf nicht zugeschnitten, dürfte aber in Bezug auf die Nutzfläche jedenfalls dann eine ausreichende Orientierung bieten und daher eine geeignete Methode iSv § 2 Abs. 1 S. 4 HmbGrStG sein, wenn es sich um Gebäude mit überwiegender Wohnnutzung handelt (zB Mehrfamilienhaus mit Ladengeschäft im Erdgeschoss). Ansonsten kann die Nutzfläche auch nach DIN 277 ermittelt werden (zu den Unterschieden zwischen DIN 277 und der WoFlV → BewG § 249 Rn. 6).

C. Garagen (Abs. 2)

5   Gemäß § 2 Abs. 2 S. 1 HmbGrStG bleiben Garagen (abweichend von der WoFlV) nur bis zu einer Fläche von insg. 50 qm außer Ansatz, wenn sie in räumlichem Zusammenhang zur Wohnnutzung stehen, der sie rechtlich zugeordnet sind. Der Begriff der **Garage ist ein Typusbegriff,** dessen Konkretisierung maßgeblich durch die Zweckbestimmung einer typischen Garage geprägt ist: das Unterstellen eines Fahrzeugs oder eines Fahrrads (vgl. HmbBü-Drs. 22/3583, 13). Zudem dürfte auch die Abgeschlossenheit (Garagentor uÄ) ein prägendes Merkmal sein. Die tatsächliche Nutzung im konkreten Einzelfall dürfte hingegen irrelevant sein. Ein Bauwerk hat – wenn auch die nachfolgenden Voraussetzungen erfüllt sind – bereits dann außer Ansatz zu bleiben, wenn es objektiv dem Typus der Garage zuzuordnen ist.

Maßgebliche Flächen **§ 2 HmbGrStG**

Die **rechtliche Zuordnung liegt bei einer dinglichen oder vertraglichen** 6
Verknüpfung zwischen Wohn- und Garagenfläche vor. Eine dingliche Verknüpfung erfasst den Fall, dass Wohnhaus und Garage auf einem Grundstück stehen und deshalb das eigentumsrechtliche Schicksal teilen. Entsprechendes gilt für Wohnungseigentum und das Sondernutzungsrecht an einer Garage. Als Beispiel für eine vertragliche Verknüpfung ist die Vermietung der Garage im Zusammenhang mit der Vermietung der Wohnfläche von demselben Überlassenden zu nennen (so die Beispiele in den Begründungen anderer Landesgesetze, die angesichts des identischen [gemeinsam erarbeiteten] Wortlautes auch für das HmbGrStG Orientierung geben können, → NGrStG § 3 Rn. 8).

§ 2 Abs. 2 S. 1 HmbGrStG verlangt ferner **einen räumlichen Zusammen-** 7
hang zur Wohnnutzung. Das ist stets eine Frage der konkreten Verhältnisse im Einzelfall. Im Anwendungsbereich des § 2 Abs. 2 S. 1 geht es um Garagen, die mit dem Wohngebäude eine wirtschaftliche Einheit bilden, weshalb hier praktisch keine Konstellationen vorstellbar sind, in denen das Kriterium des räumlichen Zusammenhangs nicht gegeben ist (vgl. → BewG § 244 Rn. 10). Das gilt insbesondere auch für die Fälle, in denen die Garage allein wegen § 244 Abs. 2 BewG in die durch das Wohnhaus geprägte wirtschaftliche Einheit einbezogen worden ist. Denn die Einbeziehung nach § 244 Abs. 2 BewG ist idR nur möglich, wenn eine gewisse räumliche Nähe besteht (→ BewG § 244 Rn. 18ff.), und es liegt nahe, bei § 244 Abs. 2 BewG und § 2 Abs. 2 S. 1 HmbGrStG dieselben Maßstäbe anzuwenden. Die räumliche Nähe wird mithin maßgeblich durch die Verkehrsauffassung bestimmt. Entsprechendes sollte schließlich auch für die Garagen gelten, die eine eigenständige wirtschaftliche Einheit bilden (§ 2 Abs. 2 S. 2 HmbGrStG).

Die Nutzfläche von Garagen bleibt bis zu 50 qm außer Ansatz. Es handelt sich 8
um einen **Freibetrag,** dh bei einer größeren Garage bleiben die ersten 50 qm außer Ansatz und im Übrigen ist die Nutzfläche zu berücksichtigen. Die 50 Quadratmeter-Grenze dürfte jeweils für die einer Wohnung zuzurechnende Garagenfläche gelten, dh bei mehreren Wohnungen in einer wirtschaftlichen Einheit gilt für jede Wohnung die 50 Quadratmeter-Grenze (wobei die Garagenflächen, die einer Wohnung zugeordnet sind, zu summieren sind, vgl. zur Parallelregelung in Niedersachsen NdsLT-Drs. 18/9632, 13f.).

D. Nebengebäude von untergeordneter Bedeutung (Abs. 3)

Gemäß § 2 Abs. 3 HmbGrStG wird die Gebäudefläche von Nebengebäuden 9
nicht berücksichtigt („bleibt außer Ansatz"), wenn (1) das Gebäude von untergeordneter Bedeutung ist (→ Rn. 10) und (2) das Gebäude in räumlichem Zusammenhang zur Wohnnutzung steht und zu dienen bestimmt ist (→ Rn. 11). Liegen diese Voraussetzungen vor, bleibt eine Fläche von maximal 30 qm außer Ansatz. Die 30 qm sind ein **Freibetrag,** dh die Überschreitung der 30 Quadratmeter-Grenze führt dazu, dass nur die über die 30 qm hinausgehende Fläche zu berücksichtigen ist. Der Begriff Nebengebäude dürfte hingegen nicht als zusätzliches Merkmal zu verstehen sein. Vielmehr dürfte ein Gebäude ein Nebengebäude sein, wenn die beiden genannten Voraussetzungen erfüllt sind. Die Regelung zielt vor allem auf Schuppen und Gartenhäuschen ab (HmbBü-Drs. 22/3583, 13). Ob das Nebengebäude iSv § 2 Abs. 3 S. 1 HmbGrStG eines von mehreren Gebäuden einer wirtschaftlichen Einheit oder das einzige Gebäude einer solchen ist, ist – aus der Perspektive des Vereinfachungsanliegens folgerichtig – irrelevant. Denn auch für

§ 2 HmbGrStG   Teil 1 Grundstücke; Grundsteuer B/Grundsteuer C

Letzteres gilt die Vereinfachungsregelung (§ 2 Abs. 3 S. 2 HmbGrStG). Allerdings dürften viele Nebengebäude, die mit ihrem Grund und Boden eine eigene wirtschaftliche Einheit bilden und kleiner als 30 qm sind, zugleich unter § 2 Abs. 4 HmbGrStG fallen und dessen Rechtsfolge auslösen (= Grundstück gilt als unbebaut).

10   Die **untergeordnete Bedeutung** ist ein Merkmal, dass sich auch in § 72 Abs. 2 BewG findet. Dort sind Bezugspunkte für die untergeordnete Bedeutung die Zweckbestimmung und der Wert des Gebäudes im Verhältnis zur Zweckbestimmung und dem Wert des Grund und Bodens. § 2 Abs. 3 HmbGrStG hat diese Bezugspunkte nicht übernommen. Das ist hinsichtlich des Wertkriteriums nachvollziehbar. Stattdessen dürfte die Fläche als Kriterium heranzuziehen sein. Das Zweckbestimmungskriterium (des § 72 Abs. 2 BewG) dürfte hingegen in dem zweiten Merkmal der „dienenden Funktion" aufgehen und keine darüber hinausgehende Bedeutung haben. Damit bleibt für die untergeordnete Bedeutung festzuhalten, dass es allein um einen Flächenvergleich geht.

11   Das **Gebäude muss einer Wohnnutzung dienen und mit dieser in einem räumlichen Zusammenhang stehen.** Ein Gebäude dient nur dann der Wohnnutzung, wenn seine Nutzung die Wohnnutzung ergänzt, sei es im Hinblick auf die Freizeitnutzung, Gartenpflege oder als Lagerraum (vergleichbar einem Keller). Die Notwendigkeit einer dienenden Funktion schließt demgegenüber aus, dass ein Gebäude mit selbstständiger Nutzung Nebengebäude iSv § 2 Abs. 3 HmbGrStG sein kann. Wird ein Schuppen für gewerbliche Zwecke genutzt, kann er daher keine dienende Funktion gegenüber dem zugehörigen Wohngebäude erfüllen. Auch eine Wohnnutzung kann keiner anderen Wohnnutzung dienen und erfüllt daher nicht das dienende Kriterium. Der räumliche Zusammenhang ist eine Frage des Einzelfalls.

E. Gebäude mit weniger als 30 qm Gebäudefläche (Abs. 4)

12   Die Abgrenzung von bebauten und unbebauten Grundstücken hat auch für das hamburgische Grundsteuerrecht Bedeutung, weil bei bebauten Grundstücken die Gebäudefläche relevant ist. Insoweit gelten die §§ 246, 248 BewG. Hiernach beurteilt sich vor allem, ob schon oder ob noch ein benutzbares Gebäude vorliegt. Ungeachtet dessen ordnet § 2 Abs. 4 HmbGrStG an, dass ein Grundstück als unbebaut gilt (Fiktion) und daher keine Gebäudefläche zu berücksichtigen ist, wenn die darauf errichteten Gebäude eine Gebäudefläche von insgesamt (= Summe aller Gebäude, HmbBü-Drs. 22/3583, 13) weniger als 30 qm haben (§ 2 Abs. 4 S. 1 HmbGrStG). Besteht ein Bauwerk aus mehreren wirtschaftlichen Einheiten, ist die Gesamtgebäudefläche des Bauwerks anzusetzen (§ 2 Abs. 4 S. 2 HmbGrStG). Diese Regelung dürfte vor allem darauf abzielen, dass ein Gebäude mit kleineren Wohnungseigentumseinheiten nicht als unbebautes Grundstück gilt. Die Besonderheit des § 2 Abs. 4 HmbGrStG ist seine Rechtsfolge: Während § 2 Abs. 3 HmbGrStG Nebengebäude ausblendet, es sich wegen des Hauptgebäudes aber um ein bebautes Grundstück handelt, erfasst § 2 Abs. 4 HmbGrStG den Fall, dass die Fläche aller Gebäude unterhalb der 30 qm-Grenze bleibt und es sich daher um ein unbebautes Grundstück handelt.

F. Rundungsregel für Quadratmeter (Abs. 5)

Alle Flächen (Grund und Boden sowie Gebäude) sind auf volle Quadratmeter nach unten abzurunden. **13**

§ 3 Äquivalenzzahlen

(1) ¹Die Äquivalenzzahl für die Fläche des Grund und Bodens beträgt 0,04 Euro je Quadratmeter. ²Abweichend von Satz 1 gilt:
1. Übersteigt die Fläche des Grund und Bodens das Zehnfache der Wohnfläche, wird die Äquivalenzzahl für den darüber hinaus gehenden Teil der Fläche nur zu 50 vom Hundert (v. H.) angesetzt, wenn die Gebäude mindestens zu 90 v. H. der Wohnnutzung dienen und soweit kein Fall nach Nummer 2 erster Halbsatz vorliegt,
2. ist die Fläche des Grund und Bodens zu mindestens 90 v. h. nicht bebaut, wird der Äquivalenzbetrag in Euro für die 10 000 m² übersteigende Fläche insgesamt wie folgt angesetzt: (übersteigende Grund- und Bodenfläche × 0,04 Euro/m²)^{0,7}; in den Fällen nach Nummer 1 wird die Äquivalenzzahl für die Fläche des Grund und Bodens bis zum Zehnfachen der Wohnfläche stets zu 100 v. H. angesetzt.

(2) Die Äquivalenzzahl für Gebäudeflächen beträgt 0,50 Euro je Quadratmeter.

A. Allgemeines

I. Systematische Einordnung und Zweck der Regelung

§ 3 HmbGrStG gibt die sog. Äquivalenzzahlen vor, die zusammen mit den Flächenzahlen die Grundsteuerwerte (Äquivalenzbeträge) ergeben (§ 1 Abs. 3 HmbGrStG, → HmbGrStG § 1 Rn. 3). Die Äquivalenzzahlen sind reine Rechengrößen, die keinen Seinsbezug haben. Sie sind politisch (willkürlich) bestimmt, um zu einer gewollten relativen Lastenverteilung je nach Grundstücks- und Gebäudegröße zu gelangen (zur verfassungsrechtlichen Einordnung → Grundlagen Rn. 126). **1**

II. Entwicklung der Vorschrift

Die Regelung beruht auf dem Gesetz v. 24.8.2021 (→ Grundlagen Rn. 86; zu § 3 HmbGrStG HmbBü-Drs. 22/3583, 14f.). **2**

B. Äquivalenzzahl für die Fläche des Grund und Bodens (Abs. 1)

Die allgemeine Äquivalenzzahl für die Fläche des Grund und Bodens beträgt 0,04 EUR/qm (§ 3 Abs. 1 S. 1 HmbGrStG). Die Fläche des Grund und Bodens ergibt sich aus dem Grundbuch oder dem Liegenschaftskataster in Bezug auf die zur wirtschaftlichen Einheit gehörenden Grundbuchgrundstücke. Sofern mehrere **3**

§ 3 HmbGrStG Teil 1 Grundstücke; Grundsteuer B/Grundsteuer C

wirtschaftliche Einheiten auf einem Grundbuchgrundstück bestehen, ist eine Aufteilung notwendig. Die Fläche ist auf volle Quadratmeter nach unten abzurunden (§ 2 Abs. 5 HmbGrStG).

4 § 3 Abs. 1 S. 2 HmbGrStG sieht von der allgemeinen Äquivalenzzahl abweichende Äquivalenzzahlen für größere Grundstücke vor (HmbBü-Drs. 22/3583, 14: „übergroße Grundstücke") und zwar (1) für Grundstücke, deren Fläche das Zehnfache der Wohnfläche der aufstehenden Wohngebäude übersteigt (§ 3 Abs. 1 S. 2 Nr. 1 HmbGrStG → Rn. 5) sowie (2) für Grundstücke mit keiner bzw. geringfügiger Bebauung (§ 3 Abs. 1 S. 2 Nr. 2 HmbGrStG, → Rn. 6). Der Gesetzgeber **rechtfertigt die besonderen Äquivalenzzahlen,** die niedriger sind als die allgemeine Äquivalenzzahl, mit dem Äquivalenzprinzip: **Eine lineare Fortschreibung** der Äquivalenzzahl **würde zu einem Missverhältnis zwischen der Inanspruchnahme öffentlicher Infrastruktur und Kostenanlastung** gegenüber dem Grundstückseigentümer **führen** (HmbBü-Drs. 22/3583, 14).

5 Die Äquivalenzzahl ermäßigt sich auf 0,02 EUR/qm, wenn (1) die Fläche des Grund und Bodens das Zehnfache der Fläche des Gebäudes überschreitet und (2) das oder die Gebäude mindestens zu 90% der Wohnnutzung dienen. Liegen diese Voraussetzungen vor, wird die ermäßigte Äquivalenzzahl auf die das Zehnfache überschreitende Fläche angewendet, soweit kein Fall der Nr. 2 vorliegt **(§ 3 Abs. 1 S. 2 Nr. 1 HmbGrStG).**

Beispiel (nach HmbBü-Drs. 22/3583, 14): Der Grund und Boden hat eine Fläche von 9.000 qm. Bebaute Fläche sind 100 qm und Wohnfläche sind 200 qm.
Das Zehnfache der Wohnfläche sind 2.000 qm. Bis zu diesen 2.000 qm findet § 3 Abs. 1 S. 1 HmbGrStG und damit die Äquivalenzzahl 0,04 EUR/qm Anwendung. Die über die 2.000 qm hinausgehende Fläche von insgesamt noch 7.000 qm wird von § 3 Abs. 1 S. 2 Nr. 1 HmbGrStG erfasst. Insoweit gilt eine Äquivalenzzahl von 0,02 EUR/qm. Damit ergeben sich folgende Grundsteuerwerte:

	2.000 qm × 0,04 EUR/qm	80,00 EUR
	7.000 qm × 0,02 EUR/qm	35,00 EUR
Grundsteuerwert Grund und Boden		105,00 EUR
Grundsteuerwert Gebäude	200 qm × 0,50 EUR/qm	100,00 EUR

6 Ist die Fläche des Grund und Bodens zu mindestens 90% nicht bebaut, wird die Äquivalenzzahl für die 10.000 qm übersteigende Fläche gemäß **§ 3 Abs. 1 S. 2 Nr. 2 HmbGrStG** insgesamt wie folgt ermittelt: (übersteigende Grund- und Bodenfläche × 0,04 Euro/qm)^{0,7}. Ob das Grundstück bebaut ist, richtet sich nach grundsteuerrechtlichen Kriterien. Liegt ein benutzbares Gebäude iSv §§ 246, 248 BewG vor (→ BewG § 246 Rn. 4 ff.), ist dessen Grundfläche ins Verhältnis zur Grundstücksfläche zu setzen. Die besonderen Anordnungen in § 2 Abs. 4 HmbGrStG sind unseres Erachtens nicht zu beachten. Daher ist zB ein Gebäude mit weniger als 30 qm Gebäudefläche nicht zu berücksichtigen. Vorbehaltlich der Nr. 1 wird die Äquivalenzzahl für die ersten 10.000 qm nach § 3 Abs. 1 S. 1 HmbGrStG bestimmt.

Beispiel (nach HmbBü-Drs. 22/3583, 14 f.): Der Grund und Boden hat eine Fläche von 30.000 qm. Die bebaute Fläche beträgt 200 qm. Das Gebäude wird sowohl für Wohnzwecke als auch andere Zwecke genutzt. Die Wohnfläche beläuft sich auf 100 qm und die Nutzfläche auf 300 qm.
Angesichts des hohen Nutzflächenanteils ist § 3 Abs. 1 S. 2 Nr. 1 HmbGrStG nicht einschlägig, dafür aber § 3 Abs. 1 S. 2 Nr. 2 HmbGrStG (200 qm bebaute Fläche machen weniger als 90% der Grundstücksfläche aus und das Grundstück ist größer als 10.000 qm). Für die ersten 10.000 qm gilt die Äquivalenzzahl von 0,04 EUR/qm und auf die weiteren 20.000 qm findet

Äquivalenzzahlen **§ 3 HmbGrStG**

die degressive Formel des § 3 Abs. 1 S. 2 Nr. 1 HmbGrStG Anwendung. Damit ergeben sich folgende Grundsteuerwerte:

	10.000 qm × 0,04 EUR/qm	400,00 EUR
	(20.000 qm × 0,04 EUR/qm)^{0,7}	107,60 EUR
Grundsteuerwert Grund und Boden		507,60 EUR
Grundsteuerwert Gebäude	400 qm × 0,50 EUR/qm	200,00 EUR

Das **Verhältnis der beiden Tatbestände zueinander** soll sich nach der Vorstellung des Gesetzgebers wie folgt darstellen: Bis zum Zehnfachen der Wohnfläche ist die Äquivalenzzahl stets voll anzusetzen. Übersteigt das Zehnfache der Wohnfläche 10.000 qm, ist für die über das Zehnfache der Wohnfläche hinausgehende Fläche des Grund und Bodens die reduzierte Äquivalenzzahl nach § 3 Abs. 1 S. 2 Nr. 2 HmbGrStG anzuwenden. Übersteigt dagegen das Zehnfache der Wohnfläche 10.000 qm nicht, wird für den das Zehnfache der Wohnfläche übersteigenden Grund und Boden bis 10.000 qm die nach § 3 Abs. 1 S. 2 Nr. 1 HmbGrStG reduzierte Äquivalenzzahl von 0,02 EUR/qm angesetzt. Für die über 10.000 qm hinausgehende Fläche des Grund und Bodens ist § 3 Abs. 1 S. 2 Nr. 2 HmbGrStG anzuwenden („soweit" in Nr. 1, so HmbBü-Drs. 22/3583, 14).   7

Beispiel (nach HmbBü-Drs. 22/3583, 15): Der Grund und Boden hat eine Fläche von 30.000 qm. Die bebaute Fläche beträgt 300 qm. Die Wohnfläche beläuft sich auf 1.500 qm. Nach der Lesart der Gesetzesbegründung wird die Grundstücksfläche bis 15.000 qm mit 0,04 EUR/qm multipliziert. Der Äquivalenzbetrag für die verbleibenden 15.000 qm wird anhand der in Nr. 2 Hs. 1 enthaltenen degressiven Formel ermittelt, da Nr. 1 insoweit verdrängt ist. Damit ergibt sich insgesamt folgender Grundsteuerwert:

	15.000 qm × 0,04 EUR/qm	600,00 EUR
	(15.000 qm × 0,04 EUR/qm)^{0,7}	88,00 EUR
Grundsteuerwert Grund und Boden		688,00 EUR
Grundsteuerwert Gebäude	1.500 qm × 0,50 EUR/qm	750,00 EUR

Abwandlung: Die Wohnfläche beläuft sich nur auf 300 qm. Im Übrigen bleiben die Vorgaben gleich.
Das Zehnfache der Wohnfläche sind 3.000 qm. Bis zu diesen 3.000 qm findet § 3 Abs. 1 S. 1 HmbGrStG und damit die Äquivalenzzahl 0,04 EUR/qm Anwendung. Die weiteren 7.000 qm des Grund und Bodens, dh bis zur Grenze von 10.000 qm, werden mit einer Äquivalenzzahl von 0,02 Euro/qm angesetzt. Es findet § 3 Abs. 1 S. 2 Nr. 1 HmbGrStG Anwendung, weil unterhalb der 10.000 qm Nr. 2 (noch) nicht gilt. Der Äquivalenzbetrag für die über 10.000 qm hinausgehenden 20.000 qm wird dagegen nach der Formel des § 3 Abs. 1 S. 2 Nr. 2 HmbGrStG ermittelt.

	3.000 qm × 0,04 EUR/qm	120,00 EUR
	7.000 qm × 0,02 EUR/qm	140,00 EUR
	(20.000 qm × 0,04 EUR/qm)^{0,7}	107,60 EUR
Grundsteuerwert Grund und Boden		367,60 EUR
Grundsteuerwert Gebäude	300 qm × 0,50 EUR/qm	150,00 EUR

C. Äquivalenzzahl für Gebäudeflächen (Abs. 2)

Die Äquivalenzzahl für Gebäudeflächen (→ HmbGrStG § 2 Rn. 3f.) beträgt einheitlich für alle Gebäudenutzungen (Wohn- wie auch Nutzfläche) 0,50 EUR/qm. Der Gesetzgeber differenziert zwischen Wohn- und Nutzfläche erst auf der Ebene der Steuermesszahl (→ HmbGrStG § 4 Rn. 4ff.).   8

§ 4 Grundsteuermesszahlen

(1) ¹Die Grundsteuermesszahl beträgt 100 v. H. ²Für den Äquivalenzbetrag der Wohnflächen wird die Grundsteuermesszahl auf 70 v. H. ermäßigt.

(2) ¹Die Grundsteuermesszahl für den Äquivalenzbetrag der Wohnflächen wird um 25 v. H. ermäßigt, soweit eine normale Wohnlage vorliegt. ²Der Senat wird ermächtigt, durch Rechtsverordnung für Zwecke der Grundsteuer ein Verzeichnis für gute und normale Wohnlagen zu erlassen. ³Weisen Steuerpflichtige eine andere Wohnlage nach, so ist diese anzusetzen. ⁴Sofern keine Wohnlage aus der Rechtsverordnung nach Satz 2 ermittelbar ist, wird eine normale Wohnlage vermutet.

(3) Die Grundsteuermesszahlen für die Äquivalenzbeträge der Gebäudeflächen werden um 25 v. H. ermäßigt, wenn ein Baudenkmal nach § 4 Absatz 2 Satz 1 oder ein Ensemble nach § 4 Absatz 3 des Denkmalschutzgesetzes vom 5. April 2013 (HmbGVBl. S. 142), geändert am 26. Juni 2020 (HmbGVBl. S. 380, 384), in der jeweils geltenden Fassung vorliegt.

(4) Die Grundsteuermesszahl für den Äquivalenzbetrag der Wohnflächen wird um 25 v. H. ermäßigt, soweit die Wohnflächen
1. den Bindungen nach § 10 Absatz 3 in Verbindung mit § 10 Absätze 2 bis 4 des Hamburgischen Wohnraumfördergesetzes vom 19. Februar 2008 (HmbGVBl. S. 74), zuletzt geändert am 21. Mai 2013 (HmbGVBl. S. 244),
2. den Bindungen nach § 25 in Verbindung mit § 13 Absätze 2 und 3 des Wohnraumfördergesetzes vom 13. September 2001 (BGBl. I S. 2376), zuletzt geändert am 20. November 2019 (BGBl. I S. 1626, 1652),
3. den Bindungen einer Förderung nach § 88d des Zweiten Wohnungsbaugesetzes in der Fassung vom 19. August 1994 (BGBl. I S. 2138) in der bis zum 31. Dezember 2001 geltenden Fassung unterliegen oder
4. nach dem Hamburgischen Wohnungsbindungsgesetz als öffentlich gefördert gelten.

(5) ¹Eine Ermäßigung der Grundsteuermesszahlen nach den Absätzen 3 und 4 wird auf Antrag gewährt, wenn die jeweiligen Voraussetzungen zum Veranlagungszeitpunkt vorlagen. ²Sind mehrere Ermäßigungstatbestände erfüllt, sind die Ermäßigungen nacheinander anzuwenden. ³Bezugspunkt der Berechnung ist jeweils die vorangegangene Grundsteuermesszahlermäßigung. ⁴Die Ermäßigungen nach § 15 des Grundsteuergesetzes vom 7. August 1973 (BGBl. I 965), zuletzt geändert am 21. Dezember 2020 (BGBl. I S. 3096, 3129), in der jeweils geltenden Fassung gelten nicht.

Übersicht

	Rn.
A. Allgemeines	1
I. Systematische Einordnung und Zweck der Regelung	1
II. Entwicklung der Vorschrift	2
B. Allgemeine Messzahl (Abs. 1 S. 1)	3
C. Messzahl für Wohnflächen (Abs. 1 S. 2)	4
D. Messzahlermäßigung für normale Wohnlagen (Abs. 2)	5
E. Ermäßigung für Baudenkmäler und Ensembles (Abs. 3)	9

	Rn.
F. Ermäßigung für geförderten Wohnraum (Abs. 4)	12
G. Stichtagsprinzip und Antragserfordernis (Abs. 5 S. 1)	17
H. Verhältnis der Ermäßigungen zueinander (Abs. 5 S. 2 u. 3)	19
I. Ausschluss des § 15 GrStG (Abs. 5 S. 4)	20

A. Allgemeines

I. Systematische Einordnung und Zweck der Regelung

Das HmbGrStG folgt der verfahrensrechtlichen Dreistufigkeit des bisherigen Grundsteuerrechts (→ HmbGrStG § 1 Rn. 4): An das Grundsteuerwertverfahren schließt sich das Grundsteuermessbetragsverfahren und sodann das Grundsteuerfestsetzungsverfahren an. § 4 HmbGrStG gibt die Grundsteuermesszahlen vor, mittels derer der sog. Grundsteuermessbetrag ermittelt wird. Die Regelung ersetzt § 15 GrStG vollständig (→ Rn. 20). Da die Grundsteuerwerte (Äquivalenzbeträge) getrennt nach Grund und Boden, Wohnfläche und Nutzfläche gesondert festgestellt werden (→ HmbGrStG § 6 Rn. 5), kann § 4 HmbGrStG hieran differenzierend anknüpfen. Der letzte Rechtsanwendungsschritt auf Messbetragsebene ist sodann die Zusammenführung aller Einzelmessbeträge zu einem Grundsteuermessbetrag (vgl. § 1 Abs. 2 HmbGrStG). 1

II. Entwicklung der Vorschrift

§ 4 HmbGrStG beruht auf dem Gesetz v. 24.8.2021 (→ Grundlagen Rn. 86; zu § 4 HmbGrStG HmbBü-Drs. 22/3583, 9f., 15f.). 2

B. Allgemeine Messzahl (Abs. 1 S. 1)

Die allgemeine Grundsteuermesszahl beträgt 100%. Diese Messzahl ist sowohl für den Äquivalenzbetrag des Grund und Bodens als auch der Gebäudefläche immer dann maßgeblich, wenn sich aus den weiteren Messzahlregelungen in § 4 HmbGrStG nichts anderes ergibt. 3

C. Messzahl für Wohnflächen (Abs. 1 S. 2)

§ 4 Abs. 1 S. 2 HmbGrStG enthält eine **allgemeine Ermäßigung der Grundsteuermesszahl** für alle **Wohnflächen** auf 70% (statt 100% → Rn. 3). Eine solche Begünstigung von Wohnflächen ist verfassungsgemäß (→ Grundlagen Rn. 121 ff.). Die Ermäßigung wird nur gewährt, „soweit" Wohnflächen (→ HmbGrStG § 2 Rn. 3) vorliegen. Messzahl für die Flächen des Gebäudes, die nicht der Wohnnutzung dienen (Nutzfläche → HmbGrStG § 2 Rn. 4), erfahren keine Ermäßigung nach § 4 Abs. 1 S. 2 HmbGrStG. Entsprechendes gilt für den Grund und Boden. Da eine gesonderte Feststellung in Ansehung der Wohnfläche zu erfolgen hat (→ HmbGrStG § 6 Rn. 5), ist der Grundsteuerwertbescheid (auch) insoweit Grundlagenbescheid für den Grundsteuermessbescheid. 4

§ 4 HmbGrStG   Teil 1 Grundstücke; Grundsteuer B/Grundsteuer C

D. Messzahlermäßigung für normale Wohnlagen (Abs. 2)

5   Die ermäßigte Grundsteuermesszahl nach § 4 Abs. 1 S. 2 HmbGrStG **wird um 25 % ermäßigt, soweit eine sog. normale Wohnlage vorliegt.** Das Gegenstück zur normalen **Wohnlage ist die sog. gute Wohnlage,** für die § 4 Abs. 2 S. 1 HmbGrStG nicht gilt. Die hierfür notwendige Einstufung der wirtschaftlichen Einheiten des Grundvermögens soll durch eine Rechtsverordnung des Senates erfolgen (§ 4 Abs. 2 S. 2 HmbGrStG).

6   Die **Einordnung steht gemäß § 4 Abs. 2 S. 3 HmbGrStG allerdings unter dem Vorbehalt, dass der Steuerpflichtige nicht eine von der Rechtsverordnung abweichende Einstufung nachweist.** Die Gesetzesbegründung verweist insoweit ua auf das Gutachten eines öffentlich anerkannten Sachverständigen (HmbBü-Drs. 22/3583, 15). Eine Nachweispflicht, wie sie § 4 Abs 2 S. 3 HmbGrStG statuiert, hat grundsätzlich materielle wie auch prozessuale Bedeutung: Wird der Nachweis nicht erbracht, wird die von der Grundregel abweichende Rechtsfolge nicht zugesprochen, weil es an einer materiell-rechtlichen Voraussetzung fehlt. Zugleich darf das FG der Einstufungsfrage nicht von Amts wegen nachgehen, wenn der Steuerpflichtige seiner Nachweispflicht nicht nachgekommen ist (vgl. *Krumm* in Tipke/Kruse FGO § 76 Rn. 46). So verhält es sich allerdings nur bei einer Nachweispflicht auf formeller gesetzlicher Grundlage. Im hamburgischen Grundsteuerrecht erfolgt die Einstufung jedoch durch Rechtsverordnung. Es ist nicht ersichtlich, warum der Steuerpflichtige nicht nach den allgemeinen Regeln geltend machen können soll, dass die Einstufung der Rechtsverordnung nicht den gesetzlichen Voraussetzungen entspricht (sofern man zu dem Ergebnis gelangt, dass es formell-gesetzliche Vorgaben überhaupt gibt, → Rn. 7) und daher unwirksam ist (und damit vom FG nicht zu beachten ist; Art. 64 HmbVerf nimmt dem FG jedenfalls nicht die Normnichtanwendungskompetenz, sofern die Unwirksamkeit auf dem Verstoß gegen die Verordnungsermächtigung beruht, zu Recht *David/Stüber* HmbVerf. Art. 64 Rn. 9 ff.).

7   Die **Verordnungsermächtigung ist in Ansehung der Vorgaben des Art. 53 Abs. 1 S. 2 Verfassung der Freien und Hansestadt Hamburg (HmbVerf) kritisch zu sehen.** Nach Art. 53 Abs. 1 S. 2 HmbVerf müssen Inhalt, Zweck und Ausmaß der erteilten Ermächtigung im Gesetz bestimmt werden. Die genannten Verfassungsbestimmungen verlangen zwar nicht, dass sich Inhalt, Zweck und Ausmaß der Ermächtigung ausdrücklich aus der Ermächtigungsnorm ergeben. Es ist ausreichend, wenn sich die dort geforderte Bestimmtheit erst durch Auslegung nach den allgemeinen Auslegungsregeln erreichen lässt – und sei es auch nur unter Rückgriff auf die Entstehungsgeschichte der Norm (BVerfG 1.7.1987 – 1 BvL 21/82, BVerfGE 76, 130 [142] zu Art. 80 GG). Hiernach muss aber zumindest das Programm, das den Verordnungsgeber steuern soll, erkennbar sein (BVerwG 22.11.2000 – 6 C 8/99, NVwZ 2001, 801 zu Art. 80 GG). Das betrifft zum einen die Vorhersehbarkeit für den Bürger, zum anderen aber auch gerade die Kontrolle durch die Gerichte, die in der Lage sein müssen, durch Auslegung die äußeren Grenzen des Normsetzungsspielraums zu bestimmen (*Brenner* in MKS GG Art. 80 Rn. 38). Die hierbei zu formulierenden Anforderungen können je nach Regelungsmaterie variieren, aber gerade bei Fragen der Belastungsgleichheit wird man dabei eher strengere Maßstäbe anzulegen haben. Insoweit muss man sich vor Augen führen, dass die Differenzierung zwischen normaler und guter Wohnlage immerhin über einen Steuerbelastungsunterschied von 25% entscheidet. Dies vorweggeschickt ist das Defizit des § 4 Abs. 2 HmbGrStG augenfällig: Das Gesetz selbst schweigt zu den Maßstäben zur Abgrenzung von normaler und guter Wohnlage. Stattdessen wird dem Leser erst in der Gesetzesbegründung offenbart, dass mit der Wohnlage auf das Hamburger Wohnlageverzeichnis rekurriert wird, das seinerseits für die Erstellung des Hamburger Mietenspiegels verwendet wird (HmbBü-Drs. 22/3583, 9, 15). Die maßgebliche Wohnlage wird anhand von neun Wohnlageindikatoren bestimmt, die unterschiedlich gewichtet darüber Auskunft geben sollen, ob die Lagevorteile gegenüber einer normalen Wohnlage überwiegen (dann: „gute Wohnlage", vgl. LG Hamburg 20.1.2012 – 311 S 22/11, BeckRS 2012, 212356): (1) Statusindex mit 26%, (2) Bodenrichtwert mit 20%, (3) Grünflächenanteil mit 16%, (4) Einwohnerdichte mit 13%, (5) Art der Straße (4+ Spuren) mit 11%, (6) Entfernung zu U-/S-Bahn/AKN mit 6% (7) Lärmbelastung mit 5%, (8) Entfernung zu Metrobusstation mit 3% und (9) Entfernung zum Einzelhandel mit 1% (vgl. die Aktualisierung des Hamburger Wohnlagenverzeichnisses 2019, Bericht vom April 2020, abrufbar unter www.hamburg.de/contentblob/14026012/4199 d29259bc63cb7534ab71c1e559b8/data/d-wohnlageverzeichnis-methodenbe richt-2019.pdf). Hinter dem immerhin knapp mehr als ¼ die Abgrenzung prägenden Statusindex verbirgt sich wohl ein auf die Bevölkerungsgruppe („Kinder und Jugendliche mit Migrationshintergrund", „Kinder von Alleinerziehenden" und „SGB II-Empfänger/innen") bezogenes Kriterium (so jedenfalls AG Hamburg 18.12.2019 – 49 C 213/18, BeckRS 2019, 32644). Insoweit mag also eine „Verwaltungsübung" existieren, an die der Gesetzgeber offenkundig angeknüpft hat. Das ist allerdings für Art. 53 Abs. 1 S. 2 HmbVerf nicht ausreichend. Denn die Formulierung der Kriterien selbst, aber auch deren Gewichtung sind äußerst wertungsabhängige Vorgänge. Sowohl mit der Vorgabe der Kriterien als auch deren (kaum rationalisierbare) Gewichtung verbinden sich sehr unterschiedliche Vorstellungen eines „Lagevorteils". **Äußere Grenzen sind dabei nicht erkennbar. Es fehlt selbst eine klare Zielrichtung in Bezug auf die Abgrenzung** (Geht es um Wohnqualität? Geht es um die Berücksichtigung einer Wertkomponente? Geht es darum, eine überdurchschnittliche Nutzziehung aus kommunalen Leistungen abzubilden?). In der Gesetzesbegründung wird zwar ausgeführt, dass „wohnwerterhöhende Faktoren wie die Nähe zu Parks, Schnellbahnhaltestellen und anderen Infrastruktureinrichtungen, die Gegenstand öffentlicher Investitionen sind, eine wichtige Rolle bei der Bestimmung der Wohnlage spielen" (HmbBü-Drs. 22/3583, 9, 15). Das ist allerdings zu vage und vor allem deckt sich eine solche äquivalenztheoretische Betrachtung nur sehr eingeschränkt mit den Wohnlageindikatoren des Hamburger Wohnlageverzeichnisses. Letztlich ist die Verwaltung darin frei, was sie als gute und was sie als normale Wohnlage erachtet, und gerade das soll durch die verfassungsrechtlichen Anforderungen, die an die Verordnungsermächtigung gestellt werden, verhindert werden. Die **Verordnungsermächtigung des § 4 Abs. 2 S. 2 HmbGrStG ist daher in dieser Form eine verfassungsrechtlich nicht mehr hinnehmbare „Blanko-Ermächtigung".** Damit soll nicht gesagt sein, dass der Gesetzgeber die Wohnlageindikatoren selbst vorgeben muss. Er muss aber zumindest vorgeben, mit welchem Ziel die Abgrenzung zwischen normal und gut erfolgen muss, damit hieraus die Indikatoren entwickelt und gewichtet werden können.

Lässt sich der Rechtsverordnung nach § 4 Abs. 2 S. 2 HmbGrStG nicht entnehmen, welche Wohnlage für eine wirtschaftliche Einheit maßgeblich ist, dann wird 8

§ 4 HmbGrStG Teil 1 Grundstücke; Grundsteuer B/Grundsteuer C

nach § 4 Abs. 2 S. 4 HmbGrStG eine normale Wohnlage vermutet. Warum der Gesetzgeber nur eine „Vermutungswirkung" normiert hat, lässt sich der Gesetzesbegründung nicht entnehmen. Nimmt man Satz 4 beim Wort, wird man die Regel so verstehen müssen, dass es der Finanzbehörde unbenommen bleibt, eine gute Wohnlage im Einzelfall nachzuweisen.

E. Ermäßigung für Baudenkmäler und Ensembles (Abs. 3)

9 § 4 Abs. 3 HmbGrStG sieht eine Messzahlermäßigung für Baudenkmäler (§ 4 Abs. 2 HmbDSchG) und Ensembles (§ 4 Abs. 3 HmbDSchG, vgl. hierzu OVG Hamburg 12.9.2019 – 3 Bf 177/16, NVwZ-RR 2020, 338) vor, die mit anderen Ermäßigungstatbeständen zusammentreffen kann (→ Rn. 19). Diese Regelung ersetzt § 15 Abs. 5 GrStG, ist der bundesgesetzlichen Regelung aber konzeptionell nachempfunden, weshalb ergänzend auf die Kommentierung des § 15 Abs. 5 GrStG verwiesen werden kann (→ GrStG § 15 Rn. 25 ff.). Da das HmbDSchG dem **deklaratorischen Inschutznahmesystem** folgt (§ 6 Abs. 1 S. 3 HmbDSchG; BVerwG 15.11.2017 – 4 B 14/17, BeckRS 2017, 134548), **liegen die Voraussetzungen des § 4 Abs. 3 HmbGrStG bereits dann** (aber auch nur dann) **vor, wenn die gesetzlichen Merkmale eines Baudenkmals oder eines Ensembles im Veranlagungszeitpunkt vorliegen.** Es bedarf mithin keiner (konstitutiven) Verwaltungsentscheidung (→ GrStG § 15 Rn. 28).

10 Die Messzahlermäßigung für Baudenkmäler und Ensembles wird nur auf Antrag gewährt (§ 4 Abs. 5 HmbGrStG, → Rn. 18).

11 Die Messbetragsermäßigung iHv 25 % wird **nur** in Bezug auf die Messzahl für den Äquivalenzbetrag der **Gebäudefläche** gewährt, mithin nicht auf die Messzahl für den Äquivalenzbetrag des Grund und Bodens. § 4 Abs. 3 HmbGrStG schweigt zu der Frage, wie zu verfahren ist, wenn nur ein Teil des Gebäudes oder eines von mehreren Gebäuden (bei Vorliegen nur einer wirtschaftlichen Einheit) die Voraussetzungen des § 4 Abs. 2, Abs. 3 HmbDSchG erfüllt. Nach der Vorstellung des Gesetzgebers soll aus Gründen der Verfahrens- und Vollzugsvereinfachung in einem solchen Fall die Ermäßigung für den gesamten Äquivalenzbetrag der Gebäudefläche Anwendung finden (HmbBü-Drs. 22/3583, 16). Dafür spricht auch der Wortlaut („wenn" und nicht „soweit").

F. Ermäßigung für geförderten Wohnraum (Abs. 4)

12 § 4 Abs. 4 HmbGrStG sieht **Ermäßigungstatbestände für den geförderten sozialen Wohnungsbau vor** (zur verfassungsrechtlichen Problematik in Ansehung an einer solchen Regelung → GrStG § 15 Rn. 6). Die Regelung benennt explizit bestimmte gesetzliche Fördergrundlagen: das HmbWoFG (Nr. 1), das WoFG des Bundes (Nr. 2), das II. WoBauG des Bundes (Nr. 3) und das HmbWoBindG (Nr. 4). Fördermaßnahmen auf vorstehend nicht genannten Rechtsgrundlagen unterfallen nicht § 4 Abs. 4 HmbGrStG.

13 In den Fällen des **§ 4 Abs. 4 Nr. 1 bis 3 HmbGrStG** muss die Wohnfläche den Förderbindungen unterliegen. **Maßgeblich ist mithin nicht die abstrakte Förderfähigkeit, sondern es muss eine konkrete Förderung vorliegen,** dh eine direkte Fördermaßnahme (Darlehen, Zuschuss) muss durch Förderbescheid (= kein

Grundsteuermesszahlen **§ 4 HmbGrStG**

Grundlagenbescheid, → GrStG § 15 Rn. 8) oder Vertrag zugesagt sein (vgl. zB § 10 Abs. 4 HmbWoFG; § 13 Abs. 3 WoFG) und der Förderzeitraum darf noch nicht abgelaufen bzw. die Förderung noch nicht anderweitig beendet worden sein (Aufhebung des Förderbescheides uÄ). Denn nur dann „unterliegt" die Wohnfläche den durch Verwaltungsakt bzw. Verwaltungsvertrag begründeten Bindungen, wie sie in der Förderzusage und im Übrigen im Gesetz konkretisiert werden. § 4 Abs. 4 Nr. 1–3 HmbGrStG verlangen nicht, dass der Steuerpflichtige die Förderbestimmungen auch tatsächlich einhält. Die Nichtbeachtung der Förderbestimmungen kann allerdings zum Verlust der Förderung führen und dann entfällt auch die Ermäßigung nach § 4 Abs. 4 Nr. 1–3 HmbGrStG. Maßgeblich ist insoweit der Zeitpunkt, zu dem die Förderung nicht mehr erfolgt. Bei einer Aufhebung des Förderbescheides ist mithin der Zeitpunkt entscheidend, zu welchem der Förderbescheid aufgehoben wird. Erfolgt die Aufhebung nur mit Wirkung für die Zukunft, hat eine Neuveranlagung (§ 7 Abs. 1 S. 2 f., Abs. 2 HmbGrStG iVm § 17 GrStG) zu erfolgen. Entsprechendes gilt, wenn die Förderung durch Zeitablauf endet. Erfolgt die Aufhebung hingegen mit Wirkung für die Vergangenheit, liegt ein rückwirkendes Ereignis iSv § 175 Abs. 1 S. 1 Nr. 2 AO vor.

Der Ermäßigungstatbestand des **§ 4 Abs. 4 Nr. 4 HmbGrStG** knüpft an die **14** Eigenschaft „öffentlich gefördert" nach Maßgabe des HmbWoBindG an. Soweit sich Beginn oder Ende der Eigenschaft „öffentlich gefördert" (vgl. §§ 13 bis 17 HmbWoBindG) auf die Höhe des Grundsteuermessbetrages auswirken, ist eine Neuveranlagung durchzuführen (§ 7 Abs. 2 HmbGrStG iVm § 17 GrStG).

Die Messzahlermäßigung wird **nur auf Antrag** gewährt (→ Rn. 18). **15**

Die Ermäßigung wird zusätzlich zur Ermäßigung nach § 4 Abs. 1 S. 2 Hmb- **16** GrStG gewährt. Sie kann zudem gemeinsam mit der Ermäßigung nach § 4 Abs. 3 HmbGrStG zur Anwendung gelangen (→ Rn. 19).

G. Stichtagsprinzip und Antragserfordernis (Abs. 5 S. 1)

Die Voraussetzungen der Ermäßigungstatbestände müssen zu Beginn des Er- **17** hebungszeitraums (= Veranlagungszeitpunkt) erfüllt sein (§ 4 Abs. 5 S. 1 HmbGrStG). Maßgeblich ist der 1.1. des Kalenderjahres (iE zum 1.1. als Stichtag → GrStG § 9 Rn. 3). Das gilt für alle Ermäßigungstatbestände der Abs. 3 und 4.

Die Ermäßigungen nach § 6 Abs. 3 und 4 HmbGrStG **werden nur auf Antrag** **18** **gewährt** (§ 4 Abs. 5 S. 1 HmbGrStG). Eine (materiell-rechtliche) zeitliche Begrenzung für die Antragstellung ist nicht vorgesehen. Die Antragstellung wird daher allein durch die verfahrensrechtlichen Regelungen der Änderbarkeit des das „gewählte Recht" verarbeitenden Verwaltungsakts (also die Bestandskraft) sowie die Regelungen über die Festsetzungsverjährung begrenzt (s. BFH 12.5.2015 – VIII R 14/13, BStBl. II 2015, 806 zu § 32 d Abs. 6 EStG). Da der Antrag hier nur Verfahrenshandlung ist, stellt die nach Erlass des Verwaltungsaktes erfolgte Wahlrechtsausübung vor allem kein rückwirkendes Ereignis iSv § 175 Abs. 1 S. 1 Nr. 2 AO dar (vgl. allgemein zu Anträgen, die nur Verfahrenshandlung sind, zB BFH 12.5.2015 – VIII R 14/13, BStBl. II 2015, 806; aA *Heinen* DStR 2020, 361 [365 ff.]).

§ 5 HmbGrStG   Teil 1 Grundstücke; Grundsteuer B/Grundsteuer C

H. Verhältnis der Ermäßigungen zueinander (Abs. 5 S. 2 u. 3)

19 Mehrere Ermäßigungstatbestände können kumulativ Anwendung finden. In diesem Fall sind die Prozentpunkte der Ermäßigungstatbestände allerdings nicht zu addieren, sondern als Prozentsatz von der jeweils vorangegangenen Messzahl in Abzug zu bringen (§ 4 Abs. 5 S. 3 HmbGrStG). Für Wohnfläche in normaler Wohnlage, die zudem die Voraussetzungen (zB) des § 4 Abs. 4 HmbGrStG erfüllt, ergibt sich folgende Messzahl: 70% (§ 4 Abs. 1 S. 2 HmbGrStG) ermäßigt um 25% (§ 4 Abs. 2 S. 1 HmbGrStG) = 52,5% und diese wiederum ermäßigt um 25% (§ 4 Abs. 4 HmbGrStG) = 39,375%. Sollte es sich dann auch noch um ein Denkmal iSv § 4 Abs. 2 HmbDSchG handeln, würden sich die 39,375% um weitere 25% auf 29,53% ermäßigen (so auch HmbBü-Drs. 22/3583, 16).

I. Ausschluss des § 15 GrStG (Abs. 5 S. 4)

20 § 4 HmbGrStG normiert die Grundsteuermesszahlen und die hierauf zu gewährenden Ermäßigungen abschließend. Die bundesgesetzliche Regelung des **§ 15 GrStG findet keine Anwendung** (§ 4 Abs. 5 S. 4 HmbGrStG).

§ 5 Gesonderter Hebesatz bei unbebauten und baureifen Grundstücken (Grundsteuer C)

¹Für unbebaute und baureife Grundstücke im Sinne des § 1 Absatz 1 Satz 1 kann ein abweichender Hebesatz (Grundsteuer C) bestimmt werden. ²§ 25 Absatz 5 Sätze 1 bis 4 und 7 bis 9 des Grundsteuergesetzes finden Anwendung.

1 Auch in Hamburg gilt gemäß § 25 Abs. 4 S. 1 GrStG der Grundsatz der Einheitlichkeit der Hebesätze für die Betriebe der Land- und Forstwirtschaft einerseits und die Grundstücke andererseits. Ebenso wie das Bundesgrundsteuerrecht (dort: § 25 Abs. 5 GrStG) sieht § 5 HmbGrStG eine Ausnahme von diesem Grundsatz vor (dazu HmbBü-Drs. 22/3583, 16) und erlaubt die Festlegung eines gesonderten Hebesatzes für unbebaute baureife Grundstücke (sog. Grundsteuer C). § 5 S. 2 HmbGrStG verweist weitgehend auf § 25 Abs. 5 GrStG, weshalb hier auf die Kommentierung zu § 25 Abs. 5 GrStG verwiesen wird (→ GrStG § 25 Rn. 43 ff.). Lediglich die Sätze 5 und 6 des § 25 Abs. 5 GrStG, die sich mit einer Beschränkung des gesonderten Hebesatzes auf einen Teil des Gemeindegebietes befassen, werden nicht in Bezug genommen. Zu beachten ist, dass ein nach § 2 Abs. 4 HmbGrStG fingiert unbebautes Grundstück auch ein unbebautes Grundstück iSv § 5 HmbGrStG darstellen dürfte.

Abschnitt 2 Verfahren

§ 6 Feststellungsverfahren

(1) ¹Die jeweiligen Grundsteuerwerte werden auf den 1. Januar 2022 allgemein festgestellt (Hauptfeststellung). ²Abweichend von § 221 des Bewertungsgesetzes findet keine turnusmäßige Hauptfeststellung statt. ³Bei der Ermittlung des Grundsteuerwerts ist § 163 der Abgabenordnung nicht anzuwenden.

(2) ¹In dem Feststellungsbescheid für die Grundsteuerwerte der Grundstücke sind auch Feststellungen über die Fläche von Grund und Boden und die Gebäudeflächen zu treffen. ²Abweichend von § 219 Absatz 2 Nummer 1 des Bewertungsgesetzes wird die Grundstücksart der wirtschaftlichen Einheit nicht festgestellt. ³Feststellungen erfolgen nur, wenn und soweit sie für die Besteuerung von Bedeutung sind. ⁴Der Feststellungsbescheid kann mit dem nachfolgenden Grundsteuermessbescheid verbunden und zusammengefasst bekannt gegeben werden.

(3) ¹Der Grundsteuerwerte (Wertfortschreibung) und die Flächen (Flächenfortschreibung) werden neu festgestellt, wenn ein Äquivalenzbetrag oder eine Fläche von der zuletzt getroffenen Feststellung abweicht und es für die Besteuerung von Bedeutung ist. ²Eine Fortschreibung nach Satz 1 findet auch zur Beseitigung eines Fehlers der letzten Feststellung statt.

(4) Für die Grundsteuerwerte nach diesem Gesetz gelten die Vorschriften des Bewertungsgesetzes über die Fortschreibung, Nachfeststellung, Aufhebung, Änderung und Nachholung der Feststellung im Übrigen sinngemäß.

(5) ¹Die Aufforderung zur Abgabe einer Erklärung durch öffentliche Bekanntmachung nach § 228 Absatz 1 Satz 3 des Bewertungsgesetzes erfolgt durch das zuständige Finanzamt mittels Allgemeinverfügung. ²Abweichend von § 228 Absatz 2 des Bewertungsgesetzes sind die Änderungen der tatsächlichen Verhältnisse, die sich auf die Höhe des Grundsteuerwerts auswirken oder zu einer Nachfeststellung oder der Aufhebung des Grundsteuerwerts führen können, auf den Beginn des folgenden Kalenderjahres zusammengefasst anzuzeigen. ³Die Anzeige ist bis zum 31. März des Jahres abzugeben, das auf das Jahr folgt, in dem sich die tatsächlichen Verhältnisse geändert haben. ⁴In den Fällen des § 1 Absatz 4 Satz 2 ist § 228 Absatz 3 Nummer 1 des Bewertungsgesetzes anzuwenden.

(6) Die Erklärung und die Anzeige nach Absatz 5 sind Steuererklärungen im Sinne der Abgabenordnung, die nach amtlich vorgeschriebenem Datensatz durch Datenfernübertragung übermittelt werden sollen.

A. Allgemeines

I. Systematische Einordnung und Zweck der Regelung

Das hamburgische Grundsteuerrecht übernimmt auch für die Besteuerung der Grundstücke (Grundsteuer B) das dreistufige Verwaltungsverfahren des Bundes- 1 grundsteuerrechts. Die jeweiligen **Verfahrensrechtsregime der §§ 219 ff. BewG, der §§ 17 ff.** GrStG und der Abgabenordnung finden Anwendung, allerdings **unter punktueller Anpassung an die Bedürfnisse eines Flächenmodells.** Diese Anpassungen finden sich vor allem in § 6 HmbGrStG für das Grundsteuerwertfeststellungsverfahren und in § 7 HmbGrStG für das Grundsteuermessbetragsverfahren.

II. Entwicklung der Vorschrift

2   § 6 HmbGrStG beruht auf dem Gesetz v. 24.8.2021 (→ Grundlagen Rn. 86; zu § 6 HmbGrStG HmbBü-Drs. 22/3583, 16 f.).

B. Hauptfeststellung (Abs. 1)

3   Die Feststellung der Grundsteuerwerte (Äquivalenzbeträge) und der Flächen (→ Rn. 5) erfolgt auf den 1.1.2022 (für die erste Hauptveranlagung auf den 1.1.2025 → HmbGrStG § 7 Rn. 3) durch den Grundsteuerwertbescheid. § 6 Abs. 1 S. 1 HmbGrStG nennt diese Feststellung Hauptfeststellung (insoweit übereinstimmend mit dem Bundesgrundsteuerrecht, s. § 221 Abs. 1 BewG). Maßgeblich sind insoweit die Verhältnisse zu Beginn des Kalenderjahres (§ 221 Abs. 2 BewG; eingehend → BewG § 221 Rn. 8). Gemäß § 6 Abs. 1 S. 2 HmbGrStG **finden sodann keine weiteren turnusmäßigen Hauptfeststellungen statt.** § 221 Abs. 1 BewG findet mithin keine Anwendung. **Veränderungen** in Bezug auf die Flächen und die Grundsteuerwerte (Äquivalenzbeträge) **wird** – ebenso wie in Ansehung eines Zurechnungswechsels – **allein durch Fortschreibungen Rechnung getragen.**

4   § 6 Abs. 1 S. 3 HmbGrStG ordnet die **Nichtanwendung des § 163 AO** an. Das entspricht der Regelung in § 220 S. 2 BewG (→ BewG § 220 Rn. 4 ff.), geht aber hierüber sogar noch hinaus, weil die dort gemachte Ausnahme für vertrauensschützende Übergangsregelungen nicht übernommen wurde. § 6 Abs. 1 S. 3 HmbGrStG verdrängt daher § 220 S. 2 BewG. Ebenso wie § 220 S. 2 BewG schließt § 6 Abs. 1 S. 3 HmbGrStG allerdings Billigkeitsmaßnahmen auf den späteren Verfahrensstufen (insbesondere im Erhebungsverfahren) nicht aus.

C. Gesonderte Feststellung der Flächen (Abs. 2)

5   Die §§ 1, 6 HmbGrStG gehen davon aus, dass die §§ 219 ff. BewG Anwendung finden und dies mit durch § 6 Abs. 2 HmbGrStG modifiziertem Inhalt: **Gesondert festzustellen sind die Grundsteuerwerte** (Äquivalenzbeträge) für den Grund und Boden, die Wohnfläche und die Nutzfläche (anders als im Bundesgrundsteuerrecht also nicht der „eine" Grundsteuerwert), **jeweils die Fläche des Grund und Bodens, die Wohnfläche und die Nutzfläche.** Die Flächenfeststellungen haben Bindungswirkung sowohl für die Feststellung der korrespondierenden Grundsteuerwerte (also die Feststellung über die Fläche des Grund und Bodens für den Grundsteuerwert betreffend den Grund und Boden) als auch für den Grundsteuermessbescheid in Bezug auf die Grundsteuermesszahlermäßigungen. Ferner werden die Zurechnung der wirtschaftlichen Einheit und die Vermögensart gesondert festgestellt. Auf die gesonderte Feststellung der Grundstücksart wird hingegen verzichtet (§ 6 Abs. 2 S. 2 HmbGrStG).

Feststellungsverfahren   **§ 6 HmbGrStG**

§ 6 Abs. 1 S. 3 HmbGrStG enthält einen **Bedeutungsvorbehalt**, wie er sich   6
auch in § 219 Abs. 3 BewG findet. Dieser hat vor allem Bedeutung, wenn für
die gesamte wirtschaftliche Einheit eine Grundsteuerbefreiung nach den §§ 3 ff.
GrStG einschlägig ist (eingehend → GrStG § 3 Rn. 5 ff. und → BewG § 219
Rn. 43 f.).
Gemäß § 6 Abs. 1 S. 4 HmbGrStG kann der Grundsteuerwertbescheid mit dem   7
Grundsteuermessbescheid (= Folgebescheid im Verhältnis zum Grundsteuerwertbescheid) verbunden und zusammengefasst bekannt gegeben werden.

D. Anwendung der §§ 222 ff. BewG unter Einbeziehung der Flächenfeststellung nach Abs. 2 (Abs. 3 und 4)

Das hamburgische Grundsteuerrecht greift nicht nur auf das Instrument der   8
gesonderten Feststellung zurück (in Bezug auf Grundsteuerwerte, Flächen und
Zurechnung → Rn. 5), sondern auch auf das **Fortschreibungs-, Nachfeststellungs- und Aufhebungsrechtsregime der §§ 222–226 BewG.** Diese Regelungen gelten „sinngemäß" (§ 6 Abs. 4 HmbGrStG). (1) Eine **Wertfortschreibung**
findet bei einer Abweichung von der zuletzt getroffenen Grundsteuerwertfeststellung statt, wenn sich ein Äquivalenzbetrag verändert und die Abweichung für die
Besteuerung von Bedeutung ist (§ 6 Abs. 3 S. 1 HmbGrStG). Das bedeutet vor allem
eine Verknüpfung mit § 7 Abs. 1 HmbGrStG (→ Rn. 9) und eine Nichtanwendung
der Wertfortschreibungsgrenzen des § 222 Abs. 1 BewG. Da **jeder Grundsteuerwert eine eigenständige Feststellung darstellt,** ist die Fortschreibung auch immer für jeden Grundsteuerwert gesondert zu prüfen; jeder Grundsteuerwert ist
allein fortschreibungsfähig. (2) Die ergänzend zu § 219 BewG mit § 6 Abs. 1 HmbGrStG vorgesehene Flächenfeststellung (→ Rn. 5) erfährt ein Fortschreibungspendant (§ 6 Abs. 3 S. 1 HmbGrStG, **Flächenfortschreibung**). Da für **jede Fläche
(Grund und Boden, Wohnfläche, Nutzfläche) eine eigene Feststellung** zu
treffen ist, ist auch jede dieser Feststellungen allein fortschreibungsfähig. Das hat vor
allem Bedeutung für den Rechtsschutz (→ BewG § 222 Rn. 50 ff.). (3) Sowohl für
die Wert- als auch die Flächenfeststellung sieht § 6 Abs. 3 S. 2 HmbGrStG eine **fehlerbeseitigende Fortschreibung** vor. Die Regelung entspricht § 222 Abs. 3
BewG, weshalb insbesondere für den (umfassenden) Fehlerbegriff auf die Erläuterungen dort verwiesen werden kann (→ BewG § 222 Rn. 22 ff.). Für alle Fortschreibungen gilt im Übrigen (dh soweit sich aus den vorgenannten Regelungen nichts
anderes ergibt) § 222 BewG. Das betrifft vor allem die Fortschreibungszeitpunkte
nach § 222 Abs. 4 BewG (→ BewG § 222 Rn. 27 ff.). Zudem dürfte § 6 Abs. 3 S. 2
HmbGrStG nicht abschließend sein und durch § 222 Abs. 3 S. 2 u. 3 BewG (Anwendung des § 176 AO, → BewG § 222 Rn. 26) ergänzt werden. Die Regelung über die
Zurechnungsfortschreibung findet ebenfalls Anwendung (§ 222 Abs. 2 BewG,
→ BewG § 222 Rn. 18 ff.).

§ 6 Abs. 3 S. 1 HmbGrStG enthält einen **Bedeutungsvorbehalt**. Dieser kann   9
wiederum bei von der Grundsteuer befreiten Grundstücken relevant werden.
Nach der Gesetzesbegründung soll er aber auch die Fortschreibung an die Neufestsetzung (Neuveranlagung) nach § 7 Abs. 1 HmbGrStG koppeln: Wenn die Gebäudefläche zunimmt, aber die 5 Euro-Grenze des § 7 Abs. 1 S. 3 HmbGrStG
(→ HmbGrStG § 7 Rn. 4) nicht überschritten wird und deshalb die Veränderung
des Grundsteuerwertes nicht zu einer Neuveranlagung führen kann, dann soll be-

§ 6 HmbGrStG Teil 1 Grundstücke; Grundsteuer B/Grundsteuer C

reits die Fortschreibung auf den höheren Grundsteuerwert iSv § 6 Abs. 3 S. 1 HmbGrStG für die Besteuerung nicht von Bedeutung sein und daher unterbleiben (so HmbBü-Drs. 22/3583, 17).

10 In Bezug auf die Nachfeststellung nach § 223 BewG, die Aufhebung nach § 224 BewG, die Änderung nach § 225 BewG und die Nachholung einer Feststellung nach § 226 BewG gelten über die Einbeziehung der gesonderten Flächenfeststellung hinaus keine Besonderheiten. Es kann daher auf die entsprechenden Kommentierungen verwiesen werden. Dies gilt ferner für die Anwendung der allgemeinen Berichtigungs- und Änderungsvorschriften nach der Abgabenordnung (→ BewG § 222 Rn. 37 ff.).

E. Steuererklärungs- und Anzeigepflichten (Abs. 5 und 6)

11 § 228 BewG, der **Steuererklärungs- und Anzeigepflichten der Steuerpflichtigen** normiert, findet **auch in Hamburg** Anwendung. Mit § 6 Abs. 5 u. 6 HmbGrStG wird die Norm allerdings punktuell modifiziert: (1) Die Aufforderung zur Abgabe der Erklärung zur Feststellung der Grundsteuerwerte durch öffentliche Bekanntmachung erfolgt gemäß § 6 Abs. 5 S. 1 HmbGrStG durch das zuständige Finanzamt (konkret: Finanzamt für Verkehrsteuern und Grundbesitz in Hamburg → HmbGrStG § 11 Rn. 5) und nicht durch das BMF (so § 228 Abs. 1 S. 3 BewG). (2) Nach § 6 Abs. 5 S. 2 HmbGrStG sind alle anzeigepflichtigen Änderungen iSv § 228 Abs. 2 BewG in einer „Jahresanzeige" zusammenzufassen. Das dürfte sich auch bereits aus § 228 Abs. 2 BewG selbst ergeben, weshalb die Regelung nur deklaratorische Bedeutung hat. (3) Konstitutiv ist allerdings die Abweichung in Bezug auf die Anzeigefrist; § 6 Abs. 5 S. 3 HmbGrStG verlängert die Frist auf drei Monate (§ 228 Abs. 2 S. 3 BewG: nur ein Monat). Die Frist beginnt mit Ablauf des Kalenderjahres, in dem die anzeigepflichtige Änderung eingetreten ist (zur Anzeigepflicht im Einzelnen → BewG § 228 Rn. 10 ff.).

12 Mit § 1 Abs. 4 S. 2 HmbGrStG hält Hamburg bei Gebäuden auf fremdem Grund und Boden an zwei wirtschaftlichen Einheiten fest (→ HmbGrStG § 1 Rn. 13 ff.). Dem trägt § 6 Abs. 5 S. 4 HmbGrStG dadurch Rechnung, dass er § 228 Abs. 3 Nr. 1 BewG für anwendbar erklärt und damit die Erklärungs- und Anzeigepflichten jeweils an das Zurechnungssubjekt der beiden wirtschaftlichen Einheit adressiert.

13 § 6 Abs. 6 HmbGrStG entspricht hinsichtlich der Anwendung der Vorschriften über Steuererklärungen auf die Erklärungen und Anzeigen nach § 228 BewG iVm § 6 Abs. 5 HmbGrStG der Regelung in § 228 Abs. 5 BewG (→ BewG § 228 Rn. 17 ff.). In Bezug auf die Übermittlung der Erklärungen und Anzeigen erklärt § 6 Abs. 6 HmbGrStG den elektronischen Weg (Datenfernübertragung nach amtlich vorgeschriebenem Datensatz) nur zu einer „Soll-Vorgabe". Während die elektronische Übermittlung nach § 228 Abs. 6 BewG verpflichtend ist und nur unter engen Voraussetzungen hiervon dispensiert werden kann (→ BewG § 228 Rn. 21 f.), verzichtet Hamburg auf eine Übermittlungspflicht.

§ 7 Veranlagungsverfahren

(1) ¹Die Grundsteuermessbeträge werden auf den 1. Januar 2025 allgemein festgesetzt (Hauptveranlagung). ²Der Grundsteuermessbetrag wird auch neu festgesetzt, wenn der Grundsteuermessbetrag, der sich für den Beginn eines Kalenderjahres ergibt, von dem entsprechenden Betrag des letzten Festsetzungszeitpunkts nach unten abweicht. ³Dasselbe gilt, wenn sein auf den Grund und Boden entfallender Anteil nach oben abweicht oder wenn sein auf das Gebäude entfallender Anteil um mehr als 5 Euro nach oben abweicht. ⁴Der Grundsteuermessbetrag wird auch dann neu festgesetzt, wenn dem Finanzamt bekannt wird, dass die letzte Veranlagung fehlerhaft ist.

(2) Im Übrigen gelten die Vorschriften des Grundsteuergesetzes über die Neuveranlagung, Nachveranlagung, Aufhebung und Zerlegung des Grundsteuermessbetrags und die Änderung des Grundsteuermessbescheids sinngemäß.

(3) ¹Änderungen der Nutzung hat diejenige Person anzuzeigen, welcher der Steuergegenstand zuzurechnen ist. ²Satz 1 gilt für den Wegfall der Voraussetzungen für die ermäßigten Grundsteuermesszahlen nach § 4 Absätze 3 und 5 entsprechend. ³§ 19 Absatz 1 Satz 1 des Grundsteuergesetzes bleibt unberührt. ⁴Abweichend von § 19 Absatz 1 Satz 2 und Absatz 2 Satz 2 des Grundsteuergesetzes ist die Anzeige nach den Sätzen 1 bis 3 bis zum 31. März des Jahres abzugeben, das auf das Jahr folgt, in dem sich die Verhältnisse geändert haben. ⁵§ 6 Absatz 6 gilt entsprechend.

A. Allgemeines

I. Systematische Einordnung und Zweck der Regelung

Die Regelung bestätigt die Anwendung der §§ 17 ff. GrStG und modifiziert sie partiell (→ HmbGrStG § 6 Rn. 1). **1**

II. Entwicklung der Vorschrift

§ 7 HmbGrStG beruht auf dem Gesetz v. 24.8.2021 (→ Grundlagen Rn. 86; zu § 7 HmbGrStG HmbBü-Drs. 22/3583, 17 f.). **2**

B. Haupt- und Neuveranlagung (Abs. 1)

Die Grundsteuermessbeträge werden auf den 1.1.2025 allgemein festgesetzt. In Anlehnung an § 16 GrStG spricht § 7 Abs. 1 S. 1 HmbGrStG von Hauptveranlagung. Da das hamburgische Grundsteuerrecht keine regelmäßige Feststellung der Grundsteuerwerte (Äquivalenzbeträge) und Flächen kennt, verzichtet es folgerichtig auch auf regelmäßige Hauptveranlagungen (→ Rn. 7). Änderungen ist allein durch Neuveranlagungen Rechnung zu tragen (→ Rn. 4), also analog der konzeptionellen Ausgestaltung des vorgelagerten Feststellungsverfahrens, das nur Fortschreibungen kennt (→ HmbGrStG § 6 Rn. 3). **3**

§ 7 HmbGrStG Teil 1 Grundstücke; Grundsteuer B/Grundsteuer C

4 § 7 Abs. 1 S. 2f. HmbGrStG setzt zuvorderst die Anwendung des § 17 GrStG voraus und knüpft an dessen Grundregel in § 17 Abs. 1 GrStG an, wonach **eine Neuveranlagung durchzuführen ist, soweit auf der vorgelagerten Verfahrensebene eine Fortschreibung wirksam geworden ist.** Das gilt uneingeschränkt jedenfalls für die Zurechnungsfortschreibung; eine solche führt zwangsläufig zur Neuveranlagung. Eine Wert- oder Flächenfortschreibung („sinngemäße Anwendung" des § 17 Abs. 1 GrStG gem. § 7 Abs. 2 HmbGrStG) führen ebenfalls grundsätzlich zu einer Neuveranlagung. Eine Flächenfortschreibung kann zB für die Ermäßigungstatbestände des § 4 HmbGrStG von Bedeutung sein. So führt eine Verschiebung von der Wohn- zur Nutzfläche wegen des Entfallens der Begünstigung nach § 4 Abs. 1 S. 2 HmbGrStG zwangsläufig zu einer höheren Grundsteuermesszahl. Uneingeschränkt gilt die Neuveranlagungspflicht bei Wert- und Flächenfortschreibung aber nur dann, wenn sich hierdurch eine Verringerung des Grundsteuermessbetrags ergibt oder wenn eine Erhöhung des auf den Grund und Boden entfallenden Anteils am Grundsteuermessbetrag in Rede steht. Hat die Wert- oder Flächenfortschreibung hingegen zur Folge, dass sich der auf das Gebäude entfallende Anteil am Grundsteuermessbetrag erhöht, ist die Neuveranlagung nur zulässig, wenn der neue Grundsteuermessbetrag um mehr als 5 EUR nach oben abweicht. Ergibt sich bereits wegen der Erhöhung des Anteils am Grund und Boden eine Neuveranlagungsnotwendigkeit und hat sich auch der Gebäudeanteil erhöht, dann gilt die Neuveranlagungseinschränkung des § 7 Abs. 1 S. 3 HmbGrStG unseres Erachtens hingegen nicht.

5 Die **Neuveranlagung** nach § 7 Abs. 1 S. 2f. HmbGrStG ist auch dann durchzuführen, **wenn die Feststellungen auf der vorgelagerten Verfahrensebene unverändert bleiben, aber eine (allein im Messbetragsverfahren zu prüfende) Ermäßigungsvoraussetzung des § 4 HmbGrStG wegfällt** oder erstmals erfüllt wird. Das entspricht der Neuveranlagung nach § 17 Abs. 2 Nr. 1 GrStG. Das kann zB die Denkmaleigenschaft iSv § 4 Abs. 3 HmbGrStG oder die Förderung nach § 4 Abs. 4 HmbGrStG betreffen. Die Ausführungen zur 5 Euro-Grenze gelten dann entsprechend (vgl. → Rn. 4).

6 § 7 Abs. 1 S. 4 HmbGrStG normiert – in Übereinstimmung mit § 17 Abs. 2 Nr. 2 GrStG – eine **Neuveranlagung zur Fehlerbeseitigung.** In Bezug auf den Fehlerbegriff kann auf die Ausführungen zu § 17 Abs. 2 Nr. 2 GrStG verwiesen werden (→ GrStG § 17 Rn. 10). Bezüglich des Fortschreibungszeitpunktes (§ 17 Abs. 3 S. 2 Nr. 3 GrStG, → GrStG § 17 Rn. 17f.), der Anwendung des § 176 AO (§ 17 Abs. 2 Nr. 2 2. Hs. GrStG, → GrStG § 17 Rn. 11ff.) und den Festsetzungsverjährungsfragen (→ GrStG § 17 Rn. 20) gilt ohnehin das Bundesgrundsteuerrecht „sinngemäß" (§ 7 Abs. 2 HmbGrStG, → Rn. 7).

C. Anwendung der §§ 17ff. GrStG (Abs. 2)

7 Gemäß § 7 Abs. 2 HmbGrStG gelten die Vorschriften der §§ 17ff. GrStG sinngemäß. § 7 Abs. 1 S. 2ff. HmbGrStG wird daher von § 17 GrStG ergänzt (gilt insbesondere für den Neuveranlagungszeitpunkt) und im Übrigen sind Nachveranlagungen und Aufhebungen sowie die Änderung von Steuermessbescheiden nach den allgemeinen Regeln möglich. Ferner verweist § 7 Abs. 2 HmbGrStG auf die Zerlegungsvorschriften, die allerdings in Hamburg für Grundstücke ohne Bedeutung sein dürften (zum Problem einer die Landesgrenzen überschreitenden wirtschaftlichen Einheit → HmbGrStG § 1 Rn. 16 und → HmbGrStG § 9 Rn. 14).

Veranlagungsverfahren **§ 7 HmbGrStG**

D. Anzeigepflicht (Abs. 3)

§ 19 Abs. 1 GrStG enthält eine Anzeigepflicht in Bezug auf die Änderung der 8
Nutzung oder der Eigentumsverhältnisse eines ganz oder teilweise von der Grundsteuer befreiten Gegenstandes. Diese Anzeigepflicht gilt auch in Hamburg. Das ergibt sich unmittelbar aus § 7 Abs. 3 S. 3 HmbGrStG. Daher kann grundsätzlich auf die Kommentierung des § 19 Abs. 1 GrStG verwiesen werden. Für die ferner im Bundesgrundsteuerrecht geregelte Anzeigepflicht nach § 19 Abs. 2 GrStG dürfte hingegen kein Anwendungsbereich verbleiben. Ihre Anwendung wird zwar von § 7 Abs. 3 S. 4 HmbGrStG vorausgesetzt. Allerdings dürfte § 7 Abs. 3 S. 1 u. 2 HmbGrStG die Anzeigepflicht in Ansehung der Ermäßigungstatbestände des § 4 HmbGrStG bereits umfassend darlegen.

Gemäß § 7 Abs. 1 S. 1 HmbGrStG ist jede Änderung in Bezug auf die Nutzung 9
anzuzeigen. Anders als § 19 Abs. 1 S. 1 GrStG enthält die Anzeigepflicht keine Beschränkung auf von der Grundsteuer befreite Steuergegenstände, sondern gilt generell für jede Nutzungsänderung. Die Anzeigepflicht nach § 7 Abs. 1 S. 1 HmbGrStG hat vor allem Bedeutung für die Wohnnutzung, an die § 4 Abs. 1 S. 2, Abs. 2 HmbGrStG anknüpft (→ HmbGrStG § 4 Rn. 4ff.). Anzeigepflichtig ist mithin vor allem der Wechsel von der Wohnnutzung zur Nichtwohnnutzung und umgekehrt. § 7 Abs. 3 S. 2 HmbGrStG wiederum enthält eine Anzeigepflicht, die auf die Ermäßigungstatbestände des § 4 Abs. 3 (Baudenkmal, → HmbGrStG § 4 Rn. 9ff.) und Abs. 4 (geförderter Wohnraum, → HmbGrStG § 4 Rn. 12ff.) zugeschnitten ist (der Verweis auf Abs. 5 ist als Verweis auf Abs. 4 zu lesen; die Nummerierung hat sich im Gesetzgebungsverfahren geändert und § 7 Abs. 3 S. 2 HmbGrStG ist versehentlich nicht angepasst worden). Entfällt eine Ermäßigungsvoraussetzung, ist dies anzuzeigen (die Ermäßigungsvoraussetzung „Wohnfläche" wird hingegen bereits von § 7 Abs. 3 S. 1 HmbGrStG erfasst). Damit ist die Anwendung des § 153 Abs. 2 AO gesperrt; § 19 Abs. 1 GrStG und § 7 Abs. 3 HmbGrStG erfassen zusammen alle denkbaren Anzeigekonstellationen und sind leges speciales. Anwendbar bleibt allerdings § 153 Abs. 1 AO (→ GrStG § 19 Rn. 13).

§ 7 Abs. 3 S. 4 HmbGrStG modifiziert die Anzeigepflichten nach § 19 Abs. 1 10
GrStG und § 7 Abs. 3 S. 1 u. 2 HmbGrStG dahingehend, dass die Anzeigefrist einheitlich, nämlich übereinstimmend mit der das Grundsteuerwertfeststellungsverfahren betreffenden Anzeigepflicht des § 228 Abs. 2 BewG iVm § 6 Abs. 5 HmbGrStG (→ HmbGrStG § 6 Rn. 11), drei Monate beginnend mit Ablauf des Jahres, in dem der anzeigepflichtige Umstand eingetreten ist, beträgt.

§ 7 Abs. 3 S. 5 HmbGrStG verweist auf § 6 Abs. 6 HmbGrStG, der wiederum 11
§ 228 Abs. 5 u. 6 BewG nachgebildet ist, aber eine „Soll-Regelung" enthält (→ HmbGrStG § 6 Rn. 13).

§ 8 HmbGrStG Teil 1 Grundstücke; Grundsteuer B/Grundsteuer C

Abschnitt 3 Erlass

§ 8 Erlass im Härtefall

(1) ¹In einem besonders gelagerten, nicht rohertragsbedingten Härtefall kann der Anteil der Grundsteuer B, der auf den Grundsteuermessbetrag eines nicht für Wohnzwecke genutzten Gebäudes entfällt, teilweise erlassen werden. ²Der Erlass wird nur auf Antrag gewährt. ³Der Antrag ist bis zu dem auf den Erlasszeitraum folgenden 31. März zu stellen. ⁴Einer jährlichen Wiederholung des Antrags bedarf es nicht. ⁵Die Steuerschuldnerin oder der Steuerschuldner ist verpflichtet, eine Änderung der maßgeblichen Verhältnisse dem zuständigen Finanzamt binnen drei Monaten nach Eintritt der Änderung anzuzeigen.

(2) ¹Sofern in einem Fall des Absatzes 1 weitere Erlasstatbestände vorliegen, gilt die Grundsteuer nach Anwendung des Absatzes 1 als Ausgangswert für die Berechnung. ²Die Erlassregelungen des Grundsteuergesetzes bleiben ansonsten unberührt.

A. Allgemeines

I. Systematische Einordnung und Zweck der Regelung

1 § 8 Abs. 1 HmbGrStG ergänzt die auch in Hamburg geltenden §§ 32–35 GrStG (→ Rn. 5 ff.) um einen weiteren grundsteuerspezifischen Erlasstatbestand.

II. Entwicklung der Vorschrift

2 Die Regelung beruht auf dem Gesetz v. 24.8.2021 (→ Grundlagen Rn. 86; zu § 8 HmbGrStG HmbBü-Drs. 22/3583, 18).

B. Härtefallerlass (Abs. 1)

3 In einem besonders gelagerten Härtefall kann bei einem Grundstück, das nicht für Wohnzwecke genutzt wird, die Grundsteuer teilweise erlassen werden. Der Norm lässt sich zumindest entnehmen, für welche Konstellationen sie nicht gilt: Sie findet keine Anwendung auf Betriebe der Land- und Forstwirtschaft und für Grundstücke, soweit diese für Wohnzwecke genutzt werden. Ferner ergibt sich aus „nicht rohertragsbedingt", dass der Härtefall nicht darin bestehen kann, dass der tatsächliche Rohertrag hinter dem normalen Rohertrag zurückbleibt oder das Grundstück Beschränkungen unterliegt, die zur Unrentabilität führen. Dies sind vielmehr allein Anwendungsfälle des § 34 GrStG und des § 32 GrStG (so ausdrücklich auch HmbBü-Drs. 22/3583, 18). Im Übrigen **ist die Regelung sehr steuerungsarm.** Der Terminus **„besonders gelagerter Härtefall"** ist dem Steuerrecht als Merkmal eines gesetzlichen Tatbestandes bisher fremd. Die Gerechtigkeit im Einzelfall wird bei überschießender Normanwendung vielmehr durch die **Unbilligkeit** nach den §§ 163, 227 AO verwirklicht. In diesem Lichte wird man daher wohl auch § 8 Abs. 1 HmbGrStG sehen müssen. Betrachtet man die Gesetzesbegründung, dürfte

Erlass im Härtefall **§ 8 HmbGrStG**

§ 8 Abs. 1 HmbGrStG einen sachlichen Billigkeitstatbestand normieren, der die sachlich überschießende Normanwendung im Einzelfall an dem Belastungsgrund des hamburgischen Modells für die Grundsteuer B festmachen will. Dort wird als (einziges) Beispiel nämlich ein grobes **Missverhältnis zwischen der Inanspruchnahme der kommunalen Infrastruktur und der Kostenanlastung gegenüber dem Grundstückseigentümer** genannt (HmbBü-Drs. 22/3583, 18). Damit stellt der Erlasstatbestand ein Korrektiv zur Typisierung des Flächenmodells dar. Der Terminus „besonders gelagerter Härtefall" dürfte aber keinen Zweifel daran lassen, dass es sich um absolute Ausnahmefälle handeln muss. **Man mag insoweit an die Fälle denken, in denen die Grundsteuerbelastung wegen der Wertunabhängigkeit des hamburgischen Modells zu einer verfassungswidrigen Substanzbesteuerung führen würde** (→ Grundlagen Rn. 128 ff.). § 8 Abs. 1 HmbGrStG kann insoweit die Funktion des verfassungsrechtlich notwendigen Ventils übernehmen, um die Gesamtregelung vor dem Diktum der Verfassungswidrigkeit zu schützen.

§ 8 Abs. 1 S. 2 HmbGrStG knüpft den Grundsteuererlass an ein fristgebundenes 4 Antragserfordernis für jeden Erhebungszeitraum (= Erlasszeitraum), geht allerdings von einem Dauerzustand in Bezug auf das Vorliegen der Erlassvoraussetzungen aus und verzichtet daher auf eine jährliche Wiederholung des Antrages. Die Regelung entspricht § 35 Abs. 2 u. 3 GrStG. Die Erläuterungen zu § 35 GrStG (auch zu dessen Abs. 1 in Bezug auf Erlassverfahren und Erlassentscheidung) gelten für den Erlasstatbestand des § 8 Abs. 1 HmbGrStG entsprechend.

C. Anwendung der §§ 32 ff. GrStG

Das Bundesgrundsteuerrecht sieht folgende Erlasstatbestände vor, die auch in 5 Hamburg gelten (arg.: § 8 Abs. 2 HmbGrStG setzt die Anwendung weiterer Erlasstatbestände voraus und insoweit kommen nur die §§ 32, 34 GrStG in Betracht): (1) Erlass für Kulturgut und Grünanlagen, Spiel- und Sportplätze wegen Unrentabilität (§ 32 GrStG) und (2) Erlass wegen wesentlicher Ertragsminderung bei bebauten Grundstücken (§ 34 GrStG).

Der hamburgische Gesetzgeber geht davon aus, dass es (jedenfalls theoretisch) zu 6 einem Zusammentreffen des Erlasses nach § 8 Abs. 2 HmbGrStG mit einem Erlass nach § 32 GrStG oder § 34 GrStG kommen kann. In diesem Fall soll zuerst § 8 Abs. 2 HmbGrStG angewendet werden und erst auf die hiernach verbleibende Grundsteuer wird die Rechtsfolge von § 32 GrStG bzw. § 34 GrStG angewendet (vgl. HmbBü-Drs. 22/3583, 18).

D. Anwendung des § 227 AO

Ein Billigkeitserlass aus sachlichen Billigkeitsgründen dürfte angesichts der spezi- 7 elleren Regelung in § 8 Abs. 1 HmbGrStG ausscheiden. Anders verhält es sich hingegen mit einem Billigkeitserlass aus persönlichen Billigkeitsgründen (→ GrStG § 28 Rn. 23). Insoweit besteht keine Konkurrenz mit § 8 Abs. 1 HmbGrStG.

Teil 2 Betriebe der Land- und Forstwirtschaft; Grundsteuer A

§ 9 Abweichende Regelungen

(1) Zur Hofstelle nach § 234 Absatz 6 des Bewertungsgesetzes gehören auch Hof- und Wirtschaftsgebäudeflächen einschließlich der Nebenflächen, von denen aus keine land- und forstwirtschaftliche Betriebsflächen mehr nachhaltig bewirtschaftet werden, wenn sie keine Zweckbestimmung erhalten haben, die zu einer zwingenden Zuordnung zum Grundvermögen führt.

(2) ¹§ 1 Absatz 4 Satz 1 gilt für Betriebe der Land- und Forstwirtschaft entsprechend. ²In einen Betrieb der Land- und Forstwirtschaft, der von einer Gesellschaft oder Gemeinschaft des bürgerlichen Rechts betrieben wird, sind auch die Wirtschaftsgüter einzubeziehen, die einem oder mehreren Beteiligten gehören und dem Betrieb zu dienen bestimmt sind. ³In den Betrieb der Land- und Forstwirtschaft sind auch einzubeziehen
1. der Eigentümerin oder dem Eigentümer des Grund und Bodens nicht gehörende Gebäude, die auf dem Grund und Boden des Betriebs stehen,
2. der Eigentümer oder dem Eigentümer des Grund und Bodens nicht gehörende Betriebsmittel, die der Bewirtschaftung des Betriebs dienen, und
3. ein Anteil an einem Wirtschaftsgut der Eigentümerin oder des Eigentümers des Betriebs der Land- und Forstwirtschaft, wenn es mit dem Betrieb zusammen genutzt wird.

(3) § 1 Absatz 4, § 6 Absätze 5 und 6 sowie § 7 Absatz 3 Sätze 3 bis 5 gelten für Betriebe der Land- und Forstwirtschaft entsprechend.

A. Allgemeines

I. Systematische Einordnung und Zweck der Regelung

1 Das HmbGrStG übernimmt die Zweiteilung der Vermögensarten des Bundesgrundsteuerrechts und behält für die Betriebe der Land- und Forstwirtschaft das bundesrechtliche Konzept zu Umfang und Bewertung dieser wirtschaftlichen Einheiten bei. Die §§ 232 ff. BewG gelten mithin auch in Hamburg. Da auch andere Bundesländer, die von ihrer Abweichungsbefugnis Gebrauch gemacht haben, so verfahren, kommt es in vielen Fällen zu einer bundeseinheitlichen Erfassung und Bewertung der Betriebe der Land- und Forstwirtschaft. Allerdings weicht der hamburgische Gesetzgeber in Bezug auf den Zuschnitt der wirtschaftlichen Einheit mit § 9 HmbGrStG punktuell von den §§ 232 ff. BewG ab. Die Abweichungen stellen der Sache nach zum Teil eine Fortgeltung des alten Bundesgrundsteuerrechts dar (vgl. §§ 26, 34 Abs. 4–6 BewG), um die bereits im alten Recht gebildeten wirtschaftlichen Einheiten im neuen Recht fortführen zu können. Während das Bundesgrundsteuerrecht diese Regelungen nur für bereits bestehende wirtschaftliche Einheiten und zeitlich auch nur für die erste Hauptfeststellung fortführt (§ 266 Abs. 5 BewG, → BewG § 266 Rn. 6), hat sich der hamburgische Gesetzgeber für

Abweichende Regelungen § 9 HmbGrStG

eine dauerhafte Übernahme dieser Regelungen (und damit für eine dauerhafte Abweichung vom Bundesgrundsteuerrecht) entschieden.

II. Entwicklung der Vorschrift

§ 9 HmbGrStG beruht auf dem Gesetz v. 24.8.2021 (→ Grundlagen Rn. 86; zu 2
§ 9 HmbGrStG HmbBü-Drs. 22/3583, 19).

B. (Inaktive) Hofstelle (Abs. 1)

Die Hofstelle hat für die §§ 232 ff. BewG in zweierlei Hinsicht Bedeutung: (1) 3
Sie ist gemäß § 234 Abs. 1 Nr. 2 Buchst. d BewG eine zum Betrieb der Land- und Forstwirtschaft gehörende Nutzungsart und (2) sie entfaltet im Rahmen des § 233 Abs. 3 S. 2 BewG eine privilegierende Wirkung. Eine Hofstelle kann allerdings nur dann vorliegen, wenn sie dem Betrieb der Land- und Forstwirtschaft zu dienen bestimmt ist. Das ist die Grundvoraussetzung für alle Wirtschaftsgüter, die zur wirtschaftlichen Einheit des Betriebs der Land- und Forstwirtschaft gehören (→ BewG § 232 Rn. 13 ff.). Fehlt der in dem „Dienen" zum Ausdruck kommende Funktionszusammenhang, liegt Grundvermögen vor. Vor diesem Hintergrund muss die Regelung in § 9 Abs. 1 HmbGrStG gesehen werden: Während für die Hofstelle eines aktiven Betriebes die Zuordnung zum Betrieb der Land- und Forstwirtschaft eindeutig ist, ist eine solche Zuordnung im Falle eines vom Steuerpflichtigen nicht mehr aktiv bewirtschafteten Betriebes nicht derart zwingend. Jedenfalls bei der Verpachtung eines land- und forstwirtschaftlichen Betriebes unter Einschluss der Hofstelle dürfte die Zuordnung zum Betrieb der Land- und Forstwirtschaft nicht zweifelhaft sein. Entsprechendes gilt ferner dann, wenn bzw. soweit die Hofstelle nicht mitverpachtet ist, aber der vormalige Funktionszusammenhang fortwirkt. Denn ein Wirtschaftsgut, das einmal einem Betrieb der Land- und Forstwirtschaft zugeordnet worden ist, verliert diese Zuordnung nicht durch bloße Nichtnutzung; vielmehr geht die Bindung erst mit einer Zweckänderung verloren (→ BewG § 232 Rn. 24 f.). Und dies alles gilt schließlich auch jenseits von Verpachtungsfällen, wenn es schlicht zu einer Nichtnutzung kommt. Daher **kann auch eine inaktive Hofstelle eine Hofstelle iSv § 234 Abs. 1 Nr. 2 Buchst. d, Abs. 6 BewG sein** (→ BewG § 234 Rn. 28). Der hamburgische Gesetzgeber hat diese Grundsätze nicht für so eindeutig erachtet, dass er hierauf vertrauen wollte. Aus diesem Grunde hat er – nach der hier vertretenen Ansicht lediglich deklaratorisch – die Hofstelleneigenschaft einer inaktiven Hofstelle in § 9 Abs. 1 HmbGrStG klargestellt.

Eine andere Frage ist allerdings, ob die Regelung in § 9 Abs. 1 Hmb- 4
GrStG auch für § 233 Abs. 3 S. 2 BewG gilt. Dort wird zu Recht davon ausgegangen, dass ohne einen aktiven land- und forstwirtschaftlichen Betrieb keine Hofstelle iSv § 233 Abs. 3 S. 2 BewG vorliegen kann (→ BewG § 233 Rn. 11). An diesem Ergebnis dürfte auch § 9 Abs. 1 HmbGrStG nichts ändern. Der Gesetzgeber nimmt in der Gesetzesbegründung zu § 9 Abs. 1 HmbGrStG lediglich auf den Betrieb der Land- und Forstwirtschaft als „Bewertungseinheit" Bezug (HmbBü-Drs. 22/3583, 19). § 9 Abs. 1 HmbGrStG wird also allein im Kontext von §§ 232, 234 BewG erklärt. Es ist nicht erkennbar, dass der hamburgische Gesetzgeber die privilegierende Wirkung des § 233 Abs. 3 S. 2 BewG – entgegen der bundesgesetzlichen Rechtslage und damit konstitutiv – auch auf solche Hofstellen erstrecken wollte, bei

§ 9 HmbGrStG Teil 2 Betriebe der LuF; Grundsteuer A

denen überhaupt kein Bewirtschaftungszusammenhang (auch nicht durch einen Pächter) mehr gegeben ist.

C. Wirtschaftliche Einheit bei Ehegatten/Lebenspartnern (Abs. 2 S. 1 iVm § 1 Abs. 4 S. 1 HmbGrStG)

5   Gemäß § 9 Abs. 2 S. 1 HmbGrStG findet § 1 Abs. 4 HmbGrStG entsprechende Anwendung. Die Regelung des § 1 Abs. 4 HmbGrStG, wonach bei Ehegatten/Lebenspartnern der Grundsatz der Zurechnungssubjektidentität bei der Erfassung einer wirtschaftlichen Einheit durchbrochen wird, dürfte sogar nur im Bereich der Land- und Forstwirtschaft einen nennenswerten Anwendungsbereich haben (→ HmbGrStG § 1 Rn. 9 ff.).

6   § 9 Abs. 2 S. 1 HmbGrStG iVm § 1 Abs. 4 S. 1 HmbGrStG kann uU mit § 9 Abs. 2 S. 2 HmbGrStG zu kombinieren sein. In den Betrieb einer Gesellschaft können daher auch Wirtschaftsgüter einzubeziehen sein, die dem Ehegatten eines Gesellschafters zuzurechnen sind (BFH 14.5.2004 II R 50/01, BStBl. II 2004, 818, dort: GbR pachtete den Schweinestall von dem Ehemann einer Gesellschafterin, was zur Einbeziehung einer Teilfläche und des Stallgebäudes in die der GbR zuzurechnende wirtschaftliche Einheit führte).

D. Zurechnung von Gesellschaftereigentum zugunsten von Gesellschaften (Abs. 2 S. 2)

7   In die einer (mit [Teil-] Rechtsfähigkeit versehenen) Personengesellschaft (Außen-GbR bzw. ab 1.1.2024 rechtsfähige Personengesellschaft iSv § 705 Abs. 2 BGB idF des MoPeG, Personenhandelsgesellschaften) zuzurechnende wirtschaftliche Einheit eines Betriebs der Land- und Forstwirtschaft sind auch Wirtschaftsgüter einzubeziehen, die einem Gesellschafter (oder seinem Ehegatten → Rn. 5 f.) gehören, wenn sie dem Betrieb der Gesellschaft iSv § 232 Abs. 1 S. 2 BewG zu dienen bestimmt sind (→ BewG § 232 Rn. 23 ff.). Diese Anordnung des § 9 Abs. 2 S. 2 HmbGrStG ist aus dem bis zum 31.12.2024 für die Einheitsbewertung geltenden § 34 Abs. 6 BewG in das hamburgische Recht übernommen worden. Die Regelung gilt sowohl für Grund und Boden als auch für Gebäude und Betriebsmittel.

8   § 9 Abs. 2 S. 2 HmbGrStG gilt auch für nicht rechtsfähige Gesamthandsgemeinschaften. Diese können nach hier vertretener Auffassung allerdings nicht Zurechnungssubjekt einer wirtschaftlichen Einheit sein (→ BewG § 219 Rn. 37 ff.). Betreiben die Gesamthänder gleichwohl gemeinsam einen Betrieb der Land- und Forstwirtschaft, ist ihnen dieser als Einheit zuzurechnen und es erfolgt eine Feststellung ihrer Anteile an diesem Betrieb. Der Betrieb besteht dann aus den Wirtschaftsgütern, die gesamthänderisch gebunden sind (insoweit ist der Grundsatz der Eigentümeridentität erfüllt), und den über § 9 Abs. 2 S. 2 HmbGrStG in diese wirtschaftliche Einheit einzubeziehenden Wirtschaftsgütern (die also nur im Eigentum eines Gesamthänders stehen). Eine solche Konstellation ist zB bei der Gütergemeinschaft denkbar, wenn ein Ehegatte über Sondergut verfügt, das zusammen mit den im Gesamtgut befindlichen Wirtschaftsgütern bewirtschaftet wird. Auch bei einer Erbengemeinschaft sind Anwendungsfälle des § 9 Abs. 2 S. 2 HmbGrStG denkbar. Wenn zB zwei im Güterstand der Zugewinngemeinschaft lebende Ehe-

Abweichende Regelungen § 9 HmbGrStG

gatten Miteigentümer eines verpachteten Betriebes der Land- und Forstwirtschaft sind und nach dem Tod des einen Ehegatten in Bezug auf dessen Miteigentumsanteils nunmehr eine ungeteilte Erbengemeinschaft bestehend aus dem überlebenden Ehegatten und einem Abkömmling besteht, dürfte es § 9 Abs. 2 S. 2 HmbGrStG ermöglichen, dass der Verpachtungsbetrieb als eine wirtschaftliche Einheit erhalten bleibt.

E. Einbeziehung von fremden Gebäuden und Betriebsmitteln (Abs. 2 S. 3 Nr. 1 u. Nr. 2)

Abweichend vom Grundsatz der Eigentümeridentität (→ BewG § 232 9
Rn. 21) sind nach Maßgabe des § 9 Abs. 2 S. 3 Nr. 1 u. Nr. 2 HmbGrStG auch Gebäude (→ Rn. 11) und Betriebsmittel (→ Rn. 12), die dem Eigentümer des Grund und Bodens nicht zuzurechnen sind (weil er weder rechtlicher noch wirtschaftlicher Eigentümer ist), in die wirtschaftliche Einheit einzubeziehen. Die Regelung entspricht § 34 Abs. 4 BewG, der nicht ausdrücklich in das neue Bundesgrundsteuerrecht übernommen wurde, aber im Ergebnis wegen der vorausgesetzten Einheit von Grundstück und vor allem Wirtschaftsgebäuden fortgelten dürfte (→ BewG § 232 Rn. 17). Der hamburgische Gesetzgeber hat hierauf freilich nicht vertraut und mit § 9 Abs. 2 S. 3 Nr. 1 u. Nr. 2 HmbGrStG eine eigene Regelung geschaffen. Ihre Rechtfertigung findet sie in der Erfassung des Ertragswertes als Ergebnis des Zusammenwirkens aller Betriebsteile (vgl. *Bruschke* in Stenger/Loose BewG § 34 Rn. 151).

Die Regelung hat im neuen Recht allerdings nur Bedeutung, wenn die Wirt- 10
schaftsgebäude sowie die stehenden und umlaufenden Betriebsmittel nicht bereits mit dem Ertragswert abgegolten sind. Nur dort, wo eine Abgeltung nicht stattfindet, müssen die Wirtschaftsgebäude und die Betriebsmittel erfasst werden und nur insoweit kann § 9 Abs. 2 S. 3 Nr. 1 u. Nr. 2 HmbGrStG relevant werden. Das betrifft den Reinertrag eines Nebenbetriebes und die Zuschläge bei Fass- und Flaschenweinerzeugung. Hier wird an die Brutto-Grundfläche des zugehörigen Wirtschaftsgebäudes angeknüpft (§ 238 Abs. 1 Nr. 2 u. 3 BewG). Zudem müssen die Tierbestände zB für den Zuschlag nach § 238 Abs. 1 Nr. 1 BewG erfasst werden. § 9 Abs. 2 S. 3 Nr. 1 u. Nr. 2 HmbGrStG gilt nicht für den Grund und Boden, dh die Bewirtschaftung von Eigentums- und Pachtflächen durch eine Person führt nicht dazu, dass eine wirtschaftliche Einheit entsteht. Insoweit bleibt es bei dem Grundsatz, dass zwei wirtschaftliche Einheiten (Betrieb des Pächters, Betrieb des Verpächters) bestehen (→ BewG § 232 Rn. 17).

In Ansehung der **Wirtschaftsgebäude** setzt § 9 Abs. 2 S. 3 Nr. 1 HmbGrStG 11
kumulativ zur fehlenden Identität der Zurechnungssubjekte (→ Rn. 5) voraus, dass sie auf dem Grund und Boden des Inhabers des Betriebs errichtet sind. Hat der Gebäudeeigentümer das Gebäude hingegen auf eigenem Grund und Boden errichtet, gilt § 9 Abs. 2 S. 3 Nr. 1 HmbGrStG nicht (*Bruschke* in Stenger/Loose BewG § 34 Rn. 154). Weitere Voraussetzung für die Einbeziehung eines Wirtschaftsgebäudes ist, dass das Gebäude dem Betrieb zu dienen bestimmt ist. Dies folgt zwar nicht unmittelbar aus dem Wortlaut des § 9 Abs. 2 S. 3 Nr. 1 HmbGrStG (die Dienensvoraussetzung bezieht sich nur auf die Betriebsmittel iSv Nr. 2), ergibt sich aber aus dem Zweck der Einbeziehung (→ Rn. 9) und der allgemeinen – insoweit nicht verdrängten – Regelung des § 232 Abs. 1 S. 2 BewG.

§ 9 HmbGrStG Teil 2 Betriebe der LuF; Grundsteuer A

12 Nicht dem Grundstückseigentümer zuzurechnende **Betriebsmittel** sind nach § 9 Abs. 2 S. 3 Nr. 2 HmbGrStG seinem Betrieb der Land- und Forstwirtschaft zuzurechnen, wenn sie der Bewirtschaftung seines Betriebes dienen. Einzig denkbarer Anwendungsfall ist die **Zuordnung der Tierbestände** (→ Rn. 10). Sofern derjenige, dem die Tiere zuzurechnen sind – vor allem der Pächter des Betriebs –, nicht Zurechnungssubjekt eines eigenen (bewertungsrechtlichen) Betriebs der Land- und Forstwirtschaft ist (weil er über keine eigenen Flächen und noch nicht einmal eine eigene Hofstelle verfügt), dürfte die Anwendung des § 9 Abs. 2 S. 3 Nr. 2 HmbGrStG unzweifelhaft sein. Denn es existiert dann nur eine einzige wirtschaftliche Einheit, nämlich der dem Verpächter zuzurechnende Betrieb der Land- und Forstwirtschaft. Diesem Betrieb sind die Tierbestände dann zuzurechnen, zB mit Wirkung für die Anwendung des § 238 Abs. 1 Nr. 1 BewG (vgl. BFH 14.5.2004 – II R 50/01, BStBl. II 2004, 818 zu § 34 Abs. 4 BewG im Zusammenhang mit dem Zuschlag nach § 41 BewG). Ist derjenige, dem die Tiere zuzurechnen sind, allerdings auch Zurechnungssubjekt eines eigenen (bewertungsrechtlichen) Betriebes der Land- und Forstwirtschaft – er bewirtschaftet als Pächter also Eigentums- und Pachtflächen –, stellt sich die Frage, welcher wirtschaftlichen Einheit die Tierbestände zuzurechnen sind. Richtigerweise ist insoweit § 2 Abs. 2 BewG maßgeblich und es muss der (eine) Betrieb bestimmt werden, dem die Tiere dienen. Denn § 9 Abs. 2 S. 3 Nr. 2 HmbGrStG suspendiert nur vom Grundsatz der Eigentümeridentität, aber nicht von dem für den Umfang einer wirtschaftlichen Einheit maßgeblichen Grundsatz der wirtschaftlichen Zugehörigkeit (zu Recht *Bruschke* in Stenger/Loose BewG § 34 Rn. 161; davon dürfte auch BFH 14.5.2004 – II R 50/01, BStBl. II 2004, 818 ausgehen; aA *Wiegand* in Rössler/Troll BewG § 34 Rn. 46 [Einbeziehung in beide Betriebe]). In der Regel dürfte der Tierbestand dem „Eigen-Betrieb" des Pächters dienen, dh § 9 Abs. 2 S. 3 Nr. 2 HmbGrStG findet dann keine Anwendung (vgl. BFH 14.5.2004 – II R 50/01, BStBl. II 2004, 818 zu § 34 Abs. 4 BewG im Zusammenhang mit dem Zuschlag nach § 41 BewG).

F. Anteile des Eigentümers an einem Wirtschaftsgut (Abs. 2 S. 3 Nr. 3)

13 Gemäß § 9 Abs. 2 S. 3 Nr. 3 HmbGrStG ist (auch) der Anteil des Eigentümers eines Betriebes der Land- und Forstwirtschaft an einem Wirtschaftsgut in seinen Betrieb der Land- und Forstwirtschaft einzubeziehen, wenn es mit dem Betrieb zusammen genutzt wird. Der Begriff Anteil erfasst sowohl Miteigentum als auch Gesamthandseigentum. Es müssen nicht alle Miteigentümer bzw. Gesamthänder Landwirte sein (*Stephany* in KSS BewG § 34 Rn. 39, 41; *Wiegand* in Rössler/Troll BewG § 34 Rn. 49 f.). Als Wirtschaftsgüter werden der Grund und Boden, Gebäude sowie Betriebsmittel erfasst. Voraussetzung in Bezug ist die dienende Funktion des Wirtschaftsgutes für den Betrieb des Eigentümers iSv § 232 Abs. 1 S. 2 BewG (→ BewG § 232 Rn. 23 ff.).

G. Grenzüberschreitende wirtschaftliche Einheiten

14 § 1 Abs. 5 HmbGrStG enthält eine Regelung für wirtschaftliche Einheiten des Grundvermögens, die sowohl in Hamburg als auch in einem anderen Bundesland belegen sind. § 9 HmbGrStG verweist nicht auf § 1 Abs. 5 HmbGrStG. In der Ge-

Abweichende Regelungen **§ 9 HmbGrStG**

setzesbegründung wird diese Frage nicht thematisiert. Womöglich ist der hamburgische Gesetzgeber wie selbstverständlich davon ausgegangen, dass die Überschreitung von Landesgrenzen bei einem Betrieb der Land- und Forstwirtschaft kein regelungsbedürftiges Problem darstellt, weil auch in den angrenzenden Bundesländern die §§ 232 ff. BewG Anwendung finden und daher eine Grundsteuerwertfeststellung, Grundsteuermessbetragsfestsetzung und Zerlegung für den gesamten Betrieb möglich sind. Auf den ersten Blick erscheint dies nicht unplausibel. Verfassungsrechtlich spricht jedenfalls nichts dagegen, wenn ein Landesgrundsteuergesetz auch in anderen Bundesländern belegene Grundstücke in die wirtschaftliche Einheit einbezieht, um eine betriebliche Einheit zu erfassen, solange die Besteuerung selbst auf die im eigenen Land belegenen Grundstücke beschränkt bleibt (dh nicht die Grundsteuer für die gesamte wirtschaftliche Einheit begehrt wird). Auch das einfache Recht steht dem nicht entgegen, sofern bei einem die Grenze nach Schleswig-Holstein überschreitenden Betrieb kein Fall des § 9 Abs. 2 HmbGrStG vorliegt. Im Verhältnis zu Niedersachsen schadet wiederum gerade ein Fall des § 9 Abs. 2 HmbGrStG nicht, weil in Niedersachsen eine entsprechende Regelung gilt (§ 11 Abs. 2–4 NGrStG). In beiden grenzüberschreitenden Konstellationen **bestehen daher bei einer Grenzüberschreitung gegen die Durchführung eines einzigen Grundsteuerwertfeststellungs- und Grundsteuermessbetragsverfahrens mit anschließender Zerlegung keine Bedenken.**

Probleme stellen sich allerdings ein, wenn § 9 Abs. 2 HmbGrStG einschlägig ist 15 und Flächen sowohl in Hamburg als auch Schleswig-Holstein betroffen sind. Wegen § 9 Abs. 2 HmbGrStG **kann es in Ansehung des Zuschnitts der wirtschaftlichen Einheit** zu Abweichungen kommen und diese Abweichungen **dürften in Schleswig-Holstein keine Wirkung haben.** Das wird besonders deutlich, wenn die hamburgische Finanzbehörde tätig wird und ein Grundsteuerwertfeststellungsverfahren für die gesamte wirtschaftliche Einheit betreibt: Wenn ein Land sein Landesrecht vollzieht, ist seine Verwaltungshoheit auf sein eigenes Staatsgebiet beschränkt, sofern dies nicht zB durch einen Staatsvertrag abbedungen ist oder die Ausübung der Verwaltungshoheit die Hoheitsgewalt anderer Länder nicht beeinträchtigt (BVerfG 30.6.2015 – 2 BvR 1282/11, BVerfGE 139, 321 Rn. 99 f.; BVerwG 5.5.2017 – 6 AV 1/17, NVwZ-RR 2017, 676; *Isensee* in Isensee/Kirchhof StaatsR-HdB § 126 Rn. 33 ff.). Da ein (in ein Gesetz transformierter) Staatsvertrag (soweit ersichtlich) fehlt und Schleswig-Holstein in seiner Hoheitsgewalt beeinträchtigt würde, wenn Hamburg für jenseits des eigenen Territoriums belegene Grundstücke sein Landesrecht (§ 9 Abs. 2 HmbGrStG mit seinem Zuschnitt einer wirtschaftlichen Einheit) vorgeben würde, dürfte es Hamburg nicht möglich sein, Entscheidungen zu treffen, die in Schleswig-Holstein Bindungswirkung erzeugen. Dass im Übrigen Bundesrecht Anwendung findet, dürfte ohne Bedeutung sein. Entscheidend ist, dass auch Landesrecht angewendet wird. Der für die gesamte wirtschaftliche Einheit **von dem hamburgischen Finanzamt erlassene Grundsteuerwertbescheid kann daher nicht ausschließen, dass ein Finanzamt in Schleswig-Holstein ein in den hamburgischen Bescheid einbezogenes Grundstück ebenfalls einem Feststellungsverfahren unterwirft,** weil es nach Maßgabe des Grundsatzes der Eigentümeridentität (abweichend von § 9 Abs. 2 HmbGrStG) dieses Grundstück als eigenständige wirtschaftliche Einheit ansieht. Es dürfte ferner nicht möglich sein, schleswig-holsteinische Gemeinden an einem Zerlegungsverfahren zu beteiligen. Das bedeutet: Es ist Hamburg von Verfassungs wegen zwar nicht verwehrt, für die Besteuerung auch an außerhalb des eigenen Territoriums belegene Grundstücke anzuknüpfen, um die wirtschaftliche Einheit

833

§ 9 HmbGrStG Teil 2 Betriebe der LuF; Grundsteuer A

zu bestimmen. Die insoweit zu treffenden Entscheidungen haben in Schleswig-Holstein aber keine Wirkung und deshalb bedarf es dort allein deshalb einer eigenen Verwaltungstätigkeit, damit die dort belegenen Gemeinden in Ansehung der auf ihrem Gebiet belegenen Grundstücke die Grundsteuer erheben können. Um diese Probleme zu vermeiden, dürfte sich eine analoge Anwendung des § 231 Abs. 2 BewG anbieten: Die hamburgische Finanzbehörde würde in einem Anwendungsfall des § 9 Abs. 2 HmbGrStG zwar von einer grenzüberschreitenden wirtschaftlichen Einheit ausgehen, würden aber Feststellungen nur für den in Hamburg belegenen Teil der wirtschaftlichen Einheit vornehmen. Für Schleswig-Holstein würde dies entsprechend gelten (→ BewG § 231 Rn. 4).

H. Steuererklärungs- und Anzeigepflichten
(Abs. 3 iVm §§ 6 Abs. 5 u. 6, 7 Abs. 3 S. 3 ff. HmbGrStG)

16   Die Regelungen in § 6 Abs. 5 u. 6 HmbGrStG modifizieren partiell § 228 BewG, der auch in Hamburg Anwendung findet (→ HmbGrStG § 6 Rn. 11 f.; im Übrigen gelten die Erläuterungen zu § 228 BewG entsprechend). Entsprechendes gilt für § 7 Abs. 3 S. 3 ff. HmbGrStG und die Anwendung des § 19 Abs. 1 GrStG. Diese Vorschriften erklärt § 9 Abs. 3 HmbGrStG auch für die Betriebe der Land- und Forstwirtschaft für entsprechend anwendbar.

Teil 3 Erhebung der Grundsteuer

§ 10 Fälligkeit bei Kleinbeträgen
Die Grundsteuer wird fällig
1. am 15. August mit ihrem Jahresbetrag, wenn dieser 15 Euro nicht übersteigt,
2. am 15. Februar und am 15. August mit je einer Hälfte ihres Jahresbetrags, wenn dieser 30 Euro nicht übersteigt.

§ 10 HmbGrStG trifft für Kleinbeträge eine formal von § 28 Abs. 1 GrStG abweichende Regelung, die allerdings auch ungeachtet der Abweichungskompetenz nach Art. 72 Abs. 3 GG bereits in § 28 Abs. 2 GrStG angelegt ist. Soweit § 10 HmbGrStG nicht einschlägig ist, gelten auch in Hamburg § 28 Abs. 1, Abs. 3 GrStG und alle im Zusammenhang mit der Fälligkeit dargestellten Regelungen. Es wird auf die Kommentierung des § 28 GrStG verwiesen. 1

Teil 4 Anwendung von Bundesrecht; Übergangs- und Schlussvorschriften

§ 11 Anwendung von Bundesrecht

(1) ¹Die Bestimmungen des Grundsteuergesetzes und des Bewertungsgesetzes sind für Zwecke der Festsetzung und Erhebung der Grundsteuer ab dem Kalenderjahr 2025 nur anzuwenden, soweit sich aus diesem Gesetz nichts anderes ergibt. ²Auf die Festsetzung und Erhebung der Grundsteuer der Kalenderjahre bis einschließlich 2024 findet dieses Gesetz keine Anwendung.

(2) ¹Die Vorschriften der Abgabenordnung sind entsprechend anzuwenden, soweit in diesem Gesetz nichts anderes bestimmt ist. ²§ 32h der Abgabenordnung gilt mit der Maßgabe, dass die oder der Hamburgische Beauftragte für Datenschutz und Informationsfreiheit zuständig und das Hamburgische Datenschutzgesetz vom 18. Mai 2018 (HmbGVBl. S. 145) in der jeweils geltenden Fassung einschlägig ist.

(3) Rechtsverordnungen des Bundes finden für die Grundsteuer B und C keine Anwendung.

A. Allgemeines

I. Systematische Einordnung und Zweck der Regelung

§ 11 HmbGrStG regelt in grundsätzlicher Hinsicht das Verhältnis des hamburgischen Grundsteuerrechts zum Bundesrecht und zwar sowohl zum Bundesgrundsteuerrecht als auch zur Abgabenordnung. 1

II. Entwicklung der Vorschrift

2 Die Regelung beruht auf dem Gesetz v. 24.8.2021 (→ Grundlagen Rn. 86; zu § 11 HmbGrStG HmbBü-Drs. 22/3583, 19).

B. Partielle Anwendung des Bundesgrundsteuerrechts ab dem Kalenderjahr 2025 (Abs. 1)

3 Bei dem hamburgischen Grundsteuerrecht handelt es sich nicht um eine Vollkodifikation. Der hamburgische Gesetzgeber ist nur punktuell – wenngleich in Ansehung von Belastungsgrund und hieran anknüpfendem Bewertungskonzept in Bezug auf die Grundstücke doch grundlegend – vom Bundesgrundsteuerrecht abgewichen (zur Abweichungsbefugnis → Grundlagen Rn. 74 ff.). Soweit der hamburgische Gesetzgeber von seiner Abweichungsbefugnis keinen Gebrauch gemacht hat, gelten daher das Grundsteuergesetz und die §§ 218 ff. BewG. Denn die Wahrnehmung der Abweichungsbefugnis führt nur dazu, dass das Landesrecht gegenüber dem Bundesrecht Anwendungsvorrang genießt und das Bundesrecht daher dort zurücktreten muss, wo das Landesrecht hiervon abweicht. Soweit das Landesrecht nicht vom Bundesrecht abweicht, bleibt das Bundesrecht daher anwendbar (als „partielles Bundesrecht", → Grundlagen Rn. 76). Dies stellt § 11 Abs. 1 S. 1 HmbGrStG lediglich klar. Eine weitergehende Bedeutung hat die Norm nicht. Sie macht das anwendbare Bundesrecht insbesondere nicht zu Landesrecht. Das wäre zwar rechtstechnisch denkbar (vgl. BVerwG 4.11.1976 – 5 C 73/74, BVerwGE 51, 268; *Eichberger/Buchheister* in Schoch/Schneider VwGO § 137 Rn. 50). Allerdings müsste es dafür einen Anhaltspunkt im Gesetz oder zumindest in der zugehörigen Begründung geben. Ein solcher existiert aber nicht. Es ist nicht erkennbar, dass der Landesgesetzgeber § 11 Abs. 1 S. 1 HmbGrStG eine „transformierende" Wirkung beimessen und die Vorschriften des GrStG und BewG in sein landesrechtliches Regelungssystem übernehmen wollte. Deshalb gilt auch in Hamburg der anwendbare Teil des Bundesgrundsteuerrechts als Bundesrecht. Dies alles gilt schließlich entsprechend für die Normen des HmbGrStG, die anordnen, dass bestimmte Vorschriften des Bundesrechts „unberührt bleiben" (vgl. §§ 2 Abs. 4 S. 3, 4 Abs. 5, 8 Abs. 4 S. 2 HmbGrStG). Etwas anderes dürfte hingegen dort gelten, wo bundesrechtliche Normen für entsprechend oder für sinngemäß anwendbar erklärt werden (vgl. §§ 5 S. 2, 6 Abs. 4, 7 Abs. 2 HmbGrStG).

4 Das HmbGrStG gilt für die Grundsteuer ab dem Kalenderjahr 2025. § 11 Abs. 1 S. 2 HmbGrStG stellt für die Zeit davor klar, dass insoweit das Bundesrecht gilt und damit § 37 Abs. 2 GrStG. Bis einschließlich zum Kalenderjahr 2024 finden daher das Grundsteuergesetz v. 7.8.1973 in der zuletzt durch Gesetz v. 19.12.2008 (BGBl. 2008 I 2794) geänderten Fassung und die Einheitswertregelungen des Bewertungsgesetzes Anwendung. Der Rechtswechsel zwischen „altem" und „neuem" Grundsteuerrecht richtet sich nach § 36 GrStG und § 266 BewG sowie § 12 HmbGrStG.

C. Anwendung der Abgabenordnung (Abs. 2 S. 1)

5 Zuständig für die Verwaltung der Grundsteuer sind in Hamburg die Landesfinanzbehörden. Durch Ziff. IX der Anordnung über die Zuständigkeit der Finanzämter v. 28.10.1997 ist für die Verwaltung der Grundsteuer das Finanzamt für Ver-

Anwendung von Bundesrecht § 11 **HmbGrStG**

kehrssteuern und Grundbesitz in Hamburg zuständig. **Das Verfahren richtet sich nach der Abgabenordnung.** § 11 Abs. 2 S. 1 HmbGrStG ordnet ihre entsprechende Anwendung an. Auch wenn die Abgabenordnung bei nur teilweiser landesgesetzlicher Abweichung vom Bundesrecht ohnehin anzuwenden ist (→ Grundlagen Rn. 77), ist die Regelung des § 11 Abs. 2 S. 1 HmbGrStG gleichwohl konstitutiv. Der Landesgesetzgeber macht (auch) insoweit von seiner Abweichungsbefugnis nach Art. 72 Abs. 3 S. 1 Nr. 7 GG Gebrauch (zur Geltung des Art. 72 Abs. 3 S. 1 GG auch für das Verfahrensrecht → Grundlagen Rn. 77) und **transformiert die Vorschriften der Abgabenordnung ins Landesrecht.** Denn anders als im Fall des § 11 Abs. 1 S. 1 HmbGrStG erklärt der Landesgesetzgeber die Vorschriften der AO ausdrücklich für „entsprechend" anwendbar und bestätigt damit nicht bloß deren Geltung. Der Verweis auf die AO ist fast umfassend (einschließlich des außergerichtlichen Rechtsbehelfsverfahrens und des Steuerstrafrechts, → Rn. 6; Ausnahme lediglich § 11 Abs. 2 S. 2 HmbGrStG in Bezug auf die Datenschutzaufsicht, → Rn. 9) und dynamisch. Eine solche dynamische Verweisung ist – nicht anders als bei den Landesgesetzen, die dynamisch auf das VwVfG des Bundes verweisen – verfassungsrechtlich zulässig (vgl. BVerwG 3.3.2005 – 7 B 151/04, NVwZ 2005, 699; *Schmitz* in SBS VwVfG § 1 Rn. 75).

Der Verweis des § 11 Abs. 2 HmbGrStG erfasst auch die §§ 369ff. AO. Da die 6 steuerstrafrechtlichen Normen über § 11 Abs. 2 S. 1 HmbGrStG zu Landesrecht werden (→ Rn. 5), hat der hamburgische Gesetzgeber insoweit zulässigerweise von der Öffnungsklausel des Art. 4 Abs. 3 EGStGB Gebrauch gemacht. Die Grundsteuerhinterziehung ist daher nach den gleichen Grundsätzen strafbar, die bereits für das Bundesrecht erläutert wurden (→ Grundlagen Rn. 69ff.).

D. Gerichtlicher Rechtsschutz

Gemäß § 33 Abs. 1 Nr. 1 FGO ist der **Finanzrechtsweg** in öffentlich-recht- 7 lichen Streitigkeiten über Abgabenangelegenheiten eröffnet, soweit die Abgaben der Gesetzgebung des Bundes unterliegen und durch Bundes- oder Landesfinanzbehörden verwaltet werden. Anders als § 1 Abs. 1 AO verlangt § 33 Abs. 1 Nr. 1 FGO nicht, dass die zu verwaltende Steuer „durch Bundesrecht geregelt ist". Vielmehr ist es ausreichend, dass der Bund die Gesetzgebungskompetenz für die Steuer innehat. Insoweit ist die konkurrierende Gesetzgebungskompetenz nach Art. 105 Abs. 2 S. 1 GG ausreichend; die Abweichungsbefugnis der Länder ist hierfür ohne Bedeutung (*Krumm* in Tipke/Kruse FGO § 33 Rn. 19a). Allerdings enthält auch das hamburgische Landesrecht eine Regelung zum Finanzrechtsweg, die ebenso einschlägig sein dürfte. Gemäß § 5 Abs. 1 HmbAGFGO (iVm § 33 Abs. 1 Nr. 4 FGO) ist der Finanzrechtsweg in öffentlich-rechtlichen Streitigkeiten über Abgabenangelegenheiten eröffnet, soweit die Abgaben der Landesgesetzgebung unterliegen. Letzteres ist im Hinblick auf die Abweichungsgesetzgebung auch der Fall. Weder bei Schaffung des § 33 Abs. 1 Nr. 1 FGO noch des § 5 Abs. 1 HmbAGFGO konnte die kompetenzrechtliche Gemengelage, wie sie nunmehr bei der Grundsteuer gilt, bedacht werden. Im Ergebnis wird man sagen können, dass sowohl das Bundes- als auch das Landesrecht gleichermaßen den Finanzrechtsweg eröffnen.

Diese Erkenntnis könnte für die Revisibilität von Bedeutung sein. Das Verfahren 8 richtet sich jedenfalls nach der FGO. Sofern die Rechtswegeröffnung aus § 5 Abs. 1 HmbAGFGO iVm § 33 Abs. 1 Nr. 4 FGO folgen sollte, würde sich dies aus § 1 Nr. 4 HmbAbgG ergeben. Letzterer schließt insbesondere auch die Revisionsvor-

§ 11 HmbGrStG   Teil 4 Anwendung von Bundesrecht etc.

schriften der §§ 115 ff. FGO ein (BFH 7.8.1985 – I R 309/82, BStBl. II 1986, 42), weshalb nach § 118 Abs. 1 S. 2 FGO auch **jede Verletzung des HmbGrStG revisibel ist.** Wollte man annehmen, dass die Rechtswegeröffnung allein aus § 33 Abs. 1 Nr. 1 FGO folgt, würde sich hingegen ein Problem mit dem Wortlaut des § 118 Abs. 1 S. 2 FGO ergeben, der nämlich nicht nur voraussetzt, dass Landesrecht die Revisionsvorschriften für anwendbar erklärt (was mit § 1 Nr. 4 HmbAbG der Fall ist), sondern auch vorauszusetzen scheint, dass ein Fall des § 33 Abs. 1 Nr. 4 FGO vorliegt. Die Bezugnahme auf § 33 Abs. 1 Nr. 4 FGO wird man aber nicht so verstehen dürfen, dass es sich hierbei um ein zwingendes Erfordernis handelt. Der historische Gesetzgeber dürfte gemeint haben, dass sich nur im Fall des § 33 Abs. 1 Nr. 4 FGO die Frage nach der Revisibilität von Landesrecht stellen kann. Auch hier gilt: Die kompetenzrechtliche Gemengelage in Ansehung der Grundsteuer, die dazu führen kann, dass § 33 Abs. 1 Nr. 1 FGO einschlägig ist, aber gleichwohl Landesrecht streitentscheidend sein kann, konnte nicht bedacht werden. Daher dürfte das HmbGrStG wegen § 1 Nr. 4 HmbAbG revisibel sein, ungeachtet der konkret einschlägigen Rechtswegeröffnungsnorm. Im Übrigen gilt: Das anzuwendende Steuerschuld- und Steuerverfahrensrecht gemeint (= Abgabenordnung → Rn. 5) ist mit der gleichen Begründung ebenfalls revisibel. Dies folgt wiederum aus § 118 Abs. 1 S. 2 FGO. Denn die Abgabenordnung wird über (den konstitutiven, →Rn. 5) § 11 Abs. 2 S. 1 HmbGrStG zu Landesrecht (vgl. BVerwG 24.3.1986 – 7 B 35/86, NVwZ 1986, 739; *Seer* in Tipke/Kruse FGO § 118 Rn. 24). Die Vorschriften des GrStG und des BewG, die jenseits der landesgesetzlichen Abweichungen anwendbar bleiben, sind hingegen originär revisibles Bundesrecht iSv § 118 Abs. 1 S. 1 FGO.

E. Datenschutzaufsicht in Grundsteuersachen

9   Mit § 32h Abs. 1 S. 1 AO hat der Bundesgesetzgeber im Anwendungsbereich der Abgabenordnung die Landesfinanzbehörden der Datenschutzaufsicht des Bundesbeauftragten für den Datenschutz und die Informationsfreiheit unterstellt. Man kann bereits darüber streiten, ob dies verfassungsgemäß ist oder ob für die Landesfinanzbehörden die Landesdatenschutzbehörden zuständig sind (eingehend *Krumm* in Tipke/Kruse AO § 32h Rn. 5). Jedenfalls für den Grundsteuervollzug durch die Finanzbehörden in Hamburg ist mit § 11 Abs. 2 S. 2 HmbGrStG eindeutig geklärt, dass der Hamburgische Beauftragte für Datenschutz und Informationsfreiheit zuständig ist. Der Aufsichtsrechtsrahmen ergibt sich aus dem HmbDSG (und nicht aus § 32h Abs. 1 S. 2 AO iVm dem BDSG). Die DS-GVO ist nach hier vertretener Ansicht hingegen auf den Vollzug des Grundsteuerrechts nicht anwendbar (→BewG § 229 Rn. 6), was womöglich in Hamburg zu der Frage führt, welche Aufsichtsbefugnisse dann überhaupt bestehen. Denn § 24 HmbDSG setzt offensichtlich die Anwendbarkeit des Art. 58 DS-GVO (= Befugnisse der Aufsichtsbehörde) voraus (vgl. zum Parallelproblem im Bundesrecht *Krumm* DB 2017, 2182 [2187]).

10   In materieller Hinsicht übernimmt das HmbGrStG das Datenverarbeitungsrecht der Abgabenordnung. Die Regelung in § 11 Abs. 2 S. 2 HmbGrStG betrifft nur die Zuständigkeit, Aufgaben und Befugnisse der Landesbeauftragten für den Datenschutz, aber nicht das spezifisch steuerrechtliche Datenverarbeitungsregime der AO. Es gelten mithin die §§ 2a, 29b ff., 32a ff. AO, soweit sie nicht zur Regelung von Zuständigkeit, Aufgaben und Befugnissen des Datenschutzbeauftragten auf das BDSG verweisen.

F. Keine Geltung von Bundesrechtsverordnungen (Abs. 3)

Gemäß § 11 Abs. 3 HmbGrStG finden Rechtsverordnungen des Bundes für die Grundsteuer B und C in Hamburg keine Anwendung. Warum der hamburgische Gesetzgeber insoweit Regelungsbedarf sah, ist nicht erkennbar. Die Verordnungsermächtigung des § 263 Abs. 1 S. 1 Nr. 3, Abs. 2 BewG ist für das hamburgische Grundsteuerrecht ohne Bedeutung. Immerhin kann man § 11 Abs. 3 HmbGrStG einen klarstellenden Umkehrschluss entnehmen: Auf § 263 Abs. 1 S. 1 Nr. 2 u. 3 BewG gestützte Rechtsverordnungen betreffend die Besteuerung der Betriebe der Land- und Forstwirtschaft sollen auch in Hamburg gelten. 11

§ 12 Übergangsregelungen

(1) ¹**Die Grundsteuerwerte werden auf den 1. Januar 2022 allgemein festgestellt.** ²**Die Grundsteuermessbeträge nach diesem Gesetz werden auf den 1. Januar 2025 allgemein festgesetzt.**

(2) **Für die Anwendung des § 6 Absatz 1 Satz 2 und des § 6 Absatz 3 Satz 1 dieses Gesetzes sowie der § 223 Absatz 1 Nummer 2 und § 224 Absatz 1 Nummer 2 des Bewertungsgesetzes ist für Feststellungszeitpunkte zwischen dem 1. Januar 2022 und dem 31. Dezember 2024 zu unterstellen, dass die Feststellungen für die Besteuerung nach diesem Gesetz von Bedeutung sind und hinsichtlich der Besteuerung der wirtschaftlichen Einheiten die Regelungen dieses Gesetzes gelten.**

§ 12 HmbGrStG beruht auf dem Gesetz v. 24.8.2021 (→ Grundlagen Rn. 86; zu § 12 HmbGrStG HmbBü-Drs. 22/3583, 19f.). Sein Abs. 1 fasst die Anwendungsregelungen in § 266 Abs. 1 BewG und § 36 Abs. 1 GrStG zusammen. Der (von BVerfG 10.4.2018 – 1 BvL 11/14 ua, BVerfGE 148, 147 vorgezeichnete) Einführungszeitplan entspricht dem des Bundesgrundsteuerrechts (→ GrStG § 36 Rn. 1). Im Übrigen finden § 266 Abs. 2–4 BewG und § 36 Abs. 2 u. 3 GrStG Anwendung. Die Regelung des § 12 Abs. 2 HmbGrStG ergänzt § 266 Abs. 2 BewG, indem er den dort bereits verwirklichten Grundgedanken, wonach der Durchführung eines Feststellungsverfahrens vor dem 31.12.2024 nicht entgegengehalten werden können soll, dass das neue Grundsteuerrecht noch keine Anwendung findet, auch auf die Flächenfeststellung (→ HmbGrStG § 6 Rn. 5) überträgt. 1

§ 13 Außerkrafttreten

Mit Ablauf des 31. Dezember 2024 tritt das Gesetz über die Erhebung der Grundsteuer vom 21. Januar 1974 (HmbGVBl. S. 8) in der geltenden Fassung außer Kraft.

Von einer Kommentierung der Norm wird abgesehen.

4. Hessisches Grundsteuergesetz (HGrStG)

Vom 15. Dezember 2021
(GVBl. 2021, 906)

§ 1 Geltungsbereich

Dieses Gesetz gilt für wirtschaftliche Einheiten des Grundvermögens (Grundstücke) nach den §§ 2, 218 Satz 1 Nr. 2 und Satz 3 in Verbindung mit § 99 Abs. 1 Nr. 1, sowie den §§ 243 und 244 des Bewertungsgesetzes in der Fassung der Bekanntmachung vom 1. Februar 1991 (BGBl. I S. 230), zuletzt geändert durch Gesetz vom 16. Juli 2021 (BGBl. I S. 2931), in der am 24. Dezember 2021 geltenden Fassung.

§ 1 HGrStG beruht auf dem Gesetz v. 15. 12. 2021, GVBl. 2021, 906 (→ Grundlagen Rn. 88; zu § 1 HGrStG HessLT-Drs. 20/6379, 15). Er bestimmt den sachlichen Anwendungsbereich des HGrStG und dies unter Anknüpfung an die bundesrechtliche Differenzierung zwischen den Vermögensarten: Das HGrStG gilt ausschließlich für die wirtschaftlichen Einheiten des Grundvermögens. Für die Betriebe der Land- und Forstwirtschaft bleibt es hingegen ohne jede landesrechtliche Abweichung bei der Geltung des Bundesgrundsteuerrechts (zu grenzüberschreitenden Betrieben → BewG § 231 Rn. 3). 1

§ 2 Abweichende Regelungen vom Grundsteuergesetz, Anwendung des Bewertungsgesetzes, der Abgabenordnung und des Finanzverwaltungsgesetzes

(1) Es gelten
1. § 3 anstelle des § 10 des Grundsteuergesetzes,
2. die §§ 4, 5 und 7 anstelle des § 13 des Grundsteuergesetzes,
3. § 6 anstelle des § 15 Abs. 1 und 5 des Grundsteuergesetzes,
4. § 8 anstelle der §§ 16 und 36 des Grundsteuergesetzes,
5. § 9 anstelle des § 17 des Grundsteuergesetzes,
6. § 10 anstelle des § 18 des Grundsteuergesetzes,
7. § 11 anstelle des § 20 des Grundsteuergesetzes,
8. § 12 anstelle des § 17 Abs. 4, § 18 Abs. 4, § 20 Abs. 3 und § 21 des Grundsteuergesetzes und
9. § 13 anstelle des § 25 Abs. 5 des Grundsteuergesetzes

vom 7. August 1973 (BGBl. I S. 965), zuletzt geändert durch Gesetz vom 16. Juli 2021 (BGBl. I S. 2931), in der am 24. Dezember 2021 geltenden Fassung.

(2) ¹Die allgemeinen Bewertungsvorschriften der §§ 2 bis 16 des Bewertungsgesetzes in der am 24. Dezember 2021 geltenden Fassung sind anwendbar, soweit sie zur Anwendung dieses Gesetzes erforderlich sind. ²Bei der Anwendung von § 2 des Bewertungsgesetzes in der am 24. Dezember

§ 2 HGrStG Hessisches Grundsteuergesetz

2021 geltenden Fassung kommen mehrere Wirtschaftsgüter als eine wirtschaftliche Einheit nur insoweit in Betracht, als sie im Gebiet derselben Gemeinde nach § 15 der Hessischen Gemeindeordnung belegen sind.

(3) Für Zwecke dieses Gesetzes sind die besonderen Bewertungsvorschriften und Schlussbestimmungen nach
1. § 218 Satz 1 Nr. 2 und Satz 3 in Verbindung mit § 99 Abs. 1 Nr. 1,
2. den §§ 243 bis 246 und 248,
3. § 249 Abs. 5, 6 und 10 und
4. § 266 Abs. 3 und 5

des Bewertungsgesetzes in der am 24. Dezember 2021 geltenden Fassung entsprechend anwendbar.

(4) ¹Die §§ 228 und 229 des Bewertungsgesetzes in der am 24. Dezember 2021 geltenden Fassung gelten für die Festsetzung von Steuermessbeträgen nach diesem Gesetz entsprechend mit der Maßgabe, dass
1. die Aufforderung zur Abgabe der Erklärung nach § 228 Abs. 1 Satz 3 des Bewertungsgesetzes in der am 24. Dezember 2021 geltenden Fassung durch das Ministerium der Finanzen durch öffentliche Bekanntmachung erfolgen kann; es kann die Befugnis durch Erlass auf nachgeordnete Dienststellen übertragen,
2. in den Fällen des § 228 Abs. 4 des Bewertungsgesetzes in der am 24. Dezember 2021 geltenden Fassung an die Stelle des für die gesonderte Feststellung zuständigen Finanzamts das für die Festsetzung des Steuermessbetrags zuständige Finanzamt tritt.

²Das Grundrecht der Unverletzlichkeit der Wohnung (Art. 13 des Grundgesetzes, Art. 8 der Verfassung des Landes Hessen) wird durch die Befugnis für örtliche Erhebungen über die Bewertungsgrundlagen nach § 229 Abs. 2 Satz 1 des Bewertungsgesetzes in der am 24. Dezember 2021 geltenden Fassung eingeschränkt.

(5) Für Handlungen und Entscheidungen der Landesfinanzbehörden im Zusammenhang mit den Regelungen dieses Gesetzes gelten die Vorschriften
1. der Abgabenordnung in der Fassung der Bekanntmachung vom 1. Oktober 2002 (BGBl. I S. 3866; 2003 I S. 61), zuletzt geändert durch Gesetz vom 25. Juni 2021 (BGBl. I S. 2154), entsprechend mit der Maßgabe, dass in den Fällen des § 182 Abs. 2 Satz 1 der Abgabenordnung an die Stelle des Feststellungsbescheides über einen Grundsteuerwert der Feststellungsbescheid über einen Steuermessbetrag tritt,
2. des Finanzverwaltungsgesetzes in der Fassung der Bekanntmachung vom 4. April 2006 (BGBl. I S. 846, 1202), zuletzt geändert durch Gesetz vom 25. Juni 2021 (BGBl. I S. 2056), entsprechend, soweit dieses Gesetz keine abweichende Regelung enthält.

A. Allgemeines

I. Systematische Einordnung und Zweck der Regelung

1 § 2 HGrStG befasst sich mit dem Verhältnis des HGrStG zum Bundesrecht. Er benennt zum einen die bundesgesetzlichen Normen, die auf die wirtschaftlichen Einheiten des Grundvermögens (vgl. § 1 HGrStG) keine Anwendung finden sollen,

Abwechende Regelungen **§ 2 HGrStG**

und erklärt zum anderen Bundesrecht für entsprechend anwendbar (womit es zu Landesrecht wird, → Rn. 7, → Rn. 10).

II. Entwicklung der Vorschrift

Die Regelung beruht auf dem Gesetz v. 15.12.2021 (→ Grundlagen Rn. 88; zu 2
§ 2 HGrStG HessLT-Drs. 20/6379, 15 f.).

B. Vom Bundesrecht abweichendes Landesrecht (Abs. 1)

§ 2 Abs. 1 HGrStG benennt (deklaratorisch, HessLT-Drs. 20/6379, 15) diejeni- 3
gen Vorschriften des GrStG, die in Hessen für die wirtschaftlichen Einheiten des Grundvermögens nicht gelten, weil sie durch abweichendes Landesrecht ersetzt werden. Im Übrigen finden die Vorschriften des GrStG Anwendung (→ Grundlagen Rn. 76).

C. Anwendung der §§ 2–16 BewG (insbesondere: Bestimmung der wirtschaftlichen Einheit, Abs. 2)

Bewertet und zugerechnet werden nach dem Bundesgrundsteuerrecht (BewG, 4
GrStG) wirtschaftliche Einheiten. Die wirtschaftliche Einheit des Grundvermögens ist das Grundstück. Insoweit sind § 2 BewG im Allgemeinen und § 244 BewG im Besonderen maßgeblich. Da auch das hessische Grundsteuerrecht an eben diese wirtschaftliche Einheit des Grundvermögens anknüpft (s. § 1 HGrStG), werden beide Normen auch in Hessen für anwendbar erklärt (§ 2 Abs. 2 S. 1 HGrStG erklärt ua § 2 BewG für anwendbar und § 2 Abs. 3 Nr. 2 ua § 244 BewG). In Bezug auf das Grundstück als wirtschaftliche Einheit gelten daher die Ausführungen zum Bundesgrundsteuerrecht (→ BewG § 244 Rn. 4 ff.). Mit § 2 Abs. 2 HGrStG wird § 2 BewG zu Landesrecht transformiert. Der hessische Landesgesetzgeber geht davon aus, dass die Regelung ohne Anwendungsanordnung nicht gelten würde, und übernimmt sie mit der landesgesetzlichen Geltungsanordnung daher in sein landesrechtliches Regelungsregime (vgl. BVerwG 4.11.1976 – 5 C 73/74, BVerwGE 51, 268; *Eichberger/Buchheister* in Schoch/Schneider VwGO § 137 Rn. 50). Die Verweisung ist eine statische Verweisung auf die am 24.12.2021 geltende Fassung. Eine spätere Änderung der in Bezug genommenen Normen ist für die Anwendung des HGrStG unbeachtlich (sofern der hessische Gesetzgeber seine Anwendungsanordnung nicht aktualisiert).

§ 2 Abs. 2 HGrStG erklärt auch die §§ 3–16 BewG für anwendbar. Soweit er- 5
sichtlich, dürfte es für diese Normen im Grundsteuerrecht aber keinen Anwendungsbereich geben.

Eine wirtschaftliche Einheit kann auch aus Grundstücken bestehen, die in 6
verschiedenen Gemeinden liegen. Es ist sogar möglich, dass die Grundstücke in mehreren Bundesländern oder gar teilweise im Ausland liegen. Den Umfang der wirtschaftlichen Einheit beeinflusst und vor allem begrenzt dies im Bundesgrundsteuerrecht alles nicht. Der hessische Gesetzgeber hat demgegenüber in § 2 Abs. 2 S. 2 HGrStG eine abweichende Regelung getroffen: **Eine wirtschaftliche Einheit des Grundvermögens kann nur aus solchen Grundbuchgrundstücken bestehen, die innerhalb einer Gemeinde liegen.** Damit stellen sich zum einen

(zumindest aus hessischer Sicht und auch nur in Bezug auf die Grundstücke) keine Fragen, die mit innerdeutsche Grenzen überschreitenden wirtschaftlichen Einheiten einhergehen können (zu grenzüberschreitenden Betrieben der Land- und Forstwirtschaft → BewG § 231 Rn. 3). Zum anderen macht diese Vorgehensweise ein Zerlegungsverfahren überflüssig.

D. Entsprechende Anwendung bestimmter Normen des Bundesgrundsteuerrechts (Abs. 3)

7   Die Vorschriften des grundsteuerlichen Bewertungsrechts der §§ 218 ff. BewG gelten in Ansehung der wirtschaftlichen Einheiten des Grundvermögens (= Grundstücke) grundsätzlich nicht. Das folgt indirekt sowohl aus §§ 4 ff. HGrStG, die eine von den §§ 250 ff. BewG abweichende Bemessungsgrundlage vorsehen, und den §§ 8 ff. HGrStG, die auf gesonderte Feststellungen zu Wert, Zurechnung und Art verzichten, damit keinen Raum für die §§ 219 ff. BewG lassen und stattdessen von einem zweistufigen Verwaltungsverfahren ausgehen (vgl. HessLT-Drs. 20/6379, 16). Daher ordnet § 2 Abs. 3 HGrStG die entsprechende Anwendung bestimmter bewertungsrechtlicher Normen an: (1) Die §§ 218 Nr. 2, 243, 244 BewG (iVm § 2 Abs. 3 Nr. 1, 2 HGrStG) konkretisieren (gemeinsam mit § 2 BewG, → Rn. 4) die wirtschaftliche Einheit des Grundvermögens. (2) Die §§ 246, 248 BewG (iVm § 2 Abs. 3 Nr. 2 HGrStG) geben die Kriterien für ein Gebäude als Grundvoraussetzung von Gebäudeflächen vor (vgl. § 5 Abs. 2, Abs. 3 HGrStG). (3) Auf § 245 BewG wird in § 5 Abs. 5 S. 2 HGrStG und (4) auf die § 249 Abs. 5, Abs. 6 BewG wird in § 5 Abs. 4 HGrStG Bezug genommen. (5) Die Anwendung des Wohnungsbegriffs in § 249 Abs. 10 BewG iVm § 2 Abs. 3 Nr. 3 HGrStG dürfte im Hinblick auf § 5 Abs. 2 GrStG von Bedeutung sein (→ GrStG § 5 Rn. 19). (6) Die entsprechende Anwendung des § 266 Abs. 3 BewG bedeutet die Geltung der dortigen „Amnestieregelung" für die Anwendung des bis zum 31.12.2024 geltenden Rechts (→ BewG § 266 Rn. 3). (7) Mit § 2 Abs. 3 Nr. 4 HGrStG iVm § 266 Abs. 5 BewG übernimmt der hessische Gesetzgeber schließlich für einen zeitlich befristeten Übergangszeitraum die nach Maßgabe des alten Bewertungsrechts unter Beachtung der §§ 26, 34 BewG gebildeten wirtschaftlichen Einheiten (→ BewG § 266 Rn. 5). Jenseits dieser Sonderregelung bleibt es – entsprechend der bundesgesetzlichen Regelungen (→ Rn. 4) – bei der konsequenten Verwirklichung des Grundsatzes der Eigentümeridentität (→ BewG § 244 Rn. 16 f.). Mit der „entsprechenden Anwendung" werden die vorgenannten Normen allesamt und inhaltlich „statisch" bezogen auf den Rechtsstand am 24.12.2021 zu Landesrecht (vgl. → Rn. 4 aE).

E. Modifizierte Anwendung der §§ 228, 229 BewG (Abs. 4)

8   § 228 BewG, der **Steuererklärungs- und Anzeigepflichten der Steuerpflichtigen** normiert, findet **auch in Hessen** Anwendung. Mit § 2 Abs. 4 HGrStG wird die Norm allerdings punktuell modifiziert: (1) Die Steuererklärungspflicht des § 228 Abs. 1 BewG bezieht sich hinsichtlich der Grundstücke nicht auf die Abgabe einer Erklärung zur Feststellung der Grundsteuerwerte, sondern auf eine das Grundsteuermessbetragsverfahren einleitende, die für die Anwendung des HGrStG notwendigen Informationen abfragende, Erklärung. Begrifflich lässt sich von einer Grundsteuererklärung (für Zwecke der Besteuerung des Grundvermögens) spre-

Abweichende Regelungen **§ 2 HGrStG**

chen. (2) Die Anzeigepflicht des § 228 Abs. 2 BewG wird folgerichtig auf das Grundsteuermessbetragsverfahren bezogen und ergänzt insoweit den auch in Hessen geltenden § 19 GrStG. (3) § 2 Abs. 4 S. 1 Nr. 2 BewG erklärt sowohl für die „Grundsteuererklärung" als auch die vorgenannten Anzeigen das für die Festsetzung des Steuermessbetrages zuständige Finanzamt für empfangszuständig. (4) Die Aufforderung zur Abgabe der „Grundsteuererklärung" erfolgt durch das Landesfinanzministerium (§ 2 Abs. 4 S. 1 Nr. 1 HGrStG).

Ferner gilt § 229 BewG. Um dem Zitiergebot des Art. 63 Abs. 2 HessVerf zu genügen, wird § 229 Abs. 2 BewG um den Hinweis auf das landesverfassungsrechtliche Grundrecht der Unverletzlichkeit der Wohnung ergänzt (Art. 8 HessVerf). 9

F. Anwendung der Abgabenordnung (Abs. 5)

Die Verwaltungszuständigkeit ist in Hessen – wie in allen anderen Flächenländern auch – zwischen den Landesfinanzbehörden (Finanzämter, → Rn. 12) und den Gemeinden aufgeteilt (auch → Grundlagen Rn. 42). In Hessen geht es bei den Grundstücken allerdings nur um die Zuweisung von zwei Verfahrensstufen (→ HGrStG § 4 Rn. 3): Die Finanzämter sind für das Grundsteuermessbetragsverfahren zuständig und den Gemeinden ist die Festsetzung und Erhebung der Grundsteuer übertragen worden (§ 1 des Gesetzes über die Zuständigkeiten der Gemeinden für die Festsetzung und Erhebung der Realsteuern → Grundlagen Rn. 42). Der **Grundsteuervollzug durch die Finanzämter erfolgt auf der Grundlage der Abgabenordnung.** § 2 Abs. 5 Nr. 1 HGrStG ordnet die entsprechende Anwendung der Abgabenordnung an. Auch wenn die Abgabenordnung bei nur teilweiser landesgesetzlicher Abweichung vom Bundesrecht ohnehin anzuwenden ist, sofern das Landesrecht nichts anderes bestimmt (→ Grundlagen Rn. 77), ist die Regelung des § 2 Abs. 5 Nr. 1 HGrStG dennoch konstitutiv. Der Landesgesetzgeber macht (auch) insoweit von seiner Abweichungsbefugnis nach Art. 72 Abs. 3 S. 1 Nr. 7 GG Gebrauch (zur Geltung des Art. 72 Abs. 3 S. 1 GG auch für das Verfahrensrecht → Grundlagen Rn. 77) und transformiert die Vorschriften der Abgabenordnung ins Landesrecht. Dies folgt daraus, dass die Normen für „entsprechend" anwendbar erklärt werden. Damit bestätigt der Landesgesetzgeber nicht bloß deren Geltung, sondern nimmt sie in sein landesrechtliches Regelungsregime auf (vgl. zu dieser Frage BVerwG 4.11.1976 – 5 C 73/74, BVerwGE 51, 268; *Eichberger/Buchheister* in Schoch/Schneider VwGO § 137 Rn. 50). Der Verweis ist statisch, dh er bezieht sich auf die Abgabenordnung in der Fassung, die sie durch das Gesetz v. 25.6.2021 (BGBl. 2021 I 2154) erhalten hat. Spätere Änderungen der Abgabenordnung bleiben unberücksichtigt. 10

Der **Verweis auf die AO ist grundsätzlich umfassend** und erfasst daher auch die Regelungen über das steuerliche **Datenverarbeitungsrecht** (einschließlich der Zuständigkeit des Bundesbeauftragten für Datenschutz und die Informationsfreiheit, vgl. § 32h Abs. 1 AO) und das **Steuerstrafrecht** nach Maßgabe der §§ 369 ff. AO. Da die §§ 369 ff. AO über § 2 Abs. 5 HGrStG zu Landesrecht werden, hat der hessische Gesetzgeber insoweit zulässigerweise von der Öffnungsklausel des Art. 4 Abs. 3 EGStGB Gebrauch gemacht. Die Grundsteuerhinterziehung ist daher nach den gleichen Grundsätzen strafbar, die bereits für das Bundesrecht erläutert wurden (→ Grundlagen Rn. 69 ff.). Lediglich eine „Modifikation", die dem zweistufigen Verwaltungsverfahren geschuldet ist, ist vorgesehen: Die dingliche Wirkung, die § 182 Abs. 2 AO dem Grundsteuerwertbescheid beimisst, wird auf den 11

Grundsteuermessbescheid übertragen (vgl. zur Terminologie → HGrStG § 8 Rn. 3). Angesichts des § 184 Abs. 1 S. 4 AO dürfte diese Modifikation nur klarstellender Natur sein.

12 § 2 Abs. 5 Nr. 2 HGrStG erklärt ferner das FVG für entsprechend anwendbar. Das bedeutet vor allem die Zuständigkeit der Finanzämter als untere Landesfinanzbehörden (§ 17 Abs. 1 FVG).

13 Die Anwendungsanordnung des § 2 Abs. 5 Nr. 1 HGrStG gilt ausweislich ihres Wortlautes nur für die Tätigkeit der Landesfinanzbehörden (→ Rn. 10). Der Begriff der Landesfinanzbehörde erfasst nicht die Gemeinden bzw. deren Behörden (s. § 2 Abs. 1 FVG). Für die **Verwaltungstätigkeit der Gemeinden gilt in Hessen daher unmittelbar § 1 Abs. 2 AO.** Denn es ist nicht erkennbar, dass § 2 Abs. 5 Nr. 1 HGrStG eine jenseits seines Anwendungsbereichs (Landesfinanzbehörden) die Abgabenordnung verdrängende Wirkung haben soll (vgl. → Grundlagen Rn. 78).

§ 3 Steuerschuldner *(ersetzt den § 10 des Grundsteuergesetzes)*

(1) ¹**Schuldner der Grundsteuer ist derjenige, dem der Steuergegenstand nach § 2 Nr. 2 des Grundsteuergesetzes in der am 24. Dezember 2021 geltenden Fassung bei der Festsetzung des Steuermessbetrags zuzurechnen ist.** ²**Ist der Steuergegenstand mehreren Personen zuzurechnen, so sind sie Gesamtschuldner.**

(2) ¹**Soweit nichts anderes bestimmt ist, richtet sich die Zurechnung des Steuergegenstands nach § 39 Abs. 1 und 2 Nr. 1 der Abgabenordnung.** ²**Im Falle eines Erbbaurechts, eines Wohnungserbbaurechts oder Teilerbbaurechts ist der Steuermessbetrag dem Erbbauberechtigten, im Falle eines Gebäudes auf fremdem Grund und Boden dem Eigentümer des Grund und Bodens zuzurechnen.**

1 § 3 HGrStG beruht auf dem Gesetz v. 15.12.2021 (→ Grundlagen Rn. 88; zu § 3 HGrStG HessLT-Drs. 20/6379, 16). Sein **Abs. 1 entspricht § 10 GrStG,** weshalb auf die Erläuterungen zu dieser Vorschrift vollumfänglich verwiesen werden kann. Die eigenständige Regelung in § 3 Abs. 1 HGrStG erklärt sich allein daraus, dass § 10 Abs. 1 GrStG an die Zurechnungsfeststellung im Grundsteuerwertbescheid anknüpft, während das hessische Grundsteuerrecht von einem zweistufigen Verwaltungsverfahren geprägt ist und hier keine gesonderte Zurechnungsfeststellung erfolgt (→ HGrStG § 4 Rn. 3). Die Entscheidung über die persönliche Steuerpflicht erfolgt – wie im Bundesgrundsteuerrecht auch – im Messbetragsverfahren (§ 184 Abs. 1 S. 2 AO, → HGrStG § 8 Rn. 6), allerdings nach den materiellen Kriterien des § 3 Abs. 2 HGrStG (und nicht nach Maßgabe der bindenden Zurechnungsfeststellung). Der Grundsteuermessbescheid hat insoweit dann Bindungswirkung für den Grundsteuerbescheid (§ 184 Abs. 1 S. 4 AO iVm § 182 Abs. 1 AO; → HGrStG § 8 Rn. 6).

2 § 3 Abs. 2 HGrStG normiert die **materiellen Zurechnungsregeln für das Grundstück.** Satz 1 verweist für das Zurechnungsgrundregel auf § 39 Abs. 1, Abs. 2 Nr. 1 AO und damit den Vorrang des wirtschaftlichen Eigentums vor dem rechtlichen Eigentum. Das entspricht dem Bundesgrundsteuerrecht (→ BewG § 219 Rn. 18 ff., die dortigen Ausführungen gelten auch in Hessen). Da das hessische Grundsteuerrecht den bundesrechtlichen Zuschnitt der wirtschaftlichen Einheit ohne Veränderung übernimmt (→ HGrStG § 2 Rn. 4), trifft es insoweit folgerichtig auch eigenständige Zurechnungsregelungen in Ansehung von erbbaurechtsbelasteten Grundstücken und Erbbaurecht sowie Grundstücken, die mit einem nicht dem Grundstückseigentümer zuzurechnenden Gebäude bebaut sind (Gebäude auf fremden Grund und Boden). Die Zurechnungsregeln in § 3 Abs. 2 S. 2 HGrStG entsprechen § 261 S. 2, 3 BewG und § 262 S. 2 BewG: Ein mit einem Erbbaurecht belastetes Grundstück ist dem Erbbaurechtsberechtigten zuzurechnen und im Falle eines Gebäudes auf fremden Grund und Boden erfolgt die Zurechnung beim Zurechnungssubjekt des Grund und Bodens.

§ 3 Abs. 2 HGrStG verweist nicht auf § 39 Abs. 2 Nr. 2 AO, geht aber in § 3 Abs. 1 S. 2 HGrStG davon aus, dass ein **Grundstück auch mehreren Personen zuzurechnen sein kann.** Daher dürfte die Rechtslage in Hessen mit derjenigen nach Maßgabe des Bundesgrundsteuerrechts identisch sein: Personenvereinigungen, die selbst Träger von Rechten und Pflichten und daher auch Zurechnungssubjekt eines Grundstücks sein können, sind selbst Steuerschuldner. Das gilt neben den juristischen Personen vor allem auch für rechtsfähige Personengesellschaften (→ BewG § 219 Rn. 36). Bei nicht rechtsfähigen Gesamthands- und Bruchteilsgemeinschaften sind Steuerschuldner hingegen die einzelnen Gesamthänder bzw. Gemeinschafter (Miteigentümer) (→ BewG § 219 Rn. 37 f.) und dies gesamtschuldnerisch für die gesamte Grundsteuer in Ansehung der wirtschaftlichen Einheit. Materiell-rechtlich gilt in diesem Fall der Grundsatz der Messbetragsermittlung für die gesamte wirtschaftliche Einheit (§ 4 Abs. 3 S. 1 HessGrStG) und verfahrensrechtlich erfolgt die Festsetzung des Grundsteuermessbetrages gegenüber allen Gesamthändern bzw. Gemeinschaftern (Miteigentümern) (→ HGrStG § 8 Rn. 6). 3

§ 4 Steuermessbetrag *(ersetzt den § 13 des Grundsteuergesetzes)*

(1) ¹**Bei der Berechnung der Grundsteuer ist von einem Steuermessbetrag auszugehen.** ²**Dieser ermittelt sich, indem die Flächenbeträge nach § 5 jeweils mit den Steuermesszahlen nach § 6 multipliziert werden, die Summe dieser Produkte (Ausgangsbetrag) wiederum mit dem Faktor nach § 7 multipliziert wird und das daraus resultierende Ergebnis auf volle Euro abgerundet wird.**

(2) ¹**Ist der Steuergegenstand zum Teil steuerbefreit, wird der Steuermessbetrag für den steuerpflichtigen Teil ermittelt und festgesetzt.** ²**Ist der Steuergegenstand vollständig steuerbefreit, wird kein Steuermessbetrag ermittelt und festgesetzt.**

(3) ¹**Bei der Ermittlung des Steuermessbetrags ist § 2 Abs. 1 und 2 des Bewertungsgesetzes in der am 24. Dezember 2021 geltenden Fassung sinngemäß anzuwenden.** ²**Bei Erbbaurechten ist für das Erbbaurecht und das Erbbaurechtsgrundstück nur ein Steuermessbetrag zu ermitteln; dieser entspricht dem Betrag, der festzusetzen wäre, wenn die Belastung mit dem Erbbaurecht nicht bestünde.** ³**Satz 2 gilt entsprechend für Wohnungserbbaurechte und Teilerbbaurechte.** ⁴**Bei Gebäuden auf fremdem Grund und Boden ist für den Grund und Boden sowie für das Gebäude auf fremdem Grund und Boden nur ein Steuermessbetrag zu ermitteln.**

A. Allgemeines

I. Systematische Einordnung und Zweck der Regelung

1 Die Norm trifft Aussagen zur Ermittlung des Steuermessbetrages. § 4 HGrStG hat nicht nur einen materiell-rechtlichen Regelungsgehalt, sondern gibt implizit (im Zusammenspiel mit §§ 8 ff. HGrStG) auch das lediglich zweistufige Verwaltungsverfahren vor (→ Rn. 3).

II. Entwicklung der Vorschrift

2 § 4 HGrStG beruht auf dem Gesetz v. 15.12.2021 (→ Grundlagen Rn. 88; zu § 4 HGrStG HessLT-Drs. 20/6379, 16 f.).

B. Ermittlung des Steuermessbetrages (Abs. 1)

3 Der hessische Landesgesetzgeber hat sich für zwei verfahrensrechtliche Verwirklichungsmodi entschieden:
- Für die wirtschaftlichen Einheiten des **Grundvermögens** (Grundstücke) sieht § 4 HGrStG (ergänzt durch die §§ 8 ff. HGrStG) abweichend vom Bundesrecht ein lediglich **zweistufiges Verwaltungsverfahren** vor. Das FA setzt den Steuermessbetrag fest. Höhe und Einordnung der Flächen, die Flächenbeträge nach § 5 HGrStG, die Steuermesszahlen nach § 6 HGrStG, der Zwischenberechnungsschritt „Ausgangsbetrag" (→ Rn. 4) sowie der Lage-Faktor nach § 7 HGrStG sind lediglich Teil der (unselbständigen) Begründung des Grundsteuermessbescheides. Das hessische Grundsteuergesetz verzichtet mithin auf vorgelagerte gesonderte Feststellungen (zur Auswirkung auf den Rechtsschutz, → HGrStG § 8 Rn. 13). Der Grundsteuermessbescheid trifft (nur) eine verbindliche Entscheidung über den Grundsteuermessbetrag (Festsetzung) und die Zurechnung des Grundstücks, dh über die Person des Steuerschuldners (→ HGrStG § 8 Rn. 6). Insoweit entfaltet er Bindungswirkung für das nachfolgende Grundsteuerfestsetzungsverfahren, das von den Gemeinden durchzuführen ist und mit dem Erlass des Grundsteuerbescheides abschließt.
- In Ansehung des **land- und forstwirtschaftlichen Vermögens** (Betrieb der Land- und Forstwirtschaft) bleibt es bei dem (mindestens) **dreistufigen Verwaltungsverfahren,** wie es die §§ 218 ff. BewG vorsehen (ggf. mit Vorschaltung eines Verfahrens der Bodenschätzung). Das Bundesrecht findet insoweit ohne landesrechtliche Abweichung Anwendung (sowohl verfahrens- wie auch materiell-rechtlich). Für einen Betrieb der Land- und Forstwirtschaft ist mithin ein Grundsteuerwertbescheid mit Wert-, Art- und Zurechnungsfeststellung zu erlassen (vgl. HessLT-Drs. 20/6379, 10). Es folgen nach Maßgabe des Bundesrechts das Grundsteuermessbetrags- (gem. §§ 16 ff. GrStG und nicht §§ 8 ff. HGrStG, → HGrStG § 8 Rn. 1) und sodann das Grundsteuerfestsetzungsverfahren (vgl. zum gestuften Verwaltungsverfahren nur → Grundlagen Rn. 42 ff.).

Das für einen Betrieb der Land- und Forstwirtschaft durchzuführende Grundsteuerwertfeststellungsverfahren genießt Vorrang, da dort eine Feststellung zur Vermögensart getroffen wird, die im Grundsteuermessbetragsverfahren Bindungswir-

Steuermessbetrag   § 4 HGrStG

kung erzeugt (→ HGrStG § 8 Rn. 4, dort zur Bedeutung des Vorrangs für den Rechtsschutz).

Die einzelnen Rechtsanwendungsschritte auf dem Weg zum (einheitlich festzusetzenden und auf volle Euro abzurundenden) Steuermessbetrag gibt § 4 Abs. 1 HGrStG wie folgt vor (Rechenbeispiel bei → HGrStG § 7 Rn. 3): **4**

Flächenbetrag für Grund und Boden	× Steuermesszahl	= Produkt Grund und Boden
+ Flächenbetrag für Wohnflächen	× Steuermesszahl	= Produkt Wohnfläche
+ Flächenbetrag für Nutzflächen	× Steuermesszahl	= Produkt Nutzfläche
		= Ausgangsbetrag
		× Lage-Faktor
		= Steuermessbetrag

Die Bildung der Einzelprodukte für Grund und Boden, Wohnfläche und Nutzfläche ist deshalb erforderlich, weil für die Flächenbeträge unterschiedliche Steuermesszahlen maßgeblich sein können (vgl. § 6 HGrStG).

C. Steuerbefreiungen (Abs. 2)

Die Steuerbefreiungen der §§ 3 ff. GrStG gelten auch in Hessen. Soweit der Steuergegenstand von der Grundsteuer befreit ist, unterbleibt eine Steuermessbetragsfestsetzung, dh der Steuermessbetrag wird nur für den Teil des Grundstücks festgesetzt, der nicht von der Steuer befreit ist. Ist das Grundstück vollständig von der Grundsteuer befreit, findet gar keine Steuermessbetragsfestsetzung statt. Diese Vorgehensweise entspricht konzeptionell dem Bundesgrundsteuerrecht (→ GrStG § 3 Rn. 4 ff.). Entsprechendes gilt für die Neuveranlagung (§ 9 HGrStG), Nachveranlagung (§ 10 HGrStG) bzw. Aufhebung (§ 11 HGrStG), wenn sich die Verhältnisse in Ansehung der Grundsteuerbefreiung verändern. **5**

D. Zurechnung des Steuermessbetrages (Abs. 3)

Auch in Hessen gelten für Grundstücke die bundesrechtlichen Grundsätze zur Bestimmung der wirtschaftlichen Einheit (→ HGrStG § 2 Rn. 4). Hieran anknüpfend ordnet § 4 Abs. 3 S. 1 HGrStG an, dass der bundesrechtliche Grundsatz des § 2 Abs. 1 S. 1 BewG, wonach eine wirtschaftliche Einheit im Ganzen zu bewerten ist, im hessischen Grundsteuerrecht auf den Steuermessbetrag zu beziehen ist („sinngemäß"). Der Steuermessbetrag ist mithin immer für die gesamte wirtschaftliche Einheit zu ermitteln. Ferner wird der Grundsatz der Eigentümeridentität nach § 2 Abs. 2 BewG übernommen. Der hessische Gesetzgeber scheint (ohne dass dies materiell-rechtlich von Bedeutung sein dürfte) zwischen der Anwendung von § 2 Abs. 1, Abs. 2 BewG anlässlich der Bestimmung der wirtschaftlichen Einheit (insoweit Anwendung über § 2 Abs. 2 HGrStG) und der Anwendung der gleichen Normen anlässlich der Messbetragsfestsetzung (insoweit Anwendung über § 4 Abs. 3 HGrStG) unterscheiden zu wollen. Aus materiell-rechtlicher Perspektive erscheint diese Unterscheidung überflüssig. **6**

§ 5 HGrStG Hessisches Grundsteuergesetz

7 Erbbaurechtsgrundstück und Erbbaurecht stellen eine einzige wirtschaftliche Einheit dar (→ BewG § 244 Rn. 21). Hieran anknüpfend bestimmt § 4 Abs. 3 S. 2 HGrStG, dass für diese wirtschaftliche Einheit der Steuermessbetrag so zu ermitteln ist, also ob die Belastung mit dem Erbbaurecht nicht bestünde (zur Zurechnung → HGrStG § 3 Rn. 2). Die Regelung dürfte überflüssig sein, weil sich bereits aus der Zusammenfassung als eine wirtschaftliche Einheit ergibt, dass alle Grundstücks- und Gebäudeflächen zu berücksichtigen sind. Eine weitergehende Bedeutung dürfte die Anordnung des § 4 Abs. 3 S. 2 HGrStG wegen der wertunabhängigen Bemessungsgrundlage nicht haben. Dies alles gilt entsprechend für Wohnungs- und Teilerbbaurechte (§ 4 Abs. 3 S. 3 HGrStG) und Gebäude auf fremdem Grund und Boden (§ 4 Abs. 3 S. 4 HGrStG; ebenfalls eine wirtschaftliche Einheit, → BewG § 244 Rn. 24; zur Zurechnung → HGrStG § 3 Rn. 2).

§ 5 Flächenbeträge *(ersetzt den § 13 des Grundsteuergesetzes)*

(1) **Der Flächenbetrag für den Grund und Boden ist das Produkt aus der Fläche des zum Grundstück gehörenden Grund und Bodens in Quadratmetern und einem Ansatz von 0,04 Euro je Quadratmeter.**

(2) **¹Der Flächenbetrag für den zu Wohnzwecken genutzten Teil eines zum Grundstück gehörenden benutzbaren Gebäudes nach § 248 Bewertungsgesetz in der am 24. Dezember 2021 geltenden Fassung ist das Produkt aus der Wohnfläche in Quadratmetern und einem Ansatz von 0,50 Euro je Quadratmeter. ²Nicht genutzte Flächen nach Satz 1, die zuvor zu Wohnzwecken genutzt wurden, gelten bis zu einer Nutzung zu anderen Zwecken weiterhin als zu Wohnzwecken genutzt. ³Die Vermietung von Wohn- und Schlafräumen zur kurzfristigen Beherbergung von Personen ist kein Wohnzweck. ⁴Ein häusliches Arbeitszimmer gilt ungeachtet der ertragsteuerlichen Würdigung als zu Wohnzwecken genutzt. ⁵Garagen, die zu Wohnzwecken genutzten Gebäuden oder Gebäudeteilen zu dienen bestimmt sind, bleiben außer Ansatz, wenn sie in räumlichem Zusammenhang zum Gebäude oder Gebäudeteil stehen oder wenn sie eine eigene wirtschaftliche Einheit bilden und ihre Nutzungsfläche 100 Quadratmeter nicht überschreitet. ⁶Nebengebäude, die zu Wohnzwecken genutzten Gebäuden oder Gebäudeteilen zu dienen bestimmt und von untergeordneter Bedeutung sind, bleiben außer Ansatz, wenn sie in räumlichem Zusammenhang zum Gebäude oder Gebäudeteil stehen oder eine eigene wirtschaftliche Einheit bilden. ⁷Von einer untergeordneten Bedeutung ist auszugehen, wenn die Gebäudefläche jeweils weniger als 30 Quadratmeter beträgt. ⁸Die Nutzungsfläche von Garagen und Nebengebäuden, die nach Satz 5 bis 7 nicht außer Ansatz bleiben, gilt als Wohnfläche im Sinne des Satzes 1.**

(3) **¹Der Flächenbetrag für den zu anderen Zwecken als Wohnzwecken genutzten Teil eines zum Grundstück gehörenden benutzbaren Gebäudes nach § 248 Bewertungsgesetz in der am 24. Dezember 2021 geltenden Fassung ist das Produkt aus der Nutzungsfläche in Quadratmetern und einem Ansatz von 0,50 Euro je Quadratmeter. ²Nicht genutzte Flächen nach Satz 1, die zuvor zu anderen Zwecken als Wohnzwecken genutzt wurden, gelten bis zu einer Nutzung zu Wohnzwecken weiterhin als zu anderen Zwecken als Wohnzwecken genutzt.**

Flächenbeträge **§ 5 HGrStG**

(4) ¹Bei der Berechnung nach den Abs. 1 bis 3 sind für Wohnungseigentum und Teileigentum § 249 Abs. 5 und 6 des Bewertungsgesetzes in der am 24. Dezember 2021 geltenden Fassung entsprechend anzuwenden. ²Für Garagenstellplätze und Nebengebäude im Wohnungseigentum gilt Abs. 2 Satz 5 bis 8 entsprechend.

(5) ¹Beträgt die Gebäudefläche der auf einem Grundstück errichteten Gebäude insgesamt weniger als 30 Quadratmeter, bleibt diese für die Ermittlung der Flächenbeträge nach Abs. 1 bis 3 außer Ansatz. ²Außer Ansatz bleiben auch Gebäude oder Gebäudeteile für den Zivilschutz nach § 245 Bewertungsgesetz in der am 24. Dezember 2021 geltenden Fassung.

(6) ¹Bei der Anwendung der Abs. 1 bis 5 ist stets von vollen Quadratmetern auszugehen. ²Hierfür sind Nachkommastellen abzurunden.

Übersicht

	Rn.
A. Allgemeines	1
I. Systematische Einordnung und Zweck der Regelung	1
II. Entwicklung der Vorschrift	2
B. Flächenbetrag für den Grund und Boden (Abs. 1)	3
C. Flächenbetrag für Gebäudewohnflächen (Abs. 2)	5
I. Faktor für Wohnflächen (Abs. 2 S. 1)	5
II. Bestimmung der Wohnfläche (ua Abs. 2 S. 2 bis S. 4)	6
III. Garagen (Abs. 2 S. 5 u. S. 8)	10
IV. Nebengebäude (Abs. 2 S. 6 bis S. 8)	14
D. Flächenbetrag für Gebäudenutzflächen (Abs. 3)	18
I. Faktor für Nutzflächen (Abs. 3 S. 1)	18
II. Bestimmung der Nutzfläche (ua Abs. 3 S. 2)	19
E. Wohnungs- und Teileigentum (Abs. 4)	21
F. Gebäude mit weniger als 30 qm Gebäudefläche (Abs. 5)	23
G. Rundungsvorgabe (Abs. 6)	25

A. Allgemeines

I. Systematische Einordnung und Zweck der Regelung

§ 5 HGrStG gibt die in Euro ausgedrückten Faktoren vor, die multipliziert mit 1 der Grundstücksfläche und den Gebäudeflächen die sog. Flächenbeträge ergeben. Diese Flächenbeträge sind Teil der Steuermessbetragsermittlung nach § 4 Abs. 1 HGrStG (→ HGrStG § 4 Rn. 4). Diese Faktoren sind reine Rechengrößen, die keinen Seinsbezug haben. Sie sind politisch (willkürlich) bestimmt, um zu einer gewollten relativen Lastenverteilung je nach Grundstücks- und Gebäudegröße zu gelangen. Des Weiteren nimmt sich § 5 HGrStG in seinen Absätzen 2 und 3 der Bestimmung von Wohn- und Nutzfläche an (einschließlich von Vereinfachungsregelungen in Bezug auf Garagen und Nebengebäude, → Rn. 5 ff.); Absatz 4 enthält eine entsprechende Regelung für Wohnungs- und Teileigentum (→ Rn. 21 f.). § 5 Abs. 5 HGrStG schließlich ordnet die Außerachtlassung von kleineren Gebäuden an und bewirkt, dass ein bebautes Grundstück im Ergebnis wie ein unbebautes Grundstück bewertet wird (→ Rn. 23 f.).

§ 5 HGrStG Hessisches Grundsteuergesetz

II. Entwicklung der Vorschrift

2 § 5 HGrStG beruht auf dem Gesetz v. 15.12.2021 (→ Grundlagen Rn. 88; zu § 5 HGrStG HessLT-Drs. 20/6379, 17f.).

B. Flächenbetrag für den Grund und Boden (Abs. 1)

3 Der in Euro ausgedrückte Faktor, der mit der Fläche des Grund und Bodens zu multiplizieren ist, beträgt 0,04 EUR/qm (§ 5 Abs. 1 HGrStG). Er gilt für alle Grundstücksflächen gleichermaßen. Das hessische Grundsteuerrecht sieht anders als andere Landesgrundsteuergesetze (vgl. zB § 4 Abs. 2 S. 2 NGrStG) keine Sonderregelung für übergroße Grundstücke vor.

4 Die Fläche des Grund und Bodens ergibt sich aus dem Grundbuch oder den Katasterunterlagen in Bezug auf die zur wirtschaftlichen Einheit gehörenden Grundbuchgrundstücke. Sofern mehrere wirtschaftliche Einheiten auf einem Grundbuchgrundstück bestehen, ist eine Aufteilung notwendig.

C. Flächenbetrag für Gebäudewohnflächen (Abs. 2)

I. Faktor für Wohnflächen (Abs. 2 S. 1)

5 Der in Euro ausgedrückte Faktor, der mit der Wohnfläche des Gebäudes (→ Rn. 6ff.) zu multiplizieren ist, beträgt 0,50 EUR/qm (§ 5 Abs. 2 S. 1 HGrStG). Er ist anzuwenden, wenn das Grundstück iSv § 248 BewG bebaut ist und nicht nach § 5 Abs. 5 HGrStG als unbebaut gilt. Er bezieht sich auf die Gebäudefläche, die zu Wohnzwecken genutzt wird und die nicht nach Abs. 2 S. 6 außer Betracht zu bleiben hat. Bei einer Mischnutzung muss die Gebäudefläche zwischen Wohn- und Nutzfläche (→ Rn. 18f.) aufgeteilt werden.

II. Bestimmung der Wohnfläche (ua Abs. 2 S. 2 bis S. 4)

6 Die zu Wohnzwecken genutzte Gebäudefläche ist abzugrenzen von der Nutzung zu eigenen oder fremden betrieblichen, zu öffentlichen oder sonstigen Zwecken. Die Wohnnutzung ergibt sich aus der tatsächlichen Nutzung des Gebäudes zum Wohnen. Kommt es im Anschluss an eine Wohnnutzung zu einem Leerstand (Nichtnutzung), wirkt die Wohnnutzung fort und endet erst, wenn das Gebäude anderweitig genutzt wird (§ 5 Abs. 2 S. 2 HGrStG). Dies entspricht der bundesgesetzlichen Regelung (→ BewG § 249 Rn. 4, 14).

7 Keine Wohnnutzung liegt vor, wenn Wohn- und Schlafräume zur kurzfristigen Beherbergung von Personen an Dritte überlassen werden (§ 5 Abs. 2 S. 3 HGrStG). Insoweit dürfte der hessische Gesetzgeber eine vom Bundesgrundsteuerrecht abweichende Regelung getroffen haben. Während sich das Bundesgrundsteuerrecht an der ertragsteuerlichen Abgrenzung zwischen Vermögensverwaltung und Gewerbebetrieb orientiert (→ BewG § 249 Rn. 15), dürfte sich § 5 Abs. 2 S. 3 HGrStG vornehmlich an § 4 Nr. 12 S. 2 UStG orientieren. Das legen sowohl der an die umsatzsteuerliche Regelung angelehnte Wortlaut des § 5 Abs. 2 S. 3 HGrStG als auch die Gesetzesbegründung nahe. Letztere nennt als Beispiel nämlich ua auch Ferienwohnungen (vgl. HessLT-Drs. 20/6379, 17). Gerade die Ferienwohnungen sind der Inbegriff für eine unterschiedliche Einordnung im Er-

Flächenbeträge **§ 5 HGrStG**

trag- und Umsatzsteuerrecht. So kann die Vermietung einer Ferienwohnung je nach den Umständen des Einzelfalls ertragsteuerlich bloße Vermögensverwaltung sein (vgl. BFH 24.10.2000 – IX R 58/97, BFH/NV 2001, 752 [Ferienwohnung]; FG Köln 12.11.2020 – 15 K 2394/19, EFG 2021, 633 [Boarding-House]), aber umsatzsteuerlich durchaus eine kurzfristige Beherbergung darstellen. Denn von einer kurzfristigen Beherbergung iSv § 4 Nr. 12 S. 2 UStG wird idR schon allein dann ausgegangen, wenn die Räumlichkeiten für Beherbergungen von weniger als sechs Monaten bereitgehalten werden (BFH 21.9.1989 – V R 170/84, BeckRS 1989, 06409; *Schüler-Täsch* in Sölch/Ringleb UStG § 4 Nr. 12 Rn. 54 mN). Diese allein an die beabsichtigte Überlassungsdauer anknüpfende Betrachtung des Umsatzsteuerrechts dürfte auch für § 5 Abs. 2 S. 3 HGrStG maßgeblich sein.

Die Einbeziehung von **Arbeitszimmern** in die Wohnnutzung und damit auch 8 in die Wohnfläche, selbst wenn sie einer selbstständigen Tätigkeit dienen, entspricht der bundesgesetzlichen Rechtslage (→ BewG § 249 Rn. 17). Die Regelung des § 5 Abs. 2 S. 4 HGrStG hat daher nur klarstellenden Charakter.

Wie die Wohnfläche zu ermitteln ist, lässt das Gesetz bewusst offen. In der 9 Gesetzesbegründung verweist der Gesetzgeber allerdings für den Regelfall auf die WoFlV, was nach der in diesem Kommentar vertretenen Auffassung dem Bundesgrundsteuerrecht entspricht (→ BewG § 249 Rn. 6ff. und → BewG § 254 Rn. 6ff., dort auch jeweils zu Einzelfragen der Anwendung der WoFlV). Sofern eine Wohnflächenberechnung nach dieser Maßgabe bisher nicht vorliegt, soll es, so die Gesetzesbegründung, aus Vereinfachungsgründen nicht zu beanstanden sein, wenn stattdessen eine Berechnung nach der II. BV verwendet wird (HessLT-Drs. 20/6379, 17). Das Schweigen des Gesetzes in Ansehung des Berechnungsstandards bedeutet also nicht, dass der Steuerpflichtige die „freie Wahl" zwischen mehreren Standards hat. Der hessische Gesetzgeber hatte lediglich eine Art „Bestandsschutz" für bereits vorhandene Unterlagen im Sinn. Für Gebäude, die unter Geltung der WoFlV errichtet worden sind, gilt auch nur die WoFlV als einziger Standard. Hier bedarf es keines Bestandsschutzes.

III. Garagen (Abs. 2 S. 5 u. S. 8)

Garagen, die einer Wohnnutzung dienen, werden nach der WoFlV nicht als 10 Wohnfläche erfasst und bleiben insgesamt unberücksichtigt (→ BewG § 249 Rn. 9). Dessen ungeachtet trifft § 5 Abs. 2 S. 5 HGrStG eine eigene – die Regelung der WoFlV unseres Erachtens nicht verdrängende, sondern parallel geltende – Regelung: Aus Vereinfachungsgründen (vgl. HessLT-Drs. 20/6379, 18) bleiben Garagen außer Ansatz, wenn (1) sie zu Wohnzwecken genutzten Gebäuden oder Gebäudeteilen zu dienen bestimmt sind und in räumlichen Zusammenhang zum Gebäude oder Gebäudeteil stehen (§ 5 Abs. 2 S. 5 Alt. 1 HGrStG) oder wenn (2) sie zu Wohnzwecken genutzten Gebäuden oder Gebäudeteilen zu dienen bestimmt sind, eine eigene wirtschaftliche Einheit bilden und ihre Nutzfläche 100 qm nicht überschreitet (§ 5 Abs. 2 S. 5 Alt. 2 HGrStG). Der Begriff der **Garage ist ein Typusbegriff,** dessen Konkretisierung maßgeblich durch die Abgeschlossenheit (Garagentor uÄ) und die Zweckbestimmung einer typischen Garage (Unterstellen eines Fahrzeugs oder eines Fahrrads) geprägt ist. Ein Bauwerk hat – wenn auch die nachfolgenden Voraussetzungen erfüllt sind (insb. der gegenüber der Wohnnutzung dienende Charakter, → Rn. 11) – bereits dann außer Ansatz zu bleiben, wenn es objektiv dem Typus der Garage zuzuordnen ist.

§ 5 HGrStG

Hessisches Grundsteuergesetz

11 **§ 5 Abs. 2 S. 5 Alt. 1 HGrStG** knüpft an eine **Garage** (→ Rn. 10) an, **die Teil der wirtschaftlichen Einheit des bebauten, auch eine Wohnnutzung aufweisenden Grundstücks ist.** Weitere Voraussetzung dafür, dass die Fläche der Garage unberücksichtigt bleibt, ist ein **dienender Zusammenhang im Verhältnis zu einer Wohnnutzung.** Maßgeblich sind insoweit grundsteuerliche Wertungen. Daher liegt eine dienende Funktion zu einer Wohnnutzung idR allein deshalb vor, weil in der Garage das Fahrzeug desjenigen untergestellt wird, der in dem räumlich mit der Garage zusammenhängenden Wohngebäude wohnt. Dass das auch privat genutzte Fahrzeug zu einem Betriebsvermögen gehört und deshalb die Garage im ertragsteuerlichen Sinne womöglich Betriebsvermögen ist, ist für § 5 Abs. 2 S. 5 Alt. 1 HGrStG ohne Bedeutung. Der kumulativ verlangte **räumliche Zusammenhang zur Wohnnutzung** dürfte für § 5 Abs. 2 S. 5 Alt. 1 HGrStG keine eigenständige Bedeutung haben. Denn es geht um Garagen, die mit dem Wohngebäude eine wirtschaftliche Einheit bilden, weshalb hier praktisch keine Konstellation vorstellbar ist, in der das Kriterium des räumlichen Zusammenhangs nicht gegeben ist (vgl. → BewG § 244 Rn. 10). Das gilt insb. auch für die Fälle, in denen die Garage allein wegen § 244 Abs. 2 BewG in die durch das Wohnhaus geprägte wirtschaftliche Einheit einbezogen worden ist. Denn die Einbeziehung nach § 244 Abs. 2 BewG ist idR nur möglich, wenn eine gewisse räumliche Nähe besteht (→ BewG § 244 Rn. 18 ff.), und es liegt nahe, bei § 244 Abs. 2 BewG und § 5 Abs. 2 S. 5 Alt. 1 HGrStG dieselben Maßstäbe anzuwenden. Die räumliche Nähe wird mithin maßgeblich durch die Verkehrsauffassung bestimmt. Das Gesetz enthält **keine Flächenbegrenzung.** Die 100 qm-Begrenzung am Ende des Satzes 5 bezieht sich allein auf die Garagen, die eine eigene wirtschaftliche Einheit bilden (→ Rn. 12).

12 **§ 5 Abs. 2 S. 5 Alt. 2 HGrStG** setzt eine Garage (→ Rn. 10) voraus, die eine eigenständige wirtschaftliche Einheit bildet. Ebenfalls erfasst ist eine Vielzahl von Garagen, die zu einer wirtschaftlichen Einheit zusammengefasst sind. Neben dem gegenüber der Wohnnutzung dienenden Charakter (→ Rn. 11) statuiert das Gesetz eine Flächenbegrenzung: Die Nutzfläche darf 100 qm nicht überschreiten. Die 100 qm dürften sich auf die Summe der Flächen aller Garagen der wirtschaftlichen Einheit beziehen. Das Nichtüberschreiten dieser Fläche ist Tatbestandsmerkmal und nicht Freibetrag (arg. Wortlaut: „wenn"). Wird die Grenze mithin überschritten, ist die Fläche der Garage vollumfänglich zu berücksichtigen.

13 Liegen die Voraussetzungen des § 5 Abs. 2 S. 5 HGrStG vor, bleiben die Garagen außer Ansatz, dh die Fläche wird nicht berücksichtigt. **Fehlt es an einer Voraussetzung des § 5 Abs. 2 S. 5 HGrStG, gilt die Garagenfläche** gem. § 5 Abs. 2 S. 8 HGrStG **als Wohnfläche.** Angesichts der systematischen Stellung innerhalb des Abs. 2 wird man aber in Abgrenzung zu Abs. 3 die Voraussetzung formulieren müssen, dass die Garage nicht eigen- oder fremdbetrieblichen Zwecken dient.

IV. Nebengebäude (Abs. 2 S. 6 bis S. 8)

14 Aus Vereinfachungsgründen (vgl. HessLT-Drs. 20/6379, 18) bleiben Nebengebäude, die zu Wohnzwecken genutzten Gebäuden oder Gebäudeteilen zu dienen bestimmt und von untergeordneter Bedeutung sind, außer Ansatz, wenn sie in räumlichem Zusammenhang zum Gebäude oder Gebäudeteil stehen oder eine eigene wirtschaftliche Einheit bilden. Satz 6 normiert ebenso wie Satz 5 zwei Alternativen, die sich darin unterscheiden, dass das Nebengebäude in der ersten Alternative mit dem Hauptgebäude eine wirtschaftliche Einheit bildet, während das

Flächenbeträge **§ 5 HGrStG**

Nebengebäude in der zweiten Alternative eine eigenständige wirtschaftliche Einheit darstellt. Die Regelung dürfte vor allem auf **Schuppen und Gartenhäuschen** abzielen.

Gemeinsame Voraussetzungen beider Alternativen sind der (1) dienende Charakter gegenüber der Wohnnutzung (vgl. → Rn. 11) und die (2) untergeordnete Bedeutung. Der **dienende Charakter setzt voraus, dass es ein Hauptgebäude mit Wohnnutzung gibt.** Es dürfte vor allem um solche Fälle gehen, in denen das Nebengebäude als eine Art als Stau- und Lagerraum für die Bewohner des Haupthauses fungiert. **Für das Kriterium der untergeordneten Bedeutung dürfte idR die Fläche heranzuziehen sein.** Das ergibt sich aus § 5 Abs. 2 S. 7 HGrStG, wonach von einer untergeordneten Bedeutung jedenfalls dann auszugehen ist, wenn die Gebäudefläche jeweils (dh bezogen auf jedes einzelne Gebäude) weniger als 30 qm beträgt. Diese Regelung schließt nicht aus, dass auch oberhalb von 30 qm eine untergeordnete Bedeutung vorliegen kann. Jenseits des Satz 7 ist dies aber anhand des Verhältnisses zur Fläche der Hauptnutzung begründungsbedürftig. 15

§ 5 Abs. 2 S. 6 Alt. 1 HGrStG verlangt zusätzlich zur dienenden Funktion und untergeordneten Bedeutung (→ Rn. 15) einen räumlichen Zusammenhang zur Wohnnutzung. Die räumliche Nähe wird mithin maßgeblich durch die Verkehrsauffassung bestimmt. 16

Liegen die Voraussetzungen des § 5 Abs. 2 S. 6 HGrStG vor, bleibt das Nebengebäude außer Ansatz, dh die Fläche wird nicht berücksichtigt. **Fehlt es an einer Voraussetzung des § 5 Abs. 2 S. 6 HGrStG, gilt die Fläche des Nebengebäudes** gem. § 5 Abs. 2 S. 8 HGrStG **als Wohnfläche.** Angesichts der systematischen Stellung innerhalb des Abs. 2 wird man aber in Abgrenzung zu Abs. 3 die Voraussetzung formulieren müssen, dass das Nebengebäude nicht eigen- oder fremdbetrieblichen Zwecken dient. Satz 8 erfasst vor allem solche Nebengebäude, die Teil der wirtschaftlichen Einheit des Hauptgebäudes sind, die wegen ihrer Fläche aber nicht von untergeordneter Bedeutung sind. 17

D. Flächenbetrag für Gebäudenutzflächen (Abs. 3)

I. Faktor für Nutzflächen (Abs. 3 S. 1)

Das Gegenstück zur Wohnfläche ist die Nutzfläche. Der Begriff der **Nutzfläche umschreibt die Gebäudeflächen, die zu eigenen oder fremden betrieblichen, zu öffentlichen oder sonstigen Zwecken genutzt werden** (→ Rn. 19). Der in Euro ausgedrückte Faktor, mit dem der Nutzfläche des Gebäudes (→ Rn. 20) zu multiplizieren ist, beträgt 0,50 EUR/qm (§ 5 Abs. 3 S. 1 HGrStG). Er ist anzuwenden, wenn das Grundstück iSv § 248 BewG bebaut ist und nicht nach § 5 Abs. 5 HGrStG als unbebaut gilt. Bei einer Mischnutzung muss die Gebäudefläche zwischen Wohn- und Nutzfläche aufgeteilt werden. 18

II. Bestimmung der Nutzfläche (ua Abs. 3 S. 2)

§ 5 Abs. 3 HGrStG gilt für die Gebäudeflächen, die zu eigenen oder fremden betrieblichen, zu öffentlichen oder sonstigen Zwecken genutzt werden. **Maßgeblich ist die tatsächliche Nutzung.** Kommt es im Anschluss an eine Nicht-Wohnnutzung zu einem Leerstand (Nichtnutzung), wirkt die vormalige Nutzung fort und endet erst, wenn das Gebäude anderweitig genutzt wird (§ 5 Abs. 3 S. 2 HGrStG). 19

855

§ 5 HGrStG Hessisches Grundsteuergesetz

20 § 5 Abs. 3 HGrStG enthält keine **Vorgabe zur Berechnung der Nutzfläche**. In der Praxis wird für Nutzflächen vielfach DIN 277 herangezogen (zu den Unterschieden zwischen DIN 277 und der WoFlV → BewG § 249 Rn. 6). Die Maßgeblichkeit dieses Standards für § 5 Abs. 3 HGrStG entspricht auch der Vorstellung des hessischen Gesetzgebers. Andere Methoden zur Flächenermittlung werden nach der Gesetzesbegründung nur für zulässig erachtet, wenn sie geeignet sind, die Nutzungsfläche nach DIN 277 zutreffend abzubilden; geringfügige Unschärfen seien aber hinzunehmen. Der Gesetzgeber erwähnt beispielhaft die Umrechnung von Kubikmeter (Rauminhalt) in Quadratmeter (HessLT-Drs. 20/6379, 18).

E. Wohnungs- und Teileigentum (Abs. 4)

21 Wohnungseigentum kann an Wohnungen und Teileigentum an nicht zu Wohnzwecken dienenden Räumen begründet werden (§ 1 Abs. 1 WEG). **Jedes Wohnungseigentum und jedes Teileigentum gilt grundsätzlich als eigenständiges Grundstück** (= wirtschaftliche Einheit, § 244 Abs. 3 Nr. 3 BewG). Die wirtschaftliche Einheit „Wohnungseigentum" besteht (zumindest) aus dem Sondereigentum an bestimmten Räumen iSv § 5 Abs. 1 WEG („die Wohnung") und dem Miteigentumsanteil an dem gemeinschaftlichen Eigentum der Wohnungseigentümer iSv § 1 Abs. 5 WEG (→ BewG § 244 Rn. 26). Daher sollen beim Wohnungseigentum die Fläche des Sondereigentums (idR Wohnfläche) und die dem Miteigentumsanteil am gemeinschaftlichen Eigentum entsprechenden Flächen (das werden idR sowohl Grundstücks- als auch Gebäudeflächen sein) maßgeblich sein. Das soll sich aus dem Verweis des § 5 Abs. 4 S. 1 HGrStG auf § 249 Abs. 5 BewG ergeben (HessLT-Drs. 20/6379, 18). Für das Teileigentum gilt dies alles mit dem Verweis auf § 249 Abs. 6 BewG entsprechend.

22 Zur wirtschaftlichen Einheit des Wohnungseigentums kann auch das Sondernutzungsrecht zB an Garagen gehören (→ BewG § 244 Rn. 26). Ebenso ist es aber auch denkbar, dass eine Garage oder eine Garagenanlage als eigenständige wirtschaftliche Einheit existiert, die von den Wohnungs-/Teileigentümern genutzt wird. Für solche Konstellation verweist § 5 Abs. 4 S. 2 HGrStG auf § 5 Abs. 2 S. 5 HGrStG (→ Rn. 10 ff.). Dies alles gilt für Nebengebäude (Gartenhäuschen etc.) entsprechend (Verweis auf § 5 Abs. 2 S. 6 f. HGrStG, → Rn. 14 ff.).

F. Gebäude mit weniger als 30 qm Gebäudefläche (Abs. 5)

23 Gemäß § 5 Abs. 5 S. 1 HGrStG bleibt die Gebäudefläche der auf einem Grundstück errichteten Gebäude außer Ansatz, wenn sie insgesamt weniger als 30 qm beträgt. Mit dem „insgesamt" macht der Gesetzgeber deutlich, dass die Gesamtgebäudefläche maßgeblich ist. Bezugspunkt ist das „Grundstück". Insoweit dürfte der Gesetzgeber wohl die wirtschaftliche Einheit und nicht das Grundbuchgrundstück meinen. Ist die 30 qm-Voraussetzung erfüllt, fehlt es insgesamt an einer Gebäudefläche. Denn es kann denknotwendig – anders als bei Abs. 2 S. 5 u S. 6 HGrStG – kein weiteres Gebäude geben, dessen Gebäudefläche zu berücksichtigen ist. Das keine Gebäudefläche zu berücksichtigen ist, bedeutet indes nicht, dass das Gebäude damit qua Fiktion als unbebaut gilt (vgl. auch den abweichenden Wortlaut zB in § 3 Abs. 4 S. 1 NGrStG). Es liegt ein bebautes Grundstück vor, dessen Gebäudefläche aus Vereinfachungsgründen unberücksichtigt bleibt.

Steuermesszahlen **§ 6 HGrStG**

Ferner bleiben (ohne Größenbegrenzung) Gebäude oder Gebäudeteile iSv **24** § 245 BewG unberücksichtigt (§ 5 Abs. 5 S. 2 HGrStG). Insoweit wird bezüglich der Voraussetzungen auf die Kommentierung des § 245 BewG hingewiesen. Rechtsfolge des § 5 Abs. 5 S. 2 HGrStG ist, dass die wirtschaftliche Einheit nicht vollständig von der Grundsteuer ausgenommen wird, sondern nur das Gebäude bzw. ein Gebäudeteil. Der Grund und Boden fließt mit seinem Flächenwert hingegen in den Steuermessbetrag ein.

G. Rundungsvorgabe (Abs. 6)

Alle Flächen (Grund und Boden sowie Gebäude) sind auf volle Quadratmeter **25** nach unten abzurunden.

§ 6 Steuermesszahlen *(ersetzt den § 15 Abs. 1 und 5 des Grundsteuergesetzes)*

(1) **Die Steuermesszahl für die Flächenbeträge nach § 5 Abs. 1 und 3 beträgt 100 Prozent.**

(2) **Die Steuermesszahl für den Flächenbetrag nach § 5 Abs. 2 beträgt 70 Prozent.**

(3) **Für Kulturdenkmäler im Sinne des Hessischen Denkmalschutzgesetzes vom 28. November 2016 (GVBl. S. 211) werden die Steuermesszahlen nach den Abs. 1 und 2 für die Flächenbeträge nach § 5 Abs. 2 und 3 auf Antrag um 25 Prozent ermäßigt, wenn die Voraussetzungen zum Veranlagungszeitpunkt vorliegen.**

(4) **§ 15 Abs. 2 bis 4 des Grundsteuergesetzes in der am 24. Dezember 2021 geltenden Fassung sind anzuwenden.**

A. Allgemeines

I. Systematische Einordnung und Zweck der Regelung

Im zweistufigen Konzept des hessischen Grundsteuerrechts steht am Anfang die **1** Festsetzung des Grundsteuermessbetrages. Die materiellen Vorgaben enthalten die §§ 4 ff. HGrStG. § 6 HGrStG steuert insoweit die Steuermesszahlen bei. Da die Flächenbeträge getrennt nach Grund und Boden, Wohnfläche und Nutzfläche zu ermitteln sind, kann § 6 HGrStG hieran differenzierend anknüpfen. Der vorletzte Rechtsanwendungsschritt auf Messbetragsebene ist sodann die Zusammenführung aller Einzelmessbeträge zum sog. Ausgangsbetrag, der schließlich mit dem Faktor iSv § 7 HGrStG multipliziert wird (→ HGrStG § 4 Rn. 4).

II. Entwicklung der Vorschrift

§ 6 HGrStG beruht auf dem Gesetz v. 15.12.2021 (→ Grundlagen Rn. 88; zu **2** § 6 HGrStG HessLT-Drs. 20/6379, 18 f.).

B. Messzahl für Grund und Boden und Nutzflächen (Abs. 1)

3 Die Steuermesszahl für den Grund und Boden (§ 5 Abs. 1 HGrStG) sowie die Nutzflächen (§ 5 Abs. 3 HGrStG) beträgt 100 Prozent.

C. Messzahl für Wohnflächen (Abs. 2)

4 Die Steuermesszahl für Wohnflächen (§ 5 Abs. 2 HGrStG) beträgt 70 Prozent. In der Gesamtbetrachtung mit § 6 Abs. 2 HGrStG stellt dies eine bewusste Ermäßigung für Wohnflächen um 30 Prozentpunkte dar (vgl. HessLT-Drs. 20/6379, 18). Diese Differenzierung ist verfassungsgemäß (vgl. → Grundlagen Rn. 121 ff.).

D. Ermäßigung für Kulturdenkmäler (Abs. 3)

5 § 6 Abs. 3 HGrStG sieht eine Messzahlermäßigung für Kulturdenkmäler iSd HDSchG vor. Die Regelung verdrängt § 15 Abs. 5 GrStG, ist ihr aber konzeptionell nachempfunden, weshalb ergänzend auf die Kommentierung des § 15 Abs. 5 GrStG verwiesen werden kann (→ GrStG § 15 Rn. 25 ff.). Da das HDSchG hinsichtlich der unbeweglichen Kulturdenkmäler dem **deklaratorischen Inschutznahmesystem** folgt (§ 11 Abs. 1 S. 1 HDSchG; VGH Kassel 23.1.1992 – 4 UE 3467/88, NVwZ-RR 1993, 462 zur Vorgängerregelung), **liegen die Voraussetzungen des § 6 Abs. 3 HGrStG bereits dann** (aber auch nur dann) **vor, wenn die gesetzlichen Merkmale eines unbeweglichen Kulturdenkmals erfüllt sind.** Es bedarf mithin keiner (konstitutiven) Verwaltungsentscheidung (→ GrStG § 15 Rn. 29).

6 Die Messzahlermäßigung für Kulturdenkmäler wird nur auf Antrag gewährt. Eine (materiell-rechtliche) zeitliche Begrenzung für die Antragstellung ist nicht vorgesehen. Die Antragstellung wird daher allein durch die verfahrensrechtlichen Regelungen der Änderbarkeit des das „gewählte Recht" verarbeitenden Verwaltungsakts (also die Bestandskraft) sowie die Regelungen über die Festsetzungsverjährung begrenzt (s. BFH 12.5.2015 – VIII R 14/13, BStBl. II 2015, 806 zu § 32d Abs. 6 EStG). Da der Antrag hier nur Verfahrenshandlung ist, stellt die nach Erlass des Verwaltungsaktes erfolgte Wahlrechtsausübung vor allem kein rückwirkendes Ereignis iSv § 175 Abs. 1 S. 1 Nr. 1 AO dar (vgl. allgemein zu Anträgen, die nur Verfahrenshandlung sind, zB BFH 12.5.2015 – VIII R 14/13, BStBl. II 2015, 806; aA *Heinen* DStR 2020, 361 [365 ff.]).

7 Die **Messbetragsermäßigung iHv 25 % wird nur in Bezug auf die Messzahl für die Wohn- und Nutzfläche gewährt.** Für den Grund und Boden ist keine Ermäßigung vorgesehen. § 6 Abs. 3 HGrStG schweigt zu der Frage, wie zu verfahren ist, wenn nur ein Teil des Gebäudes oder eines von mehreren Gebäuden (bei Vorliegen nur einer wirtschaftlichen Einheit) die Voraussetzungen eines Kulturdenkmals erfüllt. Da das Gesetz keine „insoweit-Regelung", sondern eine „wenn-Regelung" enthält, dürfte in diesem Fall die Ermäßigung für den gesamten Flächenbetrag zu gewähren sein.

E. Anwendung des § 15 Abs. 2–4 GrStG (Abs. 4)

Die auf geförderten Wohnraum und bestimmte Wohnungsbaugesellschaften, 8
-genossenschaften und -vereine zugeschnittenen Ermäßigungstatbestände des § 15
Abs. 2–4 GrStG sind auch im hessischen Grundsteuerrecht anwendbar. Es handelt
sich um eine sog. statische Verweisung. Da § 6 Abs. 4 HGrStG nach wie vor auf die
gegenwärtige Fassung des § 15 Abs. 2–4 GrStG verweist, kann uneingeschränkt auf
die Kommentierung dieser Tatbestände verwiesen werden (→ GrStG § 15 Rn. 5ff.
zu § 15 Abs. 2, Abs. 3, dort auch mit Nachweis des hessischen Rechts der Wohnraumförderung, sowie → GrStG § 15 Rn. 14ff. zu § 15 Abs. 4 GrStG). Der Verweis
des § 6 Abs. 4 HGrStG lässt allerdings eine wichtige Anwendungsfrage unbeantwortet: Gilt die Ermäßigung nach § 15 Abs. 2–4 GrStG für alle Steuermesszahlen
(so wie es im Bundesrecht der Fall ist) oder nur für die Messzahlen der Gebäudeflächen (wie es dem § 6 Abs. 3 HGrStG entspricht) oder gar nur die Messzahl der
Wohnfläche? Da § 6 Abs. 4 HGrStG den § 15 Abs. 2–4 GrStG nicht ausdrücklich
an die differenzierte Steuermesszahlsystematik des § 6 HGrStG anpasst, wird man
davon ausgehen dürfen, dass die bundesgesetzlichen Ermäßigungstatbestände so anzuwenden sind, wie sie auch im Bundesrecht anzuwenden sind, dh die Ermäßigung
gilt für die gesamte wirtschaftliche Einheit und damit für alle Steuermesszahlen.

F. Verhältnis der Ermäßigungen zueinander

Die Steuermesszahlermäßigung nach § 15 Abs. 4 GrStG iVm § 6 Abs. 4 HGrStG 9
ist gegenüber den Ermäßigungen nach § 15 Abs. 2, Abs. 3 GrStG iVm § 6 Abs. 4
HGrStG nachrangig (vgl. Einleitungssatz des § 15 Abs. 4 GrStG). Ansonsten existiert keine ausdrückliche Regelung, die sich dem Verhältnis der Ermäßigungen zueinander annimmt. Solange gesetzlich kein ausdrückliches „Kumulationsverbot"
angeordnet wird, können auch zwei Ermäßigungen anzuwenden sein. Insoweit
dürfte das hessische Grundsteuerrecht dem Bundesrecht entsprechen (→ GrStG
§ 15 Rn. 31).

---

§ 7 Faktor *(ersetzt den § 13 des Grundsteuergesetzes)*

(1) ¹Der Faktor ergibt sich nach folgender Formel:

$$\text{Faktor} = \left[\frac{\text{Bodenrichtwert nach Abs. 2}}{\text{durchschnittlicher Bodenrichtwert nach Abs. 3}}\right]^{0,3}$$

²Der Faktor wird auf zwei Nachkommastellen abgerundet.

(2) ¹Der Bodenrichtwert ist der zum jeweiligen Hauptveranlagungszeitpunkt nach § 8 Abs. 1 Satz 2 ermittelte Bodenrichtwert nach § 196 Baugesetzbuch der Bodenrichtwertzone, in der das Grundstück liegt. ²Erstreckt sich das Grundstück über mehr als eine Bodenrichtwertzone, wird
für jede in einer Bodenrichtwertzone gelegene Grundstücksteilfläche der
jeweilige Bodenrichtwert mit dem Quotienten aus der Grundstücksteilfläche und der Fläche des Grundstücks (jeweils in Quadratmetern) multipliziert; die Summe dieser Produkte ist als Bodenrichtwert der wirtschaftlichen Einheit anzusetzen. ³In deckungsgleichen Bodenrichtwertzonen ist

jeweils der niedrigste der Bodenrichtwerte anzusetzen. ⁴Für Zonen ohne festgestellten Bodenrichtwert (symbolischer Bodenrichtwert) oder wenn für das Grundstück zum jeweiligen Hauptveranlagungszeitpunkt kein Bodenrichtwert für baureifes Land vorliegt, wird der durchschnittliche Bodenrichtwert in der Gemeinde nach Abs. 3 angesetzt. ⁵Für bebaute oder bebaubare Grundstücke im Außenbereich nach § 35 Baugesetzbuch werden zehn Prozent des durchschnittlichen Bodenrichtwertes nach Abs. 3 angesetzt.

(3) ¹Der durchschnittliche Bodenrichtwert ist der auf den jeweiligen Hauptveranlagungszeitpunkt nach § 8 Abs. 1 Satz 2 ermittelte durchschnittliche Bodenrichtwert in der Gemeinde. ²Er wird durch die Zentrale Geschäftsstelle der Gutachterausschüsse für Immobilienwerte des Landes Hessen aus den Bodenrichtwerten für baureifes Land in der jeweiligen Gemeinde zum jeweiligen Hauptveranlagungszeitpunkt als flächengewichteter Mittelwert berechnet und auf volle Euro gerundet. ³Bei deckungsgleichen Bodenrichtwertzonen ist jeweils der niedrigste der Bodenrichtwerte in die Ermittlung einzubeziehen. ⁴Bodenrichtwerte im Außenbereich nach § 35 Baugesetzbuch sowie Zonen ohne festgestellten Bodenrichtwert (symbolischer Bodenrichtwert) werden nicht berücksichtigt. ⁵Die für alle Gemeinden berechneten durchschnittlichen Bodenrichtwerte werden im Staatsanzeiger für das Land Hessen veröffentlicht.

A. Allgemeines

I. Systematische Einordnung und Zweck der Regelung

1 § 7 HGrStG normiert den Faktor, der mit dem Ausgangsbetrag iSv § 4 Abs. 1 S. 1 HGrStG zu multiplizieren ist. Das Produkt ergibt den Grundsteuermessbetrag (→ HGrStG § 4 Rn. 4). § 7 HGrStG spricht zwar nur von dem Faktor. Da der Faktor iSv § 7 HGrStG eine lagebezogene Differenzierung bewirken soll (vgl. HessLT-Drs. 20/6379, 19), wird der Faktor nachfolgend als Lage-Faktor bezeichnet. Dieser Lage-Faktor knüpft an die Bodenrichtwerte an und ergänzt die Steuermessbetragsermittlung um einen wertabhängigen Faktor, ohne den Steuermessbetrag damit zu einer wertabhängigen Größe zu machen (→ Grundlagen Rn. 89). Auch mit dem Lage-Faktor ist die Verknüpfung von gemeindlichen Leistungen und Grundsteuerbelastung nur eine Fiktion. Mit dem Lage-Faktor wird pauschal das Bauchgefühl bedient, dass ein Grundstück mit einem gemeinsam am Gemeindedurchschnitt höheren Bodenrichtwert (beachte: nicht Verkehrswert des bebauten Grundstücks) mehr an gemeindlichen Leistungen partizipiert haben muss als ein Grundstück mit niedrigeren Bodenrichtwert. Ob der Pauschalität, die dem Lage-Faktor innewohnt (→ Rn. 3), bleiben verfassungsrechtliche Zweifel (→ Grundlagen Rn. 127).

II. Entwicklung der Vorschrift

2 § 7 HGrStG beruht auf dem Gesetz v. 15.12.2021 (→ Grundlagen Rn. 88; zu § 7 HGrStG HessLT-Drs. 20/6379, 19 ff.).

Faktor § 7 HGrStG

B. Ermittlung des Lage-Faktors (Abs. 1)

§ 7 Abs. 1 HGrStG gibt die Ermittlung des (auf zwei Nachkommastellen abzu- 3
rundenden, § 7 Abs. 1 S. 2 HGrStG) Lage-Faktors mit folgender Formel vor:

$$\left(\frac{Bodenrichtwert\ iSv\ Abs.\ 2\ [\to Rn.\ 6\ ff.]}{durchschnittlicher\ Bodenrichtwert\ iSv\ Abs.\ 3\ [\to Rn.\ 13\ ff.]}\right)^{0{,}3} = Lage\text{-}Faktor$$

Teilt man nur den Bodenrichtwert durch den durchschnittlichen Bodenrichtwert, erhält man das Verhältnis der beiden Werte zueinander. Würde man es bei diesem Rechenschritt belassen, dann würde nicht nur der Lage-Faktor genau dieses Verhältnis abbilden, sondern über die Multiplikation mit dem Ausgangsbetrag (→ HGrStG § 4 Rn. 4) auch der Steuermessbetrag. Wenn zB der Bodenrichtwert 600 EUR/qm und der durchschnittliche Bodenrichtwert 300 EUR/qm ist, dann ergibt dies einen Lage-Faktor von 2. Der Steuermessbetrag für ein Grundstück mit einem Bodenrichtwert von 600 EUR/qm wäre mithin doppelt so hoch wie der Steuermessbetrag für ein Grundstück mit einem Bodenrichtwert iHv 300 EUR/qm bei ansonsten identischen Bewertungsfaktoren (Grundstücks- und Gebäudefläche). Einen solchen **(linear wirkenden) Lage-Faktor hat der hessische Gesetzgeber aber nicht gewollt.** Deshalb hat er die **Differenzierungswirkung des Lage-Faktors** mit einem Exponenten kleiner als 1, nämlich 0,3, **deutlich abgeschwächt.**

Beispiel: Der Grund und Boden hat eine Fläche von 800 qm. Das aufstehende Gebäude verfügt über eine Wohnfläche von 170 qm. Der Bodenrichtwert ist 600 EUR/qm und der durchschnittliche Bodenrichtwert ist 300 EUR/qm.
Der Lage-Faktor berechnet sich wie folgt: $(600/300)^{0{,}3} = 1{,}23$
Damit ergibt sich folgender Steuermessbetrag:

Grund und Boden	800 qm × 0,04 EUR/qm × 100%	32,00 EUR
Gebäude	170 qm × 0,50 EUR/qm × 70%	59,50 EUR
Ausgangsbetrag		91,50 EUR
Steuermessbetrag (gerundet)		91,50 EUR × 1,23 112,00 EUR

Das Beispiel zeigt den Abschwächungseffekt deutlich. Aus der Perspektive des Äquivalenzprinzips wird man also – bezogen auf das Beispiel – formulieren müssen: Ein Grundstück, dessen Bodenrichtwert doppelt so hoch wie der durchschnittliche Bodenrichtwert iSv § 7 Abs. 3 HGrStG ist, wird um 23% höher mit Grundsteuer belastet als ein Grundstück, dessen Bodenrichtwert dem durchschnittlichen Bodenrichtwert entspricht, und es wird damit typisierend unterstellt, dass es in diesem Umfang mehr an den gemeindlichen Leistungen partizipiert als das Grundstück mit dem durchschnittlichen Bodenrichtwert.

§ 7 HGrStG Hessisches Grundsteuergesetz

4   Die Abschwächungswirkung des Exponenten zeigt folgende Übersicht:

Verhältnis Bodenrichtwert zum durchschnittlichen Bodenrichtwert	Lage-Faktor
0,50	0,81
0,75	0,92
1,50	1,13
2,00	1,23
2,50	1,32
3,00	1,39
4,00	1,52

5   Die Gutachterausschüsse ermitteln den Bodenrichtwert (→ Rn. 6 ff.) und die Zentrale Geschäftsstelle der Gutachterausschüsse für Immobilienwerte des Landes Hessen ermittelt den durchschnittlichen Bodenrichtwert (→ Rn. 13 ff.). Den **Lage-Faktor ermittelt die Finanzbehörde hingegen eigenständig anlässlich der Steuermessbetragsfestsetzung.** Die erste Ermittlung des Lage-Faktors erfolgt auf den 1.1.2022 (§ 7 Abs. 2 S. 1, Abs. 3 S. 1 HGrStG) und sodann erst wieder auf den 1.1.2036 (zum nächsten Hauptveranlagungszeitpunkt, → HGrStG § 8 Rn. 9). Zwischen den Hauptveranlagungszeitpunkten bleibt der Lage-Faktor des vorangegangenen Hauptveranlagungszeitpunktes maßgeblich. Wenn zB anlässlich einer Nachveranlagung auf den 1.1.2031 der Steuermessbetrag ermittelt werden muss, dann ist kein Lage-Faktor auf den 1.1.2031 zu ermitteln. Vielmehr ist der Lage-Faktor zum 1.1.2022 maßgeblich (§ 10 Abs. 2 S. 3 HGrStG). Entsprechendes gilt für die Neuveranlagung (vgl. § 9 Abs. 2 S. 2 HGrStG).

C. Bodenrichtwert (Abs. 2)

6   Der Zähler in der Formel des Abs. 1 (→ Rn. 3) ist der von § 7 Abs. 2 S. 1 HGrStG als Zonenwert (= zonaler Bodenrichtwert) definierte Bodenrichtwert. **Maßgeblich ist mithin der Bodenrichtwert der Bodenrichtwertzone, in der das betroffene Grundstück liegt** (zum Stichtag → Rn. 8). Anpassungen des Bodenrichtwertes an die grundstücksspezifischen Eigenschaften des betroffenen Grundstücks (zB Maß der baulichen Nutzung [insb. Geschossflächenzahl], Grundstücksgröße und Grundstückstiefe) sind nicht zulässig. Die Ermittlung des Bodenrichtwertes richtet sich nach § 196 BauGB (iVm der ImmoWertV 2022; zum Bodenrichtwert und seiner Ermittlung → BewG § 247 Rn. 4 ff.). Zuständig sind die Gutachterausschüsse (→ BewG § 247 Rn. 27). Die Bodenrichtwerte sind für die Finanzbehörde und den Steuerpflichtigen grundsätzlich verbindlich. Es besteht in Bezug auf den Ableitungs-/Ermittlungsvorgang ein gerichtlich nur eingeschränkt überprüfbarer Beurteilungsspielraum der Gutachterausschüsse (eingehend → BewG § 247 Rn. 18 ff.).

7   Das Gesetz äußert sich nicht (ausdrücklich) zu der Frage, ob jeder Bodenrichtwert als tauglicher Bodenrichtwert iSv Abs. 2 in Betracht kommt. § 7 Abs. 2 S. 4 HGrStG macht aber indirekt deutlich, dass nur Bodenrichtwerte für baureifes Land maßgeblich sind. Das bestätigt auch die Gesetzesbegründung (HessLT-Drs. 20/6379, 20). **Sind nur Bodenrichtwerte für andere Entwicklungsstände**

Faktor **§ 7 HGrStG**

festgestellt worden, fehlt es mithin an einem Bodenrichtwert und § 7 Abs. 2 S. 4 HGrStG greift ein.

Für die Hauptveranlagung ist der auf den Hauptveranlagungszeitpunkt (→ HGrStG § 8 Rn. 9) ermittelte Bodenrichtwert maßgeblich (§ 7 Abs. 2 S. 1 HGrStG, vgl. → Rn. 5). 8

Erstreckt sich das Grundstück (= wirtschaftliche Einheit) über mehr als eine Bodenrichtwertzone, wird gem. § 7 Abs. 2 S. 2 HGrStG für jede in einer Bodenrichtwertzone gelegene Grundstücksteilfläche der jeweilige Bodenrichtwert mit dem Quotienten aus der Grundstücksteilfläche und der Fläche des Grundstücks (jeweils in Quadratmetern) multipliziert. Die Summe dieser Produkte ist als Bodenrichtwert der wirtschaftlichen Einheit anzusetzen. 9

Beispiel: Die wirtschaftliche Einheit besteht aus zwei Flurstücken. Flurstück 1 umfasst 500 qm und liegt in einer Bodenrichtwertzone mit einem Bodenrichtwert von 350 EUR/qm. Flurstück 2 umfasst 200 qm und liegt in einer Bodenrichtwertzone mit einem Bodenrichtwert von 280 EUR/qm.
Der maßgebliche Bodenrichtwert nach § 7 Abs. 2 HGrStG ermittelt sich wie folgt:
$$\left(\frac{500\ qm}{700\ qm}\ x\ 350\ EUR/qm\right)\ +\ \left(\frac{200\ qm}{700\ qm}\ x\ 280\ EUR/qm\right)\ =\ 330\ EUR/qm$$
Für die gesamte wirtschaftliche Einheit ergibt sich damit ein Bodenrichtwert iHv 330 EUR/qm.

Grundsätzlich ist je Bodenrichtwertzone nur ein einziger Bodenrichtwert anzugeben (§ 13 Abs. 2 S. 2, 3 ImmoWertV 2022). Allerdings ist es ausnahmsweise möglich, dass sich zwei Bodenrichtwertzonen deckungsgleich überlagern (vgl. § 15 Abs. 3 ImmoWertV 2022), dh es existieren bezogen auf die gleiche Fläche (= Zone) zwei Bodenrichtwertgrundstücke (= Mustergrundstücke). Auf die letztgenannte Konstellation nimmt § 7 Abs. 2 S. 3 HGrStG Bezug. Für den Fall einer sich deckungsgleich überlagernden Bodenrichtwertzone verzichtet § 7 Abs. 2 S. 3 HGrStG auf die Zuordnung des betroffenen Grundstücks zum „richtigen Bodenrichtwertgrundstück". Stattdessen ist stets der niedrigere Bodenrichtwert maßgeblich. 10

Wurde für eine Bodenrichtwertzone kein Bodenrichtwert festgestellt oder wurden lediglich Bodenrichtwerte festgestellt, die nicht für baureifes Land gelten → Rn. 7), dann ist der durchschnittliche Bodenrichtwert iSv Abs. 3 in Ansatz zu bringen (§ 7 Abs. 2 S. 4 HGrStG). 11

Für im Außenbereich iSv § 35 BauGB liegende Grundstücke, die nicht land- und forstwirtschaftlich genutzt werden, fehlt es häufig an einem Bodenrichtwert für baureifes Land. Das hat vor allem Bedeutung für die Wohnhäuser der Land- und Forstwirte, die (nicht mehr, → BewG § 232 Rn. 33) Teil der wirtschaftlichen Einheit des Betriebs der Land- und Forstwirtschaft sind, sondern eine eigene wirtschaftliche Einheit des Grundvermögens darstellen. Für solche (aber auch andere im Außenbereich belegene) Grundstücke sieht § 7 Abs. 2 S. 5 HGrStG eine gesonderte Bestimmung des Bodenrichtwertes vor: Sofern ein im Außenbereich belegenes Grundstücke bebaut oder bebaubar ist, werden 10% des durchschnittlichen Bodenrichtwertes iSv Abs. 3 angesetzt. Fraglich ist, ob diese Regelung auch dann gilt, wenn ein Bodenrichtwert für baureifes Land existieren. Dagegen spricht, dass Satz 5 wohl nur ein Sonderfall des vorstehenden Satzes 4 sein dürfte und dieser Satz 4 setzt tatbestandlich das Fehlen eines Bodenrichtwertes für baureifes Land (→ Rn. 11) voraus. 12

863

D. Durchschnittlicher Bodenrichtwert (Abs. 3)

13 Der **durchschnittliche Bodenrichtwert wird für jede Gemeinde ermittelt, also bezogen auf alle Grundstücke, die einer Gemeinde zugeordnet sind** und die in der Summe das Gemeindegebiet iSv § 15 Abs. 1 S. 1 HGO bilden. In die Ermittlung des durchschnittlichen Bodenwertes sind die Bodenrichtwerte aller Bodenrichtwertzonen auf dem Gemeindegebiet heranzuziehen (bei sich deckungsgleich überlagernden Bodenrichtwertzonen [→ Rn. 10] nur der niedrigste Bodenrichtwert, § 7 Abs. 3 S. 3 HGrStG). Allerdings klammert das Gesetz einige Bodenrichtwerte ausdrücklich aus: Bodenrichtwerte im Außenbereich iSv § 35 BauGB und lediglich symbolisch angegebene Bodenrichtwerte bleiben außen vor (§ 7 Abs. 3 S. 4 HGrStG). Zudem dürfen die Bodenrichtwerte nicht in die Ermittlung einfließen, die nicht für den Entwicklungszustand „baureifes Land" festgestellt worden sind. Umgekehrt formuliert: Es sollen nur die Bodenrichtwerte für baureifes Land im Innenbereich berücksichtigt werden.

14 Den maßgeblichen Durchschnitt **gibt § 7 Abs. 3 S. 3 HGrStG als flächengewichteten Mittelwert vor:** Die Einzelbodenrichtwerte fließen entsprechend der Flächen ihrer Bodenrichtwertzonen in die Ermittlung des durchschnittlichen Bodenrichtwertes ein.

Beispiel: Für das Gemeindegebiet sind vom Gutachterausschuss für die insgesamt drei Bodenrichtwertzonen Bodenrichtwerte ermittelt worden: Bodenrichtwertzone 1 mit 600.000 qm und einem Bodenrichtwert von 90 EUR/qm; Bodenrichtwertzone 2 mit 50.000 qm und einem Bodenrichtwert von 30 EUR/qm und Bodenrichtwertzone 3 mit 350.000 qm und einem Bodenrichtwert von 50 EUR/qm. Damit ergibt sich ein flächengewichteter Mittelwert iHv 73 EUR/qm = [(600.000 × 90 EUR) + (50.000 × 30 EUR) + (350.000 × 50 EUR)] : 1.000.000.

15 Für die Hauptveranlagung ist der auf den Hauptveranlagungszeitpunkt (→ HGrStG § 8 Rn. 9) ermittelte durchschnittliche Bodenwert maßgeblich (§ 7 Abs. 3 S. 1 HGrStG, vgl. → Rn. 5).

16 Zuständig für die Ermittlung des durchschnittlichen Bodenrichtwertes ist die Zentrale Geschäftsstelle der Gutachterausschüsse für Immobilienwerte des Landes Hessen (§ 7 Abs. 3 S. 2 HGrStG). Die auf volle Euro gerundeten durchschnittlichen Bodenrichtwerte sind im Staatsanzeiger für das Land Hessen zu veröffentlichen (§ 7 Abs. 3 S. 5 HGrStG).

§ 8 Hauptveranlagung *(ersetzt die §§ 16 und 36 des Grundsteuergesetzes)*

(1) ¹**Steuermessbeträge werden erstmalig auf den 1. Januar 2022 und danach in Zeitabständen von vierzehn Jahren jeweils auf den 1. Januar allgemein festgesetzt (Hauptveranlagung).** ²**Die in Satz 1 bezeichneten Zeitpunkte sind Hauptveranlagungszeitpunkte.** ³**Der Zeitraum zwischen zwei Hauptveranlagungszeitpunkten ist der Hauptveranlagungszeitraum.** ⁴**Der Hauptveranlagung werden die Verhältnisse zum Hauptveranlagungszeitpunkt zugrunde gelegt.**

(2) ¹**Die bei einer Hauptveranlagung festgesetzten Steuermessbeträge gelten vorbehaltlich der §§ 9 und 11 von dem Kalenderjahr an, das ein Jahr nach dem Hauptveranlagungszeitpunkt beginnt, frühestens vom Kalenderjahr 2025 an.** ²**Die durch Hauptveranlagung festgesetzten Steuermess-**

beträge bleiben unbeschadet der §§ 9 und 11 bis zu dem Zeitpunkt maßgebend, von dem an die Steuermessbeträge der nächsten Hauptveranlagung wirksam werden.

(3) Ist die Festsetzungsfrist nach § 169 Abgabenordnung bereits abgelaufen, kann die Hauptveranlagung unter Zugrundelegung der Verhältnisse vom Hauptveranlagungszeitpunkt mit Wirkung für einen späteren Veranlagungszeitpunkt vorgenommen werden, für den diese Frist noch nicht abgelaufen ist.

A. Allgemeines

I. Systematische Einordnung und Zweck der Regelung

§ 8 HGrStG gilt nur Grundstücke und ist Teil des zweistufigen Verfahrenskonzepts (→ HGrStG § 4 Rn. 3). Er wird ergänzt durch die §§ 9ff. HGrStG, die sich mit der Neu- und Nachveranlagung sowie der Aufhebung des Grundsteuermessbescheides befassen. In Ansehung der Betriebe der Land- und Forstwirtschaft bleibt es hingegen auch verfahrensrechtlich bei der Anwendung der §§ 16ff. GrStG. 1

II. Entwicklung der Vorschrift

Die Norm beruht auf dem Gesetz v. 15.12.2021 (→ Grundlagen Rn. 88; zu § 8 HGrStG HessLT-Drs. 20/6379, 21). 2

B. Festsetzung des Grundsteuermessbetrages auf den Hauptveranlagungszeitpunkt (ua Abs. 1)

I. Der Grundsteuermessbescheid

Die Festsetzung des Messbetrages erfolgt durch den Grundsteuermessbescheid, wie er konzeptionell von § 184 AO vorgegeben und normativ ausgeformt wird. Dass der hessische Gesetzgeber in § 2 Abs. 5 Nr. 1 HGrStG von einem „Feststellungsbescheid über einen Steuermessbetrag" spricht, ist insoweit ohne Bedeutung. Er geht auch selbst davon aus, dass die Veranlagung durch einen Steuermessbescheid iSv § 184 AO erfolgt (HessLT-Drs. 20/6379, 14). In Bezug auf die allgemeinen verfahrensrechtlichen Fragen, die einem Steuermessbescheid innewohnen, kann daher auf die Ausführungen zum Bundesgrundsteuerrecht verwiesen werden (→ GrStG § 16 Rn. 3ff.; 13ff.). Das zweistufige Verwaltungsverfahren und § 4 HGrStG führen jedoch zu folgenden Abweichungen vom Bundesrecht: 3

Weil dem Grundsteuermessbetragsverfahren kein Verfahren zur gesonderten Feststellung des Grundsteuerwertes (oder einer anderen Bemessungsgrundlage), der Vermögensart und des Zurechnungssubjekts/der Zurechnungssubjekte vorgeschaltet ist, **ist grundsätzlich ohne Präjudizierung im Grundsteuermessbetragsverfahren über die in den §§ 4ff. HGrStG genannten sachlichen Voraussetzungen** (→ Rn. 5) **und die persönliche Zurechnung** (→ Rn. 6) **zu entscheiden.** Lediglich in einer Konstellation dürfte eine Bindungswirkung eines anderen Verwaltungsverfahrens bestehen: Wenn ein **Grundsteuerwertbescheid die Vermögensart land- und forstwirtschaftliches Vermögen feststellt** (Art- 4 feststellung, → BewG § 219 Rn. 14), dann **entfaltet diese Feststellung Bindungswirkung für das Grundsteuermessbetragsverfahren** (zur Bedeutung für den Rechtsschutz → Rn. 14).

5 **Festgesetzt wird der Grundsteuermessbetrag.** Die Größe und Einordnung der Flächen, die Flächenbeträge nach § 5 HGrStG, die Steuermesszahlen nach § 6 HGrStG, der Zwischenberechnungsschritt „Ausgangsbetrag" sowie der Lage-Faktor nach § 7 HGrStG sind demgegenüber lediglich (unselbständiger) Teil der Begründung des Grundsteuermessbescheides. Mit der Festsetzung eines Grundsteuermessbetrages wird zugleich über etwaige Grundsteuerbefreiungen entschieden.

6 Der **Grundsteuermessbetrag muss sich auch zur persönlichen Zurechnung des Grundstücks verhalten.** Das ergibt sich aus § 184 Abs. 1 S. 2 AO, wonach mit der Festsetzung des Steuermessbetrages auch über die persönliche Steuerpflicht entschieden wird. Das geschieht durch die Nennung des Steuerschuldners (der Inhaltsadressat des Grundsteuermessbescheides ist). Diese Entscheidung ist Teil des Tenors und entfaltet Bindungswirkung für den Grundsteuerbescheid als Folgebescheid. Existieren mehrere Zurechnungssubjekte (zB Miteigentum oder nichtrechtsfähige Gesamthand, → BewG § 219 Rn. 37f.), dann erfolgt eine Festsetzung des Grundsteuermessbetrages und Nennung der Steuerschuldner einheitlich mit Wirkung für und gegen alle Zurechnungssubjekte (so die zutreffende hM, die auch die §§ 179, 180 AO auf den Steuermessbescheid anwendet, zB *Troll/Eisele* GrStG § 16 Rn. 3; *Krause* in Stenger/Loose GrStG § 16 Rn. 35; *Ratschow* in Klein AO § 184 Rn. 9; aA *Brandis* in Tipke/Kruse AO § 184 Rn. 5). Die Nennung der Steuerschuldner bedeutet allerdings nur eine Regelung in Bezug auf das „Ob". Es erfolgt – anders als im Grundsteuerwertbescheid (vgl. § 219 Abs. 2 Nr. 2 BewG) – keine Feststellung über die Höhe des Anteils der einzelnen Zurechnungssubjekte.

7 In Bezug auf die Festsetzung des Steuermessbetrages sowie die Entscheidungen über die persönliche Zurechnung und sachliche Steuerpflicht entfaltet der Grundsteuermessbescheid (mit dinglicher Wirkung auch gegenüber einem Rechtsnachfolger, § 2 Abs. 5 Nr. 1 HGrStG iVm § 182 Abs. 2 AO) Bindungswirkung für nachfolgende Grundsteuerfestsetzungsverfahren (→ GrStG § 16 Rn. 7), das von den Gemeinden durchzuführen ist und mit dem Erlass des Grundsteuerbescheides abschließt.

II. Hauptveranlagungszeitpunkt, -zeitraum und -turnus (Abs. 1)

8 **§ 8 Abs. 1 HGrStG gibt konzeptionell den Regelungsgehalt des § 16 Abs. 1 GrStG** und im Hinblick auf die Anknüpfung des § 16 Abs. 1 GrStG an die Hauptfestsetzung auch mittelbar des § 221 BewG **wieder,** fasst diese Normen aber zugeschnitten auf ein zweistufiges Verwaltungsverfahren zusammen. Es kann daher auf die Kommentierungen zu den genannten Bundesnormen verwiesen werden. Namentlich § 8 Abs. 1 S. 2 HGrStG entspricht § 16 Abs. 1 S. 2 GrStG und § 8 Abs. 1 S. 4 HGrStG dem § 221 Abs. 2 BewG (daher → BewG § 221 Rn. 8). Im Übrigen ist ergänzend auf Folgendes hinzuweisen:

9 § 8 Abs. 1 S. 1 HGrStG entspricht § 16 Abs. 1 S. 1 GrStG, allerdings erfolgt die Hauptveranlagung auf den 1.1.2022 (und nicht den 1.1.2025) und es **sind nur alle 14 Jahre Hauptveranlagungen durchzuführen** (und nicht alle sieben Jahre, wie dies § 16 Abs. 1 S. 1 GrStG iVm § 221 Abs. 1 BewG vorsieht). Der zweite Hauptveranlagungszeitpunkt ist mithin der 1.1.2036. Die turnusmäßige Hauptveranlagung bezweckt vor allem, den Faktor nach § 7 HGrStG alle 14 Jahre zu aktualisieren. Andere Änderungen (vor allem in Bezug auf die Flächen und deren Nut-

Hauptveranlagung **§ 8 HGrStG**

zung) werden hingegen auch zwischen den Hauptveranlagungszeitpunkten nach Maßgabe der §§ 9 ff. HGrStG berücksichtigt. Zur Hauptveranlagung sind die wirtschaftlichen Einheiten in tatsächlicher und rechtlicher Hinsicht ohne Bindung an die vorherige Entscheidung zu beurteilen. Der zur Hauptveranlagung erlassene Grundsteuermessbescheid ändert nicht den auf den vorherigen Hauptveranlagungszeitpunkt erlassenen Bescheid (oder etwaige, zwischenzeitlich erfolgte Fortschreibungen etc.), sondern löst ihn mit Wirkung ab dem neuen Hauptveranlagungszeitpunkt ab. Das bedeutet vor allem, dass der neue Grundsteuermessbescheid ohne Einschränkung angefochten werden kann (→ BewG § 221 Rn. 5 f.).

Gemäß § 8 Abs. 1 S. 3 HGrStG ist der Hauptveranlagungszeitraum der Zeitraum zwischen zwei Hauptveranlagungszeitpunkten iSv Satz 1. Damit weicht der hessische Gesetzgeber von § 16 Abs. 2 S. 3 GrStG ab, der den Hauptveranlagungszeitraum unter Einbeziehung der Geltungsverzögerung des § 16 Abs. 2 S. 1, 2 GrStG definiert. Die unterschiedliche Ermittlung des Hauptveranlagungszeitraums dürfte für § 6 Abs. 4 HGrStG iVm § 15 Abs. 2, Abs. 3 GrStG Bedeutung haben (→ HGrStG § 6 Rn. 7). 10

C. Zeitliche Geltung des Steuermessbetrages (Abs. 2)

§ 8 Abs. 2 S. 1 HGrStG bestimmt sowohl den erstmaligen Geltungszeitpunkt der nach dem HGrStG festgesetzten Steuermessbeträge aus Anlass des Wechsels vom Bundes- zum Landesrecht (= Erhebungszeitraum 2025) als auch im weiteren zeitlichen Ablauf für jede Hauptveranlagung durch eine **sog. Geltungsverzögerung** (dh der auf den 1.1.2036 festgesetzte Messbetrag ist vom 1.1.2037 an der Grundsteuerfestsetzung zugrunde zu legen). Diese Geltungsverzögerung entspricht konzeptionell dem § 16 Abs. 2 S. 1 GrStG, ist im hessischen Recht allerdings auf ein Jahr beschränkt worden (im Bundesrecht zwei Jahre; vgl. → GrStG § 16 Rn. 10). Ebenfalls dem Bundesrecht nachempfunden ist die Regelung zur Geltungsdauer des Grundsteuermessbescheides in § 8 Abs. 2 S. 2 HGrStG, weshalb auf die Kommentierung zu § 16 Abs. 2 S. 2 GrStG verwiesen wird (→ GrStG § 16 Rn. 12). 11

D. Festsetzungsfrist für den Grundsteuermessbescheid (Abs. 3)

§ 8 Abs. 3 HGrStG ist wortlautidentisch mit § 16 Abs. 3 GrStG (→ GrStG § 16 Rn. 13 f., die dortigen Ausführungen zur Festsetzungsfrist gelten für § 8 Abs. 3 HGrStG entsprechend). 12

E. Rechtsschutz gegen den Grundsteuermessbescheid

Die Ausführungen bei § 16 GrStG zum **Rechtsschutz gegen Grundsteuermessbescheide** gelten entsprechend (→ GrStG § 16 Rn. 15 ff.), allerdings mit der Maßgabe, dass es **grundsätzlich keine Präklusionswirkung (vgl. § 351 Abs. 2 [ggf. iVm § 42 FGO]) eines Grundsteuerwertbescheides gibt.** Denn ein solcher existiert bei Grundstücken nicht. Es kann daher gegen den Grundsteuermessbescheid vorgebracht werden, dass dem Adressaten des Bescheides die wirtschaftliche Einheit nicht zuzurechnen ist, dass die Flächen der Höhe und der Art nach 13

867

(Wohn- oder Gebäudefläche) unrichtig zugrunde gelegt worden sind, dass eine Steuerermäßigung zu Unrecht nicht oder unzutreffend angewendet wurde oder dass eine Steuerbefreiungsvorschrift zu Unrecht nicht oder unzutreffend berücksichtigt wurde. Zudem muss der Einwand der Verfassungswidrigkeit des HGrStG gegenüber dem Grundsteuermessbescheid geltend gemacht werden (vgl. → BewG § 219 Rn. 51).

14 Da der **Grundsteuerwertbescheid die Vermögensart land- und forstwirtschaftliches Vermögen feststellt** (Artfeststellung, → BewG § 219 Rn. 14) und diese Feststellung **Bindungswirkung für das Grundsteuermessbetragsverfahren** entfaltet (→ Rn. 5), kann der Steuerpflichtige im Falle einer solchen Feststellung gegen den Grundsteuermessbescheid nicht einwenden, dass ein Grundstück vorliegt. Fehlt es hingegen an einer solchen Artfeststellung, ist die Finanzbehörde anlässlich der Steuermessbetragsfestsetzung von einem Grundstück ausgegangen und macht der Steuerpflichtige geltend, dass ein Betrieb der Land- und Forstwirtschaft vorliegt, dann muss der Steuerpflichtige den Erlass eines Grundsteuerwertbescheides mit entsprechender Artfeststellung (im Wege der Verpflichtungsklage) erstreiten. Die Anfechtung des Grundsteuermessbescheides führt hingegen nicht zum Ziel. Zwar ist der Grundsteuermessbescheid aufzuheben, wenn kein Grundstück vorliegt, sondern ein Betrieb der Land- und Forstwirtschaft. Aber das allein führt nicht zu dem gewünschten Grundsteuerwertbescheid. Beschränkt sich der Steuerpflichtige allein auf die Verpflichtungsklage (Grundsteuerwertbescheid) und lässt er den Grundsteuermessbescheid formell bestandskräftig werden, schadet dies nicht. Wenn die Finanzbehörde im Anschluss an das Obsiegen des Steuerpflichtigen im Verpflichtungsrechtsstreit den begehrten Grundsteuerwertbescheid erlässt, ist der Grundsteuermessbescheid nach § 175 Abs. 1 S. 1 Nr. 1 AO zu ändern.

§ 9 Neuveranlagung *(ersetzt den § 17 des Grundsteuergesetzes)*

(1) Der Steuermessbetrag wird neu festgesetzt (Neuveranlagung), wenn
1. während des Hauptveranlagungszeitraumes nach § 8 Abs. 1 Satz 3 Änderungen in den tatsächlichen Verhältnissen eintreten, die sich auf die Höhe des Steuermessbetrages nach § 4 oder auf die Steuerschuldnerschaft nach § 3 auswirken, oder
2. die letzte Veranlagung fehlerhaft ist; § 176 der Abgabenordnung ist hierbei entsprechend anzuwenden; das gilt jedoch nur für Veranlagungszeitpunkte, die vor der Verkündung der maßgeblichen Entscheidung eines obersten Gerichts liegen.

(2) ¹Der Neuveranlagung werden die tatsächlichen Verhältnisse im Neuveranlagungszeitpunkt zugrunde gelegt. Neuveranlagungszeitpunkt ist der Beginn des Kalenderjahres, das auf das Kalenderjahr folgt, in dem die Änderungen eingetreten oder der Fehler dem Finanzamt bekannt geworden ist. ²Für die Berechnung des Faktors nach § 7 sind die Verhältnisse im Hauptveranlagungszeitpunkt maßgebend.

1 § 9 HGrStG beruht auf dem Gesetz v. 15.12.2021 (→ Grundlagen Rn. 88; zu § 9 HGrStG HessLT-Drs. 20/6379, 22). Er vereint – zugeschnitten auf das lediglich zweistufige Verfahrenskonzept in Ansehung der Grundstücke (vgl. → HGrStG § 4 Rn. 3) – die § 222 BewG und § 17 GrStG in einer Norm.

Neuveranlagung   **§ 9 HGrStG**

§ 9 Abs. 1 Nr. 1 HGrStG regelt eine Neuveranlagung wegen eines Zu- 2
rechnungswechsels (insoweit kann auf die Ausführungen zur Zurechnungsfortschreibung verwiesen werden → BewG § 222 Rn. 18 ff.) **und einer Veränderung des Steuermessbetrages,** was alle tatsächlichen Umstände erfasst, die für die Anwendung der §§ 4–6 HGrStG von Bedeutung sind. Das betrifft zB die Veränderungen der Flächen durch Erweiterungen oder Rückbaumaßnahmen im Hinblick auf § 5 HGrStG sowie den Wechsel der Nutzung (von Wohn- zu sonstiger Nutzung und umgekehrt) wegen der hieran anknüpfenden Steuermesszahlen in § 6 Abs. 1, Abs. 2 HGrStG. Ferner werden alle Umstände erfasst, die für die Anwendung der Ermäßigungstatbestände in § 6 Abs. 3, Abs. 4 HGrStG von Bedeutung sind (zB Eintritt der Denkmaleigenschaft). Schließlich erfasst § 9 Abs. 1 Nr. 1 HGrStG alle tatsächlichen Umstände, die Einfluss auf eine Steuerbefreiung dem Grunde nach und in Bezug auf den Umfang nehmen (bei Eintritt der vollständigen Steuerbefreiung ist der Grundsteuermessbescheid hingegen nach § 11 HGrStG aufzuheben, → HGrStG § 11 Rn. 1). Voraussetzung ist in allen Fällen, dass die Änderung der tatsächlichen Verhältnisse nach der letzten Haupt-, Neu- oder Nachveranlagung eingetreten ist (vgl. → BewG § 222 Rn. 9, 25). Das ergibt sich in Bezug auf die letzte Neuveranlagung nicht ausdrücklich aus dem Wortlaut der Norm (§ 9 Abs. 1 Nr. 1 HGrStG scheint eine Veränderung seit der letzten Hauptveranlagung ungeachtet zwischenzeitlicher Neuveranlagungen ausreichen zu lassen), dürfte sich aber aus der Sperrwirkung der Neuveranlagung ergeben (die Ausführungen zur Sperrwirkung eines Fortschreibungsbescheides dürften hier entsprechend gelten, → BewG § 222 Rn. 35) und sich zudem aus der Existenz des **§ 9 Abs. 1 Nr. 2 HGrStG** ableiten lassen. Dieser regelt – nach dem Vorbild des § 222 Abs. 3 BewG und § 17 Abs. 2 Nr. 2 GrStG – die sog. **fehlerbeseitigende Neuveranlagung** und setzt dafür tatbestandlich eine Fehlerhaftigkeit der letzten Veranlagung (also: Haupt- oder Neuveranlagung) voraus. Bezüglich des § 9 Abs. 1 Nr. 2 HGrStG kann vor allem auf die Ausführungen zu § 17 Abs. 2 Nr. 2 GrStG verwiesen werden (→ GrStG § 17 Rn. 10 ff.).

§ 9 Abs. 2 S. 1 HGrStG ordnet die Maßgeblichkeit der Verhältnisse im Neu- 3
veranlagungszeitpunkt an und wird durch § 9 Abs. 2 S. 3 HGrStG ergänzt, wonach abweichend von Satz 1 der Lage-Faktor iSv § 7 HGrStG stets nach den Verhältnissen zum Hauptveranlagungszeitpunkt zu bestimmen ist. **Der Neuveranlagungszeitpunkt ergibt sich aus § 9 Abs. 2 S. 2 HGrStG:**

Bei einer **Neuveranlagung nach § 9 Abs. 1 Nr. 1 HGrStG** ist Neuveranla- 4
gungszeitpunkt der 1.1. des auf die Änderung folgenden Kalenderjahres. Das entspricht den Regelungen in § 222 Abs. 4 S. 3 Nr. 1 (→ BewG § 222 Rn. 27 ff.) und § 17 Abs. 2 Nr. 1 GrStG (→ GrStG § 17 Rn. 16).

Beispiel (Fortführung des Beispiels von → HGrStG § 7 Rn. 3): Der Grundsteuermessbetrag ist auf den 1.1.2022 auf 112,00 EUR festgesetzt worden. Dem lagen folgende tatsächlichen Verhältnisse zugrunde: Grund und Boden mit einer Fläche von 800 qm, Bebauung mit einem Wohngebäude und 170 qm Wohnfläche, Lage-Faktor 1,23 (im Einzelnen → HGrStG § 7 Rn. 3). Im Jahr 2029 stockt der Steuerpflichtige das Gebäude um eine Etage auf, sodass nunmehr eine Wohnfläche von 250 qm vorliegt. Zwischenzeitlich sind ferner die Bodenrichtwerte regional unterschiedlich gestiegen (der Bodenrichtwert für das Grundstück ist stärker gestiegen als der durchschnittliche Bodenrichtwert), sodass sich zum 1.1.2029 ein höherer Lage-Faktor ergeben würde. Letzteres ist indes unerheblich (§ 9 Abs. 2 S. 3 HGrStG). Es ist allein die größere Wohnfläche beachtlich und der Steuermessbetrag auf den 1.1.2030 wie folgt zu ermitteln:

§ 10 HGrStG   Hessisches Grundsteuergesetz

Grund und Boden	800 qm × 0,04 EUR/qm × 100%	32,00 EUR
Gebäude	250 qm × 0,50 EUR/qm × 70%	87,50 EUR
Ausgangsbetrag		119,50 EUR
Steuermessbetrag (gerundet)		119,50 EUR × 1,23 146,00 EUR

5   Bei einer **fehlerbeseitigenden Neuveranlagung** erfolgt die Neuveranlagung auf den 1.1. des Kalenderjahres, das dem Jahr folgt, in welchem dem Finanzamt der Fehler bekannt geworden ist. Mit dieser Regelung weicht der hessische Gesetzgeber von § 222 Abs. 4 S. 3 Nr. 2 BewG und § 17 Abs. 2 Nr. 2 GrStG ab, die ausgehend vom unterjährigen Bekanntwerden des Fehlers grundsätzlich auf den vorausgehenden 1.1. abstellen, während § 9 Abs. 2 S. 2 HGrStG den nächsten 1.1. für maßgeblich erklärt. Bezüglich des „Bekanntwerdens des Fehlers" kann uneingeschränkt auf die Ausführungen zu § 222 Abs. 4 S. 3 Nr. 2 BewG und § 17 Abs. 2 Nr. 2 GrStG verwiesen werden (→ BewG § 222 Rn. 33 f.; → GrStG § 17 Rn. 17 f.). Entsprechendes gilt für die Anwendbarkeit der §§ 173 ff. AO (→ BewG § 222 Rn. 37 ff.; → GrStG § 17 Rn. 21 ff.).

6   In Ansehung des Neuveranlagungsbescheides, der Festsetzungsverjährung und des Rechtsschutzes kann im Übrigen auf die Ausführungen zu § 222 BewG und § 17 GrStG verwiesen werden.

§ 10 Nachveranlagung *(ersetzt den § 18 des Grundsteuergesetzes)*

(1) Der Steuermessbetrag wird nachträglich festgesetzt (Nachveranlagung), wenn
1. eine wirtschaftliche Einheit neu entsteht oder
2. der Grund für eine vollständige Steuerbefreiung des Steuergegenstands weggefallen ist.

(2) ¹Der Nachveranlagung werden die tatsächlichen Verhältnisse im Nachveranlagungszeitpunkt zugrunde gelegt. ²Nachveranlagungszeitpunkt ist der Beginn des Kalenderjahres, das auf das Kalenderjahr folgt, in dem die wirtschaftliche Einheit neu entstanden oder der Befreiungsgrund weggefallen ist. ³Für die Berechnung des Faktors nach § 7 sind die Verhältnisse im Hauptveranlagungszeitpunkt maßgebend.

§ 10 HGrStG beruht auf dem Gesetz v. 15.12.2021 (→ Grundlagen Rn. 88; zu § 10 HGrStG HessLT-Drs. 20/6379, 22). Sein Absatz 1 ist sowohl der Nachfeststellung gem. § 223 Abs. 1 Nr. 1 BewG als auch der Nachveranlagung gem. § 18 Abs. 2 GrStG nachgebildet. Sein Absatz 2 entspricht in Ansehung des Nachveranlagungszeitpunktes der Sache nach § 223 Abs. 2 Nr. 1 BewG und § 18 Abs. 3 S. 1, 2 Nr. 2 S. 1 GrStG. Allerdings tritt an die Stelle der allgemeinen Wertverhältnisse iSv § 227 BewG, die nicht auf den Nachfeststellungszeitpunkt, sondern auf den Hauptveranlagungszeitpunkt zu beziehen sind, der Lage-Faktor iSv § 7 HGrStG (§ 10 Abs. 2 S. 2 HGrStG, dazu auch im Kontext der Neuveranlagung das Beispiel bei → HGrStG § 9 Rn. 4). Von der vorstehend genannten Abweichung abgesehen, kann auf die Kommentierungen zu § 223 Abs. 1 Nr. 1, Abs. 2 Nr. 1 BewG und § 18 Abs. 2, Abs. 3 S. 1, 2 Nr. 2 S. 1 GrStG verwiesen werden (zur Neuentstehung einer wirtschaftlichen Einheit → BewG § 223 Rn. 3 ff.; zum zumindest teilweisen Wegfall einer bisher vollständig gewährten Steuerbefreiung → GrStG § 18 Rn. 5;

Aufhebung des Steuermessbetrags §11 HGrStG

zum Nachveranlagungszeitpunkt → BewG § 223 Rn. 11 ff.; → GrStG § 18 Rn. 8). Ergänzend ist innerhalb des HGrStG noch auf § 12 HGrStG hinzuweisen, der auch Fragen der Nachveranlagung regelt. So findet sich zB eine Regelung zu der in § 18 GrStG angesprochenen Frage der Nachveranlagung trotz Festsetzungsverjährung in § 12 Abs. 4 HGrStG (→ HGrStG § 12 Rn. 4).

§ 11 Aufhebung des Steuermessbetrags *(ersetzt den § 20 des Grundsteuergesetzes)*

(1) Der Steuermessbetrag wird aufgehoben, wenn
1. eine wirtschaftliche Einheit wegfällt oder
2. für den gesamten Steuergegenstand nach § 2 Nr. 2 Grundsteuergesetz in der am 24. Dezember 2021 geltenden Fassung ein Steuerbefreiungsgrund eintritt.

(2) Die Aufhebung erfolgt mit Wirkung vom Beginn des Kalenderjahres, das auf das Kalenderjahr folgt, in dem die wirtschaftliche Einheit weggefallen oder der Befreiungsgrund eingetreten ist.

§ 11 HGrStG beruht auf dem Gesetz v. 15.12.2021 (→ Grundlagen Rn. 88; zu 1 § 11 HGrStG HessLT-Drs. 20/6379, 22) und nimmt sich der Aufhebung des Grundsteuermessbescheides an. **Sein Absatz 1 fasst die Nachfeststellungstatbestände des § 224 Abs. 1 BewG und des § 20 Abs. 1 Nr. 2 Buchst. a GrStG in einer Norm zusammen**, bezieht diese auf den Grundsteuermessbescheid und trägt damit dem zweistufigen Verwaltungsverfahren Rechnung (→ HGrStG § 4 Rn. 3). **§ 11 Abs. 2 HGrStG entspricht wiederum § 224 Abs. 2 BewG und § 20 Abs. 2 Nr. 2 S. 1 GrStG**. Es kann daher auf die Kommentierungen zu § 224 BewG und § 20 Abs. 1 Nr. 2 Buchst. a, Abs. 2 Nr. 2 S. 1 GrStG verwiesen werden (zum Wegfall einer wirtschaftlichen Einheit → BewG § 224 Rn. 3 ff.; zum Eintritt der vollständigen Steuerbefreiung → BewG § 224 Rn. 6 f.; → GrStG § 20 Rn. 4; zum Aufhebungszeitpunkt → BewG § 224 Rn. 9 ff.; → GrStG § 20 Rn. 8 ff.). Ergänzend ist innerhalb des HGrStG noch auf § 12 HGrStG hinzuweisen, der auch Fragen der Aufhebung regelt. So findet sich zB eine Regelung zu der in § 20 GrStG angesprochenen Frage der Nachveranlagung trotz Festsetzungsverjährung in § 12 Abs. 4 HGrStG (→ HGrStG § 12 Rn. 4).

Anders als § 20 Abs. 1 Nr. 2 Buchst. b GrStG **sieht § 11 Abs. 1 HGrStG keine** 2 **fehlerbeseitigende Aufhebung** vor, dh einen Aufhebungstatbestand, der daran anknüpft, dass der Grundsteuermessbescheid bereits bei der Hauptveranlagung fehlerhaft war (zB weil die Gründe für die vollständige Steuerbefreiung schon zum Hauptveranlagungszeitpunkt vorlagen, dies aber übersehen oder unzutreffend gewürdigt wurde, vgl. → GrStG § 20 Rn. 5). Die Gesetzesbegründung schweigt hierzu. Es ist jedenfalls nicht erkennbar, dass der Gesetzgeber bewusst von einer solchen Regelung abgesehen hat. Zudem lässt sich der Verzicht auf eine solche Regelung auch nicht aus der Natur des zweistufigen Verwaltungsverfahrens oder der Konzeption der §§ 8 ff. HGrStG heraus erklären. Daher **kann unseres Erachtens § 9 Abs. 1 Nr. 2 HGrStG** (einschließlich des Zeitpunktes nach Maßgabe des § 9 Abs. 2 HGrStG) **analog angewendet werden** (mit der Folge, dass die Ausführungen zur fehlerbeseitigen Aufhebung nach § 20 GrStG entsprechend gelten, → GrStG § 20 Rn. 5 ff.).

§ 12 HGrStG Gemeinsame Vorschriften zur Neuveranlagung, Nachveranlagung und Aufhebung des Steuermessbetrags *(ersetzt die §§ 17 Abs. 4, 18 Abs. 4, 20 Abs. 3 und 21 des Grundsteuergesetzes)*

(1) Treten die Voraussetzungen für eine Neuveranlagung, Nachveranlagung oder Aufhebung des Steuermessbetrags während des Zeitraums zwischen dem ersten Hauptveranlagungszeitpunkt nach § 8 Abs. 1 Satz 2, dem 1. Januar 2022, und dem frühesten Zeitpunkt des Wirksamwerdens der Steuermessbeträge nach § 8 Abs. 2, dem 1. Januar 2025, ein, werden die Neuveranlagung, Nachveranlagung oder Aufhebung des Steuermessbetrags auf den Zeitpunkt des Wirksamwerdens der Steuermessbeträge vorgenommen.

(2) ¹Sind zu einem nachfolgenden Hauptveranlagungszeitpunkt nach § 8 Abs. 1 Satz 2 tatsächliche Verhältnisse zu berücksichtigen, welche die Voraussetzungen einer Neuveranlagung, Nachveranlagung oder Aufhebung des Steuermessbetrags erfüllen, ist für den Steuermessbetrag eine Neuveranlagung, Nachveranlagung oder Aufhebung anstelle der Hauptveranlagung durchzuführen. ²Für die Berechnung des Faktors nach § 7 sind dabei die Verhältnisse in diesem Hauptveranlagungszeitpunkt maßgebend.

(3) ¹Bescheide über die Neuveranlagung, Nachveranlagung oder Aufhebung von Steuermessbeträgen können schon vor dem maßgebenden Veranlagungszeitpunkt erteilt werden. ²Sie sind zu ändern oder aufzuheben, wenn sich bis zu diesem Zeitpunkt Änderungen ergeben, die zu einer abweichenden Festsetzung führen.

(4) Ist die Festsetzungsfrist nach § 169 der Abgabenordnung bereits abgelaufen, können die Neuveranlagung, Nachveranlagung oder Aufhebung unter Zugrundelegung der Verhältnisse vom Hauptveranlagungszeitpunkt mit Wirkung für einen späteren Veranlagungszeitpunkt vorgenommen werden, für den diese Frist noch nicht abgelaufen ist.

1 § 12 HGrStG beruht auf dem Gesetz v. 15.12.2021 (→ Grundlagen Rn. 88; zu § 12 HGrStG HessLT-Drs. 20/6379, 22f.) und enthält Regelungen, die für die Neu- und Nachveranlagung sowie Aufhebung gleichermaßen gelten. Während die Regelungen in den Absätzen 2–4 „Dauerregelungen" sind, enthält Absatz 1 eine Regelung, die nur für die Einführung des neuen Grundsteuerrechts von Bedeutung ist. So regelt **§ 12 Abs. 1 HGrStG** den Fall, dass nach dem 1.1.2022 und vor dem 1.1.2025 Veränderungen eintreten, denen durch eine Neuveranlagung, Nachveranlagung oder Aufhebung des Grundsteuermessbescheides Rechnung zu tragen ist. In diesem Fall haben Neuveranlagung, Nachveranlagung oder Aufhebung auf den 1.1.2025 zu erfolgen (auch wenn nach den allgemeinen Vorschriften womöglich der 1.1.2023 oder der 1.1.2024 maßgeblich gewesen wären).

2 Gemäß § 12 Abs. 2 S. 1 HGrStG hat eine Hauptveranlagung zu unterbleiben, wenn auf den Hauptveranlagungszeitpunkt (→ HGrStG § 8 Rn. 9) eine Neuveranlagung oder Nachveranlagung durchzuführen ist. **Neuveranlagung oder Nachveranlagung sind dann anstelle der Hauptveranlagung durchzuführen.** Der Gesetzgeber rechtfertigt diese Regelung damit, dass es bei einer Haupt-

Gemeinsame Vorschriften zur Neuveranlagung etc. **§ 12 HGrStG**

veranlagung zur Geltungsverzögerung komme, die in der vorgenannten Konstellation nicht gerechtfertigt sei. Verdeutlichen soll dies das Beispiel eines im Jahr 2035 errichteten Gebäudes: Würde es die Regelung des § 12 Abs. 2 HGrStG nicht geben, sei auf den 1.1.2036 eine Hauptveranlagung durchzuführen, die wegen § 8 Abs. 2 S. 1 HGrStG erst ab dem Erhebungszeitraum 2037 Geltung beanspruchen würde. § 12 Abs. 2 HGrStG bewirke demgegenüber, dass die Gebäudeerrichtung bereits im Erhebungszeitraum 2036 zu berücksichtigen sei (HessLT-Drs. 20/6379, 23). **Da § 351 Abs. 1 AO weder auf Hauptfeststellungen noch auf Neuveranlagungen Anwendung findet** (→ GrStG § 17 Rn. 23; → BewG § 222 Rn. 50), **ergeben sich jedenfalls verfahrensrechtlich keine Unterschiede.** Materiell-rechtlich gibt es aber wegen § 12 Abs. 2 S. 2 HGrStG einen Unterschied. Hiernach ist anlässlich der Neu- bzw. Nachveranlagung nach § 12 Abs. 2 S. 1 HGrStG bereits der aktualisierte (in dem vorgenannten Beispiel auf den 1.1.2036 ermittelte) Lage-Faktor iSv § 7 HGrStG anzuwenden. Das wiederum überrascht, weil es für alle anderen Fälle der Hauptveranlagung dabei bleibt, dass sich der aktualisierte Lage-Faktor wegen § 8 Abs. 2 S. 1 HGrStG erst ein Jahr später auswirkt.

§ 12 Abs. 3 HGrStG erlaubt, dass Neu- und Nachveranlagungen sowie Auf- 3 hebungen auch schon vor ihrem Geltungszeitpunkt vorgenommen werden dürfen und entspricht damit § 21 GrStG. Während § 21 GrStG allerdings nur für Neu- und Nachveranlagungen gilt, erweitert § 12 Abs. 3 HGrStG den Anwendungsbereich auch auf Aufhebungen. Es kann auf die Kommentierung des § 21 GrStG verwiesen werden.

Für den Grundsteuermessbescheid gelten die allgemeinen Regeln zur **Festset-** 4 **zungsverjährung** (vgl. ua → GrStG § 16 Rn. 13 ff., → GrStG § 17 Rn. 20 [Neuveranlagung]; → GrStG § 18 Rn. 10 f. [Nachveranlagung]). In dem Kontext muss § 12 Abs. 4 HGrStG gesehen werden, der eine **Grundsteuermessbetragsfestsetzung auf den ersten noch nicht festsetzungsverjährten Stichtag erlaubt.** Die Regelung entspricht § 16 Abs. 3 GrStG bzw. § 226 Abs. 1 S. 1, Abs. 2 BewG. Die Ausführungen zu den vorgenannten Vorschriften gelten für das hessische Grundsteuerrecht entsprechend (vgl. ua → GrStG § 16 Rn. 13 ff., → GrStG § 17 Rn. 20 [Neuveranlagung]; → GrStG § 18 Rn. 10 f. [Nachveranlagung]). Dessen ungeachtet ist zu beachten, dass nach zutreffender Ansicht **§ 181 Abs. 5 AO über § 184 Abs. 1 S. 3 AO auch auf den Grundsteuermessbescheid anzuwenden ist** (vgl. *Boecker* in HHSp AO § 184 Rn. 50 e; *Kunz* in Gosch AO § 184 Rn. 11; aA *Brandis* in Tipke/Kruse § 184 Rn. 5, der die Verweisung in § 184 Abs. 1 S. 4 AO für abschließend erachtet). Daher kann eine Steuermessbetragsfestsetzung trotz Ablaufs der Festsetzungsfrist noch ergehen, wenn für die Grundsteuerfestsetzung (ohne Berücksichtigung des § 171 Abs. 10 AO) noch keine Festsetzungsverjährung eingetreten ist (zu § 181 Abs. 5 AO → BewG § 226 Rn. 7 ff.).

§ 13 Hebesatz für baureife Grundstücke *(ersetzt den § 25 Abs. 5 des Grundsteuergesetzes)*

(1) ¹Die Gemeinde kann aus städtebaulichen Gründen baureife Grundstücke als besondere Grundstücksgruppe innerhalb der unbebauten Grundstücke im Sinne des § 246 des Bewertungsgesetzes in der am 24. Dezember 2021 geltenden Fassung bestimmen und hierfür einen gesonderten Hebesatz festsetzen oder mehrere, nach der Dauer der Baureife der Grundstücke abgestufte, gesonderte Hebesätze festsetzen. ²Für die Dauer der Baureife bleiben Zeiträume vor dem 24. Dezember 2021 unberücksichtigt.

(2) Als städtebauliche Gründe im Sinne des Abs. 1 Satz 1 kommen insbesondere die Deckung eines erhöhten Bedarfs an Wohn- und Arbeitsstätten sowie Gemeinbedarfs- und Folgeeinrichtungen, die Nachverdichtung bestehender Siedlungsstrukturen oder die Stärkung der Innenentwicklung in Betracht.

(3) ¹Baureife Grundstücke im Sinne des Abs. 1 Satz 1 sind unbebaute Grundstücke nach § 246 des Bewertungsgesetzes in der am 24. Dezember 2021 geltenden Fassung, die nach Lage, Form und Größe und ihrem sonstigen tatsächlichen Zustand sowie nach öffentlich-rechtlichen Vorschriften sofort bebaut werden könnten. ²Eine erforderliche, aber noch nicht erteilte Baugenehmigung sowie zivilrechtliche Gründe, die einer sofortigen Bebauung entgegenstehen, sind unbeachtlich.

(4) ¹Die Gemeinde hat den gesonderten Hebesatz oder die gesonderten Hebesätze nach Abs. 1 Satz 1 auf einen bestimmten Gemeindeteil zu beschränken, wenn nur für diesen Gemeindeteil die städtebaulichen Gründe vorliegen. ²Der Gemeindeteil muss mindestens 10 Prozent der Siedlungsfläche des Gemeindegebiets nach der Gemeindestatistik des Hessischen Statistischen Landesamtes umfassen und in ihm müssen mehrere baureife Grundstücke belegen sein.

(5) ¹Die genaue Bezeichnung der baureifen Grundstücke, deren Lage sowie das Gemeindegebiet, auf das sich der gesonderte Hebesatz oder die gesonderten Hebesätze beziehen, sind jeweils nach den Verhältnissen zu Beginn eines Kalenderjahres von der Gemeinde zu bestimmen, in einer Karte nachzuweisen und öffentlich bekannt zu geben. ²Die städtebaulichen Erwägungen sind nachvollziehbar darzulegen und die Wahl des Gemeindegebiets, auf das sich der gesonderte Hebesatz oder die gesonderten Hebesätze beziehen sollen, ist zu begründen.

(6) ¹Der gesonderte Hebesatz oder die gesonderten Hebesätze nach Abs. 1 Satz 1 müssen höher sein als der einheitliche Hebesatz für die übrigen in der Gemeinde liegenden Grundstücke, dürfen jedoch das Fünffache des einheitlichen Hebesatzes nicht überschreiten. ²Die Gemeinde kann eine Karenzzeit bestimmen, innerhalb der ein gesonderter Hebesatz nach Abs. 1 Satz 1 noch nicht gilt, sondern stattdessen der einheitliche Hebesatz für die übrigen in der Gemeinde liegenden Grundstücke.

Hebesatz für baureife Grundstücke § 13 HGrStG

A. Allgemeines

I. Systematische Einordnung und Zweck der Regelung

Die Höhe der festzusetzenden Grundsteuer bestimmt sich aus dem Produkt von 1
Grundsteuermessbetrag und Hebesatz. Der Hebesatz wird von der Gemeinde durch Satzung festgelegt (→ Rn. 3). Das Hebesatzrecht ist den Gemeinden verfassungsrechtlich garantiert (Art. 106 Abs. 6 S. 2 GG, → Grundlagen Rn. 1f.). Der Gesetzgeber darf hierzu allerdings Vorgaben machen (→ GrStG § 1 Rn. 3). Dies geschieht ua durch § 25 GrStG, der seit jeher das Gebot der Einheitlichkeit der Hebesätze vorgibt (§ 25 Abs. 4 S. 1 GrStG): Die Gemeinde muss für alle in ihrem Gebiet liegenden Betriebe der Land- und Forstwirtschaft einerseits und für die in ihrem Gebiet liegenden Grundstücke andererseits jeweils einen einheitlichen Hebesatz vorsehen (→ GrStG § 25 Rn. 36). In Ansehung der Betriebe der Land- und Forstwirtschaft findet dieses Gebot auch in Hessen Anwendung. Für die Grundstücke wird es mit § 13 HGrStG (und nach dem Vorbild des § 25 Abs. 5 GrStG) hingegen durchbrochen. Hiernach ist in Ansehung der Hebesatzbestimmung eine sachbezogene Differenzierung zwischen baureifen und nicht baureifen unbebauten Grundstücken und zudem nochmals innerhalb der Gruppe der baureifen Grundstücke zulässig. Die Gemeinde darf einen oder mehrere Sonderhebesätze bestimmen, um durch die grundsteuerliche „Sonderbelastung" ein städtebauliches Ziel zu verfolgen, nämlich den Grundstückseigentümer zur Bebauung anzuhalten (eingehend → GrStG § 25 Rn. 43f.).

II. Entwicklung der Vorschrift

Die Regelung beruht auf dem Gesetz v. 15.12.2021 (→ Grundlagen Rn. 88; zu 2
§ 13 HGrStG HessLT-Drs. 20/6379, 23f.).

B. Hebesatzbestimmung durch Satzung

Die **Gemeinden können** durch Satzung (→ GrStG § 25 Rn. 4f., dort auch 3
Nachweise zum hessischen Recht) **nach ihrem haushaltspolitischen Ermessen den Grundsteuerhebesatz bestimmen.** Grenzen ergeben sich in formeller Hinsicht aus der HGO (→ GrStG § 25 Rn. 7ff.) und in materieller Hinsicht aus § 25 GrStG, dem kommunalen Haushaltsrecht (→ GrStG § 25 Rn. 16ff., dort auch Nachweise zum hessischen Recht) und den Grundrechten (→ GrStG § 25 Rn. 24ff.).

C. Sonderhebesatz für baureife Grundstücke

Die Regelung des § 13 HGrStG orientiert sich konzeptionell an § 25 Abs. 5 4
GrStG, weshalb für große Teile der hessischen Regelung auf die Kommentierung des Bundesgrundsteuerrechts verwiesen werden kann. Dies gilt vor allem für die **Tatbestandsvoraussetzungen des § 13 Abs. 1 HGrStG** und ihre Konkretisierungen in § 13 Abs. 2, Abs. 3 HGrStG (baureife unbebaute Grunstücke → GrStG § 25 Rn. 47f.; städtebauliche Gründe und planerisches Ermessen der Gemeinde

875

→ GrStG § 25 Rn. 49f.). Zu beachten ist allerdings, dass es – anders als im Bundesgrundsteuerrecht – in Hessen in Ansehung der wirtschaftlichen Einheit des Grundvermögens **keine Artfeststellung** gibt. Es ist daher grundsätzlich ohne Bindung an eine verfahrensrechtlich vorgelagerte Feststellung erst **anlässlich der Bestimmung der betroffenen Grundstücke in der Allgemeinverfügung (§ 13 Abs. 5 HGrStG, → Rn. 9) darüber zu befinden, ob ein Grundstück bebaut oder unbebaut ist.** Lediglich dann, wenn ein Grundsteuerwertbescheid in Bezug auf einen Betrieb der Land- und Forstwirtschaft vorliegt, ist mit Bindungswirkung auch für Zwecke des § 13 HGrStG negativ darüber entschieden worden, dass kein Grundstück vorliegt.

5 Für die Voraussetzungen des § 13 Abs. 1 HGrStG gilt das Stichtagsprinzip (§ 13 Abs. 5 S. 1 HGrStG). Ist ein Grundstück am 1.1. eines Kalenderjahres unbebaut iSv § 13 Abs. 3 HGrStG iVm §§ 246, 248 BewG, bleibt es dies für das gesamte Kalenderjahr, auch wenn das Gebäude im Januar des gleichen Jahres bezugsfertig werden sollte. Ferner ist der 1.1. für die Baureife maßgeblich.

6 Während das Bundesgrundsteuerrecht die Gemeinden auf einen Sonderhebesatz beschränkt, erlaubt § 13 Abs. 1 HGrStG die Bestimmung mehrerer Sonderhebesätze. Die Gemeinde darf insoweit allerdings nicht räumlich differenzieren (also nicht: für mehrere Gemeindegebiete unterschiedliche Hebesätze). Vielmehr geht es um einheitliche Hebesätze für alle nach Maßgabe von Abs. 4 bestimmten Gemeindeteile, die lediglich innerhalb der Gruppe der baureifen Grundstücke differenzieren und zwar nach der Dauer der Baureife. Der Gemeinde soll es ermöglicht werden, **den gesonderten Hebesatz entsprechend der Dauer der Nichtbebauung (trotz Baureife) abzustufen.** Im Zusammenspiel mit Abs. 6 lässt sich der zeitlichen Abfolge der Hebesatzsteigerungen zudem eine zeitliche Phase der Noch-Nichtgeltung des gesonderten Hebesatzes trotz Baureife vorschalten (→ Rn. 11). Da der Gesetzgeber eine Hebesatzabstufungsmöglichkeit ausdrücklich vorsieht, trifft die Gemeinde insoweit **keine (gesonderte) Begründungslast,** die über die Begründungsnotwendigkeit der städtebaulichen Gründe hinausgeht. Es ist allerdings umgekehrt denkbar, dass die Gemeinde erklären können muss, warum sie von der Stufungsmöglichkeit keinen Gebrauch macht. Denn die Ausübung des von § 13 HGrStG gewährten Ermessens bedeutet auch eine Bindung an den Grundsatz der Verhältnismäßigkeit und insoweit erscheint es nicht ausgeschlossen, dass eine Höherbelastung insb. im ersten Jahr der Baureife und zügiger – für das laufende Jahr aber irrelevanter (→ Rn. 5) – Fertigstellung des Gebäudes unverhältnismäßig ist.

7 Macht die Gemeinde von der Abstufungsmöglichkeit Gebrauch, hat sie die maßgeblichen Zeiträume in der Satzung zu bestimmen. Zeiträume vor dem 24.12.2021 dürfen dabei allerdings nicht berücksichtigt werden (§ 6 Abs. 1 S. 2 HGrStG; HessLT-Drs. 20/6379, 23: Vertrauensschutz). Jenseits dieser Sonderregelung darf die Gemeinde hingegen an Zeiträume vor Geltung des Sonderhebesatzes anknüpfen (die Satzung für den Erhebungszeitraum 2025 dürfte mithin zB eine Gruppe der seit dem 1.1.2023 baureifen Grundstücke vorsehen). Das ist keine verfassungsrechtlich unzulässige Rückwirkung.

8 Die Gemeinde hat den gesonderten Hebesatz oder die gesonderten Hebesätze auf einen bestimmten Gemeindeteil zu beschränken, wenn nur für diesen Gemeindeteil die städtebaulichen Gründe vorliegen (§ 13 Abs. 4 S. 1 HGrStG). Diese Regelung entspricht § 25 Abs. 5 S. 5 GrStG (→ GrStG § 25 Rn. 51). § 13 Abs. 4 S. 2 HGrStG weicht allerdings in Ansehung des Bezugspunktes für die 10%-Berechnung vom Bundesgrundsteuerrecht ab. Während § 25 Abs. 5 S. 5 GrStG auf

Hebesatz für baureife Grundstücke **§ 13 HGrStG**

das Gemeindegebiet abstellt (was auch Wald- und Ackerflächen miteinschließen kann), bestimmt der hessische Gesetzgeber die sog. Siedlungsfläche nach der Gemeindestatistik des Hessischen Statistischen Landesamts zum Bezugspunkt für die 10%. Dieser Bezugspunkt wird deshalb gewählt, weil ansonsten in vielen (ländlichen) hessischen Gemeinden die 10%-Grenze überhaupt nicht erreicht werden könnte (HessLT-Drs. 20/6379, 23). Eine Bindungswirkung an die Gemeindestatistik ist im Gesetz nicht vorgesehen. Anlässlich der Prüfung der Rechtmäßigkeit der Allgemeinverfügung (→ Rn. 9) ist daher auch der Umfang der Siedlungsfläche zu prüfen. Insoweit ist es bedauerlich, dass es keine gesetzliche Definition der Siedlungsfläche gibt.

Die Frage, **welche unbebauten Grundstücke dem gesonderten Hebesatz** 9 **unterfallen sollen,** überantwortet § 13 Abs. 5 S. 1 HGrStG einer **durch die Gemeinde zu treffenden Feststellungsentscheidung:** Die genaue Bezeichnung der baureifen Grundstücke, deren Lage sowie das Gemeindegebiet, auf das sich der gesonderte Hebesatz bezieht, sind jeweils nach den Verhältnissen zu Beginn eines Kalenderjahres von der Gemeinde zu bestimmen, in einer Karte nachzuweisen und öffentlich bekannt zu geben. Die Regelung entspricht weitgehend § 25 Abs. 5 S. 7 GrStG. Auch wenn § 13 Abs. 5 S. 1 HGrStG – anders als § 25 Abs. 5 S. 7 GrStG – die Handlungsform der Allgemeinverfügung nicht vorgibt, dürfte auch in Hessen nur diese Handlungsform in Betracht kommen, da die öffentlich-rechtliche Eigenschaft einer Sache zu regeln ist. Die Ausführungen zum Bundesrecht gelten insoweit entsprechend (→ GrStG § 25 Rn. 53ff.). Für die öffentliche Bekanntmachung gilt § 7 HGO iVm der KBekVO. Das Begründungserfordernis nach § 13 Abs. 5 S. 2 HGrStG wiederum entspricht § 25 Abs. 5 S. 8 GrStG (→ GrStG § 25 Rn. 57).

§ 13 Abs. 6 S. 1 HGrStG ordnet an, dass der auf § 13 HGrStG gestützte Hebe- 10 satz höher sein muss als der einheitliche Hebesatz iSv § 25 Abs. 4 S. 1 GrStG, begrenzt das Hebesatzermessen der Gemeinde aber – abweichend vom Bundesgrundsteuerrecht – einfach-rechtlich der Höhe nach: Der gesonderte Hebesatz darf das Fünffache des einheitlichen Hebesatzes nicht überschreiten. Bei mehreren Hebesätzen bezieht sich die Regelung auf den höchsten Hebesatz. Mit dieser Begrenzung will der Gesetzgeber erreichen, dass (bei typisierender Betrachtung) die Grundsteuer C des unbebauten Grundstücks nicht höher ausfällt als die Grundsteuer B, wenn das Grundstück bebaut wäre (HessLT-Drs. 20/6379, 24, dort mit Berechnungsbeispiel). Ob das Fünffache der regulären Grundsteuer allerdings ausreichend ist, um jemanden zur Bebauung anzuhalten, wird man abwarten müssen.

§ 13 Abs. 6 S. 2 HGrStG erlaubt es der Gemeinde, eine Karenzzeit zu bestim- 11 men, innerhalb der ein gesonderter Hebesatz noch nicht gilt und stattdessen eine Besteuerung zum einheitlichen Hebesatz erfolgt.

Bezüglich des **Rechtsschutzes** kann auf die Ausführungen zu § 25 Abs. 5 12 GrStG verwiesen werden (→ GrStG § 25 Rn. 59).

Die zu § 25 Abs. 5 GrStG formulierten Überlegungen zu einem etwaigen Billig- 13 keitserlass nach § 227 AO gelten auch für Hessen (→ GrStG § 25 Rn. 60).

§ 14 Erlass wegen wesentlicher Ertragsminderung

§ 34 des Grundsteuergesetzes in der am 24. Dezember 2021 geltenden Fassung gilt entsprechend mit der Maßgabe, dass
1. in Abs. 3 Satz 2 an die Stelle des Grundsteuerwerts der Steuermessbetrag und
2. in Abs. 4 an die Stelle der Fortschreibung des Grundsteuerwerts die Festsetzung des Steuermessbetrags tritt.

A. Allgemeines

I. Systematische Einordnung und Zweck der Regelung

1   Für die Grundsteuer B sieht das Bundesgrundsteuerrecht in den §§ 32, 34 GrStG verschiedene Erlasstatbestände vor: (1) den Erlass für Kulturgut und Grünanlagen, Spiel- und Sportplätze wegen Unrentabilität (§ 32 GrStG, → Rn. 4) und (2) den Erlass wegen wesentlicher Ertragsminderung bei bebauten Grundstücken (§ 34 GrStG). Ferner existiert mit § 227 AO ein allgemeiner Billigkeitserlasstatbestand (→ Rn. 5 ff.). § 14 HGrStG ordnet die entsprechende Anwendung des § 34 GrStG an und modifiziert ihn lediglich. Damit ist jedenfalls eindeutig geklärt, dass § 34 GrStG in Hessen Anwendung findet. Selbstverständlich ist dies nicht. Denn § 34 GrStG will einen verhältnismäßigen Ausgleich zwischen dem Sollertragsgedanken einerseits und der Typisierungsfolge, dass die Grundsteuer unabhängig davon anfällt, ob das Grundstück wirklich Erträge abwirft bzw. ob es tatsächlich genutzt werden kann, andererseits herbeiführen (→ GrStG § 34 Rn. 1). Bei einer vom Äquivalenzgedanken getragenen Grundsteuer ist die tatbestandliche Anknüpfung an eine Ertragsminderung hingegen nur erklärbar, wenn man die Ertragsminderung als Ausdruck einer Nichtnutzbarkeit oder geminderten Nutzbarkeit der gemeindlichen Leistungen erachtet (so in der Tat HessLT-Drs. 20/6379, 24).

II. Entwicklung der Vorschrift

2   Die Regelung beruht auf dem Gesetz v. 15.12.2021 (→ Grundlagen Rn. 88; zu § 14 HGrStG HessLT-Drs. 20/6379, 24).

B. Modifizierung des § 34 GrStG

3   Tatbestand und Rechtsfolge des § 34 Abs. 1, Abs. 2 GrStG gelten auch in Hessen. Insoweit kann auf die Erläuterungen zu § 34 GrStG verwiesen werden. § 14 HGrStG modifiziert lediglich die Regelungen in § 34 Abs. 3 und Abs. 4 GrStG: (1) Wird das Grundstück gemischt genutzt (dh für einen Teil gilt § 34 Abs. 1 GrStG, für den anderen Teil gilt § 34 Abs. 2 GrStG), dann ist für jeden Teil die Ertragsminderung nach den hierfür geltenden Regeln zu bestimmen (erster Schritt), am Ende allerdings gleichwohl ein einheitlicher Prozentsatz der Ertragsminderung nach dem Anteil der einzelnen Teile am Grundsteuermessbetrag (!) des Grundstücks zu ermitteln (zweiter Schritt) (§ 34 Abs. 3 GrStG iVm § 14 Nr. 1 HGrStG). (2) § 14 Nr. 2 HGrStG knüpft an den Vorrang der Fortschreibung an (→ GrStG § 34 Rn. 58) und trägt dem Umstand Rechnung, dass es im hessischen Grundsteuerrecht keine

Erlass wegen wesentlicher Ertragsminderung § 14 HGrStG

Grundsteuerwertfeststellung gibt. Hier muss vielmehr geprüft werden, ob der Ertragsminderung nicht vorrangig durch die Neuveranlagung des Steuermessbetrages Rechnung getragen werden kann.

C. Anwendung anderer Erlasstatbestände

I. Erlasstatbestände des § 32 GrStG

Der Erlasstatbestand des § 32 GrStG für Kulturgut und Grünanlagen, Spiel- und 4
Sportplätze wegen Unrentabilität findet auch in Hessen Anwendung. Das hessische Grundsteuerrecht enthält keine Regelung, die dies ausschließt, und damit gilt das Bundesgrundsteuerrecht (vgl. § 2 Abs. 1 HGrStG).

II. Billigkeitserlass nach § 227 AO

§ 227 AO ist ebenfalls anwendbar. Allerdings gehen die §§ 32, 34 GrStG dem 5
§ 227 AO in Bezug auf die dort geregelten Lebenssachverhalte vor (eingehend zu § 227 AO → GrStG § 28 Rn. 23 ff.).

Fraglich ist, ob über § 227 AO auch dem allen Flächenmodellen inne- 6
wohnenden Problem einer drohenden Übermaßbesteuerung begegnet
werden kann. Allerdings kommt ein Billigkeitserlass nur in Betracht, wenn nach dem erklärten oder mutmaßlichen Willen des Gesetzgebers angenommen werden kann, dass er die im Billigkeitswege begehrte Entscheidung – hätte er die Frage geregelt – iSd Erlasses getroffen hätte. Hat dagegen der Gesetzgeber bei der Anordnung der Besteuerung Härten in Kauf genommen, ist nur zu prüfen, ob die getroffene gesetzliche Regelung in ihren Härten Bedenken begegnet. Ein Billigkeitserlass darf nicht gewährt werden, um ein vom Gesetzgeber zulässigerweise gewolltes oder in Kauf genommenes Ergebnis abzuwenden (vgl. BVerwG 29.9.1982 – 8 C 48/82, DVBl. 1983, 137 zu Substanzsteuereffekten der Lohnsummensteuer in Verlustzeiten). So dürfte es sich beim hessischen Flächen-Lage-Modell verhalten. Auch derjenige, dessen Grundstück so wenig wert ist, dass die Grundsteuer einen nicht mehr hinnehmbaren Substanzsteuereffekt auslöst (→ Grundlagen Rn. 131), partizipiert in der Logik des Äquivalenzprinzips an den mit der Grundsteuer anhand der Flächen typisiert abzugeltenden gemeindlichen Leistungen. Wenn der hessische Gesetzgeber an diesem Konzept ausnahmslos festhält, hat er die aus der Relation von Grundstückswert und Grundsteuer im Einzelfall folgende Unbilligkeit in Kauf genommen. Daher scheidet ein Billigkeitserlass mit der Begründung, dass es zu einem Substanzsteuereffekt kommt, aus.

Ferner **scheidet ein Grundsteuererlass im Hinblick auf eine geringe oder** 7
gar nicht stattfindende Inanspruchnahme gemeindlicher Leistungen aus.
Das hessische Grundsteuerrecht regelt die Beziehung zwischen dem Nutzen, den der Steuerpflichtige aus den gemeindlichen Leistungen ziehen kann, und der Steuerlast abstrakt abschließend mittels der Grundstücks- und Gebäudeflächen. Damit ist der Weg in eine konkret-individuelle Nutzenbetrachtung versperrt. Auch insoweit gilt, dass der Gesetzgeber Unbilligkeiten in Kauf genommen hat und dies nicht mittels § 227 AO überspielt werden kann (vgl. → Rn. 6).

§ 15 HGrStG Hessisches Grundsteuergesetz

§ 15 Rechtsweg und Revisibilität des Landesrechts

¹Gegen Entscheidungen der Landesfinanzbehörden nach diesem Gesetz ist der Finanzrechtsweg nach § 4 Abs. 1 des Hessischen Ausführungsgesetzes zur Finanzgerichtsordnung vom 17. Dezember 1965 (GVBl. I S. 347), zuletzt geändert durch Gesetz vom 21. Dezember 1976 (GVBl. I S. 532), eröffnet. ²Die Vorschriften der Finanzgerichtsordnung sind entsprechend anzuwenden, soweit dieses Gesetz keine abweichende Regelung enthält. ³Die Revision an den Bundesfinanzhof kann auch darauf gestützt werden, dass das angefochtene Urteil des Finanzgerichts auf der Verletzung dieses Gesetzes beruhe.

1 § 15 HGrStG beruht auf dem Gesetz v. 15.12.2021 (→ Grundlagen Rn. 88; zu § 15 HGrStG HessLT-Drs. 20/6379, 24). Sein Satz 1 ordnet an, dass der **Finanzrechtsweg eröffnet ist, soweit die Grundsteuer von den Landesfinanzbehörden verwaltet wird.** Die Norm verweist dabei auf § 4 Abs. 1 HessAGFGO, der den Finanzrechtsweg für solche von den Landesfinanzbehörden verwalteten Steuern eröffnet, die der Gesetzgebung des Landes unterliegen. Das trifft für die Grundsteuer in dieser Absolutheit indes nicht zu. Die Grundsteuer unterliegt auch der Gesetzgebung des Bundes (Bund und Land haben jeweils die Vollkompetenz inne, *Drüen* in Stenger/Loose VerfR GrStG Rn. 6), weshalb vorbehaltlich eines landesrechtlichen Regelung zudem § 33 Abs. 1 Nr. 1 FGO einschlägig ist (*Krumm* in Tipke/Kruse FGO § 33 Rn. 19a). Weder bei Schaffung von § 33 Abs. 1 Nr. 1 FGO noch des § 4 Abs. 1 HessAGFGO konnte die kompetenzrechtliche Gemengelage, wie sie nunmehr bei der Grundsteuer gilt, bedacht werden. Im Ergebnis wird man sagen können, sowohl das Bundes- als auch das Landesrecht eröffnen hinsichtlich der Verwaltungstätigkeit der Landesfinanzbehörden gleichermaßen den Finanzrechtsweg. Soweit die Gemeinden die Grundsteuer verwalten (→ HGrStG § 2 Rn. 10), ist – wie im Bundesgrundsteuerrecht auch – der Rechtsweg zu den Verwaltungsgerichten eröffnet, weil es an einer abdrängenden Sonderzuweisung fehlt.

2 § 15 S. 2 u. 3 HGrStG nehmen sich dem gerichtlichen Verfahrensrecht an. Die **Vorschriften der FGO werden für anwendbar und das HGrStG für revisibel erklärt.** Letzteres ist vor dem Hintergrund des § 118 Abs. 1 S. 2 FGO zu sehen, wonach Landesrecht im Fall des § 33 Abs. 1 Nr. 4 FGO nur dann revisibles Recht darstellt, wenn der Landesgesetzgeber dies bestimmt. Wegen des Bezugs auf § 33 Abs. 1 Nr. 4 FGO könnte es insoweit womöglich von Bedeutung sein, ob der Rechtsweg in Grundsteuersachen nach § 33 Abs. 1 Nr. 1 FGO oder nach § 33 Abs. 1 Nr. 4 FGO iVm § 15 S. 1 HessGrStG eröffnet ist (→ Rn. 1). Die Bezugnahme des § 118 Abs. 1 S. 2 FGO auf § 33 Abs. 1 Nr. 4 FGO wird man aber nicht so verstehen dürfen, dass es sich hierbei um ein zwingendes Erfordernis handelt. Der historische Gesetzgeber dürfte gemeint haben, dass sich nur im Fall des § 33 Abs. 1 Nr. 4 FGO die Frage nach der Revisibilität von Landesrecht stellen kann. Auch hier gilt: Die kompetenzrechtliche Gemengelage in Ansehung der Grundsteuer, die dazu führen kann, dass § 33 Abs. 1 Nr. 1 FGO einschlägig ist, aber gleichwohl Landesrecht streitentscheidend sein kann, konnte nicht bedacht werden. Daher dürfte das HGrStG wegen § 15 S. 3 HGrStG revisibel sein, ungeachtet der konkret einschlägigen Rechtswegeröffnungsnorm. Im Übrigen gilt: Das anzuwendende Steuerschuld- und Steuerverfahrensrecht (= Abgabenordnung) ist mit der gleichen Begründung ebenfalls revisibel. Dies folgt wiederum aus § 118 Abs. 1 S. 2 FGO. Denn die Abga-

Inkrafttreten **§§ 16, 17 HGrStG**

benordnung wird über (den konstitutiven, → HGrStG § 2 Rn. 10) § 2 Abs. 5 Nr. 1 HGrStG zu Landesrecht (vgl. BVerwG 24.3.1986 – 7 B 35/86, NVwZ 1986, 739; *Seer* in Tipke/Kruse FGO § 118 Rn. 24) und die Formulierung „dieses Gesetz" in § 15 S. 3 HGrStG dürfte auch die vom HGrStG für entsprechend anwendbar erklärten Gesetze erfassen. Für die als partielles Bundesrecht weiterhin anwendbaren Vorschriften des GrStG und des BewG (→ Grundlagen Rn. 76) ergibt sich die Revisibilität hingegen aus § 118 Abs. 1 S. 1 FGO.

§ 16 Ermächtigungen

[1]Das Ministerium der Finanzen und das Ministerium für Wirtschaft, Energie, Verkehr und Wohnen werden ermächtigt, die automatisierte Bereitstellung der für die Ermittlung des Faktors nach § 7 erforderlichen Merkmale auf der Grundlage des § 17 der Ausführungsverordnung zum Baugesetzbuch vom 15. Juni 2018 (GVBl. S. 258), geändert durch Gesetz vom 16. März 2021 (GVBl. S. 195), zu koordinieren. [2]§ 229 Abs. 5 des Bewertungsgesetzes in der am 24. Dezember 2021 geltenden Fassung ist insoweit nicht anzuwenden.

§ 17 Inkrafttreten

Dieses Gesetz tritt am Tag nach der Verkündung in Kraft.

Von einer Kommentierung der Vorschriften wird abgesehen.

5. Niedersächsisches Grundsteuergesetz (NGrStG)

Vom 7. Juli 2021
(Nds. GVBl. 2021, 502)

§ 1 Regelungszweck

¹Dieses Gesetz trifft für Zwecke der Ermittlung, Festsetzung und Erhebung der Grundsteuer für Zeiträume ab dem Kalenderjahr 2025 von den Bestimmungen des Grundsteuergesetzes (GrStG) und des Bewertungsgesetzes (BewG) abweichende Regelungen für Niedersachsen. ²Die Bestimmungen des Grundsteuergesetzes und des Bewertungsgesetzes sind für Zwecke der Ermittlung, Festsetzung und Erhebung der Grundsteuer für die in Satz 1 genannten Zeiträume nur anzuwenden, soweit sich aus diesem Gesetz nichts anderes ergibt. ³Soweit diese Bestimmungen den Grundsteuerwert betreffen, sind sie für Zwecke der Ermittlung, Festsetzung und Erhebung der Grundsteuer B entsprechend auf die Äquivalenzbeträge nach § 2 Abs. 3 anzuwenden, soweit sich aus diesem Gesetz nichts anderes ergibt.

§ 1 NGrStG beruht auf dem Gesetz v. 7.7.2021 (→ Grundlagen Rn. 88; zu § 1 NGrStG NdsLT-Drs. 18/9632, 4f.) und stellt das Verhältnis zum Bundesgrundsteuerrecht durch eine allgemeine Regelung klar. Bei dem niedersächsischen Grundsteuerrecht handelt es sich nicht um eine landesrechtliche Vollkodifikation. Der Landesgesetzgeber ist nur punktuell – wenngleich in Ansehung von Belastungsgrund und hieran anknüpfendem Bewertungskonzept in Bezug auf die Grundstücke doch grundlegend – vom Bundesgrundsteuerrecht abgewichen (zur Abweichungsbefugnis → Grundlagen Rn. 74 ff.). Soweit der niedersächsische Gesetzgeber von seiner Abweichungsbefugnis keinen Gebrauch gemacht hat, gelten das Grundsteuergesetz und die §§ 218 ff. BewG. Denn die Wahrnehmung der Abweichungsbefugnis führt nur dazu, dass das Landesrecht gegenüber dem Bundesrecht Anwendungsvorrang genießt und das Bundesrecht nur dort zurücktreten muss, wo das Landesrecht hiervon abweicht. Soweit das Landesrecht nicht vom Bundesrecht abweicht, bleibt das Bundesrecht daher anwendbar (→ Grundlagen Rn. 76). Dies stellt § 1 S. 2 NGrStG lediglich klar. Eine weitergehende Bedeutung hat die Norm nicht. Sie macht insbesondere das weiterhin anwendbare Bundesrecht nicht zu Landesrecht. Das wäre zwar rechtstechnisch denkbar (vgl. BVerwG 4.11.1976 – V C 73/74, BVerwGE 51, 268; *Eichberger/Buchheister* in Schoch/Schneider VwGO § 137 Rn. 50). Allerdings müsste es dafür einen Anhaltspunkt im Gesetz oder zumindest in der zugehörigen Begründung geben. Ein solcher existiert aber nicht. Es ist nicht erkennbar, dass der Landesgesetzgeber § 1 S. 2 NGrStG eine „transformierende" Wirkung beimessen und die Vorschriften des GrStG und BewG in sein landesrechtliches Regelungssystem übernehmen wollte. Deshalb gilt auch in Niedersachsen der anwendbare Teil des Bundesgrundsteuerrechts als Bundesrecht (weshalb es sich aus Sicht des § 118 Abs. 1 S. 1 FGO um revisibles Bundesrecht handelt, → NGrStG § 12 Rn. 9). Etwas anders dürfte hingegen dort gelten, wo bundes-

§ 2 NGrStG

rechtliche Normen für entsprechend oder für sinngemäß anwendbar erklärt werden (vgl. §§ 1 S. 3, 8 Abs. 4 S. 1, 9 Abs. 3 NGrStG).

2 Im Bundesgrundsteuerrecht bildet der gesondert festzustellende Grundsteuerwert die Bemessungsgrundlage. Für die wirtschaftliche Einheit des Grundvermögens (die Grundstücke) weicht das NGrStG nicht nur konzeptionell vom Bundesgrundsteuerrecht ab (statt dem Verkehrswert gilt eine Flächen-Bemessungsgrundlage mit Lagedifferenzierung), sondern auch in Bezug auf den Feststellungsgegenstand auf der ersten Verfahrensebene (→ NGrStG § 2 Rn. 4): Es gibt kein Pendant zum Grundsteuerwert. Vielmehr werden die Äquivalenzbeträge und die Flächen gesondert festgestellt. Da einige Regelungen des GrStG und der §§ 218 ff. BewG allerdings tatbestandlich auf den Grundsteuerwert zugeschnitten sind, ordnet § 1 S. 3 NGrStG an, dass diese Normen auf die Äquivalenzbeträge nach § 2 Abs. 3 NGrStG entsprechend anzuwenden sind.

Erster Teil Grundstücke, Grundsteuer B

Erstes Kapitel Ermittlung der Grundsteuer

§ 2 Steuergegenstand, Berechnungsformel

(1) ¹Steuergegenstand der Grundsteuer B nach diesem Gesetz sind vorbehaltlich des Absatzes 4 Satz 2 die Grundstücke im Sinne des § 2 Nr. 2 GrStG als wirtschaftliche Einheiten des Grundvermögens. ²Die Grundsteuer B ergibt sich durch eine Multiplikation des Grundsteuermessbetrags des Grundstücks nach Absatz 2 mit dem von der Gemeinde bestimmten jeweiligen Hebesatz. ³Sie ist ein Jahresbetrag und auf volle Cent nach unten abzurunden.

(2) ¹Der Grundsteuermessbetrag des Grundstücks ist durch Anwendung der jeweiligen Grundsteuermesszahl nach § 6 auf den Äquivalenzbetrag des Grund und Bodens nach Absatz 3 Satz 1 und den jeweiligen Äquivalenzbetrag der Wohnfläche oder der Nutzfläche etwaiger Gebäude des Grundstücks nach Absatz 3 Satz 2 zu ermitteln. ²Die Summe dieser Ergebnisse ist als Grundsteuermessbetrag des Grundstücks auf volle Cent nach unten abzurunden.

(3) ¹Der Äquivalenzbetrag des Grund und Bodens ergibt sich durch eine Multiplikation der nach § 3 maßgeblichen Fläche des Grund und Bodens mit der jeweiligen nach § 4 Abs. 2 zu ermittelnden Äquivalenzzahl und dem Lage-Faktor nach § 5. ²Die Äquivalenzbeträge von Wohn- oder Nutzfläche der Gebäude ergeben sich durch eine Multiplikation der jeweiligen nach § 3 maßgeblichen Gebäudeflächen mit der Äquivalenzzahl nach § 4 Abs. 1 und dem Lage-Faktor nach § 5. ³Der Äquivalenzbetrag des Grund und Bodens sowie die Äquivalenzbeträge der Wohn- und Nutzfläche der Gebäude werden jeweils auf volle Cent nach unten abgerundet.

(4) ¹Die Zurechnung mehrerer Wirtschaftsgüter zu einer wirtschaftlichen Einheit wird abweichend von § 2 Abs. 2 BewG nicht dadurch ausgeschlossen, dass die Wirtschaftsgüter zum Teil der einen Ehegattin oder Lebenspartnerin oder dem einen Ehegatten oder Lebenspartner, zum Teil

der anderen Ehegattin oder Lebenspartnerin oder dem anderen Ehegatten oder Lebenspartner gehören. ²Bei Gebäuden auf fremden Grund und Boden sind abweichend von § 244 Abs. 3 Nr. 2 und § 262 BewG der Grund und Boden der Eigentümerin oder dem Eigentümer des Grund und Bodens und die Gebäude der wirtschaftlichen Eigentümerin oder dem wirtschaftlichen Eigentümer der Gebäude zuzurechnen. ³Bei Erbbaurechten ist § 261 BewG entsprechend anzuwenden.

(5) ¹Erstreckt sich der Steuergegenstand auch auf ein anderes Land oder das Ausland, so ist nur für das im Gebiet des Landes Niedersachsen gelegene Grundvermögen Grundsteuer nach diesem Gesetz zu ermitteln, festzusetzen und zu erheben. ²Dieses Grundvermögen bildet eine eigenständige wirtschaftliche Einheit.

A. Allgemeines

I. Systematische Einordnung und Zweck der Regelung

Der niedersächsische Landesgesetzgeber hat sich in Bezug auf die wirtschaftlichen Einheiten des Grundvermögens in Abweichung vom Bundesgrundsteuerrecht für ein sog. **Flächen-Lage-Modell** entschieden (zum Belastungsgrund → Grundlagen Rn. 88). Trotz aller Unterschiede in Ansehung des Belastungsgrundes und seiner Umsetzung fügt sich das NGrStG im Übrigen in das Konzept des Bundesgrundsteuerrechts ein (zur Anwendung der bundesrechtlichen Regelungen → NGrStG § 1 Rn. 1). Das wird vor allem an § 2 NGrStG deutlich, der an der Figur der wirtschaftlichen Einheit und dem dreifach gestuften Verwaltungsverfahren festhält und lediglich Modifikationen vorsieht. Weitere Modifikationen enthalten für die wirtschaftlichen Einheiten des Grundvermögens ferner § 3 NGrStG (Konkretisierung der maßgeblichen Flächen) und §§ 8, 9 NGrStG (Verfahrensrecht). Die Vorschriften des ersten Teils des NGrStG gelten nur für die wirtschaftlichen Einheiten des Grundvermögens (sofern § 11 NGrStG nicht auf die Vorschriften dieses Teils verweist). 1

II. Entwicklung der Vorschrift

§ 2 NGrStG beruht auf dem Gesetz v. 7.7.2021 (→ Grundlagen Rn. 88; zu § 2 NGrStG NdsLT-Drs. 18/8995, 17f. [Gesetzesbegründung], NdsLT-Drs. 18/9632, 5f. [Ausschussbegründung]). 2

B. Gegenstand und Ermittlung der Grundsteuer B (Abs. 1–3)

Das NGrStG ist keine grundsteuerrechtliche Vollregelung, sondern knüpft an das Bundesgrundsteuerrecht an und weicht lediglich partiell von ihm ab. In Bezug auf die wirtschaftlichen Einheiten des Grundvermögens (= Grundstücke) hat sich der niedersächsische Gesetzgeber für eine grundlegende Abweichung entschieden: **Bemessungsgrundlage ist ein an der Grundstücks- und Gebäudefläche orientierter und durch einen Lage-Faktor geprägter Äquivalenzbetrag** (→ Grundlagen Rn. 88f.). Bei bebauten Grundstücken können bis zu drei Äquivalenzbeträge maßgeblich sein, die sodann nach § 8 NGrStG gesondert festzustellen 3

§ 2 NGrStG Erster Teil Grundstücke, Grundsteuer B

sind (und erst auf der Ebene des Grundsteuermessbetrages zu einem Betrag zusammengeführt werden, → Rn. 5):

Fläche des Grund und Bodens × Äquivalenzzahl nach § 4 Abs. 2 NGrStG × Lage-Faktor gemäß § 5 NGrStG
+ Gebäudewohnfläche × Äquivalenzzahl nach § 4 Abs. 1 NGrStG × Lage-Faktor gemäß § 5 NGrStG
+ Gebäudenutzfläche × Äquivalenzzahl nach § 4 Abs. 1 NGrStG × Lage-Faktor gemäß § 5 NGrStG

Die Differenzierung zwischen der Wohn- und Nutzfläche eines Gebäudes hat für die Ermittlung der Äquivalenzbeträge der jeweiligen Gebäudeteile keine Bedeutung. **Allerdings differenziert § 5 NGrStG hinsichtlich der Messzahl zwischen Wohn- und Nutzfläche.**

4 Das niedersächsische Grundsteuerrecht folgt der Dreistufigkeit des Grundsteuervollzugs, wie sie im Bundesgrundsteuerrecht vorgegeben ist. Es erfolgen zuerst gesonderte Feststellungen, für die verfahrensrechtlich die §§ 219 ff. BewG ergänzt durch § 8 NGrStG gelten (vereinfacht: **Äquivalenzbetragsverfahren,** erste Verfahrensstufe). Die **Äquivalenzbeträge werden gesondert festgestellt** (→ NGrStG § 8 Rn. 3) und anlässlich dieser Feststellungen wird inzident auch über den Umfang der wirtschaftlichen Einheit entschieden (→ BewG § 219 Rn. 12). Zudem erfolgt eine **Zurechnungsfeststellung** (→ BewG § 219 Rn. 17 ff.). Eine Artfeststellung findet hingegen nicht statt. Stattdessen ordnet § 8 Abs. 1 NGrStG die **gesonderte Feststellung der Fläche von Grund und Boden und der Gebäudeflächen getrennt nach Wohn- und Nutzfläche** an (→ NGrStG § 8 Rn. 3).

5 Auf das Äquivalenzbetragsverfahren, das mit dem **Äquivalenzbetragsbescheid** (als Oberbegriff für den Verwaltungsakt, der alle in → Rn. 4 genannten Feststellungen enthält) abschließt, folgt das **Grundsteuermessbetragsverfahren** (zweite Verfahrensstufe). An dessen Ende steht der Grundsteuermessbescheid, der die Summe der denkbaren Produkte aus Äquivalenzbeträgen und Messzahlen als Grundsteuermessbetrag festgesetzt. Vorbehaltlich des § 9 NGrStG gelten für das Grundsteuermessbetragsverfahren im Übrigen die §§ 17 ff. GrStG (→ NGrStG § 9 Rn. 7).

6 Den Abschluss bildet das **Grundsteuerfestsetzungsverfahren** (dritte Verfahrensstufe). Die festzusetzende Grundsteuer ergibt sich durch eine Multiplikation des Grundsteuermessbetrags des Grundstücks und des Hebesatzes. Den Hebesatz bestimmen die Gemeinden durch Satzung. Für die Hebesatzbestimmung durch die Gemeinde gilt § 25 GrStG (s. daher Erl. zu § 25 GrStG, dort ist auch das niedersächsische Kommunalrecht nachgewiesen). Anwendung findet vor allem auch die Regelung über die Grundsteuer C (§ 25 Abs. 5 GrStG, → GrStG § 25 Rn. 43 ff.). Die Festsetzung der Grundsteuer erfolgt durch Grundsteuerbescheid. Es gelten die §§ 27 ff. GrStG, weshalb auf die Erläuterungen zu diesen Vorschriften verwiesen werden kann.

7 § 2 Abs. 1–3 NGrStG enthält für jede Verfahrensstufe jeweils **Rundungsvorgaben:** Die Äquivalenzbeträge, der Grundsteuermessbetrag und die Grundsteuer sind jeweils auf volle Cent nach unten abzurunden.

Steuergegenstand, Berechnungsformel §2 NGrStG

C. Wirtschaftliche Einheit des Grundvermögens (Abs. 4)

I. Geltung des Bundesgrundsteuerrechts mit Modifikationen

Bewertet und zugerechnet werden wirtschaftliche Einheiten. Die wirtschaftliche **8** Einheit des Grundvermögens ist das Grundstück. Das niedersächsische Grundsteuerrecht setzt den Typusbegriff der wirtschaftlichen Einheit voraus und **beschränkt sich mit §2 Abs. 4 NGrStG auf zwei Modifikationen der bundesrechtlichen Konkretisierung der wirtschaftlichen Einheit.** Im Ausgangspunkt kann daher auf die Ausführungen zur wirtschaftlichen Einheit des Grundvermögens im Bundesgrundsteuerrecht verwiesen werden (→BewG §244 Rn. 4ff.). Entsprechendes gilt für die Zurechnungsgrundsätze. Das NGrStG enthält keine Norm, die sich explizit mit der Zurechnung der wirtschaftlichen Einheit befasst. Auch für das niedersächsische Grundsteuerrecht ist daher §39 AO maßgeblich (eingehend →BewG §219 Rn. 18ff.). Schließlich übernimmt das NGrStG auch den bundesrechtlichen Grundsatz der Eigentümeridentität (§2 Abs. 2 BewG, →BewG §244 Rn. 16), wonach eine wirtschaftliche Einheit nur dann aus mehreren Wirtschaftsgütern (hier: Grundbuchgrundstücken) bestehen kann, wenn die Wirtschaftsgüter entweder nur einer Person zuzurechnen sind oder wenn sie alle der gleichen Personenmehrheit zuzurechnen sind (also A und B sind Miteigentümer sowohl des Grundstücks 1 als auch des Grundstücks 2). An diesen Grundsatz knüpft §2 Abs. 4 S. 1 NGrStG an und normiert hiervon bei Ehegatten/Lebenspartnern eine Ausnahme (→Rn. 9ff.). Die zweite Modifikation betrifft die Verselbstständigung eines nicht dem Grundstückseigentümer zuzurechnenden Gebäudes als wirtschaftliche Einheit (sog. Gebäude auf fremdem Grund und Boden, §2 Abs. 4 S. 2 NGrStG, →Rn. 13ff.).

II. Durchbrechung des Prinzips der Eigentümeridentität bei Ehegatten/Lebenspartnern (Abs. 4 S. 1)

Nach §2 Abs. 4 S. 1 NGrStG **wird** – in Abweichung von dem Grundsatz der **9** „Eigentümeridentität" (→Rn. 8) – **die Zurechnung eines Wirtschaftsgutes zu einer wirtschaftlichen Einheit nicht dadurch ausgeschlossen, dass die Wirtschaftsgüter zum Teil dem einen, zum Teil dem anderen Ehegatten oder Lebenspartner gehören.** Diese Regelung **entspricht §26 BewG,** der allerdings nicht in das Bundesgrundsteuerrecht übernommen worden ist (→BewG §244 Rn. 17). Dieser Abweichung vom Bundesrecht (die sich auch in anderen Landesgrundsteuergesetzen findet) dürfte im originären Anwendungsbereich des §2 NGrStG kaum praktische Bedeutung zukommen. Anders verhält es sich über die Verweisung des §11 Abs. 5 NGrStG in Bezug auf die Betriebe der Land- und Forstwirtschaft. Denn hier kommt es durchaus vor, dass die land- und forstwirtschaftlich genutzten Flächen nicht im Miteigentum der Ehegatten/Lebenspartner stehen, sondern zumindest in Bezug auf einen Teil der Flächen Alleineigentum eines Ehegatten/Lebenspartners besteht. Insoweit kann auf die bisherigen Erkenntnisse zu §26 BewG zurückgegriffen werden.

Für die Anwendung des §2 Abs. 4 S. 1 NGrStG ist der **Güterstand der Ehe-** **10** **gatten/Lebenspartner ohne Bedeutung** (*Esskandari* in Stenger/Loose BewG §26 Rn. 18). Die Regelung ist zwingend. Ein Wahlrecht ist nicht vorgesehen (so auch BFH 18.11.1966 – III 176/63, BStBl. III 1967, 170 zu §24 BewG aF).

§ 2 NGrStG   Erster Teil Grundstücke, Grundsteuer B

Kommt es wegen § 2 Abs. 4 S. 1 NGrStG zu einer Schlechterstellung von Ehegatten (also höhere Grundsteuerbelastung im Vergleich zur Rechtslage ohne § 2 Abs. 4 S. 1 NGrStG), **ist die Regelung im Hinblick auf Art. 6 GG rechtfertigungsbedürftig** (die Ausführungen zu → BWLGrStG § 25 Rn. 8 gelten entsprechend). Für andere familienrechtliche Beziehungen (zB Eltern und Kinder) fehlt eine Regelung wie § 2 Abs. 4 S. 1 NGrStG, weshalb es insoweit beim Grundsatz der Eigentümeridentität bleibt. Keine Relevanz hat § 2 Abs. 4 S. 1 NGrStG, soweit Flächen im Miteigentum der Ehegatten/Lebenspartner stehen oder sie bei Gütergemeinschaft zum Gesamtgut gehören. In diesem Fall ist bereits der Grundsatz der Eigentümeridentität erfüllt.

11 § 2 Abs. 4 S. 1 NGrStG ordnet nicht an, dass Grundbuchgrundstücke von Ehegatten/Lebenspartnern stets als Einheit zu betrachten sind. Vielmehr ist Ausgangspunkt immer der Begriff der wirtschaftlichen Einheit und die hierbei anzulegende wirtschaftliche Betrachtungsweise. **Voraussetzung ist daher immer, dass die unterschiedlichen Eigentümern zuzurechnenden Wirtschaftsgüter nach den Anschauungen des Verkehrs eine wirtschaftliche Einheit bilden** (vgl. BFH 31.10.1969 – III R 145/66, BStBl. II 1970, 197 zu § 24 BewG aF; BFH 19.6.1996 – II R 86/93, BFH/NV 1997, 14 zu § 26 BewG). Sowohl die Maßgeblichkeit der Verkehrsauffassung bei der Bildung wirtschaftlicher Einheiten als auch der Wortlaut des § 2 Abs. 4 S. 1 NGrStG legen nahe, dass bereits ohne das dem einen Ehegatten/Lebenspartner gehörende Wirtschaftsgut eine dem anderen Ehegatten/Lebenspartner zuzurechnende wirtschaftliche Einheit besteht und dass das dem anderen Ehegatten/Lebenspartner gehörende Wirtschaftsgut von der Verkehrsauffassung nicht als eigenständige wirtschaftliche Einheit erachtet wird. Es gibt mithin bereits eine wirtschaftliche Einheit, die ein im Eigentum des anderen Ehegatten/Lebenspartners stehendes Wirtschaftsgut wegen des Funktionszusammenhangs zur bestehenden wirtschaftlichen Einheit „anzieht". Damit wird aber deutlich, dass **§ 2 Abs. 4 S. 1 NGrStG** nicht alle relevanten Fragen regelt. Er **erlaubt nämlich nur eine Zusammenfassung mehrerer Wirtschaftsgüter** in Abweichung vom Grundsatz der Eigentümeridentität (vgl. BFH 14.2.2007 – II R 69/05, BStBl. II 2007, 443), **sagt aber nichts darüber aus, wem die wirtschaftliche Einheit zuzurechnen ist**. Insoweit sind zwei Lösungen denkbar: Entweder erfolgt eine alleinige Zurechnung bei einem Ehegatten/Lebenspartner (mit § 2 Abs. 4 S. 1 NGrStG wird mithin auch die Zurechnung beim Eigentümer-Ehegatten/Lebenspartner aufgehoben) oder die wirtschaftliche Einheit ist sodann beiden Ehegatten/Lebenspartnern zuzurechnen und es muss die Höhe der Anteile der beiden Ehegatten/Lebenspartner bestimmt werden. Rechtsprechung und Literatur zu § 26 BewG gehen bisher von Ersterem aus (FG Rheinland-Pfalz 11.6.1981 – 3 K 235/80, EFG 1982, 63) und wollen dem Ehegatten/Lebenspartner die gesamte wirtschaftliche Einheit zurechnen, der Eigentümer der Wirtschaftsgüter mit dem höheren Verkehrswert ist (so *Esskandari* in Stenger/Loose BewG § 26 Rn. 18; *Halaczinsky* in Rössler/Troll BewG § 26 Rn. 5 [bezeichnet dies jedenfalls als Regelfall]).

12 Ist ein **Ehegatte/Lebenspartner Gesellschafter einer GbR,** die selbst Zurechnungssubjekt der wirtschaftlichen Einheit ist, kann ein im Alleineigentum des anderen Ehegatten/Lebenspartners stehendes Grundstück nicht in die der GbR zuzurechnende wirtschaftliche Einheit einbezogen werden. Denn § 2 Abs. 4 S. 1 NGrStG setzt voraus, dass Zurechnungssubjekt der „Haupteinheit" der Ehegatte ist. Anders als bei den wirtschaftlichen Einheiten des land- und forstwirtschaftlichen Vermögens (dort: § 11 Abs. 4 NGrStG, → NGrStG § 11 Rn. 10f.) und im Recht der Einheitsbewertung (dort bis zum 31.12.2024: § 34 Abs. 6 BewG) fehlt es im niedersächsischen Grundsteuerrecht für die Grundstücke an einer Vorschrift, die den Grundsatz der Eigentümeridentität auch in Ansehung von Personengesellschaften und ihrer Gesellschafter durchbricht. Daher kann auch die Rechtsprechung des BFH zur Einheitsbewertung, die eine solche Zurechnung eines Ehegattengrundstücks bei einer der GbR zuzurechnenden wirtschaftlichen Einheit wegen der Gesellschafterstellung des anderen Ehegatten angenommen hat (BFH 14.5.2004 – II R 50/01, BStBl. II 2004, 818), nicht auf das niedersächsische Grundsteuerrecht übertragen werden.

III. Gebäude auf fremdem Grund und Boden (Abs. 4 S. 2)

Unter dem Terminus „**Gebäude auf fremdem Grund und Boden**" erfasst das Grundsteuerrecht solche Konstellationen, **in denen das Gebäude einer anderen Person als dem Grundstückseigentümer zuzurechnen ist.** Diese Konstellation kann auftreten bei **Scheinbestandteilen** iSv § 95 BGB und bei Gebäuden, die zwar wesentlicher Bestandteil des Grundstücks sind, die aber im **wirtschaftlichen Eigentum** einer Person stehen, der nicht das Grundstück zuzurechnen ist (eingehend → BewG § 244 Rn. 24). Das bis zum 31.12.2024 geltende Recht vollzog die unterschiedliche Zurechnung dadurch nach, dass es zwei wirtschaftliche Einheiten annahm: Das Gebäude auf fremdem Grund und Boden galt als eigenständige wirtschaftliche Einheit des Grundvermögens, das neben das Grundstück als weitere wirtschaftliche Einheit tritt. Das neue Bundesgrundsteuerrecht hat diese Zweiteilung nicht übernommen und ordnet stattdessen an, dass nur eine einzige wirtschaftliche Einheit (aus Grund und Boden sowie Gebäude) besteht, die dem Grundstückseigentümer zuzurechnen ist (§§ 244 Abs. 3 Nr. 2, 262 BewG). Mit § 2 Abs. 4 S. 2 NGrStG führt der niedersächsische Gesetzgeber die alte Bundesrechtslage fort: **In Niedersachsen ist bei „Gebäuden auf fremdem Grund und Boden" beim Grundvermögen weiterhin von zwei wirtschaftlichen Einheiten, nämlich dem Grund und Boden einerseits und dem Gebäude andererseits, auszugehen.** 13

Unseres Erachtens gilt § 2 Abs. 4 S. 2 NGrStG für beide Konstellationen eines Gebäudes auf fremdem Grund und Boden, dh **sowohl für den Fall des wirtschaftlichen Eigentums an dem Gebäude als auch für den Fall des Scheinbestandteils.** § 2 Abs. 4 S. 2 NGrStG nimmt auf den ersten Blick zwar nur auf die Konstellation Bezug, dass ein anderer als der Grundstückseigentümer wirtschaftlicher Eigentümer des Gebäudes ist. Da in § 2 Abs. 4 S. 2 NGrStG aber der Terminus „Gebäude auf fremdem Grund und Boden" verwendet wird und auch die Ausschussbegründung davon ausgeht, dass die alte bundesrechtliche Rechtslage insgesamt fortgeführt wird (NdsLT-Drs. 18/9632, 12), dürfte von dieser Norm auch der Fall erfasst sein, dass eine vom Grundstückseigentümer verschiedene Person nicht nur wirtschaftlicher, sondern auch rechtlicher Eigentümer des Gebäudes ist (wegen § 95 BGB, Scheinbestandteil). 14

Liegen die Voraussetzungen des § 2 Abs. 4 S. 2 NGrStG vor, sind für jede wirtschaftliche Einheit gesonderte Verwaltungsverfahren zu führen (im Falle der Errichtung des Gebäudes bzw. der erstmaligen Zurechnungsabweichung vom Grund und Boden ist eine Nachfeststellung nach § 223 BewG durchzuführen) und die **Äquivalenzbeträge müssen entsprechend auf die wirtschaftlichen Einheiten verteilt werden:** Der wirtschaftlichen Einheit „Grundstück" ist der Äquivalenzbetrag für den Grund und Boden und der wirtschaftlichen Einheit „Gebäude" sind die Äquivalenzbeträge für die Gebäudeflächen zuzurechnen. Jedes Zurechnungssubjekt 15

§ 3 NGrStG   Erster Teil Grundstücke, Grundsteuer B

ist Grundsteuerschuldner (nur) in Ansehung der ihm zugerechneten wirtschaftlichen Einheit. Wird das Gebäude abgerissen oder wird der Eigentümer des Grund und Bodens auch Zurechnungssubjekt in Bezug auf das Gebäude, ist der Äquivalenzbetragsbescheid für das Gebäude aufzuheben (→ BewG § 224 Rn. 4) und in Ansehung des Grundstücks eine Fortschreibung der (bis dahin auf null lautenden) Äquivalenzbeträge für Wohn- und Nutzfläche durchzuführen.

IV. Erbbaurechte (Abs. 4 S. 3)

16 Für **Erbbaurechte** bleibt es hingegen auch in Niedersachsen bei der bundesgesetzlichen Regelung des § 244 Abs. 3 Nr. 1 BewG, wonach das mit einem Erbbaurecht belastete Grundstück als Einheit erfasst (= eine einzige wirtschaftliche Einheit, → BewG § 244 Rn. 21 ff.) und ausschließlich dem Erbbauberechtigten zugerechnet wird (§ 261 S. 2 BewG). Dies stellt § 2 Abs. 4 S. 3 NGrStG ausdrücklich klar (NdsLT-Drs. 18/9632, 12).

D. Grenzüberschreitende wirtschaftliche Einheiten (Abs. 5)

17 Der Grundsteuerwert wird grundsätzlich für eine wirtschaftliche Einheit festgestellt und diese kann aus Grundstücken bestehen, die sowohl in Niedersachsen als auch in einem anderen Bundesland oder im Ausland liegen. § 2 Abs. 5 S. 1 NGrStG bestimmt, dass nur für das in Niedersachsen gelegene Grundvermögen Grundsteuer nach dem NGrStG zu ermitteln, festzusetzen und zu erheben ist. Damit deckt sich der Geltungsanspruch des Gesetzes mit der eigenen Gesetzgebungskompetenz. Eine davon zu unterscheidende Frage ist, ob es eine grenzüberschreitende wirtschaftliche Einheit geben kann. Während das Bundesrecht den Zuschnitt der wirtschaftlichen Einheit unverändert lässt (also eine grenzüberschreitende wirtschaftliche Einheit anerkennt), bestimmt § 2 Abs. 5 S. 2 NGrStG ausdrücklich, dass nur der in Niedersachsen belegene Teil eine wirtschaftliche Einheit bildet. Das hat ua Bedeutung für rechtlich relevante Faktoren, die an die wirtschaftliche Einheit anknüpfen. Für die Ermittlung der Äquivalenzzahl nach Maßgabe des § 4 Abs. 2 S. 2 NGrStG sind daher nur die in Niedersachsen belegenen Flächen relevant.

18 § 2 Abs. 5 S. 2 NGrStG gilt nur für Grundstücke. Auf Betriebe der Land- und Forstwirtschaft ist er nicht anwendbar (→ NGrStG § 11 Rn. 14).

§ 3 Maßgebliche Flächen

(1) ¹**Maßgebliche Gebäudefläche bei Wohnnutzung ist, soweit sich aus den Absätzen 2 und 3 nichts anderes ergibt, die Wohnfläche.** ²**Als Wohnnutzung gilt auch ein häusliches Arbeitszimmer.** ³**Im Übrigen ist die Nutzfläche des Gebäudes maßgeblich.** ⁴**Nicht genutzte Gebäudeflächen, die zuvor Wohnzwecken gedient haben, gelten bis zu einer Nutzung zu anderen Zwecken weiterhin als zu Wohnzwecken genutzt.** ⁵**Die Vermietung von Wohn- und Schlafräumen zur kurzfristigen Beherbergung von Personen ist kein Wohnzweck.**

(2) ¹**Nutzflächen von Garagen, die in räumlichem Zusammenhang zur Wohnnutzung stehen, der sie auch rechtlich zuzuordnen sind, bleiben bei der Ermittlung der maßgeblichen Gebäudeflächen bis zu einer Fläche von**

Maßgebliche Flächen **§ 3 NGrStG**

50 m² außer Ansatz. ²Dies gilt unter den Voraussetzungen des Satzes 1 auch für Garagen, die eine eigene wirtschaftliche Einheit bilden.

(3) ¹Im Übrigen bleiben die Nutzflächen von Nebengebäuden, die in räumlichem Zusammenhang zur Wohnnutzung stehen, der sie zu dienen bestimmt sind, bis zu einer Fläche von 30 m² bei der Ermittlung der maßgeblichen Gebäudeflächen außer Ansatz. ²Dies gilt unter den Voraussetzungen des Satzes 1 auch für Nebengebäude, die eine eigene wirtschaftliche Einheit bilden.

(4) ¹Ein Grundstück gilt als unbebaut, wenn die darauf errichteten Gebäude eine Gesamtgebäudefläche von weniger als 30 m² haben; bei der Berechnung bleiben die Regelungen des Absatzes 2 oder 3 unberücksichtigt. ²Besteht ein Bauwerk aus mehreren wirtschaftlichen Einheiten, so ist für die Berechnung die Gesamtgebäudefläche des Bauwerks anzusetzen. ³Die Gebäudefläche bleibt in der Folge außer Ansatz. ⁴§ 246 BewG bleibt im Übrigen unberührt.

(5) Die ermittelten Flächen von Grund und Boden und Gebäuden sind als für dieses Gesetz maßgebliche Flächen auf volle Quadratmeter nach unten abzurunden.

A. Allgemeines

I. Systematische Einordnung und Zweck der Regelung

Das NGrStG knüpft nicht nur an die wirtschaftliche Einheit des Grundvermögens an (→ NGrStG § 2 Rn. 8 ff.), sondern auch an die bundesrechtliche Differenzierung zwischen unbebauten und (= mit einem benutzbaren Gebäude iSv §§ 246, 248 BewG) bebauten Grundstücken sowie zwischen Wohn- und Nutzfläche. § 3 NGrStG konkretisiert die bundesgesetzlichen Gebäuderegelungen dem Grunde und dem Umfang nach. Das geschieht teilweise nur klarstellend, teilweise aber auch vom Bundesgrundsteuerrecht abweichend. 1

II. Entwicklung der Vorschrift

§ 3 NGrStG beruht auf dem Gesetz v. 7.7.2021 (→ Grundlagen Rn. 88; zu § 3 NGrStG NdsLT-Drs. 18/8995, 18 ff. [Gesetzesbegründung], NdsLT-Drs. 18/9632, 13 f. [Ausschussbegründung]). 2

B. Wohn- und Nutzfläche (Abs. 1)

Für die Messzahlermäßigungen des § 6 NGrStG und für die Äquivalenzzahlermittlung bei sog. übergroßen Wohngrundstücken (§ 4 Abs. 2 S. 2 Nr. 1 NGrStG) ist es erforderlich, dass die sog. **Wohnfläche** bestimmt wird. Hierfür muss die Frage beantwortet werden, was Wohnnutzung ist (in Abgrenzung zur Nutzung für andere Zwecke als Wohnzwecke, also zu eigenen oder fremden betrieblichen, zu öffentlichen oder sonstigen Zwecken) und wie die jeweiligen Flächen (Wohnfläche und Nutzfläche) konkret zu ermitteln sind. Die Wohnnutzung ergibt sich aus der tatsächlichen Nutzung des Gebäudes zum Wohnen. Kommt es im Anschluss an eine Wohnnutzung zu einem Leerstand (Nichtnutzung), wirkt die Wohnnutzung fort 3

§ 3 NGrStG
Erster Teil Grundstücke, Grundsteuer B

und endet erst, wenn eine Zweckänderung objektiv erkennbar wird (§ 3 Abs. 1 S. 4 NGrStG). Dies entspricht auch den bundesgesetzlichen Vorgaben (→ BewG § 249 Rn. 4, 14). Für den umgekehrten Fall der Nichtwohnnutzung gilt dies entsprechend, dh auch diese wirkt bei Leerstand erst einmal fort.

4 Keine Wohnnutzung liegt hingegen vor, wenn **Wohn- und Schlafräume zur kurzfristigen Beherbergung von Personen an Dritte überlassen werden** (§ 3 Abs. 1 S. 5 NGrStG). Insoweit dürfte der niedersächsische Gesetzgeber eine vom Bundesgrundsteuerrecht abweichende Regelung getroffen haben. Während sich das Bundesgrundsteuerrecht an der ertragsteuerlichen Abgrenzung zwischen Vermögensverwaltung und Gewerbebetrieb orientiert (→ BewG § 249 Rn. 15), dürfte sich § 3 Abs. 1 S. 5 NGrStG vornehmlich an § 4 Nr. 12 S. 2 UStG orientieren. Das legen sowohl der an die umsatzsteuerliche Regelung angelehnte Wortlaut des § 3 Abs. 1 S. 5 NGrStG als auch die Gesetzesbegründung nahe. Letztere nennt als Beispiel nämlich ua auch Ferienwohnungen (vgl. NdsLT-Drs. 18/8995, 19). Gerade die Ferienwohnungen (und ähnliche Angebote wie zB sog. Boarding-Houses) sind der Inbegriff für eine unterschiedliche Einordnung im Ertrag- und Umsatzsteuerrecht. So kann die Vermietung einer Ferienwohnung je nach den Umständen des Einzelfalls ertragsteuerlich bloße Vermögensverwaltung sein (vgl. BFH 24.10.2000 – IX R 58/97, BFH/NV 2001, 752 [Ferienwohnung]; FG Köln 12.11.2020 – 15 K 2394/19, EFG 2021, 633 [Boarding-House]), aber umsatzsteuerlich durchaus eine kurzfristige Beherbergung darstellen. Denn von einer kurzfristigen Beherbergung iSv § 4 Nr. 12 S. 2 UStG wird idR schon allein dann ausgegangen, wenn die Räumlichkeiten für Beherbergungen von weniger als sechs Monaten bereitgehalten werden (BFH 21.9.1989 – V R 170/84, BeckRS 1989, 06409; *Schüler-Täsch* in Sölch/Ringleb UStG § 4 Nr. 12 Rn. 54 mNachw). Diese allein an die beabsichtigte Überlassungsdauer anknüpfende Betrachtung des Umsatzsteuerrechts dürfte auch für § 3 Abs. 1 S. 5 NGrStG maßgeblich sein.

5 **Wie die Wohnfläche zu ermitteln ist,** lässt das Gesetz bewusst offen. In der ersten Entwurfsfassung wurde noch die WoFlV vorgegeben, was nach in diesem Kommentar vertretener Auffassung dem Bundesgrundsteuerrecht entsprochen hätte (→ BewG § 249 Rn. 6 ff. und → BewG § 254 Rn. 6 ff., dort auch jeweils zu Einzelfragen der Anwendung der WoFlV). In der finalen Fassung wurde sodann jedoch auf die Vorgabe eines einzigen Standards verzichtet, um dem Steuerpflichtigen die Möglichkeit zu erhalten, auch auf ältere Berechnungsunterlagen zurückgreifen zu können (NdsLT-Drs. 18/9632, 13). Die WoFlV ist mithin ein tauglicher Standard, aber nicht der einzige. Allerdings hat der Stpfl. keine „freie Wahl" zwischen den Standards. Der niedersächsische Gesetzgeber wollte nur eine Art „Bestandsschutz" für bereits vorhandene Unterlagen normieren. Für Gebäude, die unter Geltung der WoFlV errichtet worden sind (also nach dem 31.12.2003), gilt auch nur die WoFlV als einziger Standard (glA *Krause* in Stenger/Loose NGrStG Rn. 190). Hier bedarf es keines Bestandsschutzes. Soweit das Gebäude zu anderen Zwecken als zu Wohnzwecken genutzt wird, spricht das Gesetz von **Nutzfläche**. Auch diesbezüglich fehlt die Vorgabe eines einzigen Standards. In der Praxis dürfte hier vielfach DIN 277 herangezogen werden (zu den Unterschieden zwischen DIN 277 und der WoFlV → BewG § 249 Rn. 6).

6 Die Einbeziehung von **Arbeitszimmern** in die Wohnnutzung und damit auch in die Wohnfläche, selbst wenn sie einer selbstständigen Tätigkeit dienen (→ BewG § 249 Rn. 17), entspricht der bundesgesetzlichen Rechtslage. Die Regelung des § 3 Abs. 1 S. 2 NGrStG hat daher nur klarstellenden Charakter.

Maßgebliche Flächen §3 NGrStG

C. Garagen (Abs. 2)

Garagen bleiben (mit Vorrang gegenüber der WoFlV) nur bis zu einer Fläche 7
von insgesamt 50 qm außer Ansatz, wenn sie in räumlichem Zusammenhang zu
der Wohnnutzung stehen, der sie rechtlich zugeordnet sind (§ 3 Abs. 2 S. 1
NGrStG). Der Begriff der **Garage ist ein Typusbegriff,** dessen Konkretisierung
maßgeblich durch die Abgeschlossenheit (Garagentor uÄ) und die Zweckbestimmung einer typischen Garage (Unterstellen eines Fahrzeugs oder eines Fahrrads)
geprägt ist. Die tatsächliche Nutzung im konkreten Einzelfall dürfte hingegen irrelevant sein (zB Nutzung als Abstellraum). Ein Bauwerk hat – wenn auch die nachfolgenden Voraussetzungen erfüllt sind – bereits dann außer Ansatz zu bleiben,
wenn es objektiv dem Typus der Garage zuzuordnen ist.

Die **rechtliche Zuordnung** soll nach der Begründung zu § 3 Abs. 2 S. 1 8
NGrStG **bei einer dinglichen oder vertraglichen Verknüpfung zwischen
Wohn- und Garagenfläche** vorliegen. Eine dingliche Verknüpfung erfasst den
Fall, dass Wohnhaus und Garage auf einem Grundstück stehen und deshalb das eigentumsrechtliche Schicksal teilen. Entsprechendes gilt für Wohnungseigentum
und das Sondernutzungsrecht an einer Garage. Als Beispiel für eine vertragliche
Verknüpfung nennt die Gesetzesbegründung die Vermietung der Garage im Zusammenhang mit der Vermietung der Wohnfläche von demselben Überlassenden
(für das Vorstehende insgesamt NdsLT-Drs. 18/9632, 13).

§ 3 Abs. 2 S. 1 NGrStG verlangt ferner **einen räumlichen Zusammenhang** 9
zur Wohnnutzung. Das ist stets eine Frage der konkreten Verhältnisse im Einzelfall. Im Anwendungsbereich des § 3 Abs. 2 S. 1 NGrStG geht es um Garagen, die
mit dem Wohngebäude eine wirtschaftliche Einheit bilden, weshalb hier praktisch
keine Konstellationen vorstellbar sind, in denen das Kriterium des räumlichen Zusammenhangs nicht gegeben ist (vgl. → BewG § 244 Rn. 10). Das gilt insbesondere
auch für die Fälle, in denen die Garage allein wegen § 244 Abs. 2 BewG in die durch
das Wohnhaus geprägte wirtschaftliche Einheit einbezogen worden ist. Denn die
Einbeziehung nach § 244 Abs. 2 BewG ist idR nur möglich, wenn eine gewisse
räumliche Nähe besteht (→ BewG § 244 Rn. 18 ff.), und es liegt nahe, bei § 244
Abs. 2 BewG und § 3 Abs. 2 S. 1 NGrStG dieselben Maßstäbe anzuwenden. Die
räumliche Nähe wird mithin maßgeblich durch die Verkehrsauffassung bestimmt.
Entsprechendes sollte schließlich auch für die Garagen gelten, die eine eigenständige wirtschaftliche Einheit bilden (§ 3 Abs. 2 S. 2 NGrStG).

Die Nutzfläche von Garagen bleibt bis zu 50 qm außer Ansatz. Ausweislich der 10
Gesetzesbegründung handelt es sich um einen **Freibetrag** (NdsLT-Drs. 18/9632,
13 f.), dh bei einer größeren Garage bleiben die ersten 50 qm außer Ansatz und im
Übrigen ist die Nutzfläche zu berücksichtigen. Die 50 Quadratmeter-Grenze soll
jeweils für die einer Wohnung zuzuordnende Garagenfläche gelten, dh bei mehreren Wohnungen in einer wirtschaftlichen Einheit gilt für jede Wohnung die
50 Quadratmeter-Grenze (wobei die Garagenflächen, die einer Wohnung zugeordnet sind, zu summieren sind, NdsLT-Drs. 18/9632, 14). Im Wortlaut des § 3
Abs. 2 NGrStG kommt dieser Wohnungsbezug nicht zum Ausdruck. Dort ist vielmehr von der Wohnnutzung die Rede. Der Wortlaut steht der vom Gesetzgeber
gewollten Auslegung allerdings auch nicht entgegen.

D. Nebengebäude (Abs. 3)

11 Gemäß § 3 Abs. 3 S. 1 NGrStG wird die Gebäudefläche von Gebäuden iSv §§ 246, 248 BewG nicht berücksichtigt („bleibt außer Ansatz"), wenn das Gebäude in räumlichem Zusammenhang zur Wohnnutzung steht, der es zu dienen bestimmt ist (→ Rn. 12). Der **Begriff Nebengebäude** dürfte hingegen nicht als zusätzliches Merkmal zu verstehen sein. Vielmehr dürfte ein Gebäude ein Nebengebäude sein, wenn der räumliche und der dienende Zusammenhang (→ Rn. 12) gegeben sind. Die Regelung zielt vor allem auf Schuppen und Gartenhäuschen ab (NdsLT-Drs. 18/8995, 1). Ob das Nebengebäude iSv § 3 Abs. 3 S. 1 NGrStG eines von mehreren Gebäuden einer wirtschaftlichen Einheit oder das einzige Gebäude einer solchen ist, ist – aus der Perspektive des Vereinfachungsanliegens folgerichtig – irrelevant. Denn auch für Letzteres gilt die Vereinfachungsregelung (§ 3 Abs. 3 S. 2 NGrStG). Allerdings dürften viele Nebengebäude, die mit ihrem Grund und Boden eine eigene wirtschaftliche Einheit bilden und kleiner als 30 qm sind, zugleich unter § 3 Abs. 4 NGrStG fallen und dessen Rechtsfolge auslösen (= Grundstück gilt als unbebaut).

12 Das **Gebäude muss einer Wohnnutzung dienen und mit dieser in einem räumlichen Zusammenhang stehen.** Ein Gebäude dient nur dann der Wohnnutzung, wenn seine Nutzung die Wohnnutzung ergänzt, sei es im Hinblick auf die Freizeitnutzung, Gartenpflege oder als Lagerraum (vergleichbar einem Keller). Die Notwendigkeit einer dienenden Funktion schließt es demgegenüber aus, dass ein Gebäude mit selbständiger Nutzung Nebengebäude iSv § 3 Abs. 3 S. 1 NGrStG sein kann. Wird ein Schuppen für gewerbliche Zwecke genutzt, kann er daher keine dienende Funktion gegenüber dem zugehörigen Wohngebäude erfüllen (NdsLT-Drs. 18/9632, 14 nennt als Beispiel einen Kiosk). Auch eine Wohnnutzung kann keiner anderen Wohnnutzung dienen und erfüllt daher nicht das dienende Kriterium. Der räumliche Zusammenhang ist eine Frage des Einzelfalls.

13 Liegen die Voraussetzungen des Abs. 3 vor, bleibt eine Fläche von maximal 30 qm außer Ansatz. Die 30 qm sind laut Gesetzesbegründung ein **Freibetrag** (NdsLT-Drs. 18/9632, 14), dh die Überschreitung der 30 Quadratmeter-Grenze führt dazu, dass nur die über die 30 qm hinausgehende Fläche zu berücksichtigen ist. Da das Gesetz keine Zusammenrechnungsanordnung enthält, ist die Regelung auf jedes Gebäude, das die Voraussetzungen eines Nebengebäudes erfüllt, einzeln anzuwenden (ebenso *Krause* in Stenger/Loose NGrStG Rn. 207).

E. Gebäude mit weniger als 30 qm Gebäudefläche (Abs. 4)

14 Die Abgrenzung von bebauten und unbebauten Grundstücken hat auch für das niedersächsische Grundsteuerrecht Bedeutung, weil bei bebauten Grundstücken die Gebäudefläche relevant ist. Insoweit gelten die §§ 246, 248 BewG. Hiernach beurteilt sich vor allem, ob schon oder ob noch ein benutzbares Gebäude vorliegt. Ungeachtet dessen ordnet § 3 Abs. 4 NGrStG an, dass ein Grundstück als unbebaut gilt (Fiktion) und daher keine Gebäudefläche zu berücksichtigen ist, wenn die darauf errichteten Gebäude eine Gesamtgebäudefläche (= Summe aller Gebäude, NdsLT-Drs. 18/8995, 19) von weniger als 30 qm haben (§ 3 Abs. 4 S. 1 NGrStG). Die Regelungen in Abs. 2 und Abs. 3 bleiben für die Berechnung der Fläche unberücksichtigt (*Krause* in Stenger/ Loose NGrStG Rn. 215). Besteht ein Bauwerk aus mehreren wirtschaftlichen Einheiten, ist die Gesamtgebäudefläche des Bauwerks anzusetzen (§ 3 Abs. 4 S. 2 NGrStG).

Äquivalenzzahlen **§ 4 NGrStG**

Diese Regelung zielt vor allem darauf ab, dass ein Gebäude mit kleineren Wohnungseigentumseinheiten („Studentenappartements") nicht als unbebautes Grundstück gilt (NdsLT-Drs. 18/9632, 15). Die Besonderheit des § 3 Abs. 4 NGrStG ist seine Rechtsfolge: Während § 3 Abs. 3 NGrStG die Nutzfläche des Nebengebäudes ausblendet, es sich wegen des Hauptgebäudes aber um ein bebautes Grundstück handelt, erfasst § 3 Abs. 4 NGrStG den Fall, dass die Fläche aller Gebäude unterhalb der 30 qm-Grenze bleibt und es sich daher um ein unbebautes Grundstück handelt.

F. Rundungsregel für Quadratmeter (Abs. 5)

Alle Flächen (Grund und Boden sowie Gebäude) sind auf volle Quadratmeter nach unten abzurunden. 15

§ 4 Äquivalenzzahlen

(1) **Für Gebäudeflächen wird eine Äquivalenzzahl von 0,50 Euro je Quadratmeter angesetzt.**

(2) ¹**Für die Fläche des Grund und Bodens wird eine Äquivalenzzahl von 0,04 Euro je Quadratmeter angesetzt.** ²**Abweichend von Satz 1 gilt:**
1. **Übersteigt die Fläche des Grund und Bodens das Zehnfache der Wohnfläche, wird die Äquivalenzzahl nach Satz 1 für den das Zehnfache der Wohnfläche übersteigenden Teil der Fläche nur zu 50 Prozent angesetzt, wenn die Gebäude mindestens zu 90 Prozent ihrer Fläche der Wohnnutzung dienen und soweit kein Fall der Nummer 2 Halbsatz 1 vorliegt.**
2. **Ist die Fläche des Grund und Bodens zu mindestens 90 Prozent weder bebaut noch befestigt, wird der Äquivalenzbetrag für die 10 000 m² übersteigende Fläche insgesamt wie folgt angesetzt: (übersteigende Fläche des Grund und Bodens in Quadratmetern × 0,04 Euro je Quadratmeter)^{0,7}; in den Fällen der Nummer 1 wird die Äquivalenzzahl für die Fläche des Grund und Bodens bis zum Zehnfachen der Wohnfläche stets zu 100 Prozent angesetzt.**

A. Allgemeines

I. Systematische Einordnung und Zweck der Regelung

§ 4 NGrStG gibt die sog. Äquivalenzzahlen vor, die zusammen mit den Flächenzahlen und dem Lage-Faktor (§ 5 NGrStG) die Äquivalenzbeträge ergeben (→ NGrStG § 2 Rn. 3). Die Äquivalenzzahlen sind reine Rechengrößen, die keinen Seinsbezug haben. Sie sind politisch (willkürlich) bestimmt, um – im Zusammenwirken mit dem Lage-Faktor – zu einer gewollten relativen Lastenverteilung je nach Grundstücks- und Gebäudegröße zu gelangen (vgl. → Grundlagen Rn. 126). 1

II. Entwicklung der Vorschrift

Die Regelung beruht auf dem Gesetz v. 7.7.2021 (→ Grundlagen Rn. 88, zu § 4 NGrStG NdsLT-Drs. 18/8995, 20ff. [Gesetzesbegründung], NdsLT-Drs. 18/9632, 15f. [Ausschussbegründung]). 2

§ 4 NGrStG   Erster Teil Grundstücke, Grundsteuer B

B. Äquivalenzzahl für Gebäudeflächen (Abs. 1)

3 Die Äquivalenzzahl für Gebäudeflächen (→ NGrStG § 3 Rn. 3ff.) beträgt einheitlich für alle Gebäudenutzungen (Wohn- wie auch Nutzfläche) 0,50 EUR/qm. Der Gesetzgeber differenziert zwischen Wohn- und Nutzfläche erst auf der Ebene der Steuermesszahl (→ NGrStG § 6 Rn. 4ff.).

C. Äquivalenzzahl für die Fläche des Grund und Bodens (Abs. 2)

4 Die allgemeine Äquivalenzzahl für die Fläche des Grund und Bodens beträgt 0,04 EUR/qm (§ 4 Abs. 2 S. 1 NGrStG). Die Fläche des Grund und Bodens ergibt sich aus dem Grundbuch in Bezug auf die zur wirtschaftlichen Einheit gehörenden Grundbuchgrundstücke. Sofern mehrere wirtschaftliche Einheiten auf einem Grundbuchgrundstück bestehen, ist eine Aufteilung notwendig. Die Fläche ist auf volle Quadratmeter nach unten abzurunden (§ 3 Abs. 5 NGrStG).

5 § 4 Abs. 2 S. 2 NGrStG sieht von der allgemeinen Äquivalenzzahl abweichende Äquivalenzzahlen für größere Grundstücke vor (NdsLT-Drs. 18/8995, 20: „übergroße Grundstücke") und zwar (1) für Grundstücke, deren Fläche das Zehnfache der Wohnfläche der aufstehenden Wohngebäude übersteigt (§ 4 Abs. 2 S. 2 Nr. 1 NGrStG, → Rn. 6) sowie (2) für Grundstücke mit keiner bzw. geringfügiger Bebauung (§ 4 Abs. 2 S. 2 Nr. 2 NGrStG, → Rn. 7). Der Gesetzgeber **rechtfertigt die besonderen Äquivalenzzahlen,** die niedriger sind als die allgemeine Äquivalenzzahl, mit dem Äquivalenzprinzip: **Eine lineare Fortschreibung** der Äquivalenzzahl **würde zu einem Missverhältnis zwischen der Inanspruchnahme öffentlicher Infrastruktur und Kostenanlastung** gegenüber dem Grundstückseigentümer **führen** (NdsLT-Drs. 18/8995, 20).

6 Die Äquivalenzzahl ermäßigt sich auf 0,02 EUR/qm, soweit (1) die Fläche des Grund und Bodens das Zehnfache der Fläche des Gebäudes überschreitet und (2) das oder die Gebäude mindestens zu 90% der Wohnnutzung dienen. Die 90% beziehen sich auf die Gebäudefläche (LT-Drs. 18/9632, 15). Liegen diese Voraussetzungen vor, wird die ermäßigte Äquivalenzzahl auf die das Zehnfache überschreitende Fläche angewendet, soweit kein Fall der Nr. 2 vorliegt (**§ 4 Abs. 2 S. 2 Nr. 1 NGrStG**).

Beispiel (nach NdsLT-Drs. 18/8995, 21): Der Grund und Boden hat eine Fläche von 9.000 qm. Bebaute Fläche sind 100 qm und Wohnfläche sind 200 qm.
Das Zehnfache der Wohnfläche sind 2.000 qm. Bis zu diesen 2.000 qm findet § 4 Abs. 2 S. 1 NGrStG und damit die Äquivalenzzahl 0,04 EUR/qm Anwendung. Die über die 2.000 qm hinausgehende Fläche von insgesamt noch 7.000 qm wird von § 4 Abs. 2 S. 2 Nr. 1 NGrStG erfasst. Insoweit gilt eine Äquivalenzzahl von 0,02 EUR/qm. Damit ergibt sich folgende Berechnung:

	2.000 qm × 0,04 EUR/qm	80,00 EUR
	7.000 qm × 0,02 EUR/qm	140,00 EUR
Zwischenergebnis Grund und Boden		220,00 EUR
Zwischenergebnis Gebäude	200 qm × 0,50 EUR/qm	100,00 EUR

Die beiden Einzelwerte bilden auf dem Weg zu den Äquivalenzbeträgen die Zwischenergebnisse, die nunmehr noch mit dem Lage-Faktor (§ 5 NGrStG) zu multiplizieren sind.

Äquivalenzzahlen **§ 4 NGrStG**

Ist die Fläche des Grund und Bodens zu mindestens 90% nicht bebaut oder nicht befestigt, wird die Äquivalenzzahl für die 10.000 qm übersteigende Fläche gemäß **§ 4 Abs. 2 S. 2 Nr. 2 NGrStG** insgesamt wie folgt ermittelt: (übersteigende Grund- und Bodenfläche × 0,04 EUR/qm)^{0,7}. Für die Anwendung des § 4 Abs. 2 S. 2 Nr. 2 NGrStG müssen sowohl die bebaute als auch die befestigte Fläche des Grundstücks bestimmt werden. Es würde naheliegen, die Frage der Bebauung **(bebaute Fläche)** nach grundsteuerrechtlichen Kriterien zu beurteilen (dh bebaute Fläche, soweit die Fläche mit einem Bauwerk iSv §§ 246, 248 BewG bebaut ist) und dabei auch die besonderen Anordnungen in § 3 Abs. 3, Abs. 4 NGrStG zu beachten. Die Gesetzesbegründung will die Frage, ob eine Fläche als bebaut einzustufen ist, hingegen in Anlehnung an DIN 277-1: 2016-01 bestimmen (NdsLT-Drs. 18/8995, 20). Dort heißt es: Zur bebauten Fläche gehören die Teilflächen der Grundstücksfläche, die durch Bauwerke oberhalb der Geländeoberfläche überbaut bzw. überdeckt oder durch Bauwerke unterhalb der Geländeoberfläche unterbaut sind (DIN 277-1:2016-01 Tz. 8.2.1.; insoweit auch die Nachfolge-Norm DIN 277:2021-08 Tz. 8.2.). Angesichts der Loslösung von bewertungsrechtlichen Gebäudekategorien wird man dann auch die Anordnungen in § 3 Abs. 3 u. 4 NGrStG unberücksichtigt lassen müssen. Was unter einer **befestigten Fläche** zu verstehen ist, lässt sich ebenfalls der Gesetzesbegründung entnehmen: Als befestigt gilt jeder Teil der Grundstücksfläche, dessen Oberfläche so beschaffen ist, dass Niederschlagswasser vom Boden nicht oder nur unwesentlich aufgenommen werden kann. Darunter fallen beispielsweise Wege, Straßen, Plätze, Höfe, Stellplätze und Gleisanlagen, deren Grundstücksflächen insbesondere mit Asphaltdeckschichten, Betondecken, bituminösen Decken, Plattenbelegen, Pflasterungen (auch Rasenfugenpflaster, Porenpflaster, Basaltpflaster), Rasengittersteinen oder wassergebundenen Decken (aus Kies, Splitt, Schotter, Schlacke) bedeckt sind (NdsLT-Drs. 18/8995, 20, ergänzt um die weitergehende Aufzählung in BayLT-Drs. 18/15755, 17 zu Art. 3 BayGrStG). Es geht nicht nur um die Befestigung im Sinne einer gesteigerten Benutzbarkeit, sondern auch um die Versiegelung der Fläche, dh deren Wasserundurchlässigkeit. Liegen die Voraussetzungen des § 4 Abs. 2 S. 2 Nr. 2 NGrStG vor, wird – vorbehaltlich der Nr. 1 – die Äquivalenzzahl für die ersten 10.000 qm nach § 4 Abs. 2 S. 1 NGrStG bestimmt.

Beispiel (nach NdsLT-Drs. 18/8995, 21): Der Grund und Boden hat eine Fläche von 30.000 qm. Die bebaute Fläche beträgt 200 qm. Das Gebäude wird sowohl für Wohnzwecke als auch andere Zwecke genutzt. Die Wohnfläche beläuft sich auf 100 qm und die Nutzfläche auf 300 qm.

Angesichts des hohen Nutzflächenanteils ist § 4 Abs. 2 S. 2 Nr. 1 NGrStG nicht einschlägig, dafür aber § 4 Abs. 2 S. 2 Nr. 2 NGrStG (200 qm bebaute Fläche machen weniger als 90% der Grundstücksfläche aus und das Grundstück ist größer als 10.000 qm). Für die ersten 10.000 qm gilt die Äquivalenzzahl von 0,04 EUR/qm und auf die weiteren 20.000 qm findet die degressive Formel des § 4 Abs. 2 S. 2 Nr. 1 NGrStG Anwendung. Damit ergibt sich insgesamt folgende Berechnung:

	10.000 qm × 0,04 EUR/qm	400,00 EUR
	(20.000 qm × 0,04 EUR/qm)^{0,7}	107,60 EUR
Zwischenergebnis Grund und Boden		507,60 EUR
Zwischenergebnis Gebäude	400 qm × 0,50 EUR/qm	200,00 EUR

Die beiden Einzelwerte bilden auf dem Weg zu den Äquivalenzbeträgen die Zwischenergebnisse, die nunmehr noch mit dem Lage-Faktor (§ 5 NGrStG) zu multiplizieren sind.

§ 5 NGrStG Erster Teil Grundstücke, Grundsteuer B

8 Das **Verhältnis der beiden Tatbestände zueinander** soll sich nach der Vorstellung des Gesetzgebers wie folgt darstellen: Bis zum Zehnfachen der Wohnfläche ist die Äquivalenzzahl stets voll anzusetzen. Übersteigt das Zehnfache der Wohnfläche 10.000 qm, ist für die über das Zehnfache der Wohnfläche hinausgehende Fläche des Grund und Bodens die reduzierte Äquivalenzzahl nach § 4 Abs. 2 S. 2 Nr. 2 NGrStG anzuwenden. Übersteigt dagegen das Zehnfache der Wohnfläche 10.000 qm nicht, wird für den das Zehnfache der Wohnfläche übersteigenden Grund und Boden bis 10.000 qm die nach § 4 Abs. 2 S. 2 Nr. 1 NGrStG reduzierte Äquivalenzzahl von 0,02 EUR/qm angesetzt. Für die über 10.000 qm hinausgehende Fläche des Grund und Bodens ist § 4 Abs. 2 S. 2 Nr. 2 NGrStG anzuwenden („soweit" in Nr. 1, so NdsLT-Drs. 18/8995, 20).

Beispiel (nach NdsLT-Drs. 18/8995, 21): Der Grund und Boden hat eine Fläche von 30.000 qm. Die bebaute Fläche beträgt 300 qm. Die Wohnfläche beläuft sich auf 1.500 qm. Nach der Lesart der Gesetzesbegründung wird die Grundstücksfläche bis 15.000 qm mit 0,04 EUR/qm multipliziert. Die Äquivalenzzahl für die verbleibenden 15.000 qm wird anhand der in Nr. 2 Hs. 1 enthaltenen degressiven Formel ermittelt, da Nr. 1 insoweit verdrängt ist. Damit ergibt sich insgesamt folgende Berechnung:

	15.000 qm × 0,04 EUR/qm	600,00 EUR
	(15.000 qm × 0,04 EUR/qm)^{0,7}	88,00 EUR
Zwischenergebnis Grund und Boden		688,00 EUR
Zwischenergebnis Gebäude	1.500 qm × 0,50 EUR/qm	750,00 EUR

Die beiden Einzelwerte bilden auf dem Weg zu den Äquivalenzbeträgen die Zwischenergebnisse, die nunmehr noch mit dem Lage-Faktor (§ 5 NGrStG) zu multiplizieren sind.

Abwandlung:
Die Wohnfläche beläuft sich nur auf 300 qm. Im Übrigen bleiben die Vorgaben gleich.
Das Zehnfache der Wohnfläche sind 3.000 qm. Bis zu diesen 3.000 qm findet § 4 Abs. 2 S. 1 NGrStG und damit die Äquivalenzzahl 0,04 EUR/qm Anwendung. Die weiteren 7.000 qm des Grund und Bodens, dh bis zur Grenze von 10.000 qm, werden mit einer Äquivalenzzahl von 0,02 EUR/qm angesetzt. Es findet § 4 Abs. 2 S. 2 Nr. 1 NGrStG Anwendung, weil unterhalb der 10.000 qm Nr. 2 (noch) nicht gilt. Die Äquivalenzzahl für die über 10.000 qm hinausgehenden 20.000 qm wird dagegen nach der Formel des § 4 Abs. 2 S. 2 Nr. 2 NGrStG ermittelt.

	3.000 qm × 0,04 EUR/qm	120,00 EUR
	7.000 qm × 0,02 EUR/qm	140,00 EUR
	(20.000 qm × 0,04 EUR/qm)^{0,7}	107,60 EUR
Zwischenergebnis Grund und Boden		367,60 EUR
Zwischenergebnis Gebäude	300 qm × 0,50 EUR/qm	150,00 EUR

Die beiden Einzelwerte bilden auf dem Weg zu den Äquivalenzbeträgen die Zwischenergebnisse, die nunmehr noch mit dem Lage-Faktor (§ 5 NGrStG) zu multiplizieren sind.

§ 5 Lage-Faktor

(1) ¹**Zur Ermittlung des Lagefaktors wird der Bodenrichtwert des betreffenden Grundstücks nach Absatz 2 zu dem Durchschnittsbodenwert der Gemeinde nach Absatz 3 ins Verhältnis gesetzt und auf dieses Verhältnis ein Exponent von 0,3 angewendet.** ²**Der Lage-Faktor ergibt sich damit aus der folgenden Formel:**
Lage-Faktor = (BRW/dBRW)^{0,3}.
³**Er wird auf zwei Nachkommastellen abgerundet.**

Lage-Faktor **§ 5 NGrStG**

(2) ¹Die Größe „BRW" ist der nach Absatz 4 Satz 2 oder nach § 8 Abs. 4 Satz 2 für den jeweiligen Stichtag maßgebliche Bodenrichtwert nach § 196 des Baugesetzbuchs (BauGB) für Bauflächen gemäß Anlage 1 der Bodenrichtwertrichtlinie (BRW-RL) vom 11. Januar 2011 (BAnz. S. 597) der Bodenrichtwertzone, in der das Grundstück liegt. ²Erstreckt sich das Grundstück über mehr als eine Bodenrichtwertzone, so wird für jede in einer Bodenrichtwertzone gelegene Grundstücksteilfläche der jeweilige Bodenrichtwert mit dem Quotienten aus der Grundstücksteilfläche und der Fläche des Grundstücks (jeweils in Quadratmetern) multipliziert; die Summe dieser Produkte ist als Bodenrichtwert der wirtschaftlichen Einheit Grundstück anzusetzen. ³Bei der Ermittlung des Bodenrichtwerts des Grundstücks nach Satz 2 bleibt jedoch die Bodenrichtwertzone einer dem Grundstück zugehörigen Flurstücksteilfläche, die weniger als fünf Prozent der Gesamtfläche eines Flurstücks ausmacht oder kleiner als 10 m² ist, unberücksichtigt; diese Flurstücksteilfläche wird flächengewichtet auf die übrigen Flurstücksteilflächen verteilt. ⁴In deckungsgleichen Bodenrichtwertzonen im Sinne der Nummer 5 Abs. 2 BRW-RL ist der jeweils niedrigste der Bodenrichtwerte anzusetzen. ⁵Liegt kein Bodenrichtwert für Bauflächen gemäß Satz 1 vor, so findet der Bodenrichtwert nach § 196 BauGB für Sonstige Flächen gemäß Anlage 1 der BRW-RL der Bodenrichtwertzone, in der das Grundstück liegt, Anwendung.

(3) ¹Die Größe „dBRW" ist der nach den Sätzen 2 bis 6 ermittelte durchschnittliche Bodenrichtwert in der Gemeinde (Durchschnittsbodenwert für Zwecke der Grundsteuer), der nach Absatz 4 Satz 2 oder nach § 8 Abs. 4 Satz 2 für den jeweiligen Stichtag maßgeblich ist. ²Zur Ermittlung des Durchschnittsbodenwerts für Zwecke der Grundsteuer wird für jede Gemeinde aus den Bodenrichtwerten nach § 196 BauGB in Verbindung mit Anlage 1 der BRW-RL für Wohnbauflächen, gewerbliche Bauflächen, gemischte Bauflächen und Sonderbauflächen der Gemeinde ein Durchschnittsbodenwert gebildet. ³Dieser ergibt sich als Median aller dieser in der Gemeinde liegenden Bodenrichtwerte. ⁴Er wird auf volle Euro abgerundet. ⁵Es wird nur ein Durchschnittsbodenwert über alle Nutzungen hinweg gebildet. ⁶Bei deckungsgleichen Bodenrichtwertzonen im Sinne der Nummer 5 Abs. 2 BRW-RL ist der jeweils niedrigste der Bodenrichtwerte in die Ermittlung einzubeziehen. ⁷Die Aufgabe der Ermittlung des Durchschnittsbodenwerts für Zwecke der Grundsteuer wird aufgrund des § 199 Abs. 2 Nr. 3 BauGB den Geschäftsstellen der Gutachterausschüsse zugewiesen.

(4) ¹Die Vermessungs- und Katasterverwaltung stellt die für Zwecke der Grundsteuer erzeugten Geodaten für den Hauptfeststellungszeitpunkt der Finanzverwaltung spätestens bis zum 31. Mai 2022 zur Verfügung. ²Sie werden der Hauptfeststellung nach § 8 Abs. 2 Satz 2 und der Hauptveranlagung nach § 9 Abs. 1 Satz 1 zugrunde gelegt. ³Aus diesen Geodaten sind für das jeweilige Flurstück die Bezeichnung des Flurstücks, die amtlichen Flächen und gegebenenfalls Teilflächen sowie die Bodenrichtwerte nach § 196 BauGB für Bauflächen und für Sonstige Flächen gemäß Anlage 1 der BRW-RL des Flurstücks oder der Flurstücksteilflächen und der dBRW ersichtlich. ⁴Die in Satz 3 genannten Geodaten werden danach jährlich auf den 1. Januar erzeugt und der Finanzverwaltung bis zum 31. Mai des be-

§ 5 NGrStG

Erster Teil Grundstücke, Grundsteuer B

treffenden Jahres zur Verfügung gestellt, wobei die Bodenrichtwerte nach § 196 BauGB für Bauflächen und für Sonstige Flächen gemäß Anlage 1 der BRW-RL der Flurstücke oder der Flurstücksteilflächen und der dBRW nur alle sieben Jahre aktualisiert werden. [5]Auf ihrer Grundlage erfolgt jeweils eine Neuberechnung des Lage-Faktors.

(5) [1]Für Zwecke der Grundsteuer stellt die Finanzverwaltung mit einem Grundsteuer-Viewer die für die Steuererklärung erforderlichen Geodaten im Internet kostenfrei über eine Karte zur Verfügung. [2]Aus diesem Grundsteuer-Viewer sind für das jeweilige Grundstück die Bezeichnung der Flurstücke und die amtliche Fläche der Flurstücke oder Flurstücksteilflächen sowie zum Zweck der Information der für den jeweiligen Stichtag maßgebliche Bodenrichtwert nach § 196 BauGB für Bauflächen oder für Sonstige Flächen der Flurstücke oder Flurstücksteilflächen, der Durchschnittsbodenwert der Gemeinde für Zwecke der Grundsteuer und der Lage-Faktor ersichtlich.

A. Allgemeines

I. Systematische Einordnung und Zweck der Regelung

1 § 5 NGrStG normiert den Lage-Faktor. Er soll für eine Differenzierung der gleich großen, gleich genutzten Grundstücke innerhalb einer Kommune anhand der Lage sorgen (NdsLT-Drs. 18/8995, 22). Dieser Lage-Faktor knüpft an die Bodenrichtwerte an und reichert die Äquivalenzbeträge damit um einen wertabhängigen Faktor an, ohne die Äquivalenzbeträge damit zu einer wertabhängigen Größe zu machen (→ Grundlagen Rn. 89). Auch mit dem Lage-Faktor ist die Verknüpfung von gemeindlichen Leistungen und Grundsteuerbelastung nur eine Fiktion. Mit dem Lage-Faktor wird pauschal das Bauchgefühl bedient, dass ein Grundstück mit einem gemessen am Gemeindedurchschnitt höheren Bodenrichtwert (beachte: nicht Verkehrswert des bebauten Grundstücks) mehr an gemeindlichen Leistungen partizipiert haben muss, als ein Grundstück mit einem niedrigeren Bodenrichtwert. Ob der Pauschalität, die dem Lage-Faktor innewohnt (→ Rn. 3), bleiben verfassungsrechtliche Zweifel (→ Grundlagen Rn. 127).

II. Entwicklung der Vorschrift

2 Die Regelung beruht auf dem Gesetz v. 7.7.2021 (→ Grundlagen Rn. 88, zu § 5 NGrStG NdsLT-Drs. 18/8995, 22 ff. [Gesetzesbegründung]; NdsLT-Drs. 18/9632, 17 ff. [Ausschussbegründung]).

B. Ermittlung des Lage-Faktors (Abs. 1)

3 § 5 Abs. 1 S. 2 NGrStG gibt die Ermittlung des (auf zwei Nachkommastellen abzurundenden, § 5 Abs. 1 S. 3 NGrStG) Lage-Faktors mit folgender Formel vor:

$$\left(\frac{Bodenrichtwert\ iSv\ Abs.\ 2\ [\to \text{Rn. 6 ff.}]}{Durchschnittsbodenwert\ iSv\ Abs.\ 3\ [\to \text{Rn. 12 ff.}]}\right)^{0,3} = Lage\text{-}Faktor$$

Lage-Faktor **§ 5 NGrStG**

Teilt man nur den Bodenrichtwert durch den Durchschnittsbodenwert, erhält man das Verhältnis der beiden Werte zueinander. Würde man es bei dieser Formel belassen, dann würde nicht nur der Lage-Faktor genau dieses Verhältnis abbilden, sondern über die Multiplikation mit Fläche und Äquivalenzzahl auch der Äquivalenzbetrag. Wenn zB der Bodenrichtwert 600 EUR/qm und der Durchschnittsbodenwert 300 EUR/qm ist, dann ergibt dies einen Lage-Faktor von 2. Der Äquivalenzbetrag für ein Grundstück mit einem Bodenrichtwert von 600 EUR/qm wäre mithin doppelt so hoch wie der Äquivalenzbetrag für ein Grundstück mit einem Bodenrichtwert iHv 300 EUR/qm bei ansonsten identischen Bewertungsfaktoren (Grundstücks- und Gebäudefläche). Einen solchen **(linear wirkenden) Lage-Faktor hat der niedersächsische Gesetzgeber aber nicht gewollt.** Deshalb hat er die **Differenzierungswirkung des Lage-Faktors** mit einem Exponenten kleiner als 1, nämlich 0,3, **deutlich abgeschwächt.**

Beispiel: Der Grund und Boden hat eine Fläche von 800 qm. Bebaute Fläche sind 100 qm und Wohnfläche sind 170 qm. Der Bodenrichtwert ist 600 EUR/qm und der Durchschnittsbodenwert ist 300 EUR/qm.

Der Lage-Faktor berechnet sich wie folgt: $(600/300)^{0,3} = 1{,}23$

Damit ergeben sich folgende Äquivalenzbeträge:

Grund und Boden	800 qm × 0,04 EUR/qm	32,00 EUR	× 1,23	39,36 EUR
Gebäude	170 qm × 0,50 EUR/qm	85,00 EUR	× 1,23	104,55 EUR

Hätte der Bodenrichtwert bei 300 EUR/qm gelegen, wäre der Lage-Faktor = 1 gewesen ($1^{0,3} = 1$), dh die Äquivalenzbeträge beliefen sich auf 32,00 EUR und 85,00 EUR.

Das Beispiel zeigt den Abschwächungseffekt deutlich. Aus der Perspektive des Äquivalenzprinzips wird man also – bezogen auf das Beispiel – formulieren müssen: Ein Grundstück, dessen Bodenrichtwert doppelt so hoch wie der Durchschnittsbodenwert iSv § 5 Abs. 3 NGrStG ist, wird um 23 % höher mit Grundsteuer belastet als ein Grundstück, dessen Bodenrichtwert dem Durchschnittsbodenwert entspricht, und es wird damit typisierend unterstellt, dass es in diesem Umfang mehr an den gemeindlichen Leistungen partizipiert, als das Grundstück mit dem Durchschnittsbodenwert.

Die Abschwächungswirkung des Exponenten zeigt folgende Übersicht: 4

Verhältnis Bodenrichtwert zum Durchschnittsbodenwert	Lage-Faktor
0,50	0,81
0,75	0,92
1,50	1,13
2,00	1,23
2,50	1,32
3,00	1,39
4,00	1,52

Die Gutachterausschüsse ermitteln den Bodenrichtwert (→ Rn. 6 ff.) und die Geschäftsstellen der Gutachterausschüsse den Durchschnittsbodenwert (→ Rn. 12 ff.). Den **Lage-Faktor ermittelt die Finanzbehörde** hingegen eigenständig. Die erste Ermittlung des Lage-Faktors erfolgt auf den 1.1.2022. Sodann **wird der Lage-Faktor alle sieben Jahre neu berechnet** (§ 5 Abs. 4 S. 5 NGrStG). Wenn zB anlässlich einer Nachfeststellung auf den 1.1.2024 ein Äquivalenzbetrag ermittelt werden 5 muss, dann ist kein Lage-Faktor auf den 1.1.2024 zu ermitteln. Vielmehr ist der Lage-Faktor zum 1.1.2022 maßgeblich (vgl. NdsLT-Drs. 18/9632, 18).

C. Bodenrichtwert (Abs. 2)

6   Der Zähler in der Formel des Abs. 1 (→ Rn. 3) ist der von § 5 Abs. 2 S. 1 NGrStG als Zonenwert (= zonaler Bodenrichtwert) definierte Bodenrichtwert (= BRW). **Maßgeblich ist mithin der Bodenrichtwert der Bodenrichtwertzone, in der das betroffene Grundstück liegt** (zum Stichtag → Rn. 8). Anpassungen des Bodenrichtwertes an die grundstücksspezifischen Eigenschaften des betroffenen Grundstücks (zB Maß der baulichen Nutzung [insbesondere Geschossflächenzahl], Grundstücksgröße und Grundstückstiefe) sind nicht zulässig. Die Ermittlung des Bodenrichtwertes richtet sich nach § 196 BauGB (einschließlich der hierzu ergangenen ImmoWertV 2022; zum Bodenrichtwert und seiner Ermittlung → BewG § 247 Rn. 4ff.). Zuständig sind die Gutachterausschüsse (→ BewG § 247 Rn. 27). Die Bodenrichtwerte sind für die Finanzbehörde und den Steuerpflichtigen grundsätzlich verbindlich. Es besteht in Bezug auf den Ableitungs-/Ermittlungsvorgang ein gerichtlich nur eingeschränkt überprüfbarer Beurteilungsspielraum der Gutachterausschüsse (NdsLT-Drs. 18/8995, 24; eingehend → BewG § 247 Rn. 18ff.).

7   Gemäß § 5 Abs. 2 S. 1 NGrStG **ist der Bodenrichtwert für den Entwicklungszustand „Bauflächen" heranzuziehen** (= also idR für baureifes Land). Sofern ein Bodenrichtwert für Bauflächen nicht vorhanden sein sollte, ist gemäß § 5 Abs. 2 S. 5 NGrStG der Bodenrichtwert für „Sonstige Flächen" maßgeblich. Satz 5 verweist zur Konkretisierung der „Sonstigen Fläche" noch auf die Anlage 1 der BRW-RL, die zwischenzeitlich in die ImmoWertV 2022 überführt wurde (vgl. → BewG § 247 Rn. 6). Maßgeblich ist daher nunmehr § 3 ImmoWertV 2022 (zu den Entwicklungszuständen eines Grundstücks → BewG § 247 Rn. 15).

8   Für die Hauptfeststellung ist der auf den Hauptfeststellungszeitpunkt (= 1.1.2022 → NGrStG § 8 Rn. 6f.) ermittelte Bodenrichtwert maßgeblich (§ 5 Abs. 4 S. 2 NGrStG). Da der **Lage-Faktor nur alle sieben Jahre neu berechnet wird** (§ 5 Abs. 4 S. 5 NGrStG, → Rn. 5), ist sodann erst wieder der auf den Neuberechnungsstichtag zu ermittelnde Bodenrichtwert relevant (→ NGrStG § 7 Rn. 9; also: 1.1.2029, 1.1.2036 usw.). **Bodenrichtwerte, die für Stichtage zwischen diesen beiden Zeitpunkten ermittelt worden sind, fließen mithin nicht in die Berechnung der Äquivalenzbeträge ein** (→ Rn. 5).

9   **Erstreckt sich die wirtschaftliche Einheit über mehr als eine Bodenrichtwertzone**, wird gemäß § 5 Abs. 2 S. 2 NGrStG für jede in einer Bodenrichtwertzone gelegene Grundstücksteilfläche der jeweilige Bodenrichtwert mit dem Quotienten aus der Grundstücksteilfläche und der Fläche des Grundstücks (jeweils in Quadratmetern) multipliziert. Die Summe dieser Produkte ist als Bodenrichtwert der wirtschaftlichen Einheit anzusetzen.

Beispiel: Die wirtschaftliche Einheit besteht aus zwei Flurstücken. Flurstück 1 umfasst 500 qm und liegt in einer Bodenrichtwertzone mit einem Bodenrichtwert von 350 EUR/qm. Flurstück 2 umfasst 200 qm und liegt in einer Bodenrichtwertzone mit einem Bodenrichtwert von 280 EUR/qm. Der maßgebliche Bodenrichtwert nach § 5 Abs. 2 NGrStG ermittelt sich wie folgt:

$$\left(\frac{500\ qm}{700\ qm}\ x\ 350\ EUR/qm\right) + \left(\frac{200\ qm}{700\ qm}\ x\ 280\ EUR/qm\right) = 330\ EUR/qm$$

Für die gesamte wirtschaftliche Einheit ergibt sich damit ein Bodenrichtwert iHv 330 EUR/qm.

Lage-Faktor **§ 5 NGrStG**

Nach § 5 Abs. 2 S. 3 NGrStG ist abweichend von Satz 2 in Bezug auf eine Teil- 10
fläche keine flächenanteilige Berechnung des Bodenrichtwertes durchzuführen,
wenn diese Teilfläche weniger als 5 % der Gesamtfläche eines Flurstücks ausmacht
oder kleiner als 10 qm ist (= Kleinstfläche). Bezugsgröße für das relative Merkmal
ist nicht die wirtschaftliche Einheit als Ganzes, sondern das in mehreren Bodenrichtwertzonen liegende Flurstück (= die vermessungstechnische Buchungseinheit
im Liegenschaftskataster, die nicht zwingend mit dem Grundbuchgrundstück im
Sinne des Zivil-, Prozess- und Grundbuchverfahrensrechts identisch sein muss; eingehend → BewG § 244 Rn. 6f.). Die Regelung ist mithin nicht anwendbar, wenn
eine wirtschaftliche Einheit aus zwei Grundbuchgrundstücken besteht (→ BewG
§ 244 Rn. 8 ff.) und die beiden Grundstücke jeweils in unterschiedlichen Bodenrichtwertzonen liegen. Entsprechendes gilt, wenn die wirtschaftliche Einheit aus
einem Grundbuchgrundstück besteht, das seinerseits aus mehreren Flurstücken besteht, die jeweils (vollständig) in unterschiedlichen Bodenrichtwertzonen liegen.
Rechtsfolge des § 5 Abs. 2 S. 3 NGrStG ist, dass die Bodenrichtwertzone der Kleinstfläche unberücksichtigt bleibt. Die Kleinstfläche selbst ist hingegen in die Berechnung nach § 5 Abs. 2 S. 2 NGrStG weiterhin einbeziehen und dazu flächengewichtet
auf die übrigen Flurstückteilflächen zu verteilen (§ 5 Abs. 2 S. 3 2. Hs. NGrStG).

Grundsätzlich ist je Bodenrichtwertzone nur ein einziger Bodenrichtwert an- 11
zugeben (§ 13 Abs. 2 S. 2, 3 ImmoWertV 2022). Allerdings ist es ausnahmsweise
möglich, **dass sich zwei Bodenrichtwertzonen deckungsgleich überlagen**
(vgl. § 15 Abs. 3 ImmoWertV 2022), dh es existieren bezogen auf die gleiche Fläche
(= Zone) zwei Bodenrichtwertgrundstücke (= Mustergrundstücke). Auf diese Konstellation nimmt § 5 Abs. 2 S. 4 NGrStG Bezug. Dass dort noch die zwischenzeitlich
in die ImmoWertV 2022 überführte Regelung der BRW-RL Ziff. 5 Abs. 2 (vgl.
→ BewG § 247 Rn. 6) genannt wird, ist insoweit unschädlich. Entscheidend ist, dass
zwei sich deckungsgleich überlagernde Bodenrichtwertzonen vorhanden sind. Für
diesen Fall verzichtet der niedersächsische Gesetzgeber sodann auf die Zuordnung
des betroffenen Grundstücks zum „richtigen Bodenrichtwertgrundstück". Stattdessen ist stets der niedrigere Bodenrichtwert maßgeblich (§ 5 Abs. 2 S. 4 NGrStG).

D. Durchschnittsbodenwert (Abs. 3)

Der **Durchschnittsbodenwert** für Zwecke der Grundsteuer **wird für jede** 12
Gemeinde ermittelt, also bezogen auf alle Grundstücke, die einer Gemeinde zugeordnet sind und die in der Summe das Gemeindegebiet iSv
§ 23 Abs. 1 S. 1 NKomVG bilden. Ohne Bedeutung ist die Kreis- oder Regions-
zugehörigkeit. Die Landkreise bzw. die Region Hannover (vgl. § 14 Abs. 1, Abs. 2
NKomVG) sind angesichts der ausdrücklichen Bezugnahme auf den kommunal-
rechtlich eindeutig belegten Begriff der „Gemeinde" als Oberbegriff für kreisfreie
Städte, kreisangehörige Gemeinden und regionsangehörige Gemeinden nicht der
Bezugspunkt für die Ermittlung des Durchschnittsbodenwertes.

In die Ermittlung des Durchschnittsbodenwertes sind die Bodenrichtwerte aller 13
Bodenrichtwertzonen auf dem Gemeindegebiet heranzuziehen (bei sich deckungsgleich überlagernden Bodenrichtwertzonen [→ Rn. 11] nur der niedrigste Bodenrichtwert, § 5 Abs. 3 S. 6 NGrStG) und dies ungeachtet der Nutzung. **Der Durchschnittsbodenwert wird mithin über alle Nutzungen hinweg gebildet** (§ 5
Abs. 3 S. 5 NGrStG). Den **„Durchschnitt" gibt § 5 Abs. 3 S. 3 NGrStG als Median vor:** Die Einzelbodenrichtwerte sind mithin aufsteigend zu ordnen und es ist

903

dann die mittlere Zahl (bei ungerader Anzahl der Werte) oder das – auf volle Euro abgerundete (§ 5 Abs. 3 S. 4 NGrStG) – arithmetische Mittel aus den beiden mittleren Zahlen (bei gerader Anzahl der Werte) maßgeblich.

Beispiel: Für das Gemeindegebiet einer (kleinen, ländlichen) Gemeinde sind vom Gutachterausschuss für die insgesamt sieben Bodenrichtwertzonen folgende Bodenrichtwerte ermittelt worden (jeweils EUR/qm): 12, 16, 20, 20, 24, 24, 36. Der Median ist in diesem Fall 20 EUR/qm.

Der Gesetzgeber begründet die Heranziehung des Medians mit seiner geringeren Anfälligkeit für Ausreißer (NdsLT-Drs. 18/9885, 24). Diese Entscheidung liegt im Gestaltungsermessen des Gesetzgebers und ist nicht zu beanstanden.

14   Für die Hauptfeststellung ist der auf den **Hauptfeststellungszeitpunkt** (= 1.1.2022, → NGrStG § 8 Rn. 6f.) ermittelte Durchschnittsbodenwert maßgeblich (§ 5 Abs. 3 S. 1 NGrStG). **Sodann ist der Lage-Faktor alle sieben Jahren neu zu berechnen.** Dementsprechend bedarf es auch erst zu diesem Neuberechnungsstichtag wieder der Ermittlung eines durchschnittlichen Bodenwertes (vgl. → Rn. 5).

15   Zuständig für die Ermittlung des Durchschnittsbodenwertes sind die Geschäftsstellen der Gutachterausschüsse (§ 5 Abs. 3 S. 7 NGrStG). Der Landesgesetzgeber erklärt bewusst die Geschäftsstelle für zuständig, weil er nur in Ansehung der „Aufgaben der Geschäftsstelle" eine ergänzende Regelungskompetenz hat (§ 199 Abs. 2 Nr. 3 BauGB; dazu NdsLT-Drs. 18/9632, 20). Die in den Durchschnittsbodenwert einfließenden Einzelbodenrichtwerte (→ Rn. 13) sind einer gerichtlichen Kontrolle teilweise entzogen (→ BewG § 247 Rn. 18 ff.). Die Ermittlung des Medians aus den Einzelbodenrichtwerten ist hingegen gerichtlich uneingeschränkt überprüfbar.

E. Geo-Daten (Abs. 4)

16   Die für die Berechnung des Lage-Faktors notwendigen Daten (Bezeichnung der Flurstücke, die amtliche Fläche des Flurstücks, die Bodenrichtwerte nach § 196 BauGB für Bauflächen und Sonstige Flächen und der Durchschnittsbodenwert, sog. Geo-Daten) sind von der Vermessungs- und Katasterverwaltung der Finanzverwaltung zur Verfügung zu stellen. Für die Hauptfeststellung auf den 1.1.2022 (→ NGrStG § 8 Rn. 6 f.) müssen die Daten bis zum 31.5.2022 übermittelt werden. Für die turnusmäßige Aktualisierung des Lage-Faktors alle sieben Jahre (§ 5 Abs. 4 S. 5 NGrStG, → Rn. 5) gilt dies sinngemäß, dh die auf den 1.1.2029 zu ermittelnden Geo-Daten müssen bis zum 31.5.2029 übermittelt werden. Die Geo-Daten, die auch jenseits des Lage-Faktors Bedeutung für die Äquivalenzbeträge haben (insbesondere die Bezeichnung und Flächen der Flurstücke), sind hingegen jährlich zu übermitteln (§ 5 Abs. 4 S. 4 NGrStG).

F. Grundsteuer-Viewer (Abs. 5)

17   Damit der Steuerpflichtige seiner Steuererklärungspflicht (→ NGrStG § 8 Rn. 13 f.) genügen kann, muss er Zugang zu den bewertungsrelevanten Daten haben. Amtlich geführte bewertungsrelevante Daten werden im Idealfall bereits automatisiert beigestellt. Wo dies nicht möglich ist, muss der Steuerpflichtige auch diese Daten selbst ermitteln (→ BewG § 228 Rn. 6 f.). In diesem Kontext ist § 5 Abs. 5 NGrStG zu sehen, der eine Verpflichtung der Finanzverwaltung zur Einrichtung und zum Betrieb eines sog. Grundsteuer-Viewers vorsieht. Aus diesem Grund-

steuer-Viewer sollen sich – über das Internet zugänglich und kostenfrei – folgende Daten in Kartendarstellung bezogen auf ein Flurstück (zum Begriff → BewG § 244 Rn. 6f.) abrufen lassen: (1) Bezeichnung des Flurstücks, (2) amtliche Fläche des Flurstücks, (3) der für das Flurstück ermittelte Bodenrichtwert nach § 196 BauGB für Bauflächen und Sonstige Flächen, (4) der Durchschnittsbodenwert der Gemeinde und (5) der Lage-Faktor. Die beiden erstgenannten Daten (1, 2) sollen den Steuerpflichtigen in die Lage versetzen, seiner Steuererklärungspflicht zu genügen (dh sie werden in der Steuererklärung abgefragt, so NdsLT-Drs. 18/8995, 25). Die drei letztgenannten Daten (3, 4, 5) dienen hingegen nur der Information (Vorabeinschätzung, Kontrolle des Äquivalenzbetragsbescheides, so NdsLT-Drs. 18/8995, 25).

§ 6 Grundsteuermesszahlen

(1) ¹Die Grundsteuermesszahl beträgt 100 Prozent. ²Für den Äquivalenzbetrag der Wohnflächen wird die Grundsteuermesszahl auf 70 Prozent ermäßigt.

(2) ¹Die Grundsteuermesszahl für den Äquivalenzbetrag der Wohnflächen nach Absatz 1 Satz 2 wird nochmals um 25 Prozent ermäßigt, soweit eine enge räumliche Verbindung mit dem Betrieb der Land- und Forstwirtschaft des Steuerschuldners besteht. ²Dies gilt nur, soweit die Wohnfläche der Inhaberin oder dem Inhaber des Betriebs der Land- und Forstwirtschaft, den zu ihrem oder seinem Haushalt gehörenden Familienangehörigen und den Altenteilern zu Wohnzwecken dient und mindestens eine Bewohnerin oder ein Bewohner durch eine mehr als nur gelegentliche Tätigkeit in dem Betrieb an ihn gebunden ist. ³Für Flächen, die den Arbeitnehmerinnen und Arbeitnehmern des Betriebs zu Wohnzwecken dienen, gilt Satz 1 entsprechend.

(3) Die Grundsteuermesszahlen für die Äquivalenzbeträge der Gebäudeflächen nach Absatz 1 Satz 1 oder nach Absatz 1 Satz 2, auch in Verbindung mit Absatz 2, werden um 25 Prozent ermäßigt, wenn ein Baudenkmal nach § 3 Abs. 1 bis 3 des Niedersächsischen Denkmalschutzgesetzes vorliegt.

(4) Die Grundsteuermesszahl für den Äquivalenzbetrag der Wohnflächen nach Absatz 1 Satz 2, auch in Verbindung mit Absatz 2 oder 3, wird um 25 Prozent ermäßigt, soweit
1. die Wohnflächen den Bindungen des sozialen Wohnungsbaus aufgrund einer staatlichen oder kommunalen Wohnraumförderung unterliegen oder
2. die Voraussetzungen des § 15 Abs. 4 Satz 1 Nr. 1, 2 oder 3 GrStG in der am 1. Januar 2025 geltenden Fassung vorliegen.

(5) Eine Ermäßigung der Grundsteuermesszahlen nach Absatz 2, 3 oder 4 wird auf Antrag gewährt, wenn die jeweiligen Voraussetzungen zum Veranlagungszeitpunkt vorlagen.

Übersicht

	Rn.
A. Allgemeines	1
I. Systematische Einordnung und Zweck der Regelung	1
II. Entwicklung der Vorschrift	2
B. Allgemeine Messzahl (Abs. 1 S. 1)	3

	Rn.
C. Messzahl für Wohnflächen (Abs. 1 S. 2)	4
D. Messzahlermäßigung für Betriebsinhaber-, Altenteiler- und Betriebswohnungen bei Land- und Forstwirtschaft (Abs. 2)	5
E. Ermäßigung für Baudenkmäler (Abs. 3)	14
F. Ermäßigung für geförderten Wohnraum (Abs. 4)	17
G. Stichtagsprinzip und Antragserfordernis (Abs. 5)	23
H. Verhältnis der Ermäßigungen zueinander	25

A. Allgemeines

I. Systematische Einordnung und Zweck der Regelung

1 Das NGrStG folgt der verfahrensrechtlichen Dreistufigkeit des bisherigen Grundsteuerrechts (→ NGrStG § 2 Rn. 4): An das Verfahren zur Feststellung der Flächen und Äquivalenzbeträge schließt sich das Grundsteuermessbetragsverfahren und sodann das Grundsteuerfestsetzungsverfahren an. § 6 NGrStG gibt die Grundsteuermesszahlen vor, mittels derer der sog. Grundsteuermessbetrag ermittelt wird. Da die Äquivalenzbeträge getrennt nach Grund und Boden, Wohnfläche und Nutzfläche gesondert festgestellt werden (→ NGrStG § 8 Rn. 3), kann § 6 NGrStG hieran differenzierend anknüpfen. Der letzte Rechtsanwendungsschritt auf Messbetragsebene ist sodann die Zusammenführung aller Einzelmessbeträge zu einem Grundsteuermessbetrag (vgl. § 2 Abs. 2 NGrStG).

II. Entwicklung der Vorschrift

2 § 6 NGrStG beruht auf dem Gesetz v. 7.7.2021 (→ Grundlagen Rn. 88; zu § 6 NGrStG NdsLT-Drs. 18/8995, 26 [Gesetzesbegründung], NdsLT-Drs. 18/9632, 22 ff. [Ausschussbegründung]).

B. Allgemeine Messzahl (Abs. 1 S. 1)

3 Die allgemeine Grundsteuermesszahl beträgt 100%. Diese Messzahl ist sowohl für den Äquivalenzbetrag des Grund und Bodens als auch der Gebäudefläche immer dann maßgeblich, wenn sich aus den anderen Messzahlregelungen in § 6 NGrStG nichts anderes ergibt.

C. Messzahl für Wohnflächen (Abs. 1 S. 2)

4 § 6 Abs. 1 S. 2 NGrStG enthält eine **allgemeine Ermäßigung der Grundsteuermesszahl für alle Wohnflächen auf 70%** (statt 100%, → Rn. 3). Eine solche Begünstigung von Wohnflächen ist verfassungsgemäß (→ Grundlagen Rn. 121 ff.). Die Ermäßigung wird nur gewährt, „soweit" Wohnflächen (→ NGrStG § 3 Rn. 3 ff.) vorliegen. Messzahlen für die Flächen des Gebäudes, die nicht der Wohnnutzung dienen (Nutzfläche → NGrStG § 3 Rn. 3 ff.), erfahren keine Ermäßigung nach § 6 Abs. 1 S. 2 NGrStG. Entsprechendes gilt für den Grund und Boden. Da eine gesonderte Feststellung in Ansehung der Wohnfläche zu erfolgen hat (→ NGrStG § 8

Grundsteuermesszahlen **§ 6 NGrStG**

Rn. 3), ist der Äquivalenzbetragsbescheid mit der Flächenfeststellung für Zwecke des § 6 Abs. 1 NGrStG Grundlagenbescheid für den Grundsteuermessbescheid.

D. Messzahlermäßigung für Betriebsinhaber-, Altenteiler- und Betriebswohnungen bei Land- und Forstwirtschaft (Abs. 2)

§ 6 Abs. 2 S. 1 f. NGrStG enthält eine Grundsteuermesszahlermäßigung für Be- 5
triebsleiter- und Altenteilerwohnungen, die vor dem Hintergrund des mit dem neuen Bundesgrundsteuerrecht vollzogenen Paradigmenwechsels in Ansehung des Wohnteils bei land- und forstwirtschaftlichen Betrieben zu sehen ist: Das **Wohnhaus des Landwirts gehört nicht mehr zur wirtschaftlichen Einheit des Betriebs der Land- und Forstwirtschaft** (§ 232 Abs. 4 Nr. 1 BewG, → BewG § 232 Rn. 33 ff.). **Dies setzt § 6 Abs. 2 NGrStG voraus**, wenn er eine Grundsteuermesszahlermäßigung für die Wohnfläche vorsieht, die dem Betriebsinhaber, den zu seinem Haushalt gehörenden Familienmitgliedern oder den Alternteilern zu Wohnzwecken dient (→ Rn. 7) und die eine enge räumliche Verbindung mit dem Betrieb der Land- und Forstwirtschaft des Steuerschuldners aufweist (→ Rn. 10). Weitere Voraussetzung ist schließlich, dass mindestens ein Bewohner durch eine mehr als nur gelegentliche Tätigkeit in dem Betrieb an diesen gebunden ist (→ Rn. 8 f.). Die drei Tatbestandsmerkmale stellen sicher, dass die Ermäßigung nur demjenigen Steuerpflichtigen zugutekommt, der wegen der (aktiv betriebenen) landwirtschaftlichen Tätigkeit auf dem Hof oder zumindest in der Nähe wohnen muss und wo deshalb – im Sinne der Rechtsprechung zu § 33 BewG (also zur Rechtslage bis zum 31.12.2024) – **Betrieb und Wohnhaus eine „unlösbare Einheit" bilden** (vgl. BFH 17.1.1980 – IV R 33/76, BStBl. II 1980, 323). Die Merkmale der engen räumlichen Verbindung und die Bindung an den Betrieb sind Ausdruck einer funktionalen Eingliederung der Wohnung in den Betrieb, haben aber jeweils eigenständige Bedeutung (→ Rn. 8 ff.). Gerechtfertigt wird die Ermäßigung für diese Personengruppe mit der „Förderung und dem Erhalt ländlicher Siedlungsstrukturen" (NdsLT-Drs. 18/8995, 26). § 6 Abs. 2 S. 3 NGrStG erstreckt die Ermäßigung sodann auf Betriebswohnungen für Arbeitnehmer (→ Rn. 11). Für die Konkretisierung der Merkmale des § 6 Abs. 2 S. 1 f. NGrStG kann an die bisherige Rechtsprechung zu § 33 BewG und auch die Konkretisierung in BewRL Abschn. 1.02 Abs. 6 u. 7 angeknüpft werden. § 167 Abs. 3 BewG und die hierzu vorliegende Verwaltungsverlautbarung ErbStR B 167.2 können hingegen keinen Beitrag zur Konkretisierung des § 6 Abs. 2 NGrStG leisten (aA *Krause* in Stenger/Loose NGrStG Rn. 368). Denn mit dem Abschlag nach § 167 Abs. 3 BewG soll die eingeschränkte Verkehrsfähigkeit der auf der Hofstelle oder in unmittelbarer Nähe hierzu liegenden Wohnung abgegolten werden (*Bruschke* in Stenger/Loose BewG § 167 Rn. 28). Darum geht es bei § 6 Abs. 2 NGrStG indes nicht. Letzterer ist eine hiervon losgelöste Begünstigungsnorm, mit welcher der Gesetzgeber lediglich die bewertungsrechtliche Herauslösung der Wohnung aus dem Betrieb der Land- und Forstwirtschaft abmildern will.

§ 6 Abs. 2 S. 2 NGrStG verlangt eine gewisse **Bindung an einen Betrieb der** 6
Land- und Forstwirtschaft. Das Gesetz knüpft dabei an die bewertungsrechtliche Einordnung an, dh **es muss ein Betrieb iSd §§ 232 ff. BewG vorliegen**. Die Artfeststellung im Grundsteuerwertbescheid in Ansehung des Betriebes der

Land- und Forstwirtschaft (→ BewG § 219 Rn. 14) dürfte insoweit Bindungswirkung für den Grundsteuermessbescheid in Bezug auf das Grundstück entfalten.

7 § 6 Abs. 2 S. 2 NGrStG verknüpft den Betrieb mit dem **Betriebsinhaber**. Sofern derjenige, dem der Betrieb der Land- und Forstwirtschaft zuzurechnen ist, eine natürliche Person ist, ergeben sich keine Anwendungsschwierigkeiten. Allerdings kann auch eine (mit [Teil-] Rechtsfähigkeit versehene) Personengesellschaft Zurechnungssubjekt des Betriebes der Land- und Forstwirtschaft und damit Steuerschuldner sein. In diesem Fall wird man den Gesellschafter, der nicht Steuerschuldner ist, als „Betriebsinhaber" iSv § 6 Abs. 2 S. 2 NGrStG ansehen dürfen. Der Gesetzeszweck (→ Rn. 5) ist in dieser „Gesellschaftskonstellation" unter den weiteren Voraussetzungen des § 6 Abs. 2 NGrStG genauso verwirklicht wie in der Grundkonstellation als natürlichen Person als Zurechnungssubjekt des Betriebes. Dieses Verständnis des § 6 Abs. 2 NGrStG ist vor allem in den Fällen bedeutsam, in denen eine dem Gesellschafter zuzurechnende wirtschaftliche Einheit nur deshalb nicht existiert, weil die in seinem Eigentum stehenden Flächen gemäß § 11 Abs. 4 NGrStG in die der Personengesellschaft zuzurechnende wirtschaftliche Einheit einzubeziehen sind (→ NGrStG § 11 Rn. 10ff.).

8 Liegt ein land- und forstwirtschaftlicher Betrieb vor, **muss sodann mindestens ein Bewohner der Betriebsinhaberfamilie** (→ Rn. 7) **durch eine mehr als nur gelegentliche Tätigkeit in diesem Betrieb an diesen gebunden sein**. Bei einem im Haupterwerb bewirtschafteten Betrieb der Land- und Forstwirtschaft wird dieses Merkmal idR erfüllt sein (vgl. BFH 17.1.1980 – IV R 33/76, BStBl. II 1980, 323). Die Formulierung „eine mehr als nur gelegentliche Tätigkeit" **zielt letztlich nur auf die Ausgrenzung bestimmter Klein- und Kleinstbetriebe ab** – vor allem von Nebenerwerbslandwirten. In der Gesetzesbegründung wird zu § 6 Abs. 2 S. 2 NGrStG ausgeführt, dass von einer „mehr als nur gelegentlichen Tätigkeit" schon bei einem jährlichen Arbeitsaufwand von insgesamt vier Wochen ausgegangen werden kann. Bei der Beurteilung, ob eine mehr als nur gelegentliche Tätigkeit ausgeübt wird, sind die Nutzung und die Größe der Betriebsflächen zu berücksichtigen (NdsLT-Drs. 18/8995, 26).

9 Zu beachten ist aber vor allem die gleichsam **notwendige „Bindung" an den Betrieb**. Auch insoweit wird man auf die BewRL und die Rechtsprechung zu § 33 BewG zurückgreifen können. Das Vorhandensein eines Viehbestandes ist hierfür ein bedeutsamer Anhaltspunkt (vgl. BewRL Abschn. 1.02 Abs. 7: Bindung kann bei Kleinbetrieben mit ausschließlich landwirtschaftlicher Nutzung angenommen werden, wenn mindestens eine Vieheinheit oder bei Geflügel zwei Vieheinheiten gehalten werden oder wenn eine eigene Zugkraft vorhanden ist, die überwiegend dem Betrieb der Land- und Forstwirtschaft des Betriebsinhabers dient; BFH 17.1.1980 – IV R 33/76, BStBl. II 1980, 323: 2 bis 3 Bullen ausreichend). Zwingend ist dies allerdings nicht. Auch bei viehlosen Betrieben kann jederzeitige Anwesenheit des Betriebsinhabers erforderlich sein (vgl. BFH 25.11.1983 – III R 73/80, BStBl. II 1984, 292 [Baumschulbetrieb mit 22 ha]; 9.5.1990 – II R 19/88, BStBl. II 1990, 729). Verneint hat der BFH den funktionalen Zusammenhang aber zB bei einer Blumengärtnerei mit 1 ha Nutzfläche für das angeschlossene Einfamilienhaus: Es bestehe in diesem Fall keine Bindung an den Betrieb in dem Sinne, dass eine ständige Anwesenheit des Betriebsinhabers im Betrieb erforderlich wäre. Der Steuerpflichtige halte kein Vieh, seine Blumenzucht befinde sich zu einem wesentlichen Teil teils in Glashäusern, teils in gedeckten Kästen und der Betrieb umfasse vor allem auch die Verkaufstätigkeit in den mehr dem gewerblichen Bereich zugehörigen Blumenläden außerhalb der Gärtnerei, die die Anwesenheit des Steuer-

§ 6 NGrStG

pflichtigen mindestens ebenso beanspruchen wie die Gärtnerei selbst. Eine laufende Versorgung und Überwachung der Blumenzucht bei einer derartigen, in der Stadt gelegenen Blumengärtnerei mit einer Nutzfläche von weniger als 1 ha erscheine nicht erforderlich (BFH 21.3.1985 – IV R 251/82, BStBl. II 1985, 401 [403]). Auch bei einer forstwirtschaftlichen Tätigkeit war der BFH bei der Anwendung des § 33 BewG mitunter zurückhaltend: Bei einem Forstwirt, der noch ca. 27 ha selbst bewirtschaftete, wurde ein wirtschaftlicher Zusammenhang zwischen seinem Einfamilienhaus und dem Forstareal verneint, weil bei einem aussetzenden Forstbetrieb von nicht mehr als 30 ha Waldfläche das für landwirtschaftliche Betriebe kennzeichnende Element der fortlaufenden Bearbeitung und Bestandspflege im Betrieb mit den dazu erforderlichen Betriebsmitteln zurücktrete (BFH 18.2.1982 – IV R 100/79, BStBl. II 1982, 536). Schließlich **fehlt es bei Verpachtungsbetrieben an der notwendigen Bindung** durch den Betrieb (vgl. BFH 28.3.2012 – II R 37/10, BFH/NV 2012, 1416).

Das Merkmal der **engen räumlichen Verbindung** wird man so verstehen müssen, dass es gegenüber der notwendigen Bindung an den Betrieb eine eigenständige Bedeutung hat. Vor allem dürfte der Gesetzgeber bewusst das Wort „eng" gewählt haben. Die Wohnung und die Wirtschaftsgebäude müssen daher beieinanderliegen. Die Trennung durch eine Straße ist unschädlich. Zu § 33 BewG hatte der BFH angenommen, dass eine Distanz von 1 km zwischen Hofstelle und dem in einem reinen Wohngebiet gelegenen Wohngebäude nicht schadet und dies ungeachtet der Frage, ob nach Gestaltung oder Lage eine Zugehörigkeit des Wohnhauses zum land- und forstwirtschaftlichen Betrieb erkennbar ist (BFH 9.5.1990 – II R 19/88, BStBl. II 1990, 729). Dieses Beispiel dürfte auch (noch) dem § 6 Abs. 2 S. 1 NGrStG gerecht werden (strenger wohl *Krause* in Stenger/Loose NGrStG Rn. 368, der bei nicht unmittelbar neben den Wirtschaftsgebäuden befindlichen Wohnungen unter Hinweis auf ErbStR B 167.2 nur die Trennung durch eine Straße mit geringer Verkehrsbelastung für unschädlich hält; vgl. auch → Rn. 5). Es handelt sich aber um einen Grenzfall (vorbehaltlich der Umstände des Einzelfalls). Im Übrigen enthält das Gesetz keine weiteren Voraussetzungen. **Vor allem kommt es daher nicht auf den Umfang der Wohnfläche an.** Dementsprechend können unter den genannten Voraussetzungen auch große Guts- und Herrenhäuser uÄ erfasst sein (ebenso zu § 33 BewG BewRL Abschn. 1.02 Abs. 6). 10

§ 6 Abs. 2 S. 3 NGrStG enthält einen eigenständigen Ermäßigungstatbestand für **Wohnflächen, die Arbeitnehmern des land- und forstwirtschaftlichen Betriebes überlassen werden.** Auch insoweit gilt die Maßgeblichkeit des bewertungsrechtlichen Betriebs der Land- und Forstwirtschaft (→ Rn. 6). Da das Gesetz von Arbeitnehmern des Betriebes spricht, muss es sich um Personen handeln, die in unmittelbarer arbeitsvertraglicher Beziehung zu demjenigen stehen, der den Betrieb bewirtschaftet. 11

Die Ermäßigung nach § 6 Abs. 2 NGrStG **wird nur auf Antrag gewährt** (→ Rn. 24). 12

Für die tatbestandlich erfasste Wohnfläche erfolgt eine Ermäßigung der bereits auf 70% ermäßigten Grundsteuermesszahl um 25% auf 52,5%. Die Ermäßigung gilt nur für die Wohnfläche, die die Voraussetzungen des § 6 Abs. 2 NGrStG erfüllt („soweit" sowohl in S. 1 als auch S. 2). Der Grund und Boden ist nicht begünstigt. Ein Zusammentreffen mit weiteren Ermäßigungen ist möglich, insbesondere mit § 6 Abs. 3 NGrStG (→ Rn. 25). 13

E. Ermäßigung für Baudenkmäler (Abs. 3)

14 § 6 Abs. 3 NGrStG sieht eine Messzahlermäßigung für Baudenkmäler iSv § 3 Abs. 1–3 NDSchG vor, die mit anderen Ermäßigungstatbeständen zusammentreffen kann (→ Rn. 25). Diese Regelung verdrängt § 15 Abs. 5 GrStG, ist ihr aber konzeptionell nachempfunden, weshalb ergänzend auf die Kommentierung des § 15 Abs. 5 GrStG verwiesen werden kann (→ GrStG § 15 Rn. 25 ff.). Da das NDSchG dem **deklaratorischen Inschutznahmesystem** folgt (vgl. § 5 NDSchG; OVG Lüneburg 7.9.2015 – 1 OB 107/15, NVwZ-RR 2016, 23), **liegen die Voraussetzungen des § 6 Abs. 3 NGrStG bereits dann (aber auch nur dann) vor, wenn die gesetzlichen Merkmale eines Baudenkmals im Veranlagungszeitpunkt vorliegen.** Es bedarf mithin keiner (konstitutiven) Verwaltungsentscheidung (→ GrStG § 15 Rn. 29).

15 Die Messzahlermäßigung für Baudenkmäler wird nur auf **Antrag** gewährt (→ Rn. 24).

16 Die **Messbetragsermäßigung iHv 25 % wird nur in Bezug auf die** Messzahl für den Äquivalenzbetrag der **Gebäudefläche (sowohl Wohn- als auch Nutzfläche) gewährt,** mithin nicht auf die Messzahl für den Äquivalenzbetrag des Grund und Bodens. § 6 Abs. 3 NGrStG schweigt zu der Frage, wie zu verfahren ist, wenn nur ein Teil des Gebäudes oder eines von mehreren Gebäuden (bei Vorliegen nur einer wirtschaftlichen Einheit) die Voraussetzungen eines Baudenkmals iSd NDSchG erfüllt. Nach der Vorstellung des Gesetzgebers soll aus Gründen der Verfahrens- und Vollzugsvereinfachung in einem solchen Fall die Ermäßigung für den gesamten Äquivalenzbetrag der Gebäudefläche Anwendung finden (NdsLT-Drs. 18/8995, 26; dies gegenüber gleichheitsrechtlichen Bedenken nochmals bestätigend NdsLT-Drs. 18/9632, 23). Dafür spricht auch der Wortlaut („wenn" und nicht „soweit"; iErg ebenso *Krause* in Stenger/Loose NGrStG Rn. 382).

F. Ermäßigung für geförderten Wohnraum (Abs. 4)

17 § 6 Abs. 4 Nr. 1 NGrStG sieht einen **Ermäßigungstatbestand für den geförderten sozialen Wohnungsbau vor** (zur verfassungsrechtlichen Problematik in Ansehung an einer solchen Regelung → GrStG § 15 Rn. 6). Die Regelung **unterscheidet nicht nach der gesetzlichen Grundlage,** sondern setzt voraus, dass Wohnflächen den Bindungen des sozialen Wohnungsbaus aufgrund einer staatlichen oder kommunalen Wohnraumförderung unterliegen. In Betracht kommen damit sowohl Fördermaßnahmen auf bundesgesetzlicher Grundlage (für Altfälle fortgeltend zB nach dem Wohnraumförderungsgesetz v. 13.9.2001 [WoFG] oder den Vorgängerregelungen, vgl. → GrStG § 15 Rn. 12) als auch auf landesgesetzlicher Grundlage (Niedersächsisches Wohnraumfördergesetz v. 29.10.2009 [NWoFG]). Auch kommunale Fördermaßnahmen werden erfasst.

18 **Maßgeblich ist nicht die abstrakte Förderfähigkeit, sondern es muss eine konkrete Förderung vorliegen,** dh eine direkte Fördermaßnahme (Darlehen, Zuschuss) muss durch Förderbescheid (= kein Grundlagenbescheid, → GrStG § 15 Rn. 8) oder Vertrag zugesagt sein (vgl. zB § 6 Abs. 1 NWoFG) und der Förderzeitraum darf noch nicht abgelaufen bzw. die Förderung noch nicht anderweitig beendet worden sein (Aufhebung des Förderbescheides uÄ). Denn nur dann „unterliegt" die Wohnfläche den durch Verwaltungsakt bzw. Verwaltungsvertrag begründeten Bin-

Grundsteuermesszahlen **§ 6 NGrStG**

dungen. § 6 Abs. 4 Nr. 1 NGrStG verlangt nicht, dass der Steuerpflichtige die Förderbestimmungen auch tatsächlich einhält. Die Nichtbeachtung der Förderbestimmungen kann allerdings zum Verlust der Förderung führen und dann entfällt auch die Ermäßigung nach § 6 Abs. 4 Nr. 1 NGrStG. Maßgeblich ist insoweit der Zeitpunkt, zu dem die Förderung nicht mehr erfolgt. Bei einer Aufhebung des Förderbescheides ist mithin der Zeitpunkt entscheidend, zu welchem der Förderbescheid aufgehoben wird. Erfolgt die Aufhebung nur mit Wirkung für die Zukunft, hat eine Neuveranlagung (§ 9 Abs. 2 NGrStG iVm § 17 GrStG) zu erfolgen. Entsprechendes gilt, wenn die Förderung durch Zeitablauf endet. Erfolgt die Aufhebung hingegen mit Wirkung für die Vergangenheit, liegt ein rückwirkendes Ereignis iSv § 175 Abs. 1 S. 1 Nr. 2 AO vor.

Die Messzahlermäßigung wird nur gewährt, „soweit" der Wohnraum gefördert 19
wird. Unter Umständen muss daher die geförderte Wohnfläche in einem Gebäude von der nicht geförderten Wohnfläche unterschieden werden.

Ferner **wird der auf bestimmte Wohnungsbaugesellschaften, -genossen-** 20
schaften und -vereine zugeschnittene Ermäßigungstatbestand des § 15
Abs. 4 GrStG für anwendbar erklärt (§ 6 Abs. 4 Nr. 2 NGrStG). Insoweit kann weitgehend auf die Kommentierung des § 15 Abs. 4 GrStG verwiesen werden (→ GrStG § 15 Rn. 14ff.). Es ist lediglich auf zwei Besonderheiten hinzuweisen: (1) Unseres Erachtens besteht die Nachrangigkeit des § 15 Abs. 4 GrStG im Verhältnis zur Ermäßigung für den sozialen Wohnungsbau auch im niedersächsischen Grundsteuerrecht, dh der Einleitungssatz des § 15 Abs. 4 GrStG muss wie folgt gelesen werden: „Liegen für ein Grundstück die Voraussetzungen des § 6 Abs. 4 Nr. 1 NGrStG nicht vor, wird ...". Für die gleiche Wohnfläche können also nicht die Ermäßigung nach Nr. 1 und Nr. 2 kumulativ beansprucht werden. (2) Anders als § 15 Abs. 4 GrStG in seinem unmittelbaren Anwendungsbereich erfasst die Ermäßigung über den Verweis des § 6 Abs. 4 Nr. 2 NGrStG nicht den gesamten Messbetrag, sondern nur den auf die Wohnfläche entfallenden Teil (wie dies auch im Übrigen der Systematik der Ermäßigungen des § 6 NGrStG entspricht).

Die Messzahlermäßigung wird **nur auf Antrag** gewährt (→ Rn. 24). 21

Die Ermäßigung wird zusätzlich zur Ermäßigung nach § 6 Abs. 1 S. 2 NGrStG 22
gewährt. Sie kann zudem gemeinsam mit der Ermäßigung nach § 6 Abs. 3 NGrStG zur Anwendung gelangen (→ Rn. 25).

G. Stichtagsprinzip und Antragserfordernis (Abs. 5)

Die Voraussetzungen der Ermäßigungstatbestände müssen zu Beginn des Er- 23
hebungszeitraums (= Veranlagungszeitpunkt) erfüllt sein (§ 6 Abs. 5 NGrStG). Maßgeblich ist der 1.1. des Kalenderjahres (iE zum 1.1. als Stichtag → GrStG § 9 Rn. 3). Das gilt für alle Ermäßigungstatbestände der Abs. 2–4. § 15 Abs. 4 S. 2 GrStG findet keine Anwendung; der Verweis des § 6 Abs. 4 Nr. 2 NGrStG erfasst die Norm nicht und im Übrigen wäre § 6 Abs. 5 NGrStG vorrangig. Entfallen die Voraussetzungen einer Ermäßigung im laufenden Kalenderjahr, wird dies erst zum nächsten 1.1. berücksichtigt.

Die Ermäßigungen nach § 6 Abs. 2–4 NGrStG **werden nur auf Antrag ge-** 24
währt (§ 6 Abs. 5 NGrStG). Eine (materiell-rechtliche) zeitliche Begrenzung für die Antragstellung ist nicht vorgesehen. Die Antragstellung wird daher allein durch die verfahrensrechtlichen Regelungen der Änderbarkeit des das „gewählte Recht" verarbeitenden Verwaltungsakts (also die Bestandskraft) sowie die Regelungen über

§ 7 NGrStG Erster Teil Grundstücke, Grundsteuer B

die Festsetzungsverjährung begrenzt (s. BFH 12.5.2015 – VIII R 14/13, BStBl. II 2015, 806 zu § 32d Abs. 6 EStG). Da der Antrag hier nur Verfahrenshandlung ist, stellt die nach Erlass des Verwaltungsaktes erfolgte Wahlrechtsausübung vor allem kein rückwirkendes Ereignis iSv § 175 Abs. 1 S. 1 Nr. 2 AO dar (vgl. allgemein zu Anträgen, die nur Verfahrenshandlung sind, zB BFH 12.5.2015 – VIII R 14/13, BStBl. II 2015, 806; aA *Heinen* DStR 2020, 361 [365 ff.]).

H. Verhältnis der Ermäßigungen zueinander

25   Die Steuermesszahlermäßigung nach § 15 Abs. 4 GrStG iVm § 6 Abs. 4 Nr. 2 NGrStG ist gegenüber den Ermäßigungen nach § 6 Abs. 4 Nr. 1 NGrStG nachrangig (→ Rn. 20). Ansonsten können mehrere Ermäßigungstatbestände kumulativ Anwendung finden. In diesem Fall sind die Prozentpunkte der Ermäßigungstatbestände allerdings nicht zu addieren, sondern als Prozentsatz von der jeweils vorangegangenen Messzahl in Abzug zu bringen (vgl. NdsLT-Drs. 18/9632, 24 unter Bezugnahme auf den Änderungsantrag von SPD/CDU). Für Wohnfläche, die sowohl die Voraussetzungen (zB) des § 6 Abs. 4 Nr. 1 NGrStG als auch des § 6 Abs. 3 NGrStG erfüllt, ergibt sich somit folgende Messzahl: 70% (§ 6 Abs. 1 S. 2 NGrStG) ermäßigt um 25% (§ 6 Abs. 3 NGrStG) = 52,5% und diese wiederum ermäßigt um 25% (§ 6 Abs. 4 Nr. 1 NGrStG) = 39,375%.

§ 7 Hebesatz

(1) ¹**Bei der Hauptveranlagung nach § 9 Abs. 1 Satz 1 ist durch die Gemeinde ein aufkommensneutraler Hebesatz zu ermitteln.** ²**Dazu ist das Grundsteueraufkommen der Gemeinde, das aus den Grundsteuermessbeträgen nach den für die Grundsteuer ab dem Kalenderjahr 2025 geltenden Regelungen zu erwarten ist, dem Grundsteueraufkommen gegenüberzustellen, das im Haushaltsplan der Gemeinde für das Kalenderjahr 2024 veranschlagt worden ist.** ³**Der aufkommensneutrale Hebesatz ist der Hebesatz, der sich ergäbe, wenn die Höhe des Grundsteueraufkommens gleich bliebe.**

(2) **Die Gemeinde muss den aufkommensneutralen Hebesatz und die Abweichung des von der Gemeinde bei der Hauptveranlagung bestimmten Hebesatzes von dem aufkommensneutralen Hebesatz in geeigneter Art und Weise veröffentlichen.**

(3) § 25 GrStG bleibt unberührt.

A. Allgemeines

I. Systematische Einordnung und Zweck der Regelung

1   Die Höhe der festzusetzenden Grundsteuer bestimmt sich durch die Vervielfältigung des Steuermessbetrages mit dem Hebesatz. Das Hebesatzrecht wird von Art. 106 Abs. 6 S. 2 GG den Gemeinden zugewiesen. Die Gemeinden sind nicht dazu verpflichtet, für Erhebungszeiträume ab 2025 ihre Hebesätze aufkommensneutral zu gestalten (dh die Hebesätze so an das Messbetragsvolumen anzupassen,

dass sie 2025 in etwa so viel Grundsteuer erheben wie im Jahr 2024 oder davor). Der niedersächsische Gesetzgeber erwartet dies aber gleichwohl (vgl. NdsLT-Drs. 18/8995, 27). Da er dies nicht anordnen kann – dies dürfte mit Art. 106 Abs. 6 S. 2 GG nicht vereinbar sein –, wählt er stattdessen den Weg der **Verhaltenssteuerung durch Transparenz:** Die Gemeinde darf innerhalb des allgemeinen rechtlichen Rahmens (abgesteckt durch § 25 GrStG, das NKomVG und die Grundrechte, → Rn. 6) den Grundsteuerhebesatz bestimmen, muss aber zugleich (beschränkt auf die Grundstücke, → Rn. 3) den Hebesatz ermitteln, der im Hinblick auf das ab dem 1.1.2025 maßgebliche Messbetragsvolumen zur Aufkommensneutralität führen würde (§ 7 Abs. 1 NGrStG). Weicht ihr Hebesatz von dem aufkommensneutralen Hebesatz ab, muss sie dies veröffentlichen. Der Gemeinde soll also die Möglichkeit genommen werden, die Grundsteuerreform für eine auf den ersten Blick nicht erkennbare Steuererhöhung durch Hebesatzgestaltung zu nutzen und in Ansehung der bei den Steuerpflichtigen spürbaren Mehrbelastung allein auf die Landespolitik verweisen zu können. Wenn die Gemeinde einen höheren als den „aufkommensneutralen Hebesatz" wählt, wird sie sich dafür politisch rechtfertigen müssen und deshalb womöglich von einem höheren Hebesatz absehen – so jedenfalls die Erwartung des niedersächsischen Gesetzgebers.

II. Entwicklung der Vorschrift

§ 7 NGrStG beruht auf dem Gesetz v. 7.7.2021 (→ Grundlagen Rn. 88; zu § 7 NGrStG NdsLT-Drs. 18/8995, 27 [Gesetzesbegründung], NdsLT-Drs. 18/9632, 24f. [Ausschussbegründung]). **2**

B. Aufkommensneutraler Hebesatz (Abs. 1)

Sobald der Gemeinde das Messbetragsvolumen auf den 1.1.2025 (also die Summe aller Grundsteuermessbeträge hinsichtlich der wirtschaftlichen Einheiten der Grundstücke) bekannt ist, **muss sie den Hebesatz ermitteln, der ausreichend wäre, um das Grundsteueraufkommen der Höhe nach zu sichern.** Das Gesetz nennt als konkreten zeitlichen Bezugspunkt das Kalenderjahr 2024 und insoweit das im Haushaltsplan veranschlagte Grundsteueraufkommen (also nicht das tatsächlich zugeflossene Grundsteueraufkommen, das bei Festlegung des Hebesatzes für das Jahr 2025 auch gar nicht bekannt sein dürfte). Denn es geht um die Sichtbarmachung der (Teil-) Verantwortlichkeiten von Steuermehrbelastungen anlässlich des Systemwechsels (→ Rn. 1). In sachlicher Hinsicht **ist die Regelung auf das Aufkommen der Grundsteuer B beschränkt.** Dies ist im ersten Teil des NGrStG geregelt und § 11 NGrStG enthält keinen entsprechenden Anwendungsbefehl für die Betriebe der Land- und Forstwirtschaft. **3**

C. Transparenzpflicht der Gemeinde (Abs. 2)

Weicht der Hebesatz der Gemeinde von dem aufkommensneutralen Hebesatz iSv Abs. 1 ab, muss die Gemeinde den aufkommensneutralen Hebesatz und die Abweichung zwischen dem aufkommensneutralen und tatsächlich festgesetzten Hebesatz in geeigneter Art und Weise veröffentlichen (§ 7 Abs. 2 NGrStG). Nach dem Wortlaut ist es unerheblich, ob die Abweichung nach oben oder unten besteht. In **4**

§ 8 NGrStG

zeitlicher Hinsicht ist die Regelung auf den Hebesatz für den Erhebungszeitraum 2025 beschränkt, dh die Gemeinde muss nicht fortlaufend für alle weiteren Erhebungszeiträume den Vergleich nach § 7 Abs. 2 NGrStG vornehmen. Das folgt aus dem Verweis auf die Hauptveranlagung nach § 9 Abs. 1 GrStG. Zudem dürfte auch systematisch der Anwendungsbereich des § 7 Abs. 2 NGrStG nicht über den des Abs. 1 hinausgehen. Schließlich spricht auch der Zweck der Regelung, die (Teil-) Verantwortlichkeit für Steuermehrbelastungen anlässlich des Systemwechsels deutlich zu machen (→ Rn. 1), für eine Beschränkung auf das erste Wirkungsjahr (also das Jahr 2025). Bei einer Hebesatzerhöhung für den Erhebungszeitraum 2026 oder später ist die Ursache der Mehrbelastung hingegen einfach erkennbar und es bedarf keiner Transparenzregelung (mehr).

5   Eine **Missachtung des § 7 Abs. 2 NGrStG** hat keine Bedeutung für die Wirksamkeit der Hebesatzsatzung. Die Regelung ist vor allem keine Verfahrensvorschrift, deren Verletzung die Hebesatzsatzung formell rechtswidrig machen würde.

D. Geltung des § 25 GrStG (Abs. 3)

6   Gemäß § 7 Abs. 3 NGrStG bleibt § 25 GrStG unberührt. Damit soll ua zum Ausdruck gebracht werden, dass die Gemeinde durch § 7 Abs. 1 NGrStG nicht in ihrem Hebesatzrecht beschränkt wird. Die **Gemeinden können** durch Satzung (→ GrStG § 25 Rn. 4 f., dort auch Nachweise zum niedersächsischen Recht) **nach ihrem haushaltspolitischen Ermessen den Grundsteuerhebesatz bestimmen.** Grenzen ergeben sich in formeller Hinsicht aus dem NKomVG (→ GrStG § 25 Rn. 7 ff.) und in materieller Hinsicht aus § 25 GrStG (insbesondere: Gebot der Einheitlichkeit des Hebesatzes innerhalb des Gemeindegebietes, → GrStG § 25 Rn. 36), dem kommunalen Haushaltsrecht (→ GrStG § 25 Rn. 16 ff., dort auch Nachweise zum niedersächsischen Recht) und den Grundrechten (→ GrStG § 25 Rn. 24 ff.). Ferner findet die Regelung des § 25 Abs. 5 GrStG über die sog. Grundsteuer C (→ GrStG § 25 Rn. 43 ff., dort auch zum maßgeblichen niedersächsischen Verfahrensrecht) Anwendung (NdsLT-Drs. 18/8995, 27).

Zweites Kapitel Verfahren

§ 8 Feststellungsverfahren

(1) ¹**In dem Feststellungsbescheid für Grundstücke sind ergänzend zu § 219 Abs. 2 BewG auch Feststellungen zu treffen über die Fläche von Grund und Boden und die Gebäudeflächen sowie ihre Einordnung als Wohnfläche oder Nutzfläche.** ²Feststellungen erfolgen nur, wenn und soweit sie für die Besteuerung von Bedeutung sind. ³Der Feststellungsbescheid kann mit dem nachfolgenden Grundsteuermessbescheid verbunden und zusammengefasst bekannt gegeben werden.

(2) ¹**Abweichend von § 221 BewG findet keine turnusmäßige Hauptfeststellung statt.** ²**Die Äquivalenzbeträge werden auf den 1. Januar 2022 allgemein festgestellt (Hauptfeststellung).** ³**Der Hauptfeststellung werden die Verhältnisse zu Beginn des Kalenderjahres (Hauptfeststellungszeitpunkt)**

Feststellungsverfahren § 8 NGrStG

zugrunde gelegt. ⁴Bei der Ermittlung der jeweiligen Äquivalenzbeträge ist § 163 der Abgabenordnung (AO) nicht anzuwenden.

(3) ¹Neu festgestellt werden die Äquivalenzbeträge (Betragsfortschreibung) oder die Flächen des Grundstücks (Flächenfortschreibung), wenn ein Äquivalenzbetrag oder eine Fläche von der zuletzt getroffenen Feststellung abweicht und es für die Besteuerung von Bedeutung ist. ²Eine Betragsfortschreibung ist auch durchzuführen, wenn die turnusmäßige Neuberechnung der Lage-Faktoren alle sieben Jahre zu einer Änderung der Äquivalenzbeträge führt. ³Der Fortschreibungszeitpunkt ist der Beginn des Kalenderjahres, das auf das Jahr der Änderung folgt. ⁴Eine Fortschreibung nach Satz 1 findet auch zur Beseitigung eines Fehlers der letzten Feststellung statt.

(4) ¹Für die Äquivalenzbeträge nach diesem Gesetz gelten die Vorschriften des Bewertungsgesetzes über die Fortschreibung, Nachfeststellung, Aufhebung, Änderung und Nachholung der Feststellung im Übrigen sinngemäß. ²Dabei gilt die Maßgabe, dass der Lage-Faktor zunächst nach den Verhältnissen des Hauptfeststellungszeitpunkts, nach dem Zeitpunkt der ersten Neuberechnung nach § 5 Abs. 4 Satz 5 jedoch nach den Verhältnissen des Zeitpunktes der jeweils letzten Neuberechnung zugrunde gelegt wird.

(5) ¹Die Aufforderung zur Abgabe einer Erklärung mittels Allgemeinverfügung durch öffentliche Bekanntmachung erfolgt abweichend von § 228 Abs. 1 Satz 3 BewG durch die für Steuern in Niedersachsen zuständige Mittelbehörde. ²Änderungen der tatsächlichen Verhältnisse, die sich auf die Höhe der Äquivalenzbeträge auswirken oder zu einer Nachfeststellung oder der Aufhebung der Äquivalenzbeträge führen können, sind abweichend von § 228 Abs. 2 BewG auf den Beginn des folgenden Kalenderjahres zusammengefasst anzuzeigen. ³Die Anzeige ist abweichend von § 228 Abs. 2 Satz 3 BewG bis zum 31. März des Jahres abzugeben, das auf das Jahr folgt, in dem sich die tatsächlichen Verhältnisse geändert haben. ⁴Bei Gebäuden auf fremdem Grund und Boden sind die Erklärung und die Anzeige von derjenigen oder demjenigen abzugeben, der oder dem die wirtschaftliche Einheit jeweils zuzurechnen ist.

(6) Die Erklärung und die Anzeige nach Absatz 5 sind Steuererklärungen im Sinne der Abgabenordnung, die nach amtlich vorgeschriebenem Datensatz durch Datenfernübertragung zu übermitteln sind; § 228 Abs. 6 Sätze 2 und 3 BewG bleibt unberührt.

A. Allgemeines

I. Systematische Einordnung und Zweck der Regelung

Das niedersächsische Grundsteuerrecht übernimmt auch für die Besteuerung der Grundstücke (Grundsteuer B) das dreistufige Verwaltungsverfahren des Bundesgrundsteuerrechts (→ NGrStG § 2 Rn. 3ff.). Die jeweiligen Verfahrensrechtsregime der §§ 219ff. BewG, der §§ 17ff. GrStG und der Abgabenordnung finden Anwendung, allerdings unter punktueller Anpassung an die Bedürfnisse eines Flächen-Lage-Modells. Diese Anpassungen finden sich vor allem in § 8 NGrStG für das Äquivalenzbetragsverfahren und in § 9 NGrStG für das Grundsteuermessbetragsverfahren. 1

§ 8 NGrStG

II. Entwicklung der Vorschrift

2 § 8 NGrStG beruht auf dem Gesetz v. 7.7.2021 (→ Grundlagen Rn. 88; zu § 8 NGrStG NdsLT-Drs. 18/8995, 27f. [Gesetzesbegründung], NdsLT-Drs. 18/9632, 25f. [Ausschussbegründung]).

B. Gesonderte Feststellung der Äquivalenzbeträge und Flächen (Abs. 1)

3 Die §§ 1f., 8 NGrStG gehen davon aus, dass die §§ 219ff. BewG Anwendung finden, dh **es erfolgen jeweils gesonderte Feststellungen in Bezug auf die Äquivalenzbeträge** (was sich aus § 1 S. 3 NGrStG [= Äquivalenzbeträge als Pendant zum Grundsteuerwert] und § 8 Abs. 2 NGrStG ergibt), **die Zurechnung und die Vermögensart.** Das NGrStG nimmt die Grundstücksartfeststellung zwar nicht ausdrücklich aus, sie hat aber für das niedersächsische Grundsteuerrecht keine Bedeutung, weshalb sich ihre Unzulässigkeit aus dem Bedeutungsvorbehalt des § 8 Abs. 1 S. 2 NGrStG ergibt (das wird im Ergebnis von NdsLT-Drs. 18/8995, 27 bestätigt). Ferner **sind gemäß § 8 Abs. 1 S. 1 NGrStG die vorhandenen Flächen gesondert festzustellen (Flächenfeststellung)** und zwar getrennt nach der Fläche des Grund und Bodens sowie der Wohn- und Nutzfläche (dh einschließlich der Einordnung der Flächen als Wohn- und Nutzfläche). Die Flächenfeststellungen haben Bindungswirkung sowohl für die Feststellung der Äquivalenzbeträge als auch für den Grundsteuermessbescheid (in Bezug auf die Grundsteuermesszahlermäßigungen). § 8 Abs. 3 NGrStG ergänzt die Äquivalenzbetrags- und Flächenfeststellung um die Möglichkeit einer Betrags- und Flächenfortschreibung. Der niedersächsische Gesetzgeber bewegt sich damit konsequent im Feststellungs- und Fortschreibungssystem der §§ 219ff. BewG (→ Rn. 9ff.).

4 § 8 Abs. 1 S. 2 NGrStG enthält einen Bedeutungsvorbehalt, wie er sich auch in § 219 Abs. 3 BewG findet. Dieser hat vor allem Bedeutung, wenn für die gesamte wirtschaftliche Einheit eine Grundsteuerbefreiung nach den §§ 3ff. GrStG einschlägig ist (eingehend → GrStG § 3 Rn. 5ff. und → BewG § 219 Rn. 43f.). Zudem dürfte der Bedeutungsvorbehalt auch die Artfeststellung unzulässig machen (→ Rn. 3).

5 Gemäß § 8 Abs. 1 S. 3 NGrStG kann der Äquivalenzbetragsbescheid mit dem Grundsteuermessbescheid (= Folgebescheid im Verhältnis zum Äquivalenzbetragsbescheid, → GrStG § 16 Rn. 7) verbunden und zusammengefasst bekannt gegeben werden.

C. Hauptfeststellung (Abs. 2)

6 Die Feststellung der Äquivalenzbeträge und der Flächen erfolgt auf den 1.1.2022 (für die erste Hauptveranlagung auf den 1.1.2025, → NGrStG § 13). § 8 Abs. 2 S. 2 NGrStG nennt diese Feststellung (insoweit übereinstimmend mit dem Bundesgrundsteuerrecht, → BewG § 221 Rn. 2, 4) Hauptfeststellung. Gemäß § 8 Abs. 2 S. 1 NGrStG finden sodann keine weiteren turnusmäßigen Hauptfeststellungen statt. § 221 Abs. 1 BewG findet mithin keine Anwendung. Das Gesetz sieht allerdings eine turnusmäßige Überprüfung des für die Äquivalenzbeträge relevanten Lage-Faktors vor (§ 5 Abs. 4 S. 5 NGrStG). Verändert sich dieser – was nach sieben

Feststellungsverfahren **§ 8 NGrStG**

Jahren idR der Fall sein dürfte –, muss alle sieben Jahre eine entsprechende Betragsfortschreibung vorgenommen werden (→ Rn. 9 ff.).

Der Hauptfeststellung (→ Rn. 6) werden die Verhältnisse zu Beginn des Kalenderjahrs (Hauptfeststellungszeitpunkt) zugrunde gelegt (= 1.1.2022, § 8 Abs. 2 S. 3 NGrStG). Es gilt mithin das bewertungsrechtliche Stichtagsprinzip, wie es auch von § 221 Abs. 2 BewG vorgesehen ist (eingehend → BewG § 221 Rn. 8). 7

§ 8 Abs. 2 S. 4 NGrStG ordnet die Nichtanwendung des § 163 AO an. Das entspricht der Regelung in § 220 S. 2 BewG (→ BewG § 220 Rn. 4 ff.), geht aber hierüber sogar noch hinaus, weil die dort gemachte Ausnahme für vertrauensschützende Übergangsregelungen nicht übernommen wurde. § 8 Abs. 2 S. 4 NGrStG verdrängt daher § 220 S. 2 BewG. Ebenso wie § 220 S. 2 BewG schließt § 8 Abs. 2 S. 4 NGrStG allerdings Billigkeitsmaßnahmen auf den späteren Verfahrensstufen nicht aus. 8

D. Anwendung der §§ 222 ff. BewG unter Einbeziehung von Äquivalenzbetrags- und Flächenfeststellungen (Abs. 3 u. 4)

Das niedersächsische Grundsteuerrecht greift nicht nur auf das Instrument der gesonderten Feststellung zurück (in Bezug auf die Äquivalenzbeträge, Flächen und Zurechnung → Rn. 3), sondern auch auf das **Fortschreibungs-, Nachfeststellungs- und Aufhebungsrechtsregime** der §§ 222–226 BewG. Diese Regelungen gelten „sinngemäß" (§ 8 Abs. 4 NGrStG und auch § 1 S. 3 NGrStG). **(1)** Eine **Betragsfortschreibung** (= Fortschreibung eines Äquivalenzbetrages) findet bei einer Abweichung von der zuletzt getroffenen Äquivalenzbetragsfeststellung statt, sofern sie für die Besteuerung von Bedeutung ist (§ 8 Abs. 3 S. 1 NGrStG). Das bedeutet vor allem eine Verknüpfung mit § 9 Abs. 1 NGrStG (→ Rn. 11) und eine Nichtanwendung der Wertfortschreibungsgrenzen des § 222 Abs. 1 BewG. **(2)** Die ergänzend zu § 219 BewG mit § 8 Abs. 1 NGrStG vorgesehene Flächenfeststellung (→ Rn. 3) erfährt ein Fortschreibungspendant (sog. **Flächenfortschreibung**, § 8 Abs. 3 S. 1 NGrStG). Das gilt für jede der drei denkbaren Flächenfeststellungen, die jeweils eigenständige Feststellungen sind (Grund und Boden, Wohnfläche, Nutzfläche). **(3)** Eine Betragsfortschreibung ist ferner dann durchzuführen, wenn die **turnusmäßige Neuberechnung der Lage-Faktoren** (nach § 5 Abs. 4 S. 5 NGrStG: alle sieben Jahre) zu einer Änderung des Äquivalenzbetrages führt (§ 8 Abs. 3 S. 2 NGrStG). Eine Veränderung der für den Lage-Faktor relevanten Daten (Bodenrichtwert, durchschnittlicher Bodenwert) innerhalb der sieben Jahre ist hingegen irrelevant (§ 8 Abs. 4 S. 2 NGrStG, ferner → NGrStG § 5 Rn. 5). **(4)** Das hat zudem Bedeutung für Fortschreibungen und Nachfeststellungen, die nicht auf den Neuberechnungszeitpunkt nach § 5 Abs. 4 S. 5 NGrStG vorzunehmen sind. Insoweit ist entweder der zum Hauptfeststellungszeitpunkt bestimmte Lage-Faktor oder im Falle eines einem Neuberechnungsstichtag nachfolgenden Fortschreibungs-/Nachfeststellungszeitpunktes jeweils der letzte neuberechnete Lage-Faktor maßgeblich (§ 8 Abs. 4 S. 2 NGrStG). So wird zB für eine Nachfeststellung auf den 1.1.2031 der voraussichtlich auf den 1.1.2029 berechnete Lage-Faktor angewendet. **(5)** Sowohl für die Betrags- als auch die Flächenfeststellung sieht § 8 Abs. 3 S. 4 NGrStG eine **fehlerbeseitigende Fortschreibung** vor. Die Regelung entspricht § 222 Abs. 3 BewG, weshalb insbesondere für den (umfassenden) Fehlerbegriff auf die Erläuterungen dort verwiesen werden kann (→ BewG § 222 Rn. 22 ff.). 9

§ 8 NGrStG Erster Teil Grundstücke, Grundsteuer B

10 § 8 Abs. 3 S. 3 NGrStG bestimmt als **Fortschreibungszeitpunkt** den Beginn des Kalenderjahres, das auf das Jahr der Änderung folgt. Das deckt sich bezüglich der Fortschreibungen aufgrund veränderter Umstände mit der bundesgesetzlichen Regelung in § 222 Abs. 3 Nr. 1 BewG (eingehend → BewG § 222 Rn. 27 ff.). Die Regelung des § 8 Abs. 3 S. 3 NGrStG gilt hingegen nicht für die fehlerbeseitigende Fortschreibung (§§ 8 Abs. 3 S. 4 NGrStG, → Rn. 9). Denn diese Fortschreibung ist in Satz 4 geregelt, weshalb es aus systematischen Gründen fernliegend ist, eine im vorherigen Satz getroffene Regelung hierauf anzuwenden. Daher gilt mangels einer niedersächsischen Regelung unmittelbar § 222 Abs. 4 S. 3 Nr. 2 BewG (eingehend → BewG § 222 Rn. 33 f.). Ferner dürfte auch § 222 Abs. 3 S. 2 f. BewG uneingeschränkt anzuwenden sein (= Anwendung des § 176 AO, → BewG § 222 Rn. 26). Schließlich findet die (in § 8 NGrStG nicht erwähnte) Regelung über die Zurechnungsfortschreibung ebenfalls Anwendung (§ 222 Abs. 2 BewG, → BewG § 222 Rn. 18 ff.).

11 § 8 Abs. 3 S. 1 NGrStG enthält einen **Bedeutungsvorbehalt.** Dieser kann wiederum bei von der Grundsteuer befreiten Grundstücken relevant werden. Nach der Gesetzesbegründung soll er aber auch die Fortschreibung an die Neufestsetzung (Neuveranlagung) nach § 9 Abs. 1 NGrStG koppeln: Wenn die Gebäudefläche zunimmt, aber die 5 Euro-Grenze des § 9 Abs. 2 S. 2 NGrStG (→ NGrStG § 9 Rn. 3) nicht überschritten wird und deshalb die Veränderung des Äquivalenzbetrages nicht zu einer Neuveranlagung führen kann, dann soll bereits die Fortschreibung auf den höheren Äquivalenzbetrag iSv § 8 Abs. 3 S. 1 NGrStG für die Besteuerung nicht von Bedeutung sein und daher unterbleiben (vgl. NdsLT-Drs. 18/8995, 27 f.).

12 In Bezug auf die Nachfeststellung nach § 223 BewG, die Aufhebung nach § 224 BewG, die Änderung nach § 225 BewG und die Nachholung einer Feststellung nach § 226 BewG gelten über die Einbeziehung der gesonderten Flächenfeststellung hinaus keine Besonderheiten. Es kann daher auf die entsprechenden Kommentierungen verwiesen werden. Entsprechendes gilt für die Anwendung der allgemeinen Berichtigungs- und Änderungsvorschriften nach der AO (→ BewG § 222 Rn. 37 ff.).

E. Steuererklärungs- und Anzeigepflichten (Abs. 5 u. 6)

13 § 228 BewG, der Erklärungs- und Anzeigepflichten der Steuerpflichtigen normiert, **findet auch in Niedersachsen Anwendung.** Mit § 8 Abs. 5 u. 6 NGrStG wird die Norm allerdings **punktuell modifiziert: (1)** Die Aufforderung zur Abgabe der Feststellungserklärung durch öffentliche Bekanntmachung erfolgt gemäß § 8 Abs. 5 S. 1 NGrStG durch das Landesamt für Steuern Niedersachsen (= Mittelbehörde der niedersächsischen Finanzverwaltung) und nicht durch das BMF (so § 228 Abs. 1 S. 3 BewG). **(2)** Nach § 8 Abs. 5 S. 2 NGrStG sind alle anzeigepflichtigen Änderungen iSv § 228 Abs. 2 BewG in einer „Jahresanzeige" zusammenzufassen. Das dürfte sich auch bereits aus § 228 Abs. 2 BewG selbst ergeben, weshalb die Regelung nur deklaratorische Bedeutung hat. **(3)** Konstitutiv ist allerdings die Abweichung in Bezug auf die Anzeigefrist. § 8 Abs. 5 S. 3 NGrStG verlängert die Frist auf drei Monate (§ 228 Abs. 2 S. 3 BewG: nur ein Monat). Die Frist beginnt mit Ablauf des Kalenderjahres, in dem die anzeigepflichtige Änderung eingetreten ist (zur Anzeigepflicht im Einzelnen → BewG § 228 Rn. 10 ff.).

14 Mit § 2 Abs. 4 S. 2 NGrStG hält der niedersächsische Gesetzgeber bei Gebäuden auf fremden Grund und Boden an zwei wirtschaftlichen Einheiten fest (→ NGrStG

Veranlagungsverfahren **§ 9 NGrStG**

§ 2 Rn. 13f.). Dem trägt § 8 Abs. 5 S. 4 NGrStG dadurch Rechnung, dass er die Erklärungs- und Anzeigepflichten jeweils an das Zurechnungssubjekt der beiden wirtschaftlichen Einheiten adressiert.

§ 8 Abs. 6 NGrStG entspricht § 228 Abs. 5 u. 6 BewG (→ BewG § 228 Rn. 17ff.). Der zweite Halbsatz stellt klar, dass auch die Regelungen über den Verzicht auf eine Datenfernübertragung in § 228 Abs. 6 S. 2f. BewG Anwendung finden. **15**

§ 9 Veranlagungsverfahren

(1) ¹Die Grundsteuermessbeträge werden auf den 1. Januar 2025 allgemein festgesetzt (Hauptveranlagung). ²Dieser Zeitpunkt ist der Hauptveranlagungszeitpunkt.

(2) ¹Der Grundsteuermessbetrag wird auch neu festgesetzt, wenn der Grundsteuermessbetrag, der sich für den Beginn eines Kalenderjahres ergibt, von dem entsprechenden Betrag des letzten Veranlagungszeitpunkts nach unten abweicht. ²Dasselbe gilt, wenn sein auf den Grund und Boden entfallender Anteil nach oben abweicht oder wenn sein auf Gebäude entfallender Anteil um mehr als 5 Euro nach oben abweicht. ³Der Grundsteuermessbetrag wird auch dann neu festgesetzt, wenn dem Finanzamt bekannt wird, dass die letzte Veranlagung fehlerhaft ist.

(3) Im Übrigen gelten die Vorschriften des Grundsteuergesetzes über die Neuveranlagung, Nachveranlagung, Aufhebung und Zerlegung des Steuermessbetrags und die Änderung von Steuermessbescheiden sinngemäß.

(4) ¹Änderungen der Nutzung hat diejenige oder derjenige anzuzeigen, der oder dem der Steuergegenstand zuzurechnen ist. ²Satz 1 gilt für den Wegfall der Voraussetzungen für die ermäßigten Grundsteuermesszahlen nach § 6 Abs. 2 bis 4 entsprechend. ³§ 19 Abs. 1 Satz 1 GrStG bleibt unberührt. ⁴Abweichend von § 19 Abs. 1 Satz 2 und Abs. 2 Satz 2 GrStG ist die Anzeige nach den Sätzen 1 bis 3 bis zum 31. März des Jahres zu erstatten, das auf das Jahr folgt, in dem sich die Verhältnisse geändert haben. ⁵§ 8 Abs. 6 gilt entsprechend.

A. Allgemeines

I. Systematische Einordnung und Zweck der Regelung

Die Regelung bestätigt die Anwendung der §§ 17ff. GrStG und modifiziert sie partiell (→ NGrStG § 8 Rn. 1). **1**

II. Entwicklung der Vorschrift

§ 9 NGrStG beruht auf dem Gesetz v. 7.7.2021 (→ Grundlagen Rn. 88; zu § 9 NGrStG NdsLT-Drs. 18/8995, 28f.; [Gesetzesbegründung]; NdsLT-Drs. 18/9632, 27 [Ausschussbegründung]). **2**

B. Hauptveranlagung (Abs. 1)

3 Die Grundsteuermessbeträge werden durch Grundsteuermessbescheid festgesetzt. Diesen Vorgang nennt das Gesetz Veranlagung. Die Hauptveranlagung wird auf den 1.1.2025 (= Hauptveranlagungszeitpunkt) durchgeführt. Die Regelung in § 9 Abs. 1 NGrStG entspricht bezogen auf den Stichtag des 1.1.2025 dem § 16 Abs. 1 GrStG, weshalb auf die zugehörige Kommentierung verwiesen wird (→ GrStG § 16 Rn. 1, 3 ff., dort insbesondere Einzelheiten zum Grundsteuermessbescheid). Abweichend von § 16 Abs. 1 GrStG werden aber keine weiteren (regelmäßigen) Hauptveranlagungen durchgeführt.

C. Neuveranlagung (Abs. 2)

4 § 9 Abs. 2 S. 1 f. NGrStG setzt zuvorderst die Anwendung des § 17 GrStG voraus und knüpft an dessen Grundregel in § 17 Abs. 1 GrStG an, wonach **eine Neuveranlagung durchzuführen ist, soweit auf der vorgelagerten Verfahrensebene eine Fortschreibung wirksam geworden ist.** Das gilt uneingeschränkt jedenfalls für die Zurechnungsfortschreibung; eine solche führt zwangsläufig zur Neuveranlagung. Eine Betrags- oder Flächenfortschreibung („sinngemäße Anwendung" des § 17 Abs. 1 GrStG gemäß § 9 Abs. 3 NGrStG) können ebenfalls zu einer Neuveranlagung führen. Eine Flächenfortschreibung kann zB für die Ermäßigungstatbestände des § 6 NGrStG von Bedeutung sein. So führt eine Verschiebung von der Wohn- zur Nutzfläche zwangsläufig zu einer höheren Grundsteuermesszahl. Uneingeschränkt gilt die Neuveranlagungspflicht bei Betrags- und Flächenfortschreibung aber nur dann, wenn sich hierdurch eine Verringerung des Grundsteuermessbetrags ergibt oder wenn eine Erhöhung des auf den Grund und Boden entfallenden Anteils am Grundsteuermessbetrag in Rede steht. Hat die Betrags- oder Flächenfortschreibung hingegen zur Folge, dass sich der auf das Gebäude entfallende Anteil am Grundsteuermessbetrag erhöht, ist die Neuveranlagung nur zulässig, wenn der neue Grundsteuermessbetrag um mehr als 5 EUR nach oben abweicht. Ergibt sich bereits wegen der Erhöhung des Anteils am Grund und Boden eine Neuveranlagungsnotwendigkeit und hat sich auch der Gebäudeanteil erhöht, dann gilt die Neuveranlagungseinschränkung des § 9 Abs. 1 S. 2 NGrStG unseres Erachtens hingegen nicht (arg. Wortlaut: „oder").

5 Die Neuveranlagung nach § 9 Abs. 2 S. 1 f. NGrStG ist auch dann durchzuführen, wenn die Feststellungen auf der vorgelagerten Verfahrensebene unverändert bleiben, aber eine (allein im Messbetragsverfahren zu prüfende) Ermäßigungsvoraussetzung des § 6 NGrStG wegfällt oder erstmals erfüllt wird. Das entspricht der Neuveranlagung nach § 17 Abs. 2 Nr. 1 GrStG. Das kann zB die Denkmaleigenschaft iSv § 6 Abs. 3 NGrStG oder die Förderung nach § 6 Abs. 4 NGrStG betreffen. Die Ausführungen zur in → Rn. 4 dargestellten 5 Euro-Grenze gelten dann entsprechend.

6 § 9 Abs. 2 S. 3 NGrStG normiert – in Übereinstimmung mit § 17 Abs. 2 Nr. 2 GrStG – eine **Neuveranlagung zur Fehlerbeseitigung.** In Bezug auf den Fehlerbegriff kann auf die Ausführungen zu § 17 Abs. 2 Nr. 2 GrStG verwiesen werden (→ GrStG § 17 Rn. 10). Bezüglich des Fortschreibungszeitpunktes (§ 17 Abs. 3 S. 2 Nr. 3 GrStG, → GrStG § 17 Rn. 17 f.), der Anwendung des § 176 AO (§ 17 Abs. 2 Nr. 2 2. Hs. GrStG, → GrStG § 17 Rn. 11 ff.) und den Festsetzungsverjährungsfragen (→ GrStG § 17 Rn. 20) gilt ohnehin das Bundesgrundsteuerrecht (§ 9 Abs. 3 NGrStG, → Rn. 7).

D. Anwendung der §§ 17 ff. GrStG (Abs. 3)

Gemäß § 9 Abs. 3 NGrStG gelten die Vorschriften der §§ 17 ff. GrStG sinngemäß. § 9 Abs. 2 NGrStG wird daher von § 17 GrStG ergänzt (dies gilt insbesondere für den Neuveranlagungszeitpunkt) und im Übrigen sind Nachveranlagungen und Aufhebungen sowie die Änderung von Steuermessbescheiden nach den allgemeinen Regeln möglich. Ferner verweist § 9 Abs. 3 NGrStG auf die Zerlegungsvorschriften, wenn eine wirtschaftliche Einheit auf dem Gebiet mehrerer niedersächsischer Gemeinden liegen sollte. 7

E. Anzeigepflicht (Abs. 4)

§ 19 Abs. 1 GrStG enthält eine Anzeigepflicht in Bezug auf die **Änderung der Nutzung oder der Eigentumsverhältnisse eines ganz oder teilweise von der Grundsteuer befreiten Gegenstandes**. Diese Anzeigepflicht **gilt auch in Niedersachsen**. Das ergibt sich unmittelbar aus § 9 Abs. 4 S. 3 NGrStG. Daher kann vorbehaltlich der Ausführungen unter → Rn. 9 auf die Kommentierung zu § 19 Abs. 1 GrStG verwiesen werden. Für die ferner im Bundesgrundsteuerrecht geregelte Anzeigepflicht nach § 19 Abs. 2 GrStG dürfte hingegen kein Anwendungsbereich verbleiben. Ihre Anwendung wird zwar von § 9 Abs. 4 S. 4 NGRStG vorausgesetzt und könnte theoretisch auch in Bezug auf § 6 Abs. 4 Nr. 2 NGrStG, der auf § 15 Abs. 4 GrStG verweist, von Bedeutung sein. Allerdings dürfte § 9 Abs. 4 S. 1 u. 2 NGrStG die Anzeigepflicht in Ansehung der Ermäßigungstatbestände des § 6 NGrStG bereits vollumfänglich erfassen. 8

Gemäß § 9 Abs. 4 S. 1 NGrStG ist jede Änderung in Bezug auf die Nutzung anzuzeigen. Anders als § 19 Abs. 1 S. 1 GrStG enthält die Anzeigepflicht keine Beschränkung auf von der Grundsteuer befreite Steuergegenstände, sondern gilt generell für jede Nutzungsänderung. Die Anzeigepflicht hat vor allem Bedeutung für die Wohnnutzung, an die die Messzahlermäßigung des § 6 Abs. 1 S. 2 NGrStG anknüpft. Anzeigepflichtig ist mithin vor allem der Wechsel von der Wohnnutzung zur Nichtwohnnutzung und umgekehrt. § 9 Abs. 4 S. 2 NGrStG wiederum enthält eine Anzeigepflicht, die auf die Ermäßigungstatbestände des § 6 Abs. 2–4 NGrStG zugeschnitten ist. Entfällt eine Ermäßigungsvoraussetzung ist dies anzuzeigen (die Ermäßigungsvoraussetzung „Wohnfläche" wird hingegen bereits von § 9 Abs. 4 S. 1 NGrStG erfasst). Damit ist die Anwendung des § 153 Abs. 2 AO gesperrt; § 19 Abs. 1 GrStG und § 9 Abs. 4 NGrStG erfassen zusammen alle denkbaren Konstellationen und sind leges speciales. Anwendbar bleibt allerdings § 153 Abs. 1 AO (→ GrStG § 19 Rn. 13). 9

§ 9 Abs. 4 S. 4 NGrStG modifiziert die Anzeigepflichten nach § 19 GrStG und § 9 Abs. 4 S. 1 u. 2 NGrStG dahingehend, dass die Anzeigefrist einheitlich, nämlich übereinstimmend mit der des Äquivalenzbetragsverfahrens betreffenden Anzeigepflicht des § 228 Abs. 2 BewG iVm § 8 Abs. 5 NGrStG (→ NGrStG § 8 Rn. 13), drei Monate beginnend mit Ablauf des Jahres, in dem der anzeigepflichtige Umstand eingetreten ist, beträgt. 10

11 § 9 Abs. 4 S. 5 NGrStG verweist auf § 8 Abs. 6 NGrStG, der wiederum § 228 Abs. 5 u. 6 BewG entspricht (→ BewG § 228 Rn. 17ff.).

§ 10 Erlass wegen wesentlicher Ertragsminderung

§ 34 Abs. 1 bis 3 des Grundsteuergesetzes gilt entsprechend mit der Maßgabe, dass in Absatz 3 an die Stelle des Grundsteuerwerts der Grundsteuermessbetrag tritt.

A. Allgemeines

I. Systematische Einordnung und Zweck der Regelung

1 Für die Grundsteuer B sieht das Bundesgrundsteuerrecht in den §§ 32, 34 GrStG verschiedene Erlasstatbestände vor: (1) den Erlass für Kulturgut und Grünanlagen, Spiel- und Sportplätze wegen Unrentabilität (§ 32 GrStG, → Rn. 4) und (2) den Erlass wegen wesentlicher Ertragsminderung bei bebauten Grundstücken (§ 34 GrStG). Ferner existiert mit § 227 AO ein allgemeiner Billigkeitserlasstatbestand (→ Rn. 5ff.). § 10 NGrStG ordnet die entsprechende Anwendung des § 34 GrStG an und modifiziert ihn lediglich. Damit ist jedenfalls eindeutig geklärt, dass § 34 GrStG in Niedersachsen Anwendung findet. Selbstverständlich ist dies nicht. Denn § 34 GrStG will einen verhältnismäßigen Ausgleich zwischen dem Sollertragsgedanken einerseits und der Typisierungsfolge, dass die Grundsteuer unabhängig davon anfällt, ob das Grundstück wirklich Erträge abwirft bzw. ob es tatsächlich genutzt werden kann, andererseits herbeiführen (→ GrStG § 34 Rn. 1). Bei einer vom Äquivalenzgedanken getragenen Grundsteuer ist die tatbestandliche Anknüpfung an eine Ertragsminderung hingegen nur erklärbar, wenn man die Ertragsminderung als Ausdruck einer Nichtnutzbarkeit oder verminderten Nutzbarkeit der gemeindlichen Leistungen erachtet (so in der Tat NdsLT-Drs. 18/9632, 28f.).

II. Entwicklung der Vorschrift

2 Die Regelung beruht auf dem Gesetz v. 7.7.2021 (→ Grundlagen Rn. 88; zu § 10 NGrStG NdsLT-Drs. 18/8995, 30 [Gesetzesbegründung], NdsLT-Drs. 18/9632, 28f. [Ausschussbegründung]).

B. Modifizierung des § 34 GrStG

3 Tatbestand und Rechtsfolge des § 34 Abs. 1, Abs. 2 GrStG gelten auch in Niedersachsen. Insoweit kann auf die Erläuterungen zu § 34 GrStG verwiesen werden. § 10 NGrStG modifiziert lediglich die Regelungen in § 34 Abs. 3 GrStG: Wird das Grundstück gemischt genutzt (dh für einen Teil gilt § 34 Abs. 1 GrStG, für den anderen Teil gilt § 34 Abs. 2 GrStG), dann ist für jeden Teil die Ertragsminderung nach den hierfür geltenden Regeln zu bestimmen (erster Schritt), am Ende allerdings gleichwohl ein einheitlicher Prozentsatz der Ertragsminderung nach dem Anteil der einzelnen Teile am Grundsteuermessbetrag (!) des Grundstücks zu ermitteln (zweiter Schritt) (§ 34 Abs. 3 GrStG iVm § 10 NGrStG).

C. Anwendung anderer Erlasstatbestände

I. Erlasstatbestände des § 32 GrStG

Der Erlasstatbestand des § 32 GrStG für Kulturgut und Grünanlagen, Spiel- und 4
Sportplätze wegen Unrentabilität findet auch in Niedersachsen Anwendung. Das
niedersächsische Grundsteuerrecht enthält keine Regelung, die dies ausschließt,
und damit gilt das Bundesgrundsteuerrecht (vgl. § 1 S. 2 NGrStG).

II. Billigkeitserlass nach § 227 AO

§ 227 AO ist ebenfalls anwendbar. Allerdings gehen die §§ 32, 34 GrStG dem 5
§ 227 AO in Bezug auf die dort geregelten Lebenssachverhalte vor (eingehend zu
§ 227 AO → GrStG § 28 Rn. 23ff.).

Fraglich ist, ob über § 227 AO auch dem allen Flächenmodellen inne- 6
wohnenden Problem einer drohenden Übermaßbesteuerung begegnet
werden kann. Sofern man annimmt, dass die Flächenmodelle nicht schon wegen
ihrer strukturellen Übermaßbesteuerungsgefahr verfassungswidrig sind (→ Grundlagen Rn. 131), bliebe als einziges verfassungsrechtliches Ventil nur § 227 AO. Allerdings kommt ein Billigkeitserlass nur in Betracht, wenn nach dem erklärten oder
mutmaßlichen Willen des Gesetzgebers angenommen werden kann, dass er die im
Billigkeitswege begehrte Entscheidung – hätte er die Frage geregelt – im Sinne des
Erlasses getroffen hätte. Hat dagegen der Gesetzgeber bei der Anordnung der Besteuerung Härten in Kauf genommen, ist nur zu prüfen, ob die getroffene gesetzliche Regelung in ihren Härten Bedenken begegnet. Ein Billigkeitserlass darf nicht
gewährt werden, um ein vom Gesetzgeber zulässigerweise gewolltes oder in Kauf
genommenes Ergebnis abzuwenden (vgl. BVerwG 29. 9. 1982 – 8 C 48/82, DVBl.
1983, 137 zu Substanzsteuereffekten der Lohnsummensteuer in Verlustzeiten). So
dürfte es sich bei dem niedersächsischen Flächen-Lage-Modell verhalten. Auch
derjenige, dessen Grundstück so wenig wert ist, dass die Grundsteuer einen kaum
mehr hinnehmbaren Substanzsteuereffekt auslöst (→ Grundlagen Rn. 131), partizipiert in der Logik des Äquivalenzprinzips an den mit der Grundsteuer anhand der
Flächen typisiert abzugeltenden gemeindlichen Leistungen. Wenn der niedersächsische Gesetzgeber an diesem Konzept ausnahmslos festhält, hat er die aus der Relation von Grundstückswert und Grundsteuer im Einzelfall folgende Unbilligkeit in
Kauf genommen. Daher scheidet ein Billigkeitserlass mit der Begründung, dass es
zu einem Substanzsteuereffekt kommt, aus.

Ferner **scheidet ein Grundsteuererlass im Hinblick auf eine geringe oder** 7
gar nicht stattfindende Inanspruchnahme gemeindlicher Leistungen aus.
Das niedersächsische Grundsteuerrecht regelt die Beziehung zwischen dem Nutzen, den der Steuerpflichtige aus den gemeindlichen Leistungen ziehen kann, und
der Steuerlast abstrakt abschließend mittels der Grundstücks- und Gebäudeflächen.
Damit ist der Weg in eine konkret-individuelle Nutzenbetrachtung versperrt. Auch
insoweit gilt, dass der Gesetzgeber Unbilligkeiten in Kauf genommen hat und dies
nicht mittels § 227 AO überspielt werden kann (vgl. → Rn. 6).

Zweiter Teil Betriebe der Land- und Forstwirtschaft, Grundsteuer A

§ 11 Abweichende Regelungen

(1) Abweichend von § 234 Abs. 6 BewG gehören zur Hofstelle auch Hof- und Wirtschaftsgebäudeflächen einschließlich der Nebenflächen, von denen aus keine land- und forstwirtschaftlichen Flächen mehr nachhaltig bewirtschaftet werden, soweit sie keine Zweckbestimmung erhalten haben, die zu einer zwingenden Zuordnung zum Grundvermögen führt.

(2) In den Betrieb sind abweichend von § 2 Abs. 2 BewG auch der Eigentümerin oder dem Eigentümer des Grund und Bodens nicht gehörende Gebäude, die auf dem Grund und Boden des Betriebs stehen, und der Eigentümerin oder dem Eigentümer des Grund und Bodens nicht gehörende Betriebsmittel, die der Bewirtschaftung des Betriebs dienen, einzubeziehen.

(3) Ein Anteil der Eigentümerin oder des Eigentümers eines Betriebs der Land- und Forstwirtschaft an einem Wirtschaftsgut ist in den Betrieb einzubeziehen, wenn es mit dem Betrieb zusammen genutzt wird.

(4) In einen Betrieb der Land- und Forstwirtschaft, der von einer Gesellschaft oder Gemeinschaft des bürgerlichen Rechts betrieben wird, sind abweichend von § 2 Abs. 2 BewG auch die Wirtschaftsgüter einzubeziehen, die einer oder einem oder mehreren Beteiligten gehören und dem Betrieb zu dienen bestimmt sind.

(5) § 2 Abs. 4, § 8 Abs. 5 und 6 sowie § 9 Abs. 4 Satz 4 gelten für Betriebe der Land- und Forstwirtschaft entsprechend.

A. Allgemeines

I. Systematische Einordnung und Zweck der Regelung

1   Das niedersächsische Grundsteuergesetz übernimmt die Zweiteilung der Vermögensarten des Bundesgrundsteuerrechts und behält für die Betriebe der Land- und Forstwirtschaft das bundesrechtliche Konzept zu Umfang und Bewertung dieser wirtschaftlichen Einheiten im Ausgangspunkt bei. Die §§ 232 ff. BewG gelten mithin auch in Niedersachsen. Da auch andere Bundesländer, die von ihrer Abweichungsbefugnis Gebrauch gemacht haben, so verfahren, kommt es in vielen Fällen zu einer bundeseinheitlichen Erfassung und Bewertung der Betriebe der Land- und Forstwirtschaft. Allerdings weicht der niedersächsische Gesetzgeber mit § 11 Abs. 2–5 NGrStG in Bezug auf den Zuschnitt der wirtschaftlichen Einheit punktuell von den §§ 232 ff. BewG ab. Die Abweichungen stellen der Sache nach zum Teil eine Fortgeltung des alten Bundesgrundsteuerrechts dar (vgl. §§ 26, 34 Abs. 4–6 BewG), um die bereits im alten Recht gebildeten wirtschaftlichen Einheiten im neuen Recht fortführen zu können (NdsLT-Drs. 18/8995, 30). Während das Bundesgrundsteuerrecht diese Regelungen nur für bereits bestehende wirtschaftliche Einheiten und zeitlich auch nur für die erste Hauptfeststellung fortführt (§ 266 Abs. 5 BewG, → BewG § 266 Rn. 6), hat sich der niedersächsische Gesetzgeber für

Abweichende Regelungen § 11 NGrStG

eine dauerhafte Übernahme dieser Regelungen (und damit für eine dauerhafte Abweichung vom Bundesgrundsteuerrecht) entschieden.

II. Entwicklung der Vorschrift

§ 11 NGrStG beruht auf dem Gesetz v. 7.7.2021 (→ Grundlagen Rn. 88; zu § 11 NGrStG NdsLT-Drs. 18/8995, 30f. [Gesetzesbegründung], NdsLT-Drs. 18/9632, 29f. [Ausschussbegründung]). 2

B. (Inaktive) Hofstelle (Abs. 1)

Die Hofstelle hat für die §§ 232ff. BewG in zweierlei Hinsicht Bedeutung: (1) Sie ist gemäß § 234 Abs. 1 Nr. 2 Buchst. d BewG eine zum Betrieb der Land- und Forstwirtschaft gehörende Nutzungsart und (2) sie entfaltet im Rahmen des § 233 Abs. 3 S. 2 BewG eine privilegierende Wirkung. Eine Hofstelle kann allerdings nur dann vorliegen, wenn sie dem Betrieb der Land- und Forstwirtschaft zu dienen bestimmt ist. Das ist die Grundvoraussetzung für alle Wirtschaftsgüter, die zur wirtschaftlichen Einheit des Betriebs der Land- und Forstwirtschaft gehören (→ BewG § 232 Rn. 13ff.). Fehlt der in dem „Dienen" zum Ausdruck kommende Funktionszusammenhang, liegt Grundvermögen vor. Vor diesem Hintergrund muss die Regelung in § 11 Abs. 1 NGrStG gesehen werden: Während für die Hofstelle eines aktiven Betriebes die Zuordnung zum Betrieb der Land- und Forstwirtschaft eindeutig ist, ist eine solche Zuordnung im Falle eines vom Steuerpflichtigen nicht mehr aktiv bewirtschafteten Betriebes nicht derart zwingend. Jedenfalls bei der Verpachtung eines land- und forstwirtschaftlichen Betriebes unter Einschluss der Hofstelle dürfte die Zuordnung zum Betrieb der Land- und Forstwirtschaft aber nicht zweifelhaft sein. Entsprechendes gilt selbst dann, wenn bzw. soweit die Hofstelle nicht mitverpachtet ist, aber der vormalige Funktionszusammenhang fortwirkt. Denn ein Wirtschaftsgut, das einmal einem Betrieb der Land- und Forstwirtschaft zugeordnet worden ist, verliert diese Zuordnung nicht durch bloße Nichtnutzung; vielmehr geht die Bindung erst mit einer Zweckänderung verloren (→ BewG § 232 Rn. 24f.). Und dies alles gilt schließlich auch jenseits von Verpachtungsfällen, wenn es schlicht zu einer Nichtnutzung kommt. Daher **kann auch eine inaktive Hofstelle eine Hofstelle iSv § 234 Abs. 1 Nr. 2 Buchst. d, Abs. 6 BewG sein** (→ BewG § 234 Rn. 28). Der niedersächsische Gesetzgeber hat diese Grundsätze nicht für so eindeutig erachtet, dass er hierauf vertrauen wollte. Aus diesem Grunde hat er – nach der hier vertretenen Ansicht lediglich deklaratorisch – die Hofstelleneigenschaft einer inaktiven Hofstelle in § 11 Abs. 1 NGrStG klargestellt. 3

Eine andere Frage ist allerdings, ob die Regelung in § 11 Abs. 1 NGrStG auch für § 233 Abs. 3 S. 2 BewG gilt. Dort wird zu Recht davon ausgegangen, dass ohne einen Bewirtschaftungszusammenhang keine Hofstelle iSv § 233 Abs. 3 S. 2 BewG vorliegen kann (→ BewG § 233 Rn. 11). An diesem Ergebnis dürfte auch § 11 Abs. 1 NGrStG nichts ändern. Der Gesetzgeber nimmt in der Gesetzesbegründung zu § 11 Abs. 1 NGrStG lediglich auf § 234 Abs. 6 BewG Bezug (NdsLT-Drs. 18/8995, 30). Es ist nicht erkennbar, dass der niedersächsische Gesetzgeber die privilegierende Wirkung des § 233 Abs. 3 S. 2 BewG – entgegen der bundesgesetzlichen Rechtslage und damit konstitutiv – auch auf solche Hofstellen er- 4

§ 11 NGrStG Zweiter Teil Betriebe der LuF, Grundsteuer A

strecken wollte, bei denen überhaupt kein Bewirtschaftungszusammenhang (auch nicht durch einen Pächter) mehr gegeben ist.

C. Einbeziehung von fremden Gebäuden und Betriebsmitteln (Abs. 2)

5   **Abweichend vom Grundsatz der Eigentümeridentität** (→ BewG § 232 Rn. 21; → BewG § 244 Rn. 16) sind gemäß § 11 Abs. 2 NGrStG in die wirtschaftliche Einheit auch Gebäude und Betriebsmittel einzubeziehen, die dem Eigentümer des Grund und Bodens nicht zuzurechnen sind (weil er weder rechtlicher noch wirtschaftlicher Eigentümer ist). Die Regelung entspricht § 34 Abs. 4 BewG, der nicht ausdrücklich in das neue Bundesgrundsteuerrecht übernommen wurde, aber im Ergebnis wegen der vorausgesetzten Einheit von Grundstück und vor allem Wirtschaftsgebäude fortgelten dürfte (→ BewG § 232 Rn. 17). Der niedersächsische Gesetzgeber hat hierauf nicht vertraut und mit § 11 Abs. 2 NGrStG eine eigene Regelung geschaffen. Ihre Rechtfertigung findet sie in der Erfassung des Ertragswertes als Ergebnis des Zusammenwirkens aller Betriebsteile (vgl. *Bruschke* in Stenger/Loose BewG § 34 Rn. 151).

6   Die Regelung hat im neuen Recht allerdings nur Bedeutung, wenn die Wirtschaftsgebäude sowie die stehenden und umlaufenden Betriebsmittel nicht bereits mit dem Ertragswert abgegolten sind. Nur dort, wo eine Abgeltung nicht stattfindet, müssen die Wirtschaftsgebäude und die Betriebsmittel erfasst werden und nur insoweit kann § 11 Abs. 2 NGrStG relevant werden. Das betrifft den Reinertrag eines Nebenbetriebes und die Zuschläge bei Fass- und Flaschenweinerzeugung. Hier wird an die Brutto-Grundfläche des zugehörigen Wirtschaftsgebäudes angeknüpft (§ 238 Abs. 1 Nr. 3 BewG). Zudem müssen die Tierbestände zB für den Zuschlag nach § 238 Abs. 1 Nr. 1 BewG erfasst werden. § 11 Abs. 2 NGrStG gilt nicht für den Grund und Boden, dh die Bewirtschaftung von Eigentums- und Pachtflächen durch eine Person führt nicht dazu, dass eine wirtschaftliche Einheit entsteht. Insoweit bleibt es bei dem Grundsatz, dass zwei wirtschaftliche Einheiten (Betrieb des Pächters, Betrieb des Verpächters) bestehen (→ BewG § 232 Rn. 17).

7   In Ansehung der **Wirtschaftsgebäude** setzt § 11 Abs. 2 NGrStG kumulativ zur fehlenden Identität der Zurechnungssubjekte (→ Rn. 5) voraus, dass sie auf dem Grund und Boden des Inhabers des Betriebs errichtet sind. Hat der Gebäudeeigentümer das Gebäude hingegen auf eigenem Grund und Boden errichtet, gilt § 11 Abs. 2 NGrStG nicht (*Bruschke* in Stenger/Loose BewG § 34 Rn. 154). Weitere Voraussetzung für die Einbeziehung eines Wirtschaftsgebäudes ist, dass das Gebäude dem Betrieb zu dienen bestimmt ist. Dies folgt zwar nicht unmittelbar aus dem Wortlaut des § 11 Abs. 2 NGrStG (die Dienensvoraussetzung bezieht sich nur auf die Betriebsmittel), ergibt sich aber aus dem Zweck der Einbeziehung (→ Rn. 5) und der allgemeinen – insoweit nicht verdrängten – Regelung des § 232 Abs. 1 S. 2 BewG.

8   Nicht dem Grundstückseigentümer zuzurechnende **Betriebsmittel** sind nach § 11 Abs. 2 NGrStG seinem Betrieb der Land- und Forstwirtschaft zuzurechnen, wenn sie der Bewirtschaftung seines Betriebes dienen. Einzig denkbarer Anwendungsfall ist die **Zuordnung der Tierbestände** (→ Rn. 6). Sofern derjenige, dem die Tiere zuzurechnen sind – vor allem der Pächter des Betriebs –, nicht Zurechnungssubjekt eines eigenen (bewertungsrechtlichen) Betriebs der Land- und Forstwirtschaft ist (weil er über keine eigenen Flächen und noch nicht einmal eine ei-

Abweichende Regelungen **§ 11 NGrStG**

gene Hofstelle verfügt), dürfte die Anwendung des § 11 Abs. 2 NGrStG unzweifelhaft sein. Denn es existiert dann nur eine einzige wirtschaftliche Einheit, nämlich der dem Verpächter zuzurechnende Betrieb der Land- und Forstwirtschaft. Diesem Betrieb sind die Tierbestände dann zuzurechnen, zB mit Wirkung für die Anwendung des § 238 Abs. 1 Nr. 1 BewG (vgl. BFH 14.5.2004 – II R 50/01, BStBl. II 2004, 818 zu § 34 Abs. 4 BewG im Zusammenhang mit dem Zuschlag nach § 41 BewG). Ist derjenige, dem die Tiere zuzurechnen sind, allerdings auch Zurechnungssubjekt eines eigenen (bewertungsrechtlichen) Betriebes der Land- und Forstwirtschaft – er bewirtschaftet als Pächter also Eigentums- und Pachtflächen –, stellt sich die Frage, welcher wirtschaftlichen Einheit die Tierbestände zuzurechnen sind. Richtigerweise ist insoweit § 2 Abs. 2 BewG maßgeblich und es muss der (eine) Betrieb bestimmt werden, dem die Tiere dienen. Denn § 11 Abs. 2 NGrStG suspendiert nur vom Grundsatz der Eigentümeridentität, aber nicht von dem für den Umfang einer wirtschaftlichen Einheit maßgeblichen Grundsatz der wirtschaftlichen Zugehörigkeit (zu Recht *Bruschke* in Stenger/Loose BewG § 34 Rn. 161; davon dürfte auch BFH 14.5.2004 – II R 50/01, BStBl. II 2004, 818 ausgehen; aA *Wiegand* in Rössler/Troll BewG § 34 Rn. 46 [Einbeziehung in beide Betriebe]). In der Regel dürfte der Tierbestand dem „Eigen-Betrieb" des Pächters dienen, dh § 11 Abs. 2 NGrStG findet dann keine Anwendung (vgl. BFH 14.5.2004 – II R 50/01, BStBl. II 2004, 818 zu § 34 Abs. 4 BewG im Zusammenhang mit dem Zuschlag nach § 41 BewG).

D. Anteile des Eigentümers an einem Wirtschaftsgut (Abs. 3)

Gemäß § 11 Abs. 3 NGrStG ist (auch) der Anteil des Eigentümers eines Betriebes der Land- und Forstwirtschaft an einem Wirtschaftsgut in seinen Betrieb der Land- und Forstwirtschaft einzubeziehen, wenn es mit dem Betrieb zusammen genutzt wird. Der Begriff Anteil erfasst sowohl Miteigentum als auch Gesamthandseigentum. Es müssen nicht alle Miteigentümer bzw. Gesamthänder Landwirte sein (*Stephany* in KSS BewG § 34 Rn. 39, 41; *Wiegand* in Rössler/Troll BewG § 34 Rn. 49 f.). Als Wirtschaftsgüter werden der Grund und Boden, Gebäude sowie Betriebsmittel erfasst. Voraussetzung der Einbeziehung ist die dienende Funktion des Wirtschaftsgutes für den Betrieb des Eigentümers iSv § 232 Abs. 1 S. 2 BewG (→ BewG § 232 Rn. 23 ff.). 9

E. Zurechnung von Gesellschaftereigentum zugunsten von Gesellschaften (Abs. 4)

In die einer (mit [Teil-] Rechtsfähigkeit versehenen) Personengesellschaft (Außen-GbR bzw. ab 1.1.2024 rechtsfähige Personengesellschaft, Personenhandelsgesellschaften) zuzurechnende wirtschaftliche Einheit eines Betriebs der Land- und Forstwirtschaft sind auch Wirtschaftsgüter einzubeziehen, die einem Gesellschafter (oder seinem Ehegatten → Rn. 13) gehören, wenn sie dem Betrieb der Gesellschaft iSv § 232 Abs. 1 S. 2 BewG zu dienen bestimmt sind (→ BewG § 232 Rn. 23 ff.). Diese Anordnung des § 11 Abs. 4 NGrStG ist aus dem bis zum 31.12.2024 für die Einheitsbewertung geltenden § 34 Abs. 6 BewG in das niedersächsische Recht übernommen worden. Die Regelung gilt sowohl für Grund und Boden wie auch für Gebäude und Betriebsmittel. 10

927

11 § 11 Abs. 4 NGrStG gilt auch für nicht rechtsfähige Gesamthandsgemeinschaften. Diese können nach hier vertretener Auffassung allerdings nicht Zurechnungssubjekt einer wirtschaftlichen Einheit sein (→ BewG § 219 Rn. 37 ff.). Betreiben die Gesamthänder gleichwohl gemeinsam einen Betrieb der Land- und Forstwirtschaft, ist ihnen dieser als Einheit zuzurechnen und es erfolgt eine Feststellung ihrer Anteile an diesem Betrieb. Der Betrieb besteht dann aus den Wirtschaftsgütern, die gesamthänderisch gebunden sind (insoweit ist der Grundsatz der Eigentümeridentität erfüllt), und den über § 11 Abs. 4 NGrStG in diese wirtschaftliche Einheit einzubeziehenden Wirtschaftsgütern (die also nur im Eigentum eines Gesamthänders stehen). Eine solche Konstellation ist zB bei Gütergemeinschaft denkbar, wenn ein Ehegatte über Sondergut verfügt, das zusammen mit den im Gesamtgut befindlichen Wirtschaftsgütern bewirtschaftet wird. Auch bei einer Erbengemeinschaft sind Anwendungsfälle des § 11 Abs. 4 NGrStG denkbar. Wenn zB zwei im Güterstand der Zugewinngemeinschaft lebende Ehegatten Miteigentümer eines verpachteten Betriebes der Land- und Forstwirtschaft sind und nach dem Tod des einen Ehegatten in Bezug auf dessen Miteigentumsanteils nunmehr eine ungeteilte Erbengemeinschaft bestehend aus dem überlebenden Ehegatten und einem Abkömmling besteht, dürfte es § 11 Abs. 4 NGrStG ermöglichen, dass der Verpachtungsbetrieb als eine wirtschaftliche Einheit erhalten bleibt.

F. Wirtschaftliche Einheit bei Ehegatten/Lebenspartnern (Abs. 5 iVm § 2 Abs. 4 NGrStG)

12 Gemäß § 11 Abs. 5 NGrStG findet § 2 Abs. 4 NGrStG entsprechende Anwendung. Die Regelung des § 2 Abs. 4 NGrStG, wonach bei Ehegatten/Lebenspartnern der Grundsatz der Zurechnungssubjektidentität bei der Erfassung einer wirtschaftlichen Einheit durchbrochen wird, dürfte sogar nur im Bereich der Land- und Forstwirtschaft einen nennenswerten Anwendungsbereich haben (→ NGrStG § 2 Rn. 9 ff., dort wird auch auf die Betriebe der Land- und Forstwirtschaft eingegangen).

13 § 11 Abs. 5 NGrStG iVm § 2 Abs. 4 NGrStG kann uU mit § 11 Abs. 4 NGrStG zu kombinieren sein. In den Betrieb einer Gesellschaft können daher auch Wirtschaftsgüter einzubeziehen sein, die dem Ehegatten eines Gesellschafters zuzurechnen sind (BFH 14.5.2004 II R 50/01, BStBl. II 2004, 818, dort: GbR pachtete den Schweinestall von dem Ehemann einer Gesellschafterin, was zur Einbeziehung einer Teilfläche und des Stallgebäudes in die der GbR zuzurechnende wirtschaftliche Einheit führt).

G. Grenzüberschreitende wirtschaftliche Einheiten

14 § 2 Abs. 5 NGrStG enthält eine Regelung für wirtschaftliche Einheiten des Grundvermögens, die sowohl in Niedersachsen als auch in einem anderen Bundesland oder gar im Ausland belegen sind. § 11 NGrStG verweist nicht auf § 2 Abs. 5 NGrStG. In Bezug auf das Ausland ist dies auch nicht notwendig, da insoweit § 231 BewG gilt. Anders verhält es sich hingegen mit Betrieben der Land- und Forstwirtschaft, die sich über mehrere Bundesländer erstrecken. Für diese Konstellation fehlt eine Regelung. In der Gesetzesbegründung wird diese Frage nicht thematisiert. Womöglich ist der niedersächsische Gesetzgeber wie selbstverständlich

Abweichende Regelungen **§ 11 NGrStG**

davon ausgegangen, dass die Überschreitung von Landesgrenzen bei einem Betrieb der Land- und Forstwirtschaft kein regelungsbedürftiges Problem darstellt, weil auch in den angrenzenden Bundesländern die §§ 232 ff. BewG Anwendung finden und daher eine Grundsteuerwertfeststellung, Grundsteuermessbetragsfestsetzung und Zerlegung für den gesamten Betrieb möglich sind. Auf den ersten Blick erscheint dies nicht unplausibel. Verfassungsrechtlich spricht jedenfalls nichts dagegen, wenn ein Landesgrundsteuergesetz auch in anderen Bundesländern belegene Grundstücke in die wirtschaftliche Einheit einbezieht, um eine betriebliche Einheit zu erfassen, solange die Besteuerung selbst auf die im eigenen Land belegenen Grundstücke beschränkt bleibt (dh nicht die Grundsteuer für die gesamte wirtschaftliche Einheit begehrt wird). Auch das einfache Recht steht dem nicht entgegen, sofern bei einem die Grenze nach Nordrhein-Westfalen, Hessen, Thüringen, Sachsen-Anhalt, Brandenburg oder Mecklenburg-Vorpommern überschreitenden Betrieb kein Fall des § 11 Abs. 2–4 NGrStG vorliegt. Im Verhältnis zu Hamburg schadet wiederum gerade ein Fall des § 11 Abs. 2–4 NGrStG nicht, weil in Hamburg eine entsprechende Regelung gilt (§ 9 Abs. 2 HmbGrStG). In beiden grenzüberschreitenden Konstellationen **bestehen daher bei einer Grenzüberschreitung gegen die Durchführung eines einzigen Grundsteuerwertfeststellungs- und Grundsteuermessbetragsverfahrens mit anschließender Zerlegung keine Bedenken.**

Probleme stellen sich allerdings ein, wenn § 11 Abs. 2–4 NGrStG einschlägig ist 15 und Flächen sowohl in Niedersachsen als auch in einem Flächenland (zB Nordrhein-Westfalen) betroffen sind. Wegen **§ 11 Abs. 2–4 NGrStG kann es in Ansehung des Zuschnitts der wirtschaftlichen Einheit** zu Abweichungen kommen und diese Abweichungen **dürften in dem anderen Flächenstaat keine Wirkung haben.** Das wird besonders deutlich, wenn eine niedersächsische Finanzbehörde tätig wird und ein Grundsteuerwertfeststellungsverfahren für die gesamte wirtschaftliche Einheit betreibt: Wenn ein Land sein Landesrecht vollzieht, ist seine Verwaltungshoheit auf sein eigenes Staatsgebiet beschränkt, sofern dies nicht zB durch einen Staatsvertrag abbedungen ist oder die Ausübung der Verwaltungshoheit die Hoheitsgewalt anderer Länder nicht beeinträchtigt (BVerfG 30.6.2015 – 2 BvR 1282/11, BVerfGE 139, 321 Rn. 99 f.; BVerwG 5.5.2017 – 6 AV 1/17, NVwZ-RR 2017, 676; *Isensee* in Isensee/Kirchhof StaatsR-HdB § 126 Rn. 33 ff.). Da ein (in ein Gesetz transformierter) Staatsvertrag (soweit ersichtlich) fehlt und die betroffenen Flächenstaaten in ihrer Hoheitsgewalt beeinträchtigt würden, wenn Niedersachsen für jenseits des eigenen Territoriums belegene Grundstücke sein Landesrecht (§ 11 Abs. 2–4 NGrStG mit seinem Zuschnitt einer wirtschaftlichen Einheit) vorgeben würde, dürfte es Niedersachsen nicht möglich sein, Entscheidungen zu treffen, die in den anderen Flächenstaaten Bindungswirkung erzeugen. Dass im Übrigen Bundesrecht Anwendung findet, dürfte ohne Bedeutung sein. Entscheidend ist, dass auch Landesrecht angewendet wird. Der die gesamte wirtschaftliche Einheit umfassende **Grundsteuerwertbescheid, der von der niedersächsischen Behörde erlassen wird, kann daher nicht ausschließen, dass ein Finanzamt des betroffenen anderen Flächenstaates ein in den niedersächsischen Bescheid einbezogenes Grundstück ebenfalls einem Feststellungsverfahren unterwirft,** weil es nach Maßgabe des Grundsatzes der Eigentümeridentität (abweichend von § 11 Abs. 2–4 NGrStG) dieses Grundstück als eigenständige wirtschaftliche Einheit ansieht. Es dürfte ferner nicht möglich sein, die in dem betroffenen anderen Flächenstaat liegenden Gemeinden an einem Zerlegungsverfahren zu beteiligen. Das bedeutet: Es ist Niedersachsen von Verfassungs wegen zwar nicht verwehrt, für die Besteuerung auch an außerhalb des eigenen Territoriums belegene Grundstücke anzuknüpfen, um die wirtschaftliche Einheit zu bestimmen. Die insoweit zu treffenden Entscheidungen haben in den betroffenen anderen Flächenstaaten aber keine Wirkung und deshalb bedarf es dort allein deswegen einer eigenen Verwaltungstätigkeit, damit die dort belegenen Gemeinden in Ansehung der auf ihrem Gebiet belegenen Grundstücke die Grundsteuer erheben können. Um diese Probleme zu vermeiden, dürfte sich eine analoge Anwendung des § 231 Abs. 2 BewG anbieten: Die niedersächsische Finanzbehörde würde in einem Anwendungsfall des § 11 Abs. 2–4 NGrStG zwar von einer grenzüberschreitenden wirtschaftlichen Einheit ausgehen, würde aber Feststellungen nur für den in Niedersachsen belegenen Teil der wirtschaftlichen Einheit treffen. Für die betroffenen anderen Flächenstaaten würde dies entsprechend gelten (→ BewG § 231 Rn. 4).

H. Steuererklärungs- und Anzeigepflichten (Abs. 5 iVm §§ 8 Abs. 5 u. 6, 9 Abs. 4 S. 4 NGrStG)

16 Die Regelungen in § 8 Abs. 5 u. 6 NGrStG modifizieren partiell § 228 BewG, der auch in Niedersachsen für die Grundsteuer B Anwendung findet (→ NGrStG § 8 Rn. 13 f.; im Übrigen gelten die Erläuterungen zu § 228 BewG entsprechend). § 11 Abs. 5 NGrStG erstreckt die Anwendung von § 228 BewG iVm § 8 Abs. 5 u. 6 NGrStG folgerichtig auf die Grundsteuer A. Entsprechendes gilt für § 17 GrStG iVm § 9 Abs. 4 S. 4 NGrStG.

Dritter Teil Übergangs- und Schlussvorschriften

§ 12 Anwendung von Bundesrecht

(1) **Die Ermittlung, Festsetzung und Erhebung der Grundsteuer für Zeiträume der Kalenderjahre bis einschließlich 2024 bemisst sich ausschließlich nach den Bestimmungen des Grundsteuergesetzes und des Bewertungsgesetzes.**

(2) ¹Die Vorschriften der Abgabenordnung sind entsprechend anzuwenden, soweit in diesem Gesetz nichts anderes bestimmt ist. ²§ 32h AO gilt mit der Maßgabe, dass der oder die Landesbeauftragte für den Datenschutz zuständig ist und hinsichtlich ihrer oder seiner Rechte und Pflichten, Aufgaben und Befugnisse und ihres oder seines Tätigkeitsberichts die Bestimmungen des Niedersächsischen Datenschutzgesetzes einschlägig sind.

(3) **Die im Grundsteuergesetz enthaltenen Verordnungsermächtigungen finden in Bezug auf die in diesem Gesetz geregelten Sachverhalte mit der Maßgabe Anwendung, dass für den Erlass der entsprechenden Verordnungen das für Finanzen zuständige Ministerium zuständig ist.**

Anwendung von Bundesrecht § 12 NGrStG

A. Allgemeines

I. Systematische Einordnung und Zweck der Regelung

§ 12 NGrStG regelt in Ergänzung des § 1 S. 2 NGrStG weitere Fragen betreffend 1
das Verhältnis des niedersächsischen Grundsteuerrechts zum Bundesgrundsteuerrechtrecht und insbesondere zur Abgabenordnung.

II. Entwicklung der Vorschrift

Die Regelung beruht auf dem Gesetz v. 7.7.2021 (→ Grundlagen Rn. 88; zu 2
§ 12 NGrStG NdsLT-Drs. 18/8995, 31 [Gesetzesbegründung], NdsLT-Drs. 18/9632, 31 [Ausschussbegründung]).

B. Anwendung des alten Bundesgrundsteuerrechts bis zum Kalenderjahr 2024 (Abs. 1)

Das NGrStG gilt für die Grundsteuer ab dem Kalenderjahr 2025. Bei dem nie- 3
dersächsischen Grundsteuerrecht handelt es sich allerdings nicht um eine Vollkodifikation. Soweit der niedersächsische Gesetzgeber von seiner Abweichungsbefugnis keinen Gebrauch gemacht hat, gelten daher ab dem Kalenderjahr 2025 (auch) das Grundsteuergesetz und die §§ 218 ff. BewG (→ NGrStG § 1 Rn. 1).

Gemäß § 12 Abs. 1 NGrStG iVm § 37 Abs. 2 GrStG finden bis einschließlich 4
zum Kalenderjahr 2024 das Grundsteuergesetz v. 7.8.1973 in der zuletzt durch Gesetz v. 19.12.2008 (BGBl. 2008 I 2794) geänderten Fassung und die Einheitswertregelungen des Bewertungsgesetzes Anwendung. Der Rechtswechsel zwischen „altem" und „neuem" Grundsteuerrecht richtet sich nach § 36 GrStG und § 266 BewG sowie § 13 NGrStG.

C. Anwendung der Abgabenordnung (Abs. 2 S. 1)

Die Verwaltungszuständigkeit ist in Niedersachsen – wie in allen anderen Flä- 5
chenländern auch – zwischen den Landesfinanzbehörden (Finanzämter) und den Gemeinden aufgeteilt (auch → Grundlagen Rn. 42 ff.): Die Finanzämter sind für die Feststellungen nach §§ 219 ff. BewG iVm § 8 NGrStG, das Grundsteuermessbetragsverfahren nach §§ 17 ff. GrStG iVm § 9 NGrStG sowie das Zerlegungsverfahren nach §§ 22 ff. GrStG zuständig. Den Gemeinden ist demgegenüber die Festsetzung und Erhebung der Grundsteuer übertragen (durch § 1 RStErhG).

Für die Verwaltungstätigkeit der Landesfinanzbehörden (= Finanzämter) 6
gilt die Abgabenordnung. § 12 Abs. 2 S. 1 NGrStG ordnet ihre entsprechende Anwendung an. Auch wenn die AO bei nur teilweiser landesgesetzlicher Abweichung vom Bundesrecht ohnehin maßgeblich ist, sofern das Landesrecht nichts anderes bestimmt (→ Grundlagen Rn. 77; aA NdsLT-Drs. 18/8995, 31; *Krause* in Stenger/Loose NGrStG Rn. 654), ist die Regelung in § 12 Abs. 2 S. 1 NGrStG gleichwohl konstitutiv. Der Landesgesetzgeber macht (auch) insoweit von seiner Abweichungsbefugnis nach Art. 72 Abs. 3 S. 1 Nr. 7 GG Gebrauch (zur Geltung des Art. 72 Abs. 3 S. 1 GG auch für das Verfahrensrecht → Grundlagen Rn. 77) und

§ 12 NGrStG Dritter Teil Übergangs- und Schlussvorschriften

transformiert die Vorschriften der AO ins Landesrecht. Denn anders als im Fall des § 1 S. 1 NGrStG (→ NGrStG § 1 Rn. 1) erklärt der Landesgesetzgeber die Vorschriften der AO ausdrücklich für „entsprechend" anwendbar und bestätigt damit nicht bloß deren Geltung. Der Verweis auf die AO ist fast umfassend (einschließlich des außergerichtlichen Rechtsbehelfsverfahrens; Ausnahme lediglich § 12 Abs. 2 S. 2 NGrStG in Bezug auf die Datenschutzaufsicht, → Rn. 11). Er erfasst insbesondere auch die §§ 369 ff. AO. Da die steuerstrafrechtlichen Vorschriften als Landesrecht Anwendung finden, hat der niedersächsische Gesetzgeber insoweit zulässigerweise von der Öffnungsklausel des Art. 4 Abs. 3 EGStGB Gebrauch gemacht. Die Grundsteuerhinterziehung ist daher nach den gleichen Grundsätzen strafbar, die bereits für das Bundesrecht erläutert wurden (→ Grundlagen Rn. 69 ff.). Der Verweis ist zudem dynamisch. Eine solche dynamische Verweisung ist – nicht anders als bei den Landesgesetzen, die dynamisch auf das VwVfG des Bundes verweisen – verfassungsrechtlich zulässig (vgl. BVerwG 3.3.2005 – 7 B 151/04, NVwZ 2005, 699; *Schmitz* in SBS VwVfG § 1 Rn. 75).

7 Wenn § 12 Abs. 2 S. 1 NGrStG die AO für anwendbar erklärt, dann gilt dies auch für § 1 Abs. 2 AO. Dem Gesetz und der zugehörigen Begründung kann jedenfalls nicht entnommen werden, dass in Niedersachsen in Ansehung der **Verwaltungstätigkeit der Gemeinden** etwas anderes gelten soll als bisher auch. Weder kann der Verweis so interpretiert werden, dass er nur für die Landesfinanzbehörden gilt, noch dass er über den Katalog des § 1 Abs. 2 AO hinaus die AO für anwendbar erklärt. Dass **von den Gemeinden anzuwendende Verfahrensrecht richtet sich daher nach wie vor vorrangig nach dem Verweis des § 1 Abs. 2 AO** und im Übrigen nach dem allgemeinen Landesrecht (vor allem in Ansehung der Vollstreckung).

D. Gerichtlicher Rechtsschutz

8 Gemäß § 33 Abs. 1 Nr. 1 FGO ist der Finanzrechtsweg in öffentlich-rechtlichen Streitigkeiten über Abgabenangelegenheiten eröffnet, soweit die Abgaben der Gesetzgebung des Bundes unterliegen und durch Bundes- oder Landesfinanzbehörden verwaltet werden. Anders als § 1 Abs. 1 AO verlangt § 33 Abs. 1 Nr. 1 FGO nicht, dass die zu verwaltende Steuer „durch Bundesrecht geregelt ist". Vielmehr ist es ausreichend, dass der Bund die Gesetzgebungskompetenz für die Steuer innehat. Insoweit ist die konkurrierende Gesetzgebungskompetenz nach Art. 105 Abs. 2 S. 1 GG ausreichend; die Abweichungsbefugnis der Länder ist hierfür ohne Bedeutung (*Krumm* in Tipke/Kruse § 33 FGO Rn. 19a). Der niedersächsische Landesgesetzgeber hat dies freilich anders gesehen und verweist in der Gesetzesbegründung auf die Eröffnung des Finanzrechtsweges durch Landesrecht, wie sie heute in § 91 S. 1 NJG geregelt ist (vgl. NdsLT-Drs. 18/8995, 31, wo allerdings noch auf die Vorgängerregelung im NdsAGFGO hingewiesen wird). Nach dieser Regelung ist der Finanzrechtsweg eröffnet, soweit Landesfinanzbehörden Abgaben (wozu auch Steuern gehören, vgl. BFH 7.8.1985 – I R 309/82, BStBl. II 1986, 42; 28.11.1990 – II R 90/88, BFH/NV 1991, 837) verwalten, die nicht der Gesetzgebung des Bundes unterliegen. Da die Grundsteuer indes „auch" der Gesetzgebung des Bundes unterliegt, **ist § 91 S. 1 NJG nicht maßgeblich. Die Eröffnung des Finanzrechtswegs folgt allein aus § 33 Abs. 1 Nr. 1 FGO.**

9 Mit der Eröffnung des Finanzrechtswegs nach § 33 Abs. 1 Nr. 1 FGO ist zwangsläufig die Anwendung der FGO verbunden. Das bedeutet allerdings nicht, dass das

Anwendung von Bundesrecht **§ 12 NGrStG**

NGrStG revisibel ist. Denn **Landesrecht ist nur revisibel, wenn der Landesgesetzgeber dies anordnet (§ 118 Abs. 1 S. 2 FGO) und an einer solchen Regelung fehlt es im NGrStG.** Mit der Revision kann allerdings die Verletzung der Vorschriften des GrStG und des BewG, soweit sie als partielles Bundesrecht in Niedersachsen Anwendung finden, geltend gemacht werden. Denn mit § 12 Abs. 1 S. 1 NGrStG werden diese Normen nicht zu Landesrecht (→ NGrStG § 1 Rn. 1). Vielmehr gelten die Vorschriften des GrStG und des BewG weiterhin kraft des Gesetzesbefehls des Bundesgesetzgebers und deshalb liegt revisibles Bundesrecht vor (vgl. *Suerbaum* in BeckOK VwGO § 137 Rn. 4: auch nicht durch Landesrecht verdrängtes partielles Bundesrecht ist revisibles Bundesrecht. Für das anzuwendende Steuerschuld- und Steuerverfahrensrecht (= AO,) gilt dies wiederum nicht. Die AO wird über § 12 Abs. 2 S. 1 NGrStG zu Landesrecht (→ Rn. 6) und ist deshalb mangels landesrechtlicher Bestimmung iSv § 118 Abs. 1 S. 2 FGO nicht revisibel. **In der Gesamtbetrachtung erscheint die prozessuale Rechtslage undurchdacht.** Eine nur partielle Revisibilität ist in Anbetracht der vielfältigen Wechselwirkungen zwischen dem Landesgrundsteuerrecht und dem Bundesgrundsteuerrecht wenig zielführend.

Gegen die **Handlungen und Unterlassungen der Gemeinde** anlässlich von Festsetzung und Erhebung der Grundsteuer ist der **Verwaltungsrechtsweg** eröffnet (→ Grundlagen Rn. 64). Ob vorher ein Widerspruchsverfahren durchgeführt werden muss, ist in Niedersachsen eine Frage des Einzelfalls (→ Grundlagen Rn. 61). 10

E. Datenschutzaufsicht in Grundsteuersachen

Mit § 32h Abs. 1 S. 1 AO hat der Bundesgesetzgeber im Anwendungsbereich der Abgabenordnung die Landesfinanzbehörden der Datenschutzaufsicht des Bundesbeauftragten für den Datenschutz und die Informationsfreiheit unterstellt. Man kann bereits darüber streiten, ob dies verfassungsgemäß ist oder ob für die Landesfinanzbehörden die Landesdatenschutzbehörden zuständig sind (eingehend *Krumm* in Tipke/Kruse AO § 32h Rn. 5). Jedenfalls für den Grundsteuervollzug durch die Finanzbehörden in Niedersachsen ist mit § 12 Abs. 2 S. 2 NGrStG eindeutig geklärt, dass der Landesbeauftragte für den Datenschutz zuständig ist. Der Aufsichtsrechtsrahmen ergibt sich aus dem NDSG (und nicht aus § 32h Abs. 1 S. 2 AO iVm dem BDSG). Die DS-GVO ist nach hier vertretener Ansicht hingegen auf den Vollzug des Grundsteuerrechts nicht anwendbar (→ BewG § 229 Rn. 6), was in Niedersachsen allerdings die Anwendbarkeit der Befugnisse nach Art. 58 Abs. 1–3 DS-GVO wohl nicht hindert (vgl. §§ 2 Nr. 2 Buchst. c, 20 NDSG). 11

In materieller Hinsicht übernimmt das NGrStG das Datenverarbeitungsrecht der Abgabenordnung. Die Regelung in § 12 Abs. 2 S. 2 NGrStG betrifft nur die Zuständigkeit, Aufgaben und Befugnisse des Landesbeauftragten für den Datenschutz, aber nicht das spezifisch steuerrechtliche Datenverarbeitungsregime der AO. Es gelten mithin die §§ 2a, 29b ff., 32a ff. AO und dies einschließlich etwaiger Verweisungen auf das BDSG (mit Ausnahme der in § 32h Abs. 1 S. 2 AO in Bezug genommenen §§ 13–16 BDSG; vgl. auch NdsLT-Drs. 18/9632, 31). 12

F. Keine Geltung von Bundesrechtsverordnungen (Abs. 3)

13 Gemäß § 12 Abs. 3 S. 1 NGrStG finden die im Grundsteuergesetz enthaltenen Verordnungsermächtigungen in Bezug auf die im NGrStG geregelten Sachverhalte nur mit der Maßgabe Anwendung, dass die entsprechenden Rechtsverordnungen durch das in Niedersachsen für Finanzen zuständige Ministerium erlassen werden. Die Regelung ist bewusst auf die Verordnungsermächtigungen im GrStG und damit auf §§ 1 Abs. 3, 24 S. 1 GrStG beschränkt worden (NdsLT-Drs. 18/9632, 31). Sein Regelungsgehalt erschöpft sich mithin darin, die Zuständigkeit der Landesregierung landesrechtlich in die Zuständigkeit des Finanzministeriums zu überführen. Die Regelung enthält mithin keine Abweichung von § 263 BewG. Insoweit bleibt es bei der allein an das BMF adressierten Verordnungsermächtigung.

§ 13 Übergangsregelungen

Für die Anwendung des § 8 Abs. 1 Satz 2 und Abs. 3 Satz 1 dieses Gesetzes sowie des § 223 Abs. 1 Nr. 2 und des § 224 Abs. 1 Nr. 2 BewG ist für Feststellungszeitpunkte zwischen dem 1. Januar 2022 und dem 31. Dezember 2024 zu unterstellen, dass die Feststellungen für die Besteuerung nach diesem Gesetz von Bedeutung sind und die wirtschaftlichen Einheiten zur Besteuerung nach diesem Gesetz herangezogen oder nicht mehr herangezogen werden.

1 § 13 NGrStG beruht auf dem Gesetz v. 7.7.2021 (→ Grundlagen Rn. 88; zu § 13 NGrStG NdsLT-Drs. 18/8995, 31 f. [Gesetzesbegründung], NdsLT-Drs. 18/9632, 31 [Ausschussbegründung]). Er ergänzt § 266 Abs. 2 BewG, indem er den dort bereits verwirklichten Grundgedanken, wonach der Durchführung eines Feststellungsverfahrens vor dem 31.12.2024 nicht entgegengehalten werden können soll, dass das neue Grundsteuerrecht noch keine Anwendung findet, auch auf die Flächenfeststellung (→ NGrStG § 8 Rn. 3 ff.) überträgt.

§ 14 Evaluation

Nach Abschluss der Hauptfeststellung evaluiert das für Finanzen zuständige Ministerium die Belastungsverteilung der Grundsteuer nach diesem Gesetz zum 31. Dezember 2027.

Von einer Kommentierung der Norm wird abgesehen

§ 15 Inkrafttreten, Außerkrafttreten

(1) Dieses Gesetz tritt am Tag nach seiner Verkündung in Kraft.

(2) § 13 tritt am 31. Dezember 2029 außer Kraft.

Von einer Kommentierung der Norm wird abgesehen.

6. Saarländisches Grundsteuergesetz (GrStG-Saar)

Vom 15. September 2021
(Amtsbl. 2021, 2372)

§ 1 Steuermesszahlen für Grundstücke des Grundvermögens

(1) Die Steuermesszahlen für im Saarland belegene Grundstücke des Grundvermögens betragen abweichend von § 15 Absatz 1 des Grundsteuergesetzes in der Fassung der Bekanntmachung vom 7. August 1973 (BGBl. I S. 965), zuletzt geändert durch Artikel 3 des Gesetzes vom 16. Juli 2021 (BGBl. I S. 2931),

1. 0,64 Promille für unbebaute Grundstücke im Sinne des § 246 des Bewertungsgesetzes in der Fassung der Bekanntmachung vom 1. Februar 1991 (BGBl. I S. 230), zuletzt geändert durch Artikel 1 und 2 des Gesetzes vom 16. Juli 2021 (BGBl. I S. 2931),
2. 0,34 Promille für bebaute Grundstücke im Sinne des § 249 Absatz 1 Nummer 1 bis 4 des Bewertungsgesetzes und
3. 0,64 Promille für bebaute Grundstücke im Sinne des § 249 Absatz 1 Nummer 5 bis 8 des Bewertungsgesetzes.

(2) Für § 15 Absatz 2 bis Absatz 5 des Grundsteuergesetzes sind die Steuermesszahlen nach § 1 Absatz 1 maßgeblich.

1 Das Saarland hat das Bundesgrundsteuerrecht übernommen, aber in Bezug auf die Messzahlen mit § 1 GrStG-Saar teilweise von der Abweichungsbefugnis nach Art. 72 Abs. 3 S. 1 Nr. 7 GG (→ Grundlagen Rn. 74 ff.) Gebrauch gemacht. Die Regelung beruht auf dem Gesetz zur Einführung einer Landesgrundsteuer v. 15.9.2021 (Amtsbl. 2021, 2372, dazu SaarLT-Drs. 16/1653, 6 f.). § 1 Abs. 1 GrStG-Saar stellt eine den § 15 Abs. 1 GrStG verdrängende Sonderregelung dar (→ Rn. 3). Die Steuermesszahlermäßigungen des § 15 Abs. 2–5 GrStG bleiben hingegen anwendbar (→ Rn. 5).

2 Für den Grundsteuervollzug im Saarland gilt die Abgabenordnung. Die punktuelle Abweichung des § 1 Abs. 1 GrStG-Saar ändert nichts daran, dass – vorbehaltlich der Zuständigkeit der Gemeinden für Festsetzung und Erhebung (§ 3 Abs. 7 Saar-KAG, dazu aE) – im Übrigen die saarländischen Landesfinanzbehörden ein Bundessteuergesetz iSv § 1 Abs. 1 AO verwalten (→ Grundlagen Rn. 77). Der gerichtliche Rechtsschutz wiederum richtet sich nach der FGO und wird von den Finanzgerichten gewährleistet (§ 33 Abs. 1 Nr. 1 FGO; da die Grundsteuer der konkurrierenden Gesetzgebung des Bundes unterliegt, kommt es nicht auf § 33 Abs. 1 Nr. 4 FGO iVm § 5 SaarAGFGO an, s. *Krumm* in Tipke/Kruse FGO § 33 Rn. 19a). Die Revision zum BFH ist statthaft, allerdings kann die Revision nicht auf die Verletzung des § 1 GrStG-Saar gestützt werden, da der saarländische Landesgesetzgeber die FGO oder zumindest den Unterabschnitt über die Revision nicht für anwendbar erklärt hat (vgl. statt vieler *Ratschow* in Gräber FGO § 118 Rn. 18). Allerdings ist eine Rechtsverletzung allein aufgrund § 1 GrStG-Saar wegen der Bindungswirkung der Artfeststellung (→ Rn. 3) praktisch nicht vorstellbar. Soweit die Gemeinden die Grundsteuer festsetzen und erheben, gilt die Abgabenordnung nach Maß-

§ 2 GrStG-Saar Saarländisches Grundsteuergesetz

gabe von § 1 Abs. 2 AO (→ Grundlagen Rn. 78). Rechtsschutz gewähren insoweit die Verwaltungsgerichte (→ Grundlagen Rn. 64).

3   § 1 Abs. 1 GrStG-Saar bestimmt für unbebaute Grundstücke iSv § 246 BewG eine Steuermesszahl iHv 0,64 Promille (im Bundesrecht: 0,34 Promille), für bebaute Grundstücke iSv § 249 Abs. 1 Nr. 1–4 BewG (Einfamilienhaus, Zweifamilienhaus, Mietwohngrundstück und Wohnungseigentum, kurz: „Wohngrundstücke") eine Steuermesszahl iHv 0,34 Promille (im Bundesrecht: 0,31 Promille) und für die anderen bebauten Grundstücke (Teileigentum, Geschäftsgrundstücke, gemischt genutzte Grundstücke und sonstige bebaute Grundstücke iSv § 249 Abs. 1 Nr. 5–8 BewG, kurz: „Nicht-Wohngrundstücke") eine Steuermesszahl iHv 0,64 Promille (im Bundesrecht: 0,34 Promille). **Die Zuordnung der Grundstücke zur jeweiligen Grundstücksart richtet sich nach §§ 246, 249 BewG.** Hierüber wird im Grundsteuerwertbescheid eine gesonderte Feststellung getroffen (**Artfeststellung,** → BewG § 219 Rn. 14ff.), **die für den Grundsteuermessbescheid als Folgebescheid verbindlich ist** (→ GrStG § 16 Rn. 7). Will der Steuerpflichtige geltend machen, dass sein Grundstück anders einzuordnen ist, als dies im Grundsteuermessbescheid anlässlich der Anwendung des § 1 Abs. 1 GrStG-Saar getan wurde, muss er diesen Einwand daher gegenüber der Artfeststellung erheben. Gegen den Grundsteuermessbescheid kann er mit diesem Einwand nicht mehr gehört werden (→ GrStG § 16 Rn. 15).

4   Der saarländische Landesgesetzgeber hat sich mit § 1 Abs. 1 GrStG-Saar dafür entschieden, dass die Steuermesszahl für Wohngrundstücke nur etwa die Hälfte der im Übrigen für Grundstücke geltenden Steuermesszahl betragen soll. Da innerhalb einer Gemeinde nur ein einheitlicher Hebesatz für Grundstücke erlaubt ist (→ GrStG § 25 Rn. 1, 36), kann die Gemeinde diese Entscheidung des Landesgesetzgebers nicht relativieren. Gerechtfertigt wird diese Differenzierung zwischen Wohnnutzung einerseits und sonstiger Nutzung (Nicht-Wohngrundstücke, unbebaute Grundstücke) andererseits mit dem existenziellen Bedürfnis nach Wohnraum. Der Landesgesetzgeber geht davon aus, dass die Grundsteuerwerte für Wohnraum im neuen Recht deutlicher steigen werden als die Grundsteuerwerte für Nichtwohnraum, was jedenfalls bei Unterstellung eines im Übrigen stabilen Grundsteueraufkommens beim Wechsel vom alten zum neuen Recht dann zu einer Belastungsverschiebung zu Lasten der Wohnnutzung führen wird. Dem möchte der Landesgesetzgeber entgegensteuern (SaarLT-Drs. 16/1653, 6). Die Legitimität dieses Zwecks folgt sowohl aus dem GG (Art. 1, 20 GG) als auch der Saarländischen Verfassung (Art. 1 und Art. 60 Abs. 1 SLVerf, Menschenwürde und Sozialstaatsprinzip). **Die Differenzierung ist gleichheitsrechtlich gerechtfertigt** (→ Grundlagen Rn. 124).

5   Die **Steuermesszahlermäßigungen nach § 15 Abs. 2–5 GrStG** bleiben auch im Saarland anwendbar (arg. § 1 Abs. 2 GrStG-Saar). Bezugsgröße für die prozentualen Ermäßigungen sind die Messzahlen nach § 1 Abs. 1 GrStG-Saar (also zB in Bezug auf § 15 Abs. 5 GrStG im Falle eines Grundstücks iSv § 249 Abs. 1 Nr. 5–8 BewG = Ermäßigung der 0,64 Promille um 10 %).

§ 2 Inkrafttreten

Dieses Gesetz tritt am Tag nach der Verkündung in Kraft.

Von einer Kommentierung der Norm wird abgesehen.

7. Sächsisches Gesetz über die Festsetzung der Steuermesszahlen bei der Grundsteuer (Sächsisches Grundsteuermesszahlengesetz – SächsGrStMG)

Vom 21.12.2021
(SächsGVBl. 2022, 9)

Die Steuermesszahl beträgt, abweichend von § 15 Absatz 1 Nummer 1 und 2 des Grundsteuergesetzes vom 7. August 1973 (BGBl. I S. 965), das zuletzt durch Artikel 3 des Gesetzes vom 16. Juli 2021 (BGBl. I S. 2931) geändert worden ist, für im Freistaat Sachsen belegene
1. **unbebaute Grundstücke im Sinne des § 246 des Bewertungsgesetzes in der Fassung der Bekanntmachung vom 1. Februar 1991 (BGBl. I S. 230), das zuletzt durch Artikel 2 des Gesetzes vom 16. Juli 2021 (BGBl. I S. 2931) geändert worden ist, 0,36 Promille,**
2. **bebaute Grundstücke im Sinne des § 249 Absatz 1 Nummer 1 bis 4 des Bewertungsgesetzes 0,36 Promille und**
3. **bebaute Grundstücke im Sinne des § 249 Absatz 1 Nummer 5 bis 8 des Bewertungsgesetzes 0,72 Promille.**

Mit dem SächsGrStMG v. 21.12.2021 (SächsGrStMG, SächsGVBl. 2022, 9, maßgeblich ist die Gesetzesbegründung zum ersten SächsGrStMG v. 3.2.2021 in SächsLT-Drs. 7/4095 und der Änderungsantrag in SächsLT-Drs. 7/5395, zur Historie → Grundlagen Rn. 91) hat der sächsische Landesgesetzgeber von der Abweichungsbefugnis nach Art. 72 Abs. 3 S. 1 Nr. 7 GG (→ Grundlagen Rn. 74 ff.) Gebrauch gemacht. Es handelt sich um eine punktuelle Abweichung in Ansehung der Regelmesszahlen des § 15 Abs. 1 GrStG. Im Übrigen bleiben das GrStG (einschließlich der Messzahlermäßigungen des § 15 Abs. 2–5 GrStG, die auf die Messzahlen des SächsGrStMG angewendet werden müssen) und das BewG uneingeschränkt anwendbar. Entsprechendes gilt für die AO. Die punktuelle Abweichung des SächsGrStMG ändert nichts daran, dass – vorbehaltlich der Zuständigkeit der Gemeinden für Festsetzung und Erhebung (vgl. § 7 Abs. 4 S. 1 **SächsKAG**, → Grundlagen Rn. 42) – die sächsischen Landesfinanzbehörden ein Bundessteuergesetz iSv § 1 Abs. 1 AO verwalten (→ Grundlagen Rn. 77). Der gerichtliche Rechtsschutz wiederum richtet sich nach der FGO und wird von den Finanzgerichten gewährleistet. Einschlägig ist (allein) § 33 Abs. 1 Nr. 1 FGO, da die Grundsteuer der konkurrierenden Gesetzgebung des Bundes unterliegt (*Krumm* in Tipke/Kruse FGO § 33 Rn. 19a). Die Revision zum BFH ist statthaft, allerdings kann die Revision nicht auf die Verletzung des SächsGrStMG gestützt werden, da der sächsische Landesgesetzgeber die FGO oder zumindest den Unterabschnitt über die Revision nicht für anwendbar erklärt hat (vgl. § 118 Abs. 1 S. 2 FGO, dazu nur *Ratschow* in Gräber FGO § 118 Rn. 18). Allerdings ist eine Rechtsverletzung allein aufgrund einer unzutreffenden Auslegung des SächsGrStMG wegen der Bindungswirkung der Artfeststellung (→ Rn. 2) praktisch nicht vorstellbar. Ist der

1

SächsGrStMG

Steuerpflichtige der Ansicht, dass das SächsGrStMG verfassungswidrig ist (vgl. → Grundlagen Rn. 124), muss er den Grundsteuermessbescheid anfechten. Gegenüber dem Grundsteuerbescheid kann dieser Einwand nicht mehr geltend gemacht werden.

2   Das SächsGrStMG bestimmt für unbebaute Grundstücke iSv § 246 BewG und bebaute Grundstücke iSv § 249 Abs. 1 Nr. 1–4 BewG (Einfamilienhaus, Zweifamilienhaus, Mietwohngrundstück und Wohnungseigentum, kurz: „Wohngrundstücke") eine Steuermesszahl iHv 0,36 Promille. Für die anderen bebauten Grundstücke (Teileigentum, Geschäftsgrundstücke, gemischt-genutzte Grundstücke und sonstige bebaute Grundstücke iSv § 249 Abs. 1 Nr. 5–8 BewG, kurz: „Nicht-Wohngrundstücke") gilt eine Steuermesszahl iHv 0,72 Promille. Die Regelung übernimmt in Ansehung der bebauten Grundstücke die Differenzierung des GrStG zwischen Wohngrundstücken und Nicht-Wohngrundstücken, wie sie – ohne derzeit rechtserheblich zu sein – auch bereits gesetzestechnisch in § 15 Abs. 1 Nr. 2 GrStG angelegt ist. **Die Zuordnung der Grundstücke zur jeweiligen Grundstücksart richtet sich nach §§ 246, 249 BewG.** Hierüber wird im Grundsteuerwertbescheid eine gesonderte Feststellung getroffen (**Artfeststellung,** → BewG § 219 Rn. 14 ff.), **die für den Grundsteuermessbescheid als Folgebescheid verbindlich ist** (→ GrStG § 16 Rn. 7). Will der Steuerpflichtige geltend machen, dass sein Grundstück anders einzuordnen ist, als dies im Grundsteuermessbescheid anlässlich der Anwendung des SächsGrStMG getan wurde, muss er diesen Einwand daher gegenüber der Artfeststellung erheben. Gegen den Grundsteuermessbescheid kann er mit diesem Einwand nicht mehr gehört werden (→ GrStG § 16 Rn. 15).

3   Der Landesgesetzgeber gibt mit dem SächsGrStMG verbindlich vor, **dass die Nicht-Wohngrundstücke** – jedenfalls **konzeptionell** (im Übrigen ist zu bedenken, dass jeweils unterschiedliche Bewertungsverfahren Anwendung finden, vgl. § 250 BewG) – **doppelt so hoch besteuert werden wie die Wohngrundstücke.** Da innerhalb einer Gemeinde nur ein einheitlicher Hebesatz für Grundstücke erlaubt ist (→ GrStG § 25 Rn. 1, 36), kann die Gemeinde diese Grundentscheidung nicht relativieren. Der sächsische Landesgesetzgeber rechtfertigt die Differenzierung zwischen Wohnnutzung und sonstiger Nutzung mit der Förderung von bezahlbarem Wohnraum und der elementaren Bedeutung des Wohnens für das menschliche Dasein (SächsLT-Drs. 7/4095, 9). Die Legitimität dieses Zwecks folgt sowohl aus dem GG (Art. 1, 20 GG) als auch Art. 7 SächsVerf (dort Abs. 1: „Das Land erkennt das Recht eines jeden Menschen auf ein menschenwürdiges Dasein, insb. auf Arbeit, auf angemessenen Wohnraum [...] an"). **Die Differenzierung zwischen Wohn- und Nicht-Wohngrundstücken ist gleichheitsrechtlich gerechtfertigt** (→ Grundlagen Rn. 124). Dies gilt auch für die Begünstigung unbebauter Grundstücke, die ua mit der Bedeutung nicht versiegelter Flächen für die Lebens- und Luftqualität gerechtfertigt wird (str, → Grundlagen Rn. 124).

Anhang

Verordnung zur Einstufung der Gemeinden in eine Mietniveaustufe im Sinne des § 254 des Bewertungsgesetzes (Mietniveau-Einstufungsverordnung – MietNEinV)

Vom 18. August 2021
(BGBl. I S. 3738)

Auf Grund des § 263 Absatz 2 des Bewertungsgesetzes, der durch Artikel 1 Nummer 2 des Gesetzes vom 26. November 2019 (BGBl. I S. 1794) eingefügt worden ist, verordnet das Bundesministerium der Finanzen:

§ 1 Gemeindebezogene Einordnung

[1]Die gemeindebezogene Einordnung in die jeweilige Mietniveaustufe zur Ermittlung der Zu- und Abschläge im Sinne des § 254 des Gesetzes in Verbindung mit der Anlage 39, Teil II, zum Gesetz ergibt sich aus der Anlage zu dieser Verordnung. [2]Maßgeblicher Gebietsstand ist der 25. Januar 2021.

Vorbemerkung: Der Anhang zu § 1 MietNEinV wird nachfolgend nur auszugsweise wiedergegeben. Es wird auf den Abdruck der laufenden Nummer und des amtlichen Gemeindeschlüssels (AGS) verzichtet. Letzterer wird nur bei solchen Gemeinden angegeben, bei denen wegen Namensidentität anderenfalls eine Zuordnung nicht möglich wäre. Zudem wird auf die Auflistung derjenigen Gemeinden verzichtet, für die die Mietniveaustufe 1 gilt.

§ 2 Inkrafttreten

Diese Verordnung tritt am Tag nach der Verkündung in Kraft.

MietNEinV
Mietniveau-Einstufungsverordnung

Berlin
Berlin 4

Brandenburg (für alle nicht aufgeführten Gemeinden gilt die Mietniveaustufe 1)

Ahrensfelde	3	Dahme/Mark	2
Alt Zauche-Wußwerk	2	Dahmetal	2
Althüttendorf	2	Dallgow-Döberitz	2
Am Mellensee	2	Diensdorf-Radlow	2
Angermünde	2	Drahnsdorf	2
Bad Belzig	2	Eberswalde	3
Bad Saarow	2	Eichwalde	2
Baruth/Mark	2	Eisenhüttenstadt	3
Beelitz	3	Erkner	3
Beeskow	2	Falkensee	4
Beetzsee	2	Finsterwalde	2
Beetzseeheide	2	Frankfurt (Oder)	2
Bensdorf	2	Fredersdorf-Vogelsdorf	4
Berkenbrück	2	Friedland	2
Bernau bei Berlin	3	Friedrichswalde	2
Bersteland	2	Friesack	2
Bestensee	2	Fürstenberg/Havel	2
Biesenthal	2	Fürstenwalde/Spree	2
Birkenwerder	2	Glienicke/Nordbahn	5
Blankenfelde-Mahlow	4	Gollenberg	2
Borkheide	2	Golßen	2
Borkwalde	2	Golzow	2
Brandenburg (Havel)	2	Görzke	2
Breydin	2	Gosen-Neu Zittau	2
Brieselang	5	Gräben	2
Briesen (Mark)	2	Gransee	2
Brieskow-Finkenheerd	2	Groß Köris	2
Britz	2	Groß Kreutz (Havel)	2
Brück	2	Groß Lindow	2
Buckautal	2	Großbeeren	2
Byhleguhre-Byhlen	2	Großderschau	2
Chorin	2	Großwoltersdorf	2
Cottbus/	2	Grünheide (Mark)	2

Mietniveau-Einstufungsverordnung **MietNEinV**

Grunow-Dammendorf	2
Guben	2
Halbe	2
Havelaue	2
Havelsee	2
Heideblick	2
Heidesee	2
Hennigsdorf	3
Hohen Neuendorf	4
Hohenfinow	2
Hoppegarten	5
Ihlow	2
Jacobsdorf	2
Jamlitz	2
Joachimsthal	2
Kasel-Golzig	2
Ketzin/Havel	2
Kleinmachnow	4
Kleßen-Görne	2
Kloster Lehnin	2
Königs Wusterhausen	3
Kotzen	2
Krausnick-Groß Wasserb.	2
Kremmen	2
Langewahl	2
Lauchhammer	2
Lawitz	2
Leegebruch	2
Liebenwalde	2
Lieberose	2
Liepe	2
Linthe	2
Löwenberger Land	2
Lübben (Spreewald)	2
Luckau	2
Luckenwalde	2
Ludwigsfelde	3
Lunow-Stolzenhagen	2
Marienwerder	2
Märkisch Buchholz	2
Märkisch Luch	2
Märkische Heide	2
Melchow	2
Michendorf	5
Milower Land	2
Mittenwalde	2
Mixdorf	2
Mühlenbecker Land	4
Mühlenberge	2
Mühlenfließ	2
Müllrose	2
Münchehofe	2
Nauen	3
Neißemünde	2
Nennhausen	2
Neu Zauche/Nowa Niwa	2
Neuenhagen bei Berlin	4
Neuruppin	2
Neuzelle	2
Niederer Fläming	2
Niederfinow	2
Niedergörsdorf	2
Niemegk	2
Nuthetal	2
Nuthe-Urstromtal	2
Oberkrämer	3
Oderberg	2
Oranienburg	3
Panketal	4
Parsteinsee	2
Paulinenaue	2
Päwesin	2

MietNEinV

Mietniveau-Einstufungsverordnung

Pessin	2
Petershagen/Eggersdorf	3
Planebruch	2
Planetal	2
Potsdam	4
Premnitz	2
Prenzlau	2
Rabenstein/Fläming	2
Ragow-Merz	2
Rangsdorf	3
Rathenow	2
Rauen	2
Reichenwalde	2
Retzow	2
Rhinow	2
Rietz-Neuendorf	2
Rietzneuendorf-Staakow	2
Rosenau	2
Roskow	2
Rüdersdorf bei Berlin	2
Rüdnitz	2
Schlaubetal	2
Schlepzig/Słopišža	2
Schönefeld	3
Schöneiche bei Berlin	3
Schönermark	2
Schönwald	2
Schönwalde-Glien	2
Schorfheide	2
Schulzendorf	2
Schwedt/Oder	2
Schwerin	2
Schwielochsee	2
Schwielowsee	4
Seddiner See	2
Seeblick	2
Senftenberg	2
Siehdichum	2
Sonnenberg	2
Spreenhagen	2
Spreewaldheide	2
Spremberg/Grodk	2
Stahnsdorf	4
Stechlin	2
Stechow-Ferchesar	2
Steinhöfel	2
Steinreich	2
Storkow (Mark)	2
Straupitz (Spreewald)	2
Strausberg	2
Sydower Fließ	2
Tauche	2
Teltow	4
Templin	2
Teupitz	2
Trebbin	2
Treuenbrietzen	2
Unterspreewald	2
Velten	2
Vogelsang	2
Wandlitz	3
Wendisch Rietz	2
Wenzlow	2
Werder (Havel)	3
Werneuchen	2
Wiesenau	2
Wiesenaue	2
Wiesenburg/Mark	2
Wildau	4
Wollin	2
Woltersdorf	2
Wustermark	2

Wusterwitz	2	Ziethen	2
Zeuthen	3	Ziltendorf	2
Ziesar	2	Zossen	2

Bremen

Bremen	4	Bremerhaven	2

Mecklenburg-Vorpommern (für alle nicht aufgeführten Gemeinden gilt die Mietniveaustufe 1)

Admannshagen-Bargeshagen	2	Baumgarten	2
Ahlbeck	2	Behrenhoff	2
Ahrenshagen-Daskow	2	Behren-Lübchin	2
Ahrenshoop, Ostseebad	2	Benitz	2
Alt Bukow	2	Bentwisch	2
Alt Meteln	2	Bentzin	2
Alt Sührkow	2	Benz	2
Alt Tellin	2	Benz	2
Altefähr	2	Bergen auf Rügen	2
Altenkirchen	2	Bergholz	2
Altenpleen	2	Bernitt	2
Altkalen	2	Bernstorf	2
Altwarp	2	Bibow	2
Altwigshagen	2	Biendorf	2
Am Salzhaff	2	Binz, Ostseebad	2
Anklam, Hansestadt	2	Blankenhagen	2
Baabe, Ostseebad	2	Blankensee	2
Bad Doberan	3	Blesewitz	2
Bad Kleinen	2	Blowatz	2
Bad Sülze	2	Bobitz	2
Bandelin	2	Boiensdorf	2
Bargischow	2	Boizenburg/Elbe	2
Barnekow	2	Boldekow	2
Bartenshagen-Parkentin	2	Boltenhagen, Ostseebad	2
Barth	2	Boock	2
Bastorf	2	Börgerende-Rethwisch	2

MietNEinV Mietniveau-Einstufungsverordnung

Born a. Darß	2
Breege	2
Brietzig	2
Bröbberow	2
Broderstorf	2
Brünzow	2
Brüsewitz	2
Bugewitz	2
Buggenhagen	2
Buschvitz	2
Butzow	2
Bützow	2
Cammin	2
Carinerland	2
Carlow	2
Cramonshagen	2
Daberkow	2
Dahmen	2
Dalberg-Wendelstorf	2
Dalkendorf	2
Damshagen	2
Dargelin	2
Dargen	2
Dassow	2
Dechow	2
Demmin, Hansestadt	2
Dersekow	2
Dettmannsdorf	2
Deyelsdorf	2
Dierhagen, Ostseebad	2
Divitz-Spoldershagen	2
Dobbin-Linstow	2
Dolgen am See	2
Dorf Mecklenburg	2
Dragun	2
Dranske	2

Drechow	2
Dreetz	2
Dreschvitz	2
Ducherow	2
Dummerstorf	2
Eggesin	2
Eixen	2
Elmenhorst	2
Elmenhorst/Lichtenhagen	2
Fahrenwalde	2
Ferdinandshof	2
Finkenthal	2
Franzburg	2
Fuhlendorf	2
Gadebusch	2
Gägelow	2
Garz	2
Garz/Rügen	2
Gelbensande	2
Gingst	2
Glasewitz	2
Glasin	2
Glasow	2
Glewitz	2
Glowe	2
Gnewitz	2
Gnoien, Warbelstadt	2
Göhren, Ostseebad	2
Görmin	2
Gottesgabe	2
Graal-Müritz	2
Grambin	2
Grambow	2
Grambow	2
Grammendorf	2
Grammow	2

Gransebieth	2	Hoppenrade	2
Greifswald	3	Hornstorf	2
Gremersdorf-Buchholz	2	Hugoldsdorf	2
Grevesmühlen	2	Insel Hiddensee, Seebad	5
Gribow	2	Insel Poel, Ostseebad	2
Grieben	2	Iven	2
Grimmen	2	Jakobsdorf	2
Groß Kiesow	2	Jarmen	2
Groß Kordshagen	2	Jatznick	2
Groß Luckow	2	Jesendorf	2
Groß Mohrdorf	2	Jördenstorf	2
Groß Molzahn	2	Jürgenshagen	2
Groß Polzin	2	Kalkhorst	2
Groß Roge	2	Kamminke	2
Groß Schwiesow	2	Karlsburg	2
Groß Stieten	2	Karlshagen, Ostseebad	2
Groß Wokern	2	Karnin	2
Groß Wüstenfelde	2	Kassow	2
Gülzow-Prüzen	2	Katzow	2
Gustow	2	Kemnitz	2
Güstrow, Barlachstadt	2	Kenz-Küstrow	2
Gutow	2	Klausdorf	2
Gützkow	2	Klein Belitz	2
Hagenow	2	Klein Bünzow	2
Hammer a.d. Uecker	2	Klein Trebbow	2
Hanshagen	2	Klein Upahl	2
Heinrichswalde	2	Kluis	2
Heringsdorf, Ostseebad	2	Klütz	2
Hinrichshagen	2	Kneese	2
Hintersee	2	Koblentz	2
Hohen Demzin	2	Königsfeld	2
Hohen Sprenz	2	Korswandt	2
Hohen Viecheln	2	Koserow, Ostseebad	2
Hohenfelde	2	Krackow	2
Hohenkirchen	2	Krakow am See	2
Holdorf	2	Kramerhof	2

MietNEinV Mietniveau-Einstufungsverordnung

Krembz	2
Krien	2
Kritzmow	2
Kröpelin	2
Kröslin	2
Kruckow	2
Krugsdorf	2
Krummin	2
Krusenfelde	2
Krusenhagen	2
Kuchelmiß	2
Kühlungsborn	2
Kuhs	2
Laage	2
Lalendorf	2
Lambrechtshagen	2
Lancken-Granitz	2
Lassan	2
Lelkendorf	2
Leopoldshagen	2
Levenhagen	2
Liepgarten	2
Lietzow	2
Lindholz	2
Löbnitz	2
Löcknitz	2
Loddin, Seebad	2
Lohme	2
Lohmen	2
Loissin	2
Loitz	2
Lübberstorf	2
Lubmin, Seebad	2
Lübow	2
Lübs	2
Lübstorf	2

Luckow	2
Lüdersdorf	2
Lüdershagen	2
Ludwigslust	2
Lüssow	2
Lüssow	2
Lütow	2
Lützow	2
Marlow	2
Medow	2
Meiersberg	2
Mellenthin	2
Menzendorf	2
Mesekenhagen	2
Metelsdorf	2
Millienhagen-Oebelitz	2
Mistorf	2
Mölschow	2
Mönchgut, Ostseebad	2
Mönchhagen	2
Mönkebude	2
Mühl Rosin	2
Mühlen Eichsen	2
Murchin	2
Nadrensee	2
Neetzow-Liepen	2
Neu Boltenhagen	2
Neu Kosenow	2
Neubrandenburg	2
Neubukow	2
Neuburg	2
Neuenkirchen (AGS 13073059)	2
Neuenkirchen (AGS 13075101)	2
Neuenkirchen (AGS 13075102)	2

Neukloster	2	Ralswiek	2
Neustrelitz, Residenzstadt	2	Rambin	2
Nieden	2	Ramin	2
Nienhagen, Ostseebad	2	Rankwitz	2
Niepars	2	Rappin	2
Nustrow	2	Reddelich	2
Pantelitz	2	Rehna	2
Papendorf (AGS 13072077)	2	Reimershagen	2
		Rerik, Ostseebad	2
Papendorf (AGS 13075104)	2	Retschow	2
		Ribnitz-Damgarten	2
Papenhagen	2	Richtenberg	2
Parchim	2	Rieps	2
Parchtitz	2	Roduchelstorf	2
Passee	2	Roggendorf	2
Patzig	2	Roggenstorf	2
Peenemünde	2	Roggentin	2
Penkun	2	Rögnitz	2
Penzin	2	Rollwitz	2
Perlin	2	Rossin	2
Pingelshagen	2	Rossow	2
Plaaz	2	Rostock	4
Plöwen	2	Rothemühl	2
Pokrent	2	Rothenklempenow	2
Pölchow	2	Rövershagen	2
Polzow	2	Rubenow	2
Poppendorf	2	Rubkow	2
Poseritz	2	Rühn	2
Postlow	2	Rukieten	2
Prebberede	2	Rüting	2
Preetz	2	Saal	2
Prerow, Ostseebad	2	Sagard	2
Prohn	2	Samtens	2
Pruchten	2	Sanitz	2
Pudagla	2	Sarmstorf	2
Putbus	2	Sarnow	2
Putgarten	2		

MietNEinV Mietniveau-Einstufungsverordnung

Sassen-Trantow	2
Sassnitz	2
Satow	2
Sauzin	2
Schaprode	2
Schildetal	2
Schlagsdorf	2
Schlemmin	2
Schmatzin	2
Schönberg	2
Schönwalde	2
Schorssow	2
Schwaan	2
Schwasdorf	2
Schwerin	3
Seehof	2
Sehlen	2
Sellin, Ostseebad	2
Selmsdorf	2
Selpin	2
Semlow	2
Siemz-Niendorf	2
Spantekow	2
Splietsdorf	2
Stäbelow	2
Steffenshagen	2
Steinhagen	2
Steinhagen	2
Stepenitztal	2
Stolpe an der Peene (AGS 13075128)	2
Stolpe auf Usedom (AGS 13075129)	2
Stralsund, Hansestadt	3
Strasburg (Uckermark)	2
Stubbendorf	2
Süderholz	2

Sukow-Levitzow	2
Sundhagen	2
Tarnow	2
Tessin (AGS 13072105)	2
Testorf-Steinfort	2
Teterow, Bergringstadt	2
Thandorf	2
Thelkow	2
Thulendorf	2
Thürkow	2
Torgelow	2
Trassenheide, Ostseebad	2
Trent	2
Tribsees	2
Trinwillershagen	2
Tutow	2
Ückeritz, Seebad	2
Ueckermünde	2
Ummanz	2
Upahl	2
Usedom	2
Utecht	2
Veelböken	2
Velgast	2
Ventschow	2
Viereck	2
Vogelsang-Warsin	2
Völschow	2
Vorbeck	2
Wackerow	2
Walkendorf	2
Wardow	2
Waren (Müritz)	3
Warin	2
Warnkenhagen	2
Warnow	2

Mietniveau-Einstufungsverordnung **MietNEinV**

Warnow	2
Wedendorfersee	2
Weitenhagen (AGS 13073097)	2
Weitenhagen (AGS 13075142)	2
Wendisch Baggendorf	2
Wendorf	2
Wieck a. Darß	2
Wiek	2
Wiendorf	2
Wilhelmsburg	2
Wismar, Hansestadt	3
Wittenbeck	2
Wittenhagen	2
Wolgast	3
Wrangelsburg	2
Wusterhusen	2
Wustrow, Ostseebad	2
Zarnewanz	2
Zarrendorf	2
Zehna	2
Zemitz	2
Zempin, Seebad	2
Zepelin	2
Zerrenthin	2
Zickhusen	2
Zierow	2
Ziesendorf	2
Ziethen	2
Zingst, Ostseeheilbad	2
Zinnowitz, Ostseebad	2
Zirchow	2
Zirkow	2
Zurow	2
Züsow	2
Züssow	2

Nordrhein-Westfalen (für alle nicht aufgeführten Gemeinden gilt die Mietniveaustufe 1)

Aachen	4
Ahaus	2
Ahlen	2
Aldenhoven	3
Alfter	4
Alpen	2
Alsdorf	2
Altenberge	2
Arnsberg	2
Ascheberg	2
Attendorn	2
Bad Honnef	4
Bad Lippspringe	2
Bad Münstereifel	2
Bad Oeynhausen	2
Bad Salzuflen	2
Bad Sassendorf	2
Baesweiler	2
Beckum	2
Bedburg	3
Bedburg-Hau	2
Bergheim	3
Bergisch Gladbach	5
Bergkamen	3
Bergneustadt	2
Bielefeld	3
Bocholt	3
Bochum	3

MietNEinV — Mietniveau-Einstufungsverordnung

Bönen	2
Bonn	5
Borgholzhausen	2
Borken	2
Bornheim	4
Bottrop	3
Breckerfeld	3
Brüggen	2
Brühl	5
Bünde	2
Burbach	2
Burscheid	4
Castrop-Rauxel	3
Coesfeld	2
Datteln	2
Delbrück	2
Detmold	2
Dinslaken	3
Dormagen	4
Dorsten	3
Dortmund	3
Drensteinfurt	2
Drolshagen	2
Duisburg	3
Dülmen	2
Düren	3
Düsseldorf	6
Eitorf	2
Elsdorf	3
Emmerich am Rhein	2
Emsdetten	2
Engelskirchen	3
Enger	2
Ennepetal	3
Erftstadt	4
Erkelenz	2
Erkrath	4
Eschweiler	3
Espelkamp	2
Essen	4
Euskirchen	3
Frechen	5
Freudenberg	2
Fröndenberg/Ruhr	2
Geilenkirchen	2
Geldern	3
Gelsenkirchen	2
Gescher	2
Geseke	2
Gevelsberg	3
Gladbeck	2
Goch	2
Grefrath	3
Greven	3
Grevenbroich	4
Gronau (Westf.)	2
Gummersbach	2
Gütersloh	3
Haan	4
Hagen	3
Halle (Westf.)	2
Haltern am See	3
Halver	3
Hamm	2
Hamminkeln	2
Harsewinkel	2
Hattingen	3
Havixbeck	3
Heiligenhaus	4
Heimbach	2
Heinsberg	2
Hemer	2

Hennef (Sieg)	4	Königswinter	4
Herdecke	3	Korschenbroich	3
Herford	2	Kranenburg	2
Herne	2	Krefeld	4
Herscheid	2	Kreuzau	2
Herten	3	Kreuztal	2
Herzebrock-Clarholz	2	Kürten	3
Herzogenrath	3	Lage	2
Hiddenhausen	2	Langenberg	2
Hilchenbach	2	Langenfeld (Rhld.)	4
Hilden	5	Langerwehe	2
Holzwickede	3	Leichlingen (Rhld.)	4
Hückelhoven	2	Lemgo	2
Hückeswagen	3	Lennestadt	2
Hünxe	3	Leopoldshöhe	2
Hürtgenwald	2	Leverkusen	4
Hürth	5	Lindlar	3
Ibbenbüren	2	Linnich	2
In den	2	Lippstadt	2
Iserlohn	3	Lohmar	4
Isselburg	2	Löhne	2
Issum	2	Lotte	2
Jüchen	3	Lübbecke	2
Jülich	3	Lüdenscheid	3
Kaarst	5	Lüdinghausen	2
Kalkar	2	Lünen	3
Kall	2	Marienheide	2
Kamen	3	Marl	3
Kamp-Lintfort	3	Mechernich	2
Kempen	3	Meckenheim	3
Kerken	2	Meerbusch	5
Kerpen	4	Meinerzhagen	2
Kevelaer	2	Menden (Sauerland)	2
Kierspe	2	Merzenich	2
Kleve	3	Mettmann	4
Köln	6	Minden	2

MietNEinV — Mietniveau-Einstufungsverordnung

Ort	Stufe
Moers	3
Mönchengladbach	3
Monheim am Rhein	5
Much	2
Mülheim an der Ruhr	4
Münster	5
Nachrodt-Wiblingwerde	2
Netphen	2
Nettetal	2
Neuenkirchen	2
Neuenrade	2
Neukirchen-Vluyn	3
Neunkirchen	2
Neunkirchen-Seelscheid	3
Neuss	4
Nideggen	2
Niederkassel	4
Niederkrüchten	2
Niederzier	2
Nordkirchen	2
Nörvenich	3
Nottuln	2
Nümbrecht	2
Oberhausen	3
Odenthal	4
Oer-Erkenschwick	3
Oerlinghausen	2
Olfen	2
Olpe	3
Ostbevern	2
Overath	4
Paderborn	2
Plettenberg	2
Pulheim	5
Radevormwald	3
Raesfeld	2
Ratingen	5
Recklinghausen	3
Rees	2
Remscheid	3
Rheda-Wiedenbrück	3
Rhede	2
Rheinbach	4
Rheinberg	3
Rheine	2
Rheurdt	2
Rietberg	2
Roetgen	2
Rommerskirchen	3
Rösrath	5
Ruppichteroth	2
Sankt Augustin	4
Sassenberg	2
Schalksmühle	2
Schermbeck	3
Schloß Holte-Stukenbrock	2
Schwalmtal	2
Schwelm	3
Schwerte	3
Selfkant	2
Selm	3
Senden	2
Sendenhorst	2
Siegburg	5
Siegen	3
Simmerath	2
Soest	2
Solingen	4
Sonsbeck	2
Sprockhövel	3
Stadtlohn	2
Steinfurt	2

Mietniveau-Einstufungsverordnung **MietNEinV**

Steinhagen	2	Wegberg	3
Stolberg (Rhld.)	3	Weilerswist	3
Straelen	2	Welver	2
Swisttal	3	Werdohl	2
Telgte	3	Werl	2
Titz	2	Wermelskirchen	3
Tönisvorst	3	Werne	2
Troisdorf	4	Werther (Westf.)	2
Übach-Palenberg	2	Wesel	3
Uedem	2	Wesseling	4
Unna	3	Wetter (Ruhr)	3
Velbert	3	Wickede (Ruhr)	2
Verl	2	Wiehl	2
Vettweiß	2	Willich	4
Viersen	3	Windeck	2
Voerde (Niederrhein)	3	Wipperfürth	2
Wachtberg	4	Witten	3
Wachtendonk	2	Wülfrath	3
Waldbröl	2	Wuppertal	3
Waltrop	3	Würselen	3
Warendorf	2	Xanten	3
Wassenberg	2	Zülpich	2
Weeze	2		

Rheinland-Pfalz (für alle nicht aufgeführten Gemeinden gilt die Mietniveaustufe 1)

Albersweiler	2	Armsheim	2
Albig	2	Aspisheim	3
Alsheim	2	Bacharach	3
Altdorf	2	Bad Bergzabern	2
Altleiningen	2	Bad Bertrich	1
Altrip	3	Bad Dürkheim	3
Alzey	3	Bad Kreuznach	3
Andernach, gr.kr.St.	2	Bad Neuenahr-Ahrw.	3
Annweiler am Trifels	2	Badenheim	3
Appenheim	3	Barbelroth	2

MietNEinV   Mietniveau-Einstufungsverordnung

Battenberg (Pfalz)	2
Bechenheim	2
Bechtheim	2
Bechtolsheim	2
Beindersheim	3
Bellheim	2
Bendorf	2
Berg (Pfalz) (AGS 07334002)	2
Bermersheim	2
Bermersheim vor d.H.	2
Biebelnheim	2
Billigheim-Ingenheim	2
Bingen a. Rhein	3
Birkenheide	3
Birkenhördt	2
Birkweiler	2
Bissersheim	2
Bitburg	2
Bobenheim am Berg	2
Bobenheim-Roxheim	3
Böbingen	2
Böchingen	2
Bockenheim a.d.W.	2
Bodenheim	3
Böhl-Iggelheim	2
Böllenborn	2
Bornheim	2
Bornheim	2
Breitscheid (AGS 07138006)	3
Bubenheim (AGS 07339008)	3
Budenheim	3
Burrweiler	2
Carlsberg	2
Dackenheim	2
Dalheim	3
Dannstadt-Schauernh.	3
Deidesheim	2
Dernbach (AGS 07337017)	2
Dexheim	3
Dienheim	3
Dierbach	2
Diez	2
Dintesheim	2
Dirmstein	2
Dittelsheim-Heßloch	2
Dolgesheim	3
Dorn-Dürkheim	3
Dörrenbach	2
Dudenhofen	3
Ebertsheim	2
Eckelsheim	2
Edenkoben	2
Edesheim	2
Eich	2
Eimsheim	3
Ellerstadt	2
Elmstein	2
Engelstadt	3
Ensheim	2
Eppelsheim	2
Erbes-Büdesheim	2
Erlenbach bei Kandel	2
Erpolzheim	2
Eschbach (AGS 07337022)	2
Esselborn	2
Essenheim	3
Essingen	2
Esthal	2
Eußerthal	2

Ort	Stufe
Flemlingen	2
Flomborn	2
Flonheim	2
Flörsheim-Dalsheim	2
Forst an der Weinstr.	2
Framersheim	2
Frankeneck	2
Frankenthal (Pfalz)	3
Frankweiler	2
Freckenfeld	2
Freimersheim	2
Freimersheim (Pfalz)	2
Freinsheim	2
Freisbach	2
Frettenheim	2
Friedelsheim	2
Friesenheim	3
Fußgönheim	3
Gabsheim	2
Gau-Algesheim	3
Gau-Bickelheim	2
Gau-Bischofsheim	3
Gau-Heppenheim	2
Gau-Odernheim	2
Gau-Weinheim	2
Gensingen	3
Germersheim	3
Gerolsheim	2
Gimbsheim	2
Gleisweiler	2
Gleiszellen-Gleishorbach	2
Göcklingen	2
Gommersheim	2
Gönnheim	2
Gossersweiler-Stein	2
Grafschaft	2
Grolsheim	3
Großfischlingen	2
Großkarlbach	2
Großniedesheim	3
Grünstadt	3
Gumbsheim	2
Gundersheim	2
Gundheim	2
Guntersblum	3
Hagenbach	2
Hahnheim	3
Hainfeld	2
Hamm am Rhein	2
Hangen-Weisheim	2
Hanhofen	3
Harthausen	3
Harxheim	3
Haßloch	3
Hatzenbühl	2
Hergersweiler	2
Herxheim am Berg	2
Herxheim bei Landau	3
Herxheimweyher	2
Heßheim	3
Hettenleidelheim	2
Heuchelheim b. Frank.	3
Heuchelheim-Klingen	2
Hillesheim	3
Hochborn	2
Hochdorf-Assenheim	3
Hochstadt (Pfalz)	2
Hohen-Sülzen	2
Hördt	2
Horrweiler	3
Ilbesheim bei Landau (AGS 07337042)	2
Impflingen	2

MietNEinV   Mietniveau-Einstufungsverordnung

Ingelheim am Rhein	4
Insheim	2
Jockgrim	2
Jugenheim in Rheinh.	3
Kaiserslautern	2
Kallstadt	2
Kandel	2
Kapellen-Drusweiler	2
Kapsweyer	2
Kettenheim	2
Kindenheim	2
Kirchheim an der W.	2
Kirrweiler (Pfalz) (AGS 07337047)	2
Kleinfischlingen	2
Kleinkarlbach	2
Kleinniedesheim	3
Klein-Winternheim	3
Klingenmünster	2
Knittelsheim	2
Knöringen	2
Koblenz	3
Köngernheim	3
Konz	2
Kuhardt	2
Lahnstein	2
Lambrecht (Pfalz)	2
Lambsheim	3
Landau in der Pfalz	3
Laumersheim	2
Leimersheim	2
Leinsweiler	2
Limburgerhof	3
Lindenberg	2
Lingenfeld	2
Lonsheim	2
Lörzweiler	3

Ludwigshafen	4
Ludwigshöhe	3
Lustadt	2
Maikammer	2
Mainz	6
Manubach	3
Mauchenheim	2
Maxdorf	3
Mayen, gr. kr. St.	2
Meckenheim	2
Mertesheim	2
Mettenheim	2
Minfeld	2
Mölsheim	2
Mommenheim	3
Monsheim	2
Montabaur	2
Monzernheim	2
Mörstadt	2
Münchweiler, Klingb. (AGS 07337054)	2
Münster-Sarmsheim	3
Mutterstadt	3
Nack	2
Nackenheim	3
Neidenfels	2
Neuburg am Rhein	2
Neuhofen	3
Neuleiningen	2
Neupotz	2
Neustadt an der Weinstr. (AGS 07316000)	2
Neuwied, gr. kr. St.	2
Niederheimbach	3
Nieder-Hilbersheim	3
Niederhorbach	2

Niederkirchen b.D. (AGS 07332039)	2	Römerberg	3
		Roschbach	2
Nieder-Olm	3	Rülzheim	2
Niederotterbach	2	Ruppertsberg	2
Nieder-Wiesen	2	Sankt Johann (AGS 07339050)	3
Nierstein	3		
Oberdiebach	3	Sankt Martin	2
Ober-Flörsheim	2	Saulheim	2
Oberhausen (AGS 07337058)	2	Scheibenhardt	2
		Schifferstadt	3
Oberheimbach	3	Schornsheim	2
Ober-Hilbersheim	3	Schwabenheim a. Selz	3
Ober-Olm	3	Schwegenheim	2
Oberotterbach	2	Schweigen-Rechtenbach	2
Oberschlettenbach	2	Schweighofen	2
Obersülzen	2	Selzen	3
Obrigheim (Pfalz)	2	Siebeldingen	2
Ockenheim	3	Siefersheim	2
Offenbach a.d.Q.	2	Silz	2
Offenheim	2	Sinzig	2
Offstein	2	Sörgenloch	3
Oppenheim	3	Speyer, kfr. St.	3
Osthofen	2	Spiesheim	2
Ottersheim bei Landau (AGS 07334023)	2	Sprendlingen	3
		Stadecken-Elsheim	3
Otterstadt	3	Stein-Bockenheim	2
Partenheim	2	Steinfeld	2
Pleisweiler-Oberhofen	2	Steinweiler	2
Quirnheim	2	Sulzheim	2
Ramberg	2	Tiefenthal	2
Ranschbach	2	Trechtingshausen	3
Remagen	3	Trier, kfr. St.	3
Rheinzabern	2	Udenheim	2
Rhodt unter Rietburg	2	Uelversheim	3
Rinnthal	2	Undenheim	3
Rödersheim-Gronau	3	Vendersheim	2
Rohrbach	2	Venningen	2

MietNEinV

Mietniveau-Einstufungsverordnung

Ort	Stufe
Völkersweiler	2
Vollmersweiler	2
Vorderweidenthal	2
Wachenheim	2
Wachenheim a.d.W.	2
Wahlheim	2
Waldalgesheim	3
Waldhambach	2
Waldhof-Falkenstein	1
Waldlaubersheim	1
Waldrohrbach	2
Waldsee	3
Wallertheim	2
Walsheim	2
Wattenheim	2
Weidenthal	2
Weiler bei Bingen (AGS 07339063)	3
Weingarten (Pfalz)	2
Weinolsheim	3
Weisenheim am Berg	2
Weisenheim am Sand	2
Welgesheim	3
Wendelsheim	2
Wernersberg	2
Westheim (Pfalz)	2
Westhofen	2
Weyher in der Pfalz	2
Winden	2
Wintersheim	3
Wittlich	2
Wolfsheim	3
Wöllstein	2
Wonsheim	2
Worms, kfr. St.	3
Wörrstadt	2
Wörth am Rhein	3
Zeiskam	2
Zornheim	3
Zotzenheim	3

Saarland (für alle nicht aufgeführten Gemeinden gilt die Mietniveaustufe 1)

Ort	Stufe
Blieskastel	2
Dillingen/Saar	2
Heusweiler	2
Homburg, Kreisstadt	3
Kirkel	4
Kleinblittersdorf	2
Merchweiler	2
Merzig, Kreisstadt	2
Neunkirchen, Kreisstadt	2
Perl	2
Püttlingen	3
Riegelsberg	2
Saarbrücken	3
Saarlouis, Kreisstadt	2
Schwalbach	2
St. Ingbert	2
St. Wendel, Kreisstadt	2
Sulzbach/Saar	2
Überherrn	2
Völklingen	2
Weiskirchen	2

Mietniveau-Einstufungsverordnung **MietNEinV**

Sachsen (für alle nicht aufgeführten Gemeinden gilt die Mietniveaustufe 1)

Gemeinde	Stufe	Gemeinde	Stufe
Bad Lausick	2	Leipzig	2
Bannewitz	3	Limbach-Oberfrohna	2
Bautzen/Budyšin	2	Lossatal	2
Belgershain	2	Machern	2
Bennewitz	2	Markkleeberg	3
Bischofswerda	2	Markranstädt	2
Böhlen	2	Meißen	2
Borna	2	Mittweida	2
Borsdorf	2	Naunhof	2
Brandis	2	Neukieritzsch	2
Chemnitz	2	Neustadt i. Sa.	2
Colditz	2	Oschatz	2
Coswig	3	Otterwisch	2
Delitzsch	2	Parthenstein	2
Dippoldiswalde	2	Pegau	2
Dresden	3	Pirna	2
Eilenburg	2	Radeberg	2
Elstertrebnitz	2	Radebeul	3
Flöha	2	Regis-Breitingen	2
Freiberg	2	Riesa	2
Freital	2	Rötha	2
Frohburg	2	Schkeuditz	2
Geithain	2	Stollberg/Erzgeb.	2
Glauchau	2	Taucha	3
Grimma	2	Thallwitz	2
Groitzsch	2	Trebsen/Mulde	2
Großpösna	2	Weinböhla	2
Heidenau	2	Weißwasser/Běla Woda	2
Hohenstein-Ernstthal	2	Wilsdruff	2
Hoyerswerda/Wojerecy	2	Zwenkau	2
Kamenz/Kamjenc	2	Zwickau	2
Kitzscher	2		

MietNEinV Mietniveau-Einstufungsverordnung

Sachsen-Anhalt (für alle nicht aufgeführten Gemeinden gilt die Mietniveaustufe 1)

Gemeinde	Stufe	Gemeinde	Stufe
Aken (Elbe)	2	Kabelsketal	2
Alsleben (Saale)	2	Könnern	2
Aschersleben	2	Köthen (Anhalt)	3
Bad Dürrenberg, Solestadt	2	Leuna	2
Bad Lauchstädt, Goethestadt	2	Magdeburg	3
Barby	2	Merseburg	3
Barnstädt	2	Möser	2
Bernburg (Saale)	2	Mücheln (Geiseltal)	2
Biederitz	2	Muldestausee	2
Bitterfeld-Wolfen	3	Naumburg (Saale)	3
Bördeaue	2	Nemsdorf-Göhrendorf	2
Börde-Hakel	2	Nienburg (Saale)	2
Bördeland	2	Oberharz am Brocken	2
Borne	2	Obhausen	2
Braunsbedra	2	Oebisfelde-Weferlingen	2
Burg	2	Oschersleben (Bode)	2
Calbe (Saale)	2	Osternienburger Land	2
Dessau-Roßlau	3	Petersberg	2
Egeln	2	Plötzkau	2
Eisleben, Lutherstadt	2	Quedlinburg, Welterbestadt	2
Elbe-Parey	2	Querfurt	2
Farnstädt	2	Raguhn-Jeßnitz	2
Genthin	2	Salzatal	2
Giersleben	2	Salzwedel, Hansestadt	2
Gräfenhainichen	2	Sandersdorf-Brehna	2
Güsten	2	Sangerhausen	2
Halberstadt	2	Schkopau	3
Haldensleben	2	Schönebeck (Elbe)	2
Halle (Saale)	3	Schraplau	2
Hecklingen	2	Seeland	2
Hettstedt	2	Staßfurt	2
Hohe Börde	2	Steigra	2
Ilberstedt	2	Stendal, Hansestadt	2
Jerichow	2	Tangerhütte	2
Jessen (Elster)	2	Tangermünde	2

Mietniveau-Einstufungsverordnung **MietNEinV**

Teutschenthal	2		Wittenberg, Lutherstadt	2
Thale	2		Wolmirsleben	2
Wanzleben-Börde	2		Wolmirstedt	2
Weißenfels	2		Zeitz	2
Wernigerode	2		Zerbst/Anhalt	2
Wettin-Löbejün	2		Zörbig	2

Schleswig-Holstein (für alle nicht aufgeführten Gemeinden gilt die Mietniveaustufe 1)

Aasbüttel	2		Ascheffel	2
Achterwehr	2		Aukrug	2
Achtrup	2		Aumühle	3
Aebtissinwisch	2		Auufer	2
Agethorst	2		Aventoft	2
Ahlefeld-Bistensee	2		Bad Bramstedt	3
Ahrensbök	3		Bad Oldesloe	4
Ahrensburg	7		Bad Schwartau	5
Ahrenshöft	2		Bad Segeberg	4
Ahrenviöl	2		Badendorf	4
Ahrenviölfeld	2		Bahrenfleth	2
Albsfelde	3		Bahrenhof	3
Alkersum	5		Bäk	3
Almdorf	2		Bälau	3
Alt Duvenstedt	2		Bargfeld-Stegen	4
Alt-Mölln	3		Bargstall	2
Altenhof	2		Bargstedt	2
Altenholz	2		Bargteheide	5
Altenkrempe	3		Bargum	2
Altenmoor	2		Bark	3
Alveslohe	3		Barkelsby	2
Ammersbek	4		Barmissen	3
Appen	3		Barmstedt	4
Arlewatt	2		Barnitz	4
Armstedt	3		Barsbek	3
Arpsdorf	2		Barsbüttel	7
Ascheberg (Holstein)	3		Basedow	3

MietNEinV Mietniveau-Einstufungsverordnung

Basthorst	3
Bebensee	3
Behlendorf	3
Behrendorf	2
Behrensdorf (Ostsee)	3
Beidenfleth	2
Bekdorf	2
Bekmünde	2
Belau	3
Beldorf	2
Bendfeld	3
Bendorf	2
Beringstedt	2
Berkenthin	3
Beschendorf	3
Besdorf	2
Besenthal	3
Bevern	3
Bilsen	3
Bimöhlen	3
Bissee	2
Blekendorf	3
Bliestorf	3
Blomesche Wildnis	2
Blumenthal	2
Blunk	3
Bohmstedt	2
Böhnhusen	2
Bokel	3
Bokel	2
Bokelrehm	2
Bokholt-Hanredder	3
Bokhorst	2
Boksee	3
Bondelum	2
Bönebüttel	3

Bönningstedt	3
Boostedt	3
Bordelum	2
Bordesholm	2
Borgdorf-Seedorf	2
Borgstedt	2
Borgsum	5
Bornholt	2
Bornhöved	3
Börnsen	3
Borsfleth	2
Borstel	3
Borstel-Hohenraden	3
Borstorf	3
Bosau	3
Bosbüll	2
Bösdorf	3
Bothkamp	3
Bovenau	2
Braak	4
Braderup	2
Brammer	2
Bramstedtlund	2
Brande-Hörnerkirchen	3
Bredenbek	2
Bredstedt	2
Breiholz	2
Breitenberg	2
Breitenburg	2
Breitenfelde	3
Brekendorf	2
Breklum	2
Brinjahe	2
Brodersby	2
Brodersdorf	3
Brokdorf	2

Brokstedt	2	Dörphof	2
Bröthen	3	Drage	2
Brügge	2	Drage	2
Brunsbek	4	Dreggers	3
Brunsbüttel	2	Drelsdorf	2
Brunsmark	3	Düchelsdorf	3
Brunstorf	3	Dunsum	5
Büchen	3	Duvensee	3
Buchholz	3	Eckernförde	4
Buchhorst	3	Ecklak	2
Büdelsdorf	2	Ehndorf	2
Bühnsdorf	3	Einhaus	3
Bullenkuhlen	3	Eisendorf	2
Bünsdorf	2	Elisabeth-Sophien-Koog	2
Büttel	2	Ellerau	3
Christiansholm	2	Ellerbek	3
Christinenthal	2	Ellerdorf	2
Dagebüll	2	Ellerhoop	3
Dägeling	2	Ellhöft	2
Dahme	3	Elmenhorst	3
Dahmker	3	Elmenhorst	4
Daldorf	3	Elmshorn	4
Dalldorf	3	Elsdorf-Westermühlen	2
Damendorf	2	Elskop	2
Damlos	3	Embühren	2
Dammfleth	2	Emkendorf	2
Damp	2	Emmelsbüll-Horsbüll	2
Damsdorf	3	Engelbrechtsche Wildnis	2
Dänischenhagen	2	Enge-Sande	2
Dannau	3	Escheburg	3
Dassendorf	3	Eutin	4
Dätgen	2	Fahren	3
Delingsdorf	4	Fahrenkrug	3
Dersau	3	Fargau-Pratjau	3
Dobersdorf	3	Fehmarn	3
Dörnick	3	Felde	2

MietNEinV Mietniveau-Einstufungsverordnung

Feldhorst	4
Felm	2
Fiefbergen	3
Fitzbek	2
Fitzen	3
Fleckeby	2
Flensburg	3
Flintbek	2
Fockbek	2
Föhrden-Barl	3
Fredeburg	3
Fredesdorf	3
Fresendelf	2
Friedrichsgraben	2
Friedrichsholm	2
Friedrichstadt	2
Friedrich-Wilhelm-Lübke-Koog	2
Fuhlendorf	3
Fuhlenhagen	3
Galmsbüll	2
Gammelby	2
Garding, Kirchspiel	2
Garding	2
Geesthacht	5
Geschendorf	3
Gettorf	2
Giekau	3
Giesensdorf	3
Glasau	3
Glinde	5
Glückstadt	3
Gnutz	2
Göhl	3
Gokels	2
Goldebek	2
Goldelund	2
Göldenitz	3
Gönnebek	3
Goosefeld	2
Göttin	3
Grabau	3
Grabau	4
Grambek	3
Grande	4
Grauel	2
Grebin	3
Gremersdorf	3
Grevenkop	2
Grevenkrug	2
Gribbohm	2
Grinau	3
Gröde	5
Grömitz	3
Grönwohld	4
Groß Boden	3
Groß Buchwald	2
Groß Disnack	3
Groß Grönau	3
Groß Kummerfeld	3
Groß Niendorf	3
Groß Nordende	3
Groß Offenseth-Aspern	3
Groß Pampau	3
Groß Rönnau	3
Groß Sarau	3
Groß Schenkenberg	3
Groß Vollstedt	2
Groß Wittensee	2
Großbarkau	3
Großenaspe	3
Großenbrode	3
Großensee	4

Großhansdorf	4
Großharrie	3
Grothusenkoog	2
Grove	3
Grube	3
Güby	2
Gudow	3
Gülzow	3
Güster	3
Haale	2
Haby	2
Hadenfeld	2
Hagen	3
Hallig Hooge	5
Halstenbek	6
Hamberge	4
Hamdorf	2
Hamfelde	3
Hamfelde	4
Hammoor	4
Hamwarde	3
Hamweddel	2
Hanerau-Hademarschen	2
Hardebek	3
Harmsdorf	3
Harmsdorf	3
Harrislee	3
Hartenholm	3
Haselau	3
Haseldorf	3
Haselund	2
Hasenkrug	3
Hasenmoor	3
Hasloh	3
Haßmoor	2
Hattstedt	2
Hattstedtermarsch	2
Havekost	3
Heede	3
Heide	3
Heidekamp	4
Heidgraben	3
Heidmoor	3
Heidmühlen	3
Heikendorf	3
Heiligenhafen	3
Heiligenstedten	2
Heiligenstedtenerkamp	2
Heilshoop	4
Heinkenborstel	2
Heist	3
Helgoland	5
Helmstorf	3
Hemdingen	3
Hennstedt	2
Henstedt-Ulzburg	5
Heringsdorf	3
Herzhorn	2
Hetlingen	3
Hingstheide	2
Hitzhusen	3
Hodorf	2
Hoffeld	2
Högel	2
Högersdorf	3
Högsdorf	3
Hohenaspe	2
Hohenfelde	3
Hohenfelde	2
Hohenfelde	4
Hohenhorn	3
Hohenlockstedt	2

MietNEinV Mietniveau-Einstufungsverordnung

Hohenwestedt	2
Hohn	2
Höhndorf	3
Hohwacht (Ostsee)	3
Hoisdorf	4
Hollenbek	3
Holm	2
Holm	3
Holstenniendorf	2
Holtsee	2
Holzbunge	2
Holzdorf	2
Honigsee	3
Hornbek	3
Hörnum (Sylt)	2
Horst	3
Horst (Holstein)	2
Horstedt	2
Hörsten	2
Hude	2
Huje	2
Hummelfeld	2
Humptrup	2
Husum	3
Hüttblek	3
Hütten	2
Immenstedt	2
Itzehoe	3
Itzstedt	3
Jahrsdorf	2
Jersbek	4
Jevenstedt	2
Joldelund	2
Juliusburg	3
Kaaks	2
Kabelhorst	3

Kaisborstel	2
Kaltenkirchen	4
Kalübbe	3
Kampen (Sylt)	2
Kankelau	3
Karby	2
Karlum	2
Kasseburg	3
Kasseedorf	3
Kastorf	3
Katharinenheerd	2
Kattendorf	3
Kayhude	3
Kellenhusen (Ostsee)	3
Kellinghusen	2
Kiebitzreihe	2
Kiel, Landeshauptstadt	5
Kirchbarkau	3
Kirchnüchel	3
Kisdorf	3
Kittlitz	3
Klamp	3
Klanxbüll	2
Klein Barkau	3
Klein Gladebrügge	3
Klein Nordende	3
Klein Offenseth-Sparrieshoop	3
Klein Pampau	3
Klein Rönnau	3
Klein Wesenberg	4
Klein Wittensee	2
Klein Zecher	3
Klempau	3
Kletkamp	3
Kleve (AGS 1061052)	2

Mietniveau-Einstufungsverordnung **MietNEinV**

Klinkrade	3	Kulpin	3
Klixbüll	2	Kummerfeld	3
Koberg	3	Labenz	3
Köhn	3	Laboe	3
Koldenbüttel	2	Ladelund	2
Kolkerheide	2	Lägerdorf	2
Kollmar	2	Lammershagen	3
Kollmoor	2	Landrecht	2
Kölln-Reisiek	3	Landscheide	2
Kollow	3	Langeln	3
Königshügel	2	Langeneß	5
Kosel	2	Langenhorn	2
Köthel	3	Langenlehsten	3
Köthel	4	Langwedel	2
Kotzenbüll	2	Lankau	3
Krempdorf	2	Lanze	3
Krempe	2	Lasbek	4
Kremperheide	2	Latendorf	3
Krempermoor	2	Lauenburg/Elbe	4
Krems II	3	Lebrade	3
Krogaspe	2	Leck	2
Krokau	3	Leezen	3
Kronshagen	4	Lehmkuhlen	3
Kronsmoor	2	Lehmrade	3
Kröppelshagen-Fahrendorf	3	Lensahn	3
Krukow	3	Lentföhrden	3
Krummbek	3	Lexgaard	2
Krummendiek	2	Linau	3
Krummesse	3	Lindau	2
Krummwisch	2	List	2
Krüzen	3	Lockstedt	2
Kuddewörde	3	Lohbarbek	2
Kudensee	2	Lohe-Föhrden	2
Kühren	3	Looft	2
Kühsen	3	Loop	2
Kükels	3	Loose	2

MietNEinV Mietniveau-Einstufungsverordnung

Löptin	3	Mühlenbarbek	2
Löwenstedt	2	Mühlenrade	3
Lübeck, Hansestadt	4	Münsterdorf	2
Lüchow	3	Müssen	3
Luhnstedt	2	Mustin	3
Lütau	3	Nahe	3
Lütjenburg	3	Nebel	5
Lütjenholm	2	Negenharrie	2
Lütjensee	4	Negernbötel	3
Lütjenwestedt	2	Nehms	3
Lutterbek	3	Nehmten	3
Lutzhorn	3	Neritz	4
Malente	3	Nettelsee	3
Manhagen	3	Neu Duvenstedt	2
Martensrade	3	Neudorf-Bornstein	2
Mechow	3	Neuenbrook	2
Meddewade	4	Neuendeich	3
Meezen	2	Neuendorf bei Elmshorn	2
Mehlbek	2	Neuendorf-Sachsenbande	2
Melsdorf	2	Neuengörs	3
Midlum	5	Neukirchen	2
Mielkendorf	2	Neukirchen	3
Mildstedt	2	Neumünster	3
Möhnsen	3	Neustadt in Holstein	3
Molfsee	2	Neuwittenbek	2
Mölln	3	Neversdorf	3
Mönkeberg	3	Nieblum	5
Mönkhagen	4	Niebüll	2
Mönkloh	3	Nienborstel	2
Moordiek	2	Nienbüttel	2
Moorhusen	2	Niendorf bei Berkenthin	3
Moorrege	3	Niendorf/Stecknitz	3
Mörel	2	Nienwohld	4
Mözen	3	Nindorf	2
Mucheln	3	Noer	2
Mühbrook	2	Norddorf auf Amrum	5

Mietniveau-Einstufungsverordnung **MietNEinV**

Norderfriedrichskoog	2	Ottendorf	2
Norderstedt	6	Owschlag	2
Nordstrand	2	Padenstedt	2
Norstedt	2	Panker	3
Nortorf	2	Panten	3
Nortorf	2	Passade	3
Nübbel	2	Peissen	2
Nusse	3	Pellworm	5
Nutteln	2	Pinneberg	5
Nützen	3	Plön	3
Ockholm	2	Pogeez	3
Oelixdorf	2	Poggensee	3
Oering	3	Pohnsdorf	3
Oersdorf	3	Pölitz	4
Oeschebüttel	2	Poppenbüll	2
Oevenum	5	Pöschendorf	2
Oldenborstel	2	Postfeld	3
Oldenburg in Holstein	3	Poyenberg	2
Oldenbüttel	2	Prasdorf	3
Oldendorf	2	Preetz	3
Oldenhütten	2	Prinzenmoor	2
Oldenswort	2	Prisdorf	3
Oldersbek	2	Probsteierhagen	3
Olderup	2	Pronstorf	3
Oldsum	5	Puls	2
Osdorf	2	Quarnbek	2
Ostenfeld (Husum)	2	Quarnstedt	2
Ostenfeld (Rendsburg)	2	Quickborn	5
Osterby	2	Raa-Besenbek	3
Osterhever	2	Rade	2
Osterhorn	3	Rade bei Hohenwestedt	2
Oster-Ohrstedt	2	Rade bei Rendsburg	2
Osterrönfeld	2	Ramstedt	2
Osterstedt	2	Rantrum	2
Oststeinbek	4	Rantzau	3
Ottenbüttel	2	Rastorf	3

MietNEinV

Ratekau	4
Rathjensdorf	3
Ratzeburg	3
Rausdorf	4
Reesdorf	2
Reher	2
Rehhorst	4
Rehm-Flehde-Bargen	1
Reinbek	5
Reinfeld (Holstein)	4
Rellingen	5
Remmels	2
Rendsburg	3
Rendswühren	3
Rethwisch	2
Rethwisch	4
Reußenköge	2
Rickert	2
Rickling	3
Riepsdorf	3
Rieseby	2
Risum-Lindholm	2
Ritzerau	3
Rodenäs	2
Rodenbek	2
Rohlstorf	3
Römnitz	3
Rondeshagen	3
Rosdorf	2
Roseburg	3
Ruhwinkel	3
Rumohr	2
Rümpel	4
Sahms	3
Salem	3
Sandesneben	3
Sankt Margarethen	2
Sankt Peter-Ording	2
Sarlhusen	2
Schacht-Audorf	2
Schackendorf	3
Scharbeutz	4
Schashagen	3
Schellhorn	3
Schenefeld	2
Schenefeld	7
Schieren	3
Schierensee	2
Schillsdorf	3
Schinkel	2
Schiphorst	3
Schlesen	3
Schleswig	3
Schlotfeld	2
Schmalensee	3
Schmalfeld	3
Schmalstede	2
Schmilau	3
Schnakenbek	3
Schönbek	2
Schönberg	3
Schönberg (Holstein)	3
Schönhorst	2
Schönkirchen	3
Schönwalde am Bungsberg	3
Schretstaken	3
Schulendorf	3
Schülldorf	2
Schülp bei Nortorf	2
Schülp bei Rendsburg	2
Schürensöhlen	3
Schwabstedt	2

Mietniveau-Einstufungsverordnung **MietNEinV**

Schwartbuck	3
Schwarzenbek	4
Schwedeneck	2
Schwentinental	4
Schwesing	2
Schwissel	3
Seedorf	3
Seedorf	3
Seefeld	2
Seester	3
Seestermühe	3
Seeth	2
Seeth-Ekholt	3
Sehestedt	2
Selent	3
Seth	3
Siebenbäumen	3
Siebeneichen	3
Siek	4
Sierksdorf	3
Sierksrade	3
Sievershütten	3
Silzen	2
Simonsberg	2
Sirksfelde	3
Sollwitt	2
Sommerland	2
Sönnebüll	2
Sophienhamm	2
Sören	2
Sprakebüll	2
Stadum	2
Stafstedt	2
Stakendorf	3
Stapelfeld	4
Stedesand	2

Steenfeld	2
Stein	3
Steinburg	4
Steinhorst	3
Sterley	3
Stipsdorf	3
Stockelsdorf	4
Stocksee	3
Stolpe	3
Stoltenberg	3
Stördorf	2
Störkathen	2
Strande	2
Struckum	2
Strukdorf	3
Struvenhütten	3
Stubben	3
Stuvenborn	3
Süderau	2
Süderende	5
Süderhöft	2
Süderlügum	2
Südermarsch	2
Sülfeld	3
Süsel	3
Sylt	6
Tackesdorf	2
Talkau	3
Tangstedt	3
Tangstedt	4
Tappendorf	2
Tarbek	3
Tasdorf	3
Tating	2
Techelsdorf	2
Tensfeld	3

MietNEinV

Tetenbüll	2	Wakendorf II	3
Thaden	2	Walksfelde	3
Thumby	2	Wangelau	3
Tielen	1	Wangels	3
Timmaspe	2	Wankendorf	3
Timmendorfer Strand	3	Wapelfeld	2
Tinningstedt	2	Warder	2
Todenbüttel	2	Warnau	3
Todendorf	4	Warringholz	2
Todesfelde	3	Wasbek	2
Tönning	2	Wattenbek	2
Tornesch	5	Weddelbrook	3
Tramm	3	Wedel	6
Trappenkamp	3	Weede	3
Travenbrück	4	Welt	2
Travenhorst	3	Wendtorf	3
Traventhal	3	Wenningstedt – Braderup	2
Tremsbüttel	4	Wensin	3
Trittau	4	Wentorf	3
Tröndel	3	Wentorf bei Hamburg	5
Tümlauer Koog	2	Wesenberg	4
Tüttendorf	2	Westensee	2
Uelvesbüll	2	Westerau	4
Uetersen	4	Westerhever	2
Uphusum	2	Westerhorn	3
Utersum	5	Westermoor	2
Vaale	2	Wester-Ohrstedt	2
Vaalermoor	2	Westerrade	3
Viöl	2	Westerrönfeld	2
Vollerwiek	2	Westre	2
Vollstedt	2	Wewelsfleth	2
Waabs	2	Wiedenborstel	2
Wacken	2	Wiemersdorf	3
Wahlstedt	3	Wiershop	3
Wahlstorf	3	Willenscharen	2
Wakendorf I	3	Wilster	2

Mietniveau-Einstufungsverordnung MietNEinV

Windeby	2		Witzeeze	3
Winnemark	2		Witzhave	4
Winnert	2		Witzwort	2
Winseldorf	2		Wobbenbüll	2
Winsen	3		Wohltorf	3
Wisch	2		Woltersdorf	3
Wisch	3		Worth	3
Witsum	5		Wrist	2
Wittbek	2		Wrixum	5
Wittdün auf Amrum	5		Wulfsmoor	2
Wittenbergen	2		Wyk auf Föhr	5
Wittenborn	3		Zarpen	4
Wittmoldt	3		Ziethen	3

Thüringen (für alle nicht aufgeführten Gemeinden gilt die Mietniveaustufe 1)

Albersdorf	2		Drognitz	2
Allendorf	2		Eichenberg	2
Altenberga	2		(AGS 16074016)	
Altenbeuthen	2		Eineborn	2
Altenburg	2		Eisenach	2
Apolda	2		Erfurt	3
Arnstadt	2		Frauenprießnitz	2
Bad Blankenburg	2		Freienorla	2
Bad Klosterlausnitz	2		Geisenhain	2
Bad Salzungen	2		Gneus	2
Bechstedt	2		Golmsdorf	2
Bibra	2		Gösen	2
Bobeck	2		Gotha	2
Bremsnitz	2		Gräfenthal	2
Bucha	2		Graitschen b. Bürgel	2
Bürgel	2		Großbockedra	2
Crossen an der Elster	2		Großeutersdorf	2
Cursdorf	2		Großlöbichau	2
Deesbach	2		Großpürschütz	2
Dornburg-Camburg	2		Gumperda	2
Döschnitz	2		Hainichen	2

MietNEinV   Mietniveau-Einstufungsverordnung

Hainspitz	2
Hartmannsdorf	2
Heideland	2
Heilbad Heiligenstadt	2
Hermsdorf	2
Hohenwarte	2
Hummelshain	2
Ilmenau	2
Jena	4
Jenalöbnitz	2
Kahla	2
Karlsdorf	2
Katzhütte	2
Kaulsdorf	2
Kleinbockedra	2
Kleinebersdorf	2
Kleineutersdorf	2
Königsee	2
Laasdorf	2
Lehesten	2
Lehesten	2
Leutenberg	2
Lindig	2
Lippersdorf-Erdmannsdorf	2
Löberschütz	2
Meiningen	2
Mertendorf	2
Meura	2
Meusebach	2
Meuselwitz	2
Milda	2
Möckern	2
Mörsdorf	2
Nausnitz	2
Neuengönna	2
Nordhausen	2

Oberbodnitz	2
Orlamünde	2
Ottendorf	2
Petersberg	2
Pößneck	2
Poxdorf	2
Probstzella	2
Rattelsdorf	2
Rauda	2
Rauschwitz	2
Rausdorf	2
Reichenbach	2
Reinstädt	2
Renthendorf	2
Rohrbach	2
Rothenstein	2
Rudolstadt	2
Ruttersdorf-Lotschen	2
Saalfeld/Saale	2
Scheiditz	2
Schkölen	2
Schleifreisen	2
Schlöben	2
Schmalkalden, Kurort	2
Schöngleina	2
Schöps	2
Schwarzatal	2
Schwarzburg	2
Seitenroda	2
Serba	2
Silbitz	2
Sitzendorf	2
Sömmerda	2
Sondershausen	2
St. Gangloff	2
Stadtroda	2

Sulza	2	Unterwellenborn	2
Suhl	2	Waldeck	2
Tautenburg	2	Walpernhain	2
Tautendorf	2	Waltersdorf	2
Tautenhain	2	Weimar	3
Thierschneck	2	Weißbach	2
Tissa	2	Weißenborn	2
Tröbnitz	2	Wichmar	2
Trockenborn-Wolfersdorf	2	Zella-Mehlis	2
Uhlstädt-Kirchhasel	2	Zimmern	2
Unterbodnitz	2	Zöllnitz	2
Unterweißbach	2		

Sachverzeichnis

Die fetten Angaben bezeichnen die kommentierten Gesetze mit den entsprechenden Paragraphen, die mageren Zahlen die Randziffern der Kommentierung. „Grundlagen" bezieht sich auf das einleitende Kapitel des Werkes.

Abbauland
- Abbau durch Dritte **BewG § 234** 21
- Begriff **BewG § 234** 21
- Bewertung s. a. *Bewertung des Betriebs der Land- und Forstwirtschaft*

Abbruchverpflichtung
- Anforderungen **BewG § 253** 13 ff., **§ 259** 27
- Änderung, Aufhebung, Vereinbarung **BewG § 222** 6

Abfallentsorgung
- Betrieb der Land- und Forstwirtschaft **BewG § 232** 8
- Grundsteuerbefreiung **GrStG § 3** 60

Abfindungsbrennerei BewG § 234 35

Abgeltungswirkung
- des Ertragswertes **BewG § 252** 4
- des Sachwertes **BewG § 258** 7

Abrechnung
- Änderung des Grundsteuerbescheides **GrStG § 30** 11 f.
- Vorauszahlungen **GrStG § 30** 3 ff.

Abrundung
- des Grundsteuerwertes **BewG § 230**

Abstellräume BewG § 249 9, **§ 254** 7

Abweichungsbefugnis der Länder
- Baden-Württemberg **Grundlagen** 80 ff.
- Bayern **Grundlagen** 84 f.
- Hamburg **Grundlagen** 86 f.
- Hessen **Grundlagen** 88 ff.
- Niedersachsen **Grundlagen** 88 ff.
- Saarland **Grundlagen** 91
- Sachsen **Grundlagen** 91
- verfassungsrechtliche Grundlagen **Grundlagen** 74 ff.

Ackerland BewG § 236 6

Akteneinsicht (Bauakte) BewG § 249 11

Altenwohnheim
- Grundsteuerbefreiung **GrStG § 5** 13 ff.
- Wohnung **BewG § 249** 34

Alterswertminderung BewG § 259 20 ff.

Änderung wegen neuer Tatsachen
- Grundsteuerwertbescheid **BewG § 222** 39 ff.

Änderung wegen unrichtiger Datenübermittlung
- Grundsteuerwertbescheid **BewG § 222** 46 f.

Anerkennung
- Nutzungszweck Wissenschaft, Erziehung, Unterricht **GrStG § 4** 36 ff.
- Übernachtung und Nutzungszweck **GrStG § 5** 11

Ankaufsrecht
- Zurechnung **BewG § 219** 28

Anwendung des neuen Grundsteuerrechts § 37

Anzeigepflicht
- Adressaten **BewG § 228** 14 f.
- Baden-Württemberg **BWLGrStG § 22** 1 ff., **§§ 41–46** 1
- Bayern **BayGrStG Art. 6** 13 f., **Art. 7** 8 f.
- Eigentumsverhältnisse, Änderung der **BewG § 228** 11
- Erbbaurecht **BewG § 228** 15
- Frist **GrStG § 19** 7; **BewG § 228** 12
- Gebäude auf fremden Grund und Boden **BewG § 228** 15
- Grundsteuerbefreiung, Änderung der Umstände **GrStG § 19** 4 f.; **BewG § 228** 10
- Hamburg **HmbGrStG § 6** 11 f., **§ 7** 8 f.
- Hessen **HGrStG § 2** 8
- Messzahlermäßigung, Änderung der Umstände **GrStG § 19** 12 ff.
- nach § 153 Abs. 1 AO **GrStG § 19** 13; **BewG § 228** 13
- Niedersachsen **NGrStG § 8** 13 f., **§ 9** 8 f.
- Verletzung **GrStG § 19** 9 ff.; **BewG § 228** 17 ff.

Äquivalenzbetrag (Bayern)
- Bestandteile **BayGrStG Art. 1** 3

Äquivalenzbetrag (Niedersachsen)
- Bestandteile **NGrStG § 2** 3

Äquivalenzprinzip
- Bodenwertsteuer (Baden-Württemberg) **Grundlagen** 80 ff.
- Flächenmodell (Bayern) **Grundlagen** 84 f.

977

Sachverzeichnis

- Flächenmodell mit Lage-Faktor (Niedersachsen, Hessen) **Grundlagen** 88 f.
- verfassungsrechtliche Anforderungen **Grundlagen** 125 f.
- Wohnlagemodell (Hamburg) **Grundlagen** 86 f.

Artfeststellung
- Änderung nach den Vorschriften der AO **BewG § 222** 37 ff., **§ 226** 10 f.
- Baden-Württemberg **BWLGrStG § 13**
- Bayern **BayGrStG Art. 1** 4
- Bedeutungsvorbehalt **BewG § 219** 43 f.
- Bekanntgabe **BewG § 219** 8
- dingliche Wirkung **BewG § 219** 9
- Ergänzungsbescheid **BewG § 219** 16
- Erklärung zur Feststellung der Grundsteuerwerte **BewG § 228** 8
- Festsetzungsfrist/-verjährung **BewG § 219** 45 ff.
- Fortschreibung s. *Artfortschreibung*
- Grundsteuerwertbescheid, durch **BewG § 219** 4 ff.
- Hamburg **HmbGrStG § 1** 4
- Inhalt **BewG § 219** 14 f.
- Niedersachsen **NGrStG § 2** 4
- Rechtsschutz **BewG § 219** 49 ff.
- Veränderungen, andere als Wertverhältnisse **BewG § 227** 4 f.; s. a. *Artfortschreibung*
- Verhältnis zu anderen Feststellungen **BewG § 219** 2
- Wertverhältnisse zum Hauptfeststellungszeitpunkt **BewG § 227** 4 f.

Artfortschreibung
- Änderung der Grundstücksart **BewG § 222** 14
- Änderungsvorschriften der AO **BewG § 222** 37 ff.
- Erklärung zur Feststellung der Grundsteuerwerte **BewG § 228** 8
- fehlerbeseitigende **BewG § 222** 22 ff.
- Festsetzungsfrist/-verjährung **BewG § 222** 36; **BewG § 226** 3 ff.
- Fortschreibungszeitpunkt **BewG § 222** 27 ff., 33 f.
- Rechtsschutz **BewG § 222** 50 ff.
- Sperrwirkung einer vorherigen Fortschreibung **BewG § 222** 35
- Vertrauensschutz bei Fehlerbeseitigung **BewG § 222** 26
- Vorrang gegenüber Erlass **GrStG § 33** 12, **§ 34** 13
- Wechsel der Vermögensart **BewG § 222** 17

Aufhebung des Grundsteuermessbescheides
- Aufhebungszeitpunkt **GrStG § 20** 8 ff.
- Baden-Württemberg **BWLGrStG §§ 41–46** 1
- fehlerbeseitigende **GrStG § 20** 5 ff.; **HGrStG § 11** 2
- Festsetzungsfrist/-verjährung **GrStG § 20** 13
- Geltungsverzögerung **GrStG § 20** 12
- Rechtsschutz **GrStG § 20** 14
- wegen Eintritts einer Grundsteuerbefreiung **GrStG § 20** 3 ff.; **HGrStG § 11** 1
- Wegfall einer wirtschaftlichen Einheit **HGrStG § 11** 1

Aufhebung des Grundsteuerwertbescheides
- Aufhebungszeitpunkt **BewG § 224** 9 ff.
- Baden-Württemberg **BWLGrStG §§ 15–20** 1 f.
- fehlerbeseitigende **BewG § 224** 8
- Festsetzungsfrist/-verjährung **BewG § 224** 13
- Rechtsschutz **BewG § 224** 14
- wegen Eintritts einer Grundsteuerbefreiung **BewG § 224** 6 f.
- Wegfall einer wirtschaftlichen Einheit **BewG § 224** 3 ff.

Aufrechnung
- Grundsteuer, mit bzw. gegen **GrStG § 28** 17 ff.

Ausbau
- Wertfortschreibung **BewG § 222** 6

Ausbeutungsverträge BewG § 232 25, **§ 233** 7

Außenanlagen BewG § 243 10

Ausgliederung
- Zurechnung **BewG § 219** 21

Ausland
- Flächen im A. **BayGrStG Art. 9** 15 ff.; **BewG § 231** 1 ff.; **BWLGrStG § 25** 20; **NGrStG § 11** 14 f.

Ausländische Staaten
- Grundsteuerbefreiung **GrStG § 4** 50 ff.

Aussetzungszinsen GrStG § 27 13 f.

Autohaus BewG § 243 17

Automatisierungsstrategie Grundlagen 51 ff.

Autowaschanlage BewG § 243 17

Baden-Württemberg
- Abgabenordnung, Anwendung der **BWLGrStG § 2** 3 ff.
- Anzeigepflicht **BWLGrStG § 22**, **§§ 41–46**

Sachverzeichnis

- Artfeststellung **BWLGrStG** § 13
- Aufhebung des Grundsteuermessbescheides **BWLGrStG** §§ 41–46
- Aufhebung des Grundsteuerwertbescheides **BWLGrStG** §§ 15–20
- Ausland, Flächen im **BWLGrStG** § 25 20
- Baudenkmal, Messzahlermäßigung für **BWLGrStG** § 40 8
- Belastungsgrund **Grundlagen** 80 ff.
- Betrieb der Land- und Forstwirtschaft **BWLGrStG** §§ 26–36
- Bewertung der Grundstücke (Bodenwertmodell) **BWLGrStG** § 38 3 ff.
- Bewertung des Betriebs der Land- und Forstwirtschaft **BWLGrStG** §§ 26–36
- Bodenrichtwert **BWLGrStG** § 38 3 ff.
- Bodenwertmodell **Grundlagen** 80 ff.; **BWLGrStG** § 38 3 ff.
- Bodenwertmodell, Gegenbeweismöglichkeit **BWLGrStG** § 38 9 ff.
- Bundeslandgrenzen, Bedeutung **BWLGrStG** § 25 18 ff.
- Datenübermittlung durch andere Behörden **BWLGrStG** § 23
- Ehegatten, Bedeutung für die wirtschaftliche Einheit **BWLGrStG** § 25 5 ff.
- Einbeziehung fremder Gebäude **BWLGrStG** § 25 11 ff.
- Entstehung **BWLGrStG** § 1 4 f.
- Erklärung zur Feststellung der Grundsteuerwerte **BWLGrStG** § 22
- Erlass, Verfahren bei **BWLGrStG** § 58
- Erlass für Grünanlagen **BWLGrStG** § 56 3
- Erlass für Kulturgüter **BWLGrStG** § 56 3
- Erlass für Spiel- und Sportplätze **BWLGrStG** § 56 3
- Erlass wegen erhaltungswürdigem Inventar **BWLGrStG** § 56 4
- Erlass wegen Reinertragsminderung (Betrieb der Land- und Forstwirtschaft) **BWLGrStG** § 57
- Ermäßigung der Steuermesszahl **BWLGrStG** § 40 4 ff.
- Fälligkeit **BWLGrStG** §§ 51, 52 1
- Festsetzung **BWLGrStG** § 50
- Fortschreibung **BWLGrStG** §§ 15–20
- Gegenbeweis bei Grundstücksbewertung **BWLGrStG** § 38 3 ff.
- Gesamthandsgesellschaften, Bedeutung für die wirtschaftliche Einheit **BWLGrStG** § 25 9 ff.
- Gesetzesentwicklung **Grundlagen** 80
- grenzüberschreitende wirtschaftliche Einheit **BWLGrStG** § 25 17 ff.
- Grundsatz der Eigentümeridentität **BWLGrStG** § 25
- Grundsteuer C **BWLGrStG** § 50a
- Grundsteuerbefreiungen **BWLGrStG** §§ 4–9
- Grundsteuerbescheid **BWLGrStG** § 13
- Grundsteuerwertfeststellung **BWLGrStG** § 13
- Grundstücke **BWLGrStG** § 37
- Haftung **BWLGrStG** §§ 11, 12
- Hauptfeststellung **BWLGrStG** §§ 15–20
- Hauptveranlagung **BWLGrStG** §§ 41–46
- Heberecht der Gemeinden **BWLGrStG** § 1 6
- Hebesatz **BWLGrStG** § 50
- Hebesatzsatzung **BWLGrStG** § 50
- Hinterziehung der Grundsteuer **BWLGrStG** § 2 9 f.
- Messzahl **BWLGrStG** § 39
- Nachfeststellung **BWLGrStG** §§ 15–20
- Nachveranlagung **BWLGrStG** §§ 41–46
- Nachweis eines niedrigeren Wertes **BWLGrStG** § 38 9 ff.
- Nachzahlung **BWLGrStG** §§ 53–55
- Neuveranlagung **BWLGrStG** §§ 41–46
- öffentliche Last **BWLGrStG** §§ 11, 12
- Rechtsschutz **BWLGrStG** § 2 6 ff.
- Rechtsweg zu den Finanzgerichten **BWLGrStG** § 2 6 f.
- Rechtsweg zu den Verwaltungsgerichten **BWLGrStG** § 2 8
- Revisibilität des Landesrechts **BWLGrStG** § 2 7
- Sonderhebesatz (Grundsteuer C) **BWLGrStG** § 50a
- Steuerbescheid **BWLGrStG** §§ 51, 52 1
- Steuerentstehung **BWLGrStG** § 1 4 f.
- Steuergegenstand **BWLGrStG** § 1 3
- Steuerhinterziehung **BWLGrStG** § 2 9 f.
- Steuermesszahl **BWLGrStG** § 39
- Steuerschuldner **BWLGrStG** § 10
- Stichtagsprinzip **BWLGrStG** § 1 4 f.
- Verfassungsmäßigkeit des BWLGrStG **Grundlagen** 116 ff.
- Vermögensarten **BWLGrStG** § 3
- Verordnungsermächtigungen **BWLGrStG** § 61
- Verwaltungsverfahren **BWLGrStG** § 2 3 ff.
- Vollstreckung **BWLGrStG** §§ 51, 52 2
- Vorauszahlung **BWLGrStG** §§ 53–55
- Wertfortschreibung **BWLGrStG** §§ 15–20
- Wertverhältnisse, maßgeblicher Zeitpunkt **BWLGrStG** § 21

Sachverzeichnis

- wirtschaftliche Einheit **BWLGrStG § 25** 3ff.
- wirtschaftliche Einheit des Grundvermögens **BWLGrStG § 37**
- Wohnnutzung, Messzahlermäßigung wegen BW **BWLGrStG § 40** 4f.
- Wohnraumförderung, Messzahlermäßigung für BW **BWLGrStG § 40** 6
- Wohnungsbaugesellschaft, Messzahlermäßigung für BW **BWLGrStG § 40** 7
- Wohnungsbauverein, Messzahlermäßigung für BW **BWLGrStG § 40** 7
- Wohnungsgenossenschaft, Messzahlermäßigung für BW **BWLGrStG § 40** 7
- Zeitpunkt für die maßgeblichen Verhältnisse **BWLGrStG § 1** 4f.
- Zerlegung **BWLGrStG §§ 47–49**
- Zonenwert **BWLGrStG § 38** 3f.
- Zurechnung der wirtschaftlichen Einheit **BWLGrStG § 25** 4
- Zurechnungsfortschreibung **BWLGrStG §§ 15–20**
- Zuständigkeit der Finanzämter **BWLGrStG § 2** 5
- Zuständigkeit der Gemeinden **BWLGrStG § 2** 5
- Zwangsvollstreckung **BWLGrStG §§ 51, 52** 2

Baudenkmal
- Ermäßigung der Steuermesszahl **GrStG § 15** 25ff.; **BWLGrStG § 40**; **BayGrStG Art. 4** 13f.; **HmbGrStG § 4** 9ff.; **HGrStG § 6** 4ff.; **NGrStG § 6** 14ff.

Bauerwartungsland BewG § 233 5ff., **§ 247** 15f.

Baujahr
- Wertverhältnisse zum Hauptfeststellungszeitpunkt **BewG § 227** 4

Baupreisindizes BewG § 259 18f.

Baurechtswidriger Zustand
- Bedeutung für Wohnfläche **BewG § 254** 6
- Erlass wegen Ertragsminderung **GrStG § 34** 6

Baureifes Land BewG § 247 15f.

Bayern
- Abgabenordnung, Anwendung der **BayGrStG Art. 10** 5ff.
- Anzeigepflicht **BayGrStG Art. 7** 8ff.
- Äquivalenzbetragsfeststellung **BayGrStG Art. 6** 5
- Artfeststellung **BayGrStG Art. 6** 5
- Aufhebung des Äquivalenzbetrages **BayGrStG Art. 6** 12
- Baudenkmal, Messzahlermäßigung **BayGrStG Art. 4** 13f.
- Belastungsgrund **Grundlagen** 84f.
- Betrieb der Land- und Forstwirtschaft **BayGrStG Art. 9** 3ff.
- Ehegatten, Bedeutung für die wirtschaftliche Einheit **BayGrStG Art. 1** 9ff.
- Einbeziehung fremder Gebäude **BayGrStG Art. 1** 13ff.
- Erlass für Grünanlagen **BayGrStG Art. 8** 13
- Erlass für Kulturgüter **BayGrStG Art. 8** 13
- Erlass für Spiel- und Sportplätze **BayGrStG Art. 8** 13
- Erlass wegen erhaltungswürdigem Inventar **BayGrStG Art. 8** 13
- Ermäßigung der Steuermesszahl **BayGrStG Art. 4** 4ff.
- Festsetzung **BayGrStG Art. 1** 6
- Flächenfeststellung **BayGrStG Art. 6** 5
- Flächenfortschreibung **BayGrStG Art. 6** 8ff.
- Flächenmodell **Grundlagen** 84f.
- Fortschreibung **BayGrStG Art. 6** 8
- Gesamthandsgesellschaften, Bedeutung für die wirtschaftliche Einheit **BayGrStG Art. 9** 7f.
- Gesetzesentwicklung **Grundlagen** 84f.
- grenzüberschreitender Betrieb der Land- und Forstwirtschaft **BayGrStG Art. 9** 14ff.
- grenzüberschreitendes Grundstück **BayGrStG Art. 1** 17f.
- Grundsatz der Eigentümeridentität **BayGrStG Art. 1** 8
- Grundsteuer C **BayGrStG Art. 5** 6
- Grundsteuerbescheid **BayGrStG Art. 1** 6
- Hebeberecht der Gemeinden **BayGrStG Art. 5** 3
- Hinterziehung der Grundsteuer **BayGrStG Art. 10** 6
- Messzahl **BayGrStG Art. 4** 3
- Nachfeststellung **BayGrStG Art. 6** 12
- Rechtsschutz **BayGrStG Art. 10** 8ff.
- Rechtsweg zu den Finanzgerichten **BayGrStG Art. 10** 8f.
- Rechtsweg zu den Verwaltungsgerichten **BayGrStG Art. 10** 10
- Revisibilität des Landesrechts **BayGrStG Art. 10** 9
- Sonderhebesatz (Grundsteuer C) **BayGrStG Art. 5** 6
- Steuerbescheid **BayGrStG Art. 1** 6
- Steuererklärungspflicht **BayGrStG Art. 10** 6
- Steuerhinterziehung **BayGrStG Art. 10** 6
- Steuermesszahl **BayGrStG Art. 4** 3ff.

Sachverzeichnis

- Verfassungsmäßigkeit des BayGrStG **Grundlagen** 125 f.
- Verordnungsermächtigungen **BayGrStG Art. 10** 13
- Verwaltungsverfahren **BayGrStG Art. 1** 3 ff.
- Wertfortschreibung **BayGrStG Art. 6** 8 ff.
- wirtschaftliche Einheit des Grundvermögens **BayGrStG Art. 1** 8
- Wohnnutzung, Messzahlermäßigung wegen **BayGrStG Art. 4** 4
- Wohnraumförderung, Messzahlermäßigung **BayGrStG Art. 4** 4
- Wohnungsbaugesellschaft, Messzahlermäßigung **BayGrStG Art. 4** 15 ff.
- Wohnungsbauverein, Messzahlermäßigung *BayGrStG* **Art. 4** 15 ff.
- Wohnungsgenossenschaft, Messzahlermäßigung **BayGrStG Art. 4** 15 ff.
- Zurechnung der wirtschaftlichen Einheit **BayGrStG Art. 1** 8
- Zurechnungsfortschreibung **BayGrStG Art. 6** 8 ff.
- Zuständigkeit der Finanzämter **BayGrStG Art. 10** 5
- Zuständigkeit der Gemeinden **BayGrStG Art. 10** 5

Bearbeitungsbetriebe BewG § 234 32 ff.

Bebautes Grundstück
- Artfeststellung **BewG § 219** 14 f.

Bebauungsplan
- Bedeutung für die Abgrenzung der Vermögensarten **BewG § 233** 7 ff.

Belastungsgrund Grundlagen 16 ff.
- Bodenwertsteuer (Baden-Württemberg) **Grundlagen** 80 ff.
- Flächenmodell (Bayern) **Grundlagen** 86 f.
- Flächenmodell mit Lage-Faktor (Niedersachsen, Hessen) **Grundlagen** 88 f.
- folgerichtige Ausgestaltung **Grundlagen** 98 ff.
- Wohnlagemodell (Hamburg) **Grundlagen** 86 f.

Benutzbares Gebäude BewG § 246 5 ff.

Bereitschaftsräume
- Grundsteuerbefreiung **GrStG § 5** 16 ff.

Berichtigung wegen offenbarer Unrichtigkeit
- Grundsteuerwertbescheid **BewG § 222** 47 ff.

Berufsvertretungen
- Grundsteuerbefreiung **GrStG § 3** 26

Bestattungsplatz
- Grundsteuerbefreiung **GrStG § 4** 10 ff.

Betrieb der Land- und Forstwirtschaft
- Abbauland *s. dort*
- Abfallentsorgung **BewG § 232** 8
- Abgrenzung zum Grundvermögen **BewG § 232** 33 ff.; **§ 233** 3 ff.
- Absatztätigkeit **BewG § 232** 6 ff.
- Artfeststellung **BewG § 219** 14 f.
- Aufteilung im Verhältnis zum Grundvermögen **BewG § 232** 37
- Baden-Württemberg **BWLGrStG §§ 26–36**
- Baumschulen *s. Gärtnerische Nutzung*
- Bayern **BayGrStG Art. 9** 3 ff.
- Bearbeitungstätigkeit **BewG § 232** 6 ff.
- Begriff der Land- und Forstwirtschaft **BewG § 232** 4 ff.
- Betriebsverpachtung **BewG § 232** 17 f.
- Bewertung *s. Bewertung des Betriebs der Land- und Forstwirtschaft*
- Bewertungsstichtag **BewG § 235** 3 ff.
- Biogasanlagen **BewG § 232** 11
- Blumen- und Zierpflanzenbau *s. Gärtnerische Nutzung*
- Dauerhaftigkeit des dienenden Zusammenhangs **BewG § 232** 23 ff.
- Dienstleistungen **BewG § 232** 6 ff.
- Eigentümeridentität, Grundsatz der **BewG § 232** 21 f.
- Entscheidung über den Umfang **BewG § 219** 12
- Erlass wegen Reinertragsminderung (Betrieb der Land- und Forstwirtschaft) *s. dort*
- Ertragswertbewertung **BewG § 236** 3 ff.
- Feststellungszeitpunkt **BewG § 235** 3
- forstwirtschaftliche Nutzung *s. dort*
- Freilandsolaranlagen **BewG § 232** 38
- Gartengestaltung **BewG § 232** 8
- gärtnerische Nutzung *s. dort*
- Gemüsebau *s. Gärtnerische Nutzung*
- Geringstland *s. dort*
- Gewerbebetrieb, Abgrenzung zum **BewG § 232** 6 ff.
- Gewinnerzielungsabsicht **BewG § 232** 5
- Golf-Club, Vermietung an **BewG § 232** 25
- Grabpflegedienstleistungen **BewG § 232** 8
- Hamburg **HmbGrStG § 9** 3 ff.
- Hausgarten **BewG § 232** 35
- Hofladen **BewG § 232** 8
- Hofstelle **BewG § 232** 37; **BewG § 233** 11
- Kapitalisierungsfaktor **BewG § 236** 11
- landwirtschaftliche Nutzung *s. dort*

Sachverzeichnis

- Lohnunternehmer **BewG** § 232 6ff.
- Nebenbetrieb s. dort
- Niedersachsen **NGrStG** § 11 3ff.
- Nutzung der Grundstücke **BewG** § 232 23ff.
- Nutzung der Wirtschaftsgebäude **BewG** § 232 23ff.
- Nutzungsänderung, nicht nur vorübergehend **BewG** § 232 25
- Nutzungsänderung, vorübergehend **BewG** § 232 25
- Obstbau s. Gärtnerische Nutzung
- Polo-Verein, Vermietung an **BewG** § 232 25
- Reinertragsminderung s. Erlass wegen Reinertragsminderung (Betrieb der Land- und Forstwirtschaft)
- Solaranlagen, Freiland- **BewG** § 233 4
- Tierbestände und Zuordnung der Grundstücke **BewG** § 232 40
- Tierhaltung/-zucht s. dort
- übrige land- und forstwirtschaftliche Nutzungen s. dort
- Umgriffsflächen von Windenergieanlagen **BewG** § 233 3f.
- Umsatzgrenzen **BewG** § 232 6ff.
- Unland s. dort
- Verarbeitungstätigkeit **BewG** § 232 6ff.
- Vermarktung eigener Produkte **BewG** § 232 8, § 234 30
- Verpachtung eines Betriebes **BewG** § 232 17f.
- Verpachtung einzelner Flächen **BewG** § 232 17f.
- Vertrieb eigener und fremder Produkte **BewG** § 232 8
- weinbauliche Nutzung s. dort
- Wildgehege **BewG** § 232 12
- Windenergieanlagen **BewG** § 233 3f.
- Wirtschaftliche Einheit, Umfang der **BewG** § 232 13ff.
- Wirtschaftsgebäude, Zurechnung der **BewG** § 232 17
- Zweckänderung in absehbarer Zukunft **BewG** § 233 5ff.

Betrieb gewerblicher Art
- Grundsteuerbefreiung **GrStG** § 3 64ff.

Betriebsgrundstücke GrStG § 2 7; **BewG** § 218 7

Betriebsinhaberwohnung
- Messzahlermäßigung **BayGrStG** Art. 4 5ff.; **NGrStG** § 6 5ff.
- Vermögensart **BewG** § 232 33ff.

Betriebskosten
- Rechtsbehelfsbefugnis des Mieters **Grundlagen** 67

- Umlage der Grundsteuer **Grundlagen** 19

Betriebsschließung
- Erlass wegen Ertragsminderung (Grundstück) **GrStG** § 34 52

Betriebsverpachtung
- Betrieb der Land- und Forstwirtschaft **BewG** § 232 17f.

Betriebsvorrichtung
- Autohaus **BewG** § 243 17
- Autowaschanlage **BewG** § 243 17
- Gebäude, Abgrenzung zum **BewG** § 243 15ff.
- Hochregallager **BewG** § 243 17
- Kesselhaus **BewG** § 243 17
- Musterhaus **BewG** § 243 17
- Silobauten **BewG** § 243 17
- Tiefkühllager **BewG** § 243 17
- Toilettenhäuschen **BewG** § 243 17
- Transformatorhäuschen **BewG** § 243 17
- Wasserturm **BewG** § 243 17
- Windenergieanlagen **BewG** § 243 17
- Zementmühle **BewG** § 243 17

Bewertung des Betriebs der Land- und Forstwirtschaft
- Abbauland **BewG** § 237 20
- Ackerland **BewG** § 237 6
- Baden-Württemberg **BWLGrStG** §§ 26–36 1f.
- Bodenschätzung s. dort
- Ermittlung (Beispiel) **BewG** § 239 4ff.
- Ertragsmesszahl **BewG** § 237 6ff.
- Ertragswertkonzept, typisierendes **BewG** § 236 3ff.
- forstwirtschaftliche Nutzung **BewG** § 237 14
- gärtnerische Nutzung **BewG** § 237 16f.
- gärtnerische Nutzung, Zuschlag **BewG** § 238 5
- Gemeindebezogene Reinerträge **BewG** § 239 4ff.
- Geringstland **BewG** § 237 20
- Grünland **BewG** § 237 6
- Hofstelle **BewG** § 237 21
- landwirtschaftliche Nutzung **BewG** § 237 4ff.
- Maßstabsfunktion des Ertragswerts **BewG** § 236 7ff.
- Nebenbetrieb **BewG** § 237 21
- Nebenbetrieb, Zuschlag wegen **BewG** § 238 6
- übrige land- und forstwirtschaftliche Nutzungen **BewG** § 242 1f.
- Unland **BewG** § 237 20
- verstärkte Tierhaltung **BewG** § 238 3ff.
- Wanderschäferei **BewG** § 242 12

Sachverzeichnis

- weinbauliche Nutzung **BewG § 237** 15
- Windenergieanlagen **BewG § 238** 7
- Wirtschaftsgebäude **BewG § 238** 6
- Wirtschaftsgebäude, Abgeltung der **BewG § 238** 3
- Zuschlag bei gärtnerischer Nutzung unter Glas/Kunststoff **BewG § 238** 5
- Zuschlag bei Nebentrieben **BewG § 238** 6
- Zuschlag bei weinbaulicher Nutzung **BewG § 238** 6
- Zuschlag für verstärkte Tierhaltung **BewG § 238** 3 ff.

Bewertung unbebauter Grundstücke s. *Bodenwertermittlung*
Bewertung von Einfamilienhäusern s. *Ertragswertverfahren*
Bewertung von gemischt-genutzten Grundstücken s. *Sachwertverfahren*
Bewertung von Geschäftsgrundstücken s. *Sachwertverfahren*
Bewertung von Mietwohngrundstücken s. *Ertragswertverfahren*
Bewertung von sonstigen bebauten Grundstücken s. *Sachwertverfahren*
Bewertung von Teileigentum s. *Sachwertverfahren*
Bewertung von Wohnungseigentum s. *Ertragswertverfahren*
Bewertung von Zweifamilienhäusern s. *Ertragswertverfahren*
Bewirtschaftungskosten BewG § 255 3 ff.
Bezugsfertigkeit BewG § 246 5 ff.
Billigkeitserlass s. *Erlass aus Billigkeitsgründen*
Binnenfischerei BewG § 242 8
Biogasanlagen
- Betrieb der Land- und Forstwirtschaft **BewG § 232** 11

Bodenrichtwert s. *Bodenwertermittlung*
Bodenrichtwertzone s. *Bodenwertermittlung*
Bodenschätze
- Abbau **BewG § 232** 25, **§ 234** 21
- Begriff **BewG § 243** 14

Bodenschätzung
- Ertragsmesszahl **BewG § 237** 6 ff.
- Feststellung der Bodenschätzungsergebnisse **BewG § 237** 9
- Rechtsschutz **BewG § 237** 10 f.
- Überblick **BewG § 237** 5 ff.
- Verfahren **BewG § 237** 9 ff.

Bodenwertermittlung
- Ableitung des Grundstückswertes ohne Bodenrichtwert **BewG § 247** 30 ff.

- Anpassung des Bodenrichtwertes **BewG § 247** 12 ff.
- Bauerwartungsland **BewG § 247** 15 f.
- Baureifes Land **BewG § 247** 15 f.
- Beweis des niedrigeren Wertes **BewG § 247** 5; **BWLGrStG § 38** 9 ff.
- Bodenrichtwert **BewG § 247** 4 ff.; **BWLGrStG § 38** 3 ff.
- Bodenrichtwerte als Daten iSv § 93 c AO **BewG § 247** 26
- Bodenrichtwertzone, Bildung **BewG § 247** 4 ff.
- Bodenrichtwertzone, sich überlagernde **BewG § 247** 17
- Entwicklungszustand des Grundstücks **BewG § 247** 15 f.
- Gutachterausschuss **BewG § 247** 27 ff.
- ImmoWertV **BewG § 247** 6
- Rohbauland **BewG § 247** 15 f.
- Verfassungsmäßigkeit (Art. 19 Abs. 4 GG) **Grundlagen** 133 f.
- Verfassungsmäßigkeit (Gleichheitssatz) **Grundlagen** 111
- Wertverhältnisse zum Hauptfeststellungszeitpunkt **BewG § 227** 4
- Zonenwert **BewG § 247** 12 ff.

Bodenwertsteuer s. *Baden-Württemberg*
Botschaft
- Grundsteuerbefreiung **GrStG § 4** 50 ff.

Brennerei BewG § 234 35
Bruchteilsgemeinschaften
- Steuerschuldner **GrStG § 10** 6, 9 ff.
- Zurechnung **BewG § 219** 37 f.

Brutto-Grundfläche BewG § 259 12 ff.
Bundeseisenbahnvermögen
- Grundsteuerbefreiung **GrStG § 3** 27

Bundeslandgrenzen BewG § 231; **BWLGrStG § 25** 18 ff.; **BayGrStG Art. 9** 14 ff.; **HmbGrStG § 9** 14 ff.; **NGrStG § 11** 14 ff.

Bundesverfassungsgericht
- Einheitswertbeschlüsse **Grundlagen** 9
- Grundsteuerentscheidung **Grundlagen** 12, 93 ff.

Bundeswehr
- Grundsteuerbefreiung **GrStG § 5** 6 ff., **§ 6** 12

Butterherstellung BewG § 234 33

Cafeteria (im Krankenhaus etc.)
- Grundsteuerbefreiung **GrStG § 4** 47

Container BewG § 243; s. a. *Gebäude*
Corona-Lockdown
- Erlass wegen Ertragsminderung (Grundstück) **GrStG § 34** 45

Sachverzeichnis

Datenübermittlung
- Änderung des Grundsteuerwertbescheides wegen unrichtiger D. **BewG § 222** 46f., **§ 229** 8
- duch die Bauordnungsbehörden **BewG § 229** 5ff.; **BWLGrStG § 23**
- Datenschutz-Grundverordnung **BewG § 229** 6
- durch das Grundbuchamt **BewG § 229** 9; **BWLGrStG § 23**
- durch den Gutachterausschuss **BewG § 247** 26
- Information des Steuerpflichtigen über D. **BewG § 229** 10f.
- Standardisierung **BewG § 229** 12
- durch den Steuerpflichtigen **BewG § 228** 21ff.

Dauerkleingartenland s. Kleingartenland

Dauerwohnrecht
- Haftung **GrStG § 11** 7
- Zurechnung **BewG § 219** 33

Deiche
- Grundsteuerbefreiung **GrStG § 4** 32f.

Denkmal s. Baudenkmal

Dienstwohnung der Geistlichen und Kirchendiener
- Grundsteuerbefreiung **GrStG § 3** 47ff.

Dingliche Wirkung
- Grundsteuerwertbescheid **BewG § 219** 9

Doppelfunktionale Bauteile BewG § 243 18

Ehegatten
- Bedeutung für die wirtschaftliche Einheit **BewG § 244** 17; **BWLGrStG § 25** 5ff.; **BayGrStG Art. 1** 9ff.; **HmbGrStG § 1** 9ff.; **NGrStG § 2** 9ff.

Eigentümeridentität
- Grundsatz der **BewG § 232** 21, **§ 244** 16f.; **BWLGrStG § 25** 1ff.; **BayGrStG Art. 1** 8; **HmbGrStG § 1** 8; **NGrStG § 2** 8

Einbeziehung fremder Gebäude BewG § 232 17; **BWLGrStG § 25** 11ff.; **BayGrStG Art. 1** 13ff.; **HmbGrStG § 1** 13ff.; **NGrStG § 2** 13ff.

Einfamilienhaus
- Bewertung s. Ertragswertverfahren
- Gebäudeart **BewG § 249** 12

Einheitsbewertung
- Geschichte **Grundlagen** 3ff.

Einheitswertbeschlüsse Grundlagen 9

Einspruchsverfahren Grundlagen 60ff.

Eisenbahn
- Grundsteuerbefreiung **GrStG § 3** 27, **§ 4** 22ff.

Enteignung
- Zurechnung **BewG § 219** 21

Entstehung der Grundsteuer s. Steuerentstehung

Entwicklungszustand des Grundstücks BewG § 247 15f.

Erbbaurecht
- Anzeigepflicht **BewG § 228** 15
- Bewertung **BewG § 261** 1ff.
- Erklärung zur Feststellung der Grundsteuerwerte **BewG § 228** 15
- Grundsteuerbefreiung **GrStG § 3** 14
- Heimfall, Anspruch auf **BewG § 219** 26
- Steuerschuldner **GrStG § 10** 14f.
- wirtschaftliche Einheit, Umfang der **BewG § 244** 21
- Zurechnung **BewG § 219** 35; **HGrStG § 4** 7

Erbengemeinschaft
- Steuerschuldner **GrStG § 10** 6, 9ff.
- Zurechnung **BewG § 219** 37f.

Erbfall
- Grundsteuerschuld, Übergang der **GrStG § 11** 27ff.
- Zurechnung **BewG § 219** 20

Erbschein
- Zurechnung **BewG § 219** 20

Erfüllung
- Grundsteuer **GrStG § 28** 16

Ergänzungsbescheid
- Artfeststellung **BewG § 219** 16
- Zurechnungsfeststellung **BewG § 219** 42

Erklärung zur Feststellung der Grundsteuerwerte
- Adressaten **BewG § 228** 14f.
- Allgemeinverfügung **BewG § 228** 4
- Aufforderung **BewG § 228** 4
- Baden-Württemberg **BWLGrStG § 22** 1ff.
- Erbbaurecht **BewG § 228** 15
- Frist **BewG § 228** 9
- Gebäude auf fremden Grund und Boden **BewG § 228** 15
- Informationen zur Erstellung **BewG § 228** 7
- Inhalt **BewG § 228** 5f.
- Kosten **BewG § 228** 7
- Übermittlung, elektronische **BewG § 228** 21ff.
- Verspätungszuschlag **BewG § 228** 18f.

Erlass aus Billigkeitsgründen
- Ermessensentscheidung **GrStG § 28** 25
- Hessen **HGrStG § 14** 5ff.
- keine abweichende Festsetzung bei Grundsteuerwertermittlung **BewG § 220** 4ff.

Sachverzeichnis

- persönliche Unbilligkeit **GrStG** § 28 23
- Rechtsschutz **GrStG** § 28 25
- sachliche Unbilligkeit **GrStG** § 28 24
- Sonderhebesatz (Grundsteuer C) **GrStG** § 25 60
- Überwälzung auf den Mieter, fehlgeschlagene **GrStG** § 28 24

Erlass der Grundsteuer
- Gartenanlage **GrStG** § 32 22
- Parkanlage **GrStG** § 32 22

Erlass für Grünanlagen, Spiel- und Sportplätze
- Antrag **GrStG** § 35 8 ff.
- Anzeigepflicht bei Änderung erlassrelevanter Umstände **GrStG** § 35 14 f.
- Baden-Württemberg **BWLGrStG** § 56 3
- Bayern **BayGrStG** Art. 8 13
- begünstigte Grundstücke **GrStG** § 32 25
- Dauerwirkung des Antrages **GrStG** § 35 12 f.
- Erlassentscheidung **GrStG** § 35 4 ff.
- Frist **GrStG** § 35 9 f.
- Hamburg **HmbGrStG** § 8 5
- Hessen **HGrStG** § 14 4
- Niedersachsen **NGrStG** § 10 4
- Rechtsschutz **GrStG** § 35 16 f.
- Unrentabilität **GrStG** § 32 29
- Verfahren **GrStG** § 35 3 ff.
- Widmung **GrStG** § 32 25

Erlass für Kulturgüter
- Antrag **GrStG** § 35 8 ff.
- Anzeigepflicht bei Änderung erlassrelevanter Umstände **GrStG** § 35 14 f.
- Baden-Württemberg **BWLGrStG** § 56 3
- Bayern **BayGrStG** Art. 8 13
- Dauerwirkung des Antrages **GrStG** § 35 12 f.
- Erhaltungsinteresse, besonderes öffentliches **GrStG** § 32 5 ff.
- Erlassentscheidung **GrStG** § 35 4 ff.
- Frist **GrStG** § 35 9 f.
- Geschichte **GrStG** § 32 7
- Hamburg **HmbGrStG** § 8 5
- Hessen **HGrStG** § 14 4
- Kausalität der Beschränkungen für die Unrentabilität **GrStG** § 32 20 ff.
- Kunst **GrStG** § 32 7
- Naturschutz **GrStG** § 32 9 f.
- Niedersachsen **NGrStG** § 10 4
- Rechtsschutz **GrStG** § 35 16 f.
- Unrentabilität **GrStG** § 32 11 ff.
- Verfahren **GrStG** § 35 3 ff.
- Wissenschaft **GrStG** § 32 7

Erlass wegen erhaltungswürdigem Inventar
- Anerkennungsverfahren für Grundsteuererlass **GrStG** § 32 32 ff.
- Antrag **GrStG** § 35 8 ff.
- Anzeigepflicht bei Änderung erlassrelevanter Umstände **GrStG** § 35 14 f.
- Baden-Württemberg **BWLGrStG** § 56 4
- Bayern **BayGrStG** Art. 8 13
- Dauerwirkung des Antrages **GrStG** § 35 12 f.
- Erlassentscheidung **GrStG** § 35 4 ff.
- Frist **GrStG** § 35 9 f.
- Geschichte **GrStG** § 32 31
- Hamburg **HmbGrStG** § 8 5
- Hessen **HGrStG** § 14 4
- Kunst **GrStG** § 32 31
- Niedersachsen **NGrStG** § 10 4
- Nutzbarmachung für Zwecke der Forschung und Volksbildung **GrStG** § 32 35 ff.
- Rechtsschutz **GrStG** § 35 16 f.
- Unrentabilität **GrStG** § 32 36 f.
- Verfahren **GrStG** § 35 3 ff.
- Wissenschaft **GrStG** § 32 31

Erlass wegen Ertragsminderung (Grundstück)
- Antrag **GrStG** § 35 8 ff.
- baurechtswidriger Zustand **GrStG** § 34 30
- Corona-Lockdown **GrStG** § 34 45
- eigengenutztes Grundstück (gewerblich) **GrStG** § 34 41 f.
- eigengenutztes Grundstück (nicht gewerblich) **GrStG** § 34 6
- Entscheidung (kein Ermessen) **GrStG** § 34 40
- Erlassentscheidung **GrStG** § 35 4 ff.
- Ermittlung **GrStG** § 34 38 f.
- Existenzvernichtung, keine **GrStG** § 34 37, 53
- Frist **GrStG** § 35 9 f.
- gemischt-genutzte Grundstücke **GrStG** § 34 57 ff.
- Jahresmiete, tatsächlich erzielte **GrStG** § 34 17 ff.
- Jahresmiete, übliche **GrStG** § 34 8 ff.
- kein Vertretenmüssen **GrStG** § 34 20 ff., 49 ff.
- Leerstand, struktureller **GrStG** § 34 19
- Leerstand bei Abrissabsicht **GrStG** § 34 28
- Minderung der Ausnutzung des Grundstücks **GrStG** § 34 43 ff.
- Rechtsschutz **GrStG** § 35 16 f.

985

Sachverzeichnis

- Reduzierung des Mietzinses **GrStG § 34** 33
- Sanierung **GrStG § 34** 34
- Umbau **GrStG § 34** 34
- Unbilligkeit der Einziehung der Grundsteuer **GrStG § 34** 54 ff.
- Verfahren **GrStG § 35** 3 ff.
- vermietetes Grundstück **GrStG § 34** 6
- Vermietungsbemühungen **GrStG § 34** 20 ff.
- Vorrang der Wert-/Artfortschreibung **GrStG § 34** 58

Erlass wegen Reinertragsminderung (Betrieb der Land- und Forstwirtschaft)
- Antrag **GrStG § 35** 8 ff.
- Baden-Württemberg **BWLGrStG § 57** 1
- Erlassentscheidung **GrStG § 35** 4 ff.
- Existenzvernichtung, keine **GrStG § 33** 9
- Frist **GrStG § 35** 9 f.
- kein Vertretenmüssen **GrStG § 33** 7
- Rechtsschutz **GrStG § 35** 16 f.
- Reinertrag, tatsächlicher **GrStG § 33** 4 ff.
- Reinertrag, typisierter **GrStG § 33** 4 ff.
- Unbilligkeit der Einziehung im Einzelfall **GrStG § 33** 8
- Verfahren **GrStG § 35** 3 ff.; **BWLGrStG § 58** 1

Ermäßigung der Steuermesszahl s. *Messzahl*

Ertragsmesszahl BewG § 237 6 ff.

Ertragswert
- Betrieb der Land- und Forstwirtschaft **BewG § 236** 3 ff.
- Maßstabsfunktion des Ertragswerts bei Land- und Forstwirtschaft **BewG § 236** 7 ff.

Ertragswertverfahren
- Abbruchverpflichtung **BewG § 253** 13 ff
- Abgeltungswirkung des Ertragswertes **BewG § 252** 4
- Abstellräume **BewG § 254** 7
- Abzinsung, keine bei selbstständig nutzbaren Teilflächen **BewG § 257** 8 ff.
- Abzinsung des Bodenwertes **BewG § 257** 6
- Anwendung für die gesamte wirtschaftliche Einheit **BewG § 250** 4
- Baujahr des Gebäudes **BewG § 253** 5 ff.
- Baujahresgruppendifferenzierung **BewG § 254** 8
- bauordnungswidrige Räume **BewG § 254** 6
- Berechnungsbeispiel Einfamilienhaus **Grundlagen** 31 ff.
- Bewirtschaftungskosten **BewG § 255** 3 ff.
- Bodenwert **BewG § 257** 3
- Bodenwert bei Ein-/Zweifamilienhäusern **BewG § 257** 4 f.
- Datenvorgabe, zwingende **BewG § 250** 4
- Garagen **BewG § 254** 7, 10
- Kapitalisierung des Reinertrages **BewG § 253** 4
- Kellerräume **BewG § 254** 7
- Kernsanierung **BewG § 253** 9 ff.
- Liegenschaftszinssatz **BewG § 256** 3 ff.
- Maßgeblichkeit der Grundstücksart **BewG § 250** 3
- mehrere selbstständige Gebäude (-teile) **BewG § 253** 7
- Methodik **BewG § 250** 3
- Mindestrestnutzungsdauer **BewG § 253** 12
- Mindestwert im Allgemeinen **BewG § 251** 3
- Mindestwert von Ein-/Zweifamilienhäusern **BewG § 251** 5
- Modernisierung des Gebäudes **BewG § 253** 9 ff.
- Nebenräume **BewG § 254** 7
- Nettokaltmiete **BewG § 254** 4 ff.
- Nutzfläche **BewG § 254** 9
- Restnutzungsdauer des Gebäudes **BewG § 253** 5 ff.
- Rohertrag **BewG § 254** 3 ff.
- selbstständig nutzbare Teilflächen **BewG § 257** 8 ff.
- Typisierung **BewG § 250** 4
- Umbau des Gebäudes **BewG § 253** 9 ff.
- Verfassungsmäßigkeit **Grundlagen** 103 ff.
- Waschküche **BewG § 254** 7
- Wohnfläche **BewG § 254** 6 ff.
- zwingende Zuordnung **BewG § 250** 4

Erwachsenenbildung
- Grundsteuerbefreiung **GrStG § 5** 9 ff.

Erziehung
- Anerkennungsverfahren für Grundsteuerbefreiung **GrStG § 4** 36 f., **§ 5** 11
- Grundsteuerbefreiung **GrStG § 4** 34 ff.

Erziehungsheim
- Grundsteuerbefreiung **GrStG § 5** 9 ff.

Existenzminimum Grundlagen 132

Faktor HGrStG § 7; NGrStG § 5

Fälligkeit
- Baden-Württemberg **BWLGrStG §§ 51, 52** 1
- Grundsteuer **GrStG § 28** 3 ff.

Sachverzeichnis

- Vorauszahlungen **GrStG § 29** 3
Ferienhaus BewG § 249 34
Festsetzung der Grundsteuer s. *Grundsteuerbescheid*
Festsetzungsfrist/-verjährung
- Artfortschreibung **BewG § 222** 36
- Aufhebung des Grundsteuermessbescheides **GrStG § 20** 13
- Fortschreibung **BewG § 226** 3
- Fortschreibung trotz Eintritt der Festsetzungsverjährung **BewG § 226** 4ff.
- Grundsteuerbescheid **GrStG § 27** 12
- Grundsteuermessbescheid **GrStG § 16** 13f.
- Grundsteuerwertbescheid **BewG § 219** 45ff.
- Hessen **HGrStG § 12** 4
- Nachfeststellung **BewG § 223** 15, **§ 226** 3
- Nachfeststellung trotz Eintritt der Festsetzungsverjährung **BewG § 226** 4ff.
- Nachholung einer Fortschreibung **BewG § 226** 4ff.
- Nachholung einer Nachfeststellung **BewG § 226** 4ff.
- Nachveranlagung **GrStG § 18** 10f.
- Neuveranlagung **GrStG § 17** 20
- Vorauszahlung, Erstattung von **GrStG § 29** 6
- Wertfortschreibung **BewG § 222** 36
- Zurechnungsfortschreibung **BewG § 222** 36

Finanzgerichtsbarkeit
- Zuständigkeit **Grundlagen** 63, 65
Fischräucherei BewG § 234 35
Fischzucht BewG § 242 10
Flächenbetrag
- Grund und Boden **HGrStG § 5** 3f.
- Messbetrages, als Komponente des **HGrStG § 4** 4
- Nutzfläche **HGrStG § 5** 18ff.
- Wohnfläche **HGrStG § 5** 5ff.
Flächenfortschreibung
- Bayern **BayGrStG Art. 6** 8ff.
- Hamburg **HmbGrStG § 6** 8ff.
- Niedersachsen **NGrStG § 8** 9ff.
Flächenmodell
- mit Lage-Faktor s. *Hessen*, s. a. *Niedersachsen*
- reines Flächenmodell s. *Bayern*
- Wohnlagemodell s. *Hamburg*
Flächennutzungsplan
- Bedeutung für die Abgrenzung der Vermögensarten **BewG § 233** 7
Fließende Gewässer s. *Gewässer*
Flüchtlingsunterkunft BewG § 249 34
Flughafen s. *Verkehrsflughafen*

Flugplatz
- Grundsteuerbefreiung **GrStG § 6** 12
Flurbereinigung
- Zurechnung **BewG § 219** 21
Flurstück
- Begriff, Bedeutung für das Grundstück **BewG § 244** 7
Folientunnel BewG § 238 5
Forstwirtschaftliche Nutzung
- Begriff, Umfang **BewG § 234** 8ff.
- Betrieb der Land- und Forstwirtschaft **BewG § 232** 20
- Bewertung s. *Bewertung des Betriebs der Land- und Forstwirtschaft*
- Grundsteuerbefreiung **GrStG § 6** 5ff.
- Kurzumtriebsplantagen, Abgrenzung zu **BewG § 242** 16
- Weihnachtsbaumkulturen, Abgrenzung zu **BewG § 242** 17
Fortschreibung s. *Artfortschreibung; s. a. Wertfortschreibung; s. a. Zurechnungsfortschreibung*
Freilandsolaranlagen BewG § 232 38, **§ 233** 4
Friedhof
- Grundsteuerbefreiung **GrStG § 4** 10ff.

Garage BewG § 244 10, 18, 26, **§ 249** 9, **§ 254** 7, 10; **BayGrStG Art. 2** 5ff.; **HmbGrStG § 2** 5ff.; **HGrStG § 5** 10ff.; **NGrStG § 3** 7ff.
Gartenanlage
- Erlass der Grundsteuer **GrStG § 32** 22
Gartengestaltung
- Betrieb der Land- und Forstwirtschaft **BewG § 232** 8
Gartenlaube
- Kleingarten **BewG § 240** 3
Gärtnerische Nutzung
- Abgrenzung zum Ackerbau **BewG § 234** 16
- Baumschulen **BewG § 234** 19
- Bewertung s. *Bewertung des Betriebs der Land- und Forstwirtschaft*
- Blumen- und Zierpflanzenbau **BewG § 234** 17
- Gemüsebau **BewG § 234** 15
- Obstbau **BewG § 234** 18
- Streuobstwiesen **BewG § 234** 18
- Zuschlag s. *Bewertung des Betriebs der Land- und Forstwirtschaft*
Gebäude
- Aufenthaltskriterium **BewG § 243** 5f.
- Autohaus **BewG § 243** 17
- Autowaschanlage **BewG § 243** 17
- Baujahr **BewG § 253** 5ff.
- Bauwerk **BewG § 243** 4

Sachverzeichnis

- benutzbar **BewG** § 246 4ff.
- Betriebsvorrichtung, Abgrenzung zur **BewG** § 243 15ff.
- Bezugsfertigkeit **BewG** § 246 5ff.
- Container **BewG** § 243 8
- Ende der Gebäudeeigenschaft **BewG** § 246 11ff.
- Errichtung in Bauabschnitten **BewG** § 248 5ff.
- Hauptgebäude **BewG** § 243 4
- Hochregallager **BewG** § 243 17
- Kernsanierung **BewG** § 253 9ff., § 259 26
- Kesselhaus **BewG** § 243 17
- Modernisierung **BewG** § 253 9ff., § 259 26
- Musterhaus **BewG** § 243 17
- Nebengebäude **BewG** § 243 4
- Renovierungsmaßnahmen **BewG** § 246 14
- Restnutzungsdauer **BewG** § 253 5ff.
- Silobauten **BewG** § 243 17
- Standfestigkeitskriterium **BewG** § 243 9
- Tiefkühllager **BewG** § 243 17
- Toilettenhäuschen **BewG** § 243 17
- Transformatorhäuschen **BewG** § 243 17
- Umbau in Bauabschnitten **BewG** § 248 5ff.
- Umbaumaßnahmen **BewG** § 246 14
- unbebauter Grundstückszustand **BewG** § 246 4ff.
- Unbenutzbarkeit **BewG** § 246 11ff.
- Verbindungskriterium **BewG** § 243 7f.
- Wasserturm **BewG** § 243 17
- Windenergieanlagen **BewG** § 243 17
- Zementmühle **BewG** § 243 17

Gebäude auf fremdem Grund und Boden
- Abriss **BewG** § 222 6
- Anzeigepflicht **BewG** § 228 15
- Bewertung **BewG** § 262 1f.
- Erklärung zur Feststellung der Grundsteuerwerte **BewG** § 228 15
- Errichtung **BewG** § 222 6
- Nachfeststellung **BewG** § 223 8
- wirtschaftliche Einheit **BewG** § 244 24f.

Gebietsänderung
- Hebesatz, Bedeutung für **GrStG** § 25 37ff.

Gegenbeweis bei Grundstücksbewertung BWLGrStG § 38 9ff.

Geistliche s. *Religionsgemeinschaften*

Geltungsverzögerung
- Grundsteuermessbescheid **GrStG** § 16 10; **HGrStG** § 8 11

Gemeinnützige Zwecke
- Grundsteuerbefreiung **GrStG** § 3 28ff.
- Überblick Gemeinnützigkeitsrecht **GrStG** § 3 31ff.

- Zweckbetrieb **GrStG** § 3 34f.

Gemeinschaftsunterkünfte
- Grundsteuerbefreiung **GrStG** § 5 6ff.

Gemischt-genutzte Grundstücke
- Bewertung s. *Sachwertverfahren*
- Gebäudeart **BewG** § 249 27

Geringstland
- Begriff **BewG** § 234 22ff.
- Bewertung s. *Bewertung des Betriebs der Land- und Forstwirtschaft*

Gesamthandsgemeinschaften
- Steuerschuldner **GrStG** § 10 5

Gesamthandsgemeinschaften, nicht rechtsfähige
- Zurechnung **BewG** § 219 37f.

Gesamthandsgemeinschaften, rechtsfähige
- Zurechnung **BewG** § 219 36

Gesamtschuld
- Ermessen (Auswahl des Schuldners) **GrStG** § 10 11

Geschäftsgrundstück
- Bewertung s. *Sachwertverfahren*
- Gebäudeart **BewG** § 249 26

Geschichte
- Erlass der Grundsteuer (Grundstück) s. *Erlass für Kulturgüter*
- Erlass der Grundsteuer (Inventar) s. *Erlass wegen erhaltungswürdigem Inventar*

Gewächshaus BewG § 238 5

Gewässer
- Grundsteuerbefreiung **GrStG** § 4 27f.

Gewerbebetrieb
- Abgrenzung zum Betrieb der Land- und Forstwirtschaft **BewG** § 232 6ff.

Gewerbesteuer GrStG § 2 8

Golf-Club, Vermietung an BewG § 232 25

Grabpflegedienstleistungen
- Betrieb der Land- und Forstwirtschaft **BewG** § 232 8

Grenzüberschreitende Grundstücke
- Ausland **BewG** § 231 2; **BWLGrStG** § 25 17; **BayGrStG** Art. 1 17
- Bundeslandgrenzen **BewG** § 231 3; **BWLGrStG** § 25 17; **BayGrStG** Art. 1 17; **HmbGrStG** § 1 16; **NGrStG** § 2 17

Grenzüberschreitender Betrieb der Land- und Forstwirtschaft
- Ausland **BewG** § 231 2; **BWLGrStG** § 25 20; **BayGrStG** Art. 9 14
- Bundeslandgrenzen **BewG** § 231 4; **BWLGrStG** § 25 18f.; **BayGrStG** Art. 9 15ff.; **HmbGrStG** § 9 14ff.; **NGrStG** § 11 14ff.

Sachverzeichnis

Grundbuchgrundstück
- Begriff, Bedeutung für das Grundstück **BewG § 244** 7

Grunddienstbarkeit
- Haftung **GrStG § 11** 7

Grundlagen-Folgebescheid-Verhältnis
- Grundsteuermessbescheid **GrStG § 16** 7
- Überblick **Grundlagen** 45
- Zerlegungsbescheid **GrStG § 22** 5

Grundsteuer
- Abweichungsbefugnis der Länder **Grundlagen** 74 ff.
- Aufrechnung, Erlöschen durch **GrStG § 28** 17 ff.
- Automatisierungsstrategie **Grundlagen** 19
- Belastungsgrund **Grundlagen** 16 ff., 98 ff.
- Bewertung des Betriebs der Land- und Forstwirtschaft *s. dort*
- Billigkeitserlass *s. Erlass aus Billigkeitsgründen*
- Erfüllung, Erlöschen durch **GrStG § 28** 16
- Erklärung zur Feststellung der Grundsteuerwerte *s. dort*
- Erlass aus Billigkeitsgründen *s. dort*
- Erlass für Grünanlagen *s. Erlass für Grünanlagen, Spiel- und Sportplätze*
- Erlass für Kulturgüter *s. dort*
- Erlass für Spiel- und Sportplätze *s. Erlass für Grünanlagen, Spiel- und Sportplätze*
- Erlass wegen erhaltungswürdigem Inventar **GrStG § 32;** *s. a. dort*
- Erlass wegen Ertragsminderung (Grundstück) *s. dort*
- Fälligkeit **GrStG § 28** 3 ff.
- Festsetzung *s. Grundsteuerbescheid*
- Geschichte **Grundlagen** 3 ff.
- Gesetzesänderungen seit dem GrStRefG **Grundlagen** 15
- Grundsteuer C **GrStG § 25** 43 ff.
- Grundsteuerbescheid *s. dort*
- Grundsteuerwertfeststellung **BewG § 219** 12 ff.
- Hauptfeststellung **BewG § 221** 4 ff.
- Hauptveranlagung **GrStG § 16** 3 ff.
- Hebesatz *s. dort*
- Hebesatzsatzung *s. Hebesatz*
- Hinterziehung **Grundlagen** 69 ff.
- keine verfassungsrechtliche Existenzgarantie **Grundlagen** 1
- Kirchengrundsteuer **GrStG § 1** 8 f.
- Leistungsfähigkeitsprinzip **Grundlagen** 17
- Messzahl *s. dort*
- Nachzahlung **GrStG § 30** 3 ff., § 31
- öffentliche Last **GrStG § 12** 3 ff.
- Schutz des Existenzminimums **Grundlagen** 132
- Sollertragsteuer **Grundlagen** 17, 97
- Steuerbescheid *s. Grundsteuerbescheid*
- Steuerentstehung **GrStG § 9** 5 ff.
- Steuergegenstand **GrStG § 2**
- Steuermesszahl *s. Messzahl*
- Steuerschuldner *s. dort*
- Stichtagsprinzip **GrStG § 9** 3 f.
- Stundung **GrStG § 28** 12 ff.
- systematische Gesamtdarstellung **Grundlagen** 21 ff.
- Überwälzung auf den Mieter **Grundlagen** 19
- Verfassungsmäßigkeit (Art. 19 Abs. 4 GG) **Grundlagen** 133 f.
- Verfassungsmäßigkeit (Gleichheitssatz) **Grundlagen** 93 ff.
- Verfassungsmäßigkeit (Schutz des Gebrauchsvermögens) **Grundlagen** 132
- Verfassungsmäßigkeit (Substanzbesteuerung) **Grundlagen** 128 ff.
- Verwaltungskompetenz **Grundlagen** 42 ff.
- Verwaltungsverfahren im Überblick **Grundlagen** 42 ff.
- Verzinsung **GrStG § 27** 13 f.
- Vollstreckung *s. dort*
- Vorauszahlung *s. dort*
- Zahlungsverjährung **GrStG § 28** 26 f.
- Zeitpunkt für die maßgeblichen Verhältnisse **GrStG § 9** 3 f.
- Zerlegung *s. dort*
- Zwangsvollstreckung *s. Vollstreckung*

Grundsteuer A
- Abschaffung, Diskussion über **Grundlagen** 26
- Höhe **GrStG § 14**

Grundsteuer B *s. Messzahl*

Grundsteuer C *s. Sonderhebesatz*

Grundsteuerbefreiung
- Abfallentsorgung **GrStG § 3** 60
- Anerkennung, Nutzungszweck Wissenschaft, Erziehung, Unterricht **GrStG § 4** 36 ff.
- Anerkennung, Unterbringung für Zwecke des Unterrichts **GrStG § 5** 11
- Anzeigepflicht **BewG § 228** 10
- Aufhebung des Grundsteuermessbescheides wegen Eintritt einer G. **GrStG § 20** 3 ff.
- Aufhebung des Grundsteuerwertbescheides wegen Eintritt einer G. **BewG § 224** 6 f.

Sachverzeichnis

- Baden-Württemberg **BWLGrStG §§ 4–9**
- Bedeutung für wirtschaftliche Einheit **HGrStG § 4** 5
- Beginn der begünstigten Nutzung **GrStG § 7** 9ff.
- Berufsvertretungen **GrStG § 3** 26
- Bestattungsplatz **GrStG § 4** 10ff.
- Betrieb gewerblicher Art **GrStG § 3** 64ff.
- Bundeseisenbahnvermögen **GrStG § 3** 27
- Bundeswehr **GrStG § 5** 6ff., **§ 6** 12
- Cafeteria (im Krankenhaus etc.) **GrStG § 4** 47
- Deiche **GrStG § 4** 32f.
- Dienstwohnung der Geistlichen und Kirchendiener **GrStG § 3** 47ff.
- Eintritt **GrStG § 20** 3ff.; **BewG § 224** 6f.
- Eisenbahn **GrStG § 4** 22ff.
- Ende der begünstigten Nutzung **GrStG § 7** 9ff.
- Erbbaurecht **GrStG § 3** 14
- Erwachsenenbildung **GrStG § 5** 9ff.
- Erziehung **GrStG § 4** 34ff.
- Erziehungsheim **GrStG § 5** 9ff.
- Flugplatz **GrStG § 6** 12
- forstwirtschaftliche Nutzung **GrStG § 6** 5ff.
- Friedhof **GrStG § 4** 10ff.
- gemeinnützige Zwecke, Nutzung für **GrStG § 3** 28ff.
- Gemeinschaftsunterkünfte **GrStG § 5** 6ff.
- Gewässer **GrStG § 4** 27f.
- Gewerkschaft, Schulungsheim einer **GrStG § 5** 9
- Gottesdienst, gewidmeter Grundbesitz **GrStG § 4** 6ff.
- Grundstücksart, Bedeutung für **BewG § 249** 10
- Grünflächen **GrStG § 4** 17
- Häfen **GrStG § 4** 16ff.
- Hilfstätigkeiten **GrStG § 7** 5
- islamische Religionsgemeinschaften **GrStG § 3** 44
- jüdische Kultusgemeinden **GrStG § 3** 40ff.
- juristische Person des Öffentlichen Rechts **GrStG § 3** 22ff.
- Kantine **GrStG § 7** 5
- Kassenärztliche Vereinigung **GrStG § 3** 26
- Kindergarten **GrStG § 3** 58, 68f.
- Kinderspielplatz **GrStG § 4** 17
- Kirche **GrStG § 3** 40ff.
- Kleingartenland **GrStG § 6** 5
- Krankenhaus **GrStG § 4** 45ff.

- landwirtschaftliche Nutzung **GrStG § 6** 5ff.
- Lehr- und Versuchszwecken dienender Grundbesitz **GrStG § 6** 10f.
- Mensabetrieb **GrStG § 3** 68
- mildtätige Zwecke, Nutzung für **GrStG § 3** 28ff.
- Museum **GrStG § 3** 68
- Nachveranlagung wegen Wegfall **GrStG § 18** 5; **BewG § 223** 9
- Naturschutz **GrStG § 6** 7
- Nutzung zu Wohnzwecken **GrStG § 5** 5ff.
- Nutzungsvoraussetzung **GrStG § 3** 10ff.
- Öffentlich Private Partnerschaft **GrStG § 3** 16ff.
- Öffentlicher Dienst und Gebrauch **GrStG § 3** 22ff., 55ff.
- Parkplatz **GrStG § 3** 62, 67, **§ 4** 49, **§ 7** 7
- Parkraumbewirtschaftung **GrStG § 3** 67
- Plätze **GrStG § 4** 11ff.
- Polizei **GrStG § 5** 6ff.
- Religionsgemeinschaften **GrStG § 3** 40ff.
- Rundfunkanstalten **GrStG § 3** 60
- Schienenwege **GrStG § 4** 22ff.
- Schülerheim **GrStG § 5** 9ff.
- Schwimmbad **GrStG § 3** 68f.
- See **GrStG § 4** 27f.
- Spielplatz **GrStG § 3** 62
- Sportanlage **GrStG § 3** 38, 62
- Stellenvermögen der Religionsgemeinschaften **GrStG § 3** 52ff.
- Straßen **GrStG § 4** 11ff.
- Streitkräfte **GrStG § 5** 6ff., **§ 6** 12
- Technisches Hilfswerk **GrStG § 5** 6ff.
- teilweise begünstigte Nutzung **GrStG § 8** 4ff.
- Theater **GrStG § 3** 68
- unmittelbare Benutzung für den steuerbegünstigten Zweck **GrStG § 7** 4ff.
- Unterricht **GrStG § 4** 34ff.
- Unterrichtsheim **GrStG § 5** 9ff.
- Verfahren **GrStG § 3** 4ff.
- Verkehrsflughafen **GrStG § 4** 25ff.
- Vermögensverwaltung **GrStG § 3** 25
- Waldweg **GrStG § 4** 16
- Wasser- und Bodenverbände **GrStG § 4** 29ff.
- Wasserstraßen **GrStG § 4** 16ff.
- Wege **GrStG § 4** 11ff.
- Wegfall **BewG § 223** 9
- Wissenschaft **GrStG § 4** 34ff.
- Wohnung **GrStG § 5** 19f.; **BewG § 249** 29ff.
- Zurechnungsvoraussetzung **GrStG § 3** 10ff.

Sachverzeichnis

- Zweckbetrieb **GrStG § 3** 34f.
Grundsteuerbescheid
- Änderung nach den AO-Normen **GrStG § 27** 16
- Änderung wegen Änderung des Hebesatzes **GrStG § 27** 15
- Baden-Württemberg **BWLGrStG §§ 51, 52** 1
- Bekanntgabe **GrStG § 27** 6f.
- Bekanntgabe durch öffentliche Bekanntmachung **GrStG § 27** 17ff.
- Erlass vor dem Grundsteuermessbescheid **GrStG § 27** 10
- Fälligkeit **GrStG § 28** 3ff.
- Festsetzung der Steuer **GrStG § 27** 3ff.
- Festsetzungsfrist/-verjährung **GrStG § 27** 12
- Personenmehrheiten **GrStG § 27** 11
- Rechtsschutz **GrStG § 27** 20ff.
- Schätzung **GrStG § 27** 10
- Verfahren **GrStG § 27** 5ff.
- Verzinsung der Grundsteuerforderung **GrStG § 27** 13f.
- Vollstreckung *s. dort*
- Zuständigkeit **GrStG § 27** 5
Grundsteuerhebesatz *s. Hebesatz*
Grundsteuerhinterziehung Grundlagen 69ff.
Grundsteuermessbescheid
- Änderung nach den AO-Normen **GrStG § 17** 21ff.
- Änderung vor dem Veranlagungszeitpunkt **GrStG § 21** 3ff.
- Aufhebung **GrStG § 20** 3ff.
- dingliche Wirkung **GrStG § 16** 8
- Ersatzansprüche der Gemeinde **GrStG § 16** 19
- Fehlerbeseitigung *s. Neuveranlagung*
- Festsetzungsfrist/-verjährung **GrStG § 16** 13f.
- Fortschreibung *s. Neuveranlagung*
- Geltungsbeginn des Steuermessbetrages **GrStG § 16** 10f.
- Geltungsdauer des Steuermessbetrages **GrStG § 16** 12
- Geltungsverzögerung **GrStG § 16** 10
- Hessen **HGrStG** 3ff.
- Klagebefugnis der Gemeinde **GrStG § 16** 18
- Mitwirkungsrechte der Gemeinde **GrStG § 16** 18
- Nachveranlagung *s. dort*
- Neuveranlagung *s. dort*
- Rechtsschutz **GrStG § 16** 15ff.
- Steuerbefreiung, Entscheidung über **GrStG § 3** 4ff.
- Verfahrensrecht **GrStG § 16** 3ff.
- Zuständigkeit **GrStG § 16** 5
Grundsteuermessbetragsverfahren *s. Grundsteuermessbescheid*
Grundsteuerreformgesetz 2019 Grundlagen 13
Grundsteuerwert
- Betrieb der Land- und Forstwirtschaft *s. Bewertung des Betriebs der Land- und Forstwirtschaft*
- Einfamilienhaus *s. Ertragswertverfahren*
- gemischt-genutzte Grundstücke *s. Sachwertverfahren*
- Geschäftsgrundstück *s. Sachwertverfahren*
- Mietwohngrundstück *s. Ertragswertverfahren*
- sonstige bebaute Grundstücke *s. Sachwertverfahren*
- Teileigentum *s. Sachwertverfahren*
- unbebaute Grundstücke *s. Bodenwertermittlung*
- Wohnungseigentum *s. Ertragswertverfahren*
- Zweifamilienhaus *s. Ertragswertverfahren*
Grundsteuerwertbescheid *s. Artfeststellung; s. Wertfeststellung; s. Zurechnungsfeststellung*
- Änderung vor dem Fortschreibungszeitpunkt **BewG § 225** 3ff.
- Änderung vor dem Nachfeststellungszeitpunkt **BewG § 225** 3ff.
- Änderung wegen neuer Tatsachen **BewG § 222** 39ff.
- Änderung wegen unrichtiger Datenübermittlung **BewG § 222** 46f.
- Aufhebung *s. Aufhebung des Grundsteuerwertbescheides*
- Berichtigung wegen offenbarer Unrichtigkeit **BewG § 222** 47ff.
- Fortschreibung *s. Artfortschreibung; s. a. Wertfortschreibung; s. a. Zurechnungsfortschreibung*
- Nachfeststellung *s. dort*
- Steuerbefreiung, Entscheidung über **GrStG § 3** 4ff.
Grundsteuerwertfeststellung *s. Wertfeststellung*
Grundstück
- Abgrenzung zum Betrieb der Land- und Forstwirtschaft in Sonderfällen **BewG § 233** 3ff.
- Artfeststellung **BewG § 219** 14f.
- Aufteilung im Verhältnis zum Betrieb der Land- und Forstwirtschaft **BewG § 232** 37
- Baden-Württemberg **BWLGrStG § 37**
- bebaut *s. Gebäude*

991

Sachverzeichnis

- Begriff **BewG § 244** 6 f.
- Betriebsgrundstücke **GrStG § 2** 7; **BewG § 218** 7
- Eigentümeridentität, Grundsatz der **BewG § 244** 16 f.
- Entscheidung über den Umfang **BewG § 244** 3
- Erbbaurecht **BewG § 244** 21
- Flurstück **BewG § 244** 6 f.
- Garage **BewG § 244** 10, 18, 26
- Gartenfläche auf Gemeinschaftsgrundstück **BewG § 244** 18
- Gebäude **BewG § 243**; *s. dort*
- Gebäude auf fremden Grund und Boden **BewG § 244** 24 f.
- grenzüberschreitende wirtschaftliche Einheit (Ausland) **BewG § 231** 2
- grenzüberschreitende wirtschaftliche Einheit (Bundeslandgrenzen) **BewG § 231** 3
- Grundbuchgrundstück **BewG § 244** 6 f.
- Hauptgebäude **BewG § 244** 14
- Hausgarten **BewG § 232** 35
- mehrere Grundbuchgrundstücke **BewG § 244** 8 ff.
- Nebengebäude **BewG § 244** 14
- Nutzung **BewG § 232** 23 ff.
- Nutzungsänderung, nicht nur vorübergehend **BewG § 232** 25
- Nutzungsänderung, vorübergehend **BewG § 232** 25
- Parzellierung **BewG § 222** 6; **BewG § 244** 15
- Spielplatz auf Gemeinschaftsgrundstück **BewG § 244** 18
- Teil eines Grundbuchgrundstücks **BewG § 244** 12 f.
- Teileigentum **BewG § 244** 26
- Teilerbbaurecht **BewG § 244** 29
- Überbau **BewG § 244** 10
- Umfang der wirtschaftlichen Einheit **BewG § 244** 8 ff.
- Umfang des Grundvermögens **BewG § 243** 4 ff.
- unbebaut *s. Gebäude*
- Unbenutzbarkeit *s. Gebäude*
- Vergrößerung **BewG § 222** 6
- Villa **BewG § 244** 15
- Wohnungseigentum **BewG § 244** 26
- Wohnungserbbaurecht **BewG § 244** 29

Grundstücksart
- Abstellräume **BewG § 249** 9
- Beeinträchtigung der Eigenart **BewG § 249** 18
- Einfamilienhaus **BewG § 249** 12
- Errichtung in Bauabschnitten **BewG § 249** 13
- gemischt-genutzte Grundstücke **BewG § 249** 27
- Geschäftsgrundstück **BewG § 249** 26
- Grundsteuerbefreiung **BewG § 249** 10
- Kellerräume **BewG § 249** 9
- Leerstand **BewG § 249** 4
- Maßgeblichkeit für die Bewertung **BewG § 250** 3
- Mietwohngrundstück **BewG § 249** 21 ff.
- Nebenräume **BewG § 249** 9
- Nutzung zu Wohnzwecken **BewG § 249** 14 f.
- sonstige bebaute Grundstücke **BewG § 249** 28
- Teileigentum **BewG § 249** 25
- Umbau in Bauabschnitten **BewG § 249** 13
- Waschküche **BewG § 249** 9
- Wohnfläche **BewG § 249** 5
- Wohnflächenverordnung **BewG § 249** 6 ff.
- Wohnung **BewG § 249** 29 ff.
- Wohnungseigentum **BewG § 249** 24
- Zuordnungsgrundsätze **BewG § 249** 4 ff.
- Zweifamilienhaus **BewG § 249** 20

Grundvermögen BewG § 243; *s. a. Grundstück*

Grünflächen
- Grundsteuerbefreiung **GrStG § 4** 17

Grünland BewG § 236 6

Gutachterausschuss BewG § 247 27 ff.

Gütergemeinschaft
- Zurechnung **BewG § 219** 37 f.

Häfen
- Grundsteuerbefreiung **GrStG § 4** 16 ff.

Haftung
- Baden-Württemberg **BWLGrStG §§ 11, 12**
- Dauerwohnrecht **GrStG § 11** 7
- dingliche (öffentliche Last) **GrStG § 12** 3 ff.
- Ermessen bei dinglicher Haftung **GrStG § 12** 17 f.
- Ermessen bei persönlicher Haftung **GrStG § 11** 22
- Erwerber **GrStG § 11** 9 ff.
- Grunddienstbarkeit **GrStG § 11** 7
- Haftungsbescheid **GrStG § 11** 18 ff.
- Insolvenzmasse, Erwerb aus **GrStG § 11** 15 f.
- Mieter **GrStG § 11** 7
- Nießbraucher **GrStG § 11** 4 ff.

Sachverzeichnis

- Nutznießungsrecht (§ 14 HöfeO) **GrStG § 11** 7
- Pächter **GrStG § 11** 7
- Rechtsschutz bei dinglicher Haftung **GrStG § 12** 20
- Rechtsschutz bei persönlicher Haftung **GrStG § 11** 25
- Verwirklichung der dinglichen Haftung **GrStG § 12** 10 ff.
- Verwirklichung der persönlichen Haftung **GrStG § 11** 18 ff.
- Wohnrecht **GrStG § 11** 7
- zeitliche Beschränkung **GrStG § 11** 17
- Zwangsversteigerung, Erwerb aus **GrStG § 11** 15 f.

Hamburg
- Abgabenordnung, Anwendung der **HmbGrStG § 11** 5 f.
- Anzeigepflicht **HmbGrStG § 7** 8 ff.
- Artfeststellung **HmbGrStG § 6** 5
- Baudenkmal, Messzahlermäßigung für **HmbGrStG § 4** 9 ff.
- Belastungsgrund **Grundlagen** 86 f.
- Betrieb der Land- und Forstwirtschaft **HmbGrStG § 9** 1 ff.
- Bundeslandgrenzen, Bedeutung **HmbGrStG § 9** 15
- Ehegatten, Bedeutung für die wirtschaftliche Einheit **HmbGrStG § 1** 9 ff.
- Einbeziehung fremder Gebäude **HmbGrStG § 1** 13 ff.
- Erlass für Grünanlagen **HmbGrStG § 8** 5
- Erlass für Kulturgüter **HmbGrStG § 8** 5
- Erlass für Spiel- und Sportplätze **HmbGrStG § 8** 5
- Erlass wegen erhaltungswürdigem Inventar **HmbGrStG § 8** 5
- Erlass wegen Reinertragsminderung (Betrieb der Land- und Forstwirtschaft) **HmbGrStG § 8** 7
- Ermäßigung der Steuermesszahl **HmbGrStG § 4** 4 ff.
- Festsetzung **HmbGrStG § 1** 6
- Flächenfeststellung **HmbGrStG § 6** 3
- Flächenfortschreibung **HmbGrStG § 6** 8 ff.
- Fortschreibung **HmbGrStG § 6** 8
- Gesamthandsgesellschaften, Bedeutung für die wirtschaftliche Einheit **HmbGrStG § 9** 7 f.
- Gesetzesentwicklung **Grundlagen** 86 f.
- grenzüberschreitende wirtschaftliche Einheit **HmbGrStG § 1** 16 f.
- Grundsatz der Eigentümeridentität **HmbGrStG § 1** 8
- Grundsteuer C **HmbGrStG § 5** 3 ff.
- Grundsteuerbescheid **HmbGrStG § 1** 6
- Hinterziehung der Grundsteuer **HmbGrStG § 11** 6
- lageabhängige Ermäßigung **HmbGrStG § 4** 5 ff.
- Messzahl **HmbGrStG § 4** 3 ff.
- Nachfeststellung **HmbGrStG § 6** 10
- Rechtsschutz **HmbGrStG § 11** 7 f.
- Rechtsweg zu den Finanzgerichten **HmbGrStG § 11** 7 f.
- Revisibilität des Landesrechts **HmbGrStG § 11** 8
- Sonderhebesatz (Grundsteuer C) **HmbGrStG § 5** 3 ff.
- Steuerbescheid **HmbGrStG § 1** 6
- Steuererklärungspflicht **HmbGrStG § 6** 11 f.
- Steuerhinterziehung **HmbGrStG § 11** 6
- Steuermesszahl **HmbGrStG § 4** 3 ff.
- Verfassungsmäßigkeit des HmbGrStG **Grundlagen** 125 f.
- Verordnungsermächtigungen **HmbGrStG § 11** 11
- Verwaltungsverfahren **HmbGrStG § 1** 3 ff.
- Wertfortschreibung **HmbGrStG § 6** 8
- wirtschaftliche Einheit des Grundvermögens **HmbGrStG § 1** 8
- Wohnlagemodell **Grundlagen** 86 f.
- Wohnnutzung, Messzahlermäßigung wegen **HmbGrStG § 4** 4
- Wohnraumförderung, Messzahlermäßigung für **HmbGrStG § 4** 12 ff.
- Zurechnung der wirtschaftlichen Einheit **HmbGrStG § 1** 8
- Zurechnungsfortschreibung **HmbGrStG § 6** 8
- Zuständigkeit der Finanzämter **HmbGrStG § 11** 5
- Zuständigkeit der Gemeinden **HmbGrStG § 11** 5

Hauptfeststellung
- Baden-Württemberg **BWLGrStG §§ 15–20**
- Gegenstand **BewG § 221** 5 f.
- Hauptfeststellungszeitpunkt **BewG § 221** 8
- Sondervorschriften für 2025 **BewG § 266** 1 ff.
- Verhältnis zur Fortschreibung **BewG § 221** 7, **§ 222** 1
- Wirkung **BewG § 221** 5 f.

Hauptgebäude BewG § 244 14

Hauptveranlagung
- Baden-Württemberg **BWLGrStG §§ 41–46**

Sachverzeichnis

- Begriff **GrStG § 16** 3 ff.
- Ersetzung durch Neu-/Nachveranlagung **HGrStG § 12** 2
- Geltungsbeginn des Steuermessbetrages **GrStG § 16** 10 f.
- Geltungsdauer des Steuermessbetrages **GrStG § 16** 12
- Hessen **HGrStG § 8** 8 ff.
- Sondervorschriften für 2025 **GrStG § 36**; **BWLGrStG §§ 59, 60**

Hausgarten BewG § 232 35

Hebesatz
- Anforderungen des Haushaltsrechts **GrStG § 25** 16 ff.
- Aufsichtsbehörde **GrStG § 25** 12, 29
- Ausfertigung der Hebesatzsatzung **GrStG § 25** 13 f.
- Baden-Württemberg **BWLGrStG § 50**
- Bayern **BayGrStG Art. 5**
- Befangenheit von Ratsmitgliedern **GrStG § 25** 11
- Einheitlichkeit, Grundsatz der **GrStG § 25** 36
- erdrosselnde Wirkung **GrStG § 25** 23 ff.
- formelle Anforderungen an die Satzung **GrStG § 25** 7 ff.
- Gebietsänderung **GrStG § 25** 37 ff.
- Geltungszeitraum **GrStG § 25** 32 f.
- Genehmigung **GrStG § 25** 12
- Grundsteuer B, Verhältnis zur Grundsteuer A **GrStG § 25** 26
- Grundsteuer C s. *Sonderhebesatz*
- Hebesatzgrenzen **GrStG § 25** 23 ff.
- Hessen **HGrStG § 13**
- Höchstsatzregelung **GrStG § 26** 3 ff.
- Kommunalaufsicht **GrStG § 25** 29
- Kopplungsregelung **GrStG § 26** 3 ff.
- Niedersachsen **NGrStG § 7**
- Parlamentsgesetz, Festsetzung durch **GrStG § 25** 6
- Rechtsschutz **GrStG § 25** 30 f.
- rückwirkende Festsetzung **GrStG § 25** 34 f.
- Satzung, Festsetzung durch **GrStG § 25** 4 ff.
- Satzungsermessen **GrStG § 25** 17 f.
- Sparsamkeit, Grundsatz der **GrStG § 25** 20 f.
- Subsidiarität der Steuerfinanzierung **GrStG § 25** 18
- Übergangshebesätze bei Gebietsänderung **GrStG § 25** 37
- Verfahren zum Erlass **GrStG § 25** 7 ff.
- Verhältnis zur Gewerbesteuer **GrStG § 25** 27
- Verkündung der Hebesatzsatzung **GrStG § 25** 13 f.
- Zeitpunkt des Satzungsbeschlusses **GrStG § 25** 34 f.

Hebesatzrecht der Gemeinden
- Ausübung (Grundlagen) **GrStG § 1** 3
- Baden-Württemberg **BWLGrStG § 1** 6
- Bayern **BayGrStG Art. 5** 3
- Hessen **HGrStG § 13** 3
- Niedersachsen **NGrStG § 7** 6
- verfassungsrechtliche Grundlagen **GrStG § 1** 1

Hebesatzrecht der Stadtstaaten GrStG § 1 6

Hebesatzsatzung s. *Hebesatz*

Herrenlose Grundstücke
- Zurechnung **BewG § 219** 22

Hessen
- Anwendung der Abgabenordnung **HGrStG § 2** 10 ff.
- Anzeigepflicht **HGrStG § 2** 8
- Aufhebung des Grundsteuermessbescheides **HGrStG § 11**
- Baudenkmal **HGrStG § 6** 4 ff.
- Belastungsgrund **Grundlagen** 88 f.
- Billigkeitserlass **HGrStG § 14** 5 ff.
- Erbbaurecht **HGrStG § 4** 7
- Erlass für Grünanlagen **HGrStG § 14** 4
- Erlass für Spiel- und Sportplätze **HGrStG § 14** 4
- Erlass wegen wesentlicher Ertragsminderung **HGrStG § 14** 3
- Festsetzungsfrist/-verjährung **HGrStG § 12** 4
- Flächenbetrag **HGrStG § 4** 4
- Flächenbetrag der Nutzfläche **HGrStG § 5** 18 ff.
- Flächenbetrag der Wohnfläche **HGrStG § 5** 5 ff.
- Flächenbetrag des Grund und Bodens **HGrStG § 5** 3 f.
- Flächenmodell mit Lage-Faktor **Grundlagen** 88 f.
- Garagen **HGrStG § 5** 10 ff.
- Geltungsverzögerung **HGrStG § 8** 11
- Gesetzesentwicklung **Grundlagen** 88 f.
- Grundsteuerbefreiung **HGrStG § 4** 5
- Hauptveranlagung **HGrStG § 8** 8 ff.
- Kulturdenkmal **HGrStG § 6** 4 ff.
- Messbetrag **HGrStG § 4** 6
- Messbetragsverfahren **HGrStG § 4** 3
- Nachveranlagung **HGrStG § 10**
- Nebengebäude **HGrStG § 5** 14 ff.

Sachverzeichnis

- Neuveranlagung wegen Veränderung des Messbetrages **HGrStG § 9** 2 ff.
- Neuveranlagung wegen Zurechnungswechsel **HGrStG § 9** 2 ff.
- Nutzflächen **HGrStG § 5** 19 ff.
- Rechtsschutz **HGrStG § 8** 13 f.
- Rechtsweg zu den Finanzgerichten **HGrStG § 15** 1 f.
- Rechtsweg zu den Verwaltungsgerichten **HGrStG § 15** 1
- Sonderhebesatz (Grundsteuer C) **HGrStG § 13** 4 ff.
- Steuererklärungspflicht **HGrStG § 2** 8
- Steuerschuldner **HGrStG § 3** 1
- Teileigentum **HGrStG § 5** 21 f.
- Verfahren **HGrStG § 4** 3
- Verfassungsmäßigkeit des HGrStG **Grundlagen** 125 f.
- wirtschaftliche Einheit **HGrStG § 2** 5 ff.
- Wohnfläche **HGrStG § 5** 6 ff.
- Wohnungseigentum **HGrStG § 5** 21 f.
- Zurechnung der wirtschaftlichen Einheit **HGrStG § 3** 2
- Zuständigkeit der Finanzbehörden **HGrStG § 2** 13
- Zuständigkeit der Gemeinden **HGrStG § 2** 12

Hilfstätigkeiten
- Grundsteuerbefreiung **GrStG § 7** 5

Hinterziehung der Grundsteuer s. *Steuerstrafrecht*

Hinterziehungszinsen GrStG § 27 13 f.

Hochregallager BewG § 243 17

Hofladen
- Betrieb der Land- und Forstwirtschaft **BewG § 232** 8

Hofstelle
- Abgrenzung zum Wohnhaus **BewG § 232** 37
- Begriff **BewG § 234** 26
- Bewertung s. *Bewertung des Betriebs der Land- und Forstwirtschaft*
- kein Grundvermögen trotz Bebaubarkeit **BewG § 233** 11
- ruhende **BewG § 234** 28; **BayGrStG Art. 9** 3 f.; **HmbGrStG § 9** 3 f.; **NGrStG § 11** 3 f.
- verpachtete **BewG § 234** 28
- Zuschlag bei weinbaulicher Nutzung s. *Bewertung des Betriebs der Land- und Forstwirtschaft*

Hopfen BewG § 242 3 ff.
Humuserzeugung BewG § 234 35

Imkerei BewG § 242 11
ImmoWertV BewG § 247 6

Insolvenz
- Erbwerb aus Insolvenzmasse **GrStG § 11** 15 f.
- Freigabe des Grundstücks **GrStG § 12** 34
- Grundsteuer als Insolvenzforderung **GrStG § 12** 32
- Grundsteuer als Masseverbindlichkeit **GrStG § 12** 32
- Grundsteuer als Forderung gegen insolvenzfreies Vermögen **GrStG § 12** 34
- öffentliche Last (Absonderungsrecht) **GrStG § 12** 45 ff.
- Verwirklichung der Grundsteuerforderung **GrStG § 12** 36 ff.

Internationale Organisationen
- Grundsteuerbefreiung **GrStG § 4** 50 ff.

Islamische Religionsgemeinschaften
- Grundsteuerbefreiung **GrStG § 3** 44

Jüdische Kultusgemeinden
- Grundsteuerbefreiung **GrStG § 3** 40 ff.

Juristische Person des öffentlichen Rechts
- Grundsteuerbefreiung **GrStG § 3** 22 ff.

Juristische Personen
- Steuerschuldner **GrStG § 10** 5
- Zurechnung **BewG § 219** 36

Justizvollzugsanstalt
- Grundsteuerbefreiung **GrStG § 5** 13 ff.

Kantine
- Grundsteuerbefreiung **GrStG § 7** 5

Kapitalgesellschaften
- Steuerschuldner **GrStG § 10** 5

Käseherstellung BewG § 234 33

Kassenärztliche Vereinigung
- Grundsteuerbefreiung **GrStG § 3** 26

Katastrophenschutz BewG § 245 4 ff.
Kellerräume BewG § 249 9, **§ 254** 7
Kernsanierung BewG § 253 9 ff., **§ 259** 26
Kesselhaus BewG § 243 17
Kiesgruben BewG § 234 21, 25

Kindergarten
- Grundsteuerbefreiung **GrStG § 3** 58, 68 f.

Kinderspielplatz
- Grundsteuerbefreiung **GrStG § 4** 17

Kirche
- Grundsteuerbefreiung **GrStG § 3** 40 ff.

Kirchendiener s. *Religionsgemeinschaften*
Kirchengrundsteuer GrStG § 1 8 f.

Kleingartenland
- Begriff **BewG § 240** 3
- Bewertung **BewG § 240** 6, 8
- Gartenlaube **BewG § 240** 4

Sachverzeichnis

- Gartenlaube, mehr als 30 qm **BewG § 240** 7f.
- Grundsteuerbefreiung **GrStG § 6** 5

Konservenerzeugung BewG § 234 35

Konsulat
- Grundsteuerbefreiung **GrStG § 4** 50ff.

Krankenhaus
- Grundsteuerbefreiung **GrStG § 4** 45ff., **§ 5** 16ff.

Kulturzustand
- Verlust des K. **BewG § 234** 24

Kunst
- Erlass der Grundsteuer (Grundstück) s. *Erlass für Kulturgüter*
- Erlass der Grundsteuer (Inventar) s. *Erlass wegen erhaltungswürdigem Inventar*

Kurzumtriebsplantagen BewG § 242 17

Lage-Faktor HGrStG § 7; NGrStG § 5

Land- und Forstwirtschaft s. *Betrieb der Land- und Forstwirtschaft*

Land- und forstwirtschaftlicher Betrieb
- grenzüberschreitender Betrieb (Bundeslandgrenzen) **BewG § 231** 4
- grenzüberschreitender Betrieb (mit Ausland) **BewG § 231** 2

Land- und forstwirtschaftliches Vermögen s. *Betrieb der Land- und Forstwirtschaft*

Landeplatz s. *Verkehrslandeplatz*

Landschaftsschutzgebiet
- Erlass der Grundsteuer **GrStG § 32** 10

Landwirtschaftliche Nutzung
- Bagatellflächen **BewG § 234** 5
- Begriff, Umfang **BewG § 234** 4ff.
- Bewertung s. *Bewertung des Betriebs der Land- und Forstwirtschaft*
- Deckhengsthaltung **BewG § 241** 7
- erzeugte Tiere **BewG § 241** 14
- Flächen iSd Vieheinheitengrenze **BewG § 241** 10
- gehaltene Tiere **BewG § 241** 14
- gemeinschaftliche Tierhaltung **BewG § 241** 13
- Grundsteuerbefreiung **GrStG § 6** 5ff.
- Kleingartenland **BewG § 240** 1
- Lohnzucht **BewG § 241** 15
- nachhaltige Überschreitung der Vieheinheitengrenzen **BewG § 241** 18
- Pelztiere **BewG § 241** 22
- Pensionstiere **BewG § 241** 15
- Pferde **BewG § 241** 7
- Pferdehandel **BewG § 241** 8
- Pferdezucht **BewG § 241** 7
- Reitunterricht **BewG § 241** 8
- Sportpferde **BewG § 241** 7
- Springpferde **BewG § 241** 7
- Strukturwandel, bei Tierhaltung/-zucht **BewG § 241** 16
- Tiere, erzeugte **BewG § 241** 14
- Tiere, gehaltene **BewG § 241** 14
- Tiere iSd bodengeprägten Tierhaltung/-zucht **BewG § 241** 6
- Tierhaltung **BewG § 241** 5
- Tierhaltung/-zucht, bodengeprägte **BewG § 234** 6; **BewG § 241** 2
- Tierhaltung/-zucht, flächenunabhängige **BewG § 234** 6; **BewG § 241** 2
- Tierzucht **BewG § 241** 5
- Umrechnung für die Vieheinheitengrenze **BewG § 241** 14
- Vieheinheitengrenzen **BewG § 241** 4ff.

Leasing
- Zurechnung **BewG § 219** 27

Lehr- und Versuchszwecken dienender Grundbesitz
- Grundsteuerbefreiung **GrStG § 6** 10f.

Leistungsfähigkeitsprinzip Grundlagen 17

Leistungsgebot GrStG § 28 32

Liegenschaftszinssatz BewG § 256 3ff.

Mahnung s. *Vollstreckung*

Mensabetrieb
- Grundsteuerbefreiung **GrStG § 3** 68

Messbetragsverfahren s. *Grundsteuermessbescheid*

Messzahl
- Baden-Württemberg **BWLGrStG § 39**
- Bayern **BayGrStG Art. 4**
- Ermäßigung für Baudenkmal **GrStG § 15** 25ff.; **BayGrStG Art. 4** 13f.; **HmbGrStG § 4** 9ff.; **HGrStG § 6** 3ff.; **NGrStG § 6** 14ff.
- Ermäßigung für Betriebsinhaberwohnung **BayGrStG Art. 4** 5ff.; **NGrStG § 6** 5ff.
- Ermäßigung für Wohnbaugesellschaft **GrStG § 15** 15f.; **BayGrStG Art. 4** 15ff.; **HGrStG § 6** 7; **NGrStG § 6** 20
- Ermäßigung für Wohnbauverein **GrStG § 15** 19f.; **BayGrStG Art. 4** 15ff.; **HGrStG § 6** 7; **NGrStG § 6** 20
- Ermäßigung für Wohnungsgenossenschaft **GrStG § 15** 18; **BayGrStG Art. 4** 15ff.; **HGrStG § 6** 7; **NGrStG § 6** 20
- Ermäßigung wegen Wohnnutzung **BayGrStG Art. 4** 4; **HmbGrStG § 4** 4f.; **HGrStG § 6** 3; **NGrStG § 6** 4

Sachverzeichnis

- Ermäßigung wegen Wohnraumförderung **GrStG § 15** 5 ff., 12 ff.; **BayGrStG Art. 4** 4; **HmbGrStG § 4** 12 ff.; **HGrStG § 6** 7; **NGrStG § 6** 17 ff.
- Ermittlung des Messbetrages **GrStG § 13** 4
- Hamburg **HmbGrStG § 4**
- Hessen **HGrStG § 6**
- Niedersachsen **NGrStG § 6**
- Regelmesszahl Grundsteuer B **GrStG § 15** 4

Messzahldifferenzierung
- Verfassungsmäßigkeit **Grundlagen** 121 ff.

Metzgerei BewG § 234 33

Mieter
- Haftung **GrStG § 11** 7
- Zurechnung **BewG § 219** 31

Mietwohngrundstück
- Bewertung *s. Ertragswertverfahren*
- Gebäudeart **BewG § 249** 21 ff.

Mildtägige Zwecke
- Grundsteuerbefreiung **GrStG § 3** 28 ff.

Mindestwert BewG § 251 3 ff.

Modernisierung des Gebäudes BewG § 253 9 ff., **§ 259** 26

Museum
- Grundsteuerbefreiung **GrStG § 3** 68

Musterhaus BewG § 243 17

Nachfeststellung
- Baden-Württemberg **BWLGrStG §§ 15–20**
- Festsetzungsfrist/-verjährung **BewG § 223** 15, **§ 226** 3 ff.
- Gebäude auf fremden Grund und Boden **BewG § 223** 8
- Grundsteuerbefreiung, Wegfall der **BewG § 223** 9 f.
- Heranziehung zur Grundsteuer **BewG § 223** 9 f.
- Neuentstehung einer wirtschaftlichen Einheit **BewG § 223** 3 ff.
- Parzellierung **BewG § 223** 5
- Zeitpunkt **BewG § 223** 11 ff.

Nachholung einer Fortschreibung bzw. Nachfeststellung BewG § 226 4 ff.

Nachveranlagung
- aus Anlass einer Nachfeststellung **GrStG § 18** 3 f.
- Baden-Württemberg **BWLGrStG §§ 41–46**
- Durchführung vor dem Nachveranlagungszeitpunkt **GrStG § 21** 3 ff.
- Geltungsverzögerung, während der **GrStG § 18** 9

- Grundsteuerbefreiung, Wegfall **GrStG § 18** 5
- Nachveranlagungszeitpunkt **GrStG § 18** 6 ff.
- Neuentstehung einer wirtschaftlichen Einheit **HGrStG § 10**
- Rechtsschutz **GrStG § 18** 12

Nachweis eines niedrigeren Wertes BewG § 250 5; **BWLGrStG § 38** 9 ff.

Nachzahlung
- Baden-Württemberg **BWLGrStG §§ 53–55**
- bei fehlender Vorauszahlung **GrStG § 31**
- nach Abrechnung der Vorauszahlungen **GrStG § 30** 3 ff.

Nationalpark
- Erlass der Grundsteuer **GrStG § 32** 10

Naturdenkmal
- Erlass der Grundsteuer **GrStG § 32** 10

Naturschutz
- Erlass der Grundsteuer *s. Erlass für Kulturgüter*
- Grundsteuerbefreiung **GrStG § 6** 7

Naturschutzgebiet
- Erlass der Grundsteuer **GrStG § 32** 10

Nebenbetrieb
- Abfindungsbrennerei **BewG § 234** 35
- Bearbeitungsbetriebe **BewG § 234** 32 ff.
- Begriff **BewG § 234** 29
- Bewertung *s. Bewertung des Betriebs der Land- und Forstwirtschaft*
- Brennerei **BewG § 234** 35
- Butterherstellung **BewG § 234** 33
- Fischräucherei **BewG § 234** 35
- Funktion **BewG § 234** 29 f.
- Humuserzeugung **BewG § 234** 35
- Inhaberidentität Haupt- und Nebenbetrieb **BewG § 234** 36
- Käseherstellung **BewG § 234** 33
- Konservenerzeugung **BewG § 234** 35
- Metzgerei **BewG § 234** 33
- Sägewerk **BewG § 234** 35
- Schlachtung **BewG § 234** 33
- Sektherstellung **BewG § 234** 35
- Substanzbetrieb **BewG § 234** 31
- Verarbeitungsbetriebe **BewG § 234** 32 ff.
- Verarbeitungsstufen, Differenzierung anhand von **BewG § 234** 32
- Verschlussbrennerei **BewG § 234** 35
- Wurstherstellung **BewG § 234** 33
- Zusatzbetriebe **BewG § 234** 31
- Zuschlag bei Bewertung *s. Bewertung des Betriebs der Land- und Forstwirtschaft*

Nebengebäude BewG § 244 14
Nebenräume BewG § 249 9, **§ 254** 7

Sachverzeichnis

Negativer Feststellungsbescheid
- Wertfeststellung **BewG** § 219 44
Nettokaltmiete BewG § 254 4ff.
Neuveranlagung
- aus Anlass einer Fortschreibung **GrStG** § 17 3ff.
- Baden-Württemberg **BWLGrStG** §§ 41–46
- Durchführung vor dem Neuveranlagungszeitpunkt **GrStG** § 21 3ff.
- Fehlerbegriff **GrStG** § 17 10
- fehlerbeseitigende **GrStG** § 17 10ff.; **HGrStG** § 9 2
- Festsetzungsfrist/-verjährung **GrStG** § 17 20
- aufgrund geänderter Umstände **GrStG** § 17 7ff.
- während der Geltungsverzögerung **GrStG** § 17 19
- Neuveranlagungszeitpunkt **GrStG** § 17 14ff.
- Rechtsschutz **GrStG** § 17 23f.
- Verhältnis zu den AO-Änderungsnormen **GrStG** § 17 21ff.
- Vertrauensschutz bei Fehlerbeseitigung **GrStG** § 17 11ff.
- Zurechnungswechsel **HGrStG** § 9 2ff.

Niedersachsen
- Abgabenordnung, Anwendung der **NGrStG** § 12 5ff.
- Anzeigepflicht **NGrStG** § 9 8ff.
- Äquivalenzbetragsfeststellung **NGrStG** § 8 3
- Artfeststellung **NGrStG** § 8 3
- Aufhebung des Äquivalenzbetrages **NGrStG** § 8 12
- Belastungsgrund **Grundlagen** 88f.
- Betrieb der Land- und Forstwirtschaft **NGrStG** § 11 1ff.
- Bewertung des Betriebs der Land- und Forstwirtschaft **NGrStG** § 11 1
- Ehegatten, Bedeutung für die wirtschaftliche Einheit **NGrStG** § 2 9ff.
- Einbeziehung fremder Gebäude **NGrStG** § 2 13ff.
- Erlass für Grünanlagen **NGrStG** § 10 4
- Erlass für Kulturgüter **NGrStG** § 10 4
- Erlass für Spiel- und Sportplätze **NGrStG** § 10 4
- Erlass wegen erhaltungswürdigem Inventar **NGrStG** § 10 4
- Ermäßigung der Steuermesszahl **NGrStG** § 6 4ff.
- Festsetzung **NGrStG** § 2 6
- Flächen im Ausland **NGrStG** § 11 15
- Flächenfeststellung **NGrStG** § 8 3
- Flächenfortschreibung **NGrStG** § 8 9ff.
- Flächenmodell mit Lage-Faktor **Grundlagen** 88f.
- Fortschreibung **NGrStG** § 8 9
- Gesamthandsgesellschaften, Bedeutung für die wirtschaftliche Einheit **NGrStG** § 11 10f.
- Gesetzesentwicklung **Grundlagen** 88f.
- grenzüberschreitende wirtschaftliche Einheit **NGrStG** § 11 14f.
- Grundsatz der Eigentümeridentität **NGrStG** § 2 8
- Grundsteuer C **NGrStG** § 7 6
- Grundsteuerbescheid **NGrStG** § 2 6
- Heberecht der Gemeinden **NGrStG** § 7 6
- Hinterziehung der Grundsteuer **NGrStG** § 12 6
- Lage-Faktor **NGrStG** § 5
- Messzahl **NGrStG** § 6
- Messzahlermäßigung für Baudenkmal **NGrStG** § 6 14ff.
- Nachfeststellung **NGrStG** § 8 12
- Rechtsschutz **NGrStG** § 12 8ff.
- Rechtsweg zu den Finanzgerichten **NGrStG** § 12 8f.
- Rechtsweg zu den Verwaltungsgerichten **NGrStG** § 12 10
- Revisibilität des Landesrechts **NGrStG** § 12 9
- Sonderhebesatz (Grundsteuer C) **NGrStG** § 7 6
- Steuerbescheid **NGrStG** § 2 6
- Steuererklärungspflicht **NGrStG** § 8 13f.
- Steuerhinterziehung **NGrStG** § 12 6
- Steuermesszahl **NGrStG** § 6
- Verfassungsmäßigkeit des NGrStG **Grundlagen** 125f.
- Verordnungsermächtigungen **NGrStG** § 12 13
- Verwaltungsverfahren **NGrStG** § 2 3ff.
- Wertfortschreibung **NGrStG** § 8 9
- wirtschaftliche Einheit des Grundvermögens **NGrStG** § 2 8
- Wohnnutzung, Messzahlermäßigung wegen **NGrStG** § 6 4
- Wohnraumförderung, Messzahlermäßigung für **NGrStG** § 6 17ff.
- Wohnungsbaugesellschaft, Messzahlermäßigung für **NGrStG** § 6 20
- Wohnungsbauverein, Messzahlermäßigung für **NGrStG** § 6 20
- Wohnungsgenossenschaft, Messzahlermäßigung für **NGrStG** § 6 20
- Zurechnung der wirtschaftlichen Einheit **NGrStG** § 2 8

Sachverzeichnis

- Zurechnungsfortschreibung **NGrStG** § 8 9
- Zuständigkeit der Finanzämter **NGrStG** § 12 5
- Zuständigkeit der Gemeinden **NGrStG** § 12 5

Nießbrauch
- Zurechnung **BewG** § 219 32

Nießbraucher
- Haftung **GrStG** § 11 4ff.

Normalherstellungskosten BewG § 259 3ff.

Nutzfläche BewG § 254 9; **BayGrStG** Art. 2 3f.; **HmbGrStG** § 2 3f.; **HGrStG** § 5 18ff.; **NGrStG** § 3 3ff.

Nützlinge, Produktion von BewG § 242 15

Nutznießungsrecht (§ 14 HöfeO)
- Haftung **GrStG** § 11 7

Öffentliche Last GrStG § 12; **BWLGrStG** §§ 11, 12; *s. a. Haftung; s. a. Insolvenz; s. a. Zwangsversteigerung; s. a. Zwangsverwaltung*

Öffentliche Private Partnerschaft
- Grundsteuerbefreiung **GrStG** § 3 16ff.

Öffentlicher Dienst und Gebrauch *s. Grundsteuerbefreiung*

Optionsrecht
- Zurechnung **BewG** § 219 28

Pächter
- Haftung **GrStG** § 11 7
- Zurechnung **BewG** § 219 31

Parkanlage
- Erlass der Grundsteuer **GrStG** § 32 22

Parkplatz
- Grundsteuerbefreiung **GrStG** § 3 62, 67, § 4 49, § 7 7

Parkraumbewirtschaftung
- Grundsteuerbefreiung **GrStG** § 3 67

Parzellierung BewG § 244 15
- Nachfeststellung **BewG** § 223 5
- Wertfortschreibung **BewG** § 222 6

Pelztiere BewG § 241 22

Personengesellschaften
- Steuerschuldner **GrStG** § 10 5
- Zurechnung **BewG** § 219 36

Pferde
- landwirtschaftliche Nutzung **BewG** § 241 7f.
- Pferdestall als Wirtschaftsgebäude **BewG** § 232 28
- Vermietung an Reiterhof **BewG** § 232 25

Photovoltaik-Anlagen BewG § 232 38, § 233 4

Pilzanbau BewG § 242 14

Plätze
- Grundsteuerbefreiung **GrStG** § 4 11ff.

Polizei
- Grundsteuerbefreiung **GrStG** § 5 6ff.

Polo-Verein
- Vermietung an **BewG** § 232 25

Privatdeich *s. Deiche*

Prozesszinsen GrStG § 27 13f.

Public Private Partnership *s. Öffentliche Private Partnerschaft*

Ratenzahlung GrStG § 28 37

Rechtsschutz
- Artfeststellung **BewG** § 219 49ff.
- Artfortschreibung **BewG** § 222 50ff.
- Aufhebung **GrStG** § 20 14
- Aufhebung des Grundsteuerwertbescheides **BewG** § 224 14
- Baden-Württemberg **BWLGrStG** § 2 6ff.
- Bodenschätzung **BewG** § 236 10f.
- Bodenwertermittlung (Bodenrichtwert) **BewG** § 247 18ff.
- des Mieters **Grundlagen** 67
- Duldungsbescheid (dingliche Haftung) **GrStG** § 12 20
- Einwand der Verfassungswidrigkeit der Bewertung **BewG** § 219 51
- Erlass, abgelehnter **GrStG** § 28 25
- Erlass für Grünanlagen, Spiel- und Sportplätze **GrStG** § 35 16f.
- Erlass für Kulturgüter **GrStG** § 35 16f.
- Erlass wegen erhaltungswürdigem Inventar **GrStG** § 35 16f.
- Erlass wegen Ertragsminderung (Grundstück) **GrStG** § 35 16f.
- Erlass wegen Reinertragsminderung (Betrieb der Land- und Forstwirtschaft) **GrStG** § 35 16f.
- durch Finanzgerichte *s. Rechtsweg*
- Grundsteuerbescheid **GrStG** § 27 20ff.
- Grundsteuermessbescheid **GrStG** § 16 15ff.
- Grundsteuerwertbescheid **BewG** § 219 49ff.
- Haftungsbescheid (persönliche Haftung) **GrStG** § 11 25
- Hebesatzsatzung **GrStG** § 25 30f.
- keine Klagebefugnis des Mieters **Grundlagen** 67; **BewG** § 219 50
- Nachveranlagung **GrStG** § 18 12
- Neuveranlagung **GrStG** § 17 23f.
- Sonderhebesatz (Grundsteuer C) **GrStG** § 25 59
- Überblick **Grundlagen** 57ff.

999

Sachverzeichnis

- verfassungsrechtliche Anforderungen **Grundlagen** 133 f.
- durch Verwaltungsgerichte s. *Rechtsweg*
- Vollstreckung **GrStG § 28** 36
- Wertfeststellung **BewG § 219** 49 ff.
- Wertfortschreibung **BewG § 222** 50 ff.
- Zerlegungsbescheid **GrStG § 22** 19 f.
- Zurechnungsfeststellung **BewG § 219** 49 ff.
- Zurechnungsfortschreibung **BewG § 222** 50 ff.

Rechtsweg
- zu den Finanzgerichten **Grundlagen** 63, 65; **BWLGrStG § 2** 6 f.; **BayGrStG Art. 10** 8 f.; **HmbGrStG § 11** 7 f.; **HGrStG § 15** 1; **NGrStG § 12** 8 f.
- zu den Verwaltungsgerichten **Grundlagen** 64; **BWLGrStG § 2** 8; **BayGrStG Art. 10** 10; **HGrStG § 15** 1; **NGrStG § 12** 10

Reinertrag s. *Bewertung des Betriebs der Land- und Forstwirtschaft; s. a. Erlass wegen Reinertragsminderung (Betrieb der Land- und Forstwirtschaft)*

Reiterhof
- Vermietung an **BewG § 232** 25

Religionsgemeinschaften
- Dienstwohnung der Geistlichen und Kirchendiener **GrStG § 3** 47 ff.
- Gottesdienst, gewidmeter Grundbesitz **GrStG § 4** 6 ff.
- Grundsteuerbefreiung **GrStG § 3** 40 ff.
- Stellenvermögen **GrStG § 3** 52 ff.

Renovierungsmaßnahmen BewG § 246 14

Revisibilität des Landesrechts BWLGrStG § 2 7; **BayGrStG Art. 10** 9; **HmbGrStG § 11** 8; **HGrStG § 15** 2; **NGrStG § 12** 9

Rohbauland BewG § 247 15 f.
Rohertrag des Gebäudes BewG § 254 3 ff.
Rücktrittsrecht
- Zurechnung **BewG § 219** 29

Rundfunkanstalten
- Grundsteuerbefreiung **GrStG § 3** 60

Saarland
- Gesetzesentwicklung **Grundlagen** 91
- Verfassungsmäßigkeit der Messzahldifferenzierung **Grundlagen** 124

Saatzucht BewG § 242 13
Sachsen
- Gesetzesentwicklung **Grundlagen** 91
- Verfassungsmäßigkeit der Messzahldifferenzierung **Grundlagen** 124

Sachwertfaktor s. *Sachwertverfahren*

Sachwertverfahren
- Abbruchverpflichtung **BewG § 259** 27
- Abgeltungswirkung des Sachwertes **BewG § 258** 7
- Alterswertminderung **BewG § 259** 20 ff.
- Anbauten **BewG § 259** 23
- Anwendung für die gesamte wirtschaftliche Einheit **BewG § 250** 4
- Baupreisindizes **BewG § 259** 18 f.
- Berechnungsbeispiel Bürogebäude **Grundlagen** 39 ff.; **BewG § 258** 6
- Bodenwert **BewG § 258** 4
- Brutto-Grundfläche **BewG § 259** 12 ff.
- Datenvorgabe, zwingende **BewG § 250** 4
- Erweiterungen **BewG § 259** 23
- Fläche **BewG § 259** 12 ff.
- Gebäudeart **BewG § 259** 6
- Gebäudeart bei mehreren Gebäuden **BewG § 259** 9
- Gebäudenormalherstellungswert **BewG § 259** 11
- Kernsanierung **BewG § 259** 26
- Maßgeblichkeit der Grundstücksart **BewG § 250** 3
- mehrere Gebäude, Alterswertminderung **BewG § 259** 22
- Methodik **BewG § 258** 3
- Mindestgebäudesachwert **BewG § 259** 26
- Mindestwert **BewG § 251** 3
- Modernisierung des Gebäudes **BewG § 259** 26
- Normalherstellungskosten **BewG § 259** 3 ff.
- Sachwertfaktor **BewG § 258** 5, **§ 260** 3 ff.
- Spitzboden **BewG § 259** 12 ff.
- Tiefgarage **BewG § 259** 5
- Typisierung **BewG § 250** 4
- Umbau des Gebäudes **BewG § 259** 26
- Verfassungsmäßigkeit (Gleichheitssatz) **Grundlagen** 112 ff.
- vorläufiger Sachwert **BewG § 258** 5
- zwingende Zuordnung **BewG § 250** 4

Sägewerk BewG § 234 35
Sale-and-lease-back
- Grundsteuerbefreiung **GrStG § 3** 17
- Zurechnung **BewG § 219** 27

Sandabbau BewG § 234 21, 25
Schäferei, standortgebundene BewG § 242 12
Schätzung
- Grundsteuerbescheid **GrStG § 27** 10

Scheidungsklausel
- Zurechnung **BewG § 219** 29

Scheinbestandteil
- Zurechnung **BewG § 219** 34

Sachverzeichnis

Schienenwege
- Grundsteuerbefreiung **GrStG § 4** 22 ff.

Schlachtung BewG § 234 33

Schülerheim
- Grundsteuerbefreiung **GrStG § 5** 9 ff.

Schulungsheim einer Gewerkschaft
- Grundsteuerbefreiung **GrStG § 4** 34, **§ 5** 9

Schwebebahn s. Schienenwege

Schwimmbad
- Grundsteuerbefreiung **GrStG § 3** 68 f.

See
- Grundsteuerbefreiung **GrStG § 4** 27 f.

Sektherstellung BewG § 234 35

Silobauten BewG § 243 17

Solaranlagen
- Freiland **BewG § 232** 38, **§ 233** 4

Sollertragsteuer
- steuersystematisch Bedeutung **Grundlagen** 17
- verfassungsrechtliche Relevanz **Grundlagen** 97, 131

Sondereigentum BewG § 244 26

Sonderhebesatz (Grundsteuer C)
- Allgemeinverfügung, Bestimmung der baureifen Grundstücke durch **GrStG § 25** 53 ff.
- Baden-Württemberg **BWLGrStG § 50a**
- baureife Grundstücke **GrStG § 25** 47 f.
- Bayern **BayGrStG Art. 5** 6
- Festsetzung **GrStG § 25** 58
- Hamburg **HmbGrStG § 5**
- Hessen **HGrStG § 13** 4 ff.
- Historie **GrStG § 25** 43 f.
- Niedersachsen **NGrStG § 7** 6
- Rechtsschutz **GrStG § 25** 59
- städtebauliche Gründe **GrStG § 25** 49 f.
- Unbilligkeit **GrStG § 25** 60
- Verfahren **GrStG § 25** 52 ff.
- Verfassungsmäßigkeit **GrStG § 25** 45 f.

Sonderkulturen BewG § 242 3 ff.

Sonstige bebaute Grundstücke
- Gebäudeart **BewG § 249** 28

Sonstige bebaute Grundstücke
- Bewertung s. Sachwertverfahren

Spaltung
- Zurechnung **BewG § 219** 21

Spargel BewG § 242 3 ff.

Spielplatz
- Erlass für Spiel- und Sportplätze **GrStG § 32** 28
- Grundsteuerbefreiung **GrStG § 3** 62

Sportanlage
- Erlass für Spiel- und Sportplätze **GrStG § 32** 27

- Grundsteuerbefreiung **GrStG § 3** 38, 62

Steinbrüche BewG § 234 21, 25

Stellenvermögen s. Religionsgemeinschaften

Steuerausgleich
- Zerlegung **GrStG § 24**

Steuerbefreiung s. Grundsteuerbefreiung

Steuerentstehung GrStG § 9 5 ff.; **BWLGrStG § 1** 4 f.

Steuererklärung s. Erklärung zur Feststellung der Grundsteuerwerte

Steuergegenstand GrStG § 2; **BWLGrStG § 1** 3

Steuerhinterziehung s. Steuerstrafrecht

Steuermesszahl s. Messzahl

Steuermesszahldifferenzierung s. Messzahldifferenzierung

Steuerschuldner GrStG § 10 4 ff.
- Baden-Württemberg **BWLGrStG § 10**
- Bruchteilsgemeinschaften **GrStG § 10** 6, 9 ff.
- Erbbaurecht **GrStG § 10** 14 f.
- Erbengemeinschaft **GrStG § 10** 6, 9 ff.
- Ermessen (Auswahl des Schuldners) **GrStG § 10** 11
- Gesamthandsgemeinschaften **GrStG § 10** 5
- Gesamtschuldgrundsätze **GrStG § 10** 11 f.
- juristische Personen **GrStG § 10** 5
- Kapitalgesellschaften **GrStG § 10** 5
- Personengesellschaften **GrStG § 10** 5
- Überwälzung auf den Mieter **GrStG § 10** 7

Steuerstrafrecht Grundlagen 69 ff.; **BewG § 228** 20; **BWLGrStG § 2** 9 f.; **BayGrStG Art. 10** 6; **HmbGrStG § 11** 6; **HGrStG § 2** 11; **NGrStG § 12** 6

Stichtagsprinzip
- Baden-Württemberg **BWLGrStG § 1** 4 f.
- bewertungsrechtliche Umstände **BewG § 221** 8
- grundsteuerliche Umstände **GrStG § 9** 3 f.

Stiftung
- nicht rechtsfähige, Zurechnung **BewG § 219** 40
- rechtsfähige, Zurechnung **BewG § 219** 36

Straße
- Grundsteuerbefreiung **GrStG § 4** 11 ff.

Straßenbahn s. Schienenwege

Streitkräfte
- Grundsteuerbefreiung **GrStG § 5** 6 ff., **§ 6** 12

Strukturwandel BewG § 241 16

Studentenwohnheim BewG § 249 22, 34
- Grundsteuerbefreiung **GrStG § 5** 13 ff.

Sachverzeichnis

Stundung
- Grundsteuer **GrStG § 28** 12 ff.

Substanzbetrieb BewG § 234 31

Tabak BewG § 242 5
Technisches Hilfswerk
- Grundsteuerbefreiung **GrStG § 5** 6 ff.

Teichwirtschaft BewG § 242 9
Teileigentum
- Bewertung s. *Sachwertverfahren*
- Gebäudeart **BewG § 249** 25
- wirtschaftliche Einheit **BewG § 244** 26

Teilerbbaurecht BewG § 244 29
Theater
- Grundsteuerbefreiung **GrStG § 3** 68

Tiefgarage BewG § 259 5
Tiefkühllager BewG § 243 17
Tierbestände
- Grundstück, Zuordnung **BewG § 232** 40

Tierhaltung/-zucht
- bodengeprägte s. *landwirtschaftliche Nutzung*
- flächenunabhängige s. *landwirtschaftliche Nutzung*
- maßgeblicher Stichtag **BewG § 235** 4 f.
- verstärkte Tierhaltung s. *Bewertung des Betriebs der Land- und Forstwirtschaft*
- Zuschlag für verstärkte Tierhaltung s. *Bewertung des Betriebs der Land- und Forstwirtschaft*

Toilettenhäuschen BewG § 243 17
Transformatorhäuschen BewG § 243 17
Treuhand
- Zurechnung **BewG § 219** 30

Überbau BewG § 244 10
Überwälzung auf den Mieter
- Billigkeitserlass wegen fehlgeschlagener **GrStG § 28** 24
- keine Klagebefugnis des Mieters **Grundlagen** 67; **BewG § 219** 51
- Steuerschuldner **GrStG § 10** 7
- steuersystematisch Bedeutung **Grundlagen** 19

Übrige land- und forstwirtschaftliche Nutzung
- Binnenfischerei **BewG § 242** 8
- Fischzucht **BewG § 242** 10
- Hopfen **BewG § 242** 3 ff.
- Imkerei **BewG § 242** 11
- Kurzumtriebsplantagen **BewG § 242** 17
- Nützlinge, Produktion von **BewG § 242** 15
- Pilzanbau **BewG § 242** 14
- Saatzucht **BewG § 242** 13

- Schäferei, standortgebundene **BewG § 242** 12
- Sonderkulturen **BewG § 242** 3 ff.
- Spargel **BewG § 242** 3 ff.
- Tabak **BewG § 242** 5
- Teichwirtschaft **BewG § 242** 9
- Vermarktung (zB Spargel) **BewG § 242** 6
- Wanderschäferei **BewG § 242** 12
- Weihnachtsbaumkulturen **BewG § 242** 16

Umbau
- Wertfortschreibung **BewG § 222** 6

Umbaumaßnahmen BewG § 246 14
Unbebautes Grundstück *Grundstück*
Unland BewG § 234 25
- Bewertung s. *Bewertung des Betriebs der Land- und Forstwirtschaft*

Unrentabilität
- Erlass für Grünanlagen, Spiel- und Sportplätze **GrStG § 32** 29
- Erlass für Kulturgüter **GrStG § 32** 11 ff.
- Erlass wegen erhaltungswürdigem Inventar **GrStG § 32** 36 f.

Unterricht
- Anerkennungsverfahren für Grundsteuerbefreiung **GrStG § 4** 36 ff., **§ 5** 11
- Grundsteuerbefreiung **GrStG § 4** 34 ff.

Unterrichtsheim
- Grundsteuerbefreiung **GrStG § 5** 9 ff.

Verarbeitungsbetriebe BewG § 234 32 ff.
Verein, nicht eingetragener
- Zurechnung **BewG § 219** 36

Verfassungsrecht s. *Grundsteuer*
Vergrößerung, des Grundstücks
- Wertfortschreibung **BewG § 222** 6

Verjährung s. *Festsetzungsfrist/-verjährung; s. a. Zahlungsverjährung*
Verkehrsflughafen
- Grundsteuerbefreiung **GrStG § 4** 25 ff.

Verkehrslandeplatz
- Grundsteuerbefreiung **GrStG § 4** 25 ff.

Vermarktung eigener Produkte BewG § 232 8, **§ 234** 30
Vermögensarten
- Grundvermögen s. *Grundstück*
- land- und forstwirtschaftliches Vermögen s. *Betrieb der Land- und Forstwirtschaft*

Verordnungsermächtigungen BewG § 263 3 ff.; **BWLGrStG § 61; BayGrStG Art. 10** 13; **HmbGrStG § 11** 11; **NGrStG § 12** 13

Verpachtung
- Betrieb der Land- und Forstwirtschaft **BewG § 232** 17 f.

Verschlussbrennerei BewG § 234 35

Sachverzeichnis

Verschmelzung
– Zurechnung **BewG § 219** 21

Verspätungszuschlag
– Erklärung zur Feststellung der Grundsteuerwerte **BewG § 228** 18f.

Verstärke Tierhaltung s. *Bewertung des Betriebs der Land- und Forstwirtschaft*

Vertrauensschutz-/Übergangsregelung
– durch die Verwaltung **BewG § 220** 5f.

Verwaltung der Grundsteuer durch die Finanzbehörden
– Rechtsgrundlagen **Grundlagen** 43f.

Verwaltung der Grundsteuer durch die Gemeinden
– Rechtsgrundlagen **Grundlagen** 42

Verwaltungsgerichtsbarkeit, Zuständigkeit Grundlagen 64

Verwaltungskompetenz bzgl. der Grundsteuer Grundlagen 42ff.

Verwaltungsverfahren Grundlagen 42ff.; **BWLGrStG § 2** 3ff.; **HGrStG § 4** 3

Verzinsung GrStG § 27 13f.

Vieheinheiten
– Abgrenzung zur gewerblichen Tierhaltung, Bedeutung für s. *landwirtschaftliche Nutzung*
– verstärkte Tierhaltung, Bedeutung für **BewG § 238** 4

Vieheinheitengrenzen s. *landwirtschaftliche Nutzung*

Villa BewG § 244 15

Vollstreckung
– Baden-Württemberg **BWLGrStG §§ 51, 52** 2
– Einstellung **GrStG § 28** 37
– Leistungsgebot **GrStG § 28** 32
– Mahnung **GrStG § 28** 34
– Ratenzahlung **GrStG § 28** 37
– Rechtsschutz **GrStG § 28** 36
– Verfahren **GrStG § 28** 30ff.
– Voraussetzungen **GrStG § 28** 30ff.
– Zuständigkeit **GrStG § 28** 30

Vorauszahlung
– Abrechnung **GrStG § 30** 3ff.
– Abrechnungsverfügung **GrStG § 30** 3
– Anpassung **GrStG § 29** 8
– Baden-Württemberg **BWLGrStG §§ 53–55**
– Entstehung kraft Gesetzes **GrStG § 29** 3ff.
– Erstattung wegen Festsetzungsverjährung **GrStG § 29** 6
– Fälligkeit **GrStG § 29** 3

Vorläufiger Sachwert s. *Sachwertverfahren*

Waldweg
– Grundsteuerbefreiung **GrStG § 4** 16

Wanderschäferei BewG § 242 12

Waschküche BewG § 249 9, **§ 254** 7

Wasser- und Bodenverbände
– Grundsteuerbefreiung **GrStG § 4** 29ff.

Wasserstraßen
– Grundsteuerbefreiung **GrStG § 4** 16ff.

Wasserturm BewG § 243 17

Wege
– Grundsteuerbefreiung **GrStG § 4** 11ff.

Weihnachtsbaumkulturen BewG § 242 16

Weinbauliche Nutzung
– Begriff, Umfang **BewG § 234** 12f.
– Bewertung s. *Bewertung des Betriebs der Land- und Forstwirtschaft*
– Keltern **BewG § 234** 12
– Sektherstellung **BewG § 234** 12, 35
– Zuschlag für Fass-/Flaschenweinerzeugung s. *Bewertung des Betriebs der Land- und Forstwirtschaft*

Wertfeststellung
– Änderung nach den Vorschriften der AO **BewG § 222** 37ff., **§ 226** 10f.
– Baden-Württemberg **BWLGrStG § 13, § 21**
– Bedeutungsvorbehalt **BewG § 219** 43f.
– Bekanntgabe **BewG § 219** 8
– dingliche Wirkung **BewG § 219** 9
– durch Grundsteuerwertbescheid **BewG § 219** 4ff.
– Erklärung zur Feststellung der Grundsteuerwerte **BewG § 228** 8
– Festsetzungsfrist/-verjährung **BewG § 219** 45ff.
– Fortschreibung s. *Wertfortschreibung*
– Hamburg **HmbGrStG § 1** 3f.
– Hauptfeststellung **BewG § 221** 2
– Inhalt **BewG § 219** 12
– keine abweichende Festsetzung aus Billigkeitsgründen **BewG § 220** 4ff.
– Klagebefugnis des Mieters, keine **Grundlagen** 67; **BewG § 219** 50
– negativer Feststellungsbescheid **BewG § 219** 44
– Nichtigkeit **BewG § 219** 13
– Rechtsschutz **BewG § 219** 49ff.
– Veränderungen, andere als Wertverhältnisse **BewG § 221** 2, **§ 227** 4f.; s. a. *Wertfortschreibung*
– Verhältnis zu anderen Feststellungen **BewG § 219** 2

Sachverzeichnis

- Wertverhältnisse zum Hauptfeststellungszeitpunkt **BewG § 221** 2, **§ 227** 4f.

Wertfortschreibung
- Abrissverpflichtung **BewG § 222** 6
- Änderung der tatsächlichen Verhältnisse **BewG § 222** 9f.
- Änderungsvorschriften der AO, Verhältnis zu **BewG § 222** 37ff.
- Ausbau **BewG § 222** 6
- Baden-Württemberg **BWLGrStG §§ 15–20**
- Erklärung zur Feststellung der Grundsteuerwerte **BewG § 228** 8
- fehlerbeseitigende **BewG § 222** 22ff.
- Festsetzungsfrist/-verjährung **BewG § 222** 36, **§ 226** 3ff.
- Fortschreibungsgrenze **BewG § 222** 11
- Fortschreibungszeitpunkt **BewG § 222** 27ff., 33f.
- Gebäude auf fremden Grund und Boden **BewG § 222** 6
- Hamburg **HmbGrStG § 6** 8ff.
- Identität der wirtschaftlichen Einheit **BewG § 222** 8
- Parzellierung **BewG § 222** 6
- Rechtsschutz **BewG § 222** 50ff.
- Sperrwirkung einer vorherigen Fortschreibung **BewG § 222** 35
- Umbau **BewG § 222** 6
- Vergrößerung, des Grundstücks **BewG § 222** 6
- Verhältnis zur Hauptfeststellung **BewG § 222** 1, 7
- Vertrauensschutz bei Fehlerbeseitigung **BewG § 222** 26
- Vorrang gegenüber Erlass **GrStG § 33** 12, **§ 34** 58

Wertunabhängiges Modell
- Verfassungsmäßigkeit **Grundlagen** 125f.

Wertverhältnisse BewG § 221; *s. Wertfeststellung*

Wertzahl BewG § 260 3ff.

Widerspruchsverfahren Grundlagen 60ff.

Wildgehege BewG § 232 12

Windenergieanlagen BewG § 243 17
- Abgrenzung der Vermögensarten **BewG § 233** 3f.
- Bewertung **BewG § 238** 7

Wirtschaftliche Einheit
- Bayern **BayGrStG Art. 1** 8
- Begriff und Umfang **BewG § 244** 4ff.; **BWLGrStG § 25** 3ff.
- Betrieb der Land- und Forstwirtschaft **BewG § 232** 13ff.

- Ehehatten **BewG § 232** 21, **§ 244** 17; **BayGrStG Art. 1** 9ff.; **HmbGrStG § 1** 9ff.; **NGrStG § 2** 9ff.
- Eigentümeridentität, Grundsatz der **BewG § 232** 21f., **§ 244** 16f.
- Entscheidung über **BewG § 219** 12
- Erbbaurecht **BewG § 244** 21, **§ 261** 1ff.
- Gebäude auf fremden Grund und Boden **BewG § 244** 24f., **§ 262** 1f.
- Gesamthandsgesellschaften, Einbeziehung von **BewG § 232** 21f., **§ 244** 16; **BWLGrStG § 25** 9ff.; **BayGrStG Art. 9** 7f.; **HmbGrStG § 9** 7f.; **NGrStG § 11** 10f.
- Grundvermögen **BewG § 244** 4ff.; **BWLGrStG § 37**
- Hamburg **HmbGrStG § 1** 8
- Hessen **HGrStG § 2** 4ff.
- Neuentstehung **BewG § 223** 3ff.
- Niedersachsen **NGrStG § 2** 8
- Teilerbbaurecht **BewG § 244** 29
- Umfang bei teilweiser Steuerbefreiung **BewG § 244** 5
- Wegfall **BewG § 224** 3ff.
- Wohnungseigentum **BewG § 244** 26ff.
- Wohnungserbbaurecht **BewG § 244** 29
- Zurechnung **BewG § 219** 18ff.

Wirtschaftliches Eigentum
- Begriff und Beispiele **BewG § 219** 23ff.
- Zurechnung der wirtschaftlichen Einheit **BewG § 219** 23ff.

Wirtschaftsgebäude
- Betrieb der Land- und Forstwirtschaft, Zurechnung zum **BewG § 232** 17
- Bewertung, Bedeutung für **BewG § 238** 6
- Gewerbebetrieb, Nutzung für einen **BewG § 232** 38
- Nutzung **BewG § 232** 23ff.
- Nutzungsänderung, nicht nur vorübergehend **BewG § 232** 25
- Nutzungsänderung, vorübergehend **BewG § 232** 25
- Pferdestall **BewG § 232** 28
- Zuordnung zum Betrieb der Land- und Forstwirtschaft **BewG § 232** 28

Wirtschaftswege
- als Teil der forstwirtschaftlichen Nutzung **BewG § 234** 11

Wissenschaft
- Anerkennungsverfahren für Grundsteuerbefreiung **GrStG § 4** 36ff.
- Erlass der Grundsteuer (Grundstück) *s. Erlass für Kulturgüter*

Sachverzeichnis

- Erlass der Grundsteuer (Inventar) s. *Erlass wegen erhaltungswürdigem Inventar*
- Grundsteuerbefreiung **GrStG § 4** 34 ff.

Wohnfläche BewG § 254 6 ff.; **BayGrStG Art. 2** 3 f.; **HmbGrStG § 2** 3 f.; **HGrStG § 5** 5 ff.; **NGrStG § 3** 3 ff.

Wohnflächenverordnung BewG § 249 6 ff., **§ 254** 6 ff.

Wohnlagemodell s. *Hamburg*

Wohnnutzung
- Ermäßigung der Steuermesszahl **BWLGrStG § 40** 4 f.

Wohnraumförderung
- Ermäßigung der Steuermesszahl **GrStG § 15** 5 ff., 12 ff.; **BWLGrStG § 40** 6; **BayGrStG Art. 4** 4; **HmbGrStG § 4** 12 ff.; **HGrStG § 6** 7; **NGrStG § 6** 17 ff.

Wohnrecht
- Haftung **GrStG § 11** 7
- Zurechnung **BewG § 219** 33

Wohnung GrStG § 5 19 f.; **BewG § 249** 29 ff.

Wohnungsbaugenossenschaft
- Ermäßigung der Steuermesszahl **GrStG § 15** 18; **BWLGrStG § 40** 7; **BayGrStG Art. 4** 15 ff.; **HGrStG § 6** 7; **NGrStG § 6** 20

Wohnungsbaugesellschaft
- Ermäßigung der Steuermesszahl **GrStG § 15** 15 f.; **BWLGrStG § 40** 7; **BayGrStG Art. 4** 15 ff.; **HGrStG § 6** 7; **NGrStG § 6** 20

Wohnungsbauverein
- Ermäßigung der Steuermesszahl **GrStG § 15** 19 f.; **BWLGrStG § 40** 7; **BayGrStG Art. 4** 15 ff.; **HGrStG § 6** 7; **NGrStG § 6** 20

Wohnungseigentum BewG § 244 26
- Bewertung s. *Ertragswertverfahren*
- Gebäudeart **BewG § 249** 24
- Zurechnung **BewG § 219** 39

Wohnungserbbaurecht BewG § 244 29

Wohnzwecke BewG § 249 14 f.
- Grundsteuerbefreiung **GrStG § 5** 5 ff.

Wurstherstellung BewG § 234 33

Zahlungsverjährung
- Frist **GrStG § 28** 26
- Unterbrechungswirkung **GrStG § 28** 27

Zeitpunkt für die maßgeblichen Verhältnisse s. *Stichtagsprinzip*

Zementmühle BewG § 243 17

Zerlegung
- Änderung des Zerlegungsbescheides **GrStG § 22** 9 f.
- Änderung zerlegungsrelevanter Umstände **GrStG § 23** 5 ff.
- Baden-Württemberg **BWLGrStG §§ 47–49**
- durch Steuerausgleich **GrStG § 24** 1
- Maßstab bei Betrieben der Land- und Forstwirtschaft **GrStG § 22** 11; **BewG § 239** 4 ff.
- Maßstab bei Grundstücken **GrStG § 22** 12 ff.
- Rechtsschutz **GrStG § 22** 19 f.
- Unbilligkeit **GrStG § 22** 14
- Vereinbarung über die **GrStG § 22** 15, **§ 23** 9
- Zerlegungsbescheid **GrStG § 22** 3 ff.
- Zerlegungsstichtag **GrStG § 23** 3 f.

Zerlegungsbescheid s. *Zerlegung*

Zivilschutz BewG § 245 4 ff.

Zonenwert s. *Bodenwertermittlung*

Zurechnung der wirtschaftlichen Einheit s. *Zurechnungsfeststellung*

Zurechnungsfeststellung
- Änderung nach den Vorschriften der AO **BewG § 222** 37 ff., **§ 226** 10 f.
- Ankaufsrecht **BewG § 219** 28
- Anspruch auf Heimfall **BewG § 219** 26
- Ausgliederung **BewG § 219** 21
- Baden-Württemberg **BWLGrStG § 25** 4
- Bayern **BayGrStG Art. 6** 5
- Bedeutungsvorbehalt **BewG § 219** 43 f.
- Bekanntgabe **BewG § 219** 8
- Bruchteilsgemeinschaften **BewG § 219** 37 f.
- Dauerwohnrecht **BewG § 219** 33
- dingliche Wirkung **BewG § 219** 9
- Enteignung **BewG § 219** 21
- Erbbaurecht **BewG § 219** 24 f., 35
- Erbengemeinschaft **BewG § 219** 37 f.
- Erbfall **BewG § 219** 20
- Ergänzungsbescheid **BewG § 219** 42
- Festsetzungsfrist/-verjährung **BewG § 219** 45 ff.
- Flurbereinigung **BewG § 219** 21
- Fortschreibung s. *Zurechnungsfortschreibung*
- Gesamthandsgemeinschaften, nicht rechtsfähige **BewG § 219** 37 f.
- Gesamthandsgemeinschaften, rechtsfähige **BewG § 219** 36
- durch Grundsteuerwertbescheid **BewG § 219** 4 ff.
- Gütergemeinschaft **BewG § 219** 37 f.
- Hamburg **HmbGrStG § 6** 5
- herrenlose Grundstücke **BewG § 219** 22
- Inhalt **BewG § 219** 17, 41
- juristische Personen **BewG § 219** 36
- Leasing **BewG § 219** 27

Sachverzeichnis

- Mieter **BewG § 219** 31
- Niedersachsen **NGrStG § 8** 3
- Nießbrauch **BewG § 219** 32
- Optionsrecht **BewG § 219** 28
- Pächter **BewG § 219** 31
- Personengesellschaften **BewG § 219** 36
- Rechtsschutz **BewG § 219** 49ff.
- Rücktrittsrecht **BewG § 219** 29
- Scheidungsklausel **BewG § 219** 29
- Scheinbestandteil **BewG § 219** 34
- Spaltung **BewG § 219** 21
- Stiftung, nicht-rechtsfähige **BewG § 219** 40
- Stiftung, rechtsfähige **BewG § 219** 36
- Treuhand **BewG § 219** 30
- Veränderungen, andere als Wertverhältnisse **BewG § 227** 4f.; s. a. *Zurechnungsfortschreibung*
- Verein, nicht eingetragener **BewG § 219** 36
- Verhältnis zu anderen Feststellungen **BewG § 219** 2
- Verschmelzung **BewG § 219** 21
- Wertverhältnisse zum Hauptfeststellungszeitpunkt **BewG § 227** 4f.
- wirtschaftliches Eigentum **BewG § 219** 23ff.
- wirtschaftliches Eigentum bei Grundstücksveräußerung **BewG § 219** 24f.
- Wohnrecht **BewG § 219** 33
- Wohnungseigentum **BewG § 219** 39
- zivilrechtliches Eigentum **BewG § 219** 19ff.
- Zurechnungsgrundsätze **BewG § 219** 19ff.
- Zurechnungssubjekte **BewG § 219** 36ff.
- Zwangsversteigerung/Zuschlagsbeschluss **BewG § 219** 21

Zurechnungsfortschreibung
- Adressaten **BewG § 222** 20
- Änderungsvorschriften der AO, Verhältnis zu **BewG § 222** 37ff.
- Baden-Württemberg **BWLGrStG §§ 15–20**
- Bayern **BayGrStG Art. 6** 8
- Eigentumsübergang **BewG § 222** 30
- Eigentumsverhältnisse, Änderung der **BewG § 222** 18
- Einbringung **BewG § 222** 31
- Enteignung **BewG § 222** 30
- Erbfall **BewG § 222** 30
- fehlerbeseitigende **BewG § 222** 22ff.
- Festsetzungsfrist/-verjährung **BewG § 222** 36, **§ 226** 3ff.
- Flurbereinigung **BewG § 222** 30
- Fortschreibungszeitpunkt **BewG § 222** 27ff., 33f.
- Genehmigung, behördliche **BewG § 222** 32
- Hamburg **HmbGrStG § 6** 8
- Niedersachsen **NGrStG § 8** 10
- Rechtsschutz **BewG § 222** 50ff.
- Rückwirkung, umwandlungsrechtliche **BewG § 222** 31
- Spaltung **BewG § 222** 31
- Sperrwirkung einer vorherigen Fortschreibung **BewG § 222** 35
- Verschmelzung **BewG § 222** 31
- Vertrauensschutz bei Fehlerbeseitigung **BewG § 222** 26
- wirtschaftliches Eigentum, Übergang **BewG § 222** 30

Zusatzbetriebe BewG § 234 31
Zuschlag für verstärke Tierhaltung
  s. *Bewertung des Betriebs der Land- und Forstwirtschaft*

Zuständigkeit
- Baden-Württemberg **BWLGrStG § 2** 5
- Bayern **BayGrStG Art. 10** 5
- Finanzbehörden **Grundlagen** 44
- Finanzgerichtsbarkeit **Grundlagen** 63, 65
- Gemeinden **Grundlagen** 43; **GrStG § 27** 5
- Grundsteuermessbescheid **GrStG § 16** 5
- Hamburg **HmbGrStG § 11** 5
- Hessen **HGrStG § 2** 10
- Niedersachsen **NGrStG § 12** 5
- Verwaltungsgerichtsbarkeit **Grundlagen** 64

Zwangsversteigerung
- Verwirklichung dingliche Haftung **GrStG § 12** 21ff.
- Zwangsversteigerung, Erwerb aus **GrStG § 11** 15f.

Zwangsversteigerung/Zuschlagsbeschluss
- Zurechnung **BewG § 219** 21

Zwangsverwaltung GrStG § 12 29ff.
Zwangsvollstreckung s. *Vollstreckung*
Zweifamilienhaus
- Bewertung s. *Ertragswertverfahren*
- Gebäudeart **BewG § 249** 20